2024

法律法规全书系列

中华人民共和国企业合规法律法规全书

（含相关政策）

中国法制出版社

CHINA LEGAL PUBLISHING HOUSE

出 版 说 明

　　随着中国特色社会主义法律体系的建成，中国的立法进入了"修法时代"。在这一时期，为了使法律体系进一步保持内部的科学、和谐、统一，会频繁出现对法律各层级文件的适时清理。目前，清理工作已经全面展开且取得了阶段性的成果，但这一清理过程在未来几年仍将持续。这对于读者如何了解最新法律修改信息、如何准确适用法律带来了使用上的不便。基于这一考虑，我们精心编辑出版了本丛书，一方面重在向读者展示我国立法的成果与现状，另一方面旨在帮助读者在法律文件修改频率较高的时代准确适用法律。

　　本书独具以下四重价值：

　　1. 文本权威，内容全面。本书涵盖企业合规领域常用法律、行政法规、国务院文件、部门规章、规范性文件、司法解释，独家梳理和收录人大代表建议、政协委员提案的重要答复；书中收录文件均为经过清理修改的现行有效文本，方便读者及时掌握最新法律文件。

　　2. 查找方便，附录实用。全书法律文件按照紧密程度排列，方便读者对某一类问题的集中查找；重点法律附加条旨，指引读者快速找到目标条文；附录相关典型案例、文书范本，其中案例具有指引"同案同判"的作用。同时，本书采用可平摊使用的独特开本，避免因书籍太厚难以摊开使用的弊端。

　　3. 免费增补，动态更新。为保持本书与新法的同步更新，避免读者因部分法律的修改而反复购买同类图书，我们为读者专门设置了以下服务：(1) 扫码添加书后"法规编辑部"公众号→点击菜单栏→进入资料下载栏→选择法律法规全书资料项→点击网址或扫码下载，即可获取本书每次改版修订内容的电子版文件；(2) 通过"法规编辑部"公众号，及时了解最新立法信息，并可线上留言，编辑团队会就图书相关疑问动态解答。

　　4. 目录赠送，配套使用。赠送本书目录的电子版，与纸书配套，立体化、电子化使用，便于检索、快速定位；同时实现将本书装进电脑，随时随地查。

总 目 录

- 一、综　合 ·· (1)
  - 1. 公　司 ·· (1)
  - 2. 企　业 ·· (116)
- 二、企业经营合规 ································ (136)
  - 1. 工商登记 ······································ (136)
  - 2. 公司股份、债券 ······························ (157)
  - 3. 公司并购重组与改制 ························ (246)
- 三、企业治理合规 ································ (284)
  - 1. 综　合 ·· (284)
  - 2. 国有资产 ······································ (314)
  - 3. 信息披露 ······································ (330)
  - 4. 企业破产、清算 ······························ (339)
- 四、企业高管合规 ································ (371)
- 五、企业专项合规 ································ (386)
  - 1. 市场交易 ······································ (386)
  - 2. 财务、税务、审计 ·························· (396)
  - 3. 劳动用工 ······································ (415)
  - 4. 安全生产 ······································ (472)
  - 5. 数据保护与网络安全 ······················· (495)
  - 6. 知识产权 ······································ (529)
  - 7. 反垄断 ·· (584)
  - 8. 反不正当竞争 ································ (596)
  - 9. 环境保护 ······································ (604)
  - 10. 招标投标 ····································· (668)
  - 11. 产品质量 ····································· (701)
  - 12. 广告管理 ····································· (755)
  - 13. 外商投资 ····································· (766)
- 六、人大代表建议、政协委员提案答复 ··· (776)
  - 1. 企业合规 ······································ (776)
  - 2. 市场监管 ······································ (778)
  - 3. 知识产权 ······································ (784)
  - 4. 环境保护 ······································ (791)

目 录*

一、综 合

1. 公 司

中华人民共和国公司法 …………………… (1)
　　（2023 年 12 月 29 日）
中华人民共和国民法典（节录）………… (22)
　　（2020 年 5 月 28 日）
中华人民共和国刑法（节录）…………… (80)
　　（2023 年 12 月 29 日）
最高人民法院关于适用《中华人民共和国公司
　　法》若干问题的规定（一）………… (99)
　　（2014 年 2 月 20 日）
最高人民法院关于适用《中华人民共和国公司
　　法》若干问题的规定（二）………… (100)
　　（2020 年 12 月 29 日）
最高人民法院关于适用《中华人民共和国公司
　　法》若干问题的规定（三）………… (102)
　　（2020 年 12 月 29 日）
最高人民法院关于适用《中华人民共和国公司
　　法》若干问题的规定（四）………… (105)
　　（2020 年 12 月 29 日）

最高人民法院关于适用《中华人民共和国公司
　　法》若干问题的规定（五）………… (107)
　　（2020 年 12 月 29 日）
最高人民法院关于适用《中华人民共和国民法
　　典》有关担保制度的解释 …………… (108)
　　（2020 年 12 月 31 日）

2. 企 业

中华人民共和国个人独资企业法 ……… (116)
　　（1999 年 8 月 30 日）
中华人民共和国中小企业促进法 ……… (119)
　　（2017 年 9 月 1 日）
中央企业合规管理办法 ………………… (123)
　　（2022 年 8 月 23 日）
中央企业违规经营投资责任追究实施办法
　　（试行）……………………………… (125)
　　（2018 年 7 月 13 日）
关于进一步深化法治央企建设的意见 … (132)
　　（2021 年 10 月 17 日）

二、企业经营合规

1. 工商登记

中华人民共和国市场主体登记管理条例 … (136)
　　（2021 年 7 月 27 日）
企业名称登记管理规定 ………………… (140)
　　（2020 年 12 月 14 日）
企业名称登记管理规定实施办法 ……… (141)
　　（2023 年 8 月 29 日）

企业信息公示暂行条例 ………………… (146)
　　（2024 年 3 月 10 日）
中华人民共和国市场主体登记管理条例实施
　　细则 ………………………………… (148)
　　（2022 年 3 月 1 日）

---

* 编者按：本目录中的时间为法律文件的公布时间或最后一次修正、修订公布时间。

外国（地区）企业在中国境内从事生产经营
　　活动登记管理办法 …………………………（154）
　　（2020年10月23日）
对外贸易经营者备案登记办法 ………………（156）
　　（2021年5月10日）

2. 公司股份、债券

中华人民共和国证券法 ………………………（157）
　　（2019年12月28日）
中华人民共和国证券投资基金法 ……………（177）
　　（2015年4月24日）
企业债券管理条例 ……………………………（190）
　　（2011年1月8日）
私募投资基金监督管理条例 …………………（192）
　　（2023年7月3日）
中国证券监督管理委员会限制证券买卖实施
　　办法 …………………………………………（198）
　　（2020年10月30日）
公司债券发行与交易管理办法 ………………（199）
　　（2023年10月20日）
可转换公司债券管理办法 ……………………（207）
　　（2020年12月31日）
证券市场禁入规定 ……………………………（209）
　　（2021年6月15日）
证券公司和证券投资基金管理公司合规管理
　　办法 …………………………………………（211）
　　（2020年3月20日）
证券发行上市保荐业务管理办法 ……………（215）
　　（2023年2月17日）
证券公司和证券投资基金管理公司境外设立、
　　收购、参股经营机构管理办法 ……………（223）
　　（2021年1月15日）
中央企业债券发行管理办法 …………………（227）
　　（2023年4月26日）
最高人民法院关于对与证券交易所监管职能相
　　关的诉讼案件管辖与受理问题的规定 ……（229）
　　（2020年12月29日）
最高人民法院关于证券纠纷代表人诉讼若干问
　　题的规定 ……………………………………（230）
　　（2020年7月30日）
最高人民法院关于人民法院强制执行股权若干
　　问题的规定 …………………………………（233）
　　（2021年12月20日）

最高人民法院、最高人民检察院、公安部、中
　　国证券监督管理委员会关于进一步规范人民
　　法院冻结上市公司质押股票工作的意见 …（235）
　　（2021年3月1日）
关于证券违法行为人财产优先用于承担民事赔
　　偿责任有关事项的规定 ……………………（236）
　　（2022年7月27日）
最高人民法院关于审理证券市场虚假陈述侵权
　　民事赔偿案件的若干规定 …………………（238）
　　（2022年1月21日）
最高人民法院、最高人民检察院关于办理内幕
　　交易、泄露内幕信息刑事案件具体应用法律
　　若干问题的解释 ……………………………（242）
　　（2012年3月29日）
最高人民法院、最高人民检察院关于办理操纵
　　证券、期货市场刑事案件适用法律若干问题
　　的解释 ………………………………………（243）
　　（2019年6月27日）
最高人民法院、最高人民检察院关于办理利用
　　未公开信息交易刑事案件适用法律若干问题
　　的解释 ………………………………………（245）
　　（2019年6月27日）

3. 公司并购重组与改制

上市公司股份回购规则 ………………………（246）
　　（2023年12月15日）
非上市公众公司重大资产重组管理办法 ……（249）
　　（2023年2月17日）
上市公司收购管理办法 ………………………（254）
　　（2020年3月20日）
上市公司重大资产重组管理办法 ……………（266）
　　（2023年2月17日）
关于继续实施企业改制重组有关土地增值税政
　　策的公告 ……………………………………（274）
　　（2023年9月22日）
最高人民法院关于审理与企业改制相关的民事
　　纠纷案件若干问题的规定 …………………（275）
　　（2020年12月29日）
·典型案例·
　　"两高"联合发布依法从严打击私募基金犯
　　　罪典型案例 ………………………………（277）

三、企业治理合规

1. 综　合
企业内部控制基本规范 …………… (284)
　　（2008 年 5 月 22 日）
非上市公众公司监督管理办法 …… (288)
　　（2023 年 2 月 17 日）
上市公司章程指引 ………………… (294)
　　（2023 年 12 月 15 日）
中央企业重大经营风险事件报告工作规则 … (311)
　　（2021 年 12 月 13 日）
关于建立涉案企业合规第三方监督评估机制的
　　指导意见（试行） ……………… (312)
　　（2021 年 6 月 3 日）

2. 国有资产
中华人民共和国企业国有资产法 … (314)
　　（2008 年 10 月 28 日）
企业国有资产监督管理暂行条例 … (319)
　　（2019 年 3 月 2 日）
行政事业性国有资产管理条例 …… (323)
　　（2021 年 2 月 1 日）
国务院关于进一步完善国有资本经营预算制度
　　的意见 …………………………… (326)
　　（2024 年 1 月 1 日）
关于加强中央企业资金内部控制管理有关事项
　　的通知 …………………………… (328)
　　（2021 年 3 月 2 日）

3. 信息披露
上市公司信息披露管理办法 ……… (330)
　　（2021 年 3 月 18 日）

中国证券监督管理委员会关于进一步提高首次
　　公开发行股票公司财务信息披露质量有关问
　　题的意见 ………………………… (336)
　　（2012 年 5 月 23 日）

4. 企业破产、清算
中华人民共和国企业破产法 ……… (339)
　　（2006 年 8 月 27 日）
最高人民法院关于适用《中华人民共和国企业
　　破产法》若干问题的规定（一） … (349)
　　（2011 年 9 月 9 日）
最高人民法院关于适用《中华人民共和国企业
　　破产法》若干问题的规定（二） … (350)
　　（2020 年 12 月 29 日）
最高人民法院关于适用《中华人民共和国企业
　　破产法》若干问题的规定（三） … (355)
　　（2020 年 12 月 29 日）
最高人民法院关于审理企业破产案件若干问题
　　的规定 …………………………… (356)
　　（2002 年 7 月 30 日）
最高人民法院关于审理企业破产案件指定管理
　　人的规定 ………………………… (364)
　　（2007 年 4 月 12 日）
最高人民法院关于审理企业破产案件确定管理
　　人报酬的规定 …………………… (367)
　　（2007 年 4 月 12 日）
最高人民法院关于《中华人民共和国企业破产
　　法》施行时尚未审结的企业破产案件适用法
　　律若干问题的规定 ……………… (369)
　　（2007 年 4 月 25 日）

四、企业高管合规

国务院办公厅关于上市公司独立董事制度改革
　　的意见 …………………………… (371)
　　（2023 年 4 月 7 日）

上市公司独立董事管理办法 ……… (373)
　　（2023 年 8 月 1 日）
上市公司股东大会规则 …………… (379)
　　（2022 年 1 月 5 日）

上市公司董事长谈话制度实施办法 …………（383）
　　（2022 年 1 月 5 日）

上市公司董事、监事和高级管理人员所持本公司股份及其变动管理规则 …………（384）
　　（2022 年 1 月 5 日）

五、企业专项合规

1. 市场交易

优化营商环境条例 …………………………（386）
　　（2019 年 10 月 22 日）
保障中小企业款项支付条例 ………………（392）
　　（2020 年 7 月 5 日）
市场监督管理严重违法失信名单管理办法 ……（394）
　　（2021 年 7 月 30 日）

2. 财务、税务、审计

中华人民共和国会计法 ……………………（396）
　　（2017 年 11 月 4 日）
中华人民共和国企业所得税法 ……………（400）
　　（2018 年 12 月 29 日）
中华人民共和国个人所得税法 ……………（404）
　　（2018 年 8 月 31 日）
中华人民共和国印花税法 …………………（407）
　　（2022 年 6 月 10 日）
中华人民共和国审计法 ……………………（410）
　　（2021 年 10 月 23 日）
审计机关审计听证规定 ……………………（413）
　　（2021 年 11 月 19 日）

3. 劳动用工

中华人民共和国劳动法 ……………………（415）
　　（2018 年 12 月 29 日）
中华人民共和国劳动合同法 ………………（421）
　　（2012 年 12 月 28 日）
中华人民共和国劳动争议调解仲裁法 ……（429）
　　（2007 年 12 月 29 日）
中华人民共和国社会保险法 ………………（433）
　　（2018 年 12 月 29 日）
中华人民共和国劳动合同法实施条例 ……（440）
　　（2008 年 9 月 18 日）
社会保险经办条例 …………………………（442）
　　（2023 年 8 月 16 日）

工伤保险条例 ………………………………（446）
　　（2010 年 12 月 20 日）
最低工资规定 ………………………………（453）
　　（2004 年 1 月 20 日）
实施《中华人民共和国社会保险法》若干规定 …（454）
　　（2011 年 6 月 29 日）
最高人民法院关于审理劳动争议案件适用法律问题的解释（一）…………………（457）
　　（2020 年 12 月 29 日）
·典型案例·
最高法、人社部、全总发布涉欠薪纠纷典型案例 ……………………………（461）
人力资源社会保障部、最高人民法院关于联合发布第三批劳动人事争议典型案例的通知 ……（467）

4. 安全生产

中华人民共和国安全生产法 ………………（472）
　　（2021 年 6 月 10 日）
中央企业安全生产监督管理办法 …………（485）
　　（2024 年 1 月 9 日）
·典型案例·
人民法院、检察机关依法惩治危害生产安全犯罪典型案例 …………………………（490）

5. 数据保护与网络安全

中华人民共和国数据安全法 ………………（495）
　　（2021 年 6 月 10 日）
中华人民共和国个人信息保护法 …………（498）
　　（2021 年 8 月 20 日）
中华人民共和国网络安全法 ………………（504）
　　（2016 年 11 月 7 日）
中华人民共和国密码法 ……………………（510）
　　（2019 年 10 月 26 日）
商用密码管理条例 …………………………（513）
　　（2023 年 4 月 27 日）

关键信息基础设施安全保护条例 …………… (518)
　　(2021年7月30日)
网络安全审查办法 …………………………… (521)
　　(2021年12月28日)
证券期货业网络和信息安全管理办法 ………… (523)
　　(2023年2月27日)

6. 知识产权
中华人民共和国著作权法 …………………… (529)
　　(2020年11月11日)
最高人民法院关于审理著作权民事纠纷案件适
　　用法律若干问题的解释 ………………… (536)
　　(2020年12月29日)
中华人民共和国商标法 ……………………… (538)
　　(2019年4月23日)
最高人民法院关于审理商标民事纠纷案件适用
　　法律若干问题的解释 …………………… (545)
　　(2020年12月29日)
中华人民共和国专利法 ……………………… (547)
　　(2020年10月17日)
中华人民共和国专利法实施细则 …………… (553)
　　(2023年12月11日)
最高人民法院关于审理专利纠纷案件适用法律
　　问题的若干规定 ………………………… (569)
　　(2020年12月29日)
最高人民法院关于知识产权民事诉讼证据的若
　　干规定 …………………………………… (571)
　　(2020年11月16日)
・典型案例・
　中国杂技团有限公司诉吴桥县桑园镇张硕
　　　杂技团等著作权权属、侵权纠纷案 …… (574)
　郑州曳头网络科技有限公司与浙江天猫网
　　　络有限公司、丁晓梅等侵害外观设计专
　　　利权先予执行案 ………………………… (578)
　江苏中讯数码电子有限公司与山东比特智
　　　能科技股份有限公司因恶意提起知识产
　　　权诉讼损害责任纠纷案 ………………… (579)

7. 反垄断
中华人民共和国反垄断法 …………………… (584)
　　(2022年6月24日)
国务院关于经营者集中申报标准的规定 …… (589)
　　(2024年1月22日)

最高人民法院关于审理因垄断行为引发的民事
　　纠纷案件应用法律若干问题的规定 …… (590)
　　(2020年12月29日)
・典型案例・
　人民法院反垄断典型案例 ………………… (591)

8. 反不正当竞争
中华人民共和国反不正当竞争法 …………… (596)
　　(2019年4月23日)
最高人民法院关于适用《中华人民共和国反不
　　正当竞争法》若干问题的解释 ………… (598)
　　(2022年3月16日)
・典型案例・
　人民法院反不正当竞争典型案例 ………… (601)

9. 环境保护
中华人民共和国环境保护法 ………………… (604)
　　(2014年4月24日)
中华人民共和国海洋环境保护法 …………… (609)
　　(2023年10月24日)
中华人民共和国固体废物污染环境防治法 … (621)
　　(2020年4月29日)
中华人民共和国噪声污染防治法 …………… (632)
　　(2021年12月24日)
中华人民共和国环境影响评价法 …………… (639)
　　(2018年12月29日)
中华人民共和国环境保护税法 ……………… (642)
　　(2018年10月26日)
中华人民共和国环境保护税法实施条例 …… (650)
　　(2017年12月25日)
中央企业节约能源与生态环境保护监督管理
　　办法 ……………………………………… (652)
　　(2022年6月29日)
最高人民法院关于生态环境侵权民事诉讼证据
　　的若干规定 ……………………………… (654)
　　(2023年8月14日)
最高人民法院关于审理生态环境侵权责任纠纷
　　案件适用法律若干问题的解释 ………… (657)
　　(2023年8月14日)
最高人民法院、最高人民检察院关于办理环境
　　污染刑事案件适用法律若干问题的解释 … (659)
　　(2023年8月8日)

最高人民法院关于审理生态环境侵权纠纷案件适用惩罚性赔偿的解释 ……（662）
（2022年1月12日）
·典型案例·
人民法院依法审理固体废物污染环境典型案例 ……（663）

10. 招标投标
中华人民共和国招标投标法 ……（668）
（2017年12月27日）
中华人民共和国招标投标法实施条例 ……（673）
（2019年3月2日）
中华人民共和国政府采购法 ……（680）
（2014年8月31日）
中华人民共和国政府采购法实施条例 ……（686）
（2015年1月30日）
政府采购货物和服务招标投标管理办法 ……（693）
（2017年7月11日）

11. 产品质量
中华人民共和国产品质量法 ……（701）
（2018年12月29日）
中华人民共和国农产品质量安全法 ……（707）
（2022年9月2日）
中华人民共和国消费者权益保护法 ……（714）
（2013年10月25日）
中华人民共和国食品安全法 ……（719）
（2021年4月29日）
中华人民共和国食品安全法实施条例 ……（737）
（2019年3月26日）

最高人民法院、最高人民检察院关于办理危害食品安全刑事案件适用法律若干问题的解释 ……（743）
（2021年12月30日）
·典型案例·
"两高"联合发布危害食品安全犯罪典型案例 ……（747）
食品安全惩罚性赔偿典型案例 ……（748）
最高法、最高检联合发布危害食品安全刑事典型案例 ……（751）

12. 广告管理
中华人民共和国广告法 ……（755）
（2021年4月29日）
互联网广告管理办法 ……（762）
（2023年2月25日）
广告绝对化用语执法指南 ……（765）
（2023年2月25日）

13. 外商投资
中华人民共和国外商投资法 ……（766）
（2019年3月15日）
中华人民共和国外商投资法实施条例 ……（768）
（2019年12月26日）
最高人民法院关于适用《中华人民共和国外商投资法》若干问题的解释 ……（772）
（2019年12月26日）
最高人民法院关于审理外商投资企业纠纷案件若干问题的规定（一） ……（773）
（2020年12月29日）

六、人大代表建议、政协委员提案答复

1. 企业合规
对十三届全国人民代表大会闭会期间第BH015号建议的答复 ……（776）
——关于加快提升我国企业合规管理水平建设具有全球竞争力的世界一流企业的建议
（2023年1月5日）

对十三届全国人大五次会议第1500号建议的答复 ……（776）
——关于加快提升我国企业合规管理水平建设具有全球竞争力的世界一流企业的建议
（2022年8月3日）
对十三届全国人大四次会议第7812号建议的答复 ……（777）
——关于央企、国企建立"企业法治中心"的建议
（2021年7月6日）

对十三届全国人大四次会议第 4485 号建议的
　　答复 ………………………………………（777）
　　——关于加强企业合规建设的建议
　　（2021 年 7 月 6 日）
对十三届全国人大四次会议第 1987 号建议的
　　答复 ………………………………………（778）
　　——关于推进国有企业内部刑事合规的建议
　　（2021 年 7 月 6 日）

2. 市场监管

对十三届全国人大四次会议第 1233 号建议的
　　答复 ………………………………………（778）
　　——关于完善儿童食品安全标准的建议
　　（2021 年 10 月 22 日）
对十三届全国人大一次会议第 2311 号建议的
　　答复 ………………………………………（779）
　　——关于推进产品质量监督抽查制度改革的
　　建议
　　（2019 年 4 月 12 日）
对十三届全国人大五次会议第 2402 号建议的
　　答复 ………………………………………（780）
　　——关于进一步加强农村食品安全监管的建议
　　（2022 年 11 月 10 日）
对十三届全国人大三次会议第 3386 号建议的
　　答复 ………………………………………（782）
　　——关于进一步完善商誉保护立法的建议
　　（2020 年 11 月 8 日）
对十三届全国人大四次会议第 3411 号建议的
　　答复 ………………………………………（783）
　　——关于进一步完善商誉保护立法的建议
　　（2021 年 11 月 10 日）

3. 知识产权

国家知识产权局关于政协第十四届全国委员会
　　第一次会议第 00858 号（科学技术类 041
　　号）提案答复的函 ………………………（784）
　　——关于加强商标品牌建设，推动经济高质
　　量发展的提案
　　（2023 年 8 月 31 日）

国家知识产权局对十四届全国人大一次会议第
　　7522 号建议答复的函 ……………………（787）
　　——关于加强打击商标恶意抢注优化知识产
　　权保护的建议
　　（2023 年 8 月 21 日）
国家知识产权局对十四届全国人大一次会议第
　　1702 号建议答复的函 ……………………（788）
　　——关于"统筹盘活知识产权存量资产与扩
　　大知识产权有效增量"的建议
　　（2023 年 8 月 21 日）
国家知识产权局关于政协第十四届全国委员会
　　第一次会议第 00059 号（科学技术类 004
　　号）提案答复的函…………………………（790）
　　——关于发挥知识产权要素在中小企业创新
　　发展中的作用的提案
　　（2023 年 8 月 21 日）

4. 环境保护

对十四届全国人大一次会议第 6864 号建议的
　　答复 ………………………………………（791）
　　——关于加大对重点行业重点重金属污染物
　　减排项目和固体废物资源化利用项目资
　　金支持力度的建议
　　（2023 年 6 月 29 日）
对十四届全国人大一次会议第 6252 号建议的
　　答复 ………………………………………（792）
　　——关于允许符合条件的企业参与重污染天
　　气重点行业绩效分级的建议
　　（2023 年 6 月 29 日）
对十四届全国人大一次会议第 0224 号建议的
　　答复 ………………………………………（792）
　　——关于加快环境产品声明平台建设持续推
　　动企业发展方式绿色转型的建议
　　（2023 年 6 月 29 日）

一、综　合

1. 公　司

中华人民共和国公司法

- 1993年12月29日第八届全国人民代表大会常务委员会第五次会议通过
- 根据1999年12月25日第九届全国人民代表大会常务委员会第十三次会议《关于修改〈中华人民共和国公司法〉的决定》第一次修正
- 根据2004年8月28日第十届全国人民代表大会常务委员会第十一次会议《关于修改〈中华人民共和国公司法〉的决定》第二次修正
- 2005年10月27日第十届全国人民代表大会常务委员会第十八次会议第一次修订
- 根据2013年12月28日第十二届全国人民代表大会常务委员会第六次会议《关于修改〈中华人民共和国海洋环境保护法〉等七部法律的决定》第三次修正
- 根据2018年10月26日第十三届全国人民代表大会常务委员会第六次会议《关于修改〈中华人民共和国公司法〉的决定》第四次修正
- 2023年12月29日第十四届全国人民代表大会常务委员会第七次会议第二次修订
- 2023年12月29日中华人民共和国主席令第15号公布
- 自2024年7月1日起施行

第一章　总　则

第一条　【立法目的】* 为了规范公司的组织和行为，保护公司、股东、职工和债权人的合法权益，完善中国特色现代企业制度，弘扬企业家精神，维护社会经济秩序，促进社会主义市场经济的发展，根据宪法，制定本法。

第二条　【调整范围】本法所称公司，是指依照本法在中华人民共和国境内设立的有限责任公司和股份有限公司。

第三条　【公司的法律地位】公司是企业法人，有独立的法人财产，享有法人财产权。公司以其全部财产对公司的债务承担责任。

公司的合法权益受法律保护，不受侵犯。

第四条　【股东有限责任和基本权利】有限责任公司的股东以其认缴的出资额为限对公司承担责任；股份有限公司的股东以其认购的股份为限对公司承担责任。

公司股东对公司依法享有资产收益、参与重大决策和选择管理者等权利。

第五条　【公司章程】设立公司应当依法制定公司章程。公司章程对公司、股东、董事、监事、高级管理人员具有约束力。

第六条　【公司名称】公司应当有自己的名称。公司名称应当符合国家有关规定。

公司的名称权受法律保护。

第七条　【公司名称中的公司类型】依照本法设立的有限责任公司，应当在公司名称中标明有限责任公司或者有限公司字样。

依照本法设立的股份有限公司，应当在公司名称中标明股份有限公司或者股份公司字样。

第八条　【公司住所】公司以其主要办事机构所在地为住所。

第九条　【经营范围】公司的经营范围由公司章程规定。公司可以修改公司章程，变更经营范围。

公司的经营范围中属于法律、行政法规规定须经批准的项目，应当依法经过批准。

第十条　【担任法定代表人的主体范围】公司的法定代表人按照公司章程的规定，由代表公司执行公司事务的董事或者经理担任。

担任法定代表人的董事或者经理辞任的，视为同时辞去法定代表人。

法定代表人辞任的，公司应当在法定代表人辞任之日起三十日内确定新的法定代表人。

第十一条　【法定代表人行为的法律后果】法定代表人以公司名义从事的民事活动，其法律后果由公司承受。

公司章程或者股东会对法定代表人职权的限制，不得对抗善意相对人。

---

* 条文主旨为编者所加，下同。

法定代表人因执行职务造成他人损害的,由公司承担民事责任。公司承担民事责任后,依照法律或者公司章程的规定,可以向有过错的法定代表人追偿。

第十二条 【公司形式变更】有限责任公司变更为股份有限公司,应当符合本法规定的股份有限公司的条件。股份有限公司变更为有限责任公司,应当符合本法规定的有限责任公司的条件。

有限责任公司变更为股份有限公司的,或者股份有限公司变更为有限责任公司的,公司变更前的债权、债务由变更后的公司承继。

第十三条 【子公司和分公司】公司可以设立子公司。子公司具有法人资格,依法独立承担民事责任。

公司可以设立分公司。分公司不具有法人资格,其民事责任由公司承担。

第十四条 【转投资】公司可以向其他企业投资。

法律规定公司不得成为对所投资企业的债务承担连带责任的出资人的,从其规定。

第十五条 【转投资和为他人提供担保的内部程序】公司向其他企业投资或者为他人提供担保,按照公司章程的规定,由董事会或者股东会决议;公司章程对投资或者担保的总额及单项投资或者担保的数额有限额规定的,不得超过规定的限额。

公司为公司股东或者实际控制人提供担保的,应当经股东会决议。

前款规定的股东或者受前款规定的实际控制人支配的股东,不得参加前款规定事项的表决。该项表决由出席会议的其他股东所持表决权的过半数通过。

第十六条 【职工权益和教育培训】公司应当保护职工的合法权益,依法与职工签订劳动合同,参加社会保险,加强劳动保护,实现安全生产。

公司应当采用多种形式,加强公司职工的职业教育和岗位培训,提高职工素质。

第十七条 【工会和职工代表大会】公司职工依照《中华人民共和国工会法》组织工会,开展工会活动,维护职工合法权益。公司应当为本公司工会提供必要的活动条件。公司工会代表职工就职工的劳动报酬、工作时间、休息休假、劳动安全卫生和保险福利等事项依法与公司签订集体合同。

公司依照宪法和有关法律的规定,建立健全以职工代表大会为基本形式的民主管理制度,通过职工代表大会或者其他形式,实行民主管理。

公司研究决定改制、解散、申请破产以及经营方面的重大问题、制定重要的规章制度时,应当听取公司工会的意见,并通过职工代表大会或者其他形式听取职工的意见和建议。

第十八条 【党组织】在公司中,根据中国共产党章程的规定,设立中国共产党的组织,开展党的活动。公司应当为党组织的活动提供必要条件。

第十九条 【公司基本义务】公司从事经营活动,应当遵守法律法规,遵守社会公德、商业道德,诚实守信,接受政府和社会公众的监督。

第二十条 【公司社会责任】公司从事经营活动,应当充分考虑公司职工、消费者等利益相关者的利益以及生态环境保护等社会公共利益,承担社会责任。

国家鼓励公司参与社会公益活动,公布社会责任报告。

第二十一条 【不得滥用股东权利】公司股东应当遵守法律、行政法规和公司章程,依法行使股东权利,不得滥用股东权利损害公司或者其他股东的利益。

公司股东滥用股东权利给公司或者其他股东造成损失的,应当承担赔偿责任。

第二十二条 【关联交易】公司的控股股东、实际控制人、董事、监事、高级管理人员不得利用关联关系损害公司利益。

违反前款规定,给公司造成损失的,应当承担赔偿责任。

第二十三条 【公司人格否认】公司股东滥用公司法人独立地位和股东有限责任,逃避债务,严重损害公司债权人利益的,应当对公司债务承担连带责任。

股东利用其控制的两个以上公司实施前款规定行为的,各公司应当对任一公司的债务承担连带责任。

只有一个股东的公司,股东不能证明公司财产独立于股东自己的财产的,应当对公司债务承担连带责任。

第二十四条 【电子通信方式开会和表决】公司股东会、董事会、监事会召开会议和表决可以采用电子通信方式,公司章程另有规定的除外。

第二十五条 【决议的无效】公司股东会、董事会的决议内容违反法律、行政法规的无效。

第二十六条 【决议的撤销】公司股东会、董事会的会议召集程序、表决方式违反法律、行政法规或者公司章程,或者决议内容违反公司章程的,股东自决议作出之日起六十日内,可以请求人民法院撤销。但是,股东会、董事会的会议召集程序或者表决方式仅有轻微瑕疵,对决议未产生实质影响的除外。

未被通知参加股东会会议的股东自知道或者应当知道股东会决议作出之日起六十日内,可以请求人民法院撤销;自决议作出之日起一年内没有行使撤销权的,撤销权消灭。

第二十七条 【决议的不成立】有下列情形之一的,公司股东会、董事会的决议不成立:

(一)未召开股东会、董事会会议作出决议;

(二)股东会、董事会会议未对决议事项进行表决;

(三)出席会议的人数或者所持表决权数未达到本法或者公司章程规定的人数或者所持表决权数;

(四)同意决议事项的人数或者所持表决权数未达到本法或者公司章程规定的人数或者所持表决权数。

第二十八条 【瑕疵决议的法律后果】公司股东会、董事会决议被人民法院宣告无效、撤销或者确认不成立的,公司应当向公司登记机关申请撤销根据该决议已办理的登记。

股东会、董事会决议被人民法院宣告无效、撤销或者确认不成立的,公司根据该决议与善意相对人形成的民事法律关系不受影响。

第二章 公司登记

第二十九条 【设立登记的原则】设立公司,应当依法向公司登记机关申请设立登记。

法律、行政法规规定设立公司必须报经批准的,应当在公司登记前依法办理批准手续。

第三十条 【设立登记的申请材料】申请设立公司,应当提交设立登记申请书、公司章程等文件,提交的相关材料应当真实、合法和有效。

申请材料不齐全或者不符合法定形式的,公司登记机关应当一次性告知需要补正的材料。

第三十一条 【申请设立登记的法律效果】申请设立公司,符合本法规定的设立条件的,由公司登记机关分别登记为有限责任公司或者股份公司;不符合本法规定的设立条件的,不得登记为有限责任公司或者股份有限公司。

第三十二条 【公司登记事项】公司登记事项包括:

(一)名称;

(二)住所;

(三)注册资本;

(四)经营范围;

(五)法定代表人的姓名;

(六)有限责任公司股东、股份有限公司发起人的姓名或者名称。

公司登记机关应当将前款规定的公司登记事项通过国家企业信用信息公示系统向社会公示。

第三十三条 【营业执照】依法设立的公司,由公司登记机关发给公司营业执照。公司营业执照签发日期为公司成立日期。

公司营业执照应当载明公司的名称、住所、注册资本、经营范围、法定代表人姓名等事项。

公司登记机关可以发给电子营业执照。电子营业执照与纸质营业执照具有同等法律效力。

第三十四条 【变更登记和登记效力】公司登记事项发生变更的,应当依法办理变更登记。

公司登记事项未经登记或者未经变更登记,不得对抗善意相对人。

第三十五条 【申请变更登记的材料】公司申请变更登记,应当向公司登记机关提交公司法定代表人签署的变更登记申请书、依法作出的变更决议或者决定等文件。

公司变更登记事项涉及修改公司章程的,应当提交修改后的公司章程。

公司变更法定代表人的,变更登记申请书由变更后的法定代表人签署。

第三十六条 【换发营业执照】公司营业执照记载的事项发生变更的,公司办理变更登记后,由公司登记机关换发营业执照。

第三十七条 【注销登记】公司因解散、被宣告破产或者其他法定事由需要终止的,应当依法向公司登记机关申请注销登记,由公司登记机关公告公司终止。

第三十八条 【分公司的设立登记】公司设立分公司,应当向公司登记机关申请登记,领取营业执照。

第三十九条 【公司登记的撤销】虚报注册资本、提交虚假材料或者采取其他欺诈手段隐瞒重要事实取得公司设立登记的,公司登记机关应当依照法律、行政法规的规定予以撤销。

第四十条 【信息公示】公司应当按照规定通过国家企业信用信息公示系统公示下列事项:

(一)有限责任公司股东认缴和实缴的出资额、出资方式和出资日期,股份有限公司发起人认购的股份数;

(二)有限责任公司股东、股份有限公司发起人的股权、股份变更信息;

(三)行政许可取得、变更、注销等信息;

(四)法律、行政法规规定的其他信息。

公司应当确保前款公示信息真实、准确、完整。

第四十一条　【公司登记便利化】公司登记机关应当优化公司登记办理流程,提高公司登记效率,加强信息化建设,推行网上办理等便捷方式,提升公司登记便利化水平。

国务院市场监督管理部门根据本法和有关法律、行政法规的规定,制定公司登记注册的具体办法。

第三章　有限责任公司的设立和组织机构

第一节　设　立

第四十二条　【股东人数】有限责任公司由一个以上五十个以下股东出资设立。

第四十三条　【设立协议】有限责任公司设立时,股东可以签订设立协议,明确各自在公司设立过程中的权利和义务。

第四十四条　【设立责任】有限责任公司设立时,股东为设立公司从事的民事活动,其法律后果由公司承受。

公司未成立的,其法律后果由公司设立时的股东承受;设立时的股东为二人以上的,享有连带债权,承担连带债务。

设立时的股东为设立公司以自己的名义从事民事活动产生的民事责任,第三人有权选择请求公司或者公司设立时的股东承担。

设立时的股东因履行公司设立职责造成他人损害的,公司或者无过错的股东承担赔偿责任后,可以向有过错的股东追偿。

第四十五条　【公司章程制定】设立有限责任公司,应当由股东共同制定公司章程。

第四十六条　【公司章程记载事项】有限责任公司章程应当载明下列事项:

(一)公司名称和住所;
(二)公司经营范围;
(三)公司注册资本;
(四)股东的姓名或者名称;
(五)股东的出资额、出资方式和出资日期;
(六)公司的机构及其产生办法、职权、议事规则;
(七)公司法定代表人的产生、变更办法;
(八)股东会认为需要规定的其他事项。

股东应当在公司章程上签名或者盖章。

第四十七条　【注册资本】有限责任公司的注册资本为在公司登记机关登记的全体股东认缴的出资额。全体股东认缴的出资额由股东按照公司章程的规定自公司成立之日起五年内缴足。

法律、行政法规以及国务院决定对有限责任公司注册资本实缴、注册资本最低限额、股东出资期限另有规定的,从其规定。

第四十八条　【出资方式】股东可以用货币出资,也可以用实物、知识产权、土地使用权、股权、债权等可以用货币估价并可以依法转让的非货币财产作价出资;但是,法律、行政法规规定不得作为出资的财产除外。

对作为出资的非货币财产应当评估作价,核实财产,不得高估或者低估作价。法律、行政法规对评估作价有规定的,从其规定。

第四十九条　【股东履行出资义务】股东应当按期足额缴纳公司章程规定的各自所认缴的出资额。

股东以货币出资的,应当将货币出资足额存入有限责任公司在银行开设的账户;以非货币财产出资的,应当依法办理其财产权的转移手续。

股东未按期足额缴纳出资的,除应当向公司足额缴纳外,还应当对给公司造成的损失承担赔偿责任。

第五十条　【公司设立时股东的资本充实责任】有限责任公司设立时,股东未按照公司章程规定实际缴纳出资,或者实际出资的非货币财产的实际价额显著低于所认缴的出资额的,设立时的其他股东与该股东在出资不足的范围内承担连带责任。

第五十一条　【董事会催缴出资】有限责任公司成立后,董事会应当对股东的出资情况进行核查,发现股东未按期足额缴纳公司章程规定的出资的,应当由公司向该股东发出书面催缴书,催缴出资。

未及时履行前款规定的义务,给公司造成损失的,负有责任的董事应当承担赔偿责任。

第五十二条　【股东失权】股东未按照公司章程规定的出资日期缴纳出资,公司依照前条第一款规定发出书面催缴书催缴出资的,可以载明缴纳出资的宽限期;宽限期自公司发出催缴书之日起,不得少于六十日。宽限期届满,股东仍未履行出资义务的,公司经董事会决议可以向该股东发出失权通知,通知应当以书面形式发出。自通知发出之日起,该股东丧失其未缴纳出资的股权。

依照前款规定丧失的股权应当依法转让,或者相应减少注册资本并注销该股权;六个月内未转让或者注销的,由公司其他股东按照其出资比例足额缴纳相应出资。

股东对失权有异议的,应当自接到失权通知之日起三十日内,向人民法院提起诉讼。

第五十三条　【抽逃出资】公司成立后,股东不得抽逃出资。

违反前款规定的,股东应当返还抽逃的出资;给公司造成损失的,负有责任的董事、监事、高级管理人员应当与该股东承担连带赔偿责任。

第五十四条 【股东提前缴纳出资】公司不能清偿到期债务的,公司或者已到期债权的债权人有权要求已认缴出资但未届出资期限的股东提前缴纳出资。

第五十五条 【出资证明书】有限责任公司成立后,应当向股东签发出资证明书,记载下列事项:

(一)公司名称;

(二)公司成立日期;

(三)公司注册资本;

(四)股东的姓名或者名称、认缴和实缴的出资额、出资方式和出资日期;

(五)出资证明书的编号和核发日期。

出资证明书由法定代表人签名,并由公司盖章。

第五十六条 【股东名册】有限责任公司应当置备股东名册,记载下列事项:

(一)股东的姓名或者名称及住所;

(二)股东认缴和实缴的出资额、出资方式和出资日期;

(三)出资证明书编号;

(四)取得和丧失股东资格的日期。

记载于股东名册的股东,可以依股东名册主张行使股东权利。

第五十七条 【股东查阅权】股东有权查阅、复制公司章程、股东名册、股东会会议记录、董事会会议决议、监事会会议决议和财务会计报告。

股东可以要求查阅公司会计账簿、会计凭证。股东要求查阅公司会计账簿、会计凭证的,应当向公司提出书面请求,说明目的。公司有合理根据认为股东查阅会计账簿、会计凭证有不正当目的,可能损害公司合法利益的,可以拒绝提供查阅,并应当自股东提出书面请求之日起十五日内书面答复股东并说明理由。公司拒绝提供查阅的,股东可以向人民法院提起诉讼。

股东查阅前款规定的材料,可以委托会计师事务所、律师事务所等中介机构进行。

股东及其委托的会计师事务所、律师事务所等中介机构查阅、复制有关材料,应当遵守有关保护国家秘密、商业秘密、个人隐私、个人信息等法律、行政法规的规定。

股东要求查阅、复制公司全资子公司相关材料的,适用前四款的规定。

第二节 组织机构

第五十八条 【股东会的组成和定位】有限责任公司股东会由全体股东组成。股东会是公司的权力机构,依照本法行使职权。

第五十九条 【股东会的职权】股东会行使下列职权:

(一)选举和更换董事、监事,决定有关董事、监事的报酬事项;

(二)审议批准董事会的报告;

(三)审议批准监事会的报告;

(四)审议批准公司的利润分配方案和弥补亏损方案;

(五)对公司增加或者减少注册资本作出决议;

(六)对发行公司债券作出决议;

(七)对公司合并、分立、解散、清算或者变更公司形式作出决议;

(八)修改公司章程;

(九)公司章程规定的其他职权。

股东会可以授权董事会对发行公司债券作出决议。

对本条第一款所列事项股东以书面形式一致表示同意的,可以不召开股东会会议,直接作出决定,并由全体股东在决定文件上签名或者盖章。

第六十条 【一人有限责任公司的股东决定】只有一个股东的有限责任公司不设股东会。股东作出前条第一款所列事项的决定时,应当采用书面形式,并由股东签名或者盖章后置备于公司。

第六十一条 【首次股东会会议】首次股东会会议由出资最多的股东召集和主持,依照本法规定行使职权。

第六十二条 【股东会会议的类型和召开要求】股东会会议分为定期会议和临时会议。

定期会议应当按照公司章程的规定按时召开。代表十分之一以上表决权的股东、三分之一以上的董事或者监事会提议召开临时会议的,应当召开临时会议。

第六十三条 【股东会会议的召集和主持】股东会会议由董事会召集,董事长主持;董事长不能履行职务或者不履行职务的,由副董事长主持;副董事长不能履行职务或者不履行职务的,由过半数的董事共同推举一名董事主持。

董事会不能履行或者不履行召集股东会会议职责的,由监事会召集和主持;监事会不召集和主持的,代表十分之一以上表决权的股东可以自行召集和主持。

第六十四条 【股东会会议的通知和记录】召开股

东会会议，应当于会议召开十五日前通知全体股东；但是，公司章程另有规定或者全体股东另有约定的除外。

股东会应当对所议事项的决定作成会议记录，出席会议的股东应当在会议记录上签名或者盖章。

第六十五条　【股东表决权】股东会会议由股东按照出资比例行使表决权；但是，公司章程另有规定的除外。

第六十六条　【股东会决议通过比例】股东会的议事方式和表决程序，除本法有规定的外，由公司章程规定。

股东会作出决议，应当经代表过半数表决权的股东通过。

股东会作出修改公司章程、增加或者减少注册资本的决议，以及公司合并、分立、解散或者变更公司形式的决议，应当经代表三分之二以上表决权的股东通过。

第六十七条　【董事会的职权】有限责任公司设董事会，本法第七十五条另有规定的除外。

董事会行使下列职权：

（一）召集股东会会议，并向股东会报告工作；

（二）执行股东会的决议；

（三）决定公司的经营计划和投资方案；

（四）制订公司的利润分配方案和弥补亏损方案；

（五）制订公司增加或者减少注册资本以及发行公司债券的方案；

（六）制订公司合并、分立、解散或者变更公司形式的方案；

（七）决定公司内部管理机构的设置；

（八）决定聘任或者解聘公司经理及其报酬事项，并根据经理的提名决定聘任或者解聘公司副经理、财务负责人及其报酬事项；

（九）制定公司的基本管理制度；

（十）公司章程规定或者股东会授予的其他职权。

公司章程对董事会职权的限制不得对抗善意相对人。

第六十八条　【董事会的组成】有限责任公司董事会成员为三人以上，其成员中可以有公司职工代表。职工人数三百人以上的有限责任公司，除依法设监事会并有公司职工代表的外，其董事会成员中应当有公司职工代表。董事会中的职工代表由公司职工通过职工代表大会、职工大会或者其他形式民主选举产生。

董事会设董事长一人，可以设副董事长。董事长、副董事长的产生办法由公司章程规定。

第六十九条　【审计委员会和监事会的选择设置】有限责任公司可以按照公司章程的规定在董事会中设置由董事组成的审计委员会，行使本法规定的监事会的职权，不设监事会或者监事。公司董事会成员中的职工代表可以成为审计委员会成员。

第七十条　【董事的任期和辞任】董事任期由公司章程规定，但每届任期不得超过三年。董事任期届满，连选可以连任。

董事任期届满未及时改选，或者董事在任期内辞任导致董事会成员低于法定人数的，在改选出的董事就任前，原董事仍应当依照法律、行政法规和公司章程的规定，履行董事职务。

董事辞任的，应当以书面形式通知公司，公司收到通知之日辞任生效，但存在前款规定情形的，董事应当继续履行职务。

第七十一条　【董事的解任】股东会可以决议解任董事，决议作出之日解任生效。

无正当理由，在任期届满前解任董事的，该董事可以要求公司予以赔偿。

第七十二条　【董事会会议的召集和主持】董事会会议由董事长召集和主持；董事长不能履行职务或者不履行职务的，由副董事长召集和主持；副董事长不能履行职务或者不履行职务的，由过半数的董事共同推举一名董事召集和主持。

第七十三条　【董事会的议事方式和表决程序】董事会的议事方式和表决程序，除本法有规定的外，由公司章程规定。

董事会会议应当有过半数的董事出席方可举行。董事会作出决议，应当经全体董事的过半数通过。

董事会决议的表决，应当一人一票。

董事会应当对所议事项的决定作成会议记录，出席会议的董事应当在会议记录上签名。

第七十四条　【经理及其职权】有限责任公司可以设经理，由董事会决定聘任或者解聘。

经理对董事会负责，根据公司章程的规定或者董事会的授权行使职权。经理列席董事会会议。

第七十五条　【不设董事会的董事及其职权】规模较小或者股东人数较少的有限责任公司，可以不设董事会，设一名董事，行使本法规定的董事会的职权。该董事可以兼任公司经理。

第七十六条　【监事会的组成、会议召集和主持】有限责任公司设监事会，本法第六十九条、第八十三条另有规定的除外。

监事会成员为三人以上。监事会成员应当包括股东代表和适当比例的公司职工代表,其中职工代表的比例不得低于三分之一,具体比例由公司章程规定。监事会中的职工代表由公司职工通过职工代表大会、职工大会或者其他形式民主选举产生。

监事会设主席一人,由全体监事过半数选举产生。监事会主席召集和主持监事会会议;监事会主席不能履行职务或者不履行职务的,由过半数的监事共同推举一名监事召集和主持监事会会议。

董事、高级管理人员不得兼任监事。

第七十七条 【监事的任期和辞任】 监事的任期每届为三年。监事任期届满,连选可以连任。

监事任期届满未及时改选,或者监事在任期内辞任导致监事会成员低于法定人数的,在改选出的监事就任前,原监事仍应当依照法律、行政法规和公司章程的规定,履行监事职务。

第七十八条 【监事会的职权】 监事会行使下列职权:

(一)检查公司财务;

(二)对董事、高级管理人员执行职务的行为进行监督,对违反法律、行政法规、公司章程或者股东会决议的董事、高级管理人员提出解任的建议;

(三)当董事、高级管理人员的行为损害公司的利益时,要求董事、高级管理人员予以纠正;

(四)提议召开临时股东会会议,在董事会不履行本法规定的召集和主持股东会会议职责时召集和主持股东会会议;

(五)向股东会会议提出提案;

(六)依照本法第一百八十九条的规定,对董事、高级管理人员提起诉讼;

(七)公司章程规定的其他职权。

第七十九条 【监事的质询建议权和监事会的调查权】 监事可以列席董事会会议,并对董事会决议事项提出质询或者建议。

监事会发现公司经营情况异常,可以进行调查;必要时,可以聘请会计师事务所等协助其工作,费用由公司承担。

第八十条 【董事、高级管理人员配合监事会行使职权】 监事会可以要求董事、高级管理人员提交执行职务的报告。

董事、高级管理人员应当如实向监事会提供有关情况和资料,不得妨碍监事会或者监事行使职权。

第八十一条 【监事会的议事方式和表决程序】 监事会每年度至少召开一次会议,监事可以提议召开临时监事会会议。

监事会的议事方式和表决程序,除本法有规定的外,由公司章程规定。

监事会决议应当经全体监事的过半数通过。

监事会决议的表决,应当一人一票。

监事会应当对所议事项的决定作成会议记录,出席会议的监事应当在会议记录上签名。

第八十二条 【监事会行使职权的费用承担】 监事会行使职权所必需的费用,由公司承担。

第八十三条 【不设监事会的监事及其职权】 规模较小或者股东人数较少的有限责任公司,可以不设监事会,设一名监事,行使本法规定的监事会的职权;经全体股东一致同意,也可以不设监事。

第四章 有限责任公司的股权转让

第八十四条 【股权的自愿转让】 有限责任公司的股东之间可以相互转让其全部或者部分股权。

股东向股东以外的人转让股权的,应当将股权转让的数量、价格、支付方式和期限等事项书面通知其他股东,其他股东在同等条件下有优先购买权。股东自接到书面通知之日起三十日内未答复的,视为放弃优先购买权。两个以上股东行使优先购买权的,协商确定各自的购买比例;协商不成的,按照转让时各自的出资比例行使优先购买权。

公司章程对股权转让另有规定的,从其规定。

第八十五条 【股权的强制转让】 人民法院依照法律规定的强制执行程序转让股东的股权时,应当通知公司及全体股东,其他股东在同等条件下有优先购买权。其他股东自人民法院通知之日起满二十日不行使优先购买权的,视为放弃优先购买权。

第八十六条 【股权转让引起的变更股东名册和变更登记】 股东转让股权的,应当书面通知公司,请求变更股东名册;需要办理变更登记的,并请求公司向公司登记机关办理变更登记。公司拒绝或者在合理期限内不予答复的,转让人、受让人可以依法向人民法院提起诉讼。

股权转让的,受让人自记载于股东名册时起可以向公司主张行使股东权利。

第八十七条 【公司在股权转让后的义务】 依照本法转让股权后,公司应当及时注销原股东的出资证明书,向新股东签发出资证明书,并相应修改公司章程和股东名册中有关股东及其出资额的记载。对公司章程的该项修改不需再由股东会表决。

第八十八条　【股权转让情形下的出资责任】股东转让已认缴出资但未届出资期限的股权的,由受让人承担缴纳该出资的义务;受让人未按期足额缴纳出资的,转让人对受让人未按期缴纳的出资承担补充责任。

未按照公司章程规定的出资日期缴纳出资或者作为出资的非货币财产的实际价额显著低于所认缴的出资额的股东转让股权的,转让人与受让人在出资不足的范围内承担连带责任;受让人不知道且不应当知道存在上述情形的,由转让人承担责任。

第八十九条　【股东股权收购请求权】有下列情形之一的,对股东会该项决议投反对票的股东可以请求公司按照合理的价格收购其股权:

(一)公司连续五年不向股东分配利润,而公司该五年连续盈利,并且符合本法规定的分配利润条件;

(二)公司合并、分立、转让主要财产;

(三)公司章程规定的营业期限届满或者章程规定的其他解散事由出现,股东会通过决议修改章程使公司存续。

自股东会决议作出之日起六十日内,股东与公司不能达成股权收购协议的,股东可以自股东会决议作出之日起九十日内向人民法院提起诉讼。

公司的控股股东滥用股东权利,严重损害公司或者其他股东利益的,其他股东有权请求公司按照合理的价格收购其股权。

公司因本条第一款、第三款规定的情形收购的本公司股权,应当在六个月内依法转让或者注销。

第九十条　【股东资格继承】自然人股东死亡后,其合法继承人可以继承股东资格;但是,公司章程另有规定的除外。

第五章　股份有限公司的设立和组织机构
第一节　设　立

第九十一条　【设立方式】设立股份有限公司,可以采取发起设立或者募集设立的方式。

发起设立,是指由发起人认购设立公司时应发行的全部股份而设立公司。

募集设立,是指由发起人认购设立公司时应发行股份的一部分,其余股份向特定对象募集或者向社会公开募集而设立公司。

第九十二条　【发起人的人数及住所要求】设立股份有限公司,应当有一人以上二百人以下为发起人,其中应当有半数以上的发起人在中华人民共和国境内有住所。

第九十三条　【发起人筹办公司的义务及发起人协议】股份有限公司发起人承担公司筹办事务。

发起人应当签订发起人协议,明确各自在公司设立过程中的权利和义务。

第九十四条　【公司章程制订】设立股份有限公司,应当由发起人共同制订公司章程。

第九十五条　【公司章程记载事项】股份有限公司章程应当载明下列事项:

(一)公司名称和住所;

(二)公司经营范围;

(三)公司设立方式;

(四)公司注册资本、已发行的股份数和设立时发行的股份数,面额股的每股金额;

(五)发行类别股的,每一类别股的股份数及其权利和义务;

(六)发起人的姓名或者名称、认购的股份数、出资方式;

(七)董事会的组成、职权和议事规则;

(八)公司法定代表人的产生、变更办法;

(九)监事会的组成、职权和议事规则;

(十)公司利润分配办法;

(十一)公司的解散事由与清算办法;

(十二)公司的通知和公告办法;

(十三)股东会认为需要规定的其他事项。

第九十六条　【注册资本】股份有限公司的注册资本为在公司登记机关登记的已发行股份的股本总额。在发起人认购的股份缴足前,不得向他人募集股份。

法律、行政法规以及国务院决定对股份有限公司注册资本最低限额另有规定的,从其规定。

第九十七条　【发起人认购股份】以发起设立方式设立股份有限公司的,发起人应当认足公司章程规定的公司设立时应发行的股份。

以募集设立方式设立股份有限公司的,发起人认购的股份不得少于公司章程规定的公司设立时应发行股份总数的百分之三十五;但是,法律、行政法规另有规定的,从其规定。

第九十八条　【发起人履行出资义务】发起人应当在公司成立前按其认购的股份全额缴纳股款。

发起人的出资,适用本法第四十八条、第四十九条第二款关于有限责任公司股东出资的规定。

第九十九条 【发起人瑕疵出资的违约责任】发起人不按照其认购的股份缴纳股款，或者作为出资的非货币财产的实际价额显著低于所认购的股份的，其他发起人与该发起人在出资不足的范围内承担连带责任。

第一百条 【公开募集股份的招股说明书和认股书】发起人向社会公开募集股份，应当公告招股说明书，并制作认股书。认股书应当载明本法第一百五十四条第二款、第三款所列事项，由认股人填写认购的股份数、金额、住所，并签名或者盖章。认股人应当按照所认购股份足额缴纳股款。

第一百零一条 【公开募集股份的验资】向社会公开募集股份的股款缴足后，应当经依法设立的验资机构验资并出具证明。

第一百零二条 【股东名册】股份有限公司应当制作股东名册并置备于公司。股东名册应当记载下列事项：

（一）股东的姓名或者名称及住所；
（二）各股东所认购的股份种类及股份数；
（三）发行纸面形式的股票的，股票的编号；
（四）各股东取得股份的日期。

第一百零三条 【成立大会的召开】募集设立股份有限公司的发起人应当自公司设立时发行股份的股款缴足之日起三十日内召开公司成立大会。发起人应当在成立大会召开十五日前将会议日期通知各认股人或者予以公告。成立大会应当有持有表决权过半数的认股人出席，方可举行。

以发起设立方式设立股份有限公司成立大会的召开和表决程序由公司章程或者发起人协议规定。

第一百零四条 【成立大会的职权】公司成立大会行使下列职权：

（一）审议发起人关于公司筹办情况的报告；
（二）通过公司章程；
（三）选举董事、监事；
（四）对公司的设立费用进行审核；
（五）对发起人非货币财产出资的作价进行审核；
（六）发生不可抗力或者经营条件发生重大变化直接影响公司设立的，可以作出不设立公司的决议。

成立大会对前款所列事项作出决议，应当经出席会议的认股人所持表决权过半数通过。

第一百零五条 【股款返还和不得抽回股本】公司设立时应发行的股份未募足，或者发行股份的股款缴足后，发起人在三十日内未召开成立大会的，认股人可以按照所缴股款并加算银行同期存款利息，要求发起人返还。

发起人、认股人缴纳股款或者交付非货币财产出资后，除未按期募足股份、发起人未按期召开成立大会或者成立大会决议不设立公司的情形外，不得抽回其股本。

第一百零六条 【董事会授权代表申请设立登记】董事会应当授权代表，于公司成立大会结束后三十日内向公司登记机关申请设立登记。

第一百零七条 【股东、董事、监事、高级管理人员的设立责任及资本充实责任】本法第四十四条、第四十九条第三款、第五十一条、第五十二条、第五十三条的规定，适用于股份有限公司。

第一百零八条 【变更公司形式的股本折合及公开发行股份规制】有限责任公司变更为股份有限公司时，折合的实收股本总额不得高于公司净资产额。有限责任公司变更为股份有限公司，为增加注册资本公开发行股份时，应当依法办理。

第一百零九条 【公司特定文件材料的置备】股份有限公司应当将公司章程、股东名册、股东会会议记录、董事会会议记录、监事会会议记录、财务会计报告、债券持有人名册置备于本公司。

第一百一十条 【股东查阅权】股东有权查阅、复制公司章程、股东名册、股东会会议记录、董事会会议决议、监事会会议决议、财务会计报告，对公司的经营提出建议或者质询。

连续一百八十日以上单独或者合计持有公司百分之三以上股份的股东要求查阅公司的会计账簿、会计凭证的，适用本法第五十七条第二款、第三款、第四款的规定。公司章程对持股比例有较低规定的，从其规定。

股东要求查阅、复制公司全资子公司相关材料的，适用前两款的规定。

上市公司股东查阅、复制相关材料的，应当遵守《中华人民共和国证券法》等法律、行政法规的规定。

第二节　股东会

第一百一十一条 【股东会的组成和定位】股份有限公司股东会由全体股东组成。股东会是公司的权力机构，依照本法行使职权。

第一百一十二条 【股东会的职权和一人股份有限公司的股东决定】本法第五十九条第一款、第二款关于有限责任公司股东会职权的规定，适用于股份有限公司股东会。

本法第六十条关于只有一个股东的有限责任公司不设股东会的规定，适用于只有一个股东的股份有限公司。

第一百一十三条 【股东会会议的类型和召开要求】股东会应当每年召开一次年会。有下列情形之一的，应当在两个月内召开临时股东会会议：

（一）董事人数不足本法规定人数或者公司章程所定人数的三分之二时；

（二）公司未弥补的亏损达股本总额三分之一时；

（三）单独或者合计持有公司百分之十以上股份的股东请求时；

（四）董事会认为必要时；

（五）监事会提议召开时；

（六）公司章程规定的其他情形。

第一百一十四条 【股东会会议的召集和主持】股东会会议由董事会召集，董事长主持；董事长不能履行职务或者不履行职务的，由副董事长主持；副董事长不能履行职务或者不履行职务的，由过半数的董事共同推举一名董事主持。

董事会不能履行或者不履行召集股东会会议职责的，监事会应当及时召集和主持；监事会不召集和主持的，连续九十日以上单独或者合计持有公司百分之十以上股份的股东可以自行召集和主持。

单独或者合计持有公司百分之十以上股份的股东请求召开临时股东会会议的，董事会、监事会应当在收到请求之日起十日内作出是否召开临时股东会会议的决定，并书面答复股东。

第一百一十五条 【股东会会议的通知和股东临时提案权】召开股东会会议，应当将会议召开的时间、地点和审议的事项于会议召开二十日前通知各股东；临时股东会会议应当于会议召开十五日前通知各股东。

单独或者合计持有公司百分之一以上股份的股东，可以在股东会会议召开十日前提出临时提案并书面提交董事会。临时提案应当有明确议题和具体决议事项。董事会应当在收到提案后二日内通知其他股东，并将该临时提案提交股东会审议；但临时提案违反法律、行政法规或者公司章程的规定，或者不属于股东会职权范围的除外。公司不得提高提出临时提案股东的持股比例。

公开发行股份的公司，应当以公告方式作出前两款规定的通知。

股东会不得对通知中未列明的事项作出决议。

第一百一十六条 【股东表决权和股东会决议通过比例】股东出席股东会会议，所持每一股份有一表决权，类别股股东除外。公司持有的本公司股份没有表决权。

股东会作出决议，应当经出席会议的股东所持表决权过半数通过。

股东会作出修改公司章程、增加或者减少注册资本的决议，以及公司合并、分立、解散或者变更公司形式的决议，应当经出席会议的股东所持表决权的三分之二以上通过。

第一百一十七条 【累积投票制】股东会选举董事、监事，可以按照公司章程的规定或者股东会的决议，实行累积投票制。

本法所称累积投票制，是指股东会选举董事或者监事时，每一股份拥有与应选董事或者监事人数相同的表决权，股东拥有的表决权可以集中使用。

第一百一十八条 【表决权的代理行使】股东委托代理人出席股东会会议的，应当明确代理人代理的事项、权限和期限；代理人应当向公司提交股东授权委托书，并在授权范围内行使表决权。

第一百一十九条 【股东会会议记录】股东会应当对所议事项的决定作成会议记录，主持人、出席会议的董事应当在会议记录上签名。会议记录应当与出席股东的签名册及代理出席的委托书一并保存。

第三节 董事会、经理

第一百二十条 【董事会的职权和组成、董事的任期及辞任、解任】股份有限公司设董事会，本法第一百二十八条另有规定的除外。

本法第六十七条、第六十八条第一款、第七十条、第七十一条的规定，适用于股份有限公司。

第一百二十一条 【审计委员会和监事会的选择设置】股份有限公司可以按照公司章程的规定在董事会中设置由董事组成的审计委员会，行使本法规定的监事会的职权，不设监事会或者监事。

审计委员会成员为三名以上，过半数成员不得在公司担任除董事以外的其他职务，且不得与公司存在任何可能影响其独立客观判断的关系。公司董事会成员中的职工代表可以成为审计委员会成员。

审计委员会作出决议，应当经审计委员会成员的过半数通过。

审计委员会决议的表决，应当一人一票。

审计委员会的议事方式和表决程序，除本法有规定的外，由公司章程规定。

公司可以按照公司章程的规定在董事会中设置其他委员会。

第一百二十二条 【董事长和副董事长的产生办法、董事会会议的召集和主持】董事会设董事长一人,可以设副董事长。董事长和副董事长由董事会以全体董事的过半数选举产生。

董事长召集和主持董事会会议,检查董事会决议的实施情况。副董事长协助董事长工作,董事长不能履行职务或者不履行职务的,由副董事长履行职务;副董事长不能履行职务或者不履行职务的,由过半数的董事共同推举一名董事履行职务。

第一百二十三条 【董事会会议的类型和召开要求】董事会每年度至少召开两次会议,每次会议应当于会议召开十日前通知全体董事和监事。

代表十分之一以上表决权的股东、三分之一以上董事或者监事会,可以提议召开临时董事会会议。董事长应当自接到提议后十日内,召集和主持董事会会议。

董事会召开临时会议,可以另定召集董事会的通知方式和通知时限。

第一百二十四条 【董事会的表决程序和会议记录】董事会会议应当有过半数的董事出席方可举行。董事会作出决议,应当经全体董事的过半数通过。

董事会决议的表决,应当一人一票。

董事会应当对所议事项的决定作成会议记录,出席会议的董事应当在会议记录上签名。

第一百二十五条 【董事出席董事会会议及其决议责任】董事会会议,应当由董事本人出席;董事因故不能出席,可以书面委托其他董事代为出席,委托书应当载明授权范围。

董事应当对董事会的决议承担责任。董事会的决议违反法律、行政法规或者公司章程、股东会决议,给公司造成严重损失的,参与决议的董事对公司负赔偿责任;经证明在表决时曾表明异议并记载于会议记录的,该董事可以免除责任。

第一百二十六条 【经理及其职权】股份有限公司设经理,由董事会决定聘任或者解聘。

经理对董事会负责,根据公司章程的规定或者董事会的授权行使职权。经理列席董事会会议。

第一百二十七条 【董事兼任经理】公司董事会可以决定由董事会成员兼任经理。

第一百二十八条 【不设董事会的董事及其职权】规模较小或者股东人数较少的股份有限公司,可以不设董事会,设一名董事,行使本法规定的董事会的职权。该董事可以兼任公司经理。

第一百二十九条 【董事、监事、高级管理人员的报酬披露】公司应当定期向股东披露董事、监事、高级管理人员从公司获得报酬的情况。

第四节 监事会

第一百三十条 【监事会的组成和监事的任期】股份有限公司设监事会,本法第一百二十一条第一款、第一百三十三条另有规定的除外。

监事会成员为三人以上。监事会成员应当包括股东代表和适当比例的公司职工代表,其中职工代表的比例不得低于三分之一,具体比例由公司章程规定。监事会中的职工代表由公司职工通过职工代表大会、职工大会或者其他形式民主选举产生。

监事会设主席一人,可以设副主席。监事会主席和副主席由全体监事过半数选举产生。监事会主席召集和主持监事会会议;监事会主席不能履行职务或者不履行职务的,由监事会副主席召集和主持监事会会议;监事会副主席不能履行职务或者不履行职务的,由过半数的监事共同推举一名监事召集和主持监事会会议。

董事、高级管理人员不得兼任监事。

本法第七十七条关于有限责任公司监事任期的规定,适用于股份有限公司监事。

第一百三十一条 【监事会的职权及其行使职权的费用承担】本法第七十八条至第八十条的规定,适用于股份有限公司监事会。

监事会行使职权所必需的费用,由公司承担。

第一百三十二条 【监事会会议类型、表决程序和会议记录】监事会每六个月至少召开一次会议。监事可以提议召开临时监事会会议。

监事会的议事方式和表决程序,除本法有规定的外,由公司章程规定。

监事会决议应当经全体监事的过半数通过。

监事会决议的表决,应当一人一票。

监事会应当对所议事项的决定作成会议记录,出席会议的监事应当在会议记录上签名。

第一百三十三条 【不设监事会的监事及其职权】规模较小或者股东人数较少的股份有限公司,可以不设监事会,设一名监事,行使本法规定的监事会的职权。

第五节 上市公司组织机构的特别规定

第一百三十四条 【上市公司的定义】本法所称上市公司,是指其股票在证券交易所上市交易的股份有限公司。

第一百三十五条 【股东会特别决议事项】上市公司在一年内购买、出售重大资产或者向他人提供担保的金额超过公司资产总额百分之三十的，应当由股东会作出决议，并经出席会议的股东所持表决权的三分之二以上通过。

第一百三十六条 【独立董事和章程特别记载事项】上市公司设独立董事，具体管理办法由国务院证券监督管理机构规定。

上市公司的公司章程除载明本法第九十五条规定的事项外，还应当依照法律、行政法规的规定载明董事会专门委员会的组成、职权以及董事、监事、高级管理人员薪酬考核机制等事项。

第一百三十七条 【董事会审计委员会的职权】上市公司在董事会中设置审计委员会的，董事会对下列事项作出决议前应当经审计委员会全体成员过半数通过：

（一）聘用、解聘承办公司审计业务的会计师事务所；

（二）聘任、解聘财务负责人；

（三）披露财务会计报告；

（四）国务院证券监督管理机构规定的其他事项。

第一百三十八条 【董事会秘书及其职责】上市公司设董事会秘书，负责公司股东会和董事会会议的筹备、文件保管以及公司股东资料的管理，办理信息披露事务等事宜。

第一百三十九条 【有关联关系的董事回避表决】上市公司董事与董事会会议决议事项所涉及的企业或者个人有关联关系的，该董事应当及时向董事会书面报告。有关联关系的董事不得对该项决议行使表决权，也不得代理其他董事行使表决权。该董事会会议由过半数的无关联关系董事出席即可举行，董事会会议所作决议须经无关联关系董事过半数通过。出席董事会会议的无关联关系董事人数不足三人的，应当将该事项提交上市公司股东会审议。

第一百四十条 【披露股东和实际控制人的信息及禁止股票代持】上市公司应当依法披露股东、实际控制人的信息，相关信息应当真实、准确、完整。

禁止违反法律、行政法规的规定代持上市公司股票。

第一百四十一条 【禁止相互持股】上市公司控股子公司不得取得该上市公司的股份。

上市公司控股子公司因公司合并、质权行使等原因持有上市公司股份的，不得行使所持股份对应的表决权，并应当及时处分相关上市公司股份。

第六章 股份有限公司的股份发行和转让

第一节 股份发行

第一百四十二条 【面额股和无面额股】公司的资本划分为股份。公司的全部股份，根据公司章程的规定择一采用面额股或者无面额股。采用面额股的，每一股的金额相等。

公司可以根据公司章程的规定将已发行的面额股全部转换为无面额股或者将无面额股全部转换为面额股。

采用无面额股的，应当将发行股份所得股款的二分之一以上计入注册资本。

第一百四十三条 【股份发行的原则】股份的发行，实行公平、公正的原则，同类别的每一股份应当具有同等权利。

同次发行的同类别股份，每股的发行条件和价格应当相同；认购人所认购的股份，每股应当支付相同价额。

第一百四十四条 【类别股的种类】公司可以按照公司章程的规定发行下列与普通股权利不同的类别股：

（一）优先或者劣后分配利润或者剩余财产的股份；

（二）每一股的表决权数多于或者少于普通股的股份；

（三）转让须经公司同意等转让受限的股份；

（四）国务院规定的其他类别股。

公开发行股份的公司不得发行前款第二项、第三项规定的类别股；公开发行前已发行的除外。

公司发行本条第一款第二项规定的类别股的，对于监事或者审计委员会成员的选举和更换，类别股与普通股每一股的表决权数相同。

第一百四十五条 【发行类别股的公司章程记载事项】发行类别股的公司，应当在公司章程中载明以下事项：

（一）类别股分配利润或者剩余财产的顺序；

（二）类别股的表决权数；

（三）类别股的转让限制；

（四）保护中小股东权益的措施；

（五）股东会认为需要规定的其他事项。

第一百四十六条 【类别股股东会决议】发行类别股的公司，有本法第一百一十六条第三款规定的事项等可能影响类别股股东权利的，除应当依照第一百一十六条第三款的规定经股东会决议外，还应当经出席类别股股东会议的股东所持表决权的三分之二以上通过。

公司章程可以对需经类别股股东会议决议的其他事

项作出规定。

第一百四十七条 【股份的形式和记名股票】公司的股份采取股票的形式。股票是公司签发的证明股东所持股份的凭证。

公司发行的股票,应当为记名股票。

第一百四十八条 【面额股股票的发行价格】面额股股票的发行价格可以按票面金额,也可以超过票面金额,但不得低于票面金额。

第一百四十九条 【股票的形式】股票采用纸面形式或者国务院证券监督管理机构规定的其他形式。

股票采用纸面形式的,应当载明下列主要事项:

(一)公司名称;

(二)公司成立日期或者股票发行的时间;

(三)股票种类、票面金额及代表的股份数,发行无面额股的,股票代表的股份数。

股票采用纸面形式的,还应当载明股票的编号,由法定代表人签名,公司盖章。

发起人股票采用纸面形式的,应当标明发起人股票字样。

第一百五十条 【股票交付时间】股份有限公司成立后,即向股东正式交付股票。公司成立前不得向股东交付股票。

第一百五十一条 【公司发行新股的股东会决议】公司发行新股,股东会应当对下列事项作出决议:

(一)新股种类及数额;

(二)新股发行价格;

(三)新股发行的起止日期;

(四)向原有股东发行新股的种类及数额;

(五)发行无面额股的,新股发行所得股款计入注册资本的金额。

公司发行新股,可以根据公司经营情况和财务状况,确定其作价方案。

第一百五十二条 【授权董事会决定发行股份及其限制】公司章程或者股东会可以授权董事会在三年内决定发行不超过已发行股份百分之五十的股份。但以非货币财产作价出资的,应当经股东会决议。

董事会依照前款规定决定发行股份导致公司注册资本、已发行股份数发生变化的,对公司章程该项记载事项的修改不需再由股东会表决。

第一百五十三条 【董事会决定发行新股的决议通过比例】公司章程或者股东会授权董事会决定发行新股的,董事会决议应当经全体董事三分之二以上通过。

第一百五十四条 【公开募集股份的注册和公告招股说明书】公司向社会公开募集股份,应当经国务院证券监督管理机构注册,公告招股说明书。

招股说明书应当附有公司章程,并载明下列事项:

(一)发行的股份总数;

(二)面额股的票面金额和发行价格或者无面额股的发行价格;

(三)募集资金的用途;

(四)认股人的权利和义务;

(五)股份种类及其权利和义务;

(六)本次募股的起止日期及逾期未募足时认股人可以撤回所认股份的说明。

公司设立时发行股份的,还应当载明发起人认购的股份数。

第一百五十五条 【证券承销】公司向社会公开募集股份,应当由依法设立的证券公司承销,签订承销协议。

第一百五十六条 【银行代收股款】公司向社会公开募集股份,应当同银行签订代收股款协议。

代收股款的银行应当按照协议代收和保存股款,向缴纳股款的认股人出具收款单据,并负有向有关部门出具收款证明的义务。

公司发行股份募足股款后,应予公告。

第二节 股份转让

第一百五十七条 【股份转让自由及其例外】股份有限公司的股东持有的股份可以向其他股东转让,也可以向股东以外的人转让;公司章程对股份转让有限制的,其转让按照公司章程的规定进行。

第一百五十八条 【股份转让的方式】股东转让其股份,应当在依法设立的证券交易场所进行或者按照国务院规定的其他方式进行。

第一百五十九条 【股票转让的方式】股票的转让,由股东以背书方式或者法律、行政法规规定的其他方式进行;转让后由公司将受让人的姓名或者名称及住所记载于股东名册。

股东会会议召开前二十日内或者公司决定分配股利的基准日前五日内,不得变更股东名册。法律、行政法规或者国务院证券监督管理机构对上市公司股东名册变更另有规定的,从其规定。

第一百六十条 【股份转让的限制】公司公开发行股份前已发行的股份,自公司股票在证券交易所上市交易之日起一年内不得转让。法律、行政法规或者国务院证券监督管理机构对上市公司的股东、实际控制人转让其所持有的本公司股份另有规定的，从其规定。

公司董事、监事、高级管理人员应当向公司申报所持有的本公司的股份及其变动情况，在就任时确定的任职期间每年转让的股份不得超过其所持有本公司股份总数的百分之二十五；所持本公司股份自公司股票上市交易之日起一年内不得转让。上述人员离职后半年内，不得转让其所持有的本公司股份。公司章程可以对公司董事、监事、高级管理人员转让其所持有的本公司股份作出其他限制性规定。

股份在法律、行政法规规定的限制转让期限内出质的，质权人不得在限制转让期限内行使质权。

第一百六十一条　【异议股东股份回购请求权】有下列情形之一的，对股东会该项决议投反对票的股东可以请求公司按照合理的价格收购其股份，公开发行股份的公司除外：

（一）公司连续五年不向股东分配利润，而公司该五年连续盈利，并且符合本法规定的分配利润条件；

（二）公司转让主要财产；

（三）公司章程规定的营业期限届满或者章程规定的其他解散事由出现，股东会通过决议修改章程使公司存续。

自股东会决议作出之日起六十日内，股东与公司不能达成股份收购协议的，股东可以自股东会决议作出之日起九十日内向人民法院提起诉讼。

公司因本条第一款规定的情形收购的本公司股份，应当在六个月内依法转让或者注销。

第一百六十二条　【公司不得收购本公司股份及其例外】公司不得收购本公司股份。但是，有下列情形之一的除外：

（一）减少公司注册资本；

（二）与持有本公司股份的其他公司合并；

（三）将股份用于员工持股计划或者股权激励；

（四）股东因对股东会作出的公司合并、分立决议持异议，要求公司收购其股份；

（五）将股份用于转换公司发行的可转换为股票的公司债券；

（六）上市公司为维护公司价值及股东权益所必需。

公司因前款第一项、第二项规定的情形收购本公司股份的，应当经股东会决议；公司因前款第三项、第五项、第六项规定的情形收购本公司股份的，可以按照公司章程或者股东会的授权，经三分之二以上董事出席的董事会会议决议。

公司依照本条第一款规定收购本公司股份后，属于第一项情形的，应当自收购之日起十日内注销；属于第二项、第四项情形的，应当在六个月内转让或者注销；属于第三项、第五项、第六项情形的，公司合计持有的本公司股份数不得超过本公司已发行股份总数的百分之十，并应当在三年内转让或者注销。

上市公司收购本公司股份的，应当依照《中华人民共和国证券法》的规定履行信息披露义务。上市公司因本条第一款第三项、第五项、第六项规定的情形收购本公司股份的，应当通过公开的集中交易方式进行。

公司不得接受本公司的股份作为质权的标的。

第一百六十三条　【禁止财务资助及其例外】公司不得为他人取得本公司或者其母公司的股份提供赠与、借款、担保以及其他财务资助，公司实施员工持股计划的除外。

为公司利益，经股东会决议，或者董事会按照公司章程或者股东会的授权作出决议，公司可以为他人取得本公司或者其母公司的股份提供财务资助，但财务资助的累计总额不得超过已发行股本总额的百分之十。董事会作出决议应当经全体董事的三分之二以上通过。

违反前两款规定，给公司造成损失的，负有责任的董事、监事、高级管理人员应当承担赔偿责任。

第一百六十四条　【股票被盗、遗失或者灭失的救济】股票被盗、遗失或者灭失，股东可以依照《中华人民共和国民事诉讼法》规定的公示催告程序，请求人民法院宣告该股票失效。人民法院宣告该股票失效后，股东可以向公司申请补发股票。

第一百六十五条　【上市公司的股票上市交易】上市公司的股票，依照有关法律、行政法规及证券交易所交易规则上市交易。

第一百六十六条　【上市公司信息披露】上市公司应当依照法律、行政法规的规定披露相关信息。

第一百六十七条　【股东资格继承】自然人股东死亡后，其合法继承人可以继承股东资格；但是，股份转让受限的股份有限公司的章程另有规定的除外。

第七章　国家出资公司组织机构的特别规定

第一百六十八条　【国家出资公司组织机构法律适用及其范围】国家出资公司的组织机构，适用本章规定；本章没有规定的，适用本法其他规定。

本法所称国家出资公司，是指国家出资的国有独资公司、国有资本控股公司，包括国家出资的有限责任公司、股份有限公司。

第一百六十九条 【履行出资人职责的机构】国家出资公司,由国务院或者地方人民政府分别代表国家依法履行出资人职责,享有出资人权益。国务院或者地方人民政府可以授权国有资产监督管理机构或者其他部门、机构代表本级人民政府对国家出资公司履行出资人职责。

代表本级人民政府履行出资人职责的机构、部门,以下统称为履行出资人职责的机构。

第一百七十条 【国家出资公司中的党组织】国家出资公司中中国共产党的组织,按照中国共产党章程的规定发挥领导作用,研究讨论公司重大经营管理事项,支持公司的组织机构依法行使职权。

第一百七十一条 【国有独资公司章程制定】国有独资公司章程由履行出资人职责的机构制定。

第一百七十二条 【履行出资人职责的机构行使股东会职权及其授权】国有独资公司不设股东会,由履行出资人职责的机构行使股东会职权。履行出资人职责的机构可以授权公司董事会行使股东会的部分职权,但公司章程的制定和修改,公司的合并、分立、解散、申请破产,增加或者减少注册资本,分配利润,应当由履行出资人职责的机构决定。

第一百七十三条 【国有独资公司董事会的职权和组成及董事长、副董事长的指定】国有独资公司的董事会依照本法规定行使职权。

国有独资公司的董事会成员中,应当过半数为外部董事,并应当有公司职工代表。

董事会成员由履行出资人职责的机构委派;但是,董事会成员中的职工代表由公司职工代表大会选举产生。

董事会设董事长一人,可以设副董事长。董事长、副董事长由履行出资人职责的机构从董事会成员中指定。

第一百七十四条 【国有独资公司经理的聘任及解聘】国有独资公司的经理由董事会聘任或者解聘。

经履行出资人职责的机构同意,董事会成员可以兼任经理。

第一百七十五条 【国有独资公司董事、高级管理人员的兼职限制】国有独资公司的董事、高级管理人员,未经履行出资人职责的机构同意,不得在其他有限责任公司、股份有限公司或者其他经济组织兼职。

第一百七十六条 【国有独资公司审计委员会和监事会的设置模式】国有独资公司在董事会中设置由董事组成的审计委员会行使本法规定的监事会职权的,不设监事会或者监事。

第一百七十七条 【合规管理】国家出资公司应当依法建立健全内部监督管理和风险控制制度,加强内部合规管理。

第八章 公司董事、监事、高级管理人员的资格和义务

第一百七十八条 【消极资格】有下列情形之一的,不得担任公司的董事、监事、高级管理人员:

(一)无民事行为能力或者限制民事行为能力;

(二)因贪污、贿赂、侵占财产、挪用财产或者破坏社会主义市场经济秩序,被判处刑罚,或者因犯罪被剥夺政治权利,执行期满未逾五年,被宣告缓刑的,自缓刑考验期满之日起未逾二年;

(三)担任破产清算的公司、企业的董事或者厂长、经理,对该公司、企业的破产负有个人责任的,自该公司、企业破产清算完结之日起未逾三年;

(四)担任因违法被吊销营业执照、责令关闭的公司、企业的法定代表人,并负有个人责任的,自该公司、企业被吊销营业执照、责令关闭之日起未逾三年;

(五)个人因所负数额较大债务到期未清偿被人民法院列为失信被执行人。

违反前款规定选举、委派董事、监事或者聘任高级管理人员的,该选举、委派或者聘任无效。

董事、监事、高级管理人员在任期间出现本条第一款所列情形的,公司应当解除其职务。

第一百七十九条 【守法合章义务】董事、监事、高级管理人员应当遵守法律、行政法规和公司章程。

第一百八十条 【忠实义务和勤勉义务的一般规定】董事、监事、高级管理人员对公司负有忠实义务,应当采取措施避免自身利益与公司利益冲突,不得利用职权牟取不正当利益。

董事、监事、高级管理人员对公司负有勤勉义务,执行职务应当为公司的最大利益尽到管理者通常应有的合理注意。

公司的控股股东、实际控制人不担任公司董事但实际执行公司事务的,适用前两款规定。

第一百八十一条 【违反忠实义务的行为】董事、监事、高级管理人员不得有下列行为:

(一)侵占公司财产、挪用公司资金;

(二)将公司资金以其个人名义或者以其他个人名义开立账户存储;

(三)利用职权贿赂或者收受其他非法收入;

(四)接受他人与公司交易的佣金归为己有;

（五）擅自披露公司秘密；

（六）违反对公司忠实义务的其他行为。

第一百八十二条　【自我交易和关联交易】董事、监事、高级管理人员，直接或者间接与本公司订立合同或者进行交易，应当就与订立合同或者进行交易有关的事项向董事会或者股东会报告，并按照公司章程的规定经董事会或者股东会决议通过。

董事、监事、高级管理人员的近亲属，董事、监事、高级管理人员或者其近亲属直接或者间接控制的企业，以及与董事、监事、高级管理人员有其他关联关系的关联人，与公司订立合同或者进行交易，适用前款规定。

第一百八十三条　【利用公司商业机会】董事、监事、高级管理人员，不得利用职务便利为自己或者他人谋取属于公司的商业机会。但是，有下列情形之一的除外：

（一）向董事会或者股东会报告，并按照公司章程的规定经董事会或者股东会决议通过；

（二）根据法律、行政法规或者公司章程的规定，公司不能利用该商业机会。

第一百八十四条　【竞业限制】董事、监事、高级管理人员未向董事会或者股东会报告，并按照公司章程的规定经董事会或者股东会决议通过，不得自营或者为他人经营与其任职公司同类的业务。

第一百八十五条　【关联董事回避表决】董事会对本法第一百八十二条至第一百八十四条规定的事项决议时，关联董事不得参与表决，其表决权不计入表决权总数。出席董事会会议的无关联关系董事人数不足三人的，应当将该事项提交股东会审议。

第一百八十六条　【归入权】董事、监事、高级管理人员违反本法第一百八十一条至第一百八十四条规定所得的收入应当归公司所有。

第一百八十七条　【列席股东会会议并接受股东质询】股东会要求董事、监事、高级管理人员列席会议的，董事、监事、高级管理人员应当列席并接受股东的质询。

第一百八十八条　【执行职务给公司造成损失的赔偿责任】董事、监事、高级管理人员执行职务违反法律、行政法规或者公司章程的规定，给公司造成损失的，应当承担赔偿责任。

第一百八十九条　【股东代表诉讼】董事、高级管理人员有前条规定的情形的，有限责任公司的股东、股份有限公司连续一百八十日以上单独或者合计持有公司百分之一以上股份的股东，可以书面请求监事会向人民法院提起诉讼；监事有前条规定的情形的，前述股东可以书面请求董事会向人民法院提起诉讼。

监事会或者董事会收到前款规定的股东书面请求后拒绝提起诉讼，或者自收到请求之日起三十日内未提起诉讼，或者情况紧急、不立即提起诉讼将会使公司利益受到难以弥补的损害的，前款规定的股东有权为公司利益以自己的名义直接向人民法院提起诉讼。

他人侵犯公司合法权益，给公司造成损失的，本条第一款规定的股东可以依照前两款的规定向人民法院提起诉讼。

公司全资子公司的董事、监事、高级管理人员有前条规定情形，或者他人侵犯公司全资子公司合法权益造成损失的，有限责任公司的股东、股份有限公司连续一百八十日以上单独或者合计持有公司百分之一以上股份的股东，可以依照前三款规定书面请求全资子公司的监事会、董事会向人民法院提起诉讼或者以自己的名义直接向人民法院提起诉讼。

第一百九十条　【股东直接诉讼】董事、高级管理人员违反法律、行政法规或者公司章程的规定，损害股东利益的，股东可以向人民法院提起诉讼。

第一百九十一条　【执行职务给他人造成损害的赔偿责任】董事、高级管理人员执行职务，给他人造成损害的，公司应当承担赔偿责任；董事、高级管理人员存在故意或者重大过失的，也应当承担赔偿责任。

第一百九十二条　【影子董事、影子高级管理人员】公司的控股股东、实际控制人指示董事、高级管理人员从事损害公司或者股东利益的行为的，与该董事、高级管理人员承担连带责任。

第一百九十三条　【董事责任保险】公司可以在董事任职期间为董事因执行公司职务承担的赔偿责任投保责任保险。

公司为董事投保责任保险或者续保后，董事会应当向股东会报告责任保险的投保金额、承保范围及保险费率等内容。

第九章　公司债券

第一百九十四条　【公司债券的定义、发行和交易的一般规定】本法所称公司债券，是指公司发行的约定按期还本付息的有价证券。

公司债券可以公开发行，也可以非公开发行。

公司债券的发行和交易应当符合《中华人民共和国证券法》等法律、行政法规的规定。

第一百九十五条　【公司债券募集办法的公告及记载事项】公开发行公司债券，应当经国务院证券监督管理机构注册,公告公司债券募集办法。

公司债券募集办法应当载明下列主要事项:

（一）公司名称；

（二）债券募集资金的用途；

（三）债券总额和债券的票面金额；

（四）债券利率的确定方式；

（五）还本付息的期限和方式；

（六）债券担保情况；

（七）债券的发行价格、发行的起止日期；

（八）公司净资产额；

（九）已发行的尚未到期的公司债券总额；

（十）公司债券的承销机构。

第一百九十六条 【以纸面形式发行的公司债券的记载事项】公司以纸面形式发行公司债券的,应当在债券上载明公司名称、债券票面金额、利率、偿还期限等事项,并由法定代表人签名,公司盖章。

第一百九十七条 【记名债券】公司债券应当为记名债券。

第一百九十八条 【债券持有人名册】公司发行公司债券应当置备公司债券持有人名册。

发行公司债券的,应当在公司债券持有人名册上载明下列事项:

（一）债券持有人的姓名或者名称及住所；

（二）债券持有人取得债券的日期及债券的编号；

（三）债券总额、债券的票面金额、利率、还本付息的期限和方式；

（四）债券的发行日期。

第一百九十九条 【公司债券的登记结算】公司债券的登记结算机构应当建立债券登记、存管、付息、兑付等相关制度。

第二百条 【公司债券转让自由及其合法性】公司债券可以转让,转让价格由转让人与受让人约定。

公司债券的转让应当符合法律、行政法规的规定。

第二百零一条 【公司债券转让的方式】公司债券由债券持有人以背书方式或者法律、行政法规规定的其他方式转让；转让后由公司将受让人的姓名或者名称及住所记载于公司债券持有人名册。

第二百零二条 【可转换为股票的公司债券的发行】股份有限公司经股东会决议,或者经公司章程、股东会授权由董事会决议,可以发行可转换为股票的公司债券,并规定具体的转换办法。上市公司发行可转换为股票的公司债券,应当经国务院证券监督管理机构注册,公告公司债券募集办法。

发行可转换为股票的公司债券,应当在债券上标明可转换公司债券字样,并在公司债券持有人名册上载明可转换公司债券的数额。

第二百零三条 【可转换为股票的公司债券的转换】发行可转换为股票的公司债券的,公司应当按照其转换办法向债券持有人换发股票,但债券持有人对转换股票或者不转换股票有选择权。法律、行政法规另有规定的除外。

第二百零四条 【债券持有人会议及其决议】公开发行公司债券的,应当为同期债券持有人设立债券持有人会议,并在债券募集办法中对债券持有人会议的召集程序、会议规则和其他重要事项作出规定。债券持有人会议可以对与债券持有人有利害关系的事项作出决议。

除公司债券募集办法另有约定外,债券持有人会议决议对同期全体债券持有人发生效力。

第二百零五条 【债券受托管理人的聘请及其负责事项】公开发行公司债券的,发行人应当为债券持有人聘请债券受托管理人,由其为债券持有人办理受领清偿、债权保全、与债券相关的诉讼以及参与债务人破产程序等事项。

第二百零六条 【债券受托管理人的职责及责任承担】债券受托管理人应当勤勉尽责,公正履行受托管理职责,不得损害债券持有人利益。

受托管理人与债券持有人存在利益冲突可能损害债券持有人利益的,债券持有人会议可以决议变更债券受托管理人。

债券受托管理人违反法律、行政法规或者债券持有人会议决议,损害债券持有人利益的,应当承担赔偿责任。

第十章 公司财务、会计

第二百零七条 【依法建立财务、会计制度】公司应当依照法律、行政法规和国务院财政部门的规定建立本公司的财务、会计制度。

第二百零八条 【财务会计报告的编制】公司应当在每一会计年度终了时编制财务会计报告,并依法经会计师事务所审计。

财务会计报告应当依照法律、行政法规和国务院财政部门的规定制作。

第二百零九条 【财务会计报告的公布】有限责任公司应当按照公司章程规定的期限将财务会计报告送交各股东。

股份有限公司的财务会计报告应当在召开股东会年

会的二十日前置备于本公司,供股东查阅;公开发行股份的股份有限公司应当公告其财务会计报告。

第二百一十条 【公司利润分配】公司分配当年税后利润时,应当提取利润的百分之十列入公司法定公积金。公司法定公积金累计额为公司注册资本的百分之五十以上的,可以不再提取。

公司的法定公积金不足以弥补以前年度亏损的,在依照前款规定提取法定公积金之前,应当先用当年利润弥补亏损。

公司从税后利润中提取法定公积金后,经股东会决议,还可以从税后利润中提取任意公积金。

公司弥补亏损和提取公积金后所余税后利润,有限责任公司按照股东实缴的出资比例分配利润,全体股东约定不按照出资比例分配利润的除外;股份有限公司按照股东所持有的股份比例分配利润,公司章程另有规定的除外。

公司持有的本公司股份不得分配利润。

第二百一十一条 【违法分配利润的后果及责任】公司违反本法规定向股东分配利润的,股东应当将违反规定分配的利润退还公司;给公司造成损失的,股东及负有责任的董事、监事、高级管理人员应当承担赔偿责任。

第二百一十二条 【利润分配的完成期限】股东会作出分配利润的决议的,董事会应当在股东会决议作出之日起六个月内进行分配。

第二百一十三条 【资本公积金的来源】公司以超过股票票面金额的发行价格发行股份所得的溢价款、发行无面额股所得股款未计入注册资本的金额以及国务院财政部门规定列入资本公积金的其他项目,应当列为公司资本公积金。

第二百一十四条 【公积金的用途】公司的公积金用于弥补公司的亏损、扩大公司生产经营或者转为增加公司注册资本。

公积金弥补公司亏损,应当先使用任意公积金和法定公积金;仍不能弥补的,可以按照规定使用资本公积金。

法定公积金转为增加注册资本时,所留存的该项公积金不得少于转增前公司注册资本的百分之二十五。

第二百一十五条 【会计师事务所的聘用及解聘】公司聘用、解聘承办公司审计业务的会计师事务所,按照公司章程的规定,由股东会、董事会或者监事会决定。

公司股东会、董事会或者监事会就解聘会计师事务所进行表决时,应当允许会计师事务所陈述意见。

第二百一十六条 【会计资料的提供】公司应当向聘用的会计师事务所提供真实、完整的会计凭证、会计账簿、财务会计报告及其他会计资料,不得拒绝、隐匿、谎报。

第二百一十七条 【禁止另立账簿或账户】公司除法定的会计账簿外,不得另立会计账簿。

对公司资金,不得以任何个人名义开立账户存储。

第十一章 公司合并、分立、增资、减资

第二百一十八条 【公司合并方式】公司合并可以采取吸收合并或者新设合并。

一个公司吸收其他公司为吸收合并,被吸收的公司解散。两个以上公司合并设立一个新的公司为新设合并,合并各方解散。

第二百一十九条 【简易合并】公司与其持股百分之九十以上的公司合并,被合并的公司不需经股东会决议,但应当通知其他股东,其他股东有权请求公司按照合理的价格收购其股权或者股份。

公司合并支付的价款不超过本公司净资产百分之十的,可以不经股东会决议;但是,公司章程另有规定的除外。

公司依照前两款规定合并不经股东会决议的,应当经董事会决议。

第二百二十条 【公司合并程序】公司合并,应当由合并各方签订合并协议,并编制资产负债表及财产清单。公司应当自作出合并决议之日起十日内通知债权人,并于三十日内在报纸上或者国家企业信用信息公示系统公告。债权人自接到通知之日起三十日内,未接到通知的自公告之日起四十五日内,可以要求公司清偿债务或者提供相应的担保。

第二百二十一条 【公司合并的债权债务承继】公司合并时,合并各方的债权、债务,应当由合并后存续的公司或者新设的公司承继。

第二百二十二条 【公司分立程序】公司分立,其财产作相应的分割。

公司分立,应当编制资产负债表及财产清单。公司应当自作出分立决议之日起十日内通知债权人,并于三十日内在报纸上或者国家企业信用信息公示系统公告。

第二百二十三条 【公司分立的债务承担】公司分立前的债务由分立后的公司承担连带责任。但是,公司在分立前与债权人就债务清偿达成的书面协议另有约定的除外。

第二百二十四条 【公司减资程序】公司减少注册资本,应当编制资产负债表及财产清单。

公司应当自股东会作出减少注册资本决议之日起十日内通知债权人,并于三十日内在报纸上或者国家企业信用信息公示系统公告。债权人自接到通知之日起三十日内、未接到通知的自公告之日起四十五日内,有权要求公司清偿债务或者提供相应的担保。

公司减少注册资本,应当按照股东出资或者持有股份的比例相应减少出资额或者股份,法律另有规定、有限责任公司全体股东另有约定或者股份有限公司章程另有规定的除外。

第二百二十五条 【简易减资】公司依照本法第二百一十四条第二款的规定弥补亏损后,仍有亏损的,可以减少注册资本弥补亏损。减少注册资本弥补亏损的,公司不得向股东分配,也不得免除股东缴纳出资或者股款的义务。

依照前款规定减少注册资本的,不适用前条第二款的规定,但应当自股东会作出减少注册资本决议之日起三十日内在报纸上或者国家企业信用信息公示系统公告。

公司依照前两款的规定减少注册资本后,在法定公积金和任意公积金累计额达到公司注册资本百分之五十前,不得分配利润。

第二百二十六条 【违法减资的后果及责任】违反本法规定减少注册资本的,股东应当退还其收到的资金,减免股东出资的应当恢复原状;给公司造成损失的,股东及负有责任的董事、监事、高级管理人员应当承担赔偿责任。

第二百二十七条 【增资时股东的优先认缴(购)权】有限责任公司增加注册资本时,股东在同等条件下有权优先按照实缴的出资比例认缴出资。但是,全体股东约定不按照出资比例优先认缴出资的除外。

股份有限公司为增加注册资本发行新股时,股东不享有优先认购权,公司章程另有规定或者股东会决议决定股东享有优先认购权的除外。

第二百二十八条 【增资时缴资或购股适用设立时的相关规定】有限责任公司增加注册资本时,股东认缴新增资本的出资,依照本法设立有限责任公司缴纳出资的有关规定执行。

股份有限公司为增加注册资本发行新股时,股东认购新股,依照本法设立股份有限公司缴纳股款的有关规定执行。

第十二章 公司解散和清算

第二百二十九条 【公司解散事由及其公示】公司因下列原因解散:

(一)公司章程规定的营业期限届满或者公司章程规定的其他解散事由出现;
(二)股东会决议解散;
(三)因公司合并或者分立需要解散;
(四)依法被吊销营业执照、责令关闭或者被撤销;
(五)人民法院依照本法第二百三十一条的规定予以解散。

公司出现前款规定的解散事由,应当在十日内将解散事由通过国家企业信用信息公示系统予以公示。

第二百三十条 【公司出现特定解散事由的存续程序】公司有前条第一款第一项、第二项情形,且尚未向股东分配财产的,可以通过修改公司章程或者经股东会决议而存续。

依照前款规定修改公司章程或者经股东会决议,有限责任公司须经持有三分之二以上表决权的股东通过,股份有限公司须经出席股东会会议的股东所持表决权的三分之二以上通过。

第二百三十一条 【司法解散】公司经营管理发生严重困难,继续存续会使股东利益受到重大损失,通过其他途径不能解决的,持有公司百分之十以上表决权的股东,可以请求人民法院解散公司。

第二百三十二条 【公司自行清算】公司因本法第二百二十九条第一款第一项、第二项、第四项、第五项规定而解散的,应当清算。董事为公司清算义务人,应当在解散事由出现之日起十五日内组成清算组进行清算。

清算组由董事组成,但是公司章程另有规定或股东会决议另选他人的除外。

清算义务人未及时履行清算义务,给公司或者债权人造成损失的,应当承担赔偿责任。

第二百三十三条 【法院指定清算】公司依照前条第一款的规定应当清算,逾期不成立清算组进行清算或者成立清算组后不清算的,利害关系人可以申请人民法院指定有关人员组成清算组进行清算。人民法院应当受理该申请,并及时组织清算组进行清算。

公司因本法第二百二十九条第一款第四项的规定而解散的,作出吊销营业执照、责令关闭或者撤销决定的部门或者公司登记机关,可以申请人民法院指定有关人员组成清算组进行清算。

第二百三十四条 【清算组的职权】清算组在清算期间行使下列职权:

(一)清理公司财产,分别编制资产负债表和财产清单;

(二)通知、公告债权人；

(三)处理与清算有关的公司未了结的业务；

(四)清缴所欠税款以及清算过程中产生的税款；

(五)清理债权、债务；

(六)分配公司清偿债务后的剩余财产；

(七)代表公司参与民事诉讼活动。

第二百三十五条 【债权申报】清算组应当自成立之日起十日内通知债权人，并于六十日内在报纸上或者国家企业信用信息公示系统公告。债权人应当自接到通知之日起三十日内，未接到通知的自公告之日起四十五日内，向清算组申报其债权。

债权人申报债权，应当说明债权的有关事项，并提供证明材料。清算组应当对债权进行登记。

在申报债权期间，清算组不得对债权人进行清偿。

第二百三十六条 【制订清算方案和处分公司财产】清算组在清理公司财产、编制资产负债表和财产清单后，应当制订清算方案，并报股东会或者人民法院确认。

公司财产在分别支付清算费用、职工的工资、社会保险费用和法定补偿金，缴纳所欠税款，清偿公司债务后的剩余财产，有限责任公司按照股东的出资比例分配，股份有限公司按照股东持有的股份比例分配。

清算期间，公司存续，但不得开展与清算无关的经营活动。公司财产在未依照前款规定清偿前，不得分配给股东。

第二百三十七条 【破产清算的申请】清算组在清理公司财产、编制资产负债表和财产清单后，发现公司财产不足清偿债务的，应当依法向人民法院申请破产清算。

人民法院受理破产申请后，清算组应当将清算事务移交给人民法院指定的破产管理人。

第二百三十八条 【清算组成员的忠实义务和勤勉义务】清算组成员履行清算职责，负有忠实义务和勤勉义务。

清算组成员怠于履行清算职责，给公司造成损失的，应当承担赔偿责任；因故意或者重大过失给债权人造成损失的，应当承担赔偿责任。

第二百三十九条 【制作清算报告和申请注销登记】公司清算结束后，清算组应当制作清算报告，报股东会或者人民法院确认，并报送公司登记机关，申请注销公司登记。

第二百四十条 【简易注销】公司在存续期间未产生债务，或者已清偿全部债务的，经全体股东承诺，可以按照规定通过简易程序注销公司登记。

通过简易程序注销公司登记，应当通过国家企业信用信息公示系统予以公告，公告期限不少于二十日。公告期限届满后，未有异议的，公司可以在二十日内向公司登记机关申请注销公司登记。

公司通过简易程序注销公司登记，股东对本条第一款规定的内容承诺不实的，应当对注销登记前的债务承担连带责任。

第二百四十一条 【强制注销】公司被吊销营业执照、责令关闭或者被撤销，满三年未向公司登记机关申请注销公司登记的，公司登记机关可以通过国家企业信用信息公示系统予以公告，公告期限不少于六十日。公告期限届满后，未有异议的，公司登记机关可以注销公司登记。

依照前款规定注销公司登记的，原公司股东、清算义务人的责任不受影响。

第二百四十二条 【破产清算的法律适用】公司被依法宣告破产的，依照有关企业破产的法律实施破产清算。

第十三章 外国公司的分支机构

第二百四十三条 【外国公司的定义】本法所称外国公司，是指依照外国法律在中华人民共和国境外设立的公司。

第二百四十四条 【外国公司设立分支机构的程序】外国公司在中华人民共和国境内设立分支机构，应当向中国主管机关提出申请，并提交其公司章程、所属国的公司登记证书等有关文件，经批准后，向公司登记机关依法办理登记，领取营业执照。

外国公司分支机构的审批办法由国务院另行规定。

第二百四十五条 【外国公司设立分支机构的条件】外国公司在中华人民共和国境内设立分支机构，应当在中华人民共和国境内指定负责该分支机构的代表人或者代理人，并向该分支机构拨付与其所从事的经营活动相适应的资金。

对外国公司分支机构的经营资金需要规定最低限额的，由国务院另行规定。

第二百四十六条 【名称及公司章程置备】外国公司的分支机构应当在其名称中标明该外国公司的国籍及责任形式。

外国公司的分支机构应当在本机构中置备该外国公司章程。

第二百四十七条 【法律地位】外国公司在中华人民共和国境内设立的分支机构不具有中国法人资格。

外国公司对其分支机构在中华人民共和国境内进行经营活动承担民事责任。

第二百四十八条【从事业务活动的原则】经批准设立的外国公司分支机构，在中华人民共和国境内从事业务活动，应当遵守中国的法律，不得损害中国的社会公共利益，其合法权益受中国法律保护。

第二百四十九条【外国公司撤销分支机构的债务清偿】外国公司撤销其在中华人民共和国境内的分支机构时，应当依法清偿债务，依照本法有关公司清算程序的规定进行清算。未清偿债务之前，不得将其分支机构的财产转移至中华人民共和国境外。

第十四章 法律责任

第二百五十条【欺诈取得公司登记的法律责任】违反本法规定，虚报注册资本、提交虚假材料或者采取其他欺诈手段隐瞒重要事实取得公司登记的，由公司登记机关责令改正，对虚报注册资本的公司，处以虚报注册资本金额百分之五以上百分之十五以下的罚款；对提交虚假材料或者采取其他欺诈手段隐瞒重要事实的公司，处以五万元以上二百万元以下的罚款；情节严重的，吊销营业执照；对直接负责的主管人员和其他直接责任人员处以三万元以上三十万元以下的罚款。

第二百五十一条【违反信息公示规定的法律责任】公司未依照本法第四十条规定公示有关信息或者不如实公示有关信息的，由公司登记机关责令改正，可以处以一万元以上五万元以下的罚款。情节严重的，处以五万元以上二十万元以下的罚款；对直接负责的主管人员和其他直接责任人员处以一万元以上十万元以下的罚款。

第二百五十二条【虚假出资或未出资的法律责任】公司的发起人、股东虚假出资，未交付或者未按期交付作为出资的货币或者非货币财产的，由公司登记机关责令改正，可以处以五万元以上二十万元以下的罚款；情节严重的，处以虚假出资或未出资金额百分之五以上百分之十五以下的罚款；对直接负责的主管人员和其他直接责任人员处以一万元以上十万元以下的罚款。

第二百五十三条【抽逃出资的法律责任】公司的发起人、股东在公司成立后，抽逃其出资的，由公司登记机关责令改正，处以所抽逃出资金额百分之五以上百分之十五以下的罚款；对直接负责的主管人员和其他直接责任人员处以三万元以上三十万元以下的罚款。

第二百五十四条【违反财务会计制度的法律责任】有下列行为之一的，由县级以上人民政府财政部门依照《中华人民共和国会计法》等法律、行政法规的规定处罚：

（一）在法定的会计账簿以外另立会计账簿；

（二）提供存在虚假记载或者隐瞒重要事实的财务会计报告。

第二百五十五条【不依法通知或公告债权人的法律责任】公司在合并、分立、减少注册资本或者进行清算时，不依照本法规定通知或者公告债权人的，由公司登记机关责令改正，对公司处以一万元以上十万元以下的罚款。

第二百五十六条【妨害清算的法律责任】公司在进行清算时，隐匿财产，对资产负债表或者财产清单作虚假记载，或者在未清偿债务前分配公司财产的，由公司登记机关责令改正，对公司处以隐匿财产或未清偿债务前分配公司财产金额百分之五以上百分之十以下的罚款；对直接负责的主管人员和其他直接责任人员处以一万元以上十万元以下的罚款。

第二百五十七条【中介机构违法的法律责任】承担资产评估、验资或者验证的机构提供虚假材料或者提供有重大遗漏的报告的，由有关部门依照《中华人民共和国资产评估法》、《中华人民共和国注册会计师法》等法律、行政法规的规定处罚。

承担资产评估、验资或者验证的机构因其出具的评估结果、验资或者验证证明不实，给公司债权人造成损失的，除能够证明自己没有过错的外，在其评估或者证明不实的金额范围内承担赔偿责任。

第二百五十八条【公司登记机关违法的法律责任】公司登记机关违反法律、行政法规规定未履行职责或者履行职责不当的，对负有责任的领导人员和直接责任人员依法给予政务处分。

第二百五十九条【冒用公司或分公司名义的法律责任】未依法登记为有限责任公司或者股份有限公司，而冒用有限责任公司或者股份有限公司名义的，或者未依法登记为有限责任公司或者股份有限公司的分公司，而冒用有限责任公司或者股份有限公司的分公司名义的，由公司登记机关责令改正或者予以取缔，可以并处十万元以下的罚款。

第二百六十条【未依法开业或停业、办理变更登记的法律责任】公司成立后无正当理由超过六个月未开业的，或者开业后自行停业连续六个月以上的，公司登记机关可以吊销营业执照，但公司依法办理歇业的除外。

公司登记事项发生变更时，未依照本法规定办理有关变更登记的,由公司登记机关责令限期登记;逾期不登记的,处以一万元以上十万元以下的罚款。

第二百六十一条 【外国公司违法设立分支机构的法律责任】外国公司违反本法规定,擅自在中华人民共和国境内设立分支机构的,由公司登记机关责令改正或者关闭,可以并处五万元以上二十万元以下的罚款。

第二百六十二条 【利用公司名义从事严重违法行为的法律责任】利用公司名义从事危害国家安全、社会公共利益的严重违法行为的,吊销营业执照。

第二百六十三条 【民事赔偿优先】公司违反本法规定,应当承担民事赔偿责任和缴纳罚款、罚金的,其财产不足以支付时,先承担民事赔偿责任。

第二百六十四条 【刑事责任】违反本法规定,构成犯罪的,依法追究刑事责任。

第十五章 附 则

第二百六十五条 【本法相关用语的含义】本法下列用语的含义:

(一)高级管理人员,是指公司的经理、副经理、财务负责人,上市公司董事会秘书和公司章程规定的其他人员。

(二)控股股东,是指其出资额占有限责任公司资本总额超过百分之五十或者其持有的股份占股份有限公司股本总额超过百分之五十的股东;出资额或者持有股份的比例虽然低于百分之五十,但依其出资额或者持有的股份所享有的表决权已足以对股东会的决议产生重大影响的股东。

(三)实际控制人,是指通过投资关系、协议或者其他安排,能够实际支配公司行为的人。

(四)关联关系,是指公司控股股东、实际控制人、董事、监事、高级管理人员与其直接或者间接控制的企业之间的关系,以及可能导致公司利益转移的其他关系。但是,国家控股的企业之间不仅因为同受国家控股而具有关联关系。

第二百六十六条 【施行日期和过渡调整】本法自2024年7月1日起施行。

本法施行前已登记设立的公司,出资期限超过本法规定的期限的,除法律、行政法规或者国务院另有规定外,应当逐步调整至本法规定的期限以内;对于出资期限、出资额明显异常的,公司登记机关可以依法要求其及时调整。具体实施办法由国务院规定。

中华人民共和国民法典(节录)

· 2020年5月28日第十三届全国人民代表大会第三次会议通过
· 2020年5月28日中华人民共和国主席令第45号公布
· 自2021年1月1日起施行

第一编 总 则
第一章 基本规定

第一条 【立法目的和依据】为了保护民事主体的合法权益,调整民事关系,维护社会和经济秩序,适应中国特色社会主义发展要求,弘扬社会主义核心价值观,根据宪法,制定本法。

第二条 【调整范围】民法调整平等主体的自然人、法人和非法人组织之间的人身关系和财产关系。

第三条 【民事权利及其他合法权益受法律保护】民事主体的人身权利、财产权利以及其他合法权益受法律保护,任何组织或者个人不得侵犯。

第四条 【平等原则】民事主体在民事活动中的法律地位一律平等。

第五条 【自愿原则】民事主体从事民事活动,应当遵循自愿原则,按照自己的意思设立、变更、终止民事法律关系。

第六条 【公平原则】民事主体从事民事活动,应当遵循公平原则,合理确定各方的权利和义务。

第七条 【诚信原则】民事主体从事民事活动,应当遵循诚信原则,秉持诚实,恪守承诺。

第八条 【守法与公序良俗原则】民事主体从事民事活动,不得违反法律,不得违背公序良俗。

第九条 【绿色原则】民事主体从事民事活动,应当有利于节约资源、保护生态环境。

第十条 【处理民事纠纷的依据】处理民事纠纷,应当依照法律;法律没有规定的,可以适用习惯,但是不得违背公序良俗。

第十一条 【特别法优先】其他法律对民事关系有特别规定的,依照其规定。

第十二条 【民法的效力范围】中华人民共和国领域内的民事活动,适用中华人民共和国法律。法律另有规定的,依照其规定。

第二章 自然人
第一节 民事权利能力和民事行为能力

第十三条 【自然人民事权利能力的起止时间】自然人从出生时起到死亡时止,具有民事权利能力,依法享有民事权利，承担民事义务。

第十四条　【民事权利能力平等】自然人的民事权利能力一律平等。

第十五条　【出生和死亡时间的认定】自然人的出生时间和死亡时间，以出生证明、死亡证明记载的时间为准；没有出生证明、死亡证明的，以户籍登记或者其他有效身份登记记载的时间为准。有其他证据足以推翻以上记载时间的，以该证据证明的时间为准。

第十六条　【胎儿利益保护】涉及遗产继承、接受赠与等胎儿利益保护的，胎儿视为具有民事权利能力。但是，胎儿娩出时为死体的，其民事权利能力自始不存在。

第十七条　【成年时间】十八周岁以上的自然人为成年人。不满十八周岁的自然人为未成年人。

第十八条　【完全民事行为能力人】成年人为完全民事行为能力人，可以独立实施民事法律行为。

十六周岁以上的未成年人，以自己的劳动收入为主要生活来源的，视为完全民事行为能力人。

第十九条　【限制民事行为能力的未成年人】八周岁以上的未成年人为限制民事行为能力人，实施民事法律行为由其法定代理人代理或者经其法定代理人同意、追认；但是，可以独立实施纯获利益的民事法律行为或者与其年龄、智力相适应的民事法律行为。

第二十条　【无民事行为能力的未成年人】不满八周岁的未成年人为无民事行为能力人，由其法定代理人代理实施民事法律行为。

第二十一条　【无民事行为能力的成年人】不能辨认自己行为的成年人为无民事行为能力人，由其法定代理人代理实施民事法律行为。

八周岁以上的未成年人不能辨认自己行为的，适用前款规定。

第二十二条　【限制民事行为能力的成年人】不能完全辨认自己行为的成年人为限制民事行为能力人，实施民事法律行为由其法定代理人代理或者经其法定代理人同意、追认；但是，可以独立实施纯获利益的民事法律行为或者与其智力、精神健康状况相适应的民事法律行为。

第二十三条　【非完全民事行为能力人的法定代理人】无民事行为能力人、限制民事行为能力人的监护人是其法定代理人。

第二十四条　【民事行为能力的认定及恢复】不能辨认或者不能完全辨认自己行为的成年人，其利害关系人或者有关组织，可以向人民法院申请认定该成年人为无民事行为能力人或者限制民事行为能力人。

被人民法院认定为无民事行为能力人或者限制民事行为能力人的，经本人、利害关系人或者有关组织申请，人民法院可以根据其智力、精神健康恢复的状况，认定该成年人恢复为限制民事行为能力人或者完全民事行为能力人。

本条规定的有关组织包括：居民委员会、村民委员会、学校、医疗机构、妇女联合会、残疾人联合会、依法设立的老年人组织、民政部门等。

第二十五条　【自然人的住所】自然人以户籍登记或者其他有效身份登记记载的居所为住所；经常居所与住所不一致的，经常居所视为住所。

第二节　监　护

第二十六条　【父母子女之间的法律义务】父母对未成年子女负有抚养、教育和保护的义务。

成年子女对父母负有赡养、扶助和保护的义务。

第二十七条　【未成年人的监护人】父母是未成年子女的监护人。

未成年人的父母已经死亡或者没有监护能力的，由下列有监护能力的人按顺序担任监护人：

（一）祖父母、外祖父母；

（二）兄、姐；

（三）其他愿意担任监护人的个人或者组织，但是须经未成年人住所地的居民委员会、村民委员会或者民政部门同意。

第二十八条　【非完全民事行为能力成年人的监护人】无民事行为能力或者限制民事行为能力的成年人，由下列有监护能力的人按顺序担任监护人：

（一）配偶；

（二）父母、子女；

（三）其他近亲属；

（四）其他愿意担任监护人的个人或者组织，但是须经被监护人住所地的居民委员会、村民委员会或者民政部门同意。

第二十九条　【遗嘱指定监护】被监护人的父母担任监护人的，可以通过遗嘱指定监护人。

第三十条　【协议确定监护人】依法具有监护资格的人之间可以协议确定监护人。协议确定监护人应当尊重被监护人的真实意愿。

第三十一条　【监护争议解决程序】对监护人的确定有争议的，由被监护人住所地的居民委员会、村民委员会或者民政部门指定监护人，有关当事人对指定不服的，可以向人民法院申请指定监护人;有关当事人也可以直接向人民法院申请指定监护人。

居民委员会、村民委员会、民政部门或者人民法院应当尊重被监护人的真实意愿,按照最有利于被监护人的原则在依法具有监护资格的人中指定监护人。

依据本条第一款规定指定监护人前,被监护人的人身权利、财产权利以及其他合法权益处于无人保护状态的,由被监护人住所地的居民委员会、村民委员会、法律规定的有关组织或者民政部门担任临时监护人。

监护人被指定后,不得擅自变更;擅自变更的,不免除被指定的监护人的责任。

第三十二条 【公职监护人】没有依法具有监护资格的人的,监护人由民政部门担任,也可以由具备履行监护职责条件的被监护人住所地的居民委员会、村民委员会担任。

第三十三条 【意定监护】具有完全民事行为能力的成年人,可以与其近亲属、其他愿意担任监护人的个人或者组织事先协商,以书面形式确定自己的监护人,在自己丧失或者部分丧失民事行为能力时,由该监护人履行监护职责。

第三十四条 【监护职责及临时生活照料】监护人的职责是代理被监护人实施民事法律行为,保护被监护人的人身权利、财产权利以及其他合法权益等。

监护人依法履行监护职责产生的权利,受法律保护。

监护人不履行监护职责或者侵害被监护人合法权益的,应当承担法律责任。

因发生突发事件等紧急情况,监护人暂时无法履行监护职责,被监护人的生活处于无人照料状态的,被监护人住所地的居民委员会、村民委员会或者民政部门应当为被监护人安排必要的临时生活照料措施。

第三十五条 【履行监护职责应遵循的原则】监护人应当按照最有利于被监护人的原则履行监护职责。监护人除为维护被监护人利益外,不得处分被监护人的财产。

未成年人的监护人履行监护职责,在作出与被监护人利益有关的决定时,应当根据被监护人的年龄和智力状况,尊重被监护人的真实意愿。

成年人的监护人履行监护职责,应当最大程度地尊重被监护人的真实意愿,保障并协助被监护人实施与其智力、精神健康状况相适应的民事法律行为。对被监护人有能力独立处理的事务,监护人不得干涉。

第三十六条 【监护人资格的撤销】监护人有下列情形之一的,人民法院根据有关个人或者组织的申请,撤销其监护人资格,安排必要的临时监护措施,并按照最有利于被监护人的原则依法指定监护人:

(一)实施严重损害被监护人身心健康的行为;

(二)怠于履行监护职责,或者无法履行监护职责且拒绝将监护职责部分或者全部委托给他人,导致被监护人处于危困状态;

(三)实施严重侵害被监护人合法权益的其他行为。

本条规定的有关个人、组织包括:其他依法具有监护资格的人,居民委员会、村民委员会、学校、医疗机构、妇女联合会、残疾人联合会、未成年人保护组织、依法设立的老年人组织、民政部门等。

前款规定的个人和民政部门以外的组织未及时向人民法院申请撤销监护人资格的,民政部门应当向人民法院申请。

第三十七条 【监护人资格撤销后的义务】依法负担被监护人抚养费、赡养费、扶养费的父母、子女、配偶等,被人民法院撤销监护人资格后,应当继续履行负担的义务。

第三十八条 【监护人资格的恢复】被监护人的父母或者子女被人民法院撤销监护人资格后,除对被监护人实施故意犯罪的外,确有悔改表现的,经其申请,人民法院可以在尊重被监护人真实意愿的前提下,视情况恢复其监护人资格,人民法院指定的监护人与被监护人的监护关系同时终止。

第三十九条 【监护关系的终止】有下列情形之一的,监护关系终止:

(一)被监护人取得或者恢复完全民事行为能力;

(二)监护人丧失监护能力;

(三)被监护人或者监护人死亡;

(四)人民法院认定监护关系终止的其他情形。

监护关系终止后,被监护人仍然需要监护的,应当依法另行确定监护人。

第三节 宣告失踪和宣告死亡

第四十条 【宣告失踪】自然人下落不明满二年的,利害关系人可以向人民法院申请宣告该自然人为失踪人。

第四十一条 【下落不明的起算时间】自然人下落不明的时间自其失去音讯之日起计算。战争期间下落不明的,下落不明的时间自战争结束之日或者有关机关确定的下落不明之日起计算。

第四十二条 【财产代管人】失踪人的财产由其配

偶、成年子女、父母或者其他愿意担任财产代管人的人代管。

代管有争议,没有前款规定的人,或者前款规定的人无代管能力的,由人民法院指定的人代管。

第四十三条 【财产代管人的职责】财产代管人应当妥善管理失踪人的财产,维护其财产权益。

失踪人所欠税款、债务和应付的其他费用,由财产代管人从失踪人的财产中支付。

财产代管人因故意或者重大过失造成失踪人财产损失的,应当承担赔偿责任。

第四十四条 【财产代管人的变更】财产代管人不履行代管职责、侵害失踪人财产权益或者丧失代管能力的,失踪人的利害关系人可以向人民法院申请变更财产代管人。

财产代管人有正当理由的,可以向人民法院申请变更财产代管人。

人民法院变更财产代管人的,变更后的财产代管人有权请求原财产代管人及时移交有关财产并报告财产代管情况。

第四十五条 【失踪宣告的撤销】失踪人重新出现,经本人或者利害关系人申请,人民法院应当撤销失踪宣告。

失踪人重新出现,有权请求财产代管人及时移交有关财产并报告财产代管情况。

第四十六条 【宣告死亡】自然人有下列情形之一的,利害关系人可以向人民法院申请宣告该自然人死亡:

(一)下落不明满四年;

(二)因意外事件,下落不明满二年。

因意外事件下落不明,经有关机关证明该自然人不可能生存的,申请宣告死亡不受二年时间的限制。

第四十七条 【宣告失踪与宣告死亡申请的竞合】对同一自然人,有的利害关系人申请宣告死亡,有的利害关系人申请宣告失踪,符合本法规定的宣告死亡条件的,人民法院应当宣告死亡。

第四十八条 【死亡日期的确定】被宣告死亡的人,人民法院宣告死亡的判决作出之日视为其死亡的日期;因意外事件下落不明宣告死亡的,意外事件发生之日视为其死亡的日期。

第四十九条 【被宣告死亡人实际生存时的行为效力】自然人被宣告死亡但是并未死亡的,不影响该自然人在被宣告死亡期间实施的民事法律行为的效力。

第五十条 【死亡宣告的撤销】被宣告死亡的人重新出现,经本人或者利害关系人申请,人民法院应当撤销死亡宣告。

第五十一条 【宣告死亡及其撤销后婚姻关系的效力】被宣告死亡的人的婚姻关系,自死亡宣告之日起消除。死亡宣告被撤销的,婚姻关系自撤销死亡宣告之日起自行恢复。但是,其配偶再婚或者向婚姻登记机关书面声明不愿意恢复的除外。

第五十二条 【死亡宣告撤销后子女被收养的效力】被宣告死亡的人在被宣告死亡期间,其子女被他人依法收养的,在死亡宣告被撤销后,不得以未经本人同意为由主张收养行为无效。

第五十三条 【死亡宣告撤销后的财产返还与赔偿责任】被撤销死亡宣告的人有权请求依照本法第六编取得其财产的民事主体返还财产;无法返还的,应当给予适当补偿。

利害关系人隐瞒真实情况,致使他人被宣告死亡而取得其财产的,除应当返还财产外,还应当对由此造成的损失承担赔偿责任。

第四节 个体工商户和农村承包经营户

第五十四条 【个体工商户】自然人从事工商业经营,经依法登记,为个体工商户。个体工商户可以起字号。

第五十五条 【农村承包经营户】农村集体经济组织的成员,依法取得农村土地承包经营权,从事家庭承包经营的,为农村承包经营户。

第五十六条 【"两户"的债务承担】个体工商户的债务,个人经营的,以个人财产承担;家庭经营的,以家庭财产承担;无法区分的,以家庭财产承担。

农村承包经营户的债务,以从事农村土地承包经营的农户财产承担;事实上由农户部分成员经营的,以该部分成员的财产承担。

第三章 法人

第一节 一般规定

第五十七条 【法人的定义】法人是具有民事权利能力和民事行为能力,依法独立享有民事权利和承担民事义务的组织。

第五十八条 【法人的成立】法人应当依法成立。

法人应当有自己的名称、组织机构、住所、财产或者经费。法人成立的具体条件和程序,依照法律、行政法规的规定。

设立法人,法律、行政法规规定须经有关机关批准的,依照其规定。

第五十九条 【法人的民事权利能力和民事行为能力】 法人的民事权利能力和民事行为能力,从法人成立时产生,到法人终止时消灭。

第六十条 【法人的民事责任承担】 法人以其全部财产独立承担民事责任。

第六十一条 【法定代表人】 依照法律或者法人章程的规定,代表法人从事民事活动的负责人,为法人的法定代表人。

法定代表人以法人名义从事的民事活动,其法律后果由法人承受。

法人章程或者法人权力机构对法定代表人代表权的限制,不得对抗善意相对人。

第六十二条 【法定代表人职务行为的法律责任】 法定代表人因执行职务造成他人损害的,由法人承担民事责任。

法人承担民事责任后,依照法律或者法人章程的规定,可以向有过错的法定代表人追偿。

第六十三条 【法人的住所】 法人以其主要办事机构所在地为住所。依法需要办理法人登记的,应当将主要办事机构所在地登记为住所。

第六十四条 【法人的变更登记】 法人存续期间登记事项发生变化的,应当依法向登记机关申请变更登记。

第六十五条 【法人登记的对抗效力】 法人的实际情况与登记的事项不一致的,不得对抗善意相对人。

第六十六条 【法人登记公示制度】 登记机关应当依法及时公示法人登记的有关信息。

第六十七条 【法人合并、分立后的权利义务承担】 法人合并的,其权利和义务由合并后的法人享有和承担。

法人分立的,其权利和义务由分立后的法人享有连带债权、承担连带债务,但是债权人和债务人另有约定的除外。

第六十八条 【法人的终止】 有下列原因之一并依法完成清算、注销登记的,法人终止:

(一)法人解散;

(二)法人被宣告破产;

(三)法律规定的其他原因。

法人终止,法律、行政法规规定须经有关机关批准的,依照其规定。

第六十九条 【法人的解散】 有下列情形之一的,法人解散:

(一)法人章程规定的存续期间届满或者法人章程规定的其他解散事由出现;

(二)法人的权力机构决议解散;

(三)因法人合并或者分立需要解散;

(四)法人依法被吊销营业执照、登记证书,被责令关闭或者被撤销;

(五)法律规定的其他情形。

第七十条 【法人解散后的清算】 法人解散的,除合并或者分立的情形外,清算义务人应当及时组成清算组进行清算。

法人的董事、理事等执行机构或者决策机构的成员为清算义务人。法律、行政法规另有规定的,依照其规定。

清算义务人未及时履行清算义务,造成损害的,应当承担民事责任;主管机关或者利害关系人可以申请人民法院指定有关人员组成清算组进行清算。

第七十一条 【法人清算的法律适用】 法人的清算程序和清算组职权,依照有关法律的规定;没有规定的,参照适用公司法律的有关规定。

第七十二条 【清算的法律效果】 清算期间法人存续,但是不得从事与清算无关的活动。

法人清算后的剩余财产,按照法人章程的规定或者法人权力机构的决议处理。法律另有规定的,依照其规定。

清算结束并完成法人注销登记时,法人终止;依法不需要办理法人登记的,清算结束时,法人终止。

第七十三条 【法人因破产而终止】 法人被宣告破产的,依法进行破产清算并完成法人注销登记时,法人终止。

第七十四条 【法人的分支机构】 法人可以依法设立分支机构。法律、行政法规规定分支机构应当登记的,依照其规定。

分支机构以自己的名义从事民事活动,产生的民事责任由法人承担;也可以先以该分支机构管理的财产承担,不足以承担的,由法人承担。

第七十五条 【法人设立行为的法律后果】 设立人为设立法人从事的民事活动,其法律后果由法人承受;法人未成立的,其法律后果由设立人承受,设立人为二人以上的,享有连带债权,承担连带债务。

设立人为设立法人以自己的名义从事民事活动产生的民事责任,第三人有权选择请求法人或者设立人承担。

第二节 营利法人

第七十六条 【营利法人的定义和类型】 以取得利

润并分配给股东等出资人为目的成立的法人，为营利法人。

营利法人包括有限责任公司、股份有限公司和其他企业法人等。

第七十七条 【营利法人的成立】营利法人经依法登记成立。

第七十八条 【营利法人的营业执照】依法设立的营利法人，由登记机关发给营利法人营业执照。营业执照签发日期为营利法人的成立日期。

第七十九条 【营利法人的章程】设立营利法人应当依法制定法人章程。

第八十条 【营利法人的权力机构】营利法人应当设权力机构。

权力机构行使修改法人章程，选举或者更换执行机构、监督机构成员，以及法人章程规定的其他职权。

第八十一条 【营利法人的执行机构】营利法人应当设执行机构。

执行机构行使召集权力机构会议，决定法人的经营计划和投资方案，决定法人内部管理机构的设置，以及法人章程规定的其他职权。

执行机构为董事会或者执行董事的，董事长、执行董事或者经理按照法人章程的规定担任法定代表人；未设董事会或者执行董事的，法人章程规定的主要负责人为其执行机构和法定代表人。

第八十二条 【营利法人的监督机构】营利法人设监事会或者监事等监督机构的，监督机构依法行使检查法人财务，监督执行机构成员、高级管理人员执行法人职务的行为，以及法人章程规定的其他职权。

第八十三条 【出资人滥用权利的责任承担】营利法人的出资人不得滥用出资人权利损害法人或者其他出资人的利益；滥用出资人权利造成法人或者其他出资人损失的，应当依法承担民事责任。

营利法人的出资人不得滥用法人独立地位和出资人有限责任损害法人债权人的利益；滥用法人独立地位和出资人有限责任，逃避债务，严重损害法人债权人的利益的，应当对法人债务承担连带责任。

第八十四条 【利用关联关系造成损失的赔偿责任】营利法人的控股出资人、实际控制人、董事、监事、高级管理人员不得利用其关联关系损害法人的利益；利用关联关系造成法人损失的，应当承担赔偿责任。

第八十五条 【营利法人出资人对瑕疵决议的撤销权】营利法人的权力机构、执行机构作出决议的会议召集程序、表决方式违反法律、行政法规、法人章程，或者决议内容违反法人章程的，营利法人的出资人可以请求人民法院撤销该决议。但是，营利法人依据该决议与善意相对人形成的民事法律关系不受影响。

第八十六条 【营利法人的社会责任】营利法人从事经营活动，应当遵守商业道德，维护交易安全，接受政府和社会的监督，承担社会责任。

第三节 非营利法人

第八十七条 【非营利法人的定义和范围】为公益目的或者其他非营利目的成立，不向出资人、设立人或者会员分配所取得利润的法人，为非营利法人。

非营利法人包括事业单位、社会团体、基金会、社会服务机构等。

第八十八条 【事业单位法人资格的取得】具备法人条件，为适应经济社会发展需要，提供公益服务设立的事业单位，经依法登记成立，取得事业单位法人资格；依法不需要办理法人登记的，从成立之日起，具有事业单位法人资格。

第八十九条 【事业单位法人的组织机构】事业单位法人设理事会的，除法律另有规定外，理事会为其决策机构。事业单位法人的法定代表人依照法律、行政法规或者法人章程的规定产生。

第九十条 【社会团体法人资格的取得】具备法人条件，基于会员共同意愿，为公益目的或者会员共同利益等非营利目的设立的社会团体，经依法登记成立，取得社会团体法人资格；依法不需要办理法人登记的，从成立之日起，具有社会团体法人资格。

第九十一条 【社会团体法人章程和组织机构】设立社会团体法人应当依法制定法人章程。

社会团体法人应当设会员大会或者会员代表大会等权力机构。

社会团体法人应当设理事会等执行机构。理事长或者会长等负责人按照法人章程的规定担任法定代表人。

第九十二条 【捐助法人】具备法人条件，为公益目的以捐助财产设立的基金会、社会服务机构等，经依法登记成立，取得捐助法人资格。

依法设立的宗教活动场所，具备法人条件的，可以申请法人登记，取得捐助法人资格。法律、行政法规对宗教活动场所有规定的，依照其规定。

第九十三条 【捐助法人章程和组织机构】设立捐助法人应当依法制定法人章程。

捐助法人应当设理事会、民主管理组织等决策机构，并设执行机构。理事长等负责人按照法人章程的规定担任法定代表人。

捐助法人应当设监事会等监督机构。

第九十四条　【捐助人的权利】捐助人有权向捐助法人查询捐助财产的使用、管理情况，并提出意见和建议，捐助法人应当及时、如实答复。

捐助法人的决策机构、执行机构或者法定代表人作出决定的程序违反法律、行政法规、法人章程，或者决定内容违反法人章程的，捐助人等利害关系人或者主管机关可以请求人民法院撤销该决定。但是，捐助法人依据该决定与善意相对人形成的民事法律关系不受影响。

第九十五条　【公益性非营利法人剩余财产的处理】为公益目的成立的非营利法人终止时，不得向出资人、设立人或者会员分配剩余财产。剩余财产应当按照法人章程的规定或者权力机构的决议用于公益目的；无法按照法人章程的规定或者权力机构的决议处理的，由主管机关主持转给宗旨相同或者相近的法人，并向社会公告。

第四节　特别法人

第九十六条　【特别法人的类型】本节规定的机关法人、农村集体经济组织法人、城镇农村的合作经济组织法人、基层群众性自治组织法人，为特别法人。

第九十七条　【机关法人】有独立经费的机关和承担行政职能的法定机构从成立之日起，具有机关法人资格，可以从事为履行职能所需要的民事活动。

第九十八条　【机关法人的终止】机关法人被撤销的，法人终止，其民事权利和义务由继任的机关法人享有和承担；没有继任的机关法人的，由作出撤销决定的机关法人享有和承担。

第九十九条　【农村集体经济组织法人】农村集体经济组织依法取得法人资格。

法律、行政法规对农村集体经济组织有规定的，依照其规定。

第一百条　【合作经济组织法人】城镇农村的合作经济组织依法取得法人资格。

法律、行政法规对城镇农村的合作经济组织有规定的，依照其规定。

第一百零一条　【基层群众性自治组织法人】居民委员会、村民委员会具有基层群众性自治组织法人资格，可以从事为履行职能所需要的民事活动。

未设立村集体经济组织的，村民委员会可以依法代行村集体经济组织的职能。

第四章　非法人组织

第一百零二条　【非法人组织的定义】非法人组织是不具有法人资格，但是能够依法以自己的名义从事民事活动的组织。

非法人组织包括个人独资企业、合伙企业、不具有法人资格的专业服务机构等。

第一百零三条　【非法人组织的设立程序】非法人组织应当依照法律的规定登记。

设立非法人组织，法律、行政法规规定须经有关机关批准的，依照其规定。

第一百零四条　【非法人组织的债务承担】非法人组织的财产不足以清偿债务的，其出资人或者设立人承担无限责任。法律另有规定的，依照其规定。

第一百零五条　【非法人组织的代表人】非法人组织可以确定一人或者数人代表该组织从事民事活动。

第一百零六条　【非法人组织的解散】有下列情形之一的，非法人组织解散：

（一）章程规定的存续期间届满或者章程规定的其他解散事由出现；

（二）出资人或者设立人决定解散；

（三）法律规定的其他情形。

第一百零七条　【非法人组织的清算】非法人组织解散的，应当依法进行清算。

第一百零八条　【非法人组织的参照适用规定】非法人组织除适用本章规定外，参照适用本编第三章第一节的有关规定。

第五章　民事权利

第一百零九条　【一般人格权】自然人的人身自由、人格尊严受法律保护。

第一百一十条　【民事主体的人格权】自然人享有生命权、身体权、健康权、姓名权、肖像权、名誉权、荣誉权、隐私权、婚姻自主权等权利。

法人、非法人组织享有名称权、名誉权和荣誉权。

第一百一十一条　【个人信息受法律保护】自然人的个人信息受法律保护。任何组织或者个人需要获取他人个人信息的，应当依法取得并确保信息安全，不得非法收集、使用、加工、传输他人个人信息，不得非法买卖、提供或者公开他人个人信息。

第一百一十二条　【婚姻家庭关系等产生的人身权利】自然人因婚姻家庭关系等产生的人身权利受法律保护。

第一百一十三条 【财产权受法律平等保护】民事主体的财产权利受法律平等保护。

第一百一十四条 【物权的定义及类型】民事主体依法享有物权。

物权是权利人依法对特定的物享有直接支配和排他的权利,包括所有权、用益物权和担保物权。

第一百一十五条 【物权的客体】物包括不动产和动产。法律规定权利作为物权客体的,依照其规定。

第一百一十六条 【物权法定原则】物权的种类和内容,由法律规定。

第一百一十七条 【征收与征用】为了公共利益的需要,依照法律规定的权限和程序征收、征用不动产或者动产的,应当给予公平、合理的补偿。

第一百一十八条 【债权的定义】民事主体依法享有债权。

债权是因合同、侵权行为、无因管理、不当得利以及法律的其他规定,权利人请求特定义务人为或者不为一定行为的权利。

第一百一十九条 【合同之债】依法成立的合同,对当事人具有法律约束力。

第一百二十条 【侵权之债】民事权益受到侵害的,被侵权人有权请求侵权人承担侵权责任。

第一百二十一条 【无因管理之债】没有法定的或者约定的义务,为避免他人利益受损失而进行管理的人,有权请求受益人偿还由此支出的必要费用。

第一百二十二条 【不当得利之债】因他人没有法律根据,取得不当利益,受损失的人有权请求其返还不当利益。

第一百二十三条 【知识产权及其客体】民事主体依法享有知识产权。

知识产权是权利人依法就下列客体享有的专有的权利:

（一）作品；
（二）发明、实用新型、外观设计；
（三）商标；
（四）地理标志；
（五）商业秘密；
（六）集成电路布图设计；
（七）植物新品种；
（八）法律规定的其他客体。

第一百二十四条 【继承权及其客体】自然人依法享有继承权。

自然人合法的私有财产,可以依法继承。

第一百二十五条 【投资性权利】民事主体依法享有股权和其他投资性权利。

第一百二十六条 【其他民事权益】民事主体享有法律规定的其他民事权利和利益。

第一百二十七条 【对数据和网络虚拟财产的保护】法律对数据、网络虚拟财产的保护有规定的,依照其规定。

第一百二十八条 【对弱势群体的特别保护】法律对未成年人、老年人、残疾人、妇女、消费者等的民事权利保护有特别规定的,依照其规定。

第一百二十九条 【民事权利的取得方式】民事权利可以依据民事法律行为、事实行为、法律规定的事件或者法律规定的其他方式取得。

第一百三十条 【权利行使的自愿原则】民事主体按照自己的意愿依法行使民事权利,不受干涉。

第一百三十一条 【权利人的义务履行】民事主体行使权利时,应当履行法律规定的和当事人约定的义务。

第一百三十二条 【禁止权利滥用】民事主体不得滥用民事权利损害国家利益、社会公共利益或者他人合法权益。

第六章　民事法律行为

第一节　一般规定

第一百三十三条 【民事法律行为的定义】民事法律行为是民事主体通过意思表示设立、变更、终止民事法律关系的行为。

第一百三十四条 【民事法律行为的成立】民事法律行为可以基于双方或者多方的意思表示一致成立,也可以基于单方的意思表示成立。

法人、非法人组织依照法律或者章程规定的议事方式和表决程序作出决议的,该决议行为成立。

第一百三十五条 【民事法律行为的形式】民事法律行为可以采用书面形式、口头形式或者其他形式；法律、行政法规规定或者当事人约定采用特定形式的,应当采用特定形式。

第一百三十六条 【民事法律行为的生效】民事法律行为自成立时生效,但是法律另有规定或者当事人另有约定的除外。

行为人非依法律规定或者未经对方同意,不得擅自变更或者解除民事法律行为。

第二节　意思表示

**第一百三十七条 【有相对人的意思表示的生效时

间】以对话方式作出的意思表示,相对人知道其内容时生效。

以非对话方式作出的意思表示,到达相对人时生效。以非对话方式作出的采用数据电文形式的意思表示,相对人指定特定系统接收数据电文的,该数据电文进入该特定系统时生效;未指定特定系统的,相对人知道或者应当知道该数据电文进入其系统时生效。当事人对采用数据电文形式的意思表示的生效时间另有约定的,按照其约定。

第一百三十八条　【无相对人的意思表示的生效时间】 无相对人的意思表示,表示完成时生效。法律另有规定的,依照其规定。

第一百三十九条　【公告的意思表示的生效时间】 以公告方式作出的意思表示,公告发布时生效。

第一百四十条　【意思表示的方式】 行为人可以明示或者默示作出意思表示。

沉默只有在有法律规定、当事人约定或者符合当事人之间的交易习惯时,才可以视为意思表示。

第一百四十一条　【意思表示的撤回】 行为人可以撤回意思表示。撤回意思表示的通知应当在意思表示到达相对人前或者与意思表示同时到达相对人。

第一百四十二条　【意思表示的解释】 有相对人的意思表示的解释,应当按照所使用的词句,结合相关条款、行为的性质和目的、习惯以及诚信原则,确定意思表示的含义。

无相对人的意思表示的解释,不能完全拘泥于所使用的词句,而应当结合相关条款、行为的性质和目的、习惯以及诚信原则,确定行为人的真实意思。

第三节　民事法律行为的效力

第一百四十三条　【民事法律行为的有效条件】 具备下列条件的民事法律行为有效:

(一)行为人具有相应的民事行为能力;

(二)意思表示真实;

(三)不违反法律、行政法规的强制性规定,不违背公序良俗。

第一百四十四条　【无民事行为能力人实施的民事法律行为】 无民事行为能力人实施的民事法律行为无效。

第一百四十五条　【限制民事行为能力人实施的民事法律行为】 限制民事行为能力人实施的纯获利益的民事法律行为或者与其年龄、智力、精神健康状况相适应的民事法律行为有效;实施的其他民事法律行为经法定代理人同意或者追认后有效。

相对人可以催告法定代理人自收到通知之日起三十日内予以追认。法定代理人未作表示的,视为拒绝追认。民事法律行为被追认前,善意相对人有撤销的权利。撤销应当以通知的方式作出。

第一百四十六条　【虚假表示与隐藏行为效力】 行为人与相对人以虚假的意思表示实施的民事法律行为无效。

以虚假的意思表示隐藏的民事法律行为的效力,依照有关法律规定处理。

第一百四十七条　【重大误解】 基于重大误解实施的民事法律行为,行为人有权请求人民法院或者仲裁机构予以撤销。

第一百四十八条　【欺诈】 一方以欺诈手段,使对方在违背真实意思的情况下实施的民事法律行为,受欺诈方有权请求人民法院或者仲裁机构予以撤销。

第一百四十九条　【第三人欺诈】 第三人实施欺诈行为,使一方在违背真实意思的情况下实施的民事法律行为,对方知道或者应当知道该欺诈行为的,受欺诈方有权请求人民法院或者仲裁机构予以撤销。

第一百五十条　【胁迫】 一方或者第三人以胁迫手段,使对方在违背真实意思的情况下实施的民事法律行为,受胁迫方有权请求人民法院或者仲裁机构予以撤销。

第一百五十一条　【乘人之危导致的显失公平】 一方利用对方处于危困状态、缺乏判断能力等情形,致使民事法律行为成立时显失公平的,受损害方有权请求人民法院或者仲裁机构予以撤销。

第一百五十二条　【撤销权的消灭期间】 有下列情形之一的,撤销权消灭:

(一)当事人自知道或者应当知道撤销事由之日起一年内、重大误解的当事人自知道或者应当知道撤销事由之日起九十日内没有行使撤销权;

(二)当事人受胁迫,自胁迫行为终止之日起一年内没有行使撤销权;

(三)当事人知道撤销事由后明确表示或者以自己的行为表明放弃撤销权。

当事人自民事法律行为发生之日起五年内没有行使撤销权的,撤销权消灭。

第一百五十三条　【违反强制性规定及违背公序良俗的民事法律行为的效力】 违反法律、行政法规的强制性规定的民事法律行为无效。但是,该强制性规定不导致该民事法律行为无效的除外。

违背公序良俗的民事法律行为无效。

第一百五十四条　【恶意串通】行为人与相对人恶意串通，损害他人合法权益的民事法律行为无效。

第一百五十五条　【无效或者被撤销民事法律行为自始无效】无效的或者被撤销的民事法律行为自始没有法律约束力。

第一百五十六条　【民事法律行为部分无效】民事法律行为部分无效，不影响其他部分效力的，其他部分仍然有效。

第一百五十七条　【民事法律行为无效、被撤销、不生效力的法律后果】民事法律行为无效、被撤销或者确定不发生效力后，行为人因该行为取得的财产，应当予以返还；不能返还或者没有必要返还的，应当折价补偿。有过错的一方应当赔偿对方由此所受到的损失；各方都有过错的，应当各自承担相应的责任。法律另有规定的，依照其规定。

第四节　民事法律行为的附条件和附期限

第一百五十八条　【附条件的民事法律行为】民事法律行为可以附条件，但是根据其性质不得附条件的除外。附生效条件的民事法律行为，自条件成就时生效。附解除条件的民事法律行为，自条件成就时失效。

第一百五十九条　【条件成就或不成就的拟制】附条件的民事法律行为，当事人为自己的利益不正当地阻止条件成就的，视为条件已经成就；不正当地促成条件成就的，视为条件不成就。

第一百六十条　【附期限的民事法律行为】民事法律行为可以附期限，但是根据其性质不得附期限的除外。附生效期限的民事法律行为，自期限届至时生效。附终止期限的民事法律行为，自期限届满时失效。

第七章　代　理
第一节　一般规定

第一百六十一条　【代理的适用范围】民事主体可以通过代理人实施民事法律行为。

依照法律规定、当事人约定或者民事法律行为的性质，应当由本人亲自实施的民事法律行为，不得代理。

第一百六十二条　【代理的效力】代理人在代理权限内，以被代理人名义实施的民事法律行为，对被代理人发生效力。

第一百六十三条　【代理的类型】代理包括委托代理和法定代理。

委托代理人按照被代理人的委托行使代理权。法定代理人依照法律的规定行使代理权。

第一百六十四条　【不当代理的民事责任】代理人不履行或者不完全履行职责，造成被代理人损害的，应当承担民事责任。

代理人和相对人恶意串通，损害被代理人合法权益的，代理人和相对人应当承担连带责任。

第二节　委托代理

第一百六十五条　【授权委托书】委托代理授权采用书面形式的，授权委托书应当载明代理人的姓名或者名称、代理事项、权限和期限，并由被代理人签名或者盖章。

第一百六十六条　【共同代理】数人为同一代理事项的代理人的，应当共同行使代理权，但是当事人另有约定的除外。

第一百六十七条　【违法代理的责任承担】代理人知道或者应当知道代理事项违法仍然实施代理行为，或者被代理人知道或者应当知道代理人的代理行为违法未作反对表示的，被代理人和代理人应当承担连带责任。

第一百六十八条　【禁止自己代理和双方代理】代理人不得以被代理人的名义与自己实施民事法律行为，但是被代理人同意或者追认的除外。

代理人不得以被代理人的名义与自己同时代理的其他人实施民事法律行为，但是被代理的双方同意或者追认的除外。

第一百六十九条　【复代理】代理人需要转委托第三人代理的，应当取得被代理人的同意或者追认。

转委托代理经被代理人同意或者追认的，被代理人可以就代理事务直接指示转委托的第三人，代理人仅就第三人的选任以及对第三人的指示承担责任。

转委托代理未经被代理人同意或者追认的，代理人应当对转委托的第三人的行为承担责任；但是，在紧急情况下代理人为了维护被代理人的利益需要转委托第三人代理的除外。

第一百七十条　【职务代理】执行法人或者非法人组织工作任务的人员，就其职权范围内的事项，以法人或者非法人组织的名义实施的民事法律行为，对法人或者非法人组织发生效力。

法人或者非法人组织对执行其工作任务的人员职权范围的限制，不得对抗善意相对人。

第一百七十一条　【无权代理】行为人没有代理权、超越代理权或者代理权终止后，仍然实施代理行为，未经被代理人追认的，对被代理人不发生效力。

相对人可以催告被代理人自收到通知之日起三十日

内予以追认。被代理人未作表示的，视为拒绝追认。行为人实施的行为被追认前，善意相对人有撤销的权利。撤销应当以通知的方式作出。

行为人实施的行为未被追认的，善意相对人有权请求行为人履行债务或者就其受到的损害请求行为人赔偿。但是，赔偿的范围不得超过被代理人追认时相对人所能获得的利益。

相对人知道或者应当知道行为人无权代理的，相对人和行为人按照各自的过错承担责任。

第一百七十二条 【表见代理】行为人没有代理权、超越代理权或者代理权终止后，仍然实施代理行为，相对人有理由相信行为人有代理权，代理行为有效。

第三节 代理终止

第一百七十三条 【委托代理的终止】有下列情形之一的，委托代理终止：

（一）代理期限届满或者代理事务完成；

（二）被代理人取消委托或者代理人辞去委托；

（三）代理人丧失民事行为能力；

（四）代理人或者被代理人死亡；

（五）作为代理人或者被代理人的法人、非法人组织终止。

第一百七十四条 【委托代理终止的例外】被代理人死亡后，有下列情形之一的，委托代理人实施的代理行为有效：

（一）代理人不知道且不应当知道被代理人死亡；

（二）被代理人的继承人予以承认；

（三）授权中明确代理权在代理事务完成时终止；

（四）被代理人死亡前已经实施，为了被代理人的继承人的利益继续代理。

作为被代理人的法人、非法人组织终止的，参照适用前款规定。

第一百七十五条 【法定代理的终止】有下列情形之一的，法定代理终止：

（一）被代理人取得或者恢复完全民事行为能力；

（二）代理人丧失民事行为能力；

（三）代理人或者被代理人死亡；

（四）法律规定的其他情形。

第八章 民事责任

第一百七十六条 【民事责任】民事主体依照法律规定或者按照当事人约定，履行民事义务，承担民事责任。

第一百七十七条 【按份责任】二人以上依法承担按份责任，能够确定责任大小的，各自承担相应的责任；难以确定责任大小的，平均承担责任。

第一百七十八条 【连带责任】二人以上依法承担连带责任的，权利人有权请求部分或者全部连带责任人承担责任。

连带责任人的责任份额根据各自责任大小确定；难以确定责任大小的，平均承担责任。实际承担责任超过自己责任份额的连带责任人，有权向其他连带责任人追偿。

连带责任，由法律规定或者当事人约定。

第一百七十九条 【民事责任的承担方式】承担民事责任的方式主要有：

（一）停止侵害；

（二）排除妨碍；

（三）消除危险；

（四）返还财产；

（五）恢复原状；

（六）修理、重作、更换；

（七）继续履行；

（八）赔偿损失；

（九）支付违约金；

（十）消除影响、恢复名誉；

（十一）赔礼道歉。

法律规定惩罚性赔偿的，依照其规定。

本条规定的承担民事责任的方式，可以单独适用，也可以合并适用。

第一百八十条 【不可抗力】因不可抗力不能履行民事义务的，不承担民事责任。法律另有规定的，依照其规定。

不可抗力是不能预见、不能避免且不能克服的客观情况。

第一百八十一条 【正当防卫】因正当防卫造成损害的，不承担民事责任。

正当防卫超过必要的限度，造成不应有的损害的，正当防卫人应当承担适当的民事责任。

第一百八十二条 【紧急避险】因紧急避险造成损害的，由引起险情发生的人承担民事责任。

危险由自然原因引起的，紧急避险人不承担民事责任，可以给予适当补偿。

紧急避险采取措施不当或者超过必要的限度，造成不应有的损害的，紧急避险人应当承担适当的民事责任。

第一百八十三条 【因保护他人民事权益而受损的责任承担】因保护他人民事权益使自己受到损害的,由侵权人承担民事责任,受益人可以给予适当补偿。没有侵权人、侵权人逃逸或者无力承担民事责任,受害人请求补偿的,受益人应当给予适当补偿。

第一百八十四条 【紧急救助的责任豁免】因自愿实施紧急救助行为造成受助人损害的,救助人不承担民事责任。

第一百八十五条 【英雄烈士人格利益的保护】侵害英雄烈士等的姓名、肖像、名誉、荣誉,损害社会公共利益的,应当承担民事责任。

第一百八十六条 【违约责任与侵权责任的竞合】因当事人一方的违约行为,损害对方人身权益、财产权益的,受损害方有权选择请求其承担违约责任或者侵权责任。

第一百八十七条 【民事责任优先】民事主体因同一行为应当承担民事责任、行政责任和刑事责任的,承担行政责任或者刑事责任不影响承担民事责任;民事主体的财产不足以支付的,优先用于承担民事责任。

第九章 诉讼时效

第一百八十八条 【普通诉讼时效】向人民法院请求保护民事权利的诉讼时效期间为三年。法律另有规定的,依照其规定。

诉讼时效期间自权利人知道或者应当知道权利受到损害以及义务人之日起计算。法律另有规定的,依照其规定。但是,自权利受到损害之日起超过二十年的,人民法院不予保护,有特殊情况的,人民法院可以根据权利人的申请决定延长。

第一百八十九条 【分期履行债务诉讼时效的起算】当事人约定同一债务分期履行的,诉讼时效期间自最后一期履行期限届满之日起计算。

第一百九十条 【对法定代理人请求权诉讼时效的起算】无民事行为能力人或者限制民事行为能力人对其法定代理人的请求权的诉讼时效期间,自该法定代理终止之日起计算。

第一百九十一条 【未成年人遭受性侵害的损害赔偿诉讼时效的起算】未成年人遭受性侵害的损害赔偿请求权的诉讼时效期间,自受害人年满十八周岁之日起计算。

第一百九十二条 【诉讼时效届满的法律效果】诉讼时效期间届满的,义务人可以提出不履行义务的抗辩。

诉讼时效期间届满后,义务人同意履行的,不得以诉讼时效期间届满为由抗辩;义务人已经自愿履行的,不得请求返还。

第一百九十三条 【诉讼时效援用】人民法院不得主动适用诉讼时效的规定。

第一百九十四条 【诉讼时效的中止】在诉讼时效期间的最后六个月内,因下列障碍,不能行使请求权的,诉讼时效中止:

(一)不可抗力;

(二)无民事行为能力人或者限制民事行为能力人没有法定代理人,或者法定代理人死亡、丧失民事行为能力、丧失代理权;

(三)继承开始后未确定继承人或者遗产管理人;

(四)权利人被义务人或者其他人控制;

(五)其他导致权利人不能行使请求权的障碍。

自中止时效的原因消除之日起满六个月,诉讼时效期间届满。

第一百九十五条 【诉讼时效的中断】有下列情形之一的,诉讼时效中断,从中断、有关程序终结时起,诉讼时效期间重新计算:

(一)权利人向义务人提出履行请求;

(二)义务人同意履行义务;

(三)权利人提起诉讼或者申请仲裁;

(四)与提起诉讼或者申请仲裁具有同等效力的其他情形。

第一百九十六条 【不适用诉讼时效的情形】下列请求权不适用诉讼时效的规定:

(一)请求停止侵害、排除妨碍、消除危险;

(二)不动产物权和登记的动产物权的权利人请求返还财产;

(三)请求支付抚养费、赡养费或者扶养费;

(四)依法不适用诉讼时效的其他请求权。

第一百九十七条 【诉讼时效法定】诉讼时效的期间、计算方法以及中止、中断的事由由法律规定,当事人约定无效。

当事人对诉讼时效利益的预先放弃无效。

第一百九十八条 【仲裁时效】法律对仲裁时效有规定的,依照其规定;没有规定的,适用诉讼时效的规定。

第一百九十九条 【除斥期间】法律规定或者当事人约定的撤销权、解除权等权利的存续期间,除法律另有规定外,自权利人知道或者应当知道权利产生之日起计算,不适用有关诉讼时效中止、中断和延长的规定。存续期间届满,撤销权、解除权等权利消灭。

第十章　期间计算

第二百条　【期间的计算单位】民法所称的期间按照公历年、月、日、小时计算。

第二百零一条　【期间的起算】按照年、月、日计算期间的，开始的当日不计入，自下一日开始计算。

按照小时计算期间的，自法律规定或者当事人约定的时间开始计算。

第二百零二条　【期间结束】按照年、月计算期间的，到期月的对应日为期间的最后一日；没有对应日的，月末日为期间的最后一日。

第二百零三条　【期间计算的特殊规定】期间的最后一日是法定休假日的，以法定休假日结束的次日为期间的最后一日。

期间的最后一日的截止时间为二十四时；有业务时间的，停止业务活动的时间为截止时间。

第二百零四条　【期间法定或约定】期间的计算方法依照本法的规定，但是法律另有规定或者当事人另有约定的除外。

第二编　物　权

第一分编　通　则

第一章　一般规定

第二百零五条　【物权编的调整范围】本编调整因物的归属和利用产生的民事关系。

第二百零六条　【我国基本经济制度与社会主义市场经济原则】国家坚持和完善公有制为主体、多种所有制经济共同发展，按劳分配为主体、多种分配方式并存，社会主义市场经济体制等社会主义基本经济制度。

国家巩固和发展公有制经济，鼓励、支持和引导非公有制经济的发展。

国家实行社会主义市场经济，保障一切市场主体的平等法律地位和发展权利。

第二百零七条　【平等保护原则】国家、集体、私人的物权和其他权利人的物权受法律平等保护，任何组织或者个人不得侵犯。

第二百零八条　【物权公示原则】不动产物权的设立、变更、转让和消灭，应当依照法律规定登记。动产物权的设立和转让，应当依照法律规定交付。

第二章　物权的设立、变更、转让和消灭

第一节　不动产登记

第二百零九条　【不动产物权的登记生效原则及其例外】不动产物权的设立、变更、转让和消灭，经依法登记，发生效力；未经登记，不发生效力，但是法律另有规定的除外。

依法属于国家所有的自然资源，所有权可以不登记。

第二百一十条　【不动产登记机构和不动产统一登记】不动产登记，由不动产所在地的登记机构办理。

国家对不动产实行统一登记制度。统一登记的范围、登记机构和登记办法，由法律、行政法规规定。

第二百一十一条　【申请不动产登记应提供的必要材料】当事人申请登记，应当根据不同登记事项提供权属证明和不动产界址、面积等必要材料。

第二百一十二条　【不动产登记机构应当履行的职责】登记机构应当履行下列职责：

（一）查验申请人提供的权属证明和其他必要材料；

（二）就有关登记事项询问申请人；

（三）如实、及时登记有关事项；

（四）法律、行政法规规定的其他职责。

申请登记的不动产的有关情况需要进一步证明的，登记机构可以要求申请人补充材料，必要时可以实地查看。

第二百一十三条　【不动产登记机构的禁止行为】登记机构不得有下列行为：

（一）要求对不动产进行评估；

（二）以年检等名义进行重复登记；

（三）超出登记职责范围的其他行为。

第二百一十四条　【不动产物权变动的生效时间】不动产物权的设立、变更、转让和消灭，依照法律规定应当登记的，自记载于不动产登记簿时发生效力。

第二百一十五条　【合同效力和物权效力区分】当事人之间订立有关设立、变更、转让和消灭不动产物权的合同，除法律另有规定或者当事人另有约定外，自合同成立时生效；未办理物权登记的，不影响合同效力。

第二百一十六条　【不动产登记簿效力及管理机构】不动产登记簿是物权归属和内容的根据。

不动产登记簿由登记机构管理。

第二百一十七条　【不动产登记簿与不动产权属证书的关系】不动产权属证书是权利人享有该不动产物权的证明。不动产权属证书记载的事项，应当与不动产登记簿一致；记载不一致的，除有证据证明不动产登记簿确有错误外，以不动产登记簿为准。

第二百一十八条　【不动产登记资料的查询、复制】权利人、利害关系人可以申请查询、复制不动产登记资

料,登记机构应当提供。

第二百一十九条　【利害关系人的非法利用不动产登记资料禁止义务】利害关系人不得公开、非法使用权利人的不动产登记资料。

第二百二十条　【更正登记和异议登记】权利人、利害关系人认为不动产登记簿记载的事项错误的,可以申请更正登记。不动产登记簿记载的权利人书面同意更正或者有证据证明登记确有错误的,登记机构应当予以更正。

不动产登记簿记载的权利人不同意更正的,利害关系人可以申请异议登记。登记机构予以异议登记,申请人自异议登记之日起十五日内不提起诉讼的,异议登记失效。异议登记不当,造成权利人损害的,权利人可以向申请人请求损害赔偿。

第二百二十一条　【预告登记】当事人签订买卖房屋的协议或者签订其他不动产物权的协议,为保障将来实现物权,按照约定可以向登记机构申请预告登记。预告登记后,未经预告登记的权利人同意,处分该不动产的,不发生物权效力。

预告登记后,债权消灭或者自能够进行不动产登记之日起九十日内未申请登记的,预告登记失效。

第二百二十二条　【不动产登记错误损害赔偿责任】当事人提供虚假材料申请登记,造成他人损害的,应当承担赔偿责任。

因登记错误,造成他人损害的,登记机构应当承担赔偿责任。登记机构赔偿后,可以向造成登记错误的人追偿。

第二百二十三条　【不动产登记收费标准的确定】不动产登记费按件收取,不得按照不动产的面积、体积或者价款的比例收取。

第二节　动产交付

第二百二十四条　【动产物权变动生效时间】动产物权的设立和转让,自交付时发生效力,但是法律另有规定的除外。

第二百二十五条　【船舶、航空器和机动车物权变动采取登记对抗主义】船舶、航空器和机动车等的物权的设立、变更、转让和消灭,未经登记,不得对抗善意第三人。

第二百二十六条　【简易交付】动产物权设立和转让前,权利人已经占有该动产的,物权自民事法律行为生效时发生效力。

第二百二十七条　【指示交付】动产物权设立和转让前,第三人占有该动产的,负有交付义务的人可以通过转让请求第三人返还原物的权利代替交付。

第二百二十八条　【占有改定】动产物权转让时,当事人又约定由出让人继续占有该动产的,物权自该约定生效时发生效力。

第三节　其他规定

第二百二十九条　【法律文书、征收决定导致物权变动效力发生时间】因人民法院、仲裁机构的法律文书或者人民政府的征收决定等,导致物权设立、变更、转让或者消灭的,自法律文书或者征收决定等生效时发生效力。

第二百三十条　【因继承取得物权的生效时间】因继承取得物权的,自继承开始时发生效力。

第二百三十一条　【因事实行为设立或者消灭物权的生效时间】因合法建造、拆除房屋等事实行为设立或者消灭物权的,自事实行为成就时发生效力。

第二百三十二条　【非依民事法律行为享有的不动产物权变动】处分依照本节规定享有的不动产物权,依照法律规定需要办理登记的,未经登记,不发生物权效力。

第三章　物权的保护

第二百三十三条　【物权保护争讼程序】物权受到侵害的,权利人可以通过和解、调解、仲裁、诉讼等途径解决。

第二百三十四条　【物权确认请求权】因物权的归属、内容发生争议的,利害关系人可以请求确认权利。

第二百三十五条　【返还原物请求权】无权占有不动产或者动产的,权利人可以请求返还原物。

第二百三十六条　【排除妨害、消除危险请求权】妨害物权或者可能妨害物权的,权利人可以请求排除妨害或者消除危险。

第二百三十七条　【修理、重作、更换或者恢复原状请求权】造成不动产或者动产毁损的,权利人可以依法请求修理、重作、更换或者恢复原状。

第二百三十八条　【物权损害赔偿请求权】侵害物权,造成权利人损害的,权利人可以依法请求损害赔偿,也可以依法请求承担其他民事责任。

第二百三十九条　【物权保护方式的单用和并用】本章规定的物权保护方式,可以单独适用,也可以根据权利被侵害的情形合并适用。

第二分编　所有权

第四章　一般规定

第二百四十条　【所有权的定义】所有权人对自己的不动产或者动产,依法享有占有、使用、收益和处分的权利。

第二百四十一条 【所有权人设立他物权】所有权人有权在自己的不动产或者动产上设立用益物权和担保物权。用益物权人、担保物权人行使权利，不得损害所有权人的权益。

第二百四十二条 【国家专有】法律规定专属于国家所有的不动产和动产，任何组织或者个人不能取得所有权。

第二百四十三条 【征收】为了公共利益的需要，依照法律规定的权限和程序可以征收集体所有的土地和组织、个人的房屋以及其他不动产。

征收集体所有的土地，应当依法及时足额支付土地补偿费、安置补助费以及农村村民住宅、其他地上附着物和青苗等的补偿费用，并安排被征地农民的社会保障费用，保障被征地农民的生活，维护被征地农民的合法权益。

征收组织、个人的房屋以及其他不动产，应当依法给予征收补偿，维护被征收人的合法权益；征收个人住宅的，还应当保障被征收人的居住条件。

任何组织或者个人不得贪污、挪用、私分、截留、拖欠征收补偿费等费用。

第二百四十四条 【保护耕地与禁止违法征地】国家对耕地实行特殊保护，严格限制农用地转为建设用地，控制建设用地总量。不得违反法律规定的权限和程序征收集体所有的土地。

第二百四十五条 【征用】因抢险救灾、疫情防控等紧急需要，依照法律规定的权限和程序可以征用组织、个人的不动产或者动产。被征用的不动产或者动产使用后，应当返还被征用人。组织、个人的不动产或者动产被征用或者征用后毁损、灭失的，应当给予补偿。

第五章 国家所有权和集体所有权、私人所有权

第二百四十六条 【国家所有权】法律规定属于国家所有的财产，属于国家所有即全民所有。

国有财产由国务院代表国家行使所有权。法律另有规定的，依照其规定。

第二百四十七条 【矿藏、水流和海域的国家所有权】矿藏、水流、海域属于国家所有。

第二百四十八条 【无居民海岛的国家所有权】无居民海岛属于国家所有，国务院代表国家行使无居民海岛所有权。

第二百四十九条 【国家所有土地的范围】城市的土地，属于国家所有。法律规定属于国家所有的农村和城市郊区的土地，属于国家所有。

第二百五十条 【国家所有的自然资源】森林、山岭、草原、荒地、滩涂等自然资源，属于国家所有，但是法律规定属于集体所有的除外。

第二百五十一条 【国家所有的野生动植物资源】法律规定属于国家所有的野生动植物资源，属于国家所有。

第二百五十二条 【无线电频谱资源的国家所有权】无线电频谱资源属于国家所有。

第二百五十三条 【国家所有的文物的范围】法律规定属于国家所有的文物，属于国家所有。

第二百五十四条 【国防资产、基础设施的国家所有权】国防资产属于国家所有。

铁路、公路、电力设施、电信设施和油气管道等基础设施，依照法律规定为国家所有的，属于国家所有。

第二百五十五条 【国家机关的物权】国家机关对其直接支配的不动产和动产，享有占有、使用以及依照法律和国务院的有关规定处分的权利。

第二百五十六条 【国家举办的事业单位的物权】国家举办的事业单位对其直接支配的不动产和动产，享有占有、使用以及依照法律和国务院的有关规定收益、处分的权利。

第二百五十七条 【国有企业出资人制度】国家出资的企业，由国务院、地方人民政府依照法律、行政法规规定分别代表国家履行出资人职责，享有出资人权益。

第二百五十八条 【国有财产的保护】国家所有的财产受法律保护，禁止任何组织或者个人侵占、哄抢、私分、截留、破坏。

第二百五十九条 【国有财产管理法律责任】履行国有财产管理、监督职责的机构及其工作人员，应当依法加强对国有财产的管理、监督，促进国有财产保值增值，防止国有财产损失；滥用职权，玩忽职守，造成国有财产损失的，应当依法承担法律责任。

违反国有财产管理规定，在企业改制、合并分立、关联交易等过程中，低价转让、合谋私分、擅自担保或者以其他方式造成国有财产损失的，应当依法承担法律责任。

第二百六十条 【集体财产范围】集体所有的不动产和动产包括：

（一）法律规定属于集体所有的土地和森林、山岭、草原、荒地、滩涂；

（二）集体所有的建筑物、生产设施、农田水利设施；

(三)集体所有的教育、科学、文化、卫生、体育等设施;

(四)集体所有的其他不动产和动产。

第二百六十一条 【农民集体所有财产归属及重大事项集体决定】农民集体所有的不动产和动产,属于本集体成员集体所有。

下列事项应当依照法定程序经本集体成员决定:

(一)土地承包方案以及将土地发包给本集体以外的组织或者个人承包;

(二)个别土地承包经营权人之间承包地的调整;

(三)土地补偿费等费用的使用、分配办法;

(四)集体出资的企业的所有权变动等事项;

(五)法律规定的其他事项。

第二百六十二条 【行使集体所有权的主体】对于集体所有的土地和森林、山岭、草原、荒地、滩涂等,依照下列规定行使所有权:

(一)属于村农民集体所有的,由村集体经济组织或者村民委员会依法代表集体行使所有权;

(二)分别属于村内两个以上农民集体所有的,由村内各该集体经济组织或者村民小组依法代表集体行使所有权;

(三)属于乡镇农民集体所有的,由乡镇集体经济组织代表集体行使所有权。

第二百六十三条 【城镇集体财产权利】城镇集体所有的不动产和动产,依照法律、行政法规的规定由本集体享有占有、使用、收益和处分的权利。

第二百六十四条 【集体财产状况的公布】农村集体经济组织或者村民委员会、村民小组应当依照法律、行政法规以及章程、村规民约向本集体成员公布集体财产的状况。集体成员有权查阅、复制相关资料。

第二百六十五条 【集体财产的保护】集体所有的财产受法律保护,禁止任何组织或者个人侵占、哄抢、私分、破坏。

农村集体经济组织、村民委员会或者其负责人作出的决定侵害集体成员合法权益的,受侵害的集体成员可以请求人民法院予以撤销。

第二百六十六条 【私人所有权】私人对其合法的收入、房屋、生活用品、生产工具、原材料等不动产和动产享有所有权。

第二百六十七条 【私有财产的保护】私人的合法财产受法律保护,禁止任何组织或者个人侵占、哄抢、破坏。

第二百六十八条 【企业出资人的权利】国家、集体和私人依法可以出资设立有限责任公司、股份有限公司或者其他企业。国家、集体和私人所有的不动产或者动产投到企业的,由出资人按照约定或者出资比例享有资产收益、重大决策以及选择经营管理者等权利并履行义务。

第二百六十九条 【法人财产权】营利法人对其不动产和动产依照法律、行政法规以及章程享有占有、使用、收益和处分的权利。

营利法人以外的法人,对其不动产和动产的权利,适用有关法律、行政法规以及章程的规定。

第二百七十条 【社会团体法人、捐助法人合法财产的保护】社会团体法人、捐助法人依法所有的不动产和动产,受法律保护。

第六章 业主的建筑物区分所有权

第二百七十一条 【建筑物区分所有权】业主对建筑物内的住宅、经营性用房等专有部分享有所有权,对专有部分以外的共有部分享有共有和共同管理的权利。

第二百七十二条 【业主对专有部分的专有权】业主对其建筑物专有部分享有占有、使用、收益和处分的权利。业主行使权利不得危及建筑物的安全,不得损害其他业主的合法权益。

第二百七十三条 【业主对共有部分的共有权及义务】业主对建筑物专有部分以外的共有部分,享有权利,承担义务;不得以放弃权利为由不履行义务。

业主转让建筑物内的住宅、经营性用房,其对共有部分享有的共有和共同管理的权利一并转让。

第二百七十四条 【建筑区划内的道路、绿地等场所和设施属于业主共有财产】建筑区划内的道路,属于业主共有,但是属于城镇公共道路的除外。建筑区划内的绿地,属于业主共有,但是属于城镇公共绿地或者明示属于个人的除外。建筑区划内的其他公共场所、公用设施和物业服务用房,属于业主共有。

第二百七十五条 【车位、车库的归属规则】建筑区划内,规划用于停放汽车的车位、车库的归属,由当事人通过出售、附赠或者出租等方式约定。

占用业主共有的道路或者其他场地用于停放汽车的车位,属于业主共有。

第二百七十六条 【车位、车库优先满足业主需求】建筑区划内,规划用于停放汽车的车位、车库应当首先满足业主的需要。

第二百七十七条 【设立业主大会和选举业主委员

会】业主可以设立业主大会,选举业主委员会。业主大会、业主委员会成立的具体条件和程序,依照法律、法规的规定。

地方人民政府有关部门、居民委员会应当对设立业主大会和选举业主委员会给予指导和协助。

第二百七十八条 【由业主共同决定的事项以及表决规则】下列事项由业主共同决定:

(一)制定和修改业主大会议事规则;
(二)制定和修改管理规约;
(三)选举业主委员会或者更换业主委员会成员;
(四)选聘和解聘物业服务企业或者其他管理人;
(五)使用建筑物及其附属设施的维修资金;
(六)筹集建筑物及其附属设施的维修资金;
(七)改建、重建建筑物及其附属设施;
(八)改变共有部分的用途或者利用共有部分从事经营活动;
(九)有关共有和共同管理权利的其他重大事项。

业主共同决定事项,应当由专有部分面积占比三分之二以上的业主且人数占比三分之二以上的业主参与表决。决定前款第六项至第八项规定的事项,应当经参与表决专有部分面积四分之三以上的业主且参与表决人数四分之三以上的业主同意。决定前款其他事项,应当经参与表决专有部分面积过半数的业主且参与表决人数过半数的业主同意。

第二百七十九条 【业主将住宅转变为经营性用房应当遵循的规则】业主不得违反法律、法规以及管理规约,将住宅改变为经营性用房。业主将住宅改变为经营性用房的,除遵守法律、法规以及管理规约外,应当经有利害关系的业主一致同意。

第二百八十条 【业主大会、业主委员会决定的效力】业主大会或者业主委员会的决定,对业主具有法律约束力。

业主大会或者业主委员会作出的决定侵害业主合法权益的,受侵害的业主可以请求人民法院予以撤销。

第二百八十一条 【建筑物及其附属设施维修资金的归属和处分】建筑物及其附属设施的维修资金,属于业主共有。经业主共同决定,可以用于电梯、屋顶、外墙、无障碍设施等共有部分的维修、更新和改造。建筑物及其附属设施的维修资金的筹集、使用情况应当定期公布。

紧急情况下需要维修建筑物及其附属设施的,业主大会或者业主委员会可以依法申请使用建筑物及其附属设施的维修资金。

第二百八十二条 【业主共有部分产生收入的归属】建设单位、物业服务企业或者其他管理人等利用业主的共有部分产生的收入,在扣除合理成本之后,属于业主共有。

第二百八十三条 【建筑物及其附属设施的费用分摊和收益分配确定规则】建筑物及其附属设施的费用分摊、收益分配等事项,有约定的,按照约定;没有约定或者约定不明确的,按照业主专有部分面积所占比例确定。

第二百八十四条 【建筑物及其附属设施的管理】业主可以自行管理建筑物及其附属设施,也可以委托物业服务企业或者其他管理人管理。

对建设单位聘请的物业服务企业或者其他管理人,业主有权依法更换。

第二百八十五条 【物业服务企业或其他接受业主委托的管理人的管理义务】物业服务企业或者其他管理人根据业主的委托,依照本法第三编有关物业服务合同的规定管理建筑区划内的建筑物及其附属设施,接受业主的监督,并及时答复业主对物业服务情况提出的询问。

物业服务企业或者其他管理人应当执行政府依法实施的应急处置措施和其他管理措施,积极配合开展相关工作。

第二百八十六条 【业主守法义务和业主大会与业主委员会职责】业主应当遵守法律、法规以及管理规约,相关行为应当符合节约资源、保护生态环境的要求。对于物业服务企业或者其他管理人执行政府依法实施的应急处置措施和其他管理措施,业主应当依法予以配合。

业主大会或者业主委员会,对任意弃置垃圾、排放污染物或者噪声、违反规定饲养动物、违章搭建、侵占通道、拒付物业费等损害他人合法权益的行为,有权依照法律、法规以及管理规约,请求行为人停止侵害、排除妨碍、消除危险、恢复原状、赔偿损失。

业主或者其他行为人拒不履行相关义务的,有关当事人可以向有关行政主管部门报告或者投诉,有关行政主管部门应当依法处理。

第二百八十七条 【业主请求权】业主对建设单位、物业服务企业或者其他管理人以及其他业主侵害自己合法权益的行为,有权请求其承担民事责任。

第七章 相邻关系

第二百八十八条 【处理相邻关系的原则】不动产的相邻权利人应当按照有利生产、方便生活、团结互助、公平合理的原则,正确处理相邻关系。

第二百八十九条 【处理相邻关系的依据】法律、法规对处理相邻关系有规定的,依照其规定;法律、法规没有规定的,可以按照当地习惯。

第二百九十条 【相邻用水、排水、流水关系】不动产权利人应当为相邻权利人用水、排水提供必要的便利。

对自然流水的利用,应当在不动产的相邻权利人之间合理分配。对自然流水的排放,应当尊重自然流向。

第二百九十一条 【相邻关系中的通行权】不动产权利人对相邻权利人因通行等必须利用其土地的,应当提供必要的便利。

第二百九十二条 【相邻土地的利用】不动产权利人因建造、修缮建筑物以及铺设电线、电缆、水管、暖气和燃气管线等必须利用相邻土地、建筑物的,该土地、建筑物的权利人应当提供必要的便利。

第二百九十三条 【相邻建筑物通风、采光、日照】建造建筑物,不得违反国家有关工程建设标准,不得妨碍相邻建筑物的通风、采光和日照。

第二百九十四条 【相邻不动产之间不得排放、施放污染物】不动产权利人不得违反国家规定弃置固体废物,排放大气污染物、水污染物、土壤污染物、噪声、光辐射、电磁辐射等有害物质。

第二百九十五条 【维护相邻不动产安全】不动产权利人挖掘土地、建造建筑物、铺设管线以及安装设备等,不得危及相邻不动产的安全。

第二百九十六条 【相邻权的限度】不动产权利人因用水、排水、通行、铺设管线等利用相邻不动产的,应当尽量避免对相邻的不动产权利人造成损害。

第八章 共 有

第二百九十七条 【共有及其形式】不动产或者动产可以由两个以上组织、个人共有。共有包括按份共有和共同共有。

第二百九十八条 【按份共有】按份共有人对共有的不动产或者动产按照其份额享有所有权。

第二百九十九条 【共同共有】共同共有人对共有的不动产或者动产共同享有所有权。

第三百条 【共有物的管理】共有人按照约定管理共有的不动产或者动产;没有约定或者约定不明确的,各共有人都有管理的权利和义务。

第三百零一条 【共有人对共有财产重大事项的表决权规则】处分共有的不动产或者动产以及对共有的不动产或者动产作重大修缮、变更性质或者用途的,应当经占份额三分之二以上的按份共有人或者全体共同共有人同意,但是共有人之间另有约定的除外。

第三百零二条 【共有物管理费用的分担规则】共有人对共有物的管理费用以及其他负担,有约定的,按照其约定;没有约定或者约定不明确的,按份共有人按照其份额负担,共同共有人共同负担。

第三百零三条 【共有物的分割规则】共有人约定不得分割共有的不动产或者动产,以维持共有关系的,应当按照约定,但是共有人有重大理由需要分割的,可以请求分割;没有约定或者约定不明确的,按份共有人可以随时请求分割,共同共有人在共有的基础丧失或者有重大理由需要分割时可以请求分割。因分割造成其他共有人损害的,应当给予赔偿。

第三百零四条 【共有物分割的方式】共有人可以协商确定分割方式。达不成协议,共有的不动产或者动产可以分割且不会因分割减损价值的,应当对实物予以分割;难以分割或者因分割会减损价值的,应当对折价或者拍卖、变卖取得的价款予以分割。

共有人分割所得的不动产或者动产有瑕疵的,其他共有人应当分担损失。

第三百零五条 【按份共有人的优先购买权】按份共有人可以转让其享有的共有的不动产或者动产份额。其他共有人在同等条件下享有优先购买的权利。

第三百零六条 【按份共有人行使优先购买权的规则】按份共有人转让其享有的共有的不动产或者动产份额的,应当将转让条件及时通知其他共有人。其他共有人应当在合理期限内行使优先购买权。

两个以上其他共有人主张行使优先购买权的,协商确定各自的购买比例;协商不成的,按照转让时各自的共有份额比例行使优先购买权。

第三百零七条 【因共有产生的债权债务承担规则】因共有的不动产或者动产产生的债权债务,在对外关系上,共有人享有连带债权、承担连带债务,但是法律另有规定或者第三人知道共有人不具有连带债权债务关系的除外;在共有人内部关系上,除共有人另有约定外,按份共有人按照份额享有债权、承担债务,共同共有人共同享有债权、承担债务。偿还债务超过自己应当承担份额的按份共有人,有权向其他共有人追偿。

第三百零八条 【共有关系不明时对共有关系性质的推定】共有人对共有的不动产或者动产没有约定为按份共有或者共同共有,或者约定不明确的,除共有人具有家庭关系等外,视为按份共有。

第三百零九条 【按份共有人份额不明时份额的确定】按份共有人对共有的不动产或者动产享有的份额,没有约定或者约定不明确的,按照出资额确定;不能确定出资额的,视为等额享有。

第三百一十条 【准共有】两个以上组织、个人共同享有用益物权、担保物权的,参照适用本章的有关规定。

第九章 所有权取得的特别规定

第三百一十一条 【善意取得】无处分权人将不动产或者动产转让给受让人的,所有权人有权追回;除法律另有规定外,符合下列情形的,受让人取得该不动产或者动产的所有权:

(一)受让人受让该不动产或者动产时是善意;

(二)以合理的价格转让;

(三)转让的不动产或者动产依照法律规定应当登记的已经登记,不需要登记的已经交付给受让人。

受让人依据前款规定取得不动产或者动产的所有权的,原所有权人有权向无处分权人请求损害赔偿。

当事人善意取得其他物权的,参照适用前两款规定。

第三百一十二条 【遗失物的善意取得】所有权人或者其他权利人有权追回遗失物。该遗失物通过转让被他人占有的,权利人有权向无处分人请求损害赔偿,或者自知道或者应当知道受让人之日起二年内向受让人请求返还原物;但是,受让人通过拍卖或者向具有经营资格的经营者购得该遗失物的,权利人请求返还原物时应当支付受让人所付的费用。权利人向受让人支付所付费用后,有权向无处分权人追偿。

第三百一十三条 【善意取得的动产上原有的权利负担消灭及其例外】善意受让人取得动产后,该动产上的原有权利消灭。但是,善意受让人在受让时知道或者应当知道该权利的除外。

第三百一十四条 【拾得遗失物的返还】拾得遗失物,应当返还权利人。拾得人应当及时通知权利人领取,或者送交公安等有关部门。

第三百一十五条 【有关部门收到遗失物的处理】有关部门收到遗失物,知道权利人的,应当及时通知其领取;不知道的,应当及时发布招领公告。

第三百一十六条 【遗失物的妥善保管义务】拾得人在遗失物送交有关部门前,有关部门在遗失物被领取前,应当妥善保管遗失物。因故意或者重大过失致使遗失物毁损、灭失的,应当承担民事责任。

第三百一十七条 【权利人领取遗失物时的费用支付义务】权利人领取遗失物时,应当向拾得人或者有关部门支付保管遗失物等支出的必要费用。

权利人悬赏寻找遗失物的,领取遗失物时应当按照承诺履行义务。

拾得人侵占遗失物的,无权请求保管遗失物等支出的费用,也无权请求权利人按照承诺履行义务。

第三百一十八条 【无人认领的遗失物的处理规则】遗失物自发布招领公告之日起一年内无人认领的,归国家所有。

第三百一十九条 【拾得漂流物、埋藏物或者隐藏物】拾得漂流物、发现埋藏物或者隐藏物的,参照适用拾得遗失物的有关规定。法律另有规定的,依照其规定。

第三百二十条 【从物随主物转让规则】主物转让的,从物随主物转让,但是当事人另有约定的除外。

第三百二十一条 【孳息的归属】天然孳息,由所有权人取得;既有所有权人又有用益物权人的,由用益物权人取得。当事人另有约定的,按照其约定。

法定孳息,当事人有约定的,按照约定取得;没有约定或者约定不明确的,按照交易习惯取得。

第三百二十二条 【添附】因加工、附合、混合而产生的物的归属,有约定的,按照约定;没有约定或者约定不明确的,依照法律规定;法律没有规定的,按照充分发挥物的效用以及保护无过错当事人的原则确定。因一方当事人的过错或者确定物的归属造成另一方当事人损害的,应当给予赔偿或者补偿。

第三分编 用益物权

第十章 一般规定

第三百二十三条 【用益物权的定义】用益物权人对他人所有的不动产或者动产,依法享有占有、使用和收益的权利。

第三百二十四条 【国家和集体所有的自然资源的使用规则】国家所有或者国家所有由集体使用以及法律规定属于集体所有的自然资源,组织、个人依法可以占有、使用和收益。

第三百二十五条 【自然资源有偿使用制度】国家实行自然资源有偿使用制度,但是法律另有规定的除外。

第三百二十六条 【用益物权的行使规范】用益物权人行使权利,应当遵守法律有关保护和合理开发利用资源、保护生态环境的规定。所有权人不得干涉用益物权人行使权利。

第三百二十七条 【被征收、征用时用益物权人的补偿请求权】因不动产或者动产被征收、征用致使用益物权消灭或者影响用益物权行使的,用益物权人有权依据本法第二百四十三条、第二百四十五条的规定获得相应补偿。

第三百二十八条 【海域使用权】依法取得的海域使用权受法律保护。

第三百二十九条 【特许物权依法保护】依法取得的探矿权、采矿权、取水权和使用水域、滩涂从事养殖、捕捞的权利受法律保护。

第十一章 土地承包经营权

第三百三十条 【农村土地承包经营】农村集体经济组织实行家庭承包经营为基础、统分结合的双层经营体制。

农民集体所有和国家所有由农民集体使用的耕地、林地、草地以及其他用于农业的土地，依法实行土地承包经营制度。

第三百三十一条 【土地承包经营权内容】土地承包经营权人依法对其承包经营的耕地、林地、草地等享有占有、使用和收益的权利，有权从事种植业、林业、畜牧业等农业生产。

第三百三十二条 【土地的承包期限】耕地的承包期为三十年。草地的承包期为三十年至五十年。林地的承包期为三十年至七十年。

前款规定的承包期限届满，由土地承包经营权人依照农村土地承包的法律规定继续承包。

第三百三十三条 【土地承包经营权的设立与登记】土地承包经营权自土地承包经营权合同生效时设立。

登记机构应当向土地承包经营权人发放土地承包经营权证、林权证等证书，并登记造册，确认土地承包经营权。

第三百三十四条 【土地承包经营权的互换、转让】土地承包经营权人依照法律规定，有权将土地承包经营权互换、转让。未经依法批准，不得将承包地用于非农建设。

第三百三十五条 【土地承包经营权流转的登记对抗主义】土地承包经营权互换、转让的，当事人可以向登记机构申请登记；未经登记，不得对抗善意第三人。

第三百三十六条 【承包地的调整】承包期内发包人不得调整承包地。

因自然灾害严重毁损承包地等特殊情形，需要适当调整承包的耕地和草地的，应当依照农村土地承包的法律规定办理。

第三百三十七条 【承包地的收回】承包期内发包人不得收回承包地。法律另有规定的，依照其规定。

第三百三十八条 【征收承包地的补偿规则】承包地被征收的，土地承包经营权人有权依据本法第二百四十三条的规定获得相应补偿。

第三百三十九条 【土地经营权的流转】土地承包经营权人可以自主决定依法采取出租、入股或者其他方式向他人流转土地经营权。

第三百四十条 【土地经营权人的基本权利】土地经营权人有权在合同约定的期限内占有农村土地，自主开展农业生产经营并取得收益。

第三百四十一条 【土地经营权的设立与登记】流转期限为五年以上的土地经营权，自流转合同生效时设立。当事人可以向登记机构申请土地经营权登记；未经登记，不得对抗善意第三人。

第三百四十二条 【以其他方式承包取得的土地经营权流转】通过招标、拍卖、公开协商等方式承包农村土地，经依法登记取得权属证书的，可以依法采取出租、入股、抵押或者其他方式流转土地经营权。

第三百四十三条 【国有农用地承包经营的法律适用】国家所有的农用地实行承包经营的，参照适用本编的有关规定。

第十二章 建设用地使用权

第三百四十四条 【建设用地使用权的概念】建设用地使用权人依法对国家所有的土地享有占有、使用和收益的权利，有权利用该土地建造建筑物、构筑物及其附属设施。

第三百四十五条 【建设用地使用权的分层设立】建设用地使用权可以在土地的地表、地上或者地下分别设立。

第三百四十六条 【建设用地使用权的设立原则】设立建设用地使用权，应当符合节约资源、保护生态环境的要求，遵守法律、行政法规关于土地用途的规定，不得损害已经设立的用益物权。

第三百四十七条 【建设用地使用权的出让方式】设立建设用地使用权，可以采取出让或者划拨等方式。

工业、商业、旅游、娱乐和商品住宅等经营性用地以及同一土地有两个以上意向用地者的，应当采取招标、拍卖等公开竞价的方式出让。

严格限制以划拨方式设立建设用地使用权。

第三百四十八条 【建设用地使用权出让合同】通过招标、拍卖、协议等出让方式设立建设用地使用权的，当事人应当采用书面形式订立建设用地使用权出让合同。

建设用地使用权出让合同一般包括下列条款：

（一）当事人的名称和住所；

（二）土地界址、面积等；
（三）建筑物、构筑物及其附属设施占用的空间；
（四）土地用途、规划条件；
（五）建设用地使用权期限；
（六）出让金等费用及其支付方式；
（七）解决争议的方法。

第三百四十九条 【建设用地使用权的登记】设立建设用地使用权的，应当向登记机构申请建设用地使用权登记。建设用地使用权自登记时设立。登记机构应当向建设用地使用权人发放权属证书。

第三百五十条 【土地用途限定规则】建设用地使用权人应当合理利用土地，不得改变土地用途；需要改变土地用途的，应当依法经有关行政主管部门批准。

第三百五十一条 【建设用地使用权人支付出让金等费用的义务】建设用地使用权人应当依照法律规定以及合同约定支付出让金等费用。

第三百五十二条 【建设用地使用权人建造的建筑物、构筑物及其附属设施的归属】建设用地使用权人建造的建筑物、构筑物及其附属设施的所有权属于建设用地使用权人，但是有相反证据证明的除外。

第三百五十三条 【建设用地使用权的流转方式】建设用地使用权人有权将建设用地使用权转让、互换、出资、赠与或者抵押，但是法律另有规定的除外。

第三百五十四条 【建设用地使用权流转的合同形式和期限】建设用地使用权转让、互换、出资、赠与或者抵押的，当事人应当采用书面形式订立相应的合同。使用期限由当事人约定，但是不得超过建设用地使用权的剩余期限。

第三百五十五条 【建设用地使用权流转登记】建设用地使用权转让、互换、出资或者赠与的，应当向登记机构申请变更登记。

第三百五十六条 【建设用地使用权流转之房随地走】建设用地使用权转让、互换、出资或者赠与的，附着于该土地上的建筑物、构筑物及其附属设施一并处分。

第三百五十七条 【建设用地使用权流转之地随房走】建筑物、构筑物及其附属设施转让、互换、出资或者赠与的，该建筑物、构筑物及其附属设施占用范围内的建设用地使用权一并处分。

第三百五十八条 【建设用地使用权的提前收回及其补偿】建设用地使用权期限届满前，因公共利益需要提前收回该土地的，应当依据本法第二百四十三条的规定对该土地上的房屋以及其他不动产给予补偿，并退还相应的出让金。

第三百五十九条 【建设用地使用权期限届满的处理规则】住宅建设用地使用权期限届满的，自动续期。续期费用的缴纳或者减免，依照法律、行政法规的规定办理。

非住宅建设用地使用权期限届满后的续期，依照法律规定办理。该土地上的房屋以及其他不动产的归属，有约定的，按照约定；没有约定或者约定不明确的，依照法律、行政法规的规定办理。

第三百六十条 【建设用地使用权注销登记】建设用地使用权消灭的，出让人应当及时办理注销登记。登记机构应当收回权属证书。

第三百六十一条 【集体土地作为建设用地的法律适用】集体所有的土地作为建设用地的，应当依照土地管理的法律规定办理。

第十三章 宅基地使用权

第三百六十二条 【宅基地使用权内容】宅基地使用权人依法对集体所有的土地享有占有和使用的权利，有权依法利用该土地建造住宅及其附属设施。

第三百六十三条 【宅基地使用权的法律适用】宅基地使用权的取得、行使和转让，适用土地管理的法律和国家有关规定。

第三百六十四条 【宅基地灭失后的重新分配】宅基地因自然灾害等原因灭失的，宅基地使用权消灭。对失去宅基地的村民，应当依法重新分配宅基地。

第三百六十五条 【宅基地使用权的变更登记与注销登记】已经登记的宅基地使用权转让或者消灭的，应当及时办理变更登记或者注销登记。

第十四章 居住权

第三百六十六条 【居住权的定义】居住权人有权按照合同约定，对他人的住宅享有占有、使用的用益物权，以满足生活居住的需要。

第三百六十七条 【居住权合同】设立居住权，当事人应当采用书面形式订立居住权合同。

居住权合同一般包括下列条款：
（一）当事人的姓名或者名称和住所；
（二）住宅的位置；
（三）居住的条件和要求；
（四）居住权期限；
（五）解决争议的方法。

第三百六十八条 【居住权的设立】居住权无偿设

立,但是当事人另有约定的除外。设立居住权的,应当向登记机构申请居住权登记。居住权自登记时设立。

第三百六十九条 【居住权的限制性规定及例外】居住权不得转让、继承。设立居住权的住宅不得出租,但是当事人另有约定的除外。

第三百七十条 【居住权的消灭】居住权期限届满或者居住权人死亡的,居住权消灭。居住权消灭的,应当及时办理注销登记。

第三百七十一条 【以遗嘱设立居住权的法律适用】以遗嘱方式设立居住权的,参照适用本章的有关规定。

第十五章 地役权

第三百七十二条 【地役权的定义】地役权人有权按照合同约定,利用他人的不动产,以提高自己的不动产的效益。

前款所称他人的不动产为供役地,自己的不动产为需役地。

第三百七十三条 【地役权合同】设立地役权,当事人应当采用书面形式订立地役权合同。

地役权合同一般包括下列条款:

(一)当事人的姓名或者名称和住所;
(二)供役地和需役地的位置;
(三)利用目的和方法;
(四)地役权期限;
(五)费用及其支付方式;
(六)解决争议的方法。

第三百七十四条 【地役权的设立与登记】地役权自地役权合同生效时设立。当事人要求登记的,可以向登记机构申请地役权登记;未经登记,不得对抗善意第三人。

第三百七十五条 【供役地权利人的义务】供役地权利人应当按照合同约定,允许地役权人利用其不动产,不得妨害地役权人行使权利。

第三百七十六条 【地役权人的义务】地役权人应当按照合同约定的利用目的和方法利用供役地,尽量减少对供役地权利人物权的限制。

第三百七十七条 【地役权的期限】地役权期限由当事人约定;但是,不得超过土地承包经营权、建设用地使用权等用益物权的剩余期限。

第三百七十八条 【在享有或者负担地役权的土地上设立用益物权的规则】土地所有权人享有地役权或者负担地役权的,设立土地承包经营权、宅基地使用权等用

益物权时,该用益物权人继续享有或者负担已经设立的地役权。

第三百七十九条 【土地所有权人在已设立用益权的土地上设立地役权的规则】土地上已经设立土地承包经营权、建设用地使用权、宅基地使用权等用益物权的,未经用益物权人同意,土地所有权人不得设立地役权。

第三百八十条 【地役权的转让规则】地役权不得单独转让。土地承包经营权、建设用地使用权等转让的,地役权一并转让,但是合同另有约定的除外。

第三百八十一条 【地役权不得单独抵押】地役权不得单独抵押。土地经营权、建设用地使用权等抵押的,在实现抵押权时,地役权一并转让。

第三百八十二条 【需役地部分转让效果】需役地以及需役地上的土地承包经营权、建设用地使用权等部分转让时,转让部分涉及地役权的,受让人同时享有地役权。

第三百八十三条 【供役地部分转让效果】供役地以及供役地上的土地承包经营权、建设用地使用权等部分转让时,转让部分涉及地役权的,地役权对受让人具有法律约束力。

第三百八十四条 【供役地权利人解除权】地役权人有下列情形之一的,供役地权利人有权解除地役权合同,地役权消灭:

(一)违反法律规定或者合同约定,滥用地役权;
(二)有偿利用供役地,约定的付款期限届满后在合理期限内经两次催告未支付费用。

第三百八十五条 【地役权变动后的登记】已经登记的地役权变更、转让或者消灭的,应当及时办理变更登记或者注销登记。

第四分编 担保物权

第十六章 一般规定

第三百八十六条 【担保物权的定义】担保物权人在债务人不履行到期债务或者发生当事人约定的实现担保物权的情形,依法享有就担保财产优先受偿的权利,但是法律另有规定的除外。

第三百八十七条 【担保物权适用范围及反担保】债权人在借贷、买卖等民事活动中,为保障实现其债权,需要担保的,可以依照本法和其他法律的规定设立担保物权。

第三人为债务人向债权人提供担保的,可以要求债

务人提供反担保。反担保适用本法和其他法律的规定。

第三百八十八条 【担保合同及其与主合同的关系】设立担保物权,应当依照本法和其他法律的规定订立担保合同。担保合同包括抵押合同、质押合同和其他具有担保功能的合同。担保合同是主债权债务合同的从合同。主债权债务合同无效的,担保合同无效,但是法律另有规定的除外。

担保合同被确认无效后,债务人、担保人、债权人有过错的,应当根据其过错各自承担相应的民事责任。

第三百八十九条 【担保范围】担保物权的担保范围包括主债权及其利息、违约金、损害赔偿金、保管担保财产和实现担保物权的费用。当事人另有约定的,按照其约定。

第三百九十条 【担保物权的物上代位性】担保期间,担保财产毁损、灭失或者被征收等,担保物权人可以就获得的保险金、赔偿金或者补偿金等优先受偿。被担保债权的履行期限未届满的,也可以提存该保险金、赔偿金或者补偿金等。

第三百九十一条 【债务转让对担保物权的效力】第三人提供担保,未经其书面同意,债权人允许债务人转移全部或者部分债务的,担保人不再承担相应的担保责任。

第三百九十二条 【人保和物保并存时的处理规则】被担保的债权既有物的担保又有人的担保,债务人不履行到期债务或者发生当事人约定的实现担保物权的情形,债权人应当按照约定实现债权;没有约定或者约定不明确,债务人自己提供物的担保的,债权人应当先就该物的担保实现债权;第三人提供物的担保的,债权人可以就物的担保实现债权,也可以请求保证人承担保证责任。提供担保的第三人承担担保责任后,有权向债务人追偿。

第三百九十三条 【担保物权消灭的情形】有下列情形之一的,担保物权消灭:

(一)主债权消灭;

(二)担保物权实现;

(三)债权人放弃担保物权;

(四)法律规定担保物权消灭的其他情形。

第十七章 抵押权
第一节 一般抵押权

第三百九十四条 【抵押权的定义】为担保债务的履行,债务人或者第三人不转移财产的占有,将该财产抵押给债权人的,债务人不履行到期债务或者发生当事人约定的实现抵押权的情形,债权人有权就该财产优先受偿。

前款规定的债务人或者第三人为抵押人,债权人为抵押权人,提供担保的财产为抵押财产。

第三百九十五条 【可抵押财产的范围】债务人或者第三人有权处分的下列财产可以抵押:

(一)建筑物和其他土地附着物;

(二)建设用地使用权;

(三)海域使用权;

(四)生产设备、原材料、半成品、产品;

(五)正在建造的建筑物、船舶、航空器;

(六)交通运输工具;

(七)法律、行政法规未禁止抵押的其他财产。

抵押人可以将前款所列财产一并抵押。

第三百九十六条 【浮动抵押】企业、个体工商户、农业生产经营者可以将现有的以及将有的生产设备、原材料、半成品、产品抵押,债务人不履行到期债务或者发生当事人约定的实现抵押权的情形,债权人有权就抵押财产确定时的动产优先受偿。

第三百九十七条 【建筑物和相应的建设用地使用权一并抵押规则】以建筑物抵押的,该建筑物占用范围内的建设用地使用权一并抵押。以建设用地使用权抵押的,该土地上的建筑物一并抵押。

抵押人未依据前款规定一并抵押的,未抵押的财产视为一并抵押。

第三百九十八条 【乡镇、村企业的建设用地使用权与房屋一并抵押规则】乡镇、村企业的建设用地使用权不得单独抵押。以乡镇、村企业的厂房等建筑物抵押的,其占用范围内的建设用地使用权一并抵押。

第三百九十九条 【禁止抵押的财产范围】下列财产不得抵押:

(一)土地所有权;

(二)宅基地、自留地、自留山等集体所有土地的使用权,但是法律规定可以抵押的除外;

(三)学校、幼儿园、医疗机构等为公益目的成立的非营利法人的教育设施、医疗卫生设施和其他公益设施;

(四)所有权、使用权不明或者有争议的财产;

(五)依法被查封、扣押、监管的财产;

(六)法律、行政法规规定不得抵押的其他财产。

第四百条 【抵押合同】设立抵押权,当事人应当采用书面形式订立抵押合同。

抵押合同一般包括下列条款:

（一）被担保债权的种类和数额；
（二）债务人履行债务的期限；
（三）抵押财产的名称、数量等情况；
（四）担保的范围。

第四百零一条 【流押条款的效力】抵押权人在债务履行期限届满前，与抵押人约定债务人不履行到期债务时抵押财产归债权人所有的，只能依法就抵押财产优先受偿。

第四百零二条 【不动产抵押登记】以本法第三百九十五条第一款第一项至第三项规定的财产或者第五项规定的正在建造的建筑物抵押的，应当办理抵押登记。抵押权自登记时设立。

第四百零三条 【动产抵押的效力】以动产抵押的，抵押权自抵押合同生效时设立；未经登记，不得对抗善意第三人。

第四百零四条 【动产抵押权对抗效力的限制】以动产抵押的，不得对抗正常经营活动中已经支付合理价款并取得抵押财产的买受人。

第四百零五条 【抵押权和租赁权的关系】抵押权设立前，抵押财产已经出租并转移占有的，原租赁关系不受该抵押权的影响。

第四百零六条 【抵押期间抵押财产转让应当遵循的规则】抵押期间，抵押人可以转让抵押财产。当事人另有约定的，按照其约定。抵押财产转让的，抵押权不受影响。

抵押人转让抵押财产的，应当及时通知抵押权人。抵押权人能够证明抵押财产转让可能损害抵押权的，可以请求抵押人将转让所得的价款向抵押权人提前清偿债务或者提存。转让的价款超过债权数额的部分归抵押人所有，不足部分由债务人清偿。

第四百零七条 【抵押权的从属性】抵押权不得与债权分离而单独转让或者作为其他债权的担保。债权转让的，担保该债权的抵押权一并转让，但是法律另有规定或者当事人另有约定的除外。

第四百零八条 【抵押财产价值减少时抵押权人的保护措施】抵押人的行为足以使抵押财产价值减少的，抵押权人有权请求抵押人停止其行为；抵押财产价值减少的，抵押权人有权请求恢复抵押财产的价值，或者提供与减少的价值相应的担保。抵押人不恢复抵押财产的价值，也不提供担保的，抵押权人有权请求债务人提前清偿债务。

第四百零九条 【抵押权人放弃抵押权或抵押权顺位的法律后果】抵押权人可以放弃抵押权或者抵押权的顺位。抵押权人与抵押人可以协议变更抵押权顺位以及被担保的债权数额等内容。但是，抵押权的变更未经其他抵押权人书面同意的，不得对其他抵押权人产生不利影响。

债务人以自己的财产设定抵押，抵押权人放弃该抵押权、抵押权顺位或者变更抵押权的，其他担保人在抵押权人丧失优先受偿权益的范围内免除担保责任，但是其他担保人承诺仍然提供担保的除外。

第四百一十条 【抵押权实现的方式和程序】债务人不履行到期债务或者发生当事人约定的实现抵押权的情形，抵押权人可以与抵押人协议以抵押财产折价或者以拍卖、变卖该抵押财产所得的价款优先受偿。协议损害其他债权人利益的，其他债权人可以请求人民法院撤销该协议。

抵押权人与抵押人未就抵押权实现方式达成协议的，抵押权人可以请求人民法院拍卖、变卖抵押财产。

抵押财产折价或者变卖的，应当参照市场价格。

第四百一十一条 【浮动抵押财产的确定】依据本法第三百九十六条规定设定抵押的，抵押财产自下列情形之一发生时确定：
（一）债务履行期限届满，债权未实现；
（二）抵押人被宣告破产或者解散；
（三）当事人约定的实现抵押权的情形；
（四）严重影响债权实现的其他情形。

第四百一十二条 【抵押财产孳息归属】债务人不履行到期债务或者发生当事人约定的实现抵押权的情形，致使抵押财产被人民法院依法扣押的，自扣押之日起，抵押权人有权收取该抵押财产的天然孳息或者法定孳息，但是抵押权人未通知应当清偿法定孳息义务人的除外。

前款规定的孳息应当先充抵收取孳息的费用。

第四百一十三条 【抵押财产变价款的归属原则】抵押财产折价或者拍卖、变卖后，其价款超过债权数额的部分归抵押人所有，不足部分由债务人清偿。

第四百一十四条 【同一财产上多个抵押权的效力顺序】同一财产向两个以上债权人抵押的，拍卖、变卖抵押财产所得的价款依照下列规定清偿：
（一）抵押权已经登记的，按照登记的时间先后确定清偿顺序；
（二）抵押权已经登记的先于未登记的受偿；
（三）抵押权未登记的，按照债权比例清偿。

其他可以登记的担保物权,清偿顺序参照适用前款规定。

第四百一十五条 【既有抵押权又有质权的财产的清偿顺序】 同一财产既设立抵押权又设立质权的,拍卖、变卖该财产所得的价款按照登记、交付的时间先后确定清偿顺序。

第四百一十六条 【买卖价款抵押权】 动产抵押担保的主债权是抵押物的价款,标的物交付后十日内办理抵押登记的,该抵押权人优先于抵押物买受人的其他担保物权人受偿,但是留置权人除外。

第四百一十七条 【抵押权对新增建筑物的效力】 建设用地使用权抵押后,该土地上新增的建筑物不属于抵押财产。该建设用地使用权实现抵押权时,应当将该土地上新增的建筑物与建设用地使用权一并处分。但是,新增建筑物所得的价款,抵押权人无权优先受偿。

第四百一十八条 【集体所有土地使用权抵押权的实现效力】 以集体所有土地的使用权依法抵押的,实现抵押权后,未经法定程序,不得改变土地所有权的性质和土地用途。

第四百一十九条 【抵押权的存续期间】 抵押权人应当在主债权诉讼时效期间行使抵押权;未行使的,人民法院不予保护。

第二节 最高额抵押权

第四百二十条 【最高额抵押规则】 为担保债务的履行,债务人或者第三人对一定期间内将要连续发生的债权提供担保财产的,债务人不履行到期债务或者发生当事人约定的实现抵押权的情形,抵押权人有权在最高债权额限度内就该担保财产优先受偿。

最高额抵押权设立前已经存在的债权,经当事人同意,可以转入最高额抵押担保的债权范围。

第四百二十一条 【最高额抵押权担保的部分债权转让效力】 最高额抵押担保的债权确定前,部分债权转让的,最高额抵押权不得转让,但是当事人另有约定的除外。

第四百二十二条 【最高额抵押合同条款变更】 最高额抵押担保的债权确定前,抵押权人与抵押人可以通过协议变更债权确定的期间、债权范围以及最高债权额。但是,变更的内容不得对其他抵押权人产生不利影响。

第四百二十三条 【最高额抵押所担保债权的确定事由】 有下列情形之一的,抵押权人的债权确定:

(一)约定的债权确定期间届满;

(二)没有约定债权确定期间或者约定不明确,抵押权人或者抵押人自最高额抵押权设立之日起满二年后请求确定债权;

(三)新的债权不可能发生;

(四)抵押权人知道或者应当知道抵押财产被查封、扣押;

(五)债务人、抵押人被宣告破产或者解散;

(六)法律规定债权确定的其他情形。

第四百二十四条 【最高额抵押的法律适用】 最高额抵押权除适用本节规定外,适用本章第一节的有关规定。

第十八章 质 权

第一节 动产质权

第四百二十五条 【动产质权概念】 为担保债务的履行,债务人或者第三人将其动产出质给债权人占有的,债务人不履行到期债务或者发生当事人约定的实现质权的情形,债权人有权就该动产优先受偿。

前款规定的债务人或者第三人为出质人,债权人为质权人,交付的动产为质押财产。

第四百二十六条 【禁止出质的动产范围】 法律、行政法规禁止转让的动产不得出质。

第四百二十七条 【质押合同形式及内容】 设立质权,当事人应当采用书面形式订立质押合同。

质押合同一般包括下列条款:

(一)被担保债权的种类和数额;

(二)债务人履行债务的期限;

(三)质押财产的名称、数量等情况;

(四)担保的范围;

(五)质押财产交付的时间、方式。

第四百二十八条 【流质条款的效力】 质权人在债务履行期限届满前,与出质人约定债务人不履行到期债务时质押财产归债权人所有的,只能依法就质押财产优先受偿。

第四百二十九条 【质权的设立】 质权自出质人交付质押财产时设立。

第四百三十条 【质权人的孳息收取权】 质权人有权收取质押财产的孳息,但是合同另有约定的除外。

前款规定的孳息应当先充抵收取孳息的费用。

第四百三十一条 【质权人对质押财产处分的限制及其法律责任】 质权人在质权存续期间,未经出质人同意,擅自使用、处分质押财产,造成出质人损害的,应当承担赔偿责任。

第四百三十二条 【质物保管义务】质权人负有妥善保管质押财产的义务;因保管不善致使质押财产毁损、灭失的,应当承担赔偿责任。

质权人的行为可能使质押财产毁损、灭失的,出质人可以请求质权人将质押财产提存,或者请求提前清偿债务并返还质押财产。

第四百三十三条 【质押财产保全】因不可归责于质权人的事由可能使质押财产毁损或者价值明显减少,足以危害质权人权利的,质权人有权请求出质人提供相应的担保;出质人不提供的,质权人可以拍卖、变卖质押财产,并与出质人协议将拍卖、变卖所得的价款提前清偿债务或者提存。

第四百三十四条 【转质】质权人在质权存续期间,未经出质人同意转质,造成质押财产毁损、灭失的,应当承担赔偿责任。

第四百三十五条 【放弃质权】质权人可以放弃质权。债务人以自己的财产出质,质权人放弃该质权的,其他担保人在质权人丧失优先受偿权益的范围内免除担保责任,但是其他担保人承诺仍然提供担保的除外。

第四百三十六条 【质物返还与质权实现】债务人履行债务或者出质人提前清偿所担保的债权的,质权人应当返还质押财产。

债务人不履行到期债务或者发生当事人约定的实现质权的情形,质权人可以与出质人协议以质押财产折价,也可以就拍卖、变卖质押财产所得的价款优先受偿。

质押财产折价或者变卖的,应当参照市场价格。

第四百三十七条 【出质人请求质权人及时行使质权】出质人可以请求质权人在债务履行期限届满后及时行使质权;质权人不行使的,出质人可以请求人民法院拍卖、变卖质押财产。

出质人请求质权人及时行使质权,因质权人怠于行使权利造成出质人损害的,由质权人承担赔偿责任。

第四百三十八条 【质押财产变价款归属原则】质押财产折价或者拍卖、变卖后,其价款超过债权数额的部分归出质人所有,不足部分由债务人清偿。

第四百三十九条 【最高额质权】出质人与质权人可以协议设立最高额质权。

最高额质权除适用本节有关规定外,参照适用本编第十七章第二节的有关规定。

第二节 权利质权

第四百四十条 【可出质的权利的范围】债务人或者第三人有权处分的下列权利可以出质:

(一)汇票、本票、支票;
(二)债券、存款单;
(三)仓单、提单;
(四)可以转让的基金份额、股权;
(五)可以转让的注册商标专用权、专利权、著作权等知识产权中的财产权;
(六)现有的以及将有的应收账款;
(七)法律、行政法规规定可以出质的其他财产权利。

第四百四十一条 【有价证券质权】以汇票、本票、支票、债券、存款单、仓单、提单出质的,质权自权利凭证交付质权人时设立;没有权利凭证的,质权自办理出质登记时设立。法律另有规定的,依照其规定。

第四百四十二条 【有价证券质权人行使权利的特别规定】汇票、本票、支票、债券、存款单、仓单、提单的兑现日期或者提货日期先于主债权到期的,质权人可以兑现或者提货,并与出质人协议将兑现的价款或者提取的货物提前清偿债务或者提存。

第四百四十三条 【基金份额质权、股权质权】以基金份额、股权出质的,质权自办理出质登记时设立。

基金份额、股权出质后,不得转让,但是出质人与质权人协商同意的除外。出质人转让基金份额、股权所得的价款,应当向质权人提前清偿债务或者提存。

第四百四十四条 【知识产权质权】以注册商标专用权、专利权、著作权等知识产权中的财产权出质的,质权自办理出质登记时设立。

知识产权中的财产权出质后,出质人不得转让或者许可他人使用,但是出质人与质权人协商同意的除外。出质人转让或者许可他人使用出质的知识产权中的财产权所得的价款,应当向质权人提前清偿债务或者提存。

第四百四十五条 【应收账款质权】以应收账款出质的,质权自办理出质登记时设立。

应收账款出质后,不得转让,但是出质人与质权人协商同意的除外。出质人转让应收账款所得的价款,应当向质权人提前清偿债务或者提存。

第四百四十六条 【权利质权的法律适用】权利质权除适用本节规定外,适用本章第一节的有关规定。

第十九章 留置权

第四百四十七条 【留置权的定义】债务人不履行到期债务,债权人可以留置已经合法占有的债务人的动产,并有权就该动产优先受偿。

前款规定的债权人为留置权人,占有的动产为留置财产。

第四百四十八条 【留置财产与债权的关系】债权人留置的动产,应当与债权属于同一法律关系,但是企业之间留置的除外。

第四百四十九条 【留置权适用范围的限制性规定】法律规定或者当事人约定不得留置的动产,不得留置。

第四百五十条 【可分留置物】留置财产为可分物的,留置财产的价值应当相当于债务的金额。

第四百五十一条 【留置权人保管义务】留置权人负有妥善保管留置财产的义务;因保管不善致使留置财产毁损、灭失的,应当承担赔偿责任。

第四百五十二条 【留置财产的孳息收取】留置权人有权收取留置财产的孳息。

前款规定的孳息应当先充抵收取孳息的费用。

第四百五十三条 【留置权的实现】留置权人与债务人应当约定留置财产后的债务履行期限;没有约定或者约定不明确的,留置权人应当给债务人六十日以上履行债务的期限,但是鲜活易腐等不易保管的动产除外。

债务人逾期未履行的,留置权人可以与债务人协议以留置财产折价,也可以就拍卖、变卖留置财产所得的价款优先受偿。

留置财产折价或者变卖的,应当参照市场价格。

第四百五十四条 【债务人请求留置权人行使留置权】债务人可以请求留置权人在债务履行期限届满后行使留置权;留置权人不行使的,债务人可以请求人民法院拍卖、变卖留置财产。

第四百五十五条 【留置权实现方式】留置财产折价或者拍卖、变卖后,其价款超过债权数额的部分归债务人所有,不足部分由债务人清偿。

第四百五十六条 【留置权优先于其他担保物权效力】同一动产上已经设立抵押权或者质权,该动产又被留置的,留置权人优先受偿。

第四百五十七条 【留置权消灭】留置权人对留置财产丧失占有或者留置权人接受债务人另行提供担保的,留置权消灭。

第五分编 占 有

第二十章 占 有

第四百五十八条 【有权占有法律适用】基于合同关系等产生的占有,有关不动产或者动产的使用、收益、违约责任等,按照合同约定;合同没有约定或者约定不明确的,依照有关法律规定。

第四百五十九条 【恶意占有人的损害赔偿责任】占有人因使用占有的不动产或者动产,致使该不动产或者动产受到损害的,恶意占有人应当承担赔偿责任。

第四百六十条 【权利人的返还请求权和占有人的费用求偿权】不动产或者动产被占有人占有的,权利人可以请求返还原物及其孳息;但是,应当支付善意占有人因维护该不动产或者动产支出的必要费用。

第四百六十一条 【占有物毁损或者灭失时占有人的责任】占有的不动产或者动产毁损、灭失,该不动产或者动产的权利人请求赔偿的,占有人应当将因毁损、灭失取得的保险金、赔偿金或者补偿金等返还给权利人;权利人的损害未得到足够弥补的,恶意占有人还应当赔偿损失。

第四百六十二条 【占有保护的方法】占有的不动产或者动产被侵占的,占有人有权请求返还原物;对妨害占有的行为,占有人有权请求排除妨害或者消除危险;因侵占或者妨害造成损害的,占有人有权依法请求损害赔偿。

占有人返还原物的请求权,自侵占发生之日起一年内未行使的,该请求权消灭。

第三编 合 同

第一分编 通 则

第一章 一般规定

第四百六十三条 【合同编的调整范围】本编调整因合同产生的民事关系。

第四百六十四条 【合同的定义及身份关系协议的法律适用】合同是民事主体之间设立、变更、终止民事法律关系的协议。

婚姻、收养、监护等有关身份关系的协议,适用有关该身份关系的法律规定;没有规定的,可以根据其性质参照适用本编规定。

第四百六十五条 【依法成立的合同受法律保护及合同相对性原则】依法成立的合同,受法律保护。

依法成立的合同,仅对当事人具有法律约束力,但是法律另有规定的除外。

第四百六十六条 【合同的解释规则】当事人对合同条款的理解有争议的,应当依据本法第一百四十二条第一款的规定,确定争议条款的含义。

合同文本采用两种以上文字订立并约定具有同等效力的,对各文本使用的词句推定具有相同含义。各文本使用的词句不一致的,应当根据合同的相关条款、性质、目的以及诚信原则等予以解释。

第四百六十七条 【非典型合同及特定涉外合同的法律适用】本法或者其他法律没有明文规定的合同,适用本编通则的规定,并可以参照适用本编或者其他法律最相类似合同的规定。

在中华人民共和国境内履行的中外合资经营企业合同、中外合作经营企业合同、中外合作勘探开发自然资源合同,适用中华人民共和国法律。

第四百六十八条 【非合同之债的法律适用】非因合同产生的债权债务关系,适用有关该债权债务关系的法律规定;没有规定的,适用本编通则的有关规定,但是根据其性质不能适用的除外。

第二章 合同的订立

第四百六十九条 【合同形式】当事人订立合同,可以采用书面形式、口头形式或者其他形式。

书面形式是合同书、信件、电报、电传、传真等可以有形地表现所载内容的形式。

以电子数据交换、电子邮件等方式能够有形地表现所载内容,并可以随时调取查用的数据电文,视为书面形式。

第四百七十条 【合同主要条款及示范文本】合同的内容由当事人约定,一般包括下列条款:
(一)当事人的姓名或者名称和住所;
(二)标的;
(三)数量;
(四)质量;
(五)价款或者报酬;
(六)履行期限、地点和方式;
(七)违约责任;
(八)解决争议的方法。

当事人可以参照各类合同的示范文本订立合同。

第四百七十一条 【订立合同的方式】当事人订立合同,可以采取要约、承诺方式或者其他方式。

第四百七十二条 【要约的定义及其构成】要约是希望与他人订立合同的意思表示,该意思表示应当符合下列条件:
(一)内容具体确定;
(二)表明经受要约人承诺,要约人即受该意思表示约束。

第四百七十三条 【要约邀请】要约邀请是希望他人向自己发出要约的表示。拍卖公告、招标公告、招股说明书、债券募集办法、基金招募说明书、商业广告和宣传、寄送的价目表等为要约邀请。

商业广告和宣传的内容符合要约条件的,构成要约。

第四百七十四条 【要约的生效时间】要约生效的时间适用本法第一百三十七条的规定。

第四百七十五条 【要约的撤回】要约可以撤回。要约的撤回适用本法第一百四十一条的规定。

第四百七十六条 【要约不得撤销情形】要约可以撤销,但是有下列情形之一的除外:
(一)要约人以确定承诺期限或者其他形式明示要约不可撤销;
(二)受要约人有理由认为要约是不可撤销的,并已经为履行合同做了合理准备工作。

第四百七十七条 【要约撤销条件】撤销要约的意思表示以对话方式作出的,该意思表示的内容应当在受要约人作出承诺之前为受要约人所知道;撤销要约的意思表示以非对话方式作出的,应当在受要约人作出承诺之前到达受要约人。

第四百七十八条 【要约失效】有下列情形之一的,要约失效:
(一)要约被拒绝;
(二)要约被依法撤销;
(三)承诺期限届满,受要约人未作出承诺;
(四)受要约人对要约的内容作出实质性变更。

第四百七十九条 【承诺的定义】承诺是受要约人同意要约的意思表示。

第四百八十条 【承诺的方式】承诺应当以通知的方式作出;但是,根据交易习惯或者要约表明可以通过行为作出承诺的除外。

第四百八十一条 【承诺的期限】承诺应当在要约确定的期限内到达要约人。

要约没有确定承诺期限的,承诺应当依照下列规定到达:
(一)要约以对话方式作出的,应当即时作出承诺;
(二)要约以非对话方式作出的,承诺应当在合理期限内到达。

第四百八十二条 【承诺期限的起算】要约以信件或者电报作出的,承诺期限自信件载明的日期或者电报交发之日开始计算。信件未载明日期的,自投寄该信件的邮戳日期开始计算。要约以电话、传真、电子邮件等快速通讯方式作出的,承诺期限自要约到达受要约人时开始计算。

第四百八十三条　【合同成立时间】承诺生效时合同成立,但是法律另有规定或者当事人另有约定的除外。

第四百八十四条　【承诺生效时间】以通知方式作出的承诺,生效的时间适用本法第一百三十七条的规定。

承诺不需要通知的,根据交易习惯或者要约的要求作出承诺的行为时生效。

第四百八十五条　【承诺的撤回】承诺可以撤回。承诺的撤回适用本法第一百四十一条的规定。

第四百八十六条　【逾期承诺及效果】受要约人超过承诺期限发出承诺,或者在承诺期限内发出承诺,按照通常情形不能及时到达要约人的,为新要约;但是,要约人及时通知受要约人该承诺有效的除外。

第四百八十七条　【迟到的承诺】受要约人在承诺期限内发出承诺,按照通常情形能够及时到达要约人,但是因其他原因致使承诺到达要约人时超过承诺期限的,除要约人及时通知受要约人因承诺超过期限不接受该承诺外,该承诺有效。

第四百八十八条　【承诺对要约内容的实质性变更】承诺的内容应当与要约的内容一致。受要约人对要约的内容作出实质性变更的,为新要约。有关合同标的、数量、质量、价款或者报酬、履行期限、履行地点和方式、违约责任和解决争议方法等的变更,是对要约内容的实质性变更。

第四百八十九条　【承诺对要约内容的非实质性变更】承诺对要约的内容作出非实质性变更的,除要约人及时表示反对或者要约表明承诺不得对要约的内容作出任何变更外,该承诺有效,合同的内容以承诺的内容为准。

第四百九十条　【采用书面形式订立合同的成立时间】当事人采用合同书形式订立合同的,自当事人均签名、盖章或者按指印时合同成立。在签名、盖章或者按指印之前,当事人一方已经履行主要义务,对方接受时,该合同成立。

法律、行政法规规定或者当事人约定合同应当采用书面形式订立,当事人未采用书面形式但是一方已经履行主要义务,对方接受时,该合同成立。

第四百九十一条　【签订确认书的合同及电子合同成立时间】当事人采用信件、数据电文等形式订立合同要求签订确认书的,签订确认书时合同成立。

当事人一方通过互联网等信息网络发布的商品或者服务信息符合要约条件的,对方选择该商品或者服务并提交订单成功时合同成立,但是当事人另有约定的除外。

第四百九十二条　【合同成立的地点】承诺生效的地点为合同成立的地点。

采用数据电文形式订立合同的,收件人的主营业地为合同成立的地点;没有主营业地的,其住所地为合同成立的地点。当事人另有约定的,按照其约定。

第四百九十三条　【采用合同书订立合同的成立地点】当事人采用合同书形式订立合同的,最后签名、盖章或者按指印的地点为合同成立的地点,但是当事人另有约定的除外。

第四百九十四条　【强制缔约义务】国家根据抢险救灾、疫情防控或者其他需要下达国家订货任务、指令性任务的,有关民事主体之间应当依照有关法律、行政法规规定的权利和义务订立合同。

依照法律、行政法规的规定负有发出要约义务的当事人,应当及时发出合理的要约。

依照法律、行政法规的规定负有作出承诺义务的当事人,不得拒绝对方合理的订立合同要求。

第四百九十五条　【预约合同】当事人约定在将来一定期限内订立合同的认购书、订购书、预订书等,构成预约合同。

当事人一方不履行预约合同约定的订立合同义务的,对方可以请求其承担预约合同的违约责任。

第四百九十六条　【格式条款】格式条款是当事人为了重复使用而预先拟定,并在订立合同时未与对方协商的条款。

采用格式条款订立合同的,提供格式条款的一方应当遵循公平原则确定当事人之间的权利和义务,并采取合理的方式提示对方注意免除或者减轻其责任等与对方有重大利害关系的条款,按照对方的要求,对该条款予以说明。提供格式条款的一方未履行提示或者说明义务,致使对方没有注意或者理解与其有重大利害关系的条款的,对方可以主张该条款不成为合同的内容。

第四百九十七条　【格式条款无效的情形】有下列情形之一的,该格式条款无效:

(一)具有本法第一编第六章第三节和本法第五百零六条规定的无效情形;

(二)提供格式条款一方不合理地免除或者减轻其责任、加重对方责任、限制对方主要权利;

(三)提供格式条款一方排除对方主要权利。

第四百九十八条　【格式条款的解释方法】对格式条款的理解发生争议的,应当按照通常理解予以解释。对格式条款有两种以上解释的,应当作出不利于提供格式条款一方的解释。格式条款和非格式条款不一致的,应当采用非格式条款。

第四百九十九条 【悬赏广告】悬赏人以公开方式声明对完成特定行为的人支付报酬的,完成该行为的人可以请求其支付。

第五百条 【缔约过失责任】当事人在订立合同过程中有下列情形之一,造成对方损失的,应当承担赔偿责任:

(一)假借订立合同,恶意进行磋商;

(二)故意隐瞒与订立合同有关的重要事实或者提供虚假情况;

(三)有其他违背诚信原则的行为。

第五百零一条 【合同缔结人的保密义务】当事人在订立合同过程中知悉的商业秘密或者其他应当保密的信息,无论合同是否成立,不得泄露或者不正当地使用;泄露、不正当地使用该商业秘密或者信息,造成对方损失的,应当承担赔偿责任。

第三章 合同的效力

第五百零二条 【合同生效时间及未办理批准手续的处理规则】依法成立的合同,自成立时生效,但是法律另有规定或者当事人另有约定的除外。

依照法律、行政法规的规定,合同应当办理批准等手续的,依照其规定。未办理批准等手续影响合同生效的,不影响合同中履行报批等义务条款以及相关条款的效力。应当办理申请批准等手续的当事人未履行义务的,对方可以请求其承担违反该义务的责任。

依照法律、行政法规的规定,合同的变更、转让、解除等情形应当办理批准等手续的,适用前款规定。

第五百零三条 【被代理人以默示方式追认无权代理】无权代理人以被代理人的名义订立合同,被代理人已经开始履行合同义务或者接受相对人履行的,视为对合同的追认。

第五百零四条 【超越权限订立合同的效力】法人的法定代表人或者非法人组织的负责人超越权限订立的合同,除相对人知道或者应当知道其超越权限外,该代表行为有效,订立的合同对法人或者非法人组织发生效力。

第五百零五条 【超越经营范围订立的合同效力】当事人超越经营范围订立的合同的效力,应当依照本法第一编第六章第三节和本编的有关规定确定,不得仅以超越经营范围确认合同无效。

第五百零六条 【免责条款无效情形】合同中的下列免责条款无效:

(一)造成对方人身损害的;

(二)因故意或者重大过失造成对方财产损失的。

第五百零七条 【争议解决条款的独立性】合同不生效、无效、被撤销或者终止的,不影响合同中有关解决争议方法的条款的效力。

第五百零八条 【合同效力适用指引】本编对合同的效力没有规定的,适用本法第一编第六章的有关规定。

第四章 合同的履行

第五百零九条 【合同履行的原则】当事人应当按照约定全面履行自己的义务。

当事人应当遵循诚信原则,根据合同的性质、目的和交易习惯履行通知、协助、保密等义务。

当事人在履行合同过程中,应当避免浪费资源、污染环境和破坏生态。

第五百一十条 【约定不明时合同内容的确定】合同生效后,当事人就质量、价款或者报酬、履行地点等内容没有约定或者约定不明确的,可以协议补充;不能达成补充协议的,按照合同相关条款或者交易习惯确定。

第五百一十一条 【质量、价款、履行地点等内容的确定】当事人就有关合同内容约定不明确,依据前条规定仍不能确定的,适用下列规定:

(一)质量要求不明确的,按照强制性国家标准履行;没有强制性国家标准的,按照推荐性国家标准履行;没有推荐性国家标准的,按照行业标准履行;没有国家标准、行业标准的,按照通常标准或者符合合同目的的特定标准履行。

(二)价款或者报酬不明确的,按照订立合同时履行地的市场价格履行;依法应当执行政府定价或者政府指导价的,依照规定履行。

(三)履行地点不明确,给付货币的,在接受货币一方所在地履行;交付不动产的,在不动产所在地履行;其他标的,在履行义务一方所在地履行。

(四)履行期限不明确的,债务人可以随时履行,债权人也可以随时请求履行,但是应当给对方必要的准备时间。

(五)履行方式不明确的,按照有利于实现合同目的的方式履行。

(六)履行费用的负担不明确的,由履行义务一方负担;因债权人原因增加的履行费用,由债权人负担。

第五百一十二条 【电子合同交付时间的认定】通过互联网等信息网络订立的电子合同的标的为交付商品并采用快递物流方式交付的,收货人的签收时间为交付时间。电子合同的标的为提供服务的,生成的电子凭证或者实物凭证中载明的时间为提供服务时间；前述凭证没有载明时间或者载明时间与实际提供服务时间不一致的，以实际提供服务的时间为准。

电子合同的标的物为采用在线传输方式交付的，合同标的物进入对方当事人指定的特定系统且能够检索识别的时间为交付时间。

电子合同当事人对交付商品或者提供服务的方式、时间另有约定的，按照其约定。

第五百一十三条 【执行政府定价或指导价的合同价格确定】执行政府定价或者政府指导价的，在合同约定的交付期限内政府价格调整时，按照交付时的价格计价。逾期交付标的物的，遇价格上涨时，按照原价格执行；价格下降时，按照新价格执行。逾期提取标的物或者逾期付款的，遇价格上涨时，按照新价格执行；价格下降时，按照原价格执行。

第五百一十四条 【金钱之债给付货币的确定规则】以支付金钱为内容的债，除法律另有规定或者当事人另有约定外，债权人可以请求债务人以实际履行地的法定货币履行。

第五百一十五条 【选择之债中债务人的选择权】标的有多项而债务人只需履行其中一项的，债务人享有选择权；但是，法律另有规定、当事人另有约定或者另有交易习惯的除外。

享有选择权的当事人在约定期限内或者履行期限届满未作选择，经催告后在合理期限内仍未选择的，选择权转移至对方。

第五百一十六条 【选择权的行使】当事人行使选择权应当及时通知对方，通知到达对方时，标的确定。标的确定后不得变更，但是经对方同意的除外。

可选择的标的发生不能履行情形的，享有选择权的当事人不得选择不能履行的标的，但是该不能履行的情形是由对方造成的除外。

第五百一十七条 【按份债权与按份债务】债权人为二人以上，标的可分，按照份额各自享有债权的，为按份债权；债务人为二人以上，标的可分，按照份额各自负担债务的，为按份债务。

按份债权人或者按份债务人的份额难以确定的，视为份额相同。

第五百一十八条 【连带债权与连带债务】债权人为二人以上，部分或者全部债权人均可以请求债务人履行的，为连带债权；债务人为二人以上，债权人可以请求部分或者全部债务人履行全部债务的，为连带债务。

连带债权或者连带债务，由法律规定或者当事人约定。

第五百一十九条 【连带债务份额的确定及追偿】连带债务人之间的份额难以确定的，视为份额相同。

实际承担债务超过自己份额的连带债务人，有权就超出部分在其他连带债务人未履行的份额范围内向其追偿，并相应地享有债权人的权利，但是不得损害债权人的利益。其他连带债务人对债权人的抗辩，可以向该债务人主张。

被追偿的连带债务人不能履行其应分担份额的，其他连带债务人应当在相应范围内按比例分担。

第五百二十条 【连带债务人之一所生事项涉他效力】部分连带债务人履行、抵销债务或者提存标的物的，其他债务人对债权人的债务在相应范围内消灭；该债务人可以依据前条规定向其他债务人追偿。

部分连带债务人的债务被债权人免除的，在该连带债务人应当承担的份额范围内，其他债务人对债权人的债务消灭。

部分连带债务人的债务与债权人的债权同归于一人的，在扣除该债务人应当承担的份额后，债权人对其他债务人的债权继续存在。

债权人对部分连带债务人的给付受领迟延的，对其他连带债务人发生效力。

第五百二十一条 【连带债权内外部关系】连带债权人之间的份额难以确定的，视为份额相同。

实际受领债权的连带债权人，应当按比例向其他连带债权人返还。

连带债权参照适用本章连带债务的有关规定。

第五百二十二条 【向第三人履行】当事人约定由债务人向第三人履行债务，债务人未向第三人履行债务或者履行债务不符合约定的，应当向债权人承担违约责任。

法律规定或者当事人约定第三人可以直接请求债务人向其履行债务，第三人未在合理期限内明确拒绝，债务人未向第三人履行债务或者履行债务不符合约定的，第三人可以请求债务人承担违约责任；债务人对债权人的抗辩，可以向第三人主张。

第五百二十三条 【第三人履行】当事人约定由第三人向债权人履行债务，第三人不履行债务或者履行债务不符合约定的，债务人应当向债权人承担违约责任。

第五百二十四条 【第三人代为履行】债务人不履行债务，第三人对履行该债务具有合法利益的，第三人有权向债权人代为履行;但是,根据债务性质、按照当事人约定或者依照法律规定只能由债务人履行的除外。

债权人接受第三人履行后,其对债务人的债权转让给第三人,但是债务人和第三人另有约定的除外。

第五百二十五条 【同时履行抗辩权】当事人互负债务,没有先后履行顺序的,应当同时履行。一方在对方履行之前有权拒绝其履行请求。一方在对方履行债务不符合约定时,有权拒绝其相应的履行请求。

第五百二十六条 【后履行抗辩权】当事人互负债务,有先后履行顺序,应当先履行债务一方未履行的,后履行一方有权拒绝其履行请求。先履行一方履行债务不符合约定的,后履行一方有权拒绝其相应的履行请求。

第五百二十七条 【不安抗辩权】应当先履行债务的当事人,有确切证据证明对方有下列情形之一的,可以中止履行:

(一)经营状况严重恶化;
(二)转移财产、抽逃资金,以逃避债务;
(三)丧失商业信誉;
(四)有丧失或者可能丧失履行债务能力的其他情形。

当事人没有确切证据中止履行的,应当承担违约责任。

第五百二十八条 【不安抗辩权的行使】当事人依据前条规定中止履行的,应当及时通知对方。对方提供适当担保的,应当恢复履行。中止履行后,对方在合理期限内未恢复履行能力且未提供适当担保的,视为以自己的行为表明不履行主要债务,中止履行的一方可以解除合同并可以请求对方承担违约责任。

第五百二十九条 【因债权人原因致债务履行困难的处理】债权人分立、合并或者变更住所没有通知债务人,致使履行债务发生困难的,债务人可以中止履行或者将标的物提存。

第五百三十条 【债务人提前履行债务】债权人可以拒绝债务人提前履行债务,但是提前履行不损害债权人利益的除外。

债务人提前履行债务给债权人增加的费用,由债务人负担。

第五百三十一条 【债务人部分履行债务】债权人可以拒绝债务人部分履行债务,但是部分履行不损害债权人利益的除外。

债务人部分履行债务给债权人增加的费用,由债务人负担。

第五百三十二条 【当事人变化不影响合同效力】合同生效后,当事人不得因姓名、名称的变更或者法定代表人、负责人、承办人的变动而不履行合同义务。

第五百三十三条 【情势变更】合同成立后,合同的基础条件发生了当事人在订立合同时无法预见的、不属于商业风险的重大变化,继续履行合同对于当事人一方明显不公平的,受不利影响的当事人可以与对方重新协商;在合理期限内协商不成的,当事人可以请求人民法院或者仲裁机构变更或者解除合同。

人民法院或者仲裁机构应当结合案件的实际情况,根据公平原则变更或者解除合同。

第五百三十四条 【合同监督】对当事人利用合同实施危害国家利益、社会公共利益行为的,市场监督管理和其他有关行政主管部门依照法律、行政法规的规定负责监督处理。

第五章 合同的保全

第五百三十五条 【债权人代位权】因债务人怠于行使其债权或者与该债权有关的从权利,影响债权人的到期债权实现的,债权人可以向人民法院请求以自己的名义代位行使债务人对相对人的权利,但是该权利专属于债务人自身的除外。

代位权的行使范围以债权人的到期债权为限。债权人行使代位权的必要费用,由债务人负担。

相对人对债务人的抗辩,可以向债权人主张。

第五百三十六条 【保存行为】债权人的债权到期前,债务人的债权或者与该债权有关的从权利存在诉讼时效期间即将届满或者未及时申报破产债权等情形,影响债权人的债权实现的,债权人可以代位向债务人的相对人请求其向债务人履行、向破产管理人申报或者作出其他必要的行为。

第五百三十七条 【代位权行使后的法律效果】人民法院认定代位权成立的,由债务人的相对人向债权人履行义务,债权人接受履行后,债权人与债务人、债务人与相对人之间相应的权利义务终止。债务人对相对人的债权或者与该债权有关的从权利被采取保全、执行措施,或者债务人破产的,依照相关法律的规定处理。

第五百三十八条 【撤销债务人无偿行为】债务人以放弃其债权、放弃债权担保、无偿转让财产等方式无偿处分财产权益,或者恶意延长其到期债权的履行期限,影响债权人的债权实现的,债权人可以请求人民法院撤销债务人的行为。

第五百三十九条 【撤销债务人有偿行为】债务人

以明显不合理的低价转让财产、以明显不合理的高价受让他人财产或者为他人的债务提供担保,影响债权人的债权实现,债务人的相对人知道或者应当知道该情形的,债权人可以请求人民法院撤销债务人的行为。

第五百四十条 【撤销权的行使范围】撤销权的行使范围以债权人的债权为限。债权人行使撤销权的必要费用,由债务人负担。

第五百四十一条 【撤销权的行使期间】撤销权自债权人知道或者应当知道撤销事由之日起一年内行使。自债务人的行为发生之日起五年内没有行使撤销权的,该撤销权消灭。

第五百四十二条 【债务人行为被撤销的法律效果】债务人影响债权人的债权实现的行为被撤销的,自始没有法律约束力。

第六章 合同的变更和转让

第五百四十三条 【协议变更合同】当事人协商一致,可以变更合同。

第五百四十四条 【合同变更不明确推定为未变更】当事人对合同变更的内容约定不明确的,推定为未变更。

第五百四十五条 【债权转让】债权人可以将债权的全部或者部分转让给第三人,但是有下列情形之一的除外:
(一)根据债权性质不得转让;
(二)按照当事人约定不得转让;
(三)依照法律规定不得转让。
当事人约定非金钱债权不得转让的,不得对抗善意第三人。当事人约定金钱债权不得转让的,不得对抗第三人。

第五百四十六条 【债权转让的通知义务】债权人转让债权,未通知债务人的,该转让对债务人不发生效力。
债权转让的通知不得撤销,但是经受让人同意的除外。

第五百四十七条 【债权转让从权利一并转让】债权人转让债权的,受让人取得与债权有关的从权利,但是该从权利专属于债权人自身的除外。
受让人取得从权利不因该从权利未办理转移登记手续或者未转移占有而受到影响。

第五百四十八条 【债权转让中债务人抗辩】债务人接到债权转让通知后,债务人对让与人的抗辩,可以向受让人主张。

第五百四十九条 【债权转让中债务人的抵销权】有下列情形之一的,债务人可以向受让人主张抵销:
(一)债务人接到债权转让通知时,债务人对让与人享有债权,且债务人的债权先于转让的债权到期或者同时到期;
(二)债务人的债权与转让的债权是基于同一合同产生。

第五百五十条 【债权转让费用的承担】因债权转让增加的履行费用,由让与人负担。

第五百五十一条 【债务转移】债务人将债务的全部或者部分转移给第三人的,应当经债权人同意。
债务人或者第三人可以催告债权人在合理期限内予以同意,债权人未作表示的,视为不同意。

第五百五十二条 【债务加入】第三人与债务人约定加入债务并通知债权人,或者第三人向债权人表示愿意加入债务,债权人未在合理期限内明确拒绝的,债权人可以请求第三人在其愿意承担的债务范围内和债务人承担连带债务。

第五百五十三条 【债务转移时新债务人抗辩】债务人转移债务的,新债务人可以主张原债务人对债权人的抗辩;原债务人对债权人享有债权的,新债务人不得向债权人主张抵销。

第五百五十四条 【从债务随主债务转移】债务人转移债务的,新债务人应当承担与主债务有关的从债务,但是该从债务专属于原债务人自身的除外。

第五百五十五条 【合同权利义务的一并转让】当事人一方经对方同意,可以将自己在合同中的权利和义务一并转让给第三人。

第五百五十六条 【一并转让的法律适用】合同的权利和义务一并转让的,适用债权转让、债务转移的有关规定。

第七章 合同的权利义务终止

第五百五十七条 【债权债务终止的法定情形】有下列情形之一的,债权债务终止:
(一)债务已经履行;
(二)债务相互抵销;
(三)债务人依法将标的物提存;
(四)债权人免除债务;
(五)债权债务同归于一人;
(六)法律规定或者当事人约定终止的其他情形。
合同解除的,该合同的权利义务关系终止。

第五百五十八条 【后合同义务】债权债务终止后,

当事人应当遵循诚信等原则,根据交易习惯履行通知、协助、保密、旧物回收等义务。

第五百五十九条 【从权利消灭】债权债务终止时,债权的从权利同时消灭,但是法律另有规定或者当事人另有约定的除外。

第五百六十条 【数项债务的清偿抵充顺序】债务人对同一债权人负担的数项债务种类相同,债务人的给付不足以清偿全部债务的,除当事人另有约定外,由债务人在清偿时指定其履行的债务。

债务人未作指定的,应当优先履行已经到期的债务;数项债务均到期的,优先履行对债权人缺乏担保或者担保最少的债务;均无担保或者担保相等的,优先履行债务人负担较重的债务;负担相同的,按照债务到期的先后顺序履行;到期时间相同的,按照债务比例履行。

第五百六十一条 【费用、利息和主债务的清偿抵充顺序】债务人在履行主债务外还应当支付利息和实现债权的有关费用,其给付不足以清偿全部债务的,除当事人另有约定外,应当按照下列顺序履行:

(一)实现债权的有关费用;

(二)利息;

(三)主债务。

第五百六十二条 【合同的约定解除】当事人协商一致,可以解除合同。

当事人可以约定一方解除合同的事由。解除合同的事由发生时,解除权人可以解除合同。

第五百六十三条 【合同的法定解除】有下列情形之一的,当事人可以解除合同:

(一)因不可抗力致使不能实现合同目的;

(二)在履行期限届满前,当事人一方明确表示或者以自己的行为表明不履行主要债务;

(三)当事人一方迟延履行主要债务,经催告后在合理期限内仍未履行;

(四)当事人一方迟延履行债务或者有其他违约行为致使不能实现合同目的;

(五)法律规定的其他情形。

以持续履行的债务为内容的不定期合同,当事人可以随时解除合同,但是应当在合理期限之前通知对方。

第五百六十四条 【解除权行使期限】法律规定或者当事人约定解除权行使期限,期限届满当事人不行使的,该权利消灭。

法律没有规定或者当事人没有约定解除权行使期限,自解除权人知道或者应当知道解除事由之日起一年内不行使,或者经对方催告后在合理期限内不行使的,该权利消灭。

第五百六十五条 【合同解除权的行使规则】当事人一方依法主张解除合同的,应当通知对方。合同自通知到达对方时解除;通知载明债务人在一定期限内不履行债务则合同自动解除,债务人在该期限内未履行债务的,合同自通知载明的期限届满时解除。对方对解除合同有异议的,任何一方当事人均可以请求人民法院或者仲裁机构确认解除行为的效力。

当事人一方未通知对方,直接以提起诉讼或者申请仲裁的方式依法主张解除合同,人民法院或者仲裁机构确认该主张的,合同自起诉状副本或者仲裁申请书副本送达对方时解除。

第五百六十六条 【合同解除的法律后果】合同解除后,尚未履行的,终止履行;已经履行的,根据履行情况和合同性质,当事人可以请求恢复原状或者采取其他补救措施,并有权请求赔偿损失。

合同因违约解除的,解除权人可以请求违约方承担违约责任,但是当事人另有约定的除外。

主合同解除后,担保人对债务人应当承担的民事责任仍应当承担担保责任,但是担保合同另有约定的除外。

第五百六十七条 【结算、清理条款效力的独立性】合同的权利义务关系终止,不影响合同中结算和清理条款的效力。

第五百六十八条 【法定抵销】当事人互负债务,该债务的标的物种类、品质相同的,任何一方可以将自己的债务与对方的到期债务抵销;但是,根据债务性质、按照当事人约定或者依照法律规定不得抵销的除外。

当事人主张抵销的,应当通知对方。通知自到达对方时生效。抵销不得附条件或者附期限。

第五百六十九条 【约定抵销】当事人互负债务,标的物种类、品质不相同的,经协商一致,也可以抵销。

第五百七十条 【提存的条件】有下列情形之一,难以履行债务的,债务人可以将标的物提存:

(一)债权人无正当理由拒绝受领;

(二)债权人下落不明;

(三)债权人死亡未确定继承人、遗产管理人,或者丧失民事行为能力未确定监护人;

(四)法律规定的其他情形。

标的物不适于提存或者提存费用过高的,债务人依法可以拍卖或者变卖标的物,提存所得的价款。

第五百七十一条 【提存的成立】债务人将标的物

或者将标的物依法拍卖、变卖所得价款交付提存部门时,提存成立。

提存成立的,视为债务人在其提存范围内已经交付标的物。

第五百七十二条 【提存的通知】标的物提存后,债务人应当及时通知债权人或者债权人的继承人、遗产管理人、监护人、财产代管人。

第五百七十三条 【提存期间风险、孳息和提存费用负担】标的物提存后,毁损、灭失的风险由债权人承担。提存期间,标的物的孳息归债权人所有。提存费用由债权人负担。

第五百七十四条 【提存物的领取与取回】债权人可以随时领取提存物。但是,债权人对债务人负有到期债务的,在债权人未履行债务或者提供担保之前,提存部门根据债务人的要求应当拒绝其领取提存物。

债权人领取提存物的权利,自提存之日起五年内不行使而消灭,提存物扣除提存费用后归国家所有。但是,债权人未履行对债务人的到期债务,或者债权人向提存部门书面表示放弃领取提存物权利的,债务人负担提存费用后有权取回提存物。

第五百七十五条 【债的免除】债权人免除债务人部分或者全部债务的,债权债务部分或者全部终止,但是债务人在合理期限内拒绝的除外。

第五百七十六条 【债权债务混同的处理】债权和债务同归于一人的,债权债务终止,但是损害第三人利益的除外。

第八章 违约责任

第五百七十七条 【违约责任的种类】当事人一方不履行合同义务或者履行合同义务不符合约定的,应当承担继续履行、采取补救措施或者赔偿损失等违约责任。

第五百七十八条 【预期违约责任】当事人一方明确表示或者以自己的行为表明不履行合同义务的,对方可以在履行期限届满前请求其承担违约责任。

第五百七十九条 【金钱债务的继续履行】当事人一方未支付价款、报酬、租金、利息,或者不履行其他金钱债务的,对方可以请求其支付。

第五百八十条 【非金钱债务的继续履行】当事人一方不履行非金钱债务或者履行非金钱债务不符合约定的,对方可以请求履行,但是有下列情形之一的除外:

(一)法律上或者事实上不能履行;

(二)债务的标的不适于强制履行或者履行费用过高;

(三)债权人在合理期限内未请求履行。

有前款规定的除外情形之一,致使不能实现合同目的的,人民法院或者仲裁机构可以根据当事人的请求终止合同权利义务关系,但是不影响违约责任的承担。

第五百八十一条 【替代履行】当事人一方不履行债务或者履行债务不符合约定,根据债务的性质不得强制履行的,对方可以请求其负担由第三人替代履行的费用。

第五百八十二条 【瑕疵履行违约责任】履行不符合约定的,应当按照当事人的约定承担违约责任。对违约责任没有约定或者约定不明确,依据本法第五百一十条的规定仍不能确定的,受损害方根据标的的性质以及损失的大小,可以合理选择请求对方承担修理、重作、更换、退货、减少价款或者报酬等违约责任。

第五百八十三条 【违约损害赔偿责任】当事人一方不履行合同义务或者履行合同义务不符合约定的,在履行义务或者采取补救措施后,对方还有其他损失的,应当赔偿损失。

第五百八十四条 【法定的违约赔偿损失】当事人一方不履行合同义务或者履行合同义务不符合约定,造成对方损失的,损失赔偿额应当相当于因违约所造成的损失,包括合同履行后可以获得的利益;但是,不得超过违约一方订立合同时预见到或者应当预见到的因违约可能造成的损失。

第五百八十五条 【违约金的约定】当事人可以约定一方违约时应当根据违约情况向对方支付一定数额的违约金,也可以约定因违约产生的损失赔偿额的计算方法。

约定的违约金低于造成的损失的,人民法院或者仲裁机构可以根据当事人的请求予以增加;约定的违约金过分高于造成的损失的,人民法院或者仲裁机构可以根据当事人的请求予以适当减少。

当事人就迟延履行约定违约金的,违约方支付违约金后,还应当履行债务。

第五百八十六条 【定金】当事人可以约定一方向对方给付定金作为债权的担保。定金合同自实际交付定金时成立。

定金的数额由当事人约定;但是,不得超过主合同标的额的百分之二十,超过部分不产生定金的效力。实际交付的定金数额多于或者少于约定数额的,视为变更约定的定金数额。

第五百八十七条 【定金罚则】债务人履行债务的,

定金应当抵作价款或者收回。给付定金的一方不履行债务或者履行债务不符合约定，致使不能实现合同目的的，无权请求返还定金；收受定金的一方不履行债务或者履行债务不符合约定，致使不能实现合同目的的，应当双倍返还定金。

第五百八十八条　【违约金与定金竞合选择权】当事人既约定违约金，又约定定金的，一方违约时，对方可以选择适用违约金或者定金条款。

定金不足以弥补一方违约造成的损失，对方可以请求赔偿超过定金数额的损失。

第五百八十九条　【债权人受领迟延】债务人按照约定履行债务，债权人无正当理由拒绝受领的，债务人可以请求债权人赔偿增加的费用。

在债权人受领迟延期间，债务人无须支付利息。

第五百九十条　【因不可抗力不能履行合同】当事人一方因不可抗力不能履行合同的，根据不可抗力的影响，部分或者全部免除责任，但是法律另有规定的除外。因不可抗力不能履行合同的，应当及时通知对方，以减轻可能给对方造成的损失，并应当在合理期限内提供证明。

当事人迟延履行后发生不可抗力的，不免除其违约责任。

第五百九十一条　【非违约方防止损失扩大义务】当事人一方违约后，对方应当采取适当措施防止损失的扩大；没有采取适当措施致使损失扩大的，不得就扩大的损失请求赔偿。

当事人因防止损失扩大而支出的合理费用，由违约方负担。

第五百九十二条　【双方违约和与有过错规则】当事人都违反合同的，应当各自承担相应的责任。

当事人一方违约造成对方损失，对方对损失的发生有过错的，可以减少相应的损失赔偿额。

第五百九十三条　【因第三人原因造成违约情况下的责任承担】当事人一方因第三人的原因造成违约的，应当依法向对方承担违约责任。当事人一方和第三人之间的纠纷，依照法律规定或者按照约定处理。

第五百九十四条　【国际贸易合同诉讼时效和仲裁时效】因国际货物买卖合同和技术进出口合同争议提起诉讼或者申请仲裁的时效期间为四年。

第二分编　典型合同

第九章　买卖合同

第五百九十五条　【买卖合同的概念】买卖合同是出卖人转移标的物的所有权于买受人，买受人支付价款的合同。

第五百九十六条　【买卖合同条款】买卖合同的内容一般包括标的物的名称、数量、质量、价款、履行期限、履行地点和方式、包装方式、检验标准和方法、结算方式、合同使用的文字及其效力等条款。

第五百九十七条　【无权处分的违约责任】因出卖人未取得处分权致使标的物所有权不能转移的，买受人可以解除合同并请求出卖人承担违约责任。

法律、行政法规禁止或者限制转让的标的物，依照其规定。

第五百九十八条　【出卖人基本义务】出卖人应当履行向买受人交付标的物或者交付提取标的物的单证，并转移标的物所有权的义务。

第五百九十九条　【出卖人义务：交付单证、交付资料】出卖人应当按照约定或者交易习惯向买受人交付提取标的物单证以外的有关单证和资料。

第六百条　【买卖合同知识产权保留条款】出卖具有知识产权的标的物的，除法律另有规定或者当事人另有约定外，该标的物的知识产权不属于买受人。

第六百零一条　【出卖人义务：交付期间】出卖人应当按照约定的时间交付标的物。约定交付期限的，出卖人可以在该交付期限内的任何时间交付。

第六百零二条　【标的物交付期限不明时的处理】当事人没有约定标的物的交付期限或者约定不明确的，适用本法第五百一十条、第五百一十一条第四项的规定。

第六百零三条　【买卖合同标的物的交付地点】出卖人应当按照约定的地点交付标的物。

当事人没有约定交付地点或者约定不明确，依据本法第五百一十条的规定仍不能确定的，适用下列规定：

（一）标的物需要运输的，出卖人应当将标的物交付给第一承运人以运交给买受人；

（二）标的物不需要运输，出卖人和买受人订立合同时知道标的物在某一地点的，出卖人应当在该地点交付标的物；不知道标的物在某一地点的，应当在出卖人订立合同时的营业地交付标的物。

第六百零四条　【标的物的风险承担】标的物毁损、灭失的风险，在标的物交付之前由出卖人承担，交付之后由买受人承担，但是法律另有规定或者当事人另有约定的除外。

第六百零五条　【迟延交付标的物的风险负担】因买受人的原因致使标的物未按照约定的期限交付的，买受人应当自违反约定时起承担标的物毁损、灭失的风险。

第六百零六条 【路货买卖中的标的物风险转移】出卖人出卖交由承运人运输的在途标的物，除当事人另有约定外，毁损、灭失的风险自合同成立时起由买受人承担。

第六百零七条 【需要运输的标的物风险负担】出卖人按照约定将标的物运送至买受人指定地点并交付给承运人后，标的物毁损、灭失的风险由买受人承担。

当事人没有约定交付地点或者约定不明确，依据本法第六百零三条第二款第一项的规定标的物需要运输的，出卖人将标的物交付给第一承运人后，标的物毁损、灭失的风险由买受人承担。

第六百零八条 【买受人不履行接受标的物义务的风险负担】出卖人按照约定或者依据本法第六百零三条第二款第二项的规定将标的物置于交付地点，买受人违反约定没有收取的，标的物毁损、灭失的风险自违反约定时起由买受人承担。

第六百零九条 【未交付单证、资料的风险负担】出卖人按照约定未交付有关标的物的单证和资料的，不影响标的物毁损、灭失风险的转移。

第六百一十条 【根本违约】因标的物不符合质量要求，致使不能实现合同目的的，买受人可以拒绝接受标的物或者解除合同。买受人拒绝接受标的物或者解除合同，标的物毁损、灭失的风险由出卖人承担。

第六百一十一条 【买受人承担风险与出卖人违约责任关系】标的物毁损、灭失的风险由买受人承担的，不影响因出卖人履行义务不符合约定，买受人请求其承担违约责任的权利。

第六百一十二条 【出卖人的权利瑕疵担保义务】出卖人就交付的标的物，负有保证第三人对该标的物不享有任何权利的义务，但是法律另有规定的除外。

第六百一十三条 【权利瑕疵担保责任之免除】买受人订立合同时知道或者应当知道第三人对买卖的标的物享有权利的，出卖人不承担前条规定的义务。

第六百一十四条 【买受人的中止支付价款权】买受人有确切证据证明第三人对标的物享有权利的，可以中止支付相应的价款，但是出卖人提供适当担保的除外。

第六百一十五条 【买卖标的物的质量瑕疵担保】出卖人应当按照约定的质量要求交付标的物。出卖人提供有关标的物质量说明的，交付的标的物应当符合该说明的质量要求。

第六百一十六条 【标的物法定质量担保义务】当事人对标的物的质量要求没有约定或者约定不明确，依据本法第五百一十条的规定仍不能确定的，适用本法第五百一十一条第一项的规定。

第六百一十七条 【质量瑕疵担保责任】出卖人交付的标的物不符合质量要求的，买受人可以依据本法第五百八十二条至第五百八十四条的规定请求承担违约责任。

第六百一十八条 【标的物瑕疵担保责任减免的特约效力】当事人约定减轻或者免除出卖人对标的物瑕疵承担的责任，因出卖人故意或者重大过失不告知买受人标的物瑕疵的，出卖人无权主张减轻或者免除责任。

第六百一十九条 【标的物的包装方式】出卖人应当按照约定的包装方式交付标的物。对包装方式没有约定或者约定不明确，依据本法第五百一十条的规定仍不能确定的，应当按照通用的方式包装；没有通用方式的，应当采取足以保护标的物且有利于节约资源、保护生态环境的包装方式。

第六百二十条 【买受人的检验义务】买受人收到标的物时应当在约定的检验期限内检验。没有约定检验期限的，应当及时检验。

第六百二十一条 【买受人检验标的物的异议通知】当事人约定检验期限的，买受人应当在检验期限内将标的物的数量或者质量不符合约定的情形通知出卖人。买受人怠于通知的，视为标的物的数量或者质量符合约定。

当事人没有约定检验期限的，买受人应当在发现或者应当发现标的物的数量或者质量不符合约定的合理期限内通知出卖人。买受人在合理期限内未通知或者自收到标的物之日起二年内未通知出卖人的，视为标的物的数量或者质量符合约定；但是，对标的物有质量保证期的，适用质量保证期，不适用该二年的规定。

出卖人知道或者应当知道提供的标的物不符合约定的，买受人不受前两款规定的通知时间的限制。

第六百二十二条 【检验期限或质量保证期过短的处理】当事人约定的检验期限过短，根据标的物的性质和交易习惯，买受人在检验期限内难以完成全面检验的，该期限仅视为买受人对标的物的外观瑕疵提出异议的期限。

约定的检验期限或者质量保证期短于法律、行政法规规定期限的，应当以法律、行政法规规定的期限为准。

第六百二十三条 【标的物数量和外观瑕疵检验】当事人对检验期限未作约定，买受人签收的送货单、确认单等载明标的物数量、型号、规格的,推定买受人已经对数量和外观瑕疵进行检验,但是有相关证据足以推翻的除外。

第六百二十四条 【向第三人履行情形的检验标准】出卖人依照买受人的指示向第三人交付标的物,出卖人和买受人约定的检验标准与买受人和第三人约定的检验标准不一致的,以出卖人和买受人约定的检验标准为准。

第六百二十五条 【出卖人的回收义务】依照法律、行政法规的规定或者按照当事人的约定,标的物在有效使用年限届满后应予回收的,出卖人负有自行或者委托第三人对标的物予以回收的义务。

第六百二十六条 【买受人支付价款及方式】买受人应当按照约定的数额和支付方式支付价款。对价款的数额和支付方式没有约定或者约定不明确的,适用本法第五百一十条、第五百一十一条第二项和第五项的规定。

第六百二十七条 【买受人支付价款地点】买受人应当按照约定的地点支付价款。对支付地点没有约定或者约定不明确,依据本法第五百一十条的规定仍不能确定的,买受人应当在出卖人的营业地支付;但是,约定支付价款以交付标的物或者交付提取标的物单证为条件的,在交付标的物或者交付提取标的物单证的所在地支付。

第六百二十八条 【买受人支付价款的时间】买受人应当按照约定的时间支付价款。对支付时间没有约定或者约定不明确,依据本法第五百一十条的规定仍不能确定的,买受人应当在收到标的物或者提取标的物单证的同时支付。

第六百二十九条 【出卖人多交标的物的处理】出卖人多交标的物的,买受人可以接收或者拒绝接收多交的部分。买受人接收多交部分的,按照约定的价格支付价款;买受人拒绝接收多交部分的,应当及时通知出卖人。

第六百三十条 【买卖合同标的物孳息的归属】标的物在交付之前产生的孳息,归出卖人所有;交付之后产生的孳息,归买受人所有。但是,当事人另有约定的除外。

第六百三十一条 【主物与从物在解除合同时的效力】因标的物的主物不符合约定而解除合同,解除合同的效力及于从物。因标的物的从物不符合约定被解除的,解除的效力不及于主物。

第六百三十二条 【数物买卖合同的解除】标的物为数物,其中一物不符合约定的,买受人可以就该物解除。但是,该物与他物分离使标的物的价值显受损害的,买受人可以就数物解除合同。

第六百三十三条 【分批交付标的物的情况下解除合同的情形】出卖人分批交付标的物的,出卖人对其中一批标的物不交付或者交付不符合约定,致使该批标的物不能实现合同目的的,买受人可以就该批标的物解除。

出卖人不交付其中一批标的物或者交付不符合约定,致使之后其他各批标的物的交付不能实现合同目的的,买受人可以就该批以及之后其他各批标的物解除。

买受人如果就其中一批标的物解除,该批标的物与其他各批标的物相互依存的,可以就已经交付和未交付的各批标的物解除。

第六百三十四条 【分期付款买卖】分期付款的买受人未支付到期价款的数额达到全部价款的五分之一,经催告后在合理期限内仍未支付到期价款的,出卖人可以请求买受人支付全部价款或者解除合同。

出卖人解除合同的,可以向买受人请求支付该标的物的使用费。

第六百三十五条 【凭样品买卖合同】凭样品买卖的当事人应当封存样品,并可以对样品质量予以说明。出卖人交付的标的物应当与样品及其说明的质量相同。

第六百三十六条 【凭样品买卖合同样品存在隐蔽瑕疵的处理】凭样品买卖的买受人不知道样品有隐蔽瑕疵的,即使交付的标的物与样品相同,出卖人交付的标的物的质量仍然应当符合同种物的通常标准。

第六百三十七条 【试用买卖的试用期限】试用买卖的当事人可以约定标的物的试用期限。对试用期限没有约定或者约定不明确,依据本法第五百一十条的规定仍不能确定的,由出卖人确定。

第六百三十八条 【试用买卖合同买受人对标的物购买选择权】试用买卖的买受人在试用期内可以购买标的物,也可以拒绝购买。试用期限届满,买受人对是否购买标的物未作表示的,视为购买。

试用买卖的买受人在试用期内已经支付部分价款或者对标的物实施出卖、出租、设立担保物权等行为的,视为同意购买。

第六百三十九条 【试用买卖使用费】试用买卖的当事人对标的物使用费没有约定或者约定不明确的,出卖人无权请求买受人支付。

第六百四十条 【试用买卖中的风险承担】标的物在试用期内毁损、灭失的风险由出卖人承担。

第六百四十一条 【标的物所有权保留条款】当事人可以在买卖合同中约定买受人未履行支付价款或者其他义务的，标的物的所有权属于出卖人。

出卖人对标的物保留的所有权，未经登记，不得对抗善意第三人。

第六百四十二条 【所有权保留中出卖人的取回权】当事人约定出卖人保留合同标的物的所有权，在标的物所有权转移前，买受人有下列情形之一，造成出卖人损害的，除当事人另有约定外，出卖人有权取回标的物：

（一）未按照约定支付价款，经催告后在合理期限内仍未支付；

（二）未按照约定完成特定条件；

（三）将标的物出卖、出质或者作出其他不当处分。

出卖人可以与买受人协商取回标的物；协商不成的，可以参照适用担保物权的实现程序。

第六百四十三条 【买受人回赎权及出卖人再出卖权】出卖人依据前条第一款的规定取回标的物后，买受人在双方约定或者出卖人指定的合理回赎期限内，消除出卖人取回标的物的事由的，可以请求回赎标的物。

买受人在回赎期限内没有回赎标的物，出卖人可以以合理价格将标的物出卖给第三人，出卖所得价款扣除买受人未支付的价款以及必要费用后仍有剩余的，应当返还买受人；不足部分由买受人清偿。

第六百四十四条 【招标投标买卖的法律适用】招标投标买卖的当事人的权利和义务以及招标投标程序等，依照有关法律、行政法规的规定。

第六百四十五条 【拍卖的法律适用】拍卖的当事人的权利和义务以及拍卖程序，依照有关法律、行政法规的规定。

第六百四十六条 【买卖合同准用于有偿合同】法律对其他有偿合同有规定的，依照其规定；没有规定的，参照适用买卖合同的有关规定。

第六百四十七条 【易货交易的法律适用】当事人约定易货交易，转移标的物的所有权的，参照适用买卖合同的有关规定。

第十章 供用电、水、气、热力合同

第六百四十八条 【供用电合同概念及强制缔约义务】供用电合同是供电人向用电人供电，用电人支付电费的合同。

向社会公众供电的供电人，不得拒绝用电人合理的订立合同要求。

第六百四十九条 【供用电合同的内容】供用电合同的内容一般包括供电的方式、质量、时间、用电容量、地址、性质、计量方式、电价、电费的结算方式、供用电设施的维护责任等条款。

第六百五十条 【供用电合同的履行地点】供用电合同的履行地点，按照当事人约定；当事人没有约定或约定不明确的，供电设施的产权分界处为履行地点。

第六百五十一条 【供电人的安全供电义务】供电人应当按照国家规定的供电质量标准和约定安全供电。供电人未按照国家规定的供电质量标准和约定安全供电，造成用电人损失的，应当承担赔偿责任。

第六百五十二条 【供电人中断供电时的通知义务】供电人因供电设施计划检修、临时检修、依法限电或者用电人违法用电等原因，需要中断供电时，应当按照国家有关规定事先通知用电人；未事先通知用电人中断供电，造成用电人损失的，应当承担赔偿责任。

第六百五十三条 【供电人抢修义务】因自然灾害等原因断电，供电人应当按照国家有关规定及时抢修；未及时抢修，造成用电人损失的，应当承担赔偿责任。

第六百五十四条 【用电人支付电费的义务】用电人应当按照国家有关规定和当事人的约定及时支付电费。用电人逾期不支付电费的，应当按照约定支付违约金。经催告用电人在合理期限内仍不支付电费和违约金的，供电人可以按照国家规定的程序中止供电。

供电人依据前款规定中止供电的，应当事先通知用电人。

第六百五十五条 【用电人安全用电义务】用电人应当按照国家有关规定和当事人的约定安全、节约和计划用电。用电人未按照国家有关规定和当事人的约定用电，造成供电人损失的，应当承担赔偿责任。

第六百五十六条 【供用水、气、热力合同参照适用供用电合同】供用水、供用气、供用热力合同，参照适用供用电合同的有关规定。

第十一章 赠与合同

第六百五十七条 【赠与合同的概念】赠与合同是赠与人将自己的财产无偿给予受赠人，受赠人表示接受赠与的合同。

第六百五十八条 【赠与的任意撤销及限制】赠与人在赠与财产的权利转移之前可以撤销赠与。

经过公证的赠与合同或者依法不得撤销的具有救灾、扶贫、助残等公益、道德义务性质的赠与合同，不适用前款规定。

第六百五十九条 【赠与特殊财产需要办理有关

律手续】赠与的财产依法需要办理登记或者其他手续的，应当办理有关手续。

第六百六十条　【法定不得撤销赠与的赠与人不交付赠与财产的责任】经过公证的赠与合同或者依法不得撤销的具有救灾、扶贫、助残等公益、道德义务性质的赠与合同，赠与人不交付赠与财产的，受赠人可以请求交付。

依据前款规定应当交付的赠与财产因赠与人故意或者重大过失致使毁损、灭失的，赠与人应当承担赔偿责任。

第六百六十一条　【附义务的赠与合同】赠与可以附义务。

赠与附义务的，受赠人应当按照约定履行义务。

第六百六十二条　【赠与财产的瑕疵担保责任】赠与的财产有瑕疵的，赠与人不承担责任。附义务的赠与，赠与的财产有瑕疵的，赠与人在附义务的限度内承担与出卖人相同的责任。

赠与人故意不告知瑕疵或者保证无瑕疵，造成受赠人损失的，应当承担赔偿责任。

第六百六十三条　【赠与人的法定撤销情形及撤销权行使期间】受赠人有下列情形之一的，赠与人可以撤销赠与：

（一）严重侵害赠与人或者赠与人近亲属的合法权益；

（二）对赠与人有扶养义务而不履行；

（三）不履行赠与合同约定的义务。

赠与人的撤销权，自知道或者应当知道撤销事由之日起一年内行使。

第六百六十四条　【赠与人的继承人或法定代理人的撤销权】因受赠人的违法行为致使赠与人死亡或者丧失民事行为能力的，赠与人的继承人或者法定代理人可以撤销赠与。

赠与人的继承人或者法定代理人的撤销权，自知道或者应当知道撤销事由之日起六个月内行使。

第六百六十五条　【撤销赠与的效力】撤销权人撤销赠与的，可以向受赠人请求返还赠与的财产。

第六百六十六条　【赠与义务的免除】赠与人的经济状况显著恶化，严重影响其生产经营或者家庭生活的，可以不再履行赠与义务。

第十二章　借款合同

第六百六十七条　【借款合同的定义】借款合同是借款人向贷款人借款，到期返还借款并支付利息的合同。

第六百六十八条　【借款合同的形式和内容】借款合同应当采用书面形式，但是自然人之间借款另有约定的除外。

借款合同的内容一般包括借款种类、币种、用途、数额、利率、期限和还款方式等条款。

第六百六十九条　【借款合同借款人的告知义务】订立借款合同，借款人应当按照贷款人的要求提供与借款有关的业务活动和财务状况的真实情况。

第六百七十条　【借款利息不得预先扣除】借款的利息不得预先在本金中扣除。利息预先在本金中扣除的，应当按照实际借款数额返还借款并计算利息。

第六百七十一条　【提供及收取借款迟延责任】贷款人未按照约定的日期、数额提供借款，造成借款人损失的，应当赔偿损失。

借款人未按照约定的日期、数额收取借款的，应当按照约定的日期、数额支付利息。

第六百七十二条　【贷款人对借款使用情况检查、监督的权利】贷款人按照约定可以检查、监督借款的使用情况。借款人应当按照约定向贷款人定期提供有关财务会计报表或者其他资料。

第六百七十三条　【借款人违约使用借款的后果】借款人未按照约定的借款用途使用借款的，贷款人可以停止发放借款、提前收回借款或者解除合同。

第六百七十四条　【借款利息支付期限的确定】借款人应当按照约定的期限支付利息。对支付利息的期限没有约定或者约定不明确，依据本法第五百一十条的规定仍不能确定，借款期间不满一年的，应当在返还借款时一并支付；借款期间一年以上的，应当在每届满一年时支付，剩余期间不满一年的，应当在返还借款时一并支付。

第六百七十五条　【还款期限的确定】借款人应当按照约定的期限返还借款。对借款期限没有约定或者约定不明确，依据本法第五百一十条的规定仍不能确定的，借款人可以随时返还；贷款人可以催告借款人在合理期限内返还。

第六百七十六条　【借款合同违约责任承担】借款人未按照约定的期限返还借款的，应当按照约定或者国家有关规定支付逾期利息。

第六百七十七条　【提前偿还借款】借款人提前返还借款的，除当事人另有约定外，应当按照实际借款的期间计算利息。

第六百七十八条　【借款展期】借款人可以在还款期限届满前向贷款人申请展期；贷款人同意的，可以展期。

第六百七十九条 【自然人之间借款合同的成立】自然人之间的借款合同,自贷款人提供借款时成立。

第六百八十条 【借款利率和利息】禁止高利放贷,借款的利率不得违反国家有关规定。

借款合同对支付利息没有约定的,视为没有利息。

借款合同对支付利息约定不明确,当事人不能达成补充协议的,按照当地或者当事人的交易方式、交易习惯、市场利率等因素确定利息;自然人之间借款的,视为没有利息。

第十三章 保证合同

第一节 一般规定

第六百八十一条 【保证合同的概念】保证合同是为保障债权的实现,保证人和债权人约定,当债务人不履行到期债务或者发生当事人约定的情形时,保证人履行债务或者承担责任的合同。

第六百八十二条 【保证合同的附从性及被确认无效后的责任分配】保证合同是主债权债务合同的从合同。主债权债务合同无效的,保证合同无效,但是法律另有规定的除外。

保证合同被确认无效后,债务人、保证人、债权人有过错的,应当根据其过错各自承担相应的民事责任。

第六百八十三条 【保证人的资格】机关法人不得为保证人,但是经国务院批准为使用外国政府或者国际经济组织贷款进行转贷的除外。

以公益为目的的非营利法人、非法人组织不得为保证人。

第六百八十四条 【保证合同的一般内容】保证合同的内容一般包括被保证的主债权的种类、数额,债务人履行债务的期限,保证的方式、范围和期间等条款。

第六百八十五条 【保证合同的订立】保证合同可以是单独订立的书面合同,也可以是主债权债务合同中的保证条款。

第三人单方以书面形式向债权人作出保证,债权人接收且未提出异议的,保证合同成立。

第六百八十六条 【保证方式】保证的方式包括一般保证和连带责任保证。

当事人在保证合同中对保证方式没有约定或者约定不明确的,按照一般保证承担保证责任。

第六百八十七条 【一般保证及先诉抗辩权】当事人在保证合同中约定,债务人不能履行债务时,由保证人承担保证责任的,为一般保证。

一般保证的保证人在主合同纠纷未经审判或者仲裁,并就债务人财产依法强制执行仍不能履行债务前,有权拒绝向债权人承担保证责任,但是有下列情形之一的除外:

(一)债务人下落不明,且无财产可供执行;

(二)人民法院已经受理债务人破产案件;

(三)债权人有证据证明债务人的财产不足以履行全部债务或者丧失履行债务能力;

(四)保证人书面表示放弃本款规定的权利。

第六百八十八条 【连带责任保证】当事人在保证合同中约定保证人和债务人对债务承担连带责任的,为连带责任保证。

连带责任保证的债务人不履行到期债务或者发生当事人约定的情形时,债权人可以请求债务人履行债务,也可以请求保证人在其保证范围内承担保证责任。

第六百八十九条 【反担保】保证人可以要求债务人提供反担保。

第六百九十条 【最高额保证合同】保证人与债权人可以协商订立最高额保证的合同,约定在最高债权额限度内就一定期间连续发生的债权提供保证。

最高额保证除适用本章规定外,参照适用本法第二编最高额抵押权的有关规定。

第二节 保证责任

第六百九十一条 【保证责任的范围】保证的范围包括主债权及其利息、违约金、损害赔偿金和实现债权的费用。当事人另有约定的,按照其约定。

第六百九十二条 【保证期间】保证期间是确定保证人承担保证责任的期间,不发生中止、中断和延长。

债权人与保证人可以约定保证期间,但是约定的保证期间早于主债务履行期限或者与主债务履行期限同时届满的,视为没有约定;没有约定或者约定不明确的,保证期间为主债务履行期限届满之日起六个月。

债权人与债务人对主债务履行期限没有约定或者约定不明确的,保证期间自债权人请求债务人履行债务的宽限期届满之日起计算。

第六百九十三条 【保证期间届满的法律效果】一般保证的债权人未在保证期间对债务人提起诉讼或者申请仲裁的,保证人不再承担保证责任。

连带责任保证的债权人未在保证期间请求保证人承担保证责任的,保证人不再承担保证责任。

第六百九十四条 【保证债务的诉讼时效】一般保证的债权人在保证期间届满前对债务人提起诉讼或者申

请仲裁的,从保证人拒绝承担保证责任的权利消灭之日起,开始计算保证债务的诉讼时效。

连带责任保证的债权人在保证期间届满前请求保证人承担保证责任的,从债权人请求保证人承担保证责任之日起,开始计算保证债务的诉讼时效。

第六百九十五条 【主合同变更对保证责任影响】债权人和债务人未经保证人书面同意,协商变更主债权债务合同内容,减轻债务的,保证人仍对变更后的债务承担保证责任;加重债务的,保证人对加重的部分不承担保证责任。

债权人和债务人变更主债权债务合同的履行期限,未经保证人书面同意的,保证期间不受影响。

第六百九十六条 【债权转让时保证人的保证责任】债权人转让全部或者部分债权,未通知保证人的,该转让对保证人不发生效力。

保证人与债权人约定禁止债权转让,债权人未经保证人书面同意转让债权的,保证人对受让人不再承担保证责任。

第六百九十七条 【债务承担对保证责任的影响】债权人未经保证人书面同意,允许债务人转移全部或者部分债务,保证人对未经其同意转移的债务不再承担保证责任,但是债权人和保证人另有约定的除外。

第三人加入债务的,保证人的保证责任不受影响。

第六百九十八条 【一般保证人免责】一般保证的保证人在主债务履行期限届满后,向债权人提供债务人可供执行财产的真实情况,债权人放弃或者怠于行使权利致使该财产不能被执行的,保证人在其提供可供执行财产的价值范围内不再承担保证责任。

第六百九十九条 【共同保证】同一债务有两个以上保证人的,保证人应当按照保证合同约定的保证份额,承担保证责任;没有约定保证份额的,债权人可以请求任何一个保证人在其保证范围内承担保证责任。

第七百条 【保证人的追偿权】保证人承担保证责任后,除当事人另有约定外,有权在其承担保证责任的范围内向债务人追偿,享有债权人对债务人的权利,但是不得损害债权人的利益。

第七百零一条 【保证人的抗辩权】保证人可以主张债务人对债权人的抗辩。债务人放弃抗辩的,保证人仍有权向债权人主张抗辩。

第七百零二条 【抵销权或撤销权范围内的免责】债务人对债权人享有抵销权或者撤销权的,保证人可以在相应范围内拒绝承担保证责任。

第十四章 租赁合同

第七百零三条 【租赁合同的概念】租赁合同是出租人将租赁物交付承租人使用、收益,承租人支付租金的合同。

第七百零四条 【租赁合同的内容】租赁合同的内容一般包括租赁物的名称、数量、用途、租赁期限、租金及其支付期限和方式、租赁物维修等条款。

第七百零五条 【租赁期限的最高限制】租赁期限不得超过二十年。超过二十年的,超过部分无效。

租赁期限届满,当事人可以续订租赁合同;但是,约定的租赁期限自续订之日起不得超过二十年。

第七百零六条 【租赁合同登记对合同效力影响】当事人未依照法律、行政法规规定办理租赁合同登记备案手续的,不影响合同的效力。

第七百零七条 【租赁合同形式】租赁期限六个月以上的,应当采用书面形式。当事人未采用书面形式,无法确定租赁期限的,视为不定期租赁。

第七百零八条 【出租人义务】出租人应当按照约定将租赁物交付承租人,并在租赁期限内保持租赁物符合约定的用途。

第七百零九条 【承租人义务】承租人应当按照约定的方法使用租赁物。对租赁物的使用方法没有约定或者约定不明确,依据本法第五百一十条的规定仍不能确定的,应当根据租赁物的性质使用。

第七百一十条 【承租人合理使用租赁物的免责】承租人按照约定的方法或者根据租赁物的性质使用租赁物,致使租赁物受到损耗的,不承担赔偿责任。

第七百一十一条 【承租人未合理使用租赁物的责任】承租人未按照约定的方法或者未根据租赁物的性质使用租赁物,致使租赁物受到损失的,出租人可以解除合同并请求赔偿损失。

第七百一十二条 【出租人的维修义务】出租人应当履行租赁物的维修义务,但是当事人另有约定的除外。

第七百一十三条 【租赁物的维修和维修费负担】承租人在租赁物需要维修时可以请求出租人在合理期限内维修。出租人未履行维修义务的,承租人可以自行维修,维修费用由出租人负担。因维修租赁物影响承租人使用的,应当相应减少租金或者延长租期。

因承租人的过错致使租赁物需要维修的,出租人不承担前款规定的维修义务。

第七百一十四条 【承租人的租赁物妥善保管义务】承租人应当妥善保管租赁物,因保管不善造成租赁物毁损、灭失的，应当承担赔偿责任。

第七百一十五条 【承租人对租赁物进行改善或增设他物】承租人经出租人同意，可以对租赁物进行改善或者增设他物。

承租人未经出租人同意，对租赁物进行改善或者增设他物的，出租人可以请求承租人恢复原状或者赔偿损失。

第七百一十六条 【转租】承租人经出租人同意，可以将租赁物转租给第三人。承租人转租的，承租人与出租人之间的租赁合同继续有效；第三人造成租赁物损失的，承租人应当赔偿损失。

承租人未经出租人同意转租的，出租人可以解除合同。

第七百一十七条 【转租期限】承租人经出租人同意将租赁物转租给第三人，转租期限超过承租人剩余租赁期限的，超过部分的约定对出租人不具有法律约束力，但是出租人与承租人另有约定的除外。

第七百一十八条 【出租人同意转租的推定】出租人知道或者应当知道承租人转租，但是在六个月内未提出异议的，视为出租人同意转租。

第七百一十九条 【次承租人的代为清偿权】承租人拖欠租金的，次承租人可以代承租人支付其欠付的租金和违约金，但是转租合同对出租人不具有法律约束力的除外。

次承租人代为支付的租金和违约金，可以充抵次承租人应当向承租人支付的租金；超出其应付的租金数额的，可以向承租人追偿。

第七百二十条 【租赁物的收益归属】在租赁期限内因占有、使用租赁物获得的收益，归承租人所有，但是当事人另有约定的除外。

第七百二十一条 【租金支付期限】承租人应当按照约定的期限支付租金。对支付租金的期限没有约定或者约定不明确，依据本法第五百一十条的规定仍不能确定，租赁期限不满一年的，应当在租赁期限届满时支付；租赁期限一年以上的，应当在每届满一年时支付，剩余期限不满一年的，应当在租赁期限届满时支付。

第七百二十二条 【承租人的租金支付义务】承租人无正当理由未支付或者迟延支付租金的，出租人可以请求承租人在合理期限内支付；承租人逾期不支付的，出租人可以解除合同。

第七百二十三条 【出租人的权利瑕疵担保责任】因第三人主张权利，致使承租人不能对租赁物使用、收益的，承租人可以请求减少租金或者不支付租金。

第三人主张权利的，承租人应当及时通知出租人。

第七百二十四条 【承租人解除合同的法定情形】有下列情形之一，非因承租人原因致使租赁物无法使用的，承租人可以解除合同：

（一）租赁物被司法机关或者行政机关依法查封、扣押；

（二）租赁物权属有争议；

（三）租赁物具有违反法律、行政法规关于使用条件的强制性规定情形。

第七百二十五条 【买卖不破租赁】租赁物在承租人按照租赁合同占有期限内发生所有权变动的，不影响租赁合同的效力。

第七百二十六条 【房屋承租人的优先购买权】出租人出卖租赁房屋的，应当在出卖之前的合理期限内通知承租人，承租人享有以同等条件优先购买的权利；但是，房屋按份共有人行使优先购买权或者出租人将房屋出卖给近亲属的除外。

出租人履行通知义务后，承租人在十五日内未明确表示购买的，视为承租人放弃优先购买权。

第七百二十七条 【承租人对拍卖房屋的优先购买权】出租人委托拍卖人拍卖租赁房屋的，应当在拍卖五日前通知承租人。承租人未参加拍卖的，视为放弃优先购买权。

第七百二十八条 【妨害承租人优先购买权的赔偿责任】出租人未通知承租人或者有其他妨害承租人行使优先购买权情形的，承租人可以请求出租人承担赔偿责任。但是，出租人与第三人订立的房屋买卖合同的效力不受影响。

第七百二十九条 【租赁物毁损、灭失的法律后果】因不可归责于承租人的事由，致使租赁物部分或者全部毁损、灭失的，承租人可以请求减少租金或者不支付租金；因租赁物部分或者全部毁损、灭失，致使不能实现合同目的的，承租人可以解除合同。

第七百三十条 【租期不明的处理】当事人对租赁期限没有约定或者约定不明确，依据本法第五百一十条的规定仍不能确定的，视为不定期租赁；当事人可以随时解除合同，但是应当在合理期限之前通知对方。

第七百三十一条 【租赁物质量不合格时承租人的解除权】租赁物危及承租人的安全或者健康的，即使承租人订立合同时明知该租赁物质量不合格，承租人仍然可以随时解除合同。

第七百三十二条 【房屋承租人死亡时租赁关系的处理】承租人在房屋租赁期限内死亡的,与其生前共同居住的人或者共同经营人可以按照原租赁合同租赁该房屋。

第七百三十三条 【租赁物的返还】租赁期限届满,承租人应当返还租赁物。返还的租赁物应当符合按照约定或者根据租赁物的性质使用后的状态。

第七百三十四条 【租赁期限届满的续租及优先承租权】租赁期限届满,承租人继续使用租赁物,出租人没有提出异议的,原租赁合同继续有效,但是租赁期限为不定期。

租赁期限届满,房屋承租人享有以同等条件优先承租的权利。

第十五章 融资租赁合同

第七百三十五条 【融资租赁合同的概念】融资租赁合同是出租人根据承租人对出卖人、租赁物的选择,向出卖人购买租赁物,提供给承租人使用,承租人支付租金的合同。

第七百三十六条 【融资租赁合同的内容】融资租赁合同的内容一般包括租赁物的名称、数量、规格、技术性能、检验方法,租赁期限,租金构成及其支付期限和方式、币种,租赁期限届满租赁物的归属等条款。

融资租赁合同应当采用书面形式。

第七百三十七条 【融资租赁通谋虚伪表示】当事人以虚构租赁物方式订立的融资租赁合同无效。

第七百三十八条 【特定租赁物经营许可对合同效力影响】依照法律、行政法规的规定,对于租赁物的经营使用应当取得行政许可的,出租人未取得行政许可不影响融资租赁合同的效力。

第七百三十九条 【融资租赁标的物的交付】出租人根据承租人对出卖人、租赁物的选择订立的买卖合同,出卖人应当按照约定向承租人交付标的物,承租人享有与受领标的物有关的买受人的权利。

第七百四十条 【承租人的拒绝受领权】出卖人违反向承租人交付标的物的义务,有下列情形之一的,承租人可以拒绝受领出卖人向其交付的标的物:

(一)标的物严重不符合约定;

(二)未按照约定交付标的物,经承租人或者出租人催告后在合理期限内仍未交付。

承租人拒绝受领标的物的,应当及时通知出租人。

第七百四十一条 【承租人的索赔权】出租人、出卖人、承租人可以约定,出卖人不履行买卖合同义务的,由承租人行使索赔的权利。承租人行使索赔权利的,出租人应当协助。

第七百四十二条 【承租人行使索赔权的租金支付义务】承租人对出卖人行使索赔权利,不影响其履行支付租金的义务。但是,承租人依赖出租人的技能确定租赁物或者出租人干预选择租赁物的,承租人可以请求减免相应租金。

第七百四十三条 【承租人索赔不能的违约责任承担】出租人有下列情形之一,致使承租人对出卖人行使索赔权利失败的,承租人有权请求出租人承担相应的责任:

(一)明知租赁物有质量瑕疵而不告知承租人;

(二)承租人行使索赔权利时,未及时提供必要协助。

出租人怠于行使只能由其对出卖人行使的索赔权利,造成承租人损失的,承租人有权请求出租人承担赔偿责任。

第七百四十四条 【出租人不得擅自变更买卖合同内容】出租人根据承租人对出卖人、租赁物的选择订立的买卖合同,未经承租人同意,出租人不得变更与承租人有关的合同内容。

第七百四十五条 【租赁物的登记对抗效力】出租人对租赁物享有的所有权,未经登记,不得对抗善意第三人。

第七百四十六条 【租金的确定规则】融资租赁合同的租金,除当事人另有约定外,应当根据购买租赁物的大部分或者全部成本以及出租人的合理利润确定。

第七百四十七条 【租赁物瑕疵担保责任】租赁物不符合约定或者不符合使用目的的,出租人不承担责任。但是,承租人依赖出租人的技能确定租赁物或者出租人干预选择租赁物的除外。

第七百四十八条 【出租人保证承租人占有和使用租赁物】出租人应当保证承租人对租赁物的占有和使用。

出租人有下列情形之一的,承租人有权请求其赔偿损失:

(一)无正当理由收回租赁物;

(二)无正当理由妨碍、干扰承租人对租赁物的占有和使用;

(三)因出租人的原因致使第三人对租赁物主张权利;

(四)不当影响承租人对租赁物占有和使用的其他情形。

第七百四十九条 【租赁物致人损害的责任承担】

承租人占有租赁物期间，租赁物造成第三人人身损害或者财产损失的，出租人不承担责任。

第七百五十条 【租赁物的保管、使用、维修】承租人应当妥善保管、使用租赁物。

承租人应当履行占有租赁物期间的维修义务。

第七百五十一条 【承租人占有租赁物毁损、灭失的租金承担】承租人占有租赁物期间，租赁物毁损、灭失的，出租人有权请求承租人继续支付租金，但是法律另有规定或者当事人另有约定的除外。

第七百五十二条 【承租人支付租金的义务】承租人应当按照约定支付租金。承租人经催告后在合理期限内仍不支付租金的，出租人可以请求支付全部租金；也可以解除合同，收回租赁物。

第七百五十三条 【承租人擅自处分租赁物时出租人的解除权】承租人未经出租人同意，将租赁物转让、抵押、质押、投资入股或者以其他方式处分的，出租人可以解除融资租赁合同。

第七百五十四条 【出租人或承租人均可解除融资租赁合同情形】有下列情形之一的，出租人或者承租人可以解除融资租赁合同：

（一）出租人与出卖人订立的买卖合同解除、被确认无效或者被撤销，且未能重新订立买卖合同；

（二）租赁物因不可归责于当事人的原因毁损、灭失，且不能修复或者确定替代物；

（三）因出卖人的原因致使融资租赁合同的目的不能实现。

第七百五十五条 【承租人承担出租人损失赔偿责任情形】融资租赁合同因买卖合同解除、被确认无效或者被撤销而解除，出卖人、租赁物系由承租人选择的，出租人有权请求承租人赔偿相应损失；但是，因出租人原因致使买卖合同解除、被确认无效或者被撤销的除外。

出租人的损失已经在买卖合同解除、被确认无效或者被撤销时获得赔偿的，承租人不再承担相应的赔偿责任。

第七百五十六条 【租赁物意外毁损灭失】融资租赁合同因租赁物交付承租人后意外毁损、灭失等不可归责于当事人的原因解除的，出租人可以请求承租人按照租赁物折旧情况给予补偿。

第七百五十七条 【租赁期满租赁物的归属】出租人和承租人可以约定租赁期限届满租赁物的归属；对租赁物的归属没有约定或者约定不明确，依照本法第五百一十条的规定仍不能确定的，租赁物的所有权归出租人。

第七百五十八条 【承租人请求部分返还租赁物价值】当事人约定租赁期限届满租赁物归承租人所有，承租人已经支付大部分租金，但是无力支付剩余租金，出租人因此解除合同收回租赁物，收回的租赁物的价值超过承租人欠付的租金以及其他费用的，承租人可以请求相应返还。

当事人约定租赁期限届满租赁物归出租人所有，因租赁物毁损、灭失或者附合、混合于他物致使承租人不能返还的，出租人有权请求承租人给予合理补偿。

第七百五十九条 【支付象征性价款时的租赁物归属】当事人约定租赁期限届满，承租人仅需向出租人支付象征性价款的，视为约定的租金义务履行完毕后租赁物的所有权归承租人。

第七百六十条 【融资租赁合同无效时租赁物的归属】融资租赁合同无效，当事人就该情形下租赁物的归属有约定的，按照其约定；没有约定或者约定不明确的，租赁物应当返还出租人。但是，因承租人原因致使合同无效，出租人不请求返还或者返还后会显著降低租赁物效用的，租赁物的所有权归承租人，由承租人给出租人合理补偿。

第十六章 保理合同

第七百六十一条 【保理合同的概念】保理合同是应收账款债权人将现有的或者将有的应收账款转让给保理人，保理人提供资金融通、应收账款管理或者催收、应收账款债务人付款担保等服务的合同。

第七百六十二条 【保理合同的内容与形式】保理合同的内容一般包括业务类型、服务范围、服务期限、基础交易合同情况、应收账款信息、保理融资款或者服务报酬及其支付方式等条款。

保理合同应当采用书面形式。

第七百六十三条 【虚构应收账款】应收账款债权人与债务人虚构应收账款作为转让标的，与保理人订立保理合同的，应收账款债务人不得以应收账款不存在为由对抗保理人，但是保理人明知虚构的除外。

第七百六十四条 【保理人发出转让通知的表明身份义务】保理人向应收账款债务人发出应收账款转让通知的，应当表明保理人身份并附有必要凭证。

第七百六十五条 【无正当理由变更、终止基础交易合同对保理人的效力】应收账款债务人接到应收账款转让通知后，应收账款债权人与债务人无正当理由协商变更或者终止基础交易合同，对保理人产生不利影响的，对保理人不发生效力。

第七百六十六条 【有追索权保理】当事人约定有追索权保理的，保理人可以向应收账款债权人主张返还保理融资款本息或者回购应收账款债权，也可以向应收账款债务人主张应收账款债权。保理人向应收账款债务人主张应收账款债权，在扣除保理融资款本息和相关费用后有剩余的，剩余部分应当返还给应收账款债权人。

第七百六十七条 【无追索权保理】当事人约定无追索权保理的，保理人应当向应收账款债务人主张应收账款债权，保理人取得超过保理融资款本息和相关费用的部分，无需向应收账款债权人返还。

第七百六十八条 【多重保理的清偿顺序】应收账款债权人就同一应收账款订立多个保理合同，致使多个保理人主张权利的，已经登记的先于未登记的取得应收账款；均已经登记的，按照登记时间的先后顺序取得应收账款；均未登记的，由最先到达应收账款债务人的转让通知中载明的保理人取得应收账款；既未登记也未通知的，按照保理融资款或者服务报酬的比例取得应收账款。

第七百六十九条 【参照适用债权转让的规定】本章没有规定的，适用本编第六章债权转让的有关规定。

第十七章 承揽合同

第七百七十条 【承揽合同的定义及类型】承揽合同是承揽人按照定作人的要求完成工作，交付工作成果，定作人支付报酬的合同。

承揽包括加工、定作、修理、复制、测试、检验等工作。

第七百七十一条 【承揽合同的主要条款】承揽合同的内容一般包括承揽的标的、数量、质量、报酬、承揽方式、材料的提供、履行期限、验收标准和方法等条款。

第七百七十二条 【承揽人独立完成主要工作】承揽人应当以自己的设备、技术和劳力，完成主要工作，但是当事人另有约定的除外。

承揽人将其承揽的主要工作交由第三人完成的，应当就该第三人完成的工作成果向定作人负责；未经定作人同意的，定作人也可以解除合同。

第七百七十三条 【承揽人对辅助性工作的责任】承揽人可以将其承揽的辅助工作交由第三人完成。承揽人将其承揽的辅助工作交由第三人完成的，应当就该第三人完成的工作成果向定作人负责。

第七百七十四条 【承揽人提供材料时的主要义务】承揽人提供材料的，应当按照约定选用材料，并接受定作人检验。

第七百七十五条 【定作人提供材料时双方当事人的义务】定作人提供材料的，应当按照约定提供材料。承揽人对定作人提供的材料应当及时检验，发现不符合约定时，应当及时通知定作人更换、补齐或者采取其他补救措施。

承揽人不得擅自更换定作人提供的材料，不得更换不需要修理的零部件。

第七百七十六条 【定作人要求不合理时双方当事人的义务】承揽人发现定作人提供的图纸或者技术要求不合理的，应当及时通知定作人。因定作人怠于答复等原因造成承揽人损失的，应当赔偿损失。

第七百七十七条 【中途变更工作要求的责任】定作人中途变更承揽工作的要求，造成承揽人损失的，应当赔偿损失。

第七百七十八条 【定作人的协作义务】承揽工作需要定作人协助的，定作人有协助的义务。定作人不履行协助义务致使承揽工作不能完成的，承揽人可以催告定作人在合理期限内履行义务，并可以顺延履行期限；定作人逾期不履行的，承揽人可以解除合同。

第七百七十九条 【定作人监督检验承揽工作】承揽人在工作期间，应当接受定作人必要的监督检验。定作人不得因监督检验妨碍承揽人的正常工作。

第七百八十条 【工作成果交付】承揽人完成工作的，应当向定作人交付工作成果，并提交必要的技术资料和有关质量证明。定作人应当验收该工作成果。

第七百八十一条 【工作成果质量不合约定的责任】承揽人交付的工作成果不符合质量要求的，定作人可以合理选择请求承揽人承担修理、重作、减少报酬、赔偿损失等违约责任。

第七百八十二条 【支付报酬期限】定作人应当按照约定的期限支付报酬。对支付报酬的期限没有约定或者约定不明确，依据本法第五百一十条的规定仍不能确定的，定作人应当在承揽人交付工作成果时支付；工作成果部分交付的，定作人应当相应支付。

第七百八十三条 【承揽人的留置权及同时履行抗辩权】定作人未向承揽人支付报酬或者材料费等价款的，承揽人对完成的工作成果享有留置权或者有权拒绝交付，但是当事人另有约定的除外。

第七百八十四条 【承揽人保管义务】承揽人应当妥善保管定作人提供的材料以及完成的工作成果，因保管不善造成毁损、灭失的，应当承担赔偿责任。

第七百八十五条 【承揽人的保密义务】承揽人应当按照定作人的要求保守秘密，未经定作人许可，不得留存复制品或者技术资料。

第七百八十六条 【共同承揽】共同承揽人对定作人承担连带责任,但是当事人另有约定的除外。

第七百八十七条 【定作人的任意解除权】定作人在承揽人完成工作前可以随时解除合同,造成承揽人损失的,应当赔偿损失。

第十八章 建设工程合同

第七百八十八条 【建设工程合同的定义】建设工程合同是承包人进行工程建设,发包人支付价款的合同。

建设工程合同包括工程勘察、设计、施工合同。

第七百八十九条 【建设工程合同形式】建设工程合同应当采用书面形式。

第七百九十条 【工程招标投标】建设工程的招标投标活动,应当依照有关法律的规定公开、公平、公正进行。

第七百九十一条 【总包与分包】发包人可以与总承包人订立建设工程合同,也可以分别与勘察人、设计人、施工人订立勘察、设计、施工承包合同。发包人不得将应当由一个承包人完成的建设工程支解成若干部分发包给数个承包人。

总承包人或者勘察、设计、施工承包人经发包人同意,可以将自己承包的部分工作交由第三人完成。第三人就其完成的工作成果与总承包人或者勘察、设计、施工承包人向发包人承担连带责任。承包人不得将其承包的全部建设工程转包给第三人或者将其承包的全部建设工程支解以后以分包的名义分别转包给第三人。

禁止承包人将工程分包给不具备相应资质条件的单位。禁止分包单位将其承包的工程再分包。建设工程主体结构的施工必须由承包人自行完成。

第七百九十二条 【国家重大建设工程合同的订立】国家重大建设工程合同,应当按照国家规定的程序和国家批准的投资计划、可行性研究报告等文件订立。

第七百九十三条 【建设工程施工合同无效的处理】建设工程施工合同无效,但是建设工程经验收合格的,可以参照合同关于工程价款的约定折价补偿承包人。

建设工程施工合同无效,且建设工程经验收不合格的,按照以下情形处理:

(一)修复后的建设工程经验收合格的,发包人可以请求承包人承担修复费用;

(二)修复后的建设工程经验收不合格的,承包人无权请求参照合同关于工程价款的约定折价补偿。

发包人对因建设工程不合格造成的损失有过错的,应当承担相应的责任。

第七百九十四条 【勘察、设计合同主要内容】勘察、设计合同的内容一般包括提交有关基础资料和概预算等文件的期限、质量要求、费用以及其他协作条件等条款。

第七百九十五条 【施工合同主要内容】施工合同的内容一般包括工程范围、建设工期、中间交工工程的开工和竣工时间、工程质量、工程造价、技术资料交付时间、材料和设备供应责任、拨款和结算、竣工验收、质量保修范围和质量保证期、相互协作等条款。

第七百九十六条 【建设工程监理】建设工程实行监理的,发包人应当与监理人采用书面形式订立委托监理合同。发包人与监理人的权利和义务以及法律责任,应当依照本编委托合同以及其他有关法律、行政法规的规定。

第七百九十七条 【发包人检查权】发包人在不妨碍承包人正常作业的情况下,可以随时对作业进度、质量进行检查。

第七百九十八条 【隐蔽工程】隐蔽工程在隐蔽以前,承包人应当通知发包人检查。发包人没有及时检查的,承包人可以顺延工程日期,并有权请求赔偿停工、窝工等损失。

第七百九十九条 【竣工验收】建设工程竣工后,发包人应当根据施工图纸及说明书、国家颁发的施工验收规范和质量检验标准及时进行验收。验收合格的,发包人应当按照约定支付价款,并接收该建设工程。

建设工程竣工经验收合格后,方可交付使用;未经验收或者验收不合格的,不得交付使用。

第八百条 【勘察、设计人质量责任】勘察、设计的质量不符合要求或者未按照期限提交勘察、设计文件拖延工期,造成发包人损失的,勘察人、设计人应当继续完善勘察、设计,减收或者免收勘察、设计费并赔偿损失。

第八百零一条 【施工人的质量责任】因施工人的原因致使建设工程质量不符合约定的,发包人有权请求施工人在合理期限内无偿修理或者返工、改建。经过修理或者返工、改建后,造成逾期交付的,施工人应当承担违约责任。

第八百零二条 【质量保证责任】因承包人的原因致使建设工程在合理使用期限内造成人身损害和财产损失的,承包人应当承担赔偿责任。

第八百零三条 【发包人违约责任】发包人未按照约定的时间和要求提供原材料、设备、场地、资金、技术资料的,承包人可以顺延工程日期,并有权请求赔偿停工、窝工等损失。

第八百零四条　【发包人原因致工程停建、缓建的责任】因发包人的原因致使工程中途停建、缓建的，发包人应当采取措施弥补或者减少损失，赔偿承包人因此造成的停工、窝工、倒运、机械设备调迁、材料和构件积压等损失和实际费用。

第八百零五条　【发包人原因致勘察、设计返工、停工或修改设计的责任】因发包人变更计划，提供的资料不准确，或者未按照期限提供必需的勘察、设计工作条件而造成勘察、设计的返工、停工或者修改设计，发包人应当按照勘察人、设计人实际消耗的工作量增付费用。

第八百零六条　【建设工程合同的法定解除】承包人将建设工程转包、违法分包的，发包人可以解除合同。

发包人提供的主要建筑材料、建筑构配件和设备不符合强制性标准或者不履行协助义务，致使承包人无法施工，经催告后在合理期限内仍未履行相应义务的，承包人可以解除合同。

合同解除后，已经完成的建设工程质量合格的，发包人应当按照约定支付相应的工程价款；已经完成的建设工程质量不合格的，参照本法第七百九十三条的规定处理。

第八百零七条　【工程价款的支付】发包人未按照约定支付价款的，承包人可以催告发包人在合理期限内支付价款。发包人逾期不支付的，除根据建设工程的性质不宜折价、拍卖外，承包人可以与发包人协议将该工程折价，也可以请求人民法院将该工程依法拍卖。建设工程的价款就该工程折价或者拍卖的价款优先受偿。

第八百零八条　【参照适用承揽合同的规定】本章没有规定的，适用承揽合同的有关规定。

第十九章　运输合同

第一节　一般规定

第八百零九条　【运输合同的定义】运输合同是承运人将旅客或者货物从起运地点运输到约定地点，旅客、托运人或者收货人支付票款或者运输费用的合同。

第八百一十条　【公共运输承运人的强制缔约义务】从事公共运输的承运人不得拒绝旅客、托运人通常、合理的运输要求。

第八百一十一条　【承运人安全运输义务】承运人应当在约定期限或者合理期限内将旅客、货物安全运输到约定地点。

第八百一十二条　【承运人合理运输义务】承运人应当按照约定的或者通常的运输路线将旅客、货物运输到约定地点。

第八百一十三条　【支付票款或运输费用】旅客、托运人或者收货人应当支付票款或者运输费用。承运人未按照约定路线或者通常路线运输增加票款或者运输费用的，旅客、托运人或者收货人可以拒绝支付增加部分的票款或者运输费用。

第二节　客运合同

第八百一十四条　【客运合同的成立】客运合同自承运人向旅客出具客票时成立，但是当事人另有约定或者另有交易习惯的除外。

第八百一十五条　【按有效客票记载内容乘坐义务】旅客应当按照有效客票记载的时间、班次和座位号乘坐。旅客无票乘坐、超程乘坐、越级乘坐或者持不符合减价条件的优惠客票乘坐的，应当补交票款，承运人可以按照规定加收票款；旅客不支付票款的，承运人可以拒绝运输。

实名制客运合同的旅客丢失客票的，可以请求承运人挂失补办，承运人不得再次收取票款和其他不合理费用。

第八百一十六条　【退票与变更】旅客因自己的原因不能按照客票记载的时间乘坐的，应当在约定的期限内办理退票或者变更手续；逾期办理的，承运人可以不退票款，并不再承担运输义务。

第八百一十七条　【按约定携带行李义务】旅客随身携带行李应当符合约定的限量和品类要求；超过限量或者违反品类要求携带行李的，应当办理托运手续。

第八百一十八条　【危险物品或者违禁物品的携带禁止】旅客不得随身携带或者在行李中夹带易燃、易爆、有毒、有腐蚀性、有放射性以及可能危及运输工具上人身和财产安全的危险物品或者违禁物品。

旅客违反前款规定的，承运人可以将危险物品或者违禁物品卸下、销毁或者送交有关部门。旅客坚持携带或者夹带危险物品或者违禁物品的，承运人应当拒绝运输。

第八百一十九条　【承运人告知义务和旅客协助配合义务】承运人应当严格履行安全运输义务，及时告知旅客安全运输应当注意的事项。旅客对承运人为安全运输所作的合理安排应当积极协助和配合。

第八百二十条　【承运人迟延运输或者有其他不能正常运输情形】承运人应当按照有效客票记载的时间、班次和座位号运输旅客。承运人迟延运输或者有其他不能正常运输情形的,应当及时告知和提醒旅客,采取必要的安置措施,并根据旅客的要求安排改乘其他班次或者退票;由此造成旅客损失的,承运人应当承担赔偿责任,但是不可归责于承运人的除外。

第八百二十一条　【承运人变更服务标准的后果】承运人擅自降低服务标准的,应当根据旅客的请求退票或者减收票款;提高服务标准的,不得加收票款。

第八百二十二条　【承运人尽力救助义务】承运人在运输过程中,应当尽力救助患有急病、分娩、遇险的旅客。

第八百二十三条　【旅客伤亡的赔偿责任】承运人应当对运输过程中旅客的伤亡承担赔偿责任;但是,伤亡是旅客自身健康原因造成的或者承运人证明伤亡是旅客故意、重大过失造成的除外。

前款规定适用于按照规定免票、持优待票或者经承运人许可搭乘的无票旅客。

第八百二十四条　【对行李的赔偿责任】在运输过程中旅客随身携带物品毁损、灭失,承运人有过错的,应当承担赔偿责任。

旅客托运的行李毁损、灭失的,适用货物运输的有关规定。

第三节　货运合同

第八百二十五条　【托运人如实申报情况义务】托运人办理货物运输,应当向承运人准确表明收货人的姓名、名称或者凭指示的收货人,货物的名称、性质、重量、数量,收货地点等有关货物运输的必要情况。

因托运人申报不实或者遗漏重要情况,造成承运人损失的,托运人应当承担赔偿责任。

第八百二十六条　【托运人办理审批、检验等手续义务】货物运输需要办理审批、检验等手续的,托运人应将办理完有关手续的文件提交承运人。

第八百二十七条　【托运人的包装义务】托运人应当按照约定的方式包装货物。对包装方式没有约定或者约定不明确的,适用本法第六百一十九条的规定。

托运人违反前款规定的,承运人可以拒绝运输。

第八百二十八条　【托运人运送危险货物时的义务】托运人托运易燃、易爆、有毒、有腐蚀性、有放射性等危险物品的,应当按照国家有关危险物品运输的规定对危险物品妥善包装,做出危险物品标志和标签,并将有关危险物品的名称、性质和防范措施的书面材料提交承运人。

托运人违反前款规定的,承运人可以拒绝运输,也可以采取相应措施以避免损失的发生,因此产生的费用由托运人负担。

第八百二十九条　【托运人变更或解除的权利】在承运人将货物交付收货人之前,托运人可以要求承运人中止运输、返还货物、变更到达地或者将货物交给其他收货人,但是应当赔偿承运人因此受到的损失。

第八百三十条　【提货】货物运输到达后,承运人知道收货人的,应当及时通知收货人,收货人应当及时提货。收货人逾期提货的,应当向承运人支付保管费等费用。

第八百三十一条　【收货人对货物的检验】收货人提货时应当按照约定的期限检验货物。对检验货物的期限没有约定或者约定不明确,依据本法第五百一十条的规定仍不能确定的,应当在合理期限内检验货物。收货人在约定的期限或者合理期限内对货物的数量、毁损等未提出异议的,视为承运人已经按照运输单证的记载交付的初步证据。

第八百三十二条　【承运人对货损的赔偿责任】承运人对运输过程中货物的毁损、灭失承担赔偿责任。但是,承运人证明货物的毁损、灭失是因不可抗力、货物本身的自然性质或者合理损耗以及托运人、收货人的过错造成的,不承担赔偿责任。

第八百三十三条　【确定货损额的方法】货物的毁损、灭失的赔偿额,当事人有约定的,按照其约定;没有约定或者约定不明确,依据本法第五百一十条的规定仍不能确定的,按照交付或者应当交付时货物到达地的市场价格计算。法律、行政法规对赔偿额的计算方法和赔偿限额另有规定的,依照其规定。

第八百三十四条　【相继运输的责任承担】两个以上承运人以同一运输方式联运的,与托运人订立合同的承运人应当对全程运输承担责任;损失发生在某一运输区段的,与托运人订立合同的承运人和该区段的承运人承担连带责任。

第八百三十五条　【货物因不可抗力灭失的运费处理】货物在运输过程中因不可抗力灭失,未收取运费的,承运人不得请求支付运费;已经收取运费的,托运人可以请求返还。法律另有规定的,依照其规定。

第八百三十六条　【承运人留置权】托运人或者收货人不支付运费、保管费或者其他费用的,承运人对相应的运输货物享有留置权,但是当事人另有约定的除外。

第八百三十七条　【货物的提存】收货人不明或者收货人无正当理由拒绝受领货物的,承运人依法可以提存货物。

第四节 多式联运合同

第八百三十八条 【多式联运经营人的权利义务】多式联运经营人负责履行或者组织履行多式联运合同,对全程运输享有承运人的权利,承担承运人的义务。

第八百三十九条 【多式联运经营人的责任承担】多式联运经营人可以与参加多式联运的各区段承运人就多式联运合同的各区段运输约定相互之间的责任;但是,该约定不影响多式联运经营人对全程运输承担的义务。

第八百四十条 【多式联运单据】多式联运经营人收到托运人交付的货物时,应当签发多式联运单据。按照托运人的要求,多式联运单据可以是可转让单据,也可以是不可转让单据。

第八百四十一条 【托运人的过错赔偿责任】因托运人托运货物时的过错造成多式联运经营人损失的,即使托运人已经转让多式联运单据,托运人仍然应当承担赔偿责任。

第八百四十二条 【赔偿责任的法律适用】货物的毁损、灭失发生于多式联运的某一运输区段的,多式联运经营人的赔偿责任和责任限额,适用调整该区段运输方式的有关法律规定;货物毁损、灭失发生的运输区段不能确定的,依照本章规定承担赔偿责任。

第二十章 技术合同

第一节 一般规定

第八百四十三条 【技术合同的定义】技术合同是当事人就技术开发、转让、许可、咨询或者服务订立的确立相互之间权利和义务的合同。

第八百四十四条 【订立技术合同的原则】订立技术合同,应当有利于知识产权的保护和科学技术的进步,促进科学技术成果的研发、转化、应用和推广。

第八百四十五条 【技术合同的主要条款】技术合同的内容一般包括项目的名称、标的的内容、范围和要求,履行的计划、地点和方式,技术信息和资料的保密,技术成果的归属和收益的分配办法,验收标准和方法,名词和术语的解释等条款。

与履行合同有关的技术背景资料、可行性论证和技术评价报告、项目任务书和计划书、技术标准、技术规范、原始设计和工艺文件,以及其他技术文档,按照当事人的约定可以作为合同的组成部分。

技术合同涉及专利的,应当注明发明创造的名称、专利申请人和专利权人、申请日期、申请号、专利号以及专利权的有效期限。

第八百四十六条 【技术合同价款、报酬或使用费的支付方式】技术合同价款、报酬或者使用费的支付方式由当事人约定,可以采取一次总算、一次总付或者一次总算、分期支付,也可以采取提成支付或者提成支付附加预付入门费的方式。

约定提成支付的,可以按照产品价格、实施专利和使用技术秘密后新增的产值、利润或者产品销售额的一定比例提成,也可以按照约定的其他方式计算。提成支付的比例可以采取固定比例、逐年递增比例或者逐年递减比例。

约定提成支付的,当事人可以约定查阅有关会计账目的办法。

第八百四十七条 【职务技术成果的财产权归属】职务技术成果的使用权、转让权属于法人或者非法人组织的,法人或者非法人组织可以就该项职务技术成果订立技术合同。法人或者非法人组织订立技术合同转让职务技术成果时,职务技术成果的完成人享有以同等条件优先受让的权利。

职务技术成果是执行法人或者非法人组织的工作任务,或者主要是利用法人或者非法人组织的物质技术条件所完成的技术成果。

第八百四十八条 【非职务技术成果的财产权归属】非职务技术成果的使用权、转让权属于完成技术成果的个人,完成技术成果的个人可以就该项非职务技术成果订立技术合同。

第八百四十九条 【技术成果人身权】完成技术成果的个人享有在有关技术成果文件上写明自己是技术成果完成者的权利和取得荣誉证书、奖励的权利。

第八百五十条 【技术合同的无效】非法垄断技术或者侵害他人技术成果的技术合同无效。

第二节 技术开发合同

第八百五十一条 【技术开发合同的定义及种类】技术开发合同是当事人之间就新技术、新产品、新工艺、新品种或者新材料及其系统的研究开发所订立的合同。

技术开发合同包括委托开发合同和合作开发合同。

技术开发合同应当采用书面形式。

当事人之间就具有实用价值的科技成果实施转化订立的合同,参照适用技术开发合同的有关规定。

第八百五十二条 【委托人的主要义务】委托开发合同的委托人应当按照约定支付研究开发经费和报酬,提供技术资料,提出研究开发要求,完成协作事项,接受研究开发成果。

第八百五十三条 【研究开发人的主要义务】委托开发合同的研究开发人应当按照约定制定和实施研究开发计划，合理使用研究开发经费，按期完成研究开发工作，交付研究开发成果，提供有关的技术资料和必要的技术指导，帮助委托人掌握研究开发成果。

第八百五十四条 【委托开发合同的当事人违约责任】委托开发合同的当事人违反约定造成研究开发工作停滞、延误或者失败的，应当承担违约责任。

第八百五十五条 【合作开发各方的主要义务】合作开发合同的当事人应当按照约定进行投资，包括以技术进行投资，分工参与研究开发工作，协作配合研究开发工作。

第八百五十六条 【合作开发各方的违约责任】合作开发合同的当事人违反约定造成研究开发工作停滞、延误或者失败的，应当承担违约责任。

第八百五十七条 【技术开发合同的解除】作为技术开发合同标的的技术已经由他人公开，致使技术开发合同的履行没有意义的，当事人可以解除合同。

第八百五十八条 【技术开发合同的风险责任负担】技术开发合同履行过程中，因出现无法克服的技术困难，致使研究开发失败或者部分失败的，该风险由当事人约定；没有约定或者约定不明确，依据本法第五百一十条的规定仍不能确定的，风险由当事人合理分担。

当事人一方发现前款规定的可能致使研究开发失败或者部分失败的情形时，应当及时通知另一方并采取适当措施减少损失；没有及时通知并采取适当措施，致使损失扩大的，应当就扩大的损失承担责任。

第八百五十九条 【发明创造的归属和分享】委托开发完成的发明创造，除法律另有规定或者当事人另有约定外，申请专利的权利属于研究开发人。研究开发人取得专利权的，委托人可以依法实施该专利。

研究开发人转让专利申请权的，委托人享有以同等条件优先受让的权利。

第八百六十条 【合作开发发明创造专利申请权的归属和分享】合作开发完成的发明创造，申请专利的权利属于合作开发的当事人共有；当事人一方转让其共有的专利申请权的，其他各方享有以同等条件优先受让的权利。但是，当事人另有约定的除外。

合作开发的当事人一方声明放弃其共有的专利申请权的，除当事人另有约定外，可以由另一方单独申请或者由其他各方共同申请。申请人取得专利权的，放弃专利申请权的一方可以免费实施该专利。

合作开发的当事人一方不同意申请专利的，另一方或者其他各方不得申请专利。

第八百六十一条 【技术秘密成果的归属与分配】委托开发或者合作开发完成的技术秘密成果的使用权、转让权以及收益的分配办法，由当事人约定；没有约定或者约定不明确，依据本法第五百一十条的规定仍不能确定的，在没有相同技术方案被授予专利权前，当事人均有使用和转让的权利。但是，委托开发的研究开发人不得在向委托人交付研究开发成果之前，将研究开发成果转让给第三人。

第三节 技术转让合同和技术许可合同

第八百六十二条 【技术转让合同和技术许可合同的定义】技术转让合同是合法拥有技术的权利人，将现有特定的专利、专利申请、技术秘密的相关权利让与他人所订立的合同。

技术许可合同是合法拥有技术的权利人，将现有特定的专利、技术秘密的相关权利许可他人实施、使用所订立的合同。

技术转让合同和技术许可合同中关于提供实施技术的专用设备、原材料或者提供有关的技术咨询、技术服务的约定，属于合同的组成部分。

第八百六十三条 【技术转让合同和技术许可合同的种类及合同要件】技术转让合同包括专利权转让、专利申请权转让、技术秘密转让等合同。

技术许可合同包括专利实施许可、技术秘密使用许可等合同。

技术转让合同和技术许可合同应当采用书面形式。

第八百六十四条 【技术转让合同和技术许可合同的限制性条款】技术转让合同和技术许可合同可以约定实施专利或者使用技术秘密的范围，但是不得限制技术竞争和技术发展。

第八百六十五条 【专利实施许可合同的有效期限】专利实施许可合同仅在该专利权的存续期限内有效。专利权有效期限届满或者专利权被宣告无效的，专利权人不得就该专利与他人订立专利实施许可合同。

第八百六十六条 【专利实施许可合同许可人的义务】专利实施许可合同的许可人应当按照约定许可被许可人实施专利，交付实施专利有关的技术资料，提供必要的技术指导。

第八百六十七条 【专利实施许可合同被许可人的义务】专利实施许可合同的被许可人应当按照约定实施专利，不得许可约定以外的第三人实施该专利，并按照约定支付使用费。

第八百六十八条　【技术秘密让与人和许可人的义务】技术秘密转让合同的让与人和技术秘密使用许可合同的许可人应当按照约定提供技术资料，进行技术指导，保证技术的实用性、可靠性，承担保密义务。

前款规定的保密义务，不限制许可人申请专利，但是当事人另有约定的除外。

第八百六十九条　【技术秘密受让人和被许可人的义务】技术秘密转让合同的受让人和技术秘密使用许可合同的被许可人应当按照约定使用技术，支付转让费、使用费，承担保密义务。

第八百七十条　【技术转让合同让与人和技术许可合同许可人的保证义务】技术转让合同的让与人和技术许可合同的许可人应当保证自己是所提供的技术的合法拥有者，并保证所提供的技术完整、无误、有效，能够达到约定的目标。

第八百七十一条　【技术转让合同受让人和技术许可合同被许可人保密义务】技术转让合同的受让人和技术许可合同的被许可人应当按照约定的范围和期限，对让与人、许可人提供的技术中尚未公开的秘密部分，承担保密义务。

第八百七十二条　【技术许可人和让与人的违约责任】许可人未按照约定许可技术的，应当返还部分或者全部使用费，并应当承担违约责任；实施专利或者使用技术秘密超越约定的范围的，违反约定擅自许可第三人实施该项专利或者使用该项技术秘密的，应当停止违约行为，承担违约责任；违反约定的保密义务的，应当承担违约责任。

让与人承担违约责任，参照适用前款规定。

第八百七十三条　【技术被许可人和受让人的违约责任】被许可人未按照约定支付使用费的，应当补交使用费并按照约定支付违约金；不补交使用费或者支付违约金的，应当停止实施专利或者使用技术秘密，交还技术资料，承担违约责任；实施专利或者使用技术秘密超越约定的范围的，未经许可人同意擅自许可第三人实施该专利或者使用该技术秘密的，应当停止违约行为，承担违约责任；违反约定的保密义务的，应当承担违约责任。

受让人承担违约责任，参照适用前款规定。

第八百七十四条　【实施专利、使用技术秘密侵害他人合法权益责任承担】受让人或者被许可人按照约定实施专利、使用技术秘密侵害他人合法权益的，由让与人或者许可人承担责任，但是当事人另有约定的除外。

第八百七十五条　【后续改进技术成果的分享办法】当事人可以按照互利的原则，在合同中约定实施专利、使用技术秘密后续改进的技术成果的分享办法；没有约定或者约定不明确，依据本法第五百一十条的规定仍不能确定的，一方后续改进的技术成果，其他各方无权分享。

第八百七十六条　【其他知识产权转让和许可的参照适用】集成电路布图设计专有权、植物新品种权、计算机软件著作权等其他知识产权的转让和许可，参照适用本节的有关规定。

第八百七十七条　【技术出口合同或专利、专利申请合同的法律适用】法律、行政法规对技术进出口合同或者专利、专利申请合同另有规定的，依照其规定。

第四节　技术咨询合同和技术服务合同

第八百七十八条　【技术咨询合同、技术服务合同的定义】技术咨询合同是当事人一方以技术知识为对方就特定技术项目提供可行性论证、技术预测、专题技术调查、分析评价报告等所订立的合同。

技术服务合同是当事人一方以技术知识为对方解决特定技术问题所订立的合同，不包括承揽合同和建设工程合同。

第八百七十九条　【技术咨询合同委托人的义务】技术咨询合同的委托人应当按照约定阐明咨询的问题，提供技术背景材料及有关技术资料，接受受托人的工作成果，支付报酬。

第八百八十条　【技术咨询合同受托人的义务】技术咨询合同的受托人应当按照约定的期限完成咨询报告或者解答问题，提出的咨询报告应当达到约定的要求。

第八百八十一条　【技术咨询合同当事人的违约责任及决策风险责任】技术咨询合同的委托人未按照约定提供必要的资料，影响工作进度和质量，不接受或者逾期接受工作成果的，支付的报酬不得追回，未支付的报酬应当支付。

技术咨询合同的受托人未按期提出咨询报告或者提出的咨询报告不符合约定的，应当承担减收或者免收报酬等违约责任。

技术咨询合同的委托人按照受托人符合约定要求的咨询报告和意见作出决策所造成的损失，由委托人承担，但是当事人另有约定的除外。

第八百八十二条　【技术服务合同委托人的义务】技术服务合同的委托人应当按照约定提供工作条件，完成配合事项，接受工作成果并支付报酬。

第八百八十三条　【技术服务合同受托人的义务】技术服务合同的受托人应当按照约定完成服务项目,解决技术问题,保证工作质量,并传授解决技术问题的知识。

第八百八十四条　【技术服务合同的当事人违约责任】技术服务合同的委托人不履行合同义务或者履行合同义务不符合约定,影响工作进度和质量,不接受或者逾期接受工作成果的,支付的报酬不得追回,未支付的报酬应当支付。

技术服务合同的受托人未按照约定完成服务工作的,应当承担免收报酬等违约责任。

第八百八十五条　【技术成果的归属和分享】技术咨询合同、技术服务合同履行过程中,受托人利用委托人提供的技术资料和工作条件完成的新的技术成果,属于受托人。委托人利用受托人的工作成果完成的新的技术成果,属于委托人。当事人另有约定的,按照其约定。

第八百八十六条　【受托人履行合同的费用负担】技术咨询合同和技术服务合同对受托人正常开展工作所需费用的负担没有约定或者约定不明确的,由受托人负担。

第八百八十七条　【技术中介合同和技术培训合同法律适用】法律、行政法规对技术中介合同、技术培训合同另有规定的,依照其规定。

第二十一章　保管合同

第八百八十八条　【保管合同的定义】保管合同是保管人保管寄存人交付的保管物,并返还该物的合同。

寄存人到保管人处从事购物、就餐、住宿等活动,将物品存放在指定场所的,视为保管,但是当事人另有约定或者另有交易习惯的除外。

第八百八十九条　【保管合同的报酬】寄存人应当按照约定向保管人支付保管费。

当事人对保管费没有约定或者约定不明确,依据本法第五百一十条的规定仍不能确定的,视为无偿保管。

第八百九十条　【保管合同的成立】保管合同自保管物交付时成立,但是当事人另有约定的除外。

第八百九十一条　【保管人给付保管凭证的义务】寄存人向保管人交付保管物的,保管人应当出具保管凭证,但是另有交易习惯的除外。

第八百九十二条　【保管人对保管物的妥善保管义务】保管人应当妥善保管保管物。

当事人可以约定保管场所或者方法。除紧急情况或者为维护寄存人利益外,不得擅自改变保管场所或者方法。

第八百九十三条　【寄存人如实告知义务】寄存人交付的保管物有瑕疵或者根据保管物的性质需要采取特殊保管措施的,寄存人应当将有关情况告知保管人。寄存人未告知,致使保管物受损失的,保管人不承担赔偿责任;保管人因此受损失的,除保管人知道或者应当知道且未采取补救措施外,寄存人应当承担赔偿责任。

第八百九十四条　【保管人亲自保管义务】保管人不得将保管物转交第三人保管,但是当事人另有约定的除外。

保管人违反前款规定,将保管物转交第三人保管,造成保管物损失的,应当承担赔偿责任。

第八百九十五条　【保管人不得使用或许可他人使用保管物义务】保管人不得使用或者许可第三人使用保管物,但是当事人另有约定的除外。

第八百九十六条　【保管人返还保管物的义务及危险通知义务】第三人对保管物主张权利的,除依法对保管物采取保全或者执行措施外,保管人应当履行向寄存人返还保管物的义务。

第三人对保管人提起诉讼或者对保管物申请扣押的,保管人应当及时通知寄存人。

第八百九十七条　【保管物毁损灭失责任】保管期内,因保管人保管不善造成保管物毁损、灭失的,保管人应当承担赔偿责任。但是,无偿保管人证明自己没有故意或者重大过失的,不承担赔偿责任。

第八百九十八条　【寄存贵重物品的声明义务】寄存人寄存货币、有价证券或者其他贵重物品的,应当向保管人声明,由保管人验收或者封存;寄存人未声明的,该物品毁损、灭失后,保管人可以按照一般物品予以赔偿。

第八百九十九条　【保管物的领取及领取时间】寄存人可以随时领取保管物。

当事人对保管期限没有约定或者约定不明确的,保管人可以随时请求寄存人领取保管物;约定保管期限的,保管人无特别事由,不得请求寄存人提前领取保管物。

第九百条　【保管人归还原物及孳息的义务】保管期限届满或者寄存人提前领取保管物的,保管人应当将原物及其孳息归还寄存人。

第九百零一条　【消费保管】保管人保管货币的,可以返还相同种类、数量的货币;保管其他可替代物的,可以按照约定返还相同种类、品质、数量的物品。

第九百零二条　【保管费的支付期限】有偿的保管合同,寄存人应当按照约定的期限向保管人支付保管费。

当事人对支付期限没有约定或者约定不明确,依据本法第五百一十条的规定仍不能确定的,应当在领取保管物的同时支付。

第九百零三条 【保管人的留置权】寄存人未按照约定支付保管费或者其他费用的,保管人对保管物享有留置权,但是当事人另有约定的除外。

第二十二章 仓储合同

第九百零四条 【仓储合同的定义】仓储合同是保管人储存存货人交付的仓储物,存货人支付仓储费的合同。

第九百零五条 【仓储合同的成立时间】仓储合同自保管人和存货人意思表示一致时成立。

第九百零六条 【危险物品和易变质物品的储存】储存易燃、易爆、有毒、有腐蚀性、有放射性等危险物品或者易变质物品的,存货人应当说明该物品的性质,提供有关资料。

存货人违反前款规定的,保管人可以拒收仓储物,也可以采取相应措施以避免损失的发生,因此产生的费用由存货人负担。

保管人储存易燃、易爆、有毒、有腐蚀性、有放射性等危险物品的,应当具备相应的保管条件。

第九百零七条 【仓储物的验收】保管人应当按照约定对入库仓储物进行验收。保管人验收时发现入库仓储物与约定不符合的,应当及时通知存货人。保管人验收后,发生仓储物的品种、数量、质量不符合约定的,保管人应当承担赔偿责任。

第九百零八条 【保管人出具仓单、入库单义务】存货人交付仓储物的,保管人应当出具仓单、入库单等凭证。

第九百零九条 【仓单的内容】保管人应当在仓单上签名或者盖章。仓单包括下列事项:
(一)存货人的姓名或者名称和住所;
(二)仓储物的品种、数量、质量、包装及其件数和标记;
(三)仓储物的损耗标准;
(四)储存场所;
(五)储存期限;
(六)仓储费;
(七)仓储物已经办理保险的,其保险金额、期间以及保险人的名称;
(八)填发人、填发地和填发日期。

第九百一十条 【仓单的转让和出质】仓单是提取仓储物的凭证。存货人或者仓单持有人在仓单上背书并经保管人签名或者盖章的,可以转让提取仓储物的权利。

第九百一十一条 【检查仓储物或提取样品的权利】保管人根据存货人或者仓单持有人的要求,应当同意其检查仓储物或者提取样品。

第九百一十二条 【保管人的通知义务】保管人发现入库仓储物有变质或者其他损坏的,应当及时通知存货人或者仓单持有人。

第九百一十三条 【保管人危险催告义务和紧急处置权】保管人发现入库仓储物有变质或者其他损坏,危及其他仓储物的安全和正常保管的,应当催告存货人或者仓单持有人作出必要的处置。因情况紧急,保管人可以作出必要的处置;但是,事后应当将该情况及时通知存货人或者仓单持有人。

第九百一十四条 【仓储物的提取】当事人对储存期限没有约定或者约定不明确的,存货人或者仓单持有人可以随时提取仓储物,保管人也可以随时请求存货人或者仓单持有人提取仓储物,但是应当给予必要的准备时间。

第九百一十五条 【仓储物的提取规则】储存期限届满,存货人或者仓单持有人应当凭仓单、入库单等提取仓储物。存货人或者仓单持有人逾期提取的,应当加收仓储费;提前提取的,不减收仓储费。

第九百一十六条 【逾期提取仓储物】储存期限届满,存货人或者仓单持有人不提取仓储物的,保管人可以催告其在合理期限内提取;逾期不提取的,保管人可以提存仓储物。

第九百一十七条 【保管不善的责任承担】储存期内,因保管不善造成仓储物毁损、灭失的,保管人应当承担赔偿责任。因仓储物本身的自然性质、包装不符合约定或者超过有效储存期造成仓储物变质、损坏的,保管人不承担赔偿责任。

第九百一十八条 【参照适用保管合同的规定】本章没有规定的,适用保管合同的有关规定。

第二十三章 委托合同

第九百一十九条 【委托合同的概念】委托合同是委托人和受托人约定,由受托人处理委托人事务的合同。

第九百二十条 【委托权限】委托人可以特别委托受托人处理一项或者数项事务,也可以概括委托受托人处理一切事务。

第九百二十一条 【处理委托事务的费用】委托人应当预付处理委托事务的费用。受托人为处理委托事务垫付的必要费用,委托人应当偿还该费用并支付利息。

第九百二十二条 【受托人服从指示的义务】受托人应当按照委托人的指示处理委托事务。需要变更委托人指示的,应当经委托人同意;因情况紧急,难以和委托人取得联系的,受托人应当妥善处理委托事务,但是事后应当将该情况及时报告委托人。

第九百二十三条 【受托人亲自处理委托事务】受托人应当亲自处理委托事务。经委托人同意,受托人可以转委托。转委托经同意或者追认的,委托人可以就委托事务直接指示转委托的第三人,受托人仅就第三人的选任及其对第三人的指示承担责任。转委托未经同意或者追认的,受托人应当对转委托的第三人的行为承担责任;但是,在紧急情况下受托人为了维护委托人的利益需要转委托第三人的除外。

第九百二十四条 【受托人的报告义务】受托人应当按照委托人的要求,报告委托事务的处理情况。委托合同终止时,受托人应当报告委托事务的结果。

第九百二十五条 【受托人以自己名义从事受托事务的法律效果】受托人以自己的名义,在委托人的授权范围内与第三人订立的合同,第三人在订立合同时知道受托人与委托人之间的代理关系的,该合同直接约束委托人和第三人;但是,有确切证据证明该合同只约束受托人和第三人的除外。

第九百二十六条 【委托人的介入权与第三人的选择权】受托人以自己的名义与第三人订立合同时,第三人不知道受托人与委托人之间的代理关系的,受托人因第三人的原因对委托人不履行义务,受托人应当向委托人披露第三人,委托人因此可以行使受托人对第三人的权利。但是,第三人与受托人订立合同时如果知道该委托人就不会订立合同的除外。

受托人因委托人的原因对第三人不履行义务,受托人应当向第三人披露委托人,第三人因此可以选择受托人或者委托人作为相对人主张其权利,但是第三人不得变更选定的相对人。

委托人行使受托人对第三人的权利的,第三人可以向委托人主张其对受托人的抗辩。第三人选定委托人作为其相对人的,委托人可以向第三人主张其对受托人的抗辩以及受托人对第三人的抗辩。

第九百二十七条 【受托人转移所得利益的义务】受托人处理委托事务取得的财产,应当转交给委托人。

第九百二十八条 【委托人支付报酬的义务】受托人完成委托事务的,委托人应当按照约定向其支付报酬。

因不可归责于受托人的事由,委托合同解除或者委托事务不能完成的,委托人应当向受托人支付相应的报酬。当事人另有约定的,按照其约定。

第九百二十九条 【因受托人过错致委托人损失的赔偿责任】有偿的委托合同,因受托人的过错造成委托人损失的,委托人可以请求赔偿损失。无偿的委托合同,因受托人的故意或者重大过失造成委托人损失的,委托人可以请求赔偿损失。

受托人超越权限造成委托人损失的,应当赔偿损失。

第九百三十条 【委托人的赔偿责任】受托人处理委托事务时,因不可归责于自己的事由受到损失的,可以向委托人请求赔偿损失。

第九百三十一条 【委托人另行委托他人处理事务】委托人经受托人同意,可以在受托人之外委托第三人处理委托事务。因此造成受托人损失的,受托人可以向委托人请求赔偿损失。

第九百三十二条 【共同委托】两个以上的受托人共同处理委托事务的,对委托人承担连带责任。

第九百三十三条 【任意解除权】委托人或者受托人可以随时解除委托合同。因解除合同造成对方损失的,除不可归责于该当事人的事由外,无偿委托合同的解除方应当赔偿因解除时间不当造成的直接损失,有偿委托合同的解除方应当赔偿对方的直接损失和合同履行后可以获得的利益。

第九百三十四条 【委托合同的终止】委托人死亡、终止或者受托人死亡、丧失民事行为能力、终止的,委托合同终止;但是,当事人另有约定或者根据委托事务的性质不宜终止的除外。

第九百三十五条 【受托人继续处理委托事务】因委托人死亡或者被宣告破产、解散,致使委托合同终止将损害委托人利益的,在委托人的继承人、遗产管理人或者清算人承受委托事务之前,受托人应当继续处理委托事务。

第九百三十六条 【受托人死亡后其继承人等的义务】因受托人死亡、丧失民事行为能力或者被宣告破产、解散,致使委托合同终止的,受托人的继承人、遗产管理人、法定代理人或者清算人应当及时通知委托人。因委托合同终止将损害委托人利益的,在委托人作出善后处理之前,受托人的继承人、遗产管理人、法定代理人或者清算人应当采取必要措施。

第二十四章 物业服务合同

第九百三十七条 【物业服务合同的定义】物业服务合同是物业服务人在物业服务区域内,为业主提供建筑物及其附属设施的维修养护、环境卫生和相关秩序的管理维护等物业服务，业主支付物业费的合同。

物业服务人包括物业服务企业和其他管理人。

第九百三十八条　【物业服务合同的内容与形式】物业服务合同的内容一般包括服务事项、服务质量、服务费用的标准和收取办法、维修资金的使用、服务用房的管理和使用、服务期限、服务交接等条款。

物业服务人公开作出的有利于业主的服务承诺，为物业服务合同的组成部分。

物业服务合同应当采用书面形式。

第九百三十九条　【物业服务合同的约束力】建设单位依法与物业服务人订立的前期物业服务合同，以及业主委员会与业主大会依法选聘的物业服务人订立的物业服务合同，对业主具有法律约束力。

第九百四十条　【前期物业服务合同的终止情形】建设单位依法与物业服务人订立的前期物业服务合同约定的服务期限届满前，业主委员会或者业主与新物业服务人订立的物业服务合同生效的，前期物业服务合同终止。

第九百四十一条　【物业服务合同的转委托】物业服务人将物业服务区域内的部分专项服务事项委托给专业性服务组织或者其他第三人的，应当就该部分专项服务事项向业主负责。

物业服务人不得将其应当提供的全部物业服务转委托给第三人，或者将全部物业服务支解后分别转委托给第三人。

第九百四十二条　【物业服务人的义务】物业服务人应当按照约定和物业的使用性质，妥善维修、养护、清洁、绿化和经营管理物业服务区域内的业主共有部分，维护物业服务区域内的基本秩序，采取合理措施保护业主的人身、财产安全。

对物业服务区域内违反有关治安、环保、消防等法律法规的行为，物业服务人应当及时采取合理措施制止、向有关行政主管部门报告并协助处理。

第九百四十三条　【物业服务人的信息公开义务】物业服务人应当定期将服务的事项、负责人员、质量要求、收费项目、收费标准、履行情况，以及维修资金使用情况、业主共有部分的经营与收益情况等以合理方式向业主公开并向业主大会、业主委员会报告。

第九百四十四条　【业主支付物业费义务】业主应当按照约定向物业服务人支付物业费。物业服务人已经按照约定和有关规定提供服务的，业主不得以未接受或者无需接受相关物业服务为由拒绝支付物业费。

业主违反约定逾期不支付物业费的，物业服务人可以催告其在合理期限内支付；合理期限届满仍不支付的，物业服务人可以提起诉讼或者申请仲裁。

物业服务人不得采取停止供电、供水、供热、供燃气等方式催交物业费。

第九百四十五条　【业主的告知、协助义务】业主装饰装修房屋的，应当事先告知物业服务人，遵守物业服务人提示的合理注意事项，并配合其进行必要的现场检查。

业主转让、出租物业专有部分、设立居住权或者依法改变共有部分用途的，应当及时将相关情况告知物业服务人。

第九百四十六条　【业主解聘物业服务人】业主依照法定程序共同决定解聘物业服务人的，可以解除物业服务合同。决定解聘的，应当提前六十日书面通知物业服务人，但是合同对通知期限另有约定的除外。

依据前款规定解除合同造成物业服务人损失的，除不可归责于业主的事由外，业主应当赔偿损失。

第九百四十七条　【物业服务人的续聘】物业服务期限届满前，业主依法共同决定续聘的，应当与原物业服务人在合同期限届满前续订物业服务合同。

物业服务期限届满前，物业服务人不同意续聘的，应当在合同期限届满前九十日书面通知业主或者业主委员会，但是合同对通知期限另有约定的除外。

第九百四十八条　【不定期物业服务合同的成立与解除】物业服务期限届满后，业主没有依法作出续聘或者另聘物业服务人的决定，物业服务人继续提供物业服务的，原物业服务合同继续有效，但是服务期限为不定期。

当事人可以随时解除不定期物业服务合同，但是应当提前六十日书面通知对方。

第九百四十九条　【物业服务合同终止后原物业服务人的义务】物业服务合同终止的，原物业服务人应当在约定期限或者合理期限内退出物业服务区域，将物业服务用房、相关设施、物业服务所必需的相关资料等交还给业主委员会、决定自行管理的业主或者其指定的人，配合新物业服务人做好交接工作，并如实告知物业的使用和管理状况。

原物业服务人违反前款规定的，不得请求业主支付物业服务合同终止后的物业费；造成业主损失的，应当赔偿损失。

第九百五十条　【物业服务合同终止后新合同成立前期间的相关事项】物业服务合同终止后，在业主或者业主大会选聘的新物业服务人或者决定自行管理的业主接管之前，原物业服务人应当继续处理物业服务事项，并可以请求业主支付该期间的物业费。

第二十五章　行纪合同

第九百五十一条　【行纪合同的概念】行纪合同是行纪人以自己的名义为委托人从事贸易活动，委托人支付报酬的合同。

第九百五十二条　【行纪人的费用负担】行纪人处理委托事务支出的费用，由行纪人负担，但是当事人另有约定的除外。

第九百五十三条　【行纪人保管义务】行纪人占有委托物的，应当妥善保管委托物。

第九百五十四条　【行纪人处置委托物义务】委托物交付给行纪人时有瑕疵或者容易腐烂、变质的，经委托人同意，行纪人可以处分该物；不能与委托人及时取得联系的，行纪人可以合理处分。

第九百五十五条　【行纪人按指定价格买卖的义务】行纪人低于委托人指定的价格卖出或者高于委托人指定的价格买入的，应当经委托人同意；未经委托人同意，行纪人补偿其差额的，该买卖对委托人发生效力。

行纪人高于委托人指定的价格卖出或者低于委托人指定的价格买入的，可以按照约定增加报酬；没有约定或者约定不明确，依据本法第五百一十条的规定仍不能确定的，该利益属于委托人。

委托人对价格有特别指示的，行纪人不得违背该指示卖出或者买入。

第九百五十六条　【行纪人的介入权】行纪人卖出或者买入具有市场定价的商品，除委托人有相反的意思表示外，行纪人自己可以作为买受人或者出卖人。

行纪人有前款规定情形的，仍然可以请求委托人支付报酬。

第九百五十七条　【委托人受领、取回义务及行纪人提存委托物】行纪人按照约定买入委托物，委托人应当及时受领。经行纪人催告，委托人无正当理由拒绝受领的，行纪人依法可以提存委托物。

委托物不能卖出或者委托人撤回出卖，经行纪人催告，委托人不取回或者不处分该物的，行纪人依法可以提存委托物。

第九百五十八条　【行纪人的直接履行义务】行纪人与第三人订立合同的，行纪人对该合同直接享有权利、承担义务。

第三人不履行义务致使委托人受到损害的，行纪人应当承担赔偿责任，但是行纪人与委托人另有约定的除外。

第九百五十九条　【行纪人的报酬请求权及留置权】行纪人完成或者部分完成委托事务的，委托人应当向其支付相应的报酬。委托人逾期不支付报酬的，行纪人对委托物享有留置权，但是当事人另有约定的除外。

第九百六十条　【参照适用委托合同的规定】本章没有规定的，参照适用委托合同的有关规定。

第二十六章　中介合同

第九百六十一条　【中介合同的概念】中介合同是中介人向委托人报告订立合同的机会或者提供订立合同的媒介服务，委托人支付报酬的合同。

第九百六十二条　【中介人的如实报告义务】中介人应当就有关订立合同的事项向委托人如实报告。

中介人故意隐瞒与订立合同有关的重要事实或者提供虚假情况，损害委托人利益的，不得请求支付报酬并应当承担赔偿责任。

第九百六十三条　【中介人的报酬请求权】中介人促成合同成立的，委托人应当按照约定支付报酬。对中介人的报酬没有约定或者约定不明确，依据本法第五百一十条的规定仍不能确定的，根据中介人的劳务合理确定。因中介人提供订立合同的媒介服务而促成合同成立的，由该合同的当事人平均负担中介人的报酬。

中介人促成合同成立的，中介活动的费用，由中介人负担。

第九百六十四条　【中介人的中介费用】中介人未促成合同成立的，不得请求支付报酬；但是，可以按照约定请求委托人支付从事中介活动支出的必要费用。

第九百六十五条　【委托人"跳单"应支付中介报酬】委托人在接受中介人的服务后，利用中介人提供的交易机会或者媒介服务，绕开中介人直接订立合同的，应当向中介人支付报酬。

第九百六十六条　【参照适用委托合同的规定】本章没有规定的，参照适用委托合同的有关规定。

第二十七章　合伙合同

第九百六十七条　【合伙合同的定义】合伙合同是两个以上合伙人为了共同的事业目的，订立的共享利益、共担风险的协议。

第九百六十八条　【合伙人的出资义务】合伙人应当按照约定的出资方式、数额和缴付期限，履行出资义务。

第九百六十九条　【合伙财产的定义】合伙人的出

资、因合伙事务依法取得的收益和其他财产,属于合伙财产。

合伙合同终止前,合伙人不得请求分割合伙财产。

第九百七十条 【合伙事务的执行】合伙人就合伙事务作出决定的,除合伙合同另有约定外,应当经全体合伙人一致同意。

合伙事务由全体合伙人共同执行。按照合伙合同的约定或者全体合伙人的决定,可以委托一个或者数个合伙人执行合伙事务;其他合伙人不再执行合伙事务,但是有权监督执行情况。

合伙人分别执行合伙事务的,执行事务合伙人可以对其他合伙人执行的事务提出异议;提出异议后,其他合伙人应当暂停该项事务的执行。

第九百七十一条 【合伙人执行合伙事务不得请求支付报酬】合伙人不得因执行合伙事务而请求支付报酬,但是合伙合同另有约定的除外。

第九百七十二条 【合伙的利润分配和亏损分担】合伙的利润分配和亏损分担,按照合伙合同的约定办理;合伙合同没有约定或者约定不明确的,由合伙人协商决定;协商不成的,由合伙人按照实缴出资比例分配、分担;无法确定出资比例的,由合伙人平均分配、分担。

第九百七十三条 【合伙人对合伙债务的连带责任及追偿权】合伙人对合伙债务承担连带责任。清偿合伙债务超过自己应当承担份额的合伙人,有权向其他合伙人追偿。

第九百七十四条 【合伙人转让财产份额的要求】除合伙合同另有约定外,合伙人向合伙人以外的人转让其全部或者部分财产份额的,须经其他合伙人一致同意。

第九百七十五条 【合伙人债权人代位行使权利的限制】合伙人的债权人不得代位行使合伙人依照本章规定和合伙合同享有的权利,但是合伙人享有的利益分配请求权除外。

第九百七十六条 【合伙期限的推定】合伙人对合伙期限没有约定或者约定不明确,依据本法第五百一十条的规定仍不能确定的,视为不定期合伙。

合伙期限届满,合伙人继续执行合伙事务,其他合伙人没有提出异议的,原合伙合同继续有效,但是合伙期限为不定期。

合伙人可以随时解除不定期合伙合同,但是应当在合理期限之前通知其他合伙人。

第九百七十七条 【合伙人死亡、民事行为能力丧失或终止时合伙合同的效力】合伙人死亡、丧失民事行为能力或者终止的,合伙合同终止;但是,合伙合同另有约定或者根据合伙事务的性质不宜终止的除外。

第九百七十八条 【合伙合同终止后剩余财产的分配规则】合伙合同终止后,合伙财产在支付因终止而产生的费用以及清偿合伙债务后有剩余的,依据本法第九百七十二条的规定进行分配。

第三分编 准合同

第二十八章 无因管理

第九百七十九条 【无因管理的定义及法律效果】管理人没有法定的或者约定的义务,为避免他人利益受损失而管理他人事务的,可以请求受益人偿还因管理事务而支出的必要费用;管理人因管理事务受到损失的,可以请求受益人给予适当补偿。

管理事务不符合受益人真实意思的,管理人不享有前款规定的权利;但是,受益人的真实意思违反法律或者违背公序良俗的除外。

第九百八十条 【不适当的无因管理】管理人管理事务不属于前条规定的情形,但是受益人享有管理利益的,受益人应当在其获得的利益范围内向管理人承担前条第一款规定的义务。

第九百八十一条 【管理人的善良管理义务】管理人管理他人事务,应当采取有利于受益人的方法。中断管理对受益人不利的,无正当理由不得中断。

第九百八十二条 【管理人的通知义务】管理人管理他人事务,能够通知受益人的,应当及时通知受益人。管理的事务不需要紧急处理的,应当等待受益人的指示。

第九百八十三条 【管理人的报告及移交财产义务】管理结束后,管理人应当向受益人报告管理事务的情况。管理人管理事务取得的财产,应当及时转交给受益人。

第九百八十四条 【本人对管理事务的追认】管理人管理事务经受益人事后追认的,从管理事务开始时起,适用委托合同的有关规定,但是管理人另有意思表示的除外。

第二十九章 不当得利

第九百八十五条 【不当得利的构成及除外情况】得利人没有法律根据取得不当利益的,受损失的人可以请求得利人返还取得的利益,但是有下列情形之一的除外:

(一)为履行道德义务进行的给付;
(二)债务到期之前的清偿;
(三)明知无给付义务而进行的债务清偿。

第九百八十六条 【善意得利人的返还责任】得利人不知道且不应当知道取得的利益没有法律根据，取得的利益已经不存在的，不承担返还该利益的义务。

第九百八十七条 【恶意得利人的返还责任】得利人知道或者应当知道取得的利益没有法律根据的，受损失的人可以请求得利人返还其取得的利益并依法赔偿损失。

第九百八十八条 【第三人的返还义务】得利人已经将取得的利益无偿转让给第三人的，受损失的人可以请求第三人在相应范围内承担返还义务。

……

中华人民共和国刑法（节录）

- 1979年7月1日第五届全国人民代表大会第二次会议通过
- 1997年3月14日第八届全国人民代表大会第五次会议修订
- 根据1998年12月29日第九届全国人民代表大会常务委员会第六次会议通过的《全国人民代表大会常务委员会关于惩治骗购外汇、逃汇和非法买卖外汇犯罪的决定》、1999年12月25日第九届全国人民代表大会常务委员会第十三次会议通过的《中华人民共和国刑法修正案》、2001年8月31日第九届全国人民代表大会常务委员会第二十三次会议通过的《中华人民共和国刑法修正案（二）》、2001年12月29日第九届全国人民代表大会常务委员会第二十五次会议通过的《中华人民共和国刑法修正案（三）》、2002年12月28日第九届全国人民代表大会常务委员会第三十一次会议通过的《中华人民共和国刑法修正案（四）》、2005年2月28日第十届全国人民代表大会常务委员会第十四次会议通过的《中华人民共和国刑法修正案（五）》、2006年6月29日第十届全国人民代表大会常务委员会第二十二次会议通过的《中华人民共和国刑法修正案（六）》、2009年2月28日第十一届全国人民代表大会常务委员会第七次会议通过的《中华人民共和国刑法修正案（七）》、2009年8月27日第十一届全国人民代表大会常务委员会第十次会议通过的《全国人民代表大会常务委员会关于修改部分法律的决定》、2011年2月25日第十一届全国人民代表大会常务委员会第十九次会议通过的《中华人民共和国刑法修正案（八）》、2015年8月29日第十二届全国人民代表大会常务委员会第十六次会议通过的《中华人民共和国刑法修正案（九）》、2017年11月4日第十二届全国人民代表大会常务委员会第三十次会议通过的《中华人民共和国刑法修正案（十）》、2020年12月26日第十三届全国人民代表大会常务委员会第二十四次会议通过的《中华人民共和国刑法修正案（十一）》和2023年12月29日第十四届全国人民代表大会常务委员会第七次会议通过的《中华人民共和国刑法修正案（十二）》修正[①]

……

第三章 破坏社会主义市场经济秩序罪

第一节 生产、销售伪劣商品罪

第一百四十条 【生产、销售伪劣产品罪】生产者、销售者在产品中掺杂、掺假，以假充真，以次充好或者以不合格产品冒充合格产品，销售金额五万元以上不满二十万元的，处二年以下有期徒刑或者拘役，并处或者单处销售金额百分之五十以上二倍以下罚金；销售金额二十万元以上不满五十万元的，处二年以上七年以下有期徒刑，并处销售金额百分之五十以上二倍以下罚金；销售金额五十万元以上不满二百万元的，处七年以上有期徒刑，并处销售金额百分之五十以上二倍以下罚金；销售金额二百万元以上的，处十五年有期徒刑或者无期徒刑，并处销售金额百分之五十以上二倍以下罚金或者没收财产。

第一百四十一条 【生产、销售、提供假药罪】生产、销售假药的，处三年以下有期徒刑或者拘役，并处罚金；对人体健康造成严重危害或者有其他严重情节的，处三年以上十年以下有期徒刑，并处罚金；致人死亡或者有其他特别严重情节的，处十年以上有期徒刑、无期徒刑或者死刑，并处罚金或者没收财产。[②]

药品使用单位的人员明知是假药而提供给他人使用的，依照前款的规定处罚。[③]

[①] 刑法、历次刑法修正案、涉及修改刑法的决定的施行日期，分别依据各法律所规定的施行日期确定。
另，总则部分条文主旨为编者所加，分则部分条文主旨是根据司法解释确定罪名所加。

[②] 根据2011年2月25日《中华人民共和国刑法修正案（八）》修改。原第一款条文为："生产、销售假药，足以严重危害人体健康的，处三年以下有期徒刑或者拘役，并处或者单处销售金额百分之五十以上二倍以下罚金；对人体健康造成严重危害的，处三年以上十年以下有期徒刑，并处销售金额百分之五十以上二倍以下罚金；致人死亡或者对人体健康造成特别严重危害的，处十年以上有期徒刑、无期徒刑或者死刑，并处销售金额百分之五十以上二倍以下罚金或者没收财产。"

[③] 根据2020年12月26日《中华人民共和国刑法修正案（十一）》修改。原条文为："生产、销售假药的，处三年以下有期徒刑或者拘役，并处罚金；对人体健康造成严重危害或者有其他严重情节的，处三年以上十年以下有期徒刑，并处罚金；致人死亡或者有其他特别严重情节的，处十年以上有期徒刑、无期徒刑或者死刑，并处罚金或者没收财产。
"本条所称假药，是指依照《中华人民共和国药品管理法》的规定属于假药和按假药处理的药品、非药品。"

第一百四十二条 【生产、销售、提供劣药罪】生产、销售劣药,对人体健康造成严重危害的,处三年以上十年以下有期徒刑,并处罚金;后果特别严重的,处十年以上有期徒刑或者无期徒刑,并处罚金或者没收财产。

药品使用单位的人员明知是劣药而提供给他人使用的,依照前款的规定处罚。①

第一百四十二条之一 【妨害药品管理罪】违反药品管理法规,有下列情形之一,足以严重危害人体健康的,处三年以下有期徒刑或者拘役,并处或者单处罚金;对人体健康造成严重危害或者有其他严重情节的,处三年以上七年以下有期徒刑,并处罚金:

(一)生产、销售国务院药品监督管理部门禁止使用的药品的;

(二)未取得药品相关批准证明文件生产、进口药品或者明知是上述药品而销售的;

(三)药品申请注册中提供虚假的证明、数据、资料、样品或者采取其他欺骗手段的;

(四)编造生产、检验记录的。

有前款行为,同时又构成本法第一百四十一条、第一百四十二条规定之罪或者其他犯罪的,依照处罚较重的规定定罪处罚。②

第一百四十三条 【生产、销售不符合安全标准的食品罪】生产、销售不符合食品安全标准的食品,足以造成严重食物中毒事故或者其他严重食源性疾病的,处三年以下有期徒刑或者拘役,并处罚金;对人体健康造成严重危害或者有其他严重情节的,处三年以上七年以下有期徒刑,并处罚金;后果特别严重的,处七年以上有期徒刑或者无期徒刑,并处罚金或者没收财产。③

第一百四十四条 【生产、销售有毒、有害食品罪】在生产、销售的食品中掺入有毒、有害的非食品原料的,或者销售明知掺有有毒、有害的非食品原料的食品的,处五年以下有期徒刑,并处罚金;对人体健康造成严重危害或者有其他严重情节的,处五年以上十年以下有期徒刑,并处罚金;致人死亡或者有其他特别严重情节的,依照本法第一百四十一条的规定处罚。④

第一百四十五条 【生产、销售不符合标准的医用器材罪】生产不符合保障人体健康的国家标准、行业标准的医疗器械、医用卫生材料,或者销售明知是不符合保障人体健康的国家标准、行业标准的医疗器械、医用卫生材料,足以严重危害人体健康的,处三年以下有期徒刑或者拘役,并处销售金额百分之五十以上二倍以下罚金;对人体健康造成严重危害的,处三年以上十年以下有期徒刑,并处销售金额百分之五十以上二倍以下罚金;后果特别严重的,处十年以上有期徒刑或者无期徒刑,并处销售金额百分之五十以上二倍以下罚金或者没收财产。⑤

第一百四十六条 【生产、销售不符合安全标准的产品罪】生产不符合保障人身、财产安全的国家标准、行业标准的电器、压力容器、易燃易爆产品或者其他不符合保障人身、财产安全的国家标准、行业标准的产品,或者销售明知是以上不符合保障人身、财产安全的国家标准、行业标准的产品,造成严重后果的,处五年以下有期徒刑,并处销售金额百分之五十以上二倍以下罚金;后果特别严重的,处五年以上有期徒刑,并处销售金额百分之五十以上二倍以下罚金。

---

① 根据 2020 年 12 月 26 日《中华人民共和国刑法修正案(十一)》修改。原条文为:"生产、销售劣药,对人体健康造成严重危害的,处三年以上十年以下有期徒刑,并处销售金额百分之五十以上二倍以下罚金;后果特别严重的,处十年以上有期徒刑或者无期徒刑,并处销售金额百分之五十以上二倍以下罚金或者没收财产。

"本条所称劣药,是指依照《中华人民共和国药品管理法》的规定属于劣药的药品。"

② 根据 2020 年 12 月 26 日《中华人民共和国刑法修正案(十一)》增加。

③ 根据 2011 年 2 月 25 日《中华人民共和国刑法修正案(八)》修改。原条文为:"生产、销售不符合卫生标准的食品,足以造成严重食物中毒事故或者其他严重食源性疾患的,处三年以下有期徒刑或者拘役,并处或者单处销售金额百分之五十以上二倍以下罚金;对人体健康造成严重危害的,处三年以上七年以下有期徒刑,并处销售金额百分之五十以上二倍以下罚金;后果特别严重的,处七年以上有期徒刑或者无期徒刑,并处销售金额百分之五十以上二倍以下罚金或者没收财产。"

④ 根据 2011 年 2 月 25 日《中华人民共和国刑法修正案(八)》修改。原条文为:"在生产、销售的食品中掺入有毒、有害的非食品原料的,或者销售明知掺有有毒、有害的非食品原料的食品的,处五年以下有期徒刑或者拘役,并处或者单处销售金额百分之五十以上二倍以下罚金;造成严重食物中毒事故或者其他严重食源性疾患,对人体健康造成严重危害的,处五年以上十年以下有期徒刑,并处销售金额百分之五十以上二倍以下罚金;致人死亡或者对人体健康造成特别严重危害的,依照本法第一百四十一条的规定处罚。"

⑤ 根据 2002 年 12 月 28 日《中华人民共和国刑法修正案(四)》修改。原条文为:"生产不符合保障人体健康的国家标准、行业标准的医疗器械、医用卫生材料,或者销售明知是不符合保障人体健康的国家标准、行业标准的医疗器械、医用卫生材料,对人体健康造成严重危害的,处五年以下有期徒刑,并处销售金额百分之五十以上二倍以下罚金;后果特别严重的,处五年以上十年以下有期徒刑,并处销售金额百分之五十以上二倍以下罚金;其中情节特别恶劣的,处十年以上有期徒刑或者无期徒刑,并处销售金额百分之五十以上二倍以下罚金或者没收财产。"

第一百四十七条 【生产、销售伪劣农药、兽药、化肥、种子罪】生产假农药、假兽药、假化肥,销售明知是假的或者失去使用效能的农药、兽药、化肥、种子,或者生产者、销售者以不合格的农药、兽药、化肥、种子冒充合格的农药、兽药、化肥、种子,使生产遭受较大损失的,处三年以下有期徒刑或者拘役,并处或者单处销售金额百分之五十以上二倍以下罚金;使生产遭受重大损失的,处三年以上七年以下有期徒刑,并处销售金额百分之五十以上二倍以下罚金;使生产遭受特别重大损失的,处七年以上有期徒刑或者无期徒刑,并处销售金额百分之五十以上二倍以下罚金或者没收财产。

第一百四十八条 【生产、销售不符合卫生标准的化妆品罪】生产不符合卫生标准的化妆品,或者销售明知是不符合卫生标准的化妆品,造成严重后果的,处三年以下有期徒刑或者拘役,并处或者单处销售金额百分之五十以上二倍以下罚金。

第一百四十九条 【对生产销售伪劣商品行为的法条适用】生产、销售本节第一百四十一条至第一百四十八条所列产品,不构成各该条规定的犯罪,但是销售金额在五万元以上的,依照本节第一百四十条的规定定罪处罚。

生产、销售本节第一百四十一条至第一百四十八条所列产品,构成各该条规定的犯罪,同时又构成本节第一百四十条规定之罪的,依照处罚较重的规定定罪处罚。

第一百五十条 【单位犯本节规定之罪的处理】单位犯本节第一百四十条至第一百四十八条规定之罪的,对单位判处罚金,并对其直接负责的主管人员和其他直接责任人员,依照各该条的规定处罚。

第二节 走私罪

第一百五十一条 【走私武器、弹药罪】【走私核材料罪】【走私假币罪】走私武器、弹药、核材料或者伪造的货币的,处七年以上有期徒刑,并处罚金或者没收财产;情节特别严重的,处无期徒刑,并处没收财产;情节较轻的,处三年以上七年以下有期徒刑,并处罚金。

【走私文物罪】【走私贵重金属罪】【走私珍贵动物、珍贵动物制品罪】走私国家禁止出口的文物、黄金、白银和其他贵重金属或者国家禁止进出口的珍贵动物及其制品的,处五年以上十年以下有期徒刑,并处罚金;情节特别严重的,处十年以上有期徒刑或者无期徒刑,并处没收财产;情节较轻的,处五年以下有期徒刑,并处罚金。

【走私国家禁止进出口的货物、物品罪】走私珍稀植物及其制品等国家禁止进出口的其他货物、物品的,处五年以下有期徒刑或者拘役,并处或者单处罚金;情节严重的,处五年以上有期徒刑,并处罚金。

单位犯本条规定之罪的,对单位判处罚金,并对其直接负责的主管人员和其他直接责任人员,依照本条各款的规定处罚。①

第一百五十二条 【走私淫秽物品罪】以牟利或者传播为目的,走私淫秽的影片、录像带、录音带、图片、书刊或者其他淫秽物品的,处三年以上十年以下有期徒刑,并处罚金;情节严重的,处十年以上有期徒刑或者无期徒刑,并处罚金或者没收财产;情节较轻的,处三年以下有期徒刑、拘役或者管制,并处罚金。

【走私废物罪】逃避海关监管将境外固体废物、液态废物和气态废物运输进境,情节严重的,处五年以下有期徒刑,并处或者单处罚金;情节特别严重的,处五年以上有期徒刑,并处罚金。②

单位犯前两款罪的,对单位判处罚金,并对其直接负责的主管人员和其他直接责任人员,依照前两款的规定

---

① 根据2009年2月28日《中华人民共和国刑法修正案(七)》第一次修改。原第三款条文为:"走私国家禁止进出口的珍稀植物及制品的,处五年以下有期徒刑,并处或者单处罚金;情节严重的,处五年以上有期徒刑,并处罚金。"

根据2011年2月25日《中华人民共和国刑法修正案(八)》第二次修改。原条文为:"走私武器、弹药、核材料或者伪造的货币的,处七年以上有期徒刑,并处罚金或者没收财产;情节较轻的,处三年以上七年以下有期徒刑,并处罚金。

"走私国家禁止出口的文物、黄金、白银和其他贵重金属或者国家禁止进出口的珍贵动物及其制品的,处五年以上十年以下有期徒刑,并处罚金;情节较轻的,处五年以下有期徒刑,并处罚金。

"走私珍稀植物及其制品等国家禁止进出口的其他货物、物品的,处五年以下有期徒刑或者拘役,并处或者单处罚金;情节严重的,处五年以上有期徒刑,并处罚金。

"犯第一款、第二款罪,情节特别严重的,处无期徒刑或者死刑,并处没收财产。

"单位犯本条规定之罪的,对单位判处罚金,并对其直接负责的主管人员和其他直接责任人员,依照本条各款的规定处罚。"

根据2015年8月29日《中华人民共和国刑法修正案(九)》第三次修改。原第一款条文为:"走私武器、弹药、核材料或者伪造的货币的,处七年以上有期徒刑,并处罚金或者没收财产;情节特别严重的,处无期徒刑或者死刑,并处没收财产;情节较轻的,处三年以上七年以下有期徒刑,并处罚金。"

② 根据2002年12月28日《中华人民共和国刑法修正案(四)》增加一款,作为第二款,原第二款改为本条第三款。

处罚。①

第一百五十三条 【走私普通货物、物品罪】走私本法第一百五十一条、第一百五十二条、第三百四十七条规定以外的货物、物品的，根据情节轻重，分别依照下列规定处罚：

（一）走私货物、物品偷逃应缴税额较大或者一年内曾因走私被给予二次行政处罚后又走私的，处三年以下有期徒刑或者拘役，并处偷逃应缴税额一倍以上五倍以下罚金。

（二）走私货物、物品偷逃应缴税额巨大或者有其他严重情节的，处三年以上十年以下有期徒刑，并处偷逃应缴税额一倍以上五倍以下罚金。

（三）走私货物、物品偷逃应缴税额特别巨大或者有其他特别严重情节的，处十年以上有期徒刑或者无期徒刑，并处偷逃应缴税额一倍以上五倍以下罚金或者没收财产。②

单位犯前款罪的，对单位判处罚金，并对其直接负责的主管人员和其他直接责任人员，处三年以下有期徒刑或者拘役；情节严重的，处三年以上十年以下有期徒刑；情节特别严重的，处十年以上有期徒刑。

对多次走私未经处理的，按照累计走私货物、物品的偷逃应缴税额处罚。

第一百五十四条 【走私普通货物、物品罪的特殊形式】下列走私行为，根据本节规定构成犯罪的，依照本法第一百五十三条的规定定罪处罚：

（一）未经海关许可并且未补缴应缴税额，擅自将批准进口的来料加工、来件装配、补偿贸易的原材料、零件、制成品、设备等保税货物，在境内销售牟利的；

（二）未经海关许可并且未补缴应缴税额，擅自将特定减税、免税进口的货物、物品，在境内销售牟利的。

第一百五十五条 【以走私罪论处的间接走私行为】下列行为，以走私罪论处，依照本节的有关规定处罚：

（一）直接向走私人非法收购国家禁止进口物品的，或者直接向走私人非法收购走私进口的其他货物、物品，数额较大的；

（二）在内海、领海、界河、界湖运输、收购、贩卖国家禁止进出口物品的，或者运输、收购、贩卖国家限制进出口货物、物品，数额较大，没有合法证明的。③

第一百五十六条 【走私共犯】与走私罪犯通谋，为其提供贷款、资金、帐号、发票、证明，或者为其提供运输、保管、邮寄或者其他方便的，以走私罪的共犯论处。

第一百五十七条 【武装掩护走私、抗拒缉私的刑事处罚规定】武装掩护走私的，依照本法第一百五十一条第一款的规定从重处罚。④

以暴力、威胁方法抗拒缉私的，以走私罪和本法第二百七十七条规定的阻碍国家机关工作人员依法执行职务罪，依照数罪并罚的规定处罚。

第三节 妨害对公司、企业的管理秩序罪

第一百五十八条⑤ 【虚报注册资本罪】申请公司登

---

① 根据2002年12月28日《中华人民共和国刑法修正案（四）》修改。本款原条文为："单位犯前款罪的，对单位判处罚金，并对其直接负责的主管人员和其他直接责任人员，依照前款的规定处罚。"

② 根据2011年2月25日《中华人民共和国刑法修正案（八）》修改。原第一款条文为："走私本法第一百五十一条、第一百五十二条、第三百四十七条规定以外的货物、物品的，根据情节轻重，分别依照下列规定处罚：

"（一）走私货物、物品偷逃应缴税额在五十万元以上的，处十年以上有期徒刑或者无期徒刑，并处偷逃应缴税额一倍以上五倍以下罚金或者没收财产；情节特别严重的，依照本法第一百五十一条第四款的规定处罚。

"（二）走私货物、物品偷逃应缴税额在十五万元以上不满五十万元的，处三年以上十年以下有期徒刑，并处偷逃应缴税额一倍以上五倍以下罚金；情节特别严重的，处十年以上有期徒刑或者无期徒刑，并处偷逃应缴税额一倍以上五倍以下罚金或者没收财产。

"（三）走私货物、物品偷逃应缴税额在五万元以上不满十五万元的，处三年以下有期徒刑或者拘役，并处偷逃应缴税额一倍以上五倍以下罚金。"

③ 根据2002年12月28日《中华人民共和国刑法修正案（四）》修改。原条文为："下列行为，以走私罪论处，依照本节的有关规定处罚：

"（一）直接向走私人非法收购国家禁止进口物品的，或者直接向走私人非法收购走私进口的其他货物、物品，数额较大的；

"（二）在内海、领海运输、收购、贩卖国家禁止进出口物品的，或者运输、收购、贩卖国家限制进出口货物、物品，数额较大，没有合法证明的；

"（三）逃避海关监管将境外固体废物运输进境的。"

④ 根据2011年2月25日《中华人民共和国刑法修正案（八）》修改。原第一款条文为："武装掩护走私的，依照本法第一百五十一条第一款、第四款的规定从重处罚。"

⑤ 根据2014年4月24日通过的《全国人民代表大会常务委员会关于〈中华人民共和国刑法〉第一百五十八条、第一百五十九条的解释》：

"全国人民代表大会常务委员会讨论了公司法修改后刑法第一百五十八条、第一百五十九条对实行注册资本实缴登记制、认缴登记制的公司的适用范围问题，解释如下：

"刑法第一百五十八条、第一百五十九条的规定，只适用于依法实行注册资本实缴登记制的公司。"

记使用虚假证明文件或者采取其他欺诈手段虚报注册资本,欺骗公司登记主管部门,取得公司登记,虚报注册资本数额巨大、后果严重或者有其他严重情节的,处三年以下有期徒刑或者拘役,并处或者单处虚报注册资本金额百分之一以上百分之五以下罚金。

单位犯前款罪的,对单位判处罚金,并对其直接负责的主管人员和其他直接责任人员,处三年以下有期徒刑或者拘役。

第一百五十九条① 【**虚假出资、抽逃出资罪**】公司发起人、股东违反公司法的规定未交付货币、实物或者未转移财产权,虚假出资,或者在公司成立后又抽逃其出资,数额巨大、后果严重或者有其他严重情节的,处五年以下有期徒刑或者拘役,并处或者单处虚假出资金额或者抽逃出资金额百分之二以上百分之十以下罚金。

单位犯前款罪的,对单位判处罚金,并对其直接负责的主管人员和其他直接责任人员,处五年以下有期徒刑或者拘役。

第一百六十条 【**欺诈发行证券罪**】在招股说明书、认股书、公司、企业债券募集办法等发行文件中隐瞒重要事实或者编造重大虚假内容,发行股票或者公司、企业债券、存托凭证或者国务院依法认定的其他证券,数额巨大、后果严重或者有其他严重情节的,处五年以下有期徒刑或者拘役,并处或者单处罚金;数额特别巨大、后果特别严重或者有其他特别严重情节的,处五年以上有期徒刑,并处罚金。

控股股东、实际控制人组织、指使实施前款行为的,处五年以下有期徒刑或者拘役,并处或者单处非法募集资金金额百分之二十以上一倍以下罚金;数额特别巨大、后果特别严重或者有其他特别严重情节的,处五年以上有期徒刑,并处非法募集资金金额百分之二十以上一倍以下罚金。

单位犯前两款罪的,对单位判处非法募集资金金额百分之二十以上一倍以下罚金,并对其直接负责的主管人员和其他直接责任人员,依照第一款的规定处罚。②

第一百六十一条 【**违规披露、不披露重要信息罪**】依法负有信息披露义务的公司、企业向股东和社会公众提供虚假的或者隐瞒重要事实的财务会计报告,或者对依法应当披露的其他重要信息不按照规定披露,严重损害股东或者其他人利益,或者有其他严重情节的,对其直接负责的主管人员和其他直接责任人员,处五年以下有期徒刑或者拘役,并处或者单处罚金;情节特别严重的,处五年以上十年以下有期徒刑,并处罚金。

前款规定的公司、企业的控股股东、实际控制人实施或者组织、指使实施前款行为的,或者隐瞒相关事项导致前款规定的情形发生的,依照前款的规定处罚。

犯前款罪的控股股东、实际控制人是单位的,对单位判处罚金,并对其直接负责的主管人员和其他直接责任人员,依照第一款的规定处罚。③

第一百六十二条 【**妨害清算罪**】公司、企业进行清算时,隐匿财产,对资产负债表或者财产清单作虚伪记载或者在未清偿债务前分配公司、企业财产,严重损害债权人或者其他人利益的,对其直接负责的主管人员和其他直接责任人员,处五年以下有期徒刑或者拘役,并处或者单处二万元以上二十万元以下罚金。

第一百六十二条之一 【**隐匿、故意销毁会计凭证、会计账簿、财务会计报告罪**】隐匿或者故意销毁依法应当保存的会计凭证、会计帐簿、财务会计报告,情节严重的,处五年以下有期徒刑或者拘役,并处或者单处二万元以上二十万元以下罚金。

---

① 根据2014年4月24日通过的《全国人民代表大会常务委员会关于〈中华人民共和国刑法〉第一百五十八条、第一百五十九条的解释》:
"全国人民代表大会常务委员会讨论了公司法修改后刑法第一百五十八条、第一百五十九条对实行注册资本实缴登记制、认缴登记制的公司的适用范围问题,解释如下:
"刑法第一百五十八条、第一百五十九条的规定,只适用于依法实行注册资本实缴登记制的公司。"
② 根据2020年12月26日《中华人民共和国刑法修正案(十一)》修改。原条文为:"在招股说明书、认股书、公司、企业债券募集办法中隐瞒重要事实或者编造重大虚假内容,发行股票或者公司、企业债券,数额巨大、后果严重或者有其他严重情节的,处五年以下有期徒刑或者拘役,并处或者单处非法募集资金金额百分之一以上百分之五以下罚金。
"单位犯前款罪的,对单位判处罚金,并对其直接负责的主管人员和其他直接责任人员,处五年以下有期徒刑或者拘役。"
③ 根据2006年6月29日《中华人民共和国刑法修正案(六)》第一次修改。原条文为:"公司向股东和社会公众提供虚假的或者隐瞒重要事实的财务会计报告,严重损害股东或者其他人利益的,对其直接负责的主管人员和其他直接责任人员,处三年以下有期徒刑或者拘役,并处或者单处二万元以上二十万元以下罚金。"
根据2020年12月26日《中华人民共和国刑法修正案(十一)》第二次修改。原条文为:"依法负有信息披露义务的公司、企业向股东和社会公众提供虚假的或者隐瞒重要事实的财务会计报告,或者对依法应当披露的其他重要信息不按照规定披露,严重损害股东或者其他人利益,或者有其他严重情节的,对其直接负责的主管人员和其他直接责任人员,处三年以下有期徒刑或者拘役,并处或者单处二万元以上二十万元以下罚金。"

单位犯前款罪的,对单位判处罚金,并对其直接负责的主管人员和其他直接责任人员,依照前款的规定处罚。①

第一百六十二条之二 【虚假破产罪】公司、企业通过隐匿财产、承担虚构的债务或者以其他方法转移、处分财产,实施虚假破产,严重损害债权人或者其他人利益的,对其直接负责的主管人员和其他直接责任人员,处五年以下有期徒刑或者拘役,并处或者单处二万元以上二十万元以下罚金。②

第一百六十三条 【非国家工作人员受贿罪】公司、企业或者其他单位的工作人员,利用职务上的便利,索取他人财物或者非法收受他人财物,为他人谋取利益,数额较大的,处三年以下有期徒刑或者拘役,并处罚金;数额巨大或者有其他严重情节的,处三年以上十年以下有期徒刑,并处罚金;数额特别巨大或者有其他特别严重情节的,处十年以上有期徒刑或者无期徒刑,并处罚金。③

公司、企业或者其他单位的工作人员在经济往来中,利用职务上的便利,违反国家规定,收受各种名义的回扣、手续费,归个人所有的,依照前款的规定处罚。

国有公司、企业或者其他国有单位中从事公务的人员和国有公司、企业或者其他国有单位委派到非国有公司、企业以及其他单位从事公务的人员有前两款行为的,依照本法第三百八十五条、第三百八十六条的规定定罪处罚。④

第一百六十四条 【对非国家工作人员行贿罪】为谋取不正当利益,给予公司、企业或者其他单位的工作人员以财物,数额较大的,处三年以下有期徒刑或者拘役,并处罚金;数额巨大的,处三年以上十年以下有期徒刑,并处罚金。

【对外国公职人员、国际公共组织官员行贿罪】为谋取不正当商业利益,给予外国公职人员或者国际公共组织官员以财物的,依照前款的规定处罚。

单位犯前两款罪的,对单位判处罚金,并对其直接负责的主管人员和其他直接责任人员,依照第一款的规定处罚。

行贿人在被追诉前主动交待行贿行为的,可以减轻处罚或者免除处罚。⑤

第一百六十五条 【非法经营同类营业罪】国有公司、企业的董事、监事、高级管理人员,利用职务便利,自己经营或者为他人经营与其所任职公司、企业同类的营业,获取非法利益,数额巨大的,处三年以下有期徒刑或者拘役,并处或者单处罚金;数额特别巨大的,处三年以上七年以下有期徒刑,并处罚金。⑥

其他公司、企业的董事、监事、高级管理人员违反法律、行政法规规定,实施前款行为,致使公司、企业利益遭受重大损失的,依照前款的规定处罚。⑦

---

① 根据1999年12月25日《中华人民共和国刑法修正案》增加。
② 根据2006年6月29日《中华人民共和国刑法修正案(六)》增加。
③ 根据2020年12月26日《中华人民共和国刑法修正案(十一)》修改。原第一款条文为:"公司、企业或者其他单位的工作人员利用职务上的便利,索取他人财物或者非法收受他人财物,为他人谋取利益,数额较大的,处五年以下有期徒刑或者拘役;数额巨大的,处五年以上有期徒刑,可以并处没收财产。"
④ 根据2006年6月29日《中华人民共和国刑法修正案(六)》修改。原条文为:"公司、企业的工作人员利用职务上的便利,索取他人财物或者非法收受他人财物,为他人谋取利益,数额较大的,处五年以下有期徒刑或者拘役;数额巨大的,处五年以上有期徒刑,可以并处没收财产。
"公司、企业的工作人员在经济往来中,违反国家规定,收受各种名义的回扣、手续费,归个人所有的,依照前款的规定处罚。
"国有公司、企业中从事公务的人员和国有公司、企业委派到非国有公司、企业从事公务的人员有前两款行为的,依照本法第三百八十五条、第三百八十六条的规定定罪处罚。"
⑤ 根据2006年6月29日《中华人民共和国刑法修正案(六)》第一次修改。原第一款条文为:"为谋取不正当利益,给予公司、企业的工作人员以财物,数额较大的,处三年以下有期徒刑或者拘役;数额巨大的,处三年以上十年以下有期徒刑,并处罚金。"
根据2011年2月25日《中华人民共和国刑法修正案(八)》第二次修改。原条文为:"为谋取不正当利益,给予公司、企业或者其他单位的工作人员以财物,数额较大的,处三年以下有期徒刑或者拘役;数额巨大的,处三年以上十年以下有期徒刑,并处罚金。
"单位犯前款罪的,对单位判处罚金,并对其直接负责的主管人员和其他直接责任人员,依照前款的规定处罚。
"行贿人在被追诉前主动交待行贿行为的,可以减轻处罚或者免除处罚。"
根据2015年8月29日《中华人民共和国刑法修正案(九)》第三次修改。原第一款条文为:"为谋取不正当利益,给予公司、企业或者其他单位的工作人员以财物,数额较大的,处三年以下有期徒刑或者拘役;数额巨大的,处三年以上十年以下有期徒刑,并处罚金。"
⑥ 根据2023年12月29日《中华人民共和国刑法修正案(十二)》修改。原第一款条文为:"国有公司、企业的董事、经理利用职务便利,自己经营或者为他人经营与其所任职公司、企业同类的营业,获取非法利益,数额巨大的,处三年以下有期徒刑或者拘役,并处或者单处罚金;数额特别巨大的,处三年以上七年以下有期徒刑,并处罚金。"
⑦ 根据2023年12月29日《中华人民共和国刑法修正案(十二)》增加一款作为第二款。

第一百六十六条 【为亲友非法牟利罪】国有公司、企业、事业单位的工作人员,利用职务便利,有下列情形之一,致使国家利益遭受重大损失的,处三年以下有期徒刑或者拘役,并处或者单处罚金;致使国家利益遭受特别重大损失的,处三年以上七年以下有期徒刑,并处罚金:

(一)将本单位的盈利业务交由自己的亲友进行经营的;

(二)以明显高于市场的价格从自己的亲友经营管理的单位采购商品、接受服务或者以明显低于市场的价格向自己的亲友经营管理的单位销售商品、提供服务的;

(三)从自己的亲友经营管理的单位采购、接受不合格商品、服务的。①

其他公司、企业的工作人员违反法律、行政法规规定,实施前款行为,致使公司、企业利益遭受重大损失的,依照前款的规定处罚。②

第一百六十七条③ 【签订、履行合同失职被骗罪】国有公司、企业、事业单位直接负责的主管人员,在签订、履行合同过程中,因严重不负责任被诈骗,致使国家利益遭受重大损失的,处三年以下有期徒刑或者拘役;致使国家利益遭受特别重大损失的,处三年以上七年以下有期徒刑。

第一百六十八条 【国有公司、企业、事业单位人员失职罪】【国有公司、企业、事业单位人员滥用职权罪】国有公司、企业的工作人员,由于严重不负责任或者滥用职权,造成国有公司、企业破产或者严重损失,致使国家利益遭受重大损失的,处三年以下有期徒刑或者拘役;致使国家利益遭受特别重大损失的,处三年以上七年以下有期徒刑。

国有事业单位的工作人员有前款行为,致使国家利益遭受重大损失的,依照前款的规定处罚。

国有公司、企业、事业单位的工作人员,徇私舞弊,犯前两款罪的,依照第一款的规定从重处罚。④

第一百六十九条 【徇私舞弊低价折股、出售公司、企业资产罪】国有公司、企业或者其上级主管部门直接负责的主管人员,徇私舞弊,将国有资产低价折股或者低价出售,致使国家利益遭受重大损失的,处三年以下有期徒刑或者拘役;致使国家利益遭受特别重大损失的,处三年以上七年以下有期徒刑。

其他公司、企业直接负责的主管人员,徇私舞弊,将公司、企业资产低价折股或者低价出售,致使公司、企业利益遭受重大损失的,依照前款的规定处罚。⑤

第一百六十九条之一 【背信损害上市公司利益罪】上市公司的董事、监事、高级管理人员违背对公司的忠实义务,利用职务便利,操纵上市公司从事下列行为之一,致使上市公司利益遭受重大损失的,处三年以下有期徒刑或者拘役,并处或者单处罚金;致使上市公司利益遭受特别重大损失的,处三年以上七年以下有期徒刑,并处罚金:

(一)无偿向其他单位或者个人提供资金、商品、服务或者其他资产的;

(二)以明显不公平的条件,提供或者接受资金、商品、服务或者其他资产的;

(三)向明显不具有清偿能力的单位或者个人提供资金、商品、服务或者其他资产的;

(四)为明显不具有清偿能力的单位或者个人提供担保,或者无正当理由为其他单位或者个人提供担保的;

(五)无正当理由放弃债权、承担债务的;

(六)采用其他方式损害上市公司利益的。

上市公司的控股股东或者实际控制人,指使上市公司董事、监事、高级管理人员实施前款行为的,依照前款

---

① 根据 2023 年 12 月 29 日《中华人民共和国刑法修正案(十二)》修改。原第一款条文为:"国有公司、企业、事业单位的工作人员,利用职务便利,有下列情形之一,使国家利益遭受重大损失的,处三年以下有期徒刑或者拘役,并处或者单处罚金;致使国家利益遭受特别重大损失的,处三年以上七年以下有期徒刑,并处罚金:

"(一)将本单位的盈利业务交由自己的亲友进行经营的;

"(二)以明显高于市场的价格从自己的亲友经营管理的单位采购商品或者以明显低于市场的价格向自己的亲友经营管理的单位销售商品的;

"(三)向自己的亲友经营管理的单位采购不合格商品的。"

② 根据 2023 年 12 月 29 日《中华人民共和国刑法修正案(十二)》增加一款作为第二款。

③ 根据 1998 年 12 月 29 日通过的《全国人民代表大会常务委员会关于惩治骗购外汇、逃汇和非法买卖外汇犯罪的决定》:"七、金融机构、从事对外贸易经营活动的公司、企业的工作人员严重不负责任,造成大量外汇被骗购或者逃汇,致使国家利益遭受重大损失的,依照刑法第一百七十七条的规定定罪处罚。"

④ 根据 1999 年 12 月 25 日《中华人民共和国刑法修正案》修改。原条文为:"国有公司、企业直接负责的主管人员,徇私舞弊,造成国有公司、企业破产或者严重亏损,致使国家利益遭受重大损失的,处三年以下有期徒刑或者拘役。"

⑤ 根据 2023 年 12 月 29 日《中华人民共和国刑法修正案(十二)》增加一款作为第二款。

的规定处罚。

犯前款罪的上市公司的控股股东或者实际控制人是单位的，对单位判处罚金，并对其直接负责的主管人员和其他直接责任人员，依照第一款的规定处罚。①

第四节 破坏金融管理秩序罪

第一百七十条 【伪造货币罪】伪造货币的，处三年以上十年以下有期徒刑，并处罚金；有下列情形之一的，处十年以上有期徒刑或者无期徒刑，并处罚金或者没收财产：

（一）伪造货币集团的首要分子；

（二）伪造货币数额特别巨大的；

（三）有其他特别严重情节的。②

第一百七十一条 【出售、购买、运输假币罪】出售、购买伪造的货币或者明知是伪造的货币而运输，数额较大的，处三年以下有期徒刑或者拘役，并处二万元以上二十万元以下罚金；数额巨大的，处三年以上十年以下有期徒刑，并处五万元以上五十万元以下罚金；数额特别巨大的，处十年以上有期徒刑或者无期徒刑，并处五万元以上五十万元以下罚金或者没收财产。

【金融工作人员购买假币、以假币换取货币罪】银行或者其他金融机构的工作人员购买伪造的货币或者利用职务上的便利，以伪造的货币换取货币的，处三年以上十年以下有期徒刑，并处二万元以上二十万元以下罚金；数额巨大或者有其他严重情节的，处十年以上有期徒刑或者无期徒刑，并处二万元以上二十万元以下罚金或者没收财产；情节较轻的，处三年以下有期徒刑或者拘役，并处或者单处一万元以上十万元以下罚金。

伪造货币并出售或者运输伪造的货币的，依照本法第一百七十条的规定定罪从重处罚。

第一百七十二条 【持有、使用假币罪】明知是伪造的货币而持有、使用，数额较大的，处三年以下有期徒刑或者拘役，并处或者单处一万元以上十万元以下罚金；数额巨大的，处三年以上十年以下有期徒刑，并处二万元以上二十万元以下罚金；数额特别巨大的，处十年以上有期徒刑，并处五万元以上五十万元以下罚金或者没收财产。

第一百七十三条 【变造货币罪】变造货币，数额较大的，处三年以下有期徒刑或者拘役，并处或者单处一万元以上十万元以下罚金；数额巨大的，处三年以上十年以下有期徒刑，并处二万元以上二十万元以下罚金。

第一百七十四条 【擅自设立金融机构罪】未经国家有关主管部门批准，擅自设立商业银行、证券交易所、期货交易所、证券公司、期货经纪公司、保险公司或者其他金融机构的，处三年以下有期徒刑或者拘役，并处或者单处二万元以上二十万元以下罚金；情节严重的，处三年以上十年以下有期徒刑，并处五万元以上五十万元以下罚金。

【伪造、变造、转让金融机构经营许可证、批准文件罪】伪造、变造、转让商业银行、证券交易所、期货交易所、证券公司、期货经纪公司、保险公司或者其他金融机构的经营许可证或者批准文件的，依照前款的规定处罚。

单位犯前两款罪的，对单位判处罚金，并对其直接负责的主管人员和其他直接责任人员，依照第一款的规定处罚。③

第一百七十五条 【高利转贷罪】以转贷牟利为目的，套取金融机构信贷资金高利转贷他人，违法所得数额较大的，处三年以下有期徒刑或者拘役，并处违法所得一倍以上五倍以下罚金；数额巨大的，处三年以上七年以下有期徒刑，并处违法所得一倍以上五倍以下罚金。

单位犯前款罪的，对单位判处罚金，并对其直接负责的主管人员和其他直接责任人员，处三年以下有期徒刑或者拘役。

第一百七十五条之一 【骗取贷款、票据承兑、金融票证罪】以欺骗手段取得银行或者其他金融机构贷款、票据承兑、信用证、保函等，给银行或者其他金融机构造成

---

① 根据2006年6月29日《中华人民共和国刑法修正案（六）》增加。

② 根据2015年8月29日《中华人民共和国刑法修正案（九）》修改。原条文为："伪造货币的，处三年以上十年以下有期徒刑，并处五万元以上五十万元以下罚金；有下列情形之一的，处十年以上有期徒刑、无期徒刑或者死刑，并处五万元以上五十万元以下罚金或者没收财产：

"（一）伪造货币集团的首要分子；

"（二）伪造货币数额特别巨大的；

"（三）有其他特别严重情节的。"

③ 根据1999年12月25日《中华人民共和国刑法修正案》修改。原条文为："未经中国人民银行批准，擅自设立商业银行或者其他金融机构的，处三年以下有期徒刑或者拘役，并处或者单处二万元以上二十万元以下罚金；情节严重的，处三年以上十年以下有期徒刑，并处五万元以上五十万元以下罚金。

"伪造、变造、转让商业银行或者其他金融机构经营许可证的，依照前款的规定处罚。

"单位犯前两款罪的，对单位判处罚金，并对其直接负责的主管人员和其他直接责任人员，依照第一款的规定处罚。"

重大损失的,处三年以下有期徒刑或者拘役,并处或者单处罚金;给银行或者其他金融机构造成特别重大损失或者有其他特别严重情节的,处三年以上七年以下有期徒刑,并处罚金。①

单位犯前款罪的,对单位判处罚金,并对其直接负责的主管人员和其他直接责任人员,依照前款的规定处罚。②

第一百七十六条 【非法吸收公众存款罪】非法吸收公众存款或者变相吸收公众存款,扰乱金融秩序的,处三年以下有期徒刑或者拘役,并处或者单处罚金;数额巨大或者有其他严重情节的,处三年以上十年以下有期徒刑,并处罚金;数额特别巨大或者有其他特别严重情节的,处十年以上有期徒刑,并处罚金。

单位犯前款罪的,对单位判处罚金,并对其直接负责的主管人员和其他直接责任人员,依照前款的规定处罚。

有前两款行为,在提起公诉前积极退赃退赔,减少损害结果发生的,可以从轻或者减轻处罚。③

第一百七十七条④ 【伪造、变造金融票证罪】有下列情形之一,伪造、变造金融票证的,处五年以下有期徒刑或者拘役,并处或者单处二万元以上二十万元以下罚金;情节严重的,处五年以上十年以下有期徒刑,并处五万元以上五十万元以下罚金;情节特别严重的,处十年以上有期徒刑或者无期徒刑,并处五万元以上五十万元以下罚金或者没收财产:

(一)伪造、变造汇票、本票、支票的;

(二)伪造、变造委托收款凭证、汇款凭证、银行存单等其他银行结算凭证的;

(三)伪造、变造信用证或者附随的单据、文件的;

(四)伪造信用卡的。

单位犯前款罪的,对单位判处罚金,并对其直接负责的主管人员和其他直接责任人员,依照前款的规定处罚。

第一百七十七条之一 【妨害信用卡管理罪】有下列情形之一,妨害信用卡管理的,处三年以下有期徒刑或者拘役,并处或者单处一万元以上十万元以下罚金;数量巨大或者有其他严重情节的,处三年以上十年以下有期徒刑,并处二万元以上二十万元以下罚金:

(一)明知是伪造的信用卡而持有、运输的,或者明知是伪造的空白信用卡而持有、运输,数量较大的;

(二)非法持有他人信用卡,数量较大的;

(三)使用虚假的身份证明骗领信用卡的;

(四)出售、购买、为他人提供伪造的信用卡或者以虚假的身份证明骗领的信用卡的。

【窃取、收买、非法提供信用卡信息罪】窃取、收买或者非法提供他人信用卡信息资料的,依照前款规定处罚。

银行或者其他金融机构的工作人员利用职务上的便利,犯第二款罪的,从重处罚。⑤

第一百七十八条 【伪造、变造国家有价证券罪】伪造、变造国库券或者国家发行的其他有价证券,数额较大的,处三年以下有期徒刑或者拘役,并处或者单处二万元以上二十万元以下罚金;数额巨大的,处三年以上十年以下有期徒刑,并处五万元以上五十万元以下罚金;数额特别巨大的,处十年以上有期徒刑或者无期徒刑,并处五万元以上五十万元以下罚金或者没收财产。

【伪造、变造股票、公司、企业债券罪】伪造、变造股票或者公司、企业债券,数额较大的,处三年以下有期徒刑或者拘役,并处或者单处一万元以上十万元以下罚金;数额巨大的,处三年以上十年以下有期徒刑,并处二万元以上二十万元以下罚金。

单位犯前两款罪的,对单位判处罚金,并对其直接负责的主管人员和其他直接责任人员,依照前两款的规定处罚。

---

① 根据2020年12月26日《中华人民共和国刑法修正案(十一)》修改。原第一款条文为:"以欺骗手段取得银行或者其他金融机构贷款、票据承兑、信用证、保函等,给银行或者其他金融机构造成重大损失或者有其他严重情节的,处三年以下有期徒刑或者拘役,并处或者单处罚金;给银行或者其他金融机构造成特别重大损失或者有其他特别严重情节的,处三年以上七年以下有期徒刑,并处罚金。"

② 根据2006年6月29日《中华人民共和国刑法修正案(六)》增加。

③ 根据2020年12月26日《中华人民共和国刑法修正案(十一)》修改。原条文为:"非法吸收公众存款或者变相吸收公众存款,扰乱金融秩序的,处三年以下有期徒刑或者拘役,并处或者单处二万元以上二十万元以下罚金;数额巨大或者有其他严重情节的,处三年以上十年以下有期徒刑,并处五万元以上五十万元以下罚金。

"单位犯前款罪的,对单位判处罚金,并对其直接负责的主管人员和其他直接责任人员,依照前款的规定处罚。"

④ 根据2004年12月29日通过的《全国人民代表大会常务委员会关于〈中华人民共和国刑法〉有关信用卡规定的解释》:

"全国人民代表大会常务委员会根据司法实践中遇到的情况,讨论了刑法规定的'信用卡'的含义问题,解释如下:

"刑法规定的'信用卡',是指商业银行或者其他金融机构发行的具有消费支付、信用贷款、转账结算、存取现金等全部功能或者部分功能的电子支付卡。"

⑤ 根据2005年2月28日《中华人民共和国刑法修正案(五)》增加。

第一百七十九条 【擅自发行股票、公司、企业债券罪】未经国家有关主管部门批准,擅自发行股票或者公司、企业债券,数额巨大、后果严重或者有其他严重情节的,处五年以下有期徒刑或者拘役,并处或者单处非法募集资金金额百分之一以上百分之五以下罚金。

单位犯前款罪的,对单位判处罚金,并对其直接负责的主管人员和其他直接责任人员,处五年以下有期徒刑或者拘役。

第一百八十条 【内幕交易、泄露内幕信息罪】证券、期货交易内幕信息的知情人员或者非法获取证券、期货交易内幕信息的人员,在涉及证券的发行,证券、期货交易或者其他对证券、期货交易价格有重大影响的信息尚未公开前,买入或者卖出该证券,或者从事与该内幕信息有关的期货交易,或者泄露该信息,或者明示、暗示他人从事上述交易活动,情节严重的,处五年以下有期徒刑或者拘役,并处或者单处违法所得一倍以上五倍以下罚金;情节特别严重的,处五年以上十年以下有期徒刑,并处违法所得一倍以上五倍以下罚金。

单位犯前款罪的,对单位判处罚金,并对其直接负责的主管人员和其他直接责任人员,处五年以下有期徒刑或者拘役。

内幕信息、知情人员的范围,依照法律、行政法规的规定确定。

【利用未公开信息交易罪】证券交易所、期货交易所、证券公司、期货经纪公司、基金管理公司、商业银行、保险公司等金融机构的从业人员以及有关监管部门或者行业协会的工作人员,利用因职务便利获取的内幕信息以外的其他未公开的信息,违反规定,从事与该信息相关的证券、期货交易活动,或者明示、暗示他人从事相关交易活动,情节严重的,依照第一款的规定处罚。①

第一百八十一条 【编造并传播证券、期货交易虚假信息罪】编造并且传播影响证券、期货交易的虚假信息,扰乱证券、期货交易市场,造成严重后果的,处五年以下有期徒刑或者拘役,并处或者单处一万元以上十万元以下罚金。

【诱骗投资者买卖证券、期货合约罪】证券交易所、期货交易所、证券公司、期货经纪公司的从业人员,证券业协会、期货业协会或者证券期货监督管理部门的工作人员,故意提供虚假信息或者伪造、变造、销毁交易记录,诱骗投资者买卖证券、期货合约,造成严重后果的,处五年以下有期徒刑或者拘役,并处或者单处一万元以上十万元以下罚金;情节特别恶劣的,处五年以上十年以下有期徒刑,并处二万元以上二十万元以下罚金。

单位犯前两款罪的,对单位判处罚金,并对其直接负责的主管人员和其他直接责任人员,处五年以下有期徒刑或者拘役。②

第一百八十二条 【操纵证券、期货市场罪】有下列情形之一,操纵证券、期货市场,影响证券、期货交易价格或者证券、期货交易量,情节严重的,处五年以下有期徒刑或者拘役,并处或者单处罚金;情节特别严重的,处五年以上十年以下有期徒刑,并处罚金:

(一)单独或者合谋,集中资金优势、持股或者持仓

---

① 根据1999年12月25日《中华人民共和国刑法修正案》第一次修改。原条文为:"证券交易内幕信息的知情人员或者非法获取证券交易内幕信息的人员,在涉及证券的发行、交易或者其他对证券的价格有重大影响的信息尚未公开前,买入或者卖出该证券,或者泄露该信息,情节严重的,处五年以下有期徒刑或者拘役,并处或者单处违法所得一倍以上五倍以下罚金;情节特别严重的,处五年以上十年以下有期徒刑,并处违法所得一倍以上五倍以下罚金。

"单位犯前款罪的,对单位判处罚金,并对其直接负责的主管人员和其他直接责任人员,处五年以下有期徒刑或者拘役。

"内幕信息的范围,依照法律、行政法规的规定确定。

"知情人员的范围,依照法律、行政法规的规定确定。"

根据2009年2月28日《中华人民共和国刑法修正案(七)》第二次修改。原第一款条文为:"证券、期货交易内幕信息的知情人员或者非法获取证券、期货交易内幕信息的人员,在涉及证券的发行,证券、期货交易或者其他对证券、期货交易价格有重大影响的信息尚未公开前,买入或者卖出该证券,或者从事与该内幕信息有关的期货交易,或者泄露该信息,情节严重的,处五年以下有期徒刑或者拘役,并处或者单处违法所得一倍以上五倍以下罚金;情节特别严重的,处五年以上十年以下有期徒刑,并处违法所得一倍以上五倍以下罚金。"

根据2009年2月28日《中华人民共和国刑法修正案(七)》增加一款,作为第四款。

② 根据1999年12月25日《中华人民共和国刑法修正案》修改。原条文为:"编造并且传播影响证券交易的虚假信息,扰乱证券交易市场,造成严重后果的,处五年以下有期徒刑或者拘役,并处或者单处一万元以上十万元以下罚金。

"证券交易所、证券公司的从业人员,证券业协会或者证券管理部门的工作人员,故意提供虚假信息或者伪造、变造、销毁交易记录,诱骗投资者买卖证券,造成严重后果的,处五年以下有期徒刑或者拘役,并处或者单处一万元以上十万元以下罚金;情节特别恶劣的,处五年以上十年以下有期徒刑,并处二万元以上二十万元以下罚金。

"单位犯前两款罪的,对单位判处罚金,并对其直接负责的主管人员和其他直接责任人员,处五年以下有期徒刑或者拘役。"

优势或者利用信息优势联合或者连续买卖的；

（二）与他人串通，以事先约定的时间、价格和方式相互进行证券、期货交易的；

（三）在自己实际控制的帐户之间进行证券交易，或者以自己为交易对象，自买自卖期货合约的；

（四）不以成交为目的，频繁或者大量申报买入、卖出证券、期货合约并撤销申报的；

（五）利用虚假或者不确定的重大信息，诱导投资者进行证券、期货交易的；

（六）对证券、证券发行人、期货交易标的公开作出评价、预测或者投资建议，同时进行反向证券交易或者相关期货交易的；

（七）以其他方法操纵证券、期货市场的。

单位犯前款罪的，对单位判处罚金，并对其直接负责的主管人员和其他直接责任人员，依照前款的规定处罚。①

第一百八十三条 【职务侵占罪】保险公司的工作人员利用职务上的便利，故意编造未曾发生的保险事故进行虚假理赔，骗取保险金归自己所有的，依照本法第二百七十一条的规定定罪处罚。

【贪污罪】国有保险公司工作人员和国有保险公司委派到非国有保险公司从事公务的人员有前款行为的，依照本法第三百八十二条、第三百八十三条的规定定罪处罚。

第一百八十四条 【金融机构工作人员受贿犯罪如何定罪处罚的规定】银行或者其他金融机构的工作人员在金融业务活动中索取他人财物或者非法收受他人财物，为他人谋取利益的，或者违反国家规定，收受各种名义的回扣、手续费，归个人所有的，依照本法第一百六十三条的规定定罪处罚。

国有金融机构工作人员和国有金融机构委派到非国有金融机构从事公务的人员有前款行为的，依照本法第三百八十五条、第三百八十六条的规定定罪处罚。

第一百八十五条 【挪用资金罪】商业银行、证券交易所、期货交易所、证券公司、期货经纪公司、保险公司或者其他金融机构的工作人员利用职务上的便利，挪用本单位或者客户资金的，依照本法第二百七十二条的规定定罪处罚。

【挪用公款罪】国有商业银行、证券交易所、期货交易所、证券公司、期货经纪公司、保险公司或者其他国有金融机构的工作人员和国有商业银行、证券交易所、期货交易所、证券公司、期货经纪公司、保险公司或者其他国有金融机构委派到前款规定中的非国有机构从事公务的人员有前款行为的，依照本法第三百八十四条的规定定罪处罚。②

---

① 根据1999年12月25日《中华人民共和国刑法修正案》第一次修改。原条文为："有下列情形之一，操纵证券交易价格，获取不正当利益或者转嫁风险，情节严重的，处五年以下有期徒刑或者拘役，并处或者单处违法所得一倍以上五倍以下罚金：

"（一）单独或者合谋，集中资金优势、持股优势或者利用信息优势联合或者连续买卖，操纵证券交易价格的；

"（二）与他人串通，以事先约定的时间、价格和方式相互进行证券交易或者相互买卖并不持有的证券，影响证券交易价格或者证券交易量的；

"（三）以自己为交易对象，进行不转移证券所有权的自买自卖，影响证券交易价格或者证券交易量。

"（四）以其他方法操纵证券交易价格的。

"单位犯前款罪的，对单位判处罚金，并对其直接负责的主管人员和其他直接责任人员，处五年以下有期徒刑或者拘役。"

根据2006年6月29日《中华人民共和国刑法修正案（六）》第二次修改。原条文为："有下列情形之一，操纵证券、期货交易价格，获取不正当利益或者转嫁风险，情节严重的，处五年以下有期徒刑或者拘役，并处或者单处违法所得一倍以上五倍以下罚金：

"（一）单独或者合谋，集中资金优势、持股或者持仓优势或者利用信息优势联合或者连续买卖，操纵证券、期货交易价格的；

"（二）与他人串通，以事先约定的时间、价格和方式相互进行证券、期货交易，或者相互买卖并不持有的证券，影响证券、期货交易价格或者证券、期货交易量的；

"（三）以自己为交易对象，进行不转移证券所有权的自买自卖，或者以自己为交易对象，自买自卖期货合约，影响证券、期货交易价格或者证券、期货交易量的。

"（四）以其他方法操纵证券、期货交易价格的。

"单位犯前款罪的，对单位判处罚金，并对其直接负责的主管人员和其他直接责任人员，处五年以下有期徒刑或者拘役。"

根据2020年12月26日《中华人民共和国刑法修正案（十一）》第三次修改。原第一款条文为："有下列情形之一，操纵证券、期货市场，情节严重的，处五年以下有期徒刑或者拘役，并处或者单处罚金；情节特别严重的，处五年以上十年以下有期徒刑，并处罚金：

"（一）单独或者合谋，集中资金优势、持股或者持仓优势或者利用信息优势联合或者连续买卖，操纵证券、期货交易价格或者证券、期货交易量的；

"（二）与他人串通，以事先约定的时间、价格和方式相互进行证券、期货交易，影响证券、期货交易价格或者证券、期货交易量的；

"（三）在自己实际控制的帐户之间进行证券交易，或者以自己为交易对象，自买自卖期货合约，影响证券、期货交易价格或者证券、期货交易量的；

"（四）以其他方法操纵证券、期货市场的。"

② 根据1999年12月25日《中华人民共和国刑法修正案》修改。原条文为："银行或者其他金融机构的工作人员利用职务上的便利，挪用本单位或者客户资金的，依照本法第二百七十二条的规定定罪处罚。

"国有金融机构工作人员和国有金融机构委派到非国有金融机构从事公务的人员有前款行为的，依照本法第三百八十四条的规定定罪处罚。"

第一百八十五条之一　【背信运用受托财产罪】商业银行、证券交易所、期货交易所、证券公司、期货经纪公司、保险公司或者其他金融机构，违背受托义务，擅自运用客户资金或者其他委托、信托的财产，情节严重的，对单位判处罚金，并对其直接负责的主管人员和其他直接责任人员，处三年以下有期徒刑或者拘役，并处三万元以上三十万元以下罚金；情节特别严重的，处三年以上十年以下有期徒刑，并处五万元以上五十万元以下罚金。

【违法运用资金罪】社会保障基金管理机构、住房公积金管理机构等公众资金管理机构，以及保险公司、保险资产管理公司、证券投资基金管理公司，违反国家规定运用资金的，对其直接负责的主管人员和其他直接责任人员，依照前款的规定处罚。①

第一百八十六条　【违法发放贷款罪】银行或者其他金融机构的工作人员违反国家规定发放贷款，数额巨大或者造成重大损失的，处五年以下有期徒刑或者拘役，并处一万元以上十万元以下罚金；数额特别巨大或者造成特别重大损失的，处五年以上有期徒刑，并处二万元以上二十万元以下罚金。

银行或者其他金融机构的工作人员违反国家规定，向关系人发放贷款的，依照前款的规定从重处罚。②

单位犯前两款罪的，对单位判处罚金，并对其直接负责的主管人员和其他直接责任人员，依照前两款的规定处罚。

关系人的范围，依照《中华人民共和国商业银行法》和有关金融法规确定。

第一百八十七条　【吸收客户资金不入账罪】银行或者其他金融机构的工作人员吸收客户资金不入帐，数额巨大或者造成重大损失的，处五年以下有期徒刑或者拘役，并处二万元以上二十万元以下罚金；数额特别巨大或者造成特别重大损失的，处五年以上有期徒刑，并处五万元以上五十万元以下罚金。③

单位犯前款罪的，对单位判处罚金，并对其直接负责的主管人员和其他直接责任人员，依照前款的规定处罚。

第一百八十八条　【违规出具金融票证罪】银行或者其他金融机构的工作人员违反规定，为他人出具信用证或者其他保函、票据、存单、资信证明，情节严重的，处五年以下有期徒刑或者拘役；情节特别严重的，处五年以上有期徒刑。④

单位犯前款罪的，对单位判处罚金，并对其直接负责的主管人员和其他直接责任人员，依照前款的规定处罚。

第一百八十九条　【对违法票据承兑、付款、保证罪】银行或者其他金融机构的工作人员在票据业务中，对违反票据法规定的票据予以承兑、付款或者保证，造成重大损失的，处五年以下有期徒刑或者拘役；造成特别重大损失的，处五年以上有期徒刑。

单位犯前款罪的，对单位判处罚金，并对其直接负责的主管人员和其他直接责任人员，依照前款的规定处罚。

第一百九十条　【逃汇罪】公司、企业或者其他单位，违反国家规定，擅自将外汇存放境外，或者将境内的外汇非法转移到境外，数额较大的，对单位判处逃汇数额百分之五以上百分之三十以下罚金，并对其直接负责的主管人员和其他直接责任人员，处五年以下有期徒刑或者拘役；数额巨大或者有其他严重情节的，对单位判处逃汇数额百分之五以上百分之三十以下罚金，并对其直接负责的主管人员和其他直接责任人员，处五年以上有期徒刑。⑤

第一百九十一条　【洗钱罪】为掩饰、隐瞒毒品犯罪、黑社会性质的组织犯罪、恐怖活动犯罪、走私犯罪、贪

---

① 根据 2006 年 6 月 29 日《中华人民共和国刑法修正案（六）》增加。

② 根据 2006 年 6 月 29 日《中华人民共和国刑法修正案（六）》修改。原第一款、第二款条文为："银行或者其他金融机构的工作人员违反法律、行政法规规定，向关系人发放信用贷款或者发放担保贷款的条件优于其他借款人同类贷款的条件，造成较大损失的，处五年以下有期徒刑或者拘役，并处一万元以上十万元以下罚金；造成重大损失的，处五年以上有期徒刑，并处二万元以上二十万元以下罚金。

"银行或者其他金融机构的工作人员违反法律、行政法规规定，向关系人以外的其他人发放贷款，造成重大损失的，处五年以下有期徒刑或者拘役，并处一万元以上十万元以下罚金；造成特别重大损失的，处五年以上有期徒刑，并处二万元以上二十万元以下罚金。"

③ 根据 2006 年 6 月 29 日《中华人民共和国刑法修正案（六）》修改。原第一款条文为："银行或者其他金融机构的工作人员以牟利为目的，采取吸收客户资金不入帐的方式，将资金用于非法拆借、发放贷款，造成重大损失的，处五年以下有期徒刑或者拘役，并处二万元以上二十万元以下罚金；造成特别重大损失的，处五年以上有期徒刑，并处五万元以上五十万元以下罚金。"

④ 根据 2006 年 6 月 29 日《中华人民共和国刑法修正案（六）》修改。原第一款条文为："银行或者其他金融机构的工作人员违反规定，为他人出具信用证或者其他保函、票据、存单、资信证明，造成较大损失的，处五年以下有期徒刑或者拘役；造成重大损失的，处五年以上有期徒刑。"

⑤ 根据 1998 年 12 月 29 日通过的《全国人民代表大会常务委员会关于惩治骗购外汇、逃汇和非法买卖外汇犯罪的决定》修改。原条文为："国有公司、企业或者其他国有单位，违反国家规定，擅自将外汇存放境外，或者将境内的外汇非法转移到境外，情节严重的，对单位判处罚金，并对其直接负责的主管人员和其他直接责任人员，处五年以下有期徒刑或者拘役。"

污贿赂犯罪、破坏金融管理秩序犯罪、金融诈骗犯罪的所得及其产生的收益的来源和性质,有下列行为之一的,没收实施以上犯罪的所得及其产生的收益,处五年以下有期徒刑或者拘役,并处或者单处罚金;情节严重的,处五年以上十年以下有期徒刑,并处罚金:

(一)提供资金帐户的;

(二)将财产转换为现金、金融票据、有价证券的;

(三)通过转帐或者其他支付结算方式转移资金的;

(四)跨境转移资产的;

(五)以其他方法掩饰、隐瞒犯罪所得及其收益的来源和性质的。

单位犯前款罪的,对单位判处罚金,并对其直接负责的主管人员和其他直接责任人员,依照前款的规定处罚。①

第五节 金融诈骗罪

第一百九十二条 【集资诈骗罪】以非法占有为目的,使用诈骗方法非法集资,数额较大的,处三年以上七年以下有期徒刑,并处罚金;数额巨大或者有其他严重情节的,处七年以上有期徒刑或者无期徒刑,并处罚金或者没收财产。

单位犯前款罪的,对单位判处罚金,并对其直接负责的主管人员和其他直接责任人员,依照前款的规定处罚。②

第一百九十三条 【贷款诈骗罪】有下列情形之一,以非法占有为目的,诈骗银行或者其他金融机构的贷款,数额较大的,处五年以下有期徒刑或者拘役,并处二万元以上二十万元以下罚金;数额巨大或者有其他严重情节

---

① 根据2001年12月29日《中华人民共和国刑法修正案(三)》第一次修改。原条文为:"明知是毒品犯罪、黑社会性质的组织犯罪、走私犯罪的违法所得及其产生的收益,为掩饰、隐瞒其来源和性质,有下列行为之一的,没收实施以上犯罪的违法所得及其产生的收益,处五年以下有期徒刑或者拘役,并处或者单处洗钱数额百分之五以上百分之二十以下罚金;情节严重的,处五年以上十年以下有期徒刑,并处洗钱数额百分之五以上百分之二十以下罚金:

"(一)提供资金帐户的;

"(二)协助将财产转换为现金或者金融票据的;

"(三)通过转帐或者其他结算方式协助资金转移的;

"(四)协助将资金汇往境外的;

"(五)以其他方法掩饰、隐瞒犯罪的违法所得及其收益的性质和来源的。

"单位犯前款罪的,对单位判处罚金,并对其直接负责的主管人员和其他直接责任人员,处五年以下有期徒刑或者拘役。"

根据2006年6月29日《中华人民共和国刑法修正案(六)》第二次修改。原第一款条文为:"明知是毒品犯罪、黑社会性质的组织犯罪、恐怖活动犯罪、走私犯罪的违法所得及其产生的收益,为掩饰、隐瞒其来源和性质,有下列行为之一的,没收实施以上犯罪的违法所得及其产生的收益,处五年以下有期徒刑或者拘役,并处或者单处洗钱数额百分之五以上百分之二十以下罚金;情节严重的,处五年以上十年以下有期徒刑,并处洗钱数额百分之五以上百分之二十以下罚金:

"(一)提供资金帐户的;

"(二)协助将财产转换为现金或者金融票据的;

"(三)通过转帐或者其他结算方式协助资金转移的;

"(四)协助将资金汇往境外的;

"(五)以其他方法掩饰、隐瞒犯罪的违法所得及其收益的来源和性质的。"

根据2020年12月26日《中华人民共和国刑法修正案(十一)》第三次修改。原条文为:"明知是毒品犯罪、黑社会性质的组织犯罪、恐怖活动犯罪、走私犯罪、贪污贿赂犯罪、破坏金融管理秩序犯罪、金融诈骗犯罪的所得及其产生的收益,为掩饰、隐瞒其来源和性质,有下列行为之一的,没收实施以上犯罪的所得及其产生的收益,处五年以下有期徒刑或者拘役,并处或者单处洗钱数额百分之五以上百分之二十以下罚金;情节严重的,处五年以上十年以下有期徒刑,并处洗钱数额百分之五以上百分之二十以下罚金:

"(一)提供资金帐户的;

"(二)协助将财产转换为现金、金融票据、有价证券的;

"(三)通过转帐或者其他支付结算方式协助资金转移的;

"(四)协助将资金汇往境外的;

"(五)以其他方法掩饰、隐瞒犯罪所得及其收益的来源和性质的。

"单位犯前款罪的,对单位判处罚金,并对其直接负责的主管人员和其他直接责任人员,处五年以下有期徒刑或者拘役;情节严重的,处五年以上十年以下有期徒刑。"

② 根据2020年12月26日《中华人民共和国刑法修正案(十一)》修改。原条文为:"以非法占有为目的,使用诈骗方法非法集资,数额较大的,处五年以下有期徒刑或者拘役,并处二万元以上二十万元以下罚金;数额巨大或者有其他严重情节的,处五年以上十年以下有期徒刑,并处五万元以上五十万元以下罚金;数额特别巨大或者有其他特别严重情节的,处十年以上有期徒刑或者无期徒刑,并处五万元以上五十万元以下罚金或者没收财产。"

的,处五年以上十年以下有期徒刑,并处五万元以上五十万元以下罚金;数额特别巨大或者有其他特别严重情节的,处十年以上有期徒刑或者无期徒刑,并处五万元以上五十万元以下罚金或者没收财产:

（一）编造引进资金、项目等虚假理由的;

（二）使用虚假的经济合同的;

（三）使用虚假的证明文件的;

（四）使用虚假的产权证明作担保或者超出抵押物价值重复担保的;

（五）以其他方法诈骗贷款的。

第一百九十四条 【票据诈骗罪】有下列情形之一,进行金融票据诈骗活动,数额较大的,处五年以下有期徒刑或者拘役,并处二万元以上二十万元以下罚金;数额巨大或者有其他严重情节的,处五年以上十年以下有期徒刑,并处五万元以上五十万元以下罚金;数额特别巨大或者有其他特别严重情节的,处十年以上有期徒刑或者无期徒刑,并处五万元以上五十万元以下罚金或者没收财产:

（一）明知是伪造、变造的汇票、本票、支票而使用的;

（二）明知是作废的汇票、本票、支票而使用的;

（三）冒用他人的汇票、本票、支票的;

（四）签发空头支票或者与其预留印鉴不符的支票,骗取财物的;

（五）汇票、本票的出票人签发无资金保证的汇票、本票或者在出票时作虚假记载,骗取财物的。

【金融凭证诈骗罪】使用伪造、变造的委托收款凭证、汇款凭证、银行存单等其他银行结算凭证的,依照前款的规定处罚。

第一百九十五条 【信用证诈骗罪】有下列情形之一,进行信用证诈骗活动的,处五年以下有期徒刑或者拘役,并处二万元以上二十万元以下罚金;数额巨大或者有其他严重情节的,处五年以上十年以下有期徒刑,并处五万元以上五十万元以下罚金;数额特别巨大或者有其他特别严重情节的,处十年以上有期徒刑或者无期徒刑,并处五万元以上五十万元以下罚金或者没收财产:

（一）使用伪造、变造的信用证或者附随的单据、文件的;

（二）使用作废的信用证的;

（三）骗取信用证的;

（四）以其他方法进行信用证诈骗活动的。

第一百九十六条[1] 【信用卡诈骗罪】有下列情形之一,进行信用卡诈骗活动,数额较大的,处五年以下有期徒刑或者拘役,并处二万元以上二十万元以下罚金;数额巨大或者有其他严重情节的,处五年以上十年以下有期徒刑,并处五万元以上五十万元以下罚金;数额特别巨大或者有其他特别严重情节的,处十年以上有期徒刑或者无期徒刑,并处五万元以上五十万元以下罚金或者没收财产:

（一）使用伪造的信用卡,或者使用以虚假的身份证明骗领的信用卡的;

（二）使用作废的信用卡的;

（三）冒用他人信用卡的;

（四）恶意透支的。

前款所称恶意透支,是指持卡人以非法占有为目的,超过规定限额或者规定期限透支,并且经发卡银行催收后仍不归还的行为。

盗窃信用卡并使用的,依照本法第二百六十四条的规定定罪处罚。[2]

---

[1] 根据2004年12月29日通过的《全国人民代表大会常务委员会关于〈中华人民共和国刑法〉有关信用卡规定的解释》:
"全国人民代表大会常务委员会根据司法实践中遇到的情况,讨论了刑法规定的'信用卡'的含义问题,解释如下:
"刑法规定的'信用卡',是指由商业银行或者其他金融机构发行的具有消费支付、信用贷款、转账结算、存取现金等全部功能或者部分功能的电子支付卡。"

[2] 根据2005年2月28日《中华人民共和国刑法修正案(五)》修改。原条文为:"有下列情形之一,进行信用卡诈骗活动,数额较大的,处五年以下有期徒刑或者拘役,并处二万元以上二十万元以下罚金;数额巨大或者有其他严重情节的,处五年以上十年以下有期徒刑,并处五万元以上五十万元以下罚金;数额特别巨大或者有其他特别严重情节的,处十年以上有期徒刑或者无期徒刑,并处五万元以上五十万元以下罚金或者没收财产:

"（一）使用伪造的信用卡的;

"（二）使用作废的信用卡的;

"（三）冒用他人信用卡的;

"（四）恶意透支的。

"前款所称恶意透支,是指持卡人以非法占有为目的,超过规定限额或者规定期限透支,并且经发卡银行催收后仍不归还的行为。

"盗窃信用卡并使用的,依照本法第二百六十四条的规定定罪处罚。"

第一百九十七条 【有价证券诈骗罪】使用伪造、变造的国库券或者国家发行的其他有价证券,进行诈骗活动,数额较大的,处五年以下有期徒刑或者拘役,并处二万元以上二十万元以下罚金;数额巨大或者有其他严重情节的,处五年以上十年以下有期徒刑,并处五万元以上五十万元以下罚金;数额特别巨大或者有其他特别严重情节的,处十年以上有期徒刑或者无期徒刑,并处五万元以上五十万元以下罚金或者没收财产。

第一百九十八条 【保险诈骗罪】有下列情形之一,进行保险诈骗活动,数额较大的,处五年以下有期徒刑或者拘役,并处一万元以上十万元以下罚金;数额巨大或者有其他严重情节的,处五年以上十年以下有期徒刑,并处二万元以上二十万元以下罚金;数额特别巨大或者有其他特别严重情节的,处十年以上有期徒刑,并处二万元以上二十万元以下罚金或者没收财产:

(一)投保人故意虚构保险标的,骗取保险金的;

(二)投保人、被保险人或者受益人对发生的保险事故编造虚假的原因或者夸大损失的程度,骗取保险金的;

(三)投保人、被保险人或者受益人编造未曾发生的保险事故,骗取保险金的;

(四)投保人、被保险人故意造成财产损失的保险事故,骗取保险金的;

(五)投保人、受益人故意造成被保险人死亡、伤残或者疾病,骗取保险金的。

有前款第四项、第五项所列行为,同时构成其他犯罪的,依照数罪并罚的规定处罚。

单位犯第一款罪的,对单位判处罚金,并对其直接负责的主管人员和其他直接责任人员,处五年以下有期徒刑或者拘役;数额巨大或者有其他严重情节的,处五年以上十年以下有期徒刑;数额特别巨大或者有其他特别严重情节的,处十年以上有期徒刑。

保险事故的鉴定人、证明人、财产评估人故意提供虚假的证明文件,为他人诈骗提供条件的,以保险诈骗的共犯论处。

第一百九十九条 （删去）[①]

第二百条 【单位犯金融诈骗罪的处罚规定】单位犯本节第一百九十四条、第一百九十五条规定之罪的,对单位判处罚金,并对其直接负责的主管人员和其他直接责任人员,处五年以下有期徒刑或者拘役,可以并处罚金;数额巨大或者有其他严重情节的,处五年以上十年以下有期徒刑,并处罚金;数额特别巨大或者有其他特别严重情节的,处十年以上有期徒刑或者无期徒刑,并处罚金。[②]

第六节 危害税收征管罪[③]

第二百零一条 【逃税罪】纳税人采取欺骗、隐瞒手段进行虚假纳税申报或者不申报,逃避缴纳税款数额较大并且占应纳税额百分之十以上的,处三年以下有期徒刑或者拘役,并处罚金;数额巨大并且占应纳税额百分之三十以上的,处三年以上七年以下有期徒刑,并处罚金。

扣缴义务人采取前款所列手段,不缴或者少缴已扣、已收税款,数额较大的,依照前款的规定处罚。

对多次实施前两款行为,未经处理的,按照累计数额计算。

有第一款行为,经税务机关依法下达追缴通知后,补缴应纳税款,缴纳滞纳金,已受行政处罚的,不予追究刑事责任;但是,五年内因逃避缴纳税款受过刑事处罚或者

[①] 根据2011年2月25日《中华人民共和国刑法修正案(八)》修改。原条文为:"犯本节第一百九十二条、第一百九十四条、第一百九十五条规定之罪,数额特别巨大并且给国家和人民利益造成特别重大损失的,处无期徒刑或者死刑,并处没收财产。"

根据2015年8月29日《中华人民共和国刑法修正案(九)》删除。原条文为:"犯本节第一百九十二条规定之罪,数额特别巨大并且给国家和人民利益造成特别重大损失的,处无期徒刑或者死刑,并处没收财产。"

[②] 根据2011年2月25日《中华人民共和国刑法修正案(八)》第一次修改。原条文为:"单位犯本节第一百九十二条、第一百九十四条、第一百九十五条规定之罪的,对单位判处罚金,并对其直接负责的主管人员和其他直接责任人员,处五年以下有期徒刑或者拘役;数额巨大或者有其他严重情节的,处五年以上十年以下有期徒刑;数额特别巨大或者有其他特别严重情节的,处十年以上有期徒刑或者无期徒刑。"

根据2020年12月26日《中华人民共和国刑法修正案(十一)》第二次修改。原条文为:"单位犯本节第一百九十二条、第一百九十四条、第一百九十五条规定之罪的,对单位判处罚金,并对其直接负责的主管人员和其他直接责任人员,处五年以下有期徒刑或者拘役,可以并处罚金;数额巨大或者有其他严重情节的,处五年以上十年以下有期徒刑,并处罚金;数额特别巨大或者有其他特别严重情节的,处十年以上有期徒刑或者无期徒刑,并处罚金。"

[③] 根据2005年12月29日通过的《全国人民代表大会常务委员会关于〈中华人民共和国刑法〉有关出口退税、抵扣税款的其他发票规定的解释》:

"全国人民代表大会常务委员会根据司法实践中遇到的情况,讨论了刑法规定的'出口退税、抵扣税款的其他发票'的含义问题,解释如下:

"刑法规定的'出口退税、抵扣税款的其他发票',是指除增值税专用发票以外,具有出口退税、抵扣税款功能的收付款凭证或者完税凭证。"

被税务机关给予二次以上行政处罚的除外。①

第二百零二条 【抗税罪】以暴力、威胁方法拒不缴纳税款的,处三年以下有期徒刑或者拘役,并处拒缴税款一倍以上五倍以下罚金;情节严重的,处三年以上七年以下有期徒刑,并处拒缴税款一倍以上五倍以下罚金。

第二百零三条 【逃避追缴欠税罪】纳税人欠缴应纳税款,采取转移或者隐匿财产的手段,致使税务机关无法追缴欠缴的税款,数额在一万元以上不满十万元的,处三年以下有期徒刑或者拘役,并处或者单处欠缴税款一倍以上五倍以下罚金;数额在十万元以上的,处三年以上七年以下有期徒刑,并处欠缴税款一倍以上五倍以下罚金。

第二百零四条 【骗取出口退税罪】以假报出口或者其他欺骗手段,骗取国家出口退税款,数额较大的,处五年以下有期徒刑或者拘役,并处骗取税款一倍以上五倍以下罚金;数额巨大或者有其他严重情节的,处五年以上十年以下有期徒刑,并处骗取税款一倍以上五倍以下罚金;数额特别巨大或者有其他特别严重情节的,处十年以上有期徒刑或者无期徒刑,并处骗取税款一倍以上五倍以下罚金或者没收财产。

纳税人缴纳税款后,采取前款规定的欺骗方法,骗取所缴纳的税款的,依照本法第二百零一条的规定定罪处罚;骗取税款超过所缴纳的税款部分,依照前款的规定处罚。

第二百零五条 【虚开增值税专用发票、用于骗取出口退税、抵扣税款发票罪】虚开增值税专用发票或者虚开用于骗取出口退税、抵扣税款的其他发票的,处三年以下有期徒刑或者拘役,并处二万元以上二十万元以下罚金;虚开的税款数额较大或者有其他严重情节的,处三年以上十年以下有期徒刑,并处五万元以上五十万元以下罚金;虚开的税款数额巨大或者有其他特别严重情节的,处十年以上有期徒刑或者无期徒刑,并处五万元以上五十万元以下罚金或者没收财产。

单位犯本条规定之罪的,对单位判处罚金,并对其直接负责的主管人员和其他直接责任人员,处三年以下有期徒刑或者拘役;虚开的税款数额较大或者有其他严重情节的,处三年以上十年以下有期徒刑;虚开的税款数额巨大或者有其他特别严重情节的,处十年以上有期徒刑或者无期徒刑。

虚开增值税专用发票或者虚开用于骗取出口退税、抵扣税款的其他发票,是指有为他人虚开、为自己虚开、让他人为自己虚开、介绍他人虚开行为之一的。②

第二百零五条之一 【虚开发票罪】虚开本法第二百零五条规定以外的其他发票,情节严重的,处二年以下有期徒刑、拘役或者管制,并处罚金;情节特别严重的,处二年以上七年以下有期徒刑,并处罚金。

单位犯前款罪的,对单位判处罚金,并对其直接负责的主管人员和其他直接责任人员,依照前款的规定处罚。③

第二百零六条 【伪造、出售伪造的增值税专用发票罪】伪造或者出售伪造的增值税专用发票的,处三年以下有期徒刑、拘役或者管制,并处二万元以上二十万元以下罚金;数量较大或者有其他严重情节的,处三年以上十年以下有期徒刑,并处五万元以上五十万元以下罚金;数量巨大或者有其他特别严重情节的,处十年以上有期徒刑或者无期徒刑,并处五万元以上五十万元以下罚金或者没收财产。

单位犯本条规定之罪的,对单位判处罚金,并对其直接负责的主管人员和其他直接责任人员,处三年以下有期徒刑、拘役或者管制;数量较大或者有其他严重情节的,处三年以上十年以下有期徒刑;数量巨大或者有其他特别严重情节的,处十年以上有期徒刑或者无期徒刑。④

---

① 根据2009年2月28日《中华人民共和国刑法修正案(七)》修改。原条文为:"纳税人采取伪造、变造、隐匿、擅自销毁帐簿、记帐凭证,在帐簿上多列支出或者不列、少列收入,经税务机关通知申报而拒不申报或者进行虚假的纳税申报的手段,不缴或者少缴应纳税款,偷税数额占应纳税额的百分之十以上不满百分之三十并且偷税数额在一万元以上不满十万元的,或者因偷税被税务机关给予二次行政处罚又偷税的,处三年以下有期徒刑或者拘役,并处偷税数额一倍以上五倍以下罚金;偷税数额占应纳税额的百分之三十以上并且偷税数额在十万元以上的,处三年以上七年以下有期徒刑,并处偷税数额一倍以上五倍以下罚金。

"扣缴义务人采取前款所列手段,不缴或者少缴已扣、已收税款,数额占应缴税额的百分之十以上并且数额在一万元以上的,依照前款的规定处罚。

"对多次犯有前两款行为,未经处理的,按照累计数额计算。"

② 根据2011年2月25日《中华人民共和国刑法修正案(八)》修改,本条删去第二款。原第二款条文为:"有前款行为骗取国家税款,数额特别巨大,情节特别严重,给国家利益造成特别重大损失的,处无期徒刑或者死刑,并处没收财产。"

③ 根据2011年2月25日《中华人民共和国刑法修正案(八)》增加。

④ 根据2011年2月25日《中华人民共和国刑法修正案(八)》修改,本条删去第二款。原第二款条文为:"伪造并出售伪造的增值税专用发票,数量特别巨大,情节特别严重,严重破坏经济秩序的,处无期徒刑或者死刑,并处没收财产。"

第二百零七条 【非法出售增值税专用发票罪】非法出售增值税专用发票的，处三年以下有期徒刑、拘役或者管制，并处二万元以上二十万元以下罚金；数量较大的，处三年以上十年以下有期徒刑，并处五万元以上五十万元以下罚金；数量巨大的，处十年以上有期徒刑或者无期徒刑，并处五万元以上五十万元以下罚金或者没收财产。

第二百零八条 【非法购买增值税专用发票、购买伪造的增值税专用发票罪】非法购买增值税专用发票或者购买伪造的增值税专用发票的，处五年以下有期徒刑或者拘役，并处或者单处二万元以上二十万元以下罚金。

非法购买增值税专用发票或者购买伪造的增值税专用发票又虚开或者出售的，分别依照本法第二百零五条、第二百零六条、第二百零七条的规定定罪处罚。

第二百零九条 【非法制造、出售非法制造的用于骗取出口退税、抵扣税款发票罪】伪造、擅自制造或者出售伪造、擅自制造的可以用于骗取出口退税、抵扣税款的其他发票的，处三年以下有期徒刑、拘役或者管制，并处二万元以上二十万元以下罚金；数量巨大的，处三年以上七年以下有期徒刑，并处五万元以上五十万元以下罚金；数量特别巨大的，处七年以上有期徒刑，并处五万元以上五十万元以下罚金或者没收财产。

【非法制造、出售非法制造的发票罪】伪造、擅自制造或者出售伪造、擅自制造的前款规定以外的其他发票的，处二年以下有期徒刑、拘役或者管制，并处或者单处一万元以上五万元以下罚金；情节严重的，处二年以上七年以下有期徒刑，并处五万元以上五十万元以下罚金。

【非法出售用于骗取出口退税、抵扣税款发票罪】非法出售可以用于骗取出口退税、抵扣税款的其他发票的，依照第一款的规定处罚。

【非法出售发票罪】非法出售第三款规定以外的其他发票的，依照第二款的规定处罚。

第二百一十条 【盗窃罪】盗窃增值税专用发票或者可以用于骗取出口退税、抵扣税款的其他发票的，依照本法第二百六十四条的规定定罪处罚。

【诈骗罪】使用欺骗手段骗取增值税专用发票或者可以用于骗取出口退税、抵扣税款的其他发票的，依照本法第二百六十六条的规定定罪处罚。

第二百一十条之一 【持有伪造的发票罪】明知是伪造的发票而持有，数量较大的，处二年以下有期徒刑、拘役或者管制，并处罚金；数量巨大的，处二年以上七年以下有期徒刑，并处罚金。

单位犯前款罪的，对单位判处罚金，并对其直接负责的主管人员和其他直接责任人员，依照前款的规定处罚。①

第二百一十一条 【单位犯危害税收征管罪的处罚规定】单位犯本节第二百零一条、第二百零三条、第二百零四条、第二百零七条、第二百零八条、第二百零九条规定之罪的，对单位判处罚金，并对其直接负责的主管人员和其他直接责任人员，依照各该条的规定处罚。

第二百一十二条 【税收征缴优先原则】犯本节第二百零一条至第二百零五条规定之罪，被判处罚金、没收财产的，在执行前，应当先由税务机关追缴税款和所骗取的出口退税款。

第七节 侵犯知识产权罪

第二百一十三条 【假冒注册商标罪】未经注册商标所有人许可，在同一种商品、服务上使用与其注册商标相同的商标，情节严重的，处三年以下有期徒刑，并处或者单处罚金；情节特别严重的，处三年以上十年以下有期徒刑，并处罚金。②

第二百一十四条 【销售假冒注册商标的商品罪】销售明知是假冒注册商标的商品，违法所得数额较大或者有其他严重情节的，处三年以下有期徒刑，并处或者单处罚金；违法所得数额巨大或者有其他特别严重情节的，处三年以上十年以下有期徒刑，并处罚金。③

第二百一十五条 【非法制造、销售非法制造的注册商标标识罪】伪造、擅自制造他人注册商标标识或者销售伪造、擅自制造的注册商标标识，情节严重的，处三年以下有期徒刑，并处或者单处罚金；情节特别严重的，处三年以上十年以下有期徒刑，并处罚金。④

第二百一十六条 【假冒专利罪】假冒他人专利，情

---

① 根据 2011 年 2 月 25 日《中华人民共和国刑法修正案（八）》增加。
② 根据 2020 年 12 月 26 日《中华人民共和国刑法修正案（十一）》修改。原条文为："未经注册商标所有人许可，在同一种商品上使用与其注册商标相同的商标，情节严重的，处三年以下有期徒刑或者拘役，并处或者单处罚金；情节特别严重的，处三年以上七年以下有期徒刑，并处罚金。"
③ 根据 2020 年 12 月 26 日《中华人民共和国刑法修正案（十一）》修改。原条文为："销售明知是假冒注册商标的商品，销售金额数额较大的，处三年以下有期徒刑或者拘役，并处或者单处罚金；销售金额数额巨大的，处三年以上七年以下有期徒刑，并处罚金。"
④ 根据 2020 年 12 月 26 日《中华人民共和国刑法修正案（十一）》修改。原条文为："伪造、擅自制造他人注册商标标识或者销售伪造、擅自制造的注册商标标识，情节严重的，处三年以下有期徒刑、拘役或者管制，并处或者单处罚金；情节特别严重的，处三年以上七年以下有期徒刑，并处罚金。"

节严重的,处三年以下有期徒刑或者拘役,并处或者单处罚金。

第二百一十七条 【侵犯著作权罪】以营利为目的,有下列侵犯著作权或者与著作权有关的权利的情形之一,违法所得数额较大或者有其他严重情节的,处三年以下有期徒刑,并处或者单处罚金;违法所得数额巨大或者有其他特别严重情节的,处三年以上十年以下有期徒刑,并处罚金:

(一)未经著作权人许可,复制发行、通过信息网络向公众传播其文字作品、音乐、美术、视听作品、计算机软件及法律、行政法规规定的其他作品的;

(二)出版他人享有专有出版权的图书的;

(三)未经录音录像制作者许可,复制发行、通过信息网络向公众传播其制作的录音录像的;

(四)未经表演者许可,复制发行录有其表演的录音录像制品,或者通过信息网络向公众传播其表演的;

(五)制作、出售假冒他人署名的美术作品的;

(六)未经著作权人或者与著作权有关的权利人许可,故意避开或者破坏权利人为其作品、录音录像制品等采取的保护著作权或者与著作权有关的权利的技术措施的。①

第二百一十八条 【销售侵权复制品罪】以营利为目的,销售明知是本法第二百一十七条规定的侵权复制品,违法所得数额巨大或者有其他严重情节的,处五年以下有期徒刑,并处或者单处罚金。②

第二百一十九条 【侵犯商业秘密罪】有下列侵犯商业秘密行为之一,情节严重的,处三年以下有期徒刑,并处或者单处罚金;情节特别严重的,处三年以上十年以下有期徒刑,并处罚金:

(一)以盗窃、贿赂、欺诈、胁迫、电子侵入或者其他不正当手段获取权利人的商业秘密的;

(二)披露、使用或者允许他人使用以前项手段获取的权利人的商业秘密的;

(三)违反保密义务或者违反权利人有关保守商业秘密的要求,披露、使用或者允许他人使用其所掌握的商业秘密的。

明知前款所列行为,获取、披露、使用或者允许他人使用该商业秘密的,以侵犯商业秘密论。

本条所称权利人,是指商业秘密的所有人和经商业秘密所有人许可的商业秘密使用人。③

第二百一十九条之一 【为境外窃取、刺探、收买、非法提供商业秘密罪】为境外的机构、组织、人员窃取、刺探、收买、非法提供商业秘密的,处五年以下有期徒刑,并处或者单处罚金;情节严重的,处五年以上有期徒刑,并处罚金。④

第二百二十条 【单位犯侵犯知识产权罪的处罚规定】单位犯本节第二百一十三条至第二百一十九条之一规定之罪的,对单位判处罚金,并对其直接负责的主管人员和其他直接责任人员,依照本节各该条的规定处罚。⑤

---

① 根据 2020 年 12 月 26 日《中华人民共和国刑法修正案(十一)》修改。原条文为:"以营利为目的,有下列侵犯著作权情形之一,违法所得数额较大或者有其他严重情节的,处三年以下有期徒刑或者拘役,并处或者单处罚金;违法所得数额巨大或者有其他特别严重情节的,处三年以上七年以下有期徒刑,并处罚金:

"(一)未经著作权人许可,复制发行其文字作品、音乐、电影、电视、录像作品、计算机软件及其他作品的;

"(二)出版他人享有专有出版权的图书的;

"(三)未经录音录像制作者许可,复制发行其制作的录音录像的;

"(四)制作、出售假冒他人署名的美术作品的。"

② 根据 2020 年 12 月 26 日《中华人民共和国刑法修正案(十一)》修改。原条文为:"以营利为目的,销售明知是本法第二百一十七条规定的侵权复制品,违法所得数额巨大的,处三年以下有期徒刑或者拘役,并处或者单处罚金。"

③ 根据 2020 年 12 月 26 日《中华人民共和国刑法修正案(十一)》修改。原条文为:"有下列侵犯商业秘密行为之一,给商业秘密的权利人造成重大损失的,处三年以下有期徒刑或者拘役,并处或者单处罚金;造成特别严重后果的,处三年以上七年以下有期徒刑,并处罚金:

"(一)以盗窃、利诱、胁迫或者其他不正当手段获取权利人的商业秘密的;

"(二)披露、使用或者允许他人使用以前项手段获取的权利人的商业秘密的;

"(三)违反约定或者违反权利人有关保守商业秘密的要求,披露、使用或者允许他人使用其所掌握的商业秘密的。

"明知或者应知前款所列行为,获取、使用或者披露他人的商业秘密的,以侵犯商业秘密论。

"本条所称商业秘密,是指不为公众所知悉,能为权利人带来经济利益,具有实用性并经权利人采取保密措施的技术信息和经营信息。

"本条所称权利人,是指商业秘密的所有人和经商业秘密所有人许可的商业秘密使用人。"

④ 根据 2020 年 12 月 26 日《中华人民共和国刑法修正案(十一)》增加。

⑤ 根据 2020 年 12 月 26 日《中华人民共和国刑法修正案(十一)》修改。原条文为:"单位犯本节第二百一十三条至第二百一十九条规定之罪的,对单位判处罚金,并对其直接负责的主管人员和其他直接责任人员,依照本节各该条的规定处罚。"

第八节 扰乱市场秩序罪

第二百二十一条 【损害商业信誉、商品声誉罪】捏造并散布虚伪事实,损害他人的商业信誉、商品声誉,给他人造成重大损失或者有其他严重情节的,处二年以下有期徒刑或者拘役,并处或者单处罚金。

第二百二十二条 【虚假广告罪】广告主、广告经营者、广告发布者违反国家规定,利用广告对商品或者服务作虚假宣传,情节严重的,处二年以下有期徒刑或者拘役,并处或者单处罚金。

第二百二十三条 【串通投标罪】投标人相互串通投标报价,损害招标人或者其他投标人利益,情节严重的,处三年以下有期徒刑或者拘役,并处或者单处罚金。

投标人与招标人串通投标,损害国家、集体、公民的合法利益的,依照前款的规定处罚。

第二百二十四条 【合同诈骗罪】有下列情形之一,以非法占有为目的,在签订、履行合同过程中,骗取对方当事人财物,数额较大的,处三年以下有期徒刑或者拘役,并处或者单处罚金;数额巨大或者有其他严重情节的,处三年以上十年以下有期徒刑,并处罚金;数额特别巨大或者有其他特别严重情节的,处十年以上有期徒刑或者无期徒刑,并处罚金或者没收财产:

(一)以虚构的单位或者冒用他人名义签订合同的;

(二)以伪造、变造、作废的票据或者其他虚假的产权证明作担保的;

(三)没有实际履行能力,以先履行小额合同或者部分履行合同的方法,诱骗对方当事人继续签订和履行合同的;

(四)收受对方当事人给付的货物、货款、预付款或者担保财产后逃匿的;

(五)以其他方法骗取对方当事人财物的。

第二百二十四条之一 【组织、领导传销活动罪】组织、领导以推销商品、提供服务等经营活动为名,要求参加者以缴纳费用或者购买商品、服务等方式获得加入资格,并按照一定顺序组成层级,直接或者间接以发展人员的数量作为计酬或者返利依据,引诱、胁迫参加者继续发展他人参加,骗取财物,扰乱经济社会秩序的传销活动的,处五年以下有期徒刑或者拘役,并处罚金;情节严重的,处五年以上有期徒刑,并处罚金。①

第二百二十五条② 【非法经营罪】违反国家规定,有下列非法经营行为之一,扰乱市场秩序,情节严重的,处五年以下有期徒刑或者拘役,并处或者单处违法所得一倍以上五倍以下罚金;情节特别严重的,处五年以上有期徒刑,并处违法所得一倍以上五倍以下罚金或者没收财产:

(一)未经许可经营法律、行政法规规定的专营、专卖物品或者其他限制买卖的物品的;

(二)买卖进出口许可证、进出口原产地证明以及其他法律、行政法规规定的经营许可证或者批准文件的;

(三)未经国家有关主管部门批准非法经营证券、期货、保险业务的,或者非法从事资金支付结算业务的;③

(四)其他严重扰乱市场秩序的非法经营行为。

第二百二十六条 【强迫交易罪】以暴力、威胁手段,实施下列行为之一,情节严重的,处三年以下有期徒刑或者拘役,并处或者单处罚金;情节特别严重的,处三年以上七年以下有期徒刑,并处罚金:

(一)强买强卖商品的;

(二)强迫他人提供或者接受服务的;

(三)强迫他人参与或者退出投标、拍卖的;

(四)强迫他人转让或者收购公司、企业的股份、债券或者其他资产的;

(五)强迫他人参与或者退出特定的经营活动的。④

第二百二十七条 【伪造、倒卖伪造的有价票证罪】伪造或者倒卖伪造的车票、船票、邮票或者其他有价票证,数额较大的,处二年以下有期徒刑、拘役或者管制,并处或者单处票证价额一倍以上五倍以下罚金;数额巨大的,处二年以上七年以下有期徒刑,并处票证价额一倍以上五倍以下罚金。

【倒卖车票、船票罪】倒卖车票、船票,情节严重的,

---

① 根据2009年2月28日《中华人民共和国刑法修正案(七)》增加。

② 根据1998年12月29日通过的《全国人民代表大会常务委员会关于惩治骗购外汇、逃汇和非法买卖外汇犯罪的决定》:"四、在国家规定的交易场所以外非法买卖外汇,扰乱市场秩序,情节严重的,依照刑法第二百二十五条的规定定罪处罚。"
"单位犯前款罪的,依照刑法第二百三十一条的规定处罚。"

③ 根据1999年12月25日《中华人民共和国刑法修正案》增加一项,作为第三项,原第三项改为第四项。根据2009年2月28日《中华人民共和国刑法修正案(七)》修改。1999年12月25日增加的第三项原条文为:"未经国家有关主管部门批准,非法经营证券、期货或者保险业务的"。

④ 根据2011年2月25日《中华人民共和国刑法修正案(八)》修改。原条文为:"以暴力、威胁手段强买强卖商品、强迫他人提供服务或者强迫他人接受服务,情节严重的,处三年以下有期徒刑或者拘役,并处或者单处罚金。"

处三年以下有期徒刑、拘役或者管制,并处或者单处票证价额一倍以上五倍以下罚金。

第二百二十八条① 【**非法转让、倒卖土地使用权罪**】以牟利为目的,违反土地管理法规,非法转让、倒卖土地使用权,情节严重的,处三年以下有期徒刑或者拘役,并处或者单处非法转让、倒卖土地使用权价额百分之五以上百分之二十以下罚金;情节特别严重的,处三年以上七年以下有期徒刑,并处非法转让、倒卖土地使用权价额百分之五以上百分之二十以下罚金。

第二百二十九条 【**提供虚假证明文件罪**】承担资产评估、验资、验证、会计、审计、法律服务、保荐、安全评价、环境影响评价、环境监测等职责的中介组织的人员故意提供虚假证明文件,情节严重的,处五年以下有期徒刑或者拘役,并处罚金;有下列情形之一的,处五年以上十年以下有期徒刑,并处罚金:

(一)提供与证券发行相关的虚假的资产评估、会计、审计、法律服务、保荐等证明文件,情节特别严重的;

(二)提供与重大资产交易相关的虚假的资产评估、会计、审计等证明文件,情节特别严重的;

(三)在涉及公共安全的重大工程、项目中提供虚假的安全评价、环境影响评价等证明文件,致使公共财产、国家和人民利益遭受特别重大损失的。

有前款行为,同时索取他人财物或者非法收受他人财物构成犯罪的,依照处罚较重的规定定罪处罚。

【**出具证明文件重大失实罪**】第一款规定的人员,严重不负责任,出具的证明文件有重大失实,造成严重后果的,处三年以下有期徒刑或者拘役,并处或者单处罚金。②

第二百三十条 【**逃避商检罪**】违反进出口商品检验法的规定,逃避商品检验,将必须经商检机构检验的进口商品未报经检验而擅自销售、使用,或者将必须经商检机构检验的出口商品未报经检验合格而擅自出口,情节严重的,处三年以下有期徒刑或者拘役,并处或者单处罚金。

第二百三十一条③ 【**单位犯扰乱市场秩序罪的处罚规定**】单位犯本节第二百二十一条至第二百三十条规定之罪的,对单位判处罚金,并对其直接负责的主管人员和其他直接责任人员,依照本节各该条的规定处罚。

……

最高人民法院关于适用《中华人民共和国公司法》若干问题的规定(一)

· 2006 年 3 月 27 日最高人民法院审判委员会第 1382 次会议通过
· 根据 2014 年 2 月 20 日最高人民法院审判委员会第 1607 次会议《关于修改关于适用〈中华人民共和国公司法〉若干问题的规定的决定》修正
· 2014 年 2 月 20 日最高人民法院公告公布
· 法释〔2014〕2 号

为正确适用 2005 年 10 月 27 日十届全国人大常委会第十八次会议修订的《中华人民共和国公司法》,对人民法院在审理相关的民事纠纷案件中,具体适用公司法的有关问题规定如下:

第一条 公司法实施后,人民法院尚未审结的和新受理的民事案件,其民事行为或事件发生在公司法实施以前的,适用当时的法律法规和司法解释。

第二条 因公司法实施前有关民事行为或者事件发生纠纷起诉到人民法院的,如当时的法律法规和司法解释没有明确规定时,可参照适用公司法的有关规定。

第三条 原告以公司法第二十二条第二款、第七十

---

① 根据 2009 年 8 月 27 日修正的《全国人民代表大会常务委员会关于〈中华人民共和国刑法〉第二百二十八条、第三百四十二条、第四百一十条的解释》:

"全国人民代表大会常务委员会讨论了刑法第二百二十八条、第三百四十二条、第四百一十条规定的'违反土地管理法规'和第四百一十条规定的'非法批准征收、征用、占用土地'的含义问题,解释如下:

"刑法第二百二十八条、第三百四十二条、第四百一十条规定的'违反土地管理法规',是指违反土地管理法、森林法、草原法等法律以及有关行政法规中关于土地管理的规定。

"刑法第四百一十条规定的'非法批准征收、征用、占用土地',是指非法批准征收、征用、占用耕地、林地等农用地以及其他土地。"

② 根据 2020 年 12 月 26 日《中华人民共和国刑法修正案(十一)》修改。原条文为:"承担资产评估、验资、验证、会计、审计、法律服务等职责的中介组织的人员故意提供虚假证明文件,情节严重的,处五年以下有期徒刑或者拘役,并处罚金。

"前款规定的人员,索取他人财物或者非法收受他人财物,犯前款罪的,处五年以上十年以下有期徒刑,并处罚金。

"第一款规定的人员,严重不负责任,出具的证明文件有重大失实,造成严重后果的,处三年以下有期徒刑或者拘役,并处或者单处罚金。"

③ 根据 1998 年 12 月 29 日通过的《全国人民代表大会常务委员会关于惩治骗购外汇、逃汇和非法买卖外汇犯罪的决定》:"四、在国家规定的交易场所以外非法买卖外汇,扰乱市场秩序,情节严重的,依照刑法第二百二十五条的规定定罪处罚。

"单位犯前款罪的,依照刑法第二百三十一条的规定处罚。"

四条第二款规定事由,向人民法院提起诉讼时,超过公司法规定期限的,人民法院不予受理。

第四条 公司法第一百五十一条规定的180日以上连续持股期间,应为股东向人民法院提起诉讼时,已期满的持股时间;规定的合计持有公司百分之一以上股份,是指两个以上股东持股份额的合计。

第五条 人民法院对公司法实施前已经终审的案件依法进行再审时,不适用公司法的规定。

第六条 本规定自公布之日起实施。

最高人民法院关于适用《中华人民共和国公司法》若干问题的规定(二)

- 2008年5月5日最高人民法院审判委员会第1447次会议通过
- 根据2014年2月17日最高人民法院审判委员会第1607次会议《关于修改关于适用〈中华人民共和国公司法〉若干问题的规定的决定》第一次修正
- 根据2020年12月23日最高人民法院审判委员会第1823次会议通过的《最高人民法院关于修改〈最高人民法院关于破产企业国有划拨土地使用权应否列入破产财产等问题的批复〉等二十九件商事类司法解释的决定》第二次修正
- 2020年12月29日最高人民法院公告公布
- 该修正自2021年1月1日起施行
- 法释〔2020〕18号

为正确适用《中华人民共和国公司法》,结合审判实践,就人民法院审理公司解散和清算案件适用法律问题作出如下规定。

第一条 单独或者合计持有公司全部股东表决权百分之十以上的股东,以下列事由之一提起解散公司诉讼,并符合公司法第一百八十二条规定的,人民法院应予受理:

(一)公司持续两年以上无法召开股东会或者股东大会,公司经营管理发生严重困难的;

(二)股东表决时无法达到法定或者公司章程规定的比例,持续两年以上不能做出有效的股东会或者股东大会决议,公司经营管理发生严重困难的;

(三)公司董事长期冲突,且无法通过股东会或者股东大会解决,公司经营管理发生严重困难的;

(四)经营管理发生其他严重困难,公司继续存续会使股东利益受到重大损失的情形。

股东以知情权、利润分配请求权等权益受到损害,或者公司亏损、财产不足以偿还全部债务,以及公司被吊销企业法人营业执照未进行清算等为由,提起解散公司诉讼的,人民法院不予受理。

第二条 股东提起解散公司诉讼,同时又申请人民法院对公司进行清算的,人民法院对其提出的清算申请不予受理。人民法院可以告知原告,在人民法院判决解散公司后,依据民法典第七十条、公司法第一百八十三条和本规定第七条的规定,自行组织清算或者另行申请人民法院对公司进行清算。

第三条 股东提起解散公司诉讼时,向人民法院申请财产保全或者证据保全的,在股东提供担保且不影响公司正常经营的情形下,人民法院可予以保全。

第四条 股东提起解散公司诉讼应当以公司为被告。

原告以其他股东为被告一并提起诉讼的,人民法院应当告知原告将其他股东变更为第三人;原告坚持不予变更的,人民法院应当驳回原告对其他股东的起诉。

原告提起解散公司诉讼应当告知其他股东,或者由人民法院通知其参加诉讼。其他股东或者有关利害关系人申请以共同原告或者第三人身份参加诉讼的,人民法院应予准许。

第五条 人民法院审理解散公司诉讼案件,应当注重调解。当事人协商同意由公司或者股东收购股份,或者以减资等方式使公司存续,且不违反法律、行政法规强制性规定的,人民法院应予支持。当事人不能协商一致使公司存续的,人民法院应当及时判决。

经人民法院调解公司收购原告股份的,公司应当自调解书生效之日起六个月内将股份转让或者注销。股份转让或者注销之前,原告不得以公司收购其股份为由对抗公司债权人。

第六条 人民法院关于解散公司诉讼作出的判决,对公司全体股东具有法律约束力。

人民法院判决驳回解散公司诉讼请求后,提起该诉讼的股东或者其他股东又以同一事实和理由提起解散公司诉讼的,人民法院不予受理。

第七条 公司应当依照民法典第七十条、公司法第一百八十三条的规定,在解散事由出现之日起十五日内成立清算组,开始自行清算。

有下列情形之一,债权人、公司股东、董事或其他利害关系人申请人民法院指定清算组进行清算的,人民法院应予受理:

(一)公司解散逾期不成立清算组进行清算的;

(二)虽然成立清算组但故意拖延清算的;

(三)违法清算可能严重损害债权人或者股东利益的。

第八条 人民法院受理公司清算案件,应当及时指定有关人员组成清算组。

清算组成员可以从下列人员或者机构中产生:

(一)公司股东、董事、监事、高级管理人员;

(二)依法设立的律师事务所、会计师事务所、破产清算事务所等社会中介机构;

(三)依法设立的律师事务所、会计师事务所、破产清算事务所等社会中介机构中具备相关专业知识并取得执业资格的人员。

第九条 人民法院指定的清算组成员有下列情形之一的,人民法院可以根据债权人、公司股东、董事或其他利害关系人的申请,或者依职权更换清算组成员:

(一)有违反法律或者行政法规的行为;

(二)丧失执业能力或者民事行为能力;

(三)有严重损害公司或者债权人利益的行为。

第十条 公司依法清算结束并办理注销登记前,有关公司的民事诉讼,应当以公司的名义进行。

公司成立清算组的,由清算组负责人代表公司参加诉讼;尚未成立清算组的,由原法定代表人代表公司参加诉讼。

第十一条 公司清算时,清算组应当按照公司法第一百八十五条的规定,将公司解散清算事宜书面通知全体已知债权人,并根据公司规模和营业地域范围在全国或者公司注册登记地省级有影响的报纸上进行公告。

清算组未按照前款规定履行通知和公告义务,导致债权人未及时申报债权而未获清偿,债权人主张清算组成员对因此造成的损失承担赔偿责任的,人民法院应依法予以支持。

第十二条 公司清算时,债权人对清算组核定的债权有异议的,可以要求清算组重新核定。清算组不予重新核定,或者债权人对重新核定的债权仍有异议,债权人以公司为被告向人民法院提起诉讼请求确认的,人民法院应予受理。

第十三条 债权人在规定的期限内未申报债权,在公司清算程序终结前补充申报的,清算组应予登记。

公司清算程序终结,是指清算报告经股东会、股东大会或者人民法院确认完毕。

第十四条 债权人补充申报的债权,可以在公司尚未分配财产中依法清偿。公司尚未分配财产不能全额清偿,债权人主张股东以其在剩余财产分配中已经取得的财产予以清偿的,人民法院应予支持;但债权人因重大过错未在规定期限内申报债权的除外。

债权人或者清算组,以公司尚未分配财产和股东在剩余财产分配中已经取得的财产,不能全额清偿补充申报的债权为由,向人民法院提出破产清算申请的,人民法院不予受理。

第十五条 公司自行清算的,清算方案应当报股东会或者股东大会决议确认;人民法院组织清算的,清算方案应当报人民法院确认。未经确认的清算方案,清算组不得执行。

执行未经确认的清算方案给公司或者债权人造成损失,公司、股东、董事、公司其他利害关系人或者债权人主张清算组成员承担赔偿责任的,人民法院应依法予以支持。

第十六条 人民法院组织清算的,清算组应当自成立之日起六个月内清算完毕。

因特殊情况无法在六个月内完成清算的,清算组应当向人民法院申请延长。

第十七条 人民法院指定的清算组在清理公司财产、编制资产负债表和财产清单时,发现公司财产不足清偿债务的,可以与债权人协商制作有关债务清偿方案。

债务清偿方案经全体债权人确认且不损害其他利害关系人利益的,人民法院可依清算组的申请裁定予以认可。清算组依据该清偿方案清偿债务后,应当向人民法院申请裁定终结清算程序。

债权人对债务清偿方案不予确认或者人民法院不予认可的,清算组应当依法向人民法院申请宣告破产。

第十八条 有限责任公司的股东、股份有限公司的董事和控股股东未在法定期限内成立清算组开始清算,导致公司财产贬值、流失、毁损或者灭失,债权人主张其在造成损失范围内对公司债务承担赔偿责任的,人民法院应依法予以支持。

有限责任公司的股东、股份有限公司的董事和控股股东因怠于履行义务,导致公司主要财产、账册、重要文件等灭失,无法进行清算,债权人主张其对公司债务承担连带清偿责任的,人民法院应依法予以支持。

上述情形系实际控制人原因造成,债权人主张实际控制人对公司债务承担相应民事责任的,人民法院应依法予以支持。

第十九条 有限责任公司的股东、股份有限公司的董事和控股股东,以及公司的实际控制人在公司解散后,恶意处置公司财产给债权人造成损失,或者未经依法清算,以虚假的清算报告骗取公司登记机关办理法人注销登记,债权人主张其对公司债务承担相应赔偿责任的,人民法院应依法予以支持。

第二十条 公司解散应当在依法清算完毕后,申请办理注销登记。公司未经清算即办理注销登记，导致公司无法进行清算，债权人主张有限责任公司的股东、股份有限公司的董事和控股股东，以及公司的实际控制人对公司债务承担清偿责任的，人民法院应依法予以支持。

公司未经依法清算即办理注销登记，股东或者第三人在公司登记机关办理注销登记时承诺对公司债务承担责任，债权人主张其对公司债务承担相应民事责任的，人民法院应依法予以支持。

第二十一条 按照本规定第十八条和第二十条第一款的规定应当承担责任的有限责任公司的股东、股份有限公司的董事和控股股东，以及公司的实际控制人为二人以上的，其中一人或者数人依法承担民事责任后，主张其他人员按照过错大小分担责任的，人民法院应依法予以支持。

第二十二条 公司解散时，股东尚未缴纳的出资均应作为清算财产。股东尚未缴纳的出资，包括到期应缴未缴的出资，以及依照公司法第二十六条和第八十条的规定分期缴纳尚未届满缴纳期限的出资。

公司财产不足以清偿债务时，债权人主张未缴出资股东，以及公司设立时的其他股东或者发起人在未缴出资范围内对公司债务承担连带清偿责任的，人民法院应依法予以支持。

第二十三条 清算组成员从事清算事务时，违反法律、行政法规或者公司章程给公司或者债权人造成损失，公司或者债权人主张其承担赔偿责任的，人民法院应依法予以支持。

有限责任公司的股东、股份有限公司连续一百八十日以上单独或者合计持有公司百分之一以上股份的股东，依据公司法第一百五十一条第三款的规定，以清算组成员有前款所述行为为由向人民法院提起诉讼的，人民法院应予受理。

公司已经清算完毕注销，上述股东参照公司法第一百五十一条第三款的规定，直接以清算组成员为被告、其他股东为第三人向人民法院提起诉讼的，人民法院应予受理。

第二十四条 解散公司诉讼案件和公司清算案件由公司住所地人民法院管辖。公司住所地是指公司主要办事机构所在地。公司办事机构所在地不明确的，由其注册地人民法院管辖。

基层人民法院管辖县、县级市或者区的公司登记机关核准登记公司的解散诉讼案件和公司清算案件；中级人民法院管辖地区、地级市以上的公司登记机关核准登记公司的解散诉讼案件和公司清算案件。

最高人民法院关于适用《中华人民共和国公司法》若干问题的规定（三）

- 2010年12月6日最高人民法院审判委员会第1504次会议通过
- 根据2014年2月17日最高人民法院审判委员会第1607次会议《关于修改关于适用〈中华人民共和国公司法〉若干问题的规定的决定》第一次修正
- 根据2020年12月23日最高人民法院审判委员会第1823次会议通过的《最高人民法院关于修改〈最高人民法院关于破产企业国有划拨土地使用权应否列入破产财产等问题的批复〉等二十九件商事类司法解释的决定》第二次修正
- 2020年12月29日最高人民法院公告公布
- 该修正自2021年1月1日起施行
- 法释〔2020〕18号

为正确适用《中华人民共和国公司法》，结合审判实践，就人民法院审理公司设立、出资、股权确认等纠纷案件适用法律问题作出如下规定。

第一条 为设立公司而签署公司章程、向公司认购出资或者股份并履行公司设立职责的人，应当认定为公司的发起人，包括有限责任公司设立时的股东。

第二条 发起人为设立公司以自己名义对外签订合同，合同相对人请求该发起人承担合同责任的，人民法院应予支持；公司成立后合同相对人请求公司承担合同责任的，人民法院应予支持。

第三条 发起人以设立中公司名义对外签订合同，公司成立后合同相对人请求公司承担合同责任的，人民法院应予支持。

公司成立后有证据证明发起人利用设立中公司的名义为自己的利益与相对人签订合同，公司以此为由主张不承担合同责任的，人民法院应予支持，但相对人为善意的除外。

第四条 公司因故未成立，债权人请求全体或者部分发起人对设立公司行为所产生的费用和债务承担连带清偿责任的，人民法院应予支持。

部分发起人依照前款规定承担责任后，请求其他发起人分担的，人民法院应当判令其他发起人按照约定的责任承担比例分担责任；没有约定责任承担比例的，按照约定的出资比例分担责任；没有约定出资比例的，按照均等份额分担责任。

因部分发起人的过错导致公司未成立，其他发起人主张其承担设立行为所产生的费用和债务的，人民法院应当根据过错情况,确定过错一方的责任范围。

第五条 发起人因履行公司设立职责造成他人损害,公司成立后受害人请求公司承担侵权赔偿责任的,人民法院应予支持;公司未成立,受害人请求全体发起人承担连带赔偿责任的,人民法院应予支持。

公司或者无过错的发起人承担赔偿责任后,可以向有过错的发起人追偿。

第六条 股份有限公司的认股人未按期缴纳所认股份的股款,经公司发起人催缴后在合理期间内仍未缴纳,公司发起人对该股份另行募集的,人民法院应当认定该募集行为有效。认股人延期缴纳股款给公司造成损失,公司请求该认股人承担赔偿责任的,人民法院应予支持。

第七条 出资人以不享有处分权的财产出资,当事人之间对于出资行为效力产生争议的,人民法院可以参照民法典第三百一十一条的规定予以认定。

以贪污、受贿、侵占、挪用等违法犯罪所得的货币出资后取得股权的,对违法犯罪行为予以追究、处罚时,应当采取拍卖或者变卖的方式处置其股权。

第八条 出资人以划拨土地使用权出资,或者以设定权利负担的土地使用权出资,公司、其他股东或者公司债权人主张认定出资人未履行出资义务的,人民法院应当责令当事人在指定的合理期间内办理土地变更手续或者解除权利负担;逾期未办理或者未解除的,人民法院应当认定出资人未依法全面履行出资义务。

第九条 出资人以非货币财产出资,未依法评估作价,公司、其他股东或者公司债权人请求认定出资人未履行出资义务的,人民法院应当委托具有合法资格的评估机构对该财产评估作价。评估确定的价额显著低于公司章程所定价额的,人民法院应当认定出资人未依法全面履行出资义务。

第十条 出资人以房屋、土地使用权或者需要办理权属登记的知识产权等财产出资,已经交付公司使用但未办理权属变更手续,公司、其他股东或者公司债权人主张认定出资人未履行出资义务的,人民法院应当责令当事人在指定的合理期间内办理权属变更手续;在前述期间内办理了权属变更手续的,人民法院应当认定其已经履行了出资义务;出资人主张自其实际交付财产给公司使用时享有相应股东权利的,人民法院应予支持。

出资人以前款规定的财产出资,已经办理权属变更手续但未交付给公司使用,公司或者其他股东主张其向公司交付、并在实际交付之前不享有相应股东权利的,人民法院应予支持。

第十一条 出资人以其他公司股权出资,符合下列条件的,人民法院应当认定出资人已履行出资义务:

(一)出资的股权由出资人合法持有并依法可以转让;

(二)出资的股权无权利瑕疵或者权利负担;

(三)出资人已履行关于股权转让的法定手续;

(四)出资的股权已依法进行了价值评估。

股权出资不符合前款第(一)、(二)、(三)项的规定,公司、其他股东或者公司债权人请求认定出资人未履行出资义务的,人民法院应当责令该出资人在指定的合理期间内采取补正措施,以符合上述条件;逾期未补正的,人民法院应当认定其未依法全面履行出资义务。

股权出资不符合本条第一款第(四)项的规定,公司、其他股东或者公司债权人请求认定出资人未履行出资义务的,人民法院应当按照本规定第九条的规定处理。

第十二条 公司成立后,公司、股东或者公司债权人以相关股东的行为符合下列情形之一且损害公司权益为由,请求认定该股东抽逃出资的,人民法院应予支持:

(一)制作虚假财务会计报表虚增利润进行分配;

(二)通过虚构债权债务关系将其出资转出;

(三)利用关联交易将出资转出;

(四)其他未经法定程序将出资抽回的行为。

第十三条 股东未履行或者未全面履行出资义务,公司或者其他股东请求其向公司依法全面履行出资义务的,人民法院应予支持。

公司债权人请求未履行或者未全面履行出资义务的股东在未出资本息范围内对公司债务不能清偿的部分承担补充赔偿责任的,人民法院应予支持;未履行或者未全面履行出资义务的股东已经承担上述责任,其他债权人提出相同请求的,人民法院不予支持。

股东在公司设立时未履行或者未全面履行出资义务,依照本条第一款或者第二款提起诉讼的原告,请求公司的发起人与被告股东承担连带责任的,人民法院应予支持;公司的发起人承担责任后,可以向被告股东追偿。

股东在公司增资时未履行或者未全面履行出资义务,依照本条第一款或者第二款提起诉讼的原告,请求未尽公司法第一百四十七条第一款规定的义务而使出资未缴足的董事、高级管理人员承担相应责任的,人民法院应予支持;董事、高级管理人员承担责任后,可以向被告股东追偿。

第十四条 股东抽逃出资,公司或者其他股东请求其向公司返还出资本息、协助抽逃出资的其他股东、董事、高级管理人员或者实际控制人对此承担连带责任的,人民法院应予支持。

公司债权人请求抽逃出资的股东在抽逃出资本息范围内对公司债务不能清偿的部分承担补充赔偿责任、协助抽逃出资的其他股东、董事、高级管理人员或者实际控制人对此承担连带责任的，人民法院应予支持；抽逃出资的股东已经承担上述责任，其他债权人提出相同请求的，人民法院不予支持。

第十五条　出资人以符合法定条件的非货币财产出资后，因市场变化或者其他客观因素导致出资财产贬值，公司、其他股东或者公司债权人请求该出资人承担补足出资责任的，人民法院不予支持。但是，当事人另有约定的除外。

第十六条　股东未履行或者未全面履行出资义务或者抽逃出资，公司根据公司章程或者股东会决议对其利润分配请求权、新股优先认购权、剩余财产分配请求权等股东权利作出相应的合理限制，该股东请求认定该限制无效的，人民法院不予支持。

第十七条　有限责任公司的股东未履行出资义务或者抽逃全部出资，经公司催告缴纳或者返还，其在合理期间内仍未缴纳或者返还出资，公司以股东会决议解除该股东的股东资格，该股东请求确认该解除行为无效的，人民法院不予支持。

在前款规定的情形下，人民法院在判决时应当释明，公司应当及时办理法定减资程序或者由其他股东或者第三人缴纳相应的出资。在办理法定减资程序或者其他股东或者第三人缴纳相应的出资之前，公司债权人依照本规定第十三条或者第十四条请求相关当事人承担相应责任的，人民法院应予支持。

第十八条　有限责任公司的股东未履行或者未全面履行出资义务即转让股权，受让人对此知道或者应当知道，公司请求该股东履行出资义务、受让人对此承担连带责任的，人民法院应予支持；公司债权人依照本规定第十三条第二款向该股东提起诉讼，同时请求前述受让人对此承担连带责任的，人民法院应予支持。

受让人根据前款规定承担责任后，向该未履行或者未全面履行出资义务的股东追偿的，人民法院应予支持。但是，当事人另有约定的除外。

第十九条　公司股东未履行或者未全面履行出资义务或者抽逃出资，公司或者其他股东请求其向公司全面履行出资义务或者返还出资，被告股东以诉讼时效为由进行抗辩的，人民法院不予支持。

公司债权人的债权未过诉讼时效期间，其依照本规定第十三条第二款、第十四条第二款的规定请求未履行或者未全面履行出资义务或者抽逃出资的股东承担赔偿责任，被告股东以出资义务或者返还出资义务超过诉讼时效期间为由进行抗辩的，人民法院不予支持。

第二十条　当事人之间对是否已履行出资义务发生争议，原告提供对股东履行出资义务产生合理怀疑证据的，被告股东应当就其已履行出资义务承担举证责任。

第二十一条　当事人向人民法院起诉请求确认其股东资格的，应当以公司为被告，与案件争议股权有利害关系的人作为第三人参加诉讼。

第二十二条　当事人之间对股权归属发生争议，一方请求人民法院确认其享有股权的，应当证明以下事实之一：

（一）已经依法向公司出资或者认缴出资，且不违反法律法规强制性规定；

（二）已经受让或者以其他形式继受公司股权，且不违反法律法规强制性规定。

第二十三条　当事人依法履行出资义务或者依法继受取得股权后，公司未根据公司法第三十一条、第三十二条的规定签发出资证明书、记载于股东名册并办理公司登记机关登记，当事人请求公司履行上述义务的，人民法院应予支持。

第二十四条　有限责任公司的实际出资人与名义出资人订立合同，约定由实际出资人出资并享有投资权益，以名义出资人为名义股东，实际出资人与名义股东对该合同效力发生争议的，如无法律规定的无效情形，人民法院应当认定该合同有效。

前款规定的实际出资人与名义股东因投资权益的归属发生争议，实际出资人以其实际履行了出资义务为由向名义股东主张权利的，人民法院应予支持。名义股东以公司股东名册记载、公司登记机关登记为由否认实际出资人权利的，人民法院不予支持。

实际出资人未经公司其他股东半数以上同意，请求公司变更股东、签发出资证明书、记载于股东名册、记载于公司章程并办理公司登记机关登记的，人民法院不予支持。

第二十五条　名义股东将登记于其名下的股权转让、质押或者以其他方式处分，实际出资人以其对于股权享有实际权利为由，请求认定处分股权行为无效的，人民法院可以参照民法典第三百一十一条的规定处理。

名义股东处分股权造成实际出资人损失，实际出资人请求名义股东承担赔偿责任的，人民法院应予支持。

第二十六条 公司债权人以登记于公司登记机关的股东未履行出资义务为由，请求其对公司债务不能清偿的部分在未出资本息范围内承担补充赔偿责任，股东以其仅为名义股东而非实际出资人为由进行抗辩的，人民法院不予支持。

名义股东根据前款规定承担赔偿责任后，向实际出资人追偿的，人民法院应予支持。

第二十七条 股权转让后尚未向公司登记机关办理变更登记，原股东将仍登记于其名下的股权转让、质押或者以其他方式处分，受让股东以其对于股权享有实际权利为由，请求认定处分股权行为无效的，人民法院可以参照民法典第三百一十一条的规定处理。

原股东处分股权造成受让股东损失，受让股东请求原股东承担赔偿责任、对于未及时办理变更登记有过错的董事、高级管理人员或者实际控制人承担相应责任的，人民法院应予支持；受让股东对于未及时办理变更登记也有过错的，可以适当减轻上述董事、高级管理人员或者实际控制人的责任。

第二十八条 冒用他人名义出资并将该他人作为股东在公司登记机关登记的，冒名登记行为人应当承担相应责任；公司、其他股东或者公司债权人以未履行出资义务为由，请求被冒名登记为股东的承担补足出资责任或者对公司债务不能清偿部分的赔偿责任的，人民法院不予支持。

最高人民法院关于适用《中华人民共和国公司法》若干问题的规定（四）

- 2016年12月5日最高人民法院审判委员会第1702次会议通过
- 根据2020年12月23日最高人民法院审判委员会第1823次会议通过的《最高人民法院关于修改〈最高人民法院关于破产企业国有划拨土地使用权应否列入破产财产等问题的批复〉等二十九件商事类司法解释的决定》修正
- 2020年12月29日最高人民法院公告公布
- 该修正自2021年1月1日起施行
- 法释〔2020〕18号

为正确适用《中华人民共和国公司法》，结合人民法院审判实践，现就公司决议效力、股东知情权、利润分配权、优先购买权和股东代表诉讼等案件适用法律问题作出如下规定。

第一条 公司股东、董事、监事等请求确认股东会或者股东大会、董事会决议无效或者不成立的，人民法院应当依法予以受理。

第二条 依据民法典第八十五条、公司法第二十二条第二款请求撤销股东会或者股东大会、董事会决议的原告，应当在起诉时具有公司股东资格。

第三条 原告请求确认股东会或者股东大会、董事会决议不成立、无效或者撤销决议的案件，应当列公司为被告。对决议涉及的其他利害关系人，可以依法列为第三人。

一审法庭辩论终结前，其他有原告资格的人以相同的诉讼请求申请参加前款规定诉讼的，可以列为共同原告。

第四条 股东请求撤销股东会或者股东大会、董事会决议，符合民法典第八十五条、公司法第二十二条第二款规定的，人民法院应当予以支持，但会议召集程序或者表决方式仅有轻微瑕疵，且对决议未产生实质影响的，人民法院不予支持。

第五条 股东会或者股东大会、董事会决议存在下列情形之一，当事人主张决议不成立的，人民法院应当予以支持：

（一）公司未召开会议的，但依据公司法第三十七条第二款或者公司章程规定可以不召开股东会或者股东大会而直接作出决定，并由全体股东在决定文件上签名、盖章的除外；

（二）会议未对决议事项进行表决的；

（三）出席会议的人数或者股东所持表决权不符合公司法或者公司章程规定的；

（四）会议的表决结果未达到公司法或者公司章程规定的通过比例的；

（五）导致决议不成立的其他情形。

第六条 股东会或者股东大会、董事会决议被人民法院判决确认无效或者撤销的，公司依据该决议与善意相对人形成的民事法律关系不受影响。

第七条 股东依据公司法第三十三条、第九十七条或者公司章程的规定，起诉请求查阅或者复制公司特定文件材料的，人民法院应当依法予以受理。

公司有证据证明前款规定的原告在起诉时不具有公司股东资格的，人民法院应当驳回起诉，但原告有初步证据证明在持股期间其合法权益受到损害，请求依法查阅或者复制其持股期间的公司特定文件材料的除外。

第八条 有限责任公司有证据证明股东存在下列情形之一的，人民法院应当认定股东有公司法第三十三条第二款规定的"不正当目的"：

（一）股东自营或者为他人经营与公司主营业务有实质性竞争关系业务的，但公司章程另有规定或者全体股东另有约定的除外；

（二）股东为了向他人通报有关信息查阅公司会计账簿，可能损害公司合法利益的；

（三）股东在向公司提出查阅请求之日前的三年内，曾通过查阅公司会计账簿，向他人通报有关信息损害公司合法利益的；

（四）股东有不正当目的的其他情形。

第九条 公司章程、股东之间的协议等实质性剥夺股东依据公司法第三十三条、第九十七条规定查阅或者复制公司文件材料的权利，公司以此为由拒绝股东查阅或者复制的，人民法院不予支持。

第十条 人民法院审理股东请求查阅或者复制公司特定文件材料的案件，对原告诉讼请求予以支持的，应当在判决中明确查阅或者复制公司特定文件材料的时间、地点和特定文件材料的名录。

股东依据人民法院生效判决查阅公司文件材料的，在该股东在场的情况下，可以由会计师、律师等依法或者依据执业行为规范负有保密义务的中介机构执业人员辅助进行。

第十一条 股东行使知情权后泄露公司商业秘密导致公司合法利益受到损害，公司请求该股东赔偿相关损失的，人民法院应当予以支持。

根据本规定第十条辅助股东查阅公司文件材料的会计师、律师等泄露公司商业秘密导致公司合法利益受到损害，公司请求其赔偿相关损失的，人民法院应当予以支持。

第十二条 公司董事、高级管理人员等未依法履行职责，导致公司未依法制作或者保存公司法第三十三条、第九十七条规定的公司文件材料，给股东造成损失，股东依法请求负有相应责任的公司董事、高级管理人员承担民事赔偿责任的，人民法院应当予以支持。

第十三条 股东请求公司分配利润案件，应当列公司为被告。

一审法庭辩论终结前，其他股东基于同一分配方案请求分配利润并申请参加诉讼的，应当列为共同原告。

第十四条 股东提交载明具体分配方案的股东会或者股东大会的有效决议，请求公司分配利润，公司拒绝分配利润且其关于无法执行决议的抗辩理由不成立的，人民法院应当判决公司按照决议载明的具体分配方案向股东分配利润。

第十五条 股东未提交载明具体分配方案的股东会或者股东大会决议，请求公司分配利润的，人民法院应当驳回其诉讼请求，但违反法律规定滥用股东权利导致公司不分配利润，给其他股东造成损失的除外。

第十六条 有限责任公司的自然人股东因继承发生变化时，其他股东主张依据公司法第七十一条第三款规定行使优先购买权的，人民法院不予支持，但公司章程另有规定或者全体股东另有约定的除外。

第十七条 有限责任公司的股东向股东以外的人转让股权，应就其股权转让事项以书面或者其他能够确认收悉的合理方式通知其他股东征求同意。其他股东半数以上不同意转让，不同意的股东不购买的，人民法院应当认定视为同意转让。

经股东同意转让的股权，其他股东主张转让股东应当向其以书面或者其他能够确认收悉的合理方式通知转让股权的同等条件的，人民法院应当予以支持。

经股东同意转让的股权，在同等条件下，转让股东以外的其他股东主张优先购买的，人民法院应当予以支持，但转让股东依据本规定第二十条放弃转让的除外。

第十八条 人民法院在判断是否符合公司法第七十一条第三款及本规定所称的"同等条件"时，应当考虑转让股权的数量、价格、支付方式及期限等因素。

第十九条 有限责任公司的股东主张优先购买转让股权的，应当在收到通知后，在公司章程规定的行使期间内提出购买请求。公司章程没有规定行使期间或者规定不明确的，以通知确定的期间为准，通知确定的期间短于三十日或者未明确行使期间的，行使期间为三十日。

第二十条 有限责任公司的转让股东，在其他股东主张优先购买后又不同意转让股权的，对其他股东优先购买的主张，人民法院不予支持，但公司章程另有规定或者全体股东另有约定的除外。其他股东主张转让股东赔偿其损失合理的，人民法院应当予以支持。

第二十一条 有限责任公司的股东向股东以外的人转让股权，未就其股权转让事项征求其他股东意见，或者以欺诈、恶意串通等手段，损害其他股东优先购买权，其他股东主张按照同等条件购买该转让股权的，人民法院应当予以支持，但其他股东自知道或者应当知道行使优先购买权的同等条件之日起三十日内没有主张，或者自股权变更登记之日起超过一年的除外。

前款规定的其他股东仅提出确认股权转让合同及股权变动效力等请求，未同时主张按照同等条件购买转让股权的,人民法院不予支持,但其他股东非因自身原因导致无法行使优先购买权,请求损害赔偿的除外。

股东以外的股权受让人,因股东行使优先购买权而不能实现合同目的的,可以依法请求转让股东承担相应民事责任。

第二十二条 通过拍卖向股东以外的人转让有限责任公司股权的,适用公司法第七十一条第二款、第三款或者第七十二条规定的"书面通知""通知""同等条件"时,根据相关法律、司法解释确定。

在依法设立的产权交易场所转让有限责任公司国有股权的,适用公司法第七十一条第二款、第三款或者第七十二条规定的"书面通知""通知""同等条件"时,可以参照产权交易场所的交易规则。

第二十三条 监事会或者不设监事会的有限责任公司的监事依据公司法第一百五十一条第一款规定对董事、高级管理人员提起诉讼的,应当列公司为原告,依法由监事会主席或者不设监事会的有限责任公司的监事代表公司进行诉讼。

董事会或者不设董事会的有限责任公司的执行董事依据公司法第一百五十一条第一款规定对监事提起诉讼的,或者依据公司法第一百五十一条第三款规定对他人提起诉讼的,应当列公司为原告,依法由董事长或者执行董事代表公司进行诉讼。

第二十四条 符合公司法第一百五十一条第一款规定条件的股东,依据公司法第一百五十一条第二款、第三款规定,直接对董事、监事、高级管理人员或者他人提起诉讼的,应当列公司为第三人参加诉讼。

一审法庭辩论终结前,符合公司法第一百五十一条第一款规定条件的其他股东,以相同的诉讼请求申请参加诉讼的,应当列为共同原告。

第二十五条 股东依据公司法第一百五十一条第二款、第三款规定直接提起诉讼的案件,胜诉利益归属于公司。股东请求被告直接向其承担民事责任的,人民法院不予支持。

第二十六条 股东依据公司法第一百五十一条第二款、第三款规定直接提起诉讼的案件,其诉讼请求部分或者全部得到人民法院支持的,公司应当承担股东因参加诉讼支付的合理费用。

第二十七条 本规定自2017年9月1日起施行。

本规定施行后尚未终审的案件,适用本规定;本规定施行前已经终审的案件,或者适用审判监督程序再审的案件,不适用本规定。

最高人民法院关于适用《中华人民共和国公司法》若干问题的规定(五)

- 2019年4月22日最高人民法院审判委员会第1766次会议审议通过
- 根据2020年12月23日最高人民法院审判委员会第1823次会议通过的《最高人民法院关于修改〈最高人民法院关于破产企业国有划拨土地使用权应否列入破产财产等问题的批复〉等二十九件商事类司法解释的决定》修正
- 2020年12月29日最高人民法院公告公布
- 该修正自2021年1月1日起施行
- 法释〔2020〕18号

为正确适用《中华人民共和国公司法》,结合人民法院审判实践,就股东权益保护等纠纷案件适用法律问题作出如下规定。

第一条 关联交易损害公司利益,原告公司依据民法典第八十四条、公司法第二十一条规定请求控股股东、实际控制人、董事、监事、高级管理人员赔偿所造成的损失,被告仅以该交易已经履行了信息披露、经股东会或者股东大会同意等法律、行政法规或者公司章程规定的程序为由抗辩的,人民法院不予支持。

公司没有提起诉讼的,符合公司法第一百五十一条第一款规定条件的股东,可以依据公司法第一百五十一条第二款、第三款规定向人民法院提起诉讼。

第二条 关联交易合同存在无效、可撤销或者对公司不发生效力的情形,公司没有起诉合同相对方的,符合公司法第一百五十一条第一款规定条件的股东,可以依据公司法第一百五十一条第二款、第三款规定向人民法院提起诉讼。

第三条 董事任期届满前被股东会或者股东大会有效决议解除职务,其主张解除不发生法律效力的,人民法院不予支持。

董事职务被解除后,因补偿与公司发生纠纷提起诉讼的,人民法院应当依据法律、行政法规、公司章程的规定或者合同的约定,综合考虑解除的原因、剩余任期、董事薪酬等因素,确定是否补偿以及补偿的合理数额。

第四条 分配利润的股东会或者股东大会决议作出后,公司应当在决议载明的时间内完成利润分配。决议没有载明时间的,以公司章程规定的为准。决议、章程中均未规定时间或者时间超过一年的,公司应当自决议作出之日起一年内完成利润分配。

决议中载明的利润分配完成时间超过公司章程规定

时间的，股东可以依据民法典第八十五条、公司法第二十二条第二款规定请求人民法院撤销决议中关于该时间的规定。

第五条 人民法院审理涉及有限责任公司股东重大分歧案件时，应当注重调解。当事人协商一致以下列方式解决分歧，且不违反法律、行政法规的强制性规定的，人民法院应予支持：

（一）公司回购部分股东股份；

（二）其他股东受让部分股东股份；

（三）他人受让部分股东股份；

（四）公司减资；

（五）公司分立；

（六）其他能够解决分歧，恢复公司正常经营，避免公司解散的方式。

第六条 本规定自2019年4月29日起施行。

本规定施行后尚未终审的案件，适用本规定；本规定施行前已经终审的案件，或者适用审判监督程序再审的案件，不适用本规定。

本院以前发布的司法解释与本规定不一致的，以本规定为准。

最高人民法院关于适用《中华人民共和国民法典》有关担保制度的解释

- 2020年12月25日最高人民法院审判委员会第1824次会议通过
- 2020年12月31日最高人民法院公告公布
- 自2021年1月1日起施行
- 法释〔2020〕28号

为正确适用《中华人民共和国民法典》有关担保制度的规定，结合民事审判实践，制定本解释。

一、关于一般规定

第一条 因抵押、质押、留置、保证等担保发生的纠纷，适用本解释。所有权保留买卖、融资租赁、保理等涉及担保功能发生的纠纷，适用本解释的有关规定。

第二条 当事人在担保合同中约定担保合同的效力独立于主合同，或者约定担保人对主合同无效的法律后果承担担保责任，该有关担保独立性的约定无效。主合同有效的，有关担保独立性的约定无效不影响担保合同的效力；主合同无效的，人民法院应当认定担保合同无效，但是法律另有规定的除外。

因金融机构开立的独立保函发生的纠纷，适用《最高人民法院关于审理独立保函纠纷案件若干问题的规定》。

第三条 当事人对担保责任的承担约定专门的违约责任，或者约定的担保责任范围超出债务人应当承担的责任范围，担保人主张仅在债务人应当承担的责任范围内承担责任的，人民法院应予支持。

担保人承担的责任超出债务人应当承担的责任范围，担保人向债务人追偿，债务人主张仅在其应当承担的责任范围内承担责任的，人民法院应予支持；担保人请求债权人返还超出部分的，人民法院依法予以支持。

第四条 有下列情形之一，当事人将担保物权登记在他人名下，债务人不履行到期债务或者发生当事人约定的实现担保物权的情形，债权人或者其受托人主张就该财产优先受偿的，人民法院依法予以支持：

（一）为债券持有人提供的担保物权登记在债券受托管理人名下；

（二）为委托贷款人提供的担保物权登记在受托人名下；

（三）担保人知道债权人与他人之间存在委托关系的其他情形。

第五条 机关法人提供担保的，人民法院应当认定担保合同无效，但是经国务院批准为使用外国政府或者国际经济组织贷款进行转贷的除外。

居民委员会、村民委员会提供担保的，人民法院应当认定担保合同无效，但是依法代行村集体经济组织职能的村民委员会，依照村民委员会组织法规定的讨论决定程序对外提供担保的除外。

第六条 以公益为目的的非营利性学校、幼儿园、医疗机构、养老机构等提供担保的，人民法院应当认定担保合同无效，但是有下列情形之一的除外：

（一）在购入或者以融资租赁方式承租教育设施、医疗卫生设施、养老服务设施和其他公益设施时，出卖人、出租人为担保价款或者租金实现而在该公益设施上保留所有权；

（二）以教育设施、医疗卫生设施、养老服务设施和其他公益设施以外的不动产、动产或者财产权利设立担保物权。

登记为营利法人的学校、幼儿园、医疗机构、养老机构等提供担保，当事人以其不具有担保资格为由主张担保合同无效的，人民法院不予支持。

第七条 公司的法定代表人违反公司法关于公司对外担保决议程序的规定，超越权限代表公司与相对人订立担保合同，人民法院应当依照民法典第六十一条和第五百零四条等规定处理：

（一）相对人善意的，担保合同对公司发生效力；相对人请求公司承担担保责任的，人民法院应予支持。

（二）相对人非善意的，担保合同对公司不发生效力；相对人请求公司承担赔偿责任的，参照适用本解释第十七条的有关规定。

法定代表人超越权限提供担保造成公司损失，公司请求法定代表人承担赔偿责任的，人民法院应予支持。

第一款所称善意，是指相对人在订立担保合同时不知道且不应当知道法定代表人超越权限。相对人有证据证明已对公司决议进行了合理审查，人民法院应当认定其构成善意，但是公司有证据证明相对人知道或者应当知道决议系伪造、变造的除外。

第八条 有下列情形之一，公司以其未依照公司法关于公司对外担保的规定作出决议为由主张不承担担保责任的，人民法院不予支持：

（一）金融机构开立保函或者担保公司提供担保；

（二）公司为其全资子公司开展经营活动提供担保；

（三）担保合同系由单独或者共同持有公司三分之二以上对担保事项有表决权的股东签字同意。

上市公司对外提供担保，不适用前款第二项、第三项的规定。

第九条 相对人根据上市公司公开披露的关于担保事项已经董事会或者股东大会决议通过的信息，与上市公司订立担保合同，相对人主张担保合同对上市公司发生效力，并由上市公司承担担保责任的，人民法院应予支持。

相对人未根据上市公司公开披露的关于担保事项已经董事会或者股东大会决议通过的信息，与上市公司订立担保合同，上市公司主张担保合同对其不发生效力，且不承担担保责任或者赔偿责任的，人民法院应予支持。

相对人与上市公司已公开披露的控股子公司订立的担保合同，或者相对人与股票在国务院批准的其他全国性证券交易场所交易的公司订立的担保合同，适用前两款规定。

第十条 一人有限责任公司为其股东提供担保，公司以违反公司法关于公司对外担保决议程序的规定为由主张不承担担保责任的，人民法院不予支持。公司因承担担保责任导致无法清偿其他债务，提供担保时的股东不能证明公司财产独立于自己的财产，其他债权人请求该股东承担连带责任的，人民法院应予支持。

第十一条 公司的分支机构未经公司股东（大）会或者董事会决议以自己的名义对外提供担保，相对人请求公司或者其分支机构承担担保责任的，人民法院不予支持，但是相对人不知道且不应当知道分支机构对外提供担保未经公司决议程序的除外。

金融机构的分支机构在其营业执照记载的经营范围内开立保函，或者经有权从事担保业务的上级机构授权开立保函，金融机构或者其分支机构以违反公司法关于公司对外担保决议程序的规定为由主张不承担担保责任的，人民法院不予支持。金融机构的分支机构未经金融机构授权提供保函之外的担保，金融机构或者其分支机构主张不承担担保责任的，人民法院应予支持，但是相对人不知道且不应当知道分支机构对外提供担保未经金融机构授权的除外。

担保公司的分支机构未经担保公司授权对外提供担保，担保公司或者其分支机构主张不承担担保责任的，人民法院应予支持，但是相对人不知道且不应当知道分支机构对外提供担保未经担保公司授权的除外。

公司的分支机构对外提供担保，相对人非善意，请求公司承担赔偿责任的，参照本解释第十七条的有关规定处理。

第十二条 法定代表人依照民法典第五百五十二条的规定以公司名义加入债务的，人民法院在认定该行为的效力时，可以参照本解释关于公司为他人提供担保的有关规则处理。

第十三条 同一债务有两个以上第三人提供担保，担保人之间约定相互追偿及分担份额，承担了担保责任的担保人请求其他担保人按照约定分担份额的，人民法院应予支持；担保人之间约定承担连带共同担保，或者约定相互追偿但是未约定分担份额的，各担保人按照比例分担向债务人不能追偿的部分。

同一债务有两个以上第三人提供担保，担保人之间未对相互追偿作出约定且未约定承担连带共同担保，但是各担保人在同一份合同书上签字、盖章或者按指印，承担了担保责任的担保人请求其他担保人按照比例分担向债务人不能追偿部分的，人民法院应予支持。

除前两款规定的情形外，承担了担保责任的担保人请求其他担保人分担向债务人不能追偿部分的，人民法院不予支持。

第十四条 同一债务有两个以上第三人提供担保，担保人受让债权的，人民法院应当认定该行为系承担担保责任。受让债权的担保人作为债权人请求其他担保人承担担保责任的，人民法院不予支持；该担保人请求其他担保人分担相应份额的,依照本解释第十三条的规定处理。

第十五条 最高额担保中的最高债权额,是指包括主债权及其利息、违约金、损害赔偿金、保管担保财产的费用、实现债权或者实现担保物权的费用等在内的全部债权,但是当事人另有约定的除外。

登记的最高债权额与当事人约定的最高债权额不一致的,人民法院应当依据登记的最高债权额确定债权人优先受偿的范围。

第十六条 主合同当事人协议以新贷偿还旧贷,债权人请求旧贷的担保人承担担保责任的,人民法院不予支持;债权人请求新贷的担保人承担担保责任的,按照下列情形处理:

(一)新贷与旧贷的担保人相同的,人民法院应予支持;

(二)新贷与旧贷的担保人不同,或者旧贷无担保新贷有担保的,人民法院不予支持,但是债权人有证据证明新贷的担保人提供担保时对以新贷偿还旧贷的事实知道或者应当知道的除外。

主合同当事人协议以新贷偿还旧贷,旧贷的物的担保人在登记尚未注销的情形下同意继续为新贷提供担保,在订立新的贷款合同前又以该担保财产为其他债权人设立担保物权,其他债权人主张其担保物权顺位优先于新贷债权人的,人民法院不予支持。

第十七条 主合同有效而第三人提供的担保合同无效,人民法院应当区分不同情形确定担保人的赔偿责任:

(一)债权人与担保人均有过错的,担保人承担的赔偿责任不应超过债务人不能清偿部分的二分之一;

(二)担保人有过错而债权人无过错的,担保人对债务人不能清偿的部分承担赔偿责任;

(三)债权人有过错而担保人无过错的,担保人不承担赔偿责任。

主合同无效导致第三人提供的担保合同无效,担保人无过错的,不承担赔偿责任;担保人有过错的,其承担的赔偿责任不应超过债务人不能清偿部分的三分之一。

第十八条 承担了担保责任或者赔偿责任的担保人,在其承担责任的范围内向债务人追偿的,人民法院应予支持。

同一债权既有债务人自己提供的物的担保,又有第三人提供的担保,承担了担保责任或者赔偿责任的第三人,主张行使债权人对债务人享有的担保物权的,人民法院应予支持。

第十九条 担保合同无效,承担了赔偿责任的担保人按照反担保合同的约定,在其承担赔偿责任的范围内请求反担保人承担担保责任的,人民法院应予支持。

反担保合同无效的,依照本解释第十七条的有关规定处理。当事人仅以担保合同无效为由主张反担保合同无效的,人民法院不予支持。

第二十条 人民法院在审理第三人提供的物的担保纠纷案件时,可以适用民法典第六百九十五条第一款、第六百九十六条第一款、第六百九十七条第二款、第六百九十九条、第七百条、第七百零一条、第七百零二条等关于保证合同的规定。

第二十一条 主合同或者担保合同约定了仲裁条款的,人民法院对约定仲裁条款的合同当事人之间的纠纷无管辖权。

债权人一并起诉债务人和担保人的,应当根据主合同确定管辖法院。

债权人依法可以单独起诉担保人且仅起诉担保人的,应当根据担保合同确定管辖法院。

第二十二条 人民法院受理债务人破产案件后,债权人请求担保人承担担保责任,担保人主张担保债务自人民法院受理破产申请之日起停止计息的,人民法院对担保人的主张应予支持。

第二十三条 人民法院受理债务人破产案件,债权人在破产程序中申报债权后又向人民法院提起诉讼,请求担保人承担担保责任的,人民法院依法予以支持。

担保人清偿债权人的全部债权后,可以代替债权人在破产程序中受偿;在债权人的债权未获全部清偿前,担保人不得代替债权人在破产程序中受偿,但是有权就债权人通过破产分配和实现担保债权等方式获得清偿总额中超出债权的部分,在其承担担保责任的范围内请求债权人返还。

债权人在债务人破产程序中未获全部清偿,请求担保人继续承担担保责任的,人民法院应予支持;担保人承担担保责任后,向和解协议或者重整计划执行完毕后的债务人追偿的,人民法院不予支持。

第二十四条 债权人知道或者应当知道债务人破产,既未申报债权也未通知担保人,致使担保人不能预先行使追偿权的,担保人就该债权在破产程序中可能受偿的范围内免除担保责任,但是担保人因自身过错未行使追偿权的除外。

二、关于保证合同

第二十五条 当事人在保证合同中约定了保证人在

债务人不能履行债务或者无力偿还债务时才承担保证责任等类似内容，具有债务人应当先承担责任的意思表示的，人民法院应当将其认定为一般保证。

当事人在保证合同中约定了保证人在债务人不履行债务或者未偿还债务时即承担保证责任、无条件承担保证责任等类似内容，不具有债务人应当先承担责任的意思表示的，人民法院应当将其认定为连带责任保证。

第二十六条 一般保证中，债权人以债务人为被告提起诉讼的，人民法院应予受理。债权人未就主合同纠纷提起诉讼或者申请仲裁，仅起诉一般保证人的，人民法院应当驳回起诉。

一般保证中，债权人一并起诉债务人和保证人的，人民法院可以受理，但是在作出判决时，除有民法典第六百八十七条第二款但书规定的情形外，应当在判决书主文中明确，保证人仅对债务人财产依法强制执行后仍不能履行的部分承担保证责任。

债权人未对债务人的财产申请保全，或者保全的债务人的财产足以清偿债务，债权人申请对一般保证人的财产进行保全的，人民法院不予准许。

第二十七条 一般保证的债权人取得对债务人赋予强制执行效力的公证债权文书后，在保证期间内向人民法院申请强制执行，保证人以债权人未在保证期间内对债务人提起诉讼或者申请仲裁为由主张不承担保证责任的，人民法院不予支持。

第二十八条 一般保证中，债权人依据生效法律文书对债务人的财产依法申请强制执行，保证债务诉讼时效的起算时间按照下列规则确定：

（一）人民法院作出终结本次执行程序裁定，或者依照民事诉讼法第二百五十七条第三项、第五项的规定作出终结执行裁定的，自裁定送达债权人之日起开始计算；

（二）人民法院自收到申请执行书之日起一年内未作出前项裁定的，自人民法院收到申请执行书满一年之日起开始计算，但是保证人有证据证明债务人仍有财产可供执行的除外。

一般保证的债权人在保证期间届满前对债务人提起诉讼或者申请仲裁，债权人举证证明存在民法典第六百八十七条第二款但书规定情形的，保证债务的诉讼时效自债权人知道或者应当知道该情形之日起开始计算。

第二十九条 同一债务有两个以上保证人，债权人以其已经在保证期间内依法向部分保证人行使权利为由，主张已经在保证期间内向其他保证人行使权利的，人民法院不予支持。

同一债务有两个以上保证人，保证人之间相互有追偿权，债权人未在保证期间内依法向部分保证人行使权利，导致其他保证人在承担保证责任后丧失追偿权，其他保证人主张在其不能追偿的范围内免除保证责任的，人民法院应予支持。

第三十条 最高额保证合同对保证期间的计算方式、起算时间等有约定的，按照其约定。

最高额保证合同对保证期间的计算方式、起算时间等没有约定或者约定不明，被担保债权的履行期限均已届满的，保证期间自债权确定之日起开始计算；被担保债权的履行期限尚未届满的，保证期间自最后到期债权的履行期限届满之日起开始计算。

前款所称债权确定之日，依照民法典第四百二十三条的规定认定。

第三十一条 一般保证的债权人在保证期间内对债务人提起诉讼或者申请仲裁后，又撤回起诉或者仲裁申请，债权人在保证期间届满前未再行提起诉讼或者仲裁，保证人主张不再承担保证责任的，人民法院应予支持。

连带责任保证的债权人在保证期间内对保证人提起诉讼或者申请仲裁后，又撤回起诉或者仲裁申请，起诉状副本或者仲裁申请书副本已经送达保证人的，人民法院应当认定债权人已经在保证期间内向保证人行使了权利。

第三十二条 保证合同约定保证人承担保证责任直至主债务本息还清时为止等类似内容的，视为约定不明，保证期间为主债务履行期限届满之日起六个月。

第三十三条 保证合同无效，债权人未在约定或者法定的保证期间内依法行使权利，保证人主张不承担赔偿责任的，人民法院应予支持。

第三十四条 人民法院在审理保证合同纠纷案件时，应当将保证期间是否届满、债权人是否在保证期间内依法行使权利等事实作为案件基本事实予以查明。

债权人在保证期间内未依法行使权利的，保证责任消灭。保证责任消灭后，债权人书面通知保证人要求承担保证责任，保证人在通知书上签字、盖章或者按指印，债权人请求保证人继续承担保证责任的，人民法院不予支持，但是债权人有证据证明成立了新的保证合同的除外。

第三十五条 保证人知道或者应当知道主债权诉讼时效期间届满仍然提供保证或者承担保证责任，又以诉讼时效期间届满为由拒绝承担保证责任或者请求返还财产的,人民法院不予支持;保证人承担保证责任后向债务人追偿的,人民法院不予支持,但是债务人放弃诉讼时效抗辩的除外。

第三十六条 第三人向债权人提供差额补足、流动性支持等类似承诺文件作为增信措施,具有提供担保的意思表示,债权人请求第三人承担保证责任的,人民法院应当依照保证的有关规定处理。

第三人向债权人提供的承诺文件,具有加入债务或者与债务人共同承担债务等意思表示的,人民法院应当认定为民法典第五百五十二条规定的债务加入。

前两款中第三人提供的承诺文件难以确定是保证还是债务加入的,人民法院应当将其认定为保证。

第三人向债权人提供的承诺文件不符合前三款规定的情形,债权人请求第三人承担保证责任或者连带责任的,人民法院不予支持,但是不影响其依据承诺文件请求第三人履行约定的义务或者承担相应的民事责任。

三、关于担保物权

(一)担保合同与担保物权的效力

第三十七条 当事人以所有权、使用权不明或者有争议的财产抵押,经审查构成无权处分的,人民法院应当依照民法典第三百一十一条的规定处理。

当事人以依法被查封或者扣押的财产抵押,抵押权人请求行使抵押权,经审查查封或者扣押措施已经解除的,人民法院应予支持。抵押人以抵押权设立时财产被查封或者扣押为由主张抵押合同无效的,人民法院不予支持。

以依法被监管的财产抵押的,适用前款规定。

第三十八条 主债权未受全部清偿,担保物权人主张就担保财产的全部行使担保物权的,人民法院应予支持,但是留置权人行使留置权的,应当依照民法典第四百五十条的规定处理。

担保财产被分割或者部分转让,担保物权人主张就分割或者转让后的担保财产行使担保物权的,人民法院应予支持,但是法律或者司法解释另有规定的除外。

第三十九条 主债权被分割或者部分转让,各债权人主张就其享有的债权份额行使担保物权的,人民法院应予支持,但是法律另有规定或者当事人另有约定的除外。

主债务被分割或者部分转移,债务人自己提供物的担保,债权人请求以该担保财产担保全部债务履行的,人民法院应予支持;第三人提供物的担保,主张对未经其书面同意转移的债务不再承担担保责任的,人民法院应予支持。

第四十条 从物产生于抵押权依法设立前,抵押权人主张抵押权的效力及于从物的,人民法院应予支持,但是当事人另有约定的除外。

从物产生于抵押权依法设立后,抵押权人主张抵押权的效力及于从物的,人民法院不予支持,但是在抵押权实现时可以一并处分。

第四十一条 抵押权依法设立后,抵押财产被添附,添附物归第三人所有,抵押权人主张抵押权效力及于补偿金的,人民法院应予支持。

抵押权依法设立后,抵押财产被添附,抵押人对添附物享有所有权,抵押权人主张抵押权的效力及于添附物的,人民法院应予支持,但是添附导致抵押财产价值增加的,抵押权的效力不及于增加的价值部分。

抵押权依法设立后,抵押人与第三人因添附成为添附物的共有人,抵押权人主张抵押权的效力及于抵押人对共有物享有的份额的,人民法院应予支持。

本条所称添附,包括附合、混合与加工。

第四十二条 抵押权依法设立后,抵押财产毁损、灭失或者被征收等,抵押权人请求按照原抵押权的顺位就保险金、赔偿金或者补偿金等优先受偿的,人民法院应予支持。

给付义务人已经向抵押人给付了保险金、赔偿金或者补偿金,抵押权人请求给付义务人向其给付保险金、赔偿金或者补偿金的,人民法院不予支持,但是给付义务人接到抵押权人要求向其给付的通知后仍然向抵押人给付的除外。

抵押权人请求给付义务人向其给付保险金、赔偿金或者补偿金的,人民法院可以通知抵押人作为第三人参加诉讼。

第四十三条 当事人约定禁止或者限制转让抵押财产但是未将约定登记,抵押人违反约定转让抵押财产,抵押权人请求确认转让合同无效的,人民法院不予支持;抵押财产已经交付或者登记,抵押权人请求确认转让不发生物权效力的,人民法院不予支持,但是抵押权人有证据证明受让人知道的除外;抵押权人请求抵押人承担违约责任的,人民法院依法予以支持。

当事人约定禁止或者限制转让抵押财产且已经将约定登记,抵押人违反约定转让抵押财产,抵押权人请求确认转让合同无效的,人民法院不予支持;抵押财产已经交付或者登记,抵押权人主张转让不发生物权效力的,人民法院应予支持,但是因受让人代替债务人清偿债务导致抵押权消灭的除外。

第四十四条 主债权诉讼时效期间届满后，抵押权人主张行使抵押权的，人民法院不予支持；抵押人以主债权诉讼时效期间届满为由，主张不承担担保责任的，人民法院应予支持。主债权诉讼时效期间届满前，债权人仅对债务人提起诉讼，经人民法院判决或者调解后未在民事诉讼法规定的申请执行时效期间内对债务人申请强制执行，其向抵押人主张行使抵押权的，人民法院不予支持。

主债权诉讼时效期间届满后，财产被留置的债务人或者对留置财产享有所有权的第三人请求债权人返还留置财产的，人民法院不予支持；债务人或者第三人请求拍卖、变卖留置财产并以所得价款清偿债务的，人民法院应予支持。

主债权诉讼时效期间届满的法律后果，以登记作为公示方式的权利质权，参照适用第一款的规定；动产质权、以交付权利凭证作为公示方式的权利质权，参照适用第二款的规定。

第四十五条 当事人约定当债务人不履行到期债务或者发生当事人约定的实现担保物权的情形，担保物权人有权将担保财产自行拍卖、变卖并就所得的价款优先受偿的，该约定有效。因担保人的原因导致担保物权人无法自行对担保财产进行拍卖、变卖，担保物权人请求担保人承担因此增加的费用的，人民法院应予支持。

当事人依照民事诉讼法有关"实现担保物权案件"的规定，申请拍卖、变卖担保财产，被申请人以担保合同约定仲裁条款为由主张驳回申请的，人民法院经审查后，应当按照以下情形分别处理：

（一）当事人对担保物权无实质性争议且实现担保物权条件已经成就的，应当裁定准许拍卖、变卖担保财产；

（二）当事人对实现担保物权有部分实质性争议的，可以就无争议的部分裁定准许拍卖、变卖担保财产，并告知可以就有争议的部分申请仲裁；

（三）当事人对实现担保物权有实质性争议的，裁定驳回申请，并告知可以向仲裁机构申请仲裁。

债权人以诉讼方式行使担保物权的，应当以债务人和担保人作为共同被告。

（二）不动产抵押

第四十六条 不动产抵押合同生效后未办理抵押登记手续，债权人请求抵押人办理抵押登记手续的，人民法院应予支持。

抵押财产因不可归责于抵押人自身的原因灭失或者被征收等导致不能办理抵押登记，债权人请求抵押人在约定的担保范围内承担责任的，人民法院不予支持；但是抵押人已经获得保险金、赔偿金或者补偿金等，债权人请求抵押人在其所获金额范围内承担赔偿责任的，人民法院依法予以支持。

因抵押人转让抵押财产或者其他可归责于抵押人自身的原因导致不能办理抵押登记，债权人请求抵押人在约定的担保范围内承担责任的，人民法院依法予以支持，但是不得超过抵押权能够设立时抵押人应当承担的责任范围。

第四十七条 不动产登记簿就抵押财产、被担保的债权范围等所作的记载与抵押合同约定不一致的，人民法院应当根据登记簿的记载确定抵押财产、被担保的债权范围等事项。

第四十八条 当事人申请办理抵押登记手续时，因登记机构的过错致使其不能办理抵押登记，当事人请求登记机构承担赔偿责任的，人民法院依法予以支持。

第四十九条 以违法的建筑物抵押的，抵押合同无效，但是一审法庭辩论终结前已经办理合法手续的除外。抵押合同无效的法律后果，依照本解释第十七条的有关规定处理。

当事人以建设用地使用权依法设立抵押，抵押人以土地上存在违法的建筑物为由主张抵押合同无效的，人民法院不予支持。

第五十条 抵押人以划拨建设用地上的建筑物抵押，当事人以该建设用地使用权不能抵押或者未办理批准手续为由主张抵押合同无效或者不生效的，人民法院不予支持。抵押权依法实现时，拍卖、变卖建筑物所得的价款，应当优先用于补缴建设用地使用权出让金。

当事人以划拨方式取得的建设用地使用权抵押，抵押人以未办理批准手续为由主张抵押合同无效或者不生效的，人民法院不予支持。已经依法办理抵押登记，抵押权人主张行使抵押权的，人民法院应予支持。抵押权依法实现时所得的价款，参照前款有关规定处理。

第五十一条 当事人仅以建设用地使用权抵押，债权人主张抵押权的效力及于土地上已有的建筑物以及正在建造的建筑物已完成部分的，人民法院应予支持。债权人主张抵押权的效力及于正在建造的建筑物的续建部分以及新增建筑物的，人民法院不予支持。

当事人以正在建造的建筑物抵押，抵押权的效力范围限于已办理抵押登记的部分。当事人按照担保合同的约定，主张抵押权的效力及于续建部分、新增建筑物以及规划中尚未建造的建筑物的，人民法院不予支持。

抵押人将建设用地使用权、土地上的建筑物或者正在建造的建筑物分别抵押给不同债权人的，人民法院应当根据抵押登记的时间先后确定清偿顺序。

第五十二条 当事人办理抵押预告登记后，预告登记权利人请求就抵押财产优先受偿，经审查存在尚未办理建筑物所有权首次登记、预告登记的财产与办理建筑物所有权首次登记时的财产不一致、抵押预告登记已经失效等情形，导致不具备办理抵押登记条件的，人民法院不予支持；经审查已经办理建筑物所有权首次登记，且不存在预告登记失效等情形的，人民法院应予支持，并应当认定抵押权自预告登记之日起设立。

当事人办理了抵押预告登记，抵押人破产，经审查抵押财产属于破产财产，预告登记权利人主张就抵押财产优先受偿的，人民法院应当在受理破产申请时抵押财产的价值范围内予以支持，但是在人民法院受理破产申请前一年内，债务人对没有财产担保的债务设立抵押预告登记的除外。

（三）动产与权利担保

第五十三条 当事人在动产和权利担保合同中对担保财产进行概括描述，该描述能够合理识别担保财产的，人民法院应当认定担保成立。

第五十四条 动产抵押合同订立后未办理抵押登记，动产抵押权的效力按照下列情形分别处理：

（一）抵押人转让抵押财产，受让人占有抵押财产后，抵押权人向受让人请求行使抵押权的，人民法院不予支持，但是抵押权人能够举证证明受让人知道或者应当知道已经订立抵押合同的除外；

（二）抵押人将抵押财产出租给他人并移转占有，抵押权人行使抵押权的，租赁关系不受影响，但是抵押权人能够举证证明承租人知道或者应当知道已经订立抵押合同的除外；

（三）抵押人的其他债权人向人民法院申请保全或者执行抵押财产，人民法院已经作出财产保全裁定或者采取执行措施，抵押权人主张对抵押财产优先受偿的，人民法院不予支持；

（四）抵押人破产，抵押权人主张对抵押财产优先受偿的，人民法院不予支持。

第五十五条 债权人、出质人与监管人订立三方协议，出质人以通过一定数量、品种等概括描述能够确定范围的货物为债务的履行提供担保，当事人有证据证明监管人系受债权人的委托监管并实际控制该货物的，人民法院应当认定质权于监管人实际控制货物之日起设立。

监管人违反约定向出质人或者其他人放货、因保管不善导致货物毁损灭失，债权人请求监管人承担违约责任的，人民法院依法予以支持。

在前款规定情形下，当事人有证据证明监管人系受出质人委托监管该货物，或者虽然受债权人委托但是未实际履行监管职责，导致货物仍由出质人实际控制的，人民法院应当认定质权未设立。债权人可以基于质押合同的约定请求出质人承担违约责任，但是不得超过质权有效设立时出质人应当承担的责任范围。监管人未履行监管职责，债权人请求监管人承担责任的，人民法院依法予以支持。

第五十六条 买受人在出卖人正常经营活动中通过支付合理对价取得已被设立担保物权的动产，担保物权人请求就该动产优先受偿的，人民法院不予支持，但是有下列情形之一的除外：

（一）购买商品的数量明显超过一般买受人；

（二）购买出卖人的生产设备；

（三）订立买卖合同的目的在于担保出卖人或者第三人履行债务；

（四）买受人与出卖人存在直接或者间接的控制关系；

（五）买受人应当查询抵押登记而未查询的其他情形。

前款所称出卖人正常经营活动，是指出卖人的经营活动属于其营业执照明确记载的经营范围，且出卖人持续销售同类商品。前款所称担保物权人，是指已经办理登记的抵押权人、所有权保留买卖的出卖人、融资租赁合同的出租人。

第五十七条 担保人在设立动产浮动抵押并办理抵押登记后又购入或者以融资租赁方式承租新的动产，下列权利人为担保价款债权或者租金的实现而订立担保合同，并在该动产交付后十日内办理登记，主张其权利优先于在先设立的浮动抵押权的，人民法院应予支持：

（一）在该动产上设立抵押权或者保留所有权的出卖人；

（二）为价款支付提供融资而在该动产上设立抵押权的债权人；

（三）以融资租赁方式出租该动产的出租人。

买受人取得动产但未付清价款或者承租人以融资租赁方式占有租赁物但是未付清全部租金，又以标的物为他人设立担保物权，前款所列权利人为担保价款债权或者租金的实现而订立担保合同，并在该动产交付后十日内办理登记，主张其权利优先于买受人为他人设立的担保物权的，人民法院应予支持。

同一动产上存在多个价款优先权的,人民法院应当按照登记的时间先后确定清偿顺序。

第五十八条 以汇票出质,当事人以背书记载"质押"字样并在汇票上签章,汇票已经交付质权人的,人民法院应当认定质权自汇票交付质权人时设立。

第五十九条 存货人或者仓单持有人在仓单上以背书记载"质押"字样,并经保管人签章,仓单已经交付质权人的,人民法院应当认定质权自仓单交付质权人时设立。没有权利凭证的仓单,依法可以办理出质登记的,仓单质权自办理出质登记时设立。

出质人既以仓单出质,又以仓储物设立担保,按照公示的先后确定清偿顺序;难以确定先后的,按照债权比例清偿。

保管人为同一货物签发多份仓单,出质人在多份仓单上设立多个质权,按照公示的先后确定清偿顺序;难以确定先后的,按照债权比例受偿。

存在第二款、第三款规定的情形,债权人举证证明其损失系由出质人与保管人的共同行为所致,请求出质人与保管人承担连带赔偿责任的,人民法院应予支持。

第六十条 在跟单信用证交易中,开证行与开证申请人之间约定以提单作为担保的,人民法院应当依照民法典关于质权的有关规定处理。

在跟单信用证交易中,开证行依据其与开证申请人之间的约定或者跟单信用证的惯例持有提单,开证申请人未按照约定付款赎单,开证行主张对提单项下货物优先受偿的,人民法院应予支持;开证行主张对提单项下货物享有所有权的,人民法院不予支持。

在跟单信用证交易中,开证行依据其与开证申请人之间的约定或者跟单信用证的惯例,通过转让提单或者提单项下货物取得价款,开证申请人请求返还超出债权部分的,人民法院应予支持。

前三款规定不影响合法持有提单的开证行以提单持有人身份主张运输合同项下的权利。

第六十一条 以现有的应收账款出质,应收账款债务人向质权人确认应收账款的真实性后,又以应收账款不存在或者已经消灭为由主张不承担责任的,人民法院不予支持。

以现有的应收账款出质,应收账款债务人未确认应收账款的真实性,质权人以应收账款债务人为被告,请求就应收账款优先受偿,能够举证证明办理出质登记时应收账款真实存在的,人民法院应予支持;质权人不能举证证明办理出质登记时应收账款真实存在,仅以已经办理

出质登记为由,请求就应收账款优先受偿的,人民法院不予支持。

以现有的应收账款出质,应收账款债务人已经向应收账款债权人履行了债务,质权人请求应收账款债务人履行债务的,人民法院不予支持,但是应收账款债务人接到质权人要求向其履行的通知后,仍然向应收账款债权人履行的除外。

以基础设施和公用事业项目收益权、提供服务或者劳务产生的债权以及其他将有的应收账款出质,当事人为应收账款设立特定账户,发生法定或者约定的质权实现事由时,质权人请求就该特定账户内的款项优先受偿的,人民法院应予支持;特定账户内的款项不足以清偿债务或者未设立特定账户,质权人请求折价或者拍卖、变卖项目收益权等将有的应收账款,并以所得的价款优先受偿的,人民法院依法予以支持。

第六十二条 债务人不履行到期债务,债权人因同一法律关系留置合法占有的第三人的动产,并主张就该留置财产优先受偿的,人民法院应予支持。第三人以该留置财产并非债务人的财产为由请求返还的,人民法院不予支持。

企业之间留置的动产与债权并非同一法律关系,债务人以该债权不属于企业持续经营中发生的债权为由请求债权人返还留置财产的,人民法院应予支持。

企业之间留置的动产与债权并非同一法律关系,债权人留置第三人的财产,第三人请求债权人返还留置财产的,人民法院应予支持。

四、关于非典型担保

第六十三条 债权人与担保人订立担保合同,约定以法律、行政法规尚未规定可以担保的财产权利设立担保,当事人主张合同无效的,人民法院不予支持。当事人未在法定的登记机构依法进行登记,主张该担保具有物权效力的,人民法院不予支持。

第六十四条 在所有权保留买卖中,出卖人依法有权取回标的物,但是与买受人协商不成,当事人请求参照民事诉讼法"实现担保物权案件"的有关规定,拍卖、变卖标的物的,人民法院应予准许。

出卖人请求取回标的物,符合民法典第六百四十二条规定的,人民法院应予支持;买受人以抗辩或者反诉的方式主张拍卖、变卖标的物,并在扣除买受人未支付的价款以及必要费用后返还剩余款项的,人民法院应当一并处理。

第六十五条 在融资租赁合同中,承租人未按照约

定支付租金，经催告后在合理期限内仍不支付，出租人请求承租人支付全部剩余租金，并以拍卖、变卖租赁物所得的价款受偿的，人民法院应予支持；当事人请求参照民事诉讼法"实现担保物权案件"的有关规定，以拍卖、变卖租赁物所得价款支付租金的，人民法院应予准许。

出租人请求解除融资租赁合同并收回租赁物，承租人以抗辩或者反诉的方式主张返还租赁物价值超过欠付租金以及其他费用的，人民法院应当一并处理。当事人对租赁物的价值有争议，应当按照下列规则确定租赁物的价值：

（一）融资租赁合同有约定的，按照其约定；

（二）融资租赁合同未约定或者约定不明的，根据约定的租赁物折旧以及合同到期后租赁物的残值来确定；

（三）根据前两项规定的方法仍然难以确定，或者当事人认为根据前两项规定的方法确定的价值严重偏离租赁物实际价值的，根据当事人的申请委托有资质的机构评估。

第六十六条 同一应收账款同时存在保理、应收账款质押和债权转让，当事人主张参照民法典第七百六十八条的规定确定优先顺序的，人民法院应予支持。

在有追索权的保理中，保理人以应收账款债权人或者应收账款债务人为被告提起诉讼，人民法院应予受理；保理人一并起诉应收账款债权人和应收账款债务人的，人民法院可以受理。

应收账款债权人向保理人返还保理融资款本息或者回购应收账款债权后，请求应收账款债务人向其履行应收账款债务的，人民法院应予支持。

第六十七条 在所有权保留买卖、融资租赁等合同中，出卖人、出租人的所有权未经登记不得对抗的"善意第三人"的范围及其效力，参照本解释第五十四条的规定处理。

第六十八条 债务人或者第三人与债权人约定将财产形式上转移至债权人名下，债务人不履行到期债务，债权人有权对财产折价或者以拍卖、变卖该财产所得价款偿还债务的，人民法院应当认定该约定有效。当事人已经完成财产权利变动的公示，债务人不履行到期债务，债权人请求参照民法典关于担保物权的有关规定就该财产优先受偿的，人民法院应予支持。

债务人或者第三人与债权人约定将财产形式上转移至债权人名下，债务人不履行到期债务，财产归债权人所有的，人民法院应当认定该约定无效，但是不影响当事人有关提供担保的意思表示的效力。当事人已经完成财产权利变动的公示，债务人不履行到期债务，债权人请求对该财产享有所有权的，人民法院不予支持；债权人请求参照民法典关于担保物权的规定对财产折价或者以拍卖、变卖该财产所得的价款优先受偿的，人民法院应予支持；债务人履行债务后请求返还财产，或者请求对财产折价或者以拍卖、变卖所得的价款清偿债务的，人民法院应予支持。

债务人与债权人约定将财产转移至债权人名下，在一定期间后再由债务人或者其指定的第三人以交易本金加上溢价款回购，债务人到期不履行回购义务，财产归债权人所有的，人民法院应当参照第二款规定处理。回购对象自始不存在的，人民法院应当依照民法典第一百四十六条第二款的规定，按照其实际构成的法律关系处理。

第六十九条 股东以将其股权转移至债权人名下的方式为债务履行提供担保，公司或者公司的债权人以股东未履行或者未全面履行出资义务、抽逃出资等为由，请求作为名义股东的债权人与股东承担连带责任的，人民法院不予支持。

第七十条 债务人或者第三人为担保债务的履行，设立专门的保证金账户并由债权人实际控制，或者将其资金存入债权人设立的保证金账户，债权人主张就账户内的款项优先受偿的，人民法院应予支持。当事人以保证金账户内的款项浮动为由，主张实际控制该账户的债权人对账户内的款项不享有优先受偿权的，人民法院不予支持。

在银行账户下设立的保证金分户，参照前款规定处理。

当事人约定的保证金并非为担保债务的履行设立，或者不符合前两款规定的情形，债权人主张就保证金优先受偿的，人民法院不予支持，但是不影响当事人依照法律的规定或者按照当事人的约定主张权利。

五、附　则

第七十一条 本解释自 2021 年 1 月 1 日起施行。

2. 企　业

中华人民共和国个人独资企业法

· 1999 年 8 月 30 日第九届全国人民代表大会常务委员会第十一次会议通过
· 1999 年 8 月 30 日中华人民共和国主席令第 20 号公布
· 自 2000 年 1 月 1 日起施行

第一章　总　则

第一条【立法目的】为了规范个人独资企业的行为，保护个人独资企业投资人和债权人的合法权益，维护社会经济秩序,促进社会主义市场经济的发展,根据宪法,制定本法。

第二条　【个人独资企业定义】本法所称个人独资企业,是指依照本法在中国境内设立,由一个自然人投资,财产为投资人个人所有,投资人以其个人财产对企业债务承担无限责任的经营实体。

第三条　【住所】个人独资企业以其主要办事机构所在地为住所。

第四条　【依法经营】个人独资企业从事经营活动必须遵守法律、行政法规,遵守诚实信用原则,不得损害社会公共利益。

个人独资企业应当依法履行纳税义务。

第五条　【权益保护】国家依法保护个人独资企业的财产和其他合法权益。

第六条　【依法招聘职工建立工会】个人独资企业应当依法招用职工。职工的合法权益受法律保护。

个人独资企业职工依法建立工会,工会依法开展活动。

第七条　【党的活动】在个人独资企业中的中国共产党党员依照中国共产党章程进行活动。

第二章　个人独资企业的设立

第八条　【建立条件】设立个人独资企业应当具备下列条件:

(一)投资人为一个自然人;

(二)有合法的企业名称;

(三)有投资人申报的出资;

(四)有固定的生产经营场所和必要的生产经营条件;

(五)有必要的从业人员。

第九条　【申请程序】申请设立个人独资企业,应当由投资人或者其委托的代理人向个人独资企业所在地的登记机关提交设立申请书、投资人身份证明、生产经营场所使用证明等文件。委托代理人申请设立登记时,应当出具投资人的委托书和代理人的合法证明。

个人独资企业不得从事法律、行政法规禁止经营的业务;从事法律、行政法规规定须报经有关部门审批的业务,应当在申请设立登记时提交有关部门的批准文件。

第十条　【申请书内容】个人独资企业设立申请书应当载明下列事项:

(一)企业的名称和住所;

(二)投资人的姓名和居所;

(三)投资人的出资额和出资方式;

(四)经营范围。

第十一条　【名称】个人独资企业的名称应当与其责任形式及从事的营业相符合。

第十二条　【登记】登记机关应当在收到设立申请文件之日起15日内,对符合本法规定条件的,予以登记,发给营业执照;对不符合本法规定条件的,不予登记,并应当给予书面答复,说明理由。

第十三条　【成立日期】个人独资企业的营业执照的签发日期,为个人独资企业成立日期。

在领取个人独资企业营业执照前,投资人不得以个人独资企业名义从事经营活动。

第十四条　【分支机构的设立】个人独资企业设立分支机构,应当由投资人或者其委托的代理人向分支机构所在地的登记机关申请登记,领取营业执照。

分支机构经核准登记后,应将登记情况报该分支机构隶属的个人独资企业的登记机关备案。

分支机构的民事责任由设立该分支机构的个人独资企业承担。

第十五条　【变更登记】个人独资企业存续期间登记事项发生变更的,应当在作出变更决定之日起的15日内依法向登记机关申请办理变更登记。

第三章　个人独资企业的投资人及事务管理

第十六条　【禁止设立】法律、行政法规禁止从事营利性活动的人,不得作为投资人申请设立个人独资企业。

第十七条　【财产权】个人独资企业投资人对本企业的财产依法享有所有权,其有关权利可以依法进行转让或继承。

第十八条　【无限责任】个人独资企业投资人在申请企业设立登记时明确以其家庭共有财产作为个人出资的,应当依法以家庭共有财产对企业债务承担无限责任。

第十九条　【管理】个人独资企业投资人可以自行管理企业事务,也可以委托或者聘用其他具有民事行为能力的人负责企业的事务管理。

投资人委托或者聘用他人管理个人独资企业事务,应当与受托人或者被聘用的人签订书面合同,明确委托的具体内容和授予的权利范围。

受托人或者被聘用的人员应当履行诚信、勤勉义务,按照与投资人签订的合同负责个人独资企业的事务管理。

投资人对受托人或者被聘用的人员职权的限制,不得对抗善意第三人。

第二十条　【管理人员的禁止行为】投资人委托或

者聘用的管理个人独资企业事务的人员不得有下列行为：

（一）利用职务上的便利，索取或者收受贿赂；

（二）利用职务或者工作上的便利侵占企业财产；

（三）挪用企业的资金归个人使用或者借贷给他人；

（四）擅自将企业资金以个人名义或者以他人名义开立账户储存；

（五）擅自以企业财产提供担保；

（六）未经投资人同意，从事与本企业相竞争的业务；

（七）未经投资人同意，同本企业订立合同或者进行交易；

（八）未经投资人同意，擅自将企业商标或者其他知识产权转让给他人使用；

（九）泄露本企业的商业秘密；

（十）法律、行政法规禁止的其他行为。

第二十一条　【财务】个人独资企业应当依法设置会计账簿，进行会计核算。

第二十二条　【职工权益保护】个人独资企业招用职工的，应当依法与职工签订劳动合同，保障职工的劳动安全，按时、足额发放职工工资。

第二十三条　【职工保险】个人独资企业应当按照国家规定参加社会保险，为职工缴纳社会保险费。

第二十四条　【企业权利】个人独资企业可以依法申请贷款、取得土地使用权，并享有法律、行政法规规定的其他权利。

第二十五条　【禁止摊派】任何单位和个人不得违反法律、行政法规的规定，以任何方式强制个人独资企业提供财力、物力、人力；对于违法强制提供财力、物力、人力的行为，个人独资企业有权拒绝。

第四章　个人独资企业的解散和清算

第二十六条　【解散情形】个人独资企业有下列情形之一时，应当解散：

（一）投资人决定解散；

（二）投资人死亡或者被宣告死亡，无继承人或者继承人决定放弃继承；

（三）被依法吊销营业执照；

（四）法律、行政法规规定的其他情形。

第二十七条　【解散程序】个人独资企业解散，由投资人自行清算或者由债权人申请人民法院指定清算人进行清算。

投资人自行清算的，应当在清算前15日书面通知债权人，无法通知的，应当予以公告。债权人应当在接到通知之日起30日内，未接到通知的应当在公告之日起60日内，向投资人申报其债权。

第二十八条　【解散后的责任】个人独资企业解散后，原投资人对个人独资企业存续期间的债务仍应承担偿还责任，但债权人在5年内未向债务人提出偿债请求的，该责任消灭。

第二十九条　【债务清偿】个人独资企业解散的，财产应当按照下列顺序清偿：

（一）所欠职工工资和社会保险费用；

（二）所欠税款；

（三）其他债务。

第三十条　【清算期内的禁止行为】清算期间，个人独资企业不得开展与清算目的无关的经营活动。在按前条规定清偿债务前，投资人不得转移、隐匿财产。

第三十一条　【个人其他财产清偿】个人独资企业财产不足以清偿债务的，投资人应当以其个人的其他财产予以清偿。

第三十二条　【注销登记】个人独资企业清算结束后，投资人或者人民法院指定的清算人应当编制清算报告，并于15日内到登记机关办理注销登记。

第五章　法律责任

第三十三条　【欺骗登记】违反本法规定，提交虚假文件或采取其他欺骗手段，取得企业登记的，责令改正，处以5000元以下的罚款；情节严重的，并处吊销营业执照。

第三十四条　【擅自更名责任】违反本法规定，个人独资企业使用的名称与其在登记机关登记的名称不相符合的，责令限期改正，处以2000元以下的罚款。

第三十五条　【涂改、出租、转让执照责任】涂改、出租、转让营业执照的，责令改正，没收违法所得，处3000元以下的罚款；情节严重的，吊销营业执照。

伪造营业执照的，责令停业，没收违法所得，处以5000元以下的罚款。构成犯罪的，依法追究刑事责任。

第三十六条　【不开业或停业责任】个人独资企业成立后无正当理由超过6个月未开业的，或者开业后自行停业连续6个月以上的，吊销营业执照。

第三十七条　【未登记或变更登记责任】违反本法规定，未领取营业执照，以个人独资企业名义从事经营活动的，责令停止经营活动，处以3000元以下的罚款。

个人独资企业登记事项发生变更时，未按本法规定办理有关变更登记的，责令限期办理变更登记；逾期不办理的,处以 2000 元以下的罚款。

第三十八条 【管理人责任】投资人委托或者聘用的人员管理个人独资企业事务时违反双方订立的合同,给投资人造成损害的,承担民事赔偿责任。

第三十九条 【企业侵犯职工利益责任】个人独资企业违反本法规定,侵犯职工合法权益,未保障职工劳动安全,不缴纳社会保险费用的,按照有关法律、行政法规予以处罚,并追究有关责任人员的责任。

第四十条 【管理人侵犯财产责任】投资人委托或者聘用的人员违反本法第二十条规定,侵犯个人独资企业财产权益的,责令退还侵占的财产;给企业造成损失的,依法承担赔偿责任;有违法所得的,没收违法所得;构成犯罪的,依法追究刑事责任。

第四十一条 【摊派责任】违反法律、行政法规的规定强制个人独资企业提供财力、物力、人力的,按照有关法律、行政法规予以处罚,并追究有关责任人员的责任。

第四十二条 【企业逃避债务责任】个人独资企业及其投资人在清算前或清算期间隐匿或转移财产,逃避债务的,依法追回其财产,并按照有关规定予以处罚;构成犯罪的,依法追究刑事责任。

第四十三条 【责任顺序】投资人违反本法规定,应当承担民事赔偿责任和缴纳罚款、罚金,其财产不足以支付的,或者被判处没收财产的,应当先承担民事赔偿责任。

第四十四条 【登记机关责任】登记机关对不符合本法规定条件的个人独资企业予以登记,或者对符合本法规定条件的企业不予登记的,对直接责任人员依法给予行政处分;构成犯罪的,依法追究刑事责任。

第四十五条 【登记机关上级主管人员责任】登记机关的上级部门的有关主管人员强令登记机关对不符合本法规定条件的企业予以登记,或者对符合本法规定条件的企业不予登记的,或者对登记机关的违法登记行为进行包庇的,对直接责任人员依法给予行政处分;构成犯罪的,依法追究刑事责任。

第四十六条 【不予登记的救济】登记机关对符合法定条件的申请不予登记或者超过法定时限不予答复的,当事人可依法申请行政复议或提起行政诉讼。

第六章 附 则

第四十七条 【适用范围】外商独资企业不适用本法。

第四十八条 【生效日期】本法自 2000 年 1 月 1 日起施行。

中华人民共和国中小企业促进法

- 2002 年 6 月 29 日第九届全国人民代表大会常务委员会第二十八次会议通过
- 2017 年 9 月 1 日第十二届全国人民代表大会常务委员会第二十九次会议修订
- 2017 年 9 月 1 日中华人民共和国主席令第 74 号公布
- 自 2018 年 1 月 1 日起施行

第一章 总 则

第一条 为了改善中小企业经营环境,保障中小企业公平参与市场竞争,维护中小企业合法权益,支持中小企业创业创新,促进中小企业健康发展,扩大城乡就业,发挥中小企业在国民经济和社会发展中的重要作用,制定本法。

第二条 本法所称中小企业,是指在中华人民共和国境内依法设立的,人员规模、经营规模相对较小的企业,包括中型企业、小型企业和微型企业。

中型企业、小型企业和微型企业划分标准由国务院负责中小企业促进工作综合管理的部门会同国务院有关部门,根据企业从业人员、营业收入、资产总额等指标,结合行业特点制定,报国务院批准。

第三条 国家将促进中小企业发展作为长期发展战略,坚持各类企业权利平等、机会平等、规则平等,对中小企业特别是其中的小型微型企业实行积极扶持、加强引导、完善服务、依法规范、保障权益的方针,为中小企业创立和发展创造有利的环境。

第四条 中小企业应当依法经营,遵守国家劳动用工、安全生产、职业卫生、社会保障、资源环境、质量标准、知识产权、财政税收等方面的法律、法规,遵循诚信原则,规范内部管理,提高经营管理水平;不得损害劳动者合法权益,不得损害社会公共利益。

第五条 国务院制定促进中小企业发展政策,建立中小企业促进工作协调机制,统筹全国中小企业促进工作。

国务院负责中小企业促进工作综合管理的部门组织实施促进中小企业发展政策,对中小企业促进工作进行宏观指导、综合协调和监督检查。

国务院有关部门根据国家促进中小企业发展政策,在各自职责范围内负责中小企业促进工作。

县级以上地方各级人民政府根据实际情况建立中小企业促进工作协调机制,明确相应的负责中小企业促进工作综合管理的部门,负责本行政区域内的中小企业促进工作。

第六条 国家建立中小企业统计监测制度。统计部门应当加强对中小企业的统计调查和监测分析，定期发布有关信息。

第七条 国家推进中小企业信用制度建设，建立社会化的信用信息征集与评价体系，实现中小企业信用信息查询、交流和共享的社会化。

第二章 财税支持

第八条 中央财政应当在本级预算中设立中小企业科目，安排中小企业发展专项资金。

县级以上地方各级人民政府应当根据实际情况，在本级财政预算中安排中小企业发展专项资金。

第九条 中小企业发展专项资金通过资助、购买服务、奖励等方式，重点用于支持中小企业公共服务体系和融资服务体系建设。

中小企业发展专项资金向小型微型企业倾斜，资金管理使用坚持公开、透明的原则，实行预算绩效管理。

第十条 国家设立中小企业发展基金。国家中小企业发展基金应当遵循政策性导向和市场化运作原则，主要用于引导和带动社会资金支持初创期中小企业，促进创业创新。

县级以上地方各级人民政府可以设立中小企业发展基金。

中小企业发展基金的设立和使用管理办法由国务院规定。

第十一条 国家实行有利于小型微型企业发展的税收政策，对符合条件的小型微型企业按照规定实行缓征、减征、免征企业所得税、增值税等措施，简化税收征管程序，减轻小型微型企业税收负担。

第十二条 国家对小型微型企业行政事业性收费实行减免等优惠政策，减轻小型微型企业负担。

第三章 融资促进

第十三条 金融机构应当发挥服务实体经济的功能，高效、公平地服务中小企业。

第十四条 中国人民银行应当综合运用货币政策工具，鼓励和引导金融机构加大对小型微型企业的信贷支持，改善小型微型企业融资环境。

第十五条 国务院银行业监督管理机构对金融机构开展小型微型企业金融服务应当制定差异化监管政策，采取合理提高小型微型企业不良贷款容忍度等措施，引导金融机构增加小型微型企业融资规模和比重，提高金融服务水平。

第十六条 国家鼓励各类金融机构开发和提供适合中小企业特点的金融产品和服务。

国家政策性金融机构应当在其业务经营范围内，采取多种形式，为中小企业提供金融服务。

第十七条 国家推进和支持普惠金融体系建设，推动中小银行、非存款类放贷机构和互联网金融有序健康发展，引导银行业金融机构向县域和乡镇等小型微型企业金融服务薄弱地区延伸网点和业务。

国有大型商业银行应当设立普惠金融机构，为小型微型企业提供金融服务。国家推动其他银行业金融机构设立小型微型企业金融服务专营机构。

地区性中小银行应当积极为其所在地的小型微型企业提供金融服务，促进实体经济发展。

第十八条 国家健全多层次资本市场体系，多渠道推动股权融资，发展并规范债券市场，促进中小企业利用多种方式直接融资。

第十九条 国家完善担保融资制度，支持金融机构为中小企业提供以应收账款、知识产权、存货、机器设备等为担保品的担保融资。

第二十条 中小企业以应收账款申请担保融资时，其应收账款的付款方，应当及时确认债权债务关系，支持中小企业融资。

国家鼓励中小企业及付款方通过应收账款融资服务平台确认债权债务关系，提高融资效率，降低融资成本。

第二十一条 县级以上人民政府应当建立中小企业政策性信用担保体系，鼓励各类担保机构为中小企业融资提供信用担保。

第二十二条 国家推动保险机构开展中小企业贷款保证保险和信用保险业务，开发适应中小企业分散风险、补偿损失需求的保险产品。

第二十三条 国家支持征信机构发展针对中小企业融资的征信产品和服务，依法向政府有关部门、公用事业单位和商业机构采集信息。

国家鼓励第三方评级机构开展中小企业评级服务。

第四章 创业扶持

第二十四条 县级以上人民政府及其有关部门应当通过政府网站、宣传资料等形式，为创业人员免费提供工商、财税、金融、环境保护、安全生产、劳动用工、社会保障等方面的法律政策咨询和公共信息服务。

第二十五条 高等学校毕业生、退役军人和失业人员、残疾人员等创办小型微型企业，按照国家规定享受税收优惠和收费减免。

第二十六条　国家采取措施支持社会资金参与投资中小企业。创业投资企业和个人投资者投资初创期科技创新企业的,按照国家规定享受税收优惠。

第二十七条　国家改善企业创业环境,优化审批流程,实现中小企业行政许可便捷,降低中小企业设立成本。

第二十八条　国家鼓励建设和创办小型微型企业创业基地、孵化基地,为小型微型企业提供生产经营场地和服务。

第二十九条　地方各级人民政府应当根据中小企业发展的需要,在城乡规划中安排必要的用地和设施,为中小企业获得生产经营场所提供便利。

国家支持利用闲置的商业用房、工业厂房、企业库房和物流设施等,为创业者提供低成本生产经营场所。

第三十条　国家鼓励互联网平台向中小企业开放技术、开发、营销、推广等资源,加强资源共享与合作,为中小企业创业提供服务。

第三十一条　国家简化中小企业注销登记程序,实现中小企业市场退出便利化。

第五章　创新支持

第三十二条　国家鼓励中小企业按照市场需求,推进技术、产品、管理模式、商业模式等创新。

中小企业的固定资产由于技术进步等原因,确需加速折旧的,可以依法缩短折旧年限或者采取加速折旧方法。

国家完善中小企业研究开发费用加计扣除政策,支持中小企业技术创新。

第三十三条　国家支持中小企业在研发设计、生产制造、运营管理等环节应用互联网、云计算、大数据、人工智能等现代技术手段,创新生产方式,提高生产经营效率。

第三十四条　国家鼓励中小企业参与产业关键共性技术研究开发和利用财政资金设立的科研项目实施。

国家推动军民融合深度发展,支持中小企业参与国防科研和生产活动。

国家支持中小企业及中小企业的有关行业组织参与标准的制定。

第三十五条　国家鼓励中小企业研究开发拥有自主知识产权的技术和产品,规范内部知识产权管理,提升保护和运用知识产权的能力;鼓励中小企业投保知识产权保险;减轻中小企业申请和维持知识产权的费用等负担。

第三十六条　县级以上人民政府有关部门应当在规划、用地、财政等方面提供支持,推动建立和发展各类创新服务机构。

国家鼓励各类创新服务机构为中小企业提供技术信息、研发设计与应用、质量标准、实验试验、检验检测、技术转让、技术培训等服务,促进科技成果转化,推动企业技术、产品升级。

第三十七条　县级以上人民政府有关部门应当拓宽渠道,采取补贴、培训等措施,引导高等学校毕业生到中小企业就业,帮助中小企业引进创新人才。

国家鼓励科研机构、高等学校和大型企业等创造条件向中小企业开放试验设施,开展技术研发与合作,帮助中小企业开发新产品,培养专业人才。

国家鼓励科研机构、高等学校支持本单位的科技人员以兼职、挂职、参与项目合作等形式到中小企业从事产学研合作和科技成果转化活动,并按照国家有关规定取得相应报酬。

第六章　市场开拓

第三十八条　国家完善市场体系,实行统一的市场准入和市场监管制度,反对垄断和不正当竞争,营造中小企业公平参与竞争的市场环境。

第三十九条　国家支持大型企业与中小企业建立以市场配置资源为基础的、稳定的原材料供应、生产、销售、服务外包、技术开发和技术改造等方面的协作关系,带动和促进中小企业发展。

第四十条　国务院有关部门应当制定中小企业政府采购的相关优惠政策,通过制定采购需求标准、预留采购份额、价格评审优惠、优先采购等措施,提高中小企业在政府采购中的份额。

向中小企业预留的采购份额应当占本部门年度政府采购项目预算总额的百分之三十以上;其中,预留给小型微型企业的比例不低于百分之六十。中小企业无法提供的商品和服务除外。

政府采购不得在企业股权结构、经营年限、经营规模和财务指标等方面对中小企业实行差别待遇或者歧视待遇。

政府采购部门应当在政府采购监督管理部门指定的媒体上及时向社会公开发布采购信息,为中小企业获得政府采购合同提供指导和服务。

第四十一条　县级以上人民政府有关部门应当在法律咨询、知识产权保护、技术性贸易措施、产品认证等方面为中小企业产品和服务出口提供指导和帮助,推动对外经济技术合作与交流。

国家有关政策性金融机构应当通过开展进出口信贷、出口信用保险等业务，支持中小企业开拓境外市场。

第四十二条　县级以上人民政府有关部门应当为中小企业提供用汇、人员出入境等方面的便利，支持中小企业到境外投资，开拓国际市场。

第七章　服务措施

第四十三条　国家建立健全社会化的中小企业公共服务体系，为中小企业提供服务。

第四十四条　县级以上地方各级人民政府应当根据实际需要建立和完善中小企业公共服务机构，为中小企业提供公益性服务。

第四十五条　县级以上人民政府负责中小企业促进工作综合管理的部门应当建立跨部门的政策信息互联网发布平台，及时汇集涉及中小企业的法律法规、创业、创新、金融、市场、权益保护等各类政府服务信息，为中小企业提供便捷无偿服务。

第四十六条　国家鼓励各类服务机构为中小企业提供创业培训与辅导、知识产权保护、管理咨询、信息咨询、信用服务、市场营销、项目开发、投资融资、财会税务、产权交易、技术支持、人才引进、对外合作、展览展销、法律咨询等服务。

第四十七条　县级以上人民政府负责中小企业促进工作综合管理的部门应当安排资金，有计划地组织实施中小企业经营管理人员培训。

第四十八条　国家支持有关机构、高等学校开展针对中小企业经营管理及生产技术等方面的人员培训，提高企业营销、管理和技术水平。

国家支持高等学校、职业教育院校和各类职业技能培训机构与中小企业合作共建实习实践基地，支持职业教育院校教师和中小企业技术人才双向交流，创新中小企业人才培养模式。

第四十九条　中小企业的有关行业组织应当依法维护会员的合法权益，反映会员诉求，加强自律管理，为中小企业创业创新、开拓市场等提供服务。

第八章　权益保护

第五十条　国家保护中小企业及其出资人的财产权和其他合法权益。任何单位和个人不得侵犯中小企业财产及其合法收益。

第五十一条　县级以上人民政府负责中小企业促进工作综合管理的部门应当建立专门渠道，听取中小企业对政府相关管理工作的意见和建议，并及时向有关部门反馈，督促改进。

县级以上地方各级人民政府有关部门和有关行业组织应当公布联系方式，受理中小企业的投诉、举报，并在规定的时间内予以调查、处理。

第五十二条　地方各级人民政府应当依法实施行政许可，依法开展管理工作，不得实施没有法律、法规依据的检查，不得强制或者变相强制中小企业参加考核、评比、表彰、培训等活动。

第五十三条　国家机关、事业单位和大型企业不得违约拖欠中小企业的货物、工程、服务款项。

中小企业有权要求拖欠方支付拖欠款并要求对拖欠造成的损失进行赔偿。

第五十四条　任何单位不得违反法律、法规向中小企业收取费用，不得实施没有法律、法规依据的罚款，不得向中小企业摊派财物。中小企业对违反上述规定的行为有权拒绝和举报、控告。

第五十五条　国家建立和实施涉企行政事业性收费目录清单制度，收费目录清单及其实施情况向社会公开，接受社会监督。

任何单位不得对中小企业执行目录清单之外的行政事业性收费，不得对中小企业擅自提高收费标准、扩大收费范围；严禁以各种方式强制中小企业赞助捐赠、订购报刊、加入社团、接受指定服务；严禁行业组织依靠代行政府职能或者利用行政资源擅自设立收费项目、提高收费标准。

第五十六条　县级以上地方各级人民政府有关部门对中小企业实施监督检查应当依法进行，建立随机抽查机制。同一部门对中小企业实施的多项监督检查能够合并进行的，应当合并进行；不同部门对中小企业实施的多项监督检查能够合并完成的，由本级人民政府组织有关部门实施合并或者联合检查。

第九章　监督检查

第五十七条　县级以上人民政府定期组织对中小企业促进工作情况的监督检查；对违反本法的行为及时予以纠正，并对直接负责的主管人员和其他直接责任人员依法给予处分。

第五十八条　国务院负责中小企业促进工作综合管理的部门应当委托第三方机构定期开展中小企业发展环境评估，并向社会公布。

地方各级人民政府可以根据实际情况委托第三方机构开展中小企业发展环境评估。

第五十九条　县级以上人民政府应当定期组织开展

对中小企业发展专项资金、中小企业发展基金使用效果的企业评价、社会评价和资金使用动态评估,并将评价和评估情况及时向社会公布,接受社会监督。

县级以上人民政府有关部门在各自职责范围内,对中小企业发展专项资金、中小企业发展基金的管理和使用情况进行监督,对截留、挤占、挪用、侵占、贪污中小企业发展专项资金、中小企业发展基金等行为依法进行查处,并对直接负责的主管人员和其他直接责任人员依法给予处分;构成犯罪的,依法追究刑事责任。

第六十条 县级以上地方各级人民政府有关部门在各自职责范围内,对强制或者变相强制中小企业参加考核、评比、表彰、培训等活动的行为,违法向中小企业收费、罚款、摊派财物的行为,以及其他侵犯中小企业合法权益的行为进行查处,并对直接负责的主管人员和其他直接责任人员依法给予处分。

第十章 附 则

第六十一条 本法自2018年1月1日起施行。

中央企业合规管理办法

- 2022年8月23日国务院国有资产监督管理委员会令第42号公布
- 自2022年10月1日起施行

第一章 总 则

第一条 为深入贯彻习近平法治思想,落实全面依法治国战略部署,深化法治央企建设,推动中央企业加强合规管理,切实防控风险,有力保障深化改革与高质量发展,根据《中华人民共和国公司法》《中华人民共和国企业国有资产法》等有关法律法规,制定本办法。

第二条 本办法适用于国务院国有资产监督管理委员会(以下简称国资委)根据国务院授权履行出资人职责的中央企业。

第三条 本办法所称合规,是指企业经营管理行为和员工履职行为符合国家法律法规、监管规定、行业准则和国际条约、规则,以及公司章程、相关规章制度等要求。

本办法所称合规风险,是指企业及其员工在经营管理过程中因违规行为引发法律责任、造成经济或者声誉损失以及其他负面影响的可能性。

本办法所称合规管理,是指企业以有效防控合规风险为目的,以提升依法合规经营管理水平为导向,以企业经营管理行为和员工履职行为为对象,开展的包括建立合规制度、完善运行机制、培育合规文化、强化监督问责等有组织、有计划的管理活动。

第四条 国资委负责指导、监督中央企业合规管理工作,对合规管理体系建设情况及其有效性进行考核评价,依据相关规定对违规行为开展责任追究。

第五条 中央企业合规管理工作应当遵循以下原则:

(一)坚持党的领导。充分发挥企业党委(党组)领导作用,落实全面依法治国战略部署有关要求,把党的领导贯穿合规管理全过程。

(二)坚持全面覆盖。将合规要求嵌入经营管理各领域各环节,贯穿决策、执行、监督全过程,落实到各部门、各单位和全体员工,实现多方联动、上下贯通。

(三)坚持权责清晰。按照"管业务必须管合规"要求,明确业务及职能部门、合规管理部门和监督部门职责,严格落实员工合规责任,对违规行为严肃问责。

(四)坚持务实高效。建立健全符合企业实际的合规管理体系,突出对重点领域、关键环节和重要人员的管理,充分利用大数据等信息化手段,切实提高管理效能。

第六条 中央企业应当在机构、人员、经费、技术等方面为合规管理工作提供必要条件,保障相关工作有序开展。

第二章 组织和职责

第七条 中央企业党委(党组)发挥把方向、管大局、促落实的领导作用,推动合规要求在本企业得到严格遵循和落实,不断提升依法合规经营管理水平。

中央企业应当严格遵守党内法规制度,企业党建工作机构在党委(党组)领导下,按照有关规定履行相应职责,推动相关党内法规制度有效贯彻落实。

第八条 中央企业董事会发挥定战略、作决策、防风险作用,主要履行以下职责:

(一)审议批准合规管理基本制度、体系建设方案和年度报告等。

(二)研究决定合规管理重大事项。

(三)推动完善合规管理体系并对其有效性进行评价。

(四)决定合规管理部门设置及职责。

第九条 中央企业经理层发挥谋经营、抓落实、强管理作用,主要履行以下职责:

(一)拟订合规管理体系建设方案,经董事会批准后组织实施。

(二)拟订合规管理基本制度,批准年度计划等,组织制定合规管理具体制度。

(三)组织应对重大合规风险事件。

（四）指导监督各部门和所属单位合规管理工作。

第十条 中央企业主要负责人作为推进法治建设第一责任人，应当切实履行依法合规经营管理重要组织者、推动者和实践者的职责，积极推进合规管理各项工作。

第十一条 中央企业设立合规委员会，可以与法治建设领导机构等合署办公，统筹协调合规管理工作，定期召开会议，研究解决重点难点问题。

第十二条 中央企业应当结合实际设立首席合规官，不新增领导岗位和职数，由总法律顾问兼任，对企业主要负责人负责，领导合规管理部门组织开展相关工作，指导所属单位加强合规管理。

第十三条 中央企业业务及职能部门承担合规管理主体责任，主要履行以下职责：

（一）建立健全本部门业务合规管理制度和流程，开展合规风险识别评估，编制风险清单和应对预案；

（二）定期梳理重点岗位合规风险，将合规要求纳入岗位职责；

（三）负责本部门经营管理行为的合规审查；

（四）及时报告合规风险，组织或者配合开展应对处置；

（五）组织或者配合开展违规问题调查和整改。

中央企业应当在业务及职能部门设置合规管理员，由业务骨干担任，接受合规管理部门业务指导和培训。

第十四条 中央企业合规管理部门牵头负责本企业合规管理工作，主要履行以下职责：

（一）组织起草合规管理基本制度、具体制度、年度计划和工作报告等；

（二）负责规章制度、经济合同、重大决策合规审查；

（三）组织开展合规风险识别、预警和应对处置，根据董事会授权开展合规管理体系有效性评价；

（四）受理职责范围内的违规举报，提出分类处置意见，组织或者参与对违规行为的调查；

（五）组织或者协助业务及职能部门开展合规培训，受理合规咨询，推进合规管理信息化建设。

中央企业应当配备与经营规模、业务范围、风险水平相适应的专职合规管理人员，加强业务培训，提升专业化水平。

第十五条 中央企业纪检监察机构和审计、巡视巡察、监督追责等部门依据有关规定，在职权范围内对合规要求落实情况进行监督，对违规行为进行调查，按照规定开展责任追究。

第三章 制度建设

第十六条 中央企业应当建立健全合规管理制度，根据适用范围、效力层级等，构建分级分类的合规管理制度体系。

第十七条 中央企业应当制定合规管理基本制度，明确总体目标、机构职责、运行机制、考核评价、监督问责等内容。

第十八条 中央企业应当针对反垄断、反商业贿赂、生态环保、安全生产、劳动用工、税务管理、数据保护等重点领域，以及合规风险较高的业务，制定合规管理具体制度或者专项指南。

中央企业应当针对涉外业务重要领域，根据所在国家（地区）法律法规等，结合实际制定专项合规管理制度。

第十九条 中央企业应当根据法律法规、监管政策等变化情况，及时对规章制度进行修订完善，对执行落实情况进行检查。

第四章 运行机制

第二十条 中央企业应当建立合规风险识别评估预警机制，全面梳理经营管理活动中的合规风险，建立并定期更新合规风险数据库，对风险发生的可能性、影响程度、潜在后果等进行分析，对典型性、普遍性或者可能产生严重后果的风险及时预警。

第二十一条 中央企业应当将合规审查作为必经程序嵌入经营管理流程，重大决策事项的合规审查意见应当由首席合规官签字，对决策事项的合规性提出明确意见。业务及职能部门、合规管理部门依据职责权限完善审查标准、流程、重点等，定期对审查情况开展后评估。

第二十二条 中央企业发生合规风险，相关业务及职能部门应当及时采取应对措施，并按照规定向合规管理部门报告。

中央企业因违规行为引发重大法律纠纷案件、重大行政处罚、刑事案件，或者被国际组织制裁等重大合规风险事件，造成或者可能造成企业重大资产损失或者严重不良影响的，应当由首席合规官牵头，合规管理部门统筹协调，相关部门协同配合，及时采取措施妥善应对。

中央企业发生重大合规风险事件，应当按照相关规定及时向国资委报告。

第二十三条 中央企业应当建立违规问题整改机制，通过健全规章制度、优化业务流程等，堵塞管理漏洞，提升依法合规经营管理水平。

第二十四条　中央企业应当设立违规举报平台,公布举报电话、邮箱或者信箱,相关部门按照职责权限受理违规举报,并就举报问题进行调查和处理,对造成资产损失或者严重不良后果的,移交责任追究部门;对涉嫌违纪违法的,按照规定移交纪检监察等相关部门或者机构。

中央企业应当对举报人的身份和举报事项严格保密,对举报属实的举报人可以给予适当奖励。任何单位和个人不得以任何形式对举报人进行打击报复。

第二十五条　中央企业应当完善违规行为追责问责机制,明确责任范围,细化问责标准,针对问题和线索及时开展调查,按照有关规定严肃追究违规人员责任。

中央企业应当建立所属单位经营管理和员工履职违规行为记录制度,将违规行为性质、发生次数、危害程度等作为考核评价、职级评定等工作的重要依据。

第二十六条　中央企业应当结合实际建立健全合规管理与法务管理、内部控制、风险管理等协同运作机制,加强统筹协调,避免交叉重复,提高管理效能。

第二十七条　中央企业应当定期开展合规管理体系有效性评价,针对重点业务合规管理情况适时开展专项评价,强化评价结果运用。

第二十八条　中央企业应当将合规管理作为法治建设重要内容,纳入对所属单位的考核评价。

第五章　合规文化

第二十九条　中央企业应当将合规管理纳入党委(党组)法治专题学习,推动企业领导人员强化合规意识,带头依法依规开展经营管理活动。

第三十条　中央企业应当建立常态化合规培训机制,制定年度培训计划,将合规管理作为管理人员、重点岗位人员和新入职人员培训必修内容。

第三十一条　中央企业应当加强合规宣传教育,及时发布合规手册,组织签订合规承诺,强化全员守法诚信、合规经营意识。

第三十二条　中央企业应当引导全体员工自觉践行合规理念,遵守合规要求,接受合规培训,对自身行为合规性负责,培育具有企业特色的合规文化。

第六章　信息化建设

第三十三条　中央企业应当加强合规管理信息化建设,结合实际将合规制度、典型案例、合规培训、违规行为记录等纳入信息系统。

第三十四条　中央企业应当定期梳理业务流程,查找合规风险点,运用信息化手段将合规要求和防控措施嵌入流程,针对关键节点加强合规审查,强化过程管控。

第三十五条　中央企业应当加强合规管理信息系统与财务、投资、采购等其他信息系统的互联互通,实现数据共用共享。

第三十六条　中央企业应当利用大数据等技术,加强对重点领域、关键节点的实时动态监测,实现合规风险即时预警、快速处置。

第七章　监督问责

第三十七条　中央企业违反本办法规定,因合规管理不到位引发违规行为的,国资委可以约谈相关企业并责成整改;造成损失或者不良影响的,国资委根据相关规定开展责任追究。

第三十八条　中央企业应当对在履职过程中因故意或者重大过失应当发现而未发现违规问题,或者发现违规问题存在失职渎职行为,给企业造成损失或者不良影响的单位和人员开展责任追究。

第八章　附　则

第三十九条　中央企业应当根据本办法,结合实际制定完善合规管理制度,推动所属单位建立健全合规管理体系。

第四十条　地方国有资产监督管理机构参照本办法,指导所出资企业加强合规管理工作。

第四十一条　本办法由国资委负责解释。

第四十二条　本办法自2022年10月1日起施行。

中央企业违规经营投资责任追究实施办法(试行)

- 2018年7月13日国务院国有资产监督管理委员会令第37号公布
- 自2018年8月30日起施行

第一章　总　则

第一条　为加强和规范中央企业违规经营投资责任追究工作,进一步完善国有资产监督管理制度,落实国有资产保值增值责任,有效防止国有资产流失,根据《中华人民共和国公司法》、《中华人民共和国企业国有资产法》、《企业国有资产监督管理暂行条例》和《国务院办公厅关于建立国有企业违规经营投资责任追究制度的意见》等法律法规和文件,制定本办法。

第二条　本办法所称中央企业是指国务院国有资产监督管理委员会(以下简称国资委)代表国务院履行出资人职责的国家出资企业。

第三条　本办法所称违规经营投资责任追究(以下

简称责任追究）是指中央企业经营管理有关人员违反规定、未履行或未正确履行职责，在经营投资中造成国有资产损失或其他严重不良后果，经调查核实和责任认定，对相关责任人进行处理的工作。

前款所称规定，包括国家法律法规、国有资产监管规章制度和企业内部管理规定等。前款所称未履行职责，是指未在规定期限内或正当合理期限内行使职权、承担责任，一般包括不作为、拒绝履行职责、拖延履行职责等；未正确履行职责，是指未按规定以及岗位职责要求，不适当或不完全行使职权、承担责任，一般包括未按程序行使职权、超越职权、滥用职权等。

第四条 责任追究工作应当遵循以下原则：

（一）坚持依法依规问责。以国家法律法规为准绳，按照国有资产监管规章制度和企业内部管理规定等，对违反规定、未履行或未正确履行职责造成国有资产损失或其他严重不良后果的企业经营管理有关人员，严肃追究责任，实行重大决策终身问责。

（二）坚持客观公正定责。贯彻落实"三个区分开来"重要要求，结合企业实际情况，调查核实违规行为的事实、性质及其造成的损失和影响，既考虑量的标准也考虑质的不同，认定相关人员责任，保护企业经营管理有关人员干事创业的积极性，恰当公正地处理相关责任人。

（三）坚持分级分层追责。国资委和中央企业原则上按照国有资本出资关系和干部管理权限，界定责任追究工作职责，分级组织开展责任追究工作，分别对企业不同层级经营管理人员进行追究处理，形成分级分层、有效衔接、上下贯通的责任追究工作体系。

（四）坚持惩治教育和制度建设相结合。在对违规经营投资相关责任人严肃问责的同时，加大典型案例总结和通报力度，加强警示教育，发挥震慑作用，推动中央企业不断完善规章制度，堵塞经营管理漏洞，提高经营管理水平，实现国有资产保值增值。

第五条 在责任追究工作过程中，发现企业经营管理有关人员违纪或职务违法的问题和线索，应当移送相应的纪检监察机构查处；涉嫌犯罪的，应当移送国家监察机关或司法机关查处。

第二章 责任追究范围

第六条 中央企业经营管理有关人员违反规定，未履行或未正确履行职责致使发生本办法第七条至第十七条所列情形，造成国有资产损失或其他严重不良后果的，应当追究相应责任。

第七条 集团管控方面的责任追究情形：

（一）违反规定程序或超越权限决定、批准和组织实施重大经营投资事项，或决定、批准和组织实施的重大经营投资事项违反党和国家方针政策、决策部署以及国家有关规定。

（二）对国家有关集团管控的规定未执行或执行不力，致使发生重大资产损失对生产经营、财务状况产生重大影响。

（三）对集团重大风险隐患、内控缺陷等问题失察，或虽发现但没有及时报告、处理，造成重大资产损失或其他严重不良后果。

（四）所属子企业发生重大违规违纪违法问题，造成重大资产损失且对集团生产经营、财务状况产生重大影响，或造成其他严重不良后果。

（五）对国家有关监管机构就经营投资有关重大问题提出的整改工作要求，拒绝整改、拖延整改等。

第八条 风险管理方面的责任追究情形：

（一）未按规定履行内控及风险管理制度建设职责，导致内控及风险管理制度缺失，内控流程存在重大缺陷。

（二）内控及风险管理制度未执行或执行不力，对经营投资重大风险未能及时分析、识别、评估、预警、应对和报告。

（三）未按规定对企业规章制度、经济合同和重要决策等进行法律审核。

（四）未执行国有资产监管有关规定，过度负债导致债务危机，危及企业持续经营。

（五）恶意逃废金融债务。

（六）瞒报、漏报、谎报或迟报重大风险及风险损失事件，指使编制虚假财务报告，企业账实严重不符。

第九条 购销管理方面的责任追究情形：

（一）未按规定订立、履行合同，未履行或未正确履行职责致使合同标的价格明显不公允。

（二）未正确履行合同，或无正当理由放弃应得合同权益。

（三）违反规定开展融资性贸易业务或"空转""走单"等虚假贸易业务。

（四）违反规定利用关联交易输送利益。

（五）未按规定进行招标或未执行招标结果。

（六）违反规定提供赊销信用、资质、担保或预付款项，利用业务预付或物资交易等方式变相融资或投资。

（七）违反规定开展商品期货、期权等衍生业务。

（八）未按规定对应收款项及时追索或采取有效保全措施。

第十条 工程承包建设方面的责任追究情形：

（一）未按规定对合同标的进行调查论证或风险分析。

（二）未按规定履行决策和审批程序，或未经授权和超越授权投标。

（三）违反规定，无合理商业理由以低于成本的报价中标。

（四）未按规定履行决策和审批程序，擅自签订或变更合同。

（五）未按规定程序对合同约定进行严格审查，存在重大疏漏。

（六）工程以及与工程建设有关的货物、服务未按规定招标或规避招标。

（七）违反规定分包等。

（八）违反合同约定超计价、超进度付款。

第十一条 资金管理方面的责任追究情形：

（一）违反决策和审批程序或超越权限筹集和使用资金。

（二）违反规定以个人名义留存资金、收支结算、开立银行账户等。

（三）设立"小金库"。

（四）违反规定集资、发行股票或债券、捐赠、担保、委托理财、拆借资金或开立信用证、办理银行票据等。

（五）虚列支出套取资金。

（六）违反规定超发、滥发职工薪酬福利。

（七）因财务内控缺失或未按照财务内控制度执行，发生资金挪用、侵占、盗窃、欺诈等。

第十二条 转让产权、上市公司股权、资产等方面的责任追究情形：

（一）未按规定履行决策和审批程序或超越授权范围转让。

（二）财务审计和资产评估违反相关规定。

（三）隐匿应当纳入审计、评估范围的资产，组织提供和披露虚假信息，授意、指使中介机构出具虚假财务审计、资产评估鉴证结果及法律意见书等。

（四）未按相关规定执行回避制度。

（五）违反相关规定和公开公平交易原则，低价转让企业产权、上市公司股权和资产等。

（六）未按规定进场交易。

第十三条 固定资产投资方面的责任追究情形：

（一）未按规定进行可行性研究或风险分析。

（二）项目概算未按规定进行审查，严重偏离实际。

（三）未按规定履行决策和审批程序擅自投资。

（四）购建项目未按规定招标，干预、规避或操纵招标。

（五）外部环境和项目本身情况发生重大变化，未按规定及时调整投资方案并采取止损措施。

（六）擅自变更工程设计、建设内容和追加投资等。

（七）项目管理混乱，致使建设严重拖期、成本明显高于同类项目。

（八）违反规定开展列入负面清单的投资项目。

第十四条 投资并购方面的责任追究情形：

（一）未按规定开展尽职调查，或尽职调查未进行风险分析等，存在重大疏漏。

（二）财务审计、资产评估或估值违反相关规定。

（三）投资并购过程中授意、指使中介机构或有关单位出具虚假报告。

（四）未按规定履行决策和审批程序，决策未充分考虑重大风险因素，未制定风险防范预案。

（五）违反规定以各种形式为其他合资合作方提供垫资，或通过高溢价并购等手段向关联方输送利益。

（六）投资合同、协议及标的企业公司章程等法律文件中存在有损国有权益的条款，致使对标的企业管理失控。

（七）违反合同约定提前支付并购价款。

（八）投资并购后未按有关工作方案开展整合，致使对标的企业管理失控。

（九）投资参股后未行使相应股东权利，发生重大变化未及时采取止损措施。

（十）违反规定开展列入负面清单的投资项目。

第十五条 改组改制方面的责任追究情形：

（一）未按规定履行决策和审批程序。

（二）未按规定组织开展清产核资、财务审计和资产评估。

（三）故意转移、隐匿国有资产或向中介机构提供虚假信息，授意、指使中介机构出具虚假清产核资、财务审计与资产评估等鉴证结果。

（四）将国有资产以明显不公允低价折股、出售或无偿分给其他单位或个人。

（五）在发展混合所有制经济、实施员工持股计划、破产重整或清算等改组改制过程中，违反规定，导致发生变相套取、私分国有资产。

（六）未按规定收取国有资产转让价款。

（七）改制后的公司章程等法律文件中存在有损国

有权益的条款。

第十六条 境外经营投资方面的责任追究情形：

（一）未按规定建立企业境外投资管理相关制度，导致境外投资管控缺失。

（二）开展列入负面清单禁止类的境外投资项目。

（三）违反规定从事非主业投资或开展列入负面清单特别监管类的境外投资项目。

（四）未按规定进行风险评估并采取有效风险防控措施对外投资或承揽境外项目。

（五）违反规定采取不当经营行为，以及不顾成本和代价进行恶性竞争。

（六）违反本章其他有关规定或存在国家明令禁止的其他境外经营投资行为的。

第十七条 其他违反规定，未履行或未正确履行职责造成国有资产损失或其他严重不良后果的责任追究情形。

第三章 资产损失认定

第十八条 对中央企业违规经营投资造成的资产损失，在调查核实的基础上，依据有关规定认定资产损失金额，以及对企业、国家和社会等造成的影响。

第十九条 资产损失包括直接损失和间接损失。直接损失是与相关人员行为有直接因果关系的损失金额及影响；间接损失是由相关人员行为引发或导致的，除直接损失外，能够确认计量的其他损失金额及影响。

第二十条 中央企业违规经营投资资产损失500万元以下为一般资产损失，500万元以上5000万元以下为较大资产损失，5000万元以上为重大资产损失。涉及违纪违法和犯罪行为查处的损失标准，遵照相关党内法规和国家法律法规的规定执行。

前款所称的"以上"包括本数，所称的"以下"不包括本数。

第二十一条 资产损失金额及影响，可根据司法、行政机关等依法出具的书面文件，具有相应资质的会计师事务所、资产评估机构、律师事务所、专业技术鉴定机构等专业机构出具的专项审计、评估或鉴证报告，以及企业内部证明材料等，进行综合研判认定。

第二十二条 相关违规经营投资虽尚未形成事实资产损失，但确有证据证明资产损失在可预见未来将发生，且能可靠计量资产损失金额的，经中介机构评估可以认定为或有损失，计入资产损失。

第四章 责任认定

第二十三条 中央企业经营管理有关人员任职期间违反规定，未履行或未正确履行职责造成国有资产损失或其他严重不良后果的，应当追究其相应责任。违规经营投资责任根据工作职责划分为直接责任、主管责任和领导责任。

第二十四条 直接责任是指相关人员在其工作职责范围内，违反规定，未履行或未正确履行职责，对造成的资产损失或其他严重不良后果起决定性直接作用时应当承担的责任。

企业负责人存在以下情形的，应当承担直接责任：

（一）本人或与他人共同违反国家法律法规、国有资产监管规章制度和企业内部管理规定。

（二）授意、指使、强令、纵容、包庇下属人员违反国家法律法规、国有资产监管规章制度和企业内部管理规定。

（三）未经规定程序或超越权限，直接决定、批准、组织实施重大经济事项。

（四）主持相关会议讨论或以其他方式研究时，在多数人不同意的情况下，直接决定、批准、组织实施重大经济事项。

（五）将按有关法律法规制度应作为第一责任人（总负责）的事项、签订的有关目标责任事项或应当履行的其他重要职责，授权（委托）其他领导人员决策且决策不当或决策失误等。

（六）其他应当承担直接责任的行为。

第二十五条 主管责任是指相关人员在其直接主管（分管）工作职责范围内，违反规定，未履行或未正确履行职责，对造成的资产损失或其他严重不良后果应当承担的责任。

第二十六条 领导责任是指企业主要负责人在其工作职责范围内，违反规定，未履行或未正确履行职责，对造成的资产损失或其他严重不良后果应当承担的责任。

第二十七条 中央企业所属子企业违规经营投资致使发生本条第二款、第三款所列情形的，上级企业经营管理有关人员应当承担相应的责任。

上一级企业有关人员应当承担相应责任的情形包括：

（一）发生重大资产损失且对企业生产经营、财务状况产生重大影响的。

（二）多次发生较大、重大资产损失，或造成其他严重不良后果的。

除上一级企业有关人员外，更高层级企业有关人员也应当承担相应责任的情形包括：

（一）发生违规违纪违法问题，造成资产损失金额巨大且危及企业生存发展的。

（二）在一定时期内多家所属子企业连续集中发生重大资产损失，或造成其他严重不良后果的。

第二十八条 中央企业违反规定瞒报、漏报或谎报重大资产损失的，对企业主要负责人和分管负责人比照领导责任和主管责任进行责任认定。

第二十九条 中央企业未按规定和有关工作职责要求组织开展责任追究工作的，对企业负责人及有关人员比照领导责任、主管责任和直接责任进行责任认定。

第三十条 中央企业有关经营决策机构以集体决策形式作出违规经营投资的决策或实施其他违规经营投资的行为，造成资产损失或其他严重不良后果的，应当承担集体责任，有关成员也应当承担相应责任。

第五章 责任追究处理

第三十一条 对相关责任人的处理方式包括组织处理、扣减薪酬、禁入限制、纪律处分、移送国家监察机关或司法机关等，可以单独使用，也可以合并使用。

（一）组织处理。包括批评教育、责令书面检查、通报批评、诫勉、停职、调离工作岗位、降职、改任非领导职务、责令辞职、免职等。

（二）扣减薪酬。扣减和追索绩效年薪或任期激励收入，终止或收回其他中长期激励收益，取消参加中长期激励资格等。

（三）禁入限制。5年直至终身不得担任国有企业董事、监事、高级管理人员。

（四）纪律处分。由相应的纪检监察机构查处。

（五）移送国家监察机关或司法机关处理。依据国家有关法律规定，移送国家监察机关或司法机关查处。

第三十二条 中央企业发生资产损失，经过查证核实和责任认定后，除依据有关规定移送纪检监察机构或司法机关处理外，应当按以下方式处理：

（一）发生一般资产损失的，对直接责任人和主管责任人给予批评教育、责令书面检查、通报批评、诫勉等处理，可以扣减和追索责任认定年度50%以下的绩效年薪。

（二）发生较大资产损失的，对直接责任人和主管责任人给予通报批评、诫勉、停职、调离工作岗位、降职等处理，同时按照以下标准扣减薪酬：扣减和追索责任认定年度50%～100%的绩效年薪、扣减和追索责任认定年度（含）前3年50%～100%的任期激励收入并延期支付绩效年薪，终止尚未行使的其他中长期激励权益、上缴责任认定年度及前一年度的全部中长期激励收益、5年内不得参加企业新的中长期激励。

对领导责任人给予通报批评、诫勉、停职、调离工作岗位等处理，同时按照以下标准扣减薪酬：扣减和追索责任认定年度30%～70%的绩效年薪、扣减和追索责任认定年度（含）前3年30%～70%的任期激励收入并延期支付绩效年薪，终止尚未行使的其他中长期激励权益、3年内不得参加企业新的中长期激励。

（三）发生重大资产损失的，对直接责任人和主管责任人给予降职、改任非领导职务、责令辞职、免职和禁入限制等处理，同时按照以下标准扣减薪酬：扣减和追索责任认定年度100%的绩效年薪、扣减和追索责任认定年度（含）前3年100%的任期激励收入并延期支付绩效年薪，终止尚未行使的其他中长期激励权益、上缴责任认定年度（含）前3年的全部中长期激励收益、不得参加企业新的中长期激励。

对领导责任人给予调离工作岗位、降职、改任非领导职务、责令辞职、免职和禁入限制等处理，同时按照以下标准扣减薪酬：扣减和追索责任认定年度70%～100%的绩效年薪、扣减和追索责任认定年度（含）前3年70%～100%的任期激励收入并延期支付绩效年薪，终止尚未行使的其他中长期激励权益、上缴责任认定年度（含）前3年的全部中长期激励收益、5年内不得参加企业新的中长期激励。

第三十三条 中央企业所属子企业发生资产损失，按照本办法应当追究中央企业有关人员责任时，对相关责任人给予通报批评、诫勉、停职、调离工作岗位、降职、改任非领导职务、责令辞职、免职和禁入限制等处理，同时按照以下标准扣减薪酬：扣减和追索责任认定年度30%～100%的绩效年薪、扣减和追索责任认定年度（含）前3年30%～100%的任期激励收入并延期支付绩效年薪，终止尚未行使的其他中长期激励权益、上缴责任认定年度（含）前3年的全部中长期激励收益、3～5年内不得参加企业新的中长期激励。

第三十四条 对承担集体责任的中央企业有关经营决策机构，给予批评教育、责令书面检查、通报批评等处理；对造成资产损失金额巨大且危及企业生存发展的，或造成其他特别严重不良后果的，按照规定程序予以改组。

第三十五条 责任认定年度是指责任追究处理年度。有关责任人在责任追究处理年度无任职或任职不满全年的，按照最近一个完整任职年度执行；若无完整任职年度的，参照处理前实际任职月度（不超过12个月）执行。

第三十六条　对同一事件、同一责任人的薪酬扣减和追索,按照党纪处分、政务处分、责任追究等扣减薪酬处理的最高标准执行,但不合并使用。

第三十七条　相关责任人受到诫勉处理的,6个月内不得提拔、重用;受到调离工作岗位、改任非领导职务处理的,1年内不得提拔;受到降职处理的,2年内不得提拔;受到责令辞职、免职处理的,1年内不安排职务,2年内不得担任高于原任职务层级的职务;同时受到纪律处分的,按照影响期长的规定执行。

第三十八条　中央企业经营管理有关人员违规经营投资未造成资产损失,但造成其他严重不良后果的,经过查证核实和责任认定后,对相关责任人参照本办法予以处理。

第三十九条　有下列情形之一的,应当对相关责任人从重或加重处理:
(一)资产损失频繁发生、金额巨大、后果严重的。
(二)屡禁不止、顶风违规、影响恶劣的。
(三)强迫、唆使他人违规造成资产损失或其他严重不良后果的。
(四)未及时采取措施或措施不力导致资产损失或其他严重不良后果扩大的。
(五)瞒报、漏报或谎报资产损失的。
(六)拒不配合或干扰、抵制责任追究工作的。
(七)其他应当从重或加重处理的。

第四十条　对中央企业经营管理有关人员在企业改革发展中所出现的失误,不属于有令不行、有禁不止、不当谋利、主观故意、独断专行等的,根据有关规定和程序予以容错。有下列情形之一的,可以对违规经营投资相关责任人从轻或减轻处理:
(一)情节轻微的。
(二)以促进企业改革发展稳定或履行企业经济责任、政治责任、社会责任为目标,且个人没有谋取私利的。
(三)党和国家方针政策、党章党规党纪、国家法律法规、地方性法规和规章等没有明确限制或禁止的。
(四)处置突发事件或紧急情况下,个人或少数人决策,事后及时履行报告程序并得到追认,且不存在故意或重大过失的。
(五)及时采取有效措施减少、挽回资产损失并消除不良影响的。
(六)主动反映资产损失情况,积极配合责任追究工作,或主动检举其他造成资产损失相关人员,查证属实的。

(七)其他可以从轻或减轻处理的。

第四十一条　对于违规经营投资有关责任人应当给予批评教育、责令书面检查、通报批评或诫勉处理,但是具有本办法第四十条规定的情形之一的,可以免除处理。

第四十二条　对违规经营投资有关责任人减轻或免除处理,须由作出处理决定的上一级企业或国资委批准。

第四十三条　相关责任人已调任、离职或退休的,应当按照本办法给予相应处理。

第四十四条　相关责任人在责任认定年度已不在本企业领取绩效年薪的,按离职前一年度全部绩效年薪及前三年任期激励收入总和计算,参照本办法有关规定追索扣回其薪酬。

第四十五条　对违反规定,未履行或未正确履行职责造成国有资产损失或其他严重不良后果的中央企业董事、监事以及其他有关人员,依照国家法律法规、有关规章制度和本办法等对其进行相应处理。

第六章　责任追究工作职责

第四十六条　国资委和中央企业原则上按照国有资本出资关系和干部管理权限,组织开展责任追究工作。

第四十七条　国资委在责任追究工作中的主要职责:
(一)研究制定中央企业责任追究有关制度。
(二)组织开展中央企业发生的重大资产损失或产生严重不良后果的较大资产损失,以及涉及中央企业负责人的责任追究工作。
(三)认为有必要直接组织开展的中央企业及其所属子企业责任追究工作。
(四)对中央企业存在的共性问题进行专项核查。
(五)对需要中央企业整改的问题,督促企业落实有关整改工作要求。
(六)指导、监督和检查中央企业责任追究相关工作。
(七)其他有关责任追究工作。

第四十八条　国资委内设专门责任追究机构,受理有关方面按规定程序移交的中央企业及其所属子企业违规经营投资的有关问题和线索,初步核实后进行分类处置,并采取督办、联合核查、专项核查等方式组织开展有关核查工作,认定相关人员责任,研究提出处理的意见建议,督促企业整改落实。

第四十九条　中央企业在责任追究工作中的主要职责:
(一)研究制定本企业责任追究有关制度。

(二)组织开展本级企业发生的一般或较大资产损失,二级子企业发生的重大资产损失或产生严重不良后果的较大资产损失,以及涉及二级子企业负责人的责任追究工作。

(三)认为有必要直接组织开展的所属子企业责任追究工作。

(四)指导、监督和检查所属子企业责任追究相关工作。

(五)按照国资委要求组织开展有关责任追究工作。

(六)其他有关责任追究工作。

第五十条　中央企业应当明确相应的职能部门或机构,负责组织开展责任追究工作,并做好与企业纪检监察机构的协同配合。

第五十一条　中央企业应当建立责任追究工作报告制度,对较大和重大违规经营投资的问题和线索,及时向国资委书面报告,并按照有关工作要求定期报送责任追究工作开展情况。

第五十二条　中央企业未按规定和有关工作职责要求组织开展责任追究工作的,国资委依据相关规定,对有关中央企业负责人进行责任追究。

第五十三条　国资委和中央企业有关人员,对企业违规经营投资等重大违规违纪违法问题,存在应当发现而未发现或发现后敷衍不追、隐匿不报、查处不力等失职渎职行为的,严格依纪依规追究纪律责任;涉嫌犯罪的,移送国家监察机关或司法机关查处。

第七章　责任追究工作程序

第五十四条　开展中央企业责任追究工作一般应当遵循受理、初步核实、分类处置、核查、处理和整改等程序。

第五十五条　受理有关方面按规定程序移交的违规经营投资问题和线索,并进行有关证据、材料的收集、整理和分析工作。

第五十六条　国资委专门责任追究机构受理下列企业违规经营投资的问题和线索:

(一)国有资产监督管理工作中发现的。

(二)审计、巡视、纪检监察以及其他有关部门移交的。

(三)中央企业报告的。

(四)其他有关违规经营投资的问题和线索。

第五十七条　对受理的违规经营投资问题和线索,及相关证据、材料进行必要的初步核实工作。

第五十八条　初步核实的主要工作内容包括:

(一)资产损失及其他严重不良后果的情况。

(二)违规违纪违法的情况。

(三)是否属于责任追究范围。

(四)有关方面的处理建议和要求等。

第五十九条　初步核实的工作一般应于30个工作日内完成,根据工作需要可以适当延长。

第六十条　根据初步核实情况,对确有违规违纪违法事实的,按照规定的职责权限和程序进行分类处置。

第六十一条　分类处置的主要工作内容包括:

(一)属于国资委责任追究职责范围的,由国资委专门责任追究机构组织实施核查工作。

(二)属于中央企业责任追究职责范围的,移交和督促相关中央企业进行责任追究。

(三)涉及中管干部的违规经营投资问题线索,报经中央纪委国家监委同意后,按要求开展有关核查工作。

(四)属于其他有关部门责任追究职责范围的,移送有关部门。

(五)涉嫌违纪或职务违法的问题和线索,移送纪检监察机构。

(六)涉嫌犯罪的问题和线索,移送国家监察机关或司法机关。

第六十二条　国资委对违规经营投资事项及时组织开展核查工作,核实责任追究情形,确定资产损失程度,查清资产损失原因,认定相关人员责任等。

第六十三条　结合中央企业减少或挽回资产损失工作进展情况,可以适时启动责任追究工作。

第六十四条　核查工作可以采取以下工作措施核查取证:

(一)与被核查事项有关的人员谈话,形成核查谈话记录,并要求有关人员作出书面说明。

(二)查阅、复制被核查企业的有关文件、会议纪要(记录)、资料和账簿、原始凭证等相关材料。

(三)实地核查企业实物资产等。

(四)委托具有相应资质的专业机构对有关问题进行审计、评估或鉴证等。

(五)其他必要的工作措施。

第六十五条　在核查期间,对相关责任人未支付或兑现的绩效年薪、任期激励收入、中长期激励收益等均应暂停支付或兑现;对有可能影响核查工作顺利开展的相关责任人,可视情况采取停职、调离工作岗位、免职等措施。

第六十六条　在重大违规经营投资事项核查工

中，对确有工作需要的，负责核查的部门可请纪检监察机构提供必要支持。

第六十七条　核查工作一般应于6个月内完成，根据工作需要可以适当延长。

第六十八条　核查工作结束后，一般应当听取企业和相关责任人关于核查工作结果的意见，形成资产损失情况核查报告和责任认定报告。

第六十九条　国资委根据核查工作结果，按照干部管理权限和相关程序对相关责任人追究处理，形成处理决定，送达有关企业及被处理人，并对有关企业提出整改要求。

第七十条　被处理人对处理决定有异议的，可以在处理决定送达之日起15个工作日内，提出书面申诉，并提供相关证明材料。申诉期间不停止原处理决定的执行。

第七十一条　国资委或中央企业作出处理决定的，被处理人向作出该处理决定的单位申诉；中央企业所属子企业作出处理决定的，向上一级企业申诉。

第七十二条　国资委和企业应当自受理申诉之日起30个工作日内复核，作出维持、撤销或变更原处理决定的复核决定，并以适当形式告知申诉人及其所在企业。

第七十三条　中央企业应当按照整改要求，认真总结吸取教训，制定和落实整改措施，优化业务流程，完善内控体系，堵塞经营管理漏洞，建立健全防范经营投资风险的长效机制。

第七十四条　中央企业应在收到处理决定之日起60个工作日内，向国资委报送整改报告及相关材料。

第七十五条　国资委和中央企业应当按照国家有关信息公开规定，逐步向社会公开违规经营投资核查处理情况和有关整改情况等，接受社会监督。

第七十六条　积极运用信息化手段开展责任追究工作，推进相关数据信息的报送、归集、共享和综合利用，逐步建立违规经营投资损失和责任追究工作信息报送系统、中央企业禁入限制人员信息查询系统等，加大信息化手段在发现问题线索、专项核查、责任追究等方面的运用力度。

第八章　附　则

第七十七条　中央企业应根据本办法，结合本企业实际情况，细化责任追究的范围、资产损失程度划分标准等，研究制定责任追究相关制度规定，并报国资委备案。

第七十八条　各地区国有资产监督管理机构可以参照本办法，结合实际情况制定本地区责任追究相关制度规定。

第七十九条　国有参股企业责任追究工作，可参照本办法向国有参股企业股东会提请开展责任追究工作。

第八十条　对发生生产安全、环境污染责任事故和不稳定事件的，按照国家有关规定另行处理。

第八十一条　本办法由国资委负责解释。

第八十二条　本办法自2018年8月30日起施行。《中央企业资产损失责任追究暂行办法》（国资委令第20号）同时废止。

关于进一步深化法治央企建设的意见

· 2021年10月17日
· 国资发法规规〔2021〕80号

为深入学习贯彻习近平法治思想，认真落实全面依法治国战略部署，持续深化法治央企建设，更好发挥法治工作对"十四五"时期中央企业改革发展的支撑保障作用，根据《法治中国建设规划（2020-2025年）》《法治社会建设实施纲要（2020-2025年）》等文件精神，现就进一步做好中央企业法治工作提出如下意见：

一、总体要求

（一）指导思想。坚持以习近平新时代中国特色社会主义思想为指导，认真落实习近平法治思想，深入贯彻党的十九大和十九届二中、三中、四中、五中全会精神，按照中央全面依法治国工作会议部署，立足新发展阶段，贯彻新发展理念，构建新发展格局，紧紧围绕国企改革三年行动和中央企业"十四五"发展规划，着力健全领导责任体系、依法治理体系、规章制度体系、合规管理体系、工作组织体系，持续提升法治工作引领支撑能力、风险管控能力、涉外保障能力、主动维权能力和数字化管理能力，不断深化治理完善、经营合规、管理规范、守法诚信的法治央企建设，为加快建设世界一流企业筑牢坚实法治基础。

（二）基本原则。

——坚持融入中心、服务大局。以服务国企改革三年行动和中央企业"十四五"发展规划为目标，牢固树立全局意识和系统观念，法治工作全面融入完善中国特色现代企业制度、深化混合所有制改革、科技创新、国际化经营等重点任务，充分发挥支撑保障作用。

——坚持完善制度、夯基固本。以强化制度建设为基础，坚持尊法、学法、守法、用法，将行之有效的经验做法，及时转化为企业规章制度，嵌入业务流程，加强制度执行情况监督检查，强化制度刚性约束。

——坚持突出重点、全面深化。以落实法治建设第一责任人职责、完善总法律顾问制度、健全法律风险防范机制、强化合规管理为重点，坚持问题导向，在做深做细做实上下更大功夫，真正发挥强管理、促经营、防风险、创价值作用。

——坚持勇于创新、拓展升级。以适应市场化、法治化、国际化发展需要为方向，结合实际拓宽法治工作领域，探索优化法务管理职能，创新工作方式，加快提升信息化、数字化、智能化水平。

（三）总体目标。"十四五"时期，中央企业法治理念更加强化、治理机制更加完善、制度体系更加优化、组织机构更加健全、管理方式更加科学、作用发挥更加有效，法治建设取得更大进展，部分企业率先达到世界一流水平，为企业深化改革、高质量发展提供更加有力的支撑保障。

二、着力健全法治工作体系

（四）着力健全领导责任体系。坚持企业党委（党组）对依法治企工作的全面领导，不断完善党委（党组）定期专题学法、定期听取工作汇报、干部任前法治谈话、述职必述法等制度，切实发挥党委（党组）把方向、管大局、促落实作用。强化董事会定战略、作决策、防风险职能，明确专门委员会推进法治建设职责，把法治建设纳入整体工作统筹谋划，将进展情况作为年度工作报告的重要内容。健全中央企业主要负责人履行推进法治建设第一责任人职责工作机制，党委（党组）书记、董事长、总经理各司其职，对重点问题亲自研究、部署协调、推动解决。将第一责任人职责要求向子企业延伸，把落实情况纳入领导人员综合考核评价体系，将法治素养和依法履职情况作为考察使用干部的重要内容。

（五）着力健全依法治理体系。高度重视章程在公司治理中的统领地位，切实发挥总法律顾问和法务管理机构专业审核把关作用，科学配置各治理主体权利、义务和责任，明晰履职程序和要求，保障章程依法制定、依法实施。多元投资主体企业严格依据法律法规、国有资产监管规定和公司章程，明确股东权利义务、股东会定位与职权，规范议事决策方式和程序，完善运作制度机制，强化决议执行和监督，切实维护股东合法权益。优化董事会知识结构，通过选聘法律专业背景人员担任董事、加强法律培训等方式，提升董事会依法决策水平。落实总法律顾问列席党委（党组）会、董事会参与研究讨论或审议涉及法律合规相关议题，参加总经理办公会等重要决策会议制度，将合法合规性审查和重大风险评估作为重大决策事项必经前置程序。依法对子企业规范行使股东权，认真研究制定子企业章程，严格按照公司治理结构，通过股东（大）会决议、派出董事监事、推荐高级管理人员等方式行权履职，切实防范公司人格混同等风险。

（六）着力健全规章制度体系。明确法务管理机构归口管理职责，健全规章制度制定、执行、评估、改进等工作机制，加强法律审核把关，强化对制度的全生命周期管理。根据适用范围、重要程度、管理幅度等，构建分层分类的制度体系框架，确保结构清晰、内容完整、相互衔接、有效协同，切实提高科学性和系统性。定期开展制度梳理，编制立改废计划，完善重点改革任务配套制度，及时修订重要领域管理规范，不断增强针对性和实效性。加强对规章制度的宣贯培训，定期对执行情况开展监督检查和综合评价，增强制度刚性约束，推动制度有效落实。

（七）着力健全合规管理体系。持续完善合规管理工作机制，健全企业主要负责人领导、总法律顾问牵头、法务管理机构归口、相关部门协同联动的合规管理体系。发挥法务管理机构统筹协调、组织推动、督促落实作用，加强合规制度建设，开展合规审查与考核，保障体系有效运行。强化业务部门、经营单位和项目一线主体责任，通过设置兼职合规管理员、将合规要求嵌入岗位职责和业务流程、抓好重点领域合规管理等措施，有效防范、及时处置合规风险。探索构建法律、合规、内控、风险管理协同运作机制，加强统筹协调，提高管理效能。推动合规要求向各级子企业延伸，加大基层单位特别是涉外机构合规管理力度，到2025年中央企业基本建立全面覆盖、有效运行的合规管理体系。

（八）着力健全工作组织体系。加大企业法律专业领导干部培养选拔力度，在市场化国际化程度较高、法律服务需求大的国有大型骨干企业，推进符合条件的具有法律教育背景或法律职业资格的专业人才进入领导班子。持续完善总法律顾问制度，2022年中央企业及其重要子企业全面写入章程，明确高级管理人员定位，由董事会聘任，领导法务管理机构开展工作。坚持总法律顾问专职化、专业化方向，直接向企业主要负责人负责，2025年中央企业及其重要子企业全面配备到位，具有法律教育背景或法律职业资格的比例达到80%。加强法务管理机构建设，中央企业及其重要子企业原则上独立设置，充实专业力量，配备与企业规模和需求相适应的法治工作队伍。健全法务管理职能，持续完善合同管理、案件管理、普法宣传等职能，积极拓展制度管理、合规管理等业务领域。加强队伍建设，拓宽法务人员职业发展通道，完善高素质法治人才市场化选聘、管理和薪酬制度，采取有效激励方式充分调动积极性、主动性。

三、全面提升依法治企能力

（九）着力提升引领支撑能力。坚持运用法治思维和法治方式深化改革、推动发展，紧盯国企改革三年行动、中央企业"十四五"发展规划重点工作，深入分析对企业提出的新任务新要求，提前研究可能出现的法律合规问题，及时制定应对方案和防范措施。法务人员全程参与混合所有制改革、投资并购等重大项目，加强法律审核把关，坚持依法依规操作，严控法律合规风险。加强对民法典等法律法规的学习研究，深入分析对企业生产经营、业务模式可能产生的影响，推动从健全制度、强化管理等方面及时作出调整。结合企业、行业实际，对相关立法研究提出完善建议，为改革发展创造良好政策环境。

（十）着力提升风险管控能力。持续巩固规章制度、经济合同、重要决策法律审核制度，在确保100%审核率的同时，通过跟进采纳情况、完善后评估机制，反向查找工作不足，持续提升审核质量。常态化开展风险隐患排查处置，针对共性风险通过提示函、案件通报、法律建议书等形式及时开展预警，有效防范化解。加强知识产权管理，完善专利、商标、商号、商业秘密等保护制度，坚决打击侵权行为，切实维护企业无形资产安全和合法权益。严格落实重大法律合规风险事件报告制度，中央企业发生重大法律合规风险事件，应当及时向国资委报告。

（十一）着力提升涉外保障能力。加强涉外法律合规风险防范，健全工作机制，推动在境外投资经营规模较大、风险较高的重点企业、区域或项目设置专门机构，配备专职法务人员，具备条件的设立总法律顾问。完善涉外重大项目和重要业务法务人员全程参与制度，形成事前审核把关、事中跟踪控制、事后监督评估的管理闭环。深入研究、掌握运用所在国法律，加强国际规则学习研究，密切关注高风险国家和地区法律法规与政策变化，提前做好预案，切实防范风险。重视涉外法治人才培养，强化顶层设计，健全市场化选聘和激励制度，形成重视人才、吸引人才、留住人才的良好机制。

（十二）着力提升主动维权能力。加大法律纠纷案件处置力度，综合运用诉讼、仲裁、调解等多种手段妥善解决，探索建立集团内部纠纷调解机制。加强积案清理，健全激励机制，力争2025年中央企业历史遗留重大法律纠纷案件得到妥善解决。深化案件管理"压存控增、提质创效"专项工作，加强典型案件分析，及时发现管理问题，堵塞管理漏洞，推动"以案促管、以管创效"。严格落实

案件报告制度，中央企业发生重大法律纠纷案件应当及时报告，按时报送年度法律纠纷案件综合分析报告。

（十三）着力提升数字化管理能力。运用区块链、大数据、云计算、人工智能等新一代信息技术，推动法务管理从信息化向数字化升级，探索智能化应用场景，有效提高管理效能。深化合同管理、案件管理、合规管理等重点领域信息化、数字化建设，将法律审核嵌入重大决策、重要业务管理流程，通过大数据等手段，实现法律合规风险在线识别、分析、评估、防控。推动法务管理系统向各级子企业和重要项目延伸，2025年实现上下贯通、全面覆盖。推动法务管理系统与财务、产权、投资等系统的互联互通，做好与国资国企在线监管系统的对接，促进业务数据相互融合、风险防范共同响应。

四、保障任务顺利完成

（十四）加强组织领导。充分发挥法治建设领导机构作用，将法治工作纳入中央企业"十四五"发展规划和年度计划统筹谋划、同步推进，加强部门协同，强化人员、资金等保障，形成工作合力。制定本企业未来五年法治建设实施方案，与"十四五"规划相衔接，提出目标任务，明确责任分工，细化工作措施。建立法治工作专项考评制度，将法治建设成效纳入对子企业考核体系。统筹推进法治工作与违规经营投资责任追究等监督工作，完善内部协同机制，提高责任追究体系效能。加大问责力度，对未经法律审核或未采纳正确法律意见、违法违规经营投资决策造成损失或其他严重不良后果的，严肃追究责任。

（十五）持续深化对标。综合分析国际大企业优秀实践，研究归纳世界一流企业法务管理基本要素和具体指标。立足行业特点、发展阶段、管理基础等实际，有针对性地制定对标举措，确保目标量化、任务明确、措施有力。将法务管理对标工作纳入本企业对标世界一流管理提升行动。国资委创建世界一流示范企业和国有资本投资、运营公司要充分发挥引领作用，率先在法治工作上达到世界一流水平。其他中央企业要全面开展对标，努力补齐短板，加快提升依法合规经营管理水平。

（十六）强化指导交流。国资委将根据企业法治建设实施方案，定期组织调研督导，深入了解落实情况，推动解决难点问题。完善法治讲堂、协作组等学习交流机制，聚焦重点难点，创新方式方法，增强交流实效。中央企业要进一步加强对子企业法治建设的督促指导，通过加大考核力度、细化工作要求、定期开展调研等方式，层层传导压力，确保目标任务在子企业真正落实到位。

（十七）厚植法治文化。深入学习宣传习近平法治思想，将培育法治文化作为法治建设的基础工程，使依法合规、守法诚信成为全体员工的自觉行为和基本准则。落实"八五"普法要求，进一步推进法治宣传教育制度化、常态化、多样化，将法治学习作为干部职工入职学习、职业培训、继续教育的必修课，广泛宣传与企业经营管理和职工切身利益密切相关的法律法规。总结法治建设典型做法、成功经验和进展成果，通过开展选树典型、评比表彰、集中宣传等形式，营造学习先进、争当先进、赶超先进的良好氛围。

地方国有资产监督管理机构参照本意见，积极推进所出资企业法治建设。

二、企业经营合规

1. 工商登记

中华人民共和国市场主体登记管理条例

- 2021年4月14日国务院第131次常务会议通过
- 2021年7月27日中华人民共和国国务院令第746号公布
- 自2022年3月1日起施行

第一章 总则

第一条 为了规范市场主体登记管理行为，推进法治化市场建设，维护良好市场秩序和市场主体合法权益，优化营商环境，制定本条例。

第二条 本条例所称市场主体，是指在中华人民共和国境内以营利为目的从事经营活动的下列自然人、法人及非法人组织：

（一）公司、非公司企业法人及其分支机构；
（二）个人独资企业、合伙企业及其分支机构；
（三）农民专业合作社（联合社）及其分支机构；
（四）个体工商户；
（五）外国公司分支机构；
（六）法律、行政法规规定的其他市场主体。

第三条 市场主体应当依照本条例办理登记。未经登记，不得以市场主体名义从事经营活动。法律、行政法规规定无需办理登记的除外。

市场主体登记包括设立登记、变更登记和注销登记。

第四条 市场主体登记管理应当遵循依法合规、规范统一、公开透明、便捷高效的原则。

第五条 国务院市场监督管理部门主管全国市场主体登记管理工作。

县级以上地方人民政府市场监督管理部门主管本辖区市场主体登记管理工作，加强统筹指导和监督管理。

第六条 国务院市场监督管理部门应当加强信息化建设，制定统一的市场主体登记数据和系统建设规范。

县级以上地方人民政府承担市场主体登记工作的部门（以下称登记机关）应当优化市场主体登记办理流程，提高市场主体登记效率，推行当场办结、一次办结、限时办结等制度，实现集中办理、就近办理、网上办理、异地可办，提升市场主体登记便利化程度。

第七条 国务院市场监督管理部门和国务院有关部门应当推动市场主体登记信息与其他政府信息的共享和运用，提升政府服务效能。

第二章 登记事项

第八条 市场主体的一般登记事项包括：

（一）名称；
（二）主体类型；
（三）经营范围；
（四）住所或者主要经营场所；
（五）注册资本或者出资额；
（六）法定代表人、执行事务合伙人或者负责人姓名。

除前款规定外，还应当根据市场主体类型登记下列事项：

（一）有限责任公司股东、股份有限公司发起人、非公司企业法人出资人的姓名或者名称；
（二）个人独资企业的投资人姓名及居所；
（三）合伙企业的合伙人名称或者姓名、住所、承担责任方式；
（四）个体工商户的经营者姓名、住所、经营场所；
（五）法律、行政法规规定的其他事项。

第九条 市场主体的下列事项应当向登记机关办理备案：

（一）章程或者合伙协议；
（二）经营期限或者合伙期限；
（三）有限责任公司股东或者股份有限公司发起人认缴的出资数额，合伙企业合伙人认缴或者实际缴付的出资数额、缴付期限和出资方式；
（四）公司董事、监事、高级管理人员；
（五）农民专业合作社（联合社）成员；
（六）参加经营的个体工商户家庭成员姓名；
（七）市场主体登记联络员、外商投资企业法律文件送达接受人；
（八）公司、合伙企业等市场主体受益所有人相关信息；
（九）法律、行政法规规定的其他事项。

第十条　市场主体只能登记一个名称,经登记的市场主体名称受法律保护。

市场主体名称由申请人依法自主申报。

第十一条　市场主体只能登记一个住所或者主要经营场所。

电子商务平台内的自然人经营者可以根据国家有关规定,将电子商务平台提供的网络经营场所作为经营场所。

省、自治区、直辖市人民政府可以根据有关法律、行政法规的规定和本地区实际情况,自行或者授权下级人民政府对住所或者主要经营场所作出更加便利市场主体从事经营活动的具体规定。

第十二条　有下列情形之一的,不得担任公司、非公司企业法人的法定代表人:

(一)无民事行为能力或者限制民事行为能力;

(二)因贪污、贿赂、侵占财产、挪用财产或者破坏社会主义市场经济秩序被判处刑罚,执行期满未逾5年,或者因犯罪被剥夺政治权利,执行期满未逾5年;

(三)担任破产清算的公司、非公司企业法人的法定代表人、董事或者厂长、经理,对破产负有个人责任的,自破产清算完结之日起未逾3年;

(四)担任因违法被吊销营业执照、责令关闭的公司、非公司企业法人的法定代表人,并负有个人责任的,自被吊销营业执照之日起未逾3年;

(五)个人所负数额较大的债务到期未清偿;

(六)法律、行政法规规定的其他情形。

第十三条　除法律、行政法规或者国务院决定另有规定外,市场主体的注册资本或者出资额实行认缴登记制,以人民币表示。

出资方式应当符合法律、行政法规的规定。公司股东、非公司企业法人出资人、农民专业合作社(联合社)成员不得以劳务、信用、自然人姓名、商誉、特许经营权或者设定担保的财产等作价出资。

第十四条　市场主体的经营范围包括一般经营项目和许可经营项目。经营范围中属于在登记前依法须经批准的许可经营项目,市场主体应当在申请登记时提交有关批准文件。

市场主体应当按照登记机关公布的经营项目分类标准办理经营范围登记。

第三章　登记规范

第十五条　市场主体实行实名登记。申请人应当配合登记机关核验身份信息。

第十六条　申请办理市场主体登记,应当提交下列材料:

(一)申请书;

(二)申请人资格文件、自然人身份证明;

(三)住所或者主要经营场所相关文件;

(四)公司、非公司企业法人、农民专业合作社(联合社)章程或者合伙企业合伙协议;

(五)法律、行政法规和国务院市场监督管理部门规定提交的其他材料。

国务院市场监督管理部门应当根据市场主体类型分别制定登记材料清单和文书格式样本,通过政府网站、登记机关服务窗口等向社会公开。

登记机关能够通过政务信息共享平台获取的市场主体登记相关信息,不得要求申请人重复提供。

第十七条　申请人应当对提交材料的真实性、合法性和有效性负责。

第十八条　申请人可以委托其他自然人或者中介机构代其办理市场主体登记。受委托的自然人或者中介机构代为办理登记事宜应当遵守有关规定,不得提供虚假信息和材料。

第十九条　登记机关应当对申请材料进行形式审查。对申请材料齐全、符合法定形式的予以确认并当场登记。不能当场登记的,应当在3个工作日内予以登记;情形复杂的,经登记机关负责人批准,可以再延长3个工作日。

申请材料不齐全或者不符合法定形式的,登记机关应当一次性告知申请人需要补正的材料。

第二十条　登记申请不符合法律、行政法规规定,或者可能危害国家安全、社会公共利益的,登记机关不予登记并说明理由。

第二十一条　申请人申请市场主体设立登记,登记机关依法予以登记的,签发营业执照。营业执照签发日期为市场主体的成立日期。

法律、行政法规或者国务院决定规定设立市场主体须经批准的,应当在批准文件有效期内向登记机关申请登记。

第二十二条　营业执照分为正本和副本,具有同等法律效力。

电子营业执照与纸质营业执照具有同等法律效力。

营业执照样式、电子营业执照标准由国务院市场监督管理部门统一制定。

第二十三条　市场主体设立分支机构,应当向分支机构所在地的登记机关申请登记。

第二十四条 市场主体变更登记事项，应当自作出变更决议、决定或者法定变更事项发生之日起30日内向登记机关申请变更登记。

市场主体变更登记事项属于依法须经批准的，申请人应当在批准文件有效期内向登记机关申请变更登记。

第二十五条 公司、非公司企业法人的法定代表人在任职期间发生本条例第十二条所列情形之一的，应当向登记机关申请变更登记。

第二十六条 市场主体变更经营范围，属于依法须经批准的项目的，应当自批准之日起30日内申请变更登记。许可证或者批准文件被吊销、撤销或者有效期届满的，应当自许可证或者批准文件被吊销、撤销或者有效期届满之日起30日内向登记机关申请变更登记或者办理注销登记。

第二十七条 市场主体变更住所或者主要经营场所跨登记机关辖区的，应当在迁入新的住所或者主要经营场所前，向迁入地登记机关申请变更登记。迁出地登记机关无正当理由不得拒绝移交市场主体档案等相关材料。

第二十八条 市场主体变更登记涉及营业执照记载事项的，登记机关应当及时为市场主体换发营业执照。

第二十九条 市场主体变更本条例第九条规定的备案事项的，应当自作出变更决议、决定或者法定变更事项发生之日起30日内向登记机关办理备案。农民专业合作社（联合社）成员发生变更的，应当自本会计年度终了之日起90日内向登记机关办理备案。

第三十条 因自然灾害、事故灾难、公共卫生事件、社会安全事件等原因造成经营困难的，市场主体可以自主决定在一定时期内歇业。法律、行政法规另有规定的除外。

市场主体应当在歇业前与职工依法协商劳动关系处理等有关事项。

市场主体应当在歇业前向登记机关办理备案。登记机关通过国家企业信用信息公示系统向社会公示歇业期限、法律文书送达地址等信息。

市场主体歇业的期限最长不得超过3年。市场主体在歇业期间开展经营活动的，视为恢复营业，市场主体应当通过国家企业信用信息公示系统向社会公示。

市场主体歇业期间，可以以法律文书送达地址代替住所或者主要经营场所。

第三十一条 市场主体因解散、被宣告破产或者其他法定事由需要终止的，应当依法向登记机关申请注销登记。经登记机关注销登记，市场主体终止。

市场主体注销依法须经批准的，应当经批准后向登记机关申请注销登记。

第三十二条 市场主体注销登记前依法应当清算的，清算组应当自成立之日起10日内将清算组成员、清算组负责人名单通过国家企业信用信息公示系统公告。清算组可以通过国家企业信用信息公示系统发布债权人公告。

清算组应当自清算结束之日起30日内向登记机关申请注销登记。市场主体申请注销登记前，应当依法办理分支机构注销登记。

第三十三条 市场主体未发生债权债务或者已将债权债务清偿完结，未发生或者已结清清偿费用、职工工资、社会保险费用、法定补偿金、应缴纳税款（滞纳金、罚款），并由全体投资人书面承诺对上述情况的真实性承担法律责任的，可以按照简易程序办理注销登记。

市场主体应当将承诺书及注销登记申请通过国家企业信用信息公示系统公示，公示期为20日。在公示期内无相关部门、债权人及其他利害关系人提出异议的，市场主体可以于公示期届满之日起20日内向登记机关申请注销登记。

个体工商户按照简易程序办理注销登记的，无需公示，由登记机关将个体工商户的注销登记申请推送至税务等有关部门，有关部门在10日内没有提出异议的，可以直接办理注销登记。

市场主体注销依法须经批准的，或者市场主体被吊销营业执照、责令关闭、撤销，或者被列入经营异常名录的，不适用简易注销程序。

第三十四条 人民法院裁定强制清算或者裁定宣告破产的，有关清算组、破产管理人可以持人民法院终结强制清算程序的裁定或者终结破产程序的裁定，直接向登记机关申请办理注销登记。

第四章 监督管理

第三十五条 市场主体应当按照国家有关规定公示年度报告和登记相关信息。

第三十六条 市场主体应当将营业执照置于住所或者主要经营场所的醒目位置。从事电子商务经营的市场主体应当在其首页显著位置持续公示营业执照信息或者相关链接标识。

第三十七条 任何单位和个人不得伪造、涂改、出租、出借、转让营业执照。

营业执照遗失或者毁坏的，市场主体应当通过国家企业信用信息公示系统声明作废，申请补领。

登记机关依法作出变更登记、注销登记和撤销登记决定的，市场主体应当缴回营业执照。拒不缴回或者无法缴回营业执照的，由登记机关通过国家企业信用信息公示系统公告营业执照作废。

第三十八条 登记机关应当根据市场主体的信用风险状况实施分级分类监管。

登记机关应当采取随机抽取检查对象、随机选派执法检查人员的方式，对市场主体登记事项进行监督检查，并及时向社会公开监督检查结果。

第三十九条 登记机关对市场主体涉嫌违反本条例规定的行为进行查处，可以行使下列职权：

（一）进入市场主体的经营场所实施现场检查；

（二）查阅、复制、收集与市场主体经营活动有关的合同、票据、账簿以及其他资料；

（三）向与市场主体经营活动有关的单位和个人调查了解情况；

（四）依法责令市场主体停止相关经营活动；

（五）依法查询涉嫌违法的市场主体的银行账户；

（六）法律、行政法规规定的其他职权。

登记机关行使前款第四项、第五项规定的职权的，应当经登记机关主要负责人批准。

第四十条 提交虚假材料或者采取其他欺诈手段隐瞒重要事实取得市场主体登记的，受虚假市场主体登记影响的自然人、法人和其他组织可以向登记机关提出撤销市场主体登记的申请。

登记机关受理申请后，应当及时开展调查。经调查认定存在虚假市场主体登记情形的，登记机关应当撤销市场主体登记。相关市场主体和人员无法联系或者拒不配合的，登记机关可以将相关市场主体的登记时间、登记事项等通过国家企业信用信息公示系统向社会公示，公示期为45日。相关市场主体及其利害关系人在公示期内没有提出异议的，登记机关可以撤销市场主体登记。

因虚假市场主体登记被撤销的市场主体，其直接责任人自市场主体登记被撤销之日起3年内不得再次申请市场主体登记。登记机关应当通过国家企业信用信息公示系统予以公示。

第四十一条 有下列情形之一的，登记机关可以不予撤销市场主体登记：

（一）撤销市场主体登记可能对社会公共利益造成重大损害；

（二）撤销市场主体登记后无法恢复到登记前的状态；

（三）法律、行政法规规定的其他情形。

第四十二条 登记机关或者其上级机关认定撤销市场主体登记决定错误的，可以撤销该决定，恢复原登记状态，并通过国家企业信用信息公示系统公示。

第五章 法律责任

第四十三条 未经设立登记从事经营活动的，由登记机关责令改正，没收违法所得；拒不改正的，处1万元以上10万元以下的罚款；情节严重的，依法责令关闭停业，并处10万元以上50万元以下的罚款。

第四十四条 提交虚假材料或者采取其他欺诈手段隐瞒重要事实取得市场主体登记的，由登记机关责令改正，没收违法所得，并处5万元以上20万元以下的罚款；情节严重的，处20万元以上100万元以下的罚款，吊销营业执照。

第四十五条 实行注册资本实缴登记制的市场主体虚报注册资本取得市场主体登记的，由登记机关责令改正，处虚报注册资本金额5%以上15%以下的罚款；情节严重的，吊销营业执照。

实行注册资本实缴登记制的市场主体的发起人、股东虚假出资，未交付或者未按期交付作为出资的货币或者非货币财产的，或者在市场主体成立后抽逃出资的，由登记机关责令改正，处虚假出资金额5%以上15%以下的罚款。

第四十六条 市场主体未依照本条例办理变更登记的，由登记机关责令改正；拒不改正的，处1万元以上10万元以下的罚款；情节严重的，吊销营业执照。

第四十七条 市场主体未依照本条例办理备案的，由登记机关责令改正；拒不改正的，处5万元以下的罚款。

第四十八条 市场主体未依照本条例将营业执照置于住所或者主要经营场所醒目位置的，由登记机关责令改正；拒不改正的，处3万元以下的罚款。

从事电子商务经营的市场主体未在其首页显著位置持续公示营业执照信息或者相关链接标识的，由登记机关依照《中华人民共和国电子商务法》处罚。

市场主体伪造、涂改、出租、出借、转让营业执照的，由登记机关没收违法所得，处10万元以下的罚款；情节严重的，处10万元以上50万元以下的罚款，吊销营业执照。

第四十九条 违反本条例规定的，登记机关确定罚款金额时，应当综合考虑市场主体的类型、规模、违法情节等因素。

第五十条 登记机关及其工作人员违反本条例规定未履行职责或者履行职责不当的，对直接负责的主管人员和其他直接责任人员依法给予处分。

第五十一条 违反本条例规定,构成犯罪的,依法追究刑事责任。

第五十二条 法律、行政法规对市场主体登记管理违法行为处罚另有规定的,从其规定。

第六章 附 则

第五十三条 国务院市场监督管理部门可以依照本条例制定市场主体登记和监督管理的具体办法。

第五十四条 无固定经营场所摊贩的管理办法,由省、自治区、直辖市人民政府根据当地实际情况另行规定。

第五十五条 本条例自2022年3月1日起施行。《中华人民共和国公司登记管理条例》、《中华人民共和国企业法人登记管理条例》、《中华人民共和国合伙企业登记管理办法》、《农民专业合作社登记管理条例》、《企业法人法定代表人登记管理规定》同时废止。

企业名称登记管理规定

- 1991年5月6日中华人民共和国国家工商行政管理局令第7号发布
- 根据2012年11月9日《国务院关于修改和废止部分行政法规的决定》第一次修订
- 2020年12月14日国务院第118次常务会议修订通过

第一条 为了规范企业名称登记管理,保护企业的合法权益,维护社会经济秩序,优化营商环境,制定本规定。

第二条 县级以上人民政府市场监督管理部门(以下统称企业登记机关)负责中国境内设立企业的企业名称登记管理。

国务院市场监督管理部门主管全国企业名称登记管理工作,负责制定企业名称登记管理的具体规范。

省、自治区、直辖市人民政府市场监督管理部门负责建立本行政区域统一的企业名称申报系统和企业名称数据库,并向社会开放。

第三条 企业登记机关应当不断提升企业名称登记管理规范化、便利化水平,为企业和群众提供高效、便捷的服务。

第四条 企业只能登记一个企业名称,企业名称受法律保护。

第五条 企业名称应当使用规范汉字。民族自治地方的企业名称可以同时使用本民族自治地方通用的民族文字。

第六条 企业名称由行政区划名称、字号、行业或者经营特点、组织形式组成。跨省、自治区、直辖市经营的企业,其名称可以不含行政区划名称;跨行业综合经营的企业,其名称可以不含行业或者经营特点。

第七条 企业名称中的行政区划名称应当是企业所在地的县级以上地方行政区划名称。市辖区名称在企业名称中使用时应当同时冠以其所属的设区的市的行政区划名称。开发区、垦区等区域名称在企业名称中使用时应当与行政区划名称连用,不得单独使用。

第八条 企业名称中的字号应当由两个以上汉字组成。

县级以上地方行政区划名称、行业或者经营特点不得作为字号,另有含义的除外。

第九条 企业名称中的行业或者经营特点应当根据企业的主营业务和国民经济行业分类标准标明。国民经济行业分类标准中没有规定的,可以参照行业习惯或者专业文献等表述。

第十条 企业应当根据其组织结构或者责任形式,依法在企业名称中标明组织形式。

第十一条 企业名称不得有下列情形:

(一)损害国家尊严或者利益;

(二)损害社会公共利益或者妨碍社会公共秩序;

(三)使用或者变相使用政党、党政军机关、群团组织名称及其简称、特定称谓和部队番号;

(四)使用外国国家(地区)、国际组织名称及其通用简称、特定称谓;

(五)含有淫秽、色情、赌博、迷信、恐怖、暴力的内容;

(六)含有民族、种族、宗教、性别歧视的内容;

(七)违背公序良俗或者可能有其他不良影响;

(八)可能使公众受骗或者产生误解;

(九)法律、行政法规以及国家规定禁止的其他情形。

第十二条 企业名称冠以"中国"、"中华"、"中央"、"全国"、"国家"等字词,应当按照有关规定从严审核,并报国务院批准。国务院市场监督管理部门负责制定具体管理办法。

企业名称中间含有"中国"、"中华"、"全国"、"国家"等字词的,该字词应当是行业限定语。

使用外国投资者字号的外商独资或者控股的外商投资企业,企业名称中可以含有"(中国)"字样。

第十三条 企业分支机构名称应当冠以其所从属企业的名称,并缀以"分公司"、"分厂"、"分店"等字词。境外企业分支机构还应当在名称中标明该企业的国籍及责任形式。

第十四条 企业集团名称应当与控股企业名称的行政区划名称、字号、行业或者经营特点一致。控股企业可以在其名称的组织形式之前使用"集团"或者"（集团）"字样。

第十五条 有投资关系或者经过授权的企业，其名称中可以含有另一个企业的名称或者其他法人、非法人组织的名称。

第十六条 企业名称由申请人自主申报。

申请人可以通过企业名称申报系统或者在企业登记机关服务窗口提交有关信息和材料，对拟定的企业名称进行查询、比对和筛选，选取符合本规定要求的企业名称。

申请人提交的信息和材料应当真实、准确、完整，并承诺因其企业名称与他人企业名称近似侵犯他人合法权益的，依法承担法律责任。

第十七条 在同一企业登记机关，申请人拟定的企业名称中的字号不得与下列同行业或者不使用行业、经营特点表述的企业名称中的字号相同：

（一）已经登记或者在保留期内的企业名称，有投资关系的除外；

（二）已经注销或者变更登记未满1年的原企业名称，有投资关系或者受让企业名称的除外；

（三）被撤销设立登记或者被撤销变更登记未满1年的原企业名称，有投资关系的除外。

第十八条 企业登记机关对通过企业名称申报系统提交完成的企业名称予以保留，保留期为2个月。设立企业依法应当报经批准或者企业经营范围中有在登记前须经批准的项目的，保留期为1年。

申请人应当在保留期届满前办理企业登记。

第十九条 企业名称转让或者授权他人使用的，相关企业应当依法通过国家企业信用信息公示系统向社会公示。

第二十条 企业登记机关在办理企业登记时，发现企业名称不符合本规定的，不予登记并书面说明理由。

企业登记机关发现已经登记的企业名称不符合本规定的，应当及时纠正。其他单位或者个人认为已经登记的企业名称不符合本规定的，可以请求企业登记机关予以纠正。

第二十一条 企业认为其他企业名称侵犯本企业名称合法权益的，可以向人民法院起诉或者请求为涉嫌侵权企业办理登记的企业登记机关处理。

企业登记机关受理申请后，可以进行调解；调解不成的，企业登记机关应当自受理之日起3个月内作出行政裁决。

第二十二条 利用企业名称实施不正当竞争等行为的，依照有关法律、行政法规的规定处理。

第二十三条 使用企业名称应当遵守法律法规，诚实守信，不得损害他人合法权益。

人民法院或者企业登记机关依法认定企业名称应当停止使用的，企业应当自收到人民法院生效的法律文书或者企业登记机关的处理决定之日起30日内办理企业名称变更登记。名称变更前，由企业登记机关以统一社会信用代码代替其名称。企业逾期未办理变更登记的，企业登记机关将其列入经营异常名录；完成变更登记后，企业登记机关将其移出经营异常名录。

第二十四条 申请人登记或者使用企业名称违反本规定的，依照企业登记相关法律、行政法规的规定予以处罚。

企业登记机关对不符合本规定的企业名称予以登记，或者对符合本规定的企业名称不予登记的，对直接负责的主管人员和其他直接责任人员，依法给予行政处分。

第二十五条 农民专业合作社和个体工商户的名称登记管理，参照本规定执行。

第二十六条 本规定自2021年3月1日起施行。

企业名称登记管理规定实施办法

· 2023年8月29日国家市场监督管理总局令第82号公布
· 自2023年10月1日起施行

第一章 总 则

第一条 为了规范企业名称登记管理，保护企业的合法权益，维护社会经济秩序，优化营商环境，根据《企业名称登记管理规定》《中华人民共和国市场主体登记管理条例》等有关法律、行政法规，制定本办法。

第二条 本办法适用于在中国境内依法需要办理登记的企业，包括公司、非公司企业法人、合伙企业、个人独资企业和上述企业分支机构，以及外国公司分支机构等。

第三条 企业名称登记管理应当遵循依法合规、规范统一、公开透明、便捷高效的原则。

企业名称的申报和使用应当坚持诚实信用，尊重在先合法权利，避免混淆。

第四条 国家市场监督管理总局主管全国企业名称登记管理工作，负责制定企业名称禁限用规则、相同相近比对规则等企业名称登记管理的具体规范；负责建立、管理和维护全国企业名称规范管理系统和国家市场监督管理总局企业名称申报系统。

第五条　各省、自治区、直辖市人民政府市场监督管理部门(以下统称省级企业登记机关)负责建立、管理和维护本行政区域内的企业名称申报系统，并与全国企业名称规范管理系统、国家市场监督管理总局企业名称申报系统对接。

县级以上地方企业登记机关负责本行政区域内的企业名称登记管理工作，处理企业名称争议，规范企业名称登记管理秩序。

第六条　国家市场监督管理总局可以根据工作需要，授权省级企业登记机关从事不含行政区划名称的企业名称登记管理工作，提供高质量的企业名称申报服务。

国家市场监督管理总局建立抽查制度，加强对前款工作的监督检查。

第二章　企业名称规范

第七条　企业名称应当使用规范汉字。

企业需将企业名称译成外文使用的，应当依据相关外文翻译原则进行翻译使用，不得违反法律法规规定。

第八条　企业名称一般应当由行政区划名称、字号、行业或者经营特点、组织形式组成，并依次排列。法律、行政法规和本办法另有规定的除外。

第九条　企业名称中的行政区划名称应当是企业所在地的县级以上地方行政区划名称。

根据商业惯例等实际需要，企业名称中的行政区划名称置于字号之后、组织形式之前的，应当加注括号。

第十条　企业名称中的字号应当具有显著性，由两个以上汉字组成，可以是字、词或者其组合。

县级以上地方行政区划名称、行业或者经营特点用语等具有其他含义，且社会公众可以明确识别，不会认为与地名、行业或者经营特点有特定联系的，可以作为字号或者字号的组成部分。

自然人投资人的姓名可以作为字号。

第十一条　企业名称中的行业或者经营特点用语应当根据企业的主营业务和国民经济行业分类标准确定。国民经济行业分类标准中没有规定的，可以参照行业习惯或者专业文献等表述。

企业为表明主营业务的具体特性，将县级以上地方行政区划名称作为企业名称中的行业或者经营特点的组成部分的，应当参照行业习惯或者有专业文献依据。

第十二条　企业应当依法在名称中标明与组织结构或者责任形式一致的组织形式用语，不得使用可能使公众误以为是其他组织形式的字样。

(一)公司应当在名称中标明"有限责任公司"、"有限公司"或者"股份有限公司"、"股份公司"字样；

(二)合伙企业应当在名称中标明"(普通合伙)"、"(特殊普通合伙)"、"(有限合伙)"字样；

(三)个人独资企业应当在名称中标明"(个人独资)"字样。

第十三条　企业分支机构名称应当冠以其所从属企业的名称，缀以"分公司"、"分厂"、"分店"等字词，并在名称中标明该分支机构的行业和所在地行政区划名称或者地名等，其行业或者所在地行政区划名称与所从属企业一致的，可以不再标明。

第十四条　企业名称冠以"中国"、"中华"、"中央"、"全国"、"国家"等字词的，国家市场监督管理总局应当按照法律法规相关规定从严审核，提出审核意见并报国务院批准。

企业名称中间含有"中国"、"中华"、"全国"、"国家"等字词的，该字词应当是行业限定语。

第十五条　外商投资企业名称中含有"(中国)"字样的，其字号应当与企业的外国投资者名称或者字号翻译内容保持一致，并符合法律法规规定。

第十六条　企业名称应当符合《企业名称登记管理规定》第十一条规定，不得存在下列情形：

(一)使用与国家重大战略政策相关的文字，使公众误认为与国家出资、政府信用等有关联关系；

(二)使用"国家级"、"最高级"、"最佳"等带有误导性的文字；

(三)使用与同行业在先有一定影响的他人名称(包括简称、字号等)相同或者近似的文字；

(四)使用明示或者暗示为非营利性组织的文字；

(五)法律、行政法规和本办法禁止的其他情形。

第十七条　已经登记的企业法人控股3家以上企业法人的，可以在企业名称的组织形式之前使用"集团"或者"(集团)"字样。

企业集团名称应当在企业集团母公司办理变更登记时一并提出。

第十八条　企业集团名称应当与企业集团母公司名称的行政区划名称、字号、行业或者经营特点保持一致。

经企业集团母公司授权的子公司、参股公司，其名称可以冠以企业集团名称。

企业集团母公司应当将企业集团名称以及集团成员信息通过国家企业信用信息公示系统向社会公示。

第十九条 已经登记的企业法人，在3个以上省级行政区域内投资设立字号与本企业字号相同且经营1年以上的公司，或者符合法律、行政法规、国家市场监督管理总局规定的其他情形，其名称可以不含行政区划名称。

除有投资关系外，前款企业名称应当同时与企业所在地设区的市级行政区域内已经登记的或者在保留期内的同行业企业名称字号不相同。

第二十条 已经登记的跨5个以上国民经济行业门类综合经营的企业法人，投资设立3个以上与本企业字号相同且经营1年以上的公司，同时各公司的行业或者经营特点分别属于国民经济行业不同门类，其名称可以不含行业或者经营特点。除有投资关系外，该企业名称应当同时与企业所在地同一行政区域内已经登记的或者在保留期内的企业名称字号不相同。

前款企业名称不含行政区划名称的，除有投资关系外，还应当同时与企业所在地省级行政区域内已经登记的或者在保留期内的企业名称字号不相同。

第三章 企业名称自主申报服务

第二十一条 企业名称由申请人自主申报。

申请人可以通过企业名称申报系统或者在企业登记机关服务窗口提交有关信息和材料，包括全体投资人确认的企业名称、住所、投资人名称或者姓名等。申请人应当对提交材料的真实性、合法性和有效性负责。

企业名称申报系统对申请人提交的企业名称进行自动比对，依据企业名称禁限用规则、相同相近比对规则等作出禁限用说明或者风险提示。企业名称不含行政区划名称以及属于《企业名称登记管理规定》第十二条规定情形的，申请人应当同时在国家市场监督管理总局企业名称申报系统和企业名称数据库中进行查询、比对和筛选。

第二十二条 申请人根据查询、比对和筛选的结果，选取符合要求的企业名称，并承诺因其企业名称与他人企业名称近似侵犯他人合法权益的，依法承担法律责任。

第二十三条 申报企业名称，不得有下列行为：

（一）不以自行使用为目的，恶意囤积企业名称，占用名称资源等，损害社会公共利益或者妨碍社会公共秩序；

（二）提交虚假材料或者采取其他欺诈手段进行企业名称自主申报；

（三）故意申报与他人在先具有一定影响的名称（包括简称、字号等）近似的企业名称；

（四）故意申报法律、行政法规和本办法禁止的企业名称。

第二十四条 《企业名称登记管理规定》第十七条所称申请人拟定的企业名称中的字号与同行业或者不使用行业、经营特点表述的企业名称中的字号相同的情形包括：

（一）企业名称中的字号相同，行政区划名称、字号、行业或者经营特点、组织形式的排列顺序不同但文字相同；

（二）企业名称中的字号相同，行政区划名称或者组织形式不同，但行业或者经营特点相同；

（三）企业名称中的字号相同，行业或者经营特点表述不同但实质内容相同。

第二十五条 企业登记机关对通过企业名称申报系统提交完成的企业名称予以保留，保留期为2个月。设立企业依法应当报经批准或者企业经营范围中有在登记前须经批准的项目的，保留期为1年。

企业登记机关可以依申请向申请人出具名称保留告知书。

申请人应当在保留期届满前办理企业登记。保留期内的企业名称不得用于经营活动。

第二十六条 企业登记机关在办理企业登记时，发现保留期内的名称不符合企业名称登记管理相关规定的，不予登记并书面说明理由。

第四章 企业名称使用和监督管理

第二十七条 使用企业名称应当遵守法律法规规定，不得以模仿、混淆等方式侵犯他人在先合法权益。

第二十八条 企业的印章、银行账户等所使用的企业名称，应当与其营业执照上的企业名称相同。

法律文书使用企业名称，应当与该企业营业执照上的企业名称相同。

第二十九条 企业名称可以依法转让。企业名称的转让方与受让方应当签订书面合同，依法向企业登记机关办理企业名称变更登记，并由企业登记机关通过国家企业信用信息公示系统向社会公示企业名称转让信息。

第三十条 企业授权使用企业名称的，不得损害他人合法权益。

企业名称的授权方与使用方应当分别将企业名称授权使用信息通过国家企业信用信息公示系统向社会公示。

第三十一条 企业登记机关发现已经登记的企业名称不符合企业名称登记管理相关规定的，应当依法及时纠正，责令企业变更名称。对不立即变更可能严重损害社会公共利益或者产生不良社会影响的企业名称，经企业登记机关主要负责人批准，可以用统一社会信用代码代替。

上级企业登记机关可以纠正下级企业登记机关已登记的不符合企业名称登记管理相关规定的企业名称。

其他单位或者个人认为已经登记的企业名称不符合企业名称登记管理相关规定的,可以请求企业登记机关予以纠正。

第三十二条 企业应当自收到企业登记机关的纠正决定之日起30日内办理企业名称变更登记。企业名称变更前,由企业登记机关在国家企业信用信息公示系统和电子营业执照中以统一社会信用代码代替其企业名称。

企业逾期未办理变更登记的,企业登记机关将其列入经营异常名录;完成变更登记后,企业可以依法向企业登记机关申请将其移出经营异常名录。

第三十三条 省级企业登记机关在企业名称登记管理工作中发现下列情形,应当及时向国家市场监督管理总局报告,国家市场监督管理总局根据具体情况进行处理:

(一)发现将损害国家利益、社会公共利益,妨害社会公共秩序,或者有其他不良影响的文字作为名称字号申报,需要将相关字词纳入企业名称禁限用管理的;

(二)发现在全国范围内有一定影响的企业名称(包括简称、字号等)被他人擅自使用,误导公众,需要将该企业名称纳入企业名称禁限用管理的;

(三)发现将其他属于《企业名称登记管理规定》第十一条规定禁止情形的文字作为名称字号申报,需要将相关字词纳入企业名称禁限用管理的;

(四)需要在全国范围内统一争议裁决标准的企业名称争议;

(五)在全国范围内产生重大影响的企业名称登记管理工作;

(六)其他应当报告的情形。

第五章 企业名称争议裁决

第三十四条 企业认为其他企业名称侵犯本企业名称合法权益的,可以向人民法院起诉或者请求为涉嫌侵权企业办理登记的企业登记机关处理。

第三十五条 企业登记机关负责企业名称争议裁决工作,应当根据工作需要依法配备符合条件的裁决人员,为企业名称争议裁决提供保障。

第三十六条 提出企业名称争议申请,应当有具体的请求、事实、理由、法律依据和证据,并提交以下材料:

(一)企业名称争议裁决申请书;

(二)被申请人企业名称侵犯申请人企业名称合法权益的证据材料;

(三)申请人主体资格文件,委托代理的,还应当提交委托书和被委托人主体资格文件或者自然人身份证件;

(四)其他与企业名称争议有关的材料。

第三十七条 企业登记机关应当自收到申请之日起5个工作日内对申请材料进行审查,作出是否受理的决定,并书面通知申请人;对申请材料不符合要求的,应当一次性告知申请人需要补正的全部内容。申请人应当自收到补正通知之日起5个工作日内补正。

第三十八条 有下列情形之一的,企业登记机关依法不予受理并说明理由:

(一)争议不属于本机关管辖;

(二)无明确的争议事实、理由、法律依据和证据;

(三)申请人未在规定时限内补正,或者申请材料经补正后仍不符合要求;

(四)人民法院已经受理申请人的企业名称争议诉讼请求或者作出裁判;

(五)申请人经调解达成协议后,再以相同的理由提出企业名称争议申请;

(六)企业登记机关已经作出不予受理申请决定或者已经作出行政裁决后,同一申请人以相同的事实、理由、法律依据针对同一个企业名称再次提出争议申请;

(七)企业名称争议一方或者双方已经注销;

(八)依法不予受理的其他情形。

第三十九条 企业登记机关应当自决定受理之日起5个工作日内将申请书和相关证据材料副本随同答辩告知书发送被申请人。

被申请人应当自收到上述材料之日起10个工作日内提交答辩书和相关证据材料。

企业登记机关应当自收到被申请人提交的材料之日起5个工作日内将其发送给申请人。

被申请人逾期未提交答辩书和相关证据材料的,不影响企业登记机关的裁决。

第四十条 经双方当事人同意,企业登记机关可以对企业名称争议进行调解。

调解达成协议的,企业登记机关应当制作调解书,当事人应当履行。调解不成的,企业登记机关应当自受理之日起3个月内作出行政裁决。

第四十一条 企业登记机关对企业名称争议进行审查时,依法综合考虑以下因素:

(一)争议双方企业的主营业务;

(二)争议双方企业名称的显著性、独创性;

(三)争议双方企业名称的持续使用时间以及相关公众知悉程度;

(四)争议双方在进行企业名称申报时作出的依法承担法律责任的承诺;

（五）争议企业名称是否造成相关公众的混淆误认；

（六）争议企业名称是否利用或者损害他人商誉；

（七）企业登记机关认为应当考虑的其他因素。

企业登记机关必要时可以向有关组织和人员调查了解情况。

第四十二条 企业登记机关经审查，认为当事人构成侵犯他人企业名称合法权益的，应当制作企业名称争议行政裁决书，送达双方当事人，并责令侵权人停止使用被争议企业名称；争议理由不成立的，依法驳回争议申请。

第四十三条 企业被裁决停止使用企业名称的，应当自收到争议裁决之日起30日内办理企业名称变更登记。企业名称变更前，由企业登记机关在国家企业信用信息公示系统和电子营业执照中以统一社会信用代码代替其企业名称。

企业逾期未办理变更登记的，企业登记机关将其列入经营异常名录；完成变更登记后，企业可以依法向企业登记机关申请将其移出经营异常名录。

第四十四条 争议企业名称权利的确定必须以人民法院正在审理或者行政机关正在处理的其他案件结果为依据的，应当中止审查，并告知争议双方。

在企业名称争议裁决期间，就争议企业名称发生诉讼的，当事人应当及时告知企业登记机关。

在企业名称争议裁决期间，企业名称争议一方或者双方注销，或者存在法律法规规定的其他情形的，企业登记机关应当作出终止裁决的决定。

第四十五条 争议裁决作出前，申请人可以书面向企业登记机关要求撤回申请并说明理由。企业登记机关认为可以撤回的，终止争议审查程序，并告知争议双方。

第四十六条 对于事实清楚、争议不大、案情简单的企业名称争议，企业登记机关可以依照有关规定适用简易裁决程序。

第四十七条 当事人对企业名称争议裁决不服的，可以依法申请行政复议或者向人民法院提起诉讼。

第六章　法律责任

第四十八条 申报企业名称，违反本办法第二十三条第（一）、（二）项规定的，由企业登记机关责令改正；拒不改正的，处1万元以上10万元以下的罚款。法律、行政法规另有规定的，依照其规定。

申报企业名称，违反本办法第二十三条第（三）、（四）项规定，严重扰乱企业名称登记管理秩序，产生不良社会影响的，由企业登记机关处1万元以上10万元以下的罚款。

第四十九条 利用企业名称实施不正当竞争等行为的，依照有关法律、行政法规的规定处理。

违反本办法规定，使用企业名称，损害他人合法权益，企业逾期未依法办理变更登记的，由企业登记机关依照《中华人民共和国市场主体登记管理条例》第四十六条规定予以处罚。

第五十条 企业登记机关应当健全内部监督制度，对从事企业名称登记管理工作的人员执行法律法规和遵守纪律的情况加强监督。

从事企业名称登记管理工作的人员应当依法履职，廉洁自律，不得从事相关代理业务或者违反规定从事、参与营利性活动。

企业登记机关对不符合规定的企业名称予以登记，或者对符合规定的企业名称不予登记的，对直接负责的主管人员和其他直接责任人员，依法给予行政处分。

第五十一条 从事企业名称登记管理工作的人员滥用职权、玩忽职守、徇私舞弊，牟取不正当利益的，应当依照有关规定将相关线索移送纪检监察机关处理；构成犯罪的，依法追究刑事责任。

第七章　附　则

第五十二条 本办法所称的企业集团，由其母公司、子公司、参股公司以及其他成员单位组成。母公司是依法登记注册，取得企业法人资格的控股企业；子公司是母公司拥有全部股权或者控股权的企业法人；参股公司是母公司拥有部分股权但是没有控股权的企业法人。

第五十三条 个体工商户和农民专业合作社的名称登记管理，参照本办法执行。

个体工商户使用名称的，应当在名称中标明"（个体工商户）"字样，其名称中的行政区划名称应当是其所在地县级行政区划名称，可以缀以个体工商户所在地的乡镇、街道或者行政村、社区、市场等名称。

农民专业合作社（联合社）应当在名称中标明"专业合作社"或者"专业合作社联合社"字样。

第五十四条 省级企业登记机关可以根据本行政区域实际情况，按照本办法对本行政区域内企业、个体工商户、农民专业合作社的违规名称纠正、名称争议裁决等名称登记管理工作制定实施细则。

第五十五条 本办法自2023年10月1日起施行。2004年6月14日原国家工商行政管理总局令第10号公布的《企业名称登记管理实施办法》、2008年12月31日原国家工商行政管理总局令第38号公布的《个体工商户名称登记管理办法》同时废止。

企业信息公示暂行条例

- 2014年8月7日中华人民共和国国务院令第654号公布
- 根据2024年3月10日《国务院关于修改和废止部分行政法规的决定》修订

第一条 为了保障公平竞争,促进企业诚信自律,规范企业信息公示,强化企业信用约束,维护交易安全,提高政府监管效能,扩大社会监督,制定本条例。

第二条 本条例所称企业信息,是指在市场监督管理部门登记的企业从事生产经营活动过程中形成的信息,以及政府部门在履行职责过程中产生的能够反映企业状况的信息。

第三条 企业信息公示应当真实、及时。公示的企业信息涉及国家秘密、国家安全或者社会公共利益的,应当报请主管的保密行政管理部门或者国家安全机关批准。

县级以上地方人民政府有关部门公示的企业信息涉及企业商业秘密或者个人隐私的,应当报请上级主管部门批准。

第四条 省、自治区、直辖市人民政府领导本行政区域的企业信息公示工作,按照国家社会信用信息平台建设的总体要求,推动本行政区域企业信用信息公示系统的建设。

第五条 国务院市场监督管理部门推进、监督企业信息公示工作,组织国家企业信用信息公示系统的建设。国务院其他有关部门依照本条例规定做好企业信息公示相关工作。

县级以上地方人民政府有关部门依照本条例规定做好企业信息公示工作。

第六条 市场监督管理部门应当通过国家企业信用信息公示系统,公示其在履行职责过程中产生的下列企业信息:

(一)注册登记、备案信息;
(二)动产抵押登记信息;
(三)股权出质登记信息;
(四)行政处罚信息;
(五)其他依法应当公示的信息。

前款规定的企业信息应当自产生之日起20个工作日内予以公示。

第七条 市场监督管理部门以外的其他政府部门(以下简称其他政府部门)应当公示其在履行职责过程中产生的下列企业信息:

(一)行政许可准予、变更、延续信息;
(二)行政处罚信息;
(三)其他依法应当公示的信息。

其他政府部门可以通过国家企业信用信息公示系统,也可以通过其他系统公示前款规定的企业信息。市场监督管理部门和其他政府部门应当按照国家社会信用信息平台建设的总体要求,实现企业信息的互联共享。

第八条 企业应当于每年1月1日至6月30日,通过国家企业信用信息公示系统向市场监督管理部门报送上一年度年度报告,并向社会公示。

当年设立登记的企业,自下一年起报送并公示年度报告。

第九条 企业年度报告内容包括:

(一)企业通信地址、邮政编码、联系电话、电子邮箱等信息;
(二)企业开业、歇业、清算等存续状态信息;
(三)企业投资设立企业、购买股权信息;
(四)企业为有限责任公司或者股份有限公司的,其股东或者发起人认缴和实缴的出资额、出资时间、出资方式等信息;
(五)有限责任公司股东股权转让等股权变更信息;
(六)企业网站以及从事网络经营的网店的名称、网址等信息;
(七)企业从业人数、资产总额、负债总额、对外提供保证担保、所有者权益合计、营业总收入、主营业务收入、利润总额、净利润、纳税总额信息。

前款第一项至第六项规定的信息应当向社会公示,第七项规定的信息由企业选择是否向社会公示。

经企业同意,公民、法人或者其他组织可以查询企业选择不公示的信息。

第十条 企业应当自下列信息形成之日起20个工作日内通过国家企业信用信息公示系统向社会公示:

(一)有限责任公司股东或者股份有限公司发起人认缴和实缴的出资额、出资时间、出资方式等信息;
(二)有限责任公司股东股权转让等股权变更信息;
(三)行政许可取得、变更、延续信息;
(四)知识产权出质登记信息;
(五)受到行政处罚的信息;
(六)其他依法应当公示的信息。

市场监督管理部门发现企业未依照前款规定履行公示义务的,应当责令其限期履行。

第十一条 政府部门和企业分别对其公示信息的真实性、及时性负责。

第十二条 政府部门发现其公示的信息不准确的,应当及时更正。公民、法人或者其他组织有证据证明政府部门公示的信息不准确的，有权要求该政府部门予以更正。

企业发现其公示的信息不准确的，应当及时更正；但是，企业年度报告公示信息的更正应当在每年 6 月 30 日之前完成。更正前后的信息应当同时公示。

第十三条　公民、法人或者其他组织发现企业公示的信息虚假的，可以向市场监督管理部门举报，接到举报的市场监督管理部门应当自接到举报材料之日起 20 个工作日内进行核查，予以处理，并将处理情况书面告知举报人。

公民、法人或者其他组织对依照本条例规定公示的企业信息有疑问的，可以向政府部门申请查询，收到查询申请的政府部门应当自收到申请之日起 20 个工作日内书面答复申请人。

第十四条　国务院市场监督管理部门和省、自治区、直辖市人民政府市场监督管理部门应当按照公平规范的要求，根据企业注册号等随机摇号，确定抽查的企业，组织对企业公示信息的情况进行检查。

市场监督管理部门抽查企业公示的信息，可以采取书面检查、实地核查、网络监测等方式。市场监督管理部门抽查企业公示的信息，可以委托会计师事务所、税务师事务所、律师事务所等专业机构开展相关工作，并依法利用其他政府部门作出的检查、核查结果或者专业机构作出的专业结论。

抽查结果由市场监督管理部门通过国家企业信用信息公示系统向社会公布。

第十五条　市场监督管理部门对企业公示的信息依法开展抽查或者根据举报进行核查，企业应当配合，接受询问调查，如实反映情况，提供相关材料。

对不予配合情节严重的企业，市场监督管理部门应当通过国家企业信用信息公示系统公示。

第十六条　市场监督管理部门对涉嫌违反本条例规定的行为进行查处，可以行使下列职权：

（一）进入企业的经营场所实施现场检查；

（二）查阅、复制、收集与企业经营活动相关的合同、票据、账簿以及其他资料；

（三）向与企业经营活动有关的单位和个人调查了解情况；

（四）依法查询涉嫌违法的企业银行账户；

（五）法律、行政法规规定的其他职权。

市场监督管理部门行使前款第四项规定的职权的，应当经市场监督管理部门主要负责人批准。

第十七条　任何公民、法人或者其他组织不得非法修改公示的企业信息，不得非法获取企业信息。

第十八条　企业未按照本条例规定的期限公示年度报告或者未按照市场监督管理部门责令的期限公示有关企业信息的，由县级以上市场监督管理部门列入经营异常名录，并依法给予行政处罚。企业因连续 2 年未按规定报送年度报告被列入经营异常名录未改正，且通过登记的住所或者经营场所无法取得联系的，由县级以上市场监督管理部门吊销营业执照。

企业公示信息隐瞒真实情况、弄虚作假的，法律、行政法规有规定的，依照其规定；没有规定的，由市场监督管理部门责令改正，处 1 万元以上 5 万元以下罚款；情节严重的，处 5 万元以上 20 万元以下罚款，列入市场监督管理严重违法失信名单，并可以吊销营业执照。被列入市场监督管理严重违法失信名单的企业的法定代表人、负责人，3 年内不得担任其他企业的法定代表人、负责人。

企业被吊销营业执照后，应当依法办理注销登记；未办理注销登记的，由市场监督管理部门依法作出处理。

第十九条　县级以上地方人民政府及其有关部门应当建立健全信用约束机制，在政府采购、工程招投标、国有土地出让、授予荣誉称号等工作中，将企业信息作为重要考量因素，对被列入经营异常名录或者市场监督管理严重违法失信名单的企业依法予以限制或者禁入。

第二十条　鼓励企业主动纠正违法失信行为、消除不良影响，依法申请修复失信记录。政府部门依法解除相关管理措施并修复失信记录的，应当及时将上述信息与有关部门共享。

第二十一条　政府部门未依照本条例规定履行职责的，由监察机关、上一级政府部门责令改正；情节严重的，对负有责任的主管人员和其他直接责任人员依法给予处分；构成犯罪的，依法追究刑事责任。

第二十二条　非法修改公示的企业信息，或者非法获取企业信息的，依照有关法律、行政法规规定追究法律责任。

第二十三条　公民、法人或者其他组织认为政府部门在企业信息公示工作中的具体行政行为侵犯其合法权益的，可以依法申请行政复议或者提起行政诉讼。

第二十四条　企业依照本条例规定公示信息，不免除其依照其他有关法律、行政法规规定公示信息的义务。

第二十五条　法律、法规授权的具有管理公共事务职能的组织公示企业信息适用本条例关于政府部门公示企业信息的规定。

第二十六条　国务院市场监督管理部门负责制定国

家企业信用信息公示系统的技术规范。

个体工商户、农民专业合作社信息公示的具体办法由国务院市场监督管理部门另行制定。

第二十七条 本条例自 2014 年 10 月 1 日起施行。

中华人民共和国市场主体登记管理条例实施细则

· 2022 年 3 月 1 日国家市场监督管理总局令第 52 号公布
· 自公布之日起施行

第一章 总 则

第一条 根据《中华人民共和国市场主体登记管理条例》(以下简称《条例》)等有关法律法规,制定本实施细则。

第二条 市场主体登记管理应当遵循依法合规、规范统一、公开透明、便捷高效的原则。

第三条 国家市场监督管理总局主管全国市场主体统一登记管理工作,制定市场主体登记管理的制度措施,推进登记全程电子化,规范登记行为,指导地方登记机关依法有序开展登记管理工作。

县级以上地方市场监督管理部门主管本辖区市场主体登记管理工作,加强对辖区内市场主体登记管理工作的统筹指导和监督管理,提升登记管理水平。

县级市场监督管理部门的派出机构可以依法承担个体工商户等市场主体的登记管理职责。

各级登记机关依法履行登记管理职责,执行全国统一的登记管理政策文件和规范要求,使用统一的登记材料、文书格式,以及省级统一的市场主体登记管理系统,优化登记办理流程,推行网上办理等便捷方式,健全数据安全管理制度,提供规范化、标准化登记管理服务。

第四条 省级以上人民政府或者其授权的国有资产监督管理机构履行出资人职责的公司,以及该公司投资设立并持有 50%以上股权或者股份的公司的登记管理由省级登记机关负责;股份有限公司的登记管理由地市级以上地方登记机关负责。

除前款规定的情形外,省级市场监督管理部门依法对本辖区登记管辖作出统一规定;上级登记机关在特定情形下,可以依法将部分市场主体登记管理工作交由下级登记机关承担,或者承担下级登记机关的部分登记管理工作。

外商投资企业登记管理由国家市场监督管理总局或者其授权的地方市场监督管理部门负责。

第五条 国家市场监督管理总局应当加强信息化建设,统一登记管理业务规范、数据标准和平台服务接口,归集全国市场主体登记管理信息。

省级市场监督管理部门主管本辖区登记管理信息化建设,建立统一的市场主体登记管理系统,归集市场主体登记管理信息,规范市场主体登记注册流程,提升政务服务水平,强化部门间信息共享和业务协同,提升市场主体登记管理便利化程度。

第二章 登记事项

第六条 市场主体应当按照类型依法登记下列事项:

(一)公司:名称、类型、经营范围、住所、注册资本、法定代表人姓名、有限责任公司股东或者股份有限公司发起人姓名或者名称。

(二)非公司企业法人:名称、类型、经营范围、住所、出资额、法定代表人姓名、出资人(主管部门)名称。

(三)个人独资企业:名称、类型、经营范围、住所、出资额、投资人姓名及居所。

(四)合伙企业:名称、类型、经营范围、主要经营场所、出资额、执行事务合伙人名称或者姓名、合伙人名称或者姓名、住所、承担责任方式。执行事务合伙人是法人或者其他组织的,登记事项还应当包括其委派的代表姓名。

(五)农民专业合作社(联合社):名称、类型、经营范围、住所、出资额、法定代表人姓名。

(六)分支机构:名称、类型、经营范围、经营场所、负责人姓名。

(七)个体工商户:组成形式、经营范围、经营场所、经营者姓名、住所。个体工商户使用名称的,登记事项还应当包括名称。

(八)法律、行政法规规定的其他事项。

第七条 市场主体应当按照类型依法备案下列事项:

(一)公司:章程、经营期限、有限责任公司股东或者股份有限公司发起人认缴的出资数额、董事、监事、高级管理人员、登记联络员、外商投资公司法律文件送达接受人。

(二)非公司企业法人:章程、经营期限、登记联络员。

(三)个人独资企业:登记联络员。

(四)合伙企业:合伙协议、合伙期限、合伙人认缴或者实际缴付的出资数额、缴付期限和出资方式、登记联络员、外商投资合伙企业法律文件送达接受人。

(五)农民专业合作社(联合社):章程、成员、登记联络员。

(六)分支机构:登记联络员。

(七)个体工商户:家庭参加经营的家庭成员姓名、登记联络员。

(八)公司、合伙企业等市场主体受益所有人相关信息。

(九)法律、行政法规规定的其他事项。

上述备案事项由登记机关在设立登记时一并进行信息采集。

受益所有人信息管理制度由中国人民银行会同国家市场监督管理总局另行制定。

第八条 市场主体名称由申请人依法自主申报。

第九条 申请人应当依法申请登记下列市场主体类型：

（一）有限责任公司、股份有限公司；

（二）全民所有制企业、集体所有制企业、联营企业；

（三）个人独资企业；

（四）普通合伙（含特殊普通合伙）企业、有限合伙企业；

（五）农民专业合作社、农民专业合作社联合社；

（六）个人经营的个体工商户、家庭经营的个体工商户。

分支机构应当按所属市场主体类型注明分公司或者相应的分支机构。

第十条 申请人应当根据市场主体类型依法向其住所（主要经营场所、经营场所）所在地具有登记管辖权的登记机关办理登记。

第十一条 申请人申请登记市场主体法定代表人、执行事务合伙人（含委派代表），应当符合章程或者协议约定。

合伙协议未约定或者全体合伙人未决定委托执行事务合伙人的，除有限合伙外，申请人应当将其他合伙人均登记为执行事务合伙人。

第十二条 申请人应当按照国家市场监督管理总局发布的经营范围规范目录，根据市场主体主要行业或者经营特征自主选择一般经营项目和许可经营项目，申请办理经营范围登记。

第十三条 申请人申请登记的市场主体注册资本（出资额）应当符合章程或者协议约定。

市场主体注册资本（出资额）以人民币表示。外商投资企业的注册资本（出资额）可以用可自由兑换的货币表示。

依法以境内公司股权或者债权出资的，应当权属清楚、权能完整，依法可以评估、转让，符合公司章程规定。

第三章　登记规范

第十四条 申请人可以自行或者指定代表人、委托代理人办理市场主体登记、备案事项。

第十五条 申请人应当在申请材料上签名或者盖章。

申请人可以通过全国统一电子营业执照系统等电子签名工具和途径进行电子签名或者电子签章。符合法律规定的可靠电子签名、电子签章与手写签名或者盖章具有同等法律效力。

第十六条 在办理登记、备案事项时，申请人应当配合登记机关通过实名认证系统，采用人脸识别等方式对下列人员进行实名验证：

（一）法定代表人、执行事务合伙人（含委派代表）、负责人；

（二）有限责任公司股东、股份有限公司发起人、公司董事、监事及高级管理人员；

（三）个人独资企业投资人、合伙企业合伙人、农民专业合作社（联合社）成员、个体工商户经营者；

（四）市场主体登记联络员、外商投资企业法律文件送达接受人；

（五）指定的代表人或者委托代理人。

因特殊原因，当事人无法通过实名认证系统核验身份信息的，可以提交经依法公证的自然人身份证明文件，或者由本人持身份证件到现场办理。

第十七条 办理市场主体登记、备案事项，申请人可以到登记机关现场提交申请，也可以通过市场主体登记注册系统提出申请。

申请人对申请材料的真实性、合法性、有效性负责。

办理市场主体登记、备案事项，应当遵守法律法规，诚实守信，不得利用市场主体登记，牟取非法利益，扰乱市场秩序，危害国家安全、社会公共利益。

第十八条 申请材料齐全、符合法定形式的，登记机关予以确认，并当场登记，出具登记通知书，及时制发营业执照。

不予当场登记的，登记机关应当向申请人出具接收申请材料凭证，并在3个工作日内对申请材料进行审查；情形复杂的，经登记机关负责人批准，可以延长3个工作日，并书面告知申请人。

申请材料不齐全或者不符合法定形式的，登记机关应当将申请材料退还申请人，并一次性告知申请人需要补正的材料。申请人补正后，应当重新提交申请材料。

不属于市场主体登记范畴或者不属于本登记机关登记管辖范围的事项，登记机关应当告知申请人向有关行政机关申请。

第十九条 市场主体登记申请不符合法律、行政法规或者国务院决定规定，或者可能危害国家安全、社会公共利益的，登记机关不予登记，并出具不予登记通知书。

利害关系人就市场主体申请材料的真实性、合法性、有效性或者其他有关实体权利提起诉讼或者仲裁，对登记机关依法登记造成影响的，申请人应当在诉讼或者仲裁终结后，向登记机关申请办理登记。

第二十条 市场主体法定代表人依法受到任职资格限制的,在申请办理其他变更登记时,应当依法及时申请办理法定代表人变更登记。

市场主体因通过登记的住所(主要经营场所、经营场所)无法取得联系被列入经营异常名录的,在申请办理其他变更登记时,应当依法及时申请办理住所(主要经营场所、经营场所)变更登记。

第二十一条 公司或者农民专业合作社(联合社)合并、分立的,可以通过国家企业信用信息公示系统公告,公告期45日,应当于公告期届满后申请办理登记。

非公司企业法人合并、分立的,应当经出资人(主管部门)批准,自批准之日起30日内申请办理登记。

市场主体设立分支机构的,应当自决定作出之日起30日内向分支机构所在地登记机关申请办理登记。

第二十二条 法律、行政法规或者国务院决定规定市场主体申请登记、备案事项前需要审批的,在办理登记、备案时,应当在有效期内提交有关批准文件或者许可证书。有关批准文件或者许可证书未规定有效期限,自批准之日起超过90日的,申请人应当报审批机关确认其效力或者另行报批。

市场主体设立后,前款规定批准文件或者许可证书内容有变化、被吊销、撤销或者有效期届满的,应当自批准文件、许可证书重新批准之日或者被吊销、撤销、有效期届满之日起30日内申请办理变更登记或者注销登记。

第二十三条 市场主体营业执照应当载明名称、法定代表人(执行事务合伙人、个人独资企业投资人、经营者或者负责人)姓名、类型(组成形式)、注册资本(出资额)、住所(主要经营场所、经营场所)、经营范围、登记机关、成立日期、统一社会信用代码。

电子营业执照与纸质营业执照具有同等法律效力,市场主体可以凭电子营业执照开展经营活动。

市场主体在办理涉及营业执照记载事项变更登记或者申请注销登记时,需要在提交申请时一并缴回纸质营业执照正、副本。对于市场主体营业执照拒不缴回或者无法缴回的,登记机关在完成变更登记或者注销登记后,通过国家企业信用信息公示系统公告营业执照作废。

第二十四条 外国投资者在中国境内设立外商投资企业,其主体资格文件或者自然人身份证明应当经所在国家公证机关公证并经中国驻该国使(领)馆认证。中国与有关国家缔结或者共同参加的国际条约对认证另有规定的除外。

香港特别行政区、澳门特别行政区和台湾地区投资者的主体资格文件或者自然人身份证明应当按照专项规定或者协议,依法提供当地公证机构的公证文件。按照国家有关规定,无需提供公证文件的除外。

第四章 设立登记

第二十五条 申请办理设立登记,应当提交下列材料:

(一)申请书;

(二)申请人主体资格文件或者自然人身份证明;

(三)住所(主要经营场所、经营场所)相关文件;

(四)公司、非公司企业法人、农民专业合作社(联合社)章程或者合伙企业合伙协议。

第二十六条 申请办理公司设立登记,还应当提交法定代表人、董事、监事和高级管理人员的任职文件和自然人身份证明。

除前款规定的材料外,募集设立股份有限公司还应当提交依法设立的验资机构出具的验资证明;公开发行股票的,还应当提交国务院证券监督管理机构的核准或者注册文件。涉及发起人首次出资属于非货币财产的,还应当提交已办理财产权转移手续的证明文件。

第二十七条 申请设立非公司企业法人,还应当提交法定代表人的任职文件和自然人身份证明。

第二十八条 申请设立合伙企业,还应当提交下列材料:

(一)法律、行政法规规定设立特殊的普通合伙企业需要提交合伙人的职业资格文件的,提交相应材料;

(二)全体合伙人决定委托执行事务合伙人的,应当提交全体合伙人的委托书和执行事务合伙人的主体资格文件或者自然人身份证明。执行事务合伙人是法人或者其他组织的,还应当提交其委派代表的委托书和自然人身份证明。

第二十九条 申请设立农民专业合作社(联合社),还应当提交下列材料:

(一)全体设立人签名或者盖章的设立大会纪要;

(二)法定代表人、理事的任职文件和自然人身份证明;

(三)成员名册和出资清单,以及成员主体资格文件或者自然人身份证明。

第三十条 申请办理分支机构设立登记,还应当提交负责人的任职文件和自然人身份证明。

第五章 变更登记

第三十一条 市场主体变更登记事项,应当自作出变更决议、决定或者法定变更事项发生之日起30日内申请办理变更登记。

市场主体登记事项变更涉及分支机构登记事项变更

的,应当自市场主体登记事项变更登记之日起 30 日内申请办理分支机构变更登记。

第三十二条 申请办理变更登记,应当提交申请书,并根据市场主体类型及具体变更事项分别提交下列材料：

（一）公司变更事项涉及章程修改的,应当提交修改后的章程或者章程修正案;需要对修改章程作出决议决定的,还应当提交相关决议决定；

（二）合伙企业应当提交全体合伙人或者合伙协议约定的人员签署的变更决定书;变更事项涉及修改合伙协议的,应当提交由全体合伙人签署或者合伙协议约定的人员签署修改或者补充的合伙协议；

（三）农民专业合作社（联合社）应当提交成员大会或者成员代表大会作出的变更决议;变更事项涉及章程修改的,应当提交修改后的章程或者章程修正案。

第三十三条 市场主体更换法定代表人、执行事务合伙人（含委派代表）、负责人的变更登记申请由新任法定代表人、执行事务合伙人（含委派代表）、负责人签署。

第三十四条 市场主体变更名称,可以自主申报名称并在保留期届满前申请变更登记,也可以直接申请变更登记。

第三十五条 市场主体变更住所（主要经营场所、经营场所）,应当在迁入新住所（主要经营场所、经营场所）前向迁入地登记机关申请变更登记,并提交新的住所（主要经营场所、经营场所）使用相关文件。

第三十六条 市场主体变更注册资本或者出资额的,应当办理变更登记。

公司增加注册资本,有限责任公司股东认缴新增资本的出资和股份有限公司的股东认购新股的,应当按照设立时缴纳出资和缴纳股款的规定执行。股份有限公司以公开发行新股方式或者上市公司以非公开发行新股方式增加注册资本,还应当提交国务院证券监督管理机构的核准或者注册文件。

公司减少注册资本,可以通过国家企业信用信息公示系统公告,公告期 45 日,应当于公告期届满后申请变更登记。法律、行政法规或者国务院决定对公司注册资本有最低限额规定的,减少后的注册资本应当不少于最低限额。

外商投资企业注册资本（出资额）币种发生变更,应当向登记机关申请变更登记。

第三十七条 公司变更类型,应当按照拟变更公司类型的设立条件,在规定的期限内申请变更登记,并提交有关材料。

非公司企业法人申请改制为公司,应当按照拟变更的公司类型设立条件,在规定期限内申请变更登记,并提交有关材料。

个体工商户申请转变为企业组织形式,应当按照拟变更的企业类型设立条件申请登记。

第三十八条 个体工商户变更经营者,应当在办理注销登记后,由新的经营者重新申请办理登记。双方经营者同时申请办理的,登记机关可以合并办理。

第三十九条 市场主体变更备案事项的,应当按照《条例》第二十九条规定办理备案。

农民专业合作社因成员发生变更,农民成员低于法定比例的,应当自事由发生之日起 6 个月内采取吸收新的农民成员入社等方式使农民成员达到法定比例。农民专业合作社联合社成员退社,成员数低于联合社设立法定条件的,应当自事由发生之日起 6 个月内采取吸收新的成员入社等方式使农民专业合作社联合社成员达到法定条件。

第六章 歇 业

第四十条 因自然灾害、事故灾难、公共卫生事件、社会安全事件等原因造成经营困难的,市场主体可以自主决定在一定时期内歇业。法律、行政法规另有规定的除外。

第四十一条 市场主体决定歇业,应当在歇业前向登记机关办理备案。登记机关通过国家企业信用信息公示系统向社会公示歇业期限、法律文书送达地址等信息。

以法律文书送达地址代替住所（主要经营场所、经营场所）的,应当提交法律文书送达地址确认书。

市场主体延长歇业期限,应当于期限届满前 30 日内按规定办理。

第四十二条 市场主体办理歇业备案后,自主决定开展或者已实际开展经营活动的,应当于 30 日内在国家企业信用信息公示系统上公示终止歇业。

市场主体恢复营业时,登记、备案事项发生变化的,应当及时办理变更登记或者备案。以法律文书送达地址代替住所（主要经营场所、经营场所）的,应当及时办理住所（主要经营场所、经营场所）变更登记。

市场主体备案的歇业期限届满,或者累计歇业满 3 年,视为自动恢复经营,决定不再经营的,应当及时办理注销登记。

第四十三条 歇业期间,市场主体以法律文书送达地址代替原登记的住所（主要经营场所、经营场所）的,不改变歇业市场主体的登记管辖。

第七章 注销登记

第四十四条 市场主体因解散、被宣告破产或者其他法定事由需要终止的,应当依法向登记机关申请注销登记。依法需要清算的，应当自清算结束之日起30日内申请注销登记。依法不需要清算的，应当自决定作出之日起30日内申请注销登记。市场主体申请注销后，不得从事与注销无关的生产经营活动。自登记机关予以注销登记之日起，市场主体终止。

第四十五条 市场主体注销登记前依法应当清算的，清算组应当自成立之日起10日内将清算组成员、清算组负责人名单通过国家企业信用信息公示系统公告。清算组可以通过国家企业信用信息公示系统发布债权人公告。

第四十六条 申请办理注销登记，应当提交下列材料：

（一）申请书；

（二）依法作出解散、注销的决议或者决定，或者被行政机关吊销营业执照、责令关闭、撤销的文件；

（三）清算报告、负责清理债权债务的文件或者清理债务完结的证明；

（四）税务部门出具的清税证明。

除前款规定外，人民法院指定清算人、破产管理人进行清算的，应当提交人民法院指定证明；合伙企业分支机构申请注销登记，还应当提交全体合伙人签署的注销分支机构决定书。

个体工商户申请注销登记的，无需提交第二项、第三项材料；因合并、分立而申请市场主体注销登记的，无需提交第三项材料。

第四十七条 申请办理简易注销登记，应当提交申请书和全体投资人承诺书。

第四十八条 有下列情形之一的，市场主体不得申请办理简易注销登记：

（一）在经营异常名录或者市场监督管理严重违法失信名单中的；

（二）存在股权（财产份额）被冻结、出质或者动产抵押，或者对其他市场主体存在投资的；

（三）正在被立案调查或者采取行政强制措施，正在诉讼或者仲裁程序中的；

（四）被吊销营业执照、责令关闭、撤销的；

（五）受到罚款等行政处罚尚未执行完毕的；

（六）不符合《条例》第三十三条规定的其他情形。

第四十九条 申请办理简易注销登记，市场主体应当将承诺书及注销登记申请通过国家企业信用信息公示系统公示，公示期为20日。

在公示期内无相关部门、债权人及其他利害关系人提出异议的，市场主体可以于公示期届满之日起20日内向登记机关申请注销登记。

第八章　撤销登记

第五十条 对涉嫌提交虚假材料或者采取其他欺诈手段隐瞒重要事实取得市场主体登记的行为，登记机关可以根据当事人申请或者依职权主动进行调查。

第五十一条 受虚假登记影响的自然人、法人和其他组织，可以向登记机关提出撤销市场主体登记申请。涉嫌冒用自然人身份的虚假登记，被冒用人应当配合登记机关通过线上或者线下途径核验身份信息。

涉嫌虚假登记市场主体的登记机关发生变更的，由现登记机关负责处理撤销登记，原登记机关应当协助进行调查。

第五十二条 登记机关收到申请后，应当在3个工作日内作出是否受理的决定，并书面通知申请人。

有下列情形之一的，登记机关可以不予受理：

（一）涉嫌冒用自然人身份的虚假登记，被冒用人未能通过身份信息核验的；

（二）涉嫌虚假登记的市场主体已注销的，申请撤销注销登记的除外；

（三）其他依法不予受理的情形。

第五十三条 登记机关受理申请后，应当于3个月内完成调查，并及时作出撤销或者不予撤销市场主体登记的决定。情形复杂的，经登记机关负责人批准，可以延长3个月。

在调查期间，相关市场主体和人员无法联系或者拒不配合的，登记机关可以将涉嫌虚假登记市场主体的登记时间、登记事项，以及登记机关联系方式等信息通过国家企业信用信息公示系统向社会公示，公示期45日。相关市场主体及其利害关系人在公示期内没有提出异议的，登记机关可以撤销市场主体登记。

第五十四条 有下列情形之一的，经当事人或者其他利害关系人申请，登记机关可以中止调查：

（一）有证据证明与涉嫌虚假登记相关的民事权利存在争议的；

（二）涉嫌虚假登记的市场主体正在诉讼或者仲裁程序中的；

（三）登记机关收到有关部门出具的书面意见，证明涉嫌虚假登记的市场主体或者其法定代表人、负责人存在违法案件尚未结案，或者尚未履行相关法定义务的。

第五十五条 有下列情形之一的，登记机关可以不予撤销市场主体登记：

（一）撤销市场主体登记可能对社会公共利益造成重大损害；

(二)撤销市场主体登记后无法恢复到登记前的状态;
(三)法律、行政法规规定的其他情形。

第五十六条 登记机关作出撤销登记决定后,应当通过国家企业信用信息公示系统向社会公示。

第五十七条 同一登记包含多个登记事项,其中部分登记事项被认定为虚假,撤销虚假的登记事项不影响市场主体存续的,登记机关可以仅撤销虚假的登记事项。

第五十八条 撤销市场主体备案事项的,参照本章规定执行。

第九章 档案管理

第五十九条 登记机关应当负责建立市场主体登记管理档案,对在登记、备案过程中形成的具有保存价值的文件依法分类,有序收集管理,推动档案电子化、影像化,提供市场主体登记管理档案查询服务。

第六十条 申请查询市场主体登记管理档案,应当按照下列要求提交材料:
(一)公安机关、国家安全机关、检察机关、审判机关、纪检监察机关、审计机关等国家机关进行查询,应当出具本部门公函及查询人员的有效证件;
(二)市场主体查询自身登记管理档案,应当出具授权委托书及查询人员的有效证件;
(三)律师查询与承办法律事务有关市场主体登记管理档案,应当出具执业证书、律师事务所证明以及相关承诺书。

除前款规定情形外,省级以上市场监督管理部门可以结合工作实际,依法对档案查询范围以及提交材料作出规定。

第六十一条 登记管理档案查询内容涉及国家秘密、商业秘密、个人信息的,应当按照有关法律法规规定办理。

第六十二条 市场主体发生住所(主要经营场所、经营场所)迁移的,登记机关应当于3个月内将所有登记管理档案移交迁入地登记机关管理。档案迁出、迁入应当记录备案。

第十章 监督管理

第六十三条 市场主体应当于每年1月1日至6月30日,通过国家企业信用信息公示系统报送上一年度年度报告,并向社会公示。

个体工商户可以通过纸质方式报送年度报告,并自主选择年度报告内容是否向社会公示。

歇业的市场主体应当按时公示年度报告。

第六十四条 市场主体应当将营业执照(含电子营业执照)置于住所(主要经营场所、经营场所)的醒目位置。

从事电子商务经营的市场主体应当在其首页显著位置持续公示营业执照信息或者其链接标识。

营业执照记载的信息发生变更时,市场主体应当于15日内完成对应信息的更新公示。市场主体被吊销营业执照的,登记机关应当将吊销情况标注于电子营业执照中。

第六十五条 登记机关应当对登记注册、行政许可、日常监管、行政执法中的相关信息进行归集,根据市场主体的信用风险状况实施分级分类监管,并强化信用风险分类结果的综合应用。

第六十六条 登记机关应当随机抽取检查对象、随机选派执法检查人员,对市场主体的登记备案事项、公示信息情况等进行抽查,并将抽查检查结果通过国家企业信用信息公示系统向社会公示。必要时可以委托会计师事务所、税务师事务所、律师事务所等专业机构开展审计、验资、咨询等相关工作,依法使用其他政府部门作出的检查、核查结果或者专业机构作出的专业结论。

第六十七条 市场主体被撤销设立登记、吊销营业执照、责令关闭,6个月内未办理清算组公告或者未申请注销登记的,登记机关可以在国家企业信用信息公示系统上对其作出特别标注并予以公示。

第十一章 法律责任

第六十八条 未经设立登记从事一般经营活动的,由登记机关责令改正,没收违法所得;拒不改正的,处1万元以上10万元以下的罚款;情节严重的,依法责令关闭停业,并处10万元以上50万元以下的罚款。

第六十九条 未经设立登记从事许可经营活动或者未依法取得许可从事经营活动的,由法律、法规或者国务院决定规定的部门予以查处;法律、法规或者国务院决定没有规定或者规定不明确的,由省、自治区、直辖市人民政府确定的部门予以查处。

第七十条 市场主体未按照法律、行政法规规定的期限公示或者报送年度报告的,由登记机关列入经营异常名录,可以处1万元以下的罚款。

第七十一条 提交虚假材料或者采取其他欺诈手段隐瞒重要事实取得市场主体登记的,由登记机关依法责令改正,没收违法所得,并处5万元以上20万元以下的罚款;情节严重的,处20万元以上100万元以下的罚款,吊销营业执照。

明知或者应当知道申请人提交虚假材料或者采取其他欺诈手段隐瞒重要事实进行市场主体登记,仍接受委托代为办理,或者协助其进行虚假登记的,由登记机关没收违法所得,处 10 万元以下的罚款。

虚假市场主体登记的直接责任人自市场主体登记被撤销之日起 3 年内不得再次申请市场主体登记。登记机关应当通过国家企业信用信息公示系统予以公示。

第七十二条 市场主体未按规定办理变更登记的,由登记机关责令改正;拒不改正的,处 1 万元以上 10 万元以下的罚款;情节严重的,吊销营业执照。

第七十三条 市场主体未按规定办理备案的,由登记机关责令改正;拒不改正的,处 5 万元以下的罚款。

依法应当办理受益所有人信息备案的市场主体,未办理备案的,按照前款规定处理。

第七十四条 市场主体未按照本实施细则第四十二条规定公示终止歇业的,由登记机关责令改正;拒不改正的,处 3 万元以下的罚款。

第七十五条 市场主体未按规定将营业执照置于住所(主要经营场所、经营场所)醒目位置的,由登记机关责令改正;拒不改正的,处 3 万元以下的罚款。

电子商务经营者未在首页显著位置持续公示营业执照信息或者相关链接标识的,由登记机关依照《中华人民共和国电子商务法》处罚。

市场主体伪造、涂改、出租、出借、转让营业执照的,由登记机关没收违法所得,处 10 万元以下的罚款;情节严重的,处 10 万元以上 50 万元以下的罚款,吊销营业执照。

第七十六条 利用市场主体登记,牟取非法利益,扰乱市场秩序,危害国家安全、社会公共利益的,法律、行政法规有规定的,依照其规定;法律、行政法规没有规定的,由登记机关处 10 万元以下的罚款。

第七十七条 违反本实施细则规定,登记机关确定罚款幅度时,应当综合考虑市场主体的类型、规模、违法情节等因素。

情节轻微并及时改正,没有造成危害后果的,依法不予行政处罚。初次违法且危害后果轻微并及时改正的,可以不予行政处罚。当事人有证据足以证明没有主观过错的,不予行政处罚。

第十二章 附 则

第七十八条 本实施细则所指申请人,包括设立登记时的申请人、依法设立后的市场主体。

第七十九条 人民法院办理案件需要登记机关协助执行的,登记机关应当按照人民法院的生效法律文书和协助执行通知书,在法定职责范围内办理协助执行事项。

第八十条 国家市场监督管理总局根据法律、行政法规、国务院决定及本实施细则,制定登记注册前置审批目录、登记材料和文书格式。

第八十一条 法律、行政法规或者国务院决定对登记管理另有规定的,从其规定。

第八十二条 本实施细则自公布之日起施行。1988 年 11 月 3 日原国家工商行政管理局令第 1 号公布的《中华人民共和国企业法人登记管理条例施行细则》,2000 年 1 月 13 日原国家工商行政管理局令第 94 号公布的《个人独资企业登记管理办法》,2011 年 9 月 30 日原国家工商行政管理总局令第 56 号公布的《个体工商户登记管理办法》,2014 年 2 月 20 日原国家工商行政管理总局令第 64 号公布的《公司注册资本登记管理规定》,2015 年 8 月 27 日原国家工商行政管理总局令第 76 号公布的《企业经营范围登记管理规定》同时废止。

外国(地区)企业在中国境内从事生产经营活动登记管理办法

- 1992 年 8 月 15 日国家工商行政管理局令第 10 号公布
- 根据 2016 年 4 月 29 日国家工商行政管理总局令第 86 号第一次修订
- 根据 2017 年 10 月 27 日国家工商行政管理总局令第 92 号第二次修订
- 根据 2020 年 10 月 23 日国家市场监督管理总局令第 31 号第三次修订

第一条 为促进对外经济合作,加强对在中国境内从事生产经营活动的外国(地区)企业(以下简称外国企业)的管理,保护其合法权益,维护正常的经济秩序,根据国家有关法律、法规的规定,制定本办法。

第二条 根据国家有关法律、法规的规定,经国务院及国务院授权的主管机关(以下简称审批机关)批准,在中国境内从事生产经营活动的外国企业,应向省级市场监督管理部门(以下简称登记主管机关)申请登记注册。外国企业经登记主管机关核准登记注册,领取营业执照后,方可开展生产经营活动。未经审批机关批准和登记主管机关核准登记注册,外国企业不得在中国境内从事生产经营活动。

第三条 根据国家现行法律、法规的规定,外国企业从事下列生产经营活动应办理登记注册:

(一)陆上、海洋的石油及其它矿产资源勘探开发;

(二)房屋、土木工程的建造、装饰或线路、管道、设备的安装等工程承包;

(三)承包或接受委托经营管理外商投资企业;

(四)外国银行在中国设立分行;

（五）国家允许从事的其它生产经营活动。

第四条 外国企业从事生产经营的项目经审批机关批准后，应在批准之日起三十日内向登记主管机关申请办理登记注册。

第五条 外国企业申请办理登记注册时应提交下列文件或证件：

（一）外国企业董事长或总经理签署的申请书。

（二）审批机关的批准文件或证件。

（三）从事生产经营活动所签订的合同（外国银行在中国设立分行不适用此项）。

（四）外国企业所属国（地区）政府有关部门出具的企业合法开业证明。

（五）外国企业的资金信用证明。

（六）外国企业董事长或总经理委派的中国项目负责人的授权书、简历及身份证明。

（七）其它有关文件。

第六条 外国企业登记注册的主要事项有：企业名称、企业类型、地址、负责人、资金数额、经营范围、经营期限。

企业名称是指外国企业在国外合法开业证明载明的名称，应与所签订生产经营合同的外国企业名称一致。外国银行在中国设立分行，应冠以总行的名称，标明所在地地名，并缀以分行。

企业类型是指按外国企业从事生产经营活动的不同内容划分的类型，其类型分别为：矿产资源勘探开发、承包工程、外资银行、承包经营管理等。

企业地址是指外国企业在中国境内从事生产经营活动的场所。外国企业在中国境内的住址与经营场所不在一处的，需同时申报。

企业负责人是指外国企业董事长或总经理委派的项目负责人。

资金数额是指外国企业用以从事生产经营活动的总费用，如承包工程的承包合同额，承包或受委托经营管理外商投资企业的外国企业在管理期限内的累计管理费，从事合作开发石油所需的勘探、开发和生产费，外国银行分行的营运资金等。

经营范围是指外国企业在中国境内从事生产经营活动的范围。

经营期限是指外国企业在中国境内从事生产经营活动的期限。

第七条 登记主管机关受理外国企业的申请后，应在三十日内作出核准登记注册或不予核准登记注册的决定。登记主管机关核准外国企业登记注册后，向其核发《营业执照》。

第八条 根据外国企业从事生产经营活动的不同类型，《营业执照》的有效期分别按以下期限核定：

（一）从事矿产资源勘探开发的外国企业，其《营业执照》有效期根据勘探（查）、开发和生产三个阶段的期限核定。

（二）外国银行设立的分行，其《营业执照》有效期为三十年，每三十年换发一次《营业执照》。

（三）从事其它生产经营活动的外国企业，其《营业执照》有效期按合同规定的经营期限核定。

第九条 外国企业应在登记主管机关核准的生产经营范围内开展经营活动，其合法权益和经营活动受中国法律保护。外国企业不得超越登记主管机关核准的生产经营范围从事生产经营活动。

第十条 外国企业登记注册事项发生变化的，应在三十日内向原登记主管机关申请办理变更登记。办理变更登记的程序和应当提交的文件或证件，参照本办法第五条的规定执行。

第十一条 外国企业《营业执照》有效期届满不再申请延期登记或提前中止合同、协议的，应向原登记主管机关申请注销登记。

第十二条 外国企业申请注销登记应提交以下文件或证件：

（一）外国企业董事长或总经理签署的注销登记申请书；

（二）《营业执照》及其副本、印章；

（三）海关、税务部门出具的完税证明；

（四）项目主管部门对外国企业申请注销登记的批准文件。

登记主管机关在核准外国企业的注销登记时，应收缴《营业执照》及其副本、印章，撤销注册号，并通知银行、税务、海关等部门。

第十三条 外国企业应当于每年1月1日至6月30日，通过企业信用信息公示系统向原登记主管机关报送上一年度年度报告，并向社会公示。

第十四条 与外国企业签订生产经营合同的中国企业，应及时将合作的项目、内容和时间通知登记主管机关并协助外国企业办理营业登记、变更登记、注销登记。如中国企业未尽责任的，要负相应的责任。

第十五条 登记主管机关对外国企业监督管理的主要内容是：

（一）监督外国企业是否按本办法办理营业登记、变更登记和注销登记；

（二）监督外国企业是否按登记主管机关核准的经营范围从事生产经营活动；

（三）督促外国企业报送年度报告并向社会公示；

（四）监督外国企业是否遵守中国的法律、法规。

第十六条 对外国企业违反本办法的行为，由登记主管机关参照《中华人民共和国企业法人登记管理条例》及其施行细则的处罚条款进行查处。

第十七条 香港、澳门、台湾地区企业从事上述生产经营活动的，参照本办法执行。

外国企业承包经营中国内资企业的，参照本办法执行。

第十八条 本办法由国家市场监督管理总局负责解释。

第十九条 本办法自一九九二年十月一日起施行。

对外贸易经营者备案登记办法

- 2004年6月25日商务部令2004年第14号发布
- 根据2016年8月18日《商务部关于废止和修改部分规章和规范性文件的决定》第一次修订
- 根据2019年11月30日《商务部关于废止和修改部分规章的决定》第二次修订
- 根据2021年5月10日《商务部关于废止和修改部分规章的决定》第三次修订

第一条 为促进对外贸易发展，根据《中华人民共和国对外贸易法》（以下简称《外贸法》）第九条的有关规定，制订本办法。

第二条 从事货物进出口或者技术进出口的对外贸易经营者，应当向中华人民共和国商务部（以下简称商务部）或商务部委托的机构办理备案登记；但是，法律、行政法规和商务部规定不需要备案登记的除外。

对外贸易经营者未按照本办法办理备案登记的，海关不予办理进出口的报关验放手续。

第三条 商务部是全国对外贸易经营者备案登记工作的主管部门。

第四条 对外贸易经营者备案登记工作实行全国联网和属地化管理。

商务部委托符合条件的地方对外贸易主管部门（以下简称备案登记机关）负责办理本地区对外贸易经营者备案登记手续；受委托的备案登记机关不得自行委托其他机构进行备案登记。

备案登记机关必须具备办理备案登记所必需的固定的办公场所，管理、录入、技术支持、维护的专职人员以及连接商务部对外贸易经营者备案登记网络系统（以下简称"备案登记网络"）的相关设备等条件。

对于符合上述条件的备案登记机关，商务部可出具书面委托函，发放由商务部统一监制的备案登记印章，并对外公布。备案登记机关凭商务部的书面委托函和备案登记印章，通过商务部备案登记网络办理备案登记手续。对于情况发生变化，不符合上述条件的以及未按本办法第六、七条规定办理备案登记的备案登记机关，商务部可收回对其委托。

第五条 对外贸易经营者备案登记的程序

对外贸易经营者在本地区备案登记机关办理备案登记。

对外贸易经营者备案登记程序如下：

（一）领取《对外贸易经营者备案登记表》（以下简称《登记表》）。对外贸易经营者可以通过商务部政府网站（http://www.mofcom.gov.cn）下载，或到所在地备案登记机关领取《登记表》（样式附后）。

（二）填写《登记表》。对外贸易经营者应按《登记表》要求认真填写所有事项的信息，并确保所填写内容是完整的、准确的和真实的；同时认真阅读《登记表》背面的条款，并由企业法定代表人或个体工商负责人签字、盖章。

（三）向备案登记机关提交如下备案登记材料：

1. 按本条第二款要求填写的《登记表》；
2. 营业执照复印件；

第六条 备案登记机关应自收到对外贸易经营者提交的上述材料之日起5日内办理备案登记手续，在《登记表》上加盖备案登记印章。

第七条 备案登记机关在完成备案登记手续的同时，应当完整准确地记录和保存对外贸易经营者的备案登记信息和登记材料，依法建立备案登记档案。

第八条 对外贸易经营者应凭加盖备案登记印章的《登记表》在30日内到当地海关、检验检疫、外汇、税务等部门办理开展对外贸易业务所需的有关手续。逾期未办理的，《登记表》自动失效。

第九条 《登记表》上的任何登记事项发生变更时，对外贸易经营者应比照本办法第五条和第八条的有关规定，在30日内办理《登记表》的变更手续，逾期未办理变更手续的，其《登记表》自动失效。

备案登记机关收到对外贸易经营者提交的书面材料后，应当即时予以办理变更手续。

第十条 对外贸易经营者已在工商部门办理注销手续或被吊销营业执照的，自营业执照注销或被吊销之日起，《登记表》自动失效。

根据《外贸法》的相关规定，商务部决定禁止有关对外贸易经营者在一年以上三年以下的期限内从事有关货物或者技术的进出口经营活动的，备案登记机关应当撤销其《登记表》；处罚期满后，对外贸易经营者可依据本办法重新办理备案登记。

第十一条 备案登记机关应当在对外贸易经营者撤销备案登记后将有关情况及时通报海关、检验检疫、外汇、税务等部门。

第十二条 对外贸易经营者不得伪造、变造、涂改、出租、出借、转让和出卖《登记表》。

第十三条 备案登记机关在办理备案登记或变更备案登记时，不得变相收取费用。

第十四条 本办法实施前，已经依法取得货物和技术进出口经营资格、且仅在原核准经营范围内从事进出口经营活动的对外贸易经营者，不再需要办理备案登记手续；对外贸易经营者如超出原核准经营范围从事进出口经营活动，仍需按照本办法办理备案登记。

第十五条 本办法由商务部负责解释。

第十六条 本办法自2004年7月1日起实施。凡与本办法不一致的规定，自本办法发布之日起废止。

2. 公司股份、债券

中华人民共和国证券法

- 1998年12月29日第九届全国人民代表大会常务委员会第六次会议通过
- 根据2004年8月28日第十届全国人民代表大会常务委员会第十一次会议《关于修改〈中华人民共和国证券法〉的决定》第一次修正
- 2005年10月27日第十届全国人民代表大会常务委员会第十八次会议第一次修订
- 根据2013年6月29日第十二届全国人民代表大会常务委员会第三次会议《关于修改〈中华人民共和国文物保护法〉等十二部法律的决定》第二次修正
- 根据2014年8月31日第十二届全国人民代表大会常务委员会第十次会议《关于修改〈中华人民共和国保险法〉等五部法律的决定》第三次修正
- 2019年12月28日第十三届全国人民代表大会常务委员会第十五次会议第二次修订
- 2019年12月28日中华人民共和国主席令第37号公布
- 自2020年3月1日起施行

第一章 总 则

第一条 为了规范证券发行和交易行为，保护投资者的合法权益，维护社会经济秩序和社会公共利益，促进社会主义市场经济的发展，制定本法。

第二条 在中华人民共和国境内，股票、公司债券、存托凭证和国务院依法认定的其他证券的发行和交易，适用本法；本法未规定的，适用《中华人民共和国公司法》和其他法律、行政法规的规定。

政府债券、证券投资基金份额的上市交易，适用本法；其他法律、行政法规另有规定的，适用其规定。

资产支持证券、资产管理产品发行、交易的管理办法，由国务院依照本法的原则规定。

在中华人民共和国境外的证券发行和交易活动，扰乱中华人民共和国境内市场秩序，损害境内投资者合法权益的，依照本法有关规定处理并追究法律责任。

第三条 证券的发行、交易活动，必须遵循公开、公平、公正的原则。

第四条 证券发行、交易活动的当事人具有平等的法律地位，应当遵守自愿、有偿、诚实信用的原则。

第五条 证券的发行、交易活动，必须遵守法律、行政法规；禁止欺诈、内幕交易和操纵证券市场的行为。

第六条 证券业和银行业、信托业、保险业实行分业经营、分业管理，证券公司与银行、信托、保险业务机构分别设立。国家另有规定的除外。

第七条 国务院证券监督管理机构依法对全国证券市场实行集中统一监督管理。

国务院证券监督管理机构根据需要可以设立派出机构，按照授权履行监督管理职责。

第八条 国家审计机关依法对证券交易场所、证券公司、证券登记结算机构、证券监督管理机构进行审计监督。

第二章 证券发行

第九条 公开发行证券，必须符合法律、行政法规规定的条件，并依法报经国务院证券监督管理机构或者国务院授权的部门注册。未经依法注册，任何单位和个人不得公开发行证券。证券发行注册制的具体范围、实施步骤，由国务院规定。

有下列情形之一的，为公开发行：

（一）向不特定对象发行证券的；

（二）向特定对象发行证券累计超过二百人，但依法实施员工持股计划的员工人数不计算在内；

（三）法律、行政法规规定的其他发行行为。

非公开发行证券，不得采用广告、公开劝诱和变相公开方式。

第十条 发行人申请公开发行股票、可转换为股票的公司债券,依法采取承销方式的,或者公开发行法律、行政法规规定实行保荐制度的其他证券的,应当聘请证券公司担任保荐人。

保荐人应当遵守业务规则和行业规范,诚实守信,勤勉尽责,对发行人的申请文件和信息披露资料进行审慎核查,督导发行人规范运作。

保荐人的管理办法由国务院证券监督管理机构规定。

第十一条 设立股份有限公司公开发行股票,应当符合《中华人民共和国公司法》规定的条件和经国务院批准的国务院证券监督管理机构规定的其他条件,向国务院证券监督管理机构报送募股申请和下列文件:

(一)公司章程;
(二)发起人协议;
(三)发起人姓名或者名称,发起人认购的股份数、出资种类及验资证明;
(四)招股说明书;
(五)代收股款银行的名称及地址;
(六)承销机构名称及有关的协议。

依照本法规定聘请保荐人的,还应当报送保荐人出具的发行保荐书。

法律、行政法规规定设立公司必须报经批准的,还应当提交相应的批准文件。

第十二条 公司首次公开发行新股,应当符合下列条件:

(一)具备健全且运行良好的组织机构;
(二)具有持续经营能力;
(三)最近三年财务会计报告被出具无保留意见审计报告;
(四)发行人及其控股股东、实际控制人最近三年不存在贪污、贿赂、侵占财产、挪用财产或者破坏社会主义市场经济秩序的刑事犯罪;
(五)经国务院批准的国务院证券监督管理机构规定的其他条件。

上市公司发行新股,应当符合经国务院批准的国务院证券监督管理机构规定的条件,具体管理办法由国务院证券监督管理机构规定。

公开发行存托凭证的,应当符合首次公开发行新股的条件以及国务院证券监督管理机构规定的其他条件。

第十三条 公司公开发行新股,应当报送募股申请和下列文件:

(一)公司营业执照;
(二)公司章程;
(三)股东大会决议;
(四)招股说明书或者其他公开发行募集文件;
(五)财务会计报告;
(六)代收股款银行的名称及地址。

依照本法规定聘请保荐人的,还应当报送保荐人出具的发行保荐书。依照本法规定实行承销的,还应当报送承销机构名称及有关的协议。

第十四条 公司对公开发行股票所募集资金,必须按照招股说明书或者其他公开发行募集文件所列资金用途使用;改变资金用途,必须经股东大会作出决议。擅自改变用途,未作纠正的,或者未经股东大会认可的,不得公开发行新股。

第十五条 公开发行公司债券,应当符合下列条件:

(一)具备健全且运行良好的组织机构;
(二)最近三年平均可分配利润足以支付公司债券一年的利息;
(三)国务院规定的其他条件。

公开发行公司债券筹集的资金,必须按照公司债券募集办法所列资金用途使用;改变资金用途,必须经债券持有人会议作出决议。公开发行公司债券筹集的资金,不得用于弥补亏损和非生产性支出。

上市公司发行可转换为股票的公司债券,除应当符合第一款规定的条件外,还应当遵守本法第十二条第二款的规定。但是,按照公司债券募集办法,上市公司通过收购本公司股份的方式进行公司债券转换的除外。

第十六条 申请公开发行公司债券,应当向国务院授权的部门或者国务院证券监督管理机构报送下列文件:

(一)公司营业执照;
(二)公司章程;
(三)公司债券募集办法;
(四)国务院授权的部门或者国务院证券监督管理机构规定的其他文件。

依照本法规定聘请保荐人的,还应当报送保荐人出具的发行保荐书。

第十七条 有下列情形之一的,不得再次公开发行公司债券:

(一)对已公开发行的公司债券或者其他债务有违约或者延迟支付本息的事实,仍处于继续状态;
(二)违反本法规定,改变公开发行公司债券所募资金的用途。

第十八条 发行人依法申请公开发行证券所报送的申请文件的格式、报送方式，由依法负责注册的机构或者部门规定。

第十九条 发行人报送的证券发行申请文件，应当充分披露投资者作出价值判断和投资决策所必需的信息，内容应当真实、准确、完整。

为证券发行出具有关文件的证券服务机构和人员，必须严格履行法定职责，保证所出具文件的真实性、准确性和完整性。

第二十条 发行人申请首次公开发行股票的，在提交申请文件后，应当按照国务院证券监督管理机构的规定预先披露有关申请文件。

第二十一条 国务院证券监督管理机构或者国务院授权的部门依照法定条件负责证券发行申请的注册。证券公开发行注册的具体办法由国务院规定。

按照国务院的规定，证券交易所等可以审核公开发行证券申请，判断发行人是否符合发行条件、信息披露要求，督促发行人完善信息披露内容。

依照前两款规定参与证券发行申请注册的人员，不得与发行申请人有利害关系，不得直接或者间接接受发行申请人的馈赠，不得持有所注册的发行申请的证券，不得私下与发行申请人进行接触。

第二十二条 国务院证券监督管理机构或者国务院授权的部门应当自受理证券发行申请文件之日起三个月内，依照法定条件和法定程序作出予以注册或者不予注册的决定，发行人根据要求补充、修改发行申请文件的时间不计算在内。不予注册的，应当说明理由。

第二十三条 证券发行申请经注册后，发行人应当依照法律、行政法规的规定，在证券公开发行前公告公开发行募集文件，并将该文件置备于指定场所供公众查阅。

发行证券的信息依法公开前，任何知情人不得公开或者泄露该信息。

发行人不得在公告公开发行募集文件前发行证券。

第二十四条 国务院证券监督管理机构或者国务院授权的部门对已作出的证券发行注册的决定，发现不符合法定条件或者法定程序，尚未发行证券的，应当予以撤销，停止发行。已经发行尚未上市的，撤销发行注册决定，发行人应当按照发行价并加算银行同期存款利息返还证券持有人；发行人的控股股东、实际控制人以及保荐人，应当与发行人承担连带责任，但是能够证明自己没有过错的除外。

股票的发行人在招股说明书等证券发行文件中隐瞒重要事实或者编造重大虚假内容，已经发行并上市的，国务院证券监督管理机构可以责令发行人回购证券，或者责令负有责任的控股股东、实际控制人买回证券。

第二十五条 股票依法发行后，发行人经营与收益的变化，由发行人自行负责；由此变化引致的投资风险，由投资者自行负责。

第二十六条 发行人向不特定对象发行的证券，法律、行政法规规定应当由证券公司承销的，发行人应当同证券公司签订承销协议。证券承销业务采取代销或者包销方式。

证券代销是指证券公司代发行人发售证券，在承销期结束时，将未售出的证券全部退还给发行人的承销方式。

证券包销是指证券公司将发行人的证券按照协议全部购入或者在承销期结束时将售后剩余证券全部自行购入的承销方式。

第二十七条 公开发行证券的发行人有权依法自主选择承销的证券公司。

第二十八条 证券公司承销证券，应当同发行人签订代销或者包销协议，载明下列事项：

（一）当事人的名称、住所及法定代表人姓名；

（二）代销、包销证券的种类、数量、金额及发行价格；

（三）代销、包销的期限及起止日期；

（四）代销、包销的付款方式及日期；

（五）代销、包销的费用和结算办法；

（六）违约责任；

（七）国务院证券监督管理机构规定的其他事项。

第二十九条 证券公司承销证券，应当对公开发行募集文件的真实性、准确性、完整性进行核查。发现有虚假记载、误导性陈述或者重大遗漏的，不得进行销售活动；已经销售的，必须立即停止销售活动，并采取纠正措施。

证券公司承销证券，不得有下列行为：

（一）进行虚假的或者误导投资者的广告宣传或者其他宣传推介活动；

（二）以不正当竞争手段招揽承销业务；

（三）其他违反证券承销业务规定的行为。

证券公司有前款所列行为，给其他证券承销机构或者投资者造成损失的，应当依法承担赔偿责任。

第三十条 向不特定对象发行证券聘请承销团承销的，承销团应当由主承销和参与承销的证券公司组成。

第三十一条 证券的代销、包销期限最长不得超过九十日。

证券公司在代销、包销期内，对所代销、包销的证券应当保证先行出售给认购人，证券公司不得为本公司预留所代销的证券和预先购入并留存所包销的证券。

第三十二条 股票发行采取溢价发行的，其发行价格由发行人与承销的证券公司协商确定。

第三十三条 股票发行采用代销方式，代销期限届满，向投资者出售的股票数量未达到拟公开发行股票数量百分之七十的，为发行失败。发行人应当按照发行价并加算银行同期存款利息返还股票认购人。

第三十四条 公开发行股票，代销、包销期限届满，发行人应当在规定的期限内将股票发行情况报国务院证券监督管理机构备案。

第三章　证券交易
第一节　一般规定

第三十五条 证券交易当事人依法买卖的证券，必须是依法发行并交付的证券。

非依法发行的证券，不得买卖。

第三十六条 依法发行的证券，《中华人民共和国公司法》和其他法律对其转让期限有限制性规定的，在限定的期限内不得转让。

上市公司持有百分之五以上股份的股东、实际控制人、董事、监事、高级管理人员，以及其他持有发行人首次公开发行前发行的股份或者上市公司向特定对象发行的股份的股东，转让其持有的本公司股份的，不得违反法律、行政法规和国务院证券监督管理机构关于持有期限、卖出时间、卖出数量、卖出方式、信息披露等规定，并应当遵守证券交易所的业务规则。

第三十七条 公开发行的证券，应当在依法设立的证券交易所上市交易或者在国务院批准的其他全国性证券交易场所交易。

非公开发行的证券，可以在证券交易所、国务院批准的其他全国性证券交易场所、按照国务院规定设立的区域性股权市场转让。

第三十八条 证券在证券交易所上市交易，应当采用公开的集中交易方式或者国务院证券监督管理机构批准的其他方式。

第三十九条 证券交易当事人买卖的证券可以采用纸面形式或者国务院证券监督管理机构规定的其他形式。

第四十条 证券交易场所、证券公司和证券登记结算机构的从业人员，证券监督管理机构的工作人员以及法律、行政法规规定禁止参与股票交易的其他人员，在任期或者法定限期内，不得直接或者以化名、借他人名义持有、买卖股票或者其他具有股权性质的证券，也不得收受他人赠送的股票或者其他具有股权性质的证券。

任何人在成为前款所列人员时，其原已持有的股票或者其他具有股权性质的证券，必须依法转让。

实施股权激励计划或者员工持股计划的证券公司的从业人员，可以按照国务院证券监督管理机构的规定持有、卖出本公司股票或者其他具有股权性质的证券。

第四十一条 证券交易场所、证券公司、证券登记结算机构、证券服务机构及其工作人员应当依法为投资者的信息保密，不得非法买卖、提供或者公开投资者的信息。

证券交易场所、证券公司、证券登记结算机构、证券服务机构及其工作人员不得泄露所知悉的商业秘密。

第四十二条 为证券发行出具审计报告或者法律意见书等文件的证券服务机构和人员，在该证券承销期内和期满后六个月内，不得买卖该证券。

除前款规定外，为发行人及其控股股东、实际控制人，或者收购人、重大资产交易方出具审计报告或者法律意见书等文件的证券服务机构和人员，自接受委托之日起至上述文件公开后五日内，不得买卖该证券。实际开展上述有关工作之日早于接受委托之日的，自实际开展上述有关工作之日起至上述文件公开后五日内，不得买卖该证券。

第四十三条 证券交易的收费必须合理，并公开收费项目、收费标准和管理办法。

第四十四条 上市公司、股票在国务院批准的其他全国性证券交易场所交易的公司持有百分之五以上股份的股东、董事、监事、高级管理人员，将其持有的该公司的股票或者其他具有股权性质的证券在买入后六个月内卖出，或者在卖出后六个月内又买入，由此所得收益归该公司所有，公司董事会应当收回其所得收益。但是，证券公司因购入包销售后剩余股票而持有百分之五以上股份，以及有国务院证券监督管理机构规定的其他情形的除外。

前款所称董事、监事、高级管理人员、自然人股东持有的股票或者其他具有股权性质的证券，包括其配偶、父母、子女持有的及利用他人账户持有的股票或者其他具有股权性质的证券。

公司董事会不按照第一款规定执行的，股东有权要求董事会在三十日内执行。公司董事会未在上述期限内执行的，股东有权为了公司的利益以自己的名义直接向人民法院提起诉讼。

公司董事会不按照第一款的规定执行的，负有责任的董事依法承担连带责任。

第四十五条 通过计算机程序自动生成或者下达交易指令进行程序化交易的，应当符合国务院证券监督管理机构的规定，并向证券交易所报告，不得影响证券交易所系统安全或者正常交易秩序。

第二节 证券上市

第四十六条 申请证券上市交易，应当向证券交易所提出申请，由证券交易所依法审核同意，并由双方签订上市协议。

证券交易所根据国务院授权的部门的决定安排政府债券上市交易。

第四十七条 申请证券上市交易，应当符合证券交易所上市规则规定的上市条件。

证券交易所上市规则规定的上市条件，应当对发行人的经营年限、财务状况、最低公开发行比例和公司治理、诚信记录等提出要求。

第四十八条 上市交易的证券，有证券交易所规定的终止上市情形的，由证券交易所按照业务规则终止其上市交易。

证券交易所决定终止证券上市交易的，应当及时公告，并报国务院证券监督管理机构备案。

第四十九条 对证券交易所作出的不予上市交易、终止上市交易决定不服的，可以向证券交易所设立的复核机构申请复核。

第三节 禁止的交易行为

第五十条 禁止证券交易内幕信息的知情人和非法获取内幕信息的人利用内幕信息从事证券交易活动。

第五十一条 证券交易内幕信息的知情人包括：

（一）发行人及其董事、监事、高级管理人员；

（二）持有公司百分之五以上股份的股东及其董事、监事、高级管理人员，公司的实际控制人及其董事、监事、高级管理人员；

（三）发行人控股或者实际控制的公司及其董事、监事、高级管理人员；

（四）由于所任公司职务或者因与公司业务往来可以获取公司有关内幕信息的人员；

（五）上市公司收购人或者重大资产交易方及其控股股东、实际控制人、董事、监事和高级管理人员；

（六）因职务、工作可以获取内幕信息的证券交易场所、证券公司、证券登记结算机构、证券服务机构的有关人员；

（七）因职责、工作可以获取内幕信息的证券监督管理机构工作人员；

（八）因法定职责对证券的发行、交易或者对上市公司及其收购、重大资产交易进行管理可以获取内幕信息的有关主管部门、监管机构的工作人员；

（九）国务院证券监督管理机构规定的可以获取内幕信息的其他人员。

第五十二条 证券交易活动中，涉及发行人的经营、财务或者对该发行人证券的市场价格有重大影响的尚未公开的信息，为内幕信息。

本法第八十条第二款、第八十一条第二款所列重大事件属于内幕信息。

第五十三条 证券交易内幕信息的知情人和非法获取内幕信息的人，在内幕信息公开前，不得买卖该公司的证券，或者泄露该信息，或者建议他人买卖该证券。

持有或者通过协议、其他安排与他人共同持有公司百分之五以上股份的自然人、法人、非法人组织收购上市公司的股份，本法另有规定的，适用其规定。

内幕交易行为给投资者造成损失的，应当依法承担赔偿责任。

第五十四条 禁止证券交易场所、证券公司、证券登记结算机构、证券服务机构和其他金融机构的从业人员、有关监管部门或者行业协会的工作人员，利用因职务便利获取的内幕信息以外的其他未公开的信息，违反规定，从事与该信息相关的证券交易活动，或者明示、暗示他人从事相关交易活动。

利用未公开信息进行交易给投资者造成损失的，应当依法承担赔偿责任。

第五十五条 禁止任何人以下列手段操纵证券市场，影响或者意图影响证券交易价格或者证券交易量：

（一）单独或者通过合谋，集中资金优势、持股优势或者利用信息优势联合或者连续买卖；

（二）与他人串通，以事先约定的时间、价格和方式相互进行证券交易；

（三）在自己实际控制的账户之间进行证券交易；

（四）不以成交为目的，频繁或者大量申报并撤销申报；

（五）利用虚假或者不确定的重大信息，诱导投资者进行证券交易；

（六）对证券、发行人公开作出评价、预测或者投资建议，并进行反向证券交易；

（七）利用在其他相关市场的活动操纵证券市场；

（八）操纵证券市场的其他手段。

操纵证券市场行为给投资者造成损失的，应当依法承担赔偿责任。

第五十六条 禁止任何单位和个人编造、传播虚假信息或者误导性信息，扰乱证券市场。

禁止证券交易场所、证券公司、证券登记结算机构、证券服务机构及其从业人员，证券业协会、证券监督管理机构及其工作人员，在证券交易活动中作出虚假陈述或者信息误导。

各种传播媒介传播证券市场信息必须真实、客观，禁止误导。传播媒介及其从事证券市场信息报道的工作人员不得从事与其工作职责发生利益冲突的证券买卖。

编造、传播虚假信息或者误导性信息，扰乱证券市场，给投资者造成损失的，应当依法承担赔偿责任。

第五十七条 禁止证券公司及其从业人员从事下列损害客户利益的行为：

（一）违背客户的委托为其买卖证券；

（二）不在规定时间内向客户提供交易的确认文件；

（三）未经客户的委托，擅自为客户买卖证券，或者假借客户的名义买卖证券；

（四）为牟取佣金收入，诱使客户进行不必要的证券买卖；

（五）其他违背客户真实意思表示，损害客户利益的行为。

违反前款规定给客户造成损失的，应当依法承担赔偿责任。

第五十八条 任何单位和个人不得违反规定，出借自己的证券账户或者借用他人的证券账户从事证券交易。

第五十九条 依法拓宽资金入市渠道，禁止资金违规流入股市。

禁止投资者违规利用财政资金、银行信贷资金买卖证券。

第六十条 国有独资企业、国有独资公司、国有资本控股公司买卖上市交易的股票，必须遵守国家有关规定。

第六十一条 证券交易场所、证券公司、证券登记结算机构、证券服务机构及其从业人员对证券交易中发现的禁止的交易行为，应当及时向证券监督管理机构报告。

第四章 上市公司的收购

第六十二条 投资者可以采取要约收购、协议收购及其他合法方式收购上市公司。

第六十三条 通过证券交易所的证券交易，投资者持有或者通过协议、其他安排与他人共同持有一个上市公司已发行的有表决权股份达到百分之五时，应当在该事实发生之日起三日内，向国务院证券监督管理机构、证券交易所作出书面报告，通知该上市公司，并予公告，在上述期限内不得再行买卖该上市公司的股票，但国务院证券监督管理机构规定的情形除外。

投资者持有或者通过协议、其他安排与他人共同持有一个上市公司已发行的有表决权股份达到百分之五后，其所持该上市公司已发行的有表决权股份比例每增加或者减少百分之五，应当依照前款规定进行报告和公告，在该事实发生之日起至公告后三日内，不得再行买卖该上市公司的股票，但国务院证券监督管理机构规定的情形除外。

投资者持有或者通过协议、其他安排与他人共同持有一个上市公司已发行的有表决权股份达到百分之五后，其所持该上市公司已发行的有表决权股份比例每增加或者减少百分之一，应当在该事实发生的次日通知该上市公司，并予公告。

违反第一款、第二款规定买入上市公司有表决权的股份的，在买入后的三十六个月内，对该超过规定比例部分的股份不得行使表决权。

第六十四条 依照前条规定所作的公告，应当包括下列内容：

（一）持股人的名称、住所；

（二）持有的股票的名称、数额；

（三）持股达到法定比例或者持股增减变化达到法定比例的日期、增持股份的资金来源；

（四）在上市公司中拥有有表决权的股份变动的时间及方式。

第六十五条 通过证券交易所的证券交易，投资者持有或者通过协议、其他安排与他人共同持有一个上市公司已发行的有表决权股份达到百分之三十时，继续进行收购的，应当依法向该上市公司所有股东发出收购上市公司全部或者部分股份的要约。

收购上市公司部分股份的要约应当约定，被收购公司股东承诺出售的股份数额超过预定收购的股份数额的，收购人按比例进行收购。

第六十六条 依照前条规定发出收购要约，收购人

必须公告上市公司收购报告书,并载明下列事项:

(一)收购人的名称、住所;

(二)收购人关于收购的决定;

(三)被收购的上市公司名称;

(四)收购目的;

(五)收购股份的详细名称和预定收购的股份数额;

(六)收购期限、收购价格;

(七)收购所需资金额及资金保证;

(八)公告上市公司收购报告书时持有被收购公司股份数占该公司已发行的股份总数的比例。

第六十七条 收购要约约定的收购期限不得少于三十日,并不得超过六十日。

第六十八条 在收购要约确定的承诺期限内,收购人不得撤销其收购要约。收购人需要变更收购要约的,应当及时公告,载明具体变更事项,且不得存在下列情形:

(一)降低收购价格;

(二)减少预定收购股份数额;

(三)缩短收购期限;

(四)国务院证券监督管理机构规定的其他情形。

第六十九条 收购要约提出的各项收购条件,适用于被收购公司的所有股东。

上市公司发行不同种类股份的,收购人可以针对不同种类股份提出不同的收购条件。

第七十条 采取要约收购方式的,收购人在收购期限内,不得卖出被收购公司的股票,也不得采取要约规定以外的形式和超出要约的条件买入被收购公司的股票。

第七十一条 采取协议收购方式的,收购人可以依照法律、行政法规的规定同被收购公司的股东以协议方式进行股份转让。

以协议方式收购上市公司时,达成协议后,收购人必须在三日内将该收购协议向国务院证券监督管理机构及证券交易所作出书面报告,并予公告。

在公告前不得履行收购协议。

第七十二条 采取协议收购方式的,协议双方可以临时委托证券登记结算机构保管协议转让的股票,并将资金存放于指定的银行。

第七十三条 采取协议收购方式的,收购人收购或者通过协议、其他安排与他人共同收购一个上市公司已发行的有表决权股份达到百分之三十时,继续进行收购的,应当依法向该上市公司所有股东发出收购上市公司全部或者部分股份的要约。但是,按照国务院证券监督管理机构的规定免除发出要约的除外。

收购人依照前款规定以要约方式收购上市公司股份,应当遵守本法第六十五条第二款、第六十六条至第七十条的规定。

第七十四条 收购期限届满,被收购公司股权分布不符合证券交易所规定的上市交易要求的,该上市公司的股票应当由证券交易所依法终止上市交易;其余仍持有被收购公司股票的股东,有权向收购人以收购要约的同等条件出售其股票,收购人应当收购。

收购行为完成后,被收购公司不再具备股份有限公司条件的,应当依法变更企业形式。

第七十五条 在上市公司收购中,收购人持有的被收购的上市公司的股票,在收购行为完成后的十八个月内不得转让。

第七十六条 收购行为完成后,收购人与被收购公司合并,并将该公司解散的,被解散公司的原有股票由收购人依法更换。

收购行为完成后,收购人应当在十五日内将收购情况报告国务院证券监督管理机构和证券交易所,并予公告。

第七十七条 国务院证券监督管理机构依照本法制定上市公司收购的具体办法。

上市公司分立或者被其他公司合并,应当向国务院证券监督管理机构报告,并予公告。

第五章 信息披露

第七十八条 发行人及法律、行政法规和国务院证券监督管理机构规定的其他信息披露义务人,应当及时依法履行信息披露义务。

信息披露义务人披露的信息,应当真实、准确、完整,简明清晰,通俗易懂,不得有虚假记载、误导性陈述或者重大遗漏。

证券同时在境内境外公开发行、交易的,其信息披露义务人在境外披露的信息,应当在境内同时披露。

第七十九条 上市公司、公司债券上市交易的公司、股票在国务院批准的其他全国性证券交易场所交易的公司,应当按照国务院证券监督管理机构和证券交易所规定的内容和格式编制定期报告,并按照以下规定报送和公告:

(一)在每一会计年度结束之日起四个月内,报送并公告年度报告,其中的年度财务会计报告应当经符合本法规定的会计师事务所审计;

(二)在每一会计年度的上半年结束之日起二个月

内,报送并公告中期报告。

第八十条 发生可能对上市公司、股票在国务院批准的其他全国性证券交易场所交易的公司的股票交易价格产生较大影响的重大事件,投资者尚未得知时,公司应当立即将有关该重大事件的情况向国务院证券监督管理机构和证券交易场所报送临时报告,并予公告,说明事件的起因、目前的状态和可能产生的法律后果。

前款所称重大事件包括:

(一)公司的经营方针和经营范围的重大变化;

(二)公司的重大投资行为,公司在一年内购买、出售重大资产超过公司资产总额百分之三十,或者公司营业用主要资产的抵押、质押、出售或者报废一次超过该资产的百分之三十;

(三)公司订立重要合同、提供重大担保或者从事关联交易,可能对公司的资产、负债、权益和经营成果产生重要影响;

(四)公司发生重大债务和未能清偿到期重大债务的违约情况;

(五)公司发生重大亏损或者重大损失;

(六)公司生产经营的外部条件发生的重大变化;

(七)公司的董事、三分之一以上监事或者经理发生变动,董事长或者经理无法履行职责;

(八)持有公司百分之五以上股份的股东或者实际控制人持有股份或者控制公司的情况发生较大变化,公司的实际控制人及其控制的其他企业从事与公司相同或者相似业务的情况发生较大变化;

(九)公司分配股利、增资的计划,公司股权结构的重要变化,公司减资、合并、分立、解散及申请破产的决定,或者依法进入破产程序、被责令关闭;

(十)涉及公司的重大诉讼、仲裁,股东大会、董事会决议被依法撤销或者宣告无效;

(十一)公司涉嫌犯罪被依法立案调查,公司的控股股东、实际控制人、董事、监事、高级管理人员涉嫌犯罪被依法采取强制措施;

(十二)国务院证券监督管理机构规定的其他事项。

公司的控股股东或者实际控制人对重大事件的发生、进展产生较大影响的,应当及时将其知悉的有关情况书面告知公司,并配合公司履行信息披露义务。

第八十一条 发生可能对上市交易公司债券的交易价格产生较大影响的重大事件,投资者尚未得知时,公司应当立即将有关该重大事件的情况向国务院证券监督管理机构和证券交易场所报送临时报告,并予公告,说明事件的起因、目前的状态和可能产生的法律后果。

前款所称重大事件包括:

(一)公司股权结构或者生产经营状况发生重大变化;

(二)公司债券信用评级发生变化;

(三)公司重大资产抵押、质押、出售、转让、报废;

(四)公司发生未能清偿到期债务的情况;

(五)公司新增借款或者对外提供担保超过上年末净资产的百分之二十;

(六)公司放弃债权或者财产超过上年末净资产的百分之十;

(七)公司发生超过上年末净资产百分之十的重大损失;

(八)公司分配股利,作出减资、合并、分立、解散及申请破产的决定,或者依法进入破产程序、被责令关闭;

(九)涉及公司的重大诉讼、仲裁;

(十)公司涉嫌犯罪被依法立案调查,公司的控股股东、实际控制人、董事、监事、高级管理人员涉嫌犯罪被依法采取强制措施;

(十一)国务院证券监督管理机构规定的其他事项。

第八十二条 发行人的董事、高级管理人员应当对证券发行文件和定期报告签署书面确认意见。

发行人的监事会应当对董事会编制的证券发行文件和定期报告进行审核并提出书面审核意见。监事应当签署书面确认意见。

发行人的董事、监事和高级管理人员应当保证发行人及时、公平地披露信息,所披露的信息真实、准确、完整。

董事、监事和高级管理人员无法保证证券发行文件和定期报告内容的真实性、准确性、完整性或者有异议的,应当在书面确认意见中发表意见并陈述理由,发行人应当披露。发行人不予披露的,董事、监事和高级管理人员可以直接申请披露。

第八十三条 信息披露义务人披露的信息应当同时向所有投资者披露,不得提前向任何单位和个人泄露。但是,法律、行政法规另有规定的除外。

任何单位和个人不得非法要求信息披露义务人提供依法需要披露但尚未披露的信息。任何单位和个人提前获知的前述信息,在依法披露前应当保密。

第八十四条 除依法需要披露的信息之外,信息披露义务人可以自愿披露与投资者作出价值判断和投资决策有关的信息,但不得与依法披露的信息相冲突,不得误导投资者。

发行人及其控股股东、实际控制人、董事、监事、高级管理人员等作出公开承诺的，应当披露。不履行承诺给投资者造成损失的，应当依法承担赔偿责任。

第八十五条 信息披露义务人未按照规定披露信息，或者公告的证券发行文件、定期报告、临时报告及其他信息披露资料存在虚假记载、误导性陈述或者重大遗漏，致使投资者在证券交易中遭受损失的，信息披露义务人应当承担赔偿责任；发行人的控股股东、实际控制人、董事、监事、高级管理人员和其他直接责任人员以及保荐人、承销的证券公司及其直接责任人员，应当与发行人承担连带赔偿责任，但是能够证明自己没有过错的除外。

第八十六条 依法披露的信息，应当在证券交易场所的网站和符合国务院证券监督管理机构规定条件的媒体发布，同时将其置备于公司住所、证券交易场所，供社会公众查阅。

第八十七条 国务院证券监督管理机构对信息披露义务人的信息披露行为进行监督管理。

证券交易场所应当对其组织交易的证券的信息披露义务人的信息披露行为进行监督，督促其依法及时、准确地披露信息。

第六章 投资者保护

第八十八条 证券公司向投资者销售证券、提供服务时，应当按照规定充分了解投资者的基本情况、财产状况、金融资产状况、投资知识和经验、专业能力等相关信息；如实说明证券、服务的重要内容，充分揭示投资风险；销售、提供与投资者上述状况相匹配的证券、服务。

投资者在购买证券或者接受服务时，应当按照证券公司明示的要求提供前款所列真实信息。拒绝提供或者未按照要求提供信息的，证券公司应当告知其后果，并按照规定拒绝向其销售证券、提供服务。

证券公司违反第一款规定导致投资者损失的，应当承担相应的赔偿责任。

第八十九条 根据财产状况、金融资产状况、投资知识和经验、专业能力等因素，投资者可以分为普通投资者和专业投资者。专业投资者的标准由国务院证券监督管理机构规定。

普通投资者与证券公司发生纠纷的，证券公司应当证明其行为符合法律、行政法规以及国务院证券监督管理机构的规定，不存在误导、欺诈等情形。证券公司不能证明的，应当承担相应的赔偿责任。

第九十条 上市公司董事会、独立董事、持有百分之一以上有表决权股份的股东或者依照法律、行政法规或者国务院证券监督管理机构的规定设立的投资者保护机构（以下简称投资者保护机构），可以作为征集人，自行或者委托证券公司、证券服务机构，公开请求上市公司股东委托其代为出席股东大会，并代为行使提案权、表决权等股东权利。

依照前款规定征集股东权利的，征集人应当披露征集文件，上市公司应当予以配合。

禁止以有偿或者变相有偿的方式公开征集股东权利。

公开征集股东权利违反法律、行政法规或者国务院证券监督管理机构有关规定，导致上市公司或者其股东遭受损失的，应当依法承担赔偿责任。

第九十一条 上市公司应当在章程中明确分配现金股利的具体安排和决策程序，依法保障股东的资产收益权。

上市公司当年税后利润，在弥补亏损及提取法定公积金后有盈余的，应当按照公司章程的规定分配现金股利。

第九十二条 公开发行公司债券的，应当设立债券持有人会议，并应当在募集说明书中说明债券持有人会议的召集程序、会议规则和其他重要事项。

公开发行公司债券的，发行人应当为债券持有人聘请债券受托管理人，并订立债券受托管理协议。受托管理人应当由本次发行的承销机构或者其他经国务院证券监督管理机构认可的机构担任，债券持有人会议可以决议变更债券受托管理人。债券受托管理人应当勤勉尽责，公正履行受托管理职责，不得损害债券持有人利益。

债券发行人未能按期兑付债券本息的，债券受托管理人可以接受全部或者部分债券持有人的委托，以自己名义代表债券持有人提起、参加民事诉讼或者清算程序。

第九十三条 发行人因欺诈发行、虚假陈述或者其他重大违法行为给投资者造成损失的，发行人的控股股东、实际控制人、相关的证券公司可以委托投资者保护机构，就赔偿事宜与受到损失的投资者达成协议，予以先行赔付。先行赔付后，可以依法向发行人以及其他连带责任人追偿。

第九十四条 投资者与发行人、证券公司等发生纠纷的，双方可以向投资者保护机构申请调解。普通投资者与证券公司发生证券业务纠纷，普通投资者提出调解请求的，证券公司不得拒绝。

投资者保护机构对损害投资者利益的行为，可以依法支持投资者向人民法院提起诉讼。

发行人的董事、监事、高级管理人员执行公司职务时违反法律、行政法规或者公司章程的规定给公司造成损失，发行人的控股股东、实际控制人等侵犯公司合法权益给公司造成损失，投资者保护机构持有该公司股份的，可以为公司的利益以自己的名义向人民法院提起诉讼，持股比例和持股期限不受《中华人民共和国公司法》规定的限制。

第九十五条 投资者提起虚假陈述等证券民事赔偿诉讼时，诉讼标的是同一种类，且当事人一方人数众多的，可以依法推选代表人进行诉讼。

对按照前款规定提起的诉讼，可能存在有相同诉讼请求的其他众多投资者的，人民法院可以发出公告，说明该诉讼请求的案件情况，通知投资者在一定期间向人民法院登记。人民法院作出的判决、裁定，对参加登记的投资者发生效力。

投资者保护机构受五十名以上投资者委托，可以作为代表人参加诉讼，并为经证券登记结算机构确认的权利人依照前款规定向人民法院登记，但投资者明确表示不愿意参加该诉讼的除外。

第七章　证券交易场所

第九十六条 证券交易所、国务院批准的其他全国性证券交易场所为证券集中交易提供场所和设施，组织和监督证券交易，实行自律管理，依法登记，取得法人资格。

证券交易所、国务院批准的其他全国性证券交易场所的设立、变更和解散由国务院决定。

国务院批准的其他全国性证券交易场所的组织机构、管理办法等，由国务院规定。

第九十七条 证券交易所、国务院批准的其他全国性证券交易场所可以根据证券品种、行业特点、公司规模等因素设立不同的市场层次。

第九十八条 按照国务院规定设立的区域性股权市场为非公开发行证券的发行、转让提供场所和设施，具体管理办法由国务院规定。

第九十九条 证券交易所履行自律管理职能，应当遵守社会公共利益优先原则，维护市场的公平、有序、透明。

设立证券交易所必须制定章程。证券交易所章程的制定和修改，必须经国务院证券监督管理机构批准。

第一百条 证券交易所必须在其名称中标明证券交易所字样。其他任何单位或者个人不得使用证券交易所或者近似的名称。

第一百零一条 证券交易所可以自行支配的各项费用收入，应当首先用于保证其证券交易场所和设施的正常运行并逐步改善。

实行会员制的证券交易所的财产积累归会员所有，其权益由会员共同享有，在其存续期间，不得将其财产积累分配给会员。

第一百零二条 实行会员制的证券交易所设理事会、监事会。

证券交易所设总经理一人，由国务院证券监督管理机构任免。

第一百零三条 有《中华人民共和国公司法》第一百四十六条规定的情形或者下列情形之一的，不得担任证券交易所的负责人：

（一）因违法行为或者违纪行为被解除职务的证券交易场所、证券登记结算机构的负责人或者证券公司的董事、监事、高级管理人员，自被解除职务之日起未逾五年；

（二）因违法行为或者违纪行为被吊销执业证书或者被取消资格的律师、注册会计师或者其他证券服务机构的专业人员，自被吊销执业证书或者被取消资格之日起未逾五年。

第一百零四条 因违法行为或者违纪行为被开除的证券交易场所、证券公司、证券登记结算机构、证券服务机构的从业人员和被开除的国家机关工作人员，不得招聘为证券交易所的从业人员。

第一百零五条 进入实行会员制的证券交易所参与集中交易的，必须是证券交易所的会员。证券交易所不得允许非会员直接参与股票的集中交易。

第一百零六条 投资者应当与证券公司签订证券交易委托协议，并在证券公司实名开立账户，以书面、电话、自助终端、网络等方式，委托该证券公司代其买卖证券。

第一百零七条 证券公司为投资者开立账户，应当按照规定对投资者提供的身份信息进行核对。

证券公司不得将投资者的账户提供给他人使用。

投资者应当使用实名开立的账户进行交易。

第一百零八条 证券公司根据投资者的委托，按照证券交易规则提出交易申报，参与证券交易场所内的集中交易，并根据成交结果承担相应的清算交收责任。证券登记结算机构根据成交结果，按照清算交收规则，与证券公司进行证券和资金的清算交收，并为证券公司客户办理证券的登记过户手续。

第一百零九条 证券交易所应当为组织公平的集中交易提供保障，实时公布证券交易即时行情，并按交易日制作证券市场行情表，予以公布。

证券交易即时行情的权益由证券交易所依法享有。未经证券交易所许可，任何单位和个人不得发布证券交易即时行情。

第一百一十条 上市公司可以向证券交易所申请其上市交易股票的停牌或者复牌，但不得滥用停牌或者复牌损害投资者的合法权益。

证券交易所可以按照业务规则的规定，决定上市交易股票的停牌或者复牌。

第一百一十一条 因不可抗力、意外事件、重大技术故障、重大人为差错等突发性事件而影响证券交易正常进行时，为维护证券交易正常秩序和市场公平，证券交易所可以按照业务规则采取技术性停牌、临时停市等处置措施，并应当及时向国务院证券监督管理机构报告。

因前款规定的突发性事件导致证券交易结果出现重大异常，按交易结果进行交收将对证券交易正常秩序和市场公平造成重大影响的，证券交易所按照业务规则可以采取取消交易、通知证券登记结算机构暂缓交收等措施，并应当及时向国务院证券监督管理机构报告并公告。

证券交易所对其按照本条规定采取措施造成的损失，不承担民事赔偿责任，但存在重大过错的除外。

第一百一十二条 证券交易所对证券交易实行实时监控，并按照国务院证券监督管理机构的要求，对异常的交易情况提出报告。

证券交易所根据需要，可以按照业务规则对出现重大异常交易情况的证券账户的投资者限制交易，并及时报告国务院证券监督管理机构。

第一百一十三条 证券交易所应当加强对证券交易的风险监测，出现重大异常波动的，证券交易所可以按照业务规则采取限制交易、强制停牌等处置措施，并向国务院证券监督管理机构报告；严重影响证券市场稳定的，证券交易所可以按照业务规则采取临时停市等处置措施并公告。

证券交易所对其依照本条规定采取措施造成的损失，不承担民事赔偿责任，但存在重大过错的除外。

第一百一十四条 证券交易所应当从其收取的交易费用和会员费、席位费中提取一定比例的金额设立风险基金。风险基金由证券交易所理事会管理。

风险基金提取的具体比例和使用办法，由国务院证券监督管理机构会同国务院财政部门规定。

证券交易所应当将收存的风险基金存入开户银行专门账户，不得擅自使用。

第一百一十五条 证券交易所依照法律、行政法规和国务院证券监督管理机构的规定，制定上市规则、交易规则、会员管理规则和其他有关业务规则，并报国务院证券监督管理机构批准。

在证券交易所从事证券交易，应当遵守证券交易所依法制定的业务规则。违反业务规则的，由证券交易所给予纪律处分或者采取其他自律管理措施。

第一百一十六条 证券交易所的负责人和其他从业人员执行与证券交易有关的职务时，与其本人或者其亲属有利害关系的，应当回避。

第一百一十七条 按照依法制定的交易规则进行的交易，不得改变其交易结果，但本法第一百一十一条第二款规定的除外。对交易中违规交易者应负的民事责任不得免除；在违规交易中所获利益，依照有关规定处理。

第八章　证券公司

第一百一十八条 设立证券公司，应当具备下列条件，并经国务院证券监督管理机构批准：

（一）有符合法律、行政法规规定的公司章程；

（二）主要股东及公司的实际控制人具有良好的财务状况和诚信记录，最近三年无重大违法违规记录；

（三）有符合本法规定的公司注册资本；

（四）董事、监事、高级管理人员、从业人员符合本法规定的条件；

（五）有完善的风险管理与内部控制制度；

（六）有合格的经营场所、业务设施和信息技术系统；

（七）法律、行政法规和经国务院批准的国务院证券监督管理机构规定的其他条件。

未经国务院证券监督管理机构批准，任何单位和个人不得以证券公司名义开展证券业务活动。

第一百一十九条 国务院证券监督管理机构应当自受理证券公司设立申请之日起六个月内，依照法定条件和法定程序并根据审慎监管原则进行审查，作出批准或者不予批准的决定，并通知申请人；不予批准的，应当说明理由。

证券公司设立申请获得批准的，申请人应当在规定的期限内向公司登记机关申请设立登记，领取营业执照。

证券公司应当自领取营业执照之日起十五日内，向国务院证券监督管理机构申请经营证券业务许可证。未取得经营证券业务许可证，证券公司不得经营证券业务。

第一百二十条 经国务院证券监督管理机构核准,取得经营证券业务许可证,证券公司可以经营下列部分或者全部证券业务:

(一)证券经纪;

(二)证券投资咨询;

(三)与证券交易、证券投资活动有关的财务顾问;

(四)证券承销与保荐;

(五)证券融资融券;

(六)证券做市交易;

(七)证券自营;

(八)其他证券业务。

国务院证券监督管理机构应当自受理前款规定事项申请之日起三个月内,依照法定条件和程序进行审查,作出核准或者不予核准的决定,并通知申请人;不予核准的,应当说明理由。

证券公司经营证券资产管理业务的,应当符合《中华人民共和国证券投资基金法》等法律、行政法规的规定。

除证券公司外,任何单位和个人不得从事证券承销、证券保荐、证券经纪和证券融资融券业务。

证券公司从事证券融资融券业务,应当采取措施,严格防范和控制风险,不得违反规定向客户出借资金或者证券。

第一百二十一条 证券公司经营本法第一百二十条第一款第(一)项至第(三)项业务的,注册资本最低限额为人民币五千万元;经营第(四)项至第(八)项业务之一的,注册资本最低限额为人民币一亿元;经营第(四)项至第(八)项业务中两项以上的,注册资本最低限额为人民币五亿元。证券公司的注册资本应当是实缴资本。

国务院证券监督管理机构根据审慎监管原则和各项业务的风险程度,可以调整注册资本最低限额,但不得少于前款规定的限额。

第一百二十二条 证券公司变更证券业务范围,变更主要股东或者公司的实际控制人,合并、分立、停业、解散、破产,应当经国务院证券监督管理机构核准。

第一百二十三条 国务院证券监督管理机构应当对证券公司净资本和其他风险控制指标作出规定。

证券公司除依照规定为其客户提供融资融券外,不得为其股东或者股东的关联人提供融资或者担保。

第一百二十四条 证券公司的董事、监事、高级管理人员,应当正直诚实、品行良好,熟悉证券法律、行政法规,具有履行职责所需的经营管理能力。证券公司任免董事、监事、高级管理人员,应当报国务院证券监督管理机构备案。

有《中华人民共和国公司法》第一百四十六条规定的情形或者下列情形之一的,不得担任证券公司的董事、监事、高级管理人员:

(一)因违法行为或者违纪行为被解除职务的证券交易场所、证券登记结算机构的负责人或者证券公司的董事、监事、高级管理人员,自被解除职务之日起未逾五年;

(二)因违法行为或者违纪行为被吊销执业证书或者被取消资格的律师、注册会计师或者其他证券服务机构的专业人员,自被吊销执业证书或者被取消资格之日起未逾五年。

第一百二十五条 证券公司从事证券业务的人员应当品行良好,具备从事证券业务所需的专业能力。

因违法行为或者违纪行为被开除的证券交易场所、证券公司、证券登记结算机构、证券服务机构的从业人员和被开除的国家机关工作人员,不得招聘为证券公司的从业人员。

国家机关工作人员和法律、行政法规规定的禁止在公司中兼职的其他人员,不得在证券公司中兼任职务。

第一百二十六条 国家设立证券投资者保护基金。证券投资者保护基金由证券公司缴纳的资金及其他依法筹集的资金组成,其规模以及筹集、管理和使用的具体办法由国务院规定。

第一百二十七条 证券公司从每年的业务收入中提取交易风险准备金,用于弥补证券经营的损失,其提取的具体比例由国务院证券监督管理机构会同国务院财政部门规定。

第一百二十八条 证券公司应当建立健全内部控制制度,采取有效隔离措施,防范公司与客户之间、不同客户之间的利益冲突。

证券公司必须将其证券经纪业务、证券承销业务、证券自营业务、证券做市业务和证券资产管理业务分开办理,不得混合操作。

第一百二十九条 证券公司的自营业务必须以自己的名义进行,不得假借他人名义或者以个人名义进行。

证券公司的自营业务必须使用自有资金和依法筹集的资金。

证券公司不得将其自营账户借给他人使用。

第一百三十条 证券公司应当依法审慎经营,勤勉尽责,诚实守信。

证券公司的业务活动,应当与其治理结构、内部控制、合规管理、风险管理以及风险控制指标、从业人员构成等情况相适应,符合审慎监管和保护投资者合法权益的要求。

证券公司依法享有自主经营的权利,其合法经营不受干涉。

第一百三十一条 证券公司客户的交易结算资金应当存放在商业银行,以每个客户的名义单独立户管理。

证券公司不得将客户的交易结算资金和证券归入其自有财产。禁止任何单位或者个人以任何形式挪用客户的交易结算资金和证券。证券公司破产或者清算时,客户的交易结算资金和证券不属于其破产财产或者清算财产。非因客户本身的债务或者法律规定的其他情形,不得查封、冻结、扣划或者强制执行客户的交易结算资金和证券。

第一百三十二条 证券公司办理经纪业务,应当置备统一制定的证券买卖委托书,供委托人使用。采取其他委托方式的,必须作出委托记录。

客户的证券买卖委托,不论是否成交,其委托记录应当按照规定的期限,保存于证券公司。

第一百三十三条 证券公司接受证券买卖的委托,应当根据委托书载明的证券名称、买卖数量、出价方式、价格幅度等,按照交易规则代理买卖证券,如实进行交易记录;买卖成交后,应当按照规定制作买卖成交报告单交付客户。

证券交易中确认交易行为及其交易结果的对账单必须真实,保证账面证券余额与实际持有的证券相一致。

第一百三十四条 证券公司办理经纪业务,不得接受客户的全权委托而决定证券买卖、选择证券种类、决定买卖数量或者买卖价格。

证券公司不得允许他人以证券公司的名义直接参与证券的集中交易。

第一百三十五条 证券公司不得对客户证券买卖的收益或者赔偿证券买卖的损失作出承诺。

第一百三十六条 证券公司的从业人员在证券交易活动中,执行所属的证券公司的指令或者利用职务违反交易规则的,由所属的证券公司承担全部责任。

证券公司的从业人员不得私下接受客户委托买卖证券。

第一百三十七条 证券公司应当建立客户信息查询制度,确保客户能够查询其账户信息、委托记录、交易记录以及其他与接受服务或者购买产品有关的重要信息。

证券公司应当妥善保存客户开户资料、委托记录、交易记录和与内部管理、业务经营有关的各项信息,任何人不得隐匿、伪造、篡改或者毁损。上述信息的保存期限不得少于二十年。

第一百三十八条 证券公司应当按照规定向国务院证券监督管理机构报送业务、财务等经营管理信息和资料。国务院证券监督管理机构有权要求证券公司及其主要股东、实际控制人在指定的期限内提供有关信息、资料。

证券公司及其主要股东、实际控制人向国务院证券监督管理机构报送或者提供的信息、资料,必须真实、准确、完整。

第一百三十九条 国务院证券监督管理机构认为有必要时,可以委托会计师事务所、资产评估机构对证券公司的财务状况、内部控制状况、资产价值进行审计或者评估。具体办法由国务院证券监督管理机构会同有关主管部门制定。

第一百四十条 证券公司的治理结构、合规管理、风险控制指标不符合规定的,国务院证券监督管理机构应当责令其限期改正;逾期未改正,或者其行为严重危及该证券公司的稳健运行、损害客户合法权益的,国务院证券监督管理机构可以区别情形,对其采取下列措施:

(一)限制业务活动,责令暂停部分业务,停止核准新业务;

(二)限制分配红利,限制向董事、监事、高级管理人员支付报酬、提供福利;

(三)限制转让财产或者在财产上设定其他权利;

(四)责令更换董事、监事、高级管理人员或者限制其权利;

(五)撤销有关业务许可;

(六)认定负有责任的董事、监事、高级管理人员为不适当人选;

(七)责令负有责任的股东转让股权,限制负有责任的股东行使股东权利。

证券公司整改后,应当向国务院证券监督管理机构提交报告。国务院证券监督管理机构经验收,治理结构、合规管理、风险控制指标符合规定的,应当自验收完毕之日起三日内解除对其采取的前款规定的有关限制措施。

第一百四十一条 证券公司的股东有虚假出资、抽逃出资行为的,国务院证券监督管理机构应当责令其限期改正,并可责令其转让所持证券公司的股权。

在前款规定的股东按照要求改正违法行为、转让所持证券公司的股权前,国务院证券监督管理机构可以限制其股东权利。

第一百四十二条 证券公司的董事、监事、高级管理人员未能勤勉尽责，致使证券公司存在重大违法违规行为或者重大风险的，国务院证券监督管理机构可以责令证券公司予以更换。

第一百四十三条 证券公司违法经营或者出现重大风险，严重危害证券市场秩序、损害投资者利益的，国务院证券监督管理机构可以对该证券公司采取责令停业整顿、指定其他机构托管、接管或者撤销等监管措施。

第一百四十四条 在证券公司被责令停业整顿、被依法指定托管、接管或者清算期间，或者出现重大风险时，经国务院证券监督管理机构批准，可以对该证券公司直接负责的董事、监事、高级管理人员和其他直接责任人员采取以下措施：

（一）通知出境入境管理机关依法阻止其出境；

（二）申请司法机关禁止其转移、转让或者以其他方式处分财产，或者在财产上设定其他权利。

第九章　证券登记结算机构

第一百四十五条 证券登记结算机构为证券交易提供集中登记、存管与结算服务，不以营利为目的，依法登记，取得法人资格。

设立证券登记结算机构必须经国务院证券监督管理机构批准。

第一百四十六条 设立证券登记结算机构，应当具备下列条件：

（一）自有资金不少于人民币二亿元；

（二）具有证券登记、存管和结算服务所必须的场所和设施；

（三）国务院证券监督管理机构规定的其他条件。

证券登记结算机构的名称中应当标明证券登记结算字样。

第一百四十七条 证券登记结算机构履行下列职能：

（一）证券账户、结算账户的设立；

（二）证券的存管和过户；

（三）证券持有人名册登记；

（四）证券交易的清算和交收；

（五）受发行人的委托派发证券权益；

（六）办理与上述业务有关的查询、信息服务；

（七）国务院证券监督管理机构批准的其他业务。

第一百四十八条 在证券交易所和国务院批准的其他全国性证券交易场所交易的证券的登记结算，应当采取全国集中统一的运营方式。

前款规定以外的证券，其登记、结算可以委托证券登记结算机构或者其他依法从事证券登记、结算业务的机构办理。

第一百四十九条 证券登记结算机构应当依法制定章程和业务规则，并经国务院证券监督管理机构批准。证券登记结算业务参与人应当遵守证券登记结算机构制定的业务规则。

第一百五十条 在证券交易所或者国务院批准的其他全国性证券交易场所交易的证券，应当全部存管在证券登记结算机构。

证券登记结算机构不得挪用客户的证券。

第一百五十一条 证券登记结算机构应当向证券发行人提供证券持有人名册及有关资料。

证券登记结算机构应当根据证券登记结算的结果，确认证券持有人持有证券的事实，提供证券持有人登记资料。

证券登记结算机构应当保证证券持有人名册和登记过户记录真实、准确、完整，不得隐匿、伪造、篡改或者毁损。

第一百五十二条 证券登记结算机构应当采取下列措施保证业务的正常进行：

（一）具有必备的服务设备和完善的数据安全保护措施；

（二）建立完善的业务、财务和安全防范等管理制度；

（三）建立完善的风险管理系统。

第一百五十三条 证券登记结算机构应当妥善保存登记、存管和结算的原始凭证及有关文件和资料。其保存期限不得少于二十年。

第一百五十四条 证券登记结算机构应当设立证券结算风险基金，用于垫付或者弥补因违约交收、技术故障、操作失误、不可抗力造成的证券登记结算机构的损失。

证券结算风险基金从证券登记结算机构的业务收入和收益中提取，并可以由结算参与人按照证券交易业务量的一定比例缴纳。

证券结算风险基金的筹集、管理办法，由国务院证券监督管理机构会同国务院财政部门规定。

第一百五十五条 证券结算风险基金应当存入指定银行的专门账户，实行专项管理。

证券登记结算机构以证券结算风险基金赔偿后，应当向有关责任人追偿。

第一百五十六条 证券登记结算机构申请解散,应当经国务院证券监督管理机构批准。

第一百五十七条 投资者委托证券公司进行证券交易,应当通过证券公司申请在证券登记结算机构开立证券账户。证券登记结算机构应当按照规定为投资者开立证券账户。

投资者申请开立账户,应当持有证明中华人民共和国公民、法人、合伙企业身份的合法证件。国家另有规定的除外。

第一百五十八条 证券登记结算机构作为中央对手方提供证券结算服务的,是结算参与人共同的清算交收对手,进行净额结算,为证券交易提供集中履约保障。

证券登记结算机构为证券交易提供净额结算服务时,应当要求结算参与人按照货银对付的原则,足额交付证券和资金,并提供交收担保。

在交收完成之前,任何人不得动用用于交收的证券、资金和担保物。

结算参与人未按时履行交收义务的,证券登记结算机构有权按照业务规则处理前款所述财产。

第一百五十九条 证券登记结算机构按照业务规则收取的各类结算资金和证券,必须存放于专门的清算交收账户,只能按业务规则用于已成交的证券交易的清算交收,不得被强制执行。

第十章 证券服务机构

第一百六十条 会计师事务所、律师事务所以及从事证券投资咨询、资产评估、资信评级、财务顾问、信息技术系统服务的证券服务机构,应当勤勉尽责、恪尽职守,按照相关业务规则为证券的交易及相关活动提供服务。

从事证券投资咨询服务业务,应当经国务院证券监督管理机构核准;未经核准,不得为证券的交易及相关活动提供服务。从事其他证券服务业务,应当报国务院证券监督管理机构和国务院有关主管部门备案。

第一百六十一条 证券投资咨询机构及其从业人员从事证券服务业务不得有下列行为:
(一)代理委托人从事证券投资;
(二)与委托人约定分享证券投资收益或者分担证券投资损失;
(三)买卖本证券投资咨询机构提供服务的证券;
(四)法律、行政法规禁止的其他行为。

有前款所列行为之一,给投资者造成损失的,应当依法承担赔偿责任。

第一百六十二条 证券服务机构应当妥善保存客户委托文件、核查和验证资料、工作底稿以及与质量控制、内部管理、业务经营有关的信息和资料,任何人不得泄露、隐匿、伪造、篡改或者毁损。上述信息和资料的保存期限不得少于十年,自业务委托结束之日起算。

第一百六十三条 证券服务机构为证券的发行、上市、交易等证券业务活动制作、出具审计报告及其他鉴证报告、资产评估报告、财务顾问报告、资信评级报告或者法律意见书等文件,应当勤勉尽责,对所依据的文件资料内容的真实性、准确性、完整性进行核查和验证。其制作、出具的文件有虚假记载、误导性陈述或者重大遗漏,给他人造成损失的,应当与委托人承担连带赔偿责任,但是能够证明自己没有过错的除外。

第十一章 证券业协会

第一百六十四条 证券业协会是证券业的自律性组织,是社会团体法人。

证券公司应当加入证券业协会。

证券业协会的权力机构为全体会员组成的会员大会。

第一百六十五条 证券业协会章程由会员大会制定,并报国务院证券监督管理机构备案。

第一百六十六条 证券业协会履行下列职责:
(一)教育和组织会员及其从业人员遵守证券法律、行政法规,组织开展证券行业诚信建设,督促证券行业履行社会责任;
(二)依法维护会员的合法权益,向证券监督管理机构反映会员的建议和要求;
(三)督促会员开展投资者教育和保护活动,维护投资者合法权益;
(四)制定和实施证券行业自律规则,监督、检查会员及其从业人员行为,对违反法律、行政法规、自律规则或者协会章程的,按照规定给予纪律处分或者实施其他自律管理措施;
(五)制定证券行业业务规范,组织从业人员的业务培训;
(六)组织会员就证券行业的发展、运作及有关内容进行研究,收集整理、发布证券相关信息,提供会员服务,组织行业交流,引导行业创新发展;
(七)对会员之间、会员与客户之间发生的证券业务纠纷进行调解;
(八)证券业协会章程规定的其他职责。

第一百六十七条 证券业协会设理事会。理事会成员依章程的规定由选举产生。

第十二章 证券监督管理机构

第一百六十八条 国务院证券监督管理机构依法对证券市场实行监督管理，维护证券市场公开、公平、公正，防范系统性风险，维护投资者合法权益，促进证券市场健康发展。

第一百六十九条 国务院证券监督管理机构在对证券市场实施监督管理中履行下列职责：

（一）依法制定有关证券市场监督管理的规章、规则，并依法进行审批、核准、注册，办理备案；

（二）依法对证券的发行、上市、交易、登记、存管、结算等行为，进行监督管理；

（三）依法对证券发行人、证券公司、证券服务机构、证券交易场所、证券登记结算机构的证券业务活动，进行监督管理；

（四）依法制定从事证券业务人员的行为准则，并监督实施；

（五）依法监督检查证券发行、上市、交易的信息披露；

（六）依法对证券业协会的自律管理活动进行指导和监督；

（七）依法监测并防范、处置证券市场风险；

（八）依法开展投资者教育；

（九）依法对证券违法行为进行查处；

（十）法律、行政法规规定的其他职责。

第一百七十条 国务院证券监督管理机构依法履行职责，有权采取下列措施：

（一）对证券发行人、证券公司、证券服务机构、证券交易场所、证券登记结算机构进行现场检查；

（二）进入涉嫌违法行为发生场所调查取证；

（三）询问当事人和与被调查事件有关的单位和个人，要求其对与被调查事件有关的事项作出说明；或者要求其按照指定的方式报送与被调查事件有关的文件和资料；

（四）查阅、复制与被调查事件有关的财产权登记、通讯记录等文件和资料；

（五）查阅、复制当事人和与被调查事件有关的单位和个人的证券交易记录、登记过户记录、财务会计资料及其他相关文件和资料；对可能被转移、隐匿或者毁损的文件和资料，可以予以封存、扣押；

（六）查询当事人和与被调查事件有关的单位和个人的资金账户、证券账户、银行账户以及其他具有支付、托管、结算等功能的账户信息，可以有关文件和资料进行复制；对有证据证明已经或者可能转移或者隐匿违法资金、证券等涉案财产或者隐匿、伪造、毁损重要证据的，经国务院证券监督管理机构主要负责人或者其授权的其他负责人批准，可以冻结或者查封，期限为六个月；因特殊原因需要延长的，每次延长期限不得超过三个月，冻结、查封期限最长不得超过二年；

（七）在调查操纵证券市场、内幕交易等重大证券违法行为时，经国务院证券监督管理机构主要负责人或者其授权的其他负责人批准，可以限制被调查的当事人的证券买卖，但限制的期限不得超过三个月；案情复杂的，可以延长三个月；

（八）通知出境入境管理机关依法阻止涉嫌违法人员、涉嫌违法单位的主管人员和其他直接责任人员出境。

为防范证券市场风险，维护市场秩序，国务院证券监督管理机构可以采取责令改正、监管谈话、出具警示函等措施。

第一百七十一条 国务院证券监督管理机构对涉嫌证券违法的单位或者个人进行调查期间，被调查的当事人书面申请，承诺在国务院证券监督管理机构认可的期限内纠正涉嫌违法行为，赔偿有关投资者损失，消除损害或者不良影响的，国务院证券监督管理机构可以决定中止调查。被调查的当事人履行承诺的，国务院证券监督管理机构可以决定终止调查；被调查的当事人未履行承诺或者有国务院规定的其他情形的，应当恢复调查。具体办法由国务院规定。

国务院证券监督管理机构决定中止或者终止调查的，应当按照规定公开相关信息。

第一百七十二条 国务院证券监督管理机构依法履行职责，进行监督检查或者调查，其监督检查、调查的人员不得少于二人，并应当出示合法证件和监督检查、调查通知书或者其他执法文书。监督检查、调查的人员少于二人或者未出示合法证件和监督检查、调查通知书或者其他执法文书的，被检查、调查的单位和个人有权拒绝。

第一百七十三条 国务院证券监督管理机构依法履行职责，被检查、调查的单位和个人应当配合，如实提供有关文件和资料，不得拒绝、阻碍和隐瞒。

第一百七十四条 国务院证券监督管理机构制定的规章、规则和监督管理工作制度应当依法公开。

国务院证券监督管理机构依据调查结果，对证券违法行为作出的处罚决定，应当公开。

第一百七十五条 国务院证券监督管理机构应当与

国务院其他金融监督管理机构建立监督管理信息共享机制。

国务院证券监督管理机构依法履行职责,进行监督检查或者调查时,有关部门应当予以配合。

第一百七十六条 对涉嫌证券违法、违规行为,任何单位和个人有权向国务院证券监督管理机构举报。

对涉嫌重大违法、违规行为的实名举报线索经查证属实,国务院证券监督管理机构按照规定给予举报人奖励。

国务院证券监督管理机构应当对举报人的身份信息保密。

第一百七十七条 国务院证券监督管理机构可以和其他国家或者地区的证券监督管理机构建立监督管理合作机制,实施跨境监督管理。

境外证券监督管理机构不得在中华人民共和国境内直接进行调查取证等活动。未经国务院证券监督管理机构和国务院有关主管部门同意,任何单位和个人不得擅自向境外提供与证券业务活动有关的文件和资料。

第一百七十八条 国务院证券监督管理机构依法履行职责,发现证券违法行为涉嫌犯罪的,应当依法将案件移送司法机关处理;发现公职人员涉嫌职务违法或者职务犯罪的,应当依法移送监察机关处理。

第一百七十九条 国务院证券监督管理机构工作人员必须忠于职守、依法办事、公正廉洁,不得利用职务便利牟取不正当利益,不得泄露所知悉的有关单位和个人的商业秘密。

国务院证券监督管理机构工作人员在任职期间,或者离职后在《中华人民共和国公务员法》规定的期限内,不得到与原工作业务直接相关的企业或者其他营利性组织任职,不得从事与原工作业务直接相关的营利性活动。

第十三章 法律责任

第一百八十条 违反本法第九条的规定,擅自公开或者变相公开发行证券的,责令停止发行,退还所募资金并加算银行同期存款利息,处以非法所募资金金额百分之五以上百分之五十以下的罚款;对擅自公开或者变相公开发行证券设立的公司,由依法履行监督管理职责的机构或者部门会同县级以上地方人民政府予以取缔。对直接负责的主管人员和其他直接责任人员给予警告,并处以五十万元以上五百万元以下的罚款。

第一百八十一条 发行人在其公告的证券发行文件中隐瞒重要事实或者编造重大虚假内容,尚未发行证券的,处以二百万元以上二千万元以下的罚款;已经发行证券的,处以非法所募资金金额百分之十以上一倍以下的罚款。对直接负责的主管人员和其他直接责任人员,处以一百万元以上一千万元以下的罚款。

发行人的控股股东、实际控制人组织、指使从事前款违法行为的,没收违法所得,并处以违法所得百分之十以上一倍以下的罚款;没有违法所得或者违法所得不足二千万元的,处以二百万元以上二千万元以下的罚款。对直接负责的主管人员和其他直接责任人员,处以一百万元以上一千万元以下的罚款。

第一百八十二条 保荐人出具有虚假记载、误导性陈述或者重大遗漏的保荐书,或者不履行其他法定职责的,责令改正,给予警告,没收业务收入,并处以业务收入一倍以上十倍以下的罚款;没有业务收入或者业务收入不足一百万元的,处以一百万元以上一千万元以下的罚款;情节严重的,并处暂停或者撤销保荐业务许可。对直接负责的主管人员和其他直接责任人员给予警告,并处以五十万元以上五百万元以下的罚款。

第一百八十三条 证券公司承销或者销售擅自公开发行或者变相公开发行的证券的,责令停止承销或者销售,没收违法所得,并处以违法所得一倍以上十倍以下的罚款;没有违法所得或者违法所得不足一百万元的,处以一百万元以上一千万元以下的罚款;情节严重的,并处暂停或者撤销相关业务许可。给投资者造成损失的,应当与发行人承担连带赔偿责任。对直接负责的主管人员和其他直接责任人员给予警告,并处以五十万元以上五百万元以下的罚款。

第一百八十四条 证券公司承销证券违反本法第二十九条规定的,责令改正,给予警告,没收违法所得,可以并处五十万元以上五百万元以下的罚款;情节严重的,暂停或者撤销相关业务许可。对直接负责的主管人员和其他直接责任人员给予警告,可以并处二十万元以上二百万元以下的罚款;情节严重的,并处以五十万元以上五百万元以下的罚款。

第一百八十五条 发行人违反本法第十四条、第十五条的规定擅自改变公开发行证券所募集资金的用途的,责令改正,处以五十万元以上五百万元以下的罚款;对直接负责的主管人员和其他直接责任人员给予警告,并处以十万元以上一百万元以下的罚款。

发行人的控股股东、实际控制人从事或者组织、指使从事前款违法行为的,给予警告,并处以五十万元以上五百万元以下的罚款;对直接负责的主管人员和其他直接责任人员,处以十万元以上一百万元以下的罚款。

第一百八十六条 违反本法第三十六条的规定,在限制转让期内转让证券,或者转让股票不符合法律、行政法规和国务院证券监督管理机构规定的,责令改正,给予警告,没收违法所得,并处以买卖证券等值以下的罚款。

第一百八十七条 法律、行政法规规定禁止参与股票交易的人员,违反本法第四十条的规定,直接或者以化名、借他人名义持有、买卖股票或者其他具有股权性质的证券,责令依法处理非法持有的股票、其他具有股权性质的证券,没收违法所得,并处以买卖证券等值以下的罚款;属于国家工作人员的,还应当依法给予处分。

第一百八十八条 证券服务机构及其从业人员,违反本法第四十二条的规定买卖证券的,责令依法处理非法持有的证券,没收违法所得,并处以买卖证券等值以下的罚款。

第一百八十九条 上市公司、股票在国务院批准的其他全国性证券交易场所交易的公司的董事、监事、高级管理人员,持有该公司百分之五以上股份的股东,违反本法第四十四条的规定,买卖该公司股票或者其他具有股权性质的证券的,给予警告,并处以十万元以上一百万元以下的罚款。

第一百九十条 违反本法第四十五条的规定,采取程序化交易影响证券交易所系统安全或者正常交易秩序的,责令改正,并处以五十万元以上五百万元以下的罚款。对直接负责的主管人员和其他直接责任人员给予警告,并处以十万元以上一百万元以下的罚款。

第一百九十一条 证券交易内幕信息的知情人或者非法获取内幕信息的人违反本法第五十三条的规定从事内幕交易的,责令依法处理非法持有的证券,没收违法所得,并处以违法所得一倍以上十倍以下的罚款;没有违法所得或者违法所得不足五十万元的,处以五十万元以上五百万元以下的罚款。单位从事内幕交易的,还应当对直接负责的主管人员和其他直接责任人员给予警告,并处以二十万元以上二百万元以下的罚款。国务院证券监督管理机构工作人员从事内幕交易的,从重处罚。

违反本法第五十四条的规定,利用未公开信息进行交易的,依照前款的规定处罚。

第一百九十二条 违反本法第五十五条的规定,操纵证券市场的,责令依法处理其非法持有的证券,没收违法所得,并处以违法所得一倍以上十倍以下的罚款;没有违法所得或者违法所得不足一百万元的,处以一百万元以上一千万元以下的罚款。单位操纵证券市场的,还应当对直接负责的主管人员和其他直接责任人员给予警告,并处以五十万元以上五百万元以下的罚款。

第一百九十三条 违反本法第五十六条第一款、第三款的规定,编造、传播虚假信息或者误导性信息,扰乱证券市场的,没收违法所得,并处以违法所得一倍以上十倍以下的罚款;没有违法所得或者违法所得不足二十万元的,处以二十万元以上二百万元以下的罚款。

违反本法第五十六条第二款的规定,在证券交易活动中作出虚假陈述或者信息误导的,责令改正,处以二十万元以上二百万元以下的罚款;属于国家工作人员的,还应当依法给予处分。

传播媒介及其从事证券市场信息报道的工作人员违反本法第五十六条第三款的规定,从事与其工作职责发生利益冲突的证券买卖的,没收违法所得,并处以买卖证券等值以下的罚款。

第一百九十四条 证券公司及其从业人员违反本法第五十七条的规定,有损害客户利益的行为的,给予警告,没收违法所得,并处以违法所得一倍以上十倍以下的罚款;没有违法所得或者违法所得不足十万元的,处以十万元以上一百万元以下的罚款;情节严重的,暂停或者撤销相关业务许可。

第一百九十五条 违反本法第五十八条的规定,出借自己的证券账户或者借用他人的证券账户从事证券交易的,责令改正,给予警告,可以处五十万元以下的罚款。

第一百九十六条 收购人未按照本法规定履行上市公司收购的公告、发出收购要约义务的,责令改正,给予警告,并处以五十万元以上五百万元以下的罚款。对直接负责的主管人员和其他直接责任人员给予警告,并处以二十万元以上二百万元以下的罚款。

收购人及其控股股东、实际控制人利用上市公司收购,给被收购公司及其股东造成损失的,应当依法承担赔偿责任。

第一百九十七条 信息披露义务人未按照本法规定报送有关报告或者履行信息披露义务的,责令改正,给予警告,并处以五十万元以上五百万元以下的罚款;对直接负责的主管人员和其他直接责任人员给予警告,并处以二十万元以上二百万元以下的罚款。发行人的控股股东、实际控制人组织、指使从事上述违法行为,或者隐瞒相关事项导致发生上述情形的,处以五十万元以上五百万元以下的罚款;对直接负责的主管人员和其他直接责任人员,处以二十万元以上二百万元以下的罚款。

信息披露义务人报送的报告或者披露的信息有虚假记载、误导性陈述或者重大遗漏的,责令改正,给予警告,并处以一百万元以上一千万元以下的罚款;对直接负责的主管人员和其他直接责任人员给予警告,并处以五十万元以上五百万元以下的罚款。发行人的控股股东、实际控制人组织、指使从事上述违法行为,或者隐瞒相关事项导致发生上述情形的,处以一百万元以上一千万元以下的罚款;对直接负责的主管人员和其他直接责任人员,处以五十万元以上五百万元以下的罚款。

第一百九十八条 证券公司违反本法第八十八条的规定未履行或者未按照规定履行投资者适当性管理义务的,责令改正,给予警告,并处以十万元以上一百万元以下的罚款。对直接负责的主管人员和其他直接责任人员给予警告,并处以二十万元以下的罚款。

第一百九十九条 违反本法第九十条的规定征集股东权利的,责令改正,给予警告,可以处五十万元以下的罚款。

第二百条 非法开设证券交易场所的,由县级以上人民政府予以取缔,没收违法所得,并处以违法所得一倍以上十倍以下的罚款;没有违法所得或者违法所得不足一百万元的,处以一百万元以上一千万元以下的罚款。对直接负责的主管人员和其他直接责任人员给予警告,并处以二十万元以上二百万元以下的罚款。

证券交易所违反本法第一百零五条的规定,允许非会员直接参与股票的集中交易的,责令改正,可以处以五十万元以下的罚款。

第二百零一条 证券公司违反本法第一百零七条第一款的规定,未对投资者开立账户提供的身份信息进行核对的,责令改正,给予警告,并处以五万元以上五十万元以下的罚款。对直接负责的主管人员和其他直接责任人员给予警告,并处以十万元以下的罚款。

证券公司违反本法第一百零七条第二款的规定,将投资者的账户提供给他人使用的,责令改正,给予警告,并处以十万元以上一百万元以下的罚款。对直接负责的主管人员和其他直接责任人员给予警告,并处以二十万元以下的罚款。

第二百零二条 违反本法第一百一十八条、第一百二十条第一款、第四款的规定,擅自设立证券公司、非法经营证券业务或者未经批准以证券公司名义开展证券业务活动的,责令改正,没收违法所得,并处以违法所得一倍以上十倍以下的罚款;没有违法所得或者违法所得不足一百万元的,处以一百万元以上一千万元以下的罚款。对直接负责的主管人员和其他直接责任人员给予警告,并处以二十万元以上二百万元以下的罚款。对擅自设立的证券公司,由国务院证券监督管理机构予以取缔。

证券公司违反本法第一百二十条第五款规定提供证券融资融券服务的,没收违法所得,并处以融资融券等值以下的罚款;情节严重的,禁止其在一定期限内从事证券融资融券业务。对直接负责的主管人员和其他直接责任人员给予警告,并处以二十万元以上二百万元以下的罚款。

第二百零三条 提交虚假证明文件或者采取其他欺诈手段骗取证券公司设立许可、业务许可或重大事项变更核准的,撤销相关许可,并处以一百万元以上一千万元以下的罚款。对直接负责的主管人员和其他直接责任人员给予警告,并处以二十万元以上二百万元以下的罚款。

第二百零四条 证券公司违反本法第一百二十二条的规定,未经核准变更证券业务范围,变更主要股东或者公司的实际控制人,合并、分立、停业、解散、破产的,责令改正,给予警告,没收违法所得,并处以违法所得一倍以上十倍以下的罚款;没有违法所得或者违法所得不足五十万元的,处以五十万元以上五百万元以下的罚款;情节严重的,并处撤销相关业务许可。对直接负责的主管人员和其他直接责任人员给予警告,并处以二十万元以上二百万元以下的罚款。

第二百零五条 证券公司违反本法第一百二十三条第二款的规定,为其股东或者股东的关联人提供融资或者担保的,责令改正,给予警告,并处以五十万元以上五百万元以下的罚款。对直接负责的主管人员和其他直接责任人员给予警告,并处以十万元以上一百万元以下的罚款。股东有过错的,在按照要求改正前,国务院证券监督管理机构可以限制其股东权利;拒不改正的,可以责令其转让所持证券公司股权。

第二百零六条 证券公司违反本法第一百二十八条的规定,未采取有效隔离措施防范利益冲突,或者未分开办理相关业务、混合操作的,责令改正,给予警告,没收违法所得,并处以违法所得一倍以上十倍以下的罚款;没有违法所得或者违法所得不足五十万元的,处以五十万元以上五百万元以下的罚款;情节严重的,并处撤销相关业务许可。对直接负责的主管人员和其他直接责任人员给予警告,并处以二十万元以上二百万元以下的罚款。

第二百零七条 证券公司违反本法第一百二十九条的规定从事证券自营业务的,责令改正,给予警告,没收违法所得,并处以违法所得一倍以上十倍以下的罚款;没有违法所得或者违法所得不足五十万元的,处以五十万元以上五百万元以下的罚款;情节严重的,并处撤销相关业务许可或者责令关闭。对直接负责的主管人员和其他直接责任人员给予警告,并处以二十万元以上二百万元以下的罚款。

第二百零八条 违反本法第一百三十一条的规定,将客户的资金和证券归入自有财产,或者挪用客户的资金和证券的,责令改正,给予警告,没收违法所得,并处以违法所得一倍以上十倍以下的罚款;没有违法所得或者违法所得不足一百万元的,处以一百万元以上一千万元以下的罚款;情节严重的,并处撤销相关业务许可或者责令关闭。对直接负责的主管人员和其他直接责任人员给予警告,并处以五十万元以上五百万元以下的罚款。

第二百零九条 证券公司违反本法第一百三十四条第一款的规定接受客户的全权委托买卖证券的,或者违反本法第一百三十五条的规定对客户的收益或者赔偿客户的损失作出承诺的,责令改正,给予警告,没收违法所得,并处以违法所得一倍以上十倍以下的罚款;没有违法所得或者违法所得不足五十万元的,处以五十万元以上五百万元以下的罚款;情节严重的,并处撤销相关业务许可。对直接负责的主管人员和其他直接责任人员给予警告,并处以二十万元以上二百万元以下的罚款。

证券公司违反本法第一百三十四条第二款的规定,允许他人以证券公司的名义直接参与证券的集中交易的,责令改正,可以处五十万元以下的罚款。

第二百一十条 证券公司的从业人员违反本法第一百三十六条的规定,私下接受客户委托买卖证券的,责令改正,给予警告,没收违法所得,并处以违法所得一倍以上十倍以下的罚款;没有违法所得的,处以五十万元以下的罚款。

第二百一十一条 证券公司及其主要股东、实际控制人违反本法第一百三十八条的规定,未报送、提供信息和资料,或者报送、提供的信息和资料有虚假记载、误导性陈述或者重大遗漏的,责令改正,给予警告,并处以一百万元以下的罚款;情节严重的,并处撤销相关业务许可。对直接负责的主管人员和其他直接责任人员,给予警告,并处以五十万元以下的罚款。

第二百一十二条 违反本法第一百四十五条的规定,擅自设立证券登记结算机构的,由国务院证券监督管理机构予以取缔,没收违法所得,并处以违法所得一倍以上十倍以下的罚款;没有违法所得或者违法所得不足五十万元的,处以五十万元以上五百万元以下的罚款。对直接负责的主管人员和其他直接责任人员给予警告,并

处以二十万元以上二百万元以下的罚款。

第二百一十三条 证券投资咨询机构违反本法第一百六十条第二款的规定擅自从事证券服务业务,或者从事证券服务业务有本法第一百六十一条规定行为的,责令改正,没收违法所得,并处以违法所得一倍以上十倍以下的罚款;没有违法所得或者违法所得不足五十万元的,处以五十万元以上五百万元以下的罚款。对直接负责的主管人员和其他直接责任人员,给予警告,并处以二十万元以上二百万元以下的罚款。

会计师事务所、律师事务所以及从事资产评估、资信评级、财务顾问、信息技术系统服务的机构违反本法第一百六十条第二款的规定,从事证券服务业务未报备案的,责令改正,可以处二十万元以下的罚款。

证券服务机构违反本法第一百六十三条的规定,未勤勉尽责,所制作、出具的文件有虚假记载、误导性陈述或者重大遗漏的,责令改正,没收业务收入,并处以业务收入一倍以上十倍以下的罚款,没有业务收入或者业务收入不足五十万元的,处以五十万元以上五百万元以下的罚款;情节严重的,并处暂停或者禁止从事证券服务业务。对直接负责的主管人员和其他直接责任人员,给予警告,并处以二十万元以上二百万元以下的罚款。

第二百一十四条 发行人、证券登记结算机构、证券公司、证券服务机构未按照规定保存有关文件和资料的,责令改正,给予警告,并处以十万元以上一百万元以下的罚款;泄露、隐匿、伪造、篡改或者毁损有关文件和资料的,给予警告,并处以二十万元以上二百万元以下的罚款;情节严重的,处以五十万元以上五百万元以下的罚款,并处暂停、撤销相关业务许可或者禁止从事相关业务。对直接负责的主管人员和其他直接责任人员,给予警告,并处以十万元以上一百万元以下的罚款。

第二百一十五条 国务院证券监督管理机构依法将有关市场主体遵守本法的情况纳入证券市场诚信档案。

第二百一十六条 国务院证券监督管理机构或者国务院授权的部门有下列情形之一的,对直接负责的主管人员和其他直接责任人员,依法给予处分:

(一)对不符合本法规定的发行证券、设立证券公司等申请予以核准、注册、批准的;

(二)违反本法规定采取现场检查、调查取证、查询、冻结或者查封等措施的;

(三)违反本法规定对有关机构和人员采取监督管理措施的;

(四)违反本法规定对有关机构和人员实施行政处

罚的；

（五）其他不依法履行职责的行为。

第二百一十七条 国务院证券监督管理机构或者国务院授权的部门的工作人员，不履行本法规定的职责，滥用职权、玩忽职守，利用职务便利牟取不正当利益，或者泄露所知悉的有关单位和个人的商业秘密的，依法追究法律责任。

第二百一十八条 拒绝、阻碍证券监督管理机构及其工作人员依法行使监督检查、调查职权，由证券监督管理机构责令改正，处以十万元以上一百万元以下的罚款，并由公安机关依法给予治安管理处罚。

第二百一十九条 违反本法规定，构成犯罪的，依法追究刑事责任。

第二百二十条 违反本法规定，应当承担民事赔偿责任和缴纳罚款、罚金、违法所得，违法行为人的财产不足以支付的，优先用于承担民事赔偿责任。

第二百二十一条 违反法律、行政法规或者国务院证券监督管理机构的有关规定，情节严重的，国务院证券监督管理机构可以对有关责任人员采取证券市场禁入的措施。

前款所称证券市场禁入，是指在一定期限内直至终身不得从事证券业务、证券服务业务，不得担任证券发行人的董事、监事、高级管理人员，或者一定期限内不得在证券交易所、国务院批准的其他全国性证券交易场所交易证券的制度。

第二百二十二条 依照本法收缴的罚款和没收的违法所得，全部上缴国库。

第二百二十三条 当事人对证券监督管理机构或者国务院授权的部门的处罚决定不服的，可以依法申请行政复议，或者依法直接向人民法院提起诉讼。

第十四章 附 则

第二百二十四条 境内企业直接或者间接到境外发行证券或者将其证券在境外上市交易，应当符合国务院的有关规定。

第二百二十五条 境内公司股票以外币认购和交易的，具体办法由国务院另行规定。

第二百二十六条 本法自2020年3月1日起施行。

中华人民共和国证券投资基金法

- 2003年10月28日第十届全国人民代表大会常务委员会第五次会议通过
- 2012年12月28日第十一届全国人民代表大会常务委员会第三十次会议修订
- 根据2015年4月24日第十二届全国人民代表大会常务委员会第十四次会议《关于修改〈中华人民共和国港口法〉等七部法律的决定》修正

第一章 总 则

第一条 为了规范证券投资基金活动，保护投资人及相关当事人的合法权益，促进证券投资基金和资本市场的健康发展，制定本法。

第二条 在中华人民共和国境内，公开或者非公开募集资金设立证券投资基金（以下简称基金），由基金管理人管理，基金托管人托管，为基金份额持有人的利益，进行证券投资活动，适用本法；本法未规定的，适用《中华人民共和国信托法》、《中华人民共和国证券法》和其他有关法律、行政法规的规定。

第三条 基金管理人、基金托管人和基金份额持有人的权利、义务，依照本法在基金合同中约定。

基金管理人、基金托管人依照本法和基金合同的约定，履行受托职责。

通过公开募集方式设立的基金（以下简称公开募集基金）的基金份额持有人按其所持基金份额享受收益和承担风险，通过非公开募集方式设立的基金（以下简称非公开募集基金）的收益分配和风险承担由基金合同约定。

第四条 从事证券投资基金活动，应当遵循自愿、公平、诚实信用的原则，不得损害国家利益和社会公共利益。

第五条 基金财产的债务由基金财产本身承担，基金份额持有人以其出资为限对基金财产的债务承担责任。但基金合同依照本法另有约定的，从其约定。

基金财产独立于基金管理人、基金托管人的固有财产。基金管理人、基金托管人不得将基金财产归入其固有财产。

基金管理人、基金托管人因基金财产的管理、运用或者其他情形而取得的财产和收益，归入基金财产。

基金管理人、基金托管人因依法解散、被依法撤销或者被依法宣告破产等原因进行清算的，基金财产不属于其清算财产。

第六条 基金财产的债权，不得与基金管理人、基金托管人固有财产的债务相抵销；不同基金财产的债权债务,不得相互抵销。

第七条 非因基金财产本身承担的债务,不得对基金财产强制执行。

第八条 基金财产投资的相关税收,由基金份额持有人承担,基金管理人或者其他扣缴义务人按照国家有关税收征收的规定代扣代缴。

第九条 基金管理人、基金托管人管理、运用基金财产,基金服务机构从事基金服务活动,应当恪尽职守,履行诚实信用、谨慎勤勉的义务。

基金管理人运用基金财产进行证券投资,应当遵守审慎经营规则,制定科学合理的投资策略和风险管理制度,有效防范和控制风险。

基金从业人员应当具备基金从业资格,遵守法律、行政法规,恪守职业道德和行为规范。

第十条 基金管理人、基金托管人和基金服务机构,应当依照本法成立证券投资基金行业协会(以下简称基金行业协会),进行行业自律,协调行业关系,提供行业服务,促进行业发展。

第十一条 国务院证券监督管理机构依法对证券投资基金活动实施监督管理;其派出机构依照授权履行职责。

第二章 基金管理人

第十二条 基金管理人由依法设立的公司或者合伙企业担任。

公开募集基金的基金管理人,由基金管理公司或者经国务院证券监督管理机构按照规定核准的其他机构担任。

第十三条 设立管理公开募集基金的基金管理公司,应当具备下列条件,并经国务院证券监督管理机构批准:

(一)有符合本法和《中华人民共和国公司法》规定的章程;

(二)注册资本不低于一亿元人民币,且必须为实缴货币资本;

(三)主要股东应当具有经营金融业务或者管理金融机构的良好业绩、良好的财务状况和社会信誉,资产规模达到国务院规定的标准,最近三年没有违法记录;

(四)取得基金从业资格的人员达到法定人数;

(五)董事、监事、高级管理人员具备相应的任职条件;

(六)有符合要求的营业场所、安全防范设施和与基金管理业务有关的其他设施;

(七)有良好的内部治理结构、完善的内部稽核监控制度、风险控制制度;

(八)法律、行政法规规定的和经国务院批准的国务院证券监督管理机构规定的其他条件。

第十四条 国务院证券监督管理机构应当自受理基金管理公司设立申请之日起六个月内依照本法第十三条规定的条件和审慎监管原则进行审查,作出批准或者不予批准的决定,并通知申请人;不予批准的,应当说明理由。

基金管理公司变更持有百分之五以上股权的股东,变更公司的实际控制人,或者变更其他重大事项,应当报经国务院证券监督管理机构批准。国务院证券监督管理机构应当自受理申请之日起六十日内作出批准或者不予批准的决定,并通知申请人;不予批准的,应当说明理由。

第十五条 有下列情形之一的,不得担任公开募集基金的基金管理人的董事、监事、高级管理人员和其他从业人员:

(一)因犯有贪污贿赂、渎职、侵犯财产罪或者破坏社会主义市场经济秩序罪,被判处刑罚的;

(二)对所任职的公司、企业因经营不善破产清算或者因违法被吊销营业执照负有个人责任的董事、监事、厂长、高级管理人员,自该公司、企业破产清算终结或者被吊销营业执照之日起未逾五年的;

(三)个人所负债务数额较大,到期未清偿的;

(四)因违法行为被开除的基金管理人、基金托管人、证券交易所、证券公司、证券登记结算机构、期货交易所、期货公司及其他机构的从业人员和国家机关工作人员;

(五)因违法行为被吊销执业证书或者被取消资格的律师、注册会计师和资产评估机构、验证机构的从业人员、投资咨询从业人员;

(六)法律、行政法规规定不得从事基金业务的其他人员。

第十六条 公开募集基金的基金管理人的董事、监事和高级管理人员,应当熟悉证券投资方面的法律、行政法规,具有三年以上与其所任职务相关的工作经历;高级管理人员还应当具备基金从业资格。

第十七条 公开募集基金的基金管理人的董事、监事、高级管理人员和其他从业人员,其本人、配偶、利害关系人进行证券投资,应当事先向基金管理人申报,并不得与基金份额持有人发生利益冲突。

公开募集基金的基金管理人应当建立前款规定人员

进行证券投资的申报、登记、审查、处置等管理制度,并报国务院证券监督管理机构备案。

第十八条 公开募集基金的基金管理人的董事、监事、高级管理人员和其他从业人员,不得担任基金托管人或者其他基金管理人的任何职务,不得从事损害基金财产和基金份额持有人利益的证券交易及其他活动。

第十九条 公开募集基金的基金管理人应当履行下列职责:

(一)依法募集资金,办理基金份额的发售和登记事宜;

(二)办理基金备案手续;

(三)对所管理的不同基金财产分别管理、分别记账,进行证券投资;

(四)按照基金合同的约定确定基金收益分配方案,及时向基金份额持有人分配收益;

(五)进行基金会计核算并编制基金财务会计报告;

(六)编制中期和年度基金报告;

(七)计算并公告基金资产净值,确定基金份额申购、赎回价格;

(八)办理与基金财产管理业务活动有关的信息披露事项;

(九)按照规定召集基金份额持有人大会;

(十)保存基金财产管理业务活动的记录、账册、报表和其他相关资料;

(十一)以基金管理人名义,代表基金份额持有人利益行使诉讼权利或者实施其他法律行为;

(十二)国务院证券监督管理机构规定的其他职责。

第二十条 公开募集基金的基金管理人及其董事、监事、高级管理人员和其他从业人员不得有下列行为:

(一)将其固有财产或者他人财产混同于基金财产从事证券投资;

(二)不公平地对待其管理的不同基金财产;

(三)利用基金财产或者职务之便为基金份额持有人以外的人牟取利益;

(四)向基金份额持有人违规承诺收益或者承担损失;

(五)侵占、挪用基金财产;

(六)泄露因职务便利获取的未公开信息、利用该信息从事或者明示、暗示他人从事相关的交易活动;

(七)玩忽职守,不按照规定履行职责;

(八)法律、行政法规和国务院证券监督管理机构规定禁止的其他行为。

第二十一条 公开募集基金的基金管理人应当建立良好的内部治理结构,明确股东会、董事会、监事会和高级管理人员的职责权限,确保基金管理人独立运作。

公开募集基金的基金管理人可以实行专业人士持股计划,建立长效激励约束机制。

公开募集基金的基金管理人的股东、董事、监事和高级管理人员在行使权利或者履行职责时,应当遵循基金份额持有人利益优先的原则。

第二十二条 公开募集基金的基金管理人应当从管理基金的报酬中计提风险准备金。

公开募集基金的基金管理人因违法违规、违反基金合同等原因给基金财产或者基金份额持有人合法权益造成损失,应当承担赔偿责任的,可以优先使用风险准备金予以赔偿。

第二十三条 公开募集基金的基金管理人的股东、实际控制人应当按照国务院证券监督管理机构的规定及时履行重大事项报告义务,并不得有下列行为:

(一)虚假出资或者抽逃出资;

(二)未依法经股东会或者董事会决议擅自干预基金管理人的基金经营活动;

(三)要求基金管理人利用基金财产为自己或者他人牟取利益,损害基金份额持有人利益;

(四)国务院证券监督管理机构规定禁止的其他行为。

公开募集基金的基金管理人的股东、实际控制人有前款行为或者股东不再符合法定条件的,国务院证券监督管理机构应当责令其限期改正,并可视情节责令其转让所持有或者控制的基金管理人的股权。

在前款规定的股东、实际控制人按照要求改正违法行为、转让所持有或者控制的基金管理人的股权前,国务院证券监督管理机构可以限制有关股东行使股东权利。

第二十四条 公开募集基金的基金管理人违法违规,或者其内部治理结构、稽核监控和风险控制管理不符合规定的,国务院证券监督管理机构应当责令其限期改正;逾期未改正,或者其行为严重危及该基金管理人的稳健运行、损害基金份额持有人合法权益的,国务院证券监督管理机构可以区别情形,对其采取下列措施:

(一)限制业务活动,责令暂停部分或者全部业务;

(二)限制分配红利,限制向董事、监事、高级管理人员支付报酬、提供福利;

(三)限制转让固有财产或者在固有财产上设定其他权利;

（四）责令更换董事、监事、高级管理人员或者限制其权利；

（五）责令有关股东转让股权或者限制有关股东行使股东权利。

公开募集基金的基金管理人整改后，应当向国务院证券监督管理机构提交报告。国务院证券监督管理机构经验收，符合有关要求的，应当自验收完毕之日起三日内解除对其采取的有关措施。

第二十五条 公开募集基金的基金管理人的董事、监事、高级管理人员未能勤勉尽责，致使基金管理人存在重大违法违规行为或者重大风险的，国务院证券监督管理机构可以责令更换。

第二十六条 公开募集基金的基金管理人违法经营或者出现重大风险，严重危害证券市场秩序、损害基金份额持有人利益的，国务院证券监督管理机构可以对该基金管理人采取责令停业整顿、指定其他机构托管、接管、取消基金管理资格或者撤销等监管措施。

第二十七条 在公开募集基金的基金管理人被责令停业整顿、被依法指定托管、接管或者清算期间，或者出现重大风险时，经国务院证券监督管理机构批准，可以对该基金管理人直接负责的董事、监事、高级管理人员和其他直接责任人员采取下列措施：

（一）通知出境管理机关依法阻止其出境；

（二）申请司法机关禁止其转移、转让或者以其他方式处分财产，或者在财产上设定其他权利。

第二十八条 有下列情形之一的，公开募集基金的基金管理人职责终止：

（一）被依法取消基金管理资格；

（二）被基金份额持有人大会解任；

（三）依法解散、被依法撤销或者被依法宣告破产；

（四）基金合同约定的其他情形。

第二十九条 公开募集基金的基金管理人职责终止的，基金份额持有人大会应当在六个月内选任新基金管理人；新基金管理人产生前，由国务院证券监督管理机构指定临时基金管理人。

公开募集基金的基金管理人职责终止的，应当妥善保管基金管理业务资料，及时办理基金管理业务的移交手续，新基金管理人或者临时基金管理人应当及时接收。

第三十条 公开募集基金的基金管理人职责终止的，应当按照规定聘请会计师事务所对基金财产进行审计，并将审计结果予以公告，同时报国务院证券监督管理机构备案。

第三十一条 对非公开募集基金的基金管理人进行规范的具体办法，由国务院金融监督管理机构依照本章的原则制定。

第三章 基金托管人

第三十二条 基金托管人由依法设立的商业银行或者其他金融机构担任。

商业银行担任基金托管人的，由国务院证券监督管理机构会同国务院银行业监督管理机构核准；其他金融机构担任基金托管人的，由国务院证券监督管理机构核准。

第三十三条 担任基金托管人，应当具备下列条件：

（一）净资产和风险控制指标符合有关规定；

（二）设有专门的基金托管部门；

（三）取得基金从业资格的专职人员达到法定人数；

（四）有安全保管基金财产的条件；

（五）有安全高效的清算、交割系统；

（六）有符合要求的营业场所、安全防范设施和与基金托管业务有关的其他设施；

（七）有完善的内部稽核监控制度和风险控制制度；

（八）法律、行政法规规定的和经国务院批准的国务院证券监督管理机构、国务院银行业监督管理机构规定的其他条件。

第三十四条 本法第十五条、第十七条、第十八条的规定，适用于基金托管人的专门基金托管部门的高级管理人员和其他从业人员。

本法第十六条的规定，适用于基金托管人的专门基金托管部门的高级管理人员。

第三十五条 基金托管人与基金管理人不得为同一机构，不得相互出资或者持有股份。

第三十六条 基金托管人应当履行下列职责：

（一）安全保管基金财产；

（二）按照规定开设基金财产的资金账户和证券账户；

（三）对所托管的不同基金财产分别设置账户，确保基金财产的完整与独立；

（四）保存基金托管业务活动的记录、账册、报表和其他相关资料；

（五）按照基金合同的约定，根据基金管理人的投资指令，及时办理清算、交割事宜；

（六）办理与基金托管业务活动有关的信息披露事项；

（七）对基金财务会计报告、中期和年度基金报告出具意见；

（八）复核、审查基金管理人计算的基金资产净值和基金份额申购、赎回价格；

（九）按照规定召集基金份额持有人大会；

（十）按照规定监督基金管理人的投资运作；

（十一）国务院证券监督管理机构规定的其他职责。

第三十七条 基金托管人发现基金管理人的投资指令违反法律、行政法规和其他有关规定，或者违反基金合同约定的，应当拒绝执行，立即通知基金管理人，并及时向国务院证券监督管理机构报告。

基金托管人发现基金管理人依据交易程序已经生效的投资指令违反法律、行政法规和其他有关规定，或者违反基金合同约定的，应当立即通知基金管理人，并及时向国务院证券监督管理机构报告。

第三十八条 本法第二十条、第二十二条的规定，适用于基金托管人。

第三十九条 基金托管人不再具备本法规定的条件，或者未能勤勉尽责，在履行本法规定的职责时存在重大失误的，国务院证券监督管理机构、国务院银行业监督管理机构应当责令其改正；逾期未改正，或者其行为严重影响所托管基金的稳健运行、损害基金份额持有人利益的，国务院证券监督管理机构、国务院银行业监督管理机构可以区别情形，对其采取下列措施：

（一）限制业务活动，责令暂停办理新的基金托管业务；

（二）责令更换负有责任的专门基金托管部门的高级管理人员。

基金托管人整改后，应当向国务院证券监督管理机构、国务院银行业监督管理机构提交报告；经验收，符合有关要求的，应当自验收完毕之日起三日内解除对其采取的有关措施。

第四十条 国务院证券监督管理机构、国务院银行业监督管理机构对有下列情形之一的基金托管人，可以取消其基金托管资格：

（一）连续三年没有开展基金托管业务的；

（二）违反本法规定，情节严重的；

（三）法律、行政法规规定的其他情形。

第四十一条 有下列情形之一的，基金托管人职责终止：

（一）被依法取消基金托管资格；

（二）被基金份额持有人大会解任；

（三）依法解散、被依法撤销或者被依法宣告破产；

（四）基金合同约定的其他情形。

第四十二条 基金托管人职责终止的，基金份额持有人大会应当在六个月内选任新基金托管人；新基金托管人产生前，由国务院证券监督管理机构指定临时基金托管人。

基金托管人职责终止的，应当妥善保管基金财产和基金托管业务资料，及时办理基金财产和基金托管业务的移交手续，新基金托管人或者临时基金托管人应当及时接收。

第四十三条 基金托管人职责终止的，应当按照规定聘请会计师事务所对基金财产进行审计，并将审计结果予以公告，同时报国务院证券监督管理机构备案。

第四章 基金的运作方式和组织

第四十四条 基金合同应当约定基金的运作方式。

第四十五条 基金的运作方式可以采用封闭式、开放式或者其他方式。

采用封闭式运作方式的基金（以下简称封闭式基金），是指基金份额总额在基金合同期限内固定不变，基金份额持有人不得申请赎回的基金；采用开放式运作方式的基金（以下简称开放式基金），是指基金份额总额不固定，基金份额可以在基金合同约定的时间和场所申购或者赎回的基金。

采用其他运作方式的基金的基金份额发售、交易、申购、赎回的办法，由国务院证券监督管理机构另行规定。

第四十六条 基金份额持有人享有下列权利：

（一）分享基金财产收益；

（二）参与分配清算后的剩余基金财产；

（三）依法转让或者申请赎回其持有的基金份额；

（四）按照规定要求召开基金份额持有人大会或者召集基金份额持有人大会；

（五）对基金份额持有人大会审议事项行使表决权；

（六）对基金管理人、基金托管人、基金服务机构损害其合法权益的行为依法提起诉讼；

（七）基金合同约定的其他权利。

公开募集基金的基金份额持有人有权查阅或者复制公开披露的基金信息资料；非公开募集基金的基金份额持有人对涉及自身利益的情况，有权查阅基金的财务会计账簿等财务资料。

第四十七条 基金份额持有人大会由全体基金份额持有人组成，行使下列职权：

（一）决定基金扩募或者延长基金合同期限；

（二）决定修改基金合同的重要内容或者提前终止

基金合同；

（三）决定更换基金管理人、基金托管人；

（四）决定调整基金管理人、基金托管人的报酬标准；

（五）基金合同约定的其他职权。

第四十八条 按照基金合同约定，基金份额持有人大会可以设立日常机构，行使下列职权：

（一）召集基金份额持有人大会；

（二）提请更换基金管理人、基金托管人；

（三）监督基金管理人的投资运作、基金托管人的托管活动；

（四）提请调整基金管理人、基金托管人的报酬标准；

（五）基金合同约定的其他职权。

前款规定的日常机构，由基金份额持有人大会选举产生的人员组成；其议事规则，由基金合同约定。

第四十九条 基金份额持有人大会及其日常机构不得直接参与或者干涉基金的投资管理活动。

第五章 基金的公开募集

第五十条 公开募集基金，应当经国务院证券监督管理机构注册。未经注册，不得公开或者变相公开募集基金。

前款所称公开募集基金，包括向不特定对象募集资金、向特定对象募集资金累计超过二百人，以及法律、行政法规规定的其他情形。

公开募集基金应当由基金管理人管理，基金托管人托管。

第五十一条 注册公开募集基金，由拟任基金管理人向国务院证券监督管理机构提交下列文件：

（一）申请报告；

（二）基金合同草案；

（三）基金托管协议草案；

（四）招募说明书草案；

（五）律师事务所出具的法律意见书；

（六）国务院证券监督管理机构规定提交的其他文件。

第五十二条 公开募集基金的基金合同应当包括下列内容：

（一）募集基金的目的和基金名称；

（二）基金管理人、基金托管人的名称和住所；

（三）基金的运作方式；

（四）封闭式基金的基金份额总额和基金合同期限，或者开放式基金的最低募集份额总额；

（五）确定基金份额发售日期、价格和费用的原则；

（六）基金份额持有人、基金管理人和基金托管人的权利、义务；

（七）基金份额持有人大会召集、议事及表决的程序和规则；

（八）基金份额发售、交易、申购、赎回的程序、时间、地点、费用计算方式，以及给付赎回款项的时间和方式；

（九）基金收益分配原则、执行方式；

（十）基金管理人、基金托管人报酬的提取、支付方式与比例；

（十一）与基金财产管理、运用有关的其他费用的提取、支付方式；

（十二）基金财产的投资方向和投资限制；

（十三）基金资产净值的计算方法和公告方式；

（十四）基金募集未达到法定要求的处理方式；

（十五）基金合同解除和终止的事由、程序以及基金财产清算方式；

（十六）争议解决方式；

（十七）当事人约定的其他事项。

第五十三条 公开募集基金的基金招募说明书应当包括下列内容：

（一）基金募集申请的准予注册文件名称和注册日期；

（二）基金管理人、基金托管人的基本情况；

（三）基金合同和基金托管协议的内容摘要；

（四）基金份额的发售日期、价格、费用和期限；

（五）基金份额的发售方式、发售机构及登记机构名称；

（六）出具法律意见书的律师事务所和审计基金财产的会计师事务所的名称和住所；

（七）基金管理人、基金托管人报酬及其他有关费用的提取、支付方式与比例；

（八）风险警示内容；

（九）国务院证券监督管理机构规定的其他内容。

第五十四条 国务院证券监督管理机构应当自受理公开募集基金的募集注册申请之日起六个月内依照法律、行政法规及国务院证券监督管理机构的规定进行审查，作出注册或者不予注册的决定，并通知申请人；不予注册，应当说明理由。

第五十五条 基金募集申请经注册后，方可发售基金份额。

基金份额的发售，由基金管理人或者其委托的基金销售机构办理。

第五十六条 基金管理人应当在基金份额发售的三日前公布招募说明书、基金合同及其他有关文件。

前款规定的文件应当真实、准确、完整。

对基金募集所进行的宣传推介活动，应当符合有关法律、行政法规的规定，不得有本法第七十七条所列行为。

第五十七条 基金管理人应当自收到准予注册文件之日起六个月内进行基金募集。超过六个月开始募集，原注册的事项未发生实质性变化的，应当报国务院证券监督管理机构备案；发生实质性变化的，应当向国务院证券监督管理机构重新提交注册申请。

基金募集不得超过国务院证券监督管理机构准予注册的基金募集期限。基金募集期限自基金份额发售之日起计算。

第五十八条 基金募集期限届满，封闭式基金募集的基金份额总额达到准予注册规模的百分之八十以上，开放式基金募集的基金份额总额超过准予注册的最低募集份额总额，并且基金份额持有人人数符合国务院证券监督管理机构规定的，基金管理人应当自募集期限届满之日起十日内聘请法定验资机构验资，自收到验资报告之日起十日内，向国务院证券监督管理机构提交验资报告，办理基金备案手续，并予以公告。

第五十九条 基金募集期间募集的资金应当存入专门账户，在基金募集行为结束前，任何人不得动用。

第六十条 投资人交纳认购的基金份额的款项时，基金合同成立；基金管理人依照本法第五十八条的规定向国务院证券监督管理机构办理基金备案手续，基金合同生效。

基金募集期限届满，不能满足本法第五十八条规定的条件的，基金管理人应当承担下列责任：

（一）以其固有财产承担因募集行为而产生的债务和费用；

（二）在基金募集期限届满后三十日内返还投资人已交纳的款项，并加计银行同期存款利息。

第六章 公开募集基金的基金份额的交易、申购与赎回

第六十一条 申请基金份额上市交易，基金管理人应当向证券交易所提出申请，证券交易所依法审核同意的，双方应当签订上市协议。

第六十二条 基金份额上市交易，应当符合下列条件：

（一）基金的募集符合本法规定；

（二）基金合同期限为五年以上；

（三）基金募集金额不低于二亿元人民币；

（四）基金份额持有人不少于一千人；

（五）基金份额上市交易规则规定的其他条件。

第六十三条 基金份额上市交易规则由证券交易所制定，报国务院证券监督管理机构批准。

第六十四条 基金份额上市交易后，有下列情形之一的，由证券交易所终止其上市交易，并报国务院证券监督管理机构备案：

（一）不再具备本法第六十二条规定的上市交易条件；

（二）基金合同期限届满；

（三）基金份额持有人大会决定提前终止上市交易；

（四）基金合同约定的或者基金份额上市交易规则规定的终止上市交易的其他情形。

第六十五条 开放式基金的基金份额的申购、赎回、登记，由基金管理人或者其委托的基金服务机构办理。

第六十六条 基金管理人应当在每个工作日办理基金份额的申购、赎回业务；基金合同另有约定的，从其约定。

投资人交付申购款项时，申购成立；基金份额登记机构确认基金份额时，申购生效。

基金份额持有人递交赎回申请时，赎回成立；基金份额登记机构确认赎回时，赎回生效。

第六十七条 基金管理人应当按时支付赎回款项，但是下列情形除外：

（一）因不可抗力导致基金管理人不能支付赎回款项；

（二）证券交易场所依法决定临时停市，导致基金管理人无法计算当日基金资产净值；

（三）基金合同约定的其他特殊情形。

发生上述情形之一的，基金管理人应当在当日报国务院证券监督管理机构备案。

本条第一款规定的情形消失后，基金管理人应当及时支付赎回款项。

第六十八条 开放式基金应当保持足够的现金或者政府债券，以备支付基金份额持有人的赎回款项。基金财产中应当保持的现金或者政府债券的具体比例，由国务院证券监督管理机构规定。

第六十九条 基金份额的申购、赎回价格，依据申购、赎回日基金份额净值加、减有关费用计算。

第七十条　基金份额净值计价出现错误时,基金管理人应当立即纠正,并采取合理的措施防止损失进一步扩大。计价错误达到基金份额净值百分之零点五时,基金管理人应当公告,并报国务院证券监督管理机构备案。

因基金份额净值计价错误造成基金份额持有人损失的,基金份额持有人有权要求基金管理人、基金托管人予以赔偿。

第七章　公开募集基金的投资与信息披露

第七十一条　基金管理人运用基金财产进行证券投资,除国务院证券监督管理机构另有规定外,应当采用资产组合的方式。

资产组合的具体方式和投资比例,依照本法和国务院证券监督管理机构的规定在基金合同中约定。

第七十二条　基金财产应当用于下列投资:
(一)上市交易的股票、债券;
(二)国务院证券监督管理机构规定的其他证券及其衍生品种。

第七十三条　基金财产不得用于下列投资或者活动:
(一)承销证券;
(二)违反规定向他人贷款或者提供担保;
(三)从事承担无限责任的投资;
(四)买卖其他基金份额,但是国务院证券监督管理机构另有规定的除外;
(五)向基金管理人、基金托管人出资;
(六)从事内幕交易、操纵证券交易价格及其他不正当的证券交易活动;
(七)法律、行政法规和国务院证券监督管理机构规定禁止的其他活动。

运用基金财产买卖基金管理人、基金托管人及其控股股东、实际控制人或者与其有其他重大利害关系的公司发行的证券或承销期内承销的证券,或者从事其他重大关联交易的,应当遵循基金份额持有人利益优先的原则,防范利益冲突,符合国务院证券监督管理机构的规定,并履行信息披露义务。

第七十四条　基金管理人、基金托管人和其他基金信息披露义务人应当依法披露基金信息,并保证所披露信息的真实性、准确性和完整性。

第七十五条　基金信息披露义务人应当确保应予披露的基金信息在国务院证券监督管理机构规定时间内披露,并保证投资人能够按照基金合同约定的时间和方式查阅或者复制公开披露的信息资料。

第七十六条　公开披露的基金信息包括:
(一)基金招募说明书、基金合同、基金托管协议;
(二)基金募集情况;
(三)基金份额上市交易公告书;
(四)基金资产净值、基金份额净值;
(五)基金份额申购、赎回价格;
(六)基金财产的资产组合季度报告、财务会计报告及中期和年度基金报告;
(七)临时报告;
(八)基金份额持有人大会决议;
(九)基金管理人、基金托管人的专门基金托管部门的重大人事变动;
(十)涉及基金财产、基金管理业务、基金托管业务的诉讼或者仲裁;
(十一)国务院证券监督管理机构规定应予披露的其他信息。

第七十七条　公开披露基金信息,不得有下列行为:
(一)虚假记载、误导性陈述或者重大遗漏;
(二)对证券投资业绩进行预测;
(三)违规承诺收益或者承担损失;
(四)诋毁其他基金管理人、基金托管人或者基金销售机构;
(五)法律、行政法规和国务院证券监督管理机构规定禁止的其他行为。

第八章　公开募集基金的基金合同的变更、终止与基金财产清算

第七十八条　按照基金合同的约定或者基金份额持有人大会的决议,基金可以转换运作方式或者与其他基金合并。

第七十九条　封闭式基金扩募或者延长基金合同期限,应当符合下列条件,并报国务院证券监督管理机构备案:
(一)基金运营业绩良好;
(二)基金管理人最近二年内没有因违法违规行为受到行政处罚或者刑事处罚;
(三)基金份额持有人大会决议通过;
(四)本法规定的其他条件。

第八十条　有下列情形之一的,基金合同终止:
(一)基金合同期限届满而未延期;
(二)基金份额持有人大会决定终止;
(三)基金管理人、基金托管人职责终止,在六个月内没有新基金管理人、新基金托管人承接;

（四）基金合同约定的其他情形。

第八十一条　基金合同终止时，基金管理人应当组织清算组对基金财产进行清算。

清算组由基金管理人、基金托管人以及相关的中介服务机构组成。

清算组作出的清算报告经会计师事务所审计，律师事务所出具法律意见书后，报国务院证券监督管理机构备案并公告。

第八十二条　清算后的剩余基金财产，应当按照基金份额持有人所持份额比例进行分配。

第九章　公开募集基金的基金份额持有人权利行使

第八十三条　基金份额持有人大会由基金管理人召集。基金份额持有人大会设立日常机构的，由该日常机构召集；该日常机构未召集的，由基金管理人召集。基金管理人未按规定召集或者不能召集的，由基金托管人召集。

代表基金份额百分之十以上的基金份额持有人就同一事项要求召开基金份额持有人大会，而基金份额持有人大会的日常机构、基金管理人、基金托管人都不召集的，代表基金份额百分之十以上的基金份额持有人有权自行召集，并报国务院证券监督管理机构备案。

第八十四条　召开基金份额持有人大会，召集人应当至少提前三十日公告基金份额持有人大会的召开时间、会议形式、审议事项、议事程序和表决方式等事项。

基金份额持有人大会不得就未经公告的事项进行表决。

第八十五条　基金份额持有人大会可以采取现场方式召开，也可以采取通讯等方式召开。

每一基金份额具有一票表决权，基金份额持有人可以委托代理人出席基金份额持有人大会并行使表决权。

第八十六条　基金份额持有人大会应当有代表二分之一以上基金份额的持有人参加，方可召开。

参加基金份额持有人大会的持有人的基金份额低于前款规定比例的，召集人可以在原公告的基金份额持有人大会召开时间的三个月以后、六个月以内，就原定审议事项重新召集基金份额持有人大会。重新召集的基金份额持有人大会应当有代表三分之一以上的持有人参加，方可召开。

基金份额持有人大会就审议事项作出决定，应当经参加大会的基金份额持有人所持表决权的二分之一以上通过；但是，转换基金的运作方式、更换基金管理人或者基金托管人、提前终止基金合同、与其他基金合并，应当经参加大会的基金份额持有人所持表决权的三分之二以上通过。

基金份额持有人大会决定的事项，应当依法报国务院证券监督管理机构备案，并予以公告。

第十章　非公开募集基金

第八十七条　非公开募集基金应当向合格投资者募集，合格投资者累计不得超过二百人。

前款所称合格投资者，是指达到规定资产规模或者收入水平，并且具备相应的风险识别能力和风险承担能力，其基金份额认购金额不低于规定限额的单位和个人。

合格投资者的具体标准由国务院证券监督管理机构规定。

第八十八条　除基金合同另有约定外，非公开募集基金应当由基金托管人托管。

第八十九条　担任非公开募集基金的基金管理人，应当按照规定向基金行业协会履行登记手续，报送基本情况。

第九十条　未经登记，任何单位或者个人不得使用"基金"或者"基金管理"字样或者近似名称进行证券投资活动；但是，法律、行政法规另有规定的除外。

第九十一条　非公开募集基金，不得向合格投资者之外的单位和个人募集资金，不得通过报刊、电台、电视台、互联网等公众传播媒体或者讲座、报告会、分析会等方式向不特定对象宣传推介。

第九十二条　非公开募集基金，应当制定并签订基金合同。基金合同应当包括下列内容：

（一）基金份额持有人、基金管理人、基金托管人的权利、义务；

（二）基金的运作方式；

（三）基金的出资方式、数额和认缴期限；

（四）基金的投资范围、投资策略和投资限制；

（五）基金收益分配原则、执行方式；

（六）基金承担的有关费用；

（七）基金信息提供的内容、方式；

（八）基金份额的认购、赎回或者转让的程序和方式；

（九）基金合同变更、解除和终止的事由、程序；

（十）基金财产清算方式；

（十一）当事人约定的其他事项。

基金份额持有人转让基金份额的，应当符合本法第八十七条、第九十一条的规定。

第九十三条　按照基金合同约定，非公开募集基金可以由部分基金份额持有人作为基金管理人负责基金的投资管理活动，并在基金财产不足以清偿其债务时对基金财产的债务承担无限连带责任。

前款规定的非公开募集基金，其基金合同还应载明：

（一）承担无限连带责任的基金份额持有人和其他基金份额持有人的姓名或者名称、住所；

（二）承担无限连带责任的基金份额持有人的除名条件和更换程序；

（三）基金份额持有人增加、退出的条件、程序以及相关责任；

（四）承担无限连带责任的基金份额持有人和其他基金份额持有人的转换程序。

第九十四条 非公开募集基金募集完毕，基金管理人应当向基金行业协会备案。对募集的资金总额或者基金份额持有人的人数达到规定标准的基金，基金行业协会应当向国务院证券监督管理机构报告。

非公开募集基金财产的证券投资，包括买卖公开发行的股份有限公司股票、债券、基金份额，以及国务院证券监督管理机构规定的其他证券及其衍生品种。

第九十五条 基金管理人、基金托管人应当按照基金合同的约定，向基金份额持有人提供基金信息。

第九十六条 专门从事非公开募集基金管理业务的基金管理人，其股东、高级管理人员、经营期限、管理的基金资产规模等符合规定条件的，经国务院证券监督管理机构核准，可以从事公开募集基金管理业务。

第十一章 基金服务机构

第九十七条 从事公开募集基金的销售、销售支付、份额登记、估值、投资顾问、评价、信息技术系统服务等基金服务业务的机构，应当按照国务院证券监督管理机构的规定进行注册或者备案。

第九十八条 基金销售机构应当向投资人充分揭示投资风险，并根据投资人的风险承担能力销售不同风险等级的基金产品。

第九十九条 基金销售支付机构应当按照规定办理基金销售结算资金的划付，确保基金销售结算资金安全、及时划付。

第一百条 基金销售结算资金、基金份额独立于基金销售机构、基金销售支付机构或者基金份额登记机构的自有财产。基金销售机构、基金销售支付机构或者基金份额登记机构破产或者清算时，基金销售结算资金、基金份额不属于其破产财产或者清算财产。非因投资人本身的债务或者法律规定的其他情形，不得查封、冻结、扣划或者强制执行基金销售结算资金、基金份额。

基金销售机构、基金销售支付机构、基金份额登记机构应当确保基金销售结算资金、基金份额的安全、独立，禁止任何单位或者个人以任何形式挪用基金销售结算资金、基金份额。

第一百零一条 基金管理人可以委托基金服务机构代为办理基金的份额登记、核算、估值、投资顾问等事项，基金托管人可以委托基金服务机构代为办理基金的核算、估值、复核等事项，但基金管理人、基金托管人依法应当承担的责任不因委托而免除。

第一百零二条 基金份额登记机构以电子介质登记的数据，是基金份额持有人权利归属的根据。基金份额持有人以基金份额出质的，质权自基金份额登记机构办理出质登记时设立。

基金份额登记机构应当妥善保存登记数据，并将基金份额持有人名称、身份信息及基金份额明细等数据备份至国务院证券监督管理机构认定的机构。其保存期限自基金账户销户之日起不得少于二十年。

基金份额登记机构应当保证登记数据的真实、准确、完整，不得隐匿、伪造、篡改或者毁损。

第一百零三条 基金投资顾问机构及其从业人员提供基金投资顾问服务，应当具有合理的依据，对其服务能力和经营业绩进行如实陈述，不得以任何方式承诺或者保证投资收益，不得损害服务对象的合法权益。

第一百零四条 基金评价机构及其从业人员应当客观公正，按照依法制定的业务规则开展基金评价业务，禁止误导投资人，防范可能发生的利益冲突。

第一百零五条 基金管理人、基金托管人、基金服务机构的信息技术系统，应当符合规定的要求。国务院证券监督管理机构可以要求信息技术系统服务机构提供该信息技术系统的相关资料。

第一百零六条 律师事务所、会计师事务所接受基金管理人、基金托管人的委托，为有关基金业务活动出具法律意见书、审计报告、内部控制评价报告等文件，应当勤勉尽责，对所依据的文件资料内容的真实性、准确性、完整性进行核查和验证。其制作、出具的文件有虚假记载、误导性陈述或者重大遗漏，给他人财产造成损失的，应当与委托人承担连带赔偿责任。

第一百零七条 基金服务机构应当勤勉尽责、恪尽职守，建立应急等风险管理制度和灾难备份系统，不得泄露与基金份额持有人、基金投资运作相关的非公开信息。

第十二章　基金行业协会

第一百零八条　基金行业协会是证券投资基金行业的自律性组织,是社会团体法人。

基金管理人、基金托管人应当加入基金行业协会,基金服务机构可以加入基金行业协会。

第一百零九条　基金行业协会的权力机构为全体会员组成的会员大会。

基金行业协会设理事会。理事会成员依章程的规定由选举产生。

第一百一十条　基金行业协会章程由会员大会制定,并报国务院证券监督管理机构备案。

第一百一十一条　基金行业协会履行下列职责:

(一)教育和组织会员遵守有关证券投资的法律、行政法规,维护投资人合法权益;

(二)依法维护会员的合法权益,反映会员的建议和要求;

(三)制定和实施行业自律规则,监督、检查会员及其从业人员的执业行为,对违反自律规则和协会章程的,按照规定给予纪律处分;

(四)制定行业执业标准和业务规范,组织基金从业人员的从业考试、资质管理和业务培训;

(五)提供会员服务,组织行业交流,推动行业创新,开展行业宣传和投资人教育活动;

(六)对会员之间、会员与客户之间发生的基金业务纠纷进行调解;

(七)依法办理非公开募集基金的登记、备案;

(八)协会章程规定的其他职责。

第十三章　监督管理

第一百一十二条　国务院证券监督管理机构依法履行下列职责:

(一)制定有关证券投资基金活动监督管理的规章、规则,并行使审批、核准或者注册权;

(二)办理基金备案;

(三)对基金管理人、基金托管人及其他机构从事证券投资基金活动进行监督管理,对违法行为进行查处,并予以公告;

(四)制定基金从业人员的资格标准和行为准则,并监督实施;

(五)监督检查基金信息的披露情况;

(六)指导和监督基金行业协会的活动;

(七)法律、行政法规规定的其他职责。

第一百一十三条　国务院证券监督管理机构依法履行职责,有权采取下列措施:

(一)对基金管理人、基金托管人、基金服务机构进行现场检查,并要求其报送有关的业务资料;

(二)进入涉嫌违法行为发生场所调查取证;

(三)询问当事人和与被调查事件有关的单位和个人,要求其对与被调查事件有关的事项作出说明;

(四)查阅、复制与被调查事件有关的财产权登记、通讯记录等资料;

(五)查阅、复制当事人和与被调查事件有关的单位和个人的证券交易记录、登记过户记录、财务会计资料及其他相关文件和资料;对可能被转移、隐匿或者毁损的文件和资料,可以予以封存;

(六)查询当事人和与被调查事件有关的单位和个人的资金账户、证券账户和银行账户;对有证据证明已经或者可能转移或者隐匿违法资金、证券等涉案财产或者隐匿、伪造、毁损重要证据的,经国务院证券监督管理机构主要负责人批准,可以冻结或者查封;

(七)在调查操纵证券市场、内幕交易等重大证券违法行为时,经国务院证券监督管理机构主要负责人批准,可以限制被调查事件当事人的证券买卖,但限制的期限不得超过十五个交易日;案情复杂的,可以延长十五个交易日。

第一百一十四条　国务院证券监督管理机构工作人员依法履行职责,进行调查或者检查时,不得少于二人,并应当出示合法证件;对调查或者检查中知悉的商业秘密负有保密的义务。

第一百一十五条　国务院证券监督管理机构工作人员应当忠于职守,依法办事,公正廉洁,接受监督,不得利用职务牟取私利。

第一百一十六条　国务院证券监督管理机构依法履行职责时,被调查、检查的单位和个人应当配合,如实提供有关文件和资料,不得拒绝、阻碍和隐瞒。

第一百一十七条　国务院证券监督管理机构依法履行职责,发现违法行为涉嫌犯罪的,应当将案件移送司法机关处理。

第一百一十八条　国务院证券监督管理机构工作人员在任职期间,或者离职后在《中华人民共和国公务员法》规定的期限内,不得在被监管的机构中担任职务。

第十四章　法律责任

第一百一十九条　违反本法规定,未经批准擅自设立基金管理公司或者未经核准从事公开募集基金管理业务的，由证券监督管理机构予以取缔或者责令改正，没收违法所得，并处违法所得一倍以上五倍以下罚款；没有违法所得或者违法所得不足一百万元的，并处十万元以上一百万元以下罚款。对直接负责的主管人员和其他直接责任人员给予警告，并处三万元以上三十万元以下罚款。

基金管理公司违反本法规定，擅自变更持有百分之五以上股权的股东、实际控制人或者其他重大事项的，责令改正，没收违法所得，并处违法所得一倍以上五倍以下罚款；没有违法所得或者违法所得不足五十万元的，并处五万元以上五十万元以下罚款。对直接负责的主管人员给予警告，并处三万元以上十万元以下罚款。

第一百二十条 基金管理人的董事、监事、高级管理人员和其他从业人员，基金托管人的专门基金托管部门的高级管理人员和其他从业人员，未按照本法第十七条第一款规定申报的，责令改正，处三万元以上十万元以下罚款。

基金管理人、基金托管人违反本法第十七条第二款规定的，责令改正，处十万元以上一百万元以下罚款；对直接负责的主管人员和其他直接责任人员给予警告，暂停或者撤销基金从业资格，并处三万元以上三十万元以下罚款。

第一百二十一条 基金管理人的董事、监事、高级管理人员和其他从业人员，基金托管人的专门基金托管部门的高级管理人员和其他从业人员违反本法第十八条规定的，责令改正，没收违法所得，并处违法所得一倍以上五倍以下罚款；没有违法所得或者违法所得不足一百万元的，并处十万元以上一百万元以下罚款；情节严重的，撤销基金从业资格。

第一百二十二条 基金管理人、基金托管人违反本法规定，未对基金财产实行分别管理或者分账保管，责令改正，处五万元以上五十万元以下罚款；对直接负责的主管人员和其他直接责任人员给予警告，暂停或者撤销基金从业资格，并处三万元以上三十万元以下罚款。

第一百二十三条 基金管理人、基金托管人及其董事、监事、高级管理人员和其他从业人员有本法第二十条所列行为之一的，责令改正，没收违法所得，并处违法所得一倍以上五倍以下罚款；没有违法所得或者违法所得不足一百万元的，并处十万元以上一百万元以下罚款；基金管理人、基金托管人有上述行为的，还应当对其直接负责的主管人员和其他直接责任人员给予警告，暂停或者撤销基金从业资格，并处三万元以上三十万元以下罚款。

基金管理人、基金托管人及其董事、监事、高级管理人员和其他从业人员侵占、挪用基金财产而取得的财产和收益，归入基金财产。但是，法律、行政法规另有规定的，依照其规定。

第一百二十四条 基金管理人的股东、实际控制人违反本法第二十三条规定的，责令改正，没收违法所得，并处违法所得一倍以上五倍以下罚款；没有违法所得或者违法所得不足一百万元的，并处十万元以上一百万元以下罚款；对直接负责的主管人员和其他直接责任人员给予警告，暂停或者撤销基金或证券从业资格，并处三万元以上三十万元以下罚款。

第一百二十五条 未经核准，擅自从事基金托管业务的，责令停止，没收违法所得，并处违法所得一倍以上五倍以下罚款；没有违法所得或者违法所得不足一百万元的，并处十万元以上一百万元以下罚款；对直接负责的主管人员和其他直接责任人员给予警告，并处三万元以上三十万元以下罚款。

第一百二十六条 基金管理人、基金托管人违反本法规定，相互出资或者持有股份的，责令改正，可以处十万元以下罚款。

第一百二十七条 违反本法规定，擅自公开或者变相公开募集基金的，责令停止，返还所募资金和加计的银行同期存款利息，没收违法所得，并处所募资金金额百分之一以上百分之五以下罚款。对直接负责的主管人员和其他直接责任人员给予警告，并处五万元以上五十万元以下罚款。

第一百二十八条 违反本法第五十九条规定，动用募集的资金的，责令返还，没收违法所得，并处违法所得一倍以上五倍以下罚款；没有违法所得或者违法所得不足五十万元的，并处五万元以上五十万元以下罚款；对直接负责的主管人员和其他直接责任人员给予警告，并处三万元以上三十万元以下罚款。

第一百二十九条 基金管理人、基金托管人有本法第七十三条第一款第一项至第五项和第七项所列行为之一，或者违反本法第七十三条第二款规定的，责令改正，处十万元以上一百万元以下罚款；对直接负责的主管人员和其他直接责任人员给予警告，暂停或者撤销基金从业资格，并处三万元以上三十万元以下罚款。

基金管理人、基金托管人有前款行为，运用基金财产而取得的财产和收益，归入基金财产。但是，法律、行政法规另有规定的，依照其规定。

第一百三十条 基金管理人、基金托管人有本法第七十三条第一款第六项规定行为的，除依照《中华人民共和国证券法》的有关规定处罚外，对直接负责的主管人员和其他直接责任人员暂停或者撤销基金从业资格。

第一百三十一条　基金信息披露义务人不依法披露基金信息或者披露的信息有虚假记载、误导性陈述或者重大遗漏的，责令改正，没收违法所得，并处十万元以上一百万元以下罚款；对直接负责的主管人员和其他直接责任人员给予警告，暂停或者撤销基金从业资格，并处三万元以上三十万元以下罚款。

第一百三十二条　基金管理人或者基金托管人不按照规定召集基金份额持有人大会的，责令改正，可以处五万元以下罚款；对直接负责的主管人员和其他直接责任人员给予警告，暂停或撤销基金从业资格。

第一百三十三条　违反本法规定，未经登记，使用"基金"或者"基金管理"字样或者近似名称进行证券投资活动的，没收违法所得，并处违法所得一倍以上五倍以下罚款；没有违法所得或者违法所得不足一百万元的，并处十万元以上一百万元以下罚款。对直接负责的主管人员和其他直接责任人员给予警告，并处三万元以上三十万元以下罚款。

第一百三十四条　违反本法规定，非公开募集基金募集完毕，基金管理人未备案的，处十万元以上三十万元以下罚款。对直接负责的主管人员和其他直接责任人员给予警告，并处三万元以上十万元以下罚款。

第一百三十五条　违反本法规定，向合格投资者之外的单位或者个人非公开募集资金或者转让基金份额的，没收违法所得，并处违法所得一倍以上五倍以下罚款；没有违法所得或者违法所得不足一百万元的，并处十万元以上一百万元以下罚款。对直接负责的主管人员和其他直接责任人员给予警告，并处三万元以上三十万元以下罚款。

第一百三十六条　违反本法规定，擅自从事公开募集基金的基金服务业务的，责令改正，没收违法所得，并处违法所得一倍以上五倍以下罚款；没有违法所得或者违法所得不足三十万元的，并处十万元以上三十万元以下罚款。对直接负责的主管人员和其他直接责任人员给予警告，并处三万元以上十万元以下罚款。

第一百三十七条　基金销售机构未向投资人充分揭示投资风险并误导其购买与其风险承担能力不相当的基金产品的，处十万元以上三十万元以下罚款；情节严重的，责令其停止基金服务业务。对直接负责的主管人员和其他直接责任人员给予警告，撤销基金从业资格，并处三万元以上十万元以下罚款。

第一百三十八条　基金销售支付机构未按照规定划付基金销售结算资金的，处十万元以上三十万元以下罚款；情节严重的，责令其停止基金服务业务。对直接负责的主管人员和其他直接责任人员给予警告，撤销基金从业资格，并处三万元以上十万元以下罚款。

第一百三十九条　挪用基金销售结算资金或者基金份额的，责令改正，没收违法所得，并处违法所得一倍以上五倍以下罚款；没有违法所得或者违法所得不足一百万元的，并处十万元以上一百万元以下罚款。对直接负责的主管人员和其他直接责任人员给予警告，并处三万元以上三十万元以下罚款。

第一百四十条　基金份额登记机构未妥善保存或者备份基金份额登记数据的，责令改正，给予警告，并处十万元以上三十万元以下罚款；情节严重的，责令其停止基金服务业务。对直接负责的主管人员和其他直接责任人员给予警告，撤销基金从业资格，并处三万元以上十万元以下罚款。

基金份额登记机构隐匿、伪造、篡改、毁损基金份额登记数据的，责令改正，处十万元以上一百万元以下罚款，并责令其停止基金服务业务。对直接负责的主管人员和其他直接责任人员给予警告，撤销基金从业资格，并处三万元以上三十万元以下罚款。

第一百四十一条　基金投资顾问机构、基金评价机构及其从业人员违反本法规定开展投资顾问、基金评价服务的，处十万元以上三十万元以下罚款；情节严重的，责令其停止基金服务业务。对直接负责的主管人员和其他直接责任人员给予警告，撤销基金从业资格，并处三万元以上十万元以下罚款。

第一百四十二条　信息技术系统服务机构未按照规定向国务院证券监督管理机构提供相关信息技术系统资料，或者提供的信息技术系统资料虚假、有重大遗漏的，责令改正，处三万元以上十万元以下罚款。对直接负责的主管人员和其他直接责任人员给予警告，并处一万元以上三万元以下罚款。

第一百四十三条　会计师事务所、律师事务所未勤勉尽责，所出具的文件有虚假记载、误导性陈述或者重大遗漏的，责令改正，没收业务收入，暂停或者撤销相关业务许可，并处业务收入一倍以上五倍以下罚款。对直接负责的主管人员和其他直接责任人员给予警告，并处三万元以上十万元以下罚款。

第一百四十四条　基金服务机构未建立应急等风险管理制度和灾难备份系统，或者泄露与基金份额持有人、基金投资运作相关的非公开信息的，处十万元以上三十万元以下罚款;情节严重的,责令其停止基金服务业务。对直接负责的主管人员和其他直接责任人员给予警告,撤销基金从业资格,并处三万元以上十万元以下罚款。

第一百四十五条 违反本法规定,给基金财产、基金份额持有人或者投资人造成损害的,依法承担赔偿责任。

基金管理人、基金托管人在履行各自职责的过程中,违反本法规定或者基金合同约定,给基金财产或者基金份额持有人造成损害的,应当分别对各自的行为依法承担赔偿责任;因共同行为给基金财产或者基金份额持有人造成损害的,应当承担连带赔偿责任。

第一百四十六条 证券监督管理机构工作人员玩忽职守、滥用职权、徇私舞弊或者利用职务上的便利索取或者收受他人财物的,依法给予行政处分。

第一百四十七条 拒绝、阻碍证券监督管理机构及其工作人员依法行使监督检查、调查职权未使用暴力、威胁方法的,依法给予治安管理处罚。

第一百四十八条 违反法律、行政法规或者国务院证券监督管理机构的有关规定,情节严重的,国务院证券监督管理机构可以对有关责任人员采取证券市场禁入的措施。

第一百四十九条 违反本法规定,构成犯罪的,依法追究刑事责任。

第一百五十条 违反本法规定,应当承担民事赔偿责任和缴纳罚款、罚金,其财产不足以同时支付时,先承担民事赔偿责任。

第一百五十一条 依照本法规定,基金管理人、基金托管人、基金服务机构应当承担的民事赔偿责任和缴纳的罚款、罚金,由基金管理人、基金托管人、基金服务机构以其固有财产承担。

依法收缴的罚款、罚金和没收的违法所得,应当全部上缴国库。

第十五章 附 则

第一百五十二条 在中华人民共和国境内募集投资境外证券的基金,以及合格境外投资者在境内进行证券投资,应当经国务院证券监督管理机构批准,具体办法由国务院证券监督管理机构会同国务院有关部门规定,报国务院批准。

第一百五十三条 公开或者非公开募集资金,以进行证券投资活动为目的设立的公司或者合伙企业,资产由基金管理人或者普通合伙人管理的,其证券投资活动适用本法。

第一百五十四条 本法自 2013 年 6 月 1 日起施行。

企业债券管理条例

- 1993 年 8 月 2 日中华人民共和国国务院令第 121 号发布
- 根据 2011 年 1 月 8 日《国务院关于废止和修改部分行政法规的决定》修订

第一章 总 则

第一条 为了加强对企业债券的管理,引导资金的合理流向,有效利用社会闲散资金,保护投资者的合法权益,制定本条例。

第二条 本条例适用于中华人民共和国境内具有法人资格的企业(以下简称企业)在境内发行的债券。但是,金融债券和外币债券除外。

除前款规定的企业外,任何单位和个人不得发行企业债券。

第三条 企业进行有偿筹集资金活动,必须通过公开发行企业债券的形式进行。但是,法律和国务院另有规定的除外。

第四条 发行和购买企业债券应当遵循自愿、互利、有偿的原则。

第二章 企业债券

第五条 本条例所称企业债券,是指企业依照法定程序发行、约定在一定期限内还本付息的有价证券。

第六条 企业债券的票面应当载明下列内容:
(一)企业的名称、住所;
(二)企业债券的面额;
(三)企业债券的利率;
(四)还本期限和方式;
(五)利息的支付方式;
(六)企业债券发行日期和编号;
(七)企业的印记和企业法定代表人的签章;
(八)审批机关批准发行的文号、日期。

第七条 企业债券持有人有权按照约定期限取得利息、收回本金,但是无权参与企业的经营管理。

第八条 企业债券持有人对企业的经营状况不承担责任。

第九条 企业债券可以转让、抵押和继承。

第三章 企业债券的管理

第十条 国家计划委员会会同中国人民银行、财政部、国务院证券委员会拟订全国企业债券发行的年度规模和规模内的各项指标,报国务院批准后,下达各省、自治区、直辖市、计划单列市人民政府和国务院有关部门执行。

未经国务院同意,任何地方、部门不得擅自突破企业债券发行的年度规模,并不得擅自调整年度规模内的各项指标。

第十一条 企业发行企业债券必须按照本条例的规定进行审批;未经批准的,不得擅自发行和变相发行企业债券。

中央企业发行企业债券,由中国人民银行会同国家计划委员会审批;地方企业发行企业债券,由中国人民银行省、自治区、直辖市、计划单列市分行会同同级计划主管部门审批。

第十二条 企业发行企业债券必须符合下列条件:
(一)企业规模达到国家规定的要求;
(二)企业财务会计制度符合国家规定;
(三)具有偿债能力;
(四)企业经济效益良好,发行企业债券前连续3年盈利;
(五)所筹资金用途符合国家产业政策。

第十三条 企业发行企业债券应当制订发行章程。发行章程应当包括下列内容:
(一)企业的名称、住所、经营范围、法定代表人;
(二)企业近3年的生产经营状况和有关业务发展的基本情况;
(三)财务报告;
(四)企业自有资产净值;
(五)筹集资金的用途;
(六)效益预测;
(七)发行对象、时间、期限、方式;
(八)债券的种类及期限;
(九)债券的利率;
(十)债券总面额;
(十一)还本付息方式;
(十二)审批机关要求载明的其他事项。

第十四条 企业申请发行企业债券,应当向审批机关报送下列文件:
(一)发行企业债券的申请书;
(二)营业执照;
(三)发行章程;
(四)经会计师事务所审计的企业近3年的财务报告;
(五)审批机关要求提供的其他材料。

企业发行企业债券用于固定资产投资,按照国家有关规定需要经有关部门审批的,还应当报送有关部门的审批文件。

第十五条 企业发行企业债券应当公布经审批机关批准的发行章程。

企业发行企业债券,可以向经认可的债券评信机构申请信用评级。

第十六条 企业发行企业债券的总面额不得大于该企业的自有资产净值。

第十七条 企业发行企业债券用于固定资产投资的,依照国家有关固定资产投资的规定办理。

第十八条 企业债券的利率不得高于银行相同期限居民储蓄定期存款利率的40%。

第十九条 任何单位不得以下列资金购买企业债券:
(一)财政预算拨款;
(二)银行贷款;
(三)国家规定不得用于购买企业债券的其他资金。

办理储蓄业务的机构不得将所吸收的储蓄存款用于购买企业债券。

第二十条 企业发行企业债券所筹资金应当按照审批机关批准的用途,用于本企业的生产经营。

企业发行企业债券所筹资金不得用于房地产买卖、股票买卖和期货交易等与本企业生产经营无关的风险性投资。

第二十一条 企业发行企业债券,应当由证券经营机构承销。

证券经营机构承销企业债券,应当对发行债券的企业的发行章程和其他有关文件的真实性、准确性、完整性进行核查。

第二十二条 企业债券的转让,应当在经批准的可以进行债券交易的场所进行。

第二十三条 非证券经营机构和个人不得经营企业债券的承销和转让业务。

第二十四条 单位和个人所得的企业债券利息收入,按照国家规定纳税。

第二十五条 中国人民银行及其分支机构和国家证券监督管理机构,依照规定的职责,负责对企业债券的发行和交易活动,进行监督检查。

第四章 法律责任

第二十六条 未经批准发行或者变相发行企业债券的,以及未通过证券经营机构发行企业债券的,责令停止发行活动,退还非法所筹资金,处以相当于非法所筹资金金额5%以下的罚款。

第二十七条 超过批准数额发行企业债券的，责令退还超额发行部分或者核减相当于超额发行金额的贷款额度，处以相当于超额发行部分5%以下的罚款。

第二十八条 超过本条例第十八条规定的最高利率发行企业债券的，责令改正，处以相当于所筹资金金额5%以下的罚款。

第二十九条 用财政预算拨款、银行贷款或者国家规定不得用于购买企业债券的其他资金购买企业债券的，以及办理储蓄业务的机构用所吸收的储蓄存款购买企业债券的，责令收回该资金，处以相当于所购买企业债券金额5%以下的罚款。

第三十条 未按批准用途使用发行企业债券所筹资金的，责令改正，没收其违反批准用途使用资金所获收益，并处以相当于违法使用资金金额5%以下的罚款。

第三十一条 非证券经营机构和个人经营企业债券的承销或者转让业务的，责令停止非法经营，没收非法所得，并处以承销或者转让企业债券金额5%以下的罚款。

第三十二条 本条例第二十六条、第二十七条、第二十八条、第二十九条、第三十条、第三十一条规定的处罚，由中国人民银行及其分支机构决定。

第三十三条 对有本条例第二十六条、第二十七条、第二十八条、第二十九条、第三十条、第三十一条所列违法行为的单位的法定代表人和直接责任人员，由中国人民银行及其分支机构给予警告或者处以1万元以上10万元以下的罚款；构成犯罪的，依法追究刑事责任。

第三十四条 地方审批机关违反本条例规定，批准发行企业债券的，责令改正，给予通报批评，根据情况相应核减该地方企业债券的发行规模。

第三十五条 企业债券监督管理机关的工作人员玩忽职守、徇私舞弊的，给予行政处分；构成犯罪的，依法追究刑事责任。

第三十六条 发行企业债券的企业违反本条例规定，给他人造成损失的，应依法承担民事赔偿责任。

第五章 附 则

第三十七条 企业发行短期融资券，按照中国人民银行有关规定执行。

第三十八条 本条例由中国人民银行会同国家计划委员会解释。

第三十九条 本条例自发布之日起施行。1987年3月27日国务院发布的《企业债券管理暂行条例》同时废止。

私募投资基金监督管理条例

· 2023年6月16日国务院第8次常务会议通过
· 2023年7月3日中华人民共和国国务院令第762号公布
· 自2023年9月1日起施行

第一章 总 则

第一条 为了规范私募投资基金（以下简称私募基金）业务活动，保护投资者以及相关当事人的合法权益，促进私募基金行业规范健康发展，根据《中华人民共和国证券投资基金法》（以下简称《证券投资基金法》）、《中华人民共和国信托法》、《中华人民共和国公司法》、《中华人民共和国合伙企业法》等法律，制定本条例。

第二条 在中华人民共和国境内，以非公开方式募集资金，设立投资基金或者以进行投资活动为目的依法设立公司、合伙企业，由私募基金管理人或者普通合伙人管理，为投资者的利益进行投资活动，适用本条例。

第三条 国家鼓励私募基金行业规范健康发展，发挥服务实体经济、促进科技创新等功能作用。

从事私募基金业务活动，应当遵循自愿、公平、诚信原则，保护投资者合法权益，不得违反法律、行政法规和国家政策，不得违背公序良俗，不得损害国家利益、社会公共利益和他人合法权益。

私募基金管理人管理、运用私募基金财产，私募基金托管人托管私募基金财产，私募基金服务机构从事私募基金服务业务，应当遵守法律、行政法规规定，恪尽职守，履行诚实守信、谨慎勤勉的义务。

私募基金从业人员应当遵守法律、行政法规规定，恪守职业道德和行为规范，按照规定接受合规和专业能力培训。

第四条 私募基金财产独立于私募基金管理人、私募基金托管人的固有财产。私募基金财产的债务由私募基金财产本身承担，但法律另有规定的除外。

投资者按照基金合同、公司章程、合伙协议（以下统称基金合同）约定分配收益和承担风险。

第五条 私募基金业务活动的监督管理，应当贯彻党和国家路线方针政策、决策部署。国务院证券监督管理机构依照法律和本条例规定对私募基金业务活动实施监督管理，其派出机构依照授权履行职责。

国家对运用一定比例政府资金发起设立或者参股的私募基金的监督管理另有规定的，从其规定。

第六条 国务院证券监督管理机构根据私募基金管理人业务类型、管理资产规模、持续合规情况、风险控制情况和服务投资者能力等,对私募基金管理人实施差异化监督管理,并对创业投资等股权投资、证券投资等不同类型的私募基金实施分类监督管理。

第二章 私募基金管理人和私募基金托管人

第七条 私募基金管理人由依法设立的公司或者合伙企业担任。

以合伙企业形式设立的私募基金,资产由普通合伙人管理的,普通合伙人适用本条例关于私募基金管理人的规定。

私募基金管理人的股东、合伙人以及股东、合伙人的控股股东、实际控制人,控股或者实际控制其他私募基金管理人的,应当符合国务院证券监督管理机构的规定。

第八条 有下列情形之一的,不得担任私募基金管理人,不得成为私募基金管理人的控股股东、实际控制人或者普通合伙人:

(一)本条例第九条规定的情形;

(二)因本条例第十四条第一款第三项所列情形被注销登记,自被注销登记之日起未逾3年的私募基金管理人,或者为该私募基金管理人的控股股东、实际控制人、普通合伙人;

(三)从事的业务与私募基金管理存在利益冲突;

(四)有严重不良信用记录尚未修复。

第九条 有下列情形之一的,不得担任私募基金管理人的董事、监事、高级管理人员、执行事务合伙人或者委派代表:

(一)因犯有贪污贿赂、渎职、侵犯财产罪或者破坏社会主义市场经济秩序罪,被判处刑罚;

(二)最近3年因重大违法违规行为被金融管理部门处以行政处罚;

(三)对所任职的公司、企业因经营不善破产清算或者因违法被吊销营业执照负有个人责任的董事、监事、厂长、高级管理人员、执行事务合伙人或者委派代表,自该公司、企业破产清算终结或者被吊销营业执照之日起未逾5年;

(四)所负债务数额较大,到期未清偿或者被纳入失信被执行人名单;

(五)因违法行为被开除的基金管理人、基金托管人、证券期货交易场所、证券公司、证券登记结算机构、期货公司以及其他机构的从业人员和国家机关工作人员;

(六)因违法行为被吊销执业证书或者被取消资格的律师、注册会计师和资产评估机构、验证机构的从业人员、投资咨询从业人员,自被吊销执业证书或者被取消资

格之日起未逾5年;

(七)担任因本条例第十四条第一款第三项所列情形被注销登记的私募基金管理人的法定代表人、执行事务合伙人或者委派代表,或者负有责任的高级管理人员,自该私募基金管理人被注销登记之日起未逾3年。

第十条 私募基金管理人应当依法向国务院证券监督管理机构委托的机构(以下称登记备案机构)报送下列材料,履行登记手续:

(一)统一社会信用代码;

(二)公司章程或者合伙协议;

(三)股东、实际控制人、董事、监事、高级管理人员、普通合伙人、执行事务合伙人或者委派代表的基本信息,股东、实际控制人、合伙人相关受益所有人信息;

(四)保证报送材料真实、准确、完整和遵守监督管理规定的信用承诺书;

(五)国务院证券监督管理机构规定的其他材料。

私募基金管理人的控股股东、实际控制人、普通合伙人、执行事务合伙人或者委派代表等重大事项发生变更的,应当按照规定向登记备案机构履行变更登记手续。

登记备案机构应当公示已办理登记的私募基金管理人相关信息。

未经登记,任何单位或者个人不得使用"基金"或者"基金管理"字样或者近似名称进行投资活动,但法律、行政法规和国家另有规定的除外。

第十一条 私募基金管理人应当履行下列职责:

(一)依法募集资金,办理私募基金备案;

(二)对所管理的不同私募基金财产分别管理、分别记账,进行投资;

(三)按照基金合同约定管理私募基金并进行投资,建立有效的风险控制制度;

(四)按照基金合同约定确定私募基金收益分配方案,向投资者分配收益;

(五)按照基金合同约定向投资者提供与私募基金管理业务活动相关的信息;

(六)保存私募基金财产管理业务活动的记录、账册、报表和其他有关资料;

(七)国务院证券监督管理机构规定和基金合同约定的其他职责。

以非公开方式募集资金设立投资基金的,私募基金管理人还应当以自己的名义,为私募基金财产利益行使诉讼权利或者实施其他法律行为。

第十二条 私募基金管理人的股东、实际控制人、合

伙人不得有下列行为：

（一）虚假出资、抽逃出资、委托他人或者接受他人委托出资；

（二）未经股东会或者董事会决议等法定程序擅自干预私募基金管理人的业务活动；

（三）要求私募基金管理人利用私募基金财产为自己或者他人牟取利益，损害投资者利益；

（四）法律、行政法规和国务院证券监督管理机构规定禁止的其他行为。

第十三条 私募基金管理人应当持续符合下列要求：

（一）财务状况良好，具有与业务类型和管理资产规模相适应的运营资金；

（二）法定代表人、执行事务合伙人或者委派代表、负责投资管理的高级管理人员按照国务院证券监督管理机构规定持有一定比例的私募基金管理人的股权或者财产份额，但国家另有规定的除外；

（三）国务院证券监督管理机构规定的其他要求。

第十四条 私募基金管理人有下列情形之一的，登记备案机构应当及时注销私募基金管理人登记并予以公示：

（一）自行申请注销登记；

（二）依法解散、被依法撤销或者被依法宣告破产；

（三）因非法集资、非法经营等重大违法行为被追究法律责任；

（四）登记之日起12个月内未备案首只私募基金；

（五）所管理的私募基金全部清算后，自清算完毕之日起12个月内未备案新的私募基金；

（六）国务院证券监督管理机构规定的其他情形。

登记备案机构注销私募基金管理人登记前，应当通知私募基金管理人清算私募基金财产或者依法将私募基金管理职责转移给其他经登记的私募基金管理人。

第十五条 除基金合同另有约定外，私募基金财产应当由私募基金托管人托管。私募基金财产不进行托管的，应当明确保障私募基金财产安全的制度措施和纠纷解决机制。

第十六条 私募基金财产进行托管的，私募基金托管人应当依法履行职责。

私募基金托管人应当依法建立托管业务和其他业务的隔离机制，保证私募基金财产的独立和安全。

第三章 资金募集和投资运作

第十七条 私募基金管理人应当自行募集资金，不得委托他人募集资金，但国务院证券监督管理机构另有规定的除外。

第十八条 私募基金应当向合格投资者募集或者转让，单只私募基金的投资者累计不得超过法律规定的人数。私募基金管理人不得采取为单一融资项目设立多只私募基金等方式，突破法律规定的人数限制；不得采取将私募基金份额或者收益权进行拆分转让等方式，降低合格投资者标准。

前款所称合格投资者，是指达到规定的资产规模或者收入水平，并且具备相应的风险识别能力和风险承担能力，其认购金额不低于规定限额的单位和个人。

合格投资者的具体标准由国务院证券监督管理机构规定。

第十九条 私募基金管理人应当向投资者充分揭示投资风险，根据投资者的风险识别能力和风险承担能力匹配不同风险等级的私募基金产品。

第二十条 私募基金不得向合格投资者以外的单位和个人募集或者转让；不得向为他人代持的投资者募集或者转让；不得通过报刊、电台、电视台、互联网等大众传播媒介，电话、短信、即时通讯工具、电子邮件、传单，或者讲座、报告会、分析会等方式向不特定对象宣传推介；不得以虚假、片面、夸大等方式宣传推介；不得以私募基金托管人名义宣传推介；不得向投资者承诺投资本金不受损失或者承诺最低收益。

第二十一条 私募基金管理人运用私募基金财产进行投资的，在以私募基金管理人名义开立账户、列入所投资企业股东名册或者持有其他私募基金财产时，应当注明私募基金名称。

第二十二条 私募基金管理人应当自私募基金募集完毕之日起20个工作日内，向登记备案机构报送下列材料，办理备案：

（一）基金合同；

（二）托管协议或者保障私募基金财产安全的制度措施；

（三）私募基金财产证明文件；

（四）投资者的基本信息、认购金额、持有基金份额的数量及其受益所有人相关信息；

（五）国务院证券监督管理机构规定的其他材料。

私募基金应当具有保障基本投资能力和抗风险能力的实缴募集资金规模。登记备案机构根据私募基金的募集资金规模等情况实施分类公示，对募集的资金总额或者投资者人数达到规定标准的，应当向国务院证券监督管理机构报告。

第二十三条 国务院证券监督管理机构应当建立健全私募基金监测机制，对私募基金及其投资者份额持有情况等进行集中监测，具体办法由国务院证券监督管理机构规定。

第二十四条 私募基金财产的投资包括买卖股份有限公司股份、有限责任公司股权、债券、基金份额、其他证券及其衍生品种以及符合国务院证券监督管理机构规定的其他投资标的。

私募基金财产不得用于经营或者变相经营资金拆借、贷款等业务。私募基金管理人不得以要求地方人民政府承诺回购本金等方式变相增加政府隐性债务。

第二十五条 私募基金的投资层级应当遵守国务院金融管理部门的规定。但符合国务院证券监督管理机构规定条件，将主要基金财产投资于其他私募基金的私募基金不计入投资层级。

创业投资基金、本条例第五条第二款规定私募基金的投资层级，由国务院有关部门规定。

第二十六条 私募基金管理人应当遵循专业化管理原则，聘用具有相应从业经历的高级管理人员负责投资管理、风险控制、合规等工作。

私募基金管理人应当遵循投资者利益优先原则，建立从业人员投资申报、登记、审查、处置等管理制度，防范利益输送和利益冲突。

第二十七条 私募基金管理人不得将投资管理职责委托他人行使。

私募基金管理人委托其他机构为私募基金提供证券投资建议服务的，接受委托的机构应当为《证券投资基金法》规定的基金投资顾问机构。

第二十八条 私募基金管理人应当建立健全关联交易管理制度，不得以私募基金财产与关联方进行不正当交易或者利益输送，不得通过多层嵌套或者其他方式进行隐瞒。

私募基金管理人运用私募基金财产与自己、投资者、所管理的其他私募基金、其实际控制人控制的其他私募基金管理人管理的私募基金，或者与其有重大利害关系的其他主体进行交易的，应当履行基金合同约定的决策程序，并及时向投资者和私募基金托管人提供相关信息。

第二十九条 私募基金管理人应当按照规定聘请会计师事务所对私募基金财产进行审计，向投资者提供审计结果，并报送登记备案机构。

第三十条 私募基金管理人、私募基金托管人及其从业人员不得有下列行为：

（一）将其固有财产或者他人财产混同于私募基金财产；

（二）利用私募基金财产或者职务便利，为投资者以外的人牟取利益；

（三）侵占、挪用私募基金财产；

（四）泄露因职务便利获取的未公开信息，利用该信息从事或者明示、暗示他人从事相关的证券、期货交易活动；

（五）法律、行政法规和国务院证券监督管理机构规定禁止的其他行为。

第三十一条 私募基金管理人在资金募集、投资运作过程中，应当按照国务院证券监督管理机构的规定和基金合同约定，向投资者提供信息。

私募基金财产进行托管的，私募基金管理人应当按照国务院证券监督管理机构的规定和托管协议约定，及时向私募基金托管人提供投资者基本信息、投资标的权属变更证明材料等信息。

第三十二条 私募基金管理人、私募基金托管人及其从业人员提供、报送的信息应当真实、准确、完整，不得有下列行为：

（一）虚假记载、误导性陈述或者重大遗漏；

（二）对投资业绩进行预测；

（三）向投资者承诺投资本金不受损失或者承诺最低收益；

（四）法律、行政法规和国务院证券监督管理机构规定禁止的其他行为。

第三十三条 私募基金管理人、私募基金托管人、私募基金服务机构应当按照国务院证券监督管理机构的规定，向登记备案机构报送私募基金投资运作等信息。登记备案机构应当根据不同私募基金类型，对报送信息的内容、频次等作出规定，并汇总分析私募基金行业情况，向国务院证券监督管理机构报送私募基金行业相关信息。

登记备案机构应当加强风险预警，发现可能存在重大风险的，及时采取措施并向国务院证券监督管理机构报告。

登记备案机构应当对本条第一款规定的信息保密，除法律、行政法规另有规定外，不得对外提供。

第三十四条 因私募基金管理人无法正常履行职责或者出现重大风险等情形，导致私募基金无法正常运作、终止的，由基金合同约定或者有关规定确定的其他专业机构,行使更换私募基金管理人、修改或者提前终止基金合同、组织私募基金清算等职权。

第四章 关于创业投资基金的特别规定

第三十五条 本条例所称创业投资基金,是指符合下列条件的私募基金:

(一)投资范围限于未上市企业,但所投资企业上市后基金所持股份的未转让部分及其配售部分除外;

(二)基金名称包含"创业投资基金"字样,或者在公司、合伙企业经营范围中包含"从事创业投资活动"字样;

(三)基金合同体现创业投资策略;

(四)不使用杠杆融资,但国家另有规定的除外;

(五)基金最低存续期限符合国家有关规定;

(六)国家规定的其他条件。

第三十六条 国家对创业投资基金给予政策支持,鼓励和引导其投资成长性、创新性创业企业,鼓励长期资金投资于创业投资基金。

国务院发展改革部门负责组织拟定促进创业投资基金发展的政策措施。国务院证券监督管理机构和国务院发展改革部门建立健全信息和支持政策共享机制,加强创业投资基金监督管理政策和发展政策的协同配合。登记备案机构应当及时向国务院证券监督管理机构和国务院发展改革部门报送与创业投资基金相关的信息。

享受国家政策支持的创业投资基金,其投资应当符合国家有关规定。

第三十七条 国务院证券监督管理机构对创业投资基金实施区别于其他私募基金的差异化监督管理:

(一)优化创业投资基金营商环境,简化登记备案手续;

(二)对合法募资、合规投资、诚信经营的创业投资基金在资金募集、投资运作、风险监测、现场检查等方面实施差异化监督管理,减少检查频次;

(三)对主要从事长期投资、价值投资、重大科技成果转化的创业投资基金在投资退出等方面提供便利。

第三十八条 登记备案机构在登记备案、事项变更等方面对创业投资基金实施区别于其他私募基金的差异化自律管理。

第五章 监督管理

第三十九条 国务院证券监督管理机构对私募基金业务活动实施监督管理,依法履行下列职责:

(一)制定有关私募基金业务活动监督管理的规章、规则;

(二)对私募基金管理人、私募基金托管人以及其他机构从事私募基金业务活动进行监督管理,对违法行为进行查处;

(三)对登记备案和自律管理活动进行指导、检查和监督;

(四)法律、行政法规规定的其他职责。

第四十条 国务院证券监督管理机构依法履行职责,有权采取下列措施:

(一)对私募基金管理人、私募基金托管人、私募基金服务机构进行现场检查,并要求其报送有关业务资料;

(二)进入涉嫌违法行为发生场所调查取证;

(三)询问当事人和与被调查事件有关的单位和个人,要求其对与被调查事件有关的事项作出说明;

(四)查阅、复制与被调查事件有关的财产权登记、通讯记录等资料;

(五)查阅、复制当事人和与被调查事件有关的单位和个人的证券交易记录、登记过户记录、财务会计资料以及其他有关文件和资料;对可能被转移、隐匿或者毁损的文件和资料,可以予以封存;

(六)依法查询当事人和与被调查事件有关的账户信息;

(七)法律、行政法规规定的其他措施。

为防范私募基金风险,维护市场秩序,国务院证券监督管理机构可以采取责令改正、监管谈话、出具警示函等措施。

第四十一条 国务院证券监督管理机构依法进行监督检查或者调查时,监督检查或者调查人员不得少于2人,并应当出示执法证件和监督检查、调查通知书或者其他执法文书。对监督检查或者调查中知悉的商业秘密、个人隐私,依法负有保密义务。

被检查、调查的单位和个人应当配合国务院证券监督管理机构依法进行的监督检查或者调查,如实提供有关文件和资料,不得拒绝、阻碍和隐瞒。

第四十二条 国务院证券监督管理机构发现私募基金管理人违法违规,或者其内部治理结构和风险控制管理不符合规定的,应当责令限期改正;逾期未改正,或者行为严重危及该私募基金管理人的稳健运行、损害投资者合法权益的,国务院证券监督管理机构可以区别情形,对其采取下列措施:

(一)责令暂停部分或者全部业务;

(二)责令更换董事、监事、高级管理人员、执行事务

合伙人或者委派代表,或者限制其权利;

(三)责令负有责任的股东转让股权、负有责任的合伙人转让财产份额,限制负有责任的股东或者合伙人行使权利;

(四)责令私募基金管理人聘请或者指定第三方机构对私募基金财产进行审计,相关费用由私募基金管理人承担。

私募基金管理人违法经营或者出现重大风险,严重危害市场秩序、损害投资者利益的,国务院证券监督管理机构除采取前款规定的措施外,还可以对该私募基金管理人采取指定其他机构接管、通知登记备案机构注销登记等措施。

第四十三条 国务院证券监督管理机构应当将私募基金管理人、私募基金托管人、私募基金服务机构及其从业人员的诚信信息记入资本市场诚信数据库和全国信用信息共享平台。国务院证券监督管理机构会同国务院有关部门依法建立健全私募基金管理人以及有关责任主体失信联合惩戒制度。

国务院证券监督管理机构会同其他金融管理部门等国务院有关部门和省、自治区、直辖市人民政府建立私募基金监督管理信息共享、统计数据报送和风险处置协作机制。处置风险过程中,有关地方人民政府应当采取有效措施维护社会稳定。

第六章 法律责任

第四十四条 未依照本条例第十条规定履行登记手续,使用"基金"或者"基金管理"字样或者近似名称进行投资活动的,责令改正,没收违法所得,并处违法所得1倍以上5倍以下的罚款;没有违法所得或者违法所得不足100万元的,并处10万元以上100万元以下的罚款。对直接负责的主管人员和其他直接责任人员给予警告,并处3万元以上30万元以下的罚款。

第四十五条 私募基金管理人的股东、实际控制人、合伙人违反本条例第十二条规定的,责令改正,给予警告或者通报批评,没收违法所得,并处违法所得1倍以上5倍以下的罚款;没有违法所得或者违法所得不足100万元的,并处10万元以上100万元以下的罚款。对直接负责的主管人员和其他直接责任人员给予警告或者通报批评,并处3万元以上30万元以下的罚款。

第四十六条 私募基金管理人违反本条例第十三条规定的,责令改正;拒不改正的,给予警告或者通报批评,并处10万元以上100万元以下的罚款,责令其停止私募基金业务活动并予以公告。对直接负责的主管人员和其他直接责任人员给予警告或者通报批评,并处3万元以上30万元以下的罚款。

第四十七条 违反本条例第十六条第二款规定,私募基金托管人未建立业务隔离机制的,责令改正,给予警告或者通报批评,并处5万元以上50万元以下的罚款。对直接负责的主管人员和其他直接责任人员给予警告或者通报批评,并处3万元以上30万元以下的罚款。

第四十八条 违反本条例第十七条、第十八条、第二十条关于私募基金合格投资者管理和募集方式等规定的,没收违法所得,并处违法所得1倍以上5倍以下的罚款;没有违法所得或者违法所得不足100万元的,并处10万元以上100万元以下的罚款。对直接负责的主管人员和其他直接责任人员给予警告,并处3万元以上30万元以下的罚款。

第四十九条 违反本条例第十九条规定,未向投资者充分揭示投资风险,并误导其投资与其风险识别能力和风险承担能力不匹配的私募基金产品的,给予警告或者通报批评,并处10万元以上30万元以下的罚款;情节严重的,责令其停止私募基金业务活动并予以公告。对直接负责的主管人员和其他直接责任人员给予警告或者通报批评,并处3万元以上10万元以下的罚款。

第五十条 违反本条例第二十二条第一款规定,私募基金管理人未对募集完毕的私募基金办理备案的,处10万元以上30万元以下的罚款。对直接负责的主管人员和其他直接责任人员给予警告,并处3万元以上10万元以下的罚款。

第五十一条 违反本条例第二十四条第二款规定,将私募基金财产用于经营或者变相经营资金拆借、贷款等业务,或者要求地方人民政府承诺回购本金的,责令改正,给予警告或者通报批评,没收违法所得,并处10万元以上100万元以下的罚款。对直接负责的主管人员和其他直接责任人员给予警告或者通报批评,并处3万元以上30万元以下的罚款。

第五十二条 违反本条例第二十六条规定,私募基金管理人未聘用具有相应从业经历的高级管理人员负责投资管理、风险控制、合规等工作,或者未建立从业人员投资申报、登记、审查、处置等管理制度的,责令改正,给予警告或者通报批评,并处10万元以上100万元以下的罚款。对直接负责的主管人员和其他直接责任人员给予警告或者通报批评,并处3万元以上30万元以下的罚款。

第五十三条 违反本条例第二十七条规定,私募基金管理人委托他人行使投资管理职责,或者委托不符合《证券投资基金法》规定的机构提供证券投资建议服务的,责令改正,给予警告或者通报批评,没收违法所得,并处10万元以上100万元以下的罚款。对直接负责的主管人员和其他直接责任人员给予警告或者通报批评,并处3万元以上30万元以下的罚款。

第五十四条 违反本条例第二十八条规定,私募基金管理人从事关联交易的,责令改正,给予警告或者通报批评,没收违法所得,并处10万元以上100万元以下的罚款。对直接负责的主管人员和其他直接责任人员给予警告或者通报批评,并处3万元以上30万元以下的罚款。

第五十五条 私募基金管理人、私募基金托管人及其从业人员有本条例第三十条所列行为之一的,责令改正,给予警告或者通报批评,没收违法所得,并处违法所得1倍以上5倍以下的罚款;没有违法所得或者违法所得不足100万元的,并处10万元以上100万元以下的罚款。对直接负责的主管人员和其他直接责任人员给予警告或者通报批评,并处3万元以上30万元以下的罚款。

第五十六条 私募基金管理人、私募基金托管人及其从业人员未按照本条例规定提供、报送相关信息,或者有本条例第三十二条所列行为之一的,责令改正,给予警告或者通报批评,没收违法所得,并处10万元以上100万元以下的罚款。对直接负责的主管人员和其他直接责任人员给予警告或者通报批评,并处3万元以上30万元以下的罚款。

第五十七条 私募基金服务机构及其从业人员违反法律、行政法规规定,未恪尽职守、勤勉尽责的,责令改正,给予警告或者通报批评,并处10万元以上30万元以下的罚款;情节严重的,责令其停止私募基金服务业务。对直接负责的主管人员和其他直接责任人员给予警告或者通报批评,并处3万元以上10万元以下的罚款。

第五十八条 私募基金管理人、私募基金托管人、私募基金服务机构及其从业人员违反本条例或者国务院证券监督管理机构的有关规定,情节严重的,国务院证券监督管理机构可以对有关责任人员采取证券期货市场禁入措施。

拒绝、阻碍国务院证券监督管理机构及其工作人员依法行使监督检查、调查职权,由国务院证券监督管理机构责令改正,处10万元以上100万元以下的罚款;构成违反治安管理行为的,由公安机关依法给予治安管理处罚;构成犯罪的,依法追究刑事责任。

第五十九条 国务院证券监督管理机构、登记备案机构的工作人员玩忽职守、滥用职权、徇私舞弊或者利用职务便利索取或者收受他人财物的,依法给予处分;构成犯罪的,依法追究刑事责任。

第六十条 违反本条例规定和基金合同约定,依法应当承担民事赔偿责任和缴纳罚款、被没收违法所得,其财产不足以同时支付时,先承担民事赔偿责任。

第七章 附 则

第六十一条 外商投资私募基金管理人的管理办法,由国务院证券监督管理机构会同国务院有关部门依照外商投资法律、行政法规和本条例制定。

境外机构不得直接向境内投资者募集资金设立私募基金,但国家另有规定的除外。

私募基金管理人在境外开展私募基金业务活动,应当符合国家有关规定。

第六十二条 本条例自2023年9月1日起施行。

中国证券监督管理委员会限制证券买卖实施办法

·2007年4月30日中国证券监督管理委员会2007年第204次主席办公会议审议通过
·根据2020年10月30日中国证券监督管理委员会《关于修改、废止部分证券期货规章的决定》修正

第一条 为维护证券市场正常秩序,保护投资者合法权益,有效打击证券违法行为,依据《中华人民共和国证券法》第一百七十条第(七)项,制订本办法。

第二条 限制证券买卖是指中国证券监督管理委员会(以下简称中国证监会)在调查操纵证券市场、内幕交易等重大证券违法行为时,对被调查事件当事人受限账户的证券买卖行为采取的限制措施。

限制证券买卖措施由中国证监会调查部门(以下简称调查部门)具体实施。

第三条 受限账户包括被调查事件当事人及其实际控制的资金账户、证券账户和与当事人有关的其他账户。

与当事人有关的其他账户包括:

(一)有资金往来的;

(二)资金存取人为相同人员或机构的;

(三)交易代理人为相同人员或机构的;

(四)有转托管或交叉指定关系的;

(五)有抵押关系的;

(六)受同一监管协议控制的;

(七)下挂同一个或多个股东账户的;

（八）属同一控制人控制的；
（九）调查部门通过调查认定的其他情况。

第四条　限制证券买卖措施包括：
（一）不得买入指定交易品种，但允许卖出；
（二）不得卖出指定交易品种，但允许买入；
（三）不得买入和卖出指定交易品种；
（四）不得办理转托管或撤销指定交易；
（五）调查部门认为应采取的其他限制措施。

第五条　调查部门限制证券买卖的时间不得超过三个月。案情复杂的，经批准可延长三个月。

第六条　调查部门实施本措施，应当制作《限制/解除限制证券买卖申请书》，经法律部门审核，报中国证监会主要负责人或者其授权的其他负责人批准。

第七条　《限制/解除限制证券买卖申请书》应当载明以下事项：
（一）案由；
（二）受限账户的基本情况；
（三）采取限制/解除限制措施的原因；
（四）采取限制/解除限制措施的法律依据；
（五）限制措施的主要内容，包括受限账户名称、代码、限制品种、限制方式和限制期限。

同时，应当附带下列材料：
（一）证明调查部门正在对被调查事件当事人的证券违法行为进行调查的材料；
（二）证明受限账户基本情况的材料；
（三）证明受限账户符合本办法第三条规定的材料；
（四）调查部门认为受限账户符合采取限制/解除限制措施的原因的证据。

《限制/解除限制证券买卖申请书》应当经调查部门主要负责人签字批准、加盖公章。

第八条　实施限制证券买卖措施，调查部门应当向证券交易所、证券登记结算公司、证券经营机构等协助实施限制证券买卖的机构发出《限制/解除限制证券买卖通知书》。

第九条　《限制/解除限制证券买卖通知书》应当载明以下事项：
（一）实施依据；
（二）受限账户；
（三）限制方式；
（四）限制品种；
（五）限制期限；
（六）协助执行单位。

第十条　协助实施限制证券买卖的机构应当按要求及时、有效地执行限制措施。限制期满，应及时解除。

第十一条　调查部门应将实施限制证券买卖措施的情况通知当事人或托管受限账户的证券经营机构。

当事人有权申请复议。复议期间，限制证券买卖措施不停止执行。

第十二条　限制期限届满前，需解除限制证券买卖措施的，经中国证监会主要负责人或者其授权的其他负责人批准，可予以解除。

第十三条　根据需要，有关部门可对限制证券买卖情况予以公告。

第十四条　协助实施限制证券买卖的机构未按要求及时、有效地执行限制措施，依有关法规追究责任。

第十五条　调查部门未按规定程序实施限制证券买卖措施的，将依法追究责任。

第十六条　本办法自公布之日起施行。

公司债券发行与交易管理办法

- 2023年10月12日中国证券监督管理委员会2023年第6次委务会议审议通过
- 2023年10月20日中国证券监督管理委员会令第222号公布
- 自公布之日起施行

第一章　总　则

第一条　为了规范公司债券（含企业债券）的发行、交易或转让行为，保护投资者的合法权益和社会公共利益，根据《证券法》《公司法》和其他相关法律法规，制定本办法。

第二条　在中华人民共和国境内，公开发行公司债券并在证券交易所、全国中小企业股份转让系统交易，非公开发行公司债券并在证券交易所、全国中小企业股份转让系统、证券公司柜台转让的，适用本办法。法律法规和中国证券监督管理委员会（以下简称中国证监会）另有规定的，从其规定。本办法所称公司债券，是指公司依照法定程序发行、约定在一定期限还本付息的有价证券。

第三条　公司债券可以公开发行，也可以非公开发行。

第四条　发行人及其他信息披露义务人应当及时、公平地履行披露义务，所披露或者报送的信息必须真实、准确、完整，简明清晰，通俗易懂，不得有虚假记载、误导性陈述或者重大遗漏。

第五条 发行人及其控股股东、实际控制人、董事、监事、高级管理人员应当诚实守信、勤勉尽责,维护债券持有人享有的法定权利和债券募集说明书约定的权利。

发行人及其控股股东、实际控制人、董事、监事、高级管理人员不得怠于履行偿债义务或者通过财产转移、关联交易等方式逃废债务,故意损害债券持有人权益。

第六条 为公司债券发行提供服务的承销机构、受托管理人,以及资信评级机构、会计师事务所、资产评估机构、律师事务所等专业机构和人员应当勤勉尽责,严格遵守执业规范和监管规则,按规定和约定履行义务。

发行人及其控股股东、实际控制人应当全面配合承销机构、受托管理人、证券服务机构的相关工作,及时提供资料,并确保内容真实、准确、完整。

第七条 发行人、承销机构及其相关工作人员在发行定价和配售过程中,不得有违反公平竞争、进行利益输送、直接或间接谋取不正当利益以及其他破坏市场秩序的行为。

第八条 中国证监会对公司债券发行的注册,证券交易所对公司债券发行出具的审核意见,或者中国证券业协会按照本办法对公司债券发行的报备,不表明其对发行人的经营风险、偿债风险、诉讼风险以及公司债券的投资风险或收益等作出判断或者保证。公司债券的投资风险,由投资者自行承担。

第九条 中国证监会依法对公司债券的发行及其交易或转让活动进行监督管理。证券自律组织依照相关规定对公司债券的发行、上市交易或挂牌转让、登记结算、承销、尽职调查、信用评级、受托管理及增信等进行自律管理。

证券自律组织应当制定相关业务规则,明确公司债券发行、承销、报备、上市交易或挂牌转让、信息披露、登记结算、投资者适当性管理、持有人会议及受托管理等具体规定,报中国证监会批准或备案。

第二章 发行和交易转让的一般规定

第十条 发行公司债券,发行人应当依照《公司法》或者公司章程相关规定对以下事项作出决议:

(一)发行债券的金额;

(二)发行方式;

(三)债券期限;

(四)募集资金的用途;

(五)其他按照法律法规及公司章程规定需要明确的事项。

发行公司债券,如果对增信机制、偿债保障措施作出安排的,也应当在决议事项中载明。

第十一条 发行公司债券,可以附认股权、可转换成相关股票等条款。上市公司、股票公开转让的非上市公众公司股东可以发行附可交换成上市公司或非上市公众公司股票条款的公司债券。商业银行等金融机构可以按照有关规定发行公司债券补充资本。上市公司发行附认股权、可转换成股票条款的公司债券,应当符合上市公司证券发行管理的相关规定。股票公开转让的非上市公众公司发行附认股权、可转换成股票条款的公司债券,由中国证监会另行规定。

第十二条 根据财产状况、金融资产状况、投资知识和经验、专业能力等因素,公司债券投资者可以分为普通投资者和专业投资者。专业投资者的标准按照中国证监会的相关规定执行。

证券自律组织可以在中国证监会相关规定的基础上,设定更为严格的投资者适当性要求。

发行人的董事、监事、高级管理人员及持股比例超过百分之五的股东,可视同专业投资者参与发行人相关公司债券的认购或交易、转让。

第十三条 公开发行公司债券筹集的资金,必须按照公司债券募集说明书所列资金用途使用;改变资金用途,必须经债券持有人会议作出决议。非公开发行公司债券,募集资金应当用于约定的用途;改变资金用途,应当履行募集说明书约定的程序。

鼓励公开发行公司债券的募集资金投向符合国家宏观调控政策和产业政策的项目建设。

公开发行公司债券筹集的资金,不得用于弥补亏损和非生产性支出。发行人应当指定专项账户,用于公司债券募集资金的接收、存储、划转。

第三章 公开发行及交易

第一节 注册规定

第十四条 公开发行公司债券,应当符合下列条件:

(一)具备健全且运行良好的组织机构;

(二)最近三年平均可分配利润足以支付公司债券一年的利息;

(三)具有合理的资产负债结构和正常的现金流量;

(四)国务院规定的其他条件。

公开发行公司债券,由证券交易所负责受理、审核,并报中国证监会注册。

第十五条 存在下列情形之一的,不得再次公开发行公司债券:

（一）对已公开发行的公司债券或者其他债务有违约或者延迟支付本息的事实，仍处于继续状态；

（二）违反《证券法》规定，改变公开发行公司债券所募资金用途。

第十六条 资信状况符合以下标准的公开发行公司债券，专业投资者和普通投资者可以参与认购：

（一）发行人最近三年无债务违约或者延迟支付本息的事实；

（二）发行人最近三年平均可分配利润不少于债券一年利息的1.5倍；

（三）发行人最近一期末净资产规模不少于250亿元；

（四）发行人最近36个月内累计公开发行债券不少于3期，发行规模不少于100亿元；

（五）中国证监会根据投资者保护的需要规定的其他条件。

未达到前款规定标准的公开发行公司债券，仅限于专业投资者参与认购。

第二节 注册程序

第十七条 发行人公开发行公司债券，应当按照中国证监会有关规定制作注册申请文件，由发行人向证券交易所申报。证券交易所收到注册申请文件后，在五个工作日内作出是否受理的决定。

第十八条 自注册申请文件受理之日起，发行人及其控股股东、实际控制人、董事、监事、高级管理人员，以及与本次债券公开发行并上市相关的主承销商、证券服务机构及相关责任人员，即承担相应法律责任。

第十九条 注册申请文件受理后，未经中国证监会或者证券交易所同意，不得改动。

发生重大事项的，发行人、主承销商、证券服务机构应当及时向证券交易所报告，并按要求更新注册申请文件和信息披露资料。

第二十条 证券交易所负责审核发行人公开发行公司债券并上市申请。

证券交易所主要通过向发行人提出审核问询、发行人回答问题方式开展审核工作，判断发行人是否符合发行条件、上市条件和信息披露要求。

第二十一条 证券交易所按照规定的条件和程序，提出审核意见。认为发行人符合发行条件和信息披露要求的，将审核意见、注册申请文件及相关审核资料报送中国证监会履行发行注册程序。认为发行人不符合发行条件或信息披露要求的，作出终止发行上市审核决定。

第二十二条 证券交易所应当建立健全审核机制，强化质量控制，提高审核工作透明度，公开审核工作相关事项，接受社会监督。

证券交易所在审核中发现申报文件涉嫌虚假记载、误导性陈述或者重大遗漏的，可以对发行人进行现场检查，对相关主承销商、证券服务机构执业质量开展延伸检查。

第二十三条 中国证监会收到证券交易所报送的审核意见、发行人注册申请文件及相关审核资料后，履行发行注册程序。中国证监会认为存在需要进一步说明或者落实事项的，可以问询或要求证券交易所进一步问询。

中国证监会认为证券交易所的审核意见依据不充分的，可以退回证券交易所补充审核。

第二十四条 证券交易所应当自受理注册申请文件之日起二个月内出具审核意见，中国证监会应当自证券交易所受理注册申请文件之日起三个月内作出同意注册或者不予注册的决定。发行人根据中国证监会、证券交易所要求补充、修改注册申请文件的时间不计算在内。

第二十五条 公开发行公司债券，可以申请一次注册，分期发行。中国证监会同意注册的决定自作出之日起两年内有效，发行人应当在注册决定有效期内发行公司债券，并自主选择发行时点。

公开发行公司债券的募集说明书自最后签署之日起六个月内有效。发行人应当及时更新债券募集说明书等公司债券发行文件，并在每期发行前报证券交易所备案。

第二十六条 中国证监会作出注册决定后，主承销商及证券服务机构应当持续履行尽职调查职责；发生重大事项的，发行人、主承销商、证券服务机构应当及时向证券交易所报告。

证券交易所应当对上述事项及时处理，发现发行人存在重大事项影响发行条件、上市条件的，应当出具明确意见并及时向中国证监会报告。

第二十七条 中国证监会作出注册决定后、发行人公司债券上市前，发现可能影响本次发行的重大事项的，中国证监会可以要求发行人暂缓或者暂停发行、上市；相关重大事项导致发行人不符合发行条件的，可以撤销注册。

中国证监会撤销注册后，公司债券尚未发行的，发行人应当停止发行；公司债券已经发行尚未上市的，发行人应当按照发行价并加算银行同期存款利息返还债券持有人。

第二十八条 中国证监会应当按规定公开公司债券发行注册行政许可事项相关的监管信息。

第二十九条 存在下列情形之一的，发行人、主承销商、证券服务机构应当及时书面报告证券交易所或者中国证监会、证券交易所或者中国证监会应当中止相应发行上市审核程序或者发行注册程序：

（一）发行人因涉嫌违法违规被行政机关调查，或者被司法机关侦查，尚未结案，对其公开发行公司债券行政许可影响重大；

（二）发行人的主承销商，以及律师事务所、会计师事务所、资信评级机构等证券服务机构被中国证监会依法采取限制业务活动、责令停业整顿、指定其他机构托管、接管等监管措施，或者被证券交易所实施一定期限内不接受其出具的相关文件的纪律处分，尚未解除；

（三）发行人的主承销商，以及律师事务所、会计师事务所、资信评级机构等证券服务机构签字人员被中国证监会依法采取限制从事证券服务业务等监管措施或者证券市场禁入的措施，或者被证券交易所实施一定期限内不接受其出具的相关文件的纪律处分，尚未解除；

（四）发行人或主承销商主动要求中止发行上市审核程序或者发行注册程序，理由正当且经证券交易所或者中国证监会批准；

（五）中国证监会或证券交易所规定的其他情形。

中国证监会、证券交易所根据发行人、主承销商申请，决定中止审核的，待相关情形消失后，发行人、主承销商可以向中国证监会、证券交易所申请恢复审核。中国证监会、证券交易所依据相关规定中止审核的，待相关情形消失后，中国证监会、证券交易所按规定恢复审核。

第三十条 存在下列情形之一的，证券交易所或者中国证监会应当终止相应发行上市审核程序或者发行注册程序，并向发行人说明理由：

（一）发行人主动要求撤回申请或主承销商申请撤回所出具的核查意见；

（二）发行人未在要求的期限内对注册申请文件作出解释说明或者补充、修改；

（三）注册申请文件存在虚假记载、误导性陈述或重大遗漏；

（四）发行人阻碍或者拒绝中国证监会、证券交易所依法对发行人实施检查、核查；

（五）发行人及其关联方以不正当手段严重干扰发行上市审核或者发行注册工作；

（六）发行人法人资格终止；

（七）发行人注册申请文件内容存在重大缺陷，严重影响投资者理解和发行上市审核或者发行注册工作；

（八）发行人中止发行上市审核程序超过证券交易所规定的时限或者中止发行注册程序超过六个月仍未恢复；

（九）证券交易所认为发行人不符合发行条件或信息披露要求；

（十）中国证监会或证券交易所规定的其他情形。

第三节 交易

第三十一条 公开发行的公司债券，应当在证券交易场所交易。

公开发行公司债券并在证券交易场所交易的，应当符合证券交易场所规定的上市、挂牌条件。

第三十二条 证券交易场所应当对公开发行公司债券的上市交易实施分类管理，实行差异化的交易机制，建立相应的投资者适当性管理制度，健全风险控制机制。证券交易场所应当根据债券资信状况的变化及时调整交易机制和投资者适当性安排。

第三十三条 公开发行公司债券申请上市交易的，应当在发行前根据证券交易场所的相关规则，明确交易机制和交易环节投资者适当性安排。发行环节和交易环节的投资者适当性要求应当保持一致。

第四章 非公开发行及转让

第三十四条 非公开发行的公司债券应当向专业投资者发行，不得采用广告、公开劝诱和变相公开方式，每次发行对象不得超过二百人。

第三十五条 承销机构应当按照中国证监会、证券自律组织规定的投资者适当性制度，了解和评估投资者对非公开发行公司债券的风险识别和承担能力，确认参与非公开发行公司债券认购的投资者为专业投资者，并充分揭示风险。

第三十六条 非公开发行公司债券，承销机构或依照本办法第三十九条规定自行销售的发行人应当在每次发行完成后五个工作日内向中国证券业协会报备。

中国证券业协会在材料齐备时应当及时予以报备。报备不代表中国证券业协会实行合规性审查，不构成市场准入，也不豁免相关主体的违规责任。

第三十七条 非公开发行公司债券，可以申请在证券交易场所、证券公司柜台转让。

非公开发行公司债券并在证券交易场所转让的，应当遵守证券交易场所制定的业务规则，并经证券交易场所同意。

非公开发行公司债券并在证券公司柜台转让的，应当符合中国证监会的相关规定。

第三十八条 非公开发行的公司债券仅限于专业投

资者范围内转让。转让后，持有同次发行债券的投资者合计不得超过二百人。

第五章 发行与承销管理

第三十九条 发行公司债券应当依法由具有证券承销业务资格的证券公司承销。

取得证券承销业务资格的证券公司、中国证券金融股份有限公司非公开发行公司债券可以自行销售。

第四十条 承销机构承销公司债券，应当依据本办法以及中国证监会、中国证券业协会有关风险管理和内部控制等相关规定，制定严格的风险管理和内部控制制度，明确操作规程，保证人员配备，加强定价和配售等过程管理，有效控制业务风险。

承销机构应当建立健全内部问责机制，相关业务人员因违反公司债券相关规定被采取自律监管措施、自律处分、行政监管措施、市场禁入措施、行政处罚、刑事处罚等的，承销机构应当进行内部问责。

承销机构应当制定合理的薪酬考核体系，不得以业务包干等承销方式开展公司债券承销业务，或者以其他形式实施过度激励。

承销机构应当综合评估项目执行成本与风险责任，合理确定报价，不得以明显低于行业定价水平等不正当竞争方式招揽业务。

第四十一条 主承销商应当遵守业务规则和行业规范，诚实守信、勤勉尽责、保持合理怀疑，按照合理性、必要性和重要性原则，对公司债券发行文件的真实性、准确性和完整性进行审慎核查，并有合理谨慎的理由确信发行文件披露的信息不存在虚假记载、误导性陈述或者重大遗漏。

主承销商对公司债券发行文件中证券服务机构出具专业意见的重要内容存在合理怀疑的，应当履行审慎核查和必要的调查、复核工作，排除合理怀疑。证券服务机构应当配合主承销商的相关核查工作。

第四十二条 承销机构承销公司债券，应当依照《证券法》相关规定采用包销或者代销方式。

第四十三条 发行人和主承销商应当签订承销协议，在承销协议中界定双方的权利义务关系，约定明确的承销基数。采用包销方式的，应当明确包销责任。组成承销团的承销机构应当签订承销团协议，由主承销商负责组织承销工作。公司债券发行由两家以上承销机构联合主承销的，所有担任主承销商的承销机构应当共同承担主承销责任，履行相关义务。承销团由三家以上承销机构组成的，可以设副主承销商，协助主承销商组织承销活动。承销团成员应当按照承销团协议及承销协议的约定进行承销活动，不得进行虚假承销。

第四十四条 公司债券公开发行的价格或利率以询价或公开招标等市场化方式确定。发行人和主承销商应当协商确定公开发行的定价与配售方案并予公告，明确价格或利率确定原则、发行定价流程和配售规则等内容。

第四十五条 发行人及其控股股东、实际控制人、董事、监事、高级管理人员和承销机构不得操纵发行定价、暗箱操作；不得以代持、信托等方式谋取不正当利益或向其他相关利益主体输送利益；不得直接或通过其利益相关方向参与认购的投资者提供财务资助；不得有其他违反公平竞争、破坏市场秩序等行为。

发行人不得在发行环节直接或间接认购其发行的公司债券。发行人的董事、监事、高级管理人员、持股比例超过百分之五的股东及其他关联方认购或交易、转让其发行的公司债券的，应当披露相关情况。

第四十六条 公开发行公司债券的，发行人和主承销商应当聘请律师事务所对发行过程、配售行为、参与认购的投资者资质条件、资金划拨等事项进行见证，并出具专项法律意见书。公开发行的公司债券上市后十个工作日内，主承销商应当将专项法律意见、承销总结报告等文件一并报证券交易场所。

第四十七条 发行人和承销机构在推介过程中不得夸大宣传，或以虚假广告等不正当手段诱导、误导投资者，不得披露除债券募集说明书等信息以外的发行人其他信息。承销机构应当保留推介、定价、配售等承销过程中的相关资料，并按相关法律法规规定存档备查，包括推介宣传材料、路演现场录音等，如实、全面反映询价、定价和配售过程。相关推介、定价、配售等的备查资料应当按中国证券业协会的规定制作并妥善保管。

第四十八条 中国证券业协会应当制定非公开发行公司债券承销业务的风险控制管理规定，根据市场风险状况对承销业务范围进行限制并动态调整。

第四十九条 债券募集说明书及其他信息披露文件所引用的审计报告、法律意见书、评级报告及资产评估报告等，应当由符合《证券法》规定的证券服务机构出具。

证券服务机构应当严格遵守法律法规、中国证监会制定的监管规则、执业准则、职业道德守则、证券交易场所制定的业务规则及其他相关规定，建立并保持有效的质量控制体系、独立性管理和投资者保护机制，审慎履行职责，作出专业判断与认定，并对募集说明书或者其他信息披露文件中与其专业职责有关的内容及其出具的文件的真实性、准确性、完整性负责。

证券服务机构及其相关执业人员应当对与本专业相关的业务事项履行特别注意义务,对其他业务事项履行普通注意义务,并承担相应法律责任。

证券服务机构及其执业人员从事证券服务业务应当配合中国证监会的监督管理,在规定的期限内提供、报送或披露相关资料、信息,并保证其提供、报送或披露的资料、信息真实、准确、完整,不得有虚假记载、误导性陈述或者重大遗漏。

证券服务机构应当妥善保存客户委托文件、核查和验证资料、工作底稿以及与质量控制、内部管理、业务经营有关的信息和资料。

第六章 信息披露

第五十条 发行人及其他信息披露义务人应当按照中国证监会及证券自律组织的相关规定履行信息披露义务。

第五十一条 公司债券上市交易的发行人应当按照中国证监会、证券交易所的规定及时披露债券募集说明书,并在债券存续期内披露中期报告和经符合《证券法》规定的会计师事务所审计的年度报告。非公开发行公司债券的发行人信息披露的时点、内容,应当按照募集说明书的约定及证券交易场所的规定履行。

发行人及其控股股东、实际控制人、董事、监事、高级管理人员等作出公开承诺的,应当在募集说明书等文件中披露。

第五十二条 公司债券募集资金的用途应当在债券募集说明书中披露。发行人应当在定期报告中披露公开发行公司债券募集资金的使用情况、募投项目进展情况(如涉及)。非公开发行公司债券的,应当在债券募集说明书中约定募集资金使用情况的披露事宜。

第五十三条 发行人的董事、高级管理人员应当对公司债券发行文件和定期报告签署书面确认意见。

发行人的监事会应当对董事会编制的公司债券发行文件和定期报告进行审核并提出书面审核意见。监事应当签署书面确认意见。

发行人的董事、监事和高级管理人员应当保证发行人及时、公平地披露信息,所披露的信息真实、准确、完整。

董事、监事和高级管理人员无法保证公司债券发行文件和定期报告内容的真实性、准确性、完整性或者有异议的,应当在书面确认意见中发表意见并陈述理由,发行人应当披露。发行人不予披露的,董事、监事和高级管理人员可以直接申请披露。

第五十四条 发生可能对上市交易公司债券的交易价格产生较大影响的重大事件,投资者尚未得知时,发行人应当立即将有关该重大事件的情况向中国证监会、证券交易场所报送临时报告,并予公告,说明事件的起因、目前的状态和可能产生的法律后果。

前款所称重大事件包括:

(一)公司股权结构或者生产经营状况发生重大变化;

(二)公司债券信用评级发生变化;

(三)公司重大资产抵押、质押、出售、转让、报废;

(四)公司发生未能清偿到期债务的情况;

(五)公司新增借款或者对外提供担保超过上年末净资产的百分之二十;

(六)公司放弃债权或者财产超过上年末净资产的百分之十;

(七)公司发生超过上年末净资产百分之十的重大损失;

(八)公司分配股利,作出减资、合并、分立、解散及申请破产的决定,或者依法进入破产程序、被责令关闭;

(九)涉及公司的重大诉讼、仲裁;

(十)公司涉嫌犯罪被依法立案调查,公司的控股股东、实际控制人、董事、监事、高级管理人员涉嫌犯罪被依法采取强制措施;

(十一)募投项目情况发生重大变化,可能影响募集资金投入和使用计划,或者导致项目预期运营收益实现存在较大不确定性;

(十二)中国证监会规定的其他事项。

发行人的控股股东或者实际控制人对重大事件的发生、进展产生较大影响的,应当及时将其知悉的有关情况书面告知发行人,并配合发行人履行信息披露义务。

第五十五条 资信评级机构为公开发行公司债券进行信用评级的,应当符合以下规定或约定:

(一)将评级信息告知发行人,并及时向市场公布首次评级报告、定期和不定期跟踪评级报告;

(二)公司债券的期限为一年以上的,在债券有效存续期间,应当每年至少向市场公布一次定期跟踪评级报告;

(三)应充分关注可能影响评级对象信用等级的所有重大因素,及时向市场公布信用等级调整及其他与评级相关的信息变动情况,并向证券交易场所报告。

第五十六条 公开发行公司债券的发行人及其他信息披露义务人应当将披露的信息刊登在其证券交易场所的互联网网站和符合中国证监会规定条件的媒体,同时将其置备于公司住所、证券交易场所,供社会公众查阅。

第七章 债券持有人权益保护

第五十七条 公开发行公司债券的,发行人应当为债券持有人聘请债券受托管理人,并订立债券受托管理协议;非公开发行公司债券的,发行人应当在募集说明书中约定债券受托管理事项。在债券存续期限内,由债券受托管理人按照规定或协议的约定维护债券持有人的利益。

发行人应当在债券募集说明书中约定,投资者认购或持有本期公司债券视作同意债券受托管理协议、债券持有人会议规则及债券募集说明书中其他有关发行人、债券持有人权利义务的相关约定。

第五十八条 债券受托管理人由本次发行的承销机构或其他经中国证监会认可的机构担任。债券受托管理人应当为中国证券业协会会员。为本次发行提供担保的机构不得担任本次债券发行的受托管理人。债券受托管理人应当勤勉尽责,公正履行受托管理职责,不得损害债券持有人利益。对于债券受托管理人在履行受托管理职责时可能存在的利益冲突情形及相关风险防范、解决机制,发行人应当在债券募集说明书及债券存续期间的信息披露文件中予以充分披露,并同时在债券受托管理协议中载明。

第五十九条 公开发行公司债券的受托管理人应当按规定或约定履行下列职责:

(一)持续关注发行人和保证人的资信状况、担保物状况、增信措施及偿债保障措施的实施情况,出现可能影响债券持有人重大权益的事项时,召集债券持有人会议;

(二)在债券存续期内监督发行人募集资金的使用情况;

(三)对发行人的偿债能力和增信措施的有效性进行全面调查和持续关注,并至少每年向市场公告一次受托管理事务报告;

(四)在债券存续期内持续督导发行人履行信息披露义务;

(五)预计发行人不能偿还债务时,要求发行人追加担保,并可以依法申请法定机关采取财产保全措施;

(六)在债券存续期内勤勉处理债券持有人与发行人之间的谈判或者诉讼事务;

(七)发行人为债券设定担保的,债券受托管理人应在债券发行前或债券募集说明书约定的时间内取得担保的权利证明或其他有关文件,并在增信措施有效期内妥善保管;

(八)发行人不能按期兑付债券本息或出现募集说明书约定的其他违约事件的,可以接受全部或部分债券持有人的委托,以自己名义代表债券持有人提起、参加民事诉讼或者破产等法律程序,或者代表债券持有人申请处置抵质押物。

第六十条 非公开发行公司债券的,债券受托管理人应当按照债券受托管理协议的约定履行职责。

第六十一条 受托管理人为履行受托管理职责,有权代表债券持有人查询债券持有人名册及相关登记信息、专项账户中募集资金的存储与划转情况。证券登记结算机构应当予以配合。

第六十二条 发行公司债券,应当在债券募集说明书中约定债券持有人会议规则。

债券持有人会议规则应当公平、合理。债券持有人会议规则应当明确债券持有人通过债券持有人会议行使权利的范围,债券持有人会议的召集、通知、决策生效条件与决策程序、决策效力范围和其他重要事项。债券持有人会议按照本办法的规定及会议规则的程序要求所形成的决议对全体债券持有人有约束力,债券持有人会议规则另有约定的除外。

第六十三条 存在下列情形的,债券受托管理人应当按规定或约定召集债券持有人会议:

(一)拟变更债券募集说明书的约定;

(二)拟修改债券持有人会议规则;

(三)拟变更债券受托管理人或受托管理协议的主要内容;

(四)发行人不能按期支付本息;

(五)发行人减资、合并等可能导致偿债能力发生重大不利变化,需要决定或者授权采取相应措施;

(六)发行人分立、被托管、解散、申请破产或者依法进入破产程序;

(七)保证人、担保物或者其他偿债保障措施发生重大变化;

(八)发行人、单独或合计持有本期债券总额百分之十以上的债券持有人书面提议召开;

(九)发行人管理层不能正常履行职责,导致发行人债务清偿能力面临严重不确定性;

(十)发行人提出债务重组方案的;

(十一)发生其他对债券持有人权益有重大影响的事项。

在债券受托管理人应当召集而未召集债券持有人会议时,单独或合计持有本期债券总额百分之十以上的债券持有人有权自行召集债券持有人会议。

第六十四条 发行人可采取内外部增信机制、偿债保

障措施,提高偿债能力,控制公司债券风险。内外部增信机制、偿债保障措施包括但不限于下列方式:

（一）第三方担保;
（二）商业保险;
（三）资产抵押、质押担保;
（四）限制发行人债务及对外担保规模;
（五）限制发行人对外投资规模;
（六）限制发行人向第三方出售或抵押主要资产;
（七）设置债券回售条款。

公司债券增信机构可以成为中国证券业协会会员。

第六十五条 发行人应当在债券募集说明书中约定构成债券违约的情形、违约责任及其承担方式以及公司债券发生违约后的诉讼、仲裁或其他争议解决机制。

第八章 监督管理和法律责任

第六十六条 中国证监会建立对证券交易场所公司债券业务监管工作的监督机制,持续关注证券交易场所发行审核、发行承销过程及其他公司债券业务监管情况,并开展定期或不定期检查。中国证监会在检查和抽查过程中发现问题的,证券交易场所应当整改。

证券交易场所应当建立定期报告制度,及时总结公司债券发行审核、发行承销过程及其他公司债券业务监管工作情况,并报告中国证监会。

第六十七条 证券交易场所公司债券发行上市审核工作违反本办法规定,有下列情形之一的,由中国证监会责令改正;情节严重的,追究直接责任人员相关责任:

（一）未按审核标准开展公司债券发行上市审核工作;
（二）未按程序开展公司债券发行上市审核工作;
（三）不配合中国证监会对发行上市审核工作、发行承销过程及其他公司债券业务监管工作的检查、抽查,或者不按中国证监会的整改要求进行整改。

第六十八条 中国证监会及其派出机构可以依法对发行人以及相关主承销商、受托管理人、证券服务机构等开展检查,检查对象及其工作人员应当配合,保证提供的有关文件和资料真实、准确、完整、及时,不得拒绝、阻碍和隐瞒。

第六十九条 违反法律法规及本办法等规定的,中国证监会可以对相关机构和人员采取责令改正、监管谈话、出具警示函、责令公开说明、责令定期报告等相关监管措施;依法应予行政处罚的,依照《证券法》、《行政处罚法》等法律法规和中国证监会的有关规定进行处罚;涉嫌犯罪的,依法移送司法机关,追究其刑事责任。

第七十条 非公开发行公司债券,发行人及其他信息披露义务人披露的信息存在虚假记载、误导性陈述或者重大遗漏的,中国证监会可以对发行人、其他信息披露义务人及其直接负责的主管人员和其他直接责任人员采取本办法第六十九条规定的相关监管措施;情节严重的,依照《证券法》第一百九十七条予以处罚。

第七十一条 非公开发行公司债券,发行人违反本办法第十三条规定的,中国证监会可以对发行人及其直接负责的主管人员和其他直接责任人员采取本办法第六十九条规定的相关监管措施;情节严重的,处以警告、罚款。

第七十二条 除中国证监会另有规定外,承销或自行销售非公开发行公司债券未按规定进行报备的,中国证监会可以对承销机构及其直接负责的主管人员和其他直接责任人员采取本办法第六十九条规定的相关监管措施;情节严重的,处以警告、罚款。

第七十三条 承销机构在承销公司债券过程中,有下列行为之一的,中国证监会依照《证券法》第一百八十四条予以处罚。

（一）未勤勉尽责,违反本办法第四十一条规定的行为;
（二）以不正当竞争手段招揽承销业务;
（三）从事本办法第四十五条规定禁止的行为;
（四）从事本办法第四十七条规定禁止的行为;
（五）未按本办法及相关规定要求披露有关文件;
（六）未按照事先披露的原则和方式配售公司债券,或其他未依照披露文件实施的行为;
（七）未按照本办法及相关规定要求保留推介、定价、配售等承销过程中相关资料;
（八）其他违反承销业务规定的行为。

第七十四条 发行人及其控股股东、实际控制人、债券受托管理人等违反本办法规定,损害债券持有人权益的,中国证监会可以对发行人、发行人的控股股东和实际控制人、受托管理人及其直接负责的主管人员和其他直接责任人员采取本办法第六十九条规定的相关监管措施;情节严重的,处以警告、罚款。

第七十五条 发行人及其控股股东、实际控制人、董事、监事、高级管理人员违反本办法第五条第二款的规定,严重损害债券持有人权益的,中国证监会可以依法限制其市场融资等活动,并将其有关信息纳入证券期货市场诚信档案数据库。

第九章 附 则

第七十六条 发行公司债券并在证券交易场所交易或转让的,应当由中国证券登记结算有限责任公司依法集中统一办理登记结算业务。非公开发行公司债券并在证券公司柜台转让的，可以由中国证券登记结算有限责任公司或者其他依法从事证券登记、结算业务的机构办理。

第七十七条 发行公司债券，应当符合地方政府性债务管理的相关规定，不得新增政府债务。

第七十八条 证券公司和其他金融机构次级债券的发行、交易或转让，适用本办法。境外注册公司在中国证监会监管的证券交易场所的债券发行、交易或转让，参照适用本办法。

第七十九条 本办法所称证券自律组织包括证券交易所、全国中小企业股份转让系统、中国证券登记结算有限责任公司、中国证券业协会以及中国证监会认定的其他自律组织。

本办法所称证券交易场所包括证券交易所、全国中小企业股份转让系统。

第八十条 本办法自公布之日起施行。2021年2月26日发布的《公司债券发行与交易管理办法》（证监会令第180号）同时废止。

可转换公司债券管理办法

- 2020年12月31日中国证券监督管理委员会令第178号公布
- 自2021年1月31日起施行

第一条 为了规范可转换公司债券（以下简称可转债）的交易行为，保护投资者合法权益，维护市场秩序和社会公共利益，根据《证券法》《公司法》等法律法规，制定本办法。

第二条 可转债在证券交易所或者国务院批准的其他全国性证券交易场所（以下简称证券交易场所）的交易、转让、信息披露、转股、赎回与回售等相关活动，适用本办法。

本办法所称可转债，是指公司依法发行、在一定期间内依据约定的条件可以转换成本公司股票的公司债券，属于《证券法》规定的具有股权性质的证券。

第三条 向不特定对象发行的可转债应当在依法设立的证券交易所上市交易或者在国务院批准的其他全国性证券交易场所交易。

证券交易场所应当根据可转债的风险和特点，完善交易规则，防范和抑制过度投机。

进行可转债程序化交易的，应当符合中国证监会的规定，并向证券交易所报告，不得影响证券交易所系统安全或者正常交易秩序。

第四条 发行人向特定对象发行的可转债不得采用公开的集中交易方式转让。

上市公司向特定对象发行的可转债转股的，所转换股票自可转债发行结束之日起十八个月内不得转让。

第五条 证券交易场所应当根据可转债的特点及正股所属板块的投资者适当性要求，制定相应的投资者适当性管理规则。

证券公司应当充分了解客户，对客户是否符合可转债投资者适当性要求进行核查和评估，不得接受不符合适当性要求的客户参与可转债交易。证券公司应当引导客户理性、规范地参与可转债交易。

第六条 证券交易场所应当加强对可转债的风险监测，建立跨正股与可转债的监测机制，并根据可转债的特点制定针对性的监测指标。

可转债交易出现异常波动时，证券交易场所可以根据业务规则要求发行人进行核查、披露异常波动公告，向市场充分提示风险，也可以根据业务规则采取临时停牌等处置措施。

第七条 发生可能对可转债的交易转让价格产生较大影响的重大事件，投资者尚未得知时，发行人应当立即将有关该重大事件的情况向中国证监会和证券交易场所报送临时报告，并予公告，说明事件的起因、目前的状态和可能产生的法律后果。

前款所称重大事件包括：

（一）《证券法》第八十条第二款、第八十一条第二款规定的重大事件；

（二）因配股、增发、送股、派息、分立、减资及其他原因引起发行人股份变动，需要调整转股价格，或者依据募集说明书约定的转股价格向下修正条款修正转股价格；

（三）募集说明书约定的赎回条件触发，发行人决定赎回或者不赎回；

（四）可转债转换为股票的数额累计达到可转债开始转股前公司已发行股票总额的百分之十；

（五）未转换的可转债总额少于三千万元；

（六）可转债担保人发生重大资产变动、重大诉讼、合并、分立等情况；

（七）中国证监会规定的其他事项。

第八条 可转债自发行结束之日起不少于六个月后方可转换为公司股票，转股期限由公司根据可转债的存续期限及公司财务状况确定。

可转债持有人对转股或者不转股有选择权，并于转股的次日成为发行人股东。

第九条 上市公司向不特定对象发行可转债的转股价格应当不低于募集说明书公告日前二十个交易日发行人股票交易均价和前一个交易日均价,且不得向上修正。

上市公司向特定对象发行可转债的转股价格应当不低于认购邀请书发出前二十个交易日发行人股票交易均价和前一个交易日均价,且不得向下修正。

第十条 募集说明书应当约定转股价格调整的原则及方式。发行可转债后,因配股、增发、送股、派息、分立、减资及其他原因引起发行人股份变动的,应当同时调整转股价格。

上市公司可转债募集说明书约定转股价格向下修正条款的,应当同时约定:

(一)转股价格修正方案须提交发行人股东大会表决,且须经出席会议的股东所持表决权的三分之二以上同意,持有发行人可转债的股东应当回避;

(二)修正后的转股价格不低于前项通过修正方案的股东大会召开日前二十个交易日该发行人股票交易均价和前一个交易日均价。

第十一条 募集说明书可以约定赎回条款,规定发行人可按事先约定的条件和价格赎回尚未转股的可转债。

募集说明书可以约定回售条款,规定可转债持有人可按事先约定的条件和价格将所持可转债回售给发行人。募集说明书应当约定,发行人改变募集资金用途的,赋予可转债持有人一次回售的权利。

第十二条 发行人在决定是否行使赎回权或者对转股价格进行调整、修正时,应当遵守诚实信用的原则,不得误导投资者或者损害投资者的合法权益。保荐人应当在持续督导期内对上述行为予以监督。

第十三条 在可转债存续期内,发行人应当持续关注赎回条件是否满足,预计可能满足赎回条件的,应当在赎回条件满足的五个交易日前及时披露,向市场充分提示风险。

第十四条 发行人应当在赎回条件满足后及时披露,明确说明是否行使赎回权。

发行人决定行使赎回权的,应当披露赎回公告,明确赎回的期间、程序、价格等内容,并在赎回期结束后披露赎回结果公告。

发行人决定不行使赎回权的,在证券交易场所规定的期限内不得再次使用赎回权。

发行人决定行使或者不行使赎回权的,还应当充分披露其实际控制人、控股股东、持股百分之五以上的股东、董事、监事、高级管理人员在赎回条件满足前的六个月内交易该可转债的情况,上述主体应当予以配合。

第十五条 发行人应当在回售条件满足后披露回售公告,明确回售的期间、程序、价格等内容,并在回售期结束后披露回售结果公告。

第十六条 向不特定对象发行可转债的,发行人应当为可转债持有人聘请受托管理人,并订立可转债受托管理协议。向特定对象发行可转债的,发行人应当在募集说明书中约定可转债受托管理事项。

可转债受托管理人应当按照《公司债券发行与交易管理办法》的规定以及可转债受托管理协议的约定履行受托管理职责。

第十七条 募集说明书应当约定可转债持有人会议规则。可转债持有人会议规则应当公平、合理。

可转债持有人会议规则应当明确可转债持有人通过可转债持有人会议行使权利的范围,可转债持有人会议的召集、通知、决策机制和其他重要事项。

可转债持有人会议按照本办法的规定及会议规则的程序要求所形成的决议对全体可转债持有人具有约束力。

第十八条 可转债受托管理人应当按照《公司债券发行与交易管理办法》规定或者有关约定及时召集可转债持有人会议。

在可转债受托管理人应当召集而未召集可转债持有人会议时,单独或合计持有本期可转债总额百分之十以上的持有人有权自行召集可转债持有人会议。

第十九条 发行人应当在募集说明书中约定构成可转债违约的情形、违约责任及其承担方式以及可转债发生违约后的诉讼、仲裁或其他争议解决机制。

第二十条 违反本办法规定的,中国证监会可以对当事人采取责令改正、监管谈话、出具警示函以及中国证监会规定的相关监管措施;依法应予行政处罚的,依照《证券法》《公司法》等法律法规和中国证监会的有关规定进行处罚;情节严重的,对有关责任人员采取证券市场禁入措施;涉嫌犯罪的,依法移送司法机关,追究其刑事责任。

第二十一条 可转债的发行活动,适用中国证监会有关发行的相关规定。

在并购重组活动中发行的可转债适用本办法,其重组报告书、财务顾问适用本办法关于募集说明书、保荐人的要求;中国证监会另有规定的,从其规定。

第二十二条 对于本办法施行日以前已经核准注册发行或者尚未核准注册但发行申请已被受理的可转债,其募集说明书、重组报告书的内容要求按照本办法施行日以前的规则执行。

第二十三条 本办法自 2021 年 1 月 31 日起施行。

<h2 style="text-align:center">证券市场禁入规定</h2>

- 2021 年 6 月 15 日中国证券监督管理委员会令第 185 号公布
- 自 2021 年 7 月 19 日起施行

第一条 为了维护证券市场秩序,保护投资者合法权益和社会公众利益,促进证券市场健康稳定发展,根据《中华人民共和国证券法》《中华人民共和国证券投资基金法》《中华人民共和国行政处罚法》等法律、行政法规,制定本规定。

第二条 中国证券监督管理委员会(以下简称中国证监会)及其派出机构(以下统称执法单位)对违反法律、行政法规或者中国证监会有关规定的有关责任人员采取证券市场禁入措施,以事实为依据,遵循公开、公平、公正的原则。

第三条 下列人员违反法律、行政法规或者中国证监会有关规定,情节严重的,执法单位可以根据情节严重的程度,采取证券市场禁入措施:

(一)证券发行人的董事、监事、高级管理人员,其他信息披露义务人或者其他信息披露义务人的董事、监事、高级管理人员,证券发行人、其他信息披露义务人持股百分之五以上的股东、实际控制人,证券发行人、其他信息披露义务人持股百分之五以上的股东、实际控制人的董事、监事、高级管理人员,或者执法单位认定的其他对欺诈发行或信息披露违法行为直接负责的主管人员或其他直接责任人员;

(二)证券公司及其依法设立的子公司的董事、监事、高级管理人员及工作人员,证券公司的股东、实际控制人或股东、实际控制人的董事、监事、高级管理人员;

(三)证券服务机构、债券受托管理人的董事、监事、高级管理人员、合伙人、负责人及工作人员,证券服务机构、债券受托管理人的股东、实际控制人或者实际控制人的董事、监事、高级管理人员;

(四)公开募集证券投资基金(以下简称基金)管理公司及其依法设立的子公司、其他公募基金管理人、基金托管人及其设立的基金托管部门、基金服务机构的董事、监事、高级管理人员及工作人员,基金管理公司、其他公募基金管理人和基金服务机构的股东、实际控制人或者股东、实际控制人的董事、监事、高级管理人员;

(五)私募投资基金管理人、私募投资基金托管人、私募投资基金销售机构及其他私募服务机构的董事、监事、高级管理人员、工作人员,私募投资基金管理人的股东、实际控制人、合伙人、负责人;

(六)直接或者间接在证券交易所、国务院批准的其他全国性证券交易场所(以下统称证券交易场所)进行投资的自然人或者机构投资者的交易决策人;

(七)编造、传播虚假信息或者误导性信息的有关责任人员;

(八)执法单位及相关自律组织的工作人员;

(九)执法单位认定的其他违反法律、行政法规或者中国证监会有关规定的有关责任人员。

第四条 执法单位可以采取的市场禁入种类包括:

(一)不得从事证券业务、证券服务业务,不得担任证券发行人的董事、监事、高级管理人员;

(二)不得在证券交易场所交易证券。

执法单位可以根据有关责任人员的身份职责、违法行为类型、违法行为的社会危害性和违法情节严重的程度,单独或者合并适用前款规定的不同种类市场禁入措施。

第五条 被采取本规定第四条第一款第一项证券市场禁入措施的人员,在禁入期间内,除不得继续在原机构从事证券业务、证券服务业务或者担任原证券发行人的董事、监事、高级管理人员职务外,也不得在其他任何机构中从事证券业务、证券服务业务或者担任其他证券发行人的董事、监事、高级管理人员职务。

被采取本规定第四条第一款第一项证券市场禁入措施的人员,应当在收到证券市场禁入决定后立即停止从事证券业务、证券服务业务或者停止履行证券发行人董事、监事、高级管理人员职务,并由其所在机构按规定的程序解除其被禁止担任的职务。

第六条 被采取本规定第四条第一款第二项证券市场禁入措施的人员,在禁入期间内,不得直接或者以化名、借他人名义在证券交易场所交易上市或者挂牌的所有证券。但在禁入期间存在以下情形的除外:

(一)有关责任人员被依据《中华人民共和国证券法》和中国证监会有关规定责令回购或者买回证券;

(二)有关责任人员被责令依法处理非法持有的证券;

(三)有关责任人员持有的证券被依法强制扣划、卖出或转让；

（四）根据相关法律、行政法规、中国证监会规定或者依法制定的证券交易场所相关业务规则，为防范和化解信用类业务风险需要继续交易证券；

（五）为履行在被禁入前已经报送或者已经公开披露的材料中约定的义务需要继续交易证券；

（六）卖出被禁入前已经持有的证券；

（七）法律、行政法规、中国证监会或者依法制定的证券交易场所业务规则规定，或者中国证监会认定的其他情形。

被采取本规定第四条第一款第二项证券市场禁入措施的人员，应当在收到证券市场禁入决定后立即停止证券交易活动。

证券交易场所应当做好相配套的限制证券账户交易权限工作，证券登记结算机构和证券公司应当予以配合。

第七条 违反法律、行政法规或者中国证监会有关规定，情节严重的，可以对有关责任人员采取3年以上5年以下本规定第四条第一款第一项规定的证券市场禁入措施；行为恶劣、严重扰乱证券市场秩序、严重损害投资者利益或者在重大违法活动中起主要作用等情节较为严重的，可以对有关责任人员采取6年以上10年以下本规定第四条第一款第一项规定的证券市场禁入措施；有下列情形之一的，可以对有关责任人员终身采取本规定第四条第一款第一项规定的证券市场禁入措施：

（一）严重违反法律、行政法规或者中国证监会有关规定，被人民法院生效司法裁判认定构成犯罪的；

（二）从业人员等负有法定职责的人员，故意不履行法律、行政法规或者中国证监会规定的义务，并造成特别恶劣社会影响，或者致使投资者利益受到特别严重损害，或者导致其他特别严重后果的；

（三）在报送或者公开披露的材料中，隐瞒、编造或者篡改重要事实、重要财务数据或其他重要信息，或者组织、指使从事前述行为或者隐瞒相关事项导致发生上述情形，严重扰乱证券市场秩序，或者造成特别恶劣社会影响，或者致使投资者利益受到特别严重损害的；

（四）违反法律、行政法规或者中国证监会有关规定，从事欺诈发行、内幕交易、操纵证券市场等违法行为，严重扰乱证券市场秩序并造成特别恶劣社会影响，或者获取违法所得等不当利益数额特别巨大，或者致使投资者利益受到特别严重损害的；

（五）违反法律、行政法规或者中国证监会有关规定，情节严重，应当采取证券市场禁入措施，且存在故意

出具虚假重要证据，隐瞒、毁损重要证据等阻碍、抗拒执法单位及其工作人员依法行使监督检查、调查职权行为的；

（六）因违反法律、行政法规或者中国证监会有关规定，5年内曾经被执法单位给予行政处罚2次以上，或者5年内曾经被采取本规定第四条第一款第一项规定的证券市场禁入措施的；

（七）组织、策划、领导或者实施重大违反法律、行政法规或者中国证监会有关规定的活动的；

（八）其他违反法律、行政法规或者中国证监会有关规定，情节特别严重的。

违反法律、行政法规或者中国证监会有关规定，影响证券交易秩序或者交易公平，情节严重的，可以对有关责任人员采取本规定第四条第一款第二项规定的证券市场禁入措施，禁止交易的持续时间不超过5年。

第八条 违反法律、行政法规或者中国证监会有关规定，情节严重的，可以单独对有关责任人员采取证券市场禁入措施，或者一并依法进行行政处罚；涉嫌犯罪的，依法移送有关部门，并可同时采取证券市场禁入措施。

第九条 有下列情形之一的，应当对有关责任人员从轻、减轻采取证券市场禁入措施：

（一）主动消除或者减轻违法行为危害后果的；

（二）配合查处违法行为有立功表现的；

（三）受他人胁迫或者诱骗实施违法行为的；

（四）在执法单位依法作出行政处罚决定或者证券市场禁入决定前主动交代违法行为的；

（五）其他依法应当从轻、减轻采取证券市场禁入措施的。

违法情节轻微并及时纠正，没有造成危害后果的，免予采取证券市场禁入措施。初次违法并且危害后果轻微并及时纠正的，可以免予采取证券市场禁入措施。

第十条 共同违反法律、行政法规或者中国证监会有关规定，需要采取证券市场禁入措施的，对负次要责任的人员，可以比照应负主要责任的人员，适当从轻、减轻或者免予采取证券市场禁入措施。

第十一条 执法单位采取证券市场禁入措施前，应当告知当事人采取证券市场禁入措施的事实、理由及依据，并告知当事人有陈述、申辩和要求举行听证的权利。具体程序按照《中国证券监督管理委员会行政处罚听证规则》等规定执行。

第十二条 被采取证券市场禁入措施的人员因同一违法行为同时被人民法院生效司法裁判认定构成犯罪或

者进行行政处罚的，如果对其所作人民法院生效刑事司法裁判或行政处罚决定被依法撤销或者变更，并因此影响证券市场禁入措施的事实基础或者合法性、适当性的，依法撤销或者变更证券市场禁入措施。

第十三条 被执法单位采取证券市场禁入措施的人员，执法单位将通过中国证监会或者相关派出机构网站，或者指定媒体向社会公布，并记入证券市场诚信档案。

第十四条 有关责任人员违反执法单位依法作出的证券市场禁入决定或者所在机构及相关工作人员不配合履行证券市场禁入决定的，执法单位可依据相关法律法规进行处罚，相关法律法规没有规定的，给予警告并处国务院规定限额以下的罚款；涉嫌犯罪的，依法移送有关部门追究刑事责任。

第十五条 执法单位依法宣布个人或者单位的直接责任人员为期货市场禁止进入者的，可以参照本规定执行。

第十六条 本规定下列用语具有如下含义：

（一）证券发行人：包括上市公司、非上市公众公司、公司债券发行人和法律、行政法规以及中国证监会规定的其他证券发行人；

（二）信用类业务：包括融资融券、股票质押、债券质押式回购以及其他由法律、行政法规、中国证监会或者证券交易场所业务规则规定的，由投资者提供担保品进行资金或证券融通的交易活动；

（三）从业人员：包括本规定第三条第二项、第三项、第四项、第五项和第八项规定的人员，或者执法单位认定的其他人员；

（四）立即：本规定第五条第二款所称"立即"是指证券市场禁入决定送达之日的次一工作日，本规定第六条第二款所称"立即"是指证券市场禁入决定送达之日的次一交易日，法律、行政法规或者中国证监会另有规定的除外；

（五）本规定所称以上、以下、不超过，均包括本数。

第十七条 本规定自 2021 年 7 月 19 日起施行。2006 年 7 月 10 日中国证监会发布施行的《证券市场禁入规定》(2006 年 3 月 7 日中国证券监督管理委员会第 173 次主席办公会议审议通过，根据 2015 年 5 月 18 日中国证券监督管理委员会《关于修改〈证券市场禁入规定〉的决定》修订，以下简称原规定）同时废止。

对于本规定实施前发生的应予证券市场禁入的违法行为，依照原规定办理，但适用本规定对有关责任人员有利的，适用本规定。

对发生于本规定实施以前，继续或者连续到本规定实施以后的行为，依照本规定办理。

证券公司和证券投资基金管理公司合规管理办法

· 2017 年 6 月 6 日中国证券监督管理委员会令第 133 号公布
· 根据 2020 年 3 月 20 日中国证券监督管理委员会《关于修改部分证券期货规章的决定》修订

第一章 总 则

第一条 为了促进证券公司和证券投资基金管理公司加强内部合规管理，实现持续规范发展，根据《中华人民共和国公司法》《中华人民共和国证券法》《中华人民共和国证券投资基金法》和《证券公司监督管理条例》，制定本办法。

第二条 在中华人民共和国境内设立的证券公司和证券投资基金管理公司（以下统称证券基金经营机构）应当按照本办法实施合规管理。

本办法所称合规，是指证券基金经营机构及其工作人员的经营管理和执业行为符合法律、法规、规章及规范性文件、行业规范和自律规则、公司内部规章制度，以及行业普遍遵守的职业道德和行为准则（以下统称法律法规和准则）。

本办法所称合规管理，是指证券基金经营机构制定和执行合规管理制度，建立合规管理机制，防范合规风险的行为。

本办法所称合规风险，是指因证券基金经营机构或其工作人员的经营管理或执业行为违反法律法规和准则而使证券基金经营机构被依法追究法律责任、采取监管措施、给予纪律处分、出现财产损失或商业信誉损失的风险。

第三条 证券基金经营机构的合规管理应当覆盖所有业务，各部门、各分支机构、各层级子公司和全体工作人员，贯穿决策、执行、监督、反馈等各个环节。

第四条 证券基金经营机构应当树立全员合规、合规从管理层做起、合规创造价值、合规是公司生存基础的理念，倡导和推进合规文化建设，培育全体工作人员合规意识，提升合规管理人员职业荣誉感和专业化、职业化水平。

第五条 中国证券监督管理委员会（以下简称中国证监会）依法对证券基金经营机构合规管理工作实施监督管理。中国证监会派出机构按照授权履行监督管理职责。

中国证券业协会、中国证券投资基金业协会等自律组织（以下简称协会）依照本办法制定实施细则，对证券基金经营机构合规管理工作实施自律管理。

第二章 合规管理职责

第六条 证券基金经营机构开展各项业务，应当合规经营、勤勉尽责，坚持客户利益至上原则，并遵守下列基本要求：

（一）充分了解客户的基本信息、财务状况、投资经验、投资目标、风险偏好、诚信记录等信息并及时更新。

（二）合理划分客户类别和产品、服务风险等级，确保将适当的产品、服务提供给适当的客户，不得欺诈客户。

（三）持续督促客户规范证券发行行为，动态监控客户交易活动，及时报告，依法处置重大异常行为，不得为客户违规从事证券发行、交易活动提供便利。

（四）严格规范工作人员执业行为，督促工作人员勤勉尽责，防范其利用职务便利从事违法违规、超越权限或者其他损害客户合法权益的行为。

（五）有效管理内幕信息和未公开信息，防范公司及其工作人员利用该信息买卖证券、建议他人买卖证券，或者泄露该信息。

（六）及时识别、妥善处理公司与客户之间、不同客户之间、公司不同业务之间的利益冲突，切实维护客户利益，公平对待客户。

（七）依法履行关联交易审议程序和信息披露义务，保证关联交易的公允性，防止不正当关联交易和利益输送。

（八）审慎评估公司经营管理行为对证券市场的影响，采取有效措施，防止扰乱市场秩序。

第七条 证券基金经营机构董事会决定本公司的合规管理目标，对合规管理的有效性承担责任，履行下列合规管理职责：

（一）审议批准合规管理的基本制度；

（二）审议批准年度合规报告；

（三）决定解聘对发生重大合规风险负有主要责任或者领导责任的高级管理人员；

（四）决定聘任、解聘、考核合规负责人，决定其薪酬待遇；

（五）建立与合规负责人的直接沟通机制；

（六）评估合规管理有效性，督促解决合规管理中存在的问题；

（七）公司章程规定的其他合规管理职责。

第八条 证券基金经营机构的监事会或者监事履行下列合规管理职责：

（一）对董事、高级管理人员履行合规管理职责的情况进行监督；

（二）对发生重大合规风险负有主要责任或者领导责任的董事、高级管理人员提出罢免的建议；

（三）公司章程规定的其他合规管理职责。

第九条 证券基金经营机构的高级管理人员负责落实合规管理目标，对合规运营承担责任，履行下列合规管理职责：

（一）建立健全合规管理组织架构，遵守合规管理程序，配备充足、适当的合规管理人员，并为其履行职责提供充分的人力、物力、财力、技术支持和保障；

（二）发现违法违规行为及时报告、整改，落实责任追究；

（三）公司章程规定或者董事会确定的其他合规管理职责。

第十条 证券基金经营机构各部门、各分支机构和各层级子公司（以下统称下属各单位）负责人负责落实本单位的合规管理目标，对本单位合规运营承担责任。

证券基金经营机构全体工作人员应当遵守与其执业行为有关的法律、法规和准则，主动识别、控制其执业行为的合规风险，并对其执业行为的合规性承担责任。

下属各单位及工作人员发现违法违规行为或者合规风险隐患时，应当主动及时向合规负责人报告。

第十一条 证券基金经营机构设合规负责人。合规负责人是高级管理人员，直接向董事会负责，对本公司及其工作人员的经营管理和执业行为的合规性进行审查、监督和检查。

合规负责人不得兼任与合规管理职责相冲突的职务，不得负责管理与合规管理职责相冲突的部门。

证券基金经营机构的章程应当对合规负责人的职责、任免条件和程序等作出规定。

第十二条 证券基金经营机构合规负责人应当组织拟定合规管理的基本制度和其他合规管理制度，督导下属各单位实施。

合规管理的基本制度应当明确合规管理的目标、基本原则、机构设置及其职责，违法违规行为及合规风险隐患的报告、处理和责任追究等内容。

法律法规和准则发生变动的，合规负责人应当及时建议董事会或高级管理人员并督导有关部门，评估其对合规管理的影响，修改、完善有关制度和业务流程。

第十三条 合规负责人应当对证券基金经营机构内部规章制度、重大决策、新产品和新业务方案等进行合规审查，并出具书面合规审查意见。

中国证监会及其派出机构、自律组织要求对证券基金经营机构报送的申请材料或报告进行合规审查的，合规负责人应当审查，并在该申请材料或报告上签署合规审查意见。其他相关高级管理人员等人员应当对申请材料或报告中基本事实和业务数据的真实性、准确性及完整性负责。

证券基金经营机构不采纳合规负责人的合规审查意见的，应当将有关事项提交董事会决定。

第十四条 合规负责人应当按照中国证监会及其派出机构的要求和公司规定，对证券基金经营机构及其工作人员经营管理和执业行为的合规性进行监督检查。

合规负责人应当协助董事会和高级管理人员建立和执行信息隔离墙、利益冲突管理和反洗钱制度，按照公司规定为高级管理人员、下属各单位提供合规咨询、组织合规培训，指导和督促公司有关部门处理涉及公司和工作人员违法违规行为的投诉和举报。

第十五条 合规负责人应当按照公司规定，向董事会、经营管理主要负责人报告证券基金经营机构经营管理合法合规情况和合规管理工作开展情况。

合规负责人发现证券基金经营机构存在违法违规行为或合规风险隐患的，应当依照公司章程规定及时向董事会、经营管理主要负责人报告，提出处理意见，并督促整改。合规负责人应当同时督促公司及时向中国证监会相关派出机构报告；公司未及时报告的，应当直接向中国证监会相关派出机构报告；有关行为违反行业规范和自律规则的，还应当向有关自律组织报告。

第十六条 合规负责人应当及时处理中国证监会及其派出机构和自律组织要求调查的事项，配合中国证监会及其派出机构和自律组织对证券基金经营机构的检查和调查，跟踪和评估监管意见和监管要求的落实情况。

第十七条 合规负责人应当将出具的合规审查意见、提供的合规咨询意见、签署的公司文件、合规检查工作底稿等与履行职责有关的文件、资料存档备查，并对履行职责的情况作出记录。

第三章 合规管理保障

第十八条 合规负责人应当通晓相关法律法规和准则，诚实守信，熟悉证券、基金业务，具有胜任合规管理工作需要的专业知识和技能，并具备下列任职条件：

（一）从事证券、基金工作10年以上，并且通过中国证券业协会或中国证券投资基金业协会组织的合规管理人员胜任能力考试；或者从事证券、基金工作5年以上，并且通过法律职业资格考试；或者在证券监管机构、证券基金业自律组织任职5年以上；

（二）最近3年未被金融监管机构实施行政处罚或采取重大行政监管措施；

（三）中国证监会规定的其他条件。

第十九条 证券基金经营机构聘任合规负责人，应当向中国证监会相关派出机构报送人员简历及有关证明材料。证券公司合规负责人应当经中国证监会相关派出机构认可后方可任职。

合规负责人任期届满前，证券基金经营机构解聘的，应当有正当理由，并在有关董事会会议召开10个工作日前将解聘理由书面报告中国证监会相关派出机构。

前款所称正当理由，包括合规负责人本人申请，或被中国证监会及其派出机构责令更换，或确有证据证明其无法正常履职、未能勤勉尽责等情形。

第二十条 合规负责人不能履行职务或缺位时，应当由证券基金经营机构董事长或经营管理主要负责人代行其职务，并自决定之日起3个工作日内向中国证监会相关派出机构书面报告，代行职务的时间不得超过6个月。

合规负责人提出辞职的，应当提前1个月向公司董事会提出申请，并向中国证监会相关派出机构报告。在辞职申请获得批准之前，合规负责人不得自行停止履行职责。

合规负责人缺位的，公司应当在6个月内聘请符合本办法第十八条规定的人员担任合规负责人。

第二十一条 证券基金经营机构应当设立合规部门。合规部门对合规负责人负责，按照公司规定和合规负责人的安排履行合规管理职责。合规部门不得承担与合规管理相冲突的其他职责。

证券基金经营机构应当明确合规部门与其他内部控制部门之间的职责分工，建立内部控制部门协调互动的工作机制。

第二十二条 证券基金经营机构应当为合规部门配备足够的、具备与履行合规管理职责相适应的专业知识和技能的合规管理人员。合规部门中具备3年以上证券、金融、法律、会计、信息技术等有关领域工作经历的合规管理人员数量不得低于公司总部人数的一定比例，具体比例由协会规定。

第二十三条 证券基金经营机构各业务部门、各分支机构应当配备符合本办法第二十二条规定的合规管理人员。

合规管理人员可以兼任与合规管理职责不相冲突的职务。合规风险管控难度较大的部门和分支机构应当配备专职合规管理人员。

第二十四条 证券基金经营机构应当将各层级子公司的合规管理纳入统一体系，明确子公司向母公司报告的合规管理事项，对子公司的合规管理制度进行审查，对子公司经营管理行为的合规性进行监督和检查，确保子公司合规管理工作符合母公司的要求。

从事另类投资、私募基金管理、基金销售等活动的子公司，应当由证券基金经营机构选派人员作为子公司高级管理人员负责合规管理工作，并由合规负责人考核和管理。

第二十五条 证券基金经营机构应当保障合规负责人和合规管理人员充分履行职责所需的知情权和调查权。

证券基金经营机构召开董事会会议、经营决策会议等重要会议以及合规负责人要求参加或者列席的会议的，应当提前通知合规负责人。合规负责人有权根据履职需要参加或列席有关会议，查阅、复制有关文件、资料。

合规负责人根据履行职责需要，有权要求证券基金经营机构有关人员对相关事项作出说明，向为公司提供审计、法律等中介服务的机构了解情况。

合规负责人认为必要时，可以证券基金经营机构名义直接聘请外部专业机构或人员协助其工作，费用由公司承担。

第二十六条 证券基金经营机构应当保障合规负责人和合规管理人员的独立性。

证券基金经营机构的股东、董事和高级管理人员不得违反规定的职责和程序，直接向合规负责人下达指令或者干涉其工作。

证券基金经营机构的董事、监事、高级管理人员和下属各单位应当支持和配合合规负责人、合规部门及本单位合规管理人员的工作，不得以任何理由限制、阻挠合规负责人、合规部门和合规管理人员履行职责。

第二十七条 合规部门及专职合规管理人员由合规负责人考核。对兼职合规管理人员进行考核时，合规负责人所占权重应当超过50%。证券基金经营机构应当制定合规负责人、合规部门及专职合规管理人员的考核管理制度，不得采取其他部门评价、以业务部门的经营业绩为依据等不利于合规独立性的考核方式。

证券基金经营机构董事会对合规负责人进行年度考核时，应当就其履行职责情况及考核意见书面征求中国证监会相关派出机构的意见，中国证监会相关派出机构可以根据掌握的情况建议董事会调整考核结果。

证券基金经营机构对高级管理人员和下属各单位的考核应当包括合规负责人对其合规管理有效性、经营管理和执业行为合规性的专项考核内容。合规性专项考核占总考核结果的比例不得低于协会的规定。

第二十八条 证券基金经营机构应当制定合规负责人与合规管理人员的薪酬管理制度。合规负责人工作称职的，其年度薪酬收入总额在公司高级管理人员年度薪酬收入总额中的排名不得低于中位数；合规管理人员工作称职的，其年度薪酬收入总额不得低于公司同级别人员的平均水平。

第二十九条 中国证监会及其派出机构和自律组织支持证券基金经营机构合规负责人依法开展工作，组织行业合规培训和交流，并督促证券基金经营机构为合规负责人提供充足的履职保障。

第四章 监督管理与法律责任

第三十条 证券基金经营机构应当在报送年度报告的同时向中国证监会相关派出机构报送年度合规报告。年度合规报告包括下列内容：

（一）证券基金经营机构和各层级子公司合规管理的基本情况；

（二）合规负责人履行职责情况；

（三）违法违规行为、合规风险隐患的发现及整改情况；

（四）合规管理有效性的评估及整改情况；

（五）中国证监会及其派出机构要求或证券基金经营机构认为需要报告的其他内容。

证券基金经营机构的董事、高级管理人员应当对年度合规报告签署确认意见，保证报告的内容真实、准确、完整；对报告内容有异议的，应当注明意见和理由。

第三十一条 证券基金经营机构应当组织内部有关机构和部门或者委托具有专业资质的外部专业机构对公司合规管理的有效性进行评估，及时解决合规管理中存在的问题。对合规管理有效性的全面评估，每年不得少于1次。委托具有专业资质的外部专业机构进行的全面评估，每3年至少进行1次。

中国证监会及其派出机构发现证券基金经营机构存在违法违规行为或重大合规风险隐患的，可以要求证券基金经营机构委托指定的具有专业资质的外部专业机构对公司合规管理的有效性进行评估,并督促其整改。

第三十二条 证券基金经营机构违反本办法规定的,中国证监会可以采取出具警示函、责令定期报告、责令改正、监管谈话等行政监管措施;对直接负责的董事、监事、高级管理人员和其他责任人员,可以采取出具警示函、责令参加培训、责令改正、监管谈话、认定为不适当人选等行政监管措施。

证券基金经营机构违反本办法规定导致公司出现治理结构不健全、内部控制不完善等情形的,对证券基金经营机构及其直接负责的董事、监事、高级管理人员和其他直接责任人员,依照《中华人民共和国证券投资基金法》第二十四条、《证券公司监督管理条例》第七十条采取行政监管措施。

第三十三条 合规负责人违反本办法规定的,中国证监会可以采取出具警示函、责令参加培训、责令改正、监管谈话、认定为不适当人选等行政监管措施。

第三十四条 证券基金经营机构的董事、监事、高级管理人员未能勤勉尽责,致使公司存在重大违法违规行为或者重大合规风险,依照《中华人民共和国证券法》第一百四十条、第一百四十二条、《中华人民共和国证券投资基金法》第二十五条采取行政监管措施。

第三十五条 证券基金经营机构违反本办法第十八条、第十九条、第二十条、第二十一条、第二十二条、第二十三条、第二十四条、第二十五条、第二十六条、第二十七条、第二十八条规定,情节严重的,对证券基金经营机构及其直接负责的董事、监事、高级管理人员和其他直接责任人员,处以警告、3万元以下罚款。

合规负责人未按照本办法第十五条第二款的规定及时向中国证监会相关派出机构报告重大违法违规行为的,处以警告、3万元以下罚款。

第三十六条 证券基金经营机构通过有效的合规管理,主动发现违法违规行为或合规风险隐患,积极妥善处理,落实责任追究,完善内部控制制度和业务流程并及时向中国证监会或其派出机构报告的,依法从轻、减轻处理;情节轻微并及时纠正违法违规行为或避免合规风险,没有造成危害后果的,不予追究责任。

对于证券基金经营机构的违法违规行为,合规负责人已经按照本办法的规定尽职履行审查、监督、检查和报告职责的,不予追究责任。

第五章 附 则

第三十七条 本办法下列用语的含义:

(一)合规负责人,包括证券公司的合规总监和证券投资基金管理公司的督察长。

(二)中国证监会相关派出机构,包括证券公司住所地的中国证监会派出机构,和证券投资基金管理公司住所地或者经营所在地的中国证监会派出机构。

第三十八条 中国证监会根据审慎监管的原则,可以提高对行业重要性证券基金经营机构的合规管理要求,并可以采取增加现场检查频率、强化合规负责人任职监管、委托外部专业机构协助开展工作等方式加强合规监管。

前款所称行业重要性证券基金经营机构,是指中国证监会认定的,公司内部经营活动可能导致证券基金行业、证券市场产生重大风险的证券基金经营机构。

第三十九条 开展公开募集证券投资基金管理业务的保险资产管理机构、私募资产管理机构等,参照本办法执行。

第四十条 本办法自2017年10月1日起施行。《证券投资基金管理公司督察长管理规定》(证监基金字〔2006〕85号)、《证券公司合规管理试行规定》(证监会公告〔2008〕30号)同时废止。

证券发行上市保荐业务管理办法

- 2008年8月14日中国证券监督管理委员会第235次主席办公会议审议通过
- 根据2009年5月13日中国证券监督管理委员会《关于修改〈证券发行上市保荐业务管理办法〉的决定》修订
- 根据2017年12月7日中国证券监督管理委员会《关于修改〈证券登记结算管理办法〉等七部规章的决定》修正
- 2020年6月1日中国证券监督管理委员会2020年第5次委务会议修订
- 2023年2月17日中国证券监督管理委员会2023年第2次委务会议修订

第一章 总 则

第一条 为了规范证券发行上市保荐业务,提高上市公司质量和证券公司执业水平,保护投资者的合法权益,促进证券市场健康发展,根据《中华人民共和国证券法》(以下简称《证券法》)、《证券公司监督管理条例》等有关法律、行政法规,制定本办法。

第二条 发行人申请从事下列发行事项,依法采取承销方式的,应当聘请具有保荐业务资格的证券公司履行保荐职责:

(一)首次公开发行股票;

(二)向不特定合格投资者公开发行股票并在北京

证券交易所(以下简称北交所)上市;

(三)上市公司发行新股、可转换公司债券;

(四)公开发行存托凭证;

(五)中国证券监督管理委员会(以下简称中国证监会)认定的其他情形。

发行人申请公开发行法律、行政法规规定实行保荐制度的其他证券的,依照前款规定办理。上述已发行证券的上市保荐事项由证券交易所规定。

第三条 证券公司从事证券发行上市保荐业务,应当依照本办法规定向中国证监会申请保荐业务资格。

未经中国证监会核准,任何机构不得从事保荐业务。

第四条 保荐机构履行保荐职责,应当指定品行良好、具备组织实施保荐项目专业能力的保荐代表人具体负责保荐工作。保荐代表人应当熟练掌握保荐业务相关的法律、会计、财务管理、税务、审计等专业知识,最近五年内具备三十六个月以上保荐相关业务经历,最近十二个月持续从事保荐相关业务,最近十二个月内未受到证券交易所等自律组织的重大纪律处分或者中国证监会的重大监管措施,最近三十六个月内未受到中国证监会的行政处罚。

中国证券业协会制定保荐代表人自律管理规范,组织非准入型的水平评价测试,保障和提高保荐代表人的专业能力水平。

第五条 保荐机构及其保荐代表人、其他从事保荐业务的人员应当遵守法律、行政法规和中国证监会、证券交易所、中国证券业协会的相关规定,恪守业务规则和行业规范,诚实守信,勤勉尽责,廉洁从业,尽职推荐发行人证券发行上市,持续督导发行人履行规范运作、信守承诺、信息披露等义务。

保荐机构及其保荐代表人、其他从事保荐业务的人员不得通过从事保荐业务谋取任何不正当利益。

第六条 保荐代表人应当遵守职业道德准则,珍视和维护保荐代表人职业声誉,保持应有的职业谨慎,保持和提高专业胜任能力。

保荐代表人应当维护发行人的合法利益,对从事保荐业务过程中获知的发行人信息保密。保荐代表人应当恪守独立履行职责的原则,不因迎合发行人或者满足发行人的不当要求而丧失客观、公正的立场,不得唆使、协助或者参与发行人及证券服务机构等实施非法的或者具有欺诈性的行为。

保荐代表人及其配偶不得以任何名义或者方式持有发行人的股份。

保荐代表人、保荐业务负责人、内核负责人、保荐业务部门负责人及其他保荐业务人员应当保持独立、客观、审慎,与接受其服务的发行人及其关联方不存在利害关系,不存在妨碍其进行独立专业判断的情形。

第七条 同次发行的证券,其发行保荐和上市保荐应当由同一保荐机构承担。保荐机构依法对发行人申请文件、证券发行募集文件进行核查,向中国证监会、证券交易所出具保荐意见。保荐机构应当保证所出具的文件真实、准确、完整。

证券发行规模达到一定数量的,可以采用联合保荐,但参与联合保荐的保荐机构不得超过二家。

证券发行的主承销商可以由该保荐机构担任,也可以由其他具有保荐业务资格的证券公司与该保荐机构共同担任。

第八条 发行人及其控股股东、实际控制人、董事、监事、高级管理人员,为证券发行上市制作、出具有关文件的会计师事务所、律师事务所、资产评估机构等证券服务机构及其签字人员,应当依照法律、行政法规和中国证监会、证券交易所的规定,配合保荐机构及其保荐代表人履行保荐职责,并承担相应的责任。

保荐机构及其保荐代表人履行保荐职责,不能减轻或者免除发行人及其控股股东、实际控制人、董事、监事、高级管理人员、证券服务机构及其签字人员的责任。

第九条 中国证监会依法对保荐机构及其保荐代表人、其他从事保荐业务的人员进行监督管理。

证券交易所、中国证券业协会对保荐机构及其保荐代表人、其他从事保荐业务的人员进行自律管理。对违反相关自律管理规则的保荐机构和责任人员,证券交易所、中国证券业协会可以采取一定期限内不接受与证券发行相关的文件、认定不适合从事相关业务等自律管理措施或者纪律处分。

第二章 保荐业务的资格管理

第十条 证券公司申请保荐业务资格,应当具备下列条件:

(一)注册资本、净资本符合规定;

(二)具有完善的公司治理和内部控制制度,风险控制指标符合相关规定;

(三)保荐业务部门具有健全的业务规程、内部风险评估和控制系统,内部机构设置合理,具备相应的研究能力、销售能力等后台支持;

(四)具有良好的保荐业务团队且专业结构合理,从业人员不少于三十五人,其中最近三年从事保荐相关业务的人员不少于二十人；

（五）保荐代表人不少于四人；

（六）最近二年未因重大违法违规行为而受到处罚，最近一年未被采取重大监管措施，无因涉嫌重大违法违规正受到有关机关或者行业自律组织调查的情形；

（七）中国证监会规定的其他条件。

第十一条 证券公司应当保证申请文件真实、准确、完整。申请期间，申请文件内容发生重大变化的，应当自变化之日起二个工作日内向中国证监会提交更新资料。

第十二条 中国证监会依法受理、审查申请文件。对保荐业务资格的申请，自受理之日起三个月内做出核准或者不予核准的书面决定。

第十三条 证券公司取得保荐业务资格后，应当持续符合本办法第十条规定的条件。保荐机构因重大违法违规行为受到行政处罚的，中国证监会撤销其保荐业务资格；不再具备第十条规定其他条件的，中国证监会可以责令其限期整改，逾期仍然不符合要求的，中国证监会撤销其保荐业务资格。

第十四条 保荐机构出现下列情况的，应当在五个工作日内向其住所地的中国证监会派出机构报告：

（一）保荐业务负责人、内核负责人、保荐业务部门负责人发生变化；

（二）保荐业务部门机构设置发生重大变化；

（三）保荐业务执业情况发生重大不利变化；

（四）中国证监会要求的其他事项。

第十五条 保荐机构应当在证券公司年度报告中报送年度执业情况。年度执业情况应当包括以下内容：

（一）保荐机构、保荐代表人年度执业情况的说明；

（二）保荐机构对保荐代表人尽职调查工作日志检查情况的说明；

（三）保荐机构对保荐代表人的年度考核、评定情况；

（四）保荐机构、保荐代表人其他重大事项的说明；

（五）保荐机构对年度执业情况真实性、准确性、完整性承担责任的承诺函，并应由其法定代表人签字；

（六）中国证监会要求的其他事项。

第三章 保荐职责

第十六条 保荐机构应当尽职推荐发行人证券发行上市。

发行人证券上市后，保荐机构应当持续督导发行人履行规范运作、信守承诺、信息披露等义务。

第十七条 保荐机构推荐发行人证券发行上市，应当遵循诚实守信、勤勉尽责的原则，按照中国证监会对保荐机构尽职调查工作的要求，对发行人进行全面调查，充分了解发行人的经营状况及其面临的风险和问题。

第十八条 保荐机构在推荐发行人首次公开发行股票并上市和推荐发行人向不特定合格投资者公开发行股票并在北交所上市前，应当对发行人进行辅导。辅导内容包括，对发行人的董事、监事和高级管理人员，持有百分之五以上股份的股东和实际控制人（或者其法定代表人）进行系统的法规知识、证券市场知识培训，使其全面掌握发行上市、规范运作等方面的有关法律法规和规则，知悉信息披露和履行承诺等方面的责任和义务，树立进入证券市场的诚信意识、自律意识和法制意识，以及中国证监会规定的其他事项。

第十九条 保荐机构辅导工作完成后，应当由发行人所在地的中国证监会派出机构进行辅导验收。发行人所在地在境外的，应当由发行人境内主营业地或境内证券事务机构所在地的中国证监会派出机构进行辅导验收。

第二十条 保荐机构应当与发行人签订保荐协议，明确双方的权利和义务，按照行业规范协商确定履行保荐职责的相关费用。

保荐协议签订后，保荐机构应当在五个工作日内向承担辅导验收职责的中国证监会派出机构报告。

第二十一条 保荐机构应当确信发行人符合法律、行政法规和中国证监会、证券交易所的有关规定，方可推荐其证券发行上市。

保荐机构决定推荐发行人证券发行上市的，可以根据发行人的委托，组织编制申请文件并出具推荐文件。

第二十二条 对发行人申请文件、证券发行募集文件中有证券服务机构及其签字人员出具专业意见的内容，保荐机构可以合理信赖，对相关内容应当保持职业怀疑、运用职业判断进行分析，存在重大异常、前后重大矛盾，或者与保荐机构获得的信息存在重大差异的，保荐机构应当对有关事项进行调查、复核，并可聘请其他证券服务机构提供专业服务。

第二十三条 对发行人申请文件、证券发行募集文件中无证券服务机构及其签字人员专业意见支持的内容，保荐机构应当获得充分的尽职调查证据，在对各种证据进行综合分析的基础上对发行人提供的资料和披露的内容进行独立判断，并有充分理由确信所作的判断与发行人申请文件、证券发行募集文件的内容不存在实质性差异。

第二十四条　保荐机构推荐发行人发行证券,应当向证券交易所提交发行保荐书、保荐代表人专项授权书以及中国证监会要求的其他与保荐业务有关的文件。发行保荐书应当包括下列内容:

(一)逐项说明本次发行是否符合《中华人民共和国公司法》《证券法》规定的发行条件和程序;

(二)逐项说明本次发行是否符合中国证监会的有关规定,并载明得出每项结论的查证过程及事实依据;

(三)发行人存在的主要风险;

(四)对发行人发展前景的评价;

(五)保荐机构内部审核程序简介及内核意见;

(六)保荐机构及其关联方与发行人及其关联方之间的利害关系及主要业务往来情况;

(七)相关承诺事项;

(八)中国证监会要求的其他事项。

第二十五条　在发行保荐书中,保荐机构应当就下列事项做出承诺:

(一)有充分理由确信发行人符合法律法规及中国证监会有关证券发行上市的相关规定;

(二)有充分理由确信发行人申请文件和信息披露资料不存在虚假记载、误导性陈述或者重大遗漏;

(三)有充分理由确信发行人及其董事在申请文件和信息披露资料中表达意见的依据充分合理;

(四)有充分理由确信申请文件和信息披露资料与证券服务机构发表的意见不存在实质性差异;

(五)保证所指定的保荐代表人及本保荐机构的相关人员已勤勉尽责,对发行人申请文件和信息披露资料进行了尽职调查、审慎核查;

(六)保证保荐书、与履行保荐职责有关的其他文件不存在虚假记载、误导性陈述或者重大遗漏;

(七)保证对发行人提供的专业服务和出具的专业意见符合法律、行政法规、中国证监会的规定和行业规范;

(八)自愿接受中国证监会依照本办法采取的监管措施;

(九)中国证监会规定的其他事项。

第二十六条　保荐机构推荐发行人证券上市,应当按照证券交易所的规定提交上市保荐书及其他与保荐业务有关的文件。

第二十七条　保荐机构提交发行保荐书、上市保荐书后,应当配合证券交易所、中国证监会的发行上市审核和注册工作,并承担下列工作:

(一)组织发行人及证券服务机构对证券交易所、中国证监会的意见进行答复;

(二)按照证券交易所、中国证监会的要求对涉及本次证券发行上市的特定事项进行尽职调查或者核查;

(三)指定保荐代表人与证券交易所、中国证监会职能部门进行专业沟通,接受上市委员会问询;

(四)证券交易所、中国证监会规定的其他工作。

第二十八条　保荐机构应当针对发行人的具体情况,确定证券发行上市后持续督导的内容,督导发行人履行有关上市公司规范运作、信守承诺和信息披露等义务,审阅信息披露文件及向中国证监会、证券交易所提交的其他文件,并承担下列工作:

(一)督导发行人有效执行并完善防止控股股东、实际控制人、其他关联方违规占用发行人资源的制度;

(二)督导发行人有效执行并完善防止其董事、监事、高级管理人员利用职务之便损害发行人利益的内控制度;

(三)督导发行人有效执行并完善保障关联交易公允性和合规性的制度,并对关联交易发表意见;

(四)持续关注发行人募集资金的专户存储、投资项目的实施等承诺事项;

(五)持续关注发行人为他人提供担保等事项,并发表意见;

(六)中国证监会、证券交易所规定及保荐协议约定的其他工作。

第二十九条　持续督导的期间由证券交易所规定。

持续督导期届满,如有尚未完结的保荐工作,保荐机构应当继续完成。

保荐机构在履行保荐职责期间未勤勉尽责的,其责任不因持续督导期届满而免除或者终止。

第四章　保荐业务规程

第三十条　保荐机构应当建立分工合理、权责明确、相互制衡、有效监督的内部控制组织体系,发挥项目承做、质量控制、内核合规风控等的全流程内部控制作用,形成科学、合理、有效的保荐业务决策、执行和监督等机制,确保保荐业务纳入公司整体合规管理和风险控制范围。

第三十一条　保荐机构应当建立健全并执行覆盖全部保荐业务流程和全体保荐业务人员的内部控制制度,包括但不限于立项制度、质量控制制度、问核制度、内核制度、反馈意见报告制度、风险事件报告制度、合规检查制度、应急处理制度等,定期对保荐业务内部控制的有效性进行全面评估,保证保荐业务负责人、内核负责人、保荐业务部门负责人、保荐代表人、项目协办人及其他保荐业务相关人员勤勉尽责,严格控制风险,提高保荐业务整体质量。

第三十二条　保荐机构应当建立健全内部问责机制,明确保荐业务人员履职规范和问责措施。

保荐业务人员被采取自律管理措施、纪律处分、监管措施、证券市场禁入措施、行政处罚、刑事处罚等的,保荐机构应当进行内部问责。

保荐机构应当在劳动合同、内部制度中明确,保荐业务人员出现前款情形的,应当退还相关违规行为发生当年除基本工资外的其他部分或全部薪酬。

第三十三条　保荐机构对外提交和报送的发行上市申请文件、反馈意见、披露文件等重要材料和文件应当履行内核程序,由内核机构审议决策。未通过内核程序的保荐业务项目不得以公司名义对外提交或者报送相关文件。

第三十四条　保荐机构应当根据保荐业务特点制定科学、合理的薪酬考核体系,综合考量业务人员的专业胜任能力、执业质量、合规情况、业务收入等各项因素,不得以业务包干等承包方式开展保荐业务,或者以其他形式实施过度激励。

第三十五条　保荐机构从事保荐业务应当综合评估项目执行成本与风险责任,合理确定报价,不得以明显低于行业定价水平等不正当竞争方式招揽业务。

第三十六条　保荐机构应当建立健全保荐业务制度体系,细化尽职调查、辅导、文件申报、持续督导等各个环节的执业标准和操作流程,提高制度的针对性和可执行性。

保荐机构应当根据监管要求、制度执行等情况,及时更新和完善保荐业务制度体系。

第三十七条　保荐机构应当建立健全廉洁从业管理内控体系,加强对工作人员的管理,不得在开展保荐业务的过程中谋取或输送不正当利益。

第三十八条　保荐机构应当根据保荐业务类型和业务环节的不同,细化反洗钱要求,加强对客户身份的识别、可疑报告、客户资料及交易记录保存、反洗钱培训与宣传等工作。

第三十九条　保荐机构应当建立健全对保荐代表人及其他保荐业务相关人员的持续培训制度。

第四十条　保荐机构应当建立健全工作底稿制度,按规定建设应用工作底稿电子化管理系统。

保荐机构应当为每一项目建立独立的保荐工作底稿。保荐代表人必须为其具体负责的每一项目建立尽职调查工作日志,作为保荐工作底稿的一部分存档备查;保荐机构应当定期对尽职调查工作日志进行检查。

保荐工作底稿应当真实、准确、完整地反映保荐工作的全过程,保存期不少于二十年。

第四十一条　保荐机构及其控股股东、实际控制人、重要关联方持有发行人股份的,或者发行人持有、控制保荐机构股份的,保荐机构在推荐发行人证券发行上市时,应当进行利益冲突审查,出具合规审核意见,并按规定充分披露。通过披露仍不能消除影响的,保荐机构应联合一家无关联保荐机构共同履行保荐职责,且该无关联保荐机构为第一保荐机构。

第四十二条　刊登证券发行募集文件前终止保荐协议的,保荐机构和发行人应当自终止之日起五个工作日内分别向中国证监会、证券交易所报告,并说明原因。

第四十三条　刊登证券发行募集文件以后直至持续督导工作结束,保荐机构和发行人不得终止保荐协议,但存在合理理由的情形除外。发行人因再次申请发行证券另行聘请保荐机构、保荐机构被中国证监会撤销保荐业务资格的,应当终止保荐协议。

终止保荐协议的,保荐机构和发行人应当自终止之日起五个工作日内向中国证监会、证券交易所报告,说明原因。

第四十四条　持续督导期间,保荐机构被撤销保荐业务资格的,发行人应当在一个月内另行聘请保荐机构,未在规定期限内另行聘请的,中国证监会可以为其指定保荐机构。

第四十五条　另行聘请的保荐机构应当完成原保荐机构未完成的持续督导工作。

因原保荐机构被撤销保荐业务资格而另行聘请保荐机构的,另行聘请的保荐机构持续督导的时间不得少于一个完整的会计年度。

另行聘请的保荐机构应当自保荐协议签订之日起开展保荐工作并承担相应的责任。原保荐机构在履行保荐职责期间未勤勉尽责的,其责任不因保荐机构的更换而免除或者终止。

第四十六条　保荐机构应当指定二名保荐代表人具体负责一家发行人的保荐工作,出具由法定代表人签字的专项授权书,并确保保荐机构有关部门和人员有效分工协作。保荐机构可以指定一名项目协办人。

第四十七条　证券发行后,保荐机构不得更换保荐代表人,但因保荐代表人离职或者不符合保荐代表人要求的,应当更换保荐代表人。

保荐机构更换保荐代表人的,应当通知发行人,并在五个工作日内向中国证监会、证券交易所报告,说明原因。原保荐代表人在具体负责保荐工作期间未勤勉尽责的,其责任不因保荐代表人的更换而免除或者终止。

第四十八条 保荐机构法定代表人、保荐业务负责人、内核负责人、保荐业务部门负责人、保荐代表人和项目协办人应当在发行保荐书上签字,保荐机构法定代表人、保荐代表人应当同时在证券发行募集文件上签字。

第四十九条 保荐机构应当将履行保荐职责时发表的意见及时告知发行人,同时在保荐工作底稿中保存,并可以依照本办法规定公开发表声明、向中国证监会或者证券交易所报告。

第五十条 持续督导工作结束后,保荐机构应当在发行人公告年度报告之日起的十个工作日内向中国证监会、证券交易所报送保荐总结报告书。保荐机构法定代表人和保荐代表人应当在保荐总结报告书上签字。保荐总结报告书应当包括下列内容:

(一)发行人的基本情况;

(二)保荐工作概述;

(三)履行保荐职责期间发生的重大事项及处理情况;

(四)对发行人配合保荐工作情况的说明及评价;

(五)对证券服务机构参与证券发行上市相关工作情况的说明及评价;

(六)中国证监会、证券交易所要求的其他事项。

第五十一条 保荐代表人及其他保荐业务相关人员属于内幕信息的知情人员,应当遵守法律、行政法规和中国证监会的规定,不得利用内幕信息直接或者间接为保荐机构、本人或者他人谋取不正当利益。

第五章 保荐业务协调

第五十二条 发行人应当为保荐机构及时提供真实、准确、完整的财务会计资料和其他资料,全面配合保荐机构开展尽职调查和其他相关工作。

发行人的控股股东、实际控制人、董事、监事、高级管理人员应当全面配合保荐机构开展尽职调查和其他相关工作,不得要求或者协助发行人隐瞒应当披露的信息。

第五十三条 保荐机构及其保荐代表人履行保荐职责,可以对发行人行使下列权利:

(一)要求发行人按照本办法规定和保荐协议约定的方式,及时通报信息;

(二)定期或者不定期对发行人进行回访,查阅保荐工作需要的发行人材料;

(三)列席发行人的股东大会、董事会和监事会;

(四)对发行人的信息披露文件及向中国证监会、证券交易所提交的其他文件进行事前审阅;

(五)对有关部门关注的发行人相关事项进行核查,必要时可聘请相关证券服务机构配合;

(六)按照中国证监会、证券交易所信息披露规定,对发行人违法违规的事项发表公开声明;

(七)中国证监会、证券交易所规定或者保荐协议约定的其他权利。

第五十四条 发行人有下列情形之一的,应当及时通知或者咨询保荐机构,并将相关文件送交保荐机构:

(一)变更募集资金及投资项目等承诺事项;

(二)发生关联交易、为他人提供担保等事项;

(三)涉及重大诉讼、资产发生重大损失;

(四)公司财务状况及生产经营的外部条件发生重大变化;

(五)重大投资行为和重大购置资产的决定;

(六)股东及董事、监事、高级管理人员的变动;

(七)召开董事会、监事会、股东大会;

(八)履行信息披露义务或者向中国证监会、证券交易所报告有关事项;

(九)发生违法违规行为或者其他重大事项;

(十)中国证监会、证券交易所规定或者保荐协议约定的其他事项。

第五十五条 证券发行前,发行人及其控股股东、实际控制人、董事、监事、高级管理人员不配合保荐机构履行保荐职责的,保荐机构应当发表保留意见,并在发行保荐书中予以说明;情节严重的,应当不予保荐,已保荐的应当撤销保荐。

第五十六条 证券发行后,保荐机构有充分理由确信发行人可能存在违法违规行为以及其他不当行为的,应当督促发行人作出说明并限期纠正;情节严重的,应当向中国证监会、证券交易所报告。

第五十七条 保荐机构应当组织协调证券服务机构及其签字人员参与证券发行上市的相关工作。

发行人为证券发行上市聘用的会计师事务所、律师事务所、资产评估机构以及其他证券服务机构,保荐机构有充分理由认为其专业能力存在明显缺陷的,可以向发行人建议更换。

第五十八条 保荐机构对证券服务机构及其签字人

员出具的专业意见存有疑义的,应当主动与证券服务机构进行协商,并可要求其作出解释或者出具依据。

第五十九条 保荐机构有充分理由确信证券服务机构及其签字人员出具的专业意见可能存在虚假记载、误导性陈述或重大遗漏等违法违规情形或者其他不当情形的,应当及时发表意见;情节严重的,应当向中国证监会、证券交易所报告。

第六十条 证券服务机构及其签字人员应当严格按照依法制定的业务规则和行业自律规范,审慎履行职责,作出专业判断与认定,对保荐机构提出的疑义或者意见,应当保持专业独立性,进行审慎的复核判断,并向保荐机构、发行人及时发表意见。

证券服务机构应当建立并保持有效的质量控制体系,保护投资者合法权益。证券服务机构应当妥善保存客户委托文件、核查和验证资料、工作底稿以及与质量控制、内部管理、业务经营有关的信息和资料。

第六章 监管措施和法律责任

第六十一条 中国证监会可以对保荐机构及其与发行上市保荐工作相关的人员,证券服务机构、发行人及其与证券发行上市工作相关的人员等进行定期或者不定期现场检查,相关主体应当积极配合检查,如实提供有关资料,不得拒绝、阻挠、逃避检查,不得谎报、隐匿、销毁相关证据材料。

第六十二条 中国证监会对保荐机构及其相关人员进行持续动态的跟踪管理,记录其业务资格、执业情况、违法违规行为、其他不良行为以及对其采取的监管措施等,对保荐机构业务质量进行评价。

保荐信用记录和质量评价结果向社会公开。

第六十三条 证券公司提交的保荐业务资格申请文件存在虚假记载、误导性陈述或者重大遗漏的,中国证监会不予受理或者不予核准,并给予警告;已核准的,撤销其保荐业务资格。

第六十四条 保荐机构、保荐代表人、保荐业务负责人、内核负责人、保荐业务部门负责人及其他保荐业务相关人员违反本办法,未诚实守信、勤勉尽责地履行相关义务的,中国证监会可以对其采取重点关注、责令进行业务学习、出具警示函、责令公开说明、责令改正、责令增加内部合规检查的次数并提交合规检查报告、监管谈话、责令处分有关责任人员并报告结果、依法认定为不适当人选等监管措施;依法应给予行政处罚的,依照有关规定进行处罚;情节严重涉嫌犯罪的,依法移送司法机关,追究其刑事责任。

第六十五条 出现下列情形之一的,中国证监会可以视情节轻重,对保荐机构、保荐代表人采取出具警示函、责令改正、监管谈话等监管措施;情节严重的,中国证监会可以采取暂停保荐机构的保荐业务、依法认定保荐代表人为不适当人选三个月到十二个月的监管措施:

(一)制作或者出具的文件不齐备或者不符合要求;

(二)擅自改动申请文件、信息披露资料或者其他已提交文件;

(三)申请文件或者信息披露资料存在相互矛盾或者同一事实表述不一致且有实质性差异;

(四)文件披露的内容表述不清,逻辑混乱,严重影响投资者理解;

(五)未及时报告或者未及时披露重大事项;

(六)指定不符合本办法第四条规定要求的人员具体负责保荐工作;

(七)未通过内核程序,以公司名义对外提交或披露保荐业务项目文件;

(八)采取业务包干等承包方式或其他形式进行过度激励;

(九)以显著低于行业定价水平等不正当竞争方式招揽业务,违反公平竞争、破坏市场秩序。

第六十六条 保荐机构出现下列情形之一的,中国证监会可以视情节轻重,暂停保荐业务三个月到三十六个月,并可以责令保荐机构更换董事、监事、高级管理人员或者限制其权利;情节特别严重的,撤销其保荐业务资格:

(一)向中国证监会、证券交易所提交的与保荐工作相关的文件存在虚假记载、误导性陈述或者重大遗漏;

(二)重大事项未报告、未披露;

(三)内部控制制度存在重大缺陷或者未有效执行;

(四)尽职调查制度、内部核查制度、持续督导制度、保荐工作底稿制度等保荐业务制度存在重大缺陷或者未有效执行;

(五)廉洁从业管理内控体系、反洗钱制度存在重大缺陷或者未有效执行;

(六)保荐工作底稿存在虚假记载、误导性陈述或者重大遗漏;

(七)唆使、协助或者参与发行人及证券服务机构提供存在虚假记载、误导性陈述或者重大遗漏的文件;

(八)唆使、协助或者参与发行人干扰中国证监会、证券交易所及其上市委员会的审核、注册工作;

(九)通过从事保荐业务谋取不正当利益;

(十)伪造或者变造签字、盖章；
(十一)严重违反诚实守信、勤勉尽责、廉洁从业义务的其他情形。

第六十七条 保荐代表人出现下列情形之一的，中国证监会可以根据情节轻重，依法采取认定为不适当人选三个月到三十六个月的监管措施：
(一)尽职调查工作日志缺失或者遗漏、隐瞒重要问题；
(二)未完成或者未参加辅导工作；
(三)重大事项未报告、未披露；
(四)未参加持续督导工作，或者持续督导工作严重未勤勉尽责；
(五)因保荐业务或其具体负责保荐工作的发行人在保荐期间内受到证券交易所、中国证券业协会公开谴责；
(六)唆使、协助或者参与发行人干扰中国证监会、证券交易所及其上市委员会的审核、注册工作；
(七)伪造或者变造签字、盖章；
(八)严重违反诚实守信、勤勉尽责、廉洁从业义务的其他情形。

第六十八条 保荐代表人出现下列情形之一的，中国证监会可以依法采取认定为不适当人选的监管措施；情节严重的，对其采取证券市场禁入的措施：
(一)在与保荐工作相关文件上签字推荐发行人证券发行上市，但未参加尽职调查工作，或者尽职调查工作不彻底、不充分，明显不符合业务规则和行业规范；
(二)通过从事保荐业务谋取不正当利益；
(三)本人及其配偶以任何名义或者方式持有发行人的股份；
(四)唆使、协助或者参与发行人及证券服务机构提供存在虚假记载、误导性陈述或者重大遗漏的文件；
(五)参与组织编制的与保荐工作相关文件存在虚假记载、误导性陈述或者重大遗漏。

第六十九条 发行人出现下列情形之一的，中国证监会可以暂停保荐机构的保荐业务十二个月到三十六个月，责令保荐机构更换相关负责人，对保荐代表人依法采取认定为不适当人选的监管措施；情节严重的，撤销保荐业务资格，对相关责任人采取证券市场禁入的措施：
(一)证券发行募集文件等申请文件存在虚假记载、误导性陈述或者重大遗漏；
(二)持续督导期间信息披露文件存在虚假记载、误导性陈述或者重大遗漏。

第七十条 发行人在持续督导期间出现下列情形之一的，中国证监会可以根据情节轻重，对保荐机构及其相关责任人员采取出具警示函、责令改正、监管谈话、对保荐代表人依法认定为不适当人选、暂停保荐机构的保荐业务等监管措施：
(一)首次公开发行股票并在主板上市和主板上市公司向不特定对象公开发行证券并上市当年营业利润比上年下滑百分之五十以上；
(二)首次公开发行股票并上市、股票向不特定合格投资者公开发行并在北交所上市和上市公司向不特定对象公开发行证券并上市当年即亏损且选取的上市标准含净利润标准；
(三)首次公开发行股票并上市和股票向不特定合格投资者公开发行并在北交所上市之日起十二个月内控股股东或者实际控制人发生变更；
(四)证券上市当年累计百分之五十以上募集资金的用途与承诺不符；
(五)首次公开发行股票并上市和股票向不特定合格投资者公开发行并在北交所上市之日起十二个月内累计百分之五十以上资产或者主营业务发生重组；
(六)上市公司向不特定对象公开发行证券并上市之日起十二个月内累计百分之五十以上资产或者主营业务发生重组，且未在证券发行募集文件中披露；
(七)实际盈利低于盈利预测达百分之二十以上；
(八)关联交易显失公允或者程序违规，涉及金额较大；
(九)控股股东、实际控制人或其他关联方违规占用发行人资源，涉及金额较大；
(十)违规为他人提供担保，涉及金额较大；
(十一)违规购买或出售资产、借款、委托资产管理等，涉及金额较大；
(十二)董事、监事、高级管理人员侵占发行人利益受到行政处罚或者被追究刑事责任；
(十三)违反上市公司规范运作和信息披露等有关法律法规，情节严重的；
(十四)中国证监会规定的其他情形。
前款涉及的净利润以扣除非经常性损益前后孰低者为计算依据。

第七十一条 保荐代表人被依法采取认定为不适当人选的监管措施的，对已受理的该保荐代表人具体负责推荐的项目，保荐机构应当更换保荐代表人，并指派与本项目无关的人员进行复核；对负有责任的保荐业务负责人、内核负责人、保荐业务部门负责人等人员，保荐机构应当根据内部管理规定进行问责惩戒，情节严重的，应当予以更换。

第七十二条 保荐机构、保荐业务负责人、内核负责人或者保荐业务部门负责人在一个自然年度内被采取本办法第六十四条规定的监管措施累计五次以上，中国证监会可以暂停保荐机构的保荐业务三个月，依法责令保荐机构更换保荐业务负责人、内核负责人或者保荐业务部门负责人。

保荐代表人在二个自然年度内被采取本办法第六十四条规定的监管措施累计二次以上，中国证监会可以依法对相关保荐代表人采取认定为不适当人选六个月的监管措施。

第七十三条 对中国证监会拟采取的监管措施，保荐机构及其保荐代表人提出申辩的，如有充分证据证明下列事实且理由成立，中国证监会予以采纳：

（一）发行人或者其董事、监事、高级管理人员故意隐瞒重大事实，保荐机构和保荐代表人已履行勤勉尽责义务；

（二）发行人已在证券发行募集文件中做出特别提示，保荐机构和保荐代表人已履行勤勉尽责义务；

（三）发行人因不可抗力致使业绩、募集资金运用等出现异常或者未能履行承诺；

（四）发行人及其董事、监事、高级管理人员在持续督导期间故意违法违规，保荐机构和保荐代表人主动予以揭示，已履行勤勉尽责义务；

（五）保荐机构、保荐代表人已履行勤勉尽责义务的其他情形。

第七十四条 发行人违反本办法规定，持续督导期间违法违规且拒不纠正，发生重大事项未及时通知保荐机构，出现应当变更保荐机构情形未及时予以变更，或者发生其他严重不配合保荐工作情形的，中国证监会可以责令改正，予以公布并可以根据情节轻重采取下列措施：

（一）要求发行人每月向中国证监会报告接受保荐机构督导的情况；

（二）要求发行人披露月度财务报告、相关资料；

（三）指定证券服务机构进行核查；

（四）要求证券交易所对发行人证券的交易实行特别提示；

（五）对有关责任人员采取证券市场禁入措施。

第七十五条 发行人及其控股股东、实际控制人、董事、监事、高级管理人员未有效配合保荐机构及其保荐代表人开展尽职调查和其他相关工作的，中国证监会可以对相关单位和责任人员采取重点关注、出具警示函、责令公开说明、责令改正、监管谈话等监管措施。情节严重的，对有关责任人采取证券市场禁入的措施。

第七十六条 证券服务机构及其签字人员违反本办法规定的，中国证监会可以对相关机构和责任人员采取重点关注、出具警示函、责令公开说明、责令改正、监管谈话等监管措施，情节严重的可以对有关责任人员采取证券市场禁入的措施。

第七十七条 证券服务机构及其签字人员出具的专业意见存在虚假记载、误导性陈述或重大遗漏，或者因不配合保荐工作而导致严重后果的，中国证监会可以对有关责任人员采取证券市场禁入的措施，并将处理结果予以公布。

第七十八条 发行人及其控股股东、实际控制人、董事、监事、高级管理人员、证券服务机构及其签字人员违反法律、行政法规，依法应予行政处罚的，依照有关规定进行处罚；涉嫌犯罪的，依法移送司法机关，追究其刑事责任。

第七章 附则

第七十九条 本办法所称"保荐机构"，是指《证券法》第十条所指"保荐人"。

第八十条 本办法自公布之日起施行。

证券公司和证券投资基金管理公司境外设立、收购、参股经营机构管理办法

- 2018年5月2日中国证券监督管理委员会2018年第3次主席办公会议审议通过
- 根据2021年1月15日中国证券监督管理委员会《关于修改、废止部分证券期货规章的决定》修正

第一条 为了规范证券公司、证券投资基金管理公司（以下统称证券基金经营机构）在境外设立、收购子公司或者参股经营机构的行为，根据《中华人民共和国证券法》《中华人民共和国证券投资基金法》《证券公司监督管理条例》等法律、行政法规，制定本办法。

第二条 证券基金经营机构在境外设立、收购子公司或者参股经营机构，适用本办法。

境外子公司和参股经营机构在境外的注册登记、变更、终止以及开展业务活动等事项，应当遵守所在国家或者地区的法律法规和监管要求。

第三条 证券基金经营机构在境外设立、收购子公司或者参股经营机构，应当对境外市场状况、法律法规、监管环境等进行必要的调查研究，综合考虑自身财务状况、公司治理情况、内部控制和风险管理水平、对子公司的管理和控制能力、发展规划等因素，全面评估论证，合理审慎决策。

第四条 证券基金经营机构在境外设立、收购子公司或者参股经营机构，不得从事危害中华人民共和国主权、安全和社会公共利益的行为，不得违反反洗钱等相关法律法规的规定。

第五条 境外子公司、参股经营机构依照属地监管原则由境外监督管理机构监管。中国证券监督管理委员会（以下简称中国证监会）与境外监督管理机构建立跨境监督管理合作机制，加强监管信息交流和执法合作，督促证券基金经营机构依法履行对境外子公司、参股经营机构的管理职责。

第六条 证券基金经营机构应当按照国家外汇管理部门和中国证监会的相关规定，建立完备的外汇资产负债风险管理系统，依法办理外汇资金进出相关手续。

第七条 证券公司在境外设立、收购子公司或者参股经营机构，应当向中国证监会备案；证券投资基金管理公司在境外设立、收购子公司或者参股经营机构，应当经中国证监会批准。

第八条 证券基金经营机构在境外设立、收购子公司或者参股经营机构开展业务活动，应当与其治理结构、内部控制、合规管理、风险管理以及风险控制指标、从业人员构成等情况相适应，符合审慎监管和保护投资者合法权益的要求。存在下列情形之一的，不得在境外设立、收购子公司或者参股经营机构：

（一）最近3年因重大违法违规行为受到行政或刑事处罚，最近1年被采取重大监管措施或因风险控制指标不符合规定被采取监管措施，因涉嫌重大违法违规行为正在被立案调查或者正处于整改期间；

（二）拟设立、收购子公司和参股经营机构所在国家或者地区未建立完善的证券法律和监管制度，或者该国家或者地区相关金融监管机构未与中国证监会或者中国证监会认可的机构签定监管合作谅解备忘录，并保持有效的监管合作关系；

（三）中国证监会规定的其他情形。

证券投资基金管理公司在境外设立、收购子公司或者参股经营机构的，净资产应当不低于6亿元，持续经营应当原则上满2年。

第九条 证券基金经营机构设立境外子公司的，应当财务状况及资产质量良好，具备对子公司的出资能力且全资设立，中国证监会认可的除外。

第十条 证券投资基金管理公司在境外设立、收购子公司或者参股经营机构，应当向中国证监会提交下列申请材料：

（一）法定代表人签署的申请报告；

（二）在境外设立、收购子公司或者参股经营机构的相关决议文件；

（三）拟设立、收购子公司或者参股经营机构的章程（草案）；

（四）符合在境外设立、收购子公司和参股经营机构条件的说明；

（五）与境外子公司、参股经营机构之间防范风险传递、利益冲突和利益输送的相关措施安排及说明；

（六）能够对境外子公司和参股经营机构有效管理的说明，内容应当包括对现有境内子公司的风险管理和内部控制安排及实施效果，拟对境外子公司的管控安排，拟对境外参股经营机构相关表决权的实施机制等；

（七）在境外设立、收购子公司或者参股经营机构的协议（如适用）；

（八）可行性研究报告，内容至少包括：在境外设立、收购子公司或者参股经营机构的必要性及可行性，外汇资金来源的说明，境外子公司或者参股经营机构的名称、组织形式、管理架构、股权结构图、业务范围、业务发展规划的说明，主要人员简历等；

（九）与境外监督管理机构沟通情况的说明；

（十）中国证监会要求的其他材料。

证券公司在境外设立、收购子公司或者参股经营机构应当自公司董事会决议或其他相关决议通过5个工作日内向中国证监会提交备案情况说明，关于公司资本充足情况、风险控制指标模拟测算情况说明及本条第一款规定的第二项至第九项文件。

中国证监会发现证券公司在境外设立、收购子公司或者参股经营机构不符合本办法相关规定的，应当责令改正。

第十一条 境外子公司或者参股经营机构应当从事证券、期货、资产管理或者中国证监会认可的其他金融业务，以及金融业务中间介绍、金融信息服务、金融信息技术系统服务、为特定金融业务及产品提供后台支持服务等中国证监会认可的金融相关业务，不得从事与金融无关的业务。

第十二条 境外子公司应当具有简明、清晰、可穿透的股权架构，法人层级应当与境外子公司资本规模、经营管理能力和风险管控水平相适应。

境外子公司可以设立专业孙公司开展金融业务和金融相关业务。除确有需要外，上述孙公司不得再设立机构。

境外子公司再设立、收购、参股经营机构，应当按照国家有关规定履行相关的审批或者备案手续。

第十三条 境外子公司不得直接或者间接在境内从事经营性活动，为境外子公司提供后台支持或者辅助等中国证监会认可的活动除外。

境外子公司在境内设立机构，从事后台支持或者辅助等中国证监会认可活动的，证券基金经营机构应当报中国证监会备案。

第十四条 证券基金经营机构应当充分履行股东职责，依法参与境外子公司的法人治理，健全对境外子公司的风险管控，形成权责明确、流程清晰、制衡有效的管理机制。

第十五条 证券基金经营机构应当指派分管境外机构的高级管理人员作为股东代表出席股东（大）会。股东代表因故不能出席时，应当书面授权证券基金经营机构相关部门负责人代为出席。

第十六条 证券基金经营机构在境外设立、收购子公司，应当确保对子公司董事会具有影响力。仅设执行董事的，执行董事应当由证券基金经营机构提名。证券基金经营机构应当履行内部程序确定提名人选，所提名的董事应当符合以下条件：

（一）熟悉中国证监会及境外机构所在地相关法律法规和业务规范，具备良好的职业操守，最近3年无相关违法违规记录；

（二）具备5年以上证券、基金等金融领域的工作经历；

（三）具备履行职责所必需的时间和精力；

（四）中国证监会规定的其他条件。

第十七条 证券基金经营机构应当通过股东提案等方式，在境外子公司章程中明确下列事项由境外子公司股东会审议：

（一）决定经营方针和投资计划，决定年度财务预算方案、决算方案；

（二）选举和更换董事；

（三）变更业务范围、股权或注册资本，修改章程；

（四）合并、分立、解散或者清算；

（五）购买、出售资产或者投资、借贷、关联交易、担保等的金额达到或超过净资产的10%；

（六）设立、收购、参股经营机构；

（七）其他应当由股东会议的事项。

第十八条 证券基金经营机构应当通过股东提案等方式，在境外子公司章程中明确下列事项由境外子公司董事会审议：

（一）购买、出售资产或者投资、借贷、关联交易、担保等的金额超过净资产的5%但不足10%，且不低于500万元人民币；

（二）内部管理机构的设置；

（三）聘任或者解聘境外子公司经营管理负责人、合规管理负责人、风险管理负责人、财务负责人等经营管理层人员，决定上述人员的考核结果和薪酬；

（四）涉及合规管理、内部控制、风险防范的重大事项；

（五）其他应当由董事会审议的事项。

第十九条 股东代表和提名的董事应当在收到相关会议议案后，及时向证券基金经营机构报告，并提交议案事项涉及的相关材料。

涉及本办法第十七条、第十八条股东会和董事会审议事项的相关议案，证券基金经营机构应当按照公司章程，提交证券基金经营机构股东会、董事会或者经营决策机构集体讨论，合规负责人应当进行合规审查，出具书面合规审查意见。集体决策的意见应当反馈给其委派的股东代表和提名的董事贯彻落实。

第二十条 证券基金经营机构应当采取有效措施，建立决策事项落实跟踪制度及决策效果评估制度，督促其委派的股东代表和提名的董事根据证券基金经营机构的意见履行职责，事后及时评估决策效果，不断改进提升决策质量。

第二十一条 证券基金经营机构应当建立境外机构、股东代表及所提名董事等相关人员的重大事项报告机制，明确报告的事项范围、时间要求和报告路径，确保证券基金经营机构能够及时知悉并处理境外机构经营管理等重大事项，有效防范、评估和化解风险。

第二十二条 证券基金经营机构应当建立健全对境外子公司的内部稽核和外部审计制度，完善对境外子公司的财务稽核、业务稽核、风险控制监督等，检查和评估境外子公司内部控制的有效性、财务运营的稳健性等。外部审计每年不少于一次，内部稽核定期进行。

第二十三条 证券基金经营机构应当建立与境外子

公司、参股经营机构之间有效的信息隔离和风险隔离制度，控制内幕信息和未公开信息等敏感信息的不当流动和使用，有效防范风险传递和利益输送。

第二十四条 证券基金经营机构应当加强与境外子公司之间交易的管理，发生此类交易的，证券基金经营机构应当履行必要的内部程序并在公司年度报告以及监察稽核报告中说明；依照法律法规应当对外信息披露的，应当严格履行信息披露义务。

证券基金经营机构应当通过股东提案等方式，明确境外子公司、参股经营机构的关联交易管理制度，对关联交易行为认定标准、交易定价方法、交易审批程序等进行规范，保证关联交易决策的独立性，严格防范非公平关联交易风险。

第二十五条 证券基金经营机构应当通过股东提案等方式，在境外子公司章程中明确境外子公司高级管理人员应当符合以下条件：

（一）熟悉相关法律法规和业务规范，最近3年无相关违法违规记录；

（二）具备5年以上证券、基金等金融领域的工作经历和履行职责所必需的经营管理能力；

（三）中国证监会规定的其他条件。

证券基金经营机构的董事、监事、高级管理人员等在境外子公司、参股经营机构兼职的，应当遵守境内外相关规定，不得兼任与现有职责相冲突的职务。证券基金经营机构应当参照境内证券基金行业人员离任审计或离任审查的相关管理规定，对境外子公司的董事、高级管理人员和重要岗位人员开展离任审计或离任审查。

第二十六条 证券基金经营机构应当建立健全境外子公司激励约束机制，督促境外子公司完善绩效年薪制度。激励机制应当合理、均衡、有效，达到鼓励合规、稳健经营、长期有效的目的，不得过度激励、短期激励。

证券基金经营机构应当建立健全履职评价和责任追究机制，对损害境外子公司、参股经营机构合法权益，导致境外子公司、参股经营机构出现经营风险或者违法违规问题的人员依法追究责任。

第二十七条 证券基金经营机构应当建立并持续完善覆盖境外机构的合规管理、风险管理和内部控制体系。

证券基金经营机构应当要求境外子公司的合规负责人和风险管理负责人每年度结束后30个工作日内，向证券基金经营机构报送年度合规专报和风险测评专报。证券基金经营机构的合规负责人、风险管理负责人应当对上述专报进行审查，并签署审查意见。

第二十八条 证券基金经营机构对境外子公司增资，或者依法为境外子公司提供融资、担保以及其他类似增信措施的，应当履行内部的决策程序，并在作出决议之日起5个工作日内向中国证监会备案；依法为境外子公司出具不具有实质性担保义务的安慰函以及其他类似文件的，应当于出具文件的次月前5个工作日内向中国证监会备案。

第二十九条 证券基金经营机构在境外参股经营机构的，应当依法参与经营管理，充分行使股东权利，积极履行股东义务。

第三十条 证券基金经营机构应当在每月前10个工作日内，通过中国证监会有关监管信息平台报送上一月度境外子公司的主要财务数据及业务情况。

证券基金经营机构应当在每年4月底之前通过中国证监会有关监管信息平台报送上一年度境外机构经审计的财务报告、审计报告以及年度工作报告，年度工作报告的内容包括但不限于：持牌情况、获得交易所等会员资格情况、业务开展情况、财务状况、法人治理情况、岗位设置和人员配备情况、下属机构情况、配合调查情况、被境外监管机构采取监管措施或者处罚情况等。

中国证监会派出机构应当每月对辖区内证券基金经营机构报送的境外机构有关文件进行分析，并在每季度结束后15个工作日内，向中国证监会报告辖区内证券基金经营机构境外机构的经营管理、内控合规和风险管理等情况。

第三十一条 证券基金经营机构境外子公司发生下列事项的，证券基金经营机构应当在5个工作日内向中国证监会及相关派出机构书面报告：

（一）注册登记、取得业务资格、经营非持牌业务；

（二）作出变更名称、股权或注册资本，修改章程重要条款，分立、合并或者解散等的决议；

（三）取得、变更或者注销交易所等会员资格；

（四）变更董事长、总经理、合规负责人和风险管理负责人；

（五）机构或其从业人员受到境外监管机构或交易所的现场检查、调查、纪律处分或处罚；

（六）预计发生重大亏损、遭受超过净资产10%的重大损失以及公司财务状况发生其他重大不利变化；

（七）与证券基金经营机构及其关联方发生重大关联交易；

（八）按规定应当向境外监管机构报告的重大事项。

第三十二条 证券基金经营机构在境外设立、收购子公司或者参股经营机构，以及对境外子公司和参股经营机构的管理，违反法律、行政法规和本办法规定的，中国证监会及相关派出机构可以对证券基金经营机构采取出具警示函、责令定期报告、责令改正、监管谈话等行政监管措施；对直接负责的董事、监事、高级管理人员和其他责任人员，可以采取出具警示函、责令改正、监管谈话、认定为不适当人选等行政监管措施。

第三十三条 证券基金经营机构因治理结构不健全、内部控制不完善，未按本办法履行对境外机构的管理和控制职责，导致境外机构违法违规经营或者出现重大风险的，对证券基金经营机构及其直接负责的董事、监事、高级管理人员和其他直接责任人员，依照《中华人民共和国证券投资基金法》第二十四条、《证券公司监督管理条例》第七十条采取行政监管措施。

第三十四条 证券基金经营机构违反本办法规定，依法应予处罚的，对证券基金经营机构及其直接负责的主管人员和其他直接责任人员，按照相关法律法规的规定进行处罚。相关法律法规没有规定的，处以警告、3万元以下罚款。涉嫌犯罪的，依法移送司法机关追究刑事责任。

第三十五条 本办法所称收购，指通过购买境外已设立机构股权等方式控制该机构。

第三十六条 境外子公司、参股经营机构所在地法律法规以及关于上市公司的相关监管政策和自律规则对其外资比例、章程内容、法人治理等方面的规定与本办法存在不一致的，从其规定。

第三十七条 本办法施行前，证券基金经营机构已经获准设立、收购子公司或者参股经营机构的，应当在本办法施行后36个月内，逐步规范，达到本办法的相关要求。逾期未达到要求的，中国证监会及相关派出机构依法采取行政监管措施。其中，对于已经存在的股权架构不符合要求的，证券基金经营机构应当降低组织架构复杂程度，简化法人层级，并报中国证监会备案认可。

证券基金经营机构不得在境外经营放债或类似业务。已经开展上述业务的，自本办法施行之日起，不得新增上述业务，存量业务到期终结。

第三十八条 本办法自公布之日起施行。中国证监会发布的《关于证券投资基金管理公司在香港设立机构的规定》（证监会公告〔2008〕12号）同时废止。

中央企业债券发行管理办法

- 2023年4月26日
- 国资发产权规〔2023〕34号

第一章 总　则

第一条 为依法履行出资人职责，规范中央企业债券发行，利用债券融资推动国有资本和国有企业做强做优做大，提升企业核心竞争力，根据《中华人民共和国公司法》《中华人民共和国证券法》《中华人民共和国企业国有资产法》和《企业国有资产监督管理暂行条例》（国务院令第378号）等有关法律法规规定，制定本办法。

第二条 本办法所称中央企业，是指国务院国有资产监督管理委员会（以下简称国资委）代表国务院履行出资人职责的国家出资企业。本办法所称债券，是指中央企业及其各级子企业在境内外债券市场发行的公司信用类债券，包括企业债券、公司债券、非金融企业债务融资工具、金融债等。

第三条 中央企业债券发行管理遵循以下原则：

（一）坚持服务主业实业发展。中央企业结合主业实业发展需要制定债券发行计划，保障国家重大战略、重大工程、重点项目建设和实体经济发展，加快关键核心技术攻关，打造原创技术策源地和现代产业链链长，为实现高水平科技自立自强、提升产业链供应链韧性和安全水平提供资金支持。

（二）坚持分级分类管理。国资委以管资本为主管控中央企业整体资产负债水平和集团公司债券发行计划，中央企业依法依规决定所属子企业债券发行，加强对债券发行规模大、债券违约风险高的重点行业、重点企业监管。

（三）坚持债券全流程管控。加强制度建设、债券发行计划制定、债券发行事前审核、存量债券动态监测、债券兑付安排等全过程管理，切实提高管控水平，防范债券违约风险。

第四条 国资委依法建立健全中央企业债券发行监管体系，审核批准中央企业集团公司年度债券发行计划，推动中央企业强化债券全流程管控，有效防范债券违约风险，对中央企业债券发行违规事项造成国有资产损失以及其他严重不良后果的进行责任追究。

第五条 中央企业是债券发行管理的责任主体，负责建立本企业债券发行管理制度并组织实施，管理制度应当包括以下内容：

（一）债券发行管理原则。

（二）工作流程、管理部门及相关职责。
（三）债券发行主体管理要求。
（四）存量债券管理措施。
（五）债券风险防控措施。
（六）违规责任追究。
企业债券发行管理制度应当经内部决策机构审议通过后报送国资委。

第二章　债券发行计划管理

第六条　中央企业债券发行实行年度计划管理。中央企业制订年度财务预算时，综合考虑发展战略、投资计划、资金需求、资产负债水平、融资成本等因素，确定集团公司及所属子企业年度债券发行计划。中央企业年度债券发行计划主要包括集团公司及所属子企业存量债券情况、年度债券发行额度（包括一年期以内的短期债券净融资额、中长期债券发行总额、权益类债券发行总额）、募集资金用途、债券偿付计划等内容。

第七条　中央企业集团公司年度债券发行计划由国资委审核批准。股权多元化中央企业股东会（股东大会）审议集团公司年度债券发行计划时，应当将相关材料报送包括国资委在内的全体股东，国资委出具意见后，由其股东代表在股东会（股东大会）上行使表决权。中央企业应当于每年年初向国资委报送以下材料：
（一）集团公司年度债券发行计划的请示。
（二）集团公司年度债券发行计划表。
（三）可行性研究报告，包括宏观经济环境、债券市场环境、企业所处行业状况、同行业企业近期债券发行情况；企业生产经营情况、财务状况、债券余额；年度债券发行计划，包括发行规模、品种、期限、利率、募集资金用途和效益预测，拟投资项目纳入年度投资计划情况；债券发行金额对企业财务状况和经营业绩的影响，企业偿债能力分析，债券发行计划纳入年度预算情况，符合相关法律法规和国资委债券管理相关规定情况；风险防控机制和流程，可能出现的风险及应对方案。
（四）董事会决策文件。
（五）其他必要文件。

第八条　中央企业在报送集团公司年度债券发行计划表时，应当一并报送所属各级子企业年度债券发行计划；集团公司当年无债券发行计划的，中央企业应当汇总所属各级子企业年度债券发行计划报送国资委备案。

第九条　国资委根据国有经济布局优化和结构调整、中央企业高质量发展、中央企业债券违约风险防控等总体要求，主要从企业主业发展资金需求、公司治理机制、资产负债水平、风险防控机制建设等方面，审核批准中央企业集团公司年度债券发行计划。严格管控资产负债率超过警戒线、持续经营亏损、经营活动现金净流量为负数的中央企业债券发行额度。

第十条　中央企业集团公司可以在国资委批准的年度债券发行计划范围内自行确定债券发行具体时间、品种、期限，年度实际发行额拟超出国资委批准的年度债券发行计划的，应当将超出额度的每笔债券发行方案报国资委批准。

第十一条　国资委批准的中央企业集团公司年度债券发行计划当年有效，不与中央企业在债券市场注册的债券额度挂钩。

第十二条　中央企业依据有关法律法规及内部管理制度确定所属各级子企业债券发行管理权限，明确债券发行管理部门、管理流程和内控机制。

第十三条　中央企业应当建立债券发行主体认定机制，综合考虑子企业行业领域、财务指标、资产负债水平、信用评级、风险防控等基本条件，确定可以发行债券的子企业标准或名单。严格限制信用评级低、产权层级低、债券发行利率明显偏高、债券违约风险尚未解决的子企业发行债券。

第十四条　中央企业应当重点管控信用评级低、集中到期债券规模大、现金流紧张、经营指标显著恶化的子企业债券发行，债券发行审批应当由中央企业集团公司负责。

第三章　债券全流程管控

第十五条　中央企业应当结合年度投资计划、经营现金流、融资成本等因素，合理确定债券品种和债券期限，做好融资结构与资金安全的平衡、偿债时间与现金流量的匹配，防范短期债券滚动接续可能产生的风险，逐步提高中长期债券发行占比，防止短债长投、兑付期限过度集中等问题，逐步形成债券期限合理、融资成本最优的债券融资结构。

第十六条　中央企业应当积极利用债券市场注册制改革、债券市场基础设施互联互通、债券品种创新等资本市场重大改革举措，通过发行科技创新债券、碳中和碳达峰债券、乡村振兴债券、资产支持证券等创新品种，有效服务国家重大战略。

第十七条　中央企业应当科学论证发行永续债等权益类债券的必要性，充分考虑永续债对企业融资成本、偿债能力、高质量发展的影响，严格按相关规定控制永续债占企业净资产比重，合理控制永续债规模，所属子企业扩大永续债规模的原则上应当报中央企业集团公司批准。

第十八条 中央企业应当加强对境外债券市场融资环境研判,结合境外业务发展资金需求,积极维护投资者关系和良好国际信用评级,探索多市场、多币种发行境外债券,拓展融资渠道。建立健全境外债券风险防控机制,积极主动应对相关风险挑战,对于到期债券提前做好还款预案和相关资金安排,有效防范债券违约风险,统筹做好境外债券发行、募集资金使用和债券兑付相关工作。

第十九条 债券存续期内,中央企业应当严格遵守资本市场规则和监管要求,切实履行在募集说明书及其他相关文件中承诺的信息披露义务,及时披露可能影响偿债能力或投资者权益的重大事项。

第二十条 中央企业应当依照募集说明书披露的用途使用募集资金,投资项目回报率一般应当高于资金成本。严格执行国家金融监管政策,按照融资协议约定的用途使用资金,突出主业、聚焦实业,严禁过度融资形成资金无效淤积,严禁资金空转、脱实向虚,严禁挪用资金、违规套利。

第二十一条 中央企业应当及时通过国资委产权管理综合信息系统逐笔填报集团公司及所属子企业债券发行及兑付情况,实时在线监测全部存量债券,重点监测重点子企业存量债券及可能存在违约风险的债券。

第二十二条 中央企业应当高度重视债券违约风险防控,严禁恶意逃废债行为,维护投资者关系和市场形象。健全风险识别机制,做到早识别、早预警、早处置。稳妥处置违约风险,对确有兑付困难的企业,要提前与债券持有人沟通确定处置方案,通过债券展期、置换、现金要约收购、借助央企信用保障基金支持等方式主动化解风险。

第二十三条 出现可能影响债券本息兑付的事项时,中央企业应当在债券到期日7日前将相关情况及应急预案书面报告国资委。发生债券违约风险事件的应当按照《关于印发〈中央企业重大经营风险事件报告工作规则〉的通知》(国资发监督规〔2021〕103号)有关要求及时报告并妥善处置。

第二十四条 中央企业应当于每年1月31日前核对国资委产权管理综合信息系统填报的上年度债券数据准确性、完整性,全面体现年度债券发行计划执行情况。

第四章 监督追责

第二十五条 国资委将中央企业债券发行工作列入监督检查范围,采取抽查、专项检查等方式,对中央企业债券发行管理情况实施监督评估。对未按要求报送材料的企业,国资委将给予通报批评。

第二十六条 中央企业发生未按规定履行年度债券发行计划报批程序、发现债券违约风险隐瞒不报和未按规定处置债券违约风险等违规行为,造成国有资产损失或其他严重不良后果的,国资委将按照《中央企业违规经营投资责任追究实施办法(试行)》(国资委令第37号)等有关规定,追究相关责任人员的责任。

第二十七条 国资委相关工作人员违反本办法规定审批中央企业集团公司年度债券发行计划并造成不良影响的,国资委责令其改正;造成国有资产损失的,依法追究相关责任;涉嫌犯罪的,依法移送监察机关或司法机关处理。

第五章 附则

第二十八条 中央企业发行可交换公司债券、可转换公司债券,按照《上市公司国有股权监督管理办法》(国资委 财政部 证监会令第36号)等规定执行。

第二十九条 本办法由国资委负责解释。

第三十条 本办法自印发之日起施行。《中央企业债券发行管理暂行办法》同时废止。

附件:年度债券发行计划表(略)

最高人民法院关于对与证券交易所监管职能相关的诉讼案件管辖与受理问题的规定

- 2004年11月18日最高人民法院审判委员会第1333次会议通过
- 根据2020年12月23日最高人民法院审判委员会第1823次会议通过的《最高人民法院关于修改〈最高人民法院关于人民法院民事调解工作若干问题的规定〉等十九件民事诉讼类司法解释的决定》修正
- 2020年12月29日最高人民法院公告公布
- 自2021年1月1日起施行
- 法释〔2020〕20号

为正确及时地管辖、受理与证券交易所监管职能相关的诉讼案件,特作出以下规定:

一、根据《中华人民共和国民事诉讼法》第三十七条和《中华人民共和国行政诉讼法》第二十三条的有关规定,指定上海证券交易所和深圳证券交易所所在地的中级人民法院分别管辖以上海证券交易所和深圳证券交易所为被告或第三人的与证券交易所监管职能相关的第一审民事和行政案件。

二、与证券交易所监管职能相关的诉讼案件包括:

（一）证券交易所根据《中华人民共和国公司法》《中华人民共和国证券法》《中华人民共和国证券投资基金法》《证券交易所管理办法》等法律、法规、规章的规定，对证券发行人及其相关人员、证券交易所会员及其相关人员、证券上市和交易活动做出处理决定引发的诉讼；

（二）证券交易所根据国务院证券监督管理机构的依法授权，对证券发行人及其相关人员、证券交易所会员及其相关人员、证券上市和交易活动做出处理决定引发的诉讼；

（三）证券交易所根据其章程、业务规则、业务合同的规定，对证券发行人及其相关人员、证券交易所会员及其相关人员、证券上市和交易活动做出处理决定引发的诉讼；

（四）证券交易所在履行监管职能过程中引发的其他诉讼。

三、投资者对证券交易所履行监管职责过程中对证券发行人及其相关人员、证券交易所会员及其相关人员、证券上市和交易活动做出的不直接涉及投资者利益的行为提起的诉讼，人民法院不予受理。

四、本规定自发布之日起施行。

最高人民法院关于证券纠纷代表人诉讼若干问题的规定

· 2020 年 7 月 23 日最高人民法院审判委员会第 1808 次会议通过
· 2020 年 7 月 30 日最高人民法院公告公布
· 自 2020 年 7 月 31 日起施行
· 法释〔2020〕5 号

为进一步完善证券集体诉讼制度，便利投资者提起和参加诉讼，降低投资者维权成本，保护投资者合法权益，有效惩治资本市场违法违规行为，维护资本市场健康稳定发展，根据《中华人民共和国民事诉讼法》《中华人民共和国证券法》等法律的规定，结合证券市场实际和审判实践，制定本规定。

一、一般规定

第一条 本规定所指证券纠纷代表人诉讼包括因证券市场虚假陈述、内幕交易、操纵市场等行为引发的普通代表人诉讼和特别代表人诉讼。

普通代表人诉讼是依民事诉讼法第五十三条、第五十四条、证券法第九十五条第一款、第二款规定提起的诉讼；特别代表人诉讼是依据证券法第九十五条第三款规定提起的诉讼。

第二条 证券纠纷代表人诉讼案件，由省、自治区、直辖市人民政府所在的市、计划单列市和经济特区中级人民法院或者专门人民法院管辖。

对多个被告提起的诉讼，由发行人住所地有管辖权的中级人民法院或者专门人民法院管辖；对发行人以外的主体提起的诉讼，由被告住所地有管辖权的中级人民法院或者专门人民法院管辖。

特别代表人诉讼案件，由涉诉证券集中交易的证券交易所、国务院批准的其他全国性证券交易场所所在地的中级人民法院或者专门人民法院管辖。

第三条 人民法院应当充分发挥多元解纷机制的功能，按照自愿、合法原则，引导和鼓励当事人通过行政调解、行业调解、专业调解等非诉讼方式解决证券纠纷。

当事人选择通过诉讼方式解决纠纷的，人民法院应当及时立案。案件审理过程中应当着重调解。

第四条 人民法院审理证券纠纷代表人诉讼案件，应当依托信息化技术手段开展立案登记、诉讼文书送达、公告和通知、权利登记、执行款项发放等工作，便利当事人行使诉讼权利、履行诉讼义务，提高审判执行的公正性、高效性和透明度。

二、普通代表人诉讼

第五条 符合以下条件的，人民法院应当适用普通代表人诉讼程序进行审理：

（一）原告一方人数十人以上，起诉符合民事诉讼法第一百一十九条规定和共同诉讼条件；

（二）起诉书中确定二至五名拟任代表人且符合本规定第十二条规定的代表人条件；

（三）原告提交有关行政处罚决定、刑事裁判文书、被告自认材料、证券交易所和国务院批准的其他全国性证券交易场所等给予的纪律处分或者采取的自律管理措施等证明证券侵权事实的初步证据。

不符合前款规定的，人民法院应当适用非代表人诉讼程序进行审理。

第六条 对起诉时当事人人数尚未确定的代表人诉讼，在发出权利登记公告前，人民法院可以通过阅卷、调查、询问和听证等方式对被诉证券侵权行为的性质、侵权事实等进行审查，并在受理后三十日内以裁定的方式确定具有相同诉讼请求的权利人范围。

当事人对权利人范围有异议的，可以自裁定送达之日起十日内向上一级人民法院申请复议，上一级人民法院应当在十五日内作出复议裁定。

第七条 人民法院应当在权利人范围确定后五日内发出权利登记公告,通知相关权利人在指定期间登记。权利登记公告应当包括以下内容:

(一)案件情况和诉讼请求;

(二)被告的基本情况;

(三)权利人范围及登记期间;

(四)起诉书中确定的拟任代表人人选姓名或者名称、联系方式等基本信息;

(五)自愿担任代表人的权利人,向人民法院提交书面申请和相关材料的期限;

(六)人民法院认为必要的其他事项。

公告应当以醒目的方式提示,代表人的诉讼权限包括代表原告参加开庭审理,变更、放弃诉讼请求或者承认对方当事人的诉讼请求,与被告达成调解协议,提起或者放弃上诉,申请执行,委托诉讼代理人等,参加登记视为对代表人进行特别授权。

公告期间为三十日。

第八条 权利人应在公告确定的登记期间向人民法院登记。未按期登记的,可在一审开庭前向人民法院申请补充登记,补充登记前已经完成的诉讼程序对其发生效力。

权利登记可以依托电子信息平台进行。权利人进行登记时,应当按照权利登记公告要求填写诉讼请求金额、收款方式、电子送达地址等事项,并提供身份证明文件、交易记录及投资损失等证据材料。

第九条 人民法院在登记期间届满后十日内对登记的权利人进行审核。不符合权利人范围的投资者,人民法院不确认其原告资格。

第十条 权利登记公告前已就同一证券违法事实提起诉讼且符合权利人范围的投资者,申请撤诉并加入代表人诉讼的,人民法院应当予以准许。

投资者申请撤诉并加入代表人诉讼的,列为代表人诉讼的原告,已经收取的诉讼费予以退还;不申请撤诉的,人民法院不准许其加入代表人诉讼,原诉讼继续进行。

第十一条 人民法院应当将审核通过的权利人列入代表人诉讼原告名单,并通知全体原告。

第十二条 代表人应当符合以下条件:

(一)自愿担任代表人;

(二)拥有相当比例的利益诉求份额;

(三)本人或者其委托诉讼代理人具备一定的诉讼能力和专业经验;

(四)能忠实、勤勉地履行维护全体原告利益的职责。

依照法律、行政法规或者国务院证券监督管理机构的规定设立的投资者保护机构作为原告参加诉讼,或者接受投资者的委托指派工作人员或委派诉讼代理人参加案件审理活动的,人民法院可以指定该机构为代表人,或者在被代理的当事人中指定代表人。

申请担任代表人的原告存在与被告有关联关系等可能影响其履行职责情形的,人民法院对其申请不予准许。

第十三条 在起诉时当事人人数确定的代表人诉讼,应当在起诉前确定获得特别授权的代表人,并在起诉书中就代表人的推选情况作出专项说明。

在起诉时当事人人数尚未确定的代表人诉讼,应当在起诉书中就拟任代表人人选及条件作出说明。在登记期间向人民法院登记的权利人对拟任代表人人选均没有提出异议,并且登记的权利人无人申请担任代表人的,人民法院可以认定由该二至五名人选作为代表人。

第十四条 在登记期间向人民法院登记的权利人对拟任代表人的人选提出异议,或者申请担任代表人的,人民法院应当自原告范围审核完毕后十日内在自愿担任代表人的原告中组织推选。

代表人的推选实行一人一票,每位代表人的得票数应当不少于参与投票人数的50%。代表人人数为二至五名,按得票数排名确定,通过投票产生二名以上代表人的,为推选成功。首次推选不出的,人民法院应当即时组织原告在得票数前五名的候选人中进行二次推选。

第十五条 依据前条规定推选不出代表人的,由人民法院指定。

人民法院指定代表人的,应当将投票情况、诉讼能力、利益诉求份额等作为考量因素,并征得被指定代表人的同意。

第十六条 代表人确定后,人民法院应当进行公告。原告可以自公告之日起十日内向人民法院申请撤回权利登记,并可以另行起诉。

第十七条 代表人因丧失诉讼行为能力或者其他事由影响案件审理或者可能损害原告利益的,人民法院依原告申请,可以决定撤销代表人资格。代表人不足二人时,人民法院应当补充指定代表人。

第十八条 代表人与被告达成调解协议草案的,应当向人民法院提交制作调解书的申请书及调解协议草案。申请书应当包括以下内容:

(一)原告的诉讼请求、案件事实以及审理进展等基本情况；

（二）代表人和委托诉讼代理人参加诉讼活动的情况；

（三）调解协议草案对原告的有利因素和不利影响；

（四）对诉讼费以及合理的公告费、通知费、律师费等费用的分摊及理由；

（五）需要特别说明的其他事项。

第十九条　人民法院经初步审查，认为调解协议草案不存在违反法律、行政法规的强制性规定、违背公序良俗以及损害他人合法权益等情形的，应当自收到申请书后十日内向全体原告发出通知。通知应当包括以下内容：

（一）调解协议草案；

（二）代表人请求人民法院制作调解书的申请书；

（三）对调解协议草案发表意见的权利以及方式、程序和期限；

（四）原告有异议时，召开听证会的时间、地点及报名方式；

（五）人民法院认为需要通知的其他事项。

第二十条　对调解协议草案有异议的原告，有权出席听证会或者以书面方式向人民法院提交异议的具体内容及理由。异议人未出席听证会的，人民法院应当在听证会上公开其异议的内容及理由，代表人及其委托诉讼代理人、被告应当进行解释。

代表人和被告可以根据听证会的情况，对调解协议草案进行修改。人民法院应当将修改后的调解协议草案通知所有原告，并对修改的内容作出重点提示。人民法院可以根据案件的具体情况，决定是否再次召开听证会。

第二十一条　人民法院应当综合考虑当事人赞成和反对意见、本案所涉法律和事实情况、调解协议草案的合法性、适当性和可行性等因素，决定是否制作调解书。

人民法院准备制作调解书的，应当通知提出异议的原告，告知其可以在收到通知后十日内向人民法院提交退出调解的申请。未在上述期间内提交退出申请的原告，视为接受。

申请退出的期间届满后，人民法院应当在十日内制作调解书。调解书经代表人和被告签收后，对被代表的原告发生效力。人民法院对申请退出原告的诉讼继续审理，并依法作出相应判决。

第二十二条　代表人变更或者放弃诉讼请求、承认对方当事人诉讼请求、决定撤诉的，应当向人民法院提交书面申请，并通知全体原告。人民法院收到申请后，应当根据原告所提异议情况，依法裁定是否准许。

对于代表人依据前款规定提交的书面申请，原告自收到通知之日起十日内未提出异议的，人民法院可以裁定准许。

第二十三条　除代表人诉讼案件外，人民法院还受理其他基于同一证券违法事实发生的非代表人诉讼案件的，原则上代表人诉讼案件先行审理，非代表人诉讼案件中止审理。但非代表人诉讼案件具有典型性且先行审理有利于及时解决纠纷的除外。

第二十四条　人民法院可以依当事人的申请，委托双方认可或者随机抽取的专业机构对投资损失数额、证券侵权行为以外其他风险因素导致的损失扣除比例等进行核定。当事人虽未申请但案件审理确有需要的，人民法院可以通过随机抽取的方式委托专业机构对有关事项进行核定。

对专业机构的核定意见，人民法院应当组织双方当事人质证。

第二十五条　代表人请求败诉的被告赔偿合理的公告费、通知费、律师费等费用的，人民法院应当予以支持。

第二十六条　判决被告承担民事赔偿责任的，可以在判决主文中确定赔偿总额和损害赔偿计算方法，并将每个原告的姓名、应获赔偿金额等以列表方式作为民事判决书的附件。

当事人对计算方法、赔偿金额等有异议的，可以向人民法院申请复核。确有错误的，人民法院裁定补正。

第二十七条　一审判决送达后，代表人决定放弃上诉的，应当在上诉期间届满前通知全体原告。

原告自收到通知之日起十五日内未上诉，被告在上诉期间内亦未上诉的，一审判决在全体原告与被告之间生效。

原告自收到通知之日起十五日内上诉的，应当同时提交上诉状，人民法院收到上诉状后，对上诉的原告按上诉处理。被告在上诉期间内未上诉的，一审判决在未上诉的原告与被告之间生效，二审裁判的效力不及于未上诉的原告。

第二十八条　一审判决送达后，代表人决定上诉的，应当在上诉期间届满前通知全体原告。

原告自收到通知之日起十五日内决定放弃上诉的，应当通知一审法院。被告在上诉期间内未上诉的，一审判决在放弃上诉的原告与被告之间生效，二审裁判的效力不及于放弃上诉的原告。

第二十九条　符合权利人范围但未参加登记的投资

者提起诉讼,且主张的事实和理由与代表人诉讼生效判决、裁定所认定的案件基本事实和法律适用相同的,人民法院审查具体诉讼请求后,裁定适用已经生效的判决、裁定。适用已经生效裁判的裁定中应当明确被告赔偿的金额,裁定一经作出立即生效。

代表人诉讼调解结案的,人民法院对后续涉及同一证券违法事实的案件可以引导当事人先行调解。

第三十条 履行或者执行生效法律文书所得财产,人民法院在进行分配时,可以通知证券登记结算机构等协助执行义务人依法协助执行。

人民法院应当编制分配方案并通知全体原告,分配方案应当包括原告范围、债权总额、扣除项目及金额、分配的基准及方法、分配金额的受领期间等内容。

第三十一条 原告对分配方案有异议的,可以依据民事诉讼法第二百二十五条的规定提出执行异议。

三、特别代表人诉讼

第三十二条 人民法院已经根据民事诉讼法第五十四条第一款、证券法第九十五条第二款的规定发布权利登记公告的,投资者保护机构在公告期间受五十名以上权利人的特别授权,可作为代表人参加诉讼。先受理的人民法院不具有特别代表人诉讼管辖权的,应当将案件及时移送有管辖权的人民法院。

不同意加入特别代表人诉讼的权利人可以提交退出声明,原诉讼继续进行。

第三十三条 权利人范围确定后,人民法院应当发出权利登记公告。权利登记公告除本规定第七条的内容外,还应当包括投资者保护机构基本情况、对投资者保护机构的特别授权、投资者声明退出的权利及期间、未声明退出的法律后果等。

第三十四条 投资者明确表示不愿意参加诉讼的,应当在公告期间届满后十五日内向人民法院声明退出。未声明退出的,视为同意参加该代表人诉讼。

对于声明退出的投资者,人民法院不再将其登记为特别代表人诉讼的原告,该投资者可以另行起诉。

第三十五条 投资者保护机构依据公告确定的权利人范围向证券登记结算机构调取的权利人名单,人民法院应当予以登记,列入代表人诉讼原告名单,并通知全体原告。

第三十六条 诉讼过程中由于声明退出等原因导致明示授权投资者的数量不足五十名的,不影响投资者保护机构的代表人资格。

第三十七条 针对同一代表人诉讼,原则上应当由一个投资者保护机构作为代表人参加诉讼。两个以上的投资者保护机构分别受五十名以上投资者委托,且均决定作为代表人参加诉讼的,应当协商处理;协商不成的,由人民法院指定其中一个作为代表人参加诉讼。

第三十八条 投资者保护机构应当采取必要措施,保障被代表的投资者持续了解案件审理的进展情况,回应投资者的诉求。对投资者提出的意见和建议不予采纳的,应当对投资者做好解释工作。

第三十九条 特别代表人诉讼案件不预交案件受理费。败诉或者部分败诉的原告申请减交或者免交诉讼费的,人民法院应当依照《诉讼费用交纳办法》的规定,视原告的经济状况和案件的审理情况决定是否准许。

第四十条 投资者保护机构作为代表人在诉讼中申请财产保全的,人民法院可以不要求提供担保。

第四十一条 人民法院审理特别代表人诉讼案件,本部分没有规定的,适用普通代表人诉讼中关于起诉时当事人人数尚未确定的代表人诉讼的相关规定。

四、附 则

第四十二条 本规定自2020年7月31日起施行。

最高人民法院关于人民法院
强制执行股权若干问题的规定

- 2021年11月15日最高人民法院审判委员会第1850次会议通过
- 2021年12月20日最高人民法院公告公布
- 自2022年1月1日起施行
- 法释〔2021〕20号

为了正确处理人民法院强制执行股权中的有关问题,维护当事人、利害关系人的合法权益,根据《中华人民共和国民事诉讼法》《中华人民共和国公司法》等法律规定,结合执行工作实际,制定本规定。

第一条 本规定所称股权,包括有限责任公司股权、股份有限公司股份,但是在依法设立的证券交易所上市交易以及在国务院批准的其他全国性证券交易场所交易的股份有限公司股份除外。

第二条 被执行人是公司股东的,人民法院可以强制执行其在公司持有的股权,不得直接执行公司的财产。

第三条 依照民事诉讼法第二百二十四条的规定以被执行股权所在地确定管辖法院的,股权所在地是指股权所在公司的住所地。

第四条 人民法院可以冻结下列资料或者信息之一

载明的属于被执行人的股权：

（一）股权所在公司的章程、股东名册等资料；

（二）公司登记机关的登记、备案信息；

（三）国家企业信用信息公示系统的公示信息。

案外人基于实体权利对被冻结股权提出排除执行异议的，人民法院应当依照民事诉讼法第二百二十七条的规定进行审查。

第五条 人民法院冻结被执行人的股权，以其价额足以清偿生效法律文书确定的债权额及执行费用为限，不得明显超标的额冻结。股权价额无法确定的，可以根据申请执行人申请冻结的比例或者数量进行冻结。

被执行人认为冻结明显超标的额的，可以依照民事诉讼法第二百二十五条的规定提出书面异议，并附证明股权等查封、扣押、冻结财产价额的证据材料。人民法院审查后裁定异议成立的，应当自裁定生效之日起七日内解除对明显超标的额部分的冻结。

第六条 人民法院冻结被执行人的股权，应当向公司登记机关送达裁定书和协助执行通知书，要求其在国家企业信用信息公示系统进行公示。股权冻结自在公示系统公示时发生法律效力。多个人民法院冻结同一股权的，以在公示系统先办理公示的为在先冻结。

依照前款规定冻结被执行人股权的，应当及时向被执行人、申请执行人送达裁定书，并将股权冻结情况书面通知股权所在公司。

第七条 被执行人就被冻结股权所作的转让、出质或者其他有碍执行的行为，不得对抗申请执行人。

第八条 人民法院冻结被执行人股权的，可以向股权所在公司送达协助执行通知书，要求其在实施增资、减资、合并、分立等对被冻结股权所占比例、股权价值产生重大影响的行为前向人民法院书面报告有关情况。人民法院收到报告后，应当及时通知申请执行人，但是涉及国家秘密、商业秘密的除外。

股权所在公司未向人民法院报告即实施前款规定行为的，依照民事诉讼法第一百一十四条的规定处理。

股权所在公司或者公司董事、高级管理人员故意通过增资、减资、合并、分立、转让重大资产、对外提供担保等行为导致被冻结股权价值严重贬损，影响申请执行人债权实现的，申请执行人可以依法提起诉讼。

第九条 人民法院冻结被执行人基于股权享有的股息、红利等收益，应当向股权所在公司送达裁定书，并要求其在该收益到期时通知人民法院。人民法院对到期的股息、红利等收益，可以书面通知股权所在公司向申请执行人或者人民法院履行。

股息、红利等收益被冻结后，股权所在公司擅自向被执行人支付或者变相支付的，不影响人民法院要求股权所在公司支付该收益。

第十条 被执行人申请自行变价被冻结股权，经申请执行人及其他已知执行债权人同意或者变价款足以清偿执行债务的，人民法院可以准许，但是应当在能够控制变价款的情况下监督其在指定期限内完成，最长不超过三个月。

第十一条 拍卖被执行人的股权，人民法院应当依照《最高人民法院关于人民法院确定财产处置参考价若干问题的规定》规定的程序确定股权处置参考价，并参照参考价确定起拍价。

确定参考价需要相关材料的，人民法院可以向公司登记机关、税务机关等部门调取，也可以责令被执行人、股权所在公司以及控制相关材料的其他主体提供；拒不提供的，可以强制提取，并可以依照民事诉讼法第一百一十一条、第一百一十四条的规定处理。

为确定股权处置参考价，经当事人书面申请，人民法院可以委托审计机构对股权所在公司进行审计。

第十二条 委托评估被执行人的股权，评估机构因缺少评估所需完整材料无法进行评估或者认为影响评估结果，被执行人未能提供且人民法院无法调取补充材料的，人民法院应当通知评估机构根据现有材料进行评估，并告知当事人因缺乏材料可能产生的不利后果。

评估机构根据现有材料无法出具评估报告的，经申请执行人书面申请，人民法院可以根据具体情况以适当高于执行费用的金额确定起拍价，但是股权所在公司经营严重异常，股权明显没有价值的除外。

依照前款规定确定的起拍价拍卖的，竞买人应当预交的保证金数额由人民法院根据实际情况酌定。

第十三条 人民法院拍卖被执行人的股权，应当采取网络司法拍卖方式。

依据处置参考价并结合具体情况计算，拍卖被冻结股权所得价款可能明显高于债权额及执行费用的，人民法院应当对相应部分的股权进行拍卖。对相应部分的股权拍卖严重减损被冻结股权价值的，经被执行人书面申请，也可以对超出部分的被冻结股权一并拍卖。

第十四条 被执行人、利害关系人以具有下列情形之一为由请求不得强制拍卖股权的，人民法院不予支持：

（一）被执行人未依法履行或者未依法全面履行出资义务；

（二）被执行人认缴的出资未届履行期限；

（三）法律、行政法规、部门规章等对该股权自行转让有限制；

（四）公司章程、股东协议等对该股权自行转让有限制。

人民法院对具有前款第一、二项情形的股权进行拍卖时，应当在拍卖公告中载明被执行人认缴出资额、实缴出资额、出资期限等信息。股权处置后，相关主体依照有关规定履行出资义务。

第十五条 股权变更应当由相关部门批准的，人民法院应当在拍卖公告中载明法律、行政法规或者国务院决定规定的竞买人应当具备的资格或者条件。必要时，人民法院可以就竞买资格或者条件征询相关部门意见。

拍卖成交后，人民法院应当通知买受人持成交确认书向相关部门申请办理股权变更批准手续。买受人取得批准手续的，人民法院作出拍卖成交裁定书；买受人未在合理期限内取得批准手续的，应当重新对股权进行拍卖。重新拍卖的，原买受人不得参加竞买。

买受人明知不符合竞买资格或者条件依然参加竞买，且在成交后未能在合理期限内取得相关部门股权变更批准手续的，交纳的保证金不予退还。保证金不足以支付拍卖产生的费用损失、弥补重新拍卖价款低于原拍卖价款差价的，人民法院可以裁定原买受人补交；拒不补交的，强制执行。

第十六条 生效法律文书确定被执行人交付股权，因股权所在公司在生效法律文书作出后增资或者减资导致被执行人实际持股比例降低或者升高的，人民法院应当按照下列情形分别处理：

（一）生效法律文书已经明确交付股权的出资额的，按照该出资额交付股权；

（二）生效法律文书仅明确交付一定比例的股权的，按照生效法律文书作出时该比例所对应出资额占当前公司注册资本总额的比例交付股权。

第十七条 在审理股东资格确认纠纷案件中，当事人提出要求公司签发出资证明书、记载于股东名册并办理公司登记机关登记的诉讼请求且其主张成立的，人民法院应当予以支持；当事人未提出前述诉讼请求的，可以根据案件具体情况向其释明。

生效法律文书仅确认股权属于当事人所有，当事人可以持该生效法律文书自行向股权所在公司、公司登记机关申请办理股权变更手续；向人民法院申请强制执行的，不予受理。

第十八条 人民法院对被执行人在其他营利法人享有的投资权益强制执行的，参照适用本规定。

第十九条 本规定自2022年1月1日起施行。

施行前本院公布的司法解释与本规定不一致的，以本规定为准。

最高人民法院、最高人民检察院、公安部、中国证券监督管理委员会关于进一步规范人民法院冻结上市公司质押股票工作的意见

- 2021年3月1日
- 法发〔2021〕9号

为进一步规范人民法院冻结上市公司质押股票相关工作，强化善意文明执行理念，依法维护当事人、利害关系人合法权益，依照民事诉讼法，结合执行工作实际，提出以下意见。

第一条 人民法院要求证券登记结算机构或者证券公司协助冻结债务人持有的上市公司股票，该股票已设立质押且质权人非案件保全申请人或者申请执行人的，适用本意见。

人民法院对前款规定的股票进行轮候冻结的，不适用本意见。

第二条 人民法院冻结质押股票时，在协助执行通知书中应当明确案件债权额及执行费用，证券账户持有人名称（姓名）、账户号码，冻结股票的名称、证券代码，需要冻结的数量、冻结期限等信息。

前款规定的需要冻结的股票数量，以案件债权额及执行费用总额除以每股股票的价值计算。每股股票的价值以冻结前一交易日收盘价为基准，结合股票市场行情，一般在不超过20%的幅度内合理确定。

第三条 证券登记结算机构或者证券公司受理人民法院的协助冻结要求后，应当在系统中对质押股票进行标记，标记的期限与冻结的期限一致。

其他人民法院或者其他国家机关要求对已被标记的质押股票进行冻结的，证券登记结算机构或者证券公司按轮候冻结依次办理。

第四条 需要冻结的股票存在多笔质押的，人民法院可以指定某一笔或者某几笔质押股票进行标记。未指定的，证券登记结算机构或者证券公司对该只质押股票全部进行标记。

第五条 上市公司依照相关规定披露股票被冻结的情况时，应当如实披露人民法院案件债权额及执行费用、

已在系统中被标记股票的数量，以及人民法院需要冻结的股票数量、冻结期限等信息。

第六条 质押股票在系统中被标记后，质权人持有证明其质押债权存在、实现质押债权条件成就等材料，向人民法院申请以证券交易所集中竞价、大宗交易方式在质押债权范围内变价股票的，应当准许，但是法律、司法解释等另有规定的除外。人民法院将债务人在证券公司开立的资金账户在质押债权、案件债权额及执行费用总额范围内进行冻结后，应当及时书面通知证券登记结算机构或者证券公司在系统中将相应质押股票调整为可售状态。

质权人申请通过协议转让方式变价股票的，人民法院经审查认为不损害案件当事人利益、国家利益、社会公共利益且在能够控制相应价款的前提下，可以准许。

质权人依照前两款规定自行变价股票的，应当遵守证券交易、登记结算相关业务规则。

第七条 质权人自行变价股票且变价款进入债务人资金账户或者人民法院指定的账户后，向人民法院申请发放变价款实现质押债权的，应予准许，但是法律、司法解释等另有规定的除外。

第八条 在执行程序中，人民法院可以对在系统中被标记的质押股票采取强制变价措施。

第九条 在系统中被标记的任意一部分质押股票解除质押的，协助冻结的证券登记结算机构或者证券公司应当将该部分股票调整为冻结状态，并及时通知人民法院。

冻结股票的数量达到人民法院要求冻结的数量后，证券登记结算机构或者证券公司应当及时通知人民法院。人民法院经审查认为冻结的股票足以实现案件债权及执行费用的，应当书面通知证券登记结算机构或者证券公司解除对其他股票的标记和冻结。

第十条 轮候冻结转为正式冻结的，或者对在本意见实施前已经办理的正式冻结进行续冻的，依当事人或者质权人申请，人民法院可以通知证券登记结算机构或者证券公司依照本意见办理。

第十一条 上市公司股票退市后，依照本意见办理的冻结按照相关司法冻结程序处理，冻结股票的数量为证券登记结算机构或者证券公司在系统中已标记的股票数量。

第十二条 其他国家机关在办理刑事案件过程中，就质押股票处置变价等事项与负责执行的人民法院产生争议的，可以协商解决。协商不成，报各自的上级机关协商解决。

第十三条 本意见自2021年7月1日起实施。

附件：协助冻结通知书参考样式（略）

关于证券违法行为人财产优先用于承担民事赔偿责任有关事项的规定

- 2022年7月27日
- 中国证券监督管理委员会、财政部公告〔2022〕40号

为了落实民事赔偿责任优先原则，切实保护投资者合法权益，根据《中华人民共和国证券法》（以下简称《证券法》）《中华人民共和国国家金库条例实施细则》等相关规定，制定本规定。

一、违反《证券法》规定，违法行为人应当同时承担民事赔偿责任和缴纳罚没款行政责任，缴纳罚没款后，剩余财产不足以承担民事赔偿责任的，合法权益受到侵害的投资者（以下简称受害投资者）可以在向人民法院提起诉讼，获得胜诉判决或者调解书，并经人民法院强制执行或者破产清算程序分配仍未获得足额赔偿后提出书面申请，请求将违法行为人因同一违法行为已缴纳的罚没款用于承担民事赔偿责任。

证券纠纷普通代表人诉讼中的诉讼代表人、特别代表人诉讼中担任诉讼代表人的投资者保护机构，可以代表受害投资者提出将违法行为人罚没款用于承担民事赔偿责任的申请。

二、受害投资者提出将违法行为人罚没款用于承担民事赔偿责任申请的，应当向中国证券监督管理委员会（以下简称证监会）提交以下申请材料，并由证监会行政处罚委员会办公室具体负责接收：

（一）将违法行为人罚没款用于承担民事赔偿责任申请书（以下简称申请书）；

（二）受害投资者身份证明材料、银行账号、开户行全称；

（三）民事判决书、刑事附带民事判决书或者调解书；

（四）终结执行裁定书或者终结破产程序裁定书；

（五）被告履行相关赔偿责任的情况说明；

（六）相关材料真实有效的承诺书；

（七）其他有关材料。

受害投资者提交的申请材料发生变化的，应当及时报告证监会，并补充提交更新材料。

证券纠纷特别代表人诉讼中担任诉讼代表人的投资

者保护机构代表受害投资者提出申请的,参照本条前两款规定执行。

三、人民法院出具终结执行裁定书后一年内,受害投资者可以按照本规定提出申请,超过一年提出申请的,证监会不予受理。

违法行为人被人民法院宣告破产的,自破产程序终结或者追加分配程序终结后一年内,受害投资者可以按照本规定提出申请,超过一年提出申请的,证监会不予受理。

四、受害投资者的申请材料不齐全、不符合形式要求的,证监会自收到申请材料后五个工作日内通知受害投资者予以补正,补正时限最长不超过十五个工作日。未按要求补正的,证监会不予受理;申请材料齐全、符合形式要求的,证监会予以受理。证监会受理基于同一事项的首例申请后,公示首例申请相关情况。

五、受害投资者申请用于承担民事赔偿责任的罚没款金额不得超过民事判决书、刑事附带民事判决书、调解书所确定的被告应当承担的赔偿金额。被告已部分履行赔偿义务的,受害投资者不得对已履行部分再提出申请。

用于承担民事赔偿责任的罚没款金额不得超过违法行为人实际缴纳的罚没款金额。多个受害投资者同时提交申请,申请资金总额超过违法行为人实际缴纳的罚没款金额的,按照依前款规定确定的受害投资者申请额比例退付。

违法行为人实际缴纳的罚没款已全部用于承担民事赔偿责任的,证监会不再就相关事项受理新的申请,并予以公示。

六、证监会受理申请材料后,应当对材料进行审核,判断是否符合《证券法》第二百二十条以及本规定要求,并重点关注以下事项:

(一)受害投资者身份证明与申请书、银行账号信息、民事判决书、刑事附带民事判决书、调解书、终结执行裁定书及其他相关法律文书等材料所记载的申请人、原告、申请执行人身份等是否一致;

(二)行政处罚决定书所记载的违法行为人与申请书、民事判决书、刑事附带民事判决书、调解书、终结执行裁定书、终结破产程序裁定书及其他相关法律文书等材料记载的被告、被执行人、破产人身份等是否一致;

(三)民事判决书、刑事附带民事判决书、调解书中人民法院查明应由违法行为人承担民事赔偿责任基于的事实与行政处罚决定书所记载的违法事项内容是否一致;

(四)终结执行裁定书、终结破产程序裁定书与民事判决书、刑事附带民事判决书、调解书是否对应。

七、证监会在材料审核过程中,应当向出具终结执行裁定书或者终结破产程序裁定书的人民法院了解、核实案件前期执行、破产财产分配情况。

八、证监会应当于收到人民法院情况反馈后一个月内完成审核工作。经审核认为申请主体、申请材料不符合《证券法》第二百二十条以及本规定的,应当书面通知受害投资者,并告知理由;经审核认为申请符合相关规定的,应当书面通知受害投资者,并抄送财政部。

九、证监会应当每半年度向财政部提出退库申请,并提交以下材料:

(一)行政处罚决定书;

(二)民事判决书、刑事附带民事判决书或者调解书;

(三)终结执行裁定书或者终结破产程序裁定书;

(四)待退库非税收入缴款信息表;

(五)违法行为人非税收入一般缴款书,或一般缴款书,或相关电子缴库信息;

(六)其他有关材料。

十、财政部收到申请材料后,对于材料不齐全、不符合形式要求的,应当在十个工作日内通知证监会补正;材料齐全、符合形式要求的,应当在一个月内完成审核工作,并将违法行为人有关罚没款退还至证监会账户。

十一、证监会收到退库资金后,应当及时将违法行为人罚没款退付给受害投资者,不得截留、挤占或者挪用。

证监会应当对退库资金实行专账核算,并将退库资金于证监会账户存放期间产生的利息全部上缴国库。

十二、证监会办理完退付手续后,应当将退付情况及时通报出具终结执行裁定书或者终结破产程序裁定书的人民法院,并公示退付相关情况。

十三、罚没款用于承担民事赔偿责任的,违法行为人应当继续履行相关罚没款缴纳义务。证监会应当及时完善执行制度规则和程序,对退库之后又发现违法行为人财产的,应当继续履行收缴职责,将违法行为人财产收缴入库。

十四、本规定自公布之日起施行。

最高人民法院关于审理证券市场虚假陈述侵权民事赔偿案件的若干规定

- 2021年12月30日最高人民法院审判委员会第1860次会议通过
- 2022年1月21日最高人民法院公告公布
- 自2022年1月22日起施行
- 法释〔2022〕2号

为正确审理证券市场虚假陈述侵权民事赔偿案件，规范证券发行和交易行为，保护投资者合法权益，维护公开、公平、公正的证券市场秩序，根据《中华人民共和国民法典》《中华人民共和国证券法》《中华人民共和国公司法》《中华人民共和国民事诉讼法》等法律规定，结合审判实践，制定本规定。

一、一般规定

第一条 信息披露义务人在证券交易场所发行、交易证券过程中实施虚假陈述引发的侵权民事赔偿案件，适用本规定。

按照国务院规定设立的区域性股权市场中发生的虚假陈述侵权民事赔偿案件，可以参照适用本规定。

第二条 原告提起证券虚假陈述侵权民事赔偿诉讼，符合民事诉讼法第一百二十二条规定，并提交以下证据或者证明材料的，人民法院应当受理：

（一）证明原告身份的相关文件；

（二）信息披露义务人实施虚假陈述的相关证据；

（三）原告因虚假陈述进行交易的凭证及投资损失等相关证据。

人民法院不得仅以虚假陈述未经监管部门行政处罚或者人民法院生效刑事判决的认定为由裁定不予受理。

第三条 证券虚假陈述侵权民事赔偿案件，由发行人住所地的省、自治区、直辖市人民政府所在地的市、计划单列市和经济特区中级人民法院或者专门人民法院管辖。《最高人民法院关于证券纠纷代表人诉讼若干问题的规定》等对管辖另有规定的，从其规定。

省、自治区、直辖市高级人民法院可以根据本辖区的实际情况，确定管辖第一审证券虚假陈述侵权民事赔偿案件的其他中级人民法院，报最高人民法院备案。

二、虚假陈述的认定

第四条 信息披露义务人违反法律、行政法规、监管部门制定的规章和规范性文件关于信息披露的规定，在披露的信息中存在虚假记载、误导性陈述或者重大遗漏的，人民法院应当认定为虚假陈述。

虚假记载，是指信息披露义务人披露的信息中对相关财务数据进行重大不实记载，或者对其他重要信息作出与真实情况不符的描述。

误导性陈述，是指信息披露义务人披露的信息隐瞒了与之相关的部分重要事实，或者未及时披露相关更正、确认信息，致使已经披露的信息因不完整、不准确而具有误导性。

重大遗漏，是指信息披露义务人违反关于信息披露的规定，对重大事件或者重要事项等应当披露的信息未予披露。

第五条 证券法第八十五条规定的"未按照规定披露信息"，是指信息披露义务人未按照规定的期限、方式等要求及时、公平披露信息。

信息披露义务人"未按照规定披露信息"构成虚假陈述的，依照本规定承担民事责任；构成内幕交易的，依照证券法第五十三条的规定承担民事责任；构成公司法第一百五十二条规定的损害股东利益行为的，依照该法承担民事责任。

第六条 原告以信息披露文件中的盈利预测、发展规划等预测性信息与实际经营情况存在重大差异为由主张发行人实施虚假陈述的，人民法院不予支持，但有下列情形之一的除外：

（一）信息披露文件未对影响该预测实现的重要因素进行充分风险提示的；

（二）预测性信息所依据的基本假设、选用的会计政策等编制基础明显不合理的；

（三）预测性信息所依据的前提发生重大变化时，未及时履行更正义务的。

前款所称的重大差异，可以参照监管部门和证券交易场所的有关规定认定。

第七条 虚假陈述实施日，是指信息披露义务人作出虚假陈述或者发生虚假陈述之日。

信息披露义务人在证券交易场所的网站或者符合监管部门规定条件的媒体上公告发布具有虚假陈述内容的信息披露文件，以披露日为实施日；通过召开业绩说明会、接受新闻媒体采访等方式实施虚假陈述的，以该虚假陈述的内容在具有全国性影响的媒体上首次公布之日为实施日。信息披露文件或者相关报导内容在交易日收市后发布的，以其后的第一个交易日为实施日。

因未及时披露相关更正、确认信息构成误导性陈述，或者未及时披露重大事件或者重要事项等构成重大遗漏的,以应当披露相关信息期限届满后的第一个交易日为实施日。

第八条 虚假陈述揭露日,是指虚假陈述在具有全国性影响的报刊、电台、电视台或监管部门网站、交易场所网站、主要门户网站、行业知名的自媒体等媒体上,首次被公开揭露并为证券市场知悉之日。

人民法院应当根据公开交易市场对相关信息的反应等证据,判断投资者是否知悉了虚假陈述。

除当事人有相反证据足以反驳外,下列日期应当认定为揭露日:

(一)监管部门以涉嫌信息披露违法为由对信息披露义务人立案调查的信息公开之日;

(二)证券交易场所等自律管理组织因虚假陈述对信息披露义务人等责任主体采取自律管理措施的信息公布之日。

信息披露义务人实施的虚假陈述呈连续状态的,以首次被公开揭露并为证券市场知悉之日为揭露日。信息披露义务人实施多个相互独立的虚假陈述的,人民法院应当分别认定其揭露日。

第九条 虚假陈述更正日,是指信息披露义务人在证券交易场所网站或者符合监管部门规定条件的媒体上,自行更正虚假陈述之日。

三、重大性及交易因果关系

第十条 有下列情形之一的,人民法院应当认定虚假陈述的内容具有重大性:

(一)虚假陈述的内容属于证券法第八十条第二款、第八十一条第二款规定的重大事件;

(二)虚假陈述的内容属于监管部门制定的规章和规范性文件中要求披露的重大事件或者重要事项;

(三)虚假陈述的实施、揭露或者更正导致相关证券的交易价格或者交易量产生明显的变化。

前款第一项、第二项所列情形,被告提交证据足以证明虚假陈述并未导致相关证券交易价格或者交易量明显变化的,人民法院应当认定虚假陈述的内容不具有重大性。

被告能够证明虚假陈述不具有重大性,并以此抗辩不应当承担民事责任的,人民法院应当予以支持。

第十一条 原告能够证明下列情形的,人民法院应当认定原告的投资决定与虚假陈述之间的交易因果关系成立:

(一)信息披露义务人实施了虚假陈述;

(二)原告交易的是与虚假陈述直接关联的证券;

(三)原告在虚假陈述实施日之后、揭露日或更正日之前实施了相应的交易行为,即在诱多型虚假陈述中买入了相关证券,或者在诱空型虚假陈述中卖出了相关证券。

第十二条 被告能够证明下列情形之一的,人民法院应当认定交易因果关系不成立:

(一)原告的交易行为发生在虚假陈述实施前,或者是在揭露或更正之后;

(二)原告在交易时知道或者应当知道存在虚假陈述,或者虚假陈述已经被证券市场广泛知悉;

(三)原告的交易行为是受到虚假陈述实施后发生的上市公司的收购、重大资产重组等其他重大事件的影响;

(四)原告的交易行为构成内幕交易、操纵证券市场等证券违法行为的;

(五)原告的交易行为与虚假陈述不具有交易因果关系的其他情形。

四、过错认定

第十三条 证券法第八十五条、第一百六十三条所称的过错,包括以下两种情形:

(一)行为人故意制作、出具存在虚假陈述的信息披露文件,或者明知信息披露文件存在虚假陈述而不予指明、予以发布;

(二)行为人严重违反注意义务,对信息披露文件中虚假陈述的形成或者发布存在过失。

第十四条 发行人的董事、监事、高级管理人员和其他直接责任人员主张对虚假陈述没有过错的,人民法院应当根据其工作岗位和职责、在信息披露资料的形成和发布等活动中所起的作用、取得和了解相关信息的渠道、为核验相关信息所采取的措施等实际情况进行审查认定。

前款所列人员不能提供勤勉尽责的相应证据,仅以其不从事日常经营管理、无相关职业背景和专业知识、相信发行人或者管理层提供的资料、相信证券服务机构出具的专业意见等理由主张其没有过错的,人民法院不予支持。

第十五条 发行人的董事、监事、高级管理人员依照证券法第八十二条第四款的规定,以书面方式发表附具体理由的意见并依法披露的,人民法院可以认定其主观上没有过错,但在审议、审核信息披露文件时投赞成票的除外。

第十六条 独立董事能够证明下列情形之一的,人民法院应当认定其没有过错:

（一）在签署相关信息披露文件之前，对不属于自身专业领域的相关具体问题，借助会计、法律等专门职业的帮助仍然未能发现问题的；

（二）在揭露日或更正日之前，发现虚假陈述后及时向发行人提出异议并监督整改或者向证券交易场所、监管部门书面报告的；

（三）在独立意见中对虚假陈述事项发表保留意见、反对意见或者无法表示意见并说明具体理由的，但在审议、审核相关文件时投赞成票的除外；

（四）因发行人拒绝、阻碍其履行职责，导致无法对相关信息披露文件是否存在虚假陈述作出判断，并及时向证券交易场所、监管部门书面报告的；

（五）能够证明勤勉尽责的其他情形。

独立董事提交证据证明其在履职期间能够按照法律、监管部门制定的规章和规范性文件以及公司章程的要求履行职责的，或者在虚假陈述被揭露后及时督促发行人整改且效果较为明显的，人民法院可以结合案件事实综合判断其过错情况。

外部监事和职工监事，参照适用前两款规定。

第十七条 保荐机构、承销机构等机构及其直接责任人员提交的尽职调查工作底稿、尽职调查报告、内部审核意见等证据能够证明下列情形的，人民法院应当认定其没有过错：

（一）已经按照法律、行政法规、监管部门制定的规章和规范性文件、相关行业执业规范的要求，对信息披露文件中的相关内容进行了审慎尽职调查的；

（二）对信息披露文件中没有证券服务机构专业意见支持的重要内容，经过审慎尽职调查和独立判断，有合理理由相信该部分内容与真实情况相符；

（三）对信息披露文件中证券服务机构出具专业意见的重要内容，经过审慎核查和必要的调查、复核，有合理理由排除了职业怀疑并形成合理信赖。

在全国中小企业股份转让系统从事挂牌和定向发行推荐业务的证券公司，适用前款规定。

第十八条 会计师事务所、律师事务所、资信评级机构、资产评估机构、财务顾问等证券服务机构制作、出具的文件存在虚假陈述的，人民法院应当按照法律、行政法规、监管部门制定的规章和规范性文件，参考行业执业规范规定的工作范围和程序要求等内容，结合其核查、验证工作底稿等相关证据，认定其是否存在过错。

证券服务机构的责任限于其工作范围和专业领域。证券服务机构依赖保荐机构或者其他证券服务机构的基础工作或者专业意见致使其出具的专业意见存在虚假陈述，能够证明其对所依赖的基础工作或者专业意见经过审慎核查和必要的调查、复核，排除了职业怀疑并形成合理信赖的，人民法院应当认定其没有过错。

第十九条 会计师事务所能够证明下列情形之一的，人民法院应当认定其没有过错：

（一）按照执业准则、规则确定的工作程序和核查手段并保持必要的职业谨慎，仍未发现被审计的会计资料存在错误的；

（二）审计业务必须依赖的金融机构、发行人的供应商、客户等相关单位提供不实证明文件，会计师事务所保持了必要的职业谨慎仍未发现的；

（三）已对发行人的舞弊迹象提出警告并在审计业务报告中发表了审慎审计意见的；

（四）能够证明没有过错的其他情形。

五、责任主体

第二十条 发行人的控股股东、实际控制人组织、指使发行人实施虚假陈述，致使原告在证券交易中遭受损失的，原告起诉请求直接判令该控股股东、实际控制人依照本规定赔偿损失的，人民法院应当予以支持。

控股股东、实际控制人组织、指使发行人实施虚假陈述，发行人在承担赔偿责任后要求该控股股东、实际控制人赔偿实际支付的赔偿款、合理的律师费、诉讼费用等损失的，人民法院应当予以支持。

第二十一条 公司重大资产重组的交易对方所提供的信息不符合真实、准确、完整的要求，导致公司披露的相关信息存在虚假陈述，原告起诉请求判令该交易对方与发行人等责任主体赔偿由此导致的损失的，人民法院应当予以支持。

第二十二条 有证据证明发行人的供应商、客户，以及为发行人提供服务的金融机构等明知发行人实施财务造假活动，仍然为其提供相关交易合同、发票、存款证明等予以配合，或者故意隐瞒重要事实致使发行人的信息披露文件存在虚假陈述，原告起诉请求判令其与发行人等责任主体赔偿由此导致的损失的，人民法院应当予以支持。

第二十三条 承担连带责任的当事人之间的责任分担与追偿，按照民法典第一百七十八条的规定处理，但本规定第二十条第二款规定的情形除外。

保荐机构、承销机构等责任主体以存在约定为由，请求发行人或者其控股股东、实际控制人补偿其因虚假陈述所承担的赔偿责任的，人民法院不予支持。

六、损失认定

第二十四条 发行人在证券发行市场虚假陈述，导致原告损失的，原告有权请求按照本规定第二十五条的规定赔偿损失。

第二十五条 信息披露义务人在证券交易市场承担民事赔偿责任的范围，以原告因虚假陈述而实际发生的损失为限。原告实际损失包括投资差额损失、投资差额损失部分的佣金和印花税。

第二十六条 投资差额损失计算的基准日，是指在虚假陈述揭露或更正后，为将原告应获赔偿限定在虚假陈述所造成的损失范围内，确定损失计算的合理期间而规定的截止日期。

在采用集中竞价的交易市场中，自揭露日或更正日起，被虚假陈述影响的证券集中交易累计成交量达到可流通部分100%之日为基准日。

自揭露日或更正日起，集中交易累计换手率在10个交易日内达到可流通部分100%的，以第10个交易日为基准日；在30个交易日内未达到可流通部分100%的，以第30个交易日为基准日。

虚假陈述揭露日或更正日起至基准日期间每个交易日收盘价的平均价格，为损失计算的基准价格。

无法依前款规定确定基准价格的，人民法院可以根据有专门知识的人的专业意见，参考对相关行业进行投资时的通常估值方法，确定基准价格。

第二十七条 在采用集中竞价的交易市场中，原告因虚假陈述买入相关股票所造成的投资差额损失，按照下列方法计算：

（一）原告在实施日之后、揭露日或更正日之前买入，在揭露日或更正日之后、基准日之前卖出的股票，按买入股票的平均价格与卖出股票的平均价格之间的差额，乘以已卖出的股票数量；

（二）原告在实施日之后、揭露日或更正日之前买入，基准日之前未卖出的股票，按买入股票的平均价格与基准价格之间的差额，乘以未卖出的股票数量。

第二十八条 在采用集中竞价的交易市场中，原告因虚假陈述卖出相关股票所造成的投资差额损失，按照下列方法计算：

（一）原告在实施日之后、揭露日或更正日之前卖出，在揭露日或更正日之后、基准日之前买回的股票，按买回股票的平均价格与卖出股票的平均价格之间的差额，乘以买回的股票数量；

（二）原告在实施日之后、揭露日或更正日之前卖出，基准日之前未买回的股票，按基准价格与卖出股票的平均价格之间的差额，乘以未买回的股票数量。

第二十九条 计算投资差额损失时，已经除权的证券，证券价格和证券数量应当复权计算。

第三十条 证券公司、基金管理公司、保险公司、信托公司、商业银行等市场参与主体依法设立的证券投资产品，在确定因虚假陈述导致的损失时，每个产品应当单独计算。

投资者及依法设立的证券投资产品开立多个证券账户进行投资的，应当将各证券账户合并，所有交易按照成交时间排序，以确定其实际交易及损失情况。

第三十一条 人民法院应当查明虚假陈述与原告损失之间的因果关系，以及导致原告损失的其他原因等案件基本事实，确定赔偿责任范围。

被告能够举证证明原告的损失部分或者全部是由他人操纵市场、证券市场的风险、证券市场对特定事件的过度反应、上市公司内外部经营环境等其他因素所导致的，对其关于相应减轻或者免除责任的抗辩，人民法院应当予以支持。

七、诉讼时效

第三十二条 当事人主张以揭露日或更正日起算诉讼时效的，人民法院应当予以支持。揭露日与更正日不一致的，以在先的为准。

对于虚假陈述责任人中的一人发生诉讼时效中断效力的事由，应当认定对其他连带责任人也发生诉讼时效中断的效力。

第三十三条 在诉讼时效期间内，部分投资者向人民法院提起人数不确定的普通代表人诉讼的，人民法院应当认定该起诉行为对所有具有同类诉讼请求的权利人发生时效中断的效果。

在普通代表人诉讼中，未向人民法院登记权利的投资者，其诉讼时效自权利登记期间届满后重新开始计算。向人民法院登记权利后申请撤回权利登记的投资者，其诉讼时效自撤回权利登记之次日重新开始计算。

投资者保护机构依照证券法第九十五条第三款的规定作为代表人参加诉讼后，投资者声明退出诉讼的，其诉讼时效自声明退出之次日起重新开始计算。

八、附 则

第三十四条 本规定所称证券交易场所，是指证券交易所、国务院批准的其他全国性证券交易场所。

本规定所称监管部门，是指国务院证券监督管理机构、国务院授权的部门及有关主管部门。

本规定所称发行人，包括证券的发行人、上市公司或者挂牌公司。

本规定所称实施日之后、揭露日或更正日之后、基准日之前，包括该日；所称揭露日或更正日之前，不包括该日。

第三十五条 本规定自2022年1月22日起施行。《最高人民法院关于受理证券市场因虚假陈述引发的民事侵权纠纷案件有关问题的通知》《最高人民法院关于审理证券市场因虚假陈述引发的民事赔偿案件的若干规定》同时废止。《最高人民法院关于审理涉及会计师事务所在审计业务活动中民事侵权赔偿案件的若干规定》与本规定不一致的，以本规定为准。

本规定施行后尚未终审的案件，适用本规定。本规定施行前已经终审，当事人申请再审或者按照审判监督程序决定再审的案件，不适用本规定。

最高人民法院、最高人民检察院关于办理内幕交易、泄露内幕信息刑事案件具体应用法律若干问题的解释

- 2011年10月31日最高人民法院审判委员会第1529次会议、2012年2月27日最高人民检察院第十一届检察委员会第72次会议通过
- 2012年3月29日最高人民法院、最高人民检察院公告公布
- 自2012年6月1日起施行
- 法释〔2012〕6号

为维护证券、期货市场管理秩序，依法惩治证券、期货犯罪，根据刑法有关规定，现就办理内幕交易、泄露内幕信息刑事案件具体应用法律的若干问题解释如下：

第一条 下列人员应当认定为刑法第一百八十条第一款规定的"证券、期货交易内幕信息的知情人员"：

（一）证券法第七十四条规定的人员；

（二）期货交易管理条例第八十五条第十二项规定的人员。

第二条 具有下列行为的人员应当认定为刑法第一百八十条第一款规定的"非法获取证券、期货交易内幕信息的人员"：

（一）利用窃取、骗取、套取、窃听、利诱、刺探或者私下交易等手段获取内幕信息的；

（二）内幕信息知情人员的近亲属或者其他与内幕信息知情人员关系密切的人员，在内幕信息敏感期内，从事或者明示、暗示他人从事，或者泄露内幕信息导致他人从事与该内幕信息有关的证券、期货交易，相关交易行为明显异常，且无正当理由或者正当信息来源的；

（三）在内幕信息敏感期内，与内幕信息知情人员联络、接触，从事或者明示、暗示他人从事，或者泄露内幕信息导致他人从事与该内幕信息有关的证券、期货交易，相关交易行为明显异常，且无正当理由或者正当信息来源的。

第三条 本解释第二条第二项、第三项规定的"相关交易行为明显异常"，要综合以下情形，从时间吻合程度、交易背离程度和利益关联程度等方面予以认定：

（一）开户、销户、激活资金账户或者指定交易（托管）、撤销指定交易（转托管）的时间与该内幕信息形成、变化、公开时间基本一致的；

（二）资金变化与该内幕信息形成、变化、公开时间基本一致的；

（三）买入或者卖出与内幕信息有关的证券、期货合约时间与内幕信息的形成、变化和公开时间基本一致的；

（四）买入或者卖出与内幕信息有关的证券、期货合约时间与获悉内幕信息的时间基本一致的；

（五）买入或者卖出证券、期货合约行为明显与平时交易习惯不同的；

（六）买入或者卖出证券、期货合约行为，或者集中持有证券、期货合约行为与该证券、期货公开信息反映的基本面明显背离的；

（七）账户交易资金进出与该内幕信息知情人员或者非法获取人员有关联或者利害关系的；

（八）其他交易行为明显异常情形。

第四条 具有下列情形之一的，不属于刑法第一百八十条第一款规定的从事与内幕信息有关的证券、期货交易：

（一）持有或者通过协议、其他安排与他人共同持有上市公司百分之五以上股份的自然人、法人或者其他组织收购该上市公司股份的；

（二）按照事先订立的书面合同、指令、计划从事相关证券、期货交易的；

（三）依据已被他人披露的信息而交易的；

（四）交易具有其他正当理由或者正当信息来源的。

第五条 本解释所称"内幕信息敏感期"是指内幕信息自形成至公开的期间。

证券法第六十七条第二款所列"重大事件"的发生时间，第七十五条规定的"计划"、"方案"以及期货交易管理条例第八十五条第十一项规定的"政策"、"决定"等的形成时间，应当认定为内幕信息的形成之时。

影响内幕信息形成的动议、筹划、决策或者执行人员，其动议、筹划、决策或者执行初始时间，应当认定为内幕信息的形成之时。

内幕信息的公开，是指内幕信息在国务院证券、期货监督管理机构指定的报刊、网站等媒体披露。

第六条 在内幕信息敏感期内从事或者明示、暗示他人从事或者泄露内幕信息导致他人从事与该内幕信息有关的证券、期货交易，具有下列情形之一的，应当认定为刑法第一百八十条第一款规定的"情节严重"：

（一）证券交易成交额在五十万元以上的；

（二）期货交易占用保证金数额在三十万元以上的；

（三）获利或者避免损失数额在十五万元以上的；

（四）三次以上的；

（五）具有其他严重情节的。

第七条 在内幕信息敏感期内从事或者明示、暗示他人从事或者泄露内幕信息导致他人从事与该内幕信息有关的证券、期货交易，具有下列情形之一的，应当认定为刑法第一百八十条第一款规定的"情节特别严重"：

（一）证券交易成交额在二百五十万元以上的；

（二）期货交易占用保证金数额在一百五十万元以上的；

（三）获利或者避免损失数额在七十五万元以上的；

（四）具有其他特别严重情节的。

第八条 二次以上实施内幕交易或者泄露内幕信息行为，未经行政处理或者刑事处理的，应当对相关交易数额依法累计计算。

第九条 同一案件中，成交额、占用保证金额、获利或者避免损失额分别构成情节严重、情节特别严重的，按照处罚较重的数额定罪处罚。

构成共同犯罪的，按照共同犯罪行为人的成交总额、占用保证金总额、获利或者避免损失总额定罪处罚，但判处各被告人罚金的总额应当掌握在获利或者避免损失总额的一倍以上五倍以下。

第十条 刑法第一百八十条第一款规定的"违法所得"，是指通过内幕交易行为所获利益或者避免的损失。

内幕信息的泄露人员或者内幕交易的明示、暗示人员未实际从事内幕交易的，其罚金数额按照因泄露而获悉内幕信息人员或者被明示、暗示人员从事内幕交易的违法所得计算。

第十一条 单位实施刑法第一百八十条第一款规定的行为，具有本解释第六条规定情形之一的，按照刑法第一百八十条第二款的规定定罪处罚。

最高人民法院、最高人民检察院关于办理操纵证券、期货市场刑事案件适用法律若干问题的解释

· 2018年9月3日最高人民法院审判委员会第1747次会议、2018年12月12日最高人民检察院第十三届检察委员会第十一次会议通过
· 2019年6月27日最高人民法院、最高人民检察院公告公布
· 自2019年7月1日起施行
· 法释〔2019〕9号

为依法惩治证券、期货犯罪，维护证券、期货市场管理秩序，促进证券、期货市场稳定健康发展，保护投资者合法权益，根据《中华人民共和国刑法》《中华人民共和国刑事诉讼法》的规定，现就办理操纵证券、期货市场刑事案件适用法律的若干问题解释如下：

第一条 行为人具有下列情形之一的，可以认定为刑法第一百八十二条第一款第四项规定的"以其他方法操纵证券、期货市场"：

（一）利用虚假或者不确定的重大信息，诱导投资者作出投资决策，影响证券、期货交易价格或者证券、期货交易量，并进行相关交易或者谋取相关利益的；

（二）通过对证券及其发行人、上市公司、期货交易标的公开作出评价、预测或者投资建议，误导投资者作出投资决策，影响证券、期货交易价格或者证券、期货交易量，并进行与其评价、预测、投资建议方向相反的证券或者相关期货交易的；

（三）通过策划、实施资产收购或者重组、投资新业务、股权转让、上市公司收购等虚假重大事项，误导投资者作出投资决策，影响证券交易价格或者证券交易量，并进行相关交易或者谋取相关利益的；

（四）通过控制发行人、上市公司信息的生成或者控制信息披露的内容、时点、节奏，误导投资者作出投资决策，影响证券交易价格或者证券交易量，并进行相关交易或者谋取相关利益的；

（五）不以成交为目的，频繁申报、撤单或者大额申报、撤单，误导投资者作出投资决策，影响证券、期货交易价格或者证券、期货交易量，并进行与申报相反的交易或者谋取相关利益的；

（六）通过囤积现货，影响特定期货品种市场行情，并进行相关期货交易的；

（七）以其他方法操纵证券、期货市场的。

第二条 操纵证券、期货市场，具有下列情形之一的，应当认定为刑法第一百八十二条第一款规定的"情节

严重"：

（一）持有或者实际控制证券的流通股份数量达到该证券的实际流通股份总量百分之十以上，实施刑法第一百八十二条第一款第一项操纵证券市场行为，连续十个交易日的累计成交量达到同期该证券总成交量百分之二十以上的；

（二）实施刑法第一百八十二条第一款第二项、第三项操纵证券市场行为，连续十个交易日的累计成交量达到同期该证券总成交量百分之二十以上的；

（三）实施本解释第一条第一项至第四项操纵证券市场行为，证券交易成交额在一千万元以上的；

（四）实施刑法第一百八十二条第一款第一项及本解释第一条第六项操纵期货市场行为，实际控制的账户合并持仓连续十个交易日的最高值超过期货交易所限仓标准的二倍，累计成交量达到同期该期货合约总成交量百分之二十以上，且期货交易占用保证金数额在五百万元以上的；

（五）实施刑法第一百八十二条第一款第二项、第三项及本解释第一条第一项、第二项操纵期货市场行为，实际控制的账户连续十个交易日的累计成交量达到同期该期货合约总成交量百分之二十以上，且期货交易占用保证金数额在五百万元以上的；

（六）实施本解释第一条第五项操纵证券、期货市场行为，当日累计撤回申报量达到同期该证券、期货合约总申报量百分之五十以上，且证券撤回申报额在一千万元以上、撤回申报的期货合约占用保证金数额在五百万元以上的；

（七）实施操纵证券、期货市场行为，违法所得数额在一百万元以上的。

第三条 操纵证券、期货市场，违法所得数额在五十万元以上，具有下列情形之一的，应当认定为刑法第一百八十二条第一款规定的"情节严重"：

（一）发行人、上市公司及其董事、监事、高级管理人员、控股股东或者实际控制人实施操纵证券、期货市场行为的；

（二）收购人、重大资产重组的交易对方及其董事、监事、高级管理人员、控股股东或者实际控制人实施操纵证券、期货市场行为的；

（三）行为人明知操纵证券、期货市场行为被有关部门调查，仍继续实施的；

（四）因操纵证券、期货市场行为受过刑事追究的；

（五）二年内因操纵证券、期货市场行为受过行政处罚的；

（六）在市场出现重大异常波动等特定时段操纵证券、期货市场的；

（七）造成恶劣社会影响或者其他严重后果的。

第四条 具有下列情形之一的，应当认定为刑法第一百八十二条第一款规定的"情节特别严重"：

（一）持有或者实际控制证券的流通股份数量达到该证券的实际流通股份总量百分之十以上，实施刑法第一百八十二条第一款第一项操纵证券市场行为，连续十个交易日的累计成交量达到同期该证券总成交量百分之五十以上的；

（二）实施刑法第一百八十二条第一款第二项、第三项操纵证券市场行为，连续十个交易日的累计成交量达到同期该证券总成交量百分之五十以上的；

（三）实施本解释第一条第一项至第四项操纵证券市场行为，证券交易成交额在五千万元以上的；

（四）实施刑法第一百八十二条第一款第一项及本解释第一条第六项操纵期货市场行为，实际控制的账户合并持仓连续十个交易日的最高值超过期货交易所限仓标准的五倍，累计成交量达到同期该期货合约总成交量百分之五十以上，且期货交易占用保证金数额在二千五百万元以上的；

（五）实施刑法第一百八十二条第一款第二项、第三项及本解释第一条第一项、第二项操纵期货市场行为，实际控制的账户连续十个交易日的累计成交量达到同期该期货合约总成交量百分之五十以上，且期货交易占用保证金数额在二千五百万元以上的；

（六）实施操纵证券、期货市场行为，违法所得数额在一千万元以上的。

实施操纵证券、期货市场行为，违法所得数额在五百万元以上，并具有本解释第三条规定的七种情形之一的，应当认定为"情节特别严重"。

第五条 下列账户应当认定为刑法第一百八十二条中规定的"自己实际控制的账户"：

（一）行为人以自己名义开户并使用的实名账户；

（二）行为人向账户转入或者从账户转出资金，并承担实际损益的他人账户；

（三）行为人通过第一项、第二项以外的方式管理、支配或者使用的他人账户；

（四）行为人通过投资关系、协议等方式对账户内资产行使交易决策权的他人账户；

（五）其他有证据证明行为人具有交易决策权的账户。

有证据证明行为人对前款第一项至第三项账户内资产没有交易决策权的除外。

第六条 二次以上实施操纵证券、期货市场行为，依法应予行政处理或者刑事处理而未经处理的，相关交易数额或者违法所得数额累计计算。

第七条 符合本解释第二条、第三条规定的标准，行为人如实供述犯罪事实，认罪悔罪，并积极配合调查，退缴违法所得的，可以从轻处罚；其中犯罪情节轻微的，可以依法不起诉或者免予刑事处罚。

符合刑事诉讼法规定的认罪认罚从宽适用范围和条件的，依照刑事诉讼法的规定处理。

第八条 单位实施刑法第一百八十二条第一款行为的，依照本解释规定的定罪量刑标准，对其直接负责的主管人员和其他直接责任人员定罪处罚，并对单位判处罚金。

第九条 本解释所称"违法所得"，是指通过操纵证券、期货市场所获利益或者避免的损失。

本解释所称"连续十个交易日"，是指证券、期货市场开市交易的连续十个交易日，并非指行为人连续交易的十个交易日。

第十条 对于在全国中小企业股份转让系统中实施操纵证券市场行为，社会危害性大，严重破坏公平公正的市场秩序的，比照本解释的规定执行，但本解释第二条第一项、第二项和第四条第一项、第二项除外。

第十一条 本解释自2019年7月1日起施行。

最高人民法院、最高人民检察院关于办理利用未公开信息交易刑事案件适用法律若干问题的解释

- 2018年9月10日最高人民法院审判委员会第1748次会议、2018年11月30日最高人民检察院第十三届检察委员会第十次会议通过
- 2019年6月27日最高人民法院、最高人民检察院公告公布
- 自2019年7月1日起施行
- 法释〔2019〕10号

为依法惩治证券、期货犯罪，维护证券、期货市场管理秩序，促进证券、期货市场稳定健康发展，保护投资者合法权益，根据《中华人民共和国刑法》《中华人民共和国刑事诉讼法》的规定，现就办理利用未公开信息交易刑事案件适用法律的若干问题解释如下：

第一条 刑法第一百八十条第四款规定的"内幕信息以外的其他未公开的信息"，包括下列信息：

（一）证券、期货的投资决策、交易执行信息；

（二）证券持仓数量及变化、资金数量及变化、交易动向信息；

（三）其他可能影响证券、期货交易活动的信息。

第二条 内幕信息以外的其他未公开的信息难以认定的，司法机关可以在有关行政主（监）管部门的认定意见的基础上，根据案件事实和法律规定作出认定。

第三条 刑法第一百八十条第四款规定的"违反规定"，是指违反法律、行政法规、部门规章、全国性行业规范有关证券、期货未公开信息保护的规定，以及行为人所在的金融机构有关信息保密、禁止交易、禁止利益输送等规定。

第四条 刑法第一百八十条第四款规定的行为人"明示、暗示他人从事相关交易活动"，应当综合以下方面进行认定：

（一）行为人具有获取未公开信息的职务便利；

（二）行为人获取未公开信息的初始时间与他人从事相关交易活动的初始时间具有关联性；

（三）行为人与他人之间具有亲友关系、利益关联、交易终端关联等关联关系；

（四）他人从事相关交易的证券、期货品种、交易时间与未公开信息所涉证券、期货品种、交易时间等方面基本一致；

（五）他人从事的相关交易活动明显不具有符合交易习惯、专业判断等正当理由；

（六）行为人对明示、暗示他人从事相关交易活动没有合理解释。

第五条 利用未公开信息交易，具有下列情形之一的，应当认定为刑法第一百八十条第四款规定的"情节严重"：

（一）违法所得数额在一百万元以上的；

（二）二年内三次以上利用未公开信息交易的；

（三）明示、暗示三人以上从事相关交易活动的。

第六条 利用未公开信息交易，违法所得数额在五十万元以上，或者证券交易成交额在五百万元以上，或者期货交易占用保证金数额在一百万元以上，具有下列情形之一的，应当认定为刑法第一百八十条第四款规定的"情节严重"：

（一）以出售或者变相出售未公开信息等方式，明示、暗示他人从事相关交易活动的；

（二）因证券、期货犯罪行为受过刑事追究的；

（三）二年内因证券、期货违法行为受过行政处罚的；

（四）造成恶劣社会影响或者其他严重后果的。

第七条 刑法第一百八十条第四款规定的"依照第一款的规定处罚"，包括该条第一款关于"情节特别严重"的规定。

利用未公开信息交易，违法所得数额在一千万元以上的，应当认定为"情节特别严重"。

违法所得数额在五百万元以上，或者证券交易成交额在五千万元以上，或者期货交易占用保证金数额在一千万元以上，具有本解释第六条规定的四种情形之一的，应当认定为"情节特别严重"。

第八条 二次以上利用未公开信息交易，依法应予行政处理或者刑事处理而未经处理的，相关交易数额或者违法所得数额累计计算。

第九条 本解释所称"违法所得"，是指行为人利用未公开信息从事与该信息相关的证券、期货交易活动所获利益或者避免的损失。

行为人明示、暗示他人利用未公开信息从事相关交易活动，被明示、暗示人员从事相关交易活动所获利益或者避免的损失，应当认定为"违法所得"。

第十条 行为人未实际从事与未公开信息相关的证券、期货交易活动的，其罚金数额按照被明示、暗示人员从事相关交易活动的违法所得计算。

第十一条 符合本解释第五条、第六条规定的标准，行为人如实供述犯罪事实，认罪悔罪，并积极配合调查，退缴违法所得的，可以从轻处罚；其中犯罪情节轻微的，可以依法不起诉或者免予刑事处罚。

符合刑事诉讼法规定的认罪认罚从宽适用范围和条件的，依照刑事诉讼法的规定处理。

第十二条 本解释自 2019 年 7 月 1 日起施行。

3. 公司并购重组与改制

上市公司股份回购规则

- 2023 年 12 月 15 日中国证券监督管理委员会公告〔2023〕63 号公布
- 自公布之日起施行

第一章 总 则

第一条 为规范上市公司股份回购行为，依据《中华人民共和国公司法》（以下简称《公司法》）、《中华人民共和国证券法》（以下简称《证券法》）等法律、行政法规，制定本规则。

第二条 本规则所称上市公司回购股份，是指上市公司因下列情形之一收购本公司股份的行为：

（一）减少公司注册资本；

（二）将股份用于员工持股计划或者股权激励；

（三）将股份用于转换上市公司发行的可转换为股票的公司债券；

（四）为维护公司价值及股东权益所必需。

前款第（四）项所指情形，应当符合以下条件之一：

（一）公司股票收盘价格低于最近一期每股净资产；

（二）连续二十个交易日内公司股票收盘价格跌幅累计达到百分之二十；

（三）公司股票收盘价格低于最近一年股票最高收盘价格的百分之五十；

（四）中国证监会规定的其他条件。

第三条 上市公司回购股份，应当有利于公司的可持续发展，不得损害股东和债权人的合法权益。

上市公司的董事、监事和高级管理人员在回购股份中应当忠实、勤勉地履行职责。

第四条 鼓励上市公司在章程或其他治理文件中完善股份回购机制，明确股份回购的触发条件、回购流程等具体安排。

第五条 上市公司回购股份，应当依据本规则和证券交易所的规定履行决策程序和信息披露义务。

上市公司及其董事、监事、高级管理人员应当保证所披露的信息真实、准确、完整，无虚假记载、误导性陈述或重大遗漏。

第六条 上市公司回购股份，可以结合实际，自主决定聘请财务顾问、律师事务所、会计师事务所等证券服务机构出具专业意见，并与回购股份方案一并披露。

前款规定的证券服务机构及人员应当诚实守信，勤勉尽责，对回购股份相关事宜进行尽职调查，并保证其出具的文件真实、准确、完整。

第七条 任何人不得利用上市公司回购股份从事内幕交易、操纵市场和证券欺诈等违法违规活动。

第二章 一般规定

第八条 上市公司回购股份应当同时符合以下条件：

（一）公司股票上市已满六个月；

（二）公司最近一年无重大违法行为；

（三）回购股份后，上市公司具备持续经营能力和债务履行能力；

（四）回购股份后，上市公司的股权分布原则上应当符合上市条件；公司拟通过回购股份终止其股票上市交

易的,应当符合证券交易所的相关规定;

(五)中国证监会、证券交易所规定的其他条件。

上市公司因本规则第二条第一款第(四)项回购股份并减少注册资本的,不适用前款第(一)项。

第九条 上市公司回购股份可以采取以下方式之一进行:

(一)集中竞价交易方式;

(二)要约方式;

(三)中国证监会认可的其他方式。

上市公司因本规则第二条第一款第(二)项、第(三)项、第(四)项规定的情形回购股份的,应当通过本条第一款第(一)项、第(二)项规定的方式进行。

上市公司采用要约方式回购股份的,参照《上市公司收购管理办法》关于要约收购的规定执行。

第十条 上市公司触及本规则第二条第二款规定条件的,董事会应当及时了解是否存在对股价可能产生较大影响的重大事件和其他因素,通过多种渠道主动与股东特别是中小股东进行沟通和交流,充分听取股东关于公司是否应实施股份回购的意见和诉求。

第十一条 上市公司因本规则第二条第一款第(一)项、第(二)项、第(三)项规定的情形回购股份的,回购期限自董事会或者股东大会审议通过最终回购股份方案之日起不超过十二个月。

上市公司因本规则第二条第一款第(四)项规定的情形回购股份的,回购期限自董事会或者股东大会审议通过最终回购方案之日起不超过三个月。

第十二条 上市公司用于回购的资金来源必须合法合规。

第十三条 上市公司实施回购方案前,应当在证券登记结算机构开立由证券交易所监控的回购专用账户;该账户仅可用于存放已回购的股份。

上市公司回购的股份自过户至上市公司回购专用账户之日起即失去其权利,不享有股东大会表决权、利润分配、公积金转增股本、认购新股和可转换公司债券等权利,不得质押和出借。

上市公司在计算相关指标时,应当从总股本中扣减已回购的股份数量。

第十四条 上市公司不得同时实施股份回购和股份发行行为,但依照有关规定实施优先股发行行为的除外。

前款所称实施股份回购行为,是指上市公司股东大会或者董事会通过回购方案后,上市公司收购本公司股份的行为。实施股份发行行为,是指上市公司自向特定对象发送认购邀请书或者取得注册批复并启动向不特定对象发行股份之日起至新增股份完成登记之日止的股份发行行为。

第十五条 上市公司相关股东、董事、监事、高级管理人员在上市公司回购股份期间减持股份的,应当符合中国证监会、证券交易所关于股份减持的相关规定。

第十六条 因上市公司回购股份,导致投资者持有或者通过协议、其他安排与他人共同持有该公司已发行的有表决权股份超过百分之三十的,投资者可以免于发出要约。

第十七条 上市公司因本规则第二条第一款第(一)项规定情形回购股份的,应当在自回购之日起十日内注销;因第(二)项、第(三)项、第(四)项规定情形回购股份的,公司合计持有的本公司股份数不得超过本公司已发行股份总额的百分之十,并应当在三年内按照依法披露的用途进行转让,未按照披露用途转让的,应当在三年期限届满前注销。

上市公司因本规则第二条第一款第(四)项规定情形回购股份的,可以按照证券交易所规定的条件和程序,在履行预披露义务后,通过集中竞价交易方式出售。

第十八条 上市公司以现金为对价,采用要约方式、集中竞价方式回购股份的,视同上市公司现金分红,纳入现金分红的相关比例计算。

第十九条 股东大会授权董事会实施股份回购的,可以依法一并授权董事会实施再融资。上市公司实施股份回购的,可以同时申请发行可转换公司债券,募集时间由上市公司按照有关规定予以确定。

第三章 回购程序和信息披露

第二十条 上市公司因本规则第二条第一款第(一)项规定情形回购股份的,应当由董事会依法作出决议,并提交股东大会审议,经出席会议的股东所持表决权的三分之二以上通过;因(二)项、第(三)项、第(四)项规定情形回购股份的,可以依照公司章程的规定或者股东大会的授权,经三分之二以上董事出席的董事会会议决议。

上市公司股东大会对董事会作出授权的,应当在决议中明确授权实施股份回购的具体情形和授权期限等内容。

第二十一条 根据法律法规及公司章程等享有董事会、股东大会提案权的回购提议人向上市公司董事会提议回购股份的,应当遵守证券交易所的规定。

第二十二条 上市公司应当在董事会作出回购股份决议后两个交易日内,按照证券交易所的规定至少披露下列文件：

（一）董事会决议；

（二）回购股份方案。

回购股份方案须经股东大会决议的，上市公司应当及时发布召开股东大会的通知。

第二十三条 回购股份方案至少应当包括以下内容：

（一）回购股份的目的、方式、价格区间；

（二）拟回购股份的种类、用途、数量及占公司总股本的比例；

（三）拟用于回购的资金总额及资金来源；

（四）回购股份的实施期限；

（五）预计回购后公司股权结构的变动情况；

（六）管理层对本次回购股份对公司经营、财务及未来发展影响的分析；

（七）上市公司董事、监事、高级管理人员在董事会作出回购股份决议前六个月是否存在买卖上市公司股票的行为，是否存在单独或者与他人联合进行内幕交易及市场操纵的说明；

（八）证券交易所规定的其他事项。

以要约方式回购股份的，还应当披露股东预受要约的方式和程序、股东撤回预受要约的方式和程序，以及股东委托办理要约回购中相关股份预受、撤回、结算、过户登记等事宜的证券公司名称及其通讯方式。

第二十四条 上市公司应当在披露回购股份方案后五个交易日内，披露董事会公告回购股份决议的前一个交易日登记在册的前十大股东和前十大无限售条件股东的名称及持股数量、比例。

回购方案需经股东大会决议的，上市公司应当在股东大会召开前三日，披露股东大会的股权登记日登记在册的前十大股东和前十大无限售条件股东的名称及持股数量、比例。

第二十五条 上市公司股东大会审议回购股份方案的，应当对回购股份方案披露的事项逐项进行表决。

第二十六条 上市公司应当在董事会或者股东大会审议通过最终回购股份方案后及时披露回购报告书。

回购报告书至少应当包括本规则第二十三条回购股份方案所列事项及其他说明的事项。

第二十七条 上市公司回购股份后拟予以注销的，应当在股东大会作出回购的决议后，依照《公司法》有关规定通知债权人。

第二十八条 未经法定或章程规定的程序授权或审议，上市公司、大股东不得对外发布回购股份的有关信息。

第二十九条 上市公司回购股份方案披露后，非因充分正当事由不得变更或者终止。确需变更或终止的，应当符合中国证监会、证券交易所的相关规定，并履行相应的决策程序。

上市公司回购股份用于注销的，不得变更为其他用途。

第四章 以集中竞价交易方式回购股份的特殊规定

第三十条 上市公司以集中竞价交易方式回购股份的，应当符合证券交易所的规定，交易申报应当符合下列要求：

（一）申报价格不得为公司股票当日交易涨幅限制的价格；

（二）不得在证券交易所开盘集合竞价、收盘集合竞价及股票价格无涨跌幅限制的交易日内进行股份回购的委托。

第三十一条 上市公司以集中竞价交易方式回购股份的，在下列期间不得实施：

（一）自可能对本公司证券及其衍生品种交易价格产生重大影响的重大事项发生之日或者在决策过程中至依法披露之日内；

（二）中国证监会规定的其他情形。

上市公司因本规则第二条第一款第（四）项规定的情形回购股份并减少注册资本的，不适用前款规定。

第三十二条 上市公司以集中竞价交易方式回购股份的，应当按照以下规定履行公告义务：

（一）上市公司应当在首次回购股份事实发生的次一交易日予以公告；

（二）上市公司回购股份占上市公司总股本的比例每增加百分之一的，应当自该事实发生之日起三个交易日内予以公告；

（三）在回购股份期间，上市公司应当在每个月的前三个交易日内，公告截至上月末的回购进展情况，包括已回购股份总额、购买的最高价和最低价、支付的总金额；

（四）上市公司在回购期间应当在定期报告中公告回购进展情况，包括已回购股份的数量和比例、购买的最高价和最低价、支付的总金额；

（五）上市公司在回购股份方案规定的回购实施期限过半时，仍未实施回购的，董事会应当公告未能实施回购的原因和后续回购安排；

（六）回购期届满或者回购方案已实施完毕的，上市公司应当停止回购行为，并在二个交易日内公告回购股份情况以及公司股份变动报告，包括已回购股份总额、购买的最高价和最低价以及支付的总金额等内容。

第五章　以要约方式回购股份的特殊规定

第三十三条　上市公司以要约方式回购股份的，要约价格不得低于回购股份方案公告日前三十个交易日该种股票每日加权平均价的算术平均值。

第三十四条　上市公司以要约方式回购股份的，应当在公告回购报告书的同时，将回购所需资金全额存放于证券登记结算机构指定的银行账户。

第三十五条　上市公司以要约方式回购股份，股东预受要约的股份数量超出预定回购的股份数量的，上市公司应当按照相同比例回购股东预受的股份；股东预受要约的股份数量不足预定回购的股份数量的，上市公司应当全部回购股东预受的股份。

第三十六条　上市公司以要约方式回购境内上市外资股的，还应当符合证券交易所和证券登记结算机构业务规则的有关规定。

第六章　监管措施和法律责任

第三十七条　上市公司及相关方违反本规则，或者未按照回购股份报告书约定实施回购的，中国证监会可以采取责令改正、出具警示函等监管措施，证券交易所可以按照业务规则采取自律监管措施或者予以纪律处分。

第三十八条　在股份回购信息公开前，该信息的知情人和非法获取该信息的人，买卖该公司的证券，或者泄露该信息，或者建议他人买卖该证券的，中国证监会依照《证券法》第一百九十一条进行处罚。

第三十九条　利用上市公司股份回购，从事《证券法》第五十五条禁止行为的，中国证监会依照《证券法》第一百九十二条进行处罚。

第四十条　上市公司未按照本规则以及证券交易所规定披露回购信息的，中国证监会、证券交易所可以要求其补充披露、暂停或者终止回购股份活动。

第四十一条　上市公司未按照本规则以及证券交易所规定披露回购股份的相关信息，或者所披露的信息存在虚假记载、误导性陈述或者重大遗漏的，中国证监会依照《证券法》第一百九十七条予以处罚。

第四十二条　为上市公司回购股份出具专业文件的证券服务机构及其从业人员未履行诚实守信、勤勉尽责义务，违反行业规范、业务规则的，由中国证监会采取责令改正、监管谈话、出具警示函等监管措施。

前款规定的证券服务机构及其从业人员所制作、出具的文件存在虚假记载、误导性陈述或者重大遗漏的，依照《证券法》第二百一十三条予以处罚；情节严重的，可以采取市场禁入的措施。

第七章　附　则

第四十三条　本规则自公布之日起施行。《上市公司股份回购规则》(证监会公告〔2022〕4号)同时废止。

非上市公众公司重大资产重组管理办法

- 2014年5月5日中国证券监督管理委员会第41次主席办公会议审议通过
- 根据2020年3月20日中国证券监督管理委员会《关于修改部分证券期货规章的决定》修正
- 2023年2月17日中国证券监督管理委员会第2次委务会议修订

第一章　总　则

第一条　为了规范非上市公众公司(以下简称公众公司)重大资产重组行为，保护公众公司和投资者的合法权益，促进公众公司质量不断提高，维护证券市场秩序和社会公共利益，根据《中华人民共和国证券法》(以下简称《证券法》)、《中华人民共和国公司法》《国务院关于全国中小企业股份转让系统有关问题的决定》《国务院关于进一步优化企业兼并重组市场环境的意见》及其他相关法律、行政法规，制定本办法。

第二条　本办法适用于股票在全国中小企业股份转让系统(以下简称全国股转系统)公开转让的公众公司重大资产重组行为。

本办法所称的重大资产重组是指公众公司及其控股或者控制的公司在日常经营活动之外购买、出售资产或者通过其他方式进行资产交易，导致公众公司的业务、资产发生重大变化的资产交易行为。

公众公司及其控股或者控制的公司购买、出售资产，达到下列标准之一的，构成重大资产重组：

(一)购买、出售的资产总额占公众公司最近一个会计年度经审计的合并财务会计报表期末资产总额的比例达到百分之五十以上；

(二)购买、出售的资产净额占公众公司最近一个会计年度经审计的合并财务会计报表期末净资产额的比例达到百分之五十以上，且购买、出售的资产总额占公众公司最近一个会计年度经审计的合并财务会计报表期末资产总额的比例达到百分之三十以上。

购买、出售资产未达到前款规定标准，但中国证券监督管理委员会（以下简称中国证监会）发现涉嫌违反国家产业政策、违反法律和行政法规、违反中国证监会的规定、可能损害公众公司或者投资者合法权益等重大问题的，可以根据审慎监管原则，责令公众公司按照本办法的规定补充披露相关信息、暂停交易、聘请独立财务顾问或者其他证券服务机构补充核查并披露专业意见。

公众公司发行股份购买资产触及本条所列指标的，应当按照本办法的相关要求办理。

第三条 本办法第二条所称通过其他方式进行资产交易，包括：

（一）以认缴、实缴等方式与他人新设参股企业，或对已设立的企业增资或者减资；

（二）受托经营、租赁其他企业资产或将经营性资产委托他人经营、租赁；

（三）接受附义务的资产赠与或者对外捐赠资产；

（四）中国证监会根据审慎监管原则认定的其他情形。

上述资产交易实质上构成购买、出售资产的，且达到本办法第二条第三款规定的重大资产重组标准的，应当按照本办法的规定履行相关义务和程序。

第四条 公众公司实施重大资产重组，应当就本次交易符合下列要求作出充分说明，并予以披露：

（一）重大资产重组所涉及的资产定价公允，不存在损害公众公司和股东合法权益的情形；

（二）重大资产重组所涉及的资产权属清晰，资产过户或者转移不存在法律障碍，相关债权债务处理合法；所购买的资产，应当为权属清晰的经营性资产；

（三）实施重大资产重组后有利于提高公众公司资产质量和增强持续经营能力，不存在可能导致公众公司重组后主要资产为现金或者无具体经营业务的情形；

（四）实施重大资产重组后有利于公众公司形成或者保持健全有效的法人治理结构。

第五条 公众公司实施重大资产重组，有关各方应当及时、公平地披露或者提供信息，保证所披露或者提供信息的真实、准确、完整，不得有虚假记载、误导性陈述或者重大遗漏。

第六条 公众公司的董事、监事和高级管理人员在重大资产重组中，应当诚实守信、勤勉尽责，维护公众公司资产的安全，保护公众公司和全体股东的合法权益。

第七条 公众公司实施重大资产重组，应当聘请符合《证券法》规定的独立财务顾问、律师事务所以及会计师事务所等证券服务机构出具相关意见。公众公司也可以同时聘请其他机构为其重大资产重组提供顾问服务。

为公众公司重大资产重组提供服务的证券服务机构及人员，应当遵守法律、行政法规和中国证监会的有关规定，遵循本行业公认的业务标准和道德规范，严格履行职责，不得谋取不正当利益，并应当对其所制作、出具文件的真实性、准确性和完整性承担责任。

第八条 任何单位和个人对知悉的公众公司重大资产重组信息在依法披露前负有保密义务，不得利用公众公司重大资产重组信息从事内幕交易、操纵证券市场等违法活动。

第二章 重大资产重组的信息管理

第九条 公众公司与交易对方就重大资产重组进行初步磋商时，应当采取有效的保密措施，限定相关敏感信息的知悉范围，并与参与或知悉本次重大资产重组信息的相关主体签订保密协议。

第十条 公众公司及其控股股东、实际控制人等相关主体研究、筹划、决策重大资产重组事项，原则上应当在相关股票暂停转让后或者非转让时间进行，并尽量简化决策流程、提高决策效率、缩短决策时限，尽可能缩小内幕信息知情人范围。如需要向有关部门进行政策咨询、方案论证的，应当在相关股票暂停转让后进行。

第十一条 公众公司筹划重大资产重组事项，应当详细记载筹划过程中每一具体环节的进展情况，包括商议相关方案、形成相关意向、签署相关协议或者意向书的具体时间、地点、参与机构和人员、商议和决议内容等，制作书面的交易进程备忘录并予以妥当保存。参与每一具体环节的所有人员应当即时在备忘录上签名确认。

公众公司应当按照全国股转系统的规定及时做好内幕信息知情人登记工作。

第十二条 在筹划公众公司重大资产重组的阶段，交易各方初步达成实质性意向或者虽未达成实质性意向，但相关信息已在媒体上传播或者预计该信息难以保密或者公司股票转让出现异常波动的，公众公司应当及时向全国股转系统申请股票暂停转让。

第十三条 筹划、实施公众公司重大资产重组，相关信息披露义务人应当公平地向所有投资者披露可能对公众公司股票转让价格产生较大影响的相关信息，不得有选择性地向特定对象提前泄露。但是，法律、行政法规另有规定的除外。

公众公司的股东、实际控制人以及参与重大资产重组筹划、论证、决策等环节的其他相关机构和人员，应当及时、准确地向公众公司通报有关信息，并配合公众公司及时、准确、完整地进行披露。

第三章 重大资产重组的程序

第十四条 公众公司进行重大资产重组,应当由董事会依法作出决议,并提交股东大会审议。

第十五条 公众公司召开董事会决议重大资产重组事项,应当在披露决议的同时披露本次重大资产重组报告书、独立财务顾问报告、法律意见书以及重组涉及的审计报告、资产评估报告(或资产估值报告)。董事会还应当就召开股东大会事项作出安排并披露。

如公众公司就本次重大资产重组首次召开董事会前,相关资产尚未完成审计等工作的,在披露首次董事会决议的同时应当披露重大资产重组预案及独立财务顾问对预案的核查意见。公众公司应在披露重大资产重组预案后六个月内完成审计等工作,并再次召开董事会,在披露董事会决议时一并披露重大资产重组报告书、独立财务顾问报告、法律意见书以及本次重大资产重组涉及的审计报告、资产评估报告(或资产估值报告)等。董事会还应当就召开股东大会事项作出安排并披露。

第十六条 股东大会就重大资产重组事项作出的决议,必须经出席会议的股东所持表决权的三分之二以上通过。公众公司股东人数超过二百人的,应当对出席会议的持股比例在百分之十以下的股东表决情况实施单独计票。公众公司应当在决议后及时披露表决情况。

前款所称持股比例在百分之十以下的股东,不包括公众公司董事、监事、高级管理人员及其关联人以及持股比例在百分之十以上股东的关联人。

公众公司重大资产重组事项与本公司股东或者其关联人存在关联关系的,股东大会就重大资产重组事项进行表决时,关联股东应当回避表决。

第十七条 公众公司可视自身情况在公司章程中约定是否提供网络投票方式以便于股东参加股东大会;退市公司应当采用安全、便捷的网络投票方式为股东参加股东大会提供便利。

第十八条 公众公司重大资产重组可以使用现金、股份、可转换债券、优先股等支付手段购买资产。

使用股份、可转换债券、优先股等支付手段购买资产的,其支付手段的价格由交易双方自行协商确定,定价可以参考董事会召开前一定期间内公众公司股票的市场价格、同行业可比公司的市盈率或市净率等。董事会应当对定价方法和依据进行充分披露。

第十九条 公众公司向特定对象发行股份购买资产后股东累计超过二百人的重大资产重组,应当持申请文件向全国股转系统申报。

中国证监会在全国股转系统收到注册申请文件之日起,同步关注本次发行股份是否符合国家产业政策和全国股转系统定位。

全国股转系统认为公众公司符合重大资产重组实施要求和信息披露要求的,将审核意见、公众公司注册申请文件及相关审核资料报送中国证监会注册;认为公众公司不符合重大资产重组实施要求和信息披露要求的,作出终止审核决定。

中国证监会收到全国股转系统报送的审核意见、公司注册申请文件及相关审核资料后,基于全国股转系统的审核意见,依法履行注册程序。中国证监会发现存在影响重大资产重组实施要求的新增事项的,可以要求全国股转系统进一步问询并就新增事项形成审核意见;认为全国股转系统对新增事项的审核意见依据明显不充分的,可以退回全国股转系统补充审核,本办法第二十二条规定的注册期限重新计算。

第二十条 公众公司向特定对象发行股份购买资产后股东累计不超过二百人的重大资产重组,中国证监会豁免注册,由全国股转系统自律管理。

公众公司重大资产重组不涉及发行股份的,全国股转系统对重大资产重组报告书、独立财务顾问报告、法律意见书以及重组涉及的审计报告、资产评估报告(或资产估值报告)等信息披露文件的完备性进行审查。

第二十一条 全国股转系统审核过程中,发现本次发行股份涉嫌违反国家产业政策或全国股转系统定位的,或者发现重大敏感事项、重大无先例情况、重大舆情、重大违法线索的,应当及时向中国证监会请示报告,中国证监会及时提出明确意见。

第二十二条 中国证监会在二十个工作日内对注册申请作出同意注册或不予注册的决定,通过要求全国股转系统进一步问询、要求证券公司或证券服务机构等对有关事项进行核查、对公司现场检查等方式要求公司补充、修改申请文件的时间不计算在内。

第二十三条 股东大会作出重大资产重组的决议后,公众公司拟对交易对象、交易标的、交易价格等作出变更,构成对原重组方案重大调整的,应当按照本办法的规定重新履行程序。

股东大会作出重大资产重组的决议后,公众公司董事会决议终止本次交易或者撤回有关申请的,应当说明原因并披露,并提交股东大会审议。

第二十四条 中国证监会不予注册的,自中国证监会作出不予注册的决定之日起三个月内,全国股转系统不受理该公众公司发行股份购买资产的重大资产重组申请。

第二十五条 公众公司实施重大资产重组，相关当事人作出公开承诺事项的，应当同时提出未能履行承诺时的约束措施并披露。

全国股转系统应当加强对相关当事人履行公开承诺行为的监督和约束，对不履行承诺的行为及时实施自律管理。

第二十六条 公众公司重大资产重组完成相关批准程序后，应当及时实施重组方案，并在本次重大资产重组实施完毕之日起二个工作日内，编制并披露实施情况报告书及独立财务顾问、律师的专业意见。

退市公司重大资产重组涉及发行股份的，自中国证监会作出同意注册决定之日起六十日内，本次重大资产重组未实施完毕的，退市公司应当于期满后二个工作日内披露实施进展情况；此后每三十日应当披露一次，直至实施完毕。

第二十七条 独立财务顾问应当按照中国证监会的相关规定，对实施重大资产重组的公众公司履行持续督导职责。持续督导的期限自公众公司完成本次重大资产重组之日起，应当不少于一个完整会计年度。

第二十八条 独立财务顾问应当结合公众公司重大资产重组实施当年和实施完毕后的第一个完整会计年度的年报，自年报披露之日起十五日内，对重大资产重组实施的下列事项出具持续督导意见，报送全国股转系统，并披露：

（一）交易资产的交付或者过户情况；

（二）交易各方当事人承诺的履行情况及未能履行承诺时相关约束措施的执行情况；

（三）公司治理结构与运行情况；

（四）本次重大资产重组对公司运营、经营业绩影响的状况；

（五）盈利预测的实现情况（如有）；

（六）与已公布的重组方案存在差异的其他事项。

第二十九条 本次重大资产重组涉及发行股份的，特定对象以资产认购而取得的公众公司股份，应当承诺自股份发行结束之日起六个月内不得转让；属于下列情形之一的，应当承诺十二个月内不得转让：

（一）特定对象为公众公司控股股东、实际控制人或者其控制的关联人；

（二）特定对象通过认购本次发行的股份取得公众公司的实际控制权；

（三）特定对象取得本次发行的股份时，对其用于认购股份的资产持续拥有权益的时间不足十二个月。

第四章 监督管理与法律责任

第三十条 全国股转系统对公众公司重大资产重组实施自律管理。

全国股转系统应当对公众公司涉及重大资产重组的股票暂停与恢复转让、防范内幕交易等作出制度安排；加强对公众公司重大资产重组期间股票转让的实时监管，建立相应的市场核查机制，并在后续阶段对股票转让情况进行持续监管。

全国股转系统应当督促公众公司及其他信息披露义务人依法履行信息披露义务，发现公众公司重大资产重组信息披露文件中有违反法律、行政法规和中国证监会规定行为的，应当向中国证监会报告，并实施自律管理；情节严重的，应当要求其暂停重大资产重组。

全国股转系统应当督促为公众公司提供服务的独立财务顾问诚实守信、勤勉尽责，发现独立财务顾问有违反法律、行政法规和中国证监会规定行为的，应当向中国证监会报告，并实施自律管理。

全国股转系统可以依据相关规则对实施重大资产重组的公众公司进行现场检查或非现场检查。

第三十一条 全国股转系统应当建立定期报告和重大审核事项请示报告制度，及时总结审核工作情况，并报告中国证监会。

第三十二条 中国证监会依法对公众公司重大资产重组实施监督管理。

中国证监会发现公众公司进行重大资产重组未按照本办法的规定履行信息披露及相关义务、存在可能损害公众公司或者投资者合法权益情形的，有权要求其补充披露相关信息、暂停或者终止其重大资产重组；有权对公众公司、证券服务机构采取《证券法》第一百七十条规定的措施。

第三十三条 中国证监会建立对审核注册全流程的权力运行监督制约机制，对审核注册程序相关内控制度运行情况进行督导督察，对廉政纪律执行情况和相关人员的履职尽责情况进行监督监察。

中国证监会建立对全国股转系统审核监管工作的监督机制，可以通过选取或抽取项目同步关注、调阅审核工作文件、提出问题、列席相关审核会议等方式对全国股转系统相关工作进行检查或抽查。对于中国证监会检查监督过程中发现的问题，全国股转系统应当整改。

第三十四条 重大资产重组实施完毕后，凡不属于公众公司管理层事前无法获知且事后无法控制的原因，购买资产实现的利润未达到盈利预测报告或者资产评估报告预测金额的百分之八十，或者实际运营情况与重大资产重组报告书存在较大差距的，公众公司的董事长、总经理、财务负责人应当在公众公司披露年度报告的同时，作出解释，并向投资者公开道歉；实现利润未达到预测金额的百分之五十的，中国证监会可以对公众公司及相关责任人员采取监管谈话、出具警示函、责令定期报告等监管措施。

第三十五条 全国股转系统审核工作存在下列情形之一的，由中国证监会责令改正；情节严重的，追究直接责任人员相关责任：

（一）未按审核标准开展审核工作；

（二）未按审核程序开展审核工作；

（三）发现涉嫌违反国家产业政策、全国股转系统定位或者发现重大敏感事项、重大无先例情况、重大舆情、重大违法线索，未请示报告或请示报告不及时；

（四）不配合中国证监会对审核工作的检查监督，或者不按中国证监会的要求进行整改。

第三十六条 公众公司或其他信息披露义务人未按照本办法的规定披露或报送信息、报告，或者披露或报送的信息、报告有虚假记载、误导性陈述或者重大遗漏的，由中国证监会责令改正，依照《证券法》第一百九十七条予以处罚；情节严重的，可以责令暂停或者终止重大资产重组，并可以对有关责任人员采取证券市场禁入的措施。

公众公司的控股股东、实际控制人组织、指使从事前款违法违规行为，或者隐瞒相关事项导致发生前款情形的，依照《证券法》第一百九十七条予以处罚；情节严重的，可以责令暂停或者终止重组活动，并可以对有关责任人员采取证券市场禁入的措施；涉嫌犯罪的，依法移送司法机关追究刑事责任。

第三十七条 公众公司董事、监事和高级管理人员在重大资产重组中，未履行诚实守信、勤勉尽责义务，或者公众公司的股东、实际控制人及其有关负责人员未按照本办法的规定履行相关义务，导致重组方案损害公众公司利益的，由中国证监会采取责令改正，并可以采取监管谈话、出具警示函等监管措施；情节严重的，处以警告、罚款，并可以对有关责任人员采取证券市场禁入的措施；涉嫌犯罪的，依法移送司法机关追究刑事责任。

第三十八条 为重大资产重组出具财务顾问报告、审计报告、法律意见书、资产评估报告（或资产估值报告）及其他专业文件的证券服务机构及其从业人员未履行诚实守信、勤勉尽责义务，违反行业规范、业务规则的，采取责令改正、监管谈话、出具警示函等监管措施；情节严重的，依法追究法律责任，并可以对有关责任人员采取证券市场禁入的措施。

前款规定的证券服务机构及其从业人员所制作、出具的文件存在虚假记载、误导性陈述或者重大遗漏的，责令改正，依照《证券法》第二百一十三条予以处罚；情节严重的，可以对有关责任人员采取证券市场禁入的措施；涉嫌犯罪的，依法移送司法机关追究刑事责任。

第三十九条 违反本办法的规定构成证券违法行为的，依照《证券法》等法律法规的规定追究法律责任。

第五章 附 则

第四十条 计算本办法第二条规定的比例时，应当遵守下列规定：

（一）购买的资产为股权的，且购买股权导致公众公司取得被投资企业控股权的，其资产总额以被投资企业的资产总额和成交金额二者中的较高者为准，资产净额以被投资企业的净资产额和成交金额二者中的较高者为准；出售股权导致公众公司丧失被投资企业控股权的，其资产总额、资产净额分别以被投资企业的资产总额以及净资产额为准。

除前款规定的情形外，购买的资产为股权的，其资产总额、资产净额均以成交金额为准；出售的资产为股权的，其资产总额、资产净额均以该股权的账面价值为准；

（二）购买的资产为非股权资产的，其资产总额以该资产的账面值和成交金额二者中的较高者为准，资产净额以相关资产与负债账面值的差额和成交金额二者中的较高者为准；出售的资产为非股权资产的，其资产总额、资产净额分别以该资产的账面值、相关资产与负债账面值的差额为准；该非股权资产不涉及负债的，不适用本办法第二条第三款第（二）项规定的资产净额标准；

（三）公众公司同时购买、出售资产的，应当分别计算购买、出售资产的相关比例，并以二者中比例较高者为准；

（四）公众公司在十二个月内连续对同一或者相关资产进行购买、出售的，以其累计数分别计算相应数额。已按照本办法的规定履行相应程序的资产交易行为，无须纳入累计计算的范围。

交易标的资产属于同一交易方所有或者控制，或者属于相同或者相近的业务范围，或者中国证监会认定的其他情形下，可以认定为同一或者相关资产。

第四十一条 特定对象以现金认购公众公司定向发

行的股份后，公众公司用同一次定向发行所募集的资金向该特定对象购买资产达到重大资产重组标准的适用本办法。

公众公司按照经中国证监会注册或经全国股转系统审核无异议的定向发行文件披露的募集资金用途，使用募集资金购买资产、对外投资的行为，不适用本办法。

第四十二条 公众公司重大资产重组涉及发行可转换债券、优先股等其他支付手段的，应当遵守《证券法》《国务院关于开展优先股试点的指导意见》和中国证监会的相关规定。

第四十三条 为公众公司重大资产重组提供服务的独立财务顾问业务许可、业务规则及法律责任等，按照中国证监会关于上市公司并购重组财务顾问的相关规定执行。

第四十四条 退市公司符合中国证监会和证券交易所规定的重新上市条件的，可依法向证券交易所提出申请。

第四十五条 股票不在全国股转系统公开转让的公众公司重大资产重组履行的决策程序和信息披露内容比照本办法的相关规定执行。

第四十六条 本办法自公布之日起施行。

上市公司收购管理办法

- 2006年7月31日中国证券监督管理委员会令第35号公布
- 根据2008年8月27日《中国证券监督管理委员会关于修改〈上市公司收购管理办法〉第六十三条的决定》第一次修订
- 根据2012年2月14日《中国证券监督管理委员会关于修改〈上市公司收购管理办法〉第六十二条及第六十三条的决定》第二次修订
- 根据2014年10月23日《中国证券监督管理委员会关于修改〈上市公司收购管理办法〉的决定》第三次修订
- 根据2020年3月20日中国证券监督管理委员会《关于修改部分证券期货规章的决定》第四次修订

第一章 总则

第一条 为了规范上市公司的收购及相关股份权益变动活动，保护上市公司和投资者的合法权益，维护证券市场秩序和社会公共利益，促进证券市场资源的优化配置，根据《证券法》《公司法》及其他相关法律、行政法规，制定本办法。

第二条 上市公司的收购及相关股份权益变动活动，必须遵守法律、行政法规及中国证券监督管理委员会（以下简称中国证监会）的规定。当事人应当诚实守信，遵守社会公德、商业道德，自觉维护证券市场秩序，接受政府、社会公众的监督。

第三条 上市公司的收购及相关股份权益变动活动，必须遵循公开、公平、公正的原则。

上市公司的收购及相关股份权益变动活动中的信息披露义务人，应当充分披露其在上市公司中的权益及变动情况，依法严格履行报告、公告和其他法定义务。在相关信息披露前，负有保密义务。

信息披露义务人报告、公告的信息必须真实、准确、完整，不得有虚假记载、误导性陈述或者重大遗漏。

第四条 上市公司的收购及相关股份权益变动活动不得危害国家安全和社会公共利益。

上市公司的收购及相关股份权益变动活动涉及国家产业政策、行业准入、国有股份转让等事项，需要取得国家相关部门批准的，应当在取得批准后进行。

外国投资者进行上市公司的收购及相关股份权益变动活动的，应当取得国家相关部门的批准，适用中国法律，服从中国的司法、仲裁管辖。

第五条 收购人可以通过取得股份的方式成为一个上市公司的控股股东，可以通过投资关系、协议、其他安排的途径成为一个上市公司的实际控制人，也可以同时采取上述方式和途径取得上市公司控制权。

收购人包括投资者及与其一致行动的他人。

第六条 任何人不得利用上市公司的收购损害被收购公司及其股东的合法权益。

有下列情形之一的，不得收购上市公司：

（一）收购人负有数额较大债务，到期未清偿，且处于持续状态；

（二）收购人最近3年有重大违法行为或者涉嫌有重大违法行为；

（三）收购人最近3年有严重的证券市场失信行为；

（四）收购人为自然人的，存在《公司法》第一百四十六条规定情形；

（五）法律、行政法规规定以及中国证监会认定的不得收购上市公司的其他情形。

第七条 被收购公司的控股股东或者实际控制人不得滥用股东权利损害被收购公司或者其他股东的合法权益。

被收购公司的控股股东、实际控制人及其关联方有损害被收购公司及其他股东合法权益的，上述控股股东、实际控制人在转让被收购公司控制权之前，应当主动消除损害；未能消除损害的，应当就其出让相关股份所得收入用于消除全部损害做出安排,对不足以消除损害的部分应当提供充分有效的履约担保或安排,并依照公司章程取得被收购公司股东大会的批准。

第八条 被收购公司的董事、监事、高级管理人员对公司负有忠实义务和勤勉义务,应当公平对待收购本公司的所有收购人。

被收购公司董事会针对收购所做出的决策及采取的措施,应当有利于维护公司及其股东的利益,不得滥用职权对收购设置不适当的障碍,不得利用公司资源向收购人提供任何形式的财务资助,不得损害公司及其股东的合法权益。

第九条 收购人进行上市公司的收购,应当聘请符合《证券法》规定的专业机构担任财务顾问。收购人未按照本办法规定聘请财务顾问的,不得收购上市公司。

财务顾问应当勤勉尽责,遵守行业规范和职业道德,保持独立性,保证其所制作、出具文件的真实性、准确性和完整性。

财务顾问认为收购人利用上市公司的收购损害被收购公司及其股东合法权益的,应当拒绝为收购人提供财务顾问服务。

财务顾问不得教唆、协助或者伙同委托人编制或披露存在虚假记载、误导性陈述或者重大遗漏的报告、公告文件,不得从事不正当竞争,不得利用上市公司的收购谋取不正当利益。

为上市公司收购出具资产评估报告、审计报告、法律意见书的证券服务机构及其从业人员,应当遵守法律、行政法规、中国证监会的有关规定,以及证券交易所的相关规则,遵循本行业公认的业务标准和道德规范,诚实守信,勤勉尽责,对其所制作、出具文件的真实性、准确性和完整性承担责任。

第十条 中国证监会依法对上市公司的收购及相关股份权益变动活动进行监督管理。

中国证监会设立由专业人员和有关专家组成的专门委员会。专门委员会可以根据中国证监会职能部门的请求,就是否构成上市公司的收购、是否有不得收购上市公司的情形以及其他相关事宜提供咨询意见。中国证监会依法做出决定。

第十一条 证券交易所依法制定业务规则,为上市公司的收购及相关股份权益变动活动组织交易和提供服务,对相关证券交易活动进行实时监控,监督上市公司的收购及相关股份权益变动活动的信息披露义务人切实履行信息披露义务。

证券登记结算机构依法制定业务规则,为上市公司的收购及相关股份权益变动活动所涉及的证券登记、存管、结算等事宜提供服务。

第二章 权益披露

第十二条 投资者在一个上市公司中拥有的权益,包括登记在其名下的股份和虽未登记在其名下但该投资者可以实际支配表决权的股份。投资者及其一致行动人在一个上市公司中拥有的权益应当合并计算。

第十三条 通过证券交易所的证券交易,投资者及其一致行动人拥有权益的股份达到一个上市公司已发行股份的5%时,应当在该事实发生之日起3日内编制权益变动报告书,向中国证监会、证券交易所提交书面报告,通知该上市公司,并予公告;在上述期限内,不得再行买卖该上市公司的股票,但中国证监会规定的情形除外。

前述投资者及其一致行动人拥有权益的股份达到一个上市公司已发行股份的5%后,通过证券交易所的证券交易,其拥有权益的股份占该上市公司已发行股份的比例每增加或者减少5%,应当依照前款规定进行报告和公告。在该事实发生之日起至公告后3日内,不得再行买卖该上市公司的股票,但中国证监会规定的情形除外。

前述投资者及其一致行动人拥有权益的股份达到一个上市公司已发行股份的5%后,其拥有权益的股份占该上市公司已发行股份的比例每增加或者减少1%,应当在该事实发生的次日通知该上市公司,并予公告。

违反本条第一款、第二款的规定买入在上市公司中拥有权益的股份的,在买入后的36个月内,对该超过规定比例部分的股份不得行使表决权。

第十四条 通过协议转让方式,投资者及其一致行动人在一个上市公司中拥有权益的股份拟达到或者超过一个上市公司已发行股份的5%时,应当在该事实发生之日起3日内编制权益变动报告书,向中国证监会、证券交易所提交书面报告,通知该上市公司,并予公告。

前述投资者及其一致行动人拥有权益的股份达到一个上市公司已发行股份的5%后,其拥有权益的股份占该上市公司已发行股份的比例每增加或者减少达到或者超过5%的,应当依照前款规定履行报告、公告义务。

前两款规定的投资者及其一致行动人在作出报告、公告前,不得再行买卖该上市公司的股票。相关股份转让及过户登记手续按照本办法第四章及证券交易所、证券登记结算机构的规定办理。

第十五条 投资者及其一致行动人通过行政划转或者变更、执行法院裁定、继承、赠与等方式拥有权益的股份变动达到前条规定比例的,应当按照前条规定履行报告、公告义务,并参照前条规定办理股份过户登记手续。

第十六条 投资者及其一致行动人不是上市公司的第一大股东或者实际控制人,其拥有权益的股份达到或者超过该公司已发行股份的5%,但未达到20%的,应当编制包括下列内容的简式权益变动报告书:

(一)投资者及其一致行动人的姓名、住所;投资者及其一致行动人为法人的,其名称、注册地及法定代表人;

(二)持股目的,是否有意在未来12个月内继续增加其在上市公司中拥有的权益;

(三)上市公司的名称、股票的种类、数量、比例;

(四)在上市公司中拥有权益的股份达到或者超过上市公司已发行股份的5%或者拥有权益的股份增减变化达到5%的时间及方式、增持股份的资金来源;

(五)在上市公司中拥有权益的股份变动的时间及方式;

(六)权益变动事实发生之日前6个月内通过证券交易所的证券交易买卖该公司股票的简要情况;

(七)中国证监会、证券交易所要求披露的其他内容。

前述投资者及其一致行动人为上市公司第一大股东或者实际控制人,其拥有权益的股份达到或者超过一个上市公司已发行股份的5%,但未达到20%的,还应当披露本办法第十七条第一款规定的内容。

第十七条 投资者及其一致行动人拥有权益的股份达到或者超过一个上市公司已发行股份的20%但未超过30%的,应当编制详式权益变动报告书,除须披露前条规定的信息外,还应当披露以下内容:

(一)投资者及其一致行动人的控股股东、实际控制人及其股权控制关系结构图;

(二)取得相关股份的价格、所需资金额,或者其他支付安排;

(三)投资者、一致行动人及其控股股东、实际控制人所从事的业务与上市公司的业务是否存在同业竞争或者潜在的同业竞争,是否存在持续关联交易;存在同业竞争或持续关联交易的,是否已做出相应的安排,确保投资者、一致行动人及其关联方与上市公司之间避免同业竞争以及保持上市公司的独立性;

(四)未来12个月内对上市公司资产、业务、人员、组织结构、公司章程等进行调整的后续计划;

(五)前24个月内投资者及其一致行动人与上市公司之间的重大交易;

(六)不存在本办法第六条规定的情形;

(七)能够按照本办法第五十条的规定提供相关文件。

前述投资者及其一致行动人为上市公司第一大股东或者实际控制人的,还应当聘请财务顾问对上述权益变动报告书所披露的内容出具核查意见,但国有股行政划转或者变更、股份转让在同一实际控制人控制的不同主体之间进行、因继承取得股份的除外。投资者及其一致行动人承诺至少3年放弃行使相关股份表决权的,可免于聘请财务顾问和提供前款第(七)项规定的文件。

第十八条 已披露权益变动报告书的投资者及其一致行动人在披露之日起6个月内,因拥有权益的股份变动需要再次报告、公告权益变动报告书的,可以仅就与前次报告书不同的部分作出报告、公告;自前次披露之日起超过6个月的,投资者及其一致行动人应当按照本章的规定编制权益变动报告书,履行报告、公告义务。

第十九条 因上市公司减少股本导致投资者及其一致行动人拥有权益的股份变动出现本办法第十四条规定情形的,投资者及其一致行动人免于履行报告和公告义务。上市公司应当自完成减少股本的变更登记之日起2个工作日内,就因此导致的公司股东拥有权益的股份变动情况作出公告;因公司减少股本可能导致投资者及其一致行动人成为公司第一大股东或者实际控制人的,该投资者及其一致行动人应当自公司董事会公告有关减少公司股本决议之日起3个工作日内,按照本办法第十七条第一款的规定履行报告、公告义务。

第二十条 上市公司的收购及相关股份权益变动活动中的信息披露义务人依法披露前,相关信息已在媒体上传播或者公司股票交易出现异常的,上市公司应当立即向当事人进行查询,当事人应当及时予以书面答复,上市公司应当及时作出公告。

第二十一条 上市公司的收购及相关股份权益变动活动中的信息披露义务人应当在证券交易所的网站和符合中国证监会规定条件的媒体上依法披露信息;在其他媒体上进行披露的,披露内容应当一致,披露时间不得早于前述披露的时间。

第二十二条 上市公司的收购及相关股份权益变动活动中的信息披露义务人采取一致行动的,可以以书面形式约定由其中一人作为指定代表负责统一编制信息披露文件,并同意授权指定代表在信息披露文件上签字、盖章。

各信息披露义务人应当对信息披露文件中涉及其自身的信息承担责任;对信息披露文件中涉及的与多个信息披露义务人相关的信息,各信息披露义务人对相关部分承担连带责任。

第三章 要约收购

第二十三条 投资者自愿选择以要约方式收购上市公司股份的,可以向被收购公司所有股东发出收购其所持有的全部股份的要约(以下简称全面要约),也可以向被收购公司所有股东发出收购其所持有的部分股份的要约(以下简称部分要约)。

第二十四条 通过证券交易所的证券交易,收购人持有一个上市公司的股份达到该公司已发行股份的30%时,继续增持股份的,应当采取要约方式进行,发出全面要约或者部分要约。

第二十五条 收购人依照本办法第二十三条、第二十四条、第四十七条、第五十六条的规定,以要约方式收购一个上市公司股份的,其预定收购的股份比例均不得低于该上市公司已发行股份的5%。

第二十六条 以要约方式进行上市公司收购的,收购人应当公平对待被收购公司的所有股东。持有同一种类股份的股东应当得到同等对待。

第二十七条 收购人为终止上市公司的上市地位而发出全面要约的,或者因不符合本办法第六章的规定而发出全面要约的,应当以现金支付收购价款;以依法可以转让的证券(以下简称证券)支付收购价款的,应当同时提供现金方式供被收购公司股东选择。

第二十八条 以要约方式收购上市公司股份的,收购人应当编制要约收购报告书,聘请财务顾问,通知被收购公司,同时对要约收购报告书摘要作出提示性公告。

本次收购依法应当取得相关部门批准的,收购人应当在要约收购报告书摘要中作出特别提示,并在取得批准后公告要约收购报告书。

第二十九条 前条规定的要约收购报告书,应当载明下列事项:

(一)收购人的姓名、住所;收购人为法人的,其名称、注册地及法定代表人,与其控股股东、实际控制人之间的股权控制关系结构图;

(二)收购人关于收购的决定及收购目的,是否拟在未来12个月内继续增持;

(三)上市公司的名称、收购股份的种类;

(四)预定收购股份的数量和比例;

(五)收购价格;

(六)收购所需资金额、资金来源及资金保证,或者其他支付安排;

(七)收购要约约定的条件;

(八)收购期限;

(九)公告收购报告书时持有被收购公司的股份数量、比例;

(十)本次收购对上市公司的影响分析,包括收购人及其关联方所从事的业务与上市公司的业务是否存在同业竞争或者潜在的同业竞争,是否存在持续关联交易;存在同业竞争或者持续关联交易的,收购人是否已作出相应的安排,确保收购人及其关联方与上市公司之间避免同业竞争以及保持上市公司的独立性;

(十一)未来12个月内对上市公司资产、业务、人员、组织结构、公司章程等进行调整的后续计划;

(十二)前24个月内收购人及其关联方与上市公司之间的重大交易;

(十三)前6个月内通过证券交易所的证券交易买卖被收购公司股票的情况;

(十四)中国证监会要求披露的其他内容。

收购人发出全面要约的,应当在要约收购报告书中充分披露终止上市的风险、终止上市后收购行为完成的时间及仍持有上市公司股份的剩余股东出售其股票的其他后续安排;收购人发出以终止公司上市地位为目的的全面要约,无须披露前款第(十)项规定的内容。

第三十条 收购人按照本办法第四十七条拟收购上市公司股份超过30%,须改以要约方式进行收购的,收购人应当在达成收购协议或者做出类似安排后的3日内对要约收购报告书摘要作出提示性公告,并按照本办法第二十八条、第二十九条的规定履行公告义务,同时免于编制、公告上市公司收购报告书;依法应当取得批准的,应当在公告中特别提示本次要约须取得相关批准方可进行。

未取得批准的,收购人应当在收到通知之日起2个工作日内,公告取消收购计划,并通知被收购公司。

第三十一条 收购人自作出要约收购提示性公告起60日内,未公告要约收购报告书的,收购人应当在期满后次一个工作日通知被收购公司,并予公告;此后每30日应当公告一次,直至公告要约收购报告书。

收购人作出要约收购提示性公告后,在公告要约收购报告书之前,拟自行取消收购计划的,应当公告原因;自公告之日起12个月内,该收购人不得再次对同一上市公司进行收购。

第三十二条 被收购公司董事会应当对收购人的主

体资格、资信情况及收购意图进行调查,对要约条件进行分析,对股东是否接受要约提出建议,并聘请独立财务顾问提出专业意见。在收购人公告要约收购报告书后20日内,被收购公司董事会应当公告被收购公司董事会报告书与独立财务顾问的专业意见。

收购人对收购要约条件做出重大变更的,被收购公司董事会应当在3个工作日内公告董事会及独立财务顾问就要约条件的变更情况所出具的补充意见。

第三十三条 收购人作出提示性公告后至要约收购完成前,被收购公司除继续从事正常的经营活动或者执行股东大会已经作出的决议外,未经股东大会批准,被收购公司董事会不得通过处置公司资产、对外投资、调整公司主要业务、担保、贷款等方式,对公司的资产、负债、权益或者经营成果造成重大影响。

第三十四条 在要约收购期间,被收购公司董事不得辞职。

第三十五条 收购人按照本办法规定进行要约收购的,对同一种类股票的要约价格,不得低于要约收购提示性公告日前6个月内收购人取得该种股票所支付的最高价格。

要约价格低于提示性公告日前30个交易日该种股票的每日加权平均价格的算术平均值的,收购人聘请的财务顾问应当就该种股票前6个月的交易情况进行分析,说明是否存在股价被操纵、收购人是否有未披露的一致行动人、收购人前6个月取得公司股份是否存在其他支付安排、要约价格的合理性等。

第三十六条 收购人可以采用现金、证券、现金与证券相结合等合法方式支付收购上市公司的价款。收购人以证券支付收购价款的,应当提供该证券的发行人最近3年经审计的财务会计报告、证券估值报告,并配合被收购公司聘请的独立财务顾问的尽职调查工作。收购人以在证券交易所上市的债券支付收购价款的,该债券的可上市交易时间应当不少于一个月。收购人以未在证券交易所上市交易的证券支付收购价款的,必须同时提供现金方式供被收购公司的股东选择,并详细披露相关证券的保管、送达被收购公司股东的方式和程序安排。

收购人聘请的财务顾问应当对收购人支付收购价款的能力和资金来源进行充分的尽职调查,详细披露核查的过程和依据,说明收购人是否具备要约收购的能力。

收购人应当在作出要约收购提示性公告的同时,提供以下至少一项安排保证其具备履约能力:

(一)以现金支付收购价款的,将不少于收购价款总额的20%作为履约保证金存入证券登记结算机构指定的银行;收购人以在证券交易所上市交易的证券支付收购价款的,将用于支付的全部证券交由证券登记结算机构保管,但上市公司发行新股的除外;

(二)银行对要约收购所需价款出具保函;

(三)财务顾问出具承担连带保证责任的书面承诺,明确如要约期满收购人不支付收购价款,财务顾问进行支付。

第三十七条 收购要约约定的收购期限不得少于30日,并不得超过60日;但是出现竞争要约的除外。

在收购要约约定的承诺期限内,收购人不得撤销其收购要约。

第三十八条 采取要约收购方式的,收购人作出公告后至收购期限届满前,不得卖出被收购公司的股票,也不得采取要约规定以外的形式和超出要约的条件买入被收购公司的股票。

第三十九条 收购要约提出的各项收购条件,适用于被收购公司的所有股东。

上市公司发行不同种类股份的,收购人可以针对持有不同种类股份的股东提出不同的收购条件。

收购人需要变更收购要约的,必须及时公告,载明具体变更事项,并通知被收购公司。变更收购要约不得存在下列情形:

(一)降低收购价格;

(二)减少预定收购股份数额;

(三)缩短收购期限;

(四)中国证监会规定的其他情形。

第四十条 收购要约期限届满前15日内,收购人不得变更收购要约;但是出现竞争要约的除外。

出现竞争要约时,发出初始要约的收购人变更收购要约距初始要约收购期限届满不足15日的,应当延长收购期限,延长后的要约期应当不少于15日,不得超过最后一个竞争要约的期满日,并按规定追加履约保证。

发出竞争要约的收购人最迟不得晚于初始要约收购期限届满前15日发出要约收购的提示性公告,并应当根据本办法第二十八条和第二十九条的规定履行公告义务。

第四十一条 要约收购报告书所披露的基本事实发生重大变化的,收购人应当在该重大变化发生之日起2个工作日内作出公告,并通知被收购公司。

第四十二条 同意接受收购要约的股东(以下简称预受股东),应当委托证券公司办理预受要约的相关手续。收购人应当委托证券公司向证券登记结算机构申请办理预受要约股票的临时保管。证券登记结算机构临时保管的预受要约的股票,在要约收购期间不得转让。

前款所称预受,是指被收购公司股东同意接受要约的初步意思表示,在要约收购期限内不可撤回之前不构成承诺。在要约收购期限届满3个交易日前,预受股东可以委托证券公司办理撤回预受要约的手续,证券登记结算机构根据预受要约股东的撤回申请解除对预受要约股票的临时保管。在要约收购期限届满前3个交易日内,预受股东不得撤回其对要约的接受。在要约收购期限内,收购人应当每日在证券交易所网站上公告已预受收购要约的股份数量。

出现竞争要约时,接受初始要约的预受股东撤回全部或者部分预受的股份,并将撤回的股份售予竞争要约人的,应当委托证券公司办理撤回预受初始要约的手续和预受竞争要约的相关手续。

第四十三条 收购期限届满,发出部分要约的收购人应当按照收购要约约定的条件购买被收购公司股东预受的股份,预受要约股份的数量超过预定收购数量时,收购人应当按照同等比例收购预受要约的股份;以终止被收购公司上市地位为目的的,收购人应当按照收购要约约定的条件购买被收购公司股东预受的全部股份;因不符合本办法第六章的规定而发出全面要约的收购人应当购买被收购公司股东预受的全部股份。

收购期限届满后3个交易日内,接受委托的证券公司应当向证券登记结算机构申请办理股份转让结算、过户登记手续,解除对超过预定收购比例的股票的临时保管;收购人应当公告本次要约收购的结果。

第四十四条 收购期限届满,被收购公司股权分布不符合证券交易所规定的上市交易要求,该上市公司的股票由证券交易所依法终止上市交易。在收购行为完成前,其余仍持有被收购公司股票的股东,有权在收购报告书规定的合理期限内向收购人以收购要约的同等条件出售其股票,收购人应当收购。

第四十五条 收购期限届满后15日内,收购人应当向证券交易所提交关于收购情况的书面报告,并予以公告。

第四十六条 除要约方式外,投资者不得在证券交易所外公开求购上市公司的股份。

第四章 协议收购

第四十七条 收购人通过协议方式在一个上市公司中拥有权益的股份达到或者超过该公司已发行股份的5%,但未超过30%的,按照本办法第二章的规定办理。

收购人拥有权益的股份达到该公司已发行股份的30%时,继续进行收购的,应当依法向该上市公司的股东发出全面要约或者部分要约。符合本办法第六章规定情形的,收购人可以免于发出要约。

收购人拟通过协议方式收购一个上市公司的股份超过30%的,超过30%的部分,应当改以要约方式进行;但符合本办法第六章规定情形的,收购人可以免于发出要约。符合前述规定情形的,收购人可以履行其收购协议;不符合前述规定情形的,在履行其收购协议前,应当发出全面要约。

第四十八条 以协议方式收购上市公司股份超过30%,收购人拟依据本办法第六十二条、第六十三条第一款第(一)项、第(二)项、第(十)项的规定免于发出要约的,应当在与上市公司股东达成收购协议之日起3日内编制上市公司收购报告书,通知被收购公司,并公告上市公司收购报告书摘要。

收购人应当在收购报告书摘要公告后5日内,公告其收购报告书、财务顾问专业意见和律师出具的法律意见书;不符合本办法第六章规定的情形的,应当予以公告,并按照本办法第六十一条第二款的规定办理。

第四十九条 依据前条规定所作的上市公司收购报告书,须披露本办法第二十九条第(一)项至第(六)项和第(九)项至第(十四)项规定的内容及收购协议的生效条件和付款安排。

已披露收购报告书的收购人在披露之日起6个月内,因权益变动需要再次报告、公告的,可以仅就与前次报告书不同的部分作出报告、公告;超过6个月的,应当按照本办法第二章的规定履行报告、公告义务。

第五十条 收购人公告上市公司收购报告书时,应当提交以下备查文件:

(一)中国公民的身份证明,或者在中国境内登记注册的法人、其他组织的证明文件;

(二)基于收购人的实力和从业经验对上市公司后续发展计划可行性的说明,收购人拟修改公司章程、改选公司董事会、改变或者调整公司主营业务的,还应当补充其具备规范运作上市公司的管理能力的说明;

(三)收购人及其关联方与被收购公司存在同业竞争、关联交易的,应提供避免同业竞争等利益冲突、保持被收购公司经营独立性的说明;

(四)收购人为法人或者其他组织的,其控股股东、实际控制人最近2年未变更的说明;

（五）收购人及其控股股东或实际控制人的核心企业和核心业务、关联企业及主营业务的说明；收购人或其实际控制人为两个或两个以上的上市公司控股股东或实际控制人的，还应当提供其持股5%以上的上市公司以及银行、信托公司、证券公司、保险公司等其他金融机构的情况说明；

（六）财务顾问关于收购人最近3年的诚信记录、收购资金来源合法性、收购人具备履行相关承诺的能力以及相关信息披露内容真实性、准确性、完整性的核查意见；收购人成立未满3年的，财务顾问还应当提供其控股股东或者实际控制人最近3年诚信记录的核查意见。

境外法人或者境外其他组织进行上市公司收购的，除应当提交第一款第（二）项至第（六）项规定的文件外，还应当提交以下文件：

（一）财务顾问出具的收购人符合对上市公司进行战略投资的条件、具有收购上市公司的能力的核查意见；

（二）收购人接受中国司法、仲裁管辖的声明。

第五十一条 上市公司董事、监事、高级管理人员、员工或者其所控制或者委托的法人或者其他组织，拟对本公司进行收购或者通过本办法第五章规定的方式取得本公司控制权（以下简称管理层收购），该上市公司应当具备健全且运行良好的组织机构以及有效的内部控制制度，公司董事会成员中独立董事的比例应当达到或者超过1/2。公司应当聘请符合《证券法》规定的资产评估机构提供公司资产评估报告，本次收购应当经董事会非关联董事作出决议，且取得2/3以上的独立董事同意后，提交公司股东大会审议，经出席股东大会的非关联股东所持表决权过半数通过。独立董事发表意见前，应当聘请独立财务顾问就本次收购出具专业意见，独立董事及独立财务顾问的意见应当一并予以公告。

上市公司董事、监事、高级管理人员存在《公司法》第一百四十八条规定情形，或者最近3年有证券市场不良诚信记录的，不得收购本公司。

第五十二条 以协议方式进行上市公司收购的，自签订收购协议起至相关股份完成过户的期间为上市公司收购过渡期（以下简称过渡期）。在过渡期内，收购人不得通过控股股东提议改选上市公司董事会，确有充分理由改选董事会的，来自收购人的董事不得超过董事会成员的1/3；被收购公司不得为收购人及其关联方提供担保；被收购公司不得公开发行股份募集资金，不得进行重大购买、出售资产及重大投资行为或者与收购人及其关联方进行其他关联交易，但收购人为挽救陷入危机或者面临严重财务困难的上市公司的情形除外。

第五十三条 上市公司控股股东向收购人协议转让其所持有的上市公司股份的，应当对收购人的主体资格、诚信情况及收购意图进行调查，并在其权益变动报告书中披露有关调查情况。

控股股东及其关联方未清偿其对公司的负债，未解除公司为其负债提供的担保，或者存在损害公司利益的其他情形的，被收购公司董事会应当对前述情形及时予以披露，并采取有效措施维护公司利益。

第五十四条 协议收购的相关当事人应当向证券登记结算机构申请办理拟转让股份的临时保管手续，并可以将用于支付的现金存放于证券登记结算机构指定的银行。

第五十五条 收购报告书公告后，相关当事人应当按照证券交易所和证券登记结算机构的业务规则，在证券交易所就本次股份转让予以确认后，凭全部转让款项存放于双方认可的银行账户的证明，向证券登记结算机构申请解除拟协议转让股票的临时保管，并办理过户登记手续。

收购人未按规定履行报告、公告义务，或者未按规定提出申请的，证券交易所和证券登记结算机构不予办理股份转让和过户登记手续。

收购人在收购报告书公告后30日内仍未完成相关股份过户手续的，应当立即作出公告，说明理由；在未完成相关股份过户期间，应当每隔30日公告相关股份过户办理进展情况。

第五章　间接收购

第五十六条 收购人虽不是上市公司的股东，但通过投资关系、协议、其他安排导致其拥有权益的股份达到或者超过一个上市公司已发行股份的5%未超过30%的，应当按照本办法第二章的规定办理。

收购人拥有权益的股份超过该公司已发行股份的30%的，应当向该公司所有股东发出全面要约；收购人预计无法在事实发生之日起30日内发出全面要约的，应当在前述30日内促使其控制的股东将所持有的上市公司股份减持至30%或者30%以下，并自减持之日起2个工作日内予以公告；其后收购人或者其控制的股东拟继续增持的，应当采取要约方式；拟依据本办法第六章的规定免于发出要约的，应当按照本办法第四十八条的规定办理。

第五十七条 投资者虽不是上市公司的股东，但通过投资关系取得对上市公司股东的控制权，而受其支配的上市公司股东所持股份达到前条规定比例、且对该股东的资产和利润构成重大影响的,应当按照前条规定履行报告、公告义务。

第五十八条 上市公司实际控制人及受其支配的股东,负有配合上市公司真实、准确、完整披露有关实际控制人发生变化的信息的义务;实际控制人及受其支配的股东拒不履行上述配合义务,导致上市公司无法履行法定信息披露义务而承担民事、行政责任的,上市公司有权对其提起诉讼。实际控制人、控股股东指使上市公司及其有关人员不依法履行信息披露义务的,中国证监会依法进行查处。

第五十九条 上市公司实际控制人及受其支配的股东未履行报告、公告义务的,上市公司应当自知悉之日起立即作出报告和公告。上市公司就实际控制人发生变化的情况予以公告后,实际控制人仍未披露的,上市公司董事会应当向实际控制人和受其支配的股东查询,必要时可以聘请财务顾问进行查询,并将查询情况向中国证监会、上市公司所在地的中国证监会派出机构(以下简称派出机构)和证券交易所报告;中国证监会依法对拒不履行报告、公告义务的实际控制人进行查处。

上市公司知悉实际控制人发生较大变化而未能将有关实际控制人的变化情况及时予以报告和公告的,中国证监会责令改正,情节严重的,认定上市公司负有责任的董事为不适当人选。

第六十条 上市公司实际控制人及受其支配的股东未履行报告、公告义务,拒不履行第五十八条规定的配合义务,或者实际控制人存在不得收购上市公司情形的,上市公司董事会应当拒绝接受受实际控制人支配的股东向董事会提交的提案或者临时议案,并向中国证监会、派出机构和证券交易所报告。中国证监会责令实际控制人改正,可以认定实际控制人通过受其支配的股东所提名的董事为不适当人选;改正前,受实际控制人支配的股东不得行使其持有股份的表决权。上市公司董事会未拒绝接受实际控制人及受其支配的股东所提出的提案的,中国证监会可以认定负有责任的董事为不适当人选。

第六章 免除发出要约

第六十一条 符合本办法第六十二条、第六十三条规定情形的,投资者及其一致行动人可以:

(一)免于以要约收购方式增持股份;

(二)存在主体资格、股份种类限制或者法律、行政法规、中国证监会规定的特殊情形的,免于向被收购公司的所有股东发出收购要约。

不符合本章规定情形的,投资者及其一致行动人应当在 30 日内将其或者其控制的股东所持有的被收购公司股份减持到 30% 或者 30% 以下;拟以要约以外的方式继续增持股份的,应当发出全面要约。

第六十二条 有下列情形之一的,收购人可以免于以要约方式增持股份:

(一)收购人与出让人能够证明本次股份转让是在同一实际控制人控制的不同主体之间进行,未导致上市公司的实际控制人发生变化;

(二)上市公司面临严重财务困难,收购人提出的挽救公司的重组方案取得该公司股东大会批准,且收购人承诺 3 年内不转让其在该公司中所拥有的权益;

(三)中国证监会为适应证券市场发展变化和保护投资者合法权益的需要而认定的其他情形。

第六十三条 有下列情形之一的,投资者可以免于发出要约:

(一)经政府或者国有资产管理部门批准进行国有资产无偿划转、变更、合并,导致投资者在一个上市公司中拥有权益的股份占该公司已发行股份的比例超过 30%;

(二)因上市公司按照股东大会批准的确定价格向特定股东回购股份而减少股本,导致投资者在该公司中拥有权益的股份超过该公司已发行股份的 30%;

(三)经上市公司股东大会非关联股东批准,投资者取得上市公司向其发行的新股,导致其在该公司拥有权益的股份超过该公司已发行股份的 30%,投资者承诺 3 年内不转让本次向其发行的新股,且公司股东大会同意投资者免于发出要约;

(四)在一个上市公司中拥有权益的股份达到或者超过该公司已发行股份的 30% 的,自上述事实发生之日起一年后,每 12 个月内增持不超过该公司已发行的 2% 的股份;

(五)在一个上市公司中拥有权益的股份达到或者超过该公司已发行股份的 50%,继续增加其在该公司拥有的权益不影响该公司的上市地位;

(六)证券公司、银行等金融机构在其经营范围内依法从事承销、贷款等业务导致其持有一个上市公司已发行股份超过 30%,没有实际控制该公司的行为或者意图,并且提出在合理期限内向非关联方转让相关股份的解决方案;

(七)因继承导致在一个上市公司中拥有权益的股份超过该公司已发行股份的 30%;

（八）因履行约定购回式证券交易协议购回上市公司股份导致投资者在一个上市公司中拥有权益的股份超过该公司已发行股份的30%，并且能够证明标的股份的表决权在协议期间未发生转移；

（九）因所持优先股表决权依法恢复导致投资者在一个上市公司中拥有权益的股份超过该公司已发行股份的30%；

（十）中国证监会为适应证券市场发展变化和保护投资者合法权益的需要而认定的其他情形。

相关投资者应在前款规定的权益变动行为完成后3日内就股份增持情况做出公告，律师应就相关投资者权益变动行为发表符合规定的专项核查意见并由上市公司予以披露。相关投资者按照前款第（五）项规定采用集中竞价方式增持股份的，每累计增持股份比例达到上市公司已发行股份的2%的，在事实发生当日和上市公司发布相关股东增持公司股份进展公告的当日不得再行增持股份。前款第（四）项规定的增持不超过2%的股份锁定期为增持行为完成之日起6个月。

第六十四条　收购人按照本章规定的情形免于发出要约的，应当聘请符合《证券法》规定的律师事务所等专业机构出具专业意见。

第七章　财务顾问

第六十五条　收购人聘请的财务顾问应当履行以下职责：

（一）对收购人的相关情况进行尽职调查；

（二）应收购人的要求向收购人提供专业化服务，全面评估被收购公司的财务和经营状况，帮助收购人分析收购所涉及的法律、财务、经营风险，就收购方案所涉及的收购价格、收购方式、支付安排等事项提出对策建议，并指导收购人按照规定的内容与格式制作公告文件；

（三）对收购人进行证券市场规范化运作的辅导，使收购人的董事、监事和高级管理人员熟悉有关法律、行政法规和中国证监会的规定，充分了解其应当承担的义务和责任，督促其依法履行报告、公告和其他法定义务；

（四）对收购人是否符合本办法的规定及公告文件内容的真实性、准确性、完整性进行充分核查和验证，对收购事项客观、公正地发表专业意见；

（五）与收购人签订协议，在收购完成后12个月内，持续督导收购人遵守法律、行政法规、中国证监会的规定、证券交易所规则、上市公司章程，依法行使股东权利，切实履行承诺或者相关约定。

第六十六条　收购人聘请的财务顾问就本次收购出具的财务顾问报告，应当对以下事项进行说明和分析，并逐项发表明确意见：

（一）收购人编制的上市公司收购报告书或者要约收购报告书所披露的内容是否真实、准确、完整；

（二）本次收购的目的；

（三）收购人是否提供所有必备证明文件，根据对收购人及其控股股东、实际控制人的实力、从事的主要业务、持续经营状况、财务状况和诚信情况的核查，说明收购人是否具备主体资格，是否具备收购的经济实力，是否具备规范运作上市公司的管理能力，是否需要承担其他附加义务及是否具备履行相关义务的能力，是否存在不良诚信记录；

（四）对收购人进行证券市场规范化运作辅导的情况，其董事、监事和高级管理人员是否已经熟悉有关法律、行政法规和中国证监会的规定，充分了解应承担的义务和责任，督促其依法履行报告、公告和其他法定义务的情况；

（五）收购人的股权控制结构及其控股股东、实际控制人支配收购人的方式；

（六）收购人的收购资金来源及其合法性，是否存在利用本次收购的股份向银行等金融机构质押取得融资的情形；

（七）涉及收购人以证券支付收购价款的，应当说明有关该证券发行人的信息披露是否真实、准确、完整以及该证券交易的便捷性等情况；

（八）收购人是否已经履行了必要的授权和批准程序；

（九）是否已对收购过渡期间保持上市公司稳定经营作出安排，该安排是否符合有关规定；

（十）对收购人提出的后续计划进行分析，收购人所从事的业务与上市公司从事的业务存在同业竞争、关联交易的，对收购人解决与上市公司同业竞争等利益冲突及保持上市公司经营独立性的方案进行分析，说明本次收购对上市公司经营独立性和持续发展可能产生的影响；

（十一）在收购标的上是否设定其他权利，是否在收购价款之外还作出其他补偿安排；

（十二）收购人及其关联方与被收购公司之间是否存在业务往来，收购人与被收购公司的董事、监事、高级管理人员是否就其未来任职安排达成某种协议或者默契；

（十三）上市公司原控股股东、实际控制人及其关联方是否存在未清偿对公司的负债，未解除公司为其负债提供的担保或者损害公司利益的其他情形；存在该等情形的，是否已提出切实可行的解决方案；

（十四）涉及收购人拟免于发出要约的，应当说明本次收购是否属于本办法第六章规定的情形，收购人是否作出承诺及是否具备履行相关承诺的实力。

第六十七条　上市公司董事会或者独立董事聘请的独立财务顾问，不得同时担任收购人的财务顾问或者与收购人的财务顾问存在关联关系。独立财务顾问应当根据委托进行尽职调查，对本次收购的公正性和合法性发表专业意见。独立财务顾问报告应当对以下问题进行说明和分析，发表明确意见：

（一）收购人是否具备主体资格；

（二）收购人的实力及本次收购对被收购公司经营独立性和持续发展可能产生的影响分析；

（三）收购人是否存在利用被收购公司的资产或者由被收购公司为本次收购提供财务资助的情形；

（四）涉及要约收购的，分析被收购公司的财务状况，说明收购价格是否充分反映被收购公司价值，收购要约是否公平、合理，对被收购公司社会公众股股东接受要约提出的建议；

（五）涉及收购人以证券支付收购价款的，还应当根据该证券发行人的资产、业务和盈利预测，对相关证券进行估值分析，就收购条件对被收购公司的社会公众股股东是否公平合理、是否接受收购人提出的收购条件提出专业意见；

（六）涉及管理层收购的，应当对上市公司进行估值分析，就本次收购的定价依据、支付方式、收购资金来源、融资安排、还款计划及其可行性、上市公司内部控制制度的执行情况及其有效性、上述人员及其直系亲属在最近24个月内与上市公司业务往来情况以及收购报告书披露的其他内容等进行全面核查，发表明确意见。

第六十八条　财务顾问应当在财务顾问报告中作出以下承诺：

（一）已按照规定履行尽职调查义务，有充分理由确信所发表的专业意见与收购人公告文件的内容不存在实质性差异；

（二）已对收购人公告文件进行核查，确信公告文件的内容与格式符合规定；

（三）有充分理由确信本次收购符合法律、行政法规和中国证监会的规定，有充分理由确信收购人披露的信息真实、准确、完整，不存在虚假记载、误导性陈述和重大遗漏；

（四）就本次收购所出具的专业意见已提交其内核机构审查，并获得通过；

（五）在担任财务顾问期间，已采取严格的保密措施，严格执行内部防火墙制度；

（六）与收购人已订立持续督导协议。

第六十九条　财务顾问在收购过程中和持续督导期间，应当关注被收购公司是否存在为收购人及其关联方提供担保或者借款等损害上市公司利益的情形，发现有违法或者不当行为的，应当及时向中国证监会、派出机构和证券交易所报告。

第七十条　财务顾问为履行职责，可以聘请其他专业机构协助其对收购人进行核查，但应当对收购人提供的资料和披露的信息进行独立判断。

第七十一条　自收购人公告上市公司收购报告书至收购完成后12个月内，财务顾问应当通过日常沟通、定期回访等方式，关注上市公司的经营情况，结合被收购公司定期报告和临时公告的披露事宜，对收购人及被收购公司履行持续督导职责：

（一）督促收购人及时办理股权过户手续，并依法履行报告和公告义务；

（二）督促和检查收购人及被收购公司依法规范运作；

（三）督促和检查收购人履行公开承诺的情况；

（四）结合被收购公司定期报告，核查收购人落实后续计划的情况，是否达到预期目标，实施效果是否与此前的披露内容存在较大差异，是否实现相关盈利预测或者管理层预计达到的目标；

（五）涉及管理层收购的，核查被收购公司定期报告中披露的相关还款计划的落实情况与事实是否一致；

（六）督促和检查履行收购中约定的其他义务的情况。

在持续督导期间，财务顾问应当结合上市公司披露的季度报告、半年度报告和年度报告出具持续督导意见，并在前述定期报告披露后的15日内向派出机构报告。

在此期间，财务顾问发现收购人在上市公司收购报告书中披露的信息与事实不符的，应当督促收购人如实披露相关信息，并及时向中国证监会、派出机构、证券交易所报告。财务顾问解除委托合同的，应当及时向中国证监会、派出机构作出书面报告，说明无法继续履行持续督导职责的理由，并予公告。

第八章　持续监管

第七十二条　在上市公司收购行为完成后12个月内，收购人聘请的财务顾问应当在每季度前3日内就上一季度对上市公司影响较大的投资、购买或者出售资产、关联交易、主营业务调整以及董事、监事、高级管理人员的更换、职工安置、收购人履行承诺等情况向派出机构报告。

收购人注册地与上市公司注册地不同的，还应当将前述情况的报告同时抄报收购人所在地的派出机构。

第七十三条 派出机构根据审慎监管原则，通过与承办上市公司审计业务的会计师事务所谈话、检查财务顾问持续督导责任的落实、定期或者不定期的现场检查等方式，在收购完成后对收购人和上市公司进行监督检查。

派出机构发现实际情况与收购人披露的内容存在重大差异的，对收购人及上市公司予以重点关注，可以责令收购人延长财务顾问的持续督导期，并依法进行查处。

在持续督导期间，财务顾问与收购人解除合同的，收购人应当另行聘请其他财务顾问机构履行持续督导职责。

第七十四条 在上市公司收购中，收购人持有的被收购公司的股份，在收购完成后18个月内不得转让。

收购人在被收购公司中拥有权益的股份在同一实际控制人控制的不同主体之间进行转让不受前述18个月的限制，但应当遵守本办法第六章的规定。

第九章 监管措施与法律责任

第七十五条 上市公司的收购及相关股份权益变动活动中的信息披露义务人，未按照本办法的规定履行报告、公告以及其他相关义务的，中国证监会责令改正，采取监管谈话、出具警示函、责令暂停或者停止收购等监管措施。在改正前，相关信息披露义务人不得对其持有或者实际支配的股份行使表决权。

第七十六条 上市公司的收购及相关股份权益变动活动中的信息披露义务人在报告、公告等文件中有虚假记载、误导性陈述或者重大遗漏的，中国证监会责令改正，采取监管谈话、出具警示函、责令暂停或者停止收购等监管措施。在改正前，收购人对其持有或者实际支配的股份不得行使表决权。

第七十七条 投资者及其一致行动人取得上市公司控制权而未按照本办法的规定聘请财务顾问，规避法定程序和义务，变相进行上市公司的收购，或者外国投资者规避管辖的，中国证监会责令改正，采取出具警示函、责令暂停或者停止收购等监管措施。在改正前，收购人不得对其持有或者实际支配的股份行使表决权。

第七十八条 收购人未依照本办法的规定履行相关义务、相应程序擅自实施要约收购的，或者不符合本办法规定的免除发出要约情形，拒不履行相关义务、相应程序的，中国证监会责令改正，采取监管谈话、出具警示函、责令暂停或者停止收购等监管措施。在改正前，收购人不得对其持有或者支配的股份行使表决权。

发出收购要约的收购人在收购要约期限届满，不按照约定支付收购价款或者购买预受股份的，自该事实发生之日起3年内不得收购上市公司，中国证监会不受理收购人及其关联方提交的申报文件。

存在前二款规定情形，收购人涉嫌虚假披露、操纵证券市场的，中国证监会对收购人进行立案稽查，依法追究其法律责任；收购人聘请的财务顾问没有充分证据表明其勤勉尽责的，自收购人违规事实发生之日起1年内，中国证监会不受理该财务顾问提交的上市公司并购重组申报文件，情节严重的，依法追究法律责任。

第七十九条 上市公司控股股东和实际控制人在转让其对公司的控制权时，未清偿其对公司的负债，未解除公司为其提供的担保，或者未对其损害公司利益的其他情形作出纠正的，中国证监会责令改正、责令暂停或者停止收购活动。

被收购公司董事会未能依法采取有效措施促使公司控股股东、实际控制人予以纠正，或者在收购完成后未能促使收购人履行承诺、安排或者保证的，中国证监会可以认定相关董事为不适当人选。

第八十条 上市公司董事未履行忠实义务和勤勉义务，利用收购谋取不当利益的，中国证监会采取监管谈话、出具警示函等监管措施，可以认定为不适当人选。

上市公司章程中涉及公司控制权的条款违反法律、行政法规和本办法规定的，中国证监会责令改正。

第八十一条 为上市公司收购出具资产评估报告、审计报告、法律意见书和财务顾问报告的证券服务机构或者证券公司及其专业人员，未依法履行职责的，或者违反中国证监会的有关规定或者行业规范、业务规则的，中国证监会责令改正，采取监管谈话、出具警示函、责令公开说明、责令定期报告等监管措施。

前款规定的证券服务机构及其从业人员被责令改正的，在改正前，不得接受新的上市公司并购重组业务。

第八十二条 中国证监会将上市公司的收购及相关股份权益变动活动中的当事人的违法行为和整改情况记入诚信档案。

违反本办法的规定构成证券违法行为的，依法追究法律责任。

第十章 附 则

第八十三条 本办法所称一致行动，是指投资者通过协议、其他安排，与其他投资者共同扩大其所能够支配的一个上市公司股份表决权数量的行为或者事实。

在上市公司的收购及相关股份权益变动活动中有一致行动情形的投资者，互为一致行动人。如无相反证据，投资者有下列情形之一的，为一致行动人：

（一）投资者之间有股权控制关系；

（二）投资者受同一主体控制；

（三）投资者的董事、监事或者高级管理人员中的主要成员，同时在另一个投资者担任董事、监事或者高级管理人员；

（四）投资者参股另一投资者，可以对参股公司的重大决策产生重大影响；

（五）银行以外的其他法人、其他组织和自然人为投资者取得相关股份提供融资安排；

（六）投资者之间存在合伙、合作、联营等其他经济利益关系；

（七）持有投资者30%以上股份的自然人，与投资者持有同一上市公司股份；

（八）在投资者任职的董事、监事及高级管理人员，与投资者持有同一上市公司股份；

（九）持有投资者30%以上股份的自然人和在投资者任职的董事、监事及高级管理人员，其父母、配偶、子女及其配偶、配偶的父母、兄弟姐妹及其配偶、配偶的兄弟姐妹及其配偶等亲属，与投资者持有同一上市公司股份；

（十）在上市公司任职的董事、监事、高级管理人员及其前项所述亲属同时持有本公司股份的，或者与其自己或者其前项所述亲属直接或者间接控制的企业同时持有本公司股份；

（十一）上市公司董事、监事、高级管理人员和员工与其所控制或者委托的法人或者其他组织持有本公司股份；

（十二）投资者之间具有其他关联关系。

一致行动人应当合并计算其所持有的股份。投资者计算其所持有的股份，应当包括登记在其名下的股份，也包括登记在其一致行动人名下的股份。

投资者认为其与他人不应被视为一致行动人的，可以向中国证监会提供相反证据。

第八十四条 有下列情形之一的，为拥有上市公司控制权：

（一）投资者为上市公司持股50%以上的控股股东；

（二）投资者可以实际支配上市公司股份表决权超过30%；

（三）投资者通过实际支配上市公司股份表决权能够决定公司董事会半数以上成员选任；

（四）投资者依其可实际支配的上市公司股份表决权足以对公司股东大会的决议产生重大影响；

（五）中国证监会认定的其他情形。

第八十五条 信息披露义务人涉及计算其拥有权益比例的，应当将其所持有的上市公司已发行的可转换为公司股票的证券中有权转换部分与其所持有的同一上市公司的股份合并计算，并将其持股比例与合并计算非股权类证券转为股份后的比例相比，以二者中的较高者为准；行权期限届满未行权的，或者行权条件不再具备的，无需合并计算。

前款所述二者中的较高者，应当按下列公式计算：

（一）投资者持有的股份数量/上市公司已发行股份总数

（二）（投资者持有的股份数量+投资者持有的可转换为公司股票的非股权类证券所对应的股份数量）/（上市公司已发行股份总数+上市公司发行的可转换为公司股票的非股权类证券所对应的股份总数）

前款所称"投资者持有的股份数量"包括投资者拥有的普通股数量和优先股恢复的表决权数量，"上市公司已发行股份总数"包括上市公司已发行的普通股总数和优先股恢复的表决权总数。

第八十六条 投资者因行政划转、执行法院裁决、继承、赠与等方式取得上市公司控制权的，应当按照本办法第四章的规定履行报告、公告义务。

第八十七条 权益变动报告书、收购报告书、要约收购报告书、被收购公司董事会报告书等文件的内容与格式，由中国证监会另行制定。

第八十八条 被收购公司在境内、境外同时上市的，收购人除应当遵守本办法及中国证监会的相关规定外，还应当遵守境外上市地的相关规定。

第八十九条 外国投资者收购上市公司及在上市公司中拥有的权益发生变动的，除应当遵守本办法的规定外，还应当遵守外国投资者投资上市公司的相关规定。

第九十条 本办法自2006年9月1日起施行。中国证监会发布的《上市公司收购管理办法》（证监会令第10号）、《上市公司股东持股变动信息披露管理办法》（证监会令第11号）、《关于要约收购涉及的被收购公司股票上市交易条件有关问题的通知》（证监公司字〔2003〕16

号)和《关于规范上市公司实际控制权转移行为有关问题的通知》(证监公司字〔2004〕1号)同时废止。

上市公司重大资产重组管理办法

- 2008年3月24日中国证券监督管理委员会第224次主席办公会会议审议通过
- 根据2011年8月1日中国证券监督管理委员会《关于修改上市公司重大资产重组与配套融资相关规定的决定》修正
- 2014年7月7日中国证券监督管理委员会第52次主席办公会议修订
- 根据2016年9月8日中国证券监督管理委员会《关于修改〈上市公司重大资产重组管理办法〉的决定》、2019年10月18日中国证券监督管理委员会《关于修改〈上市公司重大资产重组管理办法〉的决定》、2020年3月20日中国证券监督管理委员会《关于修改部分证券期货规章的决定》修正
- 2023年2月17日中国证券监督管理委员会第2次委务会议修订

第一章 总 则

第一条 为了规范上市公司重大资产重组行为,保护上市公司和投资者的合法权益,促进上市公司质量不断提高,维护证券市场秩序和社会公共利益,根据《中华人民共和国公司法》《中华人民共和国证券法》(以下简称《证券法》)等法律、行政法规的规定,制定本办法。

第二条 本办法适用于上市公司及其控股或者控制的公司在日常经营活动之外购买、出售资产或者通过其他方式进行资产交易达到规定的标准,导致上市公司的主营业务、资产、收入发生重大变化的资产交易行为(以下简称重大资产重组)。

上市公司发行股份购买资产应当符合本办法的规定。

上市公司按照经中国证券监督管理委员会(以下简称中国证监会)注册的证券发行申请所披露的募集资金用途,使用募集资金购买资产、对外投资的行为,不适用本办法。

第三条 任何单位和个人不得利用重大资产重组损害上市公司及其股东的合法权益。

第四条 上市公司实施重大资产重组,有关各方必须及时、公平地披露或者提供信息,保证所披露或者提供信息的真实、准确、完整,不得有虚假记载、误导性陈述或者重大遗漏。

第五条 上市公司的董事、监事和高级管理人员在重大资产重组活动中,应当诚实守信、勤勉尽责,维护公司资产的安全,保护公司和全体股东的合法权益。

第六条 为重大资产重组提供服务的证券服务机构和人员,应当遵守法律、行政法规和中国证监会的有关规定,以及证券交易所的相关规则,遵循本行业公认的业务标准和道德规范,诚实守信,勤勉尽责,严格履行职责,对其所制作、出具文件的真实性、准确性和完整性承担责任。

前款规定的证券服务机构和人员,不得教唆、协助或者伙同委托人编制或者披露存在虚假记载、误导性陈述或者重大遗漏的报告、公告文件,不得从事不正当竞争,不得利用上市公司重大资产重组谋取不正当利益。

第七条 任何单位和个人对所知悉的重大资产重组信息在依法披露前负有保密义务。

禁止任何单位和个人利用重大资产重组信息从事内幕交易、操纵证券市场等违法活动。

第八条 中国证监会依法对上市公司重大资产重组行为进行监督管理。

证券交易所依法制定上市公司重大资产重组业务规则,并对上市公司重大资产重组行为、证券服务机构和人员履职行为等进行自律管理。

中国证监会基于证券交易所的审核意见,依法对上市公司发行股份购买资产涉及的证券发行申请履行注册程序,并对证券交易所的审核工作进行监督。

第九条 对上市公司发行股份购买资产涉及的证券发行申请予以注册,不表明中国证监会和证券交易所对该证券的投资价值或者投资者的收益作出实质性判断或者保证,也不表明中国证监会和证券交易所对申请文件的真实性、准确性、完整性作出保证。

第十条 鼓励依法设立的并购基金、股权投资基金、创业投资基金、产业投资基金等投资机构参与上市公司并购重组。

第二章 重大资产重组的原则和标准

第十一条 上市公司实施重大资产重组,应当就本次交易符合下列要求作出充分说明,并予以披露:

(一)符合国家产业政策和有关环境保护、土地管理、反垄断、外商投资、对外投资等法律和行政法规的规定;

(二)不会导致上市公司不符合股票上市条件;

(三)重大资产重组所涉及的资产定价公允,不存在损害上市公司和股东合法权益的情形;

(四)重大资产重组所涉及的资产权属清晰,资产过户或者转移不存在法律障碍,相关债权债务处理合法;

（五）有利于上市公司增强持续经营能力，不存在可能导致上市公司重组后主要资产为现金或者无具体经营业务的情形；

（六）有利于上市公司在业务、资产、财务、人员、机构等方面与实际控制人及其关联人保持独立，符合中国证监会关于上市公司独立性的相关规定；

（七）有利于上市公司形成或者保持健全有效的法人治理结构。

第十二条 上市公司及其控股或者控制的公司购买、出售资产，达到下列标准之一的，构成重大资产重组：

（一）购买、出售的资产总额占上市公司最近一个会计年度经审计的合并财务会计报告期末资产总额的比例达到百分之五十以上；

（二）购买、出售的资产在最近一个会计年度所产生的营业收入占上市公司同期经审计的合并财务会计报告营业收入的比例达到百分之五十以上，且超过五千万元人民币；

（三）购买、出售的资产净额占上市公司最近一个会计年度经审计的合并财务会计报告期末净资产额的比例达到百分之五十以上，且超过五千万元人民币。

购买、出售资产未达到前款规定标准，但中国证监会发现涉嫌违反国家产业政策、违反法律和行政法规、违反中国证监会的规定、可能损害上市公司或者投资者合法权益等重大问题的，可以根据审慎监管原则，责令上市公司暂停交易、按照本办法的规定补充披露相关信息、聘请符合《证券法》规定的独立财务顾问或者其他证券服务机构补充核查并披露专业意见。

第十三条 上市公司自控制权发生变更之日起三十六个月内，向收购人及其关联人购买资产，导致上市公司发生以下根本变化情形之一的，构成重大资产重组，应当按照本办法的规定履行相关义务和程序：

（一）购买的资产总额占上市公司控制权发生变更的前一个会计年度经审计的合并财务会计报告期末资产总额的比例达到百分之一百以上；

（二）购买的资产在最近一个会计年度所产生的营业收入占上市公司控制权发生变更的前一个会计年度经审计的合并财务会计报告营业收入的比例达到百分之一百以上；

（三）购买的资产净额占上市公司控制权发生变更的前一个会计年度经审计的合并财务会计报告期末净资产额的比例达到百分之一百以上；

（四）为购买资产发行的股份占上市公司首次向收购人及其关联人购买资产的董事会决议前一个交易日的股份的比例达到百分之一百以上；

（五）上市公司向收购人及其关联人购买资产虽未达到第（一）至第（四）项标准，但可能导致上市公司主营业务发生根本变化；

（六）中国证监会认定的可能导致上市公司发生根本变化的其他情形。

上市公司实施前款规定的重大资产重组，应当符合下列规定：

（一）符合本办法第十一条、第四十三条规定的要求；

（二）上市公司购买的资产对应的经营实体应当是股份有限公司或者有限责任公司，且符合《首次公开发行股票注册管理办法》规定的其他发行条件、相关板块定位，以及证券交易所规定的具体条件；

（三）上市公司及其最近三年内的控股股东、实际控制人不存在因涉嫌犯罪正被司法机关立案侦查或涉嫌违法违规正被中国证监会立案调查的情形。但是，涉嫌犯罪或违法违规的行为已经终止满三年，交易方案能够消除该行为可能造成的不良后果，且不影响对相关行为人追究责任的除外；

（四）上市公司及其控股股东、实际控制人最近十二个月内未受到证券交易所公开谴责，不存在其他重大失信行为；

（五）本次重大资产重组不存在中国证监会认定的可能损害投资者合法权益，或者违背公开、公平、公正原则的其他情形。

上市公司实施第一款规定的重大资产重组，涉及发行股份的，适用《证券法》和中国证监会的相关规定，应当报经中国证监会注册。

第一款所称控制权，按照《上市公司收购管理办法》第八十四条的规定进行认定。上市公司股权分散，董事、高级管理人员可以支配公司重大的财务和经营决策的，视为具有上市公司控制权。

上市公司自控制权发生变更之日起，向收购人及其关联人购买的资产属于金融、创业投资等特定行业的，由中国证监会另行规定。

第十四条 计算本办法第十二条、第十三条规定的标准时，应当遵守下列规定：

（一）购买的资产为股权的，其资产总额以被投资企业的资产总额与该项投资所占股权比例的乘积和成交金额二者中的较高者为准，营业收入以被投资企业的营业收入与该项投资所占股权比例的乘积为准,资产净额以被投资企业的净资产额与该项投资所占股权比例的乘积和成交金额二者中的较高者为准;出售的资产为股权的,其资产总额、营业收入以及资产净额分别以被投资企业的资产总额、营业收入以及净资产额与该项投资所占股权比例的乘积为准。

购买股权导致上市公司取得被投资企业控股权的,其资产总额以被投资企业的资产总额和成交金额二者中的较高者为准,营业收入以被投资企业的营业收入为准,资产净额以被投资企业的净资产额和成交金额二者中的较高者为准;出售股权导致上市公司丧失被投资企业控股权的,其资产总额、营业收入以及资产净额分别以被投资企业的资产总额、营业收入以及净资产额为准;

(二)购买的资产为非股权资产的,其资产总额以该资产的账面值和成交金额二者中的较高者为准,资产净额以相关资产与负债的账面值差额和成交金额二者中的较高者为准;出售的资产为非股权资产的,其资产总额、资产净额分别以该资产的账面值、相关资产与负债账面值的差额为准;该非股权资产不涉及负债的,不适用本办法第十二条第一款第(三)项规定的资产净额标准;

(三)上市公司同时购买、出售资产的,应当分别计算购买、出售资产的相关比例,并以二者中比例较高者为准;

(四)上市公司在十二个月内连续对同一或者相关资产进行购买、出售的,以其累计数分别计算相应数额。已按本办法的规定编制并披露重大资产重组报告书的资产交易行为,无须纳入累计计算的范围。中国证监会对本办法第十三条第一款规定的重大资产重组的累计期限和范围另有规定的,从其规定。

交易标的资产属于同一交易方所有或者控制,或者属于相同或者相近的业务范围,或者中国证监会认定的其他情形下,可以认定为同一或者相关资产。

第十五条 本办法第二条所称通过其他方式进行资产交易,包括:

(一)与他人新设企业、对已设立的企业增资或者减资;

(二)受托经营、租赁其他企业资产或者将经营性资产委托他人经营、租赁;

(三)接受附义务的资产赠与或者对外捐赠资产;

(四)中国证监会根据审慎监管原则认定的其他情形。

上述资产交易实质上构成购买、出售资产,且达到本办法第十二条、第十三条规定的标准的,应当按照本办法的规定履行相关义务和程序。

第三章 重大资产重组的程序

第十六条 上市公司与交易对方就重大资产重组事宜进行初步磋商时,应当立即采取必要且充分的保密措施,制定严格有效的保密制度,限定相关敏感信息的知悉范围。上市公司及交易对方聘请证券服务机构的,应当立即与所聘请的证券服务机构签署保密协议。

上市公司关于重大资产重组的董事会决议公告前,相关信息已在媒体上传播或者公司股票交易出现异常波动的,上市公司应当立即将有关计划、方案或者相关事项的现状以及相关进展情况和风险因素等予以公告,并按照有关信息披露规则办理其他相关事宜。

第十七条 上市公司应当聘请符合《证券法》规定的独立财务顾问、律师事务所以及会计师事务所等证券服务机构就重大资产重组出具意见。

独立财务顾问和律师事务所应当审慎核查重大资产重组是否构成关联交易,并依据核查确认的相关事实发表明确意见。重大资产重组涉及关联交易的,独立财务顾问应当就本次重组对上市公司非关联股东的影响发表明确意见。

资产交易定价以资产评估结果为依据的,上市公司应当聘请符合《证券法》规定的资产评估机构出具资产评估报告。

证券服务机构在其出具的意见中采用其他证券服务机构或者人员的专业意见的,仍然应当进行尽职调查,审慎核查其采用的专业意见的内容,并对利用其他证券服务机构或者人员的专业意见所形成的结论负责。在保持职业怀疑并进行审慎核查、开展必要调查和复核的基础上,排除职业怀疑的,可以合理信赖。

第十八条 上市公司及交易对方与证券服务机构签订聘用合同后,非因正当事由不得更换证券服务机构。确有正当事由需要更换证券服务机构的,应当披露更换的具体原因以及证券服务机构的陈述意见。

第十九条 上市公司应当在重大资产重组报告书的管理层讨论与分析部分,就本次交易对上市公司的持续经营能力、未来发展前景、当年每股收益等财务指标和非财务指标的影响进行详细分析;涉及购买资产的,还应当就上市公司对交易标的资产的整合管控安排进行详细分析。

第二十条 重大资产重组中相关资产以资产评估结果作为定价依据的,资产评估机构应当按照资产评估相关准则和规范开展执业活动；上市公司董事会应当对评估机构的独立性、评估假设前提的合理性、评估方法与评估目的相关性以及评估定价的公允性发表明确意见。

相关资产不以资产评估结果作为定价依据的，上市公司应当在重大资产重组报告书中详细分析说明相关资产的估值方法、参数及其他影响估值结果的指标和因素。上市公司董事会应当对估值机构的独立性、估值假设前提的合理性、估值方法与估值目的相关性发表明确意见，并结合相关资产的市场可比交易价格、同行业上市公司的市盈率或者市净率等通行指标，在重大资产重组报告书中详细分析本次交易定价的公允性。

前两款情形中，评估机构、估值机构原则上应当采取两种以上的方法进行评估或者估值；上市公司独立董事应当出席董事会会议，对评估机构或者估值机构的独立性、评估或者估值假设前提的合理性和交易定价的公允性发表独立意见，并单独予以披露。

第二十一条 上市公司进行重大资产重组，应当由董事会依法作出决议，并提交股东大会批准。

上市公司董事会应当就重大资产重组是否构成关联交易作出明确判断，并作为董事会决议事项予以披露。

上市公司独立董事应当在充分了解相关信息的基础上，就重大资产重组发表独立意见。重大资产重组构成关联交易的，独立董事可以另行聘请独立财务顾问就本次交易对上市公司非关联股东的影响发表意见。上市公司应当积极配合独立董事调阅相关材料，并通过安排实地调查、组织证券服务机构汇报等方式，为独立董事履行职责提供必要的支持和便利。

第二十二条 上市公司应当在董事会作出重大资产重组决议后的次一工作日至少披露下列文件：

（一）董事会决议及独立董事的意见；

（二）上市公司重大资产重组预案。

本次重组的重大资产重组报告书、独立财务顾问报告、法律意见书以及重组涉及的审计报告、资产评估报告或者估值报告至迟应当与召开股东大会的通知同时公告。上市公司自愿披露盈利预测报告的，该报告应当经符合《证券法》规定的会计师事务所审核，与重大资产重组报告书同时公告。

第一款第（二）项及第二款规定的信息披露文件的内容与格式另行规定。

上市公司应当在证券交易所的网站和一家符合中国证监会规定条件的媒体公告董事会决议、独立董事的意见、重大资产重组报告书及其摘要、相关证券服务机构的

报告或者意见等信息披露文件。

第二十三条 上市公司股东大会就重大资产重组作出的决议，至少应当包括下列事项：

（一）本次重大资产重组的方式、交易标的和交易对方；

（二）交易价格或者价格区间；

（三）定价方式或者定价依据；

（四）相关资产自定价基准日至交割日期间损益的归属；

（五）相关资产办理权属转移的合同义务和违约责任；

（六）决议的有效期；

（七）对董事会办理本次重大资产重组事宜的具体授权；

（八）其他需要明确的事项。

第二十四条 上市公司股东大会就重大资产重组事项作出决议，必须经出席会议的股东所持表决权的三分之二以上通过。

上市公司重大资产重组事宜与本公司股东或者其关联人存在关联关系的，股东大会就重大资产重组事项进行表决时，关联股东应当回避表决。

交易对方已经与上市公司控股股东就受让上市公司股权或者向上市公司推荐董事达成协议或者合意，可能导致上市公司的实际控制权发生变化的，上市公司控股股东及其关联人应当回避表决。

上市公司就重大资产重组事宜召开股东大会，应当以现场会议形式召开，并应当提供网络投票和其他合法方式为股东参加股东大会提供便利。除上市公司的董事、监事、高级管理人员、单独或者合计持有上市公司百分之五以上股份的股东以外，其他股东的投票情况应当单独统计并予以披露。

第二十五条 上市公司应当在股东大会作出重大资产重组决议后的次一工作日公告该决议，以及律师事务所对本次会议的召集程序、召集人和出席人员的资格、表决程序以及表决结果等事项出具的法律意见书。

涉及发行股份购买资产的，上市公司应当根据中国证监会的规定委托独立财务顾问，在作出决议后三个工作日内向证券交易所提出申请。

第二十六条 上市公司全体董事、监事、高级管理人员应当公开承诺，保证重大资产重组的信息披露和申请文件不存在虚假记载、误导性陈述或者重大遗漏。

重大资产重组的交易对方应当公开承诺，将及时向

上市公司提供本次重组相关信息,并保证所提供的信息真实、准确、完整,如因提供的信息存在虚假记载、误导性陈述或者重大遗漏,给上市公司或者投资者造成损失的,将依法承担赔偿责任。

前两款规定的单位和个人还应当公开承诺,如本次交易因涉嫌所提供或者披露的信息存在虚假记载、误导性陈述或者重大遗漏,被司法机关立案侦查或者被中国证监会立案调查的,在案件调查结论明确之前,将暂停转让其在该上市公司拥有权益的股份。

第二十七条 证券交易所设立并购重组委员会(以下简称并购重组委)依法审议上市公司发行股份购买资产申请,提出审议意见。

证券交易所应当在规定的时限内基于并购重组委的审议意见,形成本次交易是否符合重组条件和信息披露要求的审核意见。

证券交易所认为符合相关条件和要求的,将审核意见、上市公司注册申请文件及相关审核资料报中国证监会注册;认为不符合相关条件和要求的,作出终止审核决定。

第二十八条 中国证监会收到证券交易所报送的审核意见等相关文件后,依照法定条件和程序,在十五个工作日内对上市公司的注册申请作出予以注册或者不予注册的决定,按规定应当扣除的时间不计算在本款规定的时限内。

中国证监会基于证券交易所的审核意见依法履行注册程序,发现存在影响重组条件的新增事项,可以要求证券交易所问询并就新增事项形成审核意见。

中国证监会认为证券交易所对前款规定的新增事项审核意见依据明显不充分的,可以退回补充审核。证券交易所补充审核后,认为符合重组条件和信息披露要求的,重新向中国证监会报送审核意见等相关文件,注册期限按照第一款规定重新计算。

第二十九条 股东大会作出重大资产重组的决议后,上市公司拟对交易对象、交易标的、交易价格等作出变更,构成对原交易方案重大调整的,应当在董事会表决通过后重新提交股东大会审议,并及时公告相关文件。

证券交易所审核或者中国证监会注册期间,上市公司按照前款规定对原交易方案作出重大调整的,应当按照本办法的规定向证券交易所重新提出申请,同时公告相关文件。

证券交易所审核或者中国证监会注册期间,上市公司董事会决议撤回申请的,应当说明原因,向证券交易所提出申请,予以公告;上市公司董事会决议终止本次交易的,应当按照公司章程的规定提交股东大会审议,股东大会就重大资产重组事项作出决议时已具体授权董事会可以决议终止本次交易的除外。

第三十条 上市公司收到中国证监会就其申请作出的予以注册或者不予注册的决定后,应当在次一工作日予以公告。

中国证监会予以注册的,上市公司应当在公告注册决定的同时,按照相关信息披露准则的规定补充披露相关文件。

第三十一条 上市公司重大资产重组不涉及发行股份的,应当根据中国证监会的规定聘请独立财务顾问和其他证券服务机构,按照本办法和证券交易所的要求履行相关程序、披露相关信息。

证券交易所通过问询、现场检查、现场督导、要求独立财务顾问和其他证券服务机构补充核查并披露专业意见等方式进行自律管理,发现重组活动明显违反本办法规定的重组条件和信息披露要求,可能因定价显失公允、不正当利益输送等问题严重损害上市公司、投资者合法权益的,可以报请中国证监会根据本办法的规定采取相关措施。

第三十二条 上市公司重大资产重组完成相关批准程序后,应当及时实施重组方案,并于实施完毕之日起三个工作日内编制实施情况报告书,向证券交易所提交书面报告,并予以公告。

上市公司聘请的独立财务顾问和律师事务所应当对重大资产重组的实施过程、资产过户事宜和相关后续事项的合规性及风险进行核查,发表明确的结论性意见。独立财务顾问和律师事务所出具的意见应当与实施情况报告书同时报告、公告。

第三十三条 自完成相关批准程序之日起六十日内,本次重大资产重组未实施完毕的,上市公司应当于期满后次一工作日将实施进展情况报告,并予以公告;此后每三十日应当公告一次,直至实施完毕。属于本办法第四十四条规定的交易情形的,自收到中国证监会注册文件之日起超过十二个月未实施完毕的,注册文件失效。

第三十四条 上市公司在实施重大资产重组的过程中,发生法律、法规要求披露的重大事项的,应当及时作出公告;该事项导致本次交易发生实质性变动的,须重新提交股东大会审议,涉及发行股份购买资产的,还须按照本办法的规定向证券交易所重新提出申请。

第三十五条 采取收益现值法、假设开发法等基于未来收益预期的方法对拟购买资产进行评估或者估值并作为定价参考依据的，上市公司应当在重大资产重组实施完毕后三年内的年度报告中单独披露相关资产的实际盈利数与利润预测数的差异情况，并由会计师事务所对此出具专项审核意见；交易对方应当与上市公司就相关资产实际盈利数不足利润预测数的情况签订明确可行的补偿协议。

预计本次重大资产重组将摊薄上市公司当年每股收益的，上市公司应当提出填补每股收益的具体措施，并将相关议案提交董事会和股东大会进行表决。负责落实该等具体措施的相关责任主体应当公开承诺，保证切实履行其义务和责任。

上市公司向控股股东、实际控制人或者其控制的关联人之外的特定对象购买资产且未导致控制权发生变更的，不适用前两款规定，上市公司与交易对方可以根据市场化原则，自主协商是否采取业绩补偿和每股收益填补措施及相关具体安排。

第三十六条 上市公司重大资产重组发生下列情形的，独立财务顾问应当及时出具核查意见，并予以公告：

（一）上市公司完成相关批准程序前，对交易对象、交易标的、交易价格等作出变更，构成对原重组方案重大调整，或者因发生重大事项导致原重组方案发生实质性变动的；

（二）上市公司完成相关批准程序后，在实施重组过程中发生重大事项，导致原重组方案发生实质性变动的。

第三十七条 独立财务顾问应当按照中国证监会的相关规定，以及证券交易所的相关规则，对实施重大资产重组的上市公司履行持续督导职责。持续督导的期限自本次重大资产重组实施完毕之日起，应当不少于一个会计年度。实施本办法第十三条规定的重大资产重组，持续督导的期限自本次重大资产重组实施完毕之日起，应当不少于三个会计年度。持续督导期限届满后，仍存在尚未完结的督导事项，独立财务顾问应当就相关事项继续履行持续督导职责。

第三十八条 独立财务顾问应当结合上市公司重大资产重组当年和实施完毕后的第一个会计年度的年报，自年报披露之日起十五日内，对重大资产重组实施的下列事项出具持续督导意见，并予以公告：

（一）交易资产的交付或者过户情况；

（二）交易各方当事人承诺的履行情况；

（三）已公告的盈利预测或者利润预测的实现情况；

（四）管理层讨论与分析部分提及的各项业务的发展现状，以及上市公司对所购买资产整合管控安排的执行情况；

（五）公司治理结构与运行情况；

（六）与已公布的重组方案存在差异的其他事项。

独立财务顾问还应当结合本办法第十三条规定的重大资产重组实施完毕后的第二、第三个会计年度的年报，自年报披露之日起十五日内，对前款第（二）至（六）项事项出具持续督导意见，并予以公告。

第四章 重大资产重组的信息管理

第三十九条 上市公司筹划、实施重大资产重组，相关信息披露义务人应当公平地向所有投资者披露可能对上市公司股票交易价格产生较大影响的相关信息（以下简称股价敏感信息），不得提前泄露。

第四十条 上市公司的股东、实际控制人以及参与重大资产重组筹划、论证、决策等环节的其他相关机构和人员，应当做好保密工作。对于依法应当披露的信息，应当及时通知上市公司，并配合上市公司及时、准确、完整地进行披露。相关信息发生泄露的，应当立即通知上市公司，并督促上市公司依法披露。

第四十一条 上市公司及其董事、监事、高级管理人员，重大资产重组的交易对方及其关联方，交易对方及其关联方的董事、监事、高级管理人员或者主要负责人，交易各方聘请的证券服务机构及其从业人员，参与重大资产重组筹划、论证、决策、审批等环节的相关机构和人员，以及因直系亲属关系、提供服务和业务往来等知悉或者可能知悉股价敏感信息的其他相关机构和人员，在重大资产重组的股价敏感信息依法披露前负有保密义务，禁止利用该信息进行内幕交易。

第四十二条 上市公司筹划重大资产重组事项，应当详细记载筹划过程中每一具体环节的进展情况，包括商议相关方案、形成相关意向、签署相关协议或者意向书的具体时间、地点、参与机构和人员、商议和决议内容等，制作书面的交易进程备忘录并予以妥当保存。参与每一具体环节的所有人员应当即时在备忘录上签名确认。

上市公司筹划发行股份购买资产，可以按照证券交易所的有关规定申请停牌。上市公司不申请停牌的，应当就本次交易做好保密工作，在发行股份购买资产预案、发行股份购买资产报告书披露前，不得披露所筹划交易的相关信息。信息已经泄露的，上市公司应当立即披露发行股份购买资产预案、发行股份购买资产报告书，或者申请停牌。

上市公司筹划不涉及发行股份的重大资产重组，应当分阶段披露相关情况，不得申请停牌。

上市公司股票交易价格因重大资产重组的市场传闻发生异常波动时，上市公司应当及时核实有无影响上市公司股票交易价格的重组事项并予以澄清，不得以相关事项存在不确定性为由不履行信息披露义务。

第五章　发行股份购买资产

第四十三条　上市公司发行股份购买资产，应当符合下列规定：

（一）充分说明并披露本次交易有利于提高上市公司资产质量、改善财务状况和增强持续经营能力，有利于上市公司减少关联交易、避免同业竞争、增强独立性；

（二）上市公司最近一年及一期财务会计报告被会计师事务所出具无保留意见审计报告；被出具保留意见、否定意见或者无法表示意见的审计报告的，须经会计师事务所专项核查确认，该保留意见、否定意见或者无法表示意见所涉及事项的重大影响已经消除或者将通过本次交易予以消除；

（三）上市公司及其现任董事、高级管理人员不存在因涉嫌犯罪正被司法机关立案侦查或涉嫌违法违规正被中国证监会立案调查的情形。但是，涉嫌犯罪或违法违规的行为已经终止满三年，交易方案有助于消除该行为可能产生的不良后果，且不影响对相关行为人追究责任的除外；

（四）充分说明并披露上市公司发行股份所购买的资产为权属清晰的经营性资产，并能在约定期限内办理完毕权属转移手续；

（五）中国证监会规定的其他条件。

上市公司为促进行业的整合、转型升级，在其控制权不发生变更的情况下，可以向控股股东、实际控制人或者其控制的关联人之外的特定对象发行股份购买资产。所购买资产与现有主营业务没有显著协同效应的，应当充分说明并披露本次交易后的经营发展战略和业务管理模式，以及业务转型升级可能面临的风险和应对措施。

特定对象以现金或者资产认购上市公司发行的股份后，上市公司用同一次发行所募集的资金向该特定对象购买资产的，视同上市公司发行股份购买资产。

第四十四条　上市公司发行股份购买资产的，可以同时募集部分配套资金，其定价方式按照相关规定办理。

上市公司发行股份购买资产应当遵守本办法关于重大资产重组的规定，编制发行股份购买资产预案、发行股份购买资产报告书，并向证券交易所提出申请。

第四十五条　上市公司发行股份的价格不得低于市场参考价的百分之八十。市场参考价为本次发行股份购买资产的董事会决议公告日前二十个交易日、六十个交易日或者一百二十个交易日的公司股票交易均价之一。本次发行股份购买资产的董事会决议应当说明市场参考价的选择依据。

前款所称交易均价的计算公式为：董事会决议公告日前若干个交易日公司股票交易均价＝决议公告日前若干个交易日公司股票交易总额/决议公告日前若干个交易日公司股票交易总量。

本次发行股份购买资产的董事会决议可以明确，在中国证监会注册前，上市公司的股票价格相比最初确定的发行价格发生重大变化的，董事会可以按照已经设定的调整方案对发行价格进行一次调整。

前款规定的发行价格调整方案应当明确、具体、可操作，详细说明是否相应调整拟购买资产的定价、发行股份数量及其理由，在首次董事会决议公告时充分披露，并按照规定提交股东大会审议。股东大会作出决议后，董事会按照已经设定的方案调整发行价格的，上市公司无需按照本办法第二十九条的规定向证券交易所重新提出申请。

第四十六条　特定对象以资产认购而取得的上市公司股份，自股份发行结束之日起十二个月内不得转让；属于下列情形之一的，三十六个月内不得转让：

（一）特定对象为上市公司控股股东、实际控制人或者其控制的关联人；

（二）特定对象通过认购本次发行的股份取得上市公司的实际控制权；

（三）特定对象取得本次发行的股份时，对其用于认购股份的资产持续拥有权益的时间不足十二个月。

属于本办法第十三条第一款规定的交易情形的，上市公司原控股股东、原实际控制人及其控制的关联人，以及在交易过程中从该等主体直接或间接受让该上市公司股份的特定对象应当公开承诺，在本次交易完成后三十六个月内不转让其在该上市公司中拥有权益的股份；除收购人及其关联人以外的特定对象应当公开承诺，其以资产认购而取得的上市公司股份自股份发行结束之日起二十四个月内不得转让。

第四十七条　上市公司发行股份购买资产导致特定对象持有或者控制的股份达到法定比例的，应当按照《上市公司收购管理办法》的规定履行相关义务。

上市公司向控股股东、实际控制人或者其控制的关联人发行股份购买资产，或者发行股份购买资产将导致上市公司实际控制权发生变更的，认购股份的特定对象应当在发行股份购买资产报告书中公开承诺：本次交易完成后六个月内如上市公司股票连续二十个交易日的收盘价低于发行价，或者交易完成后六个月期末收盘价低于发行价的，其持有公司股票的锁定期自动延长至少六个月。

前款规定的特定对象还应当在发行股份购买资产报告书中公开承诺：如本次交易因涉嫌所提供或披露的信息存在虚假记载、误导性陈述或者重大遗漏，被司法机关立案侦查或者被中国证监会立案调查的，在案件调查结论明确以前，不转让其在该上市公司拥有权益的股份。

第四十八条 中国证监会对上市公司发行股份购买资产的申请作出予以注册的决定后，上市公司应当及时实施。向特定对象购买的相关资产过户至上市公司后，上市公司聘请的独立财务顾问和律师事务所应当对资产过户事宜和相关后续事项的合规性及风险进行核查，并发表明确意见。上市公司应当在相关资产过户完成后三个工作日内就过户情况作出公告，公告中应当包括独立财务顾问和律师事务所的结论性意见。

上市公司完成前款规定的公告、报告后，可以到证券交易所、证券登记结算机构为认购股份的特定对象申请办理证券登记手续。

第四十九条 换股吸收合并涉及上市公司的，上市公司的股份定价及发行按本办法有关规定执行。

上市公司发行优先股用于购买资产或者与其他公司合并，中国证监会另有规定的，从其规定。

上市公司可以向特定对象发行可转换为股票的公司债券、定向权证、存托凭证等用于购买资产或者与其他公司合并。

第六章 监督管理和法律责任

第五十条 未依照本办法的规定履行相关义务或者程序，擅自实施重大资产重组的，由中国证监会责令改正，并可以采取监管谈话、出具警示函等监管措施；情节严重的，可以责令暂停或者终止重组活动，处以警告、罚款，并可以对有关责任人员采取证券市场禁入的措施。

擅自实施本办法第十三条第一款规定的重大资产重组，交易尚未完成的，中国证监会责令上市公司暂停重组活动、补充披露相关信息，涉及发行股份的，按照本办法规定报送注册申请文件；交易已经完成的，可以处以警告、罚款，并对有关责任人员采取证券市场禁入的措施；涉嫌犯罪的，依法移送司法机关追究刑事责任。

上市公司重大资产重组因定价显失公允、不正当利益输送等问题损害上市公司、投资者合法权益的，由中国证监会责令改正，并可以采取监管谈话、出具警示函等监管措施；情节严重的，可以责令暂停或者终止重组活动，处以警告、罚款，并可以对有关责任人员采取证券市场禁入的措施。

第五十一条 上市公司或者其他信息披露义务人未按照本办法规定报送重大资产重组有关报告或者履行信息披露义务的，由中国证监会责令改正，依照《证券法》第一百九十七条予以处罚；情节严重的，可以责令暂停或者终止重组活动，并可以对有关责任人员采取证券市场禁入的措施；涉嫌犯罪的，依法移送司法机关追究刑事责任。

上市公司控股股东、实际控制人组织、指使从事前款违法违规行为，或者隐瞒相关事项导致发生前款情形的，依照《证券法》第一百九十七条予以处罚；情节严重的，可以责令暂停或者终止重组活动，并可以对有关责任人员采取证券市场禁入的措施；涉嫌犯罪的，依法移送司法机关追究刑事责任。

重大资产重组的交易对方未及时向上市公司或者其他信息披露义务人提供信息的，按照第一款规定执行。

第五十二条 上市公司或者其他信息披露义务人报送的报告或者披露的信息存在虚假记载、误导性陈述或者重大遗漏的，由中国证监会责令改正，依照《证券法》第一百九十七条予以处罚；情节严重的，可以责令暂停或者终止重组活动，并可以对有关责任人员采取证券市场禁入的措施；涉嫌犯罪的，依法移送司法机关追究刑事责任。

上市公司的控股股东、实际控制人组织、指使从事前款违法违规行为，或者隐瞒相关事项导致发生前款情形的，依照《证券法》第一百九十七条予以处罚；情节严重的，可以责令暂停或者终止重组活动，并可以对有关责任人员采取证券市场禁入的措施；涉嫌犯罪的，依法移送司法机关追究刑事责任。

重大资产重组的交易对方提供的信息有虚假记载、误导性陈述或者重大遗漏的，按照第一款规定执行。

第五十三条 上市公司发行股份购买资产，在其公告的有关文件中隐瞒重要事实或者编造重大虚假内容的，中国证监会依照《证券法》第一百八十一条予以处罚。

上市公司的控股股东、实际控制人组织、指使从事前款违法行为的，中国证监会依照《证券法》第一百八十一条予以处罚。

第五十四条 重大资产重组涉嫌本办法第五十条、第五十一条、第五十二条、第五十三条规定情形的，中国证监会可以责令上市公司作出公开说明、聘请独立财务顾问或者其他证券服务机构补充核查并披露专业意见，在公开说明、披露专业意见之前，上市公司应当暂停重组活动；上市公司涉嫌前述情形被司法机关立案侦查或者被中国证监会立案调查的，在案件调查结论明确之前应当暂停重组活动。

涉嫌本办法第五十一条、第五十二条、第五十三条规定情形、被司法机关立案侦查或者被中国证监会立案调查的，有关单位和个人应当严格遵守其所作的公开承诺，在案件调查结论明确之前，不得转让其在该上市公司拥有权益的股份。

第五十五条 上市公司董事、监事和高级管理人员未履行诚实守信、勤勉尽责义务，或者上市公司的股东、实际控制人及其有关负责人员未按照本办法的规定履行相关义务，导致重组方案损害上市公司利益的，由中国证监会责令改正，并可以采取监管谈话、出具警示函等监管措施；情节严重的，处以警告、罚款，并可以对有关责任人员采取证券市场禁入的措施；涉嫌犯罪的，依法移送司法机关追究刑事责任。

第五十六条 为重大资产重组出具独立财务顾问报告、审计报告、法律意见书、资产评估报告、估值报告及其他专业文件的证券服务机构及其从业人员未履行诚实守信、勤勉尽责义务，违反中国证监会的有关规定、行业规范、业务规则，或者未依法履行报告和公告义务、持续督导义务的，由中国证监会责令改正，并可以采取监管谈话、出具警示函、责令公开说明、责令定期报告等监管措施；情节严重的，依法追究法律责任，并可以对有关责任人员采取证券市场禁入的措施。

前款规定的证券服务机构及其从业人员所制作、出具的文件存在虚假记载、误导性陈述或者重大遗漏的，由中国证监会责令改正，依照《证券法》第二百一十三条予以处罚；情节严重的，可以采取证券市场禁入的措施；涉嫌犯罪的，依法移送司法机关追究刑事责任。

第五十七条 重大资产重组实施完毕后，凡因不属于上市公司管理层事前无法获知且事后无法控制的原因，上市公司所购买资产实现的利润未达到资产评估报告或者估值报告预测金额的百分之八十，或者实际运营情况与重大资产重组报告书中管理层讨论与分析部分存在较大差距，以及上市公司实现的利润未达到盈利预测报告预测金额的百分之八十的，上市公司的董事长、总经理以及对此承担相应责任的会计师事务所、独立财务顾问、资产评估机构、估值机构及其从业人员应当在上市公司披露年度报告的同时，在同一媒体上作出解释，并向投资者公开道歉；实现利润未达到预测金额百分之五十的，中国证监会可以对上市公司、相关机构及其责任人员采取监管谈话、出具警示函、责令定期报告等监管措施。

交易对方超期未履行或者违反业绩补偿协议、承诺的，由中国证监会责令改正，并可以采取监管谈话、出具警示函、责令公开说明等监管措施，将相关情况记入诚信档案；情节严重的，可以对有关责任人员采取证券市场禁入的措施。

第五十八条 任何知悉重大资产重组信息的人员在相关信息依法公开前，泄露该信息、买卖或者建议他人买卖相关上市公司证券、利用重大资产重组散布虚假信息、操纵证券市场或者进行欺诈活动的，中国证监会依照《证券法》第一百九十一条、第一百九十二条、第一百九十三条予以处罚；涉嫌犯罪的，依法移送司法机关追究刑事责任。

第七章 附则

第五十九条 中国证监会对证券交易所相关板块上市公司重大资产重组另有规定的，从其规定，关于注册时限的规定适用本办法。

第六十条 实施重大资产重组的上市公司为创新试点红筹企业，或者上市公司拟购买资产涉及创新试点红筹企业的，在计算本办法规定的重大资产重组认定标准等监管指标时，应当采用根据中国企业会计准则编制或者调整的财务数据。

上市公司中的创新试点红筹企业实施重大资产重组，可以按照境外注册地法律法规和公司章程履行内部决策程序，并及时披露重大资产重组报告书、独立财务顾问报告、法律意见书以及重组涉及的审计报告、资产评估报告或者估值报告。

第六十一条 本办法自公布之日起施行。

关于继续实施企业改制重组有关土地增值税政策的公告

·2023年9月22日
·财政部、税务总局公告2023年第51号

为支持企业改制重组，优化市场环境，现就继续执行有关土地增值税政策公告如下：

最高人民法院关于审理与企业改制相关的民事纠纷案件若干问题的规定

- 2002年12月3日最高人民法院审判委员会第1259次会议通过
- 根据2020年12月23日最高人民法院审判委员会第1823次会议通过的《最高人民法院关于修改〈最高人民法院关于破产企业国有划拨土地使用权应否列入破产财产等问题的批复〉等二十九件商事类司法解释的决定》修正
- 2020年12月29日最高人民法院公告公布
- 自2021年1月1日起施行
- 法释〔2020〕18号

为了正确审理与企业改制相关的民事纠纷案件,根据《中华人民共和国民法典》《中华人民共和国公司法》《中华人民共和国全民所有制工业企业法》《中华人民共和国民事诉讼法》等法律、法规的规定,结合审判实践,制定本规定。

一、案件受理

第一条 人民法院受理以下平等民事主体间在企业产权制度改造中发生的民事纠纷案件:
（一）企业公司制改造中发生的民事纠纷;
（二）企业股份合作制改造中发生的民事纠纷;
（三）企业分立中发生的民事纠纷;
（四）企业债权转股权纠纷;
（五）企业出售合同纠纷;
（六）企业兼并合同纠纷;
（七）与企业改制相关的其他民事纠纷。

第二条 当事人起诉符合本规定第一条所列情形,并符合民事诉讼法第一百一十九条规定的起诉条件的,人民法院应当予以受理。

第三条 政府主管部门在对企业国有资产进行行政性调整、划转过程中发生的纠纷,当事人向人民法院提起民事诉讼的,人民法院不予受理。

二、企业公司制改造

第四条 国有企业依公司法整体改造为国有独资有限责任公司的,原企业的债务,由改造后的有限责任公司承担。

第五条 企业通过增资扩股或者转让部分产权,实现他人对企业的参股,将企业整体改造为有限责任公司或者股份有限公司的,原企业债务由改造后的新设公司承担。

第六条 企业以其部分财产和相应债务与他人组建

一、企业按照《中华人民共和国公司法》有关规定整体改制,包括非公司制企业改制为有限责任公司或股份有限公司,有限责任公司变更为股份有限公司,股份有限公司变更为有限责任公司,对改制前的企业将国有土地使用权、地上的建筑物及其附着物（以下称房地产）转移、变更到改制后的企业,暂不征收土地增值税。

本公告所称整体改制是指不改变原企业的投资主体,并承继原企业权利、义务的行为。

二、按照法律规定或者合同约定,两个或两个以上企业合并为一个企业,且原企业投资主体存续的,对原企业将房地产转移、变更到合并后的企业,暂不征收土地增值税。

三、按照法律规定或者合同约定,企业分设为两个或两个以上与原企业投资主体相同的企业,对原企业将房地产转移、变更到分立后的企业,暂不征收土地增值税。

四、单位、个人在改制重组时以房地产作价入股进行投资,对其将房地产转移、变更到被投资的企业,暂不征收土地增值税。

五、上述改制重组有关土地增值税政策不适用于房地产转移任意一方为房地产开发企业的情形。

六、改制重组后再转让房地产并申报缴纳土地增值税时,对"取得土地使用权所支付的金额",按照改制重组前取得该宗国有土地使用权所支付的地价款和按国家统一规定缴纳的有关费用确定;经批准以国有土地使用权作价出资入股的,为作价入股时县级及以上自然资源部门批准的评估价格。按购房发票确定扣除项目金额的,按照改制重组前购房发票所载金额并从购买年度起至本次转让年度止每年加计5%计算扣除项目金额,购买年度是指购房发票所载日期的当年。

七、纳税人享受上述税收政策,应按相关规定办理。

八、本公告所称不改变原企业投资主体、投资主体相同,是指企业改制重组前后出资人不发生变动,出资人的出资比例可以发生变动;投资主体存续,是指原企业出资人必须存在于改制重组后的企业,出资人的出资比例可以发生变动。

九、本公告执行至2027年12月31日。

特此公告。

新公司,对所转移的债务债权人认可的,由新组建的公司承担民事责任;对所转移的债务未通知债权人或者虽通知债权人,而债权人不予认可的,由原企业承担民事责任。原企业无力偿还债务,债权人就此向新设公司主张债权的,新设公司在所接收的财产范围内与原企业承担连带民事责任。

第七条 企业以其优质财产与他人组建新公司,而将债务留在原企业,债权人以新设公司和原企业作为共同被告提起诉讼主张债权的,新设公司应当在所接收的财产范围内与原企业共同承担连带责任。

三、企业股份合作制改造

第八条 由企业职工买断企业产权,将原企业改造为股份合作制的,原企业的债务,由改造后的股份合作制企业承担。

第九条 企业向其职工转让部分产权,由企业与职工共同组建股份合作制企业的,原企业的债务由改造后的股份合作制企业承担。

第十条 企业通过其职工投资增资扩股,将原企业改造为股份合作制企业的,原企业的债务由改造后的股份合作制企业承担。

第十一条 企业在进行股份合作制改造时,参照公司法的有关规定,公告通知了债权人。企业股份合作制改造后,债权人就原企业资产管理人(出资人)隐瞒或者遗漏的债务起诉股份合作制企业的,如债权人在公告期内申报过该债权,股份合作制企业在承担民事责任后,可再向原企业资产管理人(出资人)追偿。如债权人在公告期内未申报过该债权,则股份合作制企业不承担民事责任,人民法院可告知债权人另行起诉原企业资产管理人(出资人)。

四、企业分立

第十二条 债权人向分立后的企业主张债权,企业分立时对原企业的债务承担有约定,并经债权人认可的,按照当事人的约定处理;企业分立时对原企业债务承担没有约定或者约定不明,或者虽然有约定但债权人不予认可的,分立后的企业应当承担连带责任。

第十三条 分立的企业在承担连带责任后,各分立的企业间对原企业债务承担有约定的,按照约定处理;没有约定或者约定不明的,根据企业分立时的资产比例分担。

五、企业债权转股权

第十四条 债权人与债务人自愿达成债权转股权协议,且不违反法律和行政法规强制性规定的,人民法院在审理相关的民事纠纷案件中,应当确认债权转股权协议有效。

政策性债权转股权,按照国务院有关部门的规定处理。

第十五条 债务人以隐瞒企业资产或者虚列企业资产为手段,骗取债权人与其签订债权转股权协议,债权人在法定期间内行使撤销权的,人民法院应当予以支持。

债权转股权协议被撤销后,债权人有权要求债务人清偿债务。

第十六条 部分债权人进行债权转股权的行为,不影响其他债权人向债务人主张债权。

六、国有小型企业出售

第十七条 以协议转让形式出售企业,企业出售合同未经有审批权的地方人民政府或其授权的职能部门审批的,人民法院在审理相关的民事纠纷案件时,应当确认该企业出售合同不生效。

第十八条 企业出售中,当事人双方恶意串通,损害国家利益的,人民法院在审理相关的民事纠纷案件时,应当确认该企业出售行为无效。

第十九条 企业出售中,出卖人实施的行为具有法律规定的撤销情形,买受人在法定期限内行使撤销权的,人民法院应当予以支持。

第二十条 企业出售合同约定的履行期限届满,一方当事人拒不履行合同,或者未完全履行合同义务,致使合同目的不能实现,对方当事人要求解除合同并要求赔偿损失的,人民法院应当予以支持。

第二十一条 企业出售合同约定的履行期限届满,一方当事人未完全履行合同义务,对方当事人要求继续履行合同并要求赔偿损失的,人民法院应当予以支持。双方当事人均未完全履行合同义务的,应当根据当事人的过错,确定各自应当承担的民事责任。

第二十二条 企业出售时,出卖人对所售企业的资产负债状况、损益状况等重大事项未履行如实告知义务,影响企业出售价格,买受人就此向人民法院起诉主张补偿的,人民法院应当予以支持。

第二十三条 企业出售合同被确认无效或者被撤销的,企业售出后买受人经营企业期间发生的经营盈亏,由买受人享有或者承担。

第二十四条 企业售出后,买受人将所购企业资产纳入本企业或者将所购企业变更为所属分支机构,所购企业的债务,由买受人承担。但买卖双方另有约定,并经债权人认可的除外。

　　第二十五条　企业售出后，买受人将所购企业资产作价入股与他人重新组建新公司，所购企业法人予以注销的，对所购企业出售前的债务，买受人应当以其所有财产，包括在新组建公司中的股权承担民事责任。

　　第二十六条　企业售出后，买受人将所购企业重新注册为新的企业法人，所购企业法人被注销的，所购企业出售前的债务，应当由新注册的企业法人承担。但买卖双方另有约定，并经债权人认可的除外。

　　第二十七条　企业售出后，应当办理而未办理企业法人注销登记，债权人起诉该企业的，人民法院应当根据企业资产转让后的具体情况，告知债权人追加责任主体，并判令责任主体承担民事责任。

　　第二十八条　出售企业时，参照公司法的有关规定，出卖人公告通知了债权人。企业售出后，债权人就出卖人隐瞒或者遗漏的原企业债务起诉买受人的，如债权人在公告期内申报过该债权，买受人在承担民事责任后，可再行向出卖人追偿。如债权人在公告期内未申报过该债权，则买受人不承担民事责任。人民法院可告知债权人另行起诉出卖人。

　　第二十九条　出售企业的行为具有民法典第五百三十八条、第五百三十九条规定的情形，债权人在法定期限内行使撤销权的，人民法院应当予以支持。

七、企业兼并

　　第三十条　企业兼并协议自当事人签字盖章之日起生效。需经政府主管部门批准的，兼并协议自批准之日起生效；未经批准的，企业兼并协议不生效。但当事人在一审法庭辩论终结前补办报批手续的，人民法院应当确认该兼并协议有效。

　　第三十一条　企业吸收合并后，被兼并企业的债务应当由兼并方承担。

　　第三十二条　企业新设合并后，被兼并企业的债务由新设合并后的企业法人承担。

　　第三十三条　企业吸收合并或新设合并后，被兼并企业应当办理而未办理工商注销登记，债权人起诉被兼并企业的，人民法院应当根据企业兼并后的具体情况，告知债权人追加责任主体，并判令责任主体承担民事责任。

　　第三十四条　以收购方式实现对企业控股的，被控股企业的债务，仍由其自行承担。但因控股企业抽逃资金、逃避债务，致被控股企业无力偿还债务的，被控股企业的债务则由控股企业承担。

八、附　则

　　第三十五条　本规定自二〇〇三年二月一日起施行。在本规定施行前，本院制定的有关企业改制方面的司法解释与本规定相抵触的，不再适用。

· 典型案例

"两高"联合发布依法从严打击私募基金犯罪典型案例①

苏某明等人非法吸收公众存款案
——私募基金管理人经登记、私募基金经备案或者部分备案的不影响对非法集资行为"非法性"的认定

【关键词】

私募基金　非法性　非法吸收公众存款

【基本案情】

　　被告人苏某明，系深圳弘某财富管理有限公司(以下简称"弘某财富公司")、深圳弘某基金管理有限公司(以下简称"弘某基金公司")实际控制人，上述两家公司在中国证券投资基金业协会(以下简称"基金业协会")登记为私募股权、创业投资基金管理人。被告人高某，系弘某财富公司副总裁、销售部负责人。被告人贺某，系弘某基金公司副总裁、业务部负责人。

　　2016年7月至2018年7月，苏某明以弘某财富公司、弘某基金公司作为私募基金管理人，先后成立深圳弘某天成添富投资企业、深圳弘某汇富贰号投资企业等有限合伙企业，以多个房地产开发项目为投资标的，隐瞒投资项目均为苏某明实际控制的公司开发或者与他人合作开发的实情，发行私募股权类基金产品5只(其中4只在基金业协会备案)。苏某明指使高某、贺某组织销售团队以口口相传，召开产品推介会，通过其他金融机构和私募基金公司、同行业从业人员帮助推销等多种方式向社会公开宣传私募基金产品，允许不合格投资者通过"拼单""代持"等

---

① 案例来源：2023年12月20日最高人民法院、最高人民检察院公布，网址：https://www.court.gov.cn/zixun/xiangqing/421622.html，最后访问日期：2024年3月6日。

方式突破私募基金投资人数和金额的限制，由苏某明实际控制的关联公司与投资者签订回购协议，并由苏某明个人提供无限连带责任担保，约定年利率10%至14.5%的回报，变相承诺保本付息。苏某明、高某、贺某等人通过上述方式共非法公开募集资金人民币5.999亿元。上述资金进入合伙企业募集账户后划转至苏某明控制的数个账户，各私募基金产品资金混同，由苏某明统一支配使用。其中，以募新还旧方式兑付本息1.5亿余元，用于私募基金约定的投资项目1.3亿余元，用于苏某明开发的其他房地产项目1.2亿余元，用于购买建筑材料1.01亿余元，用于支付员工薪酬提成、公司运营成本及归还公司债务0.9亿余元。因资金链断裂，苏某明无法按期兑付本息。截至案发，投资人本金损失4.41亿余元。

【刑事诉讼过程】

2019年2月13日，广东省深圳市公安局福田分局对苏某明非法吸收公众存款案立案侦查。2019年8月30日、2020年7月27日，深圳市公安局福田分局先后以苏某明涉嫌非法吸收公众存款罪，高某、贺某涉嫌非法吸收公众存款罪向深圳市福田区人民检察院移送起诉。2020年3月11日、11月24日，深圳市福田区人民检察院先后以苏某明、高某、贺某构成非法吸收公众存款罪提起公诉。

2021年5月20日、9月1日，深圳市福田区人民法院分别作出一审判决，认定苏某明、高某、贺某犯非法吸收公众存款罪，对苏某明判处有期徒刑五年，并处罚金人民币三十万元；对高某、贺某分别判处有期徒刑三年，并处罚金人民币十万元；继续追缴违法所得。三名被告人均未提出上诉，判决已发生法律效力。公安机关、司法机关共冻结涉案银行账户存款人民币687万余元，依法追缴被告人苏某明对他人享有的1600万元债权和35名投资人利息、分红、佣金、返点费等，判决生效后一并发还投资人。

【典型意义】

1. 私募基金管理人经登记、私募基金经备案或者部分备案，不影响对非法集资行为"非法性"的认定。根据《证券投资基金法》《私募投资基金监督管理条例》（本案依据《私募投资基金监督管理暂行办法》）规定，私募基金是指以非公开方式向投资者募集资金设立的投资基金，具有"非公开"和"向特定合格投资者募集"两个基本属性；私募基金不设行政审批，私募基金管理人应当向基金业协会申请登记，募集完毕后办理基金备案，经登记、备案不属于"经有关部门依法许可"向社会公众吸收资金。根据《商业银行法》规定，向不特定社会公众公开吸收存款是商业银行的专属业务，须经国务院银行业监督管理机构批准。违反上述规定，向不特定社会公众公开发行销售私募基金的，属于假借私募基金的合法经营形式，掩盖非法集资之实，既违反了私募基金管理法律规定，又违反了商业银行法的规定，无论是否经基金业协会登记、备案，均具有非法性。

2. 以私募基金为名非法集资的手段多样，实质上都是突破私募基金"私"的本质和投资风险自负的底线，以具有公开性、社会性和利诱性的方式非法募集资金。常用的手段有：通过网站、电话、微信、讲座、推介会、分析会、撒网式代销推荐等方式向不特定对象宣传，具有公开性；通过组织不合格投资者私下协议代持基金份额，允许"拼单团购"、将私募基金份额或者收益权进行拆分转让、同一融资项目设立多只私募基金等方式，降低合格投资者标准，规避投资者人数限制，具有社会性；除私募基金认购合同外，通过另行签订补充协议或者口头承诺回购、担保、年化收益率等方式，以预期利润为引诱，承诺还本付息或者给付回报，具有利诱性。发行销售私募基金的行为具备上述特征的，属于非法集资或者变相非法集资，应当依法追究刑事责任。

3. 是否具有非法占有目的，是区分非法吸收公众存款罪与集资诈骗罪的关键。私募股权类基金产品一般从事创业投资，以投资项目公司、企业的股权为标的，对于发行私募股权类基金产品符合非法集资犯罪"四性"特征，但大部分资金用于真实项目投资，没有抽逃、转移、隐匿、挥霍等情形的，可以不认定具有"以非法占有为目的"。本案中，苏某明等人以私募为名实施非法集资活动，募集资金除返本付息和维持运营外，主要用于约定房地产项目、其他房地产项目以及与项目相关的建筑材料采购，项目真实，依法认定不具有非法占有目的，以非法吸收公众存款罪追究刑事责任。

中某中基集团、孟某、岑某集资诈骗案

——以发行销售私募基金为名，使用诈骗方法非法集资对集资款具有非法占有目的的，构成集资诈骗罪

【关键词】

私募基金 集资诈骗 单位犯罪 追赃挽损

【基本案情】

被告单位中某中基供应链集团有限公司（以下简称"中某中基集团"）；被告人孟某，系中某中基集团法定代表人、董事长；被告人岑某，系中某中基集团总经理；被告人庄某，系中某中基集团副总经理（已死亡）。

2015年5月，孟某注册成立中某中基集团。2015年11月至2020年6月，中某中基集团及其直接负责的主管人员孟某、岑某、庄某，通过实际控制的上海檀某资产管理

有限公司(以下简称"檀某公司")、上海洲某资产管理有限公司(以下简称"洲某公司")、深圳市辉某产业服务集团有限公司(以下简称"辉某集团")以及合作方北京云某投资有限公司(以下简称"云某公司")等10多家公司,采用自融自用的经营模式,围绕中某中基集团从事私募基金产品设计、发行、销售及投融资活动。

孟某、岑某、庄某指使檀某公司、洲某公司工作人员以投资中某中基集团实际控制的多家空壳公司股权为名,使用庄某伪造的财务数据、贸易合同设计内容虚假的私募基金产品,将单一融资项目拆分为数个基金产品,先后以檀某公司、洲某公司、云某公司为私募基金管理人,发行39只私募股权类基金产品。上述三家公司均在基金业协会登记为私募股权、创业投资基金管理人,39只产品均在基金业协会备案。

相关基金产品由不具备私募基金销售资质的"辉某集团"等3家"辉某系"公司销售。孟某、岑某指使"辉某系"公司工作人员以举办宣传会、召开金融论坛、峰会酒会,随机拨打电话,在酒店公共区域摆放宣传资料等方式向社会公开宣传私募基金产品,谎称由具有国资背景的中某中基控股集团有限公司出具担保函,以虚设的应收账款进行质押,变相承诺保本保息,超出备案金额、时间,滚动销售私募基金产品,累计非法募集资金人民币78.81亿余元。

募集资金转入空壳目标项目公司后,从托管账户违规汇集至中某中基集团账户形成资金池,由孟某、岑某任意支配使用。上述集资款中,兑付投资人本息42.5亿余元,支付销售佣金、员工工资、保证金17.1亿余元,转至孟某、岑某控制的个人账户及个人挥霍消费3.9亿余元,对外投资17.5亿余元。中某中基集团所投资的项目处于长期亏损状态,主要依靠募新还旧维持运转。截至案发,投资人本金损失38.22亿余元。

【刑事诉讼过程】

2019年8月15日,投资人薛某到上海市公安局浦东分局报案称其购买的檀某、洲某私募基金产品到期无法退出。同年10月14日,浦东分局以涉案私募基金均经中国证券基金业协会备案,没有犯罪事实为由作出不立案决定。上海市浦东新区人民检察院接立案监督线索后审查发现,涉案私募基金管理人和产品虽经登记、备案,但募集、发行和资金运作均违反私募基金管理法律规定,属于假借私募基金经营形式的非法集资行为。2020年4月10日,浦东新区人民检察院向上海市公安局浦东分局制发《要求说明不立案理由通知书》。2020年4月13日,上海市公安局浦东分局对本案立案侦查,同年11月3日以孟某、岑某、庄某涉嫌集资诈骗罪移送起诉。因案件重大复杂,2020年11月30日,浦东新区人民检察院将本案报送上海市人民检察院第一分院审查起诉。2021年6月9日,上海市人民检察院第一分院以中某中基集团、孟某、岑某、庄某构成集资诈骗罪提起公诉。案件办理期间,上海市人民检察院第一分院分别向中国银保监会青岛监管局、中某中基控股集团有限公司制发检察建议,就办案发现的私募基金托管银行未尽职履责、国有企业对外合作不规范等问题提出建议,两家单位积极落实整改并及时回复检察机关。

2022年11月30日,上海市第一中级人民法院作出一审判决,以集资诈骗罪判处中某中基集团罚金人民币1亿元,判处孟某、岑某无期徒刑,剥夺政治权利终身,并处没收个人全部财产。被告人庄某在法院审理过程中因病死亡,依法对其终止审理。孟某、岑某提出上诉。2023年3月13日,上海市高级人民法院作出终审裁定,驳回上诉,维持原判。公安机关、司法机关共冻结涉案银行账户存款人民币6500万余元,查封、扣押房产、土地使用权、公司股权数十处。判决生效后,上海市第一中级人民法院对查封、扣押资产依法组织拍卖,与银行存款一并发还投资人。

【典型意义】

1. 以发行销售私募基金为名,使用诈骗方法非法集资,对集资款具有非法占有目的的,构成集资诈骗罪。司法机关应以私募基金发行中约定的投资项目、底层资产是否真实,销售中是否提供虚假承诺等作为是否使用诈骗方法的审查重点;以资金流转过程和最终去向作为是否具有非法占有目的的审查重点,包括募集资金是否用于私募基金约定投资项目,是否用于其他真实投资项目,是否存在极不负责任的投资,是否通过关联交易、暗箱操作等手段进行利益输送,是否以各种方式抽逃转移资金,是否用于个人大额消费和投资等。本案中,孟某等人虚构对外贸易项目、伪造财务资料发行内容虚假的私募基金,以虚假担保诱骗投资人投资,属于典型的使用诈骗方法募集资金;募集资金汇集于中某中基集团资金池,主要用于兑付本息、支付高额运营成本和个人占有挥霍,虽有17亿余元用于投资,但是与募集资金的规模明显不成比例,且投资项目前期均未经过充分的尽职调查,资金投入后也未对使用情况进行任何有效管理,对资金使用的决策极不负责任,应依法认定具有非法占有目的。

2. 准确认定犯罪主体,全面审查涉案财产,依法追赃挽损。私募基金非法集资案件涉及私募基金设计、管理、销售等多方主体,认定犯罪主体应以募集资金的支配与归属为核心,对于犯罪活动经私募基金管理人或其实际控制人决策实施,全部或者大部分违法所得归单位所有的,除单位设立后专门从事违法犯罪活动外,应依法认定为单位犯罪,追缴单位全部违法所得。私募股权类投资基金的涉案资金以股权投资形式流向其他公司的,追赃挽损的范围不限于犯罪单位的财物,对涉案私募基金在其他公司投资的股权,应在确认权属后依法予以追缴。本案中,10多家关联公司围绕中某中基集团开展私募基金发行销售活动,募集资金归中某中基集团统一支配使用,司法机关依法认定中某中基集团为单位犯罪主体,对单位财产、流向空壳公司的财产以及投资项目财产全面追赃挽损。

3. 充分发挥司法职能作用,透过表象依法认定犯罪本质,保护投资者合法权益。私募基金是我国多层次资本市场的重要组成部分,在为投资者提供多样化的投资方式、推动新兴产业发展方面具有重要作用。但是,作为新兴金融产品,发展时间短,各方了解认识不够深入,容易出现利用私募名义实施的违法犯罪行为。司法机关要发挥好职能作用,穿透各种"伪装"认识行为本质,依法严惩私募基金犯罪,通过办案划明行业发展"底线""红线",切实维护人民群众合法权益。本案中,司法机关主动作为,检察机关对"伪私募"立案监督、依法追诉,对相关单位制发检察建议,人民法院对被告单位和被告人依法从重处罚,最大限度为投资人追赃挽损,体现了对利用复杂金融产品实施涉众诈骗行为的严厉惩治,突出了保护人民群众财产安全的司法力度,警示告诫私募行业规范运营、健康发展。

郭某挪用资金案
——根据私募基金不同形式,区分认定被挪用单位

【关键词】
私募基金 挪用资金 本单位资金 忠实勤勉义务

【基本案情】
被告人郭某,北京统某投资基金管理有限公司(以下简称"统某投资")原董事长。

2015年3月,统某投资(该公司在基金业协会登记为私募股权、创业投资基金管理人)与安徽安某控股股份有限公司(以下简称"安某控股")签订《战略合作框架协议》,设立苏州安某统某富邦投资中心(合伙企业,以下简称"统某富邦"),发行"富邦1号"私募基金,为安徽省粮某食品进出口(集团)公司(以下简称"粮某集团",系安某控股大股东)及其下属公司投资的项目提供资金支持。统某投资为统某富邦合伙人,管理基金投资运营,郭某担任统某富邦执行事务合伙人代表。

2015年3月至7月,安徽亚某资产管理有限公司(以下简称"安徽亚某")及胡某波等8名自然人认购"富邦1号"基金份额,成为统某富邦合伙人,投资金额共计人民币2735万元。上述资金转入统某富邦在银行设立的基金募集专用账户后,郭某未按照《战略合作框架协议》和"富邦1号"合同的约定设立共管账户、履行投资决策程序,而是违反约定的资金用途,擅自将其中2285万余元资金陆续从统某富邦账户转入其担任执行事务合伙人代表的另一私募基金"统某恒既"账户,而后将120万余元用于归还该私募基金到期投资者,2165万余元转入郭某个人账户和实际控制的其他账户,至案发未归还。

【刑事诉讼过程】
2015年10月27日,安徽省合肥市公安局蜀山分局对本案立案侦查。2016年11月20日,蜀山分局以郭某涉嫌挪用资金罪移送起诉。侦查和审查起诉过程中,郭某辩称其未违反决策程序,依据私募基金管理人职责有权独立进行投资决策,转入"统某恒既"私募基金账户的2285万余元,均用于偿还该项目到期投资人,该基金也是为安某控股投资项目筹资,资金使用符合"富邦1号"基金的使用宗旨,不构成挪用资金罪。针对犯罪嫌疑人辩解,经补充侦查查明,根据双方协议"富邦1号"基金对外投资须经安某控股、专业委员会、决策委员会审核通过方可实施,郭某未经任何决策程序自行将私募基金账户资金转出;接收2285万余元的另一私募基金"统某恒既"并非为安某控股筹资,而是为其他公司收购安某控股旗下酒店筹资,与"富邦1号"投资项目无关;郭某因投资经营不善,面临管理的"统某恒既"基金到期无法兑付、个人被撤销基金从业资格的风险;2285万余元转入"统某恒既"账户后,120余万元用于归还该项目投资人,其余资金转入郭某个人账户、其实际控制的3家公司账户及其亲属账户等;统某富邦内部账与银行对账单一致,2285万余元均记录为委托投资款,属应收账款,郭某无平账行为,案发时"富邦1号"未到兑付期,挪用时间较短,郭某未携款潜逃,期间有少量还款。检察机关认为,上述证据证明,郭某利用担任私募基金项目公司合伙人代表的职务便利,未经决策程序,挪用单位资金归个人使用,数额较大、超过三个月未归还,但无法证明郭某具有非法占有目的,郭某构成挪用资金罪。

2017年5月10日,安徽省合肥市蜀山区人民检察院以郭某构成挪用资金罪提起公诉。2018年5月11日,安徽省合肥市蜀山区人民法院作出一审判决,认定郭某犯挪用资金罪,判处有期徒刑四年六个月,责令退赔被害单位统某富邦全部经济损失。郭某提出上诉。2018年8月1日,安徽省合肥市中级人民法院作出终审裁定,驳回上诉,维持原判。

【典型意义】
1. 私募基金有合伙制、公司制、契约制等多种形式,挪

用资金罪的认定要区分不同的被挪用单位。采用合伙制、公司制的,私募基金管理人和投资人共同成立合伙企业、公司发行私募基金,投资人通过认购基金份额成为合伙企业、公司的合伙人、股东,私募基金管理人作为合伙人、股东负责基金投资运营,其工作人员利用职务便利挪用私募基金资金的,实际挪用的是合伙企业、公司的资金,因该工作人员同时具有合伙企业或者公司工作人员的身份,属于挪用"本单位资金"的行为,应当依法追究刑事责任。采用契约制的,私募基金管理人与投资人签订合同,受托为投资人管理资金、投资运营,双方不成立新的经营实体,其工作人员利用职务便利挪用私募基金资金的,实际挪用的是私募基金管理人代为管理的资金。从侵害法益看,无论是"单位所有"还是"单位管理"的财产,挪用行为均直接侵害了单位财产权(间接侵害了投资人财产权),属于挪用"本单位资金"的行为,应当依法追究刑事责任。本案中,统某投资、安某控股、安徽亚某及8名自然人均为统某富邦合伙人,郭某利用担任合伙人代表的职务便利,挪用统某富邦资金归个人使用、超过三个月未归还,构成挪用资金罪。

2. 全面把握挪用私募基金资金犯罪的特点和证明标准,准确认定案件事实。私募基金具有专业性强、不公开运营的特点,负责基金管理的工作人员利用职务便利实施的犯罪隐蔽性强,常以管理人职责权限、项目运营需要等理由进行辩解,侦查取证和指控证明的难度较大。司法办案中,应当全面把握私募基金的特点和挪用资金罪的证明方法,重点注意以下几点:一是通过收集管理人职责、委托授权内容、投资决策程序等证据,证明是否存在利用职务便利,不经决策程序,擅自挪用资金的行为;二是通过收集私募基金投资项目、托管账户和可疑账户关系、资金往来等证据,证明是否超出投资项目约定,将受委托管理的资金挪为个人使用或者借贷给他人;三是通过收集行为人同时管理的其他私募基金项目、账户、资金往来以及投资经营情况等证据,证明是否存在个人管理的项目间资金互相拆解挪用、进行营利活动的情形,对于为避免承担个人责任或者收取管理费用等谋取个人利益的目的而挪用资金供其他项目使用的,应当认定为"归个人使用"。

3. 私募基金从业人员要依法履行忠实、勤勉义务。私募基金管理人的核心职责和义务是按照约定为投资者管理财产、实现投资收益,应当严格遵守《证券投资基金法》《私募投资基金监督管理条例》等法律法规规定,依法投资、合规管理,防范利益冲突,维护基金及其投资人的利益,不得挪用、侵占基金财产,不得利用基金财产为自己或他人谋取利益。违反法律规定,构成犯罪的,将会受到法律的惩治。

郭某、王某职务侵占案
——利用职务便利截留私募基金财产归个人所有的构成职务侵占罪

【关键词】
私募基金 职务侵占 债券市场 截留价差

【基本案情】
被告人郭某,系上海利某投资管理有限公司(以下简称"利某公司",在基金业协会登记为私募基金管理人)资金交易员;被告人王某,与郭某系夫妻关系。

利某公司系从事债券市场投资业务的私募基金管理人。2020年1月至10月,郭某多次利用担任利某公司资金交易员的职务便利,在对利某公司管理的私募基金产品所投资债券进行账户间平移调整过程中,伙同其丈夫王某通过虚增交易环节、低卖高买的方式进行债券撮合交易并从中牟利。其间,王某根据郭某提供的交易信息,通过他人寻找多家做市商及第三方债券投资账户"中某信托",将利某公司指令郭某通过一位做市商从A账户卖给B账户的债券,拆分为先通过一位做市商低价从A账户卖给中某信托,再通过另一位做市商高价从中某信托卖给B账户,将交易价差截留在中某信托账户;郭某通过瞒报交易环节和做市商信息、修改真实交易数据等方式,向公司隐瞒交易价差。二人使用上述手段完成过券交易26笔,通过中某信托账户截留资金人民币602万余元,除支付代理费190余万元外,其他资金转入郭某、王某个人账户,用于购买股票、汽车、日常消费、个人存款等。

【刑事诉讼过程】
2021年2月5日,上海市公安局黄浦分局以郭某涉嫌职务侵占罪立案侦查。2022年1月6日,黄浦分局以郭某、王某涉嫌职务侵占罪移送起诉。侦查和审查起诉过程中,郭某、王某均辩称通过撮合交易获利系正常的市场交易行为,并无侵占利某公司基金财产的主观故意。针对犯罪嫌疑人辩解,经补充侦查,多位做市商、利某公司均证明正常账户平移交易均是通过一位做市商在账户间直接交易,除手续费外,私募基金无其他支出;利某公司是按正常流程下达的直接平移交易指令;中介人员证明王某为避免被中间商发现虚设交易环节,有意要求分别选择两个中间商完成交易;电脑原始记录和上报公司报表证明,郭某篡改了真实交易数据;银行资金转账记录证明涉案资金均被郭某、王某个人使用。检察机关认为,上述证据证明,郭某、王某内外勾结,利用郭某交易员的职务便利,在正常交易流程外通过虚增交易环节、低卖高买的方式开展不正当交易，将私募基金财产非法占为己有，构成职务侵占罪共同犯罪。2022年1月30日、8月18日，上海市黄浦区人民检察院分别以郭某、王某构成职务侵占罪提起公诉。案件办理期间，黄浦区人民检察院向利某公司制发检察建议，就该公司对日常投资交易内部管理缺失的情况提出加强风控与合规管理的建议，利某公司积极落实整改并及时回复检察机关。

2022年6月14日、10月24日，上海市黄浦区人民法院先后作出一审判决，认定郭某、王某犯职务侵占罪，对郭某判处有期徒刑三年十个月，并处罚金人民币十万元；对王某判处有期徒刑三年，缓刑三年，并处罚金人民币十万元；退赔全部违法所得发还被害单位利某公司。两名被告人均未提出上诉，判决已发生法律效力。

【典型意义】

1. 在投资过程中，利用职务便利截留私募基金财产非法占为己有的，构成职务侵占罪，侵占数额以私募基金实际受损失数额计算。为投资人进行股票、债券投资是私募证券投资基金的主要业务，管理人员除约定的管理费用外，不应从中获取任何其他利益，对于使用欺骗、隐瞒等方式与私募基金开展不正当交易，将本应归属于私募基金的利益输送至个人的，其实质是截留私募基金财产非法占为己有，应当以职务侵占罪追究刑事责任。本案中，郭某、王某利用郭某担任私募基金债券交易员的职务便利，通过实际控制"中某信托"账户与私募基金进行人为增加的对手方交易，低卖高买截留本属于私募基金的利润归个人所有，系侵占私募基金管理人代为管理的资金，构成职务侵占罪。

2. 全面收集证据，准确区分为投资人利益开展的正常投资与为个人利益实施的不正当交易，做到依法认定、不枉不纵。私募投资基金是"受人之托、代人理财"的金融产品，以受托权限和忠实勤勉义务为核心。办案过程中，应全面收集投资人合同授权、私募基金管理人对行为人下达的交易指令、市场上同类交易正常交易流程、行为人向单位上报的交易数据、涉案资金最终流向等证据，以证明行为人究竟是开展符合合同约定的正常投资交易还是通过开展不正当交易获取不正当利益。

3. 依法能动履职，促进诉源治理。私募基金在服务理财、支持实体经济发展等方面发挥重要作用，同时私募基金行业良莠不齐、侵害投资者合法权益的情形也客观存在。人民法院、人民检察院在办理涉私募基金案件时，应及时通过制发司法建议、检察建议等方式，协助把脉分析私募基金管理人内部治理、行业管理等方面存在的问题，促使私募基金管理人合法合规经营，通过源头治理预防犯罪、防范风险，促进私募基金行业健康发展。

胡某等人非国家工作人员受贿案
——依法严惩金融领域商业贿赂犯罪保障私募基金行业长期健康发展

【关键词】

私募基金 非国家工作人员受贿 工程承揽 合规经营

【基本案情】

被告人胡某系光某安石（北京）投资管理有限公司（以下简称"光某安石"，在基金业协会登记为私募股权、创业投资基金管理人）原首席运营官，被告人汪某辉系光某安石开发事业部成本总监、新某大中心项目招标采购部负责人，被告人杨某华、肖某，分别系新某大中心项目原总经理、副总经理。

2015年11月，光某安石成立，之后设立私募基金"上海晟某投资中心"（以下简称"晟某投资"，在基金业协会备案），首某资产、钊某投资分别出资人民币73亿元和人民币21亿元认购晟某投资基金份额成为基金合伙人，光某安石以合伙人身份任晟某投资管理人。募集资金用于收购新某大中心项目全部股权，投资建设大型地铁上盖配套综合体。新某大项目管理团队由光某安石委派，胡某作为光某安石首席运营官对项目工程承揽有最终审批权，杨某华全面负责项目的运营管理工作，肖某负责项目开发、设计、成本、工程管理等工作，汪某辉负责项目成本合约、结算办理等工作。

2016年至2019年间，胡某、杨某华、肖某、汪某辉利用担任光某安石及新某大项目管理人员的职务便利，为中某公司承揽新某大中心项目工程提供帮助，收受中某公司下属公司经理李某军、韩某喜（二人另案处理）给予的现金贿赂。其中，胡某收受人民币40万元、美元4万元；杨某华收受人民币350万元；肖某收受人民币50万元；汪某辉收受人民币80万元、欧元5万元。胡某同意新某大中心项目的二期、三期及玻璃幕墙建设由中某公司中标，并指示杨某华对中某公司投标事宜予以关照。杨某华、肖某、汪某辉均为评标小组成员，杨某华作为评标小组组长，在项目招投标前向李某军等人透露了项目预算、成本以及参与询价的其他投标公司情况。肖某、汪某辉在评标过程中均对中某公司给予了支持。之后，中某公司顺利承揽上述项目。项目实施过程中，肖某、汪某辉分别在工程建设、工程款项支付结算方面对中某公司给予关照。

【刑事诉讼过程】

2021年6月7日，北京市公安局西城分局以胡某、杨某华、肖某、汪某辉涉嫌非国家工作人员受贿罪移送起诉。因案件重大复杂，北京市西城区人民检察院于2021年7月7日将本案报送北京市人民检察院第三分院审查起诉。2021年8月7日、8月22日，北京市人民检察院第三分院以汪某辉、杨某华、胡某、肖某构成非国家工作人员受贿罪提起公诉。

2021年11月26日，北京市第三中级人民法院作出一审判决，认定胡某、杨某华、肖某、汪某辉犯非国家工作人员受贿罪，分别判处杨某华有期徒刑四年，汪某辉有期徒刑三年，胡某、肖某有期徒刑一年，并处罚金人民币十万元至三十万元不等，没收全部违法所得。各被告人均未提出上诉，判决已发生法律效力。

【典型意义】

1. 办理涉私募基金职务犯罪案件时，要结合私募基金投资运作特点准确把握犯罪主体和"利用职务便利"的范围。私募基金管理人代表投资者对私募基金投资项目行使重要决策权和管理权，具有职务便利的人员范围包括私募基金管理人的工作人员和受私募基金管理人委派至投资项目开展工作的人员。上述人员利用对投资项目的决策权、管理权等职务便利，索取或者非法收受他人财物，为他人谋取利益，数额较大的，应以非国家工作人员受贿罪追究刑事责任。本案中，胡某为作为光某安石首席运营官，以私募基金管理人的高级管理人员身份对新某大中心项目招投标具有决策权，杨某华、肖某、汪某辉作为受光某安石委派执行新某大中心项目建设管理事务的工作人员，对工程招投标和建设有具体管理的职权，四人收受钱款，利用上述职务便利为中某公司项目投标和后续工程建设结算谋取利益，构成非国家工作人员受贿罪。

2. 依法严惩私募基金重大投资商业贿赂犯罪，维护社会公共利益，保障私募基金行业长期健康发展。实体经济和重大项目是大型私募基金的重点投资领域，工程建设领域特别是大型基础设施综合项目，关系城市发展和群众利益，其工程涉及面广、资金密集、时间周期长、利益环节多，在项目招标、工程承揽、资金结算等方面易形成"围猎"与被"围猎"的利益链，一旦发生腐败犯罪将严重破坏市场竞争规则和私募基金发展前景，侵害投资人利益，甚至可能危害工程质量引发安全事故。本案属于典型的大型私募基金投资城市重大基础设施建设过程中的商业贿赂犯罪，无论是对社会公共利益还是对私募基金投资发展均产生极为恶劣的负面影响，司法机关依法严惩，全额追缴违法获利，具有重大警示震慑作用，充分彰显对金融领域商业贿赂"零容忍"的坚定态度。

三、企业治理合规

1. 综 合

企业内部控制基本规范

- 2008年5月22日财会〔2008〕7号令发布
- 自2009年7月1日起施行

第一章 总 则

第一条 为了加强和规范企业内部控制，提高企业经营管理水平和风险防范能力，促进企业可持续发展，维护社会主义市场经济秩序和社会公众利益，根据《中华人民共和国公司法》、《中华人民共和国证券法》、《中华人民共和国会计法》及其他有关法律法规，制定本规范。

第二条 本规范适用于中华人民共和国境内设立的大中型企业。

小企业和其他单位可以参照本规范建立与实施内部控制。

大中型企业和小企业的划分标准根据国家有关规定执行。

第三条 本规范所称内部控制，是由企业董事会、监事会、经理层和全体员工实施的、旨在实现控制目标的过程。

内部控制的目标是合理保证企业经营管理合法合规、资产安全、财务报告及相关信息真实完整，提高经营效率和效果，促进企业实现发展战略。

第四条 企业建立与实施内部控制，应当遵循下列原则：

（一）全面性原则。内部控制应当贯穿决策、执行和监督全过程，覆盖企业及其所属单位的各种业务和事项。

（二）重要性原则。内部控制应当在全面控制的基础上，关注重要业务事项和高风险领域。

（三）制衡性原则。内部控制应当在治理结构、机构设置及权责分配、业务流程等方面形成相互制约、相互监督，同时兼顾运营效率。

（四）适应性原则。内部控制应当与企业经营规模、业务范围、竞争状况和风险水平等相适应，并随着情况的变化及时加以调整。

（五）成本效益原则。内部控制应当权衡实施成本与预期效益，以适当的成本实现有效控制。

第五条 企业建立与实施有效的内部控制，应当包括下列要素：

（一）内部环境。内部环境是企业实施内部控制的基础，一般包括治理结构、机构设置及权责分配、内部审计、人力资源政策、企业文化等。

（二）风险评估。风险评估是企业及时识别、系统分析经营活动中与实现内部控制目标相关的风险，合理确定风险应对策略。

（三）控制活动。控制活动是企业根据风险评估结果，采用相应的控制措施，将风险控制在可承受度之内。

（四）信息与沟通。信息与沟通是企业及时、准确地收集、传递与内部控制相关的信息，确保信息在企业内部、企业与外部之间进行有效沟通。

（五）内部监督。内部监督是企业对内部控制建立与实施情况进行监督检查，评价内部控制的有效性，发现内部控制缺陷，应当及时加以改进。

第六条 企业应当根据有关法律法规、本规范及其配套办法，制定本企业的内部控制制度并组织实施。

第七条 企业应当运用信息技术加强内部控制，建立与经营管理相适应的信息系统，促进内部控制流程与信息系统的有机结合，实现对业务和事项的自动控制，减少或消除人为操纵因素。

第八条 企业应当建立内部控制实施的激励约束机制，将各责任单位和全体员工实施内部控制的情况纳入绩效考评体系，促进内部控制的有效实施。

第九条 国务院有关部门可以根据法律法规、本规范及其配套办法，明确贯彻实施本规范的具体要求，对企业建立与实施内部控制的情况进行监督检查。

第十条 接受企业委托从事内部控制审计的会计师事务所，应当根据本规范及其配套办法和相关执业准则，对企业内部控制的有效性进行审计，出具审计报告。会计师事务所及其签字的从业人员应当对发表的内部控制审计意见负责。

为企业内部控制提供咨询的会计师事务所，不得同时为同一企业提供内部控制审计服务。

第二章　内部环境

第十一条　企业应当根据国家有关法律法规和企业章程,建立规范的公司治理结构和议事规则,明确决策、执行、监督等方面的职责权限,形成科学有效的职责分工和制衡机制。

股东(大)会享有法律法规和企业章程规定的合法权利,依法行使企业经营方针、筹资、投资、利润分配等重大事项的表决权。

董事会对股东(大)会负责,依法行使企业的经营决策权。

监事会对股东(大)会负责,监督企业董事、经理和其他高级管理人员依法履行职责。

经理层负责组织实施股东(大)会、董事会决议事项,主持企业的生产经营管理工作。

第十二条　董事会负责内部控制的建立健全和有效实施。监事会对董事会建立与实施内部控制进行监督。经理层负责组织领导企业内部控制的日常运行。

企业应当成立专门机构或者指定适当的机构具体负责组织协调内部控制的建立实施及日常工作。

第十三条　企业应当在董事会下设立审计委员会。审计委员会负责审查企业内部控制,监督内部控制的有效实施和内部控制自我评价情况,协调内部控制审计及其他相关事宜等。

审计委员会负责人应当具备相应的独立性、良好的职业操守和专业胜任能力。

第十四条　企业应当结合业务特点和内部控制要求设置内部机构,明确职责权限,将权利与责任落实到各责任单位。

企业应当通过编制内部管理手册,使全体员工掌握内部机构设置、岗位职责、业务流程等情况,明确权责分配,正确行使职权。

第十五条　企业应当加强内部审计工作,保证内部审计机构设置、人员配备和工作的独立性。

内部审计机构应当结合内部审计监督,对内部控制的有效性进行监督检查。内部审计机构对监督检查中发现的内部控制缺陷,应当按照企业内部审计工作程序进行报告;对监督检查中发现的内部控制重大缺陷,有权直接向董事会及其审计委员会、监事会报告。

第十六条　企业应当制定和实施有利于企业可持续发展的人力资源政策。人力资源政策应当包括下列内容:

(一)员工的聘用、培训、辞退与辞职。

(二)员工的薪酬、考核、晋升与奖惩。

(三)关键岗位员工的强制休假制度和定期岗位轮换制度。

(四)掌握国家秘密或重要商业秘密的员工离岗的限制性规定。

(五)有关人力资源管理的其他政策。

第十七条　企业应当将职业道德修养和专业胜任能力作为选拔和聘用员工的重要标准,切实加强员工培训和继续教育,不断提升员工素质。

第十八条　企业应当加强文化建设,培育积极向上的价值观和社会责任感,倡导诚实守信、爱岗敬业、开拓创新和团队协作精神,树立现代管理理念,强化风险意识。

董事、监事、经理及其他高级管理人员应当在企业文化建设中发挥主导作用。

企业员工应当遵守员工行为守则,认真履行岗位职责。

第十九条　企业应当加强法制教育,增强董事、监事、经理及其他高级管理人员和员工的法制观念,严格依法决策、依法办事、依法监督,建立健全法律顾问制度和重大法律纠纷案件备案制度。

第三章　风险评估

第二十条　企业应当根据设定的控制目标,全面系统持续地收集相关信息,结合实际情况,及时进行风险评估。

第二十一条　企业开展风险评估,应当准确识别与实现控制目标相关的内部风险和外部风险,确定相应的风险承受度。

风险承受度是企业能够承担的风险限度,包括整体风险承受能力和业务层面的可接受风险水平。

第二十二条　企业识别内部风险,应当关注下列因素:

(一)董事、监事、经理及其他高级管理人员的职业操守、员工专业胜任能力等人力资源因素。

(二)组织机构、经营方式、资产管理、业务流程等管理因素。

(三)研究开发、技术投入、信息技术运用等自主创新因素。

(四)财务状况、经营成果、现金流量等财务因素。

(五)营运安全、员工健康、环境保护等安全环保因素。

(六)其他有关内部风险因素。

第二十三条 企业识别外部风险，应当关注下列因素：

（一）经济形势、产业政策、融资环境、市场竞争、资源供给等经济因素。

（二）法律法规、监管要求等法律因素。

（三）安全稳定、文化传统、社会信用、教育水平、消费者行为等社会因素。

（四）技术进步、工艺改进等科学技术因素。

（五）自然灾害、环境状况等自然环境因素。

（六）其他有关外部风险因素。

第二十四条 企业应当采用定性与定量相结合的方法，按照风险发生的可能性及其影响程度等，对识别的风险进行分析和排序，确定关注重点和优先控制的风险。

企业进行风险分析，应当充分吸收专业人员，组成风险分析团队，按照严格规范的程序开展工作，确保风险分析结果的准确性。

第二十五条 企业应当根据风险分析的结果，结合风险承受度，权衡风险与收益，确定风险应对策略。

企业应当合理分析、准确掌握董事、经理及其他高级管理人员、关键岗位员工的风险偏好，采取适当的控制措施，避免因个人风险偏好给企业经营带来重大损失。

第二十六条 企业应当综合运用风险规避、风险降低、风险分担和风险承受等风险应对策略，实现对风险的有效控制。

风险规避是企业对超出风险承受度的风险，通过放弃或者停止与该风险相关的业务活动以避免和减轻损失的策略。

风险降低是企业在权衡成本效益之后，准备采取适当的控制措施降低风险或者减轻损失，将风险控制在风险承受度之内的策略。

风险分担是企业准备借助他人力量，采取业务分包、购买保险等方式和适当的控制措施，将风险控制在风险承受度之内的策略。

风险承受是企业对风险承受度之内的风险，在权衡成本效益之后，不准备采取控制措施降低风险或者减轻损失的策略。

第二十七条 企业应当结合不同发展阶段和业务拓展情况，持续收集与风险变化相关的信息，进行风险识别和风险分析，及时调整风险应对策略。

第四章 控制活动

第二十八条 企业应当结合风险评估结果，通过手工控制与自动控制、预防性控制与发现性控制相结合的方法，运用相应的控制措施，将风险控制在可承受度之内。

控制措施一般包括：不相容职务分离控制、授权审批控制、会计系统控制、财产保护控制、预算控制、运营分析控制和绩效考评控制等。

第二十九条 不相容职务分离控制要求企业全面系统地分析、梳理业务流程中所涉及的不相容职务，实施相应的分离措施，形成各司其职、各负其责、相互制约的工作机制。

第三十条 授权审批控制要求企业根据常规授权和特别授权的规定，明确各岗位办理业务和事项的权限范围、审批程序和相应责任。

企业应当编制常规授权的权限指引，规范特别授权的范围、权限、程序和责任，严格控制特别授权。常规授权是指企业在日常经营管理活动中按照既定的职责和程序进行的授权。特别授权是指企业在特殊情况、特定条件下进行的授权。

企业各级管理人员应当在授权范围内行使职权和承担责任。

企业对于重大的业务和事项，应当实行集体决策审批或者联签制度，任何个人不得单独进行决策或者擅自改变集体决策。

第三十一条 会计系统控制要求企业严格执行国家统一的会计准则制度，加强会计基础工作，明确会计凭证、会计账簿和财务会计报告的处理程序，保证会计资料真实完整。

企业应当依法设置会计机构，配备会计从业人员。从事会计工作的人员，必须取得会计从业资格证书。会计机构负责人应当具备会计师以上专业技术职务资格。

大中型企业应当设置总会计师。设置总会计师的企业，不得设置与其职权重叠的副职。

第三十二条 财产保护控制要求企业建立财产日常管理制度和定期清查制度，采取财产记录、实物保管、定期盘点、账实核对等措施，确保财产安全。

企业应当严格限制未经授权的人员接触和处置财产。

第三十三条 预算控制要求企业实施全面预算管理制度，明确各责任单位在预算管理中的职责权限，规范预算的编制、审定、下达和执行程序，强化预算约束。

第三十四条 运营分析控制要求企业建立运营情况分析制度，经理层应当综合运用生产、购销、投资、筹资、财务等方面的信息,通过因素分析、对比分析、趋势分析等方法,定期开展运营情况分析,发现存在的问题,及时查明原因并加以改进。

第三十五条 绩效考评控制要求企业建立和实施绩效考评制度,科学设置考核指标体系,对企业内部各责任单位和全体员工的业绩进行定期考核和客观评价,将考评结果作为确定员工薪酬以及职务晋升、评优、降级、调岗、辞退等的依据。

第三十六条 企业应当根据内部控制目标,结合风险应对策略,综合运用控制措施,对各种业务和事项实施有效控制。

第三十七条 企业应当建立重大风险预警机制和突发事件应急处理机制,明确风险预警标准,对可能发生的重大风险或突发事件,制定应急预案、明确责任人员、规范处置程序,确保突发事件得到及时妥善处理。

第五章 信息与沟通

第三十八条 企业应当建立信息与沟通制度,明确内部控制相关信息的收集、处理和传递程序,确保信息及时沟通,促进内部控制有效运行。

第三十九条 企业应当对收集的各种内部信息和外部信息进行合理筛选、核对、整合,提高信息的有用性。

企业可以通过财务会计资料、经营管理资料、调研报告、专项信息、内部刊物、办公网络等渠道,获取内部信息。

企业可以通过行业协会组织、社会中介机构、业务往来单位、市场调查、来信来访、网络媒体以及有关监管部门等渠道,获取外部信息。

第四十条 企业应当将内部控制相关信息在企业内部各管理级次、责任单位、业务环节之间,以及企业与外部投资者、债权人、客户、供应商、中介机构和监管部门等有关方面之间进行沟通和反馈。信息沟通过程中发现的问题,应当及时报告并加以解决。

重要信息应当及时传递给董事会、监事会和经理层。

第四十一条 企业应当利用信息技术促进信息的集成与共享,充分发挥信息技术在信息与沟通中的作用。

企业应当加强对信息系统开发与维护、访问与变更、数据输入与输出、文件储存与保管、网络安全等方面的控制,保证信息系统安全稳定运行。

第四十二条 企业应当建立反舞弊机制,坚持惩防并举、重在预防的原则,明确反舞弊工作的重点领域、关键环节和有关机构在反舞弊工作中的职责权限,规范舞弊案件的举报、调查、处理、报告和补救程序。

企业至少应当将下列情形作为反舞弊工作的重点:

(一)未经授权或者采取其他不法方式侵占、挪用企业资产,牟取不当利益。

(二)在财务会计报告和信息披露等方面存在的虚假记载、误导性陈述或者重大遗漏等。

(三)董事、监事、经理及其他高级管理人员滥用职权。

(四)相关机构或人员串通舞弊。

第四十三条 企业应当建立举报投诉制度和举报人保护制度,设置举报专线,明确举报投诉处理程序、办理时限和办结要求,确保举报、投诉成为企业有效掌握信息的重要途径。

举报投诉制度和举报人保护制度应当及时传达至全体员工。

第六章 内部监督

第四十四条 企业应当根据本规范及其配套办法,制定内部控制监督制度,明确内部审计机构(或经授权的其他监督机构)和其他内部机构在内部监督中的职责权限,规范内部监督的程序、方法和要求。

内部监督分为日常监督和专项监督。日常监督是指企业对建立与实施内部控制的情况进行常规、持续的监督检查;专项监督是指在企业发展战略、组织结构、经营活动、业务流程、关键岗位员工等发生较大调整或变化的情况下,对内部控制的某一或者某些方面进行有针对性的监督检查。

专项监督的范围和频率应当根据风险评估结果以及日常监督的有效性等予以确定。

第四十五条 企业应当制定内部控制缺陷认定标准,对监督过程中发现的内部控制缺陷,应当分析缺陷的性质和产生的原因,提出整改方案,采取适当的形式及时向董事会、监事会或者经理层报告。

内部控制缺陷包括设计缺陷和运行缺陷。企业应当跟踪内部控制缺陷整改情况,并就内部监督中发现的重大缺陷,追究相关责任单位或者责任人的责任。

第四十六条 企业应当结合内部监督情况,定期对内部控制的有效性进行自我评价,出具内部控制自我评价报告。

内部控制自我评价的方式、范围、程序和频率,由企业根据经营业务调整、经营环境变化、业务发展状况、实际风险水平等自行确定。

国家有关法律法规另有规定的,从其规定。

第四十七条 企业应当以书面或者其他适当的形

式,妥善保存内部控制建立与实施过程中的相关记录或者资料,确保内部控制建立与实施过程的可验证性。

第七章 附 则

第四十八条 本规范由财政部会同国务院其他有关部门解释。

第四十九条 本规范的配套办法由财政部会同国务院其他有关部门另行制定。

第五十条 本规范自2009年7月1日起实施。

非上市公众公司监督管理办法

- 2012年9月28日中国证券监督管理委员会第17次主席办公会议审议通过
- 根据2013年12月26日、2019年12月20日、2021年10月30日中国证券监督管理委员会《关于修改〈非上市公众公司监督管理办法〉的决定》修正
- 2023年2月17日中国证券监督管理委员会第2次委务会议修订

第一章 总 则

第一条 为了规范非上市公众公司股票转让和发行行为,保护投资者合法权益,维护社会公共利益,根据《中华人民共和国证券法》(以下简称《证券法》)、《中华人民共和国公司法》(以下简称《公司法》)及相关法律法规的规定,制定本办法。

第二条 本办法所称非上市公众公司(以下简称公众公司)是指有下列情形之一且其股票未在证券交易所上市交易的股份有限公司:

(一)股票向特定对象发行或者转让导致股东累计超过二百人;

(二)股票公开转让。

第三条 公众公司应当按照法律、行政法规、本办法和公司章程的规定,做到股权明晰,合法规范经营,公司治理机制健全,履行信息披露义务。

第四条 公众公司公开转让股票应当在全国中小企业股份转让系统(以下简称全国股转系统)进行,公开转让的公众公司股票应当在中国证券登记结算公司集中登记存管。

第五条 公众公司可以依法进行股权融资、债权融资、资产重组等。

公众公司发行优先股、可转换公司债券等证券品种,应当遵守法律、行政法规和中国证券监督管理委员会(以下简称中国证监会)的相关规定。

第六条 为公司出具专项文件的证券公司、律师事务所、会计师事务所及其他证券服务机构,应当勤勉尽责、诚实守信,认真履行审慎核查义务,按照依法制定的业务规则、行业执业规范和职业道德准则发表专业意见,保证所出具文件的真实性、准确性和完整性,并接受中国证监会的监管。

第二章 公司治理

第七条 公众公司应当依法制定公司章程。

公司章程的制定和修改应当符合《公司法》和中国证监会的相关规定。

第八条 公众公司应当建立兼顾公司特点和公司治理机制基本要求的股东大会、董事会、监事会制度,明晰职责和议事规则。

第九条 公众公司的治理结构应当确保所有股东,特别是中小股东充分行使法律、行政法规和公司章程规定的合法权利。

股东对法律、行政法规和公司章程规定的公司重大事项,享有知情权和参与权。

公众公司应当建立健全投资者关系管理,保护投资者的合法权益。

第十条 公众公司股东大会、董事会、监事会的召集、提案审议、通知时间、召开程序、授权委托、表决和决议等应当符合法律、行政法规和公司章程的规定;会议记录应当完整并安全保存。

股东大会的提案审议应当符合规定程序,保障股东的知情权、参与权、质询权和表决权;董事会应当在职权范围和股东大会授权范围内对审议事项作出决议,不得代替股东大会对超出董事会职权范围和授权范围的事项进行决议。

第十一条 公众公司董事会应当对公司的治理机制是否给所有的股东提供合适的保护和平等权利等情况进行充分讨论、评估。

第十二条 公众公司应当强化内部管理,按照相关规定建立会计核算体系、财务管理和风险控制等制度,确保公司财务报告真实可靠及行为合法合规。

第十三条 公众公司进行关联交易应当遵循平等、自愿、等价、有偿的原则,保证交易公平、公允,维护公司的合法权益,根据法律、行政法规、中国证监会的规定和公司章程,履行相应的审议程序。

关联交易不得损害公众公司利益。

第十四条 公众公司应当采取有效措施防止股东及其关联方以各种形式占用或者转移公司的资金、资产及

其他资源。

公众公司股东、实际控制人、董事、监事及高级管理人员不得实施侵占公司资产、利益输送等损害公众公司利益的行为。

未经董事会或股东大会批准或授权，公众公司不得对外提供担保。

第十五条 公众公司实施并购重组行为，应当按照法律、行政法规、中国证监会的规定和公司章程，履行相应的决策程序并聘请证券公司和相关证券服务机构出具专业意见。

任何单位和个人不得利用并购重组损害公众公司及其股东的合法权益。

第十六条 进行公众公司收购，收购人或者其实际控制人应当具有健全的公司治理机制和良好的诚信记录。收购人不得以任何形式从被收购公司获得财务资助，不得利用收购活动损害被收购公司及其股东的合法权益。

在公众公司收购中，收购人应该承诺所持有的被收购公司的股份，在收购完成后十二个月内不得转让。

第十七条 公众公司实施重大资产重组，重组的相关资产应当权属清晰、定价公允，重组后的公众公司治理机制健全，不得损害公众公司和股东的合法权益。

第十八条 公众公司应当按照法律的规定，同时结合公司的实际情况在公司章程中约定建立表决权回避制度。

第十九条 公众公司应当在公司章程中约定纠纷解决机制。股东有权按照法律、行政法规和公司章程的规定，通过仲裁、民事诉讼或者其他法律手段保护其合法权益。

第二十条 股票公开转让的科技创新公司存在特别表决权股份的，应当在公司章程中规定以下事项：

（一）特别表决权股份的持有人资格；

（二）特别表决权股份拥有的表决权数量与普通股份拥有的表决权数量的比例安排；

（三）持有人所持特别表决权股份能够参与表决的股东大会事项范围；

（四）特别表决权股份锁定安排及转让限制；

（五）特别表决权股份与普通股份的转换情形；

（六）其他事项。

全国股转系统应对存在特别表决权股份的公司表决权差异的设置、存续、调整、信息披露和投资者保护等事项制定具体规定。

第三章 信息披露

第二十一条 公司及其他信息披露义务人应当按照法律、行政法规和中国证监会的规定履行信息披露义务，所披露的信息应当真实、准确、完整，不得有虚假记载、误导性陈述或者重大遗漏。公司及其他信息披露义务人应当及时、公平地向所有投资者披露信息，但是法律、行政法规另有规定的除外。

公司的董事、监事、高级管理人员应当忠实、勤勉地履行职责，保证公司及时、公正地披露信息，保证公司披露信息的真实、准确、完整。

第二十二条 信息披露文件主要包括公开转让说明书、定向转让说明书、定向发行说明书、发行情况报告书、定期报告和临时报告等。具体的内容与格式、编制规则及披露要求，由中国证监会另行制定。

第二十三条 股票公开转让与定向发行的公众公司应当报送年度报告、中期报告，并予公告。年度报告中的财务会计报告应当经符合《证券法》规定的会计师事务所审计。

股票向特定对象转让导致股东累计超过二百人的公众公司，应当报送年度报告，并予公告。年度报告中的财务会计报告应当经经会计师事务所审计。

第二十四条 公众公司董事、高级管理人员应当对定期报告签署书面确认意见。

公众公司监事会应当对董事会编制的定期报告进行审核并提出书面审核意见，说明董事会对定期报告的编制和审核程序是否符合法律、行政法规、中国证监会的规定和公司章程，报告的内容是否能够真实、准确、完整地反映公司实际情况。监事应当签署书面确认意见。

公众公司董事、监事、高级管理人员无法保证定期报告内容的真实性、准确性、完整性或者有异议的，应当在书面确认意见中发表意见并陈述理由，并与定期报告同时披露。公众公司不予披露的，董事、监事和高级管理人员可以直接申请披露。

公众公司不得以董事、高级管理人员对定期报告内容有异议为由不按时披露定期报告。

第二十五条 证券公司、律师事务所、会计师事务所及其他证券服务机构出具的文件和其他有关的重要文件应当作为备查文件，予以披露。

第二十六条 发生可能对股票价格产生较大影响的重大事件，投资者尚未得知时，公众公司应当立即将有关该重大事件的情况向中国证监会和全国股转系统报送临时报告，并予以公告，说明事件的起因、目前的状态和可能产生的后果。

第二十七条 中国证监会对公众公司实行差异化信息披露管理,具体规定由中国证监会另行制定。

第二十八条 公众公司实施并购重组的,相关信息披露义务人应当依法严格履行公告义务。

参与并购重组的相关单位和人员,应当及时、准确地向公众公司通报有关信息,配合公众公司真实、准确、完整地进行披露,在并购重组的信息依法披露前负有保密义务,禁止利用该信息进行内幕交易。

第二十九条 公众公司应当制定信息披露事务管理制度并指定具有相关专业知识的人员负责信息披露事务。

第三十条 除监事会公告外,公众公司披露的信息应当以董事会公告的形式发布。董事、监事、高级管理人员非经董事会书面授权,不得对外发布未披露的信息。

第三十一条 公司及其他信息披露义务人依法披露的信息,应当在符合《证券法》规定的信息披露平台公布。公司及其他信息披露义务人可在公司网站或者其他公众媒体上刊登依本办法必须披露的信息,但披露的内容应当完全一致,且不得早于在上述信息披露平台披露的时间。

股票向特定对象转让导致股东累计超过二百人的公众公司可以在公司章程中约定其他信息披露方式;在《证券法》规定的信息披露平台披露相关信息的,应当符合前款要求。

第三十二条 公司及其他信息披露义务人应当将信息披露公告文稿和相关备查文件置备于公司住所、全国股转系统(如适用)供社会公众查阅。

第三十三条 公司应当配合为其提供服务的证券公司及律师事务所、会计师事务所等证券服务机构的工作,按要求提供所需资料,不得要求证券公司、证券服务机构出具与客观事实不符的文件或者阻碍其工作。

第四章 股票转让

第三十四条 股票向特定对象转让导致股东累计超过二百人的股份有限公司,应当自上述行为发生之日起三个月内,按照中国证监会有关规定制作申请文件,申请文件应当包括但不限于:定向转让说明书、律师事务所出具的法律意见书、会计师事务所出具的审计报告。股份有限公司持申请文件向中国证监会申请注册。在提交申请文件前,股份有限公司应当将相关情况通知所有股东。

在三个月内股东人数降至二百人以内的,可以不提出申请。

股票向特定对象转让应当以非公开方式协议转让。申请股票挂牌公开转让的,按照本办法第三十五条、第三十六条的规定办理。

第三十五条 公司申请其股票挂牌公开转让的,董事会应当依法就股票挂牌公开转让的具体方案作出决议,并提请股东大会批准,股东大会决议必须经出席会议的股东所持表决权的三分之二以上通过。

董事会和股东大会决议中还应当包括以下内容:

(一)按照中国证监会的相关规定修改公司章程;

(二)按照法律、行政法规和公司章程的规定建立健全公司治理机制;

(三)履行信息披露义务,按照相关规定披露公开转让说明书、年度报告、中期报告及其他信息披露内容。

公司申请其股票挂牌公开转让时,可以按照本办法第五章规定申请发行股票。

第三十六条 股东人数超过二百人的公司申请其股票挂牌公开转让,应当按照中国证监会有关规定制作公开转让的申请文件,申请文件应当包括但不限于:公开转让说明书、符合《证券法》规定的律师事务所出具的法律意见书、符合《证券法》规定的会计师事务所出具的审计报告、证券公司出具的推荐文件。公司持申请文件向全国股转系统申报。

中国证监会在全国股转系统收到注册申请文件之日起,同步关注公司是否符合国家产业政策和全国股转系统定位。

全国股转系统认为公司符合挂牌公开转让条件和信息披露要求的,将审核意见、公司注册申请文件及相关审核资料报送中国证监会注册;认为公司不符合挂牌公开转让条件或者信息披露要求的,作出终止审核决定。

中国证监会收到全国股转系统报送的审核意见、公司注册申请文件及相关审核资料后,基于全国股转系统的审核意见,依法履行注册程序。中国证监会发现存在影响挂牌公开转让条件的新增事项的,可以要求全国股转系统进一步问询并就新增事项形成审核意见;认为全国股转系统对新增事项的审核意见依据明显不充分的,可以退回全国股转系统补充审核,本办法第三十九条规定的注册期限重新计算。

公开转让说明书应当在公开转让前披露。

第三十七条 股东人数未超过二百人的公司申请其股票挂牌公开转让,中国证监会豁免注册,由全国股转系统进行审核。

第三十八条 全国股转系统审核过程中,发现公司涉嫌违反国家产业政策或全国股转系统定位的，或者发现重大敏感事项、重大无先例情况、重大舆情、重大违法线索的，应当及时向中国证监会请示报告，中国证监会及时提出明确意见。

第三十九条　中国证监会在二十个工作日内对注册申请作出同意注册或不予注册的决定，通过要求全国股转系统进一步问询、要求证券公司或证券服务机构等对有关事项进行核查、对公司现场检查等方式要求公司补充、修改申请文件的时间不计算在内。

第四十条　公司及其董事、监事、高级管理人员，应当对公开转让说明书、定向转让说明书签署书面确认意见，保证所披露的信息真实、准确、完整。

第四十一条　申请股票挂牌公开转让的公司应当聘请证券公司推荐其股票挂牌公开转让。证券公司应当对所推荐的股票公开转让的公众公司进行持续督导，督促公司诚实守信、及时履行信息披露义务、完善公司治理、提高规范运作水平。

股票公开转让的公众公司应当配合证券公司持续督导工作，接受证券公司的指导和督促。

第四十二条　本办法施行前股东人数超过二百人的股份有限公司，符合条件的，可以申请在全国股转系统挂牌公开转让股票、公开发行并在证券交易所上市。

第五章　定向发行

第四十三条　本办法所称定向发行包括股份有限公司向特定对象发行股票导致股东累计超过二百人，以及公众公司向特定对象发行股票两种情形。

前款所称特定对象的范围包括下列机构或者自然人：

（一）公司股东；

（二）公司的董事、监事、高级管理人员、核心员工；

（三）符合投资者适当性管理规定的自然人投资者、法人投资者及其他非法人组织。

股票未公开转让的公司确定发行对象时，符合第二款第（三）项规定的投资者合计不得超过三十五名。

核心员工的认定，应当由公司董事会提名，并向全体员工公示和征求意见，由监事会发表明确意见后，经股东大会审议批准。

投资者适当性管理规定由中国证监会另行制定。

第四十四条　公司应当对发行对象的身份进行确认，有充分理由确信发行对象符合本办法和公司的相关规定。

公司应当与发行对象签订包含风险揭示条款的认购协议，发行过程中不得采取公开路演、询价等方式。

第四十五条　公司董事会应当依法就本次股票发行的具体方案作出决议，并提请股东大会批准，股东大会决议必须经出席会议的股东所持表决权的三分之二以上通过。

监事会应当对董事会编制的股票发行文件进行审核并提出书面审核意见。

监事应当签署书面确认意见。股东大会就股票发行作出的决议，至少应当包括下列事项：

（一）本次发行股票的种类和数量（数量上限）；

（二）发行对象或范围、现有股东优先认购安排；

（三）定价方式或发行价格（区间）；

（四）限售情况；

（五）募集资金用途；

（六）决议的有效期；

（七）对董事会办理本次发行具体事宜的授权；

（八）发行前滚存利润的分配方案；

（九）其他必须明确的事项。

申请向特定对象发行股票导致股东累计超过二百人的股份有限公司，董事会和股东大会决议中还应当包括以下内容：

（一）按照中国证监会的相关规定修改公司章程；

（二）按照法律、行政法规和公司章程的规定建立健全公司治理机制；

（三）履行信息披露义务，按照相关规定披露定向发行说明书、发行情况报告书、年度报告、中期报告及其他信息披露内容。

根据公司章程以及全国股转系统的规定，股票公开转让的公司年度股东大会可以授权董事会向特定对象发行股票，该项授权的有效期不得超过公司下一年度股东大会召开日。

第四十六条　董事会、股东大会决议确定具体发行对象的，董事、股东参与认购或者与认购对象存在关联关系的，应当回避表决。

出席董事会的无关联关系董事人数不足三人的，应当将该事项提交公司股东大会审议。

第四十七条　公司应当按照中国证监会有关规定制作定向发行的申请文件，申请文件应当包括但不限于：定向发行说明书、符合《证券法》规定的律师事务所出具的法律意见书、符合《证券法》规定的会计师事务所出具的审计报告、证券公司出具的推荐文件。

第四十八条　股票公开转让的公众公司向公司前十

名股东、实际控制人、董事、监事、高级管理人员及核心员工定向发行股票，连续十二个月内发行的股份未超过公司总股本百分之十且融资总额不超过二千万元的，无需提供证券公司出具的推荐文件以及律师事务所出具的法律意见书。

按照前款规定发行股票的，董事会决议中应当明确发行对象、发行价格和发行数量，且公司不得存在以下情形：

（一）公司采用本办法第四十五条第五款规定方式发行的；

（二）认购人以非现金资产认购的；

（三）发行股票导致公司控制权发生变动的；

（四）本次发行中存在特殊投资条款安排的；

（五）公司或其控股股东、实际控制人、董事、监事、高级管理人员最近十二个月内被中国证监会给予行政处罚或采取监管措施、被全国股转系统采取纪律处分的。

第四十九条　股票公开转让的公众公司向特定对象发行股票后股东累计超过二百人的，应当持申请文件向全国股转系统申报，中国证监会基于全国股转系统的审核意见依法履行注册程序。

股票公开转让的公众公司向特定对象发行股票后股东累计不超过二百人的，中国证监会豁免注册，由全国股转系统自律管理。

中国证监会和全国股转系统按照本办法第三十六条、第三十八条规定的程序进行审核注册。

第五十条　股票未公开转让的公司向特定对象发行股票后股东累计超过二百人的，应当持申请文件向中国证监会申报；中国证监会认为公司符合发行条件和信息披露要求的，依法作出同意注册的决定。

第五十一条　中国证监会按照本办法第三十九条的规定作出同意注册或不予注册的决定。

第五十二条　股票公开转让的公众公司申请定向发行股票，可申请一次注册，分期发行。自中国证监会予以注册之日起，公司应当在三个月内首期发行，剩余数量应当在十二个月内发行完毕。超过注册文件限定的有效期未发行的，须重新经中国证监会注册后方可发行。首期发行数量应当不少于总发行数量的百分之五十，剩余各期发行的数量由公司自行确定，每期发行后五个工作日内将发行情况报送全国股转系统备案。

第五十三条　股票发行结束后，公众公司应当按照中国证监会的有关要求编制并披露发行情况报告书。申请分期发行的公众公司应当在每期发行后按照中国证监会的有关要求进行披露，并在全部发行结束或者超过注册文件有效期后按照中国证监会的有关要求编制并披露发行情况报告书。

豁免向中国证监会申请注册定向发行的公众公司，应当在发行结束后按照中国证监会的有关要求编制并披露发行情况报告书。

第五十四条　公司及其董事、监事、高级管理人员，应当对定向发行说明书、发行情况报告书签署书面确认意见，保证所披露的信息真实、准确、完整。

第五十五条　公众公司定向发行股份购买资产的，按照本章有关规定办理。

第六章　监督管理

第五十六条　中国证监会会同国务院有关部门、地方人民政府，依照法律法规和国务院有关规定，各司其职，分工协作，对公众公司进行持续监管，防范风险，维护证券市场秩序。

第五十七条　中国证监会依法履行对公司股票转让、股票发行、信息披露的监管职责，有权对公司、证券公司、证券服务机构等采取《证券法》规定的有关措施。

第五十八条　中国证监会建立对审核注册全流程的权力运行监督制约机制，对审核注册程序相关内控制度运行情况进行督导督察，对廉政纪律执行情况和相关人员的履职尽责情况进行监督监察。

中国证监会建立对全国股转系统审核监管工作的监督机制，可以通过选取或抽取项目同步关注、调阅审核工作文件、提出问题、列席相关审核会议等方式对全国股转系统相关工作进行检查或抽查。对于中国证监会检查监督过程中发现的问题，全国股转系统应当改正。

第五十九条　全国股转系统应当发挥自律管理作用，对股票公开转让的公众公司及相关信息披露义务人披露信息进行监督，督促其依法及时、准确地披露信息。发现股票公开转让的公众公司及相关信息披露义务人有违反法律、行政法规和中国证监会相关规定的行为，应当向中国证监会报告，并采取自律管理措施。

全国股转系统可以依据相关规则对股票公开转让的公众公司进行现场检查或非现场检查。

第六十条　全国股转系统应当建立定期报告和重大审核事项请示报告制度，及时总结审核工作情况，并报告中国证监会。

第六十一条　中国证券业协会应当发挥自律管理作用，对从事公司股票转让和股票发行业务的证券公司进行监督，督促其勤勉尽责地履行尽职调查和督导职责。

发现证券公司有违反法律、行政法规和中国证监会相关规定的行为，应当向中国证监会报告，并采取自律管理措施。

第六十二条 中国证监会可以要求公司及其他信息披露义务人或者其董事、监事、高级管理人员对有关信息披露问题作出解释、说明或者提供相关资料，并要求公司提供证券公司或者证券服务机构的专业意见。

中国证监会对证券公司和证券服务机构出具文件的真实性、准确性、完整性有疑义的，可以要求相关机构作出解释、补充，并调阅其工作底稿。

第六十三条 证券公司在从事股票转让、股票发行等业务活动中，应当按照中国证监会和全国股转系统的有关规定勤勉尽责地进行尽职调查，规范履行内核程序，认真编制相关文件，并持续督导所推荐公司及时履行信息披露义务、完善公司治理。

第六十四条 证券服务机构为公司的股票转让、股票发行等活动出具审计报告、资产评估报告或者法律意见书等文件的，应当严格履行法定职责，遵循勤勉尽责和诚实信用原则，对公司的主体资格、股本情况、规范运作、财务状况、公司治理、信息披露等内容的真实性、准确性、完整性进行充分的核查和验证，并保证其出具的文件不存在虚假记载、误导性陈述或者重大遗漏。

第六十五条 中国证监会依法对公司及其他信息披露义务人、证券公司、证券服务机构进行监督检查或者调查，被检查或调查对象有义务提供相关文件资料。对于发现问题的单位和个人，中国证监会可以采取责令改正、监管谈话、责令公开说明、出具警示函等监管措施，并记入诚信档案；涉嫌违法、犯罪的，应当立案调查或者移送司法机关。

第七章 法律责任

第六十六条 全国股转系统审核工作存在下列情形之一的，由中国证监会责令改正；情节严重的，追究直接责任人员相关责任：

（一）未按审核标准开展审核工作；

（二）未按审核程序开展审核工作；

（三）发现涉嫌违反国家产业政策、全国股转系统定位或者发现重大敏感事项、重大无先例情况、重大舆情、重大违法线索，未请示报告或请示报告不及时；

（四）不配合中国证监会对审核工作的检查监督，或者不按中国证监会的要求进行整改。

第六十七条 公司在其公告的股票挂牌公开转让、股票发行文件中隐瞒重要事实或者编造重要虚假内容的，除依照《证券法》有关规定进行处罚外，中国证监会可视情节轻重，依法采取责令改正、监管谈话、出具警示函等监管措施；情节严重的，中国证监会可以对有关责任人员采取证券市场禁入的措施。

公司擅自改动已提交的股票转让、股票发行申请文件的，或发生重大事项未及时报告或者未及时披露的，中国证监会可视情节轻重，依法采取责令改正、监管谈话、出具警示函等监管措施。

第六十八条 公司向不符合本办法规定条件的投资者发行股票的，中国证监会可以责令改正。

第六十九条 公司未依照本办法第三十四条、第三十六条、第四十九条、第五十条规定，擅自转让或者发行股票的，依照《证券法》有关规定进行处罚。

第七十条 公众公司违反本办法第十三条、第十四条规定的，中国证监会可以责令改正，对相关责任主体给予警告，单处或者并处十万元以下的罚款，涉及金融安全且有危害后果的，单处或者并处二十万元以下的罚款。

第七十一条 公司及其他信息披露义务人未按照规定披露信息，或者所披露的信息有虚假记载、误导性陈述或者重大遗漏的，依照《证券法》有关规定进行处罚。

第七十二条 信息披露义务人及其董事、监事、高级管理人员，公司控股股东、实际控制人，为信息披露义务人出具专项文件的证券公司、证券服务机构及其工作人员，违反《证券法》、行政法规和中国证监会相关规定的，中国证监会可以依法采取责令改正、监管谈话、出具警示函等监管措施，并记入诚信档案；情节严重的，中国证监会可以对有关责任人员采取证券市场禁入的措施。

第七十三条 公众公司内幕信息知情人或非法获取内幕信息的人，在对公众公司股票价格有重大影响的信息公开前，泄露该信息、买卖或者建议他人买卖该股票的，依照《证券法》有关规定进行处罚。

第七十四条 股票公开转让的公众公司及其股东、实际控制人未按本办法规定配合证券公司、证券服务机构尽职调查、持续督导等工作的，中国证监会可以依法采取责令改正、监管谈话、出具警示函等监管措施，并记入诚信档案。

第七十五条 证券公司及其工作人员未按本办法规定履行持续督导责任，情节严重的，中国证监会可以依法采取责令改正、监管谈话、出具警示函等监管措施。

第七十六条 证券公司、证券服务机构出具的文件有虚假记载、误导性陈述或者重大遗漏的，除依照《证券法》及相关法律法规的规定处罚外，中国证监会可以依法采取责令改正、监管谈话、出具警示函等监管措施；情节严重的，中国证监会可以对有关责任人员采取证券市场禁入的措施。

第七十七条 证券公司、证券服务机构擅自改动已提交的股票转让、股票发行申请文件的，或发生重大事项未及时报告或者未及时披露的，中国证监会可视情节轻重，依法采取责令改正、监管谈话、出具警示函等监管措施。

第八章 附 则

第七十八条 公众公司申请在证券交易所上市的，应当遵守中国证监会和证券交易所的相关规定。

第七十九条 注册在境内的境外上市公司在境内定向发行股份、将境内股份在全国股转系统挂牌公开转让，按照本办法相关规定执行。

第八十条 本办法施行前股东人数超过二百人的股份有限公司，不在全国股转系统挂牌公开转让股票或证券交易所上市的，应当按相关要求规范后申请纳入非上市公众公司监管。

第八十一条 公司发行优先股、可转换公司债券的，应当符合中国证监会和全国股转系统的有关规定，普通股、优先股、可转换公司债券持有人数合并计算，并按照本办法第五章有关规定办理。

第八十二条 本办法所称股份有限公司是指首次申请股票转让或定向发行的股份有限公司；所称公司包括非上市公众公司和首次申请股票转让或定向发行的股份有限公司。

第八十三条 本办法自公布之日起施行。

上市公司章程指引

- 2023年12月15日中国证券监督管理委员会公告〔2023〕62号公布
- 自公布之日起施行

第一章 总 则

第一条 为维护公司、股东和债权人的合法权益，规范公司的组织和行为，根据《中华人民共和国公司法》（以下简称《公司法》）、《中华人民共和国证券法》（以下简称《证券法》）和其他有关规定，制订本章程。

第二条 公司系依照【法规名称】和其他有关规定成立的股份有限公司（以下简称公司）。

公司【设立方式】设立；在【公司登记机关所在地名】市场监督管理局注册登记，取得营业执照，营业执照号码【营业执照号码】。

注释：依法律、行政法规规定，公司设立必须报经批准的，应当说明批准机关和批准文件名称。

第三条 公司于【批/核准/注册日期】经【批/核准/注册机关全称】批/核准，首次向社会公众发行人民币普通股【股份数额】股，于【上市日期】在【证券交易所全称】上市。公司于【批/核准/注册日期】经【批/核准/注册机关全称】批/核准，发行优先股【股份数额】股，于【上市日期】在【证券交易所全称】上市。公司向境外投资人发行的以外币认购并且在境内上市的境内上市外资股为【股份数额】，于【上市日期】在【证券交易所全称】上市。

注释：本指引所称优先股，是指依照《公司法》，在一般规定的普通种类股份之外，另行规定的其他种类股份，其股份持有人优先于普通股股东分配公司利润和剩余财产，但参与公司决策管理等权利受到限制。

没有发行（或拟发行）优先股或者境内上市外资股的公司，无需就本条有关优先股或者境内上市外资股的内容作出说明。以下同。

第四条 公司注册名称：【中文全称】【英文全称】。

第五条 公司住所：【公司住所地址全称，邮政编码】。

第六条 公司注册资本为人民币【注册资本数额】元。

注释：公司因增加或者减少注册资本而导致注册资本总额变更的，可以在股东大会通过同意增加或减少注册资本的决议后，再就因此而需要修改公司章程的事项通过一项决议，并说明授权董事会具体办理注册资本的变更登记手续。

第七条 公司营业期限为【年数】或者【公司为永久存续的股份有限公司】。

第八条 【董事长或经理】为公司的法定代表人。

第九条 公司全部资产分为等额股份，股东以其认购的股份为限对公司承担责任，公司以其全部资产对公司的债务承担责任。

第十条 本公司章程自生效之日起，即成为规范公司的组织与行为、公司与股东、股东与股东之间权利义务关系的具有法律约束力的文件，对公司、股东、董事、监事、高级管理人员具有法律约束力的文件。依据本章程，股东可以起诉股东，股东可以起诉公司董事、监事、经理和其他高级管理人员，股东可以起诉公司，公司可以起诉股东、董事、监事、经理和其他高级管理人员。

第十一条 本章程所称其他高级管理人员是指公司

的副经理、董事会秘书、财务负责人。

注释：公司可以根据实际情况，在章程中确定属于公司高级管理人员的人员。

第十二条 公司根据中国共产党章程的规定，设立共产党组织、开展党的活动。公司为党组织的活动提供必要条件。

第二章 经营宗旨和范围

第十三条 公司的经营宗旨：【宗旨内容】。

第十四条 经依法登记，公司的经营范围：【经营范围内容】。

注释：公司的经营范围中属于法律、行政法规规定须经批准的项目，应当依法经过批准。

第三章 股 份

第一节 股份发行

第十五条 公司的股份采取股票的形式。

第十六条 公司股份的发行，实行公开、公平、公正的原则，同种类的每一股份应当具有同等权利。

存在特别表决权股份的公司，应当在公司章程中规定特别表决权股份的持有人资格、特别表决权股份拥有的表决权数量与普通股份拥有的表决权数量的比例安排、持有人所持特别表决权股份能够参与表决的股东大会事项范围、特别表决权股份锁定安排及转让限制、特别表决权股份与普通股份的转换情形等事项。公司章程有关上述事项的规定，应当符合交易所的有关规定。

同次发行的同种类股票，每股的发行条件和价格应当相同；任何单位或者个人所认购的股份，每股应当支付相同价额。

注释：发行优先股的公司，应当在章程中明确以下事项：（1）优先股股息率采用固定股息率或浮动股息率，并相应明确固定股息率水平或浮动股息率的计算方法；（2）公司在有可分配税后利润的情况下是否必须分配利润；（3）如果公司因本会计年度可分配利润不足而未向优先股股东足额派发股息，差额部分是否累积到下一会计年度；（4）优先股股东按照约定的股息率分配股息后，是否有权同普通股股东一起参加剩余利润分配，以及参与剩余利润分配的比例、条件等事项；（5）其他涉及优先股股东参与公司利润分配的事项；（6）除利润分配和剩余财产分配外，优先股是否在其他条款上具有不同的设置；（7）优先股表决权恢复时，每股优先股股份享有表决权的具体计算方法。

其中，公开发行优先股的，应当在公司章程中明确：（1）采取固定股息率；（2）在有可分配税后利润的情况下必须向优先股股东分配股息；（3）未向优先股股东足额派发股息的差额部分应当累积到下一会计年度；（4）优先股股东按照约定的股息率分配股息后，不再同普通股股东一起参加剩余利润分配。商业银行发行优先股补充资本的，可就第（2）项和第（3）项事项另作规定。

第十七条 公司发行的股票，以人民币标明面值。

第十八条 公司发行的股份，在【证券登记机构名称】集中存管。

第十九条 公司发起人为【各发起人姓名或者名称】、认购的股份数分别为【股份数量】、出资方式和出资时间为【具体方式和时间】。

注释：已成立一年或一年以上的公司，发起人已将所持股份转让的，无需填入发起人的持股数额。

第二十条 公司股份总数为【股份数额】，公司的股本结构为：普通股【数额】股，其他种类股【数额】股。

注释：公司发行优先股等其他种类股份的，应作出说明。

第二十一条 公司或公司的子公司（包括公司的附属企业）不得以赠与、垫资、担保、补偿或贷款等形式，对购买或者拟购买公司股份的人提供任何资助。

第二节 股份增减和回购

第二十二条 公司根据经营和发展的需要，依照法律、法规的规定，经股东大会分别作出决议，可以采用下列方式增加资本：

（一）公开发行股份；

（二）非公开发行股份；

（三）向现有股东派送红股；

（四）以公积金转增股本；

（五）法律、行政法规规定以及中国证券监督管理委员会（以下简称中国证监会）批准的其他方式。

注释：发行优先股的公司，应当在章程中对发行优先股的以下事项作出规定：公司已发行的优先股不得超过公司普通股股份总数的百分之五十，且筹资金额不得超过发行前净资产的百分之五十，已回购、转换的优先股不纳入计算。

公司不得发行可转换为普通股的优先股。但商业银行可以根据商业银行资本监管规定，非公开发行触发事件发生时强制转换为普通股的优先股，并遵守有关规定。

发行可转换公司债券的公司，还应当在章程中对可转换公司债券的发行、转股程序和安排以及转股所导致的公司股本变更等事项作出具体规定。

第二十三条 公司可以减少注册资本。公司减少注册资本,应当按照《公司法》以及其他有关规定和本章程规定的程序办理。

第二十四条 公司不得收购本公司股份。但是,有下列情形之一的除外:

(一)减少公司注册资本;

(二)与持有本公司股份的其他公司合并;

(三)将股份用于员工持股计划或者股权激励;

(四)股东因对股东大会作出的公司合并、分立决议持异议,要求公司收购其股份;

(五)将股份用于转换公司发行的可转换为股票的公司债券;

(六)公司为维护公司价值及股东权益所必需。

注释:发行优先股的公司,还应当在公司章程中对回购优先股的选择权由发行人或股东行使、回购的条件、价格和比例等作出具体规定。发行人按章程规定要求回购优先股的,必须完全支付所欠股息,但商业银行发行优先股补充资本的除外。

第二十五条 公司收购本公司股份,可以通过公开的集中交易方式,或者法律、行政法规和中国证监会认可的其他方式进行。

公司因本章程第二十四条第一款第(三)项、第(五)项、第(六)项规定的情形收购本公司股份的,应当通过公开的集中交易方式进行。

第二十六条 公司因本章程第二十四条第一款第(一)项、第(二)项规定的情形收购本公司股份的,应当经股东大会决议;公司因本章程第二十四条第一款第(三)项、第(五)项、第(六)项规定的情形收购本公司股份的,可以依照本章程的规定或者股东大会的授权,经三分之二以上董事出席的董事会会议决议。

公司依照本章程第二十四条第一款规定收购本公司股份后,属于第(一)项情形的,应当自收购之日起十日内注销;属于第(二)项、第(四)项情形的,应当在六个月内转让或者注销;属于第(三)项、第(五)项、第(六)项情形的,公司合计持有的本公司股份数不得超过本公司已发行股份总额的百分之十,并应当在三年内转让或者注销。

注释:公司按本条规定回购优先股后,应当相应减记发行在外的优先股股份总数。

第三节 股份转让

第二十七条 公司的股份可以依法转让。

第二十八条 公司不接受本公司的股票作为质押权的标的。

第二十九条 发起人持有的本公司股份,自公司成立之日起一年内不得转让。公司公开发行股份前已发行的股份,自公司股票在证券交易所上市交易之日起一年内不得转让。

公司董事、监事、高级管理人员应当向公司申报所持有的本公司的股份(含优先股股份)及其变动情况,在任职期间每年转让的股份不得超过其所持有本公司同一种类股份总数的百分之二十五;所持本公司股份自公司股票上市交易之日起一年内不得转让。上述人员离职后半年内,不得转让其所持有的本公司股份。

注释:若公司章程对公司董事、监事、高级管理人员转让其所持有的本公司股份(含优先股股份)作出其他限制性规定的,应当进行说明。

第三十条 公司持有百分之五以上股份的股东、董事、监事、高级管理人员,将其持有的本公司股票或者其他具有股权性质的证券在买入后六个月内卖出,或者在卖出后六个月内又买入,由此所得收益归本公司所有,本公司董事会将收回其所得收益。但是,证券公司因购入包销售后剩余股票而持有百分之五以上股份的,以及有中国证监会规定的其他情形的除外。

前款所称董事、监事、高级管理人员、自然人股东持有的股票或者其他具有股权性质的证券,包括其配偶、父母、子女持有的及利用他人账户持有的股票或者其他具有股权性质的证券。

公司董事会不按照本条第一款规定执行的,股东有权要求董事会在三十日内执行。公司董事会未在上述期限内执行的,股东有权为了公司的利益以自己的名义直接向人民法院提起诉讼。

公司董事会不按照本条第一款的规定执行的,负有责任的董事依法承担连带责任。

第四章 股东和股东大会

第一节 股 东

第三十一条 公司依据证券登记机构提供的凭证建立股东名册,股东名册是证明股东持有公司股份的充分证据。股东按其所持有股份的种类享有权利、承担义务;持有同一种类股份的股东,享有同等权利,承担同种义务。

注释:公司应当与证券登记机构签订股份保管协议,定期查询主要股东资料以及主要股东的持股变更(包括股权的出质)情况,及时掌握公司的股权结构。

第三十二条 公司召开股东大会、分配股利、清算及从事其他需要确认股东身份的行为时,由董事会或股东大会召集人确定股权登记日,股权登记日收市后登记在册的股东为享有相关权益的股东。

第三十三条 公司股东享有下列权利:

(一)依照其所持有的股份份额获得股利和其他形式的利益分配;

(二)依法请求、召集、主持、参加或者委派股东代理人参加股东大会,并行使相应的表决权;

(三)对公司的经营进行监督,提出建议或者质询;

(四)依照法律、行政法规及本章程的规定转让、赠与或质押其所持有的股份;

(五)查阅本章程、股东名册、公司债券存根、股东大会会议记录、董事会会议决议、监事会会议决议、财务会计报告;

(六)公司终止或者清算时,按其所持有的股份份额参加公司剩余财产的分配;

(七)对股东大会作出的公司合并、分立决议持异议的股东,要求公司收购其股份;

(八)法律、行政法规、部门规章或本章程规定的其他权利。

注释:发行优先股的公司,应当在章程中明确优先股股东不出席股东大会会议,所持股份没有表决权,但以下情况除外:(1)修改公司章程中与优先股相关的内容;(2)一次或累计减少公司注册资本超过百分之十;(3)公司合并、分立、解散或变更公司形式;(4)发行优先股;(5)公司章程规定的其他情形。

发行优先股的公司,还应当在章程中明确规定:公司累计三个会计年度或者连续两个会计年度未按约定支付优先股股息的,优先股股东有权出席股东大会,每股优先股股份享有公司章程规定的表决权。对于股息可以累积到下一会计年度的优先股,表决权恢复直至公司全额支付所欠股息。对于股息不可累积的优先股,表决权恢复直至公司全额支付当年股息。公司章程可以规定优先股表决权恢复的其他情形。

第三十四条 股东提出查阅前条所述有关信息或者索取资料的,应当向公司提供证明其持有公司股份的种类以及持股数量的书面文件,公司经核实股东身份后按照股东的要求予以提供。

第三十五条 公司股东大会、董事会决议内容违反法律、行政法规的,股东有权请求人民法院认定无效。

股东大会、董事会的会议召集程序、表决方式违反法律、行政法规或者本章程,或者决议内容违反本章程的,股东有权自决议作出之日起六十日内,请求人民法院撤销。

第三十六条 董事、高级管理人员执行公司职务时违反法律、行政法规或者本章程的规定,给公司造成损失的,连续一百八十日以上单独或合并持有公司百分之一以上股份的股东有权书面请求监事会向人民法院提起诉讼;监事会执行公司职务时违反法律、行政法规或者本章程的规定,给公司造成损失的,股东可以书面请求董事会向人民法院提起诉讼。

监事会、董事会收到前款规定的股东书面请求后拒绝提起诉讼,或者自收到请求之日起三十日内未提起诉讼,或者情况紧急、不立即提起诉讼将会使公司利益受到难以弥补的损害的,前款规定的股东有权为了公司的利益以自己的名义直接向人民法院提起诉讼。

他人侵犯公司合法权益,给公司造成损失的,本条第一款规定的股东可以依照前两款的规定向人民法院提起诉讼。

第三十七条 董事、高级管理人员违反法律、行政法规或者本章程的规定,损害股东利益的,股东可以向人民法院提起诉讼。

第三十八条 公司股东承担下列义务:

(一)遵守法律、行政法规和本章程;

(二)依其所认购的股份和入股方式缴纳股金;

(三)除法律、法规规定的情形外,不得退股;

(四)不得滥用股东权利损害公司或者其他股东的利益;不得滥用公司法人独立地位和股东有限责任损害公司债权人的利益;

(五)法律、行政法规及本章程规定应当承担的其他义务。

公司股东滥用股东权利给公司或者其他股东造成损失的,应当依法承担赔偿责任。公司股东滥用公司法人独立地位和股东有限责任,逃避债务,严重损害公司债权人利益的,应当对公司债务承担连带责任。

第三十九条 持有公司百分之五以上有表决权股份的股东,将其持有的股份进行质押的,应当自该事实发生当日,向公司作出书面报告。

第四十条 公司的控股股东、实际控制人不得利用其关联关系损害公司利益。违反规定给公司造成损失的,应当承担赔偿责任。

公司控股股东及实际控制人对公司和公司社会公众股股东负有诚信义务。控股股东应严格依法行使出资人的权利,控股股东不得利用利润分配、资产重组、对外投资、资金占用、借款担保等方式损害公司和社会公众股股东的合法权益,不得利用其控制地位损害公司和社会公众股股东的利益。

第二节 股东大会的一般规定

第四十一条 股东大会是公司的权力机构,依法行使下列职权:

(一)决定公司的经营方针和投资计划;

(二)选举和更换非由职工代表担任的董事、监事,决定有关董事、监事的报酬事项;

(三)审议批准董事会的报告;

(四)审议批准监事会报告;

(五)审议批准公司的年度财务预算方案、决算方案;

(六)审议批准公司的利润分配方案和弥补亏损方案;

(七)对公司增加或者减少注册资本作出决议;

(八)对发行公司债券作出决议;

(九)对公司合并、分立、解散、清算或者变更公司形式作出决议;

(十)修改本章程;

(十一)对公司聘用、解聘会计师事务所作出决议;

(十二)审议批准第四十二条规定的担保事项;

(十三)审议公司在一年内购买、出售重大资产超过公司最近一期经审计总资产百分之三十的事项;

(十四)审议批准变更募集资金用途事项;

(十五)审议股权激励计划和员工持股计划;

(十六)审议法律、行政法规、部门规章或本章程规定应当由股东大会决定的其他事项。

注释:上述股东大会的职权不得通过授权的形式由董事会或其他机构和个人代为行使。

第四十二条 公司下列对外担保行为,须经股东大会审议通过:

(一)本公司及本公司控股子公司的对外担保总额,超过最近一期经审计净资产的百分之五十以后提供的任何担保;

(二)公司的对外担保总额,超过最近一期经审计总资产的百分之三十以后提供的任何担保;

(三)公司在一年内担保金额超过公司最近一期经审计总资产百分之三十的担保;

(四)为资产负债率超过百分之七十的担保对象提供的担保;

(五)单笔担保额超过最近一期经审计净资产百分之十的担保;

(六)对股东、实际控制人及其关联方提供的担保。

公司应当在章程中规定股东大会、董事会审批对外担保的权限和违反审批权限、审议程序的责任追究制度。

第四十三条 股东大会分为年度股东大会和临时股东大会。年度股东大会每年召开一次,应当于上一会计年度结束后的六个月内举行。

第四十四条 有下列情形之一的,公司在事实发生之日起两个月以内召开临时股东大会:

(一)董事人数不足《公司法》规定人数或者本章程所定人数的三分之二时;

(二)公司未弥补的亏损达实收股本总额三分之一时;

(三)单独或者合计持有公司百分之十以上股份的股东请求时;

(四)董事会认为必要时;

(五)监事会提议召开时;

(六)法律、行政法规、部门规章或本章程规定的其他情形。

注释:公司应当在章程中确定本条第(一)项的具体人数。计算本条第(三)项所称持股比例时,仅计算普通股和表决权恢复的优先股。

第四十五条 本公司召开股东大会的地点为:【具体地点】。股东大会将设置会场,以现场会议形式召开。公司还将提供网络投票的方式为股东参加股东大会提供便利。股东通过上述方式参加股东大会的,视为出席。

注释:公司章程可以规定召开股东大会的地点为公司住所地或其他明确地点。现场会议时间、地点的选择应当便于股东参加。发出股东大会通知后,无正当理由,股东大会现场会议召开地点不得变更。确需变更的,召集人应当在现场会议召开日前至少两个工作日公告并说明原因。

第四十六条 本公司召开股东大会时将聘请律师对以下问题出具法律意见并公告:

(一)会议的召集、召开程序是否符合法律、行政法规、本章程;

(二)出席会议人员的资格、召集人资格是否合法有效;

(三)会议的表决程序、表决结果是否合法有效;

(四)应本公司要求对其他有关问题出具的法律意见。

第三节 股东大会的召集

第四十七条 独立董事有权向董事会提议召开临时股东大会。对独立董事要求召开临时股东大会的提议，董事会应当根据法律、行政法规和本章程的规定，在收到提议后十日内提出同意或不同意召开临时股东大会的书面反馈意见。董事会同意召开临时股东大会的，将在作出董事会决议后的五日内发出召开股东大会的通知；董事会不同意召开临时股东大会的，将说明理由并公告。

第四十八条 监事会有权向董事会提议召开临时股东大会，并应当以书面形式向董事会提出。董事会应当根据法律、行政法规和本章程的规定，在收到提案后十日内提出同意或不同意召开临时股东大会的书面反馈意见。

董事会同意召开临时股东大会的，将在作出董事会决议后的五日内发出召开股东大会的通知，通知中对原提议的变更，应征得监事会的同意。

董事会不同意召开临时股东大会，或者在收到提案后十日内未作出反馈的，视为董事会不能履行或者不履行召集股东大会会议职责，监事会可以自行召集和主持。

第四十九条 单独或者合计持有公司百分之十以上股份的股东有权向董事会请求召开临时股东大会，并应当以书面形式向董事会提出。董事会应当根据法律、行政法规和本章程的规定，在收到请求后十日内提出同意或不同意召开临时股东大会的书面反馈意见。

董事会同意召开临时股东大会的，应当在作出董事会决议后的五日内发出召开股东大会的通知，通知中对原请求的变更，应征得相关股东的同意。

董事会不同意召开临时股东大会，或者在收到请求后十日内未作出反馈的，单独或者合计持有公司百分之十以上股份的股东有权向监事会提议召开临时股东大会，并应当以书面形式向监事会提出请求。

监事会同意召开临时股东大会的，应在收到请求五日内发出召开股东大会的通知，通知中对原请求的变更，应当征得相关股东的同意。

监事会未在规定期限内发出股东大会通知的，视为监事会不召集和主持股东大会，连续九十日以上单独或者合计持有公司百分之十以上股份的股东可以自行召集和主持。

注释：计算本条所称持股比例时，仅计算普通股和表决权恢复的优先股。

第五十条 监事会或股东决定自行召集股东大会的，须书面通知董事会，同时向证券交易所备案。

在股东大会决议公告前，召集股东持股比例不得低于百分之十。

监事会或召集股东应在发出股东大会通知及股东大会决议公告时，向证券交易所提交有关证明材料。

注释：计算本条所称持股比例时，仅计算普通股和表决权恢复的优先股。

第五十一条 对于监事会或股东自行召集的股东大会，董事会和董事会秘书将予配合。董事会将提供股权登记日的股东名册。

第五十二条 监事会或股东自行召集的股东大会，会议所必需的费用由本公司承担。

第四节 股东大会的提案与通知

第五十三条 提案的内容应当属于股东大会职权范围，有明确议题和具体决议事项，并且符合法律、行政法规和本章程的有关规定。

第五十四条 公司召开股东大会，董事会、监事会以及单独或者合并持有公司百分之三以上股份的股东，有权向公司提出提案。

单独或者合计持有公司百分之三以上股份的股东，可以在股东大会召开十日前提出临时提案并书面提交召集人。召集人应当在收到提案后两日内发出股东大会补充通知，公告临时提案的内容。

除前款规定的情形外，召集人在发出股东大会通知公告后，不得修改股东大会通知中已列明的提案或增加新的提案。

股东大会通知中未列明或不符合本章程第五十三条规定的提案，股东大会不得进行表决并作出决议。

注释：计算本条所称持股比例时，仅计算普通股和表决权恢复的优先股。

第五十五条 召集人将在年度股东大会召开二十日前以公告方式通知各股东，临时股东大会将于会议召开十五日前以公告方式通知各股东。

注释：公司在计算起始期限时，不应当包括会议召开当日。公司可以根据实际情况，决定是否在章程中规定催告程序。

第五十六条 股东大会的通知包括以下内容：

（一）会议的时间、地点和会议期限；

（二）提交会议审议的事项和提案；

（三）以明显的文字说明：全体普通股股东（含表决权恢复的优先股股东）均有权出席股东大会，并可以书面委托代理人出席会议和参加表决，该股东代理人不必是公司的股东；

（四）有权出席股东大会股东的股权登记日；

（五）会务常设联系人姓名,电话号码；

（六）网络或其他方式的表决时间及表决程序。

注释：1.股东大会通知和补充通知中应当充分、完整披露所有提案的全部具体内容。拟讨论的事项需要独立董事发表意见的，发布股东大会通知或补充通知时将同时披露独立董事的意见及理由。

2.股东大会网络或其他方式投票的开始时间，不得早于现场股东大会召开前一日下午3:00,并不得迟于现场股东大会召开当日上午9:30,其结束时间不得早于现场股东大会结束当日下午3:00。

3.股权登记日与会议日期之间的间隔应当不多于七个工作日。股权登记日一旦确认，不得变更。

第五十七条　股东大会拟讨论董事、监事选举事项的，股东大会通知中将充分披露董事、监事候选人的详细资料，至少包括以下内容：

（一）教育背景、工作经历、兼职等个人情况；

（二）与本公司或本公司的控股股东及实际控制人是否存在关联关系；

（三）披露持有本公司股份数量；

（四）是否受过中国证监会及其他有关部门的处罚和证券交易所惩戒。

除采取累积投票制选举董事、监事外，每位董事、监事候选人应当以单项提案提出。

第五十八条　发出股东大会通知后，无正当理由，股东大会不应延期或取消，股东大会通知中列明的提案不应取消。一旦出现延期或取消的情形，召集人应当在原定召开日前至少两个工作日公告并说明原因。

第五节　股东大会的召开

第五十九条　本公司董事会和其他召集人将采取必要措施，保证股东大会的正常秩序。对于干扰股东大会、寻衅滋事和侵犯股东合法权益的行为，将采取措施加以制止并及时报告有关部门查处。

第六十条　股权登记日登记在册的所有普通股股东（含表决权恢复的优先股股东）或其代理人，均有权出席股东大会。并依照有关法律、法规及本章程行使表决权。

股东可以亲自出席股东大会，也可以委托代理人代为出席和表决。

第六十一条　个人股东亲自出席会议的，应出示本人身证或其他能够表明其身份的有效证件或证明、股票账户卡；委托代理他人出席会议的，应出示本人有效身份证件、股东授权委托书。

法人股东应由法定代表人或者法定代表人委托的代理人出席会议。法定代表人出席会议的，应出示本人身份证、能证明其具有法定代表人资格的有效证明；委托代理人出席会议的，代理人应出示本人身份证、法人股东单位的法定代表人依法出具的书面授权委托书。

第六十二条　股东出具的委托他人出席股东大会的授权委托书应当载明下列内容：

（一）代理人的姓名；

（二）是否具有表决权；

（三）分别对列入股东大会议程的每一审议事项投赞成、反对或弃权票的指示；

（四）委托书签发日期和有效期限；

（五）委托人签名（或盖章）。委托人为法人股东的，应加盖法人单位印章。

第六十三条　委托书应当注明如果股东不作具体指示，股东代理人是否可以按自己的意思表决。

第六十四条　代理投票授权委托书由委托人授权他人签署的，授权签署的授权书或者其他授权文件应当经过公证。经公证的授权书或者其他授权文件，和投票代理委托书均需备置于公司住所或者召集会议的通知中指定的其他地方。

委托人为法人的，由其法定代表人或者董事会、其他决策机构决议授权的人作为代表出席公司的股东大会。

第六十五条　出席会议人员的会议登记册由公司负责制作。会议登记册载明参加会议人员姓名（或单位名称）、身份证号码、住所地址、持有或者代表有表决权的股份数额、被代理人姓名（或单位名称）等事项。

第六十六条　召集人和公司聘请的律师将依据证券登记结算机构提供的股东名册共同对股东资格的合法性进行验证，并登记股东姓名（或名称）及其所持有表决权的股份数。在会议主持人宣布现场出席会议的股东和代理人人数及所持有表决权的股份总数之前，会议登记应当终止。

第六十七条　股东大会召开时，本公司全体董事、监事和董事会秘书应当出席会议，经理和其他高级管理人员应当列席会议。

第六十八条　股东大会由董事长主持。董事长不能履行职务或不履行职务时，由副董事长（公司有两位或两位以上副董事长的，由半数以上董事共同推举的副董事长主持）主持，副董事长不能履行职务或者不履行职务时，由半数以上董事共同推举的一名董事主持。

监事会自行召集的股东大会，由监事会主席主持。

监事会主席不能履行职务或不履行职务时,由监事会副主席主持,监事会副主席不能履行职务或者不履行职务时,由半数以上监事共同推举的一名监事主持。

股东自行召集的股东大会,由召集人推举代表主持。

召开股东大会时,会议主持人违反议事规则使股东大会无法继续进行的,经现场出席股东大会有表决权过半数的股东同意,股东大会可推举一人担任会议主持人,继续开会。

第六十九条 公司制定股东大会议事规则,详细规定股东大会的召开和表决程序,包括通知、登记、提案的审议、投票、计票、表决结果的宣布、会议决议的形成、会议记录及其签署、公告等内容,以及股东大会对董事会的授权原则,授权内容应明确具体。股东大会议事规则应作为章程的附件,由董事会拟定,股东大会批准。

第七十条 在年度股东大会上,董事会、监事会应当就其过去一年的工作向股东大会作出报告。每名独立董事也应作出述职报告。

第七十一条 董事、监事、高级管理人员在股东大会上就股东的质询和建议作出解释和说明。

第七十二条 会议主持人应当在表决前宣布现场出席会议的股东和代理人人数及所持有表决权的股份总数,现场出席会议的股东和代理人人数及所持有表决权的股份总数以会议登记为准。

第七十三条 股东大会应有会议记录,由董事会秘书负责。

会议记录记载以下内容:

(一)会议时间、地点、议程和召集人姓名或名称;

(二)会议主持人以及出席或列席会议的董事、监事、经理和其他高级管理人员姓名;

(三)出席会议的股东和代理人人数、所持有表决权的股份总数及占公司股份总数的比例;

(四)对每一提案的审议经过、发言要点和表决结果;

(五)股东的质询意见或建议以及相应的答复或说明;

(六)律师及计票人、监票人姓名;

(七)本章程规定应当载入会议记录的其他内容。

注释:既发行内资股又发行境内上市外资股的公司,会议记录的内容还应当包括:(1)出席股东大会的内资股股东(包括股东代理人)和境内上市外资股股东(包括股东代理人)所持有表决权的股份数,各占公司总股份的比例;(2)在记载表决结果时,还应当记载内资股股东和境内上市外资股股东对每一决议事项的表决情况。

未完成股权分置改革的公司,会议记录还应该包括:

(1)出席股东大会的流通股股东(包括股东代理人)和非流通股股东(包括股东代理人)所持有表决权的股份数,各占公司总股份的比例;

(2)在记载表决结果时,还应当记载流通股股东和非流通股股东对每一决议事项的表决情况。

公司应当根据实际情况,在章程中规定股东大会会议记录需要记载的其他内容。

第七十四条 召集人应当保证会议记录内容真实、准确和完整。出席会议的董事、监事、董事会秘书、召集人或其代表、会议主持人应当在会议记录上签名。会议记录应当与现场出席股东的签名册及代理出席的委托书、网络及其他方式表决情况的有效资料一并保存,保存期限不少于十年。

注释:公司应当根据具体情况,在章程中规定股东大会会议记录的保管期限。

第七十五条 召集人应当保证股东大会连续举行,直至形成最终决议。因不可抗力等特殊原因导致股东大会中止或不能作出决议的,应采取必要措施尽快恢复召开股东大会或直接终止本次股东大会,并及时公告。同时,召集人应向公司所在地中国证监会派出机构及证券交易所报告。

第六节 股东大会的表决和决议

第七十六条 股东大会决议分为普通决议和特别决议。

股东大会作出普通决议,应当由出席股东大会的股东(包括股东代理人)所持表决权的过半数通过。

股东大会作出特别决议,应当由出席股东大会的股东(包括股东代理人)所持表决权的三分之二以上通过。

第七十七条 下列事项由股东大会以普通决议通过:

(一)董事会和监事会的工作报告;

(二)董事会拟定的利润分配方案和弥补亏损方案;

(三)董事会和监事会成员的任免及其报酬和支付方法;

(四)公司年度预算方案、决算方案;

(五)公司年度报告;

(六)除法律、行政法规规定或者本章程规定应当以特别决议通过以外的其他事项。

第七十八条 下列事项由股东大会以特别决议通过:

(一)公司增加或者减少注册资本;

(二)公司的分立、分拆、合并、解散和清算;

（三）本章程的修改；

（四）公司在一年内购买、出售重大资产或者担保金额超过公司最近一期经审计总资产百分之三十的；

（五）股权激励计划；

（六）法律、行政法规或本章程规定的，以及股东大会以普通决议认定会对公司产生重大影响的、需要以特别决议通过的其他事项。

注释：股东大会就以下事项作出特别决议，除须经出席会议的普通股股东（含表决权恢复的优先股股东，包括股东代理人）所持表决权的三分之二以上通过之外，还须经出席会议的优先股股东（不含表决权恢复的优先股股东，包括股东代理人）所持表决权的三分之二以上通过：(1)修改公司章程中与优先股相关的内容；(2)一次或累计减少公司注册资本超过百分之十；(3)公司合并、分立、解散或变更公司形式；(4)发行优先股；(5)公司章程规定的其他情形。

第七十九条 股东（包括股东代理人）以其所代表的有表决权的股份数额行使表决权，每一股份享有一票表决权。

股东大会审议影响中小投资者利益的重大事项时，对中小投资者表决应当单独计票。单独计票结果应当及时公开披露。

公司持有的本公司股份没有表决权，且该部分股份不计入出席股东大会有表决权的股份总数。

股东买入公司有表决权的股份违反《证券法》第六十三条第一款、第二款规定的，该超过规定比例部分的股份在买入后的三十六个月内不得行使表决权，且不计入出席股东大会有表决权的股份总数。

公司董事会、独立董事、持有百分之一以上有表决权股份的股东或者依照法律、行政法规或者中国证监会的规定设立的投资者保护机构可以公开征集股东投票权。征集股东投票权应当向被征集人充分披露具体投票意向等信息。禁止以有偿或者变相有偿的方式征集股东投票权。除法定条件外，公司不得对征集投票权提出最低持股比例限制。

注释：若公司有发行在外的其他股份，应当说明是否享有表决权。优先股表决权恢复的，应当根据章程规定的具体计算方法确定每股优先股股份享有的表决权。

第八十条 股东大会审议有关关联交易事项时，关联股东不应当参与投票表决，其所代表的有表决权的股份数不计入有效表决总数；股东大会决议的公告应当充分披露非关联股东的表决情况。

注释：公司应当根据具体情况，在章程中制订有关联关系股东的回避和表决程序。

第八十一条 除公司处于危机等特殊情况外，非经股东大会以特别决议批准，公司将不与董事、经理和其它高级管理人员以外的人订立将公司全部或者重要业务的管理交予该人负责的合同。

第八十二条 董事、监事候选人名单以提案的方式提请股东大会表决。

股东大会就选举董事、监事进行表决时，根据本章程的规定或者股东大会的决议，可以实行累积投票制。

前款所称累积投票制是指股东大会选举董事或者监事时，每一股份拥有与应选董事或者监事人数相同的表决权，股东拥有的表决权可以集中使用。董事会应当向股东公告候选董事、监事的简历和基本情况。

注释：1. 公司应当在章程中规定董事、监事提名的方式和程序，以及累积投票制的相关事宜。

2. 单一股东及其一致行动人拥有权益的股份比例在百分之三十及以上的公司，应当采用累积投票制，并在公司章程中规定实施细则。

第八十三条 除累积投票制外，股东大会将对所有提案进行逐项表决，对同一事项有不同提案的，将按提案提出的时间顺序进行表决。除因不可抗力等特殊原因导致股东大会中止或不能作出决议外，股东大会将不会对提案进行搁置或不予表决。

第八十四条 股东大会审议提案时，不会对提案进行修改，否则，有关变更应当被视为一个新的提案，不能在本次股东大会上进行表决。

第八十五条 同一表决权只能选择现场、网络或其他表决方式中的一种。同一表决权出现重复表决的以第一次投票结果为准。

第八十六条 股东大会采取记名方式投票表决。

第八十七条 股东大会对提案进行表决前，应当推举两名股东代表参加计票和监票。审议事项与股东有关联关系的，相关股东及代理人不得参加计票、监票。

股东大会对提案进行表决时，应当由律师、股东代表与监事代表共同负责计票、监票，并当场公布表决结果，决议的表决结果载入会议记录。

通过网络或其他方式投票的公司股东或其代理人，有权通过相应的投票系统查验自己的投票结果。

第八十八条 股东大会现场结束时间不得早于网络或其他方式，会议主持人应当宣布每一提案的表决情况和结果，并根据表决结果宣布提案是否通过。

在正式公布表决结果前，股东大会现场、网络及其他表决方式中所涉及的公司、计票人、监票人、主要股东、网络服务方等相关各方对表决情况均负有保密义务。

第八十九条 出席股东大会的股东，应当对提交表决的提案发表以下意见之一：同意、反对或弃权。证券登记结算机构作为内地与香港股票市场交易互联互通机制股票的名义持有人，按照实际持有人意思表示进行申报的除外。

未填、错填、字迹无法辨认的表决票、未投的表决票均视为投票人放弃表决权利，其所持股份数的表决结果应计为"弃权"。

第九十条 会议主持人如果对提交表决的决议结果有任何怀疑，可以对所投票数组织点票；如果会议主持人未进行点票，出席会议的股东或者股东代理人对会议主持人宣布结果有异议的，有权在宣布表决结果后立即要求点票，会议主持人应当立即组织点票。

第九十一条 股东大会决议应当及时公告，公告中应列明出席会议的股东和代理人人数、所持有表决权的股份总数及占公司有表决权股份总数的比例、表决方式、每项提案的表决结果和通过的各项决议的详细内容。

注释：发行境内上市外资股的公司，应当对内资股股东和外资股股东出席会议及表决情况分别统计并公告。

第九十二条 提案未获通过，或者本次股东大会变更前次股东大会决议的，应当在股东大会决议公告中作特别提示。

第九十三条 股东大会通过有关董事、监事选举提案的，新任董事、监事就任时间为【就任时间】。

注释：新任董事、监事就任时间确认方式应在公司章程中予以明确。

第九十四条 股东大会通过有关派现、送股或资本公积转增股本提案的，公司将在股东大会结束后两个月内实施具体方案。

第五章 董事会
第一节 董 事

第九十五条 公司董事为自然人，有下列情形之一的，不能担任公司的董事：

（一）无民事行为能力或者限制民事行为能力；

（二）因贪污、贿赂、侵占财产、挪用财产或者破坏社会主义市场经济秩序，被判处刑罚，执行期满未逾五年，或者因犯罪被剥夺政治权利，执行期满未逾五年；

（三）担任破产清算的公司、企业的董事或者厂长、经理，对该公司、企业的破产负有个人责任的，自该公司、企业破产清算完结之日起未逾三年；

（四）担任因违法被吊销营业执照、责令关闭的公司、企业的法定代表人，并负有个人责任的，自该公司、企业被吊销营业执照之日起未逾三年；

（五）个人所负数额较大的债务到期未清偿；

（六）被中国证监会采取证券市场禁入措施，期限未满的；

（七）法律、行政法规或部门规章规定的其他内容。

违反本条规定选举、委派董事的，该选举、委派或者聘任无效。董事在任职期间出现本条情形的，公司解除其职务。

第九十六条 董事由股东大会选举或者更换，并可在任期届满前由股东大会解除其职务。董事任期【年数】，任期届满可连选连任。

董事任期从就任之日起计算，至本届董事会任期届满时为止。董事任期届满未及时改选，在改选出的董事就任前，原董事仍应当依照法律、行政法规、部门规章和本章程的规定，履行董事职务。

董事可以由经理或者其他高级管理人员兼任，但兼任经理或者其他高级管理人员职务的董事以及由职工代表担任的董事，总计不得超过公司董事总数的二分之一。

注释：公司章程应规定规范、透明的董事选聘程序。董事会成员中可以有公司职工代表，公司章程应明确本公司董事会是否可以由职工代表担任董事，以及职工代表担任董事的名额。董事会中的职工代表由公司职工通过职工代表大会、职工大会或者其他形式民主选举产生后，直接进入董事会。

第九十七条 董事应当遵守法律、行政法规和本章程，对公司负有下列忠实义务：

（一）不得利用职权收受贿赂或者其他非法收入，不得侵占公司的财产；

（二）不得挪用公司资金；

（三）不得将公司资产或者资金以其个人名义或者其他个人名义开立账户存储；

（四）不得违反本章程的规定，未经股东大会或董事会同意，将公司资金借贷给他人或者以公司财产为他人提供担保；

（五）不得违反本章程的规定或未经股东大会同意，与本公司订立合同或者进行交易；

（六）未经股东大会同意，不得利用职务便利，为自己或他人谋取本应属于公司的商业机会，自营或者为他人经营与本公司同类的业务；

（七）不得接受与公司交易的佣金归己有；

（八）不得擅自披露公司秘密；

（九）不得利用其关联关系损害公司利益；

（十）法律、行政法规、部门规章及本章程规定的其他忠实义务。

董事违反本条规定所得的收入，应当归公司所有；给公司造成损失的，应当承担赔偿责任。

注释：除以上各项义务要求外，公司可以根据具体情况，在章程中增加对本公司董事其他义务的要求。

第九十八条 董事应当遵守法律、行政法规和本章程，对公司负有下列勤勉义务：

（一）应谨慎、认真、勤勉地行使公司赋予的权利，以保证公司的商业行为符合国家法律、行政法规以及国家各项经济政策的要求，商业活动不超过营业执照规定的业务范围；

（二）应公平对待所有股东；

（三）及时了解公司业务经营管理状况；

（四）应当对公司定期报告签署书面确认意见。保证公司所披露的信息真实、准确、完整；

（五）应当如实向监事会提供有关情况和资料，不得妨碍监事会或者监事行使职权；

（六）法律、行政法规、部门规章及本章程规定的其他勤勉义务。

注释：公司可以根据具体情况，在章程中增加对本公司董事勤勉义务的要求。

第九十九条 董事连续两次未能亲自出席，也不委托其他董事出席董事会会议，视为不能履行职责，董事会应当建议股东大会予以撤换。

第一百条 董事可以在任期届满以前提出辞职。董事辞职应向董事会提交书面辞职报告。董事会将在两日内披露有关情况。

如因董事的辞职导致公司董事会低于法定最低人数时，在改选出的董事就任前，原董事仍应当依照法律、行政法规、部门规章和本章程规定，履行董事职务。

除前款所列情形外，董事辞职自辞职报告送达董事会时生效。

第一百零一条 董事辞职生效或者任期届满，应向董事会办妥所有移交手续，其对公司和股东承担的忠实义务，在任期结束后并不当然解除，在本章程规定的合理期限内仍然有效。

注释：公司章程应规定董事辞职生效或者任期届满

后承担忠实义务的具体期限。

第一百零二条 未经本章程规定或者董事会的合法授权，任何董事不得以个人名义代表公司或者董事会行事。董事以其个人名义行事时，在第三方会合理地认为该董事在代表公司或者董事会行事的情况下，该董事应当事先声明其立场和身份。

第一百零三条 董事执行公司职务时违反法律、行政法规、部门规章或本章程的规定，给公司造成损失的，应当承担赔偿责任。

第一百零四条 独立董事应按照法律、行政法规、中国证监会和证券交易所的有关规定执行。

第二节 董事会

第一百零五条 公司设董事会，对股东大会负责。

第一百零六条 董事会由【人数】名董事组成，设董事长一人，副董事长【人数】人。

注释：公司应当在章程中确定董事会人数。

第一百零七条 董事会行使下列职权：

（一）召集股东大会，并向股东大会报告工作；

（二）执行股东大会的决议；

（三）决定公司的经营计划和投资方案；

（四）制订公司的年度财务预算方案、决算方案；

（五）制订公司的利润分配方案和弥补亏损方案；

（六）制订公司增加或者减少注册资本、发行债券或其他证券及上市方案；

（七）拟订公司重大收购、收购本公司股票或者合并、分立、解散及变更公司形式的方案；

（八）在股东大会授权范围内，决定公司对外投资、收购出售资产、资产抵押、对外担保事项、委托理财、关联交易、对外捐赠等事项；

（九）决定公司内部管理机构的设置；

（十）决定聘任或者解聘公司经理、董事会秘书及其他高级管理人员，并决定其报酬事项和奖惩事项；根据经理的提名，决定聘任或者解聘公司副经理、财务负责人等高级管理人员，并决定其报酬事项和奖惩事项；

（十一）制订公司的基本管理制度；

（十二）制订本章程的修改方案；

（十三）管理公司信息披露事项；

（十四）向股东大会提请聘请或更换为公司审计的会计师事务所；

（十五）听取公司经理的工作汇报并检查经理的工作；

（十六）法律、行政法规、部门规章或本章程授予的其他职权。

公司董事会设立【审计委员会】，并根据需要设立【战略】、【提名】、【薪酬与考核】等相关专门委员会。专门委员会对董事会负责，依照本章程和董事会授权履行职责，提案应当提交董事会审议决定。专门委员会成员全部由董事组成，其中【审计委员会】、【提名委员会】、【薪酬与考核委员会】中独立董事占多数并担任召集人，【审计委员会】的召集人为会计专业人士。董事会负责制定专门委员会工作规程，规范专门委员会的运作。

注释：公司股东大会可以授权公司董事会按照公司章程的约定向优先股股东支付股息。

超过股东大会授权范围的事项，应当提交股东大会审议。

第一百零八条　公司董事会应当就注册会计师对公司财务报告出具的非标准审计意见向股东大会作出说明。

第一百零九条　董事会制定董事会议事规则，以确保董事会落实股东大会决议，提高工作效率，保证科学决策。

注释：该规则规定董事会的召开和表决程序，董事会议事规则应列入公司章程或作为章程的附件，由董事会拟定，股东大会批准。

第一百一十条　董事会应当确定对外投资、收购出售资产、资产抵押、对外担保事项、委托理财、关联交易、对外捐赠等权限，建立严格的审查和决策程序；重大投资项目应当组织有关专家、专业人员进行评审，并报股东大会批准。

注释：公司董事会应当根据相关的法律、法规及公司实际情况，在章程中确定符合公司具体要求的权限范围，以及涉及资金占公司资产的具体比例。

第一百一十一条　董事会设董事长一人，可以设副董事长。董事长和副董事长由董事会以全体董事的过半数选举产生。

第一百一十二条　董事长行使下列职权：

（一）主持股东大会和召集、主持董事会会议；

（二）督促、检查董事会决议的执行；

（三）董事会授予的其他职权。

注释：董事会应谨慎授予董事长职权，例行或长期授权须在章程中明确规定。

第一百一十三条　公司副董事长协助董事长工作，董事长不能履行职务或者不履行职务的，由副董事长履行职务(公司有两位或两位以上副董事长的，由半数以上董事共同推举的副董事长履行职务)；副董事长不能履行职务或者不履行职务的，由半数以上董事共同推举一名董事履行职务。

第一百一十四条　董事会每年至少召开两次会议，由董事长召集，于会议召开十日以前书面通知全体董事和监事。

第一百一十五条　代表十分之一以上表决权的股东、三分之一以上董事或者监事会，可以提议召开董事会临时会议。董事长应当自接到提议后十日内，召集和主持董事会会议。

第一百一十六条　董事会召开临时董事会会议的通知方式为：【具体通知方式】；通知时限为：【具体通知时限】。

第一百一十七条　董事会会议通知包括以下内容：

（一）会议日期和地点；

（二）会议期限；

（三）事由及议题；

（四）发出通知的日期。

第一百一十八条　董事会会议应有过半数的董事出席方可举行。董事会作出决议，必须经全体董事的过半数通过。

董事会决议的表决，实行一人一票。

第一百一十九条　董事与董事会会议决议事项所涉及的企业有关联关系的，不得对该项决议行使表决权，也不得代理其他董事行使表决权。该董事会会议由过半数的无关联关系董事出席即可举行，董事会会议所作决议须经无关联关系董事过半数通过。出席董事会的无关联董事人数不足三人的，应将该事项提交股东大会审议。

第一百二十条　董事会决议表决方式为：【具体表决方式】。

董事会临时会议在保障董事充分表达意见的前提下，可以用【其他方式】进行并作出决议，并由参会董事签字。

注释：此项为选择性条款，公司可自行决定是否在其章程中予以采纳。

第一百二十一条　董事会会议，应由董事本人出席；董事因故不能出席，可以书面委托其他董事代为出席，委托书中应载明代理人的姓名，代理事项、授权范围和有效期限，并由委托人签名或盖章。代为出席会议的董事应当在授权范围内行使董事的权利。董事未出席董事会会议，亦未委托代表出席的，视为放弃在该次会议上的投票权。

第一百二十二条 董事会应当对会议所议事项的决定做成会议记录,出席会议的董事应当在会议记录上签名。

董事会会议记录作为公司档案保存,保存期限不少于十年。

注释:公司应当根据具体情况,在章程中规定会议记录的保管期限。

第一百二十三条 董事会会议记录包括以下内容:

(一)会议召开的日期、地点和召集人姓名;

(二)出席董事的姓名以及受他人委托出席董事会的董事(代理人)姓名;

(三)会议议程;

(四)董事发言要点;

(五)每一决议事项的表决方式和结果(表决结果应载明赞成、反对或弃权的票数)。

第六章 经理及其他高级管理人员

第一百二十四条 公司设经理一名,由董事会聘任或解聘。

公司设副经理【人数】名,由董事会聘任或解聘。

公司经理、副经理、财务负责人、董事会秘书和【职务】为公司高级管理人员。

注释:公司可以根据具体情况,在章程中规定属于公司高级管理人员的其他人选。

第一百二十五条 本章程第九十五条关于不得担任董事的情形,同时适用于高级管理人员。

本章程第九十七条关于董事的忠实义务和第九十八条第(四)项、第(五)项、第(六)项关于勤勉义务的规定,同时适用于高级管理人员。

第一百二十六条 在公司控股股东单位担任除董事、监事以外其他行政职务的人员,不得担任公司的高级管理人员。

公司高级管理人员仅在公司领薪,不由控股股东代发薪水。

第一百二十七条 经理每届任期【年数】年,经理连聘可以连任。

第一百二十八条 经理对董事会负责,行使下列职权:

(一)主持公司的生产经营管理工作,组织实施董事会决议,并向董事会报告工作;

(二)组织实施公司年度经营计划和投资方案;

(三)拟订公司内部管理机构设置方案;

(四)拟订公司的基本管理制度;

(五)制定公司的具体规章;

(六)提请董事会聘任或者解聘公司副经理、财务负责人;

(七)决定聘任或者解聘除应由董事会决定聘任或者解聘以外的负责管理人员;

(八)本章程或董事会授予的其他职权。

经理列席董事会会议。

注释:公司应当根据自身情况,在章程中制订符合公司实际要求的经理的职权和具体实施办法。

第一百二十九条 经理应制订经理工作细则,报董事会批准后实施。

第一百三十条 经理工作细则包括下列内容:

(一)经理会议召开的条件、程序和参加的人员;

(二)经理及其他高级管理人员各自具体的职责及其分工;

(三)公司资金、资产运用,签订重大合同的权限,以及向董事会、监事会的报告制度;

(四)董事会认为必要的其他事项。

第一百三十一条 经理可以在任期届满以前提出辞职。有关经理辞职的具体程序和办法由经理与公司之间的劳务合同规定。

第一百三十二条 公司根据自身情况,在章程中应当规定副经理的任免程序、副经理与经理的关系,并可以规定副经理的职权。

第一百三十三条 公司设董事会秘书,负责公司股东大会和董事会会议的筹备、文件保管以及公司股东资料管理,办理信息披露事务等事宜。

董事会秘书应遵守法律、行政法规、部门规章及本章程的有关规定。

第一百三十四条 高级管理人员执行公司职务时违反法律、行政法规、部门规章或本章程的规定,给公司造成损失的,应当承担赔偿责任。

第一百三十五条 公司高级管理人员应当忠实履行职务,维护公司和全体股东的最大利益。公司高级管理人员因未能忠实履行职务或违背诚信义务,给公司和社会公众股股东的利益造成损害的,应当依法承担赔偿责任。

第七章 监事会

第一节 监事

第一百三十六条 本章程第九十五条关于不得担任董事的情形,同时适用于监事。

董事、经理和其他高级管理人员不得兼任监事。

第一百三十七条 监事应当遵守法律、行政法规和本章程,对公司负有忠实义务和勤勉义务,不得利用职权收受贿赂或者其他非法收入,不得侵占公司的财产。

第一百三十八条 监事的任期每届为三年。监事任期届满,连选可以连任。

第一百三十九条 监事任期届满未及时改选,或者监事在任期内辞职导致监事会成员低于法定人数的,在改选出的监事就任前,原监事仍应当依照法律、行政法规和本章程的规定,履行监事职务。

第一百四十条 监事应当保证公司披露的信息真实、准确、完整,并对定期报告签署书面确认意见。

第一百四十一条 监事可以列席董事会会议,并对董事会决议事项提出质询或者建议。

第一百四十二条 监事不得利用其关联关系损害公司利益,若给公司造成损失的,应当承担赔偿责任。

第一百四十三条 监事执行公司职务时违反法律、行政法规、部门规章或本章程的规定,给公司造成损失的,应当承担赔偿责任。

第二节 监事会

第一百四十四条 公司设监事会。监事会由【人数】名监事组成,监事会设主席一人,可以设副主席。监事会主席和副主席由全体监事过半数选举产生。监事会主席召集和主持监事会会议;监事会主席不能履行职务或者不履行职务的,由监事会副主席召集和主持监事会会议;监事会副主席不能履行职务或者不履行职务的,由半数以上监事共同推举一名监事召集和主持监事会会议。

监事会应当包括股东代表和适当比例的公司职工代表,其中职工代表的比例不低于三分之一。监事会中的职工代表由公司职工通过职工代表大会、职工大会或者其他形式民主选举产生。

监事会成员不得少于三人。公司章程应规定职工代表在监事会中的具体比例。

第一百四十五条 监事会行使下列职权:

(一)应当对董事会编制的公司定期报告进行审核并提出书面审核意见;

(二)检查公司财务;

(三)对董事、高级管理人员执行公司职务的行为进行监督,对违反法律、行政法规、本章程或者股东大会决议的董事、高级管理人员提出罢免的建议;

(四)当董事、高级管理人员的行为损害公司的利益时,要求董事、高级管理人员予以纠正;

(五)提议召开临时股东大会,在董事会不履行《公司法》规定的召集和主持股东大会职责时召集和主持股东大会;

(六)向股东大会提出提案;

(七)依照《公司法》第一百五十一条的规定,对董事、高级管理人员提起诉讼;

(八)发现公司经营情况异常,可以进行调查;必要时,可以聘请会计师事务所、律师事务所等专业机构协助其工作,费用由公司承担。

注释:公司章程可以规定监事的其他职权。

第一百四十六条 监事会每六个月至少召开一次会议。监事可以提议召开临时监事会会议。

监事会决议应当经半数以上监事通过。

第一百四十七条 监事会制定监事会议事规则,明确监事会的议事方式和表决程序,以确保监事会的工作效率和科学决策。

注释:监事会议事规则规定监事会的召开和表决程序。监事会议事规则应列入公司章程或作为章程的附件,由监事会拟定,股东大会批准。

第一百四十八条 监事会应当将所议事项的决定做成会议记录,出席会议的监事应当在会议记录上签名。

监事有权要求在记录上对其在会议上的发言作出某种说明性记载。监事会会议记录作为公司档案至少保存十年。

注释:公司应当根据具体情况,在章程中规定会议记录的保管期限。

第一百四十九条 监事会会议通知包括以下内容:

(一)举行会议的日期、地点和会议期限;

(二)事由及议题;

(三)发出通知的日期。

第八章 财务会计制度、利润分配和审计

第一节 财务会计制度

第一百五十条 公司依照法律、行政法规和国家有关部门的规定,制定公司的财务会计制度。

第一百五十一条 公司在每一会计年度结束之日起四个月内向中国证监会和证券交易所报送并披露年度报告,在每一会计年度上半年结束之日起两个月内向中国证监会派出机构和证券交易所报送并披露中期报告。

上述年度报告、中期报告按照有关法律、行政法规、中国证监会及证券交易所的规定进行编制。

第一百五十二条 公司除法定的会计账簿外,将不另立会计账簿。公司的资产,不以任何个人名义开立账户存储。

第一百五十三条 公司分配当年税后利润时,应当提取利润的百分之十列入公司法定公积金。公司法定公积金累计额为公司注册资本的百分之五十以上的,可以不再提取。

公司的法定公积金不足以弥补以前年度亏损的,在依照前款规定提取法定公积金之前,应当先用当年利润弥补亏损。

公司从税后利润中提取法定公积金后,经股东大会决议,还可以从税后利润中提取任意公积金。

公司弥补亏损和提取公积金后所余税后利润,按照股东持有的股份比例分配,但本章程规定不按持股比例分配的除外。

股东大会违反前款规定,在公司弥补亏损和提取法定公积金之前向股东分配利润的,股东必须将违反规定分配的利润退还公司。

公司持有的本公司股份不参与分配利润。

公司应当在公司章程中明确现金分红相对于股票股利在利润分配方式中的优先顺序,并载明以下内容:

(一)公司董事会、股东大会对利润分配尤其是现金分红事项的决策程序和机制,对既定利润分配政策尤其是现金分红政策作出调整的具体条件、决策程序和机制,以及为充分听取中小股东意见所采取的措施。

(二)公司的利润分配政策尤其是现金分红政策的具体内容,利润分配的形式,利润分配尤其是现金分红的具体条件,发放股票股利的条件,年度、中期现金分红最低金额或比例(如有)等。

注释:公司应当以现金的形式向优先股股东支付股息,在完全支付约定的股息之前,不得向普通股股东分配利润。鼓励上市公司在符合利润分配的条件下增加现金分红频次,稳定投资者分红预期。

第一百五十四条 公司的公积金用于弥补公司的亏损、扩大公司生产经营或者转为增加公司资本。但是,资本公积金将不用于弥补公司的亏损。

法定公积金转为资本时,所留存的该项公积金将不少于转增前公司注册资本的百分之二十五。

第一百五十五条 公司股东大会对利润分配方案作出决议后,或公司董事会根据年度股东大会审议通过的下一年中期分红条件和上限制定具体方案后,须在两个月内完成股利(或股份)的派发事项。

第一百五十六条 公司利润分配政策为【具体政策】。其中,现金股利政策目标为【稳定增长股利/固定股利支付率/固定股利/剩余股利/低正常股利加额外股利/其他】。

当公司【最近一年审计报告为非无保留意见或带与持续经营相关的重大不确定性段落的无保留意见/资产负债率高于一定具体比例/经营性现金流低于一定具体水平/其他】的,可以不进行利润分配。

注释:发行境内上市外资股的公司应当按照《境内上市外资股规定实施细则》中的有关规定补充本节的内容。

第二节 内部审计

第一百五十七条 公司实行内部审计制度,配备专职审计人员,对公司财务收支和经济活动进行内部审计监督。

第一百五十八条 公司内部审计制度和审计人员的职责,应当经董事会批准后实施。审计负责人向董事会负责并报告工作。

第三节 会计师事务所的聘任

第一百五十九条 公司聘用符合《证券法》规定的会计师事务所进行会计报表审计、净资产验证及其他相关的咨询服务等业务,聘期一年,可以续聘。

第一百六十条 公司聘用会计师事务所必须由股东大会决定,董事会不得在股东大会决定前委任会计师事务所。

第一百六十一条 公司保证向聘用的会计师事务所提供真实、完整的会计凭证、会计账簿、财务会计报告及其他会计资料,不得拒绝、隐匿、谎报。

第一百六十二条 会计师事务所的审计费用由股东大会决定。

第一百六十三条 公司解聘或者不再续聘会计师事务所时,提前【天数】天事先通知会计师事务所,公司股东大会就解聘会计师事务所进行表决时,允许会计师事务所陈述意见。

会计师事务所提出辞聘的,应当向股东大会说明公司有无不当情形。

第九章 通知和公告

第一节 通 知

第一百六十四条 公司的通知以下列形式发出:

(一)以专人送出;

(二)以邮件方式送出;

(三)以公告方式进行;

(四)本章程规定的其他形式。

第一百六十五条 公司发出的通知,以公告方式进行的,一经公告,视为所有相关人员收到通知。

第一百六十六条 公司召开股东大会的会议通知,以【具体通知方式】进行。

第一百六十七条 公司召开董事会的会议通知,以【具体通知方式】进行。

第一百六十八条 公司召开监事会的会议通知,以【具体通知方式】进行。

注释:公司应当根据实际情况,在章程中确定公司各种会议的具体通知方式。

第一百六十九条 公司通知以专人送出的,由被送达人在送达回执上签名(或盖章),被送达人签收日期为送达日期;公司通知以邮件送出的,自交付邮局之日起第【天数】个工作日为送达日期;公司通知以公告方式送出的,第一次公告刊登日为送达日期。

第一百七十条 因意外遗漏未向某有权得到通知的人送出会议通知或者该等人没有收到会议通知,会议及会议作出的决议并不因此无效。

第二节 公 告

第一百七十一条 公司指定【媒体名称】为刊登公司公告和其他需要披露信息的媒体。

注释:公司应当在符合中国证监会规定条件的媒体范围内确定公司披露信息的媒体。

第十章 合并、分立、增资、减资、解散和清算

第一节 合并、分立、增资和减资

第一百七十二条 公司合并可以采取吸收合并或者新设合并。

一个公司吸收其他公司为吸收合并,被吸收的公司解散。两个以上公司合并设立一个新的公司为新设合并,合并各方解散。

第一百七十三条 公司合并,应当由合并各方签订合并协议,并编制资产负债表及财产清单。公司应当自作出合并决议之日起十日内通知债权人,并于三十日内在【报纸名称】上公告。

债权人自接到通知书之日起三十日内,未接到通知书的自公告之日起四十五日内,可以要求公司清偿债务或者提供相应的担保。

第一百七十四条 公司合并时,合并各方的债权、债务,由合并后存续的公司或者新设的公司承继。

第一百七十五条 公司分立,其财产作相应的分割。

公司分立,应当编制资产负债表及财产清单。公司应当自作出分立决议之日起十日内通知债权人,并于三十日内在【报纸名称】上公告。

第一百七十六条 公司分立前的债务由分立后的公司承担连带责任。但是,公司在分立前与债权人就债务清偿达成的书面协议另有约定的除外。

第一百七十七条 公司需要减少注册资本时,必须编制资产负债表及财产清单。

公司应当自作出减少注册资本决议之日起十日内通知债权人,并于三十日内在【报纸名称】上公告。债权人自接到通知书之日起三十日内,未接到通知书的自公告之日起四十五日内,有权要求公司清偿债务或者提供相应的担保。

公司减资后的注册资本将不低于法定的最低限额。

第一百七十八条 公司合并或者分立,登记事项发生变更的,应当依法向公司登记机关办理变更登记;公司解散的,应当依法办理公司注销登记;设立新公司的,应当依法办理公司设立登记。

公司增加或者减少注册资本,应当依法向公司登记机关办理变更登记。

第二节 解散和清算

第一百七十九条 公司因下列原因解散:

(一)本章程规定的营业期限届满或者本章程规定的其他解散事由出现;

(二)股东大会决议解散;

(三)因公司合并或者分立需要解散;

(四)依法被吊销营业执照、责令关闭或者被撤销;

(五)公司经营管理发生严重困难,继续存续会使股东利益受到重大损失,通过其他途径不能解决的,持有公司全部股东表决权百分之十以上的股东,可以请求人民法院解散公司。

第一百八十条 公司有本章程第一百七十九条第(一)项情形的,可以通过修改本章程而存续。

依照前款规定修改本章程,须经出席股东大会会议的股东所持表决权的三分之二以上通过。

第一百八十一条 公司因本章程第一百七十九条第(一)项、第(二)项、第(四)项、第(五)项规定而解散的,应当在解散事由出现之日起十五日内成立清算组,开始清算。清算组由董事或者股东大会确定的人员组成。逾期不成立清算组进行清算的,债权人可以申请人民法院指定有关人员组成清算组进行清算。

第一百八十二条 清算组在清算期间行使下列职权:

(一)清理公司财产,分别编制资产负债表和财产清单;

(二)通知、公告债权人；
(三)处理与清算有关的公司未了结的业务；
(四)清缴所欠税款以及清算过程中产生的税款；
(五)清理债权、债务；
(六)处理公司清偿债务后的剩余财产；
(七)代表公司参与民事诉讼活动。

第一百八十三条 清算组应当自成立之日起十日内通知债权人，并于六十日内在【报纸名称】上公告。债权人应当自接到通知书之日起三十日内，未接到通知书的自公告之日起四十五日内，向清算组申报其债权。

债权人申报债权，应当说明债权的有关事项，并提供证明材料。清算组应当对债权进行登记。

在申报债权期间，清算组不得对债权人进行清偿。

第一百八十四条 清算组在清理公司财产、编制资产负债表和财产清单后，应当制定清算方案，并报股东大会或者人民法院确认。

公司财产在分别支付清算费用、职工的工资、社会保险费用和法定补偿金，缴纳所欠税款，清偿公司债务后的剩余财产，公司按照股东持有的股份比例分配。

清算期间，公司存续，但不能开展与清算无关的经营活动。

公司财产在未按前款规定清偿前，将不会分配给股东。

注释：已发行优先股的公司因解散、破产等原因进行清算时，公司财产在按照公司法和破产法有关规定进行清偿后的剩余财产，应当优先向优先股股东支付未派发的股息和公司章程约定的清算金额，不足以全额支付的，按照优先股股东持股比例分配。

第一百八十五条 清算组在清理公司财产、编制资产负债表和财产清单后，发现公司财产不足清偿债务的，应当依法向人民法院申请宣告破产。

公司经人民法院裁定宣告破产后，清算组应当将清算事务移交给人民法院。

第一百八十六条 公司清算结束后，清算组应当制作清算报告，报股东大会或者人民法院确认，并报送公司登记机关，申请注销公司登记，公告公司终止。

第一百八十七条 清算组成员应当忠于职守，依法履行清算义务。

清算组成员不得利用职权收受贿赂或者其他非法收入，不得侵占公司财产。

清算组成员因故意或者重大过失给公司或者债权人造成损失的，应当承担赔偿责任。

第一百八十八条 公司被依法宣告破产的，依照有关企业破产的法律实施破产清算。

第十一章 修改章程

第一百八十九条 有下列情形之一的，公司应当修改章程：

(一)《公司法》或有关法律、行政法规修改后，章程规定的事项与修改后的法律、行政法规的规定相抵触；

(二)公司的情况发生变化，与章程记载的事项不一致；

(三)股东大会决定修改章程。

第一百九十条 股东大会决议通过的章程修改事项应经主管机关审批的，须报主管机关批准；涉及公司登记事项的，依法办理变更登记。

第一百九十一条 董事会依照股东大会修改章程的决议和有关主管机关的审批意见修改本章程。

第一百九十二条 章程修改事项属于法律、法规要求披露的信息，按规定予以公告。

第十二章 附　则

第一百九十三条 释义：

(一)控股股东，是指其持有的普通股(含表决权恢复的优先股)占公司股本总额百分之五十以上的股东；持有股份的比例虽然不足百分之五十，但依其持有的股份所享有的表决权已足以对股东大会的决议产生重大影响的股东。

(二)实际控制人，是指虽不是公司的股东，但通过投资关系、协议或者其他安排，能够实际支配公司行为的人。

(三)关联关系，是指公司控股股东、实际控制人、董事、监事、高级管理人员与其直接或者间接控制的企业之间的关系，以及可能导致公司利益转移的其他关系。但是，国家控股的企业之间不仅因为同受国家控股而具有关联关系。

第一百九十四条 董事会可依照章程的规定，制订章程细则。章程细则不得与章程的规定相抵触。

第一百九十五条 本章程以中文书写，其他任何语种或不同版本的章程与本章程有歧义时，以在【公司登记机关全称】最近一次核准登记后的中文版章程为准。

第一百九十六条 本章程所称"以上"、"以内"、"以下"，都含本数；"以外"、"低于"、"多于"不含本数。

第一百九十七条 本章程由公司董事会负责解释。

第一百九十八条 本章程附件包括股东大会议事规

则、董事会议事规则和监事会议事规则。

第一百九十九条 国家对优先股另有规定的，从其规定。

第二百条 本章程指引自公布之日起施行。2019年4月17日施行的《上市公司章程指引》（证监会公告〔2019〕10号）同时废止。

中央企业重大经营风险事件报告工作规则

· 2021年12月13日
· 国资发监督规〔2021〕103号

第一条 为规范中央企业重大经营风险事件报告工作，建立健全重大经营风险管控机制，及时采取应对措施，有效防范和化解重大经营风险，根据《关于印发〈关于加强中央企业内部控制体系建设与监督工作的实施意见〉的通知》（国资发监督规〔2019〕101号），制定本规则。

第二条 本规则所称中央企业，是指国务院国有资产监督管理委员会（以下简称国资委）代表国务院履行出资人职责的国家出资企业（以下简称企业）。

第三条 本规则所称重大经营风险事件，是指企业在生产经营管理活动中发生的，已造成或可能造成重大资产损失或严重不良影响的各类生产经营管理风险事件。

第四条 企业是重大经营风险事件报告工作的责任主体，负责建立重大经营风险事件报告工作制度和运行机制，明确责任分工、畅通报告渠道。企业主要负责人应当对重大经营风险事件报告的真实性、及时性负责。

第五条 国资委对企业重大经营风险事件报告及处置工作实施监督管理，督促指导企业建立重大经营风险事件报告责任体系，做好重大经营风险事件的研判报送、应对处置、跟踪监测、警示通报及问责整改等工作，对于涉及违规经营投资的风险事件，按有关规定开展责任追究。

第六条 企业发生重大经营风险事件后应当快速反应、及时报告，客观准确反映风险事件情况，确保国资委及企业集团能够及时研判、有效应对、稳妥处置，并举一反三做好风险预警通报工作。

第七条 企业生产经营管理过程中，有下列风险情形之一的，应当确定为重大经营风险事件并及时报告：

（一）可能对企业资产、负债、权益和经营成果产生重大影响，影响金额占企业总资产或者净资产或者净利润10%以上，或者预计损失金额超过5000万元。

（二）可能导致企业生产经营条件和市场环境发生特别重大变化，影响企业可持续发展。

（三）因涉嫌严重违法违规被司法机关或者省级以上监管机构立案调查，或者受到重大刑事处罚、行政处罚。

（四）受到其他国家、地区或者国际组织机构管制、制裁等，对企业或者国家形象产生重大负面影响。

（五）受到国内外媒体报道，造成重大负面舆情影响。

（六）其他情形。

第八条 重大经营风险事件报告按照事件发生的不同阶段，分为首报、续报和终报等三种方式。

第九条 首报应当在事件发生后2个工作日内向国资委报告，报告内容包括：事件发生的时间、地点、现状以及可能造成的损失或影响，向企业董事会及监事部门报告情况，以及采取的紧急应对措施等情况。对于特别紧急的重大经营风险事件，应当在第一时间内以适当便捷的方式报告国资委。

第十条 续报应当在事件发生后5个工作日内向国资委报告，报告内容包括：事发单位基本情况，事件起因和性质，基本过程、发展趋势判断、风险应对处置方案、面临问题和困难及建议等情况。

对于需要长期应对处置或整改落实的，应当纳入重大经营风险事件月度或季度监测台账，跟踪监测事件处置进度，并定期报告重大经营风险事件处置进展情况。

第十一条 终报应当在事件处置或整改工作结束后10个工作日内向国资委报告，报告内容包括：事件基本情况、党委（党组）或董事会审议情况、已采取的措施及结果、涉及的金额及造成的损失及影响、存在的主要问题和困难及原因分析、问题整改情况等。涉及违规违纪违法问题的应当一并报告问责情况。

重大经营风险事件报告，应当由企业主要负责人签字并加盖企业公章后报送国资委。

第十二条 国资委根据重大经营风险事件报告质量评估情况，及时提出处理意见并反馈企业。对于重大经营风险事件报告存在质量问题的，要求企业及时进行修改或重新编制报送。

第十三条 企业在重大经营风险事件报告及处置阶段，应当视情向所属企业及时预警提示或通报重大风险事件情况，做到重大风险早发现、早预警、早处置，并认真总结经验教训，不断完善重大经营风险事件报告及应对处置工作。

第十四条 国资委对企业报送的重大经营风险事件进行初步评估，按有关职能和工作分工，由相关厅局督促指导企业做好重大经营风险事件应对工作，跟踪处置情况，加强重大经营风险管控和防范。对具有典型性、普遍性的重大经营风险事件，深入分析原因、研究管理措施，视情及时向企业预警提示或通报。

第十五条 存在以下情形之一的，国资委将印发提示函、约谈或通报，情形严重的依规追究责任：

（一）严重迟报、漏报、瞒报和谎报的。

（二）对重大经营风险事件报告工作敷衍应付，导致发生重大资产损失或严重不良后果的。

（三）重大经营风险事件应对处置不及时、措施不得力，造成重大资产损失或严重不良后果的。

（四）需要追究责任的其他情形。

第十六条 企业重大经营风险事件报告工作应当严格落实国家保密管理有关规定和要求。

第十七条 企业安全生产、节能减排、环境保护、维稳事件等相关风险事件报告工作不适用本规则。

第十八条 本规则自印发之日起施行。《关于加强重大经营风险事件报告工作有关事项的通知》（国资厅发监督〔2020〕17号）同时废止。

关于建立涉案企业合规第三方监督评估机制的指导意见（试行）

·2021年6月3日

为贯彻落实习近平总书记重要讲话精神和党中央重大决策部署，在依法推进企业合规改革试点工作中建立健全涉案企业合规第三方监督评估机制，有效惩治预防企业违法犯罪，服务保障经济社会高质量发展，助力推进国家治理体系和治理能力现代化，根据刑法、刑事诉讼法等法律法规及相关政策精神，制定本指导意见。

第一章 总 则

第一条 涉案企业合规第三方监督评估机制（以下简称第三方机制），是指人民检察院在办理涉企犯罪案件时，对符合企业合规改革试点适用条件的，交由第三方监督评估机制管理委员会（以下简称第三方机制管委会）选任组成的第三方监督评估组织（以下简称第三方组织），对涉案企业的合规承诺进行调查、评估、监督和考察。考察结果作为人民检察院依法处理案件的重要参考。

第二条 第三方机制的建立和运行，应当遵循依法有序、公开公正、平等保护、标本兼治的原则。

第三条 第三方机制适用于公司、企业等市场主体在生产经营活动中涉及的经济犯罪、职务犯罪等案件，既包括公司、企业等实施的单位犯罪案件，也包括公司、企业实际控制人、经营管理人员、关键技术人员等实施的与生产经营活动密切相关的犯罪案件。

第四条 对于同时符合下列条件的涉企犯罪案件，试点地区人民检察院可以根据案件情况适用本指导意见：

（一）涉案企业、个人认罪认罚；

（二）涉案企业能够正常生产经营，承诺建立或者完善企业合规制度，具备启动第三方机制的基本条件；

（三）涉案企业自愿适用第三方机制。

第五条 对于具有下列情形之一的涉企犯罪案件，不适用企业合规试点以及第三方机制：

（一）个人为进行违法犯罪活动而设立公司、企业的；

（二）公司、企业设立后以实施犯罪为主要活动的；

（三）公司、企业人员盗用单位名义实施犯罪的；

（四）涉嫌危害国家安全犯罪、恐怖活动犯罪的；

（五）其他不宜适用的情形。

第二章 第三方机制管委会的组成和职责

第六条 最高人民检察院、国务院国有资产监督管理委员会、财政部、全国工商联会同司法部、生态环境部、国家税务总局、国家市场监督管理总局、中国国际贸易促进委员会等部门组建第三方机制管委会，全国工商联负责承担管委会的日常工作，国务院国有资产监督管理委员会、财政部负责承担管委会中涉及国有企业的日常工作。

第三方机制管委会履行下列职责：

（一）研究制定涉及第三方机制的规范性文件；

（二）研究论证第三方机制涉及的重大法律政策问题；

（三）研究制定第三方机制专业人员名录库的入库条件和管理办法；

（四）研究制定第三方组织及其人员的工作保障和激励制度；

（五）对试点地方第三方机制管委会和第三方组织开展日常监督和巡回检查；

（六）协调相关成员单位对所属或者主管的中华全国律师协会、中国注册会计师协会、中国企业联合会、中国注册税务师协会、中国贸促会全国企业合规委员会(中国贸促会商事法律服务中心)以及其他行业协会、商会、机构等在企业合规领域的业务指导,研究制定涉企犯罪的合规考察标准;

(七)统筹协调全国范围内第三方机制的其他工作。

第七条 第三方机制管委会各成员单位建立联席会议机制,由最高人民检察院、国务院国有资产监督管理委员会、财政部、全国工商联负责同志担任召集人,根据工作需要定期或者不定期召开会议,研究有关重大事项和规范性文件,确定阶段性工作重点和措施。

各成员单位应当按照职责分工,认真落实联席会议确定的工作任务和议定事项,建立健全日常联系、联合调研、信息共享、宣传培训等机制,推动企业合规改革试点和第三方机制相关工作的顺利进行。

第八条 试点地方的人民检察院和国资委、财政部门、工商联应当结合本地实际,参照本指导意见第六条、第七条规定组建本地区的第三方机制管委会并建立联席会议机制。

试点地方第三方机制管委会履行下列职责:

(一)建立本地区第三方机制专业人员名录库,并根据各方意见建议和工作实际进行动态管理;

(二)负责本地区第三方组织及其成员的日常选任、培训、考核工作,确保其依法依规履行职责;

(三)对选任组成的第三方组织及其成员开展日常监督和巡回检查;

(四)对第三方组织的成员违反本指导意见的规定,或者实施其他违反社会公德、职业伦理的行为,严重损害第三方组织形象或公信力的,及时向有关主管机关、协会等提出惩戒建议,涉嫌违法犯罪的,及时向公安司法机关报案或者举报,并将其列入第三方机制专业人员名录库黑名单;

(五)统筹协调本地区第三方机制的其他工作。

第九条 第三方机制管委会应当组建巡回检查小组,按照本指导意见第六条第五项、第八条第三项的规定,对相关组织和人员在第三方机制相关工作中的履职情况开展不预先告知的现场抽查和跟踪监督。

巡回检查小组成员可以由人大代表、政协委员、人民监督员、退休法官、检察官以及会计审计等相关领域的专家学者担任。

第三章 第三方机制的启动和运行

第十条 人民检察院在办理涉企犯罪案件时,应当注意审查是否符合企业合规试点以及第三方机制的适用条件,并及时征询涉案企业、个人的意见。涉案企业、个人及其辩护人、诉讼代理人或者其他相关单位、人员提出适用企业合规试点以及第三方机制申请的,人民检察院应当依法受理并进行审查。

人民检察院经审查认为涉企犯罪案件符合第三方机制适用条件的,可以商请本地区第三方机制管委会启动第三方机制。第三方机制管委会应当根据案件具体情况以及涉案企业类型,从专业人员名录库中分类随机抽取人员组成第三方组织,并向社会公示。

第三方组织组成人员名单应当报送负责办理案件的人民检察院备案。人民检察院或者涉案企业、个人、其他相关单位、人员对选任的第三方组织组成人员提出异议的,第三方机制管委会应当调查核实并视情况做出调整。

第十一条 第三方组织应当要求涉案企业提交专项或者多项合规计划,并明确合规计划的承诺完成时限。

涉案企业提交的合规计划,主要围绕与企业涉嫌犯罪有密切联系的企业内部治理结构、规章制度、人员管理等方面存在的问题,制定可行的合规管理规范,构建有效的合规组织体系,健全合规风险防范报告机制,弥补企业制度建设和监督管理漏洞,防止再次发生相同或者类似的违法犯罪。

第十二条 第三方组织应当对涉案企业合规计划的可行性、有效性与全面性进行审查,提出修改完善的意见建议,并根据案件具体情况和涉案企业承诺履行的期限,确定合规考察期限。

在合规考察期内,第三方组织可以定期或者不定期对涉案企业合规计划履行情况进行检查和评估,可以要求涉案企业定期书面报告合规计划的执行情况,同时抄送负责办理案件的人民检察院。第三方组织发现涉案企业或其人员尚未被办案机关掌握的犯罪事实或者新实施的犯罪行为,应当中止第三方监督评估程序,并向负责办理案件的人民检察院报告。

第十三条 第三方组织在合规考察期届满后,应当对涉案企业的合规计划完成情况进行全面检查、评估和考核,并制作合规考察书面报告,报送负责选任第三方组织的第三方机制管委会和负责办理案件的人民检察院。

第十四条 人民检察院在办理涉企犯罪案件过程中,应当将第三方组织合规考察书面报告、涉案企业合规计划、定期书面报告等合规材料,作为依法作出批准或者不批准逮捕、起诉或者不起诉以及是否变更强制措施等决定,提出量刑建议或者检察建议、检察意见的重要参考。

人民检察院发现涉案企业在预防违法犯罪方面制度不健全、不落实，管理不完善，存在违法犯罪隐患，需要及时消除的，可以结合合规材料，向涉案企业提出检察建议。

人民检察院对涉案企业作出不起诉决定，认为需要给予行政处罚、处分或者没收其违法所得的，应当结合合规材料，依法向有关主管机关提出检察意见。

人民检察院通过第三方机制，发现涉案企业或其人员存在其他违法违规情形的，应当依法将案件线索移送有关主管机关、公安机关或者纪检监察机关处理。

第十五条 人民检察院对于拟作不批准逮捕、不起诉、变更强制措施等决定的涉企犯罪案件，可以根据《人民检察院审查案件听证工作规定》召开听证会，并邀请第三方组织组成人员到会发表意见。

第十六条 负责办理案件的人民检察院应当履行下列职责：

（一）对第三方组织组成人员名单进行备案审查，发现组成人员存在明显不适当情形的，及时向第三方机制管委会提出意见建议；

（二）对涉案企业合规计划、定期书面报告进行审查，向第三方组织提出意见建议；

（三）对第三方组织合规考察书面报告进行审查，向第三方机制管委会提出意见建议，必要时开展调查核实工作；

（四）依法办理涉案企业、个人及其辩护人、诉讼代理人或者其他相关单位、人员在第三方机制运行期间提出的申诉、控告或者有关申请、要求；

（五）刑事诉讼法、人民检察院刑事诉讼规则等法律、司法解释规定的其他法定职责。

第十七条 第三方组织及其组成人员在合规考察期内，可以针对涉案企业合规计划、定期书面报告开展必要的检查、评估，涉案企业应当予以配合。

第三方组织及其组成人员应当履行下列义务：

（一）遵纪守法，勤勉尽责，客观中立；

（二）不得泄露履职过程中知悉的国家秘密、商业秘密和个人隐私；

（三）不得利用履职便利，索取、收受贿赂或者非法侵占涉案企业、个人的财物；

（四）不得利用履职便利，干扰涉案企业正常生产经营活动。

第三方组织组成人员系律师、注册会计师、税务师（注册税务师）等中介组织人员的，在履行第三方监督评估职责期间不得违反规定接受可能有利益关系的业务；在履行第三方监督评估职责结束后一年以内，上述人员及其所在中介组织不得接受涉案企业、个人或者其他有利益关系的单位、人员的业务。

第十八条 涉案企业或其人员在第三方机制运行期间，认为第三方组织或其组成人员存在行为不当或者涉嫌违法犯罪的，可以向负责选任第三方组织的第三方机制管委会反映或者提出异议，或者向负责办理案件的人民检察院提出申诉、控告。

涉案企业及其人员应当按照时限要求认真履行合规计划，不得拒绝履行或者变相不履行合规计划、拒不配合第三方组织合规考察或者实施其他严重违反合规计划的行为。

第四章 附 则

第十九条 纪检监察机关认为涉嫌行贿的企业符合企业合规试点以及第三方机制适用条件，向人民检察院提出建议的，人民检察院可以参照适用本指导意见。

第二十条 试点地方人民检察院、国资委、财政部门、工商联可以结合本地实际，参照本指导意见会同有关部门制定具体实施办法，并按照试点工作要求报送备案。

本指导意见由最高人民检察院、国务院国有资产监督管理委员会、财政部、全国工商联会同司法部、生态环境部、国家税务总局、国家市场监督管理总局、中国国际贸易促进委员会负责解释，自印发之日起施行。

2. 国有资产

中华人民共和国企业国有资产法

- 2008年10月28日第十一届全国人民代表大会常务委员会第五次会议通过
- 2008年10月28日中华人民共和国主席令第5号公布
- 自2009年5月1日起施行

第一章 总 则

第一条 为了维护国家基本经济制度，巩固和发展国有经济，加强对国有资产的保护，发挥国有经济在国民经济中的主导作用，促进社会主义市场经济发展，制定本法。

第二条 本法所称企业国有资产（以下称国有资产），是指国家对企业各种形式的出资所形成的权益。

第三条 国有资产属于国家所有即全民所有。国务院代表国家行使国有资产所有权。

第四条 国务院和地方人民政府依照法律、行政法规的规定,分别代表国家对国家出资企业履行出资人职责,享有出资人权益。

国务院确定的关系国民经济命脉和国家安全的大型国家出资企业,重要基础设施和重要自然资源等领域的国家出资企业,由国务院代表国家履行出资人职责。其他的国家出资企业,由地方人民政府代表国家履行出资人职责。

第五条 本法所称国家出资企业,是指国家出资的国有独资企业、国有独资公司,以及国有资本控股公司、国有资本参股公司。

第六条 国务院和地方人民政府应当按照政企分开、社会公共管理职能与国有资产出资人职能分开、不干预企业依法自主经营的原则,依法履行出资人职责。

第七条 国家采取措施,推动国有资本向关系国民经济命脉和国家安全的重要行业和关键领域集中,优化国有经济布局和结构,推进国有企业的改革和发展,提高国有经济的整体素质,增强国有经济的控制力、影响力。

第八条 国家建立健全与社会主义市场经济发展要求相适应的国有资产管理与监督体制,建立健全国有资产保值增值考核和责任追究制度,落实国有资产保值增值责任。

第九条 国家建立健全国有资产基础管理制度。具体办法按照国务院的规定制定。

第十条 国有资产受法律保护,任何单位和个人不得侵害。

第二章 履行出资人职责的机构

第十一条 国务院国有资产监督管理机构和地方人民政府按照国务院的规定设立的国有资产监督管理机构,根据本级人民政府的授权,代表本级人民政府对国家出资企业履行出资人职责。

国务院和地方人民政府根据需要,可以授权其他部门、机构代表本级人民政府对国家出资企业履行出资人职责。

代表本级人民政府履行出资人职责的机构、部门,以下统称履行出资人职责的机构。

第十二条 履行出资人职责的机构代表本级人民政府对国家出资企业依法享有资产收益、参与重大决策和选择管理者等出资人权利。

履行出资人职责的机构依照法律、行政法规的规定,制定或者参与制定国家出资企业的章程。

履行出资人职责的机构对法律、行政法规和本级人民政府规定须经本级人民政府批准的履行出资人职责的重大事项,应当报请本级人民政府批准。

第十三条 履行出资人职责的机构委派的股东代表参加国有资本控股公司、国有资本参股公司召开的股东会会议、股东大会会议,应当按照委派机构的指示提出提案、发表意见、行使表决权,并将其履行职责的情况和结果及时报告委派机构。

第十四条 履行出资人职责的机构应当依照法律、行政法规以及企业章程履行出资人职责,保障出资人权益,防止国有资产损失。

履行出资人职责的机构应当维护企业作为市场主体依法享有的权利,除依法履行出资人职责外,不得干预企业经营活动。

第十五条 履行出资人职责的机构对本级人民政府负责,向本级人民政府报告履行出资人职责的情况,接受本级人民政府的监督和考核,对国有资产的保值增值负责。

履行出资人职责的机构应当按照国家有关规定,定期向本级人民政府报告有关国有资产总量、结构、变动、收益等汇总分析的情况。

第三章 国家出资企业

第十六条 国家出资企业对其动产、不动产和其他财产依照法律、行政法规以及企业章程享有占有、使用、收益和处分的权利。

国家出资企业依法享有的经营自主权和其他合法权益受法律保护。

第十七条 国家出资企业从事经营活动,应当遵守法律、行政法规,加强经营管理,提高经济效益,接受人民政府及其有关部门、机构依法实施的管理和监督,接受社会公众的监督,承担社会责任,对出资人负责。

国家出资企业应当依法建立和完善法人治理结构,建立健全内部监督管理和风险控制制度。

第十八条 国家出资企业应当依照法律、行政法规和国务院财政部门的规定,建立健全财务、会计制度,设置会计账簿,进行会计核算,依照法律、行政法规以及企业章程的规定向出资人提供真实、完整的财务、会计信息。

国家出资企业应当依照法律、行政法规以及企业章程的规定,向出资人分配利润。

第十九条 国有独资公司、国有资本控股公司和国有资本参股公司依照《中华人民共和国公司法》的规定设立监事会。国有独资企业由履行出资人职责的机构按照国务院的规定委派监事组成监事会。

国家出资企业的监事会依照法律、行政法规以及企业章程的规定，对董事、高级管理人员执行职务的行为进行监督，对企业财务进行监督检查。

第二十条 国家出资企业依照法律规定，通过职工代表大会或者其他形式，实行民主管理。

第二十一条 国家出资企业对其所出资企业依法享有资产收益、参与重大决策和选择管理者等出资人权利。

国家出资企业对其所出资企业，应当依照法律、行政法规的规定，通过制定或者参与制定所出资企业的章程，建立权责明确、有效制衡的企业内部监督管理和风险控制制度，维护其出资人权益。

第四章 国家出资企业管理者的选择与考核

第二十二条 履行出资人职责的机构依照法律、行政法规以及企业章程的规定，任免或者建议任免国家出资企业的下列人员：

（一）任免国有独资企业的经理、副经理、财务负责人和其他高级管理人员；

（二）任免国有独资公司的董事长、副董事长、董事、监事会主席和监事；

（三）向国有资本控股公司、国有资本参股公司的股东会、股东大会提出董事、监事人选。

国家出资企业中应当由职工代表出任的董事、监事，依照有关法律、行政法规的规定由职工民主选举产生。

第二十三条 履行出资人职责的机构任命或者建议任命的董事、监事、高级管理人员，应当具备下列条件：

（一）有良好的品行；

（二）有符合职位要求的专业知识和工作能力；

（三）有能够正常履行职责的身体条件；

（四）法律、行政法规规定的其他条件。

董事、监事、高级管理人员在任职期间出现不符合前款规定情形或者出现《中华人民共和国公司法》规定的不得担任公司董事、监事、高级管理人员情形的，履行出资人职责的机构应当依法予以免职或者提出免职建议。

第二十四条 履行出资人职责的机构对拟任命或者建议任命的董事、监事、高级管理人员的人选，应当按照规定的条件和程序进行考察。考察合格的，按照规定的权限和程序任命或者建议任命。

第二十五条 未经履行出资人职责的机构同意，国有独资企业、国有独资公司的董事、高级管理人员不得在其他企业兼职。未经股东会、股东大会同意，国有资本控股公司、国有资本参股公司的董事、高级管理人员不得在经营同类业务的其他企业兼职。

未经履行出资人职责的机构同意，国有独资公司的董事长不得兼任经理。未经股东会、股东大会同意，国有资本控股公司的董事长不得兼任经理。

董事、高级管理人员不得兼任监事。

第二十六条 国家出资企业的董事、监事、高级管理人员，应当遵守法律、行政法规以及企业章程，对企业负有忠实义务和勤勉义务，不得利用职权收受贿赂或者取得其他非法收入和不当利益，不得侵占、挪用企业资产，不得超越职权或者违反程序决定企业重大事项，不得有其他侵害国有资产出资人权益的行为。

第二十七条 国家建立国家出资企业管理者经营业绩考核制度。履行出资人职责的机构应当对其任命的企业管理者进行年度和任期考核，并依据考核结果决定对企业管理者的奖惩。

履行出资人职责的机构应当按照国家有关规定，确定其任命的国家出资企业管理者的薪酬标准。

第二十八条 国有独资企业、国有独资公司和国有资本控股公司的主要负责人，应当接受依法进行的任期经济责任审计。

第二十九条 本法第二十二条第一款第一项、第二项规定的企业管理者，国务院和地方人民政府规定由本级人民政府任免的，依照其规定。履行出资人职责的机构依照本章规定对上述企业管理者进行考核、奖惩并确定其薪酬标准。

第五章 关系国有资产出资人权益的重大事项

第一节 一般规定

第三十条 国家出资企业合并、分立、改制、上市，增加或者减少注册资本，发行债券，进行重大投资，为他人提供大额担保，转让重大财产，进行大额捐赠，分配利润，以及解散、申请破产等重大事项，应当遵守法律、行政法规以及企业章程的规定，不得损害出资人和债权人的权益。

第三十一条 国有独资企业、国有独资公司合并、分立，增加或者减少注册资本，发行债券，分配利润，以及解散、申请破产，由履行出资人职责的机构决定。

第三十二条 国有独资企业、国有独资公司有本法第三十条所列事项的，除依照本法第三十一条和有关法律、行政法规以及企业章程的规定，由履行出资人职责的机构决定的以外，国有独资企业由企业负责人集体讨论决定，国有独资公司由董事会决定。

第三十三条 国有资本控股公司、国有资本参股公司有本法第三十条所列事项的,依照法律、行政法规以及公司章程的规定,由公司股东会、股东大会或者董事会决定。由股东会、股东大会决定的,履行出资人职责的机构委派的股东代表应当依照本法第十三条的规定行使权利。

第三十四条　重要的国有独资企业、国有独资公司、国有资本控股公司的合并、分立、解散、申请破产以及法律、行政法规和本级人民政府规定应当由履行出资人职责的机构报经本级人民政府批准的重大事项,履行出资人职责的机构在作出决定或者向其委派参加国有资本控股公司股东会会议、股东大会会议的股东代表作出指示前,应当报请本级人民政府批准。

本法所称的重要的国有独资企业、国有独资公司和国有资本控股公司,按照国务院的规定确定。

第三十五条　国家出资企业发行债券、投资等事项,有关法律、行政法规规定应当报经人民政府或者人民政府有关部门、机构批准、核准或者备案的,依照其规定。

第三十六条　国家出资企业投资应当符合国家产业政策,并按照国家规定进行可行性研究;与他人交易应当公平、有偿,取得合理对价。

第三十七条　国家出资企业的合并、分立、改制、解散、申请破产等重大事项,应当听取企业工会的意见,并通过职工代表大会或者其他形式听取职工的意见和建议。

第三十八条　国有独资企业、国有独资公司、国有资本控股公司对其所出资企业的重大事项参照本章规定履行出资人职责。具体办法由国务院规定。

第二节　企业改制

第三十九条　本法所称企业改制是指:
(一)国有独资企业改为国有独资公司;
(二)国有独资企业、国有独资公司改为国有资本控股公司或者非国有资本控股公司;
(三)国有资本控股公司改为非国有资本控股公司。

第四十条　企业改制应当依照法定程序,由履行出资人职责的机构决定或者由公司股东会、股东大会决定。

重要的国有独资企业、国有独资公司、国有资本控股公司的改制,履行出资人职责的机构在作出决定或者向其委派参加国有资本控股公司股东会会议、股东大会会议的股东代表作出指示前,应当将改制方案报请本级人民政府批准。

第四十一条　企业改制应当制定改制方案,载明改制后的企业组织形式、企业资产和债权债务处理方案、股权变动方案、改制的操作程序、资产评估和财务审计等中介机构的选聘等事项。

企业改制涉及重新安置企业职工的,还应当制定职工安置方案,并经职工代表大会或者职工大会审议通过。

第四十二条　企业改制应当按照规定进行清产核资、财务审计、资产评估,准确界定和核实资产,客观、公正地确定资产的价值。

企业改制涉及以企业的实物、知识产权、土地使用权等非货币财产折算为国有资本出资或者股份的,应当按照规定对折价财产进行评估,以评估确认价格作为确定国有资本出资额或者股份数额的依据。不得将财产低价折股或者有其他损害出资人权益的行为。

第三节　与关联方的交易

第四十三条　国家出资企业的关联方不得利用与国家出资企业之间的交易,谋取不当利益,损害国家出资企业利益。

本法所称关联方,是指本企业的董事、监事、高级管理人员及其近亲属,以及这些人员所有或者实际控制的企业。

第四十四条　国有独资企业、国有独资公司、国有资本控股公司不得无偿向关联方提供资金、商品、服务或者其他资产,不得以不公平的价格与关联方进行交易。

第四十五条　未经履行出资人职责的机构同意,国有独资企业、国有独资公司不得有下列行为:
(一)与关联方订立财产转让、借款的协议;
(二)为关联方提供担保;
(三)与关联方共同出资设立企业,或者向董事、监事、高级管理人员或者其近亲属所有或者实际控制的企业投资。

第四十六条　国有资本控股公司、国有资本参股公司与关联方的交易,依照《中华人民共和国公司法》和有关行政法规以及公司章程的规定,由公司股东会、股东大会或者董事会决定。由公司股东会、股东大会决定的,履行出资人职责的机构委派的股东代表,应当依照本法第十三条的规定行使权利。

公司董事会对公司与关联方的交易作出决议时,该交易涉及的董事不得行使表决权,也不得代理其他董事行使表决权。

第四节　资产评估

第四十七条　国有独资企业、国有独资公司和国有资本控股公司合并、分立、改制,转让重大财产,以非货币财产对外投资,清算或者有法律、行政法规以及企业章程规定应当进行资产评估的其他情形的,应当按照规定对有关资产进行评估。

第四十八条 国有独资企业、国有独资公司和国有资本控股公司应当委托依法设立的符合条件的资产评估机构进行资产评估;涉及应当经履行出资人职责的机构决定的事项的,应当将委托资产评估机构的情况向履行出资人职责的机构报告。

第四十九条 国有独资企业、国有独资公司、国有资本控股公司及其董事、监事、高级管理人员应当向资产评估机构如实提供有关情况和资料,不得与资产评估机构串通评估作价。

第五十条 资产评估机构及其工作人员受托评估有关资产,应当遵守法律、行政法规以及评估执业准则,独立、客观、公正地对受托评估的资产进行评估。资产评估机构应当对其出具的评估报告负责。

第五节 国有资产转让

第五十一条 本法所称国有资产转让,是指依法将国家对企业的出资所形成的权益转移给其他单位或者个人的行为;按国家规定无偿划转国有资产的除外。

第五十二条 国有资产转让应当有利于国有经济布局和结构的战略性调整,防止国有资产损失,不得损害交易各方的合法权益。

第五十三条 国有资产转让由履行出资人职责的机构决定。履行出资人职责的机构决定转让全部国有资产的,或者转让部分国有资产致使国家对该企业不再具有控股地位的,应当报请本级人民政府批准。

第五十四条 国有资产转让应当遵循等价有偿和公开、公平、公正的原则。

除按照国家规定可以直接协议转让的以外,国有资产转让应当在依法设立的产权交易场所公开进行。转让方应当如实披露有关信息,征集受让方;征集产生的受让方为两个以上的,转让应当采用公开竞价的交易方式。

转让上市交易的股份依照《中华人民共和国证券法》的规定进行。

第五十五条 国有资产转让应当以依法评估的、经履行出资人职责的机构认可或者由履行出资人职责的机构报经本级人民政府核准的价格为依据,合理确定最低转让价格。

第五十六条 法律、行政法规或者国务院国有资产监督管理机构规定可以向本企业的董事、监事、高级管理人员或者其近亲属,或者这些人员所有或者实际控制的企业转让的国有资产,在转让时,上述人员或者企业参与受让的,应当与其他受让参与者平等竞买;转让方应当按照国家有关规定,如实披露有关信息;相关的董事、监事和高级管理人员不得参与转让方案的制定和组织实施的各项工作。

第五十七条 国有资产向境外投资者转让的,应当遵守国家有关规定,不得危害国家安全和社会公共利益。

第六章 国有资本经营预算

第五十八条 国家建立健全国有资本经营预算制度,对取得的国有资本收入及其支出实行预算管理。

第五十九条 国家取得的下列国有资本收入,以及下列收入的支出,应当编制国有资本经营预算:
(一)从国家出资企业分得的利润;
(二)国有资产转让收入;
(三)从国家出资企业取得的清算收入;
(四)其他国有资本收入。

第六十条 国有资本经营预算按年度单独编制,纳入本级人民政府预算,报本级人民代表大会批准。

国有资本经营预算支出按照当年预算收入规模安排,不列赤字。

第六十一条 国务院和有关地方人民政府财政部门负责国有资本经营预算草案的编制工作,履行出资人职责的机构向财政部门提出由其履行出资人职责的国有资本经营预算建议草案。

第六十二条 国有资本经营预算管理的具体办法和实施步骤,由国务院规定,报全国人民代表大会常务委员会备案。

第七章 国有资产监督

第六十三条 各级人民代表大会常务委员会通过听取和审议本级人民政府履行出资人职责的情况和国有资产监督管理情况的专项工作报告,组织对本法实施情况的执法检查等,依法行使监督职权。

第六十四条 国务院和地方人民政府应当对其授权履行出资人职责的机构履行职责的情况进行监督。

第六十五条 国务院和地方人民政府审计机关依照《中华人民共和国审计法》的规定,对国有资本经营预算的执行情况和属于审计监督对象的国家出资企业进行审计监督。

第六十六条 国务院和地方人民政府应当依法向社会公布国有资产状况和国有资产监督管理工作情况,接受社会公众的监督。

任何单位和个人有权对造成国有资产损失的行为进

行检举和控告。

第六十七条 履行出资人职责的机构根据需要,可以委托会计师事务所对国有独资企业、国有独资公司的年度财务会计报告进行审计,或者通过国有资本控股公司的股东会、股东大会决议,由国有资本控股公司聘请会计师事务所对公司的年度财务会计报告进行审计,维护出资人权益。

第八章 法律责任

第六十八条 履行出资人职责的机构有下列行为之一的,对其直接负责的主管人员和其他直接责任人员依法给予处分:

(一)不按照法定的任职条件,任命或者建议任命国家出资企业管理者的;

(二)侵占、截留、挪用国家出资企业的资金或者应当上缴的国有资本收入的;

(三)违反法定的权限、程序,决定国家出资企业重大事项,造成国有资产损失的;

(四)有其他不依法履行出资人职责的行为,造成国有资产损失的。

第六十九条 履行出资人职责的机构的工作人员玩忽职守、滥用职权、徇私舞弊,尚不构成犯罪的,依法给予处分。

第七十条 履行出资人职责的机构委派的股东代表未按照委派机构的指示履行职责,造成国有资产损失的,依法承担赔偿责任;属于国家工作人员的,并依法给予处分。

第七十一条 国家出资企业的董事、监事、高级管理人员有下列行为之一,造成国有资产损失的,依法承担赔偿责任;属于国家工作人员的,并依法给予处分:

(一)利用职权收受贿赂或者取得其他非法收入和不当利益的;

(二)侵占、挪用企业资产的;

(三)在企业改制、财产转让等过程中,违反法律、行政法规和公平交易规则,将企业财产低价转让、低价折股的;

(四)违反本法规定与本企业进行交易的;

(五)不如实向资产评估机构、会计师事务所提供有关情况和资料,或者与资产评估机构、会计师事务所串通出具虚假资产评估报告、审计报告的;

(六)违反法律、行政法规和企业章程规定的决策程序,决定企业重大事项的;

(七)有其他违反法律、行政法规和企业章程执行职务行为的。

国家出资企业的董事、监事、高级管理人员因前款所列行为取得的收入,依法予以追缴或者归国家出资企业所有。

履行出资人职责的机构任命或者建议任命的董事、监事、高级管理人员有本条第一款所列行为之一,造成国有资产重大损失的,由履行出资人职责的机构依法予以免职或者提出免职建议。

第七十二条 在涉及关联方交易、国有资产转让等交易活动中,当事人恶意串通,损害国有资产权益的,该交易行为无效。

第七十三条 国有独资企业、国有独资公司、国有资本控股公司的董事、监事、高级管理人员违反本法规定,造成国有资产重大损失,被免职的,自免职之日起五年内不得担任国有独资企业、国有独资公司、国有资本控股公司的董事、监事、高级管理人员;造成国有资产特别重大损失,或者因贪污、贿赂、侵占财产、挪用财产或者破坏社会主义市场经济秩序被判处刑罚的,终身不得担任国有独资企业、国有独资公司、国有资本控股公司的董事、监事、高级管理人员。

第七十四条 接受委托对国家出资企业进行资产评估、财务审计的资产评估机构、会计师事务所违反法律、行政法规的规定和执业准则,出具虚假的资产评估报告或者审计报告的,依照有关法律、行政法规的规定追究法律责任。

第七十五条 违反本法规定,构成犯罪的,依法追究刑事责任。

第九章 附 则

第七十六条 金融企业国有资产的管理与监督,法律、行政法规另有规定的,依照其规定。

第七十七条 本法自 2009 年 5 月 1 日起施行。

企业国有资产监督管理暂行条例

· 2003 年 5 月 27 日中华人民共和国国务院令第 378 号公布
· 根据 2011 年 1 月 8 日《国务院关于废止和修改部分行政法规的决定》第一次修订
· 根据 2019 年 3 月 2 日《国务院关于修改部分行政法规的决定》第二次修订

第一章 总 则

第一条 为建立适应社会主义市场经济需要的国有资产监督管理体制,进一步搞好国有企业,推动国有经济布局和结构的战略性调整,发展和壮大国有经济,实现国有资产保值增值,制定本条例。

第二条 国有及国有控股企业、国有参股企业中的国有资产的监督管理,适用本条例。

金融机构中的国有资产的监督管理,不适用本条例。

第三条 本条例所称企业国有资产,是指国家对企业各种形式的投资和投资所形成的权益,以及依法认定为国家所有的其他权益。

第四条 企业国有资产属于国家所有。国家实行由国务院和地方人民政府分别代表国家履行出资人职责,享有所有者权益,权利、义务和责任相统一,管资产和管人、管事相结合的国有资产管理体制。

第五条 国务院代表国家对关系国民经济命脉和国家安全的大型国有及国有控股、国有参股企业,重要基础设施和重要自然资源等领域的国有及国有控股、国有参股企业,履行出资人职责。国务院履行出资人职责的企业,由国务院确定、公布。

省、自治区、直辖市人民政府和设区的市、自治州级人民政府分别代表国家对由国务院履行出资人职责以外的国有及国有控股、国有参股企业,履行出资人职责。其中,省、自治区、直辖市人民政府履行出资人职责的国有及国有控股、国有参股企业,由省、自治区、直辖市人民政府确定、公布,并报国务院国有资产监督管理机构备案;其他由设区的市、自治州级人民政府履行出资人职责的国有及国有控股、国有参股企业,由设区的市、自治州级人民政府确定、公布,并报省、自治区、直辖市人民政府国有资产监督管理机构备案。

国务院,省、自治区、直辖市人民政府,设区的市、自治州级人民政府履行出资人职责的企业,以下统称所出资企业。

第六条 国务院,省、自治区、直辖市人民政府,设区的市、自治州级人民政府,分别设立国有资产监督管理机构。国有资产监督管理机构根据授权,依法履行出资人职责,依法对企业国有资产进行监督管理。

企业国有资产较少的设区的市、自治州,经省、自治区、直辖市人民政府批准,可以不单独设立国有资产监督管理机构。

第七条 各级人民政府应当严格执行国有资产管理法律、法规,坚持政府的社会公共管理职能与国有资产出资人职能分开,坚持政企分开,实行所有权与经营权分离。

国有资产监督管理机构不行使政府的社会公共管理职能,政府其他机构、部门不履行企业国有资产出资人职责。

第八条 国有资产监督管理机构应当依照本条例和其他有关法律、行政法规的规定,建立健全内部监督制度,严格执行法律、行政法规。

第九条 发生战争、严重自然灾害或者其他重大、紧急情况时,国家可以依法统一调用、处置企业国有资产。

第十条 所出资企业及其投资设立的企业,享有有关法律、行政法规规定的企业经营自主权。

国有资产监督管理机构应当支持企业依法自主经营,除履行出资人职责以外,不得干预企业的生产经营活动。

第十一条 所出资企业应当努力提高经济效益,对其经营管理的企业国有资产承担保值增值责任。

所出资企业应当接受国有资产监督管理机构依法实施的监督管理,不得损害企业国有资产所有者和其他出资人的合法权益。

第二章 国有资产监督管理机构

第十二条 国务院国有资产监督管理机构是代表国务院履行出资人职责、负责监督管理企业国有资产的直属特设机构。

省、自治区、直辖市人民政府国有资产监督管理机构,设区的市、自治州级人民政府国有资产监督管理机构是代表本级政府履行出资人职责、负责监督管理企业国有资产的直属特设机构。

上级政府国有资产监督管理机构依法对下级政府的国有资产监督管理工作进行指导和监督。

第十三条 国有资产监督管理机构的主要职责是:

(一)依照《中华人民共和国公司法》等法律、法规,对所出资企业履行出资人职责,维护所有者权益;

(二)指导推进国有及国有控股企业的改革和重组;

(三)依照规定向所出资企业委派监事;

(四)依照法定程序对所出资企业的企业负责人进行任免、考核,并根据考核结果对其进行奖惩;

(五)通过统计、稽核等方式对企业国有资产的保值增值情况进行监管;

(六)履行出资人的其他职责和承办本级政府交办的其他事项。

国务院国有资产监督管理机构除前款规定职责外,可以制定企业国有资产监督管理的规章、制度。

第十四条 国有资产监督管理机构的主要义务是:

(一)推进国有资产合理流动和优化配置,推动国有经济布局和结构的调整；

（二）保持和提高关系国民经济命脉和国家安全领域国有经济的控制力和竞争力，提高国有经济的整体素质；

（三）探索有效的企业国有资产经营体制和方式，加强企业国有资产监督管理工作，促进企业国有资产保值增值，防止企业国有资产流失；

（四）指导和促进国有及国有控股企业建立现代企业制度，完善法人治理结构，推进管理现代化；

（五）尊重、维护国有及国有控股企业经营自主权，依法维护企业合法权益，促进企业依法经营管理，增强企业竞争力；

（六）指导和协调解决国有及国有控股企业改革与发展中的困难和问题。

第十五条 国有资产监督管理机构应当向本级政府报告企业国有资产监督管理工作、国有资产保值增值状况和其他重大事项。

第三章 企业负责人管理

第十六条 国有资产监督管理机构应当建立健全适应现代企业制度要求的企业负责人的选用机制和激励约束机制。

第十七条 国有资产监督管理机构依照有关规定，任免或者建议任免所出资企业的企业负责人：

（一）任免国有独资企业的总经理、副总经理、总会计师及其他企业负责人；

（二）任免国有独资公司的董事长、副董事长、董事，并向其提出总经理、副总经理、总会计师等的任免建议；

（三）依照公司章程，提出向国有控股的公司派出的董事、监事人选，推荐国有控股的公司的董事长、副董事长和监事会主席人选，并向其提出总经理、副总经理、总会计师人选的建议；

（四）依照公司章程，提出向国有参股的公司派出的董事、监事人选。

国务院，省、自治区、直辖市人民政府，设区的市、自治州级人民政府，对所出资企业的企业负责人的任免另有规定的，按照有关规定执行。

第十八条 国有资产监督管理机构应当建立企业负责人经营业绩考核制度，与其任命的企业负责人签订业绩合同，根据业绩合同对企业负责人进行年度考核和任期考核。

第十九条 国有资产监督管理机构应当依照有关规定，确定所出资企业中的国有独资企业、国有独资公司的企业负责人的薪酬；依据考核结果，决定其向所出资企业派出的企业负责人的奖惩。

第四章 企业重大事项管理

第二十条 国有资产监督管理机构负责指导国有及国有控股企业建立现代企业制度，审核批准其所出资企业中的国有独资企业、国有独资公司的重组、股份制改造方案和所出资企业中的国有独资公司的章程。

第二十一条 国有资产监督管理机构依照法定程序决定其所出资企业中的国有独资企业、国有独资公司的分立、合并、破产、解散、增减资本、发行公司债券等重大事项。其中，重要的国有独资企业、国有独资公司分立、合并、破产、解散的，应当由国有资产监督管理机构审核后，报本级人民政府批准。

国有资产监督管理机构依照法定程序审核、决定国防科技工业领域其所出资企业中的国有独资企业、国有独资公司的有关重大事项时，按照国家有关法律、规定执行。

第二十二条 国有资产监督管理机构依照公司法的规定，派出股东代表、董事，参加国有控股的公司、国有参股的公司的股东会、董事会。

国有控股的公司、国有参股的公司的股东会、董事会决定公司的分立、合并、破产、解散、增减资本、发行公司债券、任免企业负责人等重大事项时，国有资产监督管理机构派出的股东代表、董事，应当按照国有资产监督管理机构的指示发表意见、行使表决权。

国有资产监督管理机构派出的股东代表、董事，应当将其履行职责的有关情况及时向国有资产监督管理机构报告。

第二十三条 国有资产监督管理机构决定其所出资企业的国有股权转让。其中，转让全部国有股权或者转让部分国有股权致使国家不再拥有控股地位的，报本级人民政府批准。

第二十四条 所出资企业投资设立的重要子企业的重大事项，需由所出资企业报国有资产监督管理机构批准的，管理办法由国务院国有资产监督管理机构另行制定，报国务院批准。

第二十五条 国有资产监督管理机构依照国家有关规定组织协调所出资企业中的国有独资企业、国有独资公司的兼并破产工作，并配合有关部门做好企业下岗职工安置等工作。

第二十六条 国有资产监督管理机构依照国家有关规定拟订所出资企业收入分配制度改革的指导意见，调控所出资企业工资分配的总体水平。

第二十七条 国有资产监督管理机构可以对所出资企业中具备条件的国有独资企业、国有独资公司进行国有资产授权经营。

被授权的国有独资企业、国有独资公司对其全资、控股、参股企业中国家投资形成的国有资产依法进行经营、管理和监督。

第二十八条 被授权的国有独资企业、国有独资公司应当建立和完善规范的现代企业制度，并承担企业国有资产的保值增值责任。

第五章 企业国有资产管理

第二十九条 国有资产监督管理机构依照国家有关规定，负责企业国有资产的产权界定、产权登记、资产评估监管、清产核资、资产统计、综合评价等基础管理工作。

国有资产监督管理机构协调其所出资企业之间的企业国有资产产权纠纷。

第三十条 国有资产监督管理机构应当建立企业国有资产产权交易监督管理制度，加强企业国有资产产权交易的监督管理，促进企业国有资产的合理流动，防止企业国有资产流失。

第三十一条 国有资产监督管理机构对其所出资企业的企业国有资产收益依法履行出资人职责；对其所出资企业的重大投融资规划、发展战略和规划，依照国家发展规划和产业政策履行出资人职责。

第三十二条 所出资企业中的国有独资企业、国有独资公司的重大资产处置，需由国有资产监督管理机构批准的，依照有关规定执行。

第六章 企业国有资产监督

第三十三条 国有资产监督管理机构依法对所出资企业财务进行监督，建立和完善国有资产保值增值指标体系，维护国有资产出资人的权益。

第三十四条 国有及国有控股企业应当加强内部监督和风险控制，依照国家有关规定建立健全财务、审计、企业法律顾问和职工民主监督等制度。

第三十五条 所出资企业中的国有独资企业、国有独资公司应当按照规定定期向国有资产监督管理机构报告财务状况、生产经营状况和国有资产保值增值状况。

第七章 法律责任

第三十六条 国有资产监督管理机构不按规定任免或者建议任免所出资企业的企业负责人，或者违法干预所出资企业的生产经营活动，侵犯其合法权益，造成企业国有资产损失或者其他严重后果的，对直接负责的主管人员和其他直接责任人员依法给予行政处分；构成犯罪的，依法追究刑事责任。

第三十七条 所出资企业中的国有独资企业、国有独资公司未按照规定向国有资产监督管理机构报告财务状况、生产经营状况和国有资产保值增值状况的，予以警告；情节严重的，对直接负责的主管人员和其他直接责任人员依法给予纪律处分。

第三十八条 国有及国有控股企业的企业负责人滥用职权、玩忽职守，造成企业国有资产损失的，应负赔偿责任，并对其依法给予纪律处分；构成犯罪的，依法追究刑事责任。

第三十九条 对企业国有资产损失负有责任受到撤职以上纪律处分的国有及国有控股企业的企业负责人，5年内不得担任任何国有及国有控股企业的企业负责人；造成企业国有资产重大损失或者被判处刑罚的，终身不得担任任何国有及国有控股企业的企业负责人。

第八章 附 则

第四十条 国有及国有控股企业、国有参股企业的组织形式、组织机构、权利和义务等，依照《中华人民共和国公司法》等法律、行政法规和本条例的规定执行。

第四十一条 国有及国有控股企业、国有参股企业中中国共产党基层组织建设、社会主义精神文明建设和党风廉政建设，依照《中国共产党章程》和有关规定执行。

国有及国有控股企业、国有参股企业中工会组织依照《中华人民共和国工会法》和《中国工会章程》的有关规定执行。

第四十二条 国务院国有资产监督管理机构，省、自治区、直辖市人民政府可以依据本条例制定实施办法。

第四十三条 本条例施行前制定的有关企业国有资产监督管理的行政法规与本条例不一致的，依照本条例的规定执行。

第四十四条 政企尚未分开的单位，应当按照国务院的规定，加快改革，实现政企分开。政企分开后的企业，由国有资产监督管理机构依法履行出资人职责，依法对企业国有资产进行监督管理。

第四十五条 本条例自公布之日起施行。

行政事业性国有资产管理条例

- 2020年12月30日国务院第120次常务会议通过
- 2021年2月1日中华人民共和国国务院令第738号公布
- 自2021年4月1日起施行

第一章 总 则

第一条 为了加强行政事业性国有资产管理与监督，健全国有资产管理体制，推进国家治理体系和治理能力现代化，根据全国人民代表大会常务委员会关于加强国有资产管理情况监督的决定，制定本条例。

第二条 行政事业性国有资产，是指行政单位、事业单位通过以下方式取得或者形成的资产：

（一）使用财政资金形成的资产；
（二）接受调拨或者划转、置换形成的资产；
（三）接受捐赠并确认为国有的资产；
（四）其他国有资产。

第三条 行政事业性国有资产属于国家所有，实行政府分级监管、各部门及其所属单位直接支配的管理体制。

第四条 各级人民政府应当建立健全行政事业性国有资产管理机制，加强对本级行政事业性国有资产的管理，审查、批准重大行政事业性国有资产管理事项。

第五条 国务院财政部门负责制定行政事业单位国有资产管理规章制度并负责组织实施和监督检查，牵头编制行政事业性国有资产管理情况报告。

国务院机关事务管理部门和有关机关事务管理部门会同有关部门依法依规履行相关中央行政事业单位国有资产管理职责，制定中央行政事业单位国有资产管理具体制度和办法并组织实施，接受国务院财政部门的指导和监督检查。

相关部门根据职责规定，按照集中统一、分类分级原则，加强中央行政事业单位国有资产管理，优化管理手段，提高管理效率。

第六条 各部门根据职责负责本部门及其所属单位国有资产管理工作，应当明确管理责任，指导、监督所属单位国有资产管理工作。

各部门所属单位负责本单位行政事业性国有资产的具体管理，应当建立和完善内部控制管理制度。

第七条 各部门及其所属单位管理行政事业性国有资产应当遵循安全规范、节约高效、公开透明、权责一致的原则，实现实物管理与价值管理相统一，资产管理与预算管理、财务管理相结合。

第二章 资产配置、使用和处置

第八条 各部门及其所属单位应当根据依法履行职能和事业发展的需要，结合资产存量、资产配置标准、绩效目标和财政承受能力配置资产。

第九条 各部门及其所属单位应当合理选择资产配置方式，资产配置重大事项应当经可行性研究和集体决策，资产价值较高的按照国家有关规定进行资产评估，并履行审批程序。

资产配置包括调剂、购置、建设、租用、接受捐赠等方式。

第十条 县级以上人民政府应当组织建立、完善资产配置标准体系，明确配置的数量、价值、等级、最低使用年限等标准。

资产配置标准应当按照勤俭节约、讲求绩效和绿色环保的要求，根据国家有关政策、经济社会发展水平、市场价格变化、科学技术进步等因素适时调整。

第十一条 各部门及其所属单位应当优先通过调剂方式配置资产。不能调剂的，可以采用购置、建设、租用等方式。

第十二条 行政单位国有资产应当用于本单位履行职能的需要。

除法律另有规定外，行政单位不得以任何形式将国有资产用于对外投资或者设立营利性组织。

第十三条 事业单位国有资产应当用于保障事业发展、提供公共服务。

第十四条 各部门及其所属单位应当加强对本单位固定资产、在建工程、流动资产、无形资产等各类国有资产的管理，明确管理责任，规范使用流程，加强产权保护，推进相关资产安全有效使用。

第十五条 各部门及其所属单位应当明确资产使用人和管理人的岗位责任。

资产使用人、管理人应当履行岗位责任，按照规程合理使用、管理资产，充分发挥资产效能。资产需要维修、保养、调剂、更新、报废的，资产使用人、管理人应当及时提出。

资产使用人、管理人发生变化的，应当及时办理资产交接手续。

第十六条 各部门及其所属单位接受捐赠的资产，应当按照捐赠约定的用途使用。捐赠人意愿不明确或者没有约定用途的，应当统筹安排使用。

第十七条 事业单位利用国有资产对外投资应当有利于事业发展和实现国有资产保值增值，符合国家有关规定，经可行性研究和集体决策，按照规定权限和程序进行。

事业单位应当明确对外投资形成的股权及其相关权益管理责任，按照规定将对外投资形成的股权纳入经营性国有资产集中统一监管体系。

第十八条　县级以上人民政府及其有关部门应当建立健全国有资产共享共用机制，采取措施引导和鼓励国有资产共享共用，统筹规划有效推进国有资产共享共用工作。

各部门及其所属单位应当在确保安全使用的前提下，推进本单位大型设备等国有资产共享共用工作，可以对提供方给予合理补偿。

第十九条　各部门及其所属单位应当根据履行职能、事业发展需要和资产使用状况，经集体决策和履行审批程序，依据处置事项批复等相关文件及时处置行政事业性国有资产。

第二十条　各部门及其所属单位应当将依法罚没的资产按照国家规定公开拍卖或者按照国家有关规定处理，所得款项全部上缴国库。

第二十一条　各部门及其所属单位应当对下列资产及时予以报废、报损：

（一）因技术原因确需淘汰或者无法维修、无维修价值的资产；

（二）涉及盘亏、坏账以及非正常损失的资产；

（三）已超过使用年限且无法满足现有工作需要的资产；

（四）因自然灾害等不可抗力造成毁损、灭失的资产。

第二十二条　各部门及其所属单位发生分立、合并、改制、撤销、隶属关系改变或者部分职能、业务调整等情形，应当根据国家有关规定办理相关国有资产划转、交接手续。

第二十三条　国家设立的研究开发机构、高等院校对其持有的科技成果的使用和处置，依照《中华人民共和国促进科技成果转化法》《中华人民共和国专利法》和国家有关规定执行。

第三章　预算管理

第二十四条　各部门及其所属单位购置、建设、租用资产应当提出资产配置需求，编制资产配置相关支出预算，并严格按照预算管理规定和财政部门批复的预算配置资产。

第二十五条　行政单位国有资产出租和处置等收入，应当按照政府非税收入和国库集中收缴制度的有关规定管理。

除国家另有规定外，事业单位国有资产的处置收入应当按照政府非税收入和国库集中收缴制度的有关规定管理。

事业单位国有资产使用形成的收入，由本级人民政府财政部门规定具体管理办法。

第二十六条　各部门及其所属单位应当及时收取各类资产收入，不得违反国家规定，多收、少收、不收、侵占、私分、截留、占用、挪用、隐匿、坐支。

第二十七条　各部门及其所属单位应当在决算中全面、真实、准确反映其国有资产收入、支出以及国有资产存量情况。

第二十八条　各部门及其所属单位应当按照国家规定建立国有资产绩效管理制度，建立健全绩效指标和标准，有序开展国有资产绩效管理工作。

第二十九条　县级以上人民政府投资建设公共基础设施，应当依法落实资金来源，加强预算约束，防范政府债务风险，并明确公共基础设施的管理维护责任单位。

第四章　基础管理

第三十条　各部门及其所属单位应当按照国家规定设置行政事业性国有资产台账，依照国家统一的会计制度进行会计核算，不得形成账外资产。

第三十一条　各部门及其所属单位采用建设方式配置资产的，应当在建设项目竣工验收合格后及时办理资产交付手续，并在规定期限内办理竣工财务决算，期限最长不得超过1年。

各部门及其所属单位对已交付但未办理竣工财务决算的建设项目，应当按照国家统一的会计制度确认资产价值。

第三十二条　各部门及其所属单位对无法进行会计确认入账的资产，可以根据需要组织专家参照资产评估方法进行估价，并作为反映资产状况的依据。

第三十三条　各部门及其所属单位应当明确资产的维护、保养、维修的岗位责任。因使用不当或者维护、保养、维修不及时造成资产损失的，应当依法承担责任。

第三十四条　各部门及其所属单位应当定期或者不定期对资产进行盘点、对账。出现资产盘盈盘亏的，应当按照财务、会计和资产管理制度有关规定处理，做到账实相符和账账相符。

第三十五条　各部门及其所属单位处置资产应当及时核销相关资产台账信息，同时进行会计处理。

第三十六条　除国家另有规定外，各部门及其所属单位将行政事业性国有资产进行转让、拍卖、置换、对外投资等，应当按照国家有关规定进行资产评估。

行政事业性国有资产以市场化方式出售、出租的，依照有关规定可以通过相应公共资源交易平台进行。

第三十七条 有下列情形之一的，各部门及其所属单位应当对行政事业性国有资产进行清查：

（一）根据本级政府部署要求；

（二）发生重大资产调拨、划转以及单位分立、合并、改制、撤销、隶属关系改变等情形；

（三）因自然灾害等不可抗力造成资产毁损、灭失；

（四）会计信息严重失真；

（五）国家统一的会计制度发生重大变更，涉及资产核算方法发生重要变化；

（六）其他应当进行资产清查的情形。

第三十八条 各部门及其所属单位资产清查结果和涉及资产核实的事项，应当按照国务院财政部门的规定履行审批程序。

第三十九条 各部门及其所属单位在资产清查中发现账实不符、账账不符的，应当查明原因予以说明，并随同清查结果一并履行审批程序。各部门及其所属单位应当根据审批结果及时调整资产台账信息，同时进行会计处理。

由于资产使用人、管理人的原因造成资产毁损、灭失的，应当依法追究相关责任。

第四十条 各部门及其所属单位对需要办理权属登记的资产应当依法及时办理。对有账簿记录但权证手续不全的行政事业性国有资产，可以向本级政府有关主管部门提出确认资产权属申请，及时办理权属登记。

第四十一条 各部门及其所属单位之间，各部门及其所属单位与其他单位和个人之间发生资产纠纷的，应当依照有关法律法规规定采取协商等方式处理。

第四十二条 国务院财政部门应当建立全国行政事业性国有资产管理信息系统，推行资产管理网上办理，实现信息共享。

第五章 资产报告

第四十三条 国家建立行政事业性国有资产管理情况报告制度。

国务院向全国人民代表大会常务委员会报告全国行政事业性国有资产管理情况。

县级以上地方人民政府按照规定向本级人民代表大会常务委员会报告行政事业性国有资产管理情况。

第四十四条 行政事业性国有资产管理情况报告，主要包括资产负债总量，相关管理制度建立和实施，资产配置、使用、处置和效益，推进管理体制机制改革等情况。

行政事业性国有资产管理情况按照国家有关规定向社会公开。

第四十五条 各部门所属单位应当每年编制本单位行政事业性国有资产管理情况报告，逐级报送相关部门。

各部门应当汇总编制本部门行政事业性国有资产管理情况报告，报送本级政府财政部门。

第四十六条 县级以上地方人民政府财政部门应当每年汇总本级和下级行政事业性国有资产管理情况，报送本级政府和上一级政府财政部门。

第六章 监督

第四十七条 县级以上人民政府应当接受本级人民代表大会及其常务委员会对行政事业性国有资产管理情况的监督，组织落实本级人民代表大会及其常务委员会审议提出的整改要求，并向本级人民代表大会及其常务委员会报告整改情况。

乡、民族乡、镇人民政府应当接受本级人民代表大会对行政事业性国有资产管理情况的监督。

第四十八条 县级以上人民政府对下级政府的行政事业性国有资产管理情况进行监督。下级政府应当组织落实上一级政府提出的监管要求，并向上一级政府报告落实情况。

第四十九条 县级以上人民政府财政部门应当对本级各部门及其所属单位行政事业性国有资产管理情况进行监督检查，依法向社会公开检查结果。

第五十条 县级以上人民政府审计部门依法对行政事业性国有资产管理情况进行审计监督。

第五十一条 各部门应当建立健全行政事业性国有资产监督管理制度，根据职责对本行业行政事业性国有资产管理依法进行监督。

各部门所属单位应当制定行政事业性国有资产内部控制制度，防控行政事业性国有资产管理风险。

第五十二条 公民、法人或者其他组织发现违反本条例的行为，有权向有关部门进行检举、控告。接受检举、控告的有关部门应当依法进行处理，并为检举人、控告人保密。

任何单位或者个人不得压制和打击报复检举人、控告人。

第七章 法律责任

第五十三条 各部门及其所属单位有下列行为之一

的，责令改正，情节较重的，对负有直接责任的主管人员和其他直接责任人员依法给予处分：

（一）配置、使用、处置国有资产未按照规定经集体决策或者履行审批程序；

（二）超标准配置国有资产；

（三）未按照规定办理国有资产调剂、调拨、划转、交接等手续；

（四）未按照规定履行国有资产拍卖、报告、披露等程序；

（五）未按照规定期限办理建设项目竣工财务决算；

（六）未按照规定进行国有资产清查；

（七）未按照规定设置国有资产台账；

（八）未按照规定编制、报送国有资产管理情况报告。

第五十四条　各部门及其所属单位有下列行为之一的，责令改正，有违法所得的没收违法所得，情节较重的，对负有直接责任的主管人员和其他直接责任人员依法给予处分；构成犯罪的，依法追究刑事责任：

（一）非法占有、使用国有资产或者采用弄虚作假等方式低价处置国有资产；

（二）违反规定将国有资产用于对外投资或者设立营利性组织；

（三）未按照规定评估国有资产导致国家利益损失；

（四）其他违反本条例规定造成国有资产损失的行为。

第五十五条　各部门及其所属单位在国有资产管理工作中有违反预算管理规定行为的，依照《中华人民共和国预算法》及其实施条例、《财政违法行为处罚处分条例》等法律、行政法规追究责任。

第五十六条　各部门及其所属单位的工作人员在国有资产管理工作中滥用职权、玩忽职守、徇私舞弊或者有浪费国有资产等违法违规行为的，由有关部门依法给予处分；构成犯罪的，依法追究刑事责任。

第八章　附　则

第五十七条　除国家另有规定外，社会组织直接支配的行政事业性国有资产管理，依照本条例执行。

第五十八条　货币形式的行政事业性国有资产管理，按照预算管理有关规定执行。

执行企业财务、会计制度的事业单位以及事业单位对外投资的全资企业或者控股企业的资产管理，不适用本条例。

第五十九条　公共基础设施、政府储备物资、国有文物文化等行政事业性国有资产管理的具体办法，由国务院财政部门会同有关部门制定。

第六十条　中国人民解放军、中国人民武装警察部队直接支配的行政事业性国有资产管理，依照中央军事委员会有关规定执行。

第六十一条　本条例自2021年4月1日起施行。

国务院关于进一步完善国有资本经营预算制度的意见

- 2024年1月1日
- 国发〔2024〕2号

各省、自治区、直辖市人民政府，国务院各部委、各直属机构：

国有资本经营预算，是国家以所有者身份依法取得国有资本收益并对所得收益进行分配而发生的各项收支预算，是政府预算的重要组成部分，是企业国有资产管理的重要内容，是落实国家战略、增强政府宏观调控能力、推进国有经济布局优化和结构调整的重要力量。为进一步完善国有资本经营预算制度，更好发挥国有资本经营预算的功能作用，现提出以下意见。

一、总体要求

以习近平新时代中国特色社会主义思想为指导，全面贯彻落实党的二十大精神，坚持稳中求进工作总基调，完整、准确、全面贯彻新发展理念，加快构建新发展格局，着力推动高质量发展，坚持和加强党的全面领导，坚持和完善社会主义基本经济制度，坚持社会主义市场经济改革方向，按照深化预算管理制度改革以及健全管资本为主的国有资产监管体制的要求，进一步完善国有资本经营预算制度，扩大实施范围，强化功能作用，健全收支管理，提升资金效能，支持国有资本和国有企业做强做优做大，提升企业核心竞争力，建立更加紧密的国有资本经营预算与国有资产报告衔接关系，切实发挥对宏观经济运行、国有经济布局结构的重要调控作用。

——坚持党的领导。将坚持和加强党的全面领导贯穿国有资本经营预算管理的全过程和各方面。坚决落实党中央决策部署，强化国有资本经营预算对落实党和国家重大政策的保障能力。

——推动全面覆盖。有序扩大国有资本经营预算实施范围，逐步实现国有企业应纳尽纳。严格落实预算法及其实施条例、公司法、企业国有资产法等法律法规规定，依法依规收取国有资本收益。

——支持企业发展。强化支持国有企业高质量发展的资本金注入，推动解决国有企业发展中的体制机制性问题，促进更好发挥国有经济战略支撑作用。

——体现全民共享。坚持在发展中保障和改善民生，国有资本经营预算主要用于促进国有企业高质量发展，夯实共同富裕的物质基础。兼顾企业发展和收益分配，分类分档确定国有资本收益上交比例，按规定安排部分资金调入一般公共预算，统筹用于保障和改善民生。

——优化布局结构。聚焦推进国有经济布局优化和结构调整，推动国有资本向关系国家安全、国民经济命脉的重要行业和关键领域集中，向关系国计民生的公共服务、应急能力、公益性领域等集中，向前瞻性战略性新兴产业集中，促进经济高质量发展。

——提升预算绩效。深入落实党中央、国务院关于全面实施预算绩效管理的决策部署，将国有资本经营预算支出纳入绩效管理，推动预算与绩效深度融合，全面提升资金效能。

到"十四五"末，基本形成全面完整、结构优化、运行顺畅、保障有力的国有资本经营预算制度。国有资本经营预算的功能定位更加清晰，对宏观经济运行、优化国有经济布局的调控作用更加有效，收支政策的前瞻性、导向性更加彰显，支持国有企业高质量发展的资本金注入渠道更加畅通稳定。

二、完善国有资本收益上交机制

（一）扩大国有资本经营预算覆盖范围。政府授权的机构（部门）等履行出资人职责的企业（即一级企业），应按规定上交国有资本收益，法律法规另有规定的除外。国有资本收益包括国有独资企业和国有独资公司应交利润、国有控股和参股企业国有股股息红利、国有产权转让收入、企业清算收入等。加快推进党政机关和事业单位所办一级企业按规定上交国有资本收益。凭借国家权力和信用支持的金融机构所形成的资本和应享有的权益，纳入国有金融资本管理，法律法规另有规定的除外。

（二）健全国有独资企业和国有独资公司收益上交机制。国有独资企业和国有独资公司以年度归属于母公司所有者的净利润为基础，依法扣除以前年度未弥补亏损、提取的法定公积金等后，按一定比例计算上交收益。各级政府要根据行业、企业类型等，完善国有独资企业和国有独资公司上交收益比例分类分档规则，健全动态调整机制。需要作出调整的，由本级财政部门会同政府授权履行出资人职责的机构（部门）提出建议，报本级政府批准后执行。新增企业适用的分类分档上交收益比例，由本级财政部门商有关单位审核确认。法律法规另有规

定的，依其规定执行。

（三）优化国有控股、参股企业国有股收益上交机制。国有控股、参股企业按照市场化、法治化原则建立健全分红机制。政府授权履行出资人职责的机构（部门）以及有关党政机关和事业单位（以下统称出资人单位）研究提出国有控股、参股企业利润分配意见时，应当统筹考虑国有经济布局优化和结构调整总体要求，企业所处行业特点、发展阶段、财务状况、发展规划以及其他股东意见等，所提意见的利润分配原则上不低于同类国有独资企业和国有独资公司收益上交水平。出资人单位应督促国有控股企业依法及时制定利润分配方案，股东（大）会审议决定上年利润分配方案的时间原则上不晚于当年9月底，利润分配方案通过后，企业应及时按规定上交国有股股息红利。

（四）加强国有资本经营预算收入管理。收入预算要根据企业年度盈利情况和国有资本收益收取政策等合理测算，上年结余资金应一并纳入收入预算编制范围。纳入国有资本经营预算覆盖范围的企业，要确保利润数据真实可靠，及时足额申报和上交收益，按照政策规定免交收益的应当零申报。规范完善国有资本收益上交渠道和方式。划转充实社保基金的国有资本，其收益不纳入国有资本经营预算管理，按照《国务院关于印发划转部分国有资本充实社保基金实施方案的通知》（国发〔2017〕49号）等文件规定执行。

三、提升国有资本经营预算支出效能

（五）优化支出结构。国有资本经营预算安排要切实贯彻党的路线方针政策，聚焦关键领域和薄弱环节，增强对国家重大战略任务的财力保障，强化资本金注入，提高资金配置效率，更好发挥对重要行业产业发展的引领作用。重点用于落实党中央、国务院决策部署，保障国家战略、安全等需要，支持国有企业高质量发展，推进国有经济布局优化和结构调整，对下级政府特定事项的转移支付等。

（六）加强支出管理。国有企业可根据国有资本经营预算重点支持方向和企业发展需要，向出资人单位申报资金需求。要强化支出预算审核和管理，坚持政策导向，区分轻重缓急，提升资金安排使用的科学性、有效性和精准性。严格预算约束，严禁超预算或者无预算安排支出。资金拨付严格执行国库集中支付制度。资本性支出应及时按程序用于增加资本金，严格执行企业增资有关规定，落实国有资本权益，资金注入后形成国家股权和企业法人财产，由企业按规定方向和用途统筹使用，一般

无需层层注资,确需收回的依法履行减资程序。费用性支出要严格按规定使用,结余资金主动交回财政。

(七)推进预算绩效管理。建立对重大支出政策的事前绩效评估机制,强化绩效目标管理,做好绩效运行监控,加强绩效评价和结果应用。探索开展国有资本经营预算整体绩效评价,具备条件的地区要开展整体绩效评价试点,重点关注落实国家战略情况、支出结构、政策效果等,全面提升政策效能和资金效益。

四、完善国有资本经营预算管理工作

(八)加强国有企业名录管理。出资人单位应当定期统计所出资企业的数量、资产权益、损益等情况,建立所出资国有企业名录;财政部门汇总建立本级国有企业名录,为收支预算测算提供有效支撑。

(九)完善预算编报。国有资本经营预算应当按照收支平衡的原则编制,不列赤字。各级政府要严格执行预算法及其实施条例等规定,细化完善预算编报,提高国有资本经营预算草案编制质量。提交本级人大审查的预算草案中,收入预算应按行业或企业编列,并说明企业上年总体经营财务状况;支出预算应按使用方向和用途编列,并说明项目安排的依据和绩效目标。

(十)主动接受人大和审计监督。全面落实人大关于加强预算审查监督和国有资产管理情况监督的各项要求,健全预算管理和资产管理相衔接的工作机制,更好配合人大和审计审查监督工作。

五、组织实施

(十一)加强组织领导。深入贯彻落实习近平总书记关于健全现代预算制度和发展国有经济的重要指示批示精神,充分认识进一步完善国有资本经营预算制度的重要意义,确保党的领导在国有资本经营预算管理全过程得到充分体现和切实加强。各地区、各有关部门和单位要支持国有企业依法自主经营,依法依规做好国有资本收益收取、国有资本经营预算管理等工作。各国有企业党委(党组)要将完善国有资本经营预算管理纳入党委(党组)重要议事日程。

(十二)切实抓好贯彻落实。财政部门要切实履行国有资本经营预算管理和指导职责,组织做好国有资本经营预决算草案编制、国有资本收益收取等工作。出资人单位作为国有资本经营预算单位,要组织和监督所出资企业上交国有资本收益,向财政部门提出国有资本经营预算建议草案,根据预算管理要求和财政部门下达的预算控制数合理细化预算,加强对其出资企业资金使用、决算的审核监督。

(十三)建立健全保障机制。财政部门、出资人单位等要健全内部工作机制,加强组织保障,提高国有资本经营预算管理科学化、规范化水平。强化信息技术支撑,推进预算管理一体化系统建设,完善国有资本经营预算编制、执行、信息统计等各项功能。加大政策宣传和交流培训力度,提高有关工作人员的业务能力和水平。

关于加强中央企业资金内部控制管理有关事项的通知

- 2021年3月2日
- 国资发监督〔2021〕19号

各中央企业:

为贯彻党中央、国务院关于防范化解重大风险决策部署,落实国企改革三年行动要求,加强中央企业资金内部控制(以下简称内控)管理,进一步提升防范重大资金损失风险能力,根据《关于印发〈关于加强中央企业内部控制体系建设与监督工作的实施意见〉的通知》(国资发监督规〔2019〕101号)等规定,现就有关事项通知如下:

一、建立健全资金内控管理体制机制

近年来,一些中央企业集中出现资金管理体系不健全、制度执行不到位、支付管理不规范、信息化建设滞后等问题,个别基层单位甚至发生重大违纪违法案件,暴露出资金内控管理严重缺失。各中央企业要高度重视资金内控管理工作,以提升资金内控有效性为目标,以强化资金内控监督为抓手,以健全资金内控制度体系为保障,落实内控部门的资金内控监督责任、工作职责与权限,明确监管工作程序、标准和方式方法,构建事前有规范、事中有控制、事后有评价的工作机制,形成内控部门与业务、财务(资金)、审计等部门运转顺畅、有效监督、相互制衡的工作体系。

二、切实加强资金内控制度建设

各中央企业内控部门要在推动完善财务资金制度的基础上,结合企业行业特点、业务模式和经营规模,抓紧建立资金内控监管制度,明确资金内控监管工作原则和任务、职责权限和控制程序,细化资金内控在资金支出、审批联签、收支结算、银行账户、网银支付、票据管理、不相容岗位设置、上岗资质、定期轮岗、后续教育等关键环节的控制触发条件和控制标准、缺陷认定标准,确保内控要求嵌入到资金活动全流程。根据国家有关部门及国资委关于资金管理相关政策制度变化,以及新设立企业(项目部、分支机构)、新开办业务、资金结算方式更新等情况,及时督促、提示业务部门和财务(资金)部门制定或修订资金业务管理制度，并对资金业务制度修订情况进行检查复核，为有效防范重大资金风险提供制度保障。

三、持续强化资金内控关键环节监管

各中央企业内控部门要建立资金内控关键要素管理台账，对企业资金账户、核心岗位、上岗人员、审批权限、银行印鉴及网银U盾责任人等关键要素进行限时备案管理。持续跟踪监测预警资金内控要素异动情况，对资金内控关键要素失控、重要岗位权力制衡缺失、大额资金拨付异常等风险第一时间启动紧急应对控制措施。严格银行账户和网银监管，定期或不定期对特殊银行账户开户审批、银行印鉴及网银U盾分设管理、银行账户和网银交接程序及密码定期更换等情况进行评估，确保账户和网银安全可控。加强大额资金支付监管，从资金支付额度、支付频次、支付依据等方面研究设置控制参数，对于短期内向同一账户多次或单笔支付大额资金、预算外支出、超出预付信用敞口限额支付预付款等异常情形，通过线上信息系统推送或线下报送（未建立财务资金信息系统企业）等方式及时预警风险，纠正违规问题，消除资金风险隐患。按照不相容岗位分离、定期轮岗、人岗相适原则，对人员调动、分工调整等情形，内控部门应当出具复核意见；定期开展各级企业资金岗位任职情况巡检巡评，对资金结算中心等重点单位进行重点检查，对不符合内控要求的，应当限期整改。

四、加快推进资金内控信息化建设

各中央企业内控部门要深度参与信息化建设顶层设计，通过完善财务资金信息系统权责设置，落实对财务资金风险监督预警职责，有效发挥信息化管控的刚性约束和监督制衡作用。优化完善现有财务资金信息系统功能，将控制触发条件和控制标准、缺陷认定标准等内控要求嵌入信息系统，科学设置异常预警条件，强化资金全流程预警监控，促进资金管理活动可控、可追溯、可检查，有效减少人为违规操控因素。尚未建立财务资金信息系统或未将相关内控要求嵌入信息系统的中央企业，要抓紧推进有关工作，并于2022年底前完成集团总部及所属二级子企业、三级及以下重要子企业财务资金信息系统内控功能建设或优化工作，实现对财务资金信息全面有效监控。加大新兴技术运用及风险防控，督促财务（资金）部门扩大中央企业银（财）企直连系统覆盖范围，对因客户指定账户等特定原因不能实现银（财）企直连的账户，研究制定替代内控措施和应急预案；定期抽查第三方支付账户监管、余额归集及对账管理情况，严控资金支付风险。

五、有效开展境外资金风险管控

各中央企业内控部门要结合所属境外单位所在国家（地区）法律法规和本企业内控管理要求，建立健全境外资金内控监管体系。完善境外资金内控监管制度，明确境外大额资金审核支付、银行账户管理、财务主管人员委派、同一境外单位任职时限、资金关键岗位设置等方面要求，细化资金内控预警触发条件，促进境外资金合规管理。加强境外资金风险防范，督促境外单位及时搜集所在国家（地区）政治、经济、社会、安全、舆情等国别风险信息，对发生外汇管制、汇率大幅波动、通货膨胀率快速攀升等情况，及时做好重大资金风险应急处置工作。加大对境外单位大额资金监督力度，对大额资金的决策程序、资金调度、资金收付渠道、资金支付联签及银行账户变动、境外项目佣金管理等情况建立备案跟踪内控机制，对出现异常情况的，及时采取应对措施，保障境外资金安全。

六、认真做好资金内控体系监督评价工作

中央企业内控工作要坚持以评促建、以评促改，规范评价方法，提升评价质量，促进资金内控体系持续优化。每年对资金内控体系有效性开展全方位、全覆盖自评工作，深入揭示风险问题，堵塞管理漏洞，建立风险管控长效机制。对新兴业务（开展三年内）、高风险业务以及风险事件频发领域至少每半年开展1次内控自评，评价重点包括资金管理制度建设、重要岗位权力制衡、大额资金拨付程序、网银U盾管理等内容。有效推进"上对下"资金内控体系监督评价工作，将资金管理制度健全性、内控体系执行有效性、关键岗位制衡性、信息系统刚性约束等作为监督评价重要内容，查找内控缺陷和风险隐患，确保集团对全部子企业每三年至少评价1次。加大资金内控体系监督评价结果在干部管理、考核分配等工作中的运用力度，强化问题整改工作，明确整改责任部门、责任人和完成时限，加强整改工作跟踪检查力度，持续完善资金内控体系。对因资金内控缺失、未执行资金内控制度等造成资产损失的中央企业，严肃开展责任追究工作。

各中央企业要认真落实本通知要求，结合实际，研究制定本企业资金内控监管制度，于2021年7月30日前报送国资委综合监督局。

各地方国资委可参照制定所监管企业资金内控管理相关制度规定。

3. 信息披露

上市公司信息披露管理办法

- 2021年3月18日中国证券监督管理委员会令第182号公布
- 自2021年5月1日起施行

第一章 总　则

第一条 为了规范上市公司及其他信息披露义务人的信息披露行为，加强信息披露事务管理，保护投资者合法权益，根据《中华人民共和国公司法》（以下简称《公司法》）、《中华人民共和国证券法》（以下简称《证券法》）等法律、行政法规，制定本办法。

第二条 信息披露义务人履行信息披露义务应当遵守本办法的规定，中国证券监督管理委员会（以下简称中国证监会）对首次公开发行股票并上市、上市公司发行证券信息披露另有规定的，从其规定。

第三条 信息披露义务人应当及时依法履行信息披露义务，披露的信息应当真实、准确、完整，简明清晰、通俗易懂，不得有虚假记载、误导性陈述或者重大遗漏。

信息披露义务人披露的信息应当同时向所有投资者披露，不得提前向任何单位和个人泄露。但是，法律、行政法规另有规定的除外。

在内幕信息依法披露前，内幕信息的知情人和非法获取内幕信息的人不得公开或者泄露该信息，不得利用该信息进行内幕交易。任何单位和个人不得非法要求信息披露义务人提供依法需要披露但尚未披露的信息。

证券及其衍生品种同时在境内境外公开发行、交易的，其信息披露义务人在境外市场披露的信息，应当同时在境内市场披露。

第四条 上市公司的董事、监事、高级管理人员应当忠实、勤勉地履行职责，保证披露信息的真实、准确、完整，信息披露及时、公平。

第五条 除依法需要披露的信息之外，信息披露义务人可以自愿披露与投资者作出价值判断和投资决策有关的信息，但不得与依法披露的信息相冲突，不得误导投资者。

信息披露义务人自愿披露的信息应当真实、准确、完整。自愿性信息披露应当遵守公平原则，保持信息披露的持续性和一致性，不得进行选择性披露。

信息披露义务人不得利用自愿披露的信息不当影响公司证券及其衍生品种交易价格，不得利用自愿性信息披露从事市场操纵等违法违规行为。

第六条 上市公司及其控股股东、实际控制人、董事、监事、高级管理人员等作出公开承诺的，应当披露。

第七条 信息披露文件包括定期报告、临时报告、招股说明书、募集说明书、上市公告书、收购报告书等。

第八条 依法披露的信息，应当在证券交易所的网站和符合中国证监会规定条件的媒体发布，同时将其置备于上市公司住所、证券交易所，供社会公众查阅。

信息披露文件的全文应当在证券交易所的网站和符合中国证监会规定条件的报刊依法开办的网站披露，定期报告、收购报告书等信息披露文件的摘要应当在证券交易所的网站和符合中国证监会规定条件的报刊披露。

信息披露义务人不得以新闻发布或者答记者问等任何形式代替应当履行的报告、公告义务，不得以定期报告形式代替应当履行的临时报告义务。

第九条 信息披露义务人应当将信息披露公告文稿和相关备查文件报送上市公司注册地证监局。

第十条 信息披露文件应当采用中文文本。同时采用外文文本的，信息披露义务人应当保证两种文本的内容一致。两种文本发生歧义时，以中文文本为准。

第十一条 中国证监会依法对信息披露文件及公告的情况、信息披露事务管理活动进行监督检查，对信息披露义务人的信息披露行为进行监督管理。

证券交易所应当对上市公司及其他信息披露义务人的信息披露行为进行监督，督促其依法及时、准确地披露信息，对证券及其衍生品种交易实行实时监控。证券交易所制定的上市规则和其他信息披露规则应当报中国证监会批准。

第二章 定期报告

第十二条 上市公司应当披露的定期报告包括年度报告、中期报告。凡是对投资者作出价值判断和投资决策有重大影响的信息，均应当披露。

年度报告中的财务会计报告应当经符合《证券法》规定的会计师事务所审计。

第十三条 年度报告应当在每个会计年度结束之日起四个月内，中期报告应当在每个会计年度的上半年结束之日起两个月内编制完成并披露。

第十四条 年度报告应当记载以下内容：

（一）公司基本情况；

（二）主要会计数据和财务指标；

（三）公司股票、债券发行及变动情况，报告期末股票、债券总额、股东总数，公司前十大股东持股情况；

（四）持股百分之五以上股东、控股股东及实际控制人情况；

（五）董事、监事、高级管理人员的任职情况、持股变动情况、年度报酬情况；

（六）董事会报告；

（七）管理层讨论与分析；

（八）报告期内重大事件及对公司的影响；

（九）财务会计报告和审计报告全文；

（十）中国证监会规定的其他事项。

第十五条 中期报告应当记载以下内容：

（一）公司基本情况；

（二）主要会计数据和财务指标；

（三）公司股票、债券发行及变动情况、股东总数、公司前十大股东持股情况，控股股东及实际控制人发生变化的情况；

（四）管理层讨论与分析；

（五）报告期内重大诉讼、仲裁等重大事件及对公司的影响；

（六）财务会计报告；

（七）中国证监会规定的其他事项。

第十六条 定期报告内容应当经上市公司董事会审议通过。未经董事会审议通过的定期报告不得披露。

公司董事、高级管理人员应当对定期报告签署书面确认意见，说明董事会的编制和审议程序是否符合法律、行政法规和中国证监会的规定，报告的内容是否能够真实、准确、完整地反映上市公司的实际情况。

监事会应当对董事会编制的定期报告进行审核并提出书面审核意见。监事应当签署书面确认意见。监事会对定期报告出具的书面审核意见，应当说明董事会的编制和审议程序是否符合法律、行政法规和中国证监会的规定，报告的内容是否能够真实、准确、完整地反映上市公司的实际情况。

董事、监事无法保证定期报告内容的真实性、准确性、完整性或者有异议的，应当在董事会或者监事会审议、审核定期报告时投反对票或者弃权票。

董事、监事和高级管理人员无法保证定期报告内容的真实性、准确性、完整性或者有异议的，应当在书面确认意见中发表意见并陈述理由，上市公司应当披露。上市公司不予披露的，董事、监事和高级管理人员可以直接申请披露。

董事、监事和高级管理人员按照前款规定发表意见，应当遵循审慎原则，其保证定期报告内容的真实性、准确性、完整性的责任不仅因发表意见而当然免除。

第十七条 上市公司预计经营业绩发生亏损或者发生大幅变动的，应当及时进行业绩预告。

第十八条 定期报告披露前出现业绩泄露，或者出现业绩传闻且公司证券及其衍生品种交易出现异常波动的，上市公司应当及时披露本报告期相关财务数据。

第十九条 定期报告中财务会计报告被出具非标准审计意见的，上市公司董事会应当针对该审计意见涉及事项作出专项说明。

定期报告中财务会计报告被出具非标准审计意见，证券交易所认为涉嫌违法的，应当提请中国证监会立案调查。

第二十条 上市公司未在规定期限内披露年度报告和中期报告的，中国证监会应当立即立案调查，证券交易所应当按照股票上市规则予以处理。

第二十一条 年度报告、中期报告的格式及编制规则，由中国证监会和证券交易所制定。

第三章 临时报告

第二十二条 发生可能对上市公司证券及其衍生品种交易价格产生较大影响的重大事件，投资者尚未得知时，上市公司应当立即披露，说明事件的起因、目前的状态和可能产生的影响。

前款所称重大事件包括：

（一）《证券法》第八十条第二款规定的重大事件；

（二）公司发生大额赔偿责任；

（三）公司计提大额资产减值准备；

（四）公司出现股东权益为负值；

（五）公司主要债务人出现资不抵债或者进入破产程序，公司对相应债权未提取足额坏账准备；

（六）新公布的法律、行政法规、规章、行业政策可能对公司产生重大影响；

（七）公司开展股权激励、回购股份、重大资产重组、资产分拆上市或者挂牌；

（八）法院裁决禁止控股股东转让其所持股份；任一股东所持公司百分之五以上股份被质押、冻结、司法拍卖、托管、设定信托或者被依法限制表决权等，或者出现被强制过户风险；

（九）主要资产被查封、扣押或者冻结；主要银行账户被冻结；

（十）上市公司预计经营业绩发生亏损或者发生大幅变动；

（十一）主要或者全部业务陷入停顿；

（十二）获得对当期损益产生重大影响的额外收益；

可能对公司的资产、负债、权益或者经营成果产生重要影响；

（十三）聘任或者解聘为公司审计的会计师事务所；

（十四）会计政策、会计估计重大自主变更；

（十五）因前期已披露的信息存在差错、未按规定披露或者虚假记载，被有关机关责令改正或者经董事会决定进行更正；

（十六）公司或者其控股股东、实际控制人、董事、监事、高级管理人员受到刑事处罚，涉嫌违法违规被中国证监会立案调查或者受到中国证监会行政处罚，或者受到其他有权机关重大行政处罚；

（十七）公司的控股股东、实际控制人、董事、监事、高级管理人员涉嫌严重违纪违法或者职务犯罪被纪检监察机关采取留置措施且影响其履行职责；

（十八）除董事长或者经理外的公司其他董事、监事、高级管理人员因身体、工作安排等原因无法正常履行职责达到或者预计达到三个月以上，或者因涉嫌违法违规被有权机关采取强制措施且影响其履行职责；

（十九）中国证监会规定的其他事项。

上市公司的控股股东或者实际控制人对重大事件的发生、进展产生较大影响的，应当及时将其知悉的有关情况书面告知上市公司，并配合上市公司履行信息披露义务。

第二十三条 上市公司变更公司名称、股票简称、公司章程、注册资本、注册地址、主要办公地址和联系电话等，应当立即披露。

第二十四条 上市公司应当在最先发生的以下任一时点，及时履行重大事件的信息披露义务：

（一）董事会或者监事会就该重大事件形成决议时；

（二）有关各方就该重大事件签署意向书或者协议时；

（三）董事、监事或者高级管理人员知悉该重大事件发生时。

在前款规定的时点之前出现下列情形之一的，上市公司应当及时披露相关事项的现状、可能影响事件进展的风险因素：

（一）该重大事件难以保密；

（二）该重大事件已经泄露或者市场出现传闻；

（三）公司证券及其衍生品种出现异常交易情况。

第二十五条 上市公司披露重大事件后，已披露的重大事件出现可能对上市公司证券及其衍生品种交易价格产生较大影响的进展或者变化的，上市公司应当及时披露进展或者变化情况、可能产生的影响。

第二十六条 上市公司控股子公司发生本办法第二十二条规定的重大事件，可能对上市公司证券及其衍生品种交易价格产生较大影响的，上市公司应当履行信息披露义务。

上市公司参股公司发生可能对上市公司证券及其衍生品种交易价格产生较大影响的事件的，上市公司应当履行信息披露义务。

第二十七条 涉及上市公司的收购、合并、分立、发行股份、回购股份等行为导致上市公司股本总额、股东、实际控制人等发生重大变化的，信息披露义务人应当依法履行报告、公告义务，披露权益变动情况。

第二十八条 上市公司应当关注本公司证券及其衍生品种的异常交易情况及媒体关于本公司的报道。

证券及其衍生品种发生异常交易或者在媒体中出现的消息可能对公司证券及其衍生品种的交易产生重大影响时，上市公司应当及时向相关各方了解真实情况，必要时应当以书面方式问询。

上市公司控股股东、实际控制人及其一致行动人应当及时、准确地告知上市公司是否存在拟发生的股权转让、资产重组或者其他重大事件，并配合上市公司做好信息披露工作。

第二十九条 公司证券及其衍生品种交易被中国证监会或者证券交易所认定为异常交易的，上市公司应当及时了解造成证券及其衍生品种交易异常波动的影响因素，并及时披露。

第四章　信息披露事务管理

第三十条 上市公司应当制定信息披露事务管理制度。信息披露事务管理制度应当包括：

（一）明确上市公司应当披露的信息，确定披露标准；

（二）未公开信息的传递、审核、披露流程；

（三）信息披露事务管理部门及其负责人在信息披露中的职责；

（四）董事和董事会、监事和监事会、高级管理人员等的报告、审议和披露的职责；

（五）董事、监事、高级管理人员履行职责的记录和保管制度；

（六）未公开信息的保密措施，内幕信息知情人登记管理制度，内幕信息知情人的范围和保密责任；

（七）财务管理和会计核算的内部控制及监督机制；

（八）对外发布信息的申请、审核、发布流程；与投资者、证券服务机构、媒体等的信息沟通制度；

（九）信息披露相关文件、资料的档案管理制度；

（十）涉及子公司的信息披露事务管理和报告制度；

（十一）未按规定披露信息的责任追究机制，对违反规定人员的处理措施。

上市公司信息披露事务管理制度应当经公司董事会审议通过，报注册地证监局和证券交易所备案。

第三十一条 上市公司董事、监事、高级管理人员应当勤勉尽责，关注信息披露文件的编制情况，保证定期报告、临时报告在规定期限内披露。

第三十二条 上市公司应当制定定期报告的编制、审议、披露程序。经理、财务负责人、董事会秘书等高级管理人员应当及时编制定期报告草案，提请董事会审议；董事会秘书负责送达董事审阅；董事长负责召集和主持董事会会议审议定期报告；监事会负责审核董事会编制的定期报告；董事会秘书负责组织定期报告的披露工作。

第三十三条 上市公司应当制定重大事件的报告、传递、审核、披露程序。董事、监事、高级管理人员知悉重大事件发生时，应当按照公司规定立即履行报告义务；董事长在接到报告后，应当立即向董事会报告，并敦促董事会秘书组织临时报告的披露工作。

上市公司应当制定董事、监事、高级管理人员对外发布信息的行为规范，明确非经董事会书面授权不得对外发布上市公司未披露信息的情形。

第三十四条 上市公司通过业绩说明会、分析师会议、路演、接受投资者调研等形式就公司的经营情况、财务状况及其他事件与任何单位和个人进行沟通，不得提供内幕信息。

第三十五条 董事应当了解并持续关注公司生产经营情况、财务状况和公司已经发生的或者可能发生的重大事件及其影响，主动调查、获取决策所需要的资料。

第三十六条 监事应当对公司董事、高级管理人员履行信息披露职责的行为进行监督；关注公司信息披露情况，发现信息披露存在违法违规问题的，应当进行调查并提出处理建议。

第三十七条 高级管理人员应当及时向董事会报告有关公司经营或者财务方面出现的重大事件、已披露的事件的进展或者变化情况及其他相关信息。

第三十八条 董事会秘书负责组织和协调公司信息披露事务，汇集上市公司应予披露的信息并报告董事会，持续关注媒体对公司的报道并主动求证报道的真实情况。董事会秘书有权参加股东大会、董事会会议、监事会会议和高级管理人员相关会议，有权了解公司的财务和经营情况，查阅涉及信息披露事宜的所有文件。董事会秘书负责办理上市公司信息对外公布等相关事宜。

上市公司应当为董事会秘书履行职责提供便利条件，财务负责人应当配合董事会秘书在财务信息披露方面的相关工作。

第三十九条 上市公司的股东、实际控制人发生以下事件时，应当主动告知上市公司董事会，并配合上市公司履行信息披露义务：

（一）持有公司百分之五以上股份的股东或者实际控制人持有股份或者控制公司的情况发生较大变化，公司的实际控制人及其控制的其他企业从事与公司相同或者相似业务的情况发生较大变化；

（二）法院裁决禁止控股股东转让其所持股份，任一股东所持公司百分之五以上股份被质押、冻结、司法拍卖、托管、设定信托或者被依法限制表决权等，或者出现被强制过户风险；

（三）拟对上市公司进行重大资产或者业务重组；

（四）中国证监会规定的其他情形。

应当披露的信息依法披露前，相关信息已在媒体上传播或者公司证券及其衍生品种出现交易异常情况的，股东或者实际控制人应当及时、准确地向上市公司作出书面报告，并配合上市公司及时、准确地公告。

上市公司的股东、实际控制人不得滥用其股东权利、支配地位，不得要求上市公司向其提供内幕信息。

第四十条 上市公司向特定对象发行股票时，其控股股东、实际控制人和发行对象应当及时向上市公司提供相关信息，配合上市公司履行信息披露义务。

第四十一条 上市公司董事、监事、高级管理人员、持股百分之五以上的股东及其一致行动人、实际控制人应当及时向上市公司董事会报送上市公司关联人名单及关联关系的说明。上市公司应当履行关联交易的审议程序，并严格执行关联交易回避表决制度。交易各方不得通过隐瞒关联关系或者采取其他手段，规避上市公司的关联交易审议程序和信息披露义务。

第四十二条 通过接受委托或者信托等方式持有上市公司百分之五以上股份的股东或者实际控制人，应当及时将委托人情况告知上市公司，配合上市公司履行信息披露义务。

第四十三条 信息披露义务人应当向其聘用的证券公司、证券服务机构提供与执业相关的所有资料，并确保资料的真实、准确、完整，不得拒绝、隐匿、谎报。

证券公司、证券服务机构在为信息披露出具专项文件时，发现上市公司及其他信息披露义务人提供的材料有虚假记载、误导性陈述、重大遗漏或者其他重大违法行为的，应当要求其补充、纠正。信息披露义务人不予补充、纠正的，证券公司、证券服务机构应当及时向公司注册地证监局和证券交易所报告。

第四十四条　上市公司解聘会计师事务所的，应当在董事会决议后及时通知会计师事务所，公司股东大会就解聘会计师事务所进行表决时，应当允许会计师事务所陈述意见。股东大会作出解聘、更换会计师事务所决议的，上市公司应当在披露时说明解聘、更换的具体原因和会计师事务所的陈述意见。

第四十五条　为信息披露义务人履行信息披露义务出具专项文件的证券公司、证券服务机构及其人员，应当勤勉尽责、诚实守信，按照法律、行政法规、中国证监会规定、行业规范、业务规则等发表专业意见，保证所出具文件的真实性、准确性和完整性。

证券服务机构应当妥善保存客户委托文件、核查和验证资料、工作底稿以及与质量控制、内部管理、业务经营有关的信息和资料。证券服务机构应当配合中国证监会的监督管理，在规定的期限内提供、报送或者披露相关资料、信息，保证其提供、报送或者披露的资料、信息真实、准确、完整，不得有虚假记载、误导性陈述或者重大遗漏。

第四十六条　会计师事务所应当建立并保持有效的质量控制体系、独立性管理和投资者保护机制，秉承风险导向审计理念，遵守法律、行政法规、中国证监会的规定，严格执行注册会计师执业准则、职业道德守则及相关规定，完善鉴证程序，科学选用鉴证方法和技术，充分了解被鉴证单位及其环境，审慎关注重大错报风险，获取充分、适当的证据，合理发表鉴证结论。

第四十七条　资产评估机构应当建立并保持有效的质量控制体系、独立性管理和投资者保护机制，恪守职业道德，遵守法律、行政法规、中国证监会的规定，严格执行评估准则或者其他评估规范，恰当选择评估方法，评估中提出的假设条件应当符合实际情况，对评估对象所涉及交易、收入、支出、投资等业务的合法性、未来预测的可靠性取得充分证据，充分考虑未来各种可能性发生的概率及其影响，形成合理的评估结论。

第四十八条　任何单位和个人不得非法获取、提供、传播上市公司的内幕信息，不得利用所获取的内幕信息买卖或者建议他人买卖公司证券及其衍生品种，不得在投资价值分析报告、研究报告等文件中使用内幕信息。

第四十九条　媒体应当客观、真实地报道涉及上市公司的情况，发挥舆论监督作用。

任何单位和个人不得提供、传播虚假或者误导投资者的上市公司信息。

第五章　监督管理与法律责任

第五十条　中国证监会可以要求信息披露义务人或者其董事、监事、高级管理人员对有关信息披露问题作出解释、说明或者提供相关资料，并要求上市公司提供证券公司或者证券服务机构的专业意见。

中国证监会对证券公司和证券服务机构出具的文件的真实性、准确性、完整性有疑问的，可以要求相关机构作出解释、补充，并调阅其工作底稿。

信息披露义务人及其董事、监事、高级管理人员，证券公司和证券服务机构应当及时作出回复，并配合中国证监会的检查、调查。

第五十一条　上市公司董事、监事、高级管理人员应当对公司信息披露的真实性、准确性、完整性、及时性、公平性负责，但有充分证据表明其已经履行勤勉尽责义务的除外。

上市公司董事长、经理、董事会秘书，应当对公司临时报告信息披露的真实性、准确性、完整性、及时性、公平性承担主要责任。

上市公司董事长、经理、财务负责人应当对公司财务会计报告的真实性、准确性、完整性、及时性、公平性承担主要责任。

第五十二条　信息披露义务人及其董事、监事、高级管理人员违反本办法的，中国证监会为防范市场风险，维护市场秩序，可以采取以下监管措施：

（一）责令改正；

（二）监管谈话；

（三）出具警示函；

（四）责令公开说明；

（五）责令定期报告；

（六）责令暂停或者终止并购重组活动；

（七）依法可以采取的其他监管措施。

第五十三条　上市公司未按本办法规定制定上市公司信息披露事务管理制度的，由中国证监会责令改正；拒不改正的，给予警告并处国务院规定限额以下罚款。

第五十四条　信息披露义务人未按照《证券法》规定在规定期限内报送有关报告、履行信息披露义务，或者报送的报告、披露的信息有虚假记载、误导性陈述或者重大遗漏的，由中国证监会按照《证券法》第一百九十七条处罚。

上市公司通过隐瞒关联关系或者采取其他手段，规避信息披露、报告义务的，由中国证监会按照《证券法》第一百九十七条处罚。

第五十五条 为信息披露义务人履行信息披露义务出具专项文件的证券公司、证券服务机构及其人员，违反法律、行政法规和中国证监会规定的，中国证监会为防范市场风险，维护市场秩序，可以采取责令改正、监管谈话、出具警示函、责令公开说明、责令定期报告等监管措施；依法应当给予行政处罚的，由中国证监会依照有关规定进行处罚。

第五十六条 任何单位和个人泄露上市公司内幕信息，或者利用内幕信息买卖证券的，由中国证监会按照《证券法》第一百九十一条处罚。

第五十七条 任何单位和个人编造、传播虚假信息或者误导性信息，扰乱证券市场的；证券交易场所、证券公司、证券登记结算机构、证券服务机构及其从业人员，证券业协会、中国证监会及其工作人员，在证券交易活动中作出虚假陈述或者信息误导的；传播媒介传播上市公司信息不真实、不客观的，由中国证监会按照《证券法》第一百九十三条处罚。

第五十八条 上市公司董事、监事在董事会或者监事会审议、审核定期报告时投赞成票，又在定期报告披露时表示无法保证定期报告内容的真实性、准确性、完整性或者有异议的，中国证监会可以对相关人员给予警告并处国务院规定限额以下罚款；情节严重的，可以对有关责任人员采取证券市场禁入的措施。

第五十九条 利用新闻报道以及其他传播方式对上市公司进行敲诈勒索的，由中国证监会责令改正，并向有关部门发出监管建议函，由有关部门依法追究法律责任。

第六十条 信息披露义务人违反本办法的规定，情节严重的，中国证监会可以对有关责任人员采取证券市场禁入的措施。

第六十一条 违反本办法，涉嫌犯罪的，依法移送司法机关追究刑事责任。

第六章 附 则

第六十二条 本办法下列用语的含义：

（一）为信息披露义务人履行信息披露义务出具专项文件的证券公司、证券服务机构，是指为证券发行、上市、交易等证券业务活动制作、出具保荐书、审计报告、资产评估报告、估值报告、法律意见书、财务顾问报告、资信评级报告等文件的证券公司、会计师事务所、资产评估机构、律师事务所、财务顾问机构、资信评级机构等。

（二）信息披露义务人，是指上市公司及其董事、监事、高级管理人员、股东、实际控制人、收购人、重大资产重组、再融资、重大交易有关各方等自然人、单位及其相关人员，破产管理人及其成员，以及法律、行政法规和中国证监会规定的其他承担信息披露义务的主体。

（三）及时，是指自起算日起或者触及披露时点的两个交易日内。

（四）上市公司的关联交易，是指上市公司或者其控股子公司与上市公司关联人之间发生的转移资源或者义务的事项。

关联人包括关联法人（或者其他组织）和关联自然人。

具有以下情形之一的法人（或者其他组织），为上市公司的关联法人（或者其他组织）：

1. 直接或者间接地控制上市公司的法人（或者其他组织）；

2. 由前项所述法人（或者其他组织）直接或者间接控制的除上市公司及其控股子公司以外的法人（或者其他组织）；

3. 关联自然人直接或者间接控制的、或者担任董事、高级管理人员的，除上市公司及其控股子公司以外的法人（或者其他组织）；

4. 持有上市公司百分之五以上股份的法人（或者其他组织）及其一致行动人；

5. 在过去十二个月内或者根据相关协议安排在未来十二月内，存在上述情形之一的；

6. 中国证监会、证券交易所或者上市公司根据实质重于形式的原则认定的其他与上市公司有特殊关系，可能或者已经造成上市公司对其利益倾斜的法人（或者其他组织）。

具有以下情形之一的自然人，为上市公司的关联自然人：

1. 直接或者间接持有上市公司百分之五以上股份的自然人；

2. 上市公司董事、监事及高级管理人员；

3. 直接或者间接地控制上市公司的法人的董事、监事及高级管理人员；

4. 上述第1、2项所述人士的关系密切的家庭成员，包括配偶、父母、年满十八周岁的子女及其配偶、兄弟姐妹及其配偶、配偶的父母、兄弟姐妹、子女配偶的父母；

5. 在过去十二个月内或者根据相关协议安排在未来十二个月内,存在上述情形之一的;

6. 中国证监会、证券交易所或者上市公司根据实质重于形式的原则认定的其他与上市公司有特殊关系,可能或者已经造成上市公司对其利益倾斜的自然人。

第六十三条 中国证监会可以对金融、房地产等特定行业上市公司的信息披露作出特别规定。

第六十四条 境外企业在境内发行股票或者存托凭证并上市的,依照本办法履行信息披露义务。法律、行政法规或者中国证监会另有规定的,从其规定。

第六十五条 本办法自2021年5月1日起施行。2007年1月30日发布的《上市公司信息披露管理办法》(证监会令第40号)、2016年12月9日发布的《公开发行证券的公司信息披露编报规则第13号——季度报告的内容与格式》(证监会公告〔2016〕33号)同时废止。

中国证券监督管理委员会关于进一步提高首次公开发行股票公司财务信息披露质量有关问题的意见

- 2012年5月23日
- 中国证券监督管理委员会公告〔2012〕14号

为贯彻落实《关于进一步深化新股发行体制改革的指导意见》(证监会公告〔2012〕10号)的有关要求,进一步提高首次公开发行股票公司财务信息的披露质量,增加透明度,促进新股发行中各市场参与主体归位尽责,现就进一步加强首次公开发行股票公司财务信息披露工作提出如下意见:

一、各市场主体须勤勉尽责,切实提高财务信息披露质量

财务信息是发行人招股说明书的编制基础。在发行监管工作中,发现少数发行人财务信息的披露质量不同程度地存在一些问题,有的缺乏针对性和充分性,有的随意调节会计政策、遗漏重要事项、粉饰财务报表,有的存在业绩造假、利润操纵等可疑情形。发行人、会计师事务所、保荐机构等市场主体应高度重视解决存在的问题,提升首次公开发行股票公司财务信息披露质量。

(一)发行人应依法承担财务报告的会计责任、财务信息的披露责任。发行人应严格执行《会计法》、《企业会计准则》的规定,保证会计基础工作的规范性、真实、公允地编制财务会计报告,为保荐机构的尽职调查和会计师事务所的审计鉴证提供真实、完整的财务会计资料和其他资料,确保招股说明书财务信息披露真实、准确、完整。

发行人的控股股东、实际控制人不得利用控制地位或关联方关系纵容、指使或协助发行人进行财务造假、利润操纵,或有意隐瞒重要财务信息的披露。

(二)会计师事务所及其签字注册会计师应当严格按照执业标准出具审计报告、审核报告或其他鉴证报告。会计师事务所应进一步完善质量控制制度,加强内部管理。会计师事务所及签字注册会计师在执业中应有效实施项目质量控制复核程序,保持独立性,不得代替发行人从事具体的会计处理业务或财务报告编制工作。

(三)保荐机构要切实履行对发行人的辅导、尽职调查和保荐责任。保荐机构要对发行人的财务管理、内部控制、规范运作等方面制度的健全性和实施的有效性进行核查和判断,并在发行保荐书和发行保荐工作报告中客观反映基本情况和风险因素,对重要事项应当独立核查和判断。

二、采取措施,切实解决首次公开发行股票公司财务信息披露中存在的突出问题

当前,在首次公开发行股票公司财务信息披露方面应重点做好以下工作:

(一)发行人应建立健全财务报告内部控制制度,合理保证财务报告的可靠性、生产经营的合法性、营运的效率和效果。

发行人应建立规范的财务会计核算体系,保证财务部门岗位齐备,所聘用人员具备相应的专业知识及工作经验,能够胜任该岗位工作,各关键岗位应严格执行不相容职务分离的原则。发行人应通过记账、核对、岗位职责落实、职责分离、档案管理等会计控制方法,确保企业会计基础工作规范,财务报告编制有良好基础。

发行人审计委员会应主动了解内部审计部门的工作动态,对其发现的重大内部控制缺陷及时协调并向董事会报告。审计委员会应对发行人聘请的审计机构的独立性予以审查,并就其独立性发表意见。会计师事务所应对审计委员会及内部审计部门是否切实履行职责进行尽职调查,并记录在工作底稿中。

发行人相关部门应严格按照所授权限订立采购合同,并保留采购申请、采购合同、采购通知、验收证明、入库凭证、商业票据、款项支付等相关记录。发行人财务部门应对上述记录进行验证,确保会计记录、采购记录和仓储记录保持一致。

发行人应定期检查销售流程中的薄弱环节,并予以完善。会计师事务所、保荐机构应重点关注销售客户的真实性、客户所购货物是否有合理用途、客户的付款能力和货款回收的及时性,关注发行人是否频繁发生与业务不相关或交易价格明显异常的大额资金流动,核查发行人是否存在通过第三方账户周转从而达到货款回收的情况。会计师事务所对销售交易中存在的异常情况应保持职业敏感性。

发行人应建立和完善严格的资金授权、批准、审验、责任追究等相关管理制度,加强资金活动的管理。会计师事务所、保荐机构应关注发行人是否存在与控股股东或实际控制人互相占用资金、利用员工账户或其他个人账户进行货款收支或其他与公司业务相关的款项往来等情况,存在上述情况的,应要求发行人采取切实措施予以整改。

对于发行人财务会计基础薄弱且存在内部控制缺陷的,保荐机构应在保荐工作报告中对此做详细记录,并将整改措施和整改结果记录在案;会计师事务所在实施内部控制审计工作的过程中应评价发行人内部控制缺陷的严重程度,测试发行人内部控制制度执行的有效性并发表意见。

(二)发行人及相关中介机构应确保财务信息披露真实、准确、完整地反映公司的经营情况

发行人应在招股说明书相关章节中对其经营情况、财务情况、行业趋势情况和市场竞争情况等进行充分披露,并做到财务信息披露和非财务信息披露相互衔接。

会计师事务所在出具审计报告、保荐机构在出具发行保荐工作报告时应认真分析公司经营的总体情况,将财务信息与非财务信息进行相互印证,判断发行人财务信息披露是否真实、准确、完整地反映其经营情况。

(三)相关中介机构应关注发行人申报期内的盈利增长情况和异常交易,防范利润操纵

如发行人营业收入和净利润在申报期内出现较大幅度波动或申报期内营业毛利或净利润的增长幅度明显高于营业收入的增长幅度,会计师事务所、保荐机构应对上述事项发表核查意见,并督促发行人在招股说明书中作补充披露。

如发行人申报期内存在异常、偶发或交易标的不具备实物形态(例如技术转让合同、技术服务合同、特许权使用合同等)、交易价格明显偏离正常市场价格、交易标的对交易对手而言不具有合理用途的交易,会计师事务所、保荐机构应对上述交易进行核查,关注上述交易的真实性、公允性、可持续性及上述交易相关损益是否应界定为非经常性损益等,并督促发行人对上述交易情况在招股说明书中作详细披露。

(四)发行人及各中介机构应严格按照《企业会计准则》、《上市公司信息披露管理办法》和证券交易所颁布的相关业务规则的有关规定进行关联方认定,充分披露关联方关系及其交易

发行人应严格按照《企业会计准则36号——关联方披露》、《上市公司信息披露管理办法》和证券交易所颁布的相关业务规则中的有关规定,完整、准确地披露关联方关系及其交易。发行人的控股股东、实际控制人应协助发行人完整、准确地披露关联方关系及其交易。

保荐机构、会计师事务所和律师事务所在核查发行人与其客户、供应商之间是否存在关联方关系时,不应仅限于查阅书面资料,应采取实地走访,核对工商、税务、银行等部门提供的资料,甄别客户和供应商的实际控制人及关键经办人员与发行人是否存在关联方关系;发行人应积极配合保荐机构、会计师事务所和律师事务所对关联方关系的核查工作,为其提供便利条件。

会计师事务所、保荐机构应关注与发行人实际控制人、董事、监事、高级管理人员关系密切的家庭成员与发行人的客户、供应商(含外协厂商)是否存在关联方关系。

会计师事务所、保荐机构应关注发行人重要子公司少数股东的有关情况并核实该少数股东是否与发行人存在其他利益关系并披露。

对于发行人申报期内关联方注销及非关联化的情况,发行人应充分披露上述交易的有关情况并将关联方注销及非关联化之前的交易作为关联交易进行披露;会计师事务所、保荐机构应关注在非关联化后发行人与上述原关联方的后续交易情况、非关联化后相关资产、人员的去向等。

(五)发行人应结合经济交易的实际情况,谨慎、合理地进行收入确认,相关中介机构应关注收入确认的真实性、合规性和毛利率分析的合理性

发行人应结合实际经营情况、相关交易合同条款和《企业会计准则》及其应用指南的有关规定制定并披露收入确认的会计政策。

当发行人经销商或加盟商模式收入占营业收入比例较大时,发行人应检查经销商或加盟商的布局合理性,定期统计经销商或加盟商存续情况。发行人应配合保荐机构对经销商或加盟商的经营情况、销售收入真实性、退换货情况进行核查,保荐机构应将核查过程及核查结果记录在工作底稿中。上述经销商或加盟商的布局、存续情况、退换货情况等应在招股说明书中作详细披露。

如果发行人频繁发生经销商或加盟商开业及退出的情况，会计师事务所应关注发行人原有的收入确认会计政策是否谨慎，对该部分不稳定经销商或加盟商的收入确认是否恰当，发生退货或换货时损失是否由发行人承担，并督促发行人结合实际交易情况进行合理的会计处理。

保荐机构应督促发行人充分披露不同模式营业收入的有关情况并充分关注申报期内经销商模式收入的最终销售实现情况。

发行人存在特殊交易模式或创新交易模式的，应合理分析盈利模式和交易方式创新对经济交易实质和收入确认的影响，关注与商品所有权相关的主要风险和报酬是否发生转移、完工百分比法的运用是否合规等；会计师事务所、保荐机构关注发行人上述收入确认方法及其相关信息披露是否正确反映交易的经济实质。

对于会计政策和特殊会计处理事项对发行人经营成果有重要影响的，发行人应在招股说明书中详细披露相关会计政策、重要会计估计和会计核算方法对发行人报告期业绩及未来经营成果可能产生的影响等。

发行人应紧密结合实际经营情况，采用定性分析与定量分析相结合的方法，准确、恰当地通过毛利率分析描述发行人的盈利能力。相关中介机构应从发行人行业及市场变化趋势、产品销售价格和产品成本要素等方面对发行人毛利率变动的合理性进行核查。

（六）相关中介机构应对发行人主要客户和供应商进行核查

会计师事务所、保荐机构应对发行人主要客户和供应商（例如，前十名客户或供应商）情况进行核查，并根据重要性原则进行实地走访或核查，上述核查情况应记录在工作底稿中。

（七）发行人应完善存货盘点制度，相关中介机构应关注存货的真实性和存货跌价准备是否充分计提

发行人应完善存货盘点制度，在会计期末对存货进行盘点，并将存货盘点结果做书面记录。

会计师事务所应进行实地监盘，在存货监盘过程中应重点关注异地存放、盘点过程存在特殊困难或由第三方保管或控制的存货。如实施监盘程序确有困难，会计师事务所应考虑能否实施有效替代程序获取充分、适当的审计证据，否则会计师事务所应考虑上述情况对审计意见的影响。

在发行人申报期末存货余额较大的情况下，保荐机构应要求发行人出具关于存货期末余额较大的原因以及是否充分计提存货跌价准备的书面说明，与会计师事务所主动进行沟通，并结合发行人业务模式、存货周转情况、市场竞争情况和行业发展趋势等因素分析发行人上述书面说明的合理性。

（八）发行人及相关中介机构应充分关注现金收付交易对发行人会计核算基础的不利影响

发行人与个人或个体经销商等交易金额较大的，发行人应采取各项措施尽量提高通过银行系统收付款的比例，减少现金交易比例；对现金交易部分，应建立现代化的收银系统，防止出现某些环节的舞弊现象。在与个人或个体经销商交易过程中，在缺乏外部凭证的情况下，发行人应尽量在自制凭证上留下交易对方认可的记录，提高自制凭证的可靠性。会计师事务所在审计过程中，应关注发行人的原始凭证是否完整，审计证据是否足以支持审计结论。

（九）相关中介机构应保持对财务异常信息的敏感度，防范利润操纵

会计师事务所、保荐机构应关注发行人是否利用会计政策和会计估计变更影响利润，如降低坏账计提比例、改变存货计价方式、改变收入确认方式等。

会计师事务所、保荐机构应关注发行人是否存在人为改变正常经营活动，从而达到粉饰业绩的情况。如发行人放宽付款条件促进短期销售增长、延期付款增加现金流、推迟广告投入减少销售费用、短期降低员工工资、引进临时客户等。

三、进一步完善和落实责任追究机制

证券监管部门将根据《证券法》、《公司法》和《证券发行上市保荐业务管理办法》等法律法规的规定，进一步加强监管，完善对发行人、会计师事务所和保荐机构在财务信息披露方面的责任追究机制，督促有关各方切实履行职责。

（一）证券监管部门将加强对财务信息披露违法违规行为的监管，对于发行人的财务造假、利润操纵等重大违法、违规行为，坚决予以查处，并对负有责任的相关中介机构和相关人员予以惩处。

（二）证券监管部门将加强对会计师事务所、保荐机构执业质量的日常监管。证券监管部门将建立首次公开发行股票公司相关中介机构不良行为记录制度并纳入统一监管体系，形成监管合力；根据各相关中介机构不良行为的性质和情节，分别采取责令改正、监管谈话、出具警示函、认定为不适当人选等行政监管措施；构成违法违规的，依法进行行政处罚；涉嫌犯罪的，依法移送司法机关，

追究刑事责任。

证券监管部门将把有关中介机构的不良行为和监管部门采取的监管措施、进行的行政处罚记入诚信档案，并适时向社会公开。

（三）保荐机构、会计师事务所应建立内部问责机制，对于相关人员在新股发行申报过程中出现的不规范行为，应加大内部问责力度，并将问责和整改结果及时报送证券监管部门和相关行业协会。

（四）加大社会监督力度，不断提升新股发行透明度，形成合力，共同促进信息披露质量的提高。

4. 企业破产、清算

中华人民共和国企业破产法

- 2006年8月27日第十届全国人民代表大会常务委员会第二十三次会议通过
- 2006年8月27日中华人民共和国主席令第54号公布
- 2007年6月1日起施行

第一章 总 则

第一条 【立法宗旨】为规范企业破产程序，公平清理债权债务，保护债权人和债务人的合法权益，维护社会主义市场经济秩序，制定本法。

第二条 【清理债务与重整】企业法人不能清偿到期债务，并且资产不足以清偿全部债务或者明显缺乏清偿能力的，依照本法规定清理债务。

企业法人有前款规定情形，或者有明显丧失清偿能力可能的，可以依照本法规定进行重整。

第三条 【破产案件的管辖】破产案件由债务人住所地人民法院管辖。

第四条 【程序的法律适用】破产案件审理程序，本法没有规定的，适用民事诉讼法的有关规定。

第五条 【破产程序的效力】依照本法开始的破产程序，对债务人在中华人民共和国领域外的财产发生效力。

对外国法院作出的发生法律效力的破产案件的判决、裁定，涉及债务人在中华人民共和国领域内的财产，申请或者请求人民法院承认和执行的，人民法院依照中华人民共和国缔结或者参加的国际条约，或者按照互惠原则进行审查，认为不违反中华人民共和国法律的基本原则，不损害国家主权、安全和社会公共利益，不损害中华人民共和国领域内债权人的合法权益的，裁定承认和执行。

第六条 【企业职工权益的保障与企业经营管理人员法律责任的追究】人民法院审理破产案件，应当依法保障企业职工的合法权益，依法追究破产企业经营管理人员的法律责任。

第二章 申请和受理

第一节 申 请

第七条 【申请主体】债务人有本法第二条规定的情形，可以向人民法院提出重整、和解或者破产清算申请。

债务人不能清偿到期债务，债权人可以向人民法院提出对债务人进行重整或者破产清算的申请。

企业法人已解散但未清算或者未清算完毕，资产不足以清偿债务的，依法负有清算责任的人应当向人民法院申请破产清算。

第八条 【破产申请书与证据】向人民法院提出破产申请，应当提交破产申请书和有关证据。

破产申请书应当载明下列事项：

（一）申请人、被申请人的基本情况；

（二）申请目的；

（三）申请的事实和理由；

（四）人民法院认为应当载明的其他事项。

债务人提出申请的，还应当向人民法院提交财产状况说明、债务清册、债权清册、有关财务会计报告、职工安置预案以及职工工资的支付和社会保险费用的缴纳情况。

第九条 【破产申请的撤回】人民法院受理破产申请前，申请人可以请求撤回申请。

第二节 受 理

第十条 【破产申请的受理】债权人提出破产申请的，人民法院应当自收到申请之日起五日内通知债务人。债务人对申请有异议的，应当自收到人民法院的通知之日起七日内向人民法院提出。人民法院应当自异议期满之日起十日内裁定是否受理。

除前款规定的情形外，人民法院应当自收到破产申请之日起十五日内裁定是否受理。

有特殊情况需要延长前两款规定的裁定受理期限的，经上一级人民法院批准，可以延长十五日。

第十一条 【裁定受理与债务人提交材料】人民法院受理破产申请的，应当自裁定作出之日起五日内送达申请人。

债权人提出申请的，人民法院应当自裁定作出之日起五日内送达债务人。债务人应当自裁定送达之日起十五日内,向人民法院提交财产状况说明、债务清册、债权清册、有关财务会计报告以及职工工资的支付和社会保险费用的缴纳情况。

第十二条 【裁定不受理与驳回申请】人民法院裁定不受理破产申请的,应当自裁定作出之日起五日内送达申请人并说明理由。申请人对裁定不服的,可以自裁定送达之日起十日内向上一级人民法院提起上诉。

人民法院受理破产申请后至破产宣告前,经审查发现债务人不符合本法第二条规定情形的,可以裁定驳回申请。申请人对裁定不服的,可以自裁定送达之日起十日内向上一级人民法院提起上诉。

第十三条 【指定管理人】人民法院裁定受理破产申请的,应当同时指定管理人。

第十四条 【通知债权人与公告】人民法院应当自裁定受理破产申请之日起二十五日内通知已知债权人,并予以公告。

通知和公告应当载明下列事项:

(一)申请人、被申请人的名称或者姓名;

(二)人民法院受理破产申请的时间;

(三)申报债权的期限、地点和注意事项;

(四)管理人的名称或者姓名及其处理事务的地址;

(五)债务人的债务人或者财产持有人应当向管理人清偿债务或者交付财产的要求;

(六)第一次债权人会议召开的时间和地点;

(七)人民法院认为应当通知和公告的其他事项。

第十五条 【债务人的有关人员的义务】自人民法院受理破产申请的裁定送达债务人之日起至破产程序终结之日,债务人的有关人员承担下列义务:

(一)妥善保管其占有和管理的财产、印章和账簿、文书等资料;

(二)根据人民法院、管理人的要求进行工作,并如实回答询问;

(三)列席债权人会议并如实回答债权人的询问;

(四)未经人民法院许可,不得离开住所地;

(五)不得新任其他企业的董事、监事、高级管理人员。

前款所称有关人员,是指企业的法定代表人;经人民法院决定,可以包括企业的财务管理人员和其他经营管理人员。

第十六条 【债务人个别清偿的无效】人民法院受理破产申请后,债务人对个别债权人的债务清偿无效。

第十七条 【债务人的债务人或者财产持有人的义务】人民法院受理破产申请后,债务人的债务人或者财产持有人应当向管理人清偿债务或者交付财产。

债务人的债务人或者财产持有人故意违反前款规定向债务人清偿债务或者交付财产,使债权人受到损失的,不免除其清偿债务或者交付财产的义务。

第十八条 【破产申请受理前成立的合同的继续履行与解除】人民法院受理破产申请后,管理人对破产申请受理前成立而债务人和对方当事人均未履行完毕的合同有权决定解除或者继续履行,并通知对方当事人。管理人自破产申请受理之日起二个月内未通知对方当事人,或者自收到对方当事人催告之日起三十日内未答复的,视为解除合同。

管理人决定继续履行合同的,对方当事人应当履行;但是,对方当事人有权要求管理人提供担保。管理人不提供担保的,视为解除合同。

第十九条 【保全措施解除与执行程序中止】人民法院受理破产申请后,有关债务人财产的保全措施应当解除,执行程序应当中止。

第二十条 【民事诉讼或仲裁的中止与继续】人民法院受理破产申请后,已经开始而尚未终结的有关债务人的民事诉讼或者仲裁应当中止;在管理人接管债务人的财产后,该诉讼或者仲裁继续进行。

第二十一条 【债务人的民事诉讼的管辖】人民法院受理破产申请后,有关债务人的民事诉讼,只能向受理破产申请的人民法院提起。

第三章 管理人

第二十二条 【管理人的指定与更换】管理人由人民法院指定。

债权人会议认为管理人不能依法、公正执行职务或者有其他不能胜任职务情形的,可以申请人民法院予以更换。

指定管理人和确定管理人报酬的办法,由最高人民法院规定。

第二十三条 【管理人的义务】管理人依照本法规定执行职务,向人民法院报告工作,并接受债权人会议和债权人委员会的监督。

管理人应当列席债权人会议,向债权人会议报告职务执行情况,并回答询问。

第二十四条 【管理人的资格】管理人可以由有关部门、机构的人员组成的清算组或者依法设立的律师事务所、会计师事务所、破产清算事务所等社会中介机构担任。

人民法院根据债务人的实际情况,可以在征询有关社会中介机构的意见后,指定该机构具备相关专业知识并取得执业资格的人员担任管理人。

有下列情形之一的,不得担任管理人:

(一)因故意犯罪受过刑事处罚的;

(二)曾被吊销相关专业执业证书的;

(三)与本案有利害关系的;

(四)人民法院认为不宜担任管理人的其他情形。

个人担任管理人的,应当参加执业责任保险。

第二十五条 【管理人的职责】管理人履行下列职责:

(一)接管债务人的财产、印章和账簿、文书等资料;

(二)调查债务人财产状况,制作财产状况报告;

(三)决定债务人的内部管理事务;

(四)决定债务人的日常开支和其他必要开支;

(五)在第一次债权人会议召开之前,决定继续或者停止债务人的营业;

(六)管理和处分债务人的财产;

(七)代表债务人参加诉讼、仲裁或者其他法律程序;

(八)提议召开债权人会议;

(九)人民法院认为管理人应当履行的其他职责。

本法对管理人的职责另有规定的,适用其规定。

第二十六条 【第一次债权人会议前管理人行为的许可】在第一次债权人会议召开之前,管理人决定继续或者停止债务人的营业或者有本法第六十九条规定行为之一的,应当经人民法院许可。

第二十七条 【管理人的忠实义务】管理人应当勤勉尽责,忠实执行职务。

第二十八条 【管理人聘任工作人员与管理人的报酬】管理人经人民法院许可,可以聘用必要的工作人员。

管理人的报酬由人民法院确定。债权人会议对管理人的报酬有异议的,有权向人民法院提出。

第二十九条 【管理人的辞职】管理人没有正当理由不得辞去职务。管理人辞去职务应当经人民法院许可。

第四章 债务人财产

第三十条 【债务人财产】破产申请受理时属于债务人的全部财产,以及破产申请受理后至破产程序终结前债务人取得的财产,为债务人财产。

第三十一条 【受理破产申请前一年内行为的撤销】人民法院受理破产申请前一年内,涉及债务人财产的下列行为,管理人有权请求人民法院予以撤销:

(一)无偿转让财产的;

(二)以明显不合理的价格进行交易的;

(三)对没有财产担保的债务提供财产担保的;

(四)对未到期的债务提前清偿的;

(五)放弃债权的。

第三十二条 【受理破产申请前六个月内行为的撤销】人民法院受理破产申请前六个月内,债务人有本法第二条第一款规定的情形,仍对个别债权人进行清偿的,管理人有权请求人民法院予以撤销。但是,个别清偿使债务人财产受益的除外。

第三十三条 【无效行为】涉及债务人财产的下列行为无效:

(一)为逃避债务而隐匿、转移财产的;

(二)虚构债务或者承认不真实的债务的。

第三十四条 【追回因被撤销或无效行为取得的债务人的财产】因本法第三十一条、第三十二条或者第三十三条规定的行为而取得的债务人的财产,管理人有权追回。

第三十五条 【债务人的出资人缴纳出资】人民法院受理破产申请后,债务人的出资人尚未完全履行出资义务的,管理人应当要求该出资人缴纳所认缴的出资,而不受出资期限的限制。

第三十六条 【管理人员非正常收入和财产的追回】债务人的董事、监事和高级管理人员利用职权从企业获取的非正常收入和侵占的企业财产,管理人应当追回。

第三十七条 【管理人取回质物、留置物】人民法院受理破产申请后,管理人可以通过清偿债务或者提供为债权人接受的担保,取回质物、留置物。

前款规定的债务清偿或者替代担保,在质物或者留置物的价值低于被担保的债权额时,以该质物或者留置物当时的市场价值为限。

第三十八条 【权利人财产的取回】人民法院受理破产申请后,债务人占有的不属于债务人的财产,该财产的权利人可以通过管理人取回。但是,本法另有规定的除外。

第三十九条 【在途运输标的物的取回与交付】人民法院受理破产申请时,出卖人已将买卖标的物向作为买受人的债务人发运,债务人尚未收到且未付清全部价款的,出卖人可以取回在运途中的标的物。但是,管理人可以支付全部价款,请求出卖人交付标的物。

第四十条 【抵销权】债权人在破产申请受理前对

债务人负有债务的,可以向管理人主张抵销。但是,有下列情形之一的,不得抵销:

(一)债务人的债务人在破产申请受理后取得他人对债务人的债权的;

(二)债权人已知债务人有不能清偿到期债务或者破产申请的事实,对债务人负担债务的;但是,债权人因为法律规定或者有破产申请一年前所发生的原因而负担债务的除外;

(三)债务人的债务人已知债务人有不能清偿到期债务或者破产申请的事实,对债务人取得债权的;但是,债务人的债务人因为法律规定或者有破产申请一年前所发生的原因而取得债权的除外。

第五章 破产费用和共益债务

第四十一条 【破产费用】人民法院受理破产申请后发生的下列费用,为破产费用:

(一)破产案件的诉讼费用;

(二)管理、变价和分配债务人财产的费用;

(三)管理人执行职务的费用、报酬和聘用工作人员的费用。

第四十二条 【共益债务】人民法院受理破产申请后发生的下列债务,为共益债务:

(一)因管理人或者债务人请求对方当事人履行双方均未履行完毕的合同所产生的债务;

(二)债务人财产受无因管理所产生的债务;

(三)因债务人不当得利所产生的债务;

(四)为债务人继续营业而应支付的劳动报酬和社会保险费用以及由此产生的其他债务;

(五)管理人或者相关人员执行职务致人损害所产生的债务;

(六)债务人财产致人损害所产生的债务。

第四十三条 【破产费用和共益债务的清偿】破产费用和共益债务由债务人财产随时清偿。

债务人财产不足以清偿所有破产费用和共益债务的,先行清偿破产费用。

债务人财产不足以清偿所有破产费用或者共益债务的,按照比例清偿。

债务人财产不足以清偿破产费用的,管理人应当提请人民法院终结破产程序。人民法院应当自收到请求之日起十五日内裁定终结破产程序,并予以公告。

第六章 债权申报

第四十四条 【债权人依法定程序行使权利】人民法院受理破产申请时对债务人享有债权的债权人,依照本法规定的程序行使权利。

第四十五条 【债权申报期限】人民法院受理破产申请后,应当确定债权人申报债权的期限。债权申报期限自人民法院发布受理破产申请公告之日起计算,最短不得少于三十日,最长不得超过三个月。

第四十六条 【未到期的债权与附利息的债权的算定】未到期的债权,在破产申请受理时视为到期。

附利息的债权自破产申请受理时起停止计息。

第四十七条 【附条件、附期限债权与未决债权的申报】附条件、附期限的债权和诉讼、仲裁未决的债权,债权人可以申报。

第四十八条 【申报债权的公示与异议】债权人应当在人民法院确定的债权申报期限内向管理人申报债权。

债务人所欠职工的工资和医疗、伤残补助、抚恤费用,所欠的应当划入职工个人账户的基本养老保险、基本医疗保险费用,以及法律、行政法规规定应当支付给职工的补偿金,不必申报,由管理人调查后列出清单并予以公示。职工对清单记载有异议的,可以要求管理人更正;管理人不予更正的,职工可以向人民法院提起诉讼。

第四十九条 【申报债权的书面说明】债权人申报债权时,应当书面说明债权的数额和有无财产担保,并提交有关证据。申报的债权是连带债权的,应当说明。

第五十条 【连带债权人申报债权】连带债权人可以由其中一人代表全体连带债权人申报债权,也可以共同申报债权。

第五十一条 【连带债务人申报债权】债务人的保证人或者其他连带债务人已经代替债务人清偿债务的,以其对债务人的求偿权申报债权。

债务人的保证人或者其他连带债务人尚未代替债务人清偿债务的,以其对债务人的将来求偿权申报债权。但是,债权人已经向管理人申报全部债权的除外。

第五十二条 【连带债务人的债权人申报债权】连带债务人数人被裁定适用本法规定的程序的,其债权人有权就全部债权分别在各破产案件中申报债权。

第五十三条 【解除合同后对方当事人申报债权】管理人或者债务人依照本法规定解除合同的,对方当事人以因合同解除所产生的损害赔偿请求权申报债权。

第五十四条 【受托人申报债权】债务人是委托合同的委托人,被裁定适用本法规定的程序,受托人不知该事实,继续处理委托事务,受托人以由此产生的请求权申报债权。

第五十五条 【票据付款人申报债权】债务人是票据的出票人,被裁定适用本法规定的程序,该票据的付款人继续付款或者承兑的,付款人以由此产生的请求权申报债权。

第五十六条 【补充申报债权】在人民法院确定的债权申报期限内,债权人未申报债权的,可以在破产财产最后分配前补充申报;但是,此前已进行的分配,不再对其补充分配。为审查和确认补充申报债权的费用,由补充申报人承担。

债权人未依照本法规定申报债权的,不得依照本法规定的程序行使权利。

第五十七条 【债权表】管理人收到债权申报材料后,应当登记造册,对申报的债权进行审查,并编制债权表。

债权表和债权申报材料由管理人保存,供利害关系人查阅。

第五十八条 【债权表的核查、确认与异议】依照本法第五十七条规定编制的债权表,应当提交第一次债权人会议核查。

债务人、债权人对债权表记载的债权无异议的,由人民法院裁定确认。

债务人、债权人对债权表记载的债权有异议的,可以向受理破产申请的人民法院提起诉讼。

第七章 债权人会议

第一节 一般规定

第五十九条 【债权人会议的组成】依法申报债权的债权人为债权人会议的成员,有权参加债权人会议,享有表决权。

债权尚未确定的债权人,除人民法院能够为其行使表决权而临时确定债权额的外,不得行使表决权。

对债务人的特定财产享有担保权的债权人,未放弃优先受偿权利的,对于本法第六十一条第一款第七项、第十项规定的事项不享有表决权。

债权人可以委托代理人出席债权人会议,行使表决权。代理人出席债权人会议,应当向人民法院或者债权人会议主席提交债权人的授权委托书。

债权人会议应当有债务人的职工和工会的代表参加,对有关事项发表意见。

第六十条 【债权人会议主席】债权人会议设主席一人,由人民法院从有表决权的债权人中指定。

债权人会议主席主持债权人会议。

第六十一条 【债权人会议的职权】债权人会议行使下列职权:

(一)核查债权;
(二)申请人民法院更换管理人,审查管理人的费用和报酬;
(三)监督管理人;
(四)选任和更换债权人委员会成员;
(五)决定继续或者停止债务人的营业;
(六)通过重整计划;
(七)通过和解协议;
(八)通过债务人财产的管理方案;
(九)通过破产财产的变价方案;
(十)通过破产财产的分配方案;
(十一)人民法院认为应当由债权人会议行使的其他职权。

债权人会议应当对所议事项的决议作成会议记录。

第六十二条 【债权人会议的召开】第一次债权人会议由人民法院召集,自债权申报期限届满之日起十五日内召开。

以后的债权人会议,在人民法院认为必要时,或者管理人、债权人委员会、占债权总额四分之一以上的债权人向债权人会议主席提议时召开。

第六十三条 【通知债权人】召开债权人会议,管理人应当提前十五日通知已知的债权人。

第六十四条 【债权人会议的决议】债权人会议的决议,由出席会议的有表决权的债权人过半数通过,并且其所代表的债权额占无财产担保债权总额的二分之一以上。但是,本法另有规定的除外。

债权人认为债权人会议的决议违反法律规定,损害其利益的,可以自债权人会议作出决议之日起十五日内,请求人民法院裁定撤销该决议,责令债权人会议依法重新作出决议。

债权人会议的决议,对于全体债权人均有约束力。

第六十五条 【法院裁定事项】本法第六十一条第一款第八项、第九项所列事项,经债权人会议表决未通过的,由人民法院裁定。

本法第六十一条第一款第十项所列事项,经债权人会议二次表决仍未通过的,由人民法院裁定。

对前两款规定的裁定,人民法院可以在债权人会议上宣布或者另行通知债权人。

第六十六条 【债权人申请复议】债权人对人民法院依照本法第六十五条第一款作出的裁定不服的,债权额占无财产担保债权总额二分之一以上的债权人对人民法院依照本法第六十五条第二款作出的裁定不服的,可以自裁定宣布之日或者收到通知之日起十五日内向该人民法院申请复议。复议期间不停止裁定的执行。

第二节 债权人委员会

第六十七条 【债权人委员会的组成】债权人会议可以决定设立债权人委员会。债权人委员会由债权人会议选任的债权人代表和一名债务人的职工代表或者工会代表组成。债权人委员会成员不得超过九人。

债权人委员会成员应当经人民法院书面决定认可。

第六十八条 【债权人委员会的职权】债权人委员会行使下列职权:

(一)监督债务人财产的管理和处分;

(二)监督破产财产分配;

(三)提议召开债权人会议;

(四)债权人会议委托的其他职权。

债权人委员会执行职务时,有权要求管理人、债务人的有关人员对其职权范围内的事务作出说明或者提供有关文件。

管理人、债务人的有关人员违反本法规定拒绝接受监督的,债权人委员会有权就监督事项请求人民法院作出决定;人民法院应当在五日内作出决定。

第六十九条 【管理人行为的告知】管理人实施下列行为,应当及时报告债权人委员会:

(一)涉及土地、房屋等不动产权益的转让;

(二)探矿权、采矿权、知识产权等财产权的转让;

(三)全部库存或者营业的转让;

(四)借款;

(五)设定财产担保;

(六)债权和有价证券的转让;

(七)履行债务人和对方当事人均未履行完毕的合同;

(八)放弃权利;

(九)担保物的取回;

(十)对债权人利益有重大影响的其他财产处分行为。

未设立债权人委员会的,管理人实施前款规定的行为应当及时报告人民法院。

第八章 重 整

第一节 重整申请和重整期间

第七十条 【重整申请】债务人或者债权人可以依照本法规定,直接向人民法院申请对债务人进行重整。

债权人申请对债务人进行破产清算的,在人民法院受理破产申请后、宣告债务人破产前,债务人或者出资额占债务人注册资本十分之一以上的出资人,可以向人民法院申请重整。

第七十一条 【裁定重整与公告】人民法院经审查认为重整申请符合本法规定的,应当裁定债务人重整,并予以公告。

第七十二条 【重整期间】自人民法院裁定债务人重整之日起至重整程序终止,为重整期间。

第七十三条 【债务人自行管理与营业】在重整期间,经债务人申请,人民法院批准,债务人可以在管理人的监督下自行管理财产和营业事务。

有前款规定情形的,依照本法规定已接管债务人财产和营业事务的管理人应当向债务人移交财产和营业事务,本法规定的管理人的职权由债务人行使。

第七十四条 【管理人管理与营业】管理人负责管理财产和营业事务的,可以聘任债务人的经营管理人员负责营业事务。

第七十五条 【重整期间担保权的行使与借款】在重整期间,对债务人的特定财产享有的担保权暂停行使。但是,担保物有损坏或者价值明显减少的可能,足以危害担保权人权利的,担保权人可以向人民法院请求恢复行使担保权。

在重整期间,债务人或者管理人为继续营业而借款的,可以为该借款设定担保。

第七十六条 【重整期间的取回权】债务人合法占有的他人财产,该财产的权利人在重整期间要求取回的,应当符合事先约定的条件。

第七十七条 【重整期间对出资人收益分配与董事、监事、高级管理人员持股转让的限制】在重整期间,债务人的出资人不得请求投资收益分配。

在重整期间,债务人的董事、监事、高级管理人员不得向第三人转让其持有的债务人的股权。但是,经人民法院同意的除外。

第七十八条 【重整终止与破产宣告】在重整期间,有下列情形之一的,经管理人或者利害关系人请求,人民法院应当裁定终止重整程序,并宣告债务人破产:

(一)债务人的经营状况和财产状况继续恶化,缺乏挽救的可能性;

(二)债务人有欺诈、恶意减少债务人财产或者其他显著不利于债权人的行为;

(三)由于债务人的行为致使管理人无法执行职务。

第二节 重整计划的制定和批准

第七十九条 【重整计划草案的提交期限】 债务人或者管理人应当自人民法院裁定债务人重整之日起六个月内，同时向人民法院和债权人会议提交重整计划草案。

前款规定的期限届满，经债务人或者管理人请求，有正当理由的，人民法院可以裁定延期三个月。

债务人或者管理人未按期提出重整计划草案的，人民法院应当裁定终止重整程序，并宣告债务人破产。

第八十条 【重整计划草案的制作主体】 债务人自行管理财产和营业事务的，由债务人制作重整计划草案。

管理人负责管理财产和营业事务的，由管理人制作重整计划草案。

第八十一条 【重整计划草案的内容】 重整计划草案应当包括下列内容：

（一）债务人的经营方案；
（二）债权分类；
（三）债权调整方案；
（四）债权受偿方案；
（五）重整计划的执行期限；
（六）重整计划执行的监督期限；
（七）有利于债务人重整的其他方案。

第八十二条 【债权分类与重整计划草案分组表决】 下列各类债权的债权人参加讨论重整计划草案的债权人会议，依照下列债权分类，分组对重整计划草案进行表决：

（一）对债务人的特定财产享有担保权的债权；
（二）债务人所欠职工的工资和医疗、伤残补助、抚恤费用，所欠的应当划入职工个人账户的基本养老保险、基本医疗保险费用，以及法律、行政法规规定应当支付给职工的补偿金；
（三）债务人所欠税款；
（四）普通债权。

人民法院在必要时可以决定在普通债权组中设小额债权组对重整计划草案进行表决。

第八十三条 【不得减免的费用】 重整计划不得规定减免债务人欠缴的本法第八十二条第一款第二项规定以外的社会保险费用；该项费用的债权人不参加重整计划草案的表决。

第八十四条 【重整计划草案的表决】 人民法院应当自收到重整计划草案之日起三十日内召开债权人会议，对重整计划草案进行表决。

出席会议的同一表决组的债权人过半数同意重整计划草案，并且其所代表的债权额占该组债权总额的三分之二以上的，即为该组通过重整计划草案。

债务人或者管理人应当向债权人会议就重整计划草案作出说明，并回答询问。

第八十五条 【出资人代表列席会议与出资人组表决】 债务人的出资人代表可以列席讨论重整计划草案的债权人会议。

重整计划草案涉及出资人权益调整事项的，应当设出资人组，对该事项进行表决。

第八十六条 【表决通过重整计划与重整程序终止】 各表决组均通过重整计划草案时，重整计划即为通过。

自重整计划通过之日起十日内，债务人或者管理人应当向人民法院提出批准重整计划的申请。人民法院经审查认为符合本法规定的，应当自收到申请之日起三十日内裁定批准，终止重整程序，并予以公告。

第八十七条 【裁定批准重整计划与重整程序终止】 部分表决组未通过重整计划草案的，债务人或者管理人可以同未通过重整计划草案的表决组协商。该表决组可以在协商后再表决一次。双方协商的结果不得损害其他表决组的利益。

未通过重整计划草案的表决组拒绝再次表决或者再次表决仍未通过重整计划草案，但重整计划草案符合下列条件的，债务人或者管理人可以申请人民法院批准重整计划草案：

（一）按照重整计划草案，本法第八十二条第一款第一项所列债权就该特定财产将获得全额清偿，其因延期清偿所受的损失将得到公平补偿，并且其担保权未受到实质性损害，或者该表决组已经通过重整计划草案；
（二）按照重整计划草案，本法第八十二条第一款第二项、第三项所列债权将获得全额清偿，或者相应表决组已经通过重整计划草案；
（三）按照重整计划草案，普通债权所获得的清偿比例，不低于其在重整计划草案被提请批准时依照破产清算程序所能获得的清偿比例，或者该表决组已经通过重整计划草案；
（四）重整计划草案对出资人权益的调整公平、公正，或者出资人组已经通过重整计划草案；
（五）重整计划草案公平对待同一表决组的成员，并且所规定的债权清偿顺序不违反本法第一百一十三条的规定；
（六）债务人的经营方案具有可行性。

人民法院经审查认为重整计划草案符合前款规定的，应当自收到申请之日起三十日内裁定批准，终止重整程序，并予以公告。

第八十八条 【重整程序的非正常终止】重整计划草案未获得通过且未依照本法第八十七条的规定获得批准，或者已通过的重整计划未获得批准的，人民法院应当裁定终止重整程序，并宣告债务人破产。

第三节 重整计划的执行

第八十九条 【重整计划的执行主体】重整计划由债务人负责执行。

人民法院裁定批准重整计划后，已接管财产和营业事务的管理人应当向债务人移交财产和营业事务。

第九十条 【重整计划执行的监督与报告】自人民法院裁定批准重整计划之日起，在重整计划规定的监督期内，由管理人监督重整计划的执行。

在监督期内，债务人应当向管理人报告重整计划执行情况和债务人财务状况。

第九十一条 【监督报告与监督期限的延长】监督期届满时，管理人应当向人民法院提交监督报告。自监督报告提交之日起，管理人的监督职责终止。

管理人向人民法院提交的监督报告，重整计划的利害关系人有权查阅。

经管理人申请，人民法院可以裁定延长重整计划执行的监督期限。

第九十二条 【重整计划的约束力】经人民法院裁定批准的重整计划，对债务人和全体债权人均有约束力。

债权人未依照本法规定申报债权的，在重整计划执行期间不得行使权利；在重整计划执行完毕后，可以按照重整计划规定的同类债权的清偿条件行使权利。

债权人对债务人的保证人和其他连带债务人所享有的权利，不受重整计划的影响。

第九十三条 【重整计划的终止】债务人不能执行或者不执行重整计划的，人民法院经管理人或者利害关系人请求，应当裁定终止重整计划的执行，并宣告债务人破产。

人民法院裁定终止重整计划执行的，债权人在重整计划中作出的债权调整的承诺失去效力。债权人因执行重整计划所受的清偿仍然有效，债权未受清偿的部分作为破产债权。

前款规定的债权人，只有在其他同顺位债权人同自己所受的清偿达到同一比例时，才能继续接受分配。

有本条第一款规定情形的，为重整计划的执行提供的担保继续有效。

第九十四条 【重整计划减免的债务不再清偿】按照重整计划减免的债务，自重整计划执行完毕时起，债务人不再承担清偿责任。

第九章 和 解

第九十五条 【和解申请】债务人可以依照本法规定，直接向人民法院申请和解；也可以在人民法院受理破产申请后、宣告债务人破产前，向人民法院申请和解。

债务人申请和解，应当提出和解协议草案。

第九十六条 【裁定和解】人民法院经审查认为和解申请符合本法规定的，应当裁定和解，予以公告，并召集债权人会议讨论和解协议草案。

对债务人的特定财产享有担保权的权利人，自人民法院裁定和解之日起可以行使权利。

第九十七条 【通过和解协议】债权人会议通过和解协议的决议，由出席会议的有表决权的债权人过半数同意，并且其所代表的债权额占无财产担保债权总额的三分之二以上。

第九十八条 【裁定认可和解协议并终止和解程序】债权人会议通过和解协议的，由人民法院裁定认可，终止和解程序，并予以公告。管理人应当向债务人移交财产和营业事务，并向人民法院提交执行职务的报告。

第九十九条 【和解协议的否决与宣告破产】和解协议草案经债权人会议表决未获得通过，或者已经债权人会议通过的和解协议未获得人民法院认可的，人民法院应当裁定终止和解程序，并宣告债务人破产。

第一百条 【和解协议的约束力】经人民法院裁定认可的和解协议，对债务人和全体和解债权人均有约束力。

和解债权人是指人民法院受理破产申请时对债务人享有无财产担保债权的人。

和解债权人未依照本法规定申报债权的，在和解协议执行期间不得行使权利；在和解协议执行完毕后，可以按照和解协议规定的清偿条件行使权利。

第一百零一条 【和解协议的影响】和解债权人对债务人的保证人和其他连带债务人所享有的权利，不受和解协议的影响。

第一百零二条 【债务人履行和解协议的义务】债务人应当按照和解协议规定的条件清偿债务。

第一百零三条 【和解协议无效与宣告破产】因债务人的欺诈或者其他违法行为而成立的和解协议，人民法院应当裁定无效，并宣告债务人破产。

有前款规定情形的,和解债权人因执行和解协议所受的清偿,在其他债权人所受清偿同等比例的范围内,不予返还。

第一百零四条 【终止执行和解协议与宣告破产】债务人不能执行或者不执行和解协议的,人民法院经和解债权人请求,应当裁定终止和解协议的执行,并宣告债务人破产。

人民法院裁定终止和解协议执行的,和解债权人在和解协议中作出的债权调整的承诺失去效力。和解债权人因执行和解协议所受的清偿仍然有效,和解债权未受清偿的部分作为破产债权。

前款规定的债权人,只有在其他债权人同自己所受的清偿达到同一比例时,才能继续接受分配。

有本条第一款规定情形的,为和解协议的执行提供的担保继续有效。

第一百零五条 【自行和解与破产程序终结】人民法院受理破产申请后,债务人与全体债权人就债权债务的处理自行达成协议的,可以请求人民法院裁定认可,并终结破产程序。

第一百零六条 【和解协议减免债务不再清偿】按照和解协议减免的债务,自和解协议执行完毕时起,债务人不再承担清偿责任。

第十章 破产清算

第一节 破产宣告

第一百零七条 【破产宣告】人民法院依照本法规定宣告债务人破产的,应当自裁定作出之日起五日内送达债务人和管理人,自裁定作出之日起十日内通知已知债权人,并予以公告。

债务人被宣告破产后,债务人称为破产人,债务人财产称为破产财产,人民法院受理破产申请时对债务人享有的债权称为破产债权。

第一百零八条 【破产宣告前的破产程序终结】破产宣告前,有下列情形之一的,人民法院应当裁定终结破产程序,并予以公告:

(一)第三人为债务人提供足额担保或者为债务人清偿全部到期债务的;

(二)债务人已清偿全部到期债务的。

第一百零九条 【别除权】对破产人的特定财产享有担保权的权利人,对该特定财产享有优先受偿的权利。

第一百一十条 【别除权的不完全实现与放弃】享有本法第一百零九条规定权利的债权人行使优先受偿权利未能完全受偿的,其未受偿的债权作为普通债权;放弃优先受偿权利的,其债权作为普通债权。

第二节 变价和分配

第一百一十一条 【破产财产变价方案】管理人应当及时拟订破产财产变价方案,提交债权人会议讨论。

管理人应当按照债权人会议通过的或者人民法院依照本法第六十五条第一款规定裁定的破产财产变价方案,适时变价出售破产财产。

第一百一十二条 【变价出售方式】变价出售破产财产应当通过拍卖进行。但是,债权人会议另有决议的除外。

破产企业可以全部或者部分变价出售。企业变价出售时,可以将其中的无形资产和其他财产单独变价出售。

按照国家规定不能拍卖或者限制转让的财产,应当按照国家规定的方式处理。

第一百一十三条 【破产财产的清偿顺序】破产财产在优先清偿破产费用和共益债务后,依照下列顺序清偿:

(一)破产人所欠职工的工资和医疗、伤残补助、抚恤费用,所欠的应当划入职工个人账户的基本养老保险、基本医疗保险费用,以及法律、行政法规规定应当支付给职工的补偿金;

(二)破产人欠缴的除前项规定以外的社会保险费用和破产人所欠税款;

(三)普通破产债权。

破产财产不足以清偿同一顺序的清偿要求的,按照比例分配。

破产企业的董事、监事和高级管理人员的工资按照该企业职工的平均工资计算。

第一百一十四条 【破产财产的分配方式】破产财产的分配应当以货币分配方式进行。但是,债权人会议另有决议的除外。

第一百一十五条 【破产财产的分配方案】管理人应当及时拟订破产财产分配方案,提交债权人会议讨论。

破产财产分配方案应当载明下列事项:

(一)参加破产财产分配的债权人名称或者姓名、住所;

(二)参加破产财产分配的债权额;

(三)可供分配的破产财产数额;

(四)破产财产分配的顺序、比例及数额;

(五)实施破产财产分配的方法。

债权人会议通过破产财产分配方案后,由管理人将该方案提请人民法院裁定认可。

第一百一十六条 【破产财产分配方案的执行】破产财产分配方案经人民法院裁定认可后,由管理人执行。

管理人按照破产财产分配方案实施多次分配的,应当公告本次分配的财产额和债权额。管理人实施最后分配的,应当在公告中指明,并载明本法第一百一十七条第二款规定的事项。

第一百一十七条 【附条件债权的分配】对于附生效条件或者解除条件的债权,管理人应当将其分配额提存。

管理人依照前款规定提存的分配额,在最后分配公告日,生效条件未成就或者解除条件成就的,应当分配给其他债权人;在最后分配公告日,生效条件成就或者解除条件未成就的,应当交付给债权人。

第一百一十八条 【未受领的破产财产的分配】债权人未受领的破产财产分配额,管理人应当提存。债权人自最后分配公告之日起满二个月仍不领取的,视为放弃受领分配的权利,管理人或者人民法院应当将提存的分配额分配给其他债权人。

第一百一十九条 【诉讼或仲裁未决债权的分配】破产财产分配时,对于诉讼或者仲裁未决的债权,管理人应当将其分配额提存。自破产程序终结之日起满二年仍不能受领分配的,人民法院应当将提存的分配额分配给其他债权人。

第三节 破产程序的终结

第一百二十条 【破产程序的终结及公告】破产人无财产可供分配的,管理人应当请求人民法院裁定终结破产程序。

管理人在最后分配完结后,应当及时向人民法院提交破产财产分配报告,并提请人民法院裁定终结破产程序。

人民法院应当自收到管理人终结破产程序的请求之日起十五日内作出是否终结破产程序的裁定。裁定终结的,应当予以公告。

第一百二十一条 【破产人的注销登记】管理人应当自破产程序终结之日起十日内,持人民法院终结破产程序的裁定,向破产人的原登记机关办理注销登记。

第一百二十二条 【管理人执行职务的终止】管理人于办理注销登记完毕的次日终止执行职务。但是,存在诉讼或者仲裁未决情况的除外。

第一百二十三条 【破产程序终结后的追加分配】自破产程序依照本法第四十三条第四款或者第一百二十条的规定终结之日起二年内,有下列情形之一的,债权人可以请求人民法院按照破产财产分配方案进行追加分配:

(一)发现有依照本法第三十一条、第三十二条、第三十三条、第三十六条规定应当追回的财产的;

(二)发现破产人有应当供分配的其他财产的。

有前款规定情形,但财产数量不足以支付分配费用的,不再进行追加分配,由人民法院将其上交国库。

第一百二十四条 【对未受偿债权的清偿责任】破产人的保证人和其他连带债务人,在破产程序终结后,对债权人依照破产清算程序未受清偿的债权,依法继续承担清偿责任。

第十一章 法律责任

第一百二十五条 【破产企业董事、监事和高级管理人员的法律责任】企业董事、监事或者高级管理人员违反忠实义务、勤勉义务,致使所在企业破产的,依法承担民事责任。

有前款规定情形的人员,自破产程序终结之日起三年内不得担任任何企业的董事、监事、高级管理人员。

第一百二十六条 【有义务列席债权人会议的债务人的有关人员的法律责任】有义务列席债权人会议的债务人的有关人员,经人民法院传唤,无正当理由拒不列席债权人会议的,人民法院可以拘传,并依法处以罚款。债务人的有关人员违反本法规定,拒不陈述、回答,或者作虚假陈述、回答的,人民法院可以依法处以罚款。

第一百二十七条 【不履行法定义务的直接责任人员的法律责任】债务人违反本法规定,拒不向人民法院提交或者提交不真实的财产状况说明、债务清册、债权清册、有关财务会计报告以及职工工资的支付情况和社会保险费用的缴纳情况的,人民法院可以对直接责任人员依法处以罚款。

债务人违反本法规定,拒不向管理人移交财产、印章和账簿、文书等资料的,或者伪造、销毁有关财产证据材料而使财产状况不明的,人民法院可以对直接责任人员依法处以罚款。

第一百二十八条 【债务人的法定代表人和其他直接责任人员的法律责任】债务人有本法第三十一条、第三十二条、第三十三条规定的行为,损害债权人利益的,债务人的法定代表人和其他直接责任人员依法承担赔偿责任。

第一百二十九条 【债务人的有关人员擅自离开住所地的法律责任】债务人的有关人员违反本法规定,擅自离开住所地的，人民法院可以予以训诫、拘留，可以依法并处罚款。

第一百三十条　【管理人的法律责任】 管理人未依照本法规定勤勉尽责，忠实执行职务的，人民法院可以依法处以罚款；给债权人、债务人或者第三人造成损失的，依法承担赔偿责任。

第一百三十一条　【刑事责任】 违反本法规定，构成犯罪的，依法追究刑事责任。

第十二章　附　则

第一百三十二条　【别除权适用的例外】 本法施行后，破产人在本法公布之日前所欠职工的工资和医疗、伤残补助、抚恤费用，所欠的应当划入职工个人账户的基本养老保险、基本医疗保险费用，以及法律、行政法规规定应当支付给职工的补偿金，依照本法第一百一十三条的规定清偿后不足以清偿的部分，以本法第一百零九条规定的特定财产优先于对该特定财产享有担保权的权利人受偿。

第一百三十三条　【本法施行前国务院规定范围内企业破产的特别规定】 在本法施行前国务院规定的期限和范围内的国有企业实施破产的特殊事宜，按照国务院有关规定办理。

第一百三十四条　【金融机构破产的特别规定】 商业银行、证券公司、保险公司等金融机构有本法第二条规定情形的，国务院金融监督管理机构可以向人民法院提出对该金融机构进行重整或者破产清算的申请。国务院金融监督管理机构依法对出现重大经营风险的金融机构采取接管、托管等措施的，可以向人民法院申请中止以该金融机构为被告或者被执行人的民事诉讼程序或者执行程序。

金融机构实施破产的，国务院可以依据本法和其他有关法律的规定制定实施办法。

第一百三十五条　【企业法人以外组织破产的准用规定】 其他法律规定企业法人以外的组织的清算，属于破产清算的，参照适用本法规定的程序。

第一百三十六条　【施行日期】 本法自2007年6月1日起施行，《中华人民共和国企业破产法(试行)》同时废止。

最高人民法院关于适用《中华人民共和国企业破产法》若干问题的规定(一)

- 2011年8月29日最高人民法院审判委员会第1527次会议通过
- 2011年9月9日最高人民法院公告公布
- 自2011年9月26日起施行
- 法释〔2011〕22号

为正确适用《中华人民共和国企业破产法》，结合审判实践，就人民法院依法受理企业破产案件适用法律问题作出如下规定。

第一条　债务人不能清偿到期债务并且具有下列情形之一的，人民法院应当认定其具备破产原因：
(一)资产不足以清偿全部债务；
(二)明显缺乏清偿能力。

相关当事人以对债务人的债务负有连带责任的人未丧失清偿能力为由，主张债务人不具备破产原因的，人民法院应不予支持。

第二条　下列情形同时存在的，人民法院应当认定债务人不能清偿到期债务：
(一)债权债务关系依法成立；
(二)债务履行期限已经届满；
(三)债务人未完全清偿债务。

第三条　债务人的资产负债表，或者审计报告、资产评估报告等显示其全部资产不足以偿付全部负债的，人民法院应当认定债务人资产不足以清偿全部债务，但有相反证据足以证明债务人资产能够偿付全部负债的除外。

第四条　债务人账面资产虽大于负债，但存在下列情形之一的，人民法院应当认定其明显缺乏清偿能力：
(一)因资金严重不足或者财产不能变现等原因，无法清偿债务；
(二)法定代表人下落不明且无其他人员负责管理财产，无法清偿债务；
(三)经人民法院强制执行，无法清偿债务；
(四)长期亏损且经营扭亏困难，无法清偿债务；
(五)导致债务人丧失清偿能力的其他情形。

第五条　企业法人已解散但未清算或者未在合理期限内清算完毕，债权人申请债务人破产清算的，除债务人在法定异议期限内举证证明其未出现破产原因外，人民法院应当受理。

第六条　债权人申请债务人破产的，应当提交债务人不能清偿到期债务的有关证据。债务人对债权人的申请未在法定期限内向人民法院提出异议，或者异议不成立的，人民法院应当依法裁定受理破产申请。

受理破产申请后，人民法院应当责令债务人依法提交其财产状况说明、债务清册、债权清册、财务会计报告等有关材料，债务人拒不提交的，人民法院可以对债务人的直接责任人员采取罚款等强制措施。

第七条 人民法院收到破产申请时，应当向申请人出具收到申请及所附证据的书面凭证。

人民法院收到破产申请后应当及时对申请人的主体资格、债务人的主体资格和破产原因，以及有关材料和证据等进行审查，并依据企业破产法第十条的规定作出是否受理的裁定。

人民法院认为申请人应当补充、补正相关材料的，应当自收到破产申请之日起五日内告知申请人。当事人补充、补正相关材料的期间不计入企业破产法第十条规定的期限。

第八条 破产案件的诉讼费用，应根据企业破产法第四十三条的规定，从债务人财产中拨付。相关当事人以申请人未预先交纳诉讼费用为由，对破产申请提出异议的，人民法院不予支持。

第九条 申请人向人民法院提出破产申请，人民法院未接收其申请，或者未按本规定第七条执行的，申请人可以向上一级人民法院提出破产申请。

上一级人民法院接到破产申请后，应当责令下级法院依法审查并及时作出是否受理的裁定；下级法院仍不作出是否受理裁定的，上一级人民法院可以径行作出裁定。

上一级人民法院裁定受理破产申请的，可以同时指令下级人民法院审理该案件。

最高人民法院关于适用《中华人民共和国企业破产法》若干问题的规定（二）

- 2013年7月29日最高人民法院审判委员会第1586次会议通过
- 根据2020年12月23日最高人民法院审判委员会第1823次会议通过的《最高人民法院关于修改〈最高人民法院关于破产企业国有划拨土地使用权应否列入破产财产等问题的批复〉等二十九件商事类司法解释的决定》修正
- 2020年12月29日最高人民法院公告公布
- 自2021年1月1日起施行
- 法释〔2020〕18号

根据《中华人民共和国民法典》《中华人民共和国企业破产法》等相关法律，结合审判实践，就人民法院审理企业破产案件中认定债务人财产相关的法律适用问题，制定本规定。

第一条 除债务人所有的货币、实物外，债务人依法享有的可以用货币估价并可以依法转让的债权、股权、知识产权、用益物权等财产和财产权益，人民法院均应认定为债务人财产。

第二条 下列财产不应认定为债务人财产：

（一）债务人基于仓储、保管、承揽、代销、借用、寄存、租赁等合同或者其他法律关系占有、使用的他人财产；

（二）债务人在所有权保留买卖中尚未取得所有权的财产；

（三）所有权专属于国家且不得转让的财产；

（四）其他依照法律、行政法规不属于债务人的财产。

第三条 债务人已依法设定担保物权的特定财产，人民法院应当认定为债务人财产。

对债务人的特定财产在担保物权消灭或者实现担保物权后的剩余部分，在破产程序中可用以清偿破产费用、共益债务和其他破产债权。

第四条 债务人对按份享有所有权的共有财产的相关份额，或者共同享有所有权的共有财产的相应财产权利，以及依法分割共有财产所得部分，人民法院均应认定为债务人财产。

人民法院宣告债务人破产清算，属于共有财产分割的法定事由。人民法院裁定债务人重整或者和解的，共有财产的分割应当依据民法典第三百零三条的规定进行；基于重整或者和解的需要必须分割共有财产，管理人请求分割的，人民法院应予准许。

因分割共有财产导致其他共有人损害产生的债务，其他共有人请求作为共益债务清偿的，人民法院应予支持。

第五条 破产申请受理后，有关债务人财产的执行程序未依照企业破产法第十九条的规定中止的，采取执行措施的相关单位应当依法予以纠正。依法执行回转的财产，人民法院应当认定为债务人财产。

第六条 破产申请受理后，对于可能因有关利益相关人的行为或者其他原因，影响破产程序依法进行的，受理破产申请的人民法院可以根据管理人的申请或者依职权，对债务人的全部或者部分财产采取保全措施。

第七条 对债务人财产已采取保全措施的相关单位，在知悉人民法院已裁定受理有关债务人的破产申请后，应当依照企业破产法第十九条的规定及时解除对债务人财产的保全措施。

第八条 人民法院受理破产申请后至破产宣告前裁定驳回破产申请，或者依据企业破产法第一百零八条的规定裁定终结破产程序的，应当及时通知原已采取保全措施并已依法解除保全措施的单位按照原保全顺位恢复相关保全措施。

在已依法解除保全的单位恢复保全措施或者表示不再恢复之前，受理破产申请的人民法院不得解除对债务人财产的保全措施。

第九条 管理人依据企业破产法第三十一条和第三十二条的规定提起诉讼，请求撤销涉及债务人财产的相关行为并由相对人返还债务人财产的，人民法院应予支持。

管理人因过错未依法行使撤销权导致债务人财产不当减损，债权人提起诉讼主张管理人对其损失承担相应赔偿责任的，人民法院应予支持。

第十条 债务人经过行政清理程序转入破产程序的，企业破产法第三十一条和第三十二条规定的可撤销行为的起算点，为行政监管机构作出撤销决定之日。

债务人经过强制清算程序转入破产程序的，企业破产法第三十一条和第三十二条规定的可撤销行为的起算点，为人民法院裁定受理强制清算申请之日。

第十一条 人民法院根据管理人的请求撤销涉及债务人财产的以明显不合理价格进行的交易的，买卖双方应当依法返还从对方获取的财产或者价款。

因撤销该交易，对于债务人应返还受让人已支付价款所产生的债务，受让人请求作为共益债务清偿的，人民法院应予支持。

第十二条 破产申请受理前一年内债务人提前清偿的未到期债务，在破产申请受理前已经到期，管理人请求撤销该清偿行为的，人民法院不予支持。但是，该清偿行为发生在破产申请受理前六个月内且债务人有企业破产法第二条第一款规定情形的除外。

第十三条 破产申请受理后，管理人未依据企业破产法第三十一条的规定请求撤销债务人无偿转让财产、以明显不合理价格交易、放弃债权行为的，债权人依据民法典第五百三十八条、第五百三十九条等规定提起诉讼，请求撤销债务人上述行为并将因此追回的财产归入债务人财产的，人民法院应予受理。

相对人以债权人行使撤销权的范围超出债权人的债权抗辩的，人民法院不予支持。

第十四条 债务人对以自有财产设定担保物权的债权进行的个别清偿，管理人依据企业破产法第三十二条的规定请求撤销的，人民法院不予支持。但是，债务清偿时担保财产的价值低于债权额的除外。

第十五条 债务人经诉讼、仲裁、执行程序对债权人进行的个别清偿，管理人依据企业破产法第三十二条的规定请求撤销的，人民法院不予支持。但是，债务人与债权人恶意串通损害其他债权人利益的除外。

第十六条 债务人对债权人进行的以下个别清偿，管理人依据企业破产法第三十二条的规定请求撤销的，人民法院不予支持：

（一）债务人为维系基本生产需要而支付水费、电费等的；

（二）债务人支付劳动报酬、人身损害赔偿金的；

（三）使债务人财产受益的其他个别清偿。

第十七条 管理人依据企业破产法第三十三条的规定提起诉讼，主张被隐匿、转移财产的实际占有人返还债务人财产，或者主张债务人虚构债务或者承认不真实债务的行为无效并返还债务人财产的，人民法院应予支持。

第十八条 管理人代表债务人依据企业破产法第一百二十八条的规定，以债务人的法定代表人和其他直接责任人员对所涉债务人财产的相关行为存在故意或者重大过失，造成债务人财产损失为由提起诉讼，主张上述责任人员承担相应赔偿责任的，人民法院应予支持。

第十九条 债务人对外享有债权的诉讼时效，自人民法院受理破产申请之日起中断。

债务人无正当理由未对其到期债权及时行使权利，导致其对外债权在破产申请受理前一年内超过诉讼时效期间的，人民法院受理破产申请之日起重新计算上述债权的诉讼时效期间。

第二十条 管理人代表债务人提起诉讼，主张出资人向债务人依法缴付未履行的出资或者返还抽逃的出资本息，出资人以认缴出资尚未届至公司章程规定的缴纳期限或者违反出资义务已经超过诉讼时效为由抗辩的，人民法院不予支持。

管理人依据公司法的相关规定代表债务人提起诉讼，主张公司的发起人和负有监督股东履行出资义务的董事、高级管理人员，或者协助抽逃出资的其他股东、董事、高级管理人员、实际控制人等，对股东违反出资义务或者抽逃出资承担相应责任，并将财产归入债务人财产的，人民法院应予支持。

第二十一条 破产申请受理前，债权人就债务人财产提起下列诉讼，破产申请受理时案件尚未审结的，人民法院应当中止审理：

（一）主张次债务人代替债务人直接向其偿还债务的；

（二）主张债务人的出资人、发起人和负有监督股东履行出资义务的董事、高级管理人员，或者协助抽逃出资的其他股东、董事、高级管理人员、实际控制人等直接向其承担出资不实或者抽逃出资责任的；

（三）以债务人的股东与债务人法人人格严重混同为由，主张债务人的股东直接向其偿还债务人对其所负债务的；

（四）其他就债务人财产提起的个别清偿诉讼。

债务人破产宣告后，人民法院应当依照企业破产法第四十四条的规定判决驳回债权人的诉讼请求。但是，债权人一审中变更其诉讼请求为追收的相关财产归入债务人财产的除外。

债务人破产宣告前，人民法院依据企业破产法第十二条或者第一百零八条的规定裁定驳回破产申请或者终结破产程序的，上述中止审理的案件应当依法恢复审理。

第二十二条　破产申请受理前，债权人就债务人财产向人民法院提起本规定第二十一条第一款所列诉讼，人民法院已经作出生效民事判决书或者调解书但尚未执行完毕的，破产申请受理后，相关执行行为应当依据企业破产法第十九条的规定中止，债权人应当依法向管理人申报相关债权。

第二十三条　破产申请受理后，债权人就债务人财产向人民法院提起本规定第二十一条第一款所列诉讼的，人民法院不予受理。

债权人通过债权人会议或者债权人委员会，要求管理人依法向次债务人、债务人的出资人等追收债务人财产，管理人无正当理由拒绝追收，债权人会议依据企业破产法第二十二条的规定，申请人民法院更换管理人的，人民法院应予支持。

管理人不予追收，个别债权人代表全体债权人提起相关诉讼，主张次债务人或者债务人的出资人等向债务人清偿或者返还债务人财产，或者依法申请合并破产的，人民法院应予受理。

第二十四条　债务人有企业破产法第二条第一款规定的情形时，债务人的董事、监事和高级管理人员利用职权获取的以下收入，人民法院应当认定为企业破产法第三十六条规定的非正常收入：

（一）绩效奖金；

（二）普遍拖欠职工工资情况下获取的工资性收入；

（三）其他非正常收入。

债务人的董事、监事和高级管理人员拒不向管理人返还上述债务人财产，管理人主张上述人员予以返还的，人民法院应予支持。

债务人的董事、监事和高级管理人员因返还第一款第（一）项、第（三）项非正常收入形成的债权，可以作为普通破产债权清偿。因返还第一款第（二）项非正常收入形成的债权，依据企业破产法第一百一十三条第三款的规定，按照该企业职工平均工资计算的部分作为拖欠职工工资清偿；高出该企业职工平均工资计算的部分，可以作为普通破产债权清偿。

第二十五条　管理人拟通过清偿债务或者提供担保取回质物、留置物，或者与质权人、留置权人协议以质物、留置物折价清偿债务等方式，进行对债权人利益有重大影响的财产处分行为的，应当及时报告债权人委员会。未设立债权人委员会的，管理人应当及时报告人民法院。

第二十六条　权利人依据企业破产法第三十八条的规定行使取回权，应当在破产财产变价方案或者和解协议、重整计划草案提交债权人会议表决前向管理人提出。权利人在上述期限后主张取回相关财产的，应当承担延迟行使取回权增加的相关费用。

第二十七条　权利人依据企业破产法第三十八条的规定向管理人主张取回相关财产，管理人不予认可，权利人以债务人为被告向人民法院提起诉讼请求行使取回权的，人民法院应予受理。

权利人依据人民法院或者仲裁机关的相关生效法律文书向管理人主张取回所涉争议财产，管理人以生效法律文书错误为由拒绝其行使取回权的，人民法院不予支持。

第二十八条　权利人行使取回权时未依法向管理人支付相关的加工费、保管费、托运费、委托费、代销费等费用，管理人拒绝其取回相关财产的，人民法院应予支持。

第二十九条　对债务人占有的权属不清的鲜活易腐等不易保管的财产或者不及时变现价值将严重贬损的财产，管理人及时变价并提存变价款后，有关权利人就该变价款行使取回权的，人民法院应予支持。

第三十条　债务人占有的他人财产被违法转让给第三人，依据民法典第三百一十一条的规定第三人已善意取得财产所有权，原权利人无法取回该财产的，人民法院应当按照以下规定处理：

（一）转让行为发生在破产申请受理前的，原权利人因财产损失形成的债权，作为普通破产债权清偿；

(二)转让行为发生在破产申请受理后的,因管理人或者相关人员执行职务导致原权利人损害产生的债务,作为共益债务清偿。

第三十一条 债务人占有的他人财产被违法转让给第三人,第三人已向债务人支付了转让价款,但依据民法典第三百一十一条的规定未取得财产所有权,原权利人依法追回转让财产的,对因第三人已支付对价而产生的债务,人民法院应当按照以下规定处理:

(一)转让行为发生在破产申请受理前的,作为普通破产债权清偿;

(二)转让行为发生在破产申请受理后的,作为共益债务清偿。

第三十二条 债务人占有的他人财产毁损、灭失,因此获得的保险金、赔偿金、代偿物尚未交付给债务人,或者代偿物虽已交付给债务人但能与债务人财产予以区分的,权利人主张取回就此获得的保险金、赔偿金、代偿物的,人民法院应予支持。

保险金、赔偿金已经交付给债务人,或者代偿物已经交付给债务人且不能与债务人财产予以区分的,人民法院应当按照以下规定处理:

(一)财产毁损、灭失发生在破产申请受理前的,权利人因财产损失形成的债权,作为普通破产债权清偿;

(二)财产毁损、灭失发生在破产申请受理后的,因管理人或者相关人员执行职务导致权利人损害产生的债务,作为共益债务清偿。

债务人占有的他人财产毁损、灭失,没有获得相应的保险金、赔偿金、代偿物,或者保险金、赔偿金、代偿物不足以弥补其损失的部分,人民法院应当按照本条第二款的规定处理。

第三十三条 管理人或者相关人员在执行职务过程中,因故意或者重大过失不当转让他人财产或者造成他人财产毁损、灭失,导致他人损害产生的债务作为共益债务,由债务人财产随时清偿不足弥补损失,权利人向管理人或者相关人员主张承担补充赔偿责任的,人民法院应予支持。

上述债务作为共益债务由债务人财产随时清偿后,债权人以管理人或者相关人员执行职务不当导致债务人财产减少给其造成损失为由提起诉讼,主张管理人或者相关人员承担相应赔偿责任的,人民法院应予支持。

第三十四条 买卖合同双方当事人在合同中约定标的物所有权保留,在标的物所有权未依法转移给买受人前,一方当事人破产的,该买卖合同属于双方均未履行完毕的合同,管理人有权依据企业破产法第十八条的规定决定解除或者继续履行合同。

第三十五条 出卖人破产,其管理人决定继续履行所有权保留买卖合同的,买受人应当按照原买卖合同的约定支付价款或者履行其他义务。

买受人未依约支付价款或者履行完毕其他义务,或者将标的物出卖、出质或者作出其他不当处分,给出卖人造成损害,出卖人管理人依法主张取回标的物的,人民法院应予支持。但是,买受人已经支付标的物总价款百分之七十五以上或者第三人善意取得标的物所有权或者其他物权的除外。

因本条第二款规定未能取回标的物,出卖人管理人依法主张买受人继续支付价款、履行完毕其他义务,以及承担相应赔偿责任的,人民法院应予支持。

第三十六条 出卖人破产,其管理人决定解除所有权保留买卖合同,并依据企业破产法第十七条的规定要求买受人向其交付买卖标的物的,人民法院应予支持。

买受人以其不存在未依约支付价款或者履行完毕其他义务,或者将标的物出卖、出质或者作出其他不当处分情形抗辩的,人民法院不予支持。

买受人依法履行合同义务并依据本条第一款将买卖标的物交付出卖人管理人后,买受人已支付价款损失形成的债权作为共益债务清偿。但是,买受人违反合同约定,出卖人管理人主张上述债权作为普通破产债权清偿的,人民法院应予支持。

第三十七条 买受人破产,其管理人决定继续履行所有权保留买卖合同的,原买卖合同中约定的买受人支付价款或者履行其他义务的期限在破产申请受理时视为到期,买受人管理人应当及时向出卖人支付价款或者履行其他义务。

买受人管理人无正当理由未及时支付价款或者履行完毕其他义务,或者将标的物出卖、出质或者作出其他不当处分,给出卖人造成损害,出卖人依据民法典第六百四十一条等规定主张取回标的物的,人民法院应予支持。但是,买受人已支付标的物总价款百分之七十五以上或者第三人善意取得标的物所有权或者其他物权的除外。

因本条第二款规定未能取回标的物,出卖人依法主张买受人继续支付价款、履行完毕其他义务,以及承担相应赔偿责任的,人民法院应予支持。对因买受人未支付价款或者未履行完毕其他义务,以及买受人管理人将标的物出卖、出质或者作出其他不当处分导致出卖人损害产生的债务,出卖人主张作为共益债务清偿的,人民法院应予支持。

第三十八条 买受人破产,其管理人决定解除所有权保留买卖合同,出卖人依据企业破产法第三十八条的规定主张取回买卖标的物的,人民法院应予支持。

出卖人取回买卖标的物,买受人管理人主张出卖人返还已支付价款的,人民法院应予支持。取回的标的物价值明显减少给出卖人造成损失的,出卖人可从买受人已支付价款中优先予以抵扣后,将剩余部分返还给买受人;对买受人已支付价款不足以弥补出卖人标的物价值减损损失形成的债权,出卖人主张作为共益债务清偿的,人民法院应予支持。

第三十九条 出卖人依据企业破产法第三十九条的规定,通过通知承运人或者实际占有人中止运输、返还货物、变更到达地,或者将货物交给其他收货人等方式,对在运途中标的物主张了取回权但未能实现,或者在货物未达管理人前已向管理人主张取回在运途中标的物,在买卖标的物到达管理人后,出卖人向管理人主张取回的,管理人应予准许。

出卖人对在运途中标的物未及时行使取回权,在买卖标的物到达管理人后向管理人行使在运途中标的物取回权的,管理人不应准许。

第四十条 债务人重整期间,权利人要求取回债务人合法占有的权利人的财产,不符合双方事先约定条件的,人民法院不予支持。但是,因管理人或者自行管理的债务人违反约定,可能导致取回物被转让、毁损、灭失或者价值明显减少的除外。

第四十一条 债权人依据企业破产法第四十条的规定行使抵销权,应当向管理人提出抵销主张。

管理人不得主动抵销债务人与债权人的互负债务,但抵销使债务人财产受益的除外。

第四十二条 管理人收到债权人提出的主张债务抵销的通知后,经审查无异议的,抵销自管理人收到通知之日起生效。

管理人对抵销主张有异议的,应当在约定的异议期限内或者自收到主张债务抵销的通知之日起三个月内向人民法院提起诉讼。无正当理由逾期提起的,人民法院不予支持。

人民法院判决驳回管理人提起的抵销无效诉讼请求的,该抵销自管理人收到主张债务抵销的通知之日起生效。

第四十三条 债权人主张抵销,管理人以下列理由提出异议的,人民法院不予支持:

(一)破产申请受理时,债务人对债权人负有的债务尚未到期;

(二)破产申请受理时,债权人对债务人负有的债务尚未到期;

(三)双方互负债务标的物种类、品质不同。

第四十四条 破产申请受理前六个月内,债务人有企业破产法第二条第一款规定的情形,债务人与个别债权人以抵销方式对个别债权人清偿,其抵销的债权债务属于企业破产法第四十条第(二)、(三)项规定的情形之一,管理人在破产申请受理之日起三个月内向人民法院提起诉讼,主张该抵销无效的,人民法院应予支持。

第四十五条 企业破产法第四十条所列不得抵销情形的债权人,主张以其对债务人特定财产享有优先受偿权的债权,与债务人对其不享有优先受偿权的债权抵销,债务人管理人以抵销存在企业破产法第四十条规定的情形提出异议的,人民法院不予支持。但是,用以抵销的债权大于债权人享有优先受偿权财产价值的除外。

第四十六条 债务人的股东主张以下列债务与债务人对其负有的债务抵销,债务人管理人提出异议的,人民法院应予支持:

(一)债务人股东因欠缴债务人的出资或者抽逃出资对债务人所负的债务;

(二)债务人股东滥用股东权利或者关联关系损害公司利益对债务人所负的债务。

第四十七条 人民法院受理破产申请后,当事人提起的有关债务人的民事诉讼案件,应当依据企业破产法第二十一条的规定,由受理破产申请的人民法院管辖。

受理破产申请的人民法院管辖的有关债务人的第一审民事案件,可以依据民事诉讼法第三十八条的规定,由上级人民法院提审,或者报请上级人民法院批准后交下级人民法院审理。

受理破产申请的人民法院,如对有关债务人的海事纠纷、专利纠纷、证券市场因虚假陈述引发的民事赔偿纠纷等案件不能行使管辖权的,可以依据民事诉讼法第三十七条的规定,由上级人民法院指定管辖。

第四十八条 本规定施行前本院发布的有关企业破产的司法解释,与本规定相抵触的,自本规定施行之日起不再适用。

最高人民法院关于适用《中华人民共和国企业破产法》若干问题的规定(三)

- 2019年2月25日最高人民法院审判委员会第1762次会议通过
- 根据2020年12月23日最高人民法院审判委员会第1823次会议通过的《最高人民法院关于修改〈最高人民法院关于破产企业国有划拨土地使用权应否列入破产财产等问题的批复〉等二十九件商事类司法解释的决定》修正
- 2020年12月29日最高人民法院公告公布
- 自2021年1月1日起施行
- 法释〔2020〕18号

为正确适用《中华人民共和国企业破产法》,结合审判实践,就人民法院审理企业破产案件中有关债权人权利行使等相关法律适用问题,制定本规定。

第一条 人民法院裁定受理破产申请的,此前债务人尚未支付的公司强制清算费用、未终结的执行程序中产生的评估费、公告费、保管费等执行费用,可以参照企业破产法关于破产费用的规定,由债务人财产随时清偿。

此前债务人尚未支付的案件受理费、执行申请费,可以作为破产债权清偿。

第二条 破产申请受理后,经债权人会议决议通过,或者第一次债权人会议召开前经人民法院许可,管理人或者自行管理的债务人可以为债务人继续营业而借款。提供借款的债权人主张参照企业破产法第四十二条第四项的规定优先于普通破产债权清偿的,人民法院应予支持,但其主张优先于此前已就债务人特定财产享有担保的债权清偿的,人民法院不予支持。

管理人或者自行管理的债务人可以为前述借款设定抵押担保,抵押物在破产申请受理前已为其他债权人设定抵押的,债权人主张按照民法典第四百一十四条规定的顺序清偿,人民法院应予支持。

第三条 破产申请受理后,债务人欠缴款项产生的滞纳金,包括债务人未履行生效法律文书应当加倍支付的迟延利息和劳动保险金的滞纳金,债权人作为破产债权申报的,人民法院不予确认。

第四条 保证人被裁定进入破产程序的,债权人有权申报其对保证人的保证债权。

主债未到期的,保证债权在保证人破产申请受理时视为到期。一般保证的保证人主张行使先诉抗辩权的,人民法院不予支持,但债权人在一般保证人破产程序中的分配额应予保留,待一般保证人应承担的保证责任确定后再按照破产清偿比例予以分配。

保证人被确定应当承担保证责任的,保证人的管理人可以就保证人实际承担的清偿额向主债务人或其他债务人行使求偿权。

第五条 债务人、保证人均被裁定进入破产程序的,债权人有权向债务人、保证人分别申报债权。

债权人向债务人、保证人均申报全部债权的,从一方破产程序中获得清偿后,其对另一方的债权额不作调整,但债权人的受偿额不得超出其债权总额。保证人履行保证责任后不再享有求偿权。

第六条 管理人应当依照企业破产法第五十七条的规定对所申报的债权进行登记造册,详尽记载申报人的姓名、单位、代理人、申报债权额、担保情况、证据、联系方式等事项,形成债权申报登记册。

管理人应当依照企业破产法第五十七条的规定对债权的性质、数额、担保财产、是否超过诉讼时效期间、是否超过强制执行期间等情况进行审查,编制债权表并提交债权人会议核查。

债权表、债权申报登记册及债权申报材料在破产期间由管理人保管,债权人、债务人、债务人职工及其他利害关系人有权查阅。

第七条 已经生效法律文书确定的债权,管理人应当予以确认。

管理人认为债权人据以申报债权的生效法律文书确定的债权错误,或者有证据证明债权人与债务人恶意通过诉讼、仲裁或者公证机关赋予强制执行力公证文书的形式虚构债权债务的,应当依法通过审判监督程序向作出该判决、裁定、调解书的人民法院或者上一级人民法院申请撤销生效法律文书,或者向受理破产申请的人民法院申请撤销或者不予执行仲裁裁决、不予执行公证债权文书后,重新确定债权。

第八条 债务人、债权人对债权表记载的债权有异议的,应当说明理由和法律依据。经管理人解释或调整后,异议人仍然不服的,或者管理人不予解释或调整的,异议人应当在债权人会议核查结束后十五日内向人民法院提起债权确认的诉讼。当事人之间在破产申请受理前订立有仲裁条款或仲裁协议的,应当向选定的仲裁机构申请确认债权债务关系。

第九条 债务人对债权表记载的债权有异议向人民法院提起诉讼的,应将被异议债权人列为被告。债权人对债权表记载的他人债权有异议的,应将被异议债权人列为被告;债权人对债权表记载的本人债权有异议的,应将债务人列为被告。

对同一笔债权存在多个异议人，其他异议人申请参加诉讼的，应当列为共同原告。

第十条 单个债权人有权查阅债务人财产状况报告、债权人会议决议、债权人委员会决议、管理人监督报告等参与破产程序所必需的债务人财务和经营信息资料。管理人无正当理由不予提供的，债权人可以请求人民法院作出决定；人民法院应当在五日内作出决定。

上述信息资料涉及商业秘密的，债权人应当依法承担保密义务或者签署保密协议；涉及国家秘密的应当依照相关法律规定处理。

第十一条 债权人会议的决议除现场表决外，可以由管理人事先将相关决议事项告知债权人，采取通信、网络投票等非现场方式进行表决。采取非现场方式进行表决的，管理人应当在债权人会议召开后的三日内，以信函、电子邮件、公告等方式将表决结果告知参与表决的债权人。

根据企业破产法第八十二条规定，对重整计划草案进行分组表决时，权益因重整计划草案受到调整或者影响的债权人或者股东，有权参加表决；权益未受到调整或者影响的债权人或者股东，参照企业破产法第八十三条的规定，不参加重整计划草案的表决。

第十二条 债权人会议的决议具有以下情形之一，损害债权人利益，债权人申请撤销的，人民法院应予支持：

（一）债权人会议的召开违反法定程序；

（二）债权人会议的表决违反法定程序；

（三）债权人会议的决议内容违法；

（四）债权人会议的决议超出债权人会议的职权范围。

人民法院可以裁定撤销全部或者部分事项决议，责令债权人会议依法重新作出决议。

债权人申请撤销债权人会议决议的，应当提出书面申请。债权人会议采取通信、网络投票等非现场方式进行表决的，债权人申请撤销的期限自债权人收到通知之日起算。

第十三条 债权人会议可以依照企业破产法第六十八条第一款第四项的规定，委托债权人委员会行使企业破产法第六十一条第一款第二、三、五项规定的债权人会议职权。债权人会议不得作出概括性授权，委托其行使债权人会议所有职权。

第十四条 债权人委员会决定所议事项应获得全体成员过半数通过，并作成议事记录。债权人委员会成员对所议事项的决议有不同意见的，应当在记录中载明。

债权人委员会行使职权应当接受债权人会议的监督，以适当的方式向债权人会议及时汇报工作，并接受人民法院的指导。

第十五条 管理人处分企业破产法第六十九条规定的债务人重大财产的，应当事先制作财产管理或者变价方案并提交债权人会议进行表决，债权人会议表决未通过的，管理人不得处分。

管理人实施处分前，应当根据企业破产法第六十九条的规定，提前十日书面报告债权人委员会或者人民法院。债权人委员会可以依照企业破产法第六十八条第二款的规定，要求管理人对处分行为作出相应说明或者提供有关文件依据。

债权人委员会认为管理人实施的处分行为不符合债权人会议通过的财产管理或变价方案的，有权要求管理人纠正。管理人拒绝纠正的，债权人委员会可以请求人民法院作出决定。

人民法院认为管理人实施的处分行为不符合债权人会议通过的财产管理或变价方案的，应当责令管理人停止处分行为。管理人应当予以纠正，或者提交债权人会议重新表决通过后实施。

第十六条 本规定自2019年3月28日起实施。

实施前本院发布的有关企业破产的司法解释，与本规定相抵触的，自本规定实施之日起不再适用。

最高人民法院关于审理企业破产案件若干问题的规定

- 2002年7月18日最高人民法院审判委员会第1232次会议通过
- 2002年7月30日最高人民法院公告公布
- 自2002年9月1日起施行
- 法释〔2002〕23号

为正确适用《中华人民共和国企业破产法（试行）》（以下简称企业破产法）、《中华人民共和国民事诉讼法》（以下简称民事诉讼法），规范对企业破产案件的审理，结合人民法院审理企业破产案件的实际情况，特制定以下规定。

一、关于企业破产案件管辖

第一条 企业破产案件由债务人住所地人民法院管辖。债务人住所地指债务人的主要办事机构所在地。债务人无办事机构的，由其注册地人民法院管辖。

第二条　基层人民法院一般管辖县、县级市或者区的工商行政管理机关核准登记企业的破产案件；

中级人民法院一般管辖地区、地级市（含本级）以上的工商行政管理机关核准登记企业的破产案件；

纳入国家计划调整的企业破产案件，由中级人民法院管辖。

第三条　上级人民法院审理下级人民法院管辖的企业破产案件，或者将本院管辖的企业破产案件移交下级人民法院审理，以及下级人民法院需要将自己管辖的企业破产案件交由上级人民法院审理的，依照民事诉讼法第三十九条的规定办理；省、自治区、直辖市范围内因特殊情况需对个别企业破产案件的地域管辖作调整的，须经共同上级人民法院批准。

二、关于破产申请与受理

第四条　申请（被申请）破产的债务人应当具备法人资格，不具备法人资格的企业、个体工商户、合伙组织、农村承包经营户不具备破产主体资格。

第五条　国有企业向人民法院申请破产时，应当提交其上级主管部门同意其破产的文件；其他企业应当提供其开办人或者股东会议决定企业破产的文件。

第六条　债务人申请破产，应当向人民法院提交下列材料：

（一）书面破产申请；

（二）企业主体资格证明；

（三）企业法定代表人与主要负责人名单；

（四）企业职工情况和安置预案；

（五）企业亏损情况的书面说明，并附审计报告；

（六）企业至破产申请日的资产状况明细表，包括有形资产、无形资产和企业投资情况等；

（七）企业在金融机构开设账户的详细情况，包括开户审批材料、账号、资金等；

（八）企业债权情况表，列明企业的债务人名称、住所、债务数额、发生时间和催讨偿还情况；

（九）企业债务情况表，列明企业的债权人名称、住所、债权数额、发生时间；

（十）企业涉及的担保情况；

（十一）企业已发生的诉讼情况；

（十二）人民法院认为应当提交的其他材料。

第七条　债权人申请债务人破产，应当向人民法院提交下列材料：

（一）债权发生的事实与证据；

（二）债权性质、数额、有无担保，并附证据；

（三）债务人不能清偿到期债务的证据。

第八条　债权人申请债务人破产，人民法院可以通知债务人核对以下情况：

（一）债权的真实性；

（二）债权在债务人不能偿还的到期债务中所占的比例；

（三）债务人是否存在不能清偿到期债务的情况。

第九条　债权人申请债务人破产，债务人对债权人的债权提出异议，人民法院认为异议成立的，应当告知债权人先行提起民事诉讼。破产申请不予受理。

第十条　人民法院收到破产申请后，应当在 7 日内决定是否立案；破产申请人提交的材料需要更正、补充的，人民法院可以责令申请人限期更正、补充。按期更正、补充材料的，人民法院自收到更正补充材料之日起 7 日内决定是否立案；未按期更正、补充的，视为撤回申请。

人民法院决定受理企业破产案件的，应当制作案件受理通知书，并送达申请人和债务人。通知书作出时间为破产案件受理时间。

第十一条　在人民法院决定受理企业破产案件前，破产申请人可以请求撤回破产申请。

人民法院准许申请人撤回破产申请的，在撤回破产申请之前已经支出的费用由破产申请人承担。

第十二条　人民法院经审查发现有下列情况的，破产申请不予受理：

（一）债务人有隐匿、转移财产等行为，为了逃避债务而申请破产的；

（二）债权人借破产申请毁损债务人商业信誉，意图损害公平竞争的。

第十三条　人民法院对破产申请不予受理的，应当作出裁定。

破产申请人对不予受理破产申请的裁定不服的，可以在裁定送达之日起 10 日内向上一级人民法院提起上诉。

第十四条　人民法院受理企业破产案件后，发现不符合法律规定的受理条件或者有本规定第十二条所列情形的，应当裁定驳回破产申请。

人民法院受理债务人的破产申请后，发现债务人巨额财产下落不明且不能合理解释财产去向的，应当裁定驳回破产申请。

破产申请人对驳回破产申请的裁定不服的，可以在裁定送达之日起 10 日内向上一级人民法院提起上诉。

第十五条　人民法院决定受理企业破产案件后，应

当组成合议庭,并在10日内完成下列工作:

(一)将合议庭组成人员情况书面通知破产申请人和被申请人,并在法院公告栏张贴企业破产受理公告。公告内容应当写明:破产申请受理时间、债务人名称、申报债权的期限、地点和逾期未申报债权的法律后果、第一次债权人会议召开的日期、地点;

(二)在债务人企业发布公告,要求保护好企业财产,不得擅自处理企业的账册、文书、资料、印章,不得隐匿、私分、转让、出售企业财产;

(三)通知债务人立即停止清偿债务,非经人民法院许可不得支付任何费用;

(四)通知债务人的开户银行停止债务人的结算活动,并不得扣划债务人款项抵扣债务。但经人民法院依法许可的除外。

第十六条 人民法院受理债权人提出的企业破产案件后,应当通知债务人在15日内向人民法院提交有关会计报表、债权债务清册、企业资产清册以及人民法院认为应当提交的资料。

第十七条 人民法院受理企业破产案件后,除应当按照企业破产法第九条的规定通知已知的债权人外,还应当于30日内在国家、地方有影响的报纸上刊登公告,公告内容同第十五条第(一)项的规定。

第十八条 人民法院受理企业破产案件后,除可以随即进行破产宣告成立清算组的外,在企业原管理组织不能正常履行管理职责的情况下,可以成立企业监管组。企业监管组成员从企业上级主管部门或者股东会议代表、企业原管理人员、主要债权人中产生,也可以聘请会计师、律师等中介机构参加。企业监管组主要负责处理以下事务:

(一)清点、保管企业财产;

(二)核查企业债权;

(三)为企业利益而进行的必要的经营活动;

(四)支付人民法院许可的必要支出;

(五)人民法院许可的其他工作。

企业监管组向人民法院负责,接受人民法院的指导、监督。

第十九条 人民法院受理企业破产案件后,以债务人为原告的其他民事纠纷案件尚在一审程序的,受诉人民法院应当将案件移送受理破产案件的人民法院;案件已进行到二审程序的,受诉人民法院应当继续审理。

第二十条 人民法院受理企业破产案件后,对债务人财产的其他民事执行程序应当中止。

以债务人为被告的其他债务纠纷案件,根据下列不同情况分别处理:

(一)已经审结但未执行完毕的,应当中止执行,由债权人凭生效的法律文书向受理破产案件的人民法院申报债权;

(二)尚未审结且无其他被告和无独立请求权的第三人的,应当中止诉讼,由债权人向受理破产案件的人民法院申报债权。在企业被宣告破产后,终结诉讼;

(三)尚未审结并有其他被告或者无独立请求权的第三人的,应当中止诉讼,由债权人向受理破产案件的人民法院申报债权。待破产程序终结后,恢复审理。

(四)债务人系从债务人的债务纠纷案件继续审理。

三、关于债权申报

第二十一条 债权人申报债权应当提交债权证明和合法有效的身份证明;代理申报人应当提交委托人的有效身份证明、授权委托书和债权证明。

申报的债权有财产担保的,应当提交证明财产担保的证据。

第二十二条 人民法院在登记申报的债权时,应当记明债权人名称、住所、开户银行、申报债权数额、申报债权的证据、财产担保情况、申报时间、联系方式以及其他必要的情况。

已经成立清算组的,由清算组进行上述债权登记工作。

第二十三条 连带债务人之一或者数人破产的,债权人可就全部债权向该债务人或者各债务人行使权利,申报债权。债权人未申报债权的,其他连带债务人可就将来可能承担的债务申报债权。

第二十四条 债权人虽未在法定期间申报债权,但有民事诉讼法第七十六条规定情形的,在破产财产分配前可向清算组申报债权。清算组负责审查其申报的债权,并由人民法院审查确定。债权人会议对人民法院同意该债权人参加破产财产分配有异议的,可以向人民法院申请复议。

四、关于破产和解与破产企业整顿

第二十五条 人民法院受理企业破产案件后,在破产程序终结前,债务人可以向人民法院申请和解。人民法院在破产案件审理过程中,可以根据债权人、债务人具体情况向双方提出和解建议。

人民法院作出破产宣告裁定前,债权人会议与债务人达成和解协议并经人民法院裁定认可的,由人民法院发布公告,中止破产程序。

人民法院作出破产宣告裁定后,债权人会议与债务人达成和解协议并经人民法院裁定认可,由人民法院裁定中止执行破产宣告裁定,并公告中止破产程序。

第二十六条 债务人不按和解协议规定的内容清偿全部债务的,相关债权人可以申请人民法院强制执行。

第二十七条 债务人不履行或者不能履行和解协议的,经债权人申请,人民法院应当裁定恢复破产程序。和解协议系在破产宣告前达成的,人民法院应当在裁定恢复破产程序的同时裁定宣告债务人破产。

第二十八条 企业由债权人申请破产的,如被申请破产的企业系国有企业,依照企业破产法第四章的规定,其上级主管部门可以申请对该企业进行整顿。整顿申请应当在债务人被宣告破产前提出。

企业无上级主管部门的,企业股东会议可以通过决议并以股东会议名义申请对企业进行整顿。整顿工作由股东会议指定人员负责。

第二十九条 企业整顿期间,企业的上级主管部门或者负责实施整顿方案的人员应当定期向债权人会议和人民法院报告整顿情况、和解协议执行情况。

第三十条 企业整顿期间,对于债务人财产的执行仍适用企业破产法第十一条的规定。

五、关于破产宣告

第三十一条 企业破产法第三条第一款规定的"不能清偿到期债务"是指:

(一)债务的履行期限已届满;

(二)债务人明显缺乏清偿债务的能力。

债务人停止清偿到期债务并呈连续状态,如无相反证据,可推定为"不能清偿到期债务"。

第三十二条 人民法院受理债务人破产案件后,有下列情形之一的,应当裁定宣告债务人破产:

(一)债务人不能清偿债务且与债权人不能达成和解协议的;

(二)债务人不履行或者不能履行和解协议的;

(三)债务人在整顿期间有企业破产法第二十一条规定情形的;

(四)债务人在整顿期满后有企业破产法第二十二条第二款规定情形的。

宣告债务人破产应当公开进行。由债权人提出破产申请的,破产宣告时应当通知债务人到庭。

第三十三条 债务人自破产宣告之日起停止生产经营活动。为债权人利益确有必要继续生产经营的,须经人民法院许可。

第三十四条 人民法院宣告债务人破产后,应当通知债务人的开户银行,限定其银行账户只能由清算组使用。人民法院通知开户银行时应当附破产宣告裁定书。

第三十五条 人民法院裁定宣告债务人破产后应当发布公告,公告内容包括债务人亏损情况、资产负债状况、破产宣告时间、破产宣告理由和法律依据以及对债务人的财产、账册、文书、资料和印章的保护等内容。

第三十六条 破产宣告后,破产企业的财产在其他民事诉讼程序中被查封、扣押、冻结的,受理破产案件的人民法院应当立即通知采取查封、扣押、冻结措施的人民法院予以解除,并向受理破产案件的人民法院办理移交手续。

第三十七条 企业被宣告破产后,人民法院应当指定必要的留守人员。破产企业的法定代表人、财会、财产保管人员必须留守。

第三十八条 破产宣告后,债权人或者债务人对破产宣告有异议的,可以在人民法院宣告企业破产之日起10日内,向上一级人民法院申诉。上一级人民法院应当组成合议庭进行审理,并在30日内作出裁定。

六、关于债权人会议

第三十九条 债权人会议由申报债权的债权人组成。

债权人会议主席由人民法院在有表决权的债权人中指定。必要时,人民法院可以指定多名债权人会议主席,成立债权人会议主席委员会。

少数债权人拒绝参加债权人会议,不影响会议的召开。但债权人会议不得作出剥夺其对破产财产受偿的机会或者不利于其受偿的决议。

第四十条 第一次债权人会议应当在人民法院受理破产案件公告3个月期满后召开。除债务人的财产不足以支付破产费用,破产程序提前终结外,不得以一般债权的清偿率为零为理由取消债权人会议。

第四十一条 第一次债权人会议由人民法院召集并主持。人民法院除完成本规定第十七条确定的工作外,还应当做好以下准备工作:

(一)拟订第一次债权人会议议程;

(二)向债务人的法定代表人或者负责人发出通知,要求其必须到会;

(三)向债务人的上级主管部门、开办人或者股东会议代表发出通知,要求其派员列席会议;

(四)通知破产清算组成员列席会议;

（五）通知审计、评估人员参加会议；
（六）需要提前准备的其他工作。

第四十二条 债权人会议一般包括以下内容：
（一）宣布债权人会议职权和其他有关事项；
（二）宣布债权人资格审查结果；
（三）指定并宣布债权人会议主席；
（四）安排债务人法定代表人或者负责人接受债权人询问；
（五）由清算组通报债务人的生产经营、财产、债务情况并作清算工作报告和提出财产处理方案及分配方案；
（六）讨论并审查债权的证明材料、债权的财产担保情况及数额、讨论通过和解协议、审阅清算组的清算报告、讨论通过破产财产的处理方案与分配方案等。讨论内容应当记明笔录。债权人对人民法院或者清算组登记的债权提出异议的，人民法院应当及时审查并作出裁定；
（七）根据讨论情况，依照企业破产法第十六条的规定进行表决。

以上第（五）至（七）项议程内的工作在本次债权人会议上无法完成的，交由下次债权人会议继续进行。

第四十三条 债权人认为债权人会议决议违反法律规定或者侵害其合法权益的，可以在债权人会议作出决议后7日内向人民法院提出，由人民法院依法裁定。

第四十四条 清算组财产分配方案经债权人会议两次讨论未获通过的，由人民法院依法裁定。

对前款裁定，占无财产担保债权总额半数以上债权的债权人有异议的，可以在人民法院作出裁定之日起10日内向上一级人民法院申诉。上一级人民法院应当组成合议庭进行审理，并在30日内作出裁定。

第四十五条 债权人可以委托代理人出席债权人会议，并可以授权代理人行使表决权。代理人应当向人民法院或者债权人会议主席提交授权委托书。

第四十六条 第一次债权人会议后又召开债权人会议的，债权人会议主席应当在发出会议通知前3日报告人民法院，并由会议召集人在开会前15日将会议时间、地点、内容、目的等事项通知债权人。

七、关于清算组

第四十七条 人民法院应当自裁定宣告企业破产之日起15日内成立清算组。

第四十八条 清算组成员可以从破产企业上级主管部门、清算中介机构以及会计、律师中产生，也可以从政府财政、工商管理、计委、经委、审计、税务、物资、劳动、社会保险、土地管理、国有资产管理、人事等部门中指定。人民银行分（支）行可以按照有关规定派人参加清算组。

第四十九条 清算组经人民法院同意可以聘请破产清算机构、律师事务所、会计事务所等中介机构承担一定的破产清算工作。中介机构就清算工作向清算组负责。

第五十条 清算组的主要职责是：
（一）接管破产企业。向破产企业原法定代表人及留守人员接收原登记造册的资产明细表、有形资产清册，接管所有财产、账册、文书档案、印章、证照和有关资料。破产宣告前成立企业监管组的，由企业监管组和企业原法定代表人向清算组进行移交；
（二）清理破产企业财产，编制财产明细表和资产负债表，编制债权债务清册，组织破产财产的评估、拍卖、变现；
（三）回收破产企业的财产，向破产企业的债务人、财产持有人依法行使财产权利；
（四）管理、处分破产财产，决定是否履行合同和在清算范围内进行经营活动。确认别除权、抵销权、取回权；
（五）进行破产财产的委托评估、拍卖及其他变现工作；
（六）依法提出并执行破产财产处理和分配方案；
（七）提交清算报告；
（八）代表破产企业参加诉讼和仲裁活动；
（九）办理企业注销登记等破产终结事宜；
（十）完成人民法院依法指定的其他事项。

第五十一条 清算组对人民法院负责并且报告工作，接受人民法院的监督。人民法院应当及时指导清算组的工作，明确清算组的职权与责任，帮助清算组拟订工作计划，听取清算组汇报工作。

清算组有损害债权人利益的行为或者其他违法行为的，人民法院可以根据债权人的申请或者依职权予以纠正。

人民法院可以根据债权人的申请或者依职权更换不称职的清算组成员。

第五十二条 清算组应当列席债权人会议，接受债权人会议的询问。债权人有权查阅有关资料、询问有关事项；清算组的决定违背债权人利益的，债权人可以申请人民法院裁定撤销该决定。

第五十三条 清算组对破产财产应当及时登记、清理、审计、评估、变价。必要时，可以请求人民法院对破产企业财产进行保全。

第五十四条　清算组应当采取有效措施保护破产企业的财产。债务人的财产权利如不依法登记或者及时行使将丧失权利的，应当及时予以登记或者行使；对易损、易腐、跌价或者保管费用较高的财产应当及时变卖。

八、关于破产债权

第五十五条　下列债权属于破产债权：

（一）破产宣告前发生的无财产担保的债权；

（二）破产宣告前发生的虽有财产担保但是债权人放弃优先受偿的债权；

（三）破产宣告前发生的虽有财产担保但是债权数额超过担保物价值部分的债权；

（四）票据出票人被宣告破产，付款人或者承兑人不知其事实而向持票人付款或者承兑所产生的债权；

（五）清算组解除合同，对方当事人依法或者依照合同约定产生的对债务人可以用货币计算的债权；

（六）债务人的受托人在债务人破产后，为债务人的利益处理委托事务所发生的债权；

（七）债务人发行债券形成的债权；

（八）债务人的保证人代替债务人清偿债务后依法可以向债务人追偿的债权；

（九）债务人的保证人按照《中华人民共和国担保法》第三十二条的规定预先行使追偿权而申报的债权；

（十）债务人为保证人的，在破产宣告前已经被生效的法律文书确定承担的保证责任；

（十一）债务人在破产宣告前因侵权、违约给他人造成财产损失而产生的赔偿责任；

（十二）人民法院认可的其他债权。以上第（五）项债权以实际损失为计算原则。违约金不作为破产债权，定金不再适用定金罚则。

第五十六条　因企业破产解除劳动合同，劳动者依法或者依据劳动合同对企业享有的补偿金请求权，参照企业破产法第三十七条第二款第（一）项规定的顺序清偿。

第五十七条　债务人所欠非正式职工（含短期劳动工）的劳动报酬，参照企业破产法第三十七条第二款第（一）项规定的顺序清偿。

第五十八条　债务人所欠企业职工集资款，参照企业破产法第三十七条第二款第（一）项规定的顺序清偿。但对违反法律规定的高额利息部分不予保护。

职工向企业的投资，不属于破产债权。

第五十九条　债务人退出联营应当对该联营企业的债务承担责任，联营企业的债权人对该债务人享有的债权属于破产债权。

第六十条　与债务人互负债权债务的债权人可以向清算组请求行使抵销权，抵销权的行使应当具备以下条件：

（一）债权人的债权已经得到确认；

（二）主张抵销的债权债务均发生在破产宣告之前。

经确认的破产债权可以转让。受让人以受让的债权抵销其所欠债务人债务的，人民法院不予支持。

第六十一条　下列债权不属于破产债权：

（一）行政、司法机关对破产企业的罚款、罚金以及其他有关费用；

（二）人民法院受理破产案件后债务人未支付应付款项的滞纳金，包括债务人未执行生效法律文书应当加倍支付的迟延利息和劳动保险金的滞纳金；

（三）破产宣告后的债务利息；

（四）债权人参加破产程序所支出的费用；

（五）破产企业的股权、股票持有人在股权、股票上的权利；

（六）破产财产分配开始后向清算组申报的债权；

（七）超过诉讼时效的债权；

（八）债务人开办单位对债务人未收取的管理费、承包费。

上述不属于破产债权的权利，人民法院或者清算组也应当对当事人的申报进行登记。

第六十二条　政府无偿拨付给债务人的资金不属于破产债权。但财政、扶贫、科技管理等行政部门通过签订合同，按有偿使用、定期归还原则发放的款项，可以作为破产债权。

第六十三条　债权人对清算组确认或者否认的债权有异议的，可以向清算组提出。债权人对清算组的处理仍有异议的，可以向人民法院提出。人民法院应当在查明事实的基础上依法作出裁决。

九、关于破产财产

第六十四条　破产财产由下列财产构成：

（一）债务人在破产宣告时所有的或者经营管理的全部财产；

（二）债务人在破产宣告后至破产程序终结前取得的财产；

（三）应当由债务人行使的其他财产权利。

第六十五条　债务人与他人共有的物、债权、知识产权等财产或者财产权，应当在破产清算中予以分割，债务人分割所得属于破产财产；不能分割的，应当就其应得部分转让,转让所得属于破产财产。

第六十六条 债务人的开办人注册资金投入不足的,应当由该开办人予以补足,补足部分属于破产财产。

第六十七条 企业破产前受让他人财产并依法取得所有权或者土地使用权的,即便未支付或者未完全支付对价,该财产仍属于破产财产。

第六十八条 债务人的财产被采取民事诉讼执行措施的,在受理破产案件后尚未执行的或者未执行完毕的剩余部分,在该企业被宣告破产后列入破产财产。因错误执行应当执行回转的财产,在执行回转后列入破产财产。

第六十九条 债务人依照法律规定取得代位求偿权的,依该代位求偿权享有的债权属于破产财产。

第七十条 债务人在被宣告破产时未到期的债权视为已到期,属于破产财产,但应当减去未到期的利息。

第七十一条 下列财产不属于破产财产:

(一)债务人基于仓储、保管、加工承揽、委托交易、代销、借用、寄存、租赁等法律关系占有、使用的他人财产;

(二)抵押物、留置物、出质物,但权利人放弃优先受偿权的或者优先偿付被担保债权剩余的部分除外;

(三)担保物灭失后产生的保险金、补偿金、赔偿金等代位物;

(四)依照法律规定存在优先权的财产,但权利人放弃优先受偿权或者优先偿付特定债权剩余的部分除外;

(五)特定物买卖中,尚未转移占有但相对人已完全支付对价的特定物;

(六)尚未办理产权证或者产权过户手续但已向买方交付的财产;

(七)债务人在所有权保留买卖中尚未取得所有权的财产;

(八)所有权专属于国家且不得转让的财产;

(九)破产企业工会所有的财产。

第七十二条 本规定第七十一条第(一)项所列的财产,财产权利人有权取回。

前款财产在破产宣告前已经毁损灭失的,财产权利人仅能以直接损失额为限申报债权;在破产宣告后因清算组的责任毁损灭失的,财产权利人有权获得等值赔偿。

债务人转让上述财产获利的,财产权利人有权要求债务人等值赔偿。

十、关于破产财产的收回、处理和变现

第七十三条 清算组应当向破产企业的债务人和财产持有人发出书面通知,要求债务人和财产持有人于限定的时间向清算组清偿债务或者交付财产。

破产企业的债务人和财产持有人有异议的,应当在收到通知后的7日内提出,由人民法院作出裁定。

破产企业的债务人和财产持有人在收到通知后既不向清算组清偿债务或者交付财产,又没有正当理由不在规定的异议期内提出异议的,由清算组向人民法院提出申请,经人民法院裁定后强制执行。

破产企业在境外的财产,由清算组予以收回。

第七十四条 债务人享有的债权,其诉讼时效自人民法院受理债务人的破产申请之日起,适用《中华人民共和国民法通则》第一百四十条关于诉讼时效中断的规定。债务人与债权人达成和解协议,中止破产程序的,诉讼时效自人民法院中止破产程序裁定之日起重新计算。

第七十五条 经人民法院同意,清算组可以聘用律师或者其他中介机构的人员追收债权。

第七十六条 债务人设立的分支机构和没有法人资格的全资机构的财产,应当一并纳入破产程序进行清理。

第七十七条 债务人在其开办的全资企业中的投资权益应当予以追收。

全资企业资不抵债的,清算组停止追收。

第七十八条 债务人对外投资形成的股权及其收益应当予以追收。对该股权可以出售或者转让,出售、转让所得列入破产财产进行分配。

股权价值为负值的,清算组停止追收。

第七十九条 债务人开办的全资企业,以及由其参股、控股的企业不能清偿到期债务,需要进行破产还债的,应当另行提出破产申请。

第八十条 清算组处理集体所有土地使用权时,应当遵守相关法律规定。未办理土地征用手续的集体土地使用权,应当在该集体范围内转让。

第八十一条 破产企业的职工住房,已经签订合同、交付房款,进行房改给个人的,不属于破产财产。未进行房改的,可由清算组向有关部门申请办理房改事项,向职工出售。按照国家规定不具备房改条件,或者职工在房改中不购买住房的,由清算组根据实际情况处理。

第八十二条 债务人的幼儿园、学校、医院等公益福利性设施,按国家有关规定处理,不作为破产财产分配。

第八十三条 处理破产财产前,可以确定有相应评估资质的评估机构对破产财产进行评估,债权人会议、清算组对破产财产的评估结论、评估费用有异议的,参照最高人民法院《关于民事诉讼证据的若干规定》第二十七条的规定处理。

第八十四条 债权人会议对破产财产的市场价格无异议的,经人民法院同意后,可以不进行评估。但是国有资产除外。

第八十五条 破产财产的变现应当以拍卖方式进行。由清算组负责委托有拍卖资格的拍卖机构进行拍卖。

依法不得拍卖或者拍卖所得不足以支付拍卖所需费用的,不进行拍卖。

前款不进行拍卖或者拍卖不成的破产财产,可以在破产分配时进行实物分配或者作价变卖。债权人对清算组在实物分配或者作价变卖中对破产财产的估价有异议的,可以请求人民法院进行审查。

第八十六条 破产财产中的成套设备,一般应当整体出售。

第八十七条 依法属于限制流通的破产财产,应当由国家指定的部门收购或者按照有关法律规定处理。

十一、关于破产费用

第八十八条 破产费用包括:

(一)破产财产的管理、变卖、分配所需要的费用;

(二)破产案件的受理费;

(三)债权人会议费用;

(四)催收债务所需费用;

(五)为债权人的共同利益而在破产程序中支付的其他费用。

第八十九条 人民法院受理企业破产案件可以按照《人民法院诉讼收费办法补充规定》预收案件受理费。

破产宣告前发生的经人民法院认可的必要支出,从债务人财产中拨付。债务人财产不足以支付的,如系债权人申请破产的,由债权人支付。

第九十条 清算期间职工生活费、医疗费可以从破产财产中优先拨付。

第九十一条 破产费用可随时支付,破产财产不足以支付破产费用的,人民法院根据清算组的申请裁定终结破产程序。

十二、关于破产财产的分配

第九十二条 破产财产分配方案经债权人会议通过后,由清算组负责执行。财产分配可以一次分配,也可以多次分配。

第九十三条 破产财产分配方案应当包括以下内容:

(一)可供破产分配的财产种类、总值,已经变现的财产和未变现的财产;

(二)债权清偿顺序、各顺序的种类与数额,包括破产企业所欠职工工资、劳动保险费用和破产企业所欠税款的数额和计算依据,纳入国家计划调整的企业破产,还应当说明职工安置费的数额和计算依据;

(三)破产债权总额和清偿比例;

(四)破产分配的方式、时间;

(五)对将来能够追回的财产拟进行追加分配的说明。

第九十四条 列入破产财产的债权,可以进行债权分配。债权分配以便于债权人实现债权为原则。

将人民法院已经确认的债权分配给债权人的,由清算组向债权人出具债权分配书,债权人可以凭债权分配书向债务人要求履行。债务人拒不履行的,债权人可以申请人民法院强制执行。

第九十五条 债权人未在指定期限内领取分配的财产的,对该财产可以进行提存或者变卖后提存价款,并由清算组向债权人发出催领通知书。债权人在收到催领通知书一个月后或者在清算组发出催领通知书两个月后,债权人仍未领取的,清算组应当对该部分财产进行追加分配。

十三、关于破产终结

第九十六条 破产财产分配完毕,由清算组向人民法院报告分配情况,并申请人民法院终结破产程序。

人民法院在收到清算组的报告和终结破产程序申请后,认为符合破产程序终结规定的,应当在7日内裁定终结破产程序。

第九十七条 破产程序终结后,由清算组向破产企业原登记机关办理企业注销登记。

破产程序终结后仍有可以追收的破产财产、追加分配等善后事宜需要处理的,经人民法院同意,可以保留清算组或者保留部分清算组成员。

第九十八条 破产程序终结后出现可供分配的财产的,应当追加分配。追加分配的财产,除企业破产法第四十条规定的由人民法院追回的财产外,还包括破产程序中因纠正错误支出收回的款项,因权利被承认追回的财产,债权人放弃的财产和破产程序终结后实现的财产权利等。

第九十九条 破产程序终结后,破产企业的账册、文书等卷宗材料由清算组移交破产企业上级主管机关保存;无上级主管机关的,由破产企业的开办人或者股东保存。

十四、其　他

第一百条　人民法院在审理企业破产案件中，发现破产企业的原法定代表人或者直接责任人员有企业破产法第三十五条所列行为的，应当向有关部门建议，对该法定代表人或者直接责任人员给予行政处分；涉嫌犯罪的，应当将有关材料移送相关国家机关处理。

第一百零一条　破产企业有企业破产法第三十五条所列行为，致使企业财产无法收回，造成实际损失的，清算组可以对破产企业的原法定代表人、直接责任人员提起民事诉讼，要求其承担民事赔偿责任。

第一百零二条　人民法院受理企业破产案件后，发现企业有巨额财产下落不明的，应当将有关涉嫌犯罪的情况和材料，移送相关国家机关处理。

第一百零三条　人民法院可以建议有关部门对破产企业的主要责任人员限制其再行开办企业，在法定期限内禁止其担任公司的董事、监事、经理。

第一百零四条　最高人民法院发现各级人民法院，或者上级人民法院发现下级人民法院在破产程序中作出的裁定确有错误的，应当通知其纠正；不予纠正的，可以裁定指令下级人民法院重新作出裁定。

第一百零五条　纳入国家计划调整的企业破产案件，除适用本规定外，还应当适用国家有关企业破产的相关规定。

第一百零六条　本规定自2002年9月1日起施行。在本规定发布前制定的有关审理企业破产案件的司法解释，与本规定相抵触的，不再适用。

最高人民法院关于审理企业破产案件指定管理人的规定

- 2007年4月4日最高人民法院审判委员会第1422次会议通过
- 2007年4月12日最高人民法院公告公布
- 自2007年6月1日起施行
- 法释〔2007〕8号

为公平、公正审理企业破产案件，保证破产审判工作依法顺利进行，促进管理人制度的完善和发展，根据《中华人民共和国企业破产法》的规定，制定本规定。

一、管理人名册的编制

第一条　人民法院审理企业破产案件应当指定管理人。除企业破产法和本规定另有规定外，管理人应当从管理人名册中指定。

第二条　高级人民法院应当根据本辖区律师事务所、会计师事务所、破产清算事务所等社会中介机构及专职从业人员数量和企业破产案件数量，确定由本院或者所辖中级人民法院编制管理人名册。

人民法院应当分别编制社会中介机构管理人名册和个人管理人名册。由直辖市以外的高级人民法院编制的管理人名册中，应当注明社会中介机构和个人所属中级人民法院辖区。

第三条　符合企业破产法规定条件的社会中介机构及其具备相关专业知识并取得执业资格的人员，均可申请编入管理人名册。已被编入机构管理人名册的社会中介机构中，具备相关专业知识并取得执业资格的人员，可以申请编入个人管理人名册。

第四条　社会中介机构及个人申请编入管理人名册的，应当向所在地区编制管理人名册的人民法院提出，由该人民法院予以审定。

人民法院不受理异地申请，但异地社会中介机构在本辖区内设立的分支机构提出申请的除外。

第五条　人民法院应当通过本辖区有影响的媒体就编制管理人名册的有关事项进行公告。公告应当包括以下内容：

（一）管理人申报条件；
（二）应当提交的材料；
（三）评定标准、程序；
（四）管理人的职责以及相应的法律责任；
（五）提交申报材料的截止时间；
（六）人民法院认为应当公告的其他事项。

第六条　律师事务所、会计师事务所申请编入管理人名册的，应当提供下列材料：

（一）执业证书、依法批准设立文件或者营业执照；
（二）章程；
（三）本单位专职从业人员名单及其执业资格证书复印件；
（四）业务和业绩材料；
（五）行业自律组织对所提供材料真实性以及有无被行政处罚或者纪律处分情况的证明；
（六）人民法院要求的其他材料。

第七条　破产清算事务所申请编入管理人名册的，应提供以下材料：

（一）营业执照或者依法批准设立的文件；
（二）本单位专职从业人员的法律或者注册会计师

资格证书,或者经营管理经历的证明材料;
（三）业务和业绩材料;
（四）能够独立承担民事责任的证明材料;
（五）行业自律组织对所提供材料真实性以及有无被行政处罚或者纪律处分情况的证明,或者申请人就上述情况所作的真实性声明;
（六）人民法院要求的其他材料。

第八条　个人申请编入管理人名册的,应当提供下列材料:
（一）律师或者注册会计师执业证书复印件以及执业年限证明;
（二）所在社会中介机构同意其担任管理人的函件;
（三）业务专长及相关业绩材料;
（四）执业责任保险证明;
（五）行业自律组织对所提供材料真实性以及有无被行政处罚或者纪律处分情况的证明;
（六）人民法院要求的其他材料。

第九条　社会中介机构及个人具有下列情形之一的,人民法院可以适用企业破产法第二十四条第三款第四项的规定:
（一）因执业、经营中故意或者重大过失行为,受到行政机关、监管机构或者行业自律组织行政处罚或者纪律处分之日起未逾三年;
（二）因涉嫌违法行为正被相关部门调查;
（三）因不适当履行职务或者拒绝接受人民法院指定等原因,被人民法院从管理人名册除名之日起未逾三年;
（四）缺乏担任管理人所应具备的专业能力;
（五）缺乏承担民事责任的能力;
（六）人民法院认为可能影响履行管理人职责的其他情形。

第十条　编制管理人名册的人民法院应当组成专门的评审委员会,决定编入管理人名册的社会中介机构和个人名单。评审委员会成员应不少于七人。
人民法院应当根据本辖区社会中介机构以及社会中介机构中个人的实际情况,结合其执业业绩、能力、专业水准、社会中介机构的规模、办理企业破产案件的经验等因素制定管理人评定标准,由评审委员会根据申报人的具体情况评定其综合分数。
人民法院根据评审委员会评审结果,确定管理人初审名册。

第十一条　人民法院应当将管理人初审名册通过本辖区有影响的媒体进行公示,公示期为十日。
对于针对编入初审名册的社会中介机构和个人提出的异议,人民法院应当进行审查。异议成立、申请人确不宜担任管理人的,人民法院应将该社会中介机构或者个人从管理人初审名册中删除。

第十二条　公示期满后,人民法院应审定管理人名册,并通过全国有影响的媒体公布,同时逐级报最高人民法院备案。

第十三条　人民法院可以根据本辖区的实际情况,分批确定编入管理人名册的社会中介机构及个人。
编制管理人名册的全部资料应当建立档案备查。

第十四条　人民法院可以根据企业破产案件受理情况、管理人履行职务以及管理人资格变化等因素,对管理人名册适时进行调整。新编入管理人名册的社会中介机构和个人应当按照本规定的程序办理。
人民法院发现社会中介机构或者个人有企业破产法第二十四条第三款规定情形的,应当将其从管理人名册中除名。

二、管理人的指定

第十五条　受理企业破产案件的人民法院指定管理人,一般应从本地管理人名册中指定。
对于商业银行、证券公司、保险公司等金融机构以及在全国范围内有重大影响、法律关系复杂、债务人财产分散的企业破产案件,人民法院可以从所在地区高级人民法院编制的管理人名册列明的其他地区管理人或者异地人民法院编制的管理人名册中指定管理人。

第十六条　受理企业破产案件的人民法院,一般应指定管理人名册中的社会中介机构担任管理人。

第十七条　对于事实清楚、债权债务关系简单、债务人财产相对集中的企业破产案件,人民法院可以指定管理人名册中的个人为管理人。

第十八条　企业破产案件有下列情形之一的,人民法院可以指定清算组为管理人:
（一）破产申请受理前,根据有关规定已经成立清算组,人民法院认为符合本规定第十九条的规定;
（二）审理企业破产法第一百三十三条规定的案件;
（三）有关法律规定企业破产时成立清算组;
（四）人民法院认为可以指定清算组为管理人的其他情形。

第十九条　清算组为管理人的,人民法院可以从政府有关部门、编入管理人名册的社会中介机构、金融资产管理公司中指定清算组成员,人民银行及金融监督管理机构可以按照有关法律和行政法规的规定派人参加清算组。

第二十条 人民法院一般应当按照管理人名册所列名单采取轮候、抽签、摇号等随机方式公开指定管理人。

第二十一条 对于商业银行、证券公司、保险公司等金融机构或者在全国范围有重大影响、法律关系复杂、债务人财产分散的企业破产案件，人民法院可以采取公告的方式，邀请编入各地人民法院管理人名册中的社会中介机构参与竞争，从参与竞争的社会中介机构中指定管理人。参与竞争的社会中介机构不得少于三家。

采取竞争方式指定管理人的，人民法院应当组成专门的评审委员会。

评审委员会应当结合案件的特点，综合考量社会中介机构的专业水准、经验、机构规模、初步报价等因素，从参与竞争的社会中介机构中择优指定管理人。被指定为管理人的社会中介机构应经评审委员会成员二分之一以上通过。

采取竞争方式指定管理人的，人民法院应当确定一至两名备选社会中介机构，作为需要更换管理人时的接替人选。

第二十二条 对于经过行政清理、清算的商业银行、证券公司、保险公司等金融机构的破产案件，人民法院除可以按照本规定第十八条第一项的规定指定管理人外，也可以在金融监督管理机构推荐的已编入管理人名册的社会中介机构中指定管理人。

第二十三条 社会中介机构、清算组成员有下列情形之一，可能影响其忠实履行管理人职责的，人民法院可以认定为企业破产法第二十四条第三款第三项规定的利害关系：

（一）与债务人、债权人有未了结的债权债务关系；

（二）在人民法院受理破产申请前三年内，曾为债务人提供相对固定的中介服务；

（三）现在是或者在人民法院受理破产申请前三年内曾经是债务人、债权人的控股股东或者实际控制人；

（四）现在担任或者在人民法院受理破产申请前三年内曾经担任债务人、债权人的财务顾问、法律顾问；

（五）人民法院认为可能影响其忠实履行管理人职责的其他情形。

第二十四条 清算组成员的派出人员、社会中介机构的派出人员、个人管理人有下列情形之一，可能影响其忠实履行管理人职责的，可以认定为企业破产法第二十四条第三款第三项规定的利害关系：

（一）具有本规定第二十三条规定情形；

（二）现在担任或者在人民法院受理破产申请前三年内曾经担任债务人、债权人的董事、监事、高级管理人员；

（三）与债权人或者债务人的控股股东、董事、监事、高级管理人员存在夫妻、直系血亲、三代以内旁系血亲或者近姻亲关系；

（四）人民法院认为可能影响其公正履行管理人职责的其他情形。

第二十五条 在进入指定管理人程序后，社会中介机构或者个人发现与本案有利害关系的，应主动申请回避并向人民法院书面说明情况。人民法院认为社会中介机构或者个人与本案有利害关系的，不应指定该社会中介机构或者个人为本案管理人。

第二十六条 社会中介机构或者个人有重大债务纠纷或者因涉嫌违法行为正被相关部门调查的，人民法院不应指定该社会中介机构或者个人为本案管理人。

第二十七条 人民法院指定管理人应当制作决定书，并向被指定为管理人的社会中介机构或者个人、破产申请人、债务人、债务人的企业登记机关送达。决定书应与受理破产申请的民事裁定书一并公告。

第二十八条 管理人无正当理由，不得拒绝人民法院的指定。

管理人一经指定，不得以任何形式将管理人应当履行的职责全部或者部分转给其他社会中介机构或者个人。

第二十九条 管理人凭指定管理人决定书按照国家有关规定刻制管理人印章，并交人民法院封样备案后启用。

管理人印章只能用于所涉破产事务。管理人根据企业破产法第一百二十二条规定终止执行职务后，应当将管理人印章交公安机关销毁，并将销毁的证明送交人民法院。

第三十条 受理企业破产案件的人民法院应当将指定管理人过程中形成的材料存入企业破产案件卷宗，债权人会议或者债权人委员会有权查阅。

三、管理人的更换

第三十一条 债权人会议根据企业破产法第二十二条第二款的规定申请更换管理人的，应由债权人会议作出决议并向人民法院提出书面申请。

人民法院在收到债权人会议的申请后，应当通知管理人在两日内作出书面说明。

第三十二条　人民法院认为申请理由不成立的,应当自收到管理人书面说明之日起十日内作出驳回申请的决定。

人民法院认为申请更换管理人的理由成立的,应当自收到管理人书面说明之日起十日内作出更换管理人的决定。

第三十三条　社会中介机构管理人有下列情形之一的,人民法院可以根据债权人会议的申请或者依职权迳行决定更换管理人:

(一)执业许可证或者营业执照被吊销或者注销;

(二)出现解散、破产事由或者丧失承担执业责任风险的能力;

(三)与本案有利害关系;

(四)履行职务时,因故意或者重大过失导致债权人利益受到损害;

(五)有本规定第二十六条规定的情形。

清算组成员参照适用前款规定。

第三十四条　个人管理人有下列情形之一的,人民法院可以根据债权人会议的申请或者依职权迳行决定更换管理人:

(一)执业资格被取消、吊销;

(二)与本案有利害关系;

(三)履行职务时,因故意或者重大过失导致债权人利益受到损害;

(四)失踪、死亡或者丧失民事行为能力;

(五)因健康原因无法履行职务;

(六)执业责任保险失效;

(七)有本规定第二十六条规定的情形。

清算组成员的派出人员、社会中介机构的派出人员参照适用前款规定。

第三十五条　管理人无正当理由申请辞去职务的,人民法院不予许可。正当理由的认定,可参照适用本规定第三十三条、第三十四条规定的情形。

第三十六条　人民法院对管理人申请辞去职务未予许可,管理人仍坚持辞去职务并不再履行管理人职责的,人民法院应当决定更换管理人。

第三十七条　人民法院决定更换管理人的,原管理人应当自收到决定书之日起,在人民法院监督下向新任管理人移交全部资料、财产、营业事务及管理人印章,并及时向新任管理人书面说明工作进展情况。原管理人不能履行上述职责的,新任管理人可以直接接管相关事务。

在破产程序终结前,原管理人应当随时接受新任管理人、债权人会议、人民法院关于其履行管理人职责情况的询问。

第三十八条　人民法院决定更换管理人的,应将决定书送达原管理人、新任管理人、破产申请人、债务人以及债务人的企业登记机关,并予公告。

第三十九条　管理人申请辞去职务未获人民法院许可,但仍坚持辞职并不再履行管理人职责,或者人民法院决定更换管理人后,原管理人拒不向新任管理人移交相关事务,人民法院可以根据企业破产法第一百三十条的规定和具体情况,决定对管理人罚款。对社会中介机构为管理人的罚款5万元至20万元人民币,对个人为管理人的罚款1万元至5万元人民币。

管理人有前款规定行为或者无正当理由拒绝人民法院指定的,编制管理人名册的人民法院可以决定停止其担任管理人一年至三年,或者将其从管理人名册中除名。

第四十条　管理人不服罚款决定的,可以向上一级人民法院申请复议,上级人民法院应在收到复议申请后五日内作出决定,并将复议结果通知下级人民法院和当事人。

最高人民法院关于审理企业破产案件确定管理人报酬的规定

- 2007年4月4日最高人民法院审判委员会第1422次会议通过
- 2007年4月12日最高人民法院公告公布
- 自2007年6月1日起施行
- 法释〔2007〕9号

为公正、高效审理企业破产案件,规范人民法院确定管理人报酬工作,根据《中华人民共和国企业破产法》的规定,制定本规定。

第一条　管理人履行企业破产法第二十五条规定的职责,有权获得相应报酬。

管理人报酬由审理企业破产案件的人民法院依据本规定确定。

第二条　人民法院应根据债务人最终清偿的财产价值总额,在以下比例限制范围内分段确定管理人报酬:

(一)不超过一百万元(含本数,下同)的,在12%以下确定;

(二)超过一百万元至五百万元的部分,在10%以下确定;

（三）超过五百万元至一千万元的部分，在 8% 以下确定；

（四）超过一千万元至五千万元的部分，在 6% 以下确定：

（五）超过五千万元至一亿元的部分，在 3% 以下确定；

（六）超过一亿元至五亿元的部分，在 1% 以下确定；

（七）超过五亿元的部分，在 0.5% 以下确定。

担保权人优先受偿的担保物价值，不计入前款规定的财产价值总额。

高级人民法院认为有必要的，可以参照上述比例在 30% 的浮动范围内制定符合当地实际情况的管理人报酬比例限制范围，并通过当地有影响的媒体公告，同时报最高人民法院备案。

第三条 人民法院可以根据破产案件的实际情况，确定管理人分期或者最后一次性收取报酬。

第四条 人民法院受理企业破产申请后，应当对债务人可供清偿的财产价值和管理人的工作量作出预测，初步确定管理人报酬方案。管理人报酬方案应当包括管理人报酬比例和收取时间。

第五条 人民法院采取公开竞争方式指定管理人的，可以根据社会中介机构提出的报价确定管理人报酬方案，但报酬比例不得超出本规定第二条规定的限制范围。

上述报酬方案一般不予调整，但债权人会议异议成立的除外。

第六条 人民法院应当自确定管理人报酬方案之日起三日内，书面通知管理人。

管理人应当在第一次债权人会议上报告管理人报酬方案内容。

第七条 管理人、债权人会议对管理人报酬方案有意见的，可以进行协商。双方就调整管理人报酬方案内容协商一致的，管理人应向人民法院书面提出具体的请求和理由，并附相应的债权人会议决议。

人民法院经审查认为上述请求和理由不违反法律和行政法规强制性规定，且不损害他人合法权益的，应当按照双方协商的结果调整管理人报酬方案。

第八条 人民法院确定管理人报酬方案后，可以根据破产案件和管理人履行职责的实际情况进行调整。

人民法院应当自调整管理人报酬方案之日起三日内，书面通知管理人。管理人应当自收到上述通知之日起三日内，向债权人委员会或者债权人会议主席报告管理人报酬方案调整内容。

第九条 人民法院确定或者调整管理人报酬方案时，应当考虑以下因素：

（一）破产案件的复杂性；

（二）管理人的勤勉程度；

（三）管理人为重整、和解工作做出的实际贡献；

（四）管理人承担的风险和责任；

（五）债务人住所地居民可支配收入及物价水平；

（六）其他影响管理人报酬的情况。

第十条 最终确定的管理人报酬及收取情况，应列入破产财产分配方案。在和解、重整程序中，管理人报酬方案内容应列入和解协议草案或重整计划草案。

第十一条 管理人收取报酬，应当向人民法院提出书面申请。申请书应当包括以下内容：

（一）可供支付报酬的债务人财产情况；

（二）申请收取报酬的时间和数额；

（三）管理人履行职责的情况。

人民法院应当自收到上述申请书之日起十日内，确定支付管理人的报酬数额。

第十二条 管理人报酬从债务人财产中优先支付。

债务人财产不足以支付管理人报酬和管理人执行职务费用的，管理人应当提请人民法院终结破产程序。但债权人、管理人、债务人的出资人或者其他利害关系人愿意垫付上述报酬和费用的，破产程序可以继续进行。

上述垫付款项作为破产费用从债务人财产中向垫付人随时清偿。

第十三条 管理人对担保物的维护、变现、交付等管理工作付出合理劳动的，有权向担保权人收取适当的报酬。管理人与担保权人就上述报酬数额不能协商一致的，人民法院应当参照本规定第二条规定的方法确定，但报酬比例不得超出该条规定限制范围的 10%。

第十四条 律师事务所、会计师事务所通过聘请本专业的其他社会中介机构或者人员协助履行管理人职责的，所需费用从其报酬中支付。

破产清算事务所通过聘请其他社会中介机构或者人员协助履行管理人职责的，所需费用从其报酬中支付。

第十五条 清算组中有关政府部门派出的工作人员参与工作的不收取报酬。其他机构或人员的报酬根据其履行职责的情况确定。

第十六条 管理人发生更换的，人民法院应当分别确定更换前后的管理人报酬。其报酬比例总和不得超出本规定第二条规定的限制范围。

第十七条 债权人会议对管理人报酬有异议的,应当向人民法院书面提出具体的请求和理由。异议书应当附有相应的债权人会议决议。

第十八条 人民法院应当自收到债权人会议异议书之日起三日内通知管理人。管理人应当自收到通知之日起三日内作出书面说明。

人民法院认为有必要的,可以举行听证会,听取当事人意见。

人民法院应当自收到债权人会议异议书之日起十日内,就是否调整管理人报酬问题书面通知管理人、债权委员会或者债权人会议主席。

最高人民法院关于《中华人民共和国企业破产法》施行时尚未审结的企业破产案件适用法律若干问题的规定

- 2007年4月23日最高人民法院审判委员会第1425次会议通过
- 2007年4月25日最高人民法院公告公布
- 自2007年6月1日起施行
- 法释〔2007〕10号

为正确适用《中华人民共和国企业破产法》,对人民法院审理企业破产法施行前受理的、施行时尚未审结的企业破产案件具体适用法律问题,规定如下:

第一条 债权人、债务人或者出资人向人民法院提出重整或者和解申请,符合下列条件之一的,人民法院应予受理:

(一)债权人申请破产清算的案件,债务人或者出资人于债务人被宣告破产前提出重整申请,且符合企业破产法第七十条第二款的规定;

(二)债权人申请破产清算的案件,债权人于债务人被宣告破产前提出重整申请,且符合企业破产法关于债权人直接向人民法院申请重整的规定;

(三)债务人申请破产清算的案件,债务人于被宣告破产前提出重整申请,且符合企业破产法关于债务人直接向人民法院申请重整的规定;

(四)债务人依据企业破产法第九十五条的规定申请和解。

第二条 清算组在企业破产法施行前未通知或者答复未履行完毕合同的对方当事人解除或者继续履行合同的,从企业破产法施行之日起计算,在该法第十八条第一款规定的期限内未通知或者答复的,视为解除合同。

第三条 已经成立清算组的,企业破产法施行后,人民法院可以指定该清算组为管理人。

尚未成立清算组的,人民法院应当依照企业破产法和《最高人民法院关于审理企业破产案件指定管理人的规定》及时指定管理人。

第四条 债权人主张对债权债务抵销的,应当符合企业破产法第四十条规定的情形;但企业破产法施行前,已经依据有关法律规定抵销的除外。

第五条 对于尚未清偿的破产费用,应当按企业破产法第四十一条和第四十二条的规定区分破产费用和共益债务,并依据企业破产法第四十三条的规定清偿。

第六条 人民法院尚未宣告债务人破产的,应当适用企业破产法第四十六条的规定确认债权利息;已经宣告破产的,依据企业破产法施行前的法律规定确认债权利息。

第七条 债权人已经向人民法院申报债权的,由人民法院将相关申报材料移交给管理人;尚未申报的,债权人应当直接向管理人申报。

第八条 债权人未在人民法院确定的债权申报期内向人民法院申报债权的,可以依据企业破产法第五十六条的规定补充申报。

第九条 债权人对债权表记载债权有异议,向受理破产申请的人民法院提起诉讼的,人民法院应当依据企业破产法第二十一条和第五十八条的规定予以受理。但人民法院对异议债权已经作出裁决的除外。

债权人就争议债权起诉债务人,要求其承担偿还责任的,人民法院应当告知该债权人变更其诉讼请求为确认债权。

第十条 债务人的职工就清单记载有异议,向受理破产申请的人民法院提起诉讼的,人民法院应当依据企业破产法第二十一条和第四十八条的规定予以受理。但人民法院对异议债权已经作出裁决的除外。

第十一条 有财产担保的债权人未放弃优先受偿权利的,对于企业破产法第六十一条第一款第七项、第十项规定以外的事项享有表决权。但该债权人对于企业破产法施行前已经表决的事项主张行使表决权,或者以其未行使表决权为由请求撤销债权人会议决议的,人民法院不予支持。

第十二条 债权人认为债权人会议的决议违反法律规定,损害其利益,向人民法院请求撤销该决议,裁定尚未作出的,人民法院应当依据企业破产法第六十四条的规定作出裁定。

第十三条 债权人对于财产分配方案的裁定不服,已经申诉的,由上一级人民法院依据申诉程序继续审理;企业破产法施行后提起申诉的,人民法院应当告知其依据企业破产法第六十六条的规定申请复议。

债权人对于人民法院作出的债务人财产管理方案的裁定或者破产财产变价方案的裁定不服,向受理破产申请的人民法院申请复议的,人民法院应当依据企业破产法第六十六条的规定予以受理。

债权人或者债务人对破产宣告裁定有异议,已经申诉的,由上一级人民法院依据申诉程序继续审理;企业破产法施行后提起申诉的,人民法院不予受理。

第十四条 企业破产法施行后,破产人的职工依据企业破产法第一百三十二条的规定主张权利的,人民法院应予支持。

第十五条 破产人所欠董事、监事和高级管理人员的工资,应当依据企业破产法第一百一十三条第三款的规定予以调整。

第十六条 本规定施行前本院作出的有关司法解释与本规定相抵触的,人民法院审理尚未审结的企业破产案件不再适用。

四、企业高管合规

国务院办公厅关于上市公司独立董事制度改革的意见

- 2023年4月7日
- 国办发〔2023〕9号

各省、自治区、直辖市人民政府，国务院各部委、各直属机构：

上市公司独立董事制度是中国特色现代企业制度的重要组成部分，是资本市场基础制度的重要内容。独立董事制度作为上市公司治理结构的重要一环，在促进公司规范运作、保护中小投资者合法权益、推动资本市场健康稳定发展等方面发挥了积极作用。但随着全面深化资本市场改革向纵深推进，独立董事定位不清晰、责权利不对等、监督手段不够、履职保障不足等制度性问题亟待解决，已不能满足资本市场高质量发展的内在要求。为进一步优化上市公司独立董事制度，提升独立董事履职能力，充分发挥独立董事作用，经党中央、国务院同意，现提出以下意见。

一、总体要求

（一）指导思想。坚持以习近平新时代中国特色社会主义思想为指导，深入贯彻党的二十大精神，坚持以人民为中心的发展思想，完整、准确、全面贯彻新发展理念，加强资本市场基础制度建设，系统完善符合中国特色现代企业要求的上市公司独立董事制度，大力提高上市公司质量，为加快建设规范、透明、开放、有活力、有韧性的资本市场提供有力支撑。

（二）基本原则。坚持基本定位，将独立董事制度作为上市公司治理重要制度安排，更加有效发挥独立董事的决策、监督、咨询作用。坚持立足国情，体现中国特色和资本市场发展阶段特征，构建符合我国国情的上市公司独立董事制度体系。坚持系统观念，平衡好企业各治理主体的关系，把握好制度供给和市场培育的协同，做好立法、执法、司法各环节衔接，增强改革的系统性、整体性、协同性。坚持问题导向，着力补短板强弱项，从独立董事的地位、作用、选择、管理、监督等方面作出制度性规范，切实解决制约独立董事发挥作用的突出问题，强化独立董事监督效能，确保独立董事发挥应有作用。

（三）主要目标。通过改革，加快形成更加科学的上市公司独立董事制度体系，推动独立董事权责更加匹配、职能更加优化、监督更加有力、选任管理更加科学，更好发挥上市公司独立董事制度在完善中国特色现代企业制度、健全企业监督体系、推动资本市场健康稳定发展方面的重要作用。

二、主要任务

（一）明确独立董事职责定位。完善制度供给，明确独立董事在上市公司治理中的法定地位和职责界限。独立董事作为上市公司董事会成员，对上市公司及全体股东负有忠实义务、勤勉义务，在董事会中发挥参与决策、监督制衡、专业咨询作用，推动更好实现董事会定战略、作决策、防风险的功能。更加充分发挥独立董事的监督作用，根据独立董事独立性、专业性特点，明确独立董事应当特别关注公司与其控股股东、实际控制人、董事、高级管理人员之间的潜在重大利益冲突事项，重点对关联交易、财务会计报告、董事及高级管理人员任免、薪酬等关键领域进行监督，促使董事会决策符合公司整体利益，尤其是保护中小股东合法权益。压实独立董事监督职责，对独立董事审议潜在重大利益冲突事项设置严格的履职要求。推动修改公司法，完善独立董事相关规定。

（二）优化独立董事履职方式。鼓励上市公司优化董事会组成结构，上市公司董事会中独立董事应当占三分之一以上，国有控股上市公司董事会中外部董事（含独立董事）应当占多数。加大监督力度，搭建独立董事有效履职平台，前移监督关口。上市公司董事会应当设立审计委员会，成员全部由非执行董事组成，其中独立董事占多数。审计委员会承担审核公司财务信息及其披露、监督及评估内外部审计工作和公司内部控制等职责。财务会计报告及其披露等重大事项应当由审计委员会事前认可后，再提交董事会审议。在上市公司董事会中逐步推行建立独立董事占多数的提名委员会、薪酬与考核委员会，负责审核董事及高级管理人员的任免、薪酬等事项并向董事会提出建议。建立全部由独立董事参加的专门会议机制，关联交易等潜在重大利益冲突事项在提交董事会审议前，应当由独立董事专门会议进行事前认可。完善独立董事参与董事会专门委员会和专门会议的信息披露要求,提升独立董事履职的透明度。完善独立董事特别职权,推动独立董事合理行使独立聘请中介机构、征集股东权利等职权,更好履行监督职责。健全独立董事与中小投资者之间的沟通交流机制。

(三)强化独立董事任职管理。独立董事应当具备履行职责所必需的专业知识、工作经验和良好的个人品德,符合独立性要求,与上市公司及其主要股东、实际控制人存在亲属、持股、任职、重大业务往来等利害关系(以下简称利害关系)的人员不得担任独立董事。建立独立董事资格认定制度,明确独立董事资格的申请、审查、公开等要求,审慎判断上市公司拟聘任的独立董事是否符合要求,证券监督管理机构要加强对资格认定工作的组织和监督。国有资产监督管理机构要加强对国有控股上市公司独立董事选聘管理的监督。拓展优秀独立董事来源,适应市场化发展需要,探索建立独立董事信息库,鼓励具有丰富的行业经验、企业经营管理经验和财务会计、金融、法律等业务专长,在所从事的领域内有较高声誉的人士担任独立董事。制定独立董事职业道德规范,倡导独立董事塑造正直诚信、公正独立、积极履职的良好职业形象。提升独立董事培训针对性,明确最低时间要求,增强独立董事合规意识。

(四)改善独立董事选任制度。优化提名机制,支持上市公司董事会、监事会、符合条件的股东提名独立董事,鼓励投资者保护机构等主体依法通过公开征集股东权利的方式提名独立董事。建立提名回避机制,上市公司提名人不得提名与其存在利害关系的人员或者有其他可能影响独立履职情形的关系密切人员作为独立董事候选人。董事会提名委员会应当对候选人的任职资格进行审查,上市公司在股东大会选举前应当公开提名人、被提名人和候选人资格审查情况。上市公司股东大会选举独立董事推行累积投票制,鼓励通过差额选举方式实施累积投票制,推动中小投资者积极行使股东权利。建立独立董事独立性定期测试机制,通过独立董事自查、上市公司评估、信息公开披露等方式,确保独立董事持续独立履职,不受上市公司及其主要股东、实际控制人影响。对不符合独立性要求的独立董事,上市公司应当立即停止其履行职责,按照法定程序解聘。

(五)加强独立董事履职保障。健全上市公司独立董事履职保障机制,上市公司应当从组织、人员、资源、信息、经费等方面为独立董事履职提供必要条件,确保独立董事依法充分履职。鼓励上市公司推动独立董事提前参与重大复杂项目研究论证等环节,推动独立董事履职与公司内部决策流程有效融合。落实上市公司及相关主体的独立董事履职保障责任,丰富证券监督管理机构监管手段,强化对上市公司及相关主体不配合、阻挠独立董事履职的监督管理。畅通独立董事与证券监督管理机构、证券交易所的沟通渠道,健全独立董事履职受限救济机制。鼓励上市公司为独立董事投保董事责任保险,支持保险公司开展符合上市公司需求的相关责任保险业务,降低独立董事正常履职的风险。

(六)严格独立董事履职情况监督管理。压紧压实独立董事履职责任,进一步规范独立董事日常履职行为,明确最低工作时间,提出制作工作记录、定期述职等要求,确定独立董事合理兼职的上市公司家数,强化独立董事履职投入。证券监督管理机构、证券交易所通过现场检查、非现场监管、自律管理等方式,加大对独立董事履职的监管力度,督促独立董事勤勉尽责。发挥自律组织作用,持续优化自我管理和服务,加强独立董事职业规范和履职支撑。完善独立董事履职评价制度,研究建立覆盖科学决策、监督问效、建言献策等方面的评价标准,国有资产监督管理机构加强对国有控股上市公司独立董事履职情况的跟踪指导。建立独立董事声誉激励约束机制,将履职情况纳入资本市场诚信档案,推动实现正向激励与反面警示并重,增强独立董事职业认同感和荣誉感。

(七)健全独立董事责任约束机制。坚持"零容忍"打击证券违法违规行为,加大对独立董事不履职不尽责的责任追究力度,独立董事不勤勉履行法定职责、损害公司或者股东合法权益的,依法严肃追责。按照责权利匹配的原则,兼顾独立董事的董事地位和外部身份特点,明确独立董事与非独立董事承担共同而有区别的法律责任,在董事对公司董事会决议、信息披露负有法定责任的基础上,推动针对性设置独立董事的行政责任、民事责任认定标准,体现过罚相当、精准追责。结合独立董事的主观过错、在决策过程中所起的作用、了解信息的途径、为核验信息采取的措施等情况综合判断,合理认定独立董事承担民事赔偿责任的形式、比例和金额,实现法律效果和社会效果的有机统一。推动修改相关法律法规,构建完善的独立董事责任体系。

(八)完善协同高效的内外部监督体系。建立健全与独立董事监督相协调的内部监督体系,形成各类监督全面覆盖、各有侧重、有机互动的上市公司内部监督机制,全面提升公司治理水平。推动加快建立健全依法从严打击证券违法犯罪活动的执法司法体制机制,有效发挥证券服务机构、社会舆论等监督作用,形成对上市公司及其控股股东、实际控制人等主体的强大监督合力。健全具有中国特色的国有企业监督机制,推动加强纪检监察监督、巡视监督、国有资产监管、审计监督、财会监督、社会监督等统筹衔接,进一步提高国有控股上市公司监督整体效能。

三、组织实施

(一)加强党的领导。坚持党对上市公司独立董事制度改革工作的全面领导,确保正确政治方向。各相关地区、部门和单位要切实把思想和行动统一到党中央、国务院决策部署上来,高度重视和支持上市公司独立董事制度改革工作,明确职责分工和落实措施,确保各项任务落到实处。各相关地区、部门和单位要加强统筹协调衔接,形成工作合力,提升改革整体效果。国有控股上市公司要落实"两个一以贯之"要求,充分发挥党委(党组)把方向、管大局、保落实的领导作用,支持董事会和独立董事依法行使职权。

(二)完善制度供给。各相关地区、部门和单位要根据自身职责,完善上市公司独立董事制度体系,推动修改公司法等法律,明确独立董事的设置、责任等基础性法律规定。制定上市公司监督管理条例,落实独立董事的职责定位、选任管理、履职方式、履职保障、行政监管等制度措施。完善证券监督管理机构、证券交易所等配套规则,细化上市公司独立董事制度各环节具体要求,构建科学合理、互相衔接的规则体系,充分发挥法治的引领、规范、保障作用。国有资产监督管理机构加强对国有控股上市公司的监督管理,指导国有控股股东依法履行好职责,推动上市公司独立董事更好发挥作用。财政部门和金融监督管理部门统筹完善金融机构独立董事相关规则。国有文化企业国资监管部门统筹落实坚持正确导向相关要求,推动国有文化企业坚持把社会效益放在首位、实现社会效益和经济效益相统一,加强对国有文化上市公司独立董事的履职管理。各相关地区、部门和单位要加强协作,做好上市公司独立董事制度与国有控股上市公司、金融类上市公司等主体公司治理相关规定的衔接。

(三)加大宣传力度。各相关地区、部门和单位要做好宣传工作,多渠道、多平台加强对上市公司独立董事制度改革重要意义的宣传,增进认知认同、凝聚各方共识,营造良好的改革环境和崇法守信的市场环境。

上市公司独立董事管理办法

- 2023年7月28日中国证券监督管理委员会2023年第5次委务会议审议通过
- 2023年8月1日中国证券监督管理委员会令第220号公布
- 自2023年9月4日起施行

第一章 总 则

第一条 为规范独立董事行为,充分发挥独立董事在上市公司治理中的作用,促进提高上市公司质量,依据《中华人民共和国公司法》《中华人民共和国证券法》、《国务院办公厅关于上市公司独立董事制度改革的意见》等规定,制定本办法。

第二条 独立董事是指不在上市公司担任除董事外的其他职务,并与其所受聘的上市公司及其主要股东、实际控制人不存在直接或者间接利害关系,或者其他可能影响其进行独立客观判断关系的董事。

独立董事应当独立履行职责,不受上市公司及其主要股东、实际控制人等单位或者个人的影响。

第三条 独立董事对上市公司及全体股东负有忠实与勤勉义务,应当按照法律、行政法规、中国证券监督管理委员会(以下简称中国证监会)规定、证券交易所业务规则和公司章程的规定,认真履行职责,在董事会中发挥参与决策、监督制衡、专业咨询作用,维护上市公司整体利益,保护中小股东合法权益。

第四条 上市公司应当建立独立董事制度。独立董事制度应当符合法律、行政法规、中国证监会规定和证券交易所业务规则的规定,有利于上市公司的持续规范发展,不得损害上市公司利益。上市公司应当为独立董事依法履职提供必要保障。

第五条 上市公司独立董事占董事会成员的比例不得低于三分之一,且至少包括一名会计专业人士。

上市公司应当在董事会中设置审计委员会。审计委员会成员应当为不在上市公司担任高级管理人员的董事,其中独立董事应当过半数,并由独立董事中会计专业人士担任召集人。

上市公司可以根据需要在董事会中设置提名、薪酬与考核、战略等专门委员会。提名委员会、薪酬与考核委员会中独立董事应当过半数并担任召集人。

第二章 任职资格与任免

第六条 独立董事必须保持独立性。下列人员不得担任独立董事:

(一)在上市公司或者其附属企业任职的人员及其

配偶、父母、子女、主要社会关系;

(二)直接或者间接持有上市公司已发行股份百分之一以上或者是上市公司前十名股东中的自然人股东及其配偶、父母、子女;

(三)在直接或者间接持有上市公司已发行股份百分之五以上的股东或者在上市公司前五名股东任职的人员及其配偶、父母、子女;

(四)在上市公司控股股东、实际控制人的附属企业任职的人员及其配偶、父母、子女;

(五)与上市公司及其控股股东、实际控制人或者其各自的附属企业有重大业务往来的人员,或者在有重大业务往来的单位及其控股股东、实际控制人任职的人员;

(六)为上市公司及其控股股东、实际控制人或者其各自附属企业提供财务、法律、咨询、保荐等服务的人员,包括但不限于提供服务的中介机构的项目组全体人员、各级复核人员、在报告上签字的人员、合伙人、董事、高级管理人员及主要负责人;

(七)最近十二个月内曾经具有第一项至第六项所列举情形的人员;

(八)法律、行政法规、中国证监会规定、证券交易所业务规则和公司章程规定的不具备独立性的其他人员。

前款第四项至第六项中的上市公司控股股东、实际控制人的附属企业,不包括与上市公司受同一国有资产管理机构控制且按照相关规定未与上市公司构成关联关系的企业。

独立董事应当每年对独立性情况进行自查,并将自查情况提交董事会。董事会应当每年对在任独立董事独立性情况进行评估并出具专项意见,与年度报告同时披露。

第七条 担任独立董事应当符合下列条件:

(一)根据法律、行政法规和其他有关规定,具备担任上市公司董事的资格;

(二)符合本办法第六条规定的独立性要求;

(三)具备上市公司运作的基本知识,熟悉相关法律法规和规则;

(四)具有五年以上履行独立董事职责所必需的法律、会计或者经济等工作经验;

(五)具有良好的个人品德,不存在重大失信等不良记录;

(六)法律、行政法规、中国证监会规定、证券交易所业务规则和公司章程规定的其他条件。

第八条 独立董事原则上最多在三家境内上市公司担任独立董事,并应当确保有足够的时间和精力有效地履行独立董事的职责。

第九条 上市公司董事会、监事会、单独或者合计持有上市公司已发行股份百分之一以上的股东可以提出独立董事候选人,并经股东大会选举决定。

依法设立的投资者保护机构可以公开请求股东委托其代为行使提名独立董事的权利。

第一款规定的提名人不得提名与其存在利害关系的人员或者有其他可能影响独立履职情形的关系密切人员作为独立董事候选人。

第十条 独立董事的提名人在提名前应当征得被提名人的同意。提名人应当充分了解被提名人职业、学历、职称、详细的工作经历、全部兼职、有无重大失信等不良记录等情况,并对其符合独立性和担任独立董事的其他条件发表意见。被提名人应当就其符合独立性和担任独立董事的其他条件作出公开声明。

第十一条 上市公司在董事会中设置提名委员会的,提名委员会应当对被提名人任职资格进行审查,并形成明确的审查意见。

上市公司应当在选举独立董事的股东大会召开前,按照本办法第十条以及前款的规定披露相关内容,并将所有独立董事候选人的有关材料报送证券交易所,相关报送材料应当真实、准确、完整。

证券交易所依照规定对独立董事候选人的有关材料进行审查,审慎判断独立董事候选人是否符合任职资格并有权提出异议。证券交易所提出异议的,上市公司不得提交股东大会选举。

第十二条 上市公司股东大会选举两名以上独立董事的,应当实行累积投票制。鼓励上市公司实行差额选举,具体实施细则由公司章程规定。

中小股东表决情况应当单独计票并披露。

第十三条 独立董事每届任期与上市公司其他董事任期相同,任期届满,可以连选连任,但是连续任职不得超过六年。

第十四条 独立董事任期届满前,上市公司可以依照法定程序解除其职务。提前解除独立董事职务的,上市公司应当及时披露具体理由和依据。独立董事有异议的,上市公司应当及时予以披露。

独立董事不符合本办法第七条第一项或者第二项规定的,应当立即停止履职并辞去职务。未提出辞职的,董事会知悉或者应当知悉该事实发生后应当立即按规定解除其职务。

独立董事因触及前款规定情形提出辞职或者被解除职务导致董事会或者其专门委员会中独立董事所占的比例不符合本办法或者公司章程的规定，或者独立董事中欠缺会计专业人士的，上市公司应当自前述事实发生之日起六十日内完成补选。

第十五条　独立董事在任期届满前可以提出辞职。独立董事辞职应当向董事会提交书面辞职报告，对任何与其辞职有关或者其认为有必要引起上市公司股东和债权人注意的情况进行说明。上市公司应当对独立董事辞职的原因及关注事项予以披露。

独立董事辞职将导致董事会或者其专门委员会中独立董事所占的比例不符合本办法或者公司章程的规定，或者独立董事中欠缺会计专业人士的，拟辞职的独立董事应当继续履行职责至新任独立董事产生之日。上市公司应当自独立董事提出辞职之日起六十日内完成补选。

第十六条　中国上市公司协会负责上市公司独立董事信息库建设和管理工作。上市公司可以从独立董事信息库选聘独立董事。

第三章　职责与履职方式

第十七条　独立董事履行下列职责：

（一）参与董事会决策并对所议事项发表明确意见；

（二）对本办法第二十三条、第二十六条、第二十七条和第二十八条所列上市公司与其控股股东、实际控制人、董事、高级管理人员之间的潜在重大利益冲突事项进行监督，促使董事会决策符合上市公司整体利益，保护中小股东合法权益；

（三）对上市公司经营发展提供专业、客观的建议，促进提升董事会决策水平；

（四）法律、行政法规、中国证监会规定和公司章程规定的其他职责。

第十八条　独立董事行使下列特别职权：

（一）独立聘请中介机构，对上市公司具体事项进行审计、咨询或者核查；

（二）向董事会提议召开临时股东大会；

（三）提议召开董事会会议；

（四）依法公开向股东征集股东权利；

（五）对可能损害上市公司或者中小股东权益的事项发表独立意见；

（六）法律、行政法规、中国证监会规定和公司章程规定的其他职权。

独立董事行使前款第一项至第三项所列职权的，应当经全体独立董事过半数同意。

独立董事行使第一款所列职权的，上市公司应当及时披露。上述职权不能正常行使的，上市公司应当披露具体情况和理由。

第十九条　董事会会议召开前，独立董事可以与董事会秘书进行沟通，就拟审议事项进行询问、要求补充材料、提出意见建议等。董事会及相关人员应当对独立董事提出的问题、要求和意见认真研究，及时向独立董事反馈议案修改等落实情况。

第二十条　独立董事应当亲自出席董事会会议。因故不能亲自出席会议的，独立董事应当事先审阅会议材料，形成明确的意见，并书面委托其他独立董事代为出席。

独立董事连续两次未能亲自出席董事会会议，也不委托其他独立董事代为出席的，董事会应当在该事实发生之日起三十日内提议召开股东大会解除该独立董事职务。

第二十一条　独立董事对董事会议案投反对票或者弃权票的，应当说明具体理由及依据、议案所涉事项的合法合规性、可能存在的风险以及对上市公司和中小股东权益的影响等。上市公司在披露董事会决议时，应当同时披露独立董事的异议意见，并在董事会决议和会议记录中载明。

第二十二条　独立董事应当持续关注本办法第二十三条、第二十六条、第二十七条和第二十八条所列事项相关的董事会决议执行情况，发现存在违反法律、行政法规、中国证监会规定、证券交易所业务规则和公司章程规定，或者违反股东大会和董事会决议等情形的，应当及时向董事会报告，并可以要求上市公司作出书面说明。涉及披露事项的，上市公司应当及时披露。

上市公司未按前款规定作出说明或者及时披露的，独立董事可以向中国证监会和证券交易所报告。

第二十三条　下列事项应当经上市公司全体独立董事过半数同意后，提交董事会审议：

（一）应当披露的关联交易；

（二）上市公司及相关方变更或者豁免承诺的方案；

（三）被收购上市公司董事会针对收购所作出的决策及采取的措施；

（四）法律、行政法规、中国证监会规定和公司章程规定的其他事项。

第二十四条　上市公司应当定期或者不定期召开全部由独立董事参加的会议（以下简称独立董事专门会

议)。本办法第十八条第一款第一项至第三项、第二十三条所列事项,应当经独立董事专门会议审议。

独立董事专门会议可以根据需要研究讨论上市公司其他事项。

独立董事专门会议应当由过半数独立董事共同推举一名独立董事召集和主持;召集人不履职或者不能履职时,两名及以上独立董事可以自行召集并推举一名代表主持。

上市公司应当为独立董事专门会议的召开提供便利和支持。

第二十五条 独立董事在上市公司董事会专门委员会中应当依照法律、行政法规、中国证监会规定、证券交易所业务规则和公司章程履行职责。独立董事应当亲自出席专门委员会会议,因故不能亲自出席会议的,应当事先审阅会议材料,形成明确的意见,并书面委托其他独立董事代为出席。独立董事履职中关注到专门委员会职责范围内的上市公司重大事项,可以依照程序及时提请专门委员会进行讨论和审议。

上市公司应当按照本办法规定在公司章程中对专门委员会的组成、职责等作出规定,并制定专门委员会工作规程,明确专门委员会的人员构成、任期、职责范围、议事规则、档案保存等相关事项。国务院有关主管部门对专门委员会的召集人另有规定的,从其规定。

第二十六条 上市公司董事会审计委员会负责审核公司财务信息及其披露、监督及评估内外部审计工作和内部控制,下列事项应当经审计委员会全体成员过半数同意后,提交董事会审议:

(一)披露财务会计报告及定期报告中的财务信息、内部控制评价报告;

(二)聘用或者解聘承办上市公司审计业务的会计师事务所;

(三)聘任或者解聘上市公司财务负责人;

(四)因会计准则变更以外的原因作出会计政策、会计估计变更或者重大会计差错更正;

(五)法律、行政法规、中国证监会规定和公司章程规定的其他事项。

审计委员会每季度至少召开一次会议,两名及以上成员提议,或者召集人认为有必要时,可以召开临时会议。审计委员会会议须有三分之二以上成员出席方可举行。

第二十七条 上市公司董事会提名委员会负责拟定董事、高级管理人员的选择标准和程序,对董事、高级管理人员人选及其任职资格进行遴选、审核,并就下列事项向董事会提出建议:

(一)提名或者任免董事;

(二)聘任或者解聘高级管理人员;

(三)法律、行政法规、中国证监会规定和公司章程规定的其他事项。

董事会对提名委员会的建议未采纳或者未完全采纳的,应当在董事会决议中记载提名委员会的意见及未采纳的具体理由,并进行披露。

第二十八条 上市公司董事会薪酬与考核委员会负责制定董事、高级管理人员的考核标准并进行考核,制定、审查董事、高级管理人员的薪酬政策与方案,并就下列事项向董事会提出建议:

(一)董事、高级管理人员的薪酬;

(二)制定或者变更股权激励计划、员工持股计划,激励对象获授权益、行使权益条件成就;

(三)董事、高级管理人员在拟分拆所属子公司安排持股计划;

(四)法律、行政法规、中国证监会规定和公司章程规定的其他事项。

董事会对薪酬与考核委员会的建议未采纳或者未完全采纳的,应当在董事会决议中记载薪酬与考核委员会的意见及未采纳的具体理由,并进行披露。

第二十九条 上市公司未在董事会中设置提名委员会、薪酬与考核委员会的,由独立董事专门会议按照本办法第十一条对被提名人任职资格进行审查,就本办法第二十七条第一款、第二十八条第一款所列事项向董事会提出建议。

第三十条 独立董事每年在上市公司的现场工作时间应当不少于十五日。

除按规定出席股东大会、董事会及其专门委员会、独立董事专门会议外,独立董事可以通过定期获取上市公司运营情况等资料、听取管理层汇报、与内部审计机构负责人和承办上市公司审计业务的会计师事务所等中介机构沟通、实地考察、与中小股东沟通等多种方式履行职责。

第三十一条 上市公司董事会及其专门委员会、独立董事专门会议应当按规定制作会议记录,独立董事的意见应当在会议记录中载明。独立董事应当对会议记录签字确认。

独立董事应当制作工作记录,详细记录履行职责的情况。独立董事履行职责过程中获取的资料、相关会议记录、与上市公司及中介机构工作人员的通讯记录等,构成工作记录的组成部分。对于工作记录中的重要内容，独立董事可以要求董事会秘书等相关人员签字确认，上市公司及相关人员应当予以配合。

独立董事工作记录及上市公司向独立董事提供的资料，应当至少保存十年。

第三十二条 上市公司应当健全独立董事与中小股东的沟通机制，独立董事可以就投资者提出的问题及时向上市公司核实。

第三十三条 独立董事应当向上市公司年度股东大会提交年度述职报告，对其履行职责的情况进行说明。年度述职报告应当包括下列内容：

（一）出席董事会次数、方式及投票情况，出席股东大会次数；

（二）参与董事会专门委员会、独立董事专门会议工作情况；

（三）对本办法第二十三条、第二十六条、第二十七条、第二十八条所列事项进行审议和行使本办法第十八条第一款所列独立董事特别职权的情况；

（四）与内部审计机构及承办上市公司审计业务的会计师事务所就公司财务、业务状况进行沟通的重大事项、方式及结果等情况；

（五）与中小股东的沟通交流情况；

（六）在上市公司现场工作的时间、内容等情况；

（七）履行职责的其他情况。

独立董事年度述职报告最迟应当在上市公司发出年度股东大会通知时披露。

第三十四条 独立董事应当持续加强证券法律法规及规则的学习，不断提高履职能力。中国证监会、证券交易所、中国上市公司协会可以提供相关培训服务。

第四章 履职保障

第三十五条 上市公司应当为独立董事履行职责提供必要的工作条件和人员支持，指定董事会办公室、董事会秘书等专门部门和专门人员协助独立董事履行职责。

董事会秘书应当确保独立董事与其他董事、高级管理人员及其他相关人员之间的信息畅通，确保独立董事履行职责时能够获得足够的资源和必要的专业意见。

第三十六条 上市公司应当保障独立董事享有与其他董事同等的知情权。为保证独立董事有效行使职权，上市公司应当向独立董事定期通报公司运营情况，提供资料，组织或者配合独立董事开展实地考察等工作。

上市公司可以在董事会审议重大复杂事项前，组织独立董事参与研究论证等环节，充分听取独立董事意见，并及时向独立董事反馈意见采纳情况。

第三十七条 上市公司应当及时向独立董事发出董事会会议通知，不迟于法律、行政法规、中国证监会规定或者公司章程规定的董事会会议通知期限提供相关会议资料，并为独立董事提供有效沟通渠道；董事会专门委员会召开会议的，上市公司原则上应当不迟于专门委员会会议召开前三日提供相关资料和信息。上市公司应当保存上述会议资料至少十年。

两名及以上独立董事认为会议材料不完整、论证不充分或者提供不及时的，可以书面向董事会提出延期召开会议或者延期审议该事项，董事会应当予以采纳。

董事会及专门委员会会议以现场召开为原则。在保证全体参会董事能够充分沟通并表达意见的前提下，必要时可以依照程序采用视频、电话或者其他方式召开。

第三十八条 独立董事行使职权的，上市公司董事、高级管理人员等相关人员应当予以配合，不得拒绝、阻碍或者隐瞒相关信息，不得干预其独立行使职权。

独立董事依法行使职权遭遇阻碍的，可以向董事会说明情况，要求董事、高级管理人员等相关人员予以配合，并将受到阻碍的具体情形和解决状况记入工作记录；仍不能消除阻碍的，可以向中国证监会和证券交易所报告。

独立董事履职事项涉及应披露信息的，上市公司应当及时办理披露事宜；上市公司不予披露的，独立董事可以直接申请披露，或者向中国证监会和证券交易所报告。

中国证监会和证券交易所应当畅通独立董事沟通渠道。

第三十九条 上市公司应当承担独立董事聘请专业机构及行使其他职权时所需的费用。

第四十条 上市公司可以建立独立董事责任保险制度，降低独立董事正常履行职责可能引致的风险。

第四十一条 上市公司应当给予独立董事与其承担的职责相适应的津贴。津贴的标准应当由董事会制订方案，股东大会审议通过，并在上市公司年度报告中进行披露。

除上述津贴外，独立董事不得从上市公司及其主要股东、实际控制人或者有利害关系的单位和人员取得其他利益。

第五章 监督管理与法律责任

第四十二条 中国证监会依法对上市公司独立董事及相关主体在证券市场的活动进行监督管理。

证券交易所、中国上市公司协会依照法律、行政法规和本办法制定相关自律规则，对上市公司独立董事进行自律管理。

有关自律组织可以对上市公司独立董事履职情况进行评估，促进其不断提高履职效果。

第四十三条 中国证监会、证券交易所可以要求上市公司、独立董事及其他相关主体对独立董事有关事项作出解释、说明或者提供相关资料。上市公司、独立董事及相关主体应当及时回复，并配合中国证监会的检查、调查。

第四十四条 上市公司、独立董事及相关主体违反本办法规定的，中国证监会可以采取责令改正、监管谈话、出具警示函、责令公开说明、责令定期报告等监管措施。依法应当给予行政处罚的，中国证监会依照有关规定进行处罚。

第四十五条 对独立董事在上市公司中的履职尽责情况及其行政责任，可以结合独立董事履行职责与相关违法违规行为之间的关联程度，兼顾其董事地位和外部身份特点，综合下列方面进行认定：

（一）在信息形成和相关决策过程中所起的作用；

（二）相关事项信息来源和内容、了解信息的途径；

（三）知情程度及知情后的态度；

（四）对相关异常情况的注意程度，为核验信息采取的措施；

（五）参加相关董事会及其专门委员会、独立董事专门会议的情况；

（六）专业背景或者行业背景；

（七）其他与相关违法违规行为关联的方面。

第四十六条 独立董事能够证明其已履行基本职责，且存在下列情形之一的，可以认定其没有主观过错，依照《中华人民共和国行政处罚法》不予行政处罚：

（一）在审议或者签署信息披露文件前，对不属于自身专业领域的相关具体问题，借助会计、法律等专门职业的帮助仍然未能发现问题的；

（二）对违法违规事项提出具体异议，明确记载于董事会、董事会专门委员会或者独立董事专门会议的会议记录中，并在董事会会议中投反对票或者弃权票的；

（三）上市公司或者相关方有意隐瞒，且没有迹象表明独立董事知悉或者能够发现违法违规线索的；

（四）因上市公司拒绝、阻碍独立董事履行职责，导致其无法对相关信息披露文件是否真实、准确、完整作出判断，并及时向中国证监会和证券交易所书面报告的；

（五）能够证明勤勉尽责的其他情形。

在违法违规行为揭露日或者更正日之前，独立董事发现违法违规行为后及时向上市公司提出异议并监督整改，且向中国证监会和证券交易所书面报告的，可以不予行政处罚。

独立董事提供证据证明其在履职期间能够按照法律、行政法规、部门规章、规范性文件以及公司章程的规定履行职责的，或者在违法违规行为被揭露后及时督促上市公司整改且效果较为明显的，中国证监会可以结合违法违规行为事实和性质、独立董事日常履职情况等综合判断其行政责任。

第六章 附 则

第四十七条 本办法下列用语的含义：

（一）主要股东，是指持有上市公司百分之五以上股份，或者持有股份不足百分之五但对上市公司有重大影响的股东；

（二）中小股东，是指单独或者合计持有上市公司股份未达到百分之五，且不担任上市公司董事、监事和高级管理人员的股东；

（三）附属企业，是指受相关主体直接或者间接控制的企业；

（四）主要社会关系，是指兄弟姐妹、兄弟姐妹的配偶、配偶的父母、配偶的兄弟姐妹、子女的配偶、子女配偶的父母等；

（五）违法违规行为揭露日，是指违法违规行为在具有全国性影响的报刊、电台、电视台或者监管部门网站、交易场所网站、主要门户网站、行业知名的自媒体等媒体上，首次被公开揭露并为证券市场知悉之日；

（六）违法违规行为更正日，是指信息披露义务人在证券交易场所网站或者符合中国证监会规定条件的媒体上自行更正之日。

第四十八条 本办法自2023年9月4日起施行。2022年1月5日发布的《上市公司独立董事规则》（证监会公告〔2022〕14号）同时废止。

自本办法施行之日起的一年为过渡期。过渡期内，上市公司董事会及专门委员会的设置、独立董事专门会议机制、独立董事的独立性、任职条件、任职期限及兼职家数等事项与本办法不一致的，应当逐步调整至符合本办法规定。

《上市公司股权激励管理办法》、《上市公司收购管理办法》、《上市公司重大资产重组管理办法》等本办法施行前中国证监会发布的规章与本办法的规定不一致的，适用本办法。

上市公司股东大会规则

· 2022年1月5日中国证券监督管理委员会公告〔2022〕13号公布
· 自公布之日起施行

第一章 总 则

第一条 为规范上市公司行为，保证股东大会依法行使职权，根据《中华人民共和国公司法》（以下简称《公司法》）、《中华人民共和国证券法》（以下简称《证券法》）的规定，制定本规则。

第二条 上市公司应当严格按照法律、行政法规、本规则及公司章程的相关规定召开股东大会，保证股东能够依法行使权利。

公司董事会应当切实履行职责，认真、按时组织股东大会。公司全体董事应当勤勉尽责，确保股东大会正常召开和依法行使职权。

第三条 股东大会应当在《公司法》和公司章程规定的范围内行使职权。

第四条 股东大会分为年度股东大会和临时股东大会。年度股东大会每年召开一次，应当于上一会计年度结束后的六个月内举行。临时股东大会不定期召开，出现《公司法》第一百条规定的应当召开临时股东大会的情形时，临时股东大会应当在二个月内召开。

公司在上述期限内不能召开股东大会的，应当报告公司所在地中国证券监督管理委员会（以下简称中国证监会）派出机构和公司股票挂牌交易的证券交易所（以下简称证券交易所），说明原因并公告。

第五条 公司召开股东大会，应当聘请律师对以下问题出具法律意见并公告：

（一）会议的召集、召开程序是否符合法律、行政法规、本规则和公司章程的规定；

（二）出席会议人员的资格、召集人资格是否合法有效；

（三）会议的表决程序、表决结果是否合法有效；

（四）应公司要求对其他有关问题出具的法律意见。

第二章 股东大会的召集

第六条 董事会应当在本规则第四条规定的期限内按时召集股东大会。

第七条 独立董事有权向董事会提议召开临时股东大会。对独立董事要求召开临时股东大会的提议，董事会应当根据法律、行政法规和公司章程的规定，在收到提议后十日内提出同意或不同意召开临时股东大会的书面反馈意见。

董事会同意召开临时股东大会的，应当在作出董事会决议后的五日内发出召开股东大会的通知；董事会不同意召开临时股东大会的，应当说明理由并公告。

第八条 监事会有权向董事会提议召开临时股东大会，并应当以书面形式向董事会提出。董事会应当根据法律、行政法规和公司章程的规定，在收到提议后十日内提出同意或不同意召开临时股东大会的书面反馈意见。

董事会同意召开临时股东大会的，应当在作出董事会决议后的五日内发出召开股东大会的通知，通知中对原提议的变更，应当征得监事会的同意。

董事会不同意召开临时股东大会，或者在收到提议后十日内未作出书面反馈的，视为董事会不能履行或者不履行召集股东大会会议职责，监事会可以自行召集和主持。

第九条 单独或者合计持有公司百分之十以上股份的普通股股东（含表决权恢复的优先股股东）有权向董事会请求召开临时股东大会，并应当以书面形式向董事会提出。董事会应当根据法律、行政法规和公司章程的规定，在收到请求后十日内提出同意或不同意召开临时股东大会的书面反馈意见。

董事会同意召开临时股东大会的，应当在作出董事会决议后的五日内发出召开股东大会的通知，通知中对原请求的变更，应当征得相关股东的同意。

董事会不同意召开临时股东大会，或者在收到请求后十日内未作出反馈的，单独或者合计持有公司百分之十以上股份的普通股股东（含表决权恢复的优先股股东）有权向监事会提议召开临时股东大会，并应当以书面形式向监事会提出请求。

监事会同意召开临时股东大会的，应在收到请求五日内发出召开股东大会的通知，通知中对原请求的变更，应当征得相关股东的同意。

监事会未在规定期限内发出股东大会通知的，视为监事会不召集和主持股东大会，连续九十日以上单独或者合计持有公司百分之十以上股份的普通股股东（含表决权恢复的优先股股东）可以自行召集和主持。

第十条 监事会或股东决定自行召集股东大会的，应当书面通知董事会，同时向证券交易所备案。

在股东大会决议公告前，召集普通股股东（含表决权恢复的优先股股东）持股比例不得低于百分之十。

监事会和召集股东应在发出股东大会通知及发布股东大会决议公告时，向证券交易所提交有关证明材料。

第十一条 对于监事会或股东自行召集的股东大会,董事会和董事会秘书应予配合。董事会应当提供股权登记日的股东名册。董事会未提供股东名册的,召集人可以持召集股东大会通知的相关公告,向证券登记结算机构申请获取。召集人所获取的股东名册不得用于除召开股东大会以外的其他用途。

第十二条 监事会或股东自行召集的股东大会,会议所必需的费用由公司承担。

第三章 股东大会的提案与通知

第十三条 提案的内容应当属于股东大会职权范围,有明确议题和具体决议事项,并且符合法律、行政法规和公司章程的有关规定。

第十四条 单独或者合计持有公司百分之三以上股份的普通股股东(含表决权恢复的优先股股东),可以在股东大会召开十日前提出临时提案并书面提交召集人。召集人应当在收到提案后二日内发出股东大会补充通知,公告临时提案的内容。

除前款规定外,召集人在发出股东大会通知后,不得修改股东大会通知中已列明的提案或增加新的提案。

股东大会通知中未列明或不符合本规则第十三条规定的提案,股东大会不得进行表决并作出决议。

第十五条 召集人应当在年度股东大会召开二十日前以公告方式通知各普通股股东(含表决权恢复的优先股股东),临时股东大会应当于会议召开十五日前以公告方式通知各普通股股东(含表决权恢复的优先股股东)。

第十六条 股东大会通知和补充通知中应当充分、完整披露所有提案的具体内容,以及为使股东对拟讨论的事项作出合理判断所需的全部资料或解释。拟讨论的事项需要独立董事发表意见的,发出股东大会通知或补充通知时应当同时披露独立董事的意见及理由。

第十七条 股东大会拟讨论董事、监事选举事项的,股东大会通知中应当充分披露董事、监事候选人的详细资料,至少包括以下内容:

(一)教育背景、工作经历、兼职等个人情况;

(二)与公司或其控股股东及实际控制人是否存在关联关系;

(三)披露持有上市公司股份数量;

(四)是否受过中国证监会及其他有关部门的处罚和证券交易所惩戒。

除采取累积投票制选举董事、监事外,每位董事、监事候选人应当以单项提案提出。

第十八条 股东大会通知中应当列明会议时间、地点,并确定股权登记日。股权登记日与会议日期之间的间隔应当不少于七个工作日。股权登记日一旦确认,不得变更。

第十九条 发出股东大会通知后,无正当理由,股东大会不得延期或取消,股东大会通知中列明的提案不得取消。一旦出现延期或取消的情形,召集人应当在原定召开日前至少二个工作日公告并说明原因。

第四章 股东大会的召开

第二十条 公司应当在公司住所地或公司章程规定的地点召开股东大会。

股东大会应当设置会场,以现场会议形式召开,并应当按照法律、行政法规、中国证监会或公司章程的规定,采用安全、经济、便捷的网络和其他方式为股东参加股东大会提供便利。股东通过上述方式参加股东大会的,视为出席。

股东可以亲自出席股东大会并行使表决权,也可以委托他人代为出席和在授权范围内行使表决权。

第二十一条 公司应当在股东大会通知中明确载明网络或其他方式的表决时间以及表决程序。

股东大会网络或其他方式投票的开始时间,不得早于现场股东大会召开前一日下午3:00,并不得迟于现场股东大会召开当日上午9:30,其结束时间不得早于现场股东大会结束当日下午3:00。

第二十二条 董事会和其他召集人应当采取必要措施,保证股东大会的正常秩序。对于干扰股东大会、寻衅滋事和侵犯股东合法权益的行为,应当采取措施加以制止并及时报告有关部门查处。

第二十三条 股权登记日登记在册的所有普通股股东(含表决权恢复的优先股股东)或其代理人,均有权出席股东大会,公司和召集人不得以任何理由拒绝。

优先股股东不出席股东大会会议,所持股份没有表决权,但出现以下情况之一的,公司召开股东大会会议应当通知优先股股东,并遵循《公司法》及公司章程通知普通股股东的规定程序。优先股股东出席股东大会会议时,有权与普通股股东分类表决,其所持每一优先股有一表决权,但公司持有的本公司优先股没有表决权:

(一)修改公司章程中与优先股相关的内容;

(二)一次或累计减少公司注册资本超过百分之十;

(三)公司合并、分立、解散或变更公司形式;

(四)发行优先股;

(五)公司章程规定的其他情形。

上述事项的决议,除须经出席会议的普通股股东(含表决权恢复的优先股股东)所持表决权的三分之二以上通过之外,还须经出席会议的优先股股东(不含表决权恢复的优先股股东)所持表决权的三分之二以上通过。

第二十四条 股东应当持股票账户卡、身份证或其他能够表明其身份的有效证件或证明出席股东大会。代理人还应当提交股东授权委托书和个人有效身份证件。

第二十五条 召集人和律师应当依据证券登记结算机构提供的股东名册共同对股东资格的合法性进行验证,并登记股东姓名或名称及其所持有表决权的股份数。在会议主持人宣布现场出席会议的股东和代理人人数及所持有表决权的股份总数之前,会议登记应当终止。

第二十六条 公司召开股东大会,全体董事、监事和董事会秘书应当出席会议,经理和其他高级管理人员应当列席会议。

第二十七条 股东大会由董事长主持。董事长不能履行职务或不履行职务时,由副董事长主持;副董事长不能履行职务或者不履行职务时,由半数以上董事共同推举的一名董事主持。

监事会自行召集的股东大会,由监事会主席主持。监事会主席不能履行职务或不履行职务时,由监事会副主席主持;监事会副主席不能履行职务或者不履行职务时,由半数以上监事共同推举的一名监事主持。

股东自行召集的股东大会,由召集人推举代表主持。

公司应当制定股东大会议事规则。召开股东大会时,会议主持人违反议事规则使股东大会无法继续进行的,经现场出席股东大会有表决权过半数的股东同意,股东大会可推举一人担任会议主持人,继续开会。

第二十八条 在年度股东大会上,董事会、监事会应当就其过去一年的工作向股东大会作出报告,每名独立董事也应作出述职报告。

第二十九条 董事、监事、高级管理人员在股东大会上应就股东的质询作出解释和说明。

第三十条 会议主持人应当在表决前宣布现场出席会议的股东和代理人人数及所持有表决权的股份总数,现场出席会议的股东和代理人人数及所持有表决权的股份总数以会议登记为准。

第三十一条 股东与股东大会拟审议事项有关联关系时,应当回避表决,其所持有表决权的股份不计入出席股东大会有表决权的股份总数。

股东大会审议影响中小投资者利益的重大事项时,对中小投资者的表决应当单独计票。单独计票结果应当及时公开披露。

公司持有自己的股份没有表决权,且该部分股份不计入出席股东大会有表决权的股份总数。

股东买入公司有表决权的股份违反《证券法》第六十三条第一款、第二款规定的,该超过规定比例部分的股份在买入后的三十六个月内不得行使表决权,且不计入出席股东大会有表决权的股份总数。

公司董事会、独立董事、持有百分之一以上有表决权股份的股东或者依照法律、行政法规或者中国证监会的规定设立的投资者保护机构可以公开征集股东投票权。征集股东投票权应当向被征集人充分披露具体投票意向等信息。禁止以有偿或者变相有偿的方式征集股东投票权。除法定条件外,公司不得对征集投票权提出最低持股比例限制。

第三十二条 股东大会就选举董事、监事进行表决时,根据公司章程的规定或者股东大会的决议,可以实行累积投票制。单一股东及其一致行动人拥有权益的股份比例在百分之三十及以上的上市公司,应当采用累积投票制。

前款所称累积投票制是指股东大会选举董事或者监事时,每一普通股(含表决权恢复的优先股)股份拥有与应选董事或者监事人数相同的表决权,股东拥有的表决权可以集中使用。

第三十三条 除累积投票制外,股东大会对所有提案应当逐项表决。对同一事项有不同提案的,应当按提案提出的时间顺序进行表决。除因不可抗力等特殊原因导致股东大会中止或不能作出决议外,股东大会不得对提案进行搁置或不予表决。

股东大会就发行优先股进行审议,应当就下列事项逐项进行表决:

(一)本次发行优先股的种类和数量;

(二)发行方式、发行对象及向原股东配售的安排;

(三)票面金额、发行价格或定价区间及其确定原则;

(四)优先股股东参与分配利润的方式,包括:股息率及其确定原则、股息发放的条件、股息支付方式、股息是否累积、是否可以参与剩余利润分配等;

(五)回购条款,包括回购的条件、期间、价格及其确定原则、回购选择权的行使主体等(如有);

(六)募集资金用途;

(七)公司与相应发行对象签订的附条件生效的股份认购合同;

(八)决议的有效期;

（九）公司章程关于优先股股东和普通股股东利润分配政策相关条款的修订方案。

（十）对董事会办理本次发行具体事宜的授权；

（十一）其他事项。

第三十四条 股东大会审议提案时，不得对提案进行修改，否则，有关变更应当被视为一个新的提案，不得在本次股东大会上进行表决。

第三十五条 同一表决权只能选择现场、网络或其他表决方式中的一种。同一表决权出现重复表决的以第一次投票结果为准。

第三十六条 出席股东大会的股东，应当对提交表决的提案发表以下意见之一：同意、反对或弃权。证券登记结算机构作为内地与香港股票市场交易互联互通机制股票的名义持有人，按照实际持有人意思表示进行申报的除外。

未填、错填、字迹无法辨认的表决票或未投的表决票均视为投票人放弃表决权利，其所持股份数的表决结果应计为"弃权"。

第三十七条 股东大会对提案进行表决前，应当推举二名股东代表参加计票和监票。审议事项与股东有关联关系的，相关股东及代理人不得参加计票、监票。

股东大会对提案进行表决时，应当由律师、股东代表与监事代表共同负责计票、监票。

通过网络或其他方式投票的公司股东或其代理人，有权通过相应的投票系统查验自己的投票结果。

第三十八条 股东大会会议现场结束时间不得早于网络或其他方式，会议主持人应当在会议现场宣布每一提案的表决情况和结果，并根据表决结果宣布提案是否通过。

在正式公布表决结果前，股东大会现场、网络及其他表决方式中所涉及的公司、计票人、监票人、主要股东、网络服务方等相关各方对表决情况均负有保密义务。

第三十九条 股东大会决议应当及时公告，公告中应列明出席会议的股东和代理人人数，所持有表决权的股份总数及占公司有表决权股份总数的比例、表决方式、每项提案的表决结果和通过的各项决议的详细内容。

发行优先股的公司就本规则第二十三条第二款所列情形进行表决的，应当对普通股股东（含表决权恢复的优先股股东）和优先股股东（不含表决权恢复的优先股股东）出席会议及表决的情况分别统计并公告。

发行境内上市外资股的公司，应当对内资股股东和外资股股东出席会议及表决情况分别统计并公告。

第四十条 提案未获通过，或者本次股东大会变更前次股东大会决议的，应当在股东大会决议公告中作特别提示。

第四十一条 股东大会会议记录由董事会秘书负责，会议记录应记载以下内容：

（一）会议时间、地点、议程和召集人姓名或名称；

（二）会议主持人以及出席或列席会议的董事、监事、董事会秘书、经理和其他高级管理人员姓名；

（三）出席会议的股东和代理人人数、所持有表决权的股份总数及占公司股份总数的比例；

（四）对每一提案的审议经过、发言要点和表决结果；

（五）股东的质询意见或建议以及相应的答复或说明；

（六）律师及计票人、监票人姓名；

（七）公司章程规定应当载入会议记录的其他内容。

出席会议的董事、监事、董事会秘书、召集人或其代表、会议主持人应当在会议记录上签名，并保证会议记录内容真实、准确和完整。会议记录应当与现场出席股东的签名册及代理出席的委托书、网络及其他方式表决情况的有效资料一并保存，保存期限不少于十年。

第四十二条 召集人应当保证股东大会连续举行，直至形成最终决议。因不可抗力等特殊原因导致股东大会中止或不能作出决议的，应采取必要措施尽快恢复召开股东大会或直接终止本次股东大会，并及时公告。同时，召集人应向公司所在地中国证监会派出机构及证券交易所报告。

第四十三条 股东大会通过有关董事、监事选举提案的，新任董事、监事按公司章程的规定就任。

第四十四条 股东大会通过有关派现、送股或资本公积转增股本提案的，公司应当在股东大会结束后二个月内实施具体方案。

第四十五条 公司以减少注册资本为目的回购普通股公开发行优先股，以及以非公开发行优先股为支付手段向公司特定股东回购普通股的，股东大会就回购普通股作出决议，应当经出席会议的普通股股东（含表决权恢复的优先股股东）所持表决权的三分之二以上通过。

公司应当在股东大会作出回购普通股决议后的次日公告该决议。

第四十六条 公司股东大会决议内容违反法律、行政法规的无效。

公司控股股东、实际控制人不得限制或者阻挠中小投资者依法行使投票权，不得损害公司和中小投资者的合法权益。

股东大会的会议召集程序、表决方式违反法律、行政法规或者公司章程，或者决议内容违反公司章程的，股东可以自决议作出之日起六十日内，请求人民法院撤销。

第五章 监管措施

第四十七条 在本规则规定期限内，上市公司无正当理由不召开股东大会的，证券交易所有权对该公司挂牌交易的股票及衍生品种予以停牌，并要求董事会作出解释并公告。

第四十八条 股东大会的召集、召开和相关信息披露不符合法律、行政法规、本规则和公司章程要求的，中国证监会及其派出机构有权责令公司或相关责任人限期改正，并由证券交易所采取相关监管措施或予以纪律处分。

第四十九条 董事、监事或董事会秘书违反法律、行政法规、本规则和公司章程的规定，不切实履行职责的，中国证监会及其派出机构有权责令其改正，并由证券交易所采取相关监管措施或予以纪律处分；对于情节严重或不予改正的，中国证监会可对相关人员实施证券市场禁入。

第六章 附则

第五十条 上市公司制定或修改章程应依照本规则列明股东大会有关条款。

第五十一条 对发行外资股的公司的股东大会，相关法律、行政法规或文件另有规定的，从其规定。

第五十二条 本规则所称公告、通知或股东大会补充通知，是指在符合中国证监会规定条件的媒体和证券交易所网站上公布有关信息披露内容。

第五十三条 本规则所称"以上"、"内"，含本数；"过"、"低于"、"多于"，不含本数。

第五十四条 本规则自公布之日起施行。2016年9月30日施行的《上市公司股东大会规则（2016年修订）》（证监会公告〔2016〕22号）同时废止。

上市公司董事长谈话制度实施办法

- 2022年1月5日中国证券监督管理委员会公告〔2022〕22号公布
- 自公布之日起施行

第一条 为加强上市公司监管，促进上市公司依法规范运作，保护投资者的合法权益，制定本指引。

第二条 本指引适用于股票在上海证券交易所和深圳证券交易所上市交易的股份有限公司。

第三条 中国证监会派出机构具体实施辖区内上市公司董事长谈话工作。

中国证监会主管业务部门认为必要时可直接约见上市公司董事长谈话。

（中国证监会派出机构和主管业务部门以下统称为"中国证监会"。）

第四条 上市公司存在下列情形之一的，应当约见上市公司董事长谈话：

（一）严重资不抵债或主要资产被查封、冻结、拍卖导致公司失去持续经营能力的；

（二）控制权发生重大变动的；

（三）未履行招股说明书承诺事项的；

（四）公司或其董事会成员存在不当行为，但不构成违反国家证券法律、法规及中国证监会有关规定的；

（五）中国证监会认为确有必要的。

第五条 中国证监会约见上市公司董事长，按照下列程序进行：

（一）中国证监会认为有必要约见上市公司董事长谈话时，应当履行内部审批程序，经批准后方可进行。

（二）中国证监会约见上市公司董事长谈话时，应确定主谈人员和记录人员，谈话使用专门的谈话记录纸（谈话记录格式附后）。谈话结束时应要求谈话对象复核、签字。

（三）中国证监会根据需要决定谈话时间、地点和谈话对象应提供的书面材料，并提前三天以书面形式通知该上市公司的董事会秘书。谈话对象确因特殊情况不能参加的，应事先报告，经同意后委托相应人员代理。中国证监会认为必要时，可以要求上市公司其他有关人员、上市公司控股股东的高级管理人员、相关中介机构执业人员参加谈话。谈话对象不得无故拒绝、推托。

（四）中国证监会在约见谈话时，主谈人员应确认谈话对象的身份，宣布谈话制度、谈话目的，告知谈话对象应当真实、完整地向主谈人员说明有关情况，并对所说明的情况和作出的保证承担责任。

（五）谈话对象应对有关情况进行说明、解释，并提供相应说明材料，对公司情况说明不清、说明材料欠完备的，应当限期补充，谈话对象不得作出虚假陈述或故意隐瞒事实真相。

第六条 经中国证监会两次书面通知，谈话对象无正当理由不参加谈话，中国证监会将对其进行公开批评。

第七条 谈话对象对谈话所涉及的重要事项说明不清，提供的材料不完整，在限期内又未能进行充分补充的，中国证监会可以对其进行公开批评。

谈话对象在谈话中虚假陈述或故意隐瞒事实真相的，中国证监会将视其情节轻重依据有关规定对其进行处理。

第八条 中国证监会的谈话人员，应遵守法律、法规及有关规定，认真履行职责，对在谈话中知悉的有关单位和个人的商业秘密负有保密义务。未经许可，参加谈话人员不得透露与谈话结果有关的任何信息。

第九条 谈话对象应当根据谈话结果及时整改，纠正不当行为，中国证监会将对整改情况进行监督检查。

第十条 中国证监会为谈话和整改情况建立专项档案，做为上市公司董事长及其他高管人员是否忠实履行职务的记录。

第十一条 在执行谈话制度中发现上市公司或高级管理人员有违法违规行为的，中国证监会将依法查处。谈话记录将作为进一步调查的证据。

第十二条 本指引自公布之日起施行。2001年3月19日施行的《上市公司董事长谈话制度实施办法》（证监发〔2001〕47号）同时废止。

附件：

谈话记录要素

谈话时间：
谈话地点：
谈话人：
记录人：
谈话对象——
上市公司名称：
通讯地址：
邮编：
上市公司董事长：
姓名：
电话：
传真：
谈话事由：
谈话内容：

谈话对象（签名）：

上市公司董事、监事和高级管理人员所持本公司股份及其变动管理规则

· 2022年1月5日中国证券监督管理委员会公告〔2022〕19号公布
· 自公布之日起施行

第一条 为加强对上市公司董事、监事和高级管理人员所持本公司股份及其变动的管理，维护证券市场秩序，根据《中华人民共和国公司法》《中华人民共和国证券法》等法律、行政法规和规章的规定，制定本规则。

第二条 上市公司及其董事、监事和高级管理人员，应当遵守本规则。

第三条 上市公司董事、监事和高级管理人员所持本公司股份，是指登记在其名下的所有本公司股份。

上市公司董事、监事和高级管理人员从事融资融券交易的，还包括记载在其信用账户内的本公司股份。

第四条 上市公司董事、监事和高级管理人员所持本公司股份在下列情形下不得转让：

（一）本公司股票上市交易之日起一年内；

（二）董事、监事和高级管理人员离职后半年内；

（三）董事、监事和高级管理人员承诺一定期限内不转让并在该期限内的；

（四）法律、法规、中国证监会和证券交易所规定的其他情形。

第五条 上市公司董事、监事和高级管理人员在任职期间，每年通过集中竞价、大宗交易、协议转让等方式转让的股份不得超过其所持本公司股份总数的百分之二十五，因司法强制执行、继承、遗赠、依法分割财产等导致股份变动的除外。

上市公司董事、监事和高级管理人员所持股份不超过一千股的，可一次全部转让，不受前款转让比例的限制。

第六条 上市公司董事、监事和高级管理人员以上年末其所持有本公司发行的股份为基数，计算其中可转让股份的数量。

上市公司董事、监事和高级管理人员在上述可转让股份数量范围内转让其所持有本公司股份的，还应遵守本规则第四条的规定。

第七条 因上市公司公开或非公开发行股份、实施股权激励计划，或因董事、监事和高级管理人员在二级市场购买、可转债转股、行权、协议受让等各种年内新增股份，新增无限售条件股份当年可转让百分之二十五，新增

有限售条件的股份计入次年可转让股份的计算基数。

因上市公司进行权益分派导致董事、监事和高级管理人员所持本公司股份增加的,可同比例增加当年可转让数量。

第八条 上市公司董事、监事和高级管理人员当年可转让但未转让的本公司股份,应当计入当年末其所持有本公司股份的总数,该总数作为次年可转让股份的计算基数。

第九条 上市公司章程可以对董事、监事和高级管理人员转让其所持本公司股份规定比本规则更长的禁止转让期间、更低的可转让股份比例或者附加其他限制转让条件。

第十条 上市公司董事、监事和高级管理人员应在下列时点或期间内委托上市公司通过证券交易所网站申报其个人信息(包括但不限于姓名、职务、身份证号、证券账户、离任职时间等):

(一)新上市公司的董事、监事和高级管理人员在公司申请股票初始登记时;

(二)新任董事、监事在股东大会(或职工代表大会)通过其任职事项、新任高级管理人员在董事会通过其任职事项后二个交易日内;

(三)现任董事、监事和高级管理人员在其已申报的个人信息发生变化后的二个交易日内;

(四)现任董事、监事和高级管理人员在离任后二个交易日内;

(五)证券交易所要求的其他时间。

第十一条 上市公司董事、监事和高级管理人员所持本公司股份发生变动的,应当自该事实发生之日起二个交易日内,向上市公司报告并由上市公司在证券交易所网站进行公告。公告内容包括:

(一)上年末所持本公司股份数量;

(二)上年末至本次变动前每次股份变动的日期、数量、价格;

(三)本次变动前持股数量;

(四)本次股份变动的日期、数量、价格;

(五)变动后的持股数量;

(六)证券交易所要求披露的其他事项。

第十二条 上市公司董事、监事和高级管理人员在下列期间不得买卖本公司股票:

(一)上市公司年度报告、半年度报告公告前三十日内;

(二)上市公司季度报告、业绩预告、业绩快报公告前十日内;

(三)自可能对本公司证券及其衍生品种交易价格产生较大影响的重大事件发生之日或在决策过程中,至依法披露之日内;

(四)证券交易所规定的其他期间。

第十三条 上市公司应当制定专项制度,加强对董事、监事和高级管理人员持有本公司股份及买卖本公司股票行为的申报、披露与监督。

上市公司董事会秘书负责管理公司董事、监事和高级管理人员的身份及所持本公司股份的数据和信息,统一为董事、监事和高级管理人员办理个人信息的网上申报,并定期检查董事、监事和高级管理人员买卖本公司股票的披露情况。

第十四条 上市公司董事、监事和高级管理人员应当保证本人申报数据的及时、真实、准确、完整。

第十五条 上市公司董事、监事和高级管理人员买卖本公司股票违反本规则,中国证监会依照《中华人民共和国证券法》的有关规定予以处罚。

第十六条 本规则自公布之日起施行。2007年4月5日施行的《上市公司董事、监事和高级管理人员所持本公司股份及其变动管理规则》(证监公司字〔2007〕56号)同时废止。

五、企业专项合规

1. 市场交易

优化营商环境条例

- 2019年10月8日国务院第66次常务会议通过
- 2019年10月22日中华人民共和国国务院令第722号公布
- 自2020年1月1日起施行

第一章 总 则

第一条 为了持续优化营商环境，不断解放和发展社会生产力，加快建设现代化经济体系，推动高质量发展，制定本条例。

第二条 本条例所称营商环境，是指企业等市场主体在市场经济活动中所涉及的体制机制性因素和条件。

第三条 国家持续深化简政放权、放管结合、优化服务改革，最大限度减少政府对市场资源的直接配置，最大限度减少政府对市场活动的直接干预，加强和规范事中事后监管，着力提升政务服务能力和水平，切实降低制度性交易成本，更大激发市场活力和社会创造力，增强发展动力。

各级人民政府及其部门应当坚持政务公开透明，以公开为常态、不公开为例外，全面推进决策、执行、管理、服务、结果公开。

第四条 优化营商环境应当坚持市场化、法治化、国际化原则，以市场主体需求为导向，以深刻转变政府职能为核心，创新体制机制、强化协同联动、完善法治保障，对标国际先进水平，为各类市场主体投资兴业营造稳定、公平、透明、可预期的良好环境。

第五条 国家加快建立统一开放、竞争有序的现代市场体系，依法促进各类生产要素自由流动，保障各类市场主体公平参与市场竞争。

第六条 国家鼓励、支持、引导非公有制经济发展，激发非公有制经济活力和创造力。

国家进一步扩大对外开放，积极促进外商投资，平等对待内资企业、外商投资企业等各类市场主体。

第七条 各级人民政府应当加强对优化营商环境工作的组织领导，完善优化营商环境的政策措施，建立健全统筹推进、督促落实优化营商环境工作的相关机制，及时协调、解决优化营商环境工作中的重大问题。

县级以上人民政府有关部门应当按照职责分工，做好优化营商环境的相关工作。县级以上地方人民政府根据实际情况，可以明确优化营商环境工作的主管部门。

国家鼓励和支持各地区、各部门结合实际情况，在法治框架内积极探索原创性、差异化的优化营商环境具体措施；对探索中出现失误或者偏差，符合规定条件的，可以予以免责或者减轻责任。

第八条 国家建立和完善以市场主体和社会公众满意度为导向的营商环境评价体系，发挥营商环境评价对优化营商环境的引领和督促作用。

开展营商环境评价，不得影响各地区、各部门正常工作，不得影响市场主体正常生产经营活动或者增加市场主体负担。

任何单位不得利用营商环境评价谋取利益。

第九条 市场主体应当遵守法律法规，恪守社会公德和商业道德，诚实守信、公平竞争，履行安全、质量、劳动者权益保护、消费者权益保护等方面的法定义务，在国际经贸活动中遵循国际通行规则。

第二章 市场主体保护

第十条 国家坚持权利平等、机会平等、规则平等，保障各种所有制经济平等受到法律保护。

第十一条 市场主体依法享有经营自主权。对依法应当由市场主体自主决策的各类事项，任何单位和个人不得干预。

第十二条 国家保障各类市场主体依法平等使用资金、技术、人力资源、土地使用权及其他自然资源等各类生产要素和公共服务资源。

各类市场主体依法平等适用国家支持发展的政策。政府及其有关部门在政府资金安排、土地供应、税费减免、资质许可、标准制定、项目申报、职称评定、人力资源政策等方面，应当依法平等对待各类市场主体，不得制定或者实施歧视性政策措施。

第十三条 招标投标和政府采购应当公开透明、公平公正，依法平等对待各类所有制和不同地区的市场主体，不得以不合理条件或者产品产地来源等进行限制或者排斥。

政府有关部门应当加强招标投标和政府采购监管，依法纠正和查处违法违规行为。

第十四条 国家依法保护市场主体的财产权和其他合法权益，保护企业经营者人身和财产安全。

严禁违反法定权限、条件、程序对市场主体的财产和企业经营者个人财产实施查封、冻结和扣押等行政强制措施；依法确需实施前述行政强制措施的，应当限定在所必需的范围内。

禁止在法律、法规规定之外要求市场主体提供财力、物力或者人力的摊派行为。市场主体有权拒绝任何形式的摊派。

第十五条 国家建立知识产权侵权惩罚性赔偿制度，推动建立知识产权快速协同保护机制，健全知识产权纠纷多元化解决机制和知识产权维权援助机制，加大对知识产权的保护力度。

国家持续深化商标注册、专利申请便利化改革，提高商标注册、专利申请审查效率。

第十六条 国家加大中小投资者权益保护力度，完善中小投资者权益保护机制，保障中小投资者的知情权、参与权，提升中小投资者维护合法权益的便利度。

第十七条 除法律、法规另有规定外，市场主体有权自主决定加入或者退出行业协会商会等社会组织，任何单位和个人不得干预。

除法律、法规另有规定外，任何单位和个人不得强制或者变相强制市场主体参加评比、达标、表彰、培训、考核、考试以及类似活动，不得借前述活动向市场主体收费或者变相收费。

第十八条 国家推动建立全国统一的市场主体维权服务平台，为市场主体提供高效、便捷的维权服务。

第三章 市场环境

第十九条 国家持续深化商事制度改革，统一企业登记业务规范，统一数据标准和平台服务接口，采用统一社会信用代码进行登记管理。

国家推进"证照分离"改革，持续精简涉企经营许可事项，依法采取直接取消审批、审批改为备案、实行告知承诺、优化审批服务等方式，对所有涉企经营许可事项进行分类管理，为企业取得营业执照后开展相关经营活动提供便利。除法律、行政法规规定的特定领域外，涉企经营许可事项不得作为企业登记的前置条件。

政府有关部门应当按照国家有关规定，简化企业从申请设立到具备一般性经营条件所需办理的手续。在国家规定的企业开办时限内，各地区应当确定并公开具体办理时间。

企业申请办理住所等相关变更登记的，有关部门应当依法及时办理，不得限制。除法律、法规、规章另有规定外，企业迁移后其持有的有效许可证件不再重复办理。

第二十条 国家持续放宽市场准入，并实行全国统一的市场准入负面清单制度。市场准入负面清单以外的领域，各类市场主体均可以依法平等进入。

各地区、各部门不得另行制定市场准入性质的负面清单。

第二十一条 政府有关部门应当加大反垄断和反不正当竞争执法力度，有效预防和制止市场经济活动中的垄断行为、不正当竞争行为以及滥用行政权力排除、限制竞争的行为，营造公平竞争的市场环境。

第二十二条 国家建立健全统一开放、竞争有序的人力资源市场体系，打破城乡、地区、行业分割和身份、性别等歧视，促进人力资源有序社会性流动和合理配置。

第二十三条 政府及其有关部门应当完善政策措施、强化创新服务，鼓励和支持市场主体拓展创新空间，持续推进产品、技术、商业模式、管理等创新，充分发挥市场主体在推动科技成果转化中的作用。

第二十四条 政府及其有关部门应当严格落实国家各项减税降费政策，及时研究解决政策落实中的具体问题，确保减税降费政策全面、及时惠及市场主体。

第二十五条 设立政府性基金、涉企行政事业性收费、涉企保证金，应当有法律、行政法规依据或者经国务院批准。对政府性基金、涉企行政事业性收费、涉企保证金以及实行政府定价的经营服务性收费，实行目录清单管理并向社会公开，目录清单之外的前述收费和保证金一律不得执行。推广以金融机构保函替代现金缴纳涉企保证金。

第二十六条 国家鼓励和支持金融机构加大对民营企业、中小企业的支持力度，降低民营企业、中小企业综合融资成本。

金融监督管理部门应当完善对商业银行等金融机构的监管考核和激励机制，鼓励、引导其增加对民营企业、中小企业的信贷投放，并合理增加中长期贷款和信用贷款支持，提高贷款审批效率。

商业银行等金融机构在授信中不得设置不合理条件，不得对民营企业、中小企业设置歧视性要求。商业银行等金融机构应当按照国家有关规定规范收费行为，不得违规向服务对象收取不合理费用。商业银行应当向社会公开开设企业账户的服务标准、资费标准和办理时限。

第二十七条 国家促进多层次资本市场规范健康发展,拓宽市场主体融资渠道,支持符合条件的民营企业、中小企业依法发行股票、债券以及其他融资工具,扩大直接融资规模。

第二十八条 供水、供电、供气、供热等公用企事业单位应当向社会公开服务标准、资费标准等信息,为市场主体提供安全、便捷、稳定和价格合理的服务,不得强迫市场主体接受不合理的服务条件,不得以任何名义收取不合理费用。各地区应当优化报装流程,在国家规定的报装办理时限内确定并公开具体办理时间。

政府有关部门应当加强对公用企事业单位运营的监督管理。

第二十九条 行业协会商会应当依照法律、法规和章程,加强行业自律,及时反映行业诉求,为市场主体提供信息咨询、宣传培训、市场拓展、权益保护、纠纷处理等方面的服务。

国家依法严格规范行业协会商会的收费、评比、认证等行为。

第三十条 国家加强社会信用体系建设,持续推进政务诚信、商务诚信、社会诚信和司法公信建设,提高全社会诚信意识和信用水平,维护信用信息安全,严格保护商业秘密和个人隐私。

第三十一条 地方各级人民政府及其有关部门应当履行向市场主体依法作出的政策承诺以及依法订立的各类合同,不得以行政区划调整、政府换届、机构或者职能调整以及相关责任人更替等为由违约毁约。因国家利益、社会公共利益需要改变政策承诺、合同约定的,应当依照法定权限和程序进行,并依法对市场主体因此受到的损失予以补偿。

第三十二条 国家机关、事业单位不得违约拖欠市场主体的货物、工程、服务等账款,大型企业不得利用优势地位拖欠中小企业账款。

县级以上人民政府及其有关部门应当加大对国家机关、事业单位拖欠市场主体账款的清理力度,并通过加强预算管理、严格责任追究等措施,建立防范和治理国家机关、事业单位拖欠市场主体账款的长效机制。

第三十三条 政府有关部门应当优化市场主体注销办理流程,精简申请材料、压缩办理时间、降低注销成本。对设立后未开展生产经营活动或者无债权债务的市场主体,可以按照简易程序办理注销。对有债权债务的市场主体,在债权债务依法解决后及时办理注销。

县级以上地方人民政府应当根据需要建立企业破产工作协调机制,协调解决企业破产过程中涉及的有关问题。

第四章 政务服务

第三十四条 政府及其有关部门应当进一步增强服务意识,切实转变工作作风,为市场主体提供规范、便利、高效的政务服务。

第三十五条 政府及其有关部门应当推进政务服务标准化,按照减环节、减材料、减时限的要求,编制并向社会公开政务服务事项(包括行政权力事项和公共服务事项,下同)标准化工作流程和办事指南,细化量化政务服务标准,压缩自由裁量权,推进同一事项实行无差别受理、同标准办理。没有法律、法规、规章依据,不得增设政务服务事项的办理条件和环节。

第三十六条 政府及其有关部门办理政务服务事项,应当根据实际情况,推行当场办结、一次办结、限时办结等制度,实现集中办理、就近办理、网上办理、异地可办。需要市场主体补正有关材料、手续的,应当一次性告知需要补正的内容;需要进行现场踏勘、现场核查、技术审查、听证论证的,应当及时安排、限时办结。

法律、法规、规章以及国家有关规定对政务服务事项办理时限有规定的,应当在规定的时限内尽快办结;没有规定的,应当按照合理、高效的原则确定办理时限并按时办结。各地区可以在国家规定的政务服务事项办理时限内进一步压减时间,并应当向社会公开;超过办理时间的,办理单位应当公开说明理由。

地方各级人民政府已设立政务服务大厅的,本行政区域内各类政务服务事项一般应当进驻政务服务大厅统一办理。对政务服务大厅中部门分设的服务窗口,应当创造条件整合为综合窗口,提供一站式服务。

第三十七条 国家加快建设全国一体化在线政务服务平台(以下称一体化在线平台),推动政务服务事项在全国范围内实现"一网通办"。除法律、法规另有规定或者涉及国家秘密等情形外,政务服务事项应当按照国务院确定的步骤,纳入一体化在线平台办理。

国家依托一体化在线平台,推动政务信息系统整合,优化政务流程,促进政务服务跨地区、跨部门、跨层级数据共享和业务协同。政府及其有关部门应当按照国家有关规定,提供数据共享服务,及时将有关政务服务数据上传至一体化在线平台,加强共享数据使用全过程管理,确保共享数据安全。

国家建立电子证照共享服务系统，实现电子证照跨地区、跨部门共享和全国范围内互信互认。各地区、各部门应当加强电子证照的推广应用。

各地区、各部门应当推动政务服务大厅与政务服务平台全面对接融合。市场主体有权自主选择政务服务办理渠道，行政机关不得限定办理渠道。

第三十八条 政府及其有关部门应当通过政府网站、一体化在线平台，集中公布涉及市场主体的法律、法规、规章、行政规范性文件和各类政策措施，并通过多种途径和方式加强宣传解读。

第三十九条 国家严格控制新设行政许可。新设行政许可应当按照行政许可法和国务院的规定严格设定标准，并进行合法性、必要性和合理性审查论证。对通过事中事后监管或者市场机能够解决以及行政许可法和国务院规定不得设立行政许可的事项，一律不得设立行政许可，严禁以备案、登记、注册、目录、规划、年检、年报、监制、认定、认证、审定以及其他任何形式变相设定或者实施行政许可。

法律、行政法规和国务院决定对相关管理事项已作出规定，但未采取行政许可管理方式的，地方不得就该事项设定行政许可。对相关管理事项尚未制定法律、行政法规的，地方可以依法就该事项设定行政许可。

第四十条 国家实行行政许可清单管理制度，适时调整行政许可清单并向社会公布，清单之外不得违法实施行政许可。

国家大力精简已有行政许可。对已取消的行政许可，行政机关不得继续实施或者变相实施，不得转由行业协会商会或者其他组织实施。

对实行行政许可管理的事项，行政机关应当通过整合实施、下放审批层级等多种方式，优化审批服务，提高审批效率，减轻市场主体负担。符合相关条件和要求的，可以按照有关规定采取告知承诺的方式办理。

第四十一条 县级以上地方人民政府应当深化投资审批制度改革，根据项目性质、投资规模等分类规范投资审批程序，精简审批要件，简化技术审查事项，强化项目决策与用地、规划等建设条件落实的协同，实行与相关审批在线并联办理。

第四十二条 设区的市级以上地方人民政府应当按照国家有关规定，优化工程建设项目（不包括特殊工程和交通、水利、能源等领域的重大工程）审批流程，推行并联审批、多图联审、联合竣工验收等方式，简化审批手续，提高审批效能。

在依法设立的开发区、新区和其他有条件的区域，按照国家有关规定推行区域评估，由设区的市级以上地方人民政府组织对一定区域内压覆重要矿产资源、地质灾害危险性等事项进行统一评估，不再对区域内的市场主体单独提出评估要求。区域评估的费用不得由市场主体承担。

第四十三条 作为办理行政审批条件的中介服务事项（以下称法定行政审批中介服务）应当有法律、法规或者国务院决定依据；没有依据的，不得作为办理行政审批的条件。中介服务机构应当明确办理法定行政审批中介服务的条件、流程、时限、收费标准，并向社会公开。

国家加快推进中介服务机构与行政机关脱钩。行政机关不得为市场主体指定或者变相指定中介服务机构；除法定行政审批中介服务外，不得强制或者变相强制市场主体接受中介服务。行政机关所属事业单位、主管的社会组织及其举办的企业不得开展与本机关所负责行政审批相关的中介服务，法律、行政法规另有规定的除外。

行政机关在行政审批过程中需要委托中介服务机构开展技术性服务的，应当通过竞争性方式选择中介服务机构，并自行承担服务费用，不得转嫁给市场主体承担。

第四十四条 证明事项应当有法律、法规或者国务院决定依据。

设定证明事项，应当坚持确有必要、从严控制的原则。对通过法定证照、法定文书、书面告知承诺、政府部门内部核查和部门间核查、网络核验、合同凭证等能够办理，能够被其他材料涵盖或者替代，以及开具单位无法调查核实的，不得设定证明事项。

政府有关部门应当公布证明事项清单，逐项列明设定依据、索要单位、开具单位、办理指南等。清单之外，政府部门、公用企事业单位和服务机构不得索要证明。各地区、各部门之间应当加强证明的互认共享，避免重复索要证明。

第四十五条 政府及其有关部门应当按照国家促进跨境贸易便利化的有关要求，依法削减进出口环节审批事项，取消不必要的监管要求，优化简化通关流程，提高通关效率，清理规范口岸收费，降低通关成本，推动口岸和国际贸易领域相关业务统一通过国际贸易"单一窗口"办理。

第四十六条 税务机关应当精简办税资料和流程，简并申报缴税次数，公开涉税事项办理时限，压减办税时间，加大推广使用电子发票的力度，逐步实现全程网上办税，持续优化纳税服务。

第四十七条　不动产登记机构应当按照国家有关规定，加强部门协作，实行不动产登记、交易和缴税一窗受理、并行办理，压缩办理时间，降低办理成本。在国家规定的不动产登记时限内，各地区应当确定并公开具体办理时间。

国家推动建立统一的动产和权利担保登记公示系统，逐步实现市场主体在一个平台上办理动产和权利担保登记。纳入统一登记公示系统的动产和权利范围另行规定。

第四十八条　政府及其有关部门应当按照构建亲清新型政商关系的要求，建立畅通有效的政企沟通机制，采取多种方式及时听取市场主体的反映和诉求，了解市场主体生产经营中遇到的困难和问题，并依法帮助其解决。

建立政企沟通机制，应当充分尊重市场主体意愿，增强针对性和有效性，不得干扰市场主体正常生产经营活动，不得增加市场主体负担。

第四十九条　政府及其有关部门应当建立便利、畅通的渠道，受理有关营商环境的投诉和举报。

第五十条　新闻媒体应当及时、准确宣传优化营商环境的措施和成效，为优化营商环境创造良好舆论氛围。

国家鼓励对营商环境进行舆论监督，但禁止捏造虚假信息或者歪曲事实进行不实报道。

第五章　监管执法

第五十一条　政府有关部门应当严格按照法律法规和职责，落实监管责任，明确监管对象和范围，厘清监管事权，依法对市场主体进行监管，实现监管全覆盖。

第五十二条　国家健全公开透明的监管规则和标准体系。国务院有关部门应当分领域制定全国统一、简明易行的监管规则和标准，并向社会公开。

第五十三条　政府及其有关部门应当按照国家关于加快构建以信用为基础的新型监管机制的要求，创新和完善信用监管，强化信用监管的支撑保障，加强信用监管的组织实施，不断提升信用监管效能。

第五十四条　国家推行"双随机、一公开"监管，除直接涉及公共安全和人民群众生命健康等特殊行业、重点领域外，市场监管领域的行政检查应当通过随机抽取检查对象、随机选派执法检查人员，抽查事项及查处结果及时向社会公开的方式进行。针对同一检查对象的多个检查事项，应尽可能合并或者纳入跨部门联合抽查范围。

对直接涉及公共安全和人民群众生命健康等特殊行业、重点领域，依法依规实行全覆盖的重点监管，并严格规范重点监管的程序；对通过投诉举报、转办交办、数据监测等发现的问题，应当有针对性地进行检查并依法依规处理。

第五十五条　政府及其有关部门应当按照鼓励创新的原则，对新技术、新产业、新业态、新模式等实行包容审慎监管，针对其性质、特点分类制定和实行相应的监管规则和标准，留足发展空间，同时确保质量和安全，不得简单化予以禁止或者不予监管。

第五十六条　政府及其有关部门应当充分运用互联网、大数据等技术手段，依托国家统一建立的在线监管系统，加强监管信息归集共享和关联整合，推行以远程监管、移动监管、预警防控为特征的非现场监管，提升监管的精准化、智能化水平。

第五十七条　国家建立健全跨部门、跨区域行政执法联动响应和协作机制，实现违法线索互联、监管标准互通、处理结果互认。

国家统筹配置行政执法职能和执法资源，在相关领域推行综合行政执法，整合精简执法队伍，减少执法主体和执法层级，提高基层执法能力。

第五十八条　行政执法机关应当按照国家有关规定，全面落实行政执法公示、行政执法全过程记录和重大行政执法决定法制审核制度，实现行政执法信息及时准确公示、行政执法全过程留痕和可回溯管理、重大行政执法决定法制审核全覆盖。

第五十九条　行政执法中应当推广运用说服教育、劝导示范、行政指导等非强制性手段，依法慎重实施行政强制。采用非强制性手段能够达到行政管理目的的，不得实施行政强制；违法行为情节轻微或者社会危害较小的，可以不实施行政强制；确需实施行政强制的，应当尽可能减少对市场主体正常生产经营活动的影响。

开展清理整顿、专项整治等活动，应当严格依法进行，除涉及人民群众生命安全、发生重特大事故或者举办国家重大活动，并报经有权机关批准外，不得在相关区域采取要求相关行业、领域的市场主体普遍停产、停业的措施。

禁止将罚没收入与行政执法机关利益挂钩。

第六十条　国家健全行政执法自由裁量基准制度，合理确定裁量范围、种类和幅度，规范行政执法自由裁量权的行使。

第六章　法治保障

第六十一条　国家根据优化营商环境需要，依照法定权限和程序及时制定或者修改、废止有关法律、法规、规章、行政规范性文件。

优化营商环境的改革措施涉及调整实施现行法律、行政法规等有关规定的，依照法定程序经有权机关授权后，可以先行先试。

第六十二条 制定与市场主体生产经营活动密切相关的行政法规、规章、行政规范性文件，应当按照国务院的规定，充分听取市场主体、行业协会商会的意见。

除依法需要保密外，制定与市场主体生产经营活动密切相关的行政法规、规章、行政规范性文件，应当通过报纸、网络等向社会公开征求意见，并建立健全意见采纳情况反馈机制。向社会公开征求意见的期限一般不少于30日。

第六十三条 制定与市场主体生产经营活动密切相关的行政法规、规章、行政规范性文件，应当按照国务院的规定进行公平竞争审查。

制定涉及市场主体权利义务的行政规范性文件，应当按照国务院的规定进行合法性审核。

市场主体认为地方性法规同行政法规相抵触，或者认为规章同法律、行政法规相抵触的，可以向国务院书面提出审查建议，由有关机关按照规定程序处理。

第六十四条 没有法律、法规或者国务院决定和命令依据的，行政规范性文件不得减损市场主体合法权益或者增加其义务，不得设置市场准入和退出条件，不得干预市场主体正常生产经营活动。

涉及市场主体权利义务的行政规范性文件应当按照法定要求和程序予以公布，未经公布的不得作为行政管理依据。

第六十五条 制定与市场主体生产经营活动密切相关的行政法规、规章、行政规范性文件，应当结合实际，确定是否为市场主体留出必要的适应调整期。

政府及其有关部门应当统筹协调、合理把握规章、行政规范性文件等的出台节奏，全面评估政策效果，避免因政策叠加或者相互不协调对市场主体正常生产经营活动造成不利影响。

第六十六条 国家完善调解、仲裁、行政裁决、行政复议、诉讼等有机衔接、相互协调的多元化纠纷解决机制，为市场主体提供高效、便捷的纠纷解决途径。

第六十七条 国家加强法治宣传教育，落实国家机关普法责任制，提高国家工作人员依法履职能力，引导市场主体合法经营、依法维护自身合法权益，不断增强全社会的法治意识，为营造法治化营商环境提供基础性支撑。

第六十八条 政府及其有关部门应当整合律师、公证、司法鉴定、调解、仲裁等公共法律服务资源，加快推进公共法律服务体系建设，全面提升公共法律服务能力和水平，为优化营商环境提供全方位法律服务。

第六十九条 政府和有关部门及其工作人员有下列情形之一的，依法依规追究责任：

（一）违法干预应当由市场主体自主决策的事项；

（二）制定或者实施政策措施不依法平等对待各类市场主体；

（三）违反法定权限、条件、程序对市场主体的财产和企业经营者个人财产实施查封、冻结和扣押等行政强制措施；

（四）在法律、法规规定之外要求市场主体提供财力、物力或者人力；

（五）没有法律、法规依据，强制或者变相强制市场主体参加评比、达标、表彰、培训、考核、考试以及类似活动，或者借前述活动向市场主体收费或者变相收费；

（六）违法设立或者在目录清单之外执行政府性基金、涉企行政事业性收费、涉企保证金；

（七）不履行向市场主体依法作出的政策承诺以及依法订立的各类合同，或者违约拖欠市场主体的货物、工程、服务等账款；

（八）变相设定或者实施行政许可，继续实施或者变相实施已取消的行政许可，或者转由行业协会商会或者其他组织实施已取消的行政许可；

（九）为市场主体指定或者变相指定中介服务机构，或者违法强制市场主体接受中介服务；

（十）制定与市场主体生产经营活动密切相关的行政法规、规章、行政规范性文件时，不按照规定听取市场主体、行业协会商会的意见；

（十一）其他不履行优化营商环境职责或者损害营商环境的情形。

第七十条 公用企事业单位有下列情形之一的，由有关部门责令改正，依法追究法律责任：

（一）不向社会公开服务标准、资费标准、办理时限等信息；

（二）强迫市场主体接受不合理的服务条件；

（三）向市场主体收取不合理费用。

第七十一条 行业协会商会、中介服务机构有下列情形之一的，由有关部门责令改正，依法追究法律责任：

（一）违法开展收费、评比、认证等行为；

（二）违法干预市场主体加入或者退出行业协会商会等社会组织；

（三）没有法律、法规依据，强制或者变相强制市场主体参加评比、达标、表彰、培训、考核、考试以及类似活动，或者借前述活动向市场主体收费或者变相收费；

（四）不向社会公开办理法定行政审批中介服务的条件、流程、时限、收费标准；

（五）违法强制或者变相强制市场主体接受中介服务。

第七章 附 则

第七十二条 本条例自 2020 年 1 月 1 日起施行。

保障中小企业款项支付条例

- 2020 年 7 月 1 日国务院第 99 次常务会议通过
- 2020 年 7 月 5 日中华人民共和国国务院令第 728 号公布
- 自 2020 年 9 月 1 日起施行

第一条 为了促进机关、事业单位和大型企业及时支付中小企业款项，维护中小企业合法权益，优化营商环境，根据《中华人民共和国中小企业促进法》等法律，制定本条例。

第二条 机关、事业单位和大型企业采购货物、工程、服务支付中小企业款项，应当遵守本条例。

第三条 本条例所称中小企业，是指在中华人民共和国境内依法设立，依据国务院批准的中小企业划分标准确定的中型企业、小型企业和微型企业；所称大型企业，是指中小企业以外的企业。

中小企业、大型企业依合同订立时的企业规模类型确定。中小企业与机关、事业单位、大型企业订立合同时，应当主动告知其属于中小企业。

第四条 国务院负责中小企业促进工作综合管理的部门对机关、事业单位和大型企业及时支付中小企业款项工作进行宏观指导、综合协调、监督检查；国务院有关部门在各自职责范围内，负责相关管理工作。

县级以上地方人民政府负责本行政区域内机关、事业单位和大型企业及时支付中小企业款项的管理工作。

第五条 有关行业协会商会应当按照法律法规和组织章程，完善行业自律，禁止本行业大型企业利用优势地位拒绝或者迟延支付中小企业款项，规范引导其履行及时支付中小企业款项义务，保护中小企业合法权益。

第六条 机关、事业单位和大型企业不得要求中小企业接受不合理的付款期限、方式、条件和违约责任等交易条件，不得违约拖欠中小企业的货物、工程、服务款项。

中小企业应当依法经营，诚实守信，按照合同约定提供合格的货物、工程和服务。

第七条 机关、事业单位使用财政资金从中小企业采购货物、工程、服务，应当严格按照批准的预算执行，不得无预算、超预算开展采购。

政府投资项目所需资金应当按照国家有关规定确保落实到位，不得由施工单位垫资建设。

第八条 机关、事业单位从中小企业采购货物、工程、服务，应当自货物、工程、服务交付之日起 30 日内支付款项；合同另有约定的，付款期限最长不得超过 60 日。

大型企业从中小企业采购货物、工程、服务，应当按照行业规范、交易习惯合理约定付款期限并及时支付款项。

合同约定采取履行进度结算、定期结算等结算方式的，付款期限应当自双方确认结算金额之日起算。

第九条 机关、事业单位和大型企业与中小企业约定以货物、工程、服务交付后经检验或者验收合格作为支付中小企业款项条件的，付款期限应当自检验或者验收合格之日起算。

合同双方应当在合同中约定明确、合理的检验或者验收期限，并在该期限内完成检验或者验收。机关、事业单位和大型企业拖延检验或者验收的，付款期限自约定的检验或者验收期限届满之日起算。

第十条 机关、事业单位和大型企业使用商业汇票等非现金支付方式支付中小企业款项的，应当在合同中作出明确、合理约定，不得强制中小企业接受商业汇票等非现金支付方式，不得利用商业汇票等非现金支付方式变相延长付款期限。

第十一条 机关、事业单位和国有大型企业不得强制要求以审计机关的审计结果作为结算依据，但合同另有约定或者法律、行政法规另有规定的除外。

第十二条 除依法设立的投标保证金、履约保证金、工程质量保证金、农民工工资保证金外，工程建设中不得收取其他保证金。保证金的收取比例应当符合国家有关规定。

机关、事业单位和大型企业不得将保证金限定为现金。中小企业以金融机构保函提供保证的，机关、事业单位和大型企业应当接受。

机关、事业单位和大型企业应当按照合同约定，在保证期限届满后及时与中小企业对收取的保证金进行核实和结算。

第十三条 机关、事业单位和大型企业不得以法定代表人或者主要负责人变更，履行内部付款流程，或者在合同未作约定的情况下以等待竣工验收批复、决算审计等为由，拒绝或者迟延支付中小企业款项。

第十四条 中小企业以应收账款担保融资的，机关、事业单位和大型企业应当自中小企业提出确权请求之日起30日内确认债权债务关系，支持中小企业融资。

第十五条 机关、事业单位和大型企业迟延支付中小企业款项的，应当支付逾期利息。双方对逾期利息的利率有约定的，约定利率不得低于合同订立时1年期贷款市场报价利率；未作约定的，按照每日利率万分之五支付逾期利息。

第十六条 机关、事业单位应当于每年3月31日前将上一年度逾期尚未支付中小企业款项的合同数量、金额等信息通过网站、报刊等便于公众知晓的方式公开。

大型企业应当将逾期尚未支付中小企业款项的合同数量、金额等信息纳入企业年度报告，通过企业信用信息公示系统向社会公示。

第十七条 省级以上人民政府负责中小企业促进工作综合管理的部门应当建立便利畅通的渠道，受理对机关、事业单位和大型企业拒绝或者迟延支付中小企业款项的投诉。

受理投诉部门应当按照"属地管理、分级负责、谁主管谁负责"的原则，及时将投诉转交有关部门、地方人民政府处理，有关部门、地方人民政府应当依法及时处理，并将处理结果告知投诉人，同时反馈受理投诉部门。

机关、事业单位和大型企业不履行及时支付中小企业款项义务，情节严重的，受理投诉部门可以依法依规将其失信信息纳入全国信用信息共享平台，并将相关涉企信息通过企业信用信息公示系统向社会公示，依法实施失信惩戒。

第十八条 被投诉的机关、事业单位和大型企业及其工作人员不得以任何形式对投诉人进行恐吓、打击报复。

第十九条 对拒绝或者迟延支付中小企业款项的机关、事业单位，应当在公务消费、办公用房、经费安排等方面采取必要的限制措施。

第二十条 审计机关依法对机关、事业单位和国有大型企业支付中小企业款项情况实施审计监督。

第二十一条 省级以上人民政府建立督查制度，对及时支付中小企业款项工作进行监督检查。

第二十二条 国家依法开展中小企业发展环境评估和营商环境评价时，应当将及时支付中小企业款项情况纳入评估和评价内容。

第二十三条 国务院负责中小企业促进工作综合管理的部门依据国务院批准的中小企业划分标准，建立企业规模类型测试平台，提供中小企业规模类型自测服务。

对中小企业规模类型有争议的，可以向主张为中小企业一方所在地的县级以上地方人民政府负责中小企业促进工作综合管理的部门申请认定。

第二十四条 国家鼓励法律服务机构为与机关、事业单位和大型企业存在支付纠纷的中小企业提供法律服务。

新闻媒体应当开展对及时支付中小企业款项相关法律法规政策的公益宣传，依法加强对机关、事业单位和大型企业拒绝或者迟延支付中小企业款项行为的舆论监督。

第二十五条 机关、事业单位违反本条例，有下列情形之一的，由其上级机关、主管部门责令改正；拒不改正的，对直接负责的主管人员和其他直接责任人员依法给予处分：

（一）未在规定的期限内支付中小企业货物、工程、服务款项；

（二）拖延检验、验收；

（三）强制中小企业接受商业汇票等非现金支付方式，或者利用商业汇票等非现金支付方式变相延长付款期限；

（四）没有法律、行政法规依据或者合同约定，要求以审计机关的审计结果作为结算依据；

（五）违法收取保证金，拒绝接受中小企业提供的金融机构保函，或者不及时与中小企业对保证金进行核实、结算；

（六）以法定代表人或者主要负责人变更，履行内部付款流程，或者在合同未作约定的情况下以等待竣工验收批复、决算审计等为由，拒绝或者迟延支付中小企业款项；

（七）未按照规定公开逾期尚未支付中小企业款项信息；

（八）对投诉人进行恐吓、打击报复。

第二十六条 机关、事业单位有下列情形之一的，依照法律、行政法规和国家有关规定追究责任：

（一）使用财政资金从中小企业采购货物、工程、服务，未按照批准的预算执行；

（二）要求施工单位对政府投资项目垫资建设。

第二十七条 大型企业违反本条例，未按照规定在企业年度报告中公示逾期尚未支付中小企业款项信息或者隐瞒真实情况、弄虚作假的，由市场监督管理部门依法处理。

国有大型企业没有合同约定或者法律、行政法规依据，要求以审计机关的审计结果作为结算依据的，由其主管部门责令改正；拒不改正的，对直接负责的主管人员和其他直接责任人员依法给予处分。

第二十八条 部分或者全部使用财政资金的团体组织采购货物、工程、服务支付中小企业款项，参照本条例对机关、事业单位的有关规定执行。

军队采购货物、工程、服务支付中小企业款项，按照军队的有关规定执行。

第二十九条 本条例自 2020 年 9 月 1 日起施行。

市场监督管理严重违法失信名单管理办法

· 2021 年 7 月 30 日国家市场监督管理总局令第 44 号公布
· 自 2021 年 9 月 1 日起施行

第一条 为了规范市场监督管理部门严重违法失信名单管理，强化信用监管，扩大社会监督，促进诚信自律，依照有关法律、行政法规，制定本办法。

第二条 当事人违反法律、行政法规，性质恶劣、情节严重、社会危害较大，受到市场监督管理部门较重行政处罚的，由市场监督管理部门依照本办法规定列入严重违法失信名单，通过国家企业信用信息公示系统公示，并实施相应管理措施。

前款所称较重行政处罚包括：

（一）依照行政处罚裁量基准，按照从重处罚原则处以罚款；

（二）降低资质等级，吊销许可证件、营业执照；

（三）限制开展生产经营活动、责令停产停业、责令关闭、限制从业；

（四）法律、行政法规和部门规章规定的其他较重行政处罚。

第三条 国家市场监督管理总局负责组织、指导全国的严重违法失信名单管理工作。

县级以上地方市场监督管理部门依照本办法规定负责严重违法失信名单管理工作。

第四条 市场监督管理部门应当按照规定将严重违法失信名单信息与其他有关部门共享，依照法律、行政法规和党中央、国务院政策文件实施联合惩戒。

第五条 实施下列食品安全领域违法行为，且属于本办法第二条规定情形的，列入严重违法失信名单（食品安全严重违法生产经营者黑名单）：

（一）未依法取得食品生产经营许可从事食品生产经营活动；

（二）用非食品原料生产食品；在食品中添加食品添加剂以外的化学物质和其他可能危害人体健康的物质；生产经营营养成分不符合食品安全标准的专供婴幼儿和其他特定人群的主辅食品；生产经营添加药品的食品；生产经营病死、毒死或者死因不明的禽、畜、兽、水产动物肉类及其制品；生产经营未按规定进行检疫或者检疫不合格的肉类；生产经营国家为防病等特殊需要明令禁止生产经营的食品；

（三）生产经营致病性微生物，农药残留、兽药残留、生物毒素、重金属等污染物质以及其他危害人体健康的物质含量超过食品安全标准限量的食品、食品添加剂；生产经营用超过保质期的食品原料、食品添加剂生产的食品、食品添加剂；生产经营未按规定注册的保健食品、特殊医学用途配方食品、婴幼儿配方乳粉，或者未按注册的产品配方、生产工艺等技术要求组织生产；生产经营的食品标签、说明书含有虚假内容，涉及疾病预防、治疗功能，或者生产经营保健食品之外的食品的标签、说明书声称具有保健功能；

（四）其他违反食品安全法律、行政法规规定，严重危害人民群众身体健康和生命安全的违法行为。

第六条 实施下列药品、医疗器械、化妆品领域违法行为，且属于本办法第二条规定情形的，列入严重违法失信名单：

（一）生产销售假药、劣药；违法生产、销售国家有特殊管理要求的药品（含疫苗）；生产、进口、销售未取得药品批准证明文件的药品（含疫苗）；

（二）生产、销售未经注册的第二、三类医疗器械；

（三）生产、销售非法添加可能危害人体健康物质的化妆品；

（四）其他违反药品、医疗器械、化妆品法律、行政法规规定，严重危害人民群众身体健康和生命安全的违法行为。

第七条 实施下列质量安全领域违法行为，且属于本办法第二条规定情形的，列入严重违法失信名单：

（一）生产、销售、出租、使用未取得生产许可、国家明令淘汰、已经报废、未经检验或者检验不合格的特种设备；对不符合安全技术规范要求的移动式压力容器和气瓶进行充装；

（二）生产销售不符合保障身体健康和生命安全的国家标准的产品，在产品中掺杂、掺假、以假充真、以次充好，或者以不合格产品冒充合格产品，生产销售国家明令淘汰的产品；

（三）产品质量监督抽查不合格，受到省级以上人民政府市场监督管理部门公告，经公告后复查仍不合格；

（四）出具虚假或者严重失实的检验、检测、认证、认可结论，严重危害质量安全；

（五）伪造、冒用、买卖认证标志或者认证证书；未经认证擅自出厂、销售、进口或者在其他经营性活动中使用被列入强制性产品认证目录内的产品；

（六）其他违反质量安全领域法律、行政法规规定，严重危害人民群众身体健康和生命安全的违法行为。

第八条　实施下列侵害消费者权益的违法行为，且属于本办法第二条规定情形的，列入严重违法失信名单：

（一）侵害消费者人格尊严、个人信息依法得到保护等权利；

（二）预收费用后为逃避或者拒绝履行义务，关门停业或者迁移服务场所，未按照约定提供商品或者服务，且被市场监督管理部门确认为无法取得联系；

（三）制造、销售、使用以欺骗消费者为目的的计量器具；抄袭、串通、篡改计量比对数据，伪造数据、出具虚假计量校准证书或者报告，侵害消费者权益；

（四）经责令召回仍拒绝或者拖延实施缺陷产品召回；

（五）其他违反法律、行政法规规定，严重侵害消费者权益的违法行为。

第九条　实施下列破坏公平竞争秩序和扰乱市场秩序的违法行为，且属于本办法第二条规定情形的，列入严重违法失信名单：

（一）侵犯商业秘密、商业诋毁、组织虚假交易等严重破坏公平竞争秩序的不正当竞争行为；

（二）故意侵犯知识产权；提交非正常专利申请、恶意商标注册申请损害社会公共利益；从事严重违法专利、商标代理行为；

（三）价格串通、低价倾销、哄抬价格；对关系国计民生的商品或者服务不执行政府定价、政府指导价，不执行为应对突发事件采取的价格干预措施、紧急措施；

（四）组织、策划传销或者为传销提供便利条件；

（五）发布关系消费者生命健康的商品或者服务的虚假广告；

（六）其他违反法律、行政法规规定，严重破坏公平竞争秩序和扰乱市场秩序的违法行为。

第十条　实施下列违法行为，且属于本办法第二条规定情形的，列入严重违法失信名单：

（一）未依法取得其他许可从事经营活动；

（二）提交虚假材料或者采取其他手段隐瞒重要事实，取得行政许可，取得、变更或者注销市场主体登记，或者涂改、倒卖、出租、出售许可证件、营业执照；

（三）拒绝、阻碍、干扰市场监督管理部门依法开展监督检查和事故调查。

第十一条　当事人在市场监督管理部门作出行政处罚、行政裁决等行政决定后，有履行能力但拒不履行、逃避执行等，严重影响市场监督管理部门公信力的，列入严重违法失信名单。

法律、行政法规和党中央、国务院政策文件对市场主体相关责任人员列入严重违法失信名单有规定的，依照其规定。

第十二条　市场监督管理部门判断违法行为是否属于性质恶劣、情节严重、社会危害较大的情形，应当综合考虑主观恶意、违法频次、持续时间、处罚类型、罚没款数额、产品货值金额、对人民群众生命健康的危害、财产损失和社会影响等因素。

当事人有证据足以证明没有主观故意的，不列入严重违法失信名单。

第十三条　市场监督管理部门在作出行政处罚决定时应当对是否列入严重违法失信名单作出决定。列入决定书应当载明事由、依据、惩戒措施提示、移出条件和程序以及救济措施等。在作出列入决定前，应当告知当事人作出决定的事由、依据和当事人依法享有的权利。告知、听证、送达、异议处理等程序应当与行政处罚程序一并实施。

依照前款规定作出列入严重违法失信名单决定的，严重违法失信名单管理工作由作出行政处罚的市场监督管理部门负责。

因本办法第十一条规定的情形列入严重违法失信名单的，可以单独作出列入决定。告知、听证、送达、异议处理等程序应当参照行政处罚程序实施。

第十四条　作出列入决定的市场监督管理部门和当事人登记地(住所地)在同一省、自治区、直辖市的，作出列入决定的市场监督管理部门应当自作出决定之日起二十个工作日内将相关信息通过国家企业信用信息公示系统进行公示。

作出列入决定的市场监督管理部门和当事人登记地

(住所地)不在同一省、自治区、直辖市的,作出列入决定的市场监督管理部门应当自作出决定之日起十个工作日内将列入严重违法失信名单信息推送至当事人登记地(住所地)市场监督管理部门,由其协助在收到信息之日起十个工作日内通过国家企业信用信息公示系统进行公示。

第十五条　市场监督管理部门对被列入严重违法失信名单的当事人实施下列管理措施:

(一)依据法律、行政法规和党中央、国务院政策文件,在审查行政许可、资质、资格、委托承担政府采购项目、工程招投标时作为重要考量因素;

(二)列为重点监管对象,提高检查频次,依法严格监管;

(三)不适用告知承诺制;

(四)不予授予市场监督管理部门荣誉称号等表彰奖励;

(五)法律、行政法规和党中央、国务院政策文件规定的其他管理措施。

第十六条　当事人被列入严重违法失信名单满一年,且符合下列条件的,可以依照本办法规定向市场监督管理部门申请提前移出:

(一)已经自觉履行行政处罚决定中规定的义务;

(二)已经主动消除危害后果和不良影响;

(三)未再受到市场监督管理部门较重行政处罚。

依照法律、行政法规规定,实施相应管理措施期限尚未届满的,不得申请提前移出。

第十七条　当事人申请提前移出的,应当提交申请书、守信承诺书,履行本办法第十六条第一款第一项、第二项规定义务的相关材料,说明事实、理由。

市场监督管理部门应当自收到申请之日起二个工作日内作出是否受理的决定。申请材料齐全、符合法定形式的,应当予以受理。

市场监督管理部门应当自受理之日起十五个工作日内对申请进行核实,并决定是否予以移出。

第十八条　市场监督管理部门决定移出的,应当于三个工作日内停止公示相关信息,并解除相关管理措施。

第十九条　列入严重违法失信名单所依据的行政处罚被撤销、确认违法或者无效的,市场监督管理部门应当撤销对当事人的列入决定,于三个工作日内停止公示相关信息,并解除相关管理措施。

第二十条　申请移出的当事人故意隐瞒真实情况、提供虚假资料,情节严重的,由市场监督管理部门撤销移出决定,恢复列入状态。公示期重新计算。

第二十一条　当事人被列入严重违法失信名单之日起满三年的,由列入严重违法失信名单的市场监督管理部门移出,停止公示相关信息,并解除相关管理措施。依照法律法规实施限制开展生产经营活动、限制从业等措施超过三年的,按照实际限制期限执行。

第二十二条　县级、设区的市级市场监督管理部门作出列入严重违法失信名单决定的,应当报经上一级市场监督管理部门同意。

第二十三条　当事人对被列入、移出严重违法失信名单的决定不服的,可以依法申请行政复议或者提起行政诉讼。

第二十四条　市场监督管理部门对收到的人民法院生效法律文书,根据法律、行政法规和党中央、国务院政策文件需要实施严重违法失信名单管理的,参照本办法执行。

第二十五条　药品监督管理部门、知识产权管理部门严重违法失信名单管理适用本办法。

第二十六条　本办法自2021年9月1日起施行。2015年12月30日原国家工商行政管理总局令第83号公布的《严重违法失信企业名单管理暂行办法》同时废止。

2. 财务、税务、审计

中华人民共和国会计法

- 1985年1月21日第六届全国人民代表大会常务委员会第九次会议通过
- 根据1993年12月29日第八届全国人民代表大会常务委员会第五次会议《关于修改〈中华人民共和国会计法〉的决定》第一次修正
- 1999年10月31日第九届全国人民代表大会常务委员会第十二次会议修订
- 根据2017年11月4日第十二届全国人民代表大会常务委员会第三十次会议《关于修改〈中华人民共和国会计法〉等十一部法律的决定》第二次修正

第一章　总　则

第一条　为了规范会计行为,保证会计资料真实、完整,加强经济管理和财务管理,提高经济效益,维护社会主义市场经济秩序,制定本法。

第二条　国家机关、社会团体、公司、企业、事业单位和其他组织(以下统称单位)必须依照本法办理会计事务。

第三条　各单位必须依法设置会计帐簿,并保证其真实、完整。

第四条 单位负责人对本单位的会计工作和会计资料的真实性、完整性负责。

第五条 会计机构、会计人员依照本法规定进行会计核算,实行会计监督。

任何单位或者个人不得以任何方式授意、指使、强令会计机构、会计人员伪造、变造会计凭证、会计帐簿和其他会计资料,提供虚假财务会计报告。

任何单位或者个人不得对依法履行职责、抵制违反本法规定行为的会计人员实行打击报复。

第六条 对认真执行本法,忠于职守,坚持原则,做出显著成绩的会计人员,给予精神的或者物质的奖励。

第七条 国务院财政部门主管全国的会计工作。

县级以上地方各级人民政府财政部门管理本行政区域内的会计工作。

第八条 国家实行统一的会计制度。国家统一的会计制度由国务院财政部门根据本法制定并公布。

国务院有关部门可以依照本法和国家统一的会计制度制定对会计核算和会计监督有特殊要求的行业实施国家统一的会计制度的具体办法或者补充规定,报国务院财政部门审核批准。

中国人民解放军总后勤部可以依照本法和国家统一的会计制度制定军队实施国家统一的会计制度的具体办法,报国务院财政部门备案。

第二章 会计核算

第九条 各单位必须根据实际发生的经济业务事项进行会计核算,填制会计凭证,登记会计帐簿,编制财务会计报告。

任何单位不得以虚假的经济业务事项或者资料进行会计核算。

第十条 下列经济业务事项,应当办理会计手续,进行会计核算:

(一)款项和有价证券的收付;
(二)财物的收发、增减和使用;
(三)债权债务的发生和结算;
(四)资本、基金的增减;
(五)收入、支出、费用、成本的计算;
(六)财务成果的计算和处理;
(七)需要办理会计手续、进行会计核算的其他事项。

第十一条 会计年度自公历1月1日起至12月31日止。

第十二条 会计核算以人民币为记帐本位币。

业务收支以人民币以外的货币为主的单位,可以选定其中一种货币作为记帐本位币,但是编报的财务会计报告应当折算为人民币。

第十三条 会计凭证、会计帐簿、财务会计报告和其他会计资料,必须符合国家统一的会计制度的规定。

使用电子计算机进行会计核算的,其软件及其生成的会计凭证、会计帐簿、财务会计报告和其他会计资料,也必须符合国家统一的会计制度的规定。

任何单位和个人不得伪造、变造会计凭证、会计帐簿及其他会计资料,不得提供虚假的财务会计报告。

第十四条 会计凭证包括原始凭证和记帐凭证。

办理本法第十条所列的经济业务事项,必须填制或者取得原始凭证并及时送交会计机构。

会计机构、会计人员必须按照国家统一的会计制度的规定对原始凭证进行审核,对不真实、不合法的原始凭证有权不予接受,并向单位负责人报告;对记载不准确、不完整的原始凭证予以退回,并要求按照国家统一的会计制度的规定更正、补充。

原始凭证记载的各项内容均不得涂改;原始凭证有错误的,应当由出具单位重开或者更正,更正处应当加盖出具单位印章。原始凭证金额有错误的,应当由出具单位重开,不得在原始凭证上更正。

记帐凭证应当根据经过审核的原始凭证及有关资料编制。

第十五条 会计帐簿登记,必须以经过审核的会计凭证为依据,并符合有关法律、行政法规和国家统一的会计制度的规定。会计帐簿包括总帐、明细帐、日记帐和其他辅助性帐簿。

会计帐簿应当按照连续编号的页码顺序登记。会计帐簿记录发生错误或者隔页、缺号、跳行的,应当按照国家统一的会计制度规定的方法更正,并由会计人员和会计机构负责人(会计主管人员)在更正处盖章。

使用电子计算机进行会计核算的,其会计帐簿的登记、更正,应当符合国家统一的会计制度的规定。

第十六条 各单位发生的各项经济业务事项应当在依法设置的会计帐簿上统一登记、核算,不得违反本法和国家统一的会计制度的规定私设会计帐簿登记、核算。

第十七条 各单位应当定期将会计帐簿记录与实物、款项及有关资料相互核对,保证会计帐簿记录与实物及款项的实有数额相符、会计帐簿记录与会计凭证的有关内容相符、会计帐簿之间相对应的记录相符、会计帐簿记录与会计报表的有关内容相符。

第十八条 各单位采用的会计处理方法,前后各期应当一致,不得随意变更;确有必要变更的,应当按照国家统一的会计制度的规定变更,并将变更的原因、情况及影响在财务会计报告中说明。

第十九条 单位提供的担保、未决诉讼等或有事项,应当按照国家统一的会计制度的规定,在财务会计报告中予以说明。

第二十条 财务会计报告应当根据经过审核的会计帐簿记录和有关资料编制,并符合本法和国家统一的会计制度关于财务会计报告的编制要求、提供对象和提供期限的规定;其他法律、行政法规另有规定的,从其规定。

财务会计报告由会计报表、会计报表附注和财务情况说明书组成。向不同的会计资料使用者提供的财务会计报告,其编制依据应当一致。有关法律、行政法规规定会计报表、会计报表附注和财务情况说明书须经注册会计师审计的,注册会计师及其所在的会计师事务所出具的审计报告应当随同财务会计报告一并提供。

第二十一条 财务会计报告应当由单位负责人和主管会计工作的负责人、会计机构负责人(会计主管人员)签名并盖章;设置总会计师的单位,还须由总会计师签名并盖章。

单位负责人应当保证财务会计报告真实、完整。

第二十二条 会计记录的文字应当使用中文。在民族自治地方,会计记录可以同时使用当地通用的一种民族文字。在中华人民共和国境内的外商投资企业、外国企业和其他外国组织的会计记录可以同时使用一种外国文字。

第二十三条 各单位对会计凭证、会计帐簿、财务会计报告和其他会计资料应当建立档案,妥善保管。会计档案的保管期限和销毁办法,由国务院财政部门会同有关部门制定。

第三章 公司、企业会计核算的特别规定

第二十四条 公司、企业进行会计核算,除应当遵守本法第二章的规定外,还应当遵守本章规定。

第二十五条 公司、企业必须根据实际发生的经济业务事项,按照国家统一的会计制度的规定确认、计量和记录资产、负债、所有者权益、收入、费用、成本和利润。

第二十六条 公司、企业进行会计核算不得有下列行为:

(一)随意改变资产、负债、所有者权益的确认标准或者计量方法,虚列、多列、不列或者少列资产、负债、所有者权益;

(二)虚列或者隐瞒收入,推迟或者提前确认收入;

(三)随意改变费用、成本的确认标准或者计量方法,虚列、多列、不列或者少列费用、成本;

(四)随意调整利润的计算、分配方法,编造虚假利润或者隐瞒利润;

(五)违反国家统一的会计制度规定的其他行为。

第四章 会计监督

第二十七条 各单位应当建立、健全本单位内部会计监督制度。单位内部会计监督制度应当符合下列要求:

(一)记帐人员与经济业务事项和会计事项的审批人员、经办人员、财物保管人员的职责权限应当明确,并相互分离、相互制约;

(二)重大对外投资、资产处置、资金调度和其他重要经济业务事项的决策和执行的相互监督、相互制约程序应当明确;

(三)财产清查的范围、期限和组织程序应当明确;

(四)对会计资料定期进行内部审计的办法和程序应当明确。

第二十八条 单位负责人应当保证会计机构、会计人员依法履行职责,不得授意、指使、强令会计机构、会计人员违法办理会计事项。

会计机构、会计人员对违反本法和国家统一的会计制度规定的会计事项,有权拒绝办理或者按照职权予以纠正。

第二十九条 会计机构、会计人员发现会计帐簿记录与实物、款项及有关资料不相符的,按照国家统一的会计制度的规定有权自行处理的,应当及时处理;无权处理的,应当立即向单位负责人报告,请求查明原因,作出处理。

第三十条 任何单位和个人对违反本法和国家统一的会计制度规定的行为,有权检举。收到检举的部门有权处理的,应当依法按照职责分工及时处理;无权处理的,应当及时移送有权处理的部门处理。收到检举的部门、负责处理的部门应当为检举人保密,不得将检举人姓名和检举材料转给被检举单位和被检举人个人。

第三十一条 有关法律、行政法规规定,须经注册会计师进行审计的单位,应当向受委托的会计师事务所如实提供会计凭证、会计帐簿、财务会计报告和其他会计资料以及有关情况。

任何单位或者个人不得以任何方式要求或者示意注册会计师及其所在的会计师事务所出具不实或者不当的审计报告。

财政部门有权对会计师事务所出具审计报告的程序和内容进行监督。

第三十二条 财政部门对各单位的下列情况实施监督：

（一）是否依法设置会计帐簿；

（二）会计凭证、会计帐簿、财务会计报告和其他会计资料是否真实、完整；

（三）会计核算是否符合本法和国家统一的会计制度的规定；

（四）从事会计工作的人员是否具备专业能力、遵守职业道德。

在对前款第（二）项所列事项实施监督，发现重大违法嫌疑时，国务院财政部门及其派出机构可以向与被监督单位有经济业务往来的单位和被监督单位开立帐户的金融机构查询有关情况，有关单位和金融机构应当给予支持。

第三十三条 财政、审计、税务、人民银行、证券监管、保险监管等部门应当依照有关法律、行政法规规定的职责，对有关单位的会计资料实施监督检查。

前款所列监督检查部门对有关单位的会计资料依法实施监督检查后，应当出具检查结论。有关监督检查部门已经作出的检查结论能够满足其他监督检查部门履行本部门职责需要的，其他监督检查部门应当加以利用，避免重复查帐。

第三十四条 依法对有关单位的会计资料实施监督检查的部门及其工作人员对在监督检查中知悉的国家秘密和商业秘密负有保密义务。

第三十五条 各单位必须依照有关法律、行政法规的规定，接受有关监督检查部门依法实施的监督检查，如实提供会计凭证、会计帐簿、财务会计报告和其他会计资料以及有关情况，不得拒绝、隐匿、谎报。

第五章 会计机构和会计人员

第三十六条 各单位应当根据会计业务的需要，设置会计机构，或者在有关机构中设置会计人员并指定会计主管人员；不具备设置条件的，应当委托经批准设立从事会计代理记帐业务的中介机构代理记帐。

国有的和国有资产占控股地位或者主导地位的大、中型企业必须设置总会计师。总会计师的任职资格、任免程序、职责权限由国务院规定。

第三十七条 会计机构内部应当建立稽核制度。

出纳人员不得兼任稽核、会计档案保管和收入、支出、费用、债权债务帐目的登记工作。

第三十八条 会计人员应当具备从事会计工作所需要的专业能力。

担任单位会计机构负责人（会计主管人员）的，应当具备会计师以上专业技术职务资格或者从事会计工作三年以上经历。

本法所称会计人员的范围由国务院财政部门规定。

第三十九条 会计人员应当遵守职业道德，提高业务素质。对会计人员的教育和培训工作应当加强。

第四十条 因有提供虚假财务会计报告，做假帐，隐匿或者故意销毁会计凭证、会计帐簿、财务会计报告，贪污，挪用公款，职务侵占等与会计职务有关的违法行为被依法追究刑事责任的人员，不得再从事会计工作。

第四十一条 会计人员调动工作或者离职，必须与接管人员办清交接手续。

一般会计人员办理交接手续，由会计机构负责人（会计主管人员）监交；会计机构负责人（会计主管人员）办理交接手续，由单位负责人监交，必要时主管单位可以派人会同监交。

第六章 法律责任

第四十二条 违反本法规定，有下列行为之一的，由县级以上人民政府财政部门责令限期改正，可以对单位并处三千元以上五万元以下的罚款；对其直接负责的主管人员和其他直接责任人员，可以处二千元以上二万元以下的罚款；属于国家工作人员的，还应当由其所在单位或者有关单位依法给予行政处分：

（一）不依法设置会计帐簿的；

（二）私设会计帐簿的；

（三）未按照规定填制、取得原始凭证或者填制、取得的原始凭证不符合规定的；

（四）以未经审核的会计凭证为依据登记会计帐簿或者登记会计帐簿不符合规定的；

（五）随意变更会计处理方法的；

（六）向不同的会计资料使用者提供的财务会计报告编制依据不一致的；

（七）未按照规定使用会计记录文字或者记帐本位币的；

（八）未按照规定保管会计资料，致使会计资料毁损、灭失的；

（九）未按照规定建立并实施单位内部会计监督制度或者拒绝依法实施的监督或者不如实提供有关会计资料及有关情况的；

（十）任用会计人员不符合本法规定的。

有前款所列行为之一,构成犯罪的,依法追究刑事责任。

会计人员有第一款所列行为之一,情节严重的,五年内不得从事会计工作。

有关法律对第一款所列行为的处罚另有规定的,依照有关法律的规定办理。

第四十三条 伪造、变造会计凭证、会计帐簿,编制虚假财务会计报告,构成犯罪的,依法追究刑事责任。

有前款行为,尚不构成犯罪的,由县级以上人民政府财政部门予以通报,可以对单位并处五千元以上十万元以下的罚款;对其直接负责的主管人员和其他直接责任人员,可以处三千元以上五万元以下的罚款;属于国家工作人员的,还应当由其所在单位或者有关单位依法给予撤职直至开除的行政处分;其中的会计人员,五年内不得从事会计工作。

第四十四条 隐匿或者故意销毁依法应当保存的会计凭证、会计帐簿、财务会计报告,构成犯罪的,依法追究刑事责任。

有前款行为,尚不构成犯罪的,由县级以上人民政府财政部门予以通报,可以对单位并处五千元以上十万元以下的罚款;对其直接负责的主管人员和其他直接责任人员,可以处三千元以上五万元以下的罚款;属于国家工作人员的,还应当由其所在单位或者有关单位依法给予撤职直至开除的行政处分;其中的会计人员,五年内不得从事会计工作。

第四十五条 授意、指使、强令会计机构、会计人员及其他人员伪造、变造会计凭证、会计帐簿,编制虚假财务会计报告或者隐匿、故意销毁依法应当保存的会计凭证、会计帐簿、财务会计报告,构成犯罪的,依法追究刑事责任;尚不构成犯罪的,可以处五千元以上五万元以下的罚款;属于国家工作人员的,还应当由其所在单位或者有关单位依法给予降级、撤职、开除的行政处分。

第四十六条 单位负责人对依法履行职责、抵制违反本法规定行为的会计人员以降级、撤职、调离工作岗位、解聘或者开除等方式实行打击报复,构成犯罪的,依法追究刑事责任;尚不构成犯罪的,由其所在单位或者有关单位依法给予行政处分。对受打击报复的会计人员,应当恢复其名誉和原有职务、级别。

第四十七条 财政部门及有关行政部门的工作人员在实施监督管理中滥用职权、玩忽职守、徇私舞弊或者泄露国家秘密、商业秘密,构成犯罪的,依法追究刑事责任;尚不构成犯罪的,依法给予行政处分。

第四十八条 违反本法第三十条规定,将检举人姓名和检举材料转给被检举单位和被检举人个人的,由所在单位或者有关单位依法给予行政处分。

第四十九条 违反本法规定,同时违反其他法律规定的,由有关部门在各自职权范围内依法进行处罚。

第七章 附 则

第五十条 本法下列用语的含义:

单位负责人,是指单位法定代表人或者法律、行政法规规定代表单位行使职权的主要负责人。

国家统一的会计制度,是指国务院财政部门根据本法制定的关于会计核算、会计监督、会计机构和会计人员以及会计工作管理的制度。

第五十一条 个体工商户会计管理的具体办法,由国务院财政部门根据本法的原则另行规定。

第五十二条 本法自 2000 年 7 月 1 日起施行。

中华人民共和国企业所得税法

· 2007 年 3 月 16 日第十届全国人民代表大会第五次会议通过
· 根据 2017 年 2 月 24 日第十二届全国人民代表大会常务委员会第二十六次会议《关于修改〈中华人民共和国企业所得税法〉的决定》第一次修正
· 根据 2018 年 12 月 29 日第十三届全国人民代表大会常务委员会第七次会议《关于修改〈中华人民共和国电力法〉等四部法律的决定》第二次修正

第一章 总 则

第一条 【适用范围】在中华人民共和国境内,企业和其他取得收入的组织(以下统称企业)为企业所得税的纳税人,依照本法的规定缴纳企业所得税。

个人独资企业、合伙企业不适用本法。

第二条 【企业分类及其含义】企业分为居民企业和非居民企业。

本法所称居民企业,是指依法在中国境内成立,或者依照外国(地区)法律成立但实际管理机构在中国境内的企业。

本法所称非居民企业,是指依照外国(地区)法律成立且实际管理机构不在中国境内,但在中国境内设立机构、场所的,或者在中国境内未设立机构、场所,但有来源于中国境内所得的企业。

第三条 【缴纳企业所得税的所得范围】居民企业应当就其来源于中国境内、境外的所得缴纳企业所得税。

非居民企业在中国境内设立机构、场所的,应当就其所设机构、场所取得的来源于中国境内的所得，以及发生在中国境外但与其所设机构、场所有实际联系的所得，缴纳企业所得税。

非居民企业在中国境内未设立机构、场所的，或者虽设立机构、场所但取得的所得与其所设机构、场所没有实际联系的，应当就其来源于中国境内的所得缴纳企业所得税。

第四条 【企业所得税税率】企业所得税的税率为25%。

非居民企业取得本法第三条第三款规定的所得，适用税率为20%。

第二章 应纳税所得额

第五条 【应税所得的计算】企业每一纳税年度的收入总额，减除不征税收入、免税收入、各项扣除以及允许弥补的以前年度亏损后的余额，为应纳税所得额。

第六条 【企业收入总额】企业以货币形式和非货币形式从各种来源取得的收入，为收入总额。包括：

(一)销售货物收入；
(二)提供劳务收入；
(三)转让财产收入；
(四)股息、红利等权益性投资收益；
(五)利息收入；
(六)租金收入；
(七)特许权使用费收入；
(八)接受捐赠收入；
(九)其他收入。

第七条 【不征税收入项目】收入总额中的下列收入为不征税收入：

(一)财政拨款；
(二)依法收取并纳入财政管理的行政事业性收费、政府性基金；
(三)国务院规定的其他不征税收入。

第八条 【与收入有关的、合理支出的扣除】企业实际发生的与取得收入有关的、合理的支出，包括成本、费用、税金、损失和其他支出，准予在计算应纳税所得额时扣除。

第九条 【公益性捐赠支出的扣除】企业发生的公益性捐赠支出，在年度利润总额12%以内的部分，准予在计算应纳税所得额时扣除；超过年度利润总额12%的部分，准予结转以后三年内在计算应纳税所得额时扣除。

第十条 【不得扣除的支出事项】在计算应纳税所得额时，下列支出不得扣除：

(一)向投资者支付的股息、红利等权益性投资收益款项；
(二)企业所得税税款；
(三)税收滞纳金；
(四)罚金、罚款和被没收财物的损失；
(五)本法第九条规定以外的捐赠支出；
(六)赞助支出；
(七)未经核定的准备金支出；
(八)与取得收入无关的其他支出。

第十一条 【固定资产折旧的扣除】在计算应纳税所得额时，企业按照规定计算的固定资产折旧，准予扣除。

下列固定资产不得计算折旧扣除：

(一)房屋、建筑物以外未投入使用的固定资产；
(二)以经营租赁方式租入的固定资产；
(三)以融资租赁方式租出的固定资产；
(四)已足额提取折旧仍继续使用的固定资产；
(五)与经营活动无关的固定资产；
(六)单独估价作为固定资产入账的土地；
(七)其他不得计算折旧扣除的固定资产。

第十二条 【无形资产摊销费用的扣除】在计算应纳税所得额时，企业按照规定计算的无形资产摊销费用，准予扣除。

下列无形资产不得计算摊销费用扣除：

(一)自行开发的支出已在计算应纳税所得额时扣除的无形资产；
(二)自创商誉；
(三)与经营活动无关的无形资产；
(四)其他不得计算摊销费用扣除的无形资产。

第十三条 【可扣除的长期待摊费用范围】在计算应纳税所得额时，企业发生的下列支出作为长期待摊费用，按照规定摊销的，准予扣除：

(一)已足额提取折旧的固定资产的改建支出；
(二)租入固定资产的改建支出；
(三)固定资产的大修理支出；
(四)其他应当作为长期待摊费用的支出。

第十四条 【投资资产成本不得扣除】企业对外投资期间，投资资产的成本在计算应纳税所得额时不得扣除。

第十五条 【存货成本的扣除】企业使用或者销售存货，按照规定计算的存货成本，准予在计算应纳税所得额时扣除。

第十六条 【转让资产净值的扣除】企业转让资产,该项资产的净值,准予在计算应纳税所得额时扣除。

第十七条 【境外亏损不得抵减境内盈利】企业在汇总计算缴纳企业所得税时,其境外营业机构的亏损不得抵减境内营业机构的盈利。

第十八条 【年度亏损结转】企业纳税年度发生的亏损,准予向以后年度结转,用以后年度的所得弥补,但结转年限最长不得超过五年。

第十九条 【非居民企业应税所得的计算】非居民企业取得本法第三条第三款规定的所得,按照下列方法计算其应纳税所得额:

(一)股息、红利等权益性投资收益和利息、租金、特许权使用费所得,以收入全额为应纳税所得额;

(二)转让财产所得,以收入全额减除财产净值后的余额为应纳税所得额;

(三)其他所得,参照前两项规定的方法计算应纳税所得额。

第二十条 【具体办法的授权规定】本章规定的收入、扣除的具体范围、标准和资产的税务处理的具体办法,由国务院财政、税务主管部门规定。

第二十一条 【税收法律优先】在计算应纳税所得额时,企业财务、会计处理办法与税收法律、行政法规的规定不一致的,应当依照税收法律、行政法规的规定计算。

第三章 应纳税额

第二十二条 【应纳税额计算方法】企业的应纳税所得额乘以适用税率,减除依照本法关于税收优惠的规定减免和抵免的税额后的余额,为应纳税额。

第二十三条 【境外缴纳所得税额的抵免】企业取得的下列所得已在境外缴纳的所得税税额,可以从其当期应纳税额中抵免,抵免限额为该项所得依照本法规定计算的应纳税额;超过抵免限额的部分,可以在以后五个年度内,用每年度抵免限额抵免当年应抵税额后的余额进行抵补:

(一)居民企业来源于中国境外的应税所得;

(二)非居民企业在中国境内设立机构、场所,取得发生在中国境外但与该机构、场所有实际联系的应税所得。

第二十四条 【境外法定所得抵免】居民企业从其直接或者间接控制的外国企业分得的来源于中国境外的股息、红利等权益性投资收益,外国企业在境外实际缴纳的所得税税额中属于该项所得负担的部分,可以作为该居民企业的可抵免境外所得税税额,在本法第二十三条规定的抵免限额内抵免。

第四章 税收优惠

第二十五条 【税收优惠的一般规定】国家对重点扶持和鼓励发展的产业和项目,给予企业所得税优惠。

第二十六条 【免税收入】企业的下列收入为免税收入:

(一)国债利息收入;

(二)符合条件的居民企业之间的股息、红利等权益性投资收益;

(三)在中国境内设立机构、场所的非居民企业从居民企业取得与该机构、场所有实际联系的股息、红利等权益性投资收益;

(四)符合条件的非营利组织的收入。

第二十七条 【免征、减征所得】企业的下列所得,可以免征、减征企业所得税:

(一)从事农、林、牧、渔业项目的所得;

(二)从事国家重点扶持的公共基础设施项目投资经营的所得;

(三)从事符合条件的环境保护、节能节水项目的所得;

(四)符合条件的技术转让所得;

(五)本法第三条第三款规定的所得。

第二十八条 【小型微利企业、高新技术企业减征所得税】符合条件的小型微利企业,减按20%的税率征收企业所得税。

国家需要重点扶持的高新技术企业,减按15%的税率征收企业所得税。

第二十九条 【民族自治地方企业所得税的减免】民族自治地方的自治机关对本民族自治地方的企业应缴纳的企业所得税中属于地方分享的部分,可以决定减征或者免征。自治州、自治县决定减征或者免征的,须报省、自治区、直辖市人民政府批准。

第三十条 【加计扣除范围】企业的下列支出,可以在计算应纳税所得额时加计扣除:

(一)开发新技术、新产品、新工艺发生的研究开发费用;

(二)安置残疾人员及国家鼓励安置的其他就业人员所支付的工资。

第三十一条 【创业投资企业应税所得的抵扣】创业投资企业从事国家需要重点扶持和鼓励的创业投资,可以按投资额的一定比例抵扣应纳税所得额。

第三十二条 【企业加速折旧】企业的固定资产由于技术进步等原因,确需加速折旧的,可以缩短折旧年限或者采取加速折旧的方法。

第三十三条 【应税所得的减计收入】企业综合利用资源,生产符合国家产业政策规定的产品所取得的收入,可以在计算应纳税所得额时减计收入。

第三十四条 【企业税额抵免】企业购置用于环境保护、节能节水、安全生产等专用设备的投资额,可以按一定比例实行税额抵免。

第三十五条 【制定税收优惠办法的授权规定】本法规定的税收优惠的具体办法,由国务院规定。

第三十六条 【专项优惠政策】根据国民经济和社会发展的需要,或者由于突发事件等原因对企业经营活动产生重大影响,国务院可以制定企业所得税专项优惠政策,报全国人民代表大会常务委员会备案。

第五章 源泉扣缴

第三十七条 【源泉扣缴的条件与执行】对非居民企业取得本法第三条第三款规定的所得应缴纳的所得税,实行源泉扣缴,以支付人为扣缴义务人。税款由扣缴义务人在每次支付或者到期应支付时,从支付或者到期应支付的款项中扣缴。

第三十八条 【非居民企业境内取得工程作业、劳务所得源泉扣缴时的扣缴义务人】对非居民企业在中国境内取得工程作业和劳务所得应缴纳的所得税,税务机关可以指定工程价款或者劳务费的支付人为扣缴义务人。

第三十九条 【扣缴义务人无法履行扣缴义务时纳税人所得税的缴纳】依照本法第三十七条、第三十八条规定应当扣缴的所得税,扣缴义务人未依法扣缴或者无法履行扣缴义务的,由纳税人在所得发生地缴纳。纳税人未依法缴纳的,税务机关可以从该纳税人在中国境内其他收入项目的支付人应付的款项中,追缴该纳税人的应纳税款。

第四十条 【扣缴义务人缴纳代扣方式】扣缴义务人每次代扣的税款,应当自代扣之日起七日内缴入国库,并向所在地的税务机关报送扣缴企业所得税报告表。

第六章 特别纳税调整

第四十一条 【企业与关联方之间应税收入或所得的计算】企业与其关联方之间的业务往来,不符合独立交易原则而减少企业或者其关联方应纳税收入或者所得额的,税务机关有权按照合理方法调整。

企业与其关联方共同开发、受让无形资产,或者共同提供、接受劳务发生的成本,在计算应纳税所得额时应当按照独立交易原则进行分摊。

第四十二条 【预约定价安排】企业可以向税务机关提出与其关联方之间业务往来的定价原则和计算方法,税务机关与企业协商、确认后,达成预约定价安排。

第四十三条 【纳税申报的附随义务及协助调查责任】企业向税务机关报送年度企业所得税纳税申报表时,应当就其与关联方之间的业务往来,附送年度关联业务往来报告表。

税务机关在进行关联业务调查时,企业及其关联方,以及与关联业务调查有关的其他企业,应当按照规定提供相关资料。

第四十四条 【不提供、违规提供与关联方业务往来资料的处理】企业不提供与其关联方之间业务往来资料,或者提供虚假、不完整资料,未能真实反映其关联业务往来情况的,税务机关有权依法核定其应纳税所得额。

第四十五条 【设立在低税率国家(地区)企业的利润处理】由居民企业,或者由居民企业和中国居民控制的设立在实际税负明显低于本法第四条第一款规定税率水平的国家(地区)的企业,并非由于合理的经营需要而对利润不作分配或者减少分配的,上述利润中应归属于该居民企业的部分,应当计入该居民企业的当期收入。

第四十六条 【超标利息不得扣除】企业从其关联方接受的债权性投资与权益性投资的比例超过规定标准而发生的利息支出,不得在计算应纳税所得额时扣除。

第四十七条 【不合理安排减少所得税的调整】企业实施其他不具有合理商业目的的安排而减少其应纳税收入或者所得额的,税务机关有权按照合理方法调整。

第四十八条 【特别纳税调整补征税款应加收利息】税务机关依照本章规定作出纳税调整,需要补征税款的,应当补征税款,并按照国务院规定加收利息。

第七章 征收管理

第四十九条 【企业所得税的征收管理】企业所得税的征收管理除本法规定外,依照《中华人民共和国税收征收管理法》的规定执行。

第五十条 【居民企业纳税地点】除税收法律、行政法规另有规定外,居民企业以企业登记注册地为纳税地点;但登记注册地在境外的,以实际管理机构所在地为纳税地点。

居民企业在中国境内设立不具有法人资格的营业机构的,应当汇总计算并缴纳企业所得税。

第五十一条 【非居民企业纳税地点】非居民企业

取得本法第三条第二款规定的所得,以机构、场所所在地为纳税地点。非居民企业在中国境内设立两个或者两个以上机构、场所,符合国务院税务主管部门规定条件的,可以选择由其主要机构、场所汇总缴纳企业所得税。

非居民企业取得本法第三条第三款规定的所得,以扣缴义务人所在地为纳税地点。

第五十二条　【禁止合并缴纳所得税】 除国务院另有规定外,企业之间不得合并缴纳企业所得税。

第五十三条　【企业所得税纳税年度】 企业所得税按纳税年度计算。纳税年度自公历1月1日起至12月31日止。

企业在一个纳税年度中间开业,或者终止经营活动,使该纳税年度的实际经营期不足十二个月的,应当以其实际经营期为一个纳税年度。

企业依法清算时,应当以清算期间作为一个纳税年度。

第五十四条　【企业所得税缴纳方式】 企业所得税分月或者分季预缴。

企业应当自月份或者季度终了之日起十五日内,向税务机关报送预缴企业所得税纳税申报表,预缴税款。

企业应当自年度终了之日起五个月内,向税务机关报送年度企业所得税纳税申报表,并汇算清缴,结清应缴应退税款。

企业在报送企业所得税纳税申报表时,应当按照规定附送财务会计报告和其他有关资料。

第五十五条　【企业终止经营活动及清算时所得税的缴纳】 企业在年度中间终止经营活动的,应当自实际经营终止之日起六十日内,向税务机关办理当期企业所得税汇算清缴。

企业应当在办理注销登记前,就其清算所得向税务机关申报并依法缴纳企业所得税。

第五十六条　【货币计量单位】 依照本法缴纳的企业所得税,以人民币计算。所得以人民币以外的货币计算的,应当折合成人民币计算并缴纳税款。

第八章　附　则

第五十七条　【已享受法定优惠企业的过渡性措施】 本法公布前已经批准设立的企业,依照当时的税收法律、行政法规规定,享受低税率优惠的,按照国务院规定,可以在本法施行后五年内,逐步过渡到本法规定的税率;享受定期减免税优惠的,按照国务院规定,可以在本法施行后继续享受到期满为止,但因未获利而尚未享受优惠的,优惠期限从本法施行年度起计算。

法律设置的发展对外经济合作和技术交流的特定地区内,以及国务院已规定执行上述地区特殊政策的地区内新设立的国家需要重点扶持的高新技术企业,可以享受过渡性税收优惠,具体办法由国务院规定。

国家已确定的其他鼓励类企业,可以按照国务院规定享受减免税优惠。

第五十八条　【本法与国际税收协定关系】 中华人民共和国政府同外国政府订立的有关税收的协定与本法有不同规定的,依照协定的规定办理。

第五十九条　【制定实施条例的授权规定】 国务院根据本法制定实施条例。

第六十条　【施行日期】 本法自2008年1月1日起施行。1991年4月9日第七届全国人民代表大会第四次会议通过的《中华人民共和国外商投资企业和外国企业所得税法》和1993年12月13日国务院发布的《中华人民共和国企业所得税暂行条例》同时废止。

中华人民共和国个人所得税法

- 1980年9月10日第五届全国人民代表大会第三次会议通过
- 根据1993年10月31日第八届全国人民代表大会常务委员会第四次会议《关于修改〈中华人民共和国个人所得税法〉的决定》第一次修正
- 根据1999年8月30日第九届全国人民代表大会常务委员会第十一次会议《关于修改〈中华人民共和国个人所得税法〉的决定》第二次修正
- 根据2005年10月27日第十届全国人民代表大会常务委员会第十八次会议《关于修改〈中华人民共和国个人所得税法〉的决定》第三次修正
- 根据2007年6月29日第十届全国人民代表大会常务委员会第二十八次会议《关于修改〈中华人民共和国个人所得税法〉的决定》第四次修正
- 根据2007年12月29日第十届全国人民代表大会常务委员会第三十一次会议《关于修改〈中华人民共和国个人所得税法〉的决定》第五次修正
- 根据2011年6月30日第十一届全国人民代表大会常务委员会第二十一次会议《关于修改〈中华人民共和国个人所得税法〉的决定》第六次修正
- 根据2018年8月31日第十三届全国人民代表大会常务委员会第五次会议《关于修改〈中华人民共和国个人所得税法〉的决定》第七次修正

第一条　在中国境内有住所,或者无住所而一个纳税年度内在中国境内居住累计满一百八十三天的个人,为居民个人。居民个人从中国境内和境外取得的所得，依照本法规定缴纳个人所得税。

在中国境内无住所又不居住，或者无住所而一个纳税年度内在中国境内居住累计不满一百八十三天的个人，为非居民个人。非居民个人从中国境内取得的所得，依照本法规定缴纳个人所得税。

纳税年度，自公历一月一日起至十二月三十一日止。

第二条 下列各项个人所得，应当缴纳个人所得税：

（一）工资、薪金所得；

（二）劳务报酬所得；

（三）稿酬所得；

（四）特许权使用费所得；

（五）经营所得；

（六）利息、股息、红利所得；

（七）财产租赁所得；

（八）财产转让所得；

（九）偶然所得。

居民个人取得前款第一项至第四项所得（以下称综合所得），按纳税年度合并计算个人所得税；非居民个人取得前款第一项至第四项所得，按月或者按次分项计算个人所得税。纳税人取得前款第五项至第九项所得，依照本法规定分别计算个人所得税。

第三条 个人所得税的税率：

（一）综合所得，适用百分之三至百分之四十五的超额累进税率（税率表附后）；

（二）经营所得，适用百分之五至百分之三十五的超额累进税率（税率表附后）；

（三）利息、股息、红利所得，财产租赁所得，财产转让所得和偶然所得，适用比例税率，税率为百分之二十。

第四条 下列各项个人所得，免征个人所得税：

（一）省级人民政府、国务院部委和中国人民解放军军以上单位，以及外国组织、国际组织颁发的科学、教育、技术、文化、卫生、体育、环境保护等方面的奖金；

（二）国债和国家发行的金融债券利息；

（三）按照国家统一规定发给的补贴、津贴；

（四）福利费、抚恤金、救济金；

（五）保险赔款；

（六）军人的转业费、复员费、退役金；

（七）按照国家统一规定发给干部、职工的安家费、退职费、基本养老金或者退休费、离休费、离休生活补助费；

（八）依照有关法律规定应予免税的各国驻华使馆、领事馆的外交代表、领事官员和其他人员的所得；

（九）中国政府参加的国际公约、签订的协议中规定免税的所得；

（十）国务院规定的其他免税所得。

前款第十项免税规定，由国务院报全国人民代表大会常务委员会备案。

第五条 有下列情形之一的，可以减征个人所得税，具体幅度和期限，由省、自治区、直辖市人民政府规定，并报同级人民代表大会常务委员会备案：

（一）残疾、孤老人员和烈属的所得；

（二）因自然灾害遭受重大损失的。

国务院可以规定其他减税情形，报全国人民代表大会常务委员会备案。

第六条 应纳税所得额的计算：

（一）居民个人的综合所得，以每一纳税年度的收入额减除费用六万元以及专项扣除、专项附加扣除和依法确定的其他扣除后的余额，为应纳税所得额。

（二）非居民个人的工资、薪金所得，以每月收入额减除费用五千元后的余额为应纳税所得额；劳务报酬所得、稿酬所得、特许权使用费所得，以每次收入额为应纳税所得额。

（三）经营所得，以每一纳税年度的收入总额减除成本、费用以及损失后的余额，为应纳税所得额。

（四）财产租赁所得，每次收入不超过四千元的，减除费用八百元；四千元以上的，减除百分之二十的费用，其余额为应纳税所得额。

（五）财产转让所得，以转让财产的收入额减除财产原值和合理费用后的余额，为应纳税所得额。

（六）利息、股息、红利所得和偶然所得，以每次收入额为应纳税所得额。

劳务报酬所得、稿酬所得、特许权使用费所得以收入减除百分之二十的费用后的余额为收入额。稿酬所得的收入额减按百分之七十计算。

个人将其所得对教育、扶贫、济困等公益慈善事业进行捐赠，捐赠额未超过纳税人申报的应纳税所得额百分之三十的部分，可以从其应纳税所得额中扣除；国务院规定对公益慈善事业捐赠实行全额税前扣除的，从其规定。

本条第一款第一项规定的专项扣除，包括居民个人按国家规定的范围和标准缴纳的基本养老保险、基本医疗保险、失业保险等社会保险费和住房公积金等；专项附加扣除，包括子女教育、继续教育、大病医疗、住房贷款利息或者住房租金、赡养老人等支出，具体范围、标准和实施步骤由国务院确定,并报全国人民代表大会常务委员会备案。

第七条 居民个人从中国境外取得的所得,可以从其应纳税额中抵免已在境外缴纳的个人所得税税额,但抵免额不得超过该纳税人境外所得依照本法规定计算的应纳税额。

第八条 有下列情形之一的,税务机关有权按照合理方法进行纳税调整:

(一)个人与其关联方之间的业务往来不符合独立交易原则而减少本人或者其关联方应纳税额,且无正当理由;

(二)居民个人控制的,或者居民个人和居民企业共同控制的设立在实际税负明显偏低的国家(地区)的企业,无合理经营需要,对应当归属于居民个人的利润不作分配或者减少分配;

(三)个人实施其他不具有合理商业目的的安排而获取不当税收利益。

税务机关依照前款规定作出纳税调整,需要补征税款的,应当补征税款,并依法加收利息。

第九条 个人所得税以所得人为纳税人,以支付所得的单位或者个人为扣缴义务人。

纳税人有中国公民身份号码的,以中国公民身份号码为纳税人识别号;纳税人没有中国公民身份号码的,由税务机关赋予其纳税人识别号。扣缴义务人扣缴税款时,纳税人应当向扣缴义务人提供纳税人识别号。

第十条 有下列情形之一的,纳税人应当依法办理纳税申报:

(一)取得综合所得需要办理汇算清缴;

(二)取得应税所得没有扣缴义务人;

(三)取得应税所得,扣缴义务人未扣缴税款;

(四)取得境外所得;

(五)因移居境外注销中国户籍;

(六)非居民个人在中国境内从两处以上取得工资、薪金所得;

(七)国务院规定的其他情形。

扣缴义务人应当按照国家规定办理全员全额扣缴申报,并向纳税人提供其个人所得和已扣缴税款等信息。

第十一条 居民个人取得综合所得,按年计算个人所得税;有扣缴义务人的,由扣缴义务人按月或者按次预扣预缴税款;需要办理汇算清缴的,应当在取得所得的次年三月一日至六月三十日内办理汇算清缴。预扣预缴办法由国务院税务主管部门制定。

居民个人向扣缴义务人提供专项附加扣除信息的,扣缴义务人按月预扣预缴税款时应当按照规定予以扣除,不得拒绝。

非居民个人取得工资、薪金所得,劳务报酬所得,稿酬所得和特许权使用费所得,有扣缴义务人的,由扣缴义务人按月或者按次代扣代缴税款,不办理汇算清缴。

第十二条 纳税人取得经营所得,按年计算个人所得税,由纳税人在月度或者季度终了后十五日内向税务机关报送纳税申报表,并预缴税款;在取得所得的次年三月三十一日前办理汇算清缴。

纳税人取得利息、股息、红利所得,财产租赁所得,财产转让所得和偶然所得,按月或者按次计算个人所得税,有扣缴义务人的,由扣缴义务人按月或者按次代扣代缴税款。

第十三条 纳税人取得应税所得没有扣缴义务人的,应当在取得所得的次月十五日内向税务机关报送纳税申报表,并缴纳税款。

纳税人取得应税所得,扣缴义务人未扣缴税款的,纳税人应当在取得所得的次年六月三十日前,缴纳税款;税务机关通知限期缴纳的,纳税人应当按照期限缴纳税款。

居民个人从中国境外取得所得的,应当在取得所得的次年三月一日至六月三十日内申报纳税。

非居民个人在中国境内从两处以上取得工资、薪金所得的,应当在取得所得的次月十五日内申报纳税。

纳税人因移居境外注销中国户籍的,应当在注销中国户籍前办理税款清算。

第十四条 扣缴义务人每月或者每次预扣、代扣的税款,应当在次月十五日内缴入国库,并向税务机关报送扣缴个人所得税申报表。

纳税人办理汇算清缴退税或者扣缴义务人为纳税人办理汇算清缴退税的,税务机关审核后,按照国库管理的有关规定办理退税。

第十五条 公安、人民银行、金融监督管理等相关部门应当协助税务机关确认纳税人的身份、金融账户信息。教育、卫生、医疗保障、民政、人力资源社会保障、住房城乡建设、公安、人民银行、金融监督管理等相关部门应当向税务机关提供纳税人子女教育、继续教育、大病医疗、住房贷款利息、住房租金、赡养老人等专项附加扣除信息。

个人转让不动产的,税务机关应当根据不动产登记等相关信息核验应缴的个人所得税,登记机构办理转移登记时,应当查验与该不动产转让相关的个人所得税的完税凭证。个人转让股权办理变更登记的,市场主体登记机关应当查验与该股权交易相关的个人所得税的完税凭证。

有关部门依法将纳税人、扣缴义务人遵守本法的情况纳入信用信息系统,并实施联合激励或者惩戒。

第十六条 各项所得的计算,以人民币为单位。所得为人民币以外的货币的,按照人民币汇率中间价折合成人民币缴纳税款。

第十七条 对扣缴义务人按照所扣缴的税款,付给百分之二的手续费。

第十八条 对储蓄存款利息所得开征、减征、停征个人所得税及其具体办法,由国务院规定,并报全国人民代表大会常务委员会备案。

第十九条 纳税人、扣缴义务人和税务机关及其工作人员违反本法规定的,依照《中华人民共和国税收征收管理法》和有关法律法规的规定追究法律责任。

第二十条 个人所得税的征收管理,依照本法和《中华人民共和国税收征收管理法》的规定执行。

第二十一条 国务院根据本法制定实施条例。

第二十二条 本法自公布之日起施行。

个人所得税税率表一(综合所得适用)

级数	全年应纳税所得额	税率(%)
1	不超过36000元的	3
2	超过36000元至144000元的部分	10
3	超过144000元至300000元的部分	20
4	超过300000元至420000元的部分	25
5	超过420000元至660000元的部分	30
6	超过660000元至960000元的部分	35
7	超过960000元的部分	45

(注1:本表所称全年应纳税所得额是指依照本法第六条的规定,居民个人取得综合所得以每一纳税年度收入额减除费用六万元以及专项扣除、专项附加扣除和依法确定的其他扣除后的余额。

注2:非居民个人取得工资、薪金所得,劳务报酬所得,稿酬所得和特许权使用费所得,依照本表按月换算后计算应纳税额。)

个人所得税税率表二(经营所得适用)

级数	全年应纳税所得额	税率(%)
1	不超过30000元的	5
2	超过30000元至90000元的部分	10
3	超过90000元至300000元的部分	20
4	超过300000元至500000元的部分	30
5	超过500000元的部分	35

(注:本表所称全年应纳税所得额是指依照本法第六条的规定,以每一纳税年度的收入总额减除成本、费用以及损失后的余额。)

中华人民共和国印花税法

- 2021年6月10日第十三届全国人民代表大会常务委员会第二十九次会议通过
- 2021年6月10日中华人民共和国主席令第89号公布
- 自2022年7月1日起施行

第一条 在中华人民共和国境内书立应税凭证、进行证券交易的单位和个人,为印花税的纳税人,应当依照本法规定缴纳印花税。

在中华人民共和国境外书立在境内使用的应税凭证的单位和个人,应当依照本法规定缴纳印花税。

第二条 本法所称应税凭证,是指本法所附《印花税税目税率表》列明的合同、产权转移书据和营业账簿。

第三条 本法所称证券交易,是指转让在依法设立的证券交易所、国务院批准的其他全国性证券交易场所交易的股票和以股票为基础的存托凭证。

证券交易印花税对证券交易的出让方征收,不对受让方征收。

第四条 印花税的税目、税率,依照本法所附《印花税税目税率表》执行。

第五条 印花税的计税依据如下:

(一)应税合同的计税依据,为合同所列的金额,不包括列明的增值税税款;

(二)应税产权转移书据的计税依据,为产权转移书据所列的金额,不包括列明的增值税税款;

(三)应税营业账簿的计税依据,为账簿记载的实收资本(股本)、资本公积合计金额;

(四)证券交易的计税依据,为成交金额。

第六条 应税合同、产权转移书据未列明金额的,印花税的计税依据按照实际结算的金额确定。

计税依据按照前款规定仍不能确定的,按照书立合同、产权转移书据时的市场价格确定;依法应当执行政府定价或者政府指导价的,按照国家有关规定确定。

第七条 证券交易无转让价格的,按照办理过户登记手续时该证券前一个交易日收盘价计算确定计税依据;无收盘价的,按照证券面值计算确定计税依据。

第八条 印花税的应纳税额按照计税依据乘以适用税率计算。

第九条 同一应税凭证载有两个以上税目事项并分别列明金额的,按照各自适用的税目税率分别计算应纳税额;未分别列明金额的,从高适用税率。

第十条 同一应税凭证由两方以上当事人书立的,按照各自涉及的金额分别计算应纳税额。

第十一条 已缴纳印花税的营业账簿,以后年度记载的实收资本(股本)、资本公积合计金额比已缴纳印花税的实收资本(股本)、资本公积合计金额增加的,按照增加部分计算应纳税额。

第十二条 下列凭证免征印花税:

(一)应税凭证的副本或者抄本;

(二)依照法律规定应当予以免税的外国驻华使馆、领事馆和国际组织驻华代表机构为获得馆舍书立的应税凭证;

(三)中国人民解放军、中国人民武装警察部队书立的应税凭证;

(四)农民、家庭农场、农民专业合作社、农村集体经济组织、村民委员会购买农业生产资料或者销售农产品书立的买卖合同和农业保险合同;

(五)无息或者贴息贷款合同、国际金融组织向中国提供优惠贷款书立的借款合同;

(六)财产所有权人将财产赠与政府、学校、社会福利机构、慈善组织书立的产权转移书据;

(七)非营利性医疗卫生机构采购药品或者卫生材料书立的买卖合同;

(八)个人与电子商务经营者订立的电子订单。

根据国民经济和社会发展的需要,国务院对居民住房需求保障、企业改制重组、破产、支持小型微型企业发展等情形可以规定减征或者免征印花税,报全国人民代表大会常务委员会备案。

第十三条 纳税人为单位的,应当向其机构所在地的主管税务机关申报缴纳印花税;纳税人为个人的,应当向应税凭证书立地或者纳税人居住地的主管税务机关申报缴纳印花税。

不动产产权发生转移的,纳税人应当向不动产所在地的主管税务机关申报缴纳印花税。

第十四条 纳税人为境外单位或者个人,在境内有代理人的,以其境内代理人为扣缴义务人;在境内没有代理人的,由纳税人自行申报缴纳印花税,具体办法由国务院税务主管部门规定。

证券登记结算机构为证券交易印花税的扣缴义务人,应当向其机构所在地的主管税务机关申报解缴税款以及银行结算的利息。

第十五条 印花税的纳税义务发生时间为纳税人书立应税凭证或者完成证券交易的当日。

证券交易印花税扣缴义务发生时间为证券交易完成的当日。

第十六条 印花税按季、按年或者按次计征。实行按季、按年计征的,纳税人应当自季度、年度终了之日起十五日内申报缴纳税款;实行按次计征的,纳税人应当自纳税义务发生之日起十五日内申报缴纳税款。

证券交易印花税按周解缴。证券交易印花税扣缴义务人应当自每周终了之日起五日内申报解缴税款以及银行结算的利息。

第十七条 印花税可以采用粘贴印花税票或者由税务机关依法开具其他完税凭证的方式缴纳。

印花税票粘贴在应税凭证上的,由纳税人在每枚税票的骑缝处盖戳注销或者画销。

印花税票由国务院税务主管部门监制。

第十八条 印花税由税务机关依照本法和《中华人民共和国税收征收管理法》的规定征收管理。

第十九条 纳税人、扣缴义务人和税务机关及其工作人员违反本法规定的,依照《中华人民共和国税收征收管理法》和有关法律、行政法规的规定追究法律责任。

第二十条 本法自 2022 年 7 月 1 日起施行。1988 年 8 月 6 日国务院发布的《中华人民共和国印花税暂行条例》同时废止。

附

印花税税目税率表

税目		税率	备注
合同（指书面合同）	借款合同	借款金额的万分之零点五	指银行业金融机构、经国务院银行业监督管理机构批准设立的其他金融机构与借款人（不包括同业拆借）的借款合同
	融资租赁合同	租金的万分之零点五	
	买卖合同	价款的万分之三	指动产买卖合同（不包括个人书立的动产买卖合同）
	承揽合同	报酬的万分之三	
	建设工程合同	价款的万分之三	
	运输合同	运输费用的万分之三	指货运合同和多式联运合同（不包括管道运输合同）
	技术合同	价款、报酬或者使用费的万分之三	不包括专利权、专有技术使用权转让书据
	租赁合同	租金的千分之一	
	保管合同	保管费的千分之一	
	仓储合同	仓储费的千分之一	
	财产保险合同	保险费的千分之一	不包括再保险合同
产权转移书据	土地使用权出让书据	价款的万分之五	转让包括买卖（出售）、继承、赠与、互换、分割
	土地使用权、房屋等建筑物和构筑物所有权转让书据（不包括土地承包经营权和土地经营权转移）	价款的万分之五	
	股权转让书据（不包括应缴纳证券交易印花税的）	价款的万分之五	
	商标专用权、著作权、专利权、专有技术使用权转让书据	价款的万分之三	
营业账簿		实收资本（股本）、资本公积合计金额的万分之二点五	
证券交易		成交金额的千分之一	

中华人民共和国审计法

- 1994年8月31日第八届全国人民代表大会常务委员会第九次会议通过
- 根据2006年2月28日第十届全国人民代表大会常务委员会第二十次会议《关于修改〈中华人民共和国审计法〉的决定》第一次修正
- 根据2021年10月23日第十三届全国人民代表大会常务委员会第三十一次会议《关于修改〈中华人民共和国审计法〉的决定》第二次修正

第一章 总 则

第一条 为了加强国家的审计监督，维护国家财政经济秩序，提高财政资金使用效益，促进廉政建设，保障国民经济和社会健康发展，根据宪法，制定本法。

第二条 国家实行审计监督制度。坚持中国共产党对审计工作的领导，构建集中统一、全面覆盖、权威高效的审计监督体系。

国务院和县级以上地方人民政府设立审计机关。

国务院各部门和地方各级人民政府及其各部门的财政收支，国有的金融机构和企业事业组织的财务收支，以及其他依照本法规定应当接受审计的财政收支、财务收支，依照本法规定接受审计监督。

审计机关对前款所列财政收支或者财务收支的真实、合法和效益，依法进行审计监督。

第三条 审计机关依照法律规定的职权和程序，进行审计监督。

审计机关依据有关财政收支、财务收支的法律、法规和国家其他有关规定进行审计评价，在法定职权范围内作出审计决定。

第四条 国务院和县级以上地方人民政府应当每年向本级人民代表大会常务委员会提出审计工作报告。审计工作报告应当报告审计机关对预算执行、决算草案以及其他财政收支的审计情况，重点报告对预算执行及其绩效的审计情况，按照有关法律、行政法规的规定报告对国有资源、国有资产的审计情况。必要时，人民代表大会常务委员会可以对审计工作报告作出决议。

国务院和县级以上地方人民政府应当将审计工作报告中指出的问题的整改情况和处理结果向本级人民代表大会常务委员会报告。

第五条 审计机关依照法律规定独立行使审计监督权，不受其他行政机关、社会团体和个人的干涉。

第六条 审计机关和审计人员办理审计事项，应当客观公正，实事求是，廉洁奉公，保守秘密。

第二章 审计机关和审计人员

第七条 国务院设立审计署，在国务院总理领导下，主管全国的审计工作。审计长是审计署的行政首长。

第八条 省、自治区、直辖市、设区的市、自治州、县、自治县、不设区的市、市辖区的人民政府的审计机关，分别在省长、自治区主席、市长、州长、县长、区长和上一级审计机关的领导下，负责本行政区域内的审计工作。

第九条 地方各级审计机关对本级人民政府和上一级审计机关负责并报告工作，审计业务以上级审计机关领导为主。

第十条 审计机关根据工作需要，经本级人民政府批准，可以在其审计管辖范围内设立派出机构。

派出机构根据审计机关的授权，依法进行审计工作。

第十一条 审计机关履行职责所必需的经费，应当列入预算予以保证。

第十二条 审计机关应当建设信念坚定、为民服务、业务精通、作风务实、敢于担当、清正廉洁的高素质专业化审计队伍。

审计机关应当加强对审计人员遵守法律和执行职务情况的监督，督促审计人员依法履职尽责。

审计机关和审计人员应当依法接受监督。

第十三条 审计人员应当具备与其从事的审计工作相适应的专业知识和业务能力。

审计机关根据工作需要，可以聘请具有与审计事项相关专业知识的人员参加审计工作。

第十四条 审计机关和审计人员不得参加可能影响其依法独立履行审计监督职责的活动，不得干预、插手被审计单位及其相关单位的正常生产经营和管理活动。

第十五条 审计人员办理审计事项，与被审计单位或者审计事项有利害关系的，应当回避。

第十六条 审计机关和审计人员对在执行职务中知悉的国家秘密、工作秘密、商业秘密、个人隐私和个人信息，应当予以保密，不得泄露或者向他人非法提供。

第十七条 审计人员依法执行职务，受法律保护。

任何组织和个人不得拒绝、阻碍审计人员依法执行职务，不得打击报复审计人员。

审计机关负责人依照法定程序任免。审计机关负责人没有违法失职或者其他不符合任职条件的情况的，不得随意撤换。

地方各级审计机关负责人的任免，应当事先征求上一级审计机关的意见。

第三章　审计机关职责

第十八条　审计机关对本级各部门（含直属单位）和下级政府预算的执行情况和决算以及其他财政收支情况，进行审计监督。

第十九条　审计署在国务院总理领导下，对中央预算执行情况、决算草案以及其他财政收支情况进行审计监督，向国务院总理提出审计结果报告。

地方各级审计机关分别在省长、自治区主席、市长、州长、县长、区长和上一级审计机关的领导下，对本级预算执行情况、决算草案以及其他财政收支情况进行审计监督，向本级人民政府和上一级审计机关提出审计结果报告。

第二十条　审计署对中央银行的财务收支，进行审计监督。

第二十一条　审计机关对国家的事业组织和使用财政资金的其他事业组织的财务收支，进行审计监督。

第二十二条　审计机关对国有企业、国有金融机构和国有资本占控股地位或者主导地位的企业、金融机构的资产、负债、损益以及其他财务收支情况，进行审计监督。

遇有涉及国家财政金融重大利益情形，为维护国家经济安全，经国务院批准，审计署可以对前款规定以外的金融机构进行专项审计调查或者审计。

第二十三条　审计机关对政府投资和以政府投资为主的建设项目的预算执行情况和决算，对其他关系国家利益和公共利益的重大公共工程项目的资金管理使用和建设运营情况，进行审计监督。

第二十四条　审计机关对国有资源、国有资产，进行审计监督。

审计机关对政府部门管理的和其他单位受政府委托管理的社会保险基金、全国社会保障基金、社会捐赠资金以及其他公共资金的财务收支，进行审计监督。

第二十五条　审计机关对国际组织和外国政府援助、贷款项目的财务收支，进行审计监督。

第二十六条　根据经批准的审计项目计划安排，审计机关可以对被审计单位贯彻落实国家重大经济社会政策措施情况进行审计监督。

第二十七条　除本法规定的审计事项外，审计机关对其他法律、行政法规规定应当由审计机关进行审计的事项，依照本法和有关法律、行政法规的规定进行审计监督。

第二十八条　审计机关可以对被审计单位依法应当接受审计的事项进行全面审计，也可以对其中的特定事项进行专项审计。

第二十九条　审计机关有权对与国家财政收支有关的特定事项，向有关地方、部门、单位进行专项审计调查，并向本级人民政府和上一级审计机关报告审计调查结果。

第三十条　审计机关履行审计监督职责，发现经济社会运行中存在风险隐患的，应当及时向本级人民政府报告或者向有关主管机关、单位通报。

第三十一条　审计机关根据被审计单位的财政、财务隶属关系或者国有资源、国有资产监督管理关系，确定审计管辖范围。

审计机关之间对审计管辖范围有争议的，由其共同的上级审计机关确定。

上级审计机关对其审计管辖范围内的审计事项，可以授权下级审计机关进行审计，但本法第十八条至第二十条规定的审计事项不得进行授权；上级审计机关对下级审计机关审计管辖范围内的重大审计事项，可以直接进行审计，但是应当防止不必要的重复审计。

第三十二条　被审计单位应当加强对内部审计工作的领导，按照国家有关规定建立健全内部审计制度。

审计机关应当对被审计单位的内部审计工作进行业务指导和监督。

第三十三条　社会审计机构审计的单位依法属于被审计单位的，审计机关按照国务院的规定，有权对该社会审计机构出具的相关审计报告进行核查。

第四章　审计机关权限

第三十四条　审计机关有权要求被审计单位按照审计机关的规定提供财务、会计资料以及与财政收支、财务收支有关的业务、管理等资料，包括电子数据和有关文档。被审计单位不得拒绝、拖延、谎报。

被审计单位负责人应当对本单位提供资料的及时性、真实性和完整性负责。

审计机关对取得的电子数据等资料进行综合分析，需要向被审计单位核实有关情况的，被审计单位应当予以配合。

第三十五条　国家政务信息系统和数据共享平台应当按照规定向审计机关开放。

审计机关通过政务信息系统和数据共享平台取得的电子数据等资料能够满足需要的，不得要求被审计单位重复提供。

第三十六条　审计机关进行审计时，有权检查被审计单位的财务、会计资料以及与财政收支、财务收支有关的业务、管理等资料和资产，有权检查被审计单位信息系统的安全性、可靠性、经济性，被审计单位不得拒绝。

第三十七条 审计机关进行审计时,有权就审计事项的有关问题向有关单位和个人进行调查,并取得有关证明材料。有关单位和个人应当支持、协助审计机关工作,如实向审计机关反映情况,提供有关证明材料。

审计机关经县级以上人民政府审计机关负责人批准,有权查询被审计单位在金融机构的账户。

审计机关有证据证明被审计单位违反国家规定将公款转入其他单位、个人在金融机构账户的,经县级以上人民政府审计机关主要负责人批准,有权查询有关单位、个人在金融机构与审计事项相关的存款。

第三十八条 审计机关进行审计时,被审计单位不得转移、隐匿、篡改、毁弃财务、会计资料以及与财政收支、财务收支有关的业务、管理等资料,不得转移、隐匿、故意毁损所持有的违反国家规定取得的资产。

审计机关对被审计单位违反前款规定的行为,有权予以制止;必要时,经县级以上人民政府审计机关负责人批准,有权封存有关资料和违反国家规定取得的资产;对其中在金融机构的有关存款需要予以冻结的,应当向人民法院提出申请。

审计机关对被审计单位正在进行的违反国家规定的财政收支、财务收支行为,有权予以制止;制止无效的,经县级以上人民政府审计机关负责人批准,通知财政部门和有关主管机关、单位暂停拨付与违反国家规定的财政收支、财务收支行为直接有关的款项,已经拨付的,暂停使用。

审计机关采取前两款规定的措施不得影响被审计单位合法的业务活动和生产经营活动。

第三十九条 审计机关认为被审计单位所执行的上级主管机关、单位有关财政收支、财务收支的规定与法律、行政法规相抵触的,应当建议有关主管机关、单位纠正;有关主管机关、单位不予纠正的,审计机关应当提请有权处理的机关、单位依法处理。

第四十条 审计机关可以向政府有关部门通报或者向社会公布审计结果。

审计机关通报或者公布审计结果,应当保守国家秘密、工作秘密、商业秘密、个人隐私和个人信息,遵守法律、行政法规和国务院的有关规定。

第四十一条 审计机关履行审计监督职责,可以提请公安、财政、自然资源、生态环境、海关、税务、市场监督管理等机关予以协助。有关机关应当依法予以配合。

第五章 审计程序

第四十二条 审计机关根据经批准的审计项目计划确定的审计事项组成审计组,并应当在实施审计三日前,向被审计单位送达审计通知书;遇有特殊情况,经县级以上人民政府审计机关负责人批准,可以直接持审计通知书实施审计。

被审计单位应当配合审计机关的工作,并提供必要的工作条件。

审计机关应当提高审计工作效率。

第四十三条 审计人员通过审查财务、会计资料,查阅与审计事项有关的文件、资料,检查现金、实物、有价证券和信息系统,向有关单位和个人调查等方式进行审计,并取得证明材料。

向有关单位和个人进行调查时,审计人员应当不少于二人,并出示其工作证件和审计通知书副本。

第四十四条 审计组对审计事项实施审计后,应当向审计机关提出审计组的审计报告。审计组的审计报告报送审计机关前,应当征求被审计单位的意见。被审计单位应当自接到审计组的审计报告之日起十日内,将其书面意见送交审计组。审计组应当将被审计单位的书面意见一并报送审计机关。

第四十五条 审计机关按照审计署规定的程序对审计组的审计报告进行审议,并对被审计单位对审计组的审计报告提出的意见一并研究后,出具审计机关的审计报告。对违反国家规定的财政收支、财务收支行为,依法应当给予处理、处罚的,审计机关在法定职权范围内作出审计决定;需要移送有关主管机关、单位处理、处罚的,审计机关应当依法移送。

审计机关应当将审计机关的审计报告和审计决定送达被审计单位和有关主管机关、单位,并报上一级审计机关。审计决定自送达之日起生效。

第四十六条 上级审计机关认为下级审计机关作出的审计决定违反国家有关规定的,可以责成下级审计机关予以变更或者撤销,必要时也可以直接作出变更或者撤销的决定。

第六章 法律责任

第四十七条 被审计单位违反本法规定,拒绝、拖延提供与审计事项有关的资料的,或者提供的资料不真实、不完整的,或者拒绝、阻碍检查、调查、核实有关情况的,由审计机关责令改正,可以通报批评,给予警告;拒不改正的,依法追究法律责任。

第四十八条 被审计单位违反本法规定,转移、隐匿、篡改、毁弃财务、会计资料以及与财政收支、财务收支有关的业务、管理等资料,或者转移、隐匿、故意毁损所持有的违反国家规定取得的资产,审计机关认为对直接负责的主管人员和其他直接责任人员依法应当给予处分的,应当向被审计单位提出处理建议,或者移送监察机关和有关主管机关、单位处理,有关机关、单位应当将处理结果书面告知审计机关;构成犯罪的,依法追究刑事责任。

第四十九条 对本级各部门(含直属单位)和下级政府违反预算的行为或者其他违反国家规定的财政收支行为,审计机关、人民政府或者有关主管机关、单位在法定职权范围内,依照法律、行政法规的规定,区别情况采取下列处理措施:

(一)责令限期缴纳应当上缴的款项;

(二)责令限期退还被侵占的国有资产;

(三)责令限期退还违法所得;

(四)责令按照国家统一的财政、会计制度的有关规定进行处理;

(五)其他处理措施。

第五十条 对被审计单位违反国家规定的财务收支行为,审计机关、人民政府或者有关主管机关、单位在法定职权范围内,依照法律、行政法规的规定,区别情况采取前条规定的处理措施,并可以依法给予处罚。

第五十一条 审计机关在法定职权范围内作出的审计决定,被审计单位应当执行。

审计机关依法责令被审计单位缴纳应当上缴的款项,被审计单位拒不执行的,审计机关应当通报有关主管机关、单位,有关主管机关、单位应当依照有关法律、行政法规的规定予以扣缴或者采取其他处理措施,并将处理结果书面告知审计机关。

第五十二条 被审计单位应当按照规定时间整改审计查出的问题,将整改情况报告审计机关,同时向本级人民政府或者有关主管机关、单位报告,并按照规定向社会公布。

各级人民政府和有关主管机关、单位应当督促被审计单位整改审计查出的问题。审计机关应当对被审计单位整改情况进行跟踪检查。

审计结果以及整改情况应当作为考核、任免、奖惩领导干部和制定政策、完善制度的重要参考;拒不整改或者整改时弄虚作假的,依法追究法律责任。

第五十三条 被审计单位对审计机关作出的有关财务收支的审计决定不服的,可以依法申请行政复议或者提起行政诉讼。

被审计单位对审计机关作出的有关财政收支的审计决定不服的,可以提请审计机关的本级人民政府裁决,本级人民政府的裁决为最终决定。

第五十四条 被审计单位的财政收支、财务收支违反国家规定,审计机关认为对直接负责的主管人员和其他直接责任人员依法应当给予处分的,应当向被审计单位提出处理建议,或者移送监察机关和有关主管机关、单位处理,有关机关、单位应当将处理结果书面告知审计机关。

第五十五条 被审计单位的财政收支、财务收支违反法律、行政法规的规定,构成犯罪的,依法追究刑事责任。

第五十六条 报复陷害审计人员的,依法给予处分;构成犯罪的,依法追究刑事责任。

第五十七条 审计人员滥用职权、徇私舞弊、玩忽职守或者泄露、向他人非法提供所知悉的国家秘密、工作秘密、商业秘密、个人隐私和个人信息的,依法给予处分;构成犯罪的,依法追究刑事责任。

第七章 附 则

第五十八条 领导干部经济责任审计和自然资源资产离任审计,依照本法和国家有关规定执行。

第五十九条 中国人民解放军和中国人民武装警察部队审计工作的规定,由中央军事委员会根据本法制定。

审计机关和军队审计机构应当建立健全协作配合机制,按照国家有关规定对涉及军地经济事项实施联合审计。

第六十条 本法自1995年1月1日起施行。1988年11月30日国务院发布的《中华人民共和国审计条例》同时废止。

审计机关审计听证规定

·2021年11月19日中华人民共和国审计署令第14号公布
·自公布之日起施行

第一条 为规范审计机关的审计处罚程序,保证审计质量,维护公民、法人或者其他组织的合法权益,根据《中华人民共和国行政处罚法》和《中华人民共和国审计法》及其实施条例,制定本规定。

第二条 审计机关进行审计听证应当遵循公正、公平、公开的原则。

第三条 审计机关对被审计单位和有关责任人员(以下统称当事人)拟作出下列审计处罚的,应当向当事

人送达审计听证告知书,告知当事人有要求听证的权利,当事人要求听证的,审计机关应当举行审计听证会:

(一)对被审计单位处以十万元以上或者对个人处以一万元以上罚款的;

(二)对被审计单位处以没收十万元以上违法所得的;

(三)法律、法规、规章规定的其他情形。

第四条 审计听证告知书主要包括以下内容:

(一)当事人的名称或者姓名;

(二)当事人违法的事实和证据;

(三)审计处罚的法律依据;

(四)审计处罚建议;

(五)当事人有要求审计听证的权利;

(六)当事人申请审计听证的期限;

(七)审计机关的名称(印章)和日期。

第五条 当事人要求举行审计听证会的,应当自收到审计听证告知书之日起五个工作日内,向审计机关提出书面申请,列明听证要求,并由当事人签名或者盖章。逾期不提出书面申请的,视为放弃审计听证权利。

第六条 审计机关应当在举行审计听证会七个工作日前向当事人及有关人员送达审计听证会通知书,通知当事人举行审计听证会的时间、地点,审计听证主持人、书记员姓名,并告知当事人有申请主持人、书记员回避的权利。

第七条 除涉及国家秘密、商业秘密或者个人隐私依法予以保密外,审计听证会应当公开举行。

第八条 审计听证会的主持人由审计机关负责人指定的非本案审计人员担任,负责审计听证会的组织、主持工作。

书记员可以由一至二人组成,由主持人指定,负责审计听证的记录工作,制作审计听证笔录。

第九条 当事人认为主持人或者书记员与本案有直接利害关系的,有权申请其回避并说明理由。

当事人申请主持人回避应当在审计听证会举行之前提出;申请书记员回避可以在审计听证会举行时提出。

当事人申请回避可以以书面形式提出,也可以以口头形式提出。以口头形式提出的,由书记员记录在案。

第十条 主持人的回避,由审计机关负责人决定;书记员的回避,由主持人决定。

相关回避情况应当记入审计听证笔录。

第十一条 当事人可以亲自参加审计听证,也可以委托一至二人代理参加审计听证。委托他人代理参加审计听证会的,代理人应当出具当事人的授权委托书。

当事人的授权委托书应当载明代理人的代理权限。

第十二条 当事人接到审计听证通知书后,本人或者其代理人不能按时参加审计听证会的,应当及时告知审计机关并说明理由。

当事人及其代理人无正当理由拒不出席听证或者未经许可中途退出听证的,视为放弃听证权利,审计机关终止听证。终止听证的情况应当记入审计听证笔录。

第十三条 书记员应当将审计听证的全部活动记入审计听证笔录。审计机关认为有必要的,可以对审计听证会情况进行录音、录像。

审计听证笔录应当交听证双方确认无误后签字或者盖章。当事人或者其代理人如认为笔录有差错,可以要求补正。当事人或者其代理人拒绝签字或者盖章的,由听证主持人在笔录中注明。

第十四条 审计听证会参加人和旁听人员应当遵守以下听证纪律:

(一)审计听证会参加人应当在主持人的主持下发言、提问、辩论;

(二)未经主持人允许,审计听证会参加人不得提前退席;

(三)未经主持人允许,任何人不得录音、录像或摄影;

(四)旁听人员要保持肃静,不得发言、提问或者议论。

第十五条 主持人在审计听证会主持过程中,有以下权利:

(一)对审计听证会参加人的不当辩论或者其他违反审计听证会纪律的行为予以制止、警告;

(二)对违反审计听证会纪律的旁听人员予以制止、警告、责令退席;

(三)对违反审计听证纪律的人员制止无效的,提请公安机关依法处置。

第十六条 审计听证会应当按照下列程序进行:

(一)主持人宣读审计听证会的纪律和应注意的事项;

(二)主持人宣布审计听证会开始;

(三)主持人宣布案由并宣读参加审计听证会的主持人、书记员、听证参加人的姓名、工作单位和职务;

(四)主持人告知当事人或者其代理人有申请书记员回避的权利,并询问当事人或者其代理人是否申请回避;

(五)本案审计人员提出当事人违法的事实、证据和审计处罚的法律依据以及审计处罚建议；

（六）当事人进行陈述、申辩；

（七）在主持人允许下，双方进行质证、辩论；

（八）双方作最后陈述；

（九）书记员将所作的笔录交听证双方当场确认并签字或者盖章；

（十）主持人宣布审计听证会结束。

第十七条　有下列情形之一的，可以延期举行审计听证会：

（一）当事人或者其代理人有正当理由未到场的；

（二）需要通知新的证人到场，或者有新的事实需要重新调查核实的；

（三）主持人应当回避，需要重新确定主持人的；

（四）其他需要延期的情形。

第十八条　审计听证会结束后，主持人应当将审计听证笔录、案卷材料等一并报送审计机关。

审计机关根据审计听证笔录以及有关审理意见，区别以下情形作出决定：

（一）确有应受审计处罚的违法行为的，根据情节轻重及具体情况，作出审计处罚；

（二）违法事实不能成立的，不予审计处罚；

（三）违法行为轻微，依法依规可以不予审计处罚的，不予审计处罚。

违法行为涉嫌犯罪的，审计机关应当依法依规移送监察机关或者司法机关处理。

第十九条　审计机关不得因当事人要求审计听证、在审计听证中进行申辩和质证而加重处罚。

第二十条　审计听证文书和有关资料应当归入相应的审计项目档案。

第二十一条　审计听证文书送达适用《中华人民共和国民事诉讼法》的有关规定。

第二十二条　本规定由审计署负责解释。

第二十三条　本规定自发布之日起施行。审计署于2000年1月28日发布的《审计机关审计听证的规定》（2000年审计署第1号令）同时废止。

附件：

1. 审计听证告知书（参考格式）（略）
2. 审计听证会通知书（参考格式）（略）
3. 审计听证笔录（参考格式）（略）

3. 劳动用工

中华人民共和国劳动法

- 1994年7月5日第八届全国人民代表大会常务委员会第八次会议通过
- 根据2009年8月27日第十一届全国人民代表大会常务委员会第十次会议《关于修改部分法律的决定》第一次修正
- 根据2018年12月29日第十三届全国人民代表大会常务委员会第七次会议《关于修改〈中华人民共和国劳动法〉等七部法律的决定》第二次修正

第一章　总　则

第一条　【立法宗旨】为了保护劳动者的合法权益，调整劳动关系，建立和维护适应社会主义市场经济的劳动制度，促进经济发展和社会进步，根据宪法，制定本法。

第二条　【适用范围】在中华人民共和国境内的企业、个体经济组织（以下统称用人单位）和与之形成劳动关系的劳动者，适用本法。

国家机关、事业组织、社会团体和与之建立劳动合同关系的劳动者，依照本法执行。

第三条　【劳动者的权利和义务】劳动者享有平等就业和选择职业的权利、取得劳动报酬的权利、休息休假的权利、获得劳动安全卫生保护的权利、接受职业技能培训的权利、享受社会保险和福利的权利、提请劳动争议处理的权利以及法律规定的其他劳动权利。

劳动者应当完成劳动任务，提高职业技能，执行劳动安全卫生规程，遵守劳动纪律和职业道德。

第四条　【用人单位规章制度】用人单位应当依法建立和完善规章制度，保障劳动者享有劳动权利和履行劳动义务。

第五条　【国家发展劳动事业】国家采取各种措施，促进劳动就业，发展职业教育，制定劳动标准，调节社会收入，完善社会保险，协调劳动关系，逐步提高劳动者的生活水平。

第六条　【国家的倡导、鼓励和奖励政策】国家提倡劳动者参加社会义务劳动，开展劳动竞赛和合理化建议活动，鼓励和保护劳动者进行科学研究、技术革新和发明创造，表彰和奖励劳动模范和先进工作者。

第七条　【工会的组织和权利】劳动者有权依法参加和组织工会。

工会代表和维护劳动者的合法权益，依法独立自主地开展活动。

第八条 【劳动者参与民主管理和平等协商】劳动者依照法律规定,通过职工大会、职工代表大会或者其他形式,参与民主管理或者就保护劳动者合法权益与用人单位进行平等协商。

第九条 【劳动行政部门设置】国务院劳动行政部门主管全国劳动工作。

县级以上地方人民政府劳动行政部门主管本行政区域内的劳动工作。

第二章 促进就业

第十条 【国家促进就业政策】国家通过促进经济和社会发展,创造就业条件,扩大就业机会。

国家鼓励企业、事业组织、社会团体在法律、行政法规规定的范围内兴办产业或者拓展经营,增加就业。

国家支持劳动者自愿组织起来就业和从事个体经营实现就业。

第十一条 【地方政府促进就业措施】地方各级人民政府应当采取措施,发展多种类型的职业介绍机构,提供就业服务。

第十二条 【就业平等原则】劳动者就业,不因民族、种族、性别、宗教信仰不同而受歧视。

第十三条 【妇女享有与男子平等的就业权利】妇女享有与男子平等的就业权利。在录用职工时,除国家规定的不适合妇女的工种或者岗位外,不得以性别为由拒绝录用妇女或者提高对妇女的录用标准。

第十四条 【特殊就业群体的就业保护】残疾人、少数民族人员、退出现役的军人的就业,法律、法规有特别规定的,从其规定。

第十五条 【使用童工的禁止】禁止用人单位招用未满十六周岁的未成年人。

文艺、体育和特种工艺单位招用未满十六周岁的未成年人,必须遵守国家有关规定,并保障其接受义务教育的权利。

第三章 劳动合同和集体合同

第十六条 【劳动合同的概念】劳动合同是劳动者与用人单位确立劳动关系、明确双方权利和义务的协议。

建立劳动关系应当订立劳动合同。

第十七条 【订立和变更劳动合同的原则】订立和变更劳动合同,应当遵循平等自愿、协商一致的原则,不得违反法律、行政法规的规定。

劳动合同依法订立即具有法律约束力,当事人必须履行劳动合同规定的义务。

第十八条 【无效劳动合同】下列劳动合同无效:

(一)违反法律、行政法规的劳动合同;

(二)采取欺诈、威胁等手段订立的劳动合同。

无效的劳动合同,从订立的时候起,就没有法律约束力。确认劳动合同部分无效的,如果不影响其余部分的效力,其余部分仍然有效。

劳动合同的无效,由劳动争议仲裁委员会或者人民法院确认。

第十九条 【劳动合同的形式和内容】劳动合同应当以书面形式订立,并具备以下条款:

(一)劳动合同期限;

(二)工作内容;

(三)劳动保护和劳动条件;

(四)劳动报酬;

(五)劳动纪律;

(六)劳动合同终止的条件;

(七)违反劳动合同的责任。

劳动合同除前款规定的必备条款外,当事人可以协商约定其他内容。

第二十条 【劳动合同的期限】劳动合同的期限分为有固定期限、无固定期限和以完成一定的工作为期限。

劳动者在同一用人单位连续工作满十年以上,当事人双方同意续延劳动合同的,如果劳动者提出订立无固定期限的劳动合同,应当订立无固定期限的劳动合同。

第二十一条 【试用期条款】劳动合同可以约定试用期。试用期最长不得超过六个月。

第二十二条 【保守商业秘密之约定】劳动合同当事人可以在劳动合同中约定保守用人单位商业秘密的有关事项。

第二十三条 【劳动合同的终止】劳动合同期满或者当事人约定的劳动合同终止条件出现,劳动合同即行终止。

第二十四条 【劳动合同的合意解除】经劳动合同当事人协商一致,劳动合同可以解除。

第二十五条 【过失性辞退】劳动者有下列情形之一的,用人单位可以解除劳动合同:

(一)在试用期间被证明不符合录用条件的;

(二)严重违反劳动纪律或者用人单位规章制度的;

(三)严重失职,营私舞弊,对用人单位利益造成重大损害的;

(四)被依法追究刑事责任的。

第二十六条 【非过失性辞退】有下列情形之一的,

用人单位可以解除劳动合同,但是应当提前三十日以书面形式通知劳动者本人:

（一）劳动者患病或者非因工负伤,医疗期满后,不能从事原工作也不能从事由用人单位另行安排的工作的；

（二）劳动者不能胜任工作,经过培训或者调整工作岗位,仍不能胜任工作的；

（三）劳动合同订立时所依据的客观情况发生重大变化,致使原劳动合同无法履行,经当事人协商不能就变更劳动合同达成协议的。

第二十七条　【用人单位经济性裁员】用人单位濒临破产进行法定整顿期间或者生产经营状况发生严重困难,确需裁减人员的,应当提前三十日向工会或者全体职工说明情况,听取工会或者职工的意见,经向劳动行政部门报告后,可以裁减人员。

用人单位依据本条规定裁减人员,在六个月内录用人员的,应当优先录用被裁减的人员。

第二十八条　【用人单位解除劳动合同的经济补偿】用人单位依据本法第二十四条、第二十六条、第二十七条的规定解除劳动合同的,应当依照国家有关规定给予经济补偿。

第二十九条　【用人单位不得解除劳动合同的情形】劳动者有下列情形之一的,用人单位不得依据本法第二十六条、第二十七条的规定解除劳动合同:

（一）患职业病或者因工负伤并被确认丧失或者部分丧失劳动能力的；

（二）患病或者负伤,在规定的医疗期内的；

（三）女职工在孕期、产期、哺乳期内的；

（四）法律、行政法规规定的其他情形。

第三十条　【工会对用人单位解除劳动合同的监督权】用人单位解除劳动合同,工会认为不适当的,有权提出意见。如果用人单位违反法律、法规或者劳动合同,工会有权要求重新处理；劳动者申请仲裁或者提起诉讼的,工会应当依法给予支持和帮助。

第三十一条　【劳动者单方解除劳动合同】劳动者解除劳动合同,应当提前三十日以书面形式通知用人单位。

第三十二条　【劳动者无条件解除劳动合同的情形】有下列情形之一的,劳动者可以随时通知用人单位解除劳动合同:

（一）在试用期内的；

（二）用人单位以暴力、威胁或者非法限制人身自由的手段强迫劳动的；

（三）用人单位未按照劳动合同约定支付劳动报酬或者提供劳动条件的。

第三十三条　【集体合同的内容和签订程序】企业职工一方与企业可以就劳动报酬、工作时间、休息休假、劳动安全卫生、保险福利等事项,签订集体合同。集体合同草案应当提交职工代表大会或者全体职工讨论通过。

集体合同由工会代表职工与企业签订；没有建立工会的企业,由职工推举的代表与企业签订。

第三十四条　【集体合同的审查】集体合同签订后应当报送劳动行政部门；劳动行政部门自收到集体合同文本之日起十五日内未提出异议的,集体合同即行生效。

第三十五条　【集体合同的效力】依法签订的集体合同对企业和企业全体职工具有约束力。职工个人与企业订立的劳动合同中劳动条件和劳动报酬等标准不得低于集体合同的规定。

第四章　工作时间和休息休假

第三十六条　【标准工作时间】国家实行劳动者每日工作时间不超过八小时、平均每周工作时间不超过四十四小时的工时制度。

第三十七条　【计件工作时间】对实行计件工作的劳动者,用人单位应当根据本法第三十六条规定的工时制度合理确定其劳动定额和计件报酬标准。

第三十八条　【劳动者的周休日】用人单位应当保证劳动者每周至少休息一日。

第三十九条　【其他工时制度】企业因生产特点不能实行本法第三十六条、第三十八条规定的,经劳动行政部门批准,可以实行其他工作和休息办法。

第四十条　【法定休假节日】用人单位在下列节日期间应当依法安排劳动者休假:

（一）元旦；

（二）春节；

（三）国际劳动节；

（四）国庆节；

（五）法律、法规规定的其他休假节日。

第四十一条　【延长工作时间】用人单位由于生产经营需要,经与工会和劳动者协商后可以延长工作时间,一般每日不得超过一小时；因特殊原因需要延长工作时间的,在保障劳动者身体健康的条件下延长工作时间每日不得超过三小时,但是每月不得超过三十六小时。

第四十二条　【特殊情况下的延长工作时间】有下列情形之一的,延长工作时间不受本法第四十一条规定的限制:

（一）发生自然灾害、事故或者因其他原因，威胁劳动者生命健康和财产安全，需要紧急处理的；

（二）生产设备、交通运输线路、公共设施发生故障，影响生产和公众利益，必须及时抢修的；

（三）法律、行政法规规定的其他情形。

第四十三条　【用人单位延长工作时间的禁止】用人单位不得违反本法规定延长劳动者的工作时间。

第四十四条　【延长工作时间的工资支付】有下列情形之一的，用人单位应当按照下列标准支付高于劳动者正常工作时间工资的工资报酬：

（一）安排劳动者延长工作时间的，支付不低于工资的百分之一百五十的工资报酬；

（二）休息日安排劳动者工作又不能安排补休的，支付不低于工资的百分之二百的工资报酬；

（三）法定休假日安排劳动者工作的，支付不低于工资的百分之三百的工资报酬。

第四十五条　【年休假制度】国家实行带薪年休假制度。

劳动者连续工作一年以上的，享受带薪年休假。具体办法由国务院规定。

第五章　工　资

第四十六条　【工资分配基本原则】工资分配应当遵循按劳分配原则，实行同工同酬。

工资水平在经济发展的基础上逐步提高。国家对工资总量实行宏观调控。

第四十七条　【用人单位自主确定工资分配】用人单位根据本单位的生产经营特点和经济效益，依法自主确定本单位的工资分配方式和工资水平。

第四十八条　【最低工资保障】国家实行最低工资保障制度。最低工资的具体标准由省、自治区、直辖市人民政府规定，报国务院备案。

用人单位支付劳动者的工资不得低于当地最低工资标准。

第四十九条　【确定和调整最低工资标准的因素】确定和调整最低工资标准应当综合参考下列因素：

（一）劳动者本人及平均赡养人口的最低生活费用；

（二）社会平均工资水平；

（三）劳动生产率；

（四）就业状况；

（五）地区之间经济发展水平的差异。

第五十条　【工资支付形式和不得克扣、拖欠工资】工资应当以货币形式按月支付给劳动者本人。不得克扣或者无故拖欠劳动者的工资。

第五十一条　【法定休假日等的工资支付】劳动者在法定休假日和婚丧假期间以及依法参加社会活动期间，用人单位应当依法支付工资。

第六章　劳动安全卫生

第五十二条　【劳动安全卫生制度的建立】用人单位必须建立、健全劳动安全卫生制度，严格执行国家劳动安全卫生规程和标准，对劳动者进行劳动安全卫生教育，防止劳动过程中的事故，减少职业危害。

第五十三条　【劳动安全卫生设施】劳动安全卫生设施必须符合国家规定的标准。

新建、改建、扩建工程的劳动安全卫生设施必须与主体工程同时设计、同时施工、同时投入生产和使用。

第五十四条　【用人单位的劳动保护义务】用人单位必须为劳动者提供符合国家规定的劳动安全卫生条件和必要的劳动防护用品，对从事有职业危害作业的劳动者应当定期进行健康检查。

第五十五条　【特种作业的上岗要求】从事特种作业的劳动者必须经过专门培训并取得特种作业资格。

第五十六条　【劳动者在安全生产中的权利和义务】劳动者在劳动过程中必须严格遵守安全操作规程。

劳动者对用人单位管理人员违章指挥、强令冒险作业，有权拒绝执行；对危害生命安全和身体健康的行为，有权提出批评、检举和控告。

第五十七条　【伤亡事故和职业病的统计、报告、处理】国家建立伤亡事故和职业病统计报告和处理制度。县级以上各级人民政府劳动行政部门、有关部门和用人单位应当依法对劳动者在劳动过程中发生的伤亡事故和劳动者的职业病状况，进行统计、报告和处理。

第七章　女职工和未成年工特殊保护

第五十八条　【女职工和未成年工的特殊劳动保护】国家对女职工和未成年工实行特殊劳动保护。

未成年工是指年满十六周岁未满十八周岁的劳动者。

第五十九条　【女职工禁忌劳动的范围】禁止安排女职工从事矿山井下、国家规定的第四级体力劳动强度的劳动和其他禁忌从事的劳动。

第六十条　【女职工经期的保护】不得安排女职工在经期从事高处、低温、冷水作业和国家规定的第三级体力劳动强度的劳动。

第六十一条　【女职工孕期的保护】不得安排女职工在怀孕期间从事国家规定的第三级体力劳动强度的劳

动和孕期禁忌从事的劳动。对怀孕七个月以上的女职工,不得安排其延长工作时间和夜班劳动。

第六十二条 【女职工产期的保护】女职工生育享受不少于九十天的产假。

第六十三条 【女职工哺乳期的保护】不得安排女职工在哺乳未满一周岁的婴儿期间从事国家规定的第三级体力劳动强度的劳动和哺乳期禁忌从事的其他劳动,不得安排其延长工作时间和夜班劳动。

第六十四条 【未成年工禁忌劳动的范围】不得安排未成年工从事矿山井下、有毒有害、国家规定的第四级体力劳动强度的劳动和其他禁忌从事的劳动。

第六十五条 【未成年工定期健康检查】用人单位应当对未成年工定期进行健康检查。

第八章 职业培训

第六十六条 【国家发展职业培训事业】国家通过各种途径,采取各种措施,发展职业培训事业,开发劳动者的职业技能,提高劳动者素质,增强劳动者的就业能力和工作能力。

第六十七条 【各级政府的职责】各级人民政府应当把发展职业培训纳入社会经济发展的规划,鼓励和支持有条件的企业、事业组织、社会团体和个人进行各种形式的职业培训。

第六十八条 【用人单位建立职业培训制度】用人单位应当建立职业培训制度,按照国家规定提取和使用职业培训经费,根据本单位实际,有计划地对劳动者进行职业培训。

从事技术工种的劳动者,上岗前必须经过培训。

第六十九条 【职业技能资格】国家确定职业分类,对规定的职业制定职业技能标准,实行职业资格证书制度,由经备案的考核鉴定机构负责对劳动者实施职业技能考核鉴定。

第九章 社会保险和福利

第七十条 【社会保险制度】国家发展社会保险事业,建立社会保险制度,设立社会保险基金,使劳动者在年老、患病、工伤、失业、生育等情况下获得帮助和补偿。

第七十一条 【社会保险水平】社会保险水平应当与社会经济发展水平和社会承受能力相适应。

第七十二条 【社会保险基金】社会保险基金按照保险类型确定资金来源,逐步实行社会统筹。用人单位和劳动者必须依法参加社会保险,缴纳社会保险费。

第七十三条 【享受社会保险待遇的条件和标准】劳动者在下列情形下,依法享受社会保险待遇:

(一)退休;
(二)患病、负伤;
(三)因工伤残或者患职业病;
(四)失业;
(五)生育。

劳动者死亡后,其遗属依法享受遗属津贴。

劳动者享受社会保险待遇的条件和标准由法律、法规规定。

劳动者享受的社会保险金必须按时足额支付。

第七十四条 【社会保险基金管理】社会保险基金经办机构依照法律规定收支、管理和运营社会保险基金,并负有使社会保险基金保值增值的责任。

社会保险基金监督机构依照法律规定,对社会保险基金的收支、管理和运营实施监督。

社会保险基金经办机构和社会保险基金监督机构的设立和职能由法律规定。

任何组织和个人不得挪用社会保险基金。

第七十五条 【补充保险和个人储蓄保险】国家鼓励用人单位根据本单位实际情况为劳动者建立补充保险。

国家提倡劳动者个人进行储蓄性保险。

第七十六条 【职工福利】国家发展社会福利事业,兴建公共福利设施,为劳动者休息、休养和疗养提供条件。

用人单位应当创造条件,改善集体福利,提高劳动者的福利待遇。

第十章 劳动争议

第七十七条 【劳动争议的解决途径】用人单位与劳动者发生劳动争议,当事人可以依法申请调解、仲裁、提起诉讼,也可以协商解决。

调解原则适用于仲裁和诉讼程序。

第七十八条 【劳动争议的处理原则】解决劳动争议,应当根据合法、公正、及时处理的原则,依法维护劳动争议当事人的合法权益。

第七十九条 【劳动争议的调解、仲裁和诉讼的相互关系】劳动争议发生后,当事人可以向本单位劳动争议调解委员会申请调解;调解不成,当事人一方要求仲裁的,可以向劳动争议仲裁委员会申请仲裁。当事人一方也可以直接向劳动争议仲裁委员会申请仲裁。对仲裁裁决不服的,可以向人民法院提起诉讼。

第八十条 【劳动争议的调解】在用人单位内,可以设立劳动争议调解委员会。劳动争议调解委员会由职工代表、用人单位代表和工会代表组成。劳动争议调解委员会主任由工会代表担任。

劳动争议经调解达成协议的，当事人应当履行。

第八十一条 【劳动争议仲裁委员会的组成】劳动争议仲裁委员会由劳动行政部门代表、同级工会代表、用人单位方面的代表组成。劳动争议仲裁委员会主任由劳动行政部门代表担任。

第八十二条 【劳动争议仲裁的程序】提出仲裁要求的一方应当自劳动争议发生之日起六十日内向劳动争议仲裁委员会提出书面申请。仲裁裁决一般应在收到仲裁申请的六十日内作出。对仲裁裁决无异议的，当事人必须履行。

第八十三条 【仲裁裁决的效力】劳动争议当事人对仲裁裁决不服的，可以自收到仲裁裁决书之日起十五日内向人民法院提起诉讼。一方当事人在法定期限内不起诉又不履行仲裁裁决的，另一方当事人可以申请人民法院强制执行。

第八十四条 【集体合同争议的处理】因签订集体合同发生争议，当事人协商解决不成的，当地人民政府劳动行政部门可以组织有关各方协调处理。

因履行集体合同发生争议，当事人协商解决不成的，可以向劳动争议仲裁委员会申请仲裁；对仲裁裁决不服的，可以自收到仲裁裁决书之日起十五日内向人民法院提起诉讼。

第十一章 监督检查

第八十五条 【劳动行政部门的监督检查】县级以上各级人民政府劳动行政部门依法对用人单位遵守劳动法律、法规的情况进行监督检查，对违反劳动法律、法规的行为有权制止，并责令改正。

第八十六条 【劳动监察机构的监察程序】县级以上各级人民政府劳动行政部门监督检查人员执行公务，有权进入用人单位了解执行劳动法律、法规的情况，查阅必要的资料，并对劳动场所进行检查。

县级以上各级人民政府劳动行政部门监督检查人员执行公务，必须出示证件，秉公执法并遵守有关规定。

第八十七条 【政府有关部门的监察】县级以上各级人民政府有关部门在各自职责范围内，对用人单位遵守劳动法律、法规的情况进行监督。

第八十八条 【工会监督、社会监督】各级工会依法维护劳动者的合法权益，对用人单位遵守劳动法律、法规的情况进行监督。

任何组织和个人对于违反劳动法律、法规的行为有权检举和控告。

第十二章 法律责任

第八十九条 【劳动规章制度违法的法律责任】用人单位制定的劳动规章制度违反法律、法规规定的，由劳动行政部门给予警告，责令改正；对劳动者造成损害的，应当承担赔偿责任。

第九十条 【违法延长工时的法律责任】用人单位违反本法规定，延长劳动者工作时间的，由劳动行政部门给予警告，责令改正，并可以处以罚款。

第九十一条 【用人单位侵权的民事责任】用人单位有下列侵害劳动者合法权益情形之一的，由劳动行政部门责令支付劳动者的工资报酬、经济补偿，并可以责令支付赔偿金：

（一）克扣或者无故拖欠劳动者工资的；

（二）拒不支付劳动者延长工作时间工资报酬的；

（三）低于当地最低工资标准支付劳动者工资的；

（四）解除劳动合同后，未依照本法规定给予劳动者经济补偿的。

第九十二条 【用人单位违反劳动安全卫生规定的法律责任】用人单位的劳动安全设施和劳动卫生条件不符合国家规定或者未向劳动者提供必要的劳动防护用品和劳动保护设施的，由劳动行政部门或者有关部门责令改正，可以处以罚款；情节严重的，提请县级以上人民政府决定责令停产整顿；对事故隐患不采取措施，致使发生重大事故，造成劳动者生命和财产损失的，对责任人员依照刑法有关规定追究刑事责任。

第九十三条 【强令劳动者违章作业的法律责任】用人单位强令劳动者违章冒险作业，发生重大伤亡事故，造成严重后果的，对责任人员依法追究刑事责任。

第九十四条 【用人单位非法招用未成年工的法律责任】用人单位非法招用未满十六周岁的未成年人的，由劳动行政部门责令改正，处以罚款；情节严重的，由市场监督管理部门吊销营业执照。

第九十五条 【违反女职工和未成年工保护规定的法律责任】用人单位违反本法对女职工和未成年工的保护规定，侵害其合法权益的，由劳动行政部门责令改正，处以罚款；对女职工或者未成年工造成损害的，应当承担赔偿责任。

第九十六条 【侵犯劳动者人身自由的法律责任】用人单位有下列行为之一，由公安机关对责任人员处以十五日以下拘留、罚款或者警告；构成犯罪的，对责任人员依法追究刑事责任：

（一）以暴力、威胁或者非法限制人身自由的手段强迫劳动的；

(二)侮辱、体罚、殴打、非法搜查和拘禁劳动者的。

第九十七条 【订立无效合同的民事责任】由于用人单位的原因订立的无效合同,对劳动者造成损害的,应当承担赔偿责任。

第九十八条 【违法解除或故意拖延不订立劳动合同的法律责任】用人单位违反本法规定的条件解除劳动合同或者故意拖延不订立劳动合同的,由劳动行政部门责令改正;对劳动者造成损害的,应当承担赔偿责任。

第九十九条 【招用尚未解除劳动合同者的法律责任】用人单位招用尚未解除劳动合同的劳动者,对原用人单位造成经济损失的,该用人单位应当依法承担连带赔偿责任。

第一百条 【用人单位不缴纳社会保险费的法律责任】用人单位无故不缴纳社会保险费的,由劳动行政部门责令其限期缴纳;逾期不缴的,可以加收滞纳金。

第一百零一条 【阻挠监督检查、打击报复举报人员的法律责任】用人单位无理阻挠劳动行政部门、有关部门及其工作人员行使监督检查权,打击报复举报人员的,由劳动行政部门或者有关部门处以罚款;构成犯罪的,对责任人员依法追究刑事责任。

第一百零二条 【劳动者违法解除劳动合同或违反保密约定的民事责任】劳动者违反本法规定的条件解除劳动合同或者违反劳动合同中约定的保密事项,对用人单位造成经济损失的,应当依法承担赔偿责任。

第一百零三条 【劳动行政部门和有关部门工作人员渎职的法律责任】劳动行政部门或者有关部门的工作人员滥用职权、玩忽职守、徇私舞弊,构成犯罪的,依法追究刑事责任;不构成犯罪的,给予行政处分。

第一百零四条 【挪用社会保险基金的法律责任】国家工作人员和社会保险基金经办机构的工作人员挪用社会保险基金,构成犯罪的,依法追究刑事责任。

第一百零五条 【其他法律、行政法规的处罚效力】违反本法规定侵害劳动者合法权益,其他法律、行政法规已规定处罚的,依照该法律、行政法规的规定处罚。

第十三章 附 则

第一百零六条 【省级人民政府实施步骤的制定和备案】省、自治区、直辖市人民政府根据本法和本地区的实际情况,规定劳动合同制度的实施步骤,报国务院备案。

第一百零七条 【施行时间】本法自1995年1月1日起施行。

中华人民共和国劳动合同法

· 2007年6月29日第十届全国人民代表大会常务委员会第二十八次会议通过
· 根据2012年12月28日第十一届全国人民代表大会常务委员会第三十次会议《关于修改〈中华人民共和国劳动合同法〉的决定》修正

第一章 总 则

第一条 【立法宗旨】为了完善劳动合同制度,明确劳动合同双方当事人的权利和义务,保护劳动者的合法权益,构建和发展和谐稳定的劳动关系,制定本法。

第二条 【适用范围】中华人民共和国境内的企业、个体经济组织、民办非企业单位等组织(以下称用人单位)与劳动者建立劳动关系,订立、履行、变更、解除或者终止劳动合同,适用本法。

国家机关、事业单位、社会团体和与其建立劳动关系的劳动者,订立、履行、变更、解除或者终止劳动合同,依照本法执行。

第三条 【基本原则】订立劳动合同,应当遵循合法、公平、平等自愿、协商一致、诚实信用的原则。

依法订立的劳动合同具有约束力,用人单位与劳动者应当履行劳动合同约定的义务。

第四条 【规章制度】用人单位应当依法建立和完善劳动规章制度,保障劳动者享有劳动权利、履行劳动义务。

用人单位在制定、修改或者决定有关劳动报酬、工作时间、休息休假、劳动安全卫生、保险福利、职工培训、劳动纪律以及劳动定额管理等直接涉及劳动者切身利益的规章制度或者重大事项时,应当经职工代表大会或者全体职工讨论,提出方案和意见,与工会或者职工代表平等协商确定。

在规章制度和重大事项决定实施过程中,工会或者职工认为不适当的,有权向用人单位提出,通过协商予以修改完善。

用人单位应当将直接涉及劳动者切身利益的规章制度和重大事项决定公示,或者告知劳动者。

第五条 【协调劳动关系三方机制】县级以上人民政府劳动行政部门会同工会和企业方面代表,建立健全协调劳动关系三方机制,共同研究解决有关劳动关系的重大问题。

第六条 【集体协商机制】工会应当帮助、指导劳动者与用人单位依法订立和履行劳动合同,并与用人单位建立集体协商机制,维护劳动者的合法权益。

第二章 劳动合同的订立

第七条 【劳动关系的建立】用人单位自用工之日起即与劳动者建立劳动关系。用人单位应当建立职工名册备查。

第八条 【用人单位的告知义务和劳动者的说明义务】用人单位招用劳动者时,应当如实告知劳动者工作内容、工作条件、工作地点、职业危害、安全生产状况、劳动报酬,以及劳动者要求了解的其他情况;用人单位有权了解劳动者与劳动合同直接相关的基本情况,劳动者应当如实说明。

第九条 【用人单位不得扣押劳动者证件和要求提供担保】用人单位招用劳动者,不得扣押劳动者的居民身份证和其他证件,不得要求劳动者提供担保或者以其他名义向劳动者收取财物。

第十条 【订立书面劳动合同】建立劳动关系,应当订立书面劳动合同。

已建立劳动关系,未同时订立书面劳动合同的,应当自用工之日起一个月内订立书面劳动合同。

用人单位与劳动者在用工前订立劳动合同的,劳动关系自用工之日起建立。

第十一条 【未订立书面劳动合同时劳动报酬不明确的解决】用人单位未在用工的同时订立书面劳动合同,与劳动者约定的劳动报酬不明确的,新招用的劳动者的劳动报酬按照集体合同规定的标准执行;没有集体合同或者集体合同未规定的,实行同工同酬。

第十二条 【劳动合同的种类】劳动合同分为固定期限劳动合同、无固定期限劳动合同和以完成一定工作任务为期限的劳动合同。

第十三条 【固定期限劳动合同】固定期限劳动合同,是指用人单位与劳动者约定合同终止时间的劳动合同。

用人单位与劳动者协商一致,可以订立固定期限劳动合同。

第十四条 【无固定期限劳动合同】无固定期限劳动合同,是指用人单位与劳动者约定无确定终止时间的劳动合同。

用人单位与劳动者协商一致,可以订立无固定期限劳动合同。有下列情形之一,劳动者提出或者同意续订、订立劳动合同的,除劳动者提出订立固定期限劳动合同外,应当订立无固定期限劳动合同:

(一)劳动者在该用人单位连续工作满十年的;

(二)用人单位初次实行劳动合同制度或者国有企业改制重新订立劳动合同时,劳动者在该用人单位连续工作满十年且距法定退休年龄不足十年的;

(三)连续订立二次固定期限劳动合同,且劳动者没有本法第三十九条和第四十条第一项、第二项规定的情形,续订劳动合同的。

用人单位自用工之日起满一年不与劳动者订立书面劳动合同的,视为用人单位与劳动者已订立无固定期限劳动合同。

第十五条 【以完成一定工作任务为期限的劳动合同】以完成一定工作任务为期限的劳动合同,是指用人单位与劳动者约定以某项工作的完成为合同期限的劳动合同。

用人单位与劳动者协商一致,可以订立以完成一定工作任务为期限的劳动合同。

第十六条 【劳动合同的生效】劳动合同由用人单位与劳动者协商一致,并经用人单位与劳动者在劳动合同文本上签字或者盖章生效。

劳动合同文本由用人单位和劳动者各执一份。

第十七条 【劳动合同的内容】劳动合同应当具备以下条款:

(一)用人单位的名称、住所和法定代表人或者主要负责人;

(二)劳动者的姓名、住址和居民身份证或者其他有效身份证件号码;

(三)劳动合同期限;

(四)工作内容和工作地点;

(五)工作时间和休息休假;

(六)劳动报酬;

(七)社会保险;

(八)劳动保护、劳动条件和职业危害防护;

(九)法律、法规规定应当纳入劳动合同的其他事项。

劳动合同除前款规定的必备条款外,用人单位与劳动者可以约定试用期、培训、保守秘密、补充保险和福利待遇等其他事项。

第十八条 【劳动合同对劳动报酬和劳动条件约定不明确的解决】劳动合同对劳动报酬和劳动条件等标准约定不明确,引发争议的,用人单位与劳动者可以重新协商;协商不成的,适用集体合同规定;没有集体合同或者集体合同未规定劳动报酬的,实行同工同酬;没有集体合同或者集体合同未规定劳动条件等标准的,适用国家有关规定。

第十九条 【试用期】劳动合同期限三个月以上不

满一年的，试用期不得超过一个月；劳动合同期限一年以上不满三年的，试用期不得超过二个月；三年以上固定期限和无固定期限的劳动合同，试用期不得超过六个月。

同一用人单位与同一劳动者只能约定一次试用期。

以完成一定工作任务为期限的劳动合同或者劳动合同期限不满三个月的，不得约定试用期。

试用期包含在劳动合同期限内。劳动合同仅约定试用期的，试用期不成立，该期限为劳动合同期限。

第二十条 【试用期工资】劳动者在试用期的工资不得低于本单位相同岗位最低档工资或者劳动合同约定工资的百分之八十，并不得低于用人单位所在地的最低工资标准。

第二十一条 【试用期内解除劳动合同】在试用期中，除劳动者有本法第三十九条和第四十条第一项、第二项规定的情形外，用人单位不得解除劳动合同。用人单位在试用期解除劳动合同的，应当向劳动者说明理由。

第二十二条 【服务期】用人单位为劳动者提供专项培训费用，对其进行专业技术培训的，可以与该劳动者订立协议，约定服务期。

劳动者违反服务期约定的，应当按照约定向用人单位支付违约金。违约金的数额不得超过用人单位提供的培训费用。用人单位要求劳动者支付的违约金不得超过服务期尚未履行部分所应分摊的培训费用。

用人单位与劳动者约定服务期的，不影响按照正常的工资调整机制提高劳动者在服务期期间的劳动报酬。

第二十三条 【保密义务和竞业限制】用人单位与劳动者可以在劳动合同中约定保守用人单位的商业秘密和与知识产权相关的保密事项。

对负有保密义务的劳动者，用人单位可以在劳动合同或者保密协议中与劳动者约定竞业限制条款，并约定在解除或者终止劳动合同后，在竞业限制期限内按月给予劳动者经济补偿。劳动者违反竞业限制约定的，应当按照约定向用人单位支付违约金。

第二十四条 【竞业限制的范围和期限】竞业限制的人员限于用人单位的高级管理人员、高级技术人员和其他负有保密义务的人员。竞业限制的范围、地域、期限由用人单位与劳动者约定，竞业限制的约定不得违反法律、法规的规定。

在解除或者终止劳动合同后，前款规定的人员到与本单位生产或者经营同类产品、从事同类业务的有竞争关系的其他用人单位，或者自己开业生产或者经营同类产品、从事同类业务的竞业限制期限，不得超过二年。

第二十五条 【违约金】除本法第二十二条和第二十三条规定的情形外，用人单位不得与劳动者约定由劳动者承担违约金。

第二十六条 【劳动合同的无效】下列劳动合同无效或者部分无效：

（一）以欺诈、胁迫的手段或者乘人之危，使对方在违背真实意思的情况下订立或者变更劳动合同的；

（二）用人单位免除自己的法定责任、排除劳动者权利的；

（三）违反法律、行政法规强制性规定的。

对劳动合同的无效或者部分无效有争议的，由劳动争议仲裁机构或者人民法院确认。

第二十七条 【劳动合同部分无效】劳动合同部分无效，不影响其他部分效力的，其他部分仍然有效。

第二十八条 【劳动合同无效后劳动报酬的支付】劳动合同被确认无效，劳动者已付出劳动的，用人单位应当向劳动者支付劳动报酬。劳动报酬的数额，参照本单位相同或者相近岗位劳动者的劳动报酬确定。

第三章 劳动合同的履行和变更

第二十九条 【劳动合同的履行】用人单位与劳动者应当按照劳动合同的约定，全面履行各自的义务。

第三十条 【劳动报酬】用人单位应当按照劳动合同约定和国家规定，向劳动者及时足额支付劳动报酬。

用人单位拖欠或者未足额支付劳动报酬的，劳动者可以依法向当地人民法院申请支付令，人民法院应当依法发出支付令。

第三十一条 【加班】用人单位应当严格执行劳动定额标准，不得强迫或者变相强迫劳动者加班。用人单位安排加班的，应当按照国家有关规定向劳动者支付加班费。

第三十二条 【劳动者拒绝违章指挥、强令冒险作业】劳动者拒绝用人单位管理人员违章指挥、强令冒险作业的，不视为违反劳动合同。

劳动者对危害生命安全和身体健康的劳动条件，有权对用人单位提出批评、检举和控告。

第三十三条 【用人单位名称、法定代表人等的变更】用人单位变更名称、法定代表人、主要负责人或者投资人等事项，不影响劳动合同的履行。

第三十四条 【用人单位合并或者分立】用人单位发生合并或者分立等情况，原劳动合同继续有效，劳动合同由承继其权利和义务的用人单位继续履行。

第三十五条 【劳动合同的变更】用人单位与劳动

者协商一致,可以变更劳动合同约定的内容。变更劳动合同,应当采用书面形式。

变更后的劳动合同文本由用人单位和劳动者各执一份。

第四章 劳动合同的解除和终止

第三十六条 【协商解除劳动合同】用人单位与劳动者协商一致,可以解除劳动合同。

第三十七条 【劳动者提前通知解除劳动合同】劳动者提前三十日以书面形式通知用人单位,可以解除劳动合同。劳动者在试用期内提前三日通知用人单位,可以解除劳动合同。

第三十八条 【劳动者解除劳动合同】用人单位有下列情形之一的,劳动者可以解除劳动合同:

(一)未按照劳动合同约定提供劳动保护或者劳动条件的;

(二)未及时足额支付劳动报酬的;

(三)未依法为劳动者缴纳社会保险费的;

(四)用人单位的规章制度违反法律、法规的规定,损害劳动者权益的;

(五)因本法第二十六条第一款规定的情形致使劳动合同无效的;

(六)法律、行政法规规定劳动者可以解除劳动合同的其他情形。

用人单位以暴力、威胁或者非法限制人身自由的手段强迫劳动者劳动的,或者用人单位违章指挥、强令冒险作业危及劳动者人身安全的,劳动者可以立即解除劳动合同,不需事先告知用人单位。

第三十九条 【用人单位单方解除劳动合同】劳动者有下列情形之一的,用人单位可以解除劳动合同:

(一)在试用期间被证明不符合录用条件的;

(二)严重违反用人单位的规章制度的;

(三)严重失职,营私舞弊,给用人单位造成重大损害的;

(四)劳动者同时与其他用人单位建立劳动关系,对完成本单位的工作任务造成严重影响,或者经用人单位提出,拒不改正的;

(五)因本法第二十六条第一款第一项规定的情形致使劳动合同无效的;

(六)被依法追究刑事责任的。

第四十条 【无过失性辞退】有下列情形之一的,用人单位提前三十日以书面形式通知劳动者本人或者额外支付劳动者一个月工资后,可以解除劳动合同:

(一)劳动者患病或者非因工负伤,在规定的医疗期满后不能从事原工作,也不能从事由用人单位另行安排的工作的;

(二)劳动者不能胜任工作,经过培训或者调整工作岗位,仍不能胜任工作的;

(三)劳动合同订立时所依据的客观情况发生重大变化,致使劳动合同无法履行,经用人单位与劳动者协商,未能就变更劳动合同内容达成协议的。

第四十一条 【经济性裁员】有下列情形之一,需要裁减人员二十人以上或者裁减不足二十人但占企业职工总数百分之十以上的,用人单位提前三十日向工会或者全体职工说明情况,听取工会或者职工的意见后,裁减人员方案经向劳动行政部门报告,可以裁减人员:

(一)依照企业破产法规定进行重整的;

(二)生产经营发生严重困难的;

(三)企业转产、重大技术革新或者经营方式调整,经变更劳动合同后,仍需裁减人员的;

(四)其他因劳动合同订立时所依据的客观经济情况发生重大变化,致使劳动合同无法履行的。

裁减人员时,应当优先留用下列人员:

(一)与本单位订立较长期限的固定期限劳动合同的;

(二)与本单位订立无固定期限劳动合同的;

(三)家庭无其他就业人员,有需要扶养的老人或者未成年人的。

用人单位依照本条第一款规定裁减人员,在六个月内重新招用人员的,应当通知被裁减的人员,并在同等条件下优先招用被裁减的人员。

第四十二条 【用人单位不得解除劳动合同的情形】劳动者有下列情形之一的,用人单位不得依照本法第四十条、第四十一条的规定解除劳动合同:

(一)从事接触职业病危害作业的劳动者未进行离岗前职业健康检查,或者疑似职业病病人在诊断或者医学观察期间的;

(二)在本单位患职业病或者因工负伤并被确认丧失或者部分丧失劳动能力的;

(三)患病或者非因工负伤,在规定的医疗期内的;

(四)女职工在孕期、产期、哺乳期的;

(五)在本单位连续工作满十五年,且距法定退休年龄不足五年的;

(六)法律、行政法规规定的其他情形。

第四十三条 【工会在劳动合同解除中的监督作用】用人单位单方解除劳动合同,应当事先将理由通知工会。用人单位违反法律、行政法规规定或者劳动合同约定的,工会有权要求用人单位纠正。用人单位应当研究工会的意见,并将处理结果书面通知工会。

第四十四条　【劳动合同的终止】有下列情形之一的,劳动合同终止:

(一)劳动合同期满的;

(二)劳动者开始依法享受基本养老保险待遇的;

(三)劳动者死亡,或者被人民法院宣告死亡或者宣告失踪的;

(四)用人单位被依法宣告破产的;

(五)用人单位被吊销营业执照、责令关闭、撤销或者用人单位决定提前解散的;

(六)法律、行政法规规定的其他情形。

第四十五条　【劳动合同的逾期终止】劳动合同期满,有本法第四十二条规定情形之一的,劳动合同应当续延至相应的情形消失时终止。但是,本法第四十二条第二项规定丧失或者部分丧失劳动能力劳动者的劳动合同的终止,按照国家有关工伤保险的规定执行。

第四十六条　【经济补偿】有下列情形之一的,用人单位应当向劳动者支付经济补偿:

(一)劳动者依照本法第三十八条规定解除劳动合同的;

(二)用人单位依照本法第三十六条规定向劳动者提出解除劳动合同并与劳动者协商一致解除劳动合同的;

(三)用人单位依照本法第四十条规定解除劳动合同的;

(四)用人单位依照本法第四十一条第一款规定解除劳动合同的;

(五)除用人单位维持或者提高劳动合同约定条件续订劳动合同,劳动者不同意续订的情形外,依照本法第四十四条第一项规定终止固定期限劳动合同的;

(六)依照本法第四十四条第四项、第五项规定终止劳动合同的;

(七)法律、行政法规规定的其他情形。

第四十七条　【经济补偿的计算】经济补偿按劳动者在本单位工作的年限,每满一年支付一个月工资的标准向劳动者支付。六个月以上不满一年的,按一年计算;不满六个月的,向劳动者支付半个月工资的经济补偿。

劳动者月工资高于用人单位所在直辖市、设区的市级人民政府公布的本地区上年度职工月平均工资三倍的,向其支付经济补偿的标准按职工月平均工资三倍的数额支付,向其支付经济补偿的年限最高不超过十二年。

本条所称月工资是指劳动者在劳动合同解除或者终止前十二个月的平均工资。

第四十八条　【违法解除或者终止劳动合同的法律后果】用人单位违反本法规定解除或者终止劳动合同,劳动者要求继续履行劳动合同的,用人单位应当继续履行;劳动者不要求继续履行劳动合同或者劳动合同已经不能继续履行的,用人单位应当依照本法第八十七条规定支付赔偿金。

第四十九条　【社会保险关系跨地区转移接续】国家采取措施,建立健全劳动者社会保险关系跨地区转移接续制度。

第五十条　【劳动合同解除或者终止后双方的义务】用人单位应当在解除或者终止劳动合同时出具解除或者终止劳动合同的证明,并在十五日内为劳动者办理档案和社会保险关系转移手续。

劳动者应当按照双方约定,办理工作交接。用人单位依照本法有关规定应当向劳动者支付经济补偿的,在办结工作交接时支付。

用人单位对已经解除或者终止的劳动合同的文本,至少保存二年备查。

第五章　特别规定

第一节　集体合同

第五十一条　【集体合同的订立和内容】企业职工一方与用人单位通过平等协商,可以就劳动报酬、工作时间、休息休假、劳动安全卫生、保险福利等事项订立集体合同。集体合同草案应当提交职工代表大会或者全体职工讨论通过。

集体合同由工会代表企业职工一方与用人单位订立;尚未建立工会的用人单位,由上级工会指导劳动者推举的代表与用人单位订立。

第五十二条　【专项集体合同】企业职工一方与用人单位可以订立劳动安全卫生、女职工权益保护、工资调整机制等专项集体合同。

第五十三条　【行业性集体合同、区域性集体合同】在县级以下区域内,建筑业、采矿业、餐饮服务业等行业可以由工会与企业方面代表订立行业性集体合同,或者订立区域性集体合同。

第五十四条　【集体合同的报送和生效】集体合同订立后,应当报送劳动行政部门;劳动行政部门自收到集体合同文本之日起十五日内未提出异议的,集体合同即行生效。

依法订立的集体合同对用人单位和劳动者具有约束力。行业性、区域性集体合同对当地本行业、本区域的用人单位和劳动者具有约束力。

第五十五条　【集体合同中劳动报酬、劳动条件等标准】集体合同中劳动报酬和劳动条件等标准不得低于当地人民政府规定的最低标准；用人单位与劳动者订立的劳动合同中劳动报酬和劳动条件等标准不得低于集体合同规定的标准。

第五十六条　【集体合同纠纷和法律救济】用人单位违反集体合同，侵犯职工劳动权益的，工会可以依法要求用人单位承担责任；因履行集体合同发生争议，经协商解决不成的，工会可以依法申请仲裁、提起诉讼。

第二节　劳务派遣

第五十七条　【劳务派遣单位的设立】经营劳务派遣业务应当具备下列条件：

（一）注册资本不得少于人民币二百万元；

（二）有与开展业务相适应的固定的经营场所和设施；

（三）有符合法律、行政法规规定的劳务派遣管理制度；

（四）法律、行政法规规定的其他条件。

经营劳务派遣业务，应当向劳动行政部门依法申请行政许可；经许可的，依法办理相应的公司登记。未经许可，任何单位和个人不得经营劳务派遣业务。

第五十八条　【劳务派遣单位、用工单位及劳动者的权利义务】劳务派遣单位是本法所称用人单位，应当履行用人单位对劳动者的义务。劳务派遣单位与被派遣劳动者订立的劳动合同，除应当载明本法第十七条规定的事项外，还应当载明被派遣劳动者的用工单位以及派遣期限、工作岗位等情况。

劳务派遣单位应当与被派遣劳动者订立二年以上的固定期限劳动合同，按月支付劳动报酬；被派遣劳动者在无工作期间，劳务派遣单位应当按照所在地人民政府规定的最低工资标准，向其按月支付报酬。

第五十九条　【劳务派遣协议】劳务派遣单位派遣劳动者应当与接受以劳务派遣形式用工的单位（以下称用工单位）订立劳务派遣协议。劳务派遣协议应当约定派遣岗位和人员数量、派遣期限、劳动报酬和社会保险费的数额与支付方式以及违反协议的责任。

用工单位应当根据工作岗位的实际需要与劳务派遣单位确定派遣期限，不得将连续用工期限分割订立数个短期劳务派遣协议。

第六十条　【劳务派遣单位的告知义务】劳务派遣单位应当将劳务派遣协议的内容告知被派遣劳动者。

劳务派遣单位不得克扣用工单位按照劳务派遣协议支付给被派遣劳动者的劳动报酬。

劳务派遣单位和用工单位不得向被派遣劳动者收取费用。

第六十一条　【跨地区派遣劳动者的劳动报酬、劳动条件】劳务派遣单位跨地区派遣劳动者的，被派遣劳动者享有的劳动报酬和劳动条件，按照用工单位所在地的标准执行。

第六十二条　【用工单位的义务】用工单位应当履行下列义务：

（一）执行国家劳动标准，提供相应的劳动条件和劳动保护；

（二）告知被派遣劳动者的工作要求和劳动报酬；

（三）支付加班费、绩效奖金，提供与工作岗位相关的福利待遇；

（四）对在岗被派遣劳动者进行工作岗位所必需的培训；

（五）连续用工的，实行正常的工资调整机制。

用工单位不得将被派遣劳动者再派遣到其他用人单位。

第六十三条　【被派遣劳动者同工同酬】被派遣劳动者享有与用工单位的劳动者同工同酬的权利。用工单位应当按照同工同酬原则，对被派遣劳动者与本单位同类岗位的劳动者实行相同的劳动报酬分配办法。用工单位无同类岗位劳动者的，参照用工单位所在地相同或者相近岗位劳动者的劳动报酬确定。

劳务派遣单位与被派遣劳动者订立的劳动合同和与用工单位订立的劳务派遣协议，载明或者约定的向被派遣劳动者支付的劳动报酬应当符合前款规定。

第六十四条　【被派遣劳动者参加或者组织工会】被派遣劳动者有权在劳务派遣单位或者用工单位依法参加或者组织工会，维护自身的合法权益。

第六十五条　【劳务派遣中解除劳动合同】被派遣劳动者可以依照本法第三十六条、第三十八条的规定与劳务派遣单位解除劳动合同。

被派遣劳动者有本法第三十九条和第四十条第一项、第二项规定情形的，用工单位可以将劳动者退回劳务派遣单位，劳务派遣单位依照本法有关规定，可以与劳动者解除劳动合同。

第六十六条　【劳务派遣的适用岗位】劳动合同用工是我国的企业基本用工形式。劳务派遣用工是补充形式，只能在临时性、辅助性或者替代性的工作岗位上实施。

前款规定的临时性工作岗位是指存续时间不超过六个月的岗位；辅助性工作岗位是指为主营业务岗位提供服务的非主营业务岗位；替代性工作岗位是指用工单位的劳动者因脱产学习、休假等原因无法工作的一定期间内，可以由其他劳动者替代工作的岗位。

用工单位应当严格控制劳务派遣用工数量，不得超过其用工总量的一定比例，具体比例由国务院劳动行政部门规定。

第六十七条　【用人单位不得自设劳务派遣单位】用人单位不得设立劳务派遣单位向本单位或者所属单位派遣劳动者。

第三节　非全日制用工

第六十八条　【非全日制用工的概念】非全日制用工，是指以小时计酬为主，劳动者在同一用人单位一般平均每日工作时间不超过四小时，每周工作时间累计不超过二十四小时的用工形式。

第六十九条　【非全日制用工的劳动合同】非全日制用工双方当事人可以订立口头协议。

从事非全日制用工的劳动者可以与一个或者一个以上用人单位订立劳动合同；但是，后订立的劳动合同不得影响先订立的劳动合同的履行。

第七十条　【非全日制用工不得约定试用期】非全日制用工双方当事人不得约定试用期。

第七十一条　【非全日制用工的终止用工】非全日制用工双方当事人任何一方都可以随时通知对方终止用工。终止用工，用人单位不向劳动者支付经济补偿。

第七十二条　【非全日制用工的劳动报酬】非全日制用工小时计酬标准不得低于用人单位所在地人民政府规定的最低小时工资标准。

非全日制用工劳动报酬结算支付周期最长不得超过十五日。

第六章　监督检查

第七十三条　【劳动合同制度的监督管理体制】国务院劳动行政部门负责全国劳动合同制度实施的监督管理。

县级以上地方人民政府劳动行政部门负责本行政区域内劳动合同制度实施的监督管理。

县级以上各级人民政府劳动行政部门在劳动合同制度实施的监督管理工作中，应当听取工会、企业方面代表以及有关行业主管部门的意见。

第七十四条　【劳动行政部门监督检查事项】县级以上地方人民政府劳动行政部门依法对下列实施劳动合同制度的情况进行监督检查：

（一）用人单位制定直接涉及劳动者切身利益的规章制度及其执行的情况；

（二）用人单位与劳动者订立和解除劳动合同的情况；

（三）劳务派遣单位和用工单位遵守劳务派遣有关规定的情况；

（四）用人单位遵守国家关于劳动者工作时间和休息休假规定的情况；

（五）用人单位支付劳动合同约定的劳动报酬和执行最低工资标准的情况；

（六）用人单位参加各项社会保险和缴纳社会保险费的情况；

（七）法律、法规规定的其他劳动监察事项。

第七十五条　【监督检查措施和依法行政、文明执法】县级以上地方人民政府劳动行政部门实施监督检查时，有权查阅与劳动合同、集体合同有关的材料，有权对劳动场所进行实地检查，用人单位和劳动者都应当如实提供有关情况和材料。

劳动行政部门的工作人员进行监督检查，应当出示证件，依法行使职权，文明执法。

第七十六条　【其他有关主管部门的监督管理】县级以上人民政府建设、卫生、安全生产监督管理等有关主管部门在各自职责范围内，对用人单位执行劳动合同制度的情况进行监督管理。

第七十七条　【劳动者权利救济途径】劳动者合法权益受到侵害的，有权要求有关部门依法处理，或者依法申请仲裁、提起诉讼。

第七十八条　【工会监督检查的权利】工会依法维护劳动者的合法权益，对用人单位履行劳动合同、集体合同的情况进行监督。用人单位违反劳动法律、法规和劳动合同、集体合同的，工会有权提出意见或者要求纠正；劳动者申请仲裁、提起诉讼的，工会依法给予支持和帮助。

第七十九条　【对违法行为的举报】任何组织或者个人对违反本法的行为都有权举报，县级以上人民政府劳动行政部门应当及时核实、处理，并对举报有功人员给予奖励。

第七章　法律责任

第八十条　【规章制度违法的法律责任】用人单位直接涉及劳动者切身利益的规章制度违反法律、法规规定的,由劳动行政部门责令改正,给予警告;给劳动者造成损害的,应当承担赔偿责任。

第八十一条　【缺乏必备条款、不提供劳动合同文本的法律责任】用人单位提供的劳动合同文本未载明本法规定的劳动合同必备条款或者用人单位未将劳动合同文本交付劳动者的,由劳动行政部门责令改正;给劳动者造成损害的,应当承担赔偿责任。

第八十二条　【不订立书面劳动合同的法律责任】用人单位自用工之日起超过一个月不满一年未与劳动者订立书面劳动合同的,应当向劳动者每月支付二倍的工资。

用人单位违反本法规定不与劳动者订立无固定期限劳动合同的,自应当订立无固定期限劳动合同之日起向劳动者每月支付二倍的工资。

第八十三条　【违法约定试用期的法律责任】用人单位违反本法规定与劳动者约定试用期的,由劳动行政部门责令改正;违法约定的试用期已经履行的,由用人单位以劳动者试用期满月工资为标准,按已经履行的超过法定试用期的期间向劳动者支付赔偿金。

第八十四条　【扣押劳动者身份证等证件的法律责任】用人单位违反本法规定,扣押劳动者居民身份证等证件的,由劳动行政部门责令限期退还劳动者本人,并依照有关法律规定给予处罚。

用人单位违反本法规定,以担保或者其他名义向劳动者收取财物的,由劳动行政部门责令限期退还劳动者本人,并以每人五百元以上二千元以下的标准处以罚款;给劳动者造成损害的,应当承担赔偿责任。

劳动者依法解除或者终止劳动合同,用人单位扣押劳动者档案或者其他物品的,依照前款规定处罚。

第八十五条　【未依法支付劳动报酬、经济补偿等的法律责任】用人单位有下列情形之一的,由劳动行政部门责令限期支付劳动报酬、加班费或者经济补偿;劳动报酬低于当地最低工资标准的,应当支付其差额部分;逾期不支付的,责令用人单位按应付金额百分之五十以上百分之一百以下的标准向劳动者加付赔偿金:

(一)未按照劳动合同的约定或者国家规定及时足额支付劳动者劳动报酬的;

(二)低于当地最低工资标准支付劳动者工资的;

(三)安排加班不支付加班费的;

(四)解除或者终止劳动合同,未依照本法规定向劳动者支付经济补偿的。

第八十六条　【订立无效劳动合同的法律责任】劳动合同依照本法第二十六条规定被确认无效,给对方造成损害的,有过错的一方应当承担赔偿责任。

第八十七条　【违法解除或者终止劳动合同的法律责任】用人单位违反本法规定解除或者终止劳动合同的,应当依照本法第四十七条规定的经济补偿标准的二倍向劳动者支付赔偿金。

第八十八条　【侵害劳动者人身权益的法律责任】用人单位有下列情形之一的,依法给予行政处罚;构成犯罪的,依法追究刑事责任;给劳动者造成损害的,应当承担赔偿责任:

(一)以暴力、威胁或者非法限制人身自由的手段强迫劳动的;

(二)违章指挥或者强令冒险作业危及劳动者人身安全的;

(三)侮辱、体罚、殴打、非法搜查或者拘禁劳动者的;

(四)劳动条件恶劣、环境污染严重,给劳动者身心健康造成严重损害的。

第八十九条　【不出具解除、终止书面证明的法律责任】用人单位违反本法规定未向劳动者出具解除或者终止劳动合同的书面证明,由劳动行政部门责令改正;给劳动者造成损害的,应当承担赔偿责任。

第九十条　【劳动者的赔偿责任】劳动者违反本法规定解除劳动合同,或者违反劳动合同中约定的保密义务或者竞业限制,给用人单位造成损失的,应当承担赔偿责任。

第九十一条　【用人单位的连带赔偿责任】用人单位招用与其他用人单位尚未解除或者终止劳动合同的劳动者,给其他用人单位造成损失的,应当承担连带赔偿责任。

第九十二条　【劳务派遣单位的法律责任】违反本法规定,未经许可,擅自经营劳务派遣业务的,由劳动行政部门责令停止违法行为,没收违法所得,并处违法所得一倍以上五倍以下的罚款;没有违法所得的,可以处五万元以下的罚款。

劳务派遣单位、用工单位违反本法有关劳务派遣规定的,由劳动行政部门责令限期改正;逾期不改正的,以每人五千元以上一万元以下的标准处以罚款,对劳务派遣单位,吊销其劳务派遣业务经营许可证。用工单位给被派遣劳动者造成损害的,劳务派遣单位与用工单位承担连带赔偿责任。

第九十三条　【无营业执照经营单位的法律责任】对不具备合法经营资格的用人单位的违法犯罪行为,依法追究法律责任;劳动者已经付出劳动的,该单位或者其出资人应当依照本法有关规定向劳动者支付劳动报酬、经济补偿、赔偿金；给劳动者造成损害的，应当承担赔偿责任。

第九十四条 【个人承包经营者的连带赔偿责任】个人承包经营违反本法规定招用劳动者，给劳动者造成损害的，发包的组织与个人承包经营者承担连带赔偿责任。

第九十五条 【不履行法定职责、违法行使职权的法律责任】劳动行政部门和其他有关主管部门及其工作人员玩忽职守、不履行法定职责，或者违法行使职权，给劳动者或者用人单位造成损害的，应当承担赔偿责任；对直接负责的主管人员和其他直接责任人员，依法给予行政处分；构成犯罪的，依法追究刑事责任。

第八章 附 则

第九十六条 【事业单位聘用制劳动合同的法律适用】事业单位与实行聘用制的工作人员订立、履行、变更、解除或者终止劳动合同，法律、行政法规或者国务院另有规定的，依照其规定；未作规定的，依照本法有关规定执行。

第九十七条 【过渡性条款】本法施行前已依法订立且在本法施行之日存续的劳动合同，继续履行；本法第十四条第二款第三项规定连续订立固定期限劳动合同的次数，自本法施行后续订固定期限劳动合同时开始计算。

本法施行前已建立劳动关系，尚未订立书面劳动合同的，应当自本法施行之日起一个月内订立。

本法施行之日存续的劳动合同在本法施行后解除或者终止，依照本法第四十六条规定应当支付经济补偿的，经济补偿年限自本法施行之日起计算；本法施行前按照当时有关规定，用人单位应当向劳动者支付经济补偿的，按照当时有关规定执行。

第九十八条 【施行时间】本法自 2008 年 1 月 1 日起施行。

中华人民共和国劳动争议调解仲裁法

- 2007 年 12 月 29 日第十届全国人民代表大会常务委员会第三十一次会议通过
- 2007 年 12 月 29 日中华人民共和国主席令第八十号公布
- 自 2008 年 5 月 1 日起施行

第一章 总 则

第一条 【立法目的】为了公正及时解决劳动争议，保护当事人合法权益，促进劳动关系和谐稳定，制定本法。

第二条 【适用范围】中华人民共和国境内的用人单位与劳动者发生的下列劳动争议，适用本法：

（一）因确认劳动关系发生的争议；

（二）因订立、履行、变更、解除和终止劳动合同发生的争议；

（三）因除名、辞退和辞职、离职发生的争议；

（四）因工作时间、休息休假、社会保险、福利、培训以及劳动保护发生的争议；

（五）因劳动报酬、工伤医疗费、经济补偿或者赔偿金等发生的争议；

（六）法律、法规规定的其他劳动争议。

第三条 【基本原则】解决劳动争议，应当根据事实，遵循合法、公正、及时、着重调解的原则，依法保护当事人的合法权益。

第四条 【协商】发生劳动争议，劳动者可以与用人单位协商，也可以请工会或者第三方共同与用人单位协商，达成和解协议。

第五条 【调解、仲裁、诉讼】发生劳动争议，当事人不愿协商、协商不成或者达成和解协议后不履行的，可以向调解组织申请调解；不愿调解、调解不成或者达成调解协议后不履行的，可以向劳动争议仲裁委员会申请仲裁；对仲裁裁决不服的，除本法另有规定的外，可以向人民法院提起诉讼。

第六条 【举证责任】发生劳动争议，当事人对自己提出的主张，有责任提供证据。与争议事项有关的证据属于用人单位掌握管理的，用人单位应当提供；用人单位不提供的，应当承担不利后果。

第七条 【推举代表参加调解、仲裁或诉讼】发生劳动争议的劳动者一方在十人以上，并有共同请求的，可以推举代表参加调解、仲裁或者诉讼活动。

第八条 【三方机制】县级以上人民政府劳动行政部门会同工会和企业方面代表建立协调劳动关系三方机制，共同研究解决劳动争议的重大问题。

第九条 【拖欠劳动报酬等争议的行政救济】用人单位违反国家规定，拖欠或者未足额支付劳动报酬，或者拖欠工伤医疗费、经济补偿或者赔偿金的，劳动者可以向劳动行政部门投诉，劳动行政部门应当依法处理。

第二章 调 解

第十条 【调解组织】发生劳动争议，当事人可以到下列调解组织申请调解：

（一）企业劳动争议调解委员会；

（二）依法设立的基层人民调解组织；

（三）在乡镇、街道设立的具有劳动争议调解职能的组织。

企业劳动争议调解委员会由职工代表和企业代表组成。职工代表由工会成员担任或者由全体职工推举产生，企业代表由企业负责人指定。企业劳动争议调解委员会主任由工会成员或者双方推举的人员担任。

第十一条 【调解员】劳动争议调解组织的调解员应当由公道正派、联系群众、热心调解工作，并具有一定法律知识、政策水平和文化水平的成年公民担任。

第十二条 【申请调解的形式】当事人申请劳动争议调解可以书面申请，也可以口头申请。口头申请的，调解组织应当当场记录申请人基本情况、申请调解的争议事项、理由和时间。

第十三条 【调解的基本原则】调解劳动争议，应当充分听取双方当事人对事实和理由的陈述，耐心疏导，帮助其达成协议。

第十四条 【调解协议书】经调解达成协议的，应当制作调解协议书。

调解协议书由双方当事人签名或者盖章，经调解员签名并加盖调解组织印章后生效，对双方当事人具有约束力，当事人应当履行。

自劳动争议调解组织收到调解申请之日起十五日内未达成调解协议的，当事人可以依法申请仲裁。

第十五条 【不履行调解协议可申请仲裁】达成调解协议后，一方当事人在协议约定期限内不履行调解协议的，另一方当事人可以依法申请仲裁。

第十六条 【劳动者可以调解协议书申请支付令的情形】因支付拖欠劳动报酬、工伤医疗费、经济补偿或者赔偿金事项达成调解协议，用人单位在协议约定期限内不履行的，劳动者可以持调解协议书依法向人民法院申请支付令。人民法院应当依法发出支付令。

第三章 仲 裁
第一节 一般规定

第十七条 【劳动争议仲裁委员会的设立】劳动争议仲裁委员会按照统筹规划、合理布局和适应实际需要的原则设立。省、自治区人民政府可以决定在市、县设立；直辖市人民政府可以决定在区、县设立。直辖市、设区的市也可以设立一个或者若干个劳动争议仲裁委员会。劳动争议仲裁委员会不按行政区划层层设立。

第十八条 【政府的职责】国务院劳动行政部门依照本法有关规定制定仲裁规则。省、自治区、直辖市人民政府劳动行政部门对本行政区域的劳动争议仲裁工作进行指导。

第十九条 【劳动争议仲裁委员会的组成与职责】劳动争议仲裁委员会由劳动行政部门代表、工会代表和企业方面代表组成。劳动争议仲裁委员会组成人员应当是单数。

劳动争议仲裁委员会依法履行下列职责：
（一）聘任、解聘专职或者兼职仲裁员；
（二）受理劳动争议案件；
（三）讨论重大或者疑难的劳动争议案件；
（四）对仲裁活动进行监督。

劳动争议仲裁委员会下设办事机构，负责办理劳动争议仲裁委员会的日常工作。

第二十条 【仲裁员】劳动争议仲裁委员会应当设仲裁员名册。

仲裁员应当公道正派并符合下列条件之一：
（一）曾任审判员的；
（二）从事法律研究、教学工作并具有中级以上职称的；
（三）具有法律知识、从事人力资源管理或者工会等专业工作满五年的；
（四）律师执业满三年的。

第二十一条 【劳动争议仲裁案件的管辖】劳动争议仲裁委员会负责管辖本区域内发生的劳动争议。

劳动争议由劳动合同履行地或者用人单位所在地的劳动争议仲裁委员会管辖。双方当事人分别向劳动合同履行地和用人单位所在地的劳动争议仲裁委员会申请仲裁的，由劳动合同履行地的劳动争议仲裁委员会管辖。

第二十二条 【劳动争议仲裁案件的当事人】发生劳动争议的劳动者和用人单位为劳动争议仲裁案件的双方当事人。

劳务派遣单位或者用工单位与劳动者发生劳动争议的，劳务派遣单位和用工单位为共同当事人。

第二十三条 【有利害关系的第三人】与劳动争议案件的处理结果有利害关系的第三人，可以申请参加仲裁活动或者由劳动争议仲裁委员会通知其参加仲裁活动。

第二十四条 【委托代理人参加仲裁活动】当事人可以委托代理人参加仲裁活动。委托他人参加仲裁活动，应当向劳动争议仲裁委员会提交有委托人签名或者盖章的委托书，委托书应当载明委托事项和权限。

第二十五条 【法定代理人、指定代理人或近亲属参加仲裁的情形】丧失或者部分丧失民事行为能力的劳动者,由其法定代理人代为参加仲裁活动;无法定代理人的,由劳动争议仲裁委员会为其指定代理人。劳动者死亡的,由其近亲属或者代理人参加仲裁活动。

第二十六条 【仲裁公开原则及例外】劳动争议仲裁公开进行,但当事人协议不公开进行或者涉及国家秘密、商业秘密和个人隐私的除外。

第二节 申请和受理

第二十七条 【仲裁时效】劳动争议申请仲裁的时效期间为一年。仲裁时效期间从当事人知道或者应当知道其权利被侵害之日起计算。

前款规定的仲裁时效,因当事人一方向对方当事人主张权利,或者向有关部门请求权利救济,或者对方当事人同意履行义务而中断。从中断时起,仲裁时效期间重新计算。

因不可抗力或者有其他正当理由,当事人不能在本条第一款规定的仲裁时效期间申请仲裁的,仲裁时效中止。从中止时效的原因消除之日起,仲裁时效期间继续计算。

劳动关系存续期间因拖欠劳动报酬发生争议的,劳动者申请仲裁不受本条第一款规定的仲裁时效期间的限制;但是,劳动关系终止的,应当自劳动关系终止之日起一年内提出。

第二十八条 【申请仲裁的形式】申请人申请仲裁应当提交书面仲裁申请,并按照被申请人人数提交副本。

仲裁申请书应当载明下列事项:

(一)劳动者的姓名、性别、年龄、职业、工作单位和住所,用人单位的名称、住所和法定代表人或者主要负责人的姓名、职务;

(二)仲裁请求和所根据的事实、理由;

(三)证据和证据来源、证人姓名和住所。

书写仲裁申请确有困难的,可以口头申请,由劳动争议仲裁委员会记入笔录,并告知对方当事人。

第二十九条 【仲裁的受理】劳动争议仲裁委员会收到仲裁申请之日起五日内,认为符合受理条件的,应当受理,并通知申请人;认为不符合受理条件的,应当书面通知申请人不予受理,并说明理由。对劳动争议仲裁委员会不予受理或者逾期未作出决定的,申请人可以就该劳动争议事项向人民法院提起诉讼。

第三十条 【被申请人答辩书】劳动争议仲裁委员会受理仲裁申请后,应当在五日内将仲裁申请书副本送达被申请人。

被申请人收到仲裁申请书副本后,应当在十日内向劳动争议仲裁委员会提交答辩书。劳动争议仲裁委员会收到答辩书后,应当在五日内将答辩书副本送达申请人。被申请人未提交答辩书的,不影响仲裁程序的进行。

第三节 开庭和裁决

第三十一条 【仲裁庭】劳动争议仲裁委员会裁决劳动争议案件实行仲裁庭制。仲裁庭由三名仲裁员组成,设首席仲裁员。简单劳动争议案件可以由一名仲裁员独任仲裁。

第三十二条 【通知仲裁庭的组成情况】劳动争议仲裁委员会应当在受理仲裁申请之日起五日内将仲裁庭的组成情况书面通知当事人。

第三十三条 【回避】仲裁员有下列情形之一,应当回避,当事人也有权以口头或者书面方式提出回避申请:

(一)是本案当事人或者当事人、代理人的近亲属的;

(二)与本案有利害关系的;

(三)与本案当事人、代理人有其他关系,可能影响公正裁决的;

(四)私自会见当事人、代理人,或者接受当事人、代理人的请客送礼的。

劳动争议仲裁委员会对回避申请应当及时作出决定,并以口头或者书面方式通知当事人。

第三十四条 【仲裁员承担责任的情形】仲裁员有本法第三十三条第四项规定情形,或者有索贿受贿、徇私舞弊、枉法裁决行为的,应当依法承担法律责任。劳动争议仲裁委员会应当将其解聘。

第三十五条 【开庭通知及延期】仲裁庭应当在开庭五日前,将开庭日期、地点书面通知双方当事人。当事人有正当理由的,可以在开庭三日前请求延期开庭。是否延期,由劳动争议仲裁委员会决定。

第三十六条 【申请人、被申请人无故不到庭或中途退庭】申请人收到书面通知,无正当理由拒不到庭或者未经仲裁庭同意中途退庭的,可以视为撤回仲裁申请。

被申请人收到书面通知,无正当理由拒不到庭或者未经仲裁庭同意中途退庭的,可以缺席裁决。

第三十七条 【鉴定】仲裁庭对专门性问题认为需要鉴定的,可以交由当事人约定的鉴定机构鉴定;当事人没有约定或者无法达成约定的,由仲裁庭指定的鉴定机构鉴定。

根据当事人的请求或者仲裁庭的要求,鉴定机构应当派鉴定人参加开庭。当事人经仲裁庭许可,可以向鉴定人提问。

第三十八条 【质证和辩论】当事人在仲裁过程中有权进行质证和辩论。质证和辩论终结时,首席仲裁员或者独任仲裁员应当征询当事人的最后意见。

第三十九条 【举证】当事人提供的证据经查证属实的,仲裁庭应当将其作为认定事实的根据。

劳动者无法提供由用人单位掌握管理的与仲裁请求有关的证据,仲裁庭可以要求用人单位在指定期限内提供。用人单位在指定期限内不提供的,应当承担不利后果。

第四十条 【开庭笔录】仲裁庭应当将开庭情况记入笔录。当事人和其他仲裁参加人认为对自己陈述的记录有遗漏或者差错的,有权申请补正。如果不予补正,应当记录该申请。

笔录由仲裁员、记录人员、当事人和其他仲裁参加人签名或者盖章。

第四十一条 【申请仲裁后自行和解】当事人申请劳动争议仲裁后,可以自行和解。达成和解协议的,可以撤回仲裁申请。

第四十二条 【先行调解】仲裁庭在作出裁决前,应当先行调解。

调解达成协议的,仲裁庭应当制作调解书。

调解书应当写明仲裁请求和当事人协议的结果。调解书由仲裁员签名,加盖劳动争议仲裁委员会印章,送达双方当事人。调解书经双方当事人签收后,发生法律效力。

调解不成或者调解书送达前,一方当事人反悔的,仲裁庭应当及时作出裁决。

第四十三条 【仲裁案件审理期限】仲裁庭裁决劳动争议案件,应当自劳动争议仲裁委员会受理仲裁申请之日起四十五日内结束。案情复杂需要延期的,经劳动争议仲裁委员会主任批准,可以延期并书面通知当事人,但是延长期限不得超过十五日。逾期未作出仲裁裁决的,当事人可以就该劳动争议事项向人民法院提起诉讼。

仲裁庭裁决劳动争议案件时,其中一部分事实已经清楚,可以就该部分先行裁决。

第四十四条 【可以裁决先予执行的案件】仲裁庭对追索劳动报酬、工伤医疗费、经济补偿或者赔偿金的案件,根据当事人的申请,可以裁决先予执行,移送人民法院执行。

仲裁庭裁决先予执行的,应当符合下列条件:

(一)当事人之间权利义务关系明确;

(二)不先予执行将严重影响申请人的生活。

劳动者申请先予执行的,可以不提供担保。

第四十五条 【作出裁决意见】裁决应当按照多数仲裁员的意见作出,少数仲裁员的不同意见应当记入笔录。仲裁庭不能形成多数意见时,裁决应当按照首席仲裁员的意见作出。

第四十六条 【裁决书】裁决书应当载明仲裁请求、争议事实、裁决理由、裁决结果和裁决日期。裁决书由仲裁员签名,加盖劳动争议仲裁委员会印章。对裁决持不同意见的仲裁员,可以签名,也可以不签名。

第四十七条 【一裁终局的案件】下列劳动争议,除本法另有规定的外,仲裁裁决为终局裁决,裁决书自作出之日起发生法律效力:

(一)追索劳动报酬、工伤医疗费、经济补偿或者赔偿金,不超过当地月最低工资标准十二个月金额的争议;

(二)因执行国家的劳动标准在工作时间、休息休假、社会保险等方面发生的争议。

第四十八条 【劳动者不服一裁终局案件的裁决提起诉讼的期限】劳动者对本法第四十七条规定的仲裁裁决不服的,可以自收到仲裁裁决书之日起十五日内向人民法院提起诉讼。

第四十九条 【用人单位不服一裁终局案件的裁决可诉请撤销的条件】用人单位有证据证明本法第四十七条规定的仲裁裁决有下列情形之一的,可以自收到仲裁裁决书之日起三十日内向劳动争议仲裁委员会所在地的中级人民法院申请撤销裁决:

(一)适用法律、法规确有错误的;

(二)劳动争议仲裁委员会无管辖权的;

(三)违反法定程序的;

(四)裁决所根据的证据是伪造的;

(五)对方当事人隐瞒了足以影响公正裁决的证据的;

(六)仲裁员在仲裁该案时有索贿受贿、徇私舞弊、枉法裁决行为的。

人民法院经组成合议庭审查核实裁决有前款规定情形之一的,应当裁定撤销。

仲裁裁决被人民法院裁定撤销的,当事人可以自收到裁定书之日起十五日内就该劳动争议事项向人民法院提起诉讼。

第五十条 【其他不服仲裁裁决提起诉讼的期限】当事人对本法第四十七条规定以外的其他劳动争议案件的仲裁裁决不服的,可以自收到仲裁裁决书之日起十五日内向人民法院提起诉讼;期满不起诉的,裁决书发生法律效力。

第五十一条 【生效调解书、裁决书的执行】当事人对发生法律效力的调解书、裁决书，应当依照规定的期限履行。一方当事人逾期不履行的，另一方当事人可以依照民事诉讼法的有关规定向人民法院申请执行。受理申请的人民法院应当依法执行。

第四章 附 则

第五十二条 【人事争议处理的法律适用】事业单位实行聘用制的工作人员与本单位发生劳动争议的，依照本法执行；法律、行政法规或者国务院另有规定的，依照其规定。

第五十三条 【劳动争议仲裁不收费】劳动争议仲裁不收费。劳动争议仲裁委员会的经费由财政予以保障。

第五十四条 【实施日期】本法自 2008 年 5 月 1 日起施行。

中华人民共和国社会保险法

- 2010 年 10 月 28 日第十一届全国人民代表大会常务委员会第十七次会议通过
- 根据 2018 年 12 月 29 日第十三届全国人民代表大会常务委员会第七次会议《关于修改〈中华人民共和国社会保险法〉的决定》修正

第一章 总 则

第一条 【立法宗旨】为了规范社会保险关系，维护公民参加社会保险和享受社会保险待遇的合法权益，使公民共享发展成果，促进社会和谐稳定，根据宪法，制定本法。

第二条 【建立社会保险制度】国家建立基本养老保险、基本医疗保险、工伤保险、失业保险、生育保险等社会保险制度，保障公民在年老、疾病、工伤、失业、生育等情况下依法从国家和社会获得物质帮助的权利。

第三条 【社会保险制度的方针和社会保险水平】社会保险制度坚持广覆盖、保基本、多层次、可持续的方针，社会保险水平应当与经济社会发展水平相适应。

第四条 【用人单位和个人的权利义务】中华人民共和国境内的用人单位和个人依法缴纳社会保险费，有权查询缴费记录、个人权益记录，要求社会保险经办机构提供社会保险咨询等相关服务。

个人依法享受社会保险待遇，有权监督本单位为其缴费情况。

第五条 【社会保险财政保障】县级以上人民政府将社会保险事业纳入国民经济和社会发展规划。

国家多渠道筹集社会保险资金。县级以上人民政府对社会保险事业给予必要的经费支持。

国家通过税收优惠政策支持社会保险事业。

第六条 【社会保险基金监督】国家对社会保险基金实行严格监管。

国务院和省、自治区、直辖市人民政府建立健全社会保险基金监督管理制度，保障社会保险基金安全、有效运行。

县级以上人民政府采取措施，鼓励和支持社会各方面参与社会保险基金的监督。

第七条 【社会保险行政管理职责分工】国务院社会保险行政部门负责全国的社会保险管理工作，国务院其他有关部门在各自的职责范围内负责有关的社会保险工作。

县级以上地方人民政府社会保险行政部门负责本行政区域的社会保险管理工作，县级以上地方人民政府其他有关部门在各自的职责范围内负责有关的社会保险工作。

第八条 【社会保险经办机构职责】社会保险经办机构提供社会保险服务，负责社会保险登记、个人权益记录、社会保险待遇支付等工作。

第九条 【工会的职责】工会依法维护职工的合法权益，有权参与社会保险重大事项的研究，参加社会保险监督委员会，对与职工社会保险权益有关的事项进行监督。

第二章 基本养老保险

第十条 【覆盖范围】职工应当参加基本养老保险，由用人单位和职工共同缴纳基本养老保险费。

无雇工的个体工商户、未在用人单位参加基本养老保险的非全日制从业人员以及其他灵活就业人员可以参加基本养老保险，由个人缴纳基本养老保险费。

公务员和参照公务员法管理的工作人员养老保险的办法由国务院规定。

第十一条 【制度模式和基金筹资方式】基本养老保险实行社会统筹与个人账户相结合。

基本养老保险基金由用人单位和个人缴费以及政府补贴等组成。

第十二条 【缴费基数和缴费比例】用人单位应当按照国家规定的本单位职工工资总额的比例缴纳基本养老保险费，记入基本养老保险统筹基金。

职工应当按照国家规定的本人工资的比例缴纳基本养老保险费，记入个人账户。

无雇工的个体工商户、未在用人单位参加基本养老保险的非全日制从业人员以及其他灵活就业人员参加基本养老保险的，应当按照国家规定缴纳基本养老保险费，分别记入基本养老保险统筹基金和个人账户。

第十三条 【政府财政补贴】 国有企业、事业单位职工参加基本养老保险前，视同缴费年限期间应当缴纳的基本养老保险费由政府承担。

基本养老保险基金出现支付不足时，政府给予补贴。

第十四条 【个人账户养老金】 个人账户不得提前支取，记账利率不得低于银行定期存款利率，免征利息税。个人死亡的，个人账户余额可以继承。

第十五条 【基本养老金构成】 基本养老金由统筹养老金和个人账户养老金组成。

基本养老金根据个人累计缴费年限、缴费工资、当地职工平均工资、个人账户金额、城镇人口平均预期寿命等因素确定。

第十六条 【享受基本养老保险待遇的条件】 参加基本养老保险的个人，达到法定退休年龄时累计缴费满十五年的，按月领取基本养老金。

参加基本养老保险的个人，达到法定退休年龄时累计缴费不足十五年的，可以缴费至满十五年，按月领取基本养老金；也可以转入新型农村社会养老保险或者城镇居民社会养老保险，按照国务院规定享受相应的养老保险待遇。

第十七条 【参保个人因病或非因工致残、死亡待遇】 参加基本养老保险的个人，因病或者非因工死亡的，其遗属可以领取丧葬补助金和抚恤金；在未达到法定退休年龄时因病或者非因工致残完全丧失劳动能力的，可以领取病残津贴。所需资金从基本养老保险基金中支付。

第十八条 【基本养老金调整机制】 国家建立基本养老金正常调整机制。根据职工平均工资增长、物价上涨情况，适时提高基本养老保险待遇水平。

第十九条 【基本养老保险关系转移接续制度】 个人跨统筹地区就业的，其基本养老保险关系随本人转移，缴费年限累计计算。个人达到法定退休年龄时，基本养老金分段计算、统一支付。具体办法由国务院规定。

第二十条 【新型农村社会养老保险及其筹资方式】 国家建立和完善新型农村社会养老保险制度。

新型农村社会养老保险实行个人缴费、集体补助和政府补贴相结合。

第二十一条 【新型农村社会养老保险待遇】 新型农村社会养老保险待遇由基础养老金和个人账户养老金组成。

参加新型农村社会养老保险的农村居民，符合国家规定条件的，按月领取新型农村社会养老保险待遇。

第二十二条 【城镇居民社会养老保险】 国家建立和完善城镇居民社会养老保险制度。

省、自治区、直辖市人民政府根据实际情况，可以将城镇居民社会养老保险和新型农村社会养老保险合并实施。

第三章 基本医疗保险

第二十三条 【职工基本医疗保险覆盖范围和缴费】 职工应当参加职工基本医疗保险，由用人单位和职工按照国家规定共同缴纳基本医疗保险费。

无雇工的个体工商户、未在用人单位参加职工基本医疗保险的非全日制从业人员以及其他灵活就业人员可以参加职工基本医疗保险，由个人按照国家规定缴纳基本医疗保险费。

第二十四条 【新型农村合作医疗制度】 国家建立和完善新型农村合作医疗制度。

新型农村合作医疗的管理办法，由国务院规定。

第二十五条 【城镇居民基本医疗保险制度】 国家建立和完善城镇居民基本医疗保险制度。

城镇居民基本医疗保险实行个人缴费和政府补贴相结合。

享受最低生活保障的人、丧失劳动能力的残疾人、低收入家庭六十周岁以上的老年人和未成年人等所需个人缴费部分，由政府给予补贴。

第二十六条 【医疗保险待遇标准】 职工基本医疗保险、新型农村合作医疗和城镇居民基本医疗保险的待遇标准按照国家规定执行。

第二十七条 【退休时享受基本医疗保险待遇】 参加职工基本医疗保险的个人，达到法定退休年龄时累计缴费达到国家规定年限的，退休后不再缴纳基本医疗保险费，按照国家规定享受基本医疗保险待遇；未达到国家规定年限的，可以缴费至国家规定年限。

第二十八条 【基本医疗保险基金支付制度】 符合基本医疗保险药品目录、诊疗项目、医疗服务设施标准以及急诊、抢救的医疗费用，按照国家规定从基本医疗保险基金中支付。

第二十九条 【基本医疗保险费用结算制度】 参保

人员医疗费用中应当由基本医疗保险基金支付的部分，由社会保险经办机构与医疗机构、药品经营单位直接结算。

社会保险行政部门和卫生行政部门应当建立异地就医医疗费用结算制度，方便参保人员享受基本医疗保险待遇。

第三十条 【不纳入基本医疗保险基金支付范围的医疗费用】下列医疗费用不纳入基本医疗保险基金支付范围：

（一）应当从工伤保险基金中支付的；

（二）应当由第三人负担的；

（三）应当由公共卫生负担的；

（四）在境外就医的。

医疗费用依法应当由第三人负担，第三人不支付或者无法确定第三人的，由基本医疗保险基金先行支付。基本医疗保险基金先行支付后，有权向第三人追偿。

第三十一条 【服务协议】社会保险经办机构根据管理服务的需要，可以与医疗机构、药品经营单位签订服务协议，规范医疗服务行为。

医疗机构应当为参保人员提供合理、必要的医疗服务。

第三十二条 【基本医疗保险关系转移接续制度】个人跨统筹地区就业的，其基本医疗保险关系随本人转移，缴费年限累计计算。

第四章 工伤保险

第三十三条 【参保范围和缴费】职工应当参加工伤保险，由用人单位缴纳工伤保险费，职工不缴纳工伤保险费。

第三十四条 【工伤保险费率】国家根据不同行业的工伤风险程度确定行业的差别费率，并根据使用工伤保险基金、工伤发生率等情况在每个行业内确定费率档次。行业差别费率和行业内费率档次由国务院社会保险行政部门制定，报国务院批准后公布施行。

社会保险经办机构根据用人单位使用工伤保险基金、工伤发生率和所属行业费率档次等情况，确定用人单位缴费费率。

第三十五条 【工伤保险费缴费基数和费率】用人单位应当按照本单位职工工资总额，根据社会保险经办机构确定的费率缴纳工伤保险费。

第三十六条 【享受工伤保险待遇的条件】职工因工作原因受到事故伤害或者患职业病，且经工伤认定的，享受工伤保险待遇；其中，经劳动能力鉴定丧失劳动能力的，享受伤残待遇。

工伤认定和劳动能力鉴定应当简捷、方便。

第三十七条 【不认定工伤的情形】职工因下列情形之一导致本人在工作中伤亡的，不认定为工伤：

（一）故意犯罪；

（二）醉酒或者吸毒；

（三）自残或者自杀；

（四）法律、行政法规规定的其他情形。

第三十八条 【工伤保险基金负担的工伤保险待遇】因工伤发生的下列费用，按照国家规定从工伤保险基金中支付：

（一）治疗工伤的医疗费用和康复费用；

（二）住院伙食补助费；

（三）到统筹地区以外就医的交通食宿费；

（四）安装配置伤残辅助器具所需费用；

（五）生活不能自理的，经劳动能力鉴定委员会确认的生活护理费；

（六）一次性伤残补助金和一至四级伤残职工按月领取的伤残津贴；

（七）终止或者解除劳动合同时，应当享受的一次性医疗补助金；

（八）因工死亡的，其遗属领取的丧葬补助金、供养亲属抚恤金和因工死亡补助金；

（九）劳动能力鉴定费。

第三十九条 【用人单位负担的工伤保险待遇】因工伤发生的下列费用，按照国家规定由用人单位支付：

（一）治疗工伤期间的工资福利；

（二）五级、六级伤残职工按月领取的伤残津贴；

（三）终止或者解除劳动合同时，应当享受的一次性伤残就业补助金。

第四十条 【伤残津贴和基本养老保险待遇的衔接】工伤职工符合领取基本养老金条件的，停发伤残津贴，享受基本养老保险待遇。基本养老保险待遇低于伤残津贴的，从工伤保险基金中补足差额。

第四十一条 【未参保单位职工发生工伤时的待遇】职工所在用人单位未依法缴纳工伤保险费，发生工伤事故的，由用人单位支付工伤保险待遇。用人单位不支付的，从工伤保险基金中先行支付。

从工伤保险基金中先行支付的工伤保险待遇应当由用人单位偿还。用人单位不偿还的，社会保险经办机构可以依照本法第六十三条的规定追偿。

第四十二条 【民事侵权责任和工伤保险责任竞

合】由于第三人的原因造成工伤,第三人不支付工伤医疗费用或者无法确定第三人的,由工伤保险基金先行支付。工伤保险基金先行支付后,有权向第三人追偿。

第四十三条 【停止享受工伤保险待遇的情形】工伤职工有下列情形之一的,停止享受工伤保险待遇:

(一)丧失享受待遇条件的;
(二)拒不接受劳动能力鉴定的;
(三)拒绝治疗的。

第五章 失业保险

第四十四条 【参保范围和失业保险费负担】职工应当参加失业保险,由用人单位和职工按照国家规定共同缴纳失业保险费。

第四十五条 【领取失业保险金的条件】失业人员符合下列条件的,从失业保险基金中领取失业保险金:

(一)失业前用人单位和本人已经缴纳失业保险费满一年的;
(二)非因本人意愿中断就业的;
(三)已经进行失业登记,并有求职要求的。

第四十六条 【领取失业保险金的期限】失业人员失业前用人单位和本人累计缴费满一年不足五年的,领取失业保险金的期限最长为十二个月;累计缴费满五年不足十年的,领取失业保险金的期限最长为十八个月;累计缴费十年以上的,领取失业保险金的期限最长为二十四个月。重新就业后,再次失业的,缴费时间重新计算,领取失业保险金的期限与前次失业应当领取而尚未领取的失业保险金的期限合并计算,最长不超过二十四个月。

第四十七条 【失业保险金标准】失业保险金的标准,由省、自治区、直辖市人民政府确定,不得低于城市居民最低生活保障标准。

第四十八条 【享受基本医疗保险待遇】失业人员在领取失业保险金期间,参加职工基本医疗保险,享受基本医疗保险待遇。

失业人员应当缴纳的基本医疗保险费从失业保险基金中支付,个人不缴纳基本医疗保险费。

第四十九条 【在领取失业保险金期间死亡时的待遇】失业人员在领取失业保险金期间死亡的,参照当地对在职职工死亡的规定,向其遗属发给一次性丧葬补助金和抚恤金。所需资金从失业保险基金中支付。

个人死亡同时符合领取基本养老保险丧葬补助金、工伤保险丧葬补助金和失业保险丧葬补助金条件的,其遗属只能选择领取其中的一项。

第五十条 【领取失业保险金的程序】用人单位应当及时为失业人员出具终止或者解除劳动关系的证明,并将失业人员的名单自终止或者解除劳动关系之日起十五日内告知社会保险经办机构。

失业人员应当持本单位为其出具的终止或者解除劳动关系的证明,及时到指定的公共就业服务机构办理失业登记。

失业人员凭失业登记证明和个人身份证明,到社会保险经办机构办理领取失业保险金的手续。失业保险金领取期限自办理失业登记之日起计算。

第五十一条 【停止领取失业保险待遇的情形】失业人员在领取失业保险金期间有下列情形之一的,停止领取失业保险金,并同时停止享受其他失业保险待遇:

(一)重新就业的;
(二)应征服兵役的;
(三)移居境外的;
(四)享受基本养老保险待遇的;
(五)无正当理由,拒不接受当地人民政府指定部门或者机构介绍的适当工作或者提供的培训的。

第五十二条 【失业保险关系的转移接续】职工跨统筹地区就业的,其失业保险关系随本人转移,缴费年限累计计算。

第六章 生育保险

第五十三条 【参保范围和缴费】职工应当参加生育保险,由用人单位按照国家规定缴纳生育保险费,职工不缴纳生育保险费。

第五十四条 【生育保险待遇】用人单位已经缴纳生育保险费的,其职工享受生育保险待遇;职工未就业配偶按照国家规定享受生育医疗费用待遇。所需资金从生育保险基金中支付。

生育保险待遇包括生育医疗费用和生育津贴。

第五十五条 【生育医疗费的项目】生育医疗费用包括下列各项:

(一)生育的医疗费用;
(二)计划生育的医疗费用;
(三)法律、法规规定的其他项目费用。

第五十六条 【享受生育津贴的情形】职工有下列情形之一的,可以按照国家规定享受生育津贴:

(一)女职工生育享受产假;
(二)享受计划生育手术休假;
(三)法律、法规规定的其他情形。

生育津贴按照职工所在用人单位上年度职工月平均工资计发。

第七章 社会保险费征缴

第五十七条 【用人单位社会保险登记】用人单位应当自成立之日起三十日内凭营业执照、登记证书或者单位印章，向当地社会保险经办机构申请办理社会保险登记。社会保险经办机构应当自收到申请之日起十五日内予以审核，发给社会保险登记证件。

用人单位的社会保险登记事项发生变更或者用人单位依法终止的，应当自变更或者终止之日起三十日内，到社会保险经办机构办理变更或者注销社会保险登记。

市场监督管理部门、民政部门和机构编制管理机关应当及时向社会保险经办机构通报用人单位的成立、终止情况，公安机关应当及时向社会保险经办机构通报个人的出生、死亡以及户口登记、迁移、注销等情况。

第五十八条 【个人社会保险登记】用人单位应当自用工之日起三十日内为其职工向社会保险经办机构申请办理社会保险登记。未办理社会保险登记的，由社会保险经办机构核定其应当缴纳的社会保险费。

自愿参加社会保险的无雇工的个体工商户、未在用人单位参加社会保险的非全日制从业人员以及其他灵活就业人员，应当向社会保险经办机构申请办理社会保险登记。

国家建立全国统一的个人社会保障号码。个人社会保障号码为公民身份号码。

第五十九条 【社会保险费征收】县级以上人民政府加强社会保险费的征收工作。

社会保险费实行统一征收，实施步骤和具体办法由国务院规定。

第六十条 【社会保险费的缴纳】用人单位应当自行申报、按时足额缴纳社会保险费，非因不可抗力等法定事由不得缓缴、减免。职工应当缴纳的社会保险费由用人单位代扣代缴，用人单位应当按月将缴纳社会保险费的明细情况告知本人。

无雇工的个体工商户、未在用人单位参加社会保险的非全日制从业人员以及其他灵活就业人员，可以直接向社会保险费征收机构缴纳社会保险费。

第六十一条 【社会保险费征收机构的义务】社会保险费征收机构应当依法按时足额征收社会保险费，并将缴费情况定期告知用人单位和个人。

第六十二条 【用人单位未按规定申报应缴数额】用人单位未按规定申报应当缴纳的社会保险费数额的，按照该单位上月缴费额的百分之一百一十确定应当缴纳数额；缴费单位补办申报手续后，由社会保险费征收机构按照规定结算。

第六十三条 【用人单位未按时足额缴费】用人单位未按时足额缴纳社会保险费的，由社会保险费征收机构责令其限期缴纳或者补足。

用人单位逾期仍未缴纳或者补足社会保险费的，社会保险费征收机构可以向银行和其他金融机构查询其存款账户；并可以申请县级以上有关行政部门作出划拨社会保险费的决定，书面通知其开户银行或者其他金融机构划拨社会保险费。用人单位账户余额少于应当缴纳的社会保险费的，社会保险费征收机构可以要求该用人单位提供担保，签订延期缴费协议。

用人单位未足额缴纳社会保险费且未提供担保的，社会保险费征收机构可以申请人民法院扣押、查封、拍卖其价值相当于应当缴纳社会保险费的财产，以拍卖所得抵缴社会保险费。

第八章 社会保险基金

第六十四条 【社会保险基金类别、管理原则和统筹层次】社会保险基金包括基本养老保险基金、基本医疗保险基金、工伤保险基金、失业保险基金和生育保险基金。除基本医疗保险基金与生育保险基金合并建账及核算外，其他各项社会保险基金按照社会保险险种分别建账，分账核算。社会保险基金执行国家统一的会计制度。

社会保险基金专款专用，任何组织和个人不得侵占或者挪用。

基本养老保险基金逐步实行全国统筹，其他社会保险基金逐步实行省级统筹，具体时间、步骤由国务院规定。

第六十五条 【社会保险基金的收支平衡和政府补贴责任】社会保险基金通过预算实现收支平衡。

县级以上人民政府在社会保险基金出现支付不足时，给予补贴。

第六十六条 【社会保险基金按照统筹层次设立预算】社会保险基金按照统筹层次设立预算。除基本医疗保险基金与生育保险基金预算合并编制外，其他社会保险基金预算按照社会保险项目分别编制。

第六十七条 【社会保险基金预算制定程序】社会保险基金预算、决算草案的编制、审核和批准，依照法律和国务院规定执行。

第六十八条 【社会保险基金财政专户】社会保险基金存入财政专户，具体管理办法由国务院规定。

第六十九条 【社会保险基金的保值增值】社会保险基金在保证安全的前提下，按照国务院规定投资运营实现保值增值。

社会保险基金不得违规投资运营,不得用于平衡其他政府预算,不得用于兴建、改建办公场所和支付人员经费、运行费用、管理费用,或者违反法律、行政法规规定挪作其他用途。

第七十条 【社会保险基金信息公开】社会保险经办机构应当定期向社会公布参加社会保险情况以及社会保险基金的收入、支出、结余和收益情况。

第七十一条 【全国社会保障基金】国家设立全国社会保障基金,由中央财政预算拨款以及国务院批准的其他方式筹集的资金构成,用于社会保障支出的补充、调剂。全国社会保障基金由全国社会保障基金管理运营机构负责管理运营,在保证安全的前提下实现保值增值。

全国社会保障基金应当定期向社会公布收支、管理和投资运营的情况。国务院财政部门、社会保险行政部门、审计机关对全国社会保障基金的收支、管理和投资运营情况实施监督。

第九章 社会保险经办

第七十二条 【社会保险经办机构的设置及经费保障】统筹地区设立社会保险经办机构。社会保险经办机构根据工作需要,经所在地的社会保险行政部门和机构编制管理机关批准,可以在本统筹地区设立分支机构和服务网点。

社会保险经办机构的人员经费和经办社会保险发生的基本运行费用、管理费用,由同级财政按照国家规定予以保障。

第七十三条 【管理制度和支付社会保险待遇职责】社会保险经办机构应当建立健全业务、财务、安全和风险管理制度。

社会保险经办机构应当按时足额支付社会保险待遇。

第七十四条 【获取社会保险数据、建档、权益记录等服务】社会保险经办机构通过业务经办、统计、调查获取社会保险工作所需的数据,有关单位和个人应当及时、如实提供。

社会保险经办机构应当及时为用人单位建立档案,完整、准确地记录参加社会保险的人员、缴费等社会保险数据,妥善保管登记、申报的原始凭证和支付结算的会计凭证。

社会保险经办机构应当及时、完整、准确地记录参加社会保险的个人缴费和用人单位为其缴费,以及享受社会保险待遇等个人权益记录,定期将个人权益记录单免费寄送本人。

用人单位和个人可以免费向社会保险经办机构查询、核对其缴费和享受社会保险待遇记录,要求社会保险经办机构提供社会保险咨询等相关服务。

第七十五条 【社会保险信息系统的建设】全国社会保险信息系统按照国家统一规划,由县级以上人民政府按照分级负责的原则共同建设。

第十章 社会保险监督

第七十六条 【人大监督】各级人民代表大会常务委员会听取和审议本级人民政府对社会保险基金的收支、管理、投资运营以及监督检查情况的专项工作报告,组织对本法实施情况的执法检查等,依法行使监督职权。

第七十七条 【行政部门监督】县级以上人民政府社会保险行政部门应当加强对用人单位和个人遵守社会保险法律、法规情况的监督检查。

社会保险行政部门实施监督检查时,被检查的用人单位和个人应当如实提供与社会保险有关的资料,不得拒绝检查或者谎报、瞒报。

第七十八条 【财政监督、审计监督】财政部门、审计机关按照各自职责,对社会保险基金的收支、管理和投资运营情况实施监督。

第七十九条 【社会保险行政部门对基金的监督】社会保险行政部门对社会保险基金的收支、管理和投资运营情况进行监督检查,发现存在问题的,应当提出整改建议,依法作出处理决定或者向有关行政部门提出处理建议。社会保险基金检查结果应当定期向社会公布。

社会保险行政部门对社会保险基金实施监督检查,有权采取下列措施:

(一)查阅、记录、复制与社会保险基金收支、管理和投资运营相关的资料,对可能被转移、隐匿或者灭失的资料予以封存;

(二)询问与调查事项有关的单位和个人,要求其对与调查事项有关的问题作出说明、提供有关证明材料;

(三)对隐匿、转移、侵占、挪用社会保险基金的行为予以制止并责令改正。

第八十条 【社会保险监督委员会】统筹地区人民政府成立由用人单位代表、参保人员代表,以及工会代表、专家等组成的社会保险监督委员会,掌握、分析社会保险基金的收支、管理和投资运营情况,对社会保险工作提出咨询意见和建议,实施社会监督。

社会保险经办机构应当定期向社会保险监督委员会汇报社会保险基金的收支、管理和投资运营情况。社会保险监督委员会可以聘请会计师事务所对社会保险基金的收支、管理和投资运营情况进行年度审计和专项审计。审计结果应当向社会公开。

社会保险监督委员会发现社会保险基金收支、管理和投资运营中存在问题的，有权提出改正建议；对社会保险经办机构及其工作人员的违法行为，有权向有关部门提出依法处理建议。

第八十一条 【为用人单位和个人信息保密】社会保险行政部门和其他有关行政部门、社会保险经办机构、社会保险费征收机构及其工作人员，应当依法为用人单位和个人的信息保密，不得以任何形式泄露。

第八十二条 【违法行为的举报、投诉】任何组织或者个人有权对违反社会保险法律、法规的行为进行举报、投诉。

社会保险行政部门、卫生行政部门、社会保险经办机构、社会保险费征收机构和财政部门、审计机关对属于本部门、本机构职责范围的举报、投诉，应当依法处理；对不属于本部门、本机构职责范围的，应当书面通知并移交有权处理的部门、机构处理。有权处理的部门、机构应当及时处理，不得推诿。

第八十三条 【社会保险权利救济途径】用人单位或者个人认为社会保险费征收机构的行为侵害自己合法权益的，可以依法申请行政复议或者提起行政诉讼。

用人单位或者个人对社会保险经办机构不依法办理社会保险登记、核定社会保险费、支付社会保险待遇、办理社会保险转移接续手续或者侵害其他社会保险权益的行为，可以依法申请行政复议或者提起行政诉讼。

个人与所在用人单位发生社会保险争议的，可以依法申请调解、仲裁，提起诉讼。用人单位侵害个人社会保险权益的，个人也可以要求社会保险行政部门或者社会保险费征收机构依法处理。

第十一章 法律责任

第八十四条 【不办理社会保险登记的法律责任】用人单位不办理社会保险登记的，由社会保险行政部门责令限期改正；逾期不改正的，对用人单位处应缴社会保险费数额一倍以上三倍以下的罚款，对其直接负责的主管人员和其他直接责任人员处五百元以上三千元以下的罚款。

第八十五条 【拒不出具终止或者解除劳动关系证明的处理】用人单位拒不出具终止或者解除劳动关系证明的，依照《中华人民共和国劳动合同法》的规定处理。

第八十六条 【未按时足额缴费的责任】用人单位未按时足额缴纳社会保险费的，由社会保险费征收机构责令限期缴纳或者补足，并自欠缴之日起，按日加收万分之五的滞纳金；逾期仍不缴纳的，由有关行政部门处欠缴数额一倍以上三倍以下的罚款。

第八十七条 【骗取社保基金支出的责任】社会保险经办机构以及医疗机构、药品经营单位等社会保险服务机构以欺诈、伪造证明材料或者其他手段骗取社会保险基金支出的，由社会保险行政部门责令退回骗取的社会保险金，处骗取金额二倍以上五倍以下的罚款；属于社会保险服务机构的，解除服务协议；直接负责的主管人员和其他直接责任人员有执业资格的，依法吊销其执业资格。

第八十八条 【骗取社会保险待遇的责任】以欺诈、伪造证明材料或者其他手段骗取社会保险待遇的，由社会保险行政部门责令退回骗取的社会保险金，处骗取金额二倍以上五倍以下的罚款。

第八十九条 【经办机构及其工作人员违法行为责任】社会保险经办机构及其工作人员有下列行为之一的，由社会保险行政部门责令改正；给社会保险基金、用人单位或者个人造成损失的，依法承担赔偿责任；对直接负责的主管人员和其他直接责任人员依法给予处分：

（一）未履行社会保险法定职责的；

（二）未将社会保险基金存入财政专户的；

（三）克扣或者拒不按时支付社会保险待遇的；

（四）丢失或者篡改缴费记录、享受社会保险待遇记录等社会保险数据、个人权益记录的；

（五）有违反社会保险法律、法规的其他行为的。

第九十条 【擅自更改缴费基数、费率的责任】社会保险费征收机构擅自更改社会保险费缴费基数、费率，导致少收或者多收社会保险费的，由有关行政部门责令其追缴应当缴纳的社会保险费或者退还不应当缴纳的社会保险费；对直接负责的主管人员和其他直接责任人员依法给予处分。

第九十一条 【隐匿、转移、侵占、挪用社保基金等的责任】违反本法规定，隐匿、转移、侵占、挪用社会保险基金或者违规投资运营的，由社会保险行政部门、财政部门、审计机关责令追回；有违法所得的，没收违法所得；对直接负责的主管人员和其他直接责任人员依法给予处分。

第九十二条 【泄露用人单位和个人信息的行政责任】社会保险行政部门和其他有关行政部门、社会保险经办机构、社会保险费征收机构及其工作人员泄露用人单位和个人信息的,对直接负责的主管人员和其他直接责任人员依法给予处分;给用人单位或者个人造成损失的,应当承担赔偿责任。

第九十三条 【国家工作人员的相关责任】国家工作人员在社会保险管理、监督工作中滥用职权、玩忽职守、徇私舞弊的,依法给予处分。

第九十四条 【相关刑事责任】违反本法规定,构成犯罪的,依法追究刑事责任。

第十二章 附 则

第九十五条 【进城务工农村居民参加社会保险】进城务工的农村居民依照本法规定参加社会保险。

第九十六条 【被征地农民的社会保险】征收农村集体所有的土地,应当足额安排被征地农民的社会保险费,按照国务院规定将被征地农民纳入相应的社会保险制度。

第九十七条 【外国人参加我国社会保险】外国人在中国境内就业的,参照本法规定参加社会保险。

第九十八条 【施行日期】本法自 2011 年 7 月 1 日起施行。

中华人民共和国劳动合同法实施条例

· 2008 年 9 月 3 日国务院第 25 次常务会议通过
· 2008 年 9 月 18 日中华人民共和国国务院令第 535 号公布
· 自公布之日起施行

第一章 总 则

第一条 为了贯彻实施《中华人民共和国劳动合同法》(以下简称劳动合同法),制定本条例。

第二条 各级人民政府和县级以上人民政府劳动行政等有关部门以及工会等组织,应当采取措施,推动劳动合同法的贯彻实施,促进劳动关系的和谐。

第三条 依法成立的会计师事务所、律师事务所等合伙组织和基金会,属于劳动合同法规定的用人单位。

第二章 劳动合同的订立

第四条 劳动合同法规定的用人单位设立的分支机构,依法取得营业执照或者登记证书的,可以作为用人单位与劳动者订立劳动合同;未依法取得营业执照或者登记证书的,受用人单位委托可以与劳动者订立劳动合同。

第五条 自用工之日起一个月内,经用人单位书面通知后,劳动者不与用人单位订立书面劳动合同的,用人单位应当书面通知劳动者终止劳动关系,无需向劳动者支付经济补偿,但是应当依法向劳动者支付其实际工作时间的劳动报酬。

第六条 用人单位自用工之日起超过一个月不满一年未与劳动者订立书面劳动合同的,应当依照劳动合同法第八十二条的规定向劳动者每月支付两倍的工资,并与劳动者补订书面劳动合同;劳动者不与用人单位订立书面劳动合同的,用人单位应当书面通知劳动者终止劳动关系,并依照劳动合同法第四十七条的规定支付经济补偿。

前款规定的用人单位向劳动者每月支付两倍工资的起算时间为用工之日起满一个月的次日,截止时间为补订书面劳动合同的前一日。

第七条 用人单位自用工之日起满一年未与劳动者订立书面劳动合同的,自用工之日起满一个月的次日至满一年的前一日应当依照劳动合同法第八十二条的规定向劳动者每月支付两倍的工资,并视为自用工之日起满一年的当日已经与劳动者订立无固定期限劳动合同,应当立即与劳动者补订书面劳动合同。

第八条 劳动合同法第七条规定的职工名册,应当包括劳动者姓名、性别、公民身份号码、户籍地址及现住址、联系方式、用工形式、用工起始时间、劳动合同期限等内容。

第九条 劳动合同法第十四条第二款规定的连续工作满 10 年的起始时间,应当自用人单位用工之日起计算,包括劳动合同法施行前的工作年限。

第十条 劳动者非因本人原因从原用人单位被安排到新用人单位工作的,劳动者在原用人单位的工作年限合并计算为新用人单位的工作年限。原用人单位已经向劳动者支付经济补偿的,新用人单位在依法解除、终止劳动合同计算支付经济补偿的工作年限时,不再计算劳动者在原用人单位的工作年限。

第十一条 除劳动者与用人单位协商一致的情形外,劳动者依照劳动合同法第十四条第二款的规定,提出订立无固定期限劳动合同的,用人单位应当与其订立无固定期限劳动合同。对劳动合同的内容,双方应当按照合法、公平、平等自愿、协商一致、诚实信用的原则协商确定;对协商不一致的内容,依照劳动合同法第十八条的规定执行。

第十二条 地方各级人民政府及县级以上地方人民政府有关部门为安置就业困难人员提供的给予岗位补贴和社会保险补贴的公益性岗位,其劳动合同不适用劳动合同法有关无固定期限劳动合同的规定以及支付经济补偿的规定。

第十三条 用人单位与劳动者不得在劳动合同法第四十四条规定的劳动合同终止情形之外约定其他的劳动合同终止条件。

第十四条 劳动合同履行地与用人单位注册地不一致的，有关劳动者的最低工资标准、劳动保护、劳动条件、职业危害防护和本地区上年度职工月平均工资标准等事项，按照劳动合同履行地的有关规定执行；用人单位注册地的有关标准高于劳动合同履行地的有关标准，且用人单位与劳动者约定按照用人单位注册地的有关规定执行的，从其约定。

第十五条 劳动者在试用期的工资不得低于本单位相同岗位最低档工资的80%或者不得低于劳动合同约定工资的80%，并不得低于用人单位所在地的最低工资标准。

第十六条 劳动合同法第二十二条第二款规定的培训费用，包括用人单位为了对劳动者进行专业技术培训而支付的有凭证的培训费用、培训期间的差旅费用以及因培训产生的用于该劳动者的其他直接费用。

第十七条 劳动合同期满，但是用人单位与劳动者依照劳动合同法第二十二条的规定约定的服务期尚未到期的，劳动合同应当续延至服务期满；双方另有约定的，从其约定。

第三章 劳动合同的解除和终止

第十八条 有下列情形之一的，依照劳动合同法规定的条件、程序，劳动者可以与用人单位解除固定期限劳动合同、无固定期限劳动合同或者以完成一定工作任务为期限的劳动合同：

（一）劳动者与用人单位协商一致的；

（二）劳动者提前30日以书面形式通知用人单位的；

（三）劳动者在试用期内提前3日通知用人单位的；

（四）用人单位未按照劳动合同约定提供劳动保护或者劳动条件的；

（五）用人单位未及时足额支付劳动报酬的；

（六）用人单位未依法为劳动者缴纳社会保险费的；

（七）用人单位的规章制度违反法律、法规的规定，损害劳动者权益的；

（八）用人单位以欺诈、胁迫的手段或者乘人之危，使劳动者在违背真实意思的情况下订立或者变更劳动合同的；

（九）用人单位在劳动合同中免除自己的法定责任、排除劳动者权利的；

（十）用人单位违反法律、行政法规强制性规定的；

（十一）用人单位以暴力、威胁或者非法限制人身自由的手段强迫劳动者劳动的；

（十二）用人单位违章指挥、强令冒险作业危及劳动者人身安全的；

（十三）法律、行政法规规定劳动者可以解除劳动合同的其他情形。

第十九条 有下列情形之一的，依照劳动合同法规定的条件、程序，用人单位可以与劳动者解除固定期限劳动合同、无固定期限劳动合同或者以完成一定工作任务为期限的劳动合同：

（一）用人单位与劳动者协商一致的；

（二）劳动者在试用期间被证明不符合录用条件的；

（三）劳动者严重违反用人单位的规章制度的；

（四）劳动者严重失职，营私舞弊，给用人单位造成重大损害的；

（五）劳动者同时与其他用人单位建立劳动关系，对完成本单位的工作任务造成严重影响，或者经用人单位提出，拒不改正的；

（六）劳动者以欺诈、胁迫的手段或者乘人之危，使用人单位在违背真实意思的情况下订立或者变更劳动合同的；

（七）劳动者被依法追究刑事责任的；

（八）劳动者患病或者非因工负伤，在规定的医疗期满后不能从事原工作，也不能从事由用人单位另行安排的工作的；

（九）劳动者不能胜任工作，经过培训或者调整工作岗位，仍不能胜任工作的；

（十）劳动合同订立时所依据的客观情况发生重大变化，致使劳动合同无法履行，经用人单位与劳动者协商，未能就变更劳动合同内容达成协议的；

（十一）用人单位依照企业破产法规定进行重整的；

（十二）用人单位生产经营发生严重困难的；

（十三）企业转产、重大技术革新或者经营方式调整，经变更劳动合同后，仍需裁减人员的；

（十四）其他因劳动合同订立时所依据的客观经济情况发生重大变化，致使劳动合同无法履行的。

第二十条 用人单位依照劳动合同法第四十条的规定，选择额外支付劳动者一个月工资解除劳动合同的，其额外支付的工资应当按照该劳动者上一个月的工资标准确定。

第二十一条 劳动者达到法定退休年龄的，劳动合同终止。

第二十二条 以完成一定工作任务为期限的劳动合同因任务完成而终止的,用人单位应当依照劳动合同法第四十七条的规定向劳动者支付经济补偿。

第二十三条 用人单位依法终止工伤职工的劳动合同的,除依照劳动合同法第四十七条的规定支付经济补偿外,还应当依照国家有关工伤保险的规定支付一次性工伤医疗补助金和伤残就业补助金。

第二十四条 用人单位出具的解除、终止劳动合同的证明,应当写明劳动合同期限、解除或者终止劳动合同的日期、工作岗位、在本单位的工作年限。

第二十五条 用人单位违反劳动合同法的规定解除或者终止劳动合同,依照劳动合同法第八十七条的规定支付了赔偿金的,不再支付经济补偿。赔偿金的计算年限自用工之日起计算。

第二十六条 用人单位与劳动者约定了服务期,劳动者依照劳动合同法第三十八条的规定解除劳动合同的,不属于违反服务期的约定,用人单位不得要求劳动者支付违约金。

有下列情形之一,用人单位与劳动者解除约定服务期的劳动合同的,劳动者应当按照劳动合同的约定向用人单位支付违约金:

(一)劳动者严重违反用人单位的规章制度的;

(二)劳动者严重失职,营私舞弊,给用人单位造成重大损害的;

(三)劳动者同时与其他用人单位建立劳动关系,对完成本单位的工作任务造成严重影响,或者经用人单位提出,拒不改正的;

(四)劳动者以欺诈、胁迫的手段或者乘人之危,使用人单位在违背真实意思的情况下订立或者变更劳动合同的;

(五)劳动者被依法追究刑事责任的。

第二十七条 劳动合同法第四十七条规定的经济补偿的月工资按照劳动者应得工资计算,包括计时工资或者计件工资以及奖金、津贴和补贴等货币性收入。劳动者在劳动合同解除或者终止前12个月的平均工资低于当地最低工资标准的,按照当地最低工资标准计算。劳动者工作不满12个月的,按照实际工作的月数计算平均工资。

第四章 劳务派遣特别规定

第二十八条 用人单位或者其所属单位出资或者合伙设立的劳务派遣单位,向本单位或者所属单位派遣劳动者的,属于劳动合同法第六十七条规定的不得设立的劳务派遣单位。

第二十九条 用工单位应当履行劳动合同法第六十二条规定的义务,维护被派遣劳动者的合法权益。

第三十条 劳务派遣单位不得以非全日制用工形式招用被派遣劳动者。

第三十一条 劳务派遣单位或者被派遣劳动者依法解除、终止劳动合同的经济补偿,依照劳动合同法第四十六条、第四十七条的规定执行。

第三十二条 劳务派遣单位违法解除或者终止被派遣劳动者的劳动合同的,依照劳动合同法第四十八条的规定执行。

第五章 法律责任

第三十三条 用人单位违反劳动合同法有关建立职工名册规定的,由劳动行政部门责令限期改正;逾期不改正的,由劳动行政部门处2000元以上2万元以下的罚款。

第三十四条 用人单位依照劳动合同法的规定应当向劳动者每月支付两倍的工资或者应当向劳动者支付赔偿金而未支付的,劳动行政部门应当责令用人单位支付。

第三十五条 用工单位违反劳动合同法和本条例有关劳务派遣规定的,由劳动行政部门和其他有关主管部门责令改正;情节严重的,以每位被派遣劳动者1000元以上5000元以下的标准处以罚款;给被派遣劳动者造成损害的,劳务派遣单位和用工单位承担连带赔偿责任。

第六章 附则

第三十六条 对违反劳动合同法和本条例的行为的投诉、举报,县级以上地方人民政府劳动行政部门依照《劳动保障监察条例》的规定处理。

第三十七条 劳动者与用人单位因订立、履行、变更、解除或者终止劳动合同发生争议的,依照《中华人民共和国劳动争议调解仲裁法》的规定处理。

第三十八条 本条例自公布之日起施行。

社会保险经办条例

·2023年7月21日国务院第11次常务会议通过
·2023年8月16日中华人民共和国国务院令第765号公布
·自2023年12月1日起施行

第一章 总 则

第一条 为了规范社会保险经办,优化社会保险服务,保障社会保险基金安全,维护用人单位和个人的合法权益,促进社会公平,根据《中华人民共和国社会保险法》,制定本条例。

第二条 经办基本养老保险、基本医疗保险、工伤保险、失业保险、生育保险等国家规定的社会保险，适用本条例。

第三条 社会保险经办工作坚持中国共产党的领导，坚持以人民为中心，遵循合法、便民、及时、公开、安全的原则。

第四条 国务院人力资源社会保障行政部门主管全国基本养老保险、工伤保险、失业保险等社会保险经办工作。国务院医疗保障行政部门主管全国基本医疗保险、生育保险等社会保险经办工作。

县级以上地方人民政府人力资源社会保障行政部门按照统筹层次主管基本养老保险、工伤保险、失业保险等社会保险经办工作。县级以上地方人民政府医疗保障行政部门按照统筹层次主管基本医疗保险、生育保险等社会保险经办工作。

第五条 国务院人力资源社会保障行政部门、医疗保障行政部门以及其他有关部门按照各自职责，密切配合、相互协作，共同做好社会保险经办工作。

县级以上地方人民政府应当加强对本行政区域社会保险经办工作的领导，加强社会保险经办能力建设，为社会保险经办工作提供保障。

第二章 社会保险登记和关系转移

第六条 用人单位在登记管理机关办理登记时同步办理社会保险登记。

个人申请办理社会保险登记，以公民身份号码作为社会保障号码，取得社会保障卡和医保电子凭证。社会保险经办机构应当自收到申请之日起10个工作日内办理完毕。

第七条 社会保障卡是个人参加基本养老保险、基本医疗保险、工伤保险、失业保险、生育保险等社会保险和享受各项社会保险待遇的凭证，包括实体社会保障卡和电子社会保障卡。

医保电子凭证是个人参加基本医疗保险、生育保险等社会保险和享受基本医疗保险、生育保险等社会保险待遇的凭证。

第八条 登记管理机关应当将用人单位设立、变更、注销登记的信息与社会保险经办机构共享。公安、民政、卫生健康、司法行政等部门应当将个人的出生、死亡以及户口登记、迁移、注销等信息与社会保险经办机构共享。

第九条 用人单位的性质、银行账户、用工等参保信息发生变化，以及个人参保信息发生变化的，用人单位和个人应当及时告知社会保险经办机构。社会保险经办机构应当对用人单位和个人提供的参保信息与共享信息进行比对核实。

第十条 用人单位和个人申请变更、注销社会保险登记，社会保险经办机构应当自收到申请之日起10个工作日内办理完毕。用人单位注销社会保险登记的，应当先结清欠缴的社会保险费、滞纳金、罚款。

第十一条 社会保险经办机构应当及时、完整、准确记录下列信息：

（一）社会保险登记情况；
（二）社会保险费缴纳情况；
（三）社会保险待遇享受情况；
（四）个人账户情况；
（五）与社会保险经办相关的其他情况。

第十二条 参加职工基本养老保险的个人跨统筹地区就业，其职工基本养老保险关系随同转移。

参加职工基本养老保险的个人在机关事业单位与企业等不同性质用人单位之间流动就业，其职工基本养老保险关系随同转移。

参加城乡居民基本养老保险且未享受待遇的个人跨统筹地区迁移户籍，其城乡居民基本养老保险关系可以随同转移。

第十三条 参加职工基本医疗保险的个人跨统筹地区就业，其职工基本医疗保险关系随同转移。

参加城乡居民基本医疗保险的个人跨统筹地区迁移户籍或者变动经常居住地，其城乡居民基本医疗保险关系可以按照规定随同转移。

职工基本医疗保险与城乡居民基本医疗保险之间的关系转移，按照规定执行。

第十四条 参加失业保险的个人跨统筹地区就业，其失业保险关系随同转移。

第十五条 参加工伤保险、生育保险的个人跨统筹地区就业，在新就业地参加工伤保险、生育保险。

第十六条 用人单位和个人办理社会保险关系转移接续手续的，社会保险经办机构应当在规定时限内办理完毕，并将结果告知用人单位和个人，或者提供办理情况查询服务。

第十七条 军事机关和社会保险经办机构，按照各自职责办理军人保险与社会保险关系转移接续手续。

社会保险经办机构应当为军人保险与社会保险关系转移接续手续办理优先提供服务。

第三章 社会保险待遇核定和支付

第十八条 用人单位和个人应当按照国家规定，向社会保险经办机构提出领取基本养老金的申请。社会保险经办机构应当自收到申请之日起20个工作日内办理完毕。

第十九条 参加职工基本养老保险的个人死亡或者失业人员在领取失业保险金期间死亡，其遗属可以依法向社会保险经办机构申领丧葬补助金和抚恤金。社会保险经办机构应当及时核实有关情况，按照规定核定并发放丧葬补助金和抚恤金。

第二十条 个人医疗费用、生育医疗费用中应当由基本医疗保险（含生育保险）基金支付的部分，由社会保险经办机构审核后与医疗机构、药品经营单位直接结算。

因特殊情况个人申请手工报销，应当向社会保险经办机构提供医疗机构、药品经营单位的收费票据、费用清单、诊断证明、病历资料。社会保险经办机构应当对收费票据、费用清单、诊断证明、病历资料进行审核，并自收到申请之日起30个工作日内办理完毕。

参加生育保险的个人申领生育津贴，应当向社会保险经办机构提供病历资料。社会保险经办机构应当对病历资料进行审核，并自收到申请之日起10个工作日内办理完毕。

第二十一条 工伤职工及其用人单位依法申请劳动能力鉴定、辅助器具配置确认、停工留薪期延长确认、工伤旧伤复发确认，应当向社会保险经办机构提供诊断证明、病历资料。

第二十二条 个人治疗工伤的医疗费用、康复费用、安装配置辅助器具费用中应当由工伤保险基金支付的部分，由社会保险经办机构审核后与医疗机构、辅助器具配置机构直接结算。

因特殊情况用人单位或者个人申请手工报销，应当向社会保险经办机构提供医疗机构、辅助器具配置机构的收费票据、费用清单、诊断证明、病历资料。社会保险经办机构应当对收费票据、费用清单、诊断证明、病历资料进行审核，并自收到申请之日起20个工作日内办理完毕。

第二十三条 人力资源社会保障行政部门、医疗保障行政部门应当按照各自职责建立健全异地就医医疗费用结算制度。社会保险经办机构应当做好异地就医医疗费用结算工作。

第二十四条 个人申领失业保险金，社会保险经办机构应当自收到申请之日起10个工作日内办理完毕。

个人在领取失业保险金期间，社会保险经办机构应当从失业保险基金中支付其应当缴纳的基本医疗保险（含生育保险）费。

个人申领职业培训等补贴，应当提供职业资格证书或者职业技能等级证书。社会保险经办机构应当对职业资格证书或者职业技能等级证书进行审核，并自收到申请之日起10个工作日内办理完毕。

第二十五条 个人出现国家规定的停止享受社会保险待遇的情形，用人单位、待遇享受人员或者其亲属应当自相关情形发生之日起20个工作日内告知社会保险经办机构。社会保险经办机构核实后应当停止发放相应的社会保险待遇。

第二十六条 社会保险经办机构应当通过信息比对、自助认证等方式，核验社会保险待遇享受资格。通过信息比对、自助认证等方式无法确认社会保险待遇享受资格的，社会保险经办机构可以委托用人单位或者第三方机构进行核实。

对涉嫌丧失社会保险待遇享受资格后继续享受待遇的，社会保险经办机构应当调查核实。经调查确认不符合社会保险待遇享受资格的，停止发放待遇。

第四章 社会保险经办服务和管理

第二十七条 社会保险经办机构应当依托社会保险公共服务平台、医疗保障信息平台等实现跨部门、跨统筹地区社会保险经办。

第二十八条 社会保险经办机构应当推动社会保险经办事项与相关政务服务事项协同办理。社会保险经办窗口应当进驻政务服务中心，为用人单位和个人提供一站式服务。

人力资源社会保障行政部门、医疗保障行政部门应当强化社会保险经办服务能力，实现省、市、县、乡镇（街道）、村（社区）全覆盖。

第二十九条 用人单位和个人办理社会保险事务，可以通过政府网站、移动终端、自助终端等服务渠道办理，也可以到社会保险经办窗口现场办理。

第三十条 社会保险经办机构应当加强无障碍环境建设，提供无障碍信息交流，完善无障碍服务设施设备，采用授权代办、上门服务等方式，为老年人、残疾人等特殊群体提供便利。

第三十一条 用人单位和个人办理社会保险事务，社会保险经办机构要求其提供身份证件以外的其他证明材料的，应当有法律、法规和国务院决定依据。

第三十二条 社会保险经办机构免费向用人单位和个人提供查询核对社会保险缴费和享受社会保险待遇记录、社会保险咨询等相关服务。

第三十三条 社会保险经办机构应当根据经办工作需要，与符合条件的机构协商签订服务协议，规范社会保险服务行为。人力资源社会保障行政部门、医疗保障行政部门应当加强对服务协议订立、履行等情况的监督。

第三十四条 医疗保障行政部门所属的社会保险经办机构应当改进基金支付和结算服务，加强服务协议管理，建立健全集体协商谈判机制。

第三十五条 社会保险经办机构应当妥善保管社会保险经办信息，确保信息完整、准确和安全。

第三十六条 社会保险经办机构应当建立健全业务、财务、安全和风险管理等内部控制制度。

社会保险经办机构应当定期对内部控制制度的制定、执行情况进行检查、评估，对发现的问题进行整改。

第三十七条 社会保险经办机构应当明确岗位权责，对重点业务、高风险业务分级审核。

第三十八条 社会保险经办机构应当加强信息系统应用管理，健全信息核验机制，记录业务经办过程。

第三十九条 社会保险经办机构具体编制下一年度社会保险基金预算草案，报本级人力资源社会保障行政部门、医疗保障行政部门审核汇总。社会保险基金收入预算草案由社会保险经办机构会同社会保险费征收机构具体编制。

第四十条 社会保险经办机构设立社会保险基金支出户，用于接受财政专户拨入基金、支付基金支出款项、上解上级经办机构基金、下拨下级经办机构基金等。

第四十一条 社会保险经办机构应当按照国家统一的会计制度对社会保险基金进行会计核算、对账。

第四十二条 社会保险经办机构应当核查下列事项：

（一）社会保险登记和待遇享受等情况；

（二）社会保险服务机构履行服务协议、执行费用结算项目和标准情况；

（三）法律、法规规定的其他事项。

第四十三条 社会保险经办机构发现社会保险服务机构违反服务协议的，可以督促其履行服务协议，按照服务协议约定暂停或者不予拨付费用、追回违规费用、中止相关责任人员或者所在部门涉及社会保险基金使用的社会保险服务，直至解除服务协议；社会保险服务机构及其相关责任人员有权进行陈述、申辩。

第四十四条 社会保险经办机构发现用人单位、个人、社会保险服务机构违反社会保险法律、法规、规章的，应当责令改正。对拒不改正或者依法应当由人力资源社会保障行政部门、医疗保障行政部门处理的，及时移交人力资源社会保障行政部门、医疗保障行政部门处理。

第四十五条 国务院人力资源社会保障行政部门、医疗保障行政部门会同有关部门建立社会保险信用管理制度，明确社会保险领域严重失信主体名单认定标准。

社会保险经办机构应当如实记录用人单位、个人和社会保险服务机构及其工作人员违反社会保险法律、法规行为等失信行为。

第四十六条 个人多享受社会保险待遇的，由社会保险经办机构责令退回；难以一次性退回的，可以签订还款协议分期退回，也可以从其后续享受的社会保险待遇或者个人账户余额中抵扣。

第五章 社会保险经办监督

第四十七条 人力资源社会保障行政部门、医疗保障行政部门按照各自职责对社会保险经办机构下列事项进行监督检查：

（一）社会保险法律、法规、规章执行情况；

（二）社会保险登记、待遇支付等经办情况；

（三）社会保险基金管理情况；

（四）与社会保险服务机构签订服务协议和服务协议履行情况；

（五）法律、法规规定的其他事项。

财政部门、审计机关按照各自职责，依法对社会保险经办机构的相关工作实施监督。

第四十八条 人力资源社会保障行政部门、医疗保障行政部门应当按照各自职责加强对社会保险服务机构、用人单位和个人遵守社会保险法律、法规、规章情况的监督检查。社会保险服务机构、用人单位和个人应当配合，如实提供与社会保险有关的资料，不得拒绝检查或者谎报、瞒报。

人力资源社会保障行政部门、医疗保障行政部门发现社会保险服务机构、用人单位违反社会保险法律、法规、规章的，应当按照各自职责提出处理意见，督促整改，并可以约谈相关负责人。

第四十九条 人力资源社会保障行政部门、医疗保障行政部门、社会保险经办机构及其工作人员依法保护用人单位和个人的信息，不得以任何形式泄露。

第五十条 人力资源社会保障行政部门、医疗保障行政部门应当畅通监督渠道，鼓励和支持社会各方面对社会保险经办进行监督。

社会保险经办机构应当定期向社会公布参加社会保险情况以及社会保险基金的收入、支出、结余和收益情况,听取用人单位和个人的意见建议,接受社会监督。

工会、企业代表组织应当及时反映用人单位和个人对社会保险经办的意见建议。

第五十一条 任何组织和个人有权对违反社会保险法律、法规、规章的行为进行举报、投诉。

人力资源社会保障行政部门、医疗保障行政部门对收到的有关社会保险的举报、投诉,应当依法进行处理。

第五十二条 用人单位和个人认为社会保险经办机构在社会保险经办工作中侵害其社会保险权益的,可以依法申请行政复议或者提起行政诉讼。

第六章 法律责任

第五十三条 社会保险经办机构及其工作人员有下列行为之一的,由人力资源社会保障行政部门、医疗保障行政部门按照各自职责责令改正;给社会保险基金、用人单位或者个人造成损失的,依法承担赔偿责任;对负有责任的领导人员和直接责任人员依法给予处分:

(一)未履行社会保险法定职责的;

(二)违反规定要求提供证明材料的;

(三)克扣或者拒不按时支付社会保险待遇的;

(四)丢失或者篡改缴费记录、享受社会保险待遇记录等社会保险数据、个人权益记录的;

(五)违反社会保险经办内部控制制度的。

第五十四条 人力资源社会保障行政部门、医疗保障行政部门、社会保险经办机构及其工作人员泄露用人单位和个人信息,对负有责任的领导人员和直接责任人员依法给予处分;给用人单位或者个人造成损失的,依法承担赔偿责任。

第五十五条 以欺诈、伪造证明材料或者其他手段骗取社会保险基金支出的,由人力资源社会保障行政部门、医疗保障行政部门按照各自职责责令退回,处骗取金额2倍以上5倍以下的罚款;属于定点医药机构的,责令其暂停相关责任部门6个月以上1年以下涉及社会保险基金使用的社会保险服务,直至由社会保险经办机构解除服务协议;属于其他社会保险服务机构的,由社会保险经办机构解除服务协议。对负有责任的领导人员和直接责任人员,有执业资格的,由有关主管部门依法吊销其执业资格。

第五十六条 隐匿、转移、侵占、挪用社会保险基金或者违规投资运营的,由人力资源社会保障行政部门、医疗保障行政部门、财政部门、审计机关按照各自职责责令追回;有违法所得的,没收违法所得;对负有责任的领导人员和直接责任人员依法给予处分。

第五十七条 社会保险服务机构拒绝人力资源社会保障行政部门、医疗保障行政部门监督检查或者谎报、瞒报有关情况的,由人力资源社会保障行政部门、医疗保障行政部门按照各自职责责令改正,并可以约谈有关负责人;拒不改正的,处1万元以上5万元以下的罚款。

第五十八条 公职人员在社会保险经办工作中滥用职权、玩忽职守、徇私舞弊的,依法给予处分。

第五十九条 违反本条例规定,构成违反治安管理行为的,依法给予治安管理处罚;构成犯罪的,依法追究刑事责任。

第七章 附 则

第六十条 本条例所称社会保险经办机构,是指人力资源社会保障行政部门所属的经办基本养老保险、工伤保险、失业保险等社会保险的机构和医疗保障行政部门所属的经办基本医疗保险、生育保险等社会保险的机构。

第六十一条 本条例所称社会保险服务机构,是指与社会保险经办机构签订服务协议,提供社会保险服务的医疗机构、药品经营单位、辅助器具配置机构、失业保险委托培训机构等机构。

第六十二条 社会保障卡加载金融功能,有条件的地方可以扩大社会保障卡的应用范围,提升民生服务效能。医保电子凭证可以根据需要,加载相关服务功能。

第六十三条 本条例自2023年12月1日起施行。

工伤保险条例

- 2003年4月27日中华人民共和国国务院令第375号公布
- 根据2010年12月20日《国务院关于修改〈工伤保险条例〉的决定》修订

第一章 总 则

第一条 【立法目的】为了保障因工作遭受事故伤害或者患职业病的职工获得医疗救治和经济补偿,促进工伤预防和职业康复,分散用人单位的工伤风险,制定本条例。

第二条 【适用范围】中华人民共和国境内的企业、事业单位、社会团体、民办非企业单位、基金会、律师事务所、会计师事务所等组织和有雇工的个体工商户(以下称用人单位)应当依照本条例规定参加工伤保险,为本单位全部职工或者雇工(以下称职工)缴纳工伤保险费。

中华人民共和国境内的企业、事业单位、社会团体、民办非企业单位、基金会、律师事务所、会计师事务所等组织的职工和个体工商户的雇工，均有依照本条例的规定享受工伤保险待遇的权利。

第三条 【保费征缴】工伤保险费的征缴按照《社会保险费征缴暂行条例》关于基本养老保险费、基本医疗保险费、失业保险费的征缴规定执行。

第四条 【用人单位责任】用人单位应当将参加工伤保险的有关情况在本单位内公示。

用人单位和职工应当遵守有关安全生产和职业病防治的法律法规，执行安全卫生规程和标准，预防工伤事故发生，避免和减少职业病危害。

职工发生工伤时，用人单位应当采取措施使工伤职工得到及时救治。

第五条 【主管部门与经办机构】国务院社会保险行政部门负责全国的工伤保险工作。

县级以上地方各级人民政府社会保险行政部门负责本行政区域内的工伤保险工作。

社会保险行政部门按照国务院有关规定设立的社会保险经办机构(以下称经办机构)具体承办工伤保险事务。

第六条 【工伤保险政策、标准的制定】社会保险行政部门等部门制定工伤保险的政策、标准，应当征求工会组织、用人单位代表的意见。

第二章 工伤保险基金

第七条 【工伤保险基金构成】工伤保险基金由用人单位缴纳的工伤保险费、工伤保险基金的利息和依法纳入工伤保险基金的其他资金构成。

第八条 【工伤保险费】工伤保险费根据以支定收、收支平衡的原则，确定费率。

国家根据不同行业的工伤风险程度确定行业的差别费率，并根据工伤保险费使用、工伤发生率等情况在每个行业内确定若干费率档次。行业差别费率及行业内费率档次由国务院社会保险行政部门制定，报国务院批准后公布施行。

统筹地区经办机构根据用人单位工伤保险费使用、工伤发生率等情况，适用所属行业内相应的费率档次确定单位缴费费率。

第九条 【行业差别费率及档次调整】国务院社会保险行政部门应当定期了解全国各统筹地区工伤保险基金收支情况，及时提出调整行业差别费率及行业内费率档次的方案，报国务院批准后公布施行。

第十条 【缴费主体、缴费基数与费率】用人单位应当按时缴纳工伤保险费。职工个人不缴纳工伤保险费。

用人单位缴纳工伤保险费的数额为本单位职工工资总额乘以单位缴费费率之积。

对难以按照工资总额缴纳工伤保险费的行业，其缴纳工伤保险费的具体方式，由国务院社会保险行政部门规定。

第十一条 【统筹层次、特殊行业异地统筹】工伤保险基金逐步实行省级统筹。

跨地区、生产流动性较大的行业，可以采取相对集中的方式异地参加统筹地区的工伤保险。具体办法由国务院社会保险行政部门会同有关行业的主管部门制定。

第十二条 【工伤保险基金和用途】工伤保险基金存入社会保障基金财政专户，用于本条例规定的工伤保险待遇，劳动能力鉴定，工伤预防的宣传、培训等费用，以及法律、法规规定的用于工伤保险的其他费用的支付。

工伤预防费用的提取比例、使用和管理的具体办法，由国务院社会保险行政部门会同国务院财政、卫生行政、安全生产监督管理等部门规定。

任何单位或者个人不得将工伤保险基金用于投资运营、兴建或者改建办公场所、发放奖金，或者挪作其他用途。

第十三条 【工伤保险储备金】工伤保险基金应当留有一定比例的储备金，用于统筹地区重大事故的工伤保险待遇支付；储备金不足支付的，由统筹地区的人民政府垫付。储备金占基金总额的具体比例和储备金的使用办法，由省、自治区、直辖市人民政府规定。

第三章 工伤认定

第十四条 【应当认定工伤的情形】职工有下列情形之一的，应当认定为工伤：

(一)在工作时间和工作场所内，因工作原因受到事故伤害的；

(二)工作时间前后在工作场所内，从事与工作有关的预备性或者收尾性工作受到事故伤害的；

(三)在工作时间和工作场所内，因履行工作职责受到暴力等意外伤害的；

(四)患职业病的；

(五)因工外出期间，由于工作原因受到伤害或者发生事故下落不明的；

(六)在上下班途中，受到非本人主要责任的交通事故或者城市轨道交通、客运轮渡、火车事故伤害的；

(七)法律、行政法规规定应当认定为工伤的其他情形。

第十五条 【视同工伤的情形及其保险待遇】职工

有下列情形之一的,视同工伤:

(一)在工作时间和工作岗位,突发疾病死亡或者在48小时之内经抢救无效死亡的;

(二)在抢险救灾等维护国家利益、公共利益活动中受到伤害的;

(三)职工原在军队服役,因战、因公负伤致残,已取得革命伤残军人证,到用人单位后旧伤复发的。

职工有前款第(一)项、(二)项情形的,按照本条例的有关规定享受工伤保险待遇;职工有前款第(三)项情形的,按照本条例的有关规定享受除一次性伤残补助金以外的工伤保险待遇。

第十六条 【不属于工伤的情形】职工符合本条例第十四条、第十五条的规定,但是有下列情形之一的,不得认定为工伤或者视同工伤:

(一)故意犯罪的;

(二)醉酒或者吸毒的;

(三)自残或者自杀的。

第十七条 【申请工伤认定的主体、时限及受理部门】职工发生事故伤害或者按照职业病防治法规定被诊断、鉴定为职业病,所在单位应当自事故伤害发生之日或者被诊断、鉴定为职业病之日起30日内,向统筹地区社会保险行政部门提出工伤认定申请。遇有特殊情况,经报社会保险行政部门同意,申请时限可以适当延长。

用人单位未按前款规定提出工伤认定申请的,工伤职工或者其近亲属、工会组织在事故伤害发生之日或者被诊断、鉴定为职业病之日起1年内,可以直接向用人单位所在地统筹地区社会保险行政部门提出工伤认定申请。

按照本条第一款规定应当由省级社会保险行政部门进行工伤认定的事项,根据属地原则由用人单位所在地的设区的市级社会保险行政部门办理。

用人单位未在本条第一款规定的时限内提交工伤认定申请,在此期间发生符合本条例规定的工伤待遇等有关费用由该用人单位负担。

第十八条 【申请材料】提出工伤认定申请应当提交下列材料:

(一)工伤认定申请表;

(二)与用人单位存在劳动关系(包括事实劳动关系)的证明材料;

(三)医疗诊断证明或者职业病诊断证明书(或者职业病诊断鉴定书)。

工伤认定申请表应当包括事故发生的时间、地点、原因以及职工伤害程度等基本情况。

工伤认定申请人提供材料不完整的,社会保险行政部门应当一次性书面告知工伤认定申请人需要补正的全部材料。申请人按照书面告知要求补正材料后,社会保险行政部门应当受理。

第十九条 【事故调查及举证责任】社会保险行政部门受理工伤认定申请后,根据审核需要可以对事故伤害进行调查核实,用人单位、职工、工会组织、医疗机构以及有关部门应当予以协助。职业病诊断和诊断争议的鉴定,依照职业病防治法的有关规定执行。对依法取得职业病诊断证明书或者职业病诊断鉴定书的,社会保险行政部门不再进行调查核实。

职工或者其近亲属认为是工伤,用人单位不认为是工伤的,由用人单位承担举证责任。

第二十条 【工伤认定的时限、回避】社会保险行政部门应当自受理工伤认定申请之日起60日内作出工伤认定的决定,并书面通知申请工伤认定的职工或者其近亲属和该职工所在单位。

社会保险行政部门对受理的事实清楚、权利义务明确的工伤认定申请,应当在15日内作出工伤认定的决定。

作出工伤认定决定需要以司法机关或者有关行政主管部门的结论为依据的,在司法机关或者有关行政主管部门尚未作出结论期间,作出工伤认定决定的时限中止。

社会保险行政部门工作人员与工伤认定申请人有利害关系的,应当回避。

第四章 劳动能力鉴定

第二十一条 【鉴定的条件】职工发生工伤,经治疗伤情相对稳定后存在残疾、影响劳动能力的,应当进行劳动能力鉴定。

第二十二条 【劳动能力鉴定等级】劳动能力鉴定是指劳动功能障碍程度和生活自理障碍程度的等级鉴定。

劳动功能障碍分为十个伤残等级,最重的为一级,最轻的为十级。

生活自理障碍分为三个等级:生活完全不能自理、生活大部分不能自理和生活部分不能自理。

劳动能力鉴定标准由国务院社会保险行政部门会同国务院卫生行政部门等部门制定。

第二十三条 【申请鉴定的主体、受理机构、申请材料】劳动能力鉴定由用人单位、工伤职工或者其近亲属向设区的市级劳动能力鉴定委员会提出申请,并提供工伤

第二十四条 【鉴定委员会人员构成、专家库】省、自治区、直辖市劳动能力鉴定委员会和设区的市级劳动能力鉴定委员会分别由省、自治区、直辖市和设区的市级社会保险行政部门、卫生行政部门、工会组织、经办机构代表以及用人单位代表组成。

劳动能力鉴定委员会建立医疗卫生专家库。列入专家库的医疗卫生专业技术人员应当具备下列条件：

（一）具有医疗卫生高级专业技术职务任职资格；

（二）掌握劳动能力鉴定的相关知识；

（三）具有良好的职业品德。

第二十五条 【鉴定步骤、时限】设区的市级劳动能力鉴定委员会收到劳动能力鉴定申请后，应当从其建立的医疗卫生专家库中随机抽取3名或者5名相关专家组成专家组，由专家组提出鉴定意见。设区的市级劳动能力鉴定委员会根据专家组的鉴定意见作出工伤职工劳动能力鉴定结论；必要时，可以委托具备资格的医疗机构协助进行有关的诊断。

设区的市级劳动能力鉴定委员会应当自收到劳动能力鉴定申请之日起60日内作出劳动能力鉴定结论，必要时，作出劳动能力鉴定结论的期限可以延长30日。劳动能力鉴定结论应当及时送达申请鉴定的单位和个人。

第二十六条 【再次鉴定】申请鉴定的单位或者个人对设区的市级劳动能力鉴定委员会作出的鉴定结论不服的，可以在收到该鉴定结论之日起15日内向省、自治区、直辖市劳动能力鉴定委员会提出再次鉴定申请。省、自治区、直辖市劳动能力鉴定委员会作出的劳动能力鉴定结论为最终结论。

第二十七条 【鉴定工作原则、回避制度】劳动能力鉴定工作应当客观、公正。劳动能力鉴定委员会组成人员或者参加鉴定的专家与当事人有利害关系的，应当回避。

第二十八条 【复查鉴定】自劳动能力鉴定结论作出之日起1年后，工伤职工或者其近亲属、所在单位或者经办机构认为伤残情况发生变化的，可以申请劳动能力复查鉴定。

第二十九条 【再次鉴定和复查鉴定的时限】劳动能力鉴定委员会依照本条例第二十六条和第二十八条的规定进行再次鉴定和复查鉴定的期限，依照本条例第二十五条第二款的规定执行。

第五章 工伤保险待遇

第三十条 【工伤职工的治疗】职工因工作遭受事故伤害或者患职业病进行治疗，享受工伤医疗待遇。

职工治疗工伤应当在签订服务协议的医疗机构就医，情况紧急时可以先到就近的医疗机构急救。

治疗工伤所需费用符合工伤保险诊疗项目目录、工伤保险药品目录、工伤保险住院服务标准的，从工伤保险基金支付。工伤保险诊疗项目目录、工伤保险药品目录、工伤保险住院服务标准，由国务院社会保险行政部门会同国务院卫生行政部门、食品药品监督管理部门等部门规定。

职工住院治疗工伤的伙食补助费，以及经医疗机构出具证明，报经办机构同意，工伤职工到统筹地区以外就医所需的交通、食宿费用从工伤保险基金支付，基金支付的具体标准由统筹地区人民政府规定。

工伤职工治疗非工伤引发的疾病，不享受工伤医疗待遇，按照基本医疗保险办法处理。

工伤职工到签订服务协议的医疗机构进行工伤康复的费用，符合规定的，从工伤保险基金支付。

第三十一条 【复议和诉讼期间不停止支付医疗费用】社会保险行政部门作出认定为工伤的决定后发生行政复议、行政诉讼的，行政复议和行政诉讼期间不停止支付工伤职工治疗工伤的医疗费用。

第三十二条 【配置辅助器具】工伤职工因日常生活或者就业需要，经劳动能力鉴定委员会确认，可以安装假肢、矫形器、假眼、假牙和配置轮椅等辅助器具，所需费用按照国家规定的标准从工伤保险基金支付。

第三十三条 【工伤治疗期间待遇】职工因工作遭受事故伤害或者患职业病需要暂停工作接受工伤医疗的，在停工留薪期内，原工资福利待遇不变，由所在单位按月支付。

停工留薪期一般不超过12个月。伤情严重或者情况特殊，经设区的市级劳动能力鉴定委员会确认，可以适当延长，但延长不得超过12个月。工伤职工评定伤残等级后，停发原待遇，按照本章的有关规定享受伤残待遇。工伤职工在停工留薪期满后仍需治疗的，继续享受工伤医疗待遇。

生活不能自理的工伤职工在停工留薪期需要护理的，由所在单位负责。

第三十四条 【生活护理费】工伤职工已经评定伤残等级并经劳动能力鉴定委员会确认需要生活护理的，从工伤保险基金按月支付生活护理费。

生活护理费按照生活完全不能自理、生活大部分不能自理或者生活部分不能自理3个不同等级支付，其标准分别为统筹地区上年度职工月平均工资的50%、40%或者30%。

第三十五条 【一至四级工伤待遇】职工因工致残被鉴定为一级至四级伤残的，保留劳动关系，退出工作岗位，享受以下待遇：

（一）从工伤保险基金按伤残等级支付一次性伤残补助金，标准为：一级伤残为27个月的本人工资，二级伤残为25个月的本人工资，三级伤残为23个月的本人工资，四级伤残为21个月的本人工资；

（二）从工伤保险基金按月支付伤残津贴，标准为：一级伤残为本人工资的90%，二级伤残为本人工资的85%，三级伤残为本人工资的80%，四级伤残为本人工资的75%。伤残津贴实际金额低于当地最低工资标准的，由工伤保险基金补足差额；

（三）工伤职工达到退休年龄并办理退休手续后，停发伤残津贴，按照国家有关规定享受基本养老保险待遇。基本养老保险待遇低于伤残津贴的，由工伤保险基金补足差额。

职工因工致残被鉴定为一级至四级伤残的，由用人单位和职工个人以伤残津贴为基数，缴纳基本医疗保险费。

第三十六条 【五至六级工伤待遇】职工因工致残被鉴定为五级、六级伤残的，享受以下待遇：

（一）从工伤保险基金按伤残等级支付一次性伤残补助金，标准为：五级伤残为18个月的本人工资，六级伤残为16个月的本人工资；

（二）保留与用人单位的劳动关系，由用人单位安排适当工作。难以安排工作的，由用人单位按月发给伤残津贴，标准为：五级伤残为本人工资的70%，六级伤残为本人工资的60%，并由用人单位按照规定为其缴纳应缴纳的各项社会保险费。伤残津贴实际金额低于当地最低工资标准的，由用人单位补足差额。

经工伤职工本人提出，该职工可以与用人单位解除或者终止劳动关系，由工伤保险基金支付一次性工伤医疗补助金，由用人单位支付一次性伤残就业补助金。一次性工伤医疗补助金和一次性伤残就业补助金的具体标准由省、自治区、直辖市人民政府规定。

第三十七条 【七至十级工伤待遇】职工因工致残被鉴定为七级至十级伤残的，享受以下待遇：

（一）从工伤保险基金按伤残等级支付一次性伤残补助金，标准为：七级伤残为13个月的本人工资，八级伤残为11个月的本人工资，九级伤残为9个月的本人工资，十级伤残为7个月的本人工资；

（二）劳动、聘用合同期满终止，或者职工本人提出解除劳动、聘用合同的，由工伤保险基金支付一次性工伤医疗补助金，由用人单位支付一次性伤残就业补助金。一次性工伤医疗补助金和一次性伤残就业补助金的具体标准由省、自治区、直辖市人民政府规定。

第三十八条 【旧伤复发待遇】工伤职工工伤复发，确认需要治疗的，享受本条例第三十条、第三十二条和第三十三条规定的工伤待遇。

第三十九条 【工亡待遇】职工因工死亡，其近亲属按照下列规定从工伤保险基金领取丧葬补助金、供养亲属抚恤金和一次性工亡补助金：

（一）丧葬补助金为6个月的统筹地区上年度职工月平均工资；

（二）供养亲属抚恤金按照职工本人工资的一定比例发给因工死亡职工生前提供主要生活来源、无劳动能力的亲属。标准为：配偶每月40%，其他亲属每人每月30%，孤寡老人或者孤儿每人每月在上述标准的基础上增加10%。核定的各供养亲属的抚恤金之和不应高于因工死亡职工生前的工资。供养亲属的具体范围由国务院社会保险行政部门规定；

（三）一次性工亡补助金标准为上一年度全国城镇居民人均可支配收入的20倍。

伤残职工在停工留薪期内因工伤导致死亡的，其近亲属享受本条第一款规定的待遇。

一级至四级伤残职工在停工留薪期满后死亡的，其近亲属可以享受本条第一款第（一）项、第（二）项规定的待遇。

第四十条 【工伤待遇调整】伤残津贴、供养亲属抚恤金、生活护理费由统筹地区社会保险行政部门根据职工平均工资和生活费用变化等情况适时调整。调整办法由省、自治区、直辖市人民政府规定。

第四十一条 【职工抢险救灾、因工外出下落不明时的处理】职工因工外出期间发生事故或者在抢险救灾中下落不明的，从事故发生当月起3个月内照发工资，从第4个月起停发工资，由工伤保险基金向其供养亲属按月支付供养亲属抚恤金。生活有困难的，可以预支一次性工亡补助金的50%。职工被人民法院宣告死亡的，按照本条例第三十九条职工因工死亡的规定处理。

第四十二条 【停止支付工伤保险待遇的情形】工伤职工有下列情形之一的，停止享受工伤保险待遇：

（一）丧失享受待遇条件的；

（二）拒不接受劳动能力鉴定的；

（三）拒绝治疗的。

第四十三条　【用人单位分立合并等情况下的责任】 用人单位分立、合并、转让的，承继单位应当承担原用人单位的工伤保险责任；原用人单位已经参加工伤保险的，承继单位应当到当地经办机构办理工伤保险变更登记。

用人单位实行承包经营的，工伤保险责任由职工劳动关系所在单位承担。

职工被借调期间受到工伤事故伤害的，由原用人单位承担工伤保险责任，但原用人单位与借调单位可以约定补偿办法。

企业破产的，在破产清算时依法拨付应当由单位支付的工伤保险待遇费用。

第四十四条　【派遣出境期间的工伤保险关系】 职工被派遣出境工作，依据前往国家或者地区的法律应当参加当地工伤保险的，参加当地工伤保险，其国内工伤保险关系中止；不能参加当地工伤保险的，其国内工伤保险关系不中止。

第四十五条　【再次发生工伤的待遇】 职工再次发生工伤，根据规定应当享受伤残津贴的，按照新认定的伤残等级享受伤残津贴待遇。

第六章　监督管理

第四十六条　【经办机构职责范围】 经办机构具体承办工伤保险事务，履行下列职责：

（一）根据省、自治区、直辖市人民政府规定，征收工伤保险费；

（二）核查用人单位的工资总额和职工人数，办理工伤保险登记，并负责保存用人单位缴费和职工享受工伤保险待遇情况的记录；

（三）进行工伤保险的调查、统计；

（四）按照规定管理工伤保险基金的支出；

（五）按照规定核定工伤保险待遇；

（六）为工伤职工或者其近亲属免费提供咨询服务。

第四十七条　【服务协议】 经办机构与医疗机构、辅助器具配置机构在平等协商的基础上签订服务协议，并公布签订服务协议的医疗机构、辅助器具配置机构的名单。具体办法由国务院社会保险行政部门分别会同国务院卫生行政部门、民政部门等部门制定。

第四十八条　【工伤保险费用的核查、结算】 经办机构按照协议和国家有关目录、标准对工伤职工医疗费用、康复费用、辅助器具费用的使用情况进行核查，并按时足额结算费用。

第四十九条　【公布基金收支情况、费率调整建议】 经办机构应当定期公布工伤保险基金的收支情况，及时向社会保险行政部门提出调整费率的建议。

第五十条　【听取社会意见】 社会保险行政部门、经办机构应当定期听取工伤职工、医疗机构、辅助器具配置机构以及社会各界对改进工伤保险工作的意见。

第五十一条　【对工伤保险基金的监督】 社会保险行政部门依法对工伤保险费的征缴和工伤保险基金的支付情况进行监督检查。

财政部门和审计机关依法对工伤保险基金的收支、管理情况进行监督。

第五十二条　【群众监督】 任何组织和个人对有关工伤保险的违法行为，有权举报。社会保险行政部门对举报应当及时调查，按照规定处理，并为举报人保密。

第五十三条　【工会监督】 工会组织依法维护工伤职工的合法权益，对用人单位的工伤保险工作实行监督。

第五十四条　【工伤待遇争议处理】 职工与用人单位发生工伤待遇方面的争议，按照处理劳动争议的有关规定处理。

第五十五条　【其他工伤保险争议处理】 有下列情形之一的，有关单位或者个人可以依法申请行政复议，也可以依法向人民法院提起行政诉讼：

（一）申请工伤认定的职工或者其近亲属、该职工所在单位对工伤认定申请不予受理的决定不服的；

（二）申请工伤认定的职工或者其近亲属、该职工所在单位对工伤认定结论不服的；

（三）用人单位对经办机构确定的单位缴费费率不服的；

（四）签订服务协议的医疗机构、辅助器具配置机构认为经办机构未履行有关协议或者规定的；

（五）工伤职工或者其近亲属对经办机构核定的工伤保险待遇有异议的。

第七章　法律责任

第五十六条　【挪用工伤保险基金的责任】 单位或者个人违反本条例第十二条规定挪用工伤保险基金，构成犯罪的，依法追究刑事责任；尚不构成犯罪的，依法给予处分或者纪律处分。被挪用的基金由社会保险行政部门追回，并入工伤保险基金；没收的违法所得依法上缴国库。

第五十七条　【社会保险行政部门工作人员违法违纪责任】 社会保险行政部门工作人员有下列情形之一的，

依法给予处分；情节严重，构成犯罪的，依法追究刑事责任：

（一）无正当理由不受理工伤认定申请，或者弄虚作假将不符合工伤条件的人员认定为工伤职工的；

（二）未妥善保管申请工伤认定的证据材料，致使有关证据灭失的；

（三）收受当事人财物的。

第五十八条 【经办机构违规的责任】经办机构有下列行为之一的，由社会保险行政部门责令改正，对直接负责的主管人员和其他责任人员依法给予纪律处分；情节严重，构成犯罪的，依法追究刑事责任；造成当事人经济损失的，由经办机构依法承担赔偿责任：

（一）未按规定保存用人单位缴费和职工享受工伤保险待遇情况记录的；

（二）不按规定核定工伤保险待遇的；

（三）收受当事人财物的。

第五十九条 【医疗机构、辅助器具配置机构、经办机构间的关系】医疗机构、辅助器具配置机构不按服务协议提供服务的，经办机构可以解除服务协议。

经办机构不按时足额结算费用的，由社会保险行政部门责令改正；医疗机构、辅助器具配置机构可以解除服务协议。

第六十条 【对骗取工伤保险待遇的处罚】用人单位、工伤职工或者其近亲属骗取工伤保险待遇，医疗机构、辅助器具配置机构骗取工伤保险基金支出的，由社会保险行政部门责令退还，处骗取金额2倍以上5倍以下的罚款；情节严重，构成犯罪的，依法追究刑事责任。

第六十一条 【鉴定组织与个人违规的责任】从事劳动能力鉴定的组织或者个人有下列情形之一的，由社会保险行政部门责令改正，处2000元以上1万元以下的罚款；情节严重，构成犯罪的，依法追究刑事责任：

（一）提供虚假鉴定意见的；

（二）提供虚假诊断证明的；

（三）收受当事人财物的。

第六十二条 【未按规定参保的情形】用人单位依照本条例规定应当参加工伤保险而未参加的，由社会保险行政部门责令限期参加，补缴应当缴纳的工伤保险费，并自欠缴之日起，按日加收万分之五的滞纳金；逾期仍不缴纳的，处欠缴数额1倍以上3倍以下的罚款。

依照本条例规定应当参加工伤保险而未参加工伤保险的用人单位职工发生工伤的，由该用人单位按照本条例规定的工伤保险待遇项目和标准支付费用。

用人单位参加工伤保险并补缴应当缴纳的工伤保险费、滞纳金后，由工伤保险基金和用人单位依照本条例的规定支付新发生的费用。

第六十三条 【用人单位不协助调查的责任】用人单位违反本条例第十九条的规定，拒不协助社会保险行政部门对事故进行调查核实的，由社会保险行政部门责令改正，处2000元以上2万元以下的罚款。

第八章 附 则

第六十四条 【相关名词解释】本条例所称工资总额，是指用人单位直接支付给本单位全部职工的劳动报酬总额。

本条例所称本人工资，是指工伤职工因工作遭受事故伤害或者患职业病前12个月平均月缴费工资。本人工资高于统筹地区职工平均工资300%的，按照统筹地区职工平均工资的300%计算；本人工资低于统筹地区职工平均工资60%的，按照统筹地区职工平均工资的60%计算。

第六十五条 【公务员等的工伤保险】公务员和参照公务员法管理的事业单位、社会团体的工作人员因工作遭受事故伤害或者患职业病的，由所在单位支付费用。具体办法由国务院社会保险行政部门会同国务院财政部门规定。

第六十六条 【非法经营单位工伤一次性赔偿及争议处理】无营业执照或者未经依法登记、备案的单位以及被依法吊销营业执照或者撤销登记、备案的单位的职工受到事故伤害或者患职业病的，由该单位向伤残职工或者死亡职工的近亲属给予一次性赔偿，赔偿标准不得低于本条例规定的工伤保险待遇；用人单位不得使用童工，用人单位使用童工造成童工伤残、死亡的，由该单位向童工或者童工的近亲属给予一次性赔偿，赔偿标准不得低于本条例规定的工伤保险待遇。具体办法由国务院社会保险行政部门规定。

前款规定的伤残职工或者死亡职工的近亲属就赔偿数额与单位发生争议的，以及前款规定的童工或者童工的近亲属就赔偿数额与单位发生争议的，按照处理劳动争议的有关规定处理。

第六十七条 【实施日期及过渡事项】本条例自2004年1月1日起施行。本条例施行前已受到事故伤害或者患职业病的职工尚未完成工伤认定的，按照本条例的规定执行。

最低工资规定

- 2004年1月20日劳动和社会保障部令第21号公布
- 自2004年3月1日起施行

第一条 为了维护劳动者取得劳动报酬的合法权益，保障劳动者个人及其家庭成员的基本生活，根据劳动法和国务院有关规定，制定本规定。

第二条 本规定适用于在中华人民共和国境内的企业、民办非企业单位、有雇工的个体工商户（以下统称用人单位）和与之形成劳动关系的劳动者。

国家机关、事业单位、社会团体和与之建立劳动合同关系的劳动者，依照本规定执行。

第三条 本规定所称最低工资标准，是指劳动者在法定工作时间或依法签订的劳动合同约定的工作时间内提供了正常劳动的前提下，用人单位依法应支付的最低劳动报酬。

本规定所称正常劳动，是指劳动者按依法签订的劳动合同约定，在法定工作时间或劳动合同约定的工作时间内从事的劳动。劳动者依法享受带薪年休假、探亲假、婚丧假、生育(产)假、节育手术假等国家规定的假期间，以及法定工作时间内依法参加社会活动期间，视为提供了正常劳动。

第四条 县级以上地方人民政府劳动保障行政部门负责对本行政区域内用人单位执行本规定情况进行监督检查。

各级工会组织依法对本规定执行情况进行监督，发现用人单位支付劳动者工资违反本规定的，有权要求当地劳动保障行政部门处理。

第五条 最低工资标准一般采取月最低工资标准和小时最低工资标准的形式。月最低工资标准适用于全日制就业劳动者，小时最低工资标准适用于非全日制就业劳动者。

第六条 确定和调整月最低工资标准，应参考当地就业者及其赡养人口的最低生活费用、城镇居民消费价格指数、职工个人缴纳的社会保险费和住房公积金、职工平均工资、经济发展水平、就业状况等因素。

确定和调整小时最低工资标准，应在颁布的月最低工资标准的基础上，考虑单位应缴纳的基本养老保险费和基本医疗保险费因素，同时还应适当考虑非全日制劳动者在工作稳定性、劳动条件和劳动强度、福利等方面与全日制就业人员之间的差异。

月最低工资标准和小时最低工资标准具体测算方法见附件。

第七条 省、自治区、直辖市范围内的不同行政区域可以有不同的最低工资标准。

第八条 最低工资标准的确定和调整方案，由省、自治区、直辖市人民政府劳动保障行政部门会同同级工会、企业联合会/企业家协会研究拟订，并将拟订的方案报送劳动保障部。方案内容包括最低工资确定和调整的依据、适用范围、拟订标准和说明。劳动保障部在收到拟订方案后，应征求全国总工会、中国企业联合会/企业家协会的意见。

劳动保障部对方案可以提出修订意见，若在方案收到后14日内未提出修订意见的，视为同意。

第九条 省、自治区、直辖市劳动保障行政部门应将本地区最低工资标准方案报省、自治区、直辖市人民政府批准，并在批准后7日内在当地政府公报上和至少一种全地区性报纸上发布。省、自治区、直辖市劳动保障行政部门应在发布后10日内将最低工资标准报劳动保障部。

第十条 最低工资标准发布实施后，如本规定第六条所规定的相关因素发生变化，应当适时调整。最低工资标准每两年至少调整一次。

第十一条 用人单位应在最低工资标准发布后10日内将该标准向本单位全体劳动者公示。

第十二条 在劳动者提供正常劳动的情况下，用人单位应支付给劳动者的工资在剔除下列各项以后，不得低于当地最低工资标准：

（一）延长工作时间工资；

（二）中班、夜班、高温、低温、井下、有毒有害等特殊工作环境、条件下的津贴；

（三）法律、法规和国家规定的劳动者福利待遇等。

实行计件工资或提成工资等工资形式的用人单位，在科学合理的劳动定额基础上，其支付劳动者的工资不得低于相应的最低工资标准。

劳动者由于本人原因造成在法定工作时间内或依法签订的劳动合同约定的工作时间内未提供正常劳动的，不适用于本条规定。

第十三条 用人单位违反本规定第十一条规定的，由劳动保障行政部门责令其限期改正；违反本规定第十二条规定的，由劳动保障行政部门责令其限期补发所欠劳动者工资，并可责令其按所欠工资的1至5倍支付劳动者赔偿金。

第十四条 劳动者与用人单位之间就执行最低工资

标准发生争议，按劳动争议处理有关规定处理。

第十五条 本规定自 2004 年 3 月 1 日起实施。1993 年 11 月 24 日原劳动部发布的《企业最低工资规定》同时废止。

附件：

最低工资标准测算方法

一、确定最低工资标准应考虑的因素

确定最低工资标准一般考虑城镇居民生活费用支出、职工个人缴纳社会保险费、住房公积金、职工平均工资、失业率、经济发展水平等因素。可用公式表示为：

M＝f(C、S、A、U、E、a)

M　最低工资标准；
C　城镇居民人均生活费用；
S　职工个人缴纳社会保险费、住房公积金；
A　职工平均工资；
U　失业率；
E　经济发展水平；
a　调整因素。

二、确定最低工资标准的通用方法

1. 比重法　即根据城镇居民家计调查资料，确定一定比例的最低人均收入户为贫困户，统计出贫困户的人均生活费用支出水平，乘以每一就业者的赡养系数，再加上一个调整数。

2. 恩格尔系数法　即根据国家营养学会提供的年度标准食物谱及标准食物摄取量，结合标准食物的市场价格，计算出最低食物支出标准，除以恩格尔系数，得出最低生活费用标准，再乘以每一就业者的赡养系数，再加上一个调整数。

以上方法计算出月最低工资标准后，再考虑职工个人缴纳社会保险费、住房公积金、职工平均工资水平、社会救济金和失业保险金标准、就业状况、经济发展水平等进行必要的修正。

举例：某地区最低收入组人均每月生活费支出为 210 元，每一就业者赡养系数为 1.87，最低食物费用为 127 元，恩格尔系数为 0.604，平均工资为 900 元。

1. 按比重法计算得出该地区月最低工资标准为：

月最低工资标准＝210×1.87＋a＝393＋a(元)（1）

2. 按恩格尔系数法计算得出该地区月最低工资标准为：

月最低工资标准＝127÷0.604×1.87＋a＝393＋a(元)（2）

公式（1）与（2）中 a 的调整因素主要考虑当地个人缴纳养老、失业、医疗保险费和住房公积金等费用。

另，按照国际上一般月最低工资标准相当于月平均工资的 40—60%，则该地区月最低工资标准范围应在 360 元—540 元之间。

小时最低工资标准＝〔(月最低工资标准÷20.92÷8)×(1＋单位应当缴纳的基本养老保险费、基本医疗保险费比例之和)〕×(1＋浮动系数)

浮动系数的确定主要考虑非全日制就业劳动者工作稳定性、劳动条件和劳动强度、福利等方面与全日制就业人员之间的差异。

各地可参照以上测算办法，根据当地实际情况合理确定月、小时最低工资标准。

实施《中华人民共和国社会保险法》若干规定

· 2011 年 6 月 29 日人力资源和社会保障部令第 13 号
· 自 2011 年 7 月 1 日起施行

为了实施《中华人民共和国社会保险法》（以下简称社会保险法），制定本规定。

第一章　关于基本养老保险

第一条　社会保险法第十五条规定的统筹养老金，按照国务院规定的基础养老金计发办法计发。

第二条　参加职工基本养老保险的个人达到法定退休年龄时，累计缴费不足十五年的，可以延长缴费至满十五年。社会保险法实施前参保、延长缴费五年后仍不足十五年的，可以一次性缴费至满十五年。

第三条　参加职工基本养老保险的个人达到法定退休年龄后，累计缴费不足十五年（含依照第二条规定延长缴费）的，可以申请转入户籍所在地新型农村社会养老保险或者城镇居民社会养老保险，享受相应的养老保险待遇。

参加职工基本养老保险的个人达到法定退休年龄后，累计缴费不足十五年（含依照第二条规定延长缴费），且未转入新型农村社会养老保险或者城镇居民社会养老保险的，个人可以书面申请终止职工基本养老保险关系。社会保险经办机构收到申请后，应当书面告知其转入新型农村社会养老保险或者城镇居民社会养老保险的权利以及终止职工基本养老保险关系的后果，经本人

书面确认后,终止其职工基本养老保险关系,并将个人账户储存额一次性支付给本人。

第四条 参加职工基本养老保险的个人跨省流动就业,达到法定退休年龄时累计缴费不足十五年的,按照《国务院办公厅关于转发人力资源社会保障部财政部城镇企业职工基本养老保险关系转移接续暂行办法的通知》(国办发〔2009〕66号)有关待遇领取地的规定确定继续缴费地后,按照本规定第二条办理。

第五条 参加职工基本养老保险的个人跨省流动就业,符合按月领取基本养老金条件时,基本养老金分段计算、统一支付的具体办法,按照《国务院办公厅关于转发人力资源社会保障部财政部城镇企业职工基本养老保险关系转移接续暂行办法的通知》(国办发〔2009〕66号)执行。

第六条 职工基本养老保险个人账户不得提前支取。个人在达到法定的领取基本养老金条件前离境定居的,其个人账户予以保留,达到法定领取条件时,按照国家规定享受相应的养老保险待遇。其中,丧失中华人民共和国国籍的,可以在其离境时或者离境后书面申请终止职工基本养老保险关系。社会保险经办机构收到申请后,应当书面告知其保留个人账户的权利以及终止职工基本养老保险关系的后果,经本人书面确认后,终止其职工基本养老保险关系,并将个人账户储存额一次性支付给本人。

参加职工基本养老保险的个人死亡后,其个人账户中的余额可以全部依法继承。

第二章 关于基本医疗保险

第七条 社会保险法第二十七条规定的退休人员享受基本医疗保险待遇的缴费年限按照各地规定执行。

参加职工基本医疗保险的个人,基本医疗保险关系转移接续时,基本医疗保险缴费年限累计计算。

第八条 参保人员在协议医疗机构发生的医疗费用,符合基本医疗保险药品目录、诊疗项目、医疗服务设施标准的,按照国家规定从基本医疗保险基金中支付。

参保人员确需急诊、抢救的,可以在非协议医疗机构就医;因抢救必须使用的药品可以适当放宽范围。参保人员急诊、抢救的医疗服务具体管理办法由统筹地区根据当地实际情况制定。

第三章 关于工伤保险

第九条 职工(包括非全日制从业人员)在两个或者两个以上用人单位同时就业的,各用人单位应当分别为职工缴纳工伤保险费。职工发生工伤,由职工受到伤害时工作的单位依法承担工伤保险责任。

第十条 社会保险法第三十七条第二项中的醉酒标准,按照《车辆驾驶人员血液、呼气酒精含量阈值与检验》(GB19522-2004)执行。公安机关交通管理部门、医疗机构等有关单位依法出具的检测结论、诊断证明等材料,可以作为认定醉酒的依据。

第十一条 社会保险法第三十八条第八项中的因工死亡补助金是指《工伤保险条例》第三十九条的一次性工亡补助金,标准为工伤发生时上一年度全国城镇居民人均可支配收入的20倍。

上一年度全国城镇居民人均可支配收入以国家统计局公布的数据为准。

第十二条 社会保险法第三十九条第一项治疗工伤期间的工资福利,按照《工伤保险条例》第三十三条有关职工在停工留薪期内应当享受的工资福利和护理等待遇的规定执行。

第四章 关于失业保险

第十三条 失业人员符合社会保险法第四十五条规定条件的,可以申请领取失业保险金并享受其他失业保险待遇。其中,非因本人意愿中断就业包括下列情形:

(一)依照劳动合同法第四十四条第一项、第四项、第五项规定终止劳动合同的;

(二)由用人单位依照劳动合同法第三十九条、第四十条、第四十一条规定解除劳动合同的;

(三)用人单位依照劳动合同法第三十六条规定向劳动者提出解除劳动合同并与劳动者协商一致解除劳动合同的;

(四)由用人单位提出解除聘用合同或者被用人单位辞退、除名、开除的;

(五)劳动者本人依照劳动合同法第三十八条规定解除劳动合同的;

(六)法律、法规、规章规定的其他情形。

第十四条 失业人员领取失业保险金后重新就业的,再次失业时,缴费时间重新计算。失业人员因当期不符合失业保险金领取条件的,原有缴费时间予以保留,重新就业并参保的,缴费时间累计计算。

第十五条 失业人员在领取失业保险金期间,应当积极求职,接受职业介绍和职业培训。失业人员接受职业介绍、职业培训的补贴从失业保险基金按照规定支付。

第五章 关于基金管理和经办服务

第十六条 社会保险基金预算、决算草案的编制、审核和批准，依照《国务院关于试行社会保险基金预算的意见》(国发〔2010〕2号)的规定执行。

第十七条 社会保险经办机构应当每年至少一次将参保人员个人权益记录单通过邮寄方式寄送本人。同时，社会保险经办机构可以通过手机短信或者电子邮件等方式向参保人员发送个人权益记录。

第十八条 社会保险行政部门、社会保险经办机构及其工作人员应当依法为用人单位和个人的信息保密，不得违法向他人泄露下列信息：

（一）涉及用人单位商业秘密或者公开后可能损害用人单位合法利益的信息；

（二）涉及个人权益的信息。

第六章 关于法律责任

第十九条 用人单位在终止或者解除劳动合同时拒不向职工出具终止或者解除劳动关系证明，导致职工无法享受社会保险待遇的，用人单位应当依法承担赔偿责任。

第二十条 职工应当缴纳的社会保险费由用人单位代扣代缴。用人单位未依法代扣代缴的，由社会保险费征收机构责令用人单位限期代缴，并自欠缴之日起向用人单位按日加收万分之五的滞纳金。用人单位不得要求职工承担滞纳金。

第二十一条 用人单位因不可抗力造成生产经营出现严重困难的，经省级人民政府社会保险行政部门批准后，可以暂缓缴纳一定期限的社会保险费，期限一般不超过一年。暂缓缴费期间，免收滞纳金。到期后，用人单位应当缴纳相应的社会保险费。

第二十二条 用人单位按照社会保险法第六十三条的规定，提供担保并与社会保险费征收机构签订缓缴协议的，免收缓缴期间的滞纳金。

第二十三条 用人单位按照本规定第二十一条、二十二条缓缴社会保险费期间，不影响其职工依法享受社会保险待遇。

第二十四条 用人单位未按月将缴纳社会保险费的明细情况告知职工本人的，由社会保险行政部门责令改正；逾期不改的，按照《劳动保障监察条例》第三十条的规定处理。

第二十五条 医疗机构、药品经营单位等社会保险服务机构以欺诈、伪造证明材料或者其他手段骗取社会保险基金支出的，由社会保险行政部门责令退回骗取的社会保险金，处骗取金额二倍以上五倍以下的罚款。对与社会保险经办机构签订服务协议的医疗机构、药品经营单位，由社会保险经办机构按照协议追究责任，情节严重的，可以解除与其签订的服务协议。对有执业资格的直接负责的主管人员和其他直接责任人员，由社会保险行政部门建议授予其执业资格的有关主管部门依法吊销其执业资格。

第二十六条 社会保险经办机构、社会保险费征收机构、社会保险基金投资运营机构、开设社会保险基金专户的机构和专户管理银行及其工作人员有下列违法情形的，由社会保险行政部门按照社会保险法第九十一条的规定查处：

（一）将应征和已征的社会保险基金，采取隐藏、非法放置等手段，未按规定征缴、入账的；

（二）违规将社会保险基金转入社会保险基金专户以外的账户的；

（三）侵吞社会保险基金的；

（四）将各项社会保险基金互相挤占或者其他社会保障基金挤占社会保险基金的；

（五）将社会保险基金用于平衡财政预算，兴建、改建办公场所和支付人员经费、运行费用、管理费用的；

（六）违反国家规定的投资运营政策的。

第七章 其 他

第二十七条 职工与所在用人单位发生社会保险争议的，可以依照《中华人民共和国劳动争议调解仲裁法》、《劳动人事争议仲裁办案规则》的规定，申请调解、仲裁，提起诉讼。

职工认为用人单位有未按时足额为其缴纳社会保险费等侵害其社会保险权益行为的，也可以要求社会保险行政部门或者社会保险费征收机构依法处理。社会保险行政部门或者社会保险费征收机构应当按照社会保险法和《劳动保障监察条例》等相关规定处理。在处理过程中，用人单位对双方的劳动关系提出异议的，社会保险行政部门应当依法查明相关事实后继续处理。

第二十八条 在社会保险经办机构征收社会保险费的地区，社会保险行政部门应当依法履行社会保险法第六十三条所规定的有关行政部门的职责。

第二十九条 2011年7月1日后对用人单位未按时足额缴纳社会保险费的处理，按照社会保险法和本规定执行；对2011年7月1日前发生的用人单位未按时足额缴纳社会保险费的行为，按照国家和地方人民政府的有关规定执行。

第三十条 本规定自2011年7月1日起施行。

最高人民法院关于审理劳动争议案件适用法律问题的解释（一）

- 2020年12月25日最高人民法院审判委员会第1825次会议通过
- 2020年12月29日最高人民法院公告公布
- 自2021年1月1日起施行
- 法释〔2020〕26号

为正确审理劳动争议案件，根据《中华人民共和国民法典》《中华人民共和国劳动法》《中华人民共和国劳动合同法》《中华人民共和国劳动争议调解仲裁法》《中华人民共和国民事诉讼法》等相关法律规定，结合审判实践，制定本解释。

第一条 劳动者与用人单位之间发生的下列纠纷，属于劳动争议，当事人不服劳动争议仲裁机构作出的裁决，依法提起诉讼的，人民法院应予受理：

（一）劳动者与用人单位在履行劳动合同过程中发生的纠纷；

（二）劳动者与用人单位之间没有订立书面劳动合同，但已形成劳动关系后发生的纠纷；

（三）劳动者与用人单位因劳动关系是否已经解除或者终止，以及应否支付解除或者终止劳动关系经济补偿金发生的纠纷；

（四）劳动者与用人单位解除或者终止劳动关系后，请求用人单位返还其收取的劳动合同定金、保证金、抵押金、抵押物发生的纠纷，或者办理劳动者的人事档案、社会保险关系等移转手续发生的纠纷；

（五）劳动者以用人单位未为其办理社会保险手续，且社会保险经办机构不能补办导致其无法享受社会保险待遇为由，要求用人单位赔偿损失发生的纠纷；

（六）劳动者退休后，与尚未参加社会保险统筹的原用人单位因追索养老金、医疗费、工伤保险待遇和其他社会保险待遇而发生的纠纷；

（七）劳动者因为工伤、职业病，请求用人单位依法给予工伤保险待遇发生的纠纷；

（八）劳动者依据劳动合同法第八十五条规定，要求用人单位支付加付赔偿金发生的纠纷；

（九）因企业自主进行改制发生的纠纷。

第二条 下列纠纷不属于劳动争议：

（一）劳动者请求社会保险经办机构发放社会保险金的纠纷；

（二）劳动者与用人单位因住房制度改革产生的公有住房转让纠纷；

（三）劳动者对劳动能力鉴定委员会的伤残等级鉴定结论或者对职业病诊断鉴定委员会的职业病诊断鉴定结论的异议纠纷；

（四）家庭或者个人与家政服务人员之间的纠纷；

（五）个体工匠与帮工、学徒之间的纠纷；

（六）农村承包经营户与受雇人之间的纠纷。

第三条 劳动争议案件由用人单位所在地或者劳动合同履行地的基层人民法院管辖。

劳动合同履行地不明确的，由用人单位所在地的基层人民法院管辖。

法律另有规定的，依照其规定。

第四条 劳动者与用人单位均不服劳动争议仲裁机构的同一裁决，向同一人民法院起诉的，人民法院应当并案审理，双方当事人互为原告和被告，对双方的诉讼请求，人民法院应当一并作出裁决。在诉讼过程中，一方当事人撤诉的，人民法院应当根据另一方当事人的诉讼请求继续审理。双方当事人就同一仲裁裁决分别向有管辖权的人民法院起诉的，后受理的人民法院应当将案件移送给先受理的人民法院。

第五条 劳动争议仲裁机构以无管辖权为由对劳动争议案件不予受理，当事人提起诉讼的，人民法院按照以下情形分别处理：

（一）经审查认为该劳动争议仲裁机构对案件确无管辖权的，应当告知当事人向有管辖权的劳动争议仲裁机构申请仲裁；

（二）经审查认为该劳动争议仲裁机构有管辖权的，应当告知当事人申请仲裁，并将审查意见书面通知该劳动争议仲裁机构；劳动争议仲裁机构仍不受理，当事人就该劳动争议事项提起诉讼的，人民法院应予受理。

第六条 劳动争议仲裁机构以当事人申请仲裁的事项不属于劳动争议为由，作出不予受理的书面裁决、决定或者通知，当事人不服依法提起诉讼的，人民法院应当分别情况予以处理：

（一）属于劳动争议案件的，应当受理；

（二）虽不属于劳动争议案件，但属于人民法院主管的其他案件，应当依法受理。

第七条 劳动争议仲裁机构以申请仲裁的主体不适格为由，作出不予受理的书面裁决、决定或者通知，当事人不服依法提起诉讼，经审查确属主体不适格的，人民法院不予受理；已经受理的，裁定驳回起诉。

第八条 劳动争议仲裁机构为纠正原仲裁裁决错误

重新作出裁决，当事人不服依法提起诉讼的，人民法院应当受理。

第九条 劳动争议仲裁机构仲裁的事项不属于人民法院受理的案件范围，当事人不服依法提起诉讼的，人民法院不予受理；已经受理的，裁定驳回起诉。

第十条 当事人不服劳动争议仲裁机构作出的预先支付劳动者劳动报酬、工伤医疗费、经济补偿或者赔偿金的裁决，依法提起诉讼的，人民法院不予受理。

用人单位不履行上述裁决中的给付义务，劳动者依法申请强制执行的，人民法院应予受理。

第十一条 劳动争议仲裁机构作出的调解书已经发生法律效力，一方当事人反悔提起诉讼的，人民法院不予受理；已经受理的，裁定驳回起诉。

第十二条 劳动争议仲裁机构逾期未作出受理决定或仲裁裁决，当事人直接提起诉讼的，人民法院应予受理，但申请仲裁的案件存在下列事由的除外：

（一）移送管辖的；

（二）正在送达或者送达延误的；

（三）等待另案诉讼结果、评残结论的；

（四）正在等待劳动争议仲裁机构开庭的；

（五）启动鉴定程序或者委托其他部门调查取证的；

（六）其他正当事由。

当事人以劳动争议仲裁机构逾期未作出仲裁裁决为由提起诉讼的，应当提交该仲裁机构出具的受理通知书或者其他已接受仲裁申请的凭证、证明。

第十三条 劳动者依据劳动合同法第三十条第二款和调解仲裁法第十六条规定向人民法院申请支付令，符合民事诉讼法第十七章督促程序规定的，人民法院应予受理。

依据劳动合同法第三十条第二款规定申请支付令被人民法院裁定终结督促程序后，劳动者就劳动争议事项直接提起诉讼的，人民法院应当告知其先向劳动争议仲裁机构申请仲裁。

依据调解仲裁法第十六条规定申请支付令被人民法院裁定终结督促程序后，劳动者依据调解协议直接提起诉讼的，人民法院应予受理。

第十四条 人民法院受理劳动争议案件后，当事人增加诉讼请求的，如该诉讼请求与讼争的劳动争议具有不可分性，应当合并审理；如属独立的劳动争议，应当告知当事人向劳动争议仲裁机构申请仲裁。

第十五条 劳动者以用人单位的工资欠条为证据直接提起诉讼，诉讼请求不涉及劳动关系其他争议，视为拖欠劳动报酬争议，人民法院按照普通民事纠纷受理。

第十六条 劳动争议仲裁机构作出仲裁裁决后，当事人对裁决中的部分事项不服，依法提起诉讼的，劳动争议仲裁裁决不发生法律效力。

第十七条 劳动争议仲裁机构对多个劳动者的劳动争议作出仲裁裁决后，部分劳动者对仲裁裁决不服，依法提起诉讼的，仲裁裁决对提起诉讼的劳动者不发生法律效力；对未提起诉讼的部分劳动者，发生法律效力，如其申请执行的，人民法院应当受理。

第十八条 仲裁裁决的类型以仲裁裁决书确定为准。仲裁裁决书未载明该裁决为终局裁决或者非终局裁决，用人单位不服该仲裁裁决向基层人民法院提起诉讼的，应当按照以下情形分别处理：

（一）经审查认为该仲裁裁决为非终局裁决的，基层人民法院应予受理；

（二）经审查认为该仲裁裁决为终局裁决的，基层人民法院不予受理，但应告知用人单位可以自收到不予受理裁定书之日起三十日内向劳动争议仲裁机构所在地的中级人民法院申请撤销该仲裁裁决；已经受理的，裁定驳回起诉。

第十九条 仲裁裁决书未载明该裁决为终局裁决或者非终局裁决，劳动者依据调解仲裁法第四十七条第一项规定，追索劳动报酬、工伤医疗费、经济补偿或者赔偿金，如果仲裁裁决涉及数项，每项确定的数额均不超过当地月最低工资标准十二个月金额的，应当按照终局裁决处理。

第二十条 劳动争议仲裁机构作出的同一仲裁裁决同时包含终局裁决事项和非终局裁决事项，当事人不服该仲裁裁决向人民法院提起诉讼的，应当按照非终局裁决处理。

第二十一条 劳动者依据调解仲裁法第四十八条规定向基层人民法院提起诉讼，用人单位依据调解仲裁法第四十九条规定向劳动争议仲裁机构所在地的中级人民法院申请撤销仲裁裁决的，中级人民法院应当不予受理；已经受理的，应当裁定驳回申请。

被人民法院驳回起诉或者劳动者撤诉的，用人单位可以自收到裁定书之日起三十日内，向劳动争议仲裁机构所在地的中级人民法院申请撤销仲裁裁决。

第二十二条 用人单位依据调解仲裁法第四十九条规定向中级人民法院申请撤销仲裁裁决，中级人民法院作出的驳回申请或者撤销仲裁裁决的裁定为终审裁定。

第二十三条 中级人民法院审理用人单位申请撤销

终局裁决的案件,应当组成合议庭开庭审理。经过阅卷、调查和询问当事人,对没有新的事实、证据或者理由,合议庭认为不需要开庭审理的,可以不开庭审理。

中级人民法院可以组织双方当事人调解。达成调解协议的,可以制作调解书。一方当事人逾期不履行调解协议的,另一方可以申请人民法院强制执行。

第二十四条 当事人申请人民法院执行劳动争议仲裁机构作出的发生法律效力的裁决书、调解书,被申请人提出证据证明劳动争议仲裁裁决书、调解书有下列情形之一,并经审查核实的,人民法院可以根据民事诉讼法第二百三十七条规定,裁定不予执行:

(一)裁决的事项不属于劳动争议仲裁范围,或者劳动争议仲裁机构无权仲裁的;

(二)适用法律、法规确有错误的;

(三)违反法定程序的;

(四)裁决所根据的证据是伪造的;

(五)对方当事人隐瞒了足以影响公正裁决的证据的;

(六)仲裁员在仲裁该案时有索贿受贿、徇私舞弊、枉法裁决行为的;

(七)人民法院认定执行该劳动争议仲裁裁决违背社会公共利益的。

人民法院在不予执行的裁定书中,应当告知当事人在收到裁定书之次日起三十日内,可以就该劳动争议事项向人民法院提起诉讼。

第二十五条 劳动争议仲裁机构作出终局裁决,劳动者向人民法院申请执行,用人单位向劳动争议仲裁机构所在地的中级人民法院申请撤销的,人民法院应当裁定中止执行。

用人单位撤回撤销终局裁决申请或者其申请被驳回的,人民法院应当裁定恢复执行。仲裁裁决被撤销的,人民法院应当裁定终结执行。

用人单位向人民法院申请撤销仲裁裁决被驳回后,又在执行程序中以相同理由提出不予执行抗辩的,人民法院不予支持。

第二十六条 用人单位与其它单位合并的,合并前发生的劳动争议,由合并后的单位为当事人;用人单位分立为若干单位的,其分立前发生的劳动争议,由分立后的实际用人单位为当事人。

用人单位分立为若干单位后,具体承受劳动权利义务的单位不明确的,分立后的单位均为当事人。

第二十七条 用人单位招用尚未解除劳动合同的劳动者,原用人单位与劳动者发生的劳动争议,可以列新的用人单位为第三人。

原用人单位以新的用人单位侵权为由提起诉讼的,可以列劳动者为第三人。

原用人单位以新的用人单位和劳动者共同侵权为由提起诉讼的,新的用人单位和劳动者列为共同被告。

第二十八条 劳动者在用人单位与其他平等主体之间的承包经营期间,与发包方和承包方双方或者一方发生劳动争议,依法提起诉讼的,应当将承包方和发包方作为当事人。

第二十九条 劳动者与未办理营业执照、营业执照被吊销或者营业期限届满仍继续经营的用人单位发生争议的,应当将用人单位或者其出资人列为当事人。

第三十条 未办理营业执照、营业执照被吊销或者营业期限届满仍继续经营的用人单位,以挂靠等方式借用他人营业执照经营的,应当将用人单位和营业执照出借方列为当事人。

第三十一条 当事人不服劳动争议仲裁机构作出的仲裁裁决,依法提起诉讼,人民法院审查认为仲裁裁决遗漏了必须共同参加仲裁的当事人的,应当依法追加遗漏的人为诉讼当事人。

被追加的当事人应当承担责任的,人民法院应当一并处理。

第三十二条 用人单位与其招用的已经依法享受养老保险待遇或者领取退休金的人员发生用工争议而提起诉讼的,人民法院应当按劳务关系处理。

企业停薪留职人员、未达到法定退休年龄的内退人员、下岗待岗人员以及企业经营性停产放长假人员,因与新的用人单位发生用工争议而提起诉讼的,人民法院应当按劳动关系处理。

第三十三条 外国人、无国籍人未依法取得就业证件即与中华人民共和国境内的用人单位签订劳动合同,当事人请求确认与用人单位存在劳动关系的,人民法院不予支持。

持有《外国专家证》并取得《外国人来华工作许可证》的外国人,与中华人民共和国境内的用人单位建立用工关系的,可以认定为劳动关系。

第三十四条 劳动合同期满后,劳动者仍在原用人单位工作,原用人单位未表示异议的,视为双方同意以原条件继续履行劳动合同。一方提出终止劳动关系的,人民法院应予支持。

根据劳动合同法第十四条规定,用人单位应当与劳动者签订无固定期限劳动合同而未签订的,人民法院可以视为双方之间存在无固定期限劳动合同关系,并以原劳动合同确定双方的权利义务关系。

第三十五条 劳动者与用人单位就解除或者终止劳动合同办理相关手续、支付工资报酬、加班费、经济补偿或者赔偿金等达成的协议,不违反法律、行政法规的强制性规定,且不存在欺诈、胁迫或者乘人之危情形的,应当认定有效。

前款协议存在重大误解或者显失公平情形,当事人请求撤销的,人民法院应予支持。

第三十六条 当事人在劳动合同或者保密协议中约定了竞业限制,但未约定解除或者终止劳动合同后给予劳动者经济补偿,劳动者履行了竞业限制义务,要求用人单位按照劳动者在劳动合同解除或者终止前十二个月平均工资的30%按月支付经济补偿的,人民法院应予支持。

前款规定的月平均工资的30%低于劳动合同履行地最低工资标准的,按照劳动合同履行地最低工资标准支付。

第三十七条 当事人在劳动合同或者保密协议中约定了竞业限制和经济补偿,当事人解除劳动合同时,除另有约定外,用人单位要求劳动者履行竞业限制义务,或者劳动者履行了竞业限制义务后要求用人单位支付经济补偿的,人民法院应予支持。

第三十八条 当事人在劳动合同或者保密协议中约定了竞业限制和经济补偿,劳动合同解除或者终止后,因用人单位的原因导致三个月未支付经济补偿,劳动者请求解除竞业限制约定的,人民法院应予支持。

第三十九条 在竞业限制期限内,用人单位请求解除竞业限制协议的,人民法院应予支持。

在解除竞业限制协议时,劳动者请求用人单位额外支付劳动者三个月的竞业限制经济补偿的,人民法院应予支持。

第四十条 劳动者违反竞业限制约定,向用人单位支付违约金后,用人单位要求劳动者按照约定继续履行竞业限制义务的,人民法院应予支持。

第四十一条 劳动合同被确认为无效,劳动者已付出劳动的,用人单位应当按照劳动合同法第二十八条、第四十六条、第四十七条的规定向劳动者支付劳动报酬和经济补偿。

由于用人单位原因订立无效劳动合同,给劳动者造成损害的,用人单位应当赔偿劳动者因合同无效所造成的经济损失。

第四十二条 劳动者主张加班费的,应当就加班事实的存在承担举证责任。但劳动者有证据证明用人单位掌握加班事实存在的证据,用人单位不提供的,由用人单位承担不利后果。

第四十三条 用人单位与劳动者协商一致变更劳动合同,虽未采用书面形式,但已经实际履行了口头变更的劳动合同超过一个月,变更后的劳动合同内容不违反法律、行政法规且不违背公序良俗,当事人以未采用书面形式为由主张劳动合同变更无效的,人民法院不予支持。

第四十四条 因用人单位作出的开除、除名、辞退、解除劳动合同、减少劳动报酬、计算劳动者工作年限等决定而发生的劳动争议,用人单位负举证责任。

第四十五条 用人单位有下列情形之一,迫使劳动者提出解除劳动合同的,用人单位应当支付劳动者的劳动报酬和经济补偿,并可支付赔偿金:

(一)以暴力、威胁或者非法限制人身自由的手段强迫劳动的;

(二)未按照劳动合同约定支付劳动报酬或者提供劳动条件的;

(三)克扣或者无故拖欠劳动者工资的;

(四)拒不支付劳动者延长工作时间工资报酬的;

(五)低于当地最低工资标准支付劳动者工资的。

第四十六条 劳动者非因本人原因从原用人单位被安排到新用人单位工作,原用人单位未支付经济补偿,劳动者依据劳动合同法第三十八条规定与新用人单位解除劳动合同,或者新用人单位向劳动者提出解除、终止劳动合同,在计算支付经济补偿或赔偿金的工作年限时,劳动者请求把在原用人单位的工作年限合并计算为新用人单位工作年限的,人民法院应予支持。

用人单位符合下列情形之一的,应当认定属于"劳动者非因本人原因从原用人单位被安排到新用人单位工作":

(一)劳动者仍在原工作场所、工作岗位工作,劳动合同主体由原用人单位变更为新用人单位;

(二)用人单位以组织委派或任命形式对劳动者进行工作调动;

(三)因用人单位合并、分立等原因导致劳动者工作调动;

(四)用人单位及其关联企业与劳动者轮流订立劳动合同;

(五)其他合理情形。

第四十七条 建立了工会组织的用人单位解除劳动合同符合劳动合同法第三十九条、第四十条规定,但未按照劳动合同法第四十三条规定事先通知工会,劳动者以用人单位违法解除劳动合同为由请求用人单位支付赔偿金的,人民法院应予支持,但起诉前用人单位已经补正有关程序的除外。

第四十八条 劳动合同法施行后,因用人单位经营期限届满不再继续经营导致劳动合同不能继续履行,劳动者请求用人单位支付经济补偿的,人民法院应予支持。

第四十九条 在诉讼过程中,劳动者向人民法院申请采取财产保全措施,人民法院经审查认为申请人经济确有困难,或者有证据证明用人单位存在欠薪逃匿可能的,应当减轻或者免除劳动者提供担保的义务,及时采取保全措施。

人民法院作出的财产保全裁定中,应当告知当事人在劳动争议仲裁机构的裁决书或者在人民法院的裁判文书生效后三个月内申请强制执行。逾期不申请的,人民法院应当裁定解除保全措施。

第五十条 用人单位根据劳动合同法第四条规定,通过民主程序制定的规章制度,不违反国家法律、行政法规及政策规定,并已向劳动者公示的,可以作为确定双方权利义务的依据。

用人单位制定的内部规章制度与集体合同或者劳动合同约定的内容不一致,劳动者请求优先适用合同约定的,人民法院应予支持。

第五十一条 当事人在调解仲裁法第十条规定的调解组织主持下达成的具有劳动权利义务内容的调解协议,具有劳动合同的约束力,可以作为人民法院裁判的根据。

当事人在调解仲裁法第十条规定的调解组织主持下仅就劳动报酬争议达成调解协议,用人单位不履行调解协议确定的给付义务,劳动者直接提起诉讼的,人民法院可以按照普通民事纠纷受理。

第五十二条 当事人在人民调解委员会主持下仅就给付义务达成的调解协议,双方认为有必要的,可以共同向人民调解委员会所在地的基层人民法院申请司法确认。

第五十三条 用人单位对劳动者作出的开除、除名、辞退等处理,或者因其他原因解除劳动合同确有错误的,人民法院可以依法判决予以撤销。

对于追索劳动报酬、养老金、医疗费以及工伤保险待遇、经济补偿金、培训费及其他相关费用等案件,给付数额不当的,人民法院可以予以变更。

第五十四条 本解释自2021年1月1日起施行。

·典型案例

最高法、人社部、全总发布涉欠薪纠纷典型案例[①]

案例一

府院联动实现解决欠薪与促进就业"双赢"
——某器材公司破产清算转重整案

基本案情

某器材公司陷入财务困境,债务规模超过8亿元,涉及债权人超过410户。2022年7月,人民法院裁定受理债权人对某器材公司的破产清算申请。截至破产受理时,某器材公司仍有在册职工235名,已拖欠7个月工资未付且长期欠缴社会保险费,导致职工生活困难、无法享受基本医疗保险待遇。

裁判结果

审理法院虑及某器材公司职工人数多、欠薪时间久等因素,在指导管理人安抚职工情绪、加紧核查债权的同时,依托府院联动机制,积极争取欠薪应急保障金全额垫付欠薪550余万元。审理法院牵头人力资源社会保障部门同步举办专场招聘会,将某器材公司的技术性人才、熟练工人等人才资源输出给同行业其他企业,帮助职工再就业,现场意向签约率超过50%,基本解决235名职工安置问题。

典型意义

破产程序可以实现资源重新配置,通过企业的优胜劣汰完善社会主义市场主体的救治和退出机制。《全国法院破产审判工作会议纪要》第27条规定:"企业破产与职工权益保护。破产程序中要依法妥善处理劳动关系,推动完善职工欠薪保障机制,依法保护职工生存权。由第三方垫付的职工债权,原则上按照垫付的职工债权性质进行清偿;由欠薪保障基金垫付的,应按照企业破产法第一百一十三条第一款第二项的顺序清偿。债务人欠缴的住房公积金,按照债务人拖欠的职工工资性质清偿。"本案中,人民法院依法妥善处理劳动关系,推动完善职工欠薪保障机制,依法保护职工生存权。人民法院对于符合条件的破产

[①] 案例来源:2024年1月25日最高人民法院公布,网址:https://www.court.gov.cn/zixun/xiangqing/423922.html,最后访问日期:2024年3月6日。

企业,积极协调以欠薪保障基金垫付的方式先行清偿职工债权,及时解决破产企业职工工资久拖未决的问题。同时,破产企业职工再就业与其后续生活保障息息相关。人民法院发挥府院联动机制优势作用,高效解决破产企业职工欠薪和安置问题,继续发挥技术人才社会价值,促进社会经济发展。

案例二

以司法建议助推欠薪纠纷源头治理
——王某等114名农民工诉余某、某工程技术公司、某电器公司、某市公路总公司等劳务合同纠纷案

基本案情

某工程技术公司、某电器公司、某市公路总公司自愿组成联合体中标案涉交通工程项目,某工程技术公司为牵头单位。余某从某工程技术公司分包部分施工项目。施工过程中,余某雇佣王某等114名农民工提供劳务,余某拖欠王某等人工资共计3404085元。王某等人因工资长期未付提起诉讼,要求余某、某工程技术公司、某电器公司、某市公路总公司等支付剩余工资280余万元。

裁判结果

审理法院认为,余某雇佣王某等114名农民工在其承包项目工程上施工,双方存在劳务合同关系,王某等人按约施工完毕后,余某应向王某等人足额支付工资。某工程技术公司、某电器公司、某市公路总公司自愿组成联合体,由作为牵头单位的某工程技术公司将案涉项目违法分包给不具备用工主体资格的余某,应对余某所欠付的工资承担共同清偿责任,判决余某、某工程技术公司、某电器公司、某市公路总公司共同向王某等人支付工资。114名农民工的工资于20天内全部执行完毕。审理法院针对本案中反映出的未依法存储农民工工资保证金的违法行为向行政主管部门发出司法建议,主管部门收到建议后高度重视并及时回复,取得良好效果。

典型意义

工资是农民工的重要生活保障。保障农民工工资支付,不仅关系广大农民工的切身利益,更事关社会公平正义与和谐稳定。本案中,人民法院运用"立+审+执"一体化纠纷解决机制,判令中标联合体对拖欠农民工工资共同承担清偿责任,20天内全部执行完毕,高效兑现百余名农民工的合法权益。《保障农民工工资支付条例》第三十二条第一款规定:"施工总承包单位应当按照有关规定存储工资保证金,专项用于支付为所承包工程提供劳动的农民工被拖欠的工资。"在审理过程中发现企业存在违法行为后,人民法院充分发挥司法能动作用,以司法建议"小切口"参与社会治理"大文章",将司法建议融入欠薪治理工作,敦促行政机关依法履职尽责,责令企业依法及时存储农民工工资保证金,助推诉源治理工作。本案立足源头预防、前端治理,人民法院积极与行政部门对接,增强矛盾纠纷化解合力,妥善化解欠薪纠纷,实现政治效果、法律效果、社会效果的有机统一。

案例三

"支付令+调解"构建劳动者维权"快车道"
——尹某等10人诉某单位劳务合同纠纷案

基本案情

尹某等10人为退休返聘的老年人,退休后在某单位工作。某单位未足额给付尹某等10人劳务报酬,欠薪金额从数千元至数万元不等,总欠薪金额达36万余元。尹某等10人起诉请求某单位支付欠付的劳务报酬。

裁判结果

审理法院认为,某单位未按时给付劳务报酬已构成违约,应当向尹某等10人支付拖欠的劳务报酬。为促进矛盾纠纷就地实质化解,减少当事人诉累,该系列案件以审理法院向某单位发布支付令、"诉前调解+司法确认"、诉讼调解等方式,确认某单位给付劳务报酬数额。

典型意义

法律规定督促程序的目的是简化程序,尽快稳定社会关系和经济关系。督促程序专门用于解决债权债务关系明确而债务人无正当理由拒不偿还债务的非讼案件。支付令是在督促程序中人民法院应债权人的申请作出的要求债务人向债权人给付一定的金钱或者有价证券的命令。债务人在法定期间内没有提出异议,支付令生效,债权人可申请人民法院强制执行;债务人在法定期间内提出书面异议,支付令则失效。本案中,人民法院通过发布支付令、"诉前调解+司法确认"等举措,发挥督促程序简便迅速、调解成本低、效果好的优势,以司法确认赋予调解协议法律强制执行效力,有力地维护了劳动者的合法权益,满足了人民群众多元司法需求。

案例四

被挂靠施工单位应承担"挂靠"施工导致欠薪的清偿责任
——卢某诉刘某、某建设公司、某置业公司劳务合同纠纷案

基本案情

郭某等借用某建设公司资质与建设单位某置业公司签订合同,约定某置业公司将案涉工程土建、安装工程承

包给某建设公司。刘某以某劳务公司名义与郭某等签订劳务施工协议。刘某雇佣农民工卢某从事砌墙劳务工作。刘某向卢某出具 8120 元工资欠条。后刘某支付卢某 3000 元，某建设公司支付卢某 1012 元，尚欠工资 4108 元未付。某置业公司已按合同约定的比例向某建设公司支付工程款。卢某提起诉讼，请求刘某、某建设公司共同支付欠付工资，某置业公司在欠付工程款范围内承担付款责任。

裁判结果

审理法院认为，某建设公司为案涉工程施工单位。刘某承包了部分劳务，卢某受刘某雇佣提供劳务，卢某与刘某之间存在劳务合同关系，刘某应支付欠付卢某的工资 4108 元。根据《保障农民工工资支付条例》第三十六条第二款的规定，某建设公司允许郭某等以公司名义对外承揽建设工程，对于拖欠的农民工卢某的工资应承担清偿责任。某置业公司作为建设单位，其将工程承包给某建设公司，且已按合同约定支付工程款，不应承担清偿责任。判令刘某、某建设公司支付卢某欠付工资。

典型意义

《保障农民工工资支付条例》对工程建设领域欠薪以专章形式作出规定，为农民工按时足额获得工资提供特别保护。法律法规明确规定工程建设领域禁止挂靠行为。《保障农民工工资支付条例》第三十六条第二款规定："施工单位允许其他单位和个人以施工单位的名义对外承揽建设工程，导致拖欠农民工工资的，由施工单位清偿。"本案中，人民法院准确适用法律法规规定，对于施工单位出借资质允许其他单位或个人以施工单位名义对外承揽工程项目导致拖欠农民工工资的，判令承包劳务项目的个人和被挂靠施工单位共同承担清偿责任，避免各方主体互相推诿转嫁风险，既明晰了违法挂靠情形下拖欠农民工工资的清偿责任主体认定规则，又有利于倒逼施工单位依法依规参加建设活动，切实规范工程建设、劳动用工等行为。

案例五

用人单位变更工资支付方式应与劳动者协商一致

——杨某诉某培训中心劳动争议案

基本案情

某培训中心通过银行转账、微信转账或者支付宝转账形式向杨某发放工资。后某培训中心通过某购物平台向杨某支付工资，杨某只能按照比例从某购物平台提取部分工资。杨某认为某培训中心存在通过某购物平台发放工资未征得其同意且未足额支付工资等违法行为，申请劳动争议仲裁。后杨某不服仲裁裁决，提出要求某培训中心支付未足额发放的工资 14981.76 元等诉讼请求。

裁判结果

审理法院认为，鉴于通过某购物平台支付工资导致杨某每月实得工资低于应得工资，某培训中心应当就改变工资支付方式与杨某协商一致。杨某无法通过某购物平台足额领取工资，已多次向某培训中心表示不希望通过某购物平台发放工资，某培训中心作为用人单位负有向劳动者及时足额支付劳动报酬的义务，判令某培训中心补足杨某的工资差额。

典型意义

用人单位负有向劳动者及时足额支付工资的法定义务。近年来，伴随经济与社会发展，部分用人单位选择通过第三方软件或者网络平台支付工资致使劳动者提取工资时存在不便，甚至被扣除部分费用，客观上导致劳动者收入水平降低。劳动者作为劳动关系中相对弱势方，无法自行选择劳动报酬的支付方式。本案明确了用人单位变更工资支付方式应与劳动者协商一致，且不应违反强制性法律规定；因用人单位的原因导致劳动者收入减少的，用人单位负有支付欠付工资义务等规则，引导用人单位依法行使经营自主权，全面维护劳动者的合法权益。

案例六

线上加班费应结合劳动者加班频率、时长、工资标准、工作内容等因素认定

——李某诉某文化传媒公司劳动争议案

基本案情

李某于 2020 年 4 月入职某文化传媒公司，担任短视频运营总监，双方签订了期限自 2020 年 4 月 8 日至 2023 年 4 月 7 日的劳动合同，约定了三个月的试用期，试用期工资标准为每月 2 万元。李某在 2020 年 4 月 8 日至 2020 年 5 月 28 日任职期间，在非工作时间完成了回复设计方案、方案改进等工作。2020 年 5 月 28 日，某文化传媒公司以李某试用期不符合录用条件为由解除劳动关系，未支付李某加班费。李某认为某文化传媒公司存在未支付加班费等违法行为，申请劳动争议仲裁。后李某不服仲裁裁决，提出要求某文化传媒公司支付延时加班费 19670.5 元、双休日加班费 26331 元等诉讼请求。

裁判结果

审理法院认为，加班费数额应当综合劳动者岗位工作情况、用人单位业务特点及报酬给付标准等予以认定。因李某的工作无需在用人单位工作场所完成，且工作时间较为分散，难以量化考勤和进行科学的统计，审理法院根据李某提交的微信内容、自述公司的考勤时间及工资标准，酌情确定某文化传媒公司支付延时加班费 1 万元；根据微信内容等确定李某存在三天休息日到岗事实,判令某文化传媒公司支付休息日加班工资5517.24元。

典型意义

"线上加班"发生在非工作时间、非工作地点,工作安排及成果提交由线下转向线上,具有居家化、碎片化特点,不同于传统意义上在用人单位的加班,存在用人单位难以对劳动者进行实时监督管理、劳动者亦难以举证证明其加班时长等难题。本案中,人民法院在认定"线上加班"加班费时,以劳动者提供的劳动占用其休息时间为认定标准,综合考虑劳动者的加班频率、时长、工资标准、工作内容等因素,酌情认定劳动者的加班费,依法保护劳动者的合法权益。

案例七

用人单位对农民工工资支付情况负有举证责任
——唐某诉某建筑劳务公司追索劳动报酬纠纷案

基本案情

唐某与某建筑劳务公司签订书面劳动合同,工作岗位为木工。后唐某在工作中受伤,被认定为工伤并进行了伤残等级评定。因双方对唐某受伤当月工资支付发生争议,唐某向劳动人事争议仲裁委员会申请仲裁,要求某建筑劳务公司支付其受伤当月工资。

裁决结果

劳动人事争议仲裁委员会认为,《中华人民共和国劳动争议调解仲裁法》第六条规定"发生劳动争议,当事人对自己提出的主张,有责任提供证据。与争议事项有关的证据属于用人单位掌握管理的,用人单位应当提供;用人单位不提供的,应当承担不利后果",《保障农民工工资支付条例》第五十条规定"农民工与用人单位就拖欠工资存在争议,用人单位应当提供依法由其保存的劳动合同、职工名册、工资支付台账和清单等材料;不提供的,依法承担不利后果"。某建筑劳务公司虽然主张唐某受伤当月仅工作十余天并已结清其工资,但未提供工资支付台账和清单等相应证据,应当承担举证不能的不利后果,遂认定唐某受伤当月全勤(唐某受伤日为当月最后一天),并根据双方均认可的唐某日工资标准,裁决某建筑劳务公司支付唐某受伤当月工资5000余元。

典型意义

我国劳动法律将保护劳动者的合法权益作为立法宗旨之一,在相关规定中充分考虑了劳动者特别是农民工举证能力不足的实际情况。在劳动争议案件中,工资支付台账和清单是认定用人单位是否依法履行工资支付义务的重要依据。《保障农民工工资支付条例》第十五条规定

"用人单位应当按照工资支付周期编制书面工资支付台账,并至少保存3年。书面工资支付台账应当包括用人单位名称,支付周期,支付日期,支付对象姓名、身份证号码、联系方式,工作时间,应发工资项目及数额,代扣、代缴、扣除项目和数额,实发工资数额,银行代发工资凭证或者农民工签字等内容。用人单位向农民工支付工资时,应当提供农民工本人的工资清单"。用人单位应当严格落实上述要求,编制、保存好农民工工资支付台账和清单,清晰记录工作时间、工资项目及数额等要素,避免在劳动争议仲裁及诉讼过程中承担举证不能的不利后果。

案例八

劳动保障监察机构依法调取的证据可作为仲裁证据使用
——赖某诉某房地产公司追索劳动报酬纠纷案

基本案情

某房地产公司拖欠赖某工资,当地劳动保障监察大队通过约谈公司负责人,督促其支付了赖某部分工资。赖某对工资支付数额存在异议,向劳动人事争议仲裁委员会申请仲裁,要求某房地产公司支付其余工资。

裁决结果

劳动人事争议仲裁委员会认为,《保障农民工工资支付条例》第三条规定"农民工有按时足额获得工资的权利。任何单位和个人不得拖欠农民工工资"。劳动人事争议仲裁委员会经开庭审理并结合劳动保障监察大队调查笔录认定工资支付数额,裁决某房地产公司支付赖某工资5000余元。

典型意义

劳动保障监察、劳动人事争议仲裁均为劳动者法定维权渠道。履行职能的机构加强协作配合,对于统筹发挥劳动保障监察行政执法优势和劳动人事争议仲裁的准司法作用,提升农民工维权便利度,化解讨薪难问题具有积极意义。人力资源社会保障部与最高人民法院等五部门联合印发的《关于实施"护薪"行动全力做好拖欠农民工工资争议处理工作的通知》(人社部发〔2019〕80号)规定"根据劳动争议仲裁、劳动保障监察职责特点和优势,按照有利于及时有效维护农民工合法权益原则,引导农民工依法理性选择维权方式。仲裁机构要与劳动保障监察机构加强协调配合,完善信息共享、事实互认、情况会商、协调处置等联动工作机制";《人力资源社会保障部办公厅关于开展农民工工资争议速裁庭建设专项行动的通知》(人社厅函〔2023〕69号)规定"对已经劳动保障监察机构行政处理意见认定的事实,除当事人已申请行政复议、提起行政诉

讼外，速裁庭予以认可"，对推进两个机构联动工作机制建设提出了明确要求。各级劳动保障监察机构与劳动人事争议仲裁机构要立足职能职责，根据农民工维权需求及办案实践需要不断创新联动模式，更好维护农民工的劳动报酬权益。

案例九
发挥多元处理机制作用化解集体劳动争议
——李某等48人诉某制造公司追索劳动报酬纠纷案

基本案情

某制造公司因经营困难，拖欠李某等48名劳动者工资，并与部分劳动者协商解除劳动合同，导致双方矛盾激化。李某等人向劳动人事争议仲裁委员会申请仲裁，要求某制造公司支付工资、经济补偿等。

处理结果

案件所在地劳动人事争议仲裁委员会、法院、工会、司法、信访等部门立足法定职能，建立"五方联调机制"，常态化开展矛盾纠纷预防化解工作。区总工会征求劳动者意见，协调提供多个匹配工作岗位，率先促成12名申请人撤诉。劳动人事争议仲裁委员会坚持调解优先，与双方当事人多轮沟通、对争议焦点释疑释惑；司法局选派律师参与调解，了解劳动者需求、提供专业咨询。最终32名劳动者与某制造公司签订调解协议，劳动人事争议仲裁委员会现场制作调解书，某制造公司当场支付工资、经济补偿等共计183万余元。对于4名未签订调解协议的劳动者，劳动人事争议仲裁委员会开通农民工工资争议速裁"绿色通道"，及时有效保障其合法权益。

典型意义

集体劳动争议涉及劳动者人数多、社会影响大，办理效果直接关系劳动关系和谐与社会稳定。近年来，各地积极探索，不断完善党委领导、政府负责、人力资源社会保障部门牵头和有关部门参与、司法保障、科技支撑的劳动争议多元处理机制，发挥部门优势、形成调处合力。各部门通过劳动争议多元处理机制第一时间了解当事人诉求、问题，减少重复沟通和部门衔接环节，对于防范化解劳动关系风险，维护劳动者合法权益发挥了积极作用，推动矛盾纠纷得到快速柔性化解。

案例十
工会积极协调检察机关支持起诉助力劳动者维权
——牛某等14人诉某餐饮公司追索劳动报酬纠纷案

基本案情

牛某等14人均系务工人员，于2021年1月前后在某餐饮公司工作。2021年5月，某餐饮公司歇业后未结清牛某等人的劳动报酬。同年9月，牛某等人向某餐饮公司所在区总工会寻求帮助。区总工会指派职工法律援助律师提供法律援助并代为提起劳动争议仲裁。因主要证据为电子证据，来源和真实性难以固定，牛某等人的请求事项未获劳动人事争议仲裁委员会支持。区总工会评估案情后，认为劳动者举证能力不足导致败诉，仅依靠工会维权律师调查取证存在较大难度，遂积极协调联系检察机关启动民事支持起诉机制。

处理结果

检察机关会同区总工会，共同前往留存电子证据的公司调查取证，核实案件关键证据真实性。在取得关键证明并固定证据后，检察机关向审理法院发出支持起诉书，为支持起诉调查取得的证据随支持起诉书一并提交给审理法院。因关键证据得到查证及固定，审理法院判决支持了牛某等人的诉讼请求。

典型意义

作为弱势群体的劳动者维护自身权益时常面临自身维权意识不足、证据收集能力较弱等难题。工会具有依法开展劳动法律监督，为劳动者提供法律援助等职能。本案中，工会收到劳动者求助信息后，第一时间指派援助律师提供法律援助，帮助劳动者追索劳动报酬。面临取证难题时，工会积极协调，启动"工会+检察机关"职工劳动权益保障协同工作机制，联系检察机关支持起诉。检察机关行使调查核实职权协助劳动者收集、固定证据，提出支持起诉意见。通过工会职工法律援助、劳动法律监督与检察机关依法支持起诉职能的有机联动，充分保护了劳动者的合法权益。

案例十一
多部门协同化解欠薪纠纷
——肖某等9名农民工欠薪纠纷案

基本案情

某装修公司与某装饰公司签订工程施工装修项目合同。某装修公司招用了多名农民工开展施工，后因资金周转问题，拖欠肖某等9名农民工工资。肖某等人作为代表到某镇职工法律服务一体化基地反映问题，寻求帮助。

处理结果

按照职工法律服务一体化基地部门职责分工，某镇总工会劳动法律监督委员会受理案件后，启动"园区枫桥"机制，第一时间通报镇政府、司法所、劳动保障所、人民调解委员会案件情况。随后，镇总工会劳动法律监督委员会指派工会劳动法律监督员对农民工反映的情况进行调查取证、核实相关情况,并向某装修公司发出《工会劳动法律监督提示函》,提示其要遵守劳动法律法规。镇总工会联合镇司法所、劳动保障所、人民调解委员会,多次组织相关当事人协商,最终促使当事人达成和解,农民工已领取工资。

典型意义

职工法律服务一体化基地以职工法援室、调解工作室、劳动争议仲裁庭、劳动法庭等设置为基础,汇集工会、法院、司法行政、人力资源社会保障等部门调解、法律援助、仲裁、诉讼等职能作用,主要为职工提供"一体化、一站式"法律服务。基地解决了过去矛盾纠纷化解渠道单一等问题,有利于就近、从快解决矛盾纠纷。地方工会联合多部门共同推动建设职工法律服务一体化基地,创建劳动关系领域"园区枫桥"机制,力争做到"小事不出企业、大事不出园区、矛盾不上交",把劳动纠纷化解在基层、解决在萌芽状态。本案中,职工法律服务一体化基地及时启动"园区枫桥"机制,工会及时向企业发出《工会劳动法律监督提示函》,引导当事人知法、用法、守法,积极履行法律责任,多方联动通过调解方式及时为农民工追回拖欠的工资,实现了纠纷的实质性化解。

案例十二

"法院+工会"诉调对接促进矛盾纠纷实质化解
——颜某等11名农民工欠薪纠纷案

基本案情

颜某等11名农民工在承包商商某的维修改造项目中承担涂料工作。工程完工后,商某拖欠颜某等人工资6万余元。颜某等人多次要求商某支付工资,商某以各种理由一直拒付。颜某等人到某县"法院+工会"诉调对接工作室请求帮助。

处理结果

工会调解员了解到商某因不履行其他案件判决已被人民法院拘留后,立即与人民法院沟通联系,促成商某向人民法院出具该案的还款计划。后经工会调解员调解,颜某等8名农民工当场与商某达成协议并签字。因另3名农民工在外地,工会调解员通过法院网上调解平台,组织当事人调解达成协议。调解协议达成后,人民法院及时对调解协议进行了司法确认。目前,调解协议已经履行完毕。

典型意义

工会充分履行化解劳动关系矛盾纠纷的职能,联合人民法院积极打造协调联动、便民高效的"法院+工会"诉调对接模式,有效实现了一站式受理、一揽子调处、全链条化解。人民法院强化信息化平台建设,开展矛盾纠纷在线咨询、分流、调解、反馈、司法确认,确保案件网上流转顺畅,信息数据互通共享。本案中,当地工会发挥组织优势,认真听取劳动者的意见和诉求,找准解纷"切入口",依托法院调解平台,通过线下线上调解结案,充分展现了"法院+工会"诉调对接快速便民的优势,为农民工解决追索欠薪的烦心事,让人民群众的幸福感和获得感更真实、更充实。

案例十三

发挥12351热线功能维护劳动者合法权益
——某楼盘项目承建商欠薪纠纷案

基本案情

某省总工会12351服务职工热线接到陈某来电,称某楼盘项目工地拖欠30多人的工资,希望工会介入协调、跟进处理,协助职工追讨被拖欠的工资。12351职工热线平台及时向属地工会派发工单,要求限期办理。

处理结果

经涉事企业所在镇总工会调查核实,楼盘项目承建商某建设公司欠付百余名工程装修工人的工资。经镇总工会、人力资源社会保障、综治办、公安、社区工联会等部门与某建设公司、劳动者双方协商,某建设公司于当天支付120名工人的工资。镇总工会、住建部门等多部门联合居中协调后续欠付工资维权事宜,某建设公司支付了全部剩余工资。

典型意义

12351服务职工热线是职工维护自身合法权益的重要渠道。12351职工热线平台实行全省来电统一接听、律师和客服分类解答、工单逐级交办,为职工提供7×24小时、全年无休的服务。职工向12351职工热线平台提出需求后,平台通过工单系统派发给承办单位,由其签收并办理。工单的办理及结果报送工作,遵守"属地管理、分级负责,谁主管、谁负责""依法、及时、就地解决问题与疏导教育相结合"的原则。承办单位安排专人对工单进行协调处理,在规定期限内办结,实施回访制度,确保职工诉求得到及时回应。本案中,12351服务职工热线接到投诉举报以后,及时交办属地工会进行调查核实。当地工会协调有关部门合力做好劳动争议协商调处工作,发挥多部门联动机制作用,及时依法维护职工合法权益,维护社会和谐稳定。

人力资源社会保障部、最高人民法院关于联合发布第三批劳动人事争议典型案例的通知①

案例1

如何认定网约货车司机与平台企业之间是否存在劳动关系？

基本案情

刘某于2020年6月14日与某信息技术公司订立为期1年的《车辆管理协议》，约定：刘某与某信息技术公司建立合作关系；刘某自备中型面包车1辆提供货物运输服务，须由本人通过公司平台在某市区域内接受公司派单并驾驶车辆，每日至少完成4单，多接订单给予加单奖励；某信息技术公司通过平台与客户结算货物运输费，每月向刘某支付包月运输服务费6000元及奖励金，油费、过路费、停车费等另行报销。刘某从事运输工作期间，每日在公司平台签到并接受平台派单，跑单时长均在8小时以上。某信息技术公司通过平台对刘某的订单完成情况进行全程跟踪，刘某每日接单量超过4单时按照每单70元进行加单奖励，出现接单量不足4单、无故拒单、运输超时、货物损毁等情形时按照公司制定的费用结算办法扣减部分服务费。2021年3月2日，某信息技术公司与刘某订立《车辆管理终止协议》，载明公司因调整运营规划，与刘某协商一致提前终止合作关系。刘某认为其与某信息技术公司之间实际上已构成劳动关系，终止合作的实际法律后果是劳动关系解除，某信息技术公司应当支付经济补偿。某信息技术公司以双方书面约定建立合作关系为由否认存在劳动关系，拒绝支付经济补偿，刘某遂向劳动人事争议仲裁委员会（以下简称仲裁委员会）申请仲裁。

申请人请求

请求裁决某信息技术公司支付解除劳动合同经济补偿。

处理结果

仲裁委员会裁决：某信息技术公司向刘某支付解除劳动合同经济补偿。

案例分析

本案争议焦点是，刘某与某信息技术公司之间是否符合确立劳动关系的情形？

《中华人民共和国劳动合同法》第七条规定："用人单位自用工之日起即与劳动者建立劳动关系"，《关于维护新就业形态劳动者劳动保障权益的指导意见》（人社部发〔2021〕56号）第十八条规定："根据用工事实认定企业和劳动者的关系"，以上法律规定和政策精神体现出，认定劳动关系应当坚持事实优先原则。《关于确立劳动关系有关事项的通知》（劳社部发〔2005〕12号）相关规定体现出，劳动关系的核心特征为"劳动管理"，即劳动者与用人单位之间具有人格从属性、经济从属性、组织从属性。在新就业形态下，由于平台企业生产经营方式发生较大变化，劳动管理的体现形式也相应具有许多新的特点。当前，认定新就业形态劳动者与平台企业之间是否存在劳动关系，应当对照劳动管理的相关要素，综合考量人格从属性、经济从属性、组织从属性的有无及强弱。从人格从属性看，主要体现为平台企业的工作规则、劳动纪律、奖惩办法等是否适用于劳动者，平台企业是否可通过制定规则、设定算法等对劳动者劳动过程进行管理控制；劳动者是否须按照平台指令完成工作任务，能否自主决定工作时间、工作量等。从经济从属性看，主要体现为平台企业是否掌握劳动者从业所必需的数据信息等重要生产资料，是否允许劳动者商定服务价格；劳动者通过平台获得的报酬是否构成其重要收入来源等。从组织从属性看，主要体现在劳动者是否被纳入平台企业的组织体系当中，成为企业生产经营组织的有机部分，并以平台名义对外提供服务等。

本案中，虽然某信息技术公司与刘某订立《车辆管理协议》约定双方为合作关系，但依据相关法律规定和政策精神，仍应根据用工事实认定双方之间的法律关系性质。某信息技术公司要求须由刘某本人驾驶车辆，通过平台向刘某发送工作指令、监控刘某工作情况，并依据公司规章制度对刘某进行奖惩；刘某须遵守某信息技术公司规定的工作时间、工作量等要求，体现了较强的人格从属性。某信息技术公司占有用户需求数据信息，单方制定服务费用结算标准；刘某从业行为具有较强持续性和稳定性，其通过平台获得的服务费用构成其稳定收入来源，体现了明显的经济从属性。某信息技术公司将刘某纳入其组织体系进行管理，刘某是其稳定成员，并以平台名义对外提供服务，从事的货物运输业务属于某信息技术公司业务的组成部分，体现了较强的组织从属性。综上，某信息技术公司对刘某存在明显的劳动管理行为，符合确立劳动关系的情形，应当认定双方之间存在劳动关系。某信息技术公司与刘某订立《车辆管理终止协议》，实际上构成了劳动关系的解除，因此，对刘某要求某信息技术公司支付经济补偿的仲裁请求，应当予以支持。

---

① 案例来源：2024年1月25日人力资源社会保障部、最高人民法院公布，网址：https://www.court.gov.cn/zixun/xiangqing/401172.html，最后访问日期：2024年3月6日。

典型意义

近年来，平台经济迅速发展，创造了大量就业机会。与此同时，维护劳动者劳动保障权益面临诸多新情况新问题，其中，平台企业与劳动者之间的法律关系性质引发社会普遍关注。不同平台之间用工模式存在差异，一些平台企业占有数据信息这一新就业形态劳动者从业所必需的生产资料，通过制定规则、设定算法对劳动者的工作机会、劳动条件、劳动方式、劳动收入、进出平台自由等进行限制或施加影响，并从劳动者劳动成果中获益。此类模式下，平台企业并非提供信息中介、交易撮合等服务，而是通过对劳动者进行组织和管理，使他们按照一定模式和标准以平台名义对外提供服务，因此，其应作为用工主体或用人单位承担相应法律义务和责任。在仲裁和司法实践中，各级劳动人事争议仲裁机构和人民法院应当注意审查平台运营方式、算法规则等，查明平台企业是否对劳动者存在劳动管理行为，据实认定法律关系性质。

案例2

如何认定网约配送员与平台企业之间是否存在劳动关系？

基本案情

徐某于2019年7月5日从某科技公司餐饮外卖平台众包骑手入口注册成为网约配送员，并在线订立了《网约配送协议》，协议载明：徐某同意按照平台发送的配送信息自主选择接受服务订单，接单后及时完成配送，服务费按照平台统一标准按单结算。从事餐饮外卖配送业务期间，公司未对徐某上线接单时间提出要求，徐某每周实际上线接单天数为3至6天不等，每天上线接单时长为2至5小时不等。平台按照算法规则向一定区域内不特定的多名配送员发送订单信息，徐某通过抢单获得配送机会，平台向其按单结算服务费。出现配送超时、客户差评等情形时，平台核实情况后按照统一标准扣减服务费。2020年1月4日，徐某向平台客服提出订立劳动合同、缴纳社会保险费等要求，被平台客服拒绝，遂向仲裁委员会申请仲裁。

申请人请求

请求确认徐某与某科技公司于2019年7月5日至2020年1月4日期间存在劳动关系，某科技公司支付解除劳动合同经济补偿。

处理结果

仲裁委员会裁决：驳回徐某的仲裁请求。

案例分析

本案争议焦点是，徐某与某科技公司之间是否符合确立劳动关系的情形？

根据《关于发布智能制造工程技术人员等职业信息的通知》（人社厅发〔2020〕17号）相关规定，网约配送员是指通过移动互联网平台等，从事接收、验视客户订单，根据订单需求，按照平台智能规划路线，在一定时间内将订单物品递送至指定地点的服务人员。《关于维护新就业形态劳动者劳动保障权益的指导意见》（人社部发〔2021〕56号）根据平台不同用工形式，在劳动关系情形外，还明确了不完全符合确立劳动关系的情形及相应劳动者的基本权益。

本案中，徐某在某科技公司餐饮外卖平台上注册成为网约配送员，其与某科技公司均具备建立劳动关系的主体资格。认定徐某与某科技公司之间是否符合确立劳动关系的情形，需要查明某科技公司是否对徐某进行了较强程度的劳动管理。从用工事实看，徐某须遵守某科技公司制定的餐饮外卖平台配送服务规则，其订单完成时间、客户评价等均作为平台结算服务费的依据，但平台对其上线接单时间、接单量均无要求，徐某能够完全自主决定工作时间及工作量，因此，双方之间人格从属性较标准劳动关系有所弱化。某科技公司掌握徐某从事网约配送业务所必需的数据信息，制定餐饮外卖平台配送服务费结算标准和办法，徐某通过平台获得收入，双方之间具有一定的经济从属性。虽然徐某依托平台从事餐饮外卖配送业务，但某科技公司并未将其纳入平台配送业务组织体系进行管理，未按照传统劳动管理方式要求其承担组织成员义务，因此，双方之间的组织从属性较弱。综上，虽然某科技公司通过平台对徐某进行一定的劳动管理，但其程度不足以认定劳动关系。因此，对徐某提出的确认劳动关系等仲裁请求，仲裁委员会不予支持。

典型意义

近年来，网约配送员成为备受社会关注的群体，如何维护好其劳动保障权益也频频引发舆论热议。在网约配送行业中，平台企业对网约配送员存在多种组织和管理模式。在类似本案的模式中，平台向非特定配送员发送订单信息，不对配送员的上线接单时间和接单量作任何要求，但与此同时，平台企业制定统一的配送服务规则和服务费结算标准，通过设定算法对配送员的配送行为进行控制和管理，并将配送时长、客户评价等作为结算服务费的依据。一方面，劳动者工作时间、工作地点更加自由，不再受限于特定的生产经营组织体系；另一方面，平台企业借助信息技术手段打破了传统用工方式的时空限制，对劳动者实现了更加精细的用工管理。对此，《关于维护新就业形态劳动者劳动保障权益的指导意见》（人社部发〔2021〕56号）明确不完全符合确立劳动关系的情形，并指出相关部门应指导企业与该类劳动者订立书面协议、合理确定双方权利义务，逐步推动将该类劳动者纳入最低工资、休息休假等制度保障范围。在仲裁与司法实践中，应在区分各类情形的基础上分类保障劳动者合法权益，并积极推动完善相关法律政策，进一步畅通劳动者维权渠道，充分实现平台经济良性发展与劳动者权益保护互促共进。

案例3

外卖平台用工合作企业通过劳务公司招用网约配送员，如何认定劳动关系？

基本案情

某货运代理公司承包经营某外卖平台配送站点，负责该站点网约配送业务。2019年5月27日，某货运代理公司与某劳务公司订立《配送业务承包协议》，约定由某劳务公司负责站点的配送员招募和管理工作。何某于2019年7月28日进入某外卖平台站点工作，并与某劳务公司订立了为期1年的《外卖配送服务协议》，约定：何某同意在某外卖平台注册为网约配送员，并进入某货运代理公司承包的配送站点从事配送业务；何某须遵守某货运代理公司制定的站点工作制度，每周经提前申请可休息1天，每天至少在线接单8小时；何某与某劳务公司之间为劳务合作关系，某劳务公司根据订单完成量向何某按月结算劳务报酬。从事配送工作期间，何某按照某货运代理公司制定的《配送员管理规则》，每天8:30到站点开早会，每周工作6至7天，每天在线接单时长为8至11小时不等。何某请假时，均须通过站长向某货运代理公司提出申请。某货运代理公司按照何某订单完成量向何某按月支付服务费，出现高峰时段不服从平台调配、无故拒接平台派单、超时配送、客户差评等情形时，某货运代理公司均按一定比例扣减服务费，而某劳务公司未对包含何某在内的站点配送员进行管理。2019年11月3日，何某在执行配送任务途中摔倒受伤，其要求某货运代理公司、某劳务公司按照工伤保险待遇标准向其赔偿各项治疗费用，某货运代理公司以未与何某订立任何协议为由拒绝承担责任，某劳务公司以与何某之间系劳务合作关系为由拒绝支付工伤保险待遇。2019年12月19日，何某以某货运代理公司、某劳务公司为共同被申请人向仲裁委员会申请仲裁。

申请人请求

请求确认何某与某货运代理公司、某劳务公司于2019年7月28日至2019年12月19日期间存在劳动关系。

处理结果

仲裁委员会裁决：何某与某货运代理公司于2019年7月28日至2019年12月19日期间存在劳动关系。

案例分析

本案争议焦点是，何某是否与两家公司存在劳动关系？与哪家公司存在劳动关系？

本案中，从某货运代理公司与某劳务公司订立的《配送业务承包协议》内容看，某货运代理公司将配送员招募和管理工作外包给某劳务公司，应当由某劳务公司负责具体的用工组织和管理工作。但从本案用工事实看，某劳务公司并未对何某等站点配送员进行管理，其与某货运代理公司之间的《配送业务承包协议》并未实际履行；某货运代理公司虽然未与何某订立书面协议，却对其进行了劳动管理。因此，应当根据某货运代理公司对何某的劳动管理程度，认定双方之间是否存在劳动关系。何某须遵守某货运代理公司制定的《配送员管理规则》，按时到站点考勤；某货运代理公司对何某执行配送任务的情况进行监督，通过扣减服务费等方式对何某的工作时间、接单行为、服务质量等进行管理，双方之间存在较强的人格从属性。某货运代理公司根据单方制定的服务费结算办法向何某按月结算服务费，双方之间存在明显的经济从属性。何某虽以平台名义从事配送任务，但某货运代理公司将其纳入站点的配送组织体系进行管理，双方之间存在较强的组织从属性。综上，某货运代理公司对何某进行了较强程度的劳动管理，应当认定双方之间存在劳动关系。

典型意义

《关于维护新就业形态劳动者劳动保障权益的指导意见》（人社部发〔2021〕56号）对平台企业采取合作用工方式组织劳动者完成平台工作的情形作出了规定。在新就业形态劳动争议处理中，一些平台用工合作企业也以外包或劳务派遣等灵活方式组织用工。部分配送站点承包经营企业形式上将配送员的招募和管理工作外包给其他企业，但实际上仍直接对配送员进行劳动管理，在劳动者主张相关权益时通常否认与劳动者之间存在劳动关系，将"外包"当成了规避相应法律责任的"挡风板""防火墙"，增加了劳动者的维权难度。在仲裁和司法实践中，应当谨慎区分劳动关系与各类民事关系，对于此类"隐蔽劳动关系"，不能简单适用"外观主义"审查，应当根据劳动管理事实和从属性特征明确劳动关系主体，依法确定各方权利义务。

案例4

劳动者注册个体工商户与平台企业或其用工合作企业订立合作协议，能否认定劳动关系？

基本案情

孙某于2019年6月11日进入某外卖平台配送站点工作，该站点由某物流公司承包经营。某物流公司与孙某订立了自2019年6月11日起至2021年6月10日止的书面劳动合同。从事配送工作期间，孙某按照某物流公司要求在规定时间、指定区域范围内执行某外卖平台派发的配送任务，某物流公司根据孙某出勤及订单完成情况向其按月支付劳动报酬。某物流公司于2020年8月21日与某商务信息咨询公司订立《服务协议》，约定将含孙某在内的部分配送员委托给某商务信息咨询公司管理。在某商务信息咨询公司安排下，孙某注册了名为"某配送服务部"的个体工商户，并于2020年9月6日与某物流公司订立了为期1年的《项目承包协议》，约定：某配送服务部与某物流公司建立合作关系，某配送服务部承接某外卖平台配送站点的部分配送业务，某物流公司按照配送业务完成量向某配送服务部按月结算费用。此后，孙某仍然在某外卖平台站点从事配送工作，接受某物流公司管理，管理方式未发生任何变化。2020年12月10日，某物流公司单方面终止《项目承包协议》，孙某要求某物流公司支付违法解除劳动合同赔偿金。某物流公司认为订立《项目承包协议》后，双方之间已从劳动关系变为合作关系，劳动合同自动终止，并以此为由拒绝支付违法解除劳动合同赔偿金。孙某遂向仲裁委员会申请仲裁。

申请人请求

请求确认孙某与某物流公司于2020年9月6日至2020年12月10日期间存在劳动关系，某物流公司支付违法解除劳动合同赔偿金。

处理结果

仲裁委员会裁决：孙某与某物流公司于2020年9月6日至2020年12月10日期间存在劳动关系，某物流公司向孙某支付违法解除劳动合同赔偿金。

案例分析

本案争议焦点是，在孙某以个体工商户名义订立《项目承包协议》情况下，其与某物流公司之间是否存在劳动关系？

从法律主体资格看，劳动者注册为个体工商户后，既可以作为自然人与其他用人单位建立劳动关系，也有权以个体工商户名义开展市场经营活动。在第一种情形下，劳动者与企业之间存在"管理－从属"关系，即企业对劳动者实施劳动管理，劳动者向企业提供从属性劳动，双方之间市场主体地位不平等，法律关系呈现明显的从属性；在第二种情形下，个体工商户与企业均具有平等的市场主体法律地位，个体工商户可以依照约定向企业提供服务并获取对价，但服务内容和方式、对价形式及多少等事项由双方协商确定，企业与个体工商户背后的自然人之间不具有"管理－从属"关系。

本案中，在某商务信息咨询公司安排下，孙某注册个体工商户，并以个体工商户名义与某物流公司书面约定建立合作关系，但从用工事实看，某物流公司与孙某之间完全延续了此前的劳动管理方式，孙某仍然向某物流公司提供从属性劳动，双方之间并未作为法律地位平等的市场主体开展经营活动。因此，某物流公司关于双方之间由劳动关系变为合作关系、劳动合同自动终止的主张，与事实不符，应当认定在2020年9月6日之后双方之间仍然存在劳动关系，对孙某要求某物流公司支付违法解除劳动合同赔偿金的仲裁请求，应当予以支持。

典型意义

在新就业形态下，劳动关系与合作关系之间的边界更加模糊，劳动者的劳动形式、劳动时间、工作场所、取酬方式等更加灵活多样。一些平台企业及其用工合作企业利用这一特点，一方面诱导或强迫劳动者注册成为个体工商户，并与之订立合作协议；另一方面仍对劳动者进行较强程度的劳动管理，单方确定劳动规则、报酬标准等事项，以合作之名行劳动用工之实，严重损害了劳动者劳动保障权益。对此，国务院印发的《促进个体工商户发展条例》第三十条第二款规定："任何单位和个人不得诱导、强迫劳动者登记注册为个体工商户。"在仲裁和司法实践中，应当重点审查企业与劳动者之间是否存在劳动管理和从属性劳动，坚决防止"去劳动关系化"规避用工责任，充分保障劳动者各项劳动保障权益。

案例5

如何认定网络主播与文化传播公司之间是否存在劳动关系？

基本案情

李某于2018年11月29日与某文化传播公司订立为期2年的《艺人独家合作协议》，约定：李某聘请某文化传播公司为其经纪人，某文化传播公司为李某提供网络主播培训及推广宣传，将其培养成为知名的网络主播；在合同期内，某文化传播公司为李某提供整套直播设备和直播室，负责安排李某的全部直播工作及直播之外的商业或非商业公众活动，全权代理李某涉及到直播、出版、演出、广告、录音、录像等与演艺有关的商业或非商业公众活动，可在征得李某同意后作为其委托代理人签署有关合同；李某有权参与某文化传播公司安排的商业活动的策划过程、了解直播收支情况，并对个人形象定位等事项提出建议，但一经双方协商一致，李某必须严格遵守相关约定；李某直播内容和时间均由其自行确定，其每月获得各直播平台后台礼物累计价值5000元，可得基本收入2600元，超过

5000元部分由公司和李某进行四六分成，超过9000元部分进行三七分成，超过12000元部分进行二八分成。从事直播活动后，李某按照某文化传播公司要求入驻2家直播平台，双方均严格履行协议约定的权利义务。李某每天直播时长、每月直播天数均不固定，月收入均未超过3500元。2019年3月31日，李某因直播收入较低，单方解除《艺人独家合作协议》，并以公司未缴纳社会保险费为由要求某文化传播公司向其支付解除劳动合同经济补偿。某文化传播公司以双方之间不存在劳动关系为由拒绝支付。李某向仲裁委员会申请仲裁，仲裁委员会裁决双方之间不存在劳动关系。李某不服仲裁裁决，诉至人民法院。

原告诉讼请求

请求确认与某文化传播公司之间于2018年11月29日至2019年3月31日期间存在劳动关系，某文化传播公司支付解除劳动合同经济补偿。

处理结果

一审法院判决：李某与某文化传播公司之间不存在劳动关系。李某不服一审判决，提起上诉。二审法院判决：驳回上诉，维持原判。

案例分析

本案争议焦点是，某文化传播公司对李某的管理是否属于劳动管理？

在传统演艺领域，企业以经纪人身份与艺人订立的合同通常兼具委托合同、中介合同、行纪合同等性质，并因合同约定产生企业对艺人的"管理"行为，但此类管理与劳动管理存在明显差异：从"管理"的主要目的看，企业除安排艺人从事演艺活动为其创造经济收益之外，还要对艺人进行培训、包装、宣传、推广等，使之获得相对独立的公众知名度和市场价值；而在劳动关系中，企业通过劳动管理组织劳动者进行生产经营活动，并不以提升劳动者独立的公众知名度和市场价值为目的。从"管理"事项的确定看，企业对艺人的管理内容和程度通常由双方自主协商约定，艺人还可以就自身形象设计、发展规划和收益分红等事项与企业进行协商；而在订立劳动合同时，单个劳动者与企业之间进行个性化协商的空间一般比较有限，劳动纪律、报酬标准、奖惩办法等规章制度通常由企业统一制定并普遍适用于企业内部的劳动者。此外，从劳动成果分配方式看，企业作为经纪人，一般以约定的分成方式获取艺人创造的经济收益；而在劳动关系中，企业直接占有劳动者的劳动成果，按照统一标准向劳动者支付报酬及福利，不以约定分成作为主要分配方式。综上，企业作为经纪人与艺人之间的法律关系体现出平等协商的特点，而存在劳动关系的用人单位与劳动者之间则体现出较强的从属性特征，可据此对两种法律关系予以区分。

本案中，通过《艺人独家合作协议》内容及履行情况可以看出，某文化传播公司作为李某的经纪人，虽然也安排李某从事为其创造直接经济收益的直播活动，但其主要目的是通过培训、包装、宣传、推广等手段使李某成为知名的网络主播；李某的直播时间及内容由其自主决定，其他相关活动要求等由双方协商确定，李某对其个人包装、活动参与等事项有协商权，对其创造的经济收益有知情权；双方以李某创造的经济收益为衡量标准，约定了"阶梯式"的收益分成方式。因此，双方之间的法律关系体现出平等协商的特点，并未体现出《关于确立劳动关系有关事项的通知》（劳社部发〔2005〕12号）规定的劳动管理及从属性特征，应当认定为民事关系。李某提出确认劳动关系并支付解除劳动合同经济补偿的诉求，与事实不符，不予支持。

典型意义

近年来，随着网红经济的迅速发展，大量网络主播经纪公司也应运而生。与传统演艺业相比，网络主播行业具有更强的灵活性、互动性、可及性和价值多元性，经纪公司"造星"周期和"投资-回报"周期也相应缩短。一些经纪公司沿袭传统方式与主播建立民事合作关系，以培养知名主播、组织主播参加各类商业或非商业公众活动为主业，通过平等协商确定双方权利义务，以约定的分成方式进行收益分配；但与此同时，一些企业招用网络主播的主要目的是开展"直播带货"业务，以网络直播手段推销各类产品，主播对个人包装、直播内容、演艺方式、收益分配等没有协商权，双方之间体现出较强的从属性特征，更加符合确立劳动关系的情形。因此，在仲裁和司法实践中，应当加强对法律关系的个案分析，重点审查企业与网络主播之间的权利义务内容及确定方式，综合认定双方之间的法律关系性质。

案例6

如何认定网约家政服务人员与家政公司之间是否存在劳动关系？

基本案情

宋某，出生日期为1976年10月7日，于2019年10月26日到某员工制家政公司应聘家政保洁员，双方订立了《家政服务协议》，约定：某家政公司为宋某安排保洁业务上岗培训（初级），培训费用由公司承担，宋某经培训合格后须按照公司安排为客户提供入户保洁服务，合作期限为2年；宋某须遵守公司统一制定的《家政服务人员行为规范》，合作期限内不得通过其他平台从事家政服务工作；某家政公司为宋某配备工装及保洁用具，并购买意外险，费用均由公司承担;宋某每周须工作6天,工作期间某家政公司通过本公司家政服务平台统一接收客户订单,并根据客户需求信息匹配度向宋某派发保洁类订单,工作日无订单任务时宋某须按照公司安排从事其他工作;某家政公司按月向宋某结付报酬,报酬计算标准为底薪1600元/月,保洁服务费15元/小时,全勤奖200元/月;如宋某无故拒接订单或收到客户差评,某家政公司将在核实情况后扣减部分服务费。2019年11月1日,宋某经培训合格后上岗。从事保洁工作期间,宋某每周工作6天,每天入户服务6至8小时。2020年1月10日,宋某在工作中受伤,要求某家政公司按照工伤保险待遇标准向其赔偿各类治疗费用,某家政公司以双方之间不存在劳动关系为由拒绝支付。宋某于2020年1月21日向仲裁委员会申请仲裁,请求确认与某家政公司于2019年11月1日至2020年1月21日期间存在劳动关系。仲裁委员会裁决宋某与某家政公司之间存在劳动关系,某家政公司不服仲裁裁决,诉至人民法院。

原告诉讼请求

请求确认某家政公司与宋某之间不存在劳动关系。

处理结果

一审法院判决:宋某与某家政公司于2019年11月1日至2020年1月21日期间存在劳动关系。某家政公司不服一审判决,提起上诉。二审法院判决:驳回上诉,维持原判。

案例分析

本案争议焦点是,宋某与某家政公司之间是否符合订立劳动合同的情形?

认定家政企业与家政服务人员是否符合订立劳动合同的情形,应当根据《关于确立劳动关系有关事项的通知》(劳社部发〔2005〕12号)第一条之规定,重点审查双方是否均为建立劳动关系的合法主体,双方之间是否存在较强程度的劳动管理。

本案中,宋某未达法定退休年龄,其与某家政公司均是建立劳动关系的合法主体。在劳动管理方面,某家政公司要求宋某遵守其制定的工作规则,通过平台向宋某安排工作,并通过发放全勤奖、扣减服务费等方式对宋某的工作时间、接单行为、服务质量等进行控制和管理,双方之间存在较强的人格从属性。某家政公司掌握宋某从事家政服务业所必需的用户需求信息,统一为宋某配备保洁工具,并以固定薪资结构向宋某按月支付报酬,双方之间存在较强的经济从属性。宋某以某家政公司名义对外提供家政服务,某家政公司将宋某纳入其家政服务组织体系进行管理,并通过禁止多平台就业等方式限制宋某进入其他组织,双方之间存在明显的组织从属性。综上,某家政公司对宋某存在较强程度的劳动管理,符合订立劳动合同的情形,虽然双方以合作为名订立书面协议,但根据事实优先原则,应当认定双方之间存在劳动关系。

典型意义

在传统家政企业运营模式中,家政企业主要在家政服务人员与客户之间起中介作用,通过介绍服务人员为客户提供家政服务收取中介费;家政企业与服务人员之间建立民事合作关系,企业不对服务人员进行培训和管理、不支付劳动报酬,家政服务工作内容及服务费用由服务人员与客户自行协商确定。为有效解决传统家政行业发展不规范等问题,《关于促进家政服务业提质扩容的意见》(国办发〔2019〕30号)指出,员工制家政企业应依法与招用的家政服务人员签订劳动合同,按月足额缴纳城镇职工社会保险费;家政服务人员不符合签订劳动合同情形的,员工制家政企业应与其签订服务协议,家政服务人员可作为灵活就业人员按规定自愿参加城镇职工社会保险或城乡居民社会保险。各地落实该意见要求积极支持发展员工制家政企业。在此类企业中,家政企业与客户直接订立服务合同,与家政服务人员依法签订劳动合同或服务协议,统一安排服务人员为客户提供服务,直接支付或代发服务人员不低于当地最低工资标准的劳动报酬,并对服务人员进行持续培训管理。在仲裁与司法实践中,对于家政企业与家政服务人员之间发生的确认劳动关系争议,应当充分考虑家政服务行业特殊性,明确企业运营模式,查明企业与家政服务人员是否具备建立劳动关系的法律主体资格,严格审查双方之间是否存在较强程度的劳动管理,以此对签订劳动合同和签订服务协议的情形作出区分,据实认定劳动关系。

4. 安全生产

中华人民共和国安全生产法

- 2002年6月29日第九届全国人民代表大会常务委员会第二十八次会议通过
- 根据2009年8月27日第十一届全国人民代表大会常务委员会第十次会议《关于修改部分法律的决定》第一次修正
- 根据2014年8月31日第十二届全国人民代表大会常务委员会第十次会议《关于修改〈中华人民共和国安全生产法〉的决定》第二次修正
- 根据2021年6月10日第十三届全国人民代表大会常务委员会第二十九次会议《关于修改〈中华人民共和国安全生产法〉的决定》第三次修正

第一章 总 则

第一条 【立法目的】为了加强安全生产工作,防止和减少生产安全事故,保障人民群众生命和财产安全,促进经济社会持续健康发展,制定本法。

第二条 【适用范围】在中华人民共和国领域内从事生产经营活动的单位(以下统称生产经营单位)的安全生产,适用本法;有关法律、行政法规对消防安全和道路交通安全、铁路交通安全、水上交通安全、民用航空安全以及核与辐射安全、特种设备安全另有规定的,适用其规定。

第三条 【工作方针】安全生产工作坚持中国共产党的领导。

安全生产工作应当以人为本,坚持人民至上、生命至上,把保护人民生命安全摆在首位,树牢安全发展理念,坚持安全第一、预防为主、综合治理的方针,从源头上防范化解重大安全风险。

安全生产工作实行管行业必须管安全、管业务必须管安全、管生产经营必须管安全,强化和落实生产经营单位主体责任与政府监管责任,建立生产经营单位负责、职工参与、政府监管、行业自律和社会监督的机制。

第四条 【生产经营单位基本义务】生产经营单位必须遵守本法和其他有关安全生产的法律、法规,加强安全生产管理,建立健全全员安全生产责任制和安全生产规章制度,加大对安全生产资金、物资、技术、人员的投入保障力度,改善安全生产条件,加强安全生产标准化、信息化建设,构建安全风险分级管控和隐患排查治理双重预防机制,健全风险防范化解机制,提高安全生产水平,确保安全生产。

平台经济等新兴行业、领域的生产经营单位应当根据本行业、领域的特点,建立健全并落实全员安全生产责任制,加强从业人员安全生产教育和培训,履行本法和其他法律、法规规定的有关安全生产义务。

第五条 【单位主要负责人主体责任】生产经营单位的主要负责人是本单位安全生产第一责任人,对本单位的安全生产工作全面负责。其他负责人对职责范围内的安全生产工作负责。

第六条 【从业人员安全生产权利义务】生产经营单位的从业人员有依法获得安全生产保障的权利,并应当依法履行安全生产方面的义务。

第七条 【工会职责】工会依法对安全生产工作进行监督。

生产经营单位的工会依法组织职工参加本单位安全生产工作的民主管理和民主监督,维护职工在安全生产方面的合法权益。生产经营单位制定或者修改有关安全生产的规章制度,应当听取工会的意见。

第八条 【各级人民政府安全生产职责】国务院和县级以上地方各级人民政府应当根据国民经济和社会发展规划制定安全生产规划,并组织实施。安全生产规划应当与国土空间规划等相关规划相衔接。

各级人民政府应当加强安全生产基础设施建设和安全生产监管能力建设,所需经费列入本级预算。

县级以上地方各级人民政府应当组织有关部门建立完善安全风险评估与论证机制,按照安全风险管控要求,进行产业规划和空间布局,并对位置相邻、行业相近、业态相似的生产经营单位实施重大安全风险联防联控。

第九条 【安全生产监督管理职责】国务院和县级以上地方各级人民政府应当加强对安全生产工作的领导,建立健全安全生产工作协调机制,支持、督促各有关部门依法履行安全生产监督管理职责,及时协调、解决安全生产监督管理中存在的重大问题。

乡镇人民政府和街道办事处,以及开发区、工业园区、港区、风景区等应当明确负责安全生产监督管理的有关工作机构及其职责,加强安全生产监管力量建设,按照职责对本行政区域或者管理区域内生产经营单位安全生产状况进行监督检查,协助人民政府有关部门或者按照授权依法履行安全生产监督管理职责。

第十条 【安全生产监督管理体制】国务院应急管理部门依照本法,对全国安全生产工作实施综合监督管理;县级以上地方各级人民政府应急管理部门依照本法,对本行政区域内安全生产工作实施综合监督管理。

国务院交通运输、住房和城乡建设、水利、民航等有关部门依照本法和其他有关法律、行政法规的规定,在各自的职责范围内对有关行业、领域的安全生产工作实施监督管理;县级以上地方各级人民政府有关部门依照本法和其他有关法律、法规的规定,在各自的职责范围内对有关行业、领域的安全生产工作实施监督管理。对新兴行业、领域的安全生产监督管理职责不明确的,由县级以上地方各级人民政府按照业务相近的原则确定监督管理部门。

应急管理部门和对有关行业、领域的安全生产工作实施监督管理的部门,统称负有安全生产监督管理职责的部门。负有安全生产监督管理职责的部门应当相互配合、齐抓共管、信息共享、资源共用,依法加强安全生产监督管理工作。

第十一条 【安全生产有关标准】国务院有关部门应当按照保障安全生产的要求,依法及时制定有关的国家标准或者行业标准,并根据科技进步和经济发展适时修订。

生产经营单位必须执行依法制定的保障安全生产的国家标准或者行业标准。

第十二条 【安全生产强制性国家标准的制定】国务院有关部门按照职责分工负责安全生产强制性国家标准的项目提出、组织起草、征求意见、技术审查。国务院应急管理部门统筹提出安全生产强制性国家标准的立项计划。国务院标准化行政主管部门负责安全生产强制性国家标准的立项、编号、对外通报和授权批准发布工作。国务院标准化行政主管部门、有关部门依据法定职责对安全生产强制性国家标准的实施进行监督检查。

第十三条 【安全生产宣传教育】各级人民政府及其有关部门应当采取多种形式,加强对有关安全生产的法律、法规和安全生产知识的宣传,增强全社会的安全生产意识。

第十四条 【协会组织职责】有关协会组织依照法律、行政法规和章程,为生产经营单位提供安全生产方面的信息、培训等服务,发挥自律作用,促进生产经营单位加强安全生产管理。

第十五条 【安全生产技术、管理服务中介机构】依法设立的为安全生产提供技术、管理服务的机构,依照法律、行政法规和执业准则,接受生产经营单位的委托为其安全生产工作提供技术、管理服务。

生产经营单位委托前款规定的机构提供安全生产技术、管理服务的,保证安全生产的责任仍由本单位负责。

第十六条 【事故责任追究制度】国家实行生产安全事故责任追究制度,依照本法和有关法律、法规的规定,追究生产安全事故责任单位和责任人员的法律责任。

第十七条 【安全生产权力和责任清单】县级以上各级人民政府应当组织负有安全生产监督管理职责的部门依法编制安全生产权力和责任清单,公开并接受社会监督。

第十八条 【安全生产科学技术研究】国家鼓励和支持安全生产科学技术研究和安全生产先进技术的推广应用,提高安全生产水平。

第十九条 【奖励】国家对在改善安全生产条件、防止生产安全事故、参加抢险救护等方面取得显著成绩的单位和个人,给予奖励。

第二章 生产经营单位的安全生产保障

第二十条 【安全生产条件】生产经营单位应当具备本法和有关法律、行政法规和国家标准或者行业标准规定的安全生产条件;不具备安全生产条件的,不得从事生产经营活动。

第二十一条 【单位主要负责人安全生产职责】生产经营单位的主要负责人对本单位安全生产工作负有下列职责:

(一)建立健全并落实本单位全员安全生产责任制,加强安全生产标准化建设;

(二)组织制定并实施本单位安全生产规章制度和操作规程;

(三)组织制定并实施本单位安全生产教育和培训计划;

(四)保证本单位安全生产投入的有效实施;

(五)组织建立并落实安全风险分级管控和隐患排查治理双重预防工作机制,督促、检查本单位的安全生产工作,及时消除生产安全事故隐患;

(六)组织制定并实施本单位的生产安全事故应急救援预案;

(七)及时、如实报告生产安全事故。

第二十二条 【全员安全生产责任制】生产经营单位的全员安全生产责任制应当明确各岗位的责任人员、责任范围和考核标准等内容。

生产经营单位应当建立相应的机制,加强对全员安全生产责任制落实情况的监督考核,保证全员安全生产责任制的落实。

第二十三条 【保证安全生产资金投入】生产经营单位应当具备的安全生产条件所必需的资金投入,由生产经营单位的决策机构、主要负责人或者个人经营的投资人予以保证,并对由于安全生产所必需的资金投入不足导致的后果承担责任。

有关生产经营单位应当按照规定提取和使用安全生产费用,专门用于改善安全生产条件。安全生产费用在成本中据实列支。安全生产费用提取、使用和监督管理的具体办法由国务院财政部门会同国务院应急管理部门征求国务院有关部门意见后制定。

第二十四条 【安全生产管理机构及人员】矿山、金属冶炼、建筑施工、运输单位和危险物品的生产、经营、储存、装卸单位,应当设置安全生产管理机构或者配备专职安全生产管理人员。

前款规定以外的其他生产经营单位,从业人员超过一百人的,应当设置安全生产管理机构或者配备专职安全生产管理人员;从业人员在一百人以下的,应当配备专职或者兼职的安全生产管理人员。

第二十五条 【安全生产管理机构及人员的职责】生产经营单位的安全生产管理机构以及安全生产管理人员履行下列职责：

（一）组织或者参与拟订本单位安全生产规章制度、操作规程和生产安全事故应急救援预案；

（二）组织或者参与本单位安全生产教育和培训，如实记录安全生产教育和培训情况；

（三）组织开展危险源辨识和评估，督促落实本单位重大危险源的安全管理措施；

（四）组织或者参与本单位应急救援演练；

（五）检查本单位的安全生产状况，及时排查生产安全事故隐患，提出改进安全生产管理的建议；

（六）制止和纠正违章指挥、强令冒险作业、违反操作规程的行为；

（七）督促落实本单位安全生产整改措施。

生产经营单位可以设置专职安全生产分管负责人，协助本单位主要负责人履行安全生产管理职责。

第二十六条 【履职要求与履职保障】生产经营单位的安全生产管理机构以及安全生产管理人员应当恪尽职守，依法履行职责。

生产经营单位作出涉及安全生产的经营决策，应当听取安全生产管理机构以及安全生产管理人员的意见。

生产经营单位不得因安全生产管理人员依法履行职责而降低其工资、福利等待遇或者解除与其订立的劳动合同。

危险物品的生产、储存单位以及矿山、金属冶炼单位的安全生产管理人员的任免，应当告知主管的负有安全生产监督管理职责的部门。

第二十七条 【安全生产知识与管理能力】生产经营单位的主要负责人和安全生产管理人员必须具备与本单位所从事的生产经营活动相应的安全生产知识和管理能力。

危险物品的生产、经营、储存、装卸单位以及矿山、金属冶炼、建筑施工、运输单位的主要负责人和安全生产管理人员，应当由主管的负有安全生产监督管理职责的部门对其安全生产知识和管理能力考核合格。考核不得收费。

危险物品的生产、储存、装卸单位以及矿山、金属冶炼单位应当有注册安全工程师从事安全生产管理工作。鼓励其他生产经营单位聘用注册安全工程师从事安全生产管理工作。注册安全工程师按专业分类管理，具体办法由国务院人力资源和社会保障部门、国务院应急管理部门会同国务院有关部门制定。

第二十八条 【安全生产教育和培训】生产经营单位应当对从业人员进行安全生产教育和培训，保证从业人员具备必要的安全生产知识，熟悉有关的安全生产规章制度和安全操作规程，掌握本岗位的安全操作技能，了解事故应急处理措施，知悉自身在安全生产方面的权利和义务。未经安全生产教育和培训合格的从业人员，不得上岗作业。

生产经营单位使用被派遣劳动者的，应当将被派遣劳动者纳入本单位从业人员统一管理，对被派遣劳动者进行岗位安全操作规程和安全操作技能的教育和培训。劳务派遣单位应当对被派遣劳动者进行必要的安全生产教育和培训。

生产经营单位接收中等职业学校、高等学校学生实习的，应当对实习学生进行相应的安全生产教育和培训，提供必要的劳动防护用品。学校应当协助生产经营单位对实习学生进行安全生产教育和培训。

生产经营单位应当建立安全生产教育和培训档案，如实记录安全生产教育和培训的时间、内容、参加人员以及考核结果等情况。

第二十九条 【技术更新的教育和培训】生产经营单位采用新工艺、新技术、新材料或者使用新设备，必须了解、掌握其安全技术特性，采取有效的安全防护措施，并对从业人员进行专门的安全生产教育和培训。

第三十条 【特种作业人员从业资格】生产经营单位的特种作业人员必须按照国家有关规定经专门的安全作业培训，取得相应资格，方可上岗作业。

特种作业人员的范围由国务院应急管理部门会同国务院有关部门确定。

第三十一条 【建设项目安全设施"三同时"】生产经营单位新建、改建、扩建工程项目（以下统称建设项目）的安全设施，必须与主体工程同时设计、同时施工、同时投入生产和使用。安全设施投资应当纳入建设项目概算。

第三十二条 【特殊建设项目安全评价】矿山、金属冶炼建设项目和用于生产、储存、装卸危险物品的建设项目，应当按照国家有关规定进行安全评价。

第三十三条 【特殊建设项目安全设计审查】建设项目安全设施的设计人、设计单位应当对安全设施设计负责。

矿山、金属冶炼建设项目和用于生产、储存、装卸危险物品的建设项目的安全设施设计应当按照国家有关规定报经有关部门审查，审查部门及其负责审查的人员对审查结果负责。

第三十四条　【特殊建设项目安全设施验收】矿山、金属冶炼建设项目和用于生产、储存、装卸危险物品的建设项目的施工单位必须按照批准的安全设施设计施工，并对安全设施的工程质量负责。

矿山、金属冶炼建设项目和用于生产、储存、装卸危险物品的建设项目竣工投入生产或者使用前，应当由建设单位负责组织对安全设施进行验收；验收合格后，方可投入生产和使用。负有安全生产监督管理职责的部门应当加强对建设单位验收活动和验收结果的监督核查。

第三十五条　【安全警示标志】生产经营单位应当在有较大危险因素的生产经营场所和有关设施、设备上，设置明显的安全警示标志。

第三十六条　【安全设备管理】安全设备的设计、制造、安装、使用、检测、维修、改造和报废，应当符合国家标准或者行业标准。

生产经营单位必须对安全设备进行经常性维护、保养，并定期检测，保证正常运转。维护、保养、检测应当作好记录，并由有关人员签字。

生产经营单位不得关闭、破坏直接关系生产安全的监控、报警、防护、救生设备、设施，或者篡改、隐瞒、销毁其相关数据、信息。

餐饮等行业的生产经营单位使用燃气的，应当安装可燃气体报警装置，并保障其正常使用。

第三十七条　【特殊特种设备的管理】生产经营单位使用的危险物品的容器、运输工具，以及涉及人身安全、危险性较大的海洋石油开采特种设备和矿山井下特种设备，必须按照国家有关规定，由专业生产单位生产，并经具有专业资质的检测、检验机构检测、检验合格，取得安全使用证或者安全标志，方可投入使用。检测、检验机构对检测、检验结果负责。

第三十八条　【淘汰制度】国家对严重危及生产安全的工艺、设备实行淘汰制度，具体目录由国务院应急管理部门会同国务院有关部门制定并公布。法律、行政法规对目录的制定另有规定的，适用其规定。

省、自治区、直辖市人民政府可以根据本地区实际情况制定并公布具体目录，对前款规定以外的危及生产安全的工艺、设备予以淘汰。

生产经营单位不得使用应当淘汰的危及生产安全的工艺、设备。

第三十九条　【危险物品的监管】生产、经营、运输、储存、使用危险物品或者处置废弃危险物品的，由有关主管部门依照有关法律、法规的规定和国家标准或者行业标准审批并实施监督管理。

生产经营单位生产、经营、运输、储存、使用危险物品或者处置废弃危险物品，必须执行有关法律、法规和国家标准或者行业标准，建立专门的安全管理制度，采取可靠的安全措施，接受有关主管部门依法实施的监督管理。

第四十条　【重大危险源的管理和备案】生产经营单位对重大危险源应当登记建档，进行定期检测、评估、监控，并制定应急预案，告知从业人员和相关人员在紧急情况下应当采取的应急措施。

生产经营单位应当按照国家有关规定将本单位重大危险源及有关安全措施、应急措施报有关地方人民政府应急管理部门和有关部门备案。有关地方人民政府应急管理部门和有关部门应当通过相关信息系统实现信息共享。

第四十一条　【安全风险管控制度和事故隐患治理制度】生产经营单位应当建立安全风险分级管控制度，按照安全风险分级采取相应的管控措施。

生产经营单位应当建立健全并落实生产安全事故隐患排查治理制度，采取技术、管理措施，及时发现并消除事故隐患。事故隐患排查治理情况应当如实记录，并通过职工大会或者职工代表大会、信息公示栏等方式向从业人员通报。其中，重大事故隐患排查治理情况应当及时向负有安全生产监督管理职责的部门和职工大会或者职工代表大会报告。

县级以上地方各级人民政府负有安全生产监督管理职责的部门应当将重大事故隐患纳入相关信息系统，建立健全重大事故隐患治理督办制度，督促生产经营单位消除重大事故隐患。

第四十二条　【生产经营场所和员工宿舍安全要求】生产、经营、储存、使用危险物品的车间、商店、仓库不得与员工宿舍在同一座建筑物内，并应当与员工宿舍保持安全距离。

生产经营场所和员工宿舍应当设有符合紧急疏散要求、标志明显、保持畅通的出口、疏散通道。禁止占用、锁闭、封堵生产经营场所或者员工宿舍的出口、疏散通道。

第四十三条　【危险作业的现场安全管理】生产经营单位进行爆破、吊装、动火、临时用电以及国务院应急管理部门会同国务院有关部门规定的其他危险作业，应当安排专门人员进行现场安全管理，确保操作规程的遵守和安全措施的落实。

第四十四条 【从业人员的安全管理】生产经营单位应当教育和督促从业人员严格执行本单位的安全生产规章制度和安全操作规程；并向从业人员如实告知作业场所和工作岗位存在的危险因素、防范措施以及事故应急措施。

生产经营单位应当关注从业人员的身体、心理状况和行为习惯，加强对从业人员的心理疏导、精神慰藉，严格落实岗位安全生产责任，防范从业人员行为异常导致事故发生。

第四十五条 【劳动防护用品】生产经营单位必须为从业人员提供符合国家标准或者行业标准的劳动防护用品，并监督、教育从业人员按照使用规则佩戴、使用。

第四十六条 【安全检查和报告义务】生产经营单位的安全生产管理人员应当根据本单位的生产经营特点，对安全生产状况进行经常性检查；对检查中发现的安全问题，应当立即处理；不能处理的，应当及时报告本单位有关负责人，有关负责人应当及时处理。检查及处理情况应当如实记录在案。

生产经营单位的安全生产管理人员在检查中发现重大事故隐患，依照前款规定向本单位有关负责人报告，有关负责人不及时处理的，安全生产管理人员可以向主管的负有安全生产监督管理职责的部门报告，接到报告的部门应当依法及时处理。

第四十七条 【安全生产经费保障】生产经营单位应当安排用于配备劳动防护用品、进行安全生产培训的经费。

第四十八条 【安全生产协作】两个以上生产经营单位在同一作业区域内进行生产经营活动，可能危及对方生产安全的，应当签订安全生产管理协议，明确各自的安全生产管理职责和应当采取的安全措施，并指定专职安全生产管理人员进行安全检查与协调。

第四十九条 【生产经营项目、施工项目的安全管理】生产经营单位不得将生产经营项目、场所、设备发包或者出租给不具备安全生产条件或者相应资质的单位或者个人。

生产经营项目、场所发包或者出租给其他单位的，生产经营单位应当与承包单位、承租单位签订专门的安全生产管理协议，或者在承包合同、租赁合同中约定各自的安全生产管理职责；生产经营单位对承包单位、承租单位的安全生产工作统一协调、管理，定期进行安全检查，发现安全问题的，应当及时督促整改。

矿山、金属冶炼建设项目和用于生产、储存、装卸危险物品的建设项目的施工单位应当加强对施工项目的安全管理，不得倒卖、出租、出借、挂靠或者以其他形式非法转让施工资质，不得将其承包的全部建设工程转包给第三人或者将其承包的全部建设工程支解以后以分包的名义分别转包给第三人，不得将工程分包给不具备相应资质条件的单位。

第五十条 【单位主要负责人组织事故抢救职责】生产经营单位发生生产安全事故时，单位的主要负责人应当立即组织抢救，并不得在事故调查处理期间擅离职守。

第五十一条 【工伤保险和安全生产责任保险】生产经营单位必须依法参加工伤保险，为从业人员缴纳保险费。

国家鼓励生产经营单位投保安全生产责任保险；属于国家规定的高危行业、领域的生产经营单位，应当投保安全生产责任保险。具体范围和实施办法由国务院应急管理部门会同国务院财政部门、国务院保险监督管理机构和相关行业主管部门制定。

第三章　从业人员的安全生产权利义务

第五十二条 【劳动合同的安全条款】生产经营单位与从业人员订立的劳动合同，应当载明有关保障从业人员劳动安全、防止职业危害的事项，以及依法为从业人员办理工伤保险的事项。

生产经营单位不得以任何形式与从业人员订立协议，免除或者减轻其对从业人员因生产安全事故伤亡依法应承担的责任。

第五十三条 【知情权和建议权】生产经营单位的从业人员有权了解其作业场所和工作岗位存在的危险因素、防范措施及事故应急措施，有权对本单位的安全生产工作提出建议。

第五十四条 【批评、检举、控告、拒绝权】从业人员有权对本单位安全生产工作中存在的问题提出批评、检举、控告；有权拒绝违章指挥和强令冒险作业。

生产经营单位不得因从业人员对本单位安全生产工作提出批评、检举、控告或者拒绝违章指挥、强令冒险作业而降低其工资、福利等待遇或者解除与其订立的劳动合同。

第五十五条 【紧急处置权】从业人员发现直接危及人身安全的紧急情况时，有权停止作业或者在采取可能的应急措施后撤离作业场所。

生产经营单位不得因从业人员在前款紧急情况下停止作业或者采取紧急撤离措施而降低其工资、福利等待遇或者解除与其订立的劳动合同。

第五十六条　【事故后的人员救治和赔偿】生产经营单位发生生产安全事故后，应当及时采取措施救治有关人员。

因生产安全事故受到损害的从业人员，除依法享有工伤保险外，依照有关民事法律尚有获得赔偿的权利的，有权提出赔偿要求。

第五十七条　【落实岗位安全责任和服从安全管理】从业人员在作业过程中，应当严格落实岗位安全责任，遵守本单位的安全生产规章制度和操作规程，服从管理，正确佩戴和使用劳动防护用品。

第五十八条　【接受安全生产教育和培训义务】从业人员应当接受安全生产教育和培训，掌握本职工作所需的安全生产知识，提高安全生产技能，增强事故预防和应急处理能力。

第五十九条　【事故隐患和不安全因素的报告义务】从业人员发现事故隐患或者其他不安全因素，应当立即向现场安全生产管理人员或者本单位负责人报告；接到报告的人员应当及时予以处理。

第六十条　【工会监督】工会有权对建设项目的安全设施与主体工程同时设计、同时施工、同时投入生产和使用进行监督，提出意见。

工会对生产经营单位违反安全生产法律、法规，侵犯从业人员合法权益的行为，有权要求纠正；发现生产经营单位违章指挥、强令冒险作业或者发现事故隐患时，有权提出解决的建议，生产经营单位应当及时研究答复；发现危及从业人员生命安全的情况时，有权向生产经营单位建议组织从业人员撤离危险场所，生产经营单位必须立即作出处理。

工会有权依法参加事故调查，向有关部门提出处理意见，并要求追究有关人员的责任。

第六十一条　【被派遣劳动者的权利义务】生产经营单位使用被派遣劳动者的，被派遣劳动者享有本法规定的从业人员的权利，并应当履行本法规定的从业人员的义务。

第四章　安全生产的监督管理

第六十二条　【安全生产监督检查】县级以上地方各级人民政府应当根据本行政区域内的安全生产状况，组织有关部门按照职责分工，对本行政区域内容易发生重大生产安全事故的生产经营单位进行严格检查。

应急管理部门应当按照分类分级监督管理的要求，制定安全生产年度监督检查计划，并按照年度监督检查计划进行监督检查，发现事故隐患，应当及时处理。

第六十三条　【安全生产事项的审批、验收】负有安全生产监督管理职责的部门依照有关法律、法规的规定，对涉及安全生产的事项需要审查批准（包括批准、核准、许可、注册、认证、颁发证照等，下同）或者验收的，必须严格依照有关法律、法规和国家标准或者行业标准规定的安全生产条件和程序进行审查；不符合有关法律、法规和国家标准或者行业标准规定的安全生产条件的，不得批准或者验收通过。对未依法取得批准或者验收合格的单位擅自从事有关活动的，负责行政审批的部门发现或者接到举报后应当立即予以取缔，并依法予以处理。对已经依法取得批准的单位，负责行政审批的部门发现其不再具备安全生产条件的，应当撤销原批准。

第六十四条　【审批、验收的禁止性规定】负有安全生产监督管理职责的部门对涉及安全生产的事项进行审查、验收，不得收取费用；不得要求接受审查、验收的单位购买其指定品牌或者指定生产、销售单位的安全设备、器材或者其他产品。

第六十五条　【监督检查的职权范围】应急管理部门和其他负有安全生产监督管理职责的部门依法开展安全生产行政执法工作，对生产经营单位执行有关安全生产的法律、法规和国家标准或者行业标准的情况进行监督检查，行使以下职权：

（一）进入生产经营单位进行检查，调阅有关资料，向有关单位和人员了解情况；

（二）对检查中发现的安全生产违法行为，当场予以纠正或者要求限期改正；对依法应当给予行政处罚的行为，依照本法和其他有关法律、行政法规的规定作出行政处罚决定；

（三）对检查中发现的事故隐患，应当责令立即排除；重大事故隐患排除前或者排除过程中无法保证安全的，应当责令从危险区域内撤出作业人员，责令暂时停产停业或者停止使用相关设施、设备；重大事故隐患排除后，经审查同意，方可恢复生产经营和使用；

（四）对有根据认为不符合保障安全生产的国家标准或者行业标准的设施、设备、器材以及违法生产、储存、使用、经营、运输的危险物品予以查封或者扣押，对违法生产、储存、使用、经营危险物品的作业场所予以查封，并依法作出处理决定。

监督检查不得影响被检查单位的正常生产经营活动。

第六十六条　【生产经营单位的配合义务】生产经营单位对负有安全生产监督管理职责的部门的监督检查

人员（以下统称安全生产监督检查人员）依法履行监督检查职责，应当予以配合，不得拒绝、阻挠。

第六十七条 【监督检查的要求】安全生产监督检查人员应当忠于职守，坚持原则，秉公执法。

安全生产监督检查人员执行监督检查任务时，必须出示有效的行政执法证件；对涉及被检查单位的技术秘密和业务秘密，应当为其保密。

第六十八条 【监督检查的记录与报告】安全生产监督检查人员应当将检查的时间、地点、内容、发现的问题及其处理情况，作出书面记录，并由检查人员和被检查单位的负责人签字；被检查单位的负责人拒绝签字的，检查人员应当将情况记录在案，并向负有安全生产监督管理职责的部门报告。

第六十九条 【监督检查的配合】负有安全生产监督管理职责的部门在监督检查中，应当互相配合，实行联合检查；确需分别进行检查的，应当互通情况，发现存在的安全问题应当由其他有关部门进行处理的，应当及时移送其他有关部门并形成记录备查，接受移送的部门应当及时进行处理。

第七十条 【强制停止生产经营活动】负有安全生产监督管理职责的部门依法对存在重大事故隐患的生产经营单位作出停产停业、停止施工、停止使用相关设施或者设备的决定，生产经营单位应当依法执行，及时消除事故隐患。生产经营单位拒不执行，有发生生产安全事故的现实危险的，在保证安全的前提下，经本部门主要负责人批准，负有安全生产监督管理职责的部门可以采取通知有关单位停止供电、停止供应民用爆炸物品等措施，强制生产经营单位履行决定。通知应当采用书面形式，有关单位应当予以配合。

负有安全生产监督管理职责的部门依照前款规定采取停止供电措施，除有危及生产安全的紧急情形外，应当提前二十四小时通知生产经营单位。生产经营单位依法履行行政决定、采取相应措施消除事故隐患的，负有安全生产监督管理职责的部门应当及时解除前款规定的措施。

第七十一条 【安全生产监察】监察机关依照监察法的规定，对负有安全生产监督管理职责的部门及其工作人员履行安全生产监督管理职责实施监察。

第七十二条 【中介机构的条件和责任】承担安全评价、认证、检测、检验职责的机构应当具备国家规定的资质条件，并对其作出的安全评价、认证、检测、检验结果的合法性、真实性负责。资质条件由国务院应急管理部门会同国务院有关部门制定。

承担安全评价、认证、检测、检验职责的机构应当建立并实施服务公开和报告公开制度，不得租借资质、挂靠、出具虚假报告。

第七十三条 【安全生产举报制度】负有安全生产监督管理职责的部门应当建立举报制度，公开举报电话、信箱或者电子邮件地址等网络举报平台，受理有关安全生产的举报；受理的举报事项经调查核实后，应当形成书面材料；需要落实整改措施的，报经有关负责人签字并督促落实。对不属于本部门职责，需要由其他有关部门进行调查处理的，转交其他有关部门处理。

涉及人员死亡的举报事项，应当由县级以上人民政府组织核查处理。

第七十四条 【违法举报和公益诉讼】任何单位或者个人对事故隐患或者安全生产违法行为，均有权向负有安全生产监督管理职责的部门报告或者举报。

因安全生产违法行为造成重大事故隐患或者导致重大事故，致使国家利益或者社会公共利益受到侵害的，人民检察院可以根据民事诉讼法、行政诉讼法的相关规定提起公益诉讼。

第七十五条 【居委会、村委会的监督】居民委员会、村民委员会发现其所在区域内的生产经营单位存在事故隐患或者安全生产违法行为时，应当向当地人民政府或者有关部门报告。

第七十六条 【举报奖励】县级以上各级人民政府及其有关部门对报告重大事故隐患或者举报安全生产违法行为的有功人员，给予奖励。具体奖励办法由国务院应急管理部门会同国务院财政部门制定。

第七十七条 【舆论监督】新闻、出版、广播、电影、电视等单位有进行安全生产公益宣传教育的义务，有对违反安全生产法律、法规的行为进行舆论监督的权利。

第七十八条 【安全生产违法行为信息库】负有安全生产监督管理职责的部门应当建立安全生产违法行为信息库，如实记录生产经营单位及其有关从业人员的安全生产违法行为信息；对违法行为情节严重的生产经营单位及其有关从业人员，应当及时向社会公告，并通报行业主管部门、投资主管部门、自然资源主管部门、生态环境主管部门、证券监督管理机构以及有关金融机构。有关部门和机构应当对存在失信行为的生产经营单位及其有关从业人员采取加大执法检查频次、暂停项目审批、上调有关保险费率、行业或者职业禁入等联合惩戒措施，并向社会公示。

负有安全生产监督管理职责的部门应当加强对生产经营单位行政处罚信息的及时归集、共享、应用和公开，对生产经营单位作出处罚决定后七个工作日内在监督管理部门公示系统予以公开曝光，强化对违法失信生产经营单位及其有关从业人员的社会监督，提高全社会安全生产诚信水平。

第五章　生产安全事故的应急救援与调查处理

第七十九条　【事故应急救援队伍与信息系统】 国家加强生产安全事故应急能力建设，在重点行业、领域建立应急救援基地和应急救援队伍，并由国家安全生产应急救援机构统一协调指挥；鼓励生产经营单位和其他社会力量建立应急救援队伍，配备相应的应急救援装备和物资，提高应急救援的专业化水平。

国务院应急管理部门牵头建立全国统一的生产安全事故应急救援信息系统，国务院交通运输、住房和城乡建设、水利、民航等有关部门和县级以上地方人民政府建立健全相关行业、领域、地区的生产安全事故应急救援信息系统，实现互联互通、信息共享，通过推行网上安全信息采集、安全监管和监测预警，提升监管的精准化、智能化水平。

第八十条　【事故应急救援预案与体系】 县级以上地方各级人民政府应当组织有关部门制定本行政区域内生产安全事故应急救援预案，建立应急救援体系。

乡镇人民政府和街道办事处，以及开发区、工业园区、港区、风景区等应当制定相应的生产安全事故应急救援预案，协助人民政府有关部门或者按照授权依法履行生产安全事故应急救援工作职责。

第八十一条　【事故应急救援预案的制定与演练】 生产经营单位应当制定本单位生产安全事故应急救援预案，与所在地县级以上地方人民政府组织制定的生产安全事故应急救援预案相衔接，并定期组织演练。

第八十二条　【高危行业的应急救援要求】 危险物品的生产、经营、储存单位以及矿山、金属冶炼、城市轨道交通运营、建筑施工单位应当建立应急救援组织；生产经营规模较小的，可以不建立应急救援组织，但应当指定兼职的应急救援人员。

危险物品的生产、经营、储存、运输单位以及矿山、金属冶炼、城市轨道交通运营、建筑施工单位应当配备必要的应急救援器材、设备和物资，并进行经常性维护、保养，保证正常运转。

第八十三条　【单位报告和组织抢救义务】 生产经营单位发生生产安全事故后，事故现场有关人员应当立即报告本单位负责人。

单位负责人接到事故报告后，应当迅速采取有效措施，组织抢救，防止事故扩大，减少人员伤亡和财产损失，并按照国家有关规定立即如实报告当地负有安全生产监督管理职责的部门，不得隐瞒不报、谎报或者迟报，不得故意破坏事故现场、毁灭有关证据。

第八十四条　【安全监管部门的事故报告】 负有安全生产监督管理职责的部门接到事故报告后，应当立即按照国家有关规定上报事故情况。负有安全生产监督管理职责的部门和有关地方人民政府对事故情况不得隐瞒不报、谎报或者迟报。

第八十五条　【事故抢救】 有关地方人民政府和负有安全生产监督管理职责的部门的负责人接到生产安全事故报告后，应当按照生产安全事故应急救援预案的要求立即赶到事故现场，组织事故抢救。

参与事故抢救的部门和单位应当服从统一指挥，加强协同联动，采取有效的应急救援措施，并根据事故救援的需要采取警戒、疏散等措施，防止事故扩大和次生灾害的发生，减少人员伤亡和财产损失。

事故抢救过程中应当采取必要措施，避免或者减少对环境造成的危害。

任何单位和个人都应当支持、配合事故抢救，并提供一切便利条件。

第八十六条　【事故调查处理】 事故调查处理应当按照科学严谨、依法依规、实事求是、注重实效的原则，及时、准确地查清事故原因，查明事故性质和责任，评估应急处置工作，总结事故教训，提出整改措施，并对事故责任单位和人员提出处理建议。事故调查报告应当依法及时向社会公布。事故调查和处理的具体办法由国务院制定。

事故发生单位应当及时全面落实整改措施，负有安全生产监督管理职责的部门应当加强监督检查。

负责事故调查处理的国务院有关部门和地方人民政府应当在批复事故调查报告后一年内，组织有关部门对事故整改和防范措施落实情况进行评估，并及时向社会公开评估结果；对不履行职责导致事故整改和防范措施没有落实的有关单位和人员，应当按照有关规定追究责任。

第八十七条　【责任追究】 生产经营单位发生生产安全事故，经调查确定为责任事故的，除了应当查明事故单位的责任并依法予以追究外，还应当查明对安全生产的有关事项负有审查批准和监督职责的行政部门的责任，对有失职、渎职行为的，依照本法第九十条的规定追究法律责任。

第八十八条 【事故调查处理不得干涉】任何单位和个人不得阻挠和干涉对事故的依法调查处理。

第八十九条 【事故定期统计分析和定期公布制度】县级以上地方各级人民政府应急管理部门应当定期统计分析本行政区域内发生生产安全事故的情况，并定期向社会公布。

第六章 法律责任

第九十条 【监管部门工作人员违法责任】负有安全生产监督管理职责的部门的工作人员，有下列行为之一的，给予降级或者撤职的处分；构成犯罪的，依照刑法有关规定追究刑事责任：

（一）对不符合法定安全生产条件的涉及安全生产的事项予以批准或者验收通过的；

（二）发现未依法取得批准、验收的单位擅自从事有关活动或者接到举报后不予取缔或者不依法予以处理的；

（三）对已经依法取得批准的单位不履行监督管理职责，发现其不再具备安全生产条件而不撤销原批准或者发现安全生产违法行为不予查处的；

（四）在监督检查中发现重大事故隐患，不依法及时处理的。

负有安全生产监督管理职责的部门的工作人员有前款规定以外的滥用职权、玩忽职守、徇私舞弊行为的，依法给予处分；构成犯罪的，依照刑法有关规定追究刑事责任。

第九十一条 【监管部门违法责任】负有安全生产监督管理职责的部门，要求被审查、验收的单位购买其指定的安全设备、器材或者其他产品的，在对安全生产事项的审查、验收中收取费用的，由其上级机关或者监察机关责令改正，责令退还收取的费用；情节严重的，对直接负责的主管人员和其他直接责任人员依法给予处分。

第九十二条 【中介机构违法责任】承担安全评价、认证、检测、检验职责的机构出具失实报告的，责令停业整顿，并处三万元以上十万元以下的罚款；给他人造成损害的，依法承担赔偿责任。

承担安全评价、认证、检测、检验职责的机构租借资质、挂靠、出具虚假报告的，没收违法所得；违法所得在十万元以上的，并处违法所得二倍以上五倍以下的罚款，没有违法所得或者违法所得不足十万元的，单处或者并处十万元以上二十万元以下的罚款；对其直接负责的主管人员和其他直接责任人员处五万元以上十万元以下罚款；给他人造成损害的，与生产经营单位承担连带赔偿责任；构成犯罪的，依照刑法有关规定追究刑事责任。

对有前款违法行为的机构及其直接责任人员，吊销其相应资质和资格，五年内不得从事安全评价、认证、检测、检验等工作；情节严重的，实行终身行业和职业禁入。

第九十三条 【资金投入违法责任】生产经营单位的决策机构、主要负责人或者个人经营的投资人不依照本法规定保证安全生产所必需的资金投入，致使生产经营单位不具备安全生产条件的，责令限期改正，提供必需的资金；逾期未改正的，责令生产经营单位停产停业整顿。

有前款违法行为，导致发生生产安全事故的，对生产经营单位的主要负责人给予撤职处分，对个人经营的投资人处二万元以上二十万元以下的罚款；构成犯罪的，依照刑法有关规定追究刑事责任。

第九十四条 【单位主要负责人违法责任】生产经营单位的主要负责人未履行本法规定的安全生产管理职责的，责令限期改正，处二万元以上五万元以下的罚款；逾期未改正的，处五万元以上十万元以下的罚款，责令生产经营单位停产停业整顿。

生产经营单位的主要负责人有前款违法行为，导致发生生产安全事故的，给予撤职处分；构成犯罪的，依照刑法有关规定追究刑事责任。

生产经营单位的主要负责人依照前款规定受刑事处罚或者撤职处分的，自刑罚执行完毕或者受处分之日起，五年内不得担任任何生产经营单位的主要负责人；对重大、特别重大生产安全事故负有责任的，终身不得担任本行业生产经营单位的主要负责人。

第九十五条 【对单位主要负责人罚款】生产经营单位的主要负责人未履行本法规定的安全生产管理职责，导致发生生产安全事故的，由应急管理部门依照下列规定处以罚款：

（一）发生一般事故的，处上一年年收入百分之四十的罚款；

（二）发生较大事故的，处上一年年收入百分之六十的罚款；

（三）发生重大事故的，处上一年年收入百分之八十的罚款；

（四）发生特别重大事故的，处上一年年收入百分之一百的罚款。

第九十六条 【单位安全生产管理人员违法责任】生产经营单位的其他负责人和安全生产管理人员未履行

本法规定的安全生产管理职责的,责令限期改正,处一万元以上三万元以下的罚款;导致发生生产安全事故的,暂停或者吊销其与安全生产有关的资格,并处上一年年收入百分之二十以上百分之五十以下的罚款;构成犯罪的,依照刑法有关规定追究刑事责任。

第九十七条 【生产经营单位安全管理违法责任(一)】生产经营单位有下列行为之一的,责令限期改正,处十万元以下的罚款;逾期未改正的,责令停产停业整顿,并处十万元以上二十万元以下的罚款,对其直接负责的主管人员和其他直接责任人员处二万元以上五万元以下的罚款:

(一)未按照规定设置安全生产管理机构或者配备安全生产管理人员、注册安全工程师的;

(二)危险物品的生产、经营、储存、装卸单位以及矿山、金属冶炼、建筑施工、运输单位的主要负责人和安全生产管理人员未按照规定经考核合格的;

(三)未按照规定对从业人员、被派遣劳动者、实习学生进行安全生产教育和培训,或者未按照规定如实告知有关的安全生产事项的;

(四)未如实记录安全生产教育和培训情况的;

(五)未将事故隐患排查治理情况如实记录或者未向从业人员通报的;

(六)未按照规定制定生产安全事故应急救援预案或者未定期组织演练的;

(七)特种作业人员未按照规定经专门的安全作业培训并取得相应资格,上岗作业的。

第九十八条 【建设项目违法责任】生产经营单位有下列行为之一的,责令停止建设或者停产停业整顿,限期改正,并处十万元以上五十万元以下的罚款,对其直接负责的主管人员和其他直接责任人员处二万元以上五万元以下的罚款;逾期未改正的,处五十万元以上一百万元以下的罚款,对其直接负责的主管人员和其他直接责任人员处五万元以上十万元以下的罚款;构成犯罪的,依照刑法有关规定追究刑事责任:

(一)未按照规定对矿山、金属冶炼建设项目或者用于生产、储存、装卸危险物品的建设项目进行安全评价的;

(二)矿山、金属冶炼建设项目或者用于生产、储存、装卸危险物品的建设项目没有安全设施设计或者安全设施设计未按照规定报经有关部门审查同意的;

(三)矿山、金属冶炼建设项目或者用于生产、储存、装卸危险物品的建设项目的施工单位未按照批准的安全设施设计施工的;

(四)矿山、金属冶炼建设项目或者用于生产、储存、装卸危险物品的建设项目竣工投入生产或者使用前,安全设施未经验收合格的。

第九十九条 【生产经营单位安全管理违法责任(二)】生产经营单位有下列行为之一的,责令限期改正,处五万元以下的罚款;逾期未改正的,处五万元以上二十万元以下的罚款,对其直接负责的主管人员和其他直接责任人员处一万元以上二万元以下的罚款;情节严重的,责令停产停业整顿;构成犯罪的,依照刑法有关规定追究刑事责任:

(一)未在有较大危险因素的生产经营场所和有关设施、设备上设置明显的安全警示标志的;

(二)安全设备的安装、使用、检测、改造和报废不符合国家标准或者行业标准的;

(三)未对安全设备进行经常性维护、保养和定期检测的;

(四)关闭、破坏直接关系生产安全的监控、报警、防护、救生设备、设施,或者篡改、隐瞒、销毁其相关数据、信息的;

(五)未为从业人员提供符合国家标准或者行业标准的劳动防护用品的;

(六)危险物品的容器、运输工具,以及涉及人身安全、危险性较大的海洋石油开采特种设备和矿山井下特种设备未经具有专业资质的机构检测、检验合格,取得安全使用证或者安全标志,投入使用的;

(七)使用应当淘汰的危及生产安全的工艺、设备的;

(八)餐饮等行业的生产经营单位使用燃气未安装可燃气体报警装置的。

第一百条 【违法经营危险物品】未经依法批准,擅自生产、经营、运输、储存、使用危险物品或者处置废弃危险物品的,依照有关危险物品安全管理的法律、行政法规的规定予以处罚;构成犯罪的,依照刑法有关规定追究刑事责任。

第一百零一条 【生产经营单位安全管理违法责任(三)】生产经营单位有下列行为之一的,责令限期改正,处十万元以下的罚款;逾期未改正的,责令停产停业整顿,并处十万元以上二十万元以下的罚款,对其直接负责的主管人员和其他直接责任人员处二万元以上五万元以下的罚款;构成犯罪的,依照刑法有关规定追究刑事责任:

（一）生产、经营、运输、储存、使用危险物品或者处置废弃危险物品，未建立专门安全管理制度、未采取可靠的安全措施的；

（二）对重大危险源未登记建档、未进行定期检测、评估、监控，未制定应急预案，或者未告知应急措施的；

（三）进行爆破、吊装、动火、临时用电以及国务院应急管理部门会同国务院有关部门规定的其他危险作业，未安排专门人员进行现场安全管理的；

（四）未建立安全风险分级管控制度或者未按照安全风险分级采取相应管控措施的；

（五）未建立事故隐患排查治理制度，或者重大事故隐患排查治理情况未按照规定报告的。

第一百零二条　【未采取措施消除事故隐患违法责任】生产经营单位未采取措施消除事故隐患的，责令立即消除或者限期消除，处五万元以下的罚款；生产经营单位拒不执行的，责令停产停业整顿，对其直接负责的主管人员和其他直接责任人员处五万元以上十万元以下的罚款；构成犯罪的，依照刑法有关规定追究刑事责任。

第一百零三条　【违法发包、出租和违反项目安全管理的法律责任】生产经营单位将生产经营项目、场所、设备发包或者出租给不具备安全生产条件或者相应资质的单位或者个人，责令限期改正，没收违法所得；违法所得十万元以上的，并处违法所得二倍以上五倍以下的罚款；没有违法所得或者违法所得不足十万元的，单处或者并处十万元以上二十万元以下的罚款；对其直接负责的主管人员和其他直接责任人员处一万元以上二万元以下的罚款；导致发生生产安全事故给他人造成损害的，与承包方、承租方承担连带赔偿责任。

生产经营单位未与承包单位、承租单位签订专门的安全生产管理协议或者未在承包合同、租赁合同中明确各自的安全生产管理职责，或者未对承包单位、承租单位的安全生产统一协调、管理的，责令限期改正，处五万元以下的罚款，对其直接负责的主管人员和其他直接责任人员处一万元以下的罚款；逾期未改正的，责令停产停业整顿。

矿山、金属冶炼建设项目和用于生产、储存、装卸危险物品的建设项目的施工单位未按照规定对施工项目进行安全管理的，责令限期改正，处十万元以下的罚款，对其直接负责的主管人员和其他直接责任人员处二万元以下的罚款；逾期未改正的，责令停产停业整顿。以上施工单位倒卖、出租、出借、挂靠或者以其他形式非法转让施工资质的，责令停产停业整顿，吊销资质证书，没收违法所得；违法所得十万元以上的，并处违法所得二倍以上五倍以下的罚款，没有违法所得或者违法所得不足十万元的，单处或者并处十万元以上二十万元以下的罚款；对其直接负责的主管人员和其他直接责任人员处五万元以上十万元以下的罚款；构成犯罪的，依照刑法有关规定追究刑事责任。

第一百零四条　【同一作业区域安全管理违法责任】两个以上生产经营单位在同一作业区域内进行可能危及对方安全生产的生产经营活动，未签订安全生产管理协议或者未指定专职安全生产管理人员进行安全检查与协调的，责令限期改正，处五万元以下的罚款，对其直接负责的主管人员和其他直接责任人员处一万元以下的罚款；逾期未改正的，责令停产停业。

第一百零五条　【生产经营场所和员工宿舍违法责任】生产经营单位有下列行为之一的，责令限期改正，处五万元以下的罚款，对其直接负责的主管人员和其他直接责任人员处一万元以下的罚款；逾期未改正的，责令停产停业整顿；构成犯罪的，依照刑法有关规定追究刑事责任：

（一）生产、经营、储存、使用危险物品的车间、商店、仓库与员工宿舍在同一座建筑内，或者与员工宿舍的距离不符合安全要求的；

（二）生产经营场所和员工宿舍未设有符合紧急疏散需要、标志明显、保持畅通的出口、疏散通道，或者占用、锁闭、封堵生产经营场所或者员工宿舍出口、疏散通道的。

第一百零六条　【免责协议违法责任】生产经营单位与从业人员订立协议，免除或者减轻其对从业人员因生产安全事故伤亡依法应承担的责任的，该协议无效；对生产经营单位的主要负责人、个人经营的投资人处二万元以上十万元以下的罚款。

第一百零七条　【从业人员违章操作的法律责任】生产经营单位的从业人员不落实岗位安全责任，不服从管理，违反安全生产规章制度或者操作规程的，由生产经营单位给予批评教育，依照有关规章制度给予处分；构成犯罪的，依照刑法有关规定追究刑事责任。

第一百零八条　【生产经营单位不服从监督检查违法责任】违反本法规定，生产经营单位拒绝、阻碍负有安全生产监督管理职责的部门依法实施监督检查的，责令改正；拒不改正的，处二万元以上二十万元以下的罚款；对其直接负责的主管人员和其他直接责任人员处一万元以上二万元以下的罚款；构成犯罪的，依照刑法有关规定追究刑事责任。

第一百零九条 【未投保安全生产责任保险的违法责任】高危行业、领域的生产经营单位未按照国家规定投保安全生产责任保险的,责令限期改正,处五万元以上十万元以下的罚款;逾期未改正的,处十万元以上二十万元以下的罚款。

第一百一十条 【单位主要负责人事故处理违法责任】生产经营单位的主要负责人在本单位发生生产安全事故时,不立即组织抢救或者在事故调查处理期间擅离职守或者逃匿的,给予降级、撤职的处分,并由应急管理部门处上一年年收入百分之六十至百分之一百的罚款;对逃匿的处十五日以下拘留;构成犯罪的,依照刑法有关规定追究刑事责任。

生产经营单位的主要负责人对生产安全事故隐瞒不报、谎报或者迟报的,依照前款规定处罚。

第一百一十一条 【政府部门未按规定报告事故违法责任】有关地方人民政府、负有安全生产监督管理职责的部门,对生产安全事故隐瞒不报、谎报或者迟报的,对直接负责的主管人员和其他直接责任人员依法给予处分;构成犯罪的,依照刑法有关规定追究刑事责任。

第一百一十二条 【按日连续处罚】生产经营单位违反本法规定,被责令改正且受到罚款处罚,拒不改正的,负有安全生产监督管理职责的部门可以自作出责令改正之日的次日起,按照原罚款数额按日连续处罚。

第一百一十三条 【生产经营单位安全管理违法责任(四)】生产经营单位存在下列情形之一的,负有安全生产监督管理职责的部门应当提请地方人民政府予以关闭,有关部门应当依法吊销其有关证照。生产经营单位主要负责人五年内不得担任任何生产经营单位的主要负责人;情节严重的,终身不得担任本行业生产经营单位的主要负责人:

(一)存在重大事故隐患,一百八十日内三次或者一年内四次受到本法规定的行政处罚的;

(二)经停产停业整顿,仍不具备法律、行政法规和国家标准或者行业标准规定的安全生产条件的;

(三)不具备法律、行政法规和国家标准或者行业标准规定的安全生产条件,导致发生重大、特别重大生产安全事故的;

(四)拒不执行负有安全生产监督管理职责的部门作出的停产停业整顿决定的。

第一百一十四条 【对事故责任单位罚款】发生生产安全事故,对负有责任的生产经营单位除要求其依法承担相应的赔偿等责任外,由应急管理部门依照下列规定处以罚款:

(一)发生一般事故的,处三十万元以上一百万元以下的罚款;

(二)发生较大事故的,处一百万元以上二百万元以下的罚款;

(三)发生重大事故的,处二百万元以上一千万元以下的罚款;

(四)发生特别重大事故的,处一千万元以上二千万元以下的罚款。

发生生产安全事故,情节特别严重、影响特别恶劣的,应急管理部门可以按照前款罚款数额的二倍以上五倍以下对负有责任的生产经营单位处以罚款。

第一百一十五条 【行政处罚决定机关】本法规定的行政处罚,由应急管理部门和其他负有安全生产监督管理职责的部门按照职责分工决定;其中,根据本法第九十五条、第一百一十条、第一百一十四条的规定应当给予民航、铁路、电力行业的生产经营单位及其主要负责人行政处罚的,也可以由主管的负有安全生产监督管理职责的部门进行处罚。予以关闭的行政处罚,由负有安全生产监督管理职责的部门报请县级以上人民政府按照国务院规定的权限决定;给予拘留的行政处罚,由公安机关依照治安管理处罚的规定决定。

第一百一十六条 【生产经营单位赔偿责任】生产经营单位发生生产安全事故造成人员伤亡、他人财产损失的,应当依法承担赔偿责任;拒不承担或者其负责人逃匿的,由人民法院依法强制执行。

生产安全事故的责任人未依法承担赔偿责任,经人民法院依法采取执行措施后,仍不能对受害人给予足额赔偿的,应当继续履行赔偿义务;受害人发现责任人有其他财产的,可以随时请求人民法院执行。

第七章 附 则

第一百一十七条 【用语解释】本法下列用语的含义:

危险物品,是指易燃易爆物品、危险化学品、放射性物品等能够危及人身安全和财产安全的物品。

重大危险源,是指长期地或者临时地生产、搬运、使用或者储存危险物品,且危险物品的数量等于或者超过临界量的单元(包括场所和设施)。

第一百一十八条 【事故、隐患分类判定标准的制定】本法规定的生产安全一般事故、较大事故、重大事故、特别重大事故的划分标准由国务院规定。

国务院应急管理部门和其他负有安全生产监督管理职责的部门应当根据各自的职责分工，制定相关行业、领域重大危险源的辨识标准和重大事故隐患的判定标准。

第一百一十九条 【生效日期】本法自 2002 年 11 月 1 日起施行。

中央企业安全生产监督管理办法

· 2024 年 1 月 9 日国务院国有资产监督管理委员会令第 44 号公布
· 自 2024 年 3 月 1 日起施行

第一章 总 则

第一条 为深入贯彻习近平总书记关于安全生产重要论述，落实党中央、国务院有关决策部署，坚持人民至上、生命至上，把保护人民生命安全摆在首位，树牢安全发展理念，坚持安全第一、预防为主、综合治理的方针，从源头上防范化解重大安全风险，践行总体国家安全观，切实履行国有资产出资人安全生产监管职责，督促中央企业全面落实安全生产主体责任，建立安全生产长效机制，防止和减少生产安全事故，保障中央企业员工和人民群众生命财产安全，制定本办法。

第二条 本办法主要依据《中华人民共和国安全生产法》等法律法规和《中共中央 国务院关于推进安全生产领域改革发展的意见》等文件有关规定。

第三条 本办法所称中央企业，是指国务院国有资产监督管理委员会（以下简称国务院国资委）根据国务院授权履行出资人职责的企业。

第四条 中央企业应当依法接受国务院应急管理部门和所在地省（区、市）、市（地）人民政府应急管理部门以及有关行业、领域安全生产监督管理部门的监督管理。国务院国资委按照国有资产出资人的职责，对中央企业的安全生产工作履行以下职责：

（一）负责指导督促中央企业贯彻落实国家安全生产方针政策及有关法律法规、标准等。

（二）督促中央企业主要负责人落实安全生产第一责任人的责任和企业全员安全生产责任制，做好对企业负责人履行安全生产职责的业绩考核。

（三）依照有关规定，参与或者组织开展中央企业安全生产检查、督查，督促企业落实各项安全防范和隐患治理措施。

（四）参与中央企业特别重大事故的调查，负责落实事故责任追究的有关规定。

（五）督促中央企业做好统筹规划，把安全生产纳入中长期发展规划，保障员工健康与安全，切实履行社会责任。

国务院国资委成立由主要负责同志担任主任的安全生产委员会，作为国务院国资委议事协调机构，按照出资人职责定位研究部署、统筹协调和督促指导中央企业安全生产工作。

第五条 国务院国资委对中央企业安全生产实行分类监督管理。中央企业依据国务院国资委核定的主营业务和安全生产的风险程度分为三类：

第一类：主业从事煤炭及非煤矿山开采、建筑施工、危险物品的生产经营储运使用、交通运输、冶金、机械、电力、建材、仓储等企业。

第二类：主业从事电子、医药（化学制药除外）、纺织、旅游、通信等企业。

第三类：除上述第一、二类企业以外的企业。

企业分类实行动态管理，可以根据主营业务内容变化及企业申请进行调整。

第二章 安全生产工作责任

第六条 中央企业是安全生产的责任主体，安全生产工作坚持中国共产党的领导，必须贯彻落实国家安全生产方针政策及有关法律法规、标准，按照"管行业必须管安全、管业务必须管安全、管生产经营必须管安全"的原则，逐级建立健全全员安全生产责任制。

第七条 中央企业应当按照以下规定建立以企业主要负责人为核心的安全生产领导负责制，中央企业董事长、总经理同为本企业安全生产第一责任人，对企业安全生产工作全面负责，其他领导班子成员对分管范围内的安全生产工作负责。

（一）中央企业主要负责人应当全面履行《中华人民共和国安全生产法》规定的以下职责：

1. 建立健全并落实本企业全员安全生产责任制，加强安全生产标准化建设；

2. 组织制定并实施本企业安全生产规章制度和操作规程；

3. 组织制定并实施本企业安全生产教育和培训计划；

4. 保证本企业安全生产投入的有效实施；

5. 组织建立并落实安全风险分级管控和隐患排查治理双重预防工作机制，督促、检查本企业的安全生产工作，及时消除生产安全事故隐患；

6. 组织制定并实施本企业的生产安全事故应急救

援预案；

7. 及时、如实报告生产安全事故。

（二）中央企业分管生产的负责人统筹组织生产过程中各项安全生产制度和措施的落实，改善安全生产条件，对企业安全生产工作负直接领导责任。

（三）中央企业可明确1名负责人协助主要负责人分管安全生产工作。分管安全生产工作的负责人协助主要负责人落实各项安全生产法律法规、标准，统筹协调和综合监督管理企业的安全生产工作，对企业安全生产工作负综合监管领导责任。

（四）中央企业其他负责人应当按照分工抓好分管范围内的安全生产工作，对分管范围内的安全生产工作负直接领导责任。

第八条 第一类中央企业、涉矿中央企业集团总部应配备专职安全生产总监，所属安全风险高的企业应全面推行专职安全生产总监制度。第二、三类中央企业所属安全风险较高的企业应参照配备专职安全生产总监。安全生产总监应当履行以下职责，并对职责或授权范围内的事项承担相应责任：

（一）协助主要负责人落实企业安全生产责任，配合分管负责人开展企业安全生产监督管理工作。

（二）负责企业安全生产监督管理工作的总体策划，参与企业涉及安全生产的重大决策并提出安全生产监督管理意见。

（三）负责建立企业内部安全生产监督体系并确保正常运转，领导安全生产监督管理部门开展工作。

（四）负责监督集团总部各部门、所属各企业全员安全生产责任制落实情况。

（五）组织开展企业内部安全生产监督检查，监督企业内部重大事故隐患整改。

（六）协助做好事故报告、应急处置等有关工作，组织开展事故内部调查处理。

（七）其他应当依法履行的职责。

第九条 中央企业必须建立健全安全生产的组织机构，包括：

（一）安全生产工作的领导机构——安全生产委员会（以下简称安委会），负责统一领导本企业的安全生产工作，研究决策企业安全生产的重大问题。安委会主任应当由企业安全生产第一责任人担任。安委会应当建立工作制度和例会制度。

（二）与企业生产经营相适应的安全生产监督管理机构。

第一类企业应当设置负责安全生产监督管理工作的独立职能部门。

第二类企业应当在有关职能部门中设置负责安全生产监督管理工作的内部专业机构；安全生产任务较重的企业应当设置负责安全生产监督管理工作的独立职能部门。

第三类企业应当明确有关职能部门负责安全生产监督管理工作，配备专职安全生产监督管理人员；安全生产任务较重的企业应当在有关职能部门中设置负责安全生产监督管理工作的内部专业机构。

安全生产监督管理职能部门或者负责安全生产监督管理工作的职能部门是企业安全生产工作的综合监督管理部门，对其他职能部门的安全生产管理工作进行综合协调和监督。企业作出涉及安全生产的经营决策，应当听取安全生产监督管理机构及安全生产管理人员的意见。

第十条 中央企业应当按照"谁主管谁负责"原则，明确各职能部门的具体安全生产管理职责；各职能部门应当将安全生产管理职责分解到相应岗位，实行"一岗双责"。安全生产综合监督管理部门要发挥统筹、协调、指导和监督作用，加强考核巡查，督促各职能部门安全生产责任落实。

第十一条 中央企业专职安全生产监督管理人员的任职资格和配备数量，应当符合国家和行业的有关规定；国家和行业没有明确规定的，中央企业应当根据本企业的生产经营内容和性质、管理范围、管理跨度等配备专职安全生产监督管理人员。

中央企业应当加强安全队伍建设，提高人员素质，鼓励和支持安全生产监督管理人员取得注册安全工程师资质以及本领域内相关安全资质。安全生产监督管理人员应当以注册安全工程师为主体。

第十二条 中央企业工会依法对本企业安全生产与劳动保护进行民主监督，依法维护员工合法权益，有权对建设项目的安全设施与主体工程同时设计、同时施工、同时投入生产和使用情况进行监督，提出意见。

第十三条 中央企业应当对其独资及控股子企业（包括境外子企业）的安全生产履行以下监督管理责任：

（一）监督管理独资及控股子企业安全生产条件具备情况；安全生产监督管理组织机构设置情况；安全生产标准化建设情况；全员安全生产责任制、安全生产各项规章制度建立情况；安全生产投入、安全风险分级管控和隐患排查治理双重预防工作机制建立以及运行情况；安全生产应急管理情况；及时、如实报告生产安全事故。

第一类中央企业可以向其列为安全生产重点的独资及控股子企业委派专职安全生产总监，加强对子企业安全生产的监督。

（二）将独资及控股子企业纳入中央企业安全生产管理体系，严格安全生产的检查、考核、奖惩和责任追究。

对参股并负有管理职责的企业，中央企业应当按照有关法律法规的规定与参股企业签订安全生产管理协议书，明确安全生产管理责任。

中央企业委托机构提供安全生产技术、管理服务的，保证安全生产的责任仍由本企业负责。

中央企业各级子企业应当按照以上规定逐级建立健全全员安全生产责任制，逐级加强安全生产工作的监督管理。

第三章 安全生产工作基本要求

第十四条 中央企业应当牢固树立"零事故、零伤亡"理念，加强安全生产源头治理，坚持标本兼治、重在治本，坚持关口前移，制定中长期安全生产发展规划，并将其纳入企业总体发展战略规划，实现企业安全生产与改革发展同研究、同部署、同落实。

第十五条 中央企业应当建立健全安全生产管理体系，积极学习借鉴和推行应用国内外先进的安全生产管理方式方法等，与企业具体实际和企业优秀文化相结合，实现安全生产管理的系统化、规范化、标准化、科学化、现代化。

中央企业安全生产管理体系应当包括组织体系、制度体系、责任体系、风险控制体系、教育培训体系、专家支撑体系、监督保证体系等。

中央企业应当加强安全生产管理体系的运行控制，强化岗位培训、过程督查、总结反馈、持续改进等管理过程，确保体系的有效运行。

第十六条 中央企业应当结合行业特点和企业实际，建立健全职业健康管理体系，消除或者减少员工的职业健康安全风险，保障员工职业健康。

第十七条 中央企业应当建立健全企业安全生产应急管理体系，包括预案体系、组织体系、运行机制、支持保障体系等。加强应急预案的编制、评审、培训、演练、修订和应急救援队伍的建设工作，落实应急物资与装备，提高企业有效应对各类生产安全事故灾难的应急管理能力。

第十八条 中央企业应当定期开展危害辨识和风险评估。进一步完善全员参与、全过程管控的安全生产风险管控体系。建立系统、全面的辨识机制，运用科学、有效的风险评估方法，提升安全风险预判预防能力。健全安全风险分级管控制度和风险防范化解机制，按安全风险分级采取相应的管控措施，动态管理。制定重大危险源的监控措施和管理方案，全面落实重大危险源安全包保责任制，确保重大危险源始终处于受控状态。

第十九条 中央企业应当建立健全并落实生产安全事故隐患排查治理制度，采取技术、管理措施，及时发现并消除事故隐患，不得在隐患未排除、安全措施不到位的情况下组织生产。事故隐患排查治理情况应当如实记录，并通过职工代表大会或者职工大会、信息公开栏等方式向从业人员通报。其中重大事故隐患排查治理情况应当依法报告。对排查出的隐患要落实治理经费和责任人，按时完成整改。

第二十条 中央企业应当科学合理安排生产经营活动，不得超能力、超强度、超定员组织生产，不得违反程序擅自压缩工期、改变技术方案和工艺流程。

中央企业应当严格遵守新建、改建、扩建工程项目安全设施与主体工程同时设计、同时施工、同时投入生产和使用的有关规定。

第二十一条 中央企业应当保证具备安全生产条件所必需的资金投入，不得在安全生产条件不具备的情况下组织生产。有关中央企业应当建立健全安全生产费用管理制度，明确企业安全生产费用提取和使用的程序、职责及权限，严格按照国家和行业的有关规定，足额提取和使用企业安全生产费用。应当编制年度安全生产费用提取和使用计划，纳入企业财务预算，提取的安全生产费用从成本（费用）中列支并专项核算。中央企业集团总部可以对其独资及控股子企业提取的安全生产费用按照一定比例集中管理，统筹使用。国家和行业没有明确规定安全生产费用提取比例的中央企业，应当根据企业实际和可持续发展的需要，从成本（费用）中列支，保证达到应当具备的安全生产条件所需的资金投入。中央企业安全生产费用提取使用情况或者资金投入情况与中央企业安全生产年度自评报告同时报送国务院国资委。

第二十二条 中央企业应当建立健全安全生产教育培训制度，分层级开展安全生产教育培训，未经教育培训并考试合格的人员不得上岗作业；严格执行企业主要负责人、安全生产管理人员、特种作业人员的持证上岗制度和培训考核制度。不具备相应资格的人员不得从事特种作业。

第二十三条 中央企业必须依法参加工伤保险，为从业人员缴纳保险费。鼓励中央企业投保安全生产责任保险；属于国家规定的高危行业、领域的企业，应当投保安全生产责任保险。

第二十四条 中央企业应当大力推进"科技兴安"战略，用科技创新赋能安全生产，提升企业本质安全水平。支持安全生产科学技术研究和安全生产先进技术的推广应用。加快推进高风险企业老旧设施升级改造，推进工业机器人、智能装备在危险工序和环节广泛应用。积极应用现代信息技术和手段，提升安全生产管理信息化水平。

第二十五条 中央企业采用新工艺、新技术、新材料或者使用新设备，必须了解、掌握其安全技术特性，采取有效的安全防护措施，并对从业人员进行专门的安全生产教育和培训。中央企业不得使用应当淘汰的危及生产安全的工艺，禁止使用未经检验合格、无安全保障的特种设备。

第二十六条 中央企业应当坚持监督管理和指导服务并重，结合工作实际，建强安全生产专业支撑团队，建立安全生产专家库，为所属企业安全生产日常管理提供指导服务和技术支持。应当以安全生产专家为主体，建立常态化安全生产明查暗访制度，提高检查的针对性和有效性。

第二十七条 中央企业应当建立安全生产考核和奖惩机制。按年度签订覆盖各层级各部门的安全生产责任书，确保横向到边、纵向到底；明确安全生产职责和年度安全生产重点工作目标任务；开展责任书交底，并进行过程指导、督促，年终对职责履行情况、目标任务完成情况等进行考核，保证全员安全生产责任制的落实。在作业过程中，各级人员不得违章指挥、违章作业、违反劳动纪律。严肃查处每起责任事故，严格追究事故责任人的责任。完善安全生产正向激励机制，加大安全生产奖励力度。安全生产风险较高的企业应当建立过程考核和事故考核相结合的安全生产考核体系。

第二十八条 中央企业应当建立健全生产安全事故新闻发布制度和媒体应对工作机制，及时、主动、准确、客观地向新闻媒体公布事故的有关情况。

第二十九条 中央企业应当关注员工身体、心理状况，规范员工行为习惯，加强对从业人员的心理疏导、精神慰藉，防范员工行为异常导致事故发生。

第三十条 中央企业应当发挥安全生产工作示范带头作用，企业制定和执行的安全生产管理规章制度、标准等应当不低于国家和行业要求。企业年度安全生产相对指标应达到国内同行业最好水平或达到国际先进水平。

第三十一条 中央企业应当加强并购重组企业安全管理，并购重组前要结合业务类型开展相应安全生产尽职调查，并购重组后要加强安全监管，统一纳入企业安全管理体系，确保人员调整及时到位，企业文化尽快融合，管理制度无缝衔接。

第三十二条 中央企业应当加强承包商安全管理，严格准入资质管理，把承包商和劳务派遣人员统一纳入企业安全管理体系。禁止使用不具备国家规定资质和安全生产保障能力的承包商和分包商。

第三十三条 中央企业应当加强境外单位安全生产的统筹管理，制定境外发展规划时同步考虑安全生产，将境外单位统一纳入企业安全生产管理体系，不定期开展安全生产监督检查。督促境外单位切实履行安全生产主体责任，强化应急管理工作。境外中央企业除执行本办法外，还应严格遵守所在地的安全生产法律法规。

第四章 安全生产工作报告制度

第三十四条 中央企业发生生产安全事故或者因生产安全事故引发突发事件后，按规定上报有关部门的同时，应当按以下要求报告国务院国资委：

（一）境内发生较大及以上生产安全事故、影响较大的一般生产安全事故，中央企业应当第一时间报告。事故现场负责人应当立即向本单位负责人报告，单位负责人接到报告后，应当于1小时内向上一级单位负责人报告；以后逐级报告至国务院国资委，且每级时间间隔不得超过1小时。

（二）境内由于生产安全事故引发的特别重大、重大突发公共事件，中央企业接到报告后应当立即向国务院国资委报告。

（三）境外发生生产安全死亡事故、未造成人员伤亡但影响较大的事故，事故现场负责人应当第一时间报告。中央企业接到报告后应当立即向国务院国资委报告。

（四）在中央企业管理的区域内发生生产安全事故，中央企业作为业主、总承包商、分包商等相关方时应当按本条第（一）款规定报告。

（五）发生造成重大影响的火灾、爆炸等其他事件，应当按本条第（一）款规定报告。

不得迟报、漏报、谎报、瞒报生产安全事故。

第三十五条 中央企业应当将政府有关部门对较大事故、重大事故的事故调查报告及批复及时向国务院国资委报告，并将责任追究落实情况报告国务院国资委。

第三十六条 中央企业应当于每年1月底前将上一年度的单位增加值生产安全责任事故率情况报送国务院

国资委，报送内容含年度单位增加值情况、生产安全事故起数及死亡人数情况等。

第三十七条　中央企业应当将安全生产工作领导机构及安全生产监督管理机构的名称、组成人员、职责、工作制度及联系方式向国务院国资委报告，并及时报送变动情况。

第三十八条　中央企业应当将安全生产应急预案及修订情况及时报送国务院国资委。

第三十九条　中央企业应当将安全生产方面的重要活动、重要会议、重大举措和成果、重大问题等重要信息和重要事项，及时报告国务院国资委。

第五章　安全生产监督管理与奖惩

第四十条　国务院国资委对发生重大及以上生产安全事故、半年内发生3起及以上较大生产安全事故、1个月内发生2起及以上较大生产安全事故的中央企业进行通报，并对其负责人进行约谈。国务院国资委参与中央企业特别重大生产安全事故的调查，并根据事故调查报告及国务院批复负责落实或者监督对事故有关责任单位和责任人的处理。

第四十一条　国务院国资委组织开展中央企业安全生产督查，督促中央企业落实安全生产有关规定和改进安全生产工作。中央企业违反本办法有关安全生产监督管理规定的，国务院国资委根据情节轻重要求其改正或者予以通报批评。

第四十二条　国务院国资委配合有关部门对中央企业安全生产违法行为的举报进行调查，或者责成有关单位进行调查，依照干部管理权限对有关责任人予以处理。中央企业应当引导员工积极参与安全管理工作，鼓励员工主动发现事故隐患，对报告重大事故隐患或者举报安全生产违法行为的有功人员，给予奖励，奖励支出从安全生产费用中列支。

第四十三条　国务院国资委建立事故分析、安全风险提示等工作机制，引导中央企业深入剖析事故原因，共同吸取事故教训。中央企业应当建立事故管理制度，深刻吸取企业内部及同行业、领域的事故教训，开展重轻伤事故、未遂事故统计分析工作，制定针对性的防范措施。

第四十四条　国务院国资委根据中央企业考核期内发生的生产安全责任事故认定情况，对中央企业负责人经营业绩考核结果进行降级或者扣分。

其中，企业考核年度内发生下列情况之一的，对其负责人年度经营业绩考核结果予以降级，降至下一考核级别：

（一）第一类企业。发生重大及以上生产安全责任事故且承担主要责任的；发生特别重大生产安全责任事故且承担次要责任的。

（二）第二类企业。发生重大及以上生产安全责任事故且承担主要责任或次要责任的。

（三）第三类企业。发生重大及以上生产安全责任事故且承担责任的。

（四）存在瞒报生产安全事故行为的。

（五）企业发生承担主要责任的较大生产安全责任事故起数累计达到降级规定的。

考核任期内发生2起及以上瞒报事故或者1起及以上特别重大生产安全责任事故且承担主要责任的企业，对其负责人任期经营业绩考核结果予以降级，降至下一考核级别。

发生较大及以上生产安全责任事故达不到降级标准的，按照《中央企业安全生产考核实施细则》有关规定予以扣分考核。

本办法所称责任事故，是指依据政府事故调查报告及批复对事故性质的认定，中央企业或者其独资及控股子企业对事故发生负有责任的生产安全事故。

第四十五条　国务院国资委组织中央企业开展安全生产管理评价，督促指导中央企业加强过程管控。中央企业应当每年度对本企业安全生产管理状况开展自评，形成自评报告。国务院国资委根据中央企业日常安全管理工作开展情况、自评情况等，对中央企业安全生产管理进行综合评价，评价结果在中央企业范围内通报，评价结果为优秀的企业，在中央企业负责人年度经营业绩考核中予以加分。

第四十六条　对未严格按照国家和行业有关规定足额提取安全生产费用的中央企业，国务院国资委从企业负责人业绩考核的业绩利润中予以扣减。

第四十七条　授权董事会对经理层人员进行经营业绩考核的中央企业，董事会应当将安全生产工作纳入经理层人员年度经营业绩考核，与绩效薪金挂钩，并比照本办法的安全生产业绩考核规定执行。

董事会对经理层的安全生产业绩考核情况纳入国务院国资委对董事会的考核评价内容。对董事会未有效履行监督、考核安全生产职能，企业发生特别重大责任事故并造成严重社会影响的，国务院国资委经综合分析研判，按照管理权限对董事会有关成员进行组织调整。

第四十八条　中央企业负责人年度经营业绩考核中因安全生产问题受到降级处理的，取消其参加该考核年度国务院国资委组织或者参与组织的评优、评先活动资格。

第六章 附 则

第四十九条 生产安全事故等级划分按《生产安全事故报告和调查处理条例》的规定执行。国务院对特殊行业另有规定的，从其规定。

突发公共事件等级划分按《特别重大、重大突发公共事件分级标准》中安全事故类的有关规定执行。

第五十条 本办法由国务院国资委负责解释。

第五十一条 本办法自2024年3月1日起施行，《中央企业安全生产监督管理暂行办法》（国务院国资委令第21号）、《中央企业安全生产禁令》（国务院国资委令第24号）同时废止。

中央企业安全生产监管分类名单（略）

· 典型案例

人民法院、检察机关依法惩治危害生产安全犯罪典型案例①

案例1

杨某锵等重大责任事故、伪造国家机关证件、行贿案

——依法严惩生产安全事故首要责任人

一、基本案情

被告人杨某锵，男，汉族，1955年2月23日出生，福建省泉州市鲤城区某旅馆经营者、实际控制人。

其他被告人身份情况略。

2012年，杨某锵在未取得相关规划和建设手续的情况下，在福建省泉州市鲤城区开工建设四层钢结构建筑物，其间将项目以包工包料方式发包给无钢结构施工资质人员进行建设施工，并委托他人使用不合格建筑施工图纸和伪造的《建筑工程施工许可证》骗取了公安机关消防设计备案手续。杨某锵又于2016年下半年在未履行基本建设程序且未取得相关许可的情况下，以包工包料方式将建筑物发包给他人开展钢结构夹层施工，将建筑物违规增加夹层改建为七层。2017年11月，杨某锵将建筑物四至六层出租给他人用于经营旅馆，并伙同他人采用伪造《消防安全检查合格证》和《不动产权证书》等方法违规办理了旅馆《特种行业许可证》。2020年1月中旬，杨某锵雇佣工人装修建筑物一层店面，工人发现承重钢柱变形并告知杨某锵，杨某锵要求工人不得声张暂停施工，与施工承包人商定了加固方案，但因春节期间找不到工人而未加固，后于同年3月5日雇佣无资质人员违规对建筑物承重钢柱进行焊接加固。3月7日17时45分，旅馆承租人电话告知杨某锵称旅馆大堂玻璃破裂，杨某锵到场查看后离开。

当日19时4分和19时6分，旅馆两名承租人先后赶到现场发现旅馆大堂墙面扣板出现裂缝且持续加剧，再次电话告知杨某锵，杨某锵19时11分到达现场查看，旅馆承租人叫人上楼通知疏散，但已错失逃生时机。19时14分建筑物瞬间坍塌，造成29人死亡、50人不同程度受伤，直接经济损失5794万元。经事故调查组调查认定，旅馆等事故单位及其实际控制人杨某锵无视法律法规，违法违规建设施工，弄虚作假骗取行政许可，安全责任长期不落实，是事故发生的主要原因。

另查明，2012年至2019年间，杨某锵在建设旅馆所在建筑物、办理建筑物相关消防备案、申办旅馆《特种行业许可证》等过程中，为谋取不正当利益，单独或者伙同他人给予国家工作人员以财物。

二、处理结果

福建省泉州市丰泽区人民检察院对杨某锵以重大责任事故罪、伪造国家机关证件罪、行贿罪，对其他被告人分别以重大责任事故罪、提供虚假证明文件罪、伪造国家机关证件罪、伪造公司、企业印章罪提起公诉。泉州市丰泽区人民法院经审理认为，杨某锵违反安全管理规定，在无合法建设手续的情况下雇佣无资质人员，违法违规建设、改建钢结构大楼，违法违规组织装修施工和焊接加固作业，导致发生重大伤亡事故，造成严重经济损失，行为已构成重大责任事故罪，情节特别恶劣；单独或者伙同他人共同伪造国家机关证件用于骗取消防备案及特种行业许可证审批，导致违规建设的建筑物安全隐患长期存在，严重侵犯国家机关信誉与公信力，最终造成本案严重后果，行为已构成伪造国家机关证件罪，情节严重；为谋取不正当利益，单独或者伙同他人给予国家工作人员以财物，致涉案建筑物、旅馆违法违规建设经营行为得以长期存在，最

---

① 案例来源：2022年12月15日最高人民法院公布，网址：https://www.court.gov.cn/zixun/xiangqing/383601.html，最后访问日期：2024年3月6日。

终发生坍塌,社会影响恶劣,行为已构成行贿罪,情节严重,应依法数罪并罚。据此,依法对杨某锵以伪造国家机关证件罪判处有期徒刑九年,并处罚金人民币二百万元;以行贿罪判处有期徒刑八年,并处罚金人民币二十万元;以重大责任事故罪判处有期徒刑七年,决定执行有期徒刑二十年,并处罚金人民币二百二十万元。对其他被告人依法判处相应刑罚。一审宣判后,杨某锵等被告人提出上诉。泉州市中级人民法院裁定驳回上诉,维持原判。

三、典型意义

一段时期以来,因为违法违规建设施工导致的用于经营活动的建筑物倒塌、坍塌事故时有发生,部分事故造成重大人员伤亡和高额财产损失,人民群众反映强烈。司法机关要加大对此类违法犯罪行为的打击力度,依法从严惩治建筑施工过程中存在的无证施工、随意改扩建、随意加层、擅自改变建筑物功能结构布局等违法违规行为,对于危及公共安全、构成犯罪的,要依法从严追究刑事责任。特别是对于导致建筑物倒塌、坍塌事故发生负有首要责任、行为构成重大责任事故罪等危害生产安全犯罪罪名的行为人,该顶格处刑的要在法定量刑幅度范围内顶格判处刑罚,充分体现从严惩处危害生产安全犯罪的总体政策,切实保障人民群众生命财产安全。

案例2

李某、王某华、焦某东等强令违章冒险作业、重大责任事故案

——准确认定强令违章冒险作业罪

一、基本案情

被告人李某,男,汉族,1981年2月24日出生,江苏无锡某运输公司实际经营人和负责人。

被告人王某华,男,汉族,1983年6月13日出生,江苏无锡某运输公司驾驶员。

被告人焦某东,男,汉族,1972年10月13日出生,江苏无锡某运输公司驾驶员。

其他被告人身份情况略。

李某2014年9月成立江苏无锡某运输公司从事货物运输业务,担任公司实际经营人和负责人,全面负责公司经营管理。王某华2019年4月应聘成为该运输公司驾驶员,同年6月底与李某合伙购买苏BQ7191号重型半挂牵引车(牵引苏BG976挂号重型平板半挂车),约定利润平分,王某华日常驾驶该车;焦某东2019年5月底应聘成为运输公司驾驶员,驾驶苏BX8061号重型半挂牵引车(牵引苏BZ030挂号重型平板半挂车)。李某违反法律法规于严禁超载的规定,在招聘驾驶员时明确告知对方公司

需要招聘能够"重载"(即严重超载)的驾驶员,驾驶员表示能够驾驶超载车辆才同意入职;在公司购买不含轮胎的货车后,通过找专人安装与车辆轮胎登记信息不一致且承重力更好的钢丝胎、加装用于给刹车和轮胎降温的水箱等方式,对公司货运车辆进行非法改装以提高承载力。经营期间,该运输公司车辆曾被运管部门查出多次超载运输,并曾因超载运输被交通运输管理部门约谈警告、因超载运输导致发生交通事故被判决承担民事赔偿责任,李某仍然指挥、管理驾驶员继续严重超载,且在部分驾驶员提出少超载一些货物时作出解聘驾驶员的管理决定。2019年10月10日,王某华、焦某东根据公司安排到码头装载货物,焦某东当日下午驾驶苏BX8061号重型半挂牵引车牵引苏BZ030挂号重型平板半挂车(核载质量32吨)装载7轧共重157.985吨的钢卷先离开码头,王某华随后驾驶苏BQ7191号重型半挂牵引车牵引苏BG976挂号重型平板半挂车(核载质量29吨)装载6轧共重160.855吨的钢卷离开码头。当日18时许,焦某东、王某华驾车先后行驶通过312国道某路段上跨桥左侧车道时桥面发生侧翻,将桥下道路阻断。事故发生时焦某东刚驶离上跨桥桥面侧翻段,王某华正驾车通过上跨桥桥面侧翻段,车辆随侧翻桥面侧滑靠至桥面护栏,致王某华受伤。事故造成行驶在侧翻桥面路段上的车辆随桥面滑落,在桥面路段下方道路上行驶的车辆被砸压,导致3人死亡、9辆机动车不同程度损坏。经鉴定,被毁桥梁价值约2 422 567元,受损9辆车辆损失共计229 015元。经事故调查组调查认定,事故直接原因为,两辆重型平板半挂车严重超载、间距较近(荷载分布相对集中),偏心荷载引起的失稳效应远超桥梁上部结构稳定效应,造成桥梁支座系统失效,梁体和墩柱之间产生相对滑动和转动,从而导致梁体侧向滑移倾覆触地。事故发生后,焦某东向公安机关自动投案并如实供述了自己的罪行。

二、处理结果

江苏省无锡市锡山区人民检察院对李某以强令违章冒险作业罪,对王某华、焦某东和其他被告人以重大责任事故罪提起公诉。无锡市锡山区人民法院经审理认为,李某明知存在事故隐患、继续作业存在危险,仍然违反有关安全管理的规定,利用组织、指挥、管理职权强制他人违章作业,因而发生重大伤亡事故,行为已构成强令违章冒险作业罪,情节特别恶劣;王某华、焦某东在生产、作业中违反有关安全管理的规定,因而发生重大伤亡事故,行为均构成重大责任事故罪,情节特别恶劣。李某已经发现事故隐患,经有关部门提出后仍不采取措施,酌情从重处罚;焦某东有自首情节,依法从轻处罚。据此,依照经2006年

《中华人民共和国刑法修正案（六）》修正的《中华人民共和国刑法》第134条第2款的规定，以强令违章冒险作业罪判处李某有期徒刑七年；以重大责任事故罪分别判处王某华、焦某东有期徒刑三年六个月和有期徒刑三年三个月。对其他被告人依法判处相应刑罚。一审宣判后，李某、王某华、焦某东提出上诉，后李某、王某华在二审期间申请撤回上诉。无锡市中级人民法院裁定准许李某、王某华撤回上诉，对焦某东驳回上诉，维持原判。

三、典型意义

对生产、作业负有组织、指挥或者管理职责的人员出于追求高额利润等目的，明知存在事故隐患，违背生产、作业人员的主观意愿，强令生产、作业人员违章冒险作业，极易导致发生重大事故，社会危害性大，应当予以从严惩处。《刑法修正案（六）》增设的刑法第134条第2款规定了强令违章冒险作业罪，"两高"《关于办理危害生产安全刑事案件适用法律若干问题的解释》第5条对强令违章冒险作业罪的行为方式作了列举式规定。《刑法修正案（十一）》对刑法第134条第2款规定的行为进行了扩充，罪名修改为强令、组织他人违章冒险作业罪。实践中，对生产、作业负有组织、指挥或者管理职责的人员虽未采取威逼、胁迫、恐吓等手段，但利用自己的组织、指挥、管理职权强制他人违章作业的，也可以构成强令违章冒险作业罪（强令他人违章冒险作业罪）。对于受他人强令违章冒险作业的一线生产、作业人员，应当综合考虑其所受到强令的程度、各自行为对引发事故所起作用大小，依法确定刑事责任。

案例3

江苏天某安全技术公司、柏某等提供虚假证明文件案

——依法惩治安全评价中介组织犯罪

一、基本案情

被告单位江苏天某安全技术有限公司（以下简称江苏天某安全技术公司）。

被告人柏某，男，汉族，1982年4月25日出生，江苏天某安全技术公司安全评价师。

其他被告人身份情况略。

江苏响水某化工公司是依法注册成立的化工企业，在生产过程中擅自改变工艺析出废水中的硝化废料，并对析出的硝化废料刻意隐瞒，大量、长期堆放于不具有安全贮存条件的煤棚、旧固废库等场所内。江苏天某安全技术公司具有国家安全评价机构甲级资质，在接受该化工公司委托开展安全评价服务过程中，检查不全面、不深入，仅安排安全评价师柏某一人到公司现场调研甚至不安排任何人员进行现场调研即编制安全评价报告。柏某未对该化工公司提供的硝化工艺流程进行跟踪核查，故意编制虚假报告，项目组其他成员均未实际履行现场调研等职责即在安全评价报告上签名，先后为该化工公司出具2013年和2016年安全评价报告、2016年重大危险源安全评估报告和2018年复产安全评价报告等4份与实际情况严重不符的虚假安全评价报告，共计收取费用17万元，致使该化工公司存在的安全风险隐患未被及时发现和得到整改。2019年3月21日14时48分许，贮存在该化工公司旧固废库内的大量硝化废料因积热自燃发生爆炸，造成78人死亡、76人重伤、640人住院治疗，直接经济损失198635.07万元。经事故调查组调查认定，中介机构弄虚作假，出具虚假失实文件，导致事故企业硝化废料重大风险和事故隐患未能及时暴露，干扰误导了有关部门的监管工作，是事故发生的重要原因。事故发生后，柏某经电话通知自动到案并如实供述了自己的罪行。

二、处理结果

江苏省阜宁县人民检察院以提供虚假证明文件罪对江苏天某安全技术公司和柏某等被告人提起公诉。阜宁县人民法院经审理认为，江苏天某安全技术公司作为承担安全评价职责的中介组织，故意提供虚假证明文件，情节严重，行为构成提供虚假证明文件罪；柏某作为该公司提供虚假证明文件犯罪的其他直接责任人员，行为亦构成提供虚假证明文件罪。柏某有自首情节，依法从轻处罚。据此，依照1997年修订的《中华人民共和国刑法》第229条第1款的规定，以提供虚假证明文件罪判处江苏天某安全技术公司罚金人民币三十万元；判处柏某有期徒刑三年六个月，并处罚金人民币二万五千元。对其他被告人依法判处相应刑罚。一审宣判后，江苏天某安全技术公司和柏某等被告人提出上诉。江苏省盐城市中级人民法院裁定驳回上诉、维持原判。

三、典型意义

随着市场经济的发展，中介组织发挥着越来越重要的作用。安全评价中介组织接受委托开展安全评价活动、出具安全评价报告，对生产经营单位能否获得安全生产监管部门的批准和许可、能否开展生产经营活动起到关键性作用，应当依法履行职责，出具真实客观的安全评价报告，否则可能承担刑事责任。司法机关对于安全评价中介组织及其工作人员提供虚假证明文件犯罪行为，在裁量刑罚时，应当综合考虑其行为手段、主观过错程度、对安全事故的发生所起作用大小以及获利情况、一贯表现等各方面因素，综合评估社会危害性，依照刑法规定妥当裁量刑罚，确保罪责刑相适应。

案例 4

高某海等危险作业案

——贯彻宽严相济刑事政策依法惩处违法经营存储危化品犯罪

一、基本案情

被告人高某海,男,汉族,1984 年 10 月 30 日出生。

被不起诉人熊某华,男,汉族,1967 年 9 月 6 日出生。

被不起诉人熊甲,男,汉族,1987 年 3 月 19 日出生,系熊某华之子。

被不起诉人熊乙,男,汉族,1988 年 4 月 14 日出生,系熊某华之子。

2021 年 6 月起,高某海为谋取非法利益,在未经相关机关批准的情况下,通过熊某华租用熊乙位于贵州省贵阳市白云区沙文镇扁山村水淹组 136 号的自建房屋,擅自存储、销售汽油。后熊某华、熊甲和熊乙见有利可图,便购买高某海储存的汽油分装销售,赚取差价。同年 12 月 13 日 20 时许,高某海因操作不当引发汽油爆燃,导致高某海本人面部、四肢多处被烧伤,自有的别克轿车及存储汽油房屋局部被烧毁。

二、处理结果

贵州省贵阳市公安局白云分局以涉嫌危险作业罪对高某海、熊某华、熊甲、熊乙立案侦查,后移送贵阳市白云区人民检察院审查起诉。贵阳市白云区人民检察院经审查认为,高某海、熊某华、熊甲、熊乙违反安全管理规定,在未取得批准、许可的情况下,擅自从事危险物品经营、存储等高度危险的生产作业活动,并已引发事故,具有发生重大伤亡事故的现实危险,行为已符合危险作业罪的构成要件。熊某华、熊甲、熊乙三人参与犯罪时间较短,在犯罪中主要负责提供犯罪场所、协助分装销售汽油,系初犯,具有认罪认罚情节,犯罪情节轻微,对熊某华、熊甲、熊乙作出不起诉决定,以危险作业罪对高某海提起公诉。贵阳市白云区人民法院以危险作业罪判处高某海有期徒刑七个月。宣判后无上诉、抗诉,判决已生效。

三、典型意义

根据《危险化学品目录(2015 版)》规定,汽油属于危险化学品。根据《危险化学品安全管理条例》第 33 条的规定,国家对危险化学品经营实行许可制度,未经许可,任何单位和个人不得经营危险化学品。销售、储存汽油均应取得相应证照,操作人员应当经过专业培训、规范操作,储存汽油应当具备相应条件。司法机关在办理具体案件过程中,对于行为人在未经专业培训、无经营资质、无专业设备、无安全储存条件、无应急处理能力情况下,在居民楼附近擅自从事危险物品生产、经营、储存等高度危险的生产作业活动,并由于不规范操作造成行为人本人重度烧伤、周围物品烧毁的后果的,综合考虑其行为方式、案发地点及危害后果,可以认定为刑法第 134 条之一危险作业罪中"具有发生重大伤亡事故或者其他严重后果的现实危险"。同时,应当注意区别对待,对于其他为行为人提供便利条件、参与分装赚取差价的人员,综合考虑其在共同犯罪中所起作用以及认罪认罚等情节,可以依法作出不起诉决定,体现宽严相济刑事政策。

案例 5

李某远危险作业案

——关闭消防安全设备"现实危险"的把握标准

一、基本案情

被告人李某远,男,汉族,1975 年 10 月 9 日出生,浙江省永康市雅某酒店用品有限公司(以下简称雅某公司)负责人。

2020 年,雅某公司因安全生产需要,在油漆仓库、危废仓库等生产作业区域安装了可燃气体报警器。2021 年 10 月以来,李某远在明知关闭可燃气体报警器会导致无法实时监测生产过程中释放的可燃气体浓度,安全生产存在重大隐患情况下,为节约生产开支而擅自予以关闭。2022 年 5 月 10 日,雅某公司作业区域发生火灾。同年 5 月 16 日至 17 日,消防部门对雅某公司进行检查发现该公司存在擅自停用可燃气体报警装置等影响安全生产问题,且在上述关闭可燃气体报警器区域内发现存放有朗格牌清味底漆固化剂 10 桶、首邦漆 A2 固化剂 16 桶、首邦漆五分哑耐磨爽滑清面漆 16 桶等大量油漆、稀释剂,遂责令该公司立即整改,并将上述案件线索移送永康市公安局。经检验,上述清面漆、固化剂均系易燃液体,属于危险化学品。

二、处理结果

浙江省永康市人民检察院依托数据应用平台通过大数据筛查发现,消防部门移送公安机关的李某远危险作业案一直未予立案。经进一步调取查阅相关案卷材料,永康市人民检察院认为李某远的行为已经涉嫌危险作业罪,依法要求公安机关说明不立案理由。永康市公安局经重新审查后决定立案侦查,立案次日再次对雅某公司现场检查发现,该公司虽然清理了仓库内的清面漆、固化剂等危险化学品,但可燃气体报警装置仍处于关闭状态。永康市公安局以李某远涉嫌危险作业罪移送永康市人民检察院审查起诉。

永康市人民检察院经审查认为,李某远擅自关闭可燃气体报警器的行为,具有发生重大伤亡事故或其他严重后果的现实危险:一是关闭可燃气体报警装置存在重大安全隐患。《建筑设计防火规范》（2018年版）明确，建筑内可能散发可燃气体、可燃蒸气的场所应设置可燃气体报警装置。本案现场虽按规定设置了可燃气体报警装置，但李某远在得知现场可燃气体浓度超标会引发报警装置报警后，为了节省生产开支，未及时采取措施降低现场可燃气体浓度，而是直接关闭停用报警装置，导致企业的生产安全面临重大隐患。二是"危险"具有现实性。涉案现场不仅堆放了3瓶瓶装液化天然气（其中1瓶处于使用状态），还堆放了大量油漆、固化剂等危险化学品以及数吨油漆渣等危废物，企业的车间喷漆中也会产生大量挥发性可燃气体，一旦遇到明火或者浓度达到一定临界值，将引发火灾或者爆炸事故。三是"危险"具有紧迫性。案发前，涉案厂区曾发生过火灾，客观上已经出现了"小事故"，之所以没有发生重大伤亡等严重后果，只是因为在发生重大险情的时段，喷漆车间已经连续几天停止作业，相关区域的可燃气体浓度恰好没有达到临界值，且发现及时得以迅速扑灭，属于由于偶然因素侥幸避免。经消防检查，当即明确提出企业存在"擅自停用可燃气体报警装置"等消防安全隐患，但李某远一直未予整改。永康市人民检察院以危险作业罪对李某远提起公诉。永康市人民法院以危险作业罪判处李某远有期徒刑八个月。宣判后无上诉、抗诉，判决已生效。

三、典型意义

根据刑法第134条之一规定，危险作业罪中"具有发生重大伤亡事故或者其他严重后果的现实危险"，是指客观存在的、紧迫的危险，这种危险未及时消除、持续存在，将可能随时导致发生重大伤亡事故或者其他严重后果。司法实践中，是否属于"具有发生重大伤亡事故或者其他严重后果的现实危险"，应当结合行业属性、行为对象、现场环境、违规行为严重程度、纠正整改措施的及时性和有效性等具体因素，进行综合判断。司法机关在办理具体案件过程中要准确把握立法原意，对于行为人关闭、破坏直接关系生产安全的监控、报警、防护、救生设备、设施，已经出现重大险情，或者发生了"小事故"，由于偶然性的客观原因而未造成重大严重后果的情形，可以认定为"具有发生重大伤亡事故或者其他严重后果的现实危险"。

案例6

赵某宽、赵某龙危险作业不起诉案
——矿山开采危险作业"现实危险"的把握标准

一、基本案情

被不起诉人赵某宽，男，汉族，1992年8月28日出生，江西省玉山县某矿负责人。

被不起诉人赵某龙，男，汉族，1975年10月6日出生，江西省玉山县某矿管理人员。

2021年6月4日，江西省玉山县应急管理局对玉山县某矿开具现场处理措施决定书，收回同年6月6日到期的安全生产许可证，并责令其6月7日前封闭所有地表矿洞。6月12日下午，因矿洞水泵在雨季需要维护，为排出积水使矿点不被淹没，赵某龙经赵某宽同意后，安排王某文拆除封闭矿洞的水泥砖。6月13日16时许，王某文带领程某兴、张某才至矿深150米处维修水泵。因矿洞违规使用木板隔断矿渣，在被水浸泡后木板出现霉变破损，致程某兴在更换水泵过程中被矿渣围困受伤。经鉴定，程某兴伤情评定为轻伤一级。

二、处理结果

江西省玉山县公安局以涉嫌危险作业罪对赵某宽、赵某龙立案侦查，后移送玉山县人民检察院审查起诉。玉山县人民检察院经审查认为，赵某宽、赵某龙的行为"具有发生重大伤亡事故或者其他严重后果的现实危险"，符合刑法第134条之一第3项之规定，构成危险作业罪。一是本案的"现实危险"具有高度危险性。本案中，涉案企业经营开采矿山作业，与金属冶炼、危险化学品等行业均属高危行业，其生产作业具有高度危险性。企业在安全生产许可证到期并被责令封闭所有地表矿洞的情况下仍强行进入矿洞作业，具有危及人身安全的现实危险。二是本案的"现实危险"具有现实紧迫性。涉案企业所属矿洞因雨季被长期浸泡，现场防护设施不符合规定出现霉变情形，在矿深150米处进行维修水泵的作业过程中，发生隔断木板破损、矿渣掉落致人人身体损伤，因为开展及时有效救援，未发生重特大安全事故，具有现实危险。

玉山县人民检察院认真贯彻少捕慎诉慎押刑事司法政策，将依法惩罚犯罪与帮助民营企业挽回和减少损失相结合，在听取被害人及当地基层组织要求从宽处理的意见后，对涉案人员依法适用认罪认罚从宽程序。鉴于赵某宽、赵某龙案发后积极抢救伤员，取得被害人谅解，且具有自首情节，犯罪情节较轻，对二人作出相对不起诉决定。同时，针对该企业在生产经营过程中尚未全面排除的安全隐患，向当地应急管理局、自然资源局制发检察建议，联合有关部门对企业后续整改进行指导，督促企业配备合格的防坠保护装置、防护设施及用品、专业应急救援团队等，确保企业负责人及管理人员安全生产知识和管理能力考核合格。该企业在达到申请条件后重新办理了安全生产许可证。

三、典型意义

司法机关在办理具体案件过程中，对于涉及安全生产的事项未经依法批准或者许可,擅自从事矿山开采、金属冶炼、建筑施工等生产作业活动,已经发生安全事故,因开展有效救援尚未造成重大严重后果的情形,可以认定为刑法第134条之一危险作业罪中"具有发生重大伤亡事故或者其他严重后果的现实危险"。办案中,司法机关应当依法适用认罪认罚从宽制度,全面准确规范落实少捕慎诉慎押刑事司法政策,对于犯罪情节轻微不需要判处刑罚的危险作业犯罪,可以作出不起诉决定。同时,应当注意与应急管理、自然资源等部门加强行刑双向衔接,督促集中排查整治涉案企业风险隐患,推动溯源治理,实现"治罪"与"治理"并重。

5. 数据保护与网络安全

中华人民共和国数据安全法

- 2021年6月10日第十三届全国人民代表大会常务委员会第二十九次会议通过
- 2021年6月10日中华人民共和国主席令第84号公布
- 自2021年9月1日起施行

第一章 总则

第一条 为了规范数据处理活动,保障数据安全,促进数据开发利用,保护个人、组织的合法权益,维护国家主权、安全和发展利益,制定本法。

第二条 在中华人民共和国境内开展数据处理活动及其安全监管,适用本法。

在中华人民共和国境外开展数据处理活动,损害中华人民共和国国家安全、公共利益或者公民、组织合法权益的,依法追究法律责任。

第三条 本法所称数据,是指任何以电子或者其他方式对信息的记录。

数据处理,包括数据的收集、存储、使用、加工、传输、提供、公开等。

数据安全,是指通过采取必要措施,确保数据处于有效保护和合法利用的状态,以及具备保障持续安全状态的能力。

第四条 维护数据安全,应当坚持总体国家安全观,建立健全数据安全治理体系,提高数据安全保障能力。

第五条 中央国家安全领导机构负责国家数据安全工作的决策和议事协调,研究制定、指导实施国家数据安全战略和有关重大方针政策,统筹协调国家数据安全的重大事项和重要工作,建立国家数据安全工作协调机制。

第六条 各地区、各部门对本地区、本部门工作中收集和产生的数据及数据安全负责。

工业、电信、交通、金融、自然资源、卫生健康、教育、科技等主管部门承担本行业、本领域数据安全监管职责。

公安机关、国家安全机关等依照本法和有关法律、行政法规的规定,在各自职责范围内承担数据安全监管职责。

国家网信部门依照本法和有关法律、行政法规的规定,负责统筹协调网络数据安全和相关监管工作。

第七条 国家保护个人、组织与数据有关的权益,鼓励数据依法合理有效利用,保障数据依法有序自由流动,促进以数据为关键要素的数字经济发展。

第八条 开展数据处理活动,应当遵守法律、法规,尊重社会公德和伦理,遵守商业道德和职业道德,诚实守信,履行数据安全保护义务,承担社会责任,不得危害国家安全、公共利益,不得损害个人、组织的合法权益。

第九条 国家支持开展数据安全知识宣传普及,提高全社会的数据安全保护意识和水平,推动有关部门、行业组织、科研机构、企业、个人等共同参与数据安全保护工作,形成全社会共同维护数据安全和促进发展的良好环境。

第十条 相关行业组织按照章程,依法制定数据安全行为规范和团体标准,加强行业自律,指导会员加强数据安全保护,提高数据安全保护水平,促进行业健康发展。

第十一条 国家积极开展数据安全治理、数据开发利用等领域的国际交流与合作,参与数据安全相关国际规则和标准的制定,促进数据跨境安全、自由流动。

第十二条 任何个人、组织都有权对违反本法规定的行为向有关主管部门投诉、举报。收到投诉、举报的部门应当及时依法处理。

有关主管部门应当对投诉、举报人的相关信息予以保密,保护投诉、举报人的合法权益。

第二章 数据安全与发展

第十三条 国家统筹发展和安全,坚持以数据开发利用和产业发展促进数据安全,以数据安全保障数据开发利用和产业发展。

第十四条 国家实施大数据战略,推进数据基础设施建设,鼓励和支持数据在各行业、各领域的创新应用。

省级以上人民政府应当将数字经济发展纳入本级国民经济和社会发展规划,并根据需要制定数字经济发展规划。

第十五条 国家支持开发利用数据提升公共服务的

智能化水平。提供智能化公共服务,应当充分考虑老年人、残疾人的需求,避免对老年人、残疾人的日常生活造成障碍。

第十六条 国家支持数据开发利用和数据安全技术研究,鼓励数据开发利用和数据安全等领域的技术推广和商业创新,培育、发展数据开发利用和数据安全产品、产业体系。

第十七条 国家推进数据开发利用技术和数据安全标准体系建设。国务院标准化行政主管部门和国务院有关部门根据各自的职责,组织制定并适时修订有关数据开发利用技术、产品和数据安全相关标准。国家支持企业、社会团体和教育、科研机构等参与标准制定。

第十八条 国家促进数据安全检测评估、认证等服务的发展,支持数据安全检测评估、认证等专业机构依法开展服务活动。

国家支持有关部门、行业组织、企业、教育和科研机构、有关专业机构等在数据安全风险评估、防范、处置等方面开展协作。

第十九条 国家建立健全数据交易管理制度,规范数据交易行为,培育数据交易市场。

第二十条 国家支持教育、科研机构和企业等开展数据开发利用技术和数据安全相关教育和培训,采取多种方式培养数据开发利用技术和数据安全专业人才,促进人才交流。

第三章 数据安全制度

第二十一条 国家建立数据分类分级保护制度,根据数据在经济社会发展中的重要程度,以及一旦遭到篡改、破坏、泄露或者非法获取、非法利用,对国家安全、公共利益或者个人、组织合法权益造成的危害程度,对数据实行分类分级保护。国家数据安全工作协调机制统筹协调有关部门制定重要数据目录,加强对重要数据的保护。

关系国家安全、国民经济命脉、重要民生、重大公共利益等数据属于国家核心数据,实行更加严格的管理制度。

各地区、各部门应当按照数据分类分级保护制度,确定本地区、本部门以及相关行业、领域的重要数据具体目录,对列入目录的数据进行重点保护。

第二十二条 国家建立集中统一、高效权威的数据安全风险评估、报告、信息共享、监测预警机制。国家数据安全工作协调机制统筹协调有关部门加强数据安全风险信息的获取、分析、研判、预警工作。

第二十三条 国家建立数据安全应急处置机制。发生数据安全事件,有关主管部门应当依法启动应急预案,采取相应的应急处置措施,防止危害扩大,消除安全隐患,并及时向社会发布与公众有关的警示信息。

第二十四条 国家建立数据安全审查制度,对影响或者可能影响国家安全的数据处理活动进行国家安全审查。

依法作出的安全审查决定为最终决定。

第二十五条 国家对与维护国家安全和利益、履行国际义务相关的属于管制物项的数据依法实施出口管制。

第二十六条 任何国家或者地区在与数据和数据开发利用技术等有关的投资、贸易等方面对中华人民共和国采取歧视性的禁止、限制或者其他类似措施的,中华人民共和国可以根据实际情况对该国家或者地区对等采取措施。

第四章 数据安全保护义务

第二十七条 开展数据处理活动应当依照法律、法规的规定,建立健全全流程数据安全管理制度,组织开展数据安全教育培训,采取相应的技术措施和其他必要措施,保障数据安全。利用互联网等信息网络开展数据处理活动,应当在网络安全等级保护制度的基础上,履行上述数据安全保护义务。

重要数据的处理者应当明确数据安全负责人和管理机构,落实数据安全保护责任。

第二十八条 开展数据处理活动以及研究开发数据新技术,应当有利于促进经济社会发展,增进人民福祉,符合社会公德和伦理。

第二十九条 开展数据处理活动应当加强风险监测,发现数据安全缺陷、漏洞等风险时,应当立即采取补救措施;发生数据安全事件时,应当立即采取处置措施,按照规定及时告知用户并向有关主管部门报告。

第三十条 重要数据的处理者应当按照规定对其数据处理活动定期开展风险评估,并向有关主管部门报送风险评估报告。

风险评估报告应当包括处理的重要数据的种类、数量,开展数据处理活动的情况,面临的数据安全风险及其应对措施等。

第三十一条 关键信息基础设施的运营者在中华人民共和国境内运营中收集和产生的重要数据的出境安全管理,适用《中华人民共和国网络安全法》的规定;其他数据处理者在中华人民共和国境内运营中收集和产生的重要数据的出境安全管理办法,由国家网信部门会同国务院有关部门制定。

第三十二条 任何组织、个人收集数据，应当采取合法、正当的方式，不得窃取或者以其他非法方式获取数据。

法律、行政法规对收集、使用数据的目的、范围有规定的，应当在法律、行政法规规定的目的和范围内收集、使用数据。

第三十三条 从事数据交易中介服务的机构提供服务，应当要求数据提供方说明数据来源，审核交易双方的身份，并留存审核、交易记录。

第三十四条 法律、行政法规规定提供数据处理相关服务应当取得行政许可的，服务提供者应当依法取得许可。

第三十五条 公安机关、国家安全机关因依法维护国家安全或者侦查犯罪的需要调取数据，应当按照国家有关规定，经过严格的批准手续，依法进行，有关组织、个人应当予以配合。

第三十六条 中华人民共和国主管机关根据有关法律和中华人民共和国缔结或者参加的国际条约、协定，或者按照平等互惠原则，处理外国司法或者执法机构关于提供数据的请求。非经中华人民共和国主管机关批准，境内的组织、个人不得向外国司法或者执法机构提供存储于中华人民共和国境内的数据。

第五章 政务数据安全与开放

第三十七条 国家大力推进电子政务建设，提高政务数据的科学性、准确性、时效性，提升运用数据服务经济社会发展的能力。

第三十八条 国家机关为履行法定职责的需要收集、使用数据，应当在其履行法定职责的范围内依照法律、行政法规规定的条件和程序进行；对在履行职责中知悉的个人隐私、个人信息、商业秘密、保密商务信息等数据应当依法予以保密，不得泄露或者非法向他人提供。

第三十九条 国家机关应当依照法律、行政法规的规定，建立健全数据安全管理制度，落实数据安全保护责任，保障政务数据安全。

第四十条 国家机关委托他人建设、维护电子政务系统，存储、加工政务数据，应当经过严格的批准程序，并应当监督受托方履行相应的数据安全保护义务。受托方应当依照法律、法规的规定和合同约定履行数据安全保护义务，不得擅自留存、使用、泄露或者向他人提供政务数据。

第四十一条 国家机关应当遵循公正、公平、便民的原则，按照规定及时、准确地公开政务数据。依法不予公开的除外。

第四十二条 国家制定政务数据开放目录，构建统一规范、互联互通、安全可控的政务数据开放平台，推动政务数据开放利用。

第四十三条 法律、法规授权的具有管理公共事务职能的组织为履行法定职责开展数据处理活动，适用本章规定。

第六章 法律责任

第四十四条 有关主管部门在履行数据安全监管职责中，发现数据处理活动存在较大安全风险的，可以按照规定的权限和程序对有关组织、个人进行约谈，并要求有关组织、个人采取措施进行整改，消除隐患。

第四十五条 开展数据处理活动的组织、个人不履行本法第二十七条、第二十九条、第三十条规定的数据安全保护义务的，由有关主管部门责令改正，给予警告，可以并处五万元以上五十万元以下罚款，对直接负责的主管人员和其他直接责任人员可以处一万元以上十万元以下罚款；拒不改正或者造成大量数据泄露等严重后果的，处五十万元以上二百万元以下罚款，并可以责令暂停相关业务、停业整顿、吊销相关业务许可证或者吊销营业执照，对直接负责的主管人员和其他直接责任人员处五万元以上二十万元以下罚款。

违反国家核心数据管理制度，危害国家主权、安全和发展利益的，由有关主管部门处二百万元以上一千万元以下罚款，并根据情况责令暂停相关业务、停业整顿、吊销相关业务许可证或者吊销营业执照；构成犯罪的，依法追究刑事责任。

第四十六条 违反本法第三十一条规定，向境外提供重要数据的，由有关主管部门责令改正，给予警告，可以并处十万元以上一百万元以下罚款，对直接负责的主管人员和其他直接责任人员可以处一万元以上十万元以下罚款；情节严重的，处一百万元以上一千万元以下罚款，并可以责令暂停相关业务、停业整顿、吊销相关业务许可证或者吊销营业执照，对直接负责的主管人员和其他直接责任人员处十万元以上一百万元以下罚款。

第四十七条 从事数据交易中介服务的机构未履行本法第三十三条规定的义务的，由有关主管部门责令改正，没收违法所得，处违法所得一倍以上十倍以下罚款，没有违法所得或者违法所得不足十万元的，处十万元以上一百万元以下罚款，并可以责令暂停相关业务、停业整顿、吊销相关业务许可证或者吊销营业执照；对直接负责的主管人员和其他直接责任人员处一万元以上十万元以下罚款。

第四十八条 违反本法第三十五条规定，拒不配合数据调取的，由有关主管部门责令改正，给予警告，并处五万元以上五十万元以下罚款，对直接负责的主管人员和其他直接责任人员处一万元以上十万元以下罚款。

违反本法第三十六条规定，未经主管机关批准向外国司法或者执法机构提供数据的，由有关主管部门给予警告，可以并处十万元以上一百万元以下罚款，对直接负责的主管人员和其他直接责任人员可以处一万元以上十万元以下罚款；造成严重后果的，处一百万元以上五百万元以下罚款，并可以责令暂停相关业务、停业整顿、吊销相关业务许可证或者吊销营业执照，对直接负责的主管人员和其他直接责任人员处五万元以上五十万元以下罚款。

第四十九条 国家机关不履行本法规定的数据安全保护义务的，对直接负责的主管人员和其他直接责任人员依法给予处分。

第五十条 履行数据安全监管职责的国家工作人员玩忽职守、滥用职权、徇私舞弊的，依法给予处分。

第五十一条 窃取或者以其他非法方式获取数据，开展数据处理活动排除、限制竞争，或者损害个人、组织合法权益的，依照有关法律、行政法规的规定处罚。

第五十二条 违反本法规定，给他人造成损害的，依法承担民事责任。

违反本法规定，构成违反治安管理行为的，依法给予治安管理处罚；构成犯罪的，依法追究刑事责任。

第七章 附 则

第五十三条 开展涉及国家秘密的数据处理活动，适用《中华人民共和国保守国家秘密法》等法律、行政法规的规定。

在统计、档案工作中开展数据处理活动，开展涉及个人信息的数据处理活动，还应当遵守有关法律、行政法规的规定。

第五十四条 军事数据安全保护的办法，由中央军事委员会依据本法另行制定。

第五十五条 本法自2021年9月1日起施行。

中华人民共和国个人信息保护法

· 2021年8月20日第十三届全国人民代表大会常务委员会第三十次会议通过
· 2021年8月20日中华人民共和国主席令第91号公布
· 自2021年11月1日起施行

第一章 总 则

第一条 为了保护个人信息权益，规范个人信息处理活动，促进个人信息合理利用，根据宪法，制定本法。

第二条 自然人的个人信息受法律保护，任何组织、个人不得侵害自然人的个人信息权益。

第三条 在中华人民共和国境内处理自然人个人信息的活动，适用本法。

在中华人民共和国境外处理中华人民共和国境内自然人个人信息的活动，有下列情形之一的，也适用本法：

（一）以向境内自然人提供产品或者服务为目的；
（二）分析、评估境内自然人的行为；
（三）法律、行政法规规定的其他情形。

第四条 个人信息是以电子或者其他方式记录的与已识别或者可识别的自然人有关的各种信息，不包括匿名化处理后的信息。

个人信息的处理包括个人信息的收集、存储、使用、加工、传输、提供、公开、删除等。

第五条 处理个人信息应当遵循合法、正当、必要和诚信原则，不得通过误导、欺诈、胁迫等方式处理个人信息。

第六条 处理个人信息应当具有明确、合理的目的，并应当与处理目的直接相关，采取对个人权益影响最小的方式。

收集个人信息，应当限于实现处理目的的最小范围，不得过度收集个人信息。

第七条 处理个人信息应当遵循公开、透明原则，公开个人信息处理规则，明示处理的目的、方式和范围。

第八条 处理个人信息应当保证个人信息的质量，避免因个人信息不准确、不完整对个人权益造成不利影响。

第九条 个人信息处理者应当对其个人信息处理活动负责，并采取必要措施保障所处理的个人信息的安全。

第十条 任何组织、个人不得非法收集、使用、加工、传输他人个人信息，不得非法买卖、提供或者公开他人个人信息；不得从事危害国家安全、公共利益的个人信息处理活动。

第十一条 国家建立健全个人信息保护制度，预防和惩治侵害个人信息权益的行为,加强个人信息保护宣传教育,推动形成政府、企业、相关社会组织、公众共同参与个人信息保护的良好环境。

第十二条 国家积极参与个人信息保护国际规则的制定,促进个人信息保护方面的国际交流与合作,推动与其他国家、地区、国际组织之间的个人信息保护规则、标准等互认。

第二章 个人信息处理规则

第一节 一般规定

第十三条 符合下列情形之一的,个人信息处理者方可处理个人信息:

(一)取得个人的同意;

(二)为订立、履行个人作为一方当事人的合同所必需,或者按照依法制定的劳动规章制度和依法签订的集体合同实施人力资源管理所必需;

(三)为履行法定职责或者法定义务所必需;

(四)为应对突发公共卫生事件,或者紧急情况下为保护自然人的生命健康和财产安全所必需;

(五)为公共利益实施新闻报道、舆论监督等行为,在合理的范围内处理个人信息;

(六)依照本法规定在合理的范围内处理个人自行公开或者其他已经合法公开的个人信息;

(七)法律、行政法规规定的其他情形。

依照本法其他有关规定,处理个人信息应当取得个人同意,但是有前款第二项至第七项规定情形的,不需取得个人同意。

第十四条 基于个人同意处理个人信息的,该同意应当由个人在充分知情的前提下自愿、明确作出。法律、行政法规规定处理个人信息应当取得个人单独同意或者书面同意的,从其规定。

个人信息的处理目的、处理方式和处理的个人信息种类发生变更的,应当重新取得个人同意。

第十五条 基于个人同意处理个人信息的,个人有权撤回其同意。个人信息处理者应当提供便捷的撤回同意的方式。

个人撤回同意,不影响撤回前基于个人同意已进行的个人信息处理活动的效力。

第十六条 个人信息处理者不得以个人不同意处理其个人信息或者撤回同意为由,拒绝提供产品或者服务;处理个人信息属于提供产品或者服务所必需的除外。

第十七条 个人信息处理者在处理个人信息前,应当以显著方式、清晰易懂的语言真实、准确、完整地向个人告知下列事项:

(一)个人信息处理者的名称或者姓名和联系方式;

(二)个人信息的处理目的、处理方式,处理的个人信息种类、保存期限;

(三)个人行使本法规定权利的方式和程序;

(四)法律、行政法规规定应当告知的其他事项。

前款规定事项发生变更的,应当将变更部分告知个人。

个人信息处理者通过制定个人信息处理规则的方式告知第一款规定事项的,处理规则应当公开,并且便于查阅和保存。

第十八条 个人信息处理者处理个人信息,有法律、行政法规规定应当保密或者不需要告知的情形的,可以不向个人告知前条第一款规定的事项。

紧急情况下为保护自然人的生命健康和财产安全无法及时向个人告知的,个人信息处理者应当在紧急情况消除后及时告知。

第十九条 除法律、行政法规另有规定外,个人信息的保存期限应当为实现处理目的所必要的最短时间。

第二十条 两个以上的个人信息处理者共同决定个人信息的处理目的和处理方式的,应当约定各自的权利和义务。但是,该约定不影响个人向其中任何一个个人信息处理者要求行使本法规定的权利。

个人信息处理者共同处理个人信息,侵害个人信息权益造成损害的,应当依法承担连带责任。

第二十一条 个人信息处理者委托处理个人信息的,应当与受托人约定委托处理的目的、期限、处理方式、个人信息的种类、保护措施以及双方的权利和义务等,并对受托人的个人信息处理活动进行监督。

受托人应当按照约定处理个人信息,不得超出约定的处理目的、处理方式等处理个人信息;委托合同不生效、无效、被撤销或者终止的,受托人应当将个人信息返还个人信息处理者或者予以删除,不得保留。

未经个人信息处理者同意,受托人不得转委托他人处理个人信息。

第二十二条 个人信息处理者因合并、分立、解散、被宣告破产等原因需要转移个人信息的,应当向个人告知接收方的名称或者姓名和联系方式。接收方应当继续履行个人信息处理者的义务。接收方变更原先的处理目的、处理方式的,应当依照本法规定重新取得个人同意。

第二十三条 个人信息处理者向其他个人信息处理

者提供其处理的个人信息的,应当向个人告知接收方的名称或者姓名、联系方式、处理目的、处理方式和个人信息的种类,并取得个人的单独同意。接收方应当在上述处理目的、处理方式和个人信息的种类等范围内处理个人信息。接收方变更原先的处理目的、处理方式的,应当依照本法规定重新取得个人同意。

第二十四条　个人信息处理者利用个人信息进行自动化决策,应当保证决策的透明度和结果公平、公正,不得对个人在交易价格等交易条件上实行不合理的差别待遇。

通过自动化决策方式向个人进行信息推送、商业营销,应当同时提供不针对其个人特征的选项,或者向个人提供便捷的拒绝方式。

通过自动化决策方式作出对个人权益有重大影响的决定,个人有权要求个人信息处理者予以说明,并有权拒绝个人信息处理者仅通过自动化决策的方式作出决定。

第二十五条　个人信息处理者不得公开其处理的个人信息,取得个人单独同意的除外。

第二十六条　在公共场所安装图像采集、个人身份识别设备,应当为维护公共安全所必需,遵守国家有关规定,并设置显著的提示标识。所收集的个人图像、身份识别信息只能用于维护公共安全的目的,不得用于其他目的;取得个人单独同意的除外。

第二十七条　个人信息处理者可以在合理的范围内处理个人自行公开或者其他已经合法公开的个人信息;个人明确拒绝的除外。个人信息处理者处理已公开的个人信息,对个人权益有重大影响的,应当依照本法规定取得个人同意。

第二节　敏感个人信息的处理规则

第二十八条　敏感个人信息是一旦泄露或者非法使用,容易导致自然人的人格尊严受到侵害或者人身、财产安全受到危害的个人信息,包括生物识别、宗教信仰、特定身份、医疗健康、金融账户、行踪轨迹等信息,以及不满十四周岁未成年人的个人信息。

只有在具有特定的目的和充分的必要性,并采取严格保护措施的情形下,个人信息处理者方可处理敏感个人信息。

第二十九条　处理敏感个人信息应当取得个人的单独同意;法律、行政法规规定处理敏感个人信息应当取得书面同意的,从其规定。

第三十条　个人信息处理者处理敏感个人信息的,除本法第十七条第一款规定的事项外,还应当向个人告知处理敏感个人信息的必要性以及对个人权益的影响;依照本法规定可以不向个人告知的除外。

第三十一条　个人信息处理者处理不满十四周岁未成年人个人信息的,应当取得未成年人的父母或者其他监护人的同意。

个人信息处理者处理不满十四周岁未成年人个人信息的,应当制定专门的个人信息处理规则。

第三十二条　法律、行政法规对处理敏感个人信息规定应当取得相关行政许可或者作出其他限制的,从其规定。

第三节　国家机关处理个人信息的特别规定

第三十三条　国家机关处理个人信息的活动,适用本法;本节有特别规定的,适用本节规定。

第三十四条　国家机关为履行法定职责处理个人信息,应当依照法律、行政法规规定的权限、程序进行,不得超出履行法定职责所必需的范围和限度。

第三十五条　国家机关为履行法定职责处理个人信息,应当依照本法规定履行告知义务;有本法第十八条第一款规定的情形,或者告知将妨碍国家机关履行法定职责的除外。

第三十六条　国家机关处理的个人信息应当在中华人民共和国境内存储;确需向境外提供的,应当进行安全评估。安全评估可以要求有关部门提供支持与协助。

第三十七条　法律、法规授权的具有管理公共事务职能的组织为履行法定职责处理个人信息,适用本法关于国家机关处理个人信息的规定。

第三章　个人信息跨境提供的规则

第三十八条　个人信息处理者因业务等需要,确需向中华人民共和国境外提供个人信息的,应当具备下列条件之一:

(一)依照本法第四十条的规定通过国家网信部门组织的安全评估;

(二)按照国家网信部门的规定经专业机构进行个人信息保护认证;

(三)按照国家网信部门制定的标准合同与境外接收方订立合同,约定双方的权利和义务;

(四)法律、行政法规或者国家网信部门规定的其他条件。

中华人民共和国缔结或者参加的国际条约、协定对向中华人民共和国境外提供个人信息的条件等有规定的,可以按照其规定执行。

个人信息处理者应当采取必要措施，保障境外接收方处理个人信息的活动达到本法规定的个人信息保护标准。

第三十九条 个人信息处理者向中华人民共和国境外提供个人信息的，应当向个人告知境外接收方的名称或者姓名、联系方式、处理目的、处理方式、个人信息的种类以及个人向境外接收方行使本法规定权利的方式和程序等事项，并取得个人的单独同意。

第四十条 关键信息基础设施运营者和处理个人信息达到国家网信部门规定数量的个人信息处理者，应当将在中华人民共和国境内收集和产生的个人信息存储在境内。确需向境外提供的，应当通过国家网信部门组织的安全评估；法律、行政法规和国家网信部门规定可以不进行安全评估的，从其规定。

第四十一条 中华人民共和国主管机关根据有关法律和中华人民共和国缔结或者参加的国际条约、协定，或者按照平等互惠原则，处理外国司法或者执法机构关于提供存储于境内个人信息的请求。非经中华人民共和国主管机关批准，个人信息处理者不得向外国司法或者执法机构提供存储于中华人民共和国境内的个人信息。

第四十二条 境外的组织、个人从事侵害中华人民共和国公民的个人信息权益，或者危害中华人民共和国国家安全、公共利益的个人信息处理活动的，国家网信部门可以将其列入限制或者禁止个人信息提供清单，予以公告，并采取限制或者禁止向其提供个人信息等措施。

第四十三条 任何国家或者地区在个人信息保护方面对中华人民共和国采取歧视性的禁止、限制或者其他类似措施的，中华人民共和国可以根据实际情况对该国家或者地区对等采取措施。

第四章 个人在个人信息处理活动中的权利

第四十四条 个人对其个人信息的处理享有知情权、决定权，有权限制或者拒绝他人对其个人信息进行处理；法律、行政法规另有规定的除外。

第四十五条 个人有权向个人信息处理者查阅、复制其个人信息；有本法第十八条第一款、第三十五条规定情形的除外。

个人请求查阅、复制其个人信息的，个人信息处理者应当及时提供。

个人请求将个人信息转移至其指定的个人信息处理者，符合国家网信部门规定条件的，个人信息处理者应当提供转移的途径。

第四十六条 个人发现其个人信息不准确或者不完整的，有权请求个人信息处理者更正、补充。

个人请求更正、补充其个人信息的，个人信息处理者应当对其个人信息予以核实，并及时更正、补充。

第四十七条 有下列情形之一的，个人信息处理者应当主动删除个人信息；个人信息处理者未删除的，个人有权请求删除：

（一）处理目的已实现、无法实现或者为实现处理目的不再必要；

（二）个人信息处理者停止提供产品或者服务，或者保存期限已届满；

（三）个人撤回同意；

（四）个人信息处理者违反法律、行政法规或者违反约定处理个人信息；

（五）法律、行政法规规定的其他情形。

法律、行政法规规定的保存期限未届满，或者删除个人信息从技术上难以实现的，个人信息处理者应当停止除存储和采取必要的安全保护措施之外的处理。

第四十八条 个人有权要求个人信息处理者对其个人信息处理规则进行解释说明。

第四十九条 自然人死亡的，其近亲属为了自身的合法、正当利益，可以对死者的相关个人信息行使本章规定的查阅、复制、更正、删除等权利；死者生前另有安排的除外。

第五十条 个人信息处理者应当建立便捷的个人行使权利的申请受理和处理机制。拒绝个人行使权利的请求的，应当说明理由。

个人信息处理者拒绝个人行使权利的请求的，个人可以依法向人民法院提起诉讼。

第五章 个人信息处理者的义务

第五十一条 个人信息处理者应当根据个人信息的处理目的、处理方式、个人信息的种类以及对个人权益的影响、可能存在的安全风险等，采取下列措施确保个人信息处理活动符合法律、行政法规的规定，并防止未经授权的访问以及个人信息泄露、篡改、丢失：

（一）制定内部管理制度和操作规程；

（二）对个人信息实行分类管理；

（三）采取相应的加密、去标识化等安全技术措施；

（四）合理确定个人信息处理的操作权限，并定期对从业人员进行安全教育和培训；

（五）制定并组织实施个人信息安全事件应急预案；

（六）法律、行政法规规定的其他措施。

第五十二条 处理个人信息达到国家网信部门规定

数量的个人信息处理者应当指定个人信息保护负责人，负责对个人信息处理活动以及采取的保护措施等进行监督。

个人信息处理者应当公开个人信息保护负责人的联系方式，并将个人信息保护负责人的姓名、联系方式等报送履行个人信息保护职责的部门。

第五十三条 本法第三条第二款规定的中华人民共和国境外的个人信息处理者，应当在中华人民共和国境内设立专门机构或者指定代表，负责处理个人信息保护相关事务，并将有关机构的名称或者代表的姓名、联系方式等报送履行个人信息保护职责的部门。

第五十四条 个人信息处理者应当定期对其处理个人信息遵守法律、行政法规的情况进行合规审计。

第五十五条 有下列情形之一的，个人信息处理者应当事前进行个人信息保护影响评估，并对处理情况进行记录：

（一）处理敏感个人信息；
（二）利用个人信息进行自动化决策；
（三）委托处理个人信息、向其他个人信息处理者提供个人信息、公开个人信息；
（四）向境外提供个人信息；
（五）其他对个人权益有重大影响的个人信息处理活动。

第五十六条 个人信息保护影响评估应当包括下列内容：

（一）个人信息的处理目的、处理方式等是否合法、正当、必要；
（二）对个人权益的影响及安全风险；
（三）所采取的保护措施是否合法、有效并与风险程度相适应。

个人信息保护影响评估报告和处理情况记录应当至少保存三年。

第五十七条 发生或者可能发生个人信息泄露、篡改、丢失的，个人信息处理者应当立即采取补救措施，并通知履行个人信息保护职责的部门和个人。通知应当包括下列事项：

（一）发生或者可能发生个人信息泄露、篡改、丢失的信息种类、原因和可能造成的危害；
（二）个人信息处理者采取的补救措施和个人可以采取的减轻危害的措施；
（三）个人信息处理者的联系方式。

个人信息处理者采取措施能够有效避免信息泄露、篡改、丢失造成危害的，个人信息处理者可以不通知个人；履行个人信息保护职责的部门认为可能造成危害的，有权要求个人信息处理者通知个人。

第五十八条 提供重要互联网平台服务、用户数量巨大、业务类型复杂的个人信息处理者，应当履行下列义务：

（一）按照国家规定建立健全个人信息保护合规制度体系，成立主要由外部成员组成的独立机构对个人信息保护情况进行监督；
（二）遵循公开、公平、公正的原则，制定平台规则，明确平台内产品或者服务提供者处理个人信息的规范和保护个人信息的义务；
（三）对严重违反法律、行政法规处理个人信息的平台内的产品或者服务提供者，停止提供服务；
（四）定期发布个人信息保护社会责任报告，接受社会监督。

第五十九条 接受委托处理个人信息的受托人，应当依照本法和有关法律、行政法规的规定，采取必要措施保障所处理的个人信息的安全，并协助个人信息处理者履行本法规定的义务。

第六章 履行个人信息保护职责的部门

第六十条 国家网信部门负责统筹协调个人信息保护工作和相关监督管理工作。国务院有关部门依照本法和有关法律、行政法规的规定，在各自职责范围内负责个人信息保护和监督管理工作。

县级以上地方人民政府有关部门的个人信息保护和监督管理职责，按照国家有关规定确定。

前两款规定的部门统称为履行个人信息保护职责的部门。

第六十一条 履行个人信息保护职责的部门履行下列个人信息保护职责：

（一）开展个人信息保护宣传教育，指导、监督个人信息处理者开展个人信息保护工作；
（二）接受、处理与个人信息保护有关的投诉、举报；
（三）组织对应用程序等个人信息保护情况进行测评，并公布测评结果；
（四）调查、处理违法个人信息处理活动；
（五）法律、行政法规规定的其他职责。

第六十二条 国家网信部门统筹协调有关部门依据本法推进下列个人信息保护工作：

（一）制定个人信息保护具体规则、标准；
（二）针对小型个人信息处理者、处理敏感个人信息以及人脸识别、人工智能等新技术、新应用，制定专门的个人信息保护规则、标准；

（三）支持研究开发和推广应用安全、方便的电子身份认证技术，推进网络身份认证公共服务建设；

（四）推进个人信息保护社会化服务体系建设，支持有关机构开展个人信息保护评估、认证服务；

（五）完善个人信息保护投诉、举报工作机制。

第六十三条　履行个人信息保护职责的部门履行个人信息保护职责，可以采取下列措施：

（一）询问有关当事人，调查与个人信息处理活动有关的情况；

（二）查阅、复制当事人与个人信息处理活动有关的合同、记录、账簿以及其他有关资料；

（三）实施现场检查，对涉嫌违法的个人信息处理活动进行调查；

（四）检查与个人信息处理活动有关的设备、物品；对有证据证明是用于违法个人信息处理活动的设备、物品，向本部门主要负责人书面报告并经批准，可以查封或者扣押。

履行个人信息保护职责的部门依法履行职责，当事人应当予以协助、配合，不得拒绝、阻挠。

第六十四条　履行个人信息保护职责的部门在履行职责中，发现个人信息处理活动存在较大风险或者发生个人信息安全事件的，可以按照规定的权限和程序对该个人信息处理者的法定代表人或者主要负责人进行约谈，或者要求个人信息处理者委托专业机构对其个人信息处理活动进行合规审计。个人信息处理者应当按照要求采取措施，进行整改，消除隐患。

履行个人信息保护职责的部门在履行职责中，发现违法处理个人信息涉嫌犯罪的，应当及时移送公安机关依法处理。

第六十五条　任何组织、个人有权对违法个人信息处理活动向履行个人信息保护职责的部门进行投诉、举报。收到投诉、举报的部门应当依法及时处理，并将处理结果告知投诉、举报人。

履行个人信息保护职责的部门应当公布接受投诉、举报的联系方式。

第七章　法律责任

第六十六条　违反本法规定处理个人信息，或者处理个人信息未履行本法规定的个人信息保护义务的，由履行个人信息保护职责的部门责令改正，给予警告，没收违法所得，对违法处理个人信息的应用程序，责令暂停或者终止提供服务；拒不改正的，并处一百万元以下罚款；对直接负责的主管人员和其他直接责任人员处一万元以上十万元以下罚款。

有前款规定的违法行为，情节严重的，由省级以上履行个人信息保护职责的部门责令改正，没收违法所得，并处五千万元以下或者上一年度营业额百分之五以下罚款，并可以责令暂停相关业务或者停业整顿、通报有关主管部门吊销相关业务许可或者吊销营业执照；对直接负责的主管人员和其他直接责任人员处十万元以上一百万元以下罚款，并可以决定禁止其在一定期限内担任相关企业的董事、监事、高级管理人员和个人信息保护负责人。

第六十七条　有本法规定的违法行为的，依照有关法律、行政法规的规定记入信用档案，并予以公示。

第六十八条　国家机关不履行本法规定的个人信息保护义务的，由其上级机关或者履行个人信息保护职责的部门责令改正；对直接负责的主管人员和其他直接责任人员依法给予处分。

履行个人信息保护职责的部门的工作人员玩忽职守、滥用职权、徇私舞弊，尚不构成犯罪的，依法给予处分。

第六十九条　处理个人信息侵害个人信息权益造成损害，个人信息处理者不能证明自己没有过错的，应当承担损害赔偿等侵权责任。

前款规定的损害赔偿责任按照个人因此受到的损失或者个人信息处理者因此获得的利益确定；个人因此受到的损失和个人信息处理者因此获得的利益难以确定的，根据实际情况确定赔偿数额。

第七十条　个人信息处理者违反本法规定处理个人信息，侵害众多个人的权益的，人民检察院、法律规定的消费者组织和由国家网信部门确定的组织可以依法向人民法院提起诉讼。

第七十一条　违反本法规定，构成违反治安管理行为的，依法给予治安管理处罚；构成犯罪的，依法追究刑事责任。

第八章　附　则

第七十二条　自然人因个人或者家庭事务处理个人信息的，不适用本法。

法律对各级人民政府及其有关部门组织实施的统计、档案管理活动中的个人信息处理有规定的，适用其规定。

第七十三条　本法下列用语的含义：

（一）个人信息处理者，是指在个人信息处理活动中自主决定处理目的、处理方式的组织、个人。

（二）自动化决策，是指通过计算机程序自动分析、评估个人的行为习惯、兴趣爱好或者经济、健康、信用状况等，并进行决策的活动。

（三）去标识化，是指个人信息经过处理，使其在不借助额外信息的情况下无法识别特定自然人的过程。

（四）匿名化，是指个人信息经过处理无法识别特定自然人且不能复原的过程。

第七十四条　本法自 2021 年 11 月 1 日起施行。

中华人民共和国网络安全法

- 2016 年 11 月 7 日第十二届全国人民代表大会常务委员会第二十四次会议通过
- 2016 年 11 月 7 日中华人民共和国主席令第 53 号公布
- 自 2017 年 6 月 1 日起施行

第一章　总　则

第一条　为了保障网络安全，维护网络空间主权和国家安全、社会公共利益，保护公民、法人和其他组织的合法权益，促进经济社会信息化健康发展，制定本法。

第二条　在中华人民共和国境内建设、运营、维护和使用网络，以及网络安全的监督管理，适用本法。

第三条　国家坚持网络安全与信息化发展并重，遵循积极利用、科学发展、依法管理、确保安全的方针，推进网络基础设施建设和互联互通，鼓励网络技术创新和应用，支持培养网络安全人才，建立健全网络安全保障体系，提高网络安全保护能力。

第四条　国家制定并不断完善网络安全战略，明确保障网络安全的基本要求和主要目标，提出重点领域的网络安全政策、工作任务和措施。

第五条　国家采取措施，监测、防御、处置来源于中华人民共和国境内外的网络安全风险和威胁，保护关键信息基础设施免受攻击、侵入、干扰和破坏，依法惩治网络违法犯罪活动，维护网络空间安全和秩序。

第六条　国家倡导诚实守信、健康文明的网络行为，推动传播社会主义核心价值观，采取措施提高全社会的网络安全意识和水平，形成全社会共同参与促进网络安全的良好环境。

第七条　国家积极开展网络空间治理、网络技术研发和标准制定、打击网络违法犯罪等方面的国际交流与合作，推动构建和平、安全、开放、合作的网络空间，建立多边、民主、透明的网络治理体系。

第八条　国家网信部门负责统筹协调网络安全工作和相关监督管理工作。国务院电信主管部门、公安部门和其他有关机关依照本法和有关法律、行政法规的规定，在各自职责范围内负责网络安全保护和监督管理工作。

县级以上地方人民政府有关部门的网络安全保护和监督管理职责，按照国家有关规定确定。

第九条　网络运营者开展经营和服务活动，必须遵守法律、行政法规，尊重社会公德，遵守商业道德，诚实信用，履行网络安全保护义务，接受政府和社会的监督，承担社会责任。

第十条　建设、运营网络或者通过网络提供服务，应当依照法律、行政法规的规定和国家标准的强制性要求，采取技术措施和其他必要措施，保障网络安全、稳定运行，有效应对网络安全事件，防范网络违法犯罪活动，维护网络数据的完整性、保密性和可用性。

第十一条　网络相关行业组织按照章程，加强行业自律，制定网络安全行为规范，指导会员加强网络安全保护，提高网络安全保护水平，促进行业健康发展。

第十二条　国家保护公民、法人和其他组织依法使用网络的权利，促进网络接入普及，提升网络服务水平，为社会提供安全、便利的网络服务，保障网络信息依法有序自由流动。

任何个人和组织使用网络应当遵守宪法法律，遵守公共秩序，尊重社会公德，不得危害网络安全，不得利用网络从事危害国家安全、荣誉和利益，煽动颠覆国家政权、推翻社会主义制度，煽动分裂国家、破坏国家统一，宣扬恐怖主义、极端主义，宣扬民族仇恨、民族歧视，传播暴力、淫秽色情信息，编造、传播虚假信息扰乱经济秩序和社会秩序，以及侵害他人名誉、隐私、知识产权和其他合法权益等活动。

第十三条　国家支持研究开发有利于未成年人健康成长的网络产品和服务，依法惩治利用网络从事危害未成年人身心健康的活动，为未成年人提供安全、健康的网络环境。

第十四条　任何个人和组织有权对危害网络安全的行为向网信、电信、公安等部门举报。收到举报的部门应当及时依法作出处理；不属于本部门职责的，应当及时移送有权处理的部门。

有关部门应当对举报人的相关信息予以保密，保护举报人的合法权益。

第二章　网络安全支持与促进

第十五条　国家建立和完善网络安全标准体系。国务院标准化行政主管部门和国务院其他有关部门根据各自的职责，组织制定并适时修订有关网络安全管理以及网络产品、服务和运行安全的国家标准、行业标准。

国家支持企业、研究机构、高等学校、网络相关行业组织参与网络安全国家标准、行业标准的制定。

第十六条 国务院和省、自治区、直辖市人民政府应当统筹规划，加大投入，扶持重点网络安全技术产业和项目，支持网络安全技术的研究开发和应用，推广安全可信的网络产品和服务，保护网络技术知识产权，支持企业、研究机构和高等学校等参与国家网络安全技术创新项目。

第十七条 国家推进网络安全社会化服务体系建设，鼓励有关企业、机构开展网络安全认证、检测和风险评估等安全服务。

第十八条 国家鼓励开发网络数据安全保护和利用技术，促进公共数据资源开放，推动技术创新和经济社会发展。

国家支持创新网络安全管理方式，运用网络新技术，提升网络安全保护水平。

第十九条 各级人民政府及其有关部门应当组织开展经常性的网络安全宣传教育，并指导、督促有关单位做好网络安全宣传教育工作。

大众传播媒介应当有针对性地面向社会进行网络安全宣传教育。

第二十条 国家支持企业和高等学校、职业学校等教育培训机构开展网络安全相关教育与培训，采取多种方式培养网络安全人才，促进网络安全人才交流。

第三章 网络运行安全

第一节 一般规定

第二十一条 国家实行网络安全等级保护制度。网络运营者应当按照网络安全等级保护制度的要求，履行下列安全保护义务，保障网络免受干扰、破坏或者未经授权的访问，防止网络数据泄露或者被窃取、篡改：

（一）制定内部安全管理制度和操作规程，确定网络安全负责人，落实网络安全保护责任；

（二）采取防范计算机病毒和网络攻击、网络侵入等危害网络安全行为的技术措施；

（三）采取监测、记录网络运行状态、网络安全事件的技术措施，并按照规定留存相关的网络日志不少于六个月；

（四）采取数据分类、重要数据备份和加密等措施；

（五）法律、行政法规规定的其他义务。

第二十二条 网络产品、服务应当符合相关国家标准的强制性要求。网络产品、服务的提供者不得设置恶意程序；发现其网络产品、服务存在安全缺陷、漏洞等风险时，应当立即采取补救措施，按照规定及时告知用户并向有关主管部门报告。

网络产品、服务的提供者应当为其产品、服务持续提供安全维护；在规定或者当事人约定的期限内，不得终止提供安全维护。

网络产品、服务具有收集用户信息功能的，其提供者应当向用户明示并取得同意；涉及用户个人信息的，还应当遵守本法和有关法律、行政法规关于个人信息保护的规定。

第二十三条 网络关键设备和网络安全专用产品应当按照相关国家标准的强制性要求，由具备资格的机构安全认证合格或者安全检测符合要求后，方可销售或者提供。国家网信部门会同国务院有关部门制定、公布网络关键设备和网络安全专用产品目录，并推动安全认证和安全检测结果互认，避免重复认证、检测。

第二十四条 网络运营者为用户办理网络接入、域名注册服务，办理固定电话、移动电话等入网手续，或者为用户提供信息发布、即时通讯等服务，在与用户签订协议或者确认提供服务时，应当要求用户提供真实身份信息。用户不提供真实身份信息的，网络运营者不得为其提供相关服务。

国家实施网络可信身份战略，支持研究开发安全、方便的电子身份认证技术，推动不同电子身份认证之间的互认。

第二十五条 网络运营者应当制定网络安全事件应急预案，及时处置系统漏洞、计算机病毒、网络攻击、网络侵入等安全风险；在发生危害网络安全的事件时，立即启动应急预案，采取相应的补救措施，并按照规定向有关主管部门报告。

第二十六条 开展网络安全认证、检测、风险评估等活动，向社会发布系统漏洞、计算机病毒、网络攻击、网络侵入等网络安全信息，应当遵守国家有关规定。

第二十七条 任何个人和组织不得从事非法侵入他人网络、干扰他人网络正常功能、窃取网络数据等危害网络安全的活动；不得提供专门用于从事侵入网络、干扰网络正常功能及防护措施、窃取网络数据等危害网络安全活动的程序、工具；明知他人从事危害网络安全的活动的，不得为其提供技术支持、广告推广、支付结算等帮助。

第二十八条 网络运营者应当为公安机关、国家安全机关依法维护国家安全和侦查犯罪的活动提供技术支持和协助。

第二十九条 国家支持网络运营者之间在网络安全信息收集、分析、通报和应急处置等方面进行合作，提高网络运营者的安全保障能力。

有关行业组织建立健全本行业的网络安全保护规范和协作机制，加强对网络安全风险的分析评估，定期向会员进行风险警示，支持、协助会员应对网络安全风险。

第三十条 网信部门和有关部门在履行网络安全保护职责中获取的信息，只能用于维护网络安全的需要，不得用于其他用途。

第二节 关键信息基础设施的运行安全

第三十一条 国家对公共通信和信息服务、能源、交通、水利、金融、公共服务、电子政务等重要行业和领域，以及其他一旦遭到破坏、丧失功能或者数据泄露，可能严重危害国家安全、国计民生、公共利益的关键信息基础设施，在网络安全等级保护制度的基础上，实行重点保护。关键信息基础设施的具体范围和安全保护办法由国务院制定。

国家鼓励关键信息基础设施以外的网络运营者自愿参与关键信息基础设施保护体系。

第三十二条 按照国务院规定的职责分工，负责关键信息基础设施安全保护工作的部门分别编制并组织实施本行业、本领域的关键信息基础设施安全规划，指导和监督关键信息基础设施运行安全保护工作。

第三十三条 建设关键信息基础设施应当确保其具有支持业务稳定、持续运行的性能，并保证安全技术措施同步规划、同步建设、同步使用。

第三十四条 除本法第二十一条的规定外，关键信息基础设施的运营者还应当履行下列安全保护义务：

（一）设置专门安全管理机构和安全管理负责人，并对该负责人和关键岗位的人员进行安全背景审查；

（二）定期对从业人员进行网络安全教育、技术培训和技能考核；

（三）对重要系统和数据库进行容灾备份；

（四）制定网络安全事件应急预案，并定期进行演练；

（五）法律、行政法规规定的其他义务。

第三十五条 关键信息基础设施的运营者采购网络产品和服务，可能影响国家安全的，应当通过国家网信部门会同国务院有关部门组织的国家安全审查。

第三十六条 关键信息基础设施的运营者采购网络产品和服务，应当按照规定与提供者签订安全保密协议，明确安全和保密义务与责任。

第三十七条 关键信息基础设施的运营者在中华人民共和国境内运营中收集和产生的个人信息和重要数据应当在境内存储。因业务需要，确需向境外提供的，应当按照国家网信部门会同国务院有关部门制定的办法进行安全评估；法律、行政法规另有规定的，依照其规定。

第三十八条 关键信息基础设施的运营者应当自行或者委托网络安全服务机构对其网络的安全性和可能存在的风险每年至少进行一次检测评估，并将检测评估情况和改进措施报送相关负责关键信息基础设施安全保护工作的部门。

第三十九条 国家网信部门应当统筹协调有关部门对关键信息基础设施的安全保护采取下列措施：

（一）对关键信息基础设施的安全风险进行抽查检测，提出改进措施，必要时可以委托网络安全服务机构对网络存在的安全风险进行检测评估；

（二）定期组织关键信息基础设施的运营者进行网络安全应急演练，提高应对网络安全事件的水平和协同配合能力；

（三）促进有关部门、关键信息基础设施的运营者以及有关研究机构、网络安全服务机构等之间的网络安全信息共享；

（四）对网络安全事件的应急处置与网络功能的恢复等，提供技术支持和协助。

第四章 网络信息安全

第四十条 网络运营者应当对其收集的用户信息严格保密，并建立健全用户信息保护制度。

第四十一条 网络运营者收集、使用个人信息，应当遵循合法、正当、必要的原则，公开收集、使用规则，明示收集、使用信息的目的、方式和范围，并经被收集者同意。

网络运营者不得收集与其提供的服务无关的个人信息，不得违反法律、行政法规的规定和双方的约定收集、使用个人信息，并应当依照法律、行政法规的规定和与用户的约定，处理其保存的个人信息。

第四十二条 网络运营者不得泄露、篡改、毁损其收集的个人信息；未经被收集者同意，不得向他人提供个人信息。但是，经过处理无法识别特定个人且不能复原的除外。

网络运营者应当采取技术措施和其他必要措施，确保其收集的个人信息安全，防止信息泄露、毁损、丢失。

在发生或者可能发生个人信息泄露、毁损、丢失的情况时,应当立即采取补救措施,按照规定及时告知用户并向有关主管部门报告。

第四十三条 个人发现网络运营者违反法律、行政法规的规定或者双方的约定收集、使用其个人信息的,有权要求网络运营者删除其个人信息;发现网络运营者收集、存储的其个人信息有错误的,有权要求网络运营者予以更正。网络运营者应当采取措施予以删除或者更正。

第四十四条 任何个人和组织不得窃取或者以其他非法方式获取个人信息,不得非法出售或者非法向他人提供个人信息。

第四十五条 依法负有网络安全监督管理职责的部门及其工作人员,必须对在履行职责中知悉的个人信息、隐私和商业秘密严格保密,不得泄露、出售或者非法向他人提供。

第四十六条 任何个人和组织应当对其使用网络的行为负责,不得设立用于实施诈骗,传授犯罪方法,制作或者销售违禁物品、管制物品等违法犯罪活动的网站、通讯群组,不得利用网络发布涉及实施诈骗,制作或者销售违禁物品、管制物品以及其他违法犯罪活动的信息。

第四十七条 网络运营者应当加强对其用户发布的信息的管理,发现法律、行政法规禁止发布或者传输的信息的,应当立即停止传输该信息,采取消除等处置措施,防止信息扩散,保存有关记录,并向有关主管部门报告。

第四十八条 任何个人和组织发送的电子信息、提供的应用软件,不得设置恶意程序,不得含有法律、行政法规禁止发布或者传输的信息。

电子信息发送服务提供者和应用软件下载服务提供者,应当履行安全管理义务,知道其用户有前款规定行为的,应当停止提供服务,采取消除等处置措施,保存有关记录,并向有关主管部门报告。

第四十九条 网络运营者应当建立网络信息安全投诉、举报制度,公布投诉、举报方式等信息,及时受理并处理有关网络信息安全的投诉和举报。

网络运营者对网信部门和有关部门依法实施的监督检查,应当予以配合。

第五十条 国家网信部门和有关部门依法履行网络信息安全监督管理职责,发现法律、行政法规禁止发布或者传输的信息的,应当要求网络运营者停止传输,采取消除等处置措施,保存有关记录;对来源于中华人民共和国境外的上述信息,应当通知有关机构采取技术措施和其他必要措施阻断传播。

第五章 监测预警与应急处置

第五十一条 国家建立网络安全监测预警和信息通报制度。国家网信部门应当统筹协调有关部门加强网络安全信息收集、分析和通报工作,按照规定统一发布网络安全监测预警信息。

第五十二条 负责关键信息基础设施安全保护工作的部门,应当建立健全本行业、本领域的网络安全监测预警和信息通报制度,并按照规定报送网络安全监测预警信息。

第五十三条 国家网信部门协调有关部门建立健全网络安全风险评估和应急工作机制,制定网络安全事件应急预案,并定期组织演练。

负责关键信息基础设施安全保护工作的部门应当制定本行业、本领域的网络安全事件应急预案,并定期组织演练。

网络安全事件应急预案应当按照事件发生后的危害程度、影响范围等因素对网络安全事件进行分级,并规定相应的应急处置措施。

第五十四条 网络安全事件发生的风险增大时,省级以上人民政府有关部门应当按照规定的权限和程序,并根据网络安全风险的特点和可能造成的危害,采取下列措施:

(一)要求有关部门、机构和人员及时收集、报告有关信息,加强对网络安全风险的监测;

(二)组织有关部门、机构和专业人员,对网络安全风险信息进行分析评估,预测事件发生的可能性、影响范围和危害程度;

(三)向社会发布网络安全风险预警,发布避免、减轻危害的措施。

第五十五条 发生网络安全事件,应当立即启动网络安全事件应急预案,对网络安全事件进行调查和评估,要求网络运营者采取技术措施和其他必要措施,消除安全隐患,防止危害扩大,并及时向社会发布与公众有关的警示信息。

第五十六条 省级以上人民政府有关部门在履行网络安全监督管理职责中,发现网络存在较大安全风险或者发生安全事件的,可以按照规定的权限和程序对该网络的运营者的法定代表人或者主要负责人进行约谈。网络运营者应当按照要求采取措施,进行整改,消除隐患。

第五十七条 因网络安全事件,发生突发事件或者生产安全事故的,应当依照《中华人民共和国突发事件应对法》、《中华人民共和国安全生产法》等有关法律、行政法规的规定处置。

第五十八条 因维护国家安全和社会公共秩序,处置重大突发社会安全事件的需要,经国务院决定或者批准,可以在特定区域对网络通信采取限制等临时措施。

第六章 法律责任

第五十九条 网络运营者不履行本法第二十一条、第二十五条规定的网络安全保护义务的,由有关主管部门责令改正,给予警告;拒不改正或者导致危害网络安全等后果的,处一万元以上十万元以下罚款,对直接负责的主管人员处五千元以上五万元以下罚款。

关键信息基础设施的运营者不履行本法第三十三条、第三十四条、第三十六条、第三十八条规定的网络安全保护义务的,由有关主管部门责令改正,给予警告;拒不改正或者导致危害网络安全等后果的,处十万元以上一百万元以下罚款,对直接负责的主管人员处一万元以上十万元以下罚款。

第六十条 违反本法第二十二条第一款、第二款和第四十八条第一款规定,有下列行为之一的,由有关主管部门责令改正,给予警告;拒不改正或者导致危害网络安全等后果的,处五万元以上五十万元以下罚款,对直接负责的主管人员处一万元以上十万元以下罚款:

(一)设置恶意程序的;

(二)对其产品、服务存在的安全缺陷、漏洞等风险未立即采取补救措施,或者未按照规定及时告知用户并向有关主管部门报告的;

(三)擅自终止为其产品、服务提供安全维护的。

第六十一条 网络运营者违反本法第二十四条第一款规定,未要求用户提供真实身份信息,或者对不提供真实身份信息的用户提供相关服务的,由有关主管部门责令改正;拒不改正或者情节严重的,处五万元以上五十万元以下罚款,并可以由有关主管部门责令暂停相关业务、停业整顿、关闭网站、吊销相关业务许可证或者吊销营业执照,对直接负责的主管人员和其他直接责任人员处一万元以上十万元以下罚款。

第六十二条 违反本法第二十六条规定,开展网络安全认证、检测、风险评估等活动,或者向社会发布系统漏洞、计算机病毒、网络攻击、网络侵入等网络安全信息的,由有关主管部门责令改正,给予警告;拒不改正或者情节严重的,处一万元以上十万元以下罚款,并可以由有关主管部门责令暂停相关业务、停业整顿、关闭网站、吊销相关业务许可证或者吊销营业执照,对直接负责的主管人员和其他直接责任人员处五千元以上五万元以下罚款。

第六十三条 违反本法第二十七条规定,从事危害网络安全的活动,或者提供专门用于从事危害网络安全活动的程序、工具,或者为他人从事危害网络安全的活动提供技术支持、广告推广、支付结算等帮助,尚不构成犯罪的,由公安机关没收违法所得,处五日以下拘留,可以并处五万元以上五十万元以下罚款;情节较重的,处五日以上十五日以下拘留,可以并处十万元以上一百万元以下罚款。

单位有前款行为的,由公安机关没收违法所得,处十万元以上一百万元以下罚款,并对直接负责的主管人员和其他直接责任人员依照前款规定处罚。

违反本法第二十七条规定,受到治安管理处罚的人员,五年内不得从事网络安全管理和网络运营关键岗位的工作;受到刑事处罚的人员,终身不得从事网络安全管理和网络运营关键岗位的工作。

第六十四条 网络运营者、网络产品或者服务的提供者违反本法第二十二条第三款、第四十一条至第四十三条规定,侵害个人信息依法得到保护的权利的,由有关主管部门责令改正,可以根据情节单处或者并处警告、没收违法所得、处违法所得一倍以上十倍以下罚款,没有违法所得的,处一百万元以下罚款,对直接负责的主管人员和其他直接责任人员处一万元以上十万元以下罚款;情节严重的,并可以责令暂停相关业务、停业整顿、关闭网站、吊销相关业务许可证或者吊销营业执照。

违反本法第四十四条规定,窃取或者以其他非法方式获取、非法出售或者非法向他人提供个人信息,尚不构成犯罪的,由公安机关没收违法所得,并处违法所得一倍以上十倍以下罚款,没有违法所得的,处一百万元以下罚款。

第六十五条 关键信息基础设施的运营者违反本法第三十五条规定,使用未经安全审查或者安全审查未通过的网络产品或者服务的,由有关主管部门责令停止使用,处采购金额一倍以上十倍以下罚款;对直接负责的主管人员和其他直接责任人员处一万元以上十万元以下罚款。

第六十六条 关键信息基础设施的运营者违反本法第三十七条规定,在境外存储网络数据,或者向境外提供网络数据的,由有关主管部门责令改正,给予警告,没收违法所得,处五万元以上五十万元以下罚款,并可以责令暂停相关业务、停业整顿、关闭网站、吊销相关业务许可证或者吊销营业执照；对直接负责的主管人员和其他直接责任人员处一万元以上十万元以下罚款。

第六十七条 违反本法第四十六条规定，设立用于实施违法犯罪活动的网站、通讯群组，或者利用网络发布涉及实施违法犯罪活动的信息，尚不构成犯罪的，由公安机关处五日以下拘留，可以并处一万元以上十万元以下罚款；情节较重的，处五日以上十五日以下拘留，可以并处五万元以上五十万元以下罚款。关闭用于实施违法犯罪活动的网站、通讯群组。

单位有前款行为的，由公安机关处十万元以上五十万元以下罚款，并对直接负责的主管人员和其他直接责任人员依照前款规定处罚。

第六十八条 网络运营者违反本法第四十七条规定，对法律、行政法规禁止发布或者传输的信息未停止传输、采取消除等处置措施、保存有关记录的，由有关主管部门责令改正，给予警告，没收违法所得；拒不改正或者情节严重的，处十万元以上五十万元以下罚款，并可以责令暂停相关业务、停业整顿、关闭网站、吊销相关业务许可证或者吊销营业执照，对直接负责的主管人员和其他直接责任人员处一万元以上十万元以下罚款。

电子信息发送服务提供者、应用软件下载服务提供者，不履行本法第四十八条第二款规定的安全管理义务的，依照前款规定处罚。

第六十九条 网络运营者违反本法规定，有下列行为之一的，由有关主管部门责令改正；拒不改正或者情节严重的，处五万元以上五十万元以下罚款，对直接负责的主管人员和其他直接责任人员，处一万元以上十万元以下罚款：

（一）不按照有关部门的要求对法律、行政法规禁止发布或者传输的信息，采取停止传输、消除等处置措施的；

（二）拒绝、阻碍有关部门依法实施的监督检查的；

（三）拒不向公安机关、国家安全机关提供技术支持和协助的。

第七十条 发布或者传输本法第十二条第二款和其他法律、行政法规禁止发布或者传输的信息的，依照有关法律、行政法规的规定处罚。

第七十一条 有本法规定的违法行为的，依照有关法律、行政法规的规定记入信用档案，并予以公示。

第七十二条 国家机关政务网络的运营者不履行本法规定的网络安全保护义务的，由其上级机关或者有关机关责令改正；对直接负责的主管人员和其他直接责任人员依法给予处分。

第七十三条 网信部门和有关部门违反本法第三十条规定，将在履行网络安全保护职责中获取的信息用于其他用途的，对直接负责的主管人员和其他直接责任人员依法给予处分。

网信部门和有关部门的工作人员玩忽职守、滥用职权、徇私舞弊，尚不构成犯罪的，依法给予处分。

第七十四条 违反本法规定，给他人造成损害的，依法承担民事责任。

违反本法规定，构成违反治安管理行为的，依法给予治安管理处罚；构成犯罪的，依法追究刑事责任。

第七十五条 境外的机构、组织、个人从事攻击、侵入、干扰、破坏等危害中华人民共和国的关键信息基础设施的活动，造成严重后果的，依法追究法律责任；国务院公安部门和有关部门并可以决定对该机构、组织、个人采取冻结财产或者其他必要的制裁措施。

第七章 附 则

第七十六条 本法下列用语的含义：

（一）网络，是指由计算机或者其他信息终端及相关设备组成的按照一定的规则和程序对信息进行收集、存储、传输、交换、处理的系统。

（二）网络安全，是指通过采取必要措施，防范对网络的攻击、侵入、干扰、破坏和非法使用以及意外事故，使网络处于稳定可靠运行的状态，以及保障网络数据的完整性、保密性、可用性的能力。

（三）网络运营者，是指网络的所有者、管理者和网络服务提供者。

（四）网络数据，是指通过网络收集、存储、传输、处理和产生的各种电子数据。

（五）个人信息，是指以电子或者其他方式记录的能够单独或者与其他信息结合识别自然人个人身份的各种信息，包括但不限于自然人的姓名、出生日期、身份证件号码、个人生物识别信息、住址、电话号码等。

第七十七条 存储、处理涉及国家秘密信息的网络的运行安全保护，除应当遵守本法外，还应当遵守保密法律、行政法规的规定。

第七十八条 军事网络的安全保护，由中央军事委员会另行规定。

第七十九条 本法自2017年6月1日起施行。

中华人民共和国密码法

- 2019年10月26日第十三届全国人民代表大会常务委员会第十四次会议通过
- 2019年10月26日中华人民共和国主席令第35号公布
- 自2020年1月1日起施行

第一章 总 则

第一条 为了规范密码应用和管理，促进密码事业发展，保障网络与信息安全，维护国家安全和社会公共利益，保护公民、法人和其他组织的合法权益，制定本法。

第二条 本法所称密码，是指采用特定变换的方法对信息等进行加密保护、安全认证的技术、产品和服务。

第三条 密码工作坚持总体国家安全观，遵循统一领导、分级负责，创新发展、服务大局，依法管理、保障安全的原则。

第四条 坚持中国共产党对密码工作的领导。中央密码工作领导机构对全国密码工作实行统一领导，制定国家密码工作重大方针政策，统筹协调国家密码重大事项和重要工作，推进国家密码法治建设。

第五条 国家密码管理部门负责管理全国的密码工作。县级以上地方各级密码管理部门负责管理本行政区域的密码工作。

国家机关和涉及密码工作的单位在其职责范围内负责本机关、本单位或者本系统的密码工作。

第六条 国家对密码实行分类管理。

密码分为核心密码、普通密码和商用密码。

第七条 核心密码、普通密码用于保护国家秘密信息，核心密码保护信息的最高密级为绝密级，普通密码保护信息的最高密级为机密级。

核心密码、普通密码属于国家秘密。密码管理部门依照本法和有关法律、行政法规、国家有关规定对核心密码、普通密码实行严格统一管理。

第八条 商用密码用于保护不属于国家秘密的信息。

公民、法人和其他组织可以依法使用商用密码保护网络与信息安全。

第九条 国家鼓励和支持密码科学技术研究和应用，依法保护密码领域的知识产权，促进密码科学技术进步和创新。

国家加强密码人才培养和队伍建设，对在密码工作中作出突出贡献的组织和个人，按照国家有关规定给予表彰和奖励。

第十条 国家采取多种形式加强密码安全教育，将密码安全教育纳入国民教育体系和公务员教育培训体系，增强公民、法人和其他组织的密码安全意识。

第十一条 县级以上人民政府应当将密码工作纳入本级国民经济和社会发展规划，所需经费列入本级财政预算。

第十二条 任何组织或者个人不得窃取他人加密保护的信息或者非法侵入他人的密码保障系统。

任何组织或者个人不得利用密码从事危害国家安全、社会公共利益、他人合法权益等违法犯罪活动。

第二章 核心密码、普通密码

第十三条 国家加强核心密码、普通密码的科学规划、管理和使用，加强制度建设，完善管理措施，增强密码安全保障能力。

第十四条 在有线、无线通信中传递的国家秘密信息，以及存储、处理国家秘密信息的信息系统，应当依照法律、行政法规和国家有关规定使用核心密码、普通密码进行加密保护、安全认证。

第十五条 从事核心密码、普通密码科研、生产、服务、检测、装备、使用和销毁等工作的机构（以下统称密码工作机构）应当按照法律、行政法规、国家有关规定以及核心密码、普通密码标准的要求，建立健全安全管理制度，采取严格的保密措施和保密责任制，确保核心密码、普通密码的安全。

第十六条 密码管理部门依法对密码工作机构的核心密码、普通密码工作进行指导、监督和检查，密码工作机构应当配合。

第十七条 密码管理部门根据工作需要会同有关部门建立核心密码、普通密码的安全监测预警、安全风险评估、信息通报、重大事项会商和应急处置等协作机制，确保核心密码、普通密码安全管理的协同联动和有序高效。

密码工作机构发现核心密码、普通密码泄密或者影响核心密码、普通密码安全的重大问题、风险隐患的，应当立即采取应对措施，并及时向保密行政管理部门、密码管理部门报告，由保密行政管理部门、密码管理部门会同有关部门组织开展调查、处置，并指导有关密码工作机构及时消除安全隐患。

第十八条 国家加强密码工作机构建设，保障其履行工作职责。

国家建立适应核心密码、普通密码工作需要的人员录用、选调、保密、考核、培训、待遇、奖惩、交流、退出等管理制度。

第十九条　密码管理部门因工作需要，按照国家有关规定，可以提请公安、交通运输、海关等部门对核心密码、普通密码有关物品和人员提供免检等便利，有关部门应当予以协助。

第二十条　密码管理部门和密码工作机构应当建立健全严格的监督和安全审查制度，对其工作人员遵守法律和纪律等情况进行监督，并依法采取必要措施，定期或者不定期组织开展安全审查。

第三章　商用密码

第二十一条　国家鼓励商用密码技术的研究开发、学术交流、成果转化和推广应用，健全统一、开放、竞争、有序的商用密码市场体系，鼓励和促进商用密码产业发展。

各级人民政府及其有关部门应当遵循非歧视原则，依法平等对待包括外商投资企业在内的商用密码科研、生产、销售、服务、进出口等单位（以下统称商用密码从业单位）。国家鼓励在外商投资过程中基于自愿原则和商业规则开展商用密码技术合作。行政机关及其工作人员不得利用行政手段强制转让商用密码技术。

商用密码的科研、生产、销售、服务和进出口，不得损害国家安全、社会公共利益或者他人合法权益。

第二十二条　国家建立和完善商用密码标准体系。

国务院标准化行政主管部门和国家密码管理部门依据各自职责，组织制定商用密码国家标准、行业标准。

国家支持社会团体、企业利用自主创新技术制定高于国家标准、行业标准相关技术要求的商用密码团体标准、企业标准。

第二十三条　国家推动参与商用密码国际标准化活动，参与制定商用密码国际标准，推进商用密码中国标准与国外标准之间的转化运用。

国家鼓励企业、社会团体和教育、科研机构等参与商用密码国际标准化活动。

第二十四条　商用密码从业单位开展商用密码活动，应当符合有关法律、行政法规、商用密码强制性国家标准以及该从业单位公开标准的技术要求。

国家鼓励商用密码从业单位采用商用密码推荐性国家标准、行业标准，提升商用密码的防护能力，维护用户的合法权益。

第二十五条　国家推进商用密码检测认证体系建设，制定商用密码检测认证技术规范、规则，鼓励商用密码从业单位自愿接受商用密码检测认证，提升市场竞争力。

商用密码检测、认证机构应当依法取得相关资质，并依照法律、行政法规的规定和商用密码检测认证技术规范、规则开展商用密码检测认证。

商用密码检测、认证机构应当对其在商用密码检测认证中所知悉的国家秘密和商业秘密承担保密义务。

第二十六条　涉及国家安全、国计民生、社会公共利益的商用密码产品，应当依法列入网络关键设备和网络安全专用产品目录，由具备资格的机构检测认证合格后，方可销售或者提供。商用密码产品检测认证适用《中华人民共和国网络安全法》的有关规定，避免重复检测认证。

商用密码服务使用网络关键设备和网络安全专用产品的，应当经商用密码认证机构对该商用密码服务认证合格。

第二十七条　法律、行政法规和国家有关规定要求使用商用密码进行保护的关键信息基础设施，其运营者应当使用商用密码进行保护，自行或者委托商用密码检测机构开展商用密码应用安全性评估。商用密码应用安全性评估应当与关键信息基础设施安全检测评估、网络安全等级测评制度相衔接，避免重复评估、测评。

关键信息基础设施的运营者采购涉及商用密码的网络产品和服务，可能影响国家安全的，应当按照《中华人民共和国网络安全法》的规定，通过国家网信部门会同国家密码管理部门等有关部门组织的国家安全审查。

第二十八条　国务院商务主管部门、国家密码管理部门依法对涉及国家安全、社会公共利益且具有加密保护功能的商用密码实施进口许可，对涉及国家安全、社会公共利益或者中国承担国际义务的商用密码实施出口管制。商用密码进口许可清单和出口管制清单由国务院商务主管部门会同国家密码管理部门和海关总署制定并公布。

大众消费类产品所采用的商用密码不实行进口许可和出口管制制度。

第二十九条　国家密码管理部门对采用商用密码技术从事电子政务电子认证服务的机构进行认定，会同有关部门负责政务活动中使用电子签名、数据电文的管理。

第三十条　商用密码领域的行业协会等组织依照法律、行政法规及其章程的规定，为商用密码从业单位提供信息、技术、培训等服务，引导和督促商用密码从业单位依法开展商用密码活动，加强行业自律，推动行业诚信建设，促进行业健康发展。

第三十一条 密码管理部门和有关部门建立日常监管和随机抽查相结合的商用密码事中事后监管制度,建立统一的商用密码监督管理信息平台,推进事中事后监管与社会信用体系相衔接,强化商用密码从业单位自律和社会监督。

密码管理部门和有关部门及其工作人员不得要求商用密码从业单位和商用密码检测、认证机构向其披露源代码等密码相关专有信息,并对其在履行职责中知悉的商业秘密和个人隐私严格保密,不得泄露或者非法向他人提供。

第四章 法律责任

第三十二条 违反本法第十二条规定,窃取他人加密保护的信息,非法侵入他人的密码保障系统,或者利用密码从事危害国家安全、社会公共利益、他人合法权益等违法活动的,由有关部门依照《中华人民共和国网络安全法》和其他有关法律、行政法规的规定追究法律责任。

第三十三条 违反本法第十四条规定,未按照要求使用核心密码、普通密码的,由密码管理部门责令改正或者停止违法行为,给予警告;情节严重的,由密码管理部门建议有关国家机关、单位对直接负责的主管人员和其他直接责任人员依法给予处分或者处理。

第三十四条 违反本法规定,发生核心密码、普通密码泄密案件的,由保密行政管理部门、密码管理部门建议有关国家机关、单位对直接负责的主管人员和其他直接责任人员依法给予处分或者处理。

违反本法第十七条第二款规定,发现核心密码、普通密码泄密或者影响核心密码、普通密码安全的重大问题、风险隐患,未立即采取应对措施,或者未及时报告的,由保密行政管理部门、密码管理部门建议有关国家机关、单位对直接负责的主管人员和其他直接责任人员依法给予处分或者处理。

第三十五条 商用密码检测、认证机构违反本法第二十五条第二款、第三款规定开展商用密码检测认证的,由市场监督管理部门会同密码管理部门责令改正或者停止违法行为,给予警告,没收违法所得;违法所得三十万元以上的,可以并处违法所得一倍以上三倍以下罚款;没有违法所得或者违法所得不足三十万元的,可以并处十万元以上三十万元以下罚款;情节严重的,依法吊销相关资质。

第三十六条 违反本法第二十六条规定,销售或者提供未经检测认证或者检测认证不合格的商用密码产品,或者提供未经认证或者认证不合格的商用密码服务的,由市场监督管理部门会同密码管理部门责令改正或者停止违法行为,给予警告,没收违法产品和违法所得;违法所得十万元以上的,可以并处违法所得一倍以上三倍以下罚款;没有违法所得或者违法所得不足十万元的,可以并处三万元以上十万元以下罚款。

第三十七条 关键信息基础设施的运营者违反本法第二十七条第一款规定,未按照要求使用商用密码,或者未按照要求开展商用密码应用安全性评估的,由密码管理部门责令改正,给予警告;拒不改正或者导致危害网络安全等后果的,处十万元以上一百万元以下罚款,对直接负责的主管人员处一万元以上十万元以下罚款。

关键信息基础设施的运营者违反本法第二十七条第二款规定,使用未经安全审查或者安全审查未通过的产品或者服务的,由有关主管部门责令停止使用,处采购金额一倍以上十倍以下罚款;对直接负责的主管人员和其他直接责任人员处一万元以上十万元以下罚款。

第三十八条 违反本法第二十八条实施进口许可、出口管制的规定,进出口商用密码的,由国务院商务主管部门或者海关依法予以处罚。

第三十九条 违反本法第二十九条规定,未经认定从事电子政务电子认证服务的,由密码管理部门责令改正或者停止违法行为,给予警告,没收违法产品和违法所得;违法所得三十万元以上的,可以并处违法所得一倍以上三倍以下罚款;没有违法所得或者违法所得不足三十万元的,可以并处十万元以上三十万元以下罚款。

第四十条 密码管理部门和有关部门、单位的工作人员在密码工作中滥用职权、玩忽职守、徇私舞弊,或者泄露、非法向他人提供在履行职责中知悉的商业秘密和个人隐私的,依法给予处分。

第四十一条 违反本法规定,构成犯罪的,依法追究刑事责任;给他人造成损害的,依法承担民事责任。

第五章 附则

第四十二条 国家密码管理部门依照法律、行政法规的规定,制定密码管理规章。

第四十三条 中国人民解放军和中国人民武装警察部队的密码工作管理办法,由中央军事委员会根据本法制定。

第四十四条 本法自 2020 年 1 月 1 日起施行。

商用密码管理条例

- 1999年10月7日中华人民共和国国务院令第273号发布
- 2023年4月27日中华人民共和国国务院令第760号修订

第一章　总　则

第一条　为了规范商用密码应用和管理，鼓励和促进商用密码产业发展，保障网络与信息安全，维护国家安全和社会公共利益，保护公民、法人和其他组织的合法权益，根据《中华人民共和国密码法》等法律，制定本条例。

第二条　在中华人民共和国境内的商用密码科研、生产、销售、服务、检测、认证、进出口、应用等活动及监督管理，适用本条例。

本条例所称商用密码，是指采用特定变换的方法对不属于国家秘密的信息等进行加密保护、安全认证的技术、产品和服务。

第三条　坚持中国共产党对商用密码工作的领导，贯彻落实总体国家安全观。国家密码管理部门负责管理全国的商用密码工作。县级以上地方各级密码管理部门负责管理本行政区域的商用密码工作。

网信、商务、海关、市场监督管理等有关部门在各自职责范围内负责商用密码有关管理工作。

第四条　国家加强商用密码人才培养，建立健全商用密码人才发展体制机制和人才评价制度，鼓励和支持密码相关学科和专业建设，规范商用密码社会化培训，促进商用密码人才交流。

第五条　各级人民政府及其有关部门应当采取多种形式加强商用密码宣传教育，增强公民、法人和其他组织的密码安全意识。

第六条　商用密码领域的学会、行业协会等社会组织依照法律、行政法规及其章程的规定，开展学术交流、政策研究、公共服务等活动，加强学术和行业自律，推动诚信建设，促进行业健康发展。

密码管理部门应当加强对商用密码领域社会组织的指导和支持。

第二章　科技创新与标准化

第七条　国家建立健全商用密码科学技术创新促进机制，支持商用密码科学技术自主创新，对作出突出贡献的组织和个人按照国家有关规定予以表彰和奖励。

国家依法保护商用密码领域的知识产权。从事商用密码活动，应当增强知识产权意识，提高运用、保护和管理知识产权的能力。

国家鼓励在外商投资过程中基于自愿原则和商业规则开展商用密码技术合作。行政机关及其工作人员不得利用行政手段强制转让商用密码技术。

第八条　国家鼓励和支持商用密码科学技术成果转化和产业化应用，建立和完善商用密码科学技术成果信息汇交、发布和应用情况反馈机制。

第九条　国家密码管理部门组织对法律、行政法规和国家有关规定要求使用商用密码进行保护的网络与信息系统所使用的密码算法、密码协议、密钥管理机制等商用密码技术进行审查鉴定。

第十条　国务院标准化行政主管部门和国家密码管理部门依据各自职责，组织制定商用密码国家标准、行业标准，对商用密码团体标准的制定进行规范、引导和监督。国家密码管理部门依据职责，建立商用密码标准实施信息反馈和评估机制，对商用密码标准实施进行监督检查。

国家推动参与商用密码国际标准化活动，参与制定商用密码国际标准，推进商用密码中国标准与国外标准之间的转化运用，鼓励企业、社会团体和教育、科研机构等参与商用密码国际标准化活动。

其他领域的标准涉及商用密码的，应当与商用密码国家标准、行业标准保持协调。

第十一条　从事商用密码活动，应当符合有关法律、行政法规、商用密码强制性国家标准，以及自我声明公开标准的技术要求。

国家鼓励在商用密码活动中采用商用密码推荐性国家标准、行业标准，提升商用密码的防护能力，维护用户的合法权益。

第三章　检测认证

第十二条　国家推进商用密码检测认证体系建设，鼓励在商用密码活动中自愿接受商用密码检测认证。

第十三条　从事商用密码产品检测、网络与信息系统商用密码应用安全性评估等商用密码检测活动，向社会出具具有证明作用的数据、结果的机构，应当经国家密码管理部门认定，依法取得商用密码检测机构资质。

第十四条　取得商用密码检测机构资质，应当符合下列条件：

（一）具有法人资格；

（二）具有与从事商用密码检测活动相适应的资金、场所、设备设施、专业人员和专业能力；

（三）具有保证商用密码检测活动有效运行的管理体系。

第十五条　申请商用密码检测机构资质，应当向国家密码管理部门提出书面申请，并提交符合本条例第十四条规定条件的材料。

国家密码管理部门应当自受理申请之日起20个工作日内，对申请进行审查，并依法作出是否准予认定的决定。

需要对申请人进行技术评审的，技术评审所需时间不计算在本条规定的期限内。国家密码管理部门应当将所需时间书面告知申请人。

第十六条　商用密码检测机构应当按照法律、行政法规和商用密码检测技术规范、规则，在批准范围内独立、公正、科学、诚信地开展商用密码检测，对出具的检测数据、结果负责，并定期向国家密码管理部门报送检测实施情况。

商用密码检测技术规范、规则由国家密码管理部门制定并公布。

第十七条　国务院市场监督管理部门会同国家密码管理部门建立国家统一推行的商用密码认证制度，实行商用密码产品、服务、管理体系认证，制定并公布认证目录和技术规范、规则。

第十八条　从事商用密码认证活动的机构，应当依法取得商用密码认证机构资质。

申请商用密码认证机构资质，应当向国务院市场监督管理部门提出书面申请。申请人除应当符合法律、行政法规和国家有关规定要求的认证机构基本条件外，还应当具有与从事商用密码认证活动相适应的检测、检查等技术能力。

国务院市场监督管理部门在审查商用密码认证机构资质申请时，应当征求国家密码管理部门的意见。

第十九条　商用密码认证机构应当按照法律、行政法规和商用密码认证技术规范、规则，在批准范围内独立、公正、科学、诚信地开展商用密码认证，对出具的认证结论负责。

商用密码认证机构应当对其认证的商用密码产品、服务、管理体系实施有效的跟踪调查，以保证通过认证的商用密码产品、服务、管理体系持续符合认证要求。

第二十条　涉及国家安全、国计民生、社会公共利益的商用密码产品，应当依法列入网络关键设备和网络安全专用产品目录，由具备资格的商用密码检测、认证机构检测认证合格后，方可销售或者提供。

第二十一条　商用密码服务使用网络关键设备和网络安全专用产品的，应当经商用密码认证机构对该商用密码服务认证合格。

第四章　电子认证

第二十二条　采用商用密码技术提供电子认证服务，应当具有与使用密码相适应的场所、设备设施、专业人员、专业能力和管理体系，依法取得国家密码管理部门同意使用密码的证明文件。

第二十三条　电子认证服务机构应当按照法律、行政法规和电子认证服务密码使用技术规范、规则，使用密码提供电子认证服务，保证其电子认证服务密码使用持续符合要求。

电子认证服务密码使用技术规范、规则由国家密码管理部门制定并公布。

第二十四条　采用商用密码技术从事电子政务电子认证服务的机构，应当经国家密码管理部门认定，依法取得电子政务电子认证服务机构资质。

第二十五条　取得电子政务电子认证服务机构资质，应当符合下列条件：

（一）具有企业法人或者事业单位法人资格；

（二）具有与从事电子政务电子认证服务活动及其使用密码相适应的资金、场所、设备设施和专业人员；

（三）具有为政务活动提供长期电子政务电子认证服务的能力；

（四）具有保证电子政务电子认证服务活动及其使用密码安全运行的管理体系。

第二十六条　申请电子政务电子认证服务机构资质，应当向国家密码管理部门提出书面申请，并提交符合本条例第二十五条规定条件的材料。

国家密码管理部门应当自受理申请之日起20个工作日内，对申请进行审查，并依法作出是否准予认定的决定。

需要对申请人进行技术评审的，技术评审所需时间不计算在本条规定的期限内。国家密码管理部门应当将所需时间书面告知申请人。

第二十七条　外商投资电子政务电子认证服务，影响或者可能影响国家安全的，应当依法进行外商投资安全审查。

第二十八条　电子政务电子认证服务机构应当按照法律、行政法规和电子政务电子认证服务技术规范、规则，在批准范围内提供电子政务电子认证服务，并定期向主要办事机构所在地省、自治区、直辖市密码管理部门报送服务实施情况。

电子政务电子认证服务技术规范、规则由国家密码管理部门制定并公布。

第二十九条 国家建立统一的电子认证信任机制。国家密码管理部门负责电子认证信任源的规划和管理,会同有关部门推动电子认证服务互信互认。

第三十条 密码管理部门会同有关部门负责政务活动中使用电子签名、数据电文的管理。

政务活动中电子签名、电子印章、电子证照等涉及的电子认证服务,应当由依法设立的电子政务电子认证服务机构提供。

第五章 进出口

第三十一条 涉及国家安全、社会公共利益且具有加密保护功能的商用密码,列入商用密码进口许可清单,实施进口许可。涉及国家安全、社会公共利益或者中国承担国际义务的商用密码,列入商用密码出口管制清单,实施出口管制。

商用密码进口许可清单和商用密码出口管制清单由国务院商务主管部门会同国家密码管理部门和海关总署制定并公布。

大众消费类产品所采用的商用密码不实行进口许可和出口管制制度。

第三十二条 进口商用密码进口许可清单中的商用密码或者出口商用密码出口管制清单中的商用密码,应当向国务院商务主管部门申请领取进出口许可证。

商用密码的过境、转运、通运、再出口,在境外与综合保税区等海关特殊监管区域之间进出,或者在境外与出口监管仓库、保税物流中心等海关监管场所之间进出的,适用前款规定。

第三十三条 进口商用密码进口许可清单中的商用密码或者出口商用密码出口管制清单中的商用密码时,应当向海关交验进出口许可证,并按照国家有关规定办理报关手续。

进出口经营者未向海关交验进出口许可证,海关有证据表明进出口产品可能属于商用密码进口许可清单或者出口管制清单范围的,应当向进出口经营者提出质疑;海关可以向国务院商务主管部门提出组织鉴别,并根据国务院商务主管部门会同国家密码管理部门作出的鉴别结论依法处置。在鉴别或者质疑期间,海关对进出口产品不予放行。

第三十四条 申请商用密码进出口许可,应当向国务院商务主管部门提出书面申请,并提交下列材料:

(一)申请人的法定代表人、主要经营管理人以及经办人的身份证明;

(二)合同或者协议的副本;

(三)商用密码的技术说明;

(四)最终用户和最终用途证明;

(五)国务院商务主管部门规定提交的其他文件。

国务院商务主管部门应当自受理申请之日起45个工作日内,会同国家密码管理部门对申请进行审查,并依法作出是否准予许可的决定。

对国家安全、社会公共利益或者外交政策有重大影响的商用密码出口,由国务院商务主管部门会同国家密码管理部门等有关部门报国务院批准。报国务院批准的,不受前款规定时限的限制。

第六章 应用促进

第三十五条 国家鼓励公民、法人和其他组织依法使用商用密码保护网络与信息安全,鼓励使用经检测认证合格的商用密码。

任何组织或者个人不得窃取他人加密保护的信息或者非法侵入他人的商用密码保障系统,不得利用商用密码从事危害国家安全、社会公共利益、他人合法权益等违法犯罪活动。

第三十六条 国家支持网络产品和服务使用商用密码提升安全性,支持并规范商用密码在信息领域新技术、新业态、新模式中的应用。

第三十七条 国家建立商用密码应用促进协调机制,加强对商用密码应用的统筹指导。国家机关和涉及商用密码工作的单位在其职责范围内负责本机关、本单位或者本系统的商用密码应用和安全保障工作。

密码管理部门会同有关部门加强商用密码应用信息收集、风险评估、信息通报和重大事项会商,并加强与网络安全监测预警和信息通报的衔接。

第三十八条 法律、行政法规和国家有关规定要求使用商用密码进行保护的关键信息基础设施,其运营者应当使用商用密码进行保护,制定商用密码应用方案,配备必要的资金和专业人员,同步规划、同步建设、同步运行商用密码保障系统,自行或者委托商用密码检测机构开展商用密码应用安全性评估。

前款所列关键信息基础设施通过商用密码应用安全性评估方可投入运行,运行后每年至少进行一次评估,评估情况按照国家有关规定报送国家密码管理部门或者关键信息基础设施所在地省、自治区、直辖市密码管理部门备案。

第三十九条 法律、行政法规和国家有关规定要求使用商用密码进行保护的关键信息基础设施,使用的商用密码产品、服务应当经检测认证合格,使用的密码算法、密码协议、密钥管理机制等商用密码技术应当通过国家密码管理部门审查鉴定。

第四十条　关键信息基础设施的运营者采购涉及商用密码的网络产品和服务,可能影响国家安全的,应当依法通过国家网信部门会同国家密码管理部门等有关部门组织的国家安全审查。

第四十一条　网络运营者应当按照国家网络安全等级保护制度要求,使用商用密码保护网络安全。国家密码管理部门根据网络的安全保护等级,确定商用密码的使用、管理和应用安全性评估要求,制定网络安全等级保护密码标准规范。

第四十二条　商用密码应用安全性评估、关键信息基础设施安全检测评估、网络安全等级测评应当加强衔接,避免重复评估、测评。

第七章　监督管理

第四十三条　密码管理部门依法组织对商用密码活动进行监督检查,对国家机关和涉及商用密码工作的单位的商用密码相关工作进行指导和监督。

第四十四条　密码管理部门和有关部门建立商用密码监督管理协作机制,加强商用密码监督、检查、指导等工作的协调配合。

第四十五条　密码管理部门和有关部门依法开展商用密码监督检查,可以行使下列职权:

(一)进入商用密码活动场所实施现场检查;

(二)向当事人的法定代表人、主要负责人和其他有关人员调查、了解有关情况;

(三)查阅、复制有关合同、票据、账簿以及其他有关资料。

第四十六条　密码管理部门和有关部门推进商用密码监督管理与社会信用体系相衔接,依法建立推行商用密码经营主体信用记录、信用分级分类监管、失信惩戒以及信用修复等机制。

第四十七条　商用密码检测、认证机构和电子政务电子认证服务机构及其工作人员,应当对其在商用密码活动中所知悉的国家秘密和商业秘密承担保密义务。

密码管理部门和有关部门及其工作人员不得要求商用密码科研、生产、销售、服务、进出口等单位和商用密码检测、认证机构向其披露源代码等密码相关专有信息,并对其在履行职责中知悉的商业秘密和个人隐私严格保密,不得泄露或者非法向他人提供。

第四十八条　密码管理部门和有关部门依法开展商用密码监督管理,相关单位和人员应当予以配合,任何单位和个人不得非法干预和阻挠。

第四十九条　任何单位或者个人有权向密码管理部门和有关部门举报违反本条例的行为。密码管理部门和有关部门接到举报,应当及时核实、处理,并为举报人保密。

第八章　法律责任

第五十条　违反本条例规定,未经认定向社会开展商用密码检测活动,或者未经认定从事电子政务电子认证服务的,由密码管理部门责令改正或者停止违法行为,给予警告,没收违法产品和违法所得;违法所得30万元以上的,可以并处违法所得1倍以上3倍以下罚款;没有违法所得或者违法所得不足30万元的,可以并处10万元以上30万元以下罚款。

违反本条例规定,未经批准从事商用密码认证活动的,由市场监督管理部门会同密码管理部门依照前款规定予以处罚。

第五十一条　商用密码检测机构开展商用密码检测,有下列情形之一的,由密码管理部门责令改正或者停止违法行为,给予警告,没收违法所得;违法所得30万元以上的,可以并处违法所得1倍以上3倍以下罚款;没有违法所得或者违法所得不足30万元的,可以并处10万元以上30万元以下罚款;情节严重的,依法吊销商用密码检测机构资质:

(一)超出批准范围;

(二)存在影响检测独立、公正、诚信的行为;

(三)出具的检测数据、结果虚假或者失实;

(四)拒不报送或者不如实报送实施情况;

(五)未履行保密义务;

(六)其他违反法律、行政法规和商用密码检测技术规范、规则开展商用密码检测的情形。

第五十二条　商用密码认证机构开展商用密码认证,有下列情形之一的,由市场监督管理部门会同密码管理部门责令改正或者停止违法行为,给予警告,没收违法所得;违法所得30万元以上的,可以并处违法所得1倍以上3倍以下罚款;没有违法所得或者违法所得不足30万元的,可以并处10万元以上30万元以下罚款;情节严重的,依法吊销商用密码认证机构资质:

(一)超出批准范围;

(二)存在影响认证独立、公正、诚信的行为;

(三)出具的认证结论虚假或者失实;

(四)未对其认证的商用密码产品、服务、管理体系实施有效的跟踪调查;

（五）未履行保密义务；

（六）其他违反法律、行政法规和商用密码认证技术规范、规则开展商用密码认证的情形。

第五十三条 违反本条例第二十条、第二十一条规定，销售或者提供未经检测认证或者检测认证不合格的商用密码产品，或者提供未经认证或者认证不合格的商用密码服务的，由市场监督管理部门会同密码管理部门责令改正或者停止违法行为，给予警告，没收违法产品和违法所得；违法所得10万元以上的，可以并处违法所得1倍以上3倍以下罚款；没有违法所得或者违法所得不足10万元的，可以并处3万元以上10万元以下罚款。

第五十四条 电子认证服务机构违反法律、行政法规和电子认证服务密码使用技术规范、规则使用密码的，由密码管理部门责令改正或者停止违法行为，给予警告，没收违法所得；违法所得30万元以上的，可以并处违法所得1倍以上3倍以下罚款；没有违法所得或者违法所得不足30万元的，可以并处10万元以上30万元以下罚款；情节严重的，依法吊销电子认证服务使用密码的证明文件。

第五十五条 电子政务电子认证服务机构开展电子政务电子认证服务，有下列情形之一的，由密码管理部门责令改正或者停止违法行为，给予警告，没收违法所得；违法所得30万元以上的，可以并处违法所得1倍以上3倍以下罚款；没有违法所得或者违法所得不足30万元的，可以并处10万元以上30万元以下罚款；情节严重的，责令停业整顿，直至吊销电子政务电子认证服务机构资质：

（一）超出批准范围；

（二）拒不报送或者不如实报送实施情况；

（三）未履行保密义务；

（四）其他违反法律、行政法规和电子政务电子认证服务技术规范、规则提供电子政务电子认证服务的情形。

第五十六条 电子签名人或者电子签名依赖方因依据电子政务电子认证服务机构提供的电子签名认证服务在政务活动中遭受损失，电子政务电子认证服务机构不能证明自己无过错的，承担赔偿责任。

第五十七条 政务活动中电子签名、电子印章、电子证照等涉及的电子认证服务，违反本条例第三十条规定，未由依法设立的电子政务电子认证服务机构提供的，由密码管理部门责令改正，给予警告；拒不改正或者有其他严重情节的，由密码管理部门建议有关国家机关、单位对直接负责的主管人员和其他直接责任人员依法给予处分或者处理。有关国家机关、单位应当将处分或者处理情况书面告知密码管理部门。

第五十八条 违反本条例规定进出口商用密码的，由国务院商务主管部门或者海关依法予以处罚。

第五十九条 窃取他人加密保护的信息，非法侵入他人的商用密码保障系统，或者利用商用密码从事危害国家安全、社会公共利益、他人合法权益等违法活动的，由有关部门依照《中华人民共和国网络安全法》和其他有关法律、行政法规的规定追究法律责任。

第六十条 关键信息基础设施的运营者违反本条例第三十八条、第三十九条规定，未按照要求使用商用密码，或者未按照要求开展商用密码应用安全性评估的，由密码管理部门责令改正，给予警告；拒不改正或者有其他严重情节的，处10万元以上100万元以下罚款，对直接负责的主管人员处1万元以上10万元以下罚款。

第六十一条 关键信息基础设施的运营者违反本条例第四十条规定，使用未经安全审查或者安全审查未通过的涉及商用密码的网络产品或者服务的，由有关主管部门责令停止使用，处采购金额1倍以上10倍以下罚款；对直接负责的主管人员和其他直接责任人员处1万元以上10万元以下罚款。

第六十二条 网络运营者违反本条例第四十一条规定，未按照国家网络安全等级保护制度要求使用商用密码保护网络安全的，由密码管理部门责令改正，给予警告；拒不改正或者导致危害网络安全等后果的，处1万元以上10万元以下罚款，对直接负责的主管人员处5000元以上5万元以下罚款。

第六十三条 无正当理由拒不接受、不配合或者干预、阻挠密码管理部门、有关部门的商用密码监督管理的，由密码管理部门、有关部门责令改正，给予警告；拒不改正或者有其他严重情节的，处5万元以上50万元以下罚款，对直接负责的主管人员和其他直接责任人员处1万元以上10万元以下罚款；情节特别严重的，责令停业整顿，直至吊销商用密码许可证件。

第六十四条 国家机关有本条例第六十条、第六十一条、第六十二条、第六十三条所列违法情形的，由密码管理部门、有关部门责令改正，给予警告；拒不改正或者有其他严重情节的，由密码管理部门、有关部门建议有关国家机关对直接负责的主管人员和其他直接责任人员依法给予处分或者处理。有关国家机关应当将处分或者处理情况书面告知密码管理部门、有关部门。

第六十五条 密码管理部门和有关部门的工作人员在商用密码工作中滥用职权、玩忽职守、徇私舞弊，或者泄露、非法向他人提供在履行职责中知悉的商业秘密、个人隐私、举报人信息的，依法给予处分。

第六十六条　违反本条例规定，构成犯罪的，依法追究刑事责任；给他人造成损害的，依法承担民事责任。

第九章　附　则

第六十七条　本条例自 2023 年 7 月 1 日起施行。

关键信息基础设施安全保护条例

- 2021 年 4 月 27 日国务院第 133 次常务会议通过
- 2021 年 7 月 30 日中华人民共和国国务院令第 745 号公布
- 自 2021 年 9 月 1 日起施行

第一章　总　则

第一条　为了保障关键信息基础设施安全，维护网络安全，根据《中华人民共和国网络安全法》，制定本条例。

第二条　本条例所称关键信息基础设施，是指公共通信和信息服务、能源、交通、水利、金融、公共服务、电子政务、国防科技工业等重要行业和领域的，以及其他一旦遭到破坏、丧失功能或者数据泄露，可能严重危害国家安全、国计民生、公共利益的重要网络设施、信息系统等。

第三条　在国家网信部门统筹协调下，国务院公安部门负责指导监督关键信息基础设施安全保护工作。国务院电信主管部门和其他有关部门依照本条例和有关法律、行政法规的规定，在各自职责范围内负责关键信息基础设施安全保护和监督管理工作。

省级人民政府有关部门依据各自职责对关键信息基础设施实施安全保护和监督管理。

第四条　关键信息基础设施安全保护坚持综合协调、分工负责、依法保护，强化和落实关键信息基础设施运营者（以下简称运营者）主体责任，充分发挥政府及社会各方面的作用，共同保护关键信息基础设施安全。

第五条　国家对关键信息基础设施实行重点保护，采取措施，监测、防御、处置来源于中华人民共和国境内外的网络安全风险和威胁，保护关键信息基础设施免受攻击、侵入、干扰和破坏，依法惩治危害关键信息基础设施安全的违法犯罪活动。

任何个人和组织不得实施非法侵入、干扰、破坏关键信息基础设施的活动，不得危害关键信息基础设施安全。

第六条　运营者依照本条例和有关法律、行政法规的规定以及国家标准的强制性要求，在网络安全等级保护的基础上，采取技术保护措施和其他必要措施，应对网络安全事件，防范网络攻击和违法犯罪活动，保障关键信息基础设施安全稳定运行，维护数据的完整性、保密性和可用性。

第七条　对在关键信息基础设施安全保护工作中取得显著成绩或者作出突出贡献的单位和个人，按照国家有关规定给予表彰。

第二章　关键信息基础设施认定

第八条　本条例第二条涉及的重要行业和领域的主管部门、监督管理部门是负责关键信息基础设施安全保护工作的部门（以下简称保护工作部门）。

第九条　保护工作部门结合本行业、本领域实际，制定关键信息基础设施认定规则，并报国务院公安部门备案。

制定认定规则应当主要考虑下列因素：

（一）网络设施、信息系统等对于本行业、本领域关键核心业务的重要程度；

（二）网络设施、信息系统等一旦遭到破坏、丧失功能或者数据泄露可能带来的危害程度；

（三）对其他行业和领域的关联性影响。

第十条　保护工作部门根据认定规则负责组织认定本行业、本领域的关键信息基础设施，及时将认定结果通知运营者，并通报国务院公安部门。

第十一条　关键信息基础设施发生较大变化，可能影响其认定结果的，运营者应当及时将相关情况报告保护工作部门。保护工作部门自收到报告之日起 3 个月内完成重新认定，将认定结果通知运营者，并通报国务院公安部门。

第三章　运营者责任义务

第十二条　安全保护措施应当与关键信息基础设施同步规划、同步建设、同步使用。

第十三条　运营者应当建立健全网络安全保护制度和责任制，保障人力、财力、物力投入。运营者的主要负责人对关键信息基础设施安全保护负总责，领导关键信息基础设施安全保护和重大网络安全事件处置工作，组织研究解决重大网络安全问题。

第十四条　运营者应当设置专门安全管理机构，并对专门安全管理机构负责人和关键岗位人员进行安全背景审查。审查时，公安机关、国家安全机关应当予以协助。

第十五条　专门安全管理机构具体负责本单位的关

键信息基础设施安全保护工作，履行下列职责：

（一）建立健全网络安全管理、评价考核制度，拟订关键信息基础设施安全保护计划；

（二）组织推动网络安全防护能力建设，开展网络安全监测、检测和风险评估；

（三）按照国家及行业网络安全事件应急预案，制定本单位应急预案，定期开展应急演练，处置网络安全事件；

（四）认定网络安全关键岗位，组织开展网络安全工作考核，提出奖励和惩处建议；

（五）组织网络安全教育、培训；

（六）履行个人信息和数据安全保护责任，建立健全个人信息和数据安全保护制度；

（七）对关键信息基础设施设计、建设、运行、维护等服务实施安全管理；

（八）按照规定报告网络安全事件和重要事项。

第十六条　运营者应当保障专门安全管理机构的运行经费、配备相应的人员，开展与网络安全和信息化有关的决策应当有专门安全管理机构人员参与。

第十七条　运营者应当自行或者委托网络安全服务机构对关键信息基础设施每年至少进行一次网络安全检测和风险评估，对发现的安全问题及时整改，并按照保护工作部门要求报送情况。

第十八条　关键信息基础设施发生重大网络安全事件或者发现重大网络安全威胁时，运营者应当按照有关规定向保护工作部门、公安机关报告。

发生关键信息基础设施整体中断运行或者主要功能故障、国家基础信息以及其他重要数据泄露、较大规模个人信息泄露、造成较大经济损失、违法信息较大范围传播等特别重大网络安全事件或者发现特别重大网络安全威胁时，保护工作部门应当在收到报告后，及时向国家网信部门、国务院公安部门报告。

第十九条　运营者应当优先采购安全可信的网络产品和服务；采购网络产品和服务可能影响国家安全的，应当按照国家网络安全规定通过安全审查。

第二十条　运营者采购网络产品和服务，应当按照国家有关规定与网络产品和服务提供者签订安全保密协议，明确提供者的技术支持和安全保密义务与责任，并对义务与责任履行情况进行监督。

第二十一条　运营者发生合并、分立、解散等情况，应当及时报告保护工作部门，并按照保护工作部门的要求对关键信息基础设施进行处置，确保安全。

第四章　保障和促进

第二十二条　保护工作部门应当制定本行业、本领域关键信息基础设施安全规划，明确保护目标、基本要求、工作任务、具体措施。

第二十三条　国家网信部门统筹协调有关部门建立网络安全信息共享机制，及时汇总、研判、共享、发布网络安全威胁、漏洞、事件等信息，促进有关部门、保护工作部门、运营者以及网络安全服务机构等之间的网络安全信息共享。

第二十四条　保护工作部门应当建立健全本行业、本领域的关键信息基础设施网络安全监测预警制度，及时掌握本行业、本领域关键信息基础设施运行状况、安全态势，预警通报网络安全威胁和隐患，指导做好安全防范工作。

第二十五条　保护工作部门应当按照国家网络安全事件应急预案的要求，建立健全本行业、本领域的网络安全事件应急预案，定期组织应急演练；指导运营者做好网络安全事件应对处置，并根据需要组织提供技术支持与协助。

第二十六条　保护工作部门应当定期组织开展本行业、本领域关键信息基础设施网络安全检查检测，指导监督运营者及时整改安全隐患、完善安全措施。

第二十七条　国家网信部门统筹协调国务院公安部门、保护工作部门对关键信息基础设施进行网络安全检查检测，提出改进措施。

有关部门在开展关键信息基础设施网络安全检查时，应当加强协同配合、信息沟通，避免不必要的检查和交叉重复检查。检查工作不得收取费用，不得要求被检查单位购买指定品牌或者指定生产、销售单位的产品和服务。

第二十八条　运营者对保护工作部门开展的关键信息基础设施网络安全检查检测工作，以及公安、国家安全、保密行政管理、密码管理等有关部门依法开展的关键信息基础设施网络安全检查工作应当予以配合。

第二十九条　在关键信息基础设施安全保护工作中，国家网信部门和国务院电信主管部门、国务院公安部门等应当根据保护工作部门的需要，及时提供技术支持和协助。

第三十条　网信部门、公安机关、保护工作部门等有关部门、网络安全服务机构及其工作人员对于在关键信息基础设施安全保护工作中获取的信息，只能用于维护网络安全，并严格按照有关法律、行政法规的要求确保信息安全，不得泄露、出售或者非法向他人提供。

　　第三十一条　未经国家网信部门、国务院公安部门批准或者保护工作部门、运营者授权，任何个人和组织不得对关键信息基础设施实施漏洞探测、渗透性测试等可能影响或者危害关键信息基础设施安全的活动。对基础电信网络实施漏洞探测、渗透性测试等活动，应当事先向国务院电信主管部门报告。

　　第三十二条　国家采取措施，优先保障能源、电信等关键信息基础设施安全运行。

　　能源、电信行业应当采取措施，为其他行业和领域的关键信息基础设施安全运行提供重点保障。

　　第三十三条　公安机关、国家安全机关依据各自职责依法加强关键信息基础设施安全保卫，防范打击针对和利用关键信息基础设施实施的违法犯罪活动。

　　第三十四条　国家制定和完善关键信息基础设施安全标准，指导、规范关键信息基础设施安全保护工作。

　　第三十五条　国家采取措施，鼓励网络安全专门人才从事关键信息基础设施安全保护工作；将运营者安全管理人员、安全技术人员培训纳入国家继续教育体系。

　　第三十六条　国家支持关键信息基础设施安全防护技术创新和产业发展，组织力量实施关键信息基础设施安全技术攻关。

　　第三十七条　国家加强网络安全服务机构建设和管理，制定管理要求并加强监督指导，不断提升服务机构能力水平，充分发挥其在关键信息基础设施安全保护中的作用。

　　第三十八条　国家加强网络安全军民融合，军地协同保护关键信息基础设施安全。

第五章　法律责任

　　第三十九条　运营者有下列情形之一的，由有关主管部门依据职责责令改正，给予警告；拒不改正或者导致危害网络安全等后果的，处10万元以上100万元以下罚款，对直接负责的主管人员处1万元以上10万元以下罚款：

　　（一）在关键信息基础设施发生较大变化，可能影响其认定结果时未及时将相关情况报告保护工作部门的；

　　（二）安全保护措施未与关键信息基础设施同步规划、同步建设、同步使用的；

　　（三）未建立健全网络安全保护制度和责任制的；

　　（四）未设置专门安全管理机构的；

　　（五）未对专门安全管理机构负责人和关键岗位人员进行安全背景审查的；

　　（六）开展与网络安全和信息化有关的决策没有专门安全管理机构人员参与的；

　　（七）专门安全管理机构未履行本条例第十五条规定的职责的；

　　（八）未对关键信息基础设施每年至少进行一次网络安全检测和风险评估，未对发现的安全问题及时整改，或者未按照保护工作部门要求报送情况的；

　　（九）采购网络产品和服务，未按照国家有关规定与网络产品和服务提供者签订安全保密协议的；

　　（十）发生合并、分立、解散等情况，未及时报告保护工作部门，或者未按照保护工作部门的要求对关键信息基础设施进行处置的。

　　第四十条　运营者在关键信息基础设施发生重大网络安全事件或者发现重大网络安全威胁时，未按照有关规定向保护工作部门、公安机关报告的，由保护工作部门、公安机关依据职责责令改正，给予警告；拒不改正或者导致危害网络安全等后果的，处10万元以上100万元以下罚款，对直接负责的主管人员处1万元以上10万元以下罚款。

　　第四十一条　运营者采购可能影响国家安全的网络产品和服务，未按照国家网络安全规定进行安全审查的，由国家网信部门等有关主管部门依据职责责令改正，处采购金额1倍以上10倍以下罚款，对直接负责的主管人员和其他直接责任人员处1万元以上10万元以下罚款。

　　第四十二条　运营者对保护工作部门开展的关键信息基础设施网络安全检查检测工作，以及公安、国家安全、保密行政管理、密码管理等有关部门依法开展的关键信息基础设施网络安全检查工作不予配合的，由有关主管部门责令改正；拒不改正的，处5万元以上50万元以下罚款，对直接负责的主管人员和其他直接责任人员处1万元以上10万元以下罚款；情节严重的，依法追究相应法律责任。

　　第四十三条　实施非法侵入、干扰、破坏关键信息基础设施，危害其安全的活动尚不构成犯罪的，依照《中华人民共和国网络安全法》有关规定，由公安机关没收违法所得，处5日以下拘留，可以并处5万元以上50万元以下罚款；情节较重的，处5日以上15日以下拘留，可以并处10万元以上100万元以下罚款。

　　单位有前款行为的，由公安机关没收违法所得，处10万元以上100万元以下罚款，并对直接负责的主管人员和其他直接责任人员依照前款规定处罚。

　　违反本条例第五条第二款和第三十一条规定，受到治安管理处罚的人员，5年内不得从事网络安全管理和网络运营关键岗位的工作；受到刑事处罚的人员，终身不得从事网络安全管理和网络运营关键岗位的工作。

第四十四条　网信部门、公安机关、保护工作部门和其他有关部门及其工作人员未履行关键信息基础设施安全保护和监督管理职责或者玩忽职守、滥用职权、徇私舞弊的，依法对直接负责的主管人员和其他直接责任人员给予处分。

第四十五条　公安机关、保护工作部门和其他有关部门在开展关键信息基础设施网络安全检查工作中收取费用，或者要求被检查单位购买指定品牌或者指定生产、销售单位的产品和服务的，由其上级机关责令改正，退还收取的费用；情节严重的，依法对直接负责的主管人员和其他直接责任人员给予处分。

第四十六条　网信部门、公安机关、保护工作部门等有关部门、网络安全服务机构及其工作人员将在关键信息基础设施安全保护工作中获取的信息用于其他用途，或者泄露、出售、非法向他人提供的，依法对直接负责的主管人员和其他直接责任人员给予处分。

第四十七条　关键信息基础设施发生重大和特别重大网络安全事件，经调查确定为责任事故的，除应当查明运营者责任并依法予以追究外，还应查明相关网络安全服务机构及有关部门的责任，对有失职、渎职及其他违法行为的，依法追究责任。

第四十八条　电子政务关键信息基础设施的运营者不履行本条例规定的网络安全保护义务的，依照《中华人民共和国网络安全法》有关规定予以处理。

第四十九条　违反本条例规定，给他人造成损害的，依法承担民事责任。

违反本条例规定，构成违反治安管理行为的，依法给予治安管理处罚；构成犯罪的，依法追究刑事责任。

第六章　附则

第五十条　存储、处理涉及国家秘密信息的关键信息基础设施的安全保护，还应当遵守保密法律、行政法规的规定。

关键信息基础设施中的密码使用和管理，还应当遵守相关法律、行政法规的规定。

第五十一条　本条例自2021年9月1日起施行。

网络安全审查办法

- 2021年12月28日国家互联网信息办公室、中华人民共和国国家发展和改革委员会、中华人民共和国工业和信息化部、中华人民共和国公安部、中华人民共和国国家安全部、中华人民共和国财政部、中华人民共和国商务部、中国人民银行、国家市场监督管理总局、国家广播电视总局、中国证券监督管理委员会、国家保密局、国家密码管理局令第8号公布
- 自2022年2月15日起施行

第一条　为了确保关键信息基础设施供应链安全，保障网络安全和数据安全，维护国家安全，根据《中华人民共和国国家安全法》《中华人民共和国网络安全法》《中华人民共和国数据安全法》《关键信息基础设施安全保护条例》，制定本办法。

第二条　关键信息基础设施运营者采购网络产品和服务，网络平台运营者开展数据处理活动，影响或者可能影响国家安全的，应当按照本办法进行网络安全审查。

前款规定的关键信息基础设施运营者、网络平台运营者统称为当事人。

第三条　网络安全审查坚持防范网络安全风险与促进先进技术应用相结合、过程公正透明与知识产权保护相结合、事前审查与持续监管相结合、企业承诺与社会监督相结合，从产品和服务以及数据处理活动安全性、可能带来的国家安全风险等方面进行审查。

第四条　在中央网络安全和信息化委员会领导下，国家互联网信息办公室会同中华人民共和国国家发展和改革委员会、中华人民共和国工业和信息化部、中华人民共和国公安部、中华人民共和国国家安全部、中华人民共和国财政部、中华人民共和国商务部、中国人民银行、国家市场监督管理总局、国家广播电视总局、中国证券监督管理委员会、国家保密局、国家密码管理局建立国家网络安全审查工作机制。

网络安全审查办公室设在国家互联网信息办公室，负责制定网络安全审查相关制度规范，组织网络安全审查。

第五条　关键信息基础设施运营者采购网络产品和服务的，应当预判该产品和服务投入使用后可能带来的国家安全风险。影响或者可能影响国家安全的，应当向网络安全审查办公室申报网络安全审查。

关键信息基础设施安全保护工作部门可以制定本行业、本领域预判指南。

第六条　对于申报网络安全审查的采购活动，关键

信息基础设施运营者应当通过采购文件、协议等要求产品和服务提供者配合网络安全审查，包括承诺不利用提供产品和服务的便利条件非法获取用户数据、非法控制和操纵用户设备，无正当理由不中断产品供应或者必要的技术支持服务等。

第七条 掌握超过100万用户个人信息的网络平台运营者赴国外上市，必须向网络安全审查办公室申报网络安全审查。

第八条 当事人申报网络安全审查，应当提交以下材料：

（一）申报书；

（二）关于影响或者可能影响国家安全的分析报告；

（三）采购文件、协议、拟签订的合同或者拟提交的首次公开募股（IPO）等上市申请文件；

（四）网络安全审查工作需要的其他材料。

第九条 网络安全审查办公室应当自收到符合本办法第八条规定的审查申报材料起10个工作日内，确定是否需要审查并书面通知当事人。

第十条 网络安全审查重点评估相关对象或者情形的以下国家安全风险因素：

（一）产品和服务使用后带来的关键信息基础设施被非法控制、遭受干扰或者破坏的风险；

（二）产品和服务供应中断对关键信息基础设施业务连续性的危害；

（三）产品和服务的安全性、开放性、透明性、来源的多样性，供应渠道的可靠性以及因为政治、外交、贸易等因素导致供应中断的风险；

（四）产品和服务提供者遵守中国法律、行政法规、部门规章情况；

（五）核心数据、重要数据或者大量个人信息被窃取、泄露、毁损以及非法利用、非法出境的风险；

（六）上市存在关键信息基础设施、核心数据、重要数据或者大量个人信息被外国政府影响、控制、恶意利用的风险，以及网络信息安全风险；

（七）其他可能危害关键信息基础设施安全、网络安全和数据安全的因素。

第十一条 网络安全审查办公室认为需要开展网络安全审查的，应当自向当事人发出书面通知之日起30个工作日内完成初步审查，包括形成审查结论建议和将审查结论建议发送网络安全审查工作机制成员单位、相关部门征求意见；情况复杂的，可以延长15个工作日。

第十二条 网络安全审查工作机制成员单位和相关部门应当自收到审查结论建议之日起15个工作日内书面回复意见。

网络安全审查工作机制成员单位、相关部门意见一致的，网络安全审查办公室以书面形式将审查结论通知当事人；意见不一致的，按照特别审查程序处理，并通知当事人。

第十三条 按照特别审查程序处理的，网络安全审查办公室应当听取相关单位和部门意见，进行深入分析评估，再次形成审查结论建议，并征求网络安全审查工作机制成员单位和相关部门意见，按程序报中央网络安全和信息化委员会批准后，形成审查结论并书面通知当事人。

第十四条 特别审查程序一般应当在90个工作日内完成，情况复杂的可以延长。

第十五条 网络安全审查办公室要求提供补充材料的，当事人、产品和服务提供者应当予以配合。提交补充材料的时间不计入审查时间。

第十六条 网络安全审查工作机制成员单位认为影响或者可能影响国家安全的网络产品和服务以及数据处理活动，由网络安全审查办公室按程序报中央网络安全和信息化委员会批准后，依照本办法的规定进行审查。

为了防范风险，当事人应当在审查期间按照网络安全审查要求采取预防和消减风险的措施。

第十七条 参与网络安全审查的相关机构和人员应当严格保护知识产权，对在审查工作中知悉的商业秘密、个人信息，当事人、产品和服务提供者提交的未公开材料，以及其他未公开信息承担保密义务；未经信息提供方同意，不得向无关方披露或者用于审查以外的目的。

第十八条 当事人或者网络产品和服务提供者认为审查人员有失客观公正，或者未能对审查工作中知悉的信息承担保密义务的，可以向网络安全审查办公室或者有关部门举报。

第十九条 当事人应当督促产品和服务提供者履行网络安全审查中作出的承诺。

网络安全审查办公室通过接受举报等形式加强事前事中事后监督。

第二十条 当事人违反本办法规定的，依照《中华人民共和国网络安全法》、《中华人民共和国数据安全法》的规定处理。

第二十一条 本办法所称网络产品和服务主要指核心网络设备、重要通信产品、高性能计算机和服务器、大容量存储设备、大型数据库和应用软件、网络安全设备、云计算服务，以及其他对关键信息基础设施安全、网络安全和数据安全有重要影响的网络产品和服务。

第二十二条 涉及国家秘密信息的，依照国家有关保密规定执行。

国家对数据安全审查、外商投资安全审查另有规定的，应当同时符合其规定。

第二十三条 本办法自 2022 年 2 月 15 日起施行。2020 年 4 月 13 日公布的《网络安全审查办法》（国家互联网信息办公室、国家发展和改革委员会、工业和信息化部、公安部、国家安全部、财政部、商务部、中国人民银行、国家市场监督管理总局、国家广播电视总局、国家保密局、国家密码管理局令第 6 号）同时废止。

证券期货业网络和信息安全管理办法

· 2023 年 2 月 27 日中国证券监督管理委员会令第 218 号公布
· 自 2023 年 5 月 1 日起施行

第一章 总 则

第一条 为了保障证券期货业网络和信息安全，保护投资者合法权益，促进证券期货业稳定健康发展，根据《中华人民共和国证券法》（以下简称《证券法》）、《中华人民共和国期货和衍生品法》（以下简称《期货和衍生品法》）、《中华人民共和国证券投资基金法》（以下简称《证券投资基金法》）、《中华人民共和国网络安全法》（以下简称《网络安全法》）、《中华人民共和国数据安全法》、《中华人民共和国个人信息保护法》（以下简称《个人信息保护法》）、《关键信息基础设施安全保护条例》等法律法规，制定本办法。

第二条 核心机构和经营机构在中华人民共和国境内建设、运营、维护、使用网络及信息系统，信息技术系统服务机构为证券期货业务活动提供产品或者服务的网络和信息安全保障，以及证券期货业网络和信息安全的监督管理，适用本办法。

第三条 核心机构和经营机构应当遵循保障安全、促进发展的原则，建立健全网络和信息安全防护体系，提升安全保障水平，确保与信息化工作同步推进，促进本机构相关工作稳妥健康发展。

信息技术系统服务机构应当遵循技术安全、服务合规的原则，为证券期货业务活动提供产品或者服务，与核心机构、经营机构共同保障行业网络和信息安全，促进行业信息化发展。

第四条 核心机构和经营机构应当依法履行网络和信息安全保护义务，对本机构网络和信息安全负责，相关责任不因其他机构提供产品或者服务进行转移或者减轻。

信息技术系统服务机构应当勤勉尽责，对提供产品或者服务的安全性、合规性承担责任。

第五条 中国证监会依法履行以下监督管理职责：

（一）组织制定并推动落实证券期货业网络和信息安全发展规划、监管规则和行业标准；

（二）负责证券期货业网络和信息安全的监督管理，按规定做好证券期货业涉及的关键信息基础设施安全保护工作；

（三）负责证券期货业网络和信息安全重大技术路线、重大科技项目管理；

（四）组织开展证券期货业投资者个人信息保护工作；

（五）负责证券期货业网络安全应急演练、应急处置、事件报告与调查处理；

（六）指导证券期货业网络和信息安全促进与发展；

（七）支持、协助国家有关部门组织实施网络和信息安全相关法律、行政法规；

（八）法律法规规定的其他网络和信息安全监管职责。

第六条 中国证监会建立集中管理、分级负责的证券期货业网络和信息安全监督管理体制。中国证监会科技监管部门对证券期货业网络和信息安全实施监督管理。中国证监会履行监管职责的其他部门配合开展相关工作。

中国证监会派出机构对本辖区经营机构和信息技术系统服务机构网络和信息安全实施日常监管。

第七条 中国证券业协会、中国期货业协会、中国证券投资基金业协会等行业协会（以下统称行业协会）依法制定行业网络和信息安全自律规则，对经营机构网络和信息安全实施自律管理。

第八条 核心机构依法制定保障市场相关主体与本机构信息系统安全互联的技术规则，对与本机构信息系统和网络通信设施相关联主体加强指导，督促其强化网络和信息安全管理，保障相关信息系统和网络通信设施的安全平稳运行。

第二章 网络和信息安全运行

第九条 核心机构和经营机构应当具有完善的信息技术治理架构，健全网络和信息安全管理制度体系，建立内部决策、管理、执行和监督机制，确保网络和信息安全管理能力与业务活动规模、复杂程度相匹配。

信息技术系统服务机构应当建立网络和信息安全管理制度，配备相应的安全、合规管理人员，建立与提供产品或者服务相适应的网络和信息安全管理机制。

第十条 核心机构和经营机构应当明确主要负责人为本机构网络和信息安全工作的第一责任人，分管网络和信息安全工作的领导班子成员或者高级管理人员为直接责任人。

核心机构和经营机构应当建立网络和信息安全工作协调和决策机制，保障第一责任人和直接责任人履行职责。

第十一条 核心机构和经营机构应当指定或者设立网络和信息安全工作牵头部门或者机构，负责管理重要信息系统和相关基础设施、制定网络安全应急预案、组织应急演练等工作。

第十二条 核心机构和经营机构应当保障人员和资金投入与业务活动规模、复杂程度相适应，确保网络和信息安全人员具备与履行职责相匹配的专业知识和职业技能。

第十三条 核心机构和经营机构应当确保信息系统和相关基础设施具备合理的架构，足够的性能、容量、可靠性、扩展性和安全性，并保证相关安全技术措施与信息化工作同步规划、同步建设、同步使用。

第十四条 核心机构和经营机构应当落实网络安全等级保护制度，依法履行网络安全等级保护义务，按照国家和证券期货业网络安全等级保护相关要求，开展网络和信息系统定级备案、等级测评和安全建设等工作。

核心机构和经营机构应当按照相关要求，将网络安全等级保护工作开展情况报送中国证监会及其派出机构。

第十五条 核心机构和经营机构新建上线、运行变更、下线移除重要信息系统的，应当充分评估技术和业务风险，制定风险防控措施、应急处置和回退方案，并对相关结果进行复核验证；可能对证券期货市场安全平稳运行产生较大影响的，应当提前向中国证监会及其派出机构报告。

核心机构和经营机构不得在交易时段对重要信息系统进行变更，重要信息系统存在故障、缺陷，经评估须进行紧急修复的情形除外。

第十六条 核心机构和经营机构在重要信息系统上线、变更前应当制定全面的测试方案，持续完善测试用例和测试数据，并保障测试的有效执行。

除必须使用敏感数据的情形外，核心机构和经营机构应当对测试环境涉及的敏感数据进行脱敏，对未脱敏数据须采取与生产环境同等的安全控制措施。

核心机构交易、行情、开户、结算、通信等重要信息系统上线或者进行重大升级变更时，应当组织市场相关主体进行联网测试。

第十七条 核心机构和经营机构暂停或者终止借助网络向投资者提供服务前，应当履行告知义务，合理选取公告、定向通知等方式告知投资者相关业务影响情况、替代方式及应对措施。

第十八条 核心机构和经营机构应当建立健全网络和信息安全监测预警机制，设定监测指标，持续监测信息系统和相关基础设施的运行状况，及时处置异常情形，对监测机制执行效果进行定期评估并持续优化。

核心机构和经营机构应当全面、准确记录并妥善保存生产运营过程中的业务日志和系统日志，确保满足故障分析、内部控制、调查取证等工作的需要。重要信息系统业务日志应当保存五年以上，系统日志应当保存六个月以上。

第十九条 核心机构和经营机构应当构建网络和信息安全防护体系，综合采取网络隔离、用户认证、访问控制、策略管理、数据加密、网站防篡改、病毒木马防范、非法入侵检测和网络安全态势感知等安全保障措施，提升网络和信息安全防护能力，及时识别、阻断相关网络攻击，保护重要信息系统和相关基础设施，防范信息泄露与损毁。

第二十条 核心机构和经营机构应当建立本地、同城和异地数据备份设施，重要信息系统应当每天至少备份数据一次，每季度至少对数据备份进行一次有效性验证。

核心机构和经营机构应当建立重要信息系统的故障备份设施和灾难备份设施，根据信息系统的重要程度和业务影响情况，确定恢复目标，保证业务连续运行。灾难备份设施应当通过同城或者异地灾难备份中心的形式体现。

核心机构和经营机构采取双活或者多活架构部署重要信息系统的，在确保业务连续运行的前提下，任一数据中心可视为其他数据中心的灾难备份设施。

第二十一条 核心机构和经营机构应当每年至少开展一次重要信息系统压力测试；发现市场较大波动，重要信息系统的性能容量可能无法保障安全平稳运行的，应当及时对相关信息系统开展压力测试。

核心机构和经营机构应当依照有关行业标准，根据系统技术特点和承载业务类型，制定压力测试方案，设定测试场景，从系统性能、网络负载、灾备建设等方面设置测试指标，有序组织测试工作，测试完成后形成压力测试报告存档备查，并保存五年以上。

核心机构和经营机构重要信息系统的性能容量应当在历史峰值的两倍以上。核心机构交易时段相关网络近一年使用峰值应当在当前带宽的百分之五十以下，经营机构交易时段相关网络近一年使用峰值应当在当前带宽的百分之八十以下。

第二十二条 核心机构和经营机构应当建立健全供应商管理机制，明确信息技术产品和服务准入标准，审慎采购并持续评估相关产品和服务的质量，及时改进风险管理措施，健全应急处置机制，确保重要信息系统运行安全可控。

核心机构和经营机构应当与供应商签订合同及保密协议，明确约定各方保障网络和信息安全的权利和义务；在使用供应商提供产品或者服务时引发网络安全事件的，相关供应商有义务配合中国证监会及其派出机构查明网络安全事件原因，认定网络安全事件责任。

第二十三条 供应商为核心机构和经营机构提供重要信息系统相关产品或者服务的，应当依法作为信息技术系统服务机构向中国证监会备案。

核心机构和经营机构应当督促相关信息技术系统服务机构依法履行备案义务。

第二十四条 任何机构和个人不得违规开展证券期货业信息系统认证、检测、风险评估等活动，不得违规发布证券期货业信息安全漏洞、计算机病毒、网络攻击、网络侵入等信息。

第二十五条 核心机构和经营机构应当建立信息发布审核机制，加强对本机构和本机构运营平台发布信息的管理，发现违反法律法规和有关监管规定的，应当立即停止发布传输，采取必要的处置措施，防止信息扩散，积极消除负面影响，并及时向中国证监会及其派出机构报告。

第二十六条 核心机构应当对交易、行情、开户、结算、风控、通信等重要信息系统具有自主开发能力，掌握执行程序和源代码并安全可靠存放。

经营机构应当根据自身发展需要，加强自主研发能力建设，持续提升自主可控能力。

核心机构和经营机构应当按照国家及中国证监会有关要求，开展信息技术应用创新以及商用密码应用相关工作。

第二十七条 中国证监会可以委托相关机构建设证券期货业备份数据中心，开展行业数据的集中备份和管理工作，并采取有效安全防护手段，防范数据损毁泄露风险，持续提升证券期货业重大灾难应对能力。

鼓励证券期货业关键信息基础设施运营者及时向证券期货业备份数据中心备份数据。其他核心机构和经营机构可以结合经营需要，自主选择证券期货业备份数据中心，开展数据级灾难备份工作。

第二十八条 核心机构和经营机构应当按照知识产权相关法律法规，制定知识产权保护策略和制度，不侵犯他人的知识产权，并采取有效措施保护本机构自主知识产权。

第三章 投资者个人信息保护

第二十九条 核心机构和经营机构应当遵循合法、正当、必要和诚信原则，处理投资者个人信息，规范投资者个人信息处理行为，履行投资者个人信息保护义务，不得损害投资者合法权益。

第三十条 核心机构和经营机构处理投资者个人信息，应当建立健全投资者个人信息保护体系，明确相关岗位及职责要求，建立健全投资者个人信息处理、安全防护、应急处置、审计监督等管理机制，加强投资者个人信息保护。

第三十一条 核心机构和经营机构应当按照法律法规的规定及合同的约定处理投资者个人信息，明确告知投资者处理个人信息的目的、方式、范围和隐私保护政策，不得超范围收集和使用投资者个人信息，不得收集提供服务非必要的投资者个人信息。合同约定事项应当基于从事证券期货业务活动的必要限度。

核心机构和经营机构不得以投资者不同意处理其个人信息或者撤回同意为由，拒绝向投资者提供服务，为投资者提供服务所必需、履行法定职责或者法定义务等情形除外。

第三十二条 核心机构和经营机构处理投资者个人信息时，应当确保个人信息在收集、存储、使用、加工、传输、提供、公开、删除等处理过程中的合规、安全，防止个人信息的泄露、篡改、丢失。

第三十三条 核心机构和经营机构应当依法依规向第三方机构提供投资者个人信息，明确告知投资者个人信息处理目的、处理方式、个人信息种类、保存期限、保护措施以及相关方的权利和义务等，并取得投资者个人单独同意，履行法定职责或者法定义务的情形除外。

第三十四条 核心机构和经营机构在本机构网络安全防护边界以外处理投资者个人信息的，应当采取数据脱敏、数据加密等措施，防范化解投资者个人信息在处理过程中的泄露风险。

核心机构和经营机构通过短信、邮件等非自主运营渠道发送投资者敏感个人信息的，应当将投资者账号信息、身份证号码等敏感个人信息进行脱敏处理。

第三十五条 核心机构和经营机构利用生物特征进行客户身份认证的，应当对其必要性、安全性进行风险评估，不得将人脸、步态、指纹、虹膜、声纹等生物特征作为唯一的客户身份认证方式，强制客户同意收集其个人生物特征信息。

第四章 网络和信息安全应急处置

第三十六条 核心机构、经营机构和信息技术系统服务机构发现网络和信息安全产品或者服务存在安全缺陷、安全漏洞等风险隐患的，应当及时核实并加固整改；可能对证券期货业网络和信息安全平稳运行产生较大影响的，应当向中国证监会及其派出机构报告。

第三十七条 核心机构和经营机构应当根据业务影响分析情况，建立健全网络安全应急预案，明确应急目标、应急组织和处置流程，应急场景应当覆盖网络安全事件、自然灾害和公共卫生事件、本机构网络和信息安全相关重大人事变动、主要信息技术系统服务机构退出等情形。

第三十八条 核心机构应当组织与本机构信息系统和网络通信设施相关联主体开展网络安全应急演练，每年至少开展一次，并于演练后15个工作日内将相关情况报告中国证监会。

核心机构和经营机构应当定期开展网络安全应急演练，并形成应急演练报告存档备查。

第三十九条 核心机构和经营机构应当建立应急处置机制，及时处置网络安全事件，尽快恢复信息系统正常运行，保护事件现场和相关证据，向中国证监会及其派出机构进行应急报告，不得瞒报、谎报、迟报、漏报。

信息技术系统服务机构应当协助开展信息系统故障排查、修复等工作，并及时告知使用同类产品或者服务的核心机构和经营机构，配合开展风险排查和整改工作。

第四十条 核心机构和经营机构应当配合中国证监会及其派出机构对网络安全事件进行调查处理，及时组织内部调查，完成问题整改，认定追究事件责任，并按照有关规定报告中国证监会及其派出机构。

第四十一条 核心机构和经营机构发生网络安全事件，对投资者造成影响的，应当及时通过官方网站、客户交易终端、电话或者邮件等有效渠道通知相关方可以采取的替代方式或者应急措施，提示相关方防范和应对可能出现的风险。

第五章 关键信息基础设施安全保护

第四十二条 证券期货业关键信息基础设施运营者应当按照法律法规及中国证监会有关规定，强化安全管理措施、技术防护及其他必要手段，保障经费投入，确保关键信息基础设施安全稳定运行，维护数据的完整性、保密性和可用性。

第四十三条 证券期货业关键信息基础设施运营者应当将关键信息基础设施安全保护情况纳入网络和信息安全工作第一责任人、直接责任人和相关人员的责任考核机制。

第四十四条 证券期货业关键信息基础设施运营者应当指定专门机构或者部门负责关键信息基础设施安全保护管理工作，为每个关键信息基础设施指定网络和信息安全管理责任人，依法认定网络安全关键岗位，配备充足的网络和信息安全人员，并对专门安全管理机构负责人和关键岗位人员进行安全背景审查。

第四十五条 证券期货业关键信息基础设施运营者新建承载关键业务的重要网络设施、信息系统等，投入使用前应当按照关键信息基础设施安全保护相关要求开展安全检测和风险评估，检测评估通过后上线运行。

证券期货业关键信息基础设施运营者对关键信息基础设施实施运行变更或者下线移除，可能对证券期货市场安全平稳运行产生较大影响的，应当在遵守本办法第十五条的前提下，组织开展专家评审；未通过评审的，原则上不得实施运行变更、下线移除等操作。

证券期货业关键信息基础设施停止运营或者发生较大变化，可能影响认定结果的，相关运营者应当及时将相关情况报告中国证监会及其派出机构。

第四十六条 证券期货业关键信息基础设施运营者应当每年至少进行一次网络和信息安全检测和风险评估，对发现的安全问题及时整改，网络和信息安全检测和风险评估的内容包括但不限于：关键信息基础设施的运行情况、面临的主要威胁、风险管理情况、应急处置情况等。

第四十七条 证券期货业关键信息基础设施运营者采购网络产品或者服务的，应当按照国家网络安全审查制度要求开展风险预判工作；采购网络产品或者服务与关键信息基础设施密切相关，投入使用后可能影响国家安全的，应当及时申报网络安全审查。

第四十八条 证券期货业关键信息基础设施运营者应当对关键信息基础设施的安全运行进行持续监测，定期开展压力测试，发现系统性能和网络容量不足的，应当及时采取系统升级、扩容等处置措施，确保系统性能容量在历史峰值的三倍以上，交易时段相关网络带宽应当在近一年使用峰值的两倍以上。

第四十九条　证券期货业关键信息基础设施运营者应当在符合本办法第二十条规定的基础上，建设同城和异地灾难备份中心，实现数据同步保存。

第六章　网络和信息安全促进与发展

第五十条　鼓励核心机构、经营机构和信息技术系统服务机构在依法合规的前提下，积极开展网络和信息安全技术应用工作，运用新技术提升网络和信息安全保障水平。

第五十一条　核心机构和经营机构组织开展行业信息基础设施建设的，应当在保障本机构网络和信息安全的前提下，为行业统筹提供服务，提升信息技术资源利用和服务水平。

第五十二条　核心机构和经营机构参加资本市场金融科技创新机制的，应当遵守有关规定，在依法合规、风险可控的前提下，有序开展金融科技创新与应用，借助新型信息技术手段，提升本机构证券期货业务活动的运行质量和效能。

信息技术系统服务机构参加资本市场金融科技创新机制的，应当遵守有关规定，持续优化技术服务水平，增强安全合规管理能力。

第五十三条　核心机构可以申请开展证券期货业网络和信息安全相关认证、检测、测试和风险评估等监管支撑工作。相关核心机构应当保障充足的资源投入，完善内部管理制度和工作流程，保证工作专业性、独立性和公信力。

中国证监会定期对核心机构前款工作情况开展评估，评估通过的，可以将其作为证券期货业网络和信息安全监管支撑单位，相关工作情况可以作为中国证监会及其派出机构实施监督管理的参考依据。

第五十四条　核心机构和经营机构应当加强网络和信息安全人才队伍建设，建立与网络和信息安全工作特点相适应的人才培养机制，确保人才资质、经验、专业素质及职业道德符合岗位要求。

行业协会应当制定网络和信息安全培训计划，定期组织培训交流，提高证券期货从业人员网络和信息安全意识和专业素养。

第五十五条　核心机构和经营机构应当加强本机构网络和信息安全宣传与教育，每年至少开展一次全员网络和信息安全教育活动，提升员工网络和信息安全意识。

经营机构应当定期组织开展面向投资者的网络和信息安全宣传教育活动，结合网上证券期货业务活动的特点，揭示网络和信息安全风险，增强投资者风险防范能力。

第五十六条　行业协会应当鼓励、引导网络和信息安全技术创新与应用，增强自主可控能力，组织开展科技奖励，促进行业科技进步。

行业协会应当引导信息技术系统服务机构规范参与行业网络和信息安全和信息化工作，提升服务的安全合规水平，促进市场有序竞争。

第七章　监督管理与法律责任

第五十七条　核心机构、经营机构和信息技术系统服务机构应当向中国证监会及其派出机构报送或者提供证券期货业网络和信息安全管理相关信息和数据，确保有关信息和数据的真实、准确、完整。

第五十八条　中国证监会负责建立健全行业网络和信息安全态势感知工作机制，并就相关安全缺陷、安全漏洞等风险隐患开展行业通报预警。核心机构、经营机构和信息技术系统服务机构应当及时排查并采取风险防范措施。

第五十九条　核心机构和经营机构应当于每年4月30日前，完成对上一年网络和信息安全工作的专项评估，编制网络和信息安全管理年报，报送中国证监会及其派出机构，年报内容包括但不限于网络和信息安全治理情况、人员情况、投入情况、风险情况、处置情况和下一年度工作计划等。

核心机构和经营机构报送网络和信息安全管理年报时，可以与中国证监会要求的信息科技管理专项报告等其他年度信息科技类报告合并报送，关键信息基础设施安全保护年度计划除外。

证券期货业关键信息基础设施运营者应当将关键信息基础设施网络和信息安全检测和风险评估情况纳入网络和信息安全管理年报。

第六十条　中国证监会及其派出机构可以委托国家、行业有关专业机构采用漏洞扫描、风险评估等方式，协助对核心机构、经营机构和信息技术系统服务机构开展监督、检查。

第六十一条　中国证监会可以根据国家有关要求或者行业工作需要，组织开展证券期货业重要时期网络和信息安全保障。中国证监会派出机构负责督促本辖区经营机构和信息技术系统服务机构落实相关工作要求。

证券期货业重要时期网络和信息安全保障期间，核心机构和经营机构应当遵循安全优先的原则，加强安全生产值守，严格落实信息报送要求。

第六十二条　核心机构违反本办法规定的，中国证监会可以对其采取责令改正、监管谈话等监管措施；对有关高级管理人员给予警告、记过、记大过、降级、撤职、开除等行政处分，并责令核心机构对其他责任人给予纪律处分。

经营机构和信息技术系统服务机构违反本办法规定的，中国证监会及其派出机构可以对其采取责令改正、监管谈话、出具警示函、责令公开说明、责令定期报告、责令增加内部合规检查次数等监管措施；对直接责任人和其他责任人员采取责令改正、监管谈话、出具警示函等监管措施；情节严重的，对相关机构及责任人员单处或者并处警告、十万元以下罚款，涉及金融安全且有危害后果的，并处二十万元以下罚款。

第六十三条 经营机构违反本办法规定，反映机构治理混乱、内控失效或者不符合持续性经营规则的，中国证监会及其派出机构可以依照《证券法》《期货和衍生品法》《证券投资基金法》相关规定，采取责令暂停借助网络开展部分业务或者全部业务、责令更换董事、监事、高级管理人员或者限制其权利等监管措施。

信息技术系统服务机构违反本办法规定，未履行备案义务的，中国证监会及其派出机构可以依照《证券法》《期货和衍生品法》相关规定予以处罚。

第六十四条 核心机构、经营机构和信息技术系统服务机构违反本办法第九条、第十条、第十八条、第十九条、第二十条、第三十七条、第三十九条规定，未履行网络和信息安全保护义务，或者应急管理存在重大过失的，中国证监会及其派出机构可以依照《网络安全法》相关规定予以处罚。

证券期货业关键信息基础设施运营者未履行本办法第九条、第十条、第十八条、第十九条、第二十条、第二十二条、第三十七条、第三十八条、第四十二条、第四十四条、第四十六条、第四十九条、第五十五条规定的网络安全保护义务的，中国证监会及其派出机构可以依照《网络安全法》《关键信息基础设施安全保护条例》相关规定予以处罚。

第六十五条 核心机构和经营机构违反本办法第十七条、第三十六条规定，擅自暂停或者终止借助网络向投资者提供服务，对其产品、服务存在安全缺陷、漏洞等风险未立即采取补救措施，或者未按照规定及时报告的，中国证监会及其派出机构可以依照《网络安全法》相关规定予以处罚。

第六十六条 违反本办法第二十四条规定，开展证券期货业信息系统认证、检测、风险评估等活动，或者向社会发布证券期货业信息安全漏洞、计算机病毒、网络攻击、网络侵入等信息的，中国证监会及其派出机构可以依照《网络安全法》相关规定予以处罚。

第六十七条 核心机构和经营机构违反本办法第二十五条规定，对法律、行政法规禁止发布或者传输的信息未停止传输、采取消除等处置措施、保存有关记录的，中国证监会及其派出机构可以依照《网络安全法》相关规定予以处罚。

第六十八条 核心机构和经营机构违反本办法第三十一条第一款、第三十二条、第三十三条规定，违规处理个人信息，或者处理个人信息未履行个人信息保护义务的，中国证监会及其派出机构可以依照《网络安全法》《个人信息保护法》相关规定予以处罚。

第六十九条 核心机构、经营机构和信息技术系统服务机构拒绝、阻碍中国证监会及其派出机构行使监督检查、调查职权的，中国证监会及其派出机构可以依法予以处罚。

第七十条 核心机构和经营机构参加资本市场金融科技创新机制或者信息技术应用创新机制，相关项目发生网络安全事件，相关机构处置得当，积极消除不良影响的，中国证监会及其派出机构可以予以从轻或者减轻处罚，未对证券期货市场产生不良影响的，可以免于处罚。

第八章 附 则

第七十一条 本办法中下列用语的含义：

（一）核心机构，包括证券期货交易场所、证券登记结算机构等承担证券期货市场公共职能、承担证券期货业信息技术公共基础设施运营的证券期货市场核心机构及其承担上述相关职能的下属机构。

（二）经营机构，是指证券公司、期货公司和基金管理公司等证券期货经营机构。

（三）信息技术系统服务机构，是指为证券期货业务活动提供重要信息系统的开发、测试、集成、测评、运维及日常安全管理等产品或者服务的机构。

（四）双活或者多活架构，是指在同城或者异地的两个或者多个数据中心同时对外提供服务，当其中一个或者多个数据中心发生灾难性事故时，可以将原先由其承载的服务请求划拨至其他正常运作的数据中心，保障业务连续运行。

（五）重要信息系统，是指承载证券期货业关键业务活动，如出现系统服务异常、数据泄露等情形，将对证券期货市场和投资者产生重大影响的信息系统。

（六）可能对证券期货市场安全平稳运行产生较大影响，是指依据网络安全事件调查处理有关办法，可能引发较大或者以上级别网络安全事件的情形。

（七）"以上"含本数，"以下"不含本数。

第七十二条 本办法规定的核心机构、经营机构和信息技术系统服务机构相关报告事项，是指按照监管职责，核心机构应当向中国证监会报告；除中国证监会另有要求的，经营机构和信息技术系统服务机构原则上应当向属地中国证监会派出机构报告。

第七十三条 国家对存储、处理涉及国家秘密信息的网络和信息安全管理另有规定的，从其规定。

第七十四条 境内开展证券公司客户交易结算资金第三方存管业务、期货保证金存管业务的商业银行，证券投资咨询机构，基金托管机构和从事公开募集基金的销售、销售支付、份额登记、估值、投资顾问、评价等基金服务业务的机构，从事证券期货业务活动的经营机构子公司，借助自身运维管理的信息系统从事证券投资活动且存续产品涉及基金份额持有人账户合计一千人以上的私募证券投资基金管理人，应当根据相关信息系统网络和信息安全管理的特点，参照适用本办法。

核心机构和经营机构设立信息科技专业子公司，为母公司提供信息科技服务的，信息科技专业子公司应当按照本办法落实网络和信息安全相关要求。

第七十五条 本办法自 2023 年 5 月 1 日起施行。2012 年 11 月 1 日公布的《证券期货业信息安全保障管理办法》（证监会令第 82 号）同时废止。

6. 知识产权

中华人民共和国著作权法

- 1990 年 9 月 7 日第七届全国人民代表大会常务委员会第十五次会议通过
- 根据 2001 年 10 月 27 日第九届全国人民代表大会常务委员会第二十四次会议《关于修改〈中华人民共和国著作权法〉的决定》第一次修正
- 根据 2010 年 2 月 26 日第十一届全国人民代表大会常务委员会第十三次会议《关于修改〈中华人民共和国著作权法〉的决定》第二次修正
- 根据 2020 年 11 月 11 日第十三届全国人民代表大会常务委员会第二十三次会议《关于修改〈中华人民共和国著作权法〉的决定》第三次修正

第一章 总 则

第一条 为保护文学、艺术和科学作品作者的著作权，以及与著作权有关的权益，鼓励有益于社会主义精神文明、物质文明建设的作品的创作和传播，促进社会主义文化和科学事业的发展与繁荣，根据宪法制定本法。

第二条 中国公民、法人或者非法人组织的作品，不论是否发表，依照本法享有著作权。

外国人、无国籍人的作品根据其作者所属国或者经常居住地国同中国签订的协议或者共同参加的国际条约享有的著作权，受本法保护。

外国人、无国籍人的作品首先在中国境内出版的，依照本法享有著作权。

未与中国签订协议或者共同参加国际条约的国家的作者以及无国籍人的作品首次在中国参加的国际条约的成员国出版的，或者在成员国和非成员国同时出版的，受本法保护。

第三条 本法所称的作品，是指文学、艺术和科学领域内具有独创性并能以一定形式表现的智力成果，包括：

（一）文字作品；

（二）口述作品；

（三）音乐、戏剧、曲艺、舞蹈、杂技艺术作品；

（四）美术、建筑作品；

（五）摄影作品；

（六）视听作品；

（七）工程设计图、产品设计图、地图、示意图等图形作品和模型作品；

（八）计算机软件；

（九）符合作品特征的其他智力成果。

第四条 著作权人和与著作权有关的权利人行使权利，不得违反宪法和法律，不得损害公共利益。国家对作品的出版、传播依法进行监督管理。

第五条 本法不适用于：

（一）法律、法规，国家机关的决议、决定、命令和其他具有立法、行政、司法性质的文件，及其官方正式译文；

（二）单纯事实消息；

（三）历法、通用数表、通用表格和公式。

第六条 民间文学艺术作品的著作权保护办法由国务院另行规定。

第七条 国家著作权主管部门负责全国的著作权管理工作；县级以上地方主管著作权的部门负责本行政区域的著作权管理工作。

第八条 著作权人和与著作权有关的权利人可以授权著作权集体管理组织行使著作权或者与著作权有关的权利。依法设立的著作权集体管理组织是非营利法人，被授权后可以以自己的名义为著作权人和与著作权有关的权利人主张权利,并可以作为当事人进行涉及著作权或者与著作权有关的权利的诉讼、仲裁、调解活动。

著作权集体管理组织根据授权向使用者收取使用费。使用费的收取标准由著作权集体管理组织和使用者代表协商确定,协商不成的,可以向国家著作权主管部门申请裁决,对裁决不服的,可以向人民法院提起诉讼;当事人也可以直接向人民法院提起诉讼。

著作权集体管理组织应当将使用费的收取和转付、管理费的提取和使用、使用费的未分配部分等总体情况定期向社会公布,并应当建立权利信息查询系统,供权利人和使用者查询。国家著作权主管部门应当依法对著作权集体管理组织进行监督、管理。

著作权集体管理组织的设立方式、权利义务、使用费的收取和分配,以及对其监督和管理等由国务院另行规定。

第二章 著作权

第一节 著作权人及其权利

第九条 著作权人包括:
(一)作者;
(二)其他依照本法享有著作权的自然人、法人或者非法人组织。

第十条 著作权包括下列人身权和财产权:
(一)发表权,即决定作品是否公之于众的权利;
(二)署名权,即表明作者身份,在作品上署名的权利;
(三)修改权,即修改或者授权他人修改作品的权利;
(四)保护作品完整权,即保护作品不受歪曲、篡改的权利;
(五)复制权,即以印刷、复印、拓印、录音、录像、翻录、翻拍、数字化等方式将作品制作一份或者多份的权利;
(六)发行权,即以出售或者赠与方式向公众提供作品的原件或者复制件的权利;
(七)出租权,即有偿许可他人临时使用视听作品、计算机软件的原件或者复制件的权利,计算机软件不是出租的主要标的的除外;
(八)展览权,即公开陈列美术作品、摄影作品的原件或者复制件的权利;
(九)表演权,即公开表演作品,以及用各种手段公开播送作品的表演的权利;
(十)放映权,即通过放映机、幻灯机等技术设备公开再现美术、摄影、视听作品等的权利;
(十一)广播权,即以有线或者无线方式公开传播或者转播作品,以及通过扩音器或者其他传送符号、声音、图像的类似工具向公众传播广播的作品的权利,但不包括本款第十二项规定的权利;
(十二)信息网络传播权,即以有线或者无线方式向公众提供,使公众可以在其选定的时间和地点获得作品的权利;
(十三)摄制权,即以摄制视听作品的方法将作品固定在载体上的权利;
(十四)改编权,即改变作品,创作出具有独创性的新作品的权利;
(十五)翻译权,即将作品从一种语言文字转换成另一种语言文字的权利;
(十六)汇编权,即将作品或者作品的片段通过选择或者编排,汇集成新作品的权利;
(十七)应当由著作权人享有的其他权利。

著作权人可以许可他人行使前款第五项至第十七项规定的权利,并依照约定或者本法有关规定获得报酬。

著作权人可以全部或者部分转让本条第一款第五项至第十七项规定的权利,并依照约定或者本法有关规定获得报酬。

第二节 著作权归属

第十一条 著作权属于作者,本法另有规定的除外。

创作作品的自然人是作者。

由法人或者非法人组织主持,代表法人或者非法人组织意志创作,并由法人或者非法人组织承担责任的作品,法人或者非法人组织视为作者。

第十二条 在作品上署名的自然人、法人或者非法人组织为作者,且该作品上存在相应权利,但有相反证明的除外。

作者等著作权人可以向国家著作权主管部门认定的登记机构办理作品登记。

与著作权有关的权利参照适用前两款规定。

第十三条 改编、翻译、注释、整理已有作品而产生的作品,其著作权由改编、翻译、注释、整理人享有,但行使著作权时不得侵犯原作品的著作权。

第十四条 两人以上合作创作的作品,著作权由合作作者共同享有。没有参加创作的人,不能成为合作作者。

合作作品的著作权由合作作者通过协商一致行使;不能协商一致,又无正当理由的,任何一方不得阻止他方行使除转让、许可他人专有使用、出质以外的其他权利，但是所得收益应当合理分配给所有合作作者。

合作作品可以分割使用的，作者对各自创作的部分可以单独享有著作权，但行使著作权时不得侵犯合作作品整体的著作权。

第十五条 汇编若干作品、作品的片段或者不构成作品的数据或者其他材料，对其内容的选择或者编排体现独创性的作品，为汇编作品，其著作权由汇编人享有，但行使著作权时，不得侵犯原作品的著作权。

第十六条 使用改编、翻译、注释、整理、汇编已有作品而产生的作品进行出版、演出和制作录音录像制品，应当取得该作品的著作权人和原作品的著作权人许可，并支付报酬。

第十七条 视听作品中的电影作品、电视剧作品的著作权由制作者享有，但编剧、导演、摄影、作词、作曲等作者享有署名权，并有权按照与制作者签订的合同获得报酬。

前款规定以外的视听作品的著作权归属由当事人约定；没有约定或者约定不明确的，由制作者享有，但作者享有署名权和获得报酬的权利。

视听作品中的剧本、音乐等可以单独使用的作品的作者有权单独行使其著作权。

第十八条 自然人为完成法人或者非法人组织工作任务所创作的作品是职务作品，除本条第二款的规定以外，著作权由作者享有，但法人或者非法人组织有权在其业务范围内优先使用。作品完成两年内，未经单位同意，作者不得许可第三人以与单位使用的相同方式使用该作品。

有下列情形之一的职务作品，作者享有署名权，著作权的其他权利由法人或者非法人组织享有，法人或者非法人组织可以给予作者奖励：

（一）主要是利用法人或者非法人组织的物质技术条件创作，并由法人或者非法人组织承担责任的工程设计图、产品设计图、地图、示意图、计算机软件等职务作品；

（二）报社、期刊社、通讯社、广播电台、电视台的工作人员创作的职务作品；

（三）法律、行政法规规定或者合同约定著作权由法人或者非法人组织享有的职务作品。

第十九条 受委托创作的作品，著作权的归属由委托人和受托人通过合同约定。合同未作明确约定或者没有订立合同的，著作权属于受托人。

第二十条 作品原件所有权的转移，不改变作品著作权的归属，但美术、摄影作品原件的展览权由原件所有人享有。

作者将未发表的美术、摄影作品的原件所有权转让给他人，受让人展览该原件不构成对作者发表权的侵犯。

第二十一条 著作权属于自然人的，自然人死亡后，其本法第十条第一款第五项至第十七项规定的权利在本法规定的保护期内，依法转移。

著作权属于法人或者非法人组织的，法人或者非法人组织变更、终止后，其本法第十条第一款第五项至第十七项规定的权利在本法规定的保护期内，由承受其权利义务的法人或者非法人组织享有；没有承受其权利义务的法人或者非法人组织的，由国家享有。

第三节 权利的保护期

第二十二条 作者的署名权、修改权、保护作品完整权的保护期不受限制。

第二十三条 自然人的作品，其发表权、本法第十条第一款第五项至第十七项规定的权利的保护期为作者终生及其死亡后五十年，截止于作者死亡后第五十年的12月31日；如果是合作作品，截止于最后死亡的作者死亡后第五十年的12月31日。

法人或者非法人组织的作品、著作权（署名权除外）由法人或者非法人组织享有的职务作品，其发表权的保护期为五十年，截止于作品创作完成后第五十年的12月31日；本法第十条第一款第五项至第十七项规定的权利的保护期为五十年，截止于作品首次发表后第五十年的12月31日，但作品自创作完成后五十年内未发表的，本法不再保护。

视听作品，其发表权的保护期为五十年，截止于作品创作完成后第五十年的12月31日；本法第十条第一款第五项至第十七项规定的权利的保护期为五十年，截止于作品首次发表后第五十年的12月31日，但作品自创作完成后五十年内未发表的，本法不再保护。

第四节 权利的限制

第二十四条 在下列情况下使用作品，可以不经著作权人许可，不向其支付报酬，但应当指明作者姓名或者名称、作品名称，并且不得影响该作品的正常使用，也不得不合理地损害著作权人的合法权益：

（一）为个人学习、研究或者欣赏，使用他人已经发表的作品；

（二）为介绍、评论某一作品或者说明某一问题，在作品中适当引用他人已经发表的作品；

（三）为报道新闻，在报纸、期刊、广播电台、电视台等媒体中不可避免地再现或者引用已经发表的作品；

（四）报纸、期刊、广播电台、电视台等媒体刊登或者播放其他报纸、期刊、广播电台、电视台等媒体已经发表的关于政治、经济、宗教问题的时事性文章，但著作权人声明不许刊登、播放的除外；

（五）报纸、期刊、广播电台、电视台等媒体刊登或者播放在公众集会上发表的讲话，但作者声明不许刊登、播放的除外；

（六）为学校课堂教学或者科学研究，翻译、改编、汇编、播放或者少量复制已经发表的作品，供教学或者科研人员使用，但不得出版发行；

（七）国家机关为执行公务在合理范围内使用已经发表的作品；

（八）图书馆、档案馆、纪念馆、博物馆、美术馆、文化馆等为陈列或者保存版本的需要，复制本馆收藏的作品；

（九）免费表演已经发表的作品，该表演未向公众收取费用，也未向表演者支付报酬，且不以营利为目的；

（十）对设置或者陈列在公共场所的艺术作品进行临摹、绘画、摄影、录像；

（十一）将中国公民、法人或者非法人组织已经发表的以国家通用语言文字创作的作品翻译成少数民族语言文字作品在国内出版发行；

（十二）以阅读障碍者能够感知的无障碍方式向其提供已经发表的作品；

（十三）法律、行政法规规定的其他情形。

前款规定适用于对与著作权有关的权利的限制。

第二十五条 为实施义务教育和国家教育规划而编写出版教科书，可以不经著作权人许可，在教科书中汇编已经发表的作品片段或者短小的文字作品、音乐作品或者单幅的美术作品、摄影作品、图形作品，但应当按照规定向著作权人支付报酬，指明作者姓名或者名称、作品名称，并且不得侵犯著作权人依照本法享有的其他权利。

前款规定适用于对与著作权有关的权利的限制。

第三章 著作权许可使用和转让合同

第二十六条 使用他人作品应当同著作权人订立许可使用合同，本法规定可以不经许可的除外。

许可使用合同包括下列主要内容：

（一）许可使用的权利种类；

（二）许可使用的权利是专有使用权或者非专有使用权；

（三）许可使用的地域范围、期间；

（四）付酬标准和办法；

（五）违约责任；

（六）双方认为需要约定的其他内容。

第二十七条 转让本法第十条第一款第五项至第十七项规定的权利，应当订立书面合同。

权利转让合同包括下列主要内容：

（一）作品的名称；

（二）转让的权利种类、地域范围；

（三）转让价金；

（四）交付转让价金的日期和方式；

（五）违约责任；

（六）双方认为需要约定的其他内容。

第二十八条 以著作权中的财产权出质的，由出质人和质权人依法办理出质登记。

第二十九条 许可使用合同和转让合同中著作权人未明确许可、转让的权利，未经著作权人同意，另一方当事人不得行使。

第三十条 使用作品的付酬标准可以由当事人约定，也可以按照国家著作权主管部门会同有关部门制定的付酬标准支付报酬。当事人约定不明确的，按照国家著作权主管部门会同有关部门制定的付酬标准支付报酬。

第三十一条 出版者、表演者、录音录像制作者、广播电台、电视台等依照本法有关规定使用他人作品的，不得侵犯作者的署名权、修改权、保护作品完整权和获得报酬的权利。

第四章 与著作权有关的权利

第一节 图书、报刊的出版

第三十二条 图书出版者出版图书应当和著作权人订立出版合同，并支付报酬。

第三十三条 图书出版者对著作权人交付出版的作品，按照合同约定享有的专有出版权受法律保护，他人不得出版该作品。

第三十四条 著作权人应当按照合同约定期限交付作品。图书出版者应当按照合同约定的出版质量、期限出版图书。

图书出版者不按照合同约定期限出版，应当依照本法第六十一条的规定承担民事责任。

图书出版者重印、再版作品的,应当通知著作权人,并支付报酬。图书脱销后,图书出版者拒绝重印、再版的,著作权人有权终止合同。

第三十五条 著作权人向报社、期刊社投稿的,自稿件发出之日起十五日内未收到报社通知决定刊登的,或者自稿件发出之日起三十日内未收到期刊社通知决定刊登的,可以将同一作品向其他报社、期刊社投稿。双方另有约定的除外。

作品刊登后,除著作权人声明不得转载、摘编的外,其他报刊可以转载或者作为文摘、资料刊登,但应当按照规定向著作权人支付报酬。

第三十六条 图书出版者经作者许可,可以对作品修改、删节。

报社、期刊社可以对作品作文字性修改、删节。对内容的修改,应当经作者许可。

第三十七条 出版者有权许可或者禁止他人使用其出版的图书、期刊的版式设计。

前款规定的权利的保护期为十年,截止于使用该版式设计的图书、期刊首次出版后第十年的12月31日。

第二节 表演

第三十八条 使用他人作品演出,表演者应当取得著作权人许可,并支付报酬。演出组织者组织演出,由该组织者取得著作权人许可,并支付报酬。

第三十九条 表演者对其表演享有下列权利:

(一)表明表演者身份;

(二)保护表演形象不受歪曲;

(三)许可他人从现场直播和公开传送其现场表演,并获得报酬;

(四)许可他人录音录像,并获得报酬;

(五)许可他人复制、发行、出租录有其表演的录音录像制品,并获得报酬;

(六)许可他人通过信息网络向公众传播其表演,并获得报酬。

被许可人以前款第三项至第六项规定的方式使用作品,还应当取得著作权人许可,并支付报酬。

第四十条 演员为完成本演出单位的演出任务进行的表演为职务表演,演员享有表明身份和保护表演形象不受歪曲的权利,其他权利归属由当事人约定。当事人没有约定或者约定不明确的,职务表演的权利由演出单位享有。

职务表演的权利由演员享有的,演出单位可以在其业务范围内免费使用该表演。

第四十一条 本法第三十九条第一款第一项、第二项规定的权利的保护期不受限制。

本法第三十九条第一款第三项至第六项规定的权利的保护期为五十年,截止于该表演发生后第五十年的12月31日。

第三节 录音录像

第四十二条 录音录像制作者使用他人作品制作录音录像制品,应当取得著作权人许可,并支付报酬。

录音制作者使用他人已经合法录制为录音制品的音乐作品制作录音制品,可以不经著作权人许可,但应当按照规定支付报酬;著作权人声明不许使用的不得使用。

第四十三条 录音录像制作者制作录音录像制品,应当同表演者订立合同,并支付报酬。

第四十四条 录音录像制作者对其制作的录音录像制品,享有许可他人复制、发行、出租、通过信息网络向公众传播并获得报酬的权利;权利的保护期为五十年,截止于该制品首次制作完成后第五十年的12月31日。

被许可人复制、发行、通过信息网络向公众传播录音录像制品,应当同时取得著作权人、表演者许可,并支付报酬;被许可人出租录音录像制品,还应当取得表演者许可,并支付报酬。

第四十五条 将录音制品用于有线或者无线公开传播,或者通过传送声音的技术设备向公众公开播送的,应当向录音制作者支付报酬。

第四节 广播电台、电视台播放

第四十六条 广播电台、电视台播放他人未发表的作品,应当取得著作权人许可,并支付报酬。

广播电台、电视台播放他人已发表的作品,可以不经著作权人许可,但应当按照规定支付报酬。

第四十七条 广播电台、电视台有权禁止未经其许可的下列行为:

(一)将其播放的广播、电视以有线或者无线方式转播;

(二)将其播放的广播、电视录制以及复制;

(三)将其播放的广播、电视通过信息网络向公众传播。

广播电台、电视台行使前款规定的权利,不得影响、限制或者侵害他人行使著作权或者与著作权有关的权利。

本条第一款规定的权利的保护期为五十年,截止于该广播、电视首次播放后第五十年的12月31日。

第四十八条 电视台播放他人的视听作品、录像制品，应当取得视听作品著作权人或者录像制作者许可，并支付报酬；播放他人的录像制品，还应当取得著作权人许可，并支付报酬。

第五章 著作权和与著作权有关的权利的保护

第四十九条 为保护著作权和与著作权有关的权利，权利人可以采取技术措施。

未经权利人许可，任何组织或者个人不得故意避开或者破坏技术措施，不得以避开或者破坏技术措施为目的制造、进口或者向公众提供有关装置或者部件，不得故意为他人避开或者破坏技术措施提供技术服务。但是，法律、行政法规规定可以避开的情形除外。

本法所称的技术措施，是指用于防止、限制未经权利人许可浏览、欣赏作品、表演、录音录像制品或者通过信息网络向公众提供作品、表演、录音录像制品的有效技术、装置或者部件。

第五十条 下列情形可以避开技术措施，但不得向他人提供避开技术措施的技术、装置或者部件，不得侵犯权利人依法享有的其他权利：

（一）为学校课堂教学或者科学研究，提供少量已经发表的作品，供教学或者科研人员使用，而该作品无法通过正常途径获取；

（二）不以营利为目的，以阅读障碍者能够感知的无障碍方式向其提供已经发表的作品，而该作品无法通过正常途径获取；

（三）国家机关依照行政、监察、司法程序执行公务；

（四）对计算机及其系统或者网络的安全性能进行测试；

（五）进行加密研究或者计算机软件反向工程研究。

前款规定适用于对与著作权有关的权利的限制。

第五十一条 未经权利人许可，不得进行下列行为：

（一）故意删除或者改变作品、版式设计、表演、录音录像制品或者广播、电视上的权利管理信息，但由于技术上的原因无法避免的除外；

（二）知道或者应当知道作品、版式设计、表演、录音录像制品或者广播、电视上的权利管理信息未经许可被删除或者改变，仍然向公众提供。

第五十二条 有下列侵权行为的，应当根据情况，承担停止侵害、消除影响、赔礼道歉、赔偿损失等民事责任：

（一）未经著作权人许可，发表其作品的；

（二）未经合作作者许可，将与他人合作创作的作品当作自己单独创作的作品发表的；

（三）没有参加创作，为谋取个人名利，在他人作品上署名的；

（四）歪曲、篡改他人作品的；

（五）剽窃他人作品的；

（六）未经著作权人许可，以展览、摄制视听作品的方法使用作品，或者以改编、翻译、注释等方式使用作品的，本法另有规定的除外；

（七）使用他人作品，应当支付报酬而未支付的；

（八）未经视听作品、计算机软件、录音录像制品的著作权人、表演者或者录音录像制作者许可，出租其作品或者录音录像制品的原件或者复制件的，本法另有规定的除外；

（九）未经出版者许可，使用其出版的图书、期刊的版式设计的；

（十）未经表演者许可，从现场直播或者公开传送其现场表演，或者录制其表演的；

（十一）其他侵犯著作权以及与著作权有关的权利的行为。

第五十三条 有下列侵权行为的，应当根据情况，承担本法第五十二条规定的民事责任；侵权行为同时损害公共利益的，由主管著作权的部门责令停止侵权行为，予以警告，没收违法所得，没收、无害化销毁处理侵权复制品以及主要用于制作侵权复制品的材料、工具、设备等，违法经营额五万元以上的，可以并处违法经营额一倍以上五倍以下的罚款；没有违法经营额、违法经营额难以计算或者不足五万元的，可以并处二十五万元以下的罚款；构成犯罪的，依法追究刑事责任：

（一）未经著作权人许可，复制、发行、表演、放映、广播、汇编、通过信息网络向公众传播其作品的，本法另有规定的除外；

（二）出版他人享有专有出版权的图书的；

（三）未经表演者许可，复制、发行录有其表演的录音录像制品，或者通过信息网络向公众传播其表演的，本法另有规定的除外；

（四）未经录音录像制作者许可，复制、发行、通过信息网络向公众传播其制作的录音录像制品的，本法另有规定的除外；

（五）未经许可，播放、复制或者通过信息网络向公众传播广播、电视的，本法另有规定的除外；

（六）未经著作权人或者与著作权有关的权利人许可，故意避开或者破坏技术措施的，故意制造、进口或者向他人提供主要用于避开、破坏技术措施的装置或者部件的，或者故意为他人避开或者破坏技术措施提供技术服务的，法律、行政法规另有规定的除外；

（七）未经著作权人或者与著作权有关的权利人许可，故意删除或者改变作品、版式设计、表演、录音录像制品或者广播、电视上的权利管理信息的，知道或者应当知道作品、版式设计、表演、录音录像制品或者广播、电视上的权利管理信息未经许可被删除或者改变，仍然向公众提供的，法律、行政法规另有规定的除外；

（八）制作、出售假冒他人署名的作品的。

第五十四条 侵犯著作权或者与著作权有关的权利的，侵权人应当按照权利人因此受到的实际损失或者侵权人的违法所得给予赔偿；权利人的实际损失或者侵权人的违法所得难以计算的，可以参照该权利使用费给予赔偿。对故意侵犯著作权或者与著作权有关的权利，情节严重的，可以在按照上述方法确定数额的一倍以上五倍以下给予赔偿。

权利人的实际损失、侵权人的违法所得、权利使用费难以计算的，由人民法院根据侵权行为的情节，判决给予五百元以上五百万元以下的赔偿。

赔偿数额还应当包括权利人为制止侵权行为所支付的合理开支。

人民法院为确定赔偿数额，在权利人已经尽了必要举证责任，而与侵权行为相关的账簿、资料等主要由侵权人掌握的，可以责令侵权人提供与侵权行为相关的账簿、资料等；侵权人不提供，或者提供虚假的账簿、资料等的，人民法院可以参考权利人的主张和提供的证据确定赔偿数额。

人民法院审理著作权纠纷案件，应权利人请求，对侵权复制品，除特殊情况外，责令销毁；对主要用于制造侵权复制品的材料、工具、设备等，责令销毁，且不予补偿；或者在特殊情况下，责令禁止前述材料、工具、设备等进入商业渠道，且不予补偿。

第五十五条 主管著作权的部门对涉嫌侵犯著作权和与著作权有关的权利的行为进行查处时，可以询问有关当事人，调查与涉嫌违法行为有关的情况；对当事人涉嫌违法行为的场所和物品实施现场检查；查阅、复制与涉嫌违法行为有关的合同、发票、账簿以及其他有关资料；对于涉嫌违法行为的场所和物品，可以查封或者扣押。

主管著作权的部门依法行使前款规定的职权时，当事人应当予以协助、配合，不得拒绝、阻挠。

第五十六条 著作权人或者与著作权有关的权利人有证据证明他人正在实施或者即将实施侵犯其权利、妨碍其实现权利的行为，如不及时制止将会使其合法权益受到难以弥补的损害的，可以在起诉前依法向人民法院申请采取财产保全、责令作出一定行为或者禁止作出一定行为等措施。

第五十七条 为制止侵权行为，在证据可能灭失或者以后难以取得的情况下，著作权人或者与著作权有关的权利人可以在起诉前依法向人民法院申请保全证据。

第五十八条 人民法院审理案件，对于侵权著作权或者与著作权有关的权利的，可以没收违法所得、侵权复制品以及进行违法活动的财物。

第五十九条 复制品的出版者、制作者不能证明其出版、制作有合法授权的，复制品的发行者或者视听作品、计算机软件、录音录像制品的复制品的出租者不能证明其发行、出租的复制品有合法来源的，应当承担法律责任。

在诉讼程序中，被诉侵权人主张其不承担侵权责任的，应当提供证据证明已经取得权利人的许可，或者具有本法规定的不经权利人许可而可以使用的情形。

第六十条 著作权纠纷可以调解，也可以根据当事人达成的书面仲裁协议或者著作权合同中的仲裁条款，向仲裁机构申请仲裁。

当事人没有书面仲裁协议，也没有在著作权合同中订立仲裁条款的，可以直接向人民法院起诉。

第六十一条 当事人因不履行合同义务或者履行合同义务不符合约定而承担民事责任，以及当事人行使诉讼权利、申请保全等，适用有关法律的规定。

第六章 附　则

第六十二条 本法所称的著作权即版权。

第六十三条 本法第二条所称的出版，指作品的复制、发行。

第六十四条 计算机软件、信息网络传播权的保护办法由国务院另行规定。

第六十五条 摄影作品，其发表权、本法第十条第一款第五项至第十七项规定的权利的保护期在2021年6月1日前已经届满，但依据本法第二十三条第一款的规定仍在保护期内的，不再保护。

第六十六条 本法规定的著作权人和出版者、表演者、录音录像制作者、广播电台、电视台的权利，在本法施行之日尚未超过本法规定的保护期的，依照本法予以保护。

本法施行前发生的侵权或者违约行为，依照侵权或者违约行为发生时的有关规定处理。

第六十七条　本法自1991年6月1日起施行。

最高人民法院关于审理著作权民事纠纷案件适用法律若干问题的解释

- 2002年10月12日最高人民法院审判委员会第1246次会议通过
- 根据2020年12月23日最高人民法院审判委员会第1823次会议通过的《最高人民法院关于修改〈最高人民法院关于审理侵犯专利权纠纷案件应用法律若干问题的解释（二）〉等十八件知识产权类司法解释的决定》修正
- 2020年12月29日最高人民法院公告公布
- 自2021年1月1日起施行
- 法释〔2020〕19号

为了正确审理著作权民事纠纷案件，根据《中华人民共和国民法典》《中华人民共和国著作权法》《中华人民共和国民事诉讼法》等法律的规定，就适用法律若干问题解释如下：

第一条　人民法院受理以下著作权民事纠纷案件：

（一）著作权及与著作权有关权益权属、侵权、合同纠纷案件；

（二）申请诉前停止侵害著作权、与著作权有关权益行为，申请诉前财产保全、诉前证据保全案件；

（三）其他著作权、与著作权有关权益纠纷案件。

第二条　著作权民事纠纷案件，由中级以上人民法院管辖。

各高级人民法院根据本辖区的实际情况，可以报请最高人民法院批准，由若干基层人民法院管辖第一审著作权民事纠纷案件。

第三条　对著作权行政管理部门查处的侵害著作权行为，当事人向人民法院提起诉讼追究该行为人民事责任的，人民法院应当受理。

人民法院审理已经过著作权行政管理部门处理的侵害著作权行为的民事纠纷案件，应当对案件事实进行全面审查。

第四条　因侵害著作权行为提起的民事诉讼，由著作权法第四十七条、第四十八条所规定侵权行为的实施地、侵权复制品储藏地或者查封扣押地、被告住所地人民法院管辖。

前款规定的侵权复制品储藏地，是指大量或者经常性储存、隐匿侵权复制品所在地；查封扣押地，是指海关、版权等行政机关依法查封、扣押侵权复制品所在地。

第五条　对涉及不同侵权行为实施地的多个被告提起的共同诉讼，原告可以选择向其中一个被告的侵权行为实施地人民法院提起诉讼；仅对其中某一被告提起的诉讼，该被告侵权行为实施地的人民法院有管辖权。

第六条　依法成立的著作权集体管理组织，根据著作权人的书面授权，以自己的名义提起诉讼，人民法院应当受理。

第七条　当事人提供的涉及著作权的底稿、原件、合法出版物、著作权登记证书、认证机构出具的证明、取得权利的合同等，可以作为证据。

在作品或者制品上署名的自然人、法人或者非法人组织视为著作权、与著作权有关权益的权利人，但有相反证明的除外。

第八条　当事人自行或者委托他人以定购、现场交易等方式购买侵权复制品而取得的实物、发票等，可以作为证据。

公证人员在未向涉嫌侵权的一方当事人表明身份的情况下，如实对另一方当事人按照前款规定的方式取得的证据和取证过程出具的公证书，应当作为证据使用，但有相反证据的除外。

第九条　著作权法第十条第（一）项规定的"公之于众"，是指著作权人自行或者经著作权人许可将作品向不特定的人公开，但不以公众知晓为构成条件。

第十条　著作权法第十五条第二款所指的作品，著作权人是自然人的，其保护期适用著作权法第二十一条第一款的规定；著作权人是法人或非法人组织的，其保护期适用著作权法第二十一条第二款的规定。

第十一条　因作品署名顺序发生的纠纷，人民法院按照下列原则处理：有约定的按约定确定署名顺序；没有约定的，可以按照创作作品付出的劳动、作品排列、作者姓氏笔画等确定署名顺序。

第十二条　按照著作权法第十七条规定委托作品著作权属于受托人的情形，委托人在约定的使用范围内享有使用作品的权利；双方没有约定使用作品范围的，委托人可以在委托创作的特定目的范围内免费使用该作品。

第十三条　除著作权法第十一条第三款规定的情形外，由他人执笔，本人审阅定稿并以本人名义发表的报告、讲话等作品，著作权归报告人或者讲话人享有。著作权人可以支付执笔人适当的报酬。

第十四条 当事人合意以特定人物经历为题材完成的自传体作品,当事人对著作权权属有约定的,依其约定;没有约定的,著作权归该特定人物享有,执笔人或整理人对作品完成付出劳动的,著作权人可以向其支付适当的报酬。

第十五条 由不同作者就同一题材创作的作品,作品的表达系独立完成并且有创作性的,应当认定作者各自享有独立著作权。

第十六条 通过大众传播媒介传播的单纯事实消息属于著作权法第五条第(二)项规定的时事新闻。传播报道他人采编的时事新闻,应当注明出处。

第十七条 著作权法第三十三条第二款规定的转载,是指报纸、期刊登载其他报刊已发表作品的行为。转载未注明被转载作品的作者和最初登载的报刊出处的,应当承担消除影响、赔礼道歉等民事责任。

第十八条 著作权法第二十二条第(十)项规定的室外公共场所的艺术作品,是指设置或者陈列在室外社会公众活动处所的雕塑、绘画、书法等艺术作品。

对前款规定艺术作品的临摹、绘画、摄影、录像人,可以对其成果以合理的方式和范围再行使用,不构成侵权。

第十九条 出版者、制作者应当对其出版、制作有合法授权承担举证责任,发行者、出租者应当对其发行或者出租的复制品有合法来源承担举证责任。举证不能的,依据著作权法第四十七条、第四十八条的相应规定承担法律责任。

第二十条 出版物侵害他人著作权的,出版者应当根据其过错、侵权程度及损害后果等承担赔偿损失的责任。

出版者对其出版行为的授权、稿件来源和署名、所编辑出版物的内容等未尽到合理注意义务的,依据著作权法第四十九条的规定,承担赔偿损失的责任。

出版者应对其尽合理注意义务承担举证责任。

第二十一条 计算机软件用户未经许可或者超过许可范围商业使用计算机软件的,依据著作权法第四十八条第(一)项、《计算机软件保护条例》第二十四条第(一)项的规定承担民事责任。

第二十二条 著作权转让合同未采取书面形式的,人民法院依据民法典第四百九十条的规定审查合同是否成立。

第二十三条 出版者将著作权人交付出版的作品丢失、毁损致使出版合同不能履行的,著作权人有权依据民法典第一百八十六条、第二百三十八条、第一千一百八十四条等规定要求出版者承担相应的民事责任。

第二十四条 权利人的实际损失,可以根据权利人因侵权所造成复制品发行减少量或者侵权复制品销售量与权利人发行该复制品单位利润乘积计算。发行减少量难以确定的,按照侵权复制品市场销售量确定。

第二十五条 权利人的实际损失或者侵权人的违法所得无法确定的,人民法院根据当事人的请求或者依职权适用著作权法第四十九条第二款的规定确定赔偿数额。

人民法院在确定赔偿数额时,应当考虑作品类型、合理使用费、侵权行为性质、后果等情节综合确定。

当事人按照本条第一款的规定就赔偿数额达成协议的,应当准许。

第二十六条 著作权法第四十九条第一款规定的制止侵权行为所支付的合理开支,包括权利人或者委托代理人对侵权行为进行调查、取证的合理费用。

人民法院根据当事人的诉讼请求和具体案情,可以将符合国家有关部门规定的律师费用计算在赔偿范围内。

第二十七条 侵害著作权的诉讼时效为三年,自著作权人知道或者应当知道权利受到损害以及义务人之日起计算。权利人超过三年起诉的,如果侵权行为在起诉时仍在持续,在该著作权保护期内,人民法院应当判决被告停止侵权行为;侵权损害赔偿数额应当自权利人向人民法院起诉之日起向前推算三年计算。

第二十八条 人民法院采取保全措施的,依据民事诉讼法及《最高人民法院关于审查知识产权纠纷行为保全案件适用法律若干问题的规定》的有关规定办理。

第二十九条 除本解释另行规定外,人民法院受理的著作权民事纠纷案件,涉及著作权法修改前发生的民事行为的,适用修改前著作权法的规定;涉及著作权法修改以后发生的民事行为的,适用修改后著作权法的规定;涉及著作权法修改前发生,持续到著作权法修改后的民事行为的,适用修改后著作权法的规定。

第三十条 以前的有关规定与本解释不一致的,以本解释为准。

中华人民共和国商标法

- 1982年8月23日第五届全国人民代表大会常务委员会第二十四次会议通过
- 根据1993年2月22日第七届全国人民代表大会常务委员会第三十次会议《关于修改〈中华人民共和国商标法〉的决定》第一次修正
- 根据2001年10月27日第九届全国人民代表大会常务委员会第二十四次会议《关于修改〈中华人民共和国商标法〉的决定》第二次修正
- 根据2013年8月30日第十二届全国人民代表大会常务委员会第四次会议《关于修改〈中华人民共和国商标法〉的决定》第三次修正
- 根据2019年4月23日第十三届全国人民代表大会常务委员会第十次会议《关于修改〈中华人民共和国建筑法〉等八部法律的决定》第四次修正

第一章 总 则

第一条 【立法宗旨】为了加强商标管理，保护商标专用权，促使生产、经营者保证商品和服务质量，维护商标信誉，以保障消费者和生产、经营者的利益，促进社会主义市场经济的发展，特制定本法。

第二条 【行政主管部门】国务院工商行政管理部门商标局主管全国商标注册和管理的工作。

国务院工商行政管理部门设立商标评审委员会，负责处理商标争议事宜。

第三条 【注册商标及其分类与保护】经商标局核准注册的商标为注册商标，包括商品商标、服务商标和集体商标、证明商标；商标注册人享有商标专用权，受法律保护。

本法所称集体商标，是指以团体、协会或者其他组织名义注册，供该组织成员在商事活动中使用，以表明使用者在该组织中的成员资格的标志。

本法所称证明商标，是指由对某种商品或者服务具有监督能力的组织所控制，而由该组织以外的单位或者个人使用于其商品或者服务，用以证明该商品或者服务的原产地、原料、制造方法、质量或者其他特定品质的标志。

集体商标、证明商标注册和管理的特殊事项，由国务院工商行政管理部门规定。

第四条 【商标注册申请】自然人、法人或者其他组织在生产经营活动中，对其商品或者服务需要取得商标专用权的，应当向商标局申请商标注册。不以使用为目的的恶意商标注册申请，应当予以驳回。

本法有关商品商标的规定，适用于服务商标。

第五条 【注册商标共有】两个以上的自然人、法人或者其他组织可以共同向商标局申请注册同一商标，共同享有和行使该商标专用权。

第六条 【商标强制注册】法律、行政法规规定必须使用注册商标的商品，必须申请商标注册，未经核准注册的，不得在市场销售。

第七条 【诚实信用原则和商品质量】申请注册和使用商标，应当遵循诚实信用原则。

商标使用人应当对其使用商标的商品质量负责。各级工商行政管理部门应当通过商标管理，制止欺骗消费者的行为。

第八条 【商标的构成要素】任何能够将自然人、法人或者其他组织的商品与他人的商品区别开的标志，包括文字、图形、字母、数字、三维标志、颜色组合和声音等，以及上述要素的组合，均可以作为商标申请注册。

第九条 【申请注册的商标应具备的条件】申请注册的商标，应当有显著特征，便于识别，并不得与他人在先取得的合法权利相冲突。

商标注册人有权标明"注册商标"或者注册标记。

第十条 【禁止作为商标使用的标志】下列标志不得作为商标使用：

（一）同中华人民共和国的国家名称、国旗、国徽、国歌、军旗、军徽、军歌、勋章等相同或者近似的，以及同中央国家机关的名称、标志、所在地特定地点的名称或者标志性建筑物的名称、图形相同的；

（二）同外国的国家名称、国旗、国徽、军旗等相同或者近似的，但经该国政府同意的除外；

（三）同政府间国际组织的名称、旗帜、徽记等相同或者近似的，但经该组织同意或者不易误导公众的除外；

（四）与表明实施控制、予以保证的官方标志、检验印记相同或者近似的，但经授权的除外；

（五）同"红十字"、"红新月"的名称、标志相同或者近似的；

（六）带有民族歧视性的；

（七）带有欺骗性，容易使公众对商品的质量等特点或者产地产生误认的；

（八）有害于社会主义道德风尚或者有其他不良影响的。

县级以上行政区划的地名或者公众知晓的外国地名，不得作为商标。但是，地名具有其他含义或者作为集体商标、证明商标组成部分的除外；已经注册的使用地名的商标继续有效。

第十一条 【不得作为商标注册的标志】下列标志不得作为商标注册：

（一）仅有本商品的通用名称、图形、型号的；

（二）仅直接表示商品的质量、主要原料、功能、用途、重量、数量及其他特点的；

（三）其他缺乏显著特征的。

前款所列标志经过使用取得显著特征，并便于识别的，可以作为商标注册。

第十二条 【三维标志申请注册商标的限制条件】以三维标志申请注册商标的，仅由商品自身的性质产生的形状、为获得技术效果而需有的商品形状或者使商品具有实质性价值的形状，不得注册。

第十三条 【驰名商标的保护】为相关公众所熟知的商标，持有人认为其权利受到侵害时，可以依照本法规定请求驰名商标保护。

就相同或者类似商品申请注册的商标是复制、摹仿或者翻译他人未在中国注册的驰名商标，容易导致混淆的，不予注册并禁止使用。

就不相同或者不相类似商品申请注册的商标是复制、摹仿或者翻译他人已经在中国注册的驰名商标，误导公众，致使该驰名商标注册人的利益可能受到损害的，不予注册并禁止使用。

第十四条 【驰名商标的认定】驰名商标应当根据当事人的请求，作为处理涉及商标案件需要认定的事实进行认定。认定驰名商标应当考虑下列因素：

（一）相关公众对该商标的知晓程度；

（二）该商标使用的持续时间；

（三）该商标的任何宣传工作的持续时间、程度和地理范围；

（四）该商标作为驰名商标受保护的记录；

（五）该商标驰名的其他因素。

在商标注册审查、工商行政管理部门查处商标违法案件过程中，当事人依照本法第十三条规定主张权利的，商标局根据审查、处理案件的需要，可以对商标驰名情况作出认定。

在商标争议处理过程中，当事人依照本法第十三条规定主张权利的，商标评审委员会根据处理案件的需要，可以对商标驰名情况作出认定。

在商标民事、行政案件审理过程中，当事人依照本法第十三条规定主张权利的，最高人民法院指定的人民法院根据审理案件的需要，可以对商标驰名情况作出认定。

生产、经营者不得将"驰名商标"字样用于商品、商品包装或者容器上，或者用于广告宣传、展览以及其他商业活动中。

第十五条 【恶意注册他人商标】未经授权，代理人或者代表人以自己的名义将被代理人或者被代表人的商标进行注册，被代理人或者被代表人提出异议的，不予注册并禁止使用。

就同一种商品或者类似商品申请注册的商标与他人在先使用的未注册商标相同或者近似，申请人与该他人具有前款规定以外的合同、业务往来关系或者其他关系而明知该他人商标存在，该他人提出异议的，不予注册。

第十六条 【地理标志】商标中有商品的地理标志，而该商品并非来源于该标志所标示的地区，误导公众的，不予注册并禁止使用；但是，已经善意取得注册的继续有效。

前款所称地理标志，是指标示某商品来源于某地区，该商品的特定质量、信誉或者其他特征，主要由该地区的自然因素或者人文因素所决定的标志。

第十七条 【外国人在中国申请商标注册】外国人或者外国企业在中国申请商标注册的，应当按其所属国和中华人民共和国签订的协议或者共同参加的国际条约办理，或者按对等原则办理。

第十八条 【商标代理机构】申请商标注册或者办理其他商标事宜，可以自行办理，也可以委托依法设立的商标代理机构办理。

外国人或者外国企业在中国申请商标注册和办理其他商标事宜的，应当委托依法设立的商标代理机构办理。

第十九条 【商标代理机构的行为规范】商标代理机构应当遵循诚实信用原则，遵守法律、行政法规，按照被代理人的委托办理商标注册申请或者其他商标事宜；对在代理过程中知悉的被代理人的商业秘密，负有保密义务。

委托人申请注册的商标可能存在本法规定不得注册情形的，商标代理机构应当明确告知委托人。

商标代理机构知道或者应当知道委托人申请注册的商标属于本法第四条、第十五条和第三十二条规定情形的，不得接受其委托。

商标代理机构除对其代理服务申请商标注册外，不得申请注册其他商标。

第二十条 【商标代理行业组织对会员的管理】商标代理行业组织应当按照章程规定，严格执行吸纳会员的条件，对违反行业自律规范的会员实行惩戒。商标代理行业组织对其吸纳的会员和对会员的惩戒情况,应当及时向社会公布。

第二十一条 【商标国际注册】商标国际注册遵循中华人民共和国缔结或者参加的有关国际条约确立的制度,具体办法由国务院规定。

第二章 商标注册的申请

第二十二条 【商标注册申请的提出】商标注册申请人应当按规定的商品分类表填报使用商标的商品类别和商品名称,提出注册申请。

商标注册申请人可以通过一份申请就多个类别的商品申请注册同一商标。

商标注册申请等有关文件,可以以书面方式或者数据电文方式提出。

第二十三条 【注册申请的另行提出】注册商标需要在核定使用范围之外的商品上取得商标专用权的,应当另行提出注册申请。

第二十四条 【注册申请的重新提出】注册商标需要改变其标志的,应当重新提出注册申请。

第二十五条 【优先权及其手续】商标注册申请人自其商标在外国第一次提出商标注册申请之日起六个月内,又在中国就相同商品以同一商标提出商标注册申请的,依照该外国同中国签订的协议或者共同参加的国际条约,或者按照相互承认优先权的原则,可以享有优先权。

依照前款要求优先权的,应当在提出商标注册申请的时候提出书面声明,并且在三个月内提交第一次提出的商标注册申请文件的副本;未提出书面声明或者逾期未提交商标注册申请文件副本的,视为未要求优先权。

第二十六条 【国际展览会中的临时保护】商标在中国政府主办的或者承认的国际展览会展出的商品上首次使用的,自该商品展出之日起六个月内,该商标的注册申请人可以享有优先权。

依照前款要求优先权的,应当在提出商标注册申请的时候提出书面声明,并且在三个月内提交展出其商品的展览会名称、在展出商品上使用该商标的证据、展出日期等证明文件;未提出书面声明或者逾期未提交证明文件的,视为未要求优先权。

第二十七条 【申报事项和材料的真实、准确、完整】为申请商标注册所申报的事项和所提供的材料应当真实、准确、完整。

第三章 商标注册的审查和核准

第二十八条 【初步审定并公告】对申请注册的商标,商标局应当自收到商标注册申请文件之日起九个月内审查完毕,符合本法有关规定的,予以初步审定公告。

第二十九条 【商标注册申请内容的说明和修正】在审查过程中,商标局认为商标注册申请内容需要说明或者修正的,可以要求申请人做出说明或者修正。申请人未做出说明或者修正的,不影响商标局做出审查决定。

第三十条 【商标注册申请的驳回】申请注册的商标,凡不符合本法有关规定或者同他人在同一种商品或者类似商品上已经注册的或者初步审定的商标相同或者近似的,由商标局驳回申请,不予公告。

第三十一条 【申请在先原则】两个或者两个以上的商标注册申请人,在同一种商品或者类似商品上,以相同或者近似的商标申请注册的,初步审定并公告申请在先的商标;同一天申请的,初步审定并公告使用在先的商标,驳回其他人的申请,不予公告。

第三十二条 【在先权利与恶意抢注】申请商标注册不得损害他人现有的在先权利,也不得以不正当手段抢先注册他人已经使用并有一定影响的商标。

第三十三条 【商标异议和核准注册】对初步审定公告的商标,自公告之日起三个月内,在先权利人、利害关系人认为违反本法第十三条第二款和第三款、第十五条、第十六条第一款、第三十条、第三十一条、第三十二条规定的,或者任何人认为违反本法第四条、第十条、第十一条、第十二条、第十九条第四款规定的,可以向商标局提出异议。公告期满无异议的,予以核准注册,发给商标注册证,并予公告。

第三十四条 【驳回商标申请的处理】对驳回申请、不予公告的商标,商标局应当书面通知商标注册申请人。商标注册申请人不服的,可以自收到通知之日起十五日内向商标评审委员会申请复审。商标评审委员会应当自收到申请之日起九个月内做出决定,并书面通知申请人。有特殊情况需要延长的,经国务院工商行政管理部门批准,可以延长三个月。当事人对商标评审委员会的决定不服的,可以自收到通知之日起三十日内向人民法院起诉。

第三十五条 【商标异议的处理】对初步审定公告的商标提出异议的,商标局应当听取异议人和被异议人陈述事实和理由,经调查核实后,自公告期满之日起十二个月内做出是否准予注册的决定,并书面通知异议人和被异议人。有特殊情况需要延长的,经国务院工商行政管理部门批准,可以延长六个月。

商标局做出准予注册决定的,发给商标注册证,并予公告。异议人不服的，可以依照本法第四十四条、第四十五条的规定向商标评审委员会请求宣告该注册商标无效。

商标局做出不予注册决定，被异议人不服的，可以自收到通知之日起十五日内向商标评审委员会申请复审。商标评审委员会应当自收到申请之日起十二个月内做出复审决定，并书面通知异议人和被异议人。有特殊情况需要延长的，经国务院工商行政管理部门批准，可以延长六个月。被异议人对商标评审委员会的决定不服的，可以自收到通知之日起三十日内向人民法院起诉。人民法院应当通知异议人作为第三人参加诉讼。

商标评审委员会在依照前款规定进行复审的过程中，所涉及的在先权利的确定必须以人民法院正在审理或者行政机关正在处理的另一案件的结果为依据的，可以中止审查。中止原因消除后，应当恢复审查程序。

第三十六条 【有关决定的生效及效力】法定期限届满，当事人对商标局做出的驳回申请决定、不予注册决定不申请复审或者对商标评审委员会做出的复审决定不向人民法院起诉的，驳回申请决定、不予注册决定或者复审决定生效。

经审查异议不成立而准予注册的商标，商标注册申请人取得商标专用权的时间自初步审定公告三个月期满之日起计算。自该商标公告期满之日起至准予注册决定做出前，对他人在同一种或者类似商品上使用与该商标相同或者近似的标志的行为不具有追溯力；但是，因该使用人的恶意给商标注册人造成的损失，应当给予赔偿。

第三十七条 【及时审查原则】对商标注册申请和商标复审申请应当及时进行审查。

第三十八条 【商标申请文件或注册文件错误的更正】商标注册申请人或者注册人发现商标申请文件或者注册文件有明显错误的，可以申请更正。商标局依法在其职权范围内作出更正，并通知当事人。

前款所称更正错误不涉及商标申请文件或者注册文件的实质性内容。

第四章 注册商标的续展、变更、转让和使用许可

第三十九条 【注册商标的有效期限】注册商标的有效期为十年，自核准注册之日起计算。

第四十条 【续展手续的办理】注册商标有效期满，需要继续使用的，商标注册人应当在期满前十二个月内按照规定办理续展手续；在此期间未能办理的，可以给予六个月的宽展期。每次续展注册的有效期为十年，自该商标上一届有效期满次日起计算。期满未办理续展手续的，注销其注册商标。

商标局应当对续展注册的商标予以公告。

第四十一条 【注册商标的变更】注册商标需要变更注册人的名义、地址或者其他注册事项的，应当提出变更申请。

第四十二条 【注册商标的转让】转让注册商标的，转让人和受让人应当签订转让协议，并共同向商标局提出申请。受让人应当保证使用该注册商标的商品质量。

转让注册商标的，商标注册人对其在同一种商品上注册的近似的商标，或者在类似商品上注册的相同或者近似的商标，应当一并转让。

对容易导致混淆或者有其他不良影响的转让，商标局不予核准，书面通知申请人并说明理由。

转让注册商标经核准后，予以公告。受让人自公告之日起享有商标专用权。

第四十三条 【注册商标的使用许可】商标注册人可以通过签订商标使用许可合同，许可他人使用其注册商标。许可人应当监督被许可人使用其注册商标的商品质量。被许可人应当保证使用该注册商标的商品质量。

经许可使用他人注册商标的，必须在使用该注册商标的商品上标明被许可人的名称和商品产地。

许可他人使用其注册商标的，许可人应当将其商标使用许可报商标局备案，由商标局公告。商标使用许可未经备案不得对抗善意第三人。

第五章 注册商标的无效宣告

第四十四条 【注册不当商标的处理】已经注册的商标，违反本法第四条、第十条、第十一条、第十二条、第十九条第四款规定的，或者是以欺骗手段或者其他不正当手段取得注册的，由商标局宣告该注册商标无效；其他单位或者个人可以请求商标评审委员会宣告该注册商标无效。

商标局做出宣告注册商标无效的决定，应当书面通知当事人。当事人对商标局的决定不服的，可以自收到通知之日起十五日内向商标评审委员会申请复审。商标评审委员会应当自收到申请之日起九个月内做出决定，并书面通知当事人。有特殊情况需要延长的，经国务院工商行政管理部门批准，可以延长三个月。当事人对商标评审委员会的决定不服的，可以自收到通知之日起三十日内向人民法院起诉。

其他单位或者个人请求商标评审委员会宣告注册商标无效的，商标评审委员会收到申请后，应当书面通知有关当事人，并限期提出答辩。商标评审委员会应当自收

到申请之日起九个月内做出维持注册商标或者宣告注册商标无效的裁定，并书面通知当事人。有特殊情况需要延长的，经国务院工商行政管理部门批准，可以延长三个月。当事人对商标评审委员会的裁定不服的，可以自收到通知之日起三十日内向人民法院起诉。人民法院应当通知商标裁定程序的对方当事人作为第三人参加诉讼。

第四十五条 【对与他人在先权利相冲突的注册商标的处理】已经注册的商标，违反本法第十三条第二款和第三款、第十五条、第十六条第一款、第三十条、第三十一条、第三十二条规定的，自商标注册之日起五年内，在先权利人或者利害关系人可以请求商标评审委员会宣告该注册商标无效。对恶意注册的，驰名商标所有人不受五年的时间限制。

商标评审委员会收到宣告注册商标无效的申请后，应当书面通知有关当事人，并限期提出答辩。商标评审委员会应当自收到申请之日起十二个月内做出维持注册商标或者宣告注册商标无效的裁定，并书面通知当事人。有特殊情况需要延长的，经国务院工商行政管理部门批准，可以延长六个月。当事人对商标评审委员会的裁定不服的，可以自收到通知之日起三十日内向人民法院起诉。人民法院应当通知商标裁定程序的对方当事人作为第三人参加诉讼。

商标评审委员会在依照前款规定对无效宣告请求进行审查的过程中，所涉及的在先权利的确定必须以人民法院正在审理或者行政机关正在处理的另一案件的结果为依据的，可以中止审查。中止原因消除后，应当恢复审查程序。

第四十六条 【有关宣告注册商标无效或维持的决定、裁定生效】法定期限届满，当事人对商标局宣告注册商标无效的决定不申请复审或者对商标评审委员会的复审决定、维持注册商标或者宣告注册商标无效的裁定不向人民法院起诉的，商标局的决定或者商标评审委员会的复审决定、裁定生效。

第四十七条 【宣告注册商标无效的法律效力】依照本法第四十四条、第四十五条的规定宣告无效的注册商标，由商标局予以公告，该注册商标专用权视为自始即不存在。

宣告注册商标无效的决定或者裁定，对宣告无效前人民法院做出并已执行的商标侵权案件的判决、裁定、调解书和工商行政管理部门做出并已执行的商标侵权案件的处理决定以及已经履行的商标转让或者使用许可合同不具有追溯力。但是，因商标注册人的恶意给他人造成的损失，应当给予赔偿。

依照前款规定不返还商标侵权赔偿金、商标转让费、商标使用费，明显违反公平原则的，应当全部或者部分返还。

第六章　商标使用的管理

第四十八条 【商标的使用】本法所称商标的使用，是指将商标用于商品、商品包装或者容器以及商品交易文书上，或者将商标用于广告宣传、展览以及其他商业活动中，用于识别商品来源的行为。

第四十九条 【违法使用注册商标】商标注册人在使用注册商标的过程中，自行改变注册商标、注册人名义、地址或者其他注册事项的，由地方工商行政管理部门责令限期改正；期满不改正的，由商标局撤销其注册商标。

注册商标成为其核定使用的商品的通用名称或者没有正当理由连续三年不使用的，任何单位或者个人可以向商标局申请撤销该注册商标。商标局应当自收到申请之日起九个月内做出决定。有特殊情况需要延长的，经国务院工商行政管理部门批准，可以延长三个月。

第五十条 【对被撤销、宣告无效或者注销的商标的管理】注册商标被撤销、被宣告无效或者期满不再续展的，自撤销、宣告无效或者注销之日起一年内，商标局对与该商标相同或者近似的商标注册申请，不予核准。

第五十一条 【对强制注册商标的管理】违反本法第六条规定的，由地方工商行政管理部门责令限期申请注册，违法经营额五万元以上的，可以处违法经营额百分之二十以下的罚款，没有违法经营额或者违法经营额不足五万元的，可以处一万元以下的罚款。

第五十二条 【对未注册商标的管理】将未注册商标冒充注册商标使用的，或者使用未注册商标违反本法第十条规定的，由地方工商行政管理部门予以制止，限期改正，并可以予以通报，违法经营额五万元以上的，可以处违法经营额百分之二十以下的罚款，没有违法经营额或者违法经营额不足五万元的，可以处一万元以下的罚款。

第五十三条 【违法使用驰名商标的责任】违反本法第十四条第五款规定的，由地方工商行政管理部门责令改正，处十万元罚款。

第五十四条 【对撤销或不予撤销注册商标决定的复审】对商标局撤销或者不予撤销注册商标的决定，当事人不服的，可以自收到通知之日起十五日内向商标评审委员会申请复审。商标评审委员会应当自收到申请之日起九个月内做出决定,并书面通知当事人。有特殊情况需要延长的,经国务院工商行政管理部门批准,可以延长三个月。当事人对商标评审委员会的决定不服的,可以自收到通知之日起三十日内向人民法院起诉。

第五十五条 【撤销注册商标决定的生效】法定期限届满,当事人对商标局做出的撤销注册商标的决定不申请复审或者对商标评审委员会做出的复审决定不向人民法院起诉的,撤销注册商标的决定、复审决定生效。

被撤销的注册商标,由商标局予以公告,该注册商标专用权自公告之日起终止。

第七章 注册商标专用权的保护

第五十六条 【注册商标专用权的保护范围】注册商标的专用权,以核准注册的商标和核定使用的商品为限。

第五十七条 【商标侵权行为】有下列行为之一的,均属侵犯注册商标专用权:

(一)未经商标注册人的许可,在同一种商品上使用与其注册商标相同的商标的;

(二)未经商标注册人的许可,在同一种商品上使用与其注册商标近似的商标,或者在类似商品上使用与其注册商标相同或者近似的商标,容易导致混淆的;

(三)销售侵犯注册商标专用权的商品的;

(四)伪造、擅自制造他人注册商标标识或者销售伪造、擅自制造的注册商标标识的;

(五)未经商标注册人同意,更换其注册商标并将该更换商标的商品又投入市场的;

(六)故意为侵犯他人商标专用权行为提供便利条件,帮助他人实施侵犯商标专用权行为的;

(七)给他人的注册商标专用权造成其他损害的。

第五十八条 【不正当竞争】将他人注册商标、未注册的驰名商标作为企业名称中的字号使用,误导公众,构成不正当竞争行为的,依照《中华人民共和国反不正当竞争法》处理。

第五十九条 【注册商标专用权行使限制】注册商标中含有的本商品的通用名称、图形、型号,或者直接表示商品的质量、主要原料、功能、用途、重量、数量及其他特点,或者含有的地名,注册商标专用权人无权禁止他人正当使用。

三维标志注册商标中含有的商品自身的性质产生的形状、为获得技术效果而需有的商品形状或者使商品具有实质性价值的形状,注册商标专用权人无权禁止他人正当使用。

商标注册人申请商标注册前,他人已经在同一种商品或者类似商品上先于商标注册人使用与注册商标相同或者近似并有一定影响的商标的,注册商标专用权人无权禁止该使用人在原使用范围内继续使用该商标,但可以要求其附加适当区别标识。

第六十条 【侵犯注册商标专用权的责任】有本法第五十七条所列侵犯注册商标专用权行为之一,引起纠纷的,由当事人协商解决;不愿协商或者协商不成的,商标注册人或者利害关系人可以向人民法院起诉,也可以请求工商行政管理部门处理。

工商行政管理部门处理时,认定侵权行为成立的,责令立即停止侵权行为,没收、销毁侵权商品和主要用于制造侵权商品、伪造注册商标标识的工具,违法经营额五万元以上的,可以处违法经营额五倍以下的罚款,没有违法经营额或者违法经营额不足五万元的,可以处二十五万元以下的罚款。对五年内实施两次以上商标侵权行为或者有其他严重情节的,应当从重处罚。销售不知道是侵犯注册商标专用权的商品,能证明该商品是自己合法取得并说明提供者的,由工商行政管理部门责令停止销售。

对侵犯商标专用权的赔偿数额的争议,当事人可以请求进行处理的工商行政管理部门调解,也可以依照《中华人民共和国民事诉讼法》向人民法院起诉。经工商行政管理部门调解,当事人未达成协议或者调解书生效后不履行的,当事人可以依照《中华人民共和国民事诉讼法》向人民法院起诉。

第六十一条 【对侵犯注册商标专用权的处理】对侵犯注册商标专用权的行为,工商行政管理部门有权依法查处;涉嫌犯罪的,应当及时移送司法机关依法处理。

第六十二条 【商标侵权行为的查处】县级以上工商行政管理部门根据已经取得的违法嫌疑证据或者举报,对涉嫌侵犯他人注册商标专用权的行为进行查处时,可以行使下列职权:

(一)询问有关当事人,调查与侵犯他人注册商标专用权有关的情况;

(二)查阅、复制当事人与侵权活动有关的合同、发票、账簿以及其他有关资料;

(三)对当事人涉嫌从事侵犯他人注册商标专用权活动的场所实施现场检查;

(四)检查与侵权活动有关的物品;对有证据证明是侵犯他人注册商标专用权的物品,可以查封或者扣押。

工商行政管理部门依法行使前款规定的职权时,当事人应当予以协助、配合,不得拒绝、阻挠。

在查处商标侵权案件过程中，对商标权属存在争议或者权利人同时向人民法院提起商标侵权诉讼的，工商行政管理部门可以中止案件的查处。中止原因消除后，应当恢复或者终结案件查处程序。

第六十三条 【侵犯商标专用权的赔偿数额的确定】侵犯商标专用权的赔偿数额，按照权利人因被侵权所受到的实际损失确定；实际损失难以确定的，可以按照侵权人因侵权所获得的利益确定；权利人的损失或者侵权人获得的利益难以确定的，参照该商标许可使用费的倍数合理确定。对恶意侵犯商标专用权，情节严重的，可以在按照上述方法确定数额的一倍以上五倍以下确定赔偿数额。赔偿数额应当包括权利人为制止侵权行为所支付的合理开支。

人民法院为确定赔偿数额，在权利人已经尽力举证，而与侵权行为相关的账簿、资料主要由侵权人掌握的情况下，可以责令侵权人提供与侵权行为相关的账簿、资料；侵权人不提供或者提供虚假的账簿、资料的，人民法院可以参考权利人的主张和提供的证据判定赔偿数额。

权利人因被侵权所受到的实际损失、侵权人因侵权所获得的利益、注册商标许可使用费难以确定的，由人民法院根据侵权行为的情节判决给予五百万元以下的赔偿。

人民法院审理商标纠纷案件，应权利人请求，对属于假冒注册商标的商品，除特殊情况外，责令销毁；对主要用于制造假冒注册商标的商品的材料、工具，责令销毁，且不予补偿；或者在特殊情况下，责令禁止前述材料、工具进入商业渠道，且不予补偿。

假冒注册商标的商品不得在仅去除假冒注册商标后进入商业渠道。

第六十四条 【商标侵权纠纷中的免责情形】注册商标专用权人请求赔偿，被控侵权人以注册商标专用权人未使用注册商标提出抗辩的，人民法院可以要求注册商标专用权人提供此前三年内实际使用该注册商标的证据。注册商标专用权人不能证明此前三年内实际使用过该注册商标，也不能证明因侵权行为受到其他损失的，被控侵权人不承担赔偿责任。

销售不知道是侵犯注册商标专用权的商品，能证明该商品是自己合法取得并说明提供者的，不承担赔偿责任。

第六十五条 【诉前临时保护措施】商标注册人或者利害关系人有证据证明他人正在实施或者即将实施侵犯其注册商标专用权的行为，如不及时制止将会使其合法权益受到难以弥补的损害的，可以依法在起诉前向人民法院申请采取责令停止有关行为和财产保全的措施。

第六十六条 【诉前证据保全】为制止侵权行为，在证据可能灭失或者以后难以取得的情况下，商标注册人或者利害关系人可以依法在起诉前向人民法院申请保全证据。

第六十七条 【刑事责任】未经商标注册人许可，在同一种商品上使用与其注册商标相同的商标，构成犯罪的，除赔偿被侵权人的损失外，依法追究刑事责任。

伪造、擅自制造他人注册商标标识或者销售伪造、擅自制造的注册商标标识，构成犯罪的，除赔偿被侵权人的损失外，依法追究刑事责任。

销售明知是假冒注册商标的商品，构成犯罪的，除赔偿被侵权人的损失外，依法追究刑事责任。

第六十八条 【商标代理机构的法律责任】商标代理机构有下列行为之一的，由工商行政管理部门责令限期改正，给予警告，处一万元以上十万元以下的罚款；对直接负责的主管人员和其他直接责任人员给予警告，处五千元以上五万元以下的罚款；构成犯罪的，依法追究刑事责任：

（一）办理商标事宜过程中，伪造、变造或者使用伪造、变造的法律文件、印章、签名的；

（二）以诋毁其他商标代理机构等手段招徕商标代理业务或者以其他不正当手段扰乱商标代理市场秩序的；

（三）违反本法第四条、第十九条第三款和第四款规定的。

商标代理机构有前款规定行为的，由工商行政管理部门记入信用档案；情节严重的，商标局、商标评审委员会并可以决定停止受理其办理商标代理业务，予以公告。

商标代理机构违反诚实信用原则，侵害委托人合法利益的，应当依法承担民事责任，并由商标代理行业组织按照章程规定予以惩戒。

对恶意申请商标注册的，根据情节给予警告、罚款等行政处罚；对恶意提起商标诉讼的，由人民法院依法给予处罚。

第六十九条 【商标监管机构及其人员的行为要求】从事商标注册、管理和复审工作的国家机关工作人员必须秉公执法，廉洁自律，忠于职守，文明服务。

商标局、商标评审委员会以及从事商标注册、管理和复审工作的国家机关工作人员不得从事商标代理业务和商品生产经营活动。

第七十条 【工商行政管理部门的内部监督】 工商行政管理部门应当建立健全内部监督制度,对负责商标注册、管理和复审工作的国家机关工作人员执行法律、行政法规和遵守纪律的情况,进行监督检查。

第七十一条 【相关工作人员的法律责任】 从事商标注册、管理和复审工作的国家机关工作人员玩忽职守、滥用职权、徇私舞弊,违法办理商标注册、管理和复审事项,收受当事人财物,牟取不正当利益,构成犯罪的,依法追究刑事责任;尚不构成犯罪的,依法给予处分。

第八章 附则

第七十二条 【商标规费】 申请商标注册和办理其他商标事宜的,应当缴纳费用,具体收费标准另定。

第七十三条 【时间效力】 本法自1983年3月1日起施行。1963年4月10日国务院公布的《商标管理条例》同时废止;其他有关商标管理的规定,凡与本法抵触的,同时失效。

本法施行前已经注册的商标继续有效。

最高人民法院关于审理商标民事纠纷案件适用法律若干问题的解释

- 2002年10月12日最高人民法院审判委员会第1246次会议通过
- 根据2020年12月23日最高人民法院审判委员会第1823次会议通过的《最高人民法院关于修改〈最高人民法院关于审理侵犯专利权纠纷案件应用法律若干问题的解释(二)〉等十八件知识产权类司法解释的决定》修正
- 2020年12月29日最高人民法院公告公布
- 自2021年1月1日起施行
- 法释〔2020〕19号

为了正确审理商标纠纷案件,根据《中华人民共和国民法典》《中华人民共和国商标法》《中华人民共和国民事诉讼法》等法律的规定,就适用法律若干问题解释如下:

第一条 下列行为属于商标法第五十七条第(七)项规定的给他人注册商标专用权造成其他损害的行为:

(一)将与他人注册商标相同或者相近似的文字作为企业的字号在相同或者类似商品上突出使用,容易使相关公众产生误认的;

(二)复制、摹仿、翻译他人注册的驰名商标或其主要部分在不相同或者不相类似商品上作为商标使用,误导公众,致使该驰名商标注册人的利益可能受到损害的;

(三)将与他人注册商标相同或者相近似的文字注册为域名,并且通过该域名进行相关商品交易的电子商务,容易使相关公众产生误认的。

第二条 依据商标法第十三条第二款的规定,复制、摹仿、翻译他人未在中国注册的驰名商标或其主要部分,在相同或者类似商品上作为商标使用,容易导致混淆的,应当承担停止侵害的民事法律责任。

第三条 商标法第四十三条规定的商标使用许可包括以下三类:

(一)独占使用许可,是指商标注册人在约定的期间、地域和以约定的方式,将该注册商标仅许可一个被许可人使用,商标注册人依约定不得使用该注册商标;

(二)排他使用许可,是指商标注册人在约定的期间、地域和以约定的方式,将该注册商标仅许可一个被许可人使用,商标注册人依约定可以使用该注册商标但不得另行许可他人使用该注册商标;

(三)普通使用许可,是指商标注册人在约定的期间、地域和以约定的方式,许可他人使用其注册商标,并可自行使用该注册商标和许可他人使用其注册商标。

第四条 商标法第六十条第一款规定的利害关系人,包括注册商标使用许可合同的被许可人、注册商标财产权利的合法继承人等。

在发生注册商标专用权被侵害时,独占使用许可合同的被许可人可以向人民法院提起诉讼;排他使用许可合同的被许可人可以和商标注册人共同起诉,也可以在商标注册人不起诉的情况下,自行提起诉讼;普通使用许可合同的被许可人经商标注册人明确授权,可以提起诉讼。

第五条 商标注册人或者利害关系人在注册商标续展宽展期内提出续展申请,未获核准前,以他人侵犯其注册商标专用权提起诉讼的,人民法院应当受理。

第六条 因侵犯注册商标专用权行为提起的民事诉讼,由商标法第十三条、第五十七条所规定侵权行为的实施地、侵权商品的储藏地或者查封扣押地、被告住所地人民法院管辖。

前款规定的侵权商品的储藏地,是指大量或者经常性储存、隐匿侵权商品所在地;查封扣押地,是指海关等行政机关依法查封、扣押侵权商品所在地。

第七条 对涉及不同侵权行为实施地的多个被告提

起的共同诉讼,原告可以选择其中一个被告的侵权行为实施地人民法院管辖;仅对其中某一被告提起的诉讼,该被告侵权行为实施地的人民法院有管辖权。

第八条 商标法所称相关公众,是指与商标所标识的某类商品或者服务有关的消费者和与前述商品或者服务的营销有密切关系的其他经营者。

第九条 商标法第五十七条第(一)(二)项规定的商标相同,是指被控侵权的商标与原告的注册商标相比较,二者在视觉上基本无差别。

商标法第五十七条第(二)项规定的商标近似,是指被控侵权的商标与原告的注册商标相比较,其文字的字形、读音、含义或者图形的构图及颜色,或者其各要素组合后的整体结构相似,或者其立体形状、颜色组合近似,易使相关公众对商品的来源产生误认或者认为其来源与原告注册商标的商品有特定的联系。

第十条 人民法院依据商标法第五十七条第(一)(二)项的规定,认定商标相同或者近似按照以下原则进行:

(一)以相关公众的一般注意力为标准;

(二)既要进行对商标的整体比对,又要进行对商标主要部分的比对,比对应当在比对对象隔离的状态下分别进行;

(三)判断商标是否近似,应当考虑请求保护注册商标的显著性和知名度。

第十一条 商标法第五十七条第(二)项规定的类似商品,是指在功能、用途、生产部门、销售渠道、消费对象等方面相同,或者相关公众一般认为其存在特定联系、容易造成混淆的商品。

类似服务,是指在服务的目的、内容、方式、对象等方面相同,或者相关公众一般认为存在特定联系、容易造成混淆的服务。

商品与服务类似,是指商品和服务之间存在特定联系,容易使相关公众混淆。

第十二条 人民法院依据商标法第五十七条第(二)项的规定,认定商品或者服务是否类似,应当以相关公众对商品或者服务的一般认识综合判断;《商标注册用商品和服务国际分类表》《类似商品和服务区分表》可以作为判断类似商品或者服务的参考。

第十三条 人民法院依据商标法第六十三条第一款的规定确定侵权人的赔偿责任时,可以根据权利人选择的计算方法计算赔偿数额。

第十四条 商标法第六十三条第一款规定的侵权所获得的利益,可以根据侵权商品销售量与该商品单位利润乘积计算;该商品单位利润无法查明的,按照注册商标商品的单位利润计算。

第十五条 商标法第六十三条第一款规定的因被侵权所受到的损失,可以根据权利人因侵权所造成商品销售减少量或者侵权商品销售量与该注册商标商品的单位利润乘积计算。

第十六条 权利人因被侵权所受到的实际损失、侵权人因侵权所获得的利益、注册商标使用许可费均难以确定的,人民法院可以根据当事人的请求或者依职权适用商标法第六十三条第三款的规定确定赔偿数额。

人民法院在适用商标法第六十三条第三款规定确定赔偿数额时,应当考虑侵权行为的性质、期间、后果,侵权人的主观过错程度,商标的声誉及制止侵权行为的合理开支等因素综合确定。

当事人按照本条第一款的规定就赔偿数额达成协议的,应当准许。

第十七条 商标法第六十三条第一款规定的制止侵权行为所支付的合理开支,包括权利人或者委托代理人对侵权行为进行调查、取证的合理费用。

人民法院根据当事人的诉讼请求和案件具体情况,可以将符合国家有关部门规定的律师费用计算在赔偿范围内。

第十八条 侵犯注册商标专用权的诉讼时效为三年,自商标注册人或者利害权利人知道或者应当知道权利受到损害以及义务人之日起计算。商标注册人或者利害关系人超过三年起诉的,如果侵权行为在起诉时仍在持续,在该注册商标专用权有效期限内,人民法院应当判决被告停止侵权行为,侵权损害赔偿数额应当自权利人向人民法院起诉之日起向前推算三年计算。

第十九条 商标使用许可合同未经备案的,不影响该许可合同的效力,但当事人另有约定的除外。

第二十条 注册商标的转让不影响转让前已经生效的商标使用许可合同的效力,但商标使用许可合同另有约定的除外。

第二十一条 人民法院在审理侵犯注册商标专用权纠纷案件中,依据民法典第一百七十九条、商标法第六十条的规定和案件具体情况,可以判决侵权人承担停止侵害、排除妨碍、消除危险、赔偿损失、消除影响等民事责任,还可以作出罚款,收缴侵权商品、伪造的商标标识和主要用于生产侵权商品的材料、工具、设备等财物的民事制裁决定。罚款数额可以参照商标法第六十条第二款的有关规定确定。

行政管理部门对同一侵犯注册商标专用权行为已经给予行政处罚的,人民法院不再予以民事制裁。

第二十二条 人民法院在审理商标纠纷案件中,根据当事人的请求和案件的具体情况,可以对涉及的注册商标是否驰名依法作出认定。

认定驰名商标,应当依照商标法第十四条的规定进行。

当事人对曾经被行政主管机关或者人民法院认定的驰名商标请求保护的,对方当事人对涉及的商标驰名不持异议,人民法院不再审查。提出异议的,人民法院依照商标法第十四条的规定审查。

第二十三条 本解释有关商品商标的规定,适用于服务商标。

第二十四条 以前的有关规定与本解释不一致的,以本解释为准。

中华人民共和国专利法

- 1984年3月12日第六届全国人民代表大会常务委员会第四次会议通过
- 根据1992年9月4日第七届全国人民代表大会常务委员会第二十七次会议《关于修改〈中华人民共和国专利法〉的决定》第一次修正
- 根据2000年8月25日第九届全国人民代表大会常务委员会第十七次会议《关于修改〈中华人民共和国专利法〉的决定》第二次修正
- 根据2008年12月27日第十一届全国人民代表大会常务委员会第六次会议《关于修改〈中华人民共和国专利法〉的决定》第三次修正
- 根据2020年10月17日第十三届全国人民代表大会常务委员会第二十二次会议《关于修改〈中华人民共和国专利法〉的决定》第四次修正

第一章 总 则

第一条 为了保护专利权人的合法权益,鼓励发明创造,推动发明创造的应用,提高创新能力,促进科学技术进步和经济社会发展,制定本法。

第二条 本法所称的发明创造是指发明、实用新型和外观设计。

发明,是指对产品、方法或者其改进所提出的新的技术方案。

实用新型,是指对产品的形状、构造或者其结合所提出的适于实用的新的技术方案。

外观设计,是指对产品的整体或者局部的形状、图案或者其结合以及色彩与形状、图案的结合所作出的富有美感并适于工业应用的新设计。

第三条 国务院专利行政部门负责管理全国的专利工作;统一受理和审查专利申请,依法授予专利权。

省、自治区、直辖市人民政府管理专利工作的部门负责本行政区域内的专利管理工作。

第四条 申请专利的发明创造涉及国家安全或者重大利益需要保密的,按照国家有关规定办理。

第五条 对违反法律、社会公德或者妨害公共利益的发明创造,不授予专利权。

对违反法律、行政法规的规定获取或者利用遗传资源,并依赖该遗传资源完成的发明创造,不授予专利权。

第六条 执行本单位的任务或者主要是利用本单位的物质技术条件所完成的发明创造为职务发明创造。职务发明创造申请专利的权利属于该单位,申请被批准后,该单位为专利权人。该单位可以依法处置其职务发明创造申请专利的权利和专利权,促进相关发明创造的实施和运用。

非职务发明创造,申请专利的权利属于发明人或者设计人;申请被批准后,该发明人或者设计人为专利权人。

利用本单位的物质技术条件所完成的发明创造,单位与发明人或者设计人订有合同,对申请专利的权利和专利权的归属作出约定的,从其约定。

第七条 对发明人或者设计人的非职务发明创造专利申请,任何单位或者个人不得压制。

第八条 两个以上单位或者个人合作完成的发明创造、一个单位或者个人接受其他单位或者个人委托所完成的发明创造,除另有协议的以外,申请专利的权利属于完成或者共同完成的单位或者个人;申请被批准后,申请的单位或者个人为专利权人。

第九条 同样的发明创造只能授予一项专利权。但是,同一申请人同日对同样的发明创造既申请实用新型专利又申请发明专利,先获得的实用新型专利权尚未终止,且申请人声明放弃该实用新型专利权的,可以授予发明专利权。

两个以上的申请人分别就同样的发明创造申请专利的,专利权授予最先申请的人。

第十条 专利申请权和专利权可以转让。

中国单位或者个人向外国人、外国企业或者外国其他组织转让专利申请权或者专利权的,应当依照有关法律、行政法规的规定办理手续。

转让专利申请权或者专利权的，当事人应当订立书面合同，并向国务院专利行政部门登记，由国务院专利行政部门予以公告。专利申请权或者专利权的转让自登记之日起生效。

第十一条 发明和实用新型专利权被授予后，除本法另有规定的以外，任何单位或者个人未经专利权人许可，都不得实施其专利，即不得为生产经营目的制造、使用、许诺销售、销售、进口其专利产品，或者使用其专利方法以及使用、许诺销售、销售、进口依照该专利方法直接获得的产品。

外观设计专利权被授予后，任何单位或者个人未经专利权人许可，都不得实施其专利，即不得为生产经营目的制造、许诺销售、销售、进口其外观设计专利产品。

第十二条 任何单位或者个人实施他人专利的，应当与专利权人订立实施许可合同，向专利权人支付专利使用费。被许可人无权允许合同规定以外的任何单位或者个人实施该专利。

第十三条 发明专利申请公布后，申请人可以要求实施其发明的单位或者个人支付适当的费用。

第十四条 专利申请权或者专利权的共有人对权利的行使有约定的，从其约定。没有约定的，共有人可以单独实施或者以普通许可方式许可他人实施该专利；许可他人实施该专利的，收取的使用费应当在共有人之间分配。

除前款规定的情形外，行使共有的专利申请权或者专利权应当取得全体共有人的同意。

第十五条 被授予专利权的单位应当对职务发明创造的发明人或者设计人给予奖励；发明创造专利实施后，根据其推广应用的范围和取得的经济效益，对发明人或者设计人给予合理的报酬。

国家鼓励被授予专利权的单位实行产权激励，采取股权、期权、分红等方式，使发明人或者设计人合理分享创新收益。

第十六条 发明人或者设计人有权在专利文件中写明自己是发明人或者设计人。

专利权人有权在其专利产品或者该产品的包装上标明专利标识。

第十七条 在中国没有经常居所或者营业所的外国人、外国企业或者外国其他组织在中国申请专利的，依照其所属国同中国签订的协议或者共同参加的国际条约，或者依照互惠原则，根据本法办理。

第十八条 在中国没有经常居所或者营业所的外国人、外国企业或者外国其他组织在中国申请专利和办理其他专利事务的，应当委托依法设立的专利代理机构办理。

中国单位或者个人在国内申请专利和办理其他专利事务的，可以委托依法设立的专利代理机构办理。

专利代理机构应当遵守法律、行政法规，按照被代理人的委托办理专利申请或者其他专利事务；对被代理人发明创造的内容，除专利申请已经公布或者公告的以外，负有保密责任。专利代理机构的具体管理办法由国务院规定。

第十九条 任何单位或者个人将在中国完成的发明或者实用新型向外国申请专利的，应当事先报经国务院专利行政部门进行保密审查。保密审查的程序、期限等按照国务院的规定执行。

中国单位或者个人可以根据中华人民共和国参加的有关国际条约提出专利国际申请。申请人提出专利国际申请的，应当遵守前款规定。

国务院专利行政部门依照中华人民共和国参加的有关国际条约、本法和国务院有关规定处理专利国际申请。

对违反本条第一款规定向外国申请专利的发明或者实用新型，在中国申请专利的，不授予专利权。

第二十条 申请专利和行使专利权应当遵循诚实信用原则。不得滥用专利权损害公共利益或者他人合法权益。

滥用专利权，排除或者限制竞争，构成垄断行为的，依照《中华人民共和国反垄断法》处理。

第二十一条 国务院专利行政部门应当按照客观、公正、准确、及时的要求，依法处理有关专利的申请和请求。

国务院专利行政部门应当加强专利信息公共服务体系建设，完整、准确、及时发布专利信息，提供专利基础数据，定期出版专利公报，促进专利信息传播与利用。

在专利申请公布或者公告前，国务院专利行政部门的工作人员及有关人员对其内容负有保密责任。

第二章 授予专利权的条件

第二十二条 授予专利权的发明和实用新型，应当具备新颖性、创造性和实用性。

新颖性，是指该发明或者实用新型不属于现有技术；也没有任何单位或者个人就同样的发明或者实用新型在申请日以前向国务院专利行政部门提出过申请，并记载在申请日以后公布的专利申请文件或者公告的专利文件中。

创造性，是指与现有技术相比，该发明具有突出的实质性特点和显著的进步，该实用新型具有实质性特点和进步。

实用性，是指该发明或者实用新型能够制造或者使用，并且能够产生积极效果。

本法所称现有技术，是指申请日以前在国内外为公众所知的技术。

第二十三条 授予专利权的外观设计，应当不属于现有设计；也没有任何单位或者个人就同样的外观设计在申请日以前向国务院专利行政部门提出过申请，并记载在申请日以后公告的专利文件中。

授予专利权的外观设计与现有设计或者现有设计特征的组合相比，应当具有明显区别。

授予专利权的外观设计不得与他人在申请日以前已经取得的合法权利相冲突。

本法所称现有设计，是指申请日以前在国内外为公众所知的设计。

第二十四条 申请专利的发明创造在申请日以前六个月内，有下列情形之一的，不丧失新颖性：

（一）在国家出现紧急状态或者非常情况时，为公共利益目的首次公开的；

（二）在中国政府主办或者承认的国际展览会上首次展出的；

（三）在规定的学术会议或者技术会议上首次发表的；

（四）他人未经申请人同意而泄露其内容的。

第二十五条 对下列各项，不授予专利权：

（一）科学发现；

（二）智力活动的规则和方法；

（三）疾病的诊断和治疗方法；

（四）动物和植物品种；

（五）原子核变换方法以及用原子核变换方法获得的物质；

（六）对平面印刷品的图案、色彩或者二者的结合作出的主要起标识作用的设计。

对前款第（四）项所列产品的生产方法，可以依照本法规定授予专利权。

第三章 专利的申请

第二十六条 申请发明或者实用新型专利的，应当提交请求书、说明书及其摘要和权利要求书等文件。

请求书应当写明发明或者实用新型的名称，发明人的姓名，申请人姓名或者名称、地址，以及其他事项。

说明书应当对发明或者实用新型作出清楚、完整的说明，以所属技术领域的技术人员能够实现为准；必要的时候，应当有附图。摘要应当简要说明发明或者实用新型的技术要点。

权利要求书应当以说明书为依据，清楚、简要地限定要求专利保护的范围。

依赖遗传资源完成的发明创造，申请人应当在专利申请文件中说明该遗传资源的直接来源和原始来源；申请人无法说明原始来源的，应当陈述理由。

第二十七条 申请外观设计专利的，应当提交请求书、该外观设计的图片或者照片以及对该外观设计的简要说明等文件。

申请人提交的有关图片或者照片应当清楚地显示要求专利保护的产品的外观设计。

第二十八条 国务院专利行政部门收到专利申请文件之日为申请日。如果申请文件是邮寄的，以寄出的邮戳日为申请日。

第二十九条 申请人自发明或者实用新型在外国第一次提出专利申请之日起十二个月内，或者自外观设计在外国第一次提出专利申请之日起六个月内，又在中国就相同主题提出专利申请的，依照该外国同中国签订的协议或者共同参加的国际条约，或者依照相互承认优先权的原则，可以享有优先权。

申请人自发明或者实用新型在中国第一次提出专利申请之日起十二个月内，或者自外观设计在中国第一次提出专利申请之日起六个月内，又向国务院专利行政部门就相同主题提出专利申请的，可以享有优先权。

第三十条 申请人要求发明、实用新型专利优先权的，应当在申请的时候提出书面声明，并且在第一次提出申请之日起十六个月内，提交第一次提出的专利申请文件的副本。

申请人要求外观设计专利优先权的，应当在申请的时候提出书面声明，并且在三个月内提交第一次提出的专利申请文件的副本。

申请人未提出书面声明或者逾期未提交专利申请文件副本的，视为未要求优先权。

第三十一条 一件发明或者实用新型专利申请应当限于一项发明或者实用新型。属于一个总的发明构思的两项以上的发明或者实用新型，可以作为一件申请提出。

一件外观设计专利申请应当限于一项外观设计。同一产品两项以上的相似外观设计，或者用于同一类别并且成套出售或者使用的产品的两项以上外观设计,可以作为一件申请提出。

第三十二条 申请人可以在被授予专利权之前随时撤回其专利申请。

第三十三条 申请人可以对其专利申请文件进行修改,但是,对发明和实用新型专利申请文件的修改不得超出原说明书和权利要求书记载的范围,对外观设计专利申请文件的修改不得超出原图片或者照片表示的范围。

第四章 专利申请的审查和批准

第三十四条 国务院专利行政部门收到发明专利申请后,经初步审查认为符合本法要求的,自申请日起满十八个月,即行公布。国务院专利行政部门可以根据申请人的请求早日公布其申请。

第三十五条 发明专利申请自申请日起三年内,国务院专利行政部门可以根据申请人随时提出的请求,对其申请进行实质审查;申请人无正当理由逾期不请求实质审查的,该申请即被视为撤回。

国务院专利行政部门认为必要的时候,可以自行对发明专利申请进行实质审查。

第三十六条 发明专利的申请人请求实质审查的时候,应当提交在申请日前与其发明有关的参考资料。

发明专利已经在外国提出过申请的,国务院专利行政部门可以要求申请人在指定期限内提交该国为审查其申请进行检索的资料或者审查结果的资料;无正当理由逾期不提交的,该申请即被视为撤回。

第三十七条 国务院专利行政部门对发明专利申请进行实质审查后,认为不符合本法规定的,应当通知申请人,要求其在指定的期限内陈述意见,或者对其申请进行修改;无正当理由逾期不答复的,该申请即被视为撤回。

第三十八条 发明专利申请经申请人陈述意见或者进行修改后,国务院专利行政部门仍然认为不符合本法规定的,应当予以驳回。

第三十九条 发明专利申请经实质审查没有发现驳回理由的,由国务院专利行政部门作出授予发明专利权的决定,发给发明专利证书,同时予以登记和公告。发明专利权自公告之日起生效。

第四十条 实用新型和外观设计专利申请经初步审查没有发现驳回理由的,由国务院专利行政部门作出授予实用新型专利权或者外观设计专利权的决定,发给相应的专利证书,同时予以登记和公告。实用新型专利权和外观设计专利权自公告之日起生效。

第四十一条 专利申请人对国务院专利行政部门驳回申请的决定不服的,可以自收到通知之日起三个月内向国务院专利行政部门请求复审。国务院专利行政部门复审后,作出决定,并通知专利申请人。

专利申请人对国务院专利行政部门的复审决定不服的,可以自收到通知之日起三个月内向人民法院起诉。

第五章 专利权的期限、终止和无效

第四十二条 发明专利权的期限为二十年,实用新型专利权的期限为十年,外观设计专利权的期限为十五年,均自申请日起计算。

自发明专利申请日起满四年,且自实质审查请求之日起满三年后授予发明专利权的,国务院专利行政部门应专利权人的请求,就发明专利在授权过程中的不合理延迟给予专利权期限补偿,但由申请人引起的不合理延迟除外。

为补偿新药上市审评审批占用的时间,对在中国获得上市许可的新药相关发明专利,国务院专利行政部门应专利权人的请求给予专利权期限补偿。补偿期限不超过五年,新药批准上市后总有效专利权期限不超过十四年。

第四十三条 专利权人应当自被授予专利权的当年开始缴纳年费。

第四十四条 有下列情形之一的,专利权在期限届满前终止:

(一)没有按照规定缴纳年费的;

(二)专利权人以书面声明放弃其专利权的。

专利权在期限届满前终止的,由国务院专利行政部门登记和公告。

第四十五条 自国务院专利行政部门公告授予专利权之日起,任何单位或者个人认为该专利权的授予不符合本法有关规定的,可以请求国务院专利行政部门宣告该专利权无效。

第四十六条 国务院专利行政部门对宣告专利权无效的请求应当及时审查和作出决定,并通知请求人和专利权人。宣告专利权无效的决定,由国务院专利行政部门登记和公告。

对国务院专利行政部门宣告专利权无效或者维持专利权的决定不服的,可以自收到通知之日起三个月内向人民法院起诉。人民法院应当通知无效宣告请求程序的对方当事人作为第三人参加诉讼。

第四十七条 宣告无效的专利权视为自始即不存在。

宣告专利权无效的决定，对在宣告专利权无效前人民法院作出并已执行的专利侵权的判决、调解书，已经履行或者强制执行的专利侵权纠纷处理决定，以及已经履行的专利实施许可合同和专利权转让合同，不具有追溯力。但是因专利权人的恶意给他人造成的损失，应当给予赔偿。

依照前款规定不返还专利侵权赔偿金、专利使用费、专利权转让费，明显违反公平原则的，应当全部或者部分返还。

第六章 专利实施的特别许可

第四十八条 国务院专利行政部门、地方人民政府管理专利工作的部门应当会同同级相关部门采取措施，加强专利公共服务，促进专利实施和运用。

第四十九条 国有企业事业单位的发明专利，对国家利益或者公共利益具有重大意义的，国务院有关主管部门和省、自治区、直辖市人民政府报经国务院批准，可以决定在批准的范围内推广应用，允许指定的单位实施，由实施单位按照国家规定向专利权人支付使用费。

第五十条 专利权人自愿以书面方式向国务院专利行政部门声明愿意许可任何单位或者个人实施其专利，并明确许可使用费支付方式、标准的，由国务院专利行政部门予以公告，实行开放许可。就实用新型、外观设计专利提出开放许可声明的，应当提供专利权评价报告。

专利权人撤回开放许可声明的，应当以书面方式提出，并由国务院专利行政部门予以公告。开放许可声明被公告撤回的，不影响在先给予的开放许可的效力。

第五十一条 任何单位或者个人有意愿实施开放许可的专利的，以书面方式通知专利权人，并依照公告的许可使用费支付方式、标准支付许可使用费后，即获得专利实施许可。

开放许可实施期间，对专利权人缴纳专利年费相应给予减免。

实行开放许可的专利权人可以与被许可人就许可使用费进行协商后给予普通许可，但不得就该专利给予独占或者排他许可。

第五十二条 当事人就实施开放许可发生纠纷的，由当事人协商解决；不愿协商或者协商不成的，可以请求国务院专利行政部门进行调解，也可以向人民法院起诉。

第五十三条 有下列情形之一的，国务院专利行政部门根据具备实施条件的单位或者个人的申请，可以给予实施发明专利或者实用新型专利的强制许可：

（一）专利权人自专利权被授予之日起满三年，且自提出专利申请之日起满四年，无正当理由未实施或者未充分实施其专利的；

（二）专利权人行使专利权的行为被依法认定为垄断行为，为消除或者减少该行为对竞争产生的不利影响的。

第五十四条 在国家出现紧急状态或者非常情况时，或者为了公共利益的目的，国务院专利行政部门可以给予实施发明专利或者实用新型专利的强制许可。

第五十五条 为了公共健康目的，对取得专利权的药品，国务院专利行政部门可以给予制造并将其出口到符合中华人民共和国参加的有关国际条约规定的国家或者地区的强制许可。

第五十六条 一项取得专利权的发明或者实用新型比前已经取得专利权的发明或者实用新型具有显著经济意义的重大技术进步，其实施又有赖于前一发明或者实用新型的实施的，国务院专利行政部门根据后一专利权人的申请，可以给予实施前一发明或者实用新型的强制许可。

在依照前款规定给予实施强制许可的情形下，国务院专利行政部门根据前一专利权人的申请，也可以给予实施后一发明或者实用新型的强制许可。

第五十七条 强制许可涉及的发明创造为半导体技术的，其实施限于公共利益的目的和本法第五十三条第（二）项规定的情形。

第五十八条 除依照本法第五十三条第（二）项、第五十五条规定给予的强制许可外，强制许可的实施应当主要为了供应国内市场。

第五十九条 依照本法第五十三条第（一）项、第五十六条规定申请强制许可的单位或者个人应当提供证据，证明其以合理的条件请求专利权人许可其实施专利，但未能在合理的时间内获得许可。

第六十条 国务院专利行政部门作出的给予实施强制许可的决定，应当及时通知专利权人，并予以登记和公告。

给予实施强制许可的决定，应当根据强制许可的理由规定实施的范围和时间。强制许可的理由消除并不再发生时，国务院专利行政部门应当根据专利权人的请求，经审查后作出终止实施强制许可的决定。

第六十一条 取得实施强制许可的单位或者个人不享有独占的实施权，并且无权允许他人实施。

第六十二条 取得实施强制许可的单位或者个人应当付给专利权人合理的使用费，或者依照中华人民共和国参加的有关国际条约的规定处理使用费问题。付给使用费的,其数额由双方协商;双方不能达成协议的,由国务院专利行政部门裁决。

第六十三条 专利权人对国务院专利行政部门关于实施强制许可的决定不服的,专利权人和取得实施强制许可的单位或者个人对国务院专利行政部门关于实施强制许可的使用费的裁决不服的,可以自收到通知之日起三个月内向人民法院起诉。

第七章 专利权的保护

第六十四条 发明或者实用新型专利权的保护范围以其权利要求的内容为准,说明书及附图可以用于解释权利要求的内容。

外观设计专利权的保护范围以表示在图片或者照片中的该产品的外观设计为准,简要说明可以用于解释图片或者照片所表示的该产品的外观设计。

第六十五条 未经专利权人许可,实施其专利,即侵犯其专利权,引起纠纷的,由当事人协商解决;不愿协商或者协商不成的,专利权人或者利害关系人可以向人民法院起诉,也可以请求管理专利工作的部门处理。管理专利工作的部门处理时,认定侵权行为成立的,可以责令侵权人立即停止侵权行为,当事人不服的,可以自收到处理通知之日起十五日内依照《中华人民共和国行政诉讼法》向人民法院起诉;侵权人期满不起诉又不停止侵权行为的,管理专利工作的部门可以申请人民法院强制执行。进行处理的管理专利工作的部门应当事人的请求,可以就侵犯专利权的赔偿数额进行调解;调解不成的,当事人可以依照《中华人民共和国民事诉讼法》向人民法院起诉。

第六十六条 专利侵权纠纷涉及新产品制造方法的发明专利的,制造同样产品的单位或者个人应当提供其产品制造方法不同于专利方法的证明。

专利侵权纠纷涉及实用新型专利或者外观设计专利的,人民法院或者管理专利工作的部门可以要求专利权人或者利害关系人出具由国务院专利行政部门对相关实用新型或者外观设计进行检索、分析和评价后作出的专利权评价报告,作为审理、处理专利侵权纠纷的证据;专利权人、利害关系人或者被控侵权人也可以主动出具专利权评价报告。

第六十七条 在专利侵权纠纷中,被控侵权人有证据证明其实施的技术或者设计属于现有技术或者现有设计的,不构成侵犯专利权。

第六十八条 假冒专利的,除依法承担民事责任外,由负责专利执法的部门责令改正并予公告,没收违法所得,可以处违法所得五倍以下的罚款;没有违法所得或者违法所得在五万元以下的,可以处二十五万元以下的罚款;构成犯罪的,依法追究刑事责任。

第六十九条 负责专利执法的部门根据已经取得的证据,对涉嫌假冒专利行为进行查处时,有权采取下列措施:

(一)询问有关当事人,调查与涉嫌违法行为有关的情况;

(二)对当事人涉嫌违法行为的场所实施现场检查;

(三)查阅、复制与涉嫌违法行为有关的合同、发票、账簿以及其他有关资料;

(四)检查与涉嫌违法行为有关的产品;

(五)对有证据证明是假冒专利的产品,可以查封或者扣押。

管理专利工作的部门应专利权人或者利害关系人的请求处理专利侵权纠纷时,可以采取前款第(一)项、第(二)项、第(四)项所列措施。

负责专利执法的部门、管理专利工作的部门依法行使前两款规定的职权时,当事人应当予以协助、配合,不得拒绝、阻挠。

第七十条 国务院专利行政部门可以应专利权人或者利害关系人的请求处理在全国有重大影响的专利侵权纠纷。

地方人民政府管理专利工作的部门应专利权人或者利害关系人请求处理专利侵权纠纷,对在本行政区域内侵犯其同一专利权的案件可以合并处理;对跨区域侵犯其同一专利权的案件可以请求上级地方人民政府管理专利工作的部门处理。

第七十一条 侵犯专利权的赔偿数额按照权利人因被侵权所受到的实际损失或者侵权人因侵权所获得的利益确定;权利人的损失或者侵权人获得的利益难以确定的,参照该专利许可使用费的倍数合理确定。对故意侵犯专利权,情节严重的,可以在按照上述方法确定数额的一倍以上五倍以下确定赔偿数额。

权利人的损失、侵权人获得的利益和专利许可使用费均难以确定的,人民法院可以根据专利权的类型、侵权行为的性质和情节等因素,确定给予三万元以上五百万元以下的赔偿。

赔偿数额还应当包括权利人为制止侵权行为所支付的合理开支。

人民法院为确定赔偿数额,在权利人已经尽力举证,而与侵权行为相关的账簿、资料主要由侵权人掌握的情况下，可以责令侵权人提供与侵权行为相关的账簿、资料；侵权人不提供或者提供虚假的账簿、资料的，人民法院可以参考权利人的主张和提供的证据判定赔偿数额。

第七十二条 专利权人或者利害关系人有证据证明他人正在实施或者即将实施侵犯专利权、妨碍其实现权利的行为，如不及时制止将会使其合法权益受到难以弥补的损害，可以在起诉前依法向人民法院申请采取财产保全、责令作出一定行为或者禁止作出一定行为的措施。

第七十三条 为了制止专利侵权行为，在证据可能灭失或者以后难以取得的情况下，专利权人或者利害关系人可以在起诉前依法向人民法院申请保全证据。

第七十四条 侵犯专利权的诉讼时效为三年，自专利权人或者利害关系人知道或者应当知道侵权行为以及侵权人之日起计算。

发明专利申请公布后至专利权授予前使用该发明未支付适当使用费的，专利权人要求支付使用费的诉讼时效为三年，自专利权人知道或者应当知道他人使用其发明之日起计算，但是，专利权人于专利权授予之日前即已知道或者应当知道的，自专利权授予之日起计算。

第七十五条 有下列情形之一的，不视为侵犯专利权：

（一）专利产品或者依照专利方法直接获得的产品，由专利权人或者经其许可的单位、个人售出后，使用、许诺销售、销售、进口该产品的；

（二）在专利申请日前已经制造相同产品、使用相同方法或者已经作好制造、使用的必要准备，并且仅在原有范围内继续制造、使用的；

（三）临时通过中国领陆、领水、领空的外国运输工具，依照其所属国同中国签订的协议或者共同参加的国际条约，或者依照互惠原则，为运输工具自身需要而在其装置和设备中使用有关专利的；

（四）专为科学研究和实验而使用有关专利的；

（五）为提供行政审批所需要的信息，制造、使用、进口专利药品或者专利医疗器械的，以及专门为其制造、进口专利药品或者专利医疗器械的。

第七十六条 药品上市审评审批过程中，药品上市许可申请人与有关专利权人或者利害关系人，因申请注册的药品相关的专利权产生纠纷的，相关当事人可以向人民法院起诉，请求就申请注册的药品相关技术方案是否落入他人药品专利权保护范围作出判决。国务院药品监督管理部门在规定的期限内，可以根据人民法院生效裁判作出是否暂停批准相关药品上市的决定。

药品上市许可申请人与有关专利权人或者利害关系人也可以就申请注册的药品相关的专利权纠纷，向国务院专利行政部门请求行政裁决。

国务院药品监督管理部门会同国务院专利行政部门制定药品上市许可审批与药品上市许可申请阶段专利权纠纷解决的具体衔接办法，报国务院同意后实施。

第七十七条 为生产经营目的使用、许诺销售或者销售不知道是未经专利权人许可而制造并售出的专利侵权产品，能证明该产品合法来源的，不承担赔偿责任。

第七十八条 违反本法第十九条规定向外国申请专利，泄露国家秘密的，由所在单位或者上级主管机关给予行政处分；构成犯罪的，依法追究刑事责任。

第七十九条 管理专利工作的部门不得参与向社会推荐专利产品等经营活动。

管理专利工作的部门违反前款规定的，由其上级机关或者监察机关责令改正，消除影响，有违法收入的予以没收；情节严重的，对直接负责的主管人员和其他直接责任人员依法给予处分。

第八十条 从事专利管理工作的国家机关工作人员以及其他有关国家机关工作人员玩忽职守、滥用职权、徇私舞弊，构成犯罪的，依法追究刑事责任；尚不构成犯罪的，依法给予处分。

第八章 附 则

第八十一条 向国务院专利行政部门申请专利和办理其他手续，应当按照规定缴纳费用。

第八十二条 本法自1985年4月1日起施行。

中华人民共和国专利法实施细则

- 2001年6月15日中华人民共和国国务院令第306号公布
- 根据2002年12月28日《国务院关于修改〈中华人民共和国专利法实施细则〉的决定》第一次修订
- 根据2010年1月9日《国务院关于修改〈中华人民共和国专利法实施细则〉的决定》第二次修订
- 根据2023年12月11日《国务院关于修改〈中华人民共和国专利法实施细则〉的决定》第三次修订

第一章 总 则

第一条 根据《中华人民共和国专利法》（以下简称专利法），制定本细则。

第二条 专利法和本细则规定的各种手续，应当以书面形式或者国务院专利行政部门规定的其他形式办理。以电子数据交换等方式能够有形地表现所载内容,并可以随时调取查用的数据电文(以下统称电子形式),视为书面形式。

第三条 依照专利法和本细则规定提交的各种文件应当使用中文;国家有统一规定的科技术语的,应当采用规范词;外国人名、地名和科技术语没有统一中文译文的,应当注明原文。

依照专利法和本细则规定提交的各种证件和证明文件是外文的,国务院专利行政部门认为必要时,可以要求当事人在指定期限内附送中文译文;期满未附送的,视为未提交该证件和证明文件。

第四条 向国务院专利行政部门邮寄的各种文件,以寄出的邮戳日为递交日;邮戳日不清晰的,除当事人能够提出证明外,以国务院专利行政部门收到日为递交日。

以电子形式向国务院专利行政部门提交各种文件的,以进入国务院专利行政部门指定的特定电子系统的日期为递交日。

国务院专利行政部门的各种文件,可以通过电子形式、邮寄、直接送交或者其他方式送达当事人。当事人委托专利代理机构的,文件送交专利代理机构;未委托专利代理机构的,文件送交请求书中指明的联系人。

国务院专利行政部门邮寄的各种文件,自文件发出之日起满15日,推定为当事人收到文件之日。当事人提供证据能够证明实际收到文件的日期的,以实际收到日为准。

根据国务院专利行政部门规定应当直接送交的文件,以交付日为送达日。

文件送交地址不清,无法邮寄的,可以通过公告的方式送达当事人。自公告之日起满1个月,该文件视为已经送达。

国务院专利行政部门以电子形式送达的各种文件,以进入当事人认可的电子系统的日期为送达日。

第五条 专利法和本细则规定的各种期限开始的当日不计算在期限内,自下一日开始计算。期限以年或者月计算的,以其最后一月的相应日为期限届满日;该月无相应日的,以该月最后一日为期限届满日;期限届满日是法定休假日的,以休假日后的第一个工作日为期限届满日。

第六条 当事人因不可抗拒的事由而延误专利法或者本细则规定的期限或者国务院专利行政部门指定的期限,导致其权利丧失的,自障碍消除之日起2个月内且自期限届满之日起2年内,可以向国务院专利行政部门请求恢复权利。

除前款规定的情形外,当事人因其他正当理由延误专利法或者本细则规定的期限或者国务院专利行政部门指定的期限,导致其权利丧失的,可以自收到国务院专利行政部门的通知之日起2个月内向国务院专利行政部门请求恢复权利;但是,延误复审请求期限的,可以自复审请求期限届满之日起2个月内向国务院专利行政部门请求恢复权利。

当事人依照本条第一款或者第二款的规定请求恢复权利的,应当提交恢复权利请求书,说明理由,必要时附具有关证明文件,并办理权利丧失前应当办理的相应手续;依照本条第二款的规定请求恢复权利的,还应当缴纳恢复权利请求费。

当事人请求延长国务院专利行政部门指定的期限的,应当在期限届满前,向国务院专利行政部门提交延长期限请求书,说明理由,并办理有关手续。

本条第一款和第二款的规定不适用专利法第二十四条、第二十九条、第四十二条、第七十四条规定的期限。

第七条 专利申请涉及国防利益需要保密的,由国防专利机构受理并进行审查;国务院专利行政部门受理的专利申请涉及国防利益需要保密的,应当及时移交国防专利机构进行审查。经国防专利机构审查没有发现驳回理由的,由国务院专利行政部门作出授予国防专利权的决定。

国务院专利行政部门认为其受理的发明或者实用新型专利申请涉及国防利益以外的国家安全或者重大利益需要保密的,应当及时作出按照保密专利申请处理的决定,并通知申请人。保密专利申请的审查、复审以及保密专利权无效宣告的特殊程序,由国务院专利行政部门规定。

第八条 专利法第十九条所称在中国完成的发明或者实用新型,是指技术方案的实质性内容在中国境内完成的发明或者实用新型。

任何单位或者个人将在中国完成的发明或者实用新型向外国申请专利的,应当按照下列方式之一请求国务院专利行政部门进行保密审查:

(一)直接向外国申请专利或者向有关国外机构提交专利国际申请的,应当事先向国务院专利行政部门提出请求,并详细说明其技术方案;

(二)向国务院专利行政部门申请专利后拟向外国申请专利或者向有关国外机构提交专利国际申请的,应当在向外国申请专利或者向有关国外机构提交专利国际申请前向国务院专利行政部门提出请求。

向国务院专利行政部门提交专利国际申请的，视为同时提出了保密审查请求。

第九条　国务院专利行政部门收到依照本细则第八条规定递交的请求后，经过审查认为该发明或者实用新型可能涉及国家安全或者重大利益需要保密的，应当在请求递交日起2个月内向申请人发出保密审查通知；情况复杂的，可以延长2个月。

国务院专利行政部门依照前款规定通知进行保密审查的，应当在请求递交日起4个月内作出是否需要保密的决定，并通知申请人；情况复杂的，可以延长2个月。

第十条　专利法第五条所称违反法律的发明创造，不包括仅其实施为法律所禁止的发明创造。

第十一条　申请专利应当遵循诚实信用原则。提出各类专利申请应当以真实发明创造活动为基础，不得弄虚作假。

第十二条　除专利法第二十八条和第四十二条规定的情形外，专利法所称申请日，有优先权的，指优先权日。

本细则所称申请日，除另有规定的外，是指专利法第二十八条规定的申请日。

第十三条　专利法第六条所称执行本单位的任务所完成的职务发明创造，是指：

（一）在本职工作中作出的发明创造；

（二）履行本单位交付的本职工作之外的任务所作出的发明创造；

（三）退休、调离原单位后或者劳动、人事关系终止后1年内作出的，与其在原单位承担的本职工作或者原单位分配的任务有关的发明创造。

专利法第六条所称本单位，包括临时工作单位；专利法第六条所称本单位的物质技术条件，是指本单位的资金、设备、零部件、原材料或者不对外公开的技术信息和资料等。

第十四条　专利法所称发明人或者设计人，是指对发明创造的实质性特点作出创造性贡献的人。在完成发明创造过程中，只负责组织工作的人、为物质技术条件的利用提供方便的人或者从事其他辅助工作的人，不是发明人或者设计人。

第十五条　除依照专利法第十条规定转让专利权外，专利权因其他事由发生转移的，当事人应当凭有关证明文件或者法律文书向国务院专利行政部门办理专利权转移手续。

专利权人与他人订立的专利实施许可合同，应当自合同生效之日起3个月内向国务院专利行政部门备案。

以专利权出质的，由出质人和质权人共同向国务院专利行政部门办理出质登记。

第十六条　专利工作应当贯彻党和国家知识产权战略部署，提升我国专利创造、运用、保护、管理和服务水平，支持全面创新，促进创新型国家建设。

国务院专利行政部门应当提升专利信息公共服务能力，完整、准确、及时发布专利信息，提供专利基础数据，促进专利相关数据资源的开放共享、互联互通。

第二章　专利的申请

第十七条　申请专利的，应当向国务院专利行政部门提交申请文件。申请文件应当符合规定的要求。

申请人委托专利代理机构向国务院专利行政部门申请专利和办理其他专利事务的，应当同时提交委托书，写明委托权限。

申请人有2人以上且未委托专利代理机构的，除请求书中另有声明的外，以请求书中指明的第一申请人为代表人。

第十八条　依照专利法第十八条第一款的规定委托专利代理机构在中国申请专利和办理其他专利事务的，涉及下列事务，申请人或者专利权人可以自行办理：

（一）申请要求优先权的，提交第一次提出的专利申请（以下简称在先申请）文件副本；

（二）缴纳费用；

（三）国务院专利行政部门规定的其他事务。

第十九条　发明、实用新型或者外观设计专利申请的请求书应当写明下列事项：

（一）发明、实用新型或者外观设计的名称；

（二）申请人是中国单位或者个人的，其名称或者姓名、地址、邮政编码、统一社会信用代码或者身份证件号码；申请人是外国人、外国企业或者外国其他组织的，其姓名或者名称、国籍或者注册的国家或者地区；

（三）发明人或者设计人的姓名；

（四）申请人委托专利代理机构的，受托机构的名称、机构代码以及该机构指定的专利代理师的姓名、专利代理师资格证号码、联系电话；

（五）要求优先权的，在先申请的申请日、申请号以及原受理机构的名称；

（六）申请人或者专利代理机构的签字或者盖章；

（七）申请文件清单；

（八）附加文件清单；

（九）其他需要写明的有关事项。

第二十条 发明或者实用新型专利申请的说明书应当写明发明或者实用新型的名称，该名称应当与请求书中的名称一致。说明书应当包括下列内容：

（一）技术领域：写明要求保护的技术方案所属的技术领域；

（二）背景技术：写明对发明或者实用新型的理解、检索、审查有用的背景技术；有可能的，并引证反映这些背景技术的文件；

（三）发明内容：写明发明或者实用新型所要解决的技术问题以及解决其技术问题采用的技术方案，并对照现有技术写明发明或者实用新型的有益效果；

（四）附图说明：说明书有附图的，对各幅附图作简略说明；

（五）具体实施方式：详细写明申请人认为实现发明或者实用新型的优选方式；必要时，举例说明；有附图的，对照附图。

发明或者实用新型专利申请人应当按照前款规定的方式和顺序撰写说明书，并在说明书每一部分前面写明标题，除非其发明或者实用新型的性质用其他方式或者顺序撰写能节约说明书的篇幅并使他人能够准确理解其发明或者实用新型。

发明或者实用新型说明书应当用词规范、语句清楚，并不得使用"如权利要求……所述的……"一类的引用语，也不得使用商业性宣传用语。

发明专利申请包含一个或者多个核苷酸或者氨基酸序列的，说明书应当包括符合国务院专利行政部门规定的序列表。

实用新型专利申请说明书应当有表示要求保护的产品的形状、构造或者其结合的附图。

第二十一条 发明或者实用新型的几幅附图应当按照"图1，图2，……"顺序编号排列。

发明或者实用新型说明书文字部分中未提及的附图标记不得在附图中出现，附图中未出现的附图标记不得在说明书文字部分中提及。申请文件中表示同一组成部分的附图标记应当一致。

附图中除必需的词语外，不应当含有其他注释。

第二十二条 权利要求书应当记载发明或者实用新型的技术特征。

权利要求书有几项权利要求的，应当用阿拉伯数字顺序编号。

权利要求书中使用的科技术语应当与说明书中使用的科技术语一致，可以有化学式或者数学式，但是不得有插图。除绝对必要的外，不得使用"如说明书……部分所述"或者"如图……所示"的用语。

权利要求中的技术特征可以引用说明书附图中相应的标记，该标记应当放在相应的技术特征后并置于括号内，便于理解权利要求。附图标记不得解释为对权利要求的限制。

第二十三条 权利要求书应当有独立权利要求，也可以有从属权利要求。

独立权利要求应当从整体上反映发明或者实用新型的技术方案，记载解决技术问题的必要技术特征。

从属权利要求应当用附加的技术特征，对引用的权利要求作进一步限定。

第二十四条 发明或者实用新型的独立权利要求应当包括前序部分和特征部分，按照下列规定撰写：

（一）前序部分：写明要求保护的发明或者实用新型技术方案的主题名称和发明或者实用新型主题与最接近的现有技术共有的必要技术特征；

（二）特征部分：使用"其特征是……"或者类似的用语，写明发明或者实用新型区别于最接近的现有技术的技术特征。这些特征和前序部分写明的特征合在一起，限定发明或者实用新型要求保护的范围。

发明或者实用新型的性质不适于用前款方式表达的，独立权利要求可以用其他方式撰写。

一项发明或者实用新型应当只有一个独立权利要求，并写在同一发明或者实用新型的从属权利要求之前。

第二十五条 发明或者实用新型的从属权利要求应当包括引用部分和限定部分，按照下列规定撰写：

（一）引用部分：写明引用的权利要求的编号及其主题名称；

（二）限定部分：写明发明或者实用新型附加的技术特征。

从属权利要求只能引用在前的权利要求。引用两项以上权利要求的多项从属权利要求，只能以择一方式引用在前的权利要求，并不得作为另一项多项从属权利要求的基础。

第二十六条 说明书摘要应当写明发明或者实用新型专利申请所公开内容的概要，即写明发明或者实用新型的名称和所属技术领域，并清楚地反映所要解决的技术问题、解决该问题的技术方案的要点以及主要用途。

说明书摘要可以包含最能说明发明的化学式;有附图的专利申请,还应当在请求书中指定一幅最能说明该发明或者实用新型技术特征的说明书附图作为摘要附图。摘要中不得使用商业性宣传用语。

第二十七条 申请专利的发明涉及新的生物材料,该生物材料公众不能得到,并且对该生物材料的说明不足以使所属领域的技术人员实施其发明的,除应当符合专利法和本细则的有关规定外,申请人还应当办理下列手续:

(一)在申请日前或者最迟在申请日(有优先权的,指优先权日),将该生物材料的样品提交国务院专利行政部门认可的保藏单位保藏,并在申请时或者最迟自申请日起4个月内提交保藏单位出具的保藏证明和存活证明;期满未提交证明的,该样品视为未提交保藏;

(二)在申请文件中,提供有关该生物材料特征的资料;

(三)涉及生物材料样品保藏的专利申请应当在请求书和说明书中写明该生物材料的分类命名(注明拉丁文名称)、保藏该生物材料样品的单位名称、地址、保藏日期和保藏编号;申请时未写明的,应当自申请日起4个月内补正;期满未补正的,视为未提交保藏。

第二十八条 发明专利申请人依照本细则第二十七条的规定保藏生物材料样品的,在发明专利申请公布后,任何单位或者个人需要将该专利申请所涉及的生物材料作为实验目的使用的,应当向国务院专利行政部门提出请求,并写明下列事项:

(一)请求人的姓名或者名称和地址;

(二)不向其他任何人提供该生物材料的保证;

(三)在授予专利权前,只作为实验目的的使用的保证。

第二十九条 专利法所称遗传资源,是指取自人体、动物、植物或者微生物等含有遗传功能单位并具有实际或者潜在价值的材料和利用此类材料产生的遗传信息;专利法所称依赖遗传资源完成的发明创造,是指利用了遗传资源的遗传功能完成的发明创造。

就依赖遗传资源完成的发明创造申请专利的,申请人应当在请求书中予以说明,并填写国务院专利行政部门制定的表格。

第三十条 申请人应当就每件外观设计产品所需要保护的内容提交有关图片或者照片。

申请局部外观设计专利的,应当提交整体产品的视图,并用虚线与实线相结合或者其他方式表明所需要保护部分的内容。

申请人请求保护色彩的,应当提交彩色图片或者照片。

第三十一条 外观设计的简要说明应当写明外观设计产品的名称、用途,外观设计的设计要点,并指定一幅最能表明设计要点的图片或者照片。省略视图或者请求保护色彩的,应当在简要说明中写明。

对同一产品的多项相似外观设计提出一件外观设计专利申请的,应当在简要说明中指定其中一项作为基本设计。

申请局部外观设计专利的,应当在简要说明中写明请求保护的部分,已在整体产品的视图中用虚线与实线相结合方式表明的除外。

简要说明不得使用商业性宣传用语,也不得说明产品的性能。

第三十二条 国务院专利行政部门认为必要时,可以要求外观设计专利申请人提交使用外观设计的产品样品或者模型。样品或者模型的体积不得超过30厘米×30厘米×30厘米,重量不得超过15公斤。易腐、易损或者危险品不得作为样品或者模型提交。

第三十三条 专利法第二十四条第(二)项所称中国政府承认的国际展览会,是指国际展览会公约规定的在国际展览局注册或者由其认可的国际展览会。

专利法第二十四条第(三)项所称学术会议或者技术会议,是指国务院有关主管部门或者全国性学术团体组织召开的学术会议或者技术会议,以及国务院有关主管部门认可的由国际组织召开的学术会议或者技术会议。

申请专利的发明创造有专利法第二十四条第(二)项或者第(三)项所列情形的,申请人应当在提出专利申请时声明,并自申请日起2个月内提交有关发明创造已经展出或者发表,以及展出或者发表日期的证明文件。

申请专利的发明创造有专利法第二十四条第(一)项或者第(四)项所列情形的,国务院专利行政部门认为必要时,可以要求申请人在指定期限内提交证明文件。

申请人未依照本条第三款的规定提出声明和提交证明文件的,或者未依照本条第四款的规定在指定期限内提交证明文件的,其申请不适用专利法第二十四条的规定。

第三十四条 申请人依照专利法第三十条的规定要求外国优先权的,申请人提交的在先申请文件副本应当经原受理机构证明。依照国务院专利行政部门与该受理机构签订的协议，国务院专利行政部门通过电子交换等途径获得在先申请文件副本的，视为申请人提交了经该受理机构证明的在先申请文件副本。要求本国优先权，申请人在请求书中写明在先申请的申请日和申请号的，视为提交了在先申请文件副本。

要求优先权，但请求书中漏写或者错写在先申请的申请日、申请号和原受理机构名称中的一项或者两项内容的，国务院专利行政部门应当通知申请人在指定期限内补正；期满未补正的，视为未要求优先权。

要求优先权的申请人的姓名或者名称与在先申请文件副本中记载的申请人姓名或者名称不一致的，应当提交优先权转让证明材料，未提交该证明材料的，视为未要求优先权。

外观设计专利申请人要求外国优先权，其在先申请未包括对外观设计的简要说明，申请人按照本细则第三十一条规定提交的简要说明未超出在先申请文件的图片或者照片表示的范围的，不影响其享有优先权。

第三十五条 申请人在一件专利申请中，可以要求一项或者多项优先权；要求多项优先权的，该申请的优先权期限从最早的优先权日起计算。

发明或者实用新型专利申请人要求本国优先权，在先申请是发明专利申请的，可以就相同主题提出发明或者实用新型专利申请；在先申请是实用新型专利申请的，可以就相同主题提出实用新型或者发明专利申请。外观设计专利申请人要求本国优先权，在先申请是发明或者实用新型专利申请的，可以就附图显示的设计提出相同主题的外观设计专利申请；在先申请是外观设计专利申请的，可以就相同主题提出外观设计专利申请。但是，提出后一申请时，在先申请的主题有下列情形之一的，不得作为要求本国优先权的基础：

（一）已经要求外国优先权或者本国优先权的；

（二）已经被授予专利权的；

（三）属于按照规定提出的分案申请的。

申请人要求本国优先权，其在先申请自后一申请提出之日起即视为撤回，但外观设计专利申请人要求以发明或者实用新型专利申请作为本国优先权基础的除外。

第三十六条 申请人超出专利法第二十九条规定的期限，向国务院专利行政部门就相同主题提出发明或者实用新型专利申请，有正当理由的，可以在期限届满之日起2个月内请求恢复优先权。

第三十七条 发明或者实用新型专利申请人要求了优先权的，可以自优先权日起16个月内或者自申请日起4个月内，请求在请求书中增加或者改正优先权要求。

第三十八条 在中国没有经常居所或者营业所的申请人，申请专利或者要求外国优先权的，国务院专利行政部门认为必要时，可以要求其提供下列文件：

（一）申请人是个人的，其国籍证明；

（二）申请人是企业或者其他组织的，其注册的国家或者地区的证明文件；

（三）申请人的所属国，承认中国单位和个人可以按照该国国民的同等条件，在该国享有专利权、优先权和其他与专利有关的权利的证明文件。

第三十九条 依照专利法第三十一条第一款规定，可以作为一件专利申请提出的属于一个总的发明构思的两项以上的发明或者实用新型，应当在技术上相互关联，包含一个或者多个相同或者相应的特定技术特征，其中特定技术特征是指每一项发明或者实用新型作为整体，对现有技术作出贡献的技术特征。

第四十条 依照专利法第三十一条第二款规定，将同一产品的多项相似外观设计作为一件申请提出的，对该产品的其他设计应当与简要说明中指定的基本设计相似。一件外观设计专利申请中的相似外观设计不得超过10项。

专利法第三十一条第二款所称同一类别并且成套出售或者使用的产品的两项以上外观设计，是指各产品属于分类表中同一大类，习惯上同时出售或者同时使用，而且各产品的外观设计具有相同的设计构思。

将两项以上外观设计作为一件申请提出的，应当将各项外观设计的顺序编号标注在每件外观设计产品各幅图片或者照片的名称之前。

第四十一条 申请人撤回专利申请的，应当向国务院专利行政部门提出声明，写明发明创造的名称、申请号和申请日。

撤回专利申请的声明在国务院专利行政部门做好公布专利申请文件的印刷准备工作后提出的，申请文件仍予公布；但是，撤回专利申请的声明应当在以后出版的专利公报上予以公告。

第三章 专利申请的审查和批准

第四十二条 在初步审查、实质审查、复审和无效宣告程序中，实施审查和审理的人员有下列情形之一的，应当自行回避，当事人或者其他利害关系人可以要求其回避：

（一）是当事人或者其代理人的近亲属的；

（二）与专利申请或者专利权有利害关系的；
（三）与当事人或者其代理人有其他关系，可能影响公正审查和审理的；
（四）复审或者无效宣告程序中，曾参与原申请的审查的。

第四十三条　国务院专利行政部门收到发明或者实用新型专利申请的请求书、说明书（实用新型必须包括附图）和权利要求书，或者外观设计专利申请的请求书、外观设计的图片或者照片和简要说明后，应当明确申请日、给予申请号，并通知申请人。

第四十四条　专利申请文件有下列情形之一的，国务院专利行政部门不予受理，并通知申请人：
（一）发明或者实用新型专利申请缺少请求书、说明书（实用新型无附图）或者权利要求书，或者外观设计专利申请缺少请求书、图片或者照片、简要说明的；
（二）未使用中文的；
（三）申请文件的格式不符合规定的；
（四）请求书中缺少申请人姓名或者名称，或者缺少地址的；
（五）明显不符合专利法第十七条或者第十八条第一款的规定的；
（六）专利申请类别（发明、实用新型或者外观设计）不明确或者难以确定的。

第四十五条　发明或者实用新型专利申请缺少或者错误提交权利要求书、说明书或者权利要求书、说明书的部分内容，但申请人在递交日要求了优先权的，可以自递交日起2个月内或者在国务院专利行政部门指定的期限内以援引在先申请文件的方式补交。补交的文件符合有关规定的，以首次提交文件的递交日为申请日。

第四十六条　说明书中写有对附图的说明但无附图或者缺少部分附图的，申请人应当在国务院专利行政部门指定的期限内补交附图或者声明取消对附图的说明。申请人补交附图的，以向国务院专利行政部门提交或者邮寄附图之日为申请日；取消对附图的说明的，保留原申请日。

第四十七条　两个以上的申请人同日（指申请日；有优先权的，指优先权日）分别就同样的发明创造申请专利的，应当在收到国务院专利行政部门的通知后自行协商确定申请人。

同一申请人在同日（指申请日）对同样的发明创造既申请实用新型又申请发明专利的，应当在申请时分别说明对同样的发明创造已申请了另一专利；未作说明的，依照专利法第九条第一款关于同样的发明创造只能授予一项专利权的规定处理。

国务院专利行政部门公告授予实用新型专利权，应当公告申请人已依照本条第二款的规定同时申请了发明专利的说明。

发明专利申请经审查没有发现驳回理由，国务院专利行政部门应当通知申请人在规定期限内声明放弃实用新型专利权。申请人声明放弃的，国务院专利行政部门应当作出授予发明专利权的决定，并在公告授予发明专利权时一并公告申请人放弃实用新型专利权声明。申请人不同意放弃的，国务院专利行政部门应当驳回该发明专利申请；申请人期满未答复的，视为撤回该发明专利申请。

实用新型专利权自公告授予发明专利权之日起终止。

第四十八条　一件专利申请包括两项以上发明、实用新型或者外观设计的，申请人可以在本细则第六十条第一款规定的期限届满前，向国务院专利行政部门提出分案申请；但是，专利申请已经被驳回、撤回或者视为撤回的，不能提出分案申请。

国务院专利行政部门认为一件专利申请不符合专利法第三十一条和本细则第三十九条或者第四十条的规定的，应当通知申请人在指定期限内对其申请进行修改；申请人期满未答复的，该申请视为撤回。

分案的申请不得改变原申请的类别。

第四十九条　依照本细则第四十八条规定提出的分案申请，可以保留原申请日，享有优先权的，可以保留优先权日，但是不得超出原申请记载的范围。

分案申请应当依照专利法及本细则的规定办理有关手续。

分案申请的请求书中应当写明原申请的申请号和申请日。

第五十条　专利法第三十四条和第四十条所称初步审查，是指审查专利申请是否具备专利法第二十六条或者第二十七条规定的文件和其他必要的文件，这些文件是否符合规定的格式，并审查下列各项：
（一）发明专利申请是否明显属于专利法第五条、第二十五条规定的情形，是否不符合专利法第十七条、第十八条第一款、第十九条第一款或者本细则第十一条、第十九条、第二十九条第二款的规定，是否明显不符合专利法第二条第二款、第二十六条第五款、第三十一条第一款、第三十三条或者本细则第二十条至第二十四条的规定；

(二)实用新型专利申请是否明显属于专利法第五条、第二十五条规定的情形,是否不符合专利法第十七条、第十八条第一款、第十九条第一款或者本细则第十一条、第十九条至第二十二条、第二十四条至第二十六条的规定,是否明显不符合专利法第二条第三款、第二十二条、第二十六条第三款、第二十六条第四款、第三十一条第一款、第三十三条或者本细则第二十三条、第四十九条第一款的规定,是否依照专利法第九条规定不能取得专利权;

(三)外观设计专利申请是否明显属于专利法第五条、第二十五条第一款第(六)项规定的情形,是否不符合专利法第十七条、第十八条第一款或者本细则第十一条、第十九条、第三十条、第三十一条的规定,是否明显不符合专利法第二条第四款、第二十三条第一款、第二十三条第二款、第二十七条第二款、第三十一条第二款、第三十三条或者本细则第四十九条第一款的规定,是否依照专利法第九条规定不能取得专利权;

(四)申请文件是否符合本细则第二条、第三条第一款的规定。

国务院专利行政部门应当将审查意见通知申请人,要求其在指定期限内陈述意见或者补正;申请人期满未答复的,其申请视为撤回。申请人陈述意见或者补正后,国务院专利行政部门仍然认为不符合前款所列各项规定的,应予以驳回。

第五十一条 除专利申请文件外,申请人向国务院专利行政部门提交的与专利申请有关的其他文件有下列情形之一的,视为未提交:

(一)未使用规定的格式或者填写不符合规定的;

(二)未按照规定提交证明材料的。

国务院专利行政部门应当将视为未提交的审查意见通知申请人。

第五十二条 申请人请求早日公布其发明专利申请的,应当向国务院专利行政部门声明。国务院专利行政部门对该申请进行初步审查后,除予以驳回的外,应当立即将申请予以公布。

第五十三条 申请人写明使用外观设计的产品及其所属类别的,应当使用国务院专利行政部门公布的外观设计产品分类表。未写明使用外观设计的产品所属类别或者所写的类别不确切的,国务院专利行政部门可以予以补充或者修改。

第五十四条 自发明专利申请公布之日起至公告授予专利权之日止,任何人均可以对不符合专利法规定的专利申请向国务院专利行政部门提出意见,并说明理由。

第五十五条 发明专利申请人因有正当理由无法提交专利法第三十六条规定的检索资料或者审查结果资料的,应当向国务院专利行政部门声明,并在得到有关资料后补交。

第五十六条 国务院专利行政部门依照专利法第三十五条第二款的规定对专利申请自行进行审查时,应当通知申请人。

申请人可以对专利申请提出延迟审查请求。

第五十七条 发明专利申请人在提出实质审查请求时以及在收到国务院专利行政部门发出的发明专利申请进入实质审查阶段通知书之日起的3个月内,可以对发明专利申请主动提出修改。

实用新型或者外观设计专利申请人自申请日起2个月内,可以对实用新型或者外观设计专利申请主动提出修改。

申请人在收到国务院专利行政部门发出的审查意见通知书后对专利申请文件进行修改的,应当针对通知书指出的缺陷进行修改。

国务院专利行政部门可以自行修改专利申请文件中文字和符号的明显错误。国务院专利行政部门自行修改的,应当通知申请人。

第五十八条 发明或者实用新型专利申请的说明书或者权利要求书的修改部分,除个别文字修改或者增删外,应当按照规定格式提交替换页。外观设计专利申请的图片或者照片的修改,应当按照规定提交替换页。

第五十九条 依照专利法第三十八条的规定,发明专利申请经实质审查应当予以驳回的情形是指:

(一)申请属于专利法第五条、第二十五条规定的情形,或者依照专利法第九条规定不能取得专利权的;

(二)申请不符合专利法第二条第二款、第十九条第一款、第二十二条、第二十六条第三款、第二十六条第四款、第二十六条第五款、第三十一条第一款或者本细则第十一条、第二十三条第二款规定的;

(三)申请的修改不符合专利法第三十三条规定,或者分案的申请不符合本细则第四十九条第一款的规定。

第六十条 国务院专利行政部门发出授予专利权的通知后,申请人应当自收到通知之日起2个月内办理登记手续。申请人按期办理登记手续的,国务院专利行政部门应当授予专利权,颁发专利证书,并予以公告。

期满未办理登记手续的,视为放弃取得专利权的权利。

第六十一条 保密专利申请经审查没有发现驳回理由的,国务院专利行政部门应当作出授予保密专利权的决定,颁发保密专利证书,登记保密专利权的有关事项。

第六十二条 授予实用新型或者外观设计专利权的决定公告后,专利法第六十六条规定的专利权人、利害关系人、被控侵权人可以请求国务院专利行政部门作出专利权评价报告。申请人可以在办理专利权登记手续时请求国务院专利行政部门作出专利权评价报告。

请求作出专利权评价报告的,应当提交专利权评价报告请求书,写明专利申请号或者专利号。每项请求应当限于一项专利申请或者专利权。

专利权评价报告请求书不符合规定的,国务院专利行政部门应当通知请求人在指定期限内补正;请求人期满未补正的,视为未提出请求。

第六十三条 国务院专利行政部门应当自收到专利权评价报告请求书后2个月内作出专利权评价报告,但申请人在办理专利权登记手续时请求作出专利权评价报告的,国务院专利行政部门应当自公告授予专利权之日起2个月内作出专利权评价报告。

对同一项实用新型或者外观设计专利权,有多个请求人请求作出专利权评价报告的,国务院专利行政部门仅作出一份专利权评价报告。任何单位或者个人可以查阅或者复制该专利权评价报告。

第六十四条 国务院专利行政部门对专利公告、专利单行本中出现的错误,一经发现,应当及时更正,并对所作更正予以公告。

第四章 专利申请的复审与专利权的无效宣告

第六十五条 依照专利法第四十一条的规定向国务院专利行政部门请求复审的,应当提交复审请求书,说明理由,必要时还应当附具有关证据。

复审请求不符合专利法第十八条第一款或者第四十一条第一款规定的,国务院专利行政部门不予受理,书面通知复审请求人并说明理由。

复审请求书不符合规定格式的,复审请求人应当在国务院专利行政部门指定的期限内补正;期满未补正的,该复审请求视为未提出。

第六十六条 请求人在提出复审请求或者在对国务院专利行政部门的复审通知书作出答复时,可以修改专利申请文件;但是,修改应当仅限于消除驳回决定或者复审通知书指出的缺陷。

第六十七条 国务院专利行政部门进行复审后,认为复审请求不符合专利法和本细则有关规定或者专利申请存在其他明显违反专利法和本细则有关规定情形的,应当通知复审请求人,要求其在指定期限内陈述意见。期满未答复的,该复审请求视为撤回;经陈述意见或者进行修改后,国务院专利行政部门认为仍不符合专利法和本细则有关规定的,应当作出驳回复审请求的复审决定。

国务院专利行政部门进行复审后,认为原驳回决定不符合专利法和本细则有关规定的,或者认为经过修改的专利申请文件消除了原驳回决定和复审通知书指出的缺陷的,应当撤销原驳回决定,继续进行审查程序。

第六十八条 复审请求人在国务院专利行政部门作出决定前,可以撤回其复审请求。

复审请求人在国务院专利行政部门作出决定前撤回其复审请求的,复审程序终止。

第六十九条 依照专利法第四十五条的规定,请求宣告专利权无效或者部分无效的,应当向国务院专利行政部门提交专利权无效宣告请求书和必要的证据一式两份。无效宣告请求书应当结合提交的所有证据,具体说明无效宣告请求的理由,并指明每项理由所依据的证据。

前款所称无效宣告请求的理由,是指被授予专利的发明创造不符合专利法第二条、第十九条第一款、第二十二条、第二十三条、第二十六条第三款、第二十六条第四款、第二十七条第二款、第三十三条或者本细则第十一条、第二十三条第二款、第四十九条第一款的规定,或者属于专利法第五条、第二十五条规定的情形,或者依照专利法第九条规定不能取得专利权。

第七十条 专利权无效宣告请求不符合专利法第十八条第一款或者本细则第六十九条规定的,国务院专利行政部门不予受理。

在国务院专利行政部门就无效宣告请求作出决定之后,又以同样的理由和证据请求无效宣告的,国务院专利行政部门不予受理。

以不符合专利法第二十三条第三款的规定为理由请求宣告外观设计专利权无效,但是未提交证明权利冲突的证据的,国务院专利行政部门不予受理。

专利权无效宣告请求书不符合规定格式的,无效宣告请求人应当在国务院专利行政部门指定的期限内补正;期满未补正的,该无效宣告请求视为未提出。

第七十一条 在国务院专利行政部门受理无效宣告请求后,请求人可以在提出无效宣告请求之日起1个月内增加理由或者补充证据。逾期增加理由或者补充证据的,国务院专利行政部门可以不予考虑。

第七十二条　国务院专利行政部门应当将专利权无效宣告请求书和有关文件的副本送交专利权人,要求其在指定的期限内陈述意见。

专利权人和无效宣告请求人应当在指定期限内答复国务院专利行政部门发出的转送文件通知书或者无效宣告请求审查通知书;期满未答复的,不影响国务院专利行政部门审理。

第七十三条　在无效宣告请求的审查过程中,发明或者实用新型专利的专利权人可以修改其权利要求书,但是不得扩大原专利的保护范围。国务院专利行政部门在修改后的权利要求基础上作出维持专利权有效或者宣告专利权部分无效的决定的,应当公告修改后的权利要求。

发明或者实用新型专利的专利权人不得修改专利说明书和附图,外观设计专利的专利权人不得修改图片、照片和简要说明。

第七十四条　国务院专利行政部门根据当事人的请求或者案情需要,可以决定对无效宣告请求进行口头审理。

国务院专利行政部门决定对无效宣告请求进行口头审理的,应当向当事人发出口头审理通知书,告知举行口头审理的日期和地点。当事人应当在通知书指定的期限内作出答复。

无效宣告请求人对国务院专利行政部门发出的口头审理通知书在指定的期限内未作答复,并且不参加口头审理的,其无效宣告请求视为撤回;专利权人不参加口头审理的,可以缺席审理。

第七十五条　在无效宣告请求审查程序中,国务院专利行政部门指定的期限不得延长。

第七十六条　国务院专利行政部门对无效宣告的请求作出决定前,无效宣告请求人可以撤回其请求。

国务院专利行政部门作出决定之前,无效宣告请求人撤回其请求或者其无效宣告请求被视为撤回的,无效宣告请求审查程序终止。但是,国务院专利行政部门认为根据已进行的审查工作能够作出宣告专利权无效或者部分无效的决定的,不终止审查程序。

第五章　专利权期限补偿

第七十七条　依照专利法第四十二条第二款的规定请求给予专利权期限补偿的,专利权人应当自公告授予专利权之日起3个月内向国务院专利行政部门提出。

第七十八条　依照专利法第四十二条第二款的规定给予专利权期限补偿的,补偿期限按照发明专利在授权过程中不合理延迟的实际天数计算。

前款所称发明专利在授权过程中不合理延迟的实际天数,是指自发明专利申请日起满4年且自实质审查请求之日起满3年之日至公告授予专利权之日的间隔天数,减去合理延迟的天数和由申请人引起的不合理延迟的天数。

下列情形属于合理延迟:

(一)依照本细则第六十六条的规定修改专利申请文件后被授予专利权的,因复审程序引起的延迟;

(二)因本细则第一百零三条、第一百零四条规定情形引起的延迟;

(三)其他合理情形引起的延迟。

同一申请人同日对同样的发明创造既申请实用新型专利又申请发明专利,依照本细则第四十七条第四款的规定取得发明专利权的,该发明专利权的期限不适用专利法第四十二条第二款的规定。

第七十九条　专利法第四十二条第二款规定的由申请人引起的不合理延迟包括以下情形:

(一)未在指定期限内答复国务院专利行政部门发出的通知;

(二)申请延迟审查;

(三)因本细则第四十五条规定情形引起的延迟;

(四)其他由申请人引起的不合理延迟。

第八十条　专利法第四十二条第三款所称新药相关发明专利是指符合规定的新药产品专利、制备方法专利、医药用途专利。

第八十一条　依照专利法第四十二条第三款的规定请求给予新药相关发明专利权期限补偿的,应当符合下列要求,自该新药在中国获得上市许可之日起3个月内向国务院专利行政部门提出:

(一)该新药同时存在多项专利的,专利权人只能请求对其中一项专利给予专利权期限补偿;

(二)一项专利同时涉及多个新药的,只能对一个新药就该专利提出专利权期限补偿请求;

(三)该专利在有效期内,且尚未获得过新药相关发明专利权期限补偿。

第八十二条　依照专利法第四十二条第三款的规定给予专利权期限补偿的,补偿期限按照该专利申请日至该新药在中国获得上市许可之日的间隔天数减去5年,在符合专利法第四十二条第三款规定的基础上确定。

第八十三条　新药相关发明专利在专利权期限补偿期间,该专利的保护范围限于该新药及其经批准的适应症相关技术方案;在保护范围内,专利权人享有的权利和承担的义务与专利权期限补偿前相同。

第八十四条 国务院专利行政部门对依照专利法第四十二条第二款、第三款的规定提出的专利权期限补偿请求进行审查后，认为符合补偿条件的，作出给予期限补偿的决定，并予以登记和公告；不符合补偿条件的，作出不予期限补偿的决定，并通知提出请求的专利权人。

第六章 专利实施的特别许可

第八十五条 专利权人自愿声明对其专利实行开放许可的，应当在公告授予专利权后提出。

开放许可声明应当写明以下事项：

（一）专利号；
（二）专利权人的姓名或者名称；
（三）专利许可使用费支付方式、标准；
（四）专利许可期限；
（五）其他需要明确的事项。

开放许可声明内容应当准确、清楚，不得出现商业性宣传用语。

第八十六条 专利权有下列情形之一的，专利权人不得对其实行开放许可：

（一）专利权处于独占或者排他许可有效期限内的；
（二）属于本细则第一百零三条、第一百零四条规定的中止情形的；
（三）没有按照规定缴纳年费的；
（四）专利权被质押，未经质权人同意的；
（五）其他妨碍专利权有效实施的情形。

第八十七条 通过开放许可达成专利实施许可的，专利权人或者被许可人应当凭能够证明达成许可的书面文件向国务院专利行政部门备案。

第八十八条 专利权人不得通过提供虚假材料、隐瞒事实等手段，作出开放许可声明或者在开放许可实施期间获得专利年费减免。

第八十九条 专利法第五十三条第（一）项所称未充分实施其专利，是指专利权人及其被许可人实施其专利的方式或者规模不能满足国内对专利产品或者专利方法的需求。

专利法第五十五条所称取得专利权的药品，是指解决公共健康问题所需的医药领域中的任何专利产品或者依照专利方法直接获得的产品，包括取得专利权的制造该产品所需的活性成分以及使用该产品所需的诊断用品。

第九十条 请求给予强制许可的，应当向国务院专利行政部门提交强制许可请求书，说明理由并附具有关证明文件。

国务院专利行政部门应当将强制许可请求书的副本送交专利权人，专利权人应当在国务院专利行政部门指定的期限内陈述意见；期满未答复的，不影响国务院专利行政部门作出决定。

国务院专利行政部门在作出驳回强制许可请求的决定或者给予强制许可的决定前，应当通知请求人和专利权人拟作出的决定及其理由。

国务院专利行政部门依照专利法第五十五条的规定作出给予强制许可的决定，应当同时符合中国缔结或者参加的有关国际条约关于为了解决公共健康问题而给予强制许可的规定，但中国作出保留的除外。

第九十一条 依照专利法第六十二条的规定，请求国务院专利行政部门裁决使用费数额的，当事人应当提出裁决请求书，并附具双方不能达成协议的证明文件。国务院专利行政部门应当自收到请求书之日起3个月内作出裁决，并通知当事人。

第七章 对职务发明创造的发明人或者设计人的奖励和报酬

第九十二条 被授予专利权的单位可以与发明人、设计人约定或者在其依法制定的规章制度中规定专利法第十五条规定的奖励、报酬的方式和数额。鼓励被授予专利权的单位实行产权激励，采取股权、期权、分红等方式，使发明人或者设计人合理分享创新收益。

企业、事业单位给予发明人或者设计人的奖励、报酬，按照国家有关财务、会计制度的规定进行处理。

第九十三条 被授予专利权的单位未与发明人、设计人约定也未在其依法制定的规章制度中规定专利法第十五条规定的奖励的方式和数额的，应当自公告授予专利权之日起3个月内发给发明人或者设计人奖金。一项发明专利的奖金最低不少于4000元；一项实用新型专利或者外观设计专利的奖金最低不少于1500元。

由于发明人或者设计人的建议被其所属单位采纳而完成的发明创造，被授予专利权的单位应当从优发给奖金。

第九十四条 被授予专利权的单位未与发明人、设计人约定也未在其依法制定的规章制度中规定专利法第十五条规定的报酬的方式和数额的，应当依照《中华人民共和国促进科技成果转化法》的规定，给予发明人或者设计人合理的报酬。

第八章 专利权的保护

第九十五条 省、自治区、直辖市人民政府管理专利工作的部门以及专利管理工作量大又有实际处理能力的地级市、自治州、盟、地区和直辖市的区人民政府管理专利工作的部门，可以处理和调解专利纠纷。

第九十六条 有下列情形之一的，属于专利法第七十条所称的在全国有重大影响的专利侵权纠纷：

（一）涉及重大公共利益的；

（二）对行业发展有重大影响的；

（三）跨省、自治区、直辖市区域的重大案件；

（四）国务院专利行政部门认为可能有重大影响的其他情形。

专利权人或者利害关系人请求国务院专利行政部门处理专利侵权纠纷，相关案件不属于在全国有重大影响的专利侵权纠纷的，国务院专利行政部门可以指定有管辖权的地方人民政府管理专利工作的部门处理。

第九十七条 当事人请求处理专利侵权纠纷或者调解专利纠纷的，由被请求人所在地或者侵权行为地的管理专利工作的部门管辖。

两个以上管理专利工作的部门都有管辖权的专利纠纷，当事人可以向其中一个管理专利工作的部门提出请求；当事人向两个以上有管辖权的管理专利工作的部门提出请求的，由最先受理的管理专利工作的部门管辖。

管理专利工作的部门对管辖权发生争议的，由其共同的上级人民政府管理专利工作的部门指定管辖；无共同上级人民政府管理专利工作的部门的，由国务院专利行政部门指定管辖。

第九十八条 在处理专利侵权纠纷过程中，被请求人提出无效宣告请求并被国务院专利行政部门受理的，可以请求管理专利工作的部门中止处理。

管理专利工作的部门认为被请求人提出的中止理由明显不能成立的，可以不中止处理。

第九十九条 专利权人依照专利法第十六条的规定，在其专利产品或者该产品的包装上标明专利标识的，应当按照国务院专利行政部门规定的方式予以标明。

专利标识不符合前款规定的，由县级以上负责专利执法的部门责令改正。

第一百条 申请人或者专利权人违反本细则第十一条、第八十八条规定的，由县级以上负责专利执法的部门予以警告，可以处10万元以下的罚款。

第一百零一条 下列行为属于专利法第六十八条规定的假冒专利的行为：

（一）在未被授予专利权的产品或者其包装上标注专利标识，专利权被宣告无效后或者终止后继续在产品或者其包装上标注专利标识，或者未经许可在产品或者产品包装上标注他人的专利号；

（二）销售第（一）项所述产品；

（三）在产品说明书等材料中将未被授予专利权的技术或者设计称为专利技术或者专利设计，将专利申请称为专利，或者未经许可使用他人的专利号，使公众将所涉及的技术或者设计误认为是专利技术或者专利设计；

（四）伪造或者变造专利证书、专利文件或者专利申请文件；

（五）其他使公众混淆，将未被授予专利权的技术或者设计误认为是专利技术或者专利设计的行为。

专利权终止前依法在专利产品、依照专利方法直接获得的产品或者其包装上标注专利标识，在专利权终止后许诺销售、销售该产品的，不属于假冒专利行为。

销售不知道是假冒专利的产品，并且能够证明该产品合法来源的，由县级以上负责专利执法的部门责令停止销售。

第一百零二条 除专利法第六十五条规定的外，管理专利工作的部门应当事人请求，可以对下列专利纠纷进行调解：

（一）专利申请权和专利权归属纠纷；

（二）发明人、设计人资格纠纷；

（三）职务发明创造的发明人、设计人的奖励和报酬纠纷；

（四）在发明专利申请公布后专利权授予前使用发明而未支付适当费用的纠纷；

（五）其他专利纠纷。

对于前款第（四）项所列的纠纷，当事人请求管理专利工作的部门调解的，应当在专利权被授予之后提出。

第一百零三条 当事人因专利申请权或者专利权的归属发生纠纷，已请求管理专利工作的部门调解或者向人民法院起诉的，可以请求国务院专利行政部门中止有关程序。

依照前款规定请求中止有关程序的，应当向国务院专利行政部门提交请求书，说明理由，并附具管理专利工作的部门或者人民法院的写明申请号或者专利号的有关受理文件副本。国务院专利行政部门认为当事人提出的中止理由明显不能成立的，可以不中止有关程序。

管理专利工作的部门作出的调解书或者人民法院作出的判决生效后，当事人应当向国务院专利行政部门办理恢复有关程序的手续。自请求中止之日起1年内，有关专利申请权或者专利权归属的纠纷未能结案，需要继续中止有关程序的，请求人应当在该期限内请求延长中止。期满未请求延长的，国务院专利行政部门自行恢复有关程序。

第一百零四条 人民法院在审理民事案件中裁定对专利申请权或者专利权采取保全措施的，国务院专利行政部门应当在收到写明申请号或者专利号的裁定书和协助执行通知书之日中止被保全的专利申请权或者专利权的有关程序。保全期限届满，人民法院没有裁定继续采取保全措施的，国务院专利行政部门自行恢复有关程序。

第一百零五条 国务院专利行政部门根据本细则第一百零三条和第一百零四条规定中止有关程序，是指暂停专利申请的初步审查、实质审查、复审程序，授予专利权程序和专利权无效宣告程序；暂停办理放弃、变更、转移专利权或者专利申请权手续，专利权质押手续以及专利权期限届满前的终止手续等。

第九章 专利登记和专利公报

第一百零六条 国务院专利行政部门设置专利登记簿，登记下列与专利申请和专利权有关的事项：

（一）专利权的授予；

（二）专利申请权、专利权的转移；

（三）专利权的质押、保全及其解除；

（四）专利实施许可合同的备案；

（五）国防专利、保密专利的解密；

（六）专利权的无效宣告；

（七）专利权的终止；

（八）专利权的恢复；

（九）专利权期限的补偿；

（十）专利实施的开放许可；

（十一）专利实施的强制许可；

（十二）专利权人的姓名或者名称、国籍和地址的变更；

第一百零七条 国务院专利行政部门定期出版专利公报，公布或者公告下列内容：

（一）发明专利申请的著录事项和说明书摘要；

（二）发明专利申请的实质审查请求和国务院专利行政部门对发明专利申请自行进行实质审查的决定；

（三）发明专利申请公布后的驳回、撤回、视为撤回、视为放弃、恢复和转移；

（四）专利权的授予以及专利权的著录事项；

（五）实用新型专利的说明书摘要，外观设计专利的一幅图片或者照片；

（六）国防专利、保密专利的解密；

（七）专利权的无效宣告；

（八）专利权的终止、恢复；

（九）专利权期限的补偿；

（十）专利权的转移；

（十一）专利实施许可合同的备案；

（十二）专利权的质押、保全及其解除；

（十三）专利实施的开放许可事项；

（十四）专利实施的强制许可的给予；

（十五）专利权人的姓名或者名称、国籍和地址的变更；

（十六）文件的公告送达；

（十七）国务院专利行政部门作出的更正；

（十八）其他有关事项。

第一百零八条 国务院专利行政部门应当提供专利公报、发明专利申请单行本以及发明专利、实用新型专利、外观设计专利单行本，供公众免费查阅。

第一百零九条 国务院专利行政部门负责按照互惠原则与其他国家、地区的专利机关或者区域性专利组织交换专利文献。

第十章 费 用

第一百一十条 向国务院专利行政部门申请专利和办理其他手续时，应当缴纳下列费用：

（一）申请费、申请附加费、公布印刷费、优先权要求费；

（二）发明专利申请实质审查费、复审费；

（三）年费；

（四）恢复权利请求费、延长期限请求费；

（五）著录事项变更费、专利权评价报告请求费、无效宣告请求费、专利文件副本证明费。

前款所列各种费用的缴纳标准，由国务院发展改革部门、财政部门会同国务院专利行政部门按照职责分工规定。国务院财政部门、发展改革部门可以会同国务院专利行政部门根据实际情况对申请专利和办理其他手续应当缴纳的费用种类和标准进行调整。

第一百一十一条 专利法和本细则规定的各种费用，应当严格按照规定缴纳。

直接向国务院专利行政部门缴纳费用的，以缴纳当日为缴费日；以邮局汇付方式缴纳费用的，以邮局汇出的邮戳日为缴费日；以银行汇付方式缴纳费用的，以银行实际汇出日为缴费日。

多缴、重缴、错缴专利费用的，当事人可以自缴费日起3年内，向国务院专利行政部门提出退款请求，国务院专利行政部门应当予以退还。

第一百一十二条 申请人应当自申请日起2个月内或者在收到受理通知书之日起15日内缴纳申请费、公布印刷费和必要的申请附加费；期满未缴纳或者未缴足的，其申请视为撤回。

申请人要求优先权的，应当在缴纳申请费的同时缴纳优先权要求费；期满未缴纳或者未缴足的，视为未要求优先权。

第一百一十三条 当事人请求实质审查或者复审的，应当在专利法及本细则规定的相关期限内缴纳费用；期满未缴纳或者未缴足的，视为未提出请求。

第一百一十四条 申请人办理登记手续时，应当缴纳授予专利权当年的年费；期满未缴纳或者未缴足的，视为未办理登记手续。

第一百一十五条 授予专利权当年以后的年费应当在上一年度期满前缴纳。专利权人未缴纳或者未缴足的，国务院专利行政部门应当通知专利权人自应当缴纳年费期满之日起6个月内补缴，同时缴纳滞纳金；滞纳金的金额按照每超过规定的缴费时间1个月，加收当年全额年费的5%计算；期满未缴纳的，专利权自应当缴纳年费期满之日起终止。

第一百一十六条 恢复权利请求费应当在本细则规定的相关期限内缴纳；期满未缴纳或者未缴足的，视为未提出请求。

延长期限请求费应当在相应期限届满之日前缴纳；期满未缴纳或者未缴足的，视为未提出请求。

著录事项变更费、专利权评价报告请求费、无效宣告请求费应自提出请求之日起1个月内缴纳；期满未缴纳或者未缴足的，视为未提出请求。

第一百一十七条 申请人或者专利权人缴纳本细则规定的各种费用有困难的，可以按照规定向国务院专利行政部门提出减缴的请求。减缴的办法由国务院财政部门会同国务院发展改革部门、国务院专利行政部门规定。

第十一章 关于发明、实用新型国际申请的特别规定

第一百一十八条 国务院专利行政部门根据专利法第十九条规定，受理按照专利合作条约提出的专利国际申请。

按照专利合作条约提出并指定中国的专利国际申请（以下简称国际申请）进入国务院专利行政部门处理阶段（以下称进入中国国家阶段）的条件和程序适用本章的规定；本章没有规定的，适用专利法及本细则其他各章的有关规定。

第一百一十九条 按照专利合作条约已确定国际申请日并指定中国的国际申请，视为向国务院专利行政部门提出的专利申请，该国际申请日视为专利法第二十八条所称的申请日。

第一百二十条 国际申请的申请人应当在专利合作条约第二条所称的优先权日（本章简称优先权日）起30个月内，向国务院专利行政部门办理进入中国国家阶段的手续；申请人未在该期限内办理该手续的，在缴纳宽限费后，可以在自优先权日起32个月内办理进入中国国家阶段的手续。

第一百二十一条 申请人依照本细则第一百二十条的规定办理进入中国国家阶段的手续的，应当符合下列要求：

（一）以中文提交进入中国国家阶段的书面声明，写明国际申请号和要求获得的专利权类型；

（二）缴纳本细则第一百一十条第一款规定的申请费、公布印刷费，必要时缴纳本细则第一百二十条规定的宽限费；

（三）国际申请以外文提出的，提交原始国际申请的说明书和权利要求书的中文译文；

（四）在进入中国国家阶段的书面声明中写明发明创造的名称，申请人姓名或者名称、地址和发明人的姓名，上述内容应当与世界知识产权组织国际局（以下简称国际局）的记录一致；国际申请中未写明发明人的，在上述声明中写明发明人的姓名；

（五）国际申请以外文提出的，提交摘要的中文译文，有附图和摘要附图的，提交附图副本并指定摘要附图，附图中有文字的，将其替换为对应的中文文字；

（六）在国际阶段向国际局已办理申请人变更手续的，必要时提供变更后的申请人享有申请权的证明材料；

（七）必要时缴纳本细则第一百一十条第一款规定的申请附加费。

符合本条第一款第（一）项至第（三）项要求的，国务院专利行政部门应当给予申请号，明确国际申请进入中国国家阶段的日期（以下简称进入日），并通知申请人其国际申请已进入中国国家阶段。

国际申请已进入中国国家阶段，但不符合本条第一款第（四）项至第（七）项要求的，国务院专利行政部门应当通知申请人在指定期限内补正；期满未补正的，其申请视为撤回。

第一百二十二条 国际申请有下列情形之一的，其在中国的效力终止：

（一）在国际阶段，国际申请被撤回或者被视为撤

回,或者国际申请对中国的指定被撤回的;

(二)申请人未在优先权日起 32 个月内按照本细则第一百二十条规定办理进入中国国家阶段手续的;

(三)申请人办理进入中国国家阶段的手续,但自优先权日起 32 个月期限届满仍不符合本细则第一百二十一条第(一)项至第(三)项要求的。

依照前款第(一)项的规定,国际申请在中国的效力终止的,不适用本细则第六条的规定;依照前款第(二)项、第(三)项的规定,国际申请在中国的效力终止的,不适用本细则第六条第二款的规定。

第一百二十三条 国际申请在国际阶段作过修改,申请人要求以经修改的申请文件为基础进行审查的,应当自进入日起 2 个月内提交修改部分的中文译文。在该期间内未提交中文译文的,对申请人在国际阶段提出的修改,国务院专利行政部门不予考虑。

第一百二十四条 国际申请涉及的发明创造有专利法第二十四条第(二)项或者第(三)项所列情形之一,在提出国际申请时作过声明的,申请人应当在进入中国国家阶段的书面声明中予以说明,并自进入日起 2 个月内提交本细则第三十三条第三款规定的有关证明文件;未予说明或者期满未提交证明文件的,其申请不适用专利法第二十四条的规定。

第一百二十五条 申请人按照专利合作条约的规定,对生物材料样品的保藏已作出说明的,视为已经满足了本细则第二十七条第(三)项的要求。申请人应当在进入中国国家阶段声明中指明记载生物材料样品保藏事项的文件以及在该文件中的具体记载位置。

申请人在原始提交的国际申请的说明书中已记载生物材料样品保藏事项,但是没有在进入中国国家阶段声明中指明的,应当自进入日起 4 个月内补正。期满未补正的,该生物材料视为未提交保藏。

申请人自进入日起 4 个月内向国务院专利行政部门提交生物材料样品保藏证明和存活证明的,视为在本细则第二十七条第(一)项规定的期限内提交。

第一百二十六条 国际申请涉及的发明创造依赖遗传资源完成的,申请人应当在国际申请进入中国国家阶段的书面声明中予以说明,并填写国务院专利行政部门制定的表格。

第一百二十七条 申请人在国际阶段已要求一项或者多项优先权,在进入中国国家阶段时该优先权要求继续有效的,视为已经依照专利法第三十条的规定提出了书面声明。

申请人应当自进入日起 2 个月内缴纳优先权要求费;期满未缴纳或者未缴足的,视为未要求该优先权。

申请人在国际阶段已依照专利合作条约的规定,提交过在先申请文件副本的,办理进入中国国家阶段手续时不需要向国务院专利行政部门提交在先申请文件副本。申请人在国际阶段未提交在先申请文件副本的,国务院专利行政部门认为必要时,可以通知申请人在指定期限内补交;申请人期满未补交的,其优先权要求视为未提出。

第一百二十八条 国际申请的申请日在优先权期限届满之后 2 个月内,在国际阶段受理局已经批准恢复优先权的,视为已经依照本细则第三十六条的规定提出了恢复优先权请求;在国际阶段申请人未请求恢复优先权,或者提出了恢复优先权请求但受理局未批准,申请人有正当理由的,可以自进入日起 2 个月内向国务院专利行政部门请求恢复优先权。

第一百二十九条 在优先权日起 30 个月期满前要求国务院专利行政部门提前处理和审查国际申请的,申请人除应当办理进入中国国家阶段手续外,还应当依照专利合作条约第二十三条第二款规定提出请求。国际局尚未向国务院专利行政部门传送国际申请的,申请人应当提交经确认的国际申请副本。

第一百三十条 要求获得实用新型专利权的国际申请,申请人可以自进入日起 2 个月内对专利申请文件主动提出修改。

要求获得发明专利权的国际申请,适用本细则第五十七条第一款的规定。

第一百三十一条 申请人发现提交的说明书、权利要求书或者附图中的文字的中文译文存在错误的,可以在下列规定期限内依照原始国际申请文本提出改正:

(一)在国务院专利行政部门做好公布发明专利申请或者公告实用新型专利权的准备工作之前;

(二)在收到国务院专利行政部门发出的发明专利申请进入实质审查阶段通知书之日起 3 个月内。

申请人改正译文错误的,应当提出书面请求并缴纳规定的译文改正费。

申请人按照国务院专利行政部门的通知书的要求改正译文的,应当在指定期限内办理本条第二款规定的手续;期满未办理规定手续的,该申请视为撤回。

第一百三十二条 对要求获得发明专利权的国际申请,国务院专利行政部门经初步审查认为符合专利法和本细则有关规定的,应当在专利公报上予以公布;国际申请以中文以外的文字提出的,应当公布申请文件的中文译文。

要求获得发明专利权的国际申请,由国际局以中文进行国际公布的,自国际公布日或者国务院专利行政部门公布之日起适用专利法第十三条的规定;由国际局以中文以外的文字进行国际公布的,自国务院专利行政部门公布之日起适用专利法第十三条的规定。

对国际申请,专利法第二十一条和第二十二条中所称的公布是指本条第一款所规定的公布。

第一百三十三条 国际申请包含两项以上发明或者实用新型的,申请人可以自进入日起,依照本细则第四十八条第一款的规定提出分案申请。

在国际阶段,国际检索单位或者国际初步审查单位认为国际申请不符合专利合作条约规定的单一性要求时,申请人未按照规定缴纳附加费,导致国际申请某些部分未经国际检索或者未经国际初步审查,在进入中国国家阶段时,申请人要求将所述部分作为审查基础,国务院专利行政部门认为国际检索单位或者国际初步审查单位对发明单一性的判断正确的,应当通知申请人在指定期限内缴纳单一性恢复费。期满未缴纳或者未足额缴纳的,国际申请中未经检索或者未经国际初步审查的部分视为撤回。

第一百三十四条 国际申请在国际阶段被有关国际单位拒绝给予国际申请日或者宣告视为撤回的,申请人在收到通知之日起2个月内,可以请求国际局将国际申请档案中任何文件的副本转交国务院专利行政部门,并在该期限内向国务院专利行政部门办理本细则第一百二十条规定的手续,国务院专利行政部门应当在接到国际局传送的文件后,对国际单位作出的决定是否正确进行复查。

第一百三十五条 基于国际申请授予的专利权,由于译文错误,致使依照专利法第六十四条规定确定的保护范围超出国际申请的原文所表达的范围的,以依据原文限制后的保护范围为准;致使保护范围小于国际申请的原文所表达的范围的,以授权时的保护范围为准。

第十二章 关于外观设计国际申请的特别规定

第一百三十六条 国务院专利行政部门根据专利法第十九条第二款、第三款规定,处理按照工业品外观设计国际注册海牙协定(1999年文本)(以下简称海牙协定)提出的外观设计国际注册申请。

国务院专利行政部门处理按照海牙协定提出并指定中国的外观设计国际注册申请(简称外观设计国际申请)的条件和程序适用本章的规定;本章没有规定的,适用专利法及本细则其他各章的有关规定。

第一百三十七条 按照海牙协定已确定国际注册日并指定中国的外观设计国际申请,视为向国务院专利行政部门提出的外观设计专利申请,该国际注册日视为专利法第二十八条所称的申请日。

第一百三十八条 国际局公布外观设计国际申请后,国务院专利行政部门对外观设计国际申请进行审查,并将审查结果通知国际局。

第一百三十九条 国际局公布的外观设计国际申请中包括一项或者多项优先权的,视为已经依照专利法第三十条的规定提出了书面声明。

外观设计国际申请的申请人要求优先权的,应当自外观设计国际申请公布之日起3个月内提交在先申请文件副本。

第一百四十条 外观设计国际申请涉及的外观设计有专利法第二十四条第(二)项或者第(三)项所列情形的,应当在提出外观设计国际申请时声明,并自外观设计国际申请公布之日起2个月内提交本细则第三十三条第三款规定的有关证明文件。

第一百四十一条 一件外观设计国际申请包括两项以上外观设计的,申请人可以自外观设计国际申请公布之日起2个月内,向国务院专利行政部门提出分案申请,并缴纳费用。

第一百四十二条 国际局公布的外观设计国际申请中包括含设计要点的说明书的,视为已经依照本细则第三十一条的规定提交了简要说明。

第一百四十三条 外观设计国际申请经国务院专利行政部门审查后没有发现驳回理由的,由国务院专利行政部门作出给予保护的决定,通知国际局。

国务院专利行政部门作出给予保护的决定后,予以公告,该外观设计专利权自公告之日起生效。

第一百四十四条 已在国际局办理权利变更手续的,申请人应当向国务院专利行政部门提供有关证明材料。

第十三章 附则

第一百四十五条 经国务院专利行政部门同意,任何人均可以查阅或者复制已经公布或者公告的专利申请的案卷和专利登记簿,并可以请求国务院专利行政部门出具专利登记簿副本。

已视为撤回、驳回和主动撤回的专利申请的案卷,自该专利申请失效之日起满2年后不予保存。

已放弃、宣告全部无效和终止的专利权的案卷,自该专利权失效之日起满3年后不予保存。

第一百四十六条 向国务院专利行政部门提交申请文件或者办理各种手续，应当由申请人、专利权人、其他利害关系人或者其代表人签字或者盖章；委托专利代理机构的，由专利代理机构盖章。

请求变更发明人姓名、专利申请人和专利权人的姓名或者名称、国籍和地址、专利代理机构的名称、地址和专利代理师姓名的，应当向国务院专利行政部门办理著录事项变更手续，必要时应当提交变更理由的证明材料。

第一百四十七条 向国务院专利行政部门邮寄有关申请或者专利权的文件，应当使用挂号信函，不得使用包裹。

除首次提交专利申请文件外，向国务院专利行政部门提交各种文件、办理各种手续的，应当标明申请号或者专利号、发明创造名称和申请人或者专利权人姓名或者名称。

一件信函中应当只包含同一申请的文件。

第一百四十八条 国务院专利行政部门根据专利法和本细则制定专利审查指南。

第一百四十九条 本细则自 2001 年 7 月 1 日起施行。1992 年 12 月 12 日国务院批准修订、1992 年 12 月 21 日中国专利局发布的《中华人民共和国专利法实施细则》同时废止。

最高人民法院关于审理专利纠纷案件适用法律问题的若干规定

- 2001 年 6 月 19 日最高人民法院审判委员会第 1180 次会议通过
- 根据 2013 年 2 月 25 日最高人民法院审判委员会第 1570 次会议通过的《最高人民法院关于修改〈最高人民法院关于审理专利纠纷案件适用法律问题的若干规定〉的决定》第一次修正
- 根据 2015 年 1 月 19 日最高人民法院审判委员会第 1641 次会议通过的《最高人民法院关于修改〈最高人民法院关于审理专利纠纷案件适用法律问题的若干规定〉的决定》第二次修正
- 根据 2020 年 12 月 23 日最高人民法院审判委员会第 1823 次会议通过的《最高人民法院关于修改〈最高人民法院关于审理侵犯专利权纠纷案件应用法律若干问题的解释（二）〉等十八件知识产权类司法解释的决定》第三次修正
- 2020 年 12 月 29 日最高人民法院公告公布
- 自 2021 年 1 月 1 日起施行
- 法释〔2020〕19 号

为了正确审理专利纠纷案件，根据《中华人民共和国民法典》《中华人民共和国专利法》《中华人民共和国民事诉讼法》和《中华人民共和国行政诉讼法》等法律的规定，作如下规定：

第一条 人民法院受理下列专利纠纷案件：
1. 专利申请权权属纠纷案件；
2. 专利权权属纠纷案件；
3. 专利合同纠纷案件；
4. 侵害专利权纠纷案件；
5. 假冒他人专利纠纷案件；
6. 发明专利临时保护期使用费纠纷案件；
7. 职务发明创造发明人、设计人奖励、报酬纠纷案件；
8. 诉前申请行为保全纠纷案件；
9. 诉前申请财产保全纠纷案件；
10. 因申请行为保全损害责任纠纷案件；
11. 因申请财产保全损害责任纠纷案件；
12. 发明创造发明人、设计人署名权纠纷案件；
13. 确认不侵害专利权纠纷案件；
14. 专利权宣告无效后返还费用纠纷案件；
15. 因恶意提起专利权诉讼损害责任纠纷案件；
16. 标准必要专利使用费纠纷案件；
17. 不服国务院专利行政部门维持驳回申请复审决定案件；
18. 不服国务院专利行政部门专利权无效宣告请求决定案件；
19. 不服国务院专利行政部门实施强制许可决定案件；
20. 不服国务院专利行政部门实施强制许可使用费裁决案件；
21. 不服国务院专利行政部门行政复议决定案件；
22. 不服国务院专利行政部门作出的其他行政决定案件；
23. 不服管理专利工作的部门行政决定案件；
24. 确认是否落入专利权保护范围纠纷案件；
25. 其他专利纠纷案件。

第二条 因侵犯专利权行为提起的诉讼，由侵权行为地或者被告住所地人民法院管辖。

侵权行为地包括：被诉侵犯发明、实用新型专利权的产品的制造、使用、许诺销售、销售、进口等行为的实施地；专利方法使用行为的实施地，依照该专利方法直接获得的产品的使用、许诺销售、销售、进口等行为的实施地；外观设计专利产品的制造、许诺销售、销售、进口等行为的实施地；假冒他人专利的行为实施地。上述侵权行为的侵权结果发生地。

第三条 原告仅对侵权产品制造者提起诉讼，未起诉销售者，侵权产品制造地与销售地不一致的，制造地人民法院有管辖权；以制造者与销售者为共同被告起诉的，销售地人民法院有管辖权。

销售者是制造者分支机构，原告在销售地起诉侵权产品制造者制造、销售行为的，销售地人民法院有管辖权。

第四条 对申请日在 2009 年 10 月 1 日前（不含该日）的实用新型专利提起侵犯专利权诉讼，原告可以出具由国务院专利行政部门作出的检索报告；对申请日在 2009 年 10 月 1 日以后的实用新型或者外观设计专利提起侵犯专利权诉讼，原告可以出具由国务院专利行政部门作出的专利权评价报告。根据案件审理需要，人民法院可以要求原告提交检索报告或者专利权评价报告。原告无正当理由不提交的，人民法院可以裁定中止诉讼或者判令原告承担可能的不利后果。

侵犯实用新型、外观设计专利权纠纷案件的被告请求中止诉讼的，应当在答辩期内对原告的专利权提出宣告无效的请求。

第五条 人民法院受理的侵犯实用新型、外观设计专利权纠纷案件，被告在答辩期间内请求宣告该项专利权无效的，人民法院应当中止诉讼，但具备下列情形之一的，可以不中止诉讼：

（一）原告出具的检索报告或者专利权评价报告未发现导致实用新型或者外观设计专利权无效的事由的；

（二）被告提供的证据足以证明其使用的技术已经公知的；

（三）被告请求宣告该项专利权无效所提供的证据或者依据的理由明显不充分的；

（四）人民法院认为不应当中止诉讼的其他情形。

第六条 人民法院受理的侵犯实用新型、外观设计专利权纠纷案件，被告在答辩期间届满后请求宣告该项专利权无效的，人民法院不应当中止诉讼，但经审查认为有必要中止诉讼的除外。

第七条 人民法院受理的侵犯发明专利权纠纷案件或者经国务院专利行政部门审查维持专利权的侵犯实用新型、外观设计专利权纠纷案件，被告在答辩期间内请求宣告该项专利权无效的，人民法院可以不中止诉讼。

第八条 人民法院决定中止诉讼，专利权人或者利害关系人请求责令被告停止有关行为或者采取其他制止侵权损害继续扩大的措施，并提供了担保，人民法院经审查符合有关法律规定的，可以在裁定中止诉讼的同时一并作出有关裁定。

第九条 人民法院对专利权进行财产保全，应当向国务院专利行政部门发出协助执行通知书，载明要求协助执行的事项，以及对专利权保全的期限，并附人民法院作出的裁定书。

对专利权保全的期限一次不得超过六个月，自国务院专利行政部门收到协助执行通知书之日起计算。如果仍然需要对该专利权继续采取保全措施的，人民法院应当在保全期限届满前向国务院专利行政部门另行送达继续保全的协助执行通知书。保全期限届满前未送达的，视为自动解除对该专利权的财产保全。

人民法院对出质的专利权可以采取财产保全措施，质权人的优先受偿权不受保全措施的影响；专利权人与被许可人已经签订的独占实施许可合同，不影响人民法院对该专利权进行财产保全。

人民法院对已经进行保全的专利权，不得重复进行保全。

第十条 2001 年 7 月 1 日以前利用本单位的物质技术条件所完成的发明创造，单位与发明人或者设计人订有合同，对申请专利的权利和专利权的归属作出约定的，从其约定。

第十一条 人民法院受理的侵犯专利权纠纷案件，涉及权利冲突的，应当保护在先依法享有权利的当事人的合法权益。

第十二条 专利法第二十三条第三款所称的合法权利，包括就作品、商标、地理标志、姓名、企业名称、肖像，以及有一定影响的商品名称、包装、装潢等享有的合法权利或者权益。

第十三条 专利法第五十九条第一款所称的"发明或者实用新型专利权的保护范围以其权利要求的内容为准，说明书及附图可以用于解释权利要求的内容"，是指专利权的保护范围应当以权利要求记载的全部技术特征所确定的范围为准，也包括与该技术特征相等同的特征所确定的范围。

等同特征，是指与所记载的技术特征以基本相同的手段，实现基本相同的功能，达到基本相同的效果，并且本领域普通技术人员在被诉侵权行为发生时无需经过创造性劳动就能够联想到的特征。

第十四条 专利法第六十五条规定的权利人因被侵权所受到的实际损失可以根据专利权人的专利产品因侵权所造成销售量减少的总数乘以每件专利产品的合理利润所得之积计算。权利人销售量减少的总数难以确定的，侵权产品在市场上销售的总数乘以每件专利产品的合理利润所得之积可以视为权利人因被侵权所受到的实际损失。

专利法第六十五条规定的侵权人因侵权所获得的利益可以根据该侵权产品在市场上销售的总数乘以每件侵权产品的合理利润所得之积计算。侵权人因侵权所获得的利益一般按照侵权人的营业利润计算，对于完全以侵权为业的侵权人，可以按照销售利润计算。

第十五条 权利人的损失或者侵权人获得的利益难以确定，有专利许可使用费可以参照的，人民法院可以根据专利权的类型、侵权行为的性质和情节、专利许可的性质、范围、时间等因素，参照该专利许可使用费的倍数合理确定赔偿数额；没有专利许可使用费可以参照或者专利许可使用费明显不合理的，人民法院可以根据专利权的类型、侵权行为的性质和情节等因素，依照专利法第六十五条第二款的规定确定赔偿数额。

第十六条 权利人主张其为制止侵权行为所支付合理开支的，人民法院可以在专利法第六十五条确定的赔偿数额之外另行计算。

第十七条 侵犯专利权的诉讼时效为三年，自专利权人或者利害关系人知道或者应当知道权利受到损害以及义务人之日起计算。权利人超过三年起诉的，如果侵权行为在起诉时仍在继续，在该项专利权有效期内，人民法院应当判决被告停止侵权行为，侵权损害赔偿数额应当自权利人向人民法院起诉之日起向前推算三年计算。

第十八条 专利法第十一条、第六十九条所称的许诺销售，是指以做广告、在商店橱窗中陈列或者在展销会上展出等方式作出销售商品的意思表示。

第十九条 人民法院受理的侵犯专利权纠纷案件，已经过管理专利工作的部门作出侵权或者不侵权认定的，人民法院仍应当就当事人的诉讼请求进行全面审查。

第二十条 以前的有关司法解释与本规定不一致的，以本规定为准。

最高人民法院关于知识产权民事诉讼证据的若干规定

- 2020 年 11 月 9 日最高人民法院审判委员会第 1815 次会议通过
- 2020 年 11 月 16 日最高人民法院公告公布
- 自 2020 年 11 月 18 日起施行
- 法释〔2020〕12 号

为保障和便利当事人依法行使诉讼权利，保证人民法院公正、及时审理知识产权民事案件，根据《中华人民共和国民事诉讼法》等有关法律规定，结合知识产权民事审判实际，制定本规定。

第一条 知识产权民事诉讼当事人应当遵循诚信原则，依照法律及司法解释的规定，积极、全面、正确、诚实地提供证据。

第二条 当事人对自己提出的主张，应当提供证据加以证明。根据案件审理情况，人民法院可以适用民事诉讼法第六十五条第二款的规定，根据当事人的主张及待证事实、当事人的证据持有情况、举证能力等，要求当事人提供有关证据。

第三条 专利方法制造的产品不属于新产品的，侵害专利权纠纷的原告应当举证证明下列事实：

（一）被告制造的产品与使用专利方法制造的产品属于相同产品；

（二）被告制造的产品经由专利方法制造的可能性较大；

（三）原告为证明被告使用了专利方法尽到合理努力。

原告完成前款举证后，人民法院可以要求被告举证证明其产品制造方法不同于专利方法。

第四条 被告依法主张合法来源抗辩的，应当举证证明合法取得被诉侵权产品、复制品的事实，包括合法的购货渠道、合理的价格和直接的供货方等。

被告提供的被诉侵权产品、复制品来源证据与其合理注意义务程度相当的，可以认定其完成前款所称举证，并推定其不知道被诉侵权产品、复制品侵害知识产权。被告的经营规模、专业程度、市场交易习惯等，可以作为确定其合理注意义务的证据。

第五条 提起确认不侵害知识产权之诉的原告应当举证证明下列事实：

（一）被告向原告发出侵权警告或者对原告进行侵权投诉；

（二）原告向被告发出诉权行使催告及催告时间、送达时间；

（三）被告未在合理期限内提起诉讼。

第六条 对于未在法定期限内提起行政诉讼的行政行为所认定的基本事实，或者行政行为认定的基本事实已为生效裁判所确认的部分，当事人在知识产权民事诉讼中无须再证明，但有相反证据足以推翻的除外。

第七条 权利人为发现或者证明知识产权侵权行为，自行或者委托他人以普通购买者的名义向被诉侵权人购买侵权物品所取得的实物、票据等可以作为起诉被诉侵权人侵权的证据。

被诉侵权人基于他人行为而实施侵害知识产权行为所形成的证据,可以作为权利人起诉其侵权的证据,但被诉侵权人仅基于权利人的取证行为而实施侵害知识产权行为的除外。

第八条 中华人民共和国领域外形成的下列证据,当事人仅以该证据未办理公证、认证等证明手续为由提出异议的,人民法院不予支持:

(一)已为发生法律效力的人民法院裁判所确认的;

(二)已为仲裁机构生效裁决所确认的;

(三)能够从官方或者公开渠道获得的公开出版物、专利文献等;

(四)有其他证据能够证明真实性的。

第九条 中华人民共和国领域外形成的证据,存在下列情形之一的,当事人仅以该证据未办理认证手续为由提出异议的,人民法院不予支持:

(一)提出异议的当事人对证据的真实性明确认可的;

(二)对方当事人提供证人证言对证据的真实性予以确认,且证人明确表示如作伪证愿意接受处罚的。

前款第二项所称证人作伪证,构成民事诉讼法第一百一十一条规定情形的,人民法院依法处理。

第十条 在一审程序中已经根据民事诉讼法第五十九条、第二百六十四条的规定办理授权委托书公证、认证或者其他证明手续的,在后续诉讼程序中,人民法院可以不再要求办理该授权委托书的上述证明手续。

第十一条 人民法院对于当事人或者利害关系人的证据保全申请,应当结合下列因素进行审查:

(一)申请人是否已就其主张提供初步证据;

(二)证据是否可以由申请人自行收集;

(三)证据灭失或者以后难以取得的可能性及其对证明待证事实的影响;

(四)可能采取的保全措施对证据持有人的影响。

第十二条 人民法院进行证据保全,应当以有效固定证据为限,尽量减少对保全标的物价值的损害和对证据持有人正常生产经营的影响。

证据保全涉及技术方案的,可以采取制作现场勘验笔录、绘图、拍照、录音、录像、复制设计和生产图纸等保全措施。

第十三条 当事人无正当理由拒不配合或者妨害证据保全,致使无法保全证据的,人民法院可以确定由其承担不利后果。构成民事诉讼法第一百一十一条规定情形的,人民法院依法处理。

第十四条 对于人民法院已经采取保全措施的证据,当事人擅自拆装证据实物、篡改证据材料或者实施其他破坏证据的行为,致使证据不能使用的,人民法院可以确定由其承担不利后果。构成民事诉讼法第一百一十一条规定情形的,人民法院依法处理。

第十五条 人民法院进行证据保全,可以要求当事人或者诉讼代理人到场,必要时可以根据当事人的申请通知有专门知识的人到场,也可以指派技术调查官参与证据保全。

证据为案外人持有的,人民法院可以对其持有的证据采取保全措施。

第十六条 人民法院进行证据保全,应当制作笔录、保全证据清单,记录保全时间、地点、实施人、在场人、保全经过、保全标的物状态,由实施人、在场人签名或者盖章。有关人员拒绝签名或者盖章的,不影响保全的效力,人民法院可以在笔录上记明并拍照、录像。

第十七条 被申请人对证据保全的范围、措施、必要性等提出异议并提供相关证据,人民法院经审查认为异议理由成立的,可以变更、终止、解除证据保全。

第十八条 申请人放弃使用被保全证据,但被保全证据涉及案件基本事实查明或者其他当事人主张使用的,人民法院可以对该证据进行审查认定。

第十九条 人民法院可以对下列待证事实的专门性问题委托鉴定:

(一)被诉侵权技术方案与专利技术方案、现有技术的对应技术特征在手段、功能、效果等方面的异同;

(二)被诉侵权作品与主张权利的作品的异同;

(三)当事人主张的商业秘密与所属领域已为公众所知悉的信息的异同、被诉侵权的信息与商业秘密的异同;

(四)被诉侵权物与授权品种在特征、特性方面的异同,其不同是否因非遗传变异所致;

(五)被诉侵权集成电路布图设计与请求保护的集成电路布图设计的异同;

(六)合同涉及的技术是否存在缺陷;

(七)电子数据的真实性、完整性;

(八)其他需要委托鉴定的专门性问题。

第二十条 经人民法院准许或者双方当事人同意,鉴定人可以将鉴定所涉部分检测事项委托其他检测机构进行检测,鉴定人对根据检测结果出具的鉴定意见承担法律责任。

第二十一条　鉴定业务领域未实行鉴定人和鉴定机构统一登记管理制度的,人民法院可以依照《最高人民法院关于民事诉讼证据的若干规定》第三十二条规定的鉴定人选任程序,确定具有相应技术水平的专业机构、专业人员鉴定。

第二十二条　人民法院应当听取各方当事人意见,并结合当事人提出的证据确定鉴定范围。鉴定过程中,一方当事人申请变更鉴定范围,对方当事人无异议的,人民法院可以准许。

第二十三条　人民法院应当结合下列因素对鉴定意见进行审查:
（一）鉴定人是否具备相应资格；
（二）鉴定人是否具备解决相关专门性问题应有的知识、经验及技能；
（三）鉴定方法和鉴定程序是否规范,技术手段是否可靠；
（四）送检材料是否经过当事人质证且符合鉴定条件；
（五）鉴定意见的依据是否充分；
（六）鉴定人有无应当回避的法定事由；
（七）鉴定人在鉴定过程中有无徇私舞弊或者其他影响公正鉴定的情形。

第二十四条　承担举证责任的当事人书面申请人民法院责令控制证据的对方当事人提交证据,申请理由成立的,人民法院应当作出裁定,责令其提交。

第二十五条　人民法院依法要求当事人提交有关证据,其无正当理由拒不提交、提交虚假证据、毁灭证据或者实施其他致使证据不能使用行为的,人民法院可以推定对方当事人就该证据所涉证明事项的主张成立。

当事人实施前款所列行为,构成民事诉讼法第一百一十一条规定情形的,人民法院依法处理。

第二十六条　证据涉及商业秘密或者其他需要保密的商业信息的,人民法院应当在相关诉讼参与人接触该证据前,要求其签订保密协议、作出保密承诺,或者以裁定等法律文书责令其不得出于本案诉讼之外的任何目的披露、使用、允许他人使用在诉讼程序中接触到的秘密信息。

当事人申请对接触前款所称证据的人员范围作出限制,人民法院经审查认为确有必要的,应当准许。

第二十七条　证人应当出庭作证,接受审判人员及当事人的询问。

双方当事人同意并经人民法院准许,证人不出庭的,人民法院应当组织当事人对该证人证言进行质证。

第二十八条　当事人可以申请有专门知识的人出庭,就专业问题提出意见。经法庭准许,当事人可以对有专门知识的人进行询问。

第二十九条　人民法院指派技术调查官参与庭前会议、开庭审理的,技术调查官可以就案件所涉技术问题询问当事人、诉讼代理人、有专门知识的人、证人、鉴定人、勘验人等。

第三十条　当事人对公证文书提出异议,并提供相反证据足以推翻的,人民法院对该公证文书不予采纳。

当事人对公证文书提出异议的理由成立的,人民法院可以要求公证机构出具说明或者补正,并结合其他相关证据对该公证文书进行审核认定。

第三十一条　当事人提供的财务账簿、会计凭证、销售合同、进出货单据、上市公司年报、招股说明书、网站或者宣传册等有关记载,设备系统存储的交易数据,第三方平台统计的商品流通数据,评估报告,知识产权许可使用合同以及市场监管、税务、金融部门的记录等,可以作为证据,用以证明当事人主张的侵害知识产权赔偿数额。

第三十二条　当事人主张参照知识产权许可使用费的合理倍数确定赔偿数额的,人民法院可以考量下列因素对许可使用费证据进行审核认定:
（一）许可使用费是否实际支付及支付方式,许可使用合同是否实际履行或者备案；
（二）许可使用的权利内容、方式、范围、期限；
（三）被许可人与许可人是否存在利害关系；
（四）行业许可的通常标准。

第三十三条　本规定自2020年11月18日起施行。本院以前发布的相关司法解释与本规定不一致的,以本规定为准。

• 典型案例

中国杂技团有限公司诉吴桥县桑园镇张硕杂技团等著作权权属、侵权纠纷案①

【案例要旨】

以杂技动作为主要表现形式，在动作衔接和编排上存在个性化安排、取舍和设计，具有一定艺术表现力和独创性的，可以认定为著作权法上的杂技艺术作品。公有领域中常规杂技动作的简单组合及重复因独创性不足，不属于著作权法保护范围。

以杂技动作设计为主要内容，融入一定舞蹈动作设计的作品，可一体按杂技艺术作品予以保护。对于杂技节目中的配乐、服装、舞美设计，应根据其具体表现形式判断能否构成音乐或美术等其他类型作品，再认定是否予以独立保护。

原告：中国杂技团有限公司，住所地：北京市北京经济技术开发区建安街。

法定代表人：齐红，该公司董事长。

被告：吴桥县桑园镇张硕杂技团，经营场所：河北省沧州市吴桥县桑园镇。

经营者：张硕，男，1989年10月18日出生，汉族，住河北省沧州市吴桥县。

被告：深圳市腾讯计算机系统有限公司，住所地：广东省深圳市南山区粤海街道麻岭社区科技中一路。

法定代表人：马化腾，该公司董事长。

被告：许昌市建安区广播电视台，住所地：河南省许昌市新许路。

法定代表人：王宗兆，该电视台主任。

原告中国杂技团有限公司（以下简称中国杂技团）因与被告吴桥县桑园镇张硕杂技团（以下简称张硕杂技团）、深圳市腾讯计算机系统有限公司（以下简称腾讯公司）、许昌市建安区广播电视台（以下简称建安区电视台）发生著作权权属、侵权纠纷，向北京市西城区人民法院提起诉讼。

原告中国杂技团诉称：中国杂技团系杂技节目《俏花旦—集体空竹》的著作权人。被告张硕杂技团在2017年许昌县春节联欢晚会表演的杂技节目《俏花旦》，在动作组合、背景音乐、演员服装等方面均抄袭《俏花旦—集体空竹》，构成著作权侵权。《俏花旦》节目视频在域名为V.QQ.COM的网站及"映像许昌"微信公众号上均可点播，被告建安区电视台制作、播出节目视频，被告腾讯公司对视频在其网站传播一节未尽审查义务，亦构成著作权侵权。据此，要求张硕杂技团、腾讯公司、建安区电视台停止侵权、赔偿损失等。

被告张硕杂技团辩称：原告中国杂技团的《俏花旦—集体空竹》抄袭了"王氏天桥杂技"，我方从来没有见到过中国杂技团的节目，只看过沧州杂技团的《俏花旦抖空竹》，我方是按照沧州杂技团的节目排演。抖空竹是民间传统文化，决不允许任何单位和个人注册，直到2010年著作权法颁布之前，并没有法律规定杂技能进行著作权注册。杂技是一个特殊的行业，杂技表演需要多年练功，如果一个杂技演员苦练了十几年的节目被别人抢注了就被判侵权，明显不合理。

被告腾讯公司辩称：一、原告中国杂技团起诉的权利基础及其是否属于著作权法意义上的杂技作品均难以确定；二、微信公众号服务及腾讯视频服务均系向公众号所有者、注册用户使用者等提供信息存储空间服务，供其通过信息网络向公众提供各类信息。腾讯公司未对上传者提供的涉案视频做任何修改、删减，根据腾讯公司后台记录显示，涉案视频已于腾讯公司收到中国杂技团起诉状之前被上传者删除。腾讯公司作为网络服务提供者，不知道也没有合理由应当知道涉案视频侵权。即使涉案视频侵权，腾讯公司也不应当承担赔偿责任。

被告建安区电视台辩称：我方的节目录制有合法授权，被告张硕杂技团的节目与原告中国杂技团主张的节目有一定的相似性，包括背景音乐相同、名称相似。但我方在录制节目时并不知情、没有过错，不应当承担赔偿责任。根据我国著作权法的相关规定，我方的行为不构成侵权。如果涉案节目构成侵权，也是因张硕杂技团的节目模仿中国杂技团所导致，应当由张硕杂技团承担责任。我方愿意配合中国杂技团消除影响，但现在涉案网络上已经没有了涉案侵权节目传播，因此中国杂技团主张停止侵权已经没有了事实依据。综上，请求法院驳回中国杂技团全部诉讼请求。

北京市西城区人民法院一审查明：

编号为00008667《著作权登记证书》载明：申请人中国杂技团提交的文件符合规定要求，对由其于2004年创作完成（编导何晓彬、张瑞静，作曲杜鸣，服装宋立），并于

---

① 案例来源：《最高人民法院公报》2023年第9期。

2005年2月公演的杂技作品《俏花旦—集体空竹（法国版）》，申请人以著作权人身份依法享有著作权（作者署名权除外），登记号为：2007—L—08667，发证日期为2007年8月31日。

原告中国杂技团（甲方）与何晓彬、张瑞静（乙方）分别签订了《中国杂技团有限公司杂技作品〈滕韵—十三人顶碗〉和〈俏花旦—集体空竹〉编导著作权归属协议》，约定甲方对委托作品享有著作权，著作权的财产权全部归甲方，上述委托作品著作权的人身权中，乙方享有署名权，其他权利乙方同意由甲方行使。

原告中国杂技团（甲方）与杜鸣（乙方）签订了《中国杂技团有限公司杂技作品〈俏花旦—集体空竹〉音乐创作著作权归属协议》，约定甲方对委托作品享有著作权，著作权的财产权全部归甲方，上述委托作品著作权的人身权中，乙方享有署名权，其他权利乙方同意由甲方行使。

原告中国杂技团（甲方）与北京金舞服装制作中心（乙方）签订了《中国杂技团有限公司杂技作品〈俏花旦—集体空竹〉和〈圣斗·地圈〉服装制作合同书》，约定甲方委托乙方完成2013年摩纳哥参赛节目《俏花旦—集体空竹》的服装制作，甲方对委托乙方制作的服装成品享有著作权。

杂技节目《俏花旦—集体空竹》曾获得2004年第六届中国武汉光谷国际杂技艺术节"黄鹤金奖"、2005年"第二十六届法国明日国际杂技节"最高奖"法兰西共和国总统奖"、2007年中央电视台春节联欢晚会"观众最喜爱的春晚节目（戏曲曲艺类）"评选中一等奖、2010年世界知识产权组织金奖（中国）作品奖、2013年第三十七届摩纳哥蒙特卡罗国际马戏节"金小丑"奖。

2017年1月17日，许昌县电视台（后并入本案被告建安区电视台）举办了标题为《2017年许昌县春节联欢晚会万里灯火幸福年》的晚会，为此，许昌县电视台（甲方）与被告张硕杂技团（乙方）签订了《商业演出合同》，约定，许昌县电视台邀请张硕杂技团演出杂技节目《俏花旦》，演出时间为2017年1月17日，甲方共付乙方演出费17 000元（税后），演出地点河南许昌。

北京市信德公证处于2017年2月20日出具的（2017）京信德内经证字第00041号《公证书》显示，通过手机登录微信在"公众号"中搜索"映像许昌"，可查找到名为"映像许昌"的公众号，其备案主体为许昌县电视台。在该公众号历史消息中，可以查找到"2017年许昌县春节联欢晚会（下）"，进入界面后可播放相应视频，在该视频"43：06/54：50"处可以看到标有"舞蹈杂技《俏花旦》表演 中国吴桥杂技艺术中心"的被诉侵权节目。

北京市信德公证处于2017年2月20日出具的（2017）京信德内经证字第00042号公证书显示，在计算机浏览器网页地址栏中输入"V.QQ.COM"，进入该网站后在搜索栏中输入"2017许昌春节联欢晚会"，点击其中"2017许昌县春节联欢晚会（上）""2017许昌县春节联欢晚会（下）"，相应视频可正常播放。视频片头标注有"许昌电视台2017年1月25日""2017年许昌县春节联欢晚会万家灯火幸福年"字样，视频播放框右上角出现"腾讯视频"图标字样。

被告建安区电视台认可上述视频系其上传，但均已被删除，"映像许昌"公众号亦已关闭。

原告中国杂技团《俏花旦—集体空竹》法国版录像视频总时长14分12秒，其中杂技节目表演时长计9分48秒。被告张硕杂技团《俏花旦》在"2017许昌县春节联欢晚会（下）"视频系自9分2秒至14分9秒处，时长5分8秒。将中国杂技团《俏花旦—集体空竹》法国版与张硕杂技团《俏花旦》进行比对，二者使用的背景音乐相同，在具体动作上，二者均以"抖空竹"自身的技术特性为基础，造型为中国戏曲"旦角"形象，舞台动作将中国戏曲"跑圆场"等元素融入进行表达；"出场"桥段部分，在剔除舞台环境的不同后，二者表演桥段核心表达动作近似；二者在部分标志性集体动作连贯性系列动作的表达上相同或高度近似。此外，二者舞台形式不同、具体杂技动作上存在部分差异。

将原告中国杂技团《俏花旦—集体空竹》摩纳哥版录像视频中的演出服装与被告张硕杂技团《俏花旦》节目中的服装相比对，二者色彩、造型高度近似，其中颈部均为围领设计、短裙上均有粉红色荷花、短裙上均呈蓝白线条相间图案，差异点在于中国杂技团《俏花旦—集体空竹》摩纳哥版的演出服上身胸部蓝色色彩渐变为心形，张硕杂技团《俏花旦》节目的演出服上身齐胸以上均为蓝色。

另，原告中国杂技团提供了《委托协议》、增值税专用发票及差旅费票据，其中发票分别载明收取中国杂技团律师费15 000元、公证费6000元。

北京市西城区人民法院一审认为：

一个杂技节目是否属于杂技艺术作品，首先应满足构成作品的一般构成要件，即，应属于文学、艺术和科学技术领域内的智力成果；应当是具有一定有形方式的表达，而非单纯的思想；其表达内容应当具有独创性。根据杂技艺术作品的上述定义、构成要件，具备一定艺术表现力的独创性杂技形体动作和技巧才可能构成著作权法（2010年修正）意义上的杂技艺术作品。杂技艺术作品所表现的

"竞技性"不属于杂技艺术作品的必备要件,杂技表演的场地、场所、器械、表演模式等亦不属于著作权法保护范围。

本案中,原告中国杂技团主张权利的杂技节目《俏花旦—集体空竹》的主要表达内容为"集体抖空竹",其中穿插、融合的戏曲动作、舞蹈动作,已经与"抖空竹"技能动作密不可分,形成一个艺术表达整体。"俏花旦抖空竹"舞台艺术形象富有感染力,杂技动作鲜活灵动,与编导作者、著作权人之间形成特定化联系,构成著作权法意义上的作品,该作品区别于既有的"抖空竹"民间技艺,应当受到我国著作权法保护。根据各方举证情况,可以认定中国杂技团享有杂技艺术作品《俏花旦—集体空竹》除各作者的署名权之外的著作权。

将被告张硕杂技团表演的《俏花旦》与《俏花旦—集体空竹》相比,二者在开场表演桥段高度相似,舞蹈动作与抖空竹动作之间的衔接、舞蹈脚步律动编排上的部分内容一致,部分演出环节及演员在演出场地的走位编排等设计相似,以时长计,占比约为三分之一。一审法院认定张硕杂技团对《俏花旦—集体空竹》构成部分作品内容的抄袭,其涉案演出行为侵犯了原告中国杂技团享有的表演权。此外,《俏花旦》与《俏花旦—集体空竹》的背景音乐基本相同,服装高度相似,亦构成侵权。被告建安区电视台制作包含《俏花旦》的晚会节目通过广播信号播出,并将节目视频通过信息网络向公众传播,侵犯了中国杂技团享有的广播权、信息网络传播权。被告腾讯公司作为网络服务提供者就被诉侵权行为不存在过错,不应承担赔偿责任。

据此,北京市西城区人民法院依照《中华人民共和国侵权责任法》第八条、第十二条、第十三条,《中华人民共和国著作权法》第一条、第三条、第十条、第十七条、第四十七条第(五)项、第四十八条第(一)项、第四十九条,《中华人民共和国著作权法实施条例》第四条、第二十七条,《最高人民法院关于审理著作权民事纠纷案件适用法律若干问题的解释》第二十五条、第二十六条,《信息网络传播权保护条例》第十四条、第二十二条,《中华人民共和国民事诉讼法》第六十四第一款之规定,于2019年6月25日判决如下:

一、被告吴桥县桑园镇张硕杂技团于判决生效之日起停止侵犯原告中国杂技团有限公司《俏花旦—集体空竹》的涉案行为;

二、被告吴桥县桑园镇张硕杂技团于本判决生效之日起30日内,就其涉案侵权行为在《人民法院报》上登报声明消除影响(刊登内容需经法院审核,逾期不履行,法院将依据原告中国杂技团有限公司的申请在相关媒体公布本判决书主要内容,费用由被告吴桥县桑园镇张硕杂技团负担);

三、被告许昌市建安区广播电视台于本判决生效之日起30日内,就其涉案侵权行为在《人民法院报》上登报声明消除影响(刊登内容需经法院审核,逾期不履行,法院将依据原告中国杂技团有限公司的申请在相关媒体公布本判决书主要内容,费用由被告许昌市建安区广播电视台负担);

四、被告吴桥县桑园镇张硕杂技团于本判决生效之日起七日内赔偿原告中国杂技团有限公司经济损失40 000元,被告许昌市建安区广播电视台在10 000元数额内对被告吴桥县桑园镇张硕杂技团承担连带责任;

五、被告许昌市建安区广播电视台于本判决生效之日起七日内赔偿原告中国杂技团有限公司经济损失10 000元;

六、被告吴桥县桑园镇张硕杂技团、被告许昌市建安区广播电视台于本判决生效之日起七日内赔偿原告中国杂技团有限公司合理支出(含律师费、公证费、差旅费)28 239元;

七、驳回原告中国杂技团有限公司的其他诉讼请求。

张硕杂技团不服一审判决,向北京知识产权法院提起上诉。张硕杂技团上诉称:被上诉人中国杂技团在起诉时自述涉案杂技节目《俏花旦—集体空竹》源于"王氏天桥杂技",由此可见,《俏花旦—集体空竹》并不具有独创性,而根据著作权法的规定,只有具有艺术性和独创性的杂技艺术作品才能成为著作权法的保护对象。此外,中国杂技团的《俏花旦—集体空竹》节目时长为9分48秒,而张硕杂技团演出的《俏花旦》时长为5分8秒,二者虽然使用同一背景音乐,但杂技动作不同,向观众表达的含义不同。著作权法并未明确杂技艺术模仿哪些因素或模仿什么程度属于侵权,法无禁止即为合法。据此,张硕杂技团演出的《俏花旦》不构成侵权,无需承担侵权责任。

被上诉人中国杂技团答辩称:一审判决认定事实清楚,适用法律正确,中国杂技团同意一审判决结论。上诉人张硕杂技团演出《俏花旦》的行为侵犯了中国杂技团就杂技作品《俏花旦—集体空竹》享有的表演权,其上诉理由无事实与法律依据,应予以驳回。

被上诉人腾讯公司答辩称:腾讯公司仅为网络服务提供者,未对涉案视频进行编辑、整理及推荐,被上诉人中国杂技团未向腾讯公司发出删除通知,腾讯公司已尽到相应义务,不应承担责任。

被上诉人建安区电视台答辩称:同意上诉人张硕杂

团关于被上诉人中国杂技团《俏花旦—集体空竹》节目不属于受著作权法保护的作品，以及张硕杂技团《俏花旦》节目与其不构成实质性相似的意见。建安区电视台播出该节目未侵犯中国杂技团的著作权。关于背景音乐，建安区电视台有合法授权，亦不应承担侵权责任。关于赔偿损失，即便构成侵权，赔偿数额应当按照张硕杂技团从建安区电视台收取的费用计算，而不应当予以酌定。

北京知识产权法院经二审，确认了一审查明的事实。

北京知识产权法院二审认为：

一、被上诉人中国杂技团主张权利的《俏花旦—集体空竹》法国版是否属于著作权法上的杂技艺术作品

我国著作权法将杂技艺术作品与音乐、戏剧、曲艺、舞蹈等作品并列，规定为单独的一类作品，说明杂技艺术作品属于区别于戏剧、舞蹈等作品的独立类型作品。杂技艺术作品包括杂技、魔术、马戏等具体类型，是"通过形体动作和技巧表现的作品"，其作品内容不是技巧本身。

（一）杂技艺术作品的单独保护

将杂技艺术作品单独保护，要注意到杂技艺术作品与相近作品的差异，其中最典型的为舞蹈作品。舞蹈作品与杂技艺术作品均系主要通过人体动作进行表现的作品，但二者仍存在一定差异。杂技艺术作品中的动作主要强调技巧性，而且是通过高难度的、普通人难以掌握的身体或道具控制来实现相应动作，一般公众可以认知到这类动作主要属于杂技中的特定门类；舞蹈作品中的动作往往是用于传情达意、塑造角色的有节奏的肢体语言，常配合音乐进行表演，相较于前者对技巧、难度的重视，其更注重情感表现乃至角色塑造。

需要注意的是，现阶段，诸多杂技吸收舞蹈元素进行动作设计和编排，包括杂技动作之中融入舞蹈动作，杂技动作的衔接之间引入舞蹈动作等。此种情形下，强行将连贯动作分割为支离破碎的舞蹈动作与杂技动作，将舞蹈元素剔除，将使得原作的美感大打折扣，分离后的动作编排亦难以单独作为舞蹈或杂技作品保护。因此，以杂技动作设计为主要内容，又融入一定舞蹈动作设计的作品，仍可按杂技艺术作品予以保护。

此外，杂技艺术作品在实际表演过程中，往往在动作之外加入配乐，表演者着专门服装并有相应舞台美术设计。但立法已明确限定杂技艺术作品系通过形体动作和技巧予以表现，并非如视听作品属于可以涵盖音乐、美术作品等予以整体保护的复合型作品。因此，即便上述配乐构成音乐作品，服装、舞美设计构成美术作品，其仍不属于杂技艺术作品的组成部分，不能将之纳入杂技艺术作品的内容予以保护，而应作为不同类型作品分别独立保护。

（二）杂技艺术作品独创性的主要因素：动作的编排设计

杂技艺术作品以动作为基本元素，技巧也通过具体动作展现，但杂技艺术作品并不保护技巧本身，通常也不保护特定的单个动作，而是保护连贯动作的编排设计，其载体类似于舞蹈作品中的舞谱。当然，杂技艺术作品所保护的动作的编排设计应当具备艺术性，达到一定的独创性高度。如果仅仅是公有领域常规杂技动作的简单组合、重复，则独创性不足，不应受到著作权法的保护。

（三）涉案《俏花旦—集体空竹》法国版是否构成杂技艺术作品

本案中，从《俏花旦—集体空竹》法国版内容看，其诸多"抖空竹"动作额外融入了包含我国传统戏曲元素、舞蹈元素的动作乃至表情设计，例如其中以大跨度单腿提拉舞步、脚下三步舞步同时加上双手左右或上下抖空竹的整体动作。此外，其在具体走位、连续动作的衔接和编排上亦存在个性化安排，使得相应连贯动作在展示高超身体技巧的同时传递着艺术美感。在此基础上，上诉人张硕杂技团并未向法院举证证明上述设计、编排主要来自公有领域或属于有限表达，故对其前述主张，法院不予采纳。法院认为，《俏花旦—集体空竹》法国版中的形体动作编排设计体现了创作者的个性化选择，属于具备独创性的表达，构成著作权法规定的杂技艺术作品。

二、一审法院关于实质性相似的判定是否得当

关于《俏花旦—集体空竹》法国版作为杂技艺术作品与上诉人张硕杂技团演出的《俏花旦》的比对，法院认为，并非对原作不经裁剪的原样照搬方构成抄袭，在表演权侵权认定中，如认定未经许可表演的内容与权利作品的部分相对完整的独创性表达构成实质性相似，被诉侵权人存在接触权利作品的可能且排除其系独立创作后，同样可以认定侵权成立。《俏花旦》在开场部分的走位、动作衔接安排，以及多次出现的标志性集体动作等动作的编排设计，与《俏花旦—集体空竹》法国版相应内容构成实质性相似，而上述内容属于《俏花旦—集体空竹》法国版独创性表达的部分。因此，一审法院关于张硕杂技团构成抄袭及表演权侵权的认定结论无误，张硕杂技团的前述理由缺乏法律依据，法院不予采纳。

综上，北京知识产权法院依照《中华人民共和国民事诉讼法》第一百七十条第一款第一项之规定，于2021年11月1日判决如下：

驳回上诉，维持原判。

郑州曳头网络科技有限公司与浙江天猫网络有限公司、丁晓梅等侵害外观设计专利权先予执行案①

【案例要旨】

权利人向电子商务平台投诉平台内销售商侵害其知识产权，电子商务平台根据电子商务法相关规定删除相关商品的销售链接后，销售商可以申请法院裁定要求电子商务平台先予恢复被删除的销售链接。人民法院应综合考虑销售商品侵权的可能性、删除销售链接是否可能会给销售商造成难以弥补的损害、销售商提供担保情况、删除或恢复链接是否有损社会公共利益等因素，裁定是否先予恢复被删除的销售链接。

申请人：郑州曳头网络科技有限公司，住所地：河南省郑州市管城区。

法定代表人：王小龙，该公司执行董事。

被申请人：浙江天猫网络有限公司，住所地：浙江省杭州市余杭区。

法定代表人：蒋凡，该公司董事长。

被申请人：丁晓梅。

被申请人：南通苏奥纺织品有限公司，住所地：江苏省南通市高新区。

法定代表人：王小龙，该公司执行董事。

丁晓梅因与郑州曳头网络科技有限公司（以下简称曳头公司）、南通苏奥纺织品有限公司（以下简称苏奥公司）、浙江天猫网络有限公司（以下简称天猫公司）发生侵害外观设计专利权纠纷，向江苏省南京市中级人民法院提起诉讼。案件审理过程中，曳头公司作为申请人于2019年6月10日申请法院裁定先予恢复被删除的销售链接。

申请人曳头公司申请要求被申请人天猫公司先予恢复被删除的销售链接，理由是：1. 曳头公司认为被诉侵权产品没有落入涉案外观设计专利权的保护范围。被诉侵权产品与涉案外观设计之间的相同点在于蚊帐可折叠骨架的整体形状，不同点在于蚊帐布的形状和图案；其中，相同点部分为现有设计；不同点部分可以视为涉案外观设计的设计要点，即被诉侵权产品没有使用涉案专利的设计要点部分。因此，曳头公司制造、销售被诉侵权产品的行为不构成侵权。2. 由于被申请人丁晓梅的投诉，天猫公司删除了被诉侵权产品的销售链接，给曳头公司造成了难以弥补的损失。被诉侵权产品为蚊帐，系夏季季节性产品，目前处于销售旺季。在销售链接被删除之前，该产品已经做到同类产品第一名的位置，即将到来的"6.18"活动是继"双11"之后的第二个大型夏季销售推广活动，删除销售链接严重影响曳头公司的产品销售。且本案审理程序依法会经历一定的时间，不尽快恢复链接将对曳头公司的生产经营活动造成无法估量的损失。因此，为了避免造成难以弥补的损失，曳头公司申请法院裁定要求天猫公司先予恢复被诉侵权产品在其所经营的天猫网购平台上的销售链接。

被申请人丁晓梅答辩称，丁晓梅作为涉案外观设计专利权人向被申请人天猫电子商务平台投诉申请人曳头公司等存在专利侵权行为，并依法向法院起诉曳头公司侵害外观设计专利权，天猫电子商务平台应当根据电子商务法的相关规定删除曳头公司的侵权产品销售链接。因此，曳头公司的申请缺乏事实和法律依据，应当予以驳回。

江苏省南京市中级人民法院经审理查明：

2016年1月28日，被申请人丁晓梅向国家知识产权局申请了名称为"便携式婴幼儿折叠蚊帐"的外观设计专利，于2016年6月22日获得授权。同日，丁晓梅申请"一种便携式婴幼儿折叠蚊帐"的实用新型专利，获得授权后，又于2017年3月被宣告无效。

申请人曳头公司是淘宝店铺"同梦母婴专营店"的经营者，被申请人苏奥公司系曳头公司的关联公司。2019年3月2日，被申请人丁晓梅向被申请人天猫公司投诉，称曳头公司、苏奥公司制造和销售的遮光U型蚊帐产品和升级U型蚊帐产品即涉案被诉侵权产品侵害其外观设计专利权。2019年3月7日，曳头公司向天猫公司提供《反通知》《天猫知识产权投诉申诉书》以及相关对比文件材料，承诺其在天猫平台上展示的被投诉的遮光U型蚊帐产品和升级U型蚊帐产品未侵害丁晓梅的知识产权。在接到投诉后，天猫公司分别于2019年3月12日、3月20日和4月2日三次委托浙江省知识产权研究与服务中心进行专利侵权鉴定，后者出具三份《专利侵权判定咨询报告》，结论均为专利侵权不成立。天猫公司遂未采取删除销售链接等措施。

2019年3月26日，被申请人丁晓梅以申请人曳头公司、被申请人苏奥公司、天猫公司为被告，诉至江苏省南京市中级人民法院。2019年4月4日，丁晓梅向天猫公司提出《反申诉及诉讼说明》，认为一方面曳头公司、苏奥公司制造和销售涉案的遮光U型蚊帐产品和升级U型蚊帐产品构成侵权，另一方面其已向法院提起侵害外观设计专利

---

① 案例来源：《最高人民法院公报》2023年第7期。

权诉讼,故天猫公司网购平台应当立即采取删除、屏蔽、断开链接、终止交易和服务等必要措施。2019年4月8日,天猫公司删除了被诉侵权产品在天猫网购平台的销售链接。

申请人曳头公司为该申请提供了相应的担保。

江苏省南京市中级人民法院经审理认为:

首先,被申请人天猫公司对被申请人丁晓梅的投诉依规依法进行了处理。接到丁晓梅的投诉后,天猫公司一方面听取了投诉商家和被投诉商家的意见,另一方面又由其关联公司委托第三方对侵权行为能否成立进行评判,且评论意见认为被诉侵权行为不成立,故未对销售链接采取删除等措施。丁晓梅在提起本案诉讼后,再次投诉,坚持认为天猫公司应当采取删除链接等必要措施。天猫公司遂采取了删除销售链接的措施。

其次,申请人曳头公司制造、销售被诉侵权产品构成侵权的可能性较小。根据当事人举证、质证及侵权比对的情况,并结合被申请人丁晓梅另一项"便携式婴幼儿折叠蚊帐"实用新型专利已被宣告无效等事实,法院初步认为构成专利侵权的可能性较小。

第三,不恢复销售链接可能给申请人曳头公司的生产经营造成难以弥补的损失。被诉侵权产品的销售很大程度上依赖于商誉和口碑的积累以及时机的把握,案涉产品销售具有较强的季节性,且构成侵权的可能性较小。因此,若不及时恢复被删除的销售链接可能造成曳头公司及其被诉侵权产品所积累的商誉和口碑的持续消减和损失以及交易机会的丧失,给其生产经营造成难以弥补的损失。

第四,申请人曳头公司提供了一定的担保。曳头公司根据被诉侵权产品之前每月销售额的适当倍数乘以恢复链接后大概的销售月份计算出一个数额,据此提供了现金担保,并保证若被认定侵权成立其可能承担的赔偿责任能够得到实现。被申请人天猫公司亦承诺可以及时提供恢复链接后被诉侵权产品的所有销售记录,以供计算赔偿等使用。

综上,申请人曳头公司的申请符合法律规定。江苏省南京市中级人民法院依照《中华人民共和国民事诉讼法》第一百零六条第(三)项、第一百零七条的规定,于2019年6月14日作出裁定:

浙江天猫网络有限公司立即恢复郑州曳头网络科技有限公司涉案被诉侵权产品"遮光U型蚊帐"和"升级U型蚊帐"在天猫网购平台上的销售链接。

该民事裁定作出后即生效,申请人和被申请人均未提出复议申请。

2019年10月20日,江苏省南京市中级人民法院就丁晓梅诉郑州曳投网络科技有限公司等侵害外观设计专利权案作出判决:驳回丁晓梅的诉讼请求。其后,丁晓梅不服,上诉至江苏省高级人民法院,法院审理过程中,丁晓梅向法院申请撤回上诉。2020年3月19日,江苏省高级人民法院作出裁定:准许丁晓梅撤回上诉。

江苏中讯数码电子有限公司与山东比特智能科技股份有限公司因恶意提起知识产权诉讼损害责任纠纷案[①]

【裁判摘要】

行为人在明知系争商标为他人在先使用并具有一定影响力的情况下,抢先注册系争商标并获得的商标权不具有实质上的正当性。行为人据此向在先使用人许可的关联方提起商标侵权诉讼的,该诉讼行为应认定为恶意提起知识产权诉讼,由此造成他人损害的,应当承担损害赔偿责任。

原告:江苏中讯数码电子有限公司,住所地:江苏省宜兴市丁蜀镇汤蜀路。

法定代表人:范晓枫,该公司董事长。

被告:山东比特智能科技股份有限公司,住所地:山东省日照市日照北路。

法定代表人:曹现贵,该公司董事长。

原告江苏中讯数码电子有限公司(以下简称中讯公司)因与被告山东比特智能科技股份有限公司(以下简称比特公司)发生因恶意提起知识产权诉讼损害责任纠纷,向江苏省无锡市中级人民法院提起诉讼。

原告中讯公司诉称:中讯公司是美国美爵信达有限公司(以下简称美爵信达公司)"TELEMATRIX"品牌的酒店电话机在中国的代工生产商,被告比特公司也曾是美爵信达公司在中国的代工生产商,其原名为山东比特电子工业有限公司,于2016年2月22日变更为现名。2008年1月,比特公司向中讯公司发送律师函,主张其拥有"TELEMATRIX"商标专用权(注册号为第435950号,核定商品包括电话机),认为中讯公司宣传、生产、销售"TELEMATRIX"商标的电话机产品构成商标侵权,要求中讯公司停

[①] 案例来源:《最高人民法院公报》2022年第5期。

止上述行为。2008年3月,比特公司向山东省日照市中级人民法院起诉中讯公司侵犯上述注册商标专用权,要求中讯公司停止侵权、赔偿损失。此后该案于2008年11月移送江苏省无锡市中级人民法院管辖,庭审中比特公司请求索赔612万元。比特公司还于2008年8月向工商部门投诉,要求对中讯公司进行查处。2009年11月,比特公司以需要新证据为由,申请撤诉并获法院准许。迫于比特公司压力,中讯公司被迫终止与美爵信达公司关于"TELE-MATRIX"品牌电话机的代工合作,损耗了大量产品和物料,比特公司上述行为给中讯公司的生产经营造成了巨大损失。此后,北京市高级人民法院在诉讼中依法撤销了比特公司的上述商标注册,并在判决中认定比特公司的注册行为构成以不正当手段抢先注册合作伙伴在先使用并有一定影响的商标,具有不正当性。比特公司向最高人民法院提起再审申请,最高人民法院依法认定其行为违法,驳回了其再审申请。至此,比特公司系以不正当手段注册商标的违法行为已经形成法律事实,其商标专用权自始不存在,其向中讯公司提起诉讼的行为构成恶意诉讼,情节恶劣,破坏了中讯公司在行业内的声誉,致使中讯公司失去了巨大商业机会并造成了巨额经济损失。据此,请求法院判令比特公司:1.赔偿中讯公司损失612万元和合理支出10万元,并在全国性媒体上消除影响;2.承担本案诉讼费用。

被告比特公司辩称:1.比特公司提起诉讼的行为是正常的民事诉讼,不存在恶意诉讼的任何要件,虽然涉案商标被撤销,但这并不表明商标有效期内提起的商标侵权诉讼就是恶意诉讼;商标被宣告无效后,对此前包括商标侵权诉讼在内的行为一般无溯及力;同时,比特公司是基于当时稳定的商标有效状态提起诉讼,未在诉讼中采取任何保全措施,主观上不存在任何过错,也未给原告中讯公司造成任何损失;2.中讯公司提交的所有证据均不能证明比特公司有恶意诉讼行为,不具有关联性;中讯公司所称的巨额损失缺乏事实和法律依据,无论其是否产生了经济损失,与比特公司的诉讼行为没有关联。

江苏省无锡市中级人民法院一审查明:

1998年至2003年,比特公司的前身兖矿集团山东比特电子公司(以下简称兖矿比特公司)曾作为美国赛德电子通信技术股份有限公司(以下简称赛德公司)在中国的代工商,接受赛德公司的委托为其加工酒店专用电话机,双方合作未涉及"TELE-MATRIX"商标的电话机。2006年3月28日,赛德公司兼并了TELEMATRIX.INC.(佛罗里达),并使用"TELEMATRIX"作为企业名称,即TELE-MATRIX.INC.(特拉华),此后又更名为美国美爵信达公司,其授权北京美爵信达科技有限公司(以下简称北京美爵信达公司)在中国独家代理销售"TELE-MATRIX"酒店专用电话机产品。2006年起,中讯公司接受赛德公司委托,为其加工"TELEMATRIX"品牌等酒店电话机产品。中讯公司在诉讼中提交的经营统计表、退税单据显示,2006-2007年中讯公司代工"TELEMATRIX"品牌酒店电话机的毛利为12504594元。

2004年11月12日,兖矿比特公司向国家商标局申请注册"TELEMATRIX"商标,核定使用商品为第9类电话机、可视电话、手提无线电话机、网络通讯设备、传真机、成套无线电话、手提电话等。2007年5月28日,该商标获得注册,有效期限自2007年5月28日至2017年5月27日,注册号为第4359350号。此后,兖矿比特公司经过两次变更,现名称为比特公司。比特公司在其网站上有如下宣传内容:"作为国际上与德利达、TELEMATRIX齐名的三大酒店电话品牌之一,比特在产品和服务上一直追求领先,在很多技术和功能方面都是创新者"。

2008年1月8日,比特公司委托律师事务所,向中讯公司发出一份律师函,称中讯公司在《中国酒店采购报》宣传、生产、销售以"TELEMATRIX"为商标的电话机产品,涉嫌侵犯了比特公司的商标专用权及合法利益,要求中讯公司撤销所有相关广告和宣传,并停止其他一切相关的生产、销售、进出口行为,否则将诉诸法律。

2008年3月28日,中讯公司向无锡中院提起确认不侵犯比特公司"TELEMATRIX"商标权的诉讼。此后,比特公司即向日照中院提起商标侵权诉讼,请求判令中讯公司立即停止侵犯其注册商标专用权的行为并赔偿经济损失。2008年11月,日照中院将该案移送至无锡中院审理。比特公司在庭审中明确要求中讯公司赔偿经济损失612万元。2009年10月30日,无锡中院分别作出(2008)锡民三初字第70号—1、(2009)锡知民初字第57号民事裁定,裁定准许中讯公司、比特公司撤回起诉。

2008年8月21日,宜兴市工商部门根据比特公司的举报,对中讯公司的车间、仓库进行了检查,清点了涉嫌商标侵权的电话机产品。中讯公司陈述其在比特公司提起诉讼后停止在产品上使用"TELEMATRIX"商标,更换了模具并产生了电话机外壳报废、商标物料损失及电话机换壳人工费用支出。中讯公司提交的模具合同显示,其于2008年委托第三方制造电话机上盖、下盖的模具,合计支出83000元。

2010年8月,比特公司起诉北京美爵信达公司擅自将"TELEMATRIX"作为商号和电话机名称在网站宣传及销售活动中使用,侵害了上述商标权,要求北京美爵信达公司停止侵权,赔偿损失等。2010年9月6日,北京美爵信达公司向国家商标局评审委员会(以下简称商评委)提出申请,请求撤销比特公司"TELEMATRIX"商标。2013年7月22日,商评委作出裁定,认定在争议商标申请注册日之前,TELEMATRIX.INC.已在欧盟等地区于电话机等商品上申请了注册了"TELEMATRIX"商标,其"TELEMATRIX"酒店专用电话机商品已为多家全球连锁酒店集团所认可并使用,在世界范围内尤其在美国酒店专用电话机行业领域内具有一定知名度。且在案证据表明2002年"TELEMATRIX"电话机商品已进入中国酒店市场。比特公司自1998年即与美国美爵信达公司的前身赛德公司开始合作,从事酒店专用电话机的加工生产,虽然合作协议中涉及的商标并非"TELEMATRIX"商标,但其作为同行业合作者对美国美爵信达公司从1998年即获得注册并开始在国际上使用的知名品牌理应知晓。且比特公司在其网站中亦承认"TELEMATRIX"为他人国际知名酒店电话机品牌。比特公司在电话机等相同、类似商品上申请注册文字构成完全相同的争议商标难谓善意,构成商标法第三十一条所指的"以不正当手段抢先注册他人已经使用并有一定影响的商标"之情形,据此裁定撤销争议商标。

比特公司不服上述裁定,向北京市第一中级人民法院提起行政诉讼。2013年12月19日,北京一中院作出(2013)一中知行初字第2956号行政判决,认定比特公司自1998年与美国美爵信达公司的前身开始合作,从事酒店电话机的加工,比特公司作为专业公司,应当对其从事的行业有一定的了解,尤其是其合作对象的产品情况。且比特公司的网站宣传页显示其承认"TELEMATRIX"商标在酒店电话机商品上的知名度。在案证据证明了"TELEMATRIX"商标的影响足以达到比特公司且该商标的影响足以促使比特公司抢先注册以企从中获得利益,故争议商标的注册违反了商标法第三十一条以不正当手段抢先注册他人已经使用并具有一定影响商标的规定,据此判决维持商评委上述裁定。比特公司不服提起上诉,北京高院于2014年3月21日作出(2014)高行终字第799号行政判决书,判决驳回上诉,维持原判。比特公司就上述生效判决向最高人民法院申请再审,最高人民法院于2014年12月15日裁定驳回比特公司的再审申请。

本案的争议焦点是:比特公司向中讯公司提起商标侵权诉讼的行为是否为恶意诉讼行为。

江苏省无锡市中级人民法院一审认为:

本案为与知识产权有关的恶意诉讼纠纷案件,认定恶意应考虑如下因素:一是无事实依据和正当理由提起民事诉讼,即原告提起知识产权诉讼并没有合法的权利基础;二是以损害他人合法权益为目的,即主观上具有恶意;三是给他人造成了损害,即他人造成了经济损失或竞争优势的削弱。

关于第一点,比特公司向中讯公司提起诉讼时,虽然获得了"TELEMATRIX"商标注册,但此后国家商评委在申请撤销该商标的程序中,认定比特公司以不正当手段抢先注册他人已经使用并有一定影响的商标,并据此裁定撤销了该商标。比特公司不服提起行政诉讼,人民法院经过一、二审,最终判决维持了上述裁定,"TELEMATRIX"商标至此已被撤销。《中华人民共和国商标法》(2001年修正)第三十一条规定,申请商标注册不得损害他人现有的在先权利,也不得以不正当手段抢先注册他人已经使用并有一定影响的商标。第四十一条规定,已经注册的商标,违反本法第十条、第十一条规定的,或者是以欺骗手段或者其他不正当手段取得注册的,由商标局撤销该注册商标;其他单位或者个人可以请求商评委裁定撤销该注册商标。已经注册的商标,违反本法第十三条、第十五条、第十六条、第三十一条规定的,自商标注册之日起五年内,商标所有人或者利害关系人可以请求商评委裁定撤销该注册商标。对恶意注册的,驰名商标所有人不受五年的时间限制。《中华人民共和国商标法实施条例》(2002年施行)第三十六条第一款规定,依照商标法第四十一条的规定撤销的注册商标,其商标专用权视为自始即不存在。因此,"TELEMATRIX"商标系比特公司用不正当手段获得注册并最终被撤销,在法律效力上属于自始无效,比特公司实质上从该商标获得注册至被最终撤销的期间内并不享有"TELEMATRIX"商标专用权,据此可以认定比特公司在提起第57号诉讼时不具备合法的权利基础。

关于第二点,《中华人民共和国商标实施条例》(2002年施行)第三十六条还规定,有关撤销注册商标的决定或者裁定,对在撤销前人民法院作出并已执行的商标侵权案件的判决、裁定,工商行政管理部门作出并已执行的商标侵权案件的处理决定,以及已经履行的商标转让或者使用许可合同,不具有追溯力;但是,因商标注册人恶意给他人造成的损失,应当给予赔偿。从上述规定可以看出,在"TELEMATRIX"商标被撤销的情形下,比特公司如系出于恶意提起第57号诉讼,则有可能承担损害赔偿责任。所谓恶意是当事人行为时的主观状态,虽无法完全回溯探究当事人当时的内心状态,但人民法院仍可通过当事人的具体行为结合其他事实来综合判断当事人是否具有恶意。就本案而言,如有证据证明比特公司抢先注册了他人已投入商业使用但未及时注册的商标,然后以其注册商标权对在先使用人提起侵权之诉,以商标维权名义损害在先使用人利益,可以认定其提起诉讼行为时主观上具有恶意。首先,根据涉案生效行政判决认定,比特公司系将他人在先使用已有相当知名度及影响力的"TELEMATRIX"商标申请注册为自己的商标,其行为具有明显的不正当性,属于法律规定的可撤销情形之一。同时,比特公司在其网站中也明确"TELEMATRIX"为国际知名酒店电话品牌,从而可以证明其在明知"TELEMATRIX"为他人在先使用的知名商标的情况下将该文字注册为商标,其申请注册行为有违诚信,具有显而易见的恶意。上述恶意行为对于涉案诉讼是否为恶意诉讼的判断及认定具有重要的意义。其次,比特公司在获得商标注册后,向同为美国美爵信达公司代工商的中讯公司发出律师函,要求中讯公司撤销所有"TELEMATRIX"电话机的相关广告和宣传,并停止其他一切相关的生产、销售、进出口行为,否则将诉诸法律。在中讯公司提起不侵权诉讼后,随即另行提起诉讼,要求中讯公司停止侵权及赔偿损失。从上述事实可以看出,比特公司在恶意获得商标注册后,以商标权人的身份威胁中讯公司停止生产、销售相应产品,并最终提起侵权诉讼,试图以此方式迫使中讯公司不再接受相关委托,停止代工生产行为,从而达到控制"TELEMATRIX"商标商品在国内市场的生产、销售并藉此获取非法利益的目的。如前所述,"TELEMATRIX"为国际知名酒店电话机品牌,在欧盟等地已经获得注册,中讯公司接受委托加工该品牌电话机产品具有正当性。因此,比特公司虽然在中讯公司提起不侵权诉讼之后提起诉讼,但其实质目的仍然在于损害中讯公司的合法权益,系恶意行使商标权的权利滥用行为,与其恶意注册商标行为一样,亦不具备正当性。本案中,比特公司以违反诚实信用的不正当手段获得了系争商标的注册,并以损害在先使用人的正当权益为目的,利用诉讼恶意行使权利,应当据此认定比特公司提起涉案诉讼行为系权利滥用行为,构成恶意诉讼。

关于第三点,比特公司提起诉讼行为会对中讯公司的生产经营产生负面影响,中讯公司接受委托加工"TELEMATRIX"电话机产品的经营交易机会必然会失去,故涉案诉讼损害了中讯公司的合法权益,造成其经济损失,比特公司应当承担赔偿损失的法律责任。本案的损害赔偿问题可参照适用知识产权法中特有的法定赔偿方式,即由人民法院在一定限额内综合考虑相关因素确定赔偿数额,综合考虑比特公司主观恶意、中讯公司的模具费用支出、物料损失及更换外壳人工费用支出的合理部分、中讯公司为本案支付的律师代理费等因素确定赔偿数额。比特公司的恶意诉讼行为给中讯公司造成了不良影响,中讯公司要求其公开消除影响的诉讼请求,予以支持。

据此,江苏省无锡市中级人民法院依据《中华人民共和国民法通则》第一百零六条第二款、第一百三十四条第一款第(七)、(九)项、第二款,《中华人民共和国民事诉讼法》第一百四十二条的规定,于2017年7月26日判决如下:

一、山东比特智能科技股份有限公司于本判决生效之日起三十日内在《法制日报》上刊登消除影响声明(内容须经法院审核),逾期不履行由法院选择媒体刊登判决书内容,所需费用由山东比特智能科技股份有限公司负担;

二、山东比特智能科技股份有限公司于本判决生效之日起十日内赔偿江苏中讯数码电子有限公司经济损失及合理开支100万元;

三、驳回江苏中讯数码电子有限公司的其他诉讼请求。

比特公司不服一审判决,向江苏省高级人民法院提出上诉,请求:1.撤销一审判决;2.确认比特公司提起的(2009)锡知民初字第57号诉讼(以下简称第57号诉讼)不属于恶意诉讼,驳回中讯公司的全部诉讼请求;3.中讯公司承担一、二审诉讼费。理由:1.一审判决错误认定比特公司在申请注册"TELEMATRIX"商标和提起第57号诉讼时具有恶意。判断行为人提起诉讼是否具有恶意,最关键的是考察行为人是否主观上明知其起诉时不合法依据。一审判决忽略了对行为人是否主观上明知进行考量。(1)比特公司在提起第57号诉讼时拥有"TELEMATRIX"商标的有效注册证,有理由认为第57号诉讼具有合法依据,在主观上没有恶意。(2)比特公司在2004年11月12日申请注册"TELEMATRIX"商标时并不知晓"TELEMATRIX"已经被他人(在中国)使用并有一定影响。比特公司在网站上的宣传只能表明比特公司在当时知晓"TELEMATRIX"是国外品牌,不能证明比特公司申请注册"TELEMATRIX"商标时明知该商标已经被他人(在中国)使用并有一定影响。(3)一审判决因"TELEMATRIX"商标被撤销即反向推定行为人在申请注册和提起诉讼时存在恶意,缺少事实和法律依据。2.一审判决未考虑中讯公司怠于行使权利,比特公司在诉讼过程中的克制以及双方对诉权的处分等重要因素。(1)中讯公司从"TELEMATRIX"商标注册到第57号诉讼提起之间长达近四年时间未对"TELEMATRIX"商标的权利提出任何质疑,属怠于行使权利,应当承担相应后果。(2)比特公司提起第57号诉讼是在中讯公司提起确认不侵权之诉之后,并非比特公司主动提起。向中讯公司发送律师函是基于对"TELEMATRIX"商标的权利基础的合法维权,并非利用诉讼侵害对方合法利益。比特公司在第57号诉讼过程中,表现出克制、理性的态度,并非滥用诉权恶意诉讼。(3)一审判决应尊重双方对诉权的自由处分。中讯公司对确认不侵权之诉提出撤诉的同时，比特公司也对第 57 号诉讼提出撤诉，并为无锡中院裁定准许。因此，第 57 号诉讼已经了结，双方当事人之间的纠纷已得到解决。如果允许一方当事人事后反悔追究此前已撤回的诉讼行为，有损诉讼程序的严肃性。

3. 一审判决确定的赔偿数额缺乏事实和法律依据。（1）一审判决未查明中讯公司主张的更换模具费用、物料损失、更换外壳人工费用等损害与第 57 号诉讼的直接因果关系。一审判决仅凭中讯公司提交的模具合同等时间在第 57 号诉讼期间内，就认定该模具费用等支出应当作为因第 57 号诉讼遭受的损失，缺乏事实和法律依据。中讯公司主张的物料损失、更换外壳人工费用从证据的角度而言，不足以与第 57 号诉讼形成较为紧密的关联性，但一审判决仅凭"更换标注有"TELEMATRIX"商标的库存品外壳的可能性"，认定该损失属于赔偿数额的一部分，不满足侵权责任法上的因果关系要求。（2）赛德公司与中讯公司签订的合作协议约定模具由赛德公司提供，因此中讯公司并非更换模具产生费用的适格主体。一审判决比特公司赔偿经济损失及合理开支共计 100 万元缺少事实和法律依据，具体赔偿计算方式不明确，数额过高。

被上诉人中讯公司答辩称：比特公司提起第 57 号诉讼的行为构成恶意知识产权诉讼。1. 比特公司提起第 57 号诉讼在事实和法律上没有合法根据。"TELEMATRIX"商标系比特公司以不正当手段获得注册并最终被撤销，在法律效力上属于自始无效，比特公司实质上从该商标获得注册到最终被撤销的期间不享有"TELEMATRIX"商标专用权。2. 比特公司对中讯公司提起第 57 号诉讼具有显而易见的主观恶意。（1）商评委及三级人民法院均已认定，比特公司系以不正当手段抢先注册他人已经使用并有一定影响的商标。同时，比特公司作为同行业的专业公司和经营者，应当对从事的行业有一定的了解，尤其是其合作对象的产品情况。比特公司在网站中明确"TELEMATRIX"为他人国际知名酒店电话品牌。上述事实证明比特公司在申请"TELEMATRIX"商标注册时即已具有非常明显的主观恶意。（2）比特公司在提起第 57 号诉讼时具有非常明显的恶意。首先，比特公司提起诉讼的主观目的不是基于真正维护合法权益，商标申请时的主观恶意状态对第 57 号诉讼提出时主观心理状态的认定有重要意义，本案证据可以证明比特公司是在明知"TELEMATRIX"商标为他人所有、其并没有取得"TELEMATRIX"商标的实质合法权利的情况下，积极提起诉讼以达到损害竞争对手利益的目的，主观恶意明显。在"TELEMATRIX"商标注册日之前，比特公司对"TELEMATRIX"商标的真正权利人为其

合作伙伴的事实便已经知晓，那么比特公司不仅对中讯公司提起第 57 号诉讼具有明显的主观恶意，其发送律师函以诉诸法律对中讯公司相威胁之时就已经存在主观恶意。此外，比特公司不仅对中讯公司提起了诉讼，而且对真正权利人美国美爵信达公司在中国设立的北京美爵信达公司、在中国的另外一个代工商以及下游两个经销商全部提起了诉讼，还同时采取了工商查处和海关查扣等措施，已经超出了正当维权的合理范畴，而是一系列有计划安排的恶意诉讼。比特公司称其在第 57 号诉讼及相关过程中保持克制和理性，与事实不符。3. 比特公司提起第 57 号诉讼给中讯公司生产和经营造成了巨大损失，中讯公司不得不更换模具、返工成品电话机、报废已生产带有"TELEMATRIX"商标的标贴、说明书、包装盒、包装箱等等，造成了巨大的物料损失和人工费用。比特公司的诉讼行为还致使中讯公司代工量急剧减少，原本可预期的巨大代工利润迅速减少，且持续时间很长。与此同时，比特公司取得"TELEMATRIX"商标注册后，便开始大肆使用，搭便车牟取了巨额不当经济利益，总销售额近 800 万元。一审法院判决比特公司赔偿中讯公司经济损失及合理开支 100 万元并无不妥。综上，一审判决认定事实清楚，适用法律正确，请求驳回上诉，维持原判。

江苏省高级人民法院经二审，确认了一审查明的事实。

江苏省高级人民法院二审认为：

一、比特公司提起涉案诉讼构成恶意提起知识产权诉讼。1. 比特公司提起诉讼时虽然表面上拥有"TELEMATRIX"商标权，但该商标权是比特公司"以不正当手段抢先注册他人已经使用并有一定影响的商标"而取得的，其并不享有实质上正当的权利基础。人民法院亦作出终审判决撤销了系争商标，比特公司的商标专用权视为自始即不存在。因此，比特公司提起涉案诉讼时实质上并不享有"TELEMATRIX"商标权。2. 比特公司提起涉案诉讼时主观上具有恶意。首先，比特公司明知"TELEMATRIX"商标系他人已经使用并有一定影响的商标，自己是以不正当手段予以抢注，具有恶意，应当知道其以不正当手段抢注"TELEMATRIX"商标违反商标法第三十一条的规定，属于可被依法撤销的情形，事实也证明系争商标最终被撤销。因此，比特公司提出"该公司申请注册时无恶意"的上诉理由无事实依据。其次，比特公司提起诉讼时具有恶意。比特公司提起涉案诉讼前在其公司网站上宣称"作为国际上与德利达、TELEMATRIX 齐名的三大酒店电话机品牌之一，比特在产品和服务上一直追求领先"，该事实进一步证实了比特公司申请注册"TELEMATRIX"商标后，一直明知该商标系其抢注他人在先使用并有一定影响的商标，

"TELEMATRIX"商标权应当由该商标在先使用并逐步积淀商誉的主体享有，其实质上不应当享有"TELEMATRIX"商标权。同时，由于中讯公司、比特公司同是酒店电话产品的专业生产商，两公司存在竞争关系。比特公司起诉要求中讯公司停止生产、销售、宣传"TELEMATRIX"商标产品，其目的显然是排挤竞争对手中讯公司，以垄断"TELEMATRIX"商标相关产品在国内的生产销售，损害中讯公司合法权益，获取非法利益。3. 比特公司提起涉案诉讼造成了中讯公司的损失，且该损失与其诉讼行为之间具有因果关系。

二、一审法院判决比特公司赔偿中讯公司经济损失及合理开支100万元，并无不当。本案中，比特公司恶意提起第57号诉讼给中讯公司造成了经济损失，应当承担赔偿损失的民事责任。恶意提起知识产权诉讼本质上属于侵权行为的一种，恶意诉讼行为人承担的赔偿数额应当以受害人的损失为限。在受害人的损失难以确定的情况下，可以综合考量相关因素，酌情确定赔偿数额，故一审法院综合考虑中讯公司的经济损失和比特公司的恶意因素等确定赔偿数额，并无不当。

三、比特公司在获得"TELEMATRIX"商标注册后，即在较短的时间内先后向中讯公司发送律师警告函、提起诉讼，进行工商举报。比特公司提出"其在诉讼中保持克制"的上诉理由，无事实依据。双方在前述案件中并非是由于达成和解协议撤回起诉，中讯公司并未放弃追究比特公司恶意诉讼侵权责任，有权依法提起本案诉讼。比特公司提出双方当事人之间的纠纷已经解决的上诉理由，无事实依据。

综上，一审判决认定事实清楚，适用法律正确，应予维持。江苏省高级人民法院依据《中华人民共和国民事诉讼法》第一百七十条第一款第（一）项之规定，于2018年9月28日判决如下：

驳回上诉，维持原判。

本判决为终审判决。

7. 反垄断

中华人民共和国反垄断法

- 2007年8月30日第十届全国人民代表大会常务委员会第二十九次会议通过
- 根据2022年6月24日第十三届全国人民代表大会常务委员会第三十五次会议《关于修改〈中华人民共和国反垄断法〉的决定》修正

第一章 总 则

第一条 为了预防和制止垄断行为，保护市场公平竞争，鼓励创新，提高经济运行效率，维护消费者利益和社会公共利益，促进社会主义市场经济健康发展，制定本法。

第二条 中华人民共和国境内经济活动中的垄断行为，适用本法；中华人民共和国境外的垄断行为，对境内市场竞争产生排除、限制影响的，适用本法。

第三条 本法规定的垄断行为包括：

（一）经营者达成垄断协议；

（二）经营者滥用市场支配地位；

（三）具有或者可能具有排除、限制竞争效果的经营者集中。

第四条 反垄断工作坚持中国共产党的领导。

国家坚持市场化、法治化原则，强化竞争政策基础地位，制定和实施与社会主义市场经济相适应的竞争规则，完善宏观调控，健全统一、开放、竞争、有序的市场体系。

第五条 国家建立健全公平竞争审查制度。

行政机关和法律、法规授权的具有管理公共事务职能的组织在制定涉及市场主体经济活动的规定时，应当进行公平竞争审查。

第六条 经营者可以通过公平竞争、自愿联合，依法实施集中，扩大经营规模，提高市场竞争能力。

第七条 具有市场支配地位的经营者，不得滥用市场支配地位，排除、限制竞争。

第八条 国有经济占控制地位的关系国民经济命脉和国家安全的行业以及依法实行专营专卖的行业，国家对其经营者的合法经营活动予以保护，并对经营者的经营行为及其商品和服务的价格依法实施监管和调控，维护消费者利益，促进技术进步。

前款规定行业的经营者应当依法经营，诚实守信，严格自律，接受社会公众的监督，不得利用其控制地位或者专营专卖地位损害消费者利益。

第九条 经营者不得利用数据和算法、技术、资本优势以及平台规则等从事本法禁止的垄断行为。

第十条 行政机关和法律、法规授权的具有管理公共事务职能的组织不得滥用行政权力，排除、限制竞争。

第十一条 国家健全完善反垄断规则制度，强化反垄断监管力量，提高监管能力和监管体系现代化水平，加强反垄断执法司法，依法公正高效审理垄断案件，健全行政执法和司法衔接机制，维护公平竞争秩序。

第十二条 国务院设立反垄断委员会，负责组织、协调、指导反垄断工作，履行下列职责：

（一）研究拟订有关竞争政策；

（二）组织调查、评估市场总体竞争状况，发布评估报告；

（三）制定、发布反垄断指南；
（四）协调反垄断行政执法工作；
（五）国务院规定的其他职责。
国务院反垄断委员会的组成和工作规则由国务院规定。

第十三条 国务院反垄断执法机构负责反垄断统一执法工作。

国务院反垄断执法机构根据工作需要，可以授权省、自治区、直辖市人民政府相应的机构，依照本法规定负责有关反垄断执法工作。

第十四条 行业协会应当加强行业自律，引导本行业的经营者依法竞争，合规经营，维护市场竞争秩序。

第十五条 本法所称经营者，是指从事商品生产、经营或者提供服务的自然人、法人和非法人组织。

本法所称相关市场，是指经营者在一定时期内就特定商品或者服务（以下统称商品）进行竞争的商品范围和地域范围。

第二章 垄断协议

第十六条 本法所称垄断协议，是指排除、限制竞争的协议、决定或者其他协同行为。

第十七条 禁止具有竞争关系的经营者达成下列垄断协议：
（一）固定或者变更商品价格；
（二）限制商品的生产数量或者销售数量；
（三）分割销售市场或者原材料采购市场；
（四）限制购买新技术、新设备或者限制开发新技术、新产品；
（五）联合抵制交易；
（六）国务院反垄断执法机构认定的其他垄断协议。

第十八条 禁止经营者与交易相对人达成下列垄断协议：
（一）固定向第三人转售商品的价格；
（二）限定向第三人转售商品的最低价格；
（三）国务院反垄断执法机构认定的其他垄断协议。
对前款第一项和第二项规定的协议，经营者能够证明其不具有排除、限制竞争效果的，不予禁止。
经营者能够证明其在相关市场的市场份额低于国务院反垄断执法机构规定的标准，并符合国务院反垄断执法机构规定的其他条件的，不予禁止。

第十九条 经营者不得组织其他经营者达成垄断协议或者为其他经营者达成垄断协议提供实质性帮助。

第二十条 经营者能够证明所达成的协议属于下列情形之一的，不适用本法第十七条、第十八条第一款、第十九条的规定：
（一）为改进技术、研究开发新产品的；
（二）为提高产品质量、降低成本、增进效率，统一产品规格、标准或者实行专业化分工的；
（三）为提高中小经营者经营效率，增强中小经营者竞争力的；
（四）为实现节约能源、保护环境、救灾救助等社会公共利益的；
（五）因经济不景气，为缓解销售量严重下降或者生产明显过剩的；
（六）为保障对外贸易和对外经济合作中的正当利益的；
（七）法律和国务院规定的其他情形。
属于前款第一项至第五项情形，不适用本法第十七条、第十八条第一款、第十九条规定的，经营者还应当证明所达成的协议不会严重限制相关市场的竞争，并且能够使消费者分享由此产生的利益。

第二十一条 行业协会不得组织本行业的经营者从事本章禁止的垄断行为。

第三章 滥用市场支配地位

第二十二条 禁止具有市场支配地位的经营者从事下列滥用市场支配地位的行为：
（一）以不公平的高价销售商品或者以不公平的低价购买商品；
（二）没有正当理由，以低于成本的价格销售商品；
（三）没有正当理由，拒绝与交易相对人进行交易；
（四）没有正当理由，限定交易相对人只能与其进行交易或者只能与其指定的经营者进行交易；
（五）没有正当理由搭售商品，或者在交易时附加其他不合理的交易条件；
（六）没有正当理由，对条件相同的交易相对人在交易价格等交易条件上实行差别待遇；
（七）国务院反垄断执法机构认定的其他滥用市场支配地位的行为。
具有市场支配地位的经营者不得利用数据和算法、技术以及平台规则等从事前款规定的滥用市场支配地位的行为。
本法所称市场支配地位，是指经营者在相关市场内具有能够控制商品价格、数量或者其他交易条件，或者能够阻碍、影响其他经营者进入相关市场能力的市场地位。

第二十三条 认定经营者具有市场支配地位，应当依据下列因素：

（一）该经营者在相关市场的市场份额，以及相关市场的竞争状况；

（二）该经营者控制销售市场或者原材料采购市场的能力；

（三）该经营者的财力和技术条件；

（四）其他经营者对该经营者在交易上的依赖程度；

（五）其他经营者进入相关市场的难易程度；

（六）与认定该经营者市场支配地位有关的其他因素。

第二十四条 有下列情形之一的，可以推定经营者具有市场支配地位：

（一）一个经营者在相关市场的市场份额达到二分之一的；

（二）两个经营者在相关市场的市场份额合计达到三分之二的；

（三）三个经营者在相关市场的市场份额合计达到四分之三的。

有前款第二项、第三项规定的情形，其中有的经营者市场份额不足十分之一的，不应当推定该经营者具有市场支配地位。

被推定具有市场支配地位的经营者，有证据证明不具有市场支配地位的，不应当认定其具有市场支配地位。

第四章 经营者集中

第二十五条 经营者集中是指下列情形：

（一）经营者合并；

（二）经营者通过取得股权或者资产的方式取得对其他经营者的控制权；

（三）经营者通过合同等方式取得对其他经营者的控制权或者能够对其他经营者施加决定性影响。

第二十六条 经营者集中达到国务院规定的申报标准的，经营者应当事先向国务院反垄断执法机构申报，未申报的不得实施集中。

经营者集中未达到国务院规定的申报标准，但有证据证明该经营者集中具有或者可能具有排除、限制竞争效果的，国务院反垄断执法机构可以要求经营者申报。

经营者未依照前两款规定进行申报的，国务院反垄断执法机构应当依法进行调查。

第二十七条 经营者集中有下列情形之一的，可以不向国务院反垄断执法机构申报：

（一）参与集中的一个经营者拥有其他每个经营者百分之五十以上有表决权的股份或者资产的；

（二）参与集中的每个经营者百分之五十以上有表决权的股份或者资产被同一个未参与集中的经营者拥有的。

第二十八条 经营者向国务院反垄断执法机构申报集中，应当提交下列文件、资料：

（一）申报书；

（二）集中对相关市场竞争状况影响的说明；

（三）集中协议；

（四）参与集中的经营者经会计师事务所审计的上一会计年度财务会计报告；

（五）国务院反垄断执法机构规定的其他文件、资料。

申报书应当载明参与集中的经营者的名称、住所、经营范围、预定实施集中的日期和国务院反垄断执法机构规定的其他事项。

第二十九条 经营者提交的文件、资料不完备的，应当在国务院反垄断执法机构规定的期限内补交文件、资料。经营者逾期未补交文件、资料的，视为未申报。

第三十条 国务院反垄断执法机构应当自收到经营者提交的符合本法第二十八条规定的文件、资料之日起三十日内，对申报的经营者集中进行初步审查，作出是否实施进一步审查的决定，并书面通知经营者。国务院反垄断执法机构作出决定前，经营者不得实施集中。

国务院反垄断执法机构作出不实施进一步审查的决定或者逾期未作出决定的，经营者可以实施集中。

第三十一条 国务院反垄断执法机构决定实施进一步审查的，应当自决定之日起九十日内审查完毕，作出是否禁止经营者集中的决定，并书面通知经营者。作出禁止经营者集中的决定，应当说明理由。审查期间，经营者不得实施集中。

有下列情形之一的，国务院反垄断执法机构经书面通知经营者，可以延长前款规定的审查期限，但最长不得超过六十日：

（一）经营者同意延长审查期限的；

（二）经营者提交的文件、资料不准确，需要进一步核实的；

（三）经营者申报后有关情况发生重大变化的。

国务院反垄断执法机构逾期未作出决定的，经营者可以实施集中。

第三十二条 有下列情形之一的，国务院反垄断执法机构可以决定中止计算经营者集中的审查期限，并书面通知经营者：

（一）经营者未按照规定提交文件、资料，导致审查工作无法进行；

（二）出现对经营者集中审查具有重大影响的新情况、新事实，不经核实将导致审查工作无法进行；

（三）需要对经营者集中附加的限制性条件进一步评估，且经营者提出中止请求。

自中止计算审查期限的情形消除之日起，审查期限继续计算，国务院反垄断执法机构应当书面通知经营者。

第三十三条 审查经营者集中，应当考虑下列因素：

（一）参与集中的经营者在相关市场的市场份额及其对市场的控制力；

（二）相关市场的市场集中度；

（三）经营者集中对市场进入、技术进步的影响；

（四）经营者集中对消费者和其他有关经营者的影响；

（五）经营者集中对国民经济发展的影响；

（六）国务院反垄断执法机构认为应当考虑的影响市场竞争的其他因素。

第三十四条 经营者集中具有或者可能具有排除、限制竞争效果的，国务院反垄断执法机构应当作出禁止经营者集中的决定。但是，经营者能够证明该集中对竞争产生的有利影响明显大于不利影响，或者符合社会公共利益的，国务院反垄断执法机构可以作出对经营者集中不予禁止的决定。

第三十五条 对不予禁止的经营者集中，国务院反垄断执法机构可以决定附加减少集中对竞争产生不利影响的限制性条件。

第三十六条 国务院反垄断执法机构应当将禁止经营者集中的决定或对经营者集中附加限制性条件的决定，及时向社会公布。

第三十七条 国务院反垄断执法机构应当健全经营者集中分类分级审查制度，依法加强对涉及国计民生等重要领域的经营者集中的审查，提高审查质量和效率。

第三十八条 对外资并购境内企业或者以其他方式参与经营者集中，涉及国家安全的，除依照本法规定进行经营者集中审查外，还应当按照国家有关规定进行国家安全审查。

第五章 滥用行政权力排除、限制竞争

第三十九条 行政机关和法律、法规授权的具有管理公共事务职能的组织不得滥用行政权力，限定或者变相限定单位或者个人经营、购买、使用其指定的经营者提供的商品。

第四十条 行政机关和法律、法规授权的具有管理公共事务职能的组织不得滥用行政权力，通过与经营者签订合作协议、备忘录等方式，妨碍其他经营者进入相关市场或者对其他经营者实行不平等待遇，排除、限制竞争。

第四十一条 行政机关和法律、法规授权的具有管理公共事务职能的组织不得滥用行政权力，实施下列行为，妨碍商品在地区之间的自由流通：

（一）对外地商品设定歧视性收费项目、实行歧视性收费标准，或者规定歧视性价格；

（二）对外地商品规定与本地同类商品不同的技术要求、检验标准，或者对外地商品采取重复检验、重复认证等歧视性技术措施，限制外地商品进入本地市场；

（三）采取专门针对外地商品的行政许可，限制外地商品进入本地市场；

（四）设置关卡或者采取其他手段，阻碍外地商品进入或者本地商品运出；

（五）妨碍商品在地区之间自由流通的其他行为。

第四十二条 行政机关和法律、法规授权的具有管理公共事务职能的组织不得滥用行政权力，以设定歧视性资质要求、评审标准或者不依法发布信息等方式，排斥或者限制经营者参加招标投标以及其他经营活动。

第四十三条 行政机关和法律、法规授权的具有管理公共事务职能的组织不得滥用行政权力，采取与本地经营者不平等待遇等方式，排斥、限制、强制或者变相强制外地经营者在本地投资或者设立分支机构。

第四十四条 行政机关和法律、法规授权的具有管理公共事务职能的组织不得滥用行政权力，强制或者变相强制经营者从事本法规定的垄断行为。

第四十五条 行政机关和法律、法规授权的具有管理公共事务职能的组织不得滥用行政权力，制定含有排除、限制竞争内容的规定。

第六章 对涉嫌垄断行为的调查

第四十六条 反垄断执法机构依法对涉嫌垄断行为进行调查。

对涉嫌垄断行为，任何单位和个人有权向反垄断执法机构举报。反垄断执法机构应当为举报人保密。

举报采用书面形式并提供相关事实和证据的，反垄断执法机构应当进行必要的调查。

第四十七条 反垄断执法机构调查涉嫌垄断行为，可以采取下列措施：

（一）进入被调查的经营者的营业场所或者其他有

关场所进行检查；

（二）询问被调查的经营者、利害关系人或者其他有关单位或者个人，要求其说明有关情况；

（三）查阅、复制被调查的经营者、利害关系人或者其他有关单位或者个人的有关单证、协议、会计账簿、业务函电、电子数据等文件、资料；

（四）查封、扣押相关证据；

（五）查询经营者的银行账户。

采取前款规定的措施，应当向反垄断执法机构主要负责人书面报告，并经批准。

第四十八条　反垄断执法机构调查涉嫌垄断行为，执法人员不得少于二人，并应当出示执法证件。

执法人员进行询问和调查，应当制作笔录，并由被询问人或者被调查人签字。

第四十九条　反垄断执法机构及其工作人员对执法过程中知悉的商业秘密、个人隐私和个人信息依法负有保密义务。

第五十条　被调查的经营者、利害关系人或者其他有关单位或者个人应当配合反垄断执法机构依法履行职责，不得拒绝、阻碍反垄断执法机构的调查。

第五十一条　被调查的经营者、利害关系人有权陈述意见。反垄断执法机构应当对被调查的经营者、利害关系人提出的事实、理由和证据进行核实。

第五十二条　反垄断执法机构对涉嫌垄断行为调查核实后，认为构成垄断行为的，应当依法作出处理决定，并可以向社会公布。

第五十三条　对反垄断执法机构调查的涉嫌垄断行为，被调查的经营者承诺在反垄断执法机构认可的期限内采取具体措施消除该行为后果的，反垄断执法机构可以决定中止调查。中止调查的决定应当载明被调查的经营者承诺的具体内容。

反垄断执法机构决定中止调查的，应当对经营者履行承诺的情况进行监督。经营者履行承诺的，反垄断执法机构可以决定终止调查。

有下列情形之一的，反垄断执法机构应当恢复调查：

（一）经营者未履行承诺的；

（二）作出中止调查决定所依据的事实发生重大变化的；

（三）中止调查的决定是基于经营者提供的不完整或者不真实的信息作出的。

第五十四条　反垄断执法机构依法对涉嫌滥用行政权力排除、限制竞争的行为进行调查，有关单位或者个人应当配合。

第五十五条　经营者、行政机关和法律、法规授权的具有管理公共事务职能的组织，涉嫌违反本法规定的，反垄断执法机构可以对其法定代表人或者负责人进行约谈，要求其提出改进措施。

第七章　法律责任

第五十六条　经营者违反本法规定，达成并实施垄断协议的，由反垄断执法机构责令停止违法行为，没收违法所得，并处上一年度销售额百分之一以上百分之十以下的罚款，上一年度没有销售额的，处五百万元以下的罚款；尚未实施所达成的垄断协议的，可以处三百万元以下的罚款。经营者的法定代表人、主要负责人和直接责任人员对达成垄断协议负有个人责任的，可以处一百万元以下的罚款。

经营者组织其他经营者达成垄断协议或者为其他经营者达成垄断协议提供实质性帮助的，适用前款规定。

经营者主动向反垄断执法机构报告达成垄断协议的有关情况并提供重要证据的，反垄断执法机构可以酌情减轻或者免除对该经营者的处罚。

行业协会违反本法规定，组织本行业的经营者达成垄断协议的，由反垄断执法机构责令改正，可以处三百万元以下的罚款；情节严重的，社会团体登记管理机关可以依法撤销登记。

第五十七条　经营者违反本法规定，滥用市场支配地位的，由反垄断执法机构责令停止违法行为，没收违法所得，并处上一年度销售额百分之一以上百分之十以下的罚款。

第五十八条　经营者违反本法规定实施集中，且具有或者可能具有排除、限制竞争效果的，由国务院反垄断执法机构责令停止实施集中、限期处分股份或者资产、限期转让营业以及采取其他必要措施恢复到集中前的状态，处上一年度销售额百分之十以下的罚款；不具有排除、限制竞争效果的，处五百万元以下的罚款。

第五十九条　对本法第五十六条、第五十七条、第五十八条规定的罚款，反垄断执法机构确定具体罚款数额时，应当考虑违法行为的性质、程度、持续时间和消除违法行为后果的情况等因素。

第六十条　经营者实施垄断行为，给他人造成损失的，依法承担民事责任。

经营者实施垄断行为，损害社会公共利益的，设区的市级以上人民检察院可以依法向人民法院提起民事公益诉讼。

第六十一条 行政机关和法律、法规授权的具有管理公共事务职能的组织滥用行政权力,实施排除、限制竞争行为的,由上级机关责令改正;对直接负责的主管人员和其他直接责任人员依法给予处分。反垄断执法机构可以向有关上级机关提出依法处理的建议。行政机关和法律、法规授权的具有管理公共事务职能的组织应当将有关改正情况书面报告上级机关和反垄断执法机构。

法律、行政法规对行政机关和法律、法规授权的具有管理公共事务职能的组织滥用行政权力实施排除、限制竞争行为的处理另有规定的,依照其规定。

第六十二条 对反垄断执法机构依法实施的审查和调查,拒绝提供有关材料、信息,或者提供虚假材料、信息,或者隐匿、销毁、转移证据,或者有其他拒绝、阻碍调查行为的,由反垄断执法机构责令改正,对单位处上一年度销售额百分之一以下的罚款,上一年度没有销售额或者销售额难以计算的,处五百万元以下的罚款;对个人处五十万元以下的罚款。

第六十三条 违反本法规定,情节特别严重、影响特别恶劣、造成特别严重后果的,国务院反垄断执法机构可以在本法第五十六条、第五十七条、第五十八条、第六十二条规定的罚款数额的二倍以上五倍以下确定具体罚款数额。

第六十四条 经营者因违反本法规定受到行政处罚的,按照国家有关规定记入信用记录,并向社会公示。

第六十五条 对反垄断执法机构依据本法第三十四条、第三十五条作出的决定不服的,可以先依法申请行政复议;对行政复议决定不服的,可以依法提起行政诉讼。

对反垄断执法机构作出的前款规定以外的决定不服的,可以依法申请行政复议或者提起行政诉讼。

第六十六条 反垄断执法机构工作人员滥用职权、玩忽职守、徇私舞弊或者泄露执法过程中知悉的商业秘密、个人隐私和个人信息的,依法给予处分。

第六十七条 违反本法规定,构成犯罪的,依法追究刑事责任。

第八章 附 则

第六十八条 经营者依照有关知识产权的法律、行政法规规定行使知识产权的行为,不适用本法;但是,经营者滥用知识产权,排除、限制竞争的行为,适用本法。

第六十九条 农业生产者及农村经济组织在农产品生产、加工、销售、运输、储存等经营活动中实施的联合或者协同行为,不适用本法。

第七十条 本法自2008年8月1日起施行。

国务院关于经营者集中申报标准的规定

- 2008年8月3日中华人民共和国国务院令第529号公布
- 根据2018年9月18日《国务院关于修改部分行政法规的决定》第一次修订
- 2024年1月22日中华人民共和国国务院令第773号第二次修订

第一条 为了明确经营者集中的申报标准,根据《中华人民共和国反垄断法》,制定本规定。

第二条 经营者集中是指下列情形:

(一)经营者合并;

(二)经营者通过取得股权或者资产的方式取得对其他经营者的控制权;

(三)经营者通过合同等方式取得对其他经营者的控制权或者能够对其他经营者施加决定性影响。

第三条 经营者集中达到下列标准之一的,经营者应当事先向国务院反垄断执法机构申报,未申报的不得实施集中:

(一)参与集中的所有经营者上一会计年度在全球范围内的营业额合计超过120亿元人民币,并且其中至少两个经营者上一会计年度在中国境内的营业额均超过8亿元人民币;

(二)参与集中的所有经营者上一会计年度在中国境内的营业额合计超过40亿元人民币,并且其中至少两个经营者上一会计年度在中国境内的营业额均超过8亿元人民币。

营业额的计算,应当考虑银行、保险、证券、期货等特殊行业、领域的实际情况,具体办法由国务院反垄断执法机构会同国务院有关部门制定。

第四条 经营者集中未达到本规定第三条规定的申报标准,但有证据证明该经营者集中具有或者可能具有排除、限制竞争效果的,国务院反垄断执法机构可以要求经营者申报。

第五条 经营者未依照本规定第三条和第四条规定进行申报的,国务院反垄断执法机构应当依法进行调查。

第六条 国务院反垄断执法机构应当根据经济发展情况,对本规定确定的申报标准的实施情况进行评估。

第七条 本规定自公布之日起施行。

最高人民法院关于审理因垄断行为引发的民事纠纷案件应用法律若干问题的规定

- 2012年1月30日最高人民法院审判委员会第1539次会议通过
- 根据2020年12月23日最高人民法院审判委员会第1823次会议通过的《最高人民法院关于修改〈最高人民法院关于审理侵犯专利权纠纷案件应用法律若干问题的解释（二）〉等十八件知识产权类司法解释的决定》修正
- 2020年12月29日最高人民法院公告公布
- 自2021年1月1日起施行
- 法释〔2020〕19号

为正确审理因垄断行为引发的民事纠纷案件，制止垄断行为，保护和促进市场公平竞争，维护消费者利益和社会公共利益，根据《中华人民共和国民法典》《中华人民共和国反垄断法》和《中华人民共和国民事诉讼法》等法律的相关规定，制定本规定。

第一条 本规定所称因垄断行为引发的民事纠纷案件（以下简称垄断民事纠纷案件），是指因垄断行为受到损失以及因合同内容、行业协会的章程等违反反垄断法而发生争议的自然人、法人或者非法人组织，向人民法院提起的民事诉讼案件。

第二条 原告直接向人民法院提起民事诉讼，或者在反垄断执法机构认定构成垄断行为的处理决定发生法律效力后向人民法院提起民事诉讼，并符合法律规定的其他受理条件的，人民法院应当受理。

第三条 第一审垄断民事纠纷案件，由知识产权法院、省、自治区、直辖市人民政府所在地的市、计划单列市中级人民法院以及最高人民法院指定的中级人民法院管辖。

第四条 垄断民事纠纷案件的地域管辖，根据案件具体情况，依照民事诉讼法及相关司法解释有关侵权纠纷、合同纠纷等的管辖规定确定。

第五条 民事纠纷案件立案时的案由并非垄断纠纷，被告以原告实施了垄断行为为由提出抗辩或者反诉且有证据支持，或者案件需要依据反垄断法作出裁判，但受诉人民法院没有垄断民事纠纷案件管辖权的，应当将案件移送有管辖权的人民法院。

第六条 两个或者两个以上原告因同一垄断行为向有管辖权的同一法院分别提起诉讼的，人民法院可以合并审理。

两个或者两个以上原告因同一垄断行为向有管辖权的不同法院分别提起诉讼的，后立案的法院在得知有关法院先立案的情况后，应当在七日内裁定将案件移送先立案的法院；受移送的法院可以合并审理。被告应当在答辩阶段主动向受诉人民法院提供其因同一行为在其他法院涉诉的相关信息。

第七条 被诉垄断行为属于反垄断法第十三条第一款第一项至第五项规定的垄断协议的，被告应对该协议不具有排除、限制竞争的效果承担举证责任。

第八条 被诉垄断行为属于反垄断法第十七条第一款规定的滥用市场支配地位的，原告应当对被告在相关市场内具有支配地位和其滥用市场支配地位承担举证责任。

被告以其行为具有正当性为由进行抗辩的，应当承担举证责任。

第九条 被诉垄断行为属于公用企业或者其他依法具有独占地位的经营者滥用市场支配地位的，人民法院可以根据市场结构和竞争状况的具体情况，认定被告在相关市场内具有支配地位，但有相反证据足以推翻的除外。

第十条 原告可以被告对外发布的信息作为证明其具有市场支配地位的证据。被告对外发布的信息能够证明其在相关市场内具有支配地位的，人民法院可以据此作出认定，但有相反证据足以推翻的除外。

第十一条 证据涉及国家秘密、商业秘密、个人隐私或者其他依法应当保密的内容的，人民法院可以依职权或者当事人的申请采取不公开开庭、限制或者禁止复制、仅对代理律师展示、责令签署保密承诺书等保护措施。

第十二条 当事人可以向人民法院申请一至二名具有相应专门知识的人员出庭，就案件的专门性问题进行说明。

第十三条 当事人可以向人民法院申请委托专业机构或者专业人员就案件的专门性问题作出市场调查或者经济分析报告。经人民法院同意，双方当事人可以协商确定专业机构或者专业人员；协商不成的，由人民法院指定。

人民法院可以参照民事诉讼法及相关司法解释有关鉴定意见的规定，对前款规定的市场调查或者经济分析报告进行审查判断。

第十四条 被告实施垄断行为，给原告造成损失的，根据原告的诉讼请求和查明的事实，人民法院可以依法判令被告承担停止侵害、赔偿损失等民事责任。

根据原告的请求，人民法院可以将原告因调查、制止垄断行为所支付的合理开支计入损失赔偿范围。

第十五条 被诉合同内容、行业协会的章程等违反反垄断法或者其他法律、行政法规的强制性规定的，人民法院应当依法认定其无效。但是，该强制性规定不导致该民事法律行为无效的除外。

第十六条　因垄断行为产生的损害赔偿请求权诉讼时效期间，从原告知道或者应当知道权益受到损害以及义务人之日起计算。

原告向反垄断执法机构举报被诉垄断行为的，诉讼时效从其举报之日起中断。反垄断执法机构决定不立案、撤销案件或者决定终止调查的，诉讼时效期间从原告知道或者应当知道不立案、撤销案件或者终止调查之日起重新计算。反垄断执法机构调查后认定构成垄断行为

的，诉讼时效期间从原告知道或者应当知道反垄断执法机构认定构成垄断行为的处理决定发生法律效力之日起重新计算。

原告知道或者应当知道权益受到损害以及义务人之日起超过三年，如果被诉时被诉垄断行为仍然持续，被告提出诉讼时效抗辩的，损害赔偿应当自原告向人民法院起诉之日起向前推算三年计算。自权利受到损害之日起超过二十年的，人民法院不予保护，有特殊情况的，人民法院可以根据权利人的申请决定延长。

・典型案例

人民法院反垄断典型案例①

1."驾校联营"横向垄断协议纠纷案
——涉横向垄断协议的合同效力认定

【案号】　最高人民法院（2021）最高法知民终1722号〔台州市路桥吉利机动车驾驶培训有限公司、台州市路桥区承融驾驶员培训有限公司诉台州市路桥区东港汽车驾驶培训学校等、台州市路桥区浙东驾驶员培训服务有限公司横向垄断协议纠纷案〕

【基本案情】　在吉利驾培公司、承融驾培公司与东港驾培公司等13家被诉驾培单位以及第三人浙东驾培公司横向垄断协议纠纷案中，同在浙江省台州市路桥区的涉案15家驾培单位签订联营协议及自律公约，约定共同出资设立联营公司即浙东驾培公司，固定驾驶培训服务价格、限制驾驶培训机构间的教练车辆及教练员流动，涉案15家驾培单位原先分散的辅助性服务（如报名、体检、制卡等）均由浙东驾培公司统一在同一现场处理，浙东驾培公司对应收取服务费850元。其中，联营协议第三条具体约定联营公司设立的注册资本与股本结构。涉案15家驾培单位中的吉利驾培公司和承融驾培公司以该15家单位构成垄断经营为由，向法院起诉，请求确认联营协议及自律公约无效。一审法院判决确认涉案联营协议及自律公约中构成横向垄断协议的相关条款无效，但同时认为，浙东驾培公司统一处理涉案原先分散的辅助性服务，可提高服务质量、降低成本、增进效率，其收取850元服务费的行为符合垄断协议豁免条件。吉利驾培公司、承融驾培公司不服，提起上诉，请求改判确认联营协议中股本结构条款

无效，东港驾培公司等13家被诉驾培单位提出的固定价格协议豁免理由不能成立。最高人民法院二审认为，达成垄断协议的经营者欲以该协议具有2008年施行的反垄断法第十五条第一款第一项至第五项情形为由主张豁免，应当提供充分证据证明协议具有上述五项法定情形之一项下所指积极的竞争效果或经济社会效果，且该效果是具体的、现实的，而不能仅仅依赖一般性推测或者抽象推定；一审法院在经营者没有提供真实、有效证据支持其豁免主张情况下，主要根据一般经验推定浙东驾培公司统一提供服务的效果，直接认定其统一收费符合垄断协议豁免情形，适用法律不当。合同条款违反反垄断法关于禁止垄断行为的规定原则上无效；如果合同无效部分会影响其他部分效力的，其他部分也应无效；涉案联营协议第三条的约定主要是当事人实施横向垄断协议、实现市场垄断目的的手段；判断合同或者合同条款是否因违反反垄断法而无效时，还应当考虑消除和降低垄断行为风险的需要，实现反垄断法预防和制止垄断行为的立法目的。最高人民法院终审判决，撤销一审判决，确认案涉联营协议及自律公约全部无效。

【典型意义】　本案强调当事人主张垄断协议豁免应当承担具体证明有关实际效果的举证责任，同时明确了认定涉横向垄断协议的民事行为无效的原则、考量因素与价值目标。本案裁判对于人民法院积极发挥反垄断司法职能作用，依法消除和降低垄断行为风险隐患，维护市场公平竞争，实现反垄断法预防和制止垄断行为的立法目的，具有示范意义。

---

① 案例来源:2022年11月17日最高人民法院公布，网址:https://www.court.gov.cn/zixun/xiangqing/379701.html，最后访问日期:2024年3月6日。

2. "无励磁开关专利侵权和解协议"横向垄断协议纠纷案

——滥用知识产权行为的反垄断审查

【案号】 最高人民法院(2021)最高法民终1298号〔上海华明电力设备制造有限公司诉武汉泰普变压器开关有限公司垄断协议纠纷案〕

【基本案情】 2015年泰普公司起诉华明公司侵害其"一种带屏蔽装置的无励磁开关"发明专利权,双方于2016年1月签订"调解协议"(未经法院确认,实为和解协议),约定:华明公司仅能生产特定种类的无励磁分接开关,对其他种类的无励磁分接开关只能通过泰普公司供货转售给下游客户,且销售价格要根据泰普公司供货价格确定;在海外市场,华明公司为泰普公司持股的泰普联合公司作市场代理,不得自行生产或代理其他企业的同类产品,且销售价格与泰普公司的供货价格一致。2019年华明公司向法院提起诉讼,主张涉案和解协议属于垄断协议,违反反垄断法,应认定无效。一审法院认为,涉案和解协议不属于垄断协议,判决驳回华明公司全部诉讼请求。华明公司不服,提起上诉。最高人民法院二审认为,如果专利权人逾越其享有的专有权,滥用知识产权排除、限制竞争的,则涉嫌违反反垄断法。涉案和解协议与涉案专利权的保护范围缺乏实质关联性,其核心并不在于保护专利权,而是以行使专利权为掩护,实际上追求排除、限制竞争的效果,属于滥用专利权;涉案和解协议构成分割销售市场、限制商品生产和销售数量、固定商品价格的横向垄断协议,违反反垄断法强制性规定。最高人民法院终审判决,撤销一审判决,确认涉案和解协议全部无效。

【典型意义】 专利权是一种合法垄断权,经营者合法行使专利权的行为不受反垄断法限制,但是经营者滥用专利权排除、限制竞争的行为则受到反垄断法规制。该案明确了涉及专利权许可的横向垄断协议的分析判断标准,就审查专利侵权案件当事人达成的调解或和解协议是否违反反垄断法作出了指引,对于规范专利权人合法行使权利、提高全社会的反垄断法治意识具有积极意义。

3. "幼儿园"横向垄断协议纠纷案

——横向垄断协议实施者违约赔偿请求权的认定

【案号】 最高人民法院(2021)最高法知民终2253号〔进贤县温圳镇艺术幼儿园诉进贤县温圳镇六佳一幼儿园、万珍、进贤县温圳镇艾乐幼儿园、进贤县温圳镇金贝贝幼儿园、进贤县温圳镇才艺幼儿园横向垄断协议纠纷案〕

【基本案情】 艺术幼儿园主张其与六佳一幼儿园等其他四家幼儿园共同签订合作协议,约定合作各方收入和开支共同结算并平均分配利润,六佳一幼儿园等四家幼儿园对艺术幼儿园的人数减少和其不在特定区域开设幼儿园进行补偿。后因该四家幼儿园未按照约定支付补偿款,故艺术幼儿园起诉至江西省南昌市中级人民法院,请求判令六佳一幼儿园支付补偿款并承担违约责任。一审法院认为,涉案五家幼儿园签订涉案协议并确认了收费标准,划分了当地幼儿园市场,该行为明显具有排除、限制竞争的目的,且在特定时间内实现了排除、限制竞争的效果。涉案协议因违反反垄断法的禁止性规定,应当认定无效,故判决驳回艺术幼儿园的诉讼请求。艺术幼儿园不服,提起上诉。最高人民法院二审认为,涉案协议明确约定了固定和上涨价格、个别经营者退出相关市场等内容,不仅明显具有排除、限制竞争的目的,而且也实际产生了排除、限制竞争的效果,一审法院认定涉案协议构成横向垄断协议并无不当。艺术幼儿园请求六佳一幼儿园和万珍向其支付协议期间的经济补偿金及违约金,实质上是要求瓜分垄断利益,人民法院对此不予支持。最高人民法院终审判决,驳回上诉,维持原判。

【典型意义】 垄断行为限制公平竞争,损害广大消费者利益,由此而产生的收益不应得到法律保护。本案阐明了反垄断法的立法目的在于为垄断行为的受害人提供法律救济,而不为实施垄断行为的经营者提供不当获利的机会。横向垄断协议实施者根据该协议主张损害赔偿,实质上是要求瓜分垄断利益,人民法院对该类请求不予支持。本案对于打击横向垄断行为、维护公平竞争秩序、引导幼教行业良性发展具有重要意义。

4. "涉沙格列汀片剂药品专利反向支付协议"发明专利侵权纠纷案

——非垄断案由案件中的反垄断审查

【案号】 最高人民法院(2021)最高法知民终388号〔阿斯利康有限公司诉江苏奥赛康药业有限公司侵害发明专利权纠纷案〕

【基本案情】 瑞典阿斯利康公司为一种用于治疗糖尿病的专利号为01806315.2、名称为"基于环丙基稠合的吡咯烷二肽基肽酶Ⅳ抑制剂、它们的制备方法及用途"的发明专利的继受权利人,专利产品为沙格列汀片。涉案专利原权利人为使专利权效力免受挑战,曾与无效宣告请求人(奥赛康公司关联方)达成《和解协议》,约定:请求人撤回针对涉案专利的无效宣告请求,请求人及其关联方即可获许在涉案专利权保护期限届满前5年多实施涉案专利。后请求人依约撤回无效宣告请求,并由其关联方奥赛康公司实施涉案专利。之后,阿斯利康公司诉至法院,主张奥赛康公司侵害涉案专利权。一审法院认为，奥赛康公司方有权依据涉案《和解协议》实施涉案专利，故判决驳回阿斯利康公司全部诉讼请求。阿斯利康公司不服，提起上诉，后又以双方于二审审理期间达成和解为由申请撤回上诉。最高人民法院二审认为，对撤回上诉申请应当依法进行审查，涉案《和解协议》符合所谓的"药品专利反向支付协议"外观，人民法院一般应当对其是否违反反垄断法进行一定程度的审查，之后再决定是否准许撤回上诉。经审查，综合考虑涉案专利权保护期限已经届满等具体情况，最高人民法院终审裁定，准予撤回上诉。

【典型意义】 "药品专利反向支付协议"是药品专利权利人承诺给予仿制药申请人直接或者间接的利益补偿（包括减少仿制药申请人不利益等变相补偿），仿制药申请人承诺不挑战该药品相关专利权的有效性或者延迟进入该专利药品相关市场的协议。本案是目前中国法院首起对"药品专利反向支付协议"作出反垄断审查的案件，虽然只是针对撤回上诉申请所作的反垄断初步审查，而且最终鉴于案件具体情况也未明确定性涉案和解协议是否违反反垄断法，但该案裁判强调了在非垄断案由案件审理中对当事人据以提出主张的协议适时适度进行反垄断审查的必要性，指明了对涉及"药品专利反向支付协议"的审查限度和基本路径，对于提升企业的反垄断合规意识、规范药品市场竞争秩序、指引人民法院加强反垄断审查具有积极意义。

5. "延安混凝土企业"合同纠纷及横向垄断协议纠纷案
——横向垄断协议的损害赔偿计算

【案号】 陕西省西安市中级人民法院（2020）陕01知民初509号〔延安市嘉诚混凝土有限公司与福建三建工程有限公司合同纠纷及横向垄断协议纠纷案〕

【基本案情】 嘉诚公司自2018年3月开始向福建三建公司供应混凝土。包含嘉诚公司在内的陕西省延安市宝塔区10家混凝土企业联合声明，自2018年7月1日开始，所有标号的混凝土每立方米在原价基础上上浮60元。2018年7月13日，嘉诚公司与福建三建公司达成口头协议，约定将混凝土每立方米单价全面上涨45元。同月，原陕西省工商局接到嘉诚公司等涉嫌垄断的举报，于2018年8月启动调查，但嘉诚公司对混凝土供应单价并未作出调整，亦未向福建三建公司告知相关情况。自2019年4月开始，福建三建公司和嘉诚公司通过签订补充协议，对同标号混凝土在先前价格基础上每立方米再次上涨25元。2019年8月，陕西省市场监管局对嘉诚公司和其他9家混凝土企业达成并实施垄断协议作出处罚决定。2019年9月底，嘉诚公司对福建三建公司的混凝土供应结束，10月双方组织结算。在嘉诚公司向福建三建公司主张欠付混凝土货款时，福建三建公司得知嘉诚公司因实施垄断行为被行政机关处罚，遂向陕西省西安市中级人民法院起诉，要求嘉诚公司赔偿相应损失。该院审理认为，当事人之间因形式上的契约自由不能成为实施垄断行为一方违法行为的合法外衣。经营者达成涨价协议对交易相对人造成损害的，应当承担相应的民事责任。关于横向垄断协议损害赔偿，对难以脱离当地供应市场或对技术支持需求较高的商品，应以垄断协议所固定价格与此前在自由市场竞争中与交易相对人所约定产品价格的差值进行计算。故判决福建三建公司向嘉诚公司支付欠付合同款约602万元并支付违约金；嘉诚公司向福建三建公司支付因实施横向垄断协议所造成的损害赔偿金约143万元。一审宣判后，双方均未上诉。

【典型意义】 本案是横向垄断协议的受害人在反垄断行政执法机关认定被诉垄断行为违法并作出行政处罚后提起民事损害赔偿诉讼的案件。反垄断民事诉讼是垄断行为受害人获得损害赔偿的基本途径，是反垄断法实施的重要方式。本案基于经济学原理和一般市场交易规律，对不同交易形态特征下的损害赔偿请求数额认定和计算路径进行了有益探索。本案同时也生动展现了反垄断行政执法与司法的有效衔接，对于形成反垄断法执法和司法合力、切实提升反垄断法实施效果具有典型意义。

6. "涉中超联赛图片"滥用市场支配地位纠纷案
——体育赛事商业权利独家授权中的反垄断审查

【案号】 最高人民法院（2021）最高法知民终1790号〔体娱（北京）文化传媒股份有限公司诉中超联赛有限责任公司、上海映脉文化传播有限公司滥用市场支配地位纠纷案〕

【基本案情】 经中国足协授权，中超公司取得中超联赛资源代理开发经营权。中超公司于2016年网上公开招标2017-2019年中超联赛官方图片合作机构，映脉公司以相应报价中标，由此取得独家经营中超联赛图片资源的权利，而体娱公司未中标。但体娱公司仍于2017年、2018年派人进入中超联赛现场拍摄图片并销售传播，期间中国足协出面发布声明予以制止以维护映脉公司的独家经营权。体娱公司于2020年6月24日以中超公司、映脉公司滥用市场支配地位限定交易相对人只能与映脉公司进行交易为由，向法院起诉，请求判令中超公司、映脉公司停止垄断行为、消除影响、赔偿经济损失及合理开支。一审法院认为，现有证据不能证明中超公司、映脉公司具有市场支配地位，且两公司从事被诉行为具有正当理由,判决驳回体娱公司全部诉讼请求。体娱公司不服,提起上诉。最高人民法院二审认为,反垄断法预防和制止滥用权利以排除、限制竞争的行为,但是由权利内在的排他属性所形成的"垄断状态"并非权利滥用行为。中超公司、映脉公司在中超联赛图片经营市场具有市场支配地位,但中超公司通过公开招标方式选择授权映脉公司独家经营2017-2019年中超联赛图片资源,在程序上体现了竞争;该经营权独家授予是竞争的应然结果,且有其合理理由,不具有反竞争效果。同时,中超联赛图片用户(需求方)只能向映脉公司购买该赛事图片,系基于原始经营权人中国足协依法享有的经营权并通过授权形成的结果,符合法律规定且有合理性,该限定交易情形有正当理由。最高人民法院终审判决,驳回上诉,维持原判。

【典型意义】 本案明确了排他性民事权利的不正当行使才可能成为反垄断法预防和制止的对象,而民事权利的排他性或者排他性民事权利本身并不是反垄断法预防和制止的对象。本案对于厘清排他性民事权利的行使边界、保障企业的合法经营具有重要价值。

7."威海水务集团"滥用市场支配地位纠纷案
——公用企业限定交易行为的认定及损害赔偿计算

【案号】 最高人民法院(2022)最高法知民终395号〔威海宏福置业有限公司诉威海市水务集团有限公司滥用市场支配地位纠纷案〕

【基本案情】 宏福置业公司是一家位于山东省威海市的房地产开发公司,2021年1月宏福置业公司向法院起诉,请求判令威海水务集团赔偿因其实施滥用市场支配地位的行为给宏福置业公司造成的经济损失并支付诉讼合理开支。一审法院认定,威海水务集团在威海市区供水、污水设施建设和管理中处于市场支配地位,但现有证据不能证明威海水务集团存在限定交易行为,判决驳回宏福置业公司诉讼请求。宏福置业公司不服,提起上诉。最高人民法院二审认为,威海水务集团不仅独家提供城市公共供水服务,而且承担着供水设施审核、验收等公用事业管理职责,其在参与供水设施建设市场竞争时,负有更高的不得排除、限制竞争的特别注意义务。威海水务集团在受理给排水市政业务时,在业务办理服务流程清单中仅注明其公司及其下属企业的联系方式等信息,而没有告知、提示交易相对人可以选择其他具有相关资质的企业,属于隐性限定了交易相对人只能与其指定的经营者进行交易,构成限定交易行为。宏福置业公司没有提供证据证明限定交易的实际支出高于正常竞争条件下的合理交易价格,且其自身对涉案给排水设施的拆除重建负有主要责任,其也没有提供可供法院酌定损失的相关因素。最高人民法院终审判决,撤销一审判决,改判威海水务集团赔偿宏福置业公司为调查、制止垄断行为所支付的合理开支。

【典型意义】 本案明确了反垄断法上的限定交易行为可以是明示的、直接的,也可以是隐含的、间接的,阐明了认定限定交易行为的重点在于考察经营者是否实质上限制了交易相对人的自由选择权,为具有市场独占地位的经营者特别是公用企业提供了依法从事市场经营活动的行为指引。同时,本案明确了限定交易垄断行为造成损失的认定标准和举证责任分配,为类案审理中确定垄断行为的损害赔偿责任提供了裁判指引,也为垄断行为受害者通过提起反垄断民事诉讼积极寻求救济提供了规则指引。

8."海南消防检测企业横向垄断协议"反垄断行政处罚案
——反垄断罚款基数"上一年度销售额"的理解

【案号】 最高人民法院(2021)最高法知行终880号〔海南盛华建设股份有限公司诉海南省市场监督管理局反垄断行政处罚案〕

【基本案情】 盛华公司于2017年起在海南省消防协会消防维保检测行业分会组织下与其他企业达成并实施消防安全检测价格的垄断协议,该公司经营业务范围有20余项,其2018年度销售额1亿元,其中开展消防安全检测业务的经营收入为93.9万元。海南省市场监管局经立案调查于2020年11月决定对盛华公司处以2018年销售额1亿元1%的罚款即100万元。盛华公司不服处罚决定,向法院提起行政诉讼。一审法院认为,海南省市场监管局以实施垄断协议所取得的销售收入和未实施垄断行为所取得的销售收入一并作为处罚基数来计算处罚金额错误,遂判决撤销该处罚决定。海南省市场监管局不服,提起上诉。最高人民法院二审认为,2008年反垄断法第四十六条第一款规定计罚基数时对"上一年度销售额"没有作进一步限定,结合立法目的和一般法律适用原则,将"上一年度销售额"原则上解释为全部销售额具有合理性;考虑盛华公司实施垄断协议的时间、性质、情节等因素,本案罚款数额符合过罚相当原则。最高人民法院终审判决,撤销一审判决,驳回盛华公司的诉讼请求。

【典型意义】 多年来反垄断行政执法实践和学理研究中对反垄断罚款基数"上一年度销售额"存在多种理解,本案二审判决从反垄断法预防和制止垄断行为的立法目的出发,对其含义作出了原则性阐释,并根据过罚相当原则明确了确定罚款数额时应考虑的主要因素。本案裁判对依法支持和监督反垄断行政执法、促进司法标准与行政执法标准统一具有重要价值。

9."茂名混凝土企业横向垄断协议"反垄断行政处罚案
——"其他协同行为"的认定以及"上一年度"的理解

【案号】 最高人民法院（2022）最高法知行终29号〔茂名市电白区建科混凝土有限公司诉广东省市场监督管理局反垄断行政处罚案〕

【基本案情】 2016年9-12月期间，包括建科混凝土公司在内的19家广东省茂名市及高州市预拌混凝土企业通过聚会、微信群等形式就统一上调混凝土销售价格交流协商，并各自同期不同幅度地上调了价格。2020年6月，广东省市场监管局对该19家企业的行为进行查处，且均以2016年度销售额为基数，对3家牵头企业处以2%的罚款，对其他16家企业处以1%的罚款。建科混凝土公司不服处罚决定，向广州知识产权法院提起行政诉讼，请求撤销被诉处罚决定。一审法院判决驳回建科混凝土公司诉讼请求。建科混凝土公司不服，提起上诉。最高人民法院二审认为，包括建科混凝土公司在内的涉案19家预拌混凝土企业之间进行了意思联络、信息交流，具有限制、排除相互间价格竞争的共谋，其被诉行为具有一致性，且不能对该行为的一致性作出合理解释。同时，根据相关市场的市场结构、竞争状况、市场变化等情况，被诉行为产生了反竞争效果。因此，建科混凝土公司的被诉行为构成反垄断法规定的横向垄断协议项下的"其他协同行为"，涉案19家混凝土企业达成并实施了"固定或者变更商品价格"的横向垄断协议。关于被诉处罚决定的罚款计算，"上一年度销售额"是计算罚款的基数，原则上"上一年度"应确定为与作出处罚时在时间上最接近、事实上最关联的违法行为存在年度。被诉行为发生于2016年并于当年底停止，反垄断执法机构于2017年启动调查，因此，以2016年销售额作为计算罚款的基准，更接近违法行为发生时涉案企业的实际经营情况，与执法实践中通常以垄断行为停止时的上一个会计年度来计算经营者销售额的基本精神保持一致，也符合过罚相当原则。最高人民法院终审判决，驳回上诉，维持原判。

【典型意义】 "其他协同行为"属于横向垄断协议的一种表现形式，因其不直接体现为明确的协议或决定，具有较强的隐蔽性，在行政主管和司法认定上存在难度。本案明确了一致性市场行为和信息交流两个因素可以证明存在"其他协同行为"，然后应由经营者对其行为一致性作出合理解释。该分层认定方式有助于厘清法律规范的具体适用，合理分配了诉讼当事人的举证责任。同时，本案对反垄断罚款基数的"上一年度销售额"中"上一年度"作出原则性阐释，既尊重了行政机关依法行使行政裁量权，保证行政执法效果，维护反垄断执法威慑力，也对行政机关作出行政处罚决定的裁量基准和方法依法作出指引。

10."惠州市机动车检测行业协会"反垄断行政处罚案
——行业协会涉嫌垄断行为的反垄断审查

【案号】 广州知识产权法院（2020）粤73行初12号〔惠州市机动车检测行业协会诉广东省市场监督管理局反垄断行政处罚案〕

【基本案情】 2017年9月，惠州市机动车检测行业协会为抵制个别检测单位降价或变相降价，制订《工作方案》并通过会员《公约》，以行业自律之名要求全体会员不得降价或变相降价。为保证落实到位，还要求会员单位缴纳保证金。2018年前后，惠州市机动车检测行业协会多次倡导并讨论如何调整收费，制定统一调价方案并组织实施。自2018年6月4日起，协会31家会员单位同步执行新的收费标准，调整后的收费标准几乎完全相同。因集体同步统一涨价且涨价幅度较大，此事引发当地热议和媒体关注。广东省市场监管局开展反垄断调查后，认定惠州市机动车检测行业协会上述行为违反了反垄断法的相关规定，对其处以罚款40万元。惠州市机动车检测行业协会不服该行政处罚决定，向广州知识产权法院起诉，请求撤销涉案处罚决定。该院审理认为，惠州市机动车检测行业协会利用行业特性所产生的区域影响力限制会员单位降价或变相降价，制定了划定各项收费项目收费下限的统一收费标准及实施时间的垄断协议，并组织会员单位实施的行为，属于排除、限制竞争的垄断行为。经对被诉行政行为进行全面审查后，驳回了惠州市机动车检测行业协会的全部诉讼请求。一审宣判后，双方均未上诉。

【典型意义】 行业协会既有促进行业发展和市场竞争，维护消费者合法权益的功能，又有促成和便利相关企业实施垄断行为的可能性和风险。行业协会应当加强行业自律、引导行业依法竞争和合规经营。本案分析了被诉行业协会通过集体决策实施垄断行为的本质，对于规范行业协会加强自律、引导其防范垄断风险具有积极意义。

8. 反不正当竞争

中华人民共和国反不正当竞争法

- 1993年9月2日第八届全国人民代表大会常务委员会第三次会议通过
- 2017年11月4日第十二届全国人民代表大会常务委员会第三十次会议修订
- 根据2019年4月23日第十三届全国人民代表大会常务委员会第十次会议《关于修改〈中华人民共和国建筑法〉等八部法律的决定》修正

第一章 总 则

第一条 【立法目的】为了促进社会主义市场经济健康发展，鼓励和保护公平竞争，制止不正当竞争行为，保护经营者和消费者的合法权益，制定本法。

第二条 【经营原则】经营者在生产经营活动中，应当遵循自愿、平等、公平、诚信的原则，遵守法律和商业道德。

本法所称的不正当竞争行为，是指经营者在生产经营活动中，违反本法规定，扰乱市场竞争秩序，损害其他经营者或者消费者的合法权益的行为。

本法所称的经营者，是指从事商品生产、经营或者提供服务（以下所称商品包括服务）的自然人、法人和非法人组织。

第三条 【政府管理】各级人民政府应当采取措施，制止不正当竞争行为，为公平竞争创造良好的环境和条件。

国务院建立反不正当竞争工作协调机制，研究决定反不正当竞争重大政策，协调处理维护市场竞争秩序的重大问题。

第四条 【查处部门】县级以上人民政府履行工商行政管理职责的部门对不正当竞争行为进行查处；法律、行政法规规定由其他部门查处的，依照其规定。

第五条 【社会监督】国家鼓励、支持和保护一切组织和个人对不正当竞争行为进行社会监督。

国家机关及其工作人员不得支持、包庇不正当竞争行为。

行业组织应当加强行业自律，引导、规范会员依法竞争，维护市场竞争秩序。

第二章 不正当竞争行为

第六条 【混淆行为】经营者不得实施下列混淆行为，引人误认为是他人商品或者与他人存在特定联系：

（一）擅自使用与他人有一定影响的商品名称、包装、装潢等相同或者近似的标识；

（二）擅自使用他人有一定影响的企业名称（包括简称、字号等）、社会组织名称（包括简称等）、姓名（包括笔名、艺名、译名等）；

（三）擅自使用他人有一定影响的域名主体部分、网站名称、网页等；

（四）其他足以引人误认为是他人商品或者与他人存在特定联系的混淆行为。

第七条 【商业贿赂与正当回扣】经营者不得采用财物或者其他手段贿赂下列单位或者个人，以谋取交易机会或者竞争优势：

（一）交易相对方的工作人员；

（二）受交易相对方委托办理相关事务的单位或者个人；

（三）利用职权或者影响力影响交易的单位或者个人。

经营者在交易活动中，可以以明示方式向交易相对方支付折扣，或者向中间人支付佣金。经营者向交易相对方支付折扣、向中间人支付佣金的，应当如实入账。接受折扣、佣金的经营者也应当如实入账。

经营者的工作人员进行贿赂的，应当认定为经营者的行为；但是，经营者有证据证明该工作人员的行为与为经营者谋取交易机会或者竞争优势无关的除外。

第八条 【禁止虚假或误解宣传】经营者不得对其商品的性能、功能、质量、销售状况、用户评价、曾获荣誉等作虚假或者引人误解的商业宣传，欺骗、误导消费者。

经营者不得通过组织虚假交易等方式，帮助其他经营者进行虚假或者引人误解的商业宣传。

第九条 【不得侵犯商业秘密】经营者不得实施下列侵犯商业秘密的行为：

（一）以盗窃、贿赂、欺诈、胁迫、电子侵入或者其他不正当手段获取权利人的商业秘密；

（二）披露、使用或者允许他人使用以前项手段获取的权利人的商业秘密；

（三）违反保密义务或者违反权利人有关保守商业秘密的要求，披露、使用或者允许他人使用其所掌握的商业秘密；

（四）教唆、引诱、帮助他人违反保密义务或者违反权利人有关保守商业秘密的要求，获取、披露、使用或者允许他人使用权利人的商业秘密。

经营者以外的其他自然人、法人和非法人组织实施前款所列违法行为的，视为侵犯商业秘密。

第三人明知或者应知商业秘密权利人的员工、前员工或者其他单位、个人实施本条第一款所列违法行为,仍获取、披露、使用或者允许他人使用该商业秘密的,视为侵犯商业秘密。

本法所称的商业秘密,是指不为公众所知悉、具有商业价值并经权利人采取相应保密措施的技术信息、经营信息等商业信息。

第十条　【有奖销售禁止情形】经营者进行有奖销售不得存在下列情形:

(一)所设奖的种类、兑奖条件、奖金金额或者奖品等有奖销售信息不明确,影响兑奖;

(二)采用谎称有奖或者故意让内定人员中奖的欺骗方式进行有奖销售;

(三)抽奖式的有奖销售,最高奖的金额超过五万元。

第十一条　【不得损害商誉】经营者不得编造、传播虚假信息或者误导性信息,损害竞争对手的商业信誉、商品声誉。

第十二条　【互联网不正当竞争行为】经营者利用网络从事生产经营活动,应当遵守本法的各项规定。

经营者不得利用技术手段,通过影响用户选择或者其他方式,实施下列妨碍、破坏其他经营者合法提供的网络产品或者服务正常运行的行为:

(一)未经其他经营者同意,在其合法提供的网络产品或者服务中,插入链接、强制进行目标跳转;

(二)误导、欺骗、强迫用户修改、关闭、卸载其他经营者合法提供的网络产品或者服务;

(三)恶意对其他经营者合法提供的网络产品或者服务实施不兼容;

(四)其他妨碍、破坏其他经营者合法提供的网络产品或者服务正常运行的行为。

第三章　对涉嫌不正当竞争行为的调查

第十三条　【监督检查措施】监督检查部门调查涉嫌不正当竞争行为,可以采取下列措施:

(一)进入涉嫌不正当竞争行为的经营场所进行检查;

(二)询问被调查的经营者、利害关系人及其他有关单位、个人,要求其说明有关情况或者提供与被调查行为有关的其他资料;

(三)查询、复制与涉嫌不正当竞争行为有关的协议、账簿、单据、文件、记录、业务函电和其他资料;

(四)查封、扣押与涉嫌不正当竞争行为有关的财物;

(五)查询涉嫌不正当竞争行为的经营者的银行账户。

采取前款规定的措施,应当向监督检查部门主要负责人书面报告,并经批准。采取前款第四项、第五项规定的措施,应当向设区的市级以上人民政府监督检查部门主要负责人书面报告,并经批准。

监督检查部门调查涉嫌不正当竞争行为,应当遵守《中华人民共和国行政强制法》和其他有关法律、行政法规的规定,并应当将查处结果及时向社会公开。

第十四条　【被调查者义务】监督检查部门调查涉嫌不正当竞争行为,被调查的经营者、利害关系人及其他有关单位、个人应当如实提供有关资料或者情况。

第十五条　【检查人员部门及保密义务】监督检查部门及其工作人员对调查过程中知悉的商业秘密负有保密义务。

第十六条　【举报制度】对涉嫌不正当竞争行为,任何单位和个人有权向监督检查部门举报,监督检查部门接到举报后应当依法及时处理。

监督检查部门应当向社会公开受理举报的电话、信箱或者电子邮件地址,并为举报人保密。对实名举报并提供相关事实和证据的,监督检查部门应当将处理结果告知举报人。

第四章　法律责任

第十七条　【民事赔偿及范围】经营者违反本法规定,给他人造成损害的,应当依法承担民事责任。

经营者的合法权益受到不正当竞争行为损害的,可以向人民法院提起诉讼。

因不正当竞争行为受到损害的经营者的赔偿数额,按照其因被侵权所受到的实际损失确定;实际损失难以计算的,按照侵权人因侵权所获得的利益确定。经营者恶意实施侵犯商业秘密行为,情节严重的,可以在按照上述方法确定数额的一倍以上五倍以下确定赔偿数额。赔偿数额还应当包括经营者为制止侵权行为所支付的合理开支。

经营者违反本法第六条、第九条规定,权利人因被侵权所受到的实际损失、侵权人因侵权所获得的利益难以确定的,由人民法院根据侵权行为的情节判决给予权利人五百万元以下的赔偿。

第十八条　【混淆行为的责任】经营者违反本法第六条规定实施混淆行为的,由监督检查部门责令停止违法行为,没收违法商品。违法经营额五万元以上的,可以并处违法经营额五倍以下的罚款;没有违法经营额或者违法经营额不足五万元的,可以并处二十五万元以下的罚款。情节严重的,吊销营业执照。

经营者登记的企业名称违反本法第六条规定的,应当及时办理名称变更登记；名称变更前，由原企业登记机关以统一社会信用代码代替其名称。

第十九条 【商业贿赂的责任】经营者违反本法第七条规定贿赂他人的，由监督检查部门没收违法所得，处十万元以上三百万元以下的罚款。情节严重的，吊销营业执照。

第二十条 【虚假或误解宣传的责任】经营者违反本法第八条规定对其商品作虚假或者引人误解的商业宣传，或者通过组织虚假交易等方式帮助其他经营者进行虚假或者引人误解的商业宣传的，由监督检查部门责令停止违法行为，处二十万元以上一百万元以下的罚款；情节严重的，处一百万元以上二百万元以下的罚款，可以吊销营业执照。

经营者违反本法第八条规定，属于发布虚假广告的，依照《中华人民共和国广告法》的规定处罚。

第二十一条 【侵犯商业秘密的责任】经营者以及其他自然人、法人和非法人组织违反本法第九条规定侵犯商业秘密的，由监督检查部门责令停止违法行为，没收违法所得，处十万元以上一百万元以下的罚款；情节严重的，处五十万元以上五百万元以下的罚款。

第二十二条 【违法有奖销售的责任】经营者违反本法第十条规定进行有奖销售的，由监督检查部门责令停止违法行为，处五万元以上五十万元以下的罚款。

第二十三条 【损害商誉的责任】经营者违反本法第十一条规定损害竞争对手商业信誉、商品声誉的，由监督检查部门责令停止违法行为、消除影响，处十万元以上五十万元以下的罚款；情节严重的，处五十万元以上三百万元以下的罚款。

第二十四条 【互联网不正当竞争行为的责任】经营者违反本法第十二条规定妨碍、破坏其他经营者合法提供的网络产品或者服务正常运行的，由监督检查部门责令停止违法行为，处十万元以上五十万元以下的罚款；情节严重的，处五十万元以上三百万元以下的罚款。

第二十五条 【从轻、减轻或免除处罚】经营者违反本法规定从事不正当竞争，有主动消除或者减轻违法行为危害后果等法定情形的，依法从轻或者减轻行政处罚；违法行为轻微并及时纠正，没有造成危害后果的，不予行政处罚。

第二十六条 【信用记录及公示】经营者违反本法规定从事不正当竞争，受到行政处罚的，由监督检查部门记入信用记录，并照有关法律、行政法规的规定予以公示。

第二十七条 【民事责任优先】经营者违反本法规定，应当承担民事责任、行政责任和刑事责任，其财产不足以支付的，优先用于承担民事责任。

第二十八条 【妨害监督检查的责任】妨害监督检查部门依照本法履行职责，拒绝、阻碍调查的，由监督检查部门责令改正，对个人可以处五千元以下的罚款，对单位可以处五万元以下的罚款，并可以由公安机关依法给予治安管理处罚。

第二十九条 【被处罚者的法律救济】当事人对监督检查部门作出的决定不服的，可以依法申请行政复议或者提起行政诉讼。

第三十条 【检查人员违法的责任】监督检查部门的工作人员滥用职权、玩忽职守、徇私舞弊或者泄露调查过程中知悉的商业秘密的，依法给予处分。

第三十一条 【刑事责任】违反本法规定，构成犯罪的，依法追究刑事责任。

第三十二条 【举证责任】在侵犯商业秘密的民事审判程序中，商业秘密权利人提供初步证据，证明其已经对所主张的商业秘密采取保密措施，且合理表明商业秘密被侵犯，涉嫌侵权人应当证明权利人所主张的商业秘密不属于本法规定的商业秘密。

商业秘密权利人提供初步证据合理表明商业秘密被侵犯，且提供以下证据之一的，涉嫌侵权人应当证明其不存在侵犯商业秘密的行为：

（一）有证据表明涉嫌侵权人有渠道或者机会获取商业秘密，且其使用的信息与该商业秘密实质上相同；

（二）有证据表明商业秘密已经被涉嫌侵权人披露、使用或者有被披露、使用的风险；

（三）有其他证据表明商业秘密被涉嫌侵权人侵犯。

第五章 附 则

第三十二条 【实施日期】本法自 2018 年 1 月 1 日起施行。

最高人民法院关于适用《中华人民共和国反不正当竞争法》若干问题的解释

- 2022 年 1 月 29 日最高人民法院审判委员会第 1862 次会议通过
- 2022 年 3 月 16 日最高人民法院公告公布
- 自 2022 年 3 月 20 日起施行
- 法释〔2022〕9 号

为正确审理因不正当竞争行为引发的民事案件，根据《中华人民共和国民法典》《中华人民共和国反不正当竞争法》《中华人民共和国民事诉讼法》等有关法律规定，结合审判实践，制定本解释。

第一条 经营者扰乱市场竞争秩序，损害其他经营者或者消费者合法权益，且属于违反反不正当竞争法第二章及专利法、商标法、著作权法等规定之外情形的，人民法院可以适用反不正当竞争法第二条予以认定。

第二条 与经营者在生产经营活动中存在可能的争夺交易机会、损害竞争优势等关系的市场主体，人民法院可以认定为反不正当竞争法第二条规定的"其他经营者"。

第三条 特定商业领域普遍遵循和认可的行为规范，人民法院可以认定为反不正当竞争法第二条规定的"商业道德"。

人民法院应当结合案件具体情况，综合考虑行业规则或者商业惯例、经营者的主观状态、交易相对人的选择意愿、对消费者权益、市场竞争秩序、社会公共利益的影响等因素，依法判断经营者是否违反商业道德。

人民法院认定经营者是否违反商业道德时，可以参考行业主管部门、行业协会或者自律组织制定的从业规范、技术规范、自律公约等。

第四条 具有一定的市场知名度并具有区别商品来源的显著特征的标识，人民法院可以认定为反不正当竞争法第六条规定的"有一定影响的"标识。

人民法院认定反不正当竞争法第六条规定的标识是否具有一定的市场知名度，应当综合考虑中国境内相关公众的知悉程度，商品销售的时间、区域、数额和对象，宣传的持续时间、程度和地域范围，标识受保护的情况等因素。

第五条 反不正当竞争法第六条规定的标识有下列情形之一的，人民法院应当认定其不具有区别商品来源的显著特征：

（一）商品的通用名称、图形、型号；

（二）仅直接表示商品的质量、主要原料、功能、用途、重量、数量及其他特点的标识；

（三）仅由商品自身的性质产生的形状，为获得技术效果而需有的商品形状以及使商品具有实质性价值的形状；

（四）其他缺乏显著特征的标识。

前款第一项、第二项、第四项规定的标识经过使用取得显著特征，并具有一定的市场知名度，当事人请求依据反不正当竞争法第六条规定予以保护的，人民法院应予支持。

第六条 因客观描述、说明商品而正当使用下列标识，当事人主张属于反不正当竞争法第六条规定的情形的，人民法院不予支持：

（一）含有本商品的通用名称、图形、型号；

（二）直接表示商品的质量、主要原料、功能、用途、重量、数量以及其他特点；

（三）含有地名。

第七条 反不正当竞争法第六条规定的标识或者其显著识别部分属于商标法第十条第一款规定的不得作为商标使用的标志，当事人请求依据反不正当竞争法第六条规定予以保护的，人民法院不予支持。

第八条 由经营者营业场所的装饰、营业用具的式样、营业人员的服饰等构成的具有独特风格的整体营业形象，人民法院可以认定为反不正当竞争法第六条第一项规定的"装潢"。

第九条 市场主体登记管理部门依法登记的企业名称，以及在中国境内进行商业使用的境外企业名称，人民法院可以认定为反不正当竞争法第六条第二项规定的"企业名称"。

有一定影响的个体工商户、农民专业合作社（联合社）以及法律、行政法规规定的其他市场主体的名称（包括简称、字号等），人民法院可以依照反不正当竞争法第六条第二项予以认定。

第十条 在中国境内将有一定影响的标识用于商品、商品包装或者容器以及商品交易文书上，或者广告宣传、展览以及其他商业活动中，用于识别商品来源的行为，人民法院可以认定为反不正当竞争法第六条规定的"使用"。

第十一条 经营者擅自使用与他人有一定影响的企业名称（包括简称、字号等）、社会组织名称（包括简称等）、姓名（包括笔名、艺名、译名等）、域名主体部分、网站名称、网页等近似的标识，引人误认为是他人商品或者与他人存在特定联系，当事人主张属于反不正当竞争法第六条第二项、第三项规定的情形的，人民法院应予支持。

第十二条 人民法院认定与反不正当竞争法第六条规定的"有一定影响的"标识相同或者近似，可以参照商标相同或者近似的判断原则和方法。

反不正当竞争法第六条规定的"引人误认为是他人商品或者与他人存在特定联系"，包括误认为与他人具有商业联合、许可使用、商业冠名、广告代言等特定联系。

在相同商品上使用相同或者视觉上基本无差别的商

品名称、包装、装潢等标识，应当视为足以造成与他人有一定影响的标识相混淆。

第十三条 经营者实施下列混淆行为之一，足以引人误认为是他人商品或者与他人存在特定联系的，人民法院可以依照反不正当竞争法第六条第四项予以认定：

（一）擅自使用反不正当竞争法第六条第一项、第二项、第三项规定以外"有一定影响的"标识；

（二）将他人注册商标、未注册的驰名商标作为企业名称中的字号使用，误导公众。

第十四条 经营者销售带有违反反不正当竞争法第六条规定的标识的商品，引人误认为是他人商品或者与他人存在特定联系，当事人主张构成反不正当竞争法第六条规定的情形的，人民法院应予支持。

销售不知道是前款规定的侵权商品，能证明该商品是自己合法取得并说明提供者，经营者主张不承担赔偿责任的，人民法院应予支持。

第十五条 故意为他人实施混淆行为提供仓储、运输、邮寄、印制、隐匿、经营场所等便利条件，当事人请求依据民法典第一千一百六十九条第一款予以认定的，人民法院应予支持。

第十六条 经营者在商业宣传过程中，提供不真实的商品相关信息，欺骗、误导相关公众的，人民法院应当认定为反不正当竞争法第八条第一款规定的虚假的商业宣传。

第十七条 经营者具有下列行为之一，欺骗、误导相关公众的，人民法院可以认定为反不正当竞争法第八条第一款规定的"引人误解的商业宣传"：

（一）对商品作片面的宣传或者对比；

（二）将科学上未定论的观点、现象等当作定论的事实用于商品宣传；

（三）使用歧义性语言进行商业宣传；

（四）其他足以引人误解的商业宣传行为。

人民法院应当根据日常生活经验、相关公众一般注意力、发生误解的事实和被宣传对象的实际情况等因素，对引人误解的商业宣传行为进行认定。

第十八条 当事人主张经营者违反反不正当竞争法第八条第一款的规定并请求赔偿损失的，应当举证证明其因虚假或者引人误解的商业宣传行为受到损失。

第十九条 当事人主张经营者实施了反不正当竞争法第十一条规定的商业诋毁行为的，应当举证证明其为该商业诋毁行为的特定损害对象。

第二十条 经营者传播他人编造的虚假信息或者误导性信息，损害竞争对手的商业信誉、商品声誉的，人民法院应当依照反不正当竞争法第十一条予以认定。

第二十一条 未经其他经营者和用户同意而直接发生的目标跳转，人民法院应当认定为反不正当竞争法第十二条第二款第一项规定的"强制进行目标跳转"。

仅插入链接，目标跳转由用户触发的，人民法院应当综合考虑插入链接的具体方式、是否具有合理理由以及对用户利益和其他经营者利益的影响等因素，认定该行为是否违反反不正当竞争法第十二条第二款第一项的规定。

第二十二条 经营者事前未明确提示并经用户同意，以误导、欺骗、强迫用户修改、关闭、卸载等方式，恶意干扰或者破坏其他经营者合法提供的网络产品或者服务，人民法院应当依照反不正当竞争法第十二条第二款第二项予以认定。

第二十三条 对于反不正当竞争法第二条、第八条、第十一条、第十二条规定的不正当竞争行为，权利人因被侵权所受到的实际损失、侵权人因侵权所获得的利益难以确定，当事人主张依据反不正当竞争法第十七条第四款确定赔偿数额的，人民法院应予支持。

第二十四条 对于同一侵权人针对同一主体在同一时间和地域范围实施的侵权行为，人民法院已经认定侵害著作权、专利权或者注册商标专用权等并判令承担民事责任，当事人又以该行为构成不正当竞争为由请求同一侵权人承担民事责任的，人民法院不予支持。

第二十五条 依据反不正当竞争法第六条的规定，当事人主张判令被告停止使用或者变更其企业名称的诉讼请求依法应予支持的，人民法院应当判令停止使用该企业名称。

第二十六条 因不正当竞争行为提起的民事诉讼，由侵权行为地或者被告住所地人民法院管辖。

当事人主张仅以网络购买者可以任意选择的收货地作为侵权行为地的，人民法院不予支持。

第二十七条 被诉不正当竞争行为发生在中华人民共和国领域外，但侵权结果发生在中华人民共和国领域内，当事人主张由该侵权结果发生地人民法院管辖的，人民法院应予支持。

第二十八条 反不正当竞争法修改决定施行以后人民法院受理的不正当竞争民事案件，涉及该决定施行前发生的行为的，适用修改前的反不正当竞争法；涉及该决定施行前发生、持续到该决定施行以后的行为的，适用修改后的反不正当竞争法。

第二十九条 本解释自 2022 年 3 月 20 日起施行。《最高人民法院关于审理不正当竞争民事案件应用法律若干问题的解释》(法释〔2007〕2 号)同时废止。

本解释施行以后尚未终审的案件,适用本解释;施行以前已经终审的案件,不适用本解释再审。

· 典型案例

人民法院反不正当竞争典型案例[①]

1. "陪伴式"直播不正当竞争纠纷案
——涉直播不正当竞争行为的认定

【案号】 北京市东城区人民法院(2016)京 0101 民初 22016 号〔央视国际网络有限公司诉新传在线(北京)信息技术有限公司、盛力世家(上海)体育文化发展有限公司不正当竞争纠纷案〕

【基本案情】 经国际奥委会和中央电视台授权,央视公司在中国境内享有通过信息网络提供中央电视台制作、播出的第 31 届里约奥运会电视节目实时转播、延时转播、点播服务的专有权利。里约奥运会期间,央视公司发现新传在线公司、盛力世家公司未经许可,将"正在视频直播奥运会"等作为百度推广的关键词,吸引用户访问其网站并下载"直播 TV 浏览器",可直接观看央视公司直播的奥运赛事。此外,两公司还在网站设置"奥运主播招募"栏目,鼓励用户充值打赏支持主播直播奥运会,吸引用户下载"直播 TV 浏览器",引导用户进入专门直播间后,以"嵌套"的方式呈现央视公司转播奥运会节目的内容,向用户提供主播陪伴式奥运赛事"直播",并借此牟利。央视公司以新传在线公司、盛力世家公司的上述行为构成不正当竞争为由提起诉讼,请求两公司赔偿经济损失 500 万元。北京市东城区人民法院一审认为,两公司作为专业的体育赛事直播平台经营者,以"搭便车"为目的,通过实施被诉侵权行为获取不当的商业利益与竞争优势,构成不正当竞争,遂判决全额支持央视公司的诉讼请求。新传在线公司、盛力世家公司不服一审判决提起上诉,北京知识产权法院二审判决驳回上诉,维持原判。

【典型意义】 本案是规范网络直播平台不正当竞争行为的典型案例。人民法院坚持保护合法权益与激励创新并重的原则,为经营者划定行为界限,为直播行业等网络新业态、新模式的发展提供行为指引,彰显了人民法院加大奥运知识产权司法保护力度、营造法治化营商环境的鲜明态度。

2. "不粘锅"商业诋毁纠纷案
——商业诋毁行为的认定

【案号】 浙江省高级人民法院(2021)浙民终 250 号〔浙江苏泊尔股份有限公司诉浙江巴赫厨具有限公司、浙江中康厨具有限公司商业诋毁纠纷案〕

【基本案情】 苏泊尔公司认为,巴赫公司在多个媒体平台通过主持微博话题讨论、召开新闻发布会等形式明示或暗示苏泊尔公司生产、销售的"X 晶盾不锈钢炒锅"侵害其"蜂窝不粘锅"专利权,损害苏泊尔公司的商业信誉,构成商业诋毁。中康公司与巴赫公司在人员、业务、财务等方面交叉混同,应对被诉行为承担连带责任。苏泊尔公司遂诉至法院,请求判令巴赫公司、中康公司停止侵害、消除影响、赔偿经济损失及合理费用。一审法院认为,巴赫公司将未定论的状态作为已定论的事实进行宣传散布,宣称苏泊尔公司模仿其专利,超出了正当维权的范畴,构成商业诋毁。遂判令巴赫公司停止侵害、消除影响并赔偿苏泊尔公司经济损失及合理支出共 300 万元。苏泊尔公司与巴赫公司均不服,提起上诉。浙江省高级人民法院二审判决维持关于判令巴赫公司消除影响、赔偿损失的判项,并加判巴赫公司立即停止传播、编造虚假信息或误导性信息的行为(立即删除相应平台发布的内容)。二审判决生效后,巴赫公司推诿执行、消极执行,人民法院对其处以 30 万元的罚款。

【典型意义】 本案是规制经营者实施商业诋毁行为的典型案例。涉案商业诋毁行为的传播渠道既包括传统媒体,也包括微博、直播等网络途径。本案从裁判内容到判决执行乃至采取司法处罚等各环节,充分体现了人民法院依法严厉制裁商业诋毁行为、维护公平竞争市场秩序的司法导向。

3. "喜剧之王"不正当竞争纠纷案
——作品名称权益的保护

【案号】 广州知识产权法院(2020)粤 73 民终 2289

[①] 案例来源:2022 年 11 月 17 日最高人民法院公布,网址:https://www.court.gov.cn/zixun/xiangqing/379711.html,最后访问日期:2024 年 3 月 6 日。

号〔星辉海外有限公司诉广州正凯文化传播有限公司、李力持不正当竞争纠纷案〕

【基本案情】 星辉公司是电影《喜剧之王》的出品公司及版权持有人,该片导演为周星驰、李力持。《喜剧之王》于 1999 年 2 月至 3 月期间在香港上映,票房位列 1999 年最卖座香港影片榜首。2018 年 3-4 月,李力持、正凯公司分别在新浪微博账号"李力持导演""正凯影视"发布多条宣传被诉侵权电视剧《喜剧之王 2018》及演员海选试镜会的微博。李力持还发表微博称"香港导演李力持自 1999 年拍摄电影《喜剧之王》后,意犹未尽,……周星驰御用导演李力持喊你来试镜啦!"星辉公司以正凯公司和李力持实施的上述行为构成仿冒混淆及虚假宣传等不正当竞争行为为由,提起本案诉讼。广东省广州市天河区人民法院一审认为,电影《喜剧之王》及其名称在我国内地具有较高知名度,构成有一定影响的商品名称。正凯公司、李力持未经许可使用"喜剧之王",构成擅自使用有一定影响的商品名称及虚假宣传的不正当竞争行为,应当承担停止侵害并赔偿经济损失的民事责任。正凯公司与李力持不服一审判决,提起上诉。广州知识产权法院二审判决,驳回上诉,维持原判。

【典型意义】 本案是制止仿冒混淆及虚假宣传行为的典型案例。人民法院在审查判断涉案电影作品名称知名度的过程中,不仅全面审查了其在香港影院上映期间的票房收入、宣传力度的相关证据,还充分考虑了涉案电影从院线下架后的线上播放量、光盘销售量,相关媒体对于电影持续报道、推介程度等因素,有力制止了电影市场竞争中的"搭便车"行为。本案是人民法院为深入推进粤港澳大湾区建设提供有力司法服务和保障的生动实践。

4. "App 唤醒策略"不正当竞争纠纷案
—— 网络不正当竞争行为的认定

【案号】 上海市浦东新区人民法院(2020)沪 0115 民初 87715 号〔支付宝(中国)网络技术有限公司诉江苏斑马软件技术有限公司不正当竞争纠纷案〕

【基本案情】 支付宝公司系"支付宝"App 支付功能的运营主体。经许可,支付宝公司在经营活动中使用"alipay"注册商标,并以 www.alipay.com 作为其官方网站的网址。斑马公司系"家政加"App 的运营主体。支付宝公司认为,斑马公司无正当理由,在其开发、运营的"家政加"App 中设置与"支付宝"App 一致的链接,导致用户选择通过"支付宝"App 进行付款结算时将被跳转至"家政加"App,该不正当竞争行为损害了支付宝公司的经济利益及商业信誉。支付宝公司遂诉至法院,请求判令斑马公司消除影响并赔偿经济损失及合理费用。上海市浦东新区人民法院认定斑马公司实施的上述行为构成不正当竞争,判令其承担消除影响及赔偿经济损失与合理支出共计 48 万余元的民事责任。斑马公司提起上诉后又撤回上诉,一审判决即生效。

【典型意义】 本案是规范互联网不正当竞争行为的典型案例。秉持对经营者利益、消费者利益及社会公共利益应当予以一体保护的精神,依法认定涉案被诉行为构成不正当竞争,有力制止了非法干扰他人软件运行的互联网不正当竞争行为,促进了科技金融服务市场电子收付领域的效率与安全。

5. "微信抽奖"有奖销售行政处罚案
—— 违法有奖销售行为的认定

【案号】 江苏省苏州市吴江区人民法院(2021)苏 0509 行初 44 号〔苏州优幼文化传播有限公司诉苏州市吴江区市场监督管理局行政处罚案〕

【基本案情】 优幼公司在微信公众号"趣游亲子游泳俱乐部"举办抽奖活动,参与者需要填写个人信息,如转发朋友圈邀请他人报名还可获得额外抽奖机会。王某夫妻抽中终极大奖,但领奖后发现奖品实物与公众号发布的图片不一致,且差距较大,故向江苏省苏州市吴江区市场监管局举报。该局调查后认定,优幼公司兑奖宣传页面未明确奖品的价格、品牌等具体信息,导致消费者对奖品实际价格认知产生分歧,优幼公司的行为违反不正当竞争法第十条第一项规定,遂责令其停止违法行为并处以罚款。优幼公司不服处罚决定,提起行政诉讼。江苏省苏州市吴江区人民法院判决认为,优幼公司举办的微信抽奖活动虽不以消费为前提,但目的在于扩大公司知名度,宣传商品或服务,发掘潜在客户,获取更大利润,实质上是一种有奖销售活动,应当受到反不正当竞争法规制。市场监管部门认定优幼公司举办的微信抽奖活动属于有奖销售并无不当,遂判决驳回优幼公司的诉讼请求。一审宣判后,各方当事人均未上诉。

【典型意义】 本案是规制不正当有奖销售行为的典型案例。判决立足反不正当竞争法的立法目的,认定以截取流量、获取竞争优势为目的的微信抽奖活动属于有奖销售,并依法支持行政机关对奖品信息不明确、实际奖品与发布的图片不一致,欺诈消费者的有奖销售行为认定为不正当竞争行为并进行行政处罚,对建立诚实信用、公平有序的互联网服务市场秩序,保护消费者利益具有积极意义。

6. "刷单炒信"不正当竞争纠纷案
——"刷单炒信"行为的认定

【案号】 四川省成都市中级人民法院(2021)川01民初913号〔上海汉涛信息咨询有限公司诉四川金口碑网络科技有限公司不正当竞争纠纷案〕

【基本案情】 在汉涛公司运营的"大众点评"平台中，消费者在某店铺消费后，可对店铺进行打分与文字点评，上述内容显示在店铺主页且所有用户可见。汉涛公司认为，金口碑公司在其运营的"捧场客"软件中，利用发放红包的方式诱使消费者对特定商家进行点赞、打分、点评、收藏等行为，导致商户评价与消费者实际评价不符，造成虚假的宣传效果，构成帮助其他经营者进行虚假或引人误解的商业宣传，遂诉至法院。四川省成都市中级人民法院审理认为，金口碑公司以营利为目的，通过诱导消费者对其合作商户在"大众点评"平台进行特定分数的好评、评论、收藏等行为，造成平台内展示的商户数据失真，影响平台的信用体系，扰乱平台内商户的竞争秩序，构成不正当竞争行为。遂判令金口碑公司停止不正当竞争行为并赔偿汉涛公司经济损失50万元及合理开支。一审宣判后，各方当事人均未上诉。

【典型意义】 本案是打击互联网环境下虚假宣传行为的典型案例。判决积极回应实践需求，通过制止利用"刷单炒信"行为帮助其他经营者进行虚假宣传等不正当竞争行为，保护经营者和消费者的合法权益，有力维护和促进网络生态健康发展，有助于形成崇尚、保护和促进公平竞争的市场环境。

7. "张百年"仿冒混淆纠纷案
——仿冒混淆行为的认定

【案号】 最高人民法院(2022)最高法民再4号〔郑州张百年医药有限公司诉徐振强、金牛区博鳌保健用品批发部、成都市济世博澳医药科技有限公司侵害商标权及不正当竞争纠纷案〕

【基本案情】 张百年公司系"张百年"及"虎镖"注册商标的专用权人以及"张百年牌虎镖痛可贴"系列产品商品名称及包装权益的享有者。根据在先刑事判决的认定，徐某在其经营的博鳌批发部和济世公司销售被诉侵权商品。被诉侵权商品与张百年公司生产销售的"张百年牌虎镖痛可贴"商品类别和名称相同、外包装近似，且使用了张百年公司的企业名称。张百年公司以徐某等实施了侵害商标权及不正当竞争行为为由，提起诉讼。一审、二审法院认定被诉侵权行为构成侵害注册商标专用权，但驳回了张百年公司与不正当竞争有关的诉讼请求。张百年公司向最高人民法院申请再审。最高人民法院提审认为，被诉侵权商品与张百年公司有一定影响的商品名称及包装高度近似，且标注了张百年公司的企业名称，容易导致相关公众误认为该商品来源于张百年公司或者与张百年公司存在特定联系，徐某在其经营的博鳌批发部、济世公司销售被诉侵权商品的行为违反反不正当竞争法第六条的规定，遂改判徐某等停止不正当竞争行为并共同赔偿张百年公司经济损失及合理开支30万元。

【典型意义】 本案是严惩仿冒混淆行为、净化市场环境的典型案例。再审判决依法认定被诉侵权行为构成仿冒混淆的不正当竞争行为，明确销售被诉侵权产品应当承担的法律责任，并根据侵权具体情节对赔偿数额作了相应调整，对统一类案裁判标准具有积极意义。

8. 工程图片虚假宣传不正当竞争纠纷案
——虚假宣传行为的认定

【案号】 最高人民法院(2022)最高法民再1号〔南京德尔森电气有限公司诉美弗勒智能设备有限公司侵害商标权及不正当竞争纠纷案〕

【基本案情】 德尔森公司与美弗勒公司为同行业经营者。德尔森公司成立时间较早，且在智能化变电站恒温恒湿汇控柜等领域拥有多项专利权。德尔森公司认为，美弗勒公司将德尔森公司的8个工程案例作为其成功案例印制在自己的产品宣传册上进行虚假宣传，欺骗、误导消费者，构成不正当竞争行为，遂诉至法院。一审、二审法院均判决驳回德尔森公司的诉讼请求。德尔森公司向最高人民法院申请再审，最高人民法院提审后认定，美弗勒公司的行为构成虚假宣传的不正当竞争行为，改判其承担停止不正当竞争行为、赔偿损失的民事责任。

【典型意义】 本案是制止虚假宣传不正当竞争行为的典型案例。本案充分体现了人民法院坚决制止虚假宣传、诋毁商誉等不正当竞争行为，维护自愿、平等、公平、诚信市场竞争秩序，净化市场环境，引导经营者进行良性竞争的司法导向。

9. "胍基乙酸"侵害技术秘密纠纷案
——被许可人保密义务的认定

【案号】 最高人民法院(2020)最高法知民终621号〔北京君德同创生物技术股份有限公司诉石家庄泽兴氨基酸有限公司、河北大晓生物科技有限公司侵害技术秘密纠纷案〕

【基本案情】 君德同创公司的主营业务为饲料添加剂研发、生产、销售，其拥有盐酸胍-氯乙酸法的发明专利权,并将甘氨酸-单氰胺法作为技术秘密予以保护。2010年6月,君德同创公司与泽兴公司分别签订开发胍基乙酸项目的战略合作协议和委托加工协议,约定泽兴公司为君德同创公司加工饲料级胍基乙酸产品,并提供生产设备、场地等支持。协议同时明确,泽兴公司应严格控制胍基乙酸生产技术外泄,也不得向第三方出售,否则应赔偿君德同创公司的经济损失,合同及保密期限为三年。2012年6月,君德同创公司将生产工艺提供给泽兴公司。后双方于2014年6月终止合作关系。2016年下半年开始,君德同创公司发现,大晓公司在宣传、销售其饲料级胍基乙酸产品时,宣称生产工艺来自于君德同创公司、泽兴公司或与两公司有关。同时,大晓公司出具的产品分析报告显示,该公司销售的胍肌乙酸(饲料级)产品质量与战略合作协议相符。大晓公司为泽兴公司的关联企业。君德同创公司遂提起本案诉讼,主张泽兴公司、大晓公司共同侵害了君德同创公司胍基乙酸产品的技术秘密,请求判令两公司停止侵权行为并连带赔偿经济损失及合理费用。一审法院认为,泽兴公司、大晓公司的行为均构成对君德同创公司涉案技术秘密的使用和披露,判决泽兴公司、大晓公司停止侵害并共同赔偿君德同创公司经济损失。泽兴公司、大晓公司不服,提起上诉。最高人民法院二审认为,结合本案具体证据和事实,可以认定在战略合作协议、委托加工协议约定的保密期限届满后,虽然泽兴公司的约定保密义务终止,但其仍需承担侵权责任法意义上不得侵害他人合法权益的消极不作为义务,以及基于诚实信用原则产生的合同约定的保密期限届满后的附随保密义务;技术许可合同约定的保密期限届满后,泽兴公司仅可以自己使用相关技术秘密,不得许可他人使用、披露相关技术秘密。最高人民法院终审判决,撤销一审判决相关判项,改判泽兴公司停止允许他人使用涉案技术秘密,大晓公司停止使用涉案技术秘密,并共同赔偿君德同创公司经济损失。

【典型意义】 本案是制止侵害技术秘密行为的典型案例。二审判决明确,技术秘密许可合同约定的保密期间届满后,被许可人的约定保密义务终止,但其仍需承担不得侵害他人合法权益的不作为义务和基于诚实信用原则的附随保密义务。本案对于倡导诚实信用原则、加大商业秘密保护力度具有典型意义。

10."芯片量产测试系统"侵害技术秘密行为保全措施案
——侵害技术秘密案件中行为保全措施的适用

【案号】 最高人民法院(2020)最高法知民终1646号〔炬芯科技股份有限公司诉彭某、珠海泰芯半导体有限公司侵害技术秘密纠纷案〕

【基本案情】 彭某曾为炬芯公司员工,并担任高级系统设计工程师,双方签订了《员工保密协议》。在炬芯公司工作期间,彭某参与了"芯片量产测试系统"等涉案技术信息的研发工作,后离职进入泰芯公司工作。炬芯公司以彭某、泰芯公司侵害其技术秘密为由,提起诉讼。一审法院认为,炬芯公司提供的证据不足以证明彭某、泰芯公司披露、使用了涉案技术信息,遂判决驳回炬芯公司的全部诉讼请求。炬芯公司不服一审判决,向最高人民法院提起上诉,并提出责令彭某、泰芯公司不得披露、使用、允许他人使用涉案技术信息的行为保全申请。最高人民法院二审认为,基于本案现有证据,可以认定涉案技术信息确有被非法持有、披露、使用的可能,故一审法院应对彭某、炬芯公司是否存在侵害商业秘密的行为重新予以审查。最高人民法院在将本案发回重审的同时,裁定彭某、泰芯公司在生效判决作出前不得披露、使用、允许他人使用涉案技术信息。彭某、泰芯公司不服该行为保全裁定,申请复议。最高人民法院经审查驳回其复议请求。

【典型意义】 本案系人民法院首次在案件发回重审的同时裁定采取行为保全措施的典型案例,体现了人民法院加强知识产权司法保护的积极探索。案件发回重审时采取临时行为保全措施,有效降低了涉案技术信息再次被非法披露、使用的风险,为商业秘密权利人提供了强有力的保护。人民法院结合案件情况,及时采取行为保全措施,对于提高商业秘密保护的及时性和有效性具有示范意义。

9. 环境保护

中华人民共和国环境保护法

- 1989年12月26日第七届全国人民代表大会常务委员会第十一次会议通过
- 2014年4月24日第十二届全国人民代表大会常务委员会第八次会议修订
- 2014年4月24日中华人民共和国主席令第9号公布
- 自2015年1月1日起施行

第一章 总 则

第一条 为保护和改善环境,防治污染和其他公害,保障公众健康,推进生态文明建设,促进经济社会可持续发展,制定本法。

第二条 本法所称环境,是指影响人类生存和发展的各种天然的和经过人工改造的自然因素的总体,包括大气、水、海洋、土地、矿藏、森林、草原、湿地、野生生物、自然遗迹、人文遗迹、自然保护区、风景名胜区、城市和乡村等。

第三条 本法适用于中华人民共和国领域和中华人民共和国管辖的其他海域。

第四条 保护环境是国家的基本国策。

国家采取有利于节约和循环利用资源、保护和改善环境、促进人与自然和谐的经济、技术政策和措施，使经济社会发展与环境保护相协调。

第五条 环境保护坚持保护优先、预防为主、综合治理、公众参与、损害担责的原则。

第六条 一切单位和个人都有保护环境的义务。

地方各级人民政府应当对本行政区域的环境质量负责。

企业事业单位和其他生产经营者应当防止、减少环境污染和生态破坏，对所造成的损害依法承担责任。

公民应当增强环境保护意识，采取低碳、节俭的生活方式，自觉履行环境保护义务。

第七条 国家支持环境保护科学技术研究、开发和应用，鼓励环境保护产业发展，促进环境保护信息化建设，提高环境保护科学技术水平。

第八条 各级人民政府应当加大保护和改善环境、防治污染和其他公害的财政投入，提高财政资金的使用效益。

第九条 各级人民政府应当加强环境保护宣传和普及工作，鼓励基层群众性自治组织、社会组织、环境保护志愿者开展环境保护法律法规和环境保护知识的宣传，营造保护环境的良好风气。

教育行政部门、学校应将环境保护知识纳入学校教育内容，培养学生的环境保护意识。

新闻媒体应当开展环境保护法律法规和环境保护知识的宣传，对环境违法行为进行舆论监督。

第十条 国务院环境保护主管部门，对全国环境保护工作实施统一监督管理；县级以上地方人民政府环境保护主管部门，对本行政区域环境保护工作实施统一监督管理。

县级以上人民政府有关部门和军队环境保护部门，依照有关法律的规定对资源保护和污染防治等环境保护工作实施监督管理。

第十一条 对保护和改善环境有显著成绩的单位和个人，由人民政府给予奖励。

第十二条 每年6月5日为环境日。

第二章 监督管理

第十三条 县级以上人民政府应当将环境保护工作纳入国民经济和社会发展规划。

国务院环境保护主管部门会同有关部门，根据国民经济和社会发展规划编制国家环境保护规划，报国务院批准并公布实施。

县级以上地方人民政府环境保护主管部门会同有关部门，根据国家环境保护规划的要求，编制本行政区域的环境保护规划，报同级人民政府批准并公布实施。

环境保护规划的内容应当包括生态保护和污染防治的目标、任务、保障措施等，并与主体功能区规划、土地利用总体规划和城乡规划等相衔接。

第十四条 国务院有关部门和省、自治区、直辖市人民政府组织制定经济、技术政策，应当充分考虑对环境的影响，听取有关方面和专家的意见。

第十五条 国务院环境保护主管部门制定国家环境质量标准。

省、自治区、直辖市人民政府对国家环境质量标准中未作规定的项目，可以制定地方环境质量标准；对国家环境质量标准中已作规定的项目，可以制定严于国家环境质量标准的地方环境质量标准。地方环境质量标准应当报国务院环境保护主管部门备案。

国家鼓励开展环境基准研究。

第十六条 国务院环境保护主管部门根据国家环境质量标准和国家经济、技术条件，制定国家污染物排放标准。

省、自治区、直辖市人民政府对国家污染物排放标准中未作规定的项目，可以制定地方污染物排放标准；对国家污染物排放标准中已作规定的项目，可以制定严于国家污染物排放标准的地方污染物排放标准。地方污染物排放标准应当报国务院环境保护主管部门备案。

第十七条 国家建立、健全环境监测制度。国务院环境保护主管部门制定监测规范，会同有关部门组织监测网络，统一规划国家环境质量监测站（点）的设置，建立监测数据共享机制，加强对环境监测的管理。

有关行业、专业等各类环境质量监测站（点）的设置应当符合法律法规规定和监测规范的要求。

监测机构应当使用符合国家标准的监测设备，遵守监测规范。监测机构及其负责人对监测数据的真实性和准确性负责。

第十八条 省级以上人民政府应当组织有关部门或者委托专业机构，对环境状况进行调查、评价，建立环境资源承载能力监测预警机制。

第十九条 编制有关开发利用规划，建设对环境有影响的项目，应当依法进行环境影响评价。

未依法进行环境影响评价的开发利用规划,不得组织实施;未依法进行环境影响评价的建设项目,不得开工建设。

第二十条 国家建立跨行政区域的重点区域、流域环境污染和生态破坏联合防治协调机制,实行统一规划、统一标准、统一监测、统一的防治措施。

前款规定以外的跨行政区域的环境污染和生态破坏的防治,由上级人民政府协调解决,或者由有关地方人民政府协商解决。

第二十一条 国家采取财政、税收、价格、政府采购等方面的政策和措施,鼓励和支持环境保护技术装备、资源综合利用和环境服务等环境保护产业的发展。

第二十二条 企业事业单位和其他生产经营者,在污染物排放符合法定要求的基础上,进一步减少污染物排放的,人民政府应当依法采取财政、税收、价格、政府采购等方面的政策和措施予以鼓励和支持。

第二十三条 企业事业单位和其他生产经营者,为改善环境,依照有关规定转产、搬迁、关闭的,人民政府应当予以支持。

第二十四条 县级以上人民政府环境保护主管部门及其委托的环境监察机构和其他负有环境保护监督管理职责的部门,有权对排放污染物的企业事业单位和其他生产经营者进行现场检查。被检查者应当如实反映情况,提供必要的资料。实施现场检查的部门、机构及其工作人员应当为被检查者保守商业秘密。

第二十五条 企业事业单位和其他生产经营者违反法律法规规定排放污染物,造成或者可能造成严重污染的,县级以上人民政府环境保护主管部门和其他负有环境保护监督管理职责的部门,可以查封、扣押造成污染物排放的设施、设备。

第二十六条 国家实行环境保护目标责任制和考核评价制度。县级以上人民政府应当将环境保护目标完成情况纳入对本级人民政府负有环境保护监督管理职责的部门及其负责人和下级人民政府及其负责人的考核内容,作为对其考核评价的重要依据。考核结果应当向社会公开。

第二十七条 县级以上人民政府应当每年向本级人民代表大会或者人民代表大会常务委员会报告环境状况和环境保护目标完成情况,对发生的重大环境事件应当及时向本级人民代表大会常务委员会报告,依法接受监督。

第三章 保护和改善环境

第二十八条 地方各级人民政府应当根据环境保护目标和治理任务,采取有效措施,改善环境质量。

未达到国家环境质量标准的重点区域、流域的有关地方人民政府,应当制定限期达标规划,并采取措施按期达标。

第二十九条 国家在重点生态功能区、生态环境敏感区和脆弱区等区域划定生态保护红线,实行严格保护。

各级人民政府对具有代表性的各种类型的自然生态系统区域,珍稀、濒危的野生动植物自然分布区域,重要的水源涵养区域,具有重大科学文化价值的地质构造、著名溶洞和化石分布区、冰川、火山、温泉等自然遗迹,以及人文遗迹、古树名木,应当采取措施予以保护,严禁破坏。

第三十条 开发利用自然资源,应当合理开发,保护生物多样性,保障生态安全,依法制定有关生态保护和恢复治理方案并予以实施。

引进外来物种以及研究、开发和利用生物技术,应当采取措施,防止对生物多样性的破坏。

第三十一条 国家建立、健全生态保护补偿制度。

国家加大对生态保护地区的财政转移支付力度。有关地方人民政府应当落实生态保护补偿资金,确保其用于生态保护补偿。

国家指导受益地区和生态保护地区人民政府通过协商或者按照市场规则进行生态保护补偿。

第三十二条 国家加强对大气、水、土壤等的保护,建立和完善相应的调查、监测、评估和修复制度。

第三十三条 各级人民政府应当加强对农业环境的保护,促进农业环境保护新技术的使用,加强对农业污染源的监测预警,统筹有关部门采取措施,防治土壤污染和土地沙化、盐渍化、贫瘠化、石漠化、地面沉降以及防治植被破坏、水土流失、水体富营养化、水源枯竭、种源灭绝等生态失调现象,推广植物病虫害的综合防治。

县级、乡级人民政府应当提高农村环境保护公共服务水平,推动农村环境综合整治。

第三十四条 国务院和沿海地方各级人民政府应当加强对海洋环境的保护。向海洋排放污染物、倾倒废弃物,进行海岸工程和海洋工程建设,应当符合法律法规规定和有关标准,防止和减少对海洋环境的污染损害。

第三十五条 城乡建设应当结合当地自然环境的特点,保护植被、水域和自然景观,加强城市园林、绿地和风景名胜区的建设与管理。

第三十六条 国家鼓励和引导公民、法人和其他组织使用有利于保护环境的产品和再生产品,减少废弃物的产生。

国家机关和使用财政资金的其他组织应当优先采购和使用节能、节水、节材等有利于保护环境的产品、设备和设施。

第三十七条 地方各级人民政府应当采取措施,组织对生活废弃物的分类处置、回收利用。

第三十八条 公民应当遵守环境保护法律法规,配合实施环境保护措施,按照规定对生活废弃物进行分类放置,减少日常生活对环境造成的损害。

第三十九条 国家建立、健全环境与健康监测、调查和风险评估制度;鼓励和组织开展环境质量对公众健康影响的研究,采取措施预防和控制与环境污染有关的疾病。

第四章 防治污染和其他公害

第四十条 国家促进清洁生产和资源循环利用。

国务院有关部门和地方各级人民政府应当采取措施,推广清洁能源的生产和使用。

企业应当优先使用清洁能源,采用资源利用率高、污染物排放量少的工艺、设备以及废弃物综合利用技术和污染物无害化处理技术,减少污染物的产生。

第四十一条 建设项目中防治污染的设施,应当与主体工程同时设计、同时施工、同时投产使用。防治污染的设施应当符合经批准的环境影响评价文件的要求,不得擅自拆除或者闲置。

第四十二条 排放污染物的企业事业单位和其他生产经营者,应当采取措施,防治在生产建设或者其他活动中产生的废气、废水、废渣、医疗废物、粉尘、恶臭气体、放射性物质以及噪声、振动、光辐射、电磁辐射等对环境的污染和危害。

排放污染物的企业事业单位,应当建立环境保护责任制度,明确单位负责人和相关人员的责任。

重点排污单位应当按照国家有关规定和监测规范安装使用监测设备,保证监测设备正常运行,保存原始监测记录。

严禁通过暗管、渗井、渗坑、灌注或者篡改、伪造监测数据,或者不正常运行防治污染设施等逃避监管的方式违法排放污染物。

第四十三条 排放污染物的企业事业单位和其他生产经营者,应当按照国家有关规定缴纳排污费。排污费应当全部专项用于环境污染防治,任何单位和个人不得截留、挤占或者挪作他用。

依照法律规定征收环境保护税的,不再征收排污费。

第四十四条 国家实行重点污染物排放总量控制制度。重点污染物排放总量控制指标由国务院下达,省、自治区、直辖市人民政府分解落实。企业事业单位在执行国家和地方污染物排放标准的同时,应当遵守分解落实到本单位的重点污染物排放总量控制指标。

对超过国家重点污染物排放总量控制指标或者未完成国家确定的环境质量目标的地区,省级以上人民政府环境保护主管部门应当暂停审批其新增重点污染物排放总量的建设项目环境影响评价文件。

第四十五条 国家依照法律规定实行排污许可管理制度。

实行排污许可管理的企业事业单位和其他生产经营者应当按照排污许可证的要求排放污染物;未取得排污许可证的,不得排放污染物。

第四十六条 国家对严重污染环境的工艺、设备和产品实行淘汰制度。任何单位和个人不得生产、销售或者转移、使用严重污染环境的工艺、设备和产品。

禁止引进不符合我国环境保护规定的技术、设备、材料和产品。

第四十七条 各级人民政府及其有关部门和企业事业单位,应当依照《中华人民共和国突发事件应对法》的规定,做好突发环境事件的风险控制、应急准备、应急处置和事后恢复等工作。

县级以上人民政府应当建立环境污染公共监测预警机制,组织制定预警方案;环境受到污染,可能影响公众健康和环境安全时,依法及时公布预警信息,启动应急措施。

企业事业单位应当按照国家有关规定制定突发环境事件应急预案,报环境保护主管部门和有关部门备案。在发生或者可能发生突发环境事件时,企业事业单位应当立即采取措施处理,及时通报可能受到危害的单位和居民,并向环境保护主管部门和有关部门报告。

突发环境事件应急处置工作结束后,有关人民政府应当立即组织评估事件造成的环境影响和损失,并及时将评估结果向社会公布。

第四十八条 生产、储存、运输、销售、使用、处置化学物品和含有放射性物质的物品,应当遵守国家有关规定,防止污染环境。

第四十九条 各级人民政府及其农业等有关部门和机构应当指导农业生产经营者科学种植和养殖,科学合理施用农药、化肥等农业投入品,科学处置农用薄膜、农作物秸秆等农业废弃物,防止农业面源污染。

禁止将不符合农用标准和环境保护标准的固体废物、废水施入农田。施用农药、化肥等农业投入品及进行灌溉,应当采取措施,防止重金属和其他有毒有害物质污染环境。

畜禽养殖场、养殖小区、定点屠宰企业等的选址、建设和管理应当符合有关法律法规规定。从事畜禽养殖和屠宰的单位和个人应当采取措施,对畜禽粪便、尸体和污水等废弃物进行科学处置,防止污染环境。

县级人民政府负责组织农村生活废弃物的处置工作。

第五十条 各级人民政府应当在财政预算中安排资金,支持农村饮用水水源地保护、生活污水和其他废弃物处理、畜禽养殖和屠宰污染防治、土壤污染防治和农村工矿污染治理等环境保护工作。

第五十一条 各级人民政府应当统筹城乡建设污水处理设施及配套管网,固体废物的收集、运输和处置等环境卫生设施,危险废物集中处置设施、场所以及其他环境保护公共设施,并保障其正常运行。

第五十二条 国家鼓励投保环境污染责任保险。

第五章 信息公开和公众参与

第五十三条 公民、法人和其他组织依法享有获取环境信息、参与和监督环境保护的权利。

各级人民政府环境保护主管部门和其他负有环境保护监督管理职责的部门,应当依法公开环境信息、完善公众参与程序,为公民、法人和其他组织参与和监督环境保护提供便利。

第五十四条 国务院环境保护主管部门统一发布国家环境质量、重点污染源监测信息及其他重大环境信息。省级以上人民政府环境保护主管部门定期发布环境状况公报。

县级以上人民政府环境保护主管部门和其他负有环境保护监督管理职责的部门,应当依法公开环境质量、环境监测、突发环境事件以及环境行政许可、行政处罚、排污费的征收和使用情况等信息。

县级以上地方人民政府环境保护主管部门和其他负有环境保护监督管理职责的部门,应当将企业事业单位和其他生产经营者的环境违法信息记入社会诚信档案,及时向社会公布违法者名单。

第五十五条 重点排污单位应当如实向社会公开其主要污染物的名称、排放方式、排放浓度和总量、超标排放情况,以及防治污染设施的建设和运行情况,接受社会监督。

第五十六条 对依法应当编制环境影响报告书的建设项目,建设单位应当在编制时向可能受影响的公众说明情况,充分征求意见。

负责审批建设项目环境影响评价文件的部门在收到建设项目环境影响报告书后,除涉及国家秘密和商业秘密的事项外,应当全文公开;发现建设项目未充分征求公众意见的,应当责成建设单位征求公众意见。

第五十七条 公民、法人和其他组织发现任何单位和个人有污染环境和破坏生态行为的,有权向环境保护主管部门或者其他负有环境保护监督管理职责的部门举报。

公民、法人和其他组织发现地方各级人民政府、县级以上人民政府环境保护主管部门和其他负有环境保护监督管理职责的部门不依法履行职责的,有权向其上级机关或者监察机关举报。

接受举报的机关应当对举报人的相关信息予以保密,保护举报人的合法权益。

第五十八条 对污染环境、破坏生态,损害社会公共利益的行为,符合下列条件的社会组织可以向人民法院提起诉讼:

(一)依法在设区的市级以上人民政府民政部门登记;

(二)专门从事环境保护公益活动连续五年以上且无违法记录。

符合前款规定的社会组织向人民法院提起诉讼,人民法院应当依法受理。

提起诉讼的社会组织不得通过诉讼牟取经济利益。

第六章 法律责任

第五十九条 企业事业单位和其他生产经营者违法排放污染物,受到罚款处罚,被责令改正,拒不改正的,依法作出处罚决定的行政机关可以自责令改正之日的次日起,按照原处罚数额按日连续处罚。

前款规定的罚款处罚,依照有关法律法规按照防治污染设施的运行成本、违法行为造成的直接损失或者违法所得等因素确定的规定执行。

地方性法规可以根据环境保护的实际需要,增加第一款规定的按日连续处罚的违法行为的种类。

第六十条 企业事业单位和其他生产经营者超过污染物排放标准或者超过重点污染物排放总量控制指标排放污染物的,县级以上人民政府环境保护主管部门可以责令其采取限制生产、停产整治等措施;情节严重的,报经有批准权的人民政府批准,责令停业、关闭。

第六十一条 建设单位未依法提交建设项目环境影

响评价文件或者环境影响评价文件未经批准,擅自开工建设的,由负有环境保护监督管理职责的部门责令停止建设,处以罚款,并可以责令恢复原状。

第六十二条 违反本法规定,重点排污单位不公开或者不如实公开环境信息的,由县级以上地方人民政府环境保护主管部门责令公开,处以罚款,并予以公告。

第六十三条 企业事业单位和其他生产经营者有下列行为之一,尚不构成犯罪的,除依照有关法律法规规定予以处罚外,由县级以上人民政府环境保护主管部门或者其他有关部门将案件移送公安机关,对其直接负责的主管人员和其他直接责任人员,处十日以上十五日以下拘留;情节较轻的,处五日以上十日以下拘留:

(一)建设项目未依法进行环境影响评价,被责令停止建设,拒不执行的;

(二)违反法律规定,未取得排污许可证排放污染物,被责令停止排污,拒不执行的;

(三)通过暗管、渗井、渗坑、灌注或者篡改、伪造监测数据,或者不正常运行防治污染设施等逃避监管的方式违法排放污染物的;

(四)生产、使用国家明令禁止生产、使用的农药,被责令改正,拒不改正的。

第六十四条 因污染环境和破坏生态造成损害的,应当依照《中华人民共和国侵权责任法》的有关规定承担侵权责任。

第六十五条 环境影响评价机构、环境监测机构以及从事环境监测设备和防治污染设施维护、运营的机构,在有关环境服务活动中弄虚作假,对造成的环境污染和生态破坏负有责任的,除依照有关法律法规规定予以处罚外,还应当与造成环境污染和生态破坏的其他责任者承担连带责任。

第六十六条 提起环境损害赔偿诉讼的时效期间为三年,从当事人知道或者应当知道其受到损害时起计算。

第六十七条 上级人民政府及其环境保护主管部门应当加强对下级人民政府及其有关部门环境保护工作的监督。发现有关工作人员有违法行为,依法应当给予处分的,应当向其任免机关或者监察机关提出处分建议。

依法应当给予行政处罚,而有关环境保护部门不给予行政处罚的,上级人民政府环境保护主管部门可以直接作出行政处罚的决定。

第六十八条 地方各级人民政府、县级以上人民政府环境保护主管部门和其他负有环境保护监督管理职责的部门有下列行为之一的,对直接负责的主管人员和其他直接责任人员给予记过、记大过或者降级处分;造成严重后果的,给予撤职或者开除处分,其主要负责人应当引咎辞职:

(一)不符合行政许可条件准予行政许可的;

(二)对环境违法行为进行包庇的;

(三)依法应当作出责令停业、关闭的决定而未作出的;

(四)对超标排放污染物、采用逃避监管的方式排放污染物、造成环境事故以及不落实生态保护措施造成生态破坏等行为,发现或者接到举报未及时查处的;

(五)违反本法规定,查封、扣押企业事业单位和其他生产经营者的设施、设备的;

(六)篡改、伪造或者指使篡改、伪造监测数据的;

(七)应当依法公开环境信息而未公开的;

(八)将征收的排污费截留、挤占或者挪作他用的;

(九)法律法规规定的其他违法行为。

第六十九条 违反本法规定,构成犯罪的,依法追究刑事责任。

第七章 附 则

第七十条 本法自2015年1月1日起施行。

中华人民共和国海洋环境保护法

- 1982年8月23日第五届全国人民代表大会常务委员会第二十四次会议通过
- 1999年12月25日第九届全国人民代表大会常务委员会第十三次会议第一次修订
- 根据2013年12月28日第十二届全国人民代表大会常务委员会第六次会议《关于修改〈中华人民共和国海洋环境保护法〉等七部法律的决定》第一次修正
- 根据2016年11月7日第十二届全国人民代表大会常务委员会第二十四次会议《关于修改〈中华人民共和国海洋环境保护法〉的决定》第二次修正
- 根据2017年11月4日第十二届全国人民代表大会常务委员会第三十次会议《关于修改〈中华人民共和国会计法〉等十一部法律的决定》第三次修正
- 2023年10月24日第十四届全国人民代表大会常务委员会第六次会议第二次修订
- 2023年10月24日中华人民共和国主席令第12号公布
- 自2024年1月1日起施行

第一章 总 则

第一条 为了保护和改善海洋环境,保护海洋资源,防治污染损害,保障生态安全和公众健康,维护国家海洋权益,建设海洋强国,推进生态文明建设,促进经济社会可持续发展,实现人与自然和谐共生,根据宪法,制定本法。

第二条 本法适用于中华人民共和国管辖海域。

在中华人民共和国管辖海域内从事航行、勘探、开发、生产、旅游、科学研究及其他活动,或者在沿海陆域内从事影响海洋环境活动的任何单位和个人,应当遵守本法。

在中华人民共和国管辖海域以外,造成中华人民共和国管辖海域环境污染、生态破坏的,适用本法相关规定。

第三条 海洋环境保护应当坚持保护优先、预防为主、源头防控、陆海统筹、综合治理、公众参与、损害担责的原则。

第四条 国务院生态环境主管部门负责全国海洋环境的监督管理,负责全国防治陆源污染物、海岸工程和海洋工程建设项目(以下称工程建设项目)、海洋倾倒废弃物对海洋环境污染损害的环境保护工作,指导、协调和监督全国海洋生态保护修复工作。

国务院自然资源主管部门负责海洋保护和开发利用的监督管理,负责全国海洋生态、海域海岸线和海岛的修复工作。

国务院交通运输主管部门负责所辖港区水域内非军事船舶和港区水域外非渔业、非军事船舶污染海洋环境的监督管理,组织、协调、指挥重大海上溢油应急处置。海事管理机构具体负责上述水域内相关船舶污染海洋环境的监督管理,并负责污染事故的调查处理;对在中华人民共和国管辖海域航行、停泊和作业的外国籍船舶造成的污染事故登轮检查处理。船舶污染事故给渔业造成损害的,应当吸收渔业主管部门参与调查处理。

国务院渔业主管部门负责渔港水域内非军事船舶和渔港水域外渔业船舶污染海洋环境的监督管理,负责保护渔业水域生态环境工作,并调查处理前款规定的污染事故以外的渔业污染事故。

国务院发展改革、水行政、住房和城乡建设、林业和草原等部门在各自职责范围内负责有关行业、领域涉及的海洋环境保护工作。

海警机构在职责范围内对海洋工程建设项目、海洋倾倒废弃物对海洋环境污染损害、自然保护地海岸线向海一侧保护利用等活动进行监督检查,查处违法行为,按照规定权限参与海洋环境污染事故的应急处置和调查处理。

军队生态环境保护部门负责军事船舶污染海洋环境的监督管理及污染事故的调查处理。

第五条 沿海县级以上地方人民政府对其管理海域的海洋环境质量负责。

国家实行海洋环境保护目标责任制和考核评价制度,将海洋环境保护目标完成情况纳入考核评价的内容。

第六条 沿海县级以上地方人民政府可以建立海洋环境保护区域协作机制,组织协调其管理海域的环境保护工作。

跨区域的海洋环境保护工作,由有关沿海地方人民政府协商解决,或者由上级人民政府协调解决。

跨部门的重大海洋环境保护工作,由国务院生态环境主管部门协调;协调未能解决的,由国务院作出决定。

第七条 国务院和沿海县级以上地方人民政府应当将海洋环境保护工作纳入国民经济和社会发展规划,按照事权和支出责任划分原则,将海洋环境保护工作所需经费纳入本级政府预算。

第八条 各级人民政府及其有关部门应当加强海洋环境保护的宣传教育和知识普及工作,增强公众海洋环境保护意识,引导公众依法参与海洋环境保护工作;鼓励基层群众性自治组织、社会组织、志愿者等开展海洋环境保护法律法规和知识的宣传活动;按照职责分工依法公开海洋环境相关信息。

新闻媒体应当采取多种形式开展海洋环境保护的宣传报道,并对违法行为进行舆论监督。

第九条 任何单位和个人都有保护海洋环境的义务,并有权对污染海洋环境、破坏海洋生态的单位和个人,以及海洋环境监督管理人员的违法行为进行监督和检举。

从事影响海洋环境活动的任何单位和个人,都应当采取有效措施,防止、减轻海洋环境污染、生态破坏。排污者应当依法公开排污信息。

第十条 国家鼓励、支持海洋环境保护科学技术研究、开发和应用,促进海洋环境保护信息化建设,加强海洋环境保护专业技术人才培养,提高海洋环境保护科学技术水平。

国家鼓励、支持海洋环境保护国际交流与合作。

第十一条 对在海洋环境保护工作中做出显著成绩的单位和个人,按照国家有关规定给予表彰和奖励。

第二章 海洋环境监督管理

第十二条 国家实施陆海统筹、区域联动的海洋环境监督管理制度,加强规划、标准、监测等监督管理制度的衔接协调。

各级人民政府及其有关部门应当加强海洋环境监督

管理能力建设,提高海洋环境监督管理科技化、信息化水平。

第十三条 国家优先将生态功能极重要、生态极敏感脆弱的海域划入生态保护红线,实行严格保护。

开发利用海洋资源或者从事影响海洋环境的建设活动,应当根据国土空间规划科学合理布局,严格遵守国土空间用途管制要求,严守生态保护红线,不得造成海洋生态环境的损害。沿海地方各级人民政府应当根据国土空间规划,保护和科学合理地使用海域。沿海省、自治区、直辖市人民政府应当加强对生态保护红线内人为活动的监督管理,定期评估保护成效。

国务院有关部门、沿海设区的市级以上地方人民政府及其有关部门,对其组织编制的国土空间规划和相关规划,应当依法进行包括海洋环境保护内容在内的环境影响评价。

第十四条 国务院生态环境主管部门会同有关部门、机构和沿海省、自治区、直辖市人民政府制定全国海洋生态环境保护规划,报国务院批准后实施。全国海洋生态环境保护规划应当与全国国土空间规划相衔接。

沿海地方各级人民政府应当根据全国海洋生态环境保护规划,组织实施其管理海域的海洋环境保护工作。

第十五条 沿海省、自治区、直辖市人民政府应当根据其管理海域的生态环境和资源利用状况,将其管理海域纳入生态环境分区管控方案和生态环境准入清单,报国务院生态环境主管部门备案后实施。生态环境分区管控方案和生态环境准入清单应当与国土空间规划相衔接。

第十六条 国务院生态环境主管部门根据海洋环境质量状况和国家经济、技术条件,制定国家海洋环境质量标准。

沿海省、自治区、直辖市人民政府对国家海洋环境质量标准中未作规定的项目,可以制定地方海洋环境质量标准;对国家海洋环境质量标准中已作规定的项目,可以制定严于国家海洋环境质量标准的地方海洋环境质量标准。地方海洋环境质量标准应当报国务院生态环境主管部门备案。

国家鼓励开展海洋环境基准研究。

第十七条 制定海洋环境质量标准,应当征求有关部门、行业协会、企业事业单位、专家和公众等的意见,提高海洋环境质量标准的科学性。

海洋环境质量标准应当定期评估,并根据评估结果适时修订。

第十八条 国家和有关地方水污染物排放标准的制定,应当将海洋环境质量标准作为重要依据之一。

对未完成海洋环境保护目标的海域,省级以上人民政府生态环境主管部门暂停审批新增相应种类污染物排放总量的建设项目环境影响报告书(表),会同有关部门约谈该地区人民政府及其有关部门的主要负责人,要求其采取有效措施及时整改,约谈和整改情况应当向社会公开。

第十九条 国家加强海洋环境质量管控,推进海域综合治理,严格海域排污许可管理,提升重点海域海洋环境质量。

需要直接向海洋排放工业废水、医疗污水的海岸工程和海洋工程单位,城镇污水集中处理设施的运营单位及其他企业事业单位和生产经营者,应当依法取得排污许可证。排污许可的管理按照国务院有关规定执行。

实行排污许可管理的企业事业单位和其他生产经营者应当执行排污许可证关于排放污染物的种类、浓度、排放量、排放方式、排放去向和自行监测等要求。

禁止通过私设暗管或者篡改、伪造监测数据,以及不正常运行污染防治设施等逃避监管的方式向海洋排放污染物。

第二十条 国务院生态环境主管部门根据海洋环境状况和质量改善要求,会同国务院发展改革、自然资源、住房和城乡建设、交通运输、水行政、渔业等部门和海警机构,划定国家环境治理重点海域及其控制区域,制定综合治理行动方案,报国务院批准后实施。

沿海设区的市级以上地方人民政府应当根据综合治理行动方案,制定其管理海域的实施方案,因地制宜采取特别管控措施,开展综合治理,协同推进重点海域治理与美丽海湾建设。

第二十一条 直接向海洋排放应税污染物的企业事业单位和其他生产经营者,应当依照法律规定缴纳环境保护税。

向海洋倾倒废弃物,应当按照国家有关规定缴纳倾倒费。具体办法由国务院发展改革部门、国务院财政主管部门会同国务院生态环境主管部门制定。

第二十二条 国家加强防治海洋环境污染损害的科学技术的研究和开发,对严重污染海洋环境的落后生产工艺和落后设备,实行淘汰制度。

企业事业单位和其他生产经营者应当优先使用清洁低碳能源,采用资源利用率高、污染物排放量少的清洁生产工艺,防止对海洋环境的污染。

第二十三条 国务院生态环境主管部门负责海洋生态环境监测工作,制定海洋生态环境监测规范和标准并监督实施,组织实施海洋生态环境质量监测,统一发布国家海洋生态环境状况公报,定期组织对海洋生态环境质量状况进行调查评价。

国务院自然资源主管部门组织开展海洋资源调查和海洋生态预警监测,发布海洋生态预警监测警报和公报。

其他依照本法规定行使海洋环境监督管理权的部门和机构应当按照职责分工开展监测、监视。

第二十四条 国务院有关部门和海警机构应当向国务院生态环境主管部门提供编制国家海洋生态环境状况公报所必需的入海河口和海洋环境监测、调查、监视等方面的资料。

生态环境主管部门应当向有关部门和海警机构提供与海洋环境监督管理有关的资料。

第二十五条 国务院生态环境主管部门会同有关部门和机构通过智能化的综合信息系统,为海洋环境保护监督管理、信息共享提供服务。

国务院有关部门、海警机构和沿海县级以上地方人民政府及其有关部门应当按照规定,推进综合监测、协同监测和常态化监测,加强监测数据、执法信息等海洋环境管理信息共享,提高海洋环境保护综合管理水平。

第二十六条 国家加强海洋辐射环境监测,国务院生态环境主管部门负责制定海洋辐射环境应急监测方案并组织实施。

第二十七条 因发生事故或者其他突发性事件,造成或者可能造成海洋环境污染、生态破坏事件的单位和个人,应当立即采取有效措施解除或者减轻危害,及时向可能受到危害者通报,并向依照本法规定行使海洋环境监督管理权的部门和机构报告,接受调查处理。

沿海县级以上地方人民政府在本行政区域近岸海域的生态环境受到严重损害时,应当采取有效措施,解除或者减轻危害。

第二十八条 国家根据防止海洋环境污染的需要,制定国家重大海上污染事件应急预案,建立健全海上溢油污染等应急机制,保障应对工作的必要经费。

国家建立重大海上溢油应急处置部际联席会议制度。国务院交通运输主管部门牵头组织编制国家重大海上溢油应急处置预案并组织实施。

国务院生态环境主管部门负责制定全国海洋石油勘探开发海上溢油污染事件应急预案并组织实施。

国家海事管理机构负责制定全国船舶重大海上溢油污染事件应急预案,报国务院生态环境主管部门、国务院应急管理部门备案。

沿海县级以上地方人民政府及其有关部门应当制定有关应急预案,在发生海洋突发环境事件时,及时启动应急预案,采取有效措施,解除或者减轻危害。

可能发生海洋突发环境事件的单位,应当按照有关规定,制定本单位的应急预案,配备应急设备和器材,定期组织开展应急演练;应急预案应当向依照本法规定行使海洋环境监督管理权的部门和机构备案。

第二十九条 依照本法规定行使海洋环境监督管理权的部门和机构,有权对从事影响海洋环境活动的单位和个人进行现场检查;在巡航监视中发现违反本法规定的行为时,应当予以制止并调查取证,必要时有权采取有效措施,防止事态扩大,并报告有关部门或者机构处理。

被检查者应当如实反映情况,提供必要的资料。检查者应当依法为被检查者保守商业秘密、个人隐私和个人信息。

依照本法规定行使海洋环境监督管理权的部门和机构可以在海上实行联合执法。

第三十条 造成或者可能造成严重海洋环境污染、生态破坏的,或者有关证据可能灭失或者被隐匿的,依照本法规定行使海洋环境监督管理权的部门和机构可以查封、扣押有关船舶、设施、设备、物品。

第三十一条 在中华人民共和国管辖海域以外,造成或者可能造成中华人民共和国管辖海域环境污染、生态破坏的,有关部门和机构有权采取必要的措施。

第三十二条 国务院生态环境主管部门会同有关部门和机构建立向海洋排放污染物、从事废弃物海洋倾倒、从事海洋生态环境治理和服务的企业事业单位和其他生产经营者信用记录与评价应用制度,将相关信用记录纳入全国公共信用信息共享平台。

第三章 海洋生态保护

第三十三条 国家加强海洋生态保护,提升海洋生态系统质量和多样性、稳定性、持续性。

国务院和沿海地方各级人民政府应当采取有效措施,重点保护红树林、珊瑚礁、海藻场、海草床、滨海湿地、海岛、海湾、入海河口、重要渔业水域等具有典型性、代表性的海洋生态系统,珍稀濒危海洋生物的天然集中分布区,具有重要经济价值的海洋生物生存区域及有重大科学文化价值的海洋自然遗迹和自然景观。

第三十四条 国务院和沿海省、自治区、直辖市人民政府及其有关部门根据保护海洋的需要,依法将重要的海洋生态系统、珍稀濒危海洋生物的天然集中分布区、海洋自然遗迹和自然景观集中分布区等区域纳入国家公园、自然保护区或者自然公园等自然保护地。

第三十五条 国家建立健全海洋生态保护补偿制度。

国务院和沿海省、自治区、直辖市人民政府应当通过转移支付、产业扶持等方式支持开展海洋生态保护补偿。

沿海地方各级人民政府应当落实海洋生态保护补偿资金,确保其用于海洋生态保护补偿。

第三十六条 国家加强海洋生物多样性保护,健全海洋生物多样性调查、监测、评估和保护体系,维护和修复重要海洋生态廊道,防止对海洋生物多样性的破坏。

开发利用海洋和海岸带资源,应当对重要海洋生态系统、生物物种、生物遗传资源实施有效保护,维护海洋生物多样性。

引进海洋动植物物种,应当进行科学论证,避免对海洋生态系统造成危害。

第三十七条 国家鼓励科学开展水生生物增殖放流,支持科学规划、因地制宜采取投放人工鱼礁和种植海藻场、海草床、珊瑚等措施,恢复海洋生物多样性,修复改善海洋生态。

第三十八条 开发海岛及周围海域的资源,应当采取严格的生态保护措施,不得造成海岛地形、岸滩、植被和海岛周围海域生态环境的损害。

第三十九条 国家严格保护自然岸线,建立健全自然岸线控制制度。沿海省、自治区、直辖市人民政府负责划定严格保护岸线的范围并发布。

沿海地方各级人民政府应当加强海岸线分类保护与利用,保护修复自然岸线,促进人工岸线生态化,维护岸线岸滩稳定平衡,因地制宜、科学合理划定海岸建筑退缩线。

禁止违法占用、损害自然岸线。

第四十条 国务院水行政主管部门确定重要入海河流的生态流量管控指标,应当征求并研究国务院生态环境、自然资源等部门的意见。确定生态流量管控指标,应当进行科学论证,综合考虑水资源条件、气候状况、生态环境保护要求、生活生产用水状况等因素。

入海河口所在地县级以上地方人民政府及其有关部门按照河海联动的要求,制定实施河口生态修复和其他保护措施方案,加强对水、沙、盐、潮滩、生物种群、河口形态的综合监测,采取有效措施防止海水入侵和倒灌;维护河口良好生态功能。

第四十一条 沿海地方各级人民政府应当结合当地自然环境的特点,建设海岸防护设施、沿海防护林、沿海城镇园林和绿地,对海岸侵蚀和海水入侵地区进行综合治理。

禁止毁坏海岸防护设施、沿海防护林、沿海城镇园林和绿地。

第四十二条 对遭到破坏的具有重要生态、经济、社会价值的海洋生态系统,应当进行修复。海洋生态修复应当以改善生境、恢复生物多样性和生态系统基本功能为重点,以自然恢复为主、人工修复为辅,并优先修复具有典型性、代表性的海洋生态系统。

国务院自然资源主管部门负责统筹海洋生态修复,牵头组织编制海洋生态修复规划并实施有关海洋生态修复重大工程。编制海洋生态修复规划,应当进行科学论证评估。

国务院自然资源、生态环境等部门应当按照职责分工开展修复成效监督评估。

第四十三条 国务院自然资源主管部门负责开展全国海洋生态灾害预防、风险评估和隐患排查治理。

沿海县级以上地方人民政府负责其管理海域的海洋生态灾害应对工作,采取必要的灾害预防、处置和灾后恢复措施,防止和减轻灾害影响。

企业事业单位和其他生产经营者应采取必要应对措施,防止海洋生态灾害扩大。

第四十四条 国家鼓励发展生态渔业,推广多种生态渔业生产方式,改善海洋生态状况,保护海洋环境。

沿海县级以上地方人民政府应当因地制宜编制并组织实施养殖水域滩涂规划,确定可以用于养殖业的水域和滩涂,科学划定海水养殖禁养区、限养区和养殖区,建立禁养区内海水养殖的清理和退出机制。

第四十五条 从事海水养殖活动应当保护海域环境,科学确定养殖规模和养殖密度,合理投饵、投肥,正确使用药物,及时规范收集处理固体废物,防止造成海洋生态环境的损害。

禁止在氮磷浓度严重超标的近岸海域新增或者扩大投饵、投肥海水养殖规模。

向海洋排放养殖尾水污染物等应当符合污染物排放标准。沿海省、自治区、直辖市人民政府应当制定海水养殖污染物排放相关地方标准,加强养殖尾水污染防治的监督管理。

工厂化养殖和设置统一排污口的集中连片养殖的排污单位,应当按照有关规定对养殖尾水自行监测。

第四章 陆源污染物污染防治

第四十六条 向海域排放陆源污染物,应当严格执行国家或者地方规定的标准和有关规定。

第四十七条 入海排污口位置的选择,应当符合国土空间用途管制要求,根据海水动力条件和有关规定,经科学论证后,报设区的市级以上人民政府生态环境主管部门备案。排污口的责任主体应当加强排污口监测,按照规定开展监控和自动监测。

生态环境主管部门应当在完成备案后十五个工作日内将入海排污口设置情况通报自然资源、渔业等部门和海事管理机构、海警机构、军队生态环境保护部门。

沿海县级以上地方人民政府应当根据排污口类别、责任主体,组织有关部门对本行政区域内各类入海排污口进行排查整治和日常监督管理,建立健全近岸水体、入海排污口、排污管线、污染源全链条治理体系。

国务院生态环境主管部门负责制定入海排污口设置和管理的具体办法,制定入海排污口技术规范,组织建设统一的入海排污口信息平台,加强动态更新、信息共享和公开。

第四十八条 禁止在自然保护地、重要渔业水域、海水浴场、生态保护红线区域及其他需要特别保护的区域,新设工业排污口和城镇污水处理厂排污口;法律、行政法规另有规定的除外。

在有条件的地区,应当将排污口深水设置,实行离岸排放。

第四十九条 经开放式沟(渠)向海洋排放污染物的,对开放式沟(渠)按照国家和地方的有关规定、标准实施水环境质量管理。

第五十条 国务院有关部门和县级以上地方人民政府及其有关部门应当依照水污染防治有关法律、行政法规的规定,加强入海河流管理,协同推进入海河流污染防治,使入海河口的水质符合入海河口环境质量相关要求。

入海河流流域省、自治区、直辖市人民政府应当按照国家有关规定,加强入海总氮、总磷排放的管控,制定控制方案并组织实施。

第五十一条 禁止向海域排放油类、酸液、碱液、剧毒废液。

禁止向海域排放污染海洋环境、破坏海洋生态的放射性废水。

严格控制向海域排放含有不易降解的有机物和重金属的废水。

第五十二条 含病原体的医疗污水、生活污水和工业废水应当经过处理,符合国家和地方有关排放标准后,方可排入海域。

第五十三条 含有机物和营养物质的工业废水、生活污水,应当严格控制向海湾、半封闭海及其他自净能力较差的海域排放。

第五十四条 向海域排放含热废水,应当采取有效措施,保证邻近自然保护地、渔业水域的水温符合国家和地方海洋环境质量标准,避免热污染对珍稀濒危海洋生物、海洋水产资源造成危害。

第五十五条 沿海地方各级人民政府应当加强农业面源污染防治。沿海农田、林场施用化学农药,应当执行国家农药安全使用的规定和标准。沿海农田、林场应当合理使用化肥和植物生长调节剂。

第五十六条 在沿海陆域弃置、堆放和处理尾矿、矿渣、煤灰渣、垃圾和其他固体废物的,依照《中华人民共和国固体废物污染环境防治法》的有关规定执行,并采取有效措施防止固体废物进入海洋。

禁止在岸滩弃置、堆放和处理固体废物;法律、行政法规另有规定的除外。

第五十七条 沿海县级以上地方人民政府负责其管理海域的海洋垃圾污染防治,建立海洋垃圾监测、清理制度,统筹规划建设陆域接收、转运、处理海洋垃圾的设施,明确有关部门、乡镇、街道、企业事业单位等的海洋垃圾管控区域,建立海洋垃圾监测、拦截、收集、打捞、运输、处理体系并组织实施,采取有效措施鼓励、支持公众参与上述活动。国务院生态环境、住房和城乡建设、发展改革等部门应当按照职责分工加强海洋垃圾污染防治的监督指导和保障。

第五十八条 禁止经中华人民共和国内水、领海过境转移危险废物。

经中华人民共和国管辖的其他海域转移危险废物的,应当事先取得国务院生态环境主管部门的书面同意。

第五十九条 沿海县级以上地方人民政府应当建设和完善排水管网,根据改善海洋环境质量的需要建设城镇污水处理厂和其他污水处理设施,加强城乡污水处理。

建设污水海洋处置工程,应当符合国家有关规定。

第六十条 国家采取必要措施,防止、减少和控制来自大气层或者通过大气层造成的海洋环境污染损害。

第五章 工程建设项目污染防治

第六十一条 新建、改建、扩建工程建设项目,应当遵守国家有关建设项目环境保护管理的规定,并把污染防治和生态保护所需资金纳入建设项目投资计划。

禁止在依法划定的自然保护地、重要渔业水域及其他需要特别保护的区域,违法建设污染环境、破坏生态的工程建设项目或者从事其他活动。

第六十二条 工程建设项目应当按照国家有关建设项目环境影响评价的规定进行环境影响评价。未依法进行并通过环境影响评价的建设项目,不得开工建设。

环境保护设施应当与主体工程同时设计、同时施工、同时投产使用。环境保护设施应当符合经批准的环境影响评价报告书(表)的要求。建设单位应当依照有关法律法规的规定,对环境保护设施进行验收,编制验收报告,并向社会公开。环境保护设施未经验收或者经验收不合格的,建设项目不得投入生产或者使用。

第六十三条 禁止在沿海陆地新建不符合国家产业政策的化学制浆造纸、化工、印染、制革、电镀、酿造、炼油、岸边冲滩拆船及其他严重污染海洋环境的生产项目。

第六十四条 新建、改建、扩建工程建设项目,应当采取有效措施,保护国家和地方重点保护的野生动植物及其生存环境,保护海洋水产资源,避免或者减轻对海洋生物的影响。

禁止在严格保护岸线范围内开采海砂。依法在其他区域开发利用海砂资源,应当采取严格措施,保护海洋环境。载运海砂资源应当持有合法来源证明;海砂开采者应当为载运海砂的船舶提供合法来源证明。

从岸上打井开采海底矿产资源,应当采取有效措施,防止污染海洋环境。

第六十五条 工程建设项目不得使用含超标准放射性物质或者易溶出有毒有害物质的材料;不得造成领海基点及其周围环境的侵蚀、淤积和损害,不得危及领海基点的稳定。

第六十六条 工程建设项目需要爆破作业时,应当采取有效措施,保护海洋环境。

海洋石油勘探开发及输油过程中,应当采取有效措施,避免溢油事故的发生。

第六十七条 工程建设项目不得违法向海域排放污染物、废弃物及其他有害物质。

海洋油气钻井平台(船)、生产生活平台、生产储卸装置等海洋油气装备的含油污水和油性混合物,应当经过处理达标后排放;残油、废油应当予以回收,不得排放入海。

钻井所使用的油基泥浆和其他有毒复合泥浆不得排放入海。水基泥浆和无毒复合泥浆及钻屑的排放,应当符合国家有关规定。

第六十八条 海洋油气钻井平台(船)、生产生活平台、生产储卸装置等海洋油气装备及其有关海上设施,不得向海域处置含油的工业固体废物。处置其他固体废物,不得造成海洋环境污染。

第六十九条 海上试油时,应当确保油气充分燃烧,油和油性混合物不得排放入海。

第七十条 勘探开发海洋油气资源,应当按照有关规定编制油气污染应急预案,报国务院生态环境主管部门海域派出机构备案。

第六章 废弃物倾倒污染防治

第七十一条 任何个人和未经批准的单位,不得向中华人民共和国管辖海域倾倒任何废弃物。

需要倾倒废弃物的,产生废弃物的单位应当向国务院生态环境主管部门海域派出机构提出书面申请,并出具废弃物特性和成分检验报告,取得倾倒许可证后,方可倾倒。

国家鼓励疏浚物等废弃物的综合利用,避免或者减少海洋倾倒。

禁止中华人民共和国境外的废弃物在中华人民共和国管辖海域倾倒。

第七十二条 国务院生态环境主管部门根据废弃物的毒性、有毒物质含量和对海洋环境影响程度,制定海洋倾倒废弃物评价程序和标准。

可以向海洋倾倒的废弃物名录,由国务院生态环境主管部门制定。

第七十三条 国务院生态环境主管部门会同国务院自然资源主管部门编制全国海洋倾倒区规划,并征求国务院交通运输、渔业等部门和海警机构的意见,报国务院批准。

国务院生态环境主管部门根据全国海洋倾倒区规划,按照科学、合理、经济、安全的原则及时选划海洋倾倒区,征求国务院交通运输、渔业等部门和海警机构的意见,并向社会公告。

第七十四条 国务院生态环境主管部门组织开展海洋倾倒区使用状况评估,根据评估结果予以调整、暂停使用或者封闭海洋倾倒区。

海洋倾倒区的调整、暂停使用和封闭情况,应当通报国务院有关部门、海警机构并向社会公布。

第七十五条 获准和实施倾倒废弃物的单位,应当按照许可证注明的期限及条件,到指定的区域进行倾倒。倾倒作业船舶等载运工具应当安装使用符合要求的海洋倾倒在线监控设备,并与国务院生态环境主管部门监管系统联网。

第七十六条 获准和实施倾倒废弃物的单位,应当按照规定向颁发许可证的国务院生态环境主管部门海域派出机构报告倾倒情况。倾倒废弃物的船舶应当向驶出港的海事管理机构、海警机构作出报告。

第七十七条 禁止在海上焚烧废弃物。

禁止在海上处置污染海洋环境、破坏海洋生态的放射性废物或者其他放射性物质。

第七十八条 获准倾倒废弃物的单位委托实施废弃物海洋倾倒作业的,应当对受托单位的主体资格、技术能力和信用状况进行核实,依法签订书面合同,在合同中约定污染防治与生态保护要求,并监督实施。

受托单位实施废弃物海洋倾倒作业,应当依照有关法律法规的规定和合同约定,履行污染防治和生态保护要求。

获准倾倒废弃物的单位违反本条第一款规定的,除依照有关法律法规的规定予以处罚外,还应当与造成环境污染、生态破坏的受托单位承担连带责任。

第七章 船舶及有关作业活动污染防治

第七十九条 在中华人民共和国管辖海域,任何船舶及相关作业不得违法向海洋排放船舶垃圾、生活污水、含油污水、含有毒有害物质污水、废气等污染物,废弃物,压载水和沉积物及其他有害物质。

船舶应当按照国家有关规定采取有效措施,对压载水和沉积物进行处理处置,严格防控引入外来有害生物。

从事船舶污染物、废弃物接收和船舶清舱、洗舱作业活动的,应当具备相应的接收处理能力。

第八十条 船舶应当配备相应的防污设备和器材。

船舶的结构、配备的防污设备和器材应当符合国家防治船舶污染海洋环境的有关规定,并经检验合格。

船舶应当取得并持有防治海洋环境污染的证书与文书,在进行涉及船舶污染物、压载水和沉积物排放及操作时,应当按照有关规定监测、监控,如实记录并保存。

第八十一条 船舶应当遵守海上交通安全法律、法规的规定,防止因碰撞、触礁、搁浅、火灾或者爆炸等引起的海难事故,造成海洋环境的污染。

第八十二条 国家完善并实施船舶油污损害民事赔偿责任制度;按照船舶油污损害赔偿责任由船东和货主共同承担风险的原则,完善并实施船舶油污保险、油污损害赔偿基金制度,具体办法由国务院规定。

第八十三条 载运具有污染危害性货物进出港口的船舶,其承运人、货物所有人或者代理人,应当事先向海事管理机构申报。经批准后,方可进出港口或者装卸作业。

第八十四条 交付船舶载运污染危害性货物的,托运人应当将货物的正式名称、污染危害性以及应当采取的防护措施如实告知承运人。污染危害性货物的单证、包装、标志、数量限制等,应当符合对所交付货物的有关规定。

需要船舶载运污染危害性不明的货物,应当按照有关规定事先进行评估。

装卸油类及有毒有害货物的作业,船岸双方应当遵守安全防污操作规程。

第八十五条 港口、码头、装卸站和船舶修造拆解单位所在地县级以上地方人民政府应当统筹规划建设船舶污染物等的接收、转运、处理处置设施,建立相应的接收、转运、处理处置多部门联合监管制度。

沿海县级以上地方人民政府负责对其管理海域的渔港和渔业船舶停泊点及周边区域污染防治的监督管理,规范生产生活污水和渔业垃圾回收处置,推进污染防治设备建设和环境清理整治。

港口、码头、装卸站和船舶修造拆解单位应当按照有关规定配备足够的用于处理船舶污染物、废弃物的接收设施,使该设施处于良好状态并有效运行。

装卸油类等污染危害性货物的港口、码头、装卸站和船舶应当编制污染应急预案,并配备相应的污染应急设备和器材。

第八十六条 国家海事管理机构组织制定中国籍船舶禁止或者限制安装和使用的有害材料名录。

船舶修造单位或者船舶所有人、经营人或者管理人应当在船上备有有害材料清单,在船舶建造、营运和维修过程中持续更新,并在船舶拆解前提供给从事船舶拆解的单位。

第八十七条 从事船舶拆解的单位,应当采取有效的污染防治措施,在船舶拆解前将船舶污染物减至最小量,对拆解产生的船舶污染物、废弃物和其他有害物质进行安全与环境无害化处置。拆解的船舶部件不得进入水体。

禁止采取冲滩方式进行船舶拆解作业。

第八十八条 国家倡导绿色低碳智能航运,鼓励船舶使用新能源或者清洁能源,淘汰高耗能高排放老旧船舶,减少温室气体和大气污染物的排放。沿海县级以上地方人民政府应当制定港口岸电、船舶受电等设施建设和改造计划,并组织实施。港口岸电设施的供电能力应当与靠港船舶的用电需求相适应。

船舶应当按照国家有关规定采取有效措施提高能效水平。具备岸电使用条件的船舶靠港应当按照国家有关规定使用岸电，但是使用清洁能源的除外。具备岸电供应能力的港口经营人、岸电供电企业应当按照国家有关规定为具备岸电使用条件的船舶提供岸电。

国务院和沿海县级以上地方人民政府对港口岸电设施、船舶受电设施的改造和使用，清洁能源或者新能源动力船舶建造等按照规定给予支持。

第八十九条　船舶及有关作业活动应当遵守有关法律法规和标准，采取有效措施，防止造成海洋环境污染。海事管理机构等应当加强对船舶及有关作业活动的监督管理。

船舶进行散装液体污染危害性货物的过驳作业，应当编制作业方案，采取有效的安全和污染防治措施，并事先按照有关规定报经批准。

第九十条　船舶发生海难事故，造成或者可能造成海洋环境重大污染损害的，国家海事管理机构有权强制采取避免或者减少污染损害的措施。

对在公海上因发生海难事故，造成中华人民共和国管辖海域重大污染损害后果或者具有污染威胁的船舶、海上设施，国家海事管理机构有权采取与实际的或者可能发生的损害相称的必要措施。

第九十一条　所有船舶均有监视海上污染的义务，在发现海上污染事件或者违反本法规定的行为时，应当立即向就近的依照本法规定行使海洋环境监督管理权的部门或者机构报告。

民用航空器发现海上排污或者污染事件，应当及时向就近的民用航空空中交通管制单位报告。接到报告的单位，应当立即向依照本法规定行使海洋环境监督管理权的部门或者机构通报。

第九十二条　国务院交通运输主管部门可以划定船舶污染物排放控制区。进入控制区的船舶应当符合船舶污染物排放相关控制要求。

第八章　法律责任

第九十三条　违反本法规定，有下列行为之一，由依照本法规定行使海洋环境监督管理权的部门或者机构责令改正或者责令采取限制生产、停产整治等措施，并处以罚款；情节严重的，报经有批准权的人民政府批准，责令停业、关闭：

（一）向海域排放本法禁止排放的污染物或者其他物质的；

（二）未依法取得排污许可证排放污染物的；

（三）超过标准、总量控制指标排放污染物的；

（四）通过私设暗管或者篡改、伪造监测数据，或者不正常运行污染防治设施等逃避监管的方式违法向海洋排放污染物的；

（五）违反本法有关船舶压载水和沉积物排放和管理规定的；

（六）其他未依照本法规定向海洋排放污染物、废弃物的。

有前款第一项、第二项行为之一的，处二十万元以上一百万元以下的罚款；有前款第三项行为的，处十万元以上一百万元以下的罚款；有前款第四项行为的，处十万元以上一百万元以下的罚款，情节严重的，吊销排污许可证；有前款第五项、第六项行为之一的，处一万元以上二十万元以下的罚款。个人擅自在岸滩弃置、堆放和处理生活垃圾的，按次处一百元以上一千元以下的罚款。

第九十四条　违反本法规定，有下列行为之一，由依照本法规定行使海洋环境监督管理权的部门或者机构责令改正，处以罚款：

（一）未依法公开排污信息或者弄虚作假的；

（二）因发生事故或者其他突发性事件，造成或者可能造成海洋环境污染、生态破坏事件，未按照规定通报或者报告的；

（三）未按照有关规定制定应急预案并备案，或者未按照有关规定配备应急设备、器材的；

（四）因发生事故或者其他突发性事件，造成或者可能造成海洋环境污染、生态破坏事件，未立即采取有效措施或者逃逸的；

（五）未采取必要应对措施，造成海洋生态灾害危害扩大的。

有前款第一项行为的，处二万元以上二十万元以下的罚款，拒不改正的，责令限制生产、停产整治；有前款第二项行为的，处五万元以上五十万元以下的罚款，对直接负责的主管人员和其他直接责任人员处一万元以上十万元以下的罚款，并可以暂扣或者吊销相关任职资格许可；有前款第三项行为的，处二万元以上二十万元以下的罚款；有前款第四项、第五项行为之一的，处二十万元以上二百万元以下的罚款。

第九十五条　违反本法规定，拒绝、阻挠调查和现场检查，或者在被检查时弄虚作假的，由依照本法规定行使海洋环境监督管理权的部门或者机构责令改正，处五万元以上二十万元以下的罚款；对直接负责的主管人员和其他直接责任人员处二万元以上十万元以下的罚款。

第九十六条 违反本法规定，造成珊瑚礁等海洋生态系统或者自然保护地破坏的，由依照本法规定行使海洋环境监督管理权的部门或者机构责令改正、采取补救措施，处每平方米一千元以上一万元以下的罚款。

第九十七条 违反本法规定，有下列行为之一，由依照本法规定行使海洋环境监督管理权的部门或者机构责令改正，处以罚款：

（一）占用、损害自然岸线的；

（二）在严格保护岸线范围内开采海砂的；

（三）违反本法其他关于海砂、矿产资源规定的。

有前款第一项行为的，处每米五百元以上一万元以下的罚款；有前款第二项行为的，处货值金额二倍以上二十倍以下的罚款，货值金额不足十万元的，处二十万元以上二百万元以下的罚款；有前款第三项行为的，处五万元以上五十万元以下的罚款。

第九十八条 违反本法规定，从事海水养殖活动有下列行为之一，由依照本法规定行使海洋环境监督管理权的部门或者机构责令改正，处二万元以上二十万元以下的罚款；情节严重的，报经有批准权的人民政府批准，责令停业、关闭：

（一）违反禁养区、限养区规定的；

（二）违反养殖规模、养殖密度规定的；

（三）违反投饵、投肥、药物使用规定的；

（四）未按照有关规定对养殖尾水自行监测的。

第九十九条 违反本法规定设置入海排污口的，由生态环境主管部门责令关闭或者拆除，处二万元以上十万元以下的罚款；拒不关闭或者拆除的，强制关闭、拆除，所需费用由违法者承担，处十万元以上五十万元以下的罚款；情节严重的，可以责令停产整治。

违反本法规定，设置入海排污口未备案的，由生态环境主管部门责令改正，处二万元以上十万元以下的罚款。

违反本法规定，入海排污口的责任主体未按照规定开展监控、自动监测的，由生态环境主管部门责令改正，处二万元以上十万元以下的罚款；拒不改正的，可以责令停产整治。

自然资源、渔业等部门和海事管理机构、海警机构、军队生态环境保护部门发现前三款违法行为之一的，应当通报生态环境主管部门。

第一百条 违反本法规定，经中华人民共和国管辖海域，转移危险废物的，由国家海事管理机构责令非法运输该危险废物的船舶退出中华人民共和国管辖海域，处五十万元以上五百万元以下的罚款。

第一百零一条 违反本法规定，建设单位未落实建设项目投资计划有关要求的，由生态环境主管部门责令改正，处五万元以上二十万元以下的罚款；拒不改正的，处二十万元以上一百万元以下的罚款。

违反本法规定，建设单位未依法报批或者报请重新审核环境影响报告书（表），擅自开工建设的，由生态环境主管部门或者海警机构责令其停止建设，根据违法情节和危害后果，处建设项目总投资额百分之一以上百分之五以下的罚款，并可以责令恢复原状；对建设单位直接负责的主管人员和其他直接责任人员，依法给予处分。建设单位未依法备案环境影响登记表的，由生态环境主管部门责令备案，处五万元以下的罚款。

第一百零二条 违反本法规定，在依法划定的自然保护地、重要渔业水域及其他需要特别保护的区域建设污染环境、破坏生态的工程建设项目或者从事其他活动，或者在沿海陆域新建不符合国家产业政策的生产项目的，由县级以上人民政府按照管理权限责令关闭。

违反生态环境准入清单进行生产建设活动的，由依照本法规定行使海洋环境监督管理权的部门或者机构责令停止违法行为，限期拆除并恢复原状，所需费用由违法者承担，处五十万元以上五百万元以下的罚款，对直接负责的主管人员和其他直接责任人员处五万元以上十万元以下的罚款；情节严重的，报经有批准权的人民政府批准，责令关闭。

第一百零三条 违反本法规定，环境保护设施未与主体工程同时设计、同时施工、同时投产使用的，或者环境保护设施未建成、未达到规定要求、未经验收或者经验收不合格即投入生产、使用的，由生态环境主管部门或者海警机构责令改正，处二十万元以上一百万元以下的罚款；拒不改正的，处一百万元以上二百万元以下的罚款；对直接负责的主管人员和其他责任人员处五万元以上二十万元以下的罚款；造成重大环境污染、生态破坏的，责令其停止生产、使用，或者报经有批准权的人民政府批准，责令关闭。

第一百零四条 违反本法规定，工程建设项目有下列行为之一，由依照本法规定行使海洋环境监督管理权的部门或者机构责令其停止违法行为、消除危害，处二十万元以上一百万元以下的罚款；情节严重的，报经有批准权的人民政府批准，责令停业、关闭：

（一）使用含超标准放射性物质或者易溶出有毒有害物质的材料的；

(二)造成领海基点及其周围环境的侵蚀、淤积、损害,或者危及领海基点稳定的。

第一百零五条 违反本法规定进行海洋油气勘探开发活动,造成海洋环境污染的,由海警机构责令改正,给予警告,并处二十万元以上一百万元以下的罚款。

第一百零六条 违反本法规定,有下列行为之一,由国务院生态环境主管部门及其海域派出机构、海事管理机构或者海警机构责令改正,处以罚款,必要时可以扣押船舶;情节严重的,报经有批准权的人民政府批准,责令停业、关闭:

(一)倾倒废弃物的船舶驶出港口未报告的;

(二)未取得倾倒许可证,向海洋倾倒废弃物的;

(三)在海上焚烧废弃物或者处置放射性废物及其他放射性物质的。

有前款第一项行为的,对违法船舶的所有人、经营人或者管理人处三千元以上三万元以下的罚款,对船长、责任船员或者其他责任人员处五百元以上五千元以下的罚款;有前款第二项行为的,处二十万元以上二百万元以下的罚款;有前款第三项行为的,处五十万元以上五百万元以下的罚款。有前款第二项、第三项行为之一,两年内受到行政处罚三次以上的,三年内不得从事废弃物海洋倾倒活动。

第一百零七条 违反本法规定,有下列行为之一,由国务院生态环境主管部门及其海域派出机构、海事管理机构或者海警机构责令改正,处以罚款,暂扣或者吊销倾倒许可证,必要时可以扣押船舶;情节严重的,报经有批准权的人民政府批准,责令停业、关闭:

(一)未按照国家规定报告倾倒情况的;

(二)未按照国家规定安装使用海洋倾废在线监控设备的;

(三)获准倾倒废弃物的单位未依照本法规定委托实施废弃物海洋倾倒作业或者未依照本法规定监督实施的;

(四)未按照倾倒许可证的规定倾倒废弃物的。

有前款第一项行为的,按次处五千元以上二万元以下的罚款;有前款第二项行为的,处二万元以上二十万元以下的罚款;有前款第三项行为的,处三万元以上三十万元以下的罚款;有前款第四项行为的,处二十万元以上一百万元以下的罚款,被吊销倾倒许可证的,三年内不得从事废弃物海洋倾倒活动。

以提供虚假申请材料、欺骗、贿赂等不正当手段申请取得倾倒许可证的,由国务院生态环境主管部门及其海域派出机构依法撤销倾倒许可证,并处二十万元以上五十万元以下的罚款;三年内不得再次申请倾倒许可证。

第一百零八条 违反本法规定,将中华人民共和国境外废弃物运进中华人民共和国管辖海域倾倒的,由海警机构责令改正,根据造成或者可能造成的危害后果,处五十万元以上五百万元以下的罚款。

第一百零九条 违反本法规定,有下列行为之一,由依照本法规定行使海洋环境监督管理权的部门或者机构责令改正,处以罚款:

(一)港口、码头、装卸站、船舶修造拆解单位未按照规定配备或者有效运行船舶污染物、废弃物接收设施,或者船舶的结构、配备的防污设备和器材不符合国家防污规定或者未经检验合格的;

(二)从事船舶污染物、废弃物接收和船舶清舱、洗舱作业活动,不具备相应接收处理能力的;

(三)从事船舶拆解、旧船改装、打捞和其他水上、水下施工作业,造成海洋环境污染损害的;

(四)采取冲滩方式进行船舶拆解作业的。

有前款第一项、第二项行为之一的,处二万元以上三十万元以下的罚款;有前款第三项行为的,处五万元以上二十万元以下的罚款;有前款第四项行为的,处十万元以上一百万元以下的罚款。

第一百一十条 违反本法规定,有下列行为之一,由依照本法规定行使海洋环境监督管理权的部门或者机构责令改正,处以罚款:

(一)未在船上备有有害材料清单,未在船舶建造、营运和维修过程中持续更新有害材料清单,或者未在船舶拆解前将有害材料清单提供给从事船舶拆解单位的;

(二)船舶未持有防污证书、防污文书,或者不按照规定监测、监控,如实记载和保存船舶污染物、压载水和沉积物的排放及操作记录的;

(三)船舶采取措施提高能效水平未达到有关规定的;

(四)进入控制区的船舶不符合船舶污染物排放相关控制要求的;

(五)具备岸电供应能力的港口经营人、岸电供电企业未按照国家规定为具备岸电使用条件的船舶提供岸电的;

(六)具备岸电使用条件的船舶靠港,不按照国家规定使用岸电的。

有前款第一项行为的,处二万元以下的罚款;有前款第二项行为的,处十万元以下的罚款;有前款第三项行为的,处一万元以上十万元以下的罚款;有前款第四项行为的,处三万元以上三十万元以下的罚款;有前款第五项、第六项行为之一的,处一万元以上十万元以下的罚款,情节严重的,处十万元以上五十万元以下的罚款。

第一百一十一条 违反本法规定,有下列行为之一,由依照本法规定行使海洋环境监督管理权的部门或者机构责令改正,处以罚款:

(一)拒报或者谎报船舶载运污染危害性货物申报事项的;

(二)托运人未将托运的污染危害性货物的正式名称、污染危害性以及应当采取的防护措施如实告知承运人的;

(三)托运人交付承运人的污染危害性货物的单证、包装、标志、数量限制不符合对所交付货物的有关规定的;

(四)托运人在托运的普通货物中夹带污染危害性货物或者将污染危害性货物谎报为普通货物的;

(五)需要船舶载运污染危害性不明的货物,未按照有关规定事先进行评估的。

有前款第一项行为的,处五万元以下的罚款;有前款第二项行为的,处五万元以上十万元以下的罚款;有前款第三项、第五项行为之一的,处二万元以上十万元以下的罚款;有前款第四项行为的,处十万元以上二十万元以下的罚款。

第一百一十二条 违反本法规定,有下列行为之一,由依照本法规定行使海洋环境监督管理权的部门或者机构责令改正,处一万元以上五万元以下的罚款:

(一)载运具有污染危害性货物的船舶未许可进出港口或者装卸作业的;

(二)装卸油类及有毒有害货物的作业,船岸双方未遵守安全防污操作规程的;

(三)船舶进行散装液体污染危害性货物的过驳作业,未编制作业方案或者未按照有关规定报经批准的。

第一百一十三条 企业事业单位和其他生产经营者违反本法规定向海域排放、倾倒、处置污染物、废弃物或者其他物质,受到罚款处罚,被责令改正的,依法作出处罚决定的部门或者机构应当组织复查,发现其继续实施该违法行为或者拒绝、阻挠复查的,依照《中华人民共和国环境保护法》的规定按日连续处罚。

第一百一十四条 对污染海洋环境、破坏海洋生态,造成他人损害的,依照《中华人民共和国民法典》等法律的规定承担民事责任。

对污染海洋环境、破坏海洋生态,给国家造成重大损失的,由依照本法规定行使海洋环境监督管理权的部门代表国家对责任者提出损害赔偿要求。

前款规定的部门不提起诉讼的,人民检察院可以向人民法院提起诉讼。前款规定的部门提起诉讼的,人民检察院可以支持起诉。

第一百一十五条 对违反本法规定,造成海洋环境污染、生态破坏事故的单位,除依法承担赔偿责任外,由依照本法规定行使海洋环境监督管理权的部门或者机构处以罚款;对直接负责的主管人员和其他直接责任人员可以处上一年度从本单位取得收入百分之五十以下的罚款;直接负责的主管人员和其他直接责任人员属于公职人员的,依法给予处分。

对造成一般或者较大海洋环境污染、生态破坏事故的,按照直接损失的百分之二十计算罚款;对造成重大或者特大海洋环境污染、生态破坏事故的,按照直接损失的百分之三十计算罚款。

第一百一十六条 完全属于下列情形之一,经过及时采取合理措施,仍然不能避免对海洋环境造成污染损害的,造成污染损害的有关责任者免予承担责任:

(一)战争;

(二)不可抗拒的自然灾害;

(三)负责灯塔或者其他助航设备的主管部门,在执行职责时的疏忽,或者其他过失行为。

第一百一十七条 未依照本法规定缴纳倾倒费的,由国务院生态环境主管部门及其海域派出机构责令限期缴纳;逾期拒不缴纳的,处应缴纳倾倒费数额一倍以上三倍以下的罚款,并可以报经有批准权的人民政府批准,责令停业、关闭。

第一百一十八条 海洋环境监督管理人员滥用职权、玩忽职守、徇私舞弊,造成海洋环境污染损害、生态破坏的,依法给予处分。

第一百一十九条 违反本法规定,构成违反治安管理行为的,依法给予治安管理处罚;构成犯罪的,依法追究刑事责任。

第九章 附 则

第一百二十条 本法中下列用语的含义是:

(一)海洋环境污染损害,是指直接或者间接地把物质或者能量引入海洋环境,产生损害海洋生物资源、危害人体健康、妨害渔业和海上其他合法活动、损害海水使用素质和减损环境质量等有害影响。

(二)内水,是指我国领海基线向内陆一侧的所有海域。

（三）沿海陆域，是指与海岸相连，或者通过管道、沟渠、设施，直接或者间接向海洋排放污染物及其相关活动的一带区域。

（四）滨海湿地，是指低潮时水深不超过六米的水域及其沿岸浸湿地带，包括水深不超过六米的永久性水域、潮间带(或者洪泛地带)和沿海低地等，但是用于养殖的人工的水域和滩涂除外。

（五）陆地污染源(简称陆源)，是指从陆地向海域排放污染物，造成或者可能造成海洋环境污染的场所、设施等。

（六）陆源污染物，是指由陆地污染源排放的污染物。

（七）倾倒，是指通过船舶、航空器、平台或者其他载运工具，向海洋处置废弃物和其他有害物质的行为，包括弃置船舶、航空器、平台及其辅助设施和其他浮动工具的行为。

（八）海岸线，是指多年大潮平均高潮位时海陆分界痕迹线，以国家组织开展的海岸线修测结果为准。

（九）入海河口，是指河流终端与受水体(海)相结合的地段。

（十）海洋生态灾害，是指受自然环境变化或者人为因素影响，导致一种或者多种海洋生物暴发性增殖或者高度聚集，对海洋生态系统结构和功能造成损害。

（十一）渔业水域，是指鱼虾蟹贝类的产卵场、索饵场、越冬场、洄游通道和鱼虾蟹贝藻类及其他水生动植物的养殖场。

（十二）排放，是指把污染物排入海洋的行为，包括泵出、溢出、泄出、喷出和倒出。

（十三）油类，是指任何类型的油及其炼制品。

（十四）入海排污口，是指直接或者通过管道、沟、渠等排污通道向海洋环境水体排放污水的口门，包括工业排污口、城镇污水处理厂排污口、农业排口及其他排口等类型。

（十五）油性混合物，是指任何含有油份的混合物。

（十六）海上焚烧，是指以热摧毁为目的，在海上焚烧设施上，故意焚烧废弃物或者其他物质的行为，但是船舶、平台或者其他人工构造物正常操作中所附带发生的行为除外。

第一百二十一条 涉及海洋环境监督管理的有关部门的具体职权划分，本法未作规定的，由国务院规定。

沿海县级以上地方人民政府行使海洋环境监督管理权的部门的职责，由省、自治区、直辖市人民政府根据本法及国务院有关规定确定。

第一百二十二条 军事船舶和军事用海环境保护管理办法，由国务院、中央军事委员会依照本法制定。

第一百二十三条 中华人民共和国缔结或者参加的与海洋环境保护有关的国际条约与本法有不同规定的，适用国际条约的规定；但是，中华人民共和国声明保留的条款除外。

第一百二十四条 本法自2024年1月1日起施行。

中华人民共和国固体废物污染环境防治法

· 1995年10月30日第八届全国人民代表大会常务委员会第十六次会议通过
· 2004年12月29日第十届全国人民代表大会常务委员会第十三次会议第一次修订
· 根据2013年6月29日第十二届全国人民代表大会常务委员会第三次会议《关于修改〈中华人民共和国文物保护法〉等十二部法律的决定》第一次修正
· 根据2015年4月24日第十二届全国人民代表大会常务委员会第十四次会议《关于修改〈中华人民共和国港口法〉等七部法律的决定》第二次修正
· 根据2016年11月7日第十二届全国人民代表大会常务委员会第二十四次会议《关于修改〈中华人民共和国对外贸易法〉等十二部法律的决定》第三次修正
· 2020年4月29日第十三届全国人民代表大会常务委员会第十七次会议第二次修订
· 2020年4月29日中华人民共和国主席令第43号公布
· 自2020年9月1日起施行

第一章 总 则

第一条 为了保护和改善生态环境，防治固体废物污染环境，保障公众健康，维护生态安全，推进生态文明建设，促进经济社会可持续发展，制定本法。

第二条 固体废物污染环境的防治适用本法。

固体废物污染海洋环境的防治和放射性固体废物污染环境的防治不适用本法。

第三条 国家推行绿色发展方式，促进清洁生产和循环经济发展。

国家倡导简约适度、绿色低碳的生活方式，引导公众积极参与固体废物污染环境防治。

第四条 固体废物污染环境防治坚持减量化、资源化和无害化的原则。

任何单位和个人都应当采取措施，减少固体废物的产生量，促进固体废物的综合利用，降低固体废物的危害性。

第五条 固体废物污染环境防治坚持污染担责的原则。

产生、收集、贮存、运输、利用、处置固体废物的单位和个人，应当采取措施，防止或者减少固体废物对环境的污染，对所造成的环境污染依法承担责任。

第六条 国家推行生活垃圾分类制度。

生活垃圾分类坚持政府推动、全民参与、城乡统筹、因地制宜、简便易行的原则。

第七条 地方各级人民政府对本行政区域固体废物污染环境防治负责。

国家实行固体废物污染环境防治目标责任制和考核评价制度，将固体废物污染环境防治目标完成情况纳入考核评价的内容。

第八条 各级人民政府应当加强对固体废物污染环境防治工作的领导，组织、协调、督促有关部门依法履行固体废物污染环境防治监督管理职责。

省、自治区、直辖市之间可以协商建立跨行政区域固体废物污染环境的联防联控机制，统筹规划制定、设施建设、固体废物转移等工作。

第九条 国务院生态环境主管部门对全国固体废物污染环境防治工作实施统一监督管理。国务院发展改革、工业和信息化、自然资源、住房城乡建设、交通运输、农业农村、商务、卫生健康、海关等主管部门在各自职责范围内负责固体废物污染环境防治的监督管理工作。

地方人民政府生态环境主管部门对本行政区域固体废物污染环境防治工作实施统一监督管理。地方人民政府发展改革、工业和信息化、自然资源、住房城乡建设、交通运输、农业农村、商务、卫生健康等主管部门在各自职责范围内负责固体废物污染环境防治的监督管理工作。

第十条 国家鼓励、支持固体废物污染环境防治的科学研究、技术开发、先进技术推广和科学普及，加强固体废物污染环境防治科技支撑。

第十一条 国家机关、社会团体、企业事业单位、基层群众性自治组织和新闻媒体应当加强固体废物污染环境防治宣传教育和科学普及，增强公众固体废物污染环境防治意识。

学校应当开展生活垃圾分类以及其他固体废物污染环境防治知识普及和教育。

第十二条 各级人民政府对在固体废物污染环境防治工作以及相关的综合利用活动中做出显著成绩的单位和个人，按国家有关规定给予表彰、奖励。

第二章 监督管理

第十三条 县级以上人民政府应当将固体废物污染环境防治工作纳入国民经济和社会发展规划、生态环境保护规划，并采取有效措施减少固体废物的产生量、促进固体废物的综合利用、降低固体废物的危害性，最大限度降低固体废物填埋量。

第十四条 国务院生态环境主管部门应当会同国务院有关部门根据国家环境质量标准和国家经济、技术条件，制定固体废物鉴别标准、鉴别程序和国家固体废物污染环境防治技术标准。

第十五条 国务院标准化主管部门应当会同国务院发展改革、工业和信息化、生态环境、农业农村等主管部门，制定固体废物综合利用标准。

综合利用固体废物应当遵守生态环境法律法规，符合固体废物污染环境防治技术标准。使用固体废物综合利用产物应当符合国家规定的用途、标准。

第十六条 国务院生态环境主管部门应当会同国务院有关部门建立全国危险废物等固体废物污染环境防治信息平台，推进固体废物收集、转移、处置等全过程监控和信息化追溯。

第十七条 建设产生、贮存、利用、处置固体废物的项目，应当依法进行环境影响评价，并遵守国家有关建设项目环境保护管理的规定。

第十八条 建设项目的环境影响评价文件确定需要配套建设的固体废物污染环境防治设施，应当与主体工程同时设计、同时施工、同时投入使用。建设项目的初步设计，应当按照环境保护设计规范的要求，将固体废物污染环境防治内容纳入环境影响评价文件，落实防治固体废物污染环境和破坏生态的措施以及固体废物污染环境防治设施投资概算。

建设单位应当依照有关法律法规的规定，对配套建设的固体废物污染环境防治设施进行验收，编制验收报告，并向社会公开。

第十九条 收集、贮存、运输、利用、处置固体废物的单位和其他生产经营者，应当加强对相关设施、设备和场所的管理和维护，保证其正常运行和使用。

第二十条 产生、收集、贮存、运输、利用、处置固体废物的单位和其他生产经营者，应当采取防扬散、防流失、防渗漏或者其他防止污染环境的措施，不得擅自倾倒、堆放、丢弃、遗撒固体废物。

禁止任何单位或者个人向江河、湖泊、运河、渠道、水库及其最高水位线以下的滩地和岸坡以及法律法规规定的其他地点倾倒、堆放、贮存固体废物。

第二十一条 在生态保护红线区域、永久基本农田集中区域和其他需要特别保护的区域内，禁止建设工业固体废物、危险废物集中贮存、利用、处置的设施、场所和生活垃圾填埋场。

第二十二条 转移固体废物出省、自治区、直辖市行政区域贮存、处置的，应当向固体废物移出地的省、自治区、直辖市人民政府生态环境主管部门提出申请。移出地的省、自治区、直辖市人民政府生态环境主管部门应当及时商经接受地的省、自治区、直辖市人民政府生态环境主管部门同意后，在规定期限内批准转移该固体废物出省、自治区、直辖市行政区域。未经批准的，不得转移。

转移固体废物出省、自治区、直辖市行政区域利用的，应当报固体废物移出地的省、自治区、直辖市人民政府生态环境主管部门备案。移出地的省、自治区、直辖市人民政府生态环境主管部门应当将备案信息通报接受地的省、自治区、直辖市人民政府生态环境主管部门。

第二十三条 禁止中华人民共和国境外的固体废物进境倾倒、堆放、处置。

第二十四条 国家逐步实现固体废物零进口，由国务院生态环境主管部门会同国务院商务、发展改革、海关等主管部门组织实施。

第二十五条 海关发现进口货物疑似固体废物的，可以委托专业机构开展属性鉴别，并根据鉴别结论依法管理。

第二十六条 生态环境主管部门及其环境执法机构和其他负有固体废物污染环境防治监督管理职责的部门，在各自职责范围内有权对从事产生、收集、贮存、运输、利用、处置固体废物等活动的单位和其他生产经营者进行现场检查。被检查者应当如实反映情况，并提供必要的资料。

实施现场检查，可以采取现场监测、采集样品、查阅或者复制与固体废物污染环境防治相关的资料等措施。检查人员进行现场检查，应当出示证件。对现场检查中知悉的商业秘密应当保密。

第二十七条 有下列情形之一，生态环境主管部门和其他负有固体废物污染环境防治监督管理职责的部门，可以对违法收集、贮存、运输、利用、处置的固体废物及设施、设备、场所、工具、物品予以查封、扣押：

（一）可能造成证据灭失、被隐匿或者非法转移的；

（二）造成或者可能造成严重环境污染的。

第二十八条 生态环境主管部门应当会同有关部门建立产生、收集、贮存、运输、利用、处置固体废物的单位和其他生产经营者信用记录制度，将相关信用记录纳入全国信用信息共享平台。

第二十九条 设区的市级人民政府生态环境主管部门应当会同住房城乡建设、农业农村、卫生健康等主管部门，定期向社会发布固体废物的种类、产生量、处置能力、利用处置状况等信息。

产生、收集、贮存、运输、利用、处置固体废物的单位，应当依法及时公开固体废物污染环境防治信息，主动接受社会监督。

利用、处置固体废物的单位，应当依法向公众开放设施、场所，提高公众环境保护意识和参与程度。

第三十条 县级以上人民政府应当将工业固体废物、生活垃圾、危险废物等固体废物污染环境防治情况纳入环境状况和环境保护目标完成情况年度报告，向本级人民代表大会或者人民代表大会常务委员会报告。

第三十一条 任何单位和个人都有权对造成固体废物污染环境的单位和个人进行举报。

生态环境主管部门和其他负有固体废物污染环境防治监督管理职责的部门应当将固体废物污染环境防治举报方式向社会公布，方便公众举报。

接到举报的部门应当及时处理并对举报人的相关信息予以保密；对实名举报并查证属实的，给予奖励。

举报人举报所在单位的，该单位不得以解除、变更劳动合同或者其他方式对举报人进行打击报复。

第三章　工业固体废物

第三十二条 国务院生态环境主管部门应当会同国务院发展改革、工业和信息化等主管部门对工业固体废物对公众健康、生态环境的危害和影响程度等作出界定，制定防治工业固体废物污染环境的技术政策，组织推广先进的防治工业固体废物污染环境的生产工艺和设备。

第三十三条 国务院工业和信息化主管部门应当会同国务院有关部门组织研究开发、推广减少工业固体废物产生量和降低工业固体废物危害性的生产工艺和设备，公布限期淘汰产生严重污染环境的工业固体废物的落后生产工艺、设备的名录。

生产者、销售者、进口者、使用者应当在国务院工业和信息化主管部门会同国务院有关部门规定的期限内分别停止生产、销售、进口或者使用列入前款规定名录中的设备。生产工艺的采用者应当在国务院工业和信息化主管部门会同国务院有关部门规定的期限内停止采用列入前款规定名录中的工艺。

列入限期淘汰名录被淘汰的设备,不得转让给他人使用。

第三十四条 国务院工业和信息化主管部门应当会同国务院发展改革、生态环境等主管部门,定期发布工业固体废物综合利用技术、工艺、设备和产品导向目录,组织开展工业固体废物资源综合利用评价,推动工业固体废物综合利用。

第三十五条 县级以上地方人民政府应当制定工业固体废物污染环境防治工作规划,组织建设工业固体废物集中处置等设施,推动工业固体废物污染环境防治工作。

第三十六条 产生工业固体废物的单位应当建立健全工业固体废物产生、收集、贮存、运输、利用、处置全过程的污染环境防治责任制度,建立工业固体废物管理台账,如实记录产生工业固体废物的种类、数量、流向、贮存、利用、处置等信息,实现工业固体废物可追溯、可查询,并采取防治工业固体废物污染环境的措施。

禁止向生活垃圾收集设施中投放工业固体废物。

第三十七条 产生工业固体废物的单位委托他人运输、利用、处置工业固体废物的,应当对受托方的主体资格和技术能力进行核实,依法签订书面合同,在合同中约定污染防治要求。

受托方运输、利用、处置工业固体废物,应当依照有关法律法规的规定和合同约定履行污染防治要求,并将运输、利用、处置情况告知产生工业固体废物的单位。

产生工业固体废物的单位违反本条第一款规定的,除依照有关法律法规的规定予以处罚外,还应当与造成环境污染和生态破坏的受托方承担连带责任。

第三十八条 产生工业固体废物的单位应当依法实施清洁生产审核,合理选择和利用原材料、能源和其他资源,采用先进的生产工艺和设备,减少工业固体废物的产生量,降低工业固体废物的危害性。

第三十九条 产生工业固体废物的单位应当取得排污许可证。排污许可的具体办法和实施步骤由国务院规定。

产生工业固体废物的单位应当向所在地生态环境主管部门提供工业固体废物的种类、数量、流向、贮存、利用、处置等有关资料,以及减少工业固体废物产生、促进综合利用的具体措施,并执行排污许可管理制度的相关规定。

第四十条 产生工业固体废物的单位应当根据经济、技术条件对工业固体废物加以利用;对暂时不利用或者不能利用的,应当按照国务院生态环境等主管部门规定建设贮存设施、场所,安全分类存放,或者采取无害化处置措施。贮存工业固体废物应当采取符合国家环境保护标准的防护措施。

建设工业固体废物贮存、处置的设施、场所,应当符合国家环境保护标准。

第四十一条 产生工业固体废物的单位终止的,应当在终止前对工业固体废物的贮存、处置的设施、场所采取污染防治措施,并对未处置的工业固体废物作出妥善处置,防止污染环境。

产生工业固体废物的单位发生变更的,变更后的单位应当按照国家有关环境保护的规定对未处置的工业固体废物及其贮存、处置的设施、场所进行安全处置或者采取有效措施保证该设施、场所安全运行。变更前当事人对工业固体废物及其贮存、处置的设施、场所的污染防治责任另有约定的,从其约定;但是,不得免除当事人的污染防治义务。

对 2005 年 4 月 1 日前已经终止的单位未处置的工业固体废物及其贮存、处置的设施、场所进行安全处置的费用,由有关人民政府承担;但是,该单位享有的土地使用权依法转让的,应当由土地使用权受让人承担处置费用。当事人另有约定的,从其约定;但是,不得免除当事人的污染防治义务。

第四十二条 矿山企业应当采取科学的开采方法和选矿工艺,减少尾矿、煤矸石、废石等矿业固体废物的产生量和贮存量。

国家鼓励采取先进工艺对尾矿、煤矸石、废石等矿业固体废物进行综合利用。

尾矿、煤矸石、废石等矿业固体废物贮存设施停止使用后,矿山企业应当按照国家有关环境保护等规定进行封场,防止造成环境污染和生态破坏。

第四章 生活垃圾

第四十三条 县级以上地方人民政府应当加快建立分类投放、分类收集、分类运输、分类处理的生活垃圾管理系统,实现生活垃圾分类制度有效覆盖。

县级以上地方人民政府应当建立生活垃圾分类工作协调机制,加强和统筹生活垃圾分类管理能力建设。

各级人民政府及其有关部门应当组织开展生活垃圾分类宣传,教育引导公众养成生活垃圾分类习惯,督促和指导生活垃圾分类工作。

第四十四条 县级以上地方人民政府应当有计划地改进燃料结构,发展清洁能源,减少燃料废渣等固体废物的产生量。

县级以上地方人民政府有关部门应当加强产品生产和流通过程管理，避免过度包装，组织净菜上市，减少生活垃圾的产生量。

第四十五条 县级以上人民政府应当统筹安排建设城乡生活垃圾收集、运输、处理设施，确定设施厂址，提高生活垃圾的综合利用和无害化处置水平，促进生活垃圾收集、处理的产业化发展，逐步建立和完善生活垃圾污染环境防治的社会服务体系。

县级以上地方人民政府有关部门应当统筹规划，合理安排回收、分拣、打包网点，促进生活垃圾的回收利用工作。

第四十六条 地方各级人民政府应当加强农村生活垃圾污染环境的防治，保护和改善农村人居环境。

国家鼓励农村生活垃圾源头减量。城乡结合部、人口密集的农村地区和其他有条件的地方，应当建立城乡一体的生活垃圾管理系统；其他农村地区应当积极探索生活垃圾管理模式，因地制宜，就近就地利用或者妥善处理生活垃圾。

第四十七条 设区的市级以上人民政府环境卫生主管部门应当制定生活垃圾清扫、收集、贮存、运输和处理设施、场所建设运行规范，发布生活垃圾分类指导目录，加强监督管理。

第四十八条 县级以上地方人民政府环境卫生等主管部门应当组织对城乡生活垃圾进行清扫、收集、运输和处理，可以通过招标等方式选择具备条件的单位从事生活垃圾的清扫、收集、运输和处理。

第四十九条 产生生活垃圾的单位、家庭和个人应当依法履行生活垃圾源头减量和分类投放义务，承担生活垃圾产生者责任。

任何单位和个人都应当依法在指定的地点分类投放生活垃圾。禁止随意倾倒、抛撒、堆放或者焚烧生活垃圾。

机关、事业单位等应当在生活垃圾分类工作中起示范带头作用。

已经分类投放的生活垃圾，应当按照规定分类收集、分类运输、分类处理。

第五十条 清扫、收集、运输、处理城乡生活垃圾，应当遵守国家有关环境保护和环境卫生管理的规定，防止污染环境。

从生活垃圾中分类并集中收集的有害垃圾，属于危险废物的，应当按照危险废物管理。

第五十一条 从事公共交通运输的经营单位，应当及时清扫、收集运输过程中产生的生活垃圾。

第五十二条 农贸市场、农产品批发市场等应当加强环境卫生管理，保持环境卫生清洁，对所产生的垃圾及时清扫、分类收集、妥善处理。

第五十三条 从事城市新区开发、旧区改建和住宅小区开发建设、村镇建设的单位，以及机场、码头、车站、公园、商场、体育场馆等公共设施、场所的经营管理单位，应当按照国家有关环境卫生的规定，配套建设生活垃圾收集设施。

县级以上地方人民政府应当统筹生活垃圾公共转运、处理设施与前款规定的收集设施的有效衔接，并加强生活垃圾分类收运体系和再生资源回收体系在规划、建设、运营等方面的融合。

第五十四条 从生活垃圾中回收的物质应当按照国家规定的用途、标准使用，不得用于生产可能危害人体健康的产品。

第五十五条 建设生活垃圾处理设施、场所，应当符合国务院生态环境主管部门和国务院住房城乡建设主管部门规定的环境保护和环境卫生标准。

鼓励相邻地区统筹生活垃圾处理设施建设，促进生活垃圾处理设施跨行政区域共建共享。

禁止擅自关闭、闲置或者拆除生活垃圾处理设施、场所；确有必要关闭、闲置或者拆除的，应当经所在地的市、县级人民政府环境卫生主管部门商所在地生态环境主管部门同意后核准，并采取防止污染环境的措施。

第五十六条 生活垃圾处理单位应当按照国家有关规定，安装使用监测设备，实时监测污染物的排放情况，将污染排放数据实时公开。监测设备应当与所在地生态环境主管部门的监控设备联网。

第五十七条 县级以上地方人民政府环境卫生主管部门负责组织开展厨余垃圾资源化、无害化处理工作。

产生、收集厨余垃圾的单位和其他生产经营者，应当将厨余垃圾交由具备相应资质条件的单位进行无害化处理。

禁止畜禽养殖场、养殖小区利用未经无害化处理的厨余垃圾饲喂畜禽。

第五十八条 县级以上地方人民政府应当按照产生者付费原则，建立生活垃圾处理收费制度。

县级以上地方人民政府制定生活垃圾处理收费标准，应当根据本地实际，结合生活垃圾分类情况，体现分类计价、计量收费等差别化管理，并充分征求公众意见。生活垃圾处理收费标准应当向社会公布。

生活垃圾处理费应当专项用于生活垃圾的收集、运输和处理等，不得挪作他用。

  第五十九条 省、自治区、直辖市和设区的市、自治州可以结合实际，制定本地方生活垃圾具体管理办法。

第五章 建筑垃圾、农业固体废物等

  第六十条 县级以上地方人民政府应当加强建筑垃圾污染环境的防治，建立建筑垃圾分类处理制度。

  县级以上地方人民政府应当制定包括源头减量、分类处理、消纳设施和场所布局及建设等在内的建筑垃圾污染环境防治工作规划。

  第六十一条 国家鼓励采用先进技术、工艺、设备和管理措施，推进建筑垃圾源头减量，建立建筑垃圾回收利用体系。

  县级以上地方人民政府应当推动建筑垃圾综合利用产品应用。

  第六十二条 县级以上地方人民政府环境卫生主管部门负责建筑垃圾污染环境防治工作，建立建筑垃圾全过程管理制度，规范建筑垃圾产生、收集、贮存、运输、利用、处置行为，推进综合利用，加强建筑垃圾处置设施、场所建设，保障处置安全，防止污染环境。

  第六十三条 工程施工单位应当编制建筑垃圾处理方案，采取污染防治措施，并报县级以上地方人民政府环境卫生主管部门备案。

  工程施工单位应当及时清运工程施工过程中产生的建筑垃圾等固体废物，并按照环境卫生主管部门的规定进行利用或者处置。

  工程施工单位不得擅自倾倒、抛撒或者堆放工程施工过程中产生的建筑垃圾。

  第六十四条 县级以上人民政府农业农村主管部门负责指导农业固体废物回收利用体系建设，鼓励和引导有关单位和其他生产经营者依法收集、贮存、运输、利用、处置农业固体废物，加强监督管理，防止污染环境。

  第六十五条 产生秸秆、废弃农用薄膜、农药包装废弃物等农业固体废物的单位和其他生产经营者，应当采取回收利用和其他防止污染环境的措施。

  从事畜禽规模养殖应当及时收集、贮存、利用或者处置养殖过程中产生的畜禽粪污等固体废物，避免造成环境污染。

  禁止在人口集中地区、机场周围、交通干线附近以及当地人民政府划定的其他区域露天焚烧秸秆。

  国家鼓励研究开发、生产、销售、使用在环境中可降解且无害的农用薄膜。

  第六十六条 国家建立电器电子、铅蓄电池、车用动力电池等产品的生产者责任延伸制度。

  电器电子、铅蓄电池、车用动力电池等产品的生产者应当按照规定以自建或者委托等方式建立与产品销售量相匹配的废旧产品回收体系，并向社会公开，实现有效回收和利用。

  国家鼓励产品的生产者开展生态设计，促进资源回收利用。

  第六十七条 国家对废弃电器电子产品等实行多渠道回收和集中处理制度。

  禁止将废弃机动车船等交由不符合规定条件的企业或者个人回收、拆解。

  拆解、利用、处置废弃电器电子产品、废弃机动车船等，应当遵守有关法律法规的规定，采取防止污染环境的措施。

  第六十八条 产品和包装物的设计、制造，应当遵守国家有关清洁生产的规定。国务院标准化主管部门应当根据国家经济和技术条件、固体废物污染环境防治状况以及产品的技术要求，组织制定有关标准，防止过度包装造成环境污染。

  生产经营者应当遵守限制商品过度包装的强制性标准，避免过度包装。县级以上地方人民政府市场监督管理部门和有关部门应当按照各自职责，加强对过度包装的监督管理。

  生产、销售、进口依法被列入强制回收目录的产品和包装物的企业，应当按照国家有关规定对该产品和包装物进行回收。

  电子商务、快递、外卖等行业应当优先采用可重复使用、易回收利用的包装物，优化物品包装，减少包装物的使用，并积极回收利用包装物。县级以上地方人民政府商务、邮政等主管部门应当加强监督管理。

  国家鼓励和引导消费者使用绿色包装和减量包装。

  第六十九条 国家依法禁止、限制生产、销售和使用不可降解塑料袋等一次性塑料制品。

  商品零售场所开办单位、电子商务平台企业和快递企业、外卖企业应当按照国家有关规定向商务、邮政等主管部门报告塑料袋等一次性塑料制品的使用、回收情况。

  国家鼓励和引导减少使用、积极回收塑料袋等一次性塑料制品，推广应用可循环、易回收、可降解的替代产品。

  第七十条 旅游、住宿等行业应当按照国家有关规定推行不主动提供一次性用品。

  机关、企业事业单位等的办公场所应当使用有利于保护环境的产品、设备和设施，减少使用一次性办公用品。

第七十一条 城镇污水处理设施维护运营单位或者污泥处理单位应当安全处理污泥，保证处理后的污泥符合国家有关标准，对污泥的流向、用途、用量等进行跟踪、记录，并报告城镇排水主管部门、生态环境主管部门。

县级以上人民政府城镇排水主管部门应当将污泥处理设施纳入城镇排水与污水处理规划，推动同步建设污泥处理设施与污水处理设施，鼓励协同处理，污水处理费征收标准和补偿范围应当覆盖污泥处理成本和污水处理设施正常运营成本。

第七十二条 禁止擅自倾倒、堆放、丢弃、遗撒城镇污水处理设施产生的污泥和处理后的污泥。

禁止重金属或者其他有毒有害物质含量超标的污泥进入农用地。

从事水体清淤疏浚应当按照国家有关规定处理清淤疏浚过程中产生的底泥，防止污染环境。

第七十三条 各级各类实验室及其设立单位应当加强对实验室产生的固体废物的管理，依法收集、贮存、运输、利用、处置实验室固体废物。实验室固体废物属于危险废物的，应当按照危险废物管理。

第六章 危险废物

第七十四条 危险废物污染环境的防治，适用本章规定；本章未作规定的，适用本法其他有关规定。

第七十五条 国务院生态环境主管部门应当会同国务院有关部门制定国家危险废物名录，规定统一的危险废物鉴别标准、鉴别方法、识别标志和鉴别单位管理要求。国家危险废物名录应当动态调整。

国务院生态环境主管部门根据危险废物的危害特性和产生数量，科学评估其环境风险，实施分级分类管理，建立信息化监管体系，并通过信息化手段管理、共享危险废物转移数据和信息。

第七十六条 省、自治区、直辖市人民政府应当组织有关部门编制危险废物集中处置设施、场所的建设规划，科学评估危险废物处置需求，合理布局危险废物集中处置设施、场所，确保本行政区域的危险废物得到妥善处置。

编制危险废物集中处置设施、场所的建设规划，应当征求有关行业协会、企业事业单位、专家和公众等方面的意见。

相邻省、自治区、直辖市之间可以开展区域合作，统筹建设区域性危险废物集中处置设施、场所。

第七十七条 对危险废物的容器和包装物以及收集、贮存、运输、利用、处置危险废物的设施、场所，应当按照规定设置危险废物识别标志。

第七十八条 产生危险废物的单位，应当按照国家有关规定制定危险废物管理计划；建立危险废物管理台账，如实记录有关信息，并通过国家危险废物信息管理系统向所在地生态环境主管部门申报危险废物的种类、产生量、流向、贮存、处置等有关资料。

前款所称危险废物管理计划应当包括减少危险废物产生量和降低危险废物危害性的措施以及危险废物贮存、利用、处置措施。危险废物管理计划应当报产生危险废物的单位所在地生态环境主管部门备案。

产生危险废物的单位已经取得排污许可证的，执行排污许可管理制度的规定。

第七十九条 产生危险废物的单位，应当按照国家有关规定和环境保护标准要求贮存、利用、处置危险废物，不得擅自倾倒、堆放。

第八十条 从事收集、贮存、利用、处置危险废物经营活动的单位，应当按照国家有关规定申请取得许可证。许可证的具体管理办法由国务院制定。

禁止无许可证或者未按照许可证规定从事危险废物收集、贮存、利用、处置的经营活动。

禁止将危险废物提供或者委托给无许可证的单位或者其他生产经营者从事收集、贮存、利用、处置活动。

第八十一条 收集、贮存危险废物，应当按照危险废物特性分类进行。禁止混合收集、贮存、运输、处置性质不相容而未经安全性处置的危险废物。

贮存危险废物应当采取符合国家环境保护标准的防护措施。禁止将危险废物混入非危险废物中贮存。

从事收集、贮存、利用、处置危险废物经营活动的单位，贮存危险废物不得超过一年；确需延长期限的，应当报经颁发许可证的生态环境主管部门批准；法律、行政法规另有规定的除外。

第八十二条 转移危险废物的，应当按照国家有关规定填写、运行危险废物电子或者纸质转移联单。

跨省、自治区、直辖市转移危险废物的，应当向危险废物移出地省、自治区、直辖市人民政府生态环境主管部门申请。移出地省、自治区、直辖市人民政府生态环境主管部门应当及时商经接受地省、自治区、直辖市人民政府生态环境主管部门同意后，在规定期限内批准转移该危险废物，并将批准信息通报相关省、自治区、直辖市人民政府生态环境主管部门和交通运输主管部门。未经批准的，不得转移。

危险废物转移管理应当全程管控、提高效率，具体办法由国务院生态环境主管部门会同国务院交通运输主管部门和公安部门制定。

第八十三条　运输危险废物，应当采取防止污染环境的措施，并遵守国家有关危险货物运输管理的规定。

禁止将危险废物与旅客在同一运输工具上载运。

第八十四条　收集、贮存、运输、利用、处置危险废物的场所、设施、设备和容器、包装物及其他物品转作他用时，应当按照国家有关规定经过消除污染处理，方可使用。

第八十五条　产生、收集、贮存、运输、利用、处置危险废物的单位，应当依法制定意外事故的防范措施和应急预案，并向所在地生态环境主管部门和其他负有固体废物污染环境防治监督管理职责的部门备案；生态环境主管部门和其他负有固体废物污染环境防治监督管理职责的部门应当进行检查。

第八十六条　因发生事故或者其他突发性事件，造成危险废物严重污染环境的单位，应当立即采取有效措施消除或者减轻对环境的污染危害，及时通报可能受到污染危害的单位和居民，并向所在地生态环境主管部门和有关部门报告，接受调查处理。

第八十七条　在发生或者有证据证明可能发生危险废物严重污染环境、威胁居民生命财产安全时，生态环境主管部门或者其他负有固体废物污染环境防治监督管理职责的部门应当立即向本级人民政府和上一级人民政府有关部门报告，由人民政府采取防止或者减轻危害的有效措施。有关人民政府可以根据需要责令停止导致或者可能导致环境污染事故的作业。

第八十八条　重点危险废物集中处置设施、场所退役前，运营单位应当按照国家有关规定对设施、场所采取污染防治措施。退役的费用应当预提，列入投资概算或者生产成本，专门用于重点危险废物集中处置设施、场所的退役。具体提取和管理办法，由国务院财政部门、价格主管部门会同国务院生态环境主管部门规定。

第八十九条　禁止经中华人民共和国过境转移危险废物。

第九十条　医疗废物按照国家危险废物名录管理。县级以上地方人民政府应当加强医疗废物集中处置能力建设。

县级以上人民政府卫生健康、生态环境等主管部门应当在各自职责范围内加强对医疗废物收集、贮存、运输、处置的监督管理，防止危害公众健康、污染环境。

医疗卫生机构应当依法分类收集本单位产生的医疗废物，交由医疗废物集中处置单位处置。医疗废物集中处置单位应当及时收集、运输和处置医疗废物。

医疗卫生机构和医疗废物集中处置单位，应当采取有效措施，防止医疗废物流失、泄漏、渗漏、扩散。

第九十一条　重大传染病疫情等突发事件发生时，县级以上人民政府应当统筹协调医疗废物等危险废物收集、贮存、运输、处置等工作，保障所需的车辆、场地、处置设施和防护物资。卫生健康、生态环境、环境卫生、交通运输等主管部门应当协同配合，依法履行应急处置职责。

第七章　保障措施

第九十二条　国务院有关部门、县级以上地方人民政府及其有关部门在编制国土空间规划和相关专项规划时，应当统筹生活垃圾、建筑垃圾、危险废物等固体废物转运、集中处置等设施建设需求，保障转运、集中处置等设施用地。

第九十三条　国家采取有利于固体废物污染环境防治的经济、技术政策和措施，鼓励、支持有关方面采取有利于固体废物污染环境防治的措施，加强对从事固体废物污染环境防治工作人员的培训和指导，促进固体废物污染环境防治产业专业化、规模化发展。

第九十四条　国家鼓励和支持科研单位、固体废物产生单位、固体废物利用单位、固体废物处置单位等联合攻关，研究开发固体废物综合利用、集中处置等的新技术，推动固体废物污染环境防治技术进步。

第九十五条　各级人民政府应当加强固体废物污染环境的防治，按照事权划分的原则安排必要的资金用于下列事项：

（一）固体废物污染环境防治的科学研究、技术开发；

（二）生活垃圾分类；

（三）固体废物集中处置设施建设；

（四）重大传染病疫情等突发事件产生的医疗废物等危险废物应急处置；

（五）涉及固体废物污染环境防治的其他事项。

使用资金应当加强绩效管理和审计监督，确保资金使用效益。

第九十六条　国家鼓励和支持社会力量参与固体废物污染环境防治工作，并按照国家有关规定给予政策扶持。

第九十七条　国家发展绿色金融，鼓励金融机构加大对固体废物污染环境防治项目的信贷投放。

第九十八条　从事固体废物综合利用等固体废物污

染环境防治工作的，依照法律、行政法规的规定，享受税收优惠。

国家鼓励并提倡社会各界为防治固体废物污染环境捐赠财产，并依照法律、行政法规的规定，给予税收优惠。

第九十九条 收集、贮存、运输、利用、处置危险废物的单位，应当按照国家有关规定，投保环境污染责任保险。

第一百条 国家鼓励单位和个人购买、使用综合利用产品和可重复使用产品。

县级以上人民政府及其有关部门在政府采购过程中，应当优先采购综合利用产品和可重复使用产品。

第八章 法律责任

第一百零一条 生态环境主管部门或者其他负有固体废物污染环境防治监督管理职责的部门违反本法规定，有下列行为之一，由本级人民政府或者上级人民政府有关部门责令改正，对直接负责的主管人员和其他直接责任人员依法给予处分：

（一）未依法作出行政许可或者办理批准文件的；

（二）对违法行为进行包庇的；

（三）未依法查封、扣押的；

（四）发现违法行为或者接到对违法行为的举报后未予查处的；

（五）有其他滥用职权、玩忽职守、徇私舞弊等违法行为的。

依照本法规定应当作出行政处罚决定而未作出的，上级主管部门可以直接作出行政处罚决定。

第一百零二条 违反本法规定，有下列行为之一，由生态环境主管部门责令改正，处以罚款，没收违法所得；情节严重的，报经有批准权的人民政府批准，可以责令停业或者关闭：

（一）产生、收集、贮存、运输、利用、处置固体废物的单位未依法及时公开固体废物污染环境防治信息的；

（二）生活垃圾处理单位未按照国家有关规定安装使用监测设备、实时监测污染物的排放情况并公开污染物排放数据的；

（三）将列入限期淘汰名录被淘汰的设备转让给他人使用的；

（四）在生态保护红线区域、永久基本农田集中区域和其他需要特别保护的区域内，建设工业固体废物、危险废物集中贮存、利用、处置的设施、场所和生活垃圾填埋场的；

（五）转移固体废物出省、自治区、直辖市行政区域贮存、处置未经批准的；

（六）转移固体废物出省、自治区、直辖市行政区域利用未报备案的；

（七）擅自倾倒、堆放、丢弃、遗撒工业固体废物，或者未采取相应防范措施，造成工业固体废物扬散、流失、渗漏或者其他环境污染的；

（八）产生工业固体废物的单位未建立固体废物管理台账并如实记录的；

（九）产生工业固体废物的单位违反本法规定委托他人运输、利用、处置工业固体废物的；

（十）贮存工业固体废物未采取符合国家环境保护标准的防护措施的；

（十一）单位和其他生产经营者违反固体废物管理其他要求，污染环境、破坏生态的。

有前款第一项、第八项行为之一，处五万元以上二十万元以下的罚款；有前款第二项、第三项、第四项、第五项、第六项、第九项、第十项、第十一项行为之一，处十万元以上一百万元以下的罚款；有前款第七项行为，处所需处置费用一倍以上三倍以下的罚款，所需处置费用不足十万元的，按十万元计算。对前款第十一项行为的处罚，有关法律、行政法规另有规定的，适用其规定。

第一百零三条 违反本法规定，以拖延、围堵、滞留执法人员等方式拒绝、阻挠监督检查，或者在接受监督检查时弄虚作假的，由生态环境主管部门或者其他负有固体废物污染环境防治监督管理职责的部门责令改正，处五万元以上二十万元以下的罚款；对直接负责的主管人员和其他直接责任人员，处二万元以上十万元以下的罚款。

第一百零四条 违反本法规定，未依法取得排污许可证产生工业固体废物的，由生态环境主管部门责令改正或者限制生产、停产整治，处十万元以上一百万元以下的罚款；情节严重的，报经有批准权的人民政府批准，责令停业或者关闭。

第一百零五条 违反本法规定，生产经营者未遵守限制商品过度包装的强制性标准的，由县级以上地方人民政府市场监督管理部门或者有关部门责令改正；拒不改正的，处二千元以上二万元以下的罚款；情节严重的，处二万元以上十万元以下的罚款。

第一百零六条 违反本法规定，未遵守国家有关禁止、限制使用不可降解塑料袋等一次性塑料制品的规定，或者未按照国家有关规定报告塑料袋等一次性塑料制品的使用情况的，由县级以上地方人民政府商务、邮政等主管部门责令改正,处一万元以上十万元以下的罚款。

第一百零七条 从事畜禽规模养殖未及时收集、贮存、利用或者处置养殖过程中产生的畜禽粪污等固体废物的,由生态环境主管部门责令改正,可以处十万元以下的罚款;情节严重的,报经有批准权的人民政府批准,责令停业或者关闭。

第一百零八条 违反本法规定,城镇污水处理设施维护运营单位或者污泥处理单位对污泥流向、用途、用量等未进行跟踪、记录,或者处理后的污泥不符合国家有关标准的,由城镇排水主管部门责令改正,给予警告;造成严重后果的,处十万元以上二十万元以下的罚款;拒不改正的,城镇排水主管部门可以指定有治理能力的单位代为治理,所需费用由违法者承担。

违反本法规定,擅自倾倒、堆放、丢弃、遗撒城镇污水处理设施产生的污泥和处理后的污泥的,由城镇排水主管部门责令改正,处二十万元以上二百万元以下的罚款,对直接负责的主管人员和其他直接责任人员处二万元以上十万元以下的罚款;造成严重后果的,处二百万元以上五百万元以下的罚款,对直接负责的主管人员和其他直接责任人员处五万元以上五十万元以下的罚款;拒不改正的,城镇排水主管部门可以指定有治理能力的单位代为治理,所需费用由违法者承担。

第一百零九条 违反本法规定,生产、销售、进口或者使用淘汰的设备,或者采用淘汰的生产工艺的,由县级以上地方人民政府指定的部门责令改正,处十万元以上一百万元以下的罚款,没收违法所得;情节严重的,由县级以上地方人民政府指定的部门提出意见,报经有批准权的人民政府批准,责令停业或者关闭。

第一百一十条 尾矿、煤矸石、废石等矿业固体废物贮存设施停止使用后,未按照国家有关环境保护规定进行封场的,由生态环境主管部门责令改正,处二十万元以上一百万元以下的罚款。

第一百一十一条 违反本法规定,有下列行为之一,由县级以上地方人民政府环境卫生主管部门责令改正,处以罚款,没收违法所得:

(一)随意倾倒、抛撒、堆放或者焚烧生活垃圾的;

(二)擅自关闭、闲置或者拆除生活垃圾处理设施、场所的;

(三)工程施工单位未编制建筑垃圾处理方案报备案,或者未及时清运施工过程中产生的固体废物的;

(四)工程施工单位擅自倾倒、抛撒或者堆放工程施工过程中产生的建筑垃圾,或者未按照规定对施工过程中产生的固体废物进行利用或者处置的;

(五)产生、收集厨余垃圾的单位和其他生产经营者未将厨余垃圾交由具备相应资质条件的单位进行无害化处理的;

(六)畜禽养殖场、养殖小区利用未经无害化处理的厨余垃圾饲喂畜禽的;

(七)在运输过程中沿途丢弃、遗撒生活垃圾的。

单位有前款第一项、第七项行为之一,处五万元以上五十万元以下的罚款;单位有前款第二项、第三项、第四项、第五项、第六项行为之一,处十万元以上一百万元以下的罚款;个人有前款第一项、第五项、第七项行为之一,处一百元以上五百元以下的罚款。

违反本法规定,未在指定的地点分类投放生活垃圾的,由县级以上地方人民政府环境卫生主管部门责令改正;情节严重的,对单位处五万元以上五十万元以下的罚款,对个人依法处以罚款。

第一百一十二条 违反本法规定,有下列行为之一,由生态环境主管部门责令改正,处以罚款,没收违法所得;情节严重的,报经有批准权的人民政府批准,可以责令停业或者关闭:

(一)未按照规定设置危险废物识别标志的;

(二)未按照国家有关规定制定危险废物管理计划或者申报危险废物有关资料的;

(三)擅自倾倒、堆放危险废物的;

(四)将危险废物提供或者委托给无许可证的单位或者其他生产经营者从事经营活动的;

(五)未按照国家有关规定填写、运行危险废物转移联单或者未经批准擅自转移危险废物的;

(六)未按照国家环境保护标准贮存、利用、处置危险废物或者将危险废物混入非危险废物中贮存的;

(七)未经安全性处置,混合收集、贮存、运输、处置具有不相容性质的危险废物的;

(八)将危险废物与旅客在同一运输工具上载运的;

(九)未经消除污染处理,将收集、贮存、运输、处置危险废物的场所、设施、设备和容器、包装物及其他物品转作他用的;

(十)未采取相应防范措施,造成危险废物扬散、流失、渗漏或者其他环境污染的;

(十一)在运输过程中沿途丢弃、遗撒危险废物的;

(十二)未制定危险废物意外事故防范措施和应急预案的;

(十三)未按照国家有关规定建立危险废物管理台

账并如实记录的。

有前款第一项、第二项、第五项、第六项、第七项、第八项、第九项、第十二项、第十三项行为之一，处十万元以上一百万元以下的罚款；有前款第三项、第四项、第十项、第十一项行为之一，处所需处置费用三倍以上五倍以下的罚款，所需处置费用不足二十万元的，按二十万元计算。

第一百一十三条　违反本法规定，危险废物产生者未按照规定处置其产生的危险废物被责令改正后拒不改正的，由生态环境主管部门组织代为处置，处置费用由危险废物产生者承担；拒不承担代为处置费用的，处代为处置费用一倍以上三倍以下的罚款。

第一百一十四条　无许可证从事收集、贮存、利用、处置危险废物经营活动的，由生态环境主管部门责令改正，处一百万元以上五百万元以下的罚款，并报经有批准权的人民政府批准，责令停业或者关闭；对法定代表人、主要负责人、直接负责的主管人员和其他责任人员，处十万元以上一百万元以下的罚款。

未按照许可证规定从事收集、贮存、利用、处置危险废物经营活动的，由生态环境主管部门责令改正，限制生产、停产整治，处五十万元以上二百万元以下的罚款；对法定代表人、主要负责人、直接负责的主管人员和其他责任人员，处五万元以上五十万元以下的罚款；情节严重的，报经有批准权的人民政府批准，责令停业或者关闭，还可以由发证机关吊销许可证。

第一百一十五条　违反本法规定，将中华人民共和国境外的固体废物输入境内的，由海关责令退运该固体废物，处五十万元以上五百万元以下的罚款。

承运人对前款规定的固体废物的退运、处置，与进口者承担连带责任。

第一百一十六条　违反本法规定，经中华人民共和国过境转移危险废物的，由海关责令退运该危险废物，处五十万元以上五百万元以下的罚款。

第一百一十七条　对已经非法入境的固体废物，由省级以上人民政府生态环境主管部门依法向海关提出处理意见，海关应当依照本法第一百一十五条的规定作出处罚决定；已经造成环境污染的，由省级以上人民政府生态环境主管部门责令进口者消除污染。

第一百一十八条　违反本法规定，造成固体废物污染环境事故的，除依法承担赔偿责任外，由生态环境主管部门依照本条第二款的规定处以罚款，责令限期采取治理措施；造成重大或者特大固体废物污染环境事故的，还可以报经有批准权的人民政府批准，责令关闭。

造成一般或者较大固体废物污染环境事故的，按照事故造成的直接经济损失的一倍以上三倍以下计算罚款；造成重大或者特大固体废物污染环境事故的，按照事故造成的直接经济损失的三倍以上五倍以下计算罚款，并对法定代表人、主要负责人、直接负责的主管人员和其他责任人员处上一年度从本单位取得的收入百分之五十以下的罚款。

第一百一十九条　单位和其他生产经营者违反本法规定排放固体废物，受到罚款处罚，被责令改正的，依法作出处罚决定的行政机关应当组织复查，发现其继续实施该违法行为的，依照《中华人民共和国环境保护法》的规定按日连续处罚。

第一百二十条　违反本法规定，有下列行为之一，尚不构成犯罪的，由公安机关对法定代表人、主要负责人、直接负责的主管人员和其他责任人员处十日以上十五日以下的拘留；情节较轻的，处五日以上十日以下的拘留：

（一）擅自倾倒、堆放、丢弃、遗撒固体废物，造成严重后果的；

（二）在生态保护红线区域、永久基本农田集中区域和其他需要特别保护的区域内，建设工业固体废物、危险废物集中贮存、利用、处置的设施、场所和生活垃圾填埋场的；

（三）将危险废物提供或者委托给无许可证的单位或者其他生产经营者堆放、利用、处置的；

（四）无许可证或者未按照许可证规定从事收集、贮存、利用、处置危险废物经营活动的；

（五）未经批准擅自转移危险废物的；

（六）未采取防范措施，造成危险废物扬散、流失、渗漏或者其他严重后果的。

第一百二十一条　固体废物污染环境、破坏生态，损害国家利益、社会公共利益的，有关机关和组织可以依照《中华人民共和国环境保护法》、《中华人民共和国民事诉讼法》、《中华人民共和国行政诉讼法》等法律的规定向人民法院提起诉讼。

第一百二十二条　固体废物污染环境、破坏生态给国家造成重大损失的，由设区的市级以上地方人民政府或者其指定的部门、机构组织与造成环境污染和生态破坏的单位和其他生产经营者进行磋商，要求其承担损害赔偿责任；磋商未达成一致的，可以向人民法院提起诉讼。

对于执法过程中查获的无法确定责任人或者无法退运

的固体废物,由所在地县级以上地方人民政府组织处理。

第一百二十三条 违反本法规定,构成违反治安管理行为的,由公安机关依法给予治安管理处罚;构成犯罪的,依法追究刑事责任;造成人身、财产损害的,依法承担民事责任。

第九章 附 则

第一百二十四条 本法下列用语的含义:

(一)固体废物,是指在生产、生活和其他活动中产生的丧失原有利用价值或者虽未丧失利用价值但被抛弃或者放弃的固态、半固态和置于容器中的气态的物品、物质以及法律、行政法规规定纳入固体废物管理的物品、物质。经无害化加工处理,并且符合强制性国家产品质量标准,不会危害公众健康和生态安全,或者根据固体废物鉴别标准和鉴别程序认定为不属于固体废物的除外。

(二)工业固体废物,是指在工业生产活动中产生的固体废物。

(三)生活垃圾,是指在日常生活中或者为日常生活提供服务的活动中产生的固体废物,以及法律、行政法规规定视为生活垃圾的固体废物。

(四)建筑垃圾,是指建设单位、施工单位新建、改建、扩建和拆除各类建筑物、构筑物、管网等,以及居民装饰装修房屋过程中产生的弃土、弃料和其他固体废物。

(五)农业固体废物,是指在农业生产活动中产生的固体废物。

(六)危险废物,是指列入国家危险废物名录或者根据国家规定的危险废物鉴别标准和鉴别方法认定的具有危险特性的固体废物。

(七)贮存,是指将固体废物临时置于特定设施或者场所中的活动。

(八)利用,是指从固体废物中提取物质作为原材料或者燃料的活动。

(九)处置,是指将固体废物焚烧和用其他改变固体废物的物理、化学、生物特性的方法,达到减少已产生的固体废物数量、缩小固体废物体积、减少或者消除其危险成分的活动,或者将固体废物最终置于符合环境保护规定要求的填埋场的活动。

第一百二十五条 液态废物的污染防治,适用本法;但是,排入水体的废水的污染防治适用有关法律,不适用本法。

第一百二十六条 本法自2020年9月1日起施行。

中华人民共和国噪声污染防治法

- 2021年12月24日第十三届全国人民代表大会常务委员会第三十二次会议通过
- 2021年12月24日中华人民共和国主席令第104号公布
- 自2022年6月5日起施行

第一章 总 则

第一条 为了防治噪声污染,保障公众健康,保护和改善生活环境,维护社会和谐,推进生态文明建设,促进经济社会可持续发展,制定本法。

第二条 本法所称噪声,是指在工业生产、建筑施工、交通运输和社会生活中产生的干扰周围生活环境的声音。

本法所称噪声污染,是指超过噪声排放标准或者未依法采取防控措施产生噪声,并干扰他人正常生活、工作和学习的现象。

第三条 噪声污染的防治,适用本法。

因从事本职生产经营工作受到噪声危害的防治,适用劳动保护等其他有关法律的规定。

第四条 噪声污染防治应当坚持统筹规划、源头防控、分类管理、社会共治、损害担责的原则。

第五条 县级以上人民政府应当将噪声污染防治工作纳入国民经济和社会发展规划、生态环境保护规划,将噪声污染防治工作经费纳入本级政府预算。

生态环境保护规划应当明确噪声污染防治目标、任务、保障措施等内容。

第六条 地方各级人民政府对本行政区域声环境质量负责,采取有效措施,改善声环境质量。

国家实行噪声污染防治目标责任制和考核评价制度,将噪声污染防治目标完成情况纳入考核评价内容。

第七条 县级以上地方人民政府应当依照本法和国务院的规定,明确有关部门的噪声污染防治监督管理职责,根据需要建立噪声污染防治工作协调联动机制,加强部门协同配合、信息共享,推进本行政区域噪声污染防治工作。

第八条 国务院生态环境主管部门对全国噪声污染防治实施统一监督管理。

地方人民政府生态环境主管部门对本行政区域噪声污染防治实施统一监督管理。

各级住房和城乡建设、公安、交通运输、铁路监督管理、民用航空、海事等部门,在各自职责范围内,对建筑施工、交通运输和社会生活噪声污染防治实施监督管理。

基层群众性自治组织应当协助地方人民政府及其有

关部门做好噪声污染防治工作。

第九条 任何单位和个人都有保护声环境的义务，同时依法享有获取环境信息、参与和监督噪声污染防治的权利。

排放噪声的单位和个人应当采取有效措施，防止、减轻噪声污染。

第十条 各级人民政府及其有关部门应当加强噪声污染防治法律法规和知识的宣传教育普及工作，增强公众噪声污染防治意识，引导公众依法参与噪声污染防治工作。

新闻媒体应当开展噪声污染防治法律法规和知识的公益宣传，对违反噪声污染防治法律法规的行为进行舆论监督。

国家鼓励基层群众性自治组织、社会组织、公共场所管理者、业主委员会、物业服务人、志愿者等开展噪声污染防治法律法规和知识的宣传。

第十一条 国家鼓励、支持噪声污染防治科学技术研究开发、成果转化和推广应用，加强噪声污染防治专业技术人才培养，促进噪声污染防治科学技术进步和产业发展。

第十二条 对在噪声污染防治工作中做出显著成绩的单位和个人，按照国家规定给予表彰、奖励。

第二章　噪声污染防治标准和规划

第十三条 国家推进噪声污染防治标准体系建设。

国务院生态环境主管部门和国务院其他有关部门，在各自职责范围内，制定和完善噪声污染防治相关标准，加强标准之间的衔接协调。

第十四条 国务院生态环境主管部门制定国家声环境质量标准。

县级以上地方人民政府根据国家声环境质量标准和国土空间规划以及用地现状，划定本行政区域各类声环境质量标准的适用区域；将以用于居住、科学研究、医疗卫生、文化教育、机关团体办公、社会福利等的建筑物为主的区域，划定为噪声敏感建筑物集中区域，加强噪声污染防治。

声环境质量标准适用区域范围和噪声敏感建筑物集中区域范围应当向社会公布。

第十五条 国务院生态环境主管部门根据国家声环境质量标准和国家经济、技术条件，制定国家噪声排放标准以及相关的环境振动控制标准。

省、自治区、直辖市人民政府对尚未制定国家噪声排放标准的，可以制定地方噪声排放标准；对已经制定国家噪声排放标准的，可以制定严于国家噪声排放标准的地方噪声排放标准。地方噪声排放标准应当报国务院生态环境主管部门备案。

第十六条 国务院标准化主管部门会同国务院发展改革、生态环境、工业和信息化、住房和城乡建设、交通运输、铁路监督管理、民用航空、海事等部门，对可能产生噪声污染的工业设备、施工机械、机动车、铁路机车车辆、城市轨道交通车辆、民用航空器、机动船舶、电气电子产品、建筑附属设备等产品，根据声环境保护的要求和国家经济、技术条件，在其技术规范或者产品质量标准中规定噪声限值。

前款规定的产品使用时产生噪声的限值，应当在有关技术文件中注明。禁止生产、进口或者销售不符合噪声限值的产品。

县级以上人民政府市场监督管理等部门对生产、销售的有噪声限值的产品进行监督抽查，对电梯等特种设备使用时发出的噪声进行监督抽测，生态环境主管部门予以配合。

第十七条 声环境质量标准、噪声排放标准和其他噪声污染防治相关标准应当定期评估，并根据评估结果适时修订。

第十八条 各级人民政府及其有关部门制定、修改国土空间规划和相关规划，应当依法进行环境影响评价，充分考虑城乡区域开发、改造和建设项目产生的噪声对周围生活环境的影响，统筹规划，合理安排土地用途和建设布局，防止、减轻噪声污染。有关环境影响篇章、说明或者报告书中应当包括噪声污染防治内容。

第十九条 确定建设布局，应当根据国家声环境质量标准和民用建筑隔声设计相关标准，合理划定建筑物与交通干线等的防噪声距离，并提出相应的规划设计要求。

第二十条 未达到国家声环境质量标准的区域所在的设区的市、县级人民政府，应当及时编制声环境质量改善规划及其实施方案，采取有效措施，改善声环境质量。

声环境质量改善规划及其实施方案应当向社会公开。

第二十一条 编制声环境质量改善规划及其实施方案，制定、修订噪声污染防治相关标准，应当征求有关行业协会、企业事业单位、专家和公众等的意见。

第三章　噪声污染防治的监督管理

第二十二条 排放噪声、产生振动，应当符合噪声排放标准以及相关的环境振动控制标准和有关法律、法规、规章的要求。

排放噪声的单位和公共场所管理者，应当建立噪声污染防治责任制度，明确负责人和相关人员的责任。

第二十三条 国务院生态环境主管部门负责制定噪声监测和评价规范，会同国务院有关部门组织声环境质量监测网络，规划国家声环境质量监测站（点）的设置，组织开展全国声环境质量监测，推进监测自动化，统一发布全国声环境质量状况信息。

地方人民政府生态环境主管部门会同有关部门按照规定设置本行政区域声环境质量监测站（点），组织开展本行政区域声环境质量监测，定期向社会公布声环境质量状况信息。

地方人民政府生态环境等部门应当加强对噪声敏感建筑物周边等重点区域噪声排放情况的调查、监测。

第二十四条 新建、改建、扩建可能产生噪声污染的建设项目，应当依法进行环境影响评价。

第二十五条 建设项目的噪声污染防治设施应当与主体工程同时设计、同时施工、同时投产使用。

建设项目在投入生产或者使用之前，建设单位应当依照有关法律法规的规定，对配套建设的噪声污染防治设施进行验收，编制验收报告，并向社会公开。未经验收或者验收不合格的，该建设项目不得投入生产或者使用。

第二十六条 建设噪声敏感建筑物，应当符合民用建筑隔声设计相关标准要求，不符合标准要求的，不得通过验收、交付使用；在交通干线两侧、工业企业周边等地方建设噪声敏感建筑物，还应当按照规定间隔一定距离，并采取减少振动、降低噪声的措施。

第二十七条 国家鼓励、支持低噪声工艺和设备的研究开发和推广应用，实行噪声污染严重的落后工艺和设备淘汰制度。

国务院发展改革部门会同国务院有关部门确定噪声污染严重的工艺和设备淘汰期限，并纳入国家综合性产业政策目录。

生产者、进口者、销售者或者使用者应当在规定期限内停止生产、进口、销售或者使用列入前款规定目录的设备。工艺的采用者应当在规定期限内停止采用列入前款规定目录的工艺。

第二十八条 对未完成声环境质量改善规划设定目标的地区以及噪声污染问题突出、群众反映强烈的地区，省级以上人民政府生态环境主管部门会同其他负有噪声污染防治监督管理职责的部门约谈该地区人民政府及其有关部门的主要负责人，要求其采取有效措施及时整改。约谈和整改情况应当向社会公开。

第二十九条 生态环境主管部门和其他负有噪声污染防治监督管理职责的部门，有权对排放噪声的单位或者场所进行现场检查。被检查者应当如实反映情况，提供必要的资料，不得拒绝或者阻挠。实施检查的部门、人员对现场检查中知悉的商业秘密应当保密。

检查人员进行现场检查，不得少于两人，并应当主动出示执法证件。

第三十条 排放噪声造成严重污染，被责令改正拒不改正的，生态环境主管部门或者其他负有噪声污染防治监督管理职责的部门，可以查封、扣押排放噪声的场所、设施、设备、工具和物品。

第三十一条 任何单位和个人都有权向生态环境主管部门或者其他负有噪声污染防治监督管理职责的部门举报造成噪声污染的行为。

生态环境主管部门和其他负有噪声污染防治监督管理职责的部门应当公布举报电话、电子邮箱等，方便公众举报。

接到举报的部门应当及时处理并对举报人的相关信息保密。举报事项属于其他部门职责的，接到举报的部门应当及时移送相关部门并告知举报人。举报人要求答复并提供有效联系方式的，处理举报事项的部门应当反馈处理结果等情况。

第三十二条 国家鼓励开展宁静小区、静音车厢等宁静区域创建活动，共同维护生活环境和谐安宁。

第三十三条 在举行中等学校招生考试、高等学校招生统一考试等特殊活动期间，地方人民政府或者其指定的部门可以对可能产生噪声影响的活动，作出时间和区域的限制性规定，并提前向社会公告。

第四章 工业噪声污染防治

第三十四条 本法所称工业噪声，是指在工业生产活动中产生的干扰周围生活环境的声音。

第三十五条 工业企业选址应当符合国土空间规划以及相关规划要求，县级以上地方人民政府应当按照规划要求优化工业企业布局，防止工业噪声污染。

在噪声敏感建筑物集中区域，禁止新建排放噪声的工业企业，改建、扩建工业企业的，应当采取有效措施防止工业噪声污染。

第三十六条 排放工业噪声的企业事业单位和其他生产经营者，应当采取有效措施，减少振动、降低噪声，依法取得排污许可证或者填报排污登记表。

实行排污许可管理的单位，不得无排污许可证排放工业噪声，并应当按照排污许可证的要求进行噪声污染防治。

第三十七条　设区的市级以上地方人民政府生态环境主管部门应当按照国务院生态环境主管部门的规定，根据噪声排放、声环境质量改善要求等情况，制定本行政区域噪声重点排污单位名录，向社会公开并适时更新。

第三十八条　实行排污许可管理的单位应当按照规定，对工业噪声开展自行监测，保存原始监测记录，向社会公开监测结果，对监测数据的真实性和准确性负责。

噪声重点排污单位应当按照国家规定，安装、使用、维护噪声自动监测设备，与生态环境主管部门的监控设备联网。

第五章　建筑施工噪声污染防治

第三十九条　本法所称建筑施工噪声，是指在建筑施工过程中产生的干扰周围生活环境的声音。

第四十条　建设单位应当按照规定将噪声污染防治费用列入工程造价，在施工合同中明确施工单位的噪声污染防治责任。

施工单位应当按照规定制定噪声污染防治实施方案，采取有效措施，减少振动、降低噪声。建设单位应当监督施工单位落实噪声污染防治实施方案。

第四十一条　在噪声敏感建筑物集中区域施工作业，应当优先使用低噪声施工工艺和设备。

国务院工业和信息化主管部门会同国务院生态环境、住房和城乡建设、市场监督管理等部门，公布低噪声施工设备指导名录并适时更新。

第四十二条　在噪声敏感建筑物集中区域施工作业，建设单位应当按照国家规定，设置噪声自动监测系统，与监督管理部门联网，保存原始监测记录，对监测数据的真实性和准确性负责。

第四十三条　在噪声敏感建筑物集中区域，禁止夜间进行产生噪声的建筑施工作业，但抢修、抢险施工作业，因生产工艺要求或者其他特殊需要必须连续施工作业的除外。

因特殊需要必须连续施工作业的，应当取得地方人民政府住房和城乡建设、生态环境主管部门或者地方人民政府指定的部门的证明，并在施工现场显著位置公示或者以其他方式公告附近居民。

第六章　交通运输噪声污染防治

第四十四条　本法所称交通运输噪声，是指机动车、铁路机车车辆、城市轨道交通车辆、机动船舶、航空器等交通运输工具在运行时产生的干扰周围生活环境的声音。

第四十五条　各级人民政府及其有关部门制定、修改国土空间规划和交通运输等相关规划，应当综合考虑公路、城市道路、铁路、城市轨道交通线路、水路、港口和民用机场及其起降航线对周围声环境的影响。

新建公路、铁路线路选线设计，应当尽量避开噪声敏感建筑物集中区域。

新建民用机场选址与噪声敏感建筑物集中区域的距离应当符合标准要求。

第四十六条　制定交通基础设施工程技术规范，应当明确噪声污染防治要求。

新建、改建、扩建经过噪声敏感建筑物集中区域的高速公路、城市高架、铁路和城市轨道交通线路等的，建设单位应当在可能造成噪声污染的重点路段设置声屏障或者采取其他减少振动、降低噪声的措施，符合有关交通基础设施工程技术规范以及标准要求。

建设单位违反前款规定的，由县级以上人民政府指定的部门责令制定、实施治理方案。

第四十七条　机动车的消声器和喇叭应当符合国家规定。禁止驾驶拆除或者损坏消声器、加装排气管等擅自改装的机动车以轰鸣、疾驶等方式造成噪声污染。

使用机动车音响器材，应当控制音量，防止噪声污染。

机动车应当加强维修和保养，保持性能良好，防止噪声污染。

第四十八条　机动车、铁路机车车辆、城市轨道交通车辆、机动船舶等交通运输工具运行时，应当按照规定使用喇叭等声响装置。

警车、消防救援车、工程救险车、救护车等机动车安装、使用警报器，应当符合国务院公安等部门的规定；非执行紧急任务，不得使用警报器。

第四十九条　地方人民政府生态环境主管部门会同公安机关根据声环境保护的需要，可以划定禁止机动车行驶和使用喇叭等声响装置的路段和时间，向社会公告，并由公安机关交通管理部门依法设置相关标志、标线。

第五十条　在车站、铁路站场、港口等地指挥作业时使用广播喇叭的，应当控制音量，减轻噪声污染。

第五十一条　公路养护管理单位、城市道路养护维修单位应当加强对公路、城市道路的维护和保养，保持减少振动、降低噪声设施正常运行。

城市轨道交通运营单位、铁路运输企业应当加强对城市轨道交通线路和城市轨道交通车辆、铁路线路和铁路机车车辆的维护和保养，保持减少振动、降低噪声设施正常运行,并按照国家规定进行监测,保存原始监测记录,对监测数据的真实性和准确性负责。

第五十二条 民用机场所在地人民政府,应当根据环境影响评价以及监测结果确定的民用航空器噪声对机场周围生活环境产生影响的范围和程度,划定噪声敏感建筑物禁止建设区域和限制建设区域,并实施控制。

在禁止建设区域禁止新建与航空无关的噪声敏感建筑物。

在限制建设区域确需建设噪声敏感建筑物的,建设单位应当对噪声敏感建筑物进行建筑隔声设计,符合民用建筑隔声设计相关标准要求。

第五十三条 民用航空器应当符合国务院民用航空主管部门规定的适航标准中的有关噪声要求。

第五十四条 民用机场管理机构负责机场起降航空器噪声的管理,会同航空运输企业、通用航空企业、空中交通管理部门等单位,采取低噪声飞行程序、起降跑道优化、运行架次和时段控制、高噪声航空器运行限制或者周围噪声敏感建筑物隔声降噪等措施,防止、减轻民用航空器噪声污染。

民用机场管理机构应当按照国家规定,对机场周围民用航空器噪声进行监测,保存原始监测记录,对监测数据的真实性和准确性负责,监测结果定期向民用航空、生态环境主管部门报送。

第五十五条 因公路、城市道路和城市轨道交通运行排放噪声造成严重污染的,设区的市、县级人民政府应当组织有关部门和其他有关单位对噪声污染情况进行调查评估和责任认定,制定噪声污染综合治理方案。

噪声污染责任单位应当按照噪声污染综合治理方案的要求采取管理或者工程措施,减轻噪声污染。

第五十六条 因铁路运行排放噪声造成严重污染的,铁路运输企业和设区的市、县级人民政府应当对噪声污染情况进行调查,制定噪声污染综合治理方案。

铁路运输企业和设区的市、县级人民政府有关部门和其他有关单位应当按照噪声污染综合治理方案的要求采取有效措施,减轻噪声污染。

第五十七条 因民用航空器起降排放噪声造成严重污染的,民用机场所在地人民政府应当组织有关部门和其他有关单位对噪声污染情况进行调查,综合考虑经济、技术和管理措施,制定噪声污染综合治理方案。

民用机场管理机构、地方各级人民政府和其他有关单位应当按照噪声污染综合治理方案的要求采取有效措施,减轻噪声污染。

第五十八条 制定噪声污染综合治理方案,应当征求有关专家和公众等的意见。

第七章 社会生活噪声污染防治

第五十九条 本法所称社会生活噪声,是指人为活动产生的除工业噪声、建筑施工噪声和交通运输噪声之外的干扰周围生活环境的声音。

第六十条 全社会应当增强噪声污染防治意识,自觉减少社会生活噪声排放,积极开展噪声污染防治活动,形成人人有责、人人参与、人人受益的良好噪声污染防治氛围,共同维护生活环境和谐安宁。

第六十一条 文化娱乐、体育、餐饮等场所的经营管理者应当采取有效措施,防止、减轻噪声污染。

第六十二条 使用空调器、冷却塔、水泵、油烟净化器、风机、发电机、变压器、锅炉、装卸设备等可能产生社会生活噪声污染的设备、设施的企业事业单位和其他经营管理者等,应当采取优化布局、集中排放等措施,防止、减轻噪声污染。

第六十三条 禁止在商业经营活动中使用高音广播喇叭或者采用其他持续反复发出高噪声的方法进行广告宣传。

对商业经营活动中产生的其他噪声,经营者应当采取有效措施,防止噪声污染。

第六十四条 禁止在噪声敏感建筑物集中区域使用高音广播喇叭,但紧急情况以及地方人民政府规定的特殊情形除外。

在街道、广场、公园等公共场所组织或者开展娱乐、健身等活动,应当遵守公共场所管理者有关活动区域、时段、音量等规定,采取有效措施,防止噪声污染;不得违反规定使用音响器材产生过大音量。

公共场所管理者应当合理规定娱乐、健身等活动的区域、时段、音量,可以采取设置噪声自动监测和显示设施等措施加强管理。

第六十五条 家庭及其成员应当培养形成减少噪声产生的良好习惯,乘坐公共交通工具、饲养宠物和其他日常活动尽量避免产生噪声对周围人员造成干扰,互谅互让解决噪声纠纷,共同维护声环境质量。

使用家用电器、乐器或者进行其他家庭场所活动,应当控制音量或者采取其他有效措施,防止噪声污染。

第六十六条 对已竣工交付使用的住宅楼、商铺、办公楼等建筑物进行室内装修活动,应当按照规定限定作业时间,采取有效措施,防止、减轻噪声污染。

第六十七条 新建居民住房的房地产开发经营者应

当在销售场所公示住房可能受到噪声影响的情况以及采取或者拟采取的防治措施,并纳入买卖合同。

新建居民住房的房地产开发经营者应当在买卖合同中明确住房的共用设施设备位置和建筑隔声情况。

第六十八条 居民住宅区安装电梯、水泵、变压器等共用设施设备的,建设单位应当合理设置,采取减少振动、降低噪声的措施,符合民用建筑隔声设计相关标准要求。

已建成使用的居民住宅区电梯、水泵、变压器等共用设施设备由专业运营单位负责维护管理,符合民用建筑隔声设计相关标准要求。

第六十九条 基层群众性自治组织指导业主委员会、物业服务人、业主通过制定管理规约或者其他形式,约定本物业管理区域噪声污染防治要求,由业主共同遵守。

第七十条 对噪声敏感建筑物集中区域的社会生活噪声扰民行为,基层群众性自治组织、业主委员会、物业服务人应当及时劝阻、调解;劝阻、调解无效的,可以向负有社会生活噪声污染防治监督管理职责的部门或者地方人民政府指定的部门报告或者投诉,接到报告或者投诉的部门应当依法处理。

第八章 法律责任

第七十一条 违反本法规定,拒绝、阻挠监督检查,或者在接受监督检查时弄虚作假的,由生态环境主管部门或者其他负有噪声污染防治监督管理职责的部门责令改正,处二万元以上二十万元以下的罚款。

第七十二条 违反本法规定,生产、进口、销售超过噪声限值的产品的,由县级以上人民政府市场监督管理部门、海关按照职责责令改正,没收违法所得,并处货值金额一倍以上三倍以下的罚款;情节严重的,报经有批准权的人民政府批准,责令停业、关闭。

违反本法规定,生产、进口、销售、使用淘汰的设备,或者采用淘汰的工艺的,由县级以上人民政府指定的部门责令改正,没收违法所得,并处货值金额一倍以上三倍以下的罚款;情节严重的,报经有批准权的人民政府批准,责令停业、关闭。

第七十三条 违反本法规定,建设单位建设噪声敏感建筑物不符合民用建筑隔声设计相关标准要求的,由县级以上地方人民政府住房和城乡建设主管部门责令改正,处建设工程合同价款百分之二以上百分之四以下的罚款。

违反本法规定,建设单位在噪声敏感建筑物禁止建设区域新建与航空无关的噪声敏感建筑物的,由地方人民政府指定的部门责令停止违法行为,处建设工程合同价款百分之二以上百分之十以下的罚款,并报经有批准权的人民政府批准,责令拆除。

第七十四条 违反本法规定,在噪声敏感建筑物集中区域新建排放噪声的工业企业的,由生态环境主管部门责令停止违法行为,处十万元以上五十万元以下的罚款,并报经有批准权的人民政府批准,责令关闭。

违反本法规定,在噪声敏感建筑物集中区域改建、扩建工业企业,未采取有效措施防止工业噪声污染的,由生态环境主管部门责令改正,处十万元以上五十万元以下的罚款;拒不改正的,报经有批准权的人民政府批准,责令关闭。

第七十五条 违反本法规定,无排污许可证或者超过噪声排放标准排放工业噪声的,由生态环境主管部门责令改正或者限制生产、停产整治,并处二万元以上二十万元以下的罚款;情节严重的,报经有批准权的人民政府批准,责令停业、关闭。

第七十六条 违反本法规定,有下列行为之一,由生态环境主管部门责令改正,处二万元以上二十万元以下的罚款;拒不改正的,责令限制生产、停产整治:

(一)实行排污许可管理的单位未按照规定对工业噪声开展自行监测,未保存原始监测记录,或者未向社会公开监测结果的;

(二)噪声重点排污单位未按照国家规定安装、使用、维护噪声自动监测设备,或者未与生态环境主管部门的监控设备联网的。

第七十七条 违反本法规定,建设单位、施工单位有下列行为之一,由工程所在地人民政府指定的部门责令改正,处一万元以上十万元以下的罚款;拒不改正的,可以责令暂停施工:

(一)超过噪声排放标准排放建筑施工噪声的;

(二)未按照规定取得证明,在噪声敏感建筑物集中区域夜间进行产生噪声的建筑施工作业的。

第七十八条 违反本法规定,有下列行为之一,由工程所在地人民政府指定的部门责令改正,处五千元以上五万元以下的罚款;拒不改正的,处五万元以上二十万元以下的罚款:

(一)建设单位未按照规定将噪声污染防治费用列入工程造价的;

(二)施工单位未按照规定制定噪声污染防治实施方案,或者未采取有效措施减少振动、降低噪声的;

(三)在噪声敏感建筑物集中区域施工作业的建设单位未按照国家规定设置噪声自动监测系统,未与监督管理部门联网,或者未保存原始监测记录的;

(四)因特殊需要必须连续施工作业,建设单位未按照规定公告附近居民的。

第七十九条　违反本法规定,驾驶拆除或者损坏消声器、加装排气管等擅自改装的机动车轰鸣、疾驶,机动车运行时未按照规定使用声响装置,或者违反禁止机动车行驶和使用声响装置的路段和时间规定的,由县级以上地方人民政府公安机关交通管理部门依照有关道路交通安全的法律法规处罚。

违反本法规定,铁路机车车辆、城市轨道交通车辆、机动船舶等交通运输工具运行时未按照规定使用声响装置的,由交通运输、铁路监督管理、海事等部门或者地方人民政府指定的城市轨道交通有关部门按照职责责令改正,处五千元以上一万元以下的罚款。

第八十条　违反本法规定,有下列行为之一,由交通运输、铁路监督管理、民用航空等部门或者地方人民政府指定的城市道路、城市轨道交通有关部门,按照职责责令改正,处五千元以上五万元以下的罚款;拒不改正的,处五万元以上二十万元以下的罚款:

(一)公路养护管理单位、城市道路养护维修单位、城市轨道交通运营单位、铁路运输企业未履行维护和保养义务,未保持减少振动、降低噪声设施正常运行的;

(二)城市轨道交通运营单位、铁路运输企业未按照国家规定进行监测,或者未保存原始监测记录的;

(三)民用机场管理机构、航空运输企业、通用航空企业未采取措施防止、减轻民用航空器噪声污染的;

(四)民用机场管理机构未按照国家规定对机场周围民用航空器噪声进行监测,未保存原始监测记录,或者监测结果未定期报送的。

第八十一条　违反本法规定,有下列行为之一,由地方人民政府指定的部门责令改正,处五千元以上五万元以下的罚款;拒不改正的,处五万元以上二十万元以下的罚款,并可以报经有批准权的人民政府批准,责令停业:

(一)超过噪声排放标准排放社会生活噪声的;

(二)在商业经营活动中使用高音广播喇叭或者采用其他持续反复发出高噪声的方法进行广告宣传的;

(三)未对商业经营活动中产生的其他噪声采取有效措施造成噪声污染的。

第八十二条　违反本法规定,有下列行为之一,由地方人民政府指定的部门说服教育,责令改正;拒不改正的,给予警告,对个人可以处二百元以上一千元以下的罚款,对单位可以处二千元以上二万元以下的罚款:

(一)在噪声敏感建筑物集中区域使用高音广播喇叭的;

(二)在公共场所组织或者开展娱乐、健身等活动,未遵守公共场所管理者有关活动区域、时段、音量等规定,未采取有效措施造成噪声污染,或者违反规定使用音响器材产生过大音量的;

(三)对已竣工交付使用的建筑物进行室内装修活动,未按照规定在限定的作业时间内进行,或者未采取有效措施造成噪声污染的;

(四)其他违反法律规定造成社会生活噪声污染的。

第八十三条　违反本法规定,有下列行为之一,由县级以上地方人民政府房产管理部门责令改正,处一万元以上五万元以下的罚款;拒不改正的,责令暂停销售:

(一)新建居民住房的房地产开发经营者未在销售场所公示住房可能受到噪声影响的情况以及采取或者拟采取的防治措施,或者未纳入买卖合同的;

(二)新建居民住房的房地产开发经营者未在买卖合同中明确住房的共用设施设备位置或者建筑隔声情况的。

第八十四条　违反本法规定,有下列行为之一,由地方人民政府指定的部门责令改正,处五千元以上五万元以下的罚款;拒不改正的,处五万元以上二十万元以下的罚款:

(一)居民住宅区安装共用设施设备,设置不合理或者未采取减少振动、降低噪声的措施,不符合民用建筑隔声设计相关标准要求的;

(二)对已建成使用的居民住宅区共用设施设备,专业运营单位未进行维护管理,不符合民用建筑隔声设计相关标准要求的。

第八十五条　噪声污染防治监督管理人员滥用职权、玩忽职守、徇私舞弊的,由监察机关或者任免机关、单位依法给予处分。

第八十六条　受到噪声侵害的单位和个人,有权要求侵权人依法承担民事责任。

对赔偿责任和赔偿金额纠纷,可以根据当事人的请求,由相应的负有噪声污染防治监督管理职责的部门、人民调解委员会调解处理。

国家鼓励排放噪声的单位、个人和公共场所管理者与受到噪声侵害的单位和个人友好协商,通过调整生产经营时间、施工作业时间,采取减少振动、降低噪声措施,支付补偿金、异地安置等方式,妥善解决噪声纠纷。

第八十七条 违反本法规定,产生社会生活噪声,经劝阻、调解和处理未能制止,持续干扰他人正常生活、工作和学习,或者有其他扰乱公共秩序、妨害社会管理等违反治安管理行为的,由公安机关依法给予治安管理处罚。

违反本法规定,构成犯罪的,依法追究刑事责任。

第九章 附 则

第八十八条 本法中下列用语的含义:

(一)噪声排放,是指噪声源向周围生活环境辐射噪声;

(二)夜间,是指晚上十点至次日早晨六点之间的期间,设区的市级以上人民政府可以另行规定本行政区域夜间的起止时间,夜间时段长度为八小时;

(三)噪声敏感建筑物,是指用于居住、科学研究、医疗卫生、文化教育、机关团体办公、社会福利等需要保持安静的建筑物;

(四)交通干线,是指铁路、高速公路、一级公路、二级公路、城市快速路、城市主干路、城市次干路、城市轨道交通线路、内河高等级航道。

第八十九条 省、自治区、直辖市或者设区的市、自治州根据实际情况,制定本地方噪声污染防治具体办法。

第九十条 本法自2022年6月5日起施行。《中华人民共和国环境噪声污染防治法》同时废止。

中华人民共和国环境影响评价法

- 2002年10月28日第九届全国人民代表大会常务委员会第三十次会议通过
- 根据2016年7月2日第十二届全国人民代表大会常务委员会第二十一次会议《关于修改〈中华人民共和国节约能源法〉等六部法律的决定》第一次修正
- 根据2018年12月29日第十三届全国人民代表大会常务委员会第七次会议《关于修改〈中华人民共和国劳动法〉等七部法律的决定》第二次修正

第一章 总 则

第一条 为了实施可持续发展战略,预防因规划和建设项目实施后对环境造成不良影响,促进经济、社会和环境的协调发展,制定本法。

第二条 本法所称环境影响评价,是指对规划和建设项目实施后可能造成的环境影响进行分析、预测和评估,提出预防或者减轻不良环境影响的对策和措施,进行跟踪监测的方法与制度。

第三条 编制本法第九条所规定的范围内的规划,在中华人民共和国领域和中华人民共和国管辖的其他海域内建设对环境有影响的项目,应当依照本法进行环境影响评价。

第四条 环境影响评价必须客观、公开、公正,综合考虑规划或者建设项目实施后对各种环境因素及其所构成的生态系统可能造成的影响,为决策提供科学依据。

第五条 国家鼓励有关单位、专家和公众以适当方式参与环境影响评价。

第六条 国家加强环境影响评价的基础数据库和评价指标体系建设,鼓励和支持对环境影响评价的方法、技术规范进行科学研究,建立必要的环境影响评价信息共享制度,提高环境影响评价的科学性。

国务院生态环境主管部门应当会同国务院有关部门,组织建立和完善环境影响评价的基础数据库和评价指标体系。

第二章 规划的环境影响评价

第七条 国务院有关部门、设区的市级以上地方人民政府及其有关部门,对其组织编制的土地利用的有关规划,区域、流域、海域的建设、开发利用规划,应当在规划编制过程中组织进行环境影响评价,编写该规划有关环境影响的篇章或者说明。

规划有关环境影响的篇章或者说明,应当对规划实施后可能造成的环境影响作出分析、预测和评估,提出预防或者减轻不良环境影响的对策和措施,作为规划草案的组成部分一并报送规划审批机关。

未编写有关环境影响的篇章或者说明的规划草案,审批机关不予审批。

第八条 国务院有关部门、设区的市级以上地方人民政府及其有关部门,对其组织编制的工业、农业、畜牧业、林业、能源、水利、交通、城市建设、旅游、自然资源开发的有关专项规划(以下简称专项规划),应当在该专项规划草案上报审批前,组织进行环境影响评价,并向审批该专项规划的机关提出环境影响报告书。

前款所列专项规划中的指导性规划,按照本法第七条的规定进行环境影响评价。

第九条 依照本法第七条、第八条的规定进行环境影响评价的规划的具体范围,由国务院生态环境主管部门会同国务院有关部门规定,报国务院批准。

第十条 专项规划的环境影响报告书应当包括下列内容:

（一）实施该规划对环境可能造成影响的分析、预测和评估；

（二）预防或者减轻不良环境影响的对策和措施；

（三）环境影响评价的结论。

第十一条 专项规划的编制机关对可能造成不良环境影响并直接涉及公众环境权益的规划，应当在该规划草案报送审批前，举行论证会、听证会，或者采取其他形式，征求有关单位、专家和公众对环境影响报告书草案的意见。但是，国家规定需要保密的情形除外。

编制机关应当认真考虑有关单位、专家和公众对环境影响报告书草案的意见，并应当在报送审查的环境影响报告书中附具对意见采纳或者不采纳的说明。

第十二条 专项规划的编制机关在报批规划草案时，应当将环境影响报告书一并附送审批机关审查；未附送环境影响报告书的，审批机关不予审批。

第十三条 设区的市级以上人民政府在审批专项规划草案，作出决策前，应当先由人民政府指定的生态环境主管部门或者其他部门召集有关部门代表和专家组成审查小组，对环境影响报告书进行审查。审查小组应当提出书面审查意见。

参加前款规定的审查小组的专家，应当从按照国务院生态环境主管部门的规定设立的专家库内的相关专业的专家名单中，以随机抽取的方式确定。

由省级以上人民政府有关部门负责审批的专项规划，其环境影响报告书的审查办法，由国务院生态环境主管部门会同国务院有关部门制定。

第十四条 审查小组提出修改意见的，专项规划的编制机关应当根据环境影响报告书结论和审查意见对规划草案进行修改完善，并对环境影响报告书结论和审查意见的采纳情况作出说明；不采纳的，应当说明理由。

设区的市级以上人民政府或者省级以上人民政府有关部门在审批专项规划草案时，应当将环境影响报告书结论以及审查意见作为决策的重要依据。

在审批中未采纳环境影响报告书结论以及审查意见的，应当作出说明，并存档备查。

第十五条 对环境有重大影响的规划实施后，编制机关应当及时组织环境影响的跟踪评价，并将评价结果报告审批机关；发现有明显不良环境影响的，应当及时提出改进措施。

第三章 建设项目的环境影响评价

第十六条 国家根据建设项目对环境的影响程度，对建设项目的环境影响评价实行分类管理。

建设单位应当按照下列规定组织编制环境影响报告书、环境影响报告表或者填报环境影响登记表（以下统称环境影响评价文件）：

（一）可能造成重大环境影响的，应当编制环境影响报告书，对产生的环境影响进行全面评价；

（二）可能造成轻度环境影响的，应当编制环境影响报告表，对产生的环境影响进行分析或者专项评价；

（三）对环境影响很小、不需要进行环境影响评价的，应当填报环境影响登记表。

建设项目的环境影响评价分类管理名录，由国务院生态环境主管部门制定并公布。

第十七条 建设项目的环境影响报告书应当包括下列内容：

（一）建设项目概况；

（二）建设项目周围环境现状；

（三）建设项目对环境可能造成影响的分析、预测和评估；

（四）建设项目环境保护措施及其技术、经济论证；

（五）建设项目对环境影响的经济损益分析；

（六）对建设项目实施环境监测的建议；

（七）环境影响评价的结论。

环境影响报告表和环境影响登记表的内容和格式，由国务院生态环境主管部门制定。

第十八条 建设项目的环境影响评价，应当避免与规划的环境影响评价相重复。

作为一项整体建设项目的规划，按照建设项目进行环境影响评价，不进行规划的环境影响评价。

已经进行了环境影响评价的规划包含具体建设项目的，规划的环境影响评价结论应当作为建设项目环境影响评价的重要依据，建设项目环境影响评价的内容应当根据规划的环境影响评价审查意见予以简化。

第十九条 建设单位可以委托技术单位对其建设项目开展环境影响评价，编制建设项目环境影响报告书、环境影响报告表；建设单位具备环境影响评价技术能力的，可以自行对其建设项目开展环境影响评价，编制建设项目环境影响报告书、环境影响报告表。

编制建设项目环境影响报告书、环境影响报告表应当遵守国家有关环境影响评价标准、技术规范等规定。

国务院生态环境主管部门应当制定建设项目环境影响报告书、环境影响报告表编制的能力建设指南和监管办法。

接受委托为建设单位编制建设项目环境影响报告

书、环境影响报告表的技术单位,不得与负责审批建设项目环境影响报告书、环境影响报告表的生态环境主管部门或者其他有关审批部门存在任何利益关系。

第二十条　建设单位应当对建设项目环境影响报告书、环境影响报告表的内容和结论负责,接受委托编制建设项目环境影响报告书、环境影响报告表的技术单位对其编制的建设项目环境影响报告书、环境影响报告表承担相应责任。

设区的市级以上人民政府生态环境主管部门应当加强对建设项目环境影响报告书、环境影响报告表编制单位的监督管理和质量考核。

负责审批建设项目环境影响报告书、环境影响报告表的生态环境主管部门应当将编制单位、编制主持人和主要编制人员的相关违法信息记入社会诚信档案,并纳入全国信用信息共享平台和国家企业信用信息公示系统向社会公布。

任何单位和个人不得为建设单位指定编制建设项目环境影响报告书、环境影响报告表的技术单位。

第二十一条　除国家规定需要保密的情形外,对环境可能造成重大影响、应当编制环境影响报告书的建设项目,建设单位应当在报批建设项目环境影响报告书前,举行论证会、听证会,或者采取其他形式,征求有关单位、专家和公众的意见。

建设单位报批的环境影响报告书应当附具对有关单位、专家和公众的意见采纳或者不采纳的说明。

第二十二条　建设项目的环境影响报告书、报告表,由建设单位按照国务院的规定报有审批权的生态环境主管部门审批。

海洋工程建设项目的海洋环境影响报告书的审批,依照《中华人民共和国海洋环境保护法》的规定办理。

审批部门应当自收到环境影响报告书之日起六十日内、收到环境影响报告表之日起三十日内,分别作出审批决定并书面通知建设单位。

国家对环境影响登记表实行备案管理。

审核、审批建设项目环境影响报告书、报告表以及备案环境影响登记表,不得收取任何费用。

第二十三条　国务院生态环境主管部门负责审批下列建设项目的环境影响评价文件:

(一)核设施、绝密工程等特殊性质的建设项目;

(二)跨省、自治区、直辖市行政区域的建设项目;

(三)由国务院审批的或者由国务院授权有关部门审批的建设项目。

前款规定以外的建设项目的环境影响评价文件的审批权限,由省、自治区、直辖市人民政府规定。

建设项目可能造成跨行政区域的不良环境影响,有关生态环境主管部门对该项目的环境影响评价结论有争议的,其环境影响评价文件由共同的上一级生态环境主管部门审批。

第二十四条　建设项目的环境影响评价文件经批准后,建设项目的性质、规模、地点、采用的生产工艺或者防治污染、防止生态破坏的措施发生重大变动的,建设单位应当重新报批建设项目的环境影响评价文件。

建设项目的环境影响评价文件自批准之日起超过五年,方决定该项目开工建设的,其环境影响评价文件应当报原审批部门重新审核;原审批部门应当自收到建设项目环境影响评价文件之日起十日内,将审核意见书面通知建设单位。

第二十五条　建设项目的环境影响评价文件未依法经审批部门审查或者审查后未予批准的,建设单位不得开工建设。

第二十六条　建设项目建设过程中,建设单位应当同时实施环境影响报告书、环境影响报告表以及环境影响评价文件审批部门审批意见中提出的环境保护对策措施。

第二十七条　在项目建设、运行过程中产生不符合经审批的环境影响评价文件的情形的,建设单位应当组织环境影响的后评价,采取改进措施,并报原环境影响评价文件审批部门和建设项目审批部门备案;原环境影响评价文件审批部门也可以责成建设单位进行环境影响的后评价,采取改进措施。

第二十八条　生态环境主管部门应当对建设项目投入生产或者使用后所产生的环境影响进行跟踪检查,对造成严重环境污染或者生态破坏的,应当查清原因、查明责任。对属于建设项目环境影响报告书、环境影响报告表存在基础资料明显不实,内容存在重大缺陷、遗漏或者虚假,环境影响评价结论不正确或者不合理等严重质量问题的,依照本法第三十二条的规定追究建设单位及其相关责任人员和接受委托编制建设项目环境影响报告书、环境影响报告表的技术单位及其相关人员的法律责任;属于审批部门工作人员失职、渎职,对依法不应批准的建设项目环境影响报告书、环境影响报告表予以批准的,依照本法第三十四条的规定追究其法律责任。

第四章　法律责任

第二十九条　规划编制机关违反本法规定,未组织环境影响评价,或者组织环境影响评价时弄虚作假或者有失职行为,造成环境影响评价严重失实的,对直接负责的主管人员和其他直接责任人员,由上级机关或者监察机关依法给予行政处分。

第三十条 规划审批机关对依法应当编写有关环境影响的篇章或者说明而未编写的规划草案,依法应当附送环境影响报告书而未附送的专项规划草案,违法予以批准的,对直接负责的主管人员和其他直接责任人员,由上级机关或者监察机关依法给予行政处分。

第三十一条 建设单位未依法报批建设项目环境影响报告书、报告表,或者未依照本法第二十四条的规定重新报批或者报请重新审核环境影响报告书、报告表,擅自开工建设的,由县级以上生态环境主管部门责令停止建设,根据违法情节和危害后果,处建设项目总投资额百分之一以上百分之五以下的罚款,并可以责令恢复原状;对建设单位直接负责的主管人员和其他直接责任人员,依法给予行政处分。

建设项目环境影响报告书、报告表未经批准或者未经原审批部门重新审核同意,建设单位擅自开工建设的,依照前款的规定处罚、处分。

建设单位未依法备案建设项目环境影响登记表的,由县级以上生态环境主管部门责令备案,处五万元以下的罚款。

海洋工程建设项目的建设单位有本条所列违法行为的,依照《中华人民共和国海洋环境保护法》的规定处罚。

第三十二条 建设项目环境影响报告书、环境影响报告表存在基础资料明显不实,内容存在重大缺陷、遗漏或者虚假,环境影响评价结论不正确或者不合理等严重质量问题的,由设区的市级以上人民政府生态环境主管部门对建设单位处五十万元以上二百万元以下的罚款,并对建设单位的法定代表人、主要负责人、直接负责的主管人员和其他直接责任人员,处五万元以上二十万元以下的罚款。

接受委托编制建设项目环境影响报告书、环境影响报告表的技术单位违反国家有关环境影响评价标准和技术规范等规定,致使其编制的建设项目环境影响报告书、环境影响报告表存在基础资料明显不实,内容存在重大缺陷、遗漏或者虚假,环境影响评价结论不正确或者不合理等严重质量问题的,由设区的市级以上人民政府生态环境主管部门对技术单位处所收费用三倍以上五倍以下的罚款;情节严重的,禁止从事环境影响报告书、环境影响报告表编制工作;有违法所得的,没收违法所得。

编制单位有本条第一款、第二款规定的违法行为的,编制主持人和主要编制人员五年内禁止从事环境影响报告书、环境影响报告表编制工作;构成犯罪的,依法追究刑事责任,并终身禁止从事环境影响报告书、环境影响报告表编制工作。

第三十三条 负责审核、审批、备案建设项目环境影响评价文件的部门在审批、备案中收取费用的,由其上级机关或者监察机关责令退还;情节严重的,对直接负责的主管人员和其他直接责任人员依法给予行政处分。

第三十四条 生态环境主管部门或者其他部门的工作人员徇私舞弊,滥用职权,玩忽职守,违法批准建设项目环境影响评价文件的,依法给予行政处分;构成犯罪的,依法追究刑事责任。

第五章 附 则

第三十五条 省、自治区、直辖市人民政府可以根据本地的实际情况,要求对本辖区的县级人民政府编制的规划进行环境影响评价。具体办法由省、自治区、直辖市参照本法第二章的规定制定。

第三十六条 军事设施建设项目的环境影响评价办法,由中央军事委员会依照本法的原则制定。

第三十七条 本法自2003年9月1日起施行。

中华人民共和国环境保护税法

· 2016年12月25日第十二届全国人民代表大会常务委员会第二十五次会议通过
· 根据2018年10月26日第十三届全国人民代表大会常务委员会第六次会议《关于修改〈中华人民共和国野生动物保护法〉等十五部法律的决定》修正

第一章 总 则

第一条 为了保护和改善环境,减少污染物排放,推进生态文明建设,制定本法。

第二条 在中华人民共和国领域和中华人民共和国管辖的其他海域,直接向环境排放应税污染物的企业事业单位和其他生产经营者为环境保护税的纳税人,应当依照本法规定缴纳环境保护税。

第三条 本法所称应税污染物,是指本法所附《环境保护税税目税额表》、《应税污染物和当量值表》规定的大气污染物、水污染物、固体废物和噪声。

第四条 有下列情形之一的,不属于直接向环境排放污染物,不缴纳相应污染物的环境保护税:

(一)企业事业单位和其他生产经营者向依法设立

的污水集中处理、生活垃圾集中处理场所排放应税污染物的；

（二）企业事业单位和其他生产经营者在符合国家和地方环境保护标准的设施、场所贮存或者处置固体废物的。

第五条 依法设立的城乡污水集中处理、生活垃圾集中处理场所超过国家和地方规定的排放标准向环境排放应税污染物的，应当缴纳环境保护税。

企业事业单位和其他生产经营者贮存或者处置固体废物不符合国家和地方环境保护标准的，应当缴纳环境保护税。

第六条 环境保护税的税目、税额，依照本法所附《环境保护税税目税额表》执行。

应税大气污染物和水污染物的具体适用税额的确定和调整，由省、自治区、直辖市人民政府统筹考虑本地区环境承载能力、污染物排放现状和经济社会生态发展目标要求，在本法所附《环境保护税税目税额表》规定的税额幅度内提出，报同级人民代表大会常务委员会决定，并报全国人民代表大会常务委员会和国务院备案。

第二章 计税依据和应纳税额

第七条 应税污染物的计税依据，按照下列方法确定：

（一）应税大气污染物按照污染物排放量折合的污染当量数确定；

（二）应税水污染物按照污染物排放量折合的污染当量数确定；

（三）应税固体废物按照固体废物的排放量确定；

（四）应税噪声按照超过国家规定标准的分贝数确定。

第八条 应税大气污染物、水污染物的污染当量数，以该污染物的排放量除以该污染物的污染当量值计算。每种应税大气污染物、水污染物的具体污染当量值，依照本法所附《应税污染物和当量值表》执行。

第九条 每一排放口或者没有排放口的应税大气污染物，按照污染当量数从大到小排序，对前三项污染物征收环境保护税。

每一排放口的应税水污染物，按照本法所附《应税污染物和当量值表》，区分第一类水污染物和其他类水污染物，按照污染当量数从大到小排序，对第一类水污染物按照前五项征收环境保护税，对其他类水污染物按照前三项征收环境保护税。

省、自治区、直辖市人民政府根据本地区污染物减排的特殊需要，可以增加同一排放口征收环境保护税的应税污染物项目数，报同级人民代表大会常务委员会决定，并报全国人民代表大会常务委员会和国务院备案。

第十条 应税大气污染物、水污染物、固体废物的排放量和噪声的分贝数，按照下列方法和顺序计算：

（一）纳税人安装使用符合国家规定和监测规范的污染物自动监测设备的，按照污染物自动监测数据计算；

（二）纳税人未安装使用污染物自动监测设备的，按照监测机构出具的符合国家有关规定和监测规范的监测数据计算；

（三）因排放污染物种类多等原因不具备监测条件的，按照国务院生态环境主管部门规定的排污系数、物料衡算方法计算；

（四）不能按照本条第一项至第三项规定的方法计算的，按照省、自治区、直辖市人民政府生态环境主管部门规定的抽样测算的方法核定计算。

第十一条 环境保护税应纳税额按照下列方法计算：

（一）应税大气污染物的应纳税额为污染当量数乘以具体适用税额；

（二）应税水污染物的应纳税额为污染当量数乘以具体适用税额；

（三）应税固体废物的应纳税额为固体废物排放量乘以具体适用税额；

（四）应税噪声的应纳税额为超过国家规定标准的分贝数对应的具体适用税额。

第三章 税收减免

第十二条 下列情形，暂予免征环境保护税：

（一）农业生产（不包括规模化养殖）排放应税污染物的；

（二）机动车、铁路机车、非道路移动机械、船舶和航空器等流动污染源排放应税污染物的；

（三）依法设立的城乡污水集中处理、生活垃圾集中处理场所排放相应应税污染物，不超过国家和地方规定的排放标准的；

（四）纳税人综合利用的固体废物，符合国家和地方环境保护标准的；

（五）国务院批准免税的其他情形。

前款第五项免税规定，由国务院报全国人民代表大会常务委员会备案。

第十三条 纳税人排放应税大气污染物或者水污染物的浓度值低于国家和地方规定的污染物排放标准百分之三十的，减按百分之七十五征收环境保护税。纳税人排放应税大气污染物或者水污染物的浓度值低于国家和地方规定的污染物排放标准百分之五十的,减按百分之五十征收环境保护税。

第四章 征收管理

第十四条 环境保护税由税务机关依照《中华人民共和国税收征收管理法》和本法的有关规定征收管理。

生态环境主管部门依照本法和有关环境保护法律法规的规定负责对污染物的监测管理。

县级以上地方人民政府应当建立税务机关、生态环境主管部门和其他相关单位分工协作工作机制,加强环境保护税征收管理,保障税款及时足额入库。

第十五条 生态环境主管部门和税务机关应当建立涉税信息共享平台和工作配合机制。

生态环境主管部门应当将排污单位的排污许可、污染物排放数据、环境违法和受行政处罚情况等环境保护相关信息,定期交送税务机关。

税务机关应当将纳税人的纳税申报、税款入库、减免税额、欠缴税款以及风险疑点等环境保护税涉税信息,定期交送生态环境主管部门。

第十六条 纳税义务发生时间为纳税人排放应税污染物的当日。

第十七条 纳税人应当向应税污染物排放地的税务机关申报缴纳环境保护税。

第十八条 环境保护税按月计算,按季申报缴纳。不能按固定期限计算缴纳的,可以按次申报缴纳。

纳税人申报缴纳时,应当向税务机关报送所排放应税污染物的种类、数量,大气污染物、水污染物的浓度值,以及税务机关根据实际需要要求纳税人报送的其他纳税资料。

第十九条 纳税人按季申报缴纳的,应当自季度终了之日起十五日内,向税务机关办理纳税申报并缴纳税款。纳税人按次申报缴纳的,应当自纳税义务发生之日起十五日内,向税务机关办理纳税申报并缴纳税款。

纳税人应当依法如实办理纳税申报,对申报的真实性和完整性承担责任。

第二十条 税务机关应当将纳税人的纳税申报数据资料与生态环境主管部门交送的相关数据资料进行比对。

税务机关发现纳税人的纳税申报数据资料异常或者纳税人未按照规定期限办理纳税申报的,可以提请生态环境主管部门进行复核,生态环境主管部门应当自收到税务机关的数据资料之日起十五日内向税务机关出具复核意见。税务机关应当按照生态环境主管部门复核的数据资料调整纳税人的应纳税额。

第二十一条 依照本法第十条第四项的规定核定计算污染物排放量的,由税务机关会同生态环境主管部门核定污染物排放种类、数量和应纳税额。

第二十二条 纳税人从事海洋工程向中华人民共和国管辖海域排放应税大气污染物、水污染物或者固体废物,申报缴纳环境保护税的具体办法,由国务院税务主管部门会同国务院生态环境主管部门规定。

第二十三条 纳税人和税务机关、生态环境主管部门及其工作人员违反本法规定的,依照《中华人民共和国税收征收管理法》、《中华人民共和国环境保护法》和有关法律法规的规定追究法律责任。

第二十四条 各级人民政府应当鼓励纳税人加大环境保护建设投入,对纳税人用于污染物自动监测设备的投资予以资金和政策支持。

第五章 附 则

第二十五条 本法下列用语的含义:

(一)污染当量,是指根据污染物或者污染排放活动对环境的有害程度以及处理的技术经济性,衡量不同污染物对环境污染的综合性指标或者计量单位。同一介质相同污染当量的不同污染物,其污染程度基本相当。

(二)排污系数,是指在正常技术经济和管理条件下,生产单位产品所应排放的污染物量的统计平均值。

(三)物料衡算,是指根据物质质量守恒原理对生产过程中使用的原料、生产的产品和产生的废物等进行测算的一种方法。

第二十六条 直接向环境排放应税污染物的企业事业单位和其他生产经营者,除依照本法规定缴纳环境保护税外,应当对所造成的损害依法承担责任。

第二十七条 自本法施行之日起,依照本法规定征收环境保护税,不再征收排污费。

第二十八条 本法自2018年1月1日起施行。

附表一：

环境保护税税目税额表

税　目		计税单位	税　额	备　注
大气污染物		每污染当量	1.2元至12元	
水污染物		每污染当量	1.4元至14元	
固体废物	煤矸石	每吨	5元	
	尾矿	每吨	15元	
	危险废物	每吨	1000元	
	冶炼渣、粉煤灰、炉渣、其他固体废物（含半固态、液态废物）	每吨	25元	
噪声	工业噪声	超标1—3分贝	每月350元	1.一个单位边界上有多处噪声超标，根据最高一处超标声级计算应纳税额；当沿边界长度超过100米有两处以上噪声超标，按照两个单位计算应纳税额。 2.一个单位有不同地点作业场所的，应当分别计算应纳税额，合并计征。 3.昼、夜均超标的环境噪声，昼、夜分别计算应纳税额，累计计征。 4.声源一个月内超标不足15天的，减半计算应纳税额。 5.夜间频繁突发和夜间偶然突发厂界超标噪声，按等效声级和峰值噪声两种指标中超标分贝值高的一项计算应纳税额。
		超标4—6分贝	每月700元	
		超标7—9分贝	每月1400元	
		超标10—12分贝	每月2800元	
		超标13—15分贝	每月5600元	
		超标16分贝以上	每月11200元	

附表二：

应税污染物和当量值表

一、第一类水污染物污染当量值

污染物	污染当量值（千克）
1. 总汞	0.0005
2. 总镉	0.005
3. 总铬	0.04
4. 六价铬	0.02
5. 总砷	0.02
6. 总铅	0.025
7. 总镍	0.025

续表

污染物	污染当量值(千克)
8. 苯并(a)芘	0.0000003
9. 总铍	0.01
10. 总银	0.02

二、第二类水污染物污染当量值

污染物	污染当量值(千克)	备注
11. 悬浮物(SS)	4	
12. 生化需氧量(BOD_5)	0.5	同一排放口中的化学需氧量、生化需氧量和总有机碳,只征收一项。
13. 化学需氧量(COD_{cr})	1	
14. 总有机碳(TOC)	0.49	
15. 石油类	0.1	
16. 动植物油	0.16	
17. 挥发酚	0.08	
18. 总氰化物	0.05	
19. 硫化物	0.125	
20. 氨氮	0.8	
21. 氟化物	0.5	
22. 甲醛	0.125	
23. 苯胺类	0.2	
24. 硝基苯类	0.2	
25. 阴离子表面活性剂(LAS)	0.2	
26. 总铜	0.1	
27. 总锌	0.2	
28. 总锰	0.2	
29. 彩色显影剂(CD-2)	0.2	
30. 总磷	0.25	
31. 单质磷(以P计)	0.05	
32. 有机磷农药(以P计)	0.05	
33. 乐果	0.05	
34. 甲基对硫磷	0.05	

续表

污染物	污染当量值(千克)	备注
35. 马拉硫磷	0.05	
36. 对硫磷	0.05	
37. 五氯酚及五氯酚钠(以五氯酚计)	0.25	
38. 三氯甲烷	0.04	
39. 可吸附有机卤化物(AOX)(以Cl计)	0.25	
40. 四氯化碳	0.04	
41. 三氯乙烯	0.04	
42. 四氯乙烯	0.04	
43. 苯	0.02	
44. 甲苯	0.02	
45. 乙苯	0.02	
46. 邻-二甲苯	0.02	
47. 对-二甲苯	0.02	
48. 间-二甲苯	0.02	
49. 氯苯	0.02	
50. 邻二氯苯	0.02	
51. 对二氯苯	0.02	
52. 对硝基氯苯	0.02	
53. 2,4-二硝基氯苯	0.02	
54. 苯酚	0.025	
55. 间-甲酚	0.02	
56. 2,4-二氯酚	0.02	
57. 2,4,6-三氯酚	0.02	
58. 邻苯二甲酸二丁酯	0.02	
59. 邻苯二甲酸二辛酯	0.02	
60. 丙烯腈	0.125	
61. 总硒	0.02	

三、pH 值、色度、大肠菌群数、余氯量水污染物污染当量值

污染物		污染当量值	备注
1. pH 值	1. 0-1,13-14 2. 1-2,12-13 3. 2-3,11-12 4. 3-4,10-11 5. 4-5,9-10 6. 5-6	0.06 吨污水 0.125 吨污水 0.25 吨污水 0.5 吨污水 1 吨污水 5 吨污水	pH 值 5-6 指大于等于 5,小于 6;pH 值 9-10 指大于 9,小于等于 10,其余类推。
2. 色度		5 吨水·倍	
3. 大肠菌群数(超标)		3.3 吨污水	大肠菌群数和余氯量只征收一项。
4. 余氯量(用氯消毒的医院废水)		3.3 吨污水	

四、禽畜养殖业、小型企业和第三产业水污染物污染当量值

(本表仅适用于计算无法进行实际监测或者物料衡算的禽畜养殖业、小型企业和第三产业等小型排污者的水污染物污染当量数)

类型		污染当量值	备注
禽畜养殖场	1. 牛	0.1 头	仅对存栏规模大于 50 头牛、500 头猪、5000 羽鸡鸭等的禽畜养殖场征收。
	2. 猪	1 头	
	3. 鸡、鸭等家禽	30 羽	
4. 小型企业		1.8 吨污水	
5. 饮食娱乐服务业		0.5 吨污水	
6. 医院	消毒	0.14 床 2.8 吨污水	医院病床数大于 20 张的按照本表计算污染当量数。
	不消毒	0.07 床 1.4 吨污水	

五、大气污染物污染当量值

污染物	污染当量值(千克)
1. 二氧化硫	0.95
2. 氮氧化物	0.95
3. 一氧化碳	16.7
4. 氯气	0.34
5. 氯化氢	10.75
6. 氟化物	0.87
7. 氰化氢	0.005

续表

污染物	污染当量值(千克)
8. 硫酸雾	0.6
9. 铬酸雾	0.0007
10. 汞及其化合物	0.0001
11. 一般性粉尘	4
12. 石棉尘	0.53
13. 玻璃棉尘	2.13
14. 碳黑尘	0.59
15. 铅及其化合物	0.02
16. 镉及其化合物	0.03
17. 铍及其化合物	0.0004
18. 镍及其化合物	0.13
19. 锡及其化合物	0.27
20. 烟尘	2.18
21. 苯	0.05
22. 甲苯	0.18
23. 二甲苯	0.27
24. 苯并(a)芘	0.000002
25. 甲醛	0.09
26. 乙醛	0.45
27. 丙烯醛	0.06
28. 甲醇	0.67
29. 酚类	0.35
30. 沥青烟	0.19
31. 苯胺类	0.21
32. 氯苯类	0.72
33. 硝基苯	0.17
34. 丙烯腈	0.22
35. 氯乙烯	0.55
36. 光气	0.04

续表

污染物	污染当量值(千克)
37. 硫化氢	0.29
38. 氨	9.09
39. 三甲胺	0.32
40. 甲硫醇	0.04
41. 甲硫醚	0.28
42. 二甲二硫	0.28
43. 苯乙烯	25
44. 二硫化碳	20

中华人民共和国环境保护税法实施条例

· 2017年12月25日中华人民共和国国务院令第693号公布
· 自2018年1月1日起施行

第一章 总　则

第一条　根据《中华人民共和国环境保护税法》(以下简称环境保护税法),制定本条例。

第二条　环境保护税法所附《环境保护税税目税额表》所称其他固体废物的具体范围,依照环境保护税法第六条第二款规定的程序确定。

第三条　环境保护税法第五条第一款、第十二条第一款第三项规定的城乡污水集中处理场所,是指为社会公众提供生活污水处理服务的场所,不包括为工业园区、开发区等工业聚集区域内的企业事业单位和其他生产经营者提供污水处理服务的场所,以及企业事业单位和其他生产经营者自建自用的污水处理场所。

第四条　达到省级人民政府确定的规模标准并且有污染物排放口的畜禽养殖场,应当依法缴纳环境保护税;依法对畜禽养殖废弃物进行综合利用和无害化处理的,不属于直接向环境排放污染物,不缴纳环境保护税。

第二章 计税依据

第五条　应税固体废物的计税依据,按照固体废物的排放量确定。固体废物的排放量为当期应税固体废物的产生量减去当期应税固体废物的贮存量、处置量、综合利用量的余额。

前款规定的固体废物的贮存量、处置量,是指在符合国家和地方环境保护标准的设施、场所贮存或者处置的固体废物数量;固体废物的综合利用量,是指按照国务院发展改革、工业和信息化主管部门关于资源综合利用要求以及国家和地方环境保护标准进行综合利用的固体废物数量。

第六条　纳税人有下列情形之一的,以其当期应税固体废物的产生量作为固体废物的排放量:

(一)非法倾倒应税固体废物;

(二)进行虚假纳税申报。

第七条　应税大气污染物、水污染物的计税依据,按照污染物排放量折合的污染当量数确定。

纳税人有下列情形之一的,以其当期应税大气污染物、水污染物的产生量作为污染物的排放量:

(一)未依法安装使用污染物自动监测设备或者未将污染物自动监测设备与环境保护主管部门的监控设备联网;

(二)损毁或者擅自移动、改变污染物自动监测设备;

(三)篡改、伪造污染物监测数据;

(四)通过暗管、渗井、渗坑、灌注或者稀释排放以及不正常运行防治污染设施等方式违法排放应税污染物;

(五)进行虚假纳税申报。

第八条　从两个以上排放口排放应税污染物的,对每一排放口排放的应税污染物分别计算征收环境保护税;纳税人持有排污许可证的,其污染物排放口按照排污许可证载明的污染物排放口确定。

第九条　属于环境保护税法第十条第二项规定情形的纳税人,自行对污染物进行监测所获取的监测数据,符合国家有关规定和监测规范的,视同环境保护税法第十条第二项规定的监测机构出具的监测数据。

第三章 税收减免

第十条 环境保护税法第十三条所称应税大气污染物或者水污染物的浓度值,是指纳税人安装使用的污染物自动监测设备当月自动监测的应税大气污染物浓度值的小时平均值再平均所得数值或者应税水污染物浓度值的日平均值再平均所得数值,或者监测机构当月监测的应税大气污染物、水污染物浓度值的平均值。

依照环境保护税法第十三条的规定减征环境保护税的,前款规定的应税大气污染物浓度值的小时平均值或者应税水污染物浓度值的日平均值,以及监测机构当月每次监测的应税大气污染物、水污染物的浓度值,均不得超过国家和地方规定的污染物排放标准。

第十一条 依照环境保护税法第十三条的规定减征环境保护税的,应当对每一排放口排放的不同应税污染物分别计算。

第四章 征收管理

第十二条 税务机关依法履行环境保护税纳税申报受理、涉税信息比对、组织税款入库等职责。

环境保护主管部门依法负责应税污染物监测管理,制定和完善污染物监测规范。

第十三条 县级以上地方人民政府应当加强对环境保护税征收管理工作的领导,及时协调、解决环境保护税征收管理工作中的重大问题。

第十四条 国务院税务、环境保护主管部门制定涉税信息共享平台技术标准以及数据采集、存储、传输、查询和使用规范。

第十五条 环境保护主管部门应当通过涉税信息共享平台向税务机关交送在环境保护监督管理中获取的下列信息:

(一)排污单位的名称、统一社会信用代码以及污染物排放口、排放污染物种类等基本信息;

(二)排污单位的污染物排放数据(包括污染物排放量以及大气污染物、水污染物的浓度值等数据);

(三)排污单位环境违法和受行政处罚情况;

(四)对税务机关提请复核的纳税人的纳税申报数据资料异常或者纳税人未按照规定期限办理纳税申报的复核意见;

(五)与税务机关商定交送的其他信息。

第十六条 税务机关应当通过涉税信息共享平台向环境保护主管部门交送下列环境保护税涉税信息:

(一)纳税人基本信息;

(二)纳税申报信息;

(三)税款入库、减免税额、欠缴税款以及风险疑点等信息;

(四)纳税人涉税违法和受行政处罚情况;

(五)纳税人的纳税申报数据资料异常或者纳税人未按照规定期限办理纳税申报的信息;

(六)与环境保护主管部门商定交送的其他信息。

第十七条 环境保护税法第十七条所称应税污染物排放地是指:

(一)应税大气污染物、水污染物排放口所在地;

(二)应税固体废物产生地;

(三)应税噪声产生地。

第十八条 纳税人跨区域排放应税污染物,税务机关对税收征收管辖有争议的,由争议各方按照有利于征收管理的原则协商解决;不能协商一致的,报请共同的上级税务机关决定。

第十九条 税务机关应当依据环境保护主管部门交送的排污单位信息进行纳税人识别。

在环境保护主管部门交送的排污单位信息中没有对应信息的纳税人,由税务机关在纳税人首次办理环境保护税纳税申报时进行纳税人识别,并将相关信息交送环境保护主管部门。

第二十条 环境保护主管部门发现纳税人申报的应税污染物排放信息或者适用的排污系数、物料衡算方法有误的,应当通知税务机关处理。

第二十一条 纳税人申报的污染物排放数据与环境保护主管部门交送的相关数据不一致的,按照环境保护主管部门交送的数据确定应税污染物的计税依据。

第二十二条 环境保护税法第二十条第二款所称纳税人的纳税申报数据资料异常,包括但不限于下列情形:

(一)纳税人当期申报的应税污染物排放量与上一年同期相比明显偏低,且无正当理由;

(二)纳税人单位产品污染物排放量与同类型纳税人相比明显偏低,且无正当理由。

第二十三条 税务机关、环境保护主管部门应当无偿为纳税人提供与缴纳环境保护税有关的辅导、培训和咨询服务。

第二十四条 税务机关依法实施环境保护税的税务检查,环境保护主管部门予以配合。

第二十五条 纳税人应当按照税收征收管理的有关规定,妥善保管应税污染物监测和管理的有关资料。

第五章 附　则

第二十六条　本条例自 2018 年 1 月 1 日起施行。2003 年 1 月 2 日国务院公布的《排污费征收使用管理条例》同时废止。

中央企业节约能源与生态环境保护监督管理办法

- 2022 年 6 月 29 日国务院国有资产监督管理委员会令第 41 号公布
- 自 2022 年 8 月 1 日起施行

第一章 总　则

第一条　为深入贯彻习近平生态文明思想，全面落实党中央、国务院关于生态文明建设的重大决策部署，指导督促中央企业落实节约能源与生态环境保护主体责任，推动中央企业全面可持续发展，根据《中华人民共和国节约能源法》《中华人民共和国环境保护法》等有关法律法规，制定本办法。

第二条　本办法所称中央企业，是指国务院国有资产监督管理委员会（以下简称国资委）根据国务院授权履行出资人职责的国家出资企业。

第三条　国资委对中央企业节约能源与生态环境保护工作履行以下职责：

（一）指导督促中央企业履行节约能源与生态环境保护主体责任，贯彻落实节约能源与生态环境保护相关法律法规、政策和标准。

（二）指导督促中央企业建立健全节约能源与环境保护组织管理、统计监测和考核奖惩体系。

（三）建立健全中央企业节约能源与生态环境保护考核奖惩制度，实施年度及任期考核，将考核结果纳入中央企业负责人经营业绩考核体系。

（四）组织或参与对中央企业节约能源与生态环境保护工作的监督检查、约谈。

（五）组织对中央企业节约能源与生态环境保护工作的调研、交流、培训、宣传。

（六）配合做好中央生态环境保护督察相关工作，督促中央企业整改中央生态环境保护督察反馈的问题。

第四条　中央企业节约能源与生态环境保护工作遵循以下原则：

（一）坚持绿色低碳发展。践行绿水青山就是金山银山的理念，坚持生态优先，正确处理节能降碳、生态环境保护与企业发展的关系，构建绿色低碳循环发展体系。

（二）坚持节约优先、保护优先。坚持节约资源和保护环境的基本国策。积极建设资源节约型和环境友好型企业，推动企业产业结构调整和转型升级，促进企业可持续发展。

（三）坚持依法合规。严格遵守国家节约能源与生态环境保护法律法规和有关政策，依法接受国家和地方人民政府节约能源与生态环境保护相关部门的监督管理。

（四）坚持企业责任主体。中央企业是节约能源与生态环境保护责任主体，要严格实行党政同责、一岗双责，按照管发展、管生产、管业务必须管节约能源与生态环境保护的要求，把节约能源与生态环境保护工作贯穿生产经营的全过程。

第二章 分类管理

第五条　国资委对中央企业节约能源与生态环境保护实行动态分类监督管理，按照企业所处行业、能源消耗、主要污染物排放水平和生态环境影响程度，将中央企业划分为三类：

（一）第一类企业。主业处于石油石化、钢铁、有色金属、电力、化工、煤炭、建材、交通运输、建筑行业，且具备以下三个条件之一的：

1. 年耗能在 200 万吨标准煤以上。
2. 二氧化硫、氮氧化物、化学需氧量、氨氮等主要污染物排放总量位于中央企业前三分之一。
3. 对生态环境有较大影响。

（二）第二类企业。第一类企业之外具备以下两个条件之一的：

1. 年耗能在 10 万吨标准煤以上。
2. 二氧化硫、氮氧化物、化学需氧量、氨氮等主要污染物排放总量位于中央企业中等水平。

（三）第三类企业。除上述第一类、第二类以外的企业。

第六条　国资委根据企业能源消耗、主要污染物排放水平和生态环境影响程度等因素适时对企业类别进行调整。

第三章 基本要求

第七条　中央企业应严格遵守国家和地方人民政府节约能源与生态环境保护相关法律法规、政策和标准，自觉接受社会监督，有效控制能源消费总量，持续提升能源利用效率，减少污染物排放，控制温室气体排放。境外生产经营活动也应严格遵守所在地生态环境保护法律法规。

第八条　中央企业应积极践行绿色低碳循环发展理念，将节约能源、生态环境保护、碳达峰碳中和战略导向和目标要求纳入企业发展战略和规划，围绕主业有序发展壮大节能环保等绿色低碳产业。将节能降碳与生态环境保护资金纳入预算，保证资金足额投入。

第九条 中央企业应建立健全节约能源与生态环境保护组织管理、统计监测、考核奖惩体系。

第十条 中央企业应坚决遏制高耗能、高排放、低水平项目盲目发展，严格执行国家相关产业政策和规划。加强并购重组企业源头管理，把节约能源和生态环境保护专项尽职调查作为并购重组的前置程序。

第十一条 中央企业应对所属企业节约能源与生态环境保护工作进行监督检查，开展环境影响因素识别、风险点排查和隐患治理，防范环境污染事件。

第十二条 中央企业应积极推广应用节能低碳环保新技术、新工艺、新设备、新材料，组织开展绿色低碳技术攻关和应用。

第十三条 中央企业应发挥绿色低碳消费引领作用，强化产品全生命周期绿色管理，扩大绿色低碳产品和服务的有效供给，率先执行企业绿色采购指南，建立健全绿色采购管理制度，推进绿色供应链转型。

第十四条 中央企业应积极稳妥推进碳达峰碳中和工作，科学合理制定实施碳达峰碳中和规划和行动方案，建立完善二氧化碳排放统计核算、信息披露体系，采取有力措施控制碳排放。

第十五条 中央企业应高效开发利用化石能源，积极发展非化石能源，推进能源结构清洁化、低碳化；积极开展能效对标、能源审计、节能诊断、清洁生产审核等工作。

第十六条 中央企业生产经营活动应严格执行生态保护红线、环境质量底线、资源利用上线和环境准入负面清单要求，减少对生态环境扰动，积极开展生态修复。

第十七条 中央企业新建、改建、扩建项目应依法开展环境影响评价、节能评估、水土保持评估和竣工环境保护、水土保持设施自主验收等工作，严格遵守环保设施与主体工程同时设计、同时施工、同时投入生产和使用的有关规定。

第十八条 中央企业应严格执行国家排污许可制度，按照国家和地方人民政府要求规范危险废物的贮存、转移和处置工作。

第十九条 中央企业应自觉履行环境信息强制性披露责任，严格按照法律法规要求的内容、方式和时限如实规范披露环境信息。

第二十条 中央企业应自觉接受中央生态环境保护督察，严格按照有关规定积极配合中央生态环境保护督察工作，如实反映情况和问题，抓好整改落实，加强边督边改、督察问责和信息公开工作。

第四章 组织管理

第二十一条 中央企业应建立健全节约能源与生态环境保护领导机构，负责本企业节约能源与生态环境保护总体工作，研究决定节约能源与生态环境保护重大事项，建立工作制度。

第二十二条 中央企业应按有关要求，设置或明确与企业生产经营相适应的节约能源与生态环境保护监督管理机构，明确管理人员。机构设置、人员任职资格和配备数量，应当符合国家和行业的有关规定，并与企业的生产经营内容和性质、管理范围、管理跨度等匹配。

第二十三条 中央企业应落实节约能源与生态环境保护主体责任。企业主要负责人对本企业节约能源与生态环境保护工作负主要领导责任。分管负责人负分管领导责任。

第二十四条 中央企业应加强节约能源与生态环境保护专业队伍建设。组织开展节约能源与生态环境保护宣传和培训，提升全员意识，提高工作能力。

第五章 统计监测与报告

第二十五条 中央企业应建立自下而上、逐级把关的节约能源与生态环境保护统计报送信息系统。

第二十六条 中央企业应对各类能源消耗实行分级分类计量，合理配备和使用符合国家标准的能源计量器具。

第二十七条 中央企业应依法开展污染物排放自行监测，按照国家和地方人民政府要求建立污染物排放监测系统。加强二氧化碳统计核算能力建设，提升信息化实测水平。

第二十八条 中央企业应依法建立健全能源消耗、二氧化碳排放、污染物排放等原始记录和统计台账。

第二十九条 中央企业应严格按国家和地方人民政府规范的统计监测口径、范围、标准和方法，结合第三方检测、内部审计、外部审计等多种形式，确保能源消耗、二氧化碳排放、污染物排放等统计监测数据的真实性、准确性和完整性。

第三十条 中央企业应建立健全节约能源与生态环境保护工作报告制度。第一类、第二类企业按季度报送统计报表，第三类企业按年度报送统计报表，并报送年度总结分析报告。

第三十一条 中央企业发生突发环境事件或节能环

保违法违规事件后,应按以下要求进行报告:

(一)发生突发环境事件,现场负责人应立即向本单位负责人报告,单位负责人接到报告后,应于1小时内向上一级单位负责人报告,并逐级报告至国资委,必要时可越级上报,每级时间间隔不得超过2小时。

(二)发生节能环保违法违规事件被处以罚款且单笔罚款金额在100万元及以上的,应在当年年度总结分析报告中向国资委报告。

(三)发生节能环保违法违规事件被责令停产整顿;责令停产、停业、关闭;暂扣、吊销许可证或行政拘留的,应在接到正式行政处罚决定书3日内向国资委报告。

(四)未受到行政处罚,但被中央生态环境保护督察或省部级以上主管部门作为违法违规典型案例公开通报或发生其他重大事件的,应在接到报告后3日内向国资委报告。

(五)中央企业应将政府有关部门对突发环境事件和节能环保违法违规事件的有关调查情况及时报送国资委,并将整改、责任追究落实情况向国资委报告。

第六章 突发环境事件应急管理

第三十二条 中央企业应坚持预防为主、预防与应急相结合的原则开展突发环境事件应急管理工作。

第三十三条 中央企业应依法制定和完善突发环境事件应急预案,按要求报所在地生态环境主管部门备案,并定期开展应急演练。

第三十四条 中央企业应加强应急处置救援能力建设,定期进行突发环境事件应急知识和技能培训。

第三十五条 中央企业发生或者可能发生突发环境事件时,应立即启动相应级别突发环境事件应急预案。

第三十六条 中央企业在突发环境事件发生后,应开展环境应急监测,按要求执行停产、停排措施,积极配合事件调查,推动环境恢复工作。

第三十七条 中央企业应建立健全突发环境事件舆情应对工作机制。

第七章 考核与奖惩

第三十八条 国资委将中央企业节约能源与生态环境保护考核评价结果纳入中央企业负责人经营业绩考核体系。

第三十九条 国资委对中央企业节约能源与生态环境保护实行年度和任期、定量或定性考核。

第四十条 对发生突发环境事件、节能环保违法违规事件、统计数据严重不实和弄虚作假等情形,年度考核予以扣分或降级处理。

第四十一条 中央企业应根据国家节约能源与生态环境保护有关政策、企业所处行业特点和节约能源与生态环境保护水平,对照同行业国际国内先进水平,提出科学合理的任期考核指标和目标建议值。

第四十二条 国资委对中央企业任期节约能源与生态环境保护考核指标和目标建议值进行审核,并在中央企业负责人任期经营考核责任书中明确。

第四十三条 中央企业应在考核期末对节约能源与生态环境保护考核完成情况进行总结分析,并报送国资委。国资委对考核完成情况进行考核评价。

第四十四条 对节约能源与生态环境保护取得突出成绩的,经国资委评定后对企业予以任期通报表扬。

第四十五条 中央企业应建立完善企业内部考核奖惩体系,结合国资委下达的节约能源与生态环境保护考核指标和目标,逐级分解落实相关责任;对发生造成严重不良影响的突发环境事件、节能环保违法违规事件,或存在能源消耗、污染物排放、二氧化碳排放数据弄虚作假行为的,按规定对年度考核实行扣分或降级处理;对成绩突出的单位和个人,可进行表彰奖励。

第四十六条 国资委依据本办法制定《中央企业节约能源与生态环境保护考核细则》,并根据需要进行修订。

第八章 附 则

第四十七条 本办法所指突发环境事件,依据《国家突发环境事件应急预案》确定。

第四十八条 各地区国有资产监督管理机构可以参照本办法,结合本地区实际情况制定相关规定。

第四十九条 本办法由国资委负责解释。

第五十条 本办法自2022年8月1日起施行。《中央企业节能减排监督管理暂行办法》(国资委令第23号)同时废止。

最高人民法院关于生态环境侵权民事诉讼证据的若干规定

- 2023年4月17日最高人民法院审判委员会第1885次会议通过
- 2023年8月14日最高人民法院公告公布
- 自2023年9月1日起施行
- 法释〔2023〕6号

为保证人民法院正确认定案件事实,公正、及时审理生态环境侵权责任纠纷案件,保障和便利当事人依法行使诉讼权利，保护生态环境，根据《中华人民共和国民法典》《中华人民共和国民事诉讼法》《中华人民共和国环境保护法》等有关法律规定，结合生态环境侵权民事案件审判经验和实际情况，制定本规定。

第一条　人民法院审理环境污染责任纠纷案件、生态破坏责任纠纷案件和生态环境保护民事公益诉讼案件，适用本规定。

生态环境保护民事公益诉讼案件，包括环境污染民事公益诉讼案件、生态破坏民事公益诉讼案件和生态环境损害赔偿诉讼案件。

第二条　环境污染责任纠纷案件、生态破坏责任纠纷案件的原告应当以下事实承担举证责任：

（一）被告实施了污染环境或者破坏生态的行为；

（二）原告人身、财产受到损害或者有遭受损害的危险。

第三条　生态环境保护民事公益诉讼案件的原告应当就以下事实承担举证责任：

（一）被告实施了污染环境或者破坏生态的行为，且该行为违反国家规定；

（二）生态环境受到损害或者有遭受损害的重大风险。

第四条　原告请求被告就其污染环境、破坏生态行为支付人身、财产损害赔偿费用，或者支付民法典第一千二百三十五条规定的损失、费用的，应当就其主张的损失、费用的数额承担举证责任。

第五条　原告起诉请求被告承担环境污染、生态破坏责任的，应当提供被告行为与损害之间具有关联性的证据。

人民法院应当根据当事人提交的证据，结合污染环境、破坏生态的行为方式、污染物的性质、环境介质的类型、生态因素的特征、时间顺序、空间距离等因素，综合判断被告行为与损害之间的关联性是否成立。

第六条　被告应当就其行为与损害之间不存在因果关系承担举证责任。

被告主张不承担责任或者减轻责任的，应当就法律规定的不承担责任或者减轻责任的情形承担举证责任。

第七条　被告证明其排放的污染物、释放的生态因素、产生的生态影响未到达损害发生地，或者其行为在损害发生后才实施且未加重损害后果，或者存在其行为不可能导致损害发生的其他情形，人民法院应当认定被告行为与损害之间不存在因果关系。

第八条　对于发生法律效力的刑事裁判、行政裁判因未达到证明标准未予认定的事实，在因同一污染环境、破坏生态行为提起的生态环境侵权民事诉讼中，人民法院根据有关事实和证据确信待证事实的存在具有高度可能性的，应当认定该事实存在。

第九条　对于人民法院在生态环境保护民事公益诉讼生效裁判中确认的基本事实，当事人在因同一污染环境、破坏生态行为提起的人身、财产损害赔偿诉讼中无需举证证明，但有相反证据足以推翻的除外。

第十条　对于可能损害国家利益、社会公共利益的事实，双方当事人未主张或者无争议，人民法院认为可能影响裁判结果的，可以责令当事人提供有关证据。

前款规定的证据，当事人申请人民法院调查收集，符合《最高人民法院关于适用〈中华人民共和国民事诉讼法〉的解释》第九十四条规定情形的，人民法院应当准许；人民法院认为有必要的，可以依职权调查收集。

第十一条　实行环境资源案件集中管辖的法院，可以委托侵权行为实施地、侵权结果发生地、被告住所地等人民法院调查收集证据。受委托法院应当在收到委托函次日起三十日内完成委托事项，并将调查收集的证据及有关笔录移送委托法院。

受委托法院未能完成委托事项的，应当向委托法院书面告知有关情况及未能完成的原因。

第十二条　当事人或者利害关系人申请保全环境污染、生态破坏相关证据的，人民法院应当结合下列因素进行审查，确定是否采取保全措施：

（一）证据灭失或者以后难以取得的可能性；

（二）证据对证明待证事实有无必要；

（三）申请人自行收集证据是否存在困难；

（四）有必要采取证据保全措施的其他因素。

第十三条　在符合证据保全目的的情况下，人民法院应当选择对证据持有人利益影响最小的保全措施，尽量减少对保全标的物价值的损害和对证据持有人生产、生活的影响。

确需采取查封、扣押等限制保全标的物使用的保全措施的，人民法院应当及时组织当事人对保全的证据进行质证。

第十四条　人民法院调查收集、保全或者勘验涉及环境污染、生态破坏专门性问题的证据，应当遵守相关技术规范。必要时，可以通知鉴定人到场，或者邀请负有环境资源保护监督管理职责的部门派员协助。

第十五条　当事人向人民法院提交证据后申请撤回该证据，或者声明不以该证据证明案件事实的，不影响其他当事人援引该证据证明案件事实以及人民法院对该证据进行审查认定。

当事人放弃使用人民法院依其申请调查收集或者保全的证据的,按照前款规定处理。

第十六条 对于查明环境污染、生态破坏案件事实的专门性问题,人民法院经审查认为有必要的,应当根据当事人的申请或者依职权委托具有相应资格的机构、人员出具鉴定意见。

第十七条 对于法律适用、当事人责任划分等非专门性问题,或者虽然属于专门性问题,但可以通过法庭调查、勘验等其他方式查明的,人民法院不予委托鉴定。

第十八条 鉴定人需要邀请其他机构、人员完成部分鉴定事项的,应当向人民法院提出申请。

人民法院经审查认为确有必要的,在听取双方当事人意见后,可以准许,并告知鉴定人对最终鉴定意见承担法律责任;主要鉴定事项由其他机构、人员实施的,人民法院不予准许。

第十九条 未经人民法院准许,鉴定人邀请其他机构、人员完成部分鉴定事项的,鉴定意见不得作为认定案件事实的根据。

前款情形,当事人申请退还鉴定费用的,人民法院应当在三日内作出裁定,责令鉴定人退还;拒不退还的,由人民法院依法执行。

第二十条 鉴定人提供虚假鉴定意见的,该鉴定意见不得作为认定案件事实的根据。人民法院可以依照民事诉讼法第一百一十四条的规定进行处理。

鉴定事项由其他机构、人员完成,其他机构、人员提供虚假鉴定意见的,按照前款规定处理。

第二十一条 因没有鉴定标准、成熟的鉴定方法、相应资格的鉴定人等原因无法进行鉴定,或者鉴定周期过长、费用过高的,人民法院可以结合案件有关事实、当事人申请的有专门知识的人的意见和其他证据,对涉及专门性问题的事实作出认定。

第二十二条 当事人申请有专门知识的人出庭,就鉴定意见或者污染物认定、损害结果、因果关系、生态环境修复方案、生态环境修复费用、生态环境受到损害至修复完成期间服务功能丧失导致的损失、生态环境功能永久性损害造成的损失等专业问题提出意见的,人民法院可以准许。

对方当事人以有专门知识的人不具备相应资格为由提出异议的,人民法院对该异议不予支持。

第二十三条 当事人就环境污染、生态破坏的专门性问题自行委托有关机构、人员出具的意见,人民法院应当结合本案的其他证据,审查确定能否作为认定案件事实的根据。

对方当事人对该意见有异议的,人民法院应当告知提供意见的当事人可以申请出具意见的机构或者人员出庭陈述意见;未出庭的,该意见不得作为认定案件事实的根据。

第二十四条 负有环境资源保护监督管理职责的部门在其职权范围内制作的处罚决定等文书所记载的事项推定为真实,但有相反证据足以推翻的除外。

人民法院认为有必要的,可以依职权对上述文书的真实性进行调查核实。

第二十五条 负有环境资源保护监督管理职责的部门及其所属或者委托的监测机构在行政执法过程中收集的监测数据、形成的事件调查报告、检验检测报告、评估报告等材料,以及公安机关单独或者会同负有环境资源保护监督管理职责的部门提取样品进行检测获取的数据,经当事人质证,可以作为认定案件事实的根据。

第二十六条 对于证明环境污染、生态破坏案件事实有重要意义的书面文件、数据信息或者录音、录像等证据在对方当事人控制之下的,承担举证责任的当事人可以根据《最高人民法院关于适用〈中华人民共和国民事诉讼法〉的解释》第一百一十二条的规定,书面申请人民法院责令对方当事人提交。

第二十七条 承担举证责任的当事人申请人民法院责令对方当事人提交证据的,应当提供有关证据的名称、主要内容、制作人、制作时间或者其他可以将有关证据特定化的信息。根据申请人提供的信息不能使证据特定化的,人民法院不予准许。

人民法院应当结合申请人是否参与证据形成过程、是否接触过该证据等因素,综合判断其提供的信息是否达到证据特定化的要求。

第二十八条 承担举证责任的当事人申请人民法院责令对方当事人提交证据的,应当提出证据由对方当事人控制的依据。对方当事人否认控制有关证据的,人民法院应当根据法律规定、当事人约定、交易习惯等因素,结合案件的事实、证据作出判断。

有关证据虽未由对方当事人直接持有,但在其控制范围之内,其获取不存在客观障碍的,人民法院应当认定有关证据由其控制。

第二十九条 法律、法规、规章规定当事人应当披露或者持有的关于其排放的主要污染物名称、排放方式、排放浓度和总量、超标排放情况、防治污染设施的建设和运行情况、生态环境开发利用情况、生态环境违法信息等环境信息，属于《最高人民法院关于民事诉讼证据的若干规定》第四十七条第一款第三项规定的"对方当事人依照法律规定有权查阅、获取的书证"。

第三十条　在环境污染责任纠纷、生态破坏责任纠纷案件中，损害事实成立，但人身、财产损害赔偿数额难以确定的，人民法院可以结合侵权行为对原告造成损害的程度、被告因侵权行为获得的利益以及过错程度等因素，并可以参考负有环境资源保护监督管理职责的部门的意见等，合理确定。

第三十一条　在生态环境保护民事公益诉讼案件中，损害事实成立，但生态环境修复费用、生态环境受到损害至修复完成期间服务功能丧失导致的损失、生态环境功能永久性损害造成的损失等数额难以确定的，人民法院可以根据污染环境、破坏生态的范围和程度等已查明的案件事实，结合生态环境及其要素的稀缺性、生态环境恢复的难易程度、防治污染设备的运行成本、被告因侵权行为获得的利益以及过错程度等因素，并可以参考负有环境资源保护监督管理职责的部门的意见等，合理确定。

第三十二条　本规定未作规定的，适用《最高人民法院关于民事诉讼证据的若干规定》。

第三十三条　人民法院审理人民检察院提起的环境污染民事公益诉讼案件、生态破坏民事公益诉讼案件，参照适用本规定。

第三十四条　本规定自2023年9月1日起施行。

本规定公布施行后，最高人民法院以前发布的司法解释与本规定不一致的，不再适用。

最高人民法院关于审理生态环境侵权责任纠纷案件适用法律若干问题的解释

· 2023年6月5日最高人民法院审判委员会第1890次会议通过
· 2023年8月14日最高人民法院公告公布
· 自2023年9月1日起施行
· 法释〔2023〕5号

为正确审理生态环境侵权责任纠纷案件，依法保护当事人合法权益，根据《中华人民共和国民法典》《中华人民共和国民事诉讼法》《中华人民共和国环境保护法》等法律的规定，结合审判实践，制定本解释。

第一条　侵权人因实施下列污染环境、破坏生态行为造成他人人身、财产损害，被侵权人请求侵权人承担生态环境侵权责任的，人民法院应予支持：

（一）排放废气、废水、废渣、医疗废物、粉尘、恶臭气体、放射性物质等污染环境的；

（二）排放噪声、振动、光辐射、电磁辐射等污染环境的；

（三）不合理开发利用自然资源的；

（四）违反国家规定，未经批准，擅自引进、释放、丢弃外来物种的；

（五）其他污染环境、破坏生态的行为。

第二条　因下列污染环境、破坏生态引发的民事纠纷，不作为生态环境侵权案件处理：

（一）未经由大气、水、土壤等生态环境介质，直接造成损害的；

（二）在室内、车内等封闭空间内造成损害的；

（三）不动产权利人在日常生活中造成相邻不动产权利人损害的；

（四）劳动者在职业活动中受到损害的。

前款规定的情形，依照相关法律规定确定民事责任。

第三条　不动产权利人因经营活动污染环境、破坏生态造成相邻不动产权利人损害，被侵权人请求其承担生态环境侵权责任的，人民法院应予支持。

第四条　污染环境、破坏生态造成他人损害，行为人不论有无过错，都应当承担侵权责任。

行为人以外的其他责任人对损害发生有过错的，应当承担侵权责任。

第五条　两个以上侵权人分别污染环境、破坏生态造成同一损害，每一个侵权人的行为都足以造成全部损害，被侵权人根据民法典第一千一百七十一条的规定请求侵权人承担连带责任的，人民法院应予支持。

第六条　两个以上侵权人分别污染环境、破坏生态，每一个侵权人的行为都不足以造成全部损害，被侵权人根据民法典第一千一百七十二条的规定请求侵权人承担责任的，人民法院应予支持。

侵权人主张其污染环境、破坏生态行为不足以造成全部损害的，应当承担相应举证责任。

第七条　两个以上侵权人分别污染环境、破坏生态，部分侵权人的行为足以造成全部损害，部分侵权人的行为只造成部分损害，被侵权人请求足以造成全部损害的侵权人对全部损害承担责任，并与其他侵权人就共同造成的损害部分承担连带责任的，人民法院应予支持。

被侵权人依照前款规定请求足以造成全部损害的侵权人与其他侵权人承担责任的,受偿范围应以侵权行为造成的全部损害为限。

第八条 两个以上侵权人分别污染环境、破坏生态,部分侵权人能够证明其他侵权人的侵权行为已先行造成全部或者部分损害,并请求在相应范围内不承担责任或者减轻责任的,人民法院应予支持。

第九条 两个以上侵权人分别排放的物质相互作用产生污染物造成他人损害,被侵权人请求侵权人承担连带责任的,人民法院应予支持。

第十条 为侵权人污染环境、破坏生态提供场地或者储存、运输等帮助,被侵权人根据民法典第一千一百六十九条的规定请求行为人与侵权人承担连带责任的,人民法院应予支持。

第十一条 过失为侵权人污染环境、破坏生态提供场地或者储存、运输等便利条件,被侵权人请求行为人承担与过错相适应责任的,人民法院应予支持。

前款规定的行为人存在重大过失的,依照本解释第十条的规定处理。

第十二条 排污单位将所属的环保设施委托第三方治理机构运营,第三方治理机构在合同履行过程中污染环境造成他人损害,被侵权人请求排污单位承担侵权责任的,人民法院应予支持。

排污单位依照前款规定承担责任后向有过错的第三方治理机构追偿的,人民法院应予支持。

第十三条 排污单位将污染物交由第三方治理机构集中处置,第三方治理机构在合同履行过程中污染环境造成他人损害,被侵权人请求第三方治理机构承担侵权责任的,人民法院应予支持。

排污单位在选任、指示第三方治理机构中有过错,被侵权人请求排污单位承担相应责任的,人民法院应予支持。

第十四条 存在下列情形之一的,排污单位与第三方治理机构应当根据民法典第一千一百六十八条的规定承担连带责任:

(一)第三方治理机构按照排污单位的指示,违反污染防治相关规定排放污染物的;

(二)排污单位将明显存在缺陷的环保设施交由第三方治理机构运营,第三方治理机构利用该设施违反污染防治相关规定排放污染物的;

(三)排污单位以明显不合理的价格将污染物交由第三方治理机构处置,第三方治理机构违反污染防治相关规定排放污染物的;

(四)其他应当承担连带责任的情形。

第十五条 公司污染环境、破坏生态,被侵权人请求股东承担责任,符合公司法第二十条规定情形的,人民法院应予支持。

第十六条 侵权人污染环境、破坏生态造成他人损害,被侵权人请求未尽到安全保障义务的经营场所、公共场所的经营者、管理者或者群众性活动的组织者承担相应补充责任的,人民法院应予支持。

第十七条 依照法律规定应当履行生态环境风险管控和修复义务的民事主体,未履行法定义务造成他人损害,被侵权人请求其承担相应责任的,人民法院应予支持。

第十八条 因第三人的过错污染环境、破坏生态造成他人损害,被侵权人请求侵权人或者第三人承担责任的,人民法院应予支持。

侵权人以损害是由第三人过错造成的为由,主张不承担责任或者减轻责任的,人民法院不予支持。

第十九条 因第三人的过错污染环境、破坏生态造成他人损害,被侵权人同时起诉侵权人和第三人承担责任,侵权人对损害的发生没有过错的,人民法院应当判令侵权人、第三人就全部损害承担责任。侵权人承担责任后有权向第三人追偿。

侵权人对损害的发生有过错的,人民法院应当判令侵权人就全部损害承担责任,第三人承担与其过错相适应的责任。侵权人承担责任后有权就第三人应当承担的责任份额向其追偿。

第二十条 被侵权人起诉第三人承担责任的,人民法院应当向被侵权人释明是否同时起诉侵权人。被侵权人不起诉侵权人的,人民法院应当根据民事诉讼法第五十九条的规定通知侵权人参加诉讼。

被侵权人仅请求第三人承担责任,侵权人对损害的发生也有过错的,人民法院应当判令第三人承担与其过错相适应的责任。

第二十一条 环境影响评价机构、环境监测机构以及从事环境监测设备和防治污染设施维护、运营的机构存在下列情形之一,被侵权人请求其与造成环境污染、生态破坏的其他责任人根据环境保护法第六十五条的规定承担连带责任的,人民法院应予支持:

(一)故意出具失实评价文件的;

(二)隐瞒委托人超过污染物排放标准或者超过重点污染物排放总量控制指标的事实的;

（三）故意不运行或者不正常运行环境监测设备或者防治污染设施的；

（四）其他根据法律规定应当承担连带责任的情形。

第二十二条 被侵权人请求侵权人赔偿因污染环境、破坏生态造成的人身、财产损害，以及为防止损害发生和扩大而采取必要措施所支出的合理费用的，人民法院应予支持。

被侵权人同时请求侵权人根据民法典第一千二百三十五条的规定承担生态环境损害赔偿责任的，人民法院不予支持。

第二十三条 因污染环境、破坏生态影响他人取水、捕捞、狩猎、采集等日常生活并造成经济损失，同时符合下列情形，请求人主张行为人承担责任的，人民法院应予支持：

（一）请求人的活动位于或者接近生态环境受损区域；

（二）请求人的活动依赖受损害生态环境；

（三）请求人的活动不具有可替代性或者替代成本过高；

（四）请求人的活动具有稳定性和公开性。

根据国家规定须经相关行政主管部门许可的活动，请求人在污染环境、破坏生态发生时未取得许可的，人民法院对其请求不予支持。

第二十四条 两个以上侵权人就污染环境、破坏生态造成的损害承担连带责任，实际承担责任超过自己责任份额的侵权人根据民法典第一百七十八条的规定向其他侵权人追偿的，人民法院应予支持。侵权人就惩罚性赔偿责任向其他侵权人追偿的，人民法院不予支持。

第二十五条 两个以上侵权人污染环境、破坏生态造成他人损害，人民法院应当根据行为有无许可，污染物的种类、浓度、排放量、危害性，破坏生态的方式、范围、程度，以及行为对损害后果所起的作用等因素确定各侵权人的责任份额。

两个以上侵权人污染环境、破坏生态承担连带责任，实际承担责任的侵权人向其他侵权人追偿的，依照前款规定处理。

第二十六条 被侵权人对同一污染环境、破坏生态行为造成损害的发生或者扩大有重大过失，侵权人请求减轻责任的，人民法院可以予以支持。

第二十七条 被侵权人请求侵权人承担生态环境侵权责任的诉讼时效期间，以被侵权人知道或者应当知道权利受到损害以及侵权人、其他责任人之日起计算。

被侵权人知道或者应当知道权利受到损害以及侵权人、其他责任人之日，侵权行为仍持续的，诉讼时效期间自行为结束之日起计算。

第二十八条 被侵权人以向负有环境资源监管职能的行政机关请求处理因污染环境、破坏生态造成的损害为由，主张诉讼时效中断的，人民法院应予支持。

第二十九条 本解释自2023年9月1日起施行。

本解释公布施行后，《最高人民法院关于审理环境侵权责任纠纷案件适用法律若干问题的解释》（法释〔2015〕12号）同时废止。

最高人民法院、最高人民检察院关于办理环境污染刑事案件适用法律若干问题的解释

- 2023年3月27日最高人民法院审判委员会第1882次会议、2023年7月27日最高人民检察院第十四届检察委员会第十次会议通过
- 2023年8月8日最高人民法院、最高人民检察院公告公布
- 自2023年8月15日起施行
- 法释〔2023〕7号

为依法惩治环境污染犯罪，根据《中华人民共和国刑法》、《中华人民共和国刑事诉讼法》、《中华人民共和国环境保护法》等法律的有关规定，现就办理此类刑事案件适用法律的若干问题解释如下：

第一条 实施刑法第三百三十八条规定的行为，具有下列情形之一的，应当认定为"严重污染环境"：

（一）在饮用水水源保护区、自然保护地核心保护区等依法确定的重点保护区域排放、倾倒、处置有放射性的废物、含传染病病原体的废物、有毒物质的；

（二）非法排放、倾倒、处置危险废物三吨以上的；

（三）排放、倾倒、处置含铅、汞、镉、铬、砷、铊、锑的污染物，超过国家或者地方污染物排放标准三倍以上的；

（四）排放、倾倒、处置含镍、铜、锌、银、钒、锰、钴的污染物，超过国家或者地方污染物排放标准十倍以上的；

（五）通过暗管、渗井、渗坑、裂隙、溶洞、灌注、非紧急情况下开启大气应急排放通道等逃避监管的方式排放、倾倒、处置有放射性的废物、含传染病病原体的废物、有毒物质的；

（六）二年内曾因在重污染天气预警期间，违反国家规定，超标排放二氧化硫、氮氧化物等实行排放总量控制的大气污染物受过二次以上行政处罚，又实施此类行为的；

（七）重点排污单位、实行排污许可重点管理的单位篡改、伪造自动监测数据或者干扰自动监测设施，排放化学需氧量、氨氮、二氧化硫、氮氧化物等污染物的；

（八）二年内曾因违反国家规定，排放、倾倒、处置有放射性的废物、含传染病病原体的废物、有毒物质受过二次以上行政处罚，又实施此类行为的；

（九）违法所得或者致使公私财产损失三十万元以上的；

（十）致使乡镇集中式饮用水水源取水中断十二小时以上的；

（十一）其他严重污染环境的情形。

第二条 实施刑法第三百三十八条规定的行为，具有下列情形之一的，应当认定为"情节严重"：

（一）在饮用水水源保护区、自然保护地核心保护区等依法确定的重点保护区域排放、倾倒、处置有放射性的废物、含传染病病原体的废物、有毒物质，造成相关区域的生态功能退化或者野生生物资源严重破坏的；

（二）向国家确定的重要江河、湖泊水域排放、倾倒、处置有放射性的废物、含传染病病原体的废物、有毒物质，造成相关水域的生态功能退化或者水生生物资源严重破坏的；

（三）非法排放、倾倒、处置危险废物一百吨以上的；

（四）违法所得或者致使公私财产损失一百万元以上的；

（五）致使县级城区集中式饮用水水源取水中断十二小时以上的；

（六）致使永久基本农田、公益林地十亩以上，其他农用地二十亩以上，其他土地五十亩以上基本功能丧失或者遭受永久性破坏的；

（七）致使森林或者其他林木死亡五十立方米以上，或者幼树死亡二千五百株以上的；

（八）致使疏散、转移群众五千人以上的；

（九）致使三十人以上中毒的；

（十）致使一人以上重伤、严重疾病或者三人以上轻伤的；

（十一）其他情节严重的情形。

第三条 实施刑法第三百三十八条规定的行为，具有下列情形之一的，应当处七年以上有期徒刑，并处罚金：

（一）在饮用水水源保护区、自然保护地核心保护区等依法确定的重点保护区域排放、倾倒、处置有放射性的废物、含传染病病原体的废物、有毒物质，具有下列情形之一的：

1. 致使设区的市级城区集中式饮用水水源取水中断十二小时以上的；

2. 造成自然保护地主要保护的生态系统严重退化，或者主要保护的自然景观损毁的；

3. 造成国家重点保护的野生动植物资源或者国家重点保护物种栖息地、生长环境严重破坏的；

4. 其他情节特别严重的情形。

（二）向国家确定的重要江河、湖泊水域排放、倾倒、处置有放射性的废物、含传染病病原体的废物、有毒物质，具有下列情形之一的：

1. 造成国家确定的重要江河、湖泊水域生态系统严重退化的；

2. 造成国家重点保护的野生动植物资源严重破坏的；

3. 其他情节特别严重的情形。

（三）致使永久基本农田五十亩以上基本功能丧失或者遭受永久性破坏的；

（四）致使三人以上重伤、严重疾病，或者一人以上严重残疾、死亡的。

第四条 实施刑法第三百三十九条第一款规定的行为，具有下列情形之一的，应当认定为"致使公私财产遭受重大损失或者严重危害人体健康"：

（一）致使公私财产损失一百万元以上的；

（二）具有本解释第二条第五项至第十项规定情形之一的；

（三）其他致使公私财产遭受重大损失或者严重危害人体健康的情形。

第五条 实施刑法第三百三十八条、第三百三十九条规定的犯罪行为，具有下列情形之一的，应当从重处罚：

（一）阻挠环境监督检查或者突发环境事件调查，尚不构成妨害公务等犯罪的；

（二）在医院、学校、居民区等人口集中地区及其附近，违反国家规定排放、倾倒、处置有放射性的废物、含传染病病原体的废物、有毒物质或者其他有害物质的；

（三）在突发环境事件处置期间或者被责令限期整改期间，违反国家规定排放、倾倒、处置有放射性的废物、含传染病病原体的废物、有毒物质或者其他有害物质的；

（四）具有危险废物经营许可证的企业违反国家规定排放、倾倒、处置有放射性的废物、含传染病病原体的废物、有毒物质或者其他有害物质的；

（五）实行排污许可重点管理的企业事业单位和其他生产经营者未依法取得排污许可证，排放、倾倒、处置有放射性的废物、含传染病病原体的废物、有毒物质或者其他有害物质的。

第六条 实施刑法第三百三十八条规定的行为，行为人认罪认罚，积极修复生态环境，有效合规整改的，可以从宽处罚；犯罪情节轻微的，可以不起诉或者免予刑事处罚；情节显著轻微危害不大的，不作为犯罪处理。

第七条 无危险废物经营许可证从事收集、贮存、利用、处置危险废物经营活动，严重污染环境的，按照污染环境罪定罪处罚；同时构成非法经营罪的，依照处罚较重的规定定罪处罚。

实施前款规定的行为，不具有超标排放污染物、非法倾倒污染物或者其他违法造成环境污染的情形，可以认定为非法经营情节显著轻微危害不大，不认为是犯罪；构成生产、销售伪劣产品等其他犯罪的，以其他犯罪论处。

第八条 明知他人无危险废物经营许可证，向其提供或者委托其收集、贮存、利用、处置危险废物，严重污染环境的，以共同犯罪论处。

第九条 违反国家规定，排放、倾倒、处置含有毒害性、放射性、传染病病原体等物质的污染物，同时构成污染环境罪、非法处置进口的固体废物罪、投放危险物质罪等犯罪的，依照处罚较重的规定定罪处罚。

第十条 承担环境影响评价、环境监测、温室气体排放检验检测、排放报告编制或者核查等职责的中介组织的人员故意提供虚假证明文件，具有下列情形之一的，应当认定为刑法第二百二十九条第一款规定的"情节严重"：

（一）违法所得三十万元以上的；

（二）二年内曾因提供虚假证明文件受过二次以上行政处罚，又提供虚假证明文件的；

（三）其他情节严重的情形。

实施前款规定的行为，在涉及公共安全的重大工程、项目中提供虚假的环境影响评价证明文件，致使公共财产、国家和人民利益遭受特别重大损失的，应当依照刑法第二百二十九条第一款的规定，处五年以上十年以下有期徒刑，并处罚金。

实施前两款规定的行为，同时索取他人财物或者非法收受他人财物构成犯罪的，依照处罚较重的规定定罪处罚。

第十一条 违反国家规定，针对环境质量监测系统实施下列行为，或者强令、指使、授意他人实施下列行为，后果严重的，应当依照刑法第二百八十六条的规定，以破坏计算机信息系统罪定罪处罚：

（一）修改系统参数或者系统中存储、处理、传输的监测数据的；

（二）干扰系统采样，致使监测数据因系统不能正常运行而严重失真的；

（三）其他破坏环境质量监测系统的行为。

重点排污单位、实行排污许可重点管理的单位篡改、伪造自动监测数据或者干扰自动监测设施，排放化学需氧量、氨氮、二氧化硫、氮氧化物等污染物，同时构成污染环境罪和破坏计算机信息系统罪的，依照处罚较重的规定定罪处罚。

从事环境监测设施维护、运营的人员实施或者参与实施篡改、伪造自动监测数据、干扰自动监测设施、破坏环境质量监测系统等行为的，依法从重处罚。

第十二条 对于实施本解释规定的相关行为被不起诉或者免予刑事处罚的行为人，需要给予行政处罚、政务处分或者其他处分的，依法移送有关主管机关处理。有关主管机关应当将处理结果及时通知人民检察院、人民法院。

第十三条 单位实施本解释规定的犯罪的，依照本解释规定的定罪量刑标准，对直接负责的主管人员和其他直接责任人员定罪处罚，并对单位判处罚金。

第十四条 环境保护主管部门及其所属监测机构在行政执法过程中收集的监测数据，在刑事诉讼中可以作为证据使用。

公安机关单独或者会同环境保护主管部门，提取污染物样品进行检测获取的数据，在刑事诉讼中可以作为证据使用。

第十五条 对国家危险废物名录所列的废物，可以依据涉案物质的来源、产生过程、被告人供述、证人证言以及经批准或者备案的环境影响评价文件、排污许可证、排污登记表等证据，结合环境保护主管部门、公安机关等出具的书面意见作出认定。

对于危险废物的数量，依据案件事实，综合被告人供述、涉案企业的生产工艺、物耗、能耗情况，以及经批准或者备案的环境影响评价文件等证据作出认定。

第十六条 对案件所涉的环境污染专门性问题难以确定的，依据鉴定机构出具的鉴定意见，或者国务院环境保护主管部门、公安部门指定的机构出具的报告，结合其他证据作出认定。

第十七条 下列物质应当认定为刑法第三百三十八条规定的"有毒物质"：

（一）危险废物，是指列入国家危险废物名录，或者根据国家规定的危险废物鉴别标准和鉴别方法认定的，具有危险特性的固体废物；

（二）《关于持久性有机污染物的斯德哥尔摩公约》附件所列物质；

（三）重金属含量超过国家或者地方污染物排放标准的污染物；

（四）其他具有毒性，可能污染环境的物质。

第十八条 无危险废物经营许可证，以营利为目的，从危险废物中提取物质作为原材料或者燃料，并具有超标排放污染物、非法倾倒污染物或者其他违法造成环境污染的情形的行为，应当认定为"非法处置危险废物"。

第十九条 本解释所称"二年内"，以第一次违法行为受到行政处罚的生效之日与又实施相应行为之日的时间间隔计算确定。

本解释所称"重点排污单位"，是指设区的市级以上人民政府环境保护主管部门依法确定的应当安装、使用污染物排放自动监测设备的重点监控企业及其他单位。

本解释所称"违法所得"，是指实施刑法第二百二十九条、第三百三十八条、第三百三十九条规定的行为所得和可得的全部违法收入。

本解释所称"公私财产损失"，包括实施刑法第三百三十八条、第三百三十九条规定的行为直接造成财产毁、减少的实际价值，为防止污染扩大、消除污染而采取必要合理措施所产生的费用，以及处置突发环境事件的应急监测费用。

本解释所称"无危险废物经营许可证"，是指未取得危险废物经营许可证，或者超出危险废物经营许可证的经营范围。

第二十条 本解释自 2023 年 8 月 15 日起施行。本解释施行后，《最高人民法院、最高人民检察院关于办理环境污染刑事案件适用法律若干问题的解释》（法释〔2016〕29 号）同时废止；之前发布的司法解释与本解释不一致的，以本解释为准。

最高人民法院关于审理生态环境侵权纠纷案件适用惩罚性赔偿的解释

- 2021 年 12 月 27 日最高人民法院审判委员会第 1858 次会议通过
- 2022 年 1 月 12 日最高人民法院公告公布
- 自 2022 年 1 月 20 日起施行
- 法释〔2022〕1 号

为妥善审理生态环境侵权纠纷案件，全面加强生态环境保护，正确适用惩罚性赔偿，根据《中华人民共和国民法典》《中华人民共和国环境保护法》《中华人民共和国民事诉讼法》等相关法律规定，结合审判实践，制定本解释。

第一条 人民法院审理生态环境侵权纠纷案件适用惩罚性赔偿，应当严格审慎，注重公平公正，依法保护民事主体合法权益，统筹生态环境保护和经济社会发展。

第二条 因环境污染、生态破坏受到损害的自然人、法人或者非法人组织，依据民法典第一千二百三十二条的规定，请求判令侵权人承担惩罚性赔偿责任的，适用本解释。

第三条 被侵权人在生态环境侵权纠纷案件中请求惩罚性赔偿的，应当在起诉时明确赔偿数额以及所依据的事实和理由。

被侵权人在生态环境侵权纠纷案件中没有提出惩罚性赔偿的诉讼请求，诉讼终结后又基于同一污染环境、破坏生态事实另行起诉请求惩罚性赔偿的，人民法院不予受理。

第四条 被侵权人主张侵权人承担惩罚性赔偿责任的，应当提供证据证明以下事实：

（一）侵权人污染环境、破坏生态的行为违反法律规定；

（二）侵权人具有污染环境、破坏生态的故意；

（三）侵权人污染环境、破坏生态的行为造成严重后果。

第五条 人民法院认定侵权人污染环境、破坏生态的行为是否违反法律规定，应当以法律、法规为依据，可以参照规章的规定。

第六条 人民法院认定侵权人是否具有污染环境、破坏生态的故意，应当根据侵权人的职业经历、专业背景或者经营范围，因同一或者同类行为受到行政处罚或者刑事追究的情况，以及污染物的种类，污染环境、破坏生态行为的方式等因素综合判断。

第七条 具有下列情形之一的，人民法院应当认定侵权人具有污染环境、破坏生态的故意：

（一）因同一污染环境、破坏生态行为，已被人民法院认定构成破坏环境资源保护犯罪的；

（二）建设项目未依法进行环境影响评价，或者提供虚假材料导致环境影响评价文件严重失实，被行政主管部门责令停止建设后拒不执行的；

（三）未取得排污许可证排放污染物，被行政主管部门责令停止排污后拒不执行，或者超过污染物排放标准或者重点污染物排放总量控制指标排放污染物，经行政主管机关责令限制生产、停产整治或者给予其他行政处罚后仍不改正的；

（四）生产、使用国家明令禁止生产、使用的农药，被行政主管部门责令改正后拒不改正的；

（五）无危险废物经营许可证而从事收集、贮存、利用、处置危险废物经营活动，或者知道或者应当知道他人无许可证而将危险废物提供或者委托给其从事收集、贮存、利用、处置等活动的；

（六）将未经处理的废水、废气、废渣直接排放或者倾倒的；

（七）通过暗管、渗井、渗坑、灌注，篡改、伪造监测数据，或者以不正常运行防治污染设施等逃避监管的方式，违法排放污染物的；

（八）在相关自然保护区域、禁猎（渔）区、禁猎（渔）期使用禁止使用的猎捕工具、方法猎捕、杀害国家重点保护野生动物、破坏野生动物栖息地的；

（九）未取得勘查许可证、采矿许可证，或者采取破坏性方法勘查开采矿产资源的；

（十）其他故意情形。

第八条 人民法院认定侵权人污染环境、破坏生态行为是否造成严重后果，应当根据污染环境、破坏生态行为的持续时间、地域范围、造成环境污染、生态破坏的范围和程度，以及造成的社会影响等因素综合判断。

侵权人污染环境、破坏生态行为造成他人死亡、健康严重损害，重大财产损失，生态环境严重损害或者重大不良社会影响的，人民法院应当认定为造成严重后果。

第九条 人民法院确定惩罚性赔偿金数额，应当以环境污染、生态破坏造成的人身损害赔偿金、财产损失数额作为计算基数。

前款所称人身损害赔偿金、财产损失数额，依照民法典第一千一百七十九条、第一千一百八十四条规定予以确定。法律另有规定的，依照其规定。

第十条 人民法院确定惩罚性赔偿金数额，应当综合考虑侵权人的恶意程度、侵权后果的严重程度、侵权人因污染环境、破坏生态行为所获得的利益或者侵权人所采取的修复措施及其效果等因素，但一般不超过人身损害赔偿金、财产损失数额的二倍。

因同一污染环境、破坏生态行为已经被行政机关给予罚款或者被人民法院判处罚金，侵权人主张免除惩罚性赔偿责任的，人民法院不予支持，但在确定惩罚性赔偿金数额时可以综合考虑。

第十一条 侵权人因同一污染环境、破坏生态行为，应当承担包括惩罚性赔偿在内的民事责任、行政责任和刑事责任，其财产不足以支付的，应当优先用于承担民事责任。

侵权人因同一污染环境、破坏生态行为，应当承担包括惩罚性赔偿在内的民事责任，其财产不足以支付的，应当优先用于承担惩罚性赔偿以外的其他责任。

第十二条 国家规定的机关或者法律规定的组织作为被侵权人代表，请求判令侵权人承担惩罚性赔偿责任的，人民法院可以参照前述规定予以处理。但惩罚性赔偿金数额的确定，应当以生态环境受到损害至修复完成期间服务功能丧失导致的损失、生态环境功能永久性损害造成的损失数额作为计算基数。

第十三条 侵权行为实施地、损害结果发生地在中华人民共和国管辖海域内的海洋生态环境侵权纠纷案件惩罚性赔偿问题，另行规定。

第十四条 本规定自2022年1月20日起施行。

· 典型案例

人民法院依法审理固体废物污染环境典型案例[①]

（1）重庆某医用输液瓶回收有限公司、关某岗、陈某林、李某芳等非法处置医疗废物污染环境案

【基本案情】

重庆某医用输液瓶回收有限公司经营范围为医疗机构使用后的未被病人血液、体液、排泄物污染的一次性塑料输液瓶（袋）、玻璃输液瓶的回收、运输、处置（不含医疗废物），法定代表人关某岗。2018年8月，该公司从医疗机构回收玻璃输液瓶后，与北京某环保科技有限公司（另案处理）股东李某芳、陈某林共谋，以320元/吨的价格将约1300吨玻璃输液瓶出售给没有危险废物经营许可证的北京某环保科技有限公司，并由陈某林安排陈某进行管理生产，在生产过程中，工人对其中混杂的针头、棉签、输液管等废物进行了掩埋处理。案发后，对掩埋的废物进行挖掘并转运，经鉴定，该批废物系危险废物，共计16.27吨。

2018年11月，关某岗明知李某芳没有危险废物经营许可证，仍介绍易某林将其存放在重庆某医用输液瓶回收

[①] 案例来源：2022年3月1日最高人民法院发布。https://www.court.gov.cn/zixun/xiangqing/347801.html，最后访问日期：2024年3月18日。

有限公司的玻璃输液瓶瓶盖出售给李某芳以赚取差价。2019年1月至3月,李某芳雇佣工人分离、筛选、清洗收购的瓶盖,清洗废水未经处理直排外环境,筛选出的针头、棉签等废物堆放在厂房内。案发后,经鉴定,从易某林处收购的瓶盖均系危险废物,经应急处置,转移瓶盖等废物共计72.9吨。

【裁判结果】

重庆市渝北区人民法院一审判决,被告单位重庆某医用输液瓶回收有限公司犯污染环境罪,判处罚金二十万元;被告人关某岗、李某芳、陈某林、陈某强、易某林等犯污染环境罪,判处有期徒刑二年二个月至一年三个月不等,并处罚金。

重庆市第一中级人民法院二审改判关某岗有期徒刑二年四个月,并处罚金十万元。

【典型意义】

本案是因非法处置医疗废物污染环境引发的刑事案件。医疗废物往往携带大量病菌、病毒,具有感染性、传染性等危害,尤其是在当今疫情防控常态化、医疗废物处置压力不断增加的情况下,非法处置行为不仅对环境产生污染,也会严重威胁人民群众的身体健康。《中华人民共和国固体废物污染环境防治法》第九十条第一款规定,医疗废物按照国家危险废物名录管理。《医疗废物管理条例》第十四条规定,禁止任何单位和个人转让、买卖医疗废物;第二十二条规定,未取得经营许可证的单位,不得从事有关医疗废物集中处置的活动。本案中相关单位和人员在没有取得医疗废物经营许可证的情况下,非法从事医疗废物的处置,造成环境污染,依法应当承担刑事责任。本案的审理,展现了人民法院对非法处置医疗废物污染环境犯罪行为决不姑息、严厉打击的态度,有助于警示上下游相关的医疗机构、企业及从业人员依法依规处置医疗废物,避免因不当处置引发公共健康风险。

(2)司徒某戍、司徒某协、陈某峰、李某贤等非法倾倒毒性工业固体危险废物污染环境案

【基本案情】

2015年9月至2018年3月,广东省江门市某实业有限公司(另案处理)副总经理王某(另案处理)将该公司生产新能源汽车锂电池正极材料过程中产生的毒性工业固体危险废物浸出渣(以下简称浸出渣)23067吨,以每吨318元的费用交给无相关资质的司徒某戍、司徒某协非法处置。司徒某戍、司徒某协又将上述浸出渣转包给无相关资质的陈某峰等多人分别运到广东省恩平市、江门市新会区、鹤山市、阳江市、广西壮族自治区藤县等地非法处置。

李某贤受陈某峰指使,负责组织车辆、司机将其中4700多吨浸出渣分别运到恩平市东成镇某砖厂和新会区沙堆镇某砖厂进行非法倾倒。

【裁判结果】

广东省恩平市人民法院一审认为,被告人司徒某戍、司徒某协、陈某峰、李某贤违法处置有毒物质,后果特别严重,均已构成污染环境罪。判决四被告人犯污染环境罪,判处有期徒刑五年至一年八个月不等,并处罚金,追缴、没收违法所得。

广东省江门市中级人民法院二审裁定驳回上诉,维持原判。

【典型意义】

本案是因非法处置新能源汽车锂电池材料生产过程中产生的毒性工业固体危险废物引发的刑事案件。新能源汽车产业是国家政策引导的经济发力点,也是当下热门的环保产业。作为新能源汽车核心部件之一的电池材料,其在生产过程中产生的固体废物,若因违法处置造成污染,将与为了环保目的而推动新能源汽车产业发展的初衷相悖。本案涉案固体废物数量巨大、毒性强、污染地域横跨两省多地、环境污染损害后果严重,人民法院在判断被告人是否具有污染环境的主观故意时,参考被告人的职业经历所体现的正常认知水平,认为作为运输行业经营者,对企业生产过程中产生的固体废物具有危害性及随意倾倒会污染环境,应有一定的认知,并负有核实了解的义务。该案的处理,既有利于防范环保产业发展过程中的污染环境风险,推动环保产业绿色健康发展,也对运输行业经营者非法运输污染物,放任污染环境结果发生的行为起到了警示、震慑作用。

(3)山西某生化药业有限公司、田某坡等人非法处置过期药品污染环境案

【基本案情】

山西某生化药业有限公司具有山西省药品监督管理局授予的药品经营许可证,经营范围为中药材、中药饮片、中成药、化学药制剂、抗生素等。2019年7月,该公司经营的诺氟沙星胶囊、银黄颗粒等十余种药品过期,需要及时处理。作为实际控制人的田某坡明知过期药品需做无害化处理,仍决定将该批过期药品私自倾倒、处置,并于2019年7月3日让公司工作人员闫某德和吕某分别驾车将该批过期药品拉运至太原市小店区倾倒处置。经鉴定,涉案药品总净重3217.672千克。另查明,涉案过期药品属于《国家危险废物名录》列明的危险废物。2020年3月20日,当地环保部门出具材料称,倾倒现场的过期药品包装未破损，尚未直接接触土地或者其他资源。

【裁判结果】

山西省太原市小店区人民法院一审认为，被告单位山西某生化药业有限公司违反国家规定，非法倾倒、处置危险废物三吨以上，严重污染环境；被告人田某坡作为被告单位直接负责的主管人员，决定并安排公司人员非法处置危险废物；被告人闫某德、吕某作为被告单位其他直接责任人员具体实施了处置危险废物的行为，均构成污染环境罪。分别判处被告单位罚金五万元；被告人田某坡有期徒刑十个月，并处罚金五千元；被告人闫某德、吕某有期徒刑六个月，并处罚金三千元。

山西省太原市中级人民法院二审裁定驳回上诉，维持原判。

【典型意义】

本案是因非法处置过期药品引发的刑事案件。根据《国家危险废物名录》的规定，"失效、变质、不合格、淘汰、伪劣的化学药品和生物制品（不包括列入《国家基本药物目录》中的维生素、矿物质类药、调节水、电解质及酸碱平衡药），以及《医疗用毒性药品管理办法》中所列的毒性中药"均为危险废物，属于"有毒物质"，药物中的成分散落在环境中极易造成污染。日常生活中，较为普遍地存在对于过期失效药品的危害性以及如何处置认识不足等问题，将过期药品视为普通生活垃圾随意丢弃的现象时有发生，造成了土壤、水资源等污染。本案的处理，有助于警示社会公众依法履行生活垃圾源头减量和分类投放法定义务，推动建立畅通的失效药品回收渠道，减少乱扔、乱倒、乱焚过期药品行为，引导全民参与、人人动手开展生活垃圾分类处置。

（4）句容市后白镇某村民委员会、袁某政等非法掩埋废酸、废油脂等污染环境案

【基本案情】

2011年6月，胡某富与江苏省句容市后白镇某村民委员会签订协议承租土地，建设厂房从事润滑油生产经营业务。后因债务问题停产，厂房长期无人管理，贮存设施老化，厂房内的废酸、废油脂外流，致使周边环境受污染而被附近村民多次投诉举报。2017年3月，环保部门会同专业机构至现场调查情况，对厂房内的废酸、废油脂等进行了初步估算，合计重约80吨，所需处置费用约100万元。2017年12月11日，该村民委员会主任袁某政提议并主持会议，研究决定将上述厂房内的露天废物进行挖坑深埋处理。2018年1月9日上午，袁某政安排陈某驾驶挖掘机在厂房北侧院外挖坑，并将原水泥地上堆放的废酸、废油脂等全部填入土坑内。案发后，从坑内挖出废酸、废油脂、含油土壤700余吨，当地人民政府支出670万余元进行应急处置。

【裁判结果】

江苏省南京市玄武区人民法院一审判决，被告单位江苏省句容市后白镇某村民委员会犯污染环境罪，判处罚金人民币十万元；被告人袁某政犯污染环境罪，判处有期徒刑二年，并处罚金人民币六万元；被告人陈某犯污染环境罪，判处有期徒刑一年三个月，缓刑一年六个月，并处罚金人民币一万元；禁止被告人陈某在缓刑考验期内从事与排污或者处置危险废物有关的经营活动。该判决已生效。

【典型意义】

本案是因非法掩埋废酸、废油脂引发的刑事案件。《中华人民共和国固体废物污染环境防治法》规定，处置危险废物的单位和个人，必须采取防扬散、防流失、防渗漏或者其他防止污染环境的措施；不得擅自倾倒、堆放、丢弃、遗撒危险废物。村民委员会作为基层群众性自治组织，是社会综合治理体系的重要组成部分，也是美丽乡村建设的重要力量，要不断提升自身的环保意识和法治水平，带头遵守并宣传宪法、法律、法规和国家的政策，教育和推动村民履行法律规定的义务、爱护环境。本案中，村民委员会及袁某政等因缺乏相关法律意识，"好心"办了坏事，教训深刻，具有典型的警示教育作用。而法院在判处刑罚的同时又禁止被告人在缓刑考验期内从事与排污或者处置危险废物有关的经营活动，体现了环境司法坚持保护优先、预防为主的理念，具有较好的示范意义。

（5）张某伟、张某盟、姜某、康某辉等非法倾倒废料污染环境案

【基本案情】

2020年3月23日至2020年4月1日，张某伟将其在河北省正定县某村西的废旧塑料颗粒加工厂内的废塑料、废油布、废油墨桶、废油漆桶等废料，伙同张某盟联系无任何经营手续的康某伟（另案处理），以800元/车的价格进行处置。后康某伟以200元/车的价格让姜某提供倾倒场所，康某伟纠集康某辉先后非法向井陉县孙庄乡某村北一渗坑倾倒6车危险废物，在非法倾倒第7车时被查获。后公安机关将危险废物重新捡拾并交由有资质的公司处置，张某伟支付相关处置费用。经鉴定，已倾倒废料和被查获的车上废料均为危险废物，重量共计3.99吨。

【裁判结果】

河北省井陉县人民法院一审认为，被告人张某伟、张某盟、姜某、康某辉违反国家规定，非法处置、倾倒危险废物，鉴于四被告人已倾倒的固体废物不足3吨，在案发后认罪认罚,积极履行修复义务,判决张某伟、张某盟、姜某、康某辉犯污染环境罪,判处有期徒刑十个月至八个月不等,并处罚金,追缴违法所得。除姜某系累犯外,其他三被告人均适用缓刑。该判决已生效。

【典型意义】

本案是因非法倾倒废料引发的刑事案件。废塑料、废油布、废油墨桶、废油漆桶等固体废物在生产生活中较为常见,其对环境的污染容易被忽视。尤其是生产经营过程中产生大量废塑料、废油布、废油墨桶、废油漆桶等固体废物的企业,更须对此有清晰认识,做到合法合规处置,避免造成环境污染。本案的处理,有助于推动有关企业和群众对日常生活中常见固体废物进行恰当的处置,提高社会公众对固体废物污染环境危害性的认识,推动固体废物的无害化处置。同时,本案审理法院依据《最高人民法院、最高人民检察院关于办理环境污染刑事案件适用法律若干问题的解释》第五条关于"实施刑法第三百三十八条、第三百三十九条规定的行为,刚达到应当追究刑事责任的标准,但行为人及时采取措施,防止损失扩大、消除污染,全部赔偿损失,积极修复生态环境,且系初犯,确有悔罪表现的,可以认定为情节轻微,不起诉或者免予刑事处罚;确有必要判处刑罚的,应当从宽处罚"的规定,将被告人事后积极履行环境修复义务的情形作为从轻量刑情节,依法适用缓刑,体现了恢复性司法的理念,有助于受损生态环境的及时有效修复。

(6)陈某勤等焚烧电子垃圾污染环境案

【基本案情】

陈某勤伙同林某燕、蒋某国于 2018 年 11 月至 2019 年 12 月间,在未取得危险废物经营许可的情况下,在江西省德兴市花桥镇某村一山坞内建设无任何污染防治措施的焚烧炉,采取直接投炉的方式焚烧废旧电路板、废旧电线及混合了废旧电路板的"水泥球"等电子废弃物,提炼含铜、金、银等金属的金属锭。经鉴定,该类电子废弃物属于危险废物,采用上述无环保措施的直接焚烧方法,对空气、水及土壤造成了严重污染。陈某琴等人在明知加工点无危险废物经营许可且不具备防治污染措施的情况下,仍然从各地收集大量废旧电路板等电子垃圾送至该非法加工点处置,严重污染环境。

【裁判结果】

江西省德兴市人民法院一审判决,被告人陈某勤等 13 人均构成污染环境罪,判处有期徒刑五年三个月至一年不等,并处罚金,没收、追缴违法所得。

江西省上饶市中级人民法院二审裁定驳回上诉,维持原判。

【典型意义】

本案是因焚烧电子垃圾引发的刑事案件,具有涉案人数多、范围广、影响大等特点。随着经济发展、科技进步,电子垃圾逐渐成为生产、生活垃圾中的重要组成部分。根据《中华人民共和国固体废物污染环境防治法》第六十七条规定,国家对废弃电器电子产品等实行多渠道回收和集中处理制度。拆解、利用、处置废弃电器电子产品、废弃机动车船等,应当遵守有关法律法规的规定,采取防止污染环境的措施。本案中,人民法院对非法收购、处置、冶炼等各犯罪环节实施全链条打击,彻底斩断非法冶炼电子垃圾的利益链条,有力打击了污染环境的犯罪行为。本案的审理,有助于推动电子垃圾依法有序回收利用,促使材料回收再加工行业的健康发展,彰显了司法对破坏生态环境犯罪行为的零容忍态度。

(7)朱某违规收纳、倾倒生活垃圾污染环境案

【基本案情】

2020 年 10 月至 11 月间,朱某以营利为目的,在未获得垃圾消纳资质的情况下,在北京市昌平区某村东南侧一院内经营垃圾中转站,违反规定收纳、倾倒未经处理的建筑垃圾、生活垃圾,后被公安机关查获。经测量,朱某违规收纳、倾倒的建筑垃圾、生活垃圾共计 2858.3 立方米,其中生活垃圾 1510.3 立方米,严重污染环境。有关部门对上述垃圾进行处理,产生生活垃圾清运费用共计 39 万余元。

【裁判结果】

北京市昌平区人民法院一审认为,被告人朱某未获得相关资质,违规收纳、倾倒未经处理的生活垃圾,属于《最高人民法院、最高人民检察院关于办理环境污染刑事案件适用法律若干问题的解释》第一条第九项规定的严重污染环境情形,其行为应构成污染环境罪,依法应予惩处。判决被告人朱某犯污染环境罪,判处有期徒刑九个月,罚金人民币二万元。该判决已生效。

【典型意义】

本案是因违规收纳、倾倒未经处理的生活垃圾引发的刑事案件。《中华人民共和国固体废物污染环境防治法》明令禁止任何单位和个人随意倾倒、堆放生活垃圾,并对生活垃圾的分类、运输、处理、回收等处置步骤做出了明确规定。实践中,随意排放、倾倒、处置未经处理的生活垃圾的现象时有发生,常因缺乏及时的管理,日积月累造成不同程度的空气、水、土壤等污染。本案的审理,不仅有助于推动相关企业和从业人员提高法律意识,明晰无资质擅自

收纳、倾倒未经处理生活垃圾将被追究法律责任,也有助于引导社会公众强化法律意识,落实生活垃圾分类制度,爱护生态环境。

(8)上海市人民检察院第三分院诉郎溪某固体废物处置有限公司、宁波高新区某贸易有限公司、黄某庭、薛某走私"洋垃圾"污染环境民事公益诉讼案

【基本案情】

郎溪某固体废物处置有限公司法定代表人钱某东联系黄某庭,欲购买进口含铜固体废物。黄某庭为此联系宁波高新区某贸易有限公司以及薛某。薛某在某国组织了一批138.66吨的铜污泥,由宁波高新区某贸易有限公司以铜矿砂品名制作了虚假报关单证,并将进口情况以《钱总货物清单222》传真等方式告知郎溪某固体废物处置有限公司。确认后,由黄某庭在上海港报关进口。后该批固体废物被海关查获滞留港区,无法退运。经鉴定,涉案铜污泥中含有大量重金属,需委托有危险废物经营许可证单位进行无害化处置,处置费用为105.37万元。上海市人民检察院第三分院提起本案民事公益诉讼。另,在本案诉讼前,上海市人民检察院第三分院就宁波高新区某贸易有限公司、黄某庭、薛某共同实施走私国家禁止进口固体废物提起刑事公诉,宁波高新区某贸易有限公司、黄某庭、薛某被追究刑事责任,郎溪某固体废物处置有限公司未被追究刑事责任。

【裁判结果】

上海市第三中级人民法院一审认为,四被告在明知铜污泥系国家禁止进口的固体废物的情况下,共同商议、分工合作,实施了非法进口、购买境外固体废物的行为,造成了环境污染风险,损害了社会公共利益,依法应当承担侵权责任。判决四被告连带赔偿非法进口固体废物(铜污泥)的处置费105.37万元。

上海市高级人民法院二审判决驳回上诉,维持原判。

【典型意义】

本案是因非法走私"洋垃圾"引发的环境污染民事公益诉讼案件。《中华人民共和国固体废物污染环境防治法》第一百一十五条规定,违反本法规定,将中华人民共和国境外的固体废物输入境内的,由海关责令退运该固体废物,处五十万元以上五百万元以下的罚款。承运人对前款规定的固体废物的退运、处置,与进口者承担连带责任。近年来,我国不断加大对"洋垃圾"的打击力度,出台了一系列的制度全面禁止"洋垃圾"入境,但出于巨大非法利益的诱惑,仍有不少违法行为人铤而走险,从国外进口"洋垃圾",对我国生态环境造成了重大安全隐患。本案中,在进口的固体废物无法退运情况下,法院判决违法行为人承担无害化处置费用,体现了"环境有价、损害担责"原则,有效震慑潜在的违法行为人,同时明确了违法行为人在承担刑事责任的同时,仍需承担相应的民事责任,体现了环境司法对违法行为人全面追责的鲜明态度。

(9)丽水市绿色环保协会诉青田县某废油回收再利用加工厂、胡某泉等非法倾倒废渣污染环境民事公益诉讼案

【基本案情】

青田县某废油回收再利用加工厂于2008年成立,并以胡某泉个人名义取得个体工商户营业执照,但该厂实际由胡某泉等十三人合伙经营。该厂在未取得危险废物经营许可证的情况下,以废矿物油为主要原料,通过"土法炼油"方式非法提炼非标柴油,随意排放废气,并将焚烧后的煤渣与废渣混合物倾倒在厂区周边,致使周边土壤受到严重污染。经鉴定,倾倒废渣的行为对1732.5立方米土壤造成污染,其中622.5立方米土壤需要开展工程修复,费用为37.14万元。另,青田县某废油回收再利用加工厂及胡某泉等人于2019年7月缴纳138万元至环境保护局危险废物处置保证金专户,用于涉案污染物的处置。

【裁判结果】

浙江省丽水市中级人民法院经调解,各方当事人达成调解协议,认可已缴纳的138万元用于涉案污染物的处置,并将剩余32.87万元用于偿还本案所涉土壤修复工程费用和土壤生态补偿费用,不足部分由各被告在本协议签订之日起3日内支付等。

【典型意义】

本案是因非法倾倒废渣引发的污染环境民事公益诉讼案件。本案中,法院充分考虑因固体废物污染造成的环境损害修复的急迫性,积极发挥司法职能,多次组织现场勘验、座谈,在充分实现原告全部诉讼请求以及取得各方当事人同意的情况下,调动各类主体的积极性,以调解的方式化解了纠纷,实现政府、法院、检察院、社会团体以及侵权人的共同参与、共同协作、共同治理,使得修复工程费用和生态补偿费用以最快的形式、最短的时间到位,为陆续开展的污染修复工作提供了保障,在定纷止争的同时,实现受损生态环境的及时有效修复。

(10)西安铁路运输检察院诉陕西省西咸新区某管理委员会不履行环境监管职责行政公益诉讼案

【基本案情】

战国时期的望夷宫遗址位于陕西省西咸新区,遗址总面积30余万平方米。因望夷宫遗址保护范围内一处东西走向的沟道内存在大量建筑垃圾,沟道南侧填埋的建筑垃圾约为30000余立方米,沟道西北侧填埋的建筑垃圾约6000立方米,不仅污染周边生态环境,还对文物保护单位造成侵害,西安铁路运输检察院以陕西省西咸新区某管理委员会不履行环境监管职责为由提起行政公益诉讼。诉讼过程中,经法院督促,该管理委员会邀请环保专家及文物保护专家对现场进行了实地查看,委托具有相关资质的机构完成涉案地块的土壤分析调查,并根据专家意见制定了《望夷宫遗址专项整治行动工作方案》。依据该工作方案,由管理委员会牵头,组织文物局、生态环境局、城市管理和交通运输局、自然资源和规划局、公安部门及街道办事处等职能部门,按照"清、运、填、覆、绿"的程序,进行清理整治,使局部环境得到改善,扬尘污染得到根本性治理。西安铁路运输检察院认为其诉讼请求已得到实现,遂撤回起诉。

【裁判结果】

西安铁路运输法院一审认为,管理委员会在诉讼过程中清运整治建筑垃圾,消除文物保护潜在危险,有效保护遗址本体,达到预期目标。西安铁路运输检察院撤回起诉,符合《最高人民法院、最高人民检察院关于检察公益诉讼案件适用法律若干问题的解释》第二十四条"在行政公益诉讼案件审理过程中,被告纠正违法行为或者依法履行职责而使人民检察院的诉讼请求全部实现,人民检察院撤回起诉的,人民法院应当裁定准许"的规定,故裁定准许西安铁路运输检察院撤回起诉。

【典型意义】

本案是因行政机关未履行环境监管职责引发的行政公益诉讼案件。行政公益诉讼的目的,在于督促行政机关积极正确履行法定职责,维护国家利益、社会公共利益和人民群众环境权益。本案中,望夷宫遗址保护范围内填埋大量建筑垃圾,不仅污染周边生态环境,还影响遗址文物保护。为妥善保护遗址文物、整治环境,人民法院在案件审理过程中积极延伸审判职能,推动行政机关积极作为,通过现场勘查、征询专家、确定方案、多方联动、集中整治、现场验收等程序,实现了有效治理环境、消除文物潜在危险保护遗址本体的诉讼目的,有效保护了文物遗址生态环境,充分体现了生态环境多元共治的积极作用,取得了良好的法律效果和社会效果。

10. 招标投标

中华人民共和国招标投标法

- 1999年8月30日第九届全国人民代表大会常务委员会第十一次会议通过
- 根据2017年12月27日第十二届全国人民代表大会常务委员会第三十一次会议《关于修改〈中华人民共和国招标投标法〉、〈中华人民共和国计量法〉的决定》修正

第一章 总 则

第一条 【立法目的】为了规范招标投标活动,保护国家利益、社会公共利益和招标投标活动当事人的合法权益,提高经济效益,保证项目质量,制定本法。

第二条 【适用范围】在中华人民共和国境内进行招标投标活动,适用本法。

第三条 【必须进行招标的工程建设项目】在中华人民共和国境内进行下列工程建设项目包括项目的勘察、设计、施工、监理以及与工程建设有关的重要设备、材料等的采购,必须进行招标:

(一)大型基础设施、公用事业等关系社会公共利益、公众安全的项目;

(二)全部或者部分使用国有资金投资或者国家融资的项目;

(三)使用国际组织或者外国政府贷款、援助资金的项目。

前款所列项目的具体范围和规模标准,由国务院发展计划部门会同国务院有关部门制订,报国务院批准。

法律或者国务院对必须进行招标的其他项目的范围有规定的,依照其规定。

第四条 【禁止规避招标】任何单位和个人不得将依法必须进行招标的项目化整为零或者以其他任何方式规避招标。

第五条 【招投标活动的原则】招标投标活动应当遵循公开、公平、公正和诚实信用的原则。

第六条 【招投标活动不受地区或部门的限制】依法必须进行招标的项目,其招标投标活动不受地区或者部门的限制。任何单位和个人不得违法限制或者排斥本地区、本系统以外的法人或者其他组织参加投标,不得以任何方式非法干涉招标投标活动。

第七条 【对招投标活动的监督】招标投标活动及其当事人应当接受依法实施的监督。

有关行政监督部门依法对招标投标活动实施监督,依法查处招标投标活动中的违法行为。

对招标投标活动的行政监督及有关部门的具体职权划分,由国务院规定。

第二章 招 标

第八条 【招标人】 招标人是依照本法规定提出招标项目、进行招标的法人或者其他组织。

第九条 【招标项目应具备的主要条件】 招标项目按照国家有关规定需要履行项目审批手续的,应当先履行审批手续,取得批准。

招标人应当有进行招标项目的相应资金或者资金来源已经落实,并应当在招标文件中如实载明。

第十条 【公开招标和邀请招标】 招标分为公开招标和邀请招标。

公开招标,是指招标人以招标公告的方式邀请不特定的法人或者其他组织投标。

邀请招标,是指招标人以投标邀请书的方式邀请特定的法人或者其他组织投标。

第十一条 【适用邀请招标的情形】 国务院发展计划部门确定的国家重点项目和省、自治区、直辖市人民政府确定的地方重点项目不适宜公开招标的,经国务院发展计划部门或者省、自治区、直辖市人民政府批准,可以进行邀请招标。

第十二条 【代理招标和自行招标】 招标人有权自行选择招标代理机构,委托其办理招标事宜。任何单位和个人不得以任何方式为招标人指定招标代理机构。

招标人具有编制招标文件和组织评标能力的,可以自行办理招标事宜。任何单位和个人不得强制其委托招标代理机构办理招标事宜。

依法必须进行招标的项目,招标人自行办理招标事宜的,应当向有关行政监督部门备案。

第十三条 【招标代理机构及条件】 招标代理机构是依法设立、从事招标代理业务并提供相关服务的社会中介组织。

招标代理机构应当具备下列条件：

（一）有从事招标代理业务的营业场所和相应资金；

（二）有能够编制招标文件和组织评标的相应专业力量。

第十四条 【招标代理机构不得与国家机关存在利益关系】 招标代理机构与行政机关和其他国家机关不得存在隶属关系或者其他利益关系。

第十五条 【招标代理机构的代理范围】 招标代理机构应当在招标人委托的范围内办理招标事宜,并遵守本法关于招标人的规定。

第十六条 【招标公告】 招标人采用公开招标方式的,应当发布招标公告。依法必须进行招标的项目的招标公告,应当通过国家指定的报刊、信息网络或者其他媒介发布。

招标公告应当载明招标人的名称和地址、招标项目的性质、数量、实施地点和时间以及获取招标文件的办法等事项。

第十七条 【投标邀请书】 招标人采用邀请招标方式的,应当向三个以上具备承担招标项目的能力、资信良好的特定的法人或者其他组织发出投标邀请书。

投标邀请书应当载明本法第十六条第二款规定的事项。

第十八条 【对潜在投标人的资格审查】 招标人可以根据招标项目本身的要求,在招标公告或者投标邀请书中,要求潜在投标人提供有关资质证明文件和业绩情况,并对潜在投标人进行资格审查；国家对投标人的资格条件有规定的,依照其规定。

招标人不得以不合理的条件限制或者排斥潜在投标人,不得对潜在投标人实行歧视待遇。

第十九条 【招标文件】 招标人应当根据招标项目的特点和需要编制招标文件。招标文件应当包括招标项目的技术要求、对投标人资格审查的标准、投标报价要求和评标标准等所有实质性要求和条件以及拟签订合同的主要条款。

国家对招标项目的技术、标准有规定的,招标人应当按照其规定在招标文件中提出相应要求。

招标项目需要划分标段、确定工期的,招标人应当合理划分标段、确定工期,并在招标文件中载明。

第二十条 【招标文件的限制】 招标文件不得要求或者标明特定的生产供应者以及含有倾向或者排斥潜在投标人的其他内容。

第二十一条 【潜在投标人对项目现场的踏勘】 招标人根据招标项目的具体情况,可以组织潜在投标人踏勘项目现场。

第二十二条 【招标人的保密义务】 招标人不得向他人透露已获取招标文件的潜在投标人的名称、数量以及可能影响公平竞争的有关招标投标的其他情况。

招标人设有标底的,标底必须保密。

第二十三条 【招标文件的澄清或修改】 招标人对已发出的招标文件进行必要的澄清或者修改的,应当在招标文件要求提交投标文件截止时间至少十五日前,以书面形式通知所有招标文件收受人。该澄清或者修改的

第二十四条 【编制投标文件的时间】招标人应当确定投标人编制投标文件所需要的合理时间;但是,依法必须进行招标的项目,自招标文件开始发出之日起至投标人提交投标文件截止之日止,最短不得少于二十日。

第三章 投 标

第二十五条 【投标人】投标人是响应招标、参加投标竞争的法人或者其他组织。

依法招标的科研项目允许个人参加投标的,投标的个人适用本法有关投标人的规定。

第二十六条 【投标人的资格条件】投标人应当具备承担招标项目的能力;国家有关规定对投标人资格条件或者招标文件对投标人资格条件有规定的,投标人应当具备规定的资格条件。

第二十七条 【投标文件的编制】投标人应当按照招标文件的要求编制投标文件。投标文件应当对招标文件提出的实质性要求和条件作出响应。

招标项目属于建设施工的,投标文件的内容应当包括拟派出的项目负责人与主要技术人员的简历、业绩和拟用于完成招标项目的机械设备等。

第二十八条 【投标文件的送达】投标人应当在招标文件要求提交投标文件的截止时间前,将投标文件送达投标地点。招标人收到投标文件后,应当签收保存,不得开启。投标人少于三个的,招标人应当依照本法重新招标。

在招标文件要求提交投标文件的截止时间后送达的投标文件,招标人应当拒收。

第二十九条 【投标文件的补充、修改、撤回】投标人在招标文件要求提交投标文件的截止时间前,可以补充、修改或者撤回已提交的投标文件,并书面通知招标人。补充、修改的内容为投标文件的组成部分。

第三十条 【投标文件对拟分包情况的说明】投标人根据招标文件载明的项目实际情况,拟在中标后将中标项目的部分非主体、非关键性工作进行分包的,应当在投标文件中载明。

第三十一条 【联合体投标】两个以上法人或者其他组织可以组成一个联合体,以一个投标人的身份共同投标。

联合体各方均应当具备承担招标项目的相应能力;国家有关规定或者招标文件对投标人资格条件有规定的,联合体各方均应当具备规定的相应资格条件。由同一专业的单位组成的联合体,按照资质等级较低的单位确定资质等级。

联合体各方应当签订共同投标协议,明确约定各方拟承担的工作和责任,并将共同投标协议连同投标文件一并提交招标人。联合体中标的,联合体各方应当共同与招标人签订合同,就中标项目向招标人承担连带责任。

招标人不得强制投标人组成联合体共同投标,不得限制投标人之间的竞争。

第三十二条 【串通投标的禁止】投标人不得相互串通投标报价,不得排挤其他投标人的公平竞争,损害招标人或者其他投标人的合法权益。

投标人不得与招标人串通投标,损害国家利益、社会公共利益或者他人的合法权益。

禁止投标人以向招标人或者评标委员会成员行贿的手段谋取中标。

第三十三条 【低于成本的报价竞标与骗取中标的禁止】投标人不得以低于成本的报价竞标,也不得以他人名义投标或者以其他方式弄虚作假,骗取中标。

第四章 开标、评标和中标

第三十四条 【开标的时间与地点】开标应当在招标文件确定的提交投标文件截止时间的同一时间公开进行;开标地点应当为招标文件中预先确定的地点。

第三十五条 【开标参加人】开标由招标人主持,邀请所有投标人参加。

第三十六条 【开标方式】开标时,由投标人或者其推选的代表检查投标文件的密封情况,也可以由招标人委托的公证机构检查并公证;经确认无误后,由工作人员当众拆封,宣读投标人名称、投标价格和投标文件的其他主要内容。

招标人在招标文件要求提交投标文件的截止时间前收到的所有投标文件,开标时都应当当众予以拆封、宣读。

开标过程应当记录,并存档备查。

第三十七条 【评标委员会】评标由招标人依法组建的评标委员会负责。

依法必须进行招标的项目,其评标委员会由招标人的代表和有关技术、经济等方面的专家组成,成员人数为五人以上单数,其中技术、经济等方面的专家不得少于成员总数的三分之二。

前款专家应当从事相关领域工作满八年并具有高级职称或者具有同等专业水平,由招标人从国务院有关部门或者省、自治区、直辖市人民政府有关部门提供的专家名册或者招标代理机构的专家库内的相关专业的专家名单中确定；一般招标项目可以采取随机抽取方式，特殊招标项目可以由招标人直接确定。

与投标人有利害关系的人不得进入相关项目的评标委员会；已经进入的应当更换。

评标委员会成员的名单在中标结果确定前应当保密。

第三十八条　【评标的保密】招标人应当采取必要的措施，保证评标在严格保密的情况下进行。

任何单位和个人不得非法干预、影响评标的过程和结果。

第三十九条　【投标人对投标文件的澄清或说明】评标委员会可以要求投标人对投标文件中含义不明确的内容作必要的澄清或说明，但是澄清或者说明不得超出投标文件的范围或者改变投标文件的实质性内容。

第四十条　【评标】评标委员会应当按照招标文件确定的评标标准和方法，对投标文件进行评审和比较；设有标底的，应当参考标底。评标委员会完成评标后，应当向招标人提出书面评标报告，并推荐合格的中标候选人。

招标人根据评标委员会提出的书面评标报告和推荐的中标候选人确定中标人。招标人也可以授权评标委员会直接确定中标人。

国务院对特定招标项目的评标有特别规定的，从其规定。

第四十一条　【中标条件】中标人的投标应当符合下列条件之一：

（一）能够最大限度地满足招标文件中规定的各项综合评价标准；

（二）能够满足招标文件的实质性要求，并且经评审的投标价格最低；但是投标价格低于成本的除外。

第四十二条　【否决所有投标和重新招标】评标委员会经评审，认为所有投标都不符合招标文件要求的，可以否决所有投标。

依法必须进行招标的项目的所有投标被否决的，招标人应当依照本法重新招标。

第四十三条　【禁止与投标人进行实质性谈判】在确定中标人前，招标人不得与投标人就投标价格、投标方案等实质性内容进行谈判。

第四十四条　【评标委员会成员的义务】评标委员会成员应当客观、公正地履行职务，遵守职业道德，对所提出的评审意见承担个人责任。

评标委员会成员不得私下接触投标人，不得收受投标人的财物或者其他好处。

评标委员会成员和参与评标的有关工作人员不得透露对投标文件的评审和比较、中标候选人的推荐情况以及与评标有关的其他情况。

第四十五条　【中标通知书的发出】中标人确定后，招标人应当向中标人发出中标通知书，并同时将中标结果通知所有未中标的投标人。

中标通知书对招标人和中标人具有法律效力。中标通知书发出后，招标人改变中标结果的，或者中标人放弃中标项目的，应当依法承担法律责任。

第四十六条　【订立书面合同和提交履约保证金】招标人和中标人应当自中标通知书发出之日起三十日内，按照招标文件和中标人的投标文件订立书面合同。招标人和中标人不得再行订立背离合同实质性内容的其他协议。

招标文件要求中标人提交履约保证金的，中标人应当提交。

第四十七条　【招投标情况的报告】依法必须进行招标的项目，招标人应当自确定中标人之日起十五日内，向有关行政监督部门提交招标投标情况的书面报告。

第四十八条　【禁止转包和有条件分包】中标人应当按照合同约定履行义务，完成中标项目。中标人不得向他人转让中标项目，也不得将中标项目肢解后分别向他人转让。

中标人按照合同约定或者经招标人同意，可以将中标项目的部分非主体、非关键性工作分包给他人完成。接受分包的人应当具备相应的资格条件，并不得再次分包。

中标人应当就分包项目向招标人负责，接受分包的人就分包项目承担连带责任。

第五章　法律责任

第四十九条　【必须进行招标的项目不招标的责任】违反本法规定，必须进行招标的项目而不招标的，将必须进行招标的项目化整为零或者以其他任何方式规避招标的，责令限期改正，可以处项目合同金额千分之五以上千分之十以下的罚款；对全部或者部分使用国有资金的项目，可以暂停项目执行或者暂停资金拨付；对单位直接负责的主管人员和其他直接责任人员依法给予处分。

第五十条　【招标代理机构的责任】招标代理机构违反本法规定，泄露应当保密的与招标投标活动有关的情况和资料的，或者与招标人、投标人串通损害国家利益、社会公共利益或者他人合法权益的,处五万元以上二十五万元以下的罚款;对单位直接负责的主管人员和其他直接责任人员处单位罚款数额百分之五以上百分之十以下的罚款;有违法所得的,并处没收违法所得;情节严重的,禁止其一年至二年内代理依法必须进行招标的项目并予以公告,直至由工商行政管理机关吊销营业执照;构成犯罪的,依法追究刑事责任。给他人造成损失的,依法承担赔偿责任。

前款所列行为影响中标结果的,中标无效。

第五十一条 【限制或排斥潜在投标人的责任】招标人以不合理的条件限制或者排斥潜在投标人的,对潜在投标人实行歧视待遇的,强制要求投标人组成联合体共同投标的,或者限制投标人之间竞争的,责令改正,可以处一万元以上五万元以下的罚款。

第五十二条 【泄露招投标活动有关秘密的责任】依法必须进行招标的项目的招标人向他人透露已获取招标文件的潜在投标人的名称、数量或者可能影响公平竞争的有关招标投标的其他情况的,或者泄露标底的,给予警告,可以并处一万元以上十万元以下的罚款;对单位直接负责的主管人员和其他直接责任人员依法给予处分;构成犯罪的,依法追究刑事责任。

前款所列行为影响中标结果的,中标无效。

第五十三条 【串通投标的责任】投标人相互串通投标或者与招标人串通投标的,投标人以向招标人或者评标委员会成员行贿的手段谋取中标的,中标无效,处中标项目金额千分之五以上千分之十以下的罚款,对单位直接负责的主管人员和其他直接责任人员处单位罚款数额百分之五以上百分之十以下的罚款;有违法所得的,并处没收违法所得;情节严重的,取消其一年至二年内参加依法必须进行招标的项目的投标资格并予以公告,直至由工商行政管理机关吊销营业执照;构成犯罪的,依法追究刑事责任。给他人造成损失的,依法承担赔偿责任。

第五十四条 【骗取中标的责任】投标人以他人名义投标或者以其他方式弄虚作假,骗取中标的,中标无效,给招标人造成损失的,依法承担赔偿责任;构成犯罪的,依法追究刑事责任。

依法必须进行招标的项目的投标人有前款所列行为尚未构成犯罪的,处中标项目金额千分之五以上千分之十以下的罚款,对单位直接负责的主管人员和其他直接责任人员处单位罚款数额百分之五以上百分之十以下的罚款;有违法所得的,并处没收违法所得;情节严重的,取消其一年至三年内参加依法必须进行招标的项目的投标资格并予以公告,直至由工商行政管理机关吊销营业执照。

第五十五条 【招标人违规谈判的责任】依法必须进行招标的项目,招标人违反本法规定,与投标人就投标价格、投标方案等实质性内容进行谈判的,给予警告,对单位直接负责的主管人员和其他直接责任人员依法给予处分。

前款所列行为影响中标结果的,中标无效。

第五十六条 【评标委员会成员违法行为的责任】评标委员会成员收受投标人的财物或者其他好处的,评标委员会成员或者参加评标的有关工作人员向他人透露对投标文件的评审和比较、中标候选人的推荐以及与评标有关的其他情况的,给予警告,没收收受的财物,可以并处三千元以上五万元以下的罚款,对有所列违法行为的评标委员会成员取消担任评标委员会成员的资格,不得再参加任何依法必须进行招标的项目的评标;构成犯罪的,依法追究刑事责任。

第五十七条 【招标人在中标候选人之外确定中标人的责任】招标人在评标委员会依法推荐的中标候选人以外确定中标人的,依法必须进行招标的项目在所有投标被评标委员会否决后自行确定中标人的,中标无效,责令改正,可以处中标项目金额千分之五以上千分之十以下的罚款;对单位直接负责的主管人员和其他直接责任人员依法给予处分。

第五十八条 【中标人违法转包、分包的责任】中标人将中标项目转让给他人的,将中标项目肢解后分别转让给他人的,违反本法规定将中标项目的部分主体、关键性工作分包给他人的,或者分包人再次分包的,转让、分包无效,处转让、分包项目金额千分之五以上千分之十以下的罚款;有违法所得的,并处没收违法所得;可以责令停业整顿;情节严重的,由工商行政管理机关吊销营业执照。

第五十九条 【不按招投标文件订立合同的责任】招标人与中标人不按照招标文件和中标人的投标文件订立合同的,或者招标人、中标人订立背离合同实质性内容的协议的,责令改正;可以处中标项目金额千分之五以上千分之十以下的罚款。

第六十条 【中标人不履行合同或不按合同履行义务的责任】中标人不履行与招标人订立的合同的,履约保证金不予退还,给招标人造成的损失超过履约保证金数额的,还应当对超过部分予以赔偿;没有提交履约保证金的,应当对招标人的损失承担赔偿责任。

中标人不按照与招标人订立的合同履行义务,情节严重的,取消其二年至五年内参加依法必须进行招标的项目的投标资格并予以公告,直至由工商行政管理机关吊销营业执照。

因不可抗力不能履行合同的,不适用前两款规定。

第六十一条 【行政处罚的决定】本章规定的行政处罚,由国务院规定的有关行政监督部门决定。本法已对实施行政处罚的机关作出规定的除外。

第六十二条 【干涉招投标活动的责任】任何单位违反本法规定,限制或者排斥本地区、本系统以外的法人或者其他组织参加投标的,为招标人指定招标代理机构的,强制招标人委托招标代理机构办理招标事宜的,或者以其他方式干涉招投标活动的,责令改正;对单位直接负责的主管人员和其他直接责任人员依法给予警告、记过、记大过的处分,情节较重的,依法给予降级、撤职、开除的处分。

个人利用职权进行前款违法行为的,依照前款规定追究责任。

第六十三条 【行政监督机关工作人员的责任】对招标投标活动依法负有行政监督职责的国家机关工作人员徇私舞弊、滥用职权或者玩忽职守,构成犯罪的,依法追究刑事责任;不构成犯罪的,依法给予行政处分。

第六十四条 【中标无效的处理】依法必须进行招标的项目违反本法规定,中标无效的,应当依照本法规定的中标条件从其余投标人中重新确定中标人或者依照本法重新进行招标。

第六章 附 则

第六十五条 【异议或投诉】投标人和其他利害关系人认为招标投标活动不符合本法有关规定的,有权向招标人提出异议或者依法向有关行政监督部门投诉。

第六十六条 【不进行招标的项目】涉及国家安全、国家秘密、抢险救灾或者属于利用扶贫资金实行以工代赈、需要使用农民工等特殊情况,不适宜进行招标的项目,按照国家有关规定可以不进行招标。

第六十七条 【适用除外】使用国际组织或者外国政府贷款、援助资金的项目进行招标,贷款方、资金提供方对招标投标的具体条件和程序有不同规定的,可以适用其规定,但违背中华人民共和国的社会公共利益的除外。

第六十八条 【施行日期】本法自2000年1月1日起施行。

中华人民共和国招标投标法实施条例

- 2011年12月20日中华人民共和国国务院令第613号公布
- 根据2017年3月1日《国务院关于修改和废止部分行政法规的决定》第一次修订
- 根据2018年3月19日《国务院关于修改和废止部分行政法规的决定》第二次修订
- 根据2019年3月2日《国务院关于修改部分行政法规的决定》第三次修订

第一章 总 则

第一条 为了规范招标投标活动,根据《中华人民共和国招标投标法》(以下简称招标投标法),制定本条例。

第二条 招标投标法第三条所称工程建设项目,是指工程以及与工程建设有关的货物、服务。

前款所称工程,是指建设工程,包括建筑物和构筑物的新建、改建、扩建及其相关的装修、拆除、修缮等;所称与工程建设有关的货物,是指构成工程不可分割的组成部分,且为实现工程基本功能所必需的设备、材料等;所称与工程建设有关的服务,是指为完成工程所需的勘察、设计、监理等服务。

第三条 依法必须进行招标的工程建设项目的具体范围和规模标准,由国务院发展改革部门会同国务院有关部门制订,报国务院批准后公布施行。

第四条 国务院发展改革部门指导和协调全国招标投标工作,对国家重大建设项目的工程招标投标活动实施监督检查。国务院工业和信息化、住房城乡建设、交通运输、铁道、水利、商务等部门,按照规定的职责分工对有关招标投标活动实施监督。

县级以上地方人民政府发展改革部门指导和协调本行政区域的招标投标工作。县级以上地方人民政府有关部门按照规定的职责分工,对招标投标活动实施监督,依法查处招标投标活动中的违法行为。县级以上地方人民政府对其所属部门有关招标投标活动的监督职责分工另有规定的,从其规定。

财政部门依法对实行招标投标的政府采购工程建设项目的政府采购政策执行情况实施监督。

监察机关依法对与招标投标活动有关的监察对象实施监察。

第五条 设区的市级以上地方人民政府可以根据实际需要,建立统一规范的招标投标交易场所,为招标投标活动提供服务。招标投标交易场所不得与行政监督部门存在隶属关系,不得以营利为目的。

国家鼓励利用信息网络进行电子招标投标。

第六条 禁止国家工作人员以任何方式非法干涉招标投标活动。

第二章 招 标

第七条 按照国家有关规定需要履行项目审批、核准手续的依法必须进行招标的项目,其招标范围、招标方式、招标组织形式应当报项目审批、核准部门审批、核准。项目审批、核准部门应当及时将审批、核准确定的招标范围、招标方式、招标组织形式通报有关行政监督部门。

第八条 国有资金占控股或者主导地位的依法必须进行招标的项目,应当公开招标;但有下列情形之一的,可以邀请招标:

(一)技术复杂、有特殊要求或者受自然环境限制,只有少量潜在投标人可供选择;

(二)采用公开招标方式的费用占项目合同金额的比例过大。

有前款第二项所列情形,属于本条例第七条规定的项目,由项目审批、核准部门在审批、核准项目时作出认定;其他项目由招标人申请有关行政监督部门作出认定。

第九条 除招标投标法第六十六条规定的可以不进行招标的特殊情况外,有下列情形之一的,可以不进行招标:

(一)需要采用不可替代的专利或者专有技术;

(二)采购人依法能够自行建设、生产或者提供;

(三)已通过招标方式选定的特许经营项目投资人依法能够自行建设、生产或者提供;

(四)需要向原中标人采购工程、货物或者服务,否则将影响施工或者功能配套要求;

(五)国家规定的其他特殊情形。

招标人为适用前款规定弄虚作假的,属于招标投标法第四条规定的规避招标。

第十条 招标投标法第十二条第二款规定的招标人具有编制招标文件和组织评标能力,是指招标人具有与招标项目规模和复杂程度相适应的技术、经济等方面的专业人员。

第十一条 国务院住房城乡建设、商务、发展改革、工业和信息化等部门,按照规定的职责分工对招标代理机构依法实施监督管理。

第十二条 招标代理机构应当拥有一定数量的具备编制招标文件、组织评标等相应能力的专业人员。

第十三条 招标代理机构在招标人委托的范围内开展招标代理业务,任何单位和个人不得非法干涉。

招标代理机构代理招标业务,应当遵守招标投标法和本条例关于招标人的规定。招标代理机构不得在所代理的招标项目中投标或者代理投标,也不得为所代理的招标项目的投标人提供咨询。

第十四条 招标人应当与被委托的招标代理机构签订书面委托合同,合同约定的收费标准应当符合国家有关规定。

第十五条 公开招标的项目,应当依照招标投标法和本条例的规定发布招标公告、编制招标文件。

招标人采用资格预审办法对潜在投标人进行资格审查的,应当发布资格预审公告、编制资格预审文件。

依法必须进行招标的项目的资格预审公告和招标公告,应当在国务院发展改革部门依法指定的媒介发布。在不同媒介发布的同一招标项目的资格预审公告或者招标公告的内容应当一致。指定媒介发布依法必须进行招标的项目的境内资格预审公告、招标公告,不得收取费用。

编制依法必须进行招标的项目的资格预审文件和招标文件,应当使用国务院发展改革部门会同有关行政监督部门制定的标准文本。

第十六条 招标人应当按照资格预审公告、招标公告或者投标邀请书规定的时间、地点发售资格预审文件或者招标文件。资格预审文件或者招标文件的发售期不得少于5日。

招标人发售资格预审文件、招标文件收取的费用应当限于补偿印刷、邮寄的成本支出,不得以营利为目的。

第十七条 招标人应当合理确定提交资格预审申请文件的时间。依法必须进行招标的项目提交资格预审申请文件的时间,自资格预审文件停止发售之日起不得少于5日。

第十八条 资格预审应当按照资格预审文件载明的标准和方法进行。

国有资金占控股或者主导地位的依法必须进行招标的项目,招标人应当组建资格审查委员会审查资格预审申请文件。资格审查委员会及其成员应当遵守招标投标法和本条例有关评标委员会及其成员的规定。

第十九条 资格预审结束后,招标人应当及时向资格预审申请人发出资格预审结果通知书。未通过资格预审的申请人不具有投标资格。

通过资格预审的申请人少于3个的,应当重新招标。

第二十条 招标人采用资格后审办法对投标人进行资格审查的,应当在开标后由评标委员会按照招标文件规定的标准和方法对投标人的资格进行审查。

第二十一条 招标人可以对已发出的资格预审文件

或者招标文件进行必要的澄清或者修改。澄清或者修改的内容可能影响资格预审申请文件或者投标文件编制的，招标人应当在提交资格预审申请文件截止时间至少3日前，或者投标截止时间至少15日前，以书面形式通知所有获取资格预审文件或者招标文件的潜在投标人；不足3日或者15日的，招标人应当顺延提交资格预审申请文件或者投标文件的截止时间。

第二十二条　潜在投标人或者其他利害关系人对资格预审文件有异议的，应当在提交资格预审申请文件截止时间2日前提出；对招标文件有异议的，应当在投标截止时间10日前提出。招标人应当自收到异议之日起3日内作出答复；作出答复前，应当暂停招标投标活动。

第二十三条　招标人编制的资格预审文件、招标文件的内容违反法律、行政法规的强制性规定，违反公开、公平、公正和诚实信用原则，影响资格预审结果或者潜在投标人投标的，依法必须进行招标的项目的招标人应当在修改资格预审文件或者招标文件后重新招标。

第二十四条　招标人对招标项目划分标段的，应当遵守招标投标法的有关规定，不得利用划分标段限制或者排斥潜在投标人。依法必须进行招标的项目的招标人不得利用划分标段规避招标。

第二十五条　招标人应当在招标文件中载明投标有效期。投标有效期从提交投标文件的截止之日起算。

第二十六条　招标人在招标文件中要求投标人提交投标保证金的，投标保证金不得超过招标项目估算价的2%。投标保证金有效期应当与投标有效期一致。

依法必须进行招标的项目的境内投标单位，以现金或者支票形式提交的投标保证金应当从其基本账户转出。

招标人不得挪用投标保证金。

第二十七条　招标人可以自行决定是否编制标底。一个招标项目只能有一个标底。标底必须保密。

接受委托编制标底的中介机构不得参加受托编制标底项目的投标，也不得为该项目的投标人编制投标文件或者提供咨询。

招标人设有最高投标限价的，应当在招标文件中明确最高投标限价或者最高投标限价的计算方法。招标人不得规定最低投标限价。

第二十八条　招标人不得组织单个或者部分潜在投标人踏勘项目现场。

第二十九条　招标人可以依法对工程以及与工程建设有关的货物、服务全部或者部分实行总承包招标。以暂估价形式包括在总承包范围内的工程、货物、服务属于依法必须进行招标的项目范围且达到国家规定规模标准的，应当依法进行招标。

前款所称暂估价，是指总承包招标时不能确定价格而由招标人在招标文件中暂时估定的工程、货物、服务的金额。

第三十条　对技术复杂或者无法精确拟定技术规格的项目，招标人可以分两阶段进行招标。

第一阶段，投标人按照招标公告或者投标邀请书的要求提交不带报价的技术建议，招标人根据投标人提交的技术建议确定技术标准和要求，编制招标文件。

第二阶段，招标人向在第一阶段提交技术建议的投标人提供招标文件，投标人按照招标文件的要求提交包括最终技术方案和投标报价的投标文件。

招标人要求投标人提交投标保证金的，应当在第二阶段提出。

第三十一条　招标人终止招标的，应当及时发布公告，或者以书面形式通知被邀请的或者已经获取资格预审文件、招标文件的潜在投标人。已经发售资格预审文件、招标文件或者已经收取投标保证金的，招标人应当及时退还所收取的资格预审文件、招标文件的费用，以及所收取的投标保证金及银行同期存款利息。

第三十二条　招标人不得以不合理的条件限制、排斥潜在投标人或者投标人。

招标人有下列行为之一的，属于以不合理条件限制、排斥潜在投标人或者投标人：

（一）就同一招标项目向潜在投标人或者投标人提供有差别的项目信息；

（二）设定的资格、技术、商务条件与招标项目的具体特点和实际需要不相适应或者与合同履行无关；

（三）依法必须进行招标的项目以特定行政区域或者特定行业的业绩、奖项作为加分条件或者中标条件；

（四）对潜在投标人或者投标人采取不同的资格审查或者评标标准；

（五）限定或者指定特定的专利、商标、品牌、原产地或者供应商；

（六）依法必须进行招标的项目非法限定潜在投标人或者投标人的所有制形式或者组织形式；

（七）以其他不合理条件限制、排斥潜在投标人或者投标人。

第三章　投　标

第三十三条　投标人参加依法必须进行招标的项目

的投标,不受地区或者部门的限制,任何单位和个人不得非法干涉。

第三十四条 与招标人存在利害关系可能影响招标公正性的法人、其他组织或者个人,不得参加投标。

单位负责人为同一人或者存在控股、管理关系的不同单位,不得参加同一标段投标或者未划分标段的同一招标项目投标。

违反前两款规定的,相关投标均无效。

第三十五条 投标人撤回已提交的投标文件,应当在投标截止时间前书面通知招标人。招标人已收取投标保证金的,应当自收到投标人书面撤回通知之日起5日内退还。

投标截止后投标人撤销投标文件的,招标人可以不退还投标保证金。

第三十六条 未通过资格预审的申请人提交的投标文件,以及逾期送达或者不按招标文件要求密封的投标文件,招标人应当拒收。

招标人应当如实记载投标文件的送达时间和密封情况,并存档备查。

第三十七条 招标人应当在资格预审公告、招标公告或者投标邀请书中载明是否接受联合体投标。

招标人接受联合体投标并进行资格预审的,联合体应当在提交资格预审申请文件前组成。资格预审后联合体增加、更换成员的,其投标无效。

联合体各方在同一招标项目中以自己名义单独投标或者参加其他联合体投标的,相关投标均无效。

第三十八条 投标人发生合并、分立、破产等重大变化的,应当及时书面告知招标人。投标人不再具备资格预审文件、招标文件规定的资格条件或者其投标影响招标公正性的,其投标无效。

第三十九条 禁止投标人相互串通投标。

有下列情形之一的,属于投标人相互串通投标:

(一)投标人之间协商投标报价等投标文件的实质性内容;

(二)投标人之间约定中标人;

(三)投标人之间约定部分投标人放弃投标或者中标;

(四)属于同一集团、协会、商会等组织成员的投标人按照该组织要求协同投标;

(五)投标人之间为谋取中标或者排斥特定投标人而采取的其他联合行动。

第四十条 有下列情形之一的,视为投标人相互串通投标:

(一)不同投标人的投标文件由同一单位或者个人编制;

(二)不同投标人委托同一单位或者个人办理投标事宜;

(三)不同投标人的投标文件载明的项目管理成员为同一人;

(四)不同投标人的投标文件异常一致或者投标报价呈规律性差异;

(五)不同投标人的投标文件相互混装;

(六)不同投标人的投标保证金从同一单位或者个人的账户转出。

第四十一条 禁止招标人与投标人串通投标。

有下列情形之一的,属于招标人与投标人串通投标:

(一)招标人在开标前开启投标文件并将有关信息泄露给其他投标人;

(二)招标人直接或者间接向投标人泄露标底、评标委员会成员等信息;

(三)招标人明示或者暗示投标人压低或者抬高投标报价;

(四)招标人授意投标人撤换、修改投标文件;

(五)招标人明示或者暗示投标人为特定投标人中标提供方便;

(六)招标人与投标人为谋求特定投标人中标而采取的其他串通行为。

第四十二条 使用通过受让或者租借等方式获取的资格、资质证书投标的,属于招标投标法第三十三条规定的以他人名义投标。

投标人有下列情形之一的,属于招标投标法第三十三条规定的以其他方式弄虚作假的行为:

(一)使用伪造、变造的许可证件;

(二)提供虚假的财务状况或者业绩;

(三)提供虚假的项目负责人或者主要技术人员简历、劳动关系证明;

(四)提供虚假的信用状况;

(五)其他弄虚作假的行为。

第四十三条 提交资格预审申请文件的申请人应当遵守招标投标法和本条例有关投标人的规定。

第四章 开标、评标和中标

第四十四条 招标人应当按照招标文件规定的时间、地点开标。

投标人少于3个的,不得开标;招标人应当重新招标。

投标人对开标有异议的，应当在开标现场提出，招标人应当当场作出答复，并制作记录。

第四十五条　国家实行统一的评标专家专业分类标准和管理办法。具体标准和办法由国务院发展改革部门会同国务院有关部门制定。

省级人民政府和国务院有关部门应当组建综合评标专家库。

第四十六条　除招标投标法第三十七条第三款规定的特殊招标项目外，依法必须进行招标的项目，其评标委员会的专家成员应当从评标专家库内相关专业的专家名单中以随机抽取方式确定。任何单位和个人不得以明示、暗示等任何方式指定或者变相指定参加评标委员会的专家成员。

依法必须进行招标的项目的招标人非因招标投标法和本条例规定的事由，不得更换依法确定的评标委员会成员。更换评标委员会的专家成员应当依照前款规定进行。

评标委员会成员与投标人有利害关系的，应当主动回避。

有关行政监督部门应当按照规定的职责分工，对评标委员会成员的确定方式、评标专家的抽取和评标活动进行监督。行政监督部门的工作人员不得担任本部门负责监督项目的评标委员会成员。

第四十七条　招标投标法第三十七条第三款所称特殊招标项目，是指技术复杂、专业性强或者国家有特殊要求，采取随机抽取方式确定的专家难以保证胜任评标工作的项目。

第四十八条　招标人应当向评标委员会提供评标所必需的信息，但不得明示或者暗示其倾向或者排斥特定投标人。

招标人应当根据项目规模和技术复杂程度等因素合理确定评标时间。超过三分之一的评标委员会成员认为评标时间不够的，招标人应当适当延长。

评标过程中，评标委员会成员有回避事由、擅离职守或者因健康等原因不能继续评标的，应当及时更换。被更换的评标委员会成员作出的评审结论无效，由更换后的评标委员会成员重新进行评审。

第四十九条　评标委员会成员应当依照招标投标法和本条例的规定，按照招标文件规定的评标标准和方法，客观、公正地对投标文件提出评审意见。招标文件没有规定的评标标准和方法不得作为评标的依据。

评标委员会成员不得私下接触投标人，不得收受投标人给予的财物或者其他好处，不得向招标人征询确定中标人的意向，不得接受任何单位或者个人明示或者暗示提出的倾向或者排斥特定投标人的要求，不得有其他不客观、不公正履行职务的行为。

第五十条　招标项目设有标底的，招标人应当在开标时公布。标底只能作为评标的参考，不得以投标报价是否接近标底作为中标条件，也不得以投标报价超过标底上下浮动范围作为否决投标的条件。

第五十一条　有下列情形之一的，评标委员会应当否决其投标：

（一）投标文件未经投标单位盖章和单位负责人签字；

（二）投标联合体没有提交共同投标协议；

（三）投标人不符合国家或者招标文件规定的资格条件；

（四）同一投标人提交两个以上不同的投标文件或者投标报价，但招标文件要求提交备选投标的除外；

（五）投标报价低于成本或者高于招标文件设定的最高投标限价；

（六）投标文件没有对招标文件的实质性要求和条件作出响应；

（七）投标人有串通投标、弄虚作假、行贿等违法行为。

第五十二条　投标文件中有含义不明确的内容、明显文字或者计算错误，评标委员会认为需要投标人作出必要澄清、说明的，应当书面通知该投标人。投标人的澄清、说明应当采用书面形式，并不得超出投标文件的范围或者改变投标文件的实质性内容。

评标委员会不得暗示或者诱导投标人作出澄清、说明，不得接受投标人主动提出的澄清、说明。

第五十三条　评标完成后，评标委员会应当向招标人提交书面评标报告和中标候选人名单。中标候选人应当不超过3个，并标明排序。

评标报告应当由评标委员会全体成员签字。对评标结果有不同意见的评标委员会成员应当以书面形式说明其不同意见和理由，评标报告应当注明该不同意见。评标委员会成员拒绝在评标报告上签字又不书面说明其不同意见和理由的，视为同意评标结果。

第五十四条　依法必须进行招标的项目，招标人应当自收到评标报告之日起3日内公示中标候选人，公示期不得少于3日。

投标人或者其他利害关系人对依法必须进行招标的项目的评标结果有异议的，应当在中标候选人公示期间提出。招标人应当自收到异议之日起 3 日内作出答复；作出答复前，应当暂停招标投标活动。

第五十五条 国有资金占控股或者主导地位的依法必须进行招标的项目，招标人应当确定排名第一的中标候选人为中标人。排名第一的中标候选人放弃中标、因不可抗力不能履行合同、不按照招标文件要求提交履约保证金，或者被查实存在影响中标结果的违法行为等情形，不符合中标条件的，招标人可以按照评标委员会提出的中标候选人名单排序依次确定其他中标候选人为中标人，也可以重新招标。

第五十六条 中标候选人的经营、财务状况发生较大变化或者存在违法行为，招标人认为可能影响其履约能力的，应当在发出中标通知书前由原评标委员会按照招标文件规定的标准和方法审查确认。

第五十七条 招标人和中标人应当依照招标投标法和本条例的规定签订书面合同，合同的标的、价款、质量、履行期限等主要条款应当与招标文件和中标人的投标文件的内容一致。招标人和中标人不得再行订立背离合同实质性内容的其他协议。

招标人最迟应当在书面合同签订后 5 日内向中标人和未中标的投标人退还投标保证金及银行同期存款利息。

第五十八条 招标文件要求中标人提交履约保证金的，中标人应当按照招标文件的要求提交。履约保证金不得超过中标合同金额的 10%。

第五十九条 中标人应当按照合同约定履行义务，完成中标项目。中标人不得向他人转让中标项目，也不得将中标项目肢解后分别向他人转让。

中标人按照合同约定或者经招标人同意，可以将中标项目的部分非主体、非关键性工作分包给他人完成。接受分包的人应当具备相应的资格条件，并不得再次分包。

中标人应当就分包项目向招标人负责，接受分包的人就分包项目承担连带责任。

第五章 投诉与处理

第六十条 投标人或者其他利害关系人认为招标投标活动不符合法律、行政法规规定的，可以自知道或者应当知道之日起 10 日内向有关行政监督部门投诉。投诉应当有明确的请求和必要的证明材料。

就本条例第二十二条、第四十四条、第五十四条规定事项投诉的，应当先向招标人提出异议，异议答复期间不计算在前款规定的期限内。

第六十一条 投标人就同一事项向两个以上有权受理的行政监督部门投诉的，由最先收到投诉的行政监督部门负责处理。

行政监督部门应当自收到投诉之日起 3 个工作日内决定是否受理投诉，并自受理投诉之日起 30 个工作日内作出书面处理决定；需要检验、检测、鉴定、专家评审的，所需时间不计算在内。

投诉人捏造事实、伪造材料或者以非法手段取得证明材料进行投诉的，行政监督部门应当予以驳回。

第六十二条 行政监督部门处理投诉，有权查阅、复制有关文件、资料，调查有关情况，相关单位和人员应当予以配合。必要时，行政监督部门可以责令暂停招标投标活动。

行政监督部门的工作人员对监督检查过程中知悉的国家秘密、商业秘密，应当依法予以保密。

第六章 法律责任

第六十三条 招标人有下列限制或者排斥潜在投标人行为之一的，由有关行政监督部门依照招标投标法第五十一条的规定处罚：

（一）依法应当公开招标的项目不按照规定在指定媒介发布资格预审公告或者招标公告；

（二）在不同媒介发布的同一招标项目的资格预审公告或者招标公告的内容不一致，影响潜在投标人申请资格预审或者投标。

依法必须进行招标的项目的招标人不按照规定发布资格预审公告或者招标公告，构成规避招标的，依照招标投标法第四十九条的规定处罚。

第六十四条 招标人有下列情形之一的，由有关行政监督部门责令改正，可以处 10 万元以下的罚款：

（一）依法应当公开招标而采用邀请招标；

（二）招标文件、资格预审文件的发售、澄清、修改的时限，或者确定的提交资格预审申请文件、投标文件的时限不符合招标投标法和本条例规定；

（三）接受未通过资格预审的单位或者个人参加投标；

（四）接受应当拒收的投标文件。

招标人有前款第一项、第三项、第四项所列行为之一的，对单位直接负责的主管人员和其他直接责任人员依法给予处分。

第六十五条 招标代理机构在所代理的招标项目中投标、代理投标或者向该项目投标人提供咨询的，接受委托编制标底的中介机构参加受托编制标底项目的投标或者为该项目的投标人编制投标文件、提供咨询的，依照招标投标法第五十条的规定追究法律责任。

第六十六条 招标人超过本条例规定的比例收取投标保证金、履约保证金或者不按照规定退还投标保证金及银行同期存款利息的，由有关行政监督部门责令改正，可以处5万元以下的罚款；给他人造成损失的，依法承担赔偿责任。

第六十七条 投标人相互串通投标或者与招标人串通投标的，投标人向招标人或者评标委员会成员行贿谋取中标的，中标无效；构成犯罪的，依法追究刑事责任；尚不构成犯罪的，依照招标投标法第五十三条的规定处罚。投标人未中标的，对单位的罚款金额按照招标项目合同金额依照招标投标法规定的比例计算。

投标人有下列行为之一的，属于招标投标法第五十三条规定的情节严重行为，由有关行政监督部门取消其1年至2年内参加依法必须进行招标的项目的投标资格：

（一）以行贿谋取中标；
（二）3年内2次以上串通投标；
（三）串通投标行为损害招标人、其他投标人或者国家、集体、公民的合法利益，造成直接经济损失30万元以上；
（四）其他串通投标情节严重的行为。

投标人自本条第二款规定的处罚执行期限届满之日起3年内又有该款所列违法行为之一的，或者串通投标、以行贿谋取中标情节特别严重的，由工商行政管理机关吊销营业执照。

法律、行政法规对串通投标报价行为的处罚另有规定的，从其规定。

第六十八条 投标人以他人名义投标或者以其他方式弄虚作假骗取中标的，中标无效；构成犯罪的，依法追究刑事责任；尚不构成犯罪的，依照招标投标法第五十四条的规定处罚。依法必须进行招标的项目的投标人未中标的，对单位的罚款金额按照招标项目合同金额依照招标投标法规定的比例计算。

投标人有下列行为之一的，属于招标投标法第五十四条规定的情节严重行为，由有关行政监督部门取消其1年至3年内参加依法必须进行招标的项目的投标资格：

（一）伪造、变造资格、资质证书或者其他许可证件骗取中标；
（二）3年内2次以上使用他人名义投标；
（三）弄虚作假骗取中标给招标人造成直接经济损失30万元以上；
（四）其他弄虚作假骗取中标情节严重的行为。

投标人自本条第二款规定的处罚执行期限届满之日起3年内又有该款所列违法行为之一的，或者弄虚作假骗取中标情节特别严重的，由工商行政管理机关吊销营业执照。

第六十九条 出让或者出租资格、资质证书供他人投标的，依照法律、行政法规的规定给予行政处罚；构成犯罪的，依法追究刑事责任。

第七十条 依法必须进行招标的项目的招标人不按照规定组建评标委员会，或者确定、更换评标委员会成员违反招标投标法和本条例规定的，由有关行政监督部门责令改正，可以处10万元以下的罚款，对单位直接负责的主管人员和其他直接责任人员依法给予处分；违法确定或者更换的评标委员会成员作出的评审结论无效，依法重新进行评审。

国家工作人员以任何方式非法干涉选取评标委员会成员的，依照本条例第八十条的规定追究法律责任。

第七十一条 评标委员会成员有下列行为之一的，由有关行政监督部门责令改正；情节严重的，禁止其在一定期限内参加依法必须进行招标的项目的评标；情节特别严重的，取消其担任评标委员会成员的资格：

（一）应当回避而不回避；
（二）擅离职守；
（三）不按照招标文件规定的评标标准和方法评标；
（四）私下接触投标人；
（五）向招标人征询确定中标人的意向或者接受任何单位或者个人明示或者暗示提出的倾向或者排斥特定投标人的要求；
（六）对依法应当否决的投标不提出否决意见；
（七）暗示或者诱导投标人作出澄清、说明或者接受投标人主动提出的澄清、说明；
（八）其他不客观、不公正履行职务的行为。

第七十二条 评标委员会成员收受投标人的财物或者其他好处的，没收收受的财物，处3000元以上5万元以下的罚款，取消担任评标委员会成员的资格，不得再参加依法必须进行招标的项目的评标；构成犯罪的，依法追究刑事责任。

第七十三条 依法必须进行招标的项目的招标人有下列情形之一的，由有关行政监督部门责令改正，可以处中标项目金额10‰以下的罚款；给他人造成损失的，依法承担赔偿责任；对单位直接负责的主管人员和其他直接责任人员依法给予处分：

(一)无正当理由不发出中标通知书;
(二)不按照规定确定中标人;
(三)中标通知书发出后无正当理由改变中标结果;
(四)无正当理由不与中标人订立合同;
(五)在订立合同时向中标人提出附加条件。

第七十四条 中标人无正当理由不与招标人订立合同,在签订合同时向招标人提出附加条件,或者不按照招标文件要求提交履约保证金的,取消其中标资格,投标保证金不予退还。对依法必须进行招标的项目的中标人,由有关行政监督部门责令改正,可以处中标项目金额10‰以下的罚款。

第七十五条 招标人和中标人不按照招标文件和中标人的投标文件订立合同,合同的主要条款与招标文件、中标人的投标文件的内容不一致,或者招标人、中标人订立背离合同实质性内容的协议的,由有关行政监督部门责令改正,可以处中标项目金额5‰以上10‰以下的罚款。

第七十六条 中标人将中标项目转让给他人的,将中标项目肢解后分别转让给他人的,违反招标投标法和本条例规定将中标项目的部分主体、关键性工作分包给他人的,或者分包人再次分包的,转让、分包无效,处转让、分包项目金额5‰以上10‰以下的罚款;有违法所得的,并处没收违法所得;可以责令停业整顿;情节严重的,由工商行政管理机关吊销营业执照。

第七十七条 投标人或者其他利害关系人捏造事实、伪造材料或者以非法手段取得证明材料进行投诉,给他人造成损失的,依法承担赔偿责任。

招标人不按照规定对异议作出答复,继续进行招标投标活动的,由有关行政监督部门责令改正,拒不改正或者不能改正并影响中标结果的,依照本条例第八十一条的规定处理。

第七十八条 国家建立招标投标信用制度。有关行政监督部门应当依法公告对招标人、招标代理机构、投标人、评标委员会成员等当事人违法行为的行政处理决定。

第七十九条 项目审批、核准部门不依法审批、核准项目招标范围、招标方式、招标组织形式的,对单位直接负责的主管人员和其他直接责任人员依法给予处分。

有关行政监督部门不依法履行职责,对违反招标投标法和本条例规定的行为不依法查处,或者不按照规定处理投诉,不依法公告对招标投标当事人违法行为的行政处理决定的,对直接负责的主管人员和其他直接责任人员依法给予处分。

项目审批、核准部门和有关行政监督部门的工作人员徇私舞弊、滥用职权、玩忽职守,构成犯罪的,依法追究刑事责任。

第八十条 国家工作人员利用职务便利,以直接或者间接、明示或者暗示等任何方式非法干涉招标投标活动,有下列情形之一的,依法给予记过或者记大过处分;情节严重的,依法给予降级或者撤职处分;情节特别严重的,依法给予开除处分;构成犯罪的,依法追究刑事责任:

(一)要求对依法必须进行招标的项目不招标,或者要求对依法应当公开招标的项目不公开招标;
(二)要求评标委员会成员或者招标人以其指定的投标人作为中标候选人或者中标人,或者以其他方式非法干涉评标活动,影响中标结果;
(三)以其他方式非法干涉招标投标活动。

第八十一条 依法必须进行招标的项目的招标投标活动违反招标投标法和本条例的规定,对中标结果造成实质性影响,且不能采取补救措施予以纠正的,招标、投标、中标无效,应当依法重新招标或者评标。

第七章 附 则

第八十二条 招标投标协会按照依法制定的章程开展活动,加强行业自律和服务。

第八十三条 政府采购的法律、行政法规对政府采购货物、服务的招标投标另有规定的,从其规定。

第八十四条 本条例自2012年2月1日起施行。

中华人民共和国政府采购法

- 2002年6月29日第九届全国人民代表大会常务委员会第二十八次会议通过
- 根据2014年8月31日第十二届全国人民代表大会常务委员会第十次会议《关于修改〈中华人民共和国保险法〉等五部法律的决定》修正

第一章 总 则

第一条 为了规范政府采购行为,提高政府采购资金的使用效益,维护国家利益和社会公共利益,保护政府采购当事人的合法权益,促进廉政建设,制定本法。

第二条 在中华人民共和国境内进行的政府采购适用本法。

本法所称政府采购,是指各级国家机关、事业单位和团体组织,使用财政性资金采购依法制定的集中采购目录以内的或者采购限额标准以上的货物、工程和服务的行为。

政府集中采购目录和采购限额标准依照本法规定的权限制定。

本法所称采购,是指以合同方式有偿取得货物、工程和服务的行为,包括购买、租赁、委托、雇用等。

本法所称货物,是指各种形态和种类的物品,包括原材料、燃料、设备、产品等。

本法所称工程,是指建设工程,包括建筑物和构筑物的新建、改建、扩建、装修、拆除、修缮等。

本法所称服务,是指除货物和工程以外的其他政府采购对象。

第三条 政府采购应当遵循公开透明原则、公平竞争原则、公正原则和诚实信用原则。

第四条 政府采购工程进行招标投标的,适用招标投标法。

第五条 任何单位和个人不得采用任何方式,阻挠和限制供应商自由进入本地区和本行业的政府采购市场。

第六条 政府采购应当严格按照批准的预算执行。

第七条 政府采购实行集中采购和分散采购相结合。集中采购的范围由省级以上人民政府公布的集中采购目录确定。

属于中央预算的政府采购项目,其集中采购目录由国务院确定并公布;属于地方预算的政府采购项目,其集中采购目录由省、自治区、直辖市人民政府或者其授权的机构确定并公布。

纳入集中采购目录的政府采购项目,应当实行集中采购。

第八条 政府采购限额标准,属于中央预算的政府采购项目,由国务院确定并公布;属于地方预算的政府采购项目,由省、自治区、直辖市人民政府或者其授权的机构确定并公布。

第九条 政府采购应当有助于实现国家的经济和社会发展政策目标,包括保护环境,扶持不发达地区和少数民族地区,促进中小企业发展等。

第十条 政府采购应当采购本国货物、工程和服务。但有下列情形之一的除外:

(一)需要采购的货物、工程或者服务在中国境内无法获取或者无法以合理的商业条件获取的;

(二)为在中国境外使用而进行采购的;

(三)其他法律、行政法规另有规定的。

前款所称本国货物、工程和服务的界定,依照国务院有关规定执行。

第十一条 政府采购的信息应当在政府采购监督管理部门指定的媒体上及时向社会公开发布,但涉及商业秘密的除外。

第十二条 在政府采购活动中,采购人员及相关人员与供应商有利害关系的,必须回避。供应商认为采购人员及相关人员与其他供应商有利害关系的,可以申请其回避。

前款所称相关人员,包括招标采购中评标委员会的组成人员,竞争性谈判采购中谈判小组的组成人员,询价采购中询价小组的组成人员等。

第十三条 各级人民政府财政部门是负责政府采购监督管理的部门,依法履行对政府采购活动的监督管理职责。

各级人民政府其他有关部门依法履行与政府采购活动有关的监督管理职责。

第二章 政府采购当事人

第十四条 政府采购当事人是指在政府采购活动中享有权利和承担义务的各类主体,包括采购人、供应商和采购代理机构等。

第十五条 采购人是指依法进行政府采购的国家机关、事业单位、团体组织。

第十六条 集中采购机构为采购代理机构。设区的市、自治州以上人民政府根据本级政府采购项目组织集中采购的需要设立集中采购机构。

集中采购机构是非营利事业法人,根据采购人的委托办理采购事宜。

第十七条 集中采购机构进行政府采购活动,应当符合采购价格低于市场平均价格、采购效率更高、采购质量优良和服务良好的要求。

第十八条 采购人采购纳入集中采购目录的政府采购项目,必须委托集中采购机构代理采购;采购未纳入集中采购目录的政府采购项目,可以自行采购,也可以委托集中采购机构在委托的范围内代理采购。

纳入集中采购目录属于通用的政府采购项目的,应当委托集中采购机构代理采购;属于本部门、本系统有特殊要求的项目,应当实行部门集中采购;属于本单位有特殊要求的项目,经省级以上人民政府批准,可以自行采购。

第十九条 采购人可以委托集中采购机构以外的采购代理机构,在委托的范围内办理政府采购事宜。

采购人有权自行选择采购代理机构,任何单位和个人不得以任何方式为采购人指定采购代理机构。

第二十条　采购人依法委托采购代理机构办理采购事宜的,应当由采购人与采购代理机构签订委托代理协议,依法确定委托代理的事项,约定双方的权利义务。

第二十一条　供应商是指向采购人提供货物、工程或者服务的法人、其他组织或者自然人。

第二十二条　供应商参加政府采购活动应当具备下列条件:

(一)具有独立承担民事责任的能力;

(二)具有良好的商业信誉和健全的财务会计制度;

(三)具有履行合同所必需的设备和专业技术能力;

(四)有依法缴纳税收和社会保障资金的良好记录;

(五)参加政府采购活动前三年内,在经营活动中没有重大违法记录;

(六)法律、行政法规规定的其他条件。

采购人可以根据采购项目的特殊要求,规定供应商的特定条件,但不得以不合理的条件对供应商实行差别待遇或者歧视待遇。

第二十三条　采购人可以要求参加政府采购的供应商提供有关资质证明文件和业绩情况,并根据本法规定的供应商条件和采购项目对供应商的特定要求,对供应商的资格进行审查。

第二十四条　两个以上的自然人、法人或者其他组织可以组成一个联合体,以一个供应商的身份共同参加政府采购。

以联合体形式进行政府采购的,参加联合体的供应商均应当具备本法第二十二条规定的条件,并应当向采购人提交联合协议,载明联合体各方承担的工作和义务。联合体各方应当共同与采购人签订采购合同,就采购合同约定的事项对采购人承担连带责任。

第二十五条　政府采购当事人不得相互串通损害国家利益、社会公共利益和其他当事人的合法权益;不得以任何手段排斥其他供应商参与竞争。

供应商不得以向采购人、采购代理机构、评标委员会的组成人员、竞争性谈判小组的组成人员、询价小组的组成人员行贿或者采取其他不正当手段谋取中标或者成交。

采购代理机构不得以向采购人行贿或者采取其他不正当手段谋取非法利益。

第三章　政府采购方式

第二十六条　政府采购采用以下方式:

(一)公开招标;

(二)邀请招标;

(三)竞争性谈判;

(四)单一来源采购;

(五)询价;

(六)国务院政府采购监督管理部门认定的其他采购方式。

公开招标应作为政府采购的主要采购方式。

第二十七条　采购人采购货物或者服务应当采用公开招标方式的,其具体数额标准,属于中央预算的政府采购项目,由国务院规定;属于地方预算的政府采购项目,由省、自治区、直辖市人民政府规定;因特殊情况需要采用公开招标以外的采购方式的,应当在采购活动开始前获得设区的市、自治州以上人民政府采购监督管理部门的批准。

第二十八条　采购人不得将应当以公开招标方式采购的货物或者服务化整为零或者以其他任何方式规避公开招标采购。

第二十九条　符合下列情形之一的货物或者服务,可以依照本法采用邀请招标方式采购:

(一)具有特殊性,只能从有限范围的供应商处采购的;

(二)采用公开招标方式的费用占政府采购项目总价值的比例过大的。

第三十条　符合下列情形之一的货物或者服务,可以依照本法采用竞争性谈判方式采购:

(一)招标后没有供应商投标或者没有合格标的或者重新招标未能成立的;

(二)技术复杂或者性质特殊,不能确定详细规格或者具体要求的;

(三)采用招标所需时间不能满足用户紧急需要的;

(四)不能事先计算出价格总额的。

第三十一条　符合下列情形之一的货物或者服务,可以依照本法采用单一来源方式采购:

(一)只能从唯一供应商处采购的;

(二)发生了不可预见的紧急情况不能从其他供应商处采购的;

(三)必须保证原有采购项目一致性或者服务配套的要求,需要继续从原供应商处添购,且添购资金总额不超过原合同采购金额百分之十的。

第三十二条　采购的货物规格、标准统一、现货货源充足且价格变化幅度小的政府采购项目,可以依照本法采用询价方式采购。

第四章 政府采购程序

第三十三条 负有编制部门预算职责的部门在编制下一财政年度部门预算时,应当将该财政年度政府采购的项目及资金预算列出,报本级财政部门汇总。部门预算的审批,按预算管理权限和程序进行。

第三十四条 货物或者服务项目采取邀请招标方式采购的,采购人应当从符合相应资格条件的供应商中,通过随机方式选择三家以上的供应商,并向其发出投标邀请书。

第三十五条 货物和服务项目实行招标方式采购的,自招标文件开始发出之日起至投标人提交投标文件截止之日止,不得少于二十日。

第三十六条 在招标采购中,出现下列情形之一的,应予废标:

(一)符合专业条件的供应商或者对招标文件作实质响应的供应商不足三家的;

(二)出现影响采购公正的违法、违规行为的;

(三)投标人的报价均超过了采购预算,采购人不能支付的;

(四)因重大变故,采购任务取消的。

废标后,采购人应当将废标理由通知所有投标人。

第三十七条 废标后,除采购任务取消情形外,应当重新组织招标;需要采取其他方式采购的,应当在采购活动开始前获得设区的市、自治州以上人民政府采购监督管理部门或者政府有关部门批准。

第三十八条 采用竞争性谈判方式采购的,应当遵循下列程序:

(一)成立谈判小组。谈判小组由采购人的代表和有关专家共三人以上的单数组成,其中专家的人数不得少于成员总数的三分之二。

(二)制定谈判文件。谈判文件应当明确谈判程序、谈判内容、合同草案的条款以及评定成交的标准等事项。

(三)确定邀请参加谈判的供应商名单。谈判小组从符合相应资格条件的供应商名单中确定不少于三家的供应商参加谈判,并向其提供谈判文件。

(四)谈判。谈判小组所有成员集中与单一供应商分别进行谈判。在谈判中,谈判的任何一方不得透露与谈判有关的其他供应商的技术资料、价格和其他信息。谈判文件有实质性变动的,谈判小组应当以书面形式通知所有参加谈判的供应商。

(五)确定成交供应商。谈判结束后,谈判小组应当要求所有参加谈判的供应商在规定时间内进行最后报价,采购人从谈判小组提出的成交候选人中根据符合采购需求、质量和服务相等且报价最低的原则确定成交供应商,并将结果通知所有参加谈判的未成交的供应商。

第三十九条 采取单一来源方式采购的,采购人与供应商应当遵循本法规定的原则,在保证采购项目质量和双方商定合理价格的基础上进行采购。

第四十条 采取询价方式采购的,应当遵循下列程序:

(一)成立询价小组。询价小组由采购人的代表和有关专家共三人以上的单数组成,其中专家的人数不得少于成员总数的三分之二。询价小组应当对采购项目的价格构成和评定成交的标准等事项作出规定。

(二)确定被询价的供应商名单。询价小组根据采购需求,从符合相应资格条件的供应商名单中确定不少于三家的供应商,并向其发出询价通知书让其报价。

(三)询价。询价小组要求被询价的供应商一次报出不得更改的价格。

(四)确定成交供应商。采购人根据符合采购需求、质量和服务相等且报价最低的原则确定成交供应商,并将结果通知所有被询价的未成交的供应商。

第四十一条 采购人或者其委托的采购代理机构应当组织对供应商履约的验收。大型或者复杂的政府采购项目,应当邀请国家认可的质量检测机构参加验收工作。验收方成员应当在验收书上签字,并承担相应的法律责任。

第四十二条 采购人、采购代理机构对政府采购项目每项采购活动的采购文件应当妥善保存,不得伪造、变造、隐匿或者销毁。采购文件的保存期限为从采购结束之日起至少保存十五年。

采购文件包括采购活动记录、采购预算、招标文件、投标文件、评标标准、评估报告、定标文件、合同文本、验收证明、质疑答复、投诉处理决定及其他有关文件、资料。

采购活动记录至少应当包括下列内容:

(一)采购项目类别、名称;

(二)采购项目预算、资金构成和合同价格;

(三)采购方式,采用公开招标以外的采购方式的,应当载明原因;

(四)邀请和选择供应商的条件及原因;

(五)评标标准及确定中标人的原因;

(六)废标的原因;

(七)采用招标以外采购方式的相应记载。

第五章 政府采购合同

第四十三条 政府采购合同适用合同法。采购人和供应商之间的权利和义务，应当按照平等、自愿的原则以合同方式约定。

采购人可以委托采购代理机构代表其与供应商签订政府采购合同。由采购代理机构以采购人名义签订合同的，应当提交采购人的授权委托书，作为合同附件。

第四十四条 政府采购合同应当采用书面形式。

第四十五条 国务院政府采购监督管理部门应当会同国务院有关部门，规定政府采购合同必须具备的条款。

第四十六条 采购人与中标、成交供应商应当在中标、成交通知书发出之日起三十日内，按照采购文件确定的事项签订政府采购合同。

中标、成交通知书对采购人和中标、成交供应商均具有法律效力。中标、成交通知书发出后，采购人改变中标、成交结果的，或者中标、成交供应商放弃中标、成交项目的，应当依法承担法律责任。

第四十七条 政府采购项目的采购合同自签订之日起七个工作日内，采购人应当将合同副本报同级政府采购监督管理部门和有关部门备案。

第四十八条 经采购人同意，中标、成交供应商可以依法采取分包方式履行合同。

政府采购合同分包履行的，中标、成交供应商就采购项目和分包项目向采购人负责，分包供应商就分包项目承担责任。

第四十九条 政府采购合同履行中，采购人需追加与合同标的相同的货物、工程或者服务的，在不改变合同其他条款的前提下，可以与供应商协商签订补充合同，但所有补充合同的采购金额不得超过原合同采购金额的百分之十。

第五十条 政府采购合同的双方当事人不得擅自变更、中止或者终止合同。

政府采购合同继续履行将损害国家利益和社会公共利益的，双方当事人应当变更、中止或者终止合同。有过错的一方应当承担赔偿责任，双方都有过错的，各自承担相应的责任。

第六章 质疑与投诉

第五十一条 供应商对政府采购活动事项有疑问的，可以向采购人提出询问，采购人应当及时作出答复，但答复的内容不得涉及商业秘密。

第五十二条 供应商认为采购文件、采购过程和中标、成交结果使自己的权益受到损害的，可以在知道或者应知其权益受到损害之日起七个工作日内，以书面形式向采购人提出质疑。

第五十三条 采购人应当在收到供应商的书面质疑后七个工作日内作出答复，并以书面形式通知质疑供应商和其他有关供应商，但答复的内容不得涉及商业秘密。

第五十四条 采购人委托采购代理机构采购的，供应商可以向采购代理机构提出询问或者质疑，采购代理机构应当依照本法第五十一条、第五十三条的规定就采购人委托授权范围内的事项作出答复。

第五十五条 质疑供应商对采购人、采购代理机构的答复不满意或者采购人、采购代理机构未在规定的时间内作出答复的，可以在答复期满后十五个工作日内向同级政府采购监督管理部门投诉。

第五十六条 政府采购监督管理部门应当在收到投诉后三十个工作日内，对投诉事项作出处理决定，并以书面形式通知投诉人和与投诉事项有关的当事人。

第五十七条 政府采购监督管理部门在处理投诉事项期间，可以视具体情况书面通知采购人暂停采购活动，但暂停时间最长不得超过三十日。

第五十八条 投诉人对政府采购监督管理部门的投诉处理决定不服或者政府采购监督管理部门逾期未作处理的，可以依法申请行政复议或者向人民法院提起行政诉讼。

第七章 监督检查

第五十九条 政府采购监督管理部门应当加强对政府采购活动及集中采购机构的监督检查。

监督检查的主要内容是：

（一）有关政府采购的法律、行政法规和规章的执行情况；

（二）采购范围、采购方式和采购程序的执行情况；

（三）政府采购人员的职业素质和专业技能。

第六十条 政府采购监督管理部门不得设置集中采购机构，不得参与政府采购项目的采购活动。

采购代理机构与行政机关不得存在隶属关系或者其他利益关系。

第六十一条 集中采购机构应当建立健全内部监督管理制度。采购活动的决策和执行程序应当明确，并相互监督、相互制约。经办采购的人员与负责采购合同审核、验收人员的职责权限应当明确，并相互分离。

第六十二条 集中采购机构的采购人员应当具有相关职业素质和专业技能，符合政府采购监督管理部门规定的专业岗位任职要求。

集中采购机构对其工作人员应当加强教育和培训；对采购人员的专业水平、工作实绩和职业道德状况定期进行考核。采购人员经考核不合格的，不得继续任职。

第六十三条 政府采购项目的采购标准应当公开。

采用本法规定的采购方式的，采购人在采购活动完成后，应当将采购结果予以公布。

第六十四条 采购人必须按照本法规定的采购方式和采购程序进行采购。

任何单位和个人不得违反本法规定，要求采购人或者采购工作人员向其指定的供应商进行采购。

第六十五条 政府采购监督管理部门应当对政府采购项目的采购活动进行检查，政府采购当事人应当如实反映情况，提供有关材料。

第六十六条 政府采购监督管理部门应当对集中采购机构的采购价格、节约资金效果、服务质量、信誉状况、有无违法行为等事项进行考核，并定期如实公布考核结果。

第六十七条 依照法律、行政法规的规定对政府采购负有行政监督职责的政府有关部门，应当按照其职责分工，加强对政府采购活动的监督。

第六十八条 审计机关应当对政府采购进行审计监督。政府采购监督管理部门、政府采购各当事人有关政府采购活动，应当接受审计机关的审计监督。

第六十九条 监察机关应当加强对参与政府采购活动的国家机关、国家公务员和国家行政机关任命的其他人员实施监察。

第七十条 任何单位和个人对政府采购活动中的违法行为，有权控告和检举，有关部门、机关应当依照各自职责及时处理。

第八章 法律责任

第七十一条 采购人、采购代理机构有下列情形之一的，责令限期改正，给予警告，可以并处罚款，对直接负责的主管人员和其他直接责任人员，由其行政主管部门或者有关机关给予处分，并予通报：

（一）应当采用公开招标方式而擅自采用其他方式采购的；

（二）擅自提高采购标准的；

（三）以不合理的条件对供应商实行差别待遇或者歧视待遇的；

（四）在招标采购过程中与投标人进行协商谈判的；

（五）中标、成交通知书发出后不与中标、成交供应商签订采购合同的；

（六）拒绝有关部门依法实施监督检查的。

第七十二条 采购人、采购代理机构及其工作人员有下列情形之一，构成犯罪的，依法追究刑事责任；尚不构成犯罪的，处以罚款，有违法所得的，并处没收违法所得，属于国家机关工作人员的，依法给予行政处分：

（一）与供应商或者采购代理机构恶意串通的；

（二）在采购过程中接受贿赂或者获取其他不正当利益的；

（三）在有关部门依法实施的监督检查中提供虚假情况的；

（四）开标前泄露标底的。

第七十三条 有前两条违法行为之一影响中标、成交结果或者可能影响中标、成交结果的，按下列情况分别处理：

（一）未确定中标、成交供应商的，终止采购活动；

（二）中标、成交供应商已经确定但采购合同尚未履行的，撤销合同，从合格的中标、成交候选人中另行确定中标、成交供应商；

（三）采购合同已经履行的，给采购人、供应商造成损失的，由责任人承担赔偿责任。

第七十四条 采购人对应当实行集中采购的政府采购项目，不委托集中采购机构实行集中采购的，由政府采购监督管理部门责令改正；拒不改正的，停止按预算向其支付资金，由其上级行政主管部门或者有关机关依法给予其直接负责的主管人员和其他直接责任人员处分。

第七十五条 采购人未依法公布政府采购项目的采购标准和采购结果的，责令改正，对直接负责的主管人员依法给予处分。

第七十六条 采购人、采购代理机构违反本法规定隐匿、销毁应当保存的采购文件或者伪造、变造采购文件的，由政府采购监督管理部门处以二万元以上十万元以下的罚款，对其直接负责的主管人员和其他直接责任人员依法给予处分；构成犯罪的，依法追究刑事责任。

第七十七条 供应商有下列情形之一的，处以采购金额千分之五以上千分之十以下的罚款，列入不良行为记录名单，在一至三年内禁止参加政府采购活动，有违法所得的，并处没收违法所得，情节严重的，由工商行政管理机关吊销营业执照；构成犯罪的，依法追究刑事责任：

（一）提供虚假材料谋取中标、成交的；

（二）采取不正当手段诋毁、排挤其他供应商的；

（三）与采购人、其他供应商或者采购代理机构恶意串通的；

（四）向采购人、采购代理机构行贿或者提供其他不正当利益的；

（五）在招标采购过程中与采购人进行协商谈判的；

（六）拒绝有关部门监督检查或者提供虚假情况的。

供应商有前款第（一）至（五）项情形之一的，中标、成交无效。

第七十八条 采购代理机构在代理政府采购业务中有违法行为的，按照有关法律规定处以罚款，可以在一至三年内禁止其代理政府采购业务，构成犯罪的，依法追究刑事责任。

第七十九条 政府采购当事人有本法第七十一条、第七十二条、第七十七条违法行为之一，给他人造成损失的，并应依照有关民事法律规定承担民事责任。

第八十条 政府采购监督管理部门的工作人员在实施监督检查中违反本法规定滥用职权，玩忽职守，徇私舞弊的，依法给予行政处分；构成犯罪的，依法追究刑事责任。

第八十一条 政府采购监督管理部门对供应商的投诉逾期未作处理的，给予直接负责的主管人员和其他直接责任人员行政处分。

第八十二条 政府采购监督管理部门对集中采购机构业绩的考核，有虚假陈述，隐瞒真实情况的，或者不作定期考核和公布考核结果的，应当及时纠正，由其上级机关或者监察机关对其负责人进行通报，并对直接负责的人员依法给予行政处分。

集中采购机构在政府采购监督管理部门考核中，虚报业绩，隐瞒真实情况的，处以二万元以上二十万元以下的罚款，并予以通报；情节严重的，取消其代理采购的资格。

第八十三条 任何单位或者个人阻挠和限制供应商进入本地区或者本行业政府采购市场的，责令限期改正；拒不改正的，由该单位、个人的上级行政主管部门或者有关机关给予单位责任人或者个人处分。

第九章 附 则

第八十四条 使用国际组织和外国政府贷款进行的政府采购，贷款方、资金提供方与中方达成的协议对采购的具体条件另有规定的，可以适用其规定，但不得损害国家利益和社会公共利益。

第八十五条 对因严重自然灾害和其他不可抗力事件所实施的紧急采购和涉及国家安全和秘密的采购，不适用本法。

第八十六条 军事采购法规由中央军事委员会另行制定。

第八十七条 本法实施的具体步骤和办法由国务院规定。

第八十八条 本法自2003年1月1日起施行。

中华人民共和国政府采购法实施条例

- 2014年12月31日国务院第75次常务会议通过
- 2015年1月30日中华人民共和国国务院令第658号公布
- 自2015年3月1日起施行

第一章 总 则

第一条 根据《中华人民共和国政府采购法》（以下简称政府采购法），制定本条例。

第二条 政府采购法第二条所称财政性资金是指纳入预算管理的资金。

以财政性资金作为还款来源的借贷资金，视同财政性资金。

国家机关、事业单位和团体组织的采购项目既使用财政性资金又使用非财政性资金的，使用财政性资金采购的部分，适用政府采购法及本条例；财政性资金与非财政性资金无法分割采购的，统一适用政府采购法及本条例。

政府采购法第二条所称服务，包括政府自身需要的服务和政府向社会公众提供的公共服务。

第三条 集中采购目录包括集中采购机构采购项目和部门集中采购项目。

技术、服务等标准统一，采购人普遍使用的项目，列为集中采购机构采购项目；采购人本部门、本系统基于业务需要有特殊要求，可以统一采购的项目，列为部门集中采购项目。

第四条 政府采购法所称集中采购，是指采购人将列入集中采购目录的项目委托集中采购机构代理采购或者进行部门集中采购的行为；所称分散采购，是指采购人将采购限额标准以上的未列入集中采购目录的项目自行采购或者委托采购代理机构代理采购的行为。

第五条 省、自治区、直辖市人民政府或者其授权的机构根据实际情况，可以确定分别适用于本行政区域省级、设区的市级、县级的集中采购目录和采购限额标准。

第六条 国务院财政部门应当根据国家的经济和社会发展政策，会同国务院有关部门制定政府采购政策，通过制定采购需求标准、预留采购份额、价格评审优惠、优先采购等措施,实现节约能源、保护环境、扶持不发达地区和少数民族地区、促进中小企业发展等目标。

第七条 政府采购工程以及与工程建设有关的货物、服务,采用招标方式采购的,适用《中华人民共和国招标投标法》及其实施条例;采用其他方式采购的,适用政府采购法及本条例。

前款所称工程,是指建设工程,包括建筑物和构筑物的新建、改建、扩建及其相关的装修、拆除、修缮等;所称与工程建设有关的货物,是指构成工程不可分割的组成部分,且为实现工程基本功能所必需的设备、材料等;所称与工程建设有关的服务,是指为完成工程所需的勘察、设计、监理等服务。

政府采购工程以及与工程建设有关的货物、服务,应当执行政府采购政策。

第八条 政府采购项目信息应当在省级以上人民政府财政部门指定的媒体上发布。采购项目预算金额达到国务院财政部门规定标准的,政府采购项目信息应当在国务院财政部门指定的媒体上发布。

第九条 在政府采购活动中,采购人员及相关人员与供应商有下列利害关系之一的,应当回避:

(一)参加采购活动前3年内与供应商存在劳动关系;

(二)参加采购活动前3年内担任供应商的董事、监事;

(三)参加采购活动前3年内是供应商的控股股东或者实际控制人;

(四)与供应商的法定代表人或者负责人有夫妻、直系血亲、三代以内旁系血亲或者近姻亲关系;

(五)与供应商有其他可能影响政府采购活动公平、公正进行的关系。

供应商认为采购人员及相关人员与其他供应商有利害关系的,可以向采购人或者采购代理机构书面提出回避申请,并说明理由。采购人或者采购代理机构应当及时询问被申请回避人员,有利害关系的被申请回避人员应当回避。

第十条 国家实行统一的政府采购电子交易平台建设标准,推动利用信息网络进行电子化政府采购活动。

第二章 政府采购当事人

第十一条 采购人在政府采购活动中应当维护国家利益和社会公共利益,公正廉洁、诚实守信,执行政府采购政策,建立政府采购内部管理制度,厉行节约,科学合理确定采购需求。

采购人不得向供应商索要或者接受其给予的赠品、回扣或者与采购无关的其他商品、服务。

第十二条 政府采购法所称采购代理机构,是指集中采购机构和集中采购机构以外的采购代理机构。

集中采购机构是设区的市级以上人民政府依法设立的非营利事业法人,是代理集中采购项目的执行机构。集中采购机构应当根据采购人委托制定集中采购项目的实施方案,明确采购规程,组织政府采购活动,不得将集中采购项目转委托。集中采购机构以外的采购代理机构,是从事采购代理业务的社会中介机构。

第十三条 采购代理机构应当建立完善的政府采购内部监督管理制度,具备开展政府采购业务所需的评审条件和设施。

采购代理机构应当提高确定采购需求,编制招标文件、谈判文件、询价通知书,拟订合同文本和优化采购程序的专业化服务水平,根据采购人委托在规定的时间内及时组织采购人与中标或者成交供应商签订政府采购合同,及时协助采购人对采购项目进行验收。

第十四条 采购代理机构不得以不正当手段获取政府采购代理业务,不得与采购人、供应商恶意串通操纵政府采购活动。

采购代理机构工作人员不得接受采购人或者供应商组织的宴请、旅游、娱乐,不得收受礼品、现金、有价证券等,不得向采购人或者供应商报销应当由个人承担的费用。

第十五条 采购人、采购代理机构应当根据政府采购政策、采购预算、采购需求编制采购文件。

采购需求应当符合法律法规以及政府采购政策规定的技术、服务、安全等要求。政府向社会公众提供的公共服务项目,应当就确定采购需求征求社会公众的意见。除因技术复杂或者性质特殊,不能确定详细规格或者具体要求外,采购需求应当完整、明确。必要时,应当就确定采购需求征求相关供应商、专家的意见。

第十六条 政府采购法第二十条规定的委托代理协议,应当明确代理采购的范围、权限和期限等具体事项。

采购人和采购代理机构应当按照委托代理协议履行各自义务,采购代理机构不得超越代理权限。

第十七条 参加政府采购活动的供应商应当具备政府采购法第二十二条第一款规定的条件,提供下列材料:

(一)法人或者其他组织的营业执照等证明文件,自然人的身份证明;

（二）财务状况报告，依法缴纳税收和社会保障资金的相关材料；

（三）具备履行合同所必需的设备和专业技术能力的证明材料；

（四）参加政府采购活动前3年内在经营活动中没有重大违法记录的书面声明；

（五）具备法律、行政法规规定的其他条件的证明材料。

采购项目有特殊要求的，供应商还应当提供其符合特殊要求的证明材料或者情况说明。

第十八条 单位负责人为同一人或者存在直接控股、管理关系的不同供应商，不得参加同一合同项下的政府采购活动。

除单一来源采购项目外，为采购项目提供整体设计、规范编制或者项目管理、监理、检测等服务的供应商，不得再参加该采购项目的其他采购活动。

第十九条 政府采购法第二十二条第一款第五项所称重大违法记录，是指供应商因违法经营受到刑事处罚或者责令停产停业、吊销许可证或者执照、较大数额罚款等行政处罚。

供应商在参加政府采购活动前3年内因违法经营被禁止在一定期限内参加政府采购活动，期限届满的，可以参加政府采购活动。

第二十条 采购人或者采购代理机构有下列情形之一的，属于以不合理的条件对供应商实行差别待遇或者歧视待遇：

（一）就同一采购项目向供应商提供有差别的项目信息；

（二）设定的资格、技术、商务条件与采购项目的具体特点和实际需要不相适应或者与合同履行无关；

（三）采购需求中的技术、服务等要求指向特定供应商、特定产品；

（四）以特定行政区域或者特定行业的业绩、奖项作为加分条件或者中标、成交条件；

（五）对供应商采取不同的资格审查或者评审标准；

（六）限定或者指定特定的专利、商标、品牌或者供应商；

（七）非法限定供应商的所有制形式、组织形式或者所在地；

（八）以其他不合理条件限制或者排斥潜在供应商。

第二十一条 采购人或者采购代理机构对供应商进行资格预审的，资格预审公告应当在省级以上人民政府财政部门指定的媒体上发布。已进行资格预审的，评审阶段可以不再对供应商资格进行审查。资格预审合格的供应商在评审阶段资格发生变化的，应当通知采购人和采购代理机构。

资格预审公告应当包括采购人和采购项目名称、采购需求、对供应商的资格要求以及供应商提交资格预审申请文件的时间和地点。提交资格预审申请文件的时间自公告发布之日起不得少于5个工作日。

第二十二条 联合体中有同类资质的供应商按照联合体分工承担相同工作的，应当按照资质等级较低的供应商确定资质等级。

以联合体形式参加政府采购活动的，联合体各方不得再单独参加或者与其他供应商另外组成联合体参加同一合同项下的政府采购活动。

第三章　政府采购方式

第二十三条 采购人采购公开招标数额标准以上的货物或者服务，符合政府采购法第二十九条、第三十条、第三十一条、第三十二条规定情形或者有需要执行政府采购政策等特殊情况的，经设区的市级以上人民政府财政部门批准，可以依法采用公开招标以外的采购方式。

第二十四条 列入集中采购目录的项目，适合实行批量集中采购的，应当实行批量集中采购，但紧急的小额零星货物项目和有特殊要求的服务、工程项目除外。

第二十五条 政府采购工程依法不进行招标的，应当依照政府采购法和本条例规定的竞争性谈判或者单一来源采购方式采购。

第二十六条 政府采购法第三十条第三项规定的情形，应当是采购人不可预见的或者非因采购人拖延导致的；第四项规定的情形，是指因采购艺术品或者因专利、专有技术或因服务的时间、数量事先不能确定等导致不能事先计算出价格总额。

第二十七条 政府采购法第三十一条第一项规定的情形，是指因货物或者服务使用不可替代的专利、专有技术，或者公共服务项目具有特殊要求，导致只能从某一特定供应商处采购。

第二十八条 在一个财政年度内，采购人将一个预算项目下的同一品目或者类别的货物、服务采用公开招标以外的方式多次采购，累计资金数额超过公开招标数额标准的，属于以化整为零方式规避公开招标，但项目预算调整或者经批准采用公开招标以外方式采购除外。

第四章　政府采购程序

第二十九条 采购人应当根据集中采购目录、采购限额标准和已批复的部门预算编制政府采购实施计划，报本级人民政府财政部门备案。

第三十条 采购人或者采购代理机构应当在招标文件、谈判文件、询价通知书中公开采购项目预算金额。

第三十一条 招标文件的提供期限自招标文件开始发出之日起不得少于5个工作日。

采购人或者采购代理机构可以对已发出的招标文件进行必要的澄清或者修改。澄清或者修改的内容可能影响投标文件编制的，采购人或者采购代理机构应当在投标截止时间至少15日前，以书面形式通知所有获取招标文件的潜在投标人；不足15日的，采购人或者采购代理机构应当顺延提交投标文件的截止时间。

第三十二条 采购人或者采购代理机构应当按照国务院财政部门制定的招标文件标准文本编制招标文件。

招标文件应当包括采购项目的商务条件、采购需求、投标人的资格条件、投标报价要求、评标方法、评标标准以及拟签订的合同文本等。

第三十三条 招标文件要求投标人提交投标保证金的，投标保证金不得超过采购项目预算金额的2%。投标保证金应当以支票、汇票、本票或者金融机构、担保机构出具的保函等非现金形式提交。投标人未按照招标文件要求提交投标保证金的，投标无效。

采购人或者采购代理机构应当自中标通知书发出之日起5个工作日内退还未中标供应商的投标保证金，自政府采购合同签订之日起5个工作日内退还中标供应商的投标保证金。

竞争性谈判或者询价采购中要求参加谈判或者询价的供应商提交保证金的，参照前两款的规定执行。

第三十四条 政府采购招标评标方法分为最低评标价法和综合评分法。

最低评标价法，是指投标文件满足招标文件全部实质性要求且投标报价最低的供应商为中标候选人的评标方法。综合评分法，是指投标文件满足招标文件全部实质性要求且按照评审因素的量化指标评审得分最高的供应商为中标候选人的评标方法。

技术、服务等标准统一的货物和服务项目，应当采用最低评标价法。

采用综合评分法的，评审标准中的分值设置应当与评审因素的量化指标相对应。

招标文件中没有规定的评标标准不得作为评审的依据。

第三十五条 谈判文件不能完整、明确列明采购需求，需要由供应商提供最终设计方案或者解决方案的，在谈判结束后，谈判小组应当按照少数服从多数的原则投票推荐3家以上供应商的设计方案或者解决方案，并要求其在规定时间内提交最后报价。

第三十六条 询价通知书应当根据采购需求确定政府采购合同条款。在询价过程中，询价小组不得改变询价通知书所确定的政府采购合同条款。

第三十七条 政府采购法第三十八条第五项、第四十条第四项所称质量和服务相等，是指供应商提供的产品质量和服务均能满足采购文件规定的实质性要求。

第三十八条 达到公开招标数额标准，符合政府采购法第三十一条第一项规定情形，只能从唯一供应商处采购的，采购人应当将采购项目信息和唯一供应商名称在省级以上人民政府财政部门指定的媒体上公示，公示期不得少于5个工作日。

第三十九条 除国务院财政部门规定的情形外，采购人或者采购代理机构应当从政府采购评审专家库中随机抽取评审专家。

第四十条 政府采购评审专家应当遵守评审工作纪律，不得泄露评审文件、评审情况和评审中获悉的商业秘密。

评标委员会、竞争性谈判小组或者询价小组在评审过程中发现供应商有行贿、提供虚假材料或者串通等违法行为的，应当及时向财政部门报告。

政府采购评审专家在评审过程中受到非法干预的，应当及时向财政、监察等部门举报。

第四十一条 评标委员会、竞争性谈判小组或者询价小组成员应当按照客观、公正、审慎的原则，根据采购文件规定的评审程序、评审方法和评审标准进行独立评审。采购文件内容违反国家有关强制性规定的，评标委员会、竞争性谈判小组或者询价小组应当停止评审并向采购人或者采购代理机构说明情况。

评标委员会、竞争性谈判小组或者询价小组成员应当在评审报告上签字，对自己的评审意见承担法律责任。对评审报告有异议的，应当在评审报告上签署不同意见，并说明理由，否则视为同意评审报告。

第四十二条 采购人、采购代理机构不得向评标委员会、竞争性谈判小组或者询价小组的评审专家作倾向性、误导性的解释或者说明。

第四十三条 采购代理机构应当自评审结束之日起2个工作日内将评审报告送交采购人。采购人应当自收到评审报告之日起5个工作日内在评审报告推荐的中标或者成交候选人中按顺序确定中标或者成交供应商。

采购人或者采购代理机构应当自中标、成交供应商确定之日起2个工作日内,发出中标、成交通知书,并在省级以上人民政府财政部门指定的媒体上公告中标、成交结果,招标文件、竞争性谈判文件、询价通知书随中标、成交结果同时公告。

中标、成交结果公告内容应当包括采购人和采购代理机构的名称、地址、联系方式,项目名称和项目编号,中标或者成交供应商名称、地址和中标或者成交金额,主要中标或者成交标的的名称、规格型号、数量、单价、服务要求以及评审专家名单。

第四十四条 除国务院财政部门规定的情形外,采购人、采购代理机构不得以任何理由组织重新评审。采购人、采购代理机构按照国务院财政部门的规定组织重新评审的,应当书面报告本级人民政府财政部门。

采购人或者采购代理机构不得通过对样品进行检测、对供应商进行考察等方式改变评审结果。

第四十五条 采购人或者采购代理机构应当按照政府采购合同规定的技术、服务、安全标准组织对供应商履约情况进行验收,并出具验收书。验收书应当包括每一项技术、服务、安全标准的履约情况。

政府向社会公众提供的公共服务项目,验收时应当邀请服务对象参与并出具意见,验收结果应当向社会公告。

第四十六条 政府采购法第四十二条规定的采购文件,可以用电子档案方式保存。

第五章 政府采购合同

第四十七条 国务院财政部门应当会同国务院有关部门制定政府采购合同标准文本。

第四十八条 采购文件要求中标或者成交供应商提交履约保证金的,供应商应当以支票、汇票、本票或者金融机构、担保机构出具的保函等非现金形式提交。履约保证金的数额不得超过政府采购合同金额的10%。

第四十九条 中标或者成交供应商拒绝与采购人签订合同的,采购人可以按照评审报告推荐的中标或者成交候选人名单排序,确定下一候选人为中标或者成交供应商,也可以重新开展政府采购活动。

第五十条 采购人应当自政府采购合同签订之日起2个工作日内,将政府采购合同在省级以上人民政府财政部门指定的媒体上公告,但政府采购合同中涉及国家秘密、商业秘密的内容除外。

第五十一条 采购人应当按照政府采购合同规定,及时向中标或者成交供应商支付采购资金。

政府采购项目资金支付程序,按照国家有关财政资金支付管理的规定执行。

第六章 质疑与投诉

第五十二条 采购人或者采购代理机构应当在3个工作日内对供应商依法提出的询问作出答复。

供应商提出的询问或者质疑超出采购人对采购代理机构委托授权范围的,采购代理机构应当告知供应商向采购人提出。

政府采购评审专家应当配合采购人或者采购代理机构答复供应商的询问和质疑。

第五十三条 政府采购法第五十二条规定的供应商应知其权益受到损害之日,是指:

(一)对可以质疑的采购文件提出质疑的,为收到采购文件之日或者采购文件公告期限届满之日;

(二)对采购过程提出质疑的,为各采购程序环节结束之日;

(三)对中标或者成交结果提出质疑的,为中标或者成交结果公告期限届满之日。

第五十四条 询问或者质疑事项可能影响中标、成交结果的,采购人应当暂停签订合同,已经签订合同的,应当中止履行合同。

第五十五条 供应商质疑、投诉应当有明确的请求和必要的证明材料。供应商投诉的事项不得超出已质疑事项的范围。

第五十六条 财政部门处理投诉事项采用书面审查的方式,必要时可以进行调查取证或者组织质证。

对财政部门依法进行的调查取证,投诉人和与投诉事项有关的当事人应当如实反映情况,并提供相关材料。

第五十七条 投诉人捏造事实、提供虚假材料或者以非法手段取得证明材料进行投诉的,财政部门应当予以驳回。

财政部门受理投诉后,投诉人书面申请撤回投诉的,财政部门应当终止投诉处理程序。

第五十八条 财政部门处理投诉事项,需要检验、检测、鉴定、专家评审以及需要投诉人补正材料的,所需时间不计算在投诉处理期限内。

财政部门对投诉事项作出的处理决定,应当在省级以上人民政府财政部门指定的媒体上公告。

第七章 监督检查

第五十九条 政府采购法第六十三条所称政府采

项目的采购标准,是指项目采购所依据的经费预算标准、资产配置标准和技术、服务标准等。

第六十条 除政府采购法第六十六条规定的考核事项外,财政部门对集中采购机构的考核事项还包括:

(一)政府采购政策的执行情况;

(二)采购文件编制水平;

(三)采购方式和采购程序的执行情况;

(四)询问、质疑答复情况;

(五)内部监督管理制度建设及执行情况;

(六)省级以上人民政府财政部门规定的其他事项。

财政部门应当制定考核计划,定期对集中采购机构进行考核,考核结果有重要情况的,应当向本级人民政府报告。

第六十一条 采购人发现采购代理机构有违法行为的,应当要求其改正。采购代理机构拒不改正的,采购人应当向本级人民政府财政部门报告,财政部门应当依法处理。

采购代理机构发现采购人的采购需求存在以不合理条件对供应商实行差别待遇、歧视待遇或者其他不符合法律、法规和政府采购政策规定内容,或者发现采购人有其他违法行为的,应当建议其改正。采购人拒不改正的,采购代理机构应当向采购人的本级人民政府财政部门报告,财政部门应当依法处理。

第六十二条 省级以上人民政府财政部门应当对政府采购评审专家库实行动态管理,具体管理办法由国务院财政部门制定。

采购人或者采购代理机构应当对评审专家在政府采购活动中的职责履行情况予以记录,并及时向财政部门报告。

第六十三条 各级人民政府财政部门和其他有关部门应当加强对参加政府采购活动的供应商、采购代理机构、评审专家的监督管理,对其不良行为予以记录,并纳入统一的信用信息平台。

第六十四条 各级人民政府财政部门对政府采购活动进行监督检查,有权查阅、复制有关文件、资料,相关单位和人员应当予以配合。

第六十五条 审计机关、监察机关以及其他有关部门依法对政府采购活动实施监督,发现采购当事人有违法行为的,应当及时通报财政部门。

第八章 法律责任

第六十六条 政府采购法第七十一条规定的罚款,数额为10万元以下。

政府采购法第七十二条规定的罚款,数额为5万元以上25万元以下。

第六十七条 采购人有下列情形之一的,由财政部门责令限期改正,给予警告,对直接负责的主管人员和其他直接责任人员依法给予处分,并予以通报:

(一)未按照规定编制政府采购实施计划或者未按照规定将政府采购实施计划报本级人民政府财政部门备案;

(二)将应当进行公开招标的项目化整为零或者以其他任何方式规避公开招标;

(三)未按照规定在评标委员会、竞争性谈判小组或者询价小组推荐的中标或者成交候选人中确定中标或者成交供应商;

(四)未按照采购文件确定的事项签订政府采购合同;

(五)政府采购合同履行中追加与合同标的相同的货物、工程或者服务的采购金额超过原合同采购金额10%;

(六)擅自变更、中止或者终止政府采购合同;

(七)未按照规定公告政府采购合同;

(八)未按照规定时间将政府采购合同副本报本级人民政府财政部门和有关部门备案。

第六十八条 采购人、采购代理机构有下列情形之一的,依照政府采购法第七十一条、第七十八条的规定追究法律责任:

(一)未依照政府采购法和本条例规定的方式实施采购;

(二)未依法在指定的媒体上发布政府采购项目信息;

(三)未按照规定执行政府采购政策;

(四)违反本条例第十五条的规定导致无法组织对供应商履约情况进行验收或者国家财产遭受损失;

(五)未依法从政府采购评审专家库中抽取评审专家;

(六)非法干预采购评审活动;

(七)采用综合评分法时评审标准中的分值设置未与评审因素的量化指标相对应;

(八)对供应商的询问、质疑逾期未作处理;

(九)通过对样品进行检测、对供应商进行考察等方式改变评审结果;

(十)未按照规定组织对供应商履约情况进行验收。

第六十九条 集中采购机构有下列情形之一的,由财政部门责令限期改正,给予警告,有违法所得的,并处没收违法所得,对直接负责的主管人员和其他直接责任人员依法给予处分,并予以通报:

(一)内部监督管理制度不健全,对依法应当分设、分离的岗位、人员未分设、分离;

(二)将集中采购项目委托其他采购代理机构采购;

(三)从事营利活动。

第七十条 采购人员与供应商有利害关系而不依法回避的,由财政部门给予警告,并处2000元以上2万元以下的罚款。

第七十一条 有政府采购法第七十一条、第七十二条规定的违法行为之一,影响或者可能影响中标、成交结果的,依照下列规定处理:

(一)未确定中标或者成交供应商的,终止本次政府采购活动,重新开展政府采购活动。

(二)已确定中标或者成交供应商但尚未签订政府采购合同的,中标或者成交结果无效,从合格的中标或者成交候选人中另行确定中标或者成交供应商;没有合格的中标或者成交候选人的,重新开展政府采购活动。

(三)政府采购合同已签订但尚未履行的,撤销合同,从合格的中标或者成交候选人中另行确定中标或者成交供应商;没有合格的中标或者成交候选人的,重新开展政府采购活动。

(四)政府采购合同已经履行,给采购人、供应商造成损失的,由责任人承担赔偿责任。

政府采购当事人有其他违反政府采购法或者本条例规定的行为,经改正后仍然影响或者可能影响中标、成交结果或者依法被认定为中标、成交无效的,依照前款规定处理。

第七十二条 供应商有下列情形之一的,依照政府采购法第七十七条第一款的规定追究法律责任:

(一)向评标委员会、竞争性谈判小组或者询价小组成员行贿或者提供其他不正当利益;

(二)中标或者成交后无正当理由拒不与采购人签订政府采购合同;

(三)未按照采购文件确定的事项签订政府采购合同;

(四)将政府采购合同转包;

(五)提供假冒伪劣产品;

(六)擅自变更、中止或者终止政府采购合同。

供应商有前款第一项规定情形的,中标、成交无效。评审阶段资格发生变化,供应商未依照本条例第二十一条的规定通知采购人和采购代理机构的,处以采购金额5‰的罚款,列入不良行为记录名单,中标、成交无效。

第七十三条 供应商捏造事实、提供虚假材料或者以非法手段取得证明材料进行投诉的,由财政部门列入不良行为记录名单,禁止其1至3年内参加政府采购活动。

第七十四条 有下列情形之一的,属于恶意串通,对供应商依照政府采购法第七十七条第一款的规定追究法律责任,对采购人、采购代理机构及其工作人员依照政府采购法第七十二条的规定追究法律责任:

(一)供应商直接或者间接从采购人或者采购代理机构处获得其他供应商的相关情况并修改其投标文件或者响应文件;

(二)供应商按照采购人或者采购代理机构的授意撤换、修改投标文件或者响应文件;

(三)供应商之间协商报价、技术方案等投标文件或者响应文件的实质性内容;

(四)属于同一集团、协会、商会等组织成员的供应商按照该组织要求协同参加政府采购活动;

(五)供应商之间事先约定由某一特定供应商中标、成交;

(六)供应商之间商定部分供应商放弃参加政府采购活动或者放弃中标、成交;

(七)供应商与采购人或者采购代理机构之间、供应商相互之间,为谋求特定供应商中标、成交或者排斥其他供应商的其他串通行为。

第七十五条 政府采购评审专家未按照采购文件规定的评审程序、评审方法和评审标准进行独立评审或者泄露评审文件、评审情况的,由财政部门给予警告,并处2000元以上2万元以下的罚款;影响中标、成交结果的,处2万元以上5万元以下的罚款,禁止其参加政府采购评审活动。

政府采购评审专家与供应商存在利害关系未回避的,处2万元以上5万元以下的罚款,禁止其参加政府采购评审活动。

政府采购评审专家收受采购人、采购代理机构、供应商贿赂或者获取其他不正当利益,构成犯罪的,依法追究刑事责任;尚不构成犯罪的,处2万元以上5万元以下的罚款,禁止其参加政府采购评审活动。

政府采购评审专家有上述违法行为的,其评审意见无效,不得获取评审费;有违法所得的,没收违法所得;给他人造成损失的,依法承担民事责任。

第七十六条 政府采购当事人违反政府采购法和本条例规定,给他人造成损失的,依法承担民事责任。

第七十七条 财政部门在履行政府采购监督管理职责中违反政府采购法和本条例规定,滥用职权、玩忽职守、徇私舞弊的,对直接负责的主管人员和其他直接责任人员依法给予处分;直接负责的主管人员和其他直接责任人员构成犯罪的,依法追究刑事责任。

第九章 附 则

第七十八条 财政管理实行省直接管理的县级人民政府可以根据需要并报经省级人民政府批准,行使政府采购法和本条例规定的设区的市级人民政府批准变更采购方式的职权。

第七十九条 本条例自2015年3月1日起施行。

政府采购货物和服务招标投标管理办法

· 2017年7月11日财政部令第87号公布
· 自2017年10月1日起施行

第一章 总 则

第一条 为了规范政府采购当事人的采购行为,加强对政府采购货物和服务招标投标活动的监督管理,维护国家利益、社会公共利益和政府采购招标投标活动当事人的合法权益,依据《中华人民共和国政府采购法》(以下简称政府采购法)、《中华人民共和国政府采购法实施条例》(以下简称政府采购法实施条例)和其他有关法律法规规定,制定本办法。

第二条 本办法适用于在中华人民共和国境内开展政府采购货物和服务(以下简称货物服务)招标投标活动。

第三条 货物服务招标分为公开招标和邀请招标。

公开招标,是指采购人依法以招标公告的方式邀请非特定的供应商参加投标的采购方式。

邀请招标,是指采购人依法从符合相应资格条件的供应商中随机抽取3家以上供应商,并以投标邀请书的方式邀请其参加投标的采购方式。

第四条 属于地方预算的政府采购项目,省、自治区、直辖市人民政府根据实际情况,可以确定分别适用于本行政区域省级、设区的市级、县级公开招标数额标准。

第五条 采购人应当在货物服务招标投标活动中落实节约能源、保护环境、扶持不发达地区和少数民族地区、促进中小企业发展等政府采购政策。

第六条 采购人应当按照行政事业单位内部控制规范要求,建立健全本单位政府采购内部控制制度,在编制政府采购预算和实施计划、确定采购需求、组织采购活动、履约验收、答复询问质疑、配合投诉处理及监督检查等重点环节加强内部控制管理。

采购人不得向供应商索要或者接受其给予的赠品、回扣或者与采购无关的其他商品、服务。

第七条 采购人应当按照财政部制定的《政府采购品目分类目录》确定采购项目属性。按照《政府采购品目分类目录》无法确定的,按照有利于采购项目实施的原则确定。

第八条 采购人委托采购代理机构代理招标的,采购代理机构应当在采购人委托的范围内依法开展采购活动。

采购代理机构及其分支机构不得在所代理的采购项目中投标或者代理投标,不得为所代理的采购项目的投标人参加本项目提供投标咨询。

第二章 招 标

第九条 未纳入集中采购目录的政府采购项目,采购人可以自行招标,也可以委托采购代理机构在委托的范围内代理招标。

采购人自行组织开展招标活动的,应当符合下列条件:

(一)有编制招标文件、组织招标的能力和条件;

(二)有与采购项目专业性相适应的专业人员。

第十条 采购人应当对采购标的的市场技术或者服务水平、供应、价格等情况进行市场调查,根据调查情况、资产配置标准等科学、合理地确定采购需求,进行价格测算。

第十一条 采购需求应当完整、明确,包括以下内容:

(一)采购标的需实现的功能或者目标,以及为落实政府采购政策需满足的要求;

(二)采购标的需执行的国家相关标准、行业标准、地方标准或者其他标准、规范;

(三)采购标的需满足的质量、安全、技术规格、物理特性等要求;

(四)采购标的的数量、采购项目交付或者实施的时间和地点;

(五)采购标的需满足的服务标准、期限、效率等要求;

(六)采购标的的验收标准;

(七)采购标的的其他技术、服务等要求。

第十二条 采购人根据价格测算情况,可以在采购预算额度内合理设定最高限价,但不得设定最低限价。

第十三条 公开招标公告应当包括以下主要内容:

(一)采购人及其委托的采购代理机构的名称、地址和联系方法;

(二)采购项目的名称、预算金额,设定最高限价的,还应当公开最高限价;

(三)采购人的采购需求;

(四)投标人的资格要求;

(五)获取招标文件的时间期限、地点、方式及招标文件售价;

(六)公告期限;

(七)投标截止时间、开标时间及地点;

(八)采购项目联系人姓名和电话。

第十四条 采用邀请招标方式的,采购人或者采购代理机构应当通过以下方式产生符合资格条件的供应商名单,并从中随机抽取3家以上供应商向其发出投标邀请书:

(一)发布资格预审公告征集;

(二)从省级以上人民政府财政部门(以下简称财政部门)建立的供应商库中选取;

(三)采购人书面推荐。

采用前款第一项方式产生符合资格条件供应商名单的,采购人或者采购代理机构应当按照资格预审文件载明的标准和方法,对潜在投标人进行资格预审。

采用第一款第二项或者第三项方式产生符合资格条件供应商名单的,备选的符合资格条件供应商总数不得少于拟随机抽取供应商总数的两倍。

随机抽取是指通过抽签等能够保证所有符合资格条件供应商机会均等的方式选定供应商。随机抽取供应商时,应当有不少于两名采购人工作人员在场监督,并形成书面记录,随采购文件一并存档。

投标邀请书应当同时向所有受邀请的供应商发出。

第十五条 资格预审公告应当包括以下主要内容:

(一)本办法第十三条第一至四项、第六项和第八项内容;

(二)获取资格预审文件的时间期限、地点、方式;

(三)提交资格预审申请文件的截止时间、地点及资格预审日期。

第十六条 招标公告、资格预审公告的公告期限为5个工作日。公告内容应当以省级以上财政部门指定媒体发布的公告为准。公告期限自省级以上财政部门指定媒体最先发布公告之日起算。

第十七条 采购人、采购代理机构不得将投标人的注册资本、资产总额、营业收入、从业人员、利润、纳税额等规模条件作为资格要求或者评审因素,也不得通过将除进口货物以外的生产厂家授权、承诺、证明、背书等作为资格要求,对投标人实行差别待遇或者歧视待遇。

第十八条 采购人或者采购代理机构应当按照招标公告、资格预审公告或者投标邀请书规定的时间、地点提供招标文件或者资格预审文件,提供期限自招标公告、资格预审公告发布之日起计算不得少于5个工作日。提供期限届满后,获取招标文件或者资格预审文件的潜在投标人不足3家的,可以顺延提供期限,并予公告。

公开招标进行资格预审的,招标公告和资格预审公告可以合并发布,招标文件应当向所有通过资格预审的供应商提供。

第十九条 采购人或者采购代理机构应当根据采购项目的实施要求,在招标公告、资格预审公告或者投标邀请书中载明是否接受联合体投标。如未载明,不得拒绝联合体投标。

第二十条 采购人或者采购代理机构应当根据采购项目的特点和采购需求编制招标文件。招标文件应当包括以下主要内容:

(一)投标邀请;

(二)投标人须知(包括投标文件的密封、签署、盖章要求等);

(三)投标人应当提交的资格、资信证明文件;

(四)为落实政府采购政策,采购标的需满足的要求,以及投标人须提供的证明材料;

(五)投标文件编制要求、投标报价要求和投标保证金交纳、退还方式以及不予退还投标保证金的情形;

(六)采购项目预算金额,设定最高限价的,还应当公开最高限价;

(七)采购项目的技术规格、数量、服务标准、验收等要求,包括附件、图纸等;

(八)拟签订的合同文本;

(九)货物、服务提供的时间、地点、方式;

(十)采购资金的支付方式、时间、条件;

(十一)评标方法、评标标准和投标无效情形;

(十二)投标有效期;

(十三)投标截止时间、开标时间及地点;

(十四)采购代理机构代理费用的收取标准和方式;

(十五)投标人信用信息查询渠道及截止时点、信用信息查询记录和证据留存的具体方式、信用信息的使用规则等；

（十六）省级以上财政部门规定的其他事项。

对于不允许偏离的实质性要求和条件，采购人或者采购代理机构应当在招标文件中规定，并以醒目的方式标明。

第二十一条 采购人或者采购代理机构应当根据采购项目的特点和采购需求编制资格预审文件。资格预审文件应当包括以下主要内容：

（一）资格预审邀请；

（二）申请人须知；

（三）申请人的资格要求；

（四）资格审核标准和方法；

（五）申请人应当提供的资格预审申请文件的内容和格式；

（六）提交资格预审申请文件的方式、截止时间、地点及资格审核日期；

（七）申请人信用信息查询渠道及截止时点、信用信息查询记录和证据留存的具体方式、信用信息的使用规则等内容；

（八）省级以上财政部门规定的其他事项。

资格预审文件应当免费提供。

第二十二条 采购人、采购代理机构一般不得要求投标人提供样品，仅凭书面方式不能准确描述采购需求或者需要对样品进行主观判断以确认是否满足采购需求等特殊情况除外。

要求投标人提供样品的，应当在招标文件中明确规定样品制作的标准和要求、是否需要随样品提交相关检测报告、样品的评审方法以及评审标准。需要随样品提交检测报告的，还应当规定检测机构的要求、检测内容等。

采购活动结束后，对于未中标人提供的样品，应当及时退还或者经未中标人同意后自行处理；对于中标人提供的样品，应当按照招标文件的规定进行保管、封存，并作为履约验收的参考。

第二十三条 投标有效期从提交投标文件的截止之日起算。投标文件中承诺的投标有效期应当不少于招标文件中载明的投标有效期。投标有效期内投标人撤销投标文件的，采购人或者采购代理机构可以不退还投标保证金。

第二十四条 招标文件售价应当按照弥补制作、邮寄成本的原则确定，不得以营利为目的，不得以招标采购金额作为确定招标文件售价的依据。

第二十五条 招标文件、资格预审文件的内容不得违反法律、行政法规、强制性标准、政府采购政策，或者违反公开透明、公平竞争、公正和诚实信用原则。

有前款规定情形，影响潜在投标人投标或者资格预审结果的，采购人或者采购代理机构应当修改招标文件或者资格预审文件后重新招标。

第二十六条 采购人或者采购代理机构可以在招标文件提供期限截止后，组织已获取招标文件的潜在投标人现场考察或者召开开标前答疑会。

组织现场考察或者召开答疑会的，应当在招标文件中载明，或者在招标文件提供期限截止后以书面形式通知所有获取招标文件的潜在投标人。

第二十七条 采购人或者采购代理机构可以对已发出的招标文件、资格预审文件、投标邀请书进行必要的澄清或者修改，但不得改变采购标的和资格条件。澄清或者修改应当在原公告发布媒体上发布澄清公告。澄清或者修改的内容为招标文件、资格预审文件、投标邀请书的组成部分。

澄清或者修改的内容可能影响投标文件编制的，采购人或者采购代理机构应当在投标截止时间至少15日前，以书面形式通知所有获取招标文件的潜在投标人；不足15日的，采购人或者采购代理机构应当顺延提交投标文件的截止时间。

澄清或者修改的内容可能影响资格预审申请文件编制的，采购人或者采购代理机构应当在提交资格预审申请文件截止时间至少3日前，以书面形式通知所有获取资格预审文件的潜在投标人；不足3日的，采购人或者采购代理机构应当顺延提交资格预审申请文件的截止时间。

第二十八条 投标截止时间前，采购人、采购代理机构和有关人员不得向他人透露已获取招标文件的潜在投标人的名称、数量以及可能影响公平竞争的有关招标投标的其他情况。

第二十九条 采购人、采购代理机构在发布招标公告、资格预审公告或者发出投标邀请书后，除因重大变故采购任务取消情况外，不得擅自终止招标活动。

终止招标的，采购人或者采购代理机构应当及时在原公告发布媒体上发布终止公告，以书面形式通知已经获取招标文件、资格预审文件或者被邀请的潜在投标人，并将项目实施情况和采购任务取消原因报告本级财政部门。已经收取招标文件费用或者投标保证金的，采购人或者采购代理机构应当在终止采购活动后5个工作日内,退还所收取的招标文件费用和所收取的投标保证金及其在银行产生的孳息。

第三章 投 标

第三十条 投标人,是指响应招标、参加投标竞争的法人、其他组织或者自然人。

第三十一条 采用最低评标价法的采购项目,提供相同品牌产品的不同投标人参加同一合同项下投标的,以其中通过资格审查、符合性审查且报价最低的参加评标;报价相同的,由采购人或者采购人委托评标委员会按照招标文件规定的方式确定一个参加评标的投标人,招标文件未规定的采取随机抽取方式确定,其他投标无效。

使用综合评分法的采购项目,提供相同品牌产品且通过资格审查、符合性审查的不同投标人参加同一合同项下投标的,按一家投标人计算,评审后得分最高的同品牌投标人获得中标人推荐资格;评审得分相同的,由采购人或者采购人委托评标委员会按照招标文件规定的方式确定一个投标人获得中标人推荐资格,招标文件未规定的采取随机抽取方式确定,其他同品牌投标人不作为中标候选人。

非单一产品采购项目,采购人应当根据采购项目技术构成、产品价格比重等合理确定核心产品,并在招标文件中载明。多家投标人提供的核心产品品牌相同的,按前两款规定处理。

第三十二条 投标人应当按照招标文件的要求编制投标文件。投标文件应当对招标文件提出的要求和条件作出明确响应。

第三十三条 投标人应当在招标文件要求提交投标文件的截止时间前,将投标文件密封送达投标地点。采购人或者采购代理机构收到投标文件后,应当如实记载投标文件的送达时间和密封情况,签收保存,并向投标人出具签收回执。任何单位和个人不得在开标前开启投标文件。

逾期送达或者未按照招标文件要求密封的投标文件,采购人、采购代理机构应当拒收。

第三十四条 投标人在投标截止时间前,可以对所递交的投标文件进行补充、修改或者撤回,并书面通知采购人或者采购代理机构。补充、修改的内容应当按照招标文件要求签署、盖章、密封后,作为投标文件的组成部分。

第三十五条 投标人根据招标文件的规定和采购项目的实际情况,拟在中标后将中标项目的非主体、非关键性工作分包的,应当在投标文件中载明分包承担主体应当具备相应资质条件且不得再次分包。

第三十六条 投标人应当遵循公平竞争的原则,不得恶意串通,不得妨碍其他投标人的竞争行为,不得损害采购人或者其他投标人的合法权益。

在评标过程中发现投标人有上述情形的,评标委员会应当认定其投标无效,并书面报告本级财政部门。

第三十七条 有下列情形之一的,视为投标人串通投标,其投标无效:

(一)不同投标人的投标文件由同一单位或者个人编制;

(二)不同投标人委托同一单位或者个人办理投标事宜;

(三)不同投标人的投标文件载明的项目管理成员或者联系人员为同一人;

(四)不同投标人的投标文件异常一致或者投标报价呈规律性差异;

(五)不同投标人的投标文件相互混装;

(六)不同投标人的投标保证金从同一单位或者个人的账户转出。

第三十八条 投标人在投标截止时间前撤回已提交的投标文件的,采购人或者采购代理机构应当自收到投标人书面撤回通知之日起5个工作日内,退还已收取的投标保证金,但因投标人自身原因导致无法及时退还的除外。

采购人或者采购代理机构应当自中标通知书发出之日起5个工作日内退还未中标人的投标保证金,自采购合同签订之日起5个工作日内退还中标人的投标保证金或者转为中标人的履约保证金。

采购人或者采购代理机构逾期退还投标保证金的,除应当退还投标保证金本金外,还应当按中国人民银行同期贷款基准利率上浮20%后的利率支付超期资金占用费,但因投标人自身原因导致无法及时退还的除外。

第四章 开标、评标

第三十九条 开标应当在招标文件确定的提交投标文件截止时间的同一时间进行。开标地点应当为招标文件中预先确定的地点。

采购人或者采购代理机构应当对开标、评标现场活动进行全程录音录像。录音录像应当清晰可辨,音像资料作为采购文件一并存档。

第四十条 开标由采购人或者采购代理机构主持,邀请投标人参加。评标委员会成员不得参加开标活动。

第四十一条 开标时,应当由投标人或者其推选的代表检查投标文件的密封情况；经确认无误后，由采购人或者采购代理机构工作人员当众拆封，宣布投标人名称、投标价格和招标文件规定的需要宣布的其他内容。

投标人不足3家的，不得开标。

第四十二条 开标过程应当由采购人或者采购代理机构负责记录，由参加开标的各投标人代表和相关工作人员签字确认后随采购文件一并存档。

投标人代表对开标过程和开标记录有疑义，以及认为采购人、采购代理机构相关工作人员有需要回避的情形的，应当场提出询问或者回避申请。采购人、采购代理机构对投标人代表提出的询问或回避申请应当及时处理。

投标人未参加开标的，视同认可开标结果。

第四十三条 公开招标数额标准以上的采购项目，投标截止后投标人不足3家或者通过资格审查或符合性审查的投标人不足3家的，除采购任务取消情形外，按照以下方式处理：

（一）招标文件存在不合理条款或者招标程序不符合规定的，采购人、采购代理机构改正后依法重新招标；

（二）招标文件没有不合理条款、招标程序符合规定，需要采用其他采购方式采购的，采购人应当依法报财政部门批准。

第四十四条 公开招标采购项目开标结束后，采购人或者采购代理机构应当依法对投标人的资格进行审查。

合格投标人不足3家的，不得评标。

第四十五条 采购人或者采购代理机构负责组织评标工作，并履行下列职责：

（一）核对评审专家身份和采购人代表授权函，对评审专家在政府采购活动中的职责履行情况予以记录，并及时将有关违法违规行为向财政部门报告；

（二）宣布评标纪律；

（三）公布投标人名单，告知评审专家应当回避的情形；

（四）组织评标委员会推选评标组长，采购人代表不得担任组长；

（五）在评标期间采取必要的通讯管理措施，保证评标活动不受外界干扰；

（六）根据评标委员会的要求介绍政府采购相关政策法规、招标文件；

（七）维护评标秩序，监督评标委员会依照招标文件规定的评标程序、方法和标准进行独立评审，及时制止和纠正采购人代表、评审专家的倾向性言论或者违法违规行为；

（八）核对评标结果，有本办法第六十四条规定情形的，要求评标委员会复核或者书面说明理由，评标委员会拒绝的，应予记录并向本级财政部门报告；

（九）评审工作完成后，按照规定向评审专家支付劳务报酬和异地评审差旅费，不得向评审专家以外的其他人员支付评审劳务报酬；

（十）处理与评标有关的其他事项。

采购人可以在评标前说明项目背景和采购需求，说明内容不得含有歧视性、倾向性意见，不得超出招标文件所述范围。说明应当提交书面材料，并随采购文件一并存档。

第四十六条 评标委员会负责具体评标事务，并独立履行下列职责：

（一）审查、评价投标文件是否符合招标文件的商务、技术等实质性要求；

（二）要求投标人对投标文件有关事项作出澄清或者说明；

（三）对投标文件进行比较和评价；

（四）确定中标候选人名单，以及根据采购人委托直接确定中标人；

（五）向采购人、采购代理机构或者有关部门报告评标中发现的违法行为。

第四十七条 评标委员会由采购人代表和评审专家组成，成员人数应当为5人以上单数，其中评审专家不得少于成员总数的三分之二。

采购项目符合下列情形之一的，评标委员会成员人数应当为7人以上单数：

（一）采购预算金额在1000万元以上；

（二）技术复杂；

（三）社会影响较大。

评审专家对本单位的采购项目只能作为采购人代表参与评标，本办法第四十八条第二款规定情形除外。采购代理机构工作人员不得参加由本机构代理的政府采购项目的评标。

评标委员会成员名单在评标结果公告前应当保密。

第四十八条 采购人或者采购代理机构应当从省级以上财政部门设立的政府采购评审专家库中，通过随机方式抽取评审专家。

对技术复杂、专业性强的采购项目，通过随机方式难以确定合适评审专家的，经主管预算单位同意，采购人可以自行选定相应专业领域的评审专家。

第四十九条 评标中因评标委员会成员缺席、回避或者健康等特殊原因导致评标委员会组成不符合本办法规定的,采购人或者采购代理机构应当依法补足后继续评标。被更换的评标委员会成员所作出的评标意见无效。

无法及时补足评标委员会成员的,采购人或者采购代理机构应当停止评标活动,封存所有投标文件和开标、评标资料,依法重新组建评标委员会进行评标。原评标委员会所作出的评标意见无效。

采购人或者采购代理机构应当将变更、重新组建评标委员会的情况予以记录,并随采购文件一并存档。

第五十条 评标委员会应当对符合资格的投标人的投标文件进行符合性审查,以确定其是否满足招标文件的实质性要求。

第五十一条 对于投标文件中含义不明确、同类问题表述不一致或者有明显文字和计算错误的内容,评标委员会应当以书面形式要求投标人作出必要的澄清、说明或者补正。

投标人的澄清、说明或者补正应当采用书面形式,并加盖公章,或者由法定代表人或其授权的代表签字。投标人的澄清、说明或者补正不得超出投标文件的范围或者改变投标文件的实质性内容。

第五十二条 评标委员会应当按照招标文件中规定的评标方法和标准,对符合性审查合格的投标文件进行商务和技术评估,综合比较与评价。

第五十三条 评标方法分为最低评标价法和综合评分法。

第五十四条 最低评标价法,是指投标文件满足招标文件全部实质性要求,且投标报价最低的投标人为中标候选人的评标方法。

技术、服务等标准统一的货物服务项目,应当采用最低评标价法。

采用最低评标价法评标时,除了算术修正和落实政府采购政策需进行的价格扣除外,不能对投标人的投标价格进行任何调整。

第五十五条 综合评分法,是指投标文件满足招标文件全部实质性要求,且按照评审因素的量化指标评审得分最高的投标人为中标候选人的评标方法。

评审因素的设定应当与投标人所提供货物服务的质量相关,包括投标报价、技术或者服务水平、履约能力、售后服务等。资格条件不得作为评审因素。评审因素应当在招标文件中规定。

评审因素应当细化和量化,且与相应的商务条件和采购需求对应。商务条件和采购需求指标有区间规定的,评审因素应当量化到相应区间,并设置各区间对应的不同分值。

评标时,评标委员会各成员应当独立对每个投标人的投标文件进行评价,并汇总每个投标人的得分。

货物项目的价格分值占总分值的比重不得低于30%;服务项目的价格分值占总分值的比重不得低于10%。执行国家统一定价标准和采用固定价格采购的项目,其价格不列为评审因素。

价格分应当采用低价优先法计算,即满足招标文件要求且投标价格最低的投标报价为评标基准价,其价格分为满分。其他投标人的价格分统一按照下列公式计算:

投标报价得分=(评标基准价/投标报价)×100

评标总得分=$F_1×A_1+F_2×A_2+……+F_n×A_n$

F_1、F_2……F_n 分别为各评审因素的得分;

A_1、A_2……A_n 分别为各项评审因素所占的权重($A_1+A_2+……+A_n=1$)。

评标过程中,不得去掉报价中的最高报价和最低报价。

因落实政府采购政策进行价格调整的,以调整后的价格计算评标基准价和投标报价。

第五十六条 采用最低评标价法的,评标结果按投标报价由低到高顺序排列。投标报价相同的并列。投标文件满足招标文件全部实质性要求且投标报价最低的投标人为排名第一的中标候选人。

第五十七条 采用综合评分法的,评标结果按评审后得分由高到低顺序排列。得分相同的,按投标报价由低到高顺序排列。得分且投标报价相同的并列。投标文件满足招标文件全部实质性要求,且按照评审因素的量化指标评审得分最高的投标人为排名第一的中标候选人。

第五十八条 评标委员会根据全体评标成员签字的原始评标记录和评标结果编写评标报告。评标报告应当包括以下内容:

(一)招标公告刊登的媒体名称、开标日期和地点;

(二)投标人名单和评标委员会成员名单;

(三)评标方法和标准;

(四)开标记录和评标情况及说明,包括无效投标人名单及原因;

(五)评标结果,确定的中标候选人名单或者经采购

人委托直接确定的中标人;

(六)其他需要说明的情况,包括评标过程中投标人根据评标委员会要求进行的澄清、说明或者补正,评标委员会成员的更换等。

第五十九条 投标文件报价出现前后不一致的,除招标文件另有规定外,按照下列规定修正:

(一)投标文件中开标一览表(报价表)内容与投标文件中相应内容不一致的,以开标一览表(报价表)为准;

(二)大写金额和小写金额不一致的,以大写金额为准;

(三)单价金额小数点或者百分比有明显错位的,以开标一览表的总价为准,并修改单价;

(四)总价金额与按单价汇总金额不一致的,以单价金额计算结果为准。

同时出现两种以上不一致的,按照前款规定的顺序修正。修正后的报价按照本办法第五十一条第二款的规定经投标人确认后产生约束力,投标人不确认的,其投标无效。

第六十条 评标委员会认为投标人的报价明显低于其他通过符合性审查投标人的报价,有可能影响产品质量或者不能诚信履约的,应当要求其在评标现场合理的时间内提供书面说明,必要时提交相关证明材料;投标人不能证明其报价合理性的,评标委员会应当将其作为无效投标处理。

第六十一条 评标委员会成员对需要共同认定的事项存在争议的,应当按照少数服从多数的原则作出结论。持不同意见的评标委员会成员应当在评标报告上签署不同意见及理由,否则视为同意评标报告。

第六十二条 评标委员会及其成员不得有下列行为:

(一)确定参与评标至评标结束前私自接触投标人;

(二)接受投标人提出的与投标文件不一致的澄清或者说明,本办法第五十一条规定的情形除外;

(三)违反评标纪律发表倾向性意见或者征询采购人的倾向性意见;

(四)对需要专业判断的主观评审因素协商评分;

(五)在评标过程中擅离职守,影响评标程序正常进行的;

(六)记录、复制或者带走任何评标资料;

(七)其他不遵守评标纪律的行为。

评标委员会成员有前款第一至五项行为之一的,其评审意见无效,并不得获取评审劳务报酬和报销异地评审差旅费。

第六十三条 投标人存在下列情况之一的,投标无效:

(一)未按照招标文件的规定提交投标保证金的;

(二)投标文件未按招标文件要求签署、盖章的;

(三)不具备招标文件中规定的资格要求的;

(四)报价超过招标文件中规定的预算金额或者最高限价的;

(五)投标文件含有采购人不能接受的附加条件的;

(六)法律、法规和招标文件规定的其他无效情形。

第六十四条 评标结果汇总完成后,除下列情形外,任何人不得修改评标结果:

(一)分值汇总计算错误的;

(二)分项评分超出评分标准范围的;

(三)评标委员会成员对客观评审因素评分不一致的;

(四)经评标委员会认定评分畸高、畸低的。

评标报告签署前,经复核发现存在以上情形之一的,评标委员会应当当场修改评标结果,并在评标报告中记载;评标报告签署后,采购人或者采购代理机构发现存在以上情形之一的,应当组织原评标委员会进行重新评审,重新评审改变评标结果的,书面报告本级财政部门。

投标人对本条第一款情形提出质疑的,采购人或者采购代理机构可以组织原评标委员会进行重新评审,重新评审改变评标结果的,应当书面报告本级财政部门。

第六十五条 评标委员会发现招标文件存在歧义、重大缺陷导致评标工作无法进行,或者招标文件内容违反国家有关强制性规定的,应当停止评标工作,与采购人或者采购代理机构沟通并作书面记录。采购人或者采购代理机构确认后,应当修改招标文件,重新组织采购活动。

第六十六条 采购人、采购代理机构应当采取必要措施,保证评标在严格保密的情况下进行。除采购人代表、评标现场组织人员外,采购人的其他工作人员以及与评标工作无关的人员不得进入评标现场。

有关人员对评标情况以及在评标过程中获悉的国家秘密、商业秘密负有保密责任。

第六十七条 评标委员会或者其成员存在下列情形导致评标结果无效的,采购人、采购代理机构可以重新组建评标委员会进行评标,并书面报告本级财政部门,但采购合同已经履行的除外：

（一）评标委员会组成不符合本办法规定的；

（二）有本办法第六十二条第一至五项情形的；

（三）评标委员会及其成员独立评标受到非法干预的；

（四）有政府采购法实施条例第七十五条规定的违法行为的。

有违法违规行为的原评标委员会成员不得参加重新组建的评标委员会。

第五章　中标和合同

第六十八条　采购代理机构应当在评标结束后2个工作日内将评标报告送采购人。

采购人应当自收到评标报告之日起5个工作日内，在评标报告确定的中标候选人名单中按顺序确定中标人。中标候选人并列的，由采购人或者采购人委托评标委员会按照招标文件规定的方式确定中标人；招标文件未规定的，采取随机抽取的方式确定。

采购人自行组织招标的，应当在评标结束后5个工作日内确定中标人。

采购人在收到评标报告5个工作日内未按评标报告推荐的中标候选人顺序确定中标人，又不能说明合法理由的，视同按评标报告推荐的顺序确定排名第一的中标候选人为中标人。

第六十九条　采购人或者采购代理机构应当自中标人确定之日起2个工作日内，在省级以上财政部门指定的媒体上公告中标结果，招标文件应当随中标结果同时公告。

中标结果公告内容应当包括采购人及其委托的采购代理机构的名称、地址、联系方式，项目名称和项目编号，中标人名称、地址和中标金额，主要中标标的的名称、规格型号、数量、单价、服务要求，中标公告期限以及评审专家名单。

中标公告期限为1个工作日。

邀请招标采购人采用书面推荐方式产生符合资格条件的潜在投标人的，还应当将所有被推荐供应商名单和推荐理由随中标结果同时公告。

在公告中标结果的同时，采购人或者采购代理机构应当向中标人发出中标通知书；对未通过资格审查的投标人，应当告知其未通过的原因；采用综合评分法评审的，还应当告知未中标人本人的评审得分与排序。

第七十条　中标通知书发出后，采购人不得违法改变中标结果，中标人无正当理由不得放弃中标。

第七十一条　采购人应当自中标通知书发出之日起30日内，按照招标文件和中标人投标文件的规定，与中标人签订书面合同。所签订的合同不得对招标文件确定的事项和中标人投标文件作实质性修改。

采购人不得向中标人提出任何不合理的要求作为签订合同的条件。

第七十二条　政府采购合同应当包括采购人与中标人的名称和住所、标的、数量、质量、价款或者报酬、履行期限及地点和方式、验收要求、违约责任、解决争议的方法等内容。

第七十三条　采购人与中标人应当根据合同的约定依法履行合同义务。

政府采购合同的履行、违约责任和解决争议的方法等适用《中华人民共和国合同法》。

第七十四条　采购人应当及时对采购项目进行验收。采购人可以邀请参加本项目的其他投标人或者第三方机构参与验收。参与验收的投标人或者第三方机构的意见作为验收书的参考资料一并存档。

第七十五条　采购人应当加强对中标人的履约管理，并按照采购合同约定，及时向中标人支付采购资金。对于中标人违反采购合同约定的行为，采购人应当及时处理，依法追究其违约责任。

第七十六条　采购人、采购代理机构应当建立真实完整的招标采购档案，妥善保存每项采购活动的采购文件。

第六章　法律责任

第七十七条　采购人有下列情形之一的，由财政部门责令限期改正；情节严重的，给予警告，对直接负责的主管人员和其他直接责任人员由其行政主管部门或者有关机关依法给予处分，并予以通报；涉嫌犯罪的，移送司法机关处理：

（一）未按照本办法的规定编制采购需求的；

（二）违反本办法第六条第二款规定的；

（三）未在规定时间内确定中标人的；

（四）向中标人提出不合理要求作为签订合同条件的。

第七十八条　采购人、采购代理机构有下列情形之一的，由财政部门责令限期改正，情节严重的，给予警告，对直接负责的主管人员和其他直接责任人员，由其行政主管部门或者有关机关给予处分，并予通报；采购代理机构有违法所得的，没收违法所得，并可以处以不超过违法所得3倍、最高不超过3万元的罚款，没有违法所得的，可以处以1万元以下的罚款：

（一）违反本办法第八条第二款规定的；

（二）设定最低限价的；

（三）未按照规定进行资格预审或者资格审查的；

（四）违反本办法规定确定招标文件售价的；

（五）未按规定对开标、评标活动进行全程录音录像的；

（六）擅自终止招标活动的；

（七）未按照规定进行开标和组织评标的；

（八）未按照规定退还投标保证金的；

（九）违反本办法规定进行重新评审或者重新组建评标委员会进行评标的；

（十）开标前泄露已获取招标文件的潜在投标人的名称、数量或者其他可能影响公平竞争的有关招标投标情况的；

（十一）未妥善保存采购文件的；

（十二）其他违反本办法规定的情形。

第七十九条 有本办法第七十七条、第七十八条规定的违法行为之一，经改正后仍然影响或者可能影响中标结果的，依照政府采购法实施条例第七十一条规定处理。

第八十条 政府采购当事人违反本办法规定，给他人造成损失的，依法承担民事责任。

第八十一条 评标委员会成员有本办法第六十二条所列行为之一的，由财政部门责令限期改正；情节严重的，给予警告，并对其不良行为予以记录。

第八十二条 财政部门应当依法履行政府采购监督管理职责。财政部门及其工作人员在履行监督管理职责中存在懒政怠政、滥用职权、玩忽职守、徇私舞弊等违法违纪行为的，依照政府采购法、《中华人民共和国公务员法》、《中华人民共和国行政监察法》、政府采购法实施条例等国家有关规定追究相应责任；涉嫌犯罪的，移送司法机关处理。

第七章 附 则

第八十三条 政府采购货物服务电子招标投标、政府采购货物中的进口机电产品招标投标有关特殊事宜，由财政部另行规定。

第八十四条 本办法所称主管预算单位是指负有编制部门预算职责，向本级财政部门申报预算的国家机关、事业单位和团体组织。

第八十五条 本办法规定按日计算期间的，开始当天不计入，从次日开始计算。期限的最后一日是国家法定节假日的，顺延到节假日后的次日为期限的最后一日。

第八十六条 本办法所称的"以上"、"以下"、"内"、"以内"，包括本数；所称的"不足"，不包括本数。

第八十七条 各省、自治区、直辖市财政部门可以根据本办法制定具体实施办法。

第八十八条 本办法自2017年10月1日起施行。财政部2004年8月11日发布的《政府采购货物和服务招标投标管理办法》（财政部令第18号）同时废止。

11. 产品质量

中华人民共和国产品质量法

- 1993年2月22日第七届全国人民代表大会常务委员会第三十次会议通过
- 根据2000年7月8日第九届全国人民代表大会常务委员会第十六次会议《关于修改〈中华人民共和国产品质量法〉的决定》第一次修正
- 根据2009年8月27日第十一届全国人民代表大会常务委员会第十次会议《关于修改部分法律的决定》第二次修正
- 根据2018年12月29日第十三届全国人民代表大会常务委员会第七次会议《关于修改〈中华人民共和国产品质量法〉等五部法律的决定》第三次修正

第一章 总 则

第一条 【立法目的】为了加强对产品质量的监督管理，提高产品质量水平，明确产品质量责任，保护消费者的合法权益，维护社会经济秩序，制定本法。

第二条 【适用范围】在中华人民共和国境内从事产品生产、销售活动，必须遵守本法。

本法所称产品是指经过加工、制作，用于销售的产品。

建设工程不适用本法规定；但是，建设工程使用的建筑材料、建筑构配件和设备，属于前款规定的产品范围的，适用本法规定。

第三条 【建立健全内部产品质量管理制度】生产者、销售者应当建立健全内部产品质量管理制度，严格实施岗位质量规范、质量责任以及相应的考核办法。

第四条 【依法承担产品质量责任】生产者、销售者依照本法规定承担产品质量责任。

第五条 【禁止行为】禁止伪造或者冒用认证标志等质量标志；禁止伪造产品的产地，伪造或者冒用他人的厂名、厂址；禁止在生产、销售的产品中掺杂、掺假，以假充真,以次充好。

第六条 【鼓励推行先进科学技术】国家鼓励推行科学的质量管理方法,采用先进的科学技术,鼓励企业产品质量达到并且超过行业标准、国家标准和国际标准。

对产品质量管理先进和产品质量达到国际先进水平、成绩显著的单位和个人,给予奖励。

第七条 【各级人民政府保障本法的施行】各级人民政府应当把提高产品质量纳入国民经济和社会发展规划,加强对产品质量工作的统筹规划和组织领导,引导、督促生产者、销售者加强产品质量管理,提高产品质量,组织各有关部门依法采取措施,制止产品生产、销售中违反本法规定的行为,保障本法的施行。

第八条 【监管部门的监管权限】国务院市场监督管理部门主管全国产品质量监督工作。国务院有关部门在各自的职责范围内负责产品质量监督工作。

县级以上地方市场监督管理部门主管本行政区域内的产品质量监督工作。县级以上地方人民政府有关部门在各自的职责范围内负责产品质量监督工作。

法律对产品质量的监督部门另有规定的,依照有关法律的规定执行。

第九条 【各级政府的禁止行为】各级人民政府工作人员和其他国家机关工作人员不得滥用职权、玩忽职守或者徇私舞弊,包庇、放纵本地区、本系统发生的产品生产、销售中违反本法规定的行为,或者阻挠、干预依法对产品生产、销售中违反本法规定的行为进行查处。

各级地方人民政府和其他国家机关有包庇、放纵产品生产、销售中违反本法规定的行为的,依法追究其主要负责人的法律责任。

第十条 【公众检举权】任何单位和个人有权对违反本法规定的行为,向市场监督管理部门或者其他有关部门检举。

市场监督管理部门和有关部门应当为检举人保密,并按照省、自治区、直辖市人民政府的规定给予奖励。

第十一条 【禁止产品垄断经营】任何单位和个人不得排斥非本地区或者非本系统企业生产的质量合格产品进入本地区、本系统。

第二章 产品质量的监督

第十二条 【产品质量要求】产品质量应当检验合格,不得以不合格产品冒充合格产品。

第十三条 【工业产品质量标准要求】可能危及人体健康和人身、财产安全的工业产品,必须符合保障人体健康和人身、财产安全的国家标准、行业标准;未制定国家标准、行业标准的,必须符合保障人体健康和人身、财产安全的要求。

禁止生产、销售不符合保障人体健康和人身、财产安全的标准和要求的工业产品。具体管理办法由国务院规定。

第十四条 【企业质量体系认证制度】国家根据国际通用的质量管理标准,推行企业质量体系认证制度。企业根据自愿原则可以向国务院市场监督管理部门认可的或者国务院市场监督管理部门授权的部门认可的认证机构申请企业质量体系认证。经认证合格的,由认证机构颁发企业质量体系认证证书。

国家参照国际先进的产品标准和技术要求,推行产品质量认证制度。企业根据自愿原则可以向国务院市场监督管理部门认可的或者国务院市场监督管理部门授权的部门认可的认证机构申请产品质量认证。经认证合格的,由认证机构颁发产品质量认证证书,准许企业在产品或者其包装上使用产品质量认证标志。

第十五条 【以抽查为主要方式的组织领导监督检查制度】国家对产品质量实行以抽查为主要方式的监督检查制度,对可能危及人体健康和人身、财产安全的产品,影响国计民生的重要工业产品以及消费者、有关组织反映有质量问题的产品进行抽查。抽查的样品应当在市场上或者企业成品仓库内的待销产品中随机抽取。监督抽查工作由国务院市场监督管理部门规划和组织。县级以上地方市场监督管理部门在本行政区域内也可以组织监督抽查。法律对产品质量的监督检查另有规定的,依照有关法律的规定执行。

国家监督抽查的产品,地方不得另行重复抽查;上级监督抽查的产品,下级不得另行重复抽查。

根据监督抽查的需要,可以对产品进行检验。检验抽取样品的数量不得超过检验的合理需要,并不得向被检查人收取检验费用。监督抽查所需检验费用按照国务院规定列支。

生产者、销售者对抽查检验的结果有异议的,可以自收到检验结果之日起十五日内向实施监督抽查的市场监督管理部门或者其上级市场监督管理部门申请复检,由受理复检的市场监督管理部门作出复检结论。

第十六条 【质量监督检查】对依法进行的产品质量监督检查,生产者、销售者不得拒绝。

第十七条 【违反监督抽查规定的行政责任】依照本法规定进行监督抽查的产品质量不合格的,由实施监督抽查的市场监督管理部门责令其生产者、销售者限期改正。逾期不改正的，由省级以上人民政府市场监督管理部门予以公告；公告后经复查仍不合格的，责令停业，限期整顿；整顿期满后经复查产品质量仍不合格的，吊销营业执照。

监督抽查的产品有严重质量问题的，依照本法第五章的有关规定处罚。

第十八条 【县级以上产品质量监督部门职权范围】县级以上市场监督管理部门根据已经取得的违法嫌疑证据或者举报，对涉嫌违反本法规定的行为进行查处时，可以行使下列职权：

（一）对当事人涉嫌从事违反本法的生产、销售活动的场所实施现场检查；

（二）向当事人的法定代表人、主要负责人和其他有关人员调查、了解与涉嫌从事违反本法的生产、销售活动有关的情况；

（三）查阅、复制当事人有关的合同、发票、账簿以及其他有关资料；

（四）对有根据认为不符合保障人体健康和人身、财产安全的国家标准、行业标准的产品或者有其他严重质量问题的产品，以及直接用于生产、销售该项产品的原辅材料、包装物、生产工具，予以查封或者扣押。

第十九条 【产品质量检验机构设立条件】产品质量检验机构必须具备相应的检测条件和能力，经省级以上人民政府市场监督管理部门或者其授权的部门考核合格后，方可承担产品质量检验工作。法律、行政法规对产品质量检验机构另有规定的，依照有关法律、行政法规的规定执行。

第二十条 【产品质量检验、认证中介机构依法设立】从事产品质量检验、认证的社会中介机构必须依法设立，不得与行政机关和其他国家机关存在隶属关系或者其他利益关系。

第二十一条 【产品质量检验、认证机构必须依法出具检验结果、认证证明】产品质量检验机构、认证机构必须依法按照有关标准，客观、公正地出具检验结果或者认证证明。

产品质量认证机构应当依照国家规定对准许使用认证标志的产品进行认证后的跟踪检查；对不符合认证标准而使用认证标志的，要求其改正；情节严重的，取消其使用认证标志的资格。

第二十二条 【消费者的查询、申诉权】消费者有权就产品质量问题，向产品的生产者、销售者查询；向市场监督管理部门及有关部门申诉，接受申诉的部门应当负责处理。

第二十三条 【消费者权益组织的职能】保护消费者权益的社会组织可以就消费者反映的产品质量问题建议有关部门负责处理，支持消费者对因产品质量造成的损害向人民法院起诉。

第二十四条 【抽查产品质量状况定期公告】国务院和省、自治区、直辖市人民政府的市场监督管理部门应当定期发布其监督抽查的产品的质量状况公告。

第二十五条 【监管机构的禁止行为】市场监督管理部门或者其他国家机关以及产品质量检验机构不得向社会推荐生产者的产品；不得以对产品进行监制、监销等方式参与产品经营活动。

第三章 生产者、销售者的产品质量责任和义务

第一节 生产者的产品质量责任和义务

第二十六条 【生产者的产品质量要求】生产者应当对其生产的产品质量负责。

产品质量应当符合下列要求：

（一）不存在危及人身、财产安全的不合理的危险，有保障人体健康和人身、财产安全的国家标准、行业标准的，应当符合该标准；

（二）具备产品应当具备的使用性能，但是，对产品存在使用性能的瑕疵作出说明的除外；

（三）符合在产品或者其包装上注明采用的产品标准，符合以产品说明、实物样品等方式表明的质量状况。

第二十七条 【产品及其包装上的标识要求】产品或者其包装上的标识必须真实，并符合下列要求：

（一）有产品质量检验合格证明；

（二）有中文标明的产品名称、生产厂厂名和厂址；

（三）根据产品的特点和使用要求，需要标明产品规格、等级、所含主要成份的名称和含量的，用中文相应予以标明；需要事先让消费者知晓的，应当在外包装上标明，或者预先向消费者提供有关资料；

（四）限期使用的产品，应当在显著位置清晰地标明生产日期和安全使用期或者失效日期；

（五）使用不当，容易造成产品本身损坏或者可能危及人身、财产安全的产品，应当有警示标志或者中文警示说明。

裸装的食品和其他根据产品的特点难以附加标识的裸装产品，可以不附加产品标识。

第二十八条 【危险物品包装质量要求】易碎、易燃、易爆、有毒、有腐蚀性、有放射性等危险物品以及储运

中不能倒置和其他有特殊要求的产品,其包装质量必须符合相应要求,依照国家有关规定作出警示标志或者中文警示说明,标明储运注意事项。

第二十九条 【禁止生产国家明令淘汰的产品】生产者不得生产国家明令淘汰的产品。

第三十条 【禁止伪造产地、伪造或者冒用他人的厂名、厂址】生产者不得伪造产地,不得伪造或者冒用他人的厂名、厂址。

第三十一条 【禁止伪造或者冒用认证标志等质量标志】生产者不得伪造或者冒用认证标志等质量标志。

第三十二条 【生产者的禁止行为】生产者生产产品,不得掺杂、掺假,不得以假充真、以次充好,不得以不合格产品冒充合格产品。

第二节 销售者的产品质量责任和义务

第三十三条 【进货检查验收制度】销售者应当建立并执行进货检查验收制度,验明产品合格证明和其他标识。

第三十四条 【保持销售产品质量的义务】销售者应当采取措施,保持销售产品的质量。

第三十五条 【禁止销售的产品范围】销售者不得销售国家明令淘汰并停止销售的产品和失效、变质的产品。

第三十六条 【销售产品的标识要求】销售者销售的产品的标识应当符合本法第二十七条的规定。

第三十七条 【禁止伪造产地、伪造或者冒用他人的厂名、厂址】销售者不得伪造产地,不得伪造或者冒用他人的厂名、厂址。

第三十八条 【禁止伪造或者冒用认证标志等质量标志】销售者不得伪造或者冒用认证标志等质量标志。

第三十九条 【销售者的禁止行为】销售者销售产品,不得掺杂、掺假,不得以假充真、以次充好,不得以不合格产品冒充合格产品。

第四章 损害赔偿

第四十条 【销售者的损害赔偿责任】售出的产品有下列情形之一的,销售者应当负责修理、更换、退货;给购买产品的消费者造成损失的,销售者应当赔偿损失:

(一)不具备产品应当具备的使用性能而事先未作说明的;

(二)不符合在产品或者其包装上注明采用的产品标准的;

(三)不符合以产品说明、实物样品等方式表明的质量状况的。

销售者依照前款规定负责修理、更换、退货、赔偿损失后,属于生产者的责任或者属于向销售者提供产品的其他销售者(以下简称供货者)的责任的,销售者有权向生产者、供货者追偿。

销售者未按照第一款规定给予修理、更换、退货或者赔偿损失的,由市场监督管理部门责令改正。

生产者之间,销售者之间,生产者与销售者之间订立的买卖合同、承揽合同有不同约定的,合同当事人按照合同约定执行。

第四十一条 【人身、他人财产的损害赔偿责任】因产品存在缺陷造成人身、缺陷产品以外的其他财产(以下简称他人财产)损害的,生产者应当承担赔偿责任。

生产者能够证明有下列情形之一的,不承担赔偿责任:

(一)未将产品投入流通的;

(二)产品投入流通时,引起损害的缺陷尚不存在的;

(三)将产品投入流通时的科学技术水平尚不能发现缺陷的存在的。

第四十二条 【销售者的过错赔偿责任】由于销售者的过错使产品存在缺陷,造成人身、他人财产损害的,销售者应当承担赔偿责任。

销售者不能指明缺陷产品的生产者也不能指明缺陷产品的供货者的,销售者应当承担赔偿责任。

第四十三条 【受害者的选择赔偿权】因产品存在缺陷造成人身、他人财产损害的,受害人可以向产品的生产者要求赔偿,也可以向产品的销售者要求赔偿。属于产品的生产者的责任,产品的销售者赔偿的,产品的销售者有权向产品的生产者追偿。属于产品的销售者的责任,产品的生产者赔偿的,产品的生产者有权向产品的销售者追偿。

第四十四条 【人身伤害的赔偿范围】因产品存在缺陷造成受害人人身伤害的,侵害人应当赔偿医疗费、治疗期间的护理费、因误工减少的收入等费用;造成残疾的,还应当支付残疾者生活自助费、生活补助费、残疾赔偿金以及由其扶养的人所必需的生活费等费用;造成受害人死亡的,并应当支付丧葬费、死亡赔偿金以及由死者生前扶养的人所必需的生活费等费用。

因产品存在缺陷造成受害人财产损失的,侵害人应当恢复原状或者折价赔偿。受害人因此遭受其他重大损失的,侵害人应当赔偿损失。

第四十五条 【诉讼时效期间】因产品存在缺陷造

成损害要求赔偿的诉讼时效期间为二年,自当事人知道或者应当知道其权益受到损害时起计算。

因产品存在缺陷造成损害要求赔偿的请求权,在造成损害的缺陷产品交付最初消费者满十年丧失;但是,尚未超过明示的安全使用期的除外。

第四十六条　【缺陷的含义】本法所称缺陷,是指产品存在危及人身、他人财产安全的不合理的危险;产品有保障人体健康和人身、财产安全的国家标准、行业标准的,是指不符合该标准。

第四十七条　【纠纷解决方式】因产品质量发生民事纠纷时,当事人可以通过协商或者调解解决。当事人不愿通过协商、调解解决或者协商、调解不成的,可以根据当事人各方的协议向仲裁机构申请仲裁;当事人各方没有达成仲裁协议或者仲裁协议无效的,可以直接向人民法院起诉。

第四十八条　【仲裁机构或者人民法院对产品质量检验的规定】仲裁机构或者人民法院可以委托本法第十九条规定的产品质量检验机构,对有关产品质量进行检验。

第五章　罚　则

第四十九条　【生产、销售不符合安全标准的产品的行政处罚、刑事责任】生产、销售不符合保障人体健康和人身、财产安全的国家标准、行业标准的产品的,责令停止生产、销售,没收违法生产、销售的产品,并处违法生产、销售产品(包括已售出和未售出的产品,下同)货值金额等值以上三倍以下的罚款;有违法所得的,并处没收违法所得;情节严重的,吊销营业执照;构成犯罪的,依法追究刑事责任。

第五十条　【假冒产品的行政处罚、刑事责任】在产品中掺杂、掺假,以假充真,以次充好,或者以不合格产品冒充合格产品的,责令停止生产、销售,没收违法生产、销售的产品,并处违法生产、销售产品货值金额百分之五十以上三倍以下的罚款;有违法所得的,并处没收违法所得;情节严重的,吊销营业执照;构成犯罪的,依法追究刑事责任。

第五十一条　【生产、销售淘汰产品的行政处罚规定】生产国家明令淘汰的产品的,销售国家明令淘汰并停止销售的产品的,责令停止生产、销售,没收违法生产、销售的产品,并处违法生产、销售产品货值金额等值以下的罚款;有违法所得的,并处没收违法所得;情节严重的,吊销营业执照。

第五十二条　【销售失效、变质的产品的行政处罚、刑事责任】销售失效、变质的产品的,责令停止销售,没收违法销售的产品,并处违法销售产品货值金额二倍以下的罚款;有违法所得的,并处没收违法所得;情节严重的,吊销营业执照;构成犯罪的,依法追究刑事责任。

第五十三条　【伪造、冒用产品产地、厂名、厂址、标志的行政处罚规定】伪造产品产地的,伪造或者冒用他人厂名、厂址的,伪造或者冒用认证标志等质量标志的,责令改正,没收违法生产、销售的产品,并处违法生产、销售产品货值金额等值以下的罚款;有违法所得的,并处没收违法所得;情节严重的,吊销营业执照。

第五十四条　【不符合产品包装、标识要求的行政处罚规定】产品标识不符合本法第二十七条规定的,责令改正;有包装的产品标识不符合本法第二十七条第(四)项、第(五)项规定,情节严重的,责令停止生产、销售,并处违法生产、销售产品货值金额百分之三十以下的罚款;有违法所得的,并处没收违法所得。

第五十五条　【销售者的从轻或者减轻处罚情节】销售者销售本法第四十九条至第五十三条规定禁止销售的产品,有充分证据证明其不知道该产品为禁止销售的产品并如实说明其进货来源的,可以从轻或者减轻处罚。

第五十六条　【违反依法接受产品质量监督检查义务的行政处罚规定】拒绝接受依法进行的产品质量监督检查的,给予警告,责令改正;拒不改正的,责令停业整顿;情节特别严重的,吊销营业执照。

第五十七条　【产品质量中介机构的行政处罚、刑事责任规定】产品质量检验机构、认证机构伪造检验结果或者出具虚假证明的,责令改正,对单位处五万元以上十万元以下的罚款,对直接负责的主管人员和其他直接责任人员处一万元以上五万元以下的罚款;有违法所得的,并处没收违法所得;情节严重的,取消其检验资格、认证资格;构成犯罪的,依法追究刑事责任。

产品质量检验机构、认证机构出具的检验结果或者证明不实,造成损失的,应当承担相应的赔偿责任;造成重大损失的,撤销其检验资格、认证资格。

产品质量认证机构违反本法第二十一条第二款的规定,对不符合认证标准而使用认证标志的产品,未依法要求其改正或者取消其使用认证标志资格的,对因产品不符合认证标准给消费者造成的损失,与产品的生产者、销售者承担连带责任;情节严重的,撤销其认证资格。

第五十八条　【社会团体、社会中介机构的连带赔偿责任】社会团体、社会中介机构对产品质量作出承诺、保证,而该产品又不符合其承诺、保证的质量要求,给消费者造成损失的,与产品的生产者、销售者承担连带责任。

第五十九条　【虚假广告的责任承担】在广告中对

产品质量作虚假宣传，欺骗和误导消费者的，依照《中华人民共和国广告法》的规定追究法律责任。

第六十条 【生产伪劣产品的材料、包装、工具的没收】对生产者专用于生产本法第四十九条、第五十一条所列的产品或者以假充真的产品的原辅材料、包装物、生产工具，应当予以没收。

第六十一条 【运输、保管、仓储部门的责任承担】知道或者应当知道属于本法规定禁止生产、销售的产品而为其提供运输、保管、仓储等便利条件的，或者为以假充真的产品提供制假生产技术的，没收全部运输、保管、仓储或者提供制假生产技术的收入，并处违法收入百分之五十以上三倍以下的罚款；构成犯罪的，依法追究刑事责任。

第六十二条 【服务业经营者的责任承担】服务业的经营者将本法第四十九条至第五十二条规定禁止销售的产品用于经营性服务的，责令停止使用；对知道或者应当知道所使用的产品属于本法规定禁止销售的产品的，按照违法使用的产品（包括已使用和尚未使用的产品）的货值金额，依照本法对销售者的处罚规定处罚。

第六十三条 【隐匿、转移、变卖、损毁被依法查封、扣押的物品的行政责任】隐匿、转移、变卖、损毁被市场监督管理部门查封、扣押的物品的，处被隐匿、转移、变卖、损毁物品货值金额等值以上三倍以下的罚款；有违法所得的，并处没收违法所得。

第六十四条 【民事赔偿责任优先原则】违反本法规定，应当承担民事赔偿责任和缴纳罚款、罚金，其财产不足以同时支付时，先承担民事赔偿责任。

第六十五条 【国家工作人员的责任承担】各级人民政府工作人员和其他国家机关工作人员有下列情形之一的，依法给予行政处分；构成犯罪的，依法追究刑事责任：

（一）包庇、放纵产品生产、销售中违反本法规定行为的；

（二）向从事违反本法规定的生产、销售活动的当事人通风报信，帮助其逃避查处的；

（三）阻挠、干预市场监督管理部门依法对产品生产、销售中违反本法规定的行为进行查处，造成严重后果的。

第六十六条 【质检部门的检验责任承担】市场监督管理部门在产品质量监督抽查中超过规定的数量索取样品或者向被检查人收取检验费用的，由上级市场监督管理部门或者监察机关责令退还；情节严重的，对直接负责的主管人员和其他直接责任人员依法给予行政处分。

第六十七条 【国家机关推荐产品的责任承担】市场监督管理部门或者其他国家机关违反本法第二十五条的规定，向社会推荐生产者的产品或者以监制、监销等方式参与产品经营活动的，由其上级机关或者监察机关责令改正，消除影响，有违法收入的予以没收；情节严重的，对直接负责的主管人员和其他直接责任人员依法给予行政处分。

产品质量检验机构有前款所列违法行为的，由市场监督管理部门责令改正，消除影响，有违法收入的予以没收，可以并处违法收入一倍以下的罚款；情节严重的，撤销其质量检验资格。

第六十八条 【产品监管部门工作人员的违法行为的责任承担】市场监督管理部门的工作人员滥用职权、玩忽职守、徇私舞弊，构成犯罪的，依法追究刑事责任；尚不构成犯罪的，依法给予行政处分。

第六十九条 【妨碍监管公务的行政责任】以暴力、威胁方法阻碍市场监督管理部门的工作人员依法执行职务的，依法追究刑事责任；拒绝、阻碍未使用暴力、威胁方法的，由公安机关依照治安管理处罚法的规定处罚。

第七十条 【监管部门的行政处罚权限】本法第四十九条至第五十七条、第六十条至第六十三条规定的行政处罚由市场监督管理部门决定。法律、行政法规对行使行政处罚权的机关另有规定的，依照有关法律、行政法规的规定执行。

第七十一条 【没收产品的处理】对依照本法规定没收的产品，依照国家有关规定进行销毁或者采取其他方式处理。

第七十二条 【货值金额的计算】本法第四十九条至第五十四条、第六十二条、第六十三条所规定的货值金额以违法生产、销售产品的标价计算；没有标价的，按照同类产品的市场价格计算。

第六章 附 则

第七十三条 【军工产品质量监督管理办法另行制定】军工产品质量监督管理办法，由国务院、中央军事委员会另行制定。

因核设施、核产品造成损害的赔偿责任，法律、行政法规另有规定的，依照其规定。

第七十四条 【施行日期】本法自1993年9月1日起施行。

中华人民共和国农产品质量安全法

- 2006年4月29日第十届全国人民代表大会常务委员会第二十一次会议通过
- 根据2018年10月26日第十三届全国人民代表大会常务委员会第六次会议《关于修改〈中华人民共和国野生动物保护法〉等十五部法律的决定》修正
- 2022年9月2日第十三届全国人民代表大会常务委员会三十六次会议修订
- 2022年9月2日中华人民共和国主席令第120号公布
- 自2023年1月1日起施行

第一章 总 则

第一条 为了保障农产品质量安全，维护公众健康，促进农业和农村经济发展，制定本法。

第二条 本法所称农产品，是指来源于种植业、林业、畜牧业和渔业等的初级产品，即在农业活动中获得的植物、动物、微生物及其产品。

本法所称农产品质量安全，是指农产品质量达到农产品质量安全标准，符合保障人的健康、安全的要求。

第三条 与农产品质量安全有关的农产品生产经营及其监督管理活动，适用本法。

《中华人民共和国食品安全法》对食用农产品的市场销售、有关质量安全标准的制定、有关安全信息的公布和农业投入品已经作出规定的，应当遵守其规定。

第四条 国家加强农产品质量安全工作，实行源头治理、风险管理、全程控制，建立科学、严格的监督管理制度，构建协同、高效的社会共治体系。

第五条 国务院农业农村主管部门、市场监督管理部门依照本法和规定的职责，对农产品质量安全实施监督管理。

国务院其他有关部门依照本法和规定的职责承担农产品质量安全的有关工作。

第六条 县级以上地方人民政府对本行政区域的农产品质量安全工作负责，统一领导、组织、协调本行政区域的农产品质量安全工作，建立健全农产品质量安全工作机制，提高农产品质量安全水平。

县级以上地方人民政府应当依照本法和有关规定，确定本级农业农村主管部门、市场监督管理部门和其他有关部门的农产品质量安全监督管理工作职责。各有关部门在职责范围内负责本行政区域的农产品质量安全监督管理工作。

乡镇人民政府应当落实农产品质量安全监督管理责任，协助上级人民政府及其有关部门做好农产品质量安全监督管理工作。

第七条 农产品生产经营者应当对其生产经营的农产品质量安全负责。

农产品生产经营者应当依照法律、法规和农产品质量安全标准从事生产经营活动，诚信自律，接受社会监督，承担社会责任。

第八条 县级以上人民政府应当将农产品质量安全管理工作纳入本级国民经济和社会发展规划，所需经费列入本级预算，加强农产品质量安全监督管理能力建设。

第九条 国家引导、推广农产品标准化生产，鼓励和支持生产绿色优质农产品，禁止生产、销售不符合国家规定的农产品质量安全标准的农产品。

第十条 国家支持农产品质量安全科学技术研究，推行科学的质量安全管理方法，推广先进安全的生产技术。国家加强农产品质量安全科学技术国际交流与合作。

第十一条 各级人民政府及有关部门应当加强农产品质量安全知识的宣传，发挥基层群众性自治组织、农村集体经济组织的优势和作用，指导农产品生产经营者加强质量安全管理，保障农产品消费安全。

新闻媒体应当开展农产品质量安全法律、法规和农产品质量安全知识的公益宣传，对违法行为进行舆论监督。有关农产品质量安全的宣传报道应当真实、公正。

第十二条 农民专业合作社和农产品行业协会等应当及时为其成员提供生产技术服务，建立农产品质量安全管理制度，健全农产品质量安全控制体系，加强自律管理。

第二章 农产品质量安全风险管理和标准制定

第十三条 国家建立农产品质量安全风险监测制度。

国务院农业农村主管部门应当制定国家农产品质量安全风险监测计划，并对重点区域、重点农产品品种进行质量安全风险监测。省、自治区、直辖市人民政府农业农村主管部门应当根据国家农产品质量安全风险监测计划，结合本行政区域农产品生产经营实际，制定本行政区域的农产品质量安全风险监测实施方案，并报国务院农业农村主管部门备案。县级以上地方人民政府农业农村主管部门负责组织实施本行政区域的农产品质量安全风险监测。

县级以上人民政府市场监督管理部门和其他有关部门获知有关农产品质量安全风险信息后，应当立即核实并向同级农业农村主管部门通报。接到通报的农业农村主管部门应当及时上报。制定农产品质量安全风险监测计划、实施方案的部门应当及时研究分析，必要时进行调整。

第十四条 国家建立农产品质量安全风险评估制度。

国务院农业农村主管部门应当设立农产品质量安全风险评估专家委员会，对可能影响农产品质量安全的潜在危害进行风险分析和评估。国务院卫生健康、市场监督管理等部门发现需要对农产品进行质量安全风险评估的，应当向国务院农业农村主管部门提出风险评估建议。

农产品质量安全风险评估专家委员会由农业、食品、营养、生物、环境、医学、化工等方面的专家组成。

第十五条 国务院农业农村主管部门应当根据农产品质量安全风险监测、风险评估结果采取相应的管理措施，并将农产品质量安全风险监测、风险评估结果及时通报国务院市场监督管理、卫生健康等部门和有关省、自治区、直辖市人民政府农业农村主管部门。

县级以上人民政府农业农村主管部门开展农产品质量安全风险监测和风险评估工作时，可以根据需要进入农产品产地、储存场所及批发、零售市场。采集样品应当按照市场价格支付费用。

第十六条 国家建立健全农产品质量安全标准体系，确保严格实施。农产品质量安全标准是强制执行的标准，包括以下与农产品质量安全有关的要求：

（一）农业投入品质量要求、使用范围、用法、用量、安全间隔和休药期规定；

（二）农产品产地环境、生产过程管控、储存、运输要求；

（三）农产品关键成分指标等要求；

（四）与屠宰畜禽有关的检验规程；

（五）其他与农产品质量安全有关的强制性要求。

《中华人民共和国食品安全法》对食用农产品的有关质量安全标准作出规定的，依照其规定执行。

第十七条 农产品质量安全标准的制定和发布，依照法律、行政法规的规定执行。

制定农产品质量安全标准应当充分考虑农产品质量安全风险评估结果，并听取农产品生产经营者、消费者、有关部门、行业协会等的意见，保障农产品消费安全。

第十八条 农产品质量安全标准应当根据科学技术发展水平以及农产品质量安全的需要，及时修订。

第十九条 农产品质量安全标准由农业农村主管部门商有关部门推进实施。

第三章 农产品产地

第二十条 国家建立健全农产品产地监测制度。

县级以上地方人民政府农业农村主管部门应当会同同级生态环境、自然资源等部门制定农产品产地监测计划，加强农产品产地安全调查、监测和评价工作。

第二十一条 县级以上地方人民政府农业农村主管部门应当会同同级生态环境、自然资源等部门按照保障农产品质量安全的要求，根据农产品品种特性和产地安全调查、监测、评价结果，依照土壤污染防治等法律、法规的规定提出划定特定农产品禁止生产区域的建议，报本级人民政府批准后实施。

任何单位和个人不得在特定农产品禁止生产区域种植、养殖、捕捞、采集特定农产品和建立特定农产品生产基地。

特定农产品禁止生产区域划定和管理的具体办法由国务院农业农村主管部门商国务院生态环境、自然资源等部门制定。

第二十二条 任何单位和个人不得违反有关环境保护法律、法规的规定向农产品产地排放或者倾倒废水、废气、固体废物或者其他有毒有害物质。

农业生产用水和用作肥料的固体废物，应当符合法律、法规和国家有关强制性标准的要求。

第二十三条 农产品生产者应当科学合理使用农药、兽药、肥料、农用薄膜等农业投入品，防止对农产品产地造成污染。

农药、肥料、农用薄膜等农业投入品的生产者、经营者、使用者应当按照国家有关规定回收并妥善处置包装物和废弃物。

第二十四条 县级以上人民政府应当采取措施，加强农产品基地建设，推进农业标准化示范建设，改善农产品的生产条件。

第四章 农产品生产

第二十五条 县级以上地方人民政府农业农村主管部门应当根据本地区的实际情况，制定保障农产品质量安全的生产技术要求和操作规程，并加强对农产品生产经营者的培训和指导。

农业技术推广机构应当加强对农产品生产经营者质量安全知识和技能的培训。国家鼓励科研教育机构开展农产品质量安全培训。

第二十六条 农产品生产企业、农民专业合作社、农业社会化服务组织应当加强农产品质量安全管理。

农产品生产企业应当建立农产品质量安全管理制度，配备相应的技术人员；不具备配备条件的，应当委托具有专业技术知识的人员进行农产品质量安全指导。

国家鼓励和支持农产品生产企业、农民专业合作社、农业社会化服务组织建立和实施危害分析和关键控制点体系,实施良好农业规范,提高农产品质量安全管理水平。

第二十七条 农产品生产企业、农民专业合作社、农业社会化服务组织应当建立农产品生产记录,如实记载下列事项:

(一)使用农业投入品的名称、来源、用法、用量和使用、停用的日期;

(二)动物疫病、农作物病虫害的发生和防治情况;

(三)收获、屠宰或者捕捞的日期。

农产品生产记录应当至少保存二年。禁止伪造、变造农产品生产记录。

国家鼓励其他农产品生产者建立农产品生产记录。

第二十八条 对可能影响农产品质量安全的农药、兽药、饲料和饲料添加剂、肥料、兽医器械,依照有关法律、行政法规的规定实行许可制度。

省级以上人民政府农业农村主管部门应当定期或者不定期组织对可能危及农产品质量安全的农药、兽药、饲料和饲料添加剂、肥料等农业投入品进行监督抽查,并公布抽查结果。

农药、兽药经营者应当依照有关法律、行政法规的规定建立销售台账,记录购买者、销售日期和药品施用范围等内容。

第二十九条 农产品生产经营者应当依照有关法律、行政法规和国家有关强制性标准、国务院农业农村主管部门的规定,科学合理使用农药、兽药、饲料和饲料添加剂、肥料等农业投入品,严格执行农业投入品使用安全间隔期或者休药期的规定;不得超范围、超剂量使用农业投入品危及农产品质量安全。

禁止在农产品生产经营过程中使用国家禁止使用的农业投入品以及其他有毒有害物质。

第三十条 农产品生产场所以及生产活动中使用的设施、设备、消毒剂、洗涤剂等应当符合国家有关质量安全规定,防止污染农产品。

第三十一条 县级以上人民政府农业农村主管部门应当加强对农业投入品使用的监督管理和指导,建立健全农业投入品的安全使用制度,推广农业投入品科学使用技术,普及安全、环保农业投入品的使用。

第三十二条 国家鼓励和支持农产品生产经营者选用优质特色农产品品种,采用绿色生产技术和全程质量控制技术,生产绿色优质农产品,实施分等分级,提高农产品品质,打造农产品品牌。

第三十三条 国家支持农产品产地冷链物流基础设施建设,健全有关农产品冷链物流标准、服务规范和监管保障机制,保障冷链物流农产品畅通高效、安全便捷,扩大高品质市场供给。

从事农产品冷链物流的生产经营者应当依照法律、法规和有关农产品质量安全标准,加强冷链技术创新与应用、质量安全控制,执行对冷链物流农产品及其包装、运输工具、作业环境等的检验检测检疫要求,保证冷链农产品质量安全。

第五章 农产品销售

第三十四条 销售的农产品应当符合农产品质量安全标准。

农产品生产企业、农民专业合作社应当根据质量安全控制要求自行或者委托检测机构对农产品质量安全进行检测;经检测不符合农产品质量安全标准的农产品,应当及时采取管控措施,且不得销售。

农业技术推广等机构应当为农户等农产品生产经营者提供农产品检测技术服务。

第三十五条 农产品在包装、保鲜、储存、运输中所使用的保鲜剂、防腐剂、添加剂、包装材料等,应当符合国家有关强制性标准以及其他农产品质量安全规定。

储存、运输农产品的容器、工具和设备应当安全、无害。禁止将农产品与有毒有害物质一同储存、运输,防止污染农产品。

第三十六条 有下列情形之一的农产品,不得销售:

(一)含有国家禁止使用的农药、兽药或者其他化合物;

(二)农药、兽药等化学物质残留或者含有的重金属等有毒有害物质不符合农产品质量安全标准;

(三)含有的致病性寄生虫、微生物或者生物毒素不符合农产品质量安全标准;

(四)未按照国家有关强制性标准以及其他农产品质量安全规定使用保鲜剂、防腐剂、添加剂、包装材料等,或者使用的保鲜剂、防腐剂、添加剂、包装材料等不符合国家有关强制性标准以及其他质量安全规定;

(五)病死、毒死或者死因不明的动物及其产品;

(六)其他不符合农产品质量安全标准的情形。

对前款规定不得销售的农产品,应当依照法律、法规的规定进行处置。

第三十七条 农产品批发市场应当按照规定设立或者委托检测机构,对进场销售的农产品质量安全状况进行抽查检测；发现不符合农产品质量安全标准的，应当要求销售者立即停止销售，并向所在地市场监督管理、农业农村等部门报告。

农产品销售企业对其销售的农产品，应当建立健全进货检查验收制度；经查验不符合农产品质量安全标准的，不得销售。

食品生产者采购农产品等食品原料，应当依照《中华人民共和国食品安全法》的规定查验许可证和合格证明，对无法提供合格证明的，应当按照规定进行检验。

第三十八条 农产品生产企业、农民专业合作社以及从事农产品收购的单位或者个人销售的农产品，按照规定应当包装或者附加承诺达标合格证等标识的，须经包装或者附加标识后方可销售。包装物或者标识上应当按照规定标明产品的品名、产地、生产者、生产日期、保质期、产品质量等级等内容；使用添加剂的，还应当按照规定标明添加剂的名称。具体办法由国务院农业农村主管部门制定。

第三十九条 农产品生产企业、农民专业合作社应当执行法律、法规的规定和国家有关强制性标准，保证其销售的农产品符合农产品质量安全标准，并根据质量安全控制、检测结果等开具承诺达标合格证，承诺不使用禁用的农药、兽药及其他化合物且使用的常规农药、兽药残留不超标等。鼓励和支持农户销售农产品时开具承诺达标合格证。法律、行政法规对畜禽产品的质量安全合格证明有特别规定的，应当遵守其规定。

从事农产品收购的单位或者个人应当按照规定收取、保存承诺达标合格证或者其他质量安全合格证明，对其收购的农产品进行混装或者分装后销售的，应当按照规定开具承诺达标合格证。

农产品批发市场应当建立健全农产品承诺达标合格证查验等制度。

县级以上人民政府农业农村主管部门应当做好承诺达标合格证有关工作的指导服务，加强日常监督检查。

农产品质量安全承诺达标合格证管理办法由国务院农业农村主管部门会同国务院有关部门制定。

第四十条 农产品生产经营者通过网络平台销售农产品的，应当依照本法和《中华人民共和国电子商务法》、《中华人民共和国食品安全法》等法律、法规的规定，严格落实质量安全责任，保证其销售的农产品符合质量安全标准。网络平台经营者应当依法加强对农产品生产经营者的管理。

第四十一条 国家对列入农产品质量安全追溯目录的农产品实施追溯管理。国务院农业农村主管部门应当会同国务院市场监督管理等部门建立农产品质量安全追溯协作机制。农产品质量安全追溯管理办法和追溯目录由国务院农业农村主管部门会同国务院市场监督管理等部门制定。

国家鼓励具备信息化条件的农产品生产经营者采用现代信息技术手段采集、留存生产记录、购销记录等生产经营信息。

第四十二条 农产品质量符合国家规定的有关优质农产品标准的，农产品生产经营者可以申请使用农产品质量标志。禁止冒用农产品质量标志。

国家加强地理标志农产品保护和管理。

第四十三条 属于农业转基因生物的农产品，应当按照农业转基因生物安全管理的有关规定进行标识。

第四十四条 依法需要实施检疫的动植物及其产品，应当附具检疫标志、检疫证明。

第六章 监督管理

第四十五条 县级以上人民政府农业农村主管部门和市场监督管理等部门应当建立健全农产品质量安全全程监督管理协作机制，确保农产品从生产到消费各环节的质量安全。

县级以上人民政府农业农村主管部门和市场监督管理部门应当加强收购、储存、运输过程中农产品质量安全监督管理的协调配合和执法衔接，及时通报和共享农产品质量安全监督管理信息，并按照职责权限，发布有关农产品质量安全日常监督管理信息。

第四十六条 县级以上人民政府农业农村主管部门应当根据农产品质量安全风险监测、风险评估结果和农产品质量安全状况等，制定监督抽查计划，确定农产品质量安全监督抽查的重点、方式和频次，并实施农产品质量安全风险分级管理。

第四十七条 县级以上人民政府农业农村主管部门应当建立健全随机抽查机制，按照监督抽查计划，组织开展农产品质量安全监督抽查。

农产品质量安全监督抽查检测应当委托符合本法规定条件的农产品质量安全检测机构进行。监督抽查不得向被抽查人收取费用，抽取的样品应当按照市场价格支付费用，并不得超过国务院农业农村主管部门规定的数量。

上级农业农村主管部门监督抽查的同批次农产品，下级农业农村主管部门不得另行重复抽查。

第四十八条 农产品质量安全检测应当充分利用现

有的符合条件的检测机构。

从事农产品质量安全检测的机构,应当具备相应的检测条件和能力,由省级以上人民政府农业农村主管部门或者其授权的部门考核合格。具体办法由国务院农业农村主管部门制定。

农产品质量安全检测机构应当依法经资质认定。

第四十九条 从事农产品质量安全检测工作的人员,应当具备相应的专业知识和实际操作技能,遵纪守法,恪守职业道德。

农产品质量安全检测机构对出具的检测报告负责。检测报告应当客观公正,检测数据应当真实可靠,禁止出具虚假检测报告。

第五十条 县级以上地方人民政府农业农村主管部门可以采用国务院农业农村主管部门会同国务院市场监督管理等部门认定的快速检测方法,开展农产品质量安全监督抽查检测。抽查检测结果确定有关农产品不符合农产品质量安全标准的,可以作为行政处罚的证据。

第五十一条 农产品生产经营者对监督抽查检测结果有异议的,可以自收到检测结果之日起五个工作日内,向实施农产品质量安全监督抽查的农业农村主管部门或者其上一级农业农村主管部门申请复检。复检机构与初检机构不得为同一机构。

采用快速检测方法进行农产品质量安全监督抽查检测,被抽查人对检测结果有异议的,可以自收到检测结果时起四小时内申请复检。复检不得采用快速检测方法。

复检机构应当自收到复检样品之日起七个工作日内出具检测报告。

因检测结果错误给当事人造成损害的,依法承担赔偿责任。

第五十二条 县级以上地方人民政府农业农村主管部门应当加强对农产品生产的监督管理,开展日常检查,重点检查农产品产地环境、农业投入品购买和使用、农产品生产记录、承诺达标合格证开具等情况。

国家鼓励和支持基层群众性自治组织建立农产品质量安全信息员工作制度,协助开展有关工作。

第五十三条 开展农产品质量安全监督检查,有权采取下列措施:

(一)进入生产经营场所进行现场检查,调查了解农产品质量安全的有关情况;

(二)查阅、复制农产品生产记录、购销台账等与农产品质量安全有关的资料;

(三)抽样检测生产经营的农产品和使用的农业投入品以及其他有关产品;

(四)查封、扣押有证据证明存在农产品质量安全隐患或者经检测不符合农产品质量安全标准的农产品;

(五)查封、扣押有证据证明可能危及农产品质量安全或者经检测不符合产品质量标准的农业投入品以及其他有毒有害物质;

(六)查封、扣押用于违法生产经营农产品的设施、设备、场所以及运输工具;

(七)收缴伪造的农产品质量标志。

农产品生产经营者应当协助、配合农产品质量安全监督检查,不得拒绝、阻挠。

第五十四条 县级以上人民政府农业农村等部门应当加强农产品质量安全信用体系建设,建立农产品生产经营者信用记录,记载行政处罚等信息,推进农产品质量安全信用信息的应用和管理。

第五十五条 农产品生产经营过程中存在质量安全隐患,未及时采取措施消除的,县级以上地方人民政府农业农村主管部门可以对农产品生产经营者的法定代表人或者主要负责人进行责任约谈。农产品生产经营者应当立即采取措施,进行整改,消除隐患。

第五十六条 国家鼓励消费者协会和其他单位或者个人对农产品质量安全进行社会监督,对农产品质量安全监督管理工作提出意见和建议。任何单位和个人有权对违反本法的行为进行检举控告、投诉举报。

县级以上人民政府农业农村主管部门应当建立农产品质量安全投诉举报制度,公开投诉举报渠道,收到投诉举报后,应当及时处理。对不属于本部门职责的,应当移交有权处理的部门并书面通知投诉举报人。

第五十七条 县级以上地方人民政府农业农村主管部门应当加强对农产品质量安全执法人员的专业技术培训并组织考核。不具备相应知识和能力的,不得从事农产品质量安全执法工作。

第五十八条 上级人民政府应当督促下级人民政府履行农产品质量安全职责。对农产品质量安全责任落实不力、问题突出的地方人民政府,上级人民政府可以对其主要负责人进行责任约谈。被约谈的地方人民政府应当立即采取整改措施。

第五十九条 国务院农业农村主管部门应当会同国务院有关部门制定国家农产品质量安全突发事件应急预案,并与国家食品安全事故应急预案相衔接。

县级以上地方人民政府应当根据有关法律、行政法规的规定和上级人民政府的农产品质量安全突发事件应急预案,制定本行政区域的农产品质量安全突发事件应急预案。

发生农产品质量安全事故时,有关单位和个人应当采取控制措施,及时向所在地乡镇人民政府和县级人民政府农业农村等部门报告;收到报告的机关应当按照农产品质量安全突发事件应急预案及时处理并报本级人民政府、上级人民政府有关部门。发生重大农产品质量安全事故时,按照规定上报国务院及其有关部门。

任何单位和个人不得隐瞒、谎报、缓报农产品质量安全事故,不得隐匿、伪造、毁灭有关证据。

第六十条 县级以上地方人民政府市场监督管理部门依照本法和《中华人民共和国食品安全法》等法律、法规的规定,对农产品进入批发、零售市场或者生产加工企业后的生产经营活动进行监督检查。

第六十一条 县级以上人民政府农业农村、市场监督管理等部门发现农产品质量安全违法行为涉嫌犯罪的,应当及时将案件移送公安机关。对移送的案件,公安机关应当及时审查;认为有犯罪事实需要追究刑事责任的,应当立案侦查。

公安机关对依法不需要追究刑事责任但应当给予行政处罚的,应当及时将案件移送农业农村、市场监督管理等部门,有关部门应当依法处理。

公安机关商请农业农村、市场监督管理、生态环境等部门提供检验结论、认定意见以及对涉案农产品进行无害化处理等协助的,有关部门应当及时提供、予以协助。

第七章 法律责任

第六十二条 违反本法规定,地方各级人民政府有下列情形之一的,对直接负责的主管人员和其他直接责任人员给予警告、记过、记大过处分;造成严重后果的,给予降级或者撤职处分:

(一)未确定有关部门的农产品质量安全监督管理工作职责,未建立健全农产品质量安全工作机制,或者未落实农产品质量安全监督管理责任;

(二)未制定本行政区域的农产品质量安全突发事件应急预案,或者发生农产品质量安全事故后未按照规定启动应急预案。

第六十三条 违反本法规定,县级以上人民政府农业农村等部门有下列行为之一的,对直接负责的主管人员和其他直接责任人员给予记大过处分;情节较重的,给予降级或者撤职处分;情节严重的,给予开除处分;造成严重后果的,其主要负责人还应当引咎辞职:

(一)隐瞒、谎报、缓报农产品质量安全事故或者隐匿、伪造、毁灭有关证据;

(二)未按照规定查处农产品质量安全事故,或者接到农产品质量安全事故报告未及时处理,造成事故扩大或者蔓延;

(三)发现农产品质量安全重大风险隐患后,未及时采取相应措施,造成农产品质量安全事故或者不良社会影响;

(四)不履行农产品质量安全监督管理职责,导致发生农产品质量安全事故。

第六十四条 县级以上地方人民政府农业农村、市场监督管理等部门在履行农产品质量安全监督管理职责过程中,违法实施检查、强制等执法措施,给农产品生产经营者造成损失的,应当依法予以赔偿,对直接负责的主管人员和其他直接责任人员依法给予处分。

第六十五条 农产品质量安全检测机构、检测人员出具虚假检测报告的,由县级以上人民政府农业农村主管部门没收所收取的检测费用,检测费用不足一万元的,并处五万元以上十万元以下罚款,检测费用一万元以上的,并处检测费用五倍以上十倍以下罚款;对直接负责的主管人员和其他直接责任人员处一万元以上五万元以下罚款;使消费者的合法权益受到损害的,农产品质量安全检测机构应当与农产品生产经营者承担连带责任。

因农产品质量安全违法行为受到刑事处罚或者因出具虚假检测报告导致发生重大农产品质量安全事故的检测人员,终身不得从事农产品质量安全检测工作。农产品质量安全检测机构不得聘用上述人员。

农产品质量安全检测机构有前两款违法行为的,由授予其资质的主管部门或者机构吊销该农产品质量安全检测机构的资质证书。

第六十六条 违反本法规定,在特定农产品禁止生产区域种植、养殖、捕捞、采集特定农产品或者建立特定农产品生产基地的,由县级以上地方人民政府农业农村主管部门责令停止违法行为,没收农产品和违法所得,并处违法所得一倍以上三倍以下罚款。

违反法律、法规规定,向农产品产地排放或者倾倒废水、废气、固体废物或者其他有毒有害物质的,依照有关环境保护法律、法规的规定处理、处罚;造成损害的,依法承担赔偿责任。

第六十七条 农药、肥料、农用薄膜等农业投入品的生产者、经营者、使用者未按照规定回收并妥善处置包装物或者废弃物的,由县级以上地方人民政府农业农村主管部门依照有关法律、法规的规定处理、处罚。

第六十八条 违反本法规定，农产品生产企业有下列情形之一的，由县级以上地方人民政府农业农村主管部门责令限期改正；逾期不改正的，处五千元以上五万元以下罚款：

（一）未建立农产品质量安全管理制度；

（二）未配备相应的农产品质量安全管理技术人员，且未委托具有专业技术知识的人员进行农产品质量安全指导。

第六十九条 农产品生产企业、农民专业合作社、农业社会化服务组织未依照本法规定建立、保存农产品生产记录，或者伪造、变造农产品生产记录的，由县级以上地方人民政府农业农村主管部门责令限期改正；逾期不改正的，处二千元以上二万元以下罚款。

第七十条 违反本法规定，农产品生产经营者有下列行为之一，尚不构成犯罪的，由县级以上地方人民政府农业农村主管部门责令停止生产经营、追回已经销售的农产品，对违法生产经营的农产品进行无害化处理或者予以监督销毁，没收违法所得，并可以没收用于违法生产经营的工具、设备、原料等物品；违法生产经营的农产品货值金额不足一万元的，并处十万元以上十五万元以下罚款，货值金额一万元以上的，并处货值金额十五倍以上三十倍以下罚款；对农户，并处一千元以上一万元以下罚款；情节严重的，有许可证的吊销许可证，并可以由公安机关对其直接负责的主管人员和其他直接责任人员处五日以上十五日以下拘留：

（一）在农产品生产经营过程中使用国家禁止使用的农业投入品或者其他有毒有害物质；

（二）销售含有国家禁止使用的农药、兽药或者其他化合物的农产品；

（三）销售病死、毒死或者死因不明的动物及其产品。

明知农产品生产经营者从事前款规定的违法行为，仍为其提供生产经营场所或者其他条件的，由县级以上地方人民政府农业农村主管部门责令停止违法行为，没收违法所得，并处十万元以上二十万元以下罚款；使消费者的合法权益受到损害的，应当与农产品生产经营者承担连带责任。

第七十一条 违反本法规定，农产品生产经营者有下列行为之一，尚不构成犯罪的，由县级以上地方人民政府农业农村主管部门责令停止生产经营、追回已经销售的农产品，对违法生产经营的农产品进行无害化处理或者予以监督销毁，没收违法所得，并可以没收用于违法生产经营的工具、设备、原料等物品；违法生产经营的农产品货值金额不足一万元的，并处五万元以上十万元以下罚款，货值金额一万元以上的，并处货值金额十倍以上二十倍以下罚款；对农户，并处五百元以上五千元以下罚款：

（一）销售农药、兽药等化学物质残留或者含有的重金属等有毒有害物质不符合农产品质量安全标准的农产品；

（二）销售含有的致病性寄生虫、微生物或者生物毒素不符合农产品质量安全标准的农产品；

（三）销售其他不符合农产品质量安全标准的农产品。

第七十二条 违反本法规定，农产品生产经营者有下列行为之一的，由县级以上地方人民政府农业农村主管部门责令停止生产经营、追回已经销售的农产品，对违法生产经营的农产品进行无害化处理或者予以监督销毁，没收违法所得，并可以没收用于违法生产经营的工具、设备、原料等物品；违法生产经营的农产品货值金额不足一万元的，并处五千元以上五万元以下罚款，货值金额一万元以上的，并处货值金额五倍以上十倍以下罚款；对农户，并处三百元以上三千元以下罚款：

（一）在农产品生产场所以及生产活动中使用的设施、设备、消毒剂、洗涤剂等不符合国家有关质量安全规定；

（二）未按照国家有关强制性标准或者其他农产品质量安全规定使用保鲜剂、防腐剂、添加剂、包装材料等，或者使用的保鲜剂、防腐剂、添加剂、包装材料等不符合国家有关强制性标准或者其他质量安全规定；

（三）将农产品与有毒有害物质一同储存、运输。

第七十三条 违反本法规定，有下列行为之一的，由县级以上地方人民政府农业农村主管部门按照职责给予批评教育，责令限期改正；逾期不改正的，处一百元以上一千元以下罚款：

（一）农产品生产企业、农民专业合作社、从事农产品收购的单位或者个人未按照规定开具承诺达标合格证；

（二）从事农产品收购的单位或者个人未按照规定收取、保存承诺达标合格证或者其他合格证明。

第七十四条 农产品生产经营者冒用农产品质量标志，或者销售冒用农产品质量标志的农产品的，由县级以上地方人民政府农业农村主管部门按照职责责令改正，没收违法所得；违法生产经营的农产品货值金额不足五千元的，并处五千元以上五万元以下罚款，货值金额五千元以上的，并处货值金额十倍以上二十倍以下罚款。

第七十五条　违反本法关于农产品质量安全追溯规定的，由县级以上地方人民政府农业农村主管部门按照职责责令限期改正；逾期不改正的，可以处一万元以下罚款。

第七十六条　违反本法规定，拒绝、阻挠依法开展的农产品质量安全监督检查、事故调查处理、抽样检测和风险评估的，由有关主管部门按照职责责令停产停业，并处二千元以上五万元以下罚款；构成违反治安管理行为的，由公安机关依法给予治安管理处罚。

第七十七条　《中华人民共和国食品安全法》对食用农产品进入批发、零售市场或者生产加工企业后的违法行为和法律责任有规定的，由县级以上地方人民政府市场监督管理部门依照其规定进行处罚。

第七十八条　违反本法规定，构成犯罪的，依法追究刑事责任。

第七十九条　违反本法规定，给消费者造成人身、财产或者其他损害的，依法承担民事赔偿责任。生产经营者财产不足以同时承担民事赔偿责任和缴纳罚款、罚金时，先承担民事赔偿责任。

食用农产品生产经营者违反本法规定，污染环境、侵害众多消费者合法权益，损害社会公共利益的，人民检察院可以依照《中华人民共和国民事诉讼法》《中华人民共和国行政诉讼法》等法律的规定向人民法院提起诉讼。

第八章　附　则

第八十条　粮食收购、储存、运输环节的质量安全管理，依照有关粮食管理的法律、行政法规执行。

第八十一条　本法自2023年1月1日起施行。

中华人民共和国消费者权益保护法

- 1993年10月31日第八届全国人民代表大会常务委员会第四次会议通过
- 根据2009年8月27日第十一届全国人民代表大会常务委员会第十次会议《关于修改部分法律的决定》第一次修正
- 根据2013年10月25日第十二届全国人民代表大会常务委员会第五次会议《关于修改〈中华人民共和国消费者权益保护法〉的决定》第二次修正

第一章　总　则

第一条　【立法宗旨】为保护消费者的合法权益，维护社会经济秩序，促进社会主义市场经济健康发展，制定本法。

第二条　【本法调整对象——消费者】消费者为生活消费需要购买、使用商品或者接受服务，其权益受本法保护；本法未作规定的，受其他有关法律、法规保护。

第三条　【本法调整对象——经营者】经营者为消费者提供其生产、销售的商品或者提供服务，应当遵守本法；本法未作规定的，应当遵守其他有关法律、法规。

第四条　【交易原则】经营者与消费者进行交易，应当遵循自愿、平等、公平、诚实信用的原则。

第五条　【国家保护消费者合法权益的职能】国家保护消费者的合法权益不受侵害。

国家采取措施，保障消费者依法行使权利，维护消费者的合法权益。

国家倡导文明、健康、节约资源和保护环境的消费方式，反对浪费。

第六条　【全社会共同保护消费者合法权益原则】保护消费者的合法权益是全社会的共同责任。

国家鼓励、支持一切组织和个人对损害消费者合法权益的行为进行社会监督。

大众传播媒介应当做好维护消费者合法权益的宣传，对损害消费者合法权益的行为进行舆论监督。

第二章　消费者的权利

第七条　【安全保障权】消费者在购买、使用商品和接受服务时享有人身、财产安全不受损害的权利。

消费者有权要求经营者提供的商品和服务，符合保障人身、财产安全的要求。

第八条　【知情权】消费者享有知悉其购买、使用的商品或者接受的服务的真实情况的权利。

消费者有权根据商品或者服务的不同情况，要求经营者提供商品的价格、产地、生产者、用途、性能、规格、等级、主要成份、生产日期、有效期限、检验合格证明、使用方法说明书、售后服务，或者服务的内容、规格、费用等有关情况。

第九条　【选择权】消费者享有自主选择商品或者服务的权利。

消费者有权自主选择提供商品或者服务的经营者，自主选择商品品种或者服务方式，自主决定购买或者不购买任何一种商品、接受或者不接受任何一项服务。

消费者在自主选择商品或者服务时，有权进行比较、鉴别和挑选。

第十条　【公平交易权】消费者享有公平交易的权利。

消费者在购买商品或者接受服务时，有权获得质量保障、价格合理、计量正确等公平交易条件，有权拒绝经营者的强制交易行为。

第十一条 【获得赔偿权】消费者因购买、使用商品或者接受服务受到人身、财产损害的,享有依法获得赔偿的权利。

第十二条 【成立维权组织权】消费者享有依法成立维护自身合法权益的社会组织的权利。

第十三条 【获得知识权】消费者享有获得有关消费和消费者权益保护方面的知识的权利。

消费者应当努力掌握所需商品或者服务的知识和使用技能,正确使用商品,提高自我保护意识。

第十四条 【受尊重权及信息得到保护权】消费者在购买、使用商品和接受服务时,享有人格尊严、民族风俗习惯得到尊重的权利,享有个人信息依法得到保护的权利。

第十五条 【监督权】消费者享有对商品和服务以及保护消费者权益工作进行监督的权利。

消费者有权检举、控告侵害消费者权益的行为和国家机关及其工作人员在保护消费者权益工作中的违法失职行为,有权对保护消费者权益工作提出批评、建议。

第三章 经营者的义务

第十六条 【经营者义务】经营者向消费者提供商品或者服务,应当依照本法和其他有关法律、法规的规定履行义务。

经营者和消费者有约定的,应当按照约定履行义务,但双方的约定不得违背法律、法规的规定。

经营者向消费者提供商品或者服务,应当恪守社会公德,诚信经营,保障消费者的合法权益;不得设定不公平、不合理的交易条件,不得强制交易。

第十七条 【听取意见、接受监督的义务】经营者应当听取消费者对其提供的商品或者服务的意见,接受消费者的监督。

第十八条 【安全保障义务】经营者应当保证其提供的商品或者服务符合保障人身、财产安全的要求。对可能危及人身、财产安全的商品和服务,应当向消费者作出真实的说明和明确的警示,并说明和标明正确使用商品或者接受服务的方法以及防止危害发生的方法。

宾馆、商场、餐馆、银行、机场、车站、港口、影剧院等经营场所的经营者,应当对消费者尽到安全保障义务。

第十九条 【对存在缺陷的产品和服务及时采取措施的义务】经营者发现其提供的商品或者服务存在缺陷,有危及人身、财产安全危险的,应当立即向有关行政部门报告和告知消费者,并采取停止销售、警示、召回、无害化处理、销毁、停止生产或者服务等措施。采取召回措施的,经营者应当承担消费者因商品被召回支出的必要费用。

第二十条 【提供真实、全面信息的义务】经营者向消费者提供有关商品或者服务的质量、性能、用途、有效期限等信息,应当真实、全面,不得作虚假或者引人误解的宣传。

经营者对消费者就其提供的商品或者服务的质量和使用方法等问题提出的询问,应当作出真实、明确的答复。

经营者提供商品或者服务应当明码标价。

第二十一条 【标明真实名称和标记的义务】经营者应当标明其真实名称和标记。

租赁他人柜台或者场地的经营者,应当标明其真实名称和标记。

第二十二条 【出具发票的义务】经营者提供商品或者服务,应当按照国家有关规定或者商业惯例向消费者出具发票等购货凭证或者服务单据;消费者索要发票等购货凭证或者服务单据的,经营者必须出具。

第二十三条 【质量担保义务、瑕疵举证责任】经营者应当保证在正常使用商品或者接受服务的情况下其提供的商品或者服务应当具有的质量、性能、用途和有效期限;但消费者在购买该商品或者接受该服务前已经知道其存在瑕疵,且存在该瑕疵不违反法律强制性规定的除外。

经营者以广告、产品说明、实物样品或者其他方式表明商品或者服务的质量状况的,应当保证其提供的商品或者服务的实际质量与表明的质量状况相符。

经营者提供的机动车、计算机、电视机、电冰箱、空调器、洗衣机等耐用商品或者装饰装修等服务,消费者自接受商品或者服务之日起六个月内发现瑕疵,发生争议的,由经营者承担有关瑕疵的举证责任。

第二十四条 【退货、更换、修理义务】经营者提供的商品或者服务不符合质量要求的,消费者可以依照国家规定、当事人约定退货,或者要求经营者履行更换、修理等义务。没有国家规定和当事人约定的,消费者可以自收到商品之日起七日内退货;七日后符合法定解除合同条件的,消费者可以及时退货,不符合法定解除合同条件的,可以要求经营者履行更换、修理等义务。

依照前款规定进行退货、更换、修理的,经营者应当承担运输等必要费用。

第二十五条 【无理由退货制度】经营者采用网络、电视、电话、邮购等方式销售商品,消费者有权自收到商品之日起七日内退货，且无需说明理由，但下列商品除外：

（一）消费者定作的；

（二）鲜活易腐的；

（三）在线下载或者消费者拆封的音像制品、计算机软件等数字化商品；

（四）交付的报纸、期刊。

除前款所列商品外，其他根据商品性质并经消费者在购买时确认不宜退货的商品，不适用无理由退货。

消费者退货的商品应当完好。经营者应当自收到退回商品之日起七日内返还消费者支付的商品价款。退回商品的运费由消费者承担；经营者和消费者另有约定的，按照约定。

第二十六条【格式条款的限制】经营者在经营活动中使用格式条款的，应当以显著方式提请消费者注意商品或者服务的数量和质量、价款或者费用、履行期限和方式、安全注意事项和风险警示、售后服务、民事责任等与消费者有重大利害关系的内容，并按照消费者的要求予以说明。

经营者不得以格式条款、通知、声明、店堂告示等方式，作出排除或者限制消费者权利、减轻或者免除经营者责任、加重消费者责任等对消费者不公平、不合理的规定，不得利用格式条款并借助技术手段强制交易。

格式条款、通知、声明、店堂告示等含有前款所列内容的，其内容无效。

第二十七条【不得侵犯人格尊严和人身自由的义务】经营者不得对消费者进行侮辱、诽谤，不得搜查消费者的身体及其携带的物品，不得侵犯消费者的人身自由。

第二十八条【特定领域经营者的信息披露义务】采用网络、电视、电话、邮购等方式提供商品或者服务的经营者，以及提供证券、保险、银行等金融服务的经营者，应当向消费者提供经营地址、联系方式、商品或者服务的数量和质量、价款或者费用、履行期限和方式、安全注意事项和风险警示、售后服务、民事责任等信息。

第二十九条【收集、使用消费者个人信息】经营者收集、使用消费者个人信息，应当遵循合法、正当、必要的原则，明示收集、使用信息的目的、方式和范围，并经消费者同意。经营者收集、使用消费者个人信息，应当公开其收集、使用规则，不得违反法律、法规的规定和双方的约定收集、使用信息。

经营者及其工作人员对收集的消费者个人信息必须严格保密，不得泄露、出售或者非法向他人提供。经营者应当采取技术措施和其他必要措施，确保信息安全，防止消费者个人信息泄露、丢失。在发生或者可能发生信息泄露、丢失的情况时，应当立即采取补救措施。

经营者未经消费者同意或者请求，或者消费者明确表示拒绝的，不得向其发送商业性信息。

第四章 国家对消费者合法权益的保护

第三十条【听取消费者的意见】国家制定有关消费者权益的法律、法规、规章和强制性标准，应当听取消费者和消费者协会等组织的意见。

第三十一条【各级政府的职责】各级人民政府应当加强领导，组织、协调、督促有关行政部门做好保护消费者合法权益的工作，落实保护消费者合法权益的职责。

各级人民政府应当加强监督，预防危害消费者人身、财产安全行为的发生，及时制止危害消费者人身、财产安全的行为。

第三十二条【工商部门的职责】各级人民政府工商行政管理部门和其他有关行政部门应当依照法律、法规的规定，在各自的职责范围内，采取措施，保护消费者的合法权益。

有关行政部门应当听取消费者和消费者协会等组织对经营者交易行为、商品和服务质量问题的意见，及时调查处理。

第三十三条【抽查检验的职责】有关行政部门在各自的职责范围内，应当定期或者不定期对经营者提供的商品和服务进行抽查检验，并及时向社会公布抽查检验结果。

有关行政部门发现并认定经营者提供的商品或者服务存在缺陷，有危及人身、财产安全危险的，应当立即责令经营者采取停止销售、警示、召回、无害化处理、销毁、停止生产或者服务等措施。

第三十四条【行政部门的职责】有关国家机关应当依照法律、法规的规定，惩处经营者在提供商品和服务中侵害消费者合法权益的违法犯罪行为。

第三十五条【人民法院的职责】人民法院应当采取措施，方便消费者提起诉讼。对符合《中华人民共和国民事诉讼法》起诉条件的消费者权益争议，必须受理，及时审理。

第五章 消费者组织

第三十六条【消费者协会】消费者协会和其他消费者组织是依法成立的对商品和服务进行社会监督的保护消费者合法权益的社会组织。

第三十七条【消费者协会的公益性职责】消费者

协会履行下列公益性职责：

（一）向消费者提供消费信息和咨询服务，提高消费者维护自身合法权益的能力，引导文明、健康、节约资源和保护环境的消费方式；

（二）参与制定有关消费者权益的法律、法规、规章和强制性标准；

（三）参与有关行政部门对商品和服务的监督、检查；

（四）就有关消费者合法权益的问题，向有关部门反映、查询、提出建议；

（五）受理消费者的投诉，并对投诉事项进行调查、调解；

（六）投诉事项涉及商品和服务质量问题的，可以委托具备资格的鉴定人鉴定，鉴定人应当告知鉴定意见；

（七）就损害消费者合法权益的行为，支持受损害的消费者提起诉讼或者依照本法提起诉讼；

（八）对损害消费者合法权益的行为，通过大众传播媒介予以揭露、批评。

各级人民政府对消费者协会履行职责应当予以必要的经费等支持。

消费者协会应当认真履行保护消费者合法权益的职责，听取消费者的意见和建议，接受社会监督。

依法成立的其他消费者组织依照法律、法规及其章程的规定，开展保护消费者合法权益的活动。

第三十八条　【消费者组织的禁止行为】消费者组织不得从事商品经营和营利性服务，不得以收取费用或者其他牟取利益的方式向消费者推荐商品和服务。

第六章　争议的解决

第三十九条　【争议解决的途径】消费者和经营者发生消费者权益争议的，可以通过下列途径解决：

（一）与经营者协商和解；

（二）请求消费者协会或者依法成立的其他调解组织调解；

（三）向有关行政部门投诉；

（四）根据与经营者达成的仲裁协议提请仲裁机构仲裁；

（五）向人民法院提起诉讼。

第四十条　【消费者索赔的权利】消费者在购买、使用商品时，其合法权益受到损害的，可以向销售者要求赔偿。销售者赔偿后，属于生产者的责任或者属于向销售者提供商品的其他销售者的责任的，销售者有权向生产者或者其他销售者追偿。

消费者或者其他受害人因商品缺陷造成人身、财产损害的，可以向销售者要求赔偿，也可以向生产者要求赔偿。属于生产者责任的，销售者赔偿后，有权向生产者追偿。属于销售者责任的，生产者赔偿后，有权向销售者追偿。

消费者在接受服务时，其合法权益受到损害的，可以向服务者要求赔偿。

第四十一条　【企业变更后的索赔】消费者在购买、使用商品或者接受服务时，其合法权益受到损害，因原企业分立、合并的，可以向变更后承受其权利义务的企业要求赔偿。

第四十二条　【营业执照出借人或借用人的连带责任】使用他人营业执照的违法经营者提供商品或者服务，损害消费者合法权益的，消费者可以向其要求赔偿，也可以向营业执照的持有人要求赔偿。

第四十三条　【展销会、租赁柜台的责任】消费者在展销会、租赁柜台购买商品或者接受服务，其合法权益受到损害的，可以向销售者或者服务者要求赔偿。展销会结束或者柜台租赁期满后，也可以向展销会的举办者、柜台的出租者要求赔偿。展销会的举办者、柜台的出租者赔偿后，有权向销售者或者服务者追偿。

第四十四条　【网络交易平台提供者的责任】消费者通过网络交易平台购买商品或者接受服务，其合法权益受到损害的，可以向销售者或者服务者要求赔偿。网络交易平台提供者不能提供销售者或者服务者的真实名称、地址和有效联系方式的，消费者也可以向网络交易平台提供者要求赔偿；网络交易平台提供者作出更有利于消费者的承诺的，应当履行承诺。网络交易平台提供者赔偿后，有权向销售者或者服务者追偿。

网络交易平台提供者明知或者应知销售者或者服务者利用其平台侵害消费者合法权益，未采取必要措施的，依法与该销售者或者服务者承担连带责任。

第四十五条　【虚假广告相关责任人的责任】消费者因经营者利用虚假广告或者其他虚假宣传方式提供商品或者服务，其合法权益受到损害的，可以向经营者要求赔偿。广告经营者、发布者发布虚假广告的，消费者可以请求行政主管部门予以惩处。广告经营者、发布者不能提供经营者的真实名称、地址和有效联系方式的，应当承担赔偿责任。

广告经营者、发布者设计、制作、发布关系消费者生命健康商品或者服务的虚假广告，造成消费者损害的，应当与提供该商品或者服务的经营者承担连带责任。

社会团体或者其他组织、个人在关系消费者生命健康商品或者服务的虚假广告或者其他虚假宣传中向消费者推荐商品或者服务,造成消费者损害的,应当与提供该商品或者服务的经营者承担连带责任。

第四十六条 【投诉】消费者向有关行政部门投诉的,该部门应当自收到投诉之日起七个工作日内,予以处理并告知消费者。

第四十七条 【消费者协会的诉权】对侵害众多消费者合法权益的行为,中国消费者协会以及在省、自治区、直辖市设立的消费者协会,可以向人民法院提起诉讼。

第七章 法律责任

第四十八条 【经营者承担责任的情形】经营者提供商品或者服务有下列情形之一的,除本法另有规定外,应当依照其他有关法律、法规的规定,承担民事责任:

(一)商品或者服务存在缺陷的;

(二)不具备商品应当具备的使用性能而出售时未作说明的;

(三)不符合在商品或者其包装上注明采用的商品标准的;

(四)不符合商品说明、实物样品等方式表明的质量状况的;

(五)生产国家明令淘汰的商品或者销售失效、变质的商品的;

(六)销售的商品数量不足的;

(七)服务的内容和费用违反约定的;

(八)对消费者提出的修理、重作、更换、退货、补足商品数量、退还货款和服务费用或者赔偿损失的要求,故意拖延或者无理拒绝的;

(九)法律、法规规定的其他损害消费者权益的情形。

经营者对消费者未尽到安全保障义务,造成消费者损害的,应当承担侵权责任。

第四十九条 【造成人身损害的赔偿责任】经营者提供商品或者服务,造成消费者或者其他受害人人身伤害的,应当赔偿医疗费、护理费、交通费等为治疗和康复支出的合理费用,以及因误工减少的收入。造成残疾的,还应当赔偿残疾生活辅助具费和残疾赔偿金。造成死亡的,还应当赔偿丧葬费和死亡赔偿金。

第五十条 【侵犯人格尊严的弥补】经营者侵害消费者的人格尊严、侵犯消费者人身自由或者侵害消费者个人信息依法得到保护的权利的,应当停止侵害、恢复名誉、消除影响、赔礼道歉,并赔偿损失。

第五十一条 【精神损害赔偿责任】经营者有侮辱诽谤、搜查身体、侵犯人身自由等侵害消费者或者其他受害人人身权益的行为,造成严重精神损害的,受害人可以要求精神损害赔偿。

第五十二条 【造成财产损害的民事责任】经营者提供商品或者服务,造成消费者财产损害的,应当依照法律规定或者当事人约定承担修理、重作、更换、退货、补足商品数量、退还货款和服务费用或者赔偿损失等民事责任。

第五十三条 【预付款后未履约的责任】经营者以预收款方式提供商品或者服务的,应当按照约定提供。未按照约定提供的,应当按照消费者的要求履行约定或者退回预付款;并应当承担预付款的利息、消费者必须支付的合理费用。

第五十四条 【退货责任】依法经有关行政部门认定为不合格的商品,消费者要求退货的,经营者应当负责退货。

第五十五条 【惩罚性赔偿】经营者提供商品或者服务有欺诈行为的,应当按照消费者的要求增加赔偿其受到的损失,增加赔偿的金额为消费者购买商品的价款或者接受服务的费用的三倍;增加赔偿的金额不足五百元的,为五百元。法律另有规定的,依照其规定。

经营者明知商品或者服务存在缺陷,仍然向消费者提供,造成消费者或者其他受害人死亡或者健康严重损害的,受害人有权要求经营者依照本法第四十九条、第五十一条等法律规定赔偿损失,并有权要求所受损失二倍以下的惩罚性赔偿。

第五十六条 【严重处罚的情形】经营者有下列情形之一,除承担相应的民事责任外,其他有关法律、法规对处罚机关和处罚方式有规定的,依照法律、法规的规定执行;法律、法规未作规定的,由工商行政管理部门或者其他有关行政部门责令改正,可以根据情节单处或者并处警告、没收违法所得、处以违法所得一倍以上十倍以下的罚款,没有违法所得的,处以五十万元以下的罚款;情节严重的,责令停业整顿、吊销营业执照:

(一)提供的商品或者服务不符合保障人身、财产安全要求的;

(二)在商品中掺杂、掺假,以假充真,以次充好,或者以不合格商品冒充合格商品的;

(三)生产国家明令淘汰的商品或者销售失效、变质的商品的;

(四)伪造商品的产地,伪造或者冒用他人的厂名、厂址,篡改生产日期,伪造或者冒用认证标志等质量标志的;

(五)销售的商品应当检验、检疫而未检验、检疫或

者伪造检验、检疫结果的;

（六）对商品或者服务作虚假或者引人误解的宣传的;

（七）拒绝或者拖延有关行政部门责令对缺陷商品或者服务采取停止销售、警示、召回、无害化处理、销毁、停止生产或者服务等措施的;

（八）对消费者提出的修理、重作、更换、退货、补足商品数量、退还货款和服务费用或者赔偿损失的要求，故意拖延或者无理拒绝的;

（九）侵害消费者人格尊严、侵犯消费者人身自由或者侵害消费者个人信息依法得到保护的权利的;

（十）法律、法规规定的对损害消费者权益应当予以处罚的其他情形。

经营者有前款规定情形的，除依照法律、法规规定予以处罚外，处罚机关应当记入信用档案，向社会公布。

第五十七条 【经营者的刑事责任】 经营者违反本法规定提供商品或者服务，侵害消费者合法权益，构成犯罪的，依法追究刑事责任。

第五十八条 【民事赔偿责任优先原则】 经营者违反本法规定，应当承担民事赔偿责任和缴纳罚款、罚金，其财产不足以同时支付的，先承担民事赔偿责任。

第五十九条 【经营者的权利】 经营者对行政处罚决定不服的，可以依法申请行政复议或者提起行政诉讼。

第六十条 【暴力抗法的责任】 以暴力、威胁等方法阻碍有关行政部门工作人员依法执行职务的，依法追究刑事责任;拒绝、阻碍有关行政部门工作人员依法执行职务，未使用暴力、威胁方法的，由公安机关依照《中华人民共和国治安管理处罚法》的规定处罚。

第六十一条 【国家机关工作人员的责任】 国家机关工作人员玩忽职守或者包庇经营者侵害消费者合法权益的行为的，由其所在单位或者上级机关给予行政处分;情节严重，构成犯罪的，依法追究刑事责任。

第八章 附 则

第六十二条 【购买农业生产资料的参照执行】 农民购买、使用直接用于农业生产的生产资料，参照本法执行。

第六十三条 【实施日期】 本法自 1994 年 1 月 1 日起施行。

中华人民共和国食品安全法

- 2009 年 2 月 28 日第十一届全国人民代表大会常务委员会第七次会议通过
- 2015 年 4 月 24 日第十二届全国人民代表大会常务委员会第十四次会议修订
- 根据 2018 年 12 月 29 日第十三届全国人民代表大会常务委员会第七次会议《关于修改〈中华人民共和国产品质量法〉等五部法律的决定》第一次修正
- 根据 2021 年 4 月 29 日第十三届全国人民代表大会常务委员会第二十八次会议《关于修改〈中华人民共和国道路交通安全法〉等八部法律的决定》第二次修正

第一章 总 则

第一条 【立法目的】 为了保证食品安全，保障公众身体健康和生命安全，制定本法。

第二条 【适用范围】 在中华人民共和国境内从事下列活动，应当遵守本法：

（一）食品生产和加工（以下称食品生产），食品销售和餐饮服务（以下称食品经营）;

（二）食品添加剂的生产经营;

（三）用于食品的包装材料、容器、洗涤剂、消毒剂和用于食品生产经营的工具、设备（以下称食品相关产品）的生产经营;

（四）食品生产经营者使用食品添加剂、食品相关产品;

（五）食品的贮存和运输;

（六）对食品、食品添加剂、食品相关产品的安全管理。

供食用的源于农业的初级产品（以下称食用农产品）的质量安全管理，遵守《中华人民共和国农产品质量安全法》的规定。但是，食用农产品的市场销售、有关质量安全标准的制定、有关安全信息的公布和本法对农业投入品作出规定的，应当遵守本法的规定。

第三条 【食品安全工作原则】 食品安全工作实行预防为主、风险管理、全程控制、社会共治，建立科学、严格的监督管理制度。

第四条 【食品生产经营者的责任】 食品生产经营者对其生产经营食品的安全负责。

食品生产经营者应当依照法律、法规和食品安全标准从事生产经营活动，保证食品安全，诚信自律，对社会和公众负责，接受社会监督，承担社会责任。

第五条 【食品安全管理体制】 国务院设立食品安全委员会，其职责由国务院规定。

国务院食品安全监督管理部门依照本法和国务院规定的职责,对食品生产经营活动实施监督管理。

国务院卫生行政部门依照本法和国务院规定的职责,组织开展食品安全风险监测和风险评估,会同国务院食品安全监督管理部门制定并公布食品安全国家标准。

国务院其他有关部门依照本法和国务院规定的职责,承担有关食品安全工作。

第六条　【地方政府食品安全监督管理职责】县级以上地方人民政府对本行政区域的食品安全监督管理工作负责,统一领导、组织、协调本行政区域的食品安全监督管理工作以及食品安全突发事件应对工作,建立健全食品安全全程监督管理工作机制和信息共享机制。

县级以上地方人民政府依照本法和国务院的规定,确定本级食品安全监督管理、卫生行政部门和其他有关部门的职责。有关部门在各自职责范围内负责本行政区域的食品安全监督管理工作。

县级人民政府食品安全监督管理部门可以在乡镇或者特定区域设立派出机构。

第七条　【地方政府食品安全责任制】县级以上地方人民政府实行食品安全监督管理责任制。上级人民政府负责对下一级人民政府的食品安全监督管理工作进行评议、考核。县级以上地方人民政府负责对本级食品安全监督管理部门和其他有关部门的食品安全监督管理工作进行评议、考核。

第八条　【政府对食品安全工作的财政保障和监管职责】县级以上人民政府应当将食品安全工作纳入本级国民经济和社会发展规划,将食品安全工作经费列入本级政府财政预算,加强食品安全监督管理能力建设,为食品安全工作提供保障。

县级以上人民政府食品安全监督管理部门和其他有关部门应当加强沟通、密切配合,按照各自职责分工,依法行使职权,承担责任。

第九条　【食品行业协会和消费者协会的责任】食品行业协会应当加强行业自律,按照章程建立健全行业规范和奖惩机制,提供食品安全信息、技术等服务,引导和督促食品生产经营者依法生产经营,推动行业诚信建设,宣传、普及食品安全知识。

消费者协会和其他消费者组织对违反本法规定,损害消费者合法权益的行为,依法进行社会监督。

第十条　【食品安全宣传教育和舆论监督】各级人民政府应当加强食品安全的宣传教育,普及食品安全知识,鼓励社会组织、基层群众性自治组织、食品生产经营者开展食品安全法律、法规以及食品安全标准和知识的普及工作,倡导健康的饮食方式,增强消费者食品安全意识和自我保护能力。

新闻媒体应当开展食品安全法律、法规以及食品安全标准和知识的公益宣传,并对食品安全违法行为进行舆论监督。有关食品安全的宣传报道应当真实、公正。

第十一条　【食品安全研究和农药管理】国家鼓励和支持开展与食品安全有关的基础研究、应用研究,鼓励和支持食品生产经营者为提高食品安全水平采用先进技术和先进管理规范。

国家对农药的使用实行严格的管理制度,加快淘汰剧毒、高毒、高残留农药,推动替代产品的研发和应用,鼓励使用高效低毒低残留农药。

第十二条　【社会监督】任何组织或者个人有权举报食品安全违法行为,依法向有关部门了解食品安全信息,对食品安全监督管理工作提出意见和建议。

第十三条　【表彰、奖励有突出贡献的单位和个人】对在食品安全工作中做出突出贡献的单位和个人,按照国家有关规定给予表彰、奖励。

第二章　食品安全风险监测和评估

第十四条　【食品安全风险监测制度】国家建立食品安全风险监测制度,对食源性疾病、食品污染以及食品中的有害因素进行监测。

国务院卫生行政部门会同国务院食品安全监督管理等部门,制定、实施国家食品安全风险监测计划。

国务院食品安全监督管理部门和其他有关部门获知有关食品安全风险信息后,应当立即核实并向国务院卫生行政部门通报。对有关部门通报的食品安全风险信息以及医疗机构报告的食源性疾病等有关疾病信息,国务院卫生行政部门应当会同国务院有关部门分析研究,认为必要的,及时调整国家食品安全风险监测计划。

省、自治区、直辖市人民政府卫生行政部门会同同级食品安全监督管理等部门,根据国家食品安全风险监测计划,结合本行政区域的具体情况,制定、调整本行政区域的食品安全风险监测方案,报国务院卫生行政部门备案并实施。

第十五条　【食品安全风险监测工作】承担食品安全风险监测工作的技术机构应当根据食品安全风险监测计划和监测方案开展监测工作,保证监测数据真实、准确,并按照食品安全风险监测计划和监测方案的要求报送监测数据和分析结果。

食品安全风险监测工作人员有权进入相关食用农产

品种植养殖、食品生产经营场所采集样品、收集相关数据。采集样品应当按照市场价格支付费用。

第十六条 【及时通报食品安全风险监测结果】食品安全风险监测结果表明可能存在食品安全隐患的,县级以上人民政府卫生行政部门应当及时将相关信息通报同级食品安全监督管理等部门,并报告本级人民政府和上级人民政府卫生行政部门。食品安全监督管理等部门应当组织开展进一步调查。

第十七条 【食品安全风险评估制度】国家建立食品安全风险评估制度,运用科学方法,根据食品安全风险监测信息、科学数据以及有关信息,对食品、食品添加剂、食品相关产品中生物性、化学性和物理性危害因素进行风险评估。

国务院卫生行政部门负责组织食品安全风险评估工作,成立由医学、农业、食品、营养、生物、环境等方面的专家组成的食品安全风险评估专家委员会进行食品安全风险评估。食品安全风险评估结果由国务院卫生行政部门公布。

对农药、肥料、兽药、饲料和饲料添加剂等的安全性评估,应当有食品安全风险评估专家委员会的专家参加。

食品安全风险评估不得向生产经营者收取费用,采集样品应当按照市场价格支付费用。

第十八条 【食品安全风险评估法定情形】有下列情形之一的,应当进行食品安全风险评估:

(一)通过食品安全风险监测或者接到举报发现食品、食品添加剂、食品相关产品可能存在安全隐患的;

(二)为制定或者修订食品安全国家标准提供科学依据需要进行风险评估的;

(三)为确定监督管理的重点领域、重点品种需要进行风险评估的;

(四)发现新的可能危害食品安全因素的;

(五)需要判断某一因素是否构成食品安全隐患的;

(六)国务院卫生行政部门认为需要进行风险评估的其他情形。

第十九条 【监管部门在食品安全风险评估中的配合协作义务】国务院食品安全监督管理、农业行政等部门在监督管理工作中发现需要进行食品安全风险评估的,应当向国务院卫生行政部门提出食品安全风险评估的建议,并提供风险来源、相关检验数据和结论等信息、资料。属于本法第十八条规定情形的,国务院卫生行政部门应当及时进行食品安全风险评估,并向国务院有关部门通报评估结果。

第二十条 【卫生行政、农业行政部门相互通报有关信息】省级以上人民政府卫生行政、农业行政部门应当及时相互通报食品、食用农产品安全风险监测信息。

国务院卫生行政、农业行政部门应当及时相互通报食品、食用农产品安全风险评估结果等信息。

第二十一条 【食品安全风险评估结果】食品安全风险评估结果是制定、修订食品安全标准和实施食品安全监督管理的科学依据。

经食品安全风险评估,得出食品、食品添加剂、食品相关产品不安全结论的,国务院食品安全监督管理等部门应当依据各自职责立即向社会公告,告知消费者停止食用或者使用,并采取相应措施,确保该食品、食品添加剂、食品相关产品停止生产经营;需要制定、修订相关食品安全国家标准的,国务院卫生行政部门应当会同国务院食品安全监督管理部门立即制定、修订。

第二十二条 【综合分析食品安全状况并公布警示】国务院食品安全监督管理部门应当会同国务院有关部门,根据食品安全风险评估结果、食品安全监督管理信息,对食品安全状况进行综合分析。对经综合分析表明可能具有较高程度安全风险的食品,国务院食品安全监督管理部门应当及时提出食品安全风险警示,并向社会公布。

第二十三条 【食品安全风险交流】县级以上人民政府食品安全监督管理部门和其他有关部门、食品安全风险评估专家委员会及其技术机构,应当按照科学、客观、及时、公开的原则,组织食品生产经营者、食品检验机构、认证机构、食品行业协会、消费者协会以及新闻媒体等,就食品安全风险评估信息和食品安全监督管理信息进行交流沟通。

第三章 食品安全标准

第二十四条 【食品安全标准制定原则】制定食品安全标准,应当以保障公众身体健康为宗旨,做到科学合理、安全可靠。

第二十五条 【食品安全标准强制性】食品安全标准是强制执行的标准。除食品安全标准外,不得制定其他食品强制性标准。

第二十六条 【食品安全标准的内容】食品安全标准应当包括下列内容:

(一)食品、食品添加剂、食品相关产品中的致病性微生物,农药残留、兽药残留、生物毒素、重金属等污染物质以及其他危害人体健康物质的限量规定;

(二)食品添加剂的品种、使用范围、用量;

(三)专供婴幼儿和其他特定人群的主辅食品的营

（四）对与卫生、营养等食品安全要求有关的标签、标志、说明书的要求；

（五）食品生产经营过程的卫生要求；

（六）与食品安全有关的质量要求；

（七）与食品安全有关的食品检验方法与规程；

（八）其他需要制定为食品安全标准的内容。

第二十七条　【食品安全国家标准制定、公布主体】食品安全国家标准由国务院卫生行政部门会同国务院食品安全监督管理部门制定、公布，国务院标准化行政部门提供国家标准编号。

食品中农药残留、兽药残留的限量规定及其检验方法与规程由国务院卫生行政部门、国务院农业行政部门会同国务院食品安全监督管理部门制定。

屠宰畜、禽的检验规程由国务院农业行政部门会同国务院卫生行政部门制定。

第二十八条　【制定食品安全国家标准要求和程序】制定食品安全国家标准，应当依据食品安全风险评估结果并充分考虑食用农产品安全风险评估结果，参照相关的国际标准和国际食品安全风险评估结果，并将食品安全国家标准草案向社会公布，广泛听取食品生产经营者、消费者、有关部门等方面的意见。

食品安全国家标准应当经国务院卫生行政部门组织的食品安全国家标准审评委员会审查通过。食品安全国家标准审评委员会由医学、农业、食品、营养、生物、环境等方面的专家以及国务院有关部门、食品行业协会、消费者协会的代表组成，对食品安全国家标准草案的科学性和实用性等进行审查。

第二十九条　【食品安全地方标准】对地方特色食品，没有食品安全国家标准的，省、自治区、直辖市人民政府卫生行政部门可以制定并公布食品安全地方标准，报国务院卫生行政部门备案。食品安全国家标准制定后，该地方标准即行废止。

第三十条　【食品安全企业标准】国家鼓励食品生产企业制定严于食品安全国家标准或者地方标准的企业标准，在本企业适用，并报省、自治区、直辖市人民政府卫生行政部门备案。

第三十一条　【食品安全标准公布和有关问题解答】省级以上人民政府卫生行政部门应当在其网站上公布制定和备案的食品安全国家标准、地方标准和企业标准，供公众免费查阅、下载。

对食品安全标准执行过程中的问题，县级以上人民政府卫生行政部门应当会同有关部门及时给予指导、解答。

第三十二条　【食品安全标准跟踪评价和执行】省级以上人民政府卫生行政部门应当会同同级食品安全监督管理、农业行政等部门，分别对食品安全国家标准和地方标准的执行情况进行跟踪评价，并根据评价结果及时修订食品安全标准。

省级以上人民政府食品安全监督管理、农业行政等部门应当对食品安全标准执行中存在的问题进行收集、汇总，并及时向同级卫生行政部门通报。

食品生产经营者、食品行业协会发现食品安全标准在执行中存在问题的，应当立即向卫生行政部门报告。

第四章　食品生产经营

第一节　一般规定

第三十三条　【食品生产经营要求】食品生产经营应当符合食品安全标准，并符合下列要求：

（一）具有与生产经营的食品品种、数量相适应的食品原料处理和食品加工、包装、贮存等场所，保持该场所环境整洁，并与有毒、有害场所以及其他污染源保持规定的距离；

（二）具有与生产经营的食品品种、数量相适应的生产经营设备或者设施，有相应的消毒、更衣、盥洗、采光、照明、通风、防腐、防尘、防蝇、防鼠、防虫、洗涤以及处理废水、存放垃圾和废弃物的设备或者设施；

（三）有专职或者兼职的食品安全专业技术人员、食品安全管理人员和保证食品安全的规章制度；

（四）具有合理的设备布局和工艺流程，防止待加工食品与直接入口食品、原料与成品交叉污染，避免食品接触有毒物、不洁物；

（五）餐具、饮具和盛放直接入口食品的容器，使用前应当洗净、消毒，炊具、用具用后应当洗净，保持清洁；

（六）贮存、运输和装卸食品的容器、工具和设备应当安全、无害，保持清洁，防止食品污染，并符合保证食品安全所需的温度、湿度等特殊要求，不得将食品与有毒、有害物品一同贮存、运输；

（七）直接入口的食品应当使用无毒、清洁的包装材料、餐具、饮具和容器；

（八）食品生产经营人员应当保持个人卫生，生产经营食品时，应当将手洗净，穿戴清洁的工作衣、帽等；销售无包装的直接入口食品时，应当使用无毒、清洁的容器、售货工具和设备；

(九)用水应当符合国家规定的生活饮用水卫生标准;

(十)使用的洗涤剂、消毒剂应当对人体安全、无害;

(十一)法律、法规规定的其他要求。

非食品生产经营者从事食品贮存、运输和装卸的,应当符合前款第六项的规定。

第三十四条 【禁止生产经营的食品、食品添加剂、食品相关产品】禁止生产经营下列食品、食品添加剂、食品相关产品:

(一)用非食品原料生产的食品或者添加食品添加剂以外的化学物质和其他可能危害人体健康物质的食品,或者用回收食品作为原料生产的食品;

(二)致病性微生物,农药残留、兽药残留、生物毒素、重金属等污染物质以及其他危害人体健康的物质含量超过食品安全标准限量的食品、食品添加剂、食品相关产品;

(三)用超过保质期的食品原料、食品添加剂生产的食品、食品添加剂;

(四)超范围、超限量使用食品添加剂的食品;

(五)营养成分不符合食品安全标准的专供婴幼儿和其他特定人群的主辅食品;

(六)腐败变质、油脂酸败、霉变生虫、污秽不洁、混有异物、掺假掺杂或者感官性状异常的食品、食品添加剂;

(七)病死、毒死或者死因不明的禽、畜、兽、水产动物肉类及其制品;

(八)未按规定进行检疫或者检疫不合格的肉类,或者未经检验或者检验不合格的肉类制品;

(九)被包装材料、容器、运输工具等污染的食品、食品添加剂;

(十)标注虚假生产日期、保质期或者超过保质期的食品、食品添加剂;

(十一)无标签的预包装食品、食品添加剂;

(十二)国家为防病等特殊需要明令禁止生产经营的食品;

(十三)其他不符合法律、法规或者食品安全标准的食品、食品添加剂、食品相关产品。

第三十五条 【食品生产经营许可】国家对食品生产经营实行许可制度。从事食品生产、食品销售、餐饮服务,应当依法取得许可。但是,销售食用农产品和仅销售预包装食品的,不需要取得许可。仅销售预包装食品的,应当报所在地县级以上地方人民政府食品安全监督管理部门备案。

县级以上地方人民政府食品安全监督管理部门应当依照《中华人民共和国行政许可法》的规定,审核申请人提交的本法第三十三条第一款第一项至第四项规定要求的相关资料,必要时对申请人的生产经营场所进行现场核查;对符合规定条件的,准予许可;对不符合规定条件的,不予许可并书面说明理由。

第三十六条 【对食品生产加工小作坊和食品摊贩等的管理】食品生产加工小作坊和食品摊贩等从事食品生产经营活动,应当符合本法规定的与其生产经营规模、条件相适应的食品安全要求,保证所生产经营的食品卫生、无毒、无害,食品安全监督管理部门应当对其加强监督管理。

县级以上地方人民政府应当对食品生产加工小作坊、食品摊贩等进行综合治理,加强服务和统一规划,改善其生产经营环境,鼓励和支持其改进生产经营条件,进入集中交易市场、店铺等固定场所经营,或在指定的临时经营区域、时段经营。

食品生产加工小作坊和食品摊贩等的具体管理办法由省、自治区、直辖市制定。

第三十七条 【利用新的食品原料从事食品生产等的安全性评估】利用新的食品原料生产食品,或者生产食品添加剂新品种、食品相关产品新品种,应当向国务院卫生行政部门提交相关产品的安全性评估材料。国务院卫生行政部门应当自收到申请之日起六十日内组织审查;对符合食品安全要求的,准予许可并公布;对不符合食品安全要求的,不予许可并书面说明理由。

第三十八条 【食品中不得添加药品】生产经营的食品中不得添加药品,但是可以添加按照传统既是食品又是中药材的物质。按照传统既是食品又是中药材的物质目录由国务院卫生行政部门会同国务院食品安全监督管理部门制定、公布。

第三十九条 【食品添加剂生产许可】国家对食品添加剂生产实行许可制度。从事食品添加剂生产,应当具有与所生产食品添加剂品种相适应的场所、生产设备或者设施、专业技术人员和管理制度,并依照本法第三十五条第二款规定的程序,取得食品添加剂生产许可。

生产食品添加剂应当符合法律、法规和食品安全国家标准。

第四十条 【食品添加剂允许使用的条件和使用要求】食品添加剂应当在技术上确有必要且经过风险评估证明安全可靠,方可列入允许使用的范围;有关食品安全国家标准应当根据技术必要性和食品安全风险评估结果及时修订。

食品生产经营者应当按照食品安全国家标准使用食品添加剂。

第四十一条 【食品相关产品的生产要求】生产食品相关产品应当符合法律、法规和食品安全国家标准。对直接接触食品的包装材料等具有较高风险的食品相关产品，按照国家有关工业产品生产许可证管理的规定实施生产许可。食品安全监督管理部门应当加强对食品相关产品生产活动的监督管理。

第四十二条 【食品安全全程追溯制度】国家建立食品安全全程追溯制度。

食品生产经营者应当依照本法的规定，建立食品安全追溯体系，保证食品可追溯。国家鼓励食品生产经营者采用信息化手段采集、留存生产经营信息，建立食品安全追溯体系。

国务院食品安全监督管理部门会同国务院农业行政等有关部门建立食品安全全程追溯协作机制。

第四十三条 【鼓励食品企业规模化生产、连锁经营、配送，参加食品安全责任保险】地方各级人民政府应当采取措施鼓励食品规模化生产和连锁经营、配送。

国家鼓励食品生产经营企业参加食品安全责任保险。

第二节 生产经营过程控制

第四十四条 【食品生产经营企业食品安全管理】食品生产经营企业应当建立健全食品安全管理制度，对职工进行食品安全知识培训，加强食品检验工作，依法从事生产经营活动。

食品生产经营企业的主要负责人应当落实企业食品安全管理制度，对本企业的食品安全工作全面负责。

食品生产经营企业应当配备食品安全管理人员，加强对其培训和考核。经考核不具备食品安全管理能力的，不得上岗。食品安全监督管理部门应当对企业食品安全管理人员随机进行监督抽查考核并公布考核情况。监督抽查考核不得收取费用。

第四十五条 【食品从业人员健康管理】食品经营者应当建立并执行从业人员健康管理制度。患有国务院卫生行政部门规定的有碍食品安全疾病的人员，不得从事接触直接入口食品的工作。

从事接触直接入口食品工作的食品生产经营人员应当每年进行健康检查，取得健康证明后方可上岗工作。

第四十六条 【食品生产企业制定并实施食品安全管理控制要求】食品生产企业应当就下列事项制定并实施控制要求，保证所生产的食品符合食品安全标准：

（一）原料采购、原料验收、投料等原料控制；

（二）生产工序、设备、贮存、包装等生产关键环节控制；

（三）原料检验、半成品检验、成品出厂检验等检验控制；

（四）运输和交付控制。

第四十七条 【食品生产经营者建立食品安全自查制度】食品生产经营者应当建立食品安全自查制度，定期对食品安全状况进行检查评价。生产经营条件发生变化，不再符合食品安全要求的，食品生产经营者应当立即采取整改措施；有发生食品安全事故潜在风险的，应当立即停止食品生产经营活动，并向所在地县级人民政府食品安全监督管理部门报告。

第四十八条 【鼓励食品企业提高食品安全管理水平】国家鼓励食品生产经营企业符合良好生产规范要求，实施危害分析与关键控制点体系，提高食品安全管理水平。

对通过良好生产规范、危害分析与关键控制点体系认证的食品生产经营企业，认证机构应当依法实施跟踪调查；对不再符合认证要求的企业，应当依法撤销认证，及时向县级以上人民政府食品安全监督管理部门通报，并向社会公布。认证机构实施跟踪调查不得收取费用。

第四十九条 【农业投入品使用管理】食用农产品生产者应当按照食品安全标准和国家有关规定使用农药、肥料、兽药、饲料和饲料添加剂等农业投入品，严格执行农业投入品使用安全间隔期或者休药期的规定，不得使用国家明令禁止的农业投入品。禁止将剧毒、高毒农药用于蔬菜、瓜果、茶叶和中草药材等国家规定的农作物。

食用农产品的生产企业和农民专业合作经济组织应当建立农业投入品使用记录制度。

县级以上人民政府农业行政部门应当加强对农业投入品使用的监督管理和指导，建立健全农业投入品安全使用制度。

第五十条 【食品生产者进货查验记录制度】食品生产者采购食品原料、食品添加剂、食品相关产品，应当查验供货者的许可证和产品合格证明；对无法提供合格证明的食品原料，应当按照食品安全标准进行检验；不得采购或者使用不符合食品安全标准的食品原料、食品添加剂、食品相关产品。

食品生产企业应当建立食品原料、食品添加剂、食品相关产品进货查验记录制度,如实记录食品原料、食品添加剂、食品相关产品的名称、规格、数量、生产日期或者生产批号、保质期、进货日期以及供货者名称、地址、联系方式等内容,并保存相关凭证。记录和凭证保存期限不得少于产品保质期满后六个月;没有明确保质期的,保存期限不得少于二年。

第五十一条 【食品出厂检验记录制度】食品生产企业应当建立食品出厂检验记录制度,查验出厂食品的检验合格证和安全状况,如实记录食品的名称、规格、数量、生产日期或者生产批号、保质期、检验合格证号、销售日期以及购货者名称、地址、联系方式等内容,并保存相关凭证。记录和凭证保存期限应当符合本法第五十条第二款的规定。

第五十二条 【食品安全检验】食品、食品添加剂、食品相关产品的生产者,应当按照食品安全标准对所生产的食品、食品添加剂、食品相关产品进行检验,检验合格后方可出厂或者销售。

第五十三条 【食品经营者进货查验记录制度】食品经营者采购食品,应当查验供货者的许可证和食品出厂检验合格证或者其他合格证明(以下称合格证明文件)。

食品经营企业应当建立食品进货查验记录制度,如实记录食品的名称、规格、数量、生产日期或者生产批号、保质期、进货日期以及供货者名称、地址、联系方式等内容,并保存相关凭证。记录和凭证保存期限应当符合本法第五十条第二款的规定。

实行统一配送经营方式的食品经营企业,可以由企业总部统一查验供货者的许可证和食品合格证明文件,进行食品进货查验记录。

从事食品批发业务的经营企业应当建立食品销售记录制度,如实记录批发食品的名称、规格、数量、生产日期或者生产批号、保质期、销售日期以及购货者名称、地址、联系方式等内容,并保存相关凭证。记录和凭证保存期限应当符合本法第五十条第二款的规定。

第五十四条 【食品经营者贮存食品的要求】食品经营者应当按照保证食品安全的要求贮存食品,定期检查库存食品,及时清理变质或者超过保质期的食品。

食品经营者贮存散装食品,应当在贮存位置标明食品的名称、生产日期或者生产批号、保质期、生产者名称及联系方式等内容。

第五十五条 【餐饮服务提供者制定并实施原料采购控制要求以及加工检查措施】餐饮服务提供者应当制定并实施原料控制要求,不得采购不符合食品安全标准的食品原料。倡导餐饮服务提供者公开加工过程,公示食品原料及其来源等信息。

餐饮服务提供者在加工过程中应当检查待加工的食品及原料,发现有本法第三十四条第六项规定情形的,不得加工或者使用。

第五十六条 【餐饮服务提供者确保餐饮设施、用具安全卫生】餐饮服务提供者应当定期维护食品加工、贮存、陈列等设施、设备;定期清洗、校验保温设施及冷藏、冷冻设施。

餐饮服务提供者应当按照要求对餐具、饮具进行清洗消毒,不得使用未经清洗消毒的餐具、饮具;餐饮服务提供者委托清洗消毒餐具、饮具的,应当委托符合本法规定条件的餐具、饮具集中消毒服务单位。

第五十七条 【集中用餐单位食品安全管理】学校、托幼机构、养老机构、建筑工地等集中用餐单位的食堂应当严格遵守法律、法规和食品安全标准;从供餐单位订餐的,应当从取得食品生产经营许可的企业订购,并按照要求对订购的食品进行查验。供餐单位应当严格遵守法律、法规和食品安全标准,当餐加工,确保食品安全。

学校、托幼机构、养老机构、建筑工地等集中用餐单位的主管部门应当加强对集中用餐单位的食品安全教育和日常管理,降低食品安全风险,及时消除食品安全隐患。

第五十八条 【餐饮具集中消毒服务单位食品安全责任】餐具、饮具集中消毒服务单位应当具备相应的作业场所、清洗消毒设备或者设施,用水和使用的洗涤剂、消毒剂应当符合相关食品安全国家标准和其他国家标准、卫生规范。

餐具、饮具集中消毒服务单位应当对消毒餐具、饮具进行逐批检验,检验合格后方可出厂,并应当随附消毒合格证明。消毒后的餐具、饮具应当在独立包装上标注单位名称、地址、联系方式、消毒日期以及使用期限等内容。

第五十九条 【食品添加剂生产者出厂检验记录制度】食品添加剂生产者应当建立食品添加剂出厂检验记录制度,查验出厂产品的检验合格证和安全状况,如实记录食品添加剂的名称、规格、数量、生产日期或者生产批号、保质期、检验合格证号、销售日期以及购货者名称、地址、联系方式等相关内容,并保存相关凭证。记录和凭证保存期限应当符合本法第五十条第二款的规定。

第六十条 【食品添加剂经营者进货查验记录制度】食品添加剂经营者采购食品添加剂,应当依法查验供货者的许可证和产品合格证明文件,如实记录食品添加剂的名称、规格、数量、生产日期或者生产批号、保质期、进货日期以及供货者名称、地址、联系方式等内容,并保存相关凭证。记录和凭证保存期限应当符合本法第五十条第二款的规定。

第六十一条 【集中交易市场的开办者、柜台出租者和展销会举办者食品安全责任】集中交易市场的开办者、柜台出租者和展销会举办者,应当依法审查入场食品经营者的许可证,明确其食品安全管理责任,定期对其经营环境和条件进行检查,发现其有违反本法规定行为的,应当及时制止并立即报告所在地县级人民政府食品安全监督管理部门。

第六十二条 【网络食品交易第三方平台提供者的义务】网络食品交易第三方平台提供者应当对入网食品经营者进行实名登记,明确其食品安全管理责任;依法应当取得许可证的,还应当审查其许可证。

网络食品交易第三方平台提供者发现入网食品经营者有违反本法规定行为的,应当及时制止并立即报告所在地县级人民政府食品安全监督管理部门;发现严重违法行为的,应当立即停止提供网络交易平台服务。

第六十三条 【食品召回制度】国家建立食品召回制度。食品生产者发现其生产的食品不符合食品安全标准或者有证据证明可能危害人体健康的,应当立即停止生产,召回已经上市销售的食品,通知相关生产经营者和消费者,并记录召回和通知情况。

食品经营者发现其经营的食品有前款规定情形的,应当立即停止经营,通知相关生产经营者和消费者,并记录停止经营和通知情况。食品生产者认为应当召回的,应当立即召回。由于食品经营者的原因造成其经营的食品有前款规定情形的,食品经营者应当召回。

食品生产经营者应当对召回的食品采取无害化处理、销毁等措施,防止其再次流入市场。但是,对因标签、标志或者说明书不符合食品安全标准而被召回的食品,食品生产者在采取补救措施且能保证食品安全的情况下可以继续销售;销售时应当向消费者明示补救措施。

食品生产经营者应当将食品召回和处理情况向所在地县级人民政府食品安全监督管理部门报告;需要对召回的食品进行无害化处理、销毁的,应当提前报告时间、地点。食品安全监督管理部门认为必要时,可以实施现场监督。

食品生产经营者未依照本条规定召回或者停止经营的,县级以上人民政府食品安全监督管理部门可以责令其召回或者停止经营。

第六十四条 【食用农产品批发市场对进场销售的食用农产品抽样检验】食用农产品批发市场应当配备检验设备和检验人员或者委托符合本法规定的食品检验机构,对进入该批发市场销售的食用农产品进行抽样检验;发现不符合食品安全标准的,应当要求销售者立即停止销售,并向食品安全监督管理部门报告。

第六十五条 【食用农产品进货查验记录制度】食用农产品销售者应当建立食用农产品进货查验记录制度,如实记录食用农产品的名称、数量、进货日期以及供货者名称、地址、联系方式等内容,并保存相关凭证。记录和凭证保存期限不得少于六个月。

第六十六条 【食用农产品使用食品添加剂和食品相关产品应当符合食品安全国家标准】进入市场销售的食用农产品在包装、保鲜、贮存、运输中使用保鲜剂、防腐剂等食品添加剂和包装材料等食品相关产品,应当符合食品安全国家标准。

第三节　标签、说明书和广告

第六十七条 【预包装食品标签】预包装食品的包装上应当有标签。标签应当标明下列事项:

(一)名称、规格、净含量、生产日期;

(二)成分或者配料表;

(三)生产者的名称、地址、联系方式;

(四)保质期;

(五)产品标准代号;

(六)贮存条件;

(七)所使用的食品添加剂在国家标准中的通用名称;

(八)生产许可证编号;

(九)法律、法规或者食品安全标准规定应当标明的其他事项。

专供婴幼儿和其他特定人群的主辅食品,其标签还应当标明主要营养成分及其含量。

食品安全国家标准对标签标注事项另有规定的,从其规定。

第六十八条 【食品经营者销售散装食品的标注要求】食品经营者销售散装食品,应当在散装食品的容器、外包装上标明食品的名称、生产日期或者生产批号、保质期以及生产经营者名称、地址、联系方式等内容。

第六十九条 【转基因食品显著标示】生产经营转基因食品应当按照规定显著标示。

第七十条 【食品添加剂的标签、说明书和包装】食品添加剂应当有标签、说明书和包装。标签、说明书应当载明本法第六十七条第一款第一项至第六项、第八项、第九项规定的事项,以及食品添加剂的使用范围、用量、使用方法,并在标签上载明"食品添加剂"字样。

第七十一条 【标签、说明书的基本要求】食品和食品添加剂的标签、说明书,不得含有虚假内容,不得涉及疾病预防、治疗功能。生产经营者对其提供的标签、说明书的内容负责。

食品和食品添加剂的标签、说明书应当清楚、明显,生产日期、保质期等事项应当显著标注,容易辨识。

食品和食品添加剂与其标签、说明书的内容不符的,不得上市销售。

第七十二条 【按照食品标签的警示要求销售食品】食品经营者应当按照食品标签标示的警示标志、警示说明或者注意事项的要求销售食品。

第七十三条 【食品广告】食品广告的内容应当真实合法,不得含有虚假内容,不得涉及疾病预防、治疗功能。食品生产经营者对食品广告内容的真实性、合法性负责。

县级以上人民政府食品安全监督管理部门和其他有关部门以及食品检验机构、食品行业协会不得以广告或者其他形式向消费者推荐食品。消费者组织不得以收取费用或者其他牟取利益的方式向消费者推荐食品。

第四节 特殊食品

第七十四条 【特殊食品严格监督管理】国家对保健食品、特殊医学用途配方食品和婴幼儿配方食品等特殊食品实行严格监督管理。

第七十五条 【保健食品原料和功能声称】保健食品声称保健功能,应当具有科学依据,不得对人体产生急性、亚急性或者慢性危害。

保健食品原料目录和允许保健食品声称的保健功能目录,由国务院食品安全监督管理部门会同国务院卫生行政部门、国家中医药管理部门制定、调整并公布。

保健食品原料目录应当包括原料名称、用量及其对应的功效;列入保健食品原料目录的原料只能用于保健食品生产,不得用于其他食品生产。

第七十六条 【保健食品的注册和备案管理】使用保健食品原料目录以外原料的保健食品和首次进口的保健食品应当经国务院食品安全监督管理部门注册。但是,首次进口的保健食品中属于补充维生素、矿物质等营养物质的,应当报国务院食品安全监督管理部门备案。其他保健食品应当报省、自治区、直辖市人民政府食品安全监督管理部门备案。

进口的保健食品应当是出口国(地区)主管部门准许上市销售的产品。

第七十七条 【保健食品注册和备案的具体要求】依法应当注册的保健食品,注册时应当提交保健食品的研发报告、产品配方、生产工艺、安全性和保健功能评价、标签、说明书等材料及样品,并提供相关证明文件。国务院食品安全监督管理部门经组织技术审评,对符合安全和功能声称要求的,准予注册;对不符合要求的,不予注册并书面说明理由。对使用保健食品原料目录以外原料的保健食品作出准予注册决定的,应当及时将该原料纳入保健食品原料目录。

依法应当备案的保健食品,备案时应当提交产品配方、生产工艺、标签、说明书以及表明产品安全性和保健功能的材料。

第七十八条 【保健食品的标签、说明书】保健食品的标签、说明书不得涉及疾病预防、治疗功能,内容应当真实,与注册或者备案的内容相一致,载明适宜人群、不适宜人群、功效成分或者标志性成分及其含量等,并声明"本品不能代替药物"。保健食品的功能和成分应当与标签、说明书相一致。

第七十九条 【保健食品广告】保健食品广告除应当符合本法第七十三条第一款的规定外,还应当声明"本品不能代替药物";其内容应当经生产企业所在地省、自治区、直辖市人民政府食品安全监督管理部门审查批准,取得保健食品广告批准文件。省、自治区、直辖市人民政府食品安全监督管理部门应当公布并及时更新已经批准的保健食品广告目录以及批准的广告内容。

第八十条 【特殊医学用途配方食品】特殊医学用途配方食品应当经国务院食品安全监督管理部门注册。注册时,应当提交产品配方、生产工艺、标签、说明书以及表明产品安全性、营养充足性和特殊医学用途临床效果的材料。

特殊医学用途配方食品广告适用《中华人民共和国广告法》和其他法律、行政法规关于药品广告管理的规定。

第八十一条 【婴幼儿配方食品的管理】婴幼儿配方食品生产企业应当实施从原料进厂到成品出厂的全过程质量控制,对出厂的婴幼儿配方食品实施逐批检验,保证食品安全。

生产婴幼儿配方食品使用的生鲜乳、辅料等食品原料、食品添加剂等,应当符合法律、行政法规的规定和食品安全国家标准,保证婴幼儿生长发育所需的营养成分。

婴幼儿配方食品生产企业应当将食品原料、食品添加剂、产品配方及标签等事项向省、自治区、直辖市人民政府食品安全监督管理部门备案。

婴幼儿配方乳粉的产品配方应当经国务院食品安全监督管理部门注册。注册时，应当提交配方研发报告和其他表明配方科学性、安全性的材料。

不得以分装方式生产婴幼儿配方乳粉，同一企业不得用同一配方生产不同品牌的婴幼儿配方乳粉。

第八十二条 【注册、备案材料确保真实】 保健食品、特殊医学用途配方食品、婴幼儿配方乳粉的注册人或者备案人应当对其提交材料的真实性负责。

省级以上人民政府食品安全监督管理部门应当及时公布注册或者备案的保健食品、特殊医学用途配方食品、婴幼儿配方乳粉目录，并对注册或者备案中获知的企业商业秘密予以保密。

保健食品、特殊医学用途配方食品、婴幼儿配方乳粉生产企业应当按照注册或者备案的产品配方、生产工艺等技术要求组织生产。

第八十三条 【特殊食品生产质量管理体系】 生产保健食品，特殊医学用途配方食品、婴幼儿配方食品和其他专供特定人群的主辅食品的企业，应当按照良好生产规范的要求建立与所生产食品相适应的生产质量管理体系，定期对该体系的运行情况进行自查，保证其有效运行，并向所在地县级人民政府食品安全监督管理部门提交自查报告。

第五章 食品检验

第八十四条 【食品检验机构】 食品检验机构按照国家有关认证认可的规定取得资质认定后，方可从事食品检验活动。但是，法律另有规定的除外。

食品检验机构的资质认定条件和检验规范，由国务院食品安全监督管理部门规定。

符合本法规定的食品检验机构出具的检验报告具有同等效力。

县级以上人民政府应当整合食品检验资源，实现资源共享。

第八十五条 【食品检验机构检验人】 食品检验由食品检验机构指定的检验人独立进行。

检验人应当依照有关法律、法规的规定，并按照食品安全标准和检验规范对食品进行检验，尊重科学，恪守职业道德，保证出具的检验数据和结论客观、公正，不得出具虚假检验报告。

第八十六条 【食品检验机构与检验人共同负责制】 食品检验实行食品检验机构与检验人负责制。食品检验报告应当加盖食品检验机构公章，并有检验人的签名或者盖章。食品检验机构和检验人对出具的食品检验报告负责。

第八十七条 【监督抽检】 县级以上人民政府食品安全监督管理部门应当对食品进行定期或者不定期的抽样检验，并依据有关规定公布检验结果，不得免检。进行抽样检验，应当购买抽取的样品，委托符合本法规定的食品检验机构进行检验，并支付相关费用；不得向食品生产经营者收取检验费和其他费用。

第八十八条 【复检】 对依照本法规定实施的检验结论有异议的，食品生产经营者可以自收到检验结论之日起七个工作日内向实施抽样检验的食品安全监督管理部门或者其上一级食品安全监督管理部门提出复检申请，由受理复检申请的食品安全监督管理部门在公布的复检机构名录中随机确定复检机构进行复检。复检机构出具的复检结论为最终检验结论。复检机构与初检机构不得为同一机构。复检机构名录由国务院认证认可监督管理、食品安全监督管理、卫生行政、农业行政等部门共同公布。

采用国家规定的快速检测方法对食用农产品进行抽查检测，被抽查人对检测结果有异议的，可以自收到检测结果时起四小时内申请复检。复检不得采用快速检测方法。

第八十九条 【自行检验和委托检验】 食品生产企业可以自行对所生产的食品进行检验，也可以委托符合本法规定的食品检验机构进行检验。

食品行业协会和消费者协会等组织、消费者需要委托食品检验机构对食品进行检验的，应当委托符合本法规定的食品检验机构进行。

第九十条 【对食品添加剂的检验】 食品添加剂的检验，适用本法有关食品检验的规定。

第六章 食品进出口

第九十一条 【食品进出口监督管理部门】 国家出入境检验检疫部门对进出口食品安全实施监督管理。

第九十二条 【进口食品、食品添加剂和相关产品的要求】 进口的食品、食品添加剂、食品相关产品应当符合我国食品安全国家标准。

进口的食品、食品添加剂应当经出入境检验检疫机构依照进出口商品检验相关法律、行政法规的规定检验合格。

进口的食品、食品添加剂应当按照国家出入境检检疫部门的要求随附合格证明材料。

第九十三条 【进口尚无食品安全国家标准的食品及"三新"产品的要求】进口尚无食品安全国家标准的食品,由境外出口商、境外生产企业或者其委托的进口商向国务院卫生行政部门提交所执行的相关国家(地区)标准或者国际标准。国务院卫生行政部门对相关标准进行审查,认为符合食品安全要求的,决定暂予适用,并及时制定相应的食品安全国家标准。进口利用新的食品原料生产的食品或者进口食品添加剂新品种、食品相关产品新品种,依照本法第三十七条的规定办理。

出入境检验检疫机构按照国务院卫生行政部门的要求,对前款规定的食品、食品添加剂、食品相关产品进行检验。检验结果应当公开。

第九十四条 【境外出口商、生产企业、进口商食品安全义务】境外出口商、境外生产企业应当保证向我国出口的食品、食品添加剂、食品相关产品符合本法以及我国其他有关法律、行政法规的规定和食品安全国家标准的要求,并对标签、说明书的内容负责。

进口商应当建立境外出口商、境外生产企业审核制度,重点审核前款规定的内容;审核不合格的,不得进口。

发现进口食品不符合我国食品安全国家标准或者有证据证明可能危害人体健康的,进口商应当立即停止进口,并依照本法第六十三条的规定召回。

第九十五条 【进口食品等出现严重食品安全问题的应对】境外发生的食品安全事件可能对我国境内造成影响,或者在进口食品、食品添加剂、食品相关产品中发现严重食品安全问题的,国家出入境检验检疫部门应当及时采取风险预警或者控制措施,并向国务院食品安全监督管理、卫生行政、农业行政部门通报。接到通报的部门应当及时采取相应措施。

县级以上人民政府食品安全监督管理部门对国内市场上销售的进口食品、食品添加剂实施监督管理。发现存在严重食品安全问题的,国务院食品安全监督管理部门应当及时向国家出入境检验检疫部门通报。国家出入境检验检疫部门应当及时采取相应措施。

第九十六条 【对进出口食品商、代理商、境外食品生产企业的管理】向我国境内出口食品的境外出口商或者代理商、进口食品的进口商应当向国家出入境检验检疫部门备案。向我国境内出口食品的境外食品生产企业应当经国家出入境检验检疫部门注册。已经注册的境外食品生产企业提供虚假材料,或者因其自身的原因致使进口食品发生重大食品安全事故的,国家出入境检验检疫部门应当撤销注册并公告。

国家出入境检验检疫部门应当定期公布已经备案的境外出口商、代理商、进口商和已经注册的境外食品生产企业名单。

第九十七条 【进口的预包装食品、食品添加剂标签、说明书】进口的预包装食品、食品添加剂应当有中文标签;依法应当有说明书的,还应当有中文说明书。标签、说明书应当符合本法以及我国其他有关法律、行政法规的规定和食品安全国家标准的要求,并载明食品的原产地以及境内代理商的名称、地址、联系方式。预包装食品没有中文标签、中文说明书或者标签、说明书不符合本条规定的,不得进口。

第九十八条 【食品、食品添加剂进口和销售记录制度】进口商应当建立食品、食品添加剂进口和销售记录制度,如实记录食品、食品添加剂的名称、规格、数量、生产日期、生产或者进口批号、保质期、境外出口商和购货者名称、地址及联系方式、交货日期等内容,并保存相关凭证。记录和凭证保存期限应当符合本法第五十条第二款的规定。

第九十九条 【对出口食品和出口食品企业的要求】出口食品生产企业应当保证其出口食品符合进口国(地区)的标准或者合同要求。

出口食品生产企业和出口食品原料种植、养殖场应当向国家出入境检验检疫部门备案。

第一百条 【国家出入境检验检疫部门收集信息及实施信用管理】国家出入境检验检疫部门应当收集、汇总下列进出口食品安全信息,并及时通报相关部门、机构和企业:

(一)出入境检验检疫机构对进出口食品实施检验检疫发现的食品安全信息;

(二)食品行业协会和消费者协会等组织、消费者反映的进口食品安全信息;

(三)国际组织、境外政府机构发布的风险预警信息及其他食品安全信息,以及境外食品行业协会等组织、消费者反映的食品安全信息;

(四)其他食品安全信息。

国家出入境检验检疫部门应当对进出口食品的进口商、出口商和出口食品生产企业实施信用管理,建立信用记录,并依法向社会公布。对有不良记录的进口商、出口商和出口食品生产企业,应当加强对其进出口食品的检验检疫。

第一百零一条 【国家出入境检验检疫部门的职

责】国家出入境检验检疫部门可以对向我国境内出口食品的国家（地区）的食品安全管理体系和食品安全状况进行评估和审查，并根据评估和审查结果，确定相应检验检疫要求。

第七章　食品安全事故处置

第一百零二条　【食品安全事故应急预案】国务院组织制定国家食品安全事故应急预案。

县级以上地方人民政府应当根据有关法律、法规的规定和上级人民政府的食品安全事故应急预案以及本行政区域的实际情况，制定本行政区域的食品安全事故应急预案，并报上一级人民政府备案。

食品安全事故应急预案应当对食品安全事故分级、事故处置组织指挥体系与职责、预防预警机制、处置程序、应急保障措施等作出规定。

食品生产经营企业应当制定食品安全事故处置方案，定期检查本企业各项食品安全防范措施的落实情况，及时消除事故隐患。

第一百零三条　【食品安全事故应急处置、报告、通报】发生食品安全事故的单位应当立即采取措施，防止事故扩大。事故单位和接收病人进行治疗的单位应当及时向事故发生地县级人民政府食品安全监督管理、卫生行政部门报告。

县级以上人民政府农业行政等部门在日常监督管理中发现食品安全事故或者接到事故举报，应当立即向同级食品安全监督管理部门通报。

发生食品安全事故，接到报告的县级人民政府食品安全监督管理部门应当按照应急预案的规定向本级人民政府和上级人民政府食品安全监督管理部门报告。县级人民政府和上级人民政府食品安全监督管理部门应当按照应急预案的规定上报。

任何单位和个人不得对食品安全事故隐瞒、谎报、缓报，不得隐匿、伪造、毁灭有关证据。

第一百零四条　【食源性疾病的报告和通报】医疗机构发现其接收的病人属于食源性疾病病人或者疑似病人的，应当按照规定及时将相关信息向所在地县级人民政府卫生行政部门报告。县级人民政府卫生行政部门认为与食品安全有关的，应当及时通报同级食品安全监督管理部门。

县级以上人民政府卫生行政部门在调查处理传染病或者其他突发公共卫生事件中发现与食品安全相关的信息，应当及时通报同级食品安全监督管理部门。

第一百零五条　【食品安全事故发生后应采取的措施】县级以上人民政府食品安全监督管理部门接到食品安全事故的报告后，应当立即会同同级卫生行政、农业行政等部门进行调查处理，并采取下列措施，防止或者减轻社会危害：

（一）开展应急救援工作，组织救治因食品安全事故导致人身伤害的人员；

（二）封存可能导致食品安全事故的食品及其原料，并立即进行检验；对确认属于被污染的食品及其原料，责令食品生产经营者依照本法第六十三条的规定召回或者停止经营；

（三）封存被污染的食品相关产品，并责令进行清洗消毒；

（四）做好信息发布工作，依法对食品安全事故及其处理情况进行发布，并对可能产生的危害加以解释、说明。

发生食品安全事故需要启动应急预案的，县级以上人民政府应当立即成立事故处置指挥机构，启动应急预案，依照前款和应急预案的规定进行处置。

发生食品安全事故，县级以上疾病预防控制机构应当对事故现场进行卫生处理，并对与事故有关的因素开展流行病学调查，有关部门应当予以协助。县级以上疾病预防控制机构应当向同级食品安全监督管理、卫生行政部门提交流行病学调查报告。

第一百零六条　【食品安全事故责任调查】发生食品安全事故，设区的市级以上人民政府食品安全监督管理部门应当立即会同有关部门进行事故责任调查，督促有关部门履行职责，向本级人民政府和上一级人民政府食品安全监督管理部门提出事故责任调查处理报告。

涉及两个以上省、自治区、直辖市的重大食品安全事故由国务院食品安全监督管理部门依照前款规定组织事故责任调查。

第一百零七条　【食品安全事故调查要求】调查食品安全事故，应当坚持实事求是、尊重科学的原则，及时、准确查清事故性质和原因，认定事故责任，提出整改措施。

调查食品安全事故，除了查明事故单位的责任，还应当查明有关监督管理部门、食品检验机构、认证机构及其工作人员的责任。

第一百零八条　【食品安全事故调查部门的职权】食品安全事故调查部门有权向有关单位和个人了解与事故有关的情况，并要求提供相关资料和样品。有关单位和个人应当予以配合，按照要求提供相关资料和样品，不得拒绝。

任何单位和个人不得阻挠、干涉食品安全事故的调查处理。

第八章 监督管理

第一百零九条 【食品安全风险分级管理和年度监督管理计划】县级以上人民政府食品安全监督管理部门根据食品安全风险监测、风险评估结果和食品安全状况等，确定监督管理的重点、方式和频次，实施风险分级管理。

县级以上地方人民政府组织本级食品安全监督管理、农业行政等部门制定本行政区域的食品安全年度监督管理计划，向社会公布并组织实施。

食品安全年度监督管理计划应当将下列事项作为监督管理的重点：

（一）专供婴幼儿和其他特定人群的主辅食品；

（二）保健食品生产过程中的添加行为和按照注册或者备案的技术要求组织生产的情况，保健食品标签、说明书以及宣传材料中有关功能宣传的情况；

（三）发生食品安全事故风险较高的食品生产经营者；

（四）食品安全风险监测结果表明可能存在食品安全隐患的事项。

第一百一十条 【食品安全监督检查措施】县级以上人民政府食品安全监督管理部门履行食品安全监督管理职责，有权采取下列措施，对生产经营者遵守本法的情况进行监督检查：

（一）进入生产经营场所实施现场检查；

（二）对生产经营的食品、食品添加剂、食品相关产品进行抽样检验；

（三）查阅、复制有关合同、票据、账簿以及其他有关资料；

（四）查封、扣押有证据证明不符合食品安全标准或者有证据证明存在安全隐患以及用于违法生产经营的食品、食品添加剂、食品相关产品；

（五）查封违法从事生产经营活动的场所。

第一百一十一条 【有害物质的临时限量值和临时检验方法】对食品安全风险评估结果证明食品存在安全隐患，需要制定、修订食品安全标准的，在制定、修订食品安全标准前，国务院卫生行政部门应当及时会同国务院有关部门规定食品中有害物质的临时限量值和临时检验方法，作为生产经营和监督管理的依据。

第一百一十二条 【快速检测】县级以上人民政府食品安全监督管理部门在食品安全监督管理工作中可以采用国家规定的快速检测方法对食品进行抽查检测。

对抽查检测结果表明可能不符合食品安全标准的食品，应当依照本法第八十七条的规定进行检验。抽查检测结果确定有关食品不符合食品安全标准的，可以作为行政处罚的依据。

第一百一十三条 【食品安全信用档案】县级以上人民政府食品安全监督管理部门应当建立食品生产经营者食品安全信用档案，记录许可颁发、日常监督检查结果、违法行为查处等情况，依法向社会公布并实时更新；对有不良信用记录的食品生产经营者增加监督检查频次，对违法行为情节严重的食品生产经营者，可以通报投资主管部门、证券监督管理机构和有关的金融机构。

第一百一十四条 【对食品生产经营者进行责任约谈】食品生产经营过程中存在食品安全隐患，未及时采取措施消除的，县级以上人民政府食品安全监督管理部门可以对食品生产经营者的法定代表人或者主要负责人进行责任约谈。食品生产经营者应当立即采取措施，进行整改，消除隐患。责任约谈情况和整改情况应当纳入食品生产经营者食品安全信用档案。

第一百一十五条 【有奖举报和保护举报人合法权益】县级以上人民政府食品安全监督管理等部门应当公布本部门的电子邮件地址或者电话，接受咨询、投诉、举报。接到咨询、投诉、举报，对属于本部门职责的，应当受理并在法定期限内及时答复、核实、处理；对不属于本部门职责的，应当移交有权处理的部门并书面通知咨询、投诉、举报人。有权处理的部门应当在法定期限内及时处理，不得推诿。对查证属实的举报，给予举报人奖励。

有关部门应当对举报人的信息予以保密，保护举报人的合法权益。举报人举报所在企业的，该企业不得以解除、变更劳动合同或者其他方式对举报人进行打击报复。

第一百一十六条 【加强食品安全执法人员管理】县级以上人民政府食品安全监督管理等部门应当加强对执法人员食品安全法律、法规、标准和专业知识与执法能力等的培训，并组织考核。不具备相应知识和能力的，不得从事食品安全执法工作。

食品生产经营者、食品行业协会、消费者协会等发现食品安全执法人员在执法过程中有违反法律、法规规定的行为以及不规范执法行为的，可以向本级或者上级人民政府食品安全监督管理等部门或者监察机关投诉、举报。接到投诉、举报的部门或者机关应当进行核实，并将经核实的情况向食品安全执法人员所在部门通报;涉嫌违法违纪的,按照本法和有关规定处理。

第一百一十七条 【对所属食品安全监管部门或下级地方人民政府进行责任约谈】县级以上人民政府食品安全监督管理等部门未及时发现食品安全系统性风险,未及时消除监督管理区域内的食品安全隐患的,本级人民政府可以对其主要负责人进行责任约谈。

地方人民政府未履行食品安全职责,未及时消除区域性重大食品安全隐患的,上级人民政府可以对其主要负责人进行责任约谈。

被约谈的食品安全监督管理等部门、地方人民政府应当立即采取措施,对食品安全监督管理工作进行整改。

责任约谈情况和整改情况应当纳入地方人民政府和有关部门食品安全监督管理工作评议、考核记录。

第一百一十八条 【食品安全信息统一公布制度】国家建立统一的食品安全信息平台,实行食品安全信息统一公布制度。国家食品安全总体情况、食品安全风险警示信息、重大食品安全事故及其调查处理信息和国务院确定需要统一公布的其他信息由国务院食品安全监督管理部门统一公布。食品安全风险警示信息和重大食品安全事故及其调查处理信息的影响限于特定区域的,也可以由有关省、自治区、直辖市人民政府食品安全监督管理部门公布。未经授权不得发布上述信息。

县级以上人民政府食品安全监督管理、农业行政部门依据各自职责公布食品安全日常监督管理信息。

公布食品安全信息,应当做到准确、及时,并进行必要的解释说明,避免误导消费者和社会舆论。

第一百一十九条 【食品安全信息的报告、通报制度】县级以上地方人民政府食品安全监督管理、卫生行政、农业行政部门获知本法规定需要统一公布的信息,应当向上级主管部门报告,由上级主管部门立即报告国务院食品安全监督管理部门;必要时,可以直接向国务院食品安全监督管理部门报告。

县级以上人民政府食品安全监督管理、卫生行政、农业行政部门应当相互通报获知的食品安全信息。

第一百二十条 【不得编造、散布虚假食品安全信息】任何单位和个人不得编造、散布虚假食品安全信息。

县级以上人民政府食品安全监督管理部门发现可能误导消费者和社会舆论的食品安全信息,应当立即组织有关部门、专业机构、相关食品生产经营者等进行核实、分析,并及时公布结果。

第一百二十一条 【涉嫌食品安全犯罪案件的处理】县级以上人民政府食品安全监督管理等部门发现涉嫌食品安全犯罪的,应当按照有关规定及时将案件移送公安机关。对移送的案件,公安机关应当及时审查;认为有犯罪事实需要追究刑事责任的,应当立案侦查。

公安机关在食品安全犯罪案件侦查过程中认为没有犯罪事实,或者犯罪事实显著轻微,不需要追究刑事责任,但依法应当追究行政责任的,应当及时将案件移送食品安全监督管理等部门和监察机关,有关部门应当依法处理。

公安机关商请食品安全监督管理、生态环境等部门提供检验结论、认定意见以及对涉案物品进行无害化处理等协助的,有关部门应当及时提供,予以协助。

第九章 法律责任

第一百二十二条 【未经许可从事食品生产经营活动等的法律责任】违反本法规定,未取得食品生产经营许可从事食品生产经营活动,或者未取得食品添加剂生产许可从事食品添加剂生产活动的,由县级以上人民政府食品安全监督管理部门没收违法所得和违法生产经营的食品、食品添加剂以及用于违法生产经营的工具、设备、原料等物品;违法生产经营的食品、食品添加剂货值金额不足一万元的,并处五万元以上十万元以下罚款;货值金额一万元以上的,并处货值金额十倍以上二十倍以下罚款。

明知从事前款规定的违法行为,仍为其提供生产经营场所或者其他条件的,由县级以上人民政府食品安全监督管理部门责令停止违法行为,没收违法所得,并处五万元以上十万元以下罚款;使消费者的合法权益受到损害的,应当与食品、食品添加剂生产经营者承担连带责任。

第一百二十三条 【八类最严重违法食品生产经营行为的法律责任】违反本法规定,有下列情形之一,尚不构成犯罪的,由县级以上人民政府食品安全监督管理部门没收违法所得和违法生产经营的食品,并可以没收用于违法生产经营的工具、设备、原料等物品;违法生产经营的食品货值金额不足一万元的,并处十万元以上十五万元以下罚款;货值金额一万元以上的,并处货值金额十五倍以上三十倍以下罚款;情节严重的,吊销许可证,并可以由公安机关对其直接负责的主管人员和其他直接责任人员处五日以上十五日以下拘留:

(一)用非食品原料生产食品、在食品中添加食品添加剂以外的化学物质和其他可能危害人体健康的物质,或者用回收食品作为原料生产食品,或者经营上述食品;

(二)生产经营营养成分不符合食品安全标准的专

供婴幼儿和其他特定人群的主辅食品；

（三）经营病死、毒死或者死因不明的禽、畜、兽、水产动物肉类，或者生产经营其制品；

（四）经营未按规定进行检疫或者检疫不合格的肉类，或者生产经营未经检验或者检验不合格的肉类制品；

（五）生产经营国家为防病等特殊需要明令禁止生产经营的食品；

（六）生产经营添加药品的食品。

明知从事前款规定的违法行为，仍为其提供生产经营场所或者其他条件的，由县级以上人民政府食品安全监督管理部门责令停止违法行为，没收违法所得，并处十万元以上二十万元以下罚款；使消费者的合法权益受到损害的，应当与食品生产经营者承担连带责任。

违法使用剧毒、高毒农药的，除依照有关法律、法规规定给予处罚外，可以由公安机关依照第一款规定给予拘留。

第一百二十四条【**十一类违法生产经营行为的法律责任**】违反本法规定，有下列情形之一，尚不构成犯罪的，由县级以上人民政府食品安全监督管理部门没收违法所得和违法生产经营的食品、食品添加剂，并可以没收用于违法生产经营的工具、设备、原料等物品；违法生产经营的食品、食品添加剂货值金额不足一万元的，并处五万元以上十万元以下罚款；货值金额一万元以上的，并处货值金额十倍以上二十倍以下罚款；情节严重的，吊销许可证：

（一）生产经营致病性微生物，农药残留、兽药残留、生物毒素、重金属等污染物质以及其他危害人体健康的物质含量超过食品安全标准限量的食品、食品添加剂；

（二）用超过保质期的食品原料、食品添加剂生产食品、食品添加剂，或者经营上述食品、食品添加剂；

（三）生产经营超范围、超限量使用食品添加剂的食品；

（四）生产经营腐败变质、油脂酸败、霉变生虫、污秽不洁、混有异物、掺假掺杂或者感官性状异常的食品、食品添加剂；

（五）生产经营标注虚假生产日期、保质期或者超过保质期的食品、食品添加剂；

（六）生产经营未按规定注册的保健食品、特殊医学用途配方食品、婴幼儿配方乳粉，或者未按注册的产品配方、生产工艺等技术要求组织生产；

（七）以分装方式生产婴幼儿配方乳粉，或者同一企业以同一配方生产不同品牌的婴幼儿配方乳粉；

（八）利用新的食品原料生产食品，或者生产食品添加剂新品种，未通过安全性评估；

（九）食品生产经营者在食品安全监督管理部门责令其召回或者停止经营后，仍拒不召回或者停止经营。

除前款和本法第一百二十三条、第一百二十五条规定的情形外，生产经营不符合法律、法规或者食品安全标准的食品、食品添加剂的，依照前款规定给予处罚。

生产食品相关产品新品种，未通过安全性评估，或者生产不符合食品安全标准的食品相关产品的，由县级以上人民政府食品安全监督管理部门依照第一款规定给予处罚。

第一百二十五条【**四类违法生产经营行为的法律责任**】违反本法规定，有下列情形之一的，由县级以上人民政府食品安全监督管理部门没收违法所得和违法生产经营的食品、食品添加剂，并可以没收用于违法生产经营的工具、设备、原料等物品；违法生产经营的食品、食品添加剂货值金额不足一万元的，并处五千元以上五万元以下罚款；货值金额一万元以上的，并处货值金额五倍以上十倍以下罚款；情节严重的，责令停产停业，直至吊销许可证：

（一）生产经营被包装材料、容器、运输工具等污染的食品、食品添加剂；

（二）生产经营无标签的预包装食品、食品添加剂或者标签、说明书不符合本法规定的食品、食品添加剂；

（三）生产经营转基因食品未按规定进行标示；

（四）食品生产经营者采购或者使用不符合食品安全标准的食品原料、食品添加剂、食品相关产品。

生产经营的食品、食品添加剂的标签、说明书存在瑕疵但不影响食品安全且不会对消费者造成误导的，由县级以上人民政府食品安全监督管理部门责令改正；拒不改正的，处二千元以下罚款。

第一百二十六条【**十六类生产经营过程违法行为所应承担的法律责任**】违反本法规定，有下列情形之一的，由县级以上人民政府食品安全监督管理部门责令改正，给予警告；拒不改正的，处五千元以上五万元以下罚款；情节严重的，责令停产停业，直至吊销许可证：

（一）食品、食品添加剂生产者未按规定对采购的食品原料和生产的食品、食品添加剂进行检验；

（二）食品生产经营企业未按规定建立食品安全管理制度，或者未按规定配备或者培训、考核食品安全管理人员；

（三）食品、食品添加剂生产经营者进货时未查验许可证和相关证明文件，或者未按规定建立并遵守进货查验记录、出厂检验记录和销售记录制度；

（四）食品生产经营企业未制定食品安全事故处置方案；

（五）餐具、饮具和盛放直接入口食品的容器，使用前未经洗净、消毒或者清洗消毒不合格，或者餐饮服务设施、设备未按规定定期维护、清洗、校验；

（六）食品生产经营者安排未取得健康证明或者患有国务院卫生行政部门规定的有碍食品安全疾病的人员从事接触直接入口食品的工作；

（七）食品经营者未按规定要求销售食品；

（八）保健食品生产企业未按规定向食品安全监督管理部门备案，或者未按备案的产品配方、生产工艺等技术要求组织生产；

（九）婴幼儿配方食品生产企业未将食品原料、食品添加剂、产品配方、标签等向食品安全监督管理部门备案；

（十）特殊食品生产企业未按规定建立生产质量管理体系并有效运行，或者未定期提交自查报告；

（十一）食品生产经营者未定期对食品安全状况进行检查评价，或者生产经营条件发生变化，未按规定处理；

（十二）学校、托幼机构、养老机构、建筑工地等集中用餐单位未按规定履行食品安全管理责任；

（十三）食品生产企业、餐饮服务提供者未按规定制定、实施生产经营过程控制要求。

餐具、饮具集中消毒服务单位违反本法规定用水，使用洗涤剂、消毒剂，或者出厂的餐具、饮具未按规定检验合格并随附消毒合格证明，或者未按规定在独立包装上标注相关内容的，由县级以上人民政府卫生行政部门依照前款规定给予处罚。

食品相关产品生产者未按规定对生产的食品相关产品进行检验的，由县级以上人民政府食品安全监督管理部门依照第一款规定给予处罚。

食用农产品销售者违反本法第六十五条规定的，由县级以上人民政府食品安全监督管理部门依照第一款规定给予处罚。

第一百二十七条　【对食品生产加工小作坊、食品摊贩等的违法行为的处罚】对食品生产加工小作坊、食品摊贩等的违法行为的处罚，依照省、自治区、直辖市制定的具体管理办法执行。

第一百二十八条　【事故单位违法行为所应承担的法律责任】违反本法规定，事故单位在发生食品安全事故后未进行处置、报告的，由有关主管部门按照各自职责分工责令改正，给予警告；隐匿、伪造、毁灭有关证据的，责令停产停业，没收违法所得，并处十万元以上五十万元以下罚款；造成严重后果的，吊销许可证。

第一百二十九条　【进出口违法行为所应承担的法律责任】违反本法规定，有下列情形之一的，由出入境检验检疫机构依照本法第一百二十四条的规定给予处罚：

（一）提供虚假材料，进口不符合我国食品安全国家标准的食品、食品添加剂、食品相关产品；

（二）进口尚无食品安全国家标准的食品，未提交所执行的标准并经国务院卫生行政部门审查，或者进口利用新的食品原料生产的食品或者进口食品添加剂新品种、食品相关产品新品种，未通过安全性评估；

（三）未遵守本法的规定出口食品；

（四）进口商在有关主管部门责令其依照本法规定召回进口的食品后，仍拒不召回。

违反本法规定，进口商未建立并遵守食品、食品添加剂进口和销售记录制度、境外出口商或者生产企业审核制度的，由出入境检验检疫机构依照本法第一百二十六条的规定给予处罚。

第一百三十条　【集中交易市场违法行为所应承担的法律责任】违反本法规定，集中交易市场的开办者、柜台出租者、展销会的举办者允许未依法取得许可的食品经营者进入市场销售食品，或者未履行检查、报告等义务的，由县级以上人民政府食品安全监督管理部门责令改正，没收违法所得，并处五万元以上二十万元以下罚款；造成严重后果的，责令停业，直至由原发证部门吊销许可证；使消费者的合法权益受到损害的，应当与食品经营者承担连带责任。

食用农产品批发市场违反本法第六十四条规定的，依照前款规定承担责任。

第一百三十一条　【网络食品交易违法行为所应承担的法律责任】违反本法规定，网络食品交易第三方平台提供者未对入网食品经营者进行实名登记、审查许可证，或者未履行报告、停止提供网络交易平台服务等义务的，由县级以上人民政府食品安全监督管理部门责令改正，没收违法所得，并处五万元以上二十万元以下罚款；造成严重后果的，责令停业，直至由原发证部门吊销许可证；使消费者的合法权益受到损害的，应当与食品经营者承担连带责任。

消费者通过网络食品交易第三方平台购买食品，其合法权益受到损害的，可以向入网食品经营者或者食品生产者要求赔偿。网络食品交易第三方平台提供者不能提供入网食品经营者的真实名称、地址和有效联系方式的，由网络食品交易第三方平台提供者赔偿。网络食品交易第三方平台提供者赔偿后，有权向入网食品经营者或者食品生产者追偿。网络食品交易第三方平台提供者作出更有利于消费者承诺的，应当履行其承诺。

第一百三十二条 【进行食品贮存、运输和装卸违法行为所应承担的法律责任】违反本法规定，未按要求进行食品贮存、运输和装卸的，由县级以上人民政府食品安全监督管理等部门按照各自职责分工责令改正，给予警告；拒不改正的，责令停产停业，并处一万元以上五万元以下罚款；情节严重的，吊销许可证。

第一百三十三条 【拒绝、阻挠、干涉依法开展食品安全工作、打击报复举报人的法律责任】违反本法规定，拒绝、阻挠、干涉有关部门、机构及其工作人员依法开展食品安全监督检查、事故调查处理、风险监测和风险评估的，由有关主管部门按照各自职责分工责令停产停业，并处二千元以上五万元以下罚款；情节严重的，吊销许可证；构成违反治安管理行为的，由公安机关依法给予治安管理处罚。

违反本法规定，对举报人以解除、变更劳动合同或者其他方式打击报复的，应当依照有关法律的规定承担责任。

第一百三十四条 【食品生产经营者屡次违法可以增加处罚】食品生产经营者在一年内累计三次因违反本法规定受到责令停产停业、吊销许可证以外处罚的，由食品安全监督管理部门责令停产停业，直至吊销许可证。

第一百三十五条 【严重违法犯罪者一定期限内禁止从事食品生产经营相关活动】被吊销许可证的食品生产经营者及其法定代表人、直接负责的主管人员和其他直接责任人员自处罚决定作出之日起五年内不得申请食品生产经营许可，或者从事食品生产经营管理工作、担任食品生产经营企业食品安全管理人员。

因食品安全犯罪被判处有期徒刑以上刑罚的，终身不得从事食品生产经营管理工作，也不得担任食品生产经营企业食品安全管理人员。

食品生产经营者聘用人员违反前两款规定的，由县级以上人民政府食品安全监督管理部门吊销许可证。

第一百三十六条 【食品经营者履行了本法规定的义务可以免予处罚】食品经营者履行了本法规定的进货查验等义务，有充分证据证明其不知道所采购的食品不符合食品安全标准，并能如实说明其进货来源的，可以免予处罚，但应当依法没收其不符合食品安全标准的食品；造成人身、财产或者其他损害的，依法承担赔偿责任。

第一百三十七条 【提供虚假监测、评估信息的法律责任】违反本法规定，承担食品安全风险监测、风险评估工作的技术机构、技术人员提供虚假监测、评估信息的，依法对技术机构直接负责的主管人员和技术人员给予撤职、开除处分；有执业资格的，由授予其资格的主管部门吊销执业证书。

第一百三十八条 【出具虚假检验报告以及食品检验机构聘用不得从事食品检验工作的人员等的法律责任】违反本法规定，食品检验机构、食品检验人员出具虚假检验报告的，由授予其资质的主管部门或者机构撤销该食品检验机构的检验资质，没收所收取的检验费用，并处检验费用五倍以上十倍以下罚款，检验费用不足一万元的，并处五万元以上十万元以下罚款；依法对食品检验机构直接负责的主管人员和食品检验人员给予撤职或者开除处分；导致发生重大食品安全事故的，对直接负责的主管人员和食品检验人员给予开除处分。

违反本法规定，受到开除处分的食品检验机构人员，自处分决定作出之日起十年内不得从事食品检验工作；因食品安全违法行为受到刑事处罚或者因出具虚假检验报告导致发生重大食品安全事故受到开除处分的食品检验机构人员，终身不得从事食品检验工作。食品检验机构聘用不得从事食品检验工作的人员的，由授予其资质的主管部门或者机构撤销该食品检验机构的检验资质。

食品检验机构出具虚假检验报告，使消费者的合法权益受到损害的，应当与食品生产经营者承担连带责任。

第一百三十九条 【虚假认证的法律责任】违反本法规定，认证机构出具虚假认证结论，由认证认可监督管理部门没收所收取的认证费用，并处认证费用五倍以上十倍以下罚款，认证费用不足一万元的，并处五万元以上十万元以下罚款；情节严重的，责令停业，直至撤销认证机构批准文件，并向社会公布；对直接负责的主管人员和负有直接责任的认证人员，撤销其执业资格。

认证机构出具虚假认证结论，使消费者的合法权益受到损害的，应当与食品生产经营者承担连带责任。

第一百四十条 【违法发布食品广告和违法推荐食品的法律责任】违反本法规定，在广告中对食品作虚假宣传，欺骗消费者，或者发布未取得批准文件、广告内容与批准文件不一致的保健食品广告的，依照《中华人民共和国广告法》的规定给予处罚。

广告经营者、发布者设计、制作、发布虚假食品广告，使消费者的合法权益受到损害的，应当与食品生产经营者承担连带责任。

社会团体或者其他组织、个人在虚假广告或者其他虚假宣传中向消费者推荐食品，使消费者的合法权益受到损害的，应当与食品生产经营者承担连带责任。

违反本法规定，食品安全监督管理等部门、食品检验机构、食品行业协会以广告或者其他形式向消费者推荐食品，消费者组织以收取费用或者其他牟取利益的方式向消费者推荐食品的，由有关主管部门没收违法所得，依法对直接负责的主管人员和其他直接责任人员给予记大过、降级或者撤职处分；情节严重的，给予开除处分。

对食品作虚假宣传且情节严重的，由省级以上人民政府食品安全监督管理部门决定暂停销售该食品，并向社会公布；仍然销售该食品的，由县级以上人民政府食品安全监督管理部门没收违法所得和违法销售的食品，并处二万元以上五万元以下罚款。

第一百四十一条　【编造、散布虚假食品安全信息的法律责任】 违反本法规定，编造、散布虚假食品安全信息，构成违反治安管理行为的，由公安机关依法给予治安管理处罚。

媒体编造、散布虚假食品安全信息的，由有关主管部门依法给予处罚，并对直接负责的主管人员和其他直接责任人员给予处分；使公民、法人或者其他组织的合法权益受到损害的，依法承担消除影响、恢复名誉、赔偿损失、赔礼道歉等民事责任。

第一百四十二条　【地方人民政府有关食品安全事故应对不当的法律责任】 违反本法规定，县级以上地方人民政府有下列行为之一的，对直接负责的主管人员和其他直接责任人员给予记大过处分；情节较重的，给予降级或者撤职处分；情节严重的，给予开除处分；造成严重后果的，其主要负责人还应当引咎辞职：

（一）对发生在本行政区域内的食品安全事故，未及时组织协调有关部门开展有效处置，造成不良影响或者损失；

（二）对本行政区域内涉及多环节的区域性食品安全问题，未及时组织整治，造成不良影响或者损失；

（三）隐瞒、谎报、缓报食品安全事故；

（四）本行政区域内发生特别重大食品安全事故，或者连续发生重大食品安全事故。

第一百四十三条　【政府未落实有关法定职责的法律责任】 违反本法规定，县级以上地方人民政府有下列行为之一的，对直接负责的主管人员和其他直接责任人员给予警告、记过或者记大过处分；造成严重后果的，给予降级或者撤职处分：

（一）未确定有关部门的食品安全监督管理职责，未建立健全食品安全全程监督管理工作机制和信息共享机制，未落实食品安全监督管理责任制；

（二）未制定本行政区域的食品安全事故应急预案，或者发生食品安全事故后未按规定立即成立事故处置指挥机构、启动应急预案。

第一百四十四条　【食品安全监管部门的法律责任一】 违反本法规定，县级以上人民政府食品安全监督管理、卫生行政、农业行政等部门有下列行为之一的，对直接负责的主管人员和其他直接责任人员给予记大过处分；情节较重的，给予降级或者撤职处分；情节严重的，给予开除处分；造成严重后果的，其主要负责人还应当引咎辞职：

（一）隐瞒、谎报、缓报食品安全事故；

（二）未按规定查处食品安全事故，或者接到食品安全事故报告未及时处理，造成事故扩大或者蔓延；

（三）经食品安全风险评估得出食品、食品添加剂、食品相关产品不安全结论后，未及时采取相应措施，造成食品安全事故或者不良社会影响；

（四）对不符合条件的申请人准予许可，或者超越法定职权准予许可；

（五）不履行食品安全监督管理职责，导致发生食品安全事故。

第一百四十五条　【食品安全监管部门的法律责任二】 违反本法规定，县级以上人民政府食品安全监督管理、卫生行政、农业行政等部门有下列行为之一，造成不良后果的，对直接负责的主管人员和其他直接责任人员给予警告、记过或者记大过处分；情节较重的，给予降级或者撤职处分；情节严重的，给予开除处分：

（一）在获知有关食品安全信息后，未按规定向上级主管部门和本级人民政府报告，或者未按规定相互通报；

（二）未按规定公布食品安全信息；

（三）不履行法定职责，对查处食品安全违法行为不配合，或者滥用职权、玩忽职守、徇私舞弊。

第一百四十六条　【违法实施检查、强制等行政行为的法律责任】 食品安全监督管理等部门在履行食品安全监督管理职责过程中，违法实施检查、强制等执法措施，给生产经营者造成损失的，应当依法予以赔偿，对直接负责的主管人员和其他直接责任人员依法给予处分。

第一百四十七条 【赔偿责任及民事赔偿责任优先原则】违反本法规定，造成人身、财产或者其他损害的，依法承担赔偿责任。生产经营者财产不足以同时承担民事赔偿责任和缴纳罚款、罚金时，先承担民事赔偿责任。

第一百四十八条 【首负责任制和惩罚性赔偿】消费者因不符合食品安全标准的食品受到损害的，可以向经营者要求赔偿损失，也可以向生产者要求赔偿损失。接到消费者赔偿要求的生产经营者，应当实行首负责任制，先行赔付，不得推诿；属于生产者责任的，经营者赔偿后有权向生产者追偿；属于经营者责任的，生产者赔偿后有权向经营者追偿。

生产不符合食品安全标准的食品或者经营明知是不符合食品安全标准的食品，消费者除要求赔偿损失外，还可以向生产者或者经营者要求支付价款十倍或者损失三倍的赔偿金；增加赔偿的金额不足一千元的，为一千元。但是，食品的标签、说明书存在不影响食品安全且不会对消费者造成误导的瑕疵的除外。

第一百四十九条 【违反本法所应承担的刑事责任】违反本法规定，构成犯罪的，依法追究刑事责任。

第十章 附则

第一百五十条 【本法中部分用语含义】本法下列用语的含义：

食品，指各种供人食用或者饮用的成品和原料以及按照传统既是食品又是中药材的物品，但是不包括以治疗为目的的物品。

食品安全，指食品无毒、无害，符合应当有的营养要求，对人体健康不造成任何急性、亚急性或者慢性危害。

预包装食品，指预先定量包装或者制作在包装材料、容器中的食品。

食品添加剂，指为改善食品品质和色、香、味以及为防腐、保鲜和加工工艺的需要而加入食品中的人工合成或者天然物质，包括营养强化剂。

用于食品的包装材料和容器，指包装、盛放食品或者食品添加剂用的纸、竹、木、金属、搪瓷、陶瓷、塑料、橡胶、天然纤维、化学纤维、玻璃等制品和直接接触食品或者食品添加剂的涂料。

用于食品生产经营的工具、设备，指在食品或者食品添加剂生产、销售、使用过程中直接接触食品或者食品添加剂的机械、管道、传送带、容器、用具、餐具等。

用于食品的洗涤剂、消毒剂，指直接用于洗涤或者消毒食品、餐具、饮具以及直接接触食品的工具、设备或者食品包装材料和容器的物质。

食品保质期，指食品在标明的贮存条件下保持品质的期限。

食源性疾病，指食品中致病因素进入人体引起的感染性、中毒性等疾病，包括食物中毒。

食品安全事故，指食源性疾病、食品污染等源于食品，对人体健康有危害或者可能有危害的事故。

第一百五十一条 【转基因食品和食盐的食品安全管理】转基因食品和食盐的食品安全管理，本法未作规定的，适用其他法律、行政法规的规定。

第一百五十二条 【对铁路、民航、国境口岸、军队等有关食品安全管理】铁路、民航运营中食品安全的管理办法由国务院食品安全监督管理部门会同国务院有关部门依照本法制定。

保健食品的具体管理办法由国务院食品安全监督管理部门依照本法制定。

食品相关产品生产活动的具体管理办法由国务院食品安全监督管理部门依照本法制定。

国境口岸食品的监督管理由出入境检验检疫机构依照本法以及有关法律、行政法规的规定实施。

军队专用食品和自供食品的食品安全管理办法由中央军事委员会依照本法制定。

第一百五十三条 【国务院可以调整食品安全监管体制】国务院根据实际需要，可以对食品安全监督管理体制作出调整。

第一百五十四条 【法律施行日期】本法自2015年10月1日起施行。

中华人民共和国食品安全法实施条例

- 2009年7月20日中华人民共和国国务院令第557号公布
- 根据2016年2月6日《国务院关于修改部分行政法规的决定》修订
- 2019年3月26日国务院第42次常务会议修订通过

第一章 总 则

第一条 根据《中华人民共和国食品安全法》（以下简称食品安全法），制定本条例。

第二条 食品生产经营者应当依照法律、法规和食品安全标准从事生产经营活动，建立健全食品安全管理制度，采取有效措施预防和控制食品安全风险，保证食品安全。

第三条 国务院食品安全委员会负责分析食品安全形势，研究部署、统筹指导食品安全工作，提出食品安全监督管理的重大政策措施，督促落实食品安全监督管理责任。县级以上地方人民政府食品安全委员会按照本级人民政府规定的职责开展工作。

第四条 县级以上人民政府建立统一权威的食品安全监督管理体制,加强食品安全监督管理能力建设。

县级以上人民政府食品安全监督管理部门和其他有关部门应当依法履行职责,加强协调配合,做好食品安全监督管理工作。

乡镇人民政府和街道办事处应当支持、协助县级人民政府食品安全监督管理部门及其派出机构依法开展食品安全监督管理工作。

第五条 国家将食品安全知识纳入国民素质教育内容,普及食品安全科学常识和法律知识,提高全社会的食品安全意识。

第二章　食品安全风险监测和评估

第六条 县级以上人民政府卫生行政部门会同同级食品安全监督管理等部门建立食品安全风险监测会商机制,汇总、分析风险监测数据,研判食品安全风险,形成食品安全风险监测分析报告,报本级人民政府;县级以上地方人民政府卫生行政部门还应当将食品安全风险监测分析报告同时报上一级人民政府卫生行政部门。食品安全风险监测会商的具体办法由国务院卫生行政部门会同国务院食品安全监督管理等部门制定。

第七条 食品安全风险监测结果表明存在食品安全隐患,食品安全监督管理等部门经进一步调查确认有必要通知相关食品生产经营者的,应当及时通知。

接到通知的食品生产经营者应当立即进行自查,发现食品不符合食品安全标准或者有证据证明可能危害人体健康的,应当依照食品安全法第六十三条的规定停止生产、经营,实施食品召回,并报告相关情况。

第八条 国务院卫生行政、食品安全监督管理等部门发现需要对农药、肥料、兽药、饲料和饲料添加剂等进行安全性评估的,应当向国务院农业行政部门提出安全性评估建议。国务院农业行政部门应当及时组织评估,并向国务院有关部门通报评估结果。

第九条 国务院食品安全监督管理部门和其他有关部门建立食品安全风险信息交流机制,明确食品安全风险信息交流的内容、程序和要求。

第三章　食品安全标准

第十条 国务院卫生行政部门会同国务院食品安全监督管理、农业行政等部门制定食品安全国家标准规划及其年度实施计划。国务院卫生行政部门应当在其网站上公布食品安全国家标准规划及其年度实施计划的草案,公开征求意见。

第十一条 省、自治区、直辖市人民政府卫生行政部门依照食品安全法第二十九条的规定制定食品安全地方标准,应当公开征求意见。省、自治区、直辖市人民政府卫生行政部门应当自食品安全地方标准公布之日起30个工作日内,将地方标准报国务院卫生行政部门备案。国务院卫生行政部门发现备案的食品安全地方标准违反法律、法规或者食品安全国家标准的,应当及时予以纠正。

食品安全地方标准依法废止的,省、自治区、直辖市人民政府卫生行政部门应当及时在其网站上公布废止情况。

第十二条 保健食品、特殊医学用途配方食品、婴幼儿配方食品等特殊食品不属于地方特色食品,不得对其制定食品安全地方标准。

第十三条 食品安全标准公布后,食品生产经营者可以在食品安全标准规定的实施日期之前实施并公开提前实施情况。

第十四条 食品生产企业不得制定低于食品安全国家标准或者地方标准要求的企业标准。食品生产企业制定食品安全指标严于食品安全国家标准或者地方标准的企业标准的,应当报省、自治区、直辖市人民政府卫生行政部门备案。

食品生产企业制定企业标准的,应当公开,供公众免费查阅。

第四章　食品生产经营

第十五条 食品生产经营许可的有效期为5年。

食品生产经营者的生产经营条件发生变化,不再符合食品生产经营要求的,食品生产经营者应当立即采取整改措施;需要重新办理许可手续的,应当依法办理。

第十六条 国务院卫生行政部门应当及时公布新的食品原料、食品添加剂新品种和食品相关产品新品种目录以及所适用的食品安全国家标准。

对按照传统既是食品又是中药材的物质目录,国务院卫生行政部门会同国务院食品安全监督管理部门应当及时更新。

第十七条 国务院食品安全监督管理部门会同国务院农业行政等有关部门明确食品安全全程追溯基本要求,指导食品生产经营者通过信息化手段建立、完善食品安全追溯体系。

食品安全监督管理等部门应当将婴幼儿配方食品等

针对特定人群的食品以及其他食品安全风险较高或者销售量大的食品的追溯体系建设作为监督检查的重点。

第十八条 食品生产经营者应当建立食品安全追溯体系,依照食品安全法的规定如实记录并保存进货查验、出厂检验、食品销售等信息,保证食品可追溯。

第十九条 食品生产经营企业的主要负责人对本企业的食品安全工作全面负责,建立并落实本企业的食品安全责任制,加强供货者管理、进货查验和出厂检验、生产经营过程控制、食品安全自查等工作。食品生产经营企业的食品安全管理人员应当协助企业主要负责人做好食品安全管理工作。

第二十条 食品生产经营企业应当加强对食品安全管理人员的培训和考核。食品安全管理人员应当掌握与其岗位相适应的食品安全法律、法规、标准和专业知识,具备食品安全管理能力。食品安全监督管理部门应当对企业食品安全管理人员进行随机监督抽查考核。考核指南由国务院食品安全监督管理部门制定、公布。

第二十一条 食品、食品添加剂生产经营者委托生产食品、食品添加剂的,应当委托取得食品生产许可、食品添加剂生产许可的生产者生产,并对其生产行为进行监督,对委托生产的食品、食品添加剂的安全负责。受托方应当依照法律、法规、食品安全标准以及合同约定进行生产,对生产行为负责,并接受委托方的监督。

第二十二条 食品生产经营者不得在食品生产、加工场所贮存依照本条例第六十三条规定制定的名录中的物质。

第二十三条 对食品进行辐照加工,应当遵守食品安全国家标准,并按照食品安全国家标准的要求对辐照加工食品进行检验和标注。

第二十四条 贮存、运输对温度、湿度等有特殊要求的食品,应当具备保温、冷藏或者冷冻等设备设施,并保持有效运行。

第二十五条 食品生产经营者委托贮存、运输食品的,应当对受托方的食品安全保障能力进行审核,并监督受托方按照保证食品安全的要求贮存、运输食品。受托方应当保证食品贮存、运输条件符合食品安全的要求,加强食品贮存、运输过程管理。

接受食品生产经营者委托贮存、运输食品的,应当如实记录委托方和收货方的名称、地址、联系方式等内容。记录保存期限不得少于贮存、运输结束后2年。

非食品生产经营者从事对温度、湿度等有特殊要求的食品贮存业务的,应当自取得营业执照之日起30个工作日内向所在地县级人民政府食品安全监督管理部门备案。

第二十六条 餐饮服务提供者委托餐具饮具集中消毒服务单位提供清洗消毒服务的,应当查验、留存餐具饮具集中消毒服务单位的营业执照复印件和消毒合格证明。保存期限不得少于消毒餐具饮具使用期限到期后6个月。

第二十七条 餐具饮具集中消毒服务单位应当建立餐具饮具出厂检验记录制度,如实记录出厂餐具饮具的数量、消毒日期和批号、使用期限、出厂日期以及委托方名称、地址、联系方式等内容。出厂检验记录保存期限不得少于消毒餐具饮具使用期限到期后6个月。消毒后的餐具饮具应当在独立包装上标注单位名称、地址、联系方式、消毒日期和批号以及使用期限等内容。

第二十八条 学校、托幼机构、养老机构、建筑工地等集中用餐单位的食堂应当执行原料控制、餐具饮具清洗消毒、食品留样等制度,并依照食品安全法第四十七条的规定定期开展食堂食品安全自查。

承包经营集中用餐单位食堂的,应当依法取得食品经营许可,并对食堂的食品安全负责。集中用餐单位应当督促承包方落实食品安全管理制度,承担管理责任。

第二十九条 食品生产经营者应当对变质、超过保质期或者回收的食品进行显著标示或者单独存放在有明确标志的场所,及时采取无害化处理、销毁等措施并如实记录。

食品安全法所称回收食品,是指已经售出,因违反法律、法规、食品安全标准或者超过保质期等原因,被召回或者退回的食品,不包括依照食品安全法第六十三条第三款的规定可以继续销售的食品。

第三十条 县级以上地方人民政府根据需要建设必要的食品无害化处理和销毁设施。食品生产经营者可以按照规定使用政府建设的设施对食品进行无害化处理或者予以销毁。

第三十一条 食品集中交易市场的开办者、食品展销会的举办者应当在市场开业或者展销会举办前向所在地县级人民政府食品安全监督管理部门报告。

第三十二条 网络食品交易第三方平台提供者应当妥善保存入网食品经营者的登记信息和交易信息。县级以上人民政府食品安全监督管理部门开展食品安全监督检查、食品安全案件调查处理、食品安全事故处置确需了解有关信息的,经其负责人批准,可以要求网络食品交易第三方平台提供者提供,网络食品交易第三方平台提供者应当按照要求提供。县级以上人民政府食品安全监督管理部门及其工作人员对网络食品交易第三方平台提供者提供的信息依法负有保密义务。

第三十三条 生产经营转基因食品应当显著标示，标示办法由国务院食品安全监督管理部门会同国务院农业行政部门制定。

第三十四条 禁止利用包括会议、讲座、健康咨询在内的任何方式对食品进行虚假宣传。食品安全监督管理部门发现虚假宣传行为的，应当依法及时处理。

第三十五条 保健食品生产工艺有原料提取、纯化等前处理工序的，生产企业应当具备相应的原料前处理能力。

第三十六条 特殊医学用途配方食品生产企业应当按照食品安全国家标准规定的检验项目对出厂产品实施逐批检验。

特殊医学用途配方食品中的特定全营养配方食品应当通过医疗机构或者药品零售企业向消费者销售。医疗机构、药品零售企业销售特定全营养配方食品的，不需要取得食品经营许可，但是应当遵守食品安全法和本条例关于食品销售的规定。

第三十七条 特殊医学用途配方食品中的特定全营养配方食品广告按照处方药广告管理，其他类别的特殊医学用途配方食品广告按照非处方药广告管理。

第三十八条 对保健食品之外的其他食品，不得声称具有保健功能。

对添加食品安全国家标准规定的选择性添加物质的婴幼儿配方食品，不得以选择性添加物质命名。

第三十九条 特殊食品的标签、说明书内容应当与注册或者备案的标签、说明书一致。销售特殊食品，应当核对食品标签、说明书内容是否与注册或者备案的标签、说明书一致，不一致的不得销售。省级以上人民政府食品安全监督管理部门应当在其网站上公布注册或者备案的特殊食品的标签、说明书。

特殊食品不得与普通食品或者药品混放销售。

第五章 食品检验

第四十条 对食品进行抽样检验，应当按照食品安全标准、注册或者备案的特殊食品的产品技术要求以及国家有关规定确定的检验项目和检验方法进行。

第四十一条 对可能掺杂掺假的食品，按照现有食品安全标准规定的检验项目和检验方法以及依照食品安全法第一百一十一条和本条例第六十三条规定制定的检验项目和检验方法无法检验的，国务院食品安全监督管理部门可以制定补充检验项目和检验方法，用于对食品的抽样检验、食品安全案件调查处理和食品安全事故处置。

第四十二条 依照食品安全法第八十八条的规定申请复检的，申请人应当向复检机构先行支付复检费用。复检结论表明食品不合格的，复检费用由复检申请人承担；复检结论表明食品合格的，复检费用由实施抽样检验的食品安全监督管理部门承担。

复检机构无正当理由不得拒绝承担复检任务。

第四十三条 任何单位和个人不得发布未依法取得资质认定的食品检验机构出具的食品检验信息，不得利用上述检验信息对食品、食品生产经营者进行等级评定，欺骗、误导消费者。

第六章 食品进出口

第四十四条 进口商进口食品、食品添加剂，应当按照规定向出入境检验检疫机构报检，如实申报产品相关信息，并随附法律、行政法规规定的合格证明材料。

第四十五条 进口食品运达口岸后，应当存放在出入境检验检疫机构指定或者认可的场所；需要移动的，应当按照出入境检验检疫机构的要求采取必要的安全防护措施。大宗散装进口食品应当在卸货口岸进行检验。

第四十六条 国家出入境检验检疫部门根据风险管理需要，可以对部分食品实行指定口岸进口。

第四十七条 国务院卫生行政部门依照食品安全法第九十三条的规定对境外出口商、境外生产企业或者其委托的进口商提交的相关国家（地区）标准或者国际标准进行审查，认为符合食品安全要求的，决定暂予适用并予以公布；暂予适用的标准公布前，不得进口尚无食品安全国家标准的食品。

食品安全国家标准中通用标准已经涵盖的食品不属于食品安全法第九十三条规定的尚无食品安全国家标准的食品。

第四十八条 进口商应当建立境外出口商、境外生产企业审核制度，重点审核境外出口商、境外生产企业制定和执行食品安全风险控制措施的情况以及向我国出口的食品是否符合食品安全法、本条例和其他有关法律、行政法规的规定以及食品安全国家标准的要求。

第四十九条 进口商依照食品安全法第九十四条第三款的规定召回进口食品的，应当将食品召回和处理情况向所在地县级人民政府食品安全监督管理部门和所在地出入境检验检疫机构报告。

第五十条 国家出入境检验检疫部门发现已经注册

的境外食品生产企业不再符合注册要求的,应当责令其在规定期限内整改,整改期间暂停进口其生产的食品;经整改仍不符合注册要求的,国家出入境检验检疫部门应当撤销境外食品生产企业注册并公告。

第五十一条 对通过我国良好生产规范、危害分析与关键控制点体系认证的境外生产企业,认证机构应当依法实施跟踪调查。对不再符合认证要求的企业,认证机构应当依法撤销认证并向社会公布。

第五十二条 境外发生的食品安全事件可能对我国境内造成影响,或者在进口食品、食品添加剂、食品相关产品中发现严重食品安全问题的,国家出入境检验检疫部门应当及时进行风险预警,并可以对相关的食品、食品添加剂、食品相关产品采取下列控制措施:

(一)退货或者销毁处理;

(二)有条件地限制进口;

(三)暂停或者禁止进口。

第五十三条 出口食品、食品添加剂的生产企业应当保证其出口食品、食品添加剂符合进口国(地区)的标准或者合同要求;我国缔结或者参加的国际条约、协定有要求的,还应当符合国际条约、协定的要求。

第七章 食品安全事故处置

第五十四条 食品安全事故按照国家食品安全事故应急预案实行分级管理。县级以上人民政府食品安全监督管理部门会同同级有关部门负责食品安全事故调查处理。

县级以上人民政府应当根据实际情况及时修改、完善食品安全事故应急预案。

第五十五条 县级以上人民政府应当完善食品安全事故应急管理机制,改善应急装备,做好应急物资储备和应急队伍建设,加强应急培训、演练。

第五十六条 发生食品安全事故的单位应当对导致或者可能导致食品安全事故的食品及原料、工具、设备、设施等,立即采取封存等控制措施。

第五十七条 县级以上人民政府食品安全监督管理部门接到食品安全事故报告后,应当立即会同同级卫生行政、农业行政等部门依照食品安全法第一百零五条的规定进行调查处理。食品安全监督管理部门应当对事故单位封存的食品及原料、工具、设备、设施等予以保护,需要封存而事故单位尚未封存的应当直接封存或者责令事故单位立即封存,并通知疾病预防控制机构对与事故有关的因素开展流行病学调查。

疾病预防控制机构应当在调查结束后向同级食品安全监督管理、卫生行政部门同时提交流行病学调查报告。

任何单位和个人不得拒绝、阻挠疾病预防控制机构开展流行病学调查。有关部门应当对疾病预防控制机构开展流行病学调查予以协助。

第五十八条 国务院食品安全监督管理部门会同国务院卫生行政、农业行政等部门定期对全国食品安全事故情况进行分析,完善食品安全监督管理措施,预防和减少事故的发生。

第八章 监督管理

第五十九条 设区的市级以上人民政府食品安全监督管理部门根据监督管理工作需要,可以对由下级人民政府食品安全监督管理部门负责日常监督管理的食品生产经营者实施随机监督检查,也可以组织下级人民政府食品安全监督管理部门对食品生产经营者实施异地监督检查。

设区的市级以上人民政府食品安全监督管理部门认为必要的,可以直接调查处理下级人民政府食品安全监督管理部门管辖的食品安全违法案件,也可以指定其他下级人民政府食品安全监督管理部门调查处理。

第六十条 国家建立食品安全检查员制度,依托现有资源加强职业化检查员队伍建设,强化考核培训,提高检查员专业化水平。

第六十一条 县级以上人民政府食品安全监督管理部门依照食品安全法第一百一十条的规定实施查封、扣押措施,查封、扣押的期限不得超过 30 日;情况复杂的,经实施查封、扣押措施的食品安全监督管理部门负责人批准,可以延长,延长期限不得超过 45 日。

第六十二条 网络食品交易第三方平台多次出现入网食品经营者违法经营或者入网食品经营者的违法经营行为造成严重后果的,县级以上人民政府食品安全监督管理部门可以对网络食品交易第三方平台提供者的法定代表人或者主要负责人进行责任约谈。

第六十三条 国务院食品安全监督管理部门会同国务院卫生行政等部门根据食源性疾病信息、食品安全风险监测信息和监督管理信息等,对发现的添加或者可能添加到食品中的非食用化学物质和其他可能危害人体健康的物质,制定名录及检测方法并予以公布。

第六十四条 县级以上地方人民政府卫生行政部门应当对餐具饮具集中消毒服务单位进行监督检查,发现不符合法律、法规、国家相关标准以及相关卫生规范等要求的,应当及时调查处理。监督检查的结果应当向社会公布。

第六十五条　国家实行食品安全违法行为举报奖励制度,对查证属实的举报,给予举报人奖励。举报人举报所在企业食品安全重大违法犯罪行为的,应当加大奖励力度。有关部门应当对举报人的信息予以保密,保护举报人的合法权益。食品安全违法行为举报奖励办法由国务院食品安全监督管理部门会同国务院财政等有关部门制定。

食品安全违法行为举报奖励资金纳入各级人民政府预算。

第六十六条　国务院食品安全监督管理部门应当会同国务院有关部门建立守信联合激励和失信联合惩戒机制,结合食品生产经营者信用档案,建立严重违法生产经营者黑名单制度,将食品安全信用状况与准入、融资、信贷、征信等相衔接,及时向社会公布。

第九章　法律责任

第六十七条　有下列情形之一的,属于食品安全法第一百二十三条至第一百二十六条、第一百三十二条以及本条例第七十二条、第七十三条规定的情节严重情形:

(一)违法行为涉及的产品货值金额2万元以上或者违法行为持续时间3个月以上;

(二)造成食源性疾病并出现死亡病例,或者造成30人以上食源性疾病但未出现死亡病例;

(三)故意提供虚假信息或者隐瞒真实情况;

(四)拒绝、逃避监督检查;

(五)因违反食品安全法律、法规受到行政处罚后1年内又实施同一性质的食品安全违法行为,或者因违反食品安全法律、法规受到刑事处罚后又实施食品安全违法行为;

(六)其他情节严重的情形。

对情节严重的违法行为处以罚款时,应当依法从重从严。

第六十八条　有下列情形之一的,依照食品安全法第一百二十五条第一款、本条例第七十五条的规定给予处罚:

(一)在食品生产、加工场所贮存依照本条例第六十三条规定制定的名录中的物质;

(二)生产经营的保健食品之外的食品的标签、说明书声称具有保健功能;

(三)以食品安全国家标准规定的选择性添加物质命名婴幼儿配方食品;

(四)生产经营的特殊食品的标签、说明书内容与注册或者备案的标签、说明书不一致。

第六十九条　有下列情形之一的,依照食品安全法第一百二十六条第一款、本条例第七十五条的规定给予处罚:

(一)接受食品生产经营者委托贮存、运输食品,未按照规定记录保存信息;

(二)餐饮服务提供者未查验、留存餐具饮具集中消毒服务单位的营业执照复印件和消毒合格证明;

(三)食品生产经营者未按照规定对变质、超过保质期或者回收的食品进行标示或者存放,或者未及时对上述食品采取无害化处理、销毁等措施并如实记录;

(四)医疗机构和药品零售企业之外的单位或者个人向消费者销售特殊医学用途配方食品中的特定全营养配方食品;

(五)将特殊食品与普通食品或者药品混放销售。

第七十条　除食品安全法第一百二十五条第一款、第一百二十六条规定的情形外,食品生产经营者的生产经营行为不符合食品安全法第三十三条第一款第五项、第七项至第十项的规定,或者不符合有关食品生产经营过程要求的食品安全国家标准的,依照食品安全法第一百二十六条第一款、本条例第七十五条的规定给予处罚。

第七十一条　餐具饮具集中消毒服务单位未按照规定建立并遵守出厂检验记录制度的,由县级以上人民政府卫生行政部门依照食品安全法第一百二十六条第一款、本条例第七十五条的规定给予处罚。

第七十二条　从事对温度、湿度等有特殊要求的食品贮存业务的非食品生产经营者,食品集中交易市场的开办者、食品展销会的举办者,未按照规定备案或者报告的,由县级以上人民政府食品安全监督管理部门责令改正,给予警告;拒不改正的,处1万元以上5万元以下罚款;情节严重的,责令停产停业,并处5万元以上20万元以下罚款。

第七十三条　利用会议、讲座、健康咨询等方式对食品进行虚假宣传的,由县级以上人民政府食品安全监督管理部门责令消除影响,有违法所得的,没收违法所得;情节严重的,依照食品安全法第一百四十条第五款的规定进行处罚;属于单位违法的,还应当依照本条例第七十五条的规定对单位的法定代表人、主要负责人、直接负责的主管人员和其他直接责任人员给予处罚。

第七十四条　食品生产经营者生产经营的食品符合食品安全标准但不符合食品所标注的企业标准规定的食品安全指标的,由县级以上人民政府食品安全监督管理部门给予警告,并责令食品经营者停止经营该食品,责令食品生产企业改正;拒不停止经营或者改正的,没收不符合企业标准规定的食品安全指标的食品，货值金额不足1万元的，并处1万元以上5万元以下罚款；货值金额1万元以上的，并处货值金额5倍以上10倍以下罚款。

第七十五条　食品生产经营企业等单位有食品安全法规定的违法情形，除依照食品安全法的规定给予处罚外，有下列情形之一的，对单位的法定代表人、主要负责人、直接负责的主管人员和其他直接责任人员处以其上一年度从本单位取得收入的1倍以上10倍以下罚款：

（一）故意实施违法行为；

（二）违法行为性质恶劣；

（三）违法行为造成严重后果。

属于食品安全法第一百二十五条第二款规定情形的，不适用前款规定。

第七十六条　食品生产经营者依照食品安全法第六十三条第一款、第二款的规定停止生产、经营，实施食品召回，或者采取其他有效措施减轻或者消除食品安全风险，未造成危害后果的，可以从轻或者减轻处罚。

第七十七条　县级以上地方人民政府食品安全监督管理等部门对有食品安全法第一百二十三条规定的违法情形且情节严重，可能需要行政拘留的，应当及时将案件及有关材料移送同级公安机关。公安机关认为需要补充材料的，食品安全监督管理等部门应当及时提供。公安机关经审查认为不符合行政拘留条件的，应当及时将案件及有关材料退回移送的食品安全监督管理等部门。

第七十八条　公安机关对发现的食品安全违法行为，经审查没有犯罪事实或者立案侦查后认为不需要追究刑事责任，但依法应当予以行政拘留的，应当及时作出行政拘留的处罚决定；不需要予以行政拘留但依法应当追究其他行政责任的，应当及时将案件及有关材料移送同级食品安全监督管理等部门。

第七十九条　复检机构无正当理由拒绝承担复检任务的，由县级以上人民政府食品安全监督管理部门给予警告，无正当理由1年内2次拒绝承担复检任务的，由国务院有关部门撤销其复检机构资质并向社会公布。

第八十条　发布未依法取得资质认定的食品检验机构出具的食品检验信息，或者利用上述检验信息对食品、食品生产经营者进行等级评定，欺骗、误导消费者的，由县级以上人民政府食品安全监督管理部门责令改正，有违法所得的，没收违法所得，并处10万元以上50万元以下罚款；拒不改正的，处50万元以上100万元以下罚款；构成违反治安管理行为的，由公安机关依法给予治安管理处罚。

第八十一条　食品安全监督管理部门依照食品安全法、本条例对违法单位或者个人处以30万元以上罚款的，由设区的市级以上人民政府食品安全监督管理部门决定。罚款具体处罚权限由国务院食品安全监督管理部门规定。

第八十二条　阻碍食品安全监督管理等部门工作人员依法执行职务，构成违反治安管理行为的，由公安机关依法给予治安管理处罚。

第八十三条　县级以上人民政府食品安全监督管理等部门发现单位或者个人违反食品安全法第一百二十条第一款规定，编造、散布虚假食品安全信息，涉嫌构成违反治安管理行为的，应当将相关情况通报同级公安机关。

第八十四条　县级以上人民政府食品安全监督管理部门及其工作人员违法向他人提供网络食品交易第三方平台提供者提供的信息的，依照食品安全法第一百四十五条的规定给予处分。

第八十五条　违反本条例规定，构成犯罪的，依法追究刑事责任。

第十章　附则

第八十六条　本条例自2019年12月1日起施行。

最高人民法院、最高人民检察院关于办理危害食品安全刑事案件适用法律若干问题的解释

- 2021年12月13日最高人民法院审判委员会第1856次会议、2021年12月29日最高人民检察院第十三届检察委员会第八十四次会议通过
- 2021年12月30日最高人民法院、最高人民检察院公告公布
- 自2022年1月1日起施行
- 法释〔2021〕24号

为依法惩治危害食品安全犯罪，保障人民群众身体健康、生命安全，根据《中华人民共和国刑法》《中华人民共和国刑事诉讼法》的有关规定，对办理此类刑事案件适用法律的若干问题解释如下：

第一条　生产、销售不符合食品安全标准的食品，具有下列情形之一的，应当认定为刑法第一百四十三条规定的"足以造成严重食物中毒事故或者其他严重食源性疾病"：

（一）含有严重超出标准限量的致病性微生物、农药残留、兽药残留、生物毒素、重金属等污染物质以及其他严重危害人体健康的物质的；

（二）属于病死、死因不明或者检验检疫不合格的

畜、禽、兽、水产动物肉类及其制品的；
（三）属于国家为防控疾病等特殊需要明令禁止生产、销售的；
（四）特殊医学用途配方食品、专供婴幼儿的主辅食品营养成分严重不符合食品安全标准的；
（五）其他足以造成严重食物中毒事故或者严重食源性疾病的情形。

第二条 生产、销售不符合食品安全标准的食品，具有下列情形之一的，应当认定为刑法第一百四十三条规定的"对人体健康造成严重危害"：
（一）造成轻伤以上伤害的；
（二）造成轻度残疾或者中度残疾的；
（三）造成器官组织损伤导致一般功能障碍或者严重功能障碍的；
（四）造成十人以上严重食物中毒或者其他严重食源性疾病的；
（五）其他对人体健康造成严重危害的情形。

第三条 生产、销售不符合食品安全标准的食品，具有下列情形之一的，应当认定为刑法第一百四十三条规定的"其他严重情节"：
（一）生产、销售金额二十万元以上的；
（二）生产、销售金额十万元以上不满二十万元，不符合食品安全标准的食品数量较大或者生产、销售持续时间六个月以上的；
（三）生产、销售金额十万元以上不满二十万元，属于特殊医学用途配方食品、专供婴幼儿的主辅食品的；
（四）生产、销售金额十万元以上不满二十万元，且在中小学校园、托幼机构、养老机构及周边面向未成年人、老年人销售的；
（五）生产、销售金额十万元以上不满二十万元，曾因危害食品安全犯罪受过刑事处罚或者二年内因危害食品安全违法行为受过行政处罚的；
（六）其他情节严重的情形。

第四条 生产、销售不符合食品安全标准的食品，具有下列情形之一的，应当认定为刑法第一百四十三条规定的"后果特别严重"：
（一）致人死亡的；
（二）造成重度残疾以上的；
（三）造成三人以上重伤、中度残疾或者器官组织损伤导致严重功能障碍的；
（四）造成十人以上轻伤、五人以上轻度残疾或者器官组织损伤导致一般功能障碍的；

（五）造成三十人以上严重食物中毒或者其他严重食源性疾病的；
（六）其他特别严重的后果。

第五条 在食品生产、销售、运输、贮存等过程中，违反食品安全标准，超限量或者超范围滥用食品添加剂，足以造成严重食物中毒事故或者其他严重食源性疾病的，依照刑法第一百四十三条的规定以生产、销售不符合安全标准的食品罪定罪处罚。

在食用农产品种植、养殖、销售、运输、贮存等过程中，违反食品安全标准，超限量或者超范围滥用添加剂、农药、兽药等，足以造成严重食物中毒事故或者其他严重食源性疾病的，适用前款的规定定罪处罚。

第六条 生产、销售有毒、有害食品，具有本解释第二条规定情形之一的，应当认定为刑法第一百四十四条规定的"对人体健康造成严重危害"。

第七条 生产、销售有毒、有害食品，具有下列情形之一的，应当认定为刑法第一百四十四条规定的"其他严重情节"：
（一）生产、销售金额二十万元以上不满五十万元的；
（二）生产、销售金额十万元以上不满二十万元，有毒、有害食品数量较大或者生产、销售持续时间六个月以上的；
（三）生产、销售金额十万元以上不满二十万元，属于特殊医学用途配方食品、专供婴幼儿的主辅食品的；
（四）生产、销售金额十万元以上不满二十万元，且在中小学校园、托幼机构、养老机构及周边面向未成年人、老年人销售的；
（五）生产、销售金额十万元以上不满二十万元，曾因危害食品安全犯罪受过刑事处罚或者二年内因危害食品安全违法行为受过行政处罚的；
（六）有毒、有害的非食品原料毒害性强或者含量高的；
（七）其他情节严重的情形。

第八条 生产、销售有毒、有害食品，生产、销售金额五十万元以上，或者具有本解释第四条第二项至第六项规定的情形之一的，应当认定为刑法第一百四十四条规定的"其他特别严重情节"。

第九条 下列物质应当认定为刑法第一百四十四条规定的"有毒、有害的非食品原料"：
（一）因危害人体健康，被法律、法规禁止在食品生产经营活动中添加、使用的物质；
（二）因危害人体健康，被国务院有关部门列入《食品中可能违法添加的非食用物质名单》《保健食品中可能非法添加的物质名单》和国务院有关部门公告的禁用农药、《食品动物中禁止使用的药品及其他化合物清单》等名单上的物质；

（三）其他有毒、有害的物质。

第十条 刑法第一百四十四条规定的"明知"，应当综合行为人的认知能力、食品质量、进货或者销售的渠道及价格等主、客观因素进行认定。

具有下列情形之一的，可以认定为刑法第一百四十四条规定的"明知"，但存在相反证据并经查证属实的除外：

（一）长期从事相关食品、食用农产品生产、种植、养殖、销售、运输、贮存行业，不依法履行保障食品安全义务的；

（二）没有合法有效的购货凭证，且不能提供或者拒不提供销售的相关食品来源的；

（三）以明显低于市场价格进货或者销售且无合理原因的；

（四）在有关部门发出禁令或者食品安全预警的情况下继续销售的；

（五）因实施危害食品安全行为受过行政处罚或者刑事处罚，又实施同种行为的；

（六）其他足以认定行为人明知的情形。

第十一条 在食品生产、销售、运输、贮存等过程中，掺入有毒、有害的非食品原料，或者使用有毒、有害的非食品原料生产食品的，依照刑法第一百四十四条的规定以生产、销售有毒、有害食品罪定罪处罚。

在食用农产品种植、养殖、销售、运输、贮存等过程中，使用禁用农药、食品动物中禁止使用的药品及其他化合物等有毒、有害的非食品原料，适用前款的规定定罪处罚。

在保健食品或者其他食品中非法添加国家禁用药物等有毒、有害的非食品原料的，适用第一款的规定定罪处罚。

第十二条 在食品生产、销售、运输、贮存等过程中，使用不符合食品安全标准的食品包装材料、容器、洗涤剂、消毒剂，或者用于食品生产经营的工具、设备等，造成食品被污染，符合刑法第一百四十三条、第一百四十四条规定的，以生产、销售不符合安全标准的食品罪或者生产、销售有毒、有害食品罪定罪处罚。

第十三条 生产、销售不符合食品安全标准的食品，有毒、有害食品，符合刑法第一百四十三条、第一百四十四条的，以生产、销售不符合安全标准的食品罪或者生产、销售有毒、有害食品罪定罪处罚。同时构成其他犯罪的，依照处罚较重的规定定罪处罚。

生产、销售不符合食品安全标准的食品，无证据证明足以造成严重食物中毒事故或者其他严重食源性疾病，不构成生产、销售不符合安全标准的食品罪，但构成生产、销售伪劣产品罪，妨害动植物防疫、检疫罪等其他犯罪的，依照该其他犯罪定罪处罚。

第十四条 明知他人生产、销售不符合食品安全标准的食品，有毒、有害食品，具有下列情形之一的，以生产、销售不符合安全标准的食品罪或者生产、销售有毒、有害食品罪的共犯论处：

（一）提供资金、贷款、账号、发票、证明、许可证件的；

（二）提供生产、经营场所或者运输、贮存、保管、邮寄、销售渠道等便利条件的；

（三）提供生产技术或者食品原料、食品添加剂、食品相关产品或者有毒、有害的非食品原料的；

（四）提供广告宣传的；

（五）提供其他帮助行为的。

第十五条 生产、销售不符合食品安全标准的食品添加剂，用于食品的包装材料、容器、洗涤剂、消毒剂，或者用于食品生产经营的工具、设备等，符合刑法第一百四十条规定的，以生产、销售伪劣产品罪定罪处罚。

生产、销售用超过保质期的食品原料、超过保质期的食品、回收食品作为原料的食品，或者以更改生产日期、保质期、改换包装等方式销售超过保质期的食品、回收食品，适用前款的规定定罪处罚。

实施前两款行为，同时构成生产、销售不符合安全标准的食品罪，生产、销售不符合安全标准的产品罪等其他犯罪的，依照处罚较重的规定定罪处罚。

第十六条 以提供给他人生产、销售食品为目的，违反国家规定，生产、销售国家禁止用于食品生产、销售的非食品原料，情节严重的，依照刑法第二百二十五条的规定以非法经营罪定罪处罚。

以提供给他人生产、销售食用农产品为目的，违反国家规定，生产、销售国家禁用农药、食品动物中禁止使用的药品及其他化合物等有毒、有害的非食品原料，或者生产、销售添加上述有毒、有害的非食品原料的农药、兽药、饲料、饲料添加剂、饲料原料，情节严重的，依照前款的规定定罪处罚。

第十七条 违反国家规定，私设生猪屠宰厂（场），从事生猪屠宰、销售等经营活动，情节严重的，依照刑法第二百二十五条的规定以非法经营罪定罪处罚。

在畜禽屠宰相关环节，对畜禽使用食品动物中禁止使用的药品及其他化合物等有毒、有害的非食品原料，依照刑法第一百四十四条的规定以生产、销售有毒、有害食品罪定罪处罚；对畜禽注水或者注入其他物质，足以造成严重食物中毒事故或者其他严重食源性疾病的，依照刑法第一百四十三条的规定以生产、销售不符合安全标准的食品罪定罪处罚；虽不足以造成严重食物中毒事故或者其他严重食源性疾病，但符合刑法第一百四十条规定的，以生产、销售伪劣产品罪定罪处罚。

第十八条 实施本解释规定的非法经营行为，非法经营数额在十万元以上，或者违法所得数额在五万元以上的，应当认定为刑法第二百二十五条规定的"情节严重"；非法经营数额在五十万元以上，或者违法所得数额在二十五万元以上的，应当认定为刑法第二百二十五条规定的"情节特别严重"。

实施本解释规定的非法经营行为，同时构成生产、销售伪劣产品罪，生产、销售不符合安全标准的食品罪，生产、销售有毒、有害食品罪，生产、销售伪劣农药、兽药罪等其他犯罪的，依照处罚较重的规定定罪处罚。

第十九条 违反国家规定，利用广告对保健食品或者其他食品作虚假宣传，符合刑法第二百二十二条规定的，以虚假广告罪定罪处罚；以非法占有为目的，利用销售保健食品或者其他食品诈骗财物，符合刑法第二百六十六条规定的，以诈骗罪定罪处罚。同时构成生产、销售伪劣产品罪等其他犯罪的，依照处罚较重的规定定罪处罚。

第二十条 负有食品安全监督管理职责的国家机关工作人员，滥用职权或者玩忽职守，构成食品监管渎职罪，同时构成徇私舞弊不移交刑事案件罪、商检徇私舞弊罪、动植物检疫徇私舞弊罪、放纵制售伪劣商品犯罪行为罪等其他渎职犯罪的，依照处罚较重的规定定罪处罚。

负有食品安全监督管理职责的国家机关工作人员滥用职权或者玩忽职守，不构成食品监管渎职罪，但构成前款规定的其他渎职犯罪的，依照该其他犯罪定罪处罚。

负有食品安全监督管理职责的国家机关工作人员与他人共谋，利用其职务行为帮助他人实施危害食品安全犯罪行为，同时构成渎职犯罪和危害食品安全犯罪共犯的，依照处罚较重的规定定罪从重处罚。

第二十一条 犯生产、销售不符合安全标准的食品罪，生产、销售有毒、有害食品罪，一般应当依法判处生产、销售金额二倍以上的罚金。

共同犯罪的，对各共同犯罪人合计判处的罚金一般应当在生产、销售金额的二倍以上。

第二十二条 对实施本解释规定之犯罪的犯罪分子，应当依照刑法规定的条件，严格适用缓刑、免予刑事处罚。对于依法适用缓刑的，可以根据犯罪情况，同时宣告禁止令。

对于被不起诉或者免予刑事处罚的行为人，需要给予行政处罚、政务处分或者其他处分的，依法移送有关主管机关处理。

第二十三条 单位实施本解释规定的犯罪的，对单位判处罚金，并对直接负责的主管人员和其他直接责任人员，依照本解释规定的定罪量刑标准处罚。

第二十四条 "足以造成严重食物中毒事故或者其他严重食源性疾病""有毒、有害的非食品原料"等专门性问题难以确定的，司法机关可以依据鉴定意见、检验报告，地市级以上相关行政主管部门组织出具的书面意见，结合其他证据作出认定。必要时，专门性问题由省级以上相关行政主管部门组织出具书面意见。

第二十五条 本解释所称"二年内"，以第一次违法行为受到行政处罚的生效之日与又实施相应行为之日的时间间隔计算确定。

第二十六条 本解释自 2022 年 1 月 1 日起施行。本解释公布实施后，《最高人民法院、最高人民检察院关于办理危害食品安全刑事案件适用法律若干问题的解释》（法释〔2013〕12 号）同时废止；之前发布的司法解释与本解释不一致的，以本解释为准。

• 典型案例

"两高"联合发布危害食品安全犯罪典型案例[①]

案例一：申某富等生产、销售伪劣产品案
——生产、销售用马肉、鸭肉等冒充的牛肉制品

简要案情

2020年以来，被告人申某富实际控制河南某食品有限公司生产经营期间，委托被告人申某财担任该公司总经理，并聘用刘某超等人生产、销售各种肉类加工产品。2020年4月，申某富出资组建电商部门，在多个电商平台开设店铺30余家，用于销售生产的肉类加工产品。此后，申某富组织人员购进马肉、鸭肉、鸡肉和猪肉，通过腌制、卤煮、烤制、晾晒等工艺制作成"手撕牛肉、风干牛肉、五香牛腿肉、五香牛腱子"等假冒牛肉制品，通过线下渠道和线上电商渠道销往全国各地。申某富等人生产、销售假冒牛肉制品，销售金额共计2690余万元。此外，申某富等人还生产、销售以大豆油添加香精、色素等冒充的假芝麻香油，销售金额共计180余万元。

诉讼过程

河南省安阳市人民检察院以生产、销售伪劣产品罪对被告人申某富等人提起公诉。经河南省安阳市中级人民法院一审、河南省高级人民法院二审，认定被告人申某富等人以假充真，生产、销售假牛肉制品、假芝麻香油，销售金额共计2870余万元，其行为已构成生产、销售伪劣产品罪。在共同犯罪中申某富、申某财系主犯，其余被告人系从犯。据此，以生产、销售伪劣产品罪判处被告人申某富无期徒刑，剥夺政治权利终身，并处没收个人全部财产；以生产、销售伪劣产品罪分别判处被告人申某财、刘某超等人有期徒刑十五年至二年不等刑期，并处罚金。

典型意义

近年来，一些不良商家用价格相对便宜的马肉、鸭肉等冒充牛肉制品牟取暴利。此类假牛肉制品通常出现在牛肉干、牛肉卷、牛肉丸、烧烤食材等产品中，加入牛肉味调味料后达到口味混淆的效果，严重危害食品安全、侵犯消费者权益。不法分子通过电商平台、直播带货销售更容易掩盖产品真实品质，严重扰乱食品安全监管秩序，同时增加了监管和打击难度。本案系利用网络实施的规模化、组织化、链条化犯罪，持续时间长，销售范围广，销售金额特别巨大，司法机关办理案件时注意区分主从犯，既有效打击犯罪，又体现宽严相济。该案也提醒广大消费者在通过电商平台、直播带货等购买食品时，要注意选择正规平台，充分了解商品品牌、成分、口碑评价等，如遭受欺诈要及时保存证据，依法投诉，通过法律手段维护自身合法权益。

案例二：曾某维生产、销售有毒、有害食品案
——减肥食品中非法添加西布曲明

简要案情

2020年8月至2021年3月，被告人曾某维购买搅拌机、压片机等生产设备以及西布曲明、荷叶粉、麦芽糊精、胶囊壳等原料，伙同他人自行生产含有西布曲明等有毒、有害成分的减肥压片糖果等减肥产品，通过微信等渠道对外销售，生产、销售金额共计40余万元。案发后，公安人员从曾某维处查获各类减肥产品10万余粒、各类粉末20余袋及生产机器、胶囊填充板、电子秤、各类减肥产品外包装等。上述减肥产品及粉末中均检出西布曲明。

诉讼过程

上海铁路运输检察院以生产、销售有毒、有害食品罪对被告人曾某维提起公诉。上海铁路运输法院经审理认为，被告人曾某维在生产、销售的食品中掺入有毒、有害的非食品原料，其行为已构成生产、销售有毒、有害食品罪。曾某维认罪认罚。据此，以生产、销售有毒、有害食品罪判处被告人曾某维有期徒刑八年六个月，并处罚金人民币二百万元。

典型意义

网络销售非法添加西布曲明等成分的减肥食品是常见高发的危害食品安全犯罪。西布曲明曾被用于减肥药，后国家药监局组织专家对西布曲明的安全性进行评估，发现使用西布曲明可能增加严重心脑血管风险，遂于2010年决定停止西布曲明制剂和原料药的生产、销售和使用。西布曲明被列入《保健食品中可能非法添加的物质名单》，属于国家禁止添加的"有毒、有害的非食品原料"。本案被告人在制售的减肥食品中非法添加西布曲明，其行为构成生产、销售有毒、有害食品罪。司法机关依法惩治此类犯罪时注重全链条打击，本案即是司法机关在办理其他同类案件过程中，通过梳理电子数据、深挖物流和转账记录等方式，锁定生产、销售有毒、有害减肥食品的源头，并据此

[①] 案例来源：2023年11月28日最高人民法院、最高人民检察院公布，网址：https://www.court.gov.cn/zixun/xiangqing/418722.html，最后访问日期：2024年3月6日。

进一步深挖，成功追诉下级代理十余名，对该犯罪链形成"全覆盖式"打击。此外，针对不法分子借助网络平台销售有毒、有害减肥食品的情况，司法机关还延伸司法职能开展溯源治理，督促网络平台加强日常监督管理，不断净化网络消费环境。广大消费者在购买减肥食品时要谨慎辨识，特别是对宣传能够快速减肥的产品要提高警惕，切勿因盲目追求减肥效果而忽视对产品安全的关注。

案例三：付某德生产、销售有毒、有害食品案
——生产米粉过程中添加硼砂

简要案情

被告人付某德系贵州省黄平县某米粉加工店经营者。2020年5月，付某德为增加米粉产量、延长保存时间，将硼砂添加到米浆中用于生产米粉，并以每斤1.2元的价格进行销售。同年9月1日，黄平县市场监督管理局对付某德生产的米粉进行抽检，结果显示米粉中含有硼酸。同年10月13日，黄平县市场监督管理局在付某德经营的米粉加工店内查获硼砂15.3千克。经查，2020年5月至9月，付某德售出添加硼砂的米粉共计1.8万余斤，销售金额共计2.2万余元。

诉讼过程

贵州省黄平县人民检察院以生产、销售有毒、有害食品罪对被告人付某德提起公诉。贵州省黄平县人民法院经审理认为，被告人付某德违反国家食品安全管理规定，在生产、销售的食品中掺入有毒、有害的非食品原料，其行为已构成生产、销售有毒、有害食品罪。付某德具有自首情节，依法可以从轻或减轻处罚。据此，以生产、销售有毒、有害食品罪判处被告人付某德有期徒刑一年，并处罚金人民币五万元。

典型意义

米粉是深受广大消费者喜爱的特色食品，但个别不法商家为了让米粉延长保鲜期、保持韧性，在生产过程中非法添加硼砂等物质。硼砂是《食品中可能违法添加的非食用物质名单》明确禁止添加到食品中的物质，属于"有毒、有害的非食品原料"，长期食用添加硼砂的食品会对人体产生损害，特别是对人体生殖、发育和内分泌系统产生毒性影响。本案中，被告人付某德在米粉生产过程中添加硼砂的行为，构成生产、销售有毒、有害食品罪。司法机关还邀请县市场监督管理局工作人员、餐饮业经营者、副食品经营者以及消费者代表、县人大代表、政协委员等旁听庭审，在释法说理的同时，为营造安全的食品消费环境凝聚合力，引导食品生产经营者知法守法，提升人民群众食品安全意识。

案例四：张某玉、张某生产、销售有毒、有害食品案
——生产、销售腊肉过程中喷洒敌敌畏

简要案情

2019年至2021年6月，被告人张某玉、张某在浙江省东阳市某菜市场销售腊肉，为灭虫而使用农药敌敌畏喷洒腊肉，共计销售喷洒敌敌畏的腊肉制品70斤，销售金额共计2600元。经浙江省金华市食品药品检验检测研究院检验，从扣押的腌肉样品中检测出敌敌畏，含量为0.48mg/kg。

诉讼过程

浙江省东阳市人民检察院以生产、销售有毒、有害食品罪对被告人张某玉、张某提起公诉。浙江省东阳市人民法院经审理认为，被告人张某玉、张某在生产、销售的食品中掺入有毒、有害的非食品原料，其行为已构成生产、销售有毒、有害食品罪。二被告人具有坦白情节，认罪认罚。据此，以生产、销售有毒、有害食品罪判处被告人张某玉有期徒刑七个月，并处罚金人民币三千元；以生产、销售有毒、有害食品罪判处被告人张某有期徒刑六个月，并处罚金人民币三千元。

典型意义

一些不良商贩为防止腌制的腊肉生虫，在腊肉上喷洒敌敌畏等农药。敌敌畏是《食品中可能违法添加的非食用物质名单》明确禁止添加到食品中的物质，属于"有毒、有害的非食品原料"，在生产、销售的腊肉上喷洒敌敌畏，应当以生产、销售有毒、有害食品罪定罪处罚。司法机关在办案过程中充分运用公开听证、法庭教育、媒体宣传等多种形式，向广大消费者宣传食品安全常识，警示大众在农贸市场选购腌肉制品时选择拥有可追溯食品供应链的产品，做自身健康安全的第一责任人。

食品安全惩罚性赔偿典型案例[①]

案例一

消费者有权请求销售假冒注册商标食品的经营者支付价款十倍惩罚性赔偿金
——郭某诉某经营部产品责任纠纷案

基本案情

2021年11月17日，郭某向某经营部购买某品牌白酒

---

① 案例来源：2023年11月30日最高人民法院公布，网址：https://www.court.gov.cn/zixun/xiangqing/418922.html，最后访问日期：2024年3月6日。

2件12瓶，并支付货款11160元。2021年11月23日，郭某再次向某经营部购买某品牌白酒2件12瓶，并支付货款10937元。后郭某怀疑其购买的白酒为假酒，遂向当地市场监督管理部门举报。某白酒公司出具《鉴定证明书》，表明上述某品牌白酒并非该公司生产，属于假冒注册商标的产品。郭某起诉某经营部，要求退还购酒款并支付购酒款十倍的赔偿金。

裁判理由

审理法院认为，《中华人民共和国食品安全法》第一百四十八条第二款规定："生产不符合食品安全标准的食品或者经营明知是不符合食品安全标准的食品，消费者除要求赔偿损失外，还可以向生产者或者经营者要求支付价款十倍或者损失三倍的赔偿金；增加赔偿的金额不足一千元的，为一千元。但是，食品的标签、说明书存在不影响食品安全且不会对消费者造成误导的瑕疵的除外。"《最高人民法院关于审理食品安全民事纠纷案件适用法律若干问题的解释（一）》第十一条规定："生产经营未标明生产者名称、地址、成分或者配料表，或者未清晰标明生产日期、保质期的预包装食品，消费者主张生产者或者经营者依据食品安全法第一百四十八条第二款规定承担惩罚性赔偿责任的，人民法院应予支持，但法律、行政法规、食品安全国家标准对标签标注事项另有规定的除外。"某经营部销售的某品牌白酒为假冒注册商标的预包装食品，标注虚假的生产者名称、地址等信息，不符合食品安全标准。某经营部作为食品经营者，对其销售的假冒注册商标食品，不能证明食品来源合法，也未尽到进货审查义务，应当退还货款并承担惩罚性赔偿责任。某经营部关于其所出售假冒注册商标的白酒未对原告造成人身损害，只侵犯了某白酒公司的商标权，不应支付价款十倍赔偿金的抗辩不成立。郭某购买白酒属于生活消费行为，其请求支付价款十倍的惩罚性赔偿金，于法有据，应予支持，故判决某经营部退还郭某货款22097元并支付郭某赔偿金220970元。

典型意义

假冒伪劣食品会危害人民群众身体健康、生命安全。经营者销售假冒注册商标的食品，不仅侵害了企业的商标权，扰乱市场秩序，还侵害了消费者合法权益。消费者有权依据《中华人民共和国食品安全法》第一百四十八条第二款规定，请求经营者支付价款十倍的惩罚性赔偿金。本案中，郭某基于生活消费需要购买案涉白酒，人民法院严格落实习近平总书记提出的"四个最严"要求，不仅判决经营者向消费者退还货款，还判决经营者向消费者支付价款十倍的惩罚性赔偿金220970元。本案通过判决违法销售假冒注册商标食品的经营者承担惩罚性赔偿责任，让违法生产者或者经营者无法从违法行为中获利，既有利于营造诚实守信、公平竞争的营商环境，促进经济社会高质量发展，又有利于打击和遏制售假冒伪劣食品的违法行为，保护人民群众"舌尖上的安全"。

案例二

消费者有权请求销售未标明生产日期等基本信息的预包装食品的经营者支付价款十倍惩罚性赔偿金
——刘某诉某鹿业公司买卖合同纠纷案

基本案情

2020年12月，刘某在某鹿业公司购买了鹿胎膏和鹿鞭膏，支付3680元；次年1月，刘某在某鹿业公司再次购买鹿胎膏和鹿鞭膏，支付7000元。上述鹿胎膏、鹿鞭膏产品标签上标注了主要成分、储存方式、保质期、净含量，但未标注生产厂址、厂名、生产日期、生产者的名称、地址、联系方式、产品标准代号等信息，刘某遂以此为由起诉请求某鹿业公司返还鹿胎膏和鹿鞭膏价款10680元并支付106800元赔偿金等。

裁判理由

审理法院认为，案涉鹿胎膏和鹿鞭膏属于预包装食品，在包装标签上未标明该商品的生产日期、生产者的名称、地址、联系方式、产品标准代号，不符合《中华人民共和国食品安全法》第六十七条规定和《预包装食品标签通则》的规定，属于标签缺乏基本信息，而非标签瑕疵。《最高人民法院关于审理食品药品纠纷案件适用法律若干问题的规定》第三条规定："因食品、药品质量问题发生纠纷，购买者向生产者、销售者主张权利，生产者、销售者以购买者明知食品、药品存在质量问题而仍然购买为由进行抗辩的，人民法院不予支持。"本条司法解释的适用应当与《中华人民共和国消费者权益保护法》第二条和《中华人民共和国食品安全法》第一百四十八条规定相结合，在"生活消费需要"范围内支持"购买者"提出的支付惩罚性赔偿金的诉讼请求。本案刘某购买鹿胎膏和鹿鞭膏未超出生活消费需要，根据《中华人民共和国食品安全法》第一百四十八条第二款和《最高人民法院关于审理食品安全民事纠纷案件适用法律若干问题的解释（一）》第十一条规定，其有权请求生产经营者承担惩罚性赔偿责任，故判决某鹿业公司向刘某返还价款10680元，并支付价款十倍惩罚性赔偿金106800元。

典型意义

标签非小事。预包装食品的包装标签所标明的生产者的名称、地址、联系方式、产品标准代号、生产许可证编号等事项对于保护消费者知情权、食品安全具有重要意义。经营者销售食品时，应当对预包装食品的包装标签是否标明了这些基本信息进行审查，否则将依法承担法律责任。《中华人民共和国食品安全法》第一百四十八条第二款规定的标签、说明书瑕疵，是指食品的标签、说明书存在不影响食品安全且不会对消费者造成误导的瑕疵，包括文字、符号、数字的字号、字体、字高不规范，以及虽有错别字、多字、漏字但不会导致消费者对食品安全产生误解等情形。本案中，某鹿业公司销售给刘某的鹿胎膏和鹿鞭膏在包装标签上未标明生产者的名称、地址、联系方式、生产日期、产品标准代号等基本信息，不符合食品安全标准，会影响食品安全，也会对消费者造成误导，不属于标签瑕疵。刘某购买鹿胎膏和鹿鞭膏未超出其个人和家庭等生活消费需要，故刘某请求某鹿业公司支付价款十倍惩罚性赔偿金，应当依法支持。

《中华人民共和国食品安全法》第一百四十八条第二款规定经营者承担惩罚性赔偿责任的条件是经营明知是不符合食品安全标准的食品，而非已经或者确定会对消费者生命健康造成损害的食品。食品安全不容有万分之一的风险。有的不符合食品安全标准的食品，对人体健康的危害具有潜伏性、长期性，因此，消费者主张生产经营者依据《中华人民共和国食品安全法》第一百四十八条第二款规定承担惩罚性赔偿责任，生产者或者经营者以未造成消费者人身损害为由的抗辩不能成立。本案对于明确预包装食品包装标签的价值、经营者承担惩罚性赔偿责任的条件、标签瑕疵的认定规则具有典型意义。

案例三

购买食品发现不符合食品安全标准后再多次追加购买的，以未超出购买者合理生活消费需要部分为基数计算十倍惩罚性赔偿金

——沙某诉安徽某食品科技有限公司网络买卖合同纠纷案

基本案情

原告沙某于2020年12月15日在被告安徽某食品科技有限公司开设的网店购买了30盒"黄芪薏米饼干"，付款516元。2020年12月18日签收后，发现不符合食品安全标准，又分别于2020年12月30日、2021年1月12日、2021年3月3日，先后购买40盒、60盒、100盒"黄芪薏米饼干"，分别付款636元、1134元、1890元。四次总计付款4176元。沙某以产品中添加有黄芪粉，违反了有关规定为由起诉请求经营者退还价款4176元，支付相当于价款十倍的赔偿金41760元。

裁判理由

审理法院认为，国家有关部门就在食品中添加黄芪等9种药材开展试点工作，明确了试点审批要求。安徽某食品科技有限公司未按国家规定取得有关部门审批同意就私自在案涉饼干中添加黄芪并进行生产销售，违反我国关于食品安全的相关规定，属于生产经营不符合食品安全标准食品的行为，应依法承担责任。沙某首单购买30盒"黄芪薏米饼干"未超出合理生活消费需要，对其就该部分饼干提出的惩罚性赔偿请求应予支持。但是，沙某在收到首单饼干并确认饼干不符合食品安全标准后又在两个多月时间内多次向同一商家大量加购同款饼干，加购数量共计200盒，总重量高达18.4公斤。综合考量案涉饼干的保质期、普通消费者通常的生活消费习惯等因素，沙某的加购行为超出正常的生活消费所需，对其就加购饼干提出的惩罚性赔偿请求不应支持，故判决支持沙某就首单购买饼干提出的惩罚性赔偿请求。

典型意义

《最高人民法院关于审理食品药品纠纷案件适用法律若干问题的规定》第三条规定："因食品、药品质量问题发生纠纷，购买者向生产者、销售者主张权利，生产者、销售者以购买者明知食品、药品存在质量问题而仍然购买为由进行抗辩的，人民法院不予支持。"人民法院在适用本条司法解释时，应当与《中华人民共和国消费者权益保护法》第二条和《中华人民共和国食品安全法》第一百四十八条规定相结合，在"生活消费需要"范围内支持"购买者"关于支付价款十倍惩罚性赔偿金的诉讼请求。本条解释所规定的"购买者"的购买行为，既包括消费行为也可能包括超出生活消费需要的非消费行为，"购买者"仅对所购食品未超出其个人和家庭等合理生活消费需要的部分，有权主张价款十倍惩罚性赔偿金。

本案中，沙某首次购买30盒"黄芪薏米饼干"，收货并确认饼干不符合食品安全标准后又连续加购三次，加购数量达200盒。人民法院综合考虑食品的保质期、普通消费者通常的生活消费习惯、购买次数及间隔时间等因素，认定沙某首次购买30盒"黄芪薏米饼干"符合合理生活消费需要，并据此确定计算惩罚性赔偿金的基数，对于正确适用食品安全惩罚性赔偿制度，打击违法生产经营行为，引导消费者诚信、理性维权，服务和保障经济社会高质量发展具有积极意义，实现了保护食品安全与维护生产经营秩序两种价值取向的平衡。

案例四

购买食品时故意分多次小额支付并主张每次结算赔偿一千元的，应以合理生活消费需要为限在付款总额内确定计算惩罚性赔偿金的基数

——张某诉上海某生鲜食品有限公司买卖合同纠纷案

基本案情

2016年2月20日，原告张某在被告上海某生鲜食品有限公司购买了6枚熟散装咸鸭蛋，每枚单价人民币2.20元，生产日期为2015年8月23日，保质期为180天。原告同时通过银行卡刷卡支付6次，由被告同时分别开具6枚咸鸭蛋购物小票6张。该批咸鸭蛋已过保质期1天。2月21日，原告又在被告处购买了相同批次的40枚咸鸭蛋，同时通过银行卡刷卡支付40次，由被告同时分别开具40枚咸鸭蛋购物小票40张。该批咸鸭蛋已过保质期2天。原告以46枚咸鸭蛋均已过保质期为由向当地市场监督管理局举报，经调解未成，诉至法院，请求被告退还原告购物款101.20元，并由原告退还被告46枚咸鸭蛋；由被告按照每枚最低赔偿1000元计算共计赔偿46000元。

裁判理由

审理法院认为，原告在被告处购买46枚咸鸭蛋，购买当时均已过保质期，故原告以案涉产品不符合食品安全标准为由主张退款退货，于法有据，应予支持。被告销售超过保质期食品，属于"经营明知是不符合食品安全标准的食品"，应当承担惩罚性赔偿责任。另，双方虽就同一批次相同过期食品结算了46次，但被告系与张某同一消费者进行交易，而非与不同消费者进行交易。张某于2日内分46次结算购买46枚咸鸭蛋，并据此主张按照每枚咸鸭蛋赔偿1000元为标准计算惩罚性赔偿金共计46000元，明显与《中华人民共和国食品安全法》惩罚性赔偿制度精神不符，亦有悖于诚实信用原则，不应予以支持。张某购买46枚咸鸭蛋所支付的总金额为101.20元，未超出生活消费需要，应以此总金额为基数，计算惩罚性赔偿金。因此，审理法院判决被告退还原告购物款101.20元，赔偿原告1012元；原告返还被告熟散装咸鸭蛋46枚。

典型意义

购买者故意在单次交易中进行数次或者数十次小额付款，并依照《中华人民共和国食品安全法》第一百四十八条第二款关于增加赔偿的金额不足一千元应按一千元计算的规定，请求每次结算赔偿一千元，按结算次数累计计算惩罚性赔偿金，不符合消费者通常交易习惯，与《中华人民共和国食品安全法》第一百四十八条第二款规定的惩罚性赔偿制度精神不符。人民法院应当在合理生活消费需要范围内，将购买人分次支付价款的总额作为计算惩罚性赔偿金的基数，判决生产经营者支付价款十倍惩罚性赔偿金。本案中，原告购买46枚咸鸭蛋，共支付价款101.20元，未超出其个人和家庭等的合理生活消费需要，审理法院以其实际支付的总价款101.20元为基数，计算价款十倍惩罚性赔偿金，明确了人民法院坚持在"生活消费需要"范围内支持"消费者"关于惩罚性赔偿诉讼请求的立场，既保护广大人民群众"舌尖上的安全"，又维护诚信有序的生产经营秩序。

最高法、最高检联合发布危害食品安全刑事典型案例[①]

案例一：张某某生产、销售有毒、有害食品案

——用工业甲醛清洗净水设备致桶装饮用水含有甲醛成分

简要案情

2014年起，被告人张某某在未取得食品生产许可证的情况下，在山东省日照市经济技术开发区一封闭院落内，用购进的两套净水设备生产桶装饮用水（纯净水）并对外销售。2015年3月6日，日照经济技术开发区市场监督管理局在执法检查时发现，张某某未取得食品生产许可证而生产、销售桶装饮用水，且所生产的桶装饮用水经检测菌落总数超标，遂对张某某作出行政处罚。此后，张某某仍继续非法生产、销售桶装饮用水。因其中一套净水设备不带杀菌消毒功能，张某某遂在生产过程中使用工业甲醛对净水设备进行清洗杀菌。2017年3月4日，日照经济技术开发区市场监督管理局根据群众举报，与市公安局日照经济技术开发区分局对张某某经营的水厂进行联合执法检查，在生产车间内提取1个甲醛溶液瓶。经鉴定，该甲醛溶液瓶内液体检出甲醛成分，含量为264350mg/L；该水厂水井内的原水未检出甲醛成分；抽检的两种桶装饮用水中甲醛含量分别为0.05mg/L和0.08mg/L。

裁判结果

山东省日照经济技术开发区人民法院审理认为，被告人张某某为谋取非法利益，未按规定取得食品生产许

[①] 案例来源：2021年12月31日最高人民法院、最高人民检察院公布，网址：https://www.court.gov.cn/zixun/xiangqing/339481.html，最后访问日期：2024年3月6日。

可即擅自生产、销售桶装饮用水,且在生产过程中用不符合食品安全标准的消毒剂清洗净水设备造成桶装饮用水掺入有毒、有害的非食品原料,其行为已构成生产、销售有毒、有害食品罪。鉴于本案未对人体健康造成严重危害后果,也不具有其他严重情节,应对张某某处五年以下有期徒刑,并处罚金。据此,以生产、销售有毒、有害食品罪判处被告人张某某有期徒刑二年,并处罚金人民币五万元。

典型意义

随着人们生活水平的提高,桶装饮用水走进千家万户,成为人们日常生活的必需品,因此桶装饮用水的质量直接关系到老百姓的健康安全。目前,因桶装饮用水市场高度分散,各种自产自销的小品牌充斥市场,且行业门槛和违法成本低,导致桶装饮用水质量良莠不齐。本案就是违法生产桶装饮用水乱象的一个缩影。工业甲醛俗称福尔马林,属于国务院卫生行政部门公布的《食品中可能违法添加的非食用物质名单》上的物质,被明令禁止用于食品生产,属于有毒、有害的非食品原料。被告人在未取得食品生产经营许可证的情况下违法生产桶装饮用水,并使用工业甲醛作为消毒剂清洗净水设备,造成桶装饮用水中掺入甲醛成分。为惩治此类使用不符合食品安全标准的洗涤剂、消毒剂造成食品被污染的危害行为,《解释》第十二条明确规定,在食品生产、销售、运输、贮存等过程中,使用不符合食品安全标准的食品包装材料、容器、洗涤剂、消毒剂,或者用于食品生产经营的工具、设备等,造成食品被污染,符合刑法第一百四十三条、第一百四十四条规定的,以生产、销售不符合安全标准的食品罪或者生产、销售有毒、有害食品罪定罪处罚。鉴于本案桶装饮用水中掺入有毒、有害的非食品原料,故以生产、销售有毒、有害食品罪定罪处罚。

案例二:张某生产、销售不符合安全标准的食品案
——无证生产、销售不符合食品安全标准的鹌鹑蛋致百余人食源性疾病

简要案情

2019年6月,被告人张某在未取得食品经营许可证、食品生产加工小作坊登记证等相关证件的情况下,租赁内蒙古自治区杭锦后旗陕坝镇某小区车库加工鹌鹑蛋,并通过流动摊点对外销售。因张某在生产、贮存、销售鹌鹑蛋的各个环节均不符合食品安全标准,导致食用该鹌鹑蛋的123人出现不同程度的食源性疾病,其中被害人周某某被鉴定为轻伤二级。经检测,张某生产、销售的熏鹌鹑蛋、无壳鹌鹑蛋、带壳鹌鹑蛋中大肠菌群、沙门氏菌检验结果均

不符合食品安全国家标准。根据流行性病学调查、杭锦后旗医院采集粪便检验结论、杭锦后旗市场监督管理局事件调查和检验结论,认定此次事件为食用鹌鹑蛋引起的聚集性食源性疾病事件。

裁判结果

内蒙古自治区杭锦后旗人民法院审理认为,被告人张某违反食品安全管理法律法规,生产、销售不符合食品安全标准的食品,致使123人引发不同程度的食源性疾病,其行为构成生产、销售不符合安全标准的食品罪。张某的行为造成1人轻伤二级,应认定为"对人体健康造成严重危害",处三年以上七年以下有期徒刑,并处罚金。张某经公安机关传唤到案后如实供述犯罪事实,构成自首,并积极赔偿被害人经济损失取得谅解。据此,以生产、销售不符合安全标准的食品罪判决被告人张某有期徒刑四年,并处罚金人民币五千元。

典型意义

食品"三小行业",即小作坊、小摊贩和小餐饮,在我国食品供应体系中发挥着重要作用,以其多样的品种供给和灵活的经营模式,为人们提供了丰富便利的饮食服务。但与此同时,由于行业门槛低、流动性强、摊点分散、部分从业人员法律意识淡漠等原因,给执法监管造成较大难度,导致食品"三小行业"成为我国食品安全问题的重灾区。特别是大街小巷随处可见推车售卖的流动摊贩,无证经营情况突出,食品安全状况令人堪忧。本案被告人即属于无证经营的流动摊贩,其生产、贮存、销售食品的各个环节都不符合食品安全标准,造成一百余人食源性疾病,其中1人轻伤二级的严重后果,应依法予以惩处。

案例三:张某等生产、销售伪劣产品案
——为非法牟利给待宰生猪打药注水

简要案情

被告人张某某系辽宁省沈阳市某肉业有限公司实际经营者。2017年8月,张某经人介绍结识被告人蒋某某,蒋某某称可通过给屠宰厂内待宰生猪打药注水,达到增加生猪出肉率的目的。张某为谋取非法利益,同意雇佣蒋某等人给其屠宰厂的待宰生猪打药注水,并约定每注水一头生猪向蒋某某支付报酬8元。2017年8月至2018年5月,蒋某某先后雇佣被告人高某某等10余人到张某经营的肉业公司,通过给待宰生猪注射兽用肾上腺素和阿托品后再注水的方式达到非法获利目的,共计给5.5万余头待宰生猪打药注水。经审计鉴定,打药注水后的生猪及其肉制品销售金额达8250万余元。

裁判结果

辽宁省锦州市中级人民法院审理认为,被告人张某雇佣他人给待宰生猪打药注水,使被打药注水的猪肉产品存在危及人身安全的食品安全风险,属于生产、销售不合格产品,其行为已构成生产、销售伪劣产品罪。张某销售金额达200万元以上,应处十五年有期徒刑或者无期徒刑,并处销售金额百分之五十以上二倍以下罚金或者没收财产。据此,以生产、销售伪劣产品罪判处被告人张某有期徒刑十五年,并处罚金人民币四千二百万元;其他被告人被判处有期徒刑七年至十五年不等刑期,并处罚金。

典型意义

当前,一些不法分子为了牟取非法利益,在生猪屠宰前给生猪注水的违法犯罪频发,导致大量注水肉流向百姓餐桌。更为恶劣的是,不法分子在注水的同时为了增强注水效果还同时给生猪打药。司法实践中,不法分子为了逃避打击,不断更新换代药物配方,目前常见多发的是使用肾上腺素和阿托品等允许使用的兽药,生猪注药后往往检测不出药物残留,导致对此类违法犯罪行为因取证难、鉴定难、定性难,影响了惩治效果。对此,《解释》第十七条第二款区分屠宰相关环节打药注水的不同情况,作出明确规定。对于给生猪等畜禽注入禁用药物的,以生产、销售有毒、有害食品罪定罪处罚;对于注入肾上腺素和阿托品等非禁用药物的,足以造成严重食物中毒事故或者其他严重食源性疾病的,以生产、销售不符合安全标准的食品罪定罪处罚;虽不足以造成严重食物中毒事故或者其他严重食源性疾病,但销售金额在五万元以上的,以生产、销售伪劣产品罪定罪处罚。本案中,被告人张某雇佣人员向生猪注入肾上腺素和阿托品等非禁用药物,虽不能检测出药物残留,也应以生产、销售伪劣产品罪定罪处罚。

案例四:上海某国际贸易有限公司及刘某某生产、销售伪劣产品案

——销售超过保质期的烘焙用乳制品200余吨

简要案情

2016年1月,时任被告单位上海某国际有限公司法定代表人、总经理的被告人刘某某在得知公司部分奶粉、奶酪已经过期后,将该批奶粉、奶酪销售给尚某某经营的公司。2016年1月15日,上海某国际有限公司将存放公司仓库内的超过保质期的新西兰恒天然全脂奶粉8330袋(25KG/袋),以及超过保质期的新西兰恒天然切达奶酪269箱(20KG/箱)交付给尚某某(另案处理)经营的公司,销售金额共计295万余元。2016年4月,上述部分超过保质期的奶粉及全部奶酪被执法部门查获。

裁判结果

上海市第三中级人民法院审理认为,被告单位上海某国际有限公司及被告人刘某某为牟取非法利益,违反国家法律法规,以超过保质期的不合格产品冒充合格产品进行销售,销售金额达295万余元,其行为均构成销售伪劣产品罪,应依法惩处。据此,以销售伪劣产品罪分别判处被告单位上海某国际贸易有限公司罚金人民币三百万元;被告人刘某某有期徒刑十五年,并处罚金人民币三十万元。

典型意义

一些不法商家为了非法逐利,用超过保质期的食品原料、超过保质期的食品、回收食品生产食品,或者以更改生产日期、保质期、改换包装等方式继续出售超过保质期的食品、回收食品。此类行为因具有较高的食品安全风险,因而被《食品安全法》等法律法规明令禁止。但实践中仍屡禁不止,严重危害人民群众的饮食安全。对此,《解释》第十五条对此类犯罪惩处作出明确规定。用超过保质期的食品原料、超过保质期的食品、回收食品生产的食品和超过保质期的食品、回收食品,因存在危及人身安全的不合理的危险,应认定为不合格产品。生产、销售上述食品,销售金额在五万元以上的,以生产、销售伪劣产品罪定罪处罚。同时构成生产、销售不符合安全标准的食品罪等其他犯罪的,依照处罚较重的规定定罪处罚。本案中,无证据证明被告单位和被告人构成其他犯罪,故以生产、销售伪劣产品罪定罪处罚。

案例五:崔某等非法经营及陈某某等生产、销售有毒、有害食品案

——向食品生产企业销售工业明胶用于加工皮冻

简要案情

2012年至2016年5月,被告人崔某指使他人从河北省、山东省、山西省购进工业明胶642.25吨,购进款共计1188.88万元。崔某指使被告人殷某某等人在辽宁省沈阳市、黑龙江省哈尔滨市设立销售点,以提供给他人生产、销售食品为目的,将购进的工业明胶销往黑龙江省、北京市等地,销售数量640.85吨,销售金额达1608.29万余元,违法所得达420万余元。其中,被告人陈某某从崔某处购买工业明胶6025公斤,将其中5970.23公斤工业明胶用于生产皮冻并销售,销售金额达63万余元。被告人高某等13人分别从殷某某等人处购买工业明胶用于制作皮冻并销售,销售金额从1.8万余元至53万余元不等。

裁判结果

吉林省通化市人民法院审理认为，被告人崔某等人以提供给他人生产、销售食品为目的，违反国家规定，销售禁止用于食品生产、销售的非食品原料，其行为均已构成非法经营罪。被告人陈某某等人在生产、销售的食品中掺入有毒、有害的非食品原料，其行为均已构成生产、销售有毒、有害食品罪。崔某非法经营数额达1608万余元，应认定为"情节特别严重"，处五年以上有期徒刑，并处违法所得一倍以上五倍以下罚金或者没收财产；陈某某等2人销售金额达50万元以上，应认定为"其他特别严重情节"，处十年以上有期徒刑、无期徒刑或者死刑，并处罚金或者没收财产；另有4名被告人销售金额达20万元以上，2名被告人销售金额在10万元以上不满20万元，但生产、销售有毒、有害食品数量大，且持续时间长，均应认定为"其他严重情节"。据此，以非法经营罪分别判处被告人崔某有期徒刑十五年，并处罚金人民币一千万元；以生产、销售有毒、有害食品罪判处被告人陈某某有期徒刑十年，并处罚金人民币六十万元。其他被告人被判处有期徒刑一年三个月至十二年不等刑期，并处罚金。

典型意义

实践中，大量危害食品安全犯罪都存在上下游不同参与者。只有既打市场，又打源头，才能有效遏制食品犯罪的发生。其中，生产、销售国家禁止用于食品生产、销售的非食品原料，是典型的危害食品安全的上游犯罪。而将这些禁用物质用于食品生产、销售的行为，则是典型的危害食品安全犯罪。工业明胶属于国务院卫生行政部门公布的《食品中可能违法添加的非食用物质名单》上的物质，被明令禁止用于食品生产。被告人崔某等人以提供给他人生产、销售食品为目的，销售工业明胶的行为，构成非法经营罪。被告人陈某某等人在皮冻生产过程中故意添加工业明胶的行为，构成生产、销售有毒、有害食品罪，均应依法从严惩处。

案例六：陈某某诈骗案
——采用冒充专家诊疗、伪造体检报告、虚假宣传等手段针对老年人实施保健食品诈骗

简要案情

2011年5月，被告人陈某某在江苏省南京市注册成立多家公司，以老年人为主要对象进行保健食品销售。陈某某对公司人员统一管理，统称"金鹰团队"。陈某某通过"金鹰团队"掌控整个犯罪集团，并对该犯罪集团在江苏、浙江、安徽等地设立的几十个销售平台实行网格化管理。2016年，陈某某引入"平台旅游会销"模式，销售人员以免费旅游的名义将老年人骗至销售平台。陈某某通过安排员工冒充知名医学专家进行门诊咨询、假冒医务人员进行虚假检测、伪造检测报告，虚假宣传公司销售的免疫球蛋白等保健食品能够预防和治疗心脑血管疾病、癌症肿瘤、糖尿病等，以及购买产品享有国家补贴等方式，使被害人相信自己有高患癌风险，须服用该产品预防，从而使被害人高价购买保健食品。至2018年案发时，陈某某组织、领导"金鹰团队"犯罪集团实施诈骗活动，诈骗金额达1161万余元。

裁判结果

江苏省常州市天宁区人民法院审理认为，被告人陈某某以非法占有为目的，采取虚构事实、隐瞒真相的手段，骗取他人财物，其行为已构成诈骗罪。陈某某为达到敛财目的，创设"平台旅游会销"诈骗模式，组成较为固定的犯罪集团实施犯罪活动。陈某某是该犯罪集团的首要分子，应按照集团所犯的全部罪行处罚。陈某某诈骗数额达1161万余元，应认定为"数额特别巨大"，处十年以上有期徒刑或者无期徒刑，并处罚金或者没收财产。据此，以诈骗罪判处被告人陈某某有期徒刑十四年，并处罚金人民币八百万元。其他被告人被判处有期徒刑一年二个月至十二年六个月不等刑期，并处罚金。

典型意义

保健食品俗称保健品。随着生活水平的提高，老年人"花钱买健康"的观念逐步深入人心。一些不法分子抓住老年人有保健需求的心理，先采用免费体检、"专家"义诊、免费旅游等方式吸引老年人参与，再通过虚假诊疗、伪造检测报告、夸大宣传保健品功能等手段，向老年人高价销售保健品，达到骗取财物的目的。通过营销保健品诈骗财物，不仅侵害当事人的财产权益，甚至还会延误正常诊疗，危害生命健康安全。对此，《解释》第十九条明确规定，违反国家规定，利用广告对保健食品或者其他食品作虚假宣传，符合刑法第二百二十二条规定的，以虚假广告罪定罪处罚；以非法占有为目的，利用销售保健食品或者其他食品诈骗财物，符合刑法第二百六十六条规定的，以诈骗罪定罪处罚。同时构成生产、销售伪劣产品罪等其他犯罪的，依照处罚较重的规定定罪处罚。

12. 广告管理

中华人民共和国广告法

- 1994年10月27日第八届全国人民代表大会常务委员会第十次会议通过
- 2015年4月24日第十二届全国人民代表大会常务委员会第十四次会议修订
- 根据2018年10月26日第十三届全国人民代表大会常务委员会第六次会议《关于修改〈中华人民共和国野生动物保护法〉等十五部法律的决定》第一次修正
- 根据2021年4月29日第十三届全国人民代表大会常务委员会第二十八次会议《关于修改〈中华人民共和国道路交通安全法〉等八部法律的决定》第二次修正

第一章 总 则

第一条 【立法目的】为了规范广告活动，保护消费者的合法权益，促进广告业的健康发展，维护社会经济秩序，制定本法。

第二条 【调整范围及定义】在中华人民共和国境内，商品经营者或者服务提供者通过一定媒介和形式直接或者间接地介绍自己所推销的商品或者服务的商业广告活动，适用本法。

本法所称广告主，是指为推销商品或者服务，自行或者委托他人设计、制作、发布广告的自然人、法人或者其他组织。

本法所称广告经营者，是指接受委托提供广告设计、制作、代理服务的自然人、法人或者其他组织。

本法所称广告发布者，是指为广告主或者广告主委托的广告经营者发布广告的自然人、法人或者其他组织。

本法所称广告代言人，是指广告主以外的、在广告中以自己的名义或者形象对商品、服务作推荐、证明的自然人、法人或者其他组织。

第三条 【内容和形式要求】广告应当真实、合法，以健康的表现形式表达广告内容，符合社会主义精神文明建设和弘扬中华民族优秀传统文化的要求。

第四条 【真实性原则】广告不得含有虚假或者引人误解的内容，不得欺骗、误导消费者。

广告主应当对广告内容的真实性负责。

第五条 【基本行为规范】广告主、广告经营者、广告发布者从事广告活动，应当遵守法律、法规，诚实信用，公平竞争。

第六条 【监督管理体制】国务院市场监督管理部门主管全国的广告监督管理工作，国务院有关部门在各自的职责范围内负责广告管理相关工作。

县级以上地方市场监督管理部门主管本行政区域的广告监督管理工作，县级以上地方人民政府有关部门在各自的职责范围内负责广告管理相关工作。

第七条 【行业组织】广告行业组织依照法律、法规和章程的规定，制定行业规范，加强行业自律，促进行业发展，引导会员依法从事广告活动，推动广告行业诚信建设。

第二章 广告内容准则

第八条 【广告表述】广告中对商品的性能、功能、产地、用途、质量、成分、价格、生产者、有效期限、允诺等或者对服务的内容、提供者、形式、质量、价格、允诺等有表示的，应当准确、清楚、明白。

广告中表明推销的商品或者服务附带赠送的，应当明示所附带赠送商品或者服务的品种、规格、数量、期限和方式。

法律、行政法规规定广告中应当明示的内容，应当显著、清晰表示。

第九条 【一般禁止情形】广告不得有下列情形：

（一）使用或者变相使用中华人民共和国的国旗、国歌、国徽，军旗、军歌、军徽；

（二）使用或者变相使用国家机关、国家机关工作人员的名义或者形象；

（三）使用"国家级"、"最高级"、"最佳"等用语；

（四）损害国家的尊严或者利益，泄露国家秘密；

（五）妨碍社会安定，损害社会公共利益；

（六）危害人身、财产安全，泄露个人隐私；

（七）妨碍社会公共秩序或者违背社会良好风尚；

（八）含有淫秽、色情、赌博、迷信、恐怖、暴力的内容；

（九）含有民族、种族、宗教、性别歧视的内容；

（十）妨碍环境、自然资源或者文化遗产保护；

（十一）法律、行政法规规定禁止的其他情形。

第十条 【保护未成年人和残疾人】广告不得损害未成年人和残疾人的身心健康。

第十一条 【涉及行政许可和引证内容的广告】广告内容涉及的事项需要取得行政许可的，应当与许可的内容相符合。

广告使用数据、统计资料、调查结果、文摘、引用语等引证内容的，应当真实、准确，并表明出处。引证内容有适用范围和有效期限的，应当明确表示。

第十二条 【涉及专利的广告】广告中涉及专利产品或者专利方法的，应当标明专利号和专利种类。

未取得专利权的，不得在广告中谎称取得专利权。

禁止使用未授予专利权的专利申请和已经终止、撤销、无效的专利作广告。

第十三条　【广告不得含有贬低内容】广告不得贬低其他生产经营者的商品或者服务。

第十四条　【广告可识别性以及发布要求】广告应当具有可识别性，能够使消费者辨明其为广告。

大众传播媒介不得以新闻报道形式变相发布广告。通过大众传播媒介发布的广告应当显著标明"广告"，与其他非广告信息相区别，不得使消费者产生误解。

广播电台、电视台发布广告，应当遵守国务院有关部门关于时长、方式的规定，并应当对广告时长作出明显提示。

第十五条　【处方药、易制毒化学品、戒毒等广告】麻醉药品、精神药品、医疗用毒性药品、放射性药品等特殊药品，药品类易制毒化学品，以及戒毒治疗的药品、医疗器械和治疗方法，不得作广告。

前款规定以外的处方药，只能在国务院卫生行政部门和国务院药品监督管理部门共同指定的医学、药学专业刊物上作广告。

第十六条　【医疗、药品、医疗器械广告】医疗、药品、医疗器械广告不得含有下列内容：

（一）表示功效、安全性的断言或者保证；

（二）说明治愈率或者有效率；

（三）与其他药品、医疗器械的功效和安全性或者其他医疗机构比较；

（四）利用广告代言人作推荐、证明；

（五）法律、行政法规规定禁止的其他内容。

药品广告的内容不得与国务院药品监督管理部门批准的说明书不一致，并应当显著标明禁忌、不良反应。处方药广告应当显著标明"本广告仅供医学药学专业人士阅读"，非处方药广告应当显著标明"请按药品说明书或者在药师指导下购买和使用"。

推荐给个人自用的医疗器械的广告，应当显著标明"请仔细阅读产品说明书或者在医务人员的指导下购买和使用"。医疗器械产品注册证明文件中有禁忌内容、注意事项的，广告中应当显著标明"禁忌内容或者注意事项详见说明书"。

第十七条　【禁止使用医药用语】除医疗、药品、医疗器械广告外，禁止其他任何广告涉及疾病治疗功能，并不得使用医疗用语或者易使推销的商品与药品、医疗器械相混淆的用语。

第十八条　【保健食品广告】保健食品广告不得含有下列内容：

（一）表示功效、安全性的断言或者保证；

（二）涉及疾病预防、治疗功能；

（三）声称或者暗示广告商品为保障健康所必需；

（四）与药品、其他保健食品进行比较；

（五）利用广告代言人作推荐、证明；

（六）法律、行政法规规定禁止的其他内容。

保健食品广告应当显著标明"本品不能代替药物"。

第十九条　【禁止变相发布广告】广播电台、电视台、报刊音像出版单位、互联网信息服务提供者不得以介绍健康、养生知识等形式变相发布医疗、药品、医疗器械、保健食品广告。

第二十条　【母乳代用品广告】禁止在大众传播媒介或者公共场所发布声称全部或者部分替代母乳的婴儿乳制品、饮料和其他食品广告。

第二十一条　【农药、兽药、饲料和饲料添加剂广告】农药、兽药、饲料和饲料添加剂广告不得含有下列内容：

（一）表示功效、安全性的断言或者保证；

（二）利用科研单位、学术机构、技术推广机构、行业协会或者专业人士、用户的名义或者形象作推荐、证明；

（三）说明有效率；

（四）违反安全使用规程的文字、语言或者画面；

（五）法律、行政法规规定禁止的其他内容。

第二十二条　【烟草广告】禁止在大众传播媒介或者公共场所、公共交通工具、户外发布烟草广告。禁止向未成年人发送任何形式的烟草广告。

禁止利用其他商品或者服务的广告、公益广告，宣传烟草制品名称、商标、包装、装潢以及类似内容。

烟草制品生产者或者销售者发布的迁址、更名、招聘等启事中，不得含有烟草制品名称、商标、包装、装潢以及类似内容。

第二十三条　【酒类广告】酒类广告不得含有下列内容：

（一）诱导、怂恿饮酒或者宣传无节制饮酒；

（二）出现饮酒的动作；

（三）表现驾驶车、船、飞机等活动；

（四）明示或者暗示饮酒有消除紧张和焦虑、增加体力等功效。

第二十四条　【教育、培训广告】教育、培训广告不得含有下列内容：

（一）对升学、通过考试、获得学位学历或者合格证

书,或者对教育、培训的效果作出明示或者暗示的保证性承诺;

(二)明示或者暗示有相关考试机构或者其工作人员、考试命题人员参与教育、培训;

(三)利用科研单位、学术机构、教育机构、行业协会、专业人士、受益者的名义或者形象作推荐、证明。

第二十五条 【有投资回报预期的商品或者服务广告】招商等有投资回报预期的商品或者服务广告,应当对可能存在的风险以及风险责任承担有合理提示或者警示,并不得含有下列内容:

(一)对未来效果、收益或者与其相关的情况作出保证性承诺,明示或者暗示保本、无风险或者保收益等,国家另有规定的除外;

(二)利用学术机构、行业协会、专业人士、受益者的名义或者形象作推荐、证明。

第二十六条 【房地产广告】房地产广告,房源信息应当真实,面积应当表明为建筑面积或者套内建筑面积,并不得含有下列内容:

(一)升值或者投资回报的承诺;

(二)以项目到达某一具体参照物的所需时间表示项目位置;

(三)违反国家有关价格管理的规定;

(四)对规划或者建设中的交通、商业、文化教育设施以及其他市政条件作误导宣传。

第二十七条 【种养殖广告】农作物种子、林木种子、草种子、种畜禽、水产苗种和种养殖广告关于品种名称、生产性能、生长量或者产量、品质、抗性、特殊使用价值、经济价值、适宜种植或者养殖的范围和条件等方面的表述应当真实、清楚、明白,并不得含有下列内容:

(一)作科学上无法验证的断言;

(二)表示功效的断言或者保证;

(三)对经济效益进行分析、预测或者作保证性承诺;

(四)利用科研单位、学术机构、技术推广机构、行业协会或者专业人士、用户的名义或者形象作推荐、证明。

第二十八条 【虚假广告】广告以虚假或者引人误解的内容欺骗、误导消费者的,构成虚假广告。

广告有下列情形之一的,为虚假广告:

(一)商品或者服务不存在的;

(二)商品的性能、功能、产地、用途、质量、规格、成分、价格、生产者、有效期限、销售状况、曾获荣誉等信息,或者服务的内容、提供者、形式、质量、价格、销售状况、曾获荣誉等信息,以及与商品或者服务有关的允诺等信息与实际情况不符,对购买行为有实质性影响的;

(三)使用虚构、伪造或者无法验证的科研成果、统计资料、调查结果、文摘、引用语等信息作证明材料的;

(四)虚构使用商品或者接受服务的效果的;

(五)以虚假或者引人误解的内容欺骗、误导消费者的其他情形。

第三章 广告行为规范

第二十九条 【从事广告发布业务的条件】广播电台、电视台、报刊出版单位从事广告发布业务的,应当设有专门从事广告业务的机构,配备必要的人员,具有与发布广告相适应的场所、设备。

第三十条 【广告合同】广告主、广告经营者、广告发布者之间在广告活动中应当依法订立书面合同。

第三十一条 【禁止不正当竞争】广告主、广告经营者、广告发布者不得在广告活动中进行任何形式的不正当竞争。

第三十二条 【受委托方的合法经营资格】广告主委托设计、制作、发布广告,应当委托具有合法经营资格的广告经营者、广告发布者。

第三十三条 【广告涉及他人人身权利时的义务】广告主或者广告经营者在广告中使用他人名义或者形象的,应当事先取得其书面同意;使用无民事行为能力人、限制民事行为能力人的名义或者形象的,应当事先取得其监护人的书面同意。

第三十四条 【广告业务管理制度和查验、核对义务】广告经营者、广告发布者应当按照国家有关规定,建立、健全广告业务的承接登记、审核、档案管理制度。

广告经营者、广告发布者依据法律、行政法规查验有关证明文件,核对广告内容。对内容不符或者证明文件不全的广告,广告经营者不得提供设计、制作、代理服务,广告发布者不得发布。

第三十五条 【广告收费标准和办法】广告经营者、广告发布者应当公布其收费标准和收费办法。

第三十六条 【媒介传播效果资料真实】广告发布者向广告主、广告经营者提供的覆盖率、收视率、点击率、发行量等资料应当真实。

第三十七条 【不得提供广告服务的情形】法律、行政法规规定禁止生产、销售的产品或者提供的服务,以及禁止发布广告的商品或者服务,任何单位或者个人不得设计、制作、代理、发布广告。

第三十八条 【广告代言人的义务】广告代言人在广告中对商品、服务作推荐、证明,应当依据事实,符合本法和有关法律、行政法规规定,并不得为其未使用过的商品或者未接受过的服务作推荐、证明。

不得利用不满十周岁的未成年人作为广告代言人。

对在虚假广告中作推荐、证明受到行政处罚未满三年的自然人、法人或者其他组织,不得利用其作为广告代言人。

第三十九条　【广告不得侵扰中小学生、幼儿】不得在中小学校、幼儿园内开展广告活动,不得利用中小学生和幼儿的教材、教辅材料、练习册、文具、教具、校服、校车等发布或者变相发布广告,但公益广告除外。

第四十条　【针对未成年人的广告】在针对未成年人的大众传播媒介上不得发布医疗、药品、保健食品、医疗器械、化妆品、酒类、美容广告,以及不利于未成年人身心健康的网络游戏广告。

针对不满十四周岁的未成年人的商品或者服务的广告不得含有下列内容:

（一）劝诱其要求家长购买广告商品或者服务；

（二）可能引发其模仿不安全行为。

第四十一条　【户外广告的监管】县级以上地方人民政府应当组织有关部门加强对利用户外场所、空间、设施等发布户外广告的监督管理,制定户外广告设置规划和安全要求。

户外广告的管理办法,由地方性法规、地方政府规章规定。

第四十二条　【禁止设置户外广告的情形】有下列情形之一的,不得设置户外广告:

（一）利用交通安全设施、交通标志的；

（二）影响市政公共设施、交通安全设施、交通标志、消防设施、消防安全标志使用的；

（三）妨碍生产或者人民生活,损害市容市貌的；

（四）在国家机关、文物保护单位、风景名胜区等的建筑控制地带,或者县级以上地方人民政府禁止设置户外广告的区域设置的。

第四十三条　【垃圾广告】任何单位或个人未经当事人同意或者请求,不得向其住宅、交通工具等发送广告,也不得以电子信息方式向其发送广告。

以电子信息方式发送广告的,应当明示发送者的真实身份和联系方式,并向接收者提供拒绝继续接收的方式。

第四十四条　【互联网广告】利用互联网从事广告活动,适用本法的各项规定。

利用互联网发布、发送广告,不得影响用户正常使用网络。在互联网页面以弹出等形式发布的广告,应当显著标明关闭标志,确保一键关闭。

第四十五条　【"第三方平台"义务】公共场所的管理者或者电信业务经营者、互联网信息服务提供者对其明知或者应知的利用其场所或者信息传输、发布平台发送、发布违法广告的,应当予以制止。

第四章　监督管理

第四十六条　【特殊商品和服务广告发布前审查】发布医疗、药品、医疗器械、农药、兽药和保健食品广告,以及法律、行政法规规定应当进行审查的其他广告,应当在发布前由有关部门(以下称广告审查机关)对广告内容进行审查；未经审查,不得发布。

第四十七条　【广告发布前审查程序】广告主申请广告审查,应当依照法律、行政法规向广告审查机关提交有关证明文件。

广告审查机关应当依照法律、行政法规规定作出审查决定,并应当将审查批准文件抄送同级市场监督管理部门。广告审查机关应当及时向社会公布批准的广告。

第四十八条　【广告审查批准文件不得伪造、变造或者转让】任何单位或者个人不得伪造、变造或者转让广告审查批准文件。

第四十九条　【市场监督管理部门的职权和义务】市场监督管理部门履行广告监督管理职责,可以行使下列职权:

（一）对涉嫌从事违法广告活动的场所实施现场检查；

（二）询问涉嫌违法当事人或者其法定代表人、主要负责人和其他有关人员,对有关单位或者个人进行调查；

（三）要求涉嫌违法当事人限期提供有关证明文件；

（四）查阅、复制与涉嫌违法广告有关的合同、票据、账簿、广告作品和其他有关资料；

（五）查封、扣押与涉嫌违法广告直接相关的广告物品、经营工具、设备等财物；

（六）责令暂停发布可能造成严重后果的涉嫌违法广告；

（七）法律、行政法规规定的其他职权。

市场监督管理部门应当建立健全广告监测制度,完善监测措施,及时发现和依法查处违法广告行为。

第五十条　【授权制定利用大众传播媒介发布广告的行为规范】国务院市场监督管理部门会同国务院有关部门,制定大众传播媒介广告发布行为规范。

第五十一条　【配合监管义务】市场监督管理部门

依照本法规定行使职权,当事人应当协助、配合,不得拒绝、阻挠。

第五十二条　【保密义务】市场监督管理部门和有关部门及其工作人员对其在广告监督管理活动中知悉的商业秘密负有保密义务。

第五十三条　【投诉和举报】任何单位或者个人有权向市场监督管理部门和有关部门投诉、举报违反本法的行为。市场监督管理部门和有关部门应当向社会公开受理投诉、举报的电话、信箱或者电子邮件地址,接到投诉、举报的部门应当自收到投诉之日起七个工作日内,予以处理并告知投诉、举报人。

市场监督管理部门和有关部门不依法履行职责的,任何单位或者个人有权向其上级机关或者监察机关举报。接到举报的机关应当依法作出处理,并将处理结果及时告知举报人。

有关部门应当为投诉、举报人保密。

第五十四条　【社会监督】消费者协会和其他消费者组织对违反本法规定,发布虚假广告侵害消费者合法权益,以及其他损害社会公共利益的行为,依法进行社会监督。

第五章　法律责任

第五十五条　【虚假广告行政、刑事责任】违反本法规定,发布虚假广告的,由市场监督管理部门责令停止发布广告,责令广告主在相应范围内消除影响,处广告费用三倍以上五倍以下的罚款,广告费用无法计算或者明显偏低的,处二十万元以上一百万元以下的罚款;两年内有三次以上违法行为或者有其他严重情节的,处广告费用五倍以上十倍以下的罚款,广告费用无法计算或者明显偏低的,处一百万元以上二百万元以下的罚款,可以吊销营业执照,并由广告审查机关撤销广告审查批准文件、一年内不受理其广告审查申请。

医疗机构有前款规定违法行为,情节严重的,除由市场监督管理部门依照本法处罚外,卫生行政部门可以吊销诊疗科目或者吊销医疗机构执业许可证。

广告经营者、广告发布者明知或者应知广告虚假仍设计、制作、代理、发布的,由市场监督管理部门没收广告费用,并处广告费用三倍以上五倍以下的罚款,广告费用无法计算或者明显偏低的,处二十万元以上一百万元以下的罚款;两年内有三次以上违法行为或者有其他严重情节的,处广告费用五倍以上十倍以下的罚款,广告费用无法计算或者明显偏低的,处一百万元以上二百万元以下的罚款,并可以由有关部门暂停广告发布业务、吊销营业执照。

广告主、广告经营者、广告发布者有本条第一款、第三款规定行为,构成犯罪的,依法追究刑事责任。

第五十六条　【虚假广告民事责任】违反本法规定,发布虚假广告,欺骗、误导消费者,使购买商品或者接受服务的消费者的合法权益受到损害的,由广告主依法承担民事责任。广告经营者、广告发布者不能提供广告主的真实名称、地址和有效联系方式的,消费者可以要求广告经营者、广告发布者先行赔偿。

关系消费者生命健康的商品或者服务的虚假广告,造成消费者损害的,其广告经营者、广告发布者、广告代言人应当与广告主承担连带责任。

前款规定以外的商品或者服务的虚假广告,造成消费者损害的,其广告经营者、广告发布者、广告代言人,明知或者应知广告虚假仍设计、制作、代理、发布或者作推荐、证明的,应当与广告主承担连带责任。

第五十七条　【发布违反基本准则或者本法禁止发布的广告的责任】有下列行为之一的,由市场监督管理部门责令停止发布广告,对广告主处二十万元以上一百万元以下的罚款,情节严重的,并可以吊销营业执照,由广告审查机关撤销广告审查批准文件、一年内不受理其广告审查申请;对广告经营者、广告发布者,由市场监督管理部门没收广告费用,处二十万元以上一百万元以下的罚款,情节严重的,并可以吊销营业执照:

(一)发布有本法第九条、第十条规定的禁止情形的广告的;

(二)违反本法第十五条规定发布处方药广告、药品类易制毒化学品广告、戒毒治疗的医疗器械和治疗方法广告的;

(三)违反本法第二十条规定,发布声称全部或者部分替代母乳的婴儿乳制品、饮料和其他食品广告的;

(四)违反本法第二十二条规定发布烟草广告的;

(五)违反本法第三十七条规定,利用广告推销禁止生产、销售的产品或者提供的服务,或者禁止发布广告的商品或者服务的;

(六)违反本法第四十条第一款规定,在针对未成年人的大众传播媒介上发布医疗、药品、保健食品、医疗器械、化妆品、酒类、美容广告,以及不利于未成年人身心健康的网络游戏广告的。

第五十八条　【发布违反特殊准则、违法使用广告代言人或者未经依法审查的广告的责任】有下列行为之一的,由市场监督管理部门责令停止发布广告,责令广告主在相应范围内消除影响,处广告费用一倍以上三倍以下的罚款,广告费用无法计算或者明显偏低的,处十万元以上二十万元以下的罚款;情节严重,处广告费用三倍以上五倍以下的罚款,广告费用无法计算或者明显偏低的,处二十万元以上一百万元以下的罚款,可以吊销营业执照,并由广告审查机关撤销广告审查批准文件,一年内不受理其广告审查申请:

(一)违反本法第十六条规定发布医疗、药品、医疗器械广告的;

(二)违反本法第十七条规定,在广告中涉及疾病治疗功能,以及使用医疗用语或者易使推销的商品与药品、医疗器械相混淆的用语的;

(三)违反本法第十八条规定发布保健食品广告的;

(四)违反本法第二十一条规定发布农药、兽药、饲料和饲料添加剂广告的;

(五)违反本法第二十三条规定发布酒类广告的;

(六)违反本法第二十四条规定发布教育、培训广告的;

(七)违反本法第二十五条规定发布招商等有投资回报预期的商品或者服务广告的;

(八)违反本法第二十六条规定发布房地产广告的;

(九)违反本法第二十七条规定发布农作物种子、林木种子、草种子、种畜禽、水产苗种和种养殖广告的;

(十)违反本法第三十八条第二款规定,利用不满十周岁的未成年人作为广告代言人的;

(十一)违反本法第三十八条第三款规定,利用自然人、法人或者其他组织作为广告代言人的;

(十二)违反本法第三十九条规定,在中小学校、幼儿园内或者利用与中小学生、幼儿有关的物品发布广告的;

(十三)违反本法第四十条第二款规定,发布针对不满十四周岁的未成年人的商品或者服务的广告的;

(十四)违反本法第四十六条规定,未经审查发布广告的。

医疗机构有前款规定违法行为,情节严重,除由市场监督管理部门依照本法处罚外,卫生行政部门可以吊销诊疗科目或者吊销医疗机构执业许可证。

广告经营者、广告发布者明知或者应知有本条第一款规定违法行为仍设计、制作、代理、发布的,由市场监督管理部门没收广告费用,并处广告费用一倍以上三倍以下的罚款,广告费用无法计算或者明显偏低的,处十万元以上二十万元以下的罚款;情节严重,处广告费用三倍以上五倍以下的罚款,广告费用无法计算或者明显偏低的,处二十万元以上一百万元以下的罚款,并可以由有关部门暂停广告发布业务、吊销营业执照。

第五十九条 【发布违反一般准则或者贬低他人商品或服务的广告的责任】有下列行为之一的,由市场监督管理部门责令停止发布广告,对广告主处十万元以下的罚款:

(一)广告内容违反本法第八条规定的;

(二)广告引证内容违反本法第十一条规定的;

(三)涉及专利的广告违反本法第十二条规定的;

(四)违反本法第十三条规定,广告贬低其他生产经营者的商品或者服务的。

广告经营者、广告发布者明知或者应知有前款规定违法行为仍设计、制作、代理、发布的,由市场监督管理部门处十万元以下的罚款。

广告违反本法第十四条规定,不具有可识别性的,或者违反本法第十九条规定,变相发布医疗、药品、医疗器械、保健食品广告的,由市场监督管理部门责令改正,对广告发布者处十万元以下的罚款。

第六十条 【广告经营者、广告发布者未依法进行广告业务管理的责任】违反本法第三十四条规定,广告经营者、广告发布者未按照国家有关规定建立、健全广告业务管理制度的,或者未对广告内容进行核对的,由市场监督管理部门责令改正,可以处五万元以下的罚款。

违反本法第三十五条规定,广告经营者、广告发布者未公布其收费标准和收费办法的,由价格主管部门责令改正,可以处五万元以下的罚款。

第六十一条 【广告代言人的责任】广告代言人有下列情形之一的,由市场监督管理部门没收违法所得,并处违法所得一倍以上二倍以下的罚款:

(一)违反本法第十六条第一款第四项规定,在医疗、药品、医疗器械广告中作推荐、证明的;

(二)违反本法第十八条第一款第五项规定,在保健食品广告中作推荐、证明的;

(三)违反本法第三十八条第一款规定,为其未使用过的商品或者未接受过的服务作推荐、证明的;

(四)明知或者应知广告虚假仍在广告中对商品、服务作推荐、证明的。

第六十二条 【未经同意或者请求向他人发送广告、违法利用互联网发布广告的责任】违反本法第四十三条规定发送广告的,由有关部门责令停止违法行为,对广告主处五千元以上三万元以下的罚款。

违反本法第四十四条第二款规定,利用互联网发布广告,未显著标明关闭标志,确保一键关闭的,由市场监督管理部门责令改正,对广告主处五千元以上三万元以下的罚款。

第六十三条 【公共场所的管理者和电信业务经营者、互联网信息服务提供者未依法制止违法广告活动的责任】违反本法第四十五条规定,公共场所的管理者和电信业务经营者、互联网信息服务提供者,明知或者应知广告活动违法不予制止的,由市场监督管理部门没收违法所得,违法所得五万元以上的,并处违法所得一倍以上三倍以下的罚款,违法所得不足五万元的,并处一万元以上五万元以下的罚款;情节严重的,由有关部门依法停止相关业务。

第六十四条 【隐瞒真实情况或者提供虚假材料申请广告审查的责任】违反本法规定,隐瞒真实情况或者提供虚假材料申请广告审查的,广告审查机关不予受理或者不予批准,予以警告,一年内不受理该申请人的广告审查申请;以欺骗、贿赂等不正当手段取得广告审查批准的,广告审查机关予以撤销,处十万元以上二十万元以下的罚款,三年内不受理该申请人的广告审查申请。

第六十五条 【伪造、变造或者转让广告审查批准文件的责任】违反本法规定,伪造、变造或者转让广告审查批准文件的,由市场监督管理部门没收违法所得,并处一万元以上十万元以下的罚款。

第六十六条 【信用档案制度】有本法规定的违法行为的,由市场监督管理部门记入信用档案,并依照有关法律、行政法规规定予以公示。

第六十七条 【广播电台、电视台、报刊音像出版单位及其主管部门的责任】广播电台、电视台、报刊音像出版单位发布违法广告,或者以新闻报道形式变相发布广告,或者以介绍健康、养生知识等形式变相发布医疗、药品、医疗器械、保健食品广告,市场监督管理部门依照本法给予处罚的,应当通报新闻出版、广播电视主管部门以及其他有关部门。新闻出版、广播电视主管部门以及其他有关部门应当依法对负有责任的主管人员和直接责任人员给予处分;情节严重的,并可以暂停媒体的广告发布业务。

新闻出版、广播电视主管部门以及其他有关部门未依照前款规定对广播电台、电视台、报刊音像出版单位进行处理的,对负有责任的主管人员和直接责任人员,依法给予处分。

第六十八条 【民事责任】广告主、广告经营者、广告发布者违反本法规定,有下列侵权行为之一的,依法承担民事责任:

(一)在广告中损害未成年人或者残疾人的身心健康的;
(二)假冒他人专利的;
(三)贬低其他生产经营者的商品、服务的;
(四)在广告中未经同意使用他人名义或者形象的;
(五)其他侵犯他人合法民事权益的。

第六十九条 【对公司、企业广告违法行为负有个人责任的法定代表人的责任】因发布虚假广告,或者有其他本法规定的违法行为,被吊销营业执照的公司、企业的法定代表人,对违法行为负有个人责任的,自该公司、企业被吊销营业执照之日起三年内不得担任公司、企业的董事、监事、高级管理人员。

第七十条 【拒绝、阻挠工商部门监督检查等违反治安管理行为的责任】违反本法规定,拒绝、阻挠市场监督管理部门监督检查,或者有其他构成违反治安管理行为的,依法给予治安管理处罚;构成犯罪的,依法追究刑事责任。

第七十一条 【广告审查机关的责任】广告审查机关对违法的广告内容作出审查批准决定的,对负有责任的主管人员和直接责任人员,由任免机关或者监察机关依法给予处分;构成犯罪的,依法追究刑事责任。

第七十二条 【广告管理部门及其工作人员的责任】市场监督管理部门对在履行广告监测职责中发现的违法广告行为或者对经投诉、举报的违法广告行为,不依法予以查处的,对负有责任的主管人员和直接责任人员,依法给予处分。

市场监督管理部门和负责广告管理相关工作的有关部门的工作人员玩忽职守、滥用职权、徇私舞弊的,依法给予处分。

有前两款行为,构成犯罪的,依法追究刑事责任。

第六章 附 则

第七十三条 【公益广告】国家鼓励、支持开展公益广告宣传活动,传播社会主义核心价值观,倡导文明风尚。

大众传播媒介有义务发布公益广告。广播电台、电视台、报刊出版单位应当按照规定的版面、时段、时长发布公益广告。公益广告的管理办法,由国务院市场监督管理部门会同有关部门制定。

第七十四条 【实施日期】本法自 2015 年 9 月 1 日起施行。

互联网广告管理办法

- 2023年2月25日国家市场监督管理总局令第72号公布
- 自2023年5月1日起施行

第一条　为了规范互联网广告活动，保护消费者的合法权益，促进互联网广告业健康发展，维护公平竞争的市场经济秩序，根据《中华人民共和国广告法》（以下简称广告法）《中华人民共和国电子商务法》（以下简称电子商务法）等法律、行政法规，制定本办法。

第二条　在中华人民共和国境内，利用网站、网页、互联网应用程序等互联网媒介，以文字、图片、音频、视频或者其他形式，直接或者间接地推销商品或者服务的商业广告活动，适用广告法和本办法的规定。

法律、行政法规、部门规章、强制性国家标准以及国家其他有关规定要求应当展示、标示、告知的信息，依照其规定。

第三条　互联网广告应当真实、合法，坚持正确导向，以健康的表现形式表达广告内容，符合社会主义精神文明建设和弘扬中华优秀传统文化的要求。

利用互联网从事广告活动，应当遵守法律、法规，诚实信用，公平竞争。

国家鼓励、支持开展互联网公益广告宣传活动，传播社会主义核心价值观和中华优秀传统文化，倡导文明风尚。

第四条　利用互联网为广告主或者广告主委托的广告经营者发布广告的自然人、法人或者其他组织，适用广告法和本办法关于广告发布者的规定。

利用互联网提供信息服务的自然人、法人或者其他组织，适用广告法和本办法关于互联网信息服务提供者的规定；从事互联网广告设计、制作、代理、发布等活动的，应当适用广告法和本办法关于广告经营者、广告发布者等主体的规定。

第五条　广告行业组织依照法律、法规、部门规章和章程的规定，制定行业规范、自律公约和团体标准，加强行业自律，引导会员主动践行社会主义核心价值观、依法从事互联网广告活动，推动诚信建设，促进行业健康发展。

第六条　法律、行政法规规定禁止生产、销售的产品或者提供的服务，以及禁止发布广告的商品或者服务，任何单位或者个人不得利用互联网设计、制作、代理、发布广告。

禁止利用互联网发布烟草（含电子烟）广告。

禁止利用互联网发布处方药广告，法律、行政法规另有规定的，依照其规定。

第七条　发布医疗、药品、医疗器械、农药、兽药、保健食品、特殊医学用途配方食品广告等法律、行政法规规定应当进行审查的广告，应当在发布前由广告审查机关对广告内容进行审查；未经审查，不得发布。

对须经审查的互联网广告，应当严格按照审查通过的内容发布，不得剪辑、拼接、修改。已经审查通过的广告内容需要改动的，应当重新申请广告审查。

第八条　禁止以介绍健康、养生知识等形式，变相发布医疗、药品、医疗器械、保健食品、特殊医学用途配方食品广告。

介绍健康、养生知识的，不得在同一页面或者同时出现相关医疗、药品、医疗器械、保健食品、特殊医学用途配方食品的商品经营者或者服务提供者地址、联系方式、购物链接等内容。

第九条　互联网广告应当具有可识别性，能够使消费者辨明其为广告。

对于竞价排名的商品或者服务，广告发布者应当显著标明"广告"，与自然搜索结果明显区分。

除法律、行政法规禁止发布或者变相发布广告的情形外，通过知识介绍、体验分享、消费测评等形式推销商品或者服务，并附加购物链接等购买方式的，广告发布者应当显著标明"广告"。

第十条　以弹出等形式发布互联网广告，广告主、广告发布者应当显著标明关闭标志，确保一键关闭，不得有下列情形：

（一）没有关闭标志或者计时结束才能关闭广告；

（二）关闭标志虚假、不可清晰辨识或者难以定位等，为关闭广告设置障碍；

（三）关闭广告须经两次以上点击；

（四）在浏览同一页面、同一文档过程中，关闭后继续弹出广告，影响用户正常使用网络；

（五）其他影响一键关闭的行为。

启动互联网应用程序时展示、发布的开屏广告适用前款规定。

第十一条　不得以下列方式欺骗、误导用户点击、浏览广告：

（一）虚假的系统或者软件更新、报错、清理、通知等提示；

（二）虚假的播放、开始、暂停、停止、返回等标志；

（三）虚假的奖励承诺；

（四）其他欺骗、误导用户点击、浏览广告的方式。

第十二条　在针对未成年人的网站、网页、互联网应用程序、公众号等互联网媒介上不得发布医疗、药品、保健食品、特殊医学用途配方食品、医疗器械、化妆品、酒类、美容广告，以及不利于未成年人身心健康的网络游戏广告。

第十三条　广告主应当对互联网广告内容的真实性负责。

广告主发布互联网广告的，主体资格、行政许可、引证内容等应当符合法律法规的要求，相关证明文件应当真实、合法、有效。

广告主可以通过自建网站，以及自有的客户端、互联网应用程序、公众号、网络店铺页面等互联网媒介自行发布广告，也可以委托广告经营者、广告发布者发布广告。

广告主自行发布互联网广告的，广告发布行为应当符合法律法规的要求，建立广告档案并及时更新。相关档案保存时间自广告发布行为终了之日起不少于三年。

广告主委托发布互联网广告，修改广告内容时应当以书面形式或者其他可以被确认的方式，及时通知为其提供服务的广告经营者、广告发布者。

第十四条　广告经营者、广告发布者应当按照下列规定，建立、健全和实施互联网广告业务的承接登记、审核、档案管理制度：

（一）查验并登记广告主的真实身份、地址和有效联系方式等信息，建立广告档案并定期查验更新，记录、保存广告活动的有关电子数据；相关档案保存时间自广告发布行为终了之日起不少于三年；

（二）查验有关证明文件，核对广告内容，对内容不符或者证明文件不全的广告，广告经营者不得提供设计、制作、代理服务，广告发布者不得发布；

（三）配备熟悉广告法律法规的广告审核人员或者设立广告审核机构。

本办法所称身份信息包括名称（姓名）、统一社会信用代码（身份证件号码）等。

广告经营者、广告发布者应当依法配合市场监督管理部门开展的互联网广告行业调查，及时提供真实、准确、完整的资料。

第十五条　利用算法推荐等方式发布互联网广告的，应当将其算法推荐服务相关规则、广告投放记录等计入广告档案。

第十六条　互联网平台经营者在提供互联网信息服务过程中应当采取措施防范、制止违法广告，并遵守下列规定：

（一）记录、保存利用其信息服务发布广告的用户真实身份信息，信息记录保存时间自信息服务提供行为终了之日起不少于三年；

（二）对利用其信息服务发布的广告内容进行监测、排查，发现违法广告的，应当采取通知改正、删除、屏蔽、断开发布链接等必要措施予以制止，并保留相关记录；

（三）建立有效的投诉、举报受理和处置机制，设置便捷的投诉举报入口或者公布投诉举报方式，及时受理和处理投诉举报；

（四）不得以技术手段或者其他手段阻挠、妨碍市场监督管理部门开展广告监测；

（五）配合市场监督管理部门调查互联网广告违法行为，并根据市场监督管理部门的要求，及时采取技术手段保存涉嫌违法广告的证据材料，如实提供相关广告发布者的真实身份信息、广告修改记录以及相关商品或者服务的交易信息等；

（六）依据服务协议和平台规则对利用其信息服务发布违法广告的用户采取警示、暂停或者终止服务等措施。

第十七条　利用互联网发布、发送广告，不得影响用户正常使用网络，不得在搜索政务服务网站、网页、互联网应用程序、公众号等的结果中插入竞价排名广告。

未经用户同意、请求或者用户明确表示拒绝的，不得向其交通工具、导航设备、智能家电等发送互联网广告，不得在用户发送的电子邮件或者互联网即时通讯信息中附加广告或者广告链接。

第十八条　发布含有链接的互联网广告，广告主、广告经营者和广告发布者应当核对下一级链接中与前端广告相关的广告内容。

第十九条　商品销售者或者服务提供者通过互联网直播方式推销商品或者服务，构成商业广告的，应当依法承担广告主的责任和义务。

直播间运营者接受委托提供广告设计、制作、代理、发布服务的，应当依法承担广告经营者、广告发布者的责任和义务。

直播营销人员接受委托提供广告设计、制作、代理、发布服务的，应当依法承担广告经营者、广告发布者的责任和义务。

直播营销人员以自己的名义或者形象对商品、服务作推荐、证明，构成广告代言的，应当依法承担广告代言人的责任和义务。

第二十条　对违法互联网广告实施行政处罚，由广告发布者所在地市场监督管理部门管辖。广告发布者所在地市场监督管理部门管辖异地广告主、广告经营者、广告代言人以及互联网信息服务提供者有困难的，可以将违法情况移送其所在地市场监督管理部门处理。广告代言人为自然人的，为广告代言人提供经纪服务的机构所在地、广告代言人户籍地或者经常居住地为其所在地。

广告主所在地、广告经营者所在地市场监督管理部门先行发现违法线索或者收到投诉、举报的，也可以进行管辖。

对广告主自行发布违法广告的行为实施行政处罚，由广告主所在地市场监督管理部门管辖。

第二十一条　市场监督管理部门在查处违法互联网广告时，可以依法行使下列职权：

（一）对涉嫌从事违法广告活动的场所实施现场检查；

（二）询问涉嫌违法当事人或者其法定代表人、主要负责人和其他有关人员，对有关单位或者个人进行调查；

（三）要求涉嫌违法当事人限期提供有关证明文件；

（四）查阅、复制与涉嫌违法广告有关的合同、票据、账簿、广告作品和互联网广告相关数据，包括采用截屏、录屏、网页留存、拍照、录音、录像等方式保存互联网广告内容；

（五）查封、扣押与涉嫌违法广告直接相关的广告物品、经营工具、设备等财物；

（六）责令暂停发布可能造成严重后果的涉嫌违法广告；

（七）法律、行政法规规定的其他职权。

市场监督管理部门依法行使前款规定的职权时，当事人应当协助、配合，不得拒绝、阻挠或者隐瞒真实情况。

第二十二条　市场监督管理部门对互联网广告的技术监测记录资料，可以作为对违法广告实施行政处罚或者采取行政措施的证据。

第二十三条　违反本办法第六条、第十二条规定的，依照广告法第五十七条规定予以处罚。

第二十四条　违反本办法第七条规定，未经审查或者未按广告审查通过的内容发布互联网广告的，依照广告法第五十八条规定予以处罚。

第二十五条　违反本办法第八条、第九条规定，变相发布医疗、药品、医疗器械、保健食品、特殊医学用途配方食品广告，或者互联网广告不具有可识别性的，依照广告法第五十九条第三款规定予以处罚。

第二十六条　违反本办法第十条规定，以弹出等形式发布互联网广告，未显著标明关闭标志，确保一键关闭的，依照广告法第六十二条第二款规定予以处罚。

广告发布者实施前款规定行为的，由县级以上市场监督管理部门责令改正，拒不改正的，处五千元以上三万元以下的罚款。

第二十七条　违反本办法第十一条规定，欺骗、误导用户点击、浏览广告的，法律、行政法规有规定的，依照其规定；法律、行政法规没有规定的，由县级以上市场监督管理部门责令改正，对广告主、广告经营者、广告发布者处五千元以上三万元以下的罚款。

第二十八条　违反本办法第十四条第一款、第十五条、第十八条规定，广告经营者、广告发布者未按规定建立、健全广告业务管理制度的，或者未对广告内容进行核对的，依据广告法第六十条第一款规定予以处罚。

违反本办法第十三条第四款、第十五条、第十八条规定，广告主未按规定建立广告档案，或者未对广告内容进行核对的，由县级以上市场监督管理部门责令改正，可以处五万元以下的罚款。

广告主、广告经营者、广告发布者能够证明其已履行相关责任，采取措施防止链接的广告内容被篡改，并提供违法广告活动主体的真实名称、地址和有效联系方式的，可以依法从轻、减轻或者不予行政处罚。

违反本办法第十四条第三款，广告经营者、广告发布者拒不配合市场监督管理部门开展的互联网广告行业调查，或者提供虚假资料的，由县级以上市场监督管理部门责令改正，可以处一万元以上三万元以下的罚款。

第二十九条　互联网平台经营者违反本办法第十六条第一项、第三项至第五项规定，法律、行政法规有规定的，依照其规定；法律、行政法规没有规定的，由县级以上市场监督管理部门责令改正，处一万元以上五万元以下的罚款。

互联网平台经营者违反本办法第十六条第二项规定，明知或者应知互联网广告活动违法不予制止的，依照广告法第六十三条规定予以处罚。

第三十条　违反本办法第十七条第一款规定，法律、行政法规有规定的，依照其规定；法律、行政法规没有规定的，由县级以上市场监督管理部门责令改正，对广告主、广告经营者、广告发布者处五千元以上三万元以下的罚款。

违反本办法第十七条第二款规定，未经用户同意、请求或者用户明确表示拒绝，向其交通工具、导航设备、智能家电等发送互联网广告的，依照广告法第六十二条第一款规定予以处罚;在用户发送的电子邮件或者互联网即时通讯信息中附加广告或者广告链接的,由县级以上市场监督管理部门责令改正,处五千元以上三万元以下的罚款。

第三十一条 市场监督管理部门依照广告法和本办法规定所作出的行政处罚决定,应当依法通过国家企业信用信息公示系统向社会公示;性质恶劣、情节严重、社会危害较大的,按照《市场监督管理严重违法失信名单管理办法》的有关规定列入严重违法失信名单。

第三十二条 本办法自2023年5月1日起施行。2016年7月4日原国家工商行政管理总局令第87号公布的《互联网广告管理暂行办法》同时废止。

广告绝对化用语执法指南

- 2023年2月25日
- 日国家市场监督管理总局公告2003年第6号

　　为规范和加强广告绝对化用语监管执法,有效维护广告市场秩序,保护自然人、法人和其他组织的合法权益,依据《中华人民共和国广告法》(以下简称《广告法》)《中华人民共和国行政处罚法》等法律、法规、规章和国家有关规定,制定本指南。

　　一、本指南旨在为市场监管部门开展广告绝对化用语监管执法提供指引,供各地市场监管部门在工作中参考适用。

　　二、本指南所称广告绝对化用语,是指《广告法》第九条第三项规定的情形,包括"国家级""最高级""最佳"以及与其含义相同或者近似的其他用语。

　　三、市场监管部门对含有绝对化用语的商业广告开展监管执法,应当坚持过罚相当、公平公正、处罚和教育相结合、综合裁量的原则,实现政治效果、社会效果、法律效果相统一。

　　四、商品经营者(包括服务提供者,下同)在其经营场所、自设网站或者拥有合法使用权的其他媒介发布有关自身名称(姓名)、简称、标识、成立时间、经营范围等信息,且未直接或者间接推销商品(包括服务,下同)的,一般不视为广告。

　　前款规定的信息中使用绝对化用语,商品经营者无法证明其真实性,可能影响消费者知情权或者损害其他经营者合法权益的,依据其他法律、法规进行查处。

　　五、有下列情形之一的,广告中使用绝对化用语未指向商品经营者所推销的商品,不适用《广告法》关于绝对化用语的规定:

　　(一)仅表明商品经营者的服务态度或者经营理念、企业文化、主观愿望的;

　　(二)仅表达商品经营者目标追求的;

　　(三)绝对化用语指向的内容,与广告中推销的商品性能、质量无直接关联,且不会对消费者产生误导的其他情形。

　　六、有下列情形之一的,广告中使用的绝对化用语指向商品经营者所推销的商品,但不具有误导消费者或者贬低其他经营者的客观后果的,不适用《广告法》关于绝对化用语的规定:

　　(一)仅用于对同一品牌或同一企业商品进行自我比较的;

　　(二)仅用于宣传商品的使用方法、使用时间、保存期限等消费提示的;

　　(三)依据国家标准、行业标准、地方标准等认定的商品分级用语中含有绝对化用语并能够说明依据的;

　　(四)商品名称、规格型号、注册商标或者专利中含有绝对化用语,广告中使用商品名称、规格型号、注册商标或者专利来指代商品,以区分其他商品的;

　　(五)依据国家有关规定评定的奖项、称号中含有绝对化用语的;

　　(六)在限定具体时间、地域等条件的情况下,表述时空顺序客观情况或者宣传产品销量、销售额、市场占有率等事实信息的。

　　七、广告绝对化用语属于本指南第五条、第六条规定情形,但广告主无法证明其真实性的,依照《广告法》有关规定予以查处。

　　八、市场监管部门对广告绝对化用语实施行政处罚,应当依据《广告法》等法律、法规,结合广告内容、具体语境以及违法行为的事实、性质、情节、社会危害程度及当事人主观过错等实际情况,准确把握执法尺度,合理行使行政处罚裁量权。

　　九、除本指南第五条、第六条规定情形外,初次在广告中使用绝对化用语,危害后果轻微并及时改正的,可以不予行政处罚。

　　十、商品经营者在其经营场所、自设网站或者拥有合法使用权的其他媒介发布的广告中使用绝对化用语,持续时间短或者浏览人数少,没有造成危害后果并及时改正的,应当依法不予行政处罚;危害后果轻微的,可以依法从轻、减轻行政处罚。

　　其他依法从轻、减轻或者不予行政处罚的,应当符合

《中华人民共和国行政处罚法》等法律、法规以及市场监管总局《关于规范市场监督管理行政处罚裁量权的指导意见》的规定。

十一、有下列情形之一的,一般不认为属于违法行为轻微或者社会危害性较小：

（一）医疗、医疗美容、药品、医疗器械、保健食品、特殊医学用途配方食品广告中出现与疗效、治愈率、有效率等相关的绝对化用语的；

（二）招商等有投资回报预期的商品广告中出现与投资收益率、投资安全性等相关的绝对化用语的；

（三）教育、培训广告中出现与教育、培训机构或者教育、培训效果相关的绝对化用语的。

十二、市场监管部门可以依照有关规定,制定广告绝对化用语轻微违法行为依法免予处罚清单并进行动态调整。

13. 外商投资

中华人民共和国外商投资法

- 2019年3月15日第十三届全国人民代表大会第二次会议通过
- 2019年3月15日中华人民共和国主席令第26号公布
- 自2020年1月1日起施行

第一章 总 则

第一条 为了进一步扩大对外开放,积极促进外商投资,保护外商投资合法权益,规范外商投资管理,推动形成全面开放新格局,促进社会主义市场经济健康发展,根据宪法,制定本法。

第二条 在中华人民共和国境内(以下简称中国境内)的外商投资,适用本法。

本法所称外商投资,是指外国的自然人、企业或者其他组织(以下称外国投资者)直接或者间接在中国境内进行的投资活动,包括下列情形：

（一）外国投资者单独或者与其他投资者共同在中国境内设立外商投资企业；

（二）外国投资者取得中国境内企业的股份、股权、财产份额或者其他类似权益；

（三）外国投资者单独或者与其他投资者共同在中国境内投资新建项目；

（四）法律、行政法规或者国务院规定的其他方式的投资。

本法所称外商投资企业,是指全部或者部分由外国投资者投资,依照中国法律在中国境内经登记注册设立的企业。

第三条 国家坚持对外开放的基本国策,鼓励外国投资者依法在中国境内投资。

国家实行高水平投资自由化便利化政策,建立和完善外商投资促进机制,营造稳定、透明、可预期和公平竞争的市场环境。

第四条 国家对外商投资实行准入前国民待遇加负面清单管理制度。

前款所称准入前国民待遇,是指在投资准入阶段给予外国投资者及其投资不低于本国投资者及其投资的待遇；所称负面清单,是指国家规定在特定领域对外商投资实施的准入特别管理措施。国家对负面清单之外的外商投资,给予国民待遇。

负面清单由国务院发布或者批准发布。

中华人民共和国缔结或者参加的国际条约、协定对外国投资者准入待遇有更优惠规定的,可以按照相关规定执行。

第五条 国家依法保护外国投资者在中国境内的投资、收益和其他合法权益。

第六条 在中国境内进行投资活动的外国投资者、外商投资企业,应当遵守中国法律法规,不得危害中国国家安全、损害社会公共利益。

第七条 国务院商务主管部门、投资主管部门按照职责分工,开展外商投资促进、保护和管理工作；国务院其他有关部门在各自职责范围内,负责外商投资促进、保护和管理的相关工作。

县级以上地方人民政府有关部门依照法律法规和本级人民政府确定的职责分工,开展外商投资促进、保护和管理工作。

第八条 外商投资企业职工依法建立工会组织,开展工会活动,维护职工的合法权益。外商投资企业应当为本企业工会提供必要的活动条件。

第二章 投资促进

第九条 外商投资企业依法平等适用国家支持企业发展的各项政策。

第十条 制定与外商投资有关的法律、法规、规章,应当采取适当方式征求外商投资企业的意见和建议。

与外商投资有关的规范性文件、裁判文书等,应当依法及时公布。

第十一条 国家建立健全外商投资服务体系,为外国投资者和外商投资企业提供法律法规、政策措施、投资项目信息等方面的咨询和服务。

第十二条　国家与其他国家和地区、国际组织建立多边、双边投资促进合作机制,加强投资领域的国际交流与合作。

第十三条　国家根据需要,设立特殊经济区域,或者在部分地区实行外商投资试验性政策措施,促进外商投资,扩大对外开放。

第十四条　国家根据国民经济和社会发展需要,鼓励和引导外国投资者在特定行业、领域、地区投资。外国投资者、外商投资企业可以依照法律、行政法规或者国务院的规定享受优惠待遇。

第十五条　国家保障外商投资企业依法平等参与标准制定工作,强化标准制定的信息公开和社会监督。

国家制定的强制性标准平等适用于外商投资企业。

第十六条　国家保障外商投资企业依法通过公平竞争参与政府采购活动。政府采购依法对外商投资企业在中国境内生产的产品、提供的服务平等对待。

第十七条　外商投资企业可以依法通过公开发行股票、公司债券等证券和其他方式进行融资。

第十八条　县级以上地方人民政府可以根据法律、行政法规、地方性法规的规定,在法定权限内制定外商投资促进和便利化政策措施。

第十九条　各级人民政府及其有关部门应当按照便利、高效、透明的原则,简化办事程序,提高办事效率,优化政务服务,进一步提高外商投资服务水平。

有关主管部门应当编制和公布外商投资指引,为外国投资者和外商投资企业提供服务和便利。

第三章　投资保护

第二十条　国家对外国投资者的投资不实行征收。

在特殊情况下,国家为了公共利益的需要,可以依照法律规定对外国投资者的投资实行征收或者征用。征收、征用应当依照法定程序进行,并及时给予公平、合理的补偿。

第二十一条　外国投资者在中国境内的出资、利润、资本收益、资产处置所得、知识产权许可使用费、依法获得的补偿或者赔偿、清算所得等,可以依法以人民币或者外汇自由汇入、汇出。

第二十二条　国家保护外国投资者和外商投资企业的知识产权,保护知识产权权利人和相关权利人的合法权益;对知识产权侵权行为,严格依法追究法律责任。

国家鼓励在外商投资过程中基于自愿原则和商业规则开展技术合作。技术合作的条件由投资各方遵循公平原则平等协商确定。行政机关及其工作人员不得利用行政手段强制转让技术。

第二十三条　行政机关及其工作人员对于履行职责过程中知悉的外国投资者、外商投资企业的商业秘密,应当依法予以保密,不得泄露或者非法向他人提供。

第二十四条　各级人民政府及其有关部门制定涉及外商投资的规范性文件,应当符合法律法规的规定;没有法律、行政法规依据的,不得减损外商投资企业的合法权益或者增加其义务,不得设置市场准入和退出条件,不得干预外商投资企业的正常生产经营活动。

第二十五条　地方各级人民政府及其有关部门应当履行向外国投资者、外商投资企业依法作出的政策承诺以及依法订立的各类合同。

因国家利益、社会公共利益需要改变政策承诺、合同约定的,应当依照法定权限和程序进行,并依法对外国投资者、外商投资企业因此受到的损失予以补偿。

第二十六条　国家建立外商投资企业投诉工作机制,及时处理外商投资企业或者其投资者反映的问题,协调完善相关政策措施。

外商投资企业或者其投资者认为行政机关及其工作人员的行政行为侵犯其合法权益的,可以通过外商投资企业投诉工作机制申请协调解决。

外商投资企业或者其投资者认为行政机关及其工作人员的行政行为侵犯其合法权益的,除依照前款规定通过外商投资企业投诉工作机制申请协调解决外,还可以依法申请行政复议、提起行政诉讼。

第二十七条　外商投资企业可以依法成立和自愿参加商会、协会。商会、协会依照法律法规和章程的规定开展相关活动,维护会员的合法权益。

第四章　投资管理

第二十八条　外商投资准入负面清单规定禁止投资的领域,外国投资者不得投资。

外商投资准入负面清单规定限制投资的领域,外国投资者进行投资应当符合负面清单规定的条件。

外商投资准入负面清单以外的领域,按照内外资一致的原则实施管理。

第二十九条　外商投资需要办理投资项目核准、备案的,按照国家有关规定执行。

第三十条　外国投资者在依法需要取得许可的行业、领域进行投资的,应当依法办理相关许可手续。

有关主管部门应当按照与内资一致的条件和程序,审核外国投资者的许可申请,法律、行政法规另有规定的除外。

第三十一条　外商投资企业的组织形式、组织机构及其活动准则，适用《中华人民共和国公司法》《中华人民共和国合伙企业法》等法律的规定。

第三十二条　外商投资企业开展生产经营活动，应当遵守法律、行政法规有关劳动保护、社会保险的规定，依照法律、行政法规和国家有关规定办理税收、会计、外汇等事宜，并接受相关主管部门依法实施的监督检查。

第三十三条　外国投资者并购中国境内企业或者以其他方式参与经营者集中的，应当依照《中华人民共和国反垄断法》的规定接受经营者集中审查。

第三十四条　国家建立外商投资信息报告制度。外国投资者或者外商投资企业应当通过企业登记系统以及企业信用信息公示系统向商务主管部门报送投资信息。

外商投资信息报告的内容和范围按照确有必要的原则确定；通过部门信息共享能够获得的投资信息，不得再行要求报送。

第三十五条　国家建立外商投资安全审查制度，对影响或者可能影响国家安全的外商投资进行安全审查。依法作出的安全审查决定为最终决定。

第五章　法律责任

第三十六条　外国投资者投资外商投资准入负面清单规定禁止投资的领域的，由有关主管部门责令停止投资活动，限期处分股份、资产或者采取其他必要措施，恢复到实施投资前的状态；有违法所得的，没收违法所得。

外国投资者的投资活动违反外商投资准入负面清单规定的限制性准入特别管理措施的，由有关主管部门责令限期改正，采取必要措施满足准入特别管理措施的要求；逾期不改正的，依照前款规定处理。

外国投资者的投资活动违反外商投资准入负面清单规定的，除依照前两款规定处理外，还应当依法承担相应的法律责任。

第三十七条　外国投资者、外商投资企业违反本法规定，未按照外商投资信息报告制度的要求报送投资信息的，由商务主管部门责令限期改正；逾期不改正的，处十万元以上五十万元以下的罚款。

第三十八条　对外国投资者、外商投资企业违反法律、法规的行为，由有关部门依法查处，并按照国家有关规定纳入信用信息系统。

第三十九条　行政机关工作人员在外商投资促进、保护和管理工作中滥用职权、玩忽职守、徇私舞弊的，或者泄露、非法向他人提供履行职责过程中知悉的商业秘密，依法给予处分；构成犯罪的，依法追究刑事责任。

第六章　附　则

第四十条　任何国家或者地区在投资方面对中华人民共和国采取歧视性的禁止、限制或者其他类似措施的，中华人民共和国可以根据实际情况对该国家或者该地区采取相应的措施。

第四十一条　对外国投资者在中国境内投资银行业、证券业、保险业等金融行业，或者在证券市场、外汇市场等金融市场进行投资的管理，国家另有规定的，依照其规定。

第四十二条　本法自2020年1月1日起施行。《中华人民共和国中外合资经营企业法》《中华人民共和国外资企业法》《中华人民共和国中外合作经营企业法》同时废止。

本法施行前依照《中华人民共和国中外合资经营企业法》《中华人民共和国外资企业法》《中华人民共和国中外合作经营企业法》设立的外商投资企业，在本法施行后五年内可以继续保留原企业组织形式等。具体实施办法由国务院规定。

中华人民共和国外商投资法实施条例

- 2019年12月12日国务院第74次常务会议通过
- 2019年12月26日中华人民共和国国务院令第723号公布
- 自2020年1月1日起施行

第一章　总　则

第一条　根据《中华人民共和国外商投资法》（以下简称外商投资法），制定本条例。

第二条　国家鼓励和促进外商投资，保护外商投资合法权益，规范外商投资管理，持续优化外商投资环境，推进更高水平对外开放。

第三条　外商投资法第二条第二款第一项、第三项所称其他投资者，包括中国的自然人在内。

第四条　外商投资准入负面清单（以下简称负面清单）由国务院投资主管部门会同国务院商务主管部门等有关部门提出，报国务院发布或者报国务院批准后由国务院投资主管部门、商务主管部门发布。

国家根据进一步扩大对外开放和经济社会发展需要，适时调整负面清单。调整负面清单的程序，适用前款规定。

第五条　国务院商务主管部门、投资主管部门以及其他有关部门按照职责分工，密切配合、相互协作，共同做好外商投资促进、保护和管理工作。

县级以上地方人民政府应当加强对外商投资促进、保护和管理工作的组织领导，支持、督促有关部门依照法律法规和职责分工开展外商投资促进、保护和管理工作，及时协调、解决外商投资促进、保护和管理工作中的重大问题。

第二章 投资促进

第六条 政府及其有关部门在政府资金安排、土地供应、税费减免、资质许可、标准制定、项目申报、人力资源政策等方面，应当依法平等对待外商投资企业和内资企业。

政府及其有关部门制定的支持企业发展的政策应当依法公开；对政策实施中需要由企业申请办理的事项，政府及其有关部门应当公开申请办理的条件、流程、时限等，并在审核中依法平等对待外商投资企业和内资企业。

第七条 制定与外商投资有关的行政法规、规章、规范性文件，或者政府及其有关部门起草与外商投资有关的法律、地方性法规，应当根据实际情况，采取书面征求意见以及召开座谈会、论证会、听证会等多种形式，听取外商投资企业和有关商会、协会等方面的意见和建议；对反映集中或者涉及外商投资企业重大权利义务问题的意见和建议，应当通过适当方式反馈采纳的情况。

与外商投资有关的规范性文件应当依法及时公布，未经公布的不得作为行政管理依据。与外商投资企业生产经营活动密切相关的规范性文件，应当结合实际，合理确定公布到施行之间的时间。

第八条 各级人民政府应当按照政府主导、多方参与的原则，建立健全外商投资服务体系，不断提升外商投资服务能力和水平。

第九条 政府及其有关部门应当通过政府网站、全国一体化在线政务服务平台集中列明有关外商投资的法律、法规、规章、规范性文件、政策措施和投资项目信息，并通过多种途径和方式加强宣传、解读，为外国投资者和外商投资企业提供咨询、指导等服务。

第十条 外商投资法第十三条所称特殊经济区域，是指经国家批准设立、实行更大力度的对外开放政策措施的特定区域。

国家在部分地区实行的外商投资试验性政策措施，经实践证明可行的，根据实际情况在其他地区或者全国范围内推广。

第十一条 国家根据国民经济和社会发展需要，制定鼓励外商投资产业目录，列明鼓励和引导外国投资者投资的特定行业、领域、地区。鼓励外商投资产业目录由国务院投资主管部门会同国务院商务主管部门等有关部门拟订，报国务院批准后由国务院投资主管部门、商务主管部门发布。

第十二条 外国投资者、外商投资企业可以依照法律、行政法规或者国务院的规定，享受财政、税收、金融、用地等方面的优惠待遇。

外国投资者以其在中国境内的投资收益在中国境内扩大投资的，依法享受相应的优惠待遇。

第十三条 外商投资企业依法和内资企业平等参与国家标准、行业标准、地方标准和团体标准的制定、修订工作。外商投资企业可以根据需要自行制定或者与其他企业联合制定企业标准。

外商投资企业可以向标准化行政主管部门和有关行政主管部门提出标准的立项建议，在标准立项、起草、技术审查以及标准实施信息反馈、评估等过程中提出意见和建议，并按照规定承担标准起草、技术审查的相关工作以及标准的外文翻译工作。

标准化行政主管部门和有关行政主管部门应当建立健全相关工作机制，提高标准制定、修订的透明度，推进标准制定、修订全过程信息公开。

第十四条 国家制定的强制性标准对外商投资企业和内资企业平等适用，不得专门针对外商投资企业适用高于强制性标准的技术要求。

第十五条 政府及其有关部门不得阻挠和限制外商投资企业自由进入本地区和本行业的政府采购市场。

政府采购的采购人、采购代理机构不得在政府采购信息发布、供应商条件确定和资格审查、评标标准等方面，对外商投资企业实行差别待遇或者歧视待遇，不得以所有制形式、组织形式、股权结构、投资者国别、产品或者服务品牌以及其他不合理的条件对供应商予以限定，不得对外商投资企业在中国境内生产的产品、提供的服务和内资企业区别对待。

第十六条 外商投资企业可以依照《中华人民共和国政府采购法》（以下简称政府采购法）及其实施条例的规定，就政府采购活动事项向采购人、采购代理机构提出询问、质疑，向政府采购监督管理部门投诉。采购人、采购代理机构、政府采购监督管理部门应当在规定的时限内作出答复或者处理决定。

第十七条 政府采购监督管理部门和其他有关部门应当加强对政府采购活动的监督检查，依法纠正和查处对外商投资企业实行差别待遇或者歧视待遇等违法违规行为。

第十八条 外商投资企业可以依法在中国境内或者境外通过公开发行股票、公司债券等证券，以及公开或者非公开发行其他融资工具、借用外债等方式进行融资。

第十九条 县级以上地方人民政府可以根据法律、行政法规、地方性法规的规定，在法定权限内制定费用减免、用地指标保障、公共服务提供等方面的外商投资促进和便利化政策措施。

县级以上地方人民政府制定外商投资促进和便利化政策措施，应当以推动高质量发展为导向，有利于提高经济效益、社会效益、生态效益，有利于持续优化外商投资环境。

第二十条 有关主管部门应当编制和公布外商投资指引，为外国投资者和外商投资企业提供服务和便利。外商投资指引应当包括投资环境介绍、外商投资办事指南、投资项目信息以及相关数据信息等内容，并及时更新。

第三章 投资保护

第二十一条 国家对外国投资者的投资不实行征收。

在特殊情况下，国家为了公共利益的需要依照法律规定对外国投资者的投资实行征收的，应当依照法定程序、以非歧视性的方式进行，并按照被征收投资的市场价值及时给予补偿。

外国投资者对征收决定不服的，可以依法申请行政复议或者提起行政诉讼。

第二十二条 外国投资者在中国境内的出资、利润、资本收益、资产处置所得、取得的知识产权许可使用费、依法获得的补偿或者赔偿、清算所得等，可以依法以人民币或者外汇自由汇入、汇出，任何单位和个人不得违法对币种、数额以及汇入、汇出的频次等进行限制。

外商投资企业的外籍职工和香港、澳门、台湾职工的工资收入和其他合法收入，可以依法自由汇出。

第二十三条 国家加大对知识产权侵权行为的惩处力度，持续强化知识产权执法，推动建立知识产权快速协同保护机制，健全知识产权纠纷多元化解决机制，平等保护外国投资者和外商投资企业的知识产权。

标准制定中涉及外国投资者和外商投资企业专利的，应当按照标准涉及专利的有关管理规定办理。

第二十四条 行政机关（包括法律、法规授权的具有管理公共事务职能的组织，下同）及其工作人员不得利用实施行政许可、行政检查、行政处罚、行政强制以及其他行政手段，强制或者变相强制外国投资者、外商投资企业转让技术。

第二十五条 行政机关依法履行职责，确需外国投资者、外商投资企业提供涉及商业秘密的材料、信息的，应当限定在履行职责所必需的范围内，并严格控制知悉范围，与履行职责无关的人员不得接触有关材料、信息。

行政机关应当建立健全内部管理制度，采取有效措施保护履行职责过程中知悉的外国投资者、外商投资企业的商业秘密；依法需要与其他行政机关共享信息的，应当对信息中含有的商业秘密进行保密处理，防止泄露。

第二十六条 政府及其有关部门制定涉及外商投资的规范性文件，应当按照国务院的规定进行合法性审核。

外国投资者、外商投资企业认为行政行为所依据的国务院部门和地方人民政府及其部门制定的规范性文件不合法，在依法对行政行为申请行政复议或者提起行政诉讼时，可以一并请求对该规范性文件进行审查。

第二十七条 外商投资法第二十五条所称政策承诺，是指地方各级人民政府及其有关部门在法定权限内，就外国投资者、外商投资企业在本地区投资所适用的支持政策、享受的优惠待遇和便利条件等作出的书面承诺。政策承诺的内容应当符合法律、法规规定。

第二十八条 地方各级人民政府及其有关部门应当履行向外国投资者、外商投资企业依法作出的政策承诺以及依法订立的各类合同，不得以行政区划调整、政府换届、机构或者职能调整以及相关责任人更替等为由违约毁约。因国家利益、社会公共利益需要改变政策承诺、合同约定的，应当依照法定权限和程序进行，并依法对外国投资者、外商投资企业因此受到的损失及时予以公平、合理的补偿。

第二十九条 县级以上人民政府及其有关部门应当按照公开透明、高效便利的原则，建立健全外商投资企业投诉工作机制，及时处理外商投资企业或者其投资者反映的问题，协调完善相关政策措施。

国务院商务主管部门会同国务院有关部门建立外商投资企业投诉工作部际联席会议制度，协调、推动中央层面的外商投资企业投诉工作，对地方的外商投资企业投诉工作进行指导和监督。县级以上地方人民政府应当指定部门或者机构负责受理本地区外商投资企业或者其投资者的投诉。

国务院商务主管部门、县级以上地方人民政府指定的部门或者机构应当完善投诉工作规则、健全投诉方式、明确投诉处理时限。投诉工作规则、投诉方式、投诉处理时限应当对外公布。

第三十条　外商投资企业或者其投资者认为行政机关及其工作人员的行政行为侵犯其合法权益，通过外商投资企业投诉工作机制申请协调解决的，有关方面进行协调时可以向被申请的行政机关及其工作人员了解情况，被申请的行政机关及其工作人员应当予以配合。协调结果应当以书面形式及时告知申请人。

外商投资企业或者其投资者依照前款规定申请协调解决有关问题的，不影响其依法申请行政复议、提起行政诉讼。

第三十一条　对外商投资企业或者其投资者通过外商投资企业投诉工作机制反映或者申请协调解决问题，任何单位和个人不得压制或者打击报复。

除外商投资企业投诉工作机制外，外商投资企业或者其投资者还可以通过其他合法途径向政府及其有关部门反映问题。

第三十二条　外商投资企业可以依法成立商会、协会。除法律、法规另有规定外，外商投资企业有权自主决定参加或者退出商会、协会，任何单位和个人不得干预。

商会、协会应当依照法律法规和章程的规定，加强行业自律，及时反映行业诉求，为会员提供信息咨询、宣传培训、市场拓展、经贸交流、权益保护、纠纷处理等方面的服务。

国家支持商会、协会依照法律法规和章程的规定开展相关活动。

第四章　投资管理

第三十三条　负面清单规定禁止投资的领域，外国投资者不得投资。负面清单规定限制投资的领域，外国投资者进行投资应当符合负面清单规定的股权要求、高级管理人员要求等限制性准入特别管理措施。

第三十四条　有关主管部门在依法履行职责过程中，对外国投资者拟投资负面清单内领域，但不符合负面清单规定的，不予办理许可、企业登记注册等相关事项；涉及固定资产投资项目核准的，不予办理相关核准事项。

有关主管部门应当对负面清单规定执行情况加强监督检查，发现外国投资者投资负面清单规定禁止投资的领域，或者外国投资者的投资活动违反负面清单规定的限制性准入特别管理措施，依照外商投资法第三十六条的规定予以处理。

第三十五条　外国投资者在依法需要取得许可的行业、领域进行投资的，除法律、行政法规另有规定外，负责实施许可的有关主管部门应当按照与内资一致的条件和程序，审核外国投资者的许可申请，不得在许可条件、申请材料、审核环节、审核时限等方面对外国投资者设置歧视性要求。

负责实施许可的有关主管部门应当通过多种方式，优化审批服务，提高审批效率。对符合相关条件和要求的许可事项，可以按照有关规定采取告知承诺的方式办理。

第三十六条　外商投资需要办理投资项目核准、备案的，按照国家有关规定执行。

第三十七条　外商投资企业的登记注册，由国务院市场监督管理部门或者其授权的地方人民政府市场监督管理部门依法办理。国务院市场监督管理部门应当公布其授权的市场监督管理部门名单。

外商投资企业的注册资本可以用人民币表示，也可以用可自由兑换货币表示。

第三十八条　外国投资者或者外商投资企业应当通过企业登记系统以及企业信用信息公示系统向商务主管部门报送投资信息。国务院商务主管部门、市场监督管理部门应当做好相关业务系统的对接和工作衔接，并为外国投资者或者外商投资企业报送投资信息提供指导。

第三十九条　外商投资信息报告的内容、范围、频次和具体流程，由国务院商务主管部门会同国务院市场监督管理部门等有关部门按照确有必要、高效便利的原则确定并公布。商务主管部门、其他有关部门应当加强信息共享，通过部门信息共享能够获得的投资信息，不得再行要求外国投资者或者外商投资企业报送。

外国投资者或者外商投资企业报送的投资信息应当真实、准确、完整。

第四十条　国家建立外商投资安全审查制度，对影响或者可能影响国家安全的外商投资进行安全审查。

第五章　法律责任

第四十一条　政府和有关部门及其工作人员有下列情形之一的，依法依规追究责任：

（一）制定或者实施有关政策不依法平等对待外商投资企业和内资企业；

（二）违法限制外商投资企业平等参与标准制定、修订工作，或者专门针对外商投资企业适用高于强制性标准的技术要求；

（三）违法限制外国投资者汇入、汇出资金；

（四）不履行向外国投资者、外商投资企业依法作出的政策承诺以及依法订立的各类合同，超出法定权限作出政策承诺，或者政策承诺的内容不符合法律、法规规定。

第四十二条　政府采购的采购人、采购代理机构以不合理的条件对外商投资企业实行差别待遇或者歧视待遇的,依照政府采购法及其实施条例的规定追究其法律责任;影响或者可能影响中标、成交结果的,依照政府采购法及其实施条例的规定处理。

政府采购监督管理部门对外商投资企业的投诉逾期未作处理的,对直接负责的主管人员和其他直接责任人员依法给予处分。

第四十三条 行政机关及其工作人员利用行政手段强制或者变相强制外国投资者、外商投资企业转让技术的,对直接负责的主管人员和其他直接责任人员依法给予处分。

第六章 附 则

第四十四条 外商投资法施行前依照《中华人民共和国中外合资经营企业法》、《中华人民共和国外资企业法》、《中华人民共和国中外合作经营企业法》设立的外商投资企业(以下称现有外商投资企业),在外商投资法施行后5年内,可以依照《中华人民共和国公司法》、《中华人民共和国合伙企业法》等法律的规定调整其组织形式、组织机构等,并依法办理变更登记,也可以继续保留原企业组织形式、组织机构等。

自2025年1月1日起,对未依法调整组织形式、组织机构等并办理变更登记的现有外商投资企业,市场监督管理部门不予办理其申请的其他登记事项,并将相关情形予以公示。

第四十五条 现有外商投资企业办理组织形式、组织机构等变更登记的具体事宜,由国务院市场监督管理部门规定并公布。国务院市场监督管理部门应当加强对变更登记工作的指导,负责办理变更登记的市场监督管理部门应当通过多种方式优化服务,为企业办理变更登记提供便利。

第四十六条 现有外商投资企业的组织形式、组织机构等依法调整后,原合营、合作各方在合同中约定的股权或者权益转让办法、收益分配办法、剩余财产分配办法等,可以继续按照约定办理。

第四十七条 外商投资企业在中国境内投资,适用外商投资法和本条例的有关规定。

第四十八条 香港特别行政区、澳门特别行政区投资者在内地投资,参照外商投资法和本条例执行;法律、行政法规或者国务院另有规定的,从其规定。

台湾地区投资者在大陆投资,适用《中华人民共和国台湾同胞投资保护法》(以下简称台湾同胞投资保护法)及其实施细则的规定;台湾同胞投资保护法及其实施细则未规定的事项,参照外商投资法和本条例执行。

定居在国外的中国公民在中国境内投资,参照外商投资法和本条例执行;法律、行政法规或者国务院另有规定的,从其规定。

第四十九条 本条例自2020年1月1日起施行。《中华人民共和国中外合资经营企业法实施条例》、《中外合资经营企业合营期限暂行规定》、《中华人民共和国外资企业法实施细则》、《中华人民共和国中外合作经营企业法实施细则》同时废止。

2020年1月1日前制定的有关外商投资的规定与外商投资法和本条例不一致的,以外商投资法和本条例的规定为准。

最高人民法院关于适用《中华人民共和国外商投资法》若干问题的解释

- 2019年12月16日最高人民法院审判委员会第1787次会议通过
- 2019年12月26日最高人民法院公告公布
- 自2020年1月1日起施行
- 法释〔2019〕20号

为正确适用《中华人民共和国外商投资法》,依法平等保护中外投资者合法权益,营造稳定、公平、透明的法治化营商环境,结合审判实践,就人民法院审理平等主体之间的投资合同纠纷案件适用法律问题作出如下解释。

第一条 本解释所称投资合同,是指外国投资者即外国的自然人、企业或者其他组织因直接或者间接在中国境内进行投资而形成的相关协议,包括设立外商投资企业合同、股份转让合同、股权转让合同、财产份额或者其他类似权益转让合同、新建项目合同等协议。

外国投资者因赠与、财产分割、企业合并、企业分立等方式取得相应权益所产生的合同纠纷,适用本解释。

第二条 对外商投资法第四条所指的外商投资准入负面清单之外的领域形成的投资合同,当事人以合同未经有关行政主管部门批准、登记为由主张合同无效或者未生效的,人民法院不予支持。

前款规定的投资合同签订于外商投资法施行前,但人民法院在外商投资法施行时尚未作出生效裁判的,适用前款规定认定合同的效力。

第三条 外国投资者投资外商投资准入负面清单规定禁止投资的领域,当事人主张投资合同无效的,人民法院应予支持。

第四条 外国投资者投资外商投资准入负面清单规定限制投资的领域，当事人以违反限制性准入特别管理措施为由，主张投资合同无效的，人民法院应予支持。

人民法院作出生效裁判前，当事人采取必要措施满足准入特别管理措施的要求，当事人主张前款规定的投资合同有效的，应予支持。

第五条 在生效裁判作出前，因外商投资准入负面清单调整，外国投资者投资不再属于禁止或者限制投资的领域，当事人主张投资合同有效的，人民法院应予支持。

第六条 人民法院审理香港特别行政区、澳门特别行政区投资者、定居在国外的中国公民在内地、台湾地区投资者在大陆投资产生的相关纠纷案件，可以参照适用本解释。

第七条 本解释自2020年1月1日起施行。

本解释施行前本院作出的有关司法解释与本解释不一致的，以本解释为准。

最高人民法院关于审理外商投资企业纠纷案件若干问题的规定（一）

- 2010年5月17日最高人民法院审判委员会第1487次会议通过
- 根据2020年12月23日最高人民法院审判委员会第1823次会议通过的《最高人民法院关于修改〈最高人民法院关于破产企业国有划拨土地使用权应否列入破产财产等问题的批复〉等二十九件商事类司法解释的决定》修正
- 2020年12月29日最高人民法院公告公布
- 自2021年1月1日起施行
- 法释〔2020〕18号

为正确审理外商投资企业在设立、变更等过程中产生的纠纷案件，保护当事人的合法权益，根据《中华人民共和国民法典》《中华人民共和国外商投资法》《中华人民共和国公司法》等法律法规的规定，结合审判实践，制定本规定。

第一条 当事人在外商投资企业设立、变更等过程中订立的合同，依法律、行政法规的规定应当经外商投资企业审批机关批准后才生效，自批准之日起生效；未经批准的，人民法院应当认定该合同未生效。当事人请求确认该合同无效的，人民法院不予支持。

前款所述合同因未经批准而被认定未生效的，不影响合同中当事人履行报批义务条款及因该报批义务而设定的相关条款的效力。

第二条 当事人就外商投资企业相关事项达成的补充协议对已获批准的合同不构成重大或实质性变更的，人民法院不应以未经外商投资企业审批机关批准为由认定该补充协议未生效。

前款规定的重大或实质性变更包括注册资本、公司类型、经营范围、营业期限、股东认缴的出资额、出资方式的变更以及公司合并、公司分立、股权转让等。

第三条 人民法院在审理案件中，发现经外商投资企业审批机关批准的外商投资企业合同具有法律、行政法规规定的无效情形的，应当认定合同无效；该合同具有法律、行政法规规定的可撤销情形，当事人请求撤销的，人民法院应予支持。

第四条 外商投资企业合同约定一方当事人以需要办理权属变更登记的标的物出资或者提供合作条件，标的物已交付外商投资企业实际使用，且负有办理权属变更登记义务的一方当事人在人民法院指定的合理期限内完成了登记的，人民法院应当认定该方当事人履行了出资或者提供合作条件的义务。外商投资企业或其股东以该方当事人未履行出资义务为由主张该方当事人不享有股东权益的，人民法院不予支持。

外商投资企业或其股东举证证明该方当事人因迟延办理权属变更登记给外商投资企业造成损失并请求赔偿的，人民法院应予支持。

第五条 外商投资企业股权转让合同成立后，转让方和外商投资企业不履行报批义务，经受让方催告后在合理的期限内仍未履行，受让方请求解除合同并由转让方返还其已支付的转让款、赔偿因未履行报批义务而造成的实际损失的，人民法院应予支持。

第六条 外商投资企业股权转让合同成立后，转让方和外商投资企业不履行报批义务，受让方以转让方为被告、以外商投资企业为第三人提起诉讼，请求转让方与外商投资企业在一定期限内共同履行报批义务的，人民法院应予支持。受让方同时请求在转让方和外商投资企业于生效判决确定的期限内不履行报批义务时自行报批的，人民法院应予支持。

转让方和外商投资企业拒不根据人民法院生效判决确定的期限履行报批义务，受让方另行起诉，请求解除合同并赔偿损失的，人民法院应予支持。赔偿损失的范围可以包括股权的差价损失、股权收益及其他合理损失。

第七条 转让方、外商投资企业或者受让方根据本规定第六条第一款的规定就外商投资企业股权转让合同报批，未获外商投资企业审批机关批准，受让方另行起诉,请求转让方返还其已支付的转让款的,人民法院应予支持。受让方请求转让方赔偿因此造成的损失的,人民法院应根据转让方是否存在过错以及过错大小认定其是否承担赔偿责任及具体赔偿数额。

第八条 外商投资企业股权转让合同约定受让方支付转让款后转让方才办理报批手续,受让方未支付股权转让款,经转让方催告后在合理的期限内仍未履行,转让方请求解除合同并赔偿因迟延履行而造成的实际损失的,人民法院应予支持。

第九条 外商投资企业股权转让合同成立后,受让方未支付股权转让款,转让方和外商投资企业亦未履行报批义务,转让方请求受让方支付股权转让款的,人民法院应当中止审理,指令转让方在一定期限内办理报批手续。该股权转让合同获得外商投资企业审批机关批准的,对转让方关于支付转让款的诉讼请求,人民法院应予支持。

第十条 外商投资企业股权转让合同成立后,受让方已实际参与外商投资企业的经营管理并获取收益,但合同未获外商投资企业审批机关批准,转让方请求受让方退出外商投资企业的经营管理并将受让方因实际参与经营管理而获得的收益在扣除相关成本费用后支付给转让方的,人民法院应予支持。

第十一条 外商投资企业一方股东将股权全部或部分转让给股东之外的第三人,应当经其他股东一致同意,其他股东以未征得其同意为由请求撤销股权转让合同的,人民法院应予支持。具有以下情形之一的除外:

(一)有证据证明其他股东已经同意;

(二)转让方已就股权转让事项书面通知,其他股东自接到书面通知之日满三十日未予答复;

(三)其他股东不同意转让,又不购买该转让的股权。

第十二条 外商投资企业一方股东将股权全部或部分转让给股东之外的第三人,其他股东以该股权转让侵害了其优先购买权为由请求撤销股权转让合同的,人民法院应予支持。其他股东在知道或者应当知道股权转让合同签订之日起一年内未主张优先购买权的除外。

前款规定的转让方、受让方以侵害其他股东优先购买权为由请求认定股权转让合同无效的,人民法院不予支持。

第十三条 外商投资企业股东与债权人订立的股权质押合同,除法律、行政法规另有规定或者合同另有约定外,自成立时生效。未办理质权登记的,不影响股权质押合同的效力。

当事人仅以股权质押合同未经外商投资企业审批机关批准为由主张合同无效或未生效的,人民法院不予支持。

股权质押合同依照民法典的相关规定办理了出质登记的,股权质权自登记时设立。

第十四条 当事人之间约定一方实际投资、另一方作为外商投资企业名义股东,实际投资者请求确认其在外商投资企业中的股东身份或者请求变更外商投资企业股东的,人民法院不予支持。同时具备以下条件的除外:

(一)实际投资者已经实际投资;

(二)名义股东以外的其他股东认可实际投资者的股东身份;

(三)人民法院或当事人在诉讼期间就将实际投资者变更为股东征得了外商投资企业审批机关的同意。

第十五条 合同约定一方实际投资、另一方作为外商投资企业名义股东,不具有法律、行政法规规定的无效情形的,人民法院应认定该合同有效。一方当事人仅以未经外商投资企业审批机关批准为由主张该合同无效或者未生效的,人民法院不予支持。

实际投资者请求外商投资企业名义股东依据双方约定履行相应义务的,人民法院应予支持。

双方未约定利益分配,实际投资者请求外商投资企业名义股东向其交付从外商投资企业获得的收益的,人民法院应予支持。外商投资企业名义股东向实际投资者请求支付必要报酬的,人民法院应酌情予以支持。

第十六条 外商投资企业名义股东不履行与实际投资者之间的合同,致使实际投资者不能实现合同目的,实际投资者请求解除合同并由外商投资企业名义股东承担违约责任的,人民法院应予支持。

第十七条 实际投资者根据其与外商投资企业名义股东的约定,直接向外商投资企业请求分配利润或者行使其他股东权利的,人民法院不予支持。

第十八条 实际投资者与外商投资企业名义股东之间的合同被认定无效,名义股东持有的股权价值高于实际投资额,实际投资者请求名义股东向其返还投资款并根据其实际投资情况以及名义股东参与外商投资企业经营管理的情况对股权收益在双方之间进行合理分配的,人民法院应予支持。

外商投资企业名义股东明确表示放弃股权或者拒绝继续持有股权的,人民法院可以判令以拍卖、变卖名义股东持有的外商投资企业股权所得向实际投资者返还投资款,其余款项根据实际投资者的实际投资情况、名义股东参与外商投资企业经营管理的情况在双方之间进行合理分配。

第十九条 实际投资者与外商投资企业名义股东之间的合同被认定无效,名义股东持有的股权价值低于实际投资额,实际投资者请求名义股东向其返还现有股权的等值价款的,人民法院应予支持;外商投资企业名义股东明确表示放弃股权或者拒绝继续持有股权的,人民法院可以判令以拍卖、变卖名义股东持有的外商投资企业股权所得向实际投资者返还投资款。

实际投资者请求名义股东赔偿损失的,人民法院应当根据名义股东对合同无效是否存在过错及过错大小认定其是否承担赔偿责任及具体赔偿数额。

第二十条 实际投资者与外商投资企业名义股东之间的合同因恶意串通,损害国家、集体或者第三人利益,被认定无效的,人民法院应当将因此取得的财产收归国家所有或者返还集体、第三人。

第二十一条 外商投资企业一方股东或者外商投资企业以提供虚假材料等欺诈或者其他不正当手段向外商投资企业审批机关申请变更外商投资企业批准证书所载股东,导致外商投资企业他方股东丧失股东身份或原有股权份额,他方股东请求确认股东身份或原有股权份额的,人民法院应予支持。第三人已经善意取得该股权的除外。

他方股东请求侵权股东或者外商投资企业赔偿损失的,人民法院应予支持。

第二十二条 人民法院审理香港特别行政区、澳门特别行政区、台湾地区的投资者、定居在国外的中国公民在内地投资设立企业产生的相关纠纷案件,参照适用本规定。

第二十三条 本规定施行后,案件尚在一审或者二审阶段的,适用本规定;本规定施行前已经终审的案件,人民法院进行再审时,不适用本规定。

第二十四条 本规定施行前本院作出的有关司法解释与本规定相抵触的,以本规定为准。

六、人大代表建议、政协委员提案答复

1. 企业合规

对十三届全国人民代表大会闭会期间第 BH015 号建议的答复

——关于加快提升我国企业合规管理水平建设具有全球竞争力的世界一流企业的建议

· 2023 年 1 月 5 日

您提出的《关于加快提升我国企业合规管理水平建设具有全球竞争力的世界一流企业的建议》（第 BH015 号）收悉。现就涉及我委职能的建议答复如下：

近年来，国资委深入贯彻落实全面依法治国战略部署，将合规管理作为依法治企重要内容，通过开展试点、印发合规管理指引、组织编制重点领域合规指南等工作，指导企业加快建立健全合规管理体系。2022 年，国资委围绕中央企业"合规管理强化年"，在加强制度建设、完善运行机制、落实管理责任、抓好境外合规、夯实组织基础、打造合规文化等 6 方面部署 20 项重点任务，指导企业加快补齐短板，不断提升合规管理水平。研究制定中央企业合规管理办法，从组织机构职责、制度建设、运行机制、合规文化培育等方面对企业合规管理工作作出全面部署，将于近日印发。

近期，中共中央办公厅、国务院办公厅关于加快建设世界一流企业的有关意见中明确提出，要加快建设一批产品卓越、品牌卓著、创新领先、治理现代的世界一流企业。国有企业作为党执政兴国的重要支柱和依靠力量，应当在世界一流企业建设中发挥示范引领作用，为此，需要有高质量的法律合规工作提供有力支撑保障。下一步，国资委将深入贯彻落实习近平法治思想，不断深化法治央企建设，指导企业按照即将印发的中央企业合规管理办法要求，聚焦重点难点问题，进一步加大工作力度，不断完善合规管理体系，加快提升依法合规经营管理水平。支持具备条件的行业协会、社会团体积极发挥作用，搭建各类平台，推动企业之间围绕合规管理工作互学互鉴、共同提高。

对十三届全国人大五次会议第 1500 号建议的答复

——关于加快提升我国企业合规管理水平建设具有全球竞争力的世界一流企业的建议

· 2022 年 8 月 3 日

您提出的《关于加快提升我国企业合规管理水平建设具有全球竞争力的世界一流企业的建议》（第 1500 号）收悉。您对合规管理进行了深入研究，提出的建议针对性强，对企业加快建立健全合规管理体系具有重要参考价值。经研究，现就涉及我委职能的建议答复如下：

近年来，国资委深入贯彻落实全面依法治国战略部署，将合规管理作为国有企业法治建设重要内容加快推进，2016 年在中国石油、中国移动等 5 家企业开展合规管理试点，2018 年印发《中央企业合规管理指引（试行）》，编制一系列重点领域合规指南，2022 年确定为中央企业"合规管理强化年"，明确 6 方面 20 项重点任务，进一步推动企业深化合规管理工作。国有企业认真落实相关要求，合规管理工作从试点先行、立柱架梁，到全面推进、逐步深入，有力保障了改革发展各项任务稳步推进。

当前，世界进入新的动荡变革期，我国企业改革发展环境更加复杂严峻，对依法合规经营提出了更高要求。下一步，国资委将深入贯彻落实习近平法治思想，指导推动国有企业在合规管理方面进一步发挥示范引领作用，带动各类企业将合规经营由"外部压力"转化为"内生动力"，为打造市场化法治化营商环境作出更大贡献。制定印发中央企业合规管理办法，从组织机构职责、制度建设、运行机制等方面对企业合规管理作出全面部署，将合规软约束上升为硬要求。指导企业不断完善制度机制，通过信息化数字化手段，加强对经营决策和业务行为的合规审查，强化对重点业务、重要岗位、关键人员的管理。推动企业在境外重要子企业设置合规管理机构，配备法律合规人员，加强对国际规则和所在国法律政策的研究，深入做好知识产权、数据安全等重点领域风险防范工作。指导企业不断充实合规管理专业队伍，优化知识结构，加大培训力度，持续提升专业化水平。加强与高检院等相关部门沟通协作，切实发挥召集单位作用，推进合规第三方监督评估机制有效运行。通过行业协会积极搭建各类平台，推进企业之间互学互鉴，不断提升依法合规经营管理水平。

衷心感谢您对企业法治工作的关注和支持，希望继续提出宝贵的意见和建议。

对十三届全国人大四次会议第7812号建议的答复

——关于央企、国企建立"企业法治中心"的建议

· 2021年7月6日

您提出的《关于央企、国企建立"企业法治中心"的建议》（第7812号）收悉。您对企业法治建设进行了深入研究，提出的建议针对性强，对深入推进依法治企具有重要参考价值。经认真研究，现答复如下：

近年来，国资委深入学习贯彻习近平法治思想，主动适应中央企业市场化、法治化、国际化发展需求，着力打造治理完善、经营合规、管理规范、守法诚信的法治央企，将法治要求贯穿决策执行监督全过程，覆盖生产经营管理各领域，确保企业在法治轨道上深化改革、实现高质量发展。在机构建设方面，国资委指导中央企业积极打造与经营规模、市场地位和企业需求相匹配的法务管理机构，进一步优化职能配置，在巩固案件、合同管理等传统工作的基础上，不断探索拓展工作领域，目前近半数企业法务管理机构承担合规、风险、内控等管理职能，更好发挥协同作用，实现"1+1>2"的效果。中国海油、中国联通、中铝集团等一些企业探索在总部或区域设立法律服务共享中心，有效整合法律资源，加强集约化利用，进一步形成法治工作合力。司法部等有关部门深入贯彻落实党中央决策部署，扎实推进公司律师工作，公司律师制度不断完善，队伍逐步扩大，在推进企业依法决策、依法治理、防范化解重大风险、维护企业合法权益等方面发挥了重要作用。

2021年初召开的中央企业法治工作会议提出，探索构建法律、合规、风控协同运作机制，着力打造"法律合规大风控"管理体系，加强统筹协调，提高管理效能，这与您提出的建立"企业法治中心"在工作思路上是一致的。下一步，国资委将深入学习贯彻习近平法治思想，深入推进中央企业法治建设，指导企业构建法律、合规、内控协同运作机制，不断提升管理效能。支持企业结合实际，探索建立法务共享中心，统筹系统内法律资源，进一

步发挥优势作用。与司法部等相关部门加强合作，完善公司律师制度，持续加强队伍建设，加快提升能力水平，更好发挥作用，助力企业依法合规经营，实现高质量发展。

衷心感谢您对企业法治工作的关注和支持，希望继续提出宝贵的意见和建议。

对十三届全国人大四次会议第4485号建议的答复

——关于加强企业合规建设的建议

· 2021年7月6日

您提出的《关于加强企业合规建设的建议》（第4485号）收悉。您对企业合规管理进行了深入研究，提出的建议针对性强，对企业加快建立健全合规管理体系具有重要参考价值。经认真研究，现答复如下：

国资委始终高度重视合规管理，2014年，明确提出中央企业要探索开展合规管理，近年来着重抓了以下四项工作：一是试点先行，探索经验。2016年在中国石油、中国移动、东方电气集团、招商局集团、中国中铁等5家企业开展合规管理体系建设试点，不断探索，积累经验。二是强化指导，全面推进。2018年，在试点基础上印发中央企业合规管理指引，推动企业完善管理制度，健全组织架构，建立覆盖境内外的全域合规管理体系。三是聚焦重点，力求实效。针对反商业贿赂、出口管制等高风险领域先后印发一系列重点领域合规管理指南，指导企业采取有效措施，切实防范风险。四是积极创新，提高效能。探索建立基于法治框架下的法律、合规、风险、内控协同运作机制，着力打造"法律合规大风控"管理体系，切实提升风险管控效能。经过持续推动，中央企业已全部成立合规委员会，出台管理制度，完善工作机制，建立合规管理"三道防线"，逐步形成"人人守合规底线、事事防合规风险"的合规文化，对提升管理水平、促进生产经营发挥了积极作用。

近日，最高人民检察院在总结前期合规改革试点基础上，会同国资委等8个部委联合印发了《关于建立涉案企业合规第三方监督评估机制的指导意见（试行）》，其中明确由国资委牵头组织对涉案国有企业合规管理情况进行调查、评估、监督和考察，并将结果作为是否起诉及量刑的重要参考，对于推动企业更加重视合规、依法依规经营具有重要的正向激励作用。下一步，国资委将指导企业进一步健全合规管理制度，完善组织体系，围绕企业

合规风险较大的重点领域，细化工作举措，推动重要岗位、重点人员合规职责落实落地。落实"八五"普法规划，加大教育培训力度，努力营造合规文化。会同相关单位深入研究，尽快制定相关规范和考察评估标准，探索形成第三方监督评估的有效路径，为企业稳健经营、健康发展提供有力支撑保障。

衷心感谢您对企业法治工作的关注和支持，希望继续提出宝贵的意见和建议。

对十三届全国人大四次会议第1987号建议的答复
——关于推进国有企业内部刑事合规的建议

· 2021年7月6日

您提出的《关于推进国有企业内部刑事合规的建议》(第1987号)收悉。您对合规管理进行了深入研究，提出的建议针对性强，对推动企业加快建立健全合规管理体系具有重要参考价值。经认真研究，现答复如下：

国务院国资委深入贯彻落实党中央、国务院决策部署，2014年明确提出中央企业要探索开展合规管理的要求，并组织有关企业多次赴国际大公司深入学习交流。2016年，在中国石油、中国移动、东方电气集团、招商局集团、中国中铁等5家企业启动合规管理体系建设试点工作，不断深化认识、积累经验。2018年，在试点基础上及时印发中央企业合规管理指引，并针对反垄断、反商业贿赂、出口管制等高风险领域制定一系列合规指南，指导企业全面推进合规管理工作，明确将合规要求覆盖各业务领域、各职能部门、各级子企业和全体员工，贯穿业务开展全过程。北京、上海、江苏等地国资委结合实际，陆续出台相关制度，积极推动所出资企业强化合规管理，取得较好成效。

最高人民检察院全面贯彻落实党中央决策部署，积极推进企业合规改革试点工作，2020年3月起在上海浦东、金山，江苏张家港等6家基层检察院开展合规管理第一期试点工作，并于今年将试点范围扩大至10省份。在总结试点经验基础上，最高人民检察院会同国务院国资委等相关部门制定印发了《关于建立涉案企业合规第三方监督评估机制的指导意见(试行)》，建立由检察、司法、财政、国资监管等部门组成的第三方监管机制管理委员会，承担督促涉案企业加快建立健全合规管理体系职责，这是推动国有企业合规制度建设的重点环节和主要举措，对于推动我国企业更加重视合规管理、依法依规经营具有重要的正向激励作用。

下一步，国务院国资委将积极配合最高人民检察院认真研究论证涉及的重大法律政策问题，结合您所提出的建议，进一步加强对试点地方有关工作的调研，及时制定相关规范和考察评估标准，尽快探索形成第三方监督评估的有效路径。同时，国务院国资委也将加大对国有企业的宣传培训，指导企业根据评估标准不断完善工作机制，加快建立健全符合国企实际的合规管理体系，为企业稳健经营、健康发展提供有力支撑保障。

衷心感谢您对企业法治工作的关注和支持，希望继续提出宝贵的意见和建议。

2. 市场监管

对十三届全国人大四次会议第1233号建议的答复
——关于完善儿童食品安全标准的建议

· 2021年10月22日
· 国市监议〔2021〕195号

您提出的《关于完善儿童食品安全标准的建议》收悉，现答复如下：

市场监管总局高度重视食品安全工作，坚持以人民为中心的发展思想，遵循食品安全"四个最严"要求，认真落实《食品安全法》及其实施条例，指导地方市场监管部门持续加强食品安全监管工作，督促企业落实食品安全主体责任，不断提升食品质量安全水平。在儿童食品监管方面主要开展了以下工作：

一、严格执行食品安全标准

近年来，市场监管总局严格按照《食品安全国家标准 婴儿配方食品》(GB 10765)和《食品安全国家标准 较大婴儿和幼儿配方食品》(GB 10767)等食品安全国家标准，加强婴幼儿配方食品注册许可和监管工作，督促地方市场监管部门加强对婴幼儿配方食品的监督抽检力度。通过加强监管，推动完善婴幼儿食品安全国家标准，不断加大婴幼儿食品安全国家标准的跟踪评价力度，及时将监管发现的标准问题反馈给国家卫生健康委，提升标准的科学性、适用性、可操作性。

二、加强校园食品安全监管

市场监管总局一直将校园食品安全作为监管重点任务持续推进，着力防范校园食品安全风险。每年春、秋季开学前后，地方各级市场监管部门联合教育等部门全面排查学校食堂食品安全隐患，加强对学校食物中毒和校园周边食品安全事件多发地区的督导检查。指导各地市场监管部门强化与宣传、教育、公安、卫生健康等部门的协同配合,加强信息共享,加强工作协同。畅通"12315"等投诉渠道,动员社会力量广泛参与,强化社会共治。通过全国食品安全宣传周等活动,深入开展食品安全知识进校园活动,不断强化科普宣传,提升食品安全意识,推动学生形成健康的饮食习惯。2020年6月,市场监管总局会同教育部、公安部、国家卫生健康委联合印发《校园食品安全守护行动方案(2020—2022年)》,要求加强食品安全和营养健康宣传教育,指导学校优化膳食结构,采取措施减油、减盐、减糖,进一步保障和促进校园食品安全。

三、加大执法力度方面

市场监管总局一直将食品中超范围超限量使用食品添加剂、非法添加非食用物质(以下简称"两超一非")问题作为食品安全执法工作重点,严厉查处违法行为。2020年全国市场监管部门共查处"两超一非"类案件共计17509件,案值7274万元,罚没款2.14亿元。挂牌督办"两超一非"类重大食品安全违法案件13件。各地市场监管部门严格落实食品安全"最严厉处罚"要求,对相关违法行为符合吊销许可证条件的一律吊销,能够处罚到人的一律处罚到人,涉嫌犯罪的一律移送公安机关,有力震慑了食品安全违法犯罪行为。2020年10月,市场监管总局联合公安部、农业农村部、商务部、中华全国供销合作总社开展为期一年的农村假冒伪劣食品专项执法行动,将校园周边小超市小商店等作为重点主体,"添加非食用物质食品"、"三无"食品等作为重点品类进行严厉打击,对涉案食品进行源头溯源,对生产销售等环节的违法行为进行全链条打击,严惩了一批违法犯罪分子,极大震慑了食品安全违法犯罪行为。

四、下一步工作计划

市场监管总局将指导地方市场监管部门继续加强食品安全监管工作,加大对"两超一非"等违法行为的打击力度,督促食品生产经营企业进一步落实食品安全主体责任,提高儿童相关食品的质量安全水平。在食品安全标准方面,依据《食品安全法》规定职责,配合国务院卫生行政部门加快相关食品安全国家标准的制修订工作,推动食品安全国家标准进一步完善,更好地保障和促进儿童身体健康。

感谢您的建议,也希望您继续关心和支持我们的工作!

对十三届全国人大一次会议第2311号建议的答复
——关于推进产品质量监督抽查制度改革的建议

· 2019年4月12日
· 国市监议〔2018〕440号

您提出的《关于推进产品质量监督抽查制度改革的建议》收悉,现答复如下:

您在建议中总结了近年来产品质量国家监督抽查情况,深入分析了新的经济形势下监督抽查制度改革的必要性,建议从三个方面推进产品质量监督抽查制度改革,提升现有制度的有效性,实现科学监管。我们非常赞同您的意见和建议,作为目前我国产品质量监管最主要的方式和手段,产品质量监督抽查制度对促进提高我国产品质量整体水平,维护市场经济秩序,保障人民群众的质量利益,发挥了重要的作用。然而,随着中国特色社会主义迈入新时代,面对人民日益增长的美好生活质量安全需要,我们同样认识到,监督抽查制度还存在许多不适应当前形势要求的薄弱环节,监督抽查制度的科学性、有效性还有待进一步提高。

对您的建议我们高度重视,我们结合自身职能认真梳理各项监管环节,从深化"放管服"改革,强化事中事后监管从发,积极组织调研,排查制度建设和实际监管中的不足。在建议办理和建议采纳提升制度建设方面,我们开展了如下工作:

一、高度重视,严格建议办理过程

(一)列入重点督办建议,科学拟定方案。建设质量强国是深入推进供给侧结构性改革的重要目标,是不断满足日益升级的消费需求的迫切需要,而产品质量监督抽查制度是提升产品质量、发现查处产品质量问题的一个重要抓手,总局高度重视每一个利于监督抽查制度建设的建议,今年4月总局将您提出的2311号建议列为重点督办建议,重点研讨,严格督办,积极采纳消化,切实推动制度建设。4月27日,制定了《产品质量监督司关于提供十三届全国人大一次会议2311号重点督办建议的办理工作方案》,明确办理措施和办理时间节点,细化办理工作内容。

(二)成立办理工作组,明确办理工作职责。5月初,成立了以分管司领导(产品质量安全监督管理司)为组长,相关处室(监督抽查处)为承办处室的办理工作组,明确了对建议办理的责任和分工。

(三)注重沟通代表,深入了解建议。5月18日,办理工作组赴浙江永康与您当面交流，充分听取您的意见，深入了解您提出建议的背景和要求，共同推动问题解决。

（四）深入基层，组织调研探讨。6月21日，产品质量安全监督管理司领导带队与办理工作组共同赴新疆召开建议调研座谈会，新疆自治区、浙江省、乌鲁木齐市、昌吉州质量技术监督局以及部分检验机构等7家单位的工作人员和一线抽样人员共20多人参加。结合国家监督抽查和地方监督抽查的工作特点，围绕您所提建议，剖析产品质量监督抽查制度改革中所涉及的问题，查找工作难点，商讨解决措施。

二、消化落实，推进制度建设

（一）强化全国监督抽查工作的统筹。加强计划统筹。采取省局初提、总局平衡、省局调整、总局确认的"两上两下"方式，上下联动分别确定全国和地方的监督抽查计划，强化形成质量监督合力，发挥出监督抽查对消费品安全、质量提升、事中事后监管等工作的推动作用。加强工作统筹。加强对全国监督抽查工作的统筹、协调、管理，强化对监督抽查的顶层制度设计，明确总局、省局和市县局相应的职责，国家监督抽查的抽样工作由省局组织实施，市县局承担抽样工作，更好地统筹做好各级抽查工作。加强数据统筹。以中国产品质量监督信息化系统（e-CQS）为基础，完善全国产品质量监督抽查数据汇总分析通报制度，对全国县级以上产品质量监督抽查工作数据进行汇总分析，增强监督抽查数据反映经济形势、服务经济发展的能力。

（二）优化完善国家监督抽查组织模式。全面构建"抽检分离"模式。将监督抽查过程分为抽样与检验两个环节，分别交由不同的主体实施，打破原有同一家检验机构既抽样又检验的工作模式。强化"双随机"方法运用。建立监督抽查承检机构库、生产企业名录库，邀请消费者代表采用双随机软件随机抽取的方式，随机选定承检机构，随机确定拟抽查企业，并且再对拟抽查企业与承检机构进行随机匹配。实施市场买样。实行市场买样和生产企业抽样相结合，对量大面广的消费品采用付费的方式在市场上抽样，提升样品的代表性。推行"盲样"检验。对具备"盲样"检验条件的产品，去除生产企业名称、商标等可识别的标签后，再进行检验。

（三）严格监督抽查过程管理。公开招标遴选承检机构。改变以往直接选定机构的方式，采用公开招标的方式，向社会公开遴选检验机构，从检验能力、资质、管理水平等多方面进行公正、科学地评价，确定入围机构。对抽样过程实行视频监控。构建质量监督的智慧管理系统，投入在线监控设备，实现全国抽样、买样工作的集中管理、统一指挥、远程监控，规范抽样行为，确保抽样工作的证据收集，为有效处理企业异议提供证据材料。采用信息化手段提升工作效率。开发e-CQS产品质量监督信息化系统，通过互联网实现电子文书的录入、实时信息追踪、国抽数据统计等多方面信息化手段，对国抽工作的顺利开展提供有效支撑。

三、下一步工作

下一步，我们将根据机构改革和职能调整的具体实际，推进产品质量法的修订完善，梳理和加快产品质量监督抽查制度规范建设，重点推进监督抽查实施规范、监督抽查工作文书等规范性文件的制修订，进一步巩固和加强产品质量监督抽查工作，督促企业落实产品质量安全主体责任，守住产品质量安全底线。

谋求质量强国，当好高效监管的实践者、高质量发展的推动者是我们的目标，更是我们的责任。监督抽查制度的建设离不开社会各方广泛参与和支持，产品质量提升需要政府监管和社会共治有效结合，希望您继续为监督抽查制度的发展建言献策，共同推动监督抽查事业的进步。感谢您对我们工作的支持！

对十三届全国人大五次会议第2402号建议的答复
——关于进一步加强农村食品安全监管的建议

- 2022年11月10日
- 国市监议〔2022〕72号

您提出的《关于进一步加强农村食品安全监管的建议》收悉，经商国家卫生健康委、商务部、供销合作总社、公安部、农业农村部等部门，现答复如下：

您的建议对加强农村食品安全监管、全面提升食品安全治理能力具有重要意义，我们高度赞同。党中央、国务院始终高度重视农村工作，党的十九大报告指出，农业农村农民问题是关系国计民生的根本性问题，必须始终把解决好"三农"问题作为全党工作的重中之重，实施乡村振兴战略。习近平总书记多次对加强农村食品安全治理作出重要指示批示。近年来，市场监管总局会同有关部门认真贯彻落实党中央、国务院决策部署，针对农村制售假冒伪劣食品等突出问题，不断加大监管力度，创新监管方式，持续改善农村地区市场消费环境，有效提升农村居民获得感、幸福感、安全感。

一、持续推进农村假冒伪劣食品整治行动

2020年，在前期工作基础上，市场监管总局会同农业农村部、公安部、商务部、知识产权局、供销合作总社等部门和单位联合印发《农村假冒伪劣食品整治行动方案（2020—2022年）》（市监食经〔2020〕121号），启动了为期3年的专项整治工作，要求各地各部门在全面推进农村假冒伪劣食品整治工作各项措施任务的基础上，按照"1+3"的目标，每年依次重点推进农村食品安全问题专项打击行动、农村食品生产经营行为规范行动、农村市场食品安全综合治理能力提升行动，旨在通过3年接续重点推进，不断提高农村市场食品质量安全保障水平，完善农村流通供应体系，总体提升农村食品安全治理能力。整治行动开展以来，各地市场监管部门监督检查农村地区食品生产者、经营者、批发市场、集贸市场、网络食品第三方平台等经营主体1256.89万户次；共组织监督抽检279.48万批次，其中监督抽检不合格食品6.53万批次，核查处置5.49万批次；取缔无证无照生产经营主体9990户，吊销食品生产经营许可证535个；查处农村假冒伪劣食品违法案件19.1万件，罚没款18.9亿元，查扣违法产品4829吨，从业资格限制155人，对直接责任人罚款1728万元；开展农村假冒伪劣食品专项执法行动罚没物品销毁活动，集中公布典型案例。受理消费者投诉举报34.82万件，兑现举报奖金3500.25万元；组织开展系列宣传活动7.7万次，培训食品生产经营者174.91万人次；推动10923个食品生产经营企业建立农村食品统一配送渠道，组织18.25万个农村食品经营店开展规范化建设。公安部部署开展集中打击食品等领域犯罪"昆仑2021"专项行动，组织各地公安机关依法严厉打击农村假冒伪劣食品犯罪，加大对肉制品、食用油、调味品、酒水饮料等领域危害食品安全犯罪的打击力度。2021年全年共侦破食品安全刑事案件1.1万起，抓获犯罪嫌疑人1.3万名，其中受理市场监管、农业农村等行政主管部门移送涉嫌食品犯罪案件2800余起。

二、着力强化重点领域和业态监管

一是强化小作坊监管。2020年2月，市场监管总局印发《关于加强食品生产加工小作坊监管工作的指导意见》，指导各地市场监管部门开展小作坊摸底建档工作，实行小作坊食品"负面清单"管理，压实小作坊食品安全主体责任，加强小作坊食品生产监管，严厉打击违法生产加工行为，推动小作坊转型升级和质量提升。二是加强农村地区食品经营许可管理。2020年11月，市场监管总局部署开展农村地区食品经营许可证复查工作，排查农村经营场所食品经营许可违法行为，聚焦许可重点，规范许可行为。复查工作期间内，全国共复查农村食品经营单位237.5万余户。三是加强农村地区食品安全抽检，明确规定市、县级局重点开展本区域内食用农产品、地方特色食品等重点品种，小作坊、小摊贩、小餐饮等重点环节的抽检，范围覆盖农村、城乡结合部等区域，发挥食品抽检排查农村食品安全风险隐患的作用。2021年，全国市场监管部门在农村（乡镇）地区抽检食品222.46万批次，对发现的不合格食品，地方市场监管部门及时开展核查处置，严控食品安全风险。四是加强农兽药残留问题整治。2021年，农业农村部、市场监管总局等7部门联合印发《食用农产品质量安全"治违禁 控药残 促提升"三年行动方案》，严厉禁限用药物违法使用、严控常规农兽药残留超标问题。2021年全国累计出动农业行政执法人员77.4万人次，检查农产品生产主体52.3万家次，办理行政执法案件1355起，移送司法96起，查处农产品质量安全问题1199个。五是加强商标管理。国家知识产权局印发《2022年全国知识产权行政保护工作方案》，将打击生产经营商标侵权食品等违法行为作为年度重点工作进行部署。加大《商标一般违法判断标准》的宣贯和指导力度，督促各地加强商标管理。

三、着力强化制度机制建设

一是强化基层建设。2018年10月，市场监管总局启动《市场监督管理所条例》立法工作。起草过程中，先后召开5次座谈会，赴上海等地多次开展实地调研；邀请专家学者和业务骨干全面进行研讨论证；面向有关部门、社会公众征求意见。在此基础上，形成了《市场监督管理所条例（修订草案送审稿）》，经市场监管总局局务会审议通过，现已报送司法部进行审查。二是加强农村电商管理。2021年，国家互联网信息办公室、公安部、商务部、文化和旅游部、税务总局、市场监管总局、广电总局等七部门联合印发《网络直播营销管理办法（试行）》，加强网络直播营销管理，促进行业健康有序发展；2021年，商务部发布实施《电子商务企业诚信档案评价规范》，同时加快《企业对消费者电子商务平台交易规则制定指南》《直播电子商务平台建设和服务规范》等行业标准制定，进一步规范电商企业运营服务。

四、着力优化农村食品流通体系

一是完善农村食品流通模式。供销合作总社深入推进"县域流通服务网络建设提升行动"，开展"流通服务网络强县"建设、"供销系统农产品冷链物流体系建设工程"，依托行业协会、科研所等，推广绿色、有机农产品和

食品,强化连锁配送功能,增加农村商品供给,推动食品市场环境持续改善。截至2021年底,通过有机、绿色等认证的农民专业合作社3.2万个。二是发展农村电商。商务部会同财政部、乡村振兴局深入开展电子商务进农村综合示范,支持农村地区流通企业数字化转型,建立本地化、连锁化、信息化的县乡村流通网络,提升农村商品和服务质量。截至2021年底,累计支持1489个县建设县级电子商务公共服务中心和物流配送中心2400余个、村级电子商务服务站点14.8万个。

五、下一步工作安排

市场监管、卫生健康、商务、供销合作、公安、农业农村、知识产权等有关部门将重点做好以下三方面工作。

一是持续开展整治行动。市场监管总局继续牵头深入推进农村假冒伪劣食品整治行动,并做好三年整治行动的总结,确保整治取得预期目的。农业农村部将深入开展"治违禁、控药残、促提升"行动,有效规范农村消费市场秩序,维护农村消费者权益。

二是持续优化农村食品流通渠道。商务部、供销合作总社将以扩大农村消费需求为导向,鼓励连锁商贸流通企业、电子商务平台等下沉农村,开展联采联购、连锁配送,不断优化农村食品流通渠道。

三是加强食品安全宣传培训。各部门加强协助和信息共享,利用"食品安全宣传周""诚信兴商宣传月"等时间节点,加大农村地区食品安全知识宣传培训,鼓励和引导食品安全社会共治,不断提高农村消费者的食品安全知识水平和防范维权意识,守护好农村消费者"舌尖上的安全"。

感谢您对食品安全工作的关心和支持。

对十三届全国人大三次会议第3386号建议的答复
——关于进一步完善商誉保护立法的建议

- 2020年11月8日
- 国市监议〔2020〕121号

您提出的《关于进一步完善商誉保护立法的建议》收悉,现答复如下:

商誉是企业的一项重要无形资产,是企业维持市场竞争优势的重要因素,有必要加强保护,严厉打击诋毁企业商誉、扰乱市场竞争秩序的行为。市场监管总局一直高度重视企业商誉保护和不正当竞争监管执法,并做了大量的工作。

一、修订《反不正当竞争法》,完善有关商誉保护法律制度

市场监管部门依据《反不正当竞争法》,对侵犯商业信誉、商品声誉的不正当竞争行为进行监督检查。1993年公布施行的《反不正当竞争法》明确规定:经营者不得捏造、散布虚伪事实,损害竞争对手的商业信誉、商品声誉。但是1993年施行的《反不正当竞争法》并未对侵犯商誉不正当竞争行为规定行政处罚责任。因此,市场监管部门无法对侵犯商誉不正当竞争行为进行行政处罚。同时,正如代表在建议中所述,1993年《反不正当竞争法》对侵犯商誉的行为方式仅规定为"捏造、散布虚伪事实",而未结合实践需要包括"误导性信息"。因为"误导性信息"不一定就是"虚伪事实",但是在不恰当的事件、不恰当的地点、以恶意的动机所使用的"误导性信息",同样可以给企业商誉造成极为严重的损害。

在2017年修订完善《反不正当竞争法》的过程中,总局加强对侵犯商誉不正当竞争行为的分析、研究,对行为构成及法律责任条款进行了修改完善,一是将"虚伪事实"修改为"虚假信息",并增加"误导性信息";将"捏造、散布"修改为"编造、传播",具体表述为:经营者不得编造、传播虚假信息或者误导性信息,损害竞争对手的商业信誉、商品声誉。二是完善了法律责任规定,明确了对经营者损害竞争对手商业信誉、商品声誉的,由监督检查部门责令停止违法行为、消除影响,处十万元以上五十万元以下的罚款;情节严重的,处五十万元以上三百万元以下的罚款。

二、严厉打击侵犯商业信誉、商品声誉不正当竞争行为

2018年1月1日新《反不正当竞争法》施行以来,全国各级市场监管部门加强对侵犯商业信誉、商品声誉不正当竞争行为。2018年来,全国市场监管部门共查处侵犯商业信誉、商品声誉不正当竞争案件78件。2020年,市场监管总局下发《关于加强反不正当竞争执法 营造公平竞争环境的通知》(以下简称《通知》),在全国开展重点领域反不正当竞争执法专项行动。《通知》中明确提出,要加强互联网、电子商务、直播平台领域监管,重点查处互联网经营者违背诚实信用原则和商业道德,采取不正当的竞争手段,编造、传播虚假信息或者误导性信息,损害他人商业信誉和商品声誉的商业诋毁行为。

三、加强调查研究,完善《反不正当竞争法》相关制度建设

现行《反不正当竞争法》第十一条规定,经营者不得编造、传播虚假信息或者误导性信息,损害竞争对手的商业信誉、商品声誉。这一规定将实施商业诋毁不正当竞争行为的主体限定为"竞争对手"。竞争对手可以理解为生产、销售相同或相似产品或服务的经营者。实践中,竞争对手间进行商业诋毁最为典型,也最为多发。但是,随着经济社会发展和商业模式的不断创新,有必要根据个案情况,对竞争对手作更加广义的理解。例如:经营者生产、销售的产品或者服务虽然不相同、不相似,但具备相似功能、可以相互替代的,可能构成竞争对手;或者经营者之间存在争夺消费者注意力、购买力等商业利益冲突的,也可能构成竞争对手。(上述内容部分节选自全国人大法工委主编的《中华人民共和国反不正当竞争法释义》)。

您提出的"扩大反不正当竞争法中商誉侵权主体的范围,将现有的限于有竞争关系的经营者扩大至一般主体""出台专门管理办法,加强对网络公关市场的监管"等建议,有很强的理论和现实意义。2020年市场监管总局正在配合全国人大开展《反不正当竞争法》执法检查,通过组织各地市场监管部门、司法机关、专家学者、行业协会、企业间开展调研座谈,深入了解新经济、新领域的商业模式和竞争行为中存在的问题,加强研究和论证,积极向立法机关建言献策,为下一步修订完善法律和出台配套规定提供理论支撑。

您的建议理论和实际相结合,具有很高的参考价值,在此致以衷心感谢。希望您继续关心和支持市场监管工作,提出宝贵意见和建议。

对十三届全国人大四次会议第3411号建议的答复

——关于进一步完善商誉保护立法的建议

- 2021年11月10日
- 国市监议〔2021〕95号

您提出的《关于加快直播带货食品安全治理的建议》收悉,经商中央网信办,现答复如下:

您提出的建议对加强直播带货食品安全监管,积极营造良好网络生态具有重要意义。网络直播营销(俗称网络直播带货)既是一种商业营销行为,同时又具有个人交流、网络表演和媒体传播等多重属性,是一种发展迅猛的新兴业态,对其监管涉及网信、文化、广播电视、公安、市场监管等多个部门。近年来,党中央、国务院高度重视网络直播营销食品安全规范管理工作。市场监管总局、中央网信办等相关部门合力推动完善相关法律法规,积极创新网络直播营销监管机制,加强网络直播营销规范管理,加大网络直播营销违法违规行为打击力度,切实抓好网络直播营销食品安全治理工作。

一、着力完善规章制度

2020年11月,市场监管总局印发《关于加强网络直播营销活动监管的指导意见》,明确了参与网络直播营销活动各方主体的责任与义务、禁止性规定、经营活动规范和市场监管部门重点打击的包括视频经营活动在内的各类违法行为。2021年3月,市场监管总局修订发布《网络交易监督管理办法》,对网络经营主体登记、新业态监管、平台经营者主体责任、消费者权益保护等重点问题作出明确规定。其中,针对网络交易新业态监管问题,对当前"社交电商""直播带货"等网络交易活动中的经营者定位及其责任义务等作出了明确规定。2021年4月,中央网信办、公安部、商务部、文化和旅游部、税务总局、市场监管总局、广电总局等七部门联合发布《网络直播营销管理办法(试行)》,细化了直播营销平台、直播间运营者、直播营销人员、直播营销人员服务机构等参与主体各自的权责边界,进一步压实各方主体责任。同时,明确有关部门要建立健全线索移交、信息共享、会商研判、教育培训等工作机制,加强对行业协会商会的指导,对严重违反法律法规的直播营销市场主体名单实施信息共享,依法开展联合惩戒。市场监管部门对食品安全监管强调遵循"线上线下一致"原则,食品生产经营者及相关平台提供者除应当遵守上述规章制度要求外,还应落实《食品安全法》《食品安全法实施条例》及相关规章制度要求。

二、持续强化监管

(一)联合开展网络直播行业专项整治。2020年6月,市场监管总局联合中央网信办等8部门启动网络直播行业专项整治。整治期间,全国共立案查处网络直播营销案件72件,罚没金额629万元,部分案件涉及一些知名度较高的明星和网红。2020年10至12月,市场监管总局等网络市场监管部际联席会议各成员单位联合部署开展2020网络市场监管专项行动(网剑行动),持续推进《电子商务法》贯彻落实,集中整治网络市场突出问题,落实电子商务经营者责任义务,着力规范网络市场经营秩序,促进网络经济健康发展。专项行动期间,各地市场监管部门网上检查网站、网店437.64万个次,删除违法商品信息23.39万条,责令整改网站2.31万个次,查处违法案件19976件。2020年"双11"期间,市场监管总局根据网络直播营销活动特点,对淘宝、抖音、快手等主流直播平台进行了专项监测,共发现涉嫌违法线索49

条,均及时派发属地市场监管部门调查处理,目前部分案件已办结。2021年,市场监管总局对舆情反映的"李诞直播带货"等案件进行了挂牌督办。

(二)指导督促各地强化日常监管。市场监管总局依职责指导地方市场监管部门督促入网食品生产经营者依法履行食品安全责任义务,开展网络销售食品安全监督抽检,及时公布监督抽检不合格产品信息,对发现通过网络直播营销销售不符合食品安全标准的食品等违法违规行为,依法严厉打击。中央网信办持续加大对商业网站平台巡查监看力度,深入清理各类涉食品安全违法有害信息,严格处置违规网络账号和网站平台;督促各平台规范完善其内容安全管理制度,严格落实内容审核、检查监控、应急处置等相关要求,不得为各类违法违规有害信息提供传播渠道,切实履行平台主体责任。

(三)推进保健食品行业专项清理整治。2020年4月,市场监管总局等七部门联合印发《保健食品行业专项清理整治行动方案(2020—2021年)》(以下简称《方案》),部署各地围绕保健食品市场存在的违法生产经营、违法宣传营销、欺诈误导消费等突出问题开展专项清理整治行动,其中重点强化保健食品网络营销整治。《方案》要求严格第三方平台提供者和入网保健食品生产经营者资格审核,坚持"线上线下"标准一致,督促入网保健食品生产经营者依法合规经营;加大网络监测力度,严厉打击入网保健食品生产经营者虚假宣传产品功能、欺诈和误导消费者的违法行为;督促第三方平台提供者、入网保健食品生产经营者在网站显著位置标注"保健食品不是药物,不能替代药物治疗疾病"等警示语和消费提示。

三、强化宣传引导

(一)加强工作引导。2021年以来,市场监管总局组织召开一系列互联网企业行政指导会,从规范营销宣传用语、加强产品质量管控、有效保护消费者权益等多方面加强对网络直播营销市场主体的行政指导。鼓励和指导中国广告协会等行业自治组织发布《网络直播营销行为规范》《网络直播营销选品规范》等行业自律性文件,帮助企业提高依法诚信经营意识和企业合规能力。

(二)加强科普宣传。市场监管总局和中央网信办充分发挥联动机制,主动加强议题设置,持续加大网上正面宣传和舆论引导力度,推送食品安全风险提示和宣传文案,加强权威政策解读,强化食品安全知识科普,协同做好食品安全网上宣传引导,推动形成良好网络舆论氛围

下一步,市场监管总局与中央网信办等部门将重点从以下3个方面入手,做好网络直播营销食品安全治理。

一是督促各网站平台严格落实《网络直播营销管理办法(试行)》相关要求,落实主体责任,建立健全账户信息安全管理、营销行为规范、消费者权益保护等机制和措施,积极主动维护网络市场秩序。

二是进一步加强网络直播营销规范管理,持续清理涉食品安全违法有害信息,深入整治网络直播营销中虚假宣传和数据造假、假冒伪劣商品频现、消费者维权取证困难等有关问题。

三是进一步加大对网络直播营销活动的监管力度,联合网络市场监管部际联席会议成员单位开展网络市场监管专项行动,部署各地对重点领域、重点问题加强监管,严肃查处违法案件,坚决保护消费者合法权益,营造公平竞争的市场环境。

感谢您对食品安全工作的关心和支持,欢迎继续对食品安全监管工作提出宝贵意见和建议。

3. 知识产权

国家知识产权局关于政协第十四届全国委员会第一次会议第00858号(科学技术类041号)提案答复的函
——关于加强商标品牌建设,推动经济高质量发展的提案

· 2023年8月31日
· 国知建提运函〔2023〕81号

你们提出的《关于加强商标品牌建设,推动经济高质量发展的提案》收悉。结合市场监管总局意见,现答复如下。

品牌的发展离不开商标、专利、地理标志等知识产权的全方位支撑,其中商标是品牌的法律载体和主要表现形式,是加强品牌法律保护、实现品牌市场价值、发挥品牌经济和社会效益的基础保障。提案所提建议聚焦商标品牌建设方面亟待解决的问题,对加强商标品牌建设,推动中国产品向中国品牌转变具有重要参考意义,我们深表认同。

一、关于推动企业实施商标品牌战略

(一)组织实施"千企百城"商标品牌价值提升行动。2023年4月,我局印发《"千企百城"商标品牌价值提升行动方案(2023—2025年)》,加快建立健全商标品牌培育和评价体系,着力提升上千个企业和上百个区域品牌

市场价值和竞争力,其中部署开展企业商标品牌价值提升专项行动,引导和支持企业加强商标品牌建设;强化商标品牌管理,制定实施商标品牌战略,强化企业商标品牌工作领导机制,规范商标申请、使用和宣传,加强商标品牌风险防控和商誉维护;优化商标品牌培育,树立商标先行的品牌意识,充分发挥商标、专利等多种类型知识产权组合效应,与产品外观设计、企业文化打造等协同推进;加强商标品牌运营,以商标为核心载体开展品牌宣传推广,提高商品、服务知名度和附加值,运用商标质押融资、保险、证券化等方式,提升企业资本运营水平和效益;提高商标海外布局水平,提升中国商标品牌国际影响力。通过行动实施,挖掘培育专精特新等中小企业新兴品牌,推动大型龙头企业等打造国际知名品牌,支持传统品牌创新升级,打造"千企千标"企业商标品牌价值提升范例。

（二）促进提升企业知识产权管理效能。一是优化企业知识产权合规管理。修订形成《企业知识产权合规管理体系要求》(GB/T29490-2023)国家标准,为企业建立完善商标品牌等知识产权管理体系、防范知识产权风险、实现知识产权价值提供参照标准。二是加大知识产权优势示范企业培育力度。2022年增加2994家国家知识产权优势示范企业,总数达到8240家,2023年进一步通过数字化指标测评引导企业重点提升商标品牌价值,着力打造更多知识产权运用能力强、转化效益高的企业标杆。三是培育打造专利密集型产品。开展专利密集型产品备案认定,加强政策支持,促进专利产品化产业化,提升企业品牌核心竞争力,目前已备案专利产品3万余件。

二、关于引导区域品牌加强商标管理

（一）引导培育发展区域商标品牌。《"千企百城"行动方案》部署开展商标品牌优势区域创建专项行动,引导和支持各地方以集体商标、证明商标等为主要抓手,大力培育发展区域品牌,系统开展区域品牌培育、管理、运用、保护、推广等工作,一是健全区域品牌管理机制,完善区域品牌相关商标使用管理规则,明确区域品牌使用人的权利、义务、违约责任;二是强化区域品牌品质保障,建立健全区域品牌检验监督制度和具体标准,推动区域品牌建设管理与标准、专利等深度融合;三是打造区域品牌形象,推动区域品牌使用人统一商标授权许可,规范商标标识使用,建立产品溯源机制,加强行业自律,依法进行商标品牌推广和维权;四是推动区域品牌共建共享,以商标品牌为纽带强化中小企业帮扶机制,促进区域品牌用标企业协同发展和融通创新,实现资源共享、形象共塑、文化共融;五是促进区域特色产业高质量发展,发挥区域品牌引领带动作用,助力本地区相关产业链再造和价值链提升,增加就业岗位、人员收入和财税贡献,鼓励区域品牌积极运用商标等知识产权开拓国内国际市场。通过行动实施,优先支持制造业区域品牌创建,鼓励现代服务业、新型农业集群化、品牌化发展,打造"百城百品"产业集聚区品牌经济发展高地。

（二）推进区域品牌商标注册工作。近年来,我局立足职责推进区域品牌商标注册工作,积极服务地方发展。一是深化商标注册便利化改革,畅通区域品牌商标注册"绿色通道",持续压缩区域品牌商标注册周期,进一步完善区域品牌商标注册审查标准,在审查实践经验的基础上制定《含县级以上行政区划地名的普通集体商标和证明商标的审查标准》,加大对地方特色产业的支持力度,审查通过"寿光蔬菜""丽水山耕""崇礼好礼"等区域品牌集体证明商标,相关商标品牌带动效应明显,在助力区域经济发展中发挥了"培育一个品牌,做强一个产业,造福一方百姓"的重要作用,受到各地的普遍认可。二是不断加强对申请人指导,切实维护申请人权益,积极开展区域品牌专题调研,及时了解地方需求痛点,通过"现场授课"与"线上授课"相结合方式,开展"规范商标注册培训班"等授课活动,引导地方依法依规积极开展区域品牌集体证明商标注册申请,加强区域品牌保护,推动地方特色产业发展。

三、关于强化商标品牌建设工作体系

（一）推动加强商标品牌建设顶层设计。一是与相关部门协同推进品牌建设。2022年,我局与国家发展改革委等7部门联合印发《关于新时代推进品牌建设的指导意见》,联合工业和信息化部出台《关于知识产权助力专精特新中小企业创新发展的若干措施》,联合印发《数字化助力消费品工业"三品"行动方案(2022—2025年)》《原材料工业"三品"实施方案》等,持续加强政策引领,强化品牌建设合力。二是引导地方政府创新品牌建设工作机制。各地方因地制宜,积极探索统筹推进品牌建设的新路径新模式,例如湖北省由省知识产权局牵头建立推进品牌强省建设联席会议机制,23个成员单位协力推进湖北品牌强省建设,有力支撑全省品牌经济高质量发展。三是加强部省联动。建立全国商标品牌工作联系机制,面向地方知识产权管理部门开展线上全面调研和实地重点调研,摸底了解地方商标品牌培育建设情况,交流推广有益经验。四是推动修改商标法律法规。加快推进新一轮商标法的全面修改工作,多次开展深入调研,广泛听取意见建议,进行全面研究论证,形成《商标法修订草案》并公开征求意见，在草案中增加鼓励促进商标品牌建设的多项内容，进一步加强知识产权对品牌建设的法治保障。

（二）加大商标品牌指导站服务覆盖面和服务力度。我局印发《关于进一步加强商标品牌指导站建设的通知》，推动全国布局建设 3400 余家商标品牌指导站，为广大市场主体提供公益性、便利化的指导和服务，年服务企业超 40 万户。《"千企百城"行动方案》部署开展商标品牌建设服务指导专项行动，引导鼓励商标品牌指导站围绕打造"千企千标"和"百城百品"开展专项服务指导，提高指导站综合服务能力，汇聚、链接相关政府部门、专家、机构等资源，打造帮扶指导综合平台。鼓励结合地方实际和特色优势，通过创建商标品牌创新创业基地、建设品牌孵化园区、设立市场化商标品牌发展基金等多种方式，拓展指导站载体形式和服务范围，向商标品牌培育、管理、研究等多元化方向发展。

（三）加强商标代理机构监管。我局着眼构建高质量知识产权服务体系的目标，持续加强监管工作，严厉打击商标代理违法违规行为，综合整治商标代理行业不良现象，同时加快完善监管体系、健全长效机制，持续保持从严规范商标代理行为的高压态势，有效维护了商标代理行业的正常秩序。一是完善制度建设。推动出台《商标代理监督管理规定》，印发《专利、商标代理行业违法违规行为协同治理办法》等一系列规范性文件，为加强商标代理监管、规范商标代理行为提供了有力的制度支撑。二是开展专项行动。连续 5 年在知识产权代理领域开展"蓝天"专项整治行动，将打击各类突出商标代理行为纳入专项行动重点工作内容，指导各地不断加大打击力度，切实提高打击震慑。三是加强协同监管。建立健全跨部门跨区域协同监管机制，联合市场监管总局开展专项行动，组织各地开展跨区域联合监管活动；深化信用监管，推进将严重违法商标代理行为纳入有关失信名单入情形，对失信主体严格实施协同限制。加强行业自律，指导行业组织加大行业自律惩戒，连续两年开展行风建设年活动，树立高价值导向，营造自觉抵制违法违规商标代理行为的良好氛围；强化社会监督，畅通投诉举报渠道，加强信息公示和风险提示，为创新主体优选、慎选商标代理机构提供便利。近年来，我局指导各地对各类违法违规商标代理行为累计作出行政处罚 352 件，对部分案件作出顶格 10 万元罚款；我局直接对情节严重的 7 家商标代理机构作出停止受理其商标代理业务的重处罚，并将其中 4 家列入我局及市场监管总局严重违法失信名单。

四、关于探索构建有中国特色的商标品牌价值评价体系

（一）持续深化商标品牌发展指数研究。2020 年以来，我局每年指导中华商标协会编制发布中国商标品牌发展指数，对全国及各省（区、市）商标品牌发展综合水平进行指数测评。指数编制坚持采用公开、可测的客观数据，围绕商标品牌的运用推进、质量提升、潜力开发、环境优化、效益实现等方面构建指标体系，经过三年的探索改进，已初步具备量化表征各地乃至全国商标品牌发展质量效益的功能，可以作为各级政府相关政策制定和绩效评价的辅助工具，并为各类主体开展商标品牌建设提供参考。中国商标品牌发展指数（2022）同时发布中华商标协会和中国人民大学信息资源管理学院联合研究编制的综合全球品牌价值百强榜（PRC-Brand 榜），作为评价品牌价值的重要指标之一。该榜单采用 PRC 算法对各大国际权威榜单数据进行综合计算，所揭示的品牌价值相对更加全面和客观。结果显示：中国共有 14 个品牌上榜，总价值达 2941.53 亿美元，且中国品牌价值增长速度高于平均水平。

（二）完善品牌价值评价标准体系。市场监管总局不断加强质量品牌建设，推动完善品牌价值评价标准体系。一是持续完善品牌价值评价相关国家标准体系。截至 2023 年 3 月，我国品牌领域国家标准达到 41 项。推动相关协会、企业加大品牌评价标准实施力度，指导开展公益性的品牌价值评价活动。二是积极推动品牌评价国际标准化工作。推动成立国际标准化组织品牌评价技术委员会（ISO/TC 289）并担任秘书处，牵头制定品牌评价国际标准。截至 2023 年 5 月，我国提出并牵头制定发布 2 项品牌评价国际标准，分别是 ISO 20671.1《品牌评价 第 1 部分：基础和原则》和 ISO 20671.3《品牌评价 第 3 部分：地理标志相关品牌评价要求》，有力提升了我国品牌建设国际话语权，以先进标准助力中国品牌"走出去"。

（三）积极开展品牌宣传。一是推广典型案例。我局组织遴选推广全国百余个商标品牌建设优秀案例，总结推广各类主体开展商标品牌建设的有效做法和典型经验。二是开展品牌宣传活动。我局与国家发展改革委、市场监管总局等部门共同开展中国品牌日、全国知识产权宣传周、全国"质量月"等活动，持续宣传中国品牌，推动全社会形成爱护品牌、享受品牌的良好氛围。三是在重大展会上举办相关论坛。在第三届中国国际进口博览会上举办"贸易与商标品牌论坛"，在 2023 年中国品牌发

展国际论坛上指导上海市知识产权局举办"商标和地理标志品牌论坛",搭建分享成果、汇聚共识、凝聚力量的平台,促进商标品牌国际交流合作。

下一步,我局将与市场监管总局等部门协同配合,进一步研究你们提出的意见建议,深入实施商标品牌战略,不断加强商标品牌建设工作,加快推动中国产品向中国品牌转变。一是在企业和区域品牌培育发展方面,深入实施"千企百城"商标品牌价值提升行动,充分发挥商标制度的基础保障作用,有效促进企业和区域商标品牌价值提升,助力形成商标品牌带动、企业壮大、区域发展、产业升级的品牌经济模式。二是在商标品牌建设工作体系方面,引导地方完善品牌培育发展机制,推进指导站高质量建设和规范化运行,强化商标代理从业人员能力建设,持续优化品牌发展环境。三是在构建商标品牌价值评价体系方面,继续编制发布中国商标品牌发展指数,积极参与品牌评价国际标准制定,推动重点行业相关国家标准制修订,鼓励各地方和社会机构有效利用人工智能、大数据等技术手段,研发应用客观、科学、高效的商标品牌评价工具,共同推动建设适应我国现代化建设需要、符合国际通行标准的中国特色商标品牌价值评价体系。四是在品牌宣传推广方面,持续办好"中国品牌日"等活动,丰富活动内容和形式,加强中国品牌宣传推介,推广商标品牌建设的优秀经验和做法,讲好中国品牌故事。

最后,衷心感谢你们对商标品牌工作的关心和支持,希望继续关注知识产权事业发展,对我们的工作提出更多宝贵的意见建议。

国家知识产权局对十四届全国人大一次会议第7522号建议答复的函

——关于加强打击商标恶意抢注优化知识产权保护的建议

· 2023年8月21日
· 国知建提办函〔2023〕42号

您提出的《关于加强打击商标恶意抢注优化知识产权保护的建议》收悉,现答复如下。

一、关于"加强知识产权的全链条保护,在创造、运用、保护、管理和服务等各环节,激励创造,大胆运用,依法保护,科学管理,精心服务"

我局坚决贯彻落实党中央、国务院决策部署,推动印发《知识产权强国建设纲要(2021—2035年)》和《"十四五"国家知识产权保护和运用规划》,加强知识产权工作顶层设计,统筹做好知识产权创造、运用、保护、管理、服务等各方面工作。深入实施专利质量提升工程、商标品牌战略和地理标志运用促进工程,知识产权创造水平持续提升。完善知识产权转化运用机制,优化知识产权运营服务,着力抓好知识产权质押融资、专利转化专项计划、专利开放许可等工作,知识产权运用效益快速提升。深入落实《关于强化知识产权保护的意见》及其推进计划,出台《重大专利侵权纠纷行政裁决办法》《商标侵权判断标准》等,促进执法标准协调一致,扎实推进知识产权保护体系建设,布局建设一批国家级知识产权保护中心和快速维权中心,知识产权保护力度持续加大。实施知识产权公共服务能力提升工程,知识产权信息公共服务机构在省级层面和副省级城市实现全覆盖,上线国家知识产权公共服务网,实现知识产权业务"一窗通办""一网通办",知识产权公共服务水平不断提高。

二、关于"完善法律法规,加大商标抢注的惩戒力度和处罚力度"

2019年推动完成《商标法》第四轮修改以来,持续跟踪《商标法》及其实施条例实施效果,总结商标工作实践经验,加快新一轮《商标法》修改论证工作,着力解决商标领域恶意抢注、大量囤积等深层次矛盾和问题。2023年1月13日至2月27日,发布《商标法修订草案(征求意见稿)》(以下简称《征求意见稿》),公开征求社会意见。《征求意见稿》除显著提高商标恶意注册罚款数额、增加违法所得予以没收等规定外,还强化了全方位遏制商标恶意注册行为的制度设计,包括明确恶意申请商标注册的具体情形,建立恶意抢注商标强制移转制度,新增恶意注册民事赔偿和公益诉讼制度等。下一步,将结合您关于"进一步加大最高处罚额度"的意见建议认真研究论证,细化规制商标恶意注册的各项制度设计。

三、关于"加强商标注册的政府管理"

一是严把商标注册审查关口。构建全流程精准打击商标恶意注册工作机制,持续完善商标审查审理系统识别预警和提示拦截功能,及时发现并处置相关商标恶意抢注行为;修订商标书式,增加信用承诺条款,进一步规范商标申请行为;建立完善恶意商标注册行为人重点监控名录,提升打击商标恶意注册行为的精准度;采取提前审查、并案审查、快速驳回和案件合议、三级会议研究等措施,及时处理相关案件。2022年累计打击商标恶意注册37.2万件,其中快速驳回恶意抢注商标3192件,向地方转办涉嫌商标恶意注册申请和重大不良影响线索110条。

二是加大商标相关法律政策宣介力度。持续发布解读年度商标异议典型案例，普及异议申请办理等基础知识，举办异议审查等集中宣讲，为从业者提供办理商标异议等各项事务的具体指引。积极发挥依职权主动无效宣告程序在打击商标恶意抢注中的作用，2022年累计依职权宣告无效商标2629件，持续释放从严信号。

三是加强商标审查员能力建设，完善相关审查制度。建立商标审查员岗位等级管理制度，完善商标审查人才能力评价体系，加快审查审理专家库和培训人才库建设。加强商标审查业务等各类培训，提升审查员知识、能力、经验等各方面综合素质。制定实施《商标审查审理指南》，规范商标受理、撤回、异议等各项业务程序，持续完善审查业务指导体系和质量管理体系，稳步提升商标审查审理质量。

四、关于"进一步加强对商标代理行业的管理"

一是完善相关规章制度。2022年10月，推动出台《商标代理监督管理规定》，从备案入口、执业规范、监督手段、违规处罚等多个环节入手，提出有针对性的治理措施；印发《专利、商标代理行业违法违规行为协同治理办法》等规范性文件，为加强商标代理监管、规范商标代理行为提供制度支撑。

二是做好修法相关研究。将强化代理行业监管作为此次《商标法》修改重点之一，在《征求意见稿》中进一步明确商标代理机构准入要求、强化商标代理机构及从业人员的责任义务，健全商标代理行业组织职责义务，增加对违法商标代理机构的负责人、直接责任人以及负有管理责任的股东新任职务的限制性要求等。后续将进一步就设立商标代理行业、代理从业人员准入加强研究论证。

五、关于"加强行政执法，提高信用制度建设，将相关违法行为纳入信用体系"

2022年1月25日，印发实施《知识产权信用管理规定》，明确将商标审查审理过程中出现的"恶意注册申请行为"等列为失信行为，并对失信主体实施取消优评先参评资格、取消示范和优势企业申报资格、提高检查频次、不适用信用承诺等管理措施。2021年9月，配合市场监管总局制定印发《市场监督管理严重违法失信名单管理办法》（以下简称《办法》），将"恶意商标注册申请损害社会公共利益""从事严重违法商标代理"等行为且受到较重行政处罚的，列为严重违法失信行为，在市场监管、知识产权领域共同实施失信惩戒。《办法》施行以来，已有4名当事人因存在恶意商标注册申请行为被列入严重违法失信名单，相关失信信息均已公示并实施相应管理措施。

衷心感谢您对知识产权工作的关注和支持，希望继续关心知识产权事业发展，对我们的工作提出更多宝贵的意见建议。

国家知识产权局对十四届全国人大一次会议第1702号建议答复的函

——关于"统筹盘活知识产权存量资产与扩大知识产权有效增量"的建议

- 2023年8月21日
- 国知建提运函〔2023〕37号

您提出的《关于"统筹盘活知识产权存量资产与扩大知识产权有效增量"的建议》收悉，结合中国证监会的意见，现答复如下。

一、关于"盘活做优知识产权存量资产"

近年来，我局会同证监会等部门引导符合条件的地方规范探索知识产权证券化的有效模式，积极盘活知识产权存量。

（一）提供政策支持

我局印发《关于促进和规范知识产权运营工作的通知》，指导地方有序发挥知识产权证券化融资功能。联合财政部印发《关于做好2020年知识产权运营服务体系建设工作的通知》，将发行知识产权证券化产品纳入重点城市绩效目标，推动地方有序开展知识产权证券化。证监会积极支持符合条件的版权、专利、商标等知识产权类资产开展资产证券化业务，依托企业资产证券化业务和交易所债券市场，积极探索知识产权证券化可行模式，不断推出试点项目。

（二）鼓励模式探索

2018年以来，在相关政策引导下，已探索形成供应链、质押、专利许可和融资租赁等多元化知识产权证券化模式，底层资产覆盖了专利、商标、版权和多种类型的知识产权组合，对促进创新型企业融资具有重要补充作用。2021年，规范探索知识产权证券化模式被国务院列为改革创新举措，在自贸试验区复制推广。我局发布的《中国知识产权运营年度报告（2020年）》，从政策、数据与案例等不同维度，介绍了知识产权证券化的探索实践。中国知识产权报等媒体刊发多篇文章，深入报道各地知识产权证券化的有益经验。截至2023年4月，全国共在交易所市场累计发行知识产权资产证券化产品103只，实际发行金额235亿元，其中2022年度发行产品32只，发行金额61亿元。

下一步，我局将会同证监会等部门继续完善知识产权证券化引导政策和服务措施，进一步完善业务监管体系，总结推广典型经验和有效模式，支持科技型企业通过知识产权证券化方式融资发展。

二、关于"以制度改革驱动知识产权质量提升"

近年来，我局按照党中央、国务院决策部署，坚持质量第一、效益优先，不断完善制度、深化改革、强化监管，规范专利申请及商标注册行为，推动知识产权高质量发展。

（一）完善制度体系

一是专利法修改增加诚实信用原则，规制专利权滥用。2020年10月，全国人大常委会表决通过关于修改专利法的决定，其中，修改后的专利法新增第二十条诚实信用原则，第一款规定申请专利和行使专利权应当遵循诚实信用原则，不得滥用专利权损害公共利益或者他人合法权益。同时，正在进行的专利法实施细则配套修改中，进一步细化了诚实信用原则在专利申请审查程序中的适用，并明确了相关法律后果。

二是修改完善商标法，打击恶意抢注，强化使用义务。2019年11月起施行的《中华人民共和国商标法》中，增加了规制恶意注册的内容，打击恶意申请、囤积注册等违法行为，明确规定"不以使用为目的的恶意商标注册申请，应当予以驳回"，并作为提出商标异议、宣告注册商标无效的事由；同时，增加代理机构的义务，以及对恶意注册、恶意诉讼行为的处罚措施。关于代表提出的"对于从未使用过的商标，不应给予高额赔偿"的建议，商标法第64条规定，注册商标专用权人请求赔偿，被控侵权人以注册商标专用权人未使用注册商标提出抗辩的，人民法院可以要求注册商标专用权人提供此前三年内实际使用该注册商标的证据。注册商标专用权人不能证明此前三年内实际使用过该注册商标，也不能证明因侵权行为受到其他损失的，被控侵权人不承担赔偿责任。

为进一步完善商标制度，解决商标领域存在的突出问题，我局正在积极推进《商标法》及其实施条例新一轮全面修改。在规制商标恶意注册方面，此次《商标法》修改将重点加大对恶意抢注公共资源、他人在先权利、损害社会主义核心价值观等行为的打击力度，实现申请人权利与他人权益、社会公共利益的平衡。本次修改也拟进一步强化商标使用义务，一是完善商标使用概念，突出使用的基础地位，新增对服务商标和互联网环境下商标使用行为的规定；二是在申请阶段增加商标使用或者使用承诺的要求；三是完善撤销制度，在保留原有商标连续三年不使用撤销制度的基础上，增加三种损害公共利益的撤销情形。拟通过以上规定，引导市场主体"注册有德"，使商标注册回归制度本源。

（二）开展专项行动

一是加大非正常专利申请打击力度。相继印发《关于进一步严格规范专利申请行为的通知》《关于持续严格规范专利申请行为的通知》《关于规范申请专利行为的办法》等政策文件，明确对非正常专利申请行为的界定、审查程序，不断细化相关处理措施。开展"蓝天"专项整治行动，有力打击和遏制非正常专利申请代理行为。

二是加大恶意商标注册申请打击力度。重点打击恶意抢注国家或区域战略、重大活动、重大政策、重大工程、重大科技项目名称等商标恶意抢注行为，将涉嫌恶意注册商标申请相关案件线索转交地方知识产权管理部门，指导地方知识产权管理部门依法对申请人的违法行为进行调查，并会同有关部门开展行政处罚。2022年，向地方转办恶意商标注册申请、恶意重大不良影响商标申请案件线索110件，涉及商标注册申请信息1239条，涉及抢注北京冬奥会和残奥会吉祥物名称、运动健儿姓名的"冰墩墩""谷爱凌"、2022年卡塔尔世界杯等恶意抢注商标。

三是加强知识产权领域信用监管。将非正常专利申请行为、恶意商标注册申请行为纳入全国公共信用信息基础目录、严重违法失信名单和知识产权领域失信行为清单，实施联合惩戒和失信约束措施。2022年1月25日，印发实施《知识产权信用管理规定》，对知识产权审查审理过程中的失信行为予以规制，明确将不以保护创新为目的的非正常专利申请行为、恶意商标注册申请行为等列为失信行为，并对失信主体实施财政性资金项目申请、费用减缴等优惠政策从严审批、取消评优评先参评资格、取消示范和优势企业申报资格、提高检查频次、不适用信用承诺等管理措施。

下一步，我局将积极推进专利法实施细则尽快落地实施，加快推进商标法及其实施条例新一轮全面修改工作，不断完善制度规则。严把授权关，继续保持严厉打击恶意专利商标注册申请行为，加大对违法失信行为的监管力度，实现知识产权的高质量发展。

衷心感谢您对知识产权工作的关心和支持，希望继续关注知识产权事业发展，对我们的工作提出更多宝贵的意见建议。

国家知识产权局关于政协第十四届全国委员会第一次会议第 00059 号(科学技术类 004 号)提案答复的函

——关于发挥知识产权要素在中小企业创新发展中的作用的提案

- 2023 年 8 月 21 日
- 国知建提运函〔2023〕53 号

你们提出的《关于发挥知识产权要素在中小企业创新发展中的作用的提案》收悉,结合科技部、工业和信息化部、财政部、金融监管总局、中国证监会、最高人民法院意见,现答复如下。

一、关于引导支持提升中小企业科技创新硬度

一是支持开展高价值专利培育。开展专利密集型产品备案认定工作,为科学引导企业推进高价值专利培育转化提供有力支撑。联合教育部、科技部等相关部门组织"千校万企"协同创新伙伴行动和"百校千项"高价值专利培育转化行动,促进高校创新成果向中小企业转化运用,推动创新链产业链深度融合。二是支持引导中小企业开展专利布局。推动打造统一、开放、高标准的专利导航服务体系,择优培育 26 家专利导航工程支撑服务机构,布局建设 104 家产业专利导航服务基地,上线国家专利导航综合服务平台,为企业开展专利深度挖掘分析、寻找技术突破口、优化技术研发方向提供指导。

下一步,我局将开展首批专利密集型产品认定,研究制定认定国家标准。加快建设完善专利导航综合服务平台建设,重点面向中小企业共享专利导航成果,开展专利导航工程绩效评价,为提升中小企业科技创新硬度提供支撑。

二、关于强化面向中小企业的知识产权公共服务和市场化服务

一是加强部门协同联动。自 2009 年起,我局联合工业和信息化部开始实施中小企业知识产权战略推进工程,通过出台一系列政策举措,有力提升中小企业知识产权意识和能力,特别是 2022 年联合出台知识产权助力专精特新中小企业创新发展的系列举措,有力支持打造专精特新小巨人和单项冠军企业。自 2021 年起,会同财政部启动实施专利转化专项计划,分两批重点奖补支持 16 个省份,提供专利布局辅导、知识产权风险防控、专利技术供需对接等服务,适时开展相关培训,推动专利运用有效嵌入科研、融入产业、走入市场。二是完善知识产权公共服务体系。我局不断完善知识产权公共服务骨干节点布局,实现省级知识产权公共服务机构全覆盖,地市级综合性知识产权公共服务机构累计达到 134 家,覆盖率达到 40.2%。稳步推进知识产权重要服务网点建设,国家级重要服务网点达到 348 家。工业和信息化部培育五批共 244 家产业技术基础公共服务平台,为中小企业提供知识产权等公共服务。三是推动知识产权纳入相关指标体系。2018 年以来,工业和信息化部先后分五批开展专精特新中小企业培育工作,将知识产权作为企业创新能力评价指标。2022 年,构建"百十万千"梯度培育体系,计划培育一百万家创新型中小企业、十万家省级"专精特新"中小企业、一万家专精特新"小巨人"企业、一千家制造业单项冠军,并继续设置知识产权相关指标。我局与工业和信息化部开展多轮研讨,协同优化调整知识产权相关评价标准,进一步强化知识产权质量和运用导向。四是加强知识产权协同保护。我局联合最高人民法院联合印发《关于强化知识产权协同保护的意见》,优化协作配合机制,强化协同保护力度。最高人民法院制定《关于技术调查官参与知识产权案件诉讼活动的若干规定》《最高人民法院关于技术调查官参与知识产权案件诉讼活动的若干规定》等文件,建立"全国法院技术调查人才库"和共享机制,截止目前,入库技术调查专家 500 余名,覆盖技术领域 30 多个。

下一步,我局将联合工业和信息化部,持续推进实施中小企业知识产权战略推进工程。会同财政部继续实施专利转化专项计划。进一步健全知识产权公共服务机构分级分类管理机制,拓展知识产权"一站式服务"应用场景。加大与相关产业部门沟通对接,探索知识产权指标多维运用模式。深化与最高人民法院合作,加强司法机关与知识产权管理部门的协作配合,形成工作合力。

三、关于促进中小企业知识产权资源产学研用深度融合

一是加强科技成果供求对接。我局指导 22 个省份开展专利开放许可试点工作,截至 2023 年 6 月底,组织高校、科研院所在内的 1500 余个专利权人参与试点,筛选出 3.5 万件有市场化前景、易于推广实施的专利试点开放许可,匹配推送至 7.6 万家中小企业,达成许可近 8000 项。科技部支持企业联合高校院所组建产业技术创新战略联盟,引导各地建设产业技术研究院等新型研发机构,将高校院所科研资源与企业需求有机结合。二是夯实知识产权资源支撑服务体系。我局联合人民银行、金融监管总局研究制定《专利评估指引》国家标准,共同开展银行知识产权内部评估试点,破解质押融资中的评估难题,持续发布备案合同的专利许可费率统计数据,引导专利权人科学、公允、合理估算许可使用费。联合科技部、教育部印发《产学研合作协议知识产权相关条款制定指引(试行)》,指导做好产学研合作中的知识产权归属与处置工作,降低相关法律风险,促进产学研合作和知识产权转移转化。配合科技部等部门共同开展赋予科研人员职务科技成果所有权或长期使用权试点工作,分领域选择40家高等院校和科研机构开展为期3年的试点,进一步完善激励创新的产权制度,促进科技成果转化。

下一步,我局将联合相关部委继续支持企业与高校院所协同合作,强化需求对接,推动产学研融合创新。发布《专利评估指引》推荐性国家标准,加强标准的推广应用。开发完善评估模型和工具,提升评估效率和风险管控能力。研究制定推进专利开放许可制度全面实施的政策文件,深化政策协同和工作统筹,加强对地方和创新主体的业务指导。

四、关于支持中小企业通过知识产权拓宽融资渠道

一是完善知识产权运营平台总体布局。我局支持中国技术交易所、上海技术交易所、深圳证券交易所等机构建设国家知识产权和科技成果产权交易机构,打造知识产权运营平台体系的核心圈,提供数据底座、服务标准和服务产品。截止目前,累计支持建设28家产业知识产权运营中心,不断扩大战略性产业领域覆盖面,为知识产权转移转化提供供需对接、融资服务、价值评估等相关运营服务。二是完善知识产权金融支持体系。我局深入开展"入园惠企"专项行动,建设知识产权质押信息平台,优化质押登记服务,2022年,全国专利商标质押融资金额4868.8亿元,同比增长57.1%,惠及企业2.6万家,同比增长65.5%。"健全知识产权质押融资风险分担机制和质物处置机制"入选国务院首批在全国范围内复制推广的营商环境创新试点改革举措,知识产权保险累计为2.8万家企业提供了超过1100亿元的风险保障。会同金融监管总局等部门联合出台加强知识产权质押融资工作政策文件,遴选发布首批20个知识产权质押融资及保险典型案例。会同中国证监会支持符合条件的地区开展知识产权证券化工作,做好知识产权证券化产品统计,总结推广知识产权证券化典型模式及典型经验,截至2023年2月底,全国(共在沪深证券交易所)发行103单知识产权证券化产品,募资235亿元,涉及广东、北京、天津、浙江等多个省(市)。

下一步,我局将会同相关部门支持银行业金融机构依法合规参与知识产权证券化业务,完善知识产权资产证券化业务监管体系。围绕重点产业、重点区域支持建设一批知识产权运营中心,加快推动国家知识产权与科技成果产权交易机构建设。加大知识产权质押融资政策引导支持力度,推进地方建立完善知识产权质押融资风险补偿和分担机制。

最后,衷心感谢对中小企业知识产权工作的关心和支持,希望继续关注知识产权事业发展,对我们工作提出更多宝贵的意见建议。

4. 环境保护

对十四届全国人大一次会议第6864号建议的答复
——关于加大对重点行业重点重金属污染物减排项目和固体废物资源化利用项目资金支持力度的建议

·2023年6月29日

您提出的"关于加大对重点行业重点重金属污染物减排项目和固体废物资源化利用项目资金支持力度的建议"由我部办理。经认真研究,答复如下:

我部积极支持山东省重金属污染治理工作。2016年至2022年,中央财政累计向山东省下达土壤污染防治资金约13.18亿元(其中德州市3093万元),先后支持开展土壤污染源头防控、建设用地土壤污染风险管控和修复等各类土壤污染防治项目270余个。其中,在产企业土壤污染预防项目22个,涉及中央财政资金8715万元。

根据《中央生态环境资金项目储备库入库指南(2021年)》,土壤污染防治资金支持的在产企业土壤污染预防项目主要包括:一是在产达标排放企业为减少重金属或有机污染物等土壤有毒有害物质排放进行的生产工艺、设施设备升级改造,污染治理设施提标改造等;二是在产达标排放企业为减少重金属或有机污染物等土壤有毒有害物质进行的绿色化改造,如因地制宜实施管道化、密闭化改造,以及物料、污水、废气管线架空建设和改造,对重点区域和重点设施设备进行防腐防渗升级,加装二次保护设施、泄漏检测设施等;三是在产达标排放企业排污口整治及其他切断污染物进入农田链条的措施等。另外,根据《土壤污染防治资金管理办法》,除涉重金属历史遗留矿渣污染治理重点任务预算在下达时明确对应到具体项目外,其余预算切块下达到省,由省级财政部门会同生态环境部门统筹分配。

下一步,我部将加大支持力度,指导山东省德州市围绕重金属减排工作积极谋划项目，提升储备项目质量，按规定将符合条件的项目纳入中央储备库管理，为其重金属污染防控工作提供有效支持。

感谢您对生态环境工作的关心和支持。

对十四届全国人大一次会议第 6252 号建议的答复
——关于允许符合条件的企业参与重污染天气重点行业绩效分级的建议

· 2023 年 6 月 29 日

您提出的"关于允许符合条件的企业参与重污染天气重点行业绩效分级的建议"由我部办理。经认真研究，答复如下：

诚如您所指出，为避免重污染天气预警期间无差别实行一律停产的"一刀切"措施，我部于 2019 年印发《关于加强重污染天气应对夯实应急减排措施的指导意见》，对钢铁、焦化等 15 个重点行业进行绩效分级，在重污染天气期间实施差异化管控。实践效果获得地方生态环境部门、重点行业协会及企业的一致好评。2020 年，我部印发《重污染天气重点行业应急减排措施制定技术指南（2020 年修订版）》，进一步优化绩效分级指标，重点行业扩充至 39 个。

轮胎翻新可有效提高资源综合利用率，各国已将其作为节约橡胶资源的重要产业。2020 年，我部组织专家对橡胶制品行业制定绩效分级指标，轮胎翻新企业只制定减排措施，未制定绩效分级指标，主要有以下两方面考虑。一是取得合法资质轮胎翻新企业数量较少。据估计，当时国内进行轮胎翻新的企业有 600 余家，但自 2014 年 6 月至今，工信部先后五次公布的符合规定轮胎翻新企业只有 24 家，分布在重点区域的轮胎翻新企业更少，且企业规模化程度不高。众多未取得合法资质、加工条件简陋的维修点、小作坊的存在使大量未经检验的劣质翻新胎流入市场，给交通运输带来极大安全隐患。二是大量企业生产设施和污染治理水平偏低。众多未取得合法资质、加工条件简陋的维修点、小作坊从事轮胎翻新工作，这类企业的生产设施和装备水平简陋，污染治理设施简单低效、无组织排放严重。

鉴于当时轮胎翻新行业生产设施和治理设施水平普遍偏低，企业管理水平差异分度较小，无法有效开展绩效分级指标的设置。

近几年轮胎翻新行业污染治理水平取得显著提升，下一步，我部将组织专家对轮胎翻新企业进行实地调研，针对生产工艺、污染治理技术、排放限值、无组织排放、监测监控水平、环境管理水平、运输方式及运输监管等方面开展系统评估和监测，进一步论证轮胎翻新行业制定绩效分级指标的可行性，视情将其纳入重污染天气重点行业绩效分级管理范围。

感谢您对生态环境工作的关心和支持。

对十四届全国人大一次会议第 0224 号建议的答复
——关于加快环境产品声明平台建设持续推动企业发展方式绿色转型的建议

· 2023 年 6 月 29 日

您提出的"关于加快环境产品声明平台建设持续推动企业发展方式绿色转型的建议"，由国家发展改革委、生态环境部、工业和信息化部分别办理，现就涉及我部职能答复如下：

一、关于推动绿色低碳技术发展

低碳技术的研发和推广是加快我国实现绿色低碳发展、推进生态文明建设的重要举措。相关主管部门分别于 2014 年、2015 年、2017 年、2022 年发布了 4 批次《国家重点推广的低碳技术目录》，涵盖煤炭、电力、有色、石油石化、化工、建筑、农业等行业，共计 124 项先进适用、成熟可靠、经济性良好、市场推广前景广阔的低碳技术，为相关行业企业的绿色低碳转型升级提供了重要支撑。

2021 年 10 月，我部配合人民银行推动设立碳减排支持工具，重点支持清洁能源、节能环保和碳减排技术等三个领域，撬动更多社会资金支持低碳技术发展。2021 年 12 月，我部会同国家发展改革委等八部门共同印发了《关于开展气候投融资试点工作的通知》，启动气候投融资试点工作，将绿色低碳项目纳入气候投融资项目支持范围，会同人民银行共同推动金融机构为相关项目提供优惠金融服务。

下一步，我们将按照应对气候变化和碳达峰碳中和工作的总体部署，向社会广泛征集并发布第五批《国家重点推广的低碳技术目录》，同步做好低碳技术推广工作。同时，进一步深化气候投融资工作，引导更多的社会资金投向气候友好型项目，促进企业绿色低碳转型和绿色低碳技术发展。

二、关于"双碳"人才培养

我部统筹生态环境保护、应对气候变化和碳达峰碳中和工作人才体系建设需求,会同有关部门,推动"碳排放管理员"和"碳管理工程技术人员"新职业成功纳入《中华人民共和国职业分类大典》,形成"双碳"职业体系化,为各行业建立和完善具备专业知识和实践经验的碳排放管理人才队伍奠定了重要基础。

下一步,我部将从职业技术标准制定、职业水平评价、基础资源开发等方面推动"双碳"职业体系的建设和管理。进一步夯实"双碳"职业基础,聚焦实现"双碳"目标需求和满足社会需要,继续完善"双碳"职业体系。

感谢您对生态环境工作的关心和支持。

图书在版编目（CIP）数据

中华人民共和国企业合规法律法规全书：含相关政策：2024年版／中国法制出版社编．—北京：中国法制出版社，2024.3
（法律法规全书系列）
ISBN 978-7-5216-4155-4

Ⅰ.①中… Ⅱ.①中… Ⅲ.①企业法-汇编-中国 Ⅳ.①D922.291.919

中国国家版本馆CIP数据核字（2024）第032199号

策划编辑：袁笋冰　　　　　责任编辑：卜范杰　　　　　封面设计：李　宁

中华人民共和国企业合规法律法规全书：含相关政策：2024年版
ZHONGHUA RENMIN GONGHEGUO QIYE HEGUI FALÜ FAGUI QUANSHU：HAN XIANGGUAN ZHENGCE：2024 NIAN BAN

经销/新华书店
印刷/三河市紫恒印装有限公司
开本/787毫米×960毫米　16开　　　　　　　　　印张／50.5　字数／1460千
版次/2024年3月第1版　　　　　　　　　　　　　　2024年3月第1次印刷

中国法制出版社出版
书号 ISBN 978-7-5216-4155-4　　　　　　　　　　　　　　　定价：108.00元

北京市西城区西便门西里甲16号西便门办公区
邮政编码：100053　　　　　　　　　　　　　　　　传真：010-63141600
网址：http://www.zgfzs.com　　　　　　　　　　　编辑部电话：**010-63141673**
市场营销部电话：**010-63141612**　　　　　　　　　印务部电话：**010-63141605**

（如有印装质量问题，请与本社印务部联系。）